BOUQUINS

COLLECTION DIRIGÉE PAR

GUY SCHOELLER

RUTH RENDELL

ŒUVRES

ÉDITION ÉTABLIE PAR
FRANCIS LACASSIN

ROBERT LAFFONT

ISBN : 2-221-07257-X

SOMMAIRE

INTRODUCTION

Lorsque Ruth Rendell reçut le prix du Roman d'aventures 1982 pour *Le Maître de la lande*, elle n'était pas une inconnue en France, mais elle n'était pas alors considérée chez nous comme une des grandes dames du crime. Depuis, il semblerait que son audience se soit accrue et que sa réputation se soit assise. Pour preuve, les nombreuses rééditions de ses anciens livres. Ruth Rendell est bien considérée maintenant comme un des meilleurs auteurs actuels de thrillers, au même titre que Patricia Highsmith.

Ruth Rendell est née en 1930 à Londres. D'abord journaliste, elle a publié en 1964 son premier roman policier, *Un amour importun*, dans lequel apparaissaient déjà ses deux détectives, l'inspecteur-chef Wexford et son fidèle adjoint Mike Burden. « Je dois dire que je n'ai pas choisi le roman policier, c'est presque lui qui m'a choisie » dit Ruth Rendell dans une interview[1]. En effet, ce livre, un divertissement auquel elle attachait peu d'importance, connut un succès honorable, alors que ses autres manuscrits étaient refusés. Encouragée à récidiver, elle fit donc du « policier ». Mais, tentée par l'étude de l'histoire, lectrice boulimique et admiratrice des classiques en général et de Shakespeare en particulier, passionnée par les sciences humaines, notamment la psychologie (elle se réfère souvent à Freud et à Jung dans ses interviews), Ruth Rendell ne peut se contenter d'élaborer des énigmes.

Comme il faut bien que dans un roman policier il y ait un crime, elle mettra en scène des assassins et des victimes. Mais, même quand elle raconte une enquête classique menée par Wexford et Burden, ce n'est pas vraiment l'identité du criminel qui semble l'intéresser. Elle va privilégier l'étude des comportements, tenter de montrer comment et pourquoi des individus peuvent devenir des criminels. Dans ses derniers romans, l'enquête disparaît d'ailleurs totalement.

1. *The Armchair Detective*, 1981.

Le crime est à la fois un point de départ et un aboutissement. Point de départ, parce que dans la plupart de ses romans, il va y avoir une enquête qui donne la possibilité d'explorer la vie de l'assassin et parfois celle de la victime. Et comme l'écrit Ruth Rendell dans *Étrange Créature* : « Une femme était morte, mais en un certain sens, un assassinat est un commencement et non une fin. La vie d'un homme qui s'éteint de mort naturelle peut être enterrée avec lui. Celle de cette femme serait peu à peu dévoilée, événement après événement, aussi obscure qu'elle ait pu être, jusqu'à ce que cette vie ait pris le caractère d'une biographie. »

Mais c'est aussi un aboutissement, puisque, dans les romans de Ruth Rendell, le crime permet de clore une situation inextricable dont il représente la phase paroxystique. C'est dans l'étude de ce type de situations extrêmes que Ruth Rendell excelle. Le roman policier, bien qu'elle ne l'ait pas vraiment choisi, lui fournit un cadre idéal qui lui permet de mener ses personnages, en respectant leur logique, jusqu'au bout de leurs conflits, jusqu'à l'explosion de violence finale qui fait partie des lois du genre.

Les personnages sont souvent ambigus chez Ruth Rendell. L'enquête permettra de dévoiler les différentes facettes de la personnalité des acteurs du drame et de mettre en lumière ce qui était là, mais dissimulé aux yeux du mondc. Par exemple, personne, même pas son mari, n'aurait pu soupçonner que cette jeune femme au comportement étriqué, fanatique des travaux ménagers, pouvait avoir suscité un amour aussi passionné chez une autre femme, si on ne l'avait retrouvée un jour étranglée dans un bois[1]. Dans les romans de Ruth Rendell, il n'est pas rare qu'un assassin soit sympathique ou une victime odieuse. De plus, l'assassin est rarement un mauvais garçon. Bien sûr, Finn[2] est un tueur professionnel, mais en général les meurtriers sont, vus de l'extérieur, des gens comme vous et moi. Simplement une sorte d'engrenage les a conduits à cet acte qui était pour eux la seule issue. Le criminel est, le plus souvent, un individu empêtré dans ses contradictions, incapable de trouver une solution rationnelle à ses problèmes. Presque toujours faible, souvent franchement déséquilibré, il tuera mais ne sortira pas de l'impasse pour autant. Il est même rare qu'il tire un profit de son acte. Tout au plus aura-t-il supprimé la partie apparente de ses difficultés, mais il n'aura pas déraciné le mal. C'est l'étude minutieuse de ce type d'assassin que l'on trouve dans les romans de Ruth Rendell. De *L'Analphabète*, véritable monstre des temps modernes prête à tout pour dissimuler sa tare, au violeur phobique de *L'Homme à la tortue*, en passant par le malade mental de *L'Enveloppe mauve*, traumatisé par sa naissance illégitime et incapable d'avoir des rapports normaux avec une

1. *Un amour importun.*
2. *Le Lac des ténèbres.*

femme, l'auteur analyse l'évolution de ces personnages à l'équilibre psychologique précaire qu'un événement soudain va faire basculer. Il est d'ailleurs rare qu'un assassin prémédite son crime. C'est souvent un choc qui provoque la crise. Incapable d'affronter une situation, le criminel préfère la nier en supprimant celui ou celle qui lui renvoie de lui-même une image impossible à assumer. Parfois, c'est une résurgence fortuite du passé qui, replongeant le personnage dans une situation intolérable le pousse à se débarrasser de cette vision de cauchemar en tuant[1].

Comment meurt-on dans les romans de Ruth Rendell ? Dans *La Danse de Salomé*, le meurtre est d'un raffinement machiavélique : il s'agit d'une piqûre d'abeille infligée à une personne allergique. Mais en dehors de ce cas original, les autres morts sont plutôt classiques : victime frappée avec une pierre[2] ou un marteau[3], étranglée avec une écharpe de soie[4], avec une capuche de nylon rose[5], un collier[6] ou à mains nues[7], tuée avec une hache[8], un couteau[9], un poignard[10], à coups de revolver[11] ou de fusil de chasse[12], frappée au cours d'une lutte[13], écrasée par une voiture[14], jetée d'un véhicule sur l'autoroute[15] ou noyée dans un lac[16]. C'est varié, mais dans l'ensemble assez banal. Sans doute volontairement banal, car dans une séquence assez drôle du *Lac des ténèbres*, le meurtrier, qui pour une fois avait prémédité son crime, se donne un mal fou pour trouver un système ultra-sophistiqué à base de radiateur, baignoire, trappe, et finit par frapper sa victime, en pleine rue, avec un marteau !

L'imagination de Ruth Rendell se déploie plutôt dans le « pourquoi » des crimes que dans le « comment ». Le mobile est quelquefois l'argent : Finn, le meurtrier du *Lac des ténèbres*, vit de ses crimes ; le domestique du *Pasteur détective* a tué sa maîtresse pour la voler. Mais il est rare que les motivations de l'assassin soient aussi claires ; car, si le jeune paumé de *Une fille dans le caveau* veut lui aussi de l'argent, c'est pour pouvoir se payer une maison décente et conserver l'amour de celle avec qui il vit ; et est-ce la haine ou l'appât du gain qui conduiront le bon à rien

1. *Reviens-moi, Le Pasteur détective, L'Homme à la tortue.*
2. *Qui a tué Charlie Hatton ?*
3. *Le Lac des ténèbres.*
4. *Une fille dans le caveau.*
5. *Un amour importun.*
6. *Meurtre indexé.*
7. *L'Enveloppe mauve, La Gueule du loup.*
8. *Le Pasteur détective.*
9. *La Police conduit le deuil.*
10. *Étrange Créature.*
11. *La Maison de la mort, L'Homme à la tortue.*
12. *L'Analphabète, L'Été de Trapellune.*
13. *Morts croisées.*
14. *Le Lac des ténèbres.*
15. *Qui a tué Charlie Hatton ?*
16. *La Fille qui venait de loin.*

de *Morts croisées* à supprimer sa belle-mère ? Bien d'autres motifs peuvent pousser à tuer : le désir de vengeance[1], l'amour bafoué[2], la peur du chantage[3] ou tout simplement l'amour[4], quand ce n'est pas un mélange de haine, de besoin de revanche et de sentiment d'exclusion[5]. Il arrive même que le meurtre soit le résultat d'un quiproquo tragique[6], parfois doublé d'un accident[7], ou la conséquence de la peur du châtiment[8].

Pendant longtemps, la plupart des livres de Ruth Rendell étaient des énigmes très classiques mettant en scène le sympathique inspecteur Wexford aidé de son adjoint Burden. Certains de ses livres récents continuent à utiliser son héros fétiche[9], mais ce n'est plus aujourd'hui l'essentiel de sa production. Au cours des quinze ouvrages où apparaissent Wexford et Burden, les enquêtes menées par les deux policiers sont bien sûr un bon moyen pour découvrir la personnalité des criminels et parfois de leurs victimes, mais elles nous donnent aussi la possibilité de retrouver la petite ville de Kingsmarkham avec son commissariat rénové peu à peu, le café d'Olive où les représentants de la loi viennent se réfugier quand ils veulent discuter tranquillement, et ses habitants que l'on connaît un peu mieux à chaque livre.

Tout d'abord, à tout seigneur tout honneur, l'inspecteur-chef Wexford. Il fournit, paraît-il, à l'auteur la partie la plus importante de son courrier et il a des fans qui réclament à cor et à cri de nouvelles aventures de leur héros. C'est donc le chef du poste de police de Kingsmarkham, une petite ville du Sussex. A Kingsmarkham, Wexford travaille principalement avec Mike Burden. Les deux hommes s'entendent généralement très bien. Leurs différences, loin de les gêner, en font deux êtres complémentaires. Wexford ressent d'ailleurs douloureusement la défection de Burden dans *Le Petit Été de la Saint Luke*, quand le second, trop préoccupé par ses problèmes personnels, se désintéresse complètement de l'enquête.

Wexford incarne la culture (c'est un grand lecteur et les citations littéraires fleurissent dans ses propos), l'intelligence et l'ouverture d'esprit. Même s'il en est secrètement agacé, il admet un autre type de vie que celle qu'il mène. Il est capable d'évoluer et essaie de ne pas juger ceux que les hasards d'une enquête lui font rencontrer. Ce qui s'écarte

---

1. *Le Petit Été de la Saint Luke.*
2. *Étrange Créature, Un amour importun.*
3. *Qui a tué Charlie Hatton ? Meurtre indexé.*
4. *La Maison de la mort, La Maison aux escaliers.*
5. *L'Analphabète.*
6. *Le Lac des ténèbres.*
7. *La Gueule du loup.*
8. *L'Été de Trapellune.*
9. *Des corbeaux entre eux, Les Désarrois du professeur Sanders.*

de la norme ne le choque pas. Face à ce personnage à l'esprit clairvoyant, honnête homme des temps modernes, pas trop parfait non plus puisqu'il est capable de céder aux avances d'une femme intelligente et séduisante, Burden apparaît comme le flic intègre certes, mais plus conventionnel. Pudibond, prompt à condamner les faux pas d'autrui, sans indulgence pour ce qu'il considère comme anormal, c'est le représentant type de la middle-class. Son seul atout réel : un pragmatisme à toute épreuve qui lui permet de coller aux faits sans avoir tendance comme Wexford à romancer. Souvent d'accord pour cette raison avec leur supérieur hiérarchique Charles Griswold, l'homme qui se prend pour le général de Gaulle, et qui tient par-dessus tout à la réputation de son équipe du Sussex, Burden ne soutient pas toujours Wexford quand celui-ci, mû par un sentiment ou une impulsion que rien n'étaie, se met à soupçonner un citoyen apparemment au-dessus de tout soupçon ! Et généralement ce sont Wexford et ses impulsions qui ont raison. Car, pour Ruth Rendell, une enquête est un travail laborieux dans lequel l'intuition, la réflexion, la sympathie, mais aussi le hasard permettent de résoudre une énigme au moins autant (si ce n'est plus) que les empreintes, traces et autres « sherlockholmesries » que Wexford n'apprécie pas toujours. La seule fois où les policiers essayeront de conduire une enquête en s'appuyant sur ce genre d'indices[1], c'est parce que le mari de la victime ne cesse de réclamer ces fameuses empreintes et met ainsi Wexford en fureur en tentant de le transformer, comme dit l'inspecteur, en « chien policier ».

Les suspects ont-ils l'air de tomber un peu facilement dans les filets des policiers ? C'est sans doute parce que la découverte du coupable n'est pas l'essentiel dans les romans de Ruth Rendell. En effet, outre des études psychologiques fouillées, une énigme policière permet aussi une description de l'environnement des personnages. On trouve des gens ordinaires dans les romans de Ruth Rendell, un échantillonnage de la population anglaise du XXe siècle. L'auteur promène son lecteur dans différents milieux, des riches bourgeois[2] aux habitants des taudis londoniens[3] avec une prédilection pour la petite-bourgeoisie vivant dans des pavillons de banlieue. Elle excelle à peindre l'atmosphère de ragots et de surveillance mutuelle qui règne dans ces banlieues. Dans *La Maison de la mort*, comme dans *La Danse de Salomé*, des ménagères épient avec malveillance leur jeune et jolie voisine, et colportent sur son compte les bruits les plus désobligeants. La vie de ces microcosmes, avec la hiérarchie sociale qui ordonne des rapports factices, est décrite avec une précision presque cruelle. Par exemple, cette réception d'anniversaire donnée par une jeune femme riche, belle et oisive qui a invité des voisins beaucoup plus modestes dont elle ne se soucie même pas de connaître

1. *Meurtre indexé.*
2. *L'Analphabète.*
3. *Une fille dans le caveau.*

le nom, montre bien l'importance des barrières sociales. Le décalage est encore plus visible quand deux livreurs entrent dans une maison à la décoration sophistiquée et prennent ici brutalement conscience, dans une page assez émouvante, de leur propre dénuement. Dans *L'Été de Trapellune*, est décrit un des ghettos indiens de la banlieue de Londres, avec sa pauvreté, sa tristesse et ses habitants qui se terrent, en butte à des actes racistes d'une violence incroyable. Il n'y a jamais aucune condescendance pour ceux qui sont défavorisés, simplement la constatation désabusée d'une évidence : être riche et blanc, ça facilite la vie, même si ça ne suffit pas toujours pour être heureux... Au détour d'une enquête surgit parfois l'un de ces couples surchargés d'enfants, où la femme, vieillie prématurément, passe son temps à faire le ménage et à nourrir sa progéniture, pendant que le mari, toujours à cours d'argent, s'épuise à faire des heures supplémentaires[1].

Il arrive aussi qu'un livre traite à travers son intrigue d'un phénomène de société contemporain : les idoles de la chanson et leur impact sur les jeunes, le MLF, le divorce ou la drogue sont évoqués. Qu'elles soient au cœur de l'intrigue où qu'il s'agisse de digressions (la vie privée de la famille Wexford est parfois l'occasion de traiter de certains problèmes), les préoccupations sociales se retrouvent dans de nombreux romans. Souvent ces digressions sont finalement récupérées et rattachées à l'intrigue principale en une sorte de contrepoint. Ce procédé permet une approche nuancée et complexe de certains problèmes auxquels l'auteur ne prétend pas donner une réponse univoque. Dans *Étrange Créature*, une intrigue secondaire nous montre que les théories féministes peuvent être fatales à un couple traditionnel. Ruth Rendell condamnerait-elle ces théories ? Pas si sûr, car parallèlement, l'enquête permet de reconstituer la vie d'une femme qui a rencontré de telles difficultés à se faire prendre au sérieux en tant qu'écrivain à cause de son sexe qu'elle a fini par se faire passer pour un homme.

Si la construction de ces romans aux intrigues savamment entremêlées est parfois assez littéraire, les références utilisées par Ruth Rendell ne le sont pas moins. Tout d'abord, la plupart des titres originaux sont des citations d'auteurs célèbres, Shakespeare bien sûr, mais aussi Edgar Allan Poe et bien d'autres. Outre ces titres, des citations à l'intérieur des romans peuvent fournir la clef de l'intrigue et conférer une portée plus générale à l'histoire policière. L'éventail des auteurs cités est large et montre l'éclectisme des lectures de Ruth Rendell. Il arrive que l'œuvre entière soit une variation sur un texte célèbre (*La Maison aux escaliers* reprend le thème des *Ailes de la colombe* de Henry James) ou que des romans d'espionnage fournissent le code utilisé par des conspirateurs

1. *Qui a tué Charlie Hatton ?*

en herbe[1]. Sans oublier les nombreux personnages supposés posséder une grande culture littéraire (Wexford bien sûr, mais aussi le pasteur détective ou la narratrice-écrivain de *La Maison aux escaliers*) qui émaillent leurs conversations d'extraits d'œuvres célèbres. On a souvent l'impression d'un clin d'œil adressé par l'auteur à son lecteur, surtout quand la référence est utilisée non pour donner la signification profonde du roman, mais par un plaisir évident de citer un auteur apprécié.

Les textes réunis ici appartiennent à la deuxième manière de Ruth Rendell. Effectivement, on peut dire que *Un enfant pour un autre* va marquer un tournant dans son œuvre. L'intrigue policière à la structure traditionnelle — présentation des personnages, découverte du corps, enquête et révélation du coupable — dont l'importance n'a cessé de diminuer depuis quelques années dans les romans de Ruth Rendell, disparaît presque complètement. Bien sûr, *L'Analphabète* privilégiait déjà l'analyse du comportement d'une femme que son « infirmité » finissait par rendre réellement folle. Mais la construction beaucoup plus traditionnelle du récit en faisait encore un thriller assez classique. En revanche, les romans que l'on va lire dans ce recueil se dégagent presque totalement des contraintes du policier tant par leur construction que par leur sujet et la manière de l'aborder.

La construction tout d'abord : de plus en plus fréquemment, la trame romanesque rompt avec la chronologie, et il arrive que dès les premières pages nous connaissions l'identité du coupable. On assiste alors à une énigme à rebours où c'est l'identité de la victime ou les circonstances du drame qui vont être révélées à la fin du roman. On peut considérer que c'est là le suprême raffinement d'une intellectuelle qui a exploré toutes les subtilités de l'énigme traditionnelle et qui renouvelle ainsi le genre. Plus probablement, il s'agit de mettre de plus en plus entre parenthèses l'investigation policière, qui n'était souvent qu'un prétexte pour révéler la face cachée d'individus complexes, voire déséquilibrés.

La plupart du temps, le crime a eu lieu dans le passé et c'est à cause de circonstances nouvelles (rencontre[2], découverte d'un cadavre[3], sortie de prison du coupable[4] ou rebondissement d'une enquête dans une affaire classée[5]) que les personnages sont replongés dans les événements tragiques qui ont été déterminants pour leur évolution. Les deux époques, celle du crime et celle de sa résurgence, s'entremêlent dans le récit et leur rapprochement permet de porter un éclairage différent sur le drame. Un personnage sort de prison et va tenter de retrouver le policier qu'il

1. *La Gueule du loup.*
2. *La Maison aux escaliers.*
3. *L'Été de Trapellune.*
4. *L'Homme à la tortue.*
5. *La Gueule du loup.*

a rendu infirme en tirant sur lui lors de son arrestation[1] : cet acte, revécu mille fois par les deux protagonistes, ponctue la progression du récit principal, qui se déroule dix ans plus tard. La découverte fortuite d'un cadavre[2] replonge tous les acteurs de ce drame jamais élucidé dix ans en arrière ; la narration mêlant présent et passé permet alors de mesurer l'impact que ce crime a eu sur la personnalité fragile des adolescents qui y ont été mêlés. Dans *La Maison aux escaliers*, ce ne sont pas seulement des événements qui sont ainsi passés au crible d'un jugement critique mais toute une manière de vivre d'une époque (les années soixante-dix) dont les mœurs libérées et naïves sont contemplées avec un amusement un peu sarcastique par la narratrice, une romancière qui pourrait bien être le porte-parole de l'auteur. La construction en flash-back dans laquelle la première page ne prend souvent tout son sens qu'à la dernière, la progression parallèle de plusieurs intrigues qui s'éclairent mutuellement ne sont pas des artifices littéraires gratuits, mais bien des procédés qui permettent d'appréhender et d'expliquer les raisons d'actes apparemment fous.

Car dans ces derniers livres, c'est l'analyse presque clinique d'un cas pathologique qui est au premier plan. Il ne s'agit plus à proprement parler de trouver le mobile d'un meurtre, mais de suivre un personnage pas à pas, à la manière d'un thérapeute, et au besoin de remonter comme lui le cours du temps pour y découvrir les racines du mal : il faut retrouver l'origine de la phobie de *L'Homme à la tortue* pour comprendre l'enchaînement qui en a fait un criminel ; rechercher la faille chez cette jeune intellectuelle qui deviendra une voleuse d'enfant[3].

Cette impression d'être en face de l'analyse d'un cas de dérèglement mental est renforcée par la reprise d'un même thème, comme si l'auteur avait voulu lui donner des éclairages différents, pour lui conférer une dimension plus générale. Par exemple, l'amour maternel contrarié, avec les différentes conséquences tragiques qui peuvent en découler, est au cœur de plusieurs livres. L'horrible douleur d'une femme quand on lui arrache son enfant, douleur qui va la conduire à des actes fous, kidnapping ou meurtre, fait l'objet de trois romans : *Un enfant pour un autre, Vera va mourir, L'Été de Trapellune*. A chaque fois, la femme est différente : intellectuelle, ménagère étriquée ou très jeune fille inconsciente, mais la violence qu'elle manifeste est bien la même.

La montée de la folie chez un personnage qui peu à peu décroche de la réalité est aussi un scénario traité plusieurs fois par Ruth Rendell. On a l'impression qu'elle creuse, approfondit, élargit des sujets qui lui tiennent à cœur et non plus qu'elle cherche une idée originale pour un

1. *L'Homme à la tortue.*
2. *L'Été de Trapellune.*
3. *Un enfant pour un autre.*

thriller efficace. Dans son univers, on rencontre désormais davantage de questions que de réponses et la structure classique du roman policier où la découverte du coupable, la « solution » de l'énigme, permettent aux choses de rentrer dans l'ordre en séparant les bons des méchants ne peut plus s'accorder avec les personnages de plus en plus ambigus qui peuplent ses romans.

On dirait qu'aujourd'hui Ruth Rendell a suffisamment de renom pour pouvoir se permettre de céder à ses penchants naturels. Écrivain de romans policiers un peu malgré elle, elle peut sans doute maintenant se dégager d'un genre qu'elle ne renie pas et qui a donné une certaine forme à son écriture, mais qui est peut-être devenu un cadre un peu trop étroit pour qu'elle puisse nous entretenir de tout ce qui l'intéresse vraiment.

Marie-Thérèse NAUDON

L'ÉTÉ DE TRAPELLUNE

(*A Fatal Inversion*)

Roman traduit de l'anglais par
Frédérique Nathan

Pour Caroline et Richard Jefferiss-Jones
avec l'affection de Barbara.

I

Le corps reposait sur un petit carré de tapis au milieu de l'armurerie. Alec Chipstead chercha de quoi le couvrir. Il examina la pièce et décrocha un imperméable d'une des deux patères. Tandis qu'il le posait sur le corps, il s'avisa, trop tard, qu'il ne pourrait plus jamais le porter.

Il raccompagna le vétérinaire jusqu'au jardin.

« Je suis content que ce soit fini.

— C'est fou ce que ce genre de chose peut être pénible, dit le vétérinaire. Vous allez avoir un autre chien ?

— Probablement. Ça dépend de Meg. »

Le vétérinaire hocha la tête. Il monta dans sa voiture et demanda à Alec, à travers la vitre, s'il était sûr de ne pas vouloir faire enlever le corps. Alec répondit que non, vraiment, merci, il s'occuperait de tout ça.

Il regardait l'automobile s'éloigner ; après avoir gravi un long chemin escarpé — une trouée, comme on disait dans le pays —, elle s'engouffrait sous la voûte des branches et disparaissait dans la courbe qui menait au bois de pins. Le ciel était d'un bleu pâle, à reflets argentés. Les arbres, bien qu'encore verts, commençaient à se teinter de jaune. Septembre avait été humide, et les pelouses qui descendaient en pente douce jusqu'au bois étaient vertes, elles aussi. Au bord du gazon, tout près du parterre de fleurs qui le séparait de l'allée, il y avait une balle en caoutchouc criblée de coups de dent. Depuis combien de temps était-elle là ? Des mois, sans doute. Cela faisait longtemps que Fred n'était plus capable de jouer à la balle. Alec la mit dans sa poche. Il fit le tour de la maison, grimpa les marches de pierre qui donnaient sur la terrasse et rentra par la porte-fenêtre.

Meg, assise dans le salon, faisait semblant de lire le magazine *Country Life*.

« Il ne s'est rendu compte de rien, dit Alec. Il s'est endormi, c'est tout.

— Ce qu'on peut être bête !

— Je l'ai tenu sur mes genoux et il s'est endormi. Le vétérinaire lui a fait une piqûre et il... il est mort.

— Nous n'aurions pas pu le garder plus longtemps. Pas avec cette chorée. C'était trop pénible à voir, et pour lui, ça a dû être un enfer.

— Je sais. Suppose, ma chérie, que nous ayons eu des enfants... Ce que je veux dire, c'est que Fred n'était qu'un chien, alors, avec un gosse, tu t'imagines ? »

Meg, que le chagrin rendait acerbe, répondit : « Jusqu'à preuve du contraire, les parents n'appellent pas de médecin pour faire piquer leurs enfants malades. »

Alec se tut. Il quitta le salon et traversa la grande entrée, une salle aux proportions admirables avec son ravissant escalier à vis ; puis il s'engagea sous la large voûte menant aux cuisines et pénétra enfin dans l'armurerie. La cuisine et l'office avaient été réunis en une vaste pièce entièrement garnie de placards et bourrée des derniers gadgets à la mode. On avait peine à croire, une fois qu'on y était, que la maison avait deux cents ans. C'était l'agent immobilier qui, en leur montrant la pièce où ils avaient installé un congélateur et où ils pendaient leurs manteaux, l'avait appelée l'armurerie. Elle ne contenait plus d'armes à ce moment-là. Mais il y en avait eu, sans aucun doute, du temps des Bereland, et plus d'un vieil héritier avait dû s'asseoir ici, sur une chaise Windsor, devant une table de bois blanc, pour nettoyer ses fusils...

Il tira le coin de l'imperméable d'un coup sec et jeta un dernier regard sur le cadavre du beagle. Meg l'avait rejoint et attendait, debout derrière lui. Il songea, avec une certaine tendresse, que le front blanc et brun était enfin calme, délivré des spasmes brutaux qui l'avaient agité ; mais cette fois, il garda sa réflexion pour lui.

« Il a eu une belle vie.

— Oui. Où allons-nous l'enterrer ?

— De l'autre côté du lac, je pense, dans le Petit Bois. »

Alec enveloppa le corps dans son imperméable, comme un paquet. L'imperméable était un peu défraîchi, mais il venait de chez Aquascutum — coûteux linceul. Sans savoir exactement pourquoi, Alec ressentait le besoin d'offrir à Fred ce dernier sacrifice, cet ultime tribut.

« J'ai une meilleure idée, dit Meg en passant son anorak. Le cimetière des Bereland. Pourquoi irait-on le mettre dans le Petit Bois alors qu'il y a un cimetière d'animaux ? S'il te plaît, Alec. Ça paraît si *juste*. On y enterre les animaux depuis très longtemps, c'est une vieille tradition. J'aimerais vraiment que Fred y soit.

— Pourquoi pas ?

— Je sais que c'est idiot, mais j'aimerais pouvoir me dire qu'il est là-bas, avec les autres. Avec Alexander, Pinto et Blaze. Voilà une sentimentalité bien bête, pas vrai ?

— Je ne suis pas plus malin que toi », répondit Alec.

Il se dirigea vers les anciennes écuries où ils remisaient le tracteur et le bois pour l'hiver, et en ressortit avec une brouette et deux pelles.

« On pourrait mettre une plaque de bois sur la tombe. J'en fabriquerai une avec une bûche de sycomore — on en a du beau, du blanc. Et toi, tu peindras l'inscription.

— D'accord. Mais pas maintenant. » Meg se pencha pour prendre le paquet. Au dernier moment, elle eut un mouvement de recul. Elle se redressa et secoua la tête. Ce fut Alec qui posa le chien dans la brouette. Ils se mirent en route le long de la trouée.

Il y avait deux bois, trois en comptant celui qui était au-dessous du lac. A la pelouse qui bordait la maison, et sur laquelle se dressait un grand cèdre noir, succédait le vieux bois, deux ou trois hectares d'arbres feuillus. Un peu plus loin, au fur et à mesure que le sol s'élevait, une allée cavalière gazonnée menait à la pinède. Cette dernière avait été plantée de pins maritimes et de pins à écussons, qu'on avait disposés en rangs un peu trop serrés. L'ensemble formait maintenant une zone boisée très dense. Le bois de pins faisait presque le double de la forêt de feuillus ; il la protégeait des rafales qui, depuis que les haies en bordure de Nunes Road avaient été arrachées, soufflaient librement par-dessus les champs dénudés.

Impénétrable : telle semblait être la pinède vue de la trouée ou de Nunes Road. Mais sur le côté sud, un sentier partant de l'allée gazonnée se frayait au milieu des rangs d'arbres, jusqu'au centre du bois qui s'élargissait alors en une sorte de cercle. Les Chipstead n'y avaient pénétré qu'une seule fois auparavant, un dimanche où ils exploraient leur domaine, peu de temps après en avoir fait l'acquisition. Lorsqu'on est propriétaire d'une terre de dix hectares, on ne peut pas se faire tout de suite une idée exacte de ses biens. Ils avaient été touchés par ce qu'ils avaient vu, et s'en étaient gentiment moqués afin de dissimuler une émotion qui les gênait un peu, même entre eux.

« Il n'y a qu'en Angleterre qu'on peut trouver des choses pareilles », avait dit Meg.

Cette fois, ils savaient parfaitement où ils allaient et ce qu'ils venaient y chercher. Ils quittèrent la trouée et s'engagèrent dans l'allée gazonnée qui courait comme un tunnel entre les deux bois, et qui s'ouvrait, dans le lointain, sur des losanges de verdure, des fragments de taillis plus sombres, un clocher d'église. Le sol était recouvert d'une couche glissante d'aiguilles de pin. L'air sentait la résine.

Le gazon qui tapissait la clairière circulaire s'arrondissait autour d'une douzaine de petits tertres, de légers vallonnements, de mamelons herbeux. La plupart des plaques étaient en bois, en chêne naturellement, sans quoi elles ne se seraient jamais conservées si longtemps : quelques-unes étaient tombées malgré tout et s'étaient décomposées. Les autres, envahies par le lichen, avaient pris une teinte verte. Çà et là, quelques rares pierres : un bloc d'ardoise, une dalle de granit rose, et un cube de spath d'Islande étincelant de blancheur, sur lequel on pouvait lire les dates et le nom suivants : Alexander, 1901-1909.

Il ne restait plus rien des inscriptions qui avaient pu être marquées sur les croix de bois : le temps et les intempéries les avaient effacées. Mais l'épitaphe gravée sur le granit rose était encore parfaitement visible. Le nom de Blaze y était écrit en capitales, avec, au-dessous :

ILS NE PASSENT PAS LEUR TEMPS À GÉMIR SUR LEUR CONDITION.

ILS NE RESTENT PAS IMMOBILES DANS LE NOIR À PLEURER DES LARMES DE REPENTIR...

AUCUN D'ENTRE EUX N'EXIGE LE RESPECT, AUCUN D'ENTRE EUX N'EST MALHEUREUX SUR TOUTE LA TERRE.

Meg se baissa pour examiner des coups de pinceau presque entièrement recouverts d'humus jaune. « Par quels courants sans fin, Pinto... », lut-elle. « Il nous a quittés après trois courtes années. » « C'était un épagneul d'eau, Pinto, d'après toi ?

— Ou une loutre apprivoisée. » Alec souleva le cadavre de Fred, enveloppé dans son linceul, et le posa sur l'herbe. « Je me souviens d'avoir fait ça quand j'étais gosse. Avec un lapin. Mon frère et moi avons fait des funérailles à un lapin.

— Je parie que vous n'aviez pas de cimetière à votre disposition.

— Non. Il a fallu l'enterrer derrière un parterre de fleurs.

— Où allons-nous le mettre ? »

Alec ramassa la pelle. « Par là, non ? A côté de Blaze. L'endroit me paraît tout désigné pour lui. Blaze doit être le dernier à avoir été enterré ici, vu la date : 1957. Les successeurs n'avaient probablement pas d'animaux. »

Meg se mit à observer les tombes, essayant de retrouver l'ordre dans lequel les différents tertres avaient été élevés. C'était difficile à dire, étant donné que la plupart des plaques étaient détruites, mais il semblait bien que la tombe de Blaze ait été la dernière : il y avait deux rangées de sept monticules chacune derrière elle, et trois à sa gauche.

« Mets-le à droite de Blaze », dit-elle.

Maintenant qu'Alec avait commencé à creuser, Meg aurait voulu en finir au plus vite. C'était un geste d'enfant, une sottise qui n'était pas digne d'eux. Le récit d'Alec, avec les obsèques du lapin, le lui avait fait comprendre. Et dire qu'elle avait failli suggérer quelques paroles d'adieu à Fred, au-dessus de sa fosse ! Ils devaient achever cette besogne sans plus tarder, remettre en place le gazon, et oublier toutes ces absurdités à propos d'une plaque commémorative. Du sycomore blanc, et puis quoi encore ! Meg s'empara de l'autre pelle et se mit à creuser rapidement, retournant le tendre terreau rempli d'aiguilles de pin. Une fois qu'on avait entamé le gazon, le sol cédait à la pelle aussi facilement qu'une couche de sable sec.

« Tout doux, dit Alec. C'est Fred que nous enterrons, pas un cercueil à deux mètres de profondeur. »

C'étaient là des mots malheureux, dont la seule évocation devait, les jours à venir, lui nouer la gorge. Sa pelle heurta ce qu'il pensa être une pierre, un long silex. Il creusa tout autour et dégagea l'os en forme de lame. Il y avait donc déjà un animal enterré ici... Un animal qui avait une très grande cage thoracique, pensa-t-il. Il n'avait pas l'intention d'en parler à Meg. Il allait simplement recouvrir rapidement cette cage thoracique et cette clavicule, avant de se remettre à creuser de son côté à elle.

Alec entendit le croassement d'une corneille dans les arbres. Probablement là-bas, dans les tilleuls du bois de feuillus. Il ne put s'empêcher de penser que les corneilles se nourrissaient de charognes. Il plongea à nouveau sa pelle dans le gazon ferme et sec. C'est alors qu'il vit Meg lui tendre sa propre pelle. Ce qu'elle contenait ressemblait à un éventail d'os, de métatarses plus précisément, qui auraient appartenu à un tout petit pied.

« Un singe ? bredouilla Meg d'une voix faible.

— Sûrement.

— Pourquoi n'y a-t-il pas de pierre tombale ? »

Il ne répondit pas. Il creusait plus profondément, sortant des pelletées de terre parfumée de résine. Meg déterrait des os, elle en avait tout un amoncellement.

« Nous allons les mettre dans un coffret, enfin dans une boîte quelconque. On les réenterrera.

— Non, dit-il. Non, nous ne pouvons pas faire ça, Meg ?...

— Qu'est-ce qu'il y a ? Qu'est-ce que tu as ?

— Regarde. » Il le souleva pour le lui montrer. « Ce n'est pas un crâne de chien, n'est-ce pas ? Ni un crâne de singe ? »

II

Ce qui s'était passé à Trapellune, Adam s'efforçait de l'oublier sans parvenir à le chasser de son inconscient. Il en rêvait, et il arrivait aussi que des images surgissent par simple association d'idées. Mais jamais il ne se permettait de s'y attarder, jamais il ne s'aventurait dans ces circuits ; et lorsque des options défilaient sur son écran mental, il détournait rapidement le regard. Quand le processus s'enclenchait, quand la machine associative se mettait en branle — à cause d'un nom à consonance espagnole, par exemple, ou d'un parfum de framboises, ou encore à la vue de bougies allumées en plein air —, il avait pris l'habitude d'appuyer sur la touche annulation : il fonctionnait comme les ordinateurs qu'il vendait.

Pendant toutes ces années, seule sa mémoire était venue troubler sa quiétude. Il avait eu de la chance. A l'époque, au moment de se séparer, ils avaient décidé de ne plus jamais chercher à se revoir. Cela tombait sous le sens. Et il avait été convenu qu'en cas de rencontre fortuite, ils passeraient leur chemin en feignant de s'ignorer. Adam avait depuis longtemps cessé de se demander ce qu'ils étaient devenus. Il n'avait fait aucune tentative pour suivre leur carrière, et n'avait jamais ouvert un annuaire pour les retrouver. Si un enquêteur imaginaire lui avait demandé de parler sans détour, il aurait probablement dit qu'il préférerait les savoir tous morts.

Quant à ses rêves, c'était une autre histoire, un territoire à part. C'était là qu'ils venaient lui rendre visite. Le rêve se passait toujours à Trapellune, le soir, ou par un après-midi chaud et tranquille. Il était seul, il entrait dans le jardin clos, ou bien il faisait le tour de la maison pour prendre l'escalier de service — là où Zozie avait vu les fantômes de Hilbert et de Blaze. L'un d'eux venait alors à sa rencontre. Une fois, ce fut Vivien dans sa robe bleu turquoise, et une autre fois, Rufus, en manteau blanc, avec du sang sur les mains. Après cette dernière apparition, il avait commencé à avoir peur de s'endormir le soir. Il restait éveillé, volontairement, par crainte des cauchemars. Peu de temps après, le bébé était né, et cela lui avait donné un prétexte pour passer des nuits agitées, sans sommeil, pour résister à l'envie de dormir jusqu'au moment où la fatigue était telle qu'il ne rêvait plus. Malheureusement pour lui, Abigail était un bébé très sage qui dormait sept ou huit heures d'affilée.

Cela ne le privait pas seulement d'une bonne excuse pour veiller ; c'était aussi un motif d'angoisse supplémentaire. Elle dormait si paisiblement, elle était si calme et si silencieuse. Il avait pris l'habitude de se lever cinq ou six fois par nuit pour aller voir dans sa chambre si tout se passait bien. Une anxiété aussi vive ne pouvait être que pathologique, disait Anne, et il ferait mieux d'aller consulter un psychiatre. Elle dormait bien, elle, la mère de l'enfant, sans faire de mauvais rêves. Adam alla effectivement voir un psychiatre et suivit un traitement qui ne lui servit pas à grand-chose, et pour cause : il était dans l'impossibilité de se confier. Quand il s'expliqua au thérapeute qu'il avait peur de trouver son enfant mort dans sa chambre, il se vit proposer des tranquillisants.

On était maintenant au mois de septembre ; Abigail avait six mois, et elle était toujours bien vivante. C'était un gros bébé placide et doux, qui se trouvait, ce jeudi-là, à l'heure du déjeuner, dans une file d'attente. Après avoir parcouru d'un regard indifférent tous ces passagers qui venaient faire enregistrer leurs bagages, elle reposa sa tête sur son oreiller, et, bien calée dans sa poussette, elle ferma les yeux. Une Espagnole qui s'apprêtait à rentrer dans son pays soupira d'attendrissement en la voyant, tandis qu'une Américaine avec un sac à dos, visiblement contrariée par la lenteur du service, émit l'opinion qu'Abigail avait bien raison. Adam, Anne et Abigail — s'ils avaient un jour un fils, ils l'appeleraient Aaron — se rendaient à Tenerife par la compagnie Iberia. Ils avaient minutieusement préparé ces vacances de dix jours, en fonction de l'âge d'Abigail, désormais assez grande pour ne pas souffrir d'un changement de climat, et encore assez jeune pour être nourrie au sein.

Il y avait foule à Heathrow — comme toujours, pensa Adam, en voyageur blasé qui se déplaçait beaucoup pour affaires —, une masse grouillante et bigarrée : les habitués d'une part, en jeans et en chemise, et les novices de l'autre, vêtus d'élégants costumes de lin et chaussés de bottes italiennes étincelantes qu'ils maudiraient sans doute à l'arrivée, quand il faudrait en délivrer leurs pieds enflés et douloureux.

« Côté hublot de préférence », dit Adam en tendant les billets. « Ah, et puis non-fumeurs.

— Fumeurs, rectifia Anne. A moins que tu ne veuilles rester seul pendant le voyage.

— Bon, fumeurs. »

Il se trouva que les places « fumeurs » étaient complètes, et que les seuls sièges encore libres étaient dans l'allée centrale. Adam posa leurs deux valises sur la balance ; l'une d'elles était remplie de couches de cellulose, au cas où il serait difficile de s'en procurer aux Canaries. Il les surveillait pendant qu'elles passaient, pour vérifier qu'elles étaient correctement étiquetées. L'an dernier, à deux reprises, alors qu'il se rendait à Stockholm et à Francfort, ses bagages avaient été égarés.

« Je vais changer Abigail, dit Anne. Après, on pourrait passer directement dans le hall des départs et prendre un café.

— Il faut d'abord que je trouve une banque. »

Pouffant de rire, Anne désigna la pancarte qui indiquait la nursery : « Pourquoi un biberon ? Pourquoi pas un sein ? »

Adam acquiesça d'un air absent. « Va prendre un café, je te rejoins. » Il avait eu le sens de l'humour autrefois, mais maintenant c'était fini. Les rêves et l'anxiété muette qui sous-tendaient ses actes et son discours l'avaient peu à peu miné. « Et contente-toi d'un feuilleté, pas plus », ajouta-t-il. « Quand on a eu un enfant, ce n'est pas seulement qu'on mange plus, tu sais. Ça modifie le métabolisme. On a besoin de beaucoup moins de nourriture pour grossir. » Il n'était pas tout à fait sûr de ce qu'il avançait, mais il lui en voulait d'avoir demandé une place fumeur.

Abigail ouvrit les yeux et lui sourit. Quand elle le regardait ainsi, il pensait, dans un élan de terreur, à la douleur infinie que lui causerait sa perte ; il savait qu'il tuerait sur-le-champ, et sans remords, quiconque lui ferait du mal, qu'il donnerait volontiers sa vie pour elle. Il est bien plus difficile, pensait Adam, de vivre avec les gens que de mourir pour eux. Un autre père, évoqué par le processus associatif, lui revint en mémoire. Est-ce qu'il avait ressenti ce genre de chose à l'égard de son enfant, de son bébé ? Et s'en était-il remis aujourd'hui ? Pouvait-on jamais s'en remettre ? Adam verrouilla le dispositif. Il eut l'impression, l'espace d'un instant, qu'il n'y avait plus qu'un grand trou noir. Il traversa le hall d'enregistrement, l'esprit vide, et prit l'escalator.

Le cerveau, comme la nature, a horreur du vide. Adam fut vite assailli par de menus soucis — les taux de change, les moyens de paiement. Là-haut, la foule était encore plus dense, augmentée de deux cargaisons de passagers, l'une en provenance de Paris et l'autre de Salzbourg. Ils avaient récupéré leurs bagages à la jonction des deux tapis roulants et se pressaient dans un même mouvement vers la douane. Adam apercevait au loin l'enseigne lumineuse turquoise de la Barclays Bank. C'était une couleur qu'il détestait, qu'il avait même presque en aversion, mais une voix intérieure lui avait toujours interdit de se demander pourquoi. Seule la raison, ou plutôt le désir d'être raisonnable, l'avait empêché de changer de banque pour ce motif. Il se mit en devoir d'atteindre la lumière bleue. Il lui fallut se frayer un passage à travers les comptoirs, s'excuser à la hâte auprès d'une femme en chapeau tyrolien et *trachtenkleid*, qu'il avait gratifiée d'un coup de coude dans les côtes, et c'est à cet instant qu'il aperçut, parmi un océan de visages mouvants droit devant lui, celui qu'en son for intérieur il avait toujours appelé l'Indien.

Il se prénommait Shiva, comme la deuxième divinité de la trinité hindoue. Quant à son nom de famille, Adam ne s'en souvenait plus, mais il avait dû le connaître autrefois. Les dix années qui s'étaient écoulées n'avaient pas beaucoup altéré les traits de Shiva ; ils étaient peut-être un peu plus figés, comme si se dessinaient déjà les contours émaciés de la vieillesse, et semblaient marqués par la tristesse atavique de sa race. Sa peau était sombre et lisse comme le fruit d'un marronnier, et ses yeux, dont les pupilles paraissaient flotter dans une eau tintée d'encre, d'un noir bleuté. C'était un beau visage, bien plus pur que celui de n'importe quel Anglais, bien plus intensément aryen que n'importe quel prototype nazi ; un visage triangulaire et finement ciselé, à l'exception de la bouche, pleine, tout en courbes, délicatement voluptueuse, qui ébauchait à présent un sourire timide et hésitant.

Leurs yeux ne se rencontrèrent que quelques instants, durant lesquels Adam sentit ses propres traits se tordre en une grimace de dégoût, de rejet, de terreur en réalité, tandis que les lèvres de Shiva se contractaient, ravalant peu à peu leur sourire. Adam tourna brusquement la tête. Il s'enfonça dans la foule, atteignit un endroit plus dégagé, hâta encore le pas, courant presque. Mais il y avait trop de monde pour qu'il fût possible de courir. Il parvint jusqu'à la banque et se rangea dans la file d'attente, essoufflé, les yeux clos. Que ferait-il, que pourrait-il bien faire, que dirait-il si Shiva se mettait à le suivre, s'il lui adressait la parole, s'il le *touchait* ? Adam pensa qu'il était capable de s'évanouir ou de vomir si Shiva l'effleurait.

Il était allé à la banque parce qu'il s'était rappelé, dans le taxi qui les amenait à Heathrow, qu'il avait bien des traveller's cheque et des cartes de crédit, mais pas de pesetas. A Tenerife, il y aurait un autre taxi à payer, et à l'hôtel, un porteur auquel il faudrait donner un pourboire. Adam tendit au caissier la moitié de ce qu'il avait dans son portefeuille, deux billets de dix livres, et demanda, d'une voix si rauque qu'il dut s'éclaircir la gorge pour être audible, à les changer en monnaie espagnole.

Quand il eut reçu son argent, il dut se retourner pour laisser passer la personne suivante : il n'y avait pas moyen de faire autrement. Avec un effort de volonté considérable, il réussit à lever la tête et à regarder devant lui, à affronter la foule des voyageurs qui grouillaient en bas, dans le hall des arrivées. Il commença à revenir sur ses pas. C'était un peu plus calme, mais d'ici une à deux minutes, quand les passagers en provenance de Rome débarqueraient, l'espace se remplirait à nouveau. Il distinguait plusieurs personnes à la peau sombre, des hommes et des femmes d'origine africaine, antillaise ou indienne. Adam n'avait pas toujours été raciste, mais il l'était devenu. C'était vraiment extraordinaire, pensait-il, que ces gens-là aient les moyens de voyager en Europe.

« En Europe, tiens-toi bien », comme il l'avait dit à Anne en arrivant à l'aéroport. Elle avait alors suggéré, en réponse à cette remarque cinglante, que ces Noirs rentraient peut-être chez eux, ou qu'au contraire ils arrivaient de leur pays natal, ou de celui de leurs ancêtres. « C'est l'aérogare n° 2, avait-il répliqué. Et d'ici, on ne va pas en Jamaïque ou à Calcutta.

— Je suppose que ça devrait nous faire plaisir, avait-elle répondu. Ça prouve que leur niveau de vie s'est amélioré.

— Hum », avait fait Adam.

Il se mit à chercher Shiva. Son regard se fixa sur un Indien qui était à l'évidence un employé de l'aéroport : il avait une combinaison et portait une sorte d'équipement de nettoyage. C'était peut-être cet homme qu'il avait vu ? Ou alors cet homme d'affaires un peu trop élégant qui passait maintenant devant lui, avec une valise au nom de D.K. Patel ? Rien ne ressemble plus à un Indien qu'un autre Indien, pensa Adam. Sans doute, de leur point de vue, rien ne ressemble plus à un Blanc qu'un autre Blanc, mais cet aspect de la question importait peu à Adam. Ce n'était pas forcément Shiva qu'il avait si brièvement entrevu dans la foule, et cela seul comptait. Il avait peut-être un peu trop lâché la bride à son imagination, lui qui se surveillait pourtant de si près, et ses rêves de la nuit dernière, son angoisse au sujet d'Abigail, cette valise qu'il venait de voir l'avaient rendu vulnérable à toutes sortes de fantasmes. L'Indien semblait l'avoir reconnu, mais n'était-ce pas plutôt lui, Adam, qui s'était mépris sur son comportement ? Ces gens-là essayaient de s'insinuer dans vos bonnes grâces, et ils répondaient à une mine renfrognée par un sourire d'espoir, en guise de défense...

Shiva ne lui aurait pas souri, pensait maintenant Adam, parce qu'il tenait certainement à éviter toute rencontre, lui aussi. Ils avaient eu des responsabilités différentes à Trapellune, Shiva et lui — d'ailleurs ils avaient eu tous les cinq des rôles différents à jouer. Il n'en restait pas moins que des initiatives avaient été prises, des mesures irrévocables et atroces, et qu'ils ne pouvaient ni l'un ni l'autre les avoir oubliées. Ce n'étaient pas des souvenirs qui donnaient envie de sourire dix ans plus tard. Et d'une certaine façon, on eût pu dire que Shiva avait été encore plus intimement mêlé à l'affaire, bien que seulement d'une certaine façon.

« Si j'étais à sa place, marmonna Adam à mi-voix, je serais retourné en Inde. Pour me donner une petite chance. » Il se mordit les lèvres pour s'imposer silence. Shiva était-il né ici ou à Delhi ? Il n'arrivait pas à se le rappeler. Je ne penserai pas à lui, ni à aucun d'eux, s'adjura-t-il intérieurement. Je vais tout effacer.

Comment pouvait-il espérer profiter de ses vacances avec des préoccupations pareilles ? Et il avait bien l'intention d'en profiter. Entre autres bienfaits — et non des moindres —, elles devaient lui donner l'occasion de partager sa chambre avec celle d'Abigail, dont le berceau se trouverait (il y veillerait) de son côté du lit. Pendant ses longues nuits sans sommeil, il pourrait ainsi garder l'œil sur elle. Il apercevait maintenant Anne qui l'attendait, debout à l'entrée du hall de départ. Elle lui avait obéi et s'était abstenue de toute nourriture. Curieusement, il lui en voulut d'autant plus. Elle avait sorti Abigail de sa poussette et la portait sur sa hanche, d'une façon spécifiquement féminine — tant le corps des femmes y paraît prédisposé. Ce spectacle mit Adam en fureur. Abigail était assise à califourchon sur la hanche droite d'Anne, blottie dans ses bras.

« Tu en as mis, un temps, dit Anne, nous commencions à croire que tu avais été kidnappé.

— Ne mets pas tes propres mots dans sa bouche ! »

Il avait horreur de ça. « Nous pensions », « Abigail croit » — comment pouvait-*elle* le savoir ? Il n'avait bien entendu jamais rien dit à Anne au sujet de Trapellune, sinon qu'un héritage d'un grand-oncle lui avait mis le pied à l'étrier. A l'époque où il était « amoureux » d'Anne — alors qu'il se contentait maintenant de l'aimer, ce qui devait immanquablement arriver, se disait-il, après trois ans de mariage —, il avait eu la tentation de tout raconter. Il y avait eu une période, quelques semaines, peut-être deux mois en tout, où ils avaient été très proches. Ils semblaient penser à l'unisson et n'avoir aucun secret l'un pour l'autre.

« Y a-t-il quelque chose que tu ne me pardonnerais pas ? » lui avait-elle demandé. Ils étaient au lit, dans une chaumière qu'ils avaient louée en Cornouailles pour des vacances de printemps.

« Je ne sache pas que ce soit à moi de te *pardonner* quoi que ce soit. Je veux dire par là que ce que tu as pu faire, ça ne me regarde pas.

— Heine a, paraît-il, dit sur son lit de mort : "*Dieu me pardonnera. C'est son métier*[1]." »

Elle avait dû traduire : il parlait très mal le français.

« O.K. Alors, laissons cela à Dieu, puisque c'est son boulot. Et puis Anne, n'en parlons pas, tu veux bien ?

— Il n'y a rien que je ne puisse te pardonner », avait-elle dit.

Il avait pris une inspiration profonde, s'était retourné, avait regardé le plafond sur lequel le plâtre irrégulier faisait d'étranges dessins entre les poutres teintées de noir : une tête de chien, une île qui ressemblait à la Crète, longue et effilée, l'ossature d'une aile.

« Et si j'avais... maltraité un enfant ? avait-il demandé. Si j'avais commis un enlèvement ? Un meurtre ? »

Elle avait ri. « Nous parlons de choses que tu aurais été *susceptible* de faire, n'est-ce pas ? »

Il y avait maintenant entre eux un fossé si béant que leur relation se réduisait à une parodie de ce qu'elle était à l'époque.

Si je lui avais parlé, pensait-il parfois, quand l'occasion s'est présentée, si j'avais laissé cette porte ouverte, alors ou bien nous nous serions séparés pour de bon ou bien nous serions allés vers un véritable mariage. Il y avait toutefois longtemps qu'il avait cessé d'envisager ce genre d'éventualité. Il avait trop grand besoin de se protéger. A présent, des traces de tout cela affleuraient à sa conscience, vagues et irritantes. Il aurait aimé passer le contrôle des passeports avec Abigail, mais elle était sur celui d'Anne. Et c'était dans les bras d'Anne qu'elle était assise lorsque le fonctionnaire la regarda, avant de vérifier son nom sur le document et de lui décocher un sourire.

Il lui restait une certitude rassurante : s'il avait vu Shiva, c'était du côté des *arrivées*, pas du côté des *départs*. Ce qui signifiait que Shiva rentrait chez lui — où que ce fût, dans un ghetto quelconque du nord ou de l'est, un endroit où les Blancs ne mettaient pas les pieds — tandis que lui, il partait. Il n'y avait par conséquent aucune chance qu'il le rencontrât à nouveau. Et en fin de compte, quel mal pouvait faire ce bref échange de regards, si échange il y avait eu, et si c'était bien de Shiva qu'il s'agissait ? Il n'avait pas sérieusement cru que Shiva était mort, pas plus que les autres, d'ailleurs. Et il était peu probable qu'il parvienne jusqu'au terme de sa propre existence sans jamais en revoir aucun. Jusqu'à présent, rien n'avait été mentionné dans les journaux

1. En français dans le texte (*N.d.T.*).

ni aux informations, pas le moindre communiqué. Il avait eu de la chance. Il *avait* de la chance, parce que le fait d'avoir aperçu Shiva ne changeait rien, ne rendait la situation ni meilleure ni pire. La vie continuerait comme par le passé avec Anne et Abigail. Il gravirait peu à peu les échelons de la réussite, toujours plus conquérant, et ils déménageraient bientôt pour s'installer dans une maison plus agréable, où ils concevraient leur fils Aaron. Le dossier Trapellune serait alors intégralement et définitivement extrait des archives de sa mémoire.

La vie suivrait son cours plus ou moins tranquille : il suffirait d'un jour ou deux à Tenerife pour que s'estompe le souvenir de ce visage brun et poli à peine entrevu au milieu de cette foule pâle, tendue et impatiente. Ce n'était sûrement pas Shiva. Adam ne croisait que des Blancs là où il habitait, et il avait par conséquent tendance à confondre un étranger à la peau noire avec un autre. Et c'était bien naturel, n'est-ce pas, qu'un visage d'Indien lui rappelle immédiatement celui de Shiva ? Cela s'était déjà produit plusieurs fois, dans des boutiques ou des bureaux de poste. Et puis, quelle importance, Shiva était reparti maintenant, reparti pour dix ans...

Le contrôle des bagages à main était terminé : il les empoigna et tendit son sac à Anne. Puis il eut recours à un procédé qu'il employait souvent pour détourner la colère qu'elle lui inspirait : une feinte gentillesse.

« Viens, lui dit-il, on a encore le temps de t'acheter du parfum dans une boutique hors taxe. »

III

Le mal, quel mot absurde. Cela n'avait guère plus de sens que le mot amour, c'était aussi confus, aussi nébuleux. Chacun avait une vague idée de sa signification, mais personne n'était capable d'en donner une définition précise. En fait, par certains côtés, c'était un terme qui renvoyait à des croyances surnaturelles. Ces réflexions avaient été inspirées au mari de Lili Manjusri par une phrase qu'il avait lue sur la couverture du roman qu'elle avait acheté à l'aéroport de Salzbourg. « Le nuage menaçant du mal, écrivait le critique, plane sur cette magnifique et sombre saga, de la première page jusqu'au stupéfiant dénouement. » Lili l'avait pris parce que c'était le seul livre en anglais qu'elle avait pu trouver au kiosque.

Chaque fois que Shiva tentait d'analyser ce mot, son imagination lui représentait un Méphistophélès ricanant, pourvu de petites cornes de bélier recourbées, bondissant dans sa redingote. Il ne considérait jamais les événements de son propre passé comme l'œuvre du mal ; ils lui apparaissaient plutôt comme une erreur, immensément regrettable, causée par la peur et par l'avidité. Shiva pensait que la folie du monde était due à la peur et à l'avidité ; en l'attribuant au mal, on supposait un calcul, une intention délibérée de nuire : c'était faire preuve d'une grande ignorance en matière de psychologie humaine. Telles étaient ses méditations lorsque, poussant aux côtés de Lili un chariot qu'il allait abandonner à l'entrée du métro il leva les yeux et croisa le regard d'Adam Verne-Smith.

Shiva ne douta pas un instant qu'il s'agissait d'Adam. Les Européens ne lui avaient jamais paru interchangeables. Adam et Rufus Fletcher, par exemple, bien que tous deux blancs et d'ascendance plus ou moins anglo-saxonne ou celtico-normande, étaient d'aspect très dissemblable. Adam, mince et pâle, avait une épaisse chevelure brune (aujourd'hui quelque peu clairsemée), tandis que Rufus, un blond solidement charpenté, avait un visage étrangement anguleux pour un homme de sa corpulence. Shiva avait aperçu Rufus quelques années auparavant. Il était certain que celui-ci ne l'avait ni vu ni reconnu ; en revanche, Adam l'avait parfaitement identifié, il en était sûr. Il s'était mis à sourire pour la raison précise qu'Adam lui avait prêtée, par désir de gagner la bienveillance d'autrui et de détourner l'agressivité. Il était né en Angleterre ; il n'était jamais allé en Inde, l'anglais était sa langue maternelle et il avait oublié tout l'hindi qu'il avait pu apprendre, mais cela ne l'empêchait pas d'avoir les réactions de défense et la gaucherie d'un immigré. En fait, pensa-t-il, il s'était senti encore plus étranger après les événements de Trapellune. Sa situation n'avait pas cessé de se détériorer depuis lors. Sa fortune, son bonheur et sa prospérité — ou plus exactement ses espérances dans ce domaine — avaient peu à peu décliné.

Adam lui avait répondu par un regard furieux et l'avait évité. C'était prévisible.

Lili lui demanda ce qu'il regardait.

« Un type que j'ai connu il y a des années. » Shiva utilisait maintenant des mots comme « type » et « gamin », des mots employés par les Indiens qui voulaient se faire passer pour de vrais Britanniques. Il ne parlait pas ainsi autrefois.

« Tu veux aller lui dire bonjour ?

— Hélas, trois fois hélas, il préfère ne pas me reconnaître. Je ne suis qu'un pauvre Indien. Il n'est pas du genre à vouloir rencontrer ses frères de couleur.

— Tu ne devrais pas dire des choses comme ça », dit Lili.

Shiva sourit tristement et lui demanda pourquoi. Il savait pourtant qu'il était injuste envers Adam aussi bien qu'envers lui-même. N'avaient-ils pas décidé ensemble, en quittant Trapellune, lorsque chacun était parti de son côté, qu'il fallait effacer toute trace de leur rencontre et de leur vie commune ? Qu'à l'avenir ils devaient être des étrangers les uns pour les autres, et même plus que des étrangers ? Adam avait sans aucun doute respecté cette règle. Rufus et la fille s'y étaient probablement conformés, eux aussi. Il y avait chez Shiva plus d'inclination au fatalisme et à la résignation. Il pouvait peut-être tromper les autres, mais il était incapable de se leurrer lui-même ou de travestir ses propres pensées. Il ne lui serait pas venu à l'esprit d'essayer d'oublier Trapellune en refoulant ses souvenirs. Il y pensait tous les jours.

« C'est à l'endroit dont je t'ai parlé que je l'ai connu, dit-il à Lili. Il faisait partie du groupe. Il en était même le membre le plus important, c'était lui le propriétaire.

— Alors, autant ne pas lui dire bonjour », répliqua Lili.

Elle alla acheter les billets. Adam avait vu juste, c'était dans un ghetto de l'est de Londres qu'habitait Shiva. Lili mit les deux bouts de carton vert dans un pli de son sari. Elle n'était qu'à moitié indienne ; sa mère, une Viennoise venue en Angleterre comme jeune fille au pair, avait épousé un médecin de Darjeeling, interne de chirurgie dans un hôpital de Bradford. Après la mort du docteur — Lili n'était plus une enfant à l'époque —, sa mère était revenue dans son pays natal ; elle s'était installée à Salzbourg où elle vendait des chopes de bière en forme de clocher dans une boutique de souvenirs. Ils s'y rendaient tous les étés, pendant les vacances de Shiva, aux frais de Sabine Schnitzler qui, ayant repris son nom de jeune fille et l'usage de sa langue maternelle, portait un regard surpris, sinon dérouté, sur « tous ces Indiens » (selon ses propres termes). Car Lili, dont la peau était presque aussi blanche que celle d'Adam Verne-Smith, était plus indienne que les vrais Indiens : elle portait le sari, laissait pousser sa chevelure bouclée et châtaine d'Autrichienne jusqu'à la taille, et apprenait le bengali. Shiva pensait qu'il devrait lui en être reconnaissant, et il ne l'était cependant pas. Qu'aurait-il ressenti, se demandait-il parfois, s'il avait épousé une femme qui se serait dressée contre ses origines ethniques ?

Il lui avait raconté ce qui s'était passé à Trapellune avant leur mariage. Il n'aurait pas été dans sa nature de le passer sous silence, et il n'en avait d'ailleurs pas eu envie... Il n'était pas entré dans les détails, il s'était contenté d'un bref compte rendu des faits ; Lili n'avait pas posé beaucoup de questions. Un jour viendrait peut-être où il devrait tout lui dire.

« Ce n'était pas ta faute, avait-elle ajouté en guise de conclusion.

— Il est vrai qu'ils ne m'ont jamais demandé mon avis. Si je l'avais donné, ils n'en auraient pas tenu compte.

— Eh bien, alors. »

Il avait commencé à expliquer, d'une voix hésitante, puis il s'était arrêté. Il pouvait dire la vérité, mais pas toute la vérité. La franchise n'exigeait pas qu'il avouât que c'était lui qui l'avait suggéré.

« Tu devrais essayer d'oublier, lui conseilla-t-elle.

— Je crois que ce ne serait pas bien. Je n'ai pas le droit d'oublier ce gosse. »

Et il était peut-être inévitable que la mort de son enfant, celui de Lili et le sien, lui apparaisse comme un juste châtiment. Il n'était pourtant pas chrétien pour voir les choses sous cet angle. Il n'était pas vraiment hindou non plus. Ses parents avaient négligé cet aspect de son éducation : dès avant sa naissance, ils avaient cessé de pratiquer leur religion, dont ils n'observaient plus que quelques prescriptions formelles. Il en restait un faible souvenir atavique, une conviction diffuse, commune à tous les Orientaux, que cette vie n'en était qu'une parmi d'autres dans la grande roue de l'existence. Shiva se sentait voué à la réincarnation et s'attendait, pour sa part, à un destin peu enviable. Il s'imaginait en mendiant aux membres difformes, quémandant des aumônes au bord de la mer à Bombay. Ce qui ne l'empêchait pas d'être convaincu, avec une certaine incohérence, que le châtiment existait en ce monde. Il considérait la mort de son fils, victime d'un *placenta praevia*, comme une vengeance directe, bien qu'il eût été incapable de dire au nom de qui elle était exercée.

Après avoir quitté Lili, profondément endormie sous l'effet des tranquillisants, il avait traversé la cour de l'hôpital qui séparait la maternité des autres pavillons ; les paroles qui lui avaient annoncé, avec une froide douceur, la mort de son enfant résonnaient encore interminablement dans sa tête. C'est alors qu'il avait vu Rufus Fletcher. Ce dernier portait une blouse blanche et un stéthoscope autour du cou. Il marchait à vive allure, beaucoup plus rapidement que Shiva qui allait dans la direction opposée ; il sortait d'un bâtiment à longues fenêtres derrière lesquelles on apercevait des hommes et des femmes en blanc, un laboratoire probablement, et se dirigeait vers l'édifice principal. Il avait tourné la tête vers Shiva, lui avait jeté un coup d'œil indifférent, et avait poursuivi son chemin. Rufus ne l'avait tout simplement pas reconnu, c'était évident. Il n'avait pas fait le rapprochement avec le troisième membre masculin de l'étroite communauté où ils avaient vécu pendant environ deux mois. Shiva avait été étonné de voir que Rufus avait finalement terminé ses études et qu'il était devenu médecin. Il savait que Rufus avait cet objectif en tête à l'époque, et qu'il devait entrer en quatrième année de médecine. Il savait aussi — qui pouvait l'oublier ? — que ses connaissances et sa jugeote étaient déjà impressionnantes, mais il s'était plus ou moins imaginé que les autres seraient frappés par la même fatalité que lui : un abrutissement mortel, une inhibition de toute ambition, une paralysie générale aboutissant à une retraite coupable dans la grisaille de l'anonymat. Ils ne pouvaient espérer vivre en sécurité qu'en gardant la tête basse, en se dissimulant dans les coins les plus obscurs. C'était du moins ce qu'il avait cru. Manifestement, il n'en avait pas été de même pour les autres, du moins pas pour Rufus, qui traversait la chaussée à grandes enjambées désinvoltes, avec son stéthoscope en sautoir. Shiva le vit s'introduire dans le bâtiment principal par la porte privée, qu'il claqua violemment derrière lui, au mépris des consignes exhortant au silence.

Lili n'avait pas eu d'autre bébé. Peut-être auraient-ils un enfant, plus tard. Lili avait moins de trente ans et, d'après le personnel hospitalier, il n'y avait aucune raison pour qu'un incident aussi regrettable qu'un *placenta praevia* se reproduise ; et si cela devait se reproduire, ils y seraient préparés. Shiva n'y tenait pas vraiment. Le quartier dans lequel ils vivaient était surpeuplé et insalubre ; le chômage y était un peu moins important que dans le nord de l'Angleterre, mais c'était là son seul avantage.

Leur rue s'appelait la Cinquième Avenue. Bien que ce ne soit pas la coutume dans les villes anglaises de désigner les rues par un numéro, cela se fait de temps en temps. C'est ainsi qu'il n'y a pas moins de quatorze Premières Avenues dans la région de Londres, douze Deuxièmes Avenues, neuf Troisièmes Avenues et trois Quatrièmes Avenues. Les deux autres Cinquièmes Avenues se trouvent à West Kilburn et à Manor Park, qui possèdent en outre une Sixième Avenue chacun ; Manor Park s'est également doté d'une Dix-Septième Avenue. La Cinquième Avenue de Shiva était une longue rue en courbe, sans arbres, qui descendait en pente brusque avant de remonter brutalement — phénomène assez surprenant dans un quartier peu accidenté. Au bout de la rue, tout près de la station de métro, se trouvait un groupe de boutiques comportant un supermarché tenu par des Pakistanais, un restaurant grec dont les propriétaires étaient chypriotes, un bazar à triple entrée spécialisée dans la vente d'outils et de pièces détachées pour motocyclettes, et un kiosque à journaux dont les gérants disaient ingénuement qu'ils étaient des métis sud-africains. Il y avait au milieu de la Cinquième Avenue, au croisement de Pevsner Road, une petite épicerie et un pub appelé *The Boxer* ; à l'autre bout de la rue, l'un en face de l'autre, un salon de coiffure mixte et un bureau de paris. Ce tronçon de rue était garni d'une enfilade de maisons pratiquement ininterrompue, où la brique roussâtre alternait avec le jaune kaki ; ces constructions avaient à présent près d'un siècle. Une double rangée de voitures en stationnement bordait le trottoir, du kiosque jusqu'au pub, et de l'épicerie jusqu'au salon de coiffure. L'ensemble, contemplé les yeux mi-clos, ressemblait à un chapelet aux grains multicolores.

Shiva entra chez le marchand de journaux. Il y avait là deux garçons jamaïquains qui bouchaient ostensiblement l'accès au comptoir, les coudes bien écartés, de sorte que Shiva ne parvint pas à prendre son journal dans la pile. Il demanda calmement le *Standard* et tendit sa monnaie entre leurs bras, désireux d'éviter toute provocation. Dans le quartier, c'étaient les Indiens qu'ils haïssaient, pas les Blancs. Il restait d'ailleurs très peu de Blancs : quelques vieilles gens qui n'auraient pas pu déménager, même si elles l'avaient voulu.

Lili attendait à l'extérieur, debout au milieu des valises. Elle était très courageuse, pensa Shiva, de porter le sari, de faire ses courses dans les boutiques indiennes et de prendre des leçons de bengali. Cela attirait l'attention sur elle, alors qu'elle aurait pu aisément passer pour une Blanche. Seuls ses yeux, d'un brun bleuté caractéristique, aux blancs légèrement protubérants, trahissaient ses origines. Mais les gens n'étaient pas perspicaces à ce point, et grâce à Dieu on était à Londres, pas à Johannesburg dans les années cinquante. Elle aurait pu en finir avec ça, et il lui avait plus d'une fois suggéré de le faire ; il l'en avait presque suppliée. C'était son identité, répliquait-elle, et elle n'avait rien d'autre. Elle continuait à porter un signe de caste auquel elle n'avait aucun droit, à mettre ses bracelets en or et à faire du *sag ghosh* et du *dal*, au lieu de servir des hamburgers et des frites décongelés comme la plupart des habitants du quartier. Il ramassa les valises, elle prit les bagages à main et ils se dirigèrent vers leur maison ; ils croisèrent trois Noirs qui les dévisagèrent dans un silence hostile, et deux Blanches assez âgées qui ne leur jetèrent pas même un regard.

Lili commencerait immédiatement à défaire les bagages. Elle mettrait les vêtements de couleur claire dans un sac, les foncés dans un autre, et emporterait les deux paquets à la laverie automatique de Pevsner Road. Il savait qu'il serait inutile de l'en empêcher : elle se montrait nerveuse et agitée lorsqu'il y avait des affaires sales qui traînaient. Tant qu'elle rentrait avant la nuit, il ne se faisait pas de souci. Il ne pouvait pas lui arriver grand-chose par un après-midi ensoleillé de septembre, entre la maison et la laverie ; la patronne, Mrs. Barakhda, était une amie de Lili — c'était du moins, parmi les connaissances de Lili, la seule personne qui méritait ce nom.

Il lui prépara une tasse de thé pendant qu'elle triait le linge, qu'elle refermait les valises et les poussait dans le placard sous l'escalier. Ils avaient une maison entière, avec trois chambres, ce qui était assez appréciable : la plupart des habitations étaient divisées en deux appartements, avec deux portes d'entrée coincées sous un porche minuscule. Il lui proposa de porter les sacs, mais elle ne voulut pas en entendre parler. Par réaction sans doute — car Lili avait été élevée par une mère féministe et indépendante —, elle pensait qu'il convenait aux hommes de porter les valises, mais pas les paquets de linge sale.

Il posa sa deuxième tasse de thé devant lui et s'assit pour parcourir le journal.

Une grande photo de la princesse de Galles en train de visiter un établissement pour enfants handicapés faisait la une. L'article principal parlait de troubles au Moyen-Orient, et un entrefilet évoquait des incidents d'origine raciale dans l'ouest de Londres, essentiellement des combats de rue et des bris de vitrines. L'œil de Shiva balaya la page. Son regard fut arrêté par un gros titre en bas d'une colonne, à gauche. Par rapport à la quantité de texte qui se trouvait au-dessous, un simple paragraphe, c'était un titre démesurément grand. La symétrie de la page en était même quelque peu compromise. « Un squelette a été découvert dans une fosse en forêt », annonçait le titre. « En creusant la tombe de son chien », poursuivait le journaliste, « un propriétaire du Suffolk, résidant près de Hadleigh, a déterré un squelette humain. Les restes semblent être ceux d'une jeune femme. La police s'est refusée à tout autre commentaire à ce stade de l'enquête, et Mr. Chipstead, expert immobilier, n'a pas pu répondre à nos questions. »

Shiva lut l'article deux fois. Il le trouvait bizarrement rédigé. C'était l'impression que lui produisaient la plupart des comptes rendus dans les journaux. Le peu qu'ils savaient, ils le rapportaient de la façon la plus énigmatique possible, afin d'aiguiser l'appétit et l'imagination du lecteur. C'est ainsi, par exemple, que l'article ne précisait pas si le propriétaire et Mr. Alec Chipstead étaient une seule et même personne, tout en le donnant à entendre.

Il sentit la sueur couler sur son visage, sur sa lèvre supérieure et sur son front. Il s'essuya avec son mouchoir, ferma les yeux, les rouvrit et parcourut la pièce avant de revenir au journal posé devant lui, comme s'il avait pu rêver, ou bien inventer cette histoire. Naturellement, l'entrefilet était toujours là.

Il n'y avait aucune raison, pensa Shiva lorsqu'il se fut remis du premier choc, de supposer un lien quelconque entre cette découverte et Trapellune. Le Suffolk était le seul point commun, et il se rappelait fort bien qu'ils s'étaient disputés à ce sujet la première fois qu'ils étaient allés à Nunes : les uns prétendaient que c'était dans le Suffolk, les autres dans l'Essex. Les limites administratives étaient alors devenues plus floues, ce qui avait donné lieu à des anomalies : tel propriétaire qui avait une adresse postale dans l'Essex pouvait payer ses impôts au Conseil du comté de Suffolk. C'était certainement ce qui était arrivé à Adam Verne-Smith.

Il n'était pas tout à fait exact que ce fût le seul lien. L'autre, c'était bien sûr le corps de la jeune femme. Il faut que j'attende d'en savoir plus, se dit Shiva, il faut que je prenne mon mal en patience.

Sa malade approchait de la cinquantaine ; c'était une belle femme, grande, très élégante. Elle avait remis ses vêtements coûteux — de chez Jasper Conran, probablement —, et elle avait retouché son rouge à lèvres derrière le paravent. Il ne lui avait fait qu'un simple frottis.

« Vous avez un intérieur très joli », lui dit-il en souriant. L'infirmière sourit elle aussi. Elle pouvait se le permettre : elle avait vingt ans de moins que la cliente, et ses problèmes gynécologiques — si tant est qu'elle en eût — étaient pris en charge gratuitement par le docteur Fletcher.

Mrs. Strawson dit qu'elle était ravie de l'apprendre. Elle semblait heureuse et détendue. Rufus lui offrit une cigarette. Son incapacité à s'arrêter de fumer faisait partie des nombreux aspects de sa personnalité qui lui valaient la sympathie de ses clientes (les autres étant sa beauté, son charme, sa jeunesse, sa gaieté enfantine et sa façon de les traiter en égales).

« Je suis un abominable pécheur, leur confessait-il : un médecin qui fume. Il paraît que chacun d'entre nous fait aux compagnies de tabac l'équivalent d'une publicité de 50 000 livres par an. »

Et la patiente, surtout quand elle ne fumait pas, se sentait pleine de compassion et de compréhension maternelle : pauvre garçon, débordé de travail, perpétuellement sous pression, c'était bien naturel qu'il eût besoin de quelque chose pour soutenir son moral. Mrs. Strawson inhalait la fumée avec reconnaissance. C'était la première fois qu'elle venait voir Rufus Fletcher à Wimpole Street et elle était enchantée d'avoir suivi la recommandation de son amie.

« Si nous parlions maintenant de contraception ? Pouvez-vous me dire quelle méthode vous utilisez, si cela ne vous ennuie pas ? »

Après de tels propos, impliquant qu'elle était encore dans la fleur de la fécondité, Mrs. Strawson était prête à toutes les confidences. Lorsqu'elle eut expliqué qu'on lui avait posé, vingt ans auparavant, un stérilet auquel on n'avait jamais touché depuis, ils se mirent à rire de plus belle. Rufus proposa cependant d'y jeter un coup d'œil, par mesure de précaution. La robe de chez Jasper Conran glissa une fois de plus, et Mrs. Strawson s'allongea de nouveau sur la table d'examen. Impossible de dire si l'objet qu'elle avait décrit, de façon quelque peu surprenante, comme ayant la forme d'un alpha, était toujours là ou non. Les pensées de Rufus vagabondèrent vers le *Standard* qu'il avait replié et fourré dans le tiroir du haut de son bureau lorsque Mrs. Strawson avait été annoncée. L'article ne pouvait pas faire allusion aux événements qui s'étaient produits il y a dix ans, c'était l'évidence même. S'il avait été question de *la* maison et *du* corps, on aurait parlé d'un cimetière d'animaux et non pas d'une tombe creusée dans un bois. Ils n'auraient pas commis une erreur pareille. Rufus avait oublié qu'il passait son temps à fustiger l'inexactitude de la presse. Il n'y a pas un mot de vrai dans les journaux, répétait-il à Marigold. Il dit — ou plutôt demanda poliment — à Mrs. Strawson de se rhabiller.

« Si nous essayions de le retirer, ajouta-t-il, il faudrait faire une anesthésie. Je suppose que vous n'en avez aucune envie. De toute façon, il ne peut pas vous faire de mal. Au contraire. Il vous a bien rendu service, semble-t-il. Pourquoi ne pas le laisser poursuivre son œuvre ? »

Il pensait parfois à quel point bien des femmes seraient étonnées, effarées même, si elles savaient que les stérilets étaient en fait des abortifs, et non des contraceptifs : leur action s'exerce après la contraception. Lorsque l'ovule et le spermatozoïde ont fusionné dans la trompe, les cellules en train de se multiplier se déplacent vers l'utérus afin d'y trouver un point d'ancrage, un foyer que la boucle en forme d'alpha leur refuse par sa seule présence ; les minuscules éléments de l'embryon, flottant alors en vain, finissent par se disperser. Rufus ne se souciait nullement de l'aspect moral de la question, mais le sujet l'intéressait. Il avait décidé depuis longtemps de ne pas en parler à ses malades. Il n'aurait certes jamais permis à Marigold, sa femme, d'abriter un corps étranger de cette espèce, pas plus que de prendre la pilule : toute méthode contraceptive prétendue réversible était proscrite. Dans son propre lit, à Mill Hill, Rufus utilisait une capote ou pratiquait le coït interrompu, pour lequel il se flattait d'avoir un certain talent.

C'était tout, merci, dit-il à Mrs. Strawson ; il lui ferait parvenir les résultats du frottis. Après quoi il la raccompagna jusqu'au secrétariat où elle régla ses honoraires de quarante livres. Rufus lui serra la main et lui souhaita un bon retour à Sevenoaks ; elle aurait juste le temps d'éviter la cohue. Il savait qu'on les accusait souvent, ses confrères et lui, de traiter les patients de la santé publique comme des machines en mauvais état de fonctionnement, tout en se montrant pleins d'attentions pour leur clientèle privée. Il en était parfaitement conscient et l'idée lui déplaisait. Au début, lorsqu'il s'était installé, il avait tenté de lutter contre cette tendance, mais il n'en avait pas été capable. Il y avait deux poids et deux mesures dans ce pays, et il n'était pas assez fort pour faire partie des justes. A l'hôpital, il fallait affronter les consultations bourrées, les pavillons remplis de malades ; il était si occupé, si harcelé et si débordé, les femmes semblaient si soumises, si ignorantes ou tout simplement si renfrognées, qu'il en oubliait ses principes. Elles ne s'exprimaient pas avec grâce et ne portaient pas de sacs de chez Étienne Aigner où reposaient des cartes American Express. On aurait dit que ces femmes appartenaient à des espèces différentes, et ne redevenaient sœurs qu'après avoir ôté leurs sous-vêtements — quelle que fût la provenance de ces derniers. Et en fin de compte, Rufus les traitait de la même façon. Les soins particuliers, il les réservait à sa propre femme, pas à toutes les Mrs. Strawson du monde.

C'était sa dernière patiente de la journée. Il aimait se détendre à ce moment-là. En dépit des confessions enfantines et penaudes qu'il faisait à ses malades, il contrôlait sa consommation de tabac et s'en tenait à dix ou quinze cigarettes par jour. Mais il en fumait toujours deux l'après-midi, lorsque ses consultations étaient terminées. Il consacrait une demi-heure à lire le journal du soir et à fumer ses deux cigarettes avant d'aller prendre le métro à Bond Street.

Ce jour-là, sa demi-heure de détente quotidienne était gâchée par l'entrefilet qu'il avait lu avant l'arrivée de Mrs. Strawson. Son infirmière avait rapporté le journal après le déjeuner et l'avait laissé sur la table basse pendant qu'il recevait les deux clientes précédentes. C'était parce que Mrs. Strawson avait cinq minutes de retard — ce à quoi il ne voyait aucune objection, alors qu'il eût refusé de voir une malade de l'hôpital si elle n'avait pas été à l'heure — qu'il avait pris le *Standard* et qu'il avait vu l'entrefilet.

La demi-heure était gâchée, mais Rufus était un homme discipliné. Il n'en était pas arrivé au point où il était, à l'âge de trente-trois ans, en se laissant aller à des spéculations gratuites et à des ressassements névrotiques. Pour se remettre comme il l'avait fait, avec succès, et même brillamment, d'une expérience aussi traumatisante, il avait accompli un véritable exploit. Il s'était soumis à une thérapie de son invention, s'obligeant à rester assis dans une chambre d'hôpital pour parler à haute voix de ce qui s'était passé. Il avait été à la fois le malade et le médecin, il avait posé les questions et fourni les réponses en aspirant à une franchise totale, sans taire quoi que ce soit. Face à ces murs nus, à cette table de métal, à ce fauteuil tournant de cuir noir, à cette fenêtre dont le store bleu marine était à moitié baissé, il avait exprimé les hontes souterraines, le dégoût de soi, la hantise et la peur qui semblaient parfois se débattre frénétiquement contre les parois de son crâne.

Cela avait été efficace — dans une certaine mesure. Ce truc (comme il disait) marchait jusqu'à un certain point. Mais ça n'allait pas très loin. Tout déballer et tout évacuer — oui, certes. Seulement on ne sait jamais comment ça revient. Chez Rufus, ça revenait de temps en temps, et il n'avait plus qu'à l'enfouir à nouveau pour continuer à vivre. Le temps, qui est le meilleur des médecins, bien qu'il finisse par vous tuer, avait fait plus que la thérapie, et désormais des jours entiers passaient, voire des semaines, sans que Rufus pense à Trapellune. Pendant des périodes assez longues, tout souvenir disparaissait. Le processus associatif avait moins de prise sur Rufus que sur son ami d'autrefois, Adam Verne-Smith. Adam était un « artiste », alors qu'il était un scientifique : les noms espagnols, par exemple, n'évoquaient rien pour lui. D'ailleurs, Trapellune n'avait rien d'espagnol, du moins pour Rufus qui n'avait pas, contrairement à Adam, reçu une éducation classique. Il n'était pas non plus d'une sensibilité pathologique à l'égard des bébés. Cela ne lui aurait guère rendu service dans sa vie professionnelle, où les femmes voulaient toujours savoir si elles étaient enceintes, et faire en sorte de l'être ou de ne pas l'être. L'affaire de Trapellune, il l'avait circonscrite depuis longtemps et il espérait vivement ne plus jamais avoir à y songer. C'était alors que cet entrefilet était apparu.

Si la maison à laquelle ils faisaient allusion, pensait Rufus, avait été Wyvis Hall, pourquoi ne l'auraient-ils pas dit ? Pourquoi auraient-ils écrit

« près de Hadleigh » au lieu de « près de Nunes » ? Wyvis Hall était certainement plus proche de Nunes que de Hadleigh, il y avait bien cinq kilomètres de moins ; évidemment, Hadleigh était une ville, tandis que Nunes n'était qu'un petit village. Les résidences relativement importantes étaient assez nombreuses dans les environs de Hadleigh, et on pouvait supposer qu'un journaliste qualifierait n'importe quel individu possédant quelques hectares de « propriétaire terrien ». Il n'était pas nécessairement surprenant qu'on découvrît des ossements humains dans ce genre de sol. D'anciennes dépouilles, probablement.

La seule information sérieuse donnée par le *Standard* était le nom du propriétaire actuel de la maison : Alec Chipstead. Un expert immobilier, d'après le journal. Rufus écrasa sa deuxième cigarette, mis le journal dans sa serviette et jeta sur ses épaules le merveilleux manteau de cuir noir qu'il avait acheté chez Beltrami à Florence, et qui aurait pu lui donner l'allure d'un gangster s'il n'avait pas eu les cheveux aussi blonds, le teint aussi coloré et les yeux aussi bleus.

Il salua l'infirmière et la secrétaire ; il traversa Wigmore Street et se dirigea vers Henrietta Place. Il lui vint à l'esprit qu'il pourrait entrer dans n'importe quelle bibliothèque municipale pour consulter les annuaires de tout le pays ; s'il cherchait Alec Chipstead, il aurait l'occasion de vérifier si son adresse était bien Wyvis Hall. Il y avait peut-être une bibliothèque à proximité. Rufus se dit que ce n'était vraiment pas le moment de se mettre à chercher des bibliothèques, et qu'il valait mieux rentrer chez lui pour réfléchir. Il croyait se souvenir qu'en règle générale les bibliothèques restaient ouvertes tard le jeudi soir.

Il porta délibérément ses pensées sur autre chose. Bibliothèque ou pas, il emmènerait Marigold dîner dehors. Quelque part à Hampstead ; il aurait peut-être le temps de passer à la grande bibliothèque de Swiss Cottage ensuite... Pas la peine de ruminer davantage. Pendant le dîner, ils parleraient déménagement. Rufus pensait que Mill Hill commençait à ne plus lui convenir ; il fallait maintenant envisager un autre quartier, Hampstead par exemple. Il savait que Marigold eût préféré Highgate, mais il répugnait à cette idée. Ces endroits étaient de vrais villages, on connaissait ses voisins, on rencontrait des gens dans des soirées ; de plus, étant donné sa classe sociale et sa profession, il n'y avait qu'un nombre limité de personnes qu'il était susceptible de fréquenter. Et s'il tombait sur les Ryemark, ou même sur Robin Tatian ? Non, c'était impensable.

Il serait obligé de prendre un emprunt astronomique pour acheter une maison à Hampstead. Et alors ? Choisissez ce que vous voulez, ne vous privez de rien, avait-il lu quelque part, et laissez vos revenus à la traîne. Il réussissait bien, de toute façon, sa clientèle augmentait chaque mois ; en fait, il risquait d'être surchargé de travail dans les mois à venir.

Pour rentrer chez lui, il empruntait la Central Line jusqu'à Tottenham Court Road, puis la Northern Line jusqu'à Colindale, où il laissait sa voiture. Il parvint à prendre le métro avant l'heure de pointe. Il se passa quelque chose qui lui faisait toujours plaisir : sa femme ouvrit la porte au moment où il allait mettre la clef dans la serrure.

Marigold portait bien son nom. Elle était grande, blonde et plantureuse ; elle avait le teint vif, la bouche rouge et les dents blanches. Autrement dit, elle lui ressemblait beaucoup. On aurait pu croire qu'ils étaient frère et sœur, sinon jumeaux. Rufus faisait partie de ces gens qui admirent par-dessus tout leurs semblables, et qui choisissent leurs partenaires parmi eux. Peu après avoir rencontré Marigold, il l'avait emmenée à l'Opéra voir la *Walkyrie* et lui avait dit ensuite, sans arrière-pensée : « La Brunehilde ne convenait pas au rôle. Elle aurait dû vous ressembler. »

Elle avait fait quelques préparatifs pour le dîner, mais elle ne voyait aucun inconvénient à sortir. Elle n'en voyait jamais. Il était un peu moins de cinq heures et demie ; pas trop tôt, cependant, de l'avis de Rufus, pour prendre un verre. Ce premier verre de la journée, il l'attendait avec un désir sensuel. N'importe quel alcool blanc ferait l'affaire, il n'était pas difficile ; il se versa une vodka bien tassée, un machin polonais qu'ils avaient rapporté de leurs vacances au bord de la mer Noire. L'alcool pénétra son cerveau, le remplit d'insouciance et fit naître sur son visage une chaude rougeur dont il pouvait sentir la progression.

« On va sortir, boire beaucoup et se saouler la gueule. »

Il lui adressa un sourire féroce et étincelant. Elle connaissait ce sourire ; cela signifiait que quelque chose n'allait pas, mais elle n'avait pas l'intention de lui demander quoi. Il lui en parlerait s'il en avait envie. Il y avait une grande violence sous-jacente chez Rufus, pas si sous-jacente que ça d'ailleurs, une agressivité léonine qui, dans les moments de tension, prenait la forme d'une gaieté bruyante et ravageuse. Elle n'y prenait pas garde ; elle pressentait pourtant qu'un jour, lorsqu'ils seraient deux vieux lions perclus face à face, ce serait difficile à supporter.

« Fais-toi belle », lui dit-il à sept heures. Il avait pris deux vodkas devant elle, et s'en était servi un grand verre en secret — comme d'habitude. Puis il lui avait fait l'amour.

Marigold disparut dans la salle de bains. Rufus, adouci par le plaisir et par l'alcool, s'étonna d'avoir cru, dix minutes durant, que la maison dont il était question dans le *Standard* ait pu être Wyvis Hall. Il s'amusa quelques instants à imaginer les réactions des autres ; avaient-ils lu eux aussi l'entrefilet, avaient-ils été surpris, effrayés ? Il répéta silencieusement leurs noms, à tous les cinq : Adam, lui-même, Shiva, Vivien et — Zosie.

Ils seraient certainement plus atterrés que lui. Atterré, pensa-t-il, un mot qui avait un sens bien différent (comme Adam lui-même n'aurait pas manqué de le signaler) de son presque homophone, altéré. Inutile de s'appesantir là-dessus. Adam avait été à la même école que lui, mais

Rufus était un peu plus âgé. Depuis le jour où ils s'étaient tous quittés, à Trapellune, pour se disperser dans le monde, il n'avait plus jamais revu Adam. Il n'ignorait cependant rien de ses activités ; il savait par exemple qu'il s'était associé à une entreprise de vente d'ordinateurs qui s'appelait Verne-Smith-Duchini. Il y avait un vieux Verne-Smith qui habitait à moins d'un kilomètre de chez lui, avec sa femme, et qu'il évitait par pure antipathie. Quel était le nom de famille de l'Indien ? Il l'avait entendu, mais pas souvent ; c'était un nom étrange qui lui échappait, Manresa ? Non, c'était une ville en Espagne, et une rue de Chelsea, Magidu ? C'était dans les romans R.K. Narayan que lisait Marigold. Enfin c'était quelque chose de ce genre. Vivien s'appelait Goldman, ce qui n'était pas particulièrement euphonique. Et Zosie ? Quel était le nom de Zosie ?

Il se leva et s'habilla, sans se changer : il se contenta de passer une chemise propre. Marigold entrait dans la baignoire ; l'eau continuait à couler. Elle faisait toujours beaucoup d'éclaboussures. Le secret était un ingrédient nécessaire dans la vie de Rufus. Même si les choses qu'il cachait à sa femme — et qu'il avait autrefois cachées à ses parents, à son frère, à ses petites amies — étaient parfaitement anodines, il avait besoin de cette part de mystère, il la créait s'il le fallait. La photographie en faisait partie. Par mesure de sécurité et par goût de la clandestinité, il l'avait conservée pendant des années à l'intérieur d'un livre de médecine rébarbatif. Pas un de ces livres qui montrent des vagins et des utérus tout à fait présentables, que Marigold aurait pu feuilleter, mais un ouvrage sur les bacilles dangereux qui infectent parfois les organes génitaux à la suite d'un avortement bâclé ou d'une septicémie. Rufus n'avait pas regardé cette photographie depuis fort longtemps.

Elle y était toujours, et il eut un choc en la voyant. Peut-on être étonné de ressentir un choc ? En tout cas, c'est ce qui arriva à Rufus. Il avait cru pouvoir regarder la photographie de Wyvis Hall — un cliché qu'il avait pris lui-même avec un appareil bon marché que Zosie avait volé — avec sérénité, voire avec un certain amusement teinté de regret, mais il se trouva qu'il en était incapable. Il se sentit dégrisé et glacé : l'amour et la vodka étaient brutalement annulés.

« Je vais me pinter ce soir, bon Dieu », dit-il à voix haute. « Et pourquoi pas ? »

La maison paraissait à l'écart de tout, au milieu de nulle part, sur le flanc d'une vallée, encadrée par toutes sortes d'arbres. Des bois, pensa Rufus, une tombe creusée dans les bois. Le bâtiment datait de la fin du XVIIIe siècle. C'était une construction de brique rouge à deux étages, couverte d'un toit en ardoise faiblement incliné ; elle comportait sept fenêtres serties de moellons à l'étage supérieur, et six en dessous. La porte d'entrée se trouvait au centre, sous un portique à colonnes. A chaque extrémité s'élevaient deux cheminées. Puis les dépendances, les écuries. Au-devant, une grande cour de gravier, et à côté juste au bord du cadre, une pelouse onduleuse sur laquelle était planté un immense cèdre, un arbre noir, dégingandé, qui tanguait comme un galion sous le vent. Il avait dû prendre la photographie de la lisière du bois, peut-être sous les hêtres qui le délimitaient. Le soleil paraissait très éclatant, mais quand ne l'avait-il pas été au cours de ces vacances ?

Rufus sentit son cœur battre très rapidement. Il pensa même à aller chercher son sphygmomanomètre pour prendre sa tension, par pure curiosité. Finalement, il retourna la photographie. Puis il la ramassa délicatement entre le pouce et l'index, comme s'il prenait un objet extraordinairement fragile avec des pincettes. Il ouvrit le livre de médecine, plaça la photographie dans le chapitre sur les *Clostridium welchii*, une bactérie en forme de bâtonnet qui décompose les corps vivants, et il alla au salon. Sur le rebord de la fenêtre, caché par l'ourlet du rideau, se trouvait le verre de vodka clandestin, encore à moitié plein.

Rufus était déjà en proie à une euphorie qui le rendait courageux et désinvolte. Son cœur s'était calmé. Il se demanda pourquoi il avait songé à se rendre dans une bibliothèque municipale, alors qu'il avait à sa disposition un moyen beaucoup plus simple d'identifier la maison citée dans l'article. Maintenant que sa perception de la situation avait changé, il ne comprenait pas comment il avait pu se permettre d'échafauder des hypothèses, de différer le moment où il pourrait mettre un terme à son inquiétude — d'avoir, en un mot, complètement éludé la question. Ce n'était pas une façon de mener sa vie, il l'avait toujours affirmé. On ne se dérobe pas, tel était son principe, on fait face. C'était l'une des raisons pour lesquelles il buvait beaucoup : l'alcool lui donnait la force d'appliquer son principe. Il prit une gorgée de vodka, la savoura, et portant son verre jusqu'à la porte, il se mit à écouter. Le bain coulait. Elle en avait encore pour dix minutes. Rufus décrocha le téléphone et appela le 192. Le service des renseignements était plus efficace qu'auparavant. Un coup de semonce, probablement.

C'était une voix d'homme :

« Quelle ville ? »

Bizarrement, il n'avait pas pensé à ça, mais le nom du central lui revint immédiatement, bien que le téléphone de Hilbert ait été coupé.

« Colchester. »

Rufus finit sa vodka et sortit une cigarette du paquet qui était posé sur l'étagère devant lui.

« Chipstead, articula-t-il soigneusement, C comme Charlie, H comme Harry, I comme Ivan, P comme Peter, S comme sucre, T comme Tommy, E comme Edouard, A comme Adam, D comme David.

— A comme Anne, corrigea la voix.

— Oui, A comme Anne, répondit Rufus, conscient de son lapsus. Wyvis Hall, Nunes, Colchester. »

Il attendait la formule habituelle, si irritante : « Il n'y a pas d'abonné à ce nom. » En l'occurrence, il se pouvait qu'il y ait le nom de l'abonné mais...

Ses réflexions furent interrompues par l'opérateur.

« Numéro 6-2-6-2-0-1-3. »

En raccrochant, Rufus sentit son estomac se rétrécir, comme si une poigne de fer venait d'agripper ses muscles.

IV

La photographie qui occupa l'écran une quinzaine de secondes ressemblait beaucoup à celle que Rufus Fletcher avait prise pendant l'été 1976. Le journal du soir de la BBC, à six heures trente, n'accorda guère plus d'une minute à la nouvelle. Un policier apparut à l'antenne pendant quarante-cinq secondes pour dire qu'il n'avait aucune déclaration à faire, mais qu'une enquête était en cours. Shiva et Lili Manjusri eurent toutefois le temps de voir l'image. Rufus Fletcher aussi. Adam Verne-Smith ne pouvait évidemment pas être au courant, puisqu'il était en vacances à Puerto de la Cruz. Il n'avait pas eu l'occasion de lire des journaux anglais. Ils étaient chers, et ils arrivaient avec vingt-quatre heures de retard. Et comme Adam voulait oublier tout ce qui lui rappelait l'Angleterre, il jeta à peine un coup d'œil sur l'exemplaire de l'*International Herald Tribune* qu'Anne avait trouvé sur la plage.

A Edgware, son père s'exclama : « Bon sang, mais c'est Wyvis Hall, aussi sûr que je respire ! »

Lorsque Beryl Verne-Smith leva le nez, la photographie avait déjà disparu.

« Tu as certainement raison. »

Un journaliste s'efforçait en vain d'extorquer des révélations au policier. A l'arrière-plan, on apercevait des arbres aux couleurs automnales, puis une église, perchée au sommet d'une petite colline. Lewis Verne-Smith hochait la tête, moins pour manifester son incrédulité que son désespoir : le monde allait décidément bien mal. Non qu'il fût brutalement envahi de souvenirs pénibles ; à vrai dire, ceux-ci ne l'avaient jamais quitté, et son existence était empreinte d'une profonde amertume. Mais la photographie de cette maison, pourtant à peine entrevue, ravivait les sentiments qu'il éprouvait depuis — ma foi, depuis une dizaine d'années au moins.

« Il est dix heures et demie, fit sa femme.

— Il faudra que je prenne contact avec la police. Impossible de l'éviter. Il va falloir que je les appelle.

— Pas ce soir en tout cas ? » demanda Beryl, qui avait envie de regarder *Mastermind.*

Lewis resta silencieux. La pièce dans laquelle ils étaient assis subissait le curieux phénomène de rétrécissement qui lui était coutumier dès qu'il était question de Wyvis Hall, de son oncle Hilbert ou même du Suffolk. Elle était tout à coup devenue étroite et sombre. Le mur de brique de la maison voisine semblait s'être rapproché de quelques mètres et paraissait menacer la clôture sans vergogne. Lewis se leva et tira les rideaux d'un geste saccadé.

« Tu ne devrais pas attendre le retour d'Adam ? questionna Beryl.

— Pourquoi ? Ça servirait à quoi ? »

Beryl voulait dire qu'Adam avait été l'un des précédents propriétaires de Wyvis Hall, ce qui n'était pas le cas de son mari, mais elle se garda bien de le faire remarquer.

« Il n'y a pas un être vivant qui connaisse mieux cet endroit charmant que moi.

— C'est vrai.

— Je n'attendrai pas le retour d'Adam, dit Lewis, sur un ton rogue. J'attendrai jusqu'à demain. »

Les hommes et les femmes n'ont pas l'habitude d'exprimer par des mots leurs sentiments et leurs desseins les plus bas, pas même dans les replis les plus cachés de leur âme. Lewis ne s'avoua donc pas, lorsqu'il envisagea en son for intérieur de prévenir son fils à Tenerife, qu'il n'aimait pas Adam et qu'il aurait été content de lui gâcher ses vacances. Bien au contraire, il trouva une explication logique à sa réaction et se persuada du bien-fondé de sa démarche. Adam ne savait probablement rien au sujet de la découverte qu'on venait de faire dans le bois de pins — c'était à peu près certain, en fait —, mais il avait été propriétaire de la maison ; par conséquent, il avait pris une responsabilité qu'il ne pouvait pas rejeter pour la seule raison qu'il avait vendu la propriété. Lewis aurait entièrement approuvé Oscar Wilde : nous ne sommes que notre passé. Nous ne pouvons pas nous en débarrasser. Adam avait le devoir de rentrer et de braver l'orage, même s'il n'y avait pas grand-chose à braver, comme son père le croyait.

Malheureusement, Lewis ne savait pas exactement où était Adam, et il ne pensait pas que son agence de voyages (dirigée par un ami personnel des jeunes Verne-Smith) le lui dirait. On trouverait un prétexte pour le lui cacher. Lewis faisait plus de bruit que de mal. Il était en réalité tout à fait inoffensif, comme Adam l'avait dit une fois à Bridget, sans se douter que son père l'écoutait, en proie à une contrariété aussi vive qu'impuissante.

« Et encore heureux, sinon au lieu d'avoir une enfance bêtement ennuyeuse, on aurait souffert le martyre. »

Lundi matin, Lewis se rendit au commissariat le plus proche. On parut surpris de le voir, mais on ne s'en étonna pas outre mesure. La police du Suffolk avait commencé à rechercher les précédents occupants de Wyvis Hall, et savait qu'un Verne-Smith habitait dans le quartier. Il n'y en avait d'ailleurs que deux dans l'annuaire de Londres.

C'était peut-être un point positif. On lui demanda de patienter, puis il fut introduit dans un bureau où un brigadier s'apprêta à prendre sa déposition. Lewis la dicta d'un ton solennel et appliqué, et il aurait volontiers continué sur sa lancée si l'on n'avait discrètement modéré son ardeur.

« Wyvis Hall, sis dans la commune de Nunes, Suffolk, et les dix hectares de terrain qui l'entourent, étaient devenus la propriété de mon oncle Hilbert Verne-Smith par alliance. Ces biens sont entrés en possession de mon fils Hilbert John Adam Verne-Smith conformément au testament de mon oncle, sans passer entre mes mains, bien que mon fils n'ait eu que dix-neuf ans à l'époque. Il était étudiant à ce moment-là, et il n'a jamais envisagé de résider dans la propriété. Je lui ai suggéré de la vendre, et il a suivi mon conseil avant d'entrer à l'université, en automne 1976 ; la maison et le terrain ont alors été confiés à un agent immobilier.

« Les maisons de campagne se vendaient assez mal dans les années soixante-dix. On en demandait quarante-cinq mille livres et la vente a fait long feu, pour ainsi dire, ce qui ne m'a pas étonné. Néanmoins, au printemps 1977, on a présenté à mon fils une offre qu'il a acceptée. En fin de compte, l'affaire ne s'est pas conclue, et Wyvis Hall n'a été vendu qu'au mois d'août de la même année, à Mr. et Mrs. Langan, pour la somme nettement plus avantageuse de cinquante et un mille livres neuf cent quatre-vingt-quinze.

« Pour autant que je sache, mon fils n'a réellement fréquenté Wyvis Hall que du vivant de mon oncle : j'allais souvent le voir avec ma femme, mon fils et ma fille. Après sa mort, en avril 1976, il s'y est rendu deux fois, trois tout au plus, uniquement pour examiner les lieux et pour prendre une décision au sujet du mobilier.

« Il est possible que des squatters ou autres vagabonds se soient installés dans la maison après la mort de mon oncle. Mon fils ne l'a certainement jamais louée, et il n'a pas davantage autorisé quiconque à l'occuper, que ce soit à titre temporaire ou permanent.

« Mon fils est actuellement en vacances à Tenerife avec sa femme et sa fille. Je ne peux pas vous donner la date exacte de son retour, bien que je pense qu'il revienne dans une semaine environ. »

C'était tout petit, feutré et discret. L'entrefilet paru dans le journal du lundi matin ne couvrait pas plus de trois centimètres. Rufus y avait trouvé la réponse à la question qu'il se posait : on avait découvert le squelette d'un très jeune enfant et d'une jeune femme. Il n'en fut pas surpris. Comment aurait-il pu en être autrement puisqu'il s'agissait effectivement de Wyvis Hall, du bois de pins et du cimetière d'animaux ?

Le photographe de la télévision avait dû prendre la maison sous le même angle que lui, au bord de la pelouse, en tournant le dos au cèdre. Il avait utilisé un appareil assez simple, mais c'était du bon matériel. Au moins, quand Zosie chapardait, ça n'était jamais de la camelote. Il avait pris deux autres photographies : une de Zosie et une du cimetière d'animaux.

« Pourquoi l'herbe est-elle si courte par ici ? avait demandé Adam.

— A cause des lapins, sans doute.

— Pourquoi ces foutus lapins ne viennent-ils pas brouter mes pelouses ? »

Adam parlait toujours de « ses pelouses », de « sa maison » et de « ses meubles ». Cela agaçait quelque peu Rufus, bien qu'Adam eût parfaitement le droit de le faire. Tout lui appartenait, sans exception. Il y avait de quoi se monter la tête : on hérite rarement d'un manoir à dix-neuf ans.

J'ai dû prendre ces photos au mois d'août, pensa Rufus ; quinze jours plus tard, tout était terminé. Par pure coïncidence, leur communauté s'était disloquée au moment où le temps s'était détérioré. Il avait plu par intermittence pendant qu'ils étaient dans le cimetière, et les pins s'inclinaient en frissonnant sous le vent. Ils avaient été contraints de s'arrêter à plusieurs reprises, pour s'abriter sous le feuillage dense des arbres. Si le temps chaud et sec s'était maintenu, auraient-ils creusé plus profondément ? Probablement pas. En dépit de la pluie, le sol avait gardé une dureté d'acier. Pendant qu'ils remettaient en place les mottes de gazon, une averse était tombée, une pluie drue et abondante. Adam avait dit que l'herbe repousserait plus vite, que la pluie était leur alliée, en quelque sorte.

« Nous devrions nous séparer le plus tôt possible, avait déclaré Rufus. Faisons nos bagages tout de suite et partons. »

Ils avaient raccroché la fourche et la pelle à côté des autres outils dans l'écurie. Ils avaient rangé leurs affaires et fermé la maison. Rufus se souvenait qu'il avait sorti lui-même la nourriture du réfrigérateur et qu'il l'avait laissé ouvert pour le dégivrer. Adam était resté un moment immobile devant la porte, comme s'il était incapable de s'en arracher.

La beauté du lieu avait été altérée par les rafales et par la négligence d'un long été trop chaud. Une bourrasque de pluie s'abattit tout à coup sur les briques rouges que l'eau avait déjà maculées par plaques. Cette maison qui, lorsqu'il l'avait aperçue pour la première fois, paraissait flotter dans une brume dorée, était maintenant plongée dans un chaos d'herbes inégales, de buissons échevelés et d'arbres desséchés. Des nuages gris et sales dégringolaient du ciel sur le toit d'ardoise, vernissé par la pluie, et qui seul brillait encore.

Rufus reconnaissait cependant volontiers que les beautés de la nature et de l'architecture n'avaient jamais représenté grand-chose pour lui. C'était la chaleur, la lumière et la solitude qu'il aimait. A présent, il n'avait plus qu'un désir : partir. Ils entrèrent tous dans Bidugrame et il s'engagea dans la trouée ; Adam était assis à ses côtés, et les autres à l'arrière. La trouée s'était transformée en une galerie tapissée de végétation qui ruisselait sur le toit du break. Chacun d'entre eux évita de tourner les yeux vers le bois de pins. Ils émergèrent au sommet dans une lumière brutale, d'un gris clair, où se découpaient le sentier désolé, sans haies, et les prairies plates parsemées d'arbres chétifs qui ressemblaient à des vieillards accroupis. Encore une comparaison d'Adam, pensa Rufus en faisant la grimace.

Personne ne demanda où il les emmenait. Pas un mot ne fut prononcé. Adam avait calé le vieux sac de golf de Hilbert entre ses jambes, et Rufus en déduisit que le fusil était à l'intérieur. Ils avaient dû parcourir trois bons kilomètres avant de croiser une autre voiture. Rufus doubla un autobus qui allait à Colchester afin de permettre à ses deux passagers de l'arrière de le prendre. Il conduisit Adam jusqu'à la gare de Sudbury, et ils se séparèrent à ce moment-là. Adam lui avait dit en descendant de Bidugrame :

« Et pour jamais, adieu, Rufus. »

C'était probablement une citation quelconque, que Rufus ne connaissait pas et qu'il trouva d'assez mauvais goût — bien dans la manière cabotine d'Adam.

« Sois prudent », répondit Rufus. Sans se retourner davantage que lorsqu'ils étaient rentrés du cimetière, il s'éloigna de cette ville qui lui était devenue si familière et franchit le pont de la Stour, gagnant l'Essex ; puis il prit la route d'Halstead, vers Dunmow, Ongar et Londres.

Il ne les avait jamais revus. Il n'avait pas été nécessaire de jouer la comédie. Au moment où il avait entamé sa cinquième année de médecine, treize mois plus tard environ, il s'était vaguement demandé si Shiva Manjusri ferait partie de la nouvelle promotion. Mais non, son intuition avait été juste. En tout cas, le visage de Shiva n'apparut pas parmi les quelques têtes basanées qui étaient présentes. Quant aux autres membres du groupe, il avait été facile de les éviter.

Essaieraient-ils d'entrer en contact avec lui à présent ?

Ils n'avaient rien prévu pour parer à cette éventualité. Tant qu'il n'y avait pas eu d'avis de recherches concernant une femme disparue, ils s'étaient sentis en sécurité. Ils n'avaient pas compris toute l'horreur de ce qui s'était passé. Ils n'étaient pas de ceux qui vouent une affection profonde à un animal, et n'imaginaient guère qu'on pût lui rendre un rite funèbre. C'était Shiva qui avait proposé l'emplacement. Ils l'avaient félicité de son ingéniosité.

Dix ans...

Un kyste à l'ovaire, rien de grave, annonça Rufus à sa cliente. Mrs. Beauchamp était une éditrice de trente-deux ans qui travaillait dans une maison renommée, dont le mari faisait du journalisme d'enquête. Ils n'avaient pas d'enfants pour le moment, mais elle en voulait quatre, confia-t-elle à Rufus.

« Il n'y a pas de raison pour que vous n'en ayez pas. » Il relut rapidement son dossier. « En fait, ce qui caractérise cette affection, c'est qu'elle touche rarement — pour ainsi dire jamais — les femmes qui ont déjà eu un enfant. »

« Mon Dieu, dit-elle en mettant son manteau ; moi qui rendais la vie impossible à mon mari, tellement j'étais sûre d'avoir l'horrible maladie... »

Elles pensaient toutes qu'elles avaient un cancer, les pauvres petites. On ne pouvait pas leur en vouloir. Rufus encaissa ses quarante livres au secrétariat, après avoir pris les dispositions nécessaires pour qu'elle soit admise dans une clinique à la mode du West End, où il la soignerait lui-même ; son opération et son hospitalisation devaient être prises en charge par une société de prévoyance à laquelle elle cotisait, ainsi que son mari. Rufus lui serra la main. Il revint à son cabinet de consultation, avec une folle envie de fumer.

Cela ne lui ressemblait pas. Il pouvait généralement se passer de tabac assez facilement jusqu'à la fin du déjeuner. Le paradis, pensait-il, je sais comment je l'imagine, si l'on entend par là un endroit d'éternelle béatitude : un havre de paix où l'on pourrait fumer cigarette sur cigarette sans séquelles respiratoires ni cardiaques ; on y allumerait chaque nouvelle cigarette au mégot incandescent de la précédente, et on y boirait continuellement de la vodka frappée à cent degrés, arrosée de deux gouttes d'angustura et d'une mesure de Perrier, en laissant monter l'euphorie jusqu'au paroxysme de la joie et du bien-être, sans subir ni nausée, ni douleur, ni déshydratation, ni perte de connaissance...

Seul dans son bureau, il alluma sa première cigarette de la journée, et la sensation attendue — un léger flottement dans la tête, une tension dans le ventre — se produisit. Il ferma les yeux. Si on découvre que j'étais dans cette maison avec Adam et les autres, pensait-il avec une froide lucidité, si quelqu'un déclare aux journaux, ou à la police (ce qui revient au même), que j'y ai passé l'été 1976, je suis fichu. Je perdrai ma clientèle, ma réputation, et tout ce que j'ai ou tout ce que je peux désirer, sinon ma liberté. Et je me moque de la liberté si je n'ai pas le reste. Ce serait déjà assez embêtant si j'étais un généraliste, ou si j'étais spécialisé dans une autre branche de la médecine, la chirurgie orthopédique par exemple, ou l'oto-rhino-laryngologie, mais je suis *gynécologue*, et ce sont les os d'une jeune femme et d'un bébé qu'on a déterrés là-bas... Quelle femme inquiète viendrait me consulter ? Quelle Mrs. Strawson ou Beauchamp ? Quel généraliste me l'enverrait ?

Si j'étais innocent, pensait Rufus, je sais très bien ce que je ferais. Je décrocherais mon téléphone et j'appellerais mon avocat pour lui demander son avis. Il me conseillerait peut-être de faire une déclaration à la police, en suivant ses indications bien sûr. Mais je ne l'appellerai pas parce que je ne suis pas innocent. J'attendrai ici, patiemment, et j'analyserai les faits, en essayant de prévoir le pire.

V

Lorsqu'il avait dit qu'il ignorait la date du retour d'Adam, Lewis Verne-Smith n'avait pas menti à la police. Il aurait été très surprenant qu'il fût au courant des faits et gestes de son fils. S'ils n'étaient pas tout à fait des étrangers l'un pour l'autre, leurs rapports étaient assez distants. Lewis disait volontiers qu'il n'avait « pas le temps » de voir Adam. Il croyait que son fils le détestait et il en était scandalisé. Quelquefois, il se souvenait de l'enfant qu'avait été Adam, du petit garçon docile et tendre qu'il avait connu.

« Ils changent complètement en grandissant, disait-il à Beryl. Adam, par exemple, on dirait quelqu'un d'autre. »

Il avait décidé de découvrir la date du retour d'Adam et d'aller attendre son avion à Heathrow. Adam habitait aussi loin que possible du domicile parental, tout en étant resté dans le nord de Londres. Sans rien en dire à sa femme, Lewis se rendit à Muswell Hill pour vérifier que la voiture de son fils était au garage. Elle y était. Ils avaient pris un taxi pour aller à l'aéroport, ou bien le métro. La voiture d'Adam était plus puissante et plus neuve que celle de Lewis, et elle était d'une propreté étincelante, toutes caractéristiques qui déplaisaient à ce dernier.

Il était irrité de ne pas avoir la clef de la maison, comme cela lui paraissait naturel. Bien qu'il fût obligé de l'accepter, il avait du mal à comprendre que les enfants se détachent des liens parentaux ; qu'ils aient des secrets et des cachettes où l'on ne pouvait pénétrer, qu'ils possèdent des maisons et des automobiles sur le choix desquelles on n'avait aucun droit de regard, et qu'ils puissent fermer ces maisons comme ils verrouillaient leurs pensées.

Il contourna la maison par le côté, en regardant par les fenêtres, et remarqua qu'on avait laissé de la vaisselle — propre, certes — sur l'égouttoir. Il y avait des fleurs fanées dans un vase à moitié plein d'une eau verte. Lewis avait de son fils deux images contradictoires : celle d'un fainéant, d'un bon à rien, et celle d'un homme d'affaires impitoyable et retors, déjà prospère. Lorsque la première image l'emportait, Lewis se sentait plus heureux ; il était conforté dans ses certitudes.

Sur le trajet, il lui était venu à l'esprit qu'il pourrait trouver la police chez Adam. Il n'aurait pas été étonné de rencontrer, pendant qu'il faisait le tour de la maison, un policier arrivant en sens inverse. Mais il n'y avait personne, même pas les voisins. Lewis s'arrêta sur la pelouse, en face de l'entrée, et leva les yeux vers les fenêtres de la chambre.

C'était une très jolie maison, plus grande que celle de Lewis, située dans un quartier plus attrayant ; une maison individuelle, de style néo-géorgien, avec une porte centrale, qui était d'un standing très supérieur à ce que la plupart des hommes mariés de vingt-neuf ans peuvent s'offrir. Adam avait pu se la payer grâce à l'argent de Wyvis Hall, qui lui avait permis d'acheter un appartement à Londres et de le revendre ensuite. Si l'histoire avait été différente, Lewis habiterait, lui, dans une maison comme celle-ci, ou bien il aurait un pied-à-terre au centre de Londres et une résidence à la campagne. Et Adam vivrait, comme il convenait à un homme de son âge et de sa condition, dans un pavillon de Finchley, ou peut-être à Crouch End : au premier degré de l'ascension sociale. Lewis songea avec amertume qu'au point où il en était, la prochaine étape ne pouvait être, pour Adam, que Highgate village...

Il revint chez lui et cette fois il se sentit capable d'appeler l'ami d'Adam à l'agence de voyages sans crainte de rebuffades. Et celui-ci se montra charmant, il lui rappela qu'ils s'étaient vus au mariage d'Adam. Il ne voyait aucun inconvénient à lui dire quand Adam et Anne rentraient de vacances : mardi prochain, sur un vol Iberia en provenance de Tenerife qui arrivait à treize heures trente.

Après avoir raccroché, Lewis envisagea d'en informer la police, il pensait que c'était peut-être son devoir, mais d'un autre côté il n'avait aucune envie que la police soit présente lorsqu'il irait chercher Adam. Il dit à sa femme (ce dont il s'était lui-même convaincu) qu'il allait à la rencontre d'Adam pour lui faire part de la nouvelle avec ménagement : on avait fait d'horribles découvertes à Wyvis Hall, qui avait peut-être été le théâtre d'un meurtre à l'époque où il en était, lui Adam, le propriétaire.

« Est-ce que tu n'exagères pas un peu ? fit Beryl.

— Comment ça ?

— Il n'a pas encore été question de meurtre. »

Mais au moment même où elle fit cette remarque, comme Lewis le lui annonça avec une certaine emphase, le *Standard* publiait, en dernière édition, que la police considérait que c'était une affaire criminelle. Il n'y avait que quelques lignes, très discrètes, mais le mot meurtre était inscrit en toutes lettres.

Lorsqu'il se mit en route pour l'aéroport, Lewis se souvint qu'il avait tout de suite dit à Adam que rien de bon ne pouvait sortir de cet héritage ; il était beaucoup trop jeune et trop inexpérimenté pour avoir une propriété de la taille de Wyvis Hall. Et il avait eu raison, les ennuis avaient fini par arriver, tardivement il est vrai. Au bout de dix ans, un peu plus même. Lewis avait parfois l'impression que cela remontait encore plus loin, et parfois, au contraire, que c'était hier. D'un autre côté, il ne pouvait pas se rappeler une époque où il n'avait pas été certain de posséder un jour Wyvis Hall.

Les Verne-Smith étaient de petits hobereaux. Le grand-père de Lewis, pasteur dans un village du Suffolk, n'avait que son traitement pour faire vivre ses sept enfants. Deux d'entre eux étaient morts en bas âge, l'une des tantes de Lewis s'était mariée et était partie pour l'Amérique ; les deux autres étaient restées vieilles filles, et elles avaient mené la vie de la plupart des femmes célibataires à l'époque : habitant de minuscules maisons au centre du village, s'occupant fébrilement des problèmes de la paroisse, privées de jeunesse et d'argent, enterrées vivantes. Les frères, son père et son oncle Hilbert, étaient beaucoup plus jeunes. Son père entra lui aussi dans les ordres, tandis que Hilbert, qui exerçait la profession d'avocat à Ipswich, assura son avenir en épousant une femme fortunée.

Les Bereland étaient de riches propriétaires. Lorsqu'un héritier se mariait sans avoir la perspective d'un foyer convenable, on mettait une maison à sa disposition. Lilian Bereland apporta Wyvis Hall avec elle, non pas comme une résidence gracieusement attribuée par sa famille pendant son existence, et par conséquent destinée à revenir au sein de celle-ci après sa mort, mais comme une propriété dont elle était absolument libre de faire ce qu'elle voulait. Certes, aux yeux du père de Lilian, Wyvis Hall ne valait pas grand-chose : ce n'était qu'une taupinière située dans une vallée humide. Ce genre de maison se vendait assez mal lorsque Hilbert se maria.

Le pasteur y allait souvent avec sa femme et ses enfants pour les vacances. La paroisse du père de Lewis se trouvait dans les faubourgs de Manchester ; le presbytère victorien, de style gothico-byzantin, aux briques jaunes noircies par la suie, arborait des fenêtres pseudo-romanes rehaussées de brique rouge. Des yeuses aux feuilles noires poussaient dans le cimetière, et un cytise cuivré y fleurissait une semaine par an. Wyvis Hall était le plus bel endroit que le jeune Lewis eût jamais vu. La campagne était splendide. A ce moment-là, les champs étaient encore petits et entourés de haies ; les sentiers couraient à travers des talus luxuriants. Il y avait des orchis dans les marécages, des aconits et des chanvres d'eau sur les rives des petits ruisseaux, où voletaient des phryganes, des notonectes et des libellules gainées d'or ou cuirassées d'argent. Des nuées de machaons, de morios et d'argus tourbillonnaient, et une fois, le petit garçon put même apercevoir un grand mars. Un couple de pies tachetées avait fait son nid dans ce qu'on appelait le Petit Bois, au-dessous du lac ; et lorsque les avelines étaient mûres sur les coudriers, une sitelle venait s'installer tout près de la maison.

Cette maison ! Il portait sur elle un regard bien différent de celui des Bereland ! Elle lui semblait spacieuse et grandiose. Dans le salon, deux colonnes de marbre rose supportaient l'embrasure des fenêtres. L'escalier en courbe s'élevait gracieusement vers une galerie. Il y avait une bibliothèque que Hilbert utilisait comme bureau, et, ce qui était encore plus impressionnant, une armurerie garnie d'animaux empaillés et de fusils de chasse. L'intérieur de la maison comptait toutefois moins que les terres, le lac et les bois — il ne devait pas toujours en être ainsi. Ce lieu revêtait un caractère magique pour Lewis, qui éprouvait à son égard un sentiment comparable à celui du Grand Meaulnes pour son domaine perdu. Il attendait les vacances avec impatience et sombrait dans un profond abattement lorsqu'elles prenaient fin. Ce fut une extraordinaire victoire quand il parvint à persuader les adultes de le laisser rester après le départ de ses parents pour Manchester.

Tante Lilian n'avait jamais eu d'enfant, et elle mourut en 1960 à l'âge de cinquante ans. Oncle Hilbert supporta très mal la disparition de sa femme ; la seule compagnie qu'il parut désirer était celle de Lewis. Ce fut à peu près à cette époque qu'il commença à dire à son neveu qu'un jour Wyvis Hall lui appartiendrait.

Il en parla également aux parents de Lewis, qui prirent l'habitude de lui répéter des phrases comme : « Quand tu seras propriétaire de tout cela », ou : « Quand tu entreras en possession de tes biens. » L'oncle Hilbert n'avait cependant que soixante ans, il était en excellente santé et continuait à exercer activement sa profession d'avocat. Lewis n'arrivait pas à s'imaginer prenant sa succession, et il lui semblait aussi que ce ne serait pas très gentil de le faire. Mais il allait souvent dans le Suffolk, bien plus souvent sans doute que si Wyvis Hall avait été destiné à revenir aux Bereland ou à être légué à ses cousins d'Amérique.

Ses sentiments vis-à-vis de la propriété subirent de nombreux changements. Les prés, les bosquets et les ruisseaux ne lui apparaissaient plus parés d'une lumière céleste, dans la gloire et la fraîcheur d'un rêve. Il grandissait. Il commençait à considérer les terres comme une *possession*, les jardins comme un moyen d'impressionner les autres, le potager et le verger enclos comme des sols fertiles qui produiraient des denrées délicieuses. Bien qu'il eût l'intention d'y habiter, du moins une partie de l'année, il y voyait aussi un investissement dont la valeur, ou le prix (peu importait le terme), allait augmenter chaque année. Les pins de la forêt où reposait Blaze, le chien de chasse de Hilbert, qui était la dernière créature à avoir été enterrée à cet endroit, lui apparaissaient comme une culture utile et lucrative. Il se mit à observer le mobilier de

Wyvis Hall et il emprunta à la bibliothèque municipale quelques livres sur les antiquités et les porcelaines ; il estima la valeur des différents objets d'après les illustrations, et il en eut parfois le souffle coupé. Il aimait aussi à s'imaginer dans le salon, en train de recevoir des invités avec sa femme. Son papier à lettres aurait un en-tête très simple : Wyvis Hall, Nunes, par Ipswich, Suffolk. C'était une des ambitions de Lewis que d'avoir une adresse suffisamment connue pour se passer de nom de rue. La maison et le terrain étaient indiqués sur le plan du service cartographique de l'État ; lorsque Lewis se sentait un peu déprimé, il allait le regarder pour se ragaillardir.

Il se maria dans les années soixante et il eut deux enfants, un fils et une fille. Quand son fils vint au monde, il pensa que ce serait une délicate attention de lui donner le nom de baptême de son oncle.

« Un nom qui est depuis longtemps dans la famille », expliqua-t-il à sa femme, bien que ce fût tout à fait inexact : il n'y avait jamais eu qu'un seul Hilbert chez les Verne-Smith. Les prénoms germaniques avaient été à la mode à la fin du XIXe siècle et son oncle, né en 1922, avait été l'un des derniers à en faire les frais.

« Je n'aime pas ça du tout, avait répondu sa femme, les gens confondront avec Gilbert ou Albert. Je ne veux pas qu'on le taquine, pauvre chéri.

— On l'appellera par son nom de famille au collège », rétorqua Lewis, qui avait de grands projets en dépit de sa pauvreté, comme il seyait au futur propriétaire de Wyvis Hall et de ses terres. Il l'emporta donc, en apparence du moins, et l'enfant fut baptisé John Hilbert Adam.

Lewis avait écrit à l'oncle Hilbert pour lui faire part de son intention et pour lui proposer d'être le parrain de son fils. L'oncle déclina l'offre en alléguant qu'il n'avait plus aucune foi religieuse, et il envoya un gobelet d'argent assez grand pour contenir un demi-litre de bière. Mais le mot qui accompagnait le présent ne faisait aucune allusion au choix du prénom, et le ton en était assez froid. Plus tard, lorsque Lewis se rendit à Wyvis Hall avec sa femme et son bébé, Hilbert se contenta d'une exclamation — « pauvre diable » — pour tout commentaire.

On appelait déjà le bébé Adam à ce moment-là.

Lewis n'était pas un imbécile : il comprit rapidement que, pour une raison qui lui échappait, il s'était mis son oncle à dos. Il tenta de rectifier le tir. Il nota soigneusement l'anniversaire de son oncle et lui envoya ponctuellement un cadeau de Noël tous les ans. Hilbert fut invité à Londres ; on lui proposa des distractions multiples : pièces de théâtre, concerts, tous organisés dans le *swinging London*, visite de Carnaby Street, de King's Road, etc. Lewis savait parfaitement qu'il ne devait pas agir ainsi, qu'il était en train de flagorner quelqu'un pour lui soutirer son héritage. Il le savait, mais il ne pouvait pas s'en empêcher.

Il continua évidemment à emmener sa famille à Wyvis Hall tous les étés. Il avait maintenant une fille qu'il avait été tenté de prénommer Lilian ; il avait compris à temps la sottise d'une telle initiative et il l'avait appelée Bridget. Sa femme aurait bien aimé aller en Cornouailles, ou même à Majorque, mais Lewis disait que c'était hors de question : ils n'en avaient pas les moyens. Peut-être voulait-il dire qu'ils n'avaient pas les moyens de ne pas aller à Nunes. Dans les années soixante-dix, il était impossible de trouver un cottage en ruine à proximité de Nunes pour moins de quatre mille livres, et Wyvis Hall vaudrait cinq fois plus.

Un jour, peu de temps après avoir pris sa retraite, Hilbert confia à Lewis qu'il avait fait un testament « qui était tout à son avantage ». Il eut une sorte de sourire bienveillant en prononçant ces paroles. Ils étaient dehors, sur la terrasse dont le muret de pierre supportait deux personnages mythologiques dans une posture quelque peu embarrassante. Sous la fenêtre du salon, l'*Aganthus africanus* (l'iris bleu) était en pleine floraison. Hilbert, Lewis et Beryl étaient assis sur de vieux transats garnis de toile rayée. Hilbert se pencha vers Lewis quand il lui parla du testament et lui donna une petite tape sur le genou. Lewis balbutia quelques mots sur sa profonde gratitude.

« Je me suis décidé quand vous avez donné mon nom à l'enfant », dit Hilbert.

Lewis manifesta à nouveau sa gratitude, ajoutant que c'était tout à fait naturel, étant donné les circonstances.

« *En* pareille circonstance », fit Hilbert.

Il avait coutume de corriger les petites fautes de grammaire ou d'usage. Adam devait tenir de lui, pensait parfois Lewis, ou peut-être (c'est ce qu'il conclut bien plus tard, avec une vive amertume) Hilbert appréciait-il chez son petit-neveu un pédantisme semblable au sien.

Lewis n'aimait pas être corrigé, mais il était obligé de l'accepter, en faisant bonne figure de surcroît. Cela ne durerait pas éternellement. Les Verne-Smith ne faisaient pas de vieux os. Le père de Lewis était mort à soixante ans, et son grand-père à soixante-deux. Aucune de ses trois tantes n'avait atteint l'âge de soixante-dix ans. Hilbert entrait dans sa soixante-dixième année ; il commençait à avoir l'air très fragile, comme Lewis le fit remarquer à sa femme. Ce dernier prit l'habitude de « faire un saut » dans le Suffolk pendant les week-ends, seul, et cette année-là, il s'y rendit avec Beryl pour les fêtes de Noël. La femme qui venait faire le ménage et le vieux qui s'occupait du jardin avaient reçu l'instruction de l'appeler « Monsieur » Lewis ; il se sentait vraiment l'héritier. Son oncle ne devait pas avoir beaucoup d'argent, d'après ses calculs, mais il en resterait assez pour installer le chauffage central, et, disons, pour refaire les peintures. Lewis ne savait pas encore s'il allait vendre Wyvis Hall après l'avoir un peu arrangé, afin d'acheter un appartement plus grand et plus agréable à Londres, ainsi qu'une petite maison de campagne, ou bien s'il allait garder le Hall et céder quelques hectares de terre cultivable. Selon ses estimations, effectuées grâce à un examen attentif des vitrines d'agences immobilières à Ipswich et à Sudbury, Wyvis Hall devait atteindre la valeur de vingt-trois mille livres environ à la fin de 1972.

C'était pour Lewis une source d'irritation continuelle qu'Adam ne se montre pas plus respectueux envers Hilbert. L'enfant était désinvolte, il voulait toujours faire le malin. Il appelait simplement son grand-oncle par son prénom, et il ne se levait pas lorsque le vieil homme entrait dans la pièce. Lewis pressait toujours Adam de l'accompagner dans ses visites de circonstance, mais Adam répondait généralement qu'il avait trop à faire ou que cela l'ennuyait. En fait, Adam ne l'avait accompagné qu'une seule fois ces derniers temps, et c'était la promesse d'une partie de tir qui l'avait fait venir, il en était sûr. La visite n'avait pas été un succès, loin de là, car Adam avait boudé quand on lui avait donné le 410 — le prétendu fusil des dames. Parfois, depuis lors, Lewis s'était demandé ce qui se serait passé si Adam lui avait obéi, et s'il avait été gentil et poli avec ce vieillard capricieux et retors. Aurait-il légué sa propriété à Bridget, ou bien, sait-on jamais, à la SPA ?

Trois années devaient encore s'écouler avant la mort de son oncle, qui battit ainsi le record de longévité des Verne-Smith. La femme de ménage trouva le corps un matin d'avril 1976 : il était étendu sur le sol devant la chambre, en haut de l'escalier de service. Le décès avait été causé par une hémorragie cérébrale. Adam avait dix-neuf ans ; à cette époque, il était en première année d'université, et il passait ses vacances de Pâques chez ses parents. Après l'incinération, tandis que les rares amis du défunt contemplaient les fleurs d'un air lugubre, l'avocat de son oncle (son associé d'Ipswich) s'approcha de Lewis pour lui dire qu'il devait déjà connaître le contenu du testament. Ce dernier, se croyant sûr de son fait, interrompit l'avocat d'un geste pour signifier qu'il n'était pas convenable de discuter cette question en pareil moment. L'avocat acquiesça et partit.

Une semaine plus tard, Adam reçut une lettre l'informant qu'il était l'unique héritier testamentaire de son grand-oncle. Il n'y avait pas d'argent, Hilbert ayant employé toutes ses liquidités à acheter une rente, mais Wyvis Hall et son mobilier appartenaient entièrement à Adam.

Tout le boulevard périphérique nord était embouteillé ; la circulation resta longtemps bloquée à Stonebridge Park et à Hanger Lane. Heureusement, Lewis avait compté large. Adam allait être très étonné de le voir. Il s'imaginerait probablement que quelque chose était arrivé à sa mère et que Lewis allait lui annoncer une catastrophe. C'était d'ailleurs le cas, bien qu'il ne s'agît pas de nouvelles de ce genre. Pendant qu'il attendait sur sa file derrière un transporteur de meubles allemands et une camionnette de déménagement, Lewis se remit à penser à ces os : comment et pourquoi avaient-ils été enfouis dans le cimetière d'animaux ?

Franchement, il ne croyait pas qu'Adam ait eu un rapport direct avec cette affaire. Son fils avait dû laisser pénétrer dans le cimetière des individus indésirables, et c'étaient ces vagabonds ou ces hippies — il y en avait beaucoup dans les années soixante-dix — qui étaient les responsables.

Adam n'avait jamais manifesté le moindre intérêt pour Wyvis Hall, aussi longtemps qu'il s'en souvienne. Son héritage en était d'autant plus injuste. Il n'y avait vu qu'une source de lucre inespérée. Quand la lettre était arrivée, Lewis avait failli l'ouvrir. Le cachet de la poste, la précision surannée de l'adresse (*Esquire*, le nom de la maison ainsi que le numéro de la rue) lui avaient fait comprendre qu'elle venait de la vieille compagnie de Hilbert. Et il croyait savoir ce qui s'était passé. Ils s'étaient trompés, voilà tout, et ils l'avaient envoyée à son fils. Ou alors peut-être Hilbert avait-il légué à Adam un objet quelconque, un petit souvenir...

Adam faisait la grasse matinée. Lewis ne l'oublierait jamais, même s'il oubliait tout le reste. Et il se sentait, pour sa part, si euphorique qu'au lieu de crier à son fils de se lever et de se secouer les puces, il était entré dans sa chambre et il avait posé l'enveloppe sur la table de chevet. Lewis n'avait pas un seul instant douté qu'il fût le nouveau propriétaire de Wyvis Hall, et c'était bien cela le pire.

On devait être un dimanche, ou un jour de congé. En tout cas, Lewis était chez lui à l'heure du déjeuner, et il mangeait avec Beryl ; ils parlaient d'aller faire un tour au Hall lorsque Adam apparut. Il avait les cheveux très longs et il portait une barbe, se rappelait Lewis, et il avait l'air d'un prophète bizarre, comme tous les jeunes de l'époque. Lewis avait encore une image très précise de son fils entrant dans la salle à manger (ou plus exactement dans le coin salle à manger du salon), en jeans aux ourlets déchirés et en tunique décolorée. Plus tard, Lewis regretta de ne pas avoir fait une remarque cinglante sur l'heure ou sur l'apparence d'Adam. Il y avait d'ailleurs fait allusion, mais sur un ton affable — il était d'humeur joyeuse, ce jour-là !

« Te voilà prêt à te repaître de sauterelles et de miel !

— Un truc assez fantastique, dit Adam. Le vieil Hilbert m'a légué sa maison.

— Très drôle, répondit Lewis. Qu'est-ce qu'il t'a légué ? Son bureau ? Tu as toujours dit que tu l'aimais.

— Sans blague, il m'a légué sa maison. Machin bidule Hall. Incroyable, non ? Ça m'a fait un choc. Tu peux lire la lettre si tu veux. »

Lewis s'en empara. Il s'était mis à trembler. Il y était écrit, noir sur blanc : « ... la propriété connue sous le nom de Wyvis Hall à Nunes, dans le comté du Suffolk, les terres qui s'y rattachent... » Cela ne pouvait être qu'une erreur.

« Ils t'ont pris pour moi, mon garçon », fit Lewis, fort mécontent.

Adam sourit. « J'en doute.

— *Tu* en doutes ? Qu'est-ce que tu en sais ? Bien sûr que Wyvis Hall m'appartient. Ça a toujours été entendu comme ça. C'est un simple malentendu, une confusion de noms qui, je dois le dire, relève de la négligence criminelle.

— Tu pourrais leur téléphoner, suggéra Beryl.

— Je vais le faire. Je vais téléphoner dès que j'aurai terminé de déjeuner. »

Mais Lewis était incapable d'avaler une bouchée de plus. Adam mangeait, lui. Il mangea de tout, pain, beurre, jambon et cornichons, et il but un demi-litre de lait. Lewis passa dans l'entrée pour appeler les avocats de Hilbert. Celui qu'il demandait était sorti déjeuner. Adam se leva de table et annonça qu'il pensait aller voir Rufus.

« Tu ne vas nulle part, rétorqua Lewis. Je t'interdis de quitter cette maison.

— Tu quoi ? » répondit Adam en lui adressant un large sourire.

Beryl intervint :

« Attends juste quelques minutes, Adam, que nous tirions tout ça au clair.

— Pourquoi fait-il tant d'histoires s'il est sûr que c'est une erreur ? »

Ce ne fut pas à ce moment-là que Lewis commença à détester son fils, mais dix minutes plus tard : quand, après avoir appelé l'avocat, il eut la certitude que ce n'était pas une erreur.

« Tu ne peux pas me demander d'être *désolé* qu'il ne t'ait pas laissé la maison à toi, dit Adam. Je pense évidemment qu'il a pris la bonne décision.

— Tu ne te rends pas compte que c'est scandaleux ? »

Adam était surexcité. Il voulait aller raconter sa bonne fortune à la famille Fletcher. Lewis bouillait de rage, de douleur et de dégoût.

« Je peux prendre la voiture ? demanda Adam.

— Non ! Ni maintenant, ni une autre fois, un point c'est tout ! »

Lewis échafauda rapidement un plan grâce auquel ils pourraient tous partager Wyvis Hall. Ce n'était pas l'idéal, ce n'était pas ce qu'il avait espéré, loin de là, mais c'était mieux que de tout céder à Adam. D'ailleurs, celui-ci allait retourner à la faculté dans une semaine ; il faudrait encore prouver la validité du testament. Mais pourquoi ne pourrait-il pas prendre le Hall pour les week-ends vers le milieu de l'été, avec Bridget et sa femme ? Adam pourrait l'occuper pendant ses grandes vacances à lui. Lewis était prêt à refaire la décoration à ses frais. C'était une maison de famille, n'est-ce pas, et dans l'esprit de Hilbert, elle était certainement destinée à être partagée entre eux tous. Beryl, Bridget et lui-même y passeraient les fins de semaine, et la famille s'y retrouverait au complet pour les fêtes de Noël. Qu'est-ce qu'un garçon encore étudiant, sans projets d'avenir pour l'instant, pourrait bien faire d'une maison de campagne ?

« Je veux la vendre, dit Adam. Je veux l'argent.

— Vends le terrain, répondit Lewis.

— Je ne veux pas vendre le terrain. De toute façon, ça ne rapporterait pas grand-chose : qui achèterait des terres cultivables ? »

Il était clair qu'Adam avait étudié cet aspect de la question. « Non, puisque vous me le demandez... » A l'évidence, Adam n'avait pas tellement envie de faire part de ses intentions à ses parents. « Puisque vous me le demandez, je compte y faire un saut dès que je pourrai pour tout mettre en vente le plus rapidement possible. »

Adam retourna à l'université. Cet été-là, Lewis crut qu'il était au bord de la dépression nerveuse. Il faisait des plans extravagants. Aller à Nunes pour reprendre possession de la maison. Entrer par effraction s'il le fallait, et occuper les lieux. Les gens du village soutiendraient sa cause. Ne l'appelaient-ils pas Monsieur Lewis ? N'était-il pas l'héritier légitime ? Adam ne tenterait pas de récupérer la maison par la force. A ce stade, ses élucubrations prenaient la tournure d'une guerre féodale. Il se voyait effectivement en rêve, revêtu d'une armure, enfonçant la grande porte de chêne avec une masse, tandis qu'Adam venait à sa rencontre, monté sur un cheval noir richement caparaçonné. De façon plus réaliste, il consulta des avocats afin de voir s'il pouvait contester le testament. Ils le lui déconseillèrent. Il essaya également la persuasion : il écrivit à Adam de longues lettres qui le suppliaient d'accepter un compromis. Adam téléphona chez lui et demanda à sa mère de faire en sorte que son père cessât de le harceler en plein milieu de ses examens. Le médecin de Lewis lui prescrivit des tranquillisants et lui recommanda de partir en vacances.

Soudainement, à la mi-juin, il renonça. Adam, Wyvis Hall et son oncle Hilbert, il s'en lavait les mains. Toute cette affaire l'écœurait, confia-t-il à Beryl, c'était au-dessous de lui ; mais il ne pouvait pas s'empêcher d'être totalement désillusionné sur la nature humaine. Il n'irait pas à Wyvis Hall même si Adam l'y invitait, même s'il l'en priait à deux genoux.

Une fois ses examens terminés, Adam rentra à la maison. Il dormit une nuit chez lui, puis il se rendit à Nunes en emmenant Rufus Fletcher. Plus exactement, ce fut Rufus qui l'emmena dans son break. Lewis s'enferma dans une indifférence complète. Il ignora presque Adam, pour lequel il éprouvait maintenant une antipathie profonde, allant jusqu'à la répugnance. Quelques mois plus tôt, si on lui avait dit qu'on pouvait prendre en grippe son propre enfant, qu'on pouvait ressentir une réelle aversion pour sa chair et son sang, il ne l'aurait pas cru. C'était pourtant ce qui lui arrivait. Il était impatient de voir Adam quitter la maison. Deux jours plus tard, celui-ci était de retour. Voilà comment Adam traitait Wyvis Hall. Comment il appréciait la belle maison qu'il avait eu la chance inouïe de recevoir en héritage à l'âge de dix-neuf ans. Il partait pour la Grèce avec Rufus Fletcher et sa petite amie, qui était la fille d'un personnage titré — une altesse, figurez-vous.

« Une fille de son milieu pourrait avoir un peu plus de bon sens, dit Lewis.

— Comment ça, plus de bon sens ? demanda Adam.

— Eh bien oui, partir seule en voyage avec un type de cette espèce... »

Adam éclata de rire.

« Combien de temps pars-tu ? questionna Beryl.

— Je ne sais pas. »

Beryl aurait pu épargner sa salive : ils ne savaient jamais, et de toute façon ils préféraient ne rien dire.

« Le trimestre commence le 17 octobre, ajouta Adam.

— Tu ne resteras jamais quatre mois en Grèce !

— Je ne sais pas. Ça se peut. C'est un pays assez grand.

— Tu vas camper, j'imagine. Et dormir sur les plages. »

Lewis avait oublié d'être froid et détaché. C'était plus fort que lui.

« Et cette magnifique maison dont on t'a, inexplicablement, donné la responsabilité ? poursuivit-il. Tu vas la laisser tomber en ruine ?

— Elle n'est pas en ruine, dit Adam en le regardant dans les yeux. J'ai demandé à quelqu'un du village de venir tous les jours pour vérifier que personne ne mette la pagaille. Je parle des squatters : il y en a beaucoup. »

Lewis avait compris : il savait dc quels squatters Adam se méfiait. C'était une horrible façon de parler à son propre père.

Une fois arrivé dans le parking de l'aérogare numéro 2, Lewis dut descendre plusieurs niveaux avant de trouver une place. Il était revenu au temps présent, ayant épuisé ses souvenirs pleins d'amertume. Adam était parti pour la Grèce le lendemain et n'avait reparu qu'au mois de septembre. Lewis et Beryl n'étaient naturellement pas allés à Wyvis Hall, ils ne se seraient pas exposés à une telle humiliation : ils auraient pu tomber sur un rustre payé par Adam pour leur barrer le passage. Au fait, comment Adam s'était-il procuré l'argent nécessaire pour assurer cette surveillance quotidienne ?

C'était ce que Lewis se demandait tout en prenant l'ascenseur et en traversant le hall des arrivées où il se préparait à attendre l'exode de la foule en provenance des douanes. L'avion de Tenerife devait arriver dans quinze minutes ; le moment de l'atterrissage était signalé sur un écran. Il y avait là des gens qui attendaient eux aussi, des hommes qui semblaient être des chauffeurs de voitures de location, avec des pancartes portant des noms de personnes ou de compagnies, des familles rassemblées pour le retour du père, et une vieille femme étrange en manteau rouge, qui mâchait du chewing-gum. Lewis se demanda quel infortuné visiteur de Rome, d'Amsterdam ou des Canaries allait devoir séjourner chez elle.

Il aurait peut-être dû signaler à la police que quelqu'un était passé à Wyvis Hall tous les jours cet été-là. Certainement pas une personne respectable, comme la femme de ménage ou le jardinier de Hilbert, mais, selon toute vraisemblance, un pauvre hère au chômage qu'Adam avait déniché dans un bistrot. Cet individu pouvait bien être l'auteur du crime qui avait donné lieu à l'effroyable inhumation mentionnée dans les journaux. Et par association, Adam serait lui aussi impliqué dans l'affaire. Apparemment, aucun policier n'était présent dans la foule. On n'avait envoyé personne pour intercepter Adam — à moins, bien sûr, qu'il n'y eût des policiers en civil : ces deux-là, par exemple, qui avaient l'air d'être des hommes d'affaires. C'étaient certainement des enquêteurs. Qui d'autre aurait pu se trouver derrière la barrière des arrivées à Heathrow à cette heure-ci ?

Lewis commençait à être passablement excité. Et si Adam était arrêté avant même d'avoir rejoint son père ? Il s'imaginait en train d'amener une Anne et une Abigail en larmes à Beryl, il se voyait à la recherche d'un bon avocat pour Adam. Son fils devrait admettre qu'il avait été dans son tort, qu'il avait été extrêmement négligent — d'une insouciance criminelle à la vérité — en permettant à n'importe qui de pénétrer à Wyvis Hall. Il ne voudrait peut-être pas donner de noms à la police, mais il le faudrait bien. On ferait pression sur lui. Et il finirait par confesser que si son père avait hérité de la propriété, comme il l'avait à juste titre escompté, rien de tout cela ne serait arrivé.

L'atterrissage de l'avion en provenance de Tenerife, vol IB 640, fut annoncé sur l'écran. Lewis s'était lancé dans un autre scénario : Adam avait abandonné une femme enceinte de lui à Wyvis Hall, et elle avait été assassinée avec l'enfant par un gardien patibulaire. Les premiers arrivants franchissaient maintenant la douane : deux couples d'âge mûr, un groupe de gosses qui devaient être des lycéens, une famille de quatre enfants flanquées d'une grand-mère, et un homme au col de chemise défait qui avait dû se saouler dans l'avion. Les enquêteurs — qui finalement n'en étaient pas — s'avancèrent à sa rencontre ; le premier lui serra la main, tandis que le second lui tapa sur l'épaule. Puis vint une femme poussant une grande valise écossaise à roulettes, et derrière elle apparut Adam, avec un chariot. Anne marchait à ses côtés, bronzée et fatiguée. Elle traînait la poussette vide en portant Abigail endormie sur son épaule.

Quand Adam aperçut son père, son visage exprima un mélange d'émotions, où l'exaspération l'emportait sur l'anxiété.

VI

Ce qu'il y a d'extraordinaire dans l'esprit humain, pensait Adam, c'est sa faculté de s'adapter au pire. Lorsque le pire est arrivé, on s'imagine que plus rien n'est possible ; l'inconcevable s'est produit, et au-delà c'est la mort, la destruction, le néant. Mais le pire arrive et on chancelle sous le coup, on est au bord de l'abîme — le choc est terrible. Et c'est alors qu'on commence à s'en remettre. On prend le dessus, on se redresse et on affronte. *On s'y fait.* Au bout d'une heure peut-être, on élabore un plan de sauvetage. Parce que ce qui est arrivé n'est pas le pire, vous vous en êtes rendu compte. Le pire est encore à venir, il peut toujours se produire, il ne se produira peut-être jamais en fait, sinon vous le sauriez : ce serait du réel et vous n'auriez plus qu'à vous tuer. Sans attendre.

Maintenant qu'il en était capable, il rassemblait les faits et tentait de les analyser. On avait déterré ces os à Wyvis Hall et la police avait retenu l'hypothèse du crime. Les squelettes et les cadavres ne s'enterrent pas tout seuls. Tels étaient les faits dont il avait pris connaissance jusqu'ici. Il en saurait plus, beaucoup plus, dans les jours qui suivraient. Quoi qu'il en soit, il ne pouvait plus faire fonctionner la touche annulation. Elle était hors service. Comme dans certains programmes, les passages qu'elle effaçait n'avaient pas été perdus, mais conservés sur une disquette oubliée dont il fallait à présent les extraire.

Adam était chez ses parents, et il buvait du thé. Tout allait désormais refaire surface, et cela présentait au moins un avantage : il parviendrait peut-être à chasser ses rêves. Il éprouvait une légère sensation de froid et de malaise, un curieux manque d'appétit, alors qu'il s'était senti affamé en descendant de l'avion.

Anne était assise à côté de lui, sur le canapé recouvert de cretonne, et Abigail, allongée sur un plaid à même le sol, envoyait des coups de pied et des coups de poing dans le vide. Sa grand-mère lui tendait continuellement des jouets qui ne l'intéressaient pas. Un passage d'un roman de John O'Hara lui revint. Il l'avait appris par cœur plusieurs années auparavant, à l'époque de Trapellune : « Le plus sûr moyen de vivre en paix, c'est premièrement de faire un héritage, deuxièmement de ne pas avoir un penchant inné pour la boisson, troisièmement d'avoir une activité légitime qui vous occupe, quatrièmement d'épouser une femme qui se plie volontiers à vos singularités sexuelles, cinquièmement d'adopter une confession assez largement répandue, sixièmement, ne vivez pas trop longtemps. » Mis à part le dernier point, qu'il était encore trop jeune pour atteindre, et l'avant-dernier, qui paraissait s'appliquer à l'Amérique plutôt qu'à l'Angleterre (pour sa part, il avait adhéré à un club de golf), il avait suivi tous les autres. Disons que son tempérament, avec l'aide du hasard, lui avait permis de le faire. Némésis n'en avait pas moins fondu sur lui, comme un aigle sur sa proie.

Il avait été entraîné chez ses parents malgré lui. Il n'avait pas eu assez d'énergie pour protester, le choc causé par la révélation de son père avait été trop grand.

« Il y a quelque chose qui va t'intéresser, Adam. Quelque chose qui va t'étonner. On a déterré des os humains dans la propriété de mon vieil oncle... »

Lorsqu'il avait retrouvé ses esprits, ils roulaient déjà vers le nord. Anne était furieuse. Quand Lewis leur avait proposé de venir prendre le thé chez lui, Adam avait reçu un coup de pied sur la cheville, puis encore un autre auquel il n'avait pas répondu.

Il s'était tourné vers Anne et lui avait dit froidement : « Bordel, tu vas arrêter de me donner des coups de pied, oui ou non ? »

Il pensait que son père allait réagir, et lui dire que ce n'était pas une façon de parler à sa femme devant l'enfant. Il en était bien capable. Mais il n'en avait rien fait, il avait simplement pris un air soumis, et Adam comprit pourquoi. Sa propre terreur et son effroyable colère s'étaient communiquées à son père et lui avaient indiqué le parti le plus sage : celui du silence. Maintenant qu'il avait semé la zizanie à sa manière, il se faisait tout petit et il attendait. Le vieux fumier. Si seulement l'oncle Hilbert lui *avait* laissé Wyvis Hall, il n'y aurait pas eu de Trapellune, ni de Zosie, ni de morts. Et Adam ne s'en serait pas plus mal porté. Anne et lui habiteraient une maison comme celle-ci, au lieu d'un palais néo-géorgien. Après tout, pensa-t-il en regardant Abigail, les enfants sont heureux partout, pourvu qu'on les aime...

Ses parents ne lui avaient pas demandé s'il avait passé de bonnes vacances ou si le vol avait été agréable. La conversation portait exclusivement sur la découverte de Wyvis Hall. Adam ne savait pas s'il devait être ravi ou désolé de ne pas avoir lu de journaux anglais là-bas. S'il l'avait fait, le choc aurait été moindre, mais en revanche ses vacances auraient été gâchées. Il aurait beaucoup aimé être seul. Il savait naturellement que c'était impossible, aussi bien chez lui qu'ici, parce qu'on n'est jamais seul quand on est marié. C'était probablement ce qui le tracassait le plus. Est-ce qu'il allait en parler à Anne ? Et jusqu'où irait-il dans ses confidences ? Il l'ignorait. Il ne dirait rien, absolument rien — s'il avait le choix.

Ils étaient à table pour dîner, à une heure tout à fait incongrue. Lewis lui demanda s'il se rappelait le jour où il avait appris qu'il héritait de Wyvis Hall, quand il était entré dans cette pièce et qu'il les avait stupéfiés avec la nouvelle.

« Il avait une barbe en ce temps-là, Anne. »

L'air soumis avait fait place, chez Lewis, à une expression enjouée. « Vous ne l'auriez pas reconnu, il ressemblait à saint Jean-Baptiste. »

Adam s'en souvenait parfaitement, mais il n'avait aucune envie d'en parler. « Comme c'est drôle, dit Lewis, ce jour-là aussi, nous avons mangé de la salade au jambon. Quelle coïncidence ! Ah, au fait, je voulais te demander qui s'occupait de Wyvis Hall pendant que tu étais en Grèce ? »

Adam ne mangeait rien. L'autre fois, se rappelait-il, c'était son père qui avait été incapable d'avaler une bouchée. Il ne voyait pas à quoi son père faisait allusion ; il avait sans doute inventé une histoire de toutes pièces pour que son père se tienne tranquille, sinon pour l'éloigner.

« Tu avais parlé de quelqu'un du village, insista Lewis.

— Comment pourrais-je m'en souvenir ? Il y a si longtemps.

— La police voudra le savoir. Ce sera peut-être d'une importance capitale.

— Tu ne manges pas ta viande, chéri ? » demanda Beryl.

Abigail, qui avait été installée dans l'une des chambres du haut, se mit à pleurer. Adam se leva immédiatement.

« Je crois qu'il faut y aller. »

Ils durent attendre que son père soit prêt. Adam aurait préféré appeler un taxi, mais Lewis ne voulait pas en entendre parler. Anne prit place à l'avant et Adam s'assit à l'arrière avec Abigail. Si son père avait pu savoir par quel vol ils rentraient, c'était certainement un jeu d'enfants pour la police. Peut-être étaient-ils déjà chez lui. Ils désireraient sans doute interroger tout ancien occupant de Wyvis Hall. Il regarda à nouveau le compte rendu de l'enquête — ajournée pour l'instant — que son père avait gardé pour lui. Ils s'intéresseraient forcément aux propriétaires d'il y a neuf ou dix ans, c'est-à-dire le grand-oncle Hilbert, qui était mort, lui-même et Ivan Langan à qui il avait vendu la maison. Quant aux autres personnes ayant pu séjourner à Wyvis Hall, comment pouvaient-ils les identifier ?

C'était une ironie du sort qu'il ait vu Shiva dix jours auparavant à Heathrow. Cette rencontre lui apparaissait maintenant comme un présage, comme l'ombre portée par un événement à venir. Quel serait cet événement ? Adam préférait ne pas y penser, il en était malade. Il retourna le journal pour ne plus voir le titre. Son père, qui était plein d'entrain, parlait des immenses progrès accomplis par la médecine légale au cours de ces dernières années.

Dès qu'ils arrivèrent chez eux, Anne commença à mettre Abigail au lit. Après avoir posé leurs valises dans leur chambre, au premier étage, Adam chercha Rufus Fletcher dans le Bottin. Il y était mentionné à deux adresses, à Wimpole Street et à Mill Hill : Rufus H. Fletcher, MB, MRCP[1].

1. Bachelor of Medecine, Member of Royal College of Physicians. (*N.d.T.*)

Donc, pendant toutes ces années, ou du moins pendant quelques-unes, Rufus avait habité à cinq ou six kilomètres de chez lui. Impossible de chercher Shiva : il avait oublié son nom de famille. Quant aux femmes, elles se marient et elles changent de nom, pensa-t-il ; il était inutile de suivre cette piste. Il pouvait bien sûr essayer de trouver Robin Tatian, mais franchement, où cela le mènerait-il ? Il allait s'emparer d'un autre annuaire lorsque Anne revint avec Abigail dans ses bras. Adam prit sa fille pour la remettre au lit lui-même, puis il la borda et l'embrassa. Elle était presque endormie. Il se demanda si Rufus avait des enfants et si, dans ce cas, il craignait comme lui qu'il ne leur arrive quelque chose d'épouvantable. Est-ce que sa vie à lui était affectée par ce qui s'était passé à Trapellune, au même degré que la sienne ? Adam avait peut-être fui les souvenirs, il les avait refoulés avec force, mais il n'avait jamais été capable de prétendre que les événements l'avaient laissé intact. Il avait parfois l'impression qu'il était devenu ce qu'il était à cause d'eux, et que toute sa conduite en était la conséquence directe.

Il était à côté du berceau d'Abigail. Il ne voulait pas évoquer le passé ; il savait pourtant qu'il le fallait. Il n'y avait rien chez lui qui lui rappelât Trapellune. Ce qui restait, ce que Rufus et lui n'avaient pas vendu, il l'avait cédé à Ivan Langan avec la maison. Pour une bouchée de pain, d'ailleurs, parce qu'il n'avait pas eu le courage d'y retourner, de donner rendez-vous à un expert, de parcourir les pièces et de prendre des objets sur les étagères, d'ouvrir les placards. Il n'y était revenu qu'une fois après leur départ à tous, et cela avait été suffisamment pénible. Comme s'il avait été propulsé dans un scénario terrifiant avec un décor à la Hitchcock. Il avait demandé au chauffeur de taxi de le déposer au sommet de la trouée, et il avait marché jusqu'à la maison. Il n'y était pas allé depuis un an ou presque, et on n'avait touché à rien depuis. Il avait simplement détourné les yeux du bois de pins — du moins en arrivant.

La trouée, envahie par une végétation dense, formait un tunnel humide dont les parois buissonneuses laissaient échapper des vrilles de ronces et d'églantines qui s'accrochaient à ses vêtements. L'une d'elles le fouetta brusquement au passage, et lorsqu'il essaya de l'attraper, une épine s'enfonça dans son doigt à l'endroit le plus charnu. Cette épine y était restée pendant des mois, en suppurant. L'été avait été maussade et frais, aussi différent que possible de la saison précédente. La brique rouge de la maison ne baignait pas dans une lumière dorée. Toute la douceur du lieu s'était évanouie. C'était beau, certes, mais d'une beauté sévère, qui lui semblait lourde de reproches. Peu à peu, il se mit à entretenir l'illusion qu'il jouait un rôle dans un film. Il avait besoin de ce simulacre de fiction pour continuer ; pour traverser la pelouse hérissée de broussailles, pour passer devant le cèdre aux branches noires et pour atteindre le porche encadré de ses quatre colonnes doriques, avant d'introduire enfin sa clef dans la serrure.

Dans le film, il aurait découvert un spectacle horrible. Un cadavre se balançant au bout d'une corde au-dessus de l'escalier. Il n'y avait rien, évidemment, sinon une faible odeur de poussière et de moisissure séchée. Trapellune. Il ne l'appelait plus ainsi. C'était redevenu Wyvis Hall, sa maison, mais elle ne lui apportait plus aucun plaisir, ni cette joie profonde, fébrile, presque maladive. Il respira à pleins poumons, il marcha dans les pièces et monta les escaliers, comme un acteur. L'autre protagoniste de la scène, l'agent immobilier de Sudbury, allait arriver sur les lieux du tournage dans quelques instants.

Pendant leur séjour, l'année dernière, c'est à peine s'il y avait eu des visiteurs. Comme si la maison magique dans les bois avait été protégée par une clôture invisible, ou bien — c'était ce qu'ils disaient — comme si elle avait été prisonnière d'un charme enveloppant. L'air transparent, la lumière unique du Suffolk, celle que Constable avait peinte, constituait une barrière impénétrable qui tenait à distance les visiteurs mieux qu'un rideau de verre. C'était pure imagination naturellement, deux ou trois personnes étaient venues : Evans, ou Owens, de Hadleigh, l'homme aux coypu ; puis le releveur de comptes, et l'homme qui voulait s'occuper du jardin et dont ils avaient réussi à se débarrasser en lui racontant un mensonge. Mais la plupart du temps, ils n'avaient pas été dérangés dans leur île enchantée ; et si les autres ne pouvaient pas y pénétrer, ils avaient le loisir de la quitter quand ils en avaient envie. Des allées et venues, il y en avait eu beaucoup trop, justement. Tout aurait été très différent s'ils n'avaient pas bougé.

La sonnette retentit. Il ne put s'empêcher de sursauter. Ce n'était qu'une sonnerie ordinaire, pas un bourdonnement ni un carillon. Il fit entrer l'agent immobilier et lui fit visiter la maison : le salon et la salle à manger au rez-de-chaussée, et à l'étage au-dessus la Chambre à la Pelote d'épingles, la Chambre au Centaure, la Chambre de la Stupéfaction, la Chambre du Lit de mort, la Chambre Sans Nom ; et enfin, au pied de l'escalier de service, tout cet enchevêtrement de cuisines, d'arrière-cuisine, de lingerie et de resserre à charbon qui avaient été ajoutées, pour la plupart, au siècle dernier. Combien de dépendances leur fallait-il, à ces victoriens !

Tout était propre et net, comme Vivien l'avait laissé. Il ne pouvait pas prononcer le nom de Vivien, il ne pouvait même pas le penser. Il regardait craintivement autour de lui, en serrant les poings.

Il ouvrit la porte de l'armurerie pour la montrer à l'agent immobilier. Elle contenait une table et une chaise Windsor. Le sol était recouvert de carrelage rouge et noir, et il y avait des râteliers au mur ; ils étaient vides, bien sûr : les deux fusils de Hilbert avaient disparu. Ils en avaient enterré un dans le Petit Bois, et l'autre était caché dans un vieux sac de golf sous son lit à Edgware.

L'agent immobilier suggéra un prix de départ, prit quelques mesures et photographia la maison du bord de la pelouse, qui avait l'air d'une prairie maintenant. C'était là que Rufus s'était mis pour prendre des photographies un an auparavant. Le vent soufflait, et le cèdre, qu'il avait comparé à un galion et Zosie à une sorcière, dansait en faisant bondir et virevolter ses branches.

L'automobile s'éloigna le long de la trouée, comme Bidugrame l'avait fait à maintes reprises. Adam avait donné son unique clef à l'agent. Il ferma la porte d'entrée derrière lui et repartit à pied. Il avait oublié de demander un taxi pour le retour ou de consulter les horaires des autobus. L'agent aurait certainement pu le déposer quelque part. Il était trop tard maintenant. Des gouttes d'eau froide qui tombaient de la voûte feuillue ruisselaient dans son cou. Dans le Petit Bois, un faisan lança son cri métallique. Il fit le vide dans son esprit, marchant comme un automate vers l'allée gazonnée ; un camaïeu de prairies superposées et de fragments de forêts, d'où surgissait le clocher d'une église, s'esquissait dans le lointain. Il retenait sa respiration.

Il gardait la tête tournée vers la trouée, les yeux fixés sur le sombre rideau de pins que tachetaient leurs cônes verts. Il connaissait la distance exacte qui le séparait du bois : trente pas. Il se retourna en fermant les yeux, expira, et regarda enfin, en poussant malgré lui un faible gémissement. C'était le bruit d'un homme qui éprouve une douleur physique et qui réprime sa plainte.

Il n'y avait rien à voir. L'endroit était semblable à ce qu'il avait toujours été : un paysage de *downland* en miniature, hérissé de monticules verts sur lesquels on avait dressé de petits dolmens — du granit rose, du marbre blanc, et une ou deux dalles de pierre grise. Quelques croix de bois. « Par quels courants sans fin, Pinto... » Chacun reposait ici dans son étroite niche pour l'éternté, Alexander, Sal, Monty, Ranger et Blaze. A la droite de Blaze, le gazon vert était intact. Il présentait de légères irrégularités, comme l'ensemble de la clairière, tapissée d'un entrelacs de plantes à feuilles minuscules et de petites efflorescences que venaient interrompre, çà et là, une cavité remplie d'aiguilles de pin, ou une ornière peu profonde au fond sablonneux. Les lapins avaient tondu la pelouse avec plus d'efficacité que n'importe quelle machine. Leurs crottes étaient éparpillées sur le sol comme des poignées de raisins secs.

Adam avait serré les poings contre sa bouche. Il prit ses jambes à son cou et fila d'une seule traite jusqu'à la trouée, sans se retourner.

Anne l'attendait en bas avec du café et des sandwichs sur un plateau. Elle voulait parler de la découverte de Wyvis Hall. Elle avait une façon si naturelle de ne pas mettre en doute son innocence qu'il en fut surpris et touché. Adam n'avait pas faim. Il pensait au fusil de chasse de Hilbert qu'il avait toujours ; il devrait peut-être s'en débarrasser assez rapidement.

« Tu ne m'as jamais rien dit de tout ça, commença Anne. Quand tu as reçu la lettre de l'avocat, tu as dû avoir un choc terrible. Tu ne t'y attendais vraiment pas ?

— Je croyais que c'était mon père qui allait hériter. On en était tous persuadés.

— Et d'après toi, pourquoi est-ce qu'il t'a laissé sa propriété ?

— Pas par affection pour moi. C'est tout juste si j'existais pour lui. Il n'aimait pas les enfants, et quand j'ai grandi, j'ai cessé d'y aller. Je n'avais pas vu mon grand-oncle depuis quatre ans. C'étaient mes parents qui allaient le voir.

— Alors je n'y comprends rien.

— Écoute, c'était un vieux bonhomme qui avait un sale caractère. » Adam la regardait droit dans les yeux. « Comme mon père. Et je finirai probablement comme ça, moi aussi. Tous les Verne-Smith ont un fichu caractère. » Anne se taisait toujours. « Je crois que ça s'est passé de la façon suivante. Mon grand-oncle a très bien compris les manœuvres de mon père. C'était tellement flagrant. Il s'est dit, bon, tu as appelé ton fils Hilbert pour me faire plaisir, pour que je l'aime, eh bien ! je vais l'aimer. Je l'aimerai tant qu'il aura ma préférence, et que Wyvis Hall te passera sous le nez.

— Tu crois vraiment que les gens font des choses pareilles ?

— Parfois. » Adam réfléchit quelques instants. « Franchement, j'en aurais fait autant à sa place. J'en aurais été capable, en tout cas.

— Tu veux encore un peu de café ? Non ? Je suppose que tu t'es précipité à Wyvis Hall pour voir tes nouvelles possessions ?

— En fait, non. Je n'avais pas le temps. Il fallait que je retourne à l'université. De toute manière, j'avais l'intention de le vendre. Je n'étais pas spécialement séduit par mon ravissant manoir, tu sais. »

C'était précisément ce qui lui était arrivé, pourtant. Pas sur-le-champ, il est vrai, mais lorsqu'il y était retourné après quatre ans d'absence. Et comme il ne savait pas qu'il allait être conquis, il avait différé sa visite jusqu'à la fin du trimestre, au mois de juin. Au cours de cette période, son père n'avait pas cessé de chercher des stratagèmes pour contourner le testament ou pour parvenir à un compromis. Adam s'attendait à une attaque frontale : il était tenu au courant par sa sœur, qui était son alliée contre ses parents — c'était bien le seul domaine où ils se rejoignaient.

« Tu y passais les vacances quand tu étais petit ? Est-ce que tu aimais cette maison à ce moment-là ?

— Je ne crois pas. Je ne me rappelle pas. Je crois que j'aurais préféré aller au bord de la mer, comme tous les gosses.

— Et on t'a montré le cimetière d'animaux quand tu étais enfant ? poursuivit Anne.

— Sans doute. Je ne sais plus. On est obligé de parler de ça ? »

En réalité, si sa mémoire était bonne, il n'en avait jamais rien su avant que Shiva ne leur fasse part de sa découverte. Vivien était persuadée que c'étaient des tombes d'*enfants*. Adam frissonna en y repensant. Avec son penchant pour le mysticisme indien, elle pouvait difficilement comprendre un tel culte pour les animaux. Adam eut soudain l'horrible vision d'une pelle qu'on enfonçait dans le gazon et qui ressortait avec un crâne. Il avait dû se passer quelque chose comme ça.

Est-ce que le fusil était encore là, avec les os ?

Lorsqu'il fut couché aux côtés d'Anne, il essaya de fabriquer une histoire à la fois plausible et non compromettante qu'il pourrait raconter à la police. Adam prenait les policiers pour des imbéciles, comme la plupart des membres de la bourgeoisie anglaise n'ayant jamais eu affaire à eux. Anne s'était endormie presque immédiatement. Elle avait l'habitude, quand elle dormait sur le dos, de faire un petit bruit de gorge. Ce n'était pas un ronflement, mais une sorte de claquement sporadique — particulièrement irritant de ce fait — qui se faisait entendre au moment où on s'y attendait le moins. Hormis Anne, Adam ne connaissait qu'une personne capable d'émettre ce son particulier. La première fois qu'il avait entendu sa femme le faire, le souvenir de ces deux nuits s'était imposé à lui avec une netteté si frappante qu'il avait été le jouet d'une illusion atroce : Anne s'acharnait à le narguer. C'était évidemment absurde. Elle ne savait rien de Catherine Ryemark, et elle n'en saurait jamais rien s'il arrivait à ses fins.

Plusieurs minutes pouvaient passer sans que le claquement se produisît, puis il en survenait un, et encore un autre suivi d'un troisième quinze secondes plus tard. Ce qui avait le don d'exaspérer Adam. Il lui dit une fois, dans un accès de colère, qu'elle n'avait commencé à faire ce bruit qu'après leur mariage. S'il l'avait entendu quand ils étaient encore célibataires, il ne l'aurait jamais épousée. Mais à présent, il prêtait une attention douloureuse aux légers claquements qui se succédaient avec leur irrégularité particulière. Il acceptait de revenir dix ans en arrière pour retrouver la vérité : c'était à cette condition qu'il serait capable de forger des mensonges. Il restait immobile, les yeux grands ouverts, plongé dans la semi-obscurité des nuits londoniennes. Dans le Suffolk, les nuits sans lune étaient noires comme de l'encre jusqu'à l'aube. Un claquement, une pause, un claquement, un long silence. Il avait enfin fait assez froid pour qu'il soit nécessaire de mettre une couverture et un édredon ; il pouvait tenir Zosie dans ses bras sans être trempé de sueur. Il était resté longtemps éveillé cette nuit-là aussi, à se demander quoi faire, et à écouter ce son délicat, semblable à celui d'une bulle minuscule qui crève — jusqu'au moment où il n'avait plus rien entendu.

Adam ferma les yeux et tourna le dos à Anne. Il y avait une couette en duvet recouverte d'une housse de coton imprimé au-dessus de leur lit. Elle avait servi d'édredon à Trapellune. Un édredon en satin d'un jaune passé, que Vivien avait rapporté de la terrasse quand la pluie s'était mise à tomber. C'était sur des duvets négligemment jetés par terre qu'ils s'allongeaient pour se prélasser au soleil cet été-là ; ils auraient pu se croire au sommet d'une maison orientale. Ils avaient passé toutes leurs nuits dehors, dans une douce chaleur parfumée, à regarder les étoiles ou les bougies fichées dans les bouteilles de vin de Rufus, à boire et à manger, à parler et à espérer. Ils étaient heureux. Il n'y avait jamais eu d'été pareil, ni avant ni depuis.

C'était l'été le plus chaud et le plus sec qu'ils aient jamais connu. Il avait fait très beau l'année précédente, surtout dans la dernière partie de la saison, mais l'été 1976, celui de la mort de Hilbert et celui de Trapellune, avait été radieux d'avril à septembre. S'il avait été gris, froid et pluvieux, il se serait peut-être contenté de jeter un rapide coup d'œil à Wyvis Hall avant de s'envoler vers la Crète, vers Délos ou ailleurs. Il serait certainement parti en reconnaissance tout seul : Rufus n'aurait pas voulu l'accompagner et il aurait été obligé de prendre le train.

Il y avait eu tant de hasards dans l'enchaînement des événements. En premier lieu, il ne se serait pas adressé à Rufus si ce dernier n'avait pas eu de voiture. Et si son père ne s'était pas montré aussi mauvais coucheur, il aurait pu emprunter son automobile, et vingt-quatre heures lui auraient suffi pour prendre contact avec une agence de Hadleigh ou de Sudbury — sans doute celle-là même à laquelle il avait confié la vente l'année suivante.

Mais il n'en avait pas été ainsi. Il avait fait un soleil éclatant ce jour-là ; il s'était levé vers neuf heures, ce qui était assez tôt par rapport à ses habitudes de l'époque. Son père était en vacances ; il avait décidé de rester chez lui, en dépit des conseils du médecin, et de faire « quelques petites excursions ». C'était du moins ce qu'il prétendait : en réalité, ses parents n'avaient pas bougé depuis qu'Adam était rentré à la maison.

C'était le vendredi 18 juin. Une date qui devait restée gravée dans sa mémoire à jamais. Il avait l'intention d'aller dans le Suffolk pour voir sa maison. Les jeunes de sa génération — comme leurs aînés au même âge, sans doute — détestaient faire des projets et des préparatifs à long terme. Adam était en proie à une stupéfaction voisine de l'incrédulité lorsqu'il voyait sa mère s'affairer avant de partir en vacances. La maison était entièrement nettoyée ; ses parents portaient leurs vêtements les plus usés pendant plusieurs jours parce que les autres étaient déjà dans la valise ; sa mère donnait des coups de téléphone et laissait des petits mots pour les commerçants. Lui, il aimait se décider au dernier moment, au gré de son inspiration.

Son père avait refusé de lui laisser la voiture. Ils pouvaient en avoir besoin s'ils sortaient. Adam lui avait répondu que ça n'avait pas d'importance, qu'il se débrouillerait autrement, mais cela n'avait pas eu l'air de plaire à Lewis. Les temps n'étaient plus, hélas, où les pères pouvaient imposer leur volonté aux fils. Adam ne donna aucune explication à Lewis — qui, il le savait, avait fort bien compris son intention — et il enfourcha sa bicyclette.

Il ne se souvenait pas de ce qu'il avait fait de son vélo en arrivant chez les Fletcher. Peut-être l'avait-il laissé là-bas jusqu'au lendemain. Mais il se rappelait à peu près tout le reste. Ce qu'il portait, entre autres : des jeans coupés au-dessus du genou et un tee-shirt taillé dans un vieux maillot de corps qu'il avait acheté pour vingt pence sous les arcades de la gare de Charing Cross, et qu'il avait teint lui-même en vert et jaune. Il avait noué ses cheveux avec un bout de guirlande qu'il avait trouvé dans une boîte de décorations pour Noël. C'était l'époque des couleurs vives et du henné. Adam en avait mis, et sous l'effet conjugué du soleil et du colorant, sa chevelure avait pris une teinte d'or roux. Sa barbe, qui était assez bouclée, était restée noire. Il devait offrir un spectacle étonnant, mais il n'en avait nullement conscience. Il avait les jambes nues et portait des sandales de cuir indiennes — celles qu'on doit tremper dans l'eau avant de les mettre pour la première fois. On imagine aisément quel temps il faisait ; il semblait que la chaleur ne prendrait jamais fin : il n'avait ni veste ni pull-over, alors qu'il ne pensait pas rentrer chez lui avant le lendemain.

Les Fletcher avaient une piscine, qui était censée avoir la forme d'une larme, ou bien d'une virgule. On ne l'avait jamais autant apprécié que cette année-là. Rufus, assis sur le bord du bassin carrelé de bleu, laissant pendre ses pieds dans l'eau. Il avait trois ans de plus qu'Adam, et bien qu'ils aient fréquenté la même école de Highgate, ils ne s'étaient pas encore liés d'amitié. C'était le frère cadet de Rufus, Julius, qui avait été dans la même classe qu'Adam, et ils n'avaient pas grand-chose en commun : Julius était un garçon assez ennuyeux, qui avait des prétentions intellectuelles. Adam et Rufus s'étaient rencontrés dans un club de squash.

C'était à peu près tout ce qui semblait devoir les rapprocher. Toutefois, lorsque Adam apprit à connaître un peu mieux Rufus, il se mit à éprouver une certaine admiration pour lui : sa ténacité, sa maîtrise de soi et son sens de l'organisation, qui n'excluaient ni la désinvolture ni l'humour, lui en imposaient. A Trapellune, bien sûr, ils avaient eu l'occasion d'approfondir leurs relations...

Adam aimait la décontraction de Rufus. Il aimait aussi le voir manifester, de temps à autre, une sensibilité qui semblait être en contradiction avec d'autres aspects de sa personnalité. Et Rufus était également capable des pires loufoqueries, en bon étudiant en médecine qu'il était. Adam pensait qu'ils étaient, Rufus et lui-même, à la fois sereins et fougueux, à l'instar de deux jeunes aventuriers qui auraient eu tout le temps devant eux pour conquérir le monde.

Rufus proposa à Adam de venir piquer une tête dans la piscine ; celui-ci ôta son short, mais il garda son caleçon de nylon noir pour entrer dans l'eau : le père de Rufus les avait une fois surpris en train de nager tout nus, et il en avait fait une histoire épouvantable. C'était accorder beaucoup d'importance à une faute aussi légère — si faute il y avait.

« Je vais aller voir mon héritage, dit Adam, tout en vérifiant que la clef de Wyvis Hall était bien dans la poche de son short.

— Là, maintenant ?

— Oui. Pourquoi pas ?

— Tu veux que je te conduise ? »

Rufus avait une vieille Morris Minor qu'il avait achetée de troisième ou de quatrième main, mais qui marchait assez bien pour vous amener à destination en un seul morceau, comme disait le père d'Adam.

C'était bien avant la construction de l'autoroute. Pour aller dans le Suffolk, on avait le choix entre la A 12, par Chelmsford, et ce que Lewis appelait les chemins de campagne. Cet itinéraire, que son père suivait toujours quand ils se rendaient chez le vieil oncle Hilbert, passait par des routes étroites et sinueuses qui traversaient Ongar, Dunmow, Braintree et Halstead. Adam « pilota » Rufus, selon l'expression de Lewis. Adam était exaspéré par cet emploi impropre du mot, qui ne pouvait évidemment pas s'appliquer à un parcours effectué sur la terre ferme, puisqu'il venait de l'italien *piloto*, dérivé du grec *pedon*, gouvernail. Adam avait une passion pour les mots, il était fasciné par leurs significations diverses, par les manipulations auxquelles ils se prêtaient, anagrammes, palindromes, figures de rhétorique... Il suivait un cours de linguistique à l'université pour sa licence. En l'occurrence, se dit-il, il était en train de « guider » Rufus. Ils avaient eu une conversation sur les mots au cours de ce trajet, plus précisément sur les noms de lieux, à cause des villages situés au-delà de la rivière, qui se terminaient en « Roding » : High Roding, Berners Roding, Margaret Roding. Rufus lui avait expliqué que la prononciation « Roothing » venait de l'ancien danois, ce qu'Adam ignorait auparavant.

La route était magnifique : la campagne était d'un vert étincelant qui chatoyait dans la chaude lumière du soleil. Le ciel semblait immense et brillait d'un bleu pâle et sans nuages ; la surface blanche du macadam ondulait sous la brume de chaleur dans le lointain. Les fermiers faisaient les foins, rasant les blés duveteux mêlés de fleurs des champs. Les vitres du break étaient grandes ouvertes, et ils écoutaient à la radio un des concertos pour piano les plus célèbres de Mozart. Ils avaient tous deux le rock en horreur.

Malgré le nombre de fois où il avait fait le trajet, Adam manqua l'embranchement vers la trouée qui menait à Wyvis Hall. Il devait se trouver quelque part entre Nunes et Hadleigh, mais la végétation avait tellement poussé au cours de ce printemps-là que tout était méconnaissable. Ils firent à peu près deux kilomètres de trop, jusqu'au groupe de constructions qu'on appelait le Moulin de la Noue, et Rufus s'enquit du mot « noue » en faisant demi-tour. Adam répondit qu'il chercherait, et lui demanda de rouler un peu plus doucement. Il parvint cette fois à repérer l'ouverture de deux mètres pratiquée dans la haie ; la boîte en bois dans laquelle on déposait le courrier, les journaux et le lait de Hilbert, était toujours là, sur la droite, bien que presque entièrement dissimulée par le cerfeuil sauvage et les fleurs de sureau. Quand Adam était enfant, on l'envoyait parfois chercher les lettres et le journal, avec un panier d'osier pour les bouteilles de lait. C'était le seul signe qui indiquât l'existence de Wyvis Hall.

« Pourquoi ça s'appelle une trouée ? », demanda Rufus en allumant encore une cigarette. Il n'avait pas cessé de fumer pendant le voyage, et Adam avait pris une ou deux cigarettes pour lui tenir compagnie, bien que l'idée d'avoir quelque chose qui brûle dans la bouche lui déplût. C'était ce qu'il reprochait au haschich : il en aimait les effets, mais il répugnait à fumer.

« Je ne sais pas, dit-il. Je ne sais pas pourquoi ça s'appelle comme ça.

— Tu regarderas quand tu chercheras "noue" », fit Rufus.

Le cerfeuil, dont les têtes blanches étaient au terme de leur longue floraison, avait envahi la trouée de chaque côté. Il répandait une odeur douceâtre, qui rappelait celle du sucre glace et des gâteaux d'anniversaire, et se mêlait au parfum vineux des sureaux. Le feuillage des arbres était éclos depuis longtemps, sauf celui des chênes et des hêtres, qui gardait encore une vive couleur verte. Les tilleuls étaient piquetés de pâles fleurs jaunes. Le bois de pins n'avait pas changé, il était toujours sombre et dense ; seul un renard semblait pouvoir s'y frayer un passage. Les arbres avaient dû grandir imperceptiblement ; Adam ne les trouvait pourtant pas plus imposants que lorsqu'il allait chercher le lait, et qu'il sentait, par les matins gris, une vague menace monter des bois. Même alors il n'aimait pas trop regarder dans cette direction, et il gardait les yeux fixés sur le sol : c'étaient toujours des bois qu'on voyait sur les illustrations de contes de fées, ou qu'on s'imaginait en rêve, grouillant de monstres cachés.

Au bas de la côte, à travers les bosquets, on apercevait un érable champêtre, quelques aulnes baignant dans un ruisseau, un châtaignier encore en fleur, et enfin le cèdre, théâtralement planté sur la pelouse. A l'arrière-plan se profilait la maison. On dit que les objets, les bâtiments et les surfaces paraissent plus petits lorsqu'on grandit. Rien de plus logique en apparence : la table qui vous arrivait au menton se trouve maintenant à la hauteur de votre cuisse. Par conséquent, Wyvis Hall aurait dû sembler plus petit à Adam. Ce fut exactement le contraire qui se produisit, peut-être parce que désormais la maison lui appartenait : il eut l'impression de posséder un palais.

Les écuries, qui, dans le souvenir d'Adam, n'avaient jamais abrité aucun animal, étaient surmontées d'une tourelle qu'ornait une girouette représentant un renard en fuite ; une horloge bleue à aiguilles d'or en couvrait la façade. Les aiguilles étaient arrêtées à quatre heures moins cinq. On distinguait à peine, entre les écuries et la maison, les murs de silex briquetés du jardin clos. La maison elle-même était couverte de rosiers grimpants et de clématites crémeuses. Adam ne connaissait pas ces noms à ce moment-là ; ce fut Mary Gage qui les lui dit. L'éclat du soleil était tel que le toit d'ardoise luisait comme de l'argent.

Rufus s'arrêta devant le porche. La cour était entièrement pavée et de petits orpins blancs et jaunes laissaient croître leurs fleurs étoilées entre les pierres. Un conifère et un laurier avaient poussé dans d'étroits interstices. Le rosier grimpant qui tapissait la façade avait donné des centaines de fleurs. Pas une n'avait encore perdu ses pétales ; elles arboraient toutes un rose nacré au-dedans, et un corail plus vif au-dehors. Adam sortit du break et fouilla dans ses poches pour vérifier qu'il avait la clef. Il sentait un silence profond, paisible et chaleureux, comme si la maison avait été béatement endormie au soleil.

« Et tout ça t'appartient ? demanda Rufus.

— Oui, tout. » Adam parlait avec le même détachement que lui.

« J'aimerais avoir autant de chance avec mes relations avunculaires. »

Adam ouvrit la porte d'entrée et ils pénétrèrent à l'intérieur de la maison. Les fenêtres étaient restées fermées depuis trois mois ; il se dégageait une odeur de poussière qui vous prenait à la gorge et vous piquait les yeux. Il faisait aussi très chaud, car le salon était exposé plein sud et le soleil dardait sur les vitres. Adam se mit à ouvrir un peu partout. Le mobilier lui appartenait également : les secrétaires aux pieds galbés, les fauteuils à boutonnières, la bergère aux coussins de velours, la grande table ovale au pied évasé, les miroirs à dorures, les aquarelles violettes et les portraits à l'huile. Il ne les avait jamais remarqués auparavant. Pas plus qu'il n'avait prêté attention aux colonnes de marbre rose qui supportaient l'embrasure des fenêtres, ni aux étagères vitrées garnies de porcelaines. Seule l'atmosphère générale du lieu lui était familière ; il n'en avait pas individualisé les divers éléments. Il se sentait gorgé de possessions et de fierté, au point d'en éprouver une légère nausée. Il y avait un lustre dans chaque pièce : une suspension de cuivre dépoli dans la salle à manger, une cascade de prismes dans le salon, des bougies et des branches torsadées en verre d'Italie dans l'entrée, ainsi que dans le bureau. Et partout le soleil entrait à flots, répandant des flaques dorées et des éclaboussures d'arc-en-ciel, au gré des motifs dessinés par l'ombre des feuilles dans l'encadrement des fenêtres.

Rufus furetait dans la bibliothèque de Hilbert. Adam s'empara des *Mots et expressions du Suffolk*, d'Edward Moor ; « trouée » n'y figurait pas, mais il trouva en revanche « noue », ou « noë », *petite prairie*. Il revint dans le salon où il déverrouilla les portes-fenêtres qu'il ouvrit toutes grandes.

Une chaude bouffée de soleil l'enveloppa. La terrasse était d'une blancheur éblouissante. Sur le petit muret qui la délimitait se trouvait la fameuse sculpture, celle qui, d'après son père, avait été placée là avant l'arrivée de Lilian et de Hilbert. C'était un ensemble de pierre grise, au grain fin, qui représentait les amours de Zeus. Il s'en souvenait parfaitement. Ces statues l'avaient fasciné lorsqu'il était petit ; il avait demandé à ses parents ce que le taureau faisait à la dame, et il n'avait pas reçu de réponse réellement satisfaisante. Il avait trop peur de Hilbert pour lui poser la question. La sculpture venait d'Italie. Un cousin éloigné de Lilian l'avait découverte à Florence pendant son voyage de noces et l'avait fait transporter chez lui par bateau. Il y avait Zeus, sous les traits d'Amphitryon avec Alcmène ; Zeus venant à Danaé en pluie d'or (difficile à faire en pierre, celui-là) ; Zeus enlevant Europe ; Zeus séduisant Léda sous l'apparence d'un cygne ; Zeus dans toute sa gloire destructrice, face à la malheureuse Sémélé, et d'autres métamorphoses encore.

Manifestement, quelqu'un s'était occupé du jardin. Les parterres de fleurs avaient été sarclés et débarrassés de leurs têtes mortes ; on avait taillé les saules en bordure du lac et tondu les pelouses. Tout en remontant l'un des sentiers dallés en direction du jardin clos, ils aperçurent un tas d'herbes bien net, qu'on avait sans doute laissé là en attendant de le composter.

Le verger avait été, lui aussi, soigneusement entretenu. A l'intérieur de la cage d'osier, les fraises mûres blotties dans leurs feuilles dentelées brillaient d'un éclat vermillon, tandis que les framboises, encore vertes, reposaient sur les joncs. Des arbres en espalier au tronc noueux et luisant grimpaient le long du mur, et leurs fruits mordorés contrastaient vivement avec leur feuillage fruste et terne. Adam se souvint qu'ils donnaient des brugnons et des pêches. N'y avait-il pas aussi des pruniers qui produisaient — parcimonieusement il est vrai — d'excellentes reines-claudes ? Toutes sortes de baies poussaient encore dans le verger : des groseilles rouges et blanches, lisses comme des perles de verre, et des cassis aux joues noires.

Ils prirent chacun une poignée de fraises. Ils marchèrent jusqu'au lac où nageaient deux couples de cols-verts aux plumes iridescentes ; ils virent un héron s'envoler en déployant ses maigres ailes, les pattes pendantes. Adam se retourna vers la maison, dont il apercevait la façade arrière. Il contempla le chèvrefeuille qui l'ornait de jaune et de rose et regarda les martinets effilés tournoyer sous les corniches. Il frémissait d'excitation, le souffle court, comme s'il était en face d'une femme qu'il désirait intensément, mais dont la possession ne lui était pas encore acquise. Il se sentait à la merci du moindre détail ; peut-être devrait-il rentrer chez lui frustré et fou de rage. Si seulement il parvenait à respirer convenablement ! L'air était pourtant si pur, la lumière si claire. Les douces courbures des collines et des prairies se dessinaient à l'horizon, dans le halo bleuté du soleil à son zénith.

« Tu veux vraiment la vendre ? »

Rufus alluma une cigarette, et lui en offrit une. Adam secoua la tête.

« Que puis-je faire d'autre ? »

Quel choix avait-il ? Il ne pouvait pas y vivre, et il n'avait pas les moyens de l'entretenir. Couché à côté d'Anne, Adam se répétait ce qu'il avait dit à Rufus en cette merveilleuse journée de juin.

« Que puis-je faire d'autre »

Il aurait justement dû lui répondre que c'était la seule solution. Que d'ailleurs il avait faim, et qu'ils feraient mieux d'aller manger quelque chose avant de consulter un agent immobilier. Mais ils avaient acheté de la nourriture en venant, à Halstead — quelques pâtés en croûte, des pommes et du Coca, bref ce qui faisait office de plats à emporter en 1976. Et ils avaient déjeuné au bord du lac, allongés dans l'herbe. Le caractère magique du lieu les avait gagnés à leur insu ; ils avaient été ensorcelés par la chaleur, la luminosité, les senteurs du jardin et le silence qui enveloppait tout. Ils avaient sans doute aussi perçu autre chose : un ingrédient indéfinissable qui les exaltait, sans doute lié à un passé archaïque, ou bien à une promesse d'avenir. Était-ce Orwell ou un autre, qui avait dit que chaque homme savait, dans le fond de son cœur, qu'on ne pouvait trouver le bonheur dans sa plénitude qu'en été, à la campagne ? J'étais heureux alors, pensait Adam, voilà tout.

Le jardin d'Éden. C'était ainsi que l'avait appelé Shiva, et ce n'était pas un cliché dans sa bouche. Il avait créé une comparaison à partir d'une culture étrangère à la sienne, et elle lui avait semblé originale et authentique. Adam s'était contenté de hausser les épaules. C'était une expression qu'un certain type de gens aurait employée pour qualifier n'importe quel joli paysage. Et cependant cette image l'avait marqué ; il en avait retenu la connotation la plus noire, celle qui venait à l'esprit des puritains : non pas un havre de paix et de béatitude, mais un paradis irrémédiablement perdu. Comme s'il fallait acheter le droit d'y séjourner en commettant un péché ou un crime effroyable, qui vous valait d'en être expulsé à jamais. Le jour où ils s'étaient quittés, alors que l'été était fini et que le vent soufflait par rafales, il avait repensé au mot de Shiva. Leur départ n'était pas sans rappeler la fuite honteuse d'Adam et Ève, telle qu'elle était peinte dans les tableaux qu'il avait vus par la suite ; et le Jardin lui-même avait l'air dévasté comme un paradis détruit.

Il se leva pour aller aux toilettes. Il y avait une salle de bains attenante à leur chambre à coucher, mais Adam préférait généralement utiliser celle qui se trouvait à l'autre bout de l'étage lorsqu'il se levait en pleine nuit. Tout simplement parce qu'il en profitait pour vérifier qu'Abigail allait bien. Cette fois-ci, il oublia de se rendre dans la chambre de sa fille. Son inquiétude de père avait été balayée par une préoccupation plus importante — était-ce possible ?

Depuis la naissance de son enfant, il avait été en proie à une angoisse extrême, sans s'en avouer les raisons. Il savait évidemment de quoi il retournait, mais il n'avait jamais osé l'affronter. Maintenant qu'il y parvenait enfin, cela ne lui semblait plus absurde. Il se releva sur la pointe des pieds pour aller voir sa fille. Imaginons qu'il reste au lit, et qu'il la découvre le lendemain matin froide et inanimée dans son berceau, le regard vitreux ? Il en avait la chair de poule. Abigail dormait sur le côté, pelotonnée sous son drap, avec son ours en peluche à ses pieds : elle était encore trop petite pour l'asseoir près de son oreiller. Adam la regarda longuement, écoutant sa respiration silencieuse pendant le sommeil.

VII

Rufus lisait les comptes rendus d'expertise dans les journaux avec le mépris de l'initié pour le profane. On y accordait plus d'importance au témoignage d'Alec Chipstead qu'à celui du médecin légiste désigné par le ministère, le docteur Aubrey Helier. Le renseignement que cherchait Rufus dépassait certainement l'entendement du lecteur moyen. En fait, il aurait dû aller assister à cette enquête. Tant pis ; d'ailleurs il pouvait toujours se procurer une transcription de la séance, ou plus simplement une copie des conclusions déposées par l'expert. Mais il n'osait pas le faire : il avait trop peur d'abattre son jeu.

Il s'efforça de deviner ce qui avait été dit. Il se mit à la place du médecin légiste, à la barre des témoins. Comment aurait-il procédé pour établir le sexe du squelette adulte ? Avec un fragment restant de l'utérus, peut-être ? C'était souvent la muqueuse qui résistait le plus longtemps à la décomposition.

« Ayant établi que le squelette adulte devait appartenir à un individu de sexe féminin, j'en viens maintenant à l'estimation de l'âge du sujet au moment du décès. Il convient d'expliquer que l'union de l'épiphyse et du cartilage articulatoire se produit entre douze et trente ans, et qu'à l'âge de vingt-quatre ans environ, la soudure de la plupart des épiphyses est réalisée. Dans le cas qui nous occupe, et que je désignerai désormais le Sujet A, j'ai découvert que l'extrémité médiane de la clavicule avait conservé son cartilage de conjugaison, alors que l'acromion et la fosse supérieure de l'omoplate n'en présentent aucune trace. Les os du bras sont soudés, à l'exception du radius et du cubitus ; ce dernier phénomène intervient généralement vers l'âge de vingt et un ans. Les pointes des métatarses sont soudées, ce qui s'accomplit à l'âge de dix-neuf ans environ, mais pas les centres pelviens secondaires. Les sutures du crâne sont restées ouvertes sur leur face interne... »

A peu de chose près, c'était ce qu'avait dû dire l'expert. Il lui était impossible de déterminer l'âge précis du squelette. Disons qu'il pouvait le situer entre dix-sept et vingt et un ans. Et la cause du décès ? Rufus consulta à nouveau l'article. Le médecin légiste avait dit qu'à ce stade il n'avait pas les moyens de fournir une explication ; le procès-verbal mentionnait toutefois que la police considérait l'affaire comme criminelle. Il n'y avait rien d'autre sur ce qui avait permis à l'expert de conclure que le décès avait eu lieu entre 1974 et 1977. Rufus s'employa de nouveau à reconstituer la séance.

« Certains éléments purement techniques, intelligibles aux seuls spécialistes, et que je ne prendrai pas le temps d'exposer au cours de cette enquête, m'ont amené à conclure que le Sujet A était décédé depuis plus de neuf ans et moins de douze. Je signalerai simplement que c'est la préservation d'un vestige d'utérus qui m'a servi de base pour cette estimation, ainsi qu'une réaction chimique obtenue à partir du sang du périoste. Une telle réaction n'aurait pas pu se produire si plus de douze années s'étaient écoulées depuis le décès. »

L'existence de ce morceau d'utérus était une simple conjecture de la part de Rufus. Il se demanda si c'était parce qu'il avait quotidiennement affaire à cette partie de l'anatomie qu'il y avait pensé. Il savait très peu de chose au sujet des analyses sanguines des tissus osseux, sinon qu'elles étaient praticables. L'identification du « Sujet A » poserait un problème autrement plus difficile. On ne parlait pas des cheveux, qui restent pourtant intacts bien plus longtemps que les os dans une tombe, et pas davantage des vêtements. Dix années sous terre avaient-elles pu détruire ce suaire de coton ? Il imagina un policier possédant pour seul indice un minuscule échantillon ensanglanté et terreux, à moitié pourri, vestige d'un tissu brodé, et le colportant de boutique en boutique à Kilburn et à West Hendon ; il le voyait restreindre le champ de ses recherches, et finalement aboutir à un magasin d'importation...

Mais elle ne portait pas cette robe-là, évidemment. Il se demanda à quel point sa mémoire lui était fidèle : le temps et le désir de renier le passé avaient pu gommer bien des détails. Il fallait absolument qu'il essaie de se remémorer tous les événements. Il y avait des procédés pour faire resurgir les souvenirs, et il devait les mettre en œuvre pour sa propre protection. Il était indispensable qu'il garde son sang-froid. Ils n'iraient certainement pas plus loin dans l'identification du « Sujet A », pour la bonne raison que personne (excepté eux-mêmes) n'avait remarqué son absence. Et si l'on n'avait jamais signalé la disparition d'un individu au bout de dix ans, tout espoir d'établir son identité n'était-il pas perdu ?

Le problème pouvait se poser différemment en ce qui concernait le deuxième occupant de la tombe. Rufus adopta à nouveau le point de vue du médecin légiste.

« J'en arrive maintenant aux restes du nourrisson que j'appellerai le Sujet B. L'examen du pelvis permet généralement de déterminer le sexe avec une grande certitude chez les jeunes enfants, et même chez les fœtus. L'échancrure sciatique supérieure du Sujet B est large et superficielle, les tubérosités ischiatiques retournées, l'os iliaque incliné à la verticale et le bord du pelvis presque circulaire. L'angle sous-pubien, de quatre-vingt-dix degrés environ, est arrondi. Je peux par conséquent affirmer sans le moindre doute que le Sujet B était du sexe féminin.

« Quant à l'âge du Sujet B, je l'estime entre quatre et douze semaines. Le squelette mesure cinquante-sept centimètres dans sa totalité. La fontanelle antérieure est ouverte. Il n'y a pas trace d'ossification sur la tête de l'humérus, bien qu'il y en ait sur la partie cubitale... »

Rufus commençait à s'avancer en terrain inconnu. Il n'avait aucune idée de la façon dont on pouvait estimer l'âge d'un bébé. Probablement par la soudure des articulations, et peu lui importait lesquelles. Quel âge avait-il, d'ailleurs, ce bébé ? Il était encore très jeune, puisqu'il n'avait pas de dents. « Pas d'amorce de dentition », avait dû dire le médecin légiste. Et les dents du Sujet A, à propos ?

C'était un indice capital pour identifier les cadavres. D'un autre côté, étant donné qu'on mentionnait rarement la dentition dans les registres de la Sécurité sociale, les cartes de mutuelles, les passeports et les permis de conduire, et qu'il s'agissait d'une personne dont on n'avait jamais signalé la disparition — il était au demeurant fort peu probable qu'elle se soit fait faire des empreintes —, c'était une piste qui paraissait impossible à exploiter.

En tout état de cause, il restait une hypothèse assez plausible.

« Il serait extrêmement hasardeux de conclure que, parce que les deux squelettes ont été découverts ensemble le même jour, les deux sujets auraient trouvé la mort conjointement. Bien que ce soit sans doute le cas, je ne suis pas en mesure de le prouver. Pas plus que je ne puis affirmer la validité d'une autre hypothèse : à savoir que le Sujet A était la mère du Sujet B. Les données empiriques nous autorisent à le supposer, un point c'est tout.

« Il m'est impossible d'établir avec certitude le laps de temps qui s'est écoulé depuis la mort du Sujet B ou de fournir une explication quant à la cause du décès. »

Ce dernier point ne pourrait jamais être élucidé après tant d'années. D'une certaine façon, c'était regrettable, pensa Rufus. Ce serait une étrange ironie du sort si les recherches mettaient en lumière les seuls événements dont ils n'étaient pas responsables. L'enquête avait été ajournée. Ils devaient être encore en train de retourner le petit cimetière.

Rufus n'était pas particulièrement délicat ; il n'avait pas tourné de l'œil à sa première opération, mais il répugnait à l'idée qu'on exhumait ces petits ossements pour les passer au crible, au cas où une vertèbre ou un péroné humains s'y trouveraient mêlés. Les squelettes d'animaux lui semblaient terriblement étrangers ; il ne savait même pas si les chiens avaient des péronés, par exemple. Contre toute attente, il se mit à frissonner.

Si l'on ne découvrait pas de balle dans les restes humains, à l'intérieur de la boîte crânienne par exemple, était-il possible de la repérer dans le sol, parmi le sable, les gravillons et les aiguilles de pin ? Ils avaient utilisé du plomb pour les oiseaux, ou peut-être quelque chose d'un peu plus gros. Rufus n'en avait vu qu'une fois, en mangeant du perdreau ; l'oiseau avait été blessé à l'aile, et il avait failli se casser une dent. Il imaginait le policier chargé de passer le gravillon au tamis, triant chaque particule, et déposant les morceaux de pierre dans un coffret, les fragments de bois dans un autre, et le plomb dans un troisième.

Il avait des souvenirs très précis ; il se rappelait des journées et des conversations entières à Trapellune. Alors pourquoi avait-il oublié où elle avait été touchée ? Était-ce au cœur, à la tête ou à la colonne vertébrale ? Il avait rayé cela de sa mémoire. Lorsqu'il se représentait le ciel couvert de nuages menaçants, la pelouse qui s'était transformée en champ de foin, les branches tournoyantes du cèdre et le fusil braqué sur sa cible, il se produisait comme une explosion dans sa tête. Il voyait des éclats rouges, et ensuite, plus rien.

Il se souvenait des deux fusils et de l'armurerie. Et aussi de la première fois où il y était entré avec Adam. Ils avaient déjeuné en bas, au bord du lac. Deux friands au porc et une bouteille de Coca chacun. Ils avaient laissé les pommes, des Granny Smiths d'importation qui étaient talées, et qui avaient été avantageusement remplacées par les fraises. Ils avaient dû en manger près d'un kilo, car ils n'avaient pas cessé d'aller en chercher dans la serre. Plus tard, dans l'après-midi, ils avaient décidé de rester là jusqu'au lendemain. Ils avaient donc tout leur temps, et ils auraient pu continuer à se prélasser au soleil jusqu'à l'ouverture des pubs. Mais Adam tenait à prévenir sa mère. Rufus n'en aurait même pas pris la peine, il allait et venait comme bon lui semblait. Il pensait aussi qu'il ne fallait pas se plier aux exigences des parents dans ce domaine. Ce n'était d'ailleurs pas exactement ce que faisait Adam. Il voulait surtout éviter d'être en trop mauvais termes avec sa mère, dont il espérait obtenir un prêt pour partir en Grèce. Et il n'avait pas tellement envie de la voir alerter tous les hôpitaux et les commissariats du pays.

Finalement il ne donna son coup de fil que dans la soirée ; ils furent obligés de chercher une cabine dans un village, parce que le téléphone du grand-oncle était coupé. Quand ils rentrèrent à Wyvis Hall, ils reprirent leur exploration des lieux : ils découvrirent un véritable office rempli d'argenterie soigneusement emballée dans des écrins matelassés, puis ils ouvrirent la porte suivante, qui donnait sur l'armurerie.

Il était toutefois formellement interdit à Adam d'y pénétrer. La pièce était au demeurant presque toujours fermée à clef. Elle avait dû abriter un arsenal complet à l'époque préhilbertienne, pendant le règne des Bereland, car les quatre murs étaient entièrement garnis de râteliers. Il ne subsistait plus que deux armes à feu : une paire de fusils de chasse. La vieille veste en tweed de Hilbert, avec ses rembourrages de cuir au coude, était encore accrochée à l'une des patères.

Une grosse truite empaillée trônait sur le rebord de la fenêtre ; une tortue sous verre — vraisemblablement pas d'origine anglaise — occupait le dessus de la table circulaire. La section antérieure d'un renard, qui était fixée au mur par un bouclier de bois poli, bondissait sous la cimaise, toutes pattes dehors, comme un chien de cirque à travers un cerceau.

« Ce n'est pourtant pas le genre d'animaux qu'on chasse, il me semble, avait commenté Rufus.

— On ne chasse pas le renard, cela ne fait aucun doute. »

Adam avait pris une intonation si prétentieuse — celle du parfait châtelain — que Rufus avait hurlé de rire. Il décrocha l'un des fusils, le calibre douze, et Adam s'en prit de nouveau à lui, cette fois parce qu'il pointait l'arme dans sa direction.

« Il n'est pas chargé, bon Dieu !

— Peu importe. On ne doit jamais viser quelqu'un. »

Il apparut alors qu'Adam avait été à la chasse la dernière fois qu'il était venu. Il n'avait que quinze ans et on lui avait donné le 410, le fusil des dames, comme on disait, ce qui lui était manifestement resté en travers de la gorge.

Depuis lors, il avait souvent repensé à ce qu'Adam avait dit ensuite, lorsqu'il lui avait ôté l'arme des mains :

« C'est un fusil à répétition.

— Qu'est-ce que ça veut dire ?

— Tu n'as pas besoin de le recharger. Il y a un mécanisme qui t'évite d'avoir à remettre une cartouche à chaque coup. »

Et Rufus, qui ne mettait aucun amour-propre dans ce domaine, s'était exclamé : « Je croyais que c'était pareil pour toutes les armes à feu. »

L'un des tiroirs du secrétaire contenait une réserve de cartouches, des rouges et des bleues selon le calibre, lui avait expliqué Adam.

« Voilà qui est étonnant, j'hérite aussi d'une paire de fusils. On pourra même aller à la chasse.

— Pas en juin, gentilhomme. Même moi, je sais ça. »

Était-ce la première allusion — une simple plaisanterie, en réalité — à la possibilité qu'ils restent à Wyvis Hall, qu'ils y *vivent* ? En tout cas, Adam avait répondu :

« Je ne voulais pas dire maintenant.

— Je croyais que tu allais vendre la maison ? »

Adam n'avait rien ajouté. Ils étaient retournés dans le jardin, puis ils avaient fait la tournée des pubs, où ils avaient beaucoup bu. Rufus avait été obligé de conduire en fermant un œil parce qu'il voyait double. Ils avaient cuvé leur alcool en dormant jusqu'à onze heures. Rufus avait pris la grande chambre d'amis. Adam s'était installé à l'autre bout de la maison, dans ce qu'il avait appelé la Chambre à la Pelote d'épingles, à cause d'un tableau représentant saint Sébastien transpercé de flèches. En se réveillant, Rufus regarda par la fenêtre et vit un homme en train de tondre le gazon avec de longues cisailles.

Il était assez vieux, chauve et très maigre ; il portait une chemise rayée à col amovible. C'était le bruit de ses ciseaux qui avait tiré Rufus du sommeil. Le soleil dardait ses rayons et il n'y avait pas la moindre trace d'ombre jusqu'au bois. Rufus était généralement peu sensible au charme de la nature, mais il contempla avec émerveillement les parterres de roses couleur de cerise et d'abricot ; un massif de fleurs blanches et roses couvrait la pergola. L'homme aux cisailles s'arrêta un instant et prit son mouchoir dont il noua les quatre coins afin de s'en couvrir le chef.

Rufus n'avait jamais vu cela auparavant ; ce n'était pour lui qu'une image de carte postale. Il était transporté d'aise. Il mit son short et ses sandales, et il descendit. Lorsqu'il arriva dans le jardin, Adam était déjà en train de dire à l'homme au mouchoir qu'il n'était plus nécessaire qu'il vienne, puisqu'il allait vendre la maison.

« Mais le jardin va tomber à l'abandon. Je suis venu arroser presque tous les soirs.

— Ce n'est pas mon problème, répliqua Adam. Les gens qui achèteront s'en occuperont.

— C'est quand même un drôle de gâchis. » Le jardinier ouvrit ses cisailles et nettoya les lames avec son index. « Mais j'suis pas là pour discuter. Mr. Verne-Smith m'a payé jusqu'à fin avril ; ça fait que vous me devez sept semaines — disons six et demie pour être précis. »

Adam était consterné. « Je ne vous ai pas demandé de venir.

— C'est vrai, mais je suis venu quand même. J'ai fait le travail et je veux être payé. Donnant donnant. Regardez le jardin. J'ai fait mon travail, vous ne pouvez pas dire le contraire. »

C'était en effet indéniable. Adam lui demanda, du ton méfiant et cauteleux qu'il adoptait parfois :

« Et ça ferait combien ?

— Je suis venu deux fois par semaine ; au tarif d'une livre chaque fois, ça fait treize, et puis je suis revenu à d'autres moments avec mes bidons. Disons qu'avec quinze en tout ça irait. »

C'était une somme ridiculement peu élevée pour tout ce travail. Mais on était à la campagne et il s'agissait d'horticulture. Rufus et Adam rentrèrent dans la maison ; ils parvinrent à réunir quinze livres à eux deux.

Il leur restait juste assez pour l'essence du retour. Adam paya l'homme, qui repartit à bicyclette avec son mouchoir noué sur la tête. C'est alors seulement qu'ils se rendirent compte qu'ils ne connaissaient ni son nom ni son adresse.

« Tu aurais pu le garder pour deux livres par semaine. Autant dire pour rien.

— Je n'ai pas deux livres par semaine. Je suis fauché. »

Et c'était le manque d'argent qui les avait empêchés de partir. Rufus aurait pu avoir de quoi payer l'essence du voyage et peut-être sa propre nourriture. Si Adam avait eu une somme équivalente, à sa disposition, ils se seraient débrouillés. Dans d'autres circonstances, Adam aurait emprunté de l'argent à son père, et plus probablement encore à sa mère ; mais en juin 1976, son père lui adressait à peine la parole, et sa mère avait trop peur de contrecarrer son mari. Évidemment, si Adam avait invité ses parents à Wyvis Hall pendant qu'il n'était pas là, ils lui auraient prêté n'importe quoi. Malheureusement, c'était une solution dont Adam ne voulait à aucun prix. Il avait demandé de l'argent à sa sœur. Comme de nombreux adolescents, Bridget passait ses vacances à travailler dans des restaurants et dans des boutiques, ou à faire des ménages, et elle avait toujours de l'argent liquide. Mais elle avait refusé de lui prêter quoi que ce soit. Elle économisait pour partir aux sports d'hiver au mois de janvier, et elle savait qu'Adam ne pourrait pas la rembourser d'ici là.

Le propriétaire de cette grande maison, avec son terrain et son mobilier, n'avait que cinq livres en poche quand il revint à Nunes. C'était toute sa fortune. Ils étaient allés à Wyvis Hall au lieu d'aller en Grèce parce qu'Adam était complètement à sec, comme Mary ; et aussi parce que la première journée qu'ils y avaient passée avait été si belle, si paisible et si *intime* qu'on ne voyait pas ce que la Grèce pouvait offrir de plus. Ils avaient l'intention d'y rester une semaine. Rufus avait suggéré à Adam de vendre un objet quelconque, une porcelaine ou de l'argenterie. Il y avait autant de magasins d'antiquités et de brocante que de maisons dans certains villages des environs. Pas moins de six dans celui où ils avaient pris un verre l'autre soir. Ils en discutèrent pendant le trajet, dans Bidugrame.

Adam était très doué pour donner des noms ; il en avait trouvé un qui exprimait à la perfection la quintessence du lieu : Trapellune. Bidugrame n'était pas seulement l'anagramme de guimbarde ; le mot décrivait bien la façon dont ce vieux bidule avalait péniblement les kilomètres sur les routes de campagne.

« Vous n'arriverez jamais en Grèce avec cet engin, dit Mary. Il va rendre l'âme dans le nord de la France. Je vous aurai prévenus. »

Son père était un aristocrate qui avait occupé un poste quelconque dans le gouvernement travailliste. C'était à coup sûr au pensionnat qu'elle avait acquis cette voix perçante et affectée. Rien ne lui paraissait comme il faut. Ni la voiture ni les vêtements de Rufus qui étaient bizarres ou malséants. D'ailleurs, il fumait trop, il aimait trop le vin et, de manière générale, son mode de vie laissait à désirer. Elle était indignée par l'attitude d'Adam, qui ne voyait pas d'inconvénient à vendre ce qu'elle appelait l'argenterie de famille. Quel abominable sacrilège ! Ne devait-il pas éprouver le plus grand respect pour les belles choses dont son grand-oncle lui avait confié la garde ?

« Il ne reviendra pas pour vérifier si j'ai bien accompli mon devoir, répondit Adam.

— Il se retournera dans sa tombe.

— Non, au pire, il y aura un petit tas dans ses cendres. »

Il lui avait dit que les cendres du grand-oncle Hilbert reposaient dans la bonbonnière en forme d'urne qui était sur le manteau de la cheminée du salon. Elle le crut peut-être : Rufus la surprit un jour en train de soulever le couvercle et d'observer le morceau de bois calciné qu'Adam avait ramassé après le dernier feu de jardin. Mary était assez difficile à vivre, mais c'était aussi la plus jolie fille que Rufus ait jamais rencontrée. Il était flatté d'être vu en sa compagnie. Rufus avait toujours aimé étaler sa réussite et ses succès. Mary était d'une beauté frappante, et elle le savait, ce qui la rendait capricieuse et peu accommodante. Tout lui était dû parce qu'elle ressemblait à Élisabeth Taylor, avec sa longue chevelure brune et bouclée qui lui arrivait à la taille, ses grands yeux bleu marine et sa peau de velours.

Ils retournèrent à Wyvis Hall le 20 juin ; ils roulaient toutes vitres ouvertes : il faisait un temps si merveilleux qu'ils auraient pu se croire en Espagne ou en Italie. Comme l'avait dit Adam, une averse ou une baisse des températures auraient été un événement extraordinaire cette année-là.

« Du coup, ce n'est pas la peine d'aller en Grèce, dit-il. On louperait peut-être le plus bel été qu'il y ait jamais eu ici, alors qu'en Grèce il fait toujours beau. »

Ils avaient apporté des provisions — et même en assez grande quantité. Il faudrait mettre en marche le frigo du vieil Hilbert en arrivant. Adam avait beau savoir que c'était maintenant son frigo à lui, il continuait à parler comme si son grand-oncle pouvait revenir.

C'était certainement une expérience étrange pour Adam : il savait qu'il possédait toutes sortes de choses, mais pas exactement lesquelles, ni où elles se trouvaient. Il s'agissait en outre d'un genre de choses qu'on associe à la génération des parents, à ceux qu'Adam appelait étourdiment les « adultes », jusqu'à ce que Rufus se moque de lui : des draps et des couvertures, des couteaux, des fourchettes, des poêles et des casseroles, et d'autres accessoires plus élaborés indispensables à un foyer. A bien y réfléchir, c'étaient des objets qu'il fallait rassembler soi-même au cours de l'existence. Quelqu'un d'autre s'en était chargé à la place d'Adam, et il n'avait plus qu'à s'en servir. Ils découvrirent quelques draps de lin dans un placard, des draps brodés aux initiales L. V.-S. Comme ils étaient un peu humides, Mary les étendit sur la terrasse pour qu'ils sèchent au soleil. Ils mangèrent dehors, et burent l'une des bouteilles de vin qu'ils avaient apportées.

Ils avaient consommé des quantités de vin étonnantes à Wyvis Hall. Et pas uniquement du vin. Cependant, le premier jour, ils n'avaient pas pu s'acheter plus de deux bouteilles d'anjou rosé. Après le repas, ils avaient passé la maison au peigne fin, afin de procéder à une évaluation générale. Ils avaient fini par déterminer la valeur exacte de l'héritage d'Adam. Rufus avait été stupéfait de voir autant de vieilleries : des bibelots, des vases, des bougeoirs, des cendriers, des cuivres et de la verroterie en tout genre que Hilbert Verne-Smith et son épouse avaient accumulés au fil des ans. Mary montait sur ses grands chevaux et leur disait que c'était mal d'agir ainsi. Adam lui rétorquait, à juste titre, que la maison et son mobilier *lui* appartenaient désormais, était-ce si difficile à comprendre ? Il était libre d'en disposer, comme de ses sandales ou de la monnaie qu'on lui avait rendue quand il avait cassé son billet de cinq livres pour acheter le rosé. Mary répliqua alors qu'elle avait l'impression de sentir la présence de Hilbert par-dessus son épaule pendant qu'ils vidaient les commodes, les placards et les tiroirs.

Il faisait déjà nuit. Et à Wyvis Hall, près de la rivière, au-dessous des bois, il régnait un silence complet. La route la plus proche était à un kilomètre, et la maison voisine, deux kilomètres plus loin. Le ciel était clair, de la couleur d'un saphir très sombre ; les étoiles se reflétaient à la surface du lac. La maison était remplie de phalènes : ils avaient laissé les portes et les fenêtres ouvertes après avoir allumé. Mary poussa un cri lorsqu'une chauve-souris l'effleura ; les chauves-souris se prennent dans vos cheveux, prétendait-elle, c'était arrivé à une cousine à elle qui avait été mordue au cuir chevelu. Le cri de Mary avait résonné très fort dans le silence de l'obscurité, prolongé par l'écho des bois, des murs et des eaux étoilées. Rufus, en vrai citadin qui connaissait peu la campagne, imaginait déjà l'arrivée de voisins alarmés ou furieux ; pour un peu, il entendait la sonnerie stridente du téléphone et se voyait répondre à des kyrielles de plaintes. Il ne se produisit rien de tel, évidemment. Ils auraient hurlé de toutes leurs forces que personne ne serait venu.

C'était bien le problème, justement ; c'était ce qui avait mis le processus en branle. Si Wyvis Hall avait été moins isolé, moins silencieux...

Rufus avait fait beaucoup de chemin depuis l'époque de Bidugrame ; la voiture qu'il conduisait pour se rendre à l'hôpital deux fois par semaine était une Mercedes presque neuve. A la station où il avait fait le plein, on lui offrit gracieusement un verre de sherry parce qu'il avait pris plus de trente litres. Rufus refusa. Mais le verre le ramena une fois de plus au passé, un passé qu'il croyait avoir exorcisé, et qui lui revenait pourtant par pans entiers à la moindre association. Il s'était enfermé dans une chambre pour en parler jusqu'à épuisement, il avait joué tour à tour le rôle de patient et de thérapeute, et il avait revécu son traumatisme, détail par détail. Que de temps perdu ! Car il n'y avait pas moyen d'extraire ce souvenir, à moins qu'on ne parvienne un jour à opérer la mémoire au scalpel.

Les deux verres à sherry avaient tinté sur le siège arrière quand Rufus avait pris un virage un peu trop brusquement. Ce soir-là (c'était déjà le matin), ils avaient finalement décidé de vendre une douzaine de verres de Waterford. Comme l'avait dit Adam, aucun d'entre eux ne buvait du sherry ; c'était bon pour les quinquagénaires. Après avoir visité tous les recoins de la maison, ils avaient pris place dans la salle à manger, où ils avaient trouvé une demi-bouteille de whisky et un fond de cognac. C'était extraordinairement grisant de boire du whisky autour de la table ovale en acajou, à deux heures du matin. La lune irisait la surface du lac d'une lueur verdâtre. Elle brillait tant qu'elle éclipsait les étoiles. Ils avaient été obligés de fermer les fenêtres à cause des insectes. Puis ils avaient éteint le grand lustre de cuivre ; l'éclat tranquille des rayons de lune faisait miroiter le bois poli. Adam avait posé sur la table les douze verres à bord ciselé, délicatement ornés d'une grecque. Il avait déclaré qu'il les emballerait le lendemain pour essayer de les vendre à Sudbury, où il avait repéré un antiquaire.

Ils en étaient encore au stade de l'innocence. Ils passaient quelques jours à la campagne en attendant mieux. Et cependant ils avaient l'impression d'être des intrus qui pillaient la maison et qui dévoilaient ses trésors ; ils n'auraient pas été surpris de voir revenir le véritable propriétaire et d'être chassés des lieux.

« Et si la tête de Hilbert apparaissait à la fenêtre, hein ? » fit Adam pendant qu'ils montaient l'escalier de service pour aller se coucher.

Il y avait bien une fenêtre sur le palier, mais elle ne révélait que le bleu profond de la nuit. Ils avaient dormi d'un sommeil sans rêve ; ce n'était peut-être pas celui du juste, mais du moins celui de l'ingénu. Ils étaient persuadés qu'ils iraient en Grèce. A ce moment-là, à la fin du mois de juin, ce n'était qu'une question d'argent. Pas facile à résoudre, loin de là. L'antiquaire de Sudbury ne s'était pas montré très accueillant, plutôt méfiant au contraire ; il voulait toutes sortes d'informations sur eux-mêmes et sur les verres.

« Il pense que vous les avez piqués, bien sûr », dit Mary qui était restée dans la voiture. « Pas étonnant. Regardez-vous donc ! »

Elle désignait les jeans coupés, à ourlets effrangés, d'Adam, ainsi que le bandeau rouge et jaune qu'il portait sur les cheveux et qu'il s'obstinait à appeler un filet — comme s'il avait été un poisson. Ils étaient pieds nus, par-dessus le marché.

« Tu penses que je devrais mettre un costume de Hilbert, peut-être ? », lui répondit Adam.

Il n'en vint jamais à cette extrémité. Ils se rendirent à Hadleigh, où un antiquaire proposa à Adam de lui faire une estimation partielle du mobilier, des lustres et des bibelots. Il tint en effet sa promesse deux jours plus tard ; c'était un homme d'une soixantaine d'années. Il évalua deux des buffets à cinq cents livres chacun. Lorsque Adam entendit cela, il n'eut plus aucune envie de les vendre : il était convaincu qu'ils valaient beaucoup plus. L'homme acheta une lanterne de cuivre, deux petites tables ornées de fleurs et de fruits gravés dans le bois et la douzaine de verres à sherry. Il donna cent cinquante livres à Adam pour le tout.

Rufus avait oublié son nom ; c'était leur deuxième visiteur à Wyvis Hall, après le jardinier. Se souviendrait-il d'eux ? S'il était encore en vie, il devait avoir dans les soixante-dix ans maintenant. Rufus se rappelait vaguement l'avoir croisé dans la salle à manger ; il l'avait entendu évaluer, d'assez mauvaise grâce, le petit meuble vitré. Ils s'étaient salués rapidement, et Rufus avait poursuivi la tâche qu'ils avaient entreprise, Mary et lui : ils étaient en train de sortir les couvre-lits des chambres à coucher pour les mettre sur la terrasse. Il y faisait trop chaud pendant la journée — elle recevait le soleil de face —, mais c'était un endroit délicieusement agréable le soir. Ils avaient pris une couette en patchwork légèrement matelassée dans la Chambre au Centaure, un édredon rose à passementeries dans la Chambre Sans Nom, deux autres en coton blanc dans la Chambre de la Divine Surprise, et une courtepointe de satin jaune dénichée dans un placard de la Chambre à la Pelote d'épingles. Mary avait disposé quelques oreillers et des coussins par-dessus. Ils avaient à peine terminé que l'antiquaire était déjà parti.

En leur laissant cent cinquante livres.

Ils allèrent en dépenser une partie ce soir-là. Les avait-on remarqués quand ils avaient traversé le village de Nunes ? Rufus avait toujours entendu dire que rien ne passait inaperçu dans les petits villages. S'ils avaient été à pied et s'ils s'étaient arrêtés au pub du coin, peut-être. Mais ils ne l'avaient pas fait. Pour une raison quelconque, ce pub, *Le Sapin*, ne leur avait pas plu, et bien qu'il ait ralenti, ils avaient décidé de continuer. Il n'était pas allé souvent au village, mais il en avait un souvenir étonnamment précis.

Une église juchée sur un coteau herbeux, à laquelle on accédait par un abrupt escalier de pierre. Une allée d'ifs. Par-delà, un rideau d'ormes, déjà morts, atteints par un champignon parasite. Une rue bordée de maisons et de cottages, un garage, une épicerie, mais pas un seul magasin d'antiquités. La place formait un triangle isocèle dépourvu d'arbres, mais il y en avait autour du pub ; ils devaient être de la même espèce que ceux du bois de pins de Wyvis Hall, d'où le nom que le patron de la brasserie s'était cru obligé de donner à son établissement.

Il y avait les inévitables logements sociaux, peints en vert pâle, en bleu et en rose comme dans un dessin d'enfant ; puis, au détour d'un chemin, là où on aurait pensé déboucher en plein champ, une demi-douzaine de maisons des années cinquante, somptueusement aménagées, avec des jardins superbes et d'énormes garages.

« Les pavillons de Hampstead Garden arrivent dans le Suffolk », avait commenté Adam.

Par la suite, ils avaient vu la camionnette de l'homme aux coypus garée devant l'une de ces maisons. Et ils avaient eu une longue discussion à ce propos : est-ce qu'il habitait là, ou bien venait-il pour tuer des rats, des taupes et autres animaux nuisibles ? Rufus était trop snob pour admettre la première hypothèse, mais pourquoi pas, au fond : on pouvait gagner beaucoup d'argent avec ce métier à la campagne.

Rufus avait une consultation externe et des malades à visiter à l'hôpital. Cet après-midi-là, il avait un rendez-vous à Wimpole Street avec une cliente très inquiète qui avait besoin de réconfort, de gentillesse et de courtoisie. Il alluma sa première cigarette de la journée en l'attendant ; il l'éteignit quand on lui annonça son arrivée, avant de lui dire que son frottis cervical présentait des signes précancéreux.

Qui le rassurerait, *lui* ? Qui lui donnerait un peu de réconfort, à *lui* ? Personne et il se méprisait de ressentir un besoin qui lui était si peu naturel. La police ne penserait pas nécessairement que les victimes avaient vécu à Wyvis Hall, ni que leur mort avait été causée par les habitants du lieu. C'était cependant *vraisemblable*. C'était plus que probable. Peu de gens connaissaient l'existence du cimetière ; en outre, du côté du sentier, le bois de pins était séparé du talus par une palissade très serrée.

Ils poseraient des questions aux villageois. Ils demanderaient des renseignements à Pytle Farm, et au lieu-dit du Moulin de la Noue. Ils retrouveraient les commerçants et les employés susceptibles de s'être rendus à Wyvis Hall : les éboueurs, les releveurs de comptes, les jardiniers, les antiquaires, et aussi — pourquoi pas ? — l'homme aux coypus. Adam serait interrogé, peut-être l'était-il en ce moment même. Et il ne ferait pas bonne impression, à moins qu'il n'ait beaucoup changé.

Le temps était-il venu d'oublier la promesse solennelle qu'ils s'étaient faite ? Rufus s'empara de l'annuaire, parcourut la liste des V et s'arrêta à Verne-Smith-Duchini ; il commençait à composer le numéro lorsque sa patiente entra.

Il raccrocha le récepteur et força ses lèvres à ébaucher un large sourire.

VIII

L'eau du lac était claire et fraîche, mais pas froide. Elle avait été réchauffée par des semaines entières d'ensoleillement. Peu après s'être levés — c'est-à-dire à l'heure du déjeuner, comme d'habitude —, ils étaient allés nager, Rufus et lui. Ils avaient du mal à empêcher leurs pieds de glisser sur les fonds vaseux ou caillouteux et à dégager leurs bras des herbes vertes entrelacées autour d'eux. Des nénuphars flottaient à la surface, avec leurs fleurs cireuses, jaunes et cramoisies, et leurs tiges dures et visqueuses, nouées comme des entrailles.

« Ça me fait penser au duodénum », dit Rufus en arrachant d'un coup sec une longue tige pleine de vase qu'il avait lancée sur Adam, dont le cou était maintenant prisonnier d'un lasso vivant.

Ils se débattirent comme des écoliers ; ils n'étaient cependant plus des écoliers, et soudainement, Adam sentit le corps de Rufus contre le sien, ses muscles durs et sa peau douce. Lorsque les bras de Rufus l'entourèrent par-derrière pour lui faire boire la tasse, Adam résista avec une telle force que son adversaire céda. C'était une résistance dont Rufus avait bien compris la nature, comme l'indiquait le léger sourire qui errait sur ses lèvres. Ils s'éloignèrent l'un de l'autre et ressortirent très vite du lac pour rejoindre Mary sur la terrasse.

Il avait trouvé cette expérience à la fois inquiétante et excitante. Jusqu'alors, Adam ignorait qu'il portait en lui des pulsions interdites. En vendant des objets dont il avait le sentiment — en dépit de ce qu'il avait dit à Mary — qu'ils ne lui appartenaient pas, il s'était approché de cette zone d'ombre. Il leur fallait pourtant de l'argent. Ce n'était pas exactement une menace, mais c'était une obsession. La désapprobation de Mary ne suffisait pas à l'empêcher de succomber à la tentation. Il n'avait pas dit non au marchand de Hadleigh, celui qui avait un nom gallois, Owens ou Evans ; il lui avait vendu une lanterne de cuivre, deux petites tables sculptées et une douzaine de verres à sherry. Ils avaient l'intention de garder l'argent de la vente pour le voyage en Grèce, mais ils en avaient reçu plus qu'ils n'escomptaient. Ils avaient commencé par faire des courses, puis ils avaient acheté de quoi boire et ils avaient fêté ça. Bidugrame avait besoin d'un pot d'échappement neuf qu'ils avaient fait poser immédiatement, non pas à Nunes, mais dans un grand garage de Colchester. Rufus pensait que Bidugrame devait subir une révision complète, ce qui fut confirmé par le mécanicien. Des frais importants, avait ajouté ce dernier, soixante-quinze livres environ. Ils n'avaient pas le choix : tel qu'il était, le break ne dépasserait pas Calais. Ils avaient récupéré Bidugrame le lendemain. Il leur avait fallu une journée entière pour faire le trajet en autobus. La facture s'élevait à près de quatre-vingt-cinq livres, et ils avaient dépensé encore une cinquantaine de livres en nourriture et en boisson. Surtout en boisson.

Adam buvait très peu maintenant. L'alcool le rendait malade et lui donnait des palpitations au milieu de la nuit. Il le supportait mieux il y a dix ans, mais il buvait pour faire comme tout le monde, pas par plaisir. Rufus était différent. Il avait une capacité impressionnante. Son métabolisme (selon ses propres termes) lui permettait d'ingérer de grandes quantités d'alcool et de vin. Il pouvait facilement consommer deux bouteilles de vin en deux heures. Malgré ce qu'il prétendait, ce n'était pas sans effet sur lui, au contraire. Seulement ce n'étaient pas les effets habituels : il gardait une élocution claire, il marchait droit et sa mémoire restait excellente.

Rufus avait coutume de dire que la plupart des hommes, s'il ne tenait qu'à eux, se nourriraient de viande et de gâteaux. S'ils mangeaient aussi des fruits, des légumes et des produits laitiers, c'était pour leur santé et non par goût. Ils achetèrent de la viande et des gâteaux sous diverses formes pour remplir le réfrigérateur de Hilbert — pardon, celui d'Adam —, des chips et des tablettes de chocolat et une pleine caisse de vins et d'alcools. Rufus était un sybarite ou un épicurien, pensait Adam, en savourant ces mots ; il valait mieux dire « épicurien », c'était moins péjoratif.

Personne ne prenait d'alcool sauf lui, et Adam le soupçonnait d'avoir mis de côté une bouteille pour boire en cachette.

« Je ne vois vraiment pas pourquoi on se priverait, disait-il.

— Mon père prétend que les privations, ça forme le caractère. »

Rufus sourit : Adam lui avait parlé du testament de Hilbert.

« Il est bien placé pour le savoir. »

Rufus avait dû devenir un véritable amateur de vins : peut-être faisait-il partie de ces insupportables snobs qui parlent bouquets et tanins. Mais en tout cas, à l'époque, c'était le gros rouge qui l'intéressait. Ils avaient pris le moins cher pour en avoir plus, de l'Hirondelle.

« La prochaine fois, il faudra que je vende le Gainsborough », dit Adam.

Bien entendu, en dépit des affirmations d'Evans ou Owens, ce n'était pas un Gainsborough. Après avoir négocié l'achat des tables et des verres, il s'était approché d'un portrait noirci, représentant un vieil ecclésiastique à barrette et il avait décrété que c'était l'œuvre de « notre génie local ». Pressé de fournir de plus amples explications, il avait nommé Gainsborough, qui était natif de Sudbury. N'avaient-ils pas vu la statue qui le montrait sur la place du marché, la palette à la main, en train de peindre le pub et l'épicerie ? Ils firent expertiser le tableau à Sudbury, et il apparut alors que la signature, placée au dos de la toile, était celle d'un certain C. Prebble. L'ecclésiastique regagna Wyvis Hall et ils se consolèrent en mangeant sur la terrasse du rumsteack et des chips arrosés d'Hirondelle. Ils utilisaient les verres de Hilbert parce qu'aucun d'entre eux n'aurait supporté de boire dans des gobelets en plastique, mais ils mangeaient dans des assiettes en carton qu'ils avaient achetées par centaines. Ce devait être ce jour-là, ou le jour suivant, qu'Adam avait suggéré l'idée de la communauté. Vraisemblablement après le déjeuner. Il avait apporté des ouvrages qu'il était censé lire pendant les vacances, des travaux de sociologie et de linguistique, mais ce n'était pas exactement le genre de livres dans lesquels on avait envie de se plonger par un temps pareil — surtout avec l'esprit légèrement embrumé par le vin. Il se rabattit sur la bibliothèque de Hilbert, qui comportait un rayon de romans pornographiques célèbres ; ces derniers n'étaient nullement dissimulés sous des couvertures ordinaires, et ils étaient à la portée de tout le monde. Adam en conçut une certaine admiration pour son grand-oncle. Il y avait des textes de Guillaume Apollinaire, d'Henry Miller et de Pisanus Fraxi ; *Ma vie secrète, Ma vie et mes amours*, de Frank Harris, et une dizaine d'autres. Cet après-midi-là, Adam s'était installé sur la terrasse pour lire *Fanny Hill.* Ce n'était pas une initiative des plus judicieuses pour un célibataire forcé.

Rufus et Mary étaient allongés près de lui sur un dessus de lit en chenille de coton. Leurs corps étaient étroitement liés dans une étreinte qui durait depuis dix minutes. La sueur perlait sur le dos de Rufus, entre ses omoplates saillantes. Malgré sa blondeur extrême, sa peau avait pris un hâle très foncé en quelques jours. Adam avait beau essayer de ne pas regarder, il ne pouvait pas s'en empêcher. Ce qu'il craignait était en train de se produire, mais il n'en éprouvait ni embarras ni sentiment de rejet. C'était un désir sexuel intense qu'il sentait marteler dans ses veines.

Rufus roula sur le dos, faisant apparaître une forte érection qui gonflait son maillot noir comme un poing serré. Il gardait la tête tournée vers Mary, les lèvres entrouvertes, et lui léchait le bout de la langue. Adam ne trouvait pas les attributs de Rufus moins troublants que les seins nus de Mary, ronds et veloutés, qui semblaient offrir leurs mamelons durcis entre les pans de son chemisier. Il détourna la tête, s'efforçant de ramener son regard sur les pages de *Fanny Hill.* Au bout de quelques instants, il les entendit bouger ; Rufus avala bruyamment une gorgée de vin, et ils rentrèrent à pas feutrés dans la maison, vers la Chambre au Centaure.

Adam avait été dûment prévenu par son père à l'âge de huit ans : la masturbation donnait le scorbut. Le manque de vitamine C n'y était pour rien — encore une invention stupide des nutritionnistes et des médecins. La plupart des gens qui portaient un dentier s'étaient masturbés quand ils étaient jeunes ; c'était un fait bien connu des dentistes qui s'étaient entendus avec les fabricants de vitamine C pour le cacher. Il y avait trop d'intérêts en jeu pour que la vérité soit publiquement reconnue. Mais si l'on voulait garder toute sa vie des dents et des gencives saines, il suffisait de laisser ses mains tranquilles. Quelques années plus tard, Adam s'était demandé si son père lui avait raconté ces histoires pour lui faire peur, ou s'il y croyait vraiment. C'était une théorie qu'il n'avait rencontrée nulle part ailleurs. Elle s'était cependant, bien malgré lui, enracinée dans sa conscience. Il la trouvait absurde, il la tournait en dérision — devant sa sœur, par exemple —, mais Lewis avait partiellement atteint son but. Lorsque Adam allait jusqu'à se masturber, ce qui lui arrivait de temps en temps, naturellement, il avait toujours l'impression qu'après, ses dents bougeaient. Sa mâchoire lui faisait mal, et un jour, en se lavant les dents, il vit du sang sur sa brosse.

C'est pourquoi, au lieu d'avoir recours à la masturbation, il se plongea dans le lac dont l'eau était assez froide pour servir d'antidote au désir, employant ainsi une méthode victorienne éprouvée.

Adam s'ébroua en sortant du lac ; il avait de la vase jusqu'aux genoux. Il s'assit sur la rive, au milieu des joncs et des grandes feuilles pâles et parcheminées. Il contemplait la maison sous son dais de roses et de chèvrefeuille, le nid des martinets à l'abri des corniches, et Zeus dans tous ses avatars qui folâtrait avec ses amours le long de la terrasse. Des papillons de couleur vive, orange, jaunes, noirs et blancs — dont son père aurait pu lui dire le nom — s'étaient posés sur la brique rose et patinée et restaient immobiles sous le soleil, les ailes ouvertes. Par-dessus le toit d'ardoise scintillant, le ciel était aussi bleu que les iris qui venaient d'éclore sous les fenêtres de la salle à manger ; c'étaient d'étranges fleurs en forme de trompette, agglutinées comme des étamines de pissenlit, mais très bleues — d'un bleu d'azur.

Il y aurait des spectacles aussi beaux en Grèce, et il y ferait aussi chaud, sinon plus. Mais ce ne serait pas à *lui*. Il ne posséderait pas tout ce qu'il pouvait embrasser du regard. C'était une véritable révélation pour lui. Il ne s'était jamais senti l'âme d'un propriétaire et se croyait même peu attaché aux biens matériels. Il est vrai qu'il n'avait jamais eu grand-chose à lui auparavant. Lorsqu'il montait les escaliers, il pensait « ces planchers, ces bois sculptés et ces plafonds à moulures m'appartiennent », et c'était une sensation très satisfaisante. Quand il entrait dans la Chambre à la Pelote d'épingles, il s'accoudait au rebord de la fenêtre ; le jardin surgissait, baigné par l'éclat du soleil ou par le clair de lune, et il se disait que toute cette splendeur lui appartenait, la serre cachée par le mur de silex, le lac, le Petit Bois, l'horizon entier était à lui...

Il commençait à se rendre compte qu'il ne pourrait jamais s'en défaire.

Adam n'avait pas vu Zosie en rêve depuis longtemps. Rufus, si, c'était assez fréquent, et parfois Shiva et Vivien. Mais il y avait au moins un an que Zosie n'avait pas hanté son sommeil.

Il était arrivé ce qui devait arriver. C'était d'ailleurs Rufus qui l'avait ramenée à Wyvis Hall. Il s'était arrêté en chemin pour prélever sa livre de chair. Non, Adam était injuste : il aurait fait exactement la même chose à l'époque. Dans son rêve, c'était lui qui conduisait sur la route de Nunes à Colchester ; il était au volant de sa propre voiture, une Granada. Elle attendait à la sortie de la gare, comme dans la réalité, au croisement qui bifurquait soit vers Bures, soit vers Sudbury. Il y avait un grand hôpital de style victorien à cet endroit, dont la cheminée était dissimulée par un faux campanile — il y était sans doute encore si on ne l'avait pas démoli.

Petite, délicate ; une ossature fine, un teint bistré mais pâle, des cheveux châtain clair coupés très court, un nez en trompette et des yeux dorés de chat perdus dans un visage mélancolique. Quelqu'un lui avait dit qu'elle ressemblait à un chat abyssin, et cela la décrivait parfaitement. Elle avait l'air très jeune, presque une enfant. En jeans et en tee-shirt. Peu importait : on ne remarquait jamais la façon dont Zosie était habillée. Quel était le nom de cette figure de rhétorique ? Un zeugma ou une syllepse ? Zosie était plantée là, avec son sac à dos et sa face de carême.

Il s'arrêta à quelques mètres d'elle. Elle courut vers la camionnette et prit place à côté de lui. Malgré la chaleur du soir, elle frissonnait. Il lui demanda où elle allait.

« N'importe où.

— N'importe où ?

— Je ne sais pas où je suis. Comment saurais-je où je vais ?

— Vous êtes venue en train, n'est-ce pas ? »

Elle éclata de rire ; ses dents s'entrechoquaient.

« Je sors de là. » Elle désigna l'édifice victorien, avec son faux campanile.

« Qu'est-ce que c'est ?

— Vous ne le savez pas ? C'est une baraque pour les cinglés. Un cabanon. Ce que mon grand-père appelle un asile d'aliénés. »

Adam se réveilla. Il pensait à Zosie. Était-elle un peu folle ? Peut-être, mais c'était une folie temporaire, liée à des raisons bien précises. Et elle ne s'était évidemment pas échappée d'un hôpital psychiatrique. Adam se dégagea des impressions du rêve. Rufus avait dit qu'elle faisait partie des réprouvés de ce monde, des égarés. Adam s'était esclaffé : quels mots grotesques, directement sortis d'un roman du XIXᵉ siècle ! Ils avaient cherché dans l'abrégé du Oxford, et ils y avaient trouvé des explications fort éclairantes : « personne rejetée par les hommes, par la société » ; « qui s'est mis hors du droit chemin » ; « qui est comme fou » ; « déshérité, paria ».

« C'est à ça que je pensais, dit Rufus. Un paria, ou un enfant trouvé. »

Adam avait ensuite lu l'exemple suivant : « Tout objet égaré non revendiqué échoit, au bout d'un laps de temps déterminé, au propriétaire des lieux sur lesquels il a été découvert. »

Et, en fin de compte, c'était ce qui s'était produit : il avait reçu Zosie en partage, cette enfant que nul n'avait jamais réclamée. Elle avait pourtant des parents, une mère et un beau-père, mais ils ne s'étaient pas souciés de sa disparition. Ils avaient plutôt, semblait-il, profité de l'occasion pour se débarrasser d'elle.

Adam se demandait s'il arrivait à Abigail de s'éveiller dans le noir et de le chercher dans la chambre vide, avant de se mettre à pleurer. Il ne supportait pas cette idée. L'obscurité était totale, il devait être trois ou quatre heures du matin. Mark Twain avait écrit que la nuit nous rendais tous fous. Adam se leva sans faire de bruit. Il s'était si souvent faufilé à travers la pièce en pleine nuit pour aller voir sa fille qu'il en connaissait les moindres obstacles ; il lui suffisait de tendre les mains devant lui, comme un aveugle, de tâter l'angle biseauté de la penderie, le dossier laqué d'un fauteuil en osier, et le haut du radiateur, qui était froid à cette heure-ci, pour atteindre la poignée de porte en verre.

Il alluma la lumière sur le palier. La porte d'Abigail était entrouverte ; un faisceau lumineux pénétra dans la chambre avec lui, laissant le berceau dans l'ombre. Au lieu de se pencher sur elle, il s'agenouilla pour scruter son visage à travers les barreaux. Elle ouvrit les yeux, mais, à l'instar de lady Macbeth, ses sens étaient paralysés. Lorsqu'elle était éveillée, elle souriait toujours en le regardant. Ses lèvres restèrent immobiles, mais ses paupières se refermèrent doucement ; elle poussa un soupir, s'agita un peu et tourna la tête avant de retomber dans un profond sommeil. Adam pensait encore à Zosie, à sa mère et à son beau-père, qui n'avaient pas pris la peine de prévenir la police quand leur fille avait inexplicablement disparu. Ils avaient réagi comme s'ils avaient été soulagés d'un fardeau : pourquoi tenter le destin en essayant de la retrouver ? Zosie n'avait pourtant que dix-sept ans. C'est du moins ce qu'elle prétendait, pensa Adam. Elle avait peut-être un ou deux ans de plus, voire quelques années. Difficile à dire : elle mentait tellement.

Il est plus aisé de déterminer l'âge d'un mort que celui d'une personne vivante. Le journal avait parlé du squelette d'une jeune femme âgée de dix-huit à vingt et un ans. Ce qui n'avait guère d'importance, en fin de compte...

Il se mit à la fenêtre. Son jardin n'était qu'un étroit lotissement de banlieue, comparé à celui qu'il possédait jadis. Des réverbères luisaient au loin, par taches verdâtres ou orangées. Il n'y avait pas de lune, rien que le crépuscule embué qui subsiste perpétuellement dans les grandes villes. L'automne avait posé un voile humide et froid sur tout ce qui poussait. Les plantes étaient raides comme des piquets, les feuilles ressemblaient à des morceaux de plastique noir, et les branches d'arbres à des os d'arthritique. On est tous fous à trois heures du matin.

Il n'y avait plus jamais eu d'été comme celui-là. Il avait fait beau en 1984, mais ce n'était pas comparable. Même les nuits étaient chaudes ; la température baissait à peine après le coucher du soleil. Ils s'étaient disputés dans la voiture à propos de la nuit de la Saint-Jean. Mary affirmait que c'était le 20 juin, la veille du solstice ; Rufus soutenait que c'était le 24, et lui-même que ça ne pouvait être que le 23, parce que le jour de la Saint-Jean tombait le 24. Ils étaient tous plus ou moins ivres, et Rufus, inspiré par la discussion, avait chanté à tue-tête :

L'abeille baise par ici
Moi je baiserai par là...

Rufus avait un côté potache. La sévérité habituelle de Mary avait été considérablement adoucie par l'alcool. A chaque parole que prononçait Rufus, elle se mettait à glousser et à se cramponner à lui. Ils avaient partagé une cigarette, en se la passant à tour de rôle. Allongé sur le siège arrière, Adam avait récité « Grantchester », qu'il connaissait par cœur à l'époque :

Il est vert et profond
Le courant mystérieux qui glisse sous nos pieds,
Vert comme le rêve et profond comme la mort...

De retour à Wyvis Hall, ils s'étaient installés dehors, sur les couettes, et Rufus avait déclaré qu'il dormirait là. Ils étaient assaillis par des essaims de moucherons venus du lac ; ils avaient allumé des bâtons d'encens qui sentaient la menthe poivrée, la graine d'anis et le santal pour les éloigner. Mary avait déniché de l'huile de citronnelle dans une vieille armoire à pharmacie, et ils s'en étaient frottés pour faire bonne mesure. Ils s'en étaient frottés mutuellement, pour être précis, et c'était comme ça que cette histoire avait commencé.

Tout était silencieux. On entendait parfois le clapotement mou d'un poisson qui sautait pour gober un insecte. Ou le bruissement d'une chauve-souris. Et de temps à autre, des sons plus inquiétants montaient des profondeurs des bois.

« On dirait quelqu'un qu'on assassine », avait dit Rufus à un compagnon de rencontre, dans un pub.

Sans doute des lapins attaqués par des renards, ou par des belettes. Ces cris pitoyables, à peine audibles, étaient particulièrement sinistres au petit matin. Mais aucune plainte ne leur parvint sur la terrasse. La lune éclairait la nuit, et un lacis d'étoiles parsemait le ciel éternellement bleu ; les bâtonnets parfumés brûlaient entre les statues du dieu amoureux. Rufus avait une bouteille de vin rouge, mais il buvait dans un verre à cognac.

« On ne va pas en Grèce, alors ? demanda Adam.

— Pas pour le moment, répondit Rufus, dont l'élocution était plus claire lorsqu'il était saoul. Pour quoi faire ?

— C'était notre intention, si tu te souviens bien.

— Moi, je veux aller en Grèce, dit Mary, mais en souriant et d'une voix assez molle.

— Mais non tu ne veux pas, mon chou. Tu veux rester ici et tartiner Adam avec ce machin répugnant. »

Rufus était en train de manigancer quelque chose. Adam ne s'en aperçut pas immédiatement. Rufus était toujours en quête de sensations, à l'affût d'expériences nouvelles et de plaisirs inédits. Il aurait fait un excellent empereur romain, dans le style pervers et décadent. Adam tendit la main pour prendre la citronnelle, mais Rufus l'en empêcha.

« Non, laisse-la faire. »

Adam portait une chemise qui se boutonnait, pas un tee-shirt, et maintenant qu'il commençait à l'enlever, il se doutait de ce qui allait se passer. Le mélange de gin et de vin qu'il avait avalé faisait bourdonner ses tempes. Il voyait une réalité distordue, aux limites repoussées à l'infini, un monde chimérique et dansant. Mais il ne put rien articuler, sinon :

« Eh bien, on gardera la Grèce pour une autre fois... »

Les doigts de Mary exerçaient une pression légère sur son dos. Rufus s'était redressé ; il regardait. Il se pencha vers Adam pour allumer une cigarette à un bâton d'encens, et il lui sourit, laissant la fumée s'échapper lentement entre ses dents. Mary dit à Adam de se retourner pour qu'elle puisse lui pommader la poitrine. C'était un peu comme si quelqu'un vous passait de la crème solaire, et pourtant c'était très différent — forcément, en pleine nuit. Il avait l'impression d'être oint par une esclave. Rufus jeta sa cigarette et posa délicatement la main sur l'épaule de Mary. Elle avait un dos-nu attaché à la naissance du cou.

Pendant tout ce temps-là, elle n'avait rien compris à ce qui se tramait. Rufus savait très bien ce qu'il faisait, quant à lui ; Adam venait de s'en rendre compte. Ce qui provoqua chez lui un élan de désir où se mêlaient le souvenir du contact éphémère, presque innocent, qu'ils avaient eu sous l'eau, et le spectacle des seins de Mary que Rufus venait de dénuder.

Le geste de ce dernier avait eu pour effet — comme il le prévoyait, sans aucun doute — de faire basculer Mary dans les bras d'Adam. Sa poitrine avait soudain heurté la sienne, et la sensation aurait été divine si elle avait été appelée à durer. Mais Mary s'était dégagée d'un bond malgré son ivresse ; elle fut debout en un éclair, croisant les bras sur sa poitrine — un peu tard il est vrai.

« Qu'est-ce qui te prend, bon sang ? fit Rufus d'une voix pâteuse.

— Je ne suis pas d'accord pour le tribadisme, voilà ce qui me prend.

— Triolisme, soupira Adam, pas tribadisme. » Il avait beau être saoul et dévoré de frustration, les mots passaient avant tout. Il était linguiste jusqu'à la moelle. « La confusion vient de ce que "tri", en l'occurrence, n'est pas une racine latine, mais la première syllabe du verbe grec signifiant "frotter". Une tribade est une lesbienne, alors qu'un trioliste...

— Nom de Dieu ! s'exclama Rufus, je n'en crois pas mes oreilles. »

Il riait à gorge déployée, renversé sur les couettes.

« Je t'en prie, poursuis ta passionnante conférence sur le frotti-frotta. Faute de grives, n'est-ce pas...

— Espèce de salopard, dit Mary. Pauvre mec vicieux.

— Écoute, ce n'était qu'un jeu. Un jeu pour fêter la Saint-Jean.

— Mais ce n'est pas la nuit de la Saint-Jean, bon Dieu de merde, hurla Mary. Combien de fois faudra-t-il te le répéter ? »

Elle rentra dans la maison d'un pas digne. Rufus laissait libre cours à son rire entrecoupé de hoquets. Il était allongé sur le dos et se versait du vin dans le gosier.

« Tu es dingue, Verne-Smith, est-ce que tu le sais ? Je te concocte une mini-orgie, une gentille petite partie à trois, et à la première anicroche, alors qu'il suffisait de se montrer un tantinet diplomate, tu te lances dans un grand baratin sur les verbes grecs. Tu me fais vraiment crever de rire. Jamais de ma vie je n'oublierai ça, je peux te le jurer.

— Je parie que si ; j'en suis même sûr.

— Tu crois que c'est une lesbienne cachée ? »

Par la suite, il avait souvent donné ce qualificatif à Mary. Elle avait bien raison quand elle le traitait de salaud ; il ne se privait pas de l'être de temps à autre.

« Et si on repiquait une tête ? » suggéra Rufus, en regardant Adam dans les yeux, la bouche remplie de vin. Adam lui avait rendu son regard ; le vin chantait dans sa tête, et les bâtons d'encens fumaient, parfumant l'air chaud du soir.

« Pourquoi pas ? »

Mais Rufus n'avait pas fait un geste ; il s'était contenté de sourire. Puis il s'était étiré, dans un mouvement languissant qui avait provoqué la chute de la bouteille de vin. Celle-ci était tombée trop doucement pour se casser, mais le vin s'était répandu, maculant le dessus de lit blanc d'une grande tache sombre comme le sang. L'extrémité de ses doigts avait à peine effleuré l'épaule nue d'Adam, qui était resté immobile. Il en sentait le contact léger, tiède, vaguement picotant, et c'était une sensation douce qui lui procurait une certaine sérénité. Puis il entendit Rufus proférer, dans un rire silencieux :

« Le verbe grec signifiant frotter ! »

Et Rufus s'endormit immédiatement après, la tête au creux du bras ; la pression de ses doigts se relâcha dans le sommeil, et Adam s'assoupit également. Lorsqu'il s'éveilla, c'était l'aube. Il avait froid après cette nuit passée au grand air, sans couverture. Il sentait qu'il allait avoir une gueule de bois atroce, la pire de sa vie, mais il était néanmoins soulagé à l'idée qu'ils ne quitteraient pas Wyvis Hall. Le dôme du ciel était clair et pâle ; un troupeau de petits nuages qui rosissaient déjà, bien que le soleil fût encore masqué, s'était massé à l'est. Le jardin bruissait du chant des oiseaux, où les gazouillements indistincts alternaient avec des notes hautes et claires. Adam se leva, jeta un édredon sur Rufus et rentra dans la maison.

Deux événements se produisirent le lendemain. Ou un seul d'entre eux, il ne savait plus très bien. L'autre était peut-être arrivé un dimanche. L'homme aux coypus avait dû venir en semaine, et dans son souvenir, Adam avait associé sa visite au jour de cette mémorable gueule de bois.

Lorsqu'ils recevaient des invités, Anne et lui, ils s'assuraient toujours qu'ils ne manquaient de rien. Ils se levaient de bonne heure pour préparer le petit déjeuner. Ils demandaient si l'eau était assez chaude, et les lits suffisamment confortables. C'était ce que faisaient leurs parents quand ils avaient des hôtes. Un système différent prévalait à Wyvis Hall ; en réalité, il n'y avait pas de système du tout. A chacun de se débrouiller. Adam en avait décidé ainsi : il avait déclaré haut et fort qu'il ne se conformerait jamais à ces principes bourgeois.

Il ne se préoccupa donc ni de Mary ni de Rufus ce matin-là ; il ne chercha même pas à savoir si Rufus avait rejoint Mary ou s'il était encore sur la terrasse. Quand il ne parvint plus à dormir, tant il avait froid et mal à la tête, il alla se faire une tasse de café tout seul dans la cuisine. Les deux comprimés d'aspirine qu'il avait avalés une demi-heure auparavant étant restés sans effet, il en reprit quatre. Il était assis à une table ronde en bois de pin, ou plutôt en pitchpin, comme disaient son père et son grand-oncle. Pendant qu'il songeait à l'étymologie du mot, on frappa bruyamment à la porte de service. Dans l'état de vulnérabilité où il se trouvait, c'était une véritable agression. Il s'approcha de la porte à pas de loup et l'ouvrit précautionneusement, en clignant de l'œil face à la vive lumière du soleil. Un moustachu d'âge mûr, aux cheveux bruns clairsemés, vêtu d'un jean et d'une veste légère en plastique bleu pâle, se tenait devant lui. Il s'appelait Pearson, il venait pour les coypus, et il demandait la permission de jeter un coup d'œil autour du lac.

« Vous venez pour quoi ? dit Adam.

— Vous êtes pas du coin ? C'était Mr. Smith que je voyais d'habitude. »

Adam répondit qu'il était mort. Est-ce que c'était un acronyme, « coypu » ? L'homme le regarda comme s'il était fou.

« C'est une espèce de rat. »

Adam renonça. « Allez où vous voulez, ajouta-t-il.

— Bon, alors j'en profiterai pour faire le bois pendant que j'y suis. Y a de la betterave à sucre dans le champ d'à côté cette année, et votre coypu adore ça. »

Adam faillit répliquer que ce n'était pas « son » coypu, mais il se tut. Il trouva la définition de coypu dans le dictionnaire de Hilbert : un rongeur aquatique d'Amérique du Sud, le *Myopotamus coypus*, un peu plus petit que le castor. Le nom latin de l'animal lui plut tant qu'il inventa une sorte de comptine, et il monta les escaliers en récitant :

Castormus, loutredemus,
myopotamus...

De la fenêtre de la Chambre à la Pelote d'épingles, il voyait l'homme faire tout doucement sa besogne. D'une main, il tenait un sac de toile, et de l'autre des pièges métalliques — ou un appareillage du même genre. Comment des coypus avaient-ils pu venir se fourrer dans un étang du Suffolk ? Ils avaient dû s'échapper d'un zoo ça arrivait avec les visons d'élevage, alors, pourquoi pas... Quand il redescendit pour prendre une autre tasse de café, il croisa Mary qui montait les escaliers. Elle portait un jean de Rufus et un tee-shirt sale arborant « Louisiana State University » en grosses lettres. Il ne l'avait jamais vue dans cet état : elle était presque laide. Elle lui jeta un regard maussade et lui demanda d'un ton très distant s'il avait remarqué qu'il y avait un affreux paysan en train de se promener au bord du lac.

« Il n'est pas en train de se promener. » Adam se mit à chanter *Castormus, loutredemus* sur l'air de l'hymne autrichien.

« Hippopotamus, tu veux dire. »

Non, il avait bien dit myopotamus, qui signifiait coypu ; les bestioles en question étaient vraisemblablement sur le point d'être exterminées. A cette nouvelle, Mary poussa des cris de colère et de détresse, le traitant de brute insensible, ennemie de la nature et de l'écologie.

« Je ne vois pas en quoi ce serait écologique de préserver des rongeurs sud-américains dans le Suffolk », protesta Adam ; mais Mary avait déjà redescendu les escaliers en trombe, fermement résolue à régler le problème seule à seul avec l'homme aux coypus.

Adam se posta à la fenêtre de l'ancienne chambre de Hilbert. La camionnette, peinte à l'enseigne du Service de dératisation Vermstroy, SA, faisait demi-tour devant le garage. Quand Mary surgit du porche en courant, elle gravissait déjà la trouée. C'était comique de voir Mary agiter vainement le poing en direction de la camionnette. Il commençait à aller mieux, grâce à l'aspirine et au café.

Rufus était toujours en train de dormir sur la terrasse ; il avait dû se réveiller à un moment donné, puisqu'il était allongé à l'ombre du vieux parapluie noir de Hilbert. Adam s'assit à côté de lui ; il avait un nouveau sujet d'inquiétude : fallait-il payer l'homme aux coypus ? « Je pourrais vendre les fusils de chasse », marmonnait-il lorsque Rufus ouvrit l'œil.

« Ou bien renvoyer l'homme aux coypus et garder les fusils pour tuer les coypus toi-même — ce qui serait plus rationnel. »

C'était très joli, tout ça, mais il allait y avoir beaucoup de choses à payer. Des impôts locaux, par exemple. Il ignorait en quoi cela consistait au juste, mais il savait qu'on en payait quand on était propriétaire. Et des factures d'eau et d'électricité. On pouvait vendre les fusils et quelques meubles. A moins... A moins qu'il ne loue des chambres, ou, mieux encore qu'il ne rassemble un groupe de gens qui partagent les frais. Ce qui revenait à fonder une communauté.

C'était à ce moment-là qu'il en avait eu l'idée pour la première fois : il était assis à l'ombre du parapluie de Hilbert, et pendant ce temps, l'homme de la Vermstroy poursuivait sa proie dans les ruisseaux du bois, indifférent aux cris de protestation de Mary.

Au beau milieu de ses ordinateurs, Adam pensait à l'homme aux coypus dont il avait payé la facture, mais qu'il n'avait jamais revu. Est-ce qu'il se souviendrait d'eux ? Et dans ce cas, pourrait-il affirmer catégoriquement à la police qu'Adam, Rufus et Mary habitaient à Wyvis Hall ? Il avait dû venir vers le 25 juin, avant l'arrivée des autres. Il avait certainement vu Rufus dormir sur la terrasse, et il avait même probablement parlé à Mary — il avait eu maille à partir avec elle, de fait.

C'était un homme d'une cinquantaine d'années au moins. Il était sans doute encore en vie. Vermstroy opérait dans le secteur d'Ipswich, mais aussi dans celui de Nunes. Adam avait aperçu sa camionnette une fois en traversant le village, devant l'une des maisons de Hampstead Garden.

Il se pouvait évidemment qu'il soit en train de travailler chez des clients, mais Adam n'en était pas persuadé : l'avant de la camionnette était pratiquement dans le garage.

L'homme avait été dans le bois ; peut-être avait-il remarqué le cimetière d'animaux. Il avait forcément compris que la maison était habitée : l'aspect de la terrasse, qui ressemblait à un gigantesque lit, était assez éloquent. Evans, ou Owens, le brocanteur qui était venu deux fois, avait soixante ans passés à l'époque. Pas de danger de ce côté-là. Quant au jardinier au mouchoir noué sur la tête, il n'avait aucun moyen de savoir si Adam avait l'intention de s'installer à Wyvis Hall. Le visiteur dont il avait entendu les bruits de pas autour de la maison, à l'aube, le dernier jour — s'il n'avait pas imaginé ces bruits dans son affolement — ne pouvait pas deviner leur présence. Certes, Bidugrame était garée sur l'allée, mais c'était un indice assez mince.

Seul l'homme aux coypus posait un véritable problème. Mais on pouvait espérer qu'il ne se présenterait pas spontanément à la police.

Le lendemain ou le surlendemain, il avait été longuement question du projet de communauté, et Mary avait suggéré le nom de Bella. Il y avait eu un certain nombre d'hésitations et de tâtonnements, mais c'était à peu près comme ça que ça s'était passé. Chacun d'entre eux avait proposé des noms de gens susceptibles, par l'âge et par le tempérament, de fonder une communauté. Mary elle-même était assez enthousiaste, mais à condition que Rufus s'en allât. Elle n'avait pas cessé de lui faire la guerre depuis la soirée du jeudi. En fait, bien qu'ils aient l'air de continuer à partager le même lit, Rufus avait pris l'habitude de dormir dehors. Il n'avait nullement l'intention de vivre en communauté, expliqua-t-il, étant donné qu'il avait son diplôme de médecin à préparer, mais il viendrait volontiers pour les vacances. Il ajouta, ce qui acheva de contrarier Mary, qu'il trouvait la sœur d'Adam très attirante et que ce serait une excellente idée s'il l'invitait à se joindre à eux.

Adam ne voulait pas de Bridget : ils ne s'entendaient pas assez bien. Il avait pensé à deux de ses camarades de faculté, mais ils avaient eux aussi des études à terminer. Adam commençait à songer sérieusement à ne pas retourner à l'université. Le cours pluridisciplinaire qu'il suivait lui avait toujours paru d'un intérêt discutable : il connaissait déjà la partie linguistique, il pouvait faire de la littérature tout seul et la sociologie l'ennuyait. Et à quoi lui servirait une licence de cette université à la noix, qui n'avait aucun prestige ? Ça ne valait pas mieux qu'un BTS. S'il tenait à avoir un diplôme, il n'avait qu'à aller à l'IUT d'Ipswich...

Rufus avait avancé deux ou trois noms, dont celui d'un ancien camarade d'école. Mary était d'avis qu'il fallait des gens qui aient déjà une expérience de ce genre de vie ; pourquoi ne pas essayer les petites annonces ? Dans *Time out*, par exemple.

« Ou dans *Gay News*, dit Rufus. "Lesbienne cherche compagne de route pour sortir ghetto."

— Je me demande vraiment pourquoi tu insistes tant là-dessus, répondit Mary. Se pourrait-il que tu aies ton petit ghetto personnel, bien caché ? »

Rufus se mit à rire et déclara que, dans sa vie, toutes les possibilités demeuraient ouvertes. « Je ne suis fermé à aucune amitié.

— Ça m'étonnerait qu'il y ait des candidats. »

Adam était contre les petites annonces. En plus, ils étaient à court d'argent. Avant d'aborder le sujet de la communauté, ils avaient discuté de ce qu'ils allaient vendre comme objet la prochaine fois. Un des grands meubles vitrés, disait Rufus ; il suffisait de faire revenir Evans ou Owens, et la question était réglée. Mais Adam voyait déjà sa maison entièrement dévalisée. Si on trouvait des gens pour mettre de l'argent dans la communauté...

« J'ai entendu parler d'une fille qui s'appelle Bella quelque chose, dit Mary. Je ne la connais pas, c'est une amie de Linda. Elle faisait partie du groupe de Rajneesh. Elle vit toujours dans des communautés, et Linda m'a dit qu'elle cherchait un endroit. Je pourrais essayer de la contacter. »

Et c'était par Bella, naturellement, qu'ils avaient rencontré Vivien, qui avait à son tour amené Shiva, l'Indien dont Adam avait oublié le nom de famille.

A sa connaissance, Mary était la seule d'entre eux à s'être promenée à pied dans le village de Nunes. Peu importait : elle était partie quelques jours plus tard. Et si les habitants se souvenaient d'elle, ils seraient incapables de dire d'où elle venait. Elle allait au village — comme Vivien l'avait fait par la suite — pour utiliser la cabine téléphonique qui était devant « Le Sapin ». Elle était probablement entrée dans le pub ou dans la boutique du village pour faire de la monnaie. Elle appelait des amis qui pourraient éventuellement l'emmener en Grèce en voiture ou, à défaut, lui payer le billet d'avion. Finalement, elle était arrivée à obtenir un prêt d'une tante, et une ancienne camarade de classe qui partait avec son petit ami lui avait offert une place dans leur minibus.

La veille de son départ, il avait rebaptisé la maison. Il y réfléchissait depuis plusieurs jours : « Wyvis Hall » ne le satisfaisait pas. « Le Manoir du Myopotamus », qui lui était venu à l'esprit, était une simple plaisanterie. Il s'était lancé dans les anagrammes ; il avait jonglé avec les lettres, en gardant en mémoire leurs projets de vacances...

Trapellune.

Il avait demandé aux autres s'ils savaient où était Trapellune.

« C'est une ville espagnole, avait répondu Mary.

— Non, pas une ville, avait dit Rufus. Plutôt une montagne. Un volcan.

— Ou une station balnéaire en Sicile.

— Tu viens de l'inventer, dit Rufus paresseusement. On dirait une communauté. Oneida, Walden, Trapellune.

— Ça n'a rien à voir avec Oneida ou Walden. Je sais ce que c'est ; c'est un mot à l'envers, comme Erewhon. »

Adam était surpris par la perspicacité de Mary, mais il était contrarié par son départ. Il avait beau ne pas l'aimer beaucoup, il aurait voulu qu'elle restât. Il commençait à en vouloir à ceux qui ne tenaient pas à Wyvis Hall autant que lui.

« Tu ne sais même pas faire la différence entre une anagramme et une inversion, n'est-ce pas ? dit-il. Les analphabètes, ça me met hors de moi. Ne parle pas de ce que tu ne connais pas !

— Eh là, dit Rufus. C'est moi qui m'engueule avec elle, rappelle-toi.

— Erewhon est une anagramme, tandis que Trapellune, c'est l'inversion de "nulle part".

— Très fortiche. Tu ne trouves pas que ça fait un peu cliché, "nulle part" ?

— Je m'en fiche éperdument, répliqua Adam. De toute façon, ce n'est pas "nulle part", c'est Trapellune. »

Wyvis Hall ne fut effectivement plus désigné autrement.

Mary partait le lendemain. C'était le mercredi 30 juin. Elle voulait que Rufus la conduise jusqu'à Londres, mais il décréta qu'il n'irait pas plus loin que Colchester où elle pouvait prendre le train. Il y eut quand même un léger *rapprochement* lorsque Mary descendit avec le sac à dos que Rufus lui avait prêté. Elle était à nouveau en jeans et en sandales.

« En fait, j'adore cet endroit, dit-elle à Adam. Mais je me suis promis d'aller en Grèce cet été, et il faut absolument que j'y aille maintenant.

— Ça ne fait rien. Trapellune sera toujours là l'an prochain.

— Je me suis demandé si vous vouliez que j'envoie des cartes postales d'Athènes à vos parents ? Je veux dire des cartes que vous écririez ici : je les emporterais.

— Ma négligence est certes impardonnable, mais je ne suis pas en possession de cartes de l'Acropole actuellement.

— Je disais ça comme ça, répondit Mary d'un ton boudeur. Ça pouvait aussi bien être une lettre.

— Si mes parents recevaient une lettre de moi, dit Rufus, ils penseraient que je suis en prison ou à l'article de la mort. »

Ce qui revenait au même pour lui. Et puis écrire pour quoi faire ? Qu'y avait-il à dire ? Mary pensait que les parents d'Adam pourraient se douter qu'il était là, et venir le voir. Adam trouva cette idée farfelue. Si seulement il avait accepté sa proposition ! Dire qu'il y avait, sur le bureau de Hilbert, une cinquantaine de vieilles cartes postales attachées par un élastique, probablement rassemblées par son grand-oncle et sa grand-tante lors de leurs premiers voyages, parmi lesquelles deux photographies de Grèce, une du mont Lycabette et l'autre du Parthénon...

Mais ils ne le savaient pas, et ils savaient encore moins à quel point elles auraient pu leur être utiles dix ans plus tard. En supposant que ses parents, songeait Adam, les aient gardées, ce qui n'aurait rien eu d'invraisemblable, étant donné la rareté de leurs relations épistolaires. L'offre de Mary avait été rejetée sans plus de considération, et ils avaient échangé, Adam et elle, un au revoir plein de désinvolture.

Depuis lors, Adam n'avait plus jamais revu Mary Gage, et c'était à peine s'il avait pensé à elle. Lorsque par hasard cela se produisait, il actionnait la touche annulation qui lui permettait d'évacuer de son esprit les hôtes de Trapellune. On avait passé récemment à la télévision un vieux film, *National Velvet*, et quand Élisabeth Taylor était apparue sur l'écran, l'image de Mary Gage s'était brutalement imposée à lui. Cette fois, il lui avait suffi d'éteindre le poste pour fuir le passé.

Rufus et lui avaient encore parlé d'argent après le départ de Mary. Que pouvaient-ils vendre maintenant ? Les aquarelles victoriennes montées sur papier doré — des landes sauvages et des torrents — n'avaient aucune valeur, même aux yeux d'un néophyte comme Adam. Dans une des chambres à coucher se trouvait un tableau étrange, une sorte de centaure : un cheval à tête et à buste humains présentant ses sabots à un maréchal-ferrant, au beau milieu d'une foule fascinée. Quand ils dégagèrent le papier au dos du cadre, il s'avéra que c'était une reproduction d'une gravure de Böcklin, l'original étant au musée de Budapest. Ils donnèrent à la chambre où elle était suspendue le nom de chambre au Centaure. Il y avait un autre tableau étrange dans la chambre de Hilbert, auquel Adam s'interdisait de penser, surtout depuis la naissance d'Abigail. Ce tableau n'existait plus ; Adam l'avait brûlé de ses propres mains, dans le bûcher où il avait détruit un certain nombre d'objets compromettants.

Il avait pour décor une grande chambre d'aspect lugubre, ornée de tentures ; la pièce ne ressemblait guère à une chambre d'enfant, mais il y avait pourtant un bébé étendu sur le lit, pâle et immobile. Un vieux médecin venait apparemment de placer un miroir entre ses lèvres entrouvertes. Il se tournait vers le jeune père pour lui annoncer la mort de l'enfant, tandis que la mère, éperdue de chagrin, enfouissait sa tête contre l'épaule de son mari. Adam affrontait maintenant le souvenir de ce tableau avec une sorte de stoïcisme. Il se forçait à en revoir les détails et à se remémorer les événements qui y étaient liés. Comment Rufus et lui-même avaient-ils pu en *rire* ? A cette idée, il ressentait une véritable douleur physique dans les entrailles. Ils étaient en train de boire du vin ; Rufus tenait la bouteille d'une main, et son verre plein de l'autre. Ils avaient déambulé dans la maison, à la recherche d'un meuble à vendre, et ils s'étaient arrêtés dans cette pièce chaude et ensoleillée, qui n'avait rien de lugubre. La sentimentalité naïve du tableau les avait amusés, et ils avaient fait un commentaire spirituel, du style : « Il est mort avant de savoir dire maman. »

C'était pour cette raison qu'ils l'avaient baptisée la Chambre au Lit de mort.

Ils étaient ensuite passés dans la chambre Sans Nom, puis dans la pièce attenante, la Chambre de la Divine Surprise, ainsi nommée parce qu'un de ses placards abritait un petit escalier qui grimpait jusqu'au grenier. Ils avaient pensé qu'ils pourraient vendre une console de toilette, une psyché, un broc et une cuvette en faïence, puis, en descendant l'escalier de service, une série d'assiettes accrochées au mur. Elles étaient d'un émail rouge et bleu sans éclat, liséré d'or. D'après les signes hiéroglyphiques qui se trouvaient au dos, c'était peut-être de la porcelaine chinoise — peut-être même, qui sait, de la porcelaine assez précieuse.

Ils emportèrent la psyché, la faïence et les assiettes à Long Melford le lendemain (Long Melford regorgeait de magasins d'antiquités), mais ils n'en tirèrent que vingt livres. Décidément, les futurs membres de la communauté devraient se cotiser. Et comment pourrait-il trouver des partenaires appropriés, se demandait Adam, alors que le téléphone ne marchait pas, et que Mary Gage avait sans doute complètement oublié de prévenir Bella ?

Il se trompait. Pendant qu'ils menaient tous deux une vie de bâton de chaise, en sillonnant la campagne dans Bidugrame, en allant une fois à Londres acheter de la marijuana à un dealer de Notting Hill que Rufus connaissait, bref, pendant que le mobilier de Hilbert partait en bouteilles et en fumée, Vivien et son amie Shiva prenaient les dispositions nécessaires pour venir s'installer à Trapellune. Et ils imaginaient naturellement une ferme bien administrée, une sorte de kibboutz anglais dont chaque membre, obligatoirement végétarien, avait une tâche précise à accomplir ; un haut lieu philosophique où le riz brun, objet d'une vénération quasi mystique, aurait alimenté d'interminables discussions nocturnes.

Mais Zosie les avait précédés.

Rufus l'avait ramassée sur la route — épave égarée, non revendiquée — en revenant de Londres avec son haschich et son herbe (du vrai *charas* indien et de la pure colombienne, lui avait assuré le dealer). Zosie avait dormi avec Rufus dans la Chambre au Centaure, comme il se devait. Elle n'avait sans doute guère été consultée, pensait Adam. Rufus n'était-il pas un peu centaure lui-même — le grand étalon rouan s'emparant d'une petite féline apeurée ?

C'était le lendemain ou le surlendemain qu'elle avait vu le tableau. Son exploration des lieux l'avait menée jusqu'à la Chambre du Lit de mort. Elle en était ressortie en courant, le visage ruisselant de larmes. « Pourquoi m'avez-vous laissée entrer dans cette chambre ? Pourquoi ne m'avez-vous pas dit ce qu'il y avait dedans ? »

Pendant un instant, Adam se tint près de la fenêtre ; il avait relâché le bord du rideau et s'était à nouveau tourné vers le berceau. Le tableau se dessina alors dans l'obscurité, avec une netteté saisissante.

Cette peinture n'existait plus. Il l'avait brûlée contre le mur du jardin, et il n'y en avait peut-être aucune reproduction nulle part. L'image n'en restait pas moins vivace dans son esprit, avec l'enfant au masque de cire, figé pour l'éternité, le vieux docteur hagard, brisé par la tristesse et la fatigue, le miroir que nul souffle n'avait embué, et les parents effondrés dans les bras l'un de l'autre.

IX

N'ayant pas les diplômes nécessaires, Shiva n'était pas autorisé à exécuter les ordonnances. C'était Kishan, le pharmacien, qui s'en chargeait. Sa femme Mira lui donnait un coup de main quand il y avait beaucoup de monde. Shiva servait dans la boutique, il arrangeait les étalages et vérifiait les stocks ; il lui arrivait parfois de recommander des remèdes contre la toux ou contre les boutons. Kishan avait vraiment besoin d'un autre assistant, mais il n'avait pas les moyens d'en embaucher un tout en continuant à payer à Shiva un salaire correct, assorti d'une petite augmentation annuelle. Bien qu'il tînt à garder son employé, c'était un homme altruiste qui essayait toujours de pousser Shiva à retourner à l'Université pour lui permettre de s'établir à son propre compte. Shiva savait qu'il ne reprendrait plus jamais ses études : c'était une période trop chargée de souvenirs et d'amertume. En outre, il ne détestait pas la boutique, avec sa chaleur et ses délicieuses odeurs ; il se sentait réellement utile quand il parvenait à convaincre quelqu'un des vertus de la vitamine C, et il prenait plaisir à vendre à une jolie fille un joli ton de rouge à lèvres. Il acceptait son sort. Il n'attendait aucune satisfaction dans sa vie professionnelle, ni ailleurs.

Il n'en avait pas toujours été ainsi. Lorsqu'il était à l'école à Londres, dans un quartier éloigné à l'ouest, il avait obtenu une mention au baccalauréat, ce qui lui avait permis de commencer sa pharmacie. Son père en était fou de joie. C'était un homme sans éducation, qui n'était pas illettré pour autant ; il avait fait venir en Angleterre sa femme et sa mère veuve une vingtaine d'années auparavant. Pendant quelque temps, il avait travaillé chez un tailleur et sa femme cousait à la machine, puis, grâce à son sens des affaires, il avait perçu les signes avant-coureurs de la mode indienne. Il n'avait certes pas imaginé le succès qu'allaient remporter les robes, les jupes et les corsages de coton brodé, et qui allait faire du petit importateur qu'il était un homme sinon riche, du moins très aisé. Shiva et ses frères avaient grandi dans une opulence relative, habitant une maison assez vaste à Southall. Le frère aîné de Shiva avait obtenu une bourse à la City of London School, mais il n'avait pas tenu ses promesses et avait entamé une carrière dans une petite succursale bancaire. Ce fut par conséquent sur Shiva que son père reporta ses espoirs et ses ambitions. Ce dernier venait d'achever sa première année dans un institut de technologie où il avait fort bien réussi, si bien en fait que deux de ses professeurs lui dirent en privé que, ma foi, s'il ne perdait pas entièrement son temps, il pouvait viser plus haut. Ils lui conseillèrent de faire sa médecine.

Il en parla naturellement à son père. Que fallait-il en penser ? Devait-il poser sa candidature dans des écoles de médecine ? Cela signifierait probablement qu'il serait obligé d'attendre un an, en supposant qu'il soit accepté. Son père était enchanté à la perspective d'avoir un fils médecin ; il était certain qu'on l'accepterait. Et si c'était nécessaire, rien ne l'empêchait de prendre un an de congé. Il y avait assez d'argent pour l'entretenir. C'était une idée fort agréable à caresser pendant ses heures de loisir. Des loisirs limités, au demeurant : il ne serait pas venu à l'esprit de Shiva de rester chez lui à se tourner les pouces. Le magasin avait toujours besoin d'une paire de bras supplémentaires.

Shiva avait une autre raison d'être heureux : sa relation avec Vivien Goldman. Il n'en avait rien dit à sa famille. Ses parents étaient progressistes, et, bien que sa grand-mère fût capable de se tordre les mains et de lui prédire les pires calamités, ils n'auraient pas songé à arranger des mariages pour leurs enfants. Ils n'envisageaient cependant pas qu'ils pussent se marier en dehors de leur communauté. Ils n'envisageaient même pas, pensait Shiva, qu'ils pussent connaître des Anglais du sexe opposé.

Vivien était juive. Pour Shiva, elle ne l'était qu'à moitié, puisque son père était chrétien, mais Vivien disait qu'on était juif par sa mère. Elle n'avait pourtant pas vu celle-ci depuis des années, ayant été élevée à l'Assistance publique jusqu'à l'âge de dix-huit ans. Shiva l'avait rencontrée à une soirée chez un camarade qui habitait dans un squat à Hammersmith, près de la Tamise. Vivien faisait également partie des squatters ; elle ne l'avait pas particulièrement attiré au premier abord. En fait, elle l'intimidait plutôt, mais c'était elle qui était venue vers lui. Elle lui avait parlé de philosophie indienne et de mysticisme, sujets sur lesquels il était lui-même peu informé, et lui avait confié qu'elle avait l'intention d'aller en Inde pour recevoir l'enseignement d'un gourou. Après la soirée, Shiva était rentré avec Vivien ; ils n'avaient pas fait l'amour, mais ils avaient continué à discuter.

Shiva n'avait jamais rencontré quelqu'un dont le but soit de découvrir le sens de l'existence, le pourquoi du monde et la racine du bien. C'était pour ces raisons que Vivien avait vécu dans un kibboutz et dans une communauté ; elle avait aussi été une disciple de Bhagwan, elle avait assisté à des centaines de conférences et lu des centaines de livres. Shiva (que sa mère décrivait comme « un fanatique de l'instruction ») lui demanda pourquoi elle ne s'était pas inscrite à un cours de philosophie. Vivien méprisait l'éducation universitaire. Après avoir quitté l'école, et l'Assistance par la même occasion, elle avait reçu une allocation qui lui permettait de vivre, mais elle avait estimé qu'elle n'avait pas le droit d'en bénéficier. Elle avait alors fait des ménages et, entre le kibboutz et Bhagwan, elle avait gardé des enfants.

Elle était petite, brune, et portait de grands cheveux noués en tresses ou en chignon étroitement enroulé autour de la tête. Shiva ne l'avait jamais vue en pantalon ou en vêtements masculins. Elle mettait des robes larges et flottantes, et accrochait à son cou tantôt une étoile de David, tantôt une croix. Libre et seule au monde, elle semblait avoir d'innombrables amis, mais aucun confident ; Shiva — car ils finirent tout de même par faire l'amour — n'était que son second amant.

Il la quitta en ne pensant pas la revoir avant la rentrée, au mois de septembre. Il n'était même pas sûr de retourner à l'institut de technologie. Ils devaient s'écrire. Il n'y avait pas de téléphone au squat de Hammersmith, et Shiva n'aurait pas aimé que Vivien l'appelle chez lui. Il imaginait les scènes que ferait sa grand-mère si elle découvrait qu'il avait une petite amie anglaise, ses supplications et ses menaces, qui ne resteraient d'ailleurs pas sans conséquence : sa mère n'était pas suffisamment progressiste pour manquer au respect qu'elle devait à sa belle-mère, et on faisait grand cas des opinions de la vieille dame à Southall. Shiva et Vivien communiquèrent par lettres ; lorsqu'il recevait du courrier, Shiva disait que c'était d'un ami de l'institut, originaire de Bénarès.

Puis il arriva une lettre suggérant qu'il pourrait rejoindre Vivien dans une communauté à Trapellune, sans engagement, simplement pour voir à quoi ça ressemblait. Elle comprenait très bien qu'il devait retourner à l'institut au mois de septembre ; quant à elle, elle resterait peut-être, du moins s'il y avait un centre de méditation sur place.

Shiva ne savait pas ce qu'il allait faire en septembre. S'il tentait sa chance dans une école de médecine, il n'aurait rien à faire jusqu'au mois d'octobre de l'année suivante ; il pourrait se perfectionner en maths à Trapellune aussi bien qu'à Southall, sinon mieux. Vivien avait parlé d'une maison avec des jardins et des terres cultivables dans le Suffolk.

Shiva témoignait à ses parents une déférence plus grande que n'importe quel Européen du même âge, et il les tenait en haute estime ; mais cela ne l'empêchait pas de leur mentir sans le moindre scrupule. Il raisonna de la façon suivante : s'il leur disait qu'il allait passer deux mois dans un centre de méditation avec une jeune Anglaise qui n'avait pas de famille et qui était à moitié juive, ils seraient très malheureux et se feraient beaucoup de souci. En revanche, s'il leur disait — comme il le fit effectivement — qu'il allait suivre des cours dans une université d'été qui préparait les étudiants se destinant à une carrière médicale, ils seraient heureux et satisfaits. Il n'avait vraiment pas le choix. Peu importait qu'une telle université n'existât pas, puisque son père ignorait tout de ce genre de choses et qu'il avait confiance en Shiva. Il alla jusqu'à leur donner l'adresse : Trapellune, Nunes, Suffolk ; il était sûr qu'ils ne tenteraient pas de le joindre, sauf en cas de force majeure.

Son père lui proposa d'emporter un assortiment de chemises indiennes de la meilleure qualité, pour qu'il puisse se montrer élégant là-bas. Sachant qu'il n'aurait pas besoin de chemises neuves, Shiva prit une robe à la place. Aucune Indienne ne mettait des robes comme celles-ci, tombant jusqu'aux pieds, avec une échancrure carrée, de larges manches, et une taille haute ; mais il en vit une bleu turquoise, au corsage brodé d'écarlate et d'or, qui lui parut faite pour la jolie petite Vivien. Ce serait son premier cadeau.

Le squat se trouvait dans une rangée de maisons condamnées, à proximité du fleuve, au-delà de Fulham Palace Road. Tout avait été détruit depuis. Les bâtiments en ruine avaient été remplacés par des logements municipaux parfaitement salubres et par un centre pour handicapés. A l'époque où Vivien s'y était installée, la rangée attendait la démolition, ayant été déclarée impropre à l'habitation. Les squatters qui en avaient pris possession avaient pratiqué des ouvertures entre les murs mitoyens, de sorte qu'on pouvait aller du numéro un jusqu'au numéro neuf sans passer par la rue. Shiva se fraya un chemin au milieu des dormeurs étendus sur des matelas à même le sol. Personne ne se levait avant midi dans le squat, à l'exception de Vivien. C'était plus pauvre que sale ; l'odeur du fleuve régnait partout.

Il trouva Vivien dans sa chambre, assise les jambes croisées, en pleine méditation. Elle tourna simplement vers lui son regard brillant, et il ne l'interrompit pas. Il prit place parmi les nattes et les coussins qui donnaient à la pièce un air vaguement oriental. Un décor qui contrastait vivement avec les salons cossus de sa propre maison, remplis de boiseries et de cuivres gravés. Il y avait une étagère couverte d'huiles essentielles dans des fioles sur le rebord de la fenêtre, et une petite valise dans laquelle Vivien conservait ses remèdes à base de plantes. Elle avait affiché un schéma des points réflexes sous lequel figurait son propre horoscope. Shiva était fortement impressionné par sa collection de livres : la Bible, le Coran, la Gita, *L'Imitation du Christ, Le Livre tibétain des Morts.* Le *I Ching* était posé sur un coussin ; le livre ouvert voisinait avec des brins de paille dispersés, comme si elle avait cherché à savoir quel serait son destin à Trapellune...

Il s'était demandé par la suite ce que le *I Ching* avait pu lui prédire. Certainement pas des événements précis, sinon elle se serait abstenue d'y aller. De toute façon, c'était un texte indéchiffrable : on pouvait y lire n'importe quoi. Il l'avait attendue calmement, sans impatience ; la présence de Vivien avait le don d'être apaisante. Au bout de vingt minutes, elle se leva. Son sac était prêt, mais elle le rouvrit pour y mettre ses plantes médicinales et un grand châle rouge foncé au cas où les nuits seraient fraîches. Le sac était un fourre-tout en tapisserie, muni de poignées d'étoffe molletonnée : Vivien ne portait jamais de cuir ni de matières d'origine animale, pas même de la laine.

« Le train est à quelle heure ? demanda Shiva.

— Je ne sais pas. Allons à la gare, on verra bien. Il y a toujours des trains qui arrivent. »

C'était assez amusant, pensait-il, que ce soit Vivien qui lui apprenne ce fatalisme tranquille. « Est-ce que tu es très pressé, Shiva ? lui dit-elle. « Y a-t-il une affaire très urgente qui t'attende à Trapellune, et qui risque de t'échapper si tu n'y arrives pas à la tombée de la nuit ? »

Ce n'était qu'une tradition, une habitude que nul ne remettait en question : on se hâtait toujours, sans savoir vers quel but. Ses parents n'en étaient pas moins victimes que les Anglais.

« Nous avons la vie devant nous, disait souvent Vivien. Nous sommes jeunes. Quand nous aurons quatre-vingts ans, il sera temps de nous dépêcher. »

Il lui donna la robe turquoise et elle la mit immédiatement. L'idée qu'on puisse garder quelque chose pour les grandes occasions lui était totalement étrangère. Tous les jours étaient identiques à ses yeux ; elle considérait le monde comme un objet à regarder, et non pas comme un décor où se montrer.

Elle plia soigneusement la robe de coton à rayures grises et crème qu'elle portait jusque-là et elle la posa à côté du *I Ching*.

« Je n'en ai plus besoin. J'ai une autre robe dans mon sac. »

Shiva la trouvait décidément étonnante. Il ne devait pas y avoir beaucoup de femmes qui partent pour plusieurs mois en n'emportant que deux robes.

« Tu pourras toujours passer la prendre, dit-il, si tu dois revenir à Londres pour un entretien. »

Elle voulait s'occuper d'enfants avant que Bella ne lui parle de Trapellune, et elle avait fait une demande d'emploi. Shiva devinait qu'en dépit de son calme apparent cette perspective l'enthousiasmait. Elle changerait sans doute d'avis si Trapellune lui offrait ce qu'elle avait toujours cherché : une véritable communauté où elle rencontrerait des gens dévoués, partageant ses idées, qui pourraient à la fois lui transmettre un enseignement et recevoir le sien. Il la regarda écrire un mot à un autre habitant du squat, qu'elle signa : « Amour et paix, Vivien. »

C'était facile et reposant de voyager avec elle. Ils avaient manqué le rapide parce que Vivien avait refusé de courir pour l'attraper, et ils avaient pris un omnibus à la place. La robe bleue était très voyante, avec ses broderies qui étincelaient comme de vrais bijoux sur son décolleté. Vivien était belle et exotique, mais elle avait aussi l'air un peu bizarre. A la sortie de la gare de Colchester, elle avait cueilli une fleur jaune d'une espèce très commune (Shiva ne savait pas laquelle), et elle l'avait piquée dans ses cheveux. C'était peut-être pour cette raison — sans compter que lui non plus, avec sa peau sombre et sa silhouette svelte d'Oriental, il n'avait pas une allure banale — qu'ils durent attendre un certain temps avant d'être pris par un automobiliste. Vivien n'avait aucune idée de la distance qui séparait Colchester de Nunes. Ils apprirent à la gare qu'il y avait quinze kilomètres entre les deux. Les autobus étaient peu nombreux et le dernier venait de partir. Le conducteur qui les avait pris allait jusqu'au village de Nunes, mais pas plus loin.

Shiva n'était pas allé souvent dans la campagne anglaise et il contemplait avec une curiosité mêlée d'émerveillement les vastes champs de blé et d'orge mûrissants que traversaient des ombres exagérément longues. C'était le conducteur qui avait nommé les cultures ; en ce qui le concernait, il ne faisait aucune différence entre le blé et le sésame ou le sainfoin. Il n'y avait pas un souffle de vent. On ne voyait aucun animal dans les prairies, ce qui l'étonna, car il s'imaginait des pâturages remplis de grosses vaches blanches et noires. Ils ne croisèrent pas un seul marcheur, ni un seul cycliste, mais quelques voitures. Les maisons n'étaient ni misérables, ni délabrées, comme il se le figurait ; c'était au contraire de vastes habitations entourées de jardins fleuris, qui respiraient la prospérité.

Ils étaient arrivés à la mi-juillet. Le soleil était sur le point de se coucher, mais le ciel était encore d'un bleu soutenu. Vivien avait obtenu de Bella des renseignements précis sur la localisation de Trapellune et, dès qu'elle identifia les premiers points de repère, l'église de Nunes juchée sur un monticule herbeux, avec ses murs de silex, son clocher carré et son étroite flèche, elle déclara qu'ils pouvaient continuer à pied. Ils marchèrent lentement, en regardant le soleil baisser et disparaître sous l'horizon bordé d'arbres noirs ; le ciel s'embrasa d'or, avant de s'adoucir dans un dégradé de roses.

Ils trouvèrent le sentier quelques centaines de mètres plus loin. Ils furent tous deux déconcertés de ne pas voir de pancarte indiquant Trapellune. Vivien devait s'attendre à un panneau de bois portant une inscription gravée à la main, ornée de fleurs ou de glands. Ils ne pouvaient pas s'être trompés. Il n'y avait pas d'autre maison visible, dans quelque direction que ce fût. Ils avaient dépassé une ferme qui s'appelait le Moulin de la Noue dix minutes auparavant. A leur gauche se dressait un bois de pins touffu, d'une teinte presque noire à cette heure-ci ; les reflets du ciel rougeoyant l'éclairaient comme un incendie.

Ils s'engagèrent dans le sentier, pleins d'interrogations et d'espoirs. Au bout de quelques mètres, ils eurent l'impression de pénétrer dans un tunnel : les arbres se rejoignaient au-dessus de leurs têtes, sans toutefois dissimuler entièrement le ciel à travers leurs branches entrelacées. Le tunnel descendait en pente douce, en zigzaguant un peu au début, et se terminait par une ligne droite. C'était l'endroit le plus calme que Shiva ait jamais vu ; le silence y était si palpable, si velouté, qu'on aurait pu se croire frappé de surdité. Et les insectes pullulaient, des moucherons, des papillons de nuit et des bestioles aux ailes transparentes qui tournoyaient lentement. Une fine poussière s'infiltrait dans l'air et sous les pieds, et il régnait une odeur douceâtre de pourrissement. Rien qui corresponde à l'idée que Shiva se faisait de l'Angleterre. Vivien n'avait pas prononcé un mot depuis quelques minutes, et leurs pas s'enfonçaient sans bruit dans le sentier sablonneux, recouvert d'un gazon desséché.

Les arbres s'écartèrent. Pendant un bref instant, Shiva eut le sentiment absurde qu'ils s'étaient rangés pour lui révéler la maison. Elle baignait dans les dernières lueurs du couchant, et ses vitres étincelaient comme des feuilles d'or. Shiva croyait voir un château ancien et solennel, appartenant à un monde inconnu. La brise du crépuscule, ce petit vent qui se levait toujours en fin de journée, s'agita dans les buissons. Elle effleura le sommet des arbres et les parterres duveteux, froissant les feuilles de son invisible main.

C'était par une douce Némésis que Shiva se sentait poursuivi : elle approchait lentement, d'un pas léger, mais aussi sûrement que la brise crépusculaire. Il ignorait si sa patiente résignation lui venait de Vivien ou de ses lointains ancêtres. Quoi qu'il en soit, il n'essayait pas d'avoir un aperçu exact de la situation ; il ne savait pas où en était l'enquête. Il aurait aimé qu'Adam ou Rufus prenne contact avec lui. Leur indifférence lui causait une souffrance dont il se croyait guéri depuis longtemps. Il avait pourtant un motif de satisfaction et de soulagement : il n'avait rien caché à Lili. S'il avait pu mentir à ses parents et à sa grand-mère quand c'était la solution la plus pratique, il n'en allait pas de même avec sa femme. Son père était mort quatre ans auparavant, mais sa grand-mère était toujours vivante ; les deux veuves partageaient désormais la maison de Southall. Dilip Manjusri avait été profondément affecté lorsque son fils avait renoncé à ses études de médecine ; si profondément qu'il n'avait même pas réagi quand ce dernier avait également abandonné la pharmacologie. Il est vrai que Shiva avait été gravement malade à cette époque. Il avait eu une véritable dépression nerveuse qui avait compromis sa santé physique. C'était un phénomène qui, bizarrement, n'était pas mentionné dans les romans : les personnages qui avaient causé la mort de quelqu'un semblaient s'en remettre immédiatement, sans subir la moindre transformation ; leur seule crainte était d'être découverts. La réalité était très différente, songeait Shiva. Lili l'avait compris, et l'attachement qu'il lui portait provenait, entre autres, de cette compréhension. C'était ce qu'il appelait son amour pour elle.

La pharmacie fermait tôt le mercredi. Shiva prit un autobus qui l'amena en haut de la Cinquième Avenue, puis il longea le trottoir, en suivant le chapelet des voitures en stationnement. Le pub et l'épicerie avaient leurs rideaux baissés. Il y avait eu de la bagarre dans le coin pendant le week-end. Le garçon du *Boxer* avait refusé de servir un homme qui était saoul. Il se trouvait que l'homme était jamaïquain ; comme c'était prévisible, la bagarre avait dégénéré en émeute lorsqu'il avait accusé le serveur de racisme. Beaucoup de vitrines avaient été brisées, et quand la police était arrivée, il y avait une voiture retournée. Lili et Shiva avaient entendu le bruit de chez eux, pendant qu'ils regardaient la télévision. Lili s'était affolée. Les sirènes de police semblaient avoir ramené le calme, mais c'était une illusion.

Son père aurait été horrifié par ce qui se passait. Il avait aimé l'Angleterre avec la vénération naïve de l'immigré qui a réussi ; il avait trouvé en elle la terre de lait et de miel dont tant de ses compatriotes lui avaient dit qu'elle n'existait pas. A maints égards, il avait eu la chance de mourir au bon moment. Les émeutes avaient commencé de son vivant, mais il était déjà trop malade pour s'en rendre compte. Londres était aussi plus propre à l'époque, croyait Shiva, il n'y avait pas autant de détritus dans les rues, ni de boîtes qui traînaient dans le caniveau — ces boîtes qui paraissaient destinées à rebondir sur les trottoirs à coups de pied et qui scandaient la vie nocturne de leurs cliquetis vides.

Est-ce qu'on vendait plus de marchandises empaquetées qu'il y a dix ans ? Est-ce qu'on mangeait plus souvent dans la rue ? Ou bien les enfants étaient-ils davantage livrés à eux-mêmes ? Un souvenir lui revint brusquement ; la voix traînante de Rufus Fletcher, avec ses intonations bourgeoises, résonna presque à son oreille.

« De nos jours, il est plus facile de fracturer une porte que d'ouvrir un paquet de biscuits. »

C'était dans la cuisine de Trapellune ; Vivien en robe bleue, tenant un grand bol de fraises contre sa poitrine ; Rufus presque nu, vêtu d'un short déchiré, en train de s'acharner sur la Cellophane d'un paquet de biscuits fourrés avec une paire de ciseaux. L'enveloppe dure et transparente se fendit avec un bruit de détonation, et les biscuits s'émiettèrent sur le carrelage.

Zosie se baissa pour en ramasser un morceau qu'elle mit immédiatement dans sa bouche, et quelqu'un — était-ce Adam ou Rufus ? — dit :

« Zosie est exactement de la même couleur que ces biscuits, unie, mate et légèrement dorée. »

Shiva n'avait jamais été aussi conscient de la couleur de sa peau qu'à Trapellune. Sinon maintenant, peut-être. Il aurait dû ajouter :

« Et moi, je suis pain d'épice. »

Lili travaillait toute la journée le mercredi, et elle n'avait qu'une heure pour déjeuner. Mais elle tenait à venir préparer le repas de son mari, en bonne épouse indienne. Elle portait le kamiz et le salwar, et couvrait son cou et ses épaules d'un dupatta qui était presque du même bleu que la robe de Vivien. Il était consterné de la voir s'habiller ainsi ; il en éprouvait une grande gêne. Les ancêtres de Lili n'étaient pas du Penjab — pourquoi avait-elle adopté le costume des femmes penjabi ? Pour être non pas *une* Indienne, mais l'Inde tout entière, il connaissait sa position. Leurs idées étaient diamétralement opposées dans ce domaine. Il pensait que l'assimilation était la seule solution. Est-ce que tous ces juifs européens seraient morts s'ils s'étaient assimilés, si la Diaspora ne s'était pas isolée du reste de la société ? L'idéal de Shiva, c'était un monde tel que le décrivait une chanson de son enfance, où toutes les races se fondraient dans le même creuset. Peu lui importait qu'on y perde ses particularités, et que disparaissent les kamizes et les saris, les fêtes et les phylactères, les langues et les traditions. Il les sacrifiait volontiers si les chambres à gaz et les voitures incendiées disparaissaient par la même occasion.

« J'irai directement à mon cours de bengali après le travail, dit Lili.

— Je sais. Je viendrai à ta rencontre.

— Mais pourquoi ? Ce n'est pas la peine.

— Je viendrai te chercher », dit Shiva.

Adam fut accueilli par deux bruits aussi angoissants l'un que l'autre lorsqu'il ouvrit la serrure : les pleurs d'Abigail et la sonnerie du téléphone. Les pleurs venaient du salon dont la porte était entrouverte, sur sa gauche ; la sonnerie provenait de la table sur laquelle était posé le téléphone, au bas de l'escalier, droit devant lui. Adam se dirigea instinctivement vers le téléphone et décrocha le récepteur. Avant même d'ouvrir la bouche pour dire allô, il eut un serrement de cœur : il avait commencé par décrocher ; Abigail était passée au second plan.

C'était la police.

Anne dévala les escaliers et se précipita dans le salon. L'inspecteur Machin-Chose annonçait à Adam qu'il désirait avoir un entretien avec lui pour tirer au clair certaines questions. Les cris d'Abigail cessèrent tout d'un coup.

« Quelles questions ? demanda Adam, parce qu'il savait qu'un innocent ne dirait pas autre chose.

— Je vous expliquerai tout cela quand nous nous verrons, monsieur Verne-Smith. »

Adam lui demanda quand il voulait venir.

« Le plus tôt sera le mieux, n'est-ce pas ? Disons dans une demi-heure.

— D'accord. »

Anne sortait du salon avec Abigail dans les bras. Adam embrassa son enfant et la prit à son tour. On aurait dit qu'elle n'avait jamais pleuré de sa vie, qu'elle ne savait même pas ce que c'était. Elle avait un sourire angélique et radieux ; sa joue était fraîche, satinée et dodue comme une prune qu'on vient de cueillir.

« Mon Dieu, dit Adam, je suis rentré à la maison, j'ai entendu le téléphone sonner, j'ai entendu ma fille pleurer, et je suis allé répondre au téléphone d'abord. Quel père indigne je fais ! »

Si Anne avait compris qu'il essayait de se confier à elle, de lui livrer une partie de lui-même, ils auraient pu commencer à établir une véritable communication entre eux. Mais elle ne vit dans cette explosion de paroles qu'un symptôme supplémentaire de son égocentrisme névrotique, et elle en fut exaspérée.

« Mais ce n'était rien du tout. Elle était simplement contrariée de ne pas pouvoir attraper son ours en peluche, qu'elle venait de jeter par terre. »

Adam haussa les épaules, il tenait Abigail serrée contre lui. Et si on l'emmenait tout à l'heure, s'il passait dix ans sans voir sa fille ? C'était une supposition absurde, bien entendu. Ça ne pouvait être qu'une supposition absurde. Il en devenait malade d'inquiétude. En fait, il était terriblement fatigué. C'est épuisant de pénétrer dans une région de sa mémoire qu'on a soigneusement enfouie sous dix années de silence. Il était exténué par ses propres souvenirs qui resurgissaient obstinément. Si seulement il pouvait boire, si seulement l'alcool pouvait l'aider.

« Tu pourrais m'apporter un petit whisky avec de l'eau ? »

Anne le regarda avec étonnement.

« Avec beaucoup d'eau, s'excusa-t-il. Je ne peux pas le faire moi-même sans la poser. »

Il s'assit dans un fauteuil avec Abigail sur ses genoux. Il enleva sa montre pour la coller à son oreille, et il se souvint alors — parce que son visage n'exprimait rien — que c'était une nouvelle montre à quartz qu'il portait. Il lui tendit un bibelot à la place, un petit chat en porcelaine qui était sur le manteau de la cheminée. Abigail mit sa tête dans sa bouche. Adam se sentait malade d'amour pour elle ; c'était douloureux comme une extraction au forceps. Il sut alors, sans l'ombre d'un doute, qu'il n'avait jamais aimé personne auparavant. Même pas Zosie.

Anne lui apporta son whisky. Elle retira le bibelot à Abigail et lui donna un hochet qui venait d'être lavé et qui sentait le produit avec lequel on désinfectait son biberon. Adam dit :

« La police veut me parler. Un inspecteur va venir. C'est à propos de la maison que mon grand-oncle m'a laissée.

— Quand ça ?

— Quand quoi ?

— Quand veut-il venir te voir ?

— Maintenant. » Il regarda sa montre silencieuse. « Dans vingt minutes à peu près.

— Je vois. De quoi s'agit-il, Adam ? Tu ne vas pas avoir d'ennuis, j'espère ? »

Il se sentait parfois incroyablement loin d'elle. Elle n'était même pas l'intermédiaire nécessaire à la création d'Abigail. Pis encore, il avait l'impression de ne pas la connaître ; ce n'était qu'une femme qui passait. Pour faire la quête, ou pour une campagne électorale. Il ne l'avait jamais rencontrée, c'était une étrangère dont le visage ne lui disait rien. Un visage qui ne l'attirait pas, qu'il ne chérissait pas, que jamais il n'aurait songé à embrasser.

« Je n'ai pas grand-chose à lui dire. Ce n'est pas comme si j'y avais habité. Enfin, j'y ai passé quinze jours avant de partir en Grèce.

— Mais tu avais demandé à quelqu'un de s'en occuper, non ?

— En fait, non. C'est ce que j'ai dit à mon père à l'époque pour qu'il cesse de me rabâcher que je laissais tomber la maison en ruine. Comment aurais-je fait pour payer quelqu'un ? J'étais complètement fauché. J'ai été obligé de vendre une partie des meubles de Hilbert pour aller en Grèce.

— Ce sont les restes d'une jeune femme et d'un bébé qu'ils ont trouvés.

— Je sais », dit Adam, qui ferma les yeux en enlaçant le corps robuste et potelé d'Abigail.

Ces deux filles qu'ils avaient amenées à Trapellune pour la nuit, la serveuse et son amie, est-ce qu'elles iraient à la police ? Sûrement pas. L'une des deux était mariée ; son mari était en voyage de commerce. Une soirée de beuverie qui s'était terminée par des coucheries, c'était le genre de souvenir qu'on préférait oublier dans ces cas-là. Ils avaient dû les rencontrer à la fin du mois de juin, le 29 ou le 30 — un mercredi, il en était certain. Et quelques jours plus tard, à la fin de la semaine, Zosie était arrivée, précédant de peu Vivien et son Indien. Il dirait à la police qu'il avait quitté Wyvis Hall pendant la première semaine de juillet ; et si par extraordinaire les deux filles avaient parlé, cela ne paraîtrait pas suspect.

L'Indien ne chercherait pas à entrer en contact avec la police. Peut-être n'habitait-il même plus dans le pays. Peut-être partait-il travailler à l'étranger lorsque Adam l'avait croisé. Il se souvenait encore de la légère irritation qu'il avait éprouvée en voyant l'Indien faire le tour de la maison avec Vivien ; Shiva s'était arrêté sur la pelouse, près du mur de la terrasse (entre Zeus avec Danaé et Zeus avec Europe), il avait levé les yeux vers eux, et il avait regardé les bouteilles de vin qui traînaient.

Adam n'avait jamais adressé la parole à un Indien auparavant. Ce n'était bien sûr pas tout à fait exact : il avait échangé quelques mots avec des employés indiens à la poste, dans des supermarchés ou dans le métro, mais il n'avait jamais fait la connaissance d'un Indien. A l'Université, il n'avait pas non plus eu l'occasion de discuter avec eux : ils étaient peu nombreux et, de toute façon, ils restaient entre eux. Celui-ci avait l'air d'être — il n'y avait pas de mot approprié à l'époque — ce que Hilbert aurait appelé un rabat-joie ou un trouble-fête.

Adam perçut immédiatement sa désapprobation devant l'aspect désordonné de la terrasse, l'atmosphère d'indolence, voire de débauche, qui s'en dégageait. En revanche, la fille paraissait souriante et amicale. Elle grimpa tout de suite les marches et accepta le verre de vin que Rufus lui offrit.

Avaient-ils beaucoup parlé à l'Indien ce soir-là ? Adam était déjà ivre — par conséquent fatigué et apathique. Et Rufus était égal à lui-même, vif et alerte, simple et direct en apparence. Il avait soupesé Vivien du regard, cherchant à deviner la nature exacte des relations qui l'unissaient à Shiva. Adam n'avait pas eu le moindre doute là-dessus, et il n'avait même pas pris la peine de leur demander s'ils voulaient deux chambres séparées. Il les avait directement menés à la chambre de Hilbert, celle du tableau à l'enfant mort.

Le lendemain, Shiva lui avait demandé si c'était à cause de son grand-oncle qu'il avait baptisé cette pièce la Chambre au Lit de mort. Shiva avait un sens très aigu de la famille. Adam savait que Hilbert était mort sur le palier de la porte, en haut de l'escalier de service. C'était ensuite qu'on avait dû transporter le corps dans la chambre, en attendant l'arrivée des pompes funèbres. Quoi qu'il en soit, ils avaient tous fini par croire que c'était la chambre mortuaire de Hilbert ; cela faisait partie du folklore de Trapellune.

Zosie prétendait parfois qu'elle voyait le fantôme de Hilbert, accompagné d'une ombre de chien sur ses talons. La description qu'elle faisait de Hilbert était étonnamment ressemblante : un petit homme maigre et grisonnant à la face ronde, portant des verres à double foyer cerclés d'or. Elle avait certainement regardé l'album de photographies dans le bureau. Et il semblait à Adam qu'elle n'avait pas mentionné le petit chien avant que Shiva ne découvre le cimetière d'animaux dans le bois de pins, avec la tombe de Blaze...

L'odeur du whisky le fit légèrement frissonner. Il en avala une gorgée et, lorsqu'il reposa le verre, il entendit le bruit d'un moteur qu'on coupait. La police était arrivée. Il fit signe à Anne de ne pas bouger et il alla leur ouvrir la porte lui-même, en tenant Abigail dans ses bras. Comme si la vue d'un père avec son enfant pouvait attendrir leur cœur de pierre.

X

Mrs. Harding, la patiente de Rufus, avait une fille qui se droguait. Elle venait pour son frottis annuel, et pour lui raconter la dernière de Marylin. Il y avait déjà eu l'overdose de méthadone qu'elle avait prise en croyant se désintoxiquer plus vite de l'héroïne. Cette fois-ci, malgré une amélioration fragile de son état, Marylin craignait d'avoir contracté le SIDA. Rufus fuma une cigarette en compagnie de Mrs. Harding, et lui conseilla vivement de faire faire un test à sa fille.

Pendant qu'il compatissait à ses malheurs, il se demanda comment elle réagirait si elle connaissait son propre passé dans ce domaine. Il ne touchait plus à rien depuis longtemps. Il n'avait pris ni cannabis, ni haschich, ni acide — il n'avait jamais essayé l'héroïne — depuis Trapellune. Il avait beau avoir un penchant pour toutes les drogues, il savait s'arrêter. Rufus s'arrêtait très précisément à sa ration de cigarettes et au demi-verre de vodka caché derrière le rideau. Il se leva pour raccompagner Mrs. Harding qui le remercia chaleureusement, c'était merveilleux de pouvoir *parler un peu*...

Il se fournissait chez un dealer américain qui était venu en Angleterre pour échapper à la conscription à l'époque de la guerre du Viêt-nam, et qui habitait à Notting Hill. Rufus avait voulu faire des réserves pendant qu'ils avaient encore de l'argent. Pour s'en procurer, Adam avait vendu des assiettes, un miroir, et, à l'instigation de Rufus, un service de couverts à fruits en argent. Qui mangeait des fruits avec un couteau et une fourchette de nos jours ? L'antiquaire était apparemment du même avis, ce qui expliquait pourquoi ils n'en avaient pas tiré grand-chose en fin de compte. Ils avaient utilisé cet argent pour aller s'approvisionner à Notting Hill ; Rufus avait quitté Nunes dans Bidugrame à l'heure du déjeuner — était-ce le 1er ou le 2 juillet ?

Il était arrivé à Notting Hill tard dans l'après-midi, et il avait passé des heures qui semblaient interminables dans un pub, le « Sun in Splendour ». Il avait fini par aller chez Chuck, qui habitait un appartement en sous-sol à Arundel Gardens. Chuck était mécontent de le voir ; il avait oublié leur arrangement et il ne cessait de se plaindre de ces gens qui défilaient à sa porte à toute heure du jour ou de la nuit. Ça faisait vraiment très mauvais effet, disait-il, mais Rufus s'en fichait éperdument. Il prit sa colombienne et son *charas*, plus cinquante capsules d'amytal de sodium pour faire bonne mesure, et repartit pour Nunes.

S'il lui était resté un peu d'argent, et pas seulement de quoi payer son essence et ses cigarettes, Rufus aurait trouvé quelque chose d'intéressant à faire à Londres ce soir-là. Il y avait repensé plusieurs fois depuis : s'il avait eu vingt livres en poche, au lieu de deux livres et demie, toute leur vie aurait été changée. Car s'il avait quitté Londres à onze heures, au lieu de sept heures et demie, Zosie n'aurait pas été en train de faire du stop à la gare de Colchester pour aller à Nunes.

« Une grosse brute de chauffeur de camion t'aurait ramassée, lui dit-il deux jours plus tard, et il t'aurait peut-être violée et assassinée avant de jeter ton corps dans un fossé.

— Tu m'as bien violée, toi, dit Zosie.

— Je t'ai *quoi* ?

— Je ne l'ai fait que pour avoir un lit où dormir la nuit. J'ai acheté mon *droit d'asile* ; c'est ça, le viol. »

Par principe, Rufus ne s'appesantissait pas sur les remarques qui portaient atteinte à son narcissisme. Il préféra se rappeler la façon dont elle avait choisi, d'entrée de jeu, Nunes pour destination. On a son foyer là où on va, dit-on, et personne n'a le droit de vous refuser sa porte.

Elle avait l'air d'avoir douze ans jusqu'à ce qu'on la voie de près. A la lumière verdâtre du réverbère, malgré l'obscurité, on se rendait bien compte qu'elle était plus vieille que ça. Ses cheveux lui faisaient une toque de satin fauve sur la tête. Ce n'était pas lui qui l'avait dit, c'était Adam, le forgeur de mots. Elle avait l'éternel visage des fées dans les livres pour enfants. C'était encore Adam qui avait dit ça. Rufus ne vit qu'une fille petite et svelte, joliment faite, en jeans et en tee-shirt, avec un sac à dos qui ne semblait pas contenir grand-chose. Et qui regardait devant elle avec de grands yeux désespérés.

Il s'arrêta à quelques mètres d'elle.

« Tu vas où ?

— N'importe où.

— Tu n'as pas une meilleure idée ? »

Elle hésita une fraction de seconde : « A Nunes.

— Bizarre, bizarre, et quelle coïncidence ! Il se trouve que c'est là que je vais. »

En toute franchise, il s'était arrêté uniquement parce qu'il pensait pouvoir coucher avec elle. Il n'avait pas fait l'amour depuis le départ de Mary Gage (l'intermède de la serveuse n'ayant à peu près rien donné, parce qu'il était beaucoup trop saoul). A première vue, la fille n'était pas particulièrement attirante. C'était une caractéristique de Zosie. Son charme ne se faisait sentir que peu à peu, et vous prenait un beau jour à la gorge. Elle avait l'air incroyablement jeune.

« Je peux prendre une cigarette ?

— Je n'en ai que six.

— Tu pourrais en acheter au pub.

— Oui, à condition d'avoir de l'argent. Je viens de prendre cinq litres d'essence. C'était ça ou une nuit à fumer sur le bas-côté de la route. Tu as de l'argent ?

— Bien sûr que non. »

Il lui aurait demandé si elle avait un manteau de vison dans son sac à dos qu'elle n'aurait pas été plus étonnée, d'un étonnemnet *morne*, presque désabusé.

« Tu t'appelles comment ?

— Zosie.

— Zoé ?

— Pas Zoé et pas Sophie. *Zosie*. Et toi ?

— Rufus.

— Ouah ouah », fit Zosie.

Il lui donna une cigarette et il en prit une. Il gara Bidugrame à l'entrée d'un chemin qui menait à Boxted et ils fumèrent leurs cigarettes ; il se souvint alors du paquet de marijuana qui était dans le vide-poche et ouvrit une des quatre cigarettes restantes pour rouler un joint. Tout en fumant, ils se rapprochèrent l'un de l'autre, effleurant leurs visages et leurs lèvres du bout des doigts, échangeant des caresses, jusqu'à ce qu'il soit temps de grimper à l'arrière du break...

Les préalables avaient été réduits à leur plus simple expression ; l'étreinte avait été presque immédiate, sans plus d'efforts qu'entre mari et femme, pensa Rufus. Il ne se demanda pas si elle en avait eu envie, ni si elle avait eu du plaisir. Elle avait fait les bruits et les mouvements qu'il fallait, et le masque aveugle et sauvage qu'il avait brièvement aperçu semblait assez éloquent.

Ils reprirent place à l'avant ; Rufus conduisait en lui caressant le genou, d'un geste vaguement affectueux. Il lui demanda où elle allait à Nunes.

« Et *toi*, où tu vas ?

— Chez mon ami. Tu connais peut-être ? Wyvis Hall. C'est une assez belle maison géorgienne, avec beaucoup de terrain.

— Je ne suis jamais allée à Nunes. Ton ami... il est chez ses parents ?

— Non, c'est chez lui. La maison lui appartient. Il n'y a que lui et moi là-bas.

— Rufus », elle avait une toute petite voix, très jeune, « est-ce que je peux venir avec toi ? Pas longtemps. Juste pour la nuit ?

— Pourquoi pas », dit Rufus. Puis il ajouta : « Tu avais l'intention d'aller où ? »

Elle resta silencieuse pendant quelques instants.

« Tu n'as pas besoin de me le dire. C'est ton affaire.

— Je ne savais pas où aller. J'attendais qu'il se passe quelque chose.

— Tu n'as vraiment pas d'argent ?

— Qu'est-ce que tu veux que je fasse ? répliqua-t-elle avec emportement. Il faut peut-être que je te paye ?

— O.K., excuse-moi. Je me demandais comment tu comptais faire pour voyager sans un rond. C'est tout.

— J'ai 50 pence. » Elle fouilla dans son sac à dos pour en sortir quelques pièces de monnaie. Le sac était à moitié vide. Il contenait un tricot gris, une ceinture à clous en cuir noir, un numéro de *Honey* et une demi-tablette de chocolat. Zosie mit le tricot sur ses épaules et se recroquevilla. « Je serais rentrée chez moi », dit-elle.

Voyant qu'elle n'aimait pas à être questionnée, il s'abstint de lui demander où elle habitait. Ils étaient sur la route qui menait à l'embranchement vers Nunes, par l'église et la place du village. Elle était penchée à la fenêtre et regardait fixement les grands espaces noirs et le clair de lune. Il remarqua qu'elle tremblait malgré la chaleur.

« Ça va ?

— Je suis fatiguée. Bon Dieu, que je suis crevée. »

Elle se renversa sur le siège et ferma les yeux. Il dépassa le Moulin de la Noue, qui était plongé dans une obscurité complète, et s'engagea dans la trouée. Elle s'éveilla en gémissant comme un enfant quand il coupa le moteur.

« On est arrivés », dit Rufus.

Elle se leva en s'étirant et en se frottant les yeux.

« Donne-moi ça », dit Rufus en lui prenant le sac à dos des mains.

Dans un gigantesque bâillement, elle leva les yeux vers Wyvis Hall et vit le porche à colonnes ; dans la lueur jaune de la salle à manger se découpaient le lustre et la table ovale en acajou.

« C'est à ton ami, tout ça ? Rien qu'à lui, je veux dire ?

— Oui.

— Quel âge a-t-il ?

— Dix-neuf ans.

— Eh bien », dit Zosie.

Elle voulait savoir si elle pouvait aller se coucher tout de suite. Ils étaient déjà dans la maison lorsque Adam rentra de la terrasse. Sa réaction était difficile à interpréter. Adam observait la nouvelle arrivante de la tête aux pieds ; à vrai dire, il était incapable de détacher son regard de Zosie. C'était différent de l'autre fois, quand ils avaient ramené la serveuse et son amie mariée de Sudbury. Adam lui dit :

« Je vais te montrer ta chambre. »

Rufus n'éleva aucune objection. Il avait décidé d'ouvrir une bouteille de vin. Il entendait leurs pas au-dessus de lui, ce qui signifiait qu'Adam l'avait accompagnée dans sa chambre à lui, la Chambre au Centaure, et c'était tout ce qui lui importait. Il se mit sur la terrasse avec son verre à la main, contemplant les eaux du lac où se reflétait le disque de marbre de la lune. Ils avaient fini les cigarettes, Zosie et lui, et il n'avait jamais aimé la perspective d'une nuit sans rien à fumer...

Il ferma les yeux, en serrant très fort les paupières, et les rouvrit pour regarder le paquet de Player's qui était sur son bureau. Le paquet disparut dans le tiroir du haut lorsque la secrétaire annonça la cliente suivante.

Quand Adam rentra à Londres, après leur départ définitif de Trapellune, il eut envie de mourir pour la première fois de sa vie. Il éprouva également le besoin qu'on attribue d'ordinaire aux animaux malades, celui d'aller se terrer dans un trou à l'écart du troupeau. Et il avait espéré qu'après avoir quitté Rufus sur un adieu ridiculement théâtral — Cassius prenant congé de Brutus ! — il aurait au moins la possibilité de se glisser discrètement dans sa chambre et d'être seul. Mais cette chance lui fut refusée.

Son père était dans le jardin avec un sécateur à la main. Quand il aperçut Adam, il ne lui dit pas bonjour ; il parla d'une façon qu'Adam trouva bien étrange pour un père qui n'avait pas vu son fils depuis près de trois mois.

« Un après-midi, voilà tout ce qu'il me faut pour entretenir convenablement mon jardin. Ce serait différent si j'avais quelques hectares de terrain, enfin un jardin digne de ce nom. »

Adam ne répondit rien ; il se sentait désespéré et complètement désemparé.

Lewis Verne-Smith dit : « C'est le sac de golf de mon vieil oncle que tu as là. » Il sembla se rappeler que le sac appartenait désormais, si injuste que ce fût, à son fils Adam. « Tu peux imaginer comme il en prenait soin. Il tenait beaucoup à ce genre de chose. Je ne pense pas que tu puisses comprendre ça. Ce n'est qu'un vieux sac de golf pour toi, bon à jeter n'importe où.

— Je ne vais le jeter nulle part », dit Adam.

Il contourna la maison pour se diriger vers la porte de la cuisine, tandis que son père marchait sur ses talons. Il commençait à penser que Lewis était devenu un peu fou. La perte de Wyvis Hall et le ressassement qui s'était ensuivi lui avaient dérangé l'esprit.

« Alors tu es allé en Grèce, dit-il.

— Hum hum.

— C'est tout ce que tu as à dire ?

— Que veux-tu que je te dise ?

— Si j'avais eu la chance inouïe de passer dix semaines de vacances en Grèce à ton âge, j'aurais un peu plus de choses à raconter que "hum hum", je peux te le dire. »

Ils étaient entrés dans la cuisine. Ni sa mère ni Bridget n'étaient là.

« Je ne crois pas que tu te sois préoccupé de ton patrimoine pendant tout ce temps-là. Il aurait pu être réduit en cendres, il n'en reste peut-être pas une pierre, et tu t'en soucies comme d'une guigne. » Son père s'était mis dans une rage folle. « Tu es complètement irresponsable. Personne ne savait où tu étais, personne n'aurait pu te joindre. On pouvait tous crever, ta propriété pouvait être mise à feu et à sang, et que faisait Monsieur ? Il musardait en mer Égée. »

Adam monta dans sa chambre avec ses affaires et ferma sa porte à clef. Il était maintenant bien content d'avoir laissé croire à son père qu'il venait de rentrer de Grèce. Un peu plus tard, Lewis avait commenté son bronzage en termes acerbes, en multipliant les allusions au *farniente* et aux lotophages. Mais ce qui avait frappé l'esprit d'Adam, c'était la première expression de son père : « musarder en mer Égée ». Lorsqu'il s'était assis sur son lit, il avait eu la vision d'une mer bleu foncé, parsemée de petites îles vertes brillant dans la netteté de l'azur ; un attelage de cygnes harnachés d'or tirait une nacelle enchantée dans laquelle il trônait, vêtu d'une toge blanche comme un héros de l'Antiquité, la main traînant paresseusement dans l'eau.

La vision était si belle, et la réalité si atroce, qu'il avait éclaté en sanglots, plein de honte et d'horreur. Il avait fourré les draps dans sa bouche pour étouffer le bruit, au cas où son père aurait écouté à la porte. Il n'avait pas pleuré depuis longtemps. Au bout de quelque temps, il s'était levé pour défaire son sac, et il en avait sorti le fusil de chasse, le calibre 12. Il avait enveloppé sa main gauche d'un tee-shirt sale, puis il avait empoigné le fusil qu'il avait essuyé de la main droite, avec une vieille chaussette. Le sac de golf, il l'avait rangé sous son lit ; le fusil était à l'intérieur.

N'avait-il pas eu peur que son père vienne fureter dans ses affaires ? Adam avait pour règle de fermer sa chambre à clef ; mais il est difficile de respecter ce genre de règle en permanence, et il l'oubliait souvent. Quoi qu'il en soit, si son père avait trouvé le fusil, il n'en avait jamais rien dit, et l'arme n'avait pas changé de place. Adam la laissa au même endroit lorsqu'il retourna à la faculté un mois plus tard, et elle y resta encore un an, jusqu'au moment où il emménagea dans une maison qu'il avait achetée grâce à la vente de Trapellune.

Le fusil n'était plus dans le sac de golf, mais dans le placard de la chambre d'ami, au premier étage. Adam n'avait pas de permis. Malgré sa nervosité, il n'était pas gagné par la panique ; il n'en était pas à imaginer que la police allait perquisitionner chez lui lors d'une première visite. Les deux hommes avaient une attitude impersonnelle à son égard — impersonnelle et incrédule. En réalité, incrédule n'était pas le terme exact : ils ne manifestaient ni étonnement ni scepticisme. Ils se conduisaient plutôt comme s'ils avaient coutume de rejeter systématiquement les protestations d'innocence, sans jamais remettre en question les aveux. Et en même temps, les choses ne semblaient pas aussi tranchées. Adam avait également l'impression qu'ils se livraient à un travail de pure routine qui les ennuyait, mais qu'il fallait mener jusqu'à son terme. Au lieu de le rassurer, ce constat l'inquiétait d'autant plus : il sentait que les questions importantes étaient remises à plus tard, qu'ils attendaient d'avoir soigneusement étudié son comportement et ses réponses pour les lui poser. Ce serait alors un entretien d'une nature très différente qu'il aurait à subir.

L'inspecteur s'appelait Winder, et l'enquêteur Stretton ; le premier était un peu plus âgé que lui et le second légèrement plus jeune. Ils ressemblaient à ses voisins ou à ses collègues de travail. Il leur offrit un verre, mais ils refusèrent. Ils saluèrent poliment Anne, mais ils ignorèrent complètement Abigail, ce qui troubla quelque peu Adam. Bien qu'Anne fût allée mettre sa fille au lit immédiatement après leur arrivée, Adam avait été surpris qu'ils ne lui disent pas bonsoir et qu'ils ne fassent ensuite aucun commentaire sur le bébé.

Winder commença par lui demander s'il avait vécu à Wyvis Hall ; Adam répondit qu'il y avait non pas *vécu*, mais séjourné brièvement afin de faire l'inventaire de la propriété. Il était à court d'argent à l'époque, et il avait malheureusement vendu quelques bibelots, voire quelques meubles.

« C'était à vous, n'est-ce pas ? dit Winder de sa voix neutre et forte.

— Oui. J'avais le droit de vendre ce que je voulais.

— Combien de temps y avez-vous habité, Mr. Verne-Smith ?

— Combien de temps j'y suis resté ? Une semaine ou deux. Je ne me souviens pas exactement. »

Adam s'attendait à ce qu'on lui demandât s'il avait reçu des amis là-bas, mais il n'en fut rien. Aucun des deux hommes ne prenait de notes, ce qui lui donna un peu d'assurance. Il n'aimait pas le ton impersonnel et dégagé de l'inspecteur Winder, qui parlait presque comme un automate, mais il pensa que c'était peut-être naturel chez lui, qu'il s'adressait ainsi à tout le monde, y compris à sa femme et à ses enfants.

« Et par la suite, après ce séjour d'une semaine ou deux, vous y êtes retourné ?

— Pas pour y habiter, dit Adam.

— Mais vous n'y avez jamais habité, dites-vous. Avez-vous repassé quelques jours là-bas ?

— Non.

— Vous avez mis Wyvis Hall en vente, c'est bien ça ? Votre père nous a dit que vous l'aviez mis en vente en automne 1976, et que vous aviez changé d'avis au printemps parce que vous n'aviez reçu aucune proposition acceptable. Vous l'avez de nouveau confié à une agence en automne 1977, et vous l'avez finalement vendu à Mr. Langan. »

Rien de tout cela n'était consigné par écrit, mais cette fois, Adam dit la stricte vérité.

« Je ne l'ai pas mis en vente avant la fin de l'été 1977.

— Votre père s'est donc trompé ?

— Oui. » La question suivante étant assez facile à prévoir, Adam ajouta : « J'étais en dernière année d'Université. J'avais mes examens à préparer. Je ne voulais pas avoir à m'occuper de la vente à ce moment-là. Et en plus, on m'avait dit que les prix monteraient si j'attendais un peu ; c'est effectivement ce qui s'est passé. »

Ces explications parurent les satisfaire. Stretton commença à lui poser les questions qu'il redoutait, mais qu'il savait inévitables.

« Connaissiez-vous l'existence d'un endroit, à l'intérieur de votre propriété, où l'on enterrait les animaux domestiques ?

— J'allais souvent à Wyvis Hall quand j'étais petit. Je pense qu'on a dû me le montrer à cette époque.

— Vous n'en êtes pas sûr, Mr. Verne-Smith ?

— Je ne me rappelle pas. Je savais qu'il y avait un cimetière d'animaux quelque part, mais je ne me rappelle pas quand je l'ai vu pour la première fois.

— Vous n'êtes pas allé le voir en juin 1976, par exemple, ou bien lorsque vous avez mis la propriété en vente en août 1977 ?

— Je ne crois pas. Pas que je m'en souvienne.

— Vous êtes au courant, bien entendu, de la découverte qu'on a faite dans le cimetière d'animaux, il y a quinze jours ?

— Il me semble.

— Le squelette d'une jeune femme et celui d'un bébé. Le décès remonte à neuf ans au minimum, douze au maximum. C'est-à-dire probablement à dix ou onze ans. Qu'en pensez-vous ? »

Adam ne le savait pas au juste. Ou pour être plus précis, c'était une hypothèse qu'il refuserait d'admettre d'un point de vue abstrait, et qu'un tribunal n'adopterait pas non plus à son avis. Par ailleurs, il savait très bien à quand le décès remontait — à dix ans et deux mois.

« La jeune femme est morte de mort violente. L'enfant aussi, probablement. On peut envisager la possibilité du suicide dans le cas de la femme, mais elle n'a sûrement pas creusé sa propre tombe après avoir mis fin à ses jours. Elle ne s'est pas enterrée toute seule. »

Adam hocha la tête. C'était le moment de placer un sourire triste, mais il en était incapable. Winder avait dit « mettre fin à ses jours », pas « se tirer une balle dans la tête » ; par conséquent, ils ignoraient qu'un fusil avait été utilisé — rien ne les avait mis sur la piste du calibre 12 à répétition. Ils n'avaient sans doute pas non plus trouvé le fusil des dames, enterré dans le Petit Bois. Il avait cru que quand on tirait sur une cible (et jusque-là il n'avait tué que quelques oiseaux), la victime chancelait, tombait et mourait. Comme au cinéma. Il n'avait pas prévu les flots de sang qui jaillissaient lorsque les balles touchaient les artères et les vaisseaux. C'était ce qui était arrivé. C'était aussi ce qui avait dû arriver au saint Sébastien de la Chambre à la Pelote d'épingles ; les flèches avaient fait couler des jets de sang, elles n'avaient pas simplement pénétré dans une chair passive, comme des aiguilles d'acupuncture...

Il lui fallut un effort pour ne pas prendre sa tête dans ses mains.

« C'était à quel moment, votre séjour là-bas en été 1976 ?

— A partir de la semaine du 18 juin, à peu près.

— Vous n'auriez pas aperçu une jeune femme dans les environs, par hasard ? Avec un bébé dans un landau ? Une femme aurait pu venir se promener avec un enfant sur le chemin qui mène à la propriété.

— C'est une allée privée.

— Oui, certes. Mr. Verne-Smith, mais les gens du village l'empruntent de temps à autre. C'est une règle qu'on honore plus en l'enfreignant qu'en la respectant, vous ne trouvez pas ? »

Adam acquiesça d'un signe de tête. A l'idée que des gens se soient promenés dans la trouée à son insu, il se sentait presque défaillir.

« Vous n'avez jamais vu de jeune femme dans le voisinage pendant que vous étiez à Wyvis Hall ? »

Il attendait une dénégation. « Je suis sûr que vous ne m'en voudrez pas de vous poser la question. C'était il y a longtemps. Vous n'étiez pas avec une jeune fille là-bas ?

— Absolument pas. » Adam fut stupéfait de s'entendre mentir avec une telle véhémence.

Vivien lui vint à l'esprit — évidemment. Il la vit, vêtue de sa robe bleu vif, au corsage brodé d'oiseaux et de fleurs rouges et dorées. Elle avait habité dans un squat. Londres était rempli de squatters dans les années soixante-dix.

« Il n'est pas impossible que des gens se soient installés dans la maison en mon absence. Lorsque j'y suis retourné en 1977, il y avait, disons, des traces qui indiquaient que des gens y avaient plus ou moins campé. »

Ils avaient l'air alléchés. Ils voulaient en savoir plus. Pourtant, au fur et à mesure qu'il inventait des détails, décrivant une vitre brisée dans la lingerie, des emballages de papier grignotés par les souris, quelques bibelots manquants, il se rendait compte de leur scepticisme. Ils attendaient avec intérêt sa prochaine trouvaille, déroulant patiemment la corde avec laquelle il finirait par se pendre.

C'était terminé. Ils s'en allaient. Ils ne lui avaient pas demandé où il avait passé le reste de l'été, et il n'avait pas été obligé d'inventer des vacances en Grèce, ni d'impliquer quiconque dans un alibi. Tandis qu'il s'extrayait lentement de son fauteuil, avec des gestes pesants d'arthritique, alors qu'il était encore en équilibre, les avant-bras appuyés sur le siège, Winder ajouta :

« Y a-t-il autre chose que vous aimeriez nous dire ? »

L'inspecteur avait parlé d'un ton anodin, comme s'il avait lancé sa question sans y prendre garde. Adam n'en fut pas moins dérouté ; la phrase semblait lourde de sous-entendus et de menaces.

Il répéta : « Je ne crois pas », tout en trouvant cette périphrase absurde et ridiculement timorée.

Il raccompagna Winder et Stretton jusqu'à la porte d'entrée. L'inspecteur le remercia pour sa collaboration, et il ajouta, comme si c'était un détail sans importance qu'il avait failli oublier, qu'il devrait peut-être, d'ici quelques jours, aller faire une déposition confirmant ses dires au commissariat local. Ils étaient de la police du Suffolk, mais ils travaillaient bien sûr en liaison avec la Brigade criminelle ; Adam pouvait s'adresser au département d'enquête criminelle, ou, mieux encore, demander le brigadier Fuller...

Anne était arrivée dans l'entrée et elle écoutait ce qu'ils disaient. Elle avait l'air à la fois hautaine et profondément troublée.

« Le brigadier Fuller prendra votre déposition, dit Winder. Allez-y quand vous voulez, ça n'a pas d'importance ; disons avant la fin de la semaine.

— C'est drôle, dit Stretton, retardant encore le moment du départ. Les gens s'imaginent — le grand public, je veux dire — qu'un crime qui a été commis il y a longtemps, il y a dix ans par exemple, c'est moins grave qu'un crime qui a été commis la veille. Mais ce n'est pas du tout comme ça que la police voit les choses.

— Non, dit Winder d'un air soucieux. Non, vous avez raison. Bon, allons-y. Bonsoir, Mr. Verne-Smith. »

Une fois la porte refermée, Adam n'eut plus qu'une envie : être enfin seul. Comme le jour où il était rentré chez lui avec le fusil dans son sac de golf et où il était tombé sur son père en train de jardiner. Il n'aurait pas dû se marier : le besoin de solitude est incompatible avec le mariage qui a pour but, entre autres, de vous fournir un allié.

« Qu'est-ce que c'est que cette histoire ? demanda Anne.

— Je n'ai rien à voir là-dedans. Ils pensent que des squatters se sont installés à Wyvis Hall à mon insu.

— Alors pourquoi voulaient-ils que tu fasses une déposition ? »

Adam ne répondit pas. Il chercha une fois de plus le numéro de Rufus dans l'annuaire. Si elle s'approche de moi, si elle me touche, si elle dit un mot de plus, pensait-il, je la tue. Mais cette phrase banale, qui vient spontanément aux lèvres quand on est à bout de nerfs, il n'avait désormais plus le droit de la prononcer, parce qu'il l'avait un jour prise au pied de la lettre.

Anne était en train de lire dans le fauteuil ; en fait, elle le surveillait du coin de l'œil. Adam apprit le numéro de Rufus par cœur, en se le répétant continuellement. Il fallait qu'il parle à quelqu'un qui *savait*. Il n'était plus capable de porter ce fardeau tout seul, comme il l'avait fait pendant une éternité. Pendant dix années, et surtout depuis cinq jours.

« Je crois que j'ai entendu Abigail.

— Ah bon ? Pas moi.

— Je vais monter voir. »

Le visage d'Anne s'était fermé ; il reflétait l'exaspération que provoquait chez elle l'anxiété paternelle maladive d'Adam. Adam regarda sa montre dans l'entrée : il était neuf heures cinquante-six. Un peu tard pour donner un coup de téléphone, mais il était peut-être encore temps. A dix heures, la soirée ne faisait que commencer à Trapellune, c'étaient les prémices de la nuit. Et comme des sultans, ils reposaient sur des couches moelleuses en fumant du haschich, dont les traînées âcres se mêlaient dans l'obscurité aux senteurs de la nuit d'été. Et pour jamais, adieu, Rufus. Nous reverrons-nous un jour, je l'ignore. C'est pourquoi je te dis adieu à jamais...

Il décrocha le récepteur dans sa chambre et posa l'index sur le chiffre neuf. Le numéro de Rufus commençait par le neuf-cinq-neuf. Adam savait qu'il avait une conduite hystérique, que l'entrevue avec les policiers l'avait fait basculer jusqu'au bord de la folie, mais ce n'était pas simplement qu'il voulait parler à Rufus ; il *désirait* Rufus, il aurait voulu le prendre dans ses bras et posséder son corps, se perdre en lui comme il avait autrefois rêvé de se perdre en Zosie.

Il tremblait. Il composa le numéro à toute vitesse, pour être sûr de ne pas flancher. Si c'était une femme qui répondait, il raccrocherait. Il retint sa respiration. Rufus énonça son numéro. C'était toujours le même Rufus, avec ses inflexions traînantes et dégagées.

« Adam Verne-Smith à l'appareil.

— Ah. »

Maintenant qu'il l'avait au bout du fil, il ne savait plus quoi lui dire.

« Je m'attendais à avoir de tes nouvelles, dit Rufus. Un jour ou l'autre.

— Il faut que je te parle.

— Pas maintenant. » La voix était froide et distante.

« Non, d'accord, pas maintenant. Demain ? Jeudi ? On pourrait prendre rendez-vous. » Si Anne décrochait le téléphone en bas, Adam s'en rendrait compte à l'instant même : il entendrait le déclic, il sentirait une brèche s'ouvrir sur la ligne ; mais il avait beau le savoir, il n'en craignait pas moins d'avoir été écouté. « Ne quitte pas », dit-il, et il alla se percher en haut de l'escalier, où il ne vit évidemment rien. Il fut obligé de descendre jeter un coup d'œil dans le salon pour s'assurer qu'Anne était toujours en train de lire. Elle leva les yeux et lui rendit son regard, sans un sourire. Adam retourna au téléphone.

« J'ai eu une visite de la police.

— Bon Dieu.

— Je n'ai pas parlé de toi. Ni de personne d'autre. J'ai dit que je n'avais jamais habité là-bas.

— Où est-ce que tu travailles ? dit Rufus. Où est ton bureau, ou ton magasin ?

— Près de Victoria, à Pimlico.

— Appelle-moi demain à Wimpole Street. On pourrait prendre un pot.

— D'accord. »

Ce fut Rufus qui raccrocha le premier. Adam ne s'en formalisa pas, il ne se sentait pas repoussé. Le ton de Rufus avait entièrement changé lorsqu'il avait repris le téléphone. Pendant ces trentre secondes d'intervalle, Rufus était redevenu celui qu'il avait connu, son meilleur ami, celui qui avait failli être son amant ; son partenaire dans le crime, son Cassius. Et si par miracle ils en réchappaient, se pourrait-il qu'il renoue avec Rufus ?

Adam trembla à cette idée. Il se leva du lit où il était assis et se rendit dans la chambre d'Abigail. Il resta debout à regarder le berceau, plongé dans ses pensées ; inutile d'espérer dormir cette nuit, il allait voir passer les heures une à une, les yeux grands ouverts.

C'est alors qu'il regarda vraiment le berceau, à la lumière qui filtrait depuis le palier, et qu'il vit sa fille allongée sur le ventre, complètement immobile, la tête enfouie dans le petit oreiller aplati. Il reprit son souffle, puis le retint, les yeux écarquillés. Il appuya sur le berceau. Il n'y eut pas un mouvement. Elle ne respirait pas. La silhouette fragile restait inerte. Les draps, la couverture et l'édredon ne se soulevaient pas au-dessus du petit corps rigide.

La pièce était silencieuse et chaude, comme dans l'attente d'un désastre effroyable. Adam poussa un hurlement de terreur et saisit Abigail à pleins bras. Le bébé, débordant de vie, hurla à son tour. Anne monta l'escalier en courant. La lumière fut brutalement allumée, ce qui ne fit qu'accroître le désarroi d'Abigail, secouée de sanglots, les poings enfoncés dans les yeux.

« Mais qu'est-ce que tu lui as fait, bon Dieu ? »

Adam répondit dans un souffle : « Je croyais qu'elle était morte.

— Tu es fou. Tu es malade, tu devrais voir quelqu'un. Donne-la-moi. »

Il la lui tendit sans un mot. Ce n'était plus sa femme et son enfant qu'il voyait, c'était Zosie avec le bébé dans ses bras. Il aurait pu épouser Zosie. Elle voulait se marier avec un homme riche, et il l'était à ses yeux, lui, le seigneur de Trapellune. Jusqu'à présent, il avait évité d'y penser, mais n'était-ce pas lui qu'elle avait en tête lorsqu'elle parlait de son avenir ? Et l'avait-il perdue parce qu'il n'avait rien compris ?

Chassé de la chambre d'Abigail, il redescendit l'escalier, conscient d'être seul, et heureux de l'être. Il avait profondément blessé Anne, mais il n'en avait cure. Il en tirerait au moins un bénéfice : elle ne le harcèlerait pas de questions. Il s'abandonna brièvement à la rêverie, imaginant qu'elle les quittait, Abigail et lui. Il devrait engager quelqu'un pour s'occuper du bébé, bien sûr, mais il en avait les moyens. Quelqu'un comme Vivien peut-être...

Tous les chemins menaient à Trapellune. Ses pensées convergeaient immanquablement vers Trapellune, et aucune touche n'était capable de faire disparaître ce fichier de l'écran de sa mémoire. Ou alors il avait oublié le tour de passe-passe.

Il somnolait dans son fauteuil, mais il était éveillé, il ne dormait pas. Zosie traversait le jardin, et il avait les mains rouges de jus de framboise, pas de sang.

XI

Le jardin commençait à prendre un aspect désertique ; le soleil avait décoloré le peu d'herbe qui poussait. Les fleurs laissaient pendre leurs corolles dans la chaleur du jour. Même les feuilles des arbustes et des buissons s'affaissaient en plein midi. Mais à l'intérieur du jardin clos, les fruits grossissaient et mûrissaient, virant à des tons rouges et or bien peu anglais. La saison des fraises était passée, mais il y avait des framboises en abondance, des fruits écarlates, dodus et juteux, de la taille d'un bouton de rose. Elles reposaient dans la serre, à l'abri des oiseaux, à côté des cassis, des groseilles blanches (qui sont dorées en réalité), et des groseilles à maquereaux empourprées et velues, si mûres qu'elles avaient éclaté. Le long du vieux mur de silex aux pierres patinées, les nectarines étaient passées du vert au jaune et du jaune à l'orange, et certaines d'entre elles arboraient déjà une teinte délicatement rosée. Au loin, derrière le rideau de noyers et de noisetiers — car Adam avait laissé ouverte la porte cintrée du jardin clos —, on apercevait un champ d'orge mordoré, prêt à être moissonné.

Il était dans la serre en train de manger des framboises. Il était presque midi, et il faisait très chaud ; le soleil était haut dans le ciel sans nuage.

Adam leva la tête et vit Zosie apparaître dans l'encadrement de la porte en arceau, qu'elle referma après avoir regardé autour d'elle. C'était son deuxième jour à Trapellune. Elle avait coupé ses jeans à une bonne dizaine de centimètres au-dessus du genou, en effrangeant les ourlets. Elle avait sans doute emprunté un vieux maillot de corps de coton blanc de Hilbert, et portait des espadrilles roses trouées, qui laissaient dépasser le bout de ses orteils. Sa peau, qui était assez largement découverte, avait une couleur de biscuit pâle, comme ses cheveux, ses sourcils et ses lèvres. Ses yeux étaient un peu plus foncés — couleur de thé, se dit-il en la voyant approcher de la serre. Un bon thé, de l'Earl Grey peut-être. Elle lui jeta un regard grave, puis elle lui sourit, révélant de petites dents très blanches. Adam pensa qu'il n'avait jamais vu de fille aussi petite avec d'aussi longues jambes. Il y avait là une légère disproportion qui la rendait d'autant plus attirante : plutôt qu'à une femme en chair et en os, Zosie ressemblait à une stylisation d'artiste, avec ses jambes trop longues, son cou trop fragile et sa taille d'une minceur extravagante.

Elle pénétra dans la serre, remettant soigneusement en place les divers crochets qui servaient à fermer la porte grillagée.

« Prends des framboises », dit Adam.

Elle hocha la tête et remercia, mais elle ne toucha pas aux fruits. « Adam, dit-elle, est-ce que je pourrais rester un peu plus ? »

Après tout, c'était la petite amie de Rufus, et si Rufus était d'accord, il n'y voyait pas d'inconvénient. Sans savoir pourquoi, il se garda d'exprimer cette pensée à haute voix. Il y avait quelque chose de mystérieux chez elle, quelque chose de bizarre. La veille, quand ils étaient allés aux pubs de Stoke-by-Nayland, elle avait voulu rester accroupie à l'arrière du break pendant une partie du trajet. Elle l'attirait fortement, et il en était troublé, en partie parce qu'elle était avec Rufus, et en partie parce qu'elle lui semblait vraiment très jeune — peut-être n'avait-elle que treize ou quatorze ans. Pourtant, par moments, lorsqu'elle ne bougeait pas — à cet instant par exemple, où elle était assise sur le sol les jambes croisées — et lorsqu'elle vous regardait sans ciller, le visage durci, elle avait l'air d'avoir une vingtaine d'années.

« C'est que j'avais l'intention, dit-il, de fonder une communauté où chacun paierait sa part.

— Je n'ai pas d'argent, dit Zosie.

— Non.

— Je pense que je pourrais pointer. »

L'expression n'était pas familière à Adam, qui n'avait jamais travaillé pour gagner sa vie, et qui ne connaissait pas de chômeur. Il regarda Zosie en haussant les sourcils.

« Je pourrais pointer et vous donner une partie des allocations.

— Ah bon ? » Il pouvait peut-être faire la même chose, s'il ne retournait pas à l'université. Ça lui permettrait de vivre. Si elle restait après le départ de Rufus, ce qui n'était pas impossible...

« Il y a d'autres moyens de trouver de l'argent. J'en trouve toujours. »

Il devinait ses petits seins ronds à travers le maillot de corps, et le contour de ses mamelons qui, sans être dressés, étaient assez visibles.

« Je ne voudrais pas que tu fasses ça. »

Elle plissa le nez, ce qui traduisait toujours l'étonnement chez elle.

« Que je fasse quoi ? Oh, je vois. » Elle rit dans un souffle, de son drôle de rire sans sourire. « Je ne voulais pas dire ça. Quoique, ça ne me dérangerait pas. Après tout, c'est ce que j'ai fait quand j'ai laissé Rufus me baiser pour avoir un lit où dormir. »

Adam fut aussi près d'être choqué qu'il pouvait l'être. En même temps, il était ravi, presque transporté de joie.

« Alors qu'est-ce que tu voulais dire ?

— A propos de trouver de l'argent ? » Elle détourna les yeux. Elle prit une framboise, puis une autre, mit les fruits dans sa bouche et les savoura comme si elle n'en avait jamais goûté de pareils auparavant. Et elle dit : « Je n'ai jamais mangé de fruits que j'aie ramassés moi-même. Je les ai toujours plus ou moins achetés dans des magasins.

— Qu'est-ce que tu voulais dire à propos de l'argent ?

— Je préfère ne pas en parler. Tu verras.

— Zosie, d'où venais-tu quand Rufus t'a prise en stop ? tu descendais du train ? » Il n'aimait pas poser ce genre de questions — des questions de parents, qui voulaient toujours savoir où on allait, d'où on venait et à quelle heure on serait rentré à la maison. Mais quelque chose l'incitait à les poser à Zosie. Il avait envie d'en savoir plus sur son compte, il en ressentait même le besoin. « Tu es venue par le train de Londres ? »

Elle secoua la tête. « Et si je te disais que je sortais de l'HP ?

— Du *quoi* ?

— Du cabanon, de l'asile.

— C'est vrai ?

— Si je m'étais échappée, et si j'étais recherchée ? Tu imagines des infirmiers en blouse blanche, dans des ambulances blanches, en train de ratisser la région ? Pourquoi crois-tu que je me cache par terre, dans le break de Rufus ?

— O.K., tu n'as pas besoin de me répondre. »

Ils avaient rempli un bol de deux livres de framboises et ils les avaient mangées sur la terrasse en buvant une bouteille de vin. Zosie avait également englouti une quantité incroyable de pain, de fromage et de gâteau au chocolat, arrosés d'un demi-litre de lait. Il lui arrivait parfois de se précipiter ainsi sur la nourriture, et elle pouvait aussi s'en passer sans avoir l'air d'y penser. Le vin semblait n'avoir aucun effet sur elle, elle le buvait comme du lait.

Tout avait changé avec l'arrivée de Zosie. En même temps que son arrivée, ou à cause d'elle. Trapellune n'avait plus la même signification pour Adam. Jusque-là, il l'avait beaucoup apprécié, il s'était enorgueilli de le posséder, mais il l'avait considéré comme une caverne d'Ali Baba, comme un trésor à piller ; il commençait maintenant à l'*aimer*, à en apprendre les particularités, à l'évaluer. Il s'était mis à vouloir le conserver à tout prix. Ce changement s'était manifesté dès le lendemain, lorsqu'à la grande hilarité de Rufus il avait entrepris d'arroser le jardin. Il avait rempli des bidons à l'eau du lac et il les avait laborieusement transportés, à travers la pelouse qui grésillait sous le soleil. Zosie l'avait aidé. Mais ils avaient dû commettre une erreur — arroser en plein soleil, sans doute : le lendemain, toutes les feuilles étaient striées et boursouflées.

Le fermier avait commencé à moissonner son orge sur le champ jaune. La gigantesque machine à débiter évoluait à proximité du bosquet de noyers qui marquait la limite de Trapellune. On pouvait fort bien apercevoir la terrasse de là-bas, avec ses piles d'édredons sur lesquelles des jeunes prenaient leur bain de soleil. Le fermier les avait-il remarqués ? S'en souviendrait-il ? C'est long, dix ans, quand on n'a pas de raison particulière de se souvenir. Adam avait, lui, trop de raisons de se souvenir pour que l'oubli soit possible.

Vivien et Shiva étaient arrivés une ou deux semaines plus tard. Non, c'était la Saint-Swithin, le 15 juillet. Pluie à la Saint-Swithin, pluie jusqu'à la saint-glinglin... Rufus disait qu'il pleuvait toujours le 15 juillet, mais tel n'avait pas été le cas cette année-là. Il n'y avait pas eu un seul petit nuage susceptible de donner de la pluie, pas même une de ces longues et pâles bandes de cirrus qui avaient barré l'horizon pendant deux ou trois jours. Ciel bleu à la Saint-Swithin, ciel bleu jusqu'à la saint-glinglin. Et six semaines durant, le ciel était resté bleu ; la Méditerranée était venue à l'Angleterre, le ciel du Suffolk avait brillé sans discontinuer, et le quarante et unième jour l'orage s'était déchaîné, balayant l'été pour toujours...

Elle s'était habillée d'une taie d'oreiller. Elle ne possédait rien d'autre que ce qu'elle avait sur elle, sinon un tricot gris et une ceinture de cuir cloutée. Quand elle lavait son short et son tee-shirt, il fallait qu'elle trouve quelque chose à se mettre. Elle avait pris une taie d'oreiller en lin blanc, au chiffre de tante Lilian, LVS, entouré de feuilles brodées. Elle avait défait quelques points sur les coutures pour se fabriquer une sorte de tunique. Avec une ceinture, c'était presque une robe. Zosie était belle dans cette tenue improvisée.

C'était ce qu'elle portait lorsqu'ils étaient allés à Sudbury vendre de l'argenteire — des couverts à poisson, cette fois, avec une bonbonnière filigranée et deux saucières. Rufus disait que personne n'en voudrait, que c'étaient des objets inutiles, destinés à rester au fond d'un placard ou d'une commode, qui risquaient en plus de se ternir si on les laissait dehors. L'argenterie et les cuivres étaient déjà en mauvais état, faute d'être correctement entretenus. Adam n'avait aucune envie de les vendre, mais il était à court d'arguments. Il ne se sentait pas capable de dire à Rufus qu'ils lui appartenaient, qu'ils faisaient partie de Trapellune, que Trapellune était un tout et qu'un tout doit être constitué de l'ensemble de ses parties. Ils avaient besoin d'argent, et ils n'avaient presque rien.

« Si on ne peut pas picoler, fumer des clops et faire la bringue quand on en a envie, dit Rufus, à quoi bon rester ici ? »

Adam ne partageait pas cette façon de voir, même s'il appréciait ces plaisirs, ou plutôt ces accessoires du plaisir.

Zosie n'avait plus fait allusion aux indemnités de chômage. Elle dormait toujours dans la Chambre au Centaure. Quant à Rufus, il avait pris l'habitude de coucher dehors, sur la terrasse, et Zosie montait seule dans sa chambre aux environs de minuit. Quand Bidugrame sortait de la trouée pour tourner vers le Moulin de la Noue, Zosie s'accroupissait par terre et se mettait en position de prière. Ce n'était que lorsqu'ils atteignaient la route de Sudbury qu'elle refaisait surface.

Elle les avait accompagnés le jour où ils avaient vendu l'argenterie. Ils s'étaient rendus dans un magasin d'antiquités de Friar Street dont le patron s'était montré avenant ; il n'avait pas posé de questions au cours des deux transactions précédentes, mais il leur avait offert, probablement en contrepartie, un prix dérisoire. Il écarquilla les yeux en voyant la taie d'oreiller de Zosie, qui laissait apparaître vingt bons centimètres de cuisse. Les minijupes n'étaient plus à la mode depuis quatre ou cinq ans, et les gens avaient perdu l'habitude d'en voir. Elle se promena dans le magasin, examinant chaque objet un à un. Adam et Rufus allèrent négocier dans l'arrière-boutique et obtinrent soixante-cinq livres pour l'argenterie. Adam en était malade : il était persuadé qu'une saucière valait ce prix à elle toute seule. Zosie les attendait, assise sur une chaise de bistrot, les mains croisées sur les genoux.

Rufus acheta du vin ; il prit ce qu'il y avait de moins cher, des fins de série provenant de pays dont on n'aurait jamais cru qu'ils étaient producteurs de vin, comme la Roumanie par exemple. Zosie était partie ils ne savaient où, et leur avait donné rendez-vous derrière le break qui était garé sur la place du Marché, à l'ombre de Gainsborough. La serveuse de l'épicerie leur donna une boîte pour transporter les bouteilles et la cartouche de Rothman king size de Rufus. Adam sortit une liasse de billets de sa poche et paya en s'efforçant de garder un visage impassible. Il ne fit part de ses doutes et de sa consternation que lorsqu'ils furent ressortis de la boutique.

« Il m'a donné soixante-cinq livres pour l'argenterie, c'est bien ça ?

— Oui, bien sûr. Pourquoi ?

— Je n'avais que cinquante-cinq livres en poche tout à l'heure.

— Allons donc. Tu as mal compté. »

Ils posèrent la boîte de bouteilles et Adam recompta les billets, en prenant soin de soustraire les 34 livres 72 du vin et des cigarettes.

« 20 livres 28, dit Adam, et il devrait y avoir 30 livres 28.

— T'as dû laisser tomber un billet de dix quelque part.

— Je suis sûr que non. »

A ce moment-là, alors qu'Adam recomptait vainement son argent en plein milieu du trottoir, face à la mairie, le billet manquant surgit devant eux sous la forme d'une paire de jeans neuve dont le récent acquéreur s'approchait avec embarras, en contournant la statue de Gainsborough. Ils n'eurent pas besoin d'échanger un mot. Ils avaient compris. Mais aucun d'eux ne se sentait le droit d'accuser Zosie. Ils regardèrent ses jeans qui étaient de la qualité la plus médiocre qu'on puisse trouver et son tee-shirt rouge à trois sous déniché dans une friperie. Tout cela constituait néanmoins un ensemble infiniment plus respectable que la taie d'oreiller de tante Lilian.

Adam fut profondément humilié à l'idée que Zosie lui avait fait les poches sans qu'il en ait eu le moindre soupçon.

« Il fallait que je m'achète des vêtements. Je me sentais bizarre dans ce machin à oreiller. »

A sa manière à la fois douce et craintive, elle tendit à Adam son poing fermé. Elle l'ouvrit au-dessus de sa main et glissa dans sa paume trois billets froissés, un de vingt et deux de dix.

« D'où ça vient ? »

Elle secoua la tête. « Peu importe. C'est pour nous. Tu as dit que chacun devait contribuer. » Elle tourna vivement la tête, décochant des regards furtifs. Elle faisait penser à un lièvre dressé sur le bord d'un champ. « On peut rentrer, maintenant ? »

Lorsqu'ils traversèrent Nunes, elle se coucha sur le sol et elle ne se releva qu'à l'arrivée. Il garda l'argent qu'elle lui avait donné sans lui poser de questions. Il se doutait bien de ce qui s'était passé, et il prit la résolution, en son for intérieur, d'éviter les abords de Friar Street à l'avenir.

C'était également ce jour-là que Zosie avait vu le tableau de la Chambre au Lit de mort. Rufus avait ouvert une bouteille de gros rouge, sombre et épais, qui allait certainement leur donner une migraine atroce. Adam en prit néanmoins un verre, et Zosie aussi. Ils étaient en train de boire dans la cuisine quand elle demanda si tout était arrangé et si elle pouvait rester maintenant. Adam acquiesça, mais à contrecœur ; les événements de l'après-midi l'avaient ébranlé, et il craignait que Zosie ne leur attire des ennuis. Mais en même temps, il commençait à se rendre compte qu'il désirait de toutes ses forces qu'elle reste. Sans elle, Trapellune n'avait plus de sens. Il éprouvait déjà cette sensation de manque, ce désir affamé qu'il ne devait jamais parvenir à combler, même en lui faisant l'amour jusqu'à épuisement. Quand elle lui avait demandé si elle pouvait rester, sa requête l'avait transpercé d'une véritable douleur, il en avait grimacé.

« Je peux explorer la maison ? Je peux regarder partout ? »

Il avait failli lui proposer de l'accompagner, mais il avait craint d'empiéter sur le territoire de Rufus. Il jeta un coup d'œil à celui-ci après qu'elle eut quitté la pièce ; Rufus eut un sourire ironique qui laissa échapper de ses lèvres une spirale de fumée.

« Elle est à toi si tu veux, dit Rufus.

— Je croyais...

— Un égarement passager. Une aventure de deux nuits. »

Rufus remplit à nouveau son verre. Il buvait toujours deux fois plus que n'importe qui, et deux fois plus vite. « Zosie est une femme mystérieuse. Tu as dû remarquer que je suis allé dormir sur la terrasse ces deux dernières nuits. Pourquoi ne l'emmènes-tu pas dans la Chambre à la Pelote d'épingles, pour que je puisse retourner dans le Centaure ? »

Avant même qu'il ait pu répondre — qu'aurait-il pu répondre d'ailleurs ? Qu'elle n'était ni son esclave ni sa chose ? — Zosie revint en disant qu'elle avait vu un vieil homme en haut des escaliers, un petit vieillard maigre et chauve à lunettes cerclées d'or. Rufus avait ri, et Adam n'avait pas pris cela très au sérieux, étant donné qu'elle avait regardé des photographies dans le bureau. Ce fut différent lorsque, une demi-heure plus tard, elle arriva en coup de vent, le visage ruisselant de larmes.

« Pourquoi m'avez-vous laissée entrer là-bas ? Pourquoi m'avez-vous laissée voir ça ? »

Il leur fallut un certain temps pour lui tirer des explications. Rufus poussa un verre de vin dans sa direction.

« Ce n'est qu'un tableau, dit Adam. Ce n'est pas une photo, ce n'est qu'une peinture sentimentale de l'époque victorienne. »

Rufus se contenta de la regarder, puis il détourna les yeux en hochant légèrement la tête, comme s'il avait reçu la confirmation d'un soupçon. Zosie essuya ses larmes et finit par retrouver son calme. Adam lui assura qu'elle n'avait aucune raison de retourner dans cette pièce, qu'elle n'y mettrait plus jamais les pieds, et que bientôt d'ailleurs d'autres gens viendraient l'occuper. Il ne savait évidemment pas que cela se passerait si vite.

On vole parfois pour voler de l'amour, disent les psychiatres. Ceux qui ont un espace vide à combler dans leur existence le remplissent d'objets faute d'amour. Et ils ont besoin de faire plaisir aux autres afin d'en être aimés en retour. Ceux qui mettent dans leur quête d'amour le même acharnement que le reste de l'humanité dans celle de la nourriture ou des nécessités de la vie, ceux-là font don de leur corps sans réfléchir, et ils donneraient leur âme s'ils le pouvaient. Ils en sont réduits aux vols les plus primitifs, ils en viennent à dérober les objets les plus insignifiants, parce que c'est la solution la plus économique pour eux. Adam ne savait rien de tout cela à l'époque, mais il pensait effectivement que Zosie était un peu folle. « Dérangée », comme il disait. Il pensait qu'elle était peut-être « schizo » (c'était le terme à la mode) parce qu'elle semblait n'avoir aucune conscience de la réalité.

Castormus, loutredemus,
Myopotamus,

récita Adam à Zosie, certain qu'elle allait rectifier le dernier mot par « hippopotamus », comme Mary Gage. Mais elle se contenta d'acquiescer en poussant le pauvre petit corps du bout de sa sandale.

« C'est un coypu. »

Il fut étonné qu'elle le sache : il se garda de lui dire à quoi l'animal avait probablement succombé, pour éviter une crise d'hystérie. Autant qu'elle croie qu'il était mort de sa belle mort.

« On leur donne des boulettes avec du cyanure, dit-elle, et après, il ne faut surtout pas que les corbeaux les mangent. Ils donnent aux taupes des vers qui contiennent du cyanure. C'est dégueulasse, hein ? »

Adam était pratiquement sûr que l'homme aux coypus n'avait pas utilisé de poison, rien que des pièges ; mais alors qu'est-ce qui avait pu provoquer la mort de cette bête assez grosse, à fourrure épaisse ? « On devrait l'enterrer. »

Ils étaient allés dans la serre où ils avaient cueilli quelques framboises et ils étaient revenus par la rive du lac en les mangeant, les doigts tachés de jus rouge. Quand Rufus avait vu leurs mains rougies, il avait dit : « Vous n'y avez pas touché, j'espère ? Vous pourriez attraper la leptospirose. » Pour lui, un rat était un rat, quelles que soient sa taille ou son espèce. Ils mirent des gants de jardinier qu'ils trouvèrent dans l'écurie et décrochèrent une bêche du râtelier — une installation très rudimentaire, faite de longs clous plantés dans une planche de bois. Il y avait deux bêches, se rappela Adam, celle-ci et une autre plus grande, à lame légèrement arrondie. C'était cette dernière qu'ils avaient utilisée par la suite pour creuser la tombe...

Le soir du 15 juillet, un jeudi soir, Adam s'était servi de la plus maniable pour creuser un trou peu profond dans le Petit Bois. Il y avait introduit le cadavre du coypu, et ils avaient remis de la terre par-dessus, en la piétinant consciencieusement. Ce serait rapidement recouvert par le gazon et les mauvaises herbes, avait-il dit à Zosie. Il se trompait. Il faisait trop chaud et trop sec pour cela.

Ils s'étaient lavé les mains côte à côte dans l'évier de la cuisine, surveillés par un Rufus très soucieux de l'hygiène. Il refusait de leur donner du vin tant qu'ils n'auraient pas les mains propres et pures. Ils avaient bu le chianti roumain ce soir-là. Adam avait confectionné des petits gâteaux de haschich avec de la farine, du sucre et de l'œuf mélangés au *charas*. Pour une raison ou pour une autre, il s'était imaginé que Zosie n'en voudrait pas ; elle en avait au contraire avalé deux goulûment, comme si elle avait eu un besoin impérieux de perdre conscience.

Ils étaient allongés sur la terrasse, abrutis de haschich et de vin, contemplant en silence le ciel qui passait du bleu à l'or, puis de l'or au rose. Shiva et Vivien arrivèrent à ce moment-là. Une brise parcourait le jardin, comme toujours à cette heure-ci ; une main invisible ébouriffait l'herbe et les rosiers, poussait les branches chevelues des saules et faisait frémir les joncs. Adam était couché sur l'édredon blanc, et Zosie sur la couette jaune, à un mètre de lui. Ils avaient chacun le regard plongé dans le visage hébété de l'autre. La main d'Adam s'approchait du bord de la courtepointe blanche, tandis que celle de Zosie effleurait la bordure de satin jaune, sans que leurs doigts parviennent à se toucher. Rufus était étalé sur le dos, étreignant d'une main la quatrième bouteille de vin qui était presque vide. C'est dans cette position que Shiva et Vivien, à la recherche d'un signe de vie quelconque, découvrirent les habitants de Trapellune.

Ils étaient sur la pelouse, face aux Amours de Zeus, et Adam crut percevoir la désapprobation inscrite sur leurs visages. On dit en général des Chinois qu'ils sont impénétrables, mais Adam se demanda si cela ne s'appliquait pas davantage aux Indiens. L'Indien avait une expression curieuse et attentive. On murmura les noms de Mary Gage et de Bella. La fille dit qu'elle avait essayé de téléphoner pour savoir s'ils pouvaient venir ; elle n'avait pas pu obtenir la communication.

L'Indien dit qu'il s'appelait Shiva, et il donna également son nom de famille, qu'Adam avait oublié depuis — s'il l'avait jamais retenu. « Et voici Vivien Goldman. »

Malheureusement, il était hors d'état de parler, et *a fortiori* d'établir les termes d'un contrat. Étourdi de vin et de haschich, il pouvait à peine se tenir debout, à force de lutter contre les battements de son crâne. Rufus manifestait une indifférence complète, comme de coutume. Il s'était hissé sur ses coudes, les avait salués et s'était recouché pour allumer une cigarette. Zosie s'était tapie sur la couette jaune et avait repris son air de lièvre traqué.

Adam les fit entrer dans la maison. A présent, il n'était pas sûr de pouvoir se rappeler très précisément ce qu'il avait remarqué dès ce premier soir. Les cheveux bruns de la petite Vivien, enroulés en une longue tresse autour de sa tête ? Elle portait la robe bleue qui semblait être sa parure naturelle, son plumage d'oiseau exotique. Il avait senti sa déception d'emblée. Pendant qu'ils parcouraient la maison, elle observait avec une circonspection attristée l'ensemble des meubles, des tapis et des tableaux, car elle s'attendait à trouver des nattes de roseau, des poteries et des gens sérieux occupés à méditer ou à piler des herbes.

Pourquoi n'avait-il pas eu la force de leur dire que Trapellune tenait plus de l'hôtel que de la communauté ? Il voulait être payé. Ils auraient pu camper pour la nuit dans l'une des dépendances et repartir le lendemain s'ils n'avaient pas d'argent. En fait, il n'avait jamais abordé cette question. Empoisonné par l'alcool, lui qui n'avait ni penchant pour la boisson ni aptitude à la supporter, il grimpa les escaliers en titubant, les accompagna dans la Chambre au Lit de Mort, et marmonna d'une voix pâteuse dont il eut honte qu'il y avait une bouilloire, du thé et du café dans la cuisine, et du vin s'ils en voulaient. Ses souvenirs s'arrêtaient là. La dernière image présente à sa mémoire, c'était celle de Vivien ouvrant son grand sac cylindrique en tapisserie et déballant ses remèdes à base de plantes et ses boîtes de pilules homéopathiques. A moins qu'il ne soit en train de reconstruire un souvenir à partir de ce qu'il avait appris plus tard ?

L'Indien était très soigné de sa personne. « Tiré à quatre épingles », pensa Adam, l'amoureux des mots. Une mère ou une sœur soumise avait dû repasser les plis de son jean. Sa chemise amidonnée était de la même couleur que les iris bleus qui poussaient devant la fenêtre de la salle à manger.

« Quelle belle maison ! avait-il dit poliment. C'est un privilège d'habiter ici. »

Était-ce le lendemain ou le surlendemain ? Ça s'était passé le matin où la postière avait apporté une lettre pour lui. Le matin, c'était beaucoup dire : il venait de se lever, et il était plus de midi. Il était assis dans la cuisine, abruti par la gueule de bois, et il avait l'impression de se remettre péniblement d'une longue maladie débilitante, lorsqu'une chose rouge et brillante traversa son champ de vision. C'était la bicyclette de la postière. La boîte aux lettres claqua deux fois de suite ; il avait entendu ce bruit de temps à autre par le passé, du vivant de Hilbert, mais jamais depuis.

C'étaient les impôts locaux des six premiers mois de l'année, Étant donné l'heure, la lettre avait dû arriver par le deuxième courrier. Rufus était dehors ; il avait vu la postière, et elle l'avait vu également. Et elle avait forcément vu Bidugrame.

« Une jeune beauté rustique, avait commenté Rufus. Une fille de ferme à bicyclette. »

La boîte qui se trouvait en haut du sentier était destinée au courrier. Peut-être l'ignorait-elle, ou peut-être respectait-elle scrupuleusement les règles. Shiva avait dit de son ton sentencieux :

« Ils sont obligés de déposer le courrier à votre porte, c'est la loi. »

Il avait fini par payer ces impôts. A sa grande humiliation, mais contraint et forcé, il avait emprunté de l'argent à son père. Celui-ci en avait réclamé le remboursement avec intérêt dès qu'il avait vendu Wyvis Hall. L'année qui s'était écoulée entre le moment où il était revenu de

Trapellune avec le fusil caché dans le sac de golf et celui où il y était retourné pour voir l'agent immobilier avait été atroce. Pendant des mois, l'affaire de Catherine Ryemark avait déchaîné les passions. A l'université, au moins, il avait pu éviter les journaux. Mais à Noël et à Pâques, chez ses parents, chaque fois que le téléphone sonnait, chaque fois que la sonnette de la porte retentissait, le cœur lui manquait...

Comme maintenant. Seul dans son bureau à Pimlico, il composa le numéro de Rufus à Wimpole Street. Il n'eut pas besoin de le chercher dans l'annuaire, il le savait par cœur. Rufus paraissait distant et préoccupé. Adam mourait d'envie d'appeler Rufus cette année-là. Il n'avait pas cessé d'y penser, mais il n'avait jamais osé s'y risquer, de peur de se faire raccrocher au nez sans un mot.

Il s'était en outre imaginé, si irrationnel que cela puisse paraître, que les lignes des Verne-Smith et des Fletcher étaient branchées sur table d'écoute, et que la police attendait patiemment de les prendre au piège.

Adam ne se faisait plus d'idées de ce genre à présent. Ils étaient peut-être patients, mais pas au point d'attendre dix ans. Rufus et lui convinrent sans discussion de se rencontrer à six heures. Adam descendit le couloir pour aller vomir dans les toilettes. Il eut des spasmes violents qui le laissèrent hors d'haleine, chancelant contre le mur.

XII

Il y avait sur sa peau de fines nervures bleuâtres, qui ressemblaient au duvet d'un oisillon qu'un chat aurait plumé. Le haut des cuisses et la crête iliaque en étaient couverts, et il y en avait quelques traces sur l'estomac plat. On aurait dit, plutôt que des plumes d'oiseaux, de la soie étirée dont la trame révèle la chaîne. Elles s'atténueraient un jour, et elles vireraient au blanc, mais elles ne s'en iraient jamais complètement.

Rufus avait fait l'amour à Zosie deux fois avant de voir ces marques — une première fois à l'arrière du break et une deuxième fois dans le lit de la Chambre au Centaure, celui qui avait été autrefois le théâtre des nuits paisibles de Lewis et Beryl Verne-Smith. Ce ne fut que le troisième soir qu'il regarda vraiment son corps nu. Elle l'attendait en silence, étendue comme une victime offerte en sacrifice ; son attitude soumise et patiente disait assez qu'elle était sa chose, qu'il pouvait en faire ce qu'il voulait — du moins dans ces circonstances. Elle savait qu'elle devait payer pour être nourrie et logée, et c'était un des moyens qu'elle connaissait pour le faire.

Sa conduite était légèrement provocatrice, ce qui, au demeurant, ne dérangeait guère Rufus. En revanche, les marques qu'il voyait, ou plutôt ce qu'elles signifiaient, le gênaient beaucoup plus ; il resta debout à réfléchir aux conséquences possibles de ses actes sur sa future carrière, et aux risques qu'il prenait — qu'il avait déjà pris en réalité. Puis, au lieu d'aller au lit avec Zosie, il s'empara d'un oreiller et d'une couverture qu'il avait rejetée depuis longtemps et il gagna la terrasse.

C'était avant le vol du bracelet en argent, qui avait eu lieu quelques jours avant l'arrivée de Shiva et de Vivien. Pendant qu'ils étaient dans l'arrière-boutique à Friar Street pour négocier la vente des couteaux à poisson et des saucières, Zosie s'était choisi un bracelet sur le présentoir à bijoux. Et comme elle n'avait pas l'air d'une personne très recommandable dans sa taie d'oreiller, elle s'était acheté des jeans et un tee-shirt avec le billet de dix livres qu'elle avait piqué à Adam ; puis elle avait apporté le bracelet chez un marchand de Gainsborough Street et l'avait vendu pour quarante livres.

Ce n'était bien sûr qu'un élément de plus dans un ensemble cohérent, que l'on pouvait analyser. Rufus observait, curieux de ce qui allait suivre. Il avait l'impression d'assister à l'évolution d'un cas clinique, et il avait même songé à en écrire un compte rendu. C'était un type de vol fort intéressant, qui n'avait rien à voir avec de la kleptomanie gratuite ; tout était au contraire parfaitement calculé : seuls étaient visés les marchandises vendables ou les articles comestibles. La nourriture avait été fièrement exhibée par l'héroïque suppôt de Robin des Bois avant d'être entassée à l'arrière de Bidugrame.

Jusqu'à l'incident du petit garçon, qui était prévisible, lui aussi. Quelque chose de comparable s'était déjà produit.

Il l'avait qualifiée de femme mystérieuse. Le concept de femme pouvait difficilement être appliqué à Zosie, c'était par trop incongru. Zosie était une enfant. Et pourtant elle n'en était pas une, elle était même par certains côtés plus éloignée de l'enfance qu'aucun d'entre eux. Elle avait plus d'expérience ; elle en savait plus. Adam aurait dit — il l'avait effectivement dit, d'ailleurs — qu'elle avait souffert. Ils avaient essayé de la questionner sur son passé et sur ses moyens d'existence.

« Tu es étudiante ? » avait demandé Vivien.

Les trois autres l'étaient bien, pourquoi pas Zosie ?

Et elle avait répondu avec une naïveté absurde, qui pouvait passer pour de la fourberie, mais qui était simplement sa façon d'être :

« Je ne suis qu'une personne. »

Vivien avait insisté :

« Tu travailles ? » Elle avait endossé un de ses rôles favoris, celui d'assistante sociale.

« Je n'ai pas de travail et je ne suis pas étudiante. » Après une pause, Zosie ajouta : « J'ai été à l'école.

— Nous avons tous été à l'école, dit Shiva. Dans ce monde moderne, on ne peut pas faire autrement. C'est obligatoire. » Il sourit avec plaisir parce qu'il avait réussi à amuser les autres.

« Qu'est-ce que tu veux faire dans la vie, Zosie ?

— Eh bien ! dit-elle en soupirant, eh bien ! je ne *veux* rien faire. J'aimerais bien vivre ici pour toujours, dans cette maison, et ne jamais rien faire. Mais j'épouserai un homme riche, et il achètera peut-être cette maison, Adam. Il te l'achètera peut-être pour moi. Ça te plairait ? »

Ils voulurent savoir pourquoi elle s'appelait Zosie, ce que cela signifiait, ou si c'était un surnom. C'était calqué sur Zosima, répondit-elle, un nom de personnage dans un roman russe.

« Tu veux parler de Dostoïevski ? demanda Adam. Le père Zosima est un homme.

— Ma mère est très ignorante, elle ne devait pas le savoir. La sonorité lui a plu, c'est tout. »

Adam chercha alors à savoir où habitaient les parents de Zosie, mais il ne parvint pas à lui soutirer de réponse ; elle dit simplement qu'elle n'avait pas de père. Il était mort et sa mère s'était remariée. Zosie était assise sur la terrasse, les genoux relevés jusqu'au menton, les bras serrés sur ses jambes, et elle lançait des regards en tous sens comme un animal aux aguets. Rufus, qui n'était pourtant pas d'une nature particulièrement sensible ou bienveillante, eut soudain le sentiment qu'ils étaient en train de la persécuter, et il changea de sujet. Ils parlèrent de ce qu'ils allaient faire ce soir-là.

Ils étaient sans doute allés au pub, ou peut-être dans une boîte de Colchester. Un endroit bien différent de celui vers lequel il se dirigeait maintenant, et où il avait rendez-vous avec Adam. Dans d'autres circonstances, ce dernier aurait changé à Victoria pour prendre la Northern Line jusqu'à Warren Street, mais il avait accepté de descendre à Oxford Circus pour aller dans un pub à proximité de Langham Place.

Rufus ne l'aurait pas reconnu. Mais ça ne pouvait être personne d'autre. La barbe avait disparu — sans doute depuis longtemps, pensa Rufus. Cependant, au lieu d'avoir l'air rajeuni, Adam faisait plus vieux que son âge. Il paraissait irritable et rongé de soucis, et il était attablé devant un verre qui aurait pu être rempli de gin tonic, et qui contenait plus vraisemblablement du Perrier. Rufus ne se rappelait pas qu'Adam avait un front si haut et si bombé, puis il comprit — ce qui faillit amener un sourire sur ses lèvres — que ce changement était causé par une calvitie naissante.

Il marcha jusqu'à la table et s'arrêta. Ils se regardèrent. Au grand étonnement de Rufus, Adam se mit à rougir ; son visage s'empourpra par taches. Aucun d'entre eux ne salua l'autre. Rufus prit enfin la parole :

« Eh bien ! eh bien ! après tout ce temps », puis il ajouta : « Je vais me chercher à boire. »

Du gin tonic avec beaucoup de gin. Ces trucs-là vous donnent toujours un coup de fouet. Rufus s'assit. Il prit le seul siège libre du pub, qui était enfumé, surchauffé et plein de gens qui riaient et bavardaient bruyamment, trop heureux d'être débarrassés de leur travail pour quatorze heures.

« J'aimerais autant qu'on se dispense des comment-ça-va-et-qu'est-ce-que-tu-deviens d'usage, dit Adam, si ça ne t'ennuie pas, bien sûr. Ce n'est qu'une question de forme entre nous, ça ne peut pas nous intéresser vraiment. »

Il ne s'était pas amélioré avec le temps, pensa Rufus. Sa brusquerie primitive s'était aggravée. Il haussa les épaules sans rien dire et savoura son gin, en pensant que toutes les tensions et tous les malheurs de l'existence valaient cette première gorgée, à nulle autre pareille.

« Les autres ne m'ont pas contacté. Je m'attendais plus ou moins à ce qu'ils le fassent. » Adam promenait son verre sur la table, en faisant des cercles mouillés sur le bois qu'il s'appliquait ensuite à relier entre eux. « Je pensais qu'ils s'inquiéteraient peut-être de ce que j'allais dire à la police. A leur sujet, bien sûr.

— Et tu as donné des noms à la police ?

— Non, dit Adam.

— Mais ils sont venus chez toi ? Ils t'ont interrogé ?

— Oui, mais je n'ai cité personne, ni toi ni les autres.

— Je vois. »

Rufus ne voyait pas grand-chose. Il se sentait cependant envahi par une vague de soulagement, d'autant plus forte qu'il n'avait pas soupçonné à quel point il était anxieux auparavant. Pour la première fois depuis qu'il était entré dans le pub, il regarda vraiment Adam, sa peau fatiguée, rougeâtre et rugueuse, son front dégarni, ses cernes, et le frémissement qui palpitait au coin de sa bouche. Et il eut un sentiment absurde de perte, de passé détruit ; il voyait une amitié dévastée, et une rage telle le submergea qu'il aurait voulu balayer les verres de la table voisine, tout renverser et provoquer un gigantesque grabuge. Il resta impassible. « Et pourquoi ne l'as-tu pas fait ? demanda-t-il.

— Je leur ai dit que je n'y étais pas. Je veux dire qu'ils m'ont demandé si j'avais habité là-bas ; j'ai répondu que non, que j'y avais seulement séjourné une semaine ou deux. » Adam leva les yeux vers Rufus et les détourna. « Les deux semaines du début. Ils ne m'ont pas demandé si j'étais seul, donc je n'ai rien eu à dire. Ils ont aussi voulu savoir s'il y avait une femme avec moi, et j'ai simplement dit que non, absolument pas. »

Rufus ne put pas s'empêcher d'ébaucher un sourire.

« C'est pas drôle. Bon Dieu, non, c'est pas *drôle*.

— Tout est drôle, d'une certaine manière, dit Rufus.

— Tu veux reprendre quelque chose ?

— Bien sûr que je veux reprendre quelque chose. Je n'ai pas changé à ce point. Du gin avec un truc dedans. Peu importe quoi. »

Adam revint avec un seul verre, celui de Rufus. Il ne doit pas être commode à vivre, pensa celui-ci.

« Je suppose que tu es marié ?

— Oui, et toi ?

— Oui. » Ils semblaient avoir soigneusement évité de s'engager sur le terrain de la vie privée, aussi Rufus fut-il surpris d'entendre Adam ajouter :

« J'ai une fille.

— Ah oui ? Je n'arrive pas à t'imaginer avec des gosses.

— Merci beaucoup », dit Adam, l'air mécontent. Deux lignes se creusèrent entre ses yeux et son front se plissa entièrement. Il parut retenir sa respiration. Lorsqu'il expira, il dit précipitamment : « Je me suis plus ou moins engagé à aller faire une déposition au commissariat le plus proche avant la fin de la semaine. Pas plus ou moins, en fait. J'ai dit que je le ferai.

— Si tu as déjà répondu à leurs questions, ça ne peut pas être trop éprouvant, non ? »

Adam prit un ton d'écolier grincheux. « Évidemment, ça ne te pose aucun problème. Tu n'as pas à te parjurer, et c'est bel et bien à ça que ça revient. C'est une chose de parler à deux types dans son propre salon, et c'en est une autre de signer une déposition sous serment. Je suis parvenu à ne pas te mêler de cette affaire — du moins jusqu'à maintenant. »

Rufus ne croyait pas à l'altruisme. « Allons donc, ça ne t'aiderait en rien de parler de nous. Si tu t'en tiens à ce que tu as déjà dit, ils ne se poseront pas de questions. Il n'y a pas de raison. Ils ne sont venus te voir que parce que tu es l'un des ex-propriétaires de la maison. Celui à qui tu as vendu a eu droit au même traitement.

— J'espère bien que t'as raison », dit Adam, mais il avait l'air moins pitoyable. « Tu crois que je devrais essayer de joindre ce Shiva je-ne-sais-plus-comment ?

— Comment s'appelait-il, au fait ? J'ai essayé de m'en souvenir. Tu as peur qu'il aille témoigner à la police de son propre chef ? Ça me paraît peu probable. »

Il restait entre eux une question informulée. Rufus n'avait aucune imagination, et il s'en vantait, mais pendant un bref instant, il eut l'impression que quelque chose d'étrange se produisait. C'était comme si un tiers était venu s'asseoir à leur table, un être invisible sur une chaise invisible, répandant une odeur de jeunesse, sèche et salée, et posant sur son bras une main légère comme un papillon de nuit. Il passa les doigts sur sa manche. Il n'y avait évidemment personne ; le pub était beaucoup trop encombré pour qu'il y ait qui que ce soit à leur table. Il regarda Adam.

« Les femmes se marient et changent de nom. Ça rend les recherches plus difficiles.

— Elle n'est pas dans l'annuaire », dit Adam, comme si on lui extorquait ces mots à la tenaille. Quelqu'un se mit à rire à côté d'eux, et Rufus ne comprit pas la suite.

« Tu n'as qu'à aller faire cette déposition. Tu te sentiras sûrement beaucoup mieux quand ce sera passé.

— Un effet cathartique, en quelque sorte ?

— Pourquoi pas ?

— Je ne sais pas si tu y as pensé, mais il y a beaucoup de gens qui savaient que nous habitions là, ou qui ont pu le deviner.

— Pas *beaucoup*.

— Il y a le jardinier et le brocanteur de Hadleigh.

— Oui, comment s'appelait-il ?

— Evans, ou Owens, un nom gallois. Il était assez vieux, il est peut-être mort maintenant. Il y avait le préposé à la dératisation, que nous appelions l'homme aux coypus. Et la postière qui est venue apporter la lettre des impôts et — Adam hésita un peu — qui est venue le dernier jour, également.

— Et le fermier. Il habitait vraisemblablement, il habite peut-être encore, la ferme de la Noue.

— Dans les romans policiers, dit Adam, les gens comme nous assassinent les témoins éventuels.

— Je crois que je n'ai jamais lu de romans policiers.

— Et il y a Mary Gage et Bella. Tu n'es pas rentré en taxi une fois ? Le chauffeur était jeune. Il est certainement vivant. La postière n'avait pas plus de dix-huit ans.

— Mary Gage s'est mariée et elle est allée au Brésil. » Rufus avait eu l'intention de parler de leur culpabilité collective, et il pensa que c'était le bon moment. « Je suppose qu'en regard de la loi, nous serions tous considérés comme coupables. Nous étions là ensemble. Pour ne pas être coupable, il aurait fallu se précipiter à la police.

— Comme Vivien, répondit Adam très calmement.

— Vivien n'était coupable de rien, ça s'est sûr. Quand tu auras fait cette déposition, donne-moi un coup de fil à Wimpole Street si tu veux bien, Adam. »

C'était la première fois qu'un prénom était prononcé. Le visage d'Adam avait une expression sévère. Il parvint à négocier une relative *détente*.

« Ta femme ne sait rien de tout ça, Rufus ? »

Rufus fit signe que non. « Et la tienne ?

— Non plus. »

Un silence se referma sur eux. Rufus ressentit une paix profonde, alors même qu'il entendait le vacarme bourdonner de plus belle autour d'eux. Adam le regardait. Un souvenir lui revint, qu'il n'avait pas sollicité : celui de cette soirée à Trapellune où il avait eu l'intention, après que Mary Gage eut quitté la terrasse pour aller se coucher, de faire l'amour à Adam. Si on lui avait dit qu'il avait des tendances homosexuelles ou bisexuelles, il en aurait ri, mais ce soir-là, il avait désiré Adam. Parce qu'il l'aimait. Ce n'était pas plus compliqué que ça. Une telle intensité d'amour pour Adam était montée en lui, comme une vague de chaleur déferlant sur son corps, que la seule réponse naturelle à cette manifestation semblait être de le prendre dans ses bras et de lui faire l'amour. Rufus n'avait jamais eu de relations charnelles avec un homme, et il n'en avait pas eu avec Adam cette nuit-là parce qu'il avait trop bu et qu'il s'était endormi, l'esprit rempli de langueur amoureuse et de tendresse amusée.

Il se leva et repoussa sa chaise.

« Tiens bon », dit-il avec un sourire vague.

Il était probable qu'il n'entendrait plus jamais parler de cette histoire. Rufus se rendit compte en allant chercher sa voiture qu'il avait oublié le problème du fusil, le calibre 12. Adam devait le rappeler après avoir fait sa déposition, et il serait encore temps de lui poser la question. Qui avait suggéré qu'on vende les fusils ? Shiva, peut-être, ou Vivien. Non, pas Vivien, qui, lorsqu'elle avait appris l'existence des fusils, avait réagi comme s'il y avait eu des instruments de torture dignes de l'Inquisition dans la maison. Le désarroi de Mary Gage lors de l'épisode de l'homme aux coypus n'était pas comparable à la détresse de Vivien devant les fusils, dont l'utilisation lui faisait horreur. On aurait pu en conclure qu'elle aurait été ravie de les voir vendus ; c'était tout le contraire : elle ne pouvait pas imaginer qu'on en tire profit. Shiva avait décroché le fusil des dames et s'était adressé à Adam :

« Il doit valoir assez cher. Tu pourrais le vendre avec l'autre pour garder ta belle argenterie de famille.

— Je ne veux pas les vendre. Je vais m'en servir.

— Pour quoi faire, pour chasser des oiseaux ?

— Des oiseaux, des lièvres — pourquoi pas ? C'est cher, la viande.

— Préviens-moi quand tu le feras, s'il te plaît, pour que je puisse aller ailleurs ce jour-là », dit Vivien.

Elle faisait partie des gens que Rufus trouvait ridicules, aussi bien à l'époque que maintenant. Elle avait apporté à Trapellune une trousse pleine de remèdes mystérieux, presque magiques, pour chaque maladie connue. Certaines plantes et certaines fleurs qui entraient dans leur composition devaient être cueillies à telle ou telle phase de la lune pour plus d'efficacité. Rufus avait pour ces pratiques le mépris incrédule et la répulsion du médecin orthodoxe. Vivien avait aussi dans ses bagages un « remède de sauvetage » dont elle pressait d'accepter quelques gouttes ceux qui étaient victimes d'un choc quelconque, de la piqûre d'insecte à la brûlure superficielle. C'était aussi une adepte fervente des médecines douces — du charlatanisme, disait Rufus — comme l'iridologie, la réflexologie et l'aromathérapie. Elle méditait, comme ces pseudo-hindoux, pensait Rufus, qui prennent le chemin le plus court vers la révélation. En fin de compte, elle n'en parlait pas beaucoup, elle n'infligeait pas ses convictions aux autres de façon trop directe, il fallait le reconnaître. Mais c'était tellement une partie d'elle-même — *c'était* elle-même — qu'elle véhiculait cette atmosphère en permanence.

S'il n'avait tenu qu'à lui, elle serait partie. Il aurait prié Shiva et Vivien de s'en aller le lendemain de leur arrivée, sinon le jour même. Rufus aimait les gens amusants et fantasques, les excentriques, et Vivien n'avait aucune de ces caractéristiques. Quant à Shiva, il en était démesurément éloigné. Mais avant qu'Adam n'ait pu être amené à partager son opinion, Vivien avait consolidé sa position. Elle l'avait fait dès le lendemain, en prenant en charge l'administration de Trapellune. Rufus ne pensait pas qu'ils aient besoin d'une cuisinière ou d'une femme de ménage, ni d'une horticultrice ou d'une gardienne de foyer. Puisque le soleil brillait, qu'il y avait du vin et de la marijuana, quel besoin avait-on de cela ? Apparemment, Adam n'était pas du même avis. Il se transformait subrepticement en propriétaire soucieux d'avoir une maison propre et bien astiquée, et désireux d'économiser son argent en mangeant de la nourriture préparée chez lui. En outre — Rufus ne l'avait pas compris tout de suite, il n'aurait pas pu l'imaginer, et cette découverte l'avait frappé de stupéfaction et de dégoût — Adam et Zosie avaient envie d'une mère, et ils l'avaient trouvée en la personne de Vivien. Comme des frère et sœur incestueux, ils venaient se réfugier dans le giron de Vivien ou ils lui désobéissaient en gloussant. Shiva jouait maladroitement le rôle de grand frère et assistait à ces scènes avec un sourire inquiet et mélancolique ; il se frottait les mains, anxieux de se faire accepter, mais sans savoir comment s'y prendre.

« *Je ne suis pas venu au monde pour remplir tes espérances, ni toi les miennes. Je suis moi et tu es toi. Et si nous nous trouvons l'un l'autre, tant mieux, sinon, tant pis.* » C'étaient à peu près ces mots-là, il n'avait peut-être pas tout retenu. Il s'agissait de la prière de la Gestalt, que Vivien avait affichée sur le mur de la cuisine. Rufus avait ri, et il avait dit qui sait, c'est peut-être la raison pour laquelle on vient au monde, pourquoi pas au fond ? Mais les paroles avaient plu à Zosie ; elle avait affirmé qu'elle rêvait d'un monde où l'on suivrait cette règle, et Shiva avait solennellement acquiescé.

« Aimer, c'est être tolérant, avait dit Vivien. C'est laisser les autres libres. On ne ferme pas la cage, et si on est vraiment aimé, l'oiseau revient auprès de vous. C'est le seul genre d'amour qui vaille la peine. »

Rufus avait vu un discours de ce style imprimé sur un tee-shirt ; il n'écouta par conséquent pas ces propos avec la même gravité respectueuse que les autres — à l'exception d'Adam, il est vrai. Il fit un clin d'œil à celui-ci dans le dos de Vivien et Adam lui répondit par un petit sourire ironique.

« Tu n'es pas très tolérante en ce qui concerne la chasse aux oiseaux, dit-il.

— C'est différent », dit Vivien en fronçant les sourcils. Elle n'avait aucun sens de l'humour. Son petit visage sérieux se plissait souvent à l'évocation des questions morales. Elle était préoccupée par les demi-vérités et les ambiguïtés des casuistes. Elle se penchait sur le problème du bien, dont la pratique trop ostensible risquait de vous faire tomber dans le piège de la vanité.

« J'ai dit que je m'en irais, de toute façon. Je n'ai pas dit que je t'empêcherais de chasser. »

Elle avait voulu organiser leur existence, leur impartir des tâches précises, comme pour constituer une grande famille ou un kibboutz. Il y aurait eu un tableau dans la cuisine à côté de la prière de la Gestalt. La journée devait commencer par une séance de méditation qu'elle aurait dirigée; elle aurait donné à chacun le mantra qui lui convenait. Naturellement, tout le monde s'était rebellé, y compris Shiva, d'habitude si doux et si obligeant. Elle avait suggéré d'aller vendre la cueillette des fruits au sommet de la trouée, de débiter du bois pour faire du feu en hiver, d'apprendre à tisser, d'élever une chèvre et de cultiver des pommes de terre. Ces idées avaient d'abord rencontré l'incrédulité générale, puis s'étaient heurtées à une résistance des plus fermes. Il faisait trop chaud, c'était trop embêtant, et c'était beaucoup plus facile de vendre l'argenterie de Hilbert.

Personne ne changea sa façon de vivre. Ils continuèrent à boire, à fumer et à paresser au soleil, à nager dans le lac et à faire la bringue dans les pubs, en consacrant de temps à autre quelques allées et venues à leurs trafics de brocante. On aurait pu croire que Vivien, voyant que personne n'avait envie de travailler pour fonder une communauté autosubsistante — puisque tel était son projet — finirait par abandonner. Il n'en fut rien. Sans aide et sans beaucoup de reconnaissance, elle continua à cuisiner et à cuire le pain, à nettoyer les chambres et à porter les draps à la laverie de Sudbury. Elle ne s'expliqua là-dessus que lorsqu'on l'en pressa.

« C'est un échange du logement. Je ne peux pas donner d'argent. »

Personne d'autre n'y pensait en ces termes.

Vivien n'avait pourtant pas l'intention de rester à Trapellune. Elle l'aurait peut-être fait si le contexte avait été différent. Mais il aurait fallu qu'elle renonce au travail pour lequel elle avait déjà posé sa candidature. Shiva ne resterait pas non plus, quoi qu'il décide pour ses études : il retournerait docilement chez son père. Quant à Rufus, il comptait rentrer vers la première semaine d'octobre, sinon plus tôt, afin d'entamer sa quatrième année au University College Hospital. N'allaient vivre à Trapellune qu'Adam et Zosie. Adam et Zosie, les orphelins de l'orage.

Un après-midi, alors qu'il cherchait le verre clandestin qu'il avait caché sur un rebord ou sur une étagère quelconque, Rufus les surprit étroitement enlacés. Ils étaient sur le sofa, perdus l'un dans l'autre, unis par leurs bouches qui se cherchaient goulûment. Il les regarda pendant quelques instants, avec un très léger pincement d'envie, avec le sentiment d'exclusion qu'une telle scène provoque immanquablement, sinon chez ceux qui sont perpétuellement rassasiés. Ce fut une impression éphémère, qui laissa place à une distance ironique. Ils ne le virent pas, ils n'avaient même pas conscience de son existence, soudés l'un à l'autre comme ils l'étaient dans leur effort pour ne faire qu'un seul corps. Ils disparurent longuement ce jour-là, pour ne revenir que tard dans la soirée, le visage flou et l'œil souriant, presque révulsé. Des bougies brûlaient dans des soucoupes sur la terrasse, entre les statues. Vivien était assise les jambes croisées, et Shiva lisait son livre de mathématiques à la lumière de sa propre bougie. Rufus venait d'ouvrir une nouvelle bouteille de vin. Quel plaisir, le bruit du bouchon qu'on retire, et le premier verre que l'on verse ! L'air était rempli de papillons de nuit aux ailes souples et sombres, duveteux et languides, qui flottaient dans la chaleur du soir. La lune se découvrait, dans un immense orbe rouge, et s'élevait avec un aplomb mystérieux au-dessus des collines noires aux crêtes boisées. Adam sortit de la maison et s'assit à ses côtés, puis il vit Zosie debout dans la lumière chatoyante des bougies, les yeux fixés sur la lune rouge, entourant de ses bras la tête de Zeus, ses boucles de pierre et sa barbe flottante. Dans cette lueur fuyante, elle ressemblait elle-même à une nymphe de bronze au regard illuminé.

« Oh ! Elle apprend aux flambeaux à resplendir. »

Rufus le regarda. « Bordel de Dieu », dit-il.

Il ne dormit pas sur la terrasse ce soir-là. Il savait qu'il trouverait la Chambre au Centaure vide. Et lorsqu'il alla enfin se coucher, en emportant ce qui restait de la bouteille de vin, il vit que les affaires de Zosie étaient parties. Il ouvrit grand les fenêtres pour se débarrasser de son odeur, une odeur de sel et de fleur, semblable à celle des enfants.

Une fois rentré chez lui, après avoir dîné, Rufus se prépara un deuxième verre, identique au premier qu'il avait laissé dans ce qu'ils appelaient le « studio de Marigold », où se trouvait la télévision. Elle était en train de regarder l'émission *Bookmark*, parce qu'il y était question d'un poète devenu assez célèbre, qui avait été le voisin de palier de sa mère. Cette double mesure, légèrement diluée dans un petit verre à alcool, lui fournirait sa ration clandestine, destinée à être goûtée tout de suite avant d'être dissimulée derrière un rideau ou parmi les innombrables plantes d'appartement de Marigold ; il la boirait par lampées, à intervalles réguliers, avant de se mettre au lit. Pendant les périodes de tension, Rufus se permettait ce comportement névrotique, y compris lorsqu'il était seul. Il savait bien sûr que c'était une conduite névrotique, mais il ne souhaitait pas la modifier pour autant. A un moment donné, quand le niveau du verre clandestin passait en deçà de la moitié inférieure, il le rechargeait secrètement, en ajoutant une mesure de vodka. Le verre légitime, celui qui était en évidence sur la table, devait être bu à petites gorgées devant Marigold, afin de durer toute la soirée. Ce qui inquiétait réellement Rufus là-dedans, c'était l'exaltation disproportionnée qu'il tirait de cette cachotterie : il en jubilait littéralement.

Il prit place sur le canapé à côté de Marigold. Les poètes ne l'intéressaient guère, parce qu'ils n'étaient à son avis ni particulièrement prospères, ni distrayants, ni dotés d'une supériorité intellectuelle manifeste. Celui-ci, un petit homme barbu, lisait ses œuvres devant un lutrin. A sa connaissance, Adam n'avait jamais écrit de poésie, mais il en récitait parfois, et Vivien avait suggéré qu'ils consacrent une soirée à dire leurs poèmes favoris à tour de rôle. Rufus avait coupé court à ces velléités. Ils étaient dehors dans le jardin, jusqu'au petit matin, parce que personne n'avait envie de se coucher. Une lueur était apparue dans le ciel, un pâle rougeoiement qui s'était répandu peu à peu ; Zosie s'était endormie, la tête sur la poitrine d'Adam qui avait passé son bras autour d'elle. Il avait dit, d'une voix lointaine :

« Je souffre d'éosophobie.

— De *quoi* ?

— Une peur irrationnelle de l'aube. »

Rufus se demanda ce qui lui avait remis en mémoire cet épisode. Peut-être une phrase du poète. C'était ce jour-là, ou plutôt le lendemain, que Vivien avait eu son entretien avec Robin Tatian. Ils voulaient tous dormir, bien sûr, et Rufus serait volontiers resté au lit jusqu'à l'après-midi, mais Vivien était venue le réveiller ; elle l'avait tiré du sommeil en lui apportant son petit déjeuner sur un plateau, et lui avait rappelé qu'il avait promis de l'amener à Londres.

N'était-ce pas étrange que ce soient eux, Vivien et Zosie qui soient partis, en laissant Adam et Shiva ? Il n'avait d'ailleurs jamais été question d'emmener Shiva. Cet après-midi-là, lors d'une de ses incursions habituelles, il avait découvert le cimetière d'animaux. Adam avait hésité à aller à Londres, dans le nord de Londres du moins, sous prétexte qu'il risquait de rencontrer ses parents qui le croyaient en Grèce.

Avant de venir à Trapellune, Vivien avait répondu à une offre d'emploi ; il s'agissait de s'occuper de l'enfant d'un architecte de Highgate, qui s'appelait Robin Tatian. A en juger par son adresse à View Road, c'était un homme riche, qui avait réussi. Rufus et Adam, ayant fréquenté l'école de Highgate, connaissaient le quartier. Bien que Rufus n'ait jamais vu Tatian, il sut immédiatement à quoi il ressemblait, rien qu'en écoutant la description de Vivien.

« Il est grand, bronzé, il a des cheveux châtains et bouclés. Trente-cinq ans environ.

— Miam miam, fit Zosie.

— Je ne l'ai pas vu en fait, dit Vivien. La femme m'a montré une photo de lui avec le bébé. C'est sa sœur. Elle a dit que c'était elle qui « se chargeait du personnel ».

— Une sacrée garce, on dirait. »

Tatian devait être à son bureau ou à son atelier. C'était un jeudi, la troisième ou la quatrième semaine de juillet. Et il faisait toujours aussi chaud. Toutes les vitres de Bidugrame étaient ouvertes, et c'était à peine suffisant, malgré la vitesse. Les deux filles étaient à l'arrière parce qu'elles n'avaient pas été capables de décider laquelle irait s'asseoir à côté de lui.

« Je fais des économies pour aller en Inde, dit Vivien. Si j'économise la totalité de mon salaire pendant six mois, j'aurai assez pour aller en Inde. Si je ne dépense rien. Et je n'aurai besoin de rien, puisque je serai logée et nourrie.

— Tu veux aller en Inde pour *quoi* faire ?

— Il y a ce mystique là-bas — c'est un *sadhu*, en fait. J'ai lu des trucs sur lui. Des gens viennent le voir pour apprendre, beaucoup de gens, même. » Vivien devint réticente et embarrassée, mais elle continua à expliquer, en baissant la voix. « J'irai vivre là-bas, ce serait un *début* pour moi. Je ne sais pas si j'y resterai ou si je reviendrai, mais si je n'y vais pas, j'aurais l'impression d'avoir laissé passer ma chance, je le regretterais toute ma vie.

— C'est dans une espèce d'*ashram* que tu vas aller ? demanda Rufus. Tu vas porter une robe jaune et agiter une clochette de cuivre ? »

Lorsqu'il se moquait d'elle, elle réagissait comme s'il avait parlé très sérieusement. Ce n'était pas une mauvaise technique, il devait le reconnaître. Si c'en était une. Sinon — et il penchait pour cette hypothèse —, c'était à croire qu'elle était dépourvue de l'humour le plus élémentaire.

« Je prendrai une chambre dans le village, dit-elle.

— Tu vas te rendre malade, dit le docteur Rufus, avec de la nourriture malsaine et de l'eau polluée, et tu risques d'attraper une dysenterie amibienne.

— Je ne crois pas. Je ferai attention.

— Eh bien, au moins tu ne dis pas que le bien-être du corps est sans importance comparé à celui de l'âme.

— Je ne suis pas stupide, dit Vivien.

— Ce que j'aimerais venir avec toi ! » dit Zosie.

Rufus ne pouvait pas voir Vivien parce qu'elle était à l'arrière, mais il l'imagina, les bras ouverts, les yeux levés au ciel, les lèvres figées dans un sourire hiératique, lorsqu'elle répondit :

« Viens ! »

L'entretien devait avoir lieu chez Tatian à trois heures. Vivien portait sa robe bleue au corsage brodé, et ses cheveux étaient étroitement tressés autour de sa tête. Elle ressemblait à un personnage secondaire dans une peinture de Rossetti, peut-être à l'une des servantes portant le dais dans *Le Songe de Dante*, mais pas du tout à une future nurse. C'était l'un des rares tableaux que Rufus sache identifier. Ses parents en avaient une reproduction chez eux, qui se trouvait maintenant chez lui. La première fois qu'il l'avait emmenée chez ses parents, Marigold avait manifesté un enthousiasme débordant devant ce tableau. Elle lui avait ensuite confié que c'était par pure politesse. Mais sa mère l'avait offert à Marigold comme cadeau de mariage, et il était maintenant suspendu dans l'entrée. Lorsque le poète disparut de l'écran, Rufus se leva pour aller regarder le tableau, en prenant au passage une goutte du verre caché.

Il ne voyait plus aucune ressemblance. Les deux jeunes filles du tableau étaient rousses ; l'une d'elles portait une robe vert pâle, et celle de l'autre était d'une nuance plus foncée, plus proche du bleu. Et les visages blêmes et délicats à l'expression mélancolique rappelaient plutôt celui de Zosie que celui de Vivien. Rufus ferma les yeux. Vivien n'avait que deux robes, la crème en toile et la bleue, deux robes longues à décolleté carré et à manches larges qu'elle retroussait jusqu'aux épaules par ces journées de canicule. Il ne se souvenait pas d'avoir jamais vu ses jambes. Mais il se souvenait de ses pieds et de ses chevilles fines et osseuses. La plupart du temps, elle marchait pieds nus. Ce jour-là, toutefois, elle avait des espadrilles de coton bleu.

« Est-ce que tu as des références ? », demanda Zosie, révélant ainsi une connaissance des réalités de ce monde qui étonna Rufus.

« Je me suis déjà occupée d'un bébé chez quelqu'un. Je pense qu'elle me donnerait un certificat. J'indiquerai son adresse si on me le demande. »

Il n'avait pas pu voir Zosie non plus, et c'était un savoir rétrospectif qui lui faisait imaginer une expression abattue, une voix entrecoupée, quand elle demanda :

« Tu aimes les bébés ?

— Bien sûr. Je suis une femme. »

Rufus éclata de rire.

« Ce n'est pas drôle. Les femmes aiment les bébés naturellement. »

Zosie parlait toujours avec une grande simplicité. Comme un enfant, mais avec plus de franchise, plus de naïveté. « Pourquoi est-ce que sa femme ne s'occupe pas elle-même du bébé ?

— Je suppose qu'elle est trop riche pour ça, dit Vivien. Le bébé a une nurse, mais elle s'en va. Il y a un autre enfant, un peu plus âgé. »

En revenant vers Marigold, Rufus prit une plus longue gorgée de vodka, et il décida que le verre avait besoin d'être rechargé. Il transporta le verre vers la bouteille, et non pas l'inverse. C'est une tactique propre aux buveurs qui se cachent : il y a moins de risques d'être surpris avec une bouteille en main. Le verre fut rendu à sa niche derrière l'ourlet du rideau.

C'était lorsqu'ils étaient entrés dans les faubourgs éloignés de l'est de Londres, Romford, Ilford et Newbury Park, qu'il s'était mis en tête de faire parler Zosie. La conversation allait dans la direction appropriée, et le moment paraissait bien choisi.

« Ça ne te conviendrait sûrement pas, Zosie. Ça ne t'intéresserait pas d'avoir affaire à des bébés, n'est-ce pas ? »

Le silence dura longtemps. La circulation devenait dense, on roulait sur trois files, avec des grincements de frein à chaque feu. D'une voix haletante de rescapée qui émerge à peine de l'eau, Zosie dit :

« Si. J'aimerais en avoir six, j'aimerais en avoir douze. »

Cette phrase fit rire Rufus. Ils étaient coincés à un feu rouge. Il se retourna et regarda les deux filles ; Vivien avait pris Zosie dans ses bras. Il faisait si chaud qu'il y avait une tache humide sur le dos de Zosie. Les fortes mains de Vivien, des mains étonnamment grandes pour quelqu'un de si petit, lui soutenaient les épaules avec une sûreté maternelle qui n'avait rien à voir avec les tapotements embarrassés de la plupart des gens dans ce genre de situation.

Ils la déposèrent à View Road. La maison s'appelait Cranmer Lodge. C'était un bâtiment blanc couvert de tuile verte avec des balcons de fer assortis. Des arbres disposés en gradins, de sombres cônes taillés, encadraient la porte principale. Le portail était en fer forgé, et les piliers surmontés d'ananas en pierre.

Zosie, qui n'avait plus émis aucun son à l'arrière, sinon, de temps à autre, un bruit étouffé qui pouvait être des pleurs, dit :

« J'aime cette maison. C'est joli, non ? »

C'était grand, pensait Rufus, on ne pouvait pas dire le contraire, et c'était imposant et prétentieux. Il n'y était retourné qu'une fois pour reprendre Vivien une heure et demie plus tard. Mais plus jamais depuis. Il n'avait pas dépassé North Hill, où View Road commençait, et cette fois-là c'était pour sortir de Londres par le périphérique nord. Il se sentait mal dans ce quartier, comme s'il était plein — voilà qui était une réaction typique d'Adam — de regards et de souvenirs. Les années d'école étaient perdues, le passé récent demeurait. Il n'était pas question d'envisager un seul instant de s'installer à Highgate, comme Marigold l'avait proposé.

Assis à côté de sa femme, il essayait de se rappeler ce qu'ils avaient fait, Zosie et lui. Ils étaient allés quelque part pour tuer le temps pendant l'absence de Vivien — dans un grand magasin ou dans un centre commercial. Brent Cross ou John Barnes, qui était encore à Swiss Cottage à l'époque.

« Quand est-ce que Brent Cross a ouvert ? » demanda-t-il à Marigold.

Elle se tourna vers lui, l'air stupéfait. « Pourquoi tu me demandes ça ?

— Je ne sais pas. Quand alors ?

— J'étais encore à l'école. J'avais onze ans, à peu près. »

Par conséquent, cela pouvait être Brent Cross. Il se souvenait distinctement d'un endroit à air conditionné. On a rarement besoin d'air conditionné en Angleterre, mais cet été-là, ce n'était pas du luxe. Il avait garé le break dans le quartier, dans un parking, pensait-il, ce qui militait en faveur de l'hypothèse Brent Cross, et il se rappelait maintenant un grand hall avec des escaliers roulants, et un sentiment d'excitation qui se traduisait par une tension au creux de l'estomac. Zosie allait voler quelque chose et il ne voulait pas manquer ça. Il l'examinait comme on observe le comportement d'un animal de laboratoire sur lequel on expérimente un médicament. Tout le désir qu'il avait pu avoir pour elle était mort. Il n'avait même pas envie de la toucher.

Ils avaient flâné dans les boutiques et dans les rues — ou simplement dans les rayons d'un magasin ? Il se souvenait d'un rayon d'alimentation, de quantités de vêtements, de foules de gens, et toujours cette chaleur. Il n'y avait peut-être pas d'air conditionné, finalement. Si Zosie avait pris quelque chose à un étalage ou dans une des corbeilles remplies de bas, de collants et de sous-vêtements, il ne l'avait pas vue. Il avait allumé une cigarette et un homme en costume avec un badge au revers de son veston lui avait demandé de l'éteindre. Puis le message avait été diffusé par haut-parleur. Il en avait oublié les termes exacts, mais il avait retenu l'essentiel.

« On demande les parents d'un petit garçon âgé de trois ans environ, vêtu d'une chemise blanche, d'un short bleu et de sandales bleues. Veuillez vous rendre, s'il vous plaît... »

Suivaient des indications quant au bureau où le petit garçon pouvait être réclamé. Rufus se rappelait parfaitement où il avait entendu le message ; par une des facéties habituelles de la mémoire — si arbitrairement sélective, si peu respectueuse de nos besoins — son esprit avait photographié pour toujours cet endroit insignifiant : il se trouvait à côté d'une rangée d'étagères de cosmétiques Mary Quant, dont il voyait fort bien à présent l'emballage noir et argent. Zosie était de l'autre côté de la rangée, à moins de deux mètres de lui, mais il ne la voyait pas. Lorsqu'il entendit le message sur le petit garçon perdu, il se retourna vers Zosie, mais elle avait disparu — perdue elle aussi.

Il se mit à sa recherche. Le magasin était très encombré. Zosie était belle, mais pas d'une beauté mémorable. Des milliers de jeunes filles lui ressemblaient — superficiellement du moins, ou vues de loin. Elles portaient toutes des jeans, des tee-shirts et des sandales, aucune n'était maquillée et elles avaient les cheveux soit très courts soit très longs.

Elle savait aussi bien que lui où était garé le break. Elle savait quelle heure il était — peut-être pas ? Elle n'avait pas de montre, évidemment. Tant pis pour elle, il attendrait jusqu'à quatre heures dix, pas davantage. Ils devaient passer prendre Vivien à quatre heures et demie. Zosie trouverait toujours le moyen de rentrer. Quand on n'a nulle part où aller, on revient chez soi. C'est même la définition du foyer : un mouillage dans la tempête.

Rufus était en train de fumer dans le break. Il vit Zosie venir vers lui, en longeant l'allée du parking ; les chromes scintillaient, le macadam tremblait dans la chaleur, et il discerna son ombre, flanquée de celle du petit garçon, noire, courte et dansante. L'enfant avait les cheveux blonds, les yeux bleus, l'air ahuri. Il avait une chemise blanche, un short bleu et des sandales bleues, et il tenait la main de Zosie.

« Ouvre la portière, Rufus, vite. Il peut venir à l'arrière avec moi. Partons tout de suite. »

Rufus avait rarement peur. Il se flattait d'être calme et décontracté — parfaitement *cool*. Mais il eut vraiment peur à ce moment-là. La frayeur lui décrocha l'estomac. Il sauta du break en claquant la portière.

« Tu es folle ? »

Ce n'était pas une question. Il savait qu'elle l'était.

« Ramène-le. Comment as-tu fait pour le prendre ? Non, aucune importance, je m'en fous. Ramène-le. Mets-le à l'intérieur du magasin, et fiche le camp.

— Je le veux, Rufus. Il s'appelle Andrew. Il me l'a dit. Il disait Andrew veut Maman, alors je me suis approchée et j'ai dit voilà Maman, Andrew, qu'est-ce qui t'est arrivé ? Allez, viens, j'ai dit. Ils ne m'en ont pas empêchée, ils ne m'ont rien demandé, et il est venu. Regarde, il me ressemble. On peut l'emmener à Trapellune, il vivra avec nous. »

Rufus avait immédiatement pensé à sa future carrière. Il fallait qu'il garde les mains propres ou, du moins, qu'il ait l'air d'avoir les mains propres. C'était le principe qui le gouvernait et qui le gardait des pires excès. Shiva y obéissait aussi, mais Shiva était un perdant : il n'était pas assez impitoyable pour gagner. Rufus faisait des cauchemars dans lesquels un incident quelconque sabotait toutes ses chances de réussite à l'examen. Ce n'étaient pas que des cauchemars : cette hantise le poursuivait en plein jour, dans les moments de veille.

« Ramène-le ! »

L'enfant, sans doute abasourdi par les événements jusque-là, s'était mis à pleurer. Rufus s'empara de lui et le posa sur ses épaules. Il avait le cœur au bord des lèvres, c'était littéralement ce qu'il éprouvait, il se sentait étranglé par une nausée imminente. Mais il courut sur le macadam avec l'enfant dans ses bras, l'enfant qui hurlait maintenant, il s'engouffra dans une sorte de passage couvert, franchit des doubles portes vitrées et entra dans la première boutique qui était sur son chemin, une boutique de chaussures où il poussa le petit garçon dans les bras d'un vendeur en vociférant :

« C'est le petit garçon perdu, il s'appelle Andrew. Il y a eu un message... »

Le petit garçon avait failli tomber entre eux. Ses cris remplissaient l'espace. Rufus tourna les talons et s'enfuit. Il bondit dans le break, en s'entendant jurer à haute voix. Toutes les obscénités qui lui venaient à l'esprit, il les crachait à la face de Zosie, cette folle à lier, folle à tuer. Elle pleurait, renversée sur le siège, la tête pendante, couverte de larmes. Il fit sa manœuvre aussi vite que possible, le cœur battant, les mains tremblantes. Il lui suffisait d'y penser, encore maintenant, pour avoir des palpitations. Il porta le verre licite — celui qui était posé sur la table voisine — à ses lèvres. La vodka s'était réchauffée et avait un goût plus sucré. Il est vrai que rien ne vaut la première gorgée.

Ils avaient roulé longtemps en silence, un silence interrompu par les sanglots de Zosie. Il aurait dû comprendre alors, il aurait dû rester sur ses gardes. Il avait vu les marques sur son corps, les vergetures encore bleues, et par conséquent récentes. Il avait vu la façon dont elle avait regardé le tableau, et elle avait essayé de voler un enfant à présent. Qu'était-il arrivé à son propre bébé ? Il ne le lui demanda pas, il ne prononça pas un mot. Ils étaient en retard, Vivien devait les attendre, et, si incroyable que cela lui parût aujourd'hui, il se souciait plus du retard que de Zosie. Il n'avait en fait guère pensé à ce que Zosie pourrait faire par la suite.

L'heure de pointe approchait et il y avait de plus en plus de circulation. Il prit Aylmer Road, descendit Archway Road et s'engagea dans North Hill ; les nombreux arrêts aux feux lui donnaient l'occasion de se retourner pour dire à Zosie de la boucler et de se contrôler. Personne ne les suivait. Bien sûr que non. Qu'est-ce qu'il s'imaginait ? Des voitures de police lancées à leurs trousses ? Des détachements de policiers brandissant des matraques ? On avait probablement conclu qu'il avait, lui, Rufus, découvert l'enfant lorsqu'il avait été abandonné pour la deuxième fois, et qu'il l'avait ramené en lieu sûr.

Zosie avait enfoui son visage dans la garniture élimée de Bidugrame et elle avait ramené ses jambes en position fœtale. Elle avait cessé de pleurer. Rufus tourna dans View Road et aperçut Vivien, tranquillement assise sur un mur de jardin, avec sa robe bleu vif qui détonnait au milieu des gris et des verts écrasés sous la blancheur crue du ciel.

Elle grimpa à côté de lui, jeta un coup d'œil à Zosie et détourna discrètement le regard.

« Comment ça s'est passé ?

— C'est sa sœur que j'ai vue, pas sa femme. Sa femme est morte. Elle est morte pendant l'accouchement, d'une embolie ou quelque chose comme ça.

— C'est rare, dit Rufus, mais ça arrive quand même. »

Il commençait à se diriger vers le périphérique nord.

Zosie leva la tête. « C'est quoi, une embolie ?

— Une bulle d'air dans une veine, et quand ça touche le cœur ou le cerveau, on meurt. C'est bien ça, Rufus ?

— Plus ou moins. » A l'époque, déjà, il n'aimait pas parler de ces questions ésotériques avec les profanes. « Tu as eu le boulot ou tu ne sais pas ?

— Ils me le feront savoir. La sœur doit voir d'autres gens avant de repartir pour les États-Unis. Elle habite là-bas. Ils ont une nurse pour Nicole en ce moment — c'est le nom du bébé — et pour l'autre petite fille, Naomi. Mais elle s'en va, elle se marie. »

Zosie demanda quel âge avait le bébé.

« Elle a neuf mois.

— Elle est comment ? Elle est mignonne ?

— Oui, bien sûr. Très belle. » Vivien hésita. Elle effleura le bras de Rufus. « Tu sais, je crois que j'ai fait quelque chose d'idiot. Elle a dit qu'elle m'écrirait, et je lui ai donné mon adresse à Trapellune, Nunes, Suffolk. Ça ne s'appelle pas vraiment comme ça, n'est-ce pas ?

— C'est Wyvis Hall, dit Rufus en riant. Il faudra que tu leur téléphones pour les tirer d'erreur.

— Ou que j'attende une semaine ou deux avant de le faire. Elle m'a dit qu'elle me ferait signe dans une quinzaine de jours. »

En se remémorant cela, Rufus pensa qu'au moins la présence de Mlle Vivien Goldman à Wyvis Hall en juillet 1976 ne pouvait pas être retrouvée par la poste. Aucun employé trop zélé, doté d'une mémoire exceptionnelle, ne serait en mesure de témoigner. Et la jolie postière n'avait jamais déposé de lettre de Robin Tatian, que ce soit à la porte de Wyvis Hall ou en haut de la trouée, dans la boîte réservée au courrier. Cette lettre avait été écrite, expédiée à Trapellune et sans doute renvoyée à son expéditeur avec la mention « inconnu ».

Seul Adam avait reçu du courrier pendant qu'ils étaient là-bas : les impôts locaux, et, le dernier jour, une facture d'électricité. Parfois, pourtant, Rufus avait soulevé le couvercle de la grosse boîte en bois qui était près de la route, du côté du bois de pins. Il l'avait fait le jour où ils étaient rentrés de Londres et il y avait trouvé un exemplaire du journal de la paroisse de Nunes, avec une feuille morte par-dessus.

Ils avaient rencontré Adam et Shiva à mi-chemin sur la trouée ; ils montaient voir le cimetière d'animaux que Shiva venait de découvrir. Il avait garé Bidugrame et c'était alors que Zosie lui avait montré ce qu'elle avait volé — un petit appareil photo. Ils étaient tous sortis et ils avaient suivi les autres jusqu'au bois de pins ; Vivien grondait gentiment Zosie, en lui reprochant d'un ton maternel d'être « une petite voleuse ». Rufus se souvint du visage boudeur de Zosie et de la façon dont elle esquissait des pas de danse en battant des mains. Il se souvenait des rayons obliques du soleil à travers le bois et du gazouillis discordant et assourdi des oiseaux qui rentraient couver leurs petits.

« Tu veux reprendre un verre ? » dit Marigold.

Il secoua la tête. Elle éteignit la télévision, ramassa le verre vide et toucha son épaule d'un geste vaguement caressant en sortant de la pièce. Rufus récupéra son verre clandestin, en se demandant si elle savait à quoi s'en tenir — si elle le savait depuis toujours, sans en avoir jamais rien dit, par délicatesse. Il avait oublié une ou deux fois de retirer son verre clandestin, mais le lendemain, il avait disparu.

Le téléphone sonna.

Rufus décrocha. Une voix qu'il n'aurait pas reconnue, une voix ordinaire de jeune femme, dit :

« Rufus, c'est Mary Passant à l'appareil. C'est-à-dire Mary Gage. »

XIII

La prière de la Gestalt était là pour rappeler quotidiennement à Shiva que Rufus et Adam n'étaient pas venus en ce monde pour remplir ses espérances. Ils ne faisaient rien et ils se levaient rarement avant midi. Ils prenaient des drogues et Rufus buvait plus que de raison. Shiva se réjouissait à la perspective d'avoir des discussions sur la nature de l'existence, l'avenir du monde, les divers aspects de l'expérience religieuse et autres problèmes éthiques. Mais Rufus et Adam, qui avaient pourtant, à l'évidence, suffisamment de capacités intellectuelles pour avoir des vues sur ces questions, ne parlaient que de futilités, de nourriture et de boisson, d'endroits, de films ou de gens qu'ils connaissaient, et s'embarquaient dans des échanges de reparties incompréhensibles, sans doute pleines d'esprit.

Shiva avait quelque difficulté à passer le temps. Il étudiait ses maths. Il aidait Vivien à la cuisine, tout en gardant rancune aux autres hommes de ne pas le faire, alors qu'ils venaient d'une culture moins patriarcale que la sienne. Il essayait d'engager Rufus dans des conversations sur la médecine et les professions médicales, sur les diverses écoles de médecine et sur ses chances éventuelles d'accéder à l'une d'entre elles, mais Rufus ne se montrait pas très communicatif. Bien que d'une gentillesse et d'une amabilité irréprochables, il semblait considérer qu'il suffisait de vouloir entrer dans une école de médecine pour y parvenir.

Pour occuper ses loisirs, il explorait les environs, en évitant les routes la plupart du temps. Des routes, il en avait autant qu'il en voulait chez lui. Il marchait à travers champs, en allant très exactement là où il n'aurait pas dû, ce dont il n'était nullement conscient. En cette ère d'agriculture mécanisée, il n'y avait personne pour le détromper. Il traversait parfois les blés et l'orge jaunissants, mais il était trop agile et trop léger pour endommager les récoltes. Il ignorait tout des plantes et des arbres et il n'aurait pas distingué un pissenlit d'une églantine, mais c'était probablement ce qui rendait cet univers bucolique si fascinant pour lui. Il suivait le cours de la petite rivière, contemplant les herbes vertes et chevelues qui flottaient sous la surface de l'eau en guettant les libellules qui passaient en vol rasant. Il vit une fois un martin-pêcheur de la couleur de la robe de Vivien, en plus vif et plus éclatant : les plumes bleues de l'oiseau paraissaient éclairées de l'intérieur. Le ciel au-dessus de lui était toujours bleu ; il arrivait que quelques cirrus crépus le recouvrent d'un fin réseau, mais la plupart du temps, le soleil brillait sans nuage, répandant une chaleur intense qui semblait ne jamais devoir prendre fin.

Vivien et lui étaient à Trapellune depuis une quinzaine de jours lorsqu'il découvrit le cimetière dans le bois de pins. Vivien était allée à Londres avec Rufus et Zosie pour son entretien avec l'architecte de Highgate. Adam était allongé sur la terrasse ; il lisait un roman cochon du XIXe siècle qui avait appartenu à son grand-oncle. C'était la fin de l'après-midi ou le début de la soirée, et le soleil était aussi chaud qu'en plein midi. Shiva s'était rappelé qu'il avait promis à Vivien d'aller chercher du petit bois pour qu'elle puisse allumer le fourneau de la cuisine.

En vérité, l'idée d'allumer un four par cette chaleur lui semblait difficilement envisageable, mais Shiva était allé prendre dans les écuries le panier plat que Vivien disait être une corbeille de jardinier, et il s'était mis en route. Il avait grimpé le long du tunnel presque entièrement clos qu'était devenue la trouée, en prenant pour point de repère un arbre mort en bordure de l'extrémité nord du bois.

Le bois commençait par des feuillus : des chênes, des frênes, des hêtres et des tilleuls. Les conifères étaient massés au sommet, à proximité de la route. L'odeur, qui se faisait de plus en plus forte à mesure qu'il grimpait, lui rappelait une certaine essence pour les bains. Il en déduisit logiquement — tout en ayant quand même l'impression d'être guidé par un heureux hasard dans ses découvertes — que l'essence de pin, à savoir le parfum pour les bains, était d'une nature similaire à celle des arbres, et il porta un regard neuf sur ces derniers, d'un vert très foncé, presque noir ; leurs aiguilles étaient rassemblées en grappes denses et rondes. On distinguait parmi celles-ci de longs cônes pointus, d'un vert pâle et tendre ; toutefois, ceux tombés à terre sur un tapis de milliers d'aiguilles brunes étaient bruns également, avec un aspect lisse et brillant, comme s'ils avaient été sculptés dans un bloc de bois. Les pins poussaient en rangs serrés et symétriques, de sorte que le bois ressemblait, dans l'imagination fantasque de Shiva, à un ancien temple à colonnes recouvert d'un toit de ténèbres menaçantes.

Il lui vint à l'esprit que les cônes fourniraient peut-être un meilleur combustible que le bois mort ; il se mit à en ramasser dans son panier. Mais plus il en ramassait et plus il lui semblait que les cônes les plus beaux se trouvaient toujours plus loin, à l'intérieur du bois. Il s'y enfonça progressivement, et il fut bientôt obligé de se glisser entre les branches de pin, tant les arbres étaient rapprochés. Il y faisait sec, silencieux et assez étouffant. C'était très calme. Le bois n'était pas immense — il l'avait vu du break en revenant de Hadleigh avec Rufus —, aussi ne risquait-il pas de se perdre. Ce qu'il avait également aperçu ce jour-là du haut de la colline, c'était une allée sablonneuse qui coupait le bois en deux parties égales, du nord au sud, et qui devait être destinée au transport des rondins. Shiva pensait atteindre rapidement cette allée et, en effet, après avoir parcouru à grand-peine une cinquantaine de mètres avec son panier, il vit un rayon de lumière. La futaie commençait à s'éclaircir. Un nid d'oiseaux en forme de panier se balançait au bout d'une branche, juste au-dessus de sa tête, mais il ne distingua la crête dorée des deux oisillons gazouillants que lorsqu'il déboucha dans l'allée.

Dès qu'il émergea des étroites rangées de pins, il comprit qu'en suivant l'allée sans interruption vers le sud, il aboutirait à la clairière gazonnée qui séparait le bois de pins du bois de feuillus. Il décida de ressortir par ce chemin, afin d'éviter le dédale des troncs et des branches. Il regarda autour de lui. De l'autre côté de l'allée, sur la droite, l'alignement des pins était brisé, ou plus exactement découpé ; les arbres formaient à cet endroit une sorte de carré ouvert, à trois côtés. Cet espace était recouvert d'herbe, comme les bordures de l'allée, mais au lieu de présenter une surface plane, il était hérissé d'une douzaine ou d'une quinzaine de petits tumulus. L'effet produit était celui d'une minuscule chaîne de collines vertes, d'un paysage nain vu d'un avion miniature, ou d'une série de taupinières herbues. L'endroit semblait être entièrement parsemé de monuments. Shiva s'en approcha, avec son panier de pommes de pin.

C'était un cimetière. La plupart des monuments étaient en bois, gris comme la pierre ou verdis par une patine de lichen ; certains étaient tombés sur le côté. Çà et là, une dalle de marbre, rose, gris moucheté, ou blanche. Sur cette dernière étaient gravés le nom Alexander, et les dates 1901-1909. Sur un autre monument étaient inscrits des vers qu'il trouva incompréhensibles. Mais c'étaient les hommages les plus simples qui le touchaient. Il fut ému par « Il nous a quittés après trois courtes années », et « Par quels courants sans fin, Pinto... ». Les morts qui étaient enterrés là avaient eu des vies étonnamment brèves : le plus vieux était un certain Blaze, mort en 1957 à l'âge de quinze ans. Shiva ne doutait pas d'avoir découvert un cimetière d'enfants. C'était la progéniture ancestrale des Verne-Smith, fauchée trop tôt, qui reposait ici. La tombe la plus ancienne datait de 1867, et la plus récente, à l'exception de celle de Blaze, de 1912. Il savait que l'Angleterre avait connu une mortalité infantile importante à cette époque, et son cœur se serrait à la pensée de ces petits disparus, ce bébé de trois ans, par exemple, et le pauvre Alexander, décédé à l'âge de huit ans. Mais lorsqu'il s'éloigna le long de l'allée, il se sentit ragaillardi à l'idée qu'il allait enfin pouvoir communiquer aux autres une information intéressante. Adam, il en était sûr, n'était pas au courant. Il lui avait déclaré qu'il n'était jamais allé dans le bois de pins.

Désireux de ménager sa surprise, Shiva se contenta de dire à Adam qu'il avait quelque chose à lui montrer. Il n'en dit pas plus aux autres qu'ils rencontrèrent en chemin, Adam et lui, sur la trouée. Cette discrétion lui apporta un immense soulagement rétrospectif : à quels quolibets n'avait-il pas échappé !

Vivien ne savait pas non plus. Ils venaient, elle et lui, d'horizons très différents, mais ils étaient plus proches l'un de l'autre que chacun d'eux ne pouvait l'être de Rufus ou d'Adam. Quant à Zosie, elle était restée immobile, le regard fixe, la main sur la bouche. Les deux Anglais avaient derrière eux une longue tradition, ou plutôt une mythologie que Shiva savait ne jamais devoir comprendre, et que son père, en dépit de son amour et de son admiration proclamés pour l'Angleterre, n'avait jamais comprise.

Adam éclata de rire à la réaction de Vivien — la même que celle de Shiva, dans le fond, sinon qu'elle était beaucoup plus impulsive, Vivien ayant poussé un véritable cri de douleur et de compassion.

« Ce sont des chiens et des chats », dit Adam, et Rufus acquiesça. Il savait, lui aussi. « Les gens comme les Bereland, c'est-à-dire la famille de ma grand-tante, étaient du genre à avoir un cimetière d'animaux.

— Et moi qui plaignais ces pauvres petits d'avoir eu une vie si courte, dit Vivien.

— En fait, ils ont vécu pas mal de temps. Le vieux Blaze est mort à cent cinq ans, si on calcule en années de chien. »

Les yeux de Zosie étaient gonflés comme si elle avait pleuré. Shiva l'avait déjà remarqué, et elle paraissait être sur le point de recommencer. Elle prit la voix enfantine et candide qui lui revenait quand elle était bouleversée.

« Tu crois qu'on enterrera encore quelqu'un ici ?

— Si c'est d'autres animaux que tu entends par là, je ne pense pas. Je ne me vois pas avec un chien ou un chat.

— Oh, Adam, vraiment ? Et tu empêcherais quelqu'un d'autre d'en avoir un ? Je ne pourrais pas avoir un petit chat si je voulais ? »

Adam passa son bras autour d'elle, mais il ne lui fit aucune réponse. Zosie était peut-être une retardée mentale, pensa Shiva tandis qu'ils retournaient à la maison. Il n'avait jamais vu personne se conduire comme elle. Qu'elle soit venue à Trapellune en tant que petite amie de Rufus — il avait fini par le deviner — et qu'elle ait ensuite déménagé dans le lit d'Adam, c'était une chose qui le choquait profondément. Il la considérait comme une espèce d'enfant-putain, précocement vicieuse. Il n'avait jamais réellement parlé avec elle, et chaque fois qu'ils s'étaient retrouvés seuls, il n'avait pas su quoi lui dire.

« Elle avait eu un bébé, dit-il à Lili. Cette enfant avait eu un bébé. Il était né avant son dix-septième anniversaire.

— Mais c'est très triste, Shiva. » Lili avait un ton légèrement réprobateur.

« Pas pour le bébé, en tout cas. Il a été adopté. Mon Dieu, il doit avoir dix ans maintenant. Un peu plus de dix ans. Elle mentait comme elle respirait, tu sais. Un jour elle disait à Vivien que c'était son beau-père qui était le père de l'enfant, et un autre que c'était un garçon de l'école ou un professeur. Comment savoir la vérité ? Elle ouvrait son cœur à Vivien. Vivien était une mère pour elle, et pour Adam aussi.

— Tu crois qu'on ouvre son cœur à sa mère ? Je ne le fais jamais avec la mienne.

— C'était une façon de parler, Lili. De toute manière, elle n'ouvrait pas vraiment son cœur si la moitié de ce qu'elle racontait n'était que des mensonges, il me semble. Mais il était clair qu'elle avait quitté l'école parce qu'elle allait avoir un bébé. Après la naissance, elle était allée dans une sorte de foyer pour jeunes filles non mariées qui restent là-bas avec leurs bébés, en attendant l'adoption. Elle n'était pas retournée chez sa mère, bien qu'elle ait eu l'intention d'y aller plus tard. Elle pensait qu'elle ne pouvait pas faire autrement, jusqu'au moment où Rufus l'a trouvée sur le bord de la route.

— Elle était malade dans sa tête, dit Lili. C'est ce que tu as toujours dit.

— Certaines femmes tombent malades après avoir eu un bébé, n'est-ce pas ? »

Lili détourna la tête. « Il y a ce qu'on appelle la dépression post-partum.

— Ce n'était pas de la dépression. Zosie n'était pas déprimée. Elle était malheureuse, elle était folle de malheur. Elle était brisée. Rufus le savait. Il en était à sa quatrième année de médecine. Il aurait dû faire quelque chose, l'emmener voir un docteur. Mais ils l'encourageaient, Rufus et Adam, ils l'encourageaient à voler, ça les amusait. Elle volait de l'amour, dirait un psychiatre. »

Lili haussa les épaules. « Elle avait ses parents — enfin, elle avait sa mère. Elle ne l'aimait pas ?

— D'après ce qu'elle a dit à Vivien, sa mère avait été embêtée quand elle avait su que sa fille était enceinte. Pas en colère, pas bouleversée, remarque bien, mais embêtée. Elle avait peur de ce que diraient les gens.

— Pourquoi est-ce que Zosie n'a pas avorté ?

— Vivien disait qu'elle ne voulait pas affronter la réalité. Elle faisait comme si de rien n'était. Quand elle l'a annoncé à sa mère, il était trop tard. La seule solution qu'ait pu trouver la mère, c'était l'adoption. Elle — je veux dire la mère — a eu la chance de déménager avec son mari au moment où le bébé arrivait à terme ; grâce à quoi, si tout se passait bien, les anciens voisins ne seraient pas mis au courant, et les nouveaux n'en entendraient jamais parler. C'est ce qui explique pourquoi Zosie devait aller dans cette espèce de foyer pour mères célibataires après l'accouchement.

— Autrefois, on disait les "filles mères". Tu le savais ? Je l'ai lu dans un roman.

— Certaines d'entre elles devaient être trop jeunes pour se marier. C'était presque le cas de Zosie. Elle a accouché dans un hôpital de Londres où elle n'est restée que cinq jours ; quand elle est sortie, elle est allée dans ce foyer et, une semaine plus tard, elle avait fait une déclaration d'abandon. Le bébé a tout de suite été confié à ses nouveaux parents.

— C'était un garçon ou une fille ?

— Je ne sais pas, dit Shiva. Je n'ai pas posé la question et Vivien ne me l'a pas dit.

— Ça paraît important pourtant.

— Zosie ne pouvait plus rester là-bas une fois que le bébé était parti. Elle ne pouvait pas retourner à son école. Son père et son beau-père avaient déménagé, mais elle avait leur nouvelle adresse. Sa mère n'était pas méchante à ce point. Elle attendait sans doute que Zosie revienne à la maison — la nouvelle maison, bien sûr. Et Zosie se préparait à le faire parce qu'elle n'avait pas le choix. Elle ne connaissait personne et elle n'avait pas d'argent. »

Shiva s'interrompit et ramassa une fois de plus le journal. C'était un entrefilet de la rubrique des faits divers qui était à l'origine de leur conversation. On y disait que de nouveaux indices devaient bientôt permettre à la police d'identifier formellement les restes de la jeune femme et du bébé découverts dans le cimetière d'animaux à Wyvis Hall. C'était tout. Shiva relut attentivement l'article.

« Ce n'était pas de ta faute, dit Lili. Ça s'est passé pendant que tu y étais, voilà tout.

— Non, ça ne s'est pas limité à ça. J'aurais dû partir. Quand j'ai vu comment les choses tournaient, j'aurais dû m'en aller. Au lieu de ça, j'ai persuadé Vivien de rester. Quand elle a su qu'elle était engagée chez Robin Tatian, elle pensait revenir au squat, à Londres. Ça n'avait pas marché comme elle voulait à Trapellune. Personne ne travaillait sauf elle. Ils ne faisaient aucun effort et ils n'auraient pas eu l'idée de la remercier — comme si c'était leur mère. Tu peux rester, Shiva, me disait-elle, ce n'est pas parce que je m'en vais que tu es obligé de partir. J'ai compris à ce moment-là que tout était fini entre nous. Ça te gêne que je parle comme ça, Lili ? »

Elle fit un signe de dénégation et lui lança un sourire fugitif.

« Je ne pensais pas que ça te gênerait. Tu n'aurais aucune raison. C'était bien plus une amitié qu'une histoire d'amour entre nous. Nous dormions dans le même lit à Trapellune, mais nous ne nous touchions jamais. Je crois que Vivien en était arrivée à considérer qu'il n'y avait pas de place dans sa vie pour les distractions du sexe, et si bizarre que ça paraisse, c'était vrai. Je me réveillais parfois au milieu de la nuit et je la voyais assise dans un coin de la pièce, en train de lire le Gita près d'une lampe voilée. Ça me faisait un effet étrange, parce que c'était moi l'Indien et que je ne l'avais pas lu.

« Je l'ai persuadée de rester. Les autres — les autres étaient très distants envers moi. Je serai franc. Ils m'intimidaient, ils me faisaient même un peu peur. Pas Zosie, les hommes. J'ai dit que Vivien était comme une mère pour Zosie et Adam, mais je dois avouer qu'elle me maternait aussi. Elle me protégeait, c'était une sorte de bouclier entre eux et moi. Je lui ai dit, je t'en prie, reste jusqu'à ce que tu prennes ton travail, ne m'abandonne pas, et elle a dit, bon, d'accord. Je ne crois pas qu'elle en ait eu envie, mais elle mettait ses principes en pratique, elle faisait le bien.

« Elle m'a dit après qu'elle me remerciait d'être indien. Nous n'avions même pas parlé d'hindouisme, je n'y connais rien de toute façon, mais elle avait dit que pour ce qu'elle recherchait, il suffisait que je sois indien, ça lui montrait la voie. Je n'ai jamais vraiment compris ce qu'elle voulait dire. »

Il se tut. Lili attendit, les yeux fixés sur lui, puis elle reprit son livre. Elle tourna la page et parut se concentrer sur le texte, mais il n'avait pas l'impression qu'elle lisait pour de bon. Shiva se leva pour aller chercher le numéro d'Adam dans l'annuaire bleu, et celui de Rufus dans l'annuaire rose. Il n'avait pas peur de les appeler : il ne savait pas quoi leur dire. Qu'y avait-il à dire ? Ne citez pas mon nom, ne parlez pas de moi. Ils feraient ce qu'ils voudraient, et ses supplications n'y changeraient rien.

Il referma l'annuaire rose et éteignit la lumière. On économisait l'électricité dans la Cinquième Avenue. Il regarda la rue à demi éclairée par la petite fenêtre. Les gens d'en face déménageaient. C'était l'une des dernières familles blanches dans cette portion de la Cinquième Avenue, un jeune couple avec deux enfants. La pancarte « à vendre » était restée là pendant des mois, mais la maison s'était enfin vendue. Pour cinq mille de moins qu'ils n'en demandaient, lui avait raconté Lili, et cinq mille, c'était un pourcentage important par ici. Le camion de déménagement était resté dehors toute la journée ; il était parti maintenant. Personne n'avait emménagé, et les fenêtres étaient sans rideaux. Si les nouveaux occupants n'arrivaient pas rapidement, pensa Shiva, des squatters s'installeraient ou les fenêtres seraient brisées.

Les voitures s'échelonnaient sur deux files le long de la colline, sous l'éclairage blême des lampes à sodium ; une lueur orange d'incendie filtrait derrière les carreaux dépolis du pub, et on ne voyait âme qui vive. Il y a quelque chose de menaçant et de sinistre dans la vacuité urbaine. Une rue demande à être peuplée, et on peut mesurer la valeur d'une société, pensait Shiva, au soulagement qu'on éprouve devant une cité vide. Dire qu'il se sentait en sécurité en l'absence de ses congénères...

Les êtres vivants sont innombrables : je fais le serment de les mener jusqu'à l'autre rive.

Les souillures sont innombrables : je fais le serment de m'en purifier.

Les enseignements sont incommensurables : je fais le serment de m'en pénétrer et de les appliquer.

Le chemin est très long. Je fais le serment de le suivre jusqu'au bout.

Il ne savait pas d'où provenaient ces phrases. D'écrits bouddhistes ou hindouistes, sans doute. Qui assignaient toujours des buts impossibles à leurs adeptes. Vivien avait recopié ce passage sur une feuille de papier qui traînait dans leur chambre, sous le tableau à l'enfant mort. Elle était restée là pendant tout leur séjour, pressée sous le poids d'une bouteille de santal. Il s'en souvenait maintenant parce que six semaines durant, il l'avait vue et lue tous les jours.

Vivien était seule au monde ; elle avait été élevée à l'Assistance. Sa mère avait eu tant d'enfants, disait-elle, qu'elle n'avait pas eu le temps de s'occuper d'elle. Elle avait été prise en charge parce que sa mère était trop malade pour être en mesure d'élever une famille nombreuse. Lorsqu'elle s'était rétablie, et qu'elle avait commencé à mener une vie plus stable en épousant l'homme avec lequel elle vivait, Vivien et l'un de ses frères, lui aussi confié à l'Assistance, avaient été oubliés. Ni l'un ni l'autre n'avaient retrouvé leur foyer, et Vivien découvrit un jour qu'elle avait été réellement abandonnée : sa mère et le reste de sa famille étaient partis s'installer dans une région assez éloignée depuis un an.

Vivien n'avait pas donné ces explications pour s'apitoyer sur son propre sort, mais parce qu'elle se demandait combien de frères et sœurs elle pouvait avoir maintenant. Zosie l'avait écoutée avec une attention fascinée, les coudes sur la table, soutenant son petit visage pâle entre ses mains.

« Moi aussi, j'ai été abandonnée par ma mère », dit-elle.

C'était avant qu'elle ne parle du bébé à Vivien. Elle était encore la mystérieuse jeune fille qui ne sortait de nulle part.

« Ma mère ne sait pas où je suis. Elle s'en moque. Elle n'a pas essayé de me trouver, elle ne m'a pas cherchée, elle n'a rien dit à la police. J'ai disparu, mais elle s'en fiche.

— Qu'est-ce que tu en sais ? dit Rufus. C'est toi qui es partie, pas elle. C'est ce que j'ai cru comprendre, en tout cas. Comment peux-tu savoir qu'elle ne te cherche pas ?

— On a écouté la radio tous les jours, et il n'y a rien eu. J'ai acheté un journal à Londres, et j'ai regardé les journaux chaque fois qu'on est allé à Sudbury. Il n'y avait pas un mot là-dessus. Elle s'en moque, elle est bien contente que je sois partie.

— Et alors ? dit Rufus le rationnel. Ce n'était pas ce que tu cherchais ? Je croyais que tu ne souhaitais pas rentrer chez toi. Tu veux que ta mère te fiche la paix, oui ou non ? »

Shiva pensait avoir compris. Et Vivien avait très bien compris. Elle avait dit que c'était une chose de faire une fugue, et d'être ravi de quitter ses parents, mais que c'en était une autre de découvrir qu'ils étaient contents que vous soyez parti. Et Zosie avait ajouté :

« Vous ne voyez pas à quel point c'est horrible ? Je disparais, et ma mère ne s'en soucie même pas. On aurait pu me tuer. Mon Dieu, je n'ai que dix-sept ans. »

Elle se mit à pleurer, avec des sanglots déchirants. Vivien s'assit à côté d'elle, passa un bras autour de son épaule, la retourna entièrement contre elle et la prit dans ses bras. Ce fut ce jour-là, un peu plus tard, que Zosie raconta tout — ou presque tout — à Vivien. Elle lui parla du bébé. Et d'Adam. Adam lui avait dit qu'il l'aimait, qu'il était fou d'elle, et vu la façon dont il la regardait, en la dévorant des yeux, Shiva le croyait volontiers. Ce que Zosie ressentait pour sa part, elle ne l'avait pas dit à Vivien, ou bien Vivien l'avait gardé pour elle. Elle avait fait une remarque qui était peut-être significative.

« Si j'avais su, j'aurais pu garder le bébé. »

Vivien lui avait demandé ce qu'elle voulait dire.

« Il veut que je reste ici avec lui. Il veut que je vive ici avec lui pour toujours. C'est ce qu'il dit. Il ne va pas retourner à Londres, il ne retournera pas à l'université. Je serai ici chez moi jusqu'à la fin de mes jours, dit-il, et je n'arrête pas de penser, si seulement j'avais su ça avant d'abandonner mon bébé. J'aurais pu l'amener ici, et nous aurions vécu tous les trois ensemble, comme une famille. Et c'est une idée que je ne peux pas supporter, de penser à ce que ça aurait pu être. »

Adam était en train d'attendre pour faire sa déposition au commissariat lorsqu'il lut les quelques lignes sur l'identification formelle des squelettes de Wyvis Hall. Comme on ne s'occupait pas de lui, il avait parcouru le journal du soir qu'il venait d'acheter. Il s'imagina sur-le-champ que tous les regards convergeaient vers lui, que les policiers qui se tenaient derrière une sorte de comptoir, et les deux ou trois personnes qui attendaient également, savaient à quel endroit précis du journal se trouvait l'entrefilet, et qu'ils étaient là pour mesurer l'étendue de sa culpabilité.

Il replia le journal, en essayant d'avoir l'air détaché. Mais son cœur s'était mis à battre à tout rompre lorsqu'il avait compris l'importance de ce qu'il venait de lire.

Cinq minutes plus tard, il était dans un petit bureau austère avec le brigadier Fuller. Adam n'était pas sans appréhension, mais il s'était fait la leçon : n'avait-il pas déjà raconté tout ce qu'il avait l'intention de dire à Stretton et à Winder ? C'étaient eux qui étaient *au fait* de la situation. Ce Fuller ne savait probablement rien de l'affaire, ce n'était qu'un fonctionnaire dont le rang — ou la simple disponibilité — lui avait valu d'être désigné pour recevoir sa déposition. Il fut par conséquent réellement décontenancé lorsque après avoir répété ce qu'il avait dit à Winder, Fuller lui demanda sur le ton de la conversation la plus anodine :

« En fait, juste pour compléter le dossier, où avez-vous passé le reste de vos vacances cet été-là ? C'étaient vos grandes vacances, n'est-ce pas ? Chez vous, avec vos parents, ou vous êtes parti quelque part ?

— Je suis allé en Grèce, dit Adam.

— Seul ?

— Je ne vois pas le rapport avec Wyvis Hall. Je n'y étais pas là et il me semble que c'est tout ce qui compte.

— Tout ce qui compte ? dit le brigadier Fuller. C'est un peu exagéré, vous ne croyez pas ? Tout ce qui compte — quoi que ça puisse être. »

Adam craignait que son père n'ait déjà dit qu'il était parti avec Rufus. Pourquoi n'avait-il pas vérifié les déclarations de son père ? Il dit :

« Si vous en avez terminé avec moi, il se trouve que je suis pressé...

— Il faut que vous signiez, monsieur Verne-Smith. »

Adam signa.

« Vous étiez sur le point de me dire avec qui vous êtes allé en Grèce, dit Fuller.

— Avec un ami qui s'appelait Rufus Fletcher. C'est le docteur Fletcher maintenant.

— Vous pourriez peut-être me donner l'adresse du docteur Fletcher, monsieur Verne-Smith. »

Adam regretta ses paroles aussitôt après les avoir prononcées. « Il est dans l'annuaire. »

Fuller ne dit rien, mais il regarda Adam avec insistance, et Adam se doutait de ce qu'il pensait. Si cet homme est un de vos amis, comment savez-vous qu'il est dans l'annuaire ? Vous devriez vous rappeler son numéro, ou l'avoir noté dans votre répertoire personnel. Ou bien voulez-vous dire qu'il *était* un de vos amis, mais qu'il ne l'est plus, que vous savez qu'il est dans l'annuaire parce que vous y avez cherché son numéro afin de le prévenir, de discuter de l'affaire avec lui ou de fabriquer un alibi ? Et s'il en est ainsi, monsieur Verne-Smith, cela donne lieu à toutes sortes d'hypothèses intéressantes...

Il faudrait qu'il avertisse Rufus. Ils voudraient certainement vérifier ses dires auprès de lui. Adam se sentait las, il était légèrement étourdi comme s'il avait reçu un coup, mais un coup pas assez violent pour l'assommer. D'habitude, à cette heure-ci, il se réjouissait à la perspective de voir Abigail ; maintenant, la pensée de l'enfant ne réussissait qu'à le remplir de désespoir. Quant à Anne, il comprenait à présent, sans plus se leurrer, qu'il ne restait avec elle qu'à cause d'Abigail. Il n'avait aimé que deux personnes dans sa vie, Zosie et Abigail, et la Zosie dont il avait gardé l'image était presque aussi jeune, aussi petite et aussi vulnérable que sa propre fille.

Les marques bleuâtres qu'il avait vues sur son corps, il les avait d'abord prises pour une particularité à elle, ce que Rufus aurait appelé une idiopathie. La peau de Zosie était d'un brun pastel, et les petites marques duveteuses ne ressemblaient pas à des cicatrices ; elles étaient assez belles en elles-mêmes, elles avaient quelque chose de piquant. Une fois, en passant, il lui avait demandé ce que c'était. Elle était allongée sur le côté, appuyée sur un coude, le menton entre les mains — un de ses gestes caractéristiques. Elle regardait le tableau qui représentait saint Sébastien face à une escouade d'archers romains.

« J'ai été transpercée de flèches, dit-elle.

— Allez, Zosie, dis-moi.

— Ma peau a été étirée, étirée très fort, et quand ça s'est arrêté, elle n'est jamais redevenue comme avant. Imagine un morceau de soie. Vas-y. » Elle avait sauté du lit et s'était emparée d'un ourlet de vieux rideau en soie rose. Elle l'avait tenu dans ses poings et elle avait tiré. Il y avait eu un bruit de déchirure. « Oh là là, le tissu est trop vieux, il est pourri. moi, je suis jeune, tu vois, c'est pour ça que je ne me suis pas déchirée. »

Il lui avait dit : « Zosie, Zosie, qu'est-ce que tu veux dire ?

— Est-ce que je vais te le dire ? Est-ce que je vais te le dire maintenant ? »

Il lui avait ouvert ses bras et elle s'y était blottie avec confiance, en murmurant contre son épaule. Ce qui était étrange, c'était que ses confidences l'avaient laissé à peu près indifférent. S'il entendait maintenant parler d'une fille de dix-sept ans qui vient d'avoir un bébé et de renoncer à ses droits maternels, qui s'enfuit d'un foyer, couche avec un homme, puis avec un autre, sans avoir été examinée par un médecin et sans utiliser de contraceptifs, il se sentirait bouleversé et profondément indigné. Mais à l'époque, il n'avait pas le même point de vue. Il n'avait pas pensé au problème de la contraception, cela ne l'avait pas effleuré. Il ne savait pas qu'une femme ne devait pas avoir de rapports avant les six semaines qui suivent l'accouchement, une fois qu'elle est médicalement assurée de pouvoir reprendre son activité sexuelle. Cela mis à part, il n'avait pas accordé beaucoup d'importance au bébé lui-même, ni aux sentiments que Zosie pouvait éprouver à son égard. Et il avait maintenant honte de son insensibilité grossière. En vérité, à l'âge de dix-neuf ans, il considérait un bébé comme une charge dont n'importe quelle fille seule désirerait se débarrasser. Soit à la naissance, soit, de préférence, avant, en avortant. Et lorsqu'elle lui avait confié que ces petites plumes bleuâtres étaient des vergetures consécutives à sa grossesse, il lui avait donné les seules marques de sympathie qu'elle avait, croyait-il, envie d'entendre :

« Elles ne t'abîment pas du tout, mon amour, elles ne sont pas vilaines. Elles sont mignonnes. Je les trouve adorables. »

Un frisson l'avait parcourue. Ses mamelons s'étaient dressés, mais ce n'était pas de désir. Il aurait tant voulu qu'elle le désire comme il la désirait : il se doutait que cela n'arriverait jamais, bien qu'il ne comprît pas pourquoi ; il pensait que c'était une question de technique, qu'il devait être plus adroit et plus inventif. Il ne lui était jamais venu à l'esprit qu'elle souffrait peut-être d'une frigidité post-natale. Cela avait été la source d'un malentendu irréparable, songeait maintenant Adam. Pas une seule fois au cours de ces mois d'été il n'avait attribué la tristesse de Zosie à l'abandon du bébé, et il n'avait pas davantage soupçonné que sa conduite étrange pouvait être imputable à une forme de psychose post-partum. Parce qu'elle se laissait faire l'amour chaque fois qu'il le voulait — c'est-à-dire au moins une fois par jour, sinon deux ou trois —, il supposait qu'elle en avait envie. Et elle n'était ni sèche ni inerte, elle bougeait, elle gémissait, et elle tordait ses membres ; par ces chaudes nuits, la sueur perlait sur elle en gouttes de verre qui glissaient sur ses seins oblongs et sur les cicatrices duvetées de ses cuisses. Comment aurait-il pu le savoir de toute façon ? Comment un homme, quel qu'il soit, pouvait-il savoir ce genre de chose ? C'était un territoire obscur que celui de la jouissance féminine. Comment un homme pouvait-il discerner la réalité du simulacre qu'elles en donnaient, à Dieu sait quelles fins ?

Est-ce qu'une femme a jamais joui avec moi ? se demanda Adam. Je l'ignore. Je suis marié et je n'en sais pas plus pour autant. Je ne sais que ce qu'elles ont dit. Et Zosie ne disait rien. Elle pleurait parfois, et parfois elle se mettait à rire comme une folle, et elle me pressait en elle, dehors-dedans, dehors-dedans, elle dressait les jambes et elle cambrait les fesses — et je n'ai jamais compris qu'elle me payait pour rester. Comme si j'avais pu la chasser ! Mais je ne savais rien. Je ne comprenais rien à rien. Elle m'a dit un jour :

« Si seulement j'avais su que tu habitais ici, et que tu voudrais que j'y habite avec toi, je n'aurais pas eu besoin d'abandonner mon bébé. J'aurais pu le garder. Pourquoi est-ce que les choses n'arrivent pas dans le bon ordre, dis, Adam ?

— Qu'est-ce qu'on ferait ici avec un bébé, Zosie ? avait-il répondu. Ce serait un tracas épouvantable et on ne pourrait pas sortir. »

Il avait assisté à la naissance d'Abigail, et il s'était senti mère au même titre qu'Anne. Abigail était sortie très vite et la sage-femme l'avait brandie triomphalement sous les yeux d'une Anne souriante et hors d'haleine, alors qu'Adam pleurait, le visage entièrement baigné de larmes. Anne le lui avait reproché plus tard, en lui disant que les Verne-Smith (ces foutus Verne-Smith) ne savaient pas ce que c'était que l'émotion. Et pourtant il pleurait d'avoir vu naître un bébé. Il avait été incapable d'expliquer que c'étaient des larmes de ravissement et d'amour, des larmes d'étonnement devant le miracle de la paternité. Et lorsqu'il avait vu l'enfant nettoyé et habillé dans les bras d'Anne, fouissant ses seins pour téter, il s'était souvenu de Zosie et, pour la première fois, son cœur avait saigné pour elle.

Il n'y a rien de surprenant à ce qu'une très jeune femme à laquelle on soustrait son bébé bascule temporairement dans la folie ; à ce qu'elle devienne mi-kleptomane mi-visionnaire, et se sente poursuivie par des fantômes. Il n'avait jamais eu peur *pour* Zosie, il avait eu peur *d'*elle. Par crainte qu'elle ne vole quelque chose dans une boutique, il l'avait laissée dans Bidugrame, ce qui avait eu des conséquences autrement plus graves...

C'était à peu près un mois auparavant que Rufus, Vivien et elle s'étaient rendus à Londres, où elle avait volé un appareil photo. Ils étaient tous allés voir le cimetière d'animaux pour la première fois ce soir-là, et Vivien lui avait fait des remontrances à ce sujet ; elle lui avait dit qu'elle devait rapporter l'appareil, et Zosie, mal à l'aise, boudait et riait tour à tour. Elle avait dû voler une pellicule également, ou bien Rufus en avait acheté une, car il avait pris des photos du cimetière et de la maison. Il s'était posté sur la pelouse, devant le cèdre dont la brise crépusculaire balançait les branches, et il avait photographié la maison. Puis Zosie avait posé en Juliette sur la terrasse, avec lui en Roméo sur la pelouse, et Rufus avait pris d'autres photos. Qu'étaient-elles devenues ? Rufus les avait peut-être gardées, mais il les détruirait en cas de danger.

Était-ce cette nuit-là que la température avait brutalement baissé ? Cela s'était produit le dernier soir de juillet, ou l'avant-dernier soir. Le ciel s'obscurcissait et Zosie était au bout du couloir. Elle venait de monter par l'escalier de service quand elle vit Hilbert devant elle, accompagné du petit chien Blaze, qui sautillait autour de lui. Mais elle avait vu un vieillard et un chiot, ce qui n'était pas tout à fait conforme à la réalité. Et c'était d'autant moins crédible qu'elle n'avait mentionné le chien qu'après avoir vu sa tombe dans le cimetière d'animaux.

La nuit était fraîche et ils étaient contents de se réchauffer à la chaleur du fourneau. C'était la fin du beau temps, avaient-ils tous pensé, mais le beau temps était revenu le lendemain, jusqu'à la fin du mois d'août — ou presque — plus chaud que jamais. Ce soir-là, emmitouflée dans son tricot gris, Zosie lui avait demandé si elle pourrait avoir un petit chat à elle, et il lui avait dit que oui, mais plus tard, quand les autres seraient partis ; elle pouvait avoir un chat, un chien, un agneau et un poney aussi, si ça lui chantait.

« Je n'avais pas le droit d'en avoir à la maison. De toute façon, je n'aurais pas osé. Cliff tue les animaux.

— Qui c'est, Cliff ?

— Mon beau-père. » Elle était assise contre lui, blottie comme une petite fille. Sa tête était enfouie dans son cou, et ses lèvres effleuraient sa peau. « Il tue les petites bêtes, sans pitié.

— Tu veux dire qu'il chasse à la carabine ?

— Il les chasse, oui, il les traque. Il ne m'a pas chassée, pourtant. Peut-être qu'il ne sait pas comment s'y prendre, il n'a pas trouvé la piste. » Et elle avait ri, en fouissant son cou comme un enfant au sein.

Cela avait été une des rares nuits où il avait pu la tenir contre lui sans que leurs corps soient emprisonnés dans une sueur d'étuve...

Adam rentra chez lui un peu plus tard que de coutume, et il monta directement au premier étage. Il entendait les bruits du bain d'Abigail, les éclaboussures et les cris aigus. La porte de la salle de bains était entrouverte. Il lança un bonjour à la cantonade, mais il évita de passer la tête à travers la porte, de peur que le spectacle enchanteur d'Abigail au milieu de ses dauphins flottants, de son canard et de son poisson gonflable ne le distraie de sa tâche. Il se dirigea vers la chambre d'amis où se trouvait le fusil de Hilbert, le calibre 12. Il lui semblait extrêmement imprudent de garder ce fusil chez lui un instant de plus. L'arrivée de la police avec un mandat de perquisition ne l'aurait pas surpris le moins du monde.

Le fusil de chasse était toujours dans le vieux sac de golf. Était-il encore en état de marche ? Ou fallait-il le nettoyer et le graisser avant de l'utiliser ? Lorsqu'il redescendit l'escalier, l'innocente gaieté qui venait de la salle de bains parvint à ses oreilles, et il songea, pour la première fois, à faire un autre usage de l'arme. La paix qui s'ensuivrait, la fin de ses tourments. « Fatigué de tous, je m'en irais loin de tous, sinon qu'à mourir, j'abandonne mon amour. » Il y avait Abigail...

A plusieurs reprises ces derniers jours, il lui était venu une idée qui était particulièrement insupportable. Zosie *aurait pu* reprendre son bébé, et ils auraient pu vivre ensemble à Trapellune, l'heureux paradis de nulle part : il n'était pas trop tard pour annuler une demande d'adoption, mais elle ne le savait pas, et lui non plus.

Adam ouvrit son coffre : il y dissimula son fusil sous la feuille de plastique qu'il gardait en réserve pour protéger son pare-brise du gel.

XIV

Mary Gage confia à Rufus qu'elle en était à son second mariage, et quoiqu'elle ne l'ait pas dit explicitement, il comprit que le second n'était pas plus réussi que le premier. Elle avait lu les journaux en arrivant à Londres, où elle n'était qu'entre deux avions. Dans cinq jours elle aurait regagné Rio. Elle avait pourtant éprouvé le besoin de lui téléphoner. Naturellement, elle n'avait pas réellement supposé que ce qu'on avait découvert dans la tombe du cimetière d'animaux avait un rapport quelconque avec Adam et lui...

« Je ne me souviens d'aucun cimetière d'animaux », lui dit-elle.

Marigold traversa la pièce pour aller prendre son bain. Elle regarda son mari d'un air interrogateur. Rufus posa la main sur le récepteur : « C'est Mary Passant », dit-il.

Marigold ne la connaissait pas, mais le fait qu'il ait ouvertement prononcé son nom devait dissiper tout soupçon de sa part. Et il lui expliquerait plus tard, en mari franc et honnête qui fait confiance à l'autre et qui s'attend à être payé de retour. Il pourrait par conséquent dire à sa femme qu'il s'agissait d'une ancienne petite amie, qui profitait de son passage à Londres pour lui donner un coup de fil.

« A qui parlais-tu ? demanda Mary Gage.

— A ma femme. »

Marigold devait également avoir entendu cette réponse avant de refermer la porte.

Mary poussa un léger soupir. « Donc, tu ne sais rien ? Comment saurais-tu quoi que ce soit, d'ailleurs ?

— Comment, en effet ? Adam et moi, nous ne sommes pas restés là-bas longtemps après ton départ.

— Ainsi cette Bella n'a jamais trouvé personne pour fonder une communauté avec vous ?

— Quelle mémoire tu as, Mary ! », fit remarquer Rufus du ton enjoué qui lui était habituel, malgré la brève sensation de froid qui l'avait parcouru. A dix années d'intervalle, elle se souvenait encore du nom de Bella. Ce fut un immense soulagement de l'entendre dire :

« Oh, je me le rappelle uniquement parce que quelqu'un m'a appris hier qu'elle était morte. D'un truc épouvantable. Elle venait d'avoir trente ans. »

Rufus reprit pied et se sentit soudainement euphorique. Bella était morte, donc la police ne retrouverait jamais sa trace, et elle ne pourrait jamais leur révéler qu'elle avait envoyé Shiva et Vivien à Trapellune le 15 juillet 1976.

« Quand repars-tu exactement ? » demanda-t-il.

— Dans cinq jours. Quatre, en fait, c'est-à-dire mardi, en début de matinée. »

Le plus tôt serait le mieux. Il n'y avait aucune raison de penser qu'elle parlerait à la police. A moins qu'ils ne la recherchent, mais comment le pourraient-ils ?

« Tu te rends compte, nous ne nous sommes pas parlé depuis le jour où tu m'as conduite à Colchester, quand j'ai pris le train pour Londres.

— C'est vrai », dit Rufus, se résignant à bavarder. A l'étage au-dessus, la baignoire commençait à se vider : il entendait l'eau s'écouler par la bonde. Il tendit le bras vers son verre clandestin et se mit à le boire à petites gorgées. Le liquide était tiède, rance et douceâtre.

« Tu es encore en train de boire ? Tu n'as pas beaucoup changé, ma parole. »

Au bout d'une minute, ils n'avaient plus rien à se dire. Il lui souhaita chaleureusement bon voyage et raccrocha.

En vérité, c'était un coup de téléphone réjouissant. Il ne pouvait pas espérer de meilleures nouvelles. Les origines de Vivien resteraient désormais obscures. Rufus alluma une cigarette, la dernière de la journée, et il aspira la fumée profondément. Si Adam n'arrivait pas à se rappeler le nom de famille de Shiva, c'était encore mieux. Ce qu'il avait oublié, il ne pouvait pas le raconter à la police. S'il était tant soit peu sensé, il ne citerait pas le nom de Zosie, ce pauvre chaton perdu. Il était presque impossible de penser à elle sans la comparer à un joli petit animal extrêmement vulnérable et doté d'une espérance de vie très courte. Un lièvre, lorsqu'elle écoutait avec une attention vigilante ; une souris, quand ses yeux s'arrondissaient ; ou un chaton qui ne dort jamais que d'un œil. Elle avait été si effrayée et si désespérée...

Rufus alla se coucher. Il avait pratiquement oublié Mary Gage. C'était à Trapellune qu'il pensait.

En raison du vol qu'avait commis Zosie, et de la vente qui s'était ensuivie, ils avaient renoncé à poursuivre leurs transactions avec les commerçants de Sudbury. Adam était convaincu, et peut-être à juste titre, que les deux marchands concernés, mis en fureur, avaient alerté leurs collègues, et que toute la confrérie des antiquaires et des brocanteurs de la ville attendait qu'ils reviennent écouler leurs marchandises pour les prendre au piège. Et s'il en était ainsi, leur signalement et leur réputation de malhonnêteté avaient pu être divulgués jusqu'à Long Melford, à Lavenham, voire jusqu'à Colchester.

Vivien avait trouvé, dans un tiroir du buffet, deux grandes cuillères qui pesaient assez lourd. Elles étaient rangées dans un compartiment du fond, tandis que ceux du devant contenaient des couteaux à découper, une fourchette et une pierre à aiguiser. Rufus en avait vu une paire identique sur une table, au cours d'un dîner de régiment auquel son père l'avait emmené.

« Ce sont des cuillères à farce, avait-il déclaré. Ça sert à vider les volailles de leurs abats. »

Adam dit qu'elles lui paraissaient anciennes et qu'elles devaient avoir de la valeur. « Un motif d'époque George V, il me semble ? »

Mais ils n'osaient pas s'aventurer dans les villes voisines pour les revendre, de même qu'ils hésitaient à négocier la douzaine de verres à liqueur, les deux plateaux de forme hexagonale et le vase anthropomorphe, victimes désignées de la prochaine fournée. L'argent commençait à manquer sérieusement. Zosie proposa de voler de la nourriture et des bouteilles de vin, mais Adam l'en dissuada. Il craignait de la voir prise sur le fait et de la perdre.

« Je pourrais vendre mon anneau », dit-elle.

Elle le portait à l'auriculaire gauche. Les doigts de Zosie étaient petits et délicats. Rufus doutait qu'il puisse aller à quelqu'un d'autre qu'à un gamin. C'était un anneau d'or, tressé de plusieurs brins finement entrelacés. Zosie avait pris l'habitude de le porter depuis peu de temps. Pendant les premières semaines qui avaient suivi son arrivée, il était resté dans le sac à dos, pêle-mêle avec le tricot, les bottes et la ceinture cloutée. Elle prétendait qu'il lui noircissait la peau. C'était une réaction qui se produisait chaque fois qu'elle portait de l'or, disait-elle : une marque noire et zébrée apparaissait. Elle observait continuellement sa main ces derniers temps, mais l'anneau ne semblait guère laisser de trace.

« Je ne veux pas que tu vendes ton anneau », dit Adam, en passant son bras autour de son épaule.

Shiva y jeta un coup d'œil. « Du reste, je ne vois pas à qui il irait. A une Indienne, peut-être. La plupart des Anglaises ont de gros doigts. Je ne pense pas que tu en tirerais beaucoup d'argent. Or ou pas or. »

Adam se fâcha. « A mon avis, il nous rapporterait au moins cinquante livres. Mais je veux pas qu'elle le vende, c'est une idée qui me déplaît souverainement. Il y a d'autres moyens de se procurer de l'argent. On ira peut-être à Londres fourguer quelques trucs. Dans un coin comme Archway, il y a des tas d'endroits où on rachète l'argenterie à bon prix. »

Le caractère communautaire de leur vie se bornait à un seul aspect, qui n'était d'ailleurs peut-être pas insignifiant : ce qu'ils avaient, ils le partageaient. Certes, la plupart du temps, cela revenait à dire qu'ils se partageaient ce qui appartenait à Adam. Toutefois, au stade où ils en étaient, Rufus avait apporté sa contribution. Il avait déposé sa chaîne en or chez un prêteur sur gages. A vrai dire, ce n'était pas sa chaîne, mais celle de sa mère. Rufus prenait plaisir à imaginer l'effet du pendentif sur sa poitrine bronzée. Et comme sa mère ne le portait jamais, il avait décidé de se servir. Il n'avait pas parlé de sa démarche aux autres. En fait, il ne savait pas s'il était encore possible de mettre un objet en gage, ou si cette pratique était tombée en désuétude. Il s'était rendu à Colchester chez le prêteur sur gages de Priory Street, en s'interrogeant sur la signification des trois boules de cuivre, mais tout s'était bien passé, sans la moindre difficulté : le prêt sur gages était apparemment un commerce florissant, et il obtint cent livres en échange de la chaîne.

En pensant à ces dernières semaines, celles du mois d'août, Rufus se rappela pour la première fois qu'il n'avait jamais racheté sa chaîne. Elle était sans doute encore là-bas. Elle devait valoir près de cinq cents livres à présent. Ses parents étaient morts, à une année d'intervalle, quatre ou cinq ans auparavant. Ils n'étaient plus tout jeunes — ils approchaient de la quarantaine — lorsque son frère et lui-même étaient nés. Si sa mère avait remarqué la disparition de la chaîne, elle n'en avait jamais soufflé mot.

Il avait remis l'argent à Adam et à Vivien, à la condition qu'on en destinerait une partie à l'achat du vin. En attendant, Zosie gardait son anneau. Au bout d'un jour ou deux, les zébrures noires ayant réapparu, elle ne cessa plus de le retirer pour se laver les mains. On le trouvait souvent sur le coin de l'évier, dans la salle de bains ou n'importe où dans la cuisine pêle-mêle avec les ustensiles.

Rufus essaya de se rappeler quand Adam, Zosie et lui-même étaient allés à Londres pour vendre les cuillères à farce, les verres à liqueur et le vase anthropomorphe. Il avait fallu attendre la fin du mois d'août, par la faute d'Adam, qui avait une crainte pathologique de tomber sur ses parents à Londres. Rufus lui avait dit qu'il ressemblait à ces habitants des antipodes qui, lorsqu'un de leurs voisins se rend en Europe pour les vacances, lui demandent de saluer leur cousin ou leur ami, comme s'il allait les rencontrer au détour d'une rue. Mais le fait qu'environ neuf millions de personnes vivaient à Londres, qu'il se rendait à Highgate alors que ses parents habitaient à Edgware, ne rassurait nullement Adam. Il voulait faire le voyage, il avait besoin d'argent, mais il le différait continuellement. Rufus se refusait par principe à « ramer à contre-courant », comme disait son père : il était inutile d'avoir des regrets et de se dire : « Si j'avais su... »

Bien plus tard, à la fin du mois d'août, la virée à Londres avait eu lieu, avec toutes ses conséquences.

Il était nerveux et ne tenait pas en place. Il se méfiait d'Adam. Adam était de ces gens qui s'écroulent sous l'effet du stress. En cas d'urgence, ils sont totalement inefficaces. Comme ce dernier matin, lorsque la postière était venue déposer le courrier. Adam avait déjà été pris de panique à l'aube, quand il avait cru entendre des bruits de pas autour de la maison : il avait traqué l'intrus imaginaire avec un fusil chargé. Et le fusil s'était immédiatement retrouvé entre ses mains lorsqu'ils avaient aperçu l'éclat rouge de la bicyclette, suivi du double claquement de la boîte aux lettres. Il s'était affolé, au point d'être gagné par une véritable hystérie.

Rufus s'intima l'ordre de rester calme. Lui, au moins, il n'était pas du genre à sursauter quand le téléphone sonnait. Pourtant, ce matin-là, il avait sursauté pour de bon. Sa standardiste sélectionnait impitoyablement les appels quand il était en consultation, mais si Adam invoquait une urgence...

Adam était incapable de se débrouiller seul. Il avait besoin d'un appui, il n'avait jamais pu s'en passer. Et quand il l'obtenait, il vous le renvoyait dans les gencives. Il n'avait aucune patience non plus. Comment réagissait-il avec sa propre fille ? Rufus n'arrivait pas à le concevoir. L'image qui s'imposait à lui, c'était celle d'Adam à l'âge de dix-neuf ans, montant péniblement l'escalier de Trapellune avec le couffin, auquel il n'avait pas jeté un regard. C'était le même Adam, celui qui avait aimé Zosie, celui qui lui disait qu'il voulait vivre avec elle dans leur jardin d'Éden jusqu'à la fin de ses jours, qui lui avait lancé, lorsqu'elle s'était mise à pleurer : « Ferme ta gueule sinon je te tue ! »

Rufus s'efforçait de garder son sang-froid, en s'exhortant à l'optimisme, mais il n'était pas entièrement maître de lui. Il s'était trompé de dossier et s'apprêtait à déclarer à Mrs. Hitchens que les symptômes qu'elle présentait étaient ceux de la ménopause. Lorsqu'il leva la tête, il s'aperçut qu'il avait en face de lui une jeune femme qui ne devait pas avoir plus de vingt-huit ans.

Il était presque une heure lorsque Adam téléphona. Rufus avait cessé d'attendre son coup de fil.

« Je suis désolé, mais j'ai dû dire que j'étais allé en Grèce avec toi. Ils voulaient savoir ce que j'avais fait et avec qui, puisque je n'étais pas à Wyvis Hall. Il a bien fallu que je parle de toi, je ne pouvais pas inventer quelqu'un.

— Je te remercie, dit Rufus.

— Le plus drôle, c'est qu'après avoir fait ma déposition, j'ai téléphoné à mon père pour savoir ce qu'il avait dit à la police, et à aucun moment il n'a fait allusion à un voyage en Grèce.

— Et tu trouves ça drôle ?» L'infirmière de Rufus partait déjeuner. Il attendit qu'elle ait refermé la porte avant de poursuivre : « Tu m'as mêlé à cette histoire sans aucune nécessité. Bon sang, pourquoi n'as-tu pas téléphoné à ton père d'abord ?

— Parce que je n'y ai pas pensé, voilà tout. Et pour quelle raison ne serais-tu pas mêlé à cette histoire ? Je ne vois pas pourquoi je serais le seul à porter le fardeau.

— C'est toi qui l'as tuée. Ça me paraît une raison suffisante. C'est toi qui as tiré avec ce fichu fusil. »

Rufus raccrocha d'un geste rageur. Le sang affluait à ses tempes. Il s'obligea à rester assis et à respirer profondément, régulièrement. Au pis, la police lui demanderait de confirmer qu'il était avec Adam Verne-Smith en Grèce durant les mois de juillet et d'août 1976. Autant qu'il pouvait en juger, rien ne leur permettait de prouver qu'il n'y était pas. Le passeport qu'il avait à l'époque était périmé, et il l'avait fait renouveler. Mais même s'ils demandaient à voir l'ancien, cela ne tirait pas à conséquence puisque les douaniers ne prenaient généralement pas la peine de tamponner les passeports des ressortissants européens.

« A Trapellune », pourrait-il répondre si on lui demandait à quel endroit précis il avait passé ses vacances. « C'est un village minuscule que personne ne connaît. Vous ne le trouverez pas sur la carte. »

Il n'avancerait évidemment rien d'aussi risqué. Le plus inquiétant dans cette affaire, c'était le caractère instable d'Adam. Il pouvait craquer. S'il avait lâché le nom de Rufus dès qu'on lui avait demandé de citer un compagnon de voyage, que n'avouerait-il pas s'ils devenaient réellement soupçonneux ? Supposons, par exemple, qu'ils lui parlent de l'antiquaire au nom gallois, de l'homme aux coypus ou du fermier de la Noue, en lui disant qu'ils étaient prêts à jurer qu'Adam et un groupe d'amis avaient vécu à Wyvis Hall en compagnie de deux jeunes filles ? Et si les éboueurs municipaux les avaient vus ? De fait, ils avaient déposé leurs ordures — des bouteilles de vin, essentiellement — en haut de la trouée tous les mardis ou tous les mercredis, parce que Hilbert procédait ainsi. L'un de ces hommes pouvait se rappeler les avoir ramassés semaine après semaine. Que dirait Adam si la police le confrontait à ce genre de témoignage ? Il s'effondrerait sans doute et passerait des aveux complets. Il aurait cent fois mieux valu refuser de répondre à la question sur son lieu de vacances. Il en avait le droit, comme tout le monde. Rufus, qui aurait aimé le faire, se rendit compte qu'il n'en avait désormais plus la possibilité, parce que ce serait compromettre Adam — et, par conséquent, lui-même.

Depuis qu'il s'était autorisé à penser à elle, elle le hantait jour et nuit. Elle le visitait en rêve, sous les apparences les plus étranges. Une fois, ce fut en costume d'infirmière qu'elle lui apparut, pour lui dire qu'Abigail était morte. Elle, Zosie, était morte. Elle avait enfoui sa tête dans l'oreiller et elle était restée à son chevet, elle l'avait aimée, et pourtant elle était morte. Elle avait enfoui sa tête dans l'oreiller et elle avait expiré. Il s'éveilla en gesticulant. Anne lui dit :

« Ça ne va pas, tu es malade. Pour l'amour du ciel, va voir un médecin ! »

Il se leva. A deux heures du matin, il descendait Highgate West Hill en voiture. Il s'engagea dans Merton Lane et laissa son automobile à mi-chemin pour continuer à pied, le fusil de Hilbert à la main. Après mûre réflexion, il l'avait d'abord enveloppé dans un bout de chiffon, puis dans un vieux rideau marron qui avait autrefois servi à protéger les meubles pendant qu'il repeignait un mur. L'ensemble, maintenu par une ficelle, avait l'air d'un paquet anodin. En tout cas, ça ne ressemblait plus à une arme. Les morceaux de tissu dissimuleraient le fusil, se disait-il, mais ils ne le protégeraient pas.

Le quartier était désert. Il faisait sombre. Cependant, les réverbères restaient allumés toute la nuit. Il marcha jusqu'aux bassins et il n'eut pas le courage de mettre son projet à exécution. S'il se contentait de déposer l'arme au bord de l'eau, elle serait bien vite découverte. Il n'osait pas la lancer pour l'envoyer au centre du bassin. Il imaginait déjà le bruit de l'impact. Il y avait trop de maisons et trop d'appartements alentour. Il retourna chez lui. Anne était assise dans le lit, la lumière allumée.

« Où es-tu allé ?

— Pas chez le médecin », rétorqua Adam.

Le lendemain, un samedi matin, il reprit le volant et ne s'arrêta que lorsqu'il eut trouvé, au nord de North Circular Road, un gigantesque cimetière de voitures. C'était une montage de ferrailles tordues, rouillées, désintégrées. L'endroit semblait désert et abandonné. Les véhicules entassés étaient dans un état de délabrement indescriptible. Ils étaient voués à rester là pour toujours, offrant le hideux spectacle de leur déchet, ou bien à être réduits, un à un, à l'état de galette. Peut-être seraient-ils transformés, grâce à un engin merveilleux capable de tels prodiges, en un petit cube de métal.

Adam se promena au milieu des blocs de ferraille. Il n'y avait pas la moindre végétation — rien que de la poussière sur un sol desséché. L'allée centrale était bordée de monticules roses aux strates bleues, rouges et blanc crème où affleuraient çà et là des bouts de pneus, des éclats de verre et des fragments de chrome. L'air était plein d'une entêtante odeur d'huile de moteur saturée de limaille de fer, factice et âcre.

Il fit passer le fusil à travers la lunette arrière brisée de ce qui avait été autrefois une Lancia Beta Saloon. Il y avait peu de chances qu'on le découvre, et si jamais quelqu'un le dénichait, il n'irait certainement pas présenter sa trouvaille à la police. Il serait vraisemblablement écrasé en même temps que la coquille de métal qui l'abritait désormais.

En revenant vers sa voiture, il lui fut impossible de se rappeler pourquoi il avait rapporté le fusil de Trapellune. Pour quelle raison ne l'avait-il pas enterré dans le Petit Bois avec le fusil des dames, le 410 ? Avait-il réellement pensé qu'un jour viendrait où il s'en *servirait* à nouveau ?

Il ne connaissait rien au nettoyage et à l'entretien des armes. Le 12 août pourtant, il s'était rendu dans l'armurerie, il avait décroché ce fusil du râtelier et il l'avait « cassé » pour commencer l'opération du nettoyage. Il ne devait pas y avoir trente-six façons de s'y prendre. Zosie était entrée et l'avait regardé faire.

« C'est aujourd'hui le glorieux douzième, dit-il.

— Qu'est-ce que ça veut dire ?

— C'est le nom qu'on donne au jour d'ouverture de la chasse au coq de bruyère. Le douzième jour du mois d'août, autrement dit aujourd'hui.

— Je serais incapable de reconnaître un coq de bruyère.

— Il n'y en a pas par ici. Je ne crois pas qu'il y en ait dans le sud du Yorkshire non plus. D'ailleurs, je n'ai pas l'intention de chasser le coq de bruyère. Je préférerais le faisan ou le pigeon. Ou le lièvre. Vivien pourrait nous faire un civet. »

Rufus déclara qu'on n'avait pas le droit de chasser le faisan avant le 1er octobre.

« Parce que tu crois que des gardes-chasse se sont embusqués dans le bois pour m'en empêcher ?

— Tu as raison, personne ne le saurait », dit Rufus en riant. Mais Vivien avait été horrifiée à l'idée qu'on tue un lièvre. Elle avait réagi d'une manière bien pire que Mary Gage à propos de l'homme aux coypus. Adam avait alors promis de s'en tenir aux oiseaux. Il parvint effectivement à abattre deux pigeons qu'ils mangèrent, bien que la chair brun-rouge en fût coriace. A cette occasion, Adam apprit à aimer le contact du calibre 12 dans ses mains. Il sortait avec tous les jours et visait les écureuils, les pigeons, ou les trous des troncs d'arbres. Il s'imaginait en *gentleman-farmer*, menant une vie de châtelain avec Zosie. Dans une quinzaine de jours au plus tard, Vivien serait partie, et Shiva lui emboîterait le pas. Encore une semaine, et ce serait le tour de Rufus. Adam maîtrisait mal son impatience. Restait le problème de l'argent. De quoi vivraient-ils, Zosie et lui ? Ils n'avaient rien.

« Il faudra qu'on cherche du travail », lui dit-il un soir, au crépuscule, alors qu'ils étaient allongés sur le lit dans la Chambre à la Pelote d'épingles. Les fenêtres étaient ouvertes et le ciel était d'une belle couleur violette, tachetée d'innombrables lambeaux de nuages semblables à des plumes de flamant rose. « Il faudra qu'on cherche du travail tous les deux.

— Je ne sais rien faire, dit Zosie. Qu'est-ce que je pourrais trouver comme travail ?

— Tu sais taper à la machine ? »

Elle secoua la tête. Sa chevelure soyeuse lui effleura la peau au creux du coude.

« Tu pourrais travailler dans un magasin.

— Je suis mauvaise en calcul. Je me trompe toujours. C'est pour le vol que je suis le plus douée. Je ne sais rien faire d'honnête. Je t'ai déjà dit que je devrais me marier avec un homme riche. Tu sais comment ma mère m'appelle ? Comment elle m'appelait, plutôt. La princesse de la Baguenauderie. Parce que je suis paresseuse, mais que j'aime quand même les jolies choses. Dis, Adam, pourquoi est-ce que ma mère ne vient pas me chercher ?

— Elle ne sait pas où tu es.

— Non, mais elle n'a pas essayé de me trouver. Je suis si jeune. Adam, elle pourrait se faire du *souci*, non ? Pourquoi est-ce qu'elle ne m'aime pas ?

— Je t'aime, dit Adam.

— Tu aimes me baiser.

— Ça oui. Mais je t'aime vraiment, Zosie. Je t'adore. Je t'aime — de tout mon cœur. Tu ne me crois pas ? Dis-moi que tu me crois.

— Je ne sais pas. C'est trop tôt. Si tu le dis encore dans un an.

— Je te le dirai encore dans cinquante ans. »

Elle se tourna vers lui, les lèvres tremblantes, le visage inondé de larmes qui lui parurent incompréhensibles. Il lui fit l'amour sous la lumière rose qui vira au pourpre avant de s'obscurcir complètement. Il faisait une chaleur moite, et il goûta sur sa peau le sel de sa sueur et le sel de ses larmes. Elle se redressa et dit :

« Je ne me cacherai pas sur le plancher la prochaine fois que nous prendrons Bidugrame. »

Il sourit et l'enlaça, heureux de la voir manifester une réaction rationnelle.

« Il faut que nous pensions à trouver du travail maintenant. Il faut que nous pensions à l'argent.

— Tu sais, à l'école, au moment de la prière, on nous lisait toujours ce passage de la Bible sur les oiseaux du ciel qui ne sèment ni ne récoltent, et pourtant notre père les nourrit quand même. Seulement voilà, il ne le fait pas. Les oiseaux meurent, les êtres humains aussi, et il ne lève pas le petit doigt. Je n'arrive pas à comprendre ça.

— Personne ne le comprend, mon ange », répondit Adam.

Un soir, dans un bar de Colchester, Rufus fit la connaissance de la femme d'un soldat. Le mari était parti en manœuvre. Rufus s'était laissé dire que Colchester était la seule ville d'Angleterre à posséder à la fois un port, une garnison et une université, conjonction exceptionnelle qui permettait d'expliquer son taux de maladies vénériennes, le plus élevé du pays. C'est par ce détail, qu'il trouvait savoureux, qu'il entama la conversation avec cette femme. Plus tard, ils allèrent chez elle. Elle logeait dans le quartier réservé aux couples. Il ne savait plus très bien comment elle s'appelait, Janet ou Janice.

Il était en revanche absolument certain de ne l'avoir jamais amenée à Trapellune. Ils s'étaient rencontrés une demi-douzaine de fois, mais il avait toujours passé la nuit chez elle. Rufus ne voyait aucun inconvénient à ce que les autres sachent où il était et ce qu'il faisait, au contraire. Son *amour-propre* et son machisme avaient souffert ces derniers temps, où il avait été privé de compagnie féminine, alors qu'Adam et Shiva (qu'il jugeait moins séduisants ou moins entreprenants que lui) avaient chacun leur petite amie. Adam avait paru soulagé et l'avait même félicité. Rufus avait compris qu'il se sentait coupable à cause de Zosie, comme s'il la lui avait prise. En réalité, c'était Rufus qui avait volontairement renoncé à elle. Quant à Shiva, il avait été choqué. Ce qui avait eu au moins un effet positif : il avait cessé de harceler Rufus sur ses chances d'entrer dans une école de médecine. Shiva avait finalement décidé de poser sa candidature dans tous les hôpitaux universitaires qui leur venaient à l'esprit, et dont ils avaient consulté ensemble les adresses à la bibliothèque municipale de Sudbury. De temps à autre, il regardait Rufus comme on regarderait l'Antéchrist, si par malheur on se retrouvait en face de lui.

Le 17 août, Rufus avait vingt-trois ans. Cela faisait dix ans et deux mois aujourd'hui. Pour la première fois, il n'avait pas attendu son anniversaire avec impatience : il songeait avec nostalgie combien il aurait préféré avoir vingt-deux ans.

« Un an de plus, des dettes en sus », dit Adam. C'était certainement une citation et elle s'appliquait parfaitement à son cas : il lui restait à peine dix livres sur l'argent du prêteur.

Il faisait plus chaud que jamais le soir où ils sortirent fêter son anniversaire. Ils commencèrent par aller dans un restaurant chinois, puis ils entamèrent la tournée des bars. Rufus se rappelait avoir abandonné le vin au profit du cognac ce soir-là. La boisson des héros, avait dit Adam — encore une citation quelconque. Il avait vendu à un dénommé Evans, ou Owens, une assiette Flora Danica pour financer la nouba. Rufus lui en était reconnaissant. Ils s'étaient rendus ensemble à la boutique de Hadleigh. Rufus frissonna rétrospectivement en se rappelant les paroles du vieil homme :

« Alors comme ça, vous vous êtes installés à Wyvis Hall ? »

Adam avait répondu avec un certain enthousiasme qu'il y était très heureux et qu'il avait l'intention d'y vivre. Cet épisode, Adam l'avait-il oublié ? Avait-il oublié que le vieux bonhomme — pas si vieux que ça d'ailleurs, c'était un sexagénaire alerte et vigoureux — avait suggérer de revenir là-bas dans une semaine ou deux :

« Laissez-vous convaincre, pour la crédence sur laquelle j'ai des vues. »

Il s'agissait d'une crédence dont la marqueterie était ornée d'un motif incurvé en forme de flamme. Adam avait refusé de la vendre, et il n'était pas prêt à y consentir à présent.

« J'irai jusqu'à trois cents livres. N'allez pas me dire que ce n'est pas une offre alléchante. »

Adam n'avait pas été alléché. Pour quelle raison ? Pourquoi tenait-il tellement à garder ce vieux meuble ? C'était le syndrome du châtelain, sans doute plus répandu qu'on ne croyait, pensait Rufus. Au lieu de vendre à Owens ou Evans un vieux buffet qu'il regardait jamais, il avait préféré commettre un acte abominable et stupide dont ils avaient tous été punis par la suite, et qui par-dessus le marché ne lui avait pas rapporté un sou.

Il ne l'avait pas fait pour l'argent, bien sûr, mais uniquement pour Zosie, parce qu'il lui était asservi corps et âme. L'idée de l'argent était venue à Shiva. Dix mille livres. Ce n'est pas une somme qui paraît énorme de nos jours, mais les temps avaient beaucoup changé — et sa situation personnelle également. C'était une montagne d'or, au bout d'un impossible arc-en-ciel, alors que les trois cents livres d'Evans ou Owens n'auraient été qu'une poignée de billets.

Un petit homme vif, avec une pointe d'accent gallois dont une vie entière passée dans le Suffolk n'avait pu venir à bout. Il avait visité la maison, comme s'il avait été en position d'acheteur, comme si leur pauvreté et sa richesse relative, ses connaissances d'expert, lui donnaient le droit de choisir ce qu'il voulait. Et dans le magasin, son regard se posait alternativement sur l'assiette de la Maison royale de Copenhague et sur eux, comme si, malgré son désir de le posséder, il les méprisait de le vendre.

C'est peut-être une folie, mais je vais quand même y aller, pensa Rufus. il y a des précisions que j'aimerais avoir. Dieu merci, on est samedi.

Et Dieu merci, il avait une femme qui ne se livrait à aucune investigation sur son compte, et qui était apparemment indifférente à ses sautes d'humeur. Ses appréhensions ne semblaient pas l'affecter plus que les soupirs de soulagement qu'il poussait en son for intérieur. Il pouvait avoir une liaison ou une dépression nerveuse sans qu'elle s'en rende compte. Cette tranquillité, il devrait la payer d'une vie entière d'incompréhension : un marché qu'il jugeait équitable.

Il lui fallut toutefois un certain temps pour mettre au point un mensonge plausible. Il dit à Marigold qu'une de ses malades venait d'être admise en urgence à l'hôpital de Colchester. Il ne tenait pas spécialement à se déplacer, mais il s'y sentait obligé. Il aurait été surpris que Marigold lui pose des questions, et cependant il trouvait son silence un peu bizarre. Il aurait été naturel qu'une femme mariée depuis trois ans seulement proteste à l'idée de rester seule un samedi après-midi.

Elle n'avait pas dit comment elle passerait la journée non plus. Elle portait son nouveau chandail Edina Ronay, et Rufus remarqua combien ses cheveux avaient poussé. Son épaisse chevelure, qu'elle avait lavée le matin même, retombait sur ses épaules en boucles blondes et brillantes. Son départ ne semblait lui causer ni joie ni peine. Rien n'indiquait qu'elle était délivrée d'un souci. Malgré tout, pensa Rufus, si j'avais été là, elle m'aurait dit qu'elle allait chez sa mère, ou prendrait un café chez quelqu'un, et j'aurais accepté son explication sans réfléchir. Elle n'a plus besoin de dire quoi que ce soit maintenant. Elle est peut-être satisfaite que je m'en aille, parce que ça lui permet de rester à la maison.

Il était incapable de s'intéresser à ces vétilles en ce moment. Le gouffre qu'il tentait de combler par des « chéri » s'élargissait un peu plus, voilà tout. A dix heures, il roulait sur l'autoroute, dont la voie d'accès ne se trouvait qu'à cinq cents mètre de chez lui.

L'édifice en brique jaune situé près de la gare de Colchester — hôpital, maison pour enfants ou peut-être institut pour handicapés mentaux — avait disparu. L'emplacement était entouré d'une haute palissade. C'était à cet endroit précis , de l'autre côté du pont, qu'il avait pris Zosie en auto-stop. Pour la première fois, Rufus fut conscient de l'écart qui le séparait aujourd'hui du Rufus d'autrefois. Une vie entière semblait s'être écoulée depuis lors. Le break déglingué, la drogue dissimulée sous le siège arrière, les cheveux longs et hirsutes, la barbe de plusieurs jours, le torse nu, les doigts jaunis par la nicotine. La chasse aux femmes. Il eut l'impression d'avoir vieilli d'un siècle ; il se sentait d'ailleurs généralement plus vieux que son âge. La Mercedes avançait sans à-coups, dans le ronronnement modulé de la boîte automatique. Il se passa involontairement la main sur le visage. Il avait la peau douce, mais une ride profonde partant de la racine du nez courait jusqu'à la mâchoire.

Nunes avait peut-être changé, il n'en était pas sûr. Il ne remarquait pas ce genre de choses. Cette maison était probablement nouvelle, et cette autre agrandie. C'était surtout à cause de la grisaille de l'automne et des feuilles qui tombaient, couvrant le sol d'un tapis détrempé, que l'aspect du village n'était plus le même. Devant l'église était planté un écriteau sollicitant des donations pour la réfection du toit. Il passa devant « Le Sapin », puis devant la cabine à laquelle il avait conduit Vivien pour qu'elle téléphone à Robin Tatian. Une voiture de police blanc et vert stationnait dans la rue à ce moment-là, et sans en être véritablement alarmés, ils s'étaient tenus sur leurs gardes. Cette présence ne pouvait pas les concerner directement, mais ils avaient tous deux pensé à Zosie, qui devait être portée disparue. Et qui avait commis des vols.

Cela ne l'avait pas empêché de garer Bidugrame derrière la voiture de police — il n'y avait personne à l'intérieur. Vivien était revenue presque immédiatement : la cabine avait été saccagée et elle était inutilisable. Si bien qu'ils étaient repartis pour en trouver une autre, à l'extérieur d'une villa aménagée en cabinet de consultation. Il y avait autrefois une plaque sur la porte, et elle était toujours là, inchangée, malgré le départ probable de certains médecins de l'équipe. Rufus avait attendu Vivien sur le talus ; l'herbe était alors desséchée par la chaleur, tandis qu'elle luisait à présent, gorgée d'humidité et couverte de feuilles mortes. Des gens qui étaient passés à côté de lui l'avaient regardé, deux femmes avec une ribambelle d'enfants et un chien. Rufus se félicitait de ne pas avoir succombé à la mode de l'époque en peignant Bidugrame de lunes, d'étoiles et de hiéroglyphes.

Il s'arrêta pour faire semblant de consulter la carte. C'était une précaution superflue : on était au cœur d'un mois d'octobre sinistre, et ici, à la campagne, tout le monde mangeait chez soi à midi. Il leva les yeux vers la cabine téléphonique rouge, vers le mur de brique tapissé de lierre.

Vivien était ressortie et lui avait rendu la monnaie, jusqu'aux pièces de deux pence. Elle était toujours scrupuleuse à l'excès en ce qui concernait l'argent. Elle lui avait raconté que c'était Robin Tatian en personne qui avait décroché : elle était embauchée, il lui avait d'ailleurs écrit pour le lui annoncer. N'avait-elle pas reçu sa lettre ? Vivien ne voulait pas dire de mensonges, si véniels qu'ils puissent être. Elle avoua lui avoir donné une mauvaise adresse par inadvertance. Rufus ne lui avait pas demandé si elle avait rectifié son erreur : il n'y avait aucune raison de se méfier, pas plus que lorsque Adam avait répondu aux questions d'Owens ou Evans. Mais Robin Tatian était peut-être actuellement en train de lire un article sur l'identification des squelettes, et le nom de Wyvis Hall ou de Nunes pouvait lui rappeler l'ancienne nurse de ses enfants...

« Je resterai un an, dit-elle. Le temps de gagner assez d'argent pour aller en Inde. Quand je serai là-bas, eh bien... si je crève la faim, je ne serai pas la seule. Ce que je redoute, c'est de m'attacher trop aux enfants.

— Quels enfants ?

— Ceux de Tatian, Michèle et Nicole. Peut-être que je les adorerai, et d'une certaine manière, tant mieux. Mais alors, ce sera un tel déchirement de les quitter...

— C'est un boulot, pas plus. » Rufus n'avait jamais eu le penchant particulier pour les enfants. « Tu ne considères pas ça comme un travail, tout simplement ? »

Elle lui lança un regard étrange.

« Tu crois que c'est si facile ? »

Il se méprit sur ses paroles. « Je n'ai jamais dit que c'était facile. C'est mal payé, c'est crevant, mais je suppose que tu l'as choisi.

— Ce n'est pas ce que je voulais dire, Rufus. J'ai peur de me mettre à aimer ces deux petites filles. Je suis une femme, et j'ai des sentiments de femme. J'ai peur qu'elles m'aiment aussi et qu'elles soient encore plus bouleversées que moi quand je m'en irai. Et dans ce cas-là, je n'aurai peut-être pas le courage de partir. As-tu déjà pensé à ce que c'était la vie d'une nurse ? Une succession continuelle de deuils, pas une joie qui ne soit suivie d'une perte.

— Tu exagères », dit-il.

Il n'avait jamais eu de sympathie pour elle. Il la trouvait assommante. Il ne l'avait jamais vue rire et, quand elle souriait, ce n'était pas à cause d'un trait d'esprit qui l'amusait, mais parce qu'elle était émerveillée par un beau spectacle, un oiseau, une fleur ou un coucher de soleil. En fin de compte, ses aspirations avaient été réduites à néant, brisées, détruites. Il l'aurait imaginée sans peine aux pieds d'un fakir crasseux et émacié, ou en mendiante agitant sa sébile, ou bien en bonne sœur. Rien ne se passe comme on le prévoit. De ce point de vue, il faisait figure d'exception.

S'il voulait se rendre à Hadleigh, il devait partir dès maintenant. Il croyait se souvenir que les magasins fermaient à midi et ne rouvraient que le lundi matin. Les rues étaient pratiquement désertes. Il passa devant la poste et devant les pavillons de Hampstead Garden sans s'arrêter : il n'avait pas l'intention de commencer son enquête par là. Il espérait vivement que la boutique d'Evans ou Owens, dont il se rappelait parfaitement la situation dans High Street, aurait été remplacée par un magasin de fleuriste ou un salon de coiffure. Et le fleuriste lui dirait que le vieil homme était mort sans enfants pour prendre la relève.

Il lui semblait les voir défiler en cortège, ces témoins de leur passage à Wyvis Hall. Dès que l'un d'eux était hors course — comme Bella, par exemple —, un autre se dressait pour prendre sa place, aussi dangereux, aussi menaçant. Il avait vu un scénario de ce genre au théâtre : une série de personnages redoutables, des rois, s'il avait bonne mémoire, dont le nombre était infini. Dans quelle pièce ? Adam le saurait certainement. Bella avait disparu, mais il restait les éboueurs qui avaient ramassé leurs poubelles chaque semaine en haut de la trouée. Et l'employé chargé de relever les compteurs. Ils n'avaient jamais pénétré dans la maison, il est vrai...

Hadleigh avait changé. La ville était mieux entretenue, elle semblait exhiber son aspect ancien avec une certaine préciosité. Il y avait à l'entrée de la ville des feux dont il ne se rappelait pas l'existence. Il s'engagea sur le pont. C'était là, en bas à droite, après le marchand de vins et avant la boucherie, une petite boutique à laquelle on accédait en descendant quelques marches...

Elle n'avait pas bougé.

Il se gara sur le trottoir, devant le cabinet du vétérinaire. Il traversa la rue et fit quelques pas. Il se pencha sur la vitrine embuée, et aperçut des meubles cirés, bien disposés, élégants. Un léopard de porcelaine brun moucheté d'or trônait au centre d'une table ronde en acajou, et derrière celle-ci, un très jeune homme s'entretenait avec animation avec une cliente.

Rufus descendit les marches et entra dans la boutique. La cliente se hâta de prendre congé en le voyant arriver.

« La maison a changé de propriétaire, me semble-t-il, dit Rufus. Autrefois, c'est un M. Evans ou Owens...

— En effet. M. Evan, pas Evans. C'est mon père. Qu'est-ce qui vous fait penser que la maison avait changé de propriétaire ? C'est sans importance, mais je serais curieux de l'apprendre. »

Avant même que Rufus ait pu répondre, Evan en personne avait surgi dans la boutique par la porte du fond, alerte et souriant. Il n'avait pas pris un jour en dix ans.

XV

Les émeutes de la nuit précédente dans deux quartiers de la banlieue est dominaient l'information de la matinée. Tout avait commencé quand la police avait pénétré dans une maison de Whiteman Road pour procéder à l'arrestation d'un homme soupçonné de vol à main armée. Une femme qui avait été frappée dans la bousculade avait perdu connaissance. Les habitants de la maison étaient noirs, et il y avait un Indien parmi les policiers, ce qui avait contribué à déclencher l'explosion de violence. Une photographie montrait en gros plan le nom de la rue, qui était par lui-même un comble d'ironie. Au carrefour de Forest Road, des voitures avaient été retournées. Entre la station Blackhorse Road et Mersey Road, presque toutes les vitrines avaient été brisées, et un incendie avait été allumé dans une rue adjacente.

Anne, qui aimait faire ses courses dans ce quartier le samedi matin, avait peur de s'en approcher. Adam y alla seul. Par endroits, les dégâts étaient tels que des tronçons entiers de la rue étaient bouclés. Adam fut obligé de suivre la déviation et se retrouva à Hornsey. Il longea Hornsey Old Church, un chemin qu'il avait toujours soigneusement évité ; c'était par là qu'il était entré dans Londres avec Zosie.

Il faisait cette fois le parcours en sens inverse, dans de sérieux encombrements. Ce fut l'église, un bâtiment qu'on aurait pu prendre pour du gothique victorien, mais qui était en réalité une tour médiévale, qui lui fit comprendre où il se trouvait. La touche qui donnait accès aux fichiers de sa mémoire s'était alors mise à fonctionner. Il avait tourné à cet endroit précis, en laissant l'église sur sa gauche, pour filer vers Holloway, Islington et les bords de la City.

« Je me demande pourquoi je m'enfonce vers l'ouest comme ça. Ce serait peut-être mieux de descendre vers Holloway.

— Continue alors, lui avait-elle répondu. C'est *toi* qui sais. Je n'ai jamais mis les pieds par ici. »

Mais : « A ta place, j'aurai tourné à Seven Sisters Road. »

Il avait continué tout droit et le cours de son destin en avait été changé. S'il avait tourné à gauche, il aurait épousé Zosie et ils vivraient encore ensemble à Trapellune. Pourquoi pas ? Le gazon du cimetière n'aurait pas été remué et les fusils seraient restés accrochés dans l'armurerie. Abigail n'aurait pas vu le jour, mais d'autres enfants seraient nés. Et il ne serait pas aujourd'hui un meurtrier sans cesse sur le qui-vive.

Adam atteignit le centre commercial et parvint enfin à se garer. Il pensait avoir mis dans sa poche la liste de courses qu'Anne lui avait donnée, mais il lui fut impossible de la retrouver. Il ferait de son mieux en se fiant à sa mémoire, c'est-à-dire pas grand-chose : toutes ses facultés paraissaient mobilisées par Trapellune. Les parents d'Anne devaient venir dîner chez eux. Comme c'était la première fois depuis Noël dernier, ils pouvaient difficilement s'y soustraire. Il y avait eu une grande réunion familiale à laquelle ses propres parents avaient également été conviés, ainsi que sa sœur et la sœur d'Anne. Ils avaient été priés d'arriver à temps pour assister à la distribution des cadeaux avant le déjeuner. Le père d'Anne avait offert à sa femme un vase anthropomorphe. Elle faisait collection de porcelaine victorienne. Le père d'Anne, qui ne connaissait rien aux antiquités et qui s'en vantait, assura qu'on lui en avait garanti l'authenticité et la valeur dans le magasin — ma foi, il les croyait volontiers, vu le prix qu'il avait payé. Le vase était en porcelaine crème et jaune, avec un bec en forme de visage humain vu de profil. La chevelure, peinte en doré, retombait sur le col.

« C'est ce qu'on appelle un vase anthropomorphe, déclara le père d'Adam. Vous voyez pourquoi : le bec est en forme de visage. »

Ils le savaient tous. Ils n'étaient pas aveugles. Son père tenait pourtant à les instruire : il prit le vase des mains de la mère d'Anne, le plaça sous la lumière et le retourna en tout sens, au point qu'Adam en eut des sueurs froides. C'était le deuxième vase anthropomorphe qu'il voyait de sa vie.

« Mon vieil oncle, celui qui possédait cette magnifique propriété dans le Suffolk — un château, à vrai dire — avait un vase de ce type. Il était blanc, rehaussé d'or. » Il se souvint alors qu'Adam avait dû en hériter avec le reste. « Je me demande ce qu'il est devenu ? Tu l'as mis chez toi ? Ou tu l'as vendu avec les autres objets, dont la valeur était inestimable ?

— Je ne sais pas, marmonna Adam. Je ne me rappelle pas. »

En fait, il l'avait vendu, et fort bien. Mais à cette époque, il fuyait tout ce qui avait trait à Trapellune, ou bien il l'effaçait de sa mémoire. Il était devenu si habile à cet exercice que ce jour-là, à Noël, il aurait eu du mal à se souvenir de la forme ou de la couleur du vase. Cela ne présentait plus aucune difficulté aujourd'hui. Il le revoyait parfaitement : haut de trente centimètres environ, recouvert d'un vernis blanc éclatant, avec un bec en forme de Silène souriant, aux boucles légèrement dorées ; et, sur la panse presque sphérique du vase, un motif de feuilles de fougère. Zosie l'avait enveloppé dans un morceau d'étoffe qui tapissait le fond d'un tiroir, puis dans du papier journal. Partout où ils allaient, elle achetait un quotidien pour savoir si sa mère avait prévenu la police de sa disparition. Les journaux s'amoncelaient en une pile impressionnante. Ils avaient utilisé d'autres feuilles pour emballer les cuillères à farce et les verres ornées d'une grecque.

Vivien avait tout mis dans un carton à bouteilles de Rufus. Ce dernier avait envisagé de se joindre à eux. Qu'est-ce qui l'en avait empêché ? Ah oui, il avait rendez-vous avec cette fille, celle qui était mariée. Il n'aurait plus l'occasion de la revoir ensuite, le mari allait rentrer.

« Je trouve ça abominable, ce qu'il fait. » Adam avait entendu Shiva le dire à Vivien. « C'est comme votre roi David.

— Rufus n'a pas envoyé son type se battre en première ligne, dit Adam. Il est seulement en instruction.

— Et comment il se sentirait, Rufus, si le mari se faisait tuer ?

— Sûrement très mal, mais la probabilité est assez infime, tu ne crois pas ? »

Rufus n'était pas venu avec eux, bien que son rendez-vous ne fût pas avant huit heures et demie. S'il avait été avec eux, les événements auraient pris une tournure différente. Et s'il était resté à Trapellune passé huit heures du soir, là encore, les événements auraient pu prendre une tournure différente. Il n'avait jamais été question que Shiva ou Vivien les accompagnent. Shiva avait l'intention d'aller se promener dans la campagne, comme d'habitude, et chaque lundi, Vivien cuisait son pain. Elle était justement en train de préparer ses ustensiles au moment où ils partaient, la balance, la grande jatte en grès et le verre gradué. Elle avait versé de la farine dans la jatte et elle avait commencé à découper un carré de levain en morceaux qu'elle s'apprêtait à jeter dans de l'eau tiède. A la dernière minute, elle s'aperçut que l'anneau de Zosie était collé sous un morceau de levain. Ce petit anneau d'or tressé traînait toujours n'importe où, dans la pâte à pain, au milieu des épluchures de légumes, au risque de disparaître dans l'évier.

Zosie eut alors une réaction étrange — pas si étrange que cela quand on la connaissait. Elle passa l'anneau à son petit doigt et prit Vivien par le cou, en la serrant très fort contre elle. Vivien l'étreignit, sans se soucier des traces de farine que ses mains poudreuses laissaient sur le tee-shirt bleu pâle de Zosie.

« Qu'est-ce que tu as, ma jolie ?

— Je ne sais pas. Je me sens si bizarre quelquefois. Comme si je n'existais pas. Comme si j'étais une ombre ou un pétale fané qu'on allait balayer. Quand je mets mon anneau, j'ai l'impression d'être plus réelle, je deviens la personne à l'anneau. »

Adam détestait l'entendre parler ainsi. Il avait le sentiment d'être dépossédé lorsqu'il la voyait dans les bras de Vivien, et non dans les siens. « D'après la tradition, dit-il, les anneaux ont pour caractéristique de rendre invisibles ceux qui les portent, pas de les *révéler*. »

Elle parut se rétrécir. Elle s'éloigna de Vivien en reculant les bras, et en rétractant ses doigts comme un animal rentre ses griffes.

« Je ne suis pas invisible, hein ? » Elle regarda tour à tour Adam et Vivien, avec des yeux étrangement lointains. « Vous me voyez maintenant ? Dites-moi que vous me voyez.

— Ne fais pas l'idiote, répliqua Adam avec brusquerie. Bien sûr qu'on te voit. »

Vivien l'interpella en guise d'avertissement.

« Zosie, mon amour..., dit-il.

— Est-ce que je suis ton amour ? »

Il était gêné qu'elle lui parle de cette manière devant Vivien. Comme s'il avait été en présence de sa mère. « Tu le sais bien.

— Si je m'en allais, tu préviendrais la police ? Tu me chercherais ? »

Elle revenait sans cesse là-dessus.

« Si seulement tu me disais où elle habite, ta foutue mère, on pourrait aller la voir pour tirer ça au clair.

— Je te le dirai un jour. Je te le promets.

— En attendant, dit-il, nous devons aller à Londres. Il est une heure passée, et si nous ne partons pas immédiatement, il sera trop tard.

— J'arrive, dit-elle, j'arrive. »

Il se rappelait cet anneau minuscule, tressé d'or, à son doigt minuscule. Ça doit être un anneau d'enfant, lui avait-il dit, on a dû le faire spécialement pour un enfant.

« Mais oui. Je l'ai depuis que je suis petite. Je le portais à un gros doigt. »

Cette idée l'amusa : il était difficile d'imaginer Zosie avec de gros doigts. Elle retira l'anneau et le montra le Z gravé à l'intérieur.

« Alors, c'est vraiment ton nom ? Je me le demandais. »

Elle était assise à côté de lui, les deux bras passés autour de son cou, la tête contre son épaule (si nous nous trouvons l'un l'autre, tant mieux, sinon, tant pis) et c'était beau. Malheureusement, il n'était pas assez bon conducteur pour se permettre ce genre de distractions. Elle avait laissé sa main droite sur sa nuque. L'autre main, celle qui portait l'anneau, reposait sur son giron. C'était vraiment son giron, car elle était en jupe ce jour-là, pour la première fois. En fait de jupe, c'était un bout de tissu blanc à carreaux bleu pâle noué autour des reins, sans doute un rideau qu'elle avait déniché on ne sait où. Elle paraissait plus âgée dans cette tenue, moins joli garçon manqué. Il lui avait fait l'amour deux heures auparavant, mais à la vue de ses cuisses brunes et polies qui dépassaient entre les ourlets du rideau, et au contact de sa main dans ses cheveux, il eut envie de l'emmener dans un champ, à l'abri d'une haie de clématites en fleur.

La chaleur était oppressante, moite, et faisait transpirer dès qu'on mettait le nez dehors. On avait la sensation de suffoquer : l'air semblait manquer. L'horizon était perdu dans un brouillard bleuté. La longue période de beau temps sec touchait manifestement à sa fin. Ils avaient ouvert toutes les vitres de Bidugrame, mais la chaleur demeurait lourde et étouffante. Adam comprit que Zosie s'était endormie lorsqu'il sentit sa main retomber. Comme elle devait lui faire confiance, pensait-il. Il ne voyait pas auprès de qui il aurait pu s'assoupir ainsi, sur la route.

Il avait pris la nationale, et elle dormait toujours, d'une respiration douce et régulière, comme un enfant. Pendant quelques instants, il se perdit dans une songerie à propos des mots, de deux mots chatoyants et desséchés, que nul n'était capable d'orthographier. Puis ses pensées revinrent à Zosie, et il se demanda une fois de plus si elle l'aimait. Avait-elle du plaisir quand il lui faisait l'amour ? Ou bien jouait-elle la comédie pour un motif secret ? Comment le savoir ? Peut-être voulait-elle faire en sorte qu'*il continue à l'aimer*, bien qu'elle ne ressentît elle-même aucun amour pour lui.

Il avait pénétré dans Londres par Forest Road, en traversant Walthamstow et Tottenham. L'air était imprégné d'une odeur d'huile, de suie et d'eau stagnante. Zosie s'était réveillée et regardait par la vitre. C'était la première fois, avait-elle fait remarquer, qu'elle mettait les pieds dans cette banlieue sordide du nord-est. Il n'y avait pas d'émeutes à l'époque, mis à part les troubles habituels du côté de Notting Hill et les bagarres qui survenaient à l'occasion lors d'un match de football. Zosie, le plan de la ville ouvert sur ses genoux, cherchait les réservoirs (qu'elle appelait les lacs) et les espaces verts du quartier, alors qu'autour d'elle tout n'était que bâtiments enveloppés dans une brume de chaleur grisâtre.

Au niveau de Hornsey Old Church, il avait continué vers Muswell Hill, en direction de Highgate Wood. Avait-il alors aperçu Archduke Avenue, où il habitait à présent ? Quoi qu'il en soit, il n'avait certainement pas pensé qu'il y achèterait un jour une maison. Du reste, il n'était pas passé par là, et rien dans sa rue ne lui rappelait cet épisode. C'étaient la grande tour de pierre grise et la lecture de l'article sur les émeutes qui le lui avaient remis en mémoire.

Adam prit un chariot et se mit à errer dans les rayons l'air hébété.

Il ne s'agissait pas de l'Evan qu'ils avaient connu, mais de son frère cadet. L'autre, le leur, était mort. Rufus avait l'impression que ses adversaires tombaient comme des quilles, balayés à un rythme accéléré. D'abord Bella, et maintenant le vieil antiquaire.

« J'étais toujours dans les parages, dit-il à Rufus d'un air affable. C'est un pur hasard que nous ne nous soyons jamais rencontrés. Il est vrai que mon frère s'occupait surtout des achats à l'extérieur, tandis que moi, je tenais la boutique. »

Il reprit le chemin de Nunes, absurdement soulagé. Il mourait d'envie de prendre un verre, mais c'était hors de question : il avait encore cent vingt ou cent trente kilomètres de route pour rentrer chez lui. Il alluma une cigarette. A la place de ces gens-là, pensait-il, l'homme aux coypus, l'employé du gaz, le fermier et la postière, il se serait présenté à la police en qualité de témoin. Il aurait eu le sentiment de faire son devoir, et non sans plaisir. Pour la première fois, il porta sur Shiva, Vivien, Zosie, Adam et lui-même le même regard que les habitants du voisinage : une bande de cinglés et d'incapables, bizarrement habillés ou à moitié nus, roulant à tombeau ouvert dans un break sale et délabré, des hippies et des drogués. Le genre d'individus qu'on n'a aucun scrupule à livrer à la police, au contraire. Si jamais ils se souvenaient. S'ils faisaient le rapprochement.

Les quatre pavillons de Hampstead Garden se trouvaient à la sortie du village, dans la direction d'Hadleigh. Dans son souvenir, ils étaient beaucoup plus grands. Il y a dix ans, il n'avait pas remarqué le nom de la petite allée en courbe : le passage du Sapin. Elle était séparée de la route principale par une demi-lune de gazon plantée de quatre ou cinq arbrisseaux, des troncs dépourvus de branches qui avaient perdu leurs rares feuilles. Il ralentit l'allure dans le passage du Sapin et s'aperçut qu'il était incapable de retrouver dans quel garage il avait vu la camionnette Vermstroy. Il hésitait entre les deux du milieu. Il n'arrivait pas non plus à se souvenir de l'homme aux coypus. Il n'avait fait que de l'entrevoir alors qu'il se prélassait sur la terrasse : l'homme aux coypus avait surgi dans son champ de vision, à deux cents mètres environ, sur la rive opposée du lac. « On dirait un bandit, avait fait remarquer Adam, avec son air féroce et sa grosse moustache noire. »

Mais Adam avait une imagination trop fertile. Une femme sortit de l'un des pavillons, et Rufus baissa sa vitre pour lui demander où se trouvait le siège de l'entreprise de dératisation. Il se rendit tout de suite compte qu'elle n'avait rien compris à ce qu'il lui avait demandé.

« Nous ne sommes là que depuis deux ans, dit-elle, les gens du fond travaillent plus ou moins pour une firme d'informatique de Sudbury. Vous voulez peut-être parler d'eux ? Quant au voisin d'à côté, il s'est suicidé, mais c'était bien avant notre arrivée, et de toute façon, sa veuve est partie. Vous avez parlé d'une camionnette blanche ! Les gens du fond ont bien une camionnette blanche, mais c'est plutôt un camping-car. »

Il n'avait aucune raison de croire que l'homme aux coypus avait habité l'un des pavillons. C'était une supposition qui ne reposait sur presque rien, et qui faisait partie du folklore de Trapellune. Rufus arriva à la poste dix minutes avant la fermeture.

Le bâtiment n'existait pas il y a dix ans. La poste n'était alors qu'une simple construction en préfabriqué dans laquelle ils n'avaient jamais mis les pieds. Après tout, ils n'avaient pas de timbres à acheter ou de lettres à envoyer. C'était aujourd'hui une boutique qui occupait le rez-de-chaussée d'une villa située presque en face du « Sapin ». Rufus avait déjà remarqué que le propriétaire actuel du pub n'était plus le même qu'il y avait dix ans, lorsqu'il y avait vu Janet ou Janice pour la première fois. Le nom du propriétaire était inscrit sur la porte, à l'entrée. Rufus ne se rappelait pas celui du précédent, mais il avait certainement changé depuis.

Il entra dans le bureau de poste, sans avoir mis au point de scénario, se fiant à sa seule inspiration. Un homme entre deux âges, à lunettes, au milieu d'une sorte de box séparé du public par une grille de fer, était profondément absorbé par l'une de ces mystérieuses tâches qui exigent formulaires, bordereaux et rouleaux de scotch, et qui constituent apparemment l'essentiel de l'activité d'un receveur des postes. Une femme encore jeune, bien plantée et souriant d'un air las, se tenait derrière le comptoir des bonbons, journaux et cartes postales. Rufus prit un exemplaire du *Daily Mirror*, le seul journal qui restait — ou le seul titre disponible dans la boutique...

« Où me conseillez-vous de déjeuner ? »

Elle hésita et se retourna vers le receveur.

« Je ne pense pas que "Le Sapin" fasse l'affaire, n'est-ce pas, Tom ? » Elle avait un accent de Suffolk très prononcé, reconnaissable à cette intonation un peu vulgaire, saccadée, aux « sons vocaliques creusés » selon la définition qu'en avait donnée un jour Adam. « Non, je ne vous le conseillerais pas. Ce qu'il y a de mieux, c'est "L'Ours", à Sindon. »

— Il ne sait pas où c'est, objecta Tom, d'une voix d'ancien adjudant.

— Il y a longtemps que je ne suis pas venu dans le coin, ajouta rapidement Rufus. Pas mal d'années. Avez-vous entendu parler d'un certain monsieur Hilbert Verne-Smith et d'un endroit qui s'appelle Wyvis Hall ?

— Tout le monde le connaissait. C'était un de vos amis ? Mon oncle lui donnait un coup de main pour le jardin, environ deux fois par semaine, bon an mal an. Mais le jeune qui a hérité de la propriété, son neveu, il n'en a plus voulu, et il l'a congédié en lui réglant son dû, pas un sou de plus. »

Rufus se représenta immédiatement le personnage : un vieil homme, un mouchoir noué sur sa tête. « Ah bon, il est mort ? »

— M. Verne-Smith ? Bien sûr ! Ça fait même dix ou onze ans ! Je viens de vous dire que le neveu avait hérité de la propriété.

— Non ! Je parlais de votre oncle !

— Mort, lui ? Non, il est à Walmut Tree parce qu'il a besoin de quelques soins, mais il se porte comme un charme. »

En voyant l'air perplexe de Rufus, Tom ajouta : « C'est le pavillon de gériatrie de Sudbury.

— Ah oui, je vois.

— Il n'a jamais remis les pieds dans la propriété. Ça, on peut dire que ça lui a brisé le cœur. Sauf une fois, pour récupérer ses outils de jardin, puisqu'ils étaient à lui, hein, sa vieille bêche et son plantoir. A cinq heures du matin, pour pas déranger. Il a jeté un coup d'œil au jardin, son jardin, comme il disait. Tout était à l'abandon, complètement desséché, envahi par les mauvaises herbes. C'était plus du gazon, c'était de la prairie ! Remarquez, c'était l'année de la canicule, l'été 1976, je crois. »

« Pour pas déranger », se répéta intérieurement Rufus. Il comprenait maintenant l'origine des pas qu'Adam avait entendus très tôt, ce dernier matin. Bidugrame était garée dehors, la lessive de Vivien était également suspendue à l'extérieur.

Le vieux jardinier était dans un pavillon de gériatrie, mais il se portait comme un charme...

« Vous avez dit "L'Ours", à Sindon ? »

Elle se lança dans des indications confuses et détaillées pour lui expliquer le chemin. Rufus la dévisageait tandis qu'elle se penchait au-dessus du comptoir, dessinant des plans avec son index au dos du magazine *Radio Times*. Elle lui rappelait quelque chose ; quelque chose qui évoquait une bicyclette rouge, un signe de la main et de solides mollets pédalant ferme pour gravir la côte raide de la trouée... Il ne voyait pas comment lui demander si c'était bien elle, la postière qui leur avait apporté les factures, les notes d'électricité. Comment s'en assurer sans lui poser la question ?

Il n'avait pas l'intention d'aller déjeuner à Sindon. Il n'avait pas faim. Et il avait l'impression de n'avoir rien fait. Il avait rendu la situation plus compliquée. En passant devant la ferme de la Noue, il pensa que le fermier était peut-être déjà allé trouver la police. Il avait certainement été contacté dès le début de l'enquête. « Pour pas déranger. » La phrase lui traversa l'esprit. Il se rendait compte à quel point il avait été naïf de croire qu'ils pourraient vivre deux mois et demi à Wyvis Hall sans que personne soit au couant.

C'était là, en contrebas.

Il s'arrêta en haut de la trouée. Une pancarte en chêne gravée en caractères romains indiquait le nom de Wyvis Hall, et, en dessous « chemin privé ». Rufus pensa tout à coup que ni les Evans, père ou fils, ni la femme du passage du Sapin, ni le receveur des postes, ni cette femme qui pouvait être ou ne pas être la postière, ne lui avaient parlé du cimetière d'animaux et de ce qu'on y avait trouvé. Le mot police n'avait pas été prononcé. Il se demandait pourquoi, mais il ne trouva aucune réponse. La simple peur l'empêcha de s'engager dans la trouée. Bien que pourvu de peu d'imagination, il se voyait attendu par un étrange comité d'accueil : les actuels propriétaires de la maison — les Chipstead ? —, la police, bien sûr, la véritable postière, toujours âgée de dix-huit ans, l'employé du gaz, le fermier, l'homme aux coypus.

Il décida de rentrer et prit la direction de Londres. La pluie s'était mise à tomber, comme le dernier jour, celui de leur expulsion du paradis. C'était la même pluie, torrentielle, poussée par le vent. Cette pluie lugubre avait continué de tomber les jours qui avaient suivi son retour, le cloîtrant chez lui, littéralement tapi, ne parlant à personne, pas même à ses parents ou à son frère, perpétuellement sur le qui-vive.

Comme à présent, il épluchait quotidiennement les journaux. Il dévorait tout ce qui avait trait au bébé, et il était envahi de sueurs froides quand il lisait que la police tenait une piste, ou lâchement soulagé quand il était manifeste qu'ils étaient plus éloignés que jamais de la vérité. Il se réveillait la nuit en se demandant s'il retournerait jamais dans son école de médecine, s'il serait encore en liberté à la rentrée. En réalité, il n'avait rien fait, il s'était contenté d'être là, mais il n'avait jamais essayé de se leurrer lui-même quant à leur responsabilité collective dans le drame. Il n'avait cependant jamais songé non plus à enfreindre leur promesse : il n'avait pas chercher à les revoir. Il ne voulait pas les voir, il voulait en être débarrassé pour de bon.

Il y avait eu une sorte de réunion d'anciens élèves à cette époque, mais il ne s'y était pas rendu. Il évitait systématiquement Highgate depuis lors, faisant de subtils détours pour ne pas passer devant Archway Road, North Hill ou encore devant le poste de police qui se trouvait au coin de Church Road.

Adam et Zosie avaient emprunté la Muswell Hill Road, dans la partie sinueuse, celle qui monte et qui descend entre Queens Wood et Highgate Wood. Il l'avait suivie jusqu'aux feux du carrefour d'Archway Road, à l'endroit où la route continue vers le nord et devient la A 1. Il avait tourné à droite et cherché une place pour Bidugrame. Il était impossible de se garer dans Archway Road même. Adam n'était pas venu dans ce quartier depuis qu'il avait quitté l'école, il y avait près de treize mois maintenant, mais les petits magasins d'antiquités et d'occasions étaient toujours là : il distingua, scotchée sur une vitrine, une affichette invitant le chaland à venir vendre son argenterie.

Il avait tourné à gauche dans Church Road. N'importe quelle rue large aurait fait l'affaire, mais il choisit Church Road, en dépit de ce que Zosie n'avait pas manqué de lui faire remarquer :

« Il y a un poste de police au coin. Tu ne vas tout de même pas stationner devant un poste de police !

— Pourquoi pas ? Nous ne faisons rien d'illégal ! »

Que Dieu l'entende...

« Avance un peu », dit-elle.

Il rangea Bidugrame de l'autre côté du carrefour, à l'angle de Talbot Road. Il ne voulait pas que Zosie l'accompagne. Il aurait aimé qu'elle reste dans le break à l'attendre. Il commençait à comprendre qu'il désirait la garder pour lui seul, l'exclure du monde, comme une Albertine prisonnière de son Marcel.

Elle le regarda, de ses grands yeux clairs et mordorés, l'air enfantin et innocent.

« Tu sais, à partir de là, c'est View Road, de l'autre côté de North Hill. » Elle avait étudié le plan de Londres de Rufus. « C'est là-bas que Vivien va garder des enfants. Nous l'y avons conduite, Rufus et moi.

— Ah bon ? » dit-il, sans manifester le moindre intérêt. C'était bien ça, effectivement : cela ne l'avait pas intéressé. Il était content que Vivien s'en aille, de les voir partir, elle et Shiva, mais il se moquait de l'endroit où elle pouvait aller.

« J'en ai pour une petite demi-heure. A peine plus, en tout cas. Disons, pour compter large, trois quarts d'heure. ».

Elle acquiesça, et se replongea dans la lecture du plan. Il sortit de Bidugrame avec le carton à bouteilles contenant les verres à liqueur, le vase anthropomorphe et les cuillères à farce sous le bras. C'est alors qu'il entendit le premier coup de tonnerre, comme un long roulement de tambours.

« Tu ne m'as jamais dit, fit remarquer Lili à Shiva, comment ils en sont arrivés à prendre le bébé. Je suppose que c'est un détail de l'histoire que tu ne connais pas. »

Ce n'était pas elle qui avait engagé la conversation sur ce sujet, c'était lui. La circulation était déviée de Forest Road par la Cinquième Avenue : il contemplait le flot de voitures, soulagé de savoir que sa rue était un endroit sûr, à l'écart des parcours dangereux et des embûches. Toutes les vitrines y étaient intactes. La dernière nuit avait été paisible ; l'évacuation du « Boxer » s'était effectuée dans le calme. Brusquement, sans raison apparente, Shiva s'était retourné vers Lili, vêtue de son sari rose et de son cardigan Marks et Spencer, et il lui avait dit qu'il voulait lui parler de Trapellune.

Il secoua la tête. « Oh si, je le sais. Mon Dieu, je ne le sais que trop. Mais je ne l'ai pas appris tout de suite, pas dès le premier jour. Quand ils sont revenus à la maison, nous avons pensé qu'il s'agissait du bébé de Zosie. Ça peut te paraître un peu fou, mais nous savions que Zosie avait eu un enfant et qu'elle regrettait de ne pas l'avoir gardé. Alors quand ils sont arrivés avec un bébé, on ne s'est même pas posé de questions. Vivien et moi, du moins. Rufus n'était pas là. Il était avec la femme d'un soldat, qui trompait son mari. Du joli, n'est-ce pas ? Rufus était un être entièrement mauvais. Je crois qu'il n'avait rien pour se racheter.

— Peu importe Rufus. Donc ils sont arrivés avec un bébé, et vous n'avez rien dit. Ça ne vous a pas étonnés ?

— Il faut que tu comprennes bien que Zosie était toujours mystérieuse. Il y avait dans son passé beaucoup de choses qui nous échappaient, et chaque jour, on découvrait des éléments nouveaux. Quand ils sont rentrés, nous venions de finir notre dîner, Vivien et moi. Je lisais sur la terrasse et Vivien s'occupait de ses herbes. Elle avait biné un coin du jardin pour les planter, et il fallait qu'elle arrose tous les soirs, sinon elles mourraient. Nous avons entendu le moteur du break, enfin moi, je l'ai entendu, et, un peu plus tard, des cris de bébé. Vivien a fait le tour de la maison avec son arrosoir, pour demander ce qui se passait. Je lui ai répondu : on dirait un bébé. C'est alors qu'est apparue Zosie. Elle voulait savoir s'il y avait du lait. Elle tenait un biberon à la main. Elle était... rayonnante, elle exultait. C'est la raison pour laquelle nous avons pensé, et quand je dis nous je ne crois pas me tromper, que c'était son propre enfant.

« Était-elle allée à Londres dans l'intention délibérée de l'enlever ?

— Non, répondit Shiva. Ça s'est passé par hasard, de manière purement accidentelle. Voilà ce qu'ils nous ont raconté : il était environ trois heures et demie quand ils sont partis pour Londres. Adam avait rangé le break à un croisement, en haut d'Archway Road. La rue dans laquelle il était garé était une sorte de prolongement de celle où Vivien allait bientôt commencer à travailler. Une simple coïncidence, à mon avis. J'y suis allé une fois, plusieurs mois après, mû par une espèce de fascination morbide. Je voulais voir par moi-même. Et quand j'y ai été, j'ai compris que ce n'était pas exactement une coïncidence : si on veut faire des courses dans Archway Road, on est obligé de se garer par là, dans une des rues adjacentes. On n'a vraiment pas le choix.

— Et Adam l'a laissée dans le break. Pourquoi n'est-elle pas venue avec lui ?

— Il ne voulait pas qu'elle aille dans ces boutiques. Tu peux imaginer pourquoi. Il pensait qu'elle allait voler des "babioles sans importance", comme il disait. Il était sûr qu'elle ne pourrait pas s'empêcher de "barboter", pour reprendre son expression. Il n'avait pas oublié l'histoire de Sudbury. Quoi qu'il en soit, il a pris son carton de machins à vendre et il est sorti pour jeter un coup d'œil à l'affichette posée sur la vitrine du magasin, celle qui annonçait des conditions intéressantes pour le rachat de l'argenterie. Il a laissé Zosie dans le break. Elle lui a dit qu'elle irait peut-être faire un tour. Il faisait trop chaud pour rester là-dedans. Elle était folle, tu sais, elle était atteinte d'une espèce de démence postnatale. Elle avait un mode de pensée différent des autres, elle n'était pas rationnelle.

— Tu crois que la plupart des gens sont rationnels, Shiva ? »

Il se tut et se rappela la nuit précédente, avec son vacarme, les bris de verre qui semblaient s'être poursuivis des heures durant, les cris perçants et les rugissements qui ponctuaient la cacophonie ininterrompue des bruits de destruction. Le craquement sourd et absurde d'une voiture qu'on retournait, qui rendait un écho de dissolution. Des freins qui crissaient, le martèlement de pieds qui couraient sur la chaussée, et, au loin, la détonation mate d'une explosion. Non, les hommes ne sont pas rationnels. « Ils ont une certaine idée de la réalité, dit-il, quoique d'un ton dubitatif. Une vague notion. Pour Zosie, un bébé, c'était comme une poupée qui pouvait la consoler. Non, en fin de compte, ce n'était pas tout à fait ça. Elle avait l'air de considérer que c'était du même ordre qu'un chapardage entre gosses — une petite fille qui pique sa poupée à une autre petite fille. Et pourtant, elle s'occupait du bébé. Elle l'aimait.

— Les petites filles aussi aiment leur poupée, mais au bout d'un moment, elles s'en lassent et elles la mettent dans un placard.

— Elle ne faisait pas ça, elle ne négligeait pas le bébé. Il est vrai qu'elle n'en a pas eu le temps.

— Mais comment a-t-elle fait pour le prendre ?

— Pour *la* prendre, dit Shiva. C'était une fille. Elle est allée se promener, pour se dégourdir les jambes, et elle a marché jusqu'à la maison où Vivien devait bientôt travailler. Elle était déjà venue dans le coin. Je ne pense pas qu'à ce moment-là elle avait dans l'idée de voler le bébé de M. Tatian, mais elle savait qu'il y en avait un. La maison semblait déserte. Souviens-toi qu'il faisait extrêmement chaud. Toutes les fenêtres étaient néanmoins fermées. Elle a été jusqu'au bord du terrain de golf de Highgate, et elle a fait demi-tour. Elle n'avait pas de montre, mais elle a calculé qu'une demi-heure environ avait dû s'écouler depuis le départ d'Adam.

« Cette fois, il y avait des fenêtres ouvertes au premier étage de la maison de monsieur Tatian. Elle a vu une femme sortir avec ce machin qui sert à transporter les bébés, comment ça s'appelle ?

— Un couffin ?

— Oui, c'est ça, un couffin. Zosie nous a affirmé que la femme ne l'avait pas regardée, qu'elle ne l'avait même pas vue — ce qui paraît évident, du reste. La femme a posé le couffin sur le siège arrière de la voiture, et elle a laissé la portière ouverte, à cause de la chaleur, vraisemblablement. Quoi qu'il en soit, elle est rentré dans la maison, sans refermer la porte derrière elle. D'après Zosie, elle avait l'air d'avoir oublié quelque chose.

« Zosie nous a dit que ça avait été plus fort qu'elle. Elle n'a pas réfléchi à ce qu'elle était en train de faire, elle n'a pas pensé aux risques en tout cas. Il fallait qu'elle prenne ce bébé et elle l'a pris. Elle a refait le coup du petit garçon dans le grand magasin, seulement cette fois, Rufus n'était pas là pour l'en empêcher. Elle a plongé la main dans la voiture, elle a retiré le couffin et elle est repartie dans la rue avec. Le bébé dormait, et il ne s'est pas réveillé. C'était une petite fille remarquablement calme, qui avait toujours sommeil, comme certains nourrissons, je crois. En fait, je n'en sais rien, je ne connais rien aux bébés. » Shiva leva les yeux vers Lili et détourna rapidement le regard. « Une file de voitures attendait au feu rouge à North Hill. Elle a continué et elle a descendu Church Road, sans rencontrer personne. Les conducteurs des voitures à l'arrêt ont dû la voir, mais aucun d'entre eux n'a signalé une jeune fille en jupe à carreaux bleus portant un couffin. Elle a posé le bébé sur le siège arrière du break et elle s'est assise à l'avant, à la place du passager. Quelques secondes plus tard, Adam était de retour.

« Il s'est assis à la place du conducteur et il a dit à Zosie : "C'était une foutue perte de temps." Il a démarré, il s'est engagé dans North Hill et il a filé droit sur Finchley pour prendre le périphérique nord. Zosie a regardé sur sa gauche, et vers View Road. La voiture était toujours dehors, avec la portière arrière ouverte. Elle a aperçu la femme qui ressortait de la maison.

— Alors, Adam ne savait pas ? Il ne savait pas que le bébé était à l'arrière ?

— Il ne l'a su qu'après la sortie d'Enfield. Pendant qu'ils attendaient à un feu rouge, le bébé s'est réveillé et s'est mis à pleurer. »

XVI

En voyant le panneau routier qui indiquait la garnison, Rufus se souvint de la liaison qu'il avait eue pendant quelques jours — deux semaines, peut-être — avec cette femme dont le nom se présentait toujours à sa mémoire sous deux formes possibles, sans qu'il parvienne à trancher. Était-ce Janet ou Janice ? Adam avait le même genre d'hésitation à propos de l'antiquaire, qu'il appelait alternativement Evans ou Owens. En fait, c'était Evan et rien ne prouvait que la petite amie de Rufus ne s'appelait pas Janine ou Jeannette.

Il ne s'en souviendrait décidément jamais. Elle avait les cheveux teints en roux, et elle était un peu trop mince à son goût. Il était sûr de ne pas lui avoir donné son adresse à Nunes. Il n'avait pas de numéro de téléphone à se laisser extorquer, et il ne l'avait certainement jamais amenée à Trapellune. Quoi qu'il en soit, elle serait bien la dernière personne à aller trouver la police pour raconter une histoire vieille de dix ans, *a fortiori* si elle était toujours mariée avec son soldat et si elle avait eu des enfants de lui.

Dans son souvenir, il l'associait au taxi qu'il avait pris pour rentrer. Et à son unique trajet à pied jusqu'au village de Nunes. Il était allé la rejoindre au « Sapin », et c'était ce jour-là qu'il avait lu pour la première fois le nom du propriétaire sur la porte du pub. Il l'avait oublié, et ce n'était probablement plus le même aujourd'hui. Mais pourquoi avait-il été obligé de marcher jusqu'au village, puisqu'il avait Bidugrame ?

Janet ou Janice (Janine ou Jeannette) était venue avec sa propre voiture, ou celle de son mari. C'était leur dernier rendez-vous. Il s'y était rendu à pied, bien que cette activité peu compatible avec son éthique de *macho* ne l'enchantât guère. Malgré cela, il n'avait pas voulu lui dire où il habitait. Il avait sans doute craint les représailles du mari, au cas où elle lui aurait tout avoué dans un élan de franchise — ou de remords.

S'il n'avait pas été au rendez-vous avec Bidugrame, il s'en souvenait à présent, c'était parce qu'Adam et Zosie l'avaient empruntée pour aller à Londres. Ils avaient ramené le bébé ce soir-là. Rufus n'avait pas assisté au retour de l'enfant. Au début de la soirée, il était au « Sapin » avec Janet ou Janice. Ils avaient ensuite dîné dans un autre pub, ou dans un restaurant où ils s'étaient violemment disputés à propos de l'addition : Rufus n'avait plus qu'un billet de dix livres en poche (c'était ce qui lui restait de l'argent du prêteur sur gages), et il lui avait fait comprendre qu'elle devrait payer tous les verres de la soirée.

Ils s'étaient raccommodés dans le grand lit de Janet, à côté de la photographie du soldat retournée sur la table de nuit. Le lendemain matin, ils s'étaient séparés sans regret. Rufus espérait seulement que le soulagement était plus vif de sa part que de celle de sa partenaire. Elle ne lui avait pas proposé de le raccompagner à Nunes, et elle avait été jusqu'à prétendre qu'elle n'avait pas les moyens de payer l'essence pour un trajet de quarante kilomètres aller et retour. C'était la raison pour laquelle il avait pris un taxi, bien sûr. En arrivant à Trapellune, il avait fait attendre le chauffeur, dont le compteur continuait à tourner, le temps d'aller soutirer à Adam de quoi régler la course.

Il n'avait même pas pénétré dans la maison : Adam se trouvait dans l'entrée ou sous le porche. Ce dernier avait commencé par se plaindre de la mauvaise affaire qu'il avait faite à Archway Road. Le vase anthropomorphe et les cuillères à farce lui avaient rapporté moins de dix livres. Personne n'achetait ce genre de cuillère, lui avait-on dit. A quoi pourrraient-elles bien servir de nos jours ? Quant aux verres à liqueur, il n'était même pas parvenu à les vendre. Rufus avait finalement réussi, mais non sans difficulté, à lui soutirer les quatre livres du taxi.

Le chauffeur se souviendrait-il de cet épisode ? A l'époque, il était jeune, il devait avoir l'âge de Rufus. C'était une erreur de l'avoir laissé s'engager dans la trouée, et quelque chose le lui avait fait sentir à ce moment-là, mais il n'avait pas pu l'en empêcher. Le chauffeur aurait difficilement accepté d'attendre son argent en haut du chemin.

Naturellement, il avait dû effectuer des dizaines de courses cette semaine-là, dont un bon nombre en pleine campagne. Le sentier sinueux qui menait à Trapellune à travers bois n'avait rien de particulièrement marquant en lui-même. Sauf s'il avait entendu l'enfant pleurer...

Non, c'était impossible. Rufus ne l'avait entendu qu'une fois le taxi parti et presque hors de vue. Si jeune et si observateur qu'il ait pu être, il ne serait pas en mesure d'identifier Rufus dix ans plus tard, et encore moins Adam, qui avait l'air complètement « flippé », pour employer une expression de l'époque. Rufus aurait été persuadé qu'il venait de fumer un joint s'il n'avait pas su qu'ils n'avaient plus un sou pour acheter de la came.

« Tu te sens bien ? lui avait-il demandé tandis que le taxi disparaissait sous le tunnel d'arbres. Ou bien c'est simplement une gueule de bois carabinée ? » (Nous jugeons toujours les autres d'après nous-mêmes.)

Adam ne répondit pas. Ils regagnèrent la maison. La porte d'entrée était restée ouverte. C'était à ce moment-là qu'il avait entendu le bébé pleurer pour la première fois. Il les accueillait d'un son plaintif, qui semblait aussi improbable dans cette maison et à cette heure qu'un rugissement de lion. Peut-être pas, au fond, peut-être pas...

« Mon Dieu ! s'exclama Adam.

— Je suppose que cela signifie que Zosie a amené son enfant ici.

— Tu as dit ça d'une voix glaciale. "Glaciale", c'est comme ça que les romanciers la décriraient.

— Les très mauvais uniquement. » Les pleurs avaient cessé. « On aura des enfants un jour ou l'autre, et il faudra bien les supporter, mais j'estime que maintenant, ça dépasse les bornes. Cela dit, tu es chez toi. »

Adam resta sans réplique. Puis il dit à Rufus : « Je t'expliquerai plus tard. En fait, je préférerais ne pas avoir à le faire, mais je n'ai pas le choix. »

Raide et hautain, Rufus avait répondu : « Ce n'est pas mon problème.

— Et comment savais-tu que Zosie avait eu un bébé ?

— A ton avis ? C'est mon boulot de savoir ce genre de choses, ou ça le sera bientôt. »

Il ne vit le bébé qu'au milieu de l'après-midi. Adam, qui manifestait une nervosité extrême était en train de lui raconter les péripéties de la vente des cuillères lorsque Zosie apparut sur la terrasse avec un paquet emmailloté dans les bras. Elle était à Trapellune depuis près de deux mois, et le bébé avait dû naître un mois avant son arrivée. C'était ainsi qu'il avait raisonné cet après-midi-là. On ne voyait pas grand-chose de son visage entre les plis du châle rouge sombre de Vivien dans lequel il était enveloppé, mais suffisamment pour se rendre compte qu'il était très jeune et très petit. Un nourrisson de trois mois environ. Vivien suivait Zosie, avec un biberon et une serviette brodée aux initiales de Lilian Verne-Smith, et Shiva fermait la marche, l'air complètement décontenancé. Un vrai cortège.

Ils croyaient tous (sauf Adam, bien sûr) que c'était le bébé de Zosie. Qu'auraient-ils pu imaginer d'autre ? De quelle amnésie, voire de quelle aphasie Adam était-il frappé pour n'avoir pas compris ce qu'impliquait l'approbation innocente de Vivien ? Mais peut-être était-ce sans importance, car un enfant kidnappé reste un enfant kidnappé.

Pour le moment, Adam pensait qu'il en avait fini avec la police. Ou c'était la police qui en avait fini avec lui. Il avait répondu à leurs questions et il avait fait sa déposition. Il s'imaginait qu'ils reviendraient peut-être, pour l'arrêter cette fois, cette idée ne le quittait pas, elle le poursuivait sans répit, mais il n'avait pas prévu qu'ils allaient lui téléphoner.

Il était chez lui. Le journal qu'il avait acheté, mais pas encore lu, gisait sur le bras du fauteuil. Il ne se sentait pas le courage de le parcourir, d'y chercher le petit article, imprimé en caractères ordinaires, qui révélerait l'identité des squelettes découverts dans la fosse. Un sixième sens, une sorte de *fingerspitzengefühl*, lui suggérait que les noms y seraient. Il avait beau savoir que s'ils n'y étaient pas, s'il devait attendre douze ou vingt-quatre heures de plus, ce serait autant de gagné, il ne pouvait pas se résoudre à ouvrir le journal. Ses beaux-parents devaient venir. Il avait oublié pourquoi Anne les avait invités, mais il n'avait pas envie d'avoir à porter un fardeau encore plus lourd, sans en rien laisser paraître, devant un nombre de gens encore plus grand.

Quand le téléphone sonna, il était seul dans la pièce. Anne était en train de changer Abigail pour la nuit. Elle allait bientôt descendre avec sa fille. Il pensa que c'était Rufus qui téléphonait. C'était forcément lui. Il l'appelait pour lui dire qu'il avait confirmé les détails du voyage en Grèce et qu'ils avaient paru pleinement satisfaits. Et qu'ils n'auraient sans doute plus besoin de le déranger...

Il décrocha. C'était l'inspecteur Winder. Adam frissonna, la gorge serrée.

« Monsieur Verne-Smith ? J'ai encore quelques renseignements à vous demander. Je ne vous retiendrai pas longtemps. »

Il répondit d'une voix qu'on aurait pu croire très enrhumée : « Je vous en prie. » Quelle réponse stupide, pensa-t-il au moment même où il la formulait.

« Je ne sais pas si vous allez vous en souvenir. C'est tellement loin.

— Quoi ?

— Quand vous habitiez à Wyvis Hall, ce fameux été 1976...

— Je vous ai déjà dit que je n'y ai pas habité, répliqua Adam, j'y ai simplement séjourné. J'y ai passé une semaine.

— Habiter, séjourner, ce sont des façons de parler. Voilà ce que je voulais vous demander : vous souvenez-vous d'avoir reçu la visite d'une entreprise de dératisation du nom de Vermstroy ? »

C'était donc cela. L'homme aux coypus s'était rappelé. Il s'était rappelé la rencontre sur le palier de la porte de service. Rufus allongé sur la terrasse, et les cris de remontrances de Mary Gage poursuivant sa camionnette.

« Non, dit-il. Non, je ne m'en souviens pas. »

Il attendait en retenant sa respiration que Winder lui dise qu'ils avaient maintenant la preuve qu'il n'était pas seul à Wyvis Hall, qu'il y avait un autre homme et une jeune fille là-bas. Que pouvait-il faire, sinon le nier ? Il nierait toujours, il n'avouerait jamais.

Et Winder insistait, mais sans employer la tactique que prévoyait Adam.

« Un homme assez grand, brun, avec une moustache ? Vous ne voyez pas ? Nous savons qu'il détruisait les animaux nuisibles du temps de votre... C'était votre grand-père ? Votre oncle ?

— Mon grand-oncle.

— Ah oui, votre grand-oncle. Il venait aussi pour les rats et les taupes, je crois. Et ces bestioles bizarres — comment ça s'appelle, déjà ? »

Adam comprit qu'il voulait le lui faire dire. Il n'allait pas se laisser prendre comme ça.

« Tant pis. C'est sans importance. Eh bien, Mr. Verne-Smith, si vous ne pouvez pas nous aider, ma foi, vous ne pouvez pas, un point c'est tout. Vous serez sans doute content d'apprendre que notre enquête est pratiquement bouclée. Désolé de vous avoir dérangé. Bonsoir. »

Adam garda le combiné dans la main, en écoutant bourdonner la sonnerie intermittente. Au bout de quelques instants, il raccrocha. Ils doivent penser que c'était Vivien, la jeune fille aperçue par l'homme aux coypus. Il imagina la scène : l'homme aux coypus allant trouver la police pour faire part de son témoignage.

« Il m'a demandé si c'était un acro-machin, et je lui ai répondu que non. Un rat, alors ? Et il y avait un type endormi sur une espèce de terrasse derrière la maison, et aussi une fille qui s'est mise à courir après la camionnette. Fin juin, début juillet, par là... »

Il était peut-être revenu plusieurs fois. Comment le savoir ? Et cette facture, payée à Ipswich. Il était monté dans le bois, et il était à coup sûr tombé sur le cimetière d'animaux. Il pouvait certifier qu'à ce moment-là personne n'y avait touché. Il avait pu y retourner en septembre et voir la tombe fraîchement creusée, les mottes de gazon replacées. Castormus, loutredemus, myopotamus... Comme j'étais jeune et insouciant, comme j'étais frivole, pour inventer ces rimes sans art. Est-ce que j'étais le même homme ?

Adam savait qu'il devait appeler Rufus pour lui raconter ce qui venait de se passer, mais il n'avait ni la volonté ni la force de le faire. Un véritable choc, ce coup de téléphone de Winder, qui lui avait ôté toute énergie. Un choc comparable à celui de Heathrow, lorsque son père était venu l'accueillir, ou à celui du retour de Highgate avec Zosie.

Il se laissa à nouveau envahir par le souvenir. D'abord, la chaleur du soir, l'air dense, irrespirable. Ses mains moites glissant sur le volant, les gouttes de sueur qui luisaient sur le front de Zosie et sur sa lèvre supérieure. La transpiration qui collait son propre corps et ses vêtements au siège de la voiture. Il revivait chacun des événements qui avaient précédé cet instant, en s'efforçant d'oublier le bruit traumatisant qui avait fait irruption dans sa tranquillité et bouleversé son monde de fond en comble.

Il avait failli enfoncer l'arrière de l'automobile qui roulait devant lui. Ce fut un vagissement soudain qu'aucun murmure ne laissait présager.

Il était en première, en train de débrayer, lorsqu'il réembraya sous l'effet du choc avant de patiner sur l'accélérateur. Par chance, le feu venait de passer à l'orange, et le conducteur qui le précédait avait le démarrage rapide.

Bidugrame partit comme une fusée. Il pila net. Zosie fut violemment projetée en avant, la tête à deux doigts de passer à travers le pare-brise.

« — Bon Dieu ! s'exclama Adam.

— S'il te plaît, ne te mets pas en colère. Tu ne dois pas te mettre en colère. »

Il se retourna et vit surgir du couffin, non pas un visage, non pas une tête, mais une minuscule main. Il la voyait à présent, cette petite main en forme d'étoile de mer. Il n'avait pas une seconde soupçonné la vérité. Il avait pensé, comme les autres par la suite, que c'était l'enfant de Zosie. Dans son cas, naturellement, la méprise fut de courte durée. Mais l'espace de quelques instants, tandis qu'il rangeait le break sur le bas-côté, il s'était figuré qu'en quarante minutes Zosie avait repris possession de son bébé.

Elle lui lança son regard craintif, son regard de souris aux yeux agrandis de désespoir, qu'elle détourna aussitôt. Ses lèvres serrées ressemblaient à un petit museau. Elle descendit du break comme si elle allait s'enfuir en courant, comme si elle allait se mettre à crier au secours. Elle se contenta d'ouvrir les portières arrière pour sortir le couffin, et elle revint avec le bébé dans les bras. Il paraissait tout petit, trop petit pour crier aussi fort.

Zosie prononçait des paroles pleines d'assurance, mais avec une grande nervosité. « Quelle chance qu'il se soit trouvé dans le couffin avec le bébé ! » Elle brandissait un biberon à moitié rempli de lait. « Sinon, nous aurions été obligés d'aller en acheter un dans une boutique. Je pense que je pourrai me débrouiller pour le reste. »

Adam ferma les yeux. C'était sûrement cette sensation qu'on éprouvait quand on allait se trouver mal.

« Comment ça, "quelle chance" ? Qu'est-ce que ça veut dire, "dans le couffin avec elle" ?

— J'ai pris le couffin avec elle. Puisqu'elle était dedans. A l'arrière de la voiture de M. Tatian. »

Tout s'éclairait. Du moins le pensait-il. « Zosie, nous devons le ramener. Nous devons faire demi-tour et le ramener où tu l'as trouvé.

— *La* ramener. C'est une fille. Et elle s'appelle Nicole. C'est Vivien qui me l'a dit.

— D'accord, d'accord. Bon, maintenant, on fait demi-tour et on la ramène. »

Zosie se mit à pleurer. Elle pleurait bruyamment sur le siège avant, de concert avec le nourrisson. Ses larmes tombaient sur le visage du bébé. Adam ne supportait pas de la voir dans cet état. Ça lui fendait le cœur.

Mon Dieu, dire qu'il l'avait laissée dans le break pour qu'elle n'aille pas voler dans les boutiques. Il aurait préféré qu'elle commette n'importe quel larcin, sauf celui-là !

« Nous devons le/la ramener. Ses parents doivent se faire un sang d'encre. Zosie, ne pleure pas, s'il te plaît, ne pleure pas. Je ne peux pas le supporter. Zosie, tu auras un bébé à toi. On aura un bébé tous les deux, toi et moi. »

Il était gêné maintenant en se rappelant ses promesses et ses supplications. Il était lui-même au bord des larmes. Ils n'étaient que des enfants, qui ne totalisaient pas plus de trente-six ans à eux deux, et la vie venait de fondre sur eux dans ses aspects les plus effroyables sans qu'ils soient capables de se défendre. Il se sentait écartelé. Il l'aimait, il voulait la rendre heureuse, et il était en même temps complètement affolé.

« Je ne la rendrai pas, cria Zosie. Si tu fais demi-tour, j'ouvre la portière et je me jette sous un camion.

— Zosie…

— Je veux cette petite fille. Je l'aime. Je l'ai prise et je vais la garder. »

Elle était presque laide, avec son expression féroce de tigresse, tous crocs dehors. « Je veux qu'elle m'aime, tu comprends ? Si je m'occupe d'elle, elle m'aimera forcément. Je serai sa préférée. Tu ne sais pas ce que ça veut dire, être le préféré de quelqu'un ?

— Je t'aime », dit-il. Les barrières s'effondraient dans sa tête, sombrant dans un gouffre sans fin. « Tu es ma préférée. » Sa voix s'étranglait, les mots sortaient de sa gorge en un son rauque. « Je t'aimerai toujours, je ne te quitterai jamais, je te le jure, Zosie, mais pour l'amour du ciel, je t'en prie, je t'en supplie… »

Comment avait-il fini par lui céder, par renoncer à rebrousser chemin ? Il ne s'en souvenait plus. Il n'était plus le jeune garçon qu'il avait été. Depuis lors, il s'était endurci, il s'était pénétré d'une indifférence mêlée de lassitude. Peut-être étaient-ce moins les supplications de Zosie qui avaient eu raison de lui que la peur de revenir en arrière, de l'accueil qu'on ne manquerait pas de leur réserver s'ils s'expliquaient. S'ils expliquaient quoi, d'ailleurs ? Il avait remis la voiture en marche, et il avait conduit lentement sur le bas-côté parce que ses mains tremblaient.

Zosie s'était allongée, épuisée, avec le bébé sur ses genoux, sur la jupe qui était un rideau à carreaux bleus. Il avait commencé par téter, puis il avait abandonné le biberon et s'était endormi. Le visage de Zosie était rayonnant, étrangement mûri par sa maternité sereine : ses larmes avaient séché en minces sillons de sel le long de ses joues.

La chaleur lourde et étouffante de la journée amena une soirée irrespirable. La lune naviguait parmi de grands nuages roses en forme de montagnes, comme un galion blanc au milieu des bras d'eau qui séparent les chapelets d'îles volcaniques. Les nuages étaient chassés par un vent chaud qui soufflait sporadiquement. Devant la maison, le cèdre étendait ses bras puissants ; on aurait dit un être vivant, une sorcière vêtue de noir, disait Zosie. Sa dernière nuit de bonheur, pensait-il maintenant. Il n'avait plus connu la joie depuis.

Naturellement, ce n'était pas tout à fait vrai. C'était une hyperbole. Il avait dû être heureux depuis, oublieux, euphorique, mais il n'arrivait pas à se souvenir en quelle occasion. En revanche, il se rappelait cette nuit singulière, dans tous ses détails ; leur retour, tout d'abord, par la trouée qui descendait jusqu'à la maison, avec le vent qui agitait les branches au-dessus de leur tête ; puis Zosie, se précipitant dans la maison le bébé dans les bras, et lui, derrière, portant le couffin. On aurait dit de jeunes parents, père et mère, pour la première fois, qui rentraient de la maternité sans très bien savoir quoi faire, ignorants de ce que la vie leur apporterait. Seulement quand cela s'était produit dans sa propre vie, quand Abigail était arrivée à la maison, il était à son bureau, et c'était la mère d'Anne qui était allée la chercher.

Le bébé poussa un seul petit cri bref, que Vivien dut entendre. Elle était alors en train d'arroser ses herbes aromatiques, de tristes petites pousses de persil et de coriandre ; sans plus tarder elle rentra dans la maison pour aider Zosie à préparer un biberon. Zosie monta le bébé dans leur chambre, et prit un tiroir de la commode en noyer pour en faire un berceau. Elle alla chercher un long coussin du salon comme matelas, et couvrit le bébé de ses propres draps de lit et du châle de Vivien. Elle déchira en morceaux l'une des serviettes de bain pour en faire des couches. Adam n'en croyait pas ses oreilles quand elle lui annonça qu'elle allait donner un bain au bébé, mais elle le fit effectivement dans la cuvette de la salle de bains, avant d'épingler un bout de serviette autour de sa taille, en guise de couche. Elle lui remit le Babygro rose qu'elle portait, tout en se lamentant de n'avoir pas de vêtement de rechange à lui donner. Le bébé pleura, mais ce n'étaient pas des pleurs de détresse. Zosie le prit dans ses bras et commença à lui donner le biberon.

Adam descendit chercher des verres de lait pour eux deux, un peu du pain frais de Vivien et des pommes du jardin, en avance sur la saison — des « Beauté du bain » d'un rouge marbré, à peau jaune fripée. Ils s'assirent sur le lit et mangèrent, tandis que le bébé dormait dans son berceau improvisé. Adam s'arrangeait comme il pouvait pour oublier provisoirement le caractère épouvantable de leur acte, pour ne pas penser au cortège de malheurs qui en sortirait, pour occulter son angoisse et sa peur. Le vent était retombé, il s'était chassé lui-même, laissant un ciel pourpre, strié comme un sombre pétale de nuages lointains. Il ouvrit la fenêtre qui donnait sur le jardin à l'abandon, entièrement desséché. Shiva était au bord du lac, un livre à la main, bien qu'il fît trop noir pour lire. Il avait le regard perdu dans les étoiles. Il était encore tôt, pas plus de dix heures du soir. Ils ne s'étaient jamais couchés si tôt jusqu'alors. Mais ils étaient des parents, à présent, lui avait dit Zosie, et les parents doivent se coucher tôt parce que leur bébé les réveille à l'aube. Elle était folle, et il le savait, mais il s'en moquait.

Il la prit dans ses bras et lui fit l'amour ; et pour la première fois — la première et la dernière, l'unique fois — *elle* lui fit l'amour, son corps répondant à ses caresses. Elle était d'une sensualité passionnée, lascive, humide et douce ; le lit, dont les draps étaient froissés, dégageait une odeur de marais salants et de poisson fraîchement pêché. Sa langue acérée était glissante comme une anguille. Son sexe était un antre tiède et élastique qui l'enserrait dans ses algues où il se perdit, et qui le rattrapèrent avant de le rejeter sur le rivage. Elle s'empala sur lui en une secousse qui leur arracha à tous deux un cri ; il en ferma les yeux de plaisir, et s'arc-bouta pour plonger en elle, exhalant un soupir rauque et haletant. Elle le regardait quand il rouvrit les yeux, d'un sourire qui ne pouvait témoigner que de sa jouissance.

En était-il si sûr ? Comment un homme peut-il jamais le savoir ? En outre, il comprenait maintenant que ce n'était pas lui mais le fait de posséder le bébé qui l'avait rendue heureuse. Déjà, moins de quatre ou cinq heures après, le bébé, *son* bébé, comptait plus pour elle que lui. Mais il lui fit l'amour une seconde fois ; il la conduisit de nouveau, et lui avec, à la jouissance, et encore une autre fois plus tard dans la nuit, au petit matin. Il était jeune, il pensait que son ardeur ne faiblirait jamais, quel que soit son âge. Comme il croyait que son amour pour elle durerait à jamais, indestructible.

Adam s'assit en compagnie d'Anne et de ses parents qui sirotaient un irish-coffee, mixture imbuvable, pensa-t-il. Il est vrai qu'il détestait aussi bien le whisky que le café. Les questions de Winder, ses commentaires pleins de sous-entendus sarcastiques le taraudaient. Il ne prenait pas part à la conversation, restant silencieux, égal à sa réputation de « taciturne ». A ces moments-là il espérait souvent qu'Abigail se réveillerait, lui fournissant un prétexte pour s'éclipser et pour aller la consoler, la bercer. Mais il y avait longtemps qu'elle ne se réveillait plus la nuit, et qu'elle dormait à poings fermés, affichant une superbe sérénité. On ne pouvait pas en dire autant de l'autre bébé, qui, dans son sommeil, émettait de légers sifflements et produisait de temps à autre des clappements irréguliers. Était-ce pour cela que les clappements analogues d'Anne dans son sommeil l'avaient tellement fait sortir de ses gonds ?

Les clappements devenaient de plus en plus fréquents, avant de se transformer en grognements et en gémissements qui précédaient son réveil. Elle se mettait alors à crier. Ces cris avaient quelque chose de déconcertant. Ils le plongeaient dans un début de peur panique, tout à fait semblable à ce qu'il éprouvait à présent. Dans un premier temps, il s'était demandé ce qui se passait, où il se trouvait. Il avait éprouvé pareille angoisse le lendemain matin, quand, en ouvrant les yeux, il avait vu le ciel flamboyant, comme un grand feu qui brûlait, et qu'il lui avait fallu un moment avant de se rendre compte que c'était l'embrasement de l'aurore.

« Je souffre d'éosophobie, j'ai une peur irrationnelle de l'aube », avait-il dit un jour.

Zosie descendit dans la cuisine chercher du lait pour le biberon. Puis, elle changea le bébé. Elle savait comment s'y prendre, on le lui avait montré à la naissance de son propre bébé, alors qu'elle savait déjà qu'elle le ferait adopter. Ils se rendormirent tous les trois. Et le monde extérieur cherchait frénétiquement le bébé, en dehors du périmètre enchanté de Trapellune, à l'extérieur des murailles invisibles qu'un sortilège avait dressées.

Quand ils se levèrent enfin, quatre couches mouillées gisaient dans le seau que Zosie avait rapporté de la cuisine. Vivien profita de ce qu'elle devait nettoyer sa robe bleue pour les laver. Elle se pencha sur le bébé, lui parla, et lui tendit un doigt qu'il agrippa de sa petite main rose. Elle ne posa aucune question, gardant un silence de mère très tendre et très attentive. Malgré cela, il n'avait pas compris ce que signifiait l'acceptation de Vivien.

Ils ne lisaient pas les journaux, et quand ils allumaient la radio, personne n'écoutait les nouvelles. Si Vivien avant entendu parler de la disparition d'un enfant pendant qu'elle vaquait à ses occupations, aurait-elle fait le rapprochement ? Rufus et elle avaient admis l'idée que c'était le bébé de Zosie. Ils avaient vraisemblablement supposé qu'elle avait fait annuler l'ordre d'adoption, maintenant qu'elle avait un foyer et un compagnon.

Il n'eut qu'une petite frayeur, ce jour-là : quand une voiture, au toit surmonté d'une lumière — jaune il est vrai, et non pas bleue — descendit la trouée, il pensa l'espace d'un instant que c'était la police. Ce n'était que Rufus, qui rentrait sans un sou pour payer son taxi. El le temps l'avait également inquiété, si bizarre que cela puisse paraître. C'était parce qu'il avait subitement changé. Au cours de la nuit, la température s'était refroidie, tombant de quatre-vingt-dix degrés — on comptait alors encore en fahrenheit — à moins de soixante. Il ne pouvait s'empêcher de l'interpréter comme le présage d'un changement de destin, comme la fin des temps heureux et l'amorce d'un épouvantable désastre.

Qu'avaient-ils fait d'autre ce jour-là ? Pas grand-chose. Quand il se reportait à cette époque de son passé, deux images s'imposaient à sa mémoire : Zosie et le bébé ; Zosie berçant le bébé, le nourrissant, le changeant ; et lui, nerveux, ne tenant pas en place, content, à l'approche de la nuit, de pouvoir aller se coucher. Le bébé se réveillait et se mettait à hurler. Il se disait, bon Dieu, quelle galère, est-ce que c'est ça qui m'attend dans l'existence ?

Le refroidissement soudain le rendit d'humeur maussade. Le matin fut lourd et orageux. Zosie berçait le bébé, lui parlait, et il comprit alors qu'ils devraient forcément le ramener. C'était une évidence. Comment avait-il pu penser qu'ils pourraient garder un bébé kidnappé sans que personne ne sache jamais rien ?

Il envisagea de raisonner Zosie, vaine tentative dans le meilleur des cas. Il ne pouvait pas lui arracher le bébé et le ramener tout seul à Londres. Le concours des autres s'avérerait peut-être nécessaire. Encore faudrait-il qu'ils soient au courant.

Ils ne tardèrent pas à l'être. Il saisit la perche que Shiva lui tendit. Il ne pouvait pas se taire, même pour l'amour de Zosie. D'ailleurs, il valait mieux pour Zosie qu'elle renonce au bébé — ou du moins le pensait-il alors, dans l'impossibilité où il était de voir plus loin que le moment présent, qui se faisait de plus en plus menaçant.

Ce fut Shiva qui posa la question :

« C'est à qui, ce bébé, Zosie, à toi ? »

Vivien eut un sourire et hocha la tête. Rufus n'était pas là : il se prélassait sur la terrasse, où le soleil avait fait une brève apparition. Shiva prit une chaise, s'assit à la table de la cuisine, interrogeant du regard les deux filles. C'était maintenant ou jamais. Adam ne laissa pas passer l'occasion.

« Ce n'est pas le bébé de Zosie. C'est celui de quelqu'un d'autre, dit-il.

— C'est le mien, dit Zosie.

— Seulement dans le sens où il se trouve actuellement entre tes mains, continua Adam, pédant jusqu'au bout.

— Je ne comprends pas ce que tu veux dire », répliqua Shiva

Zosie, occupée jusqu'alors à faire chauffer du lait dans une casserole, s'écarta de la cuisinière, la tête rentrée dans les épaules. Elle avait des yeux de souris acculée dans un coin, le dos au mur. Le bébé dans les bras de Vivien. Jusqu'à cet instant, Zosie et elle avaient été les prêtresses des mystères de la Maternité, accomplissant de concert les rites d'un culte ancien ; par un sourire, qui excluait tout représentant du sexe mâle, Vivien avait conforté Zosie dans sa situation de mère. Mais à présent, elle se rendait compte qu'on l'avait trompée : à la révélation d'Adam, elle avait sauté en arrière, serrant plus le bébé contre sa poitrine, le visage figé de dégoût. Adam avait le sentiment que n'importe qui aurait laissé tomber le bébé à sa place, mais Vivien le tenait au contraire plus fermement, comme si le fait de prononcer certains mots le mettait en danger et réclamait d'elle une protection particulière.

Il parla d'une voix assurée, sans émotion : « C'est un bébé que Zosie a pris dans une voiture quand nous étions à Londres. En d'autres termes, elle l'a enlevé.

— Je n'arrive pas à le croire, murmura Shiva d'une voix lente, remplie d'étonnement.

— Mais si, tu sais bien que ça existe les enlèvements d'enfants, c'est assez fréquent de la part des femmes qui ont perdu le leur. Le fait est connu.

— Elle l'a pris dans une voiture, comme ça ? Quelqu'un l'a aperçue ?

— Non, à l'évidence. Écoute, on en a vu de toutes les couleurs. J'en suis malade. Je sais que c'est mal, que c'est une action inqualifiable et tout ce que tu voudras. Je ne suis pas demeuré. Je sais très bien qu'il faut ramener le bébé, et en ce qui me concerne, le plus tôt sera le mieux. »

Vivien intervint. Elle tenait toujours le bébé. Elle ne le lâcherait pas.

« C'est un acte cruel et abominable. Vous êtes des demeurés, tous les deux, rien d'autre. Il faut ramener ce bébé à ses parents immédiatement. Vous devez retourner à Londres avec elle sur-le-champ.

— Je suis tout à fait d'accord avec toi, répondit Adam d'une voix lasse.

— Tu sais qui sont ses parents ? Je parie que non. Tu dis que tu l'as sortie de la voiture de quelqu'un ? Vous êtes complètement fous, vous êtes malades dans votre tête.

— Oh, ferme-la.

— Il faut mettre Rufus au courant. Il faut qu'il le sache. »

C'était la première fois que Vivien faisait un pas vers Rufus. Tout en continuant à porter le bébé, elle passa la tête dans l'embrasure de la fenêtre et l'appela :

« Rufus, est-ce que tu peux venir, s'il te plaît ? »

Zosie venait de remplir le biberon et le maintenait sous l'eau froide pour qu'il ne soit pas trop chaud. Elle sécha le biberon dans une serviette et s'approcha de Vivien en tendant les bras. Pendant un instant, on aurait pu croire que Vivien allait se cramponner au bébé : elle leva le bras gauche pour lui protéger la tête et le visage.

« C'est un être humain que tu as volé, une *personne*, pas un animal ou un jouet. Est-ce que tu t'en rends compte ? Est-ce que tu *réfléchis* ? » dit Vivien d'une voix pensive.

Le bébé se mit à pleurer à la vue du biberon qu'il ne pouvait pas atteindre, bien qu'il ne fût qu'à un mètre de lui — un véritable supplice de Tantale. Vivien continua :

« Je pensais que c'était le tien, je croyais que tu avais réussi à récupérer ton enfant.

— Rends-la-moi s'il te plaît, Vivien ! »

La cigarette au coin de la lèvre, Rufus fit irruption dans la pièce au moment où l'échange se faisait. Vivien déposait le bébé dans les bras de Zosie en détournant la tête ostensiblement. Shiva s'était mis à rire, non pas d'une manière brutale, mais doucement, lugubrement, en secouant la tête. Rufus demanda :

« Que se passe-t-il ?

— Zosie a volé ce bébé dans une voiture. Elle l'a simplement embarqué, hier après-midi. Elle est folle, bien sûr. Elle croit sans doute qu'on peut enlever un enfant en toute impunité. Tu pensais que c'était le sien, comme nous tous ici, mais ça n'est pas le cas, c'est le bébé de quelqu'un d'autre. Ils ne savent même pas à qui il est. Ils ne savent pas qui sont ses parents.

— Mais si nous le savons. C'est la fille de Tatian, le type chez qui tu vas travailler ! »

Vivien regarda Adam. Elle plongea son visage, devenu aussi pâle que sa robe en coton crème, entre ses mains. Le bébé, dans les bras de Zosie, détourna la bouche de la tétine, tandis que ses mains microscopiques, roses comme des coquillages, continuaient à tenir le biberon. Vivien fit un pas vers Zosie, l'air menaçant sembla-t-il à Adam, qui fit mine de se lever. Mais elle se contenta de scruter le visage du bébé.

« Tu crois que ce bébé est Nicole Tatian ? C'est bien ce que tu as cru ? Nicole est âgée de neuf mois, elle est grande, elle marche à quatre pattes. Je suis bien placée pour le savoir, je l'ai vue de mes propres yeux. Dieu sait qui est cet enfant, Dieu seul le sait. Mais qu'est-ce qui t'a fait croire que c'était la fille de Robin Tatian ? »

Zosie resta muette. Elle s'en fichait, pensa Adam, elle se fichait bien de qui ce bébé pouvait être la fille, puisqu'elle pensait que c'était le sien maintenant.

« Il se trouvait dans une voiture, devant sa maison. Zosie en a conclu que c'était le sien. »

Le rire nerveux de Shiva avait maintenant cessé, mais sa tête était toujours agitée de soubresauts. Quant à Rufus, il éclata d'un rire rauque, qui déferlait par vagues si puissantes qu'il fut contraint de s'asseoir, ensevelissant la tête dans ses mains.

« Allume la radio, ordonna Vivien. Laisse-la allumée le temps qu'on entende les nouvelles. Il y aura sûrement quelque chose aux informations. Tu es décidément incapable de te rendre utile, lança-t-elle violemment à Rufus. Tu trouves sans doute que tout est drôle. Un meurtre, tu trouverais ça drôle.

— Pourquoi pas, après tout, dit-il en rejetant sa tête en arrière, pourquoi pas ? »

Le moment venu, il rirait jaune.

Shiva alluma la radio ; il en jaillit de la musique rock. Presque au même moment, comme si la radio ou la musique l'avaient déclenché, un coup de tonnerre crépita dans le lointain, avec un bruit de pierres qu'on déverse dans une fosse. La musique cessa soudain, laissant place à un bulletin d'informations.

Son beau-père parlait maintenant de Wyvis Hall. Adam, perdu dans ses pensées, sourd à ce qui se disait, avait oublié la raison qui l'avait poussé à s'abstraire ainsi. Il s'agissait sans doute de nouvelles que son beau-père avait lues ou entendues, d'une information toute fraîche dont s'étaient emparés les médias, et qui lui avait échappé. Tandis qu'une partie de lui-même brûlait de la connaître, l'autre la redoutait comme la peste et se voilait la face. Il n'avait pas moins envie de fuir les questions qu'on lui posait à présent sur sa propriété : quel genre de construction était-ce, quelle était la superficie du terrain, à quoi ressemblaient les environs.

Il y répondit pourtant, quoique de façon elliptique, en songeant qu'il n'avait qu'à rechercher ce qui avait ramené la conversation à son point de départ. Peut-être ces quelques lignes dans le journal du soir, qu'il avait eu peur de parcourir, ou bien une information donnée à la télévision. Mais au lieu de s'en enquérir, il fit remarquer d'un ton sec que c'était un sujet déplaisant et qu'il ne tenait nullement à en parler. Anne le dévisageait d'un air soupçonneux, une expression qui semblait ne plus la quitter depuis quelques jours. Soudain, Adam prit conscience que son mariage ne survivrait pas à ces événements. Dans une certaine mesure, ce serait le moindre des maux. Si cette affaire avait pour unique conséquence de briser son mariage, il s'en sortirait facilement. Mais il était impossible que ce soit la seule retombée : l'homme aux coypus entrait maintenant en scène, son texte à la main.

Adam se souvenait d'un éclair, d'un bref éclat de lumière qui avait embrasé la cuisine. Il ne s'était pas rendu compte à quel point il faisait sombre auparavant. Il avait eu l'illusion que la nuit était tombée, mais ce n'était pas le crépuscule : il était trois heures de l'après-midi. Il était alors allé regarder à la fenêtre le ciel gris tirant sur le pourpre, parsemé de nuages semblables à des montagnes encapuchonnées de neige : une atmosphère tiède et opaque dans les vallées, comme dans l'Himalaya, qui devenait translucide et glacée à hauteur des pics. Un arbre d'éclairs surgit de l'horizon bleuté, dont les branches percèrent les cumulus, et le tonnerre retentit comme un coup de feu.

Il écoutait la voix qui sortait du poste. Ils l'écoutaient tous, même Rufus. « Le bébé disparu de Highgate », c'était ainsi qu'on désignait l'enfant que Zosie tenait dans ses bras, sans donner son nom. Zosie caressait le dos du bébé, en le berçant contre son épaule. Durant quelques instants, elle tourna la tête vers la radio, et prêta attention aux paroles que le présentateur proférait d'un ton sinistre. Elle ne paraissait cependant nullement concernée et ne manifestait pas plus d'intérêt que s'il avait été question d'un tremblement de terre aux antipodes.

Elle avait déchiré une autre serviette et elle était en train de changer la couche du bébé. Shiva, le nez froncé et la bouche tombante, restait à l'écart de ce qui se passait.

« J'aimerais aller à Sudbury pour lui acheter des vêtements. Elle a besoin d'un autre Babygro et de maillots de corps. Et il lui faut de vraies couches. »

Adam se demanda qui elle lui rappelait. Il ferma les yeux. Sa sœur Bridget, évidemment, qui lorsqu'elle avait sept ou huit ans, avait été obsédée par la poupée qu'on lui avait offerte le jour de son anniversaire.

« Tu n'iras pas à Sudbury, répliqua Vivien, tu vas aller à Londres pour ramener le bébé. »

C'était elle la mère, celle qui était responsable. Elle était la voix de l'autorité. Mais ce n'était plus aussi efficace qu'auparavant. Quant à Rufus, il faisait figure de père. Pourquoi a-t-on besoin de ces rôles, se demandait Adam, aussi bien à l'époque que maintenant, pourquoi avons-nous besoin de nous mouler dans ces personnages ?

« Reste une difficulté accessoire, dit Rufus. Nous ne savons toujours pas à qui est ce bébé.

— Les journaux de ce matin doivent le dire. » Adam commençait à entrevoir ce qu'il devait faire. « Je vais conduire Zosie à Sudbury et je vais acheter un journal.

— C'est inutile, vu que je n'ai pas l'intention de la rendre », dit Zosie.

Adam l'entoura de ses bras, et le bébé avec elle ; ce bébé qui s'interposait entre eux désormais. Il avait plus d'une raison de vouloir s'en débarrasser.

Shiva, qui avait gardé le silence, comme s'il avait été obligé d'écouter attentivement une conversation en langue étrangère, finit par prendre la parole, avec lenteur :

« Est-ce que tu te rends compte de la chance que tu as eue, de ne pas prendre le bébé de M. Tatian ? Sinon, à l'heure qu'il est, la police t'aurait déjà retrouvée. »

Ils se tournèrent tous vers lui. C'était la première fois que le mot police était prononcé.

« Parce qu'ils auraient fait le tour de ses relations. M. Tatian aurait parlé de la nurse qu'il venait d'embaucher, et qui devait commencer à travailler jeudi prochain. Il ne la connaissait pas, c'était sa belle-sœur qui l'avait reçue. Il aurait ajouté qu'elle lui avait donné une adresse bizarre, une fausse adresse : Trapellune n'existait pas. En revanche, il se pouvait qu'elle habite bien à Nunes, dans le Suffolk. Qu'est-ce qui se serait passé, à ton avis ? Ils seraient déjà ici, ils auraient fait des recherches dans toutes les maisons du voisinage.

— Félicitations, dit Rufus. Tu finiras détective, au grand bénéfice des forces de la loi. »

Le visage olivâtre de Shiva s'empourpra. « C'est pourtant vrai, non ?

— Mon ange gardien me protégeait, dit Zosie.

— Et l'ange gardien de la mère du bébé ? Il était en vacances, pendant ce temps-là ?

— Je croyais que tu étais de mon côté, Rufus. »

La radio diffusait du rock, en sourdine. Rufus l'éteignit et prit une cigarette.

« Ah bon ? », dit-il. Il observait Zosie d'un œil à la fois attentif et incrédule. « Je vais te dire de quel côté je suis : celui de Rufus. Toujours. »

Adam eut l'impression troublante qu'on en arrivait aux choses sérieuses. Il regarda Rufus, il avait besoin de ses conseils et de ses recommandations. La remarque qui suivit lui fit l'effet d'un coup de poing dans les côtes. Il sentit le sang lui monter au visage : la peau lui cuisait.

« Sincèrement, ce n'est pas un endroit pour moi. Plus maintenant. Il est temps que je m'en aille. » Il sourit à Adam mais sans la moindre camaraderie. « Par conséquent, si vous le permettez, je partirai dès demain matin. »

Adam dut afficher une attitude nonchalante. Il dut hausser les épaules et lever les sourcils.

« Comme il te plaira. La décision t'appartient.

— En effet. Mais je crains d'avoir à vous priver du break. » Il ne disait plus Bidugrame, ce qui retournait encore le couteau dans la plaie. « Alors si vous voulez achetez des journaux et des vêtements pour le bébé, je vous conseille d'en profiter pendant qu'il est encore temps. »

Il était très *cool*, Rufus, très relax, mais tranchant comme une lame de rasoir. Il n'avait même pas besoin de s'expliquer. Son raisonnement était clair : je suis étudiant en médecine dans un hôpital universitaire renommé, et je suis promis à un grand avenir. Je suis fort, je vais devenir encore meilleur, et je vais réussir. Il me reste deux années avant le diplôme. J'ai encore du chemin à parcourir, mais une fois que je serai en haut de l'échelle, car j'y parviendrai, vous pourrez aller vous faire foutre. Je n'ai pas l'intention de compromettre ma carrière pour une kleptomane complètement givrée — et dont la kleptomanie s'exerce non pas sur les objets, mais sur les bébés. »

Rufus sortit d'on ne savait où une bouteille de gin qu'Adam n'avait jamais vue, et s'en versa une généreuse rasade qu'il descendit cul sec. Il quitta la pièce sans mot dire, la bouteille à la main. Dès qu'il fut parti, Zosie se mit à leur raconter comment elle avait tenté une première fois d'enlever un petit garçon dans un centre commercial, lorsqu'elle était à Londres avec Rufus et Vivien. Adam n'avait pas entendu parler de cette histoire. Elle le glaça. Il fallait rendre le bébé. Rufus pouvait s'en aller — il n'aurait d'ailleurs pas tardé à le faire de toute façon. Ce qui lui importait, c'était d'être seul avec Zosie. Sans le bébé.

S'il parvenait à détourner son attention à un moment quelconque, ou si elle allait se coucher, par exemple, il aurait peut-être l'occasion de prendre le bébé pour le ramener. Qu'est-ce que cela changerait à leur relation ? Et s'ils gardaient le bébé, ce ne serait pas sans conséquence non plus, n'est-ce pas ?

Le couffin vide était resté sur le siège de Bidugrame. Zosie prit place dans le break avec le bébé qui était emmailloté dans le châle rouge de

Vivien. De sa main enfantine, à laquelle brillait l'anneau tressé d'or, elle lissa la chevelure arachnéenne du bébé et caressa ses joues rondes et satinées. Elle avait une expression extatique, et son ange gardien la protégeait de ses ailes. Elle ne lui rappelait plus sa sœur, mais ces madones des tableaux de la Renaissance dont le visage fervent et le regard lumineux reflétaient tout, sauf la piété.

Comme un petit animal maltraité accorde sa confiance au premier être humain qui lui témoigne de l'affection, qui ne le brutalise pas et ne l'abandonne pas, elle s'en remettait à lui. Elle ne craignait pas de lui confier le bébé. Il supposait qu'il devait en être flatté et, en un sens, il l'était. Cela lui faisait plaisir, cela signifiait qu'il pourrait mettre son projet à exécution. Mais dans un premier temps, il la laissa avec l'enfant pour aller au kiosque où il acheta le *Daily Telegraph*. La disparition du bébé faisait la une, et il avait enfin un nom. Le nourrisson qui dormait dans le couffin à l'arrière de Bidugrame s'appelait Catherine Ryemark, et les parents dont l'ange gardien était parti en vacances, habitaient de l'autre côté de Highgate, dans le quartier des Miltons.

Zosie revint, chargée de paquets, un cabas accroché au bras, en dansant et en sautillant malgré son fardeau. Ses achats avaient dû faire un gros trou dans l'argent du vase et des cuillères à farce.

« Catherine, dit Zosie lorsque Adam lui fit part de la nouvelle, j'aime mieux Catherine que Nicole. »

Le bébé parut lui sourire. Il était très calme, placide, attentif. Ses grands yeux bleus et doux regardaient paisiblement Zosie, sans bouger, Adam lut à haute voix une description minutieuse du couffin, de couleur crème, avec une bordure à carreaux blancs et crème et une doublure blanche, contenant une couverture rose et un édredon en patchwork de tons pastel. Il se demandait par quel miracle tous les passants ne scrutaient pas l'intérieur du break afin de repérer le couffin et ne couraient pas le dénoncer à la police.

Quelques gouttes de pluie très espacées, de la taille d'une grosse pièce de monnaie, étaient tombées. Ils avaient regardé l'ondée avec surprise, presque avec curiosité. Cela faisait si longtemps qu'ils n'en avaient pas vus que c'en devenait un phénomène.

« Le journal dit qu'elle a quatorze semaines, poursuivit Adam, tandis qu'ils reprenaient la route.

— Ça paraît si peu, pas vrai ? On n'arrive pas à se l'imaginer. » Zosie était assise à l'arrière avec Catherine. Elle l'avait sortie du couffin pour la prendre dans ses bras. « Mon bébé était une petite fille. Je ne te l'avais jamais dit, je crois ? C'est étrange, mais j'ai les mêmes sentiments pour Catherine que pour ma propre fille. Il n'y aucune différence. Tu sais, Adam, nous oublierons très vite que ce n'est pas notre enfant. »

Adam resta sans rien dire. Il aurait aimé avoir plus de détails que les journaux n'en donnaient, et l'expression « chasse à l'homme d'ampleur nationale» lui déplaisait profondément. Il n'était pas question d'automobilistes s'arrêtant à un passage clouté de North Hill, afin de laisser traverser une jeune fille vêtue d'une jupe bleue à carreaux blancs et d'un chemisier bleu, portant un couffin.

A Trapellune, Vivien les attendait, debout sous le porche. Il n'avait pas vraiment plu, en définitive, même si le ciel charriait encore une masse de nuages, et si le tonnerre grondait dans le lointain. Le vent s'était levé et faisait frissonner les arbres. Elle commença à leur dire, avant qu'ils n'aient franchi la porte, qu'ils devaient non seulement ramener le bébé, mais encore le remettre en mains propres à ses parents.

Adam était parfaitement d'accord, et c'était justement la raison pour laquelle il devait feindre de ne pas l'être. Il repoussa Vivien d'un geste impatient. Rufus était introuvable ; il devait être en haut dans la Chambre au Centaure. Zosie mourait de sommeil, s'étant levée à l'aube et n'ayant pu s'assoupir que quelques instants depuis. Elle bâillait à s'en décrocher la mâchoire et se frottait les yeux comme une enfant. Il était à peine plus de cinq heures du soir, mais on aurait pu croire que la nuit était tombée : les pièces avaient un aspect lugubre, presque hivernal, bien qu'il régnât une atmosphère lourde et étouffante. Ils avaient fermé toutes les fenêtres à cause de l'orage qui menaçait. Adam les rouvrit.

Il trouva Zosie étendue sur le lit dans la Chambre à la Pelote d'épingles, dormant à poings fermés. La petite Catherine Ryemark était couchée à côté d'elle, non pas dans son couffin mais sur le matelas, assoupie au creux de son bras. Adam se pencha pour poser sur le front de Zosie un baiser délicat. Comme s'il avait l'intention de la réveiller, comme s'il avait voulu l'empêcher lui-même de la trahir. Mais elle ne broncha pas. Le baiser eut pour effet de lui faciliter la tâche, car il la dérangea suffisamment pour qu'elle se retourne vers le mur en gémissant doucement et pour qu'elle dégage son bras de la tête du bébé.

Adam s'empara de l'enfant, le déposa dans son couffin et l'emporta dans le couloir jusqu'à la Chambre au Centaure. Aucun d'entre eux n'avait jamais pénétré dans la chambre des autres. Comme c'était étrange ! C'était presque une pruderie désuète de leur part, ce respect inattendu de l'intimité. Adam ne savait pas s'il devait frapper ou non, mais il avait besoin de demander à Rufus s'il pouvait emprunter Bidugrame afin de ramener le bébé à Londres. Ou, de préférence, si Rufus lui-même pouvait s'en charger ? Il resta planté devant la porte, le couffin à la main. Il se décida enfin à frapper. Personne ne répondit. Il entra alors dans la pièce et jeta un coup d'œil à l'intérieur : elle était vide. Les draps traînaient par terre, et les fenêtres étaient grandes ouvertes.

Adam examina la reproduction du tableau de Böcklin. *Le Centaure à la forge*, et remarqua pour la première fois qu'au milieu de la foule des badauds contemplant le centaure venu faire ferrer ses sabots, se tenait une femme portant un bébé dans ses bras. Il tourna les talons. Il fallait qu'il trouve Rufus, et rapidement.

Il traversa le couloir, en songeant à l'endroit où ils déposeraient le bébé. Le mieux, ce serait de le laisser sur les marches d'une église ou devant un bâtiment public. A condition que l'orage n'éclate pas, évidemment. Ils devraient chercher un endroit abrité.

La maison était à présent plus sombre qu'il ne se souvenait l'avoir jamais vue. Et pourtant, il était venu en hiver, et il avait dû y faire plus noir encore. Il s'aperçut, non sans une brève sensation de désagrément, qu'il était précisément à l'endroit où Zosie avait vu le fantôme de Hilbert — ou du moins elle prétendait l'avoir vu. Il n'y avait naturellement rien ni personne, sinon Vivien qui sortait en trombe de la Chambre au Lit de mort pour le harceler à nouveau.

« C'est d'accord, le bébé sera rendu ce soir, dit-il. Mais laisse-moi tranquille. Il faut que je réfléchisse à la façon dont je vais m'y prendre. »

Où avait-elle disparu ? Comment s'était-il retrouvé dans la cuisine, où Shiva était en train de lire, avec une grande concentration, l'histoire de l'enlèvement de Catherine Ryemark ? Il ne s'en souvenait pas. Pas plus qu'il ne se rappelait, en ce moment même, alors qu'il saluait machinalement ses beaux-parents, en s'apprêtant à expliquer à Anne son silence et sa « grossièreté », où était passé Rufus. Il n'était pas parti avec Bidugrame, puisqu'il apercevait le break garé sur l'allée. Peut-être dans le salon, en train de siroter ce qu'il appelait le verre de l'heure joyeuse, et, par la même occasion, le verre clandestin dont il croyait naïvement (c'était l'unique défaut de sa cuirasse) être le seul à connaître l'existence.

Shiva leva les yeux, puis les posa sur le couffin, et fit très simplement part de son idée à Adam. Il parlait en souriant d'un air espiègle.

« On ne pourrait pas faire ça, avait répondu Adam.

— Pourquoi pas ? Tu connais le nom, l'adresse, tout. Ça les soulagera d'un grand poids, je t'assure.

— Je ne sais pas. Non, je ne sais pas. »

Mais il l'avait fait.

Abigail se réveilla en pleurant au moment précis où il se mettait au lit. Il se releva pour aller la consoler, il lui changea sa couche et il lui apporta du jus d'orange dans un biberon, ce que réprouvait Anne, jugeant qu'il lui donnait de mauvaises habitudes. C'était mauvais pour les dents. Mais comme elle n'en avait qu'une... Il n'avait pas cessé de penser, pendant ce temps-là, que les occasions d'accomplir ces devoirs paternels lui seraient désormais comptées, et peut-être sur les doigts d'une seule main. Quand il la recoucha, il eut l'impression d'avoir en face de lui le visage de la petite Catherine au lieu du sien. Un visage plus infantile, plus faible et plus vulnérable, au regard terne, légèrement divergent. Il détourna la tête et ferma les yeux. Quand il les rouvrit, il vit son propre enfant, qui le regarda d'un air grave avant de le gratifier d'un sourire radieux.

Dans la pénombre de la nuit urbaine, il écoutait la respiration régulière d'Anne, parfois troublée par ces bruits de gorge qui ne le contrariaient plus. Il les ressentait maintenant comme une punition, comme le juste châtiment de son ralliement à la suggestion de Shiva. Les idées les plus fantasques vous viennent à l'esprit en pleine nuit. On pouvait croire que c'était l'esprit de l'enfant mort qui émettait ces sons par l'intermédiaire des lèvres légèrement entrouvertes d'Anne. On pouvait également supposer, ce qui paraissait plus acceptable, qu'Anne n'avait jamais proféré ces bruits : enfiévrée par la peur et la culpabilité, son imagination les avait recréés, à partir de cette nuit d'il y a dix ans où la pluie avait fini par tomber, amenant un rafraîchissement durable. Lorsqu'il écoutait le flux et le reflux de la pluie ponctuée par la respiration du bébé, ses clappements intermittents, à peine audibles, ses gémissements annonciateurs, de pleurs qui ne vinrent pas.

Il était plongé dans le souvenir. Il ne rêvait pas. Il savait qu'il ne dormirait pas. Il pleuvait à présent, un lent crachin hivernal. Il l'entendait crépiter dans un faible chuchotement. Ils avaient oublié de fermer la fenêtre cette nuit-là, et le lendemain, à son réveil, il avait trouvé de l'eau sur le rebord en chêne.

Ce n'était pas la seule découverte qu'il avait faite...

Le journal du dimanche arriva tôt. Il se leva et descendit le chercher, en suppliant tout bas, s'il vous plaît, par pitié, en touchant au passage le bois de la rampe, celui de la porte d'entrée, le linteau. Abigail se mit à crier, mais cette fois il laissa Anne s'occuper d'elle.

Il se précipita sur les nouvelles. Ses mains tremblaient. Quand il vit le titre qui faisait la une, il détourna les yeux. Il fixa à nouveau son regard sur la page, sans comprendre un mot de ce qu'il lisait. Il pensa que l'angoisse lui avait détraqué l'esprit. On avait identifié les squelettes de Wyvis Hall. C'étaient ceux d'une jeune femme de Nunes et de sa petite fille : madame Rita Pearson, originaire de Felixtowe, avait fourni un témoignage décisif.

Point final.

XVII

La police devait venir pour lui, pensa Shiva quand les deux hommes pénétrèrent dans la boutique en présentant leur carte, juste avant la fermeture du lundi. Il avait lu la nouvelle dans le journal, lui aussi. En fait, il en avait pris connaissance la veille, lorsque Lili lui avait montré l'entrefilet perdu dans les pages du *Sunday Express*. Il n'en avait pas été particulièrement affecté : il ne s'inquiétait plus désormais, il était résigné. Lili s'était éloigné de lui. Elle l'avait averti qu'elle ne pourrait pas en supporter davantage. Il savait que, s'il en disait trop, il détruirait l'affection qu'elle avait pour lui, et il en avait trop dit. C'était devenu leur sujet de conversation, et il avait dépassé les bornes : son ultime confidence l'avait fait basculer hors du cœur de Lili.

La police ne venait pas pour lui. C'était au pharmacien qu'ils voulaient parler. A la suite d'une dénonciation (telle fut l'interprétation de Shiva), ils avaient appris que Kishan se procurait des médicaments d'origine suspecte pour les reconditionner avant de les revendre au prix de détail en vigueur. Shiva n'était pas loin de le croire, mais il se garda d'intervenir. Il retourna la pancarte sur la vitrine, les salua et rentra chez lui.

Chez lui, où l'attendait Lili — il n'en était pas si sûr — qui l'accueillerait d'un regard désormais dépourvu de tendresse, et qui ne lui prodiguerait plus aucun réconfort. Il avait épuisé sa compassion, la veille, en lui avouant.

« Tu n'y étais pour rien, lui avait-elle dit. On ne peut pas te reprocher d'avoir été là. Ou tu veux dire que tu aurais dû prévenir la police de ta propre initiative ?

— Non, il ne s'agit pas de ça. Je suis responsable de ce qui est arrivé. Si je n'avais pas convaincu Adam de mon idée, il aurait rendu la petite fille immédiatement. Il l'aurait ramenée à Londres dès qu'il aurait retrouvé Rufus, et elle ne serait peut-être pas morte.

— Il l'aurait ramenée ?

— Oh oui, il était prêt à le faire. Il allait monter dans le break — et je l'en ai empêché. »

Lili ne broncha pas, mais son visage changea d'expression. Elle parut s'écarter de lui, bien qu'elle n'eût pas bougé. On aurait dit que sa pensée, son esprit ou son âme — qu'importe le mot — se repliait au tréfonds d'elle-même. Elle portait une robe de coton indien constellée de petits miroirs qui ressemblait un peu à celle qu'il avait prise dans l'entrepôt de son père pour l'offrir à Vivien. Lili savait-elle qu'aucune Indienne ne s'habillait de cette façon ? Il se posa la question, malgré son incongruité en un moment pareil. Elle passa la main sur son visage et frotta sa joue pâle d'Autrichienne.

« Tu ne me l'avais pas dit.

— Non.

— Tu as vraiment fait ça, Shiva ?

— Je croyais que ça ne ferait de mal à personne. Je te le jure. Je pensais que ça ne causerait aucun tort, et que les parents de la petite ne seraient pas plus inquiets pour autant. Au moins, ils sauraient que leur bébé était en vie. Ce n'est pas pour moi que j'ai suggéré cette idée. Lili, j'étais sur le point de partir. Je devais m'en aller en même temps que Vivien. Je voulais rentrer chez moi. J'attendais des réponses de la part des écoles de médecine auxquelles j'avais écrit. Je te jure que ce n'était pas pour moi. Adam avait besoin d'argent et j'ai pensé que c'était un moyen d'en obtenir.

« Tu essayais toujours de te faire bien voir de ces deux-là. Tu aurais fait n'importe quoi pour gagner leur sympathie. Alors qu'en réalité ils te méprisaient.

— Je ne sais pas. Peut-être. Ils font partie de ces Anglais qui se croient supérieurs à des gens comme moi. Ils ne peuvent pas s'en empêcher, c'est enraciné en eux. »

En marchant vers l'arrêt d'autobus, il se rendit compte qu'il hochait la tête pour acquiescer à ses propres paroles. Il avait croisé Adam à Heathrow, et celui-ci l'avait délibérément ignoré. Cela pouvait s'expliquer, bien sûr. Ils avaient conclu un accord là-dessus bien avant qu'il soit question de l'affaire dans les journaux (Shiva y faisait toujours référence de cette manière, « l'affaire dans les journaux », tout en sachant parfaitement que derrière les mots imprimés sur le papier se cachait une succession d'événements tangibles). Mais il avait compris que cet accord avait été rompu depuis, et qu'Adam et Rufus devaient suivre l'affaire ensemble à présent. Il imaginait leurs conversations téléphoniques, leurs rendez-vous, leurs conciliabules quotidiens. Ils ne l'avaient contacté ni l'un ni l'autre. Mansjuri était pourtant un nom peu répandu, et il n'y en avait pas d'autres dans l'annuaire de Londres, mis à part sa propre famille. C'était facile à trouver. Mais ils le tenaient pour quantité négligeable, il aurait fait figure de tiers importun dans leurs conférences. Shiva se sentait très seul, et sa solitude ne prendrait pas fin lorsqu'il rentrerait chez lui.

Lili avait raison. Il avait cherché à attirer l'attention d'Adam sur lui. Il n'avait jamais éprouvé une sensation de rejet aussi forte que pendant cette heure où il était resté dans la cuisine, avant qu'Adam ne surgisse, le couffin à la main. Il avait appris les détails de l'enlèvement par Vivien, ou en glanant des bribes de conversation. On ne lui avait rien expliqué et on lui avait encore moins demandé conseil. Il s'était emparé du journal qu'Adam et Zosie avaient rapporté de Sudbury et s'était assis à la table pour le lire, afin de se mettre au courant des faits. Adam était alors entré dans la cuisine. Il était à la recherche de Rufus. Lui avait-il seulement adressé la parole ? Il se pouvait qu'il ait traversé la pièce sans ouvrir la bouche, le couffin à la main.

« Il avait commencé à pleuvoir, avait-il raconté à Lili, et Vivien était partie récupérer des édredons sur la terrasse, qui en était couverte d'un bout à l'autre. Rufus écoutait la radio dans le bureau, en buvant du gin.

— Qu'a dit Adam ?

— Quand je lui ai parlé de la rançon ? Il m'a d'abord répondu que nous ne pourrions pas faire ça, ensuite qu'il ne savait pas. Finalement, il m'a demandé comment nous pourrions nous y prendre. Il a posé le couffin par terre et il s'est assis à la table. Je pensais que c'était trop risqué de téléphoner. D'ailleurs, nous n'avions pas leur numéro et il me paraissait difficile de le demander aux renseignements. Je lui ai suggéré d'envoyer une lettre, en utilisant des mots découpés dans le journal. Adam ne voulait pas demander une très grosse somme. Pas quelque chose d'énorme, si tu préfères. Il a proposé le chiffre de dix mille livres, parce que des bourgeois ordinaires pouvaient rassembler une somme de cet ordre s'il le fallait.

— Dans ce cas-là, nous ne sommes pas des bourgeois ordinaires, dit Lili.

— Adam a ramené la gosse en haut. Nous avons découpé le journal dans notre chambre, celle que je partageais avec Vivien. Adam l'appelait la Chambre au Lit de mort, à cause du tableau accroché au mur, qui représentait un enfant mort avec ses parents en pleurs à son chevet. Quand nous avons terminé la demande de rançon, Adam s'est emparé du tableau. Il m'a dit qu'il allait le retirer de son cadre pour le brûler. Il ne l'a pas fait. Pas à ce moment-là du moins. Ce n'est que beaucoup plus tard qu'il a mis son projet à exécution.

« Nous avions décidé de poster la demande de rançon à Londres, ce qui n'était pas possible avant le jour suivant. Adam comptait sur Rufus pour le faire, puisque celui-ci devait rentrer de toute façon. Il était sûr qu'il s'en chargerait, c'était le genre de chose qui l'émoustillait. Ce sont les paroles d'Adam, je n'invente rien, Lili. Il fallait cependant attendre le retour de Rufus, qui avait pris Bidugrame pour aller au pub.

« Vivien était en train de se sécher devant le fourneau. Sa robe était mouillée, et l'autre aussi, la bleue, qui pendait encore à la corde à linge. Adam lui a annoncé qu'il ramenait le bébé le soir même.

« La suite est un peu bizarre. Vivien ne semblait pas être au courant de l'absence de Rufus. Elle est montée prendre son bain et, lorsqu'elle est redescendue, j'étais toujours dans la cuisine — seul, comme d'habitude. Adam et Zosie avaient dû se retirer quelque part, dans leur chambre probablement. Je n'ai pas dit explicitement à Vivien qu'Adam et Rufus étaient partis pour rendre le bébé, mais je l'ai laissé entendre. Quand elle m'a demandé s'ils étaient à Londres, je lui ai répondu que c'était ce que j'avais cru comprendre. Pendant ce temps-là, naturellement, j'avais toujours la demande de rançon en poche, et la gosse n'avait pas quitté la chambre du haut. Je ne sais pas ce qui se serait passé si le bébé s'était mis à pleurer, je n'y ai même pas pensé. Quand on n'est pas habitué aux bébés, ça ne vous vient pas à l'esprit.

— En effet, dit Lili.

— Vivien a trié ses plantes médicinales. Elle s'est couchée tôt, comme nous tous. Sauf Rufus. Auparavant, nous passions nos journées dehors, au soleil, et tout d'un coup le soleil et la chaleur avaient disparu. Nous ne savions plus comment nous occuper. Le bébé ne pleurait pas, ou alors nous ne l'avons pas entendu. Zosie est redescendue à la cuisine pour chercher du lait au moment où je m'apprêtais à aller au lit. Elle ressemblait à une jeune mère, elle était métamorphosée : heureuse, pleine de soucis pratiques, l'air fatigué. Je suis resté éveillé longtemps. Vivien aussi. Nous avons parlé, et elle n'a pas cessé de me dire à quel point elle était soulagée, maintenant qu'ils avaient ramené la petite. Elle voulait savoir comment ils s'y étaient pris, où ils l'avaient déposée. Est-ce qu'ils avaient choisi un endroit sûr ? Elle n'arrêtait pas. Et vers minuit environ, nous avons entendu Bidugrame.

Rufus fréquentait des pubs qui ne respectaient pas les heures de fermeture et qui restaient ouverts jusqu'à une ou deux heures du matin. Ils prétendaient qu'ils recevaient des amis personnels, tu vois le genre de combine. Rufus se fichait pas mal que ce soit illégal. Vivien pensait qu'Adam était dans le break avec lui, elle était persuadée qu'ils revenaient de Londres. Je ne l'ai pas détrompée. J'avais sommeil et je croyais que la situation se clarifierait d'elle-même le lendemain matin.

— C'est bien ce qui s'est produit, dit Lili. Et maintenant tu t'en veux parce que si tu n'avais pas suggéré de demander une rançon, ils auraient ramené le bébé à Londres pour de bon ?

— Oui.

— Tu as raison de t'en vouloir », dit Lili.

Il avait espéré qu'elle s'en accommoderait et qu'elle le prendrait dans ses bras. Elle ne l'avait pas fait. Elle lui avait dit qu'il devrait aller se coucher, que pour sa part elle n'était pas fatiguée, qu'elle le rejoindrait plus tard. La nuit avait été très calme : les hommes et les éléments s'étaient tus. Entouré de silence, Shiva se souvenait du bruit qui avait accompagné le retour de Rufus. La course de ses pieds sur le gravier détrempé, la porte d'entrée claquée à toute volée. Vivien s'était retournée, elle avait murmuré « Bonsoir, Shiva » dans un soupir, et s'était endormie sur-le-champ, d'une respiration douce et régulière. Toutes leurs nuits, à l'exception d'une seule, avaient été chaudes et étoilées, des nuits de velours bleu sans rideaux, aux fenêtres ouvertes. Mais cette nuit-là avait été froide, et la pluie venait de temps à autre gifler la vitre...

Une pluie si fine qu'elle semblait suspendue aux nuages embrumait la Cinquième Avenue. Shiva longeait la rue déserte. Au bout de Forest Road, toutes les vitrines avaient été recouvertes de planches clouées, en raison des émeutes de l'avant-veille. Des pâtés de maisons entiers paraissaient promis à la démolition. Personne ne l'interpella, personne ne le siffla, comme cela se produisait parfois. Mais au moment où il dépassait le « Boxer » et où il traversait la chaussée, une pierre de la taille d'un gravillon lui heurta la joue. Il sentit une vive piqûre lui transpercer le visage et il leva la main pour palper l'endroit du choc.

Une autre pierre, décrivant exactement la même courbe que la première, l'atteignit au dos de la main. Shiva jeta un regard circulaire dans l'obscurité embrumée. Une porte claqua. La rue était vide, mais il eut la sensation d'être observé par d'innombrables yeux. Heureusement, c'était à lui que c'était arrivé, et non pas à Lili. Il s'arrêta en face de sa propre maison et resta figé devant la palissade.

Le graffiti avait été bombé à l'aérosol : « Les Pakistanais dehors. » Un sourire amer se dessina sur les lèvres de Shiva. Il se rappelait ses ancêtres, son grand-père et les oncles de son père, qui haïssaient le nom de Pakistanais, plus qu'un Irlandais ou un Jamaïquain de Walthamstow pourraient jamais le concevoir. Demain, il essaierait de l'effacer ou de le recouvrir, il réfléchirait au moyen de le faire disparaître. Mais l'inscription allait rester sur sa porte cette nuit, et c'était ce qui lui déplaisait le plus : sa maison était distinguée des autres, Lili et lui-même désignés comme ennemis et comme victimes potentielles.

Il rentra dans la maison, fermant la porte tout doucement derrière lui. Sur la console, à côté du téléphone et des gants de Lili, était posée une lettre adressée à sa belle-mère, à Salzbourg. Les femmes sur le point de quitter leur mari écrivent à leur mère pour leur annoncer leur visite, pensa-t-il immédiatement. Il se dit que c'était une idée absurde, et il se mit à la recherche de Lili.

Adam n'avait pas parlé de la rançon à Rufus ce soir-là. Il avait plus ou moins l'intention de lui confier la lettre sans lui en révéler le contenu. Après tout, Rufus n'avait manifesté aucune curiosité au sujet de l'origine de Catherine, et n'avait même pas, du moins à sa connaissance, jeté un coup d'œil au journal. Ce n'était pas maintenant qu'il pourrait le faire puisque Shiva et lui-même en avaient utilisé une partie et qu'ils avaient fourré le reste dans le fourneau.

Rufus se demanderait sûrement pourquoi Adam avait marqué l'adresse en capitales, d'une écriture penchée qui n'était pas la sienne. Inutile d'espérer que Rufus ne regarderait pas l'enveloppe. Il y serait même en quelque sorte obligé, puisqu'il devrait acheter le timbre : Adam et Shiva n'en avaient pas sur eux. Adam savait que Rufus refuserait certainement d'être impliqué, fût-ce indirectement, dans une affaire qui était bel et bien d'ordre criminel. Adam éprouvait lui-même un sentiment de malaise et d'irréalité à cette idée. Il ne pouvait pas croire qu'il était mêlé à une histoire pareille. Par ailleurs, il faudrait bien rendre le bébé un jour, ce qui ne se ferait pas sans risque. Pourquoi n'en seraient-ils pas dédommagés ?

Cette nuit-là, Adam resta longtemps éveillé à écouter la pluie et le tonnerre qui grondait doucement, comme un animal grognant dans son sommeil. Il entendait la respiration régulière du bébé et ses petits bruits de gorge. C'était la nuit la plus froide qu'ils aient connue depuis leur arrivée à Trapellune. Ils avaient deux édredons sur eux. Pour la première fois, Adam pouvait étreindre Zosie dans son sommeil et poser sa tête contre ses fragiles épaules. Pour la première et la dernière fois. S'il l'avait su, il se serait abandonné entièrement à la joie de ces instants privilégiés, au lieu de se faire du souci à propos de Rufus, des timbres et de l'écriture sur l'enveloppe.

A présent, dix ans plus tard, il ne se souvenait plus des termes exacts de la demande de rançon. Elle devait expliquer aux Ryemark comment les contacter ou comment il entrerait en rapport avec eux, et comporter des instructions sur le lieu de l'échange, accompagnées de la recommandation expresse de ne pas prévenir la police. Il avait oublié les détails. En revanche, il se rappelait le montant de la rançon : dix mille livres.

Cette somme leur aurait permis, à Zosie et à lui, de vivre sans problème pendant deux ans. En dépit de sa jeunesse et de sa naïveté, il sentait que s'il pouvait la garder pendant deux ans, il s'en contenterait — il ne pouvait pas espérer davantage. Il reviendrait ensuite à la réalité, il vendrait la maison et il reprendrait ses études. Rentrer maintenant avec les autres, c'était impossible : hors de la campagne enchantée de Trapellune, sous la lumière crue du monde, il savait que son amour pour Zosie s'étiolerait.

Il serra Zosie, qui avait le dos blotti contre sa poitrine. Il prit sa main droite dans la sienne et pressa l'anneau d'or qu'elle portait au petit doigt. Les autres seraient bientôt partis, le bébé aussi par la même occasion, et ils se retrouveraient à nouveau seuls. Ils pourraient avoir un enfant si Zosie le désirait. Pourquoi pas ? Zosie était peut-être déjà enceinte ; ils n'avaient rien fait pour l'éviter.

La porte d'entrée claqua. Rufus était de retour. Il l'entendit monter les escaliers et pénétrer dans la Chambre au Centaure, puis, un peu plus tard, il se rendit compte que la pluie avait cessé. Le seul bruit qui troublait encore le silence était le tip-top régulier de la gouttière qui allait en s'amenuisant, jusqu'à devenir imperceptible. Un silence profond envahit la terre et le ciel. L'air fraîchement lavé exhalait un parfum odorant. Le vent était tombé. Il faisait nuit noire, mais la fenêtre ouverte formait un rectangle gris aux contours imprécis, très légèrement lumineux. Il avait les jambes et le bras gauche douloureusement ankylosés, mais il ne pouvait pas bouger sans lâcher Zosie, et rien ne l'assurait qu'elle allait se retourner pour passer ses bras autour de lui. Un tel geste aurait-il été une preuve d'amour ? Enlacer l'autre instinctivement dans son sommeil, qu'est-ce que cela prouve ? Il ne trouva pas de réponse à ces questions, mais il se retourna quand même. Zosie ne fit pas un mouvement.

Dès qu'il fut étendu sur le côté droit, il s'endormit paisiblement. Les Romains — ou étaient-ce les Grecs — obligeaient leurs esclaves à dormir dans cette position afin de ménager leur cœur. Ce silence absolu que ne brisait aucun son — pas même la respiration du bébé dormant dans son tiroir — avait quelque chose de doux et de rassurant.

Un vieux break Morris Minor s'arrêta au feu devant Rufus. Il se faufila derrière avec sa Mercedes. Le break était de la même couleur vert foncé que Bidugrame, et de la même époque également, à en juger par sa plaque d'immatriculation. Très vieux par conséquent, mais bien conservé. Bidugrame aurait succombé depuis longtemps. A l'époque déjà, elle donnait des signes de vieillesse.

Lorsqu'il était revenu de sa virée solitaire au pub, il n'avait rien remarqué de particulier. Il faut dire qu'il était complètement saoul. Bidugrame lui avait juste semblé un peu tape-cul sur la pente de la trouée, mais ce n'était pas franchement nouveau. Le lendemain matin, il se réveilla vers dix heures avec la bouche pâteuse et la tête prise dans un étau. Il aurait peine à ingurgiter la même dose d'alcool aujourd'hui. Il s'habilla et porta ses paquets dans le coffre de Bidugrame, afin de pouvoir lever le camp à l'heure du déjeuner, comme il en avait l'intention. Il se souvenait à présent d'avoir eu hâte de regagner Londres, où le temps gris et pluvieux se supportait mieux qu'à la campagne. C'était ennuyeux d'avoir un pneu crevé, mais sans plus. Par chance, quand il avait fait réviser le break en juin dernier, il avait remplacé la roue de secours. Il était en train de se décider à changer le pneu quand Shiva apparut, une enveloppe à la main.

Il sortait de la maison avec un parapluie, dans une tenue bien chic pour un habitant de Trapellune : pantalon en flanelle grise, chemise à rayures noires et grises et veste en cuir.

« Car la pluie tombait tous les jours », dit Shiva, un peu à la manière d'Adam.

Le parapluie avait un manche à bande dorée. Il appartenait sans doute à Hilbert, comme le pull-over gris en cachemire que Rufus avait trouvé dans un tiroir et enfilé sur son tee-shirt. Il prit l'enveloppe et lut l'adresse.

« Qu'est-ce que c'est ? »

La pluie avait commencé à tomber plus dru. Shiva abrita Rufus sous son parapluie. « Adam voudrait que tu la postes quand tu seras à Londres.

— Ah bon ? C'est quoi, une demande de rançon ? »

Il s'agissait d'une simple conjecture de la part de Rufus. Au moment même où il la formulait, il n'y croyait pas vraiment. Il ne pouvait pas imaginer ça d'Adam. Non pas pour des raisons morales, mais parce qu'il lui paraissait impossible qu'un de ses amis intimes prenne une initiative aussi stupide. Il le soupçonnait d'ailleurs d'avoir donné une version incomplète de l'enlèvement. Il y avait quelque chose de louche là-dessous.

Un fort instinct de conservation l'incitait ce jour-là à quitter Trapellune pour un environnement plus sûr. Toutefois, il ne pensait pas qu'ils couraient un véritable danger. Les jeux étaient faits, on ne pouvait pas revenir en arrière. C'étaient des jeux auxquels il n'avait pas participé jusqu'à présent, et il comptait préserver sa neutralité. S'il avait su la vérité, il n'aurait sans doute pas fermé l'œil de la nuit, mais il avait dormi d'un profond sommeil. S'il avait appris ce qui se tramait, il n'aurait certainement pas attendu le matin pour plier bagages.

« Ton pneu est crevé, dit Shiva.

— J'ai vu.

— Je vais te donner un coup de main.

— Certainement pas dans cette tenue, répliqua Rufus. Qui sont ces M. et Mme Ryemark, et pour quelle raison a-t-on écrit l'adresse en lettres capitales ? »

Shiva lui expliqua l'affaire, en prenant soin de préciser que l'idée de la demande de rançon était de lui. Il en paraissait fier.

« Rentrons », dit alors Rufus.

Ils se rendirent dans le salon car Vivien était dans la cuisine. Elle avait allumé la radio. Un bruit de musique assourdissant avait jailli, suivi d'une voix d'homme à peine audible.

« Qu'y a-t-il dans cette lettre ?

— Adam réclame dix mille livres. La mère doit apporter la somme à la gare de Liverpool Street, à cent mètres du quai 12. Une heure après, elle récupérera son enfant dans la nurserie.

— C'est pas possible ?

— On ne fera de mal à personne, Rufus. Même s'ils ne paient pas, Adam ne touchera pas à un cheveu de la tête du bébé. Et s'ils paient, en quoi est-ce pire qu'un vol ordinaire ? Je ne vois pas quelle différence ça fait avec le bracelet en argent et l'appareil photo que Zosie a pris. Sinon qu'il s'agit d'une somme plus importante.

— Il n'est pas question que je sois mêlé à cette histoire, dit Rufus. Et je te conseille de ne pas t'en mêler non plus. Qu'est-ce que tu as dans ta petite tête ? Tu veux devenir médecin, et tu te fourres dans un merdier pareil ?

— Je ne toucherai pas à cet argent, Rufus.

— Bon Dieu, mais vous n'aurez pas un sou ! Il y aura une femme-policier avec une valise bourrée de papiers pour vous cueillir, et une de ses collègues se chargera de récupérer le bébé.

— Si tu en es sûr, Rufus, tu devrais le dire à Adam. Mais je te préviens, il est emballé par cette idée.

— Je ne lui dirai rien du tout, dit Rufus. Je vais changer ma roue et me tirer d'ici. »

Mais à peine était-il arrivé à la porte d'entrée qu'Adam descendait l'escalier, les yeux hagards, le visage crispé, blanc comme un linge.

Au même instant, une mélopée plaintive résonna longuement à l'étage.

La mort subite du nourrisson, Rufus le savait très bien, était, après les anomalies congénitales, l'une des causes principales de mortalité parmi les très jeunes bébés. Elle touchait généralement les enfants âgés de deux semaines à un an, avec une incidence maximale entre deux et quatre mois. Si toutes les classes sociales étaient concernées, les statistiques montraient néanmoins une corrélation entre un niveau de vie peu élevé et un certain degré de négligence ou bien la simple inattention. Près de douze cents bébés en mouraient chaque année en Grande-Bretagne.

Il savait déjà tout cela, mais étant encore étudiant en médecine à l'époque, il n'avait jamais vu de cas. Catherine Ryemark fut le premier, et ce fut en quelque sorte grâce à elle qu'il put, deux ans plus tard, diagnostiquer immédiatement un cas similaire à l'hôpital de East End London où il était interne. Mais sa main avait tremblé, et sa bouche s'était desséchée.

Ce jour-là, à Trapellune, il avait grimpé les marches quatre à quatre et s'était précipité dans la Chambre à la Pelote d'épingles. Il s'était emparé du bébé qui gisait dans le berceau improvisé par Zosie. Elle se balançait d'avant en arrière, nue sur le lit. Des gémissements lugubres, inhumains, des petits cris de chat blessé s'échappaient de ses lèvres serrées. Le bébé n'était pas encore froid. Il avait le teint cireux, mais il n'était pas cyanosé. Ses yeux bleus restaient clairs et grands ouverts, mais sans vie. Rufus renversa l'enfant la tête en bas, et comprima sa poitrine avec les pouces. Il commença le bouche-à-bouche, en aspirant les lèvres froides et nacrées.

« Elle était couchée sur le ventre, répétait Adam, elle était couchée sur le ventre. »

La mélopée de Zosie monta d'un octave.

— Fais-la taire, dit Rufus. Emmène-la ailleurs. »

Elle refusait de partir, s'agrippant obstinément à la colonne du lit. Rufus continuait la respiration artificielle, mais il savait qu'elle était morte et que ses efforts étaient inutiles parce qu'elle était déjà morte avant son intervention. Il sentait s'évanouir sous ses mains le peu de chaleur qui restait dans le petit corps fragile.

« Qu'est-ce que c'est ? Qu'est-ce qui lui est arrivé ? »

Même alors, Rufus ne s'interrompit pas. Il ne regarda pas Adam.

« La mort subite du nourrisson, dit-il. Une mort inexplicable. »

XVIII

Ils n'étaient pas des parents expérimentés. Ils ne connaissaient rien aux bébés. Ils ne savaient pas qu'ils ne vous laissent pas dormir avant dix ou onze heures du matin. C'était une chose à laquelle Adam n'avait même pas pensé. Il aurait au contraire été très surpris, voire furieux, si le bébé l'avait réveillé en pleine nuit. Neuf ans plus tard, après la naissance d'Abigail, il était dévoré d'inquiétude au point de ne pas pouvoir dormir : et lorsqu'il s'assoupissait enfin, vaincu par la fatigue, il se réveillait en sursaut, glacé d'horreur : il avait la certitude qu'Abigail était morte durant son sommeil. Pendant près de trois mois, jusqu'à ce qu'Abigail ait dépassé l'âge de Catherine Ryemark, il avait obligé Anne à prendre des tours de garde pour surveiller le bébé. Pour être plus précis, il avait tenté de l'obliger à le faire ; la mauvaise volonté qu'elle avait manifesté ainsi que ses moqueries répétées avaient causé grand tort à leur mariage. Un abîme s'était creusé entre eux. Adam n'ignorait pas que son propre passé était à l'origine de cette cassure.

Cette nuit-là, lorsque Adam s'était endormi, l'obscurité était encore très profonde. Il devait être deux ou trois heures du matin. Il avait rêvé qu'il se trouvait dans les bois, le fusil de Hilbert à la main, quand un gros animal avait surgi à quelques pas de lui, entre les arbres. Adam se rendit compte, mais sans surprise, qu'il avait affaire à une lionne, une bête magnifique et nerveuse, à la robe mordorée. Il chargea son arme et la visa, mais il n'eut pas le temps de faire feu. Quelqu'un l'agrippait. Il se réveilla et se rendit compte que c'était Zosie qui le secouait.

« Tu fais un vacarme épouvantable. Tu ronfles. »

La chambre baignait dans une lumière grisâtre. On était en plein jour, mais pour la première fois depuis trois mois, il n'y avait pas de soleil. Il se retourna pour enlacer Zosie qui se pelotonna contre lui.

« Tu ne trouves pas Catherine adorable ? Elle dort depuis des heures et des heures. Elle doit se sentir bien ici, elle doit nous aimer.

— Je ne pense pas qu'il soit très tard, il n'est probablement que six heures. Va te recoucher.

— J'en ai assez de dormir, répliqua Zosie. Je me sens si heureuse. Tu es heureux aussi ?

— Bien sûr.

— J'aimerais tant pouvoir la montrer à ma mère, mais je crois que ce n'est pas possible.

— N'y pense même pas. » Les soucis de la journée commençaient déjà à envahir son esprit, lui interdisant de se rendormir. Rufus allait partir et leur unique moyen de transport avec lui. Il ne pouvait se souvenir de ce qu'il avait fait de la lettre, l'avait-il montée ici avec lui, ou l'avait-il laissée à Shiva ? Il tâtonna à l'aveuglette sur la table de nuit à la recherche de l'enveloppe qu'il avait peut-être déposée là, mais il ne trouva que sa montre.

« Tu as raison, dit-il à Zosie. Il est onze heures dix. »

En une seconde, elle fut hors du lit.

« La pauvre petite Catherine doit réclamer son biberon ! »

Quels fous ils avaient été, quels enfants de ne pas savoir que quand un bébé bien portant veut son petit déjeuner, il le réclame ! En aucun cas, il ne reste là à l'attendre patiemment comme un vieux malade à l'hôpital. Zosie s'agenouilla et se pencha sur le tiroir. Elle fut d'abord suffoquée, puis elle poussa un grand cri. De sa vie, il n'oublierait ni ce cri, ni la vision du bébé, de son visage enfoui dans l'oreiller, de son corps complètement raide, de sa peau presque froide et cireuse.

Il partit chercher Rufus. Zosie était assise sur le lit et se balançait d'avant en arrière, faisant entendre une sorte de miaulement de chat. Adam essaya d'expliquer les faits clairement à Rufus mais il ne parvenait qu'à répéter : « Elle était sur le ventre, elle était sur le ventre. »

Rufus retourna le bébé pour lui masser la poitrine et lui fit un bouche-à-bouche. Elle était morte depuis longtemps quand Rufus avait pénétré dans la Chambre à la Pelote d'épingles, sans doute avant leur réveil, peut-être même avant l'aurore.

S'il était allé la voir au lieu d'écouter tomber la pluie, captivé par le murmure de la gouttière trop pleine, aurait-il pu la sauver ? Avant que Rufus ne le lui dise, il avait déjà compris que le bébé avait été victime de ce phénomène inexpliqué qu'on appelle la mort subite du nourrisson.

Zosie le repoussa en hurlant quand il tenta de la conduire hors de la chambre. Elle se jeta aux pieds de Rufus, entoura ses genoux de ses bras, en lui disant d'une voix hystérique que le bébé était mort d'avoir avalé son anneau.

« Qu'est-ce que tu dis ?

— Bien sûr que non, elle ne l'a pas avalé ; tu l'as encore au doigt ! » intervint Adam.

C'était d'ailleurs bien la seule chose qu'elle avait sur elle. Il tira un drap du lit et l'en enveloppa. Elle recommença à gémir. D'une voix monotone elle psalmodiait : « Je lui ai passé l'anneau mais ses doigts étaient beaucoup trop petits pour le porter.

— Ton anneau n'a rien à voir là-dedans. On ne connaît pas les causes exactes de la mort subite du nourrisson ; mais on suppose qu'elle est liée à une anomalie des centres nerveux du cerveau qui commandent la respiration. »

Adam s'efforçait de contenir le cri qui étranglait sa gorge. « Mais comment ça arrive ? balbutia-t-il.

— Une infection, ou une ingestion de nourriture, de lait, dans ce cas précis. Peut-être a-t-elle attrapé un rhume. Tu l'as entendue siffler en respirant ? » demanda-t-il à Adam.

Il ne pouvait répondre. Il se contenta de murmurer, d'une voix désespérée :

« Qu'allons-nous faire maintenant ? »

Rufus ne lui répondit pas. Mais les paroles qu'il prononça par la suite, Adam ne devait jamais les oublier. Elles le hanteraient jusqu'à la fin de ses jours quoi qu'il arrive. Et c'était la cruauté qui le lui dictait.

« Il y a une hypothèse selon laquelle la mort subite du nourrisson serait causée par la peur. Un changement de mode de vie. Les habitudes de l'enfant ont été modifiées. Ce n'est plus le visage de sa mère qu'il voit penché sur lui à son réveil. »

Adam frissonna. Il se recroquevilla sous le coup. Ils regardèrent tous deux la femme démente qui se balançait d'avant en arrière, la tête rejetée dans le vide. De sa bouche entrouverte sortait un gémissement animal. Les paroles de Rufus ne l'avaient pas atteinte. Elle ne les avait même pas entendues.

« J'ai quelque chose à lui donner. Un tranquillisant. Et il faudrait lui préparer une boisson chaude. »

C'est à ce moment-là qu'Adam eut les yeux attirés par l'enveloppe au nom des Ryemark qui dépassait de la poche de Rufus. Il poussa un cri de douleur et couvrit ses lèvres de ses mains.

« Bon Dieu ! Et cette foutue lettre ! s'exclama-t-il.

— Ça n'a plus d'importance, maintenant.

— Tu es vraiment sûr de ce que tu avances ? Je veux parler de l'effroi causé au bébé par la vue d'un autre visage que celui de sa mère à son réveil ?

— C'est ce que j'ai entendu dire. C'est une théorie que j'ai relevée au cours de mes lectures.

— Pourquoi la peur pourrait-elle entraîner la mort ?

— Je n'ai pas dit qu'elle l'entraînait. Ce n'est qu'une hypothèse, non vérifiée. Tu as déjà entendu parler de ces animaux qui font semblant d'être morts pour abuser leurs prédateurs ? Selon la théorie que j'ai évoquée, les bébés adoptent une attitude analogue, mais eux, ils meurent pour de bon... »

Adam détourna la tête.

« On ne peut pas dire que tu me remontes le moral.

— Ce n'est pas mon rôle, répliqua avec dureté Rufus. Je me contente de te donner un avis, de t'énumérer toutes les causes possibles. O.K. ?

— Tu ne vas pas partir, Rufus ? gémit Adam comme un enfant, d'une voix suppliante. Pour l'amour de Dieu, ne me laisse pas tomber !

— Je reste », dit Rufus.

Zosie mordait un bout du drap, la tête enfouie dans ses genoux. Elle émettait des grognements étouffés, comme si elle avait un bâillon sur la bouche.

« Qu'allons-nous faire maintenant ? répéta Adam.

— Ne bouge pas d'ici. Je vais lui trouver quelque chose. »

Adam tenta d'enlacer Zosie, de lui retirer le drap de la bouche. Les grognements étouffés se transformèrent alors en un cri étranglé jaillissant des plis du tissu. Il s'éloigna d'elle, en se tordant fébrilement les doigts. Il posa les yeux sur le corps du bébé, en proie à des sentiments mêlés de terreur, de pitié et d'incrédulité. L'enfant gisait sur le dos, les yeux grands ouverts, la peau d'une pâleur d'ivoire. Un souvenir de lecture lui revint — à moins qu'il ne s'agît d'une scène de film —, et il couvrit le corps du châle rouge de Vivien.

Rufus était remonté avec une boisson chaude. Il avait également des barbituriques, des « stups » qu'il avait dû acheter à Chuck. Zosie frappa le bol du revers de la main. Rufus faillit le laisser tomber, et le thé se renversa partout. Mais au bout d'un moment, il parvint à la calmer, en dégageant le drap de ses lèvres et en lui parlant avec douceur. Il ne cherchait pas à la consoler, mais à lui faire prendre conscience qu'il était inutile de crier ou de pleurer, que cela ne faisait qu'aggraver les choses. Il tenait dans la paume d'une main les deux gélules rouge et noire, lui présentant de l'autre le bol de thé à moitié vide. A présent silencieuse, livide et hagarde, elle prit les gélules et les avala. Elle manqua de s'étrangler en buvant, mais elle ingurgita le thé jusqu'à la dernière goutte.

Adam observait chacun des gestes de Rufus. Il se rendit compte qu'il se reposait entièrement sur lui. Rufus serait leur unique appui, leur sauveur.

« Ne me redemande pas ce que nous allons faire, s'il te plaît, dit Rufus. Ne me le redemande pas, pour l'instant, je n'en sais rien.

— Faut-il le dire aux autres ?

— Shiva est déjà au courant », répondit Rufus.

Zosie s'endormit très rapidement. Elle avait dormi près de douze heures pendant la nuit, et environ deux heures l'après-midi d'avant, mais cela ne l'empêcha pas de sombrer à nouveau dans le sommeil.

« Si c'est la première fois qu'elle prend ces machins, déclara Rufus d'un ton satisfait, elle va probablement dormir jusqu'à demain matin. »

Ils ne lui avaient rien dit. Shiva en avait été plus affecté que de la mort du bébé. A l'époque, du moins. Le remords était venu plus tard. Mais le fait d'avoir été exclu du drame, de la tragédie qui se jouait à Trapellune, lui importait plus que tout.

Quand il avait parlé de la demande de rançon avec Rufus, Shiva s'était senti suffisamment humilié. Il lui avait proposé de l'aider à changer sa roue afin de rentrer dans ses bonnes grâces — il était prêt à le reconnaître.

Il caressait encore le rêve d'entendre Rufus lui dire : « Tiens-moi au courant quand tu rentreras dans ton école de médecine. Passe-moi un coup de fil, qu'on aille prendre un verre ensemble. » C'était le moment qu'avait choisi Adam pour dévaler les escaliers en disant qu'il avait besoin de Rufus, qu'il fallait qu'il monte immédiatement parce que le bébé était peut-être mort.

Shiva était resté debout dans l'entrée. Puis il s'était dirigé vers la cuisine où il avait commencé à faire du thé, avec des mouvements d'automate, pour s'occuper les mains. Il avait aussi grand besoin de boire du thé fort et bouillant. A ce moment-là, il pensait qu'Adam — ou Zosie — était responsable de la mort du bébé. Il avait décidé de le dire à Vivien, sans doute par vengeance.

Un peu plus tard, Rufus était arrivé dans la cuisine. En voyant la théière sur le fourneau, il lui avait demandé :

« Verse-m'en une tasse, s'il te plaît. »

Distant, indifférent, très professionnel.

« Que se passe-t-il ?

— Tu as entendu ce qu'a dit Adam ? Le bébé est mort », répondit Rufus.

Rufus sortit la lettre de sa poche, ouvrit le fourneau et jeta l'enveloppe sur les braises du charbon. Puis il s'en retourna comme il était venu, sans un mot de plus, le bol de thé à la main. Shiva sortit dans le jardin à la recherche de Vivien.

Voilà ce qu'il avait raconté à Lili le soir précédent, avant l'aveu : son intention d'aller trouver Vivien pour tout lui révéler. Ils pourraient alors se rendre ensemble dans un commissariat de police où ils expliqueraient l'affaire en détail. La demande de rançon semblait désormais sans importance, ce n'était qu'une péripétie accessoire. Quoi qu'il en soit, elle était détruite, partie en fumée. C'était comme si elle n'avait jamais existé.

Mais alors qu'il marchait sur la pelouse, en passant devant ces statues en pierre qu'il avait toujours jugées affreuses et anti-érotiques, il lui apparut que Vivien ne manquerait pas de lui demander pourquoi Adam n'avait pas ramené le bébé la veille, comme prévu. Shiva serait obligé de lui avouer qu'il l'en avait empêché. A cet instant, un sentiment nouveau l'effleura : la haine de soi. Il s'immobilisa, la main sur le front, et parcourut le jardin du regard.

« Si on m'avait demandé de le décrire, j'aurais dit que c'était un embrasement de couleurs, un tapis de fleurs, mais en fait, à ce moment-là, il n'y avait plus de fleurs. Elles étaient fanées, desséchées. J'ai posé un regard nouveau sur le jardin ce matin-là, et je n'y ai vu qu'un espace désolé, un désert. La pluie était venue trop tard. Il y avait des arbres morts, portant quelques feuilles recroquevillées. Les plantes étaient sèches comme de la paille. Les guêpes avaient dévoré les pommes, et les prunes que Vivien avait rapportées du verger étaient pleines de vers.

« Nous nous sommes assis dans la cuisine pour faire de la compote de prunes. Nous avons coupé les fruits, en retranchant les parties véreuses. C'était écœurant, ça ne donnait aucune envie de les manger. Je savais que je n'y toucherais pas. J'ai continué à couper machinalement, je n'avais qu'un désir : m'enfuir pour me cacher. Je voulais rompre radicalement avec ce lieu et ses occupants. C'était horrible d'être là, dans cette cuisine, à écouter Vivien parler si... si innocemment. Rufus lui avait raconté que le bébé avait retrouvé ses parents. Elle en éprouvait une sorte de soulagement solennel. Elle me disait qu'elle ne pouvait plus envisager de travailler pour M. Tatian. Comment pourrait-elle accepter la place, sachant ce qu'elle savait ? Les Ryemark connaissaient M. Tatian. Ce serait mal, parce que ce serait une tromperie.

« Vivien était extrêmement scrupuleuse. Elle se livrait chaque jour à un examen de conscience. C'était d'une importance capitale à ses yeux. Elle pensait néanmoins pouvoir aller jusqu'à téléphoner à M. Tatian pour lui expliquer que des circonstances indépendantes de sa volonté l'empêchaient d'accepter la place. En un sens, c'était la stricte vérité. Elle était désolée d'avoir à le laisser tomber au dernier moment, mais de son point de vue, elle n'avait pas le choix. Peu lui importait que sa décision la prive d'un revenu et d'un toit. Dès que le break rentrerait, elle demanderait à Adam ou à Rufus de la conduire au village pour téléphoner.

« Je me sentais responsable d'elle, et je ne voulais pas l'être. J'avais l'impression que ce serait un poids de plus à porter. Si elle ne partait pas le lendemain, que ferait Adam ? Je mourais de peur de voir arriver la police.

« Vers le milieu de l'après-midi, j'ai fait mes bagages. Je n'avais que deux sacs et ils ne pesaient pas lourd. J'avais décidé d'aller à Colchester à pied, malgré les vingt kilomètres de distance. Je pensais que c'était possible avec l'entraînement que j'avais. J'étais en bonne condition physique. Je me disais qu'il se trouverait bien un conducteur pour me prendre, et pour me rapprocher un peu.

— Et ta responsabilité à l'égard de Vivien, alors ? dit Lili.

— J'ai essayé de la dissuader d'appeler M. Tatian, de la convaincre de faire passer son intérêt avant ses scrupules moraux, pour une fois. En pure perte. Je ne lui apportais plus rien. Elle s'était liée avec moi parce que j'étais indien. Elle avait pour les Indiens une sorte de fascination mystique, elle croyait qu'ils étaient plus profonds ou plus civilisés que les autres. Elle avait fini par s'apercevoir que je n'étais qu'un homme ordinaire dans une peau brune. Je n'était ni un gourou, ni un poète, ni un saint.

« Je l'ai avertie de mon départ, je n'ai pas filé en douce. Quant à Rufus, je n'ai pas pu lui parler, il s'était enfermé dans la Chambre au Centaure.

Vivien n'a formulé aucune objection. A mon avis, elle était contente que je m'en aille. J'ai remonté la trouée avec mes sacs, et à mi-chemin, j'ai rencontré Adam qui sortait du bois.

« Il m'a supplié de rester. Il m'a imploré. J'étais flatté d'être enfin sollicité. Il m'a dit qu'il comptait sur moi pour emmener Vivien loin d'ici. Si on la laissait téléphoner à M. Tatian pour lui dire qu'elle renonçait à la place, elle ne quitterait pas Trapellune, il ne pourrait jamais s'en débarrasser. Finalement, j'ai changé d'avis. J'ai cédé.

— As-tu essayé d'éloigner Vivien ?

— Où l'aurais-je emmenée ? Nous étions tous dans la même situation : nous ne savions pas où aller, sinon chez nos parents. C'était Trapellune ou la famille. Quant à Zosie — du moins nous le pensions —, elle n'avait même pas cette ressource-là. En définitive, Rufus a conduit Vivien au village pour qu'elle puisse téléphoner à M. Tatian, mais elle n'a pas pu le joindre. Il ne lui restait plus qu'à attendre le lendemain pour réessayer.

« Tu sais ce qui est arrivé le lendemain, n'est-ce-pas ? Je te l'ai déjà raconté.

— Oui, je le sais.

— Ensuite, je suis rentré chez moi et je suis tombé immédiatement malade. On a diagnostiqué une sorte de dépression nerveuse. Ça a duré un an, au bout duquel j'avais renoncé à l'idée de devenir médecin. J'avais abandonné la pharmacie également. Je n'arrivais pas à considérer cette histoire comme un enchaînement inévitable contre lequel je ne pouvais rien. Si j'étais resté du côté de Vivien, Rufus nous aurait soutenus, il était près de le faire. Et si j'avais dit qu'il fallait rendre le bébé, nous nous serions débrouillés pour le ramener.

— Et Rufus, enfin, t'aurait sans doute respecté — Adam aussi. »

Shiva haussa les épaules. « Le bébé ne serait peut-être pas mort, c'est tout. Rufus pensait que s'il avait été chez lui, ou si des personnes compétentes s'étaient occupées de lui, ça ne se serait pas produit. Adam et Zosie le négligeaient sans le vouloir, par pure ignorance.

« J'aurais pu amener Vivien chez ma tante. Évidemment, ça aurait été très compliqué, j'aurais été obligé de me lancer dans un tas d'explications, mais j'aurais pu le faire. A l'époque, il semblait plus facile de la persuader d'aller chez M. Tatian. Je ne voyais pas quel mal il y avait à attendre un jour de plus... »

La soirée était fraîche. Le vent soufflait et il pleuvait par intermittence. Vivien était la seule à avoir l'esprit libre et serein. Elle préparait un plat de lentilles et une salade ; les prunes avaient été réduites en une sorte de mousse. Pendant que le dîner était en train de cuire, elle repassait sa robe bleue. Zosie dormait toujours au premier, assommée par les barbituriques.

Adam avait un souvenir très précis de la destruction du poste de la radio. Il l'avait emporté dans le bois au cours de l'après-midi et il l'avait écrasé à l'aide d'une énorme pierre. Il en avait enterré les morceaux sous le terreau épais et moelleux. En revenant, il avait croisé Shiva avec ses sacs sous le bras, prêt à prendre la tangente, mais il l'en avait empêché. Après avoir terminé son repassage, Vivien s'était mise à chercher la radio. Elle voulait entendre la réaction des Ryemark au retour de leur petite fille pour se joindre à leur bonheur, disait-elle. Adam était monté voir Zosie. Il y allait toutes les cinq minutes. Elle ne s'était toujours pas réveillée, et malgré ce qu'avait dit Rufus, ce sommeil de plomb ne lui plaisait pas du tout.

Vivien croyait qu'elle avait été trop bouleversée par le départ du bébé pour descendre. Elle pensait aller lui parler et lui proposer son remède à base de plantes. Et quand Adam lui dit non, surtout pas, elle dort, elle lui demanda :

« Ça ne t'ennuie pas, Adam, que je reste encore un peu, le temps de trouver un autre travail ?

— Tu en as un, intervint Shiva, pourquoi tu ne le prends pas ?

— Je te l'ai déjà expliqué. Parce que ce serait une tromperie. Si Mme Ryemark venait rendre visite aux Tatian avec son bébé, je serais obligée de jouer la comédie, même si je ne mens pas en paroles.

— La vie est trop courte pour qu'on se paie le luxe d'être aussi regardant.

— Qu'est-ce que tu en sais, Adam ? Tu n'es pas plus vieux que moi, tu es même plus jeune. Je trouve que la vie est trop longue pour qu'on se permette d'accomplir sciemment une mauvaise action. »

Elle avait mis beaucoup d'ardeur dans ce qu'elle disait, sans se départir de sa douceur pour autant. Elle avait parlé sur un ton pénétré, dépourvu d'agressivité, avec une sincérité qui excluait la moindre trace d'humour. Elle lui apparut comme un incube insidieux et têtu, qui vous poursuit tout au long de votre existence.

« Tu ne peux pas rester ici », répliqua-t-il avec brusquerie, en baissant les yeux sur le plat qu'elle avait préparé.

Elle avait été terriblement décontenancée. Elle ne s'attendait pas à une réaction pareille. « Pour une semaine ou deux, pas plus.

— Je resterai ici seul avec Zosie, un point c'est tout. »

Elle le regarda longuement, en portant sa main à sa bouche.

« Tu penses que je suis ingrat, je sais. Je ne le suis pas, et je te remercie pour tout ce que tu as fait. Mais la fête est terminée, l'été est fini. Shiva s'en va, Rufus aussi, et je crains que tu ne doives en faire autant. Maintenant, si tu veux bien m'excuser... »

Il arriva juste à temps dans la salle de bains. Il se tint la tête au-dessus du lavabo et vomit à plusieurs reprises. Il avait *mal au cœur*, comme disent les Français, et c'était bien le terme approprié : son cœur était malade. Zosie dormait dans la Chambre à la Pelote d'épingles. Elle respirait avec régularité. Et si elle était dans le coma, en fait ? Mais il était bien obligé de faire confiance à Rufus. Il voulait lui faire confiance.

Dans la Chambre au Lit de mort, la robe bleue fraîchement repassée était suspendue à un cintre sur la poignée de l'armoire. Il décrocha le tableau du mur, en retourna la face peinte contre sa poitrine, exhibant ainsi le papier poussiéreux qui en recouvrait le dos, et il le descendit dans le jardin. Il allait faire un feu.

Il y avait un emplacement destiné à cet usage le long du mur du verger. Adam n'avait jamais fait de feu en plein air, mais il pensa à utiliser de la paraffine. Il en trouva un bidon dans les écuries. La tempête avait arraché aux grands arbres quelques branches mortes. Il en ramassa un certain nombre, en regardant avec consternation son jardin ravagé. Son paradis perdu. Il jeta le tableau dans les flammes sans l'enlever du cadre. Le feu s'éleva, vif et clair, et se propagea du cadre vernis à la toile, puis au verre, qui furent engloutis en une seconde. Le couffin brûla moins facilement. Il était sans aucun doute fabriqué en matière ininflammable.

L'idée de dormir en face du tiroir qui avait fait office de berceau lui était insupportable. Il le porta dans la Chambre de la Divine surprise avec son contenu. Il ne se souvenait même pas de la raison pour laquelle ils l'avaient baptisée ainsi : en fait de divine surprise, il n'y avait qu'un escalier niché dans un placard, par lequel on accédait au grenier. Cette pièce était située en face de la Chambre au Lit de mort, de l'autre côté du couloir. Elle était exposée au nord, et par conséquent toujours plongée dans la pénombre. Personne n'y mettait les pieds.

Il ne retourna pas immédiatement se coucher auprès de Zosie, qui continuait à dormir. Le feu rougeoyait encore. Il l'avait allumé trop près du mur du verger, dont il avait noirci les briques. C'était visible de la fenêtre de la chambre, dans la lueur persistante des braises. La nuit opaque était balayée de temps à autre par les rafales. Les branches noires se découpaient sur la toile plus pâle du ciel. Ce soir-là, avant de monter dans sa chambre, il avait confié à Rufus que les flammes auraient dû gagner la maison, attisées par un souffle justicier, et la réduire en cendres. A ce stade, la destruction de Trapellune aurait été légitime.

Une lumière se déplaçait sur la pelouse. Quelqu'un marchait avec une lampe de poche. C'était Shiva qui se dirigeait vers le feu. Adam lui en voulut obscurément : il avait l'impression d'une intrusion. Cependant, il ne bougea pas et se contenta de le suivre du regard. Il le vit tisonner le feu à l'aide d'une branche morte, projetant en l'air des gerbes d'étincelles semblables à un feu d'artifice.

Il alla chercher dans le réfrigérateur de quoi dîner, puis il essaya de s'intéresser au programme de la télévision. On ne parlait pas de Wyvis Hall. Le sujet n'avait d'ailleurs été abordé qu'une fois. Et s'il voulait lire le journal du soir, il fallait ressortir pour l'acheter à l'autre bout de la rue. Cette idée ne l'enchantait guère. Il ne s'était pas regardé dans la glace depuis son retour et, lorsqu'il le fit, il constata qu'il avait une entaille sur la pommette droite. Un filet de sang séché lui sillonnait la peau.

Lili serait de retour à neuf heures. Il décida d'aller à sa rencontre, à cause du graffiti. Il se demandait quel accueil elle lui réserverait. Avait-elle décidé de rompre avec lui ? Cette idée le plongeait dans le désarroi, et s'il n'avait pas serré les poings et les dents, la panique l'aurait à coup sûr envahi. Il ralluma le poste et regarda un jeu télévisé. Vers neuf heures moins le quart, il se rendit à l'entrée et prit la lettre adressée à Sabine Schnitzler. Elle n'était pas timbrée, mais Shiva avait un timbre dans son portefeuille, il en avait plusieurs, de dix-huit pence et de treize pence. Un dix-huit pence ou un treize pence ne suffiraient pas pour la Suisse. En revanche, deux treize pence feraient l'affaire. En les collant sur l'enveloppe, il pensa : si elle écrit à sa mère pour lui demander de la recevoir quand elle se sera séparée de moi, c'est pour ainsi dire ma propre condamnation à mort que je porte à mon bourreau. Il posta cependant la lettre au passage, en se dirigeant vers la maison de l'ami de Lili, qui se trouvait dans la Troisième Avenue.

Il avait si bien minuté son arrivée qu'il la vit descendre le perron. Elle portait ce soir-là son éternel salwar et son kamiz, avec son manteau de tweed marron enfilé sur ses pantalons de soie rose. Dans l'obscurité, on ne remarquait pas la pâleur de sa peau. Si elle prenait son bras, pensait-il, ce serait le signe que tout allait bien. Elle le prit, mais d'une main sans vie, de sorte qu'il n'en fut pas plus avancé. Ils marchèrent en silence. On n'entendait aucune pierre voler, aucun sifflement. Ils ne croisèrent personne.

Shiva avait décidé de ne pas montrer à Lili l'inscription tracée à la bombe au coin de la Cinquième Avenue. En arrivant d'où ils venaient, elle ne l'apercevrait pas. Naturellement, elle ne pourrait pas manquer de la voir le lendemain, mais en plein jour, les choses apparaissent sous un angle différent. Ils atteignirent le portail. Lili ne tourna pas la tête à gauche. Elle passa sans la remarquer. Shiva entendit une sorte de toussotement, suivi d'un bruit de boîte de conserve qu'on heurte. Il poussa vivement Lili à l'intérieur de la maison et ferma les deux verrous de la porte d'entrée.

Au moment où ils se préparaient à aller se coucher, il se força à lui demander si elle lui avait pardonné.

« Ce n'est pas à moi de te pardonner ce que tu ne m'as pas fait, répondit-elle avec un bon sens indiscutable.

— Bon, c'est entendu. Mais peux-tu oublier ?

— Je ne sais pas. Pour l'instant, je n'ai pas oublié. » Elle n'en dirait pas davantage.

Shiva était allongé à côté d'elle — au moins cette nuit elle n'était pas restée debout jusqu'à une heure impossible, en prétendant qu'elle n'était pas fatiguée. Quel fou il avait été de parler d'oubli quand rien n'avait encore réellement commencé, quand l'heure du châtiment venait seulement de sonner. Elle n'aurait pas le temps d'oublier, pensa-t-il.

Il fut réveillé par un bruit de pas. Deux paires de pieds, semblait-il, qui martelaient la chaussée en courant le long de Forest Road, au bout de la Cinquième Avenue. Aucun son de voix, en revanche, ce qui était assez étrange de la part d'individus qui n'avaicnt pas l'habitude de se gêner par égard pour les voisins. Il eut l'impression que les pas ralentissaient devant sa maison. On devait écrire encore des insanités sur sa porte, pensa-t-il. Mais à ce moment précis, sa boîte aux lettres fit entendre un double cliquetis métallique, et il en déduisit qu'on y avait jeté quelque chose. Pourvu que ce ne soit pas trop dégoûtant, se dit-il. Les pas résonnèrent à nouveau, puis le portail fut violemment rejeté. Il avait déjà reçu un paquet de cette manière. Il ne l'avait pas ouvert, mais il avait deviné à l'odeur et au toucher qu'il contenait des abats d'animaux, probablement des viscères de poulet.

Les pieds lancèrent une boîte de conserve. Lili fut réveillée par le bruit du fer roulant d'un bord à l'autre du caniveau. Elle se redressa et se cramponna à lui. Shiva alluma la lampe de chevet. En dépit de sa propre frayeur, il était content qu'elle se soit instinctivement tournée vers lui, qu'elle l'ait serré dans ses bras en cherchant son regard.

« On a déposé quelque chose à la porte, dit-il. Je vais descendre voir ce que c'est.

— N'y va pas. »

Le bruit de la boîte de conserve s'atténuait, mais il était encore audible. Ils avaient laissé la fenêtre entrouverte et les rideaux frémissaient.

« Ça peut attendre jusqu'à demain. Le paquet ne s'en ira pas d'ici là. »

Il éteignit la lumière. Il la sentit se détendre peu à peu. Dès qu'elle serait tout à fait calmée, elle se rendormirait. Leurs dos se touchaient, et il était heureux qu'elle ne se soit pas écartée. Le fracas avait laissé place à un profond silence. La pièce était remplie d'une paix qui gagna l'esprit de Shiva. Il se laissa porter par les premiers bercements qui accompagnent l'endormissement.

Ce fut une odeur qui le ramena à la conscience. Dans l'état de confusion où il était encore, il crut qu'il était en train de sentir le contenu du paquet. En un sens, c'était parfaitement exact.

Un crépitement parcourut la maison, une sorte de jacassement incompréhensible. Shiva bondit hors du lit. L'odeur de brûlé était telle qu'il suffoquait, cherchant désespérément à aspirer un peu d'oxygène. Il se rua vers la porte et vit que l'entrée était entièrement embrasée. En bas de l'escalier, c'était un puits de feu d'où s'élevaient de hautes flammes, puissantes et voraces, qui semblaient vouloir engloutir la maison.

Il poussa un cri qui se perdit dans le rugissement du feu. Les flammes grimpaient à l'assaut de la rampe. Elles lui cachaient la porte du salon, qu'ils avaient laissée ouverte, et à travers laquelle le feu s'était propagé. Une pluie d'étincelles voltigea au-dessus de l'escalier. Shiva battit en retraite dans la chambre, claquant la porte derrière lui, et plaqua ses mains sur sa bouche.

Tout en gémissant et en criant le nom de Lili, il releva brusquement la fenêtre, qu'une grande flamme lécha sur-le-champ. Il se recula vivement, le visage roussi, les mains en l'air, tandis que le feu dansant et crépitant envahissait la pièce.

Il se dirigea à l'aveuglette vers le lit et prit dans ses bras Lili qui sanglotait.

XIX

La morne photographie de la maison noircie par les flammes, le récit de l'incendie criminel qui l'avait ravagée et la recherche des coupables : autant d'éléments qui ne servirent qu'à raviver les souvenirs d'Adam. Au cours de cette dernière soirée passée à Trapellune, il avait simultanément espéré et redouté de voir sa maison prendre feu. C'était un Indien qui vivait avec sa femme dans ce petit cube coincé entre deux pavillons dans une rue du nord-est de Londres, et ils étaient morts. L'homme avait succombé en tentant de sauver sa femme, et elle n'avait pas survécu à ses blessures. Il s'agissait d'un acte de racisme délibéré, avait dit un policier au journal télévisé. Adam ne comprit pas le nom du couple. Il ne prit pas la peine de lire ce qu'on disait d'eux dans les journaux.

La nuit précédente, il avait cru entendre les sirènes des pompiers. Il ne savait même pas s'ils avaient le droit de les faire fonctionner à cette heure-là. Peut-être les avait-il imaginées, comme lorsqu'il avait été persuadé, dix ans plus tôt, de percevoir des bruits de pas autour de la maison.

Il pensait parfois que c'était à ce moment-là qu'il avait perdu la faculté de dormir profondément. Depuis, son sommeil était toujours léger, précaire. Les bruits de pas avaient résonné sous ses fenêtres, ils avaient continué et s'étaient arrêtés. Puis ils avaient repris en direction de l'angle de la maison, vers la Chambre au Centaure. Ils avaient fini par aboutir aux écuries. Le ciel s'éclairait ; c'était l'aube. Un oiseau avait crié : on ne pouvait pas appeler cela un chant.

De quoi avait-il eu peur ? Qu'on ne vienne traquer jusque-là les ravisseurs du bébé ? Dans ce cas, il avait réagi d'une façon extrêmement imprudente. Il ne savait plus ce qu'il faisait, il était entièrement dominé par son instinct de conservation. Il descendit l'escalier en courant, se précipita dans l'armurerie, et décrocha le fusil de Hilbert. Il le chargea et pénétra dans la salle à manger. Il s'approcha de la fenêtre, en se dissimulant derrière le rideau.

Il n'y avait personne. Il courut dans l'entrée, à l'affût du moindre bruit. Les oiseaux s'étaient lancés dans un chœur automnal ; ce n'était pas un chant printanier. Aucun autre bruit n'était perceptible. Il ouvrit la porte d'entrée et sortit avec le fusil armé. Il avait perdu la tête. Que se serait-il passé si la police était arrivée ?

Le matin gris s'était levé sur un Trapellune terne et désolé. Il faisait froid. L'odeur de la fumée flottait dans l'air humide. Sur l'emplacement du feu reposait un tas de cendres, d'où émergeait l'armature noircie du couffin, accrochée à une branche à moitié consumée. Il régnait un silence terrifiant, le silence profond qui caractérise la campagne à l'aube, que le chant des oiseaux n'allège pas, comme s'il était d'une autre nature, comme s'il se situait à un niveau de perception différent.

Ces bruits de pas, les avait-il rêvés ? Apparemment. Il n'avait aucune envie de se recoucher. Il revint dans l'armurerie et se tassa dans la chaise Windsor, le fusil posé à côté de lui. Il avait dû s'assoupir, car il se réveilla en frissonnant, malgré la vieille veste de Hilbert qu'il avait passée sur ses épaules. Il entendait Vivien aller et venir dans la cuisine en chantonnant. Peut-être chantait-elle toujours en se levant. Les autres jours, il était trop loin pour l'entendre. Elle chantait « Nous vaincrons », l'hymne de la Résistance, et les sentiments qu'il exprimait le rendaient fou de rage, dans la simplicité de leurs principes.

Il remonta dans la chambre. Zosie avait fini par se réveiller. En le voyant, elle poussa un cri inarticulé et elle éclata en sanglots. Elle s'agrippa à lui et pleura sur son épaule. Durant ces dernières vingt-quatre heures, il était arrivé à Adam quelque chose d'étrange et d'horrifiant. Tout son amour pour elle s'était évanoui. Il avait été réduit à néant en l'espace d'une seule nuit. Jusque-là, il avait cru que ses sentiments étaient éternels, profondément enracinés, qu'ils constituaient sa raison d'être. Zosie et lui, c'étaient une seule chair et un seul corps que rien ne pouvait séparer — comme le sont, paraît-il, les vrais amants —, un être unique qui évoluait dans une autre sphère. Vingt-quatre heures auparavant, tout son désir était de vivre avec elle à Trapellune, dans l'ivresse du bonheur et de la solitude. Elle avait incarné le sexe, et elle avait été son idole. A présent, il avait tristement conscience de tenir dans ses bras une pauvre petite fille affolée, une créature infantile, qui n'était ni une lumière, ni même une beauté.

« Cesse de pleurer, s'il te plaît, fais un effort. »

Elle frissonna en sanglotant.

« Où est Catherine ?

« Dans notre chambre. L'autre chambre. Il faut qu'elle reste là-bas, tu dois la laisser là où elle est, Zosie. Écoute-moi : nous devons l'emmener ailleurs pour la cacher. Oui, arrête, s'il te plaît... » Elle s'était mise à hurler de protestation. « Enfin, Zosie, elle est morte. Tu le sais bien. Ce n'est plus un bébé maintenant, elle n'est plus *là*. Ce n'est pas notre faute, mais nous devons songer à nous-mêmes à présent. Tu ne veux pas qu'on nous jette en prison, n'est-ce pas ? Tu ne veux quand même pas qu'on se retrouve tous en prison ? »

Il avait voulu dire qu'ils n'avaient pas le choix pour le moment. Que plus tard ils essaieraient d'oublier, qu'ils reviendraient ensemble à Trapellune. Mais les mots ne sortaient pas parce qu'il ne le pensait plus. Il ne désirait plus vivre avec elle, ni ici ni ailleurs. Quant aux enfants qu'ils devaient avoir...

Son visage était bouffi de larmes, presque répugnant. Elle sentait la sueur. Il aurait aimé la secouer de toutes ses forces. C'est ta faute, avait-il envie de lui dire, voilà ce que tu nous as infligé, avec ton désir pathologique de bébés, ta kleptomanie et tes mensonges. Il se contenta pourtant de l'asseoir au bord du lit. Il lui essuya le visage avec un coin du drap et lui tendit ses vêtements un à un pour l'aider à s'habiller.

« Je ne suis pas faite pour avoir des enfants, Adam. Pourquoi est-ce qu'on me les enlève tous ? »

Il s'impatienta.

« Ce n'était pas ton enfant. Tu n'avais rien à voir avec lui.

— Elle. Avec *elle*. C'était une petite fille. » Elle enfila son tricot gris, passa ses doigts dans sa fine chevelure pâle. « Où sont ses affaires ? Où sont ses vêtements ?

— Je les ai brûlés. J'ai fait un feu et j'ai tout brûlé. »

En regardant à nouveau le squelette de maison sur la photographie, avec sa charpente noircie, il lui sembla réentendre ses gémissements et ses lamentations ponctués de mouvements désordonnés. L'ossature de la maison qui reposait sur un lit de cendres, devant un mur maculé de suie, n'était pas sans rappeler l'armature du couffin.

Vivien portait sa robe crème. Elle faisait du thé dans la cuisine, en utilisant la grosse théière marron dont se servait la tante Lilian. Shiva et Rufus étaient à l'autre bout de la table. Rufus était occupé à couper une miche de pain, à la surface lisse et brune, parsemée de grains de sésame. C'était une matinée comme les autres, scandée par les mêmes étapes que d'habitude ; elles étaient simplement avancées. Dehors, une pluie fine s'abattait en rafales contre les vitres. Adam installa Zosie à la table et plaça de la nourriture devant elle, un bol de thé, une tartine de pain beurré et du miel. Elle se mit à détacher un à un les grains de sésame et à les sucer avec le bout de la langue. Elle est folle, pensa-t-il alors, elle a perdu la raison.

Un carillon retentit. Une horloge sonnait dans la maison. Adam frissonna. Aucune des horloges de Hilbert n'avait été remontée depuis leur arrivée.

« Qu'est-ce qui se passe ?

— J'ai remonté l'horloge, répondit Rufus, une impulsion qui m'est venue.

— Espèce de con. Adam tremblait. Tu ne peux pas te mêler de tes affaires ? »

L'horloge sonna dix coups. La semaine précédente, c'était une heure qui n'existait pas pour lui. Vivien poussa un bol de thé vers lui.

« Bois, Adam, tu te sentiras mieux après. »

Zosie avait l'air d'une petite chatte à moitié noyée, à peine repêchée, pour laquelle tout espoir est désormais perdu. Elle tiraillait le coin de sa bouche. Vivien dit alors :

« Est-ce que l'un d'entre vous pourrait me conduire au village ? J'aimerais téléphoner à M. Tatian. »

Shiva avait l'air furieux : « Tu tiens toujours à le faire ? Tu te rends compte que tu le laisses tomber, ce pauvre homme ? Il a besoin de toi pour ses enfants. Qu'est-ce qu'il va faire maintenant ? Tu y as pensé ?

— Je ne peux pas y aller. Vraiment pas. Ce serait la pire des solutions, répondit-elle.

— Dans ces conditions, je partirai sans toi. Il faut que je pense à mon avenir, même si tu ne penses pas au tien. »

Adam voyait bien que Vivien attendait qu'il lui dise de rester avec eux, mais il n'avait pas l'intention de le faire. Elle avait cuit elle-même le pain qu'ils étaient en train de manger. C'était grâce à elle que la maison était propre et que tout marchait comme sur des roulettes. Ses économies domestiques et son organisation lui avaient probablement permis de ne pas vendre la totalité de son mobilier, mais il ne pouvait pas lui demander de rester. Rufus tourna les yeux vers lui. Il ne lui avait pas adressé un regard depuis qu'il l'avait injurié à cause de l'horloge. Ses yeux en disaient long.

« Tu n'as qu'à venir à Londres avec moi, dit-il à Vivien. Si tu veux retourner dans le squat où tu étais avant, ça ne me dérange pas de te raccompagner à Hammersmith. »

Et Catherine Ryemark ? Où Rufus voulait-il en venir ? Est-ce que cela signifiait qu'il allait se charger du petit cadavre, ou bien qu'il laissait à Adam le soin de régler la question ?

« Veux-tu aller au village dès maintenant ? demanda Rufus.

— Le plus tôt sera le mieux. » Vivien était troublée. Adam comprit qu'elle était en train de prendre une décision qui allait à l'encontre de ses propres désirs. Elle agissait encore une fois au nom d'un principe abstrait. Il en fut quelque peu désorienté et légèrement ennuyé. « Attends-moi un instant, je monte prendre mon châle, dit-elle. Il fait froid maintenant. On l'oublie mais pourtant... »

Ce fut alors que la postière fit son apparition. Shiva fut le premier à l'entendre arriver. Il ne bougea pas de sa chaise. Il tourna simplement la tête.

« Qu'est-ce que ça peut bien être ? » demanda Adam.

Ils avaient immédiatement pensé à la police, y compris Rufus, qui se leva pour aller regarder par la fenêtre. Lorsque la boîte aux lettres produisit son double claquement, Adam était déjà parti chercher le fusil de Hilbert dans l'armurerie. Shiva sursauta.

« Mon Dieu ! »

La bicyclette fila devant la fenêtre dans un éclair rouge et argent, comme un drapeau déployé en plein vent. Rufus rentra avec une enveloppe.

« Ce n'était que le courrier, dit-il. Un flingue, tu es tombé sur la tête ?

— Merde, je croyais que c'étaient les flics, dit Adam.

— Nous l'avons tous cru. Et alors ? Qu'est-ce que tu voulais faire ? Les tuer ?

— Je ne sais pas. Est-ce qu'ils t'ont vu ?

— C'était la fille de la dernière fois. Comment pourrais-je savoir si elle m'a vu ? » Rufus regarda le fusil qu'Adam tenait pointé sur la table. Zosie, accablée, pâle, les yeux vides, fixait le canon de l'arme avec indifférence. « Mais rabaisse donc ce foutu machin. Bordel, j'ai intérêt à me tirer rapidement de cette maison de fous. »

La voix de Vivien leur parvint du premier étage, en un cri étrange et prolongé. Ce n'était pas un hurlement, mais plutôt une modulation interminable sur la lettre O, un gémissement de chagrin.

Ils comprirent immédiatement de quoi il s'agissait. Elle était montée chercher son châle. Adam se rappela trop tard où il était : il avait servi à couvrir le petit corps dans le tiroir de la commode. N'ayant pas trouvé son châle dans sa chambre, elle était allée regarder dans leur chambre. Elle avait dû se souvenir qu'elle l'avait prêté à Zosie pour le bébé.

Ils se rapprochèrent instinctivement les uns des autres le long de la table, faisant front. Zosie se leva et se cramponna à Adam. Personne ne soufflait mot. On n'entendait que les raclements de gorge nerveux de Shiva. Quant à Adam, il pensait à la postière qui ne devait pas être loin, étant donné la côte qu'il y avait à grimper...

Les pas précipités de Vivien résonnèrent dans le couloir, puis dans l'escalier. Zosie se mit alors à pousser un geignement.

« Ferme ta gueule ou je te tue ! » dit Adam.

Vivien entra. Son visage bronzé était décoloré comme si elle avait attrapé la jaunisse. Elle avait le regard fixe et ses pupilles démesurément agrandies paraissaient noyées dans le blanc de ses yeux. Son duvet s'était dressé sur ses bras. Il sentit ses propres poils se hérisser sur sa nuque.

« Que fais-tu avec ce fusil ? lui lança-t-elle. Tu ne crois pas que tu as causé suffisamment de dégâts comme ça ?

— C'est la mort subite du nourrisson, Vivien. » Rufus s'avança vers elle. Elle s'écarta brusquement. « Ce n'est pas de notre faute. Ce sont des choses qui arrivent. Le même accident aurait pu se produire si le bébé avait été chez lui.

— Je ne te crois pas.

— Je n'ai aucune raison de te raconter des salades. On est tous dans le même pétrin. Ça ne sert à rien de foutre la merde.

— Tu m'as déjà menti une fois. Tu m'as assuré que tu avais remmené le bébé. »

Il n'y avait rien à répondre à cela.

« O.K., dit Adam. Nous t'avons menti à ce moment-là. Mais à présent, tu peux nous croire. » Il espérait pouvoir maîtriser les muscles de sa bouche et de sa gorge, et garder une voix ferme, comme Rufus y parvenait si bien. « Zosie n'aurait jamais fait de mal au bébé. Tu sais très bien qu'elle l'adorait, non ? »

Il avait commis l'erreur de revenir là-dessus. Zosie poussa un gémissement perçant et se rua sur la porte du jardin, qu'elle martela de ses poings. Lorsqu'on a le droit de posséder un fusil chez soi, on s'en sert dès qu'on se sent menacé, si minime que le danger puisse être. Adam avait lu cette théorie quelque part, mais il ne l'avait jamais mise à l'épreuve. Sans réfléchir, il arma son fusil et le braqua sur Zosie.

« Baisse ça », dit Rufus.

Il manifesta un certain courage en ne se laissant pas impressionner par les vociférations d'Adam, lui intimant de ne pas se mêler de cette affaire. D'un bond, Rufus sauta sur celui-ci et lui arracha le fusil. Vivien s'approcha de Zosie et l'attira contre elle. Elle la reconduisit à la table, la fit asseoir et prit place à côté d'elle. Adam expira longuement, en un immense soupir de soulagement.

« Tu dois être forte, Zosie, dit Vivien. Il faut que nous allions trouver la police pour expliquer ce qui s'est passé. Je pense que tu le comprends, n'est-ce pas ? Il n'y a qu'une solution : leur avouer sans détour que tu as enlevé le bébé parce que tu n'allais pas très bien et que tu avais perdu ton propre bébé. Ils ne te feront aucun mal et je serai là pour te soutenir. Nous serons tous avec toi. Nous leur dirons que tu as été très gentille avec le bébé, que tu t'en es très bien occupée, mais qu'il est mort quand même. Rufus leur dira qu'il a été victime de la mort subite du nourrisson, et ils l'écouteront parce qu'il est étudiant en médecine.

— Tu plaisantes ou quoi ? » dit Rufus.

Vivien versait quelques gouttes d'un petit flacon à l'intention de Zosie. « Il n'y a pas d'autre solution, Rufus, répondit-elle avec douceur. Il faut que nous allions maintenant au village pour téléphoner à la police. Ou mieux, nous présenter nous-mêmes au poste d'une ville plus importante. Oui, c'est certainement ce qu'il y a de mieux à faire. » Zosie la regardait avec terreur. Vivien lui sourit en lui tendant la tasse remplie d'un liquide incolore, la panacée qui était censée redonner des forces en cas de besoin. « Ils ne nous feront pas de mal, au pire, ils nous mettront en garde à vue. Zosie sera peut-être obligée de suivre un traitement. Ça n'ira pas plus loin. Tu comprends, nous n'avions aucune intention de nuire. L'embêtant, c'est que vous étiez d'accord pour que Zosie garde l'enfant, mais c'est tout. »

Rufus avait regardé Vivien préparer son remède avec un air de dégoût dédaigneux. « Ils me foutront à la porte de mon école de médecine, et voilà *tout*. Je pourrai dire adieu à mes projets d'avenir. »

Shiva semblait avoir des difficultés à parler. Il balançait le crâne en ravalant sa salive. Il finit cependant par prendre la parole, en s'accompagnant d'un curieux geste des mains : il les porta à son cou, comme pour s'assurer que sa tête était bien accrochée sur ses épaules. « Et moi alors ? Mon père ? Et l'hôpital universitaire dans lequel je devais entrer ?

— Est-ce que ça compte à côté de ce qui s'est passé ici ? Ce bébé était le précieux enfant de quelqu'un, et il est mort.

— Ils peuvent penser que nous l'avons maltraité. Nous risquons la prison à perpétuité », déclara Adam d'un ton sans réplique.

Rufus haussa les épaules. « Allez, rien n'est changé depuis une demi-heure, sinon que maintenant Vivien est au courant. On continue comme prévu. En premier lieu, Shiva et Vivien doivent se dépêcher de se préparer pour que je les conduise à la gare de Colchester. O.K. ? »

Elle ne l'entendait pas de cette oreille. Elle leur tint tête fermement. « Non, il n'en est pas question. Je ne marcherai pas dans ce truc-là. Je ne peux pas partir avec vous. Si aucun d'entre vous ne veut venir avec moi, j'irai seule. Il y a un poste de police à Sindon.

— Tu n'auras personne pour te conduire, Vivien », rétorqua Rufus en s'avançant vers elle. Il l'attrapa par le bras. C'était un grand garçon bien bâti qui était presque deux fois plus lourd qu'elle.

Elle se débattit. « Je peux y aller à pied.

— Je ne crois pas. Nous sommes quatre contre un. Nous pouvons t'empêcher de partir d'ici, et nous n'hésiterons pas à employer la force s'il le faut. »

Vivien n'avait rien ajouté, et c'était ce qui rendait l'histoire encore plus atroce. Elle n'avait plus parlé d'aller trouver la police, ni qui que ce soit. Elle n'y avait plus fait la moindre allusion après les derniers propos de Rufus. Elle avait peut-être changé d'avis. Pour Adam, encore aujourd'hui, cette idée était intolérable. Si seulement il avait été capable d'analyser la situation avec un minimum de cohérence. Mais il n'avait pensé qu'à la retenir. Il se pouvait qu'elle ait finalement renoncé à prévenir la police. Les actes qu'ils avaient commis — ou ceux qu'elle leur attribuait, du moins — avaient beau lui faire horreur, elle ne les aurait pas donnés. Elle aurait été loyale. Elle ne se serait pas dressée seule contre eux tous.

Par ailleurs, elle n'avait pas pris de sac. Par conséquent, elle ne comptait pas s'enfuir à Londres quand elle était sortie de la maison. Ses affaires étaient restées là-haut, et sa boîte de plantes médicinales était toujours posée sur la table. Elle s'était dégagée de l'emprise de Zosie, qui s'était agrippée à sa jupe, et elle avait brutalement repoussé Rufus. Ses yeux s'étaient attardés sur Shiva, sans exprimer la moindre émotion. L'Indien avait tressailli sous son regard. Elle avait levé le bras et arraché la prière de la Gestalt affichée sur le mur. Elle avait ouvert la porte du jardin, avec la feuille de papier à la main, sans prononcer une parole.

Shiva s'était alors interposé entre Rufus et elle. Rufus aurait été obligé de le pousser pour atteindre Vivien. En fait, il ne parvint pas à l'atteindre, elle était hors de sa portée. La cuisine fut envahie par une bouffée d'air froid et humide. Vivien courait sur les dalles du jardin...

L'affaire de Wyvis Hall paraissait enterrée. Il n'en avait plus été question depuis dimanche. Adam avait déjà observé ce phénomène en suivant les progrès d'une enquête criminelle — du moins en ce qui concerne les informations divulguées par la presse : de jour en jour, on publie des entrefilets, parfois quelques lignes seulement, auxquels succède un silence lourd de menaces. Une semaine se passe, durant laquelle les lecteurs négligents oublient peu à peu, chassant l'affaire de leur esprit. Puis tout à coup surgit une brève nouvelle citant le nom de quelqu'un qui a aidé la police dans son enquête ; l'annonce de l'arrestation apparaît le lendemain.

Rufus lui téléphona pour lui dire que la police n'avait pas cherché à le contacter. Adam apprit avec effarement qu'il était allé à Nunes. Il savait qu'il n'aurait jamais le courage de s'en approcher. Il avait l'impression qu'un mur invisible entourait ces lieux et lui en interdisait l'accès. Quant aux policiers, ils ne se donneraient pas la peine de vérifier ses déclarations, puisqu'ils n'avaient jamais cru à son histoire. C'était l'homme aux coypus qui les intéressait. Il imaginait Winder ou Stretton enfermés de longues heures durant avec l'homme aux coypus, la postière, le fermier et le chauffeur de taxi de Rufus. Les uns et les autres leur décrivaient les habitants de Wyvis Hall, parmi lesquels se trouvaient deux filles. Ils leur parlaient des coups de feu qui avaient déchiré l'air, d'un bébé qu'ils avaient entendu pleurer, du jardinier péremptoirement congédié, des cadavres de bouteilles, des dizaines par semaine, d'un départ précipité, et de gazon fraîchement coupé dans la clairière du bois de pins...

Il n'y avait rien dans les journaux de jeudi. C'était l'anniversaire d'Anne, et ils devaient aller dîner dehors. Elle avait demandé aux parents d'Adam s'ils pouvaient garder le bébé parce qu'elle n'avait trouvé personne d'autre, disait-elle. Adam en était contrarié. Il n'avait pas envie de sortir, de peur de trouver la police chez lui à son retour.

Lewis fit remarquer : « C'est curieux, cette affaire de Wyvis Hall semble être morte de mort naturelle. » Il avait l'air déçu.

« Ce qui n'est pas le cas des gens qui ont été ensevelis là-bas, ajouta Beryl.

— Absolument, tu as raison. J'ai l'impression que nous n'avons pas encore eu le fin mot de l'histoire. » Il demanda à Adam de lui servir un doigt de sherry, très sec si possible, ou à la rigueur de l'amontillado. Le verre à sherry n'était pas orné d'une grecque, mais cela n'empêcha pas Lewis de demander si ce n'était pas « par hasard, un verre de mon pauvre oncle ».

Adam ne répondit pas.

« C'est une affaire bien sordide. Le petit cimetière ne sera probablement pas restauré. Vous savez, Anne, nous avons fait de vraies funérailles à Blaze, le West Highland. Tu te rappelles, Beryl ? Je m'en souviens encore très bien, tu y as assisté, Adam. Tu n'étais qu'un petit bébé, ta mère te portait. Ta tante Lilian a lu un poème de Whitman, qui parlait de vivre parmi les animaux, et ensuite, nous avons enterré la pauvre bête. Ta tante Lilian était un peu bizarre.

— Pourquoi dis-tu ma tante ? C'était la tienne, pas la mienne. »

Lewis poursuivit sans relever la réplique de son fils. « Qui aurait pu imaginer, à l'occasion de cette cérémonie un peu naïve, mais charmante, que ce cimetière allait servir à pareil usage ?

— Une fille que je connaissais avait vu le fantôme du chien de l'escalier de service », dit Adam sans réfléchir.

Anne lui jeta un regard de dégoût. Cette fois, Lewis ne fit pas la sourde oreille. « Des foutaises, tout ça. Des balivernes. Quelle fille ?

— Viens, dit Adam, on y va. »

Dans la voiture, elle lui dit : « Tu as perdu la tête ou tu manigances quelque chose ? »

Il haussa les épaules en guise de réponse.

« Pourquoi va-t-on dîner dehors dans des conditions pareilles ? C'est grotesque.

— Pour fêter ton anniversaire en nous disputant au restaurant au lieu de nous disputer chez nous, c'est tout.

— Je te déteste », dit Anne.

C'étaient les mots de Zosie. Il les avait oubliés, ou plus exactement, il pensait les avoir oubliés, mais il lui suffisait de les entendre pour que la dernière archive du dossier Trapellune soit exhumée.

« Je te déteste, je te déteste... », répétait-elle en s'accrochant à ses vêtements pour le retenir, avant de trébucher lorsqu'il la repoussa.

Il gara la voiture et coupa le contact. Il resta assis au volant, les yeux fermés. Il fit un énorme effort. Il voulait tout oublier, il voulait annuler les souvenirs inscrits sur l'écran de sa mémoire. Anne sortit de la voiture en claquant la portière. Adam la suivit, offrant son visage à l'air froid et à la bruine.

C'était la postière qui l'avait effrayé le plus. Il craignait qu'elle ne soit pas partie, ou pas assez loin. Elle attendait peut-être qu'ils viennent implorer son secours, ou lui emprunter sa bicyclette, ou lui arracher la promesse d'un témoignage...

Mais il n'y avait personne. La trouée était déserte, balayée par le vent, sous un ciel bas et gris. Il n'y avait personne, excepté la silhouette revêtue d'une robe claire qui courait sur les dalles. Et des voix qui criaient, et la voix de Zosie qui s'élevait en faible gémissement. Il suivait Anne qui marchait sur le trottoir, en direction du restaurant, et il comprit alors que l'oubli lui était refusé. Jamais il ne pourrait échapper au passé, et le présent était irrémédiablement perdu. Il avait épaulé, solidement ancré au sol pour éviter le recul, et il avait fait feu. Elle avait crié, il avait tiré une deuxième fois. Elle avait pivoté sur elle-même, le corps transpercé de flèches, transformée en fontaine de sang, le sang qui jaillissait par flaques écarlates sur le tissu pâle.

Il tituba, comme il avait titubé alors, et se rattrapa de justesse au linteau de la porte. Il se ressaisit lorsqu'il pénétra dans la sombre entrée du restaurant, rouvrit complètement les yeux et s'efforça de grimacer un sourire. Après le troisième coup de feu, il s'était effondré sur les pierres, les bras écartés, en criant :

« Arrête, arrête, arrête ! »

XX

Quand il revint de Nunes — ou de l'hôpital de Colchester —, Marigold l'attendait. Elle ne lui avait pas posé de questions. Rufus ne lui avait rien demandé non plus, ce qui ne l'avait pas empêché de remarquer à quel point leur comportement à tous deux était peu naturel. C'était un tournant dans leur relation, il l'avait parfaitement compris. Dorénavant, ni lui ni elle ne se demanderaient plus leur emploi du temps respectif. Ils prendraient l'habitude de poursuivre leurs occupations personnelles chacun de son côté, en continuant à afficher un sourire affable et à se donner du « chéri ». Ce soir-là, alors qu'ils dînaient en compagnie d'amis, un autre couple de jeunes mariés, il trouva son attitude à l'égard du mari étrangement contrainte. Il avait l'impression qu'ils jouaient la comédie de l'indifférence l'un envers l'autre ; or, la dernière fois qu'ils s'étaient vus, il avait cru percevoir une séduction réciproque. C'était sans doute lui qui se l'était imaginé.

Les jours passèrent et il téléphona à Adam. Il était, comme lui, à l'affût des informations sur Wyvis Hall. Dès qu'il vit la une du *Standard*, il comprit qu'il s'agissait de Shiva Manjusri. Le nom lui était revenu. C'était la maison de Shiva qui avait été détruite par l'incendie, et c'était lui qui était mort en essayant de sauver sa femme. Le journal parlait d'un employé de magasin, mais il s'agissait du même homme. Rufus parcourut le journal, verre en main, comme il avait pris l'habitude de le faire matin et soir. Il ne trouva rien. Mais ce n'était qu'une question de temps, il en était persuadé. Il y avait trop de témoins potentiels pour que la vérité n'apparaisse pas au grand jour. Il n'avait préparé aucune échappatoire : c'était impossible. Rien ne pouvait sauver un médecin mêlé à une affaire de meurtre, qui s'était rendu coupable de complicité en dissimulant des cadavres. Il ne lui restait plus qu'à essayer de conserver son sang-froid et sa dignité quand on viendrait l'arrêter. Il avait cessé d'être soulagé à l'annonce de la mort ou de la disparition des témoins, au départ de Mary Gage ou à la mort de Bella et d'Evan : il avait dépassé ce stade. En ce qui concernait la mort de Shiva, il avait éprouvé en regardant la photographie un sentiment presque étranger à sa nature, une sorte d'horreur mêlée de pitié. Pourtant, en un sens, il valait mieux que Shiva soit mort plutôt que d'être confronté à ce que Rufus croyait désormais inévitable.

Car Shiva avait été beaucoup plus profondément impliqué que lui dans cette histoire : l'idée de la demande de rançon venait de lui, et c'était sur sa suggestion qu'on avait enterré les corps dans le cimetière du bois. Rufus était assis sans mot dire devant son journal. Il pensait à ce moment. Marigold acceptait trop joyeusement son silence ; c'en était presque démoralisant. Rufus ressentit soudain le désir absurde de tout lui raconter, de pleurer dans ses bras et de la voir pleurer dans les siens. Il eut envie de l'aimer sans réserve, de se livrer entièrement. Il se ressaisit. Ce n'était pas le genre de vie qu'il avait choisi. Il préférait encore contempler la photographie de ce pauvre Shiva. A quoi bon songer à une nouvelle existence dont il n'avait pas voulu, et qu'il ne connaîtrait sans doute jamais ?

« Nous pourrions les enterrer avec les enfants — pardon, les animaux, avait dit Shiva. Personne n'aura l'idée de regarder là. Elles seraient bien cachées. » Il était content de lui, et même *heureux* à ce moment-là, parce que les autres l'avaient écouté avec attention et avaient acquiescé.

Rufus et Zosie du moins. Adam était étendu sur les dalles, indifférent à la pluie. Il était resté là jusqu'à ce que Rufus le secoue et lui dise : « Allez, reprends-toi. » Rufus le releva, et il couvrit son visage de ses mains. Shiva, qui s'était chargé de porter le corps dans la maison, l'enveloppa dans un vieux drap brodé, ridiculement lourd et empesé. La pluie effaçait déjà les taches de sang sur le dallage. Rufus traîna Adam à l'intérieur de la maison, le força à s'asseoir et lui donna du gin. Il en avait évidemment une bouteille cachée qu'il avait achetée avec l'argent de la chaîne déposée en gage.

Personne ne demanda à Adam pourquoi il avait tiré, ni à ce moment-là ni plus tard. Il l'avait fait, et il était inutile de l'interroger. Ils étaient déjà de connivence, ils cherchaient à se protéger, ils se serraient les coudes pour survivre. Je ne me suis jamais senti coupable, pensait Rufus, j'avais surtout peur d'être découvert. Et ça n'a pas changé. Mais qu'en est-il pour Zosie qui a enlevé le bébé, pour Shiva qui a suggéré l'idée de la rançon, et pour Adam qui a tiré ? Il est vrai que, pour Shiva, la question ne se posait plus.

Les larmes coulaient sur les joues d'Adam. Il ne faisait rien pour les arrêter et ne semblait avoir aucune honte à pleurer. Combien de temps étaient-ils restés dans la cuisine, Adam, Shiva et lui-même ? Quelques minutes, des heures, une demi-heure ? Rétrospectivement, l'attente lui paraissait interminable. Et qu'attendaient-ils au juste ? Que Zosie redescende avec le bébé, peut-être.

Elle avait ôté son anneau tressé d'or gravé d'un Z au-dedans, et elle l'avait passé au doigt du bébé. Au pouce. Il était trop large pour les autres doigts, mais pas pour le pouce. Comme toujours, l'anneau avait laissé sur la main de Zosie une étrange marque noire. C'était un geste dépourvu de signification, sans rapport avec la situation du bébé ni avec le lien qu'elle avait entretenu avec lui. Rufus s'était impatienté.

« Finissons-en. »

Il pleuvait un peu moins. Ils étaient partis en procession jusqu'au bois de pins. Ils n'avaient pas cédé à la tentation de se servir de la vieille brouette en bois qui se trouvait dans les écuries. Rufus avait chargé Vivien sur ses épaules, et Zosie portait le bébé dans ses bras. Shiva et Adam transportaient les outils, une grosse bêche et une fourche. La bêche qu'ils avaient utilisée pour enterrer le coypu dans le Petit Bois avait inexplicablement disparu. Rufus savait maintenant qu'elle avait été reprise par le jardinier au point du jour. C'était à cause de ses pas qu'Adam s'était précipité dans l'armurerie pour décrocher le fusil. En un sens, il était responsable des coups de feu.

Jeudi matin, Adam s'éveilla très tôt, vers cinq heures. Il avait été tiré du sommeil par un rêve où Hilbert et Lilian, suivis d'un cortège constitué par ses propres parents, sa sœur et lui-même, enterraient le corps de leur unique enfant dans le cimetière du bois de pins. Le cadavre était invisible, car il avait été enfermé dans un petit cercueil en noyer, décoré d'une marqueterie en forme de flamme. Lilian et Hilbert ne ressemblaient pas à ce qu'ils étaient en réalité, ou plus précisément, ils avaient progressivement pris l'apparence des parents du tableau. Adam savait que c'était à cause de l'évocation des funérailles de Blaze qu'il avait fait ce rêve. Il resta allongé dans le noir, en se demandant si son monde allait s'écrouler aujourd'hui. Il se le demandait chaque matin.

Dans son rêve, Hilbert et Lilian avaient creusé eux-mêmes la tombe. Ils en avaient également défini l'emplacement, juste à côté de celle de Blaze. Ils avaient fait un trou si profond qu'on n'apercevait même plus leur tête. Lorsque Rufus et Shiva avaient creusé — et lui-même, car il avait relayé Shiva —, ils n'avaient pas été aussi consciencieux : leur trou n'avait pas plus d'un mètre de profondeur. Si nous avions creusé plus loin, pensait Adam, si nous avions été jusqu'aux deux mètres réglementaires, rien de tout cela ne serait arrivé...

Mais ils n'avaient pas été jusqu'aux deux mètres réglementaires. Malgré cela, il leur avait fallu beaucoup de temps. C'était en rebouchant le trou qu'ils avaient souffert le plus : ils voyaient la terre s'insérer peu à peu entre les plis des vêtements et entre les cheveux. Si seulement la fosse avait été assez profonde pour qu'un homme de la taille de Rufus puisse s'y tenir debout, tête comprise. Ils étaient transis de peur, de froid et d'humidité, frissonnant sous la pluie, et ils voulaient en finir au plus vite pour oublier. Un matin de fin d'été, un matin de fin du monde...

On parvenait à entendre les bruits de la route : le passage d'une ou deux voitures, puis des sabots qui martelèrent la chaussée. Avant de creuser, Shiva avait soigneusement découpé des carrés de gazon à l'aide de la bêche. Il les avait déposés dans un coin, prêts à être replacés. La pluie, qui était tombée par intermittence pendant qu'ils avaient travaillé, les enveloppait maintenant sans discontinuer. On aurait dit pourtant qu'elle tombait en leur faveur, afin de faire repousser l'herbe plus rapidement.

Ils se réfugièrent sous les pins, parmi les énormes troncs noirs. Il y faisait sec et sombre. L'atmosphère était parfumée, presque confinée. Il leur semblait ne pas avoir ouvert la bouche pendant de longues heures, comme s'ils avaient perdu l'usage de la parole. Mais à l'intérieur du bois, Adam avait parlé à Zosie :

« Tu vas bien ? »

Elle se dégagea du cercle de son bras. « Oui, oui. »

Ils remirent en place le gazon, puis ils le tassèrent avec leurs pieds. Le ciel n'était plus que nuages. La cime des arbres se balançait. Quand ils débouchèrent du bois, le cèdre exécutait sa danse de sorcier, en claquant le haut de ses branches.

Shiva raccrocha la fourche dans l'écurie, avec les autres outils. Adam garda la bêche. Il rentra dans la maison et alla directement dans l'armurerie décrocher le 410, le fusil des dames. Il se mit en route vers le Petit Bois, accompagné de Zosie. Il voulait enfouir le 410 près de l'endroit où gisait le coypu. En fait, il avait l'intention d'enterrer les deux fusils, celui-ci et le lourd fusil à répétition dont il s'était servi ; mais au dernier moment, il avait pris peur.

Dans le cimetière, il n'avait ouvert la bouche qu'une fois, pour faire remarquer qu'il pleuvait et que la pluie était de leur côté. Rufus l'avait interrompu :

« Nous devons nous séparer le plus vite possible. Il faut que nous fassions nos bagages maintenant, et que nous partions tout de suite après.

— Je n'ai pas d'endroit où aller, moi », dit Zosie.

Elle le lui avait avoué là-haut, dans la chambre, seule avec lui. Ils étaient en train d'emballer leurs affaires ; Adam cachait le fusil de Hilbert dans son sac de golf. Zosie enveloppa sa ceinture cloutée dans son tee-shirt rose et la fourra dans son sac à dos, avec le reste de ses affaires.

« Je vais aller chez ma mère.

— Mais comment ? Où habite-t-elle ? »

Elle lui lança un regard oblique, celui du petit chat apeuré, du lièvre qui entend une brindille craquer sous ses pattes.

« Ici, dit-elle. A Nunes.

— A *Nunes* ?

— Ils ont déménagé d'Ipswich pour s'installer ici une semaine avant mon arrivée.

— Dis-moi, Zosie, alors tu allais à Nunes quand Rufus t'a prise en stop ?

— Oui, bien sûr. Je lui ai demandé de me conduire à Nunes, mais sans le vouloir vraiment. J'avais peur. Je savais qu'ils auraient préféré se débarrasser de moi. Enfin, ça ne pouvait pas se passer bien. D'ailleurs, ils n'ont jamais essayé de me retrouver. »

Adam s'était senti sur le point de défaillir, comme chaque fois qu'il était submergé par la panique. Il posa la main sur son front, en pressant l'os du bout de ses doigts glacés. Quelqu'un toussa puis frappa à la porte : c'était Shiva. Il portait le sac en tapisserie de Vivien.

« Qu'est-ce que j'en fais ?

— Je n'en sais rien. Ce que tu veux.

— Est-ce que Rufus peut m'accompagner chez ma mère ? » demanda Zosie.

C'était impossible. Adam tenta de lui faire comprendre pourquoi. Leur salut tenait à une condition : il ne fallait pas qu'on sache qu'ils se connaissaient, ni qu'ils avaient vécu ensemble dans cette maison. Mais Zosie allait finir par casser le morceau. Où dirait-elle qu'elle avait été ? Malgré les explications qu'il était en train de lui donner, il avait le sentiment que c'était à lui de la prendre en charge. Pouvait-il l'abandonner ainsi ? Où irait-elle ? Elle n'avait rien ni personne au monde. Elle était encore plus démunie que Vivien, qui avait au moins eu son squat et sa place chez Tatian...

Adam descendit, avec Shiva sur ses talons. Il but un verre d'eau, en espérant qu'il cesserait de vomir. Il avait l'estomac vide, mais il savait que cela ne l'empêcherait pas d'être malade.

Rufus était assis dans la cuisine. Il avait posé les clefs du break sur la table, à côté de ses affaires. Il avait vidé et débranché le réfrigérateur. Les provisions étaient rangées dans une boîte. Quelqu'un, Shiva probablement, s'était chargé de la vaisselle du petit déjeuner. C'était également Shiva qui avait mis les plantes médicinales de Vivien dans son sac en tapisserie. Aucun d'eux n'avait mangé quoi que ce soit depuis le matin. Il s'écoulerait pas mal de temps, pensa Adam, avant qu'ils puissent à nouveau avaler quelque chose.

« Dis-moi, Rufus, qu'allons-nous faire pour Tatian ? Il attend Vivien aujourd'hui. Si elle ne vient pas, il va certainement se poser des questions, n'est-ce pas ? Il ne va pas simplement se dire qu'elle a changé d'avis ?

— Il ne préviendra pas la police non plus, dit Rufus.

— Il pourrait le faire. » Le visage de Shiva avait pris depuis le matin une mauvaise teinte jaune. Il avait l'air de sortir de convalescence ou d'être sur le point d'attraper une maladie. « N'oublie pas que c'était le bébé d'amis à lui qui a disparu. Ils pourraient établir un rapprochement. »

Adam s'assit en face de Rufus. Il se sentait épuisé, vidé de toutes ses forces. Une rafale de pluie fouetta la vitre. Au sursaut qu'il fit, un sanglot se noua dans sa gorge.

« Calme-toi, lui dit Rufus, avec une gentillesse inhabituelle de sa part.

— Ça va. Ça va aller.

— Mais oui, bien sûr. Il faudra que nous téléphonions à M. Tatian.

— Oh, mon Dieu, non.

— Je m'en charge, coupa Rufus. Quoi d'autre ? Il faudra lui dire que Vivien est tombée malade, ou quelque chose de ce genre. Il connaît son adresse.

— Son adresse ?

— Elle lui a dit qu'elle habitait à Trapellune, à Nunes, dans le Suffolk. Il s'en souviendra en voyant qu'elle ne vient pas. Quand la police lui demandera de rapporter tout ce qu'il a pu trouver bizarre ou anormal, il y pensera. Ils se rendront sur-le-champ à Nunes et ils feront le tour de toutes les maisons. Comme il n'y en a pas beaucoup, ils ne mettront pas longtemps à trouver celle-ci.

— C'est ce que je disais, commenta Shiva. Je disais bien qu'ils l'interrogeraient. »

Rufus leva les sourcils. « C'est ce que tu as dit, en effet.

— Qui va lui téléphoner ?

— Certainement pas toi, répliqua Adam. Tu as un accent. Tu as un accent indien — ou gallois. Ça pourrait paraître louche.

— Je m'en occupe, dit Rufus.

— Et est-ce que tu vas — est-ce raisonnable que Zosie retourne chez elle ? Elle veut aller chez ses parents, à Nunes.

— A *Nunes* ?

— Oui, je sais. Elle pense que tu pourrais la conduire là-bas. Je lui ai déjà dit que c'était impossible, mais y a-t-il une autre solution ? »

Elle l'avait trouvée. Arrivée sans bruit, elle se tenait sur le seuil de la porte, habillée de la robe bleue de Vivien.

Dès qu'il entendit Abigail, Adam sauta de son lit et alla dans la chambre de sa fille pour la prendre dans ses bras. Il lui prépara du jus d'orange et la changea, ressentant un plaisir infini à ces gestes. Il se demanda combien de fois encore il aurait l'occasion de les faire.

Le journal arriva. Il l'entendit tomber sur le paillasson. Le double claquement de la boîte aux lettres retentit. Comme lorsque la postière avait apporté le solde des impôts locaux et la facture d'électricité. L'éclat rouge de la bicyclette filant devant la fenêtre, le claquement de la boîte aux lettres.

En portant Abigail dans le creux de son bras, il ramassa le journal. Il avait l'estomac noué, le cœur qui battait comme tous les matins. Il ouvrit le journal à la rubrique des faits divers. Rien, toujours rien. Il n'y avait rien eu depuis dimanche.

Le courrier ne l'intéressait pas. Il ne recevait d'ailleurs jamais de lettres chez lui, uniquement des factures, de rares cartes postales et de la paperasserie sans importance. Ce matin-là, ce fut Anne qui alla chercher le courrier. Sans un mot, le visage fermé, elle déposa une enveloppe près de son assiette. Il était en train de donner son petit déjeuner à Abigail. Il laissa passer dix minutes avant de l'ouvrir.

Quand le coursier arriva, Rufus était en train de serrer la main de Mme Shaw qui lui faisait part de son enthousiasme pour la thérapie hormonale de substitution qu'elle suivait. Son nom s'étalait sur l'enveloppe, et quoiqu'il ne l'ait pas vue depuis dix ans, Rufus reconnut immédiatement l'écriture d'Adam. Il dut faire appel à tout son sang-froid pour continuer ses reparties aimables, mais il y parvint. Il affichait un sourire figé, qui lui collait comme un masque. Elle se décida à payer et à partir. Il allait enfin pouvoir prendre l'enveloppe et l'emporter dans son bureau. Il disposait de dix minutes avant de recevoir sa prochaine patiente. Ne jamais remettre à plus tard sous prétexte qu'on se sent menacé, qu'on a peur. Tel était le principe qu'il avait adopté bien avant Trapellune. Il ouvrit l'enveloppe à l'aide d'un coupe-papier, se forçant à respirer calmement. Quand il vit qu'elle contenait une coupure de journal, il faiblit mais il la déplia. En haut de l'article, on avait griffonné d'une main tremblante : l'homme aux coypus.

Au lieu d'aller directement lui parler, Rufus s'était d'abord dirigé vers le bar. Il vit Adam assis dans un coin et lui fit un signe de la main. Il s'arrêta au bar et le rejoignit enfin, en apportant deux verres. C'était environ une semaine plus tard. Il y avait dans l'attitude de Rufus une grande familiarité et une désinvolture extrême ; il ne s'embarrassait pas de formules de politesse, ni de questions purement formelles.

« Je peux les boire tous les deux si tu n'en veux pas, dit-il.

— J'en prendrai volontiers un », dit Adam.

Rufus leva son verre. « Aux amis absents. »

Cela parut à Adam le comble du mauvais goût. Il s'abstint d'en dire autant. « Nous nous sommes imaginé beaucoup de choses, il me semble, commença-t-il. On n'en a jamais beaucoup parlé dans les journaux, mis à part quelques entrefilets par-ci, par-là. Bien sûr, il en a été question à la télévision quand j'étais encore en vacances, mais depuis plus rien. Je pense que la police avait une piste dès le début. Ils ne m'ont jamais vraiment soupçonné, ni moi, ni mon grand-oncle, ni Langan. Ils savaient que c'était l'homme aux coypus. »

Rufus le regardait d'un air étrange. « Mais ce n'était pas lui. »

Adam secoua la tête, comme s'il tentait de se déprendre d'une illusion. « Il ne s'agit pas de ça. Je veux dire que lorsqu'ils m'ont interrogé, ce n'était pas moi qui étais visé, c'était l'homme aux coypus. » Il murmura, comme pour lui-même : « Mon sentiment de culpabilité m'a fait inverser les rôles. » Il avait une mine épouvantable, pensa Rufus, qui avait conscience d'être lui-même en pleine forme. Ce matin une madame Llewellyn (polypes et ablation partielle) lui avait dit qu'il avait l'air trop jeune pour avoir un cabinet de spécialiste dans Wimpole Street. Adam était décharné, il avait les yeux cernés, la peau grisâtre. Il était incapable de rester en place. Au lieu de se détendre maintenant que tout était fini, il traçait avec son verre des cercles humides sur la table.

Rufus sortit de sa serviette la coupure de l'*East Anglian Daily Times*, et la déplia sur la table. Il releva au passage quelques mots particulièrement frappants, des mots qu'il connaissait par cœur : « Zoe Jane Seagrove... » « nouveau-né de sexe féminin... » « ... Beau-père Clifford William Pearson, mort en novembre 1976. L'enquête a conclu au suicide au cours d'un accès de démence. La police a déclaré que l'affaire de Wyvis Hall était considérée comme classée et que l'enquête était terminée.

« Tu veux le reprendre ?

— Je veux bien. Je ne sais pas qui me l'a envoyé, mais c'est certainement quelqu'un qui savait que ça... m'intéresserait, disons, bien que ce soit une litote. Ça doit être Shiva. L'enveloppe ne contenait rien d'autre, juste la coupure du journal. » Rufus ne répondit rien. Il était certain que ça ne pouvait pas être Shiva, mais il n'avait aucune envie de savoir d'où provenait la lettre.

« Qu'est-ce qui a persuadé sa mère que le cadavre de la tombe était Zosie ? demanda Adam.

— C'est certainement l'anneau. Elle l'a enfilé au doigt du bébé.

— Oui, c'est bien cela.

— Il devait y avoir aussi des plombs de cartouche mélangés au gravier de la tombe. Et même s'ils en ont trouvé en passant la terre au crible, ces bois doivent en être truffés. A moins qu'ils ne pensent que Pearson a tiré sur elle. »

Adam répondit, à voix basse : « Un jour, elle m'a dit : "Il tue les petits animaux ; il est sans pitié." Tout le temps qu'a dure son séjour, elle savait que celui que nous avions surnommé l'homme aux coypus était en fait son beau-père. Elle craignait certainement qu'il revienne et qu'il la trouve là, qu'il la brutalise comme il avait menacé de le faire, ou qu'il dresse sa mère contre elle. Avait-il été... son amant ? Le père de son enfant ?

— Qui peut le savoir ? coupa Rufus. C'est intéressant que cette affaire n'ait jamais retenu l'attention des quotidiens nationaux. Elle n'a eu que les honneurs d'une feuille locale. Elle ne méritait pas plus. »

Adam n'avait pas l'air de trouver ce détail intéressant. « Ce qu'elle nous a raconté sur Zosima n'était qu'un tissu de mensonges. Elle s'appelait Zoe Jane de son vrai nom.

— S'appelait ? » dit Rufus.

En goûtant le liquide douceâtre, froid, picotant et citronné que Rufus lui avait apporté, Adam se demanda si c'était de la vodka ou du gin. Il n'y connaissait rien. La boisson lui faisait déjà tourner la tête. Heureusement qu'il n'était pas venu en voiture, bien qu'il ait pensé à le faire, étant donné que la maison de ses parents était éloignée. Il allait rester chez eux pour le moment, le temps de trouver un appartement.

« D'une certaine manière, reprit Adam, j'ai oublié que ce n'était pas Zosie, mais Vivien qui était dans la tombe. Que ce n'était pas Zosie qui était morte. Du coup, je me demande ce qu'elle a pu devenir.

— C'est la première fois que tu te le demandes ?

— A peu près. Avant, je ne voulais pas le savoir. J'avais fait le vide dans ma tête.

— Elle a probablement téléphoné à sa mère pour lui dire que le bébé était né, et pour lui demander si elle pouvait venir la voir. Si tu te souviens bien, elle reprochait à sa mère de ne pas s'occuper d'elle, ça la tracassait beaucoup. Finalement, elle n'y est pas allée. Elle avait peut-être peur de Pearson, ou peur de venir sans bébé. Quand sa mère ne l'a pas vue arriver, elle a dû signaler sa disparition. Si nous ne savons rien de Pearson ni de ses relations avec Zosie, la police, elle, est au courant. Ils savent que son affaire battait de l'aile, qu'il avait peut-être menacé de se tuer, et qu'il était un peu fou. Il s'est suicidé deux mois plus tard, mais quand on a découvert les squelettes et l'anneau...

— Où est-elle, à ton avis, maintenant ?

— C'était quelqu'un qui attirait les catastrophes », observa Rufus en pensant à Mme Harding et à sa fille. « Ce n'était pas une lutteuse. Elle doit en être aux drogues dures, à présent. Elle est peut-être en prison.

Souviens-toi de l'appareil photo et du bracelet. Elle a aussi tenté d'enlever un petit garçon, une fois. Tu le savais ? »

Adam opina de la tête. Il posa son verre vide.

« Tu veux encore un demi ?

— Tu ne peux pas employer cette expression pour des alcools, protesta Adam. Tu as le droit de l'employer pour de la bière, mais pas pour des alcools. Ce serait un demi de quoi, d'ailleurs ? »

Rufus éclata de rire. « Toujours le même, ce sacré vieux Verne-Smith. Tu te rappelles le verbe « frotter » en grec ? Je m'en souviendrai jusqu'à ma mort.

— Je sais, tu me l'as déjà dit.

— Ça reste vrai.

— Certes, certes. Je n'ai pas envie de reprendre quelque chose.

— Et moi qui pensais que tu serais, au bas mot, euphorique. Tu n'es pas soulagé d'être enfin débarrassé de cette histoire ? Tu as réalisé que c'était fini, quand même ? C'est terminé. On n'en parlera plus. Il n'y aura pas de châtiment. Cette fois-ci, la société ne prendra pas sa revanche.

— Ça oui, je sais. Je m'en suis sorti. » Adam prit les verres : « Il faut que j'aille te chercher un verre. Je n'y pense jamais, c'est tout. »

Rufus le suivit du regard quand il se dirigea vers le bar. Quel curieux bonhomme, qui ne buvait jamais, et qui ne pensait jamais que les autres pourraient en avoir envie ! Il avait l'impression qu'Adam ne savait pas ce qui était arrivé à Shiva, qu'il n'avait pas fait le rapprochement entre l'homme brûlé vif et celui qu'ils avaient connu à Trapellune. Il était inutile de le mettre au courant. Cela pourrait donner lieu, songea Rufus avec une certaine répugnance, à des considérations pseudo-philosophiques sur la nature du châtiment, ou encore sur le fait qu'on ne peut bafouer Dieu impunément. Non, il valait mille fois mieux ne rien dire.

Adam posa devant lui une vodka tonic. Ce qu'il avait pris pour lui-même ressemblait étrangement à un simple Perrier.

« On buvait une sacrée quantité de vin, à Trapellune, dit Rufus. Une belle saloperie, d'ailleurs. Du gros rouge qui tache. Apparemment, ça ne nous a pas fait de mal. »

Adam leva les yeux et répondit d'un ton agressif : « Isak Dinesen disait que la vie n'est rien d'autre qu'un processus destiné à transformer de jeunes chiens pleins de vigueur en vieux cabots minables, et l'homme un instrument raffiné servant à convertir le vin rouge de Shiraz en urine.

— Qu'est-ce que ça vient faire là, nom de Dieu ? », glapit Rufus.

Adam marmonna quelques mots sur les associations bizarres de la mémoire, si bien que Rufus n'insista pas et préféra lui parler de ses projets de déménagement ; Marigold avait trouvé une maison à Flask Walk, qui était bien au-dessus de leurs moyens, en vérité, mais pour laquelle ils étaient prêts à se serrer la ceinture au maximum. L'euphorie rendait

Rufus enthousiaste et expansif. Depuis cinq jours, il planait sur les hauteurs — c'était son expression — et il faisait en sorte d'y rester, parce que quelque part en lui une petite voix désagréable lui susurrait qu'une fois redescendu sur terre, il serait obligé de penser à sa femme, et au mari de l'amie de sa femme. Il devrait prendre une décision au sujet de cette maison d'un prix astronomique, qui ferait tant plaisir à Marigold — ou qui lui donnerait l'occasion *d'acheter* Marigold. C'est pourquoi il déclara avec effusion à Adam :

« Nous ne devons pas nous reperdre de vue. Nous n'avons plus de *raison* de nous éviter. Nous pouvons nous voir tous ensemble à présent. Je vais dire à Marigold de passer un coup de fil à ta femme, O.K. ? »

A un moment donné, Adam avait failli expliquer à Rufus ce qui s'était passé. Il avait eu envie de se confier à lui. Mais maintenant c'était trop tard, à cause, peut-être, de l'insensibilité joviale qu'il avait montrée. Il se contenta de hocher la tête, parce qu'il ne savait pas quoi faire d'autre. Il tendit la main à Rufus pour lui dire au revoir. Celui-ci lui proposa de le raccompagner, mais il le remercia, il prendrait le métro.

Marigold pouvait passer un coup de fil à Anne, songeait-il en se dirigeant vers Tottenham Court Road, et ce qu'elle entendrait mettrait un terme à toute velléité de rapprochement. Il ne pourrait plus être question de soirées sympathiques à quatre, pour la bonne raison qu'Adam et Anne s'étaient séparés. Anne l'avait quitté ou, plus exactement, elle lui avait demandé de partir de manière qu'elle puisse conserver la maison pour Abigail. Il n'y avait pas d'autre issue, c'était évident. Adam marchait vers le quai de la Northern Line pour aller à Edgware, où habitaient ses parents.

C'était la remarque de Rufus sur l'absence de châtiment, sur la revanche de la société, qui l'avait achevé. Quelle ironie, pensait-il, il avait eu la hantise d'être éloigné d'Abigail, il n'avait jamais eu l'idée qu'on pouvait la lui retirer. Ils obtiendraient sans doute la garde conjointe de l'enfant, et il passerait ses dimanches avec elle...

XXI

Une clairière dans un bois de pins, avec un gazon aussi lisse et plat qu'une pelouse de croquet, voilà la description qu'on en ferait à présent. Meg Chipstead était restée à distance pour la regarder — elle préférait éviter de s'en rapprocher trop, encore maintenant. Elle se disait une fois de plus qu'il faudrait peut-être remettre en place les monuments funéraires. Ce serait dommage que les vestiges d'une tradition locale intéressante et pittoresque soient condamnés à disparaître à cause de ce crime horrible. Les stèles avaient été entassées sur deux piles dans les écuries : Pinto, Blaze, Sal, Alexander et les autres. Naturellement, elle n'avait pas la moindre idée de leur emplacement d'origine, sauf pour Blaze. Celui-là, on n'était pas près de l'oublier.

Meg cria : « Sam, Sam ! » Aussitôt le petit chien qui avait succédé à Fred, un Jack Russel, surgit en aboyant du bois de feuillus. Aucun chien ne s'aventurait dans la pinède — du moins Fred ne l'avait-il jamais fait. Il était inutile de replacer les stèles, maintenant qu'ils avaient décidé de quitter cette maison. Les nouveaux propriétaires s'en chargeraient s'ils le désiraient. Meg et Alec avaient l'intention de ne rien leur cacher. Ils finiraient par le savoir un jour de toute manière.

On était au mois de mai et les jacinthes étaient en fleur. Elles luisaient par nuées entre les arbres, comme un fin brouillard matinal ; on aurait dit des lambeaux de ciel. Les feuilles des hêtres, semblables à des cocons de soie dévidés, étaient d'un vert pâle et pur. Une légère brise paraissait agiter les rayons du soleil, traçant des motifs mouchetés et changeants sur les feuilles mortes de l'automne dernier. L'automne dernier. C'était peine perdue d'y repenser et d'évoquer la splendeur du lieu qu'ils allaient quitter. Jamais Meg n'oublierait ces jours où l'on avait fouillé le sol de fond en comble, où l'on avait violé la paix du sanctuaire. Ils avaient pris la résolution de vendre la propriété, et ils ne reviendraient pas là-dessus.

Elle retourna vers la maison, flanquée de son petit chien qui courait parmi les mûriers sauvages ou disparaissait dans les fougères, quand il ne pourchassait pas un écureuil dans la trouée. Meg l'appela : « Sam ! Sam ! » Elle avait entendu le bruit d'un véhicule qui descendait. C'étaient sans doute les acheteurs éventuels. Une Range Rover vert olive, plus sombre que les feuilles fraîchement écloses, apparut sous la voûte des arbres et s'engagea pesamment sur le sentier.

Meg fit un signe pour leur montrer qu'ils étaient attendus, qu'ils avaient trouvé le bon endroit. Une main levée lui répondit. Sam se mit à aboyer en sentant une présence étrangère.

« Tais-toi, ordonna Meg. Allez, va, rentre à la maison ! » Elle jeta un bâton pour l'éloigner. En un éclair, la petite boule blanche et feu s'élançait et lui revenait en boomerang, le bâton dans la gueule. Cette fois-ci, il en oublia le bâton pour se précipiter en jappant sur les nouveaux arrivants qui avaient arrêté leur voiture devant la maison. Meg traversa la pelouse au petit trot, en passant sous les branches du cèdre. La porte d'entrée s'ouvrit, et Alec sortit, la main tendue.

Dieu qu'ils étaient nombreux ! Meg fut effarée en voyant surgir un enfant après l'autre des portières de la Range Rover. Un défilé d'enfants, qui se succédaient comme des poupées gigognes. En fait, il y en avait cinq, et la jeune épouse était enceinte. Elle paraissait beaucoup plus jeune que son mari, d'au moins vingt ans. Quant à lui, c'était un homme assez grand, mince, aux cheveux gris et bouclés, qui semblait un peu usé — et qui devait sans doute l'être.

Elle n'avait pas bien compris leur nom au téléphone. Lathom, Heysam, Patience, ou quelque chose comme ça. Ce n'était pas maintenant qu'elle allait l'apprendre, en échangeant des poignées de main et des exclamations — quelle jolie maison vous avez là, je ne m'y attendais vraiment pas.

Rob, c'était ainsi que l'avait appelé son épouse, une petite femme rondelette qui devait en être à son sixième mois de grossesse. Elle avait des mèches roses et jaunes, et elle était encore assez jeune pour porter les boucles et les frisettes extravagantes qu'elle avait infligées à sa chevelure. Les deux aînées ne pouvaient pas être ses enfants. La plus âgée avait une quinzaine d'années.

« Rob, nous pouvons laisser tout ce petit monde dehors, tu ne crois pas ? C'est une belle journée. Je suggère qu'ils aillent faire un tour dans le jardin, si monsieur et madame Chipstead n'y voient pas d'inconvénient.

— Oh, mais bien sûr, je vous en prie, répondit Meg. Et puis ce ne serait pas très amusant pour eux de rester enfermés. » Elle se tourna vers les enfants. Les deux plus jeunes avaient les yeux fixés sur elle. « A condition que vous soyez prudents. Vous n'irez pas au bord du lac, promis ?

— Je vais garder le bébé avec moi, si ça ne vous dérange pas. » Une émotion indéfinissable se peignit sur son visage. « Je n'aime pas le laisser seul, pas encore. »

Le « bébé » en question était en fait un grand garçon d'un an et demi environ, qui savait marcher, bien que d'un pas quelque peu hésitant. Elle le cala sur sa hanche et secoua la tête quand son mari tenta de la décharger. Ils pénétrèrent dans la maison qui sembla les accueillir, après la luminosité et la douce chaleur du dehors, d'un frisson sombre et glacé.

Cette sensation ne dura qu'un instant, puis la maison s'offrit dans toute sa grâce du XVIIIe siècle. Ils traversèrent le salon, où le marbre rose et la cheminée furent admirés au passage, et ils visitèrent le bureau d'Alec, qui était d'ailleurs en fait une bibliothèque. Les Chipstead avaient entièrement tapissé de rayonnages les murs de la pièce, qui était exclusivement meublée de cuir et de chêne. Meg montrait avec fierté la vue qu'on avait sur le jardin : on apercevait les murs de silex du jardin potager et la douce pente verte piquetée de boutons d'or en fleur qui descendait jusqu'au lac. Les deux filles et les deux petits garçons étaient accroupis au bord de l'eau, et s'efforçaient d'amadouer un canard.

Leur père frappa au carreau de la fenêtre et secoua la tête en guise d'avertissement quand la plus âgée des deux filles se retourna vers lui. S'ils décidaient d'acheter Wyvis Hall, dit-il à Alec, il faudrait faire quelque chose pour le lac, l'entourer d'une palissade, par exemple.

« Ou leur apprendre à nager, dit sa femme. Je pourrais en faire autant, d'ailleurs, au cas où je tomberais dedans. »

Il lui adressa un sourire indulgent, d'une tendresse presque sexuelle. Meg se sentit légèrement embarrassée. Pour dissiper le trouble qu'avait suscité cette fugitive intrusion dans leur vie intime, elle leur demanda s'ils comptaient s'installer à la campagne.

« Oh non, il vaut mieux que nous conservions notre maison à Londres. Ma société est là-bas. Je ne me vois pas faire trois heures de trajet par jour, bien qu'un certain nombre de gens le fassent. »

Elle s'arrêta sur les marches pour confier le petit garçon à son mari et pour reprendre son souffle. Elle posa la main sur son ventre gonflé :

« Il bouge vraiment beaucoup. Il vient d'envoyer au pauvre Dan un fameux coup de pied. Je comprends qu'il ait préféré aller dans tes bras. »

La chambre des maîtres de maison, la chambre rose, la chambre lilas, et les salles de bains attenantes. Alec et Meg en avaient fait installer deux autres à leur arrivée. Une seule salle de bains pour une maison de cette taille, c'était vraiment dérisoire. De la fenêtre de la chambre turquoise (tapis vert, papier mural en plumes de paon, édredon vert et bleu), on pouvait surveiller les enfants. Le père héla l'aînée :

« Emmène les petits dans le bois, Nicole !

— Vous pouvez cueillir des jacinthes, si vous voulez, dit Meg.

— Comme c'est gentil à vous ! » Elle passa ses mains potelées dans ses mèches jaunes et rose bonbon, des mains pas très propres, remarqua Meg non sans étonnement. Le doigt auquel elle portait son alliance en or était zébré de noir. Ils la regardèrent avec stupéfaction lorsqu'elle déclara : « Il y a un escalier qui mène au grenier dans cette armoire.

— C'est la stricte vérité », confirma Alec.

Meg ouvrit la porte de l'armoire. « C'est plus pratique qu'une trappe avec une échelle. Mais comment le saviez-vous ?

— Ma femme a passé quelque temps dans la région avant notre mariage. Mais tu n'es jamais venue dans cette maison, n'est-ce pas, Viv ? »

Elle jeta aux jolis rideaux de soie verte et aux reproductions de Klimt un coup d'œil à la fois admiratif et nerveux, sembla-t-il à Meg. « Pas *cette* maison, non.

— Voulez-vous une tasse de thé ? Je crois que nous avons du jus d'orange pour les enfants.

— Vous êtes très gentille, mais nous devons rentrer. La jeune fille qui s'occupe de nos enfants revient de vacances aujourd'hui, Dieu merci. Nous aimons beaucoup cette maison. En fait, nous avons vu une annonce dans l'*East Anglian Daily Times*. Nous l'achetons. Ma société a un bureau à Ipswich. Mais il faudra sans doute passer par l'agence, n'est-ce pas ? Je n'ai pas besoin de vous dire combien nous aimons cette maison.

— Nous l'*adorons* », rectifia sa femme.

Les enfants revinrent du bois en courant sur la pelouse, les bras chargés de jacinthes. Le plus jeune garçon en offrit un bouquet à sa mère.

« Nous devons aussi vous dire que nous sommes au courant des histoires horribles qui se sont passées dans le bois. » Elle souriait, les bras tendus en avant. Son corps ballonné oscillait puissamment sous la robe chasuble. C'était devenu une force souveraine, d'où toute enfance avait disparu. « Et nous nous en moquons éperdument. »

UN ENFANT POUR UN AUTRE

(*The Tree of Hands*)

Roman traduit de l'anglais par
Philippe Noble

Pour Francesca, ma filleule.

I

Un jour — Benet avait à peu près quatorze ans — elles se trouvaient ensemble en train, seules dans le compartiment, et Mopsa avait tenté de la frapper d'un coup de couteau de cuisine. Ou plutôt elle l'en avait menacée. Benet s'était demandé pourquoi sa mère avait un sac à main si volumineux, un sac rouge qui n'allait pas avec ses vêtements. Mopsa avait crié, avait ri, dit des paroles sans suite, avant de replacer le couteau dans son sac. Mais Benet avait eu très peur. Perdant la tête, elle avait tiré la poignée de secours ou plutôt, comme disait Mopsa, la « sonnette d'alarme ». Le train s'était arrêté, tout le monde avait eu des ennuis et le père de Benet avait réagi par un mélange de fureur et de tristesse noire.

Elle avait plus ou moins oublié l'épisode. Le souvenir lui en revint avec une grande netteté tandis qu'elle attendait Mopsa à Heathrow. Elle avait vu Mopsa maintes fois depuis lors, avait vécu sous le même toit et pu observer ses métamorphoses, pourtant c'était ce personnage enfoulardé, affublé de fichus et de rubans, avec sa tignasse hirsute, qu'elle guettait tandis qu'elle attendait derrière les barrières, parmi la foule des guides de voyages organisés brandissant leurs pancartes, des Indiens aux visages anxieux et des épouses d'hommes d'affaires. James voulait sortir de sa poussette : il était assis trop bas pour bien voir et ne se sentait pas bien. Benet le prit et le cala contre sa hanche en l'entourant de son bras.

Cette attente aurait dû être excitante. Il y avait quelque chose de théâtral dans la façon dont les premiers voyageurs surgissaient de derrière le mur qui cachait les bureaux de la Douane : on aurait presque dit qu'ils s'évadaient, gagnaient la liberté. Benet se rappela ses retrouvailles avec Edward, ici même, et la sensation merveilleuse qu'elle avait éprouvée en l'apercevant. Ce flot d'inconnus, d'étrangers, et soudain Edward — si incontestablement présent qu'il semblait en couleurs et tous les autres en noir et blanc. C'était bien différent d'attendre Mopsa. D'ailleurs, attendre Edward, à supposer que ce fût encore concevable, ne lui donnerait plus la même émotion maintenant. Elle n'avait plus personne dans son univers à attendre ainsi à l'exception de James, et elle ne voyait pas ce qui pourrait les séparer, James et elle. Du moins pas avant des années et des années. Elle fouilla dans son sac à la recherche d'un mouchoir et lui essuya le nez. Pauvre James ! Il était beau pourtant, comme toujours, même avec ce petit visage blême et ce nez rouge.

Un couple apparut, chacun poussant une valise écossaise à roulettes. La femme qui les suivait tenait une petite valise d'une main et un petit fourre-tout de l'autre. Il était difficile de deviner lequel des deux était son bagage de cabine et lequel avait été enregistré. Valise et sac étaient assortis, de couleur chamois et d'une matière indéterminée, plastique ou cuir. La femme avait le teint terreux, blafard, chlorotique. Ses yeux pâles et instables s'arrêtèrent sur Benet et la reconnurent. Il fallut ce déclic — sinon Benet l'eût-elle jamais identifiée ?

Et pourtant oui, c'était bien Mopsa. C'était bien sa folle de mère qui l'embrassait, souriait à James puis faisait de la main un signe de rejet, car l'enfant, au lieu de répondre à ses avances, enfouissait son visage contre l'épaule de Benet. C'était Mopsa, vêtue d'un tailleur gris démodé et d'un chemisier de soie rose fermé au col par une broche d'or. Ses cheveux coupés court, à la diable, avaient pris un ton d'argent terni, plus pâle.

Benet mit les valises sur la poussette, l'utilisant comme un chariot à bagages. Elle portait toujours James qui, en reniflant, dévisageait avec curiosité cette grand-mère toute neuve, inconnue.

La démarche de Mopsa était devenue alerte et sautillante. Elle se tenait droite, la tête haute. Dans le passé, elle avait eu tantôt un pas traînant, tantôt une allure dansante, ondoyante et chaloupée quand elle se prenait pour Isadora Duncan, mais jamais elle n'avait marché du pas rapide de la première femme venue. Ou peut-être marchait-elle ainsi quand j'étais petite, pensa Benet, tâchant de se rappeler sa mère sous les traits d'une jeune femme, vingt ans plus tôt. C'était trop loin. Tout ce qu'elle pouvait se remémorer, c'était son désir d'avoir une mère normale, une mère pareille à celle des autres filles, qui trouvaient cela tout naturel. Il lui semblait à présent en avoir enfin une, mais elle avait vingt-huit ans et cela ne lui faisait plus rien. Elle s'arracha à sa rêverie et demanda des nouvelles de son père.

« Il va très bien. Il t'embrasse.

— Et vous vous plaisez vraiment en Espagne ?

— Je ne dis pas que c'est parfait, mais papa n'a pas eu l'ombre d'une crise d'asthme en trois ans. Et moi aussi, cela me fait du bien. »

Mopsa sourit avec enjouement — on aurait cru que sa maladie à elle n'était rien d'autre qu'une sorte d'asthme. Elle en parlait comme autrefois leurs voisins à Edgware. Comme Mme Fenton, pensa Benet, comme une mère de famille entre deux âges. « J'ai l'impression de tricher en revenant ici pour ces analyses », dit Mopsa. « Je leur ai dit : je n'ai plus rien du tout, mais ils ont répondu que ça ne pourrait pas me faire de mal et puis, pourquoi ne pas s'octroyer des vacances ? J'ai répliqué : des vacances ! Mais je suis toute l'année en vacances, il me semble, non ? On prend le métro ? Ça doit faire sept ou huit ans que je ne l'ai pas pris.

— J'ai la voiture, dit Benet.

Adolescente, il lui arrivait parfois de se dire et de se répéter : « Il ne faut pas haïr ma mère. » Elle n'avait pas toujours respecté cette injonction. Dans ces moments-là, elle ajoutait : « Mais elle est malade, elle n'y peut rien, elle est folle. » Elle avait compris et pardonné, mais sans vouloir pour autant vivre avec sa mère. Lorsqu'elle partit pour l'université, elle résolut de ne jamais revenir et, à l'exception de brèves vacances, elle avait tenu parole. Son père avait pris sa retraite et ses parents avaient acheté une petite maison près de Marbella. Le visage de Mopsa et le dos de ses mains étaient tannés par le soleil d'Andalousie. Benet fit passer James sur son autre hanche ; il renifla dans un sanglot, tout en s'agrippant à elle.

« Il a attrapé un mauvais rhume, remarqua Mopsa. Je me demande si tu as bien fait de l'emmener dans cet état.

— Je n'avais personne pour le garder. Tu sais bien que je viens de déménager. »

Il y avait un siège de bébé à l'arrière de la voiture et d'ordinaire James s'y installait avec plaisir. Benet lui agrafa ses sangles et déposa les bagages de Mopsa dans le coffre. Ele aurait su gré à sa mère de lui proposer de s'asseoir à côté de James, mais Mopsa avait déjà pris place à l'avant, bouclé sa ceinture et croisé les mains — dissimulées dans des gants de cuir noir plutôt avachis — sur ses genoux. Elle ne songeait même pas à dire un mot à James, apparemment. Il était tout piteux sur sa banquette arrière, reniflant de temps à autre et pleurnichant doucement. Benet lui parlait tout en conduisant, elle lui montrait du doigt des passants, des chiens, des bâtiments, tout ce qu'elle croyait pouvoir l'intéresser, mais elle perçut bientôt la mauvaise humeur de Mopsa. Mopsa voulait parler de ses problèmes et de ses espoirs à elle, de l'Espagne, de leur maison et de ce qu'elle allait faire durant son séjour à Londres. Benet fut frappée d'une idée qui ne lui était jamais venue auparavant. On croit toujours qu'après la guérison ou l'amélioration de troubles mentaux, on aura affaire à une personne gentille, généreuse, attentionnée, affable, raisonnable. Mais ce n'était pas le cas, évidemment. En dessous de la psychose, il pouvait y avoir autant de méchanceté normale que de gentillesse normale. Non que Mopsa fût méchante, loin de là. Peut-être voulait-elle seulement dire que Mopsa était — avait été un jour — folle, mais qu'en s'écartant la folie révélait une solipsiste de première grandeur, quelqu'un qui se croyait au centre du monde.

Benet ne s'était pas encore accoutumée à revenir à Hampstead, au Val de Paix. Elle n'y était installée que depuis trois jours. Elle engagea la voiture dans l'étroite allée enserrée entre de hauts talus qui menait à ce hameau situé à l'orée de la Lande. Depuis ses seize ans, depuis le jour où elle était venue avec des amis à la foire qui se tient les jours fériés tout près de Spaniards Road, elle avait rêvé de vivre ici. Et lorsque le rêve avait cessé d'être inaccessible, lorsque c'était devenu possible, elle avait pris ses dispositions. Mais Mopsa semblait n'avoir jamais entendu parler de cette enclave fabuleuse dans la ville, ombragée de châtaigniers, de sycomores et de pins de Monterey, et où des plaques bleues honoraient la mémoire de poètes disparus, d'un peintre, d'un ou deux imprésarios. Shelley avait fait voguer des bateaux de papier sur l'étang et Coleridge, assis sur une bûche au milieu du gazon, avait commencé une de ces épopées féeriques qu'il ne devait jamais achever, mais c'étaient là des points d'histoire littéraire totalement étrangers à Mopsa. En sortant de la voiture, elle considéra la maison de Benet, une villa victorienne étroite et haute, avec une sorte de déception. Qu'espérait-elle ? Un palais art-déco dans Bishop's Avenue ?

« Je suppose que tu ne voulais rien de trop grandiose, juste un toit pour vous abriter, le bébé et toi. »

James n'était plus vraiment un bébé, pensa Benet en ouvrant la porte d'entrée. Il avait vingt et un mois, possédait tout un petit vocabulaire et comprenait plus de mots encore. Il escalada à quatre pattes les marches du perron, content d'être rentré et se rappelant probablement les trésors qui l'attendaient, les jouets éparpillés dans la grande cuisine-salle de jeu qui occupait le sous-sol. Mopsa l'enjamba pour atteindre la porte. Benet se demanda combien de temps sa mère se retiendrait de parler de la situation d'enfant sans père qui était celle de James. Ou bien, en dépit d'une amélioration considérable, était-elle, serait-elle toujours trop éloignée de la banlieusarde conventionnelle d'âge mûr pour attacher beaucoup d'importance à ces considérations ? Benet ne comptait guère s'en tirer sans avoir à subir des allusions à Edward et des commentaires sur les inconvénients d'une naissance illégitime ou les dangers auxquels était exposée la santé morale d'un garçon élevé uniquement par sa mère. Et encore, elle devait se féliciter, se disait-elle, d'avoir la visite de Mopsa et non de son père. Chez celui-ci, l'existence même de James ne suscitait toujours qu'incrédulité choquée.

La maison n'était pas encore rangée. Des cartons et des caisses de bibelots, d'ustensiles de cuisine, de vaisselle et de verres toujours enveloppés, sans compter les centaines et les centaines de livres, s'alignaient le long du couloir. En partant pour l'aéroport, Benet avait délaissé la tâche qu'elle avait entreprise : placer les livres sur les rayonnages qu'elle avait installés dans la pièce destinée à devenir son bureau, en essayant de respecter un certain système de classement.

Éparpillées sur le sol, les traductions en seize langues de son roman, de son best-seller — la source de sa richesse et de cette maison — *Les Liens du mariage*. Elle ferma la porte pour empêcher James de faire des ravages dans cette jonchée de livres de poche.

Pourtant, James semblait moins disposé encore à causer des ravages que tout à l'heure dans la voiture. Au lieu de faire ce que Benet attendait et de se précipiter vers son dernier jouet, un xylophone aux touches peintes de toutes les couleurs de l'arc-en-ciel, plus une dorée, il s'était hissé dans sa petite chaise d'osier et y restait en suçant son pouce. Son nez s'était mis à couler et quand Benet le prit, elle put entendre son souffle dans sa poitrine. Ce n'était pas exactement le sifflement de l'asthme, c'était un bruit de respiration qui n'aurait pas dû exister. Il faisait chaud, l'on se sentait bien dans la grande pièce en sous-sol et, par une journée ensoleillée comme celle-ci, la lumière entrait à flots. Benet avait fait équiper le coin-cuisine d'éléments de chêne, poser une moquette rouge florentin et installer un grand placard pour les jouets de James.

Mopsa, ayant déposé ses valises sur le lit de la chambre que Benet lui avait préparée, redescendit prestement et dit : « Et maintenant, j'emmène tout le monde déjeuner au restaurant.

— Je crois qu'il vaut mieux que je ne le ressorte pas. Il n'a pas l'air très bien. Nous pouvons manger à la maison : j'avais l'intention de déjeuner ici avec toi. »

Mopsa ne cacha pas son mécontentement. « Il ne fait pas froid, même pour moi qui viens d'Espagne. » Elle eut un rire, un son métallique, fêlé, assez semblable à celui que James produisait en frappant la touche la plus basse du xylophone. « J'ai l'impression que tu es une mère très attentionnée. »

Benet ne répondit pas. Elle s'étonnait elle-même d'être devenue une mère aussi attentionnée. Bien sûr, elle l'avait fait de propos délibéré. En ayant James, en ayant volontairement un enfant alors qu'elle était célibataire, elle s'était promis de montrer un dévouement parfait, de lui offrir une enfance idéale, ainsi que le meilleur de l'amour maternel et du bonheur matériel. Elle ne se doutait pas à quel point ces calculs s'avéreraient inutiles, et qu'elle se consacrerait à lui corps et âme dès l'instant de sa naissance.

Elle prépara le déjeuner : potage, pain complet, pâté de canard et salade pour elle et Mopsa, œufs brouillés, mouillettes de pain grillé et glace au chocolat pour James. A l'autre bout de la pièce, assise sur l'appui de la fenêtre, se détachant sur la vue du petit jardin et du mur de pierre qui s'élevait derrière lui, Mopsa lisait le livre qu'elle avait commencé dans l'avion. Elle n'avait pas fait un geste pour prendre James sur ses genoux. Benet réprimait son indignation, s'interdisait même d'en éprouver. James n'avala que quelques bouchées de ce qui était pourtant son menu favori.

« Il a besoin de faire une bonne sieste », observa Mopsa. Elle avait sans doute raison, même si Benet se disait que la remarque procédait plutôt de son désir de se débarrasser de lui que du souci de sa santé. La chambre de James était la première pièce dont elle s'était occupée dans la maison, la seule où ne traînait pas de caisse pleine. Benet lui mit dans les mains son jouet préféré, un bébé-tigre en peluche ramollie, aux jambes flageolantes, et le déposa doucement dans son petit lit. James n'aimait pas faire la sieste et d'ordinaire, si l'on tentait de le coucher, il se rasseyait tout droit, levant les bras avec impatience. Cette fois il resta étendu sans bouger et serra le tigre entre ses mains. Il avait les joues enflammées comme si ces fameuses molaires, qui tardaient à venir, perçaient enfin. Benet pensait que ce ne devait pas être bien grave. Elle l'avait fait vacciner contre tous les maux susceptibles de le menacer. Quand il était enrhumé, il avait toujours des problèmes de bronches. La poitrine de James émettait un ronflement à chaque respiration. Benet resta près de lui cinq minutes, jusqu'à ce qu'il s'endorme.

« Je ne te croyais pas si maternelle », dit Mopsa. Elle était allée dans le living-room encore en plein désordre, avait trouvé des bouteilles qui attendaient d'être rangées et s'était versé un peu de cognac. Elle n'avait jamais beaucoup bu et s'était toujours gardée de l'alcoolisme, mais elle aimait bien un petit verre et parfois l'alcool influait étrangement sur son comportement. Benet se rappelait ses efforts et ceux de son père, des années plus tôt, pour détourner Mopsa de sa bouteille de xérès. Mopsa souriait de son sourire vague et un peu niais, ses lèvres entrouvertes tremblant légèrement.

« C'est souvent le cas : on ne les désire pas mais, quand ils arrivent, on se met à les aimer.

— James était un enfant désiré », dit Benet, et, pour changer de sujet et en choisir un où sa mère serait à coup sûr ravie de se lancer, elle ajouta : « Parle-moi des analyses qu'on va te faire.

— Ils ne sont pas équipés pour cela en Espagne. Je me suis toujours tuée à répéter qu'il me manque une enzyme ou quelque chose d'approchant, c'est tout, et maintenant on dirait qu'ils se rangent enfin à mon opinion. » Pendant des années, Mopsa avait refusé d'admettre sa maladie. C'étaient les autres qui étaient malades, ou malintentionnés, ou qui ne la comprenaient pas. Mais quand elle avait été contrainte de reconnaître qu'elle n'était pas normale, quand, dans ses moments de lucidité, elle revoyait des périodes de cauchemar, elle s'était mise à incriminer non sa psychose, mais une faille dans la chimie de son organisme.

« Prenez le cas de George III, aimait-elle à dire. Pendant des années, on l'a cru fou. On l'a soumis à des tortures infernales. Et maintenant, on sait qu'il souffrait de porphyrie et qu'il aurait suffi de lui donner ce dont son corps avait besoin pour le guérir. »

Elle avait peut-être raison. Mais quelle que fût la substance vitale qui lui faisait défaut, cette déficience semblait s'être récemment compensée d'elle-même, et par des moyens naturels. En écoutant Mopsa parler avec lucidité, et avec une grande compétence, des analyses et des traitements compliqués qui allaient les suivre, Benet la jugea en meilleure santé mentale qu'elle n'avait jamais été depuis son enfance. Même cet éclat vitreux qui voilait autrefois ses yeux bleu-vert semblait s'être dissipé pour faire place à une lumière intérieure plus normale.

Le regard de Mopsa explorait la pièce. « Où est la télévision ?

— Je ne l'ai pas.

— Tu veux dire que tu n'as pas de poste ? Moi, je serais perdue sans la télé, et pourtant elle n'est pas terrible en Espagne. Je me faisais une joie de regarder la télé anglaise. Pourquoi n'en as-tu pas ? Tes moyens te le permettent, il me semble.

— J'écris quand James est endormi, c'est-à-dire surtout le soir, et la télévision ne me servirait pas à grand-chose.

— Il dort en ce moment. Tu veux peut-être écrire un peu ? Fais comme si je n'étais pas là. Je ne ferai pas de bruit, je vais lire mon livre. »

Benet fit « non » de la tête. L'écriture requiert des conditions particulières — un certain degré de solitude, une atmosphère contemplative, une certaine préparation de l'esprit — qu'elle se sentait incapable d'expliquer à toute personne non directement concernée, et à sa mère moins qu'à quiconque. En outre, elle se trouvait dans la situation tout à fait insolite d'un auteur qui a noté des souvenirs et des observations — en l'occurrence, le temps qu'elle avait passé en Inde avec Edward — les a romancés essentiellement pour son propre plaisir et s'aperçoit soudain qu'il a produit un best-seller. Un succès foudroyant, énorme. A présent il lui fallait écrire un autre livre, sinon de nature à égaler *Les Liens du mariage*, du moins à figurer honorablement à côté de ce premier roman. Elle était l'auteur de ce qui pouvait s'avérer un succès isolé et devait sauter l'obstacle du « second livre ». L'inspiration ne venait pas facilement, même quand elle se sentait au calme et que James dormait.

Cette pensée lui rappela qu'il dormait depuis près de deux heures. Elle monta pour jeter un coup d'œil. Il dormait toujours, le visage plutôt congestionné et le souffle bruyant. Elle reconnaissait les traits d'Edward, notamment dans la courbe des lèvres et le modelé du front. Un jour, quand il serait grand, il aurait cet air de « gentleman britannique » que possédait Edward, cheveux blond clair, yeux bleus au regard ferme, menton énergique — et peut-être en aurait-il plus que l'air, peut-être posséderait-il quelque chose de plus que son père.

Attendant son réveil, elle se tenait devant la fenêtre et contemplait le soleil déclinant. Le ciel ne rougirait qu'après son coucher. Pour l'instant, c'était un or sombre, veiné de gris et les eaux de l'étang du Val de Paix scintillaient de points de lumière. Une rangée de pins, sur la rive opposée, se dressait noire et immobile sur ce fond de marbre, jaune et gris. Un endroit où il faisait bon vivre, où pour James il ferait bon grandir. Elle avait bien choisi.

Était-ce un élément du paysage, peut-être la rangée de pins, le coucher du soleil, ou simplement l'évocation de l'enfance et de son cadre, qui ramena le souvenir de cet affreux après-midi avec Mopsa ? Elle n'y avait plus songé depuis des années. A présent elle se le remémorait très nettement — pourtant il remontait à dix-huit ou vingt ans — mais ce qu'elle se rappelait correspondait-il à la réalité ? Ç'avait été pour Benet la première manifestation de la folie de Mopsa, de sa schizophrénie paranoïde. Elle avait huit ans et la petite cousine qui était avec elle, pas plus de trois ou quatre. Mopsa les avait fait entrer dans la salle à manger de leur maison, à Colindale, avait fermé la porte et tiré le verrou, puis téléphoné au père de Benet à son bureau pour lui annoncer qu'elle allait tuer les enfants et se suicider ensuite. Ou bien Mopsa avait-elle seulement menacé de rester enfermée dans la pièce avec les enfants jusqu'à la satisfaction de telle ou telle exigence ? La vérité se situait probablement entre les deux versions. Pourquoi, d'ailleurs, une porte de salle à manger aurait-elle eu un verrou ? Mais Benet revoyait parfaitement la scène : Mopsa prenait les couteaux dans un tiroir, la petite cousine hurlait, Mopsa poussait de lourds meubles, un buffet, une sorte de vitrine, devant les portes-fenêtres. Plus que tout, elle se rappelait la porte qui se fendait avant de s'abattre, et son oncle qui se frayait un passage, suivi de son père. Ils n'avaient demandé aucune aide extérieure ; c'étaient sûrement la honte et la peur des conséquences qui les en avaient dissuadés. Personne n'avait été blessé et Mopsa avait assez vite retrouvé son calme : nul n'aurait pu deviner qu'elle n'était pas dans son état normal. Jusqu'au moment où était apparue sa kleptomanie : ç'avait été le second symptôme. Il devint impossible d'exprimer un souhait devant elle — un souhait réalisable, s'entend — sans que Mopsa volât pour vous l'objet convoité. Benet se rappelait que son père s'était enthousiasmé pour un disque qu'il avait entendu chez des gens, un morceau de musique classique célèbre, voire rebattu, très probablement la *Water Music* de Haendel. Mopsa s'était donné un mal fou pour retrouver le même enregistrement dans un magasin, et, l'ayant enfin déniché, elle l'avait volé, bien qu'elle eût largement les moyens de l'acheter. Elle volait pour faire des cadeaux à ceux qu'elle aimait et l'élément de risque que comportait le vol rehaussait à ses yeux la valeur du présent, ainsi que l'avait observé un psychiatre. Dès lors, son état s'était manifesté sous des aspects variés : violence sporadique, perte du sens de la réalité, comportement incohérent, « fou » à proprement parler...

James se retourna, se redressa dans son lit et poussa un cri rageur, en se frottant les yeux de ses petits poings. Ses pleurs s'étouffèrent et finirent en quinte de toux, tandis que ses bronches émettaient un râle. Benet le prit et le tint contre son épaule. Sa poitrine était une caisse de résonance d'où sortaient des sons presque musicaux. Benet avait caressé l'idée d'inviter quelques personnes à prendre un verre — une façon comme une autre de passer la soirée, et plutôt agréable puisque Mopsa se montrait si raisonnable — mais cela lui paraissait désormais impossible. James avait vraiment un mauvais rhume et réclamerait ses soins toute la soirée.

Il faisait très chaud dans la maison. Elle se félicitait d'avoir fait réviser le chauffage central avant d'emménager. Mopsa qui défaisait sa valise, la porte de sa chambre ouverte, semblait le type même d'une mère de famille pleine de bon sens et même un peu conventionnelle. Sans doute était-ce un rôle qu'elle était en train de jouer, qu'elle jouait depuis des années. Dans le passé, elle avait été coutumière de rôles de toutes sortes, qui avaient apparemment fini par se mêler pour prendre cette forme. Ou était-ce là la vraie Mopsa, émergeant enfin après le rejet de plusieurs couches de masques psychotiques ?

Il semblait à présent que son véritable prénom, le mondain « Margaret », lui eût mieux convenu que ce surnom qui évoquait confusément sauvagerie, magie, vieux démons, bûchers, œil de salamandre et patte de crapaud. Pourtant ce n'était pas dans *Macbeth* mais dans *Le Conte d'hiver* qu'elle l'avait trouvé, en jouant le rôle de Mopsa dans une représentation scolaire lorsqu'elle avait dix-huit ans. Accoutumée à ce nom qui ne lui semblait pas plus étrange pour une mère qu'à d'autres celui de Mary ou d'Elisabeth, Benet lui trouva soudain un air extravagant et incongru, dont il eût fallu se défaire en même temps que de cette tignasse blonde. Le visage de Mopsa, mince et pointu, avait toujours fait songer à une sorcière — à une sorcière jeune et belle lorsque Benet était enfant, puis ses traits avaient subi une sorte de brouillage, qui n'était peut-être qu'un effet du vieillissement. Le dessin de la mâchoire avait perdu sa dureté cinglante, les lèvres étaient moins pincées. Ses cheveux coupés à la diable lui donnaient un air très légèrement pathétique, mais peut-être pas plus qu'à toute autre femme du même âge, sans but précis dans la vie, peu et mal aimée ou désirée.

Benet fut surprise de la trouver en bas, occupée à se faire du thé dans la cuisine. D'ordinaire, où qu'elle fût, Mopsa s'attendait à être servie. Dès que James irait mieux, pensa Benet, ils sortiraient tous les trois. Il était presque assez grand pour être emmené dans des lieux animés, ou du moins pour qu'on commence à l'y emmener. Ils pourraient déjeuner dans un endroit sympathique après le rendez-vous de Mopsa à l'hôpital puis aller à Hampton Court, si ce beau temps se maintenait. Les enfants en bas âge guérissent aussi brusquement qu'ils tombent malades — c'était une des choses que la maternité lui avait déjà apprises.

La soirée serait un peu longue. Il se pourrait bien que, dans un jour ou deux, elle trouve urgent de louer un téléviseur.

« A quelle heure le couches-tu ? demanda Mopsa.

— D'habitude, vers six heures et demie, mais évidemment ce ne sera pas le cas ce soir.

— Tu le gâtes trop. »

Benet ne répondit pas et Mopsa se mit à parler des difficultés qu'elle aurait à se rendre à l'hôpital où devaient être effectuées les premières analyses. C'était très loin et les lignes de métro avaient « complètement changé » depuis le temps où elle habitait Londres. Elle étudiait attentivement un plan du métro et un guide des rues. Benet dit que naturellement, elle la conduirait en voiture, et que si James était trop mal en point pour les accompagner, elle trouverait quelqu'un pour le garder.

Quand elle habitait encore son appartement de Tufnell Park, elle faisait venir de temps à autre une baby-sitter, mais l'immeuble voisin regorgeait d'adolescentes, toutes désireuses de gagner un peu d'argent de poche. Ici, c'était différent. Elle ne connaissait personne. Elle n'avait même pas d'amis avec de jeunes enfants, à l'exception de Chloé, mais elle était actuellement partie en vacances.

Mopsa, qui n'était pas dépourvue d'une certaine forme d'intuition, ne fut pas loin de lire ses pensées. « Tu ne peux pas trouver quelqu'un tout de suite ? Cela me ferait plaisir de dîner en ville.

— Je ne peux pas le laisser. »

Benet décida d'ignorer la mine boudeuse de Mopsa. Du reste, il ne s'agissait plus tellement de se demander si elle allait laisser James ou non, mais de prendre des mesures plus énergiques. Il avait le front moite et brûlant. Sa respiration était pénible, et de temps en temps sa poitrine émettait un ronflement caverneux. Il avait bien essayé de jouer du xylophone mais il était vite revenu vers Benet pour grimper sur ses genoux, et ses difficultés respiratoires lui faisaient pousser de pitoyables sanglots étouffés.

« Je vais devoir appeler le médecin.

— Il est sept heures. Tu ne vas tout de même pas déranger un homme aussi surmené pour un simple rhume de bébé.

— C'est une femme », répondit Benet, sans rien ajouter. Il n'avait jamais servi à grand-chose de s'opposer à Mopsa, et encore moins de se mettre en colère, ce qui provoquait immédiatement chez elle une excitation éperdue, frénétique. Cela remontait à des années, mais les vieux réflexes ont la vie dure. Benet tendit la main vers le téléphone et, à ce moment précis, il se mit à sonner.

« C'est sûrement ton père. »

C'était bien lui. Mopsa prit une mine satisfaite. Les marques d'attention et de prévenance lui causaient toujours un plaisir disproportionné.

« Bonjour, papa, comment vas-tu ? » Benet dut éloigner le combiné de James, qui s'était mis à hurler.

« Désolée, c'est ce pauvre James qui donne de la voix. Il a pris froid. »

Il n'y avait jamais eu de scène dramatique, on ne l'avait pas chassée du sein de la famille ni même jamais critiquée ouvertement, mais sa grossesse et la naissance de James avaient choqué, voire scandalisé le père de Benet. Elle avait pour circonstance aggravante d'être une personne instruite, aisée, et de vivre dans une société qui offrait un large éventail de solutions pour prévenir la naissance d'enfants hors mariage. En réalité, il n'avait encore jamais parlé de James en l'appelant par son nom. Lorsque James, dernièrement, avait commencé à s'intéresser au téléphone et à essayer de parler à tous les correspondants, son grand-père avait bougonné, presque aboyé une série de « hello » et de « au revoir », mourant littéralement d'envie de reprendre la conversation avec Benet. Cette fois, quand elle lui expliqua que James était enrhumé, il se contenta d'un « Ah ! bon ».

Il y eut un silence gêné. « Comment va ta mère ? Bien arrivée ?

— Elle va très bien. Tu veux lui parler ? »

Second silence, plus bref, mais indéniable. Sans doute, John Archdale avait jadis aimé sa femme. Mais depuis, il en avait vu de toutes les couleurs. Ce n'était pas la faute de Mopsa, elle était plutôt à plaindre, aussi désarmée face à sa maladie que face à une sclérose en plaques, mais aujourd'hui, au lieu d'amour, il ne trouvait plus en lui que le sens du devoir ; il portait une croix qui s'alourdissait d'année en année. En ce moment il prenait probablement un peu de bon temps bien mérité avec ses copains, d'autres Anglais expatriés, faisait un bridge ou buvait un verre au bar du Miramar. La voix de sa femme ne contribuerait pas à égayer sa soirée. Mais Benet n'y pouvait rien.

« Oh ! je n'ai qu'un mot à lui dire », fit-il.

De temps à autre, dans le passé, Benet avait entendu sa mère jeter à la tête de son époux des épithètes variées, dont les plus doux étaient encore « sac à merde » et « espèce d'assassin ». Mais aujourd'hui Mopsa prenait le récepteur et y déposait des paroles accordées à son rôle de mère de famille raisonnable.

« Bonjour, chéri. »

Leur dialogue fut bref. Le nom de James n'y fut pas mentionné une seule fois et Benet ne put réprimer un mouvement d'indignation. Il s'était calmé — du moins, il avait cessé de pleurer — et s'appuyait lourdement contre elle, la respiration plus rocailleuse que jamais.

« Oui, un vol agréable. Une chose de bien avec les voyages en avion, c'est qu'ils ne durent pas longtemps, on a à peine le temps d'y penser. Benet m'attendait, c'était parfait. Oui, le matin, à dix heures. Rappelle-moi plutôt demain après-midi, d'accord ? Bon, alors au revoir. »

Elle reposa le téléphone et s'arrêta, fixant Benet qui tenait James sur ses genoux. Son visage avait pris une expression tremblotante, un peu comme si elle allait se mettre à pleurer, une expression bien connue de Benet et qui présageait un changement d'humeur. Soudain Mopsa se mit à parler d'une voix aiguë et précipitée, mais qui ne trahissait pas la folie.

« Je n'ai pas été une bonne mère pour toi, Brigitte. Je le sais. Je t'ai négligée — enfin, je ne t'ai pas accordé toute l'attention que tu méritais. J'étais malade, tu comprends. J'étais malade bien avant que papa et toi ne vous en rendiez compte. C'était cette hormone, ce je ne sais quoi, qui me manquait, et qui me rendait bizarre. Je n'étais pas une bonne mère. J'étais comme une âme en peine, tu comprends. Tu me pardonnes ? »

Les épanchements sentimentaux de Mopsa avaient toujours plongé Benet dans l'embarras. Elle se sentait gênée, effarouchée. L'une des causes de ce trouble, et non des moindres, était que sa mère, dans les moments de tension en particulier, retombait toujours dans l'emploi du prénom honni que Benet avait reçu à sa naissance et dont, suivant pour une fois les traces de Mopsa, elle s'était dépouillée dès l'instant où elle avait quitté ses parents. Benet était plutôt anguleuse, les jambes longues, les traits aigus, les cheveux noirs et plats. Comment aurait-elle pu supporter d'affronter une fois de plus, avec un nouveau cercle d'amis, l'étonnement et l'hilarité que suscitait inévitablement ce prénom inspiré de Bardot ?

Elle était embarrassée mais devait surmonter son embarras par égard pour cette pauvre, cette pathétique Mopsa. Et Mopsa attendait immobile, assoiffée d'amour, de réconfort, le souffle court et presque aussi oppressé que celui de James.

« Tu me pardonnes, Brigitte ?

— Je n'ai rien à te pardonner. Tu étais malade. Et de plus, tu n'étais pas une mauvaise mère. » En tenant James, en le serrant contre son épaule, Benet s'obligea à se lever, à passer son autre bras autour de sa mère. Mopsa tremblait, frémissait comme un animal nerveux. Benet tenait dans ses bras sa mère et James. Elle embrassa Mopsa sur la joue. La peau était brûlante, sèche, agitée d'une légère palpitation. Mais les yeux bleu délavé de Mopsa avaient un regard clair, ferme, normal. « Je n'ai rien du tout à pardonner, crois-moi, dit Benet. Et maintenant n'en parlons plus, d'accord ?

— Je ferais n'importe quoi au monde pour toi, pour te rendre heureuse.

— Je le sais. »

Benet se rassit près du téléphone, installa James sur ses genoux et composa le numéro de la doctoresse.

II

« Il a le croup. »

Une sorte d'onomatopée, ce mot : à peu près le bruit que faisait James en respirant. A l'étendue de son soulagement — elle aurait pu se jeter au cou du docteur McNeil — Benet comprit à quel point elle s'était inquiétée.

« Je croyais que c'était bon pour les enfants du siècle dernier.

— Oui. Mais ceux d'aujourd'hui l'attrapent aussi. Seulement, de nos jours, on les soigne mieux. »

Le soulagement de Benet plongea à la verticale comme un poids de plomb lorsque le docteur ajouta : « J'aimerais mieux qu'il entre à l'hôpital.

— C'est vraiment indispensable ?

— Je serai plus tranquille. Ils sont équipés pour. Je ne pense pas que vous puissiez réaliser ici un bain de vapeur, n'est-ce pas ? »

Le docteur McNeil avait soixante ans, elle allait prendre sa retraite dans une semaine ou deux. Est-ce qu'elle était encore à la page ? se demandait Benet. Un bain de vapeur ? Elle s'imaginait la douche ouverte au maximum, projetant un jet d'eau bouillante dans la baignoire, porte et fenêtre de la salle de bains hermétiquement closes. Mais l'une des salles de bains de la maison était sans douche, et dans l'autre la douche, irrémédiablement entartrée, attendait son remplacement.

« Qu'est-ce que c'est au juste, le croup ?

— Si vous l'aviez, on parlerait de laryngite. »

Benet laissa à la doctoresse le soin de passer les coups de téléphone nécessaires. Elle redescendit avec James à la cuisine où elle trouva Mopsa, très ménagère modèle avec son tablier et ses gants de caoutchouc, occupée à laver des tasses et des soucoupes. Le soulagement était revenu. Le croup n'était qu'une laryngite.

« Je viens avec toi », dit Mopsa.

Benet aurait préféré voir sa mère rester là, mais ne savait comment le lui faire comprendre. Et peut-être valait-il mieux ne pas laisser Mopsa seule, particulièrement la nuit et dans une maison inconnue. C'était un hasard malheureux qui voulait que la visite de Mopsa soit tombée juste à ce moment. Elle ne pouvait s'empêcher d'observer à part elle que, lorsque les gens affirment qu'ils feraient tout au monde pour vous rendre heureuse, ils ne songent jamais à des choses aussi simples que rester à leur place, ne pas se mêler de vos affaires, accéder à vos menus désirs.

En tout cas, cette fois, Mopsa s'installa à l'arrière de la voiture, James dans ses bras. La nuit était claire mais sans lune. Benet se rappela soudain que c'était la nuit de Hallowe'en. Elle prit James, enveloppé dans une épaisse couverture duveteuse, et entra avec lui dans le grand vestibule aux voûtes gothiques de l'hôpital ; ils montèrent par l'ascenseur à la pouponnière.

Peu familière des hôpitaux — elle n'y avait jamais fait qu'un seul séjour, pour la naissance de James — Benet s'attendait à pénétrer dans une longue salle commune aux lits rapprochés, alignés de chaque côté. Or la salle Edgar Stanford n'était qu'une suite de petites chambres desservies par un vaste couloir central. Le bâtiment, lui avait-on dit, était l'ancien hospice, mais cette partie avait dû être restaurée de fond en comble pour y installer la nursery, il ne subsistait d'autre trace du XIXe siècle que les fenêtres à petits carreaux terminées par un arc en ogive. Dans la chambre réservée pour James, une tente recouvrant un petit lit où l'on insufflait de la vapeur attendait l'enfant. L'infirmière appelait l'ensemble une « croupette ». James y était couché depuis dix minutes — ses protestations avaient cessé, il reposait calmement et sa petite main serrait celle de Benet — lorsque le docteur arriva pour l'examiner. Il s'arrêta dans l'embrasure, ôta sa blouse et la posa sur le bureau de l'infirmière en chef.

« Si nous ne le faisons pas, ils attrapent la phobie des blouses blanches. Il sourit. Je m'appelle Ian Raeburn. Je suis l'un des internes attachés à ce service. »

Il y avait un lit à côté du berceau. Benet s'était assise. Elle avait remarqué qu'il était fait. « Puis-je rester ici avec lui ?

— Certainement, si vous le souhaitez. Ce lit est là pour ça. Et vous avez une salle de bains juste à côté. Nous sommes assez fiers, ici, d'encourager les parents à rester — un sacré bouleversement des vieilles habitudes.

— J'aimerais rester. »

Mopsa dit d'une petite voix perdue : « Et moi, qu'est-ce que je deviens, dans tout ça ?

— La décision vous appartient, dit le docteur Raeburn. Vous vous apercevrez sans doute que James est moins agité, à présent qu'on l'a placé sous la tente. »

Les petits doigts n'avaient pas relâché leur prise sur ceux de Benet. « Tu peux prendre un taxi, maman. Je vais descendre avec toi et t'appeler un taxi. Tu seras très bien. »

Le visage de Mopsa s'était adouci, il avait pris un teint mastic, une expression craintive. Ses lèvres tremblaient. La chambre était chichement éclairée par une unique ampoule de faible puissance fixée au-dessus du lavabo et dans cette pénombre ses yeux avaient repris leur lueur vitreuse. C'était la première fois depuis son arrivée que Benet lui revoyait ce regard.

« On ne me laisse jamais seule. C'était déjà bien assez dur d'être seule dans l'avion — je veux dire, sans aucun visage connu autour de moi. Je ne peux pas rester toute seule dans une maison étrangère.

— Ce ne serait que pour une nuit.

— Mais qu'est-ce qui t'oblige à demeurer avec lui ? Il dort, il ne se rendra même pas compte si tu es là ou non. Autrefois les parents ne seraient jamais restés à l'hôpital auprès d'un enfant, c'était inouï, jamais le personnel ne l'aurait toléré.

— Les temps ont changé.

— Oui, en mal. Ton père ne m'aurait pas laissée partir s'il avait pu se douter que tu allais m'abandonner à mon sort, Brigitte. Je vais être malade si tu me laisses toute seule. »

Benet dégagea précautionneusement son doigt de l'étreinte de James. Il ne bougea pas. L'attitude de Mopsa l'emplissait d'une profonde antipathie, à la limite de la haine. Lorsque sa mère raisonnait de façon parfaitement normale tout en montrant des signes évidents de solipsisme — indifférence aux désirs d'autrui, égoïsme insondable — il lui était impossible d'échapper à l'impression que sa folie n'était qu'une comédie destinée à capter l'attention. Bien sûr, ce n'était pas vrai, sa maladie était aussi réelle qu'une paralysie physique. Et si c'était une comédie, n'était-ce pas en soi un signe de folie que de pousser une comédie aussi loin ? Il ne faut pas haïr ma mère...

« Mais tu seras en sécurité. Il y a des barreaux aux fenêtres du rez-de-chaussée, et le téléphone à chaque étage. Tu ne seras pas perdue au fond des bois, tu sais.

— Je ne pars pas sans toi, Brigitte. Tu ne peux pas m'y forcer. Je peux dormir ici, sur cette chaise. Ou par terre.

— On ne te laissera pas faire, dit Benet. Ils n'admettent que les parents. Écoute : je vais te reconduire à la maison, puis je reviendrai ici. Je rentrerai à la maison à la première heure demain matin.

— Mais moi, je dois partir pour subir mes examens demain matin à la première heure. »

Le visage de Mopsa avait pris une expression entêtée et tendue. Son air de sorcière, tranchant et mordant, était revenu. Son regard assombri se fixait, non sur Benet, mais sur un point de l'angle opposé de la pièce. Benet considéra James. Il était endormi et le pulvérisateur projetait doucement et régulièrement de la vapeur dans la croupette. Elle prit son manteau sur le lit. Elle crut lire de la surprise, et peut-être un sentiment plus marqué, dans les yeux de l'infirmière en chef lorsqu'elle lui dit qu'elle ne resterait pas pour la nuit. Mopsa, qui avait passé de longues périodes de sa vie dans des hôpitaux, se sentait mal à l'aise. Tandis qu'elles se dirigeaient vers l'ascenseur, elle jetait de tous côtés des regards méfiants, qui s'accentuèrent lorsqu'elle dépassa le panneau indiquant la direction de la clinique psychiatrique.

En dépit des caisses toujours pleines, la maison semblait accueillante. Elle était chaude, lumineuse, confortable. Pourtant, Benet passa une nuit presque blanche.

Elle ne pouvait bannir de son esprit l'image de James se réveillant dans cette espèce de serre chaude embrumée et s'apercevant de son départ. En quoi pouvait-elle être utile à sa mère ? Mopsa avait pris un somnifère dès leur retour au Val de Paix, s'était endormie dix minutes plus tard et dormait toujours. En passant devant sa porte à six heures du matin — elle descendait préparer du thé — Benet entendit le souffle régulier de Mopsa, voilé d'un léger ronflement.

Elle appela l'hôpital et eut au bout du fil l'infirmière de garde à la salle Edgar Stanford, qui lui apprit que l'état de James n'avait guère varié. Il avait passé une nuit agitée. L'infirmière ne précisa pas s'il avait appelé Benet ou pleuré en la réclamant et celle-ci ne put se résoudre à poser la question. Elle savait que c'était probable. Jamais encore il n'avait été séparé d'elle. Si seulement les examens de Mopsa s'étaient déroulés au même hôpital ! Mais non, elle allait devoir la conduire à des kilomètres de là à travers la banlieue nord de Londres, et au retour se frayer un chemin dans les embouteillages avant de pouvoir rejoindre James. Pour la première fois dans ses rapports avec son enfant, elle se sentait coupable, elle avait l'impression d'avoir manqué à ses devoirs envers lui.

Mopsa apparut à huit heures, portant la jupe de son tailleur gris et un pull angora bleu pervenche orné d'un collier de perles. Ce matin, elle faisait moins mère de famille au solide bon sens que svelte femme d'affaires. Même ses cheveux paraissaient moins impitoyablement taillés à la serpe — sans doute d'avoir pris un certain pli sur l'oreiller. Un maquillage discret, rosâtre tirant sur le mauve, adoucissait la marque des ans et son air de sorcière. Elle ne demanda pas de nouvelles de James et Benet omit de lui dire qu'elle avait appelé l'hôpital. Mopsa était tout occupée de la perspective de ses examens. Avait-elle l'air bien ? Devait-elle mettre son imperméable bleu, la veste de son tailleur ou les deux ?

C'était comme si James n'avait pas existé. Benet ressentait une véritable douleur physique à la pensée de cette indifférence au sort de l'enfant ; elle ne pouvait avaler une bouchée, la gorge nouée par son indignation devant l'attitude de Mopsa, et par son amour pour James. Elle avait envie d'empoigner Mopsa, de la secouer et de lui crier au visage : « C'est *mon* enfant, c'est *mon* fils, tu as compris ? » Mais c'était inutile, c'était cruel et absurde. Je ne dois pas haïr ma mère...

Une fois en voiture, descendant Hampstead Lane, Benet retrouva un ton neutre et calme.

« Je vais te déposer au Royal Eastern Hospital et j'irai voir James. Tu n'auras qu'à prendre un taxi, soit pour rentrer à la maison, soit pour me rejoindre auprès de James. C'est très simple et tout ira bien. Je t'ai noté les deux adresses. »

Elle s'attendait à un déluge de protestations, qui ne vint pas. Mopsa était gaie, soucieuse de plaire et elle acceptait gracieusement de se montrer prévenante. Bien sûr, elle prendrait un taxi, elle se débrouillerait très bien.

Elle était désolée d'avoir insisté pour que Benet reste avec elle la veille au soir, mais la nuit on voyait les choses différemment, n'est-ce pas ? Par une matinée radieuse comme celle-ci, on avait peine à se rappeler que, la nuit précédente, on se sentait mal en point, perdue, seule et effrayée.

Benet revint du Royal Eastern Hospital de Tottenham, où elle avait conduit Mopsa, par le même chemin, en coupant par les mêmes petites rues miteuses. Comme elle attendait pour sortir de Rudyard Gardens et tourner dans Lordship Avenue, un embouteillage se forma — on faisait des travaux au carrefour — et en s'insérant dans la file qui progressait lentement elle eut tout le loisir d'observer ce quartier où elle avait habité autrefois.

Il avait beaucoup changé. Les arbres de Rudyard Gardens avaient été émondés et formaient désormais une avenue de troncs décapités. Les rangées de maisons n'étaient plus habitées, leurs portes et leurs fenêtres étaient obturées par des panneaux de tôle ondulée. « Un vrai coupe-gorge », aurait dit Mopsa. De l'autre côté de Lordship Avenue, le soleil, dans un ciel bleu vif, tombait droit sur les bâtiments, les rangées de pavillons et l'unique tour d'une cité appelée Winterside Down. A l'époque où Mary, Antonia et elle-même partageaient un appartement sous les toits de Winterside Road, cette cité n'existait pas encore. Il n'y avait que leur rue, dominant une étendue de terrain désolée qui allait de l'usine à gaz au canal.

Suivant trois autres voitures, elle avançait lentement vers le carrefour. Un doberman noir musardait sur le passage clouté. Il atteignit le trottoir du côté de Rudyard Gardens et la file de voitures s'ébranla de nouveau. C'est à cet endroit précis, se rappela Benet, qu'elle attendait l'autobus qui l'emmenait à la City et à la rédaction du magazine où elle travaillait à l'époque. S'il n'y avait eu James et sa hâte de le retrouver, elle aurait tourné dans Winterside Road et y aurait rangé sa voiture, car juste au moment où la circulation commençait à se rétablir elle aperçut un visage connu. Grand, fort, blond, allant probablement sur la quarantaine aujourd'hui — comment s'appelait-il, déjà ? Tom quelque chose. Tom Woodhouse. Il tenait le garage voisin de l'immeuble où se trouvait leur appartement et, une fois ou deux, elle lui avait loué une voiture. Benet baissa la vitre et lui fit un signe de la main mais le rugissement de la circulation couvrit sa voix. Dans son rétroviseur, elle le vit traverser le passage clouté et monter dans la cabine d'une camionnette rangée le long du trottoir.

James n'était pas dans la croupette ni même dans sa chambre, mais dans la salle de jeux des enfants où il gribouillait à la craie sur un tableau noir. Quand Benet entra, il ne courut pas vers elle, ne lui tendit pas les bras, mais se contenta de lui adresser un sourire radieux et vaguement mystérieux, comme si elle et lui étaient dans le secret de quelque conspiration. Il dit à une petite fille : « C'est ma maman. »

« Nous préférerions qu'il passe une nuit calme ici avant de le renvoyer chez lui », dit l'infirmière en chef.

Mopsa arriva à midi. Elle paraissait contente d'elle, d'une assurance presque insolente. Au Royal Eastern, on n'avait pas commencé les analyses, on s'était contenté de l'ausculter, de lui poser des questions et de lui fixer un second rendez-vous, dans trois jours.

« Je vais essayer de rester seule chez toi cette nuit.

— Cela m'aiderait vraiment beaucoup si tu le pouvais. »

Benet éprouvait une gratitude disproportionnée.

« C'est très courageux de ta part. »

En un clin d'œil, Mopsa était devenue la femme raisonnable, sans histoires, qui reste seule nuit après nuit dans des maisons inconnues.

« Je vais prendre un cachet. Je ne me rendrai compte de rien jusqu'à demain matin. »

James avait couru et joué toute la journée. Vers six heures, il dormait, plutôt pâle, respirant avec bruit, épuisé. Encore une nuit et il pourrait rentrer.

« Je devrais être à la maison à cette heure-ci, dit Mopsa en consultant sa montre. Je suppose que ton père a déjà téléphoné. Mon absence a dû l'inquiéter.

— Je vais descendre avec toi t'aider à trouver un taxi.

— Je croyais que tu me laisserais conduire ta voiture. »

La nuit était tombée. Dans ce quartier, les rues étaient étroites et encombrées. Mopsa avait son permis depuis trente ans, mais n'avait plus tenu un volant depuis quinze ans.

« J'aimerais mieux que tu t'entraînes d'abord en plein jour », fit Benet.

Mopsa commença à argumenter en mettant son manteau, continua dans l'ascenseur, pour céder inopinément, sans ajouter une parole, lorsque Benet lui dit qu'elle avait laissé les clés de la voiture dans la chambre de James et que son trousseau de rechange était à la maison. La nuit était noire, humide, une odeur âcre imprégnait l'air. Des enfants avaient allumé des pétards, prenant une avance sur l'anniversaire de la Conspiration des Poudres.

A la vitre du taxi, Mopsa lui dit au revoir, se penchant au-dehors et faisant de grands gestes comme si elle la quittait pour toujours.

Les pleurs de James réveillèrent Benet au bout de trois heures environ. Elle avait rêvé d'Edward, pour la première fois depuis des mois. Elle était en train de dire à Edward qu'elle attendait un enfant, un enfant de lui ; non, elle ne voulait pas d'avortement, elle souhaitait garder l'enfant, et la solution de rechange n'était pas le mariage, elle ne voulait pas l'épouser ni même continuer à vivre avec lui... Cela s'était passé tout à fait comme ça ; les choses, dans la réalité, s'étaient passées tout à fait comme dans ce rêve. Le réveil lui avait causé un choc, car elle avait pris le rêve pour la réalité. James, assis dans la croupette, criait et sanglotait.

Benet le prit et le tint contre elle et il cessa de crier, mais sa respiration était de nouveau embarrassée. Elle se demanda si ce réveil pouvait militer contre une nuit « paisible ». S'il passait un médecin ou une infirmière, ils lui demanderaient probablement s'il y avait quelque chose et elle ne pourrait leur mentir, non, pour l'amour de James, elle en serait incapable.

La chambre n'était pas plongée dans l'obscurité, la même ampoule murale l'éclairait toujours. C'était très calme pour un hôpital, le silence n'était troublé que par un ferraillement lointain et étouffé. Elle se mit à penser à Mopsa. Elle se rendait bien compte qu'elle aurait mieux fait de ne pas laisser l'inquiétude envahir son esprit à cette heure de la nuit, mais une fois installée, elle s'incrustait, elle refusait de partir. N'avait-elle pas eu tort de laisser Mopsa rentrer seule ? Et si elle n'avait pas su trouver la clé de la porte d'entrée ? Ou si, une fois Mopsa dans la maison, les plombs avaient sauté ? Benet était sûre que son père n'aurait jamais permis à Mopsa de rester seule. Et si Mopsa avait regagné la maison sans encombre, si elle avait répondu au téléphone et lui avait parlé, était-il, lui aussi, en proie à l'insomnie là-bas au sud de l'Espagne, inquiet de sa femme, furieux contre sa fille, songeant à tout ce qui risquait d'arriver ?

James s'était rendormi contre son épaule. Elle l'étendit de nouveau dans le petit lit, sous la tente, releva la fermeture Éclair et glissa sa main dans la fente pour qu'il pût la tenir. Lorsque l'infirmière passa, vers quatre heures, il dormait toujours, et Benet ne dit rien du malaise qui l'avait agité deux heures plus tôt. Elle s'endormit à son tour et ne rêva plus. La chambre commençait à s'éclairer, une aube grise pointait entre les lames des persiennes, lorsqu'elle s'éveilla pour la seconde fois. C'était une sirène qui l'avait tirée de son sommeil et, lorsqu'elle s'agenouilla sur son lit pour regarder par la fenêtre, elle vit passer une ambulance, son gyrophare bleu allumé.

Vers huit heures, songea Benet, elle appellerait chez elle. Sa mère se levait toujours tôt. Il n'était pas encore sept heures et demie. Sous sa tente embuée de vapeur, James dormait étendu sur le dos, le pulvérisateur lançant toujours son jet régulier. On la laisserait ramener James à la maison avant le déjeuner. Suivraient une semaine ou deux de convalescence puis, Mopsa revenue en Espagne, elle ne voyait pas pourquoi James et elle ne s'accorderaient pas quelques vacances. Pourquoi pas, en effet ? Elle pouvait se le permettre désormais. Elle pouvait partir en vacances aussi souvent et aussi longtemps qu'elle le désirait, ou plutôt, partir en « voyage d'études déductible », comme disait son conseiller fiscal.

« Désormais vous n'aurez plus jamais de vacances, miss Archdale. »

Ils pourraient aller dans un pays chaud, en Afrique du Nord ou aux Canaries. Là-bas, James ne risquait pas d'attraper le croup. Son éditeur américain voulait la faire venir en Californie lors d'un voyage de promotion : elle pourrait visiter les studios de l'Universal, où l'on avait commencé à tourner une adaptation des *Liens du mariage*...

James avait ouvert les yeux. Il tournait la tête de droite à gauche, en se frottant les yeux de ses poings. Le bébé tigre aux pattes molles gisait sur l'oreiller à côté de lui. Benet prit le marteau et le promena sur l'octave multicolore du xylophone, *do-ré-mi-fa-sol-la-si-do*. D'ordinaire, James réagissait immédiatement. Il tendait la main pour saisir le marteau et jouer lui-même. Benet baissa la fermeture Éclair de la tente. James lui tendit les bras et dit « maman », mais il ne leva pas la tête de l'oreiller.

Benet le prit sur ses genoux. Il avait le front brûlant et la respiration difficile, comme le soir de son admission à l'hôpital. Il était clair qu'il n'était pas encore guéri ; il était moins bien que la veille.

« Mon pauvre petit chou ! Te voilà bien mal en point ! »

L'infirmière entra, portant un thermomètre. Benet la laissa avec James et, prenant le couloir, se dirigea vers la cabine téléphonique. Il était huit heures juste. Dans la maison du Val de Paix il y avait un récepteur à chaque étage, on n'avait pas à se précipiter dans l'escalier en entendant la sonnerie. Benet composa son propre numéro tout en imaginant la tempête qui éclaterait au bout du fil lorsqu'elle annoncerait à Mopsa que James devait demeurer plusieurs jours à l'hôpital et qu'elle allait rester avec lui.

Le téléphone commença à sonner. Elle le laissa sonner un moment avant de reposer le combiné et de recomposer le numéro : elle avait pu se tromper. Toujours pas de réponse. Il était encore tôt, Mopsa dormait peut-être.

On avait servi le petit déjeuner. Corn flakes, œufs à la coque, pain grillé et marmelade pour elle, lait, céréales et une orange pour James. James n'avait pas faim. Il se cramponnait à sa mère, se pendait à son cou tandis qu'elle tentait de manger ses corn flakes. L'infirmière de jour entra, dit qu'elle préférait voir James dans sa croupette : Benet voulait-elle essayer de l'y garder ? Le docteur Raeburn passerait le voir dans une heure environ.

James repoussa le lait d'un coup de coude et le renversa sur le jean de Benet. Elle parvint à l'étendre sous la tente en y penchant elle-même tout le haut du corps. Le vaporisateur crachait son jet régulier.

« Il a un peu de température, dit l'infirmière en complétant son graphique. Cela lui ferait du bien de dormir un peu. »

Il finit par s'assoupir et Benet retourna au téléphone. Elle composa son numéro et laissa sonner. Elle percevait un nœud d'angoisse qui se resserrait au-dedans d'elle-même. Le téléphone sonna dix, quinze fois. Elle raccrocha et s'abstint de rappeler, car une femme en robe de chambre, une jambe bandée, attendait devant la cabine. Benet se rappela soudain que, lorsqu'elle avait treize ans, sa mère avait disparu inopinément et qu'on l'avait retrouvée deux jours plus tard errant à Northampton en robe d'été sans manches, apparemment frappée d'amnésie. Nul n'avait jamais découvert comment elle était arrivée là ni la provenance de la robe, qui ne faisait pas partie des siennes.

Mopsa avait très bien pu ne pas rentrer au Val de Paix la nuit dernière. Une fois hors de vue, elle avait pu indiquer au chauffeur de taxi une autre destination. Benet se demanda un instant si elle devait appeler la police, mais repoussa cette idée comme une solution extrême. Plus tard dans la journée — surtout si James se levait et jouait avec les autres enfants comme la veille, elle saisirait l'occasion de faire un saut à la maison, en une heure.

Mopsa paraissait justement si sensée, si ordinaire, si normale. Mais peut-être avait-elle toujours été — ou paru — particulièrement normale à la veille d'une crise de folie. Si elle n'était pas retournée au Val de Paix, où était-elle allée ? Elle ne connaissait personne à Londres, à l'exception d'anciens voisins, les Fenton, qui très probablement avaient déménagé eux aussi.

La femme à la jambe bandée raccrocha et Benet refit son numéro. On ne répondit pas. Benet ne pouvait imaginer sa mère sortant faire un tour ou prenant un taxi pour la rejoindre à l'hôpital, mais jusqu'à quel point connaissait-elle sa mère ? Que savait-elle d'elle, sinon qu'elle était totalement imprévisible ? Un jour Mme Fenton l'avait trouvée allongée dans l'eau rougissante de sa baignoire, les poignets tailladés... Il fallut beaucoup de temps à Benet pour mettre la main sur un annuaire de Londres, tome E-K, mais elle finit par trouver le numéro des Fenton. Ils habitaient toujours 55, Harper Lane, ou du moins, c'était l'adresse de Mme Fenton. Le numéro était au nom de « Mme Constance Fenton », son mari était peut-être décédé dans l'intervalle. Benet composa encore une fois son propre numéro et, n'obtenant toujours aucune réponse, celui de Mme Fenton. La voix d'une jeune femme lui répondit.

« C'était ma fille, dit Constance Fenton en prenant l'appareil. Ma fille, mon gendre et mon petit-fils habitent chez moi en attendant que leur maison soit terminée. » Cette femme avait l'habitude au fond assez agréable de vous parler comme si sa dernière conversation avec vous avait eu lieu la veille, et non dix ans auparavant.

Benet lui demanda avec mille précautions, avec tact, si par hasard sa mère se trouvait chez elle.

« Votre mère ? »

Benet comprit aussitôt que Mopsa n'était pas là, n'y était jamais venue. Constance Fenton n'en finissait pas de demander des nouvelles de Mopsa. Ainsi elle était à Londres ? Quand allait-elle lui rendre visite ? Quelle bonne surprise, et comme elle était impatiente de revoir Mopsa !

« Je suis sûre qu'elle prendra contact avec vous très bientôt », dit Benet. Elle raccrocha. Elle commençait à être malade d'angoisse. Mopsa pouvait être n'importe où, danger pour elle-même et pour autrui.

III

Le pont chinois enjambait le canal, reliant Winterside Road à l'allée qui traversait les pelouses pour pénétrer dans le terrain de la cité. Barry s'était demandé pourquoi on l'appelait « le pont chinois » jusqu'au jour où il en avait vu un tout pareil chez Iris sur une vieille assiette à motif de saule pleureur. Winterside Down était un petit monde clos où l'on trouvait tout ce qu'on voulait, et un tas de choses qu'on ne voulait pas. Les rues portaient les noms de grandes figures de l'histoire du parti travailliste. Au milieu, il y avait une place, Bevan Square, avec un centre commercial, un bureau de poste de quartier, un salon de coiffure « unisex », un vidéo-club et une baraque de plats cuisinés turcs. La plupart des habitants de la cité étaient d'origine grecque, irlandaise ou antillaise mais l'on trouvait aussi quelques Indiens. L'ensemble était tout neuf, les maisons les plus anciennes n'avaient que six ans et la vie ne s'y était pas encore organisée. Ils avaient commencé par construire une tour, puis s'étaient aperçus que les gens ne voulaient pas vivre dans les tours, qu'elles les effrayaient, si bien que cette unique tour se dressait comme un énorme phare au milieu de Winterside Down, émergeant d'une couronne de minuscules pavillons, ceux où les gens voulaient vivre.

Les Isadoro occupaient deux de ces pavillons, tant leur famille était nombreuse. La municipalité avait aménagé un passage couvert entre les entrées, si bien que l'on pouvait passer d'une maison à l'autre sans sortir. Celle de Carol était un pavillon ordinaire qui faisait partie d'une rangée, l'une des plus anciennes. Quand on entrait à Winterside Down en passant par le pont chinois. la première partie de la cité que l'on découvrait était justement la façade arrière de ces maisons et si Carol était chez elle, on voyait ses lumières allumées. Barry rentrait rarement plus tard que Carol mais si c'était le cas, ou s'il croyait arriver le dernier, il n'omettait jamais de chercher du regard ses fenêtres éclairées dès qu'il atteignait le sommet du pont. Sa maison était la huitième à partir du point où l'allée rejoignait Summerskill Road. Il comptait, deux-quatre-six-huit, et s'il voyait de la lumière il était submergé d'une vague de bonheur, son cœur bondissait.

Le plus souvent, il était le premier à rentrer chez lui. C'était « chez lui » depuis six mois, non qu'il ait choisi d'habiter ce genre d'endroit, mais tout simplement parce que Carol y vivait. Quand elle travaillait en soirée au bar à vin, il ne passait pas par le pont chinois mais par l'entrée principale, dans Lordship Avenue. Tantôt les Isadoro gardaient Jason dans la journée, tantôt c'était la grand-mère, Iris, ou plus rarement sa tante Maureen. En rentrant, Barry passa chez Iris, mais Jason s'était endormi devant la télévision et sa grand-mère l'avait couché. Il pouvait aussi bien rester toute la nuit, non ? De toute façon, elle devait le garder le lendemain matin.

Barry se dirigea vers la maison en traversant Bevan Square. Il entra au bureau de tabac, ouvert jusqu'à huit heures, et acheta un paquet de Marlboro. Il n'avait jamais été fumeur mais à force de vivre avec Carol et sa famille, il en était à un paquet par jour. La place était pavée de dalles rouge rosé et ornée de parterres de fleurs entourés d'un muret de brique ; en son milieu trônait une statue qui avait l'air d'un morceau de carrosserie de voiture sorti tout droit d'un tas de ferraille, mais était l'œuvre d'un sculpteur de renom et censée représenter *le Progrès humain*. Une odeur d'ail et de graisse chaude flottait autour de la boutique du traiteur turc. L'aînée des Isadoro et un garçon inconnu de Barry, assis sur le muret d'un des parterres de fleurs, mangeaient du kebab et des frites dans des cornets en papier.

La nuit était tombée, l'endroit était coloré par la lumière ocre des projecteurs au sodium montés sur des pylônes en ciment qui dominaient Winterside Down. Cette lumière donnait à toute chose des tons kaki, jaune et noir. Autour de la statue, des garçons étaient prostrés ou vautrés sur leurs motos ; l'un d'eux avait les cheveux rouge et jaune, taillés en une crête rappelant celle d'une huppe, un autre avait teint les siens en bleu, mais la lumière étalait sur l'ensemble ses tons ocre et pailletait d'or leurs blousons de cuir noir. Ces garçons, guère plus jeunes que Barry, étaient presque ses contemporains, mais par rapport à ces adolescents de dix-sept ou dix-huit ans, il se sentait infiniment plus vieux que ses vingt ans. En se mettant Carol sur les bras, en devenant, pour ainsi dire, le père d'une famille déjà constituée, il avait sauté d'un coup une demi-douzaine d'années.

La photo du mari de Carol, dans son cadre de plastique acheté chez Woolworth, trônait dans le living-room sur la tablette du radiateur. C'était la seule photo de toute la maison. Dave. Il s'était tué au volant de son camion en tombant dans un ravin en Yougoslavie. Un homme grand, mince, les cheveux noirs, les yeux bleus, la bouche typiquement irlandaise, tel était Dave. Barry ne lui ressemblait pas mais ils avaient le même type physique — celui qui plaisait à Carol. Sitôt après leur première rencontre, quand il l'avait raccompagnée chez elle, Carol lui avait confié qu'il « était son type » et lui avait montré la photo de Dave.

Barry épousseta la photographie. Il épousseta de même les rares bibelots de la pièce, le téléphone et l'arrière du téléviseur, puis il sortit l'aspirateur et nettoya le bout de tapis qui avait appartenu à Iris jusqu'au jour où, selon ses propres termes, « elle était devenue folle » et avait fait poser une moquette. Il tenait la maison propre pour Carol, cela lui paraissait la moindre des choses. Avant son installation ici, c'était un vrai taudis, comme il était d'ailleurs inévitable chez une femme seule qui élevait trois enfants et avait deux métiers.

Barry ne trouvait rien de dégradant ou d'efféminé à faire le ménage. Sa mère, si elle l'avait vu, n'aurait pas manqué de ricaner et d'observer que c'était un travail de femme. Mais Barry appartenait à une génération où les filles méprisaient les tâches domestiques plus encore que les garçons. Il trouvait tout naturel de voir sa mère faire le ménage, la lessive et cirer les parquets, mais non la femme dont il partageait la vie. Pourquoi l'eût-elle fait ? Elle travaillait aussi dur que lui.

Sur sa lancée, Barry passa l'aspirateur dans l'entrée, défit le lit et changea les draps. Les seuls jolis meubles de la maison se trouvaient dans cette chambre à coucher, la chambre de Carol et la sienne, désormais. L'armoire que Dave avait construite lorsqu'ils avaient emménagé ici et que le logement était neuf avait des portes tout en glace. Elle occupait la cloison qui faisait face au lit. Le matin, Carol aimait s'asseoir devant la glace et s'y regarder. Elle prenait à se mirer dans les glaces un plaisir puéril qui réchauffait le cœur de Barry.

Barry mit draps et taies d'oreiller dans un sac en plastique avec une pile de couches malodorantes de Jason et porta le tout à la laverie automatique de Bevan Square. Crins Bleus et La Huppe étaient toujours là, mais cette fois agglutinés autour d'une vieille voiture américaine, une Studebaker, garée à la limite du centre commercial, toutes vitres ouvertes et la radio hurlant du rock. Barry se sentait vieux, mais il éprouvait aussi une certaine fierté, le sentiment d'être responsable. Carol et lui s'étaient rencontrés dans une laverie — pas celle-ci néanmoins. La machine à laver de sa mère était tombée en panne et Barry avait pris deux jeans pour les laver lui-même. Carol était entrée avec deux énormes ballots. Elle avait eu Ryan et Tanya à la maison pour le week-end, et, aux « Quatre Vents », ils n'aimaient pas voir revenir les gosses avec des kilos de linge sale.

Ces deux grands enfants, il les avait crus son frère et sa sœur. Il l'avait crue du même âge que lui, ou même plus jeune. Dire qu'elle avait vingt-huit ans, c'était incroyable ! Maureen disait que Carol avait un visage de poupée et en un sens c'était vrai, mais les poupées n'étaient-elles pas faites, justement, pour ressembler à de beaux enfants ? Carol avait le visage rond, la lèvre supérieure retroussée, un teint de porcelaine délicatement rosé, et ce genre de cheveux d'or de bébé qui retombent en boucles autour du front et des tempes, en tire-bouchon, en accroche-cœur, des cheveux lustrés comme ceux des enfants. Et ses yeux aigue-marine avaient rencontré ceux de Barry et elle lui avait souri.

Il était tombé amoureux d'elle, ainsi qu'il aimait à se remémorer, avant même de l'avoir entendue dire un mot. Quand elle ouvrit la bouche, ce fut pour demander s'il avait de la monnaie pour une seconde machine. Il n'en avait pas, bien sûr : qui a jamais assez de monnaie dans une laverie ? Mais il lui dit où en trouver.

« Vous n'avez qu'à envoyer votre sœur deux maisons plus loin, chez le marchand de journaux. Ils en ont toujours. »

Elle lui lança un regard de côté, un regard charmeur. Elle abaissa ses longs cils recourbés.

« La flatterie pourrait vous mener loin, vous savez ! »

Il ne comprit pas ce qu'elle voulait dire et quand elle le lui eut expliqué il ne put la croire. Il avait peine aussi à en croire son bonheur : il avait rencontré Carol et il lui plaisait ! Deux jours après, il était installé chez elle et il lui demandait qui était l'homme de la photographie, et elle lui disait : « Vous êtes le même genre d'homme. Je dis toujours : c'est *mon* type. »

Il roula en boule les draps propres, les fourra dans le sac et se mit en route vers la maison pour l'y attendre. Au bout de six mois, il ressentait toujours une certaine excitation à songer au retour de Carol, à guetter le bruit de sa clé dans la serrure. Ou pour mieux dire, son excitation était plus forte aujourd'hui qu'au début de leur liaison. Mais ce qu'il aimait surtout, c'était de rentrer de nuit par le pont chinois — sur le parapet de bois, il avait ajouté son graffiti aux autres et écrit à la bombe : *Barry aime Carol* — de compter les maisons, de voir de la lumière aux fenêtres de la huitième et de se dire qu'elle était là, vibrant de la même impatience que lui.

Juste avant onze heures il crut entendre dehors le moteur d'une voiture, mais il avait dû se tromper, car Carol ne prenait jamais de taxi, c'était trop cher pour eux. C'était pure coïncidence, voilà tout, si une minute ou deux après la clé de Carol avait tourné dans la serrure. Il avait passé la soirée à regarder la télévision, et il l'éteignit dès qu'elle entra.

Elle avait un peu bu. C'était excusable, non, quand on venait de travailler six heures dans un bar à vin ? C'était dans la nature humaine. Elle avait les joues en feu, ses yeux bleu-vert étincelaient. Elle fit quelques pas dans la pièce et prit une pose extravagante, levant les bras, tournant doucement sur elle-même pour faire virevolter au-dessus de ses bottes rouges les pans de sa robe rayée, à zigzags noirs et blancs.

« Une nouvelle robe, dit Barry. Où l'as-tu eue ? »

Carol se mit à rire. « Je l'ai piquée. Qu'est-ce que t'en dis ? » Elle le poussa dans le fauteuil et s'assit sur ses genoux. « Mme Fylemon sortait déjeuner avec sa mère, alors j'ai passé un coup d'aspirateur en vitesse, j'ai terminé vers deux heures et j'ai pris le bus pour aller au "Paradis du Consommateur". J'avais repéré une nouvelle boutique de fringues. Ils ne te laissent prendre que deux trucs à la fois dans la cabine d'essayage. La fille m'a demandé combien j'en avais, j'ai répondu "deux", mais j'en avais trois. J'avais accroché une robe noire sur le cintre par-dessus celle-ci. J'ai mis celle-ci, j'ai enfilé mon pull et ma jupe par-dessus et j'ai pas traîné : j'ai rapporté les deux autres en disant qu'elles étaient trop grandes et j'ai mis les voiles sans demander mon reste, mais intérieurement, je crevais de rire !

— Très malin ! commenta Barry, admiratif. Je ne voudrais pas que tu te fasses prendre, amour. »

Carol lui caressa les cheveux et frotta doucement son nez contre le sien. « Pas de danger. Je fais attention. » Ses doigts effleurèrent la nuque de Barry. « Dennis Gordon était chez Kostas. Il ne tarissait pas sur ma robe, il voulait savoir si j'avais été modèle. Modèle, j'ai dit, qu'est-ce que vous entendez par là au juste ?

— Il ne te plaît pas, hein, Carol ? » demanda Barry.

« Oh ! je n'ai rien contre lui. Mais je n'ai pas le béguin, si c'est ce que tu veux dire. C'était un copain de Dave. Il me rappelle un peu Dave, son métier aussi, c'est un routier. Tu sais, il a dit à Kostas qu'il se fait tellement de fric sur la Turquie qu'en réalité il ne peut plus se permettre de rester ici, il devrait aller vivre dans un « paradis fiscal ». Tu te rends compte ?

— Eh bien, qu'il y aille ! Qu'il aille à Jersey, en Irlande, où il voudra !

— Ma parole, tu es jaloux, Barry Mahon !

— Et je ne m'en cache pas ! Et toi, tu ne serais pas jalouse de moi ? »

Elle se blottit contre lui, effleurant de ses lèvres son oreille. « Je crois. Allons nous coucher, chéri. »

La voix de Barry se fit plus rauque. « Je ne dis pas non. »

Dans l'escalier, elle se rappela Jason.

« Il passe la nuit chez ta maman », dit Barry.

Elle se sentit soulagée. Elle entra dans la chambre en esquissant un pas de danse et fit voler sa nouvelle robe. En dessous, elle ne portait que des collants noirs transparents. Carol mettait rarement un soutien-gorge, elle n'en avait pas besoin, ses seins étaient fermes comme les boutons de grandes fleurs blanches.

« Tu vas te marier avec moi, hein ! Carol ? » disait-il en la serrant, en touchant ce corps chaud, cette chair moite, crémeuse. La lampe de chevet était allumée, les draps propres ouverts.

« Peut-être, fit Carol d'un air taquin. Je pense. Un jour. T'as une belle gueule et puis, mes aïeux, quel étalon !

— Mais tu m'aimes ?

— Je l'ai pas dit ? »

Barry avait connu bien des filles avant de rencontrer Carol, mais il aurait pu affirmer en toute vérité qu'avant de faire l'amour avec elle, il n'avait jamais fait l'amour. C'était une chose entièrement nouvelle, dont il ne soupçonnait même pas la possibilité. Et c'était assez effrayant par certains côtés, car la passion qu'elle lui inspirait, et son assouvissement, lui apportaient moins la satisfaction espérée qu'une sorte de crainte religieuse. Il se perdait en Carol et découvrait quelque chose qu'il était incapable de nommer. Il connaissait une expérience mystique, semblable à ce qu'on éprouvait, croyait-il, sous l'influence de certaines drogues capables de modifier les facultés mentales, mais cette expérience n'avait d'autres effets secondaires que de redoubler son amour.

Après l'amour, lorsqu'ils se disposèrent au sommeil, Carol se pelotonna contre lui, prit sa main et la tint entre ses seins. Il était suprêmement heureux, plus qu'il ne l'avait été de toute sa vie.

IV

Après avoir, une fois encore, essayé vainement d'appeler Mopsa, Benet revint à la chambre de James et y trouva Ian Raeburn. Il avait de nouveau pris la précaution d'enlever sa blouse blanche. Il appliquait son stéthoscope contre la frêle poitrine qui se soulevait et retombait rapidement.

« Il semble avoir une infection secondaire », dit-il, émergeant des replis luisants de la croupette. « Les antibiotiques n'agissent pas. Je suis navré de vous décevoir, mais vous ne pourrez pas le récupérer avant un moment. »

Benet s'y attendait, mais la confirmation de ses craintes lui fit tout de même un choc. Elle s'assit sur le lit et porta la main à son front.

« Vous n'êtes pas trop inquiète, j'espère ?

— Oh, non ! pas pour James. Je sais qu'il est en de bonnes mains. C'est ma mère. Elle est chez moi en ce moment, elle n'est pas très bien et, en fait, je ne devrais pas la laisser seule. »

Mais elle avait commis cette imprudence, et où était Mopsa à présent ? Le médecin ne posa pas de questions. Avait-il déjà compris que Benet voulait parler de troubles mentaux ?

« Ne pourriez-vous trouver quelqu'un pour tenir compagnie à votre mère ? Cela vous soulagerait d'un poids. »

Les Fenton ? Pouvait-elle se permettre d'appeler Constance Fenton pour lui demander d'héberger Mopsa un jour ou deux ? Il faudrait s'arranger pour que l'invitation ait l'air fortuite, que Mopsa ne se doute de rien. Mais à quoi bon tramer des plans quand elle ne savait même pas où se trouvait Mopsa ? Ian Raeburn la considérait d'un regard fort différent de ceux qu'un médecin réserve d'ordinaire à la mère d'un malade. Benet crut reconnaître ce coup d'œil — celui d'un homme qu'elle intéressait en tant que femme. Aucun homme ne lui avait manifesté cet intérêt depuis deux ans et demi. L'occasion ne s'en était pas présentée, ou plutôt, Benet ne l'avait pas suscitée. Elle s'avisa pour la première fois qu'il était plutôt séduisant, grand, mince, le visage très légèrement creusé, les cheveux blond-roux. Elle se demanda ce qu'il allait dire.

« Vous êtes bien "la" Benet Archdale, n'est-ce pas ?

— A ce qu'il semble... Oui, c'est moi. »

Et elle qui croyait l'intéresser en tant que femme ! Elle en aurait presque ri.

« J'ai beaucoup aimé votre livre. Dire à un écrivain qu'on n'a pas le temps de lire, c'est probablement la pire des platitudes. Mais j'ai pris le temps de lire le vôtre, et j'espère que mes malades n'en ont pas souffert. »

Ses paroles lui procurèrent un tel réconfort, un tel bonheur, qu'elle en oublia un instant l'inquiétude qu'elle éprouvait pour Mopsa et pour James. Curieusement, elle se sentait aussi flattée qu'en découvrant sa première bonne critique. Elle eut un sourire ravi. Avait-elle pu être assez sotte, assez « sexe faible » au pire sens du mot, pour se figurer qu'elle aurait préféré une attirance sexuelle ?

« Comment se fait-il que vous connaissiez si bien l'Inde ?

— J'y ai passé six mois avec le père de James. Il préparait une série d'articles sur un mystique hindou. » Elle se mit à lui parler d'Acharya le Savant et de sa marche de soixante mille kilomètres.

Une infirmière entra et avertit le docteur qu'on le réclamait d'urgence. Benet avait oublié de lui demander si elle pouvait sans risques s'absenter une heure pour passer chez elle et s'enquérir de Mopsa. Mais elle voyait bien à présent que c'était impossible. James ne pouvait rester seul. Couché sur le dos, il tenait mollement son bébé tigre. Ses yeux grands ouverts ne cillaient même plus dans leur détresse, tandis qu'il happait l'air à petits coups brefs et bruyants. La veille, à la même heure, elle se tenait dans la salle de jeux des enfants et le regardait pousser une brouette remplie de cubes, ou dessiner au tableau.

Ils disaient maintenant qu'il avait une infection virale. Il existait un médicament approprié, mais il était tout nouveau et on ne l'utilisait encore que dans certains hôpitaux universitaires. James mettrait peut-être trente-six heures avant de commencer à réagir au traitement. Au bout d'un moment, il pleura pour qu'on le sorte de la tente. Benet s'étendit sur le lit et le prit dans ses bras en le berçant doucement. Tout séjour hors de la tente lui était néfaste. Plus on l'y maintiendrait, au besoin de force, plus vite il guérirait. Et il lui faudrait guérir vite, il lui faudrait pouvoir se lever et jouer dès le lendemain, si Benet voulait sortir de cette réclusion qui l'éloignait de ses obligations envers Mopsa. Obscurément, elle savait qu'un jour il adopterait son point de vue, il partagerait le fardeau qui pesait sur sa mère et son grand-père. Elle l'imaginait adolescent, s'éveillant au sens des responsabilités, et se voyait elle-même lui parlant de sa grand-mère et lui apprenant à la comprendre.

Si du moins Mopsa vivait encore quand james serait adolescent... Si même elle était vivante en ce moment... James s'endormit contre elle et elle le recoucha doucement sous sa tente, horrifiée par le bruit de sa respiration, qui lui faisait littéralement mal. Mais enfin, il dormait, le pulvérisateur diffusait sa vapeur sous la tente et le médicament antiviral commençait à agir. Elle le quitta et sortit dans le couloir pour téléphoner.

Une jeune femme, un enfant sur les genoux, occupait la cabine. La porte de la salle de jeux était ouverte, Benet y entra et s'assit sur l'une des chaises prévues pour la taille de bambins de cinq ans qui entouraient la table. La salle de jeux comprenait une maison de poupée, une bibliothèque pleine de livres, des coffres à jouets, une cage occupée par deux petites gerboises et, couvrant les murs, des affiches, des dessins et des collages. La vue de sorcières en papier découpé qui, à cheval sur leur manche à balai, montaient à l'assaut des vitres, ramena ses pensées vers Mopsa — si tant est qu'elle l'eût oubliée. Sur le panneau intérieur de la porte, une bonne douzaine d'enfants avaient écrit ou s'étaient fait écrire leurs noms sous la rubrique « Nous avons été opérés des amygdales ». Le principal collage, dont le support en papier occupait la moitié d'une cloison, était un chef-d'œuvre de bizarre, concocté de toute évidence par une personne dotée d'un diplôme de pédagogie et d'un instinct infaillible.

En le découvrant la veille, Benet l'avait aussitôt baptisé « l'arbre de mains ». Il lui avait plu, l'avait même fait sourire. Aujourd'hui, il lui paraissait sinistre, cauchemardesque, obsédant comme un tableau de Dali. Sur le fond de papier blanc, on avait dessiné un tronc marron tout droit, des branches et des rameaux et, sur ces branches, nichées au creux des rameaux, saillant du tronc comme des champignons parasites, on avait collé des mains de papier. Toutes avaient exactement la même forme : les enfants avaient dû les découper en s'aidant d'un gabarit ou en posant une main à plat, doigts écartés. On avait probablement laissé les enfants les décorer à leur guise, car les unes étaient gantées, d'autres tatouées ; il y avait des mains de femme, baguées, les ongles peints ; l'une portait des mitaines, une autre une armure ; la plupart avaient la peau blanche mais quelques-unes étaient noires ou brunes et l'on voyait même la main décharnée d'un squelette. Benet avait maintenant l'impression que toutes ces mains se levaient, se tendaient en une muette supplication, comme pour demander grâce. Elles pointaient hors de l'arbre pour implorer un secours, leur liberté ou peut-être l'oubli. Elles étaient horribles. Elles avaient quelque chose de fou. Benet s'aperçut qu'elle s'était levée de sa chaise basse pour s'approcher de l'arbre de mains et le fixer avec une répulsion fascinée. Dès qu'elle s'avisa de cette contemplation hypnotique, elle s'y arracha, passa dans le couloir et se dirigea vers le téléphone, libre cette fois.

La répétition de la sonnerie métallique produisait un son morne et vide de sens. Benet écoutait le téléphone, qu'elle laissait sonner encore et encore. L'idée lui était venue que Mopsa avait pu décider tout simplement de ne pas répondre, mais elle y serait bien forcée si la sonnerie se prolongeait assez longtemps. Elle la laissa retentir quarante, cinquante fois, jusqu'à ce qu'il fût devenu absurde de continuer.

Dans la meilleure des hypothèses, le changement de décor, d'habitudes, le fait de se sentir livrée à elle-même, avaient eu raison de l'équilibre de Mopsa et elle s'était mise à errer au hasard, comme lors de son escapade à Northampton. Benet jeta un coup d'œil au ciel bleu vif, observa la violence du vent et se prit à espérer que Mopsa n'était pas sortie en chemise de nuit. Mais il existait d'autres possibilités. L'excès de somnifères allié au reste de cognac, ou bien l'absorption de sédatifs dix minutes avant de prendre un bain — à moins qu'elle ne se fût barricadée dans une des chambres avec un bidon de pétrole et une boîte d'allumettes. Il n'y avait sûrement pas de pétrole à la maison, pas plus que d'allumettes, d'ailleurs...

Si elle appelait la police, on lui demanderait de venir au poste remplir un formulaire d'avis de recherche. Bien sûr, elle pourrait dire aux policiers de passer ici prendre ses clés et d'aller voir eux-mêmes à la maison du Val de Paix. Mais accepteraient-ils de le faire ? Elle ne risquait rien à essayer, en tout cas. Dès que le Dr Drew, l'otorhinolaryngologiste, aurait vu James, elle téléphonerait à la police.

Il vint à deux heures, accompagné de Ian Raeburn et de deux autres internes. Le Dr Drew, courtaud, replet, portait un costume de tweed marron et des lunettes à monture dorée. James se mit à pleurer à la vue des blouses blanches, que les internes avaient oublié d'enlever. Ses sanglots le suffoquaient.

Drew était un de ces médecins de la vieille école qui ne disent jamais rien à un malade ou à ses proches tant qu'ils croient pouvoir s'en dispenser. S'ils y sont vraiment contraints, ils s'adressent à eux comme à des attardés mentaux illettrés ou à des paysans simples d'esprit. Il ignora superbement Benet et débita à l'intention de Ian Raeburn des termes d'étiologie polysyllabiques et d'origine grecque, puis il sortit, emmenant son petit cortège. James tendit les bras pour qu'on le prenne, mais l'infirmière rappela à Benet qu'il devait rester dans sa croupette. La rougeur fébrile de ses joues s'était effacée, son teint avait pâli. L'infirmière prit son pouls et Benet demanda ce qu'il en était.

Vit-on jamais infirmière répondre à de telles questions ? « On n'est pas très en forme, hein, mon petit chéri ? » fit-elle seulement.

Restée seule avec lui, Benet glissa la main à l'intérieur de la tente pour que James pût la tenir. Mais il n'y prêta aucune attention. Il se laissa prendre la main, tolérant le contact de sa mère, sans plus. Toutes ses forces, toute sa volonté, semblaient se concentrer sur le maintien de sa respiration. Benet serrait sa menotte, s'approchait de lui autant qu'elle pouvait. Il n'était pas question de le laisser seul pour appeler la police, de l'abandonner même quelques minutes, elle le voyait bien. Si Mopsa vagabondait, on finirait par la retrouver, et si elle était morte... — alors tout était dit et il était trop tard. Benet saisit le poignet de James et commença à compter les pulsations tout en regardant sa montre. Cent, cent dix, cent vingt, cent quarante, cent soixante, cent quatre-vingts... Son pouls ne pouvait battre à cette vitesse, elle avait dû se tromper. Son front était frais et sec, sa température normale.

Au fond, il n'était peut-être pas si gravement atteint. La première infection avait passé rapidement, et il y avait tout lieu de penser que ces complications feraient de même. Si seulement il n'avait plus cette respiration atroce, haletant comme un petit soufflet défaillant, fiévreux, anxieux, une respiration qu'elle n'avait jamais entendue ni chez lui, ni chez d'autres. La porte s'ouvrit, livrant passage au cortège, toujours conduit par le Dr Drew.

« Voyons, c'est bien James, n'est-ce pas ? Et vous êtes la mère ? Je vais devoir pratiquer une petite opération sur James, pour soulager sa respiration. »

Benet se leva. Elle avait l'impression qu'une lourde pierre, un moment coincée dans sa gorge, roulait lentement à travers tout son corps.

« Une opération ?

— Oh ! rien de bien grave. Seulement pour faciliter sa respiration. Pendant quelques jours, il respira par le cou au lieu de le faire par le nez et la bouche. »

La pierre avait roulé plus loin, la laissant meurtrie, la gorge sèche, en proie à la nausée. « Vous voulez parler d'une trachéotomie ? »

Le Dr Drew lui lança un regard qui disait assez qu'elle n'avait pas à connaître ce mot, encore moins à le prononcer. Ce fut Ian Raeburn qui lui répondit.

« Oui, ce sera une trachéotomie. Chez un enfant de l'âge de James, le larynx est très étroit, à peine plus de quatre millimètres de diamètre. Si la paroi est enflée d'un millimètre et demi de chaque côté, il ne reste plus guère d'espace pour le passage de l'air. En ce moment, le larynx de James est en train de se refermer et nous n'arrivons pas à le dilater suffisamment avec le vaporisateur. »

Une infirmière entra, apportant le formulaire à signer pour autoriser l'opération. La main de Benet était mal assurée.

« Le Dr Drew a une grande expérience, dit Ian Raeburn. La semaine dernière encore, il a pratiqué la même opération sur un enfant atteint de diphtérie : il a un entraînement tout récent.

— M'autorisera-t-on à entrer dans la salle d'opération avec James ?

— Il sera sous anesthésie, il ne remarquera pas votre présence ni votre absence. Le Dr Drew dirait qu'il ne veut pas avoir deux malades sur les bras. »

Elle mit un instant à comprendre. « Vous voulez dire que je pourrais avoir mal au cœur ou m'évanouir ? » Elle essaya de sourire. « C'est bien possible. Sait-on jamais ? »

Il lui prit la main et la tint dans la sienne. Il la serrait. « Vous serez juste à côté. Ce ne sera pas long. »

L'infirmière fit jouer la fermeture Éclair de la tente et en sortit James. Benet tendit les bras vers lui, elle allait proposer de le porter elle-même lorsque la porte s'ouvrit largement pour livrer passage à Mopsa. Benet la considéra avec stupeur. Elle avait l'air tranquille et heureuse, paraissait même rajeunie de plusieurs années. Elle avait noué sur ses cheveux un foulard rose et rouge et portait un manteau rouge vif des plus fringants.

« J'ai essayé de te joindre au téléphone », dit Benet. « Pendant des heures.

— Oh ! c'est vrai ? J'ai entendu le téléphone sonner en me réveillant, mais j'ai pensé que ce ne pouvait être toi : tu devais être trop occupée de lui pour te soucier de moi. Alors j'ai décidé de chercher tes clés de rechange, de venir ici prendre ta voiture et de m'entraîner à la conduire. Et c'est ce que j'ai fait, j'ai conduit toute la matinée. Je suis une vraie virtuose à présent. »

Benet ne répondit pas. Cela valait mieux. Avec Mopsa, il valait toujours mieux surveiller ses mouvements d'humeur. Elle se détourna, parvint à esquisser pour la première fois un sourire contraint. Elle avait la bouche sèche et une douleur comprimait ses tempes. James, le teint bleuâtre, prenait une inspiration à chaque seconde. Un bref instant elle imagina, elle se représenta ce minuscule pertuis, pas plus large qu'une aiguille à repriser, qu'un fil, un pétiole de pâquerette, et par où devait passer tout l'air nécessaire aux poumons, au cerveau, au cœur de James, puis elle repoussa cette pensée avec une telle force qu'elle poussa une faible plainte, un « aah ! » étouffé. Mopsa la regarda. Le petit groupe montait en ascenseur à la salle d'opération.

« Le croup ? On est obligé de l'opérer pour ça ? Je ne peux pas le croire. Il doit y avoir autre chose, on te cache la vérité.

— Il n'y a rien d'autre qu'un larynx enflé », coupa Ian Raeburn.

Benet nota dans sa voix un ton rauque, presque éraillé, qu'elle n'avait pas remarqué jusque-là. Trouvait-il, lui aussi, Mopsa irritante, insupportable même ? Il poussa la double porte de la salle d'opération, suivi de l'infirmière qui portait James. Le Dr Drew était déjà là. Benet se demanda si elle n'aurait pas dû insister pour accompagner James. Mais l'anesthésiste était déjà à l'ouvrage, sans doute, ce serait bientôt fini... Il y avait une sorte de salle d'attente, sans confort comme toutes les salles d'attente, avec des chaises sans bras et des magazines sans lecteurs. Située quatre étages plus haut que la pouponnière, la pièce dominait un panorama de toits et de clochers. Les fenêtres de l'ancien hospice révélaient un large pan des hauts de Londres, bordés à l'horizon par la lande de Hampstead, d'un vert si vif qu'il faisait mal aux yeux. Les rayons du soleil semblaient chauds parce qu'il régnait à l'intérieur une douce chaleur, une chaleur d'hôpital paisible et constante au léger parfum de citrons verts.

« Tout se passera bien, j'espère ? fit Mopsa. Je veux dire : il ne court aucun danger ? »

Benet avait envie de vomir. « C'est une opération banale, que je sache. Mais en vérité, je n'en sais pas plus long que toi.

— La sœur de Mme Fenton aussi, on lui a fait une trachéomachin-chose. Elle avait un cancer de la gorge. »

Il ne faut pas haïr ma mère...

« J'ai reçu un coup de fil de ton père en rentrant hier soir. Il était très inquiet à mon sujet. Il avait appelé toute la soirée. Je ne lui ai rien dit pour James. J'ai pensé que cela valait mieux. »

Inutile d'entamer une discussion sur ce point. C'était perdre son temps que d'essayer de découvrir pourquoi Mopsa jugeait préférable de ne rien dire de James. Benet prit l'une des revues mais le texte imprimé n'était qu'une série de taches noires et blanches, les illustrations une juxtaposition de couleurs privée de sens. Benet se surprit à penser à l'arbre de mains, à toutes ces mains tendues, suppliantes, implorantes.

La porte s'ouvrit à deux battants et Ian Raeburn parut. Il s'immobilisa un instant. Benet se leva d'un bond ; elle tenait toujours le magazine, ses ongles griffaient le papier glacé. Le visage du médecin était aussi terreux que celui de James. Il fit un pas dans sa direction, s'éclaircit la gorge pour retrouver la voix et commença à exprimer des excuses, disant qu'il était désolé, qu'ils étaient tous désolés, infiniment désolés. Il s'interrompit, déglutit, et lui apprit que James était mort.

Le sol se souleva à la rencontre de Benet et elle perdit connaissance.

V

Un samedi sur deux, Carol avait la garde de Ryan et de Tanya, et ils restaient quelquefois passer la nuit. D'ordinaire, c'était Barry qui allait les chercher aux « Quatre Vents », à Alexandra Park. Carol aimait faire la grasse matinée le samedi. Certes, elle prenait un bain chaque matin, c'était une de ses règles de vie, mais le samedi elle célébrait un rituel particulier, elle mélangeait à l'eau des sels moussants à l'avocat et aux germes de blé, s'enduisait le corps de lait au sortir du bain, se lavait les cheveux, les mettait en plis au séchoir électrique et se peignait les ongles. Les trois grossesses de Carol n'avaient laissé aucune marque sur son corps. Il était blanc, ferme, les muscles durs. La seule cicatrice qu'il présentât était une petite cavité curieusement incurvée, juste au-dessous de l'omoplate gauche. Elle avait raconté à Barry d'où elle lui venait.

« C'est mon père qui m'a fait ça quand j'étais gamine. Il nous battait toujours à coups de ceinture, Maureen et moi. Je suppose qu'on le méritait, y a pas plus chiant que les gosses, quand ils s'y mettent. Mais là, il a un peu exagéré, non ? C'est la boucle de son ceinturon qui m'a fait ça, elle m'a coupée jusqu'à l'os. »

Barry était bouleversé. Il aurait voulu prendre au collet ce Knapwell, où qu'il fût — il avait laissé tomber sa famille quand Carol avait dix ans — et lui taillader les chairs jusqu'à l'os à coup de boucle en acier. Cette grandeur d'âme, cette faculté de pardon, redoublaient son amour pour Carol. En revanche, il ne comprenait pas comment elle pouvait dire que tous les enfants méritaient des coups. Carol n'aimait pas beaucoup les enfants, il devait se rendre à l'évidence. Pour son malheur, elle en avait eu trois. Il arrivait à Barry de redouter qu'une fois mariée avec lui, elle n'en voulût plus d'autres, et cela le tracassait.

Jason passait tout le week-end chez les Isadoro, et peut-être le garderaient-ils même jusqu'au lundi. La benjamine de Beatie Isadoro, grasse fillette à la peau kaki et aux cheveux roux crépus, était à peu près de son âge. Beatie, Irlandaise originaire du comté de Mayo, avait épousé un Jamaïcain et ils avaient produit avec leurs sept enfants un intéressant dégradé de couleurs. Comme elle disposait d'un excédent de place dans ses deux maisons adjacentes, Beatie tenait une sorte de crèche privée et les aînées de ses filles étaient censées l'aider lorsqu'elles n'allaient pas en classe. Beatie n'était pas agréée par la municipalité et ne possédait aucun titre officiel, mais c'était plutôt un avantage car elle pratiquait des tarifs moins élevés qu'une nourrice agréée. Barry avait l'impression que les deux maisons regorgeaient de mioches, vingt ou trente peut-être, bien qu'en réalité il y en eût sans doute moins. Il paya d'avance, six livres pour les deux jours, somme exorbitante à ses yeux, mais que Carol trouvait plus que raisonnable.

Karen, Stéphanie et Nathan Isadoro regardaient un film en vidéo, *Massacre à la tronçonneuse au Texas*. Barry, que la vue du sang écœurait, évita de regarder. Un petit garçon blond, sanglé dans sa poussette, criait à tue-tête. Personne ne faisait attention à lui et les amateurs de vidéo ne tournèrent même pas la tête. Il flottait toujours un curieux relent chez les Isadoro, mélange de piment, de couches de bébé et de chocolat chaud.

Barry alla chercher Tanya et Ryan et les ramena à Summerskill Road. Carol avait eu le temps de se préparer ; elle portait la jupe-culotte en tweed que Mme Fylemon lui avait donnée et un pull en laine beige à col roulé qui mettait en valeur sa silhouette. Maquillé avec beaucoup d'art, son visage paraissait lumineux, rayonnant d'un éclat naturel. Ses cheveux blond doré retombaient en boucles floues et mouvantes. Barry était bien placé pour savoir qu'elle ne les teignait pas. Ils allèrent ensemble faire des courses à Brent Cross, déjeuner dans un fast-food et voir un film d'aventures spatiales. C'était Barry qui dressait le programme de ces réjouissances. Carol lui avait avoué qu'autrefois elle ne prenait pas souvent la peine d'organiser des sorties pour les enfants. Elle ne savait plus où donner de la tête, elle était submergée. Il avait plus ou moins pris en charge les enfants, dans la mesure où ils en avaient besoin, et ils l'aimaient bien, pensait-il.

Tandis qu'ils attendaient l'autobus pour rentrer, Barry espérait qu'en les regardant, les passants prendraient Carol pour sa femme et les enfants pour les siens. Il était assez jeune pour se bercer de ce genre d'illusions. Carol, elle, apercevait son image dans les vitrines, faisait la grimace en constatant que Ryan lui arrivait presque à l'épaule et disait à Barry : « Je ne sais pas ce qui m'a pris de l'avoir si jeune. Tu te rends compte que je serais foutue d'être grand-mère avant mes quarante ans ? »

Carol grand-mère, c'était une idée si cocasse que Barry éclata de rire. Il la prit dans ses bras et se mit à l'embrasser en pleine rue, sans se soucier des enfants qui les regardaient.

Le lendemain, ils devaient retourner aux « Quatre Vents ». C'était toujours un moment pénible pour Tanya. Elle criait, tapait du pied, parfois même s'accrochait désespérément à Carol et il fallait l'en séparer de force. Barry se demandait pourquoi on avait jugé bon de les placer dans un foyer s'ils étaient si heureux chez eux, auprès de leur mère.

« On peut *demander* à la municipalité leur placement en foyer, tu sais », avait expliqué Carol. « Ce n'est pas forcément l'administration qui décide de vous les enlever. Après la mort de Dave, je ne m'en sortais plus. Il fallait prendre une décision pour les gosses. Je ne savais plus à quel saint me vouer. »

Moins de deux ans après la mort de Dave, elle avait eu Jason. Barry n'avait jamais montré beaucoup de curiosité à son sujet, il ne désirait pas vraiment savoir, préférait le flou de l'ignorance. Il aurait même pu se persuader, sans doute, que Jason était l'enfant de Dave. Mais un jour que Carol le rabrouait en le traitant de « sale petit bâtard », Iris était intervenue : « Tu ne devrais pas lui parler comme ça, Carol. Ce serait autre chose s'il n'en était pas un, mais c'en est un, pas vrai ? »

Quand ils seraient mariés, pensait Barry, ils pourraient déposer une demande pour reprendre la garde des enfants. Carol pourrait cesser de travailler, ou du moins de servir au bar à vin. Barry était ambitieux. Il avait un bon métier : il était menuisier-ébéniste dans un petit atelier de Delphi Road, une entreprise où ils n'étaient que deux. Ou plutôt, ce serait un bon métier le jour où la crise finirait et où les affaires reprendraient un peu. Alors ils pourraient quitter Summerskill Road, peut-être même acheter une maison et former enfin une vraie famille. Barry faisait parfois un rêve aussi net et aussi dense qu'une vision : dans une pièce de leur future maison, ils étaient réunis autour de la table pour le dîner de Noël, tous heureux, coiffés de chapeaux en papier, tous en train de rire et Carol en robe bleue portait sur ses genoux leur bébé.

Tout ne serait pas facile, Barry le savait. Pour commencer, il y avait les enfants, qui n'étaient pas les siens et ne le seraient jamais, et ce n'était pas rien, on ne s'en débarrassait pas comme ça, en décidant de ne plus y penser. Et puis il y avait Dave, toujours là, toujours souriant dans son cadre de plastique. Carol avait peut-être l'air d'une fille de dix-sept ans, mais elle ne les avait plus, elle en avait huit de plus que Barry, elle était d'autant plus riche d'expérience, plus blasée aussi. Et puis il y avait autre chose qui, parfois, le troublait.

Barry n'était pas un garçon violent, il se jugeait même, par moments, un peu trop doux. Il ne supportait pas de voir brutaliser un enfant. On était bien obligé de leur donner une tape quand ils passaient les bornes, mais jamais trop fort, et toujours sur les jambes ou les fesses. Aussi, le jour où il vit Carol frapper la petite Tanya du dos de la main, en usant de toute la force de son bras, l'atteindre au visage et à la tête puis redoubler ses coups encore et encore avec des gestes de joueuse de tennis tapant à la volée — il vit rouge, tira Carol en arrière et la frappa à son tour pour la calmer. Il n'avait aucune autre raison d'agir ainsi, il voulait seulement la calmer, selon une méthode recommandée avec les gens en pleine crise de nerfs. Il n'y mit nulle passion ni violence incontrôlée. Il la prit par le bras et, jeune et vigoureux comme il l'était, la serra très fort et lui assena une gifle retentissante.

Ce fut la réaction de Carol qui le troubla. Elle cessa de crier contre la petite fille, elle s'apaisa : tout rentrait donc dans l'ordre. Mais c'était autre chose. Sous le choc, elle se tassa imperceptiblement mais ne porta même pas la main au visage, là où elle devait sentir le feu de la gifle. Barry eut l'impression étrange — car il ignorait alors d'où lui venait cette intuition, il n'en possédait aucune véritable preuve — qu'elle attendait, non, qu'elle *désirait* de nouveaux coups. Elle se tenait devant lui vulnérable, offerte, les mains pendantes un peu écartées du corps, le souffle légèrement haletant, les lèvres entrouvertes, la peau voilée de sueur, demandant plus.

Naturellement, Barry s'était arrêté. Il s'était excusé : il l'aimait, il n'avait pas voulu lui faire de mal mais s'était senti obligé de la frapper pour la rappeler à elle, car elle avait perdu tout contrôle d'elle-même.

« Oh ! je ne t'en veux pas », dit-elle en lui lançant un curieux regard oblique, à la fois sournois et légèrement irrité.

Cette nuit-là, en faisant l'amour, elle tenta d'amener Barry à la battre. Il mit un bon moment à s'en rendre compte, ne comprenant pas ce qu'elle voulait : elle le mordillait et le griffait pour l'exciter, sautait du lit, traversait la chambre et se blottissait dans l'encoignure, se protégeant le corps de ses bras ; puis, lorsqu'il approcha, elle lui lança des coups de pied, sifflant entre ses dents et projetant la tête en avant comme un serpent. Enfin, devant son incompréhension, elle dut lui dire : « Frappe-moi, amour, frappe-moi de toutes tes forces ! »

Il n'en fut pas capable. Il se força à lui tapoter le visage, à lui cingler l'épaule un peu plus fort, du bout des doigts. Ce n'était pas ce qu'elle voulait. Elle attendait des coups, elle voulait avoir mal. Pourquoi ? Comment était-ce possible, après ce que sa brute de père lui avait fait subir ? Barry la frappa. Il cognait assez dur, mais seulement à mains nues. Ses propres gestes lui faisaient horreur. Il était obligé de se persuader qu'il n'avait pas devant lui Carol, mais une personne haïe, et il tapait en fermant les yeux.

Elle ne le lui redemanda plus jamais. Il tâcha d'oublier, de bannir ce souvenir de sa mémoire, et il y réussit presque. A telle enseigne qu'il croyait parfois avoir rêvé cette scène, de même qu'il avait vu en rêve Carol battre Tanya. Depuis, pourtant, ils s'aimaient avec plus de fougue, de sauvagerie. Ce n'était pas pour déplaire à Barry. Cela changeait, de trouver une femme qui préfère la violence en amour. Mais Carol ne ressemblait pas aux autres femmes. Comme elle, il n'y en avait pas une sur un million...

Les enfants partis, ils furent de nouveau seuls. Ils firent l'amour — comme chaque fois que l'occasion s'en présentait. Lorsque des visiteurs étaient sur le point de les quitter ou qu'ils allaient être débarrassés des enfants, Barry sentait toujours monter en lui l'excitation et un regard jeté à Carol suffisait à l'avertir qu'elle éprouvait la même sensation. A peine avaient-ils la patience d'attendre que la porte se referme. Et cependant, le plaisir de l'anticipation était si vif que Barry souhaitait parfois voir les adieux se prolonger ou le départ des enfants différé, pour se maintenir un peu plus longtemps au paroxysme de cette attente fébrile.

Alors ils se tombaient dans les bras, affolés de désir, se dévoraient de baisers, de coups de langue, de coups de dent, de caresses, s'étreignaient et riaient sans raison, sinon peut-être de leur propre asservissement. Dans le grand lit de Carol, Barry oubliait le reste du monde, rien ni personne n'existait au-delà de l'invisible coupole qui semblait enfermer leur couche. Carol lui avait avoué qu'une fois ou deux elle avait épié leurs ébats dans la glace, redoublant alors d'excitation, mais cela ne tentait pas Barry. Son amour était ici et maintenant, pas même à cette infime distance.

Ils s'étaient endormis. Ils s'éveillèrent à la nuit tombée, toujours enlacés, baignant dans leurs sueurs mêlées. Carol se leva la première, fit sa toilette, passa la robe à zigzags noirs et blancs. Elle se maquilla avec des pinceaux, des gros pour la poudre et le rose à joues, et d'autres, tout fins pour les paupières, les sourcils et le contour des lèvres. Elle se peigna longuement, enroulant autour de ses doigts les petites boucles en vrille. Ils allaient prendre un verre avec Iris et son compagnon, Jerry.

Une lune ronde et pleine s'était levée, éclatante comme un projecteur et rivalisant avec le jaune cru qui inondait Winterside Down. Ils prirent par le pont chinois où les graffiti de Barry proclamaient toujours son amour et où la clarté presque diurne leur montrait leur reflet dans l'eau du canal au calme scintillement. Leurs visages leur renvoyaient leur regard, qui semblait venir d'un miroir suspendu dans une pièce sombre, mais faiblement éclairée par l'entrebâillement d'une porte. Carol jeta dans l'eau le mégot de sa cigarette. Son poids suffit à disloquer leur image et, un bref instant, à l'affecter de distorsions si horribles que Barry recula d'un pas, dérobant son reflet. Il avait vu le beau visage de Carol frémir, ses traits s'affaisser et se dissoudre avant de se métamorphoser en un masque de caoutchouc : un personnage de caricature, vorace, lubrique et grossier, tandis que lui se changeait en gargouille lippue, roulant des yeux égarés.

Il l'enlaça, frotta doucement sa joue contre la sienne et baisa sa bouche. Carol se mettait un fixateur de rouge à lèvres et l'on pouvait l'embrasser cent fois sans effacer la couleur. Ils traversèrent Winterside Down en se donnant la main, dépassèrent la maison de Maureen avec ses voilages blancs semblables à des tabliers de dentelle à falbalas et la voiture bien astiquée rangée devant la porte. Iris et Jerry les attendaient au « Vieux Bouledogue », où ils étaient probablement depuis l'heure d'ouverture. Jerry était courtaud, rondouillard, le teint rougeaud ; il buvait beaucoup mais n'en portait guère de marques. Il n'était jamais ivre. Ses yeux à la fois noyés et flétris paraissaient avoir mariné dans la saumure et ses habits, à en juger par leur fumet, avaient été rincés au gin. Après la fréquentation du « Vieux Bouledogue », son passe-temps favori était de regarder la télévision, un grand verre de gin à l'eau à portée de la main.

On prétendait qu'Iris avait été plus jolie encore que Carol. Barry avait peine à le croire. A cinquante ans, elle était d'une maigreur squelettique, avec de longues jambes décharnées. Pour se rajeunir, elle laissait retomber sur ses épaules ses cheveux teints en blond et portait hiver comme été des sandales à très hauts talons afin de souligner la cambrure du cou de pied et la finesse de ses chevilles. Barry supposait que cette brute de Knapwell avait fait de sa vie un enfer. Pourtant elle était toujours gaie, insouciante, et voyait le meilleur côté des choses. Elle fumait quarante à cinquante cigarettes par jour, et ses quintes de toux lui violaçaient le visage. Iris ne s'attaquait à rien sans une cigarette.

« Commençons par en griller une, aimait-elle à dire, ou bien : Une clope, et on verra après. »

Depuis que Knapwell avait pris le large, il y avait eu, au dire de Carol, un certain Bill et un certain Nobby, mais ils avaient fait long feu et Jerry était entré depuis des années dans la vie d'Iris. C'était un homme secret, peu bavard, impassible, qui semblait n'avoir aucune famille et manifestait une suprême indifférence à l'égard de tout ce qui n'était pas le gin et la télévision. On s'interrogeait même sur son vrai nom car, moins d'un an après son installation chez Iris, il avait adopté le patronyme de

Knapwell. Il était employé à la Compagnie des eaux de la Tamise, ce qui, étant donné ses goûts, ne manquait pas d'amuser Barry. Iris, elle, travaillait dans un petit atelier de confection qui occupait l'ancien cinéma « Le Prado ».

Barry commanda une Foster et Carol un gin-tonic. Avec Iris, elle essayait d'organiser la garde de Jason pour la semaine à venir. « On pourrait peut-être embrigader Maureen pour une journée ?

— Tu plaisantes, dit Iris. Maureen refait son salon. Aujourd'hui elle a passé tout son temps à arracher du papier.

— Alors il ne me reste plus qu'à travailler une soirée de plus chez Kostas, voilà tout, dit Carol. Ça me coûte une fortune. »

Jerry se leva. « Tu prends l'autre moitié ? » demanda-t-il à Barry, comme si, au lieu de vider un demi de bière, celui-ci n'avait fait qu'entamer une bouteille ou une grosse chope. Quant aux femmes, sachant ce qu'elles voulaient, il économisa sa salive.

« En attendant, on va en griller une », soupira Iris. Elle se mit à fumer en silence, pensive. Carol parlait de prendre un travail supplémentaire. Barry, heureux et comblé jusque-là, commença à s'inquiéter. Il brûlait de gagner plus, de gagner gros, pour permettre à Carol de s'arrêter complètement et de rester à la maison avec les gosses, au lieu de songer à des heures supplémentaires. « Il y a toujours la municipalité, dit soudain Iris. Tu pourrais tâter le terrain, voir ce qu'ils te proposent. »

Barry ne comprit pas tout de suite, mais il vit que Carol, elle, saisissait. Elle prit une cigarette dans le paquet de sa mère, l'alluma à celle d'Iris. « Faudra peut-être en arriver là. Peut-être.

— J'aimerais en faire plus, poursuivit Iris. Tu sais que je me couperais en quatre pour t'aider. Mais si ça revient à quitter mon boulot, je dis : halte-là ! Je ne peux pas laisser tomber M. Karim. Il y a sept ans que je suis chez lui — ou il y aura sept ans au premier janvier — et lui, pour sûr, il compte sur moi, pas vrai, Jerry ? » Elle n'attendit pas la confirmation, sachant qu'elle ne viendrait pas. « Il va falloir jouer serré, je pense, dit-elle avec enjouement. Se débrouiller au jour le jour.

— Avant, je n'y arrivais pas ; et si ça recommence, ils seront bien obligés de prendre une décision. »

Cette fois, Barry comprit. « On n'aura pas besoin d'en arriver là », dit-il. Il remarqua lui-même la fermeté, l'énergie, la virilité de sa voix : c'était le ton de commandement qui plaît aux femmes. « On va s'en tirer. Je *vais* nous en tirer. »

Carol lui tenait la main. Elle l'entoura de son autre bras, le prenant par l'épaule. Elle blottit sa tête contre la poitrine de Barry. « Tu es adorable, lui dit-elle. Tu es si fort. Il est adorable, hein, maman ? Il me rappelle Dave. Tu ne trouves pas qu'il rappelle Dave ?

— Un peu », lâcha Iris.

Barry savait qu'il n'existait pas de plus grand éloge. Il sentit contre lui la douce chaleur de Carol et une onde d'excitation parcourut son corps. Il se reprit à attendre impatiemment la fin de la soirée, le moment où, sur le trottoir, aux rayons blancs de la lune, ils se sépareraient d'Iris et de Jerry pour se retrouver encore une fois seul à seul, Carol et lui.

VI

Les jours se confondaient, se succédaient sans démarcation, sans date, sans variations du temps, presque sans alternance de nuit et de lumière. Elle restait couchée, puis assise dans sa chambre, la grande chambre au dernier étage de la maison du Val de Paix. Mopsa lui apportait ses repas sur un plateau, mais quand elle s'aperçut que Benet ne voulait ni ne pouvait y toucher, les aliments furent tacitement remplacés par des tasses de thé ou de café instantané et, le soir, sans que leur apparition eût été précédée d'aucune question, par de grands verres de fine à l'eau.

La vie s'était arrêtée. Il s'était passé un événement incroyable, *impossible*, car les petits enfants ne mouraient plus dans les années quatre-vingt, et c'est pourquoi, tout d'abord, elle n'avait ressenti qu'un choc qui l'assommait, l'abrutissait. Durant la plus grande partie de cette phase de torpeur stupide, Benet avait été, à son tour, gardée en observation à l'hôpital. Puis, toujours dans le même état, bardée de somnifères et de tranquillisants, on l'avait renvoyée à sa maison encore en plein désordre et aux soins de Mopsa. Là, le choc avait commencé à s'atténuer. C'était comme après une visite chez le dentiste : l'effet de l'anesthésie se dissipe et la douleur commence à se manifester. Seulement, Benet n'avait jamais connu de douleur physique comparable à celle-ci. Même les cris qu'elle avait poussés en donnant naissance à James n'étaient pas exempts de plaisir, car faits d'effort, de tension vers un but et de joie autant que de douleur. A présent elle se surprenait à presser les deux mains sur sa bouche pour s'empêcher de hurler sa souffrance. Elle restait assise ou marchait de long en large dans la pièce car, dès qu'elle se couchait, c'était pour se tordre, se rouler sur son lit et enfoncer ses ongles dans les points les plus tendres de son corps. Un après-midi, elle s'était planté une épingle dans le bras pour créer un autre foyer de douleur.

N'ayant plus aucune notion du temps ni de son écoulement, elle s'imaginait avoir passé une année entière dans cette pièce, sous le toit de sa maison, soignée et surveillée par Mopsa qui venait à sa porte toutes les heures. Peut-être n'y était-elle pas restée plus de deux jours. Elle avait pris beaucoup de barbituriques et de Valium. Les somnifères, elle les jeta dans les toilettes et tira la chasse d'eau. L'oubli qu'ils apportaient ne compensait en rien l'horreur des réveils : on évalue la lumière du jour naissant, on guette les premiers bruits du matin dans la chambre voisine, la chambre de James — puis l'on se rappelle qu'il n'y aura plus jamais de babillage matinal. Jamais jamais jamais jamais jamais.

Le Valium mettait fin à son envie de hurler ou de plaquer ses mains sur sa bouche pour étouffer ses cris. Il la plongeait, durant ces heures où elle restait assise, silencieuse et immobile, dans une méditation ténue et confuse sur différentes méthodes de suicide. Elle jeta le Valium aussi. Elle se posta devant la fenêtre, dominant de haut le Val de Paix, contemplant la grande lune blanche au scintillement de perle. Deux ans plus tôt, James n'était pas encore né ; Benet était toujours la même, guère plus âgée, physiquement inchangée. Elle se regarda dans le miroir et y retrouva la régularité familière des traits, les yeux noirs en amande, les pommettes hautes, les lèvres bien dessinées. Les cheveux brun foncé, mi-longs, avaient gardé leur raideur implacable, la peau sa clarté ivoirine. Pourquoi, alors, ne pouvait-elle redevenir ce qu'elle avait été avant l'apparition de James dans sa vie ? C'était si récent encore. Comment avait-elle pu être aussi profondément affectée, aussi transformée, et en moins de deux ans, par la fréquentation d'un être à peine capable de s'exprimer ?

Elle ne voulait d'ailleurs pas penser à lui en tant que personne, en tant qu'individu, ni se remémorer ses gestes ou ses paroles. Cela, c'était le pire. De ce côté-là, une panique intolérable la guettait, cette panique née de la conscience qu'un pas de plus dans la même direction peut vous faire perdre la raison. Benet descendit, suivit le long escalier qui s'enroulait au centre de la maison, entra dans la pièce du sous-sol et s'assit dans l'angle de la fenêtre, levant les yeux vers le mur du jardin et la rue. Elle se disait qu'elle ne sortirait plus jamais. Il lui était impossible de s'imaginer sortant à l'air libre, marchant, affrontant ses semblables.

Mopsa s'affairait dans le coin-cuisine, apparemment occupée à confectionner un gâteau. A quoi bon ? Qui donc le mangerait ? Elle portait un tablier en vichy rose et blanc à brides croisées dans le dos, que Benet ne connaissait pas. Elle avait éliminé de la pièce toute trace de James. Les portes du placard aux jouets étaient fermées. La chaise haute avait disparu. En haut, lorsqu'elle allait à la salle de bains, Benet fermait les yeux en passant devant la porte de la chambre de James. Elle craignait de la trouver ouverte, exhibant le contenu de la pièce. Elle comprenait à présent qu'elle aurait pu s'en dispenser. Mopsa y avait très certainement mis bon ordre. Confusément, à travers les brumes de ce temps sans heures qu'elle vivait là-haut, elle s'était aperçue que Mopsa veillait à ses affaires — qu'elle veillait à tout.

Elle avait veillé à ce que Benet était incapable de nommer, même en pensée. La déclaration de décès. Les pompes funèbres. L'enterrement. Avec un long frémissement intérieur, Benet les appelait, usant d'un euphémisme qu'elle eût méprisé autrefois, les « formalités ». Mopsa, la pauvre folle, avait dépouillé sa folie, avait relevé ce terrible défi mieux que la plus raisonnable des femmes et s'était occupée des... formalités. Vaguement, dans sa chambre haut perchée, dans sa tour obscure, Benet avait entendu Mopsa qui sortait, la voiture qui démarrait, des portières qui claquaient ou s'ouvraient, Mopsa qui rentrait, Mopsa qui bourdonnait d'activité dans son rôle indispensable d'Ange au Grand Livre, de scribe. Et maintenant, ayant tourné la tête pour regarder sa fille et lui adresser un petit sourire triste et compatissant, elle préparait un gâteau, battait des œufs au fouet dans un saladier en verre et obtenait une mixture crémeuse.

Mopsa avait été admirable. C'était ce que l'on disait toujours des gens qui agissaient comme elle dans les mêmes circonstances — admirable. Souvent, Benet avait entendu le téléphone sonner. Mopsa répondait, mais Benet n'entendait jamais ses paroles. Justement, le téléphone sonna. Mopsa posa le fouet contre le bord du saladier, se dirigea vers l'appareil et décrocha le combiné. Elle se mit à parler à Antonia comme à une vieille amie ; pourtant, si Benet ne se trompait pas, elles ne s'étaient jamais rencontrées. Le ton était celui de la conversation mondaine, aimable, exempt de toute note tragique. Oui, Benet appellerait certainement Antonia, disait Mopsa. Elle lui téléphonerait dès qu'elle serait sur pied et rétablie. Oui, Mopsa transmettrait le message.

Benet posa à sa mère sa première question depuis sa sortie de l'hôpital. Sa voix, si longtemps muette, lui parut rendre un son étrange. Elle s'avança vers Mopsa sur des jambes molles de convalescente.

« Y a-t-il eu beaucoup d'appels ? »

Mopsa passait de la farine au tamis. Elle procédait avec adresse, sans renverser. « Une bonne demi-douzaine. Oui, pas mal. Je ne les ai pas vraiment comptés.

— Qu'as-tu dit aux gens ?

— Que tu n'étais pas en état de parler. Que tu devais garder le lit et n'avais pas la force de mener une conversation. »

C'était la meilleure réponse possible, la réaction idéale, la plus humaine qu'on pût imaginer dans la position de Mopsa. Cependant Benet sentit, s'insinuant dans l'océan glacé de sa détresse, un mince filet de malaise. Elle décida de l'ignorer. Ce n'était rien. Les sentiments de malaise ne représentaient plus rien pour elle, n'avaient plus d'importance et n'en auraient plus jamais.

« Tu as parlé à papa ?

— Il a appelé presque tous les soirs. » Le même trait d'autosatisfaction reparut au coin des lèvres de Mopsa. « Il m'a dit de t'embrasser. »

Pauvre Mopsa, instable, malade, différente des autres femmes, des autres mères ! Les pensées de Benet dévièrent : il y a un coin de mon cœur qui pleure pour trois personnes... Elle reprit d'un ton posé : « Cela a dû être très dur pour toi de lui annoncer la nouvelle. »

Mopsa versait dans le moule la substance liquide, crémeuse. Elle fronçait les sourcils d'un air d'extrême concentration. Quand elle eut achevé cette opération, elle exhala avec bruit. Elle avait l'air d'une collégienne passant son examen d'arts ménagers. Elle avait l'air de faire un gâteau pour la première fois de sa vie. C'était peut-être vrai. Benet ne se rappelait pas avoir vu de pâtisseries chez elle au temps de la folie de sa mère. Mopsa mit la préparation au four et en claqua la porte avec violence : on aurait dit qu'elle la refermait sur une chose qu'elle préférait oublier, qu'elle refermait la porte d'une maison où elle ne devait jamais revenir.

Elle se tourna vers Benet, essuyant des mains propres sur le devant de son tablier.

« Oh ! je ne lui ai pas dit, Brigitte. Vraiment, je ne pouvais pas. Il ne demande pas de nouvelles, tu comprends. Pour lui c'est un sujet délicat. Il s'y serait peut-être fait dans une situation différente. Mais puisqu'il ne demande rien, à quoi bon lui dire ?

— Il faudra bien qu'il sache un jour. »

Mopsa ne répondit pas. Elle regardait Benet droit dans les yeux. A ce moment, en tablier, une traînée de farine sur la joue, ses cheveux d'or et d'argent mêlés retenus par des épingles, elle ressemblait exactement à toutes les autres mères.

« L'as-tu seulement dit à quelqu'un ? » demanda Benet.

Une main se leva et tâta la tache de farine, un doigt la frotta et la dispersa d'une pichenette. Le regard absent de Mopsa quitta le visage de Benet pour se poser sur l'interrupteur électrique du mur opposé.

« Tu ne l'as dit à personne, c'est ça ? »

Mopsa se mit à marmonner. « Je n'ai pas pu, Brigitte. Je ne voulais pas me mettre dans tous mes états. Les émotions fortes ne me valent rien. »

Benet éclata : « Qui crois-tu qui va manger ce foutu gâteau ? »

Elle se précipita hors de la pièce et bondit dans l'escalier. Derrière elle, elle entendait Mopsa qui commençait à renifler et à sangloter. Elle ne revint pas sur ses pas. Elle continua à monter ; une sensation de pression enserrait le haut de son crâne, une douleur lancinante battait derrière ses yeux. Elle passa devant la porte ouverte de la chambre de Mopsa et la photographie posée sur la table de chevet attira son regard. C'était un portrait d'Edward. Que pouvait bien faire Mopsa d'une photo d'Edward ? Benet ne soupçonnait même pas qu'elle en possédât une. C'était un cliché plutôt flou, un agrandissement d'instantané, montrant la tête et les épaules.

Elle gravit le dernier étage et entra dans la chambre de James. Le petit lit était toujours là avec son matelas dénudé. C'était le seul indice de la présence d'un enfant dans cette pièce. De la fenêtre, on découvrait la rangée de pins derrière l'étang, la bande verte de la Lande, un grand ciel blanc et vide. Elle alla s'enfermer dans sa chambre. Devait-elle informer Edward ? Pour quoi faire ? Il n'avait vu James qu'une fois, lorsque l'enfant avait deux jours. Il était venu à la clinique, il avait considéré James et Benet sans savoir quoi dire.

« Tu m'as profondément humilié », avait-il enfin articulé. Il avait jeté un regard au bébé, puis détourné les yeux.

« Il aurait mieux valu ne pas venir, Edward. Tu n'aurais pas dû. »

A sa manière, elle était aussi ennuyée que lui. Elle avait eu tort de se servir de lui, tort de décider de faire un enfant avec lui alors qu'elle n'avait pas l'intention de l'épouser, ni même de poursuivre leur vie commune. Sur le moment, ses projets ne lui avaient pas paru critiquables, ils coulaient de source, ils avaient même un aspect moral. Mais une fois sa décision prise, et plus tard encore, lorsqu'elle tenait le bébé dans ses bras, elle n'avait jamais réussi à ignorer la beauté d'Edward, cette beauté qui, inévitablement, la touchait. Pourquoi, se disait-elle, ne puis-je m'en contenter, même s'il n'y a rien d'autre entre nous, même si Edward n'a pour ainsi dire rien d'autre à offrir ? Le monde fourmillait d'hommes attachés à des femmes pour leur seule beauté : pourquoi le contraire ne serait-il pas vrai, pour une fois ?

Assis au bord du lit de Benet, il lui avait de nouveau demandé de l'épouser. Elle avait refusé : non, elle ne s'en sentait pas capable, elle le priait de n'en plus parler, c'était impossible, ils seraient malheureux tous les deux, ou plutôt tous les trois. Il s'était levé, avait quitté la chambre et elle ne l'avait jamais revu.

Mopsa s'était procuré Dieu sait où une photo de lui, l'avait fait encadrer et placée à son chevet. Comme pour un fils. Pourquoi ? Oh ! et puis, quelle importance ? Quelle importance, si Mopsa n'avait annoncé à personne la mort de James ? Qu'est-ce qui importait encore ?

Curieusement, Benet se rappela avoir souvent fait des rêves sans se douter, sur le moment, qu'elle rêvait, mais en se croyant au contraire en pleine réalité. Et si c'était encore un rêve ? N'allait-elle pas se réveiller et s'apercevoir qu'elle venait de faire le plus terrible cauchemar de sa vie — mais rien de plus qu'un cauchemar, après tout — voir le jour se lever et entendre James s'éveiller dans la chambre voisine ?

Elle y retourna, contempla l'espace nu, propre et net qu'en avait fait Mopsa. « Le chagrin emplit la chambre désertée de mon enfant, dort dans son lit, marche partout dans mes pas... »

Le lendemain matin, un petit mot de Mopsa l'attendait sur la table de l'entrée. *Je suis allée déjeuner avec Constance Fenton. Serai de retour vers quatre heures.* Mopsa n'avait pas pris la peine de lui laisser des messages les autres jours. A moins que... ? Il y avait une petite corbeille sous la table. Elle était pleine de bouts de papier chiffonnés. Benet entreprit de les défroisser. C'étaient tous des messages de Mopsa, des messages quotidiens. *Je suis allée à l'hôpital. Je suis allée au bureau de l'état civil. Je suis allée chez Sims et Wainwright.* Benet n'avait même pas envie d'essayer de deviner qui pouvaient être Sims et Wainwright. Elle était touchée, se sentait coupable : Mopsa avait écrit tous ces petits mots et, les voyant ignorés, les avait patiemment repris un à un et jetés avant de noter le suivant.

Elle ouvrit la porte de la pièce qu'elle avait réservée pour y travailler et que Mopsa appelait invariablement « le bureau ». Quel autre nom lui donner, du reste ? La dernière fois qu'elle y avait pénétré, des tas de livres jonchaient le sol. Mopsa les avait rangés. Elle les avait placés sur les rayons, sans aucun ordre, certains même à l'envers. Et, dans le rouleau de la machine à écrire, elle avait inséré une nouvelle feuille de papier blanc, comme pour inviter Benet au travail. Le reprendrait-elle jamais ? L'idée lui paraissait grotesque. Comment, dans la dévastation de son cœur, pouvait-elle espérer rendre jamais sur le papier les émotions d'autrui ?

Elle redescendit au sous-sol et alla s'asseoir près de la fenêtre. Une femme passa, puis un enfant tenant un chien en laisse. Benet se prépara une tasse de thé pour s'occuper et la but pour tuer le temps. Pour tuer le temps en attendant quoi ? Elle s'interrogeait sur le reste de sa vie, se demandait comment l'envisager, à quoi l'employer. Au bout d'un moment, elle mit un manteau et sortit pour marcher jusqu'à la Lande. C'était un jour froid, la bise soufflait. L'air était si pur qu'on se serait cru en quelque retraite préservée de la civilisation, quelque part au bout du monde, à mille lieues de la pollution, du fog et d'une atmosphère encrassée. Au-dessous d'elle s'étendaient sur des hectares les toits, les clochers, les tours de Londres avec une netteté de peinture sur verre, imperceptiblement estompés de bleu à l'horizon. Au nord, au-dessus de Highgate, des nuages s'amoncelaient, floconneux, gorgés de pluie. Elle revint sur ses pas.

Le téléphone sonna trois ou quatre fois. Elle ne répondit pas. Elle grignota un minuscule toast beurré et une demi-pomme, redoutant d'être indisposée si elle absorbait une bouchée de plus. Après quoi elle reprit sa place à la fenêtre, regrettant d'avoir jeté les somnifères que lui avait donnés Ian Raeburn. Elle restait assise et pensait à James, puisque rien ni personne d'autre ne pouvait occuper son esprit. Elle avait écrit un livre et eu un enfant, aujourd'hui l'enfant était mort et elle n'écrirait jamais plus. C'était de ces choses qui n'arrivent qu'aux autres, bien trop tristes et trop affreuses pour lui arriver à elle. Et pourtant, c'était bien le cas. L'autre, c'était elle, et elle seule...

Au-dessus d'elle, au-delà des vitres, contre le bord du trottoir, elle entendit sa voiture s'arrêter. Elle reconnaissait le bruit du moteur. Mopsa rentrait. Il était à peine plus de trois heures.

Elle ne leva pas les yeux : ce n'était que Mopsa. La porte d'entrée se referma et des pas retentirent dans le couloir, au-dessus de sa tête. Un instant plus tôt, Benet aurait juré qu'elle était désormais incapable d'un désir passionné. Or voici qu'elle se surprenait à désirer passionnément voir Mopsa s'en aller, la voir rentrer chez elle, la laissant enfin seule. Mopsa était bien bonne, elle était attentionnée, elle remplissait son rôle de mère, mais son départ aurait amélioré la situation. Ou du moins, en aurait atténué l'horreur, l'aurait rendue moins intense, moins criante.

Mopsa entra dans la pièce. Elle tenait un enfant par la main, un petit garçon. Elle dit assez stupidement : « Tu dormais, Brigitte ? Nous t'avons réveillée ? »

Benet n'avait d'yeux que pour l'enfant. A part la petite fille au chien, c'était le premier enfant qu'elle vît depuis la mort de James.

« Qu'est-ce que c'est que ça ? » dit-elle. C'était bien sa voix mais elle semblait appartenir à une autre, provenir d'un autre coin de la pièce.

« Il ne te plaît pas ? » demanda Mopsa.

Benet avait rarement entendu question plus absurde. Cela n'avait aucun sens, ce n'était pas une chose à dire d'un enfant. D'un chien, peut-être...

« Qui est-ce ? »

Mopsa avait l'air effrayé. Cette expression animale, méfiante, aux aguets, avait repris possession de son visage. Le petit garçon continuait à lui tenir la main, docilement. Il paraissait avoir deux ans ou un peu moins, l'âge de James peut-être, mais il était grand et fort. Sous une veste à carreaux rouge sale doublée de fourrure synthétique blanc sale, il portait une salopette en jean, des chaussettes rayées vert et marron et des sandales en plastique moulé rouge. Ses cheveux — une tignasse drue — étaient blond clair, presque blancs. Il avait les joues rouge vif, luisantes, les traits appuyés. On pouvait déjà, dans le nez fort, dans les lèvres épaisses qui paraissaient gercées, discerner le visage de l'homme qu'il allait devenir. Benet pensait n'avoir jamais vu d'enfant plus laid.

« C'est le petit garçon de Barbara Lloyd, bredouilla Mopsa.

— Je ne connais pas de Barbara Lloyd.

— Mais si, Brigitte. Rappelle-toi : c'est Barbara Fenton, la fille de Constance. Elle a épousé un certain Lloyd, il est dans l'informatique. Ils habitent chez Constance en attendant de pouvoir emménager dans leur nouvelle maison. »

Benet se rappela, en effet. Non pas tant Barbara Fenton qu'elle avait dû connaître au moins de vue autrefois, sinon pour lui avoir parlé, mais plutôt de la conversation téléphonique qu'elle avait eue avec Constance un millier d'années auparavant, lorsque tout allait bien, lorsqu'elle était heureuse, que James vivait encore et qu'elle était assez sotte pour s'inquiéter de Mopsa. Constance, ce jour-là, lui avait dit que sa fille, son gendre et son petit-fils vivaient chez elle.

« Que fait-il ici avec toi ?

— Je leur ai offert de le garder un petit moment. Ils ne savaient plus à quel saint se vouer. »

Le petit garçon avait libéré sa main de l'emprise de Mopsa. Il fit un pas en avant dans cette pièce inconnue, regarda autour de lui, leva les yeux vers Benet puis se retourna vers Mopsa. Son visage commença à s'altérer avec cette franchise, cette absence de retenue propre aux visages d'enfant. Sa bouche s'élargit en carré et il se mit à pleurer.

« Oh, mon Dieu ! oh, mon Dieu ! dit Mopsa. Oh, mon Dieu ! » Elle s'apitoyait sur elle-même, non sur l'enfant. Elle se pencha pour le prendre. Dans ses bras, il se débattit et se mit à crier.

Benet monta se réfugier dans sa chambre.

La nuit était tombée lorsqu'elle redescendit. Elle n'avait pas entendu la voiture démarrer. Elle jeta un coup d'œil : l'auto était toujours là. Le petit garçon aussi, perché sur la chaise haute de James. Mopsa lui avait donné un œuf brouillé avec des mouillettes et il se servait à la fois d'une cuiller et de ses doigts pour le manger. Mopsa, très droite, était assise à table à côté de lui, une tasse de thé devant elle.

« Il serait peut-être temps de le reconduire chez lui, non ? » demanda Benet. Elle sentait que sa mère lui cachait quelque chose. Mopsa était tendue, les nerfs à vif. « Au fait, pourquoi t'a-t-on demandé de le garder ?

— Il fallait bien que quelqu'un s'en charge. La dame chez qui il devait rester, sa marraine, elle est tombée et s'est cassé une jambe.

— Mais il a une mère, un père et une grand-mère, il me semble ?

— Ils avaient réservé leurs places pour ces vacances. Ils avaient réservé depuis des semaines. »

Benet sentit une onde froide la parcourir. « Quelles vacances, maman ? Que veux-tu dire ? » Un mot de Mopsa lui revint à l'esprit : « Qu'entends-tu par : chez qui il devait rester ? »

Mopsa commença d'une voix tremblante : « Il devait rester chez sa marraine.

— Oui, tu l'as déjà dit. Tu veux dire qu'il va *rester* ici ? »

Mopsa se mordit la lèvre. En même temps elle souriait à demi, d'un air de malice enfantine. Elle lança à Benet un regard oblique, sournois.

Le petit garçon mangeait toujours son œuf et son pain, avec concentration et un appétit visible.

« Et où va-t-on en vacances en plein mois de novembre ?

— Aux îles Canaries », dit Mopsa.

Fermant les yeux, Benet serra les bras de son fauteuil. Elle compta jusqu'à dix et rouvrit les yeux. « Si je comprends bien, ils vont aux Canaries et tu as promis de t'occuper de cet enfant en leur absence ? Tu le leur as vraiment proposé ? Et pour combien de temps ? Une semaine ? Quinze jours ? »

Agitées d'un léger tremblement, les lèvres de Mopsa laissèrent échapper un filet de voix, un murmure : « Une semaine. »

Benet fixait Mopsa sans comprendre. Ce n'était pas possible. Pouvait-on se conduire ainsi ? Benet ne s'habituerait jamais à sa mère, ne l'accepterait jamais, ne la comprendrait jamais. Pouvait-on faire ce qu'elle avait fait, s'occuper de tout, se montrer aimante, attentionnée, responsable, et révéler en même temps une insensibilité, une indifférence, une cruauté aussi bestiales ? Amener cet enfant ici, à l'endroit même où sa propre fille pleurait le sien — un enfant du même âge et du même sexe ! Était-ce seulement concevable, de la part de Mopsa ou de n'importe qui ?

Il ne faut pas haïr ma mère...

Mopsa avait noué une serviette de table en guise de bavoir au cou du petit garçon. Elle lui versait du lait dans un gobelet et il tendit les mains en émettant des sons qui évoquèrent pour Benet des cris d'arriéré mental beaucoup plus qu'un langage articulé. Décidément, c'était bien le fils de cette grosse dondon de Barbara Fenton ! Benet croyait même retrouver sur son visage les traits forts et accusés de Barbara. Soudain Mopsa se mit à parler, à lui débiter la litanie des malheurs de Constance Fenton et des Lloyd : en arrivant chez eux, elle les avait trouvés résignés à tirer un trait sur leurs vacances et à perdre le prix de leurs billets d'avion charter, qu'ils avaient payés d'avance. Barbara avait pleuré. Ce devaient être ses premières vacances depuis cinq ans. Qu'aurait-elle fait à sa place ? Au début, elle ne voulait pas, elle ne voulait même pas y songer, mais elle se devait d'aider Constance qui avait été si bonne pour elle dans le passé. Et qu'on ne dise pas qu'elle avait oublié Benet, ce n'était pas vrai, elle se doutait bien de sa réaction. Mais Benet passait le plus clair de son temps dans sa chambre. La maison était vaste. Rien n'obligeait Benet à le voir. Elle, Mopsa, s'occuperait de lui, le ferait dormir dans sa chambre, l'emmènerait en promenade...

Benet se leva. Elle ouvrit le tome E-K de l'annuaire téléphonique. Mme Constance Fenton, 55 Harper Lane, NW9.

« Que fais-tu, Brigitte ?

— Je vais appeler Mme Fenton pour lui dire que nous sommes désolés, mais nous ne tenons pas une crèche, nous ne prenons pas d'enfants en pension et nous allons lui retourner son petit-fils dans la demi-heure. »

Un doigt sur le cadran, elle formait le premier chiffre.

« Ils ne sont sûrement pas là, ils doivent être déjà en route.

— Je ne te crois pas, maman. »

Elle écouta la sonnerie retentir. Elle sentait la colère monter en elle. Au moins, c'était un changement d'émotion, c'était autre chose. Le téléphone continuait de sonner. Personne n'allait répondre. Mopsa avait raison, ils étaient partis.

Le petit garçon était descendu de sa chaise, le visage encore tout poisseux de son dîner. Il errait dans la pièce en quête d'occupation.

Mais il n'y avait rien pour l'occuper, ni jouets, ni livres, ni crayons de couleur, ni télévision. Il passa dans le coin-cuisine et ouvrit la porte d'un placard. Il s'arrêta, jeta un coup d'œil par-dessus son épaule pour s'assurer qu'on n'allait pas l'arrêter et, comme personne n'esquissait un geste, il entreprit de sortir du placard et de disposer sur le sol une casserole, une autre, un tamis, une passoire.

« Je sors, dit Benet. Je vais faire un tour sur la Lande.

— Il fait nuit noire, Brigitte. Je suis sûre que c'est dangereux.

— Tant mieux. Je vais peut-être me faire assassiner. »

En d'autres circonstances elle aurait eu des remords d'avoir prononcé des paroles capables d'affecter Mopsa à ce point : elle avait changé d'expression, son visage s'était mis à trembler, elle avait porté ses mains à sa bouche secouée d'un sanglot. Mais cette fois, Benet n'en avait cure. Elle sortit dans la nuit froide et pure, sous une lune qui venait d'entrer dans son troisième quartier.

VII

Ce n'est que le lendemain qu'elle s'enquit de son prénom. C'était un enfant, il séjournait chez elle et n'était pour rien dans toute cette histoire. Elle serait bien obligée de le voir et à l'occasion — le plus rarement possible, cependant — de lui tenir compagnie. Elle avait besoin de connaître son prénom.

Mopsa parut prise au dépourvu. Elle n'avait pas ses yeux hagards de sorcière ou d'animal effrayé, mais son air d'idiot du village. Elle eut un sourire faux.

« Je ne sais pas. »

Mopsa était sortie avec l'enfant. Elle l'avait emmené quelque part en voiture. Benet se dit tout à coup qu'elle l'avait probablement installé derrière, dans le siège de James. Du moins n'avait-elle pas eu à le voir. Elle avait décidé de ne plus sortir à la lumière du jour. A la nuit tombée, soit, mais pas le jour. Ils étaient allés faire des courses et rapportaient leurs achats — peu importait à Benet de savoir lesquels — dans de grands sacs de chez Mothercare et de Marks et Spencer. Le petit garçon dont Mopsa prétendait ignorer le nom enlevait son manteau rouge crasseux et essayait de dégrafer la boucle de ses sandales.

« Mais si, tu le sais », dit Benet. Il lui semblait qu'elle adoptait le ton d'une infirmière d'hôpital psychiatrique. « Bien sûr que tu connais son prénom. »

Mopsa s'accroupit pour aider l'enfant à ôter ses sandales. Elle leva les yeux vers Benet et lui coula un regard particulièrement fuyant, sournois, furtif. Elle tenait la tête penchée comme pour tenter de supputer la réaction de Benet à la réponse qu'elle préparait. Benet se demandait quelle sorte de gens étaient Constance Fenton et sa fille pour confier cet enfant aux soins de Mopsa. Elle était folle. Ils le voyaient bien, non ? Elle n'était pas en état d'assumer la garde d'un enfant. Et Constance le savait, elle connaissait ses antécédents. Dans ces conditions, Benet avait-elle le droit de laisser Mopsa endosser une telle responsabilité ? Encore une pensée, avec toutes ses implications, qu'elle préférait ne pas approfondir.

« Eh bien, maman. Comment s'appelle-t-il ?

— James. »

Benet resta muette. Elle monta l'escalier. Elle ne pleurait pas. Elle n'avait pas pleuré depuis qu'on lui avait appris la mort de James. Pleurer lui semblait une réaction inadéquate, trop faible pour un si profond chagrin.

On avait dû le lui dire deux fois. Ian Raeburn lui avait annoncé la nouvelle et elle s'était évanouie ; lorsqu'elle avait repris connaissance, il était toujours là avec une des infirmières en chef et tous deux avaient dû recommencer leur récit. James avait cessé de respirer avant même que l'anesthésiste se fût penché sur lui. Les voies respiratoires s'étaient refermées. Peut-être, si le Dr Drew avait pris cette mesure d'urgence — extrêmement rare dans le cas de jeunes enfants — une demi-heure plus tôt, s'ils avaient seulement pu prévoir que la ventilation cesserait de produire son effet, si... si...

« Tu devrais les assigner en justice pour négligence », avait dit Mopsa. Mais il n'y avait eu aucune négligence, tout au plus les médecins avaient-ils joué de malchance ou commis une erreur d'appréciation du temps. Et que pouvait-elle espérer obtenir d'une action judiciaire ? Des dommages et intérêts pour la perte de James ? Mais elle n'était pas pauvre, elle ne désirait ni argent ni consolation, ni vengeance. Elle voulait retrouver James, et personne ne pouvait le lui rendre.

Elle s'étendit sur son lit et songea aux paroles de Mopsa, au flot de paroles insensibles, atroces qu'avait déversé sa bouche au sourire faux, au tremblement craintif ; elle s'adjurait elle-même de ne pas haïr sa mère, d'être indulgente, d'essayer de comprendre. Mais comment les gens sains d'esprit peuvent-ils comprendre la folie ? Elle se demandait à présent comment, le premier jour, elle avait pu croire Mopsa « guérie » ou seulement en meilleure santé.

Au bout d'un moment elle s'assit sur le lit, tendit la main vers le téléphone et composa le numéro de Constance Fenton. Elle le savait désormais par cœur, pour l'avoir fait tant de fois. De tout ce que lui racontait Mopsa, elle refusait de croire une bonne part. Mopsa mentait dès que l'aveu de la vérité risquait de comporter pour elle le moindre désagrément, le plus petit soupçon d'inquiétude. Les mensonges aplanissent les obstacles de la vie, et Mopsa y recourait comme à un expédient naturel. Benet savait que toute l'histoire du voyage des Fenton aux Canaries pouvait n'être qu'affabulation. Au lieu d'une semaine sous les tropiques, ils passaient peut-être trois jours à Blackpool. Ils n'étaient peut-être pas partis du tout. Le téléphone sonnait, sonnait. Ou bien ils étaient partis — et c'était la pire des hypothèses — non pour une semaine, mais pour une quinzaine. Le téléphone continuait de sonner ; Benet reposa le combiné.

Elle commençait à se dire que c'était peut-être une erreur de laisser cet enfant entre les mains de Mopsa. Lorsqu'elle avait compris que le petit garçon était venu chez elle pour y rester, qu'il allait demeurer dans sa maison huit jours, elle avait d'abord envisagé de se réfugier à l'hôtel. Elle n'avait pas abandonné cette idée, mais n'y songeait plus très sérieusement. Ce ne serait pas une attitude responsable. Elle ne pouvait abandonner Mopsa et n'osait laisser un enfant seul avec elle. Si déprimante que fût pour elle la présence du petit garçon, elle n'avait pas le droit de le livrer à Mopsa, ni Mopsa à lui. Elle gardait trop fort et trop vivace le souvenir du jour où sa petite cousine et elle étaient enfermées dans la salle à manger, le souvenir des portes barricadées, des couteaux.

Mopsa avait mis au petit garçon des habits neufs. Ou du moins d'autres habits. Ils avaient l'air neuf. Benet fut stupéfaite, vraiment, de constater qu'à son âge il n'était pas encore propre. Sous sa combinaison de velours bleu, elle discernait le contour protubérant d'une couche. Il était assis sur la chaise en osier de James, que Mopsa, tout comme la chaise haute, avait tenue cachée jusqu'à hier. Quelle serait la prochaine étape ? Benet observa un instant la situation avec un détachement dont elle s'étonna elle-même. Les jouets de James ? Ses vêtements ? Qu'est-ce qui allait suivre ?

« Jay, dit l'enfant. Jay. Jay veut boire. »

Ainsi, il parlait, et s'appelait bien James ! Après tout, c'était un prénom assez répandu, courant même. Mopsa entra en coup de vent, un biberon de jus de pomme à la main. Au moins, cet accessoire n'appartenait pas à James, elle l'avait certainement acheté. James n'en avait jamais eu. L'espèce de snobisme qui avait fait bondir Benet à la vue d'une couche l'amenait à poser un œil méprisant sur cet enfant déjà grand, ce garçon solide aux traits déjà masculins, qui suçait une tétine.

Ayant vidé son biberon, il retourna à son passe-temps favori, qui consistait à vider les placards de la cuisine. Il y travaillait avec un air d'intense concentration, sourcils froncés, lèvres serrées, sortant marmites, casseroles, jattes, plats, les examinant, les emboîtant les uns dans les autres. Au cours de ses investigations, il tomba sur un batteur à œufs, tourna la manivelle qui faisait pivoter les branches du fouet et leva les yeux vers Mopsa avec un large sourire de contentement.

« Je peux prendre un de tes somnifères ? demanda Benet à sa mère. J'ai jeté les miens. »

Mopsa lui dit qu'ils étaient dans sa chambre, sur la table de chevet : elle n'avait qu'à se servir. Benet trouva le flacon de Soneryl entre une boîte de Mogadon et l'inévitable Valium, derrière la photo d'Edward. Elle jeta un regard à Edward qui, pour sa part, détournait résolument le sien et fixait le lointain. Le visage n'était pas seulement beau, mais intelligent et sensible. A le voir, on attendait de son possesseur des paroles, des pensées, des sentiments admirables. Il était baigné d'un air de mystère, comme toute beauté figée et silencieuse. L'incroyable était qu'il y eût si peu de chose sous le miroitement de cette surface, et que le peu qu'il y avait fût si banal. Cette pensée, et le souvenir d'avoir mis trois ans à en prendre conscience, furent douloureux à Benet.

Elle avala le Soneryl et dormit longtemps cette nuit-là. Elle ne s'était pas préoccupée de savoir où couchait l'enfant. La maison comprenait cinq chambres et, de plus, il y avait un second lit dans celle de Mopsa. Mopsa l'emmenait en promenade et, évidemment, ils avaient dû utiliser la poussette de James.

Le lendemain, Mopsa devait retourner au Royal Eastern Hospital pour y poursuivre ses examens et elle demanda à Benet si elle voulait bien le garder, pendant trois heures, pas plus. Benet dit qu'elle s'y était préparée. Tôt ou tard, elle savait que cela se produirait.

« Je n'ai guère le choix, il me semble », remarqua-t-elle.

Mopsa semblait fatiguée. Elle avait les yeux cernés, les joues creuses. S'occuper d'un enfant de deux ans constituait une tâche au-dessus de ses forces. Benet se demanda s'il l'avait obligée à se lever la nuit, s'il se réveillait, s'il pleurait, réclamait sa mère, et si Mopsa devait le consoler. Non qu'elle compatît beaucoup : elle ne trouvait plus de place en elle pour s'apitoyer sur d'autres qu'elle-même.

Aujourd'hui, le petit garçon portait de nouveau sa salopette en jean et ses sandales de plastique. Benet avait rarement vu chaussures moins adaptées à un enfant. Décidément, les choix de Barbara Lloyd la laissaient perplexe. Le petit garçon avait entrepris l'ascension de l'escalier. Il semblait s'en tirer plutôt bien, grimpait à quatre pattes et redescendait en se laissant glisser sur les fesses. Il ne parlait presque pas, et jamais pour le seul plaisir de former des sons compréhensibles. Quand il désirait quelque chose, le désirait vraiment, il s'exprimait à la troisième personne, en s'appelant lui-même « Jay ». Jamais « James », « Jim » ou « Jem », mais toujours « Jay ». Il était étonnamment peu communicatif et, à sa façon, remarquablement autonome. Benet, pelotonnée sur son siège dans l'embrasure de la fenêtre, devait bien s'avouer qu'il ne la gênait guère.

Ne l'ayant pas vu depuis une demi-heure, elle s'arracha à contrecœur à son immobilité pour monter à sa recherche. Il avait pénétré dans le bureau. Là, il avait trouvé une boîte à moitié pleine de papier machine extrafort, s'était emparé d'une douzaine de feuilles et était en train d'y dessiner avec un feutre à encre bleue. Il était assis par terre, les feuilles éparpillées devant lui ou posées sur la couverture rigide de l'agenda de Benet. On n'aurait pu dire s'il l'avait fait exprès ou si elles se trouvaient là par hasard, mais c'était évidemment plus pratique. Et bien qu'il eût abondamment taché d'encre ses mains, ses bras, sa salopette et l'agenda, ses dessins n'étaient pas des gribouillages, on reconnaissait ce qu'ils représentaient, un homme, une femme, une maison, quelque chose qui ressemblait à un pont.

Benet ramassa l'une des feuilles pour l'examiner de plus près. Elle fut très étonnée. Cela lui paraissait beaucoup plus proche de ce que l'on pouvait attendre d'un enfant de six ans et elle se rappela les dessins qui ornaient les murs de la salle de jeux où elle avait vu l'« arbre de mains ». Le souvenir des moments passés dans cette pièce lui revint accompagné d'une douleur si aiguë qu'elle lâcha la feuille et se détourna, les poings crispés.

Le petit garçon dit : « Jay veut boire. » Il essayait de replacer le capuchon sur le feutre.

Benet le fit pour lui. Elle le prit pour le porter à l'étage supérieur, accomplissant ce geste presque sans y penser, automatiquement. Mais aussitôt, elle eut envie de le laisser tomber, sous le choc d'une répulsion violente. Elle se retint : c'était un être humain, un être sensible, et il n'y était pour rien. Elle l'emmena à l'étage et lui remplit un biberon de jus de pomme.

Lorsque Mopsa rentra, Benet suggéra de louer un poste de télévision. A l'évidence, l'enfant était habitué à la regarder. En arrivant, il avait parcouru la pièce à la recherche du téléviseur, exactement comme Mopsa le premier jour. « Cela te faciliterait la tâche », ajouta Benet.

Pourquoi Mopsa ne montrait-elle pas plus d'enthousiasme ? Benet croyait que sa mère serait enchantée et qu'elle proposerait même de monter tous en voiture pour aller s'en occuper sur-le-champ. Mais, depuis son retour, Mopsa avait l'air exténué, effrayé, tourmenté, comme si, durant ces quelques heures passées au-dehors, quelque chose l'avait épouvantée. Cependant les examens qu'elle venait de subir au Royal Eastern, quels qu'ils fussent, étaient de pure routine, simples et sans rien d'alarmant. C'est du moins ce qu'elle avait dit à Benet, et celle-ci l'avait crue. Mopsa fit la grimace, une moue qui évoquait vaguement un groin :

« Mais tu n'aimes pas la télévision ?

— Je ne la regarderai pas. Ton petit protégé et toi, vous l'aurez pour vous tout seuls au premier, dans le living-room. »

Mopsa ne semblait toujours pas décidée, et Benet n'insista pas. Néanmoins sa mère avait sans doute pris sa proposition à cœur car un poste de télévision fit son apparition, livré par une agence de location de Kilburn et installé dans le living-room. Son grand œil gris sans pupille luisait dans un coin de la pièce parmi les cartons toujours pleins. A quatre heures et demie, Mopsa et le petit garçon se carrèrent dans le canapé, face à l'appareil, Mopsa munie d'une tasse de thé et l'enfant de jus de pomme, qu'il but cette fois dans un gobelet. Benet passa devant la porte ouverte, les considéra un instant, mais sans entrer.

Rétrospectivement, c'est de l'arrivée de ce poste de louage qu'elle devait dater l'enclenchement des événements. Son irruption semblait tracer la ligne de démarcation entre les limbes de détresse où elle avait végété jusque-là et ce qui avait suivi — le temps de la découverte, de la stupéfaction, de la peur. Pourtant, dans les vingt-quatre ou quarante-huit heures suivantes, il ne se passa pas grand-chose et le peu qui arriva se fût produit de toute façon, avec ou sans télévision.

Longtemps, pétrifiée dans sa mémoire avec une netteté de camée, Benet conserva cette vision d'un instant, cette image : Mopsa, décharnée, plus sorcière que jamais, électrisée, assise au bord du sofa à sa manière habituelle : dressée, tendue, comme prête à bondir — et le petit garçon à côté d'elle, aussi douillettement enveloppé dans sa combinaison de velours extensible qu'un chiot dans sa fourrure, le pouce à la bouche et tenant fermement de l'autre main un épais gobelet de céramique bleue. Par la suite, cette image devait lui paraître clore un cycle de désespoir et en ouvrir un autre, de crainte et d'effroi.

Cette nuit-là, elle tenta de se passer de Soneryl. Elle rêva de l'arbre de mains. Elle se promenait avec James sur la Lande. Elle poussait la poussette vide et James marchait à côté d'elle en lui tenant la main. En réalité, ils n'y étaient jamais allés ensemble — mais c'était un rêve. Ils traversèrent une clairière en suivant un sentier sableux et pénétrèrent dans une nouvelle étendue boisée baignée de soleil ; c'était le cœur de l'été, les arbres étaient dans tout l'éclat de leur feuillage, sauf un au centre du bosquet, qui portait des mains au lieu de feuilles, des mains aux ongles rouges, des mains gantées, des squelettes de mains, des mains de fer.

La vue de l'arbre enchanta James. Il courut vers lui, entoura son tronc de ses petits bras. Il leva les mains pour toucher les plus basses parmi les mains de l'arbre. Benet s'apprêtait à en cueillir une pour lui, une blanche main de femme ornée d'un diamant, lorsque ses cris s'insinuèrent dans le rêve, l'interrompirent, estompèrent les contours de l'arbre, firent pâlir le soleil — Benet s'était réveillée, s'était levée, courait chez James.

Avant même d'avoir vu la chambre vide, elle se souvint. Tout son corps se tordit, se recroquevilla. Elle ferma les yeux un instant, fit sur elle-même l'effort nécessaire et descendit à l'étage inférieur, guidée par les pleurs qui la conduisirent à la petite chambre contiguë à celle de Mopsa. Elle était plongée dans l'obscurité. Le petit garçon cessa de pleurer dès qu'elle fit de la lumière et le prit dans ses bras. Était-il habitué à dormir dans une pièce éclairée ? Chez lui, la lueur d'un réverbère tombait-elle dans sa chambre ?

Elle alluma la lampe de chevet et couvrit l'abat-jour d'une couverture repliée. En suçant son pouce, il s'endormit sous ses yeux. Elle s'aperçut qu'elle le regardait avec attention pour la première fois, et aussi que son visage lui rappelait quelqu'un. Elle n'aurait pu dire qui. Mais ce petit garçon ressemblait vraiment beaucoup à un adulte qu'elle connaissait ou avait connu autrefois. En règle générale, plus un enfant est « beau », moins il ressemble à un adulte. La joliesse, le charme d'un très jeune enfant n'ont rien à voir avec une quelconque individualité de traits, mais résultent plutôt d'une conformité à une image idéale, sorte d'amalgame entre un chérubin de Raphaël, Peter Pan et un bambin de Mabel Lucy Atwell. Le petit garçon endormi ne répondait à aucun de ces modèles. Il avait le nez droit et fort, le menton vigoureux, une bouche charnue aux courbes régulières, des sourcils énergiquement dessinés, déjà bien marqués. On devinait parfaitement l'allure qu'il aurait à l'âge adulte, celle d'un homme blond au visage taillé à la serpe, grand et solidement bâti, laid à moins de sourire. Benet connaissait forcément un homme répondant à cette description, ou une femme blonde aux lèvres fortes. Ce n'était pas Constance Fenton. Barbara Lloyd ? Elle ne le pensait pas. Elle avait oublié l'apparence physique de Barbara, mais soudain ses traits lui revinrent clairement en mémoire : une face en pleine lune, un front bas, un nez retroussé. L'enfant ressemblait probablement à son père, qu'elle n'avait jamais vu. Pourtant quelque chose clochait dans ce raisonnement. Il lui rappelait bel et bien une personne qu'elle avait *vue*, qu'elle connaissait.

Elle était certaine de ne pouvoir se rendormir. En robe de chambre, enveloppée d'une couverture, elle s'assit dans le bureau parmi les livres, les étonnants dessins de l'enfant étalés sur ses genoux ; elle aspirait à la fin de la nuit sans désirer vraiment le matin. Vers cinq heures, elle se fit du thé.

Le jour ne commença à poindre qu'après sept heures et demie. Un froid et gris crépuscule semblait tomber du ciel nuageux, monter de la Lande et de l'étang pour envahir le Val de Paix. Le soleil ne s'était pas montré de plusieurs jours. Un garçon livrait des journaux qu'il sortait d'un sac de toile accroché au guidon de sa bicyclette. Benet le suivit des yeux. Elle s'avisa qu'elle n'avait pas ouvert un journal depuis des semaines.

Leur petit pensionnaire devait rentrer chez lui le mercredi suivant ; on était dimanche. Benet sortit seule. Elle marcha jusqu'à South End Green. Le monde était vert, gris et glacé, on sentait en suspens dans l'air un peu de la désolation de novembre, mais en même temps tout lui semblait irréel, tenu à distance par une sorte de bulle de verre qui l'enveloppait. Elle trouva un marchand de journaux ouvert et acheta un journal du dimanche, mais ne le lut pas. Elle le rapporta à la maison, le posa sur la table du sous-sol, toujours sans le lire ; un peu plus tard dans la journée, elle ne put le retrouver. Mopsa avait dû l'emporter dans sa chambre.

Mopsa et l'enfant regardaient la télévision. Benet vint leur tenir compagnie. Elle recherchait des occupations qu'elle n'avait pas connues avec James : marcher sur la Lande, se tenir dans le bureau, regarder la télévision. Sa présence semblait mettre Mopsa mal à l'aise — était-elle intriguée par l'inconséquence de Benet, qui avait déclaré qu'elle ne regarderait jamais la télévision ? — mais après la lecture des principaux titres de l'information, elle parut se rasséréner.

Brejnev venait de mourir et il fut abondamment question de ses funérailles. Benet regarda une dizaine de minutes. Le petit garçon tenait sur son cœur un lapin blanc en peluche, cadeau probable de Mopsa. Il était assis les genoux légèrement écartés, tenait le lapin mais l'avait distraitement éloigné de sa bouche, comme un homme qui manipule son cigare en réfléchissant. Ses lèvres restaient serrées, ses yeux fixés sur l'écran. Benet se leva et monta jusqu'à la chambre de l'enfant. Elle n'avait d'autres meubles que le lit où il avait dormi et une petite commode. Benet en ouvrit les tiroirs, mais les trouva aussi vides que le jour où elle avait acheté ce chiffonnier, un an plus tôt. Leur jeune pensionnaire était venu sans valises, il n'avait aucun des inévitables sacs et fourre-tout bourrés de vêtements, de jouets et autres accessoires qui accompagnent les enfants à chacun de leurs déplacements. Les sacs de Mothercare et de Marks et Spencer que Mopsa avait rapportés étaient posés sur le dessus de la commode. Lorsque Benet les avait vus, ils contenaient donc bien des vêtements neufs : Mopsa venait de les acheter. Au fond de l'un d'eux traînait un pantalon de velours brun qui n'avait pas encore servi.

Les affaires du petit garçon se trouvaient peut-être dans la chambre de Mopsa. Benet y alla, mais ne vit pas trace de vêtements d'enfant. Le *Sunday Times* qu'elle avait acheté le matin était bizarrement enfoui entre les deux oreillers du lit. Benet ne l'aurait pas remarqué si, en ouvrant le tiroir de la table de chevet, elle n'avait très légèrement rabattu le couvre-lit.

Le journal à la main, elle commença à redescendre. Soudain les cris de l'enfant — des cris de bête blessée — trouèrent le silence. Benet se précipita ; elle revoyait les yeux de Mopsa, se remémorait la pièce barricadée, les couteaux. Elle ouvrit la porte du living-room. La télévision était éteinte et le petit garçon se tenait devant le poste, hurlant sa détresse, pleurant des larmes amères, martelant l'écran de ses poings.

« Mais que se passe-t-il, grands dieux ?

— J'ai éteint la télé et ça ne lui a pas plu.

— Pourquoi l'as-tu fait, alors ? » Benet criait pour couvrir ses pleurs. Elle le prit et tenta de le calmer. Il sanglotait et lui frappait l'épaule.

Mopsa ne répondit pas. Elle avait son air méfiant, détaché, indifférent à tout.

« En voilà une comédie ! » dit-elle à l'enfant. Elle se leva et ralluma la télévision — non sans avoir au préalable changé de chaîne, remarqua Benet. Une image apparut, deux chevaux de labour tirant une charrue dans un champ.

Le petit garçon se débattit pour descendre. Il alla vers le poste de télévision et eut alors un comportement étrange. Il mit ses doigts sur l'écran, puis sur le pourtour de celui-ci, comme pour essayer de l'ouvrir, de se glisser à l'intérieur de l'appareil ou d'y retrouver quelque chose. Telle était du moins, à voir son manège, l'impression de Benet. Il renonça au bout de quelques instants et une expression de tristesse résignée se peignit sur son visage, un visage étonnamment mûr, un visage de petit homme. Au lieu de reprendre sa place sur le canapé à côté de Mopsa, il s'assit par terre assez près du téléviseur, le corps penché en avant, le regard absorbé par l'image.

Benet descendit lire le journal au sous-sol. Il y avait des articles entiers sur Leonid Brejnev. Elle était plus intéressée par la lecture des nouvelles d'Angleterre, mais n'en trouva guère et ne tarda pas à comprendre pourquoi : les pages trois et quatre manquaient. Quelqu'un — Mopsa — les avait détachées.

Si Benet s'avisait de lui demander pourquoi, elle nierait, tout simplement. Et quoiqu'elle fût persuadée que c'était bien l'œuvre de Mopsa, elle n'en possédait aucune preuve. Ces pages avaient pu se perdre chez le marchand de journaux, c'était peu vraisemblable, mais possible.

Le téléphone se mit à sonner. Elle se dit qu'elle ferait mieux de répondre, même s'il y avait près de deux semaines qu'elle n'avait communiqué ainsi avec le monde extérieur. Il lui faudrait bien recommencer un jour ou l'autre. Il lui faudrait bien se décider à fournir les explications que Mopsa avait omis — avait eu peur — de donner.

C'était la voix de son père. Comment allait-elle ? Était-elle remise de sa grippe ? Et comment allait Mopsa ?

« Très bien », répondit Benet avant d'ajouter avec une agressivité qu'elle regretta presque aussitôt : « Elle va rentrer en Espagne très bientôt. »

Il n'avait pas demandé de nouvelles de James. Qu'aurait-elle dit ? Elle lui en voulait de ne pas s'enquérir de James, bien qu'il fût mort et qu'elle eût été bien en peine de satisfaire sa curiosité. Mais il aurait *dû* demander de ses nouvelles, son silence était cruel, plus cruel encore qu'il ne le soupçonnait. Elle alla chercher Mopsa. L'enfant était toujours assis par terre et fixait toujours l'écran, même si les chevaux avaient disparu depuis longtemps et fait place à un chanteur en costume à paillettes qui dansait le tango avec son micro.

Benet entendit sa mère parler au téléphone comme une jeune fille d'une époque révolue, des années vingt peut-être, qu'appelait un étudiant de première année ou un jeune sous-lieutenant rencontré au tennis. Elle minaudait avec des inflexions tour à tour effarouchées, boudeuses, galantes. Avec cet homme qui partageait sa vie depuis trente ans, elle se montrait coquette, aguichante. Elle gloussa et poussa un petit cri de surprise ravie. Benet mit son manteau, noua un foulard sur sa tête et sortit. Elle monta la côte, descendit Heath Street et s'arrêta devant la vitrine de la librairie High Hill où étaient exposés des exemplaires de son roman, *Les Liens du mariage*, en édition brochée. Une photo d'elle était posée au milieu des piles de livres. Elle était enceinte à l'époque, mais les plis de l'ample robe sombre qu'elle portait masquaient totalement son état.

« Reviens deux ans et demi en arrière, se dit-elle, reviens au temps où il n'était pas encore conçu. Reviens à ce moment-là. Il n'a jamais été conçu, jamais. Tu n'as jamais dit à Edward : "Je vais avoir un enfant mais cela ne change rien, cela ne marchera pas mieux entre nous, la situation reste inchangée." Tu lui as seulement dit adieu, sans fioritures : "Edward, c'est fini, nous sommes arrivés au bout du chemin." Il n'y avait pas, il n'y avait jamais eu d'enfant. Edward lui-même n'avait-il pas dit que c'était impossible ?

— Je ne te crois pas, Benet. Tu ne ferais pas ça, même toi tu n'en serais pas capable. »

Elle commanda un café et un sandwich et s'installa seule dans un coin, regardant les passants et les consommateurs, tous par couples ou en groupes. Elle ne paraissait pas enceinte sur cette photo et c'était étrange, pensait-elle. James était né trois mois après, mais sa grossesse ne se voyait pas. C'était presque un mauvais présage.

Mopsa et l'enfant étaient couchés et dormaient lorsqu'elle rentra. Elle chercha les pages manquantes du *Sunday Times*, sans succès. Elles étaient sans doute aussi dans la chambre de Mopsa — sous le matelas, peut-être ?

Mopsa n'avait plus que deux visites à faire au Royal Eastern, le lundi et le vendredi matin. Le lundi, elle laissa le petit garçon à la garde de Benet et partit à neuf heures et demie. Benet l'installa par terre dans la pièce du sous-sol et disposa devant lui quelques feuilles de papier et trois feutres de couleurs différentes. Il portait le pantalon de velours marron avec un tricot jaune et ses cheveux blonds lavés de frais, clairs et brillants, rayonnaient comme une tache de soleil. Au bout d'un moment il demanda à boire, se désignant lui-même comme « Jay », ou d'un nom qui ressemblait plutôt à « Jaïe ». Il prononçait le peu de mots qu'il disait avec un indéniable accent cockney. C'était probablement celui de Barbara Lloyd elle-même, elle avait quitté l'école à seize ans, pensa Benet non sans injustice. Et qui sait de quel milieu sortait son mari ? Benet se rendait compte de la mesquinerie et du snobisme de ses réflexions. Mais c'était plus fort qu'elle. Le désespoir et la désolation l'avaient assaillie de nouveau dans la nuit et lui collaient à la peau comme de lourds vêtements mouillés.

Lorsque le téléphone sonna, elle fut tentée de ne pas réagir. Cette fois, elle n'aurait pas son père au bout du fil, mais Antonia, Chloé, Mary ou Amyas Ireland, quelqu'un en un mot à qui elle devrait dire la vérité.

Le petit garçon regarda autour de lui et dit : « Téléphone sonne.

— Je sais. J'entends.

— Sonne, sonne », répéta l'enfant, et il se mit à imiter le « dring-dring ».

S'armant de courage, Benet décrocha.

« C'est vous, Benet ? Ici Constance Fenton. Votre mère va bien ?

— Oui, oui. Très bien, je pense. Elle est sortie pour le moment.

— C'est qu'elle nous avait plus ou moins promis de venir nous voir hier, mais comme nous ne l'avons pas vue et qu'elle n'a pas téléphoné non plus, nous commencions à nous poser des questions. En principe, il y a toujours quelqu'un pour répondre au téléphone. Bien sûr, je suis à mon travail, mais Barbara était là avec Christopher... »

Benet l'interrompit. Elle avait soudain la gorge sèche et la voix lui manquait. « Je croyais que votre petit-fils s'appelait James ?

— Non, chère. Christopher. Christopher John, comme son père.

— Si je comprends bien, ma mère n'est pas allée vous voir une seule fois ?

— Nous nous sommes parlé au téléphone, c'est tout. Mais nous serions si contents de la voir ! Si vous pouviez lui demander seulement de nous passer un petit coup de fil quand elle aura un moment... »

Benet murmura les paroles d'usage. Elle se sentait étrangement faible, les jambes coupées. Elle voyait l'enfant dessiner au feutre rouge avec autant d'entrain que d'application. Même à la distance où elle se trouvait, on reconnaissait aisément une femme, un chien, un arbre. Elle prit congé de Mme Fenton, raccrocha, mais resta sur sa chaise, les yeux fermés, se passant la main dans les cheveux.

Très vite, elle se leva et monta fouiller la chambre de Mopsa. Elle avait dû garder dans son sac à main les pages manquantes du journal. Dans la chambre du garçon, Benet trouva le petit manteau rouge. De toute évidence, Mopsa l'avait lavé. En redescendant, elle fut frappée d'une idée bizarre, une idée totalement irrationnelle : il ne fallait pas que l'enfant porte ce manteau, il le désignait, le rendait immédiatement reconnaissable. Quelle que fût son identité. Elle remonta au dernier étage et se força à ouvrir le placard de la chambre de James, qui contenait tous ses vêtements. Elle lui avait acheté pour l'hiver un duffel-coat d'épais tweed marron, qu'il n'avait jamais porté. Elle l'avait pris plutôt grand, en prévision de sa croissance. Elle s'obligeait à ne pas penser, à se limiter à des gestes. Elle décrocha le manteau de son cintre, le descendit et le mit à l'enfant. Ils allaient sortir acheter le journal. Elle se demandait ce qu'elle éprouverait à marcher dans la rue avec un enfant en poussette, un petit garçon du même âge que James. Une chose était sûre, cependant : elle n'en mourrait pas, et puis elle avait besoin de savoir.

Ils revinrent à la maison en même temps que Mopsa. En remontant la côte, Benet avait déjà lu, dans l'une des pages intérieures, les quelques lignes qu'elle cherchait. Jeudi dernier, pensa-t-elle, il ne s'agissait sûrement pas d'un ou deux paragraphes, c'était sur cinq colonnes à la une.

Mopsa vit le journal plié sous le bras de Benet. Elle suivit l'allée du jardin et gravit les marches du perron à petits pas précautionneux, grimaçant presque, comme si elle avait foulé des sables brûlants et non le froid ciment. Benet lui tint la porte ouverte et la referma prestement derrière elle. Elle n'avait pas encore essayé d'appeler l'enfant par son vrai nom.

« Jason, dit-elle, viens, que je t'enlève ton manteau. »

Mopsa poussa un cri aigu et porta la main à sa bouche. Le petit garçon adressa à Benet un sourire radieux. Oui, Jason, c'était bien lui, semblait dire ce sourire, enfin ils avaient compris, enfin ils savaient.

Benet le fit entrer dans le living-room. Elle était sûre que Mopsa les suivrait. Elle ouvrit le journal et lut à haute voix :

« Six jours après la disparition du jeune Jason Stratford, âgé de vingt-trois mois, dans une rue de Tottenham (Londres-Nord), un porte-parole de la police a déclaré hier que l'espoir s'amenuisait de retrouver l'enfant vivant. Le petit Jason a été vu pour la dernière fois dans une rue dont les maisons sont promises à la démolition, non loin du Canal du Nord-Est à Winterside Down, où il habitait chez sa mère, Mme Carol Stratford, vingt-huit ans, et Barry Mahon, vingt ans, menuisier.

« Hier soir, après le bulletin d'informations de la BBC-1, Mme Stratford a lancé un appel pour la restitution de Jason. "Jason n'aurait jamais suivi n'importe qui de son plein gré, a-t-elle déclaré. Il n'était pas habitué aux inconnus." »

« La rue en question, c'est Rudyard Gardens », poursuivit Benet. Son cœur se soulevait à la pensée que si Mopsa connaissait l'endroit, c'était grâce à elle. « Je suppose qu'en revenant de l'hôpital, mercredi dernier, tu as suivi mon itinéraire. Où l'as-tu trouvé ? Dans un jardin ? Devant une boutique ?

— Il était assis sur un mur », dit Mopsa. Elle imprimait à sa voix un chevrotement pathétique. Elle vint très près de Benet, visage contre visage, lèvres frémissantes. « On l'avait laissé tout seul. Sur un mur. Personne ne voulait de lui. Et puis un chien est passé, un de ces gros chiens noirs, un doberman ; il l'a flairé et il a eu très peur. Il était si effrayé qu'il est tombé du mur, et je l'ai relevé. Personne ne regardait. Personne ne m'a vue.

— Je veux bien te croire ! »

Mopsa effleura Benet. Elle posa deux mains tremblantes sur ses bras : « C'est pour toi que je l'ai fait, Brigitte. J'avais dit que pour toi, je ferais tout au monde. Tu as perdu ton enfant et je t'en ai trouvé un autre. Je t'ai trouvé un autre petit garçon pour compenser la perte de James. »

VIII

Jason était absent depuis vingt-quatre heures, plus même, lorsqu'ils comprirent enfin qu'il avait disparu. Pour Barry, c'était presque cela le pire : qu'on ait pu perdre ainsi la trace de l'enfant, parce que les uns le croyaient avec les autres, et que ces derniers le supposaient à la maison avec sa mère. C'était le plus difficile à expliquer à la police. Barry venait de le répéter pour la énième fois. Il se trouvait dans une salle du poste de police et regardait le superintendant Treddick et l'inspecteur Leatham qui rassemblaient leurs papiers, se levaient et le laissaient seul une demi-heure de plus « pour prendre le temps de la réflexion, pour voir s'il voulait ajouter quelque chose à sa déposition ».

Oui, il y avait bien des choses qu'il aurait voulu ajouter, mais il n'était pas si bête. Il connaissait le genre d'hypothèses qu'ils ne manqueraient pas d'échafauder.

« Vous vous entendiez bien avec l'enfant ? » lui avaient-ils demandé d'un air innocent, sur un ton léger, comme par hasard, seulement ils ne disaient rien au hasard.

« Mais oui, parfaitement », avait-il répondu.

Et c'était vrai. Mais il était vrai aussi qu'il avait parfois souhaité se débarrasser de lui. Pas pour toujours, pas de cette façon, mais simplement pour pouvoir être seul avec Carol. Il se remémorait le soulagement qu'il avait éprouvé lorsque Iris avait proposé de garder Jason la nuit, et avec quel empressement il avait accueilli la solution offerte par Beatie Isadoro, qui acceptait sans mot dire un enfant de plus, pourvu qu'on la payât. Afin d'avoir Carol pour lui tout seul, sans un petit gêneur qui pleure ou crie dans la chambre voisine, il était entré dans les arrangements compliqués de son amie en matière de garde d'enfant. Il avait eu parfois des remords de conscience, mais pas assez vifs pour l'inciter à prendre des initiatives. Ce jour-là, par exemple — ce jour où Karen Isadoro, sa mère, Iris ou n'importe qui d'autre avait perdu Jason — sa conscience était en éveil et le tourmentait, lui enjoignait de faire quelque chose.

Il avait endormi ses scrupules, il les avait même assommés un bon coup. En devenait-il pour autant le vrai responsable de la disparition de Jason ? Il espérait bien que non, il ne voulait pas laisser ses pensées suivre ce cours. Il se rappelait parfaitement cette journée. Mercredi dernier.

Ken Thompson et lui étaient en train d'installer des éléments sur mesure dans la chambre à coucher d'un appartement du côté de Page Green. Étant donné le genre du quartier et le délabrement de l'immeuble, cela ne semblait guère en valoir la peine, mais était-ce à eux d'élever des objections ? Le client payait. Ces derniers temps, ce genre de commande se faisait de plus en plus rare. Les boutiques de bricolage poussaient comme des champignons et les magazines se vendaient comme des petits pains. Peu après une heure de l'après-midi, ils avaient fini leur travail, à l'exception de la glace qui était toujours à l'atelier de Crouch End où on la taillait selon une forme tarabiscotée. Ken lui dit qu'ils feraient aussi bien de s'arrêter : il reviendrait seul vers les quatre heures pour poser le miroir.

Barry avait prévu que le chantier ne leur prendrait qu'une matinée et, en passant une dernière touche de ponçage, il avait décidé d'emmener Jason en promenade l'après-midi. Il appela les Isadoro d'une cabine. C'est Dylan, le deuxième ou le troisième des garçons, qui répondit : « Jason sort à l'instant en poussette avec maman et Karen. » Bon, eh bien merci, dit Barry, on viendrait le chercher vers six heures. Il avait cette sensation familière de culpabilité et de soulagement mêlés que nous éprouvons tous lorsque les circonstances nous dispensent d'accomplir un devoir fastidieux. Bien sûr, il aurait pu insister, dire qu'il passait sur-le-champ prendre Jason pour l'emmener au parc, aux balançoires, n'importe où ; mais il n'avait rien dit de tel. Il s'était persuadé que Jason s'amuserait bien mieux avec d'autres enfants qu'à traîner avec lui dans le froid. Et il faisait froid ! C'était un de ces jours sombres et gris de novembre, les feuilles mortes tourbillonnaient et l'on marchait sur un tapis de feuilles humides.

Barry voyait un après-midi de loisir s'étendre devant lui. Carol n'allait pas au bar à vin. Elle travaillait toute la journée chez Mme Fylemon et terminait à cinq heures. Il décida d'aller la chercher, pas à la porte de la maison, mais en l'attendant en haut de Fitzroy Park. Cela lui laissait plus de trois heures de liberté. Il traversa Green Lanes pour s'engager dans Delphi Road et se dirigea vers Lordship Avenue en prenant le passage situé entre Rudyard Gardens et Zimber Road, qui aboutissait au grand carrefour où se trouve le cinéma ABC. A l'ABC, on passait *Dark Crystal* et la première séance allait commencer. Barry aimait se faire peur au cinéma, avec ces films d'épouvante qui vous coupent le souffle et vous font sursauter. Après un instant d'hésitation, il entra, achetant au passage un paquet de Marlboro ; l'ouvreuse le conduisit du côté « fumeurs » de la salle.

Au moment où Barry venait d'entrer à l'ABC, Karen Isadoro, que sa mère avait envoyée acheter une grande miche de pain, devait traverser le passage clouté de Lordship Avenue, poussant Jason dans sa petite voiture en direction de Rudyard Gardens, c'est-à-dire de la seule boulangerie ouverte dans les parages le mercredi après-midi. Barry était au cinéma depuis une demi-heure lorsque Karen était revenue avec Jason, portant le pain dans un sac en plastique accroché aux poignées de la poussette ; en arrivant dans Brownswood Common Lane elle avait sonné à la porte d'Iris, aux « Villas Griffin », mais n'avait trouvé personne. Karen n'avait révélé ces détails que plus tard, bien trop tard, lorsque, en compagnie de l'inspecteur Leatham et du sergent, ils étaient allés l'interroger à son école. Sur le moment, Barry n'en savait rien, il était à cent lieues de songer à Jason tandis que défilaient les images de *Dark Crystal*.

Alors qu'il en était à la moitié du film, Karen avait rencontré sa petite camarade Debbie dans Lordship Avenue. Ce mercredi était le dernier jour de leurs vacances d'automne. Debbie voulait que Karen fasse les boutiques avec elle : elle allait acheter une carte amusante pour l'anniversaire de sa maman. Jason les encombrait. En outre, la mère de Karen lui avait dit que Mme Knapwell devait le garder, Mme Knapwell avait promis de la relayer, elle avait assez de pain sur la planche sans le gosse de Carol Stratford dans les jambes du matin au soir. Les fillettes avaient téléphoné à Iris. Ou plutôt, elles avaient appelé sa voisine du dessus, une certaine Mme Love, car Iris n'avait pas le téléphone. Iris était toujours absente.

Elles emmenèrent Jason chez un marchand de journaux. A ce moment-là, selon ses propres estimations, Barry entamait sa quatrième cigarette. Elles entrèrent avec l'enfant dans une confiserie qui vendait aussi des cartes ; le petit se mit à pleurer pour avoir des bonbons, et même à hurler quand elles lui expliquèrent qu'elles n'avaient pas d'argent pour lui en acheter. Debbie dit qu'elle voulait pousser une pointe jusqu'à Halepike Lane : il y avait un magasin où on trouvait des cartes marrantes. Elle y allait *maintenant*. Karen pouvait venir si ça lui chantait, mais avant il fallait qu'elle débarque ce gêneur de Jason.

Barry ne voyait pas bien ce qui était arrivé ensuite. Personne ne voyait très bien. Tous les intéressés présentaient des versions contradictoires — pour sauver la face, pour essayer de se montrer sous le jour le plus favorable. Karen disait qu'elle avait sorti Jason de sa poussette et l'avait assis sur un muret de Rudyard Gardens, le temps d'entrer dans une cabine pour appeler Iris. Si elle l'avait sorti de sa poussette, c'était parce que le doberman du marchand de légumes rôdait aux alentours et que Jason en avait très peur : sur le mur, il était hors d'atteinte. Le problème, c'est que des voyous avaient cassé le téléphone, il ne marchait plus. Alors elle avait laissé Jason sur son mur, avait tourné en courant le coin de la rue, l'avait juste un peu dépassé, et appelé Iris de l'autre cabine, celle qui était devant l'épicerie. Mais elle n'avait que dix pence — deux pièces de cinq pence, exactement — et Mme Love mettait tellement de temps à transmettre son message...

Iris ne l'avait jamais reçu. Pourtant, oui, Mme Love l'avait bien transmis. Aucun doute là-dessus. Le message, c'était que Jason était avec Karen Isadoro. Elle était montée avec Mme Love pour parler à Karen, mais celle-ci était partie, on n'entendait plus que la tonalité.

« J'ai laissé un message, répéta Karen à l'inspecteur. J'ai dit à la dame du premier de dire à la mamy de Jason que Jason était assis sur le mur de Rudyard Gardens, qu'elle vienne le chercher en vitesse.

— As-tu vraiment donné ce message ? demanda Leatham. Sincèrement, tu as vraiment dit cela à la dame ? »

Karen tint bon quelques instants, puis se mit à pleurer. « Je voulais le dire, bredouilla-t-elle.

— Tu voulais le dire, mais qu'as-tu fait en réalité ?

— J'avais plus de sous et il y a eu le bip-bip... »

Elle n'avait que huit ans ! Qu'espéraient-ils ? Et lui, Barry, qu'avait-il espéré ? Il ne s'était guère soucié de tout cela. Il ne s'en était pas soucié au cinéma, en regardant des sauriens extraterrestres et en fumant sa sixième cigarette.

La séance se termina peu après quatre heures. Barry prit un autobus qui le conduisit à Muswell Hill où il changea pour Archway Road. Il y fut à cinq heures moins cinq ; il pressa le pas, courut même une partie du chemin pour monter la côte raide du village de Highgate, traverser Pond Square et pénétrer dans la splendeur géorgienne du Bosquet. A l'entrée de Fitzroy Park, il s'arrêta à la grille qui marque l'entrée de la voie privée, pour y attendre Carol. Il alluma une cigarette. Il savait que, lorsqu'elle apparaîtrait — émergeant de la courbe de l'allée qui s'étendait devant lui, marchant vers lui entre les hautes haies sous le berceau des frondaisons — il éprouverait ce mouvement du cœur, ce resserrement de la gorge qui était presque une sensation de nausée, d'un malaise pourtant voluptueux, comme chaque fois qu'il allait à sa rencontre ou la regardait venir de loin, ou même que, traversant le pont chinois, il apercevait de la lumière aux fenêtres de sa maison. C'était pour lui une sensation nouvelle, qu'il n'avait jamais eue avant de connaître Carol mais qu'il identifiait comme un symptôme de l'état amoureux, de même qu'un homme qui n'a jamais eu de crise cardiaque ne peut cependant se méprendre sur la douleur fulgurante qui déchire son bras gauche et la poigne de fer qui lui écrase la poitrine.

Il attendait depuis quelque dix minutes lorsqu'elle lui apparut à l'autre bout du berceau de verdure. Son cœur bondit, lui sembla se retourner, puis se reprendre d'une petite embardée délicate. Elle le vit et agita la main. Il se mit à marcher dans sa direction. Lorsqu'ils se rejoignirent, il posa ses deux bras sur les épaules de Carol et resta un moment à la regarder : son visage de poupée de porcelaine était boudeur et plutôt fatigué, les boucles d'or collaient à son front que le maquillage empâtait et rendait luisant. Il lui prit des mains son fourre-tout. Il n'aimait pas la voir porter cet accessoire. Sa mère disait qu'on reconnaît toujours une femme qui fait des ménages au sac où elle transporte sa salopette et ses gants de caoutchouc.

« Je suis claquée, dit Carol. Le ''Prince de Galles'' doit être en train d'ouvrir. Je meurs d'envie d'un bon verre.

— En vitesse, alors. Il faut aller chercher Jason. Ce matin, Beatie m'a fait des réflexions, comme quoi on le lui laisse trop longtemps. »

Carol prit feu et flamme, comme toujours. Elle n'aimait pas les critiques. Elle n'était pas la seule, pensait Barry pour l'excuser.

« Elle peut aller se faire foutre ! On la paie pour ça, non ? Et même un paquet ! En tout cas, t'en fais pas pour Jason. J'ai appelé *madame* Isadoro de chez Mme Fylemon, et il est chez maman, elle l'a depuis trois heures, alors on va pouvoir s'en payer, mon chou ! » Elle lui prit le bras et se serra contre lui. « Mme Fylemon part trois semaines en Tunisie et elle m'a donné mes sous en avance, cinquante balles plus un petit boni pour arroser ses plantes vertes. Qu'est-ce que t'en dis ? » Elle exhiba un billet de cinquante livres tout neuf, crissant, vert mordoré, qu'elle lui brandit sous le nez.

« J'ai de l'argent, fit Barry, pincé. Je ne veux pas que tu dépenses le tien.

— On a fait prendre l'air à une partie de ses affaires. Il y avait une robe de Zandra Rhodes qu'elle m'a dit que je pouvais prendre. Je l'ai dans ce sac. Ça c'est autre chose, crois-moi ! Tu te rends compte, une femme de son âge qui se figure qu'elle peut porter du Zandra Rhodes ! »

Et sans aucun doute, Beatie Isadoro avait cru sincèrement que Jason était chez Iris, en sécurité chez elle depuis trois heures. Karen l'avait cru aussi. Ce n'était pas la première fois qu'elle laissait Jason dans la rue à un endroit convenu avec sa grand-mère. Quant à Iris, elle ne s'était pas posé de questions. Pourquoi se serait-elle inquiétée ? Dans son esprit, on l'avait laissée sur la touche pour l'après-midi. Jason était avec Karen, dans la famille de Karen, dans le cocon de ces deux maisons surpeuplées et pour sa part elle pouvait s'offrir quelques heures de tranquillité inattendue, délasser ses pieds habituellement ligotés dans ses sandales à talons hauts, « en griller une », regarder la télé et attendre paisiblement que Jerry rentre et l'emmène au « Bouledogue ».

Barry et Carol prirent un verre, puis un second, au « Prince de Galles », avant de passer au « Flask ». Carol dit que Dennis Gordon lui avait parlé d'un nouveau club à Camden Lock, le « Tenerife », un disco-bar ; il suffisait de payer à la porte un droit d'entrée de deux livres, ça ne lui déplairait pas d'essayer. Ils allèrent d'abord manger un morceau dans une grilladerie ; Carol se dirigea vers les toilettes « dames » et en ressortit vêtue de la robe, une robe jaune, rouge et or à jupe courte, énormes manches ballon et large ceinture dorée. Elle était chaussée de ses bottes rouges, et l'ensemble était parfait, fascinant.

« Tu es superbe, dit Barry. Je regrette, j'aurais dû me changer, je me sens un peu crasseux.

— Mais non, t'es très bien », dit Carol d'un ton indifférent. Avec un narcissisme manifeste, elle contemplait son image scintillante dans l'un des miroirs du restaurant.

Barry avait suggéré d'appeler la voisine d'Iris, la dame du premier, pour lui dire où ils étaient et prévenir qu'ils rentreraient tard. Il était heureux à présent de l'avoir suggéré, mais désolé de ne pas avoir insisté. Carol n'avait pas eu de peine à l'en dissuader. Il savourait déjà par avance le plaisir de danser avec elle, leurs corps pressés parmi d'autres jeunes corps brûlants, dans le clignotement et l'éparpillement des lumières bleues, violettes et rouges, et le son chaud, palpitant, profond, de la musique.

S'il avait pu joindre Iris, lui parler, qu'est-ce que cela aurait changé ? Jason n'était déjà plus là, depuis trois heures ou plus. D'ailleurs, il n'aurait probablement pas trouvé Iris chez elle, et il aurait pensé qu'elle faisait ce dont il l'avait toujours soupçonnée sans trop chercher à approfondir ses doutes : mettre Jason au lit avec une goutte de whisky dans son biberon et le laisser seul pour aller au pub avec Jerry.

En fait, il était près de deux heures lorsque Carol et lui songèrent à rentrer. Il leur fallut prendre un taxi. A cette heure, Winterside Down paraissait mort, même si les lampes au sodium, toujours allumées, projetaient du haut de leurs pylônes sur les rues droites ou en fer à cheval, la tour unique et solitaire et le ruban paresseux du canal, une lumière phosphorescente qui étendait sur toutes choses un marron de paysage lunaire. Le taxi traversait la cité glaciale, brun-jaune, sans arbres. On avait bien essayé d'en faire pousser à Winterside Down, mais pour une raison ou pour une autre ils étaient morts rapidement, soit de mort naturelle, soit massacrés par les garnements. Au-dessus d'eux le ciel était d'un ocre rouge fuligineux, uniforme et sans étoiles. Peu de temps auparavant, à Camden Lock, il y avait un clair de lune, mais ici l'astre avait disparu. Deux des jeunes motards traînaient au coin de Summerskill et de Dalton Road, sans leurs engins. Barry se demandait s'il leur arrivait jamais de se coucher, parfois même il se demandait s'ils étaient réels. La lumière des réverbères annihilait la couleur de leur plumage, mais à leur silhouette et leur posture, il reconnut Crins Bleus et La Huppe. Ils suivirent des yeux le taxi. Leur immobilité jointe à leur silence, et cette éternelle attente sans but apparent, leur donnaient l'air à la fois menaçant et sinistre.

Carol avait beaucoup bu. Elle ne voulut pas attendre d'être dans la chambre. Dans la pénombre du living-room où tombait la lumière d'un réverbère, sans même tirer les rideaux, elle fit voler la robe de Zandra Rhodes, ses collants et son soutien-gorge. Son corps, très blanc, luisait d'un reflet de marbre. Elle s'étendit sur le canapé, attira Barry sur elle et en elle ; ses cuisses et ses hanches moelleuses, humides et crémeuses, n'avaient plus rien de marmoréen. Des perles de sueur ourlaient sa lèvre supérieure. En faisant l'amour, Carol avait une façon bien à elle de pousser de petits gémissements entrecoupés de rires gloussants. Barry collait sa bouche à la sienne pour étouffer ce rire perlé, roucoulant.

Elle sombra aussitôt dans le sommeil. Barry leur avait allumé des cigarettes, mais elle dormait déjà. Il la prit dans ses bras et la porta jusqu'au lit, puis il redescendit chercher la robe, qu'il pendit à un cintre.

La première fois que les policiers l'avaient interrogé sérieusement, ils avaient voulu savoir pourquoi le lendemain, le jeudi matin, Barry n'était pas allé tout de suite chercher Jason chez Iris. Carol ne travaillait pas le jeudi matin jusqu'au moment où elle prenait son service au bar à vin, à onze heures. Pourquoi Barry n'avait-il pas récupéré Jason — ou plutôt pourquoi n'avait-il pas tenté de le récupérer — au domicile d'Iris pour le ramener à la maison auprès de sa mère, avant de partir lui-même au travail ? Il l'avait fait si souvent dans le passé. La première fois que l'inspecteur Leatham le lui demanda, Barry se contenta de répondre qu'il ne savait pas pourquoi : il était en retard, voilà tout, et il avait laissé ce soin à Carol. Cette fois-ci, une demi-heure plus tôt, il avait admis avoir eu ce matin-là la plus belle gueule de bois de sa vie. Le crâne martelé par la migraine, la bouche sèche, à peine capable de marcher droit, il était descendu en titubant, avait bu au robinet d'eau froide. S'il voulait arriver à la maison d'Alexandra Park où Ken et lui étaient attendus à neuf heures précises pour commencer à installer des rayonnages de bibliothèque, il lui fallait avoir quitté Winterside Down à huit heures vingt ; et à l'heure dite il était dehors, avançant d'un air maussade, les épaules relevées, plissant ses yeux irrités pour lutter contre le froid. Le dernier de ses soucis était bien de savoir où était Jason, ou qui allait s'occuper de lui ce jour-là. Il ne pensait pas à Jason, il l'avait oublié.

Il se souvint de lui à son retour. Il se souvint parce que, tout naturellement, il devait passer le reprendre chez Iris ou chez Beatie. Le jeudi, Carol avait des horaires fractionnés : elle était au bar à vin de onze heures du matin à trois heures de l'après-midi, et de nouveau de cinq heures à onze heures du soir. De longues heures sinistres, durant lesquelles Barry supportait mal l'idée que son amie était obligée de travailler.

« A ce moment-là, lui demanda le superintendant Treddick, vous n'aviez pas vu l'enfant depuis combien de temps ? Un jour, une nuit et une demi-journée ? Vous ne l'aviez pas vu depuis le mercredi vers huit heures du matin ?

— Mais on savait où il était. » Barry sentit la stupidité de sa réponse aussitôt après l'avoir prononcée.

« C'est justement ce que vous ne saviez pas ! »

Iris habitait le rez-de-chaussée d'une maison victorienne de trois étages, en briques jaunes, extrêmement délabrée. C'était un trois-pièces-cuisine avec bains dans la cuisine — baignoire généralement dissimulée par un couvercle de bois qui se rabattait comme un comptoir. C'est là que Carol et Maureen étaient nées et avaient grandi. C'est là qu'elles avaient reçu des coups de poing, des coups de pied, des coups de boucle de ceinture qui leur avaient laissé des cicatrices et Maureen, qui pleurait beaucoup, avait eu le bras cassé. Barry s'était quelquefois demandé ce que faisait Iris durant ces scènes. Elle regardait probablement la télévision, fumait, se disait que cela ne pouvait pas durer toute la vie et, pour le moins, remerciait le ciel que ce ne fût pas son tour d'essuyer de plein fouet la violence de Knapwell.

C'était Jerry qui lui avait ouvert la porte.

« Jason ? » Il articula le nom comme s'il ne l'avait encore jamais entendu, comme un nom étranger qu'il n'était pas sûr de prononcer correctement.

Iris, perdue quelque part au fond de l'appartement, glapit : « Qu'est-ce que c'est, Jerry ? » Elle parut à son tour, s'essuyant les mains à un torchon. « Oh, non ! Barry, vous faites erreur. Vous vous trompez de crémerie. Il est chez les négros. J'ai pas vu le bout de son nez depuis — c'était quand ? — lundi : on ne sait plus nous-mêmes, pas vrai, Jerry, tellement on a été tranquilles. »

Avant d'aller chez les Isadoro, Barry se rappela que la veille au soir, à Highgate, Carol lui avait dit qu'elle avait téléphoné à Beatie et que, selon celle-ci, Jason était chez Iris. Mais il prit tout de même le chemin du pavillon double. Carol pouvait très bien avoir inventé cette histoire pour le tranquilliser. Elle n'était pas menteuse, non, mais elle ne reculait pas devant un mensonge innocent, pour ne pas gâcher sa soirée. Il songea à elle avec attendrissement, à ces petites faiblesses humaines qui la rendaient encore plus digne d'être aimée.

« Jason est chez sa mamy, Barry. » C'est Beatie elle-même qui, de son pas lourd, était venue à la porte, portant sur sa hanche flasque la petite Kelly, juchée comme sur une chaise.

« Karen l'a remis à sa mamy hier vers les trois heures et demie. »

C'est alors que Barry avait eu la première sensation d'alarme. « Elle ne l'a pas eu. Je viens de passer chez elle.

— Alors il est sans doute chez sa tata Maureen. C'est peut-être bien ce qu'a dit Karen, qu'il est allé chez sa tata Maureen. »

Jason n'avait jamais passé une nuit chez Maureen. Maureen n'aimait pas les enfants. Ce qu'elle aimait, c'était sa maison et probablement aussi son époux, Ivan, à qui, en dépit de ses vingt-six ans, elle était mariée depuis neuf ans déjà. Et en neuf ans, elle avait changé sa maison de trois étages, une des maisons toutes semblables de Winterside Road, en un véritable petit palais. Carol et elle ne se ressemblaient pas mais on voyait bien qu'elles étaient sœurs. Il y avait une similitude dans la rondeur de leur visage et dans l'implantation des cheveux sur les tempes. Mais les cheveux de Maureen étaient raides et marron terne, couleur souris, c'était une fille sans grâce à la poitrine plate. Elle rappelait à Barry une gerboise qu'il avait vue dans un zoo pour enfants, un jour qu'il emmenait Tanya et Ryan en promenade.

« Carol ferait mieux de pas avoir de gosses si elle est pas foutue de savoir où ils sont », dit-elle. Elle avait fait du repassage et la maison empestait l'amidon en bombe, un parfum trop fort qui vous coupait le souffle. « C'est des gosses comme les siens qui se font tuer, on voit ça tous les jours à la télé.

— Maureen, je t'en prie...

— Quelqu'un l'a pris, c'est sûr. Il n'est pas allé tout seul louer une chambre en ville pour la nuit. »

C'est alors que Barry avait appelé Carol au bar à vin.

« Je ne peux tout de même pas dire aux flics que je ne l'ai pas vu depuis hier matin. Je ne peux pas, Barry. Qu'est-ce qu'ils vont me dire ? Tu les connais, cette bande de salauds. Non, je ne vais pas me fourrer dans ce pétrin. Qu'est-ce qu'ils vont me faire ?

— Je ne sais pas, dit Barry, qui se sentait novice et inutile.

— Oh ! Dave, Dave ! s'écria Carol. Pourquoi fallait-il que tu meures ? Pourquoi m'as-tu laissée seule ? Pourquoi n'es-tu pas là pour me protéger ? »

Barry la prit dans ses bras. « Moi, je vais te protéger. »

Dennis Gordon, l'homme qui sillonnait l'Europe au volant de ses camions, l'avait reconduite à la maison. Quand il n'était pas en Turquie, en Yougoslavie ou ailleurs, ou dans la grande maison qu'il possédait en dehors de la ville du côté de Mill Hill, on le trouvait d'ordinaire au bar à vin. Il n'était pas entré mais Barry avait eu le temps d'apercevoir sa voiture, une Rolls bleu métallisé — une voiture extraordinaire. Carol était très pâle. Elle ne cessait de se passer la langue sur les lèvres, effaçant presque tout son rouge. Barry mit un bon moment à la persuader d'avertir la police — avaient-ils une autre solution ? — mais elle finit par se rendre à ses raisons en faisant la grimace et en serrant les poings. Elle monta se changer et redescendit vêtue d'une jupe de flanelle grise, d'un sweater noir et d'un imperméable fauve que Barry n'avait jamais vus. Cette tenue la vieillissait et soulignait en même temps sa parenté avec Maureen.

Il espérait qu'elle le présenterait aux policiers comme son fiancé, mais elle leur répéta ce qu'elle avait coutume de dire à ses voisins de Winterside Down, qu'il était son locataire et occupait sa chambre d'ami. Barry s'interdit d'en être blessé. Il était naturel que Carol, qui avait eu une vie difficile, une vie de lutte, voulût apparaître sous un jour respectable. Quoi qu'il en soit, pensa Barry avec attendrissement, personne ne la croyait. Quel homme, en voyant Carol, eût pu croire qu'elle n'avait pas d'amant ?

Les recherches pour retrouver Jason avaient commencé le soir même. Barry s'était joint à l'équipe de recherches. Les policiers les avaient tous interrogés — lui-même, Carol, Iris, Beatie, Karen, tous les enfants et tous les habitants de la cité, à ce qu'il semblait. A un moment donné, le vendredi matin vers onze heures, une petite troupe formée de Carol, de Barry, de l'inspecteur Leatham et d'un jeune agent de police se trouvait à l'entrée de Rudyard Gardens, non loin de l'intersection avec Lordship Avenue ; on leur montra un objet gisant parmi les gravats, les détritus et les papiers gras qui jonchaient l'étroite bande de terre d'un jardinet, derrière un petit mur. Barry le reconnut aussitôt. Il l'avait lavé lui-même la semaine précédente après une réflexion de Maureen, qui l'avait vu entre les mains de Jason : « C'est une honte, Carol, cet animal ; on ne sait même plus ce que c'est. Tu devrais le faire piquer ! »

C'était un agneau laineux, mais en nylon. Un cadeau de Noël d'Alkmini, la femme de Kostas. Carol jeta un coup d'œil à l'objet grisâtre et informe et se mit à hurler :

« Son petit mouton ! Le petit mouton de Jason ! Il ne serait jamais parti tout seul sans son petit mouton ! »

Depuis ce moment-là, ils savaient. Avec certitude.

Le superintendant Treddick ne revint pas, pas plus que l'inspecteur Leatham. Ils envoyèrent à leur place un sergent. Celui-ci annonça à Barry qu'il pouvait partir et Barry rentra à pied. Ni lui ni Carol n'avaient encore repris leur travail. C'est à peine s'ils avaient eu un instant de solitude. Iris et Jerry étaient venus passer avec eux le plus clair du week-end, et ils avaient reçu aussi la visite de Maureen et d'Ivan, puis des voisins, les uns après les autres. Carol n'avait jamais été en bons termes avec ses voisins immédiats, les Spicer — ils élevaient des lapins angoras que Jason aimait à observer par les fentes de la clôture — mais Kath Spicer était passée, et Carol avait pleuré contre son épaule.

Lorsqu'il déboucha dans Summerskill Road, Barry vit la voiture de Dennis Gordon rangée le long du trottoir devant la maison et entourée d'une demi-douzaine d'enfants ; l'un d'eux, un des Kupar, pas un Isadoro, tenait déjà un clou acéré, prêt à l'attaque. En silence, ils suivirent Barry des yeux, attendant apparemment une réprimande, mais il ne leur dit rien : après tout ce n'était pas son affaire si Dennis Gordon était assez cinglé pour laisser un engin aussi provocant sur un parking de H.L.M.

A la maison, il trouva Carol en compagnie de Dennis Gordon et de Kostas. Gordon avait apporté une brassée de roses rouges enveloppées de cellophane et enrubannées d'argent. Kostas était venu avec deux bouteilles de riesling. Kostas n'avait pas plus de quarante ans, mais son visage évoquait un vieux sac de cuir marron. Ses cheveux étaient noirs comme jais, il arborait une moustache de palikare et ne portait que des costumes aux tons pastel. Aujourd'hui, il était en jaune pâle, avec une chemise noire. Barry avait souvent entendu parler de Dennis Gordon mais ne l'avait jamais vu : c'était un colosse brun au menton très fort, aux yeux enfoncés. Sa chevalière semblait taillée dans une pépite d'argent, ou plus probablement de platine ou d'or blanc. Un vrai coup de poing américain, cette bague, une arme toujours prête, et Barry se rappela que Carol parlait avec admiration du goût de Gordon pour la violence. Il avait tout d'un malfrat, d'un gangster. On racontait qu'il avait tiré sur sa première femme qui, heureusement pour lui, n'en était pas morte. Elle s'était contentée de demander le divorce.

En apercevant Barry, Kostas lui adressa une espèce de salut : il leva une main pas très nette à quelques centimètres de son genou. Dennis Gordon tourna la tête pour la détourner aussitôt. Il était en train de demander à Carol s'il pouvait faire quelque chose pour elle : il ferait tout ce qu'il pourrait, elle n'avait qu'un mot à dire. Il avait le cœur brisé de la savoir si seule.

Carol avait dû lui raconter l'histoire du locataire, à lui aussi. « Elle n'est pas seule, rectifia Barry. Je suis là. »

Dennis Gordon porta le poing à la bouche et mordit le bloc de platine. Il y fit grincer ses dents un instant. « Je t'ai vue à la télé, dit-il à Carol. Tu étais à croquer.

— Oh ! tu trouves ? fit Carol, visiblement flattée.

— Tu as tout ce qu'il faut pour ça, tu es photogénique. On devrait te donner un job aux studios. »

Barry passa dans la cuisine, à la recherche de quelque chose à se mettre sous la dent. Il se fit une tasse de thé, mais ne revint pas la boire dans la salle de séjour. Impossible d'imaginer ces deux types prenant le thé une fois en un million d'années. Dennis Gordon était apparemment du genre à vivre d'alcool pur. Lorsque Barry rejoignit Carol, ils étaient partis et Iris leur avait succédé. Iris non plus ne buvait jamais de thé. Ils ouvrirent une des bouteilles de riesling.

« Ils ont commencé à draguer le canal, je vois », observa Iris. Carol la regarda, les yeux agrandis. Elle plaqua une main sur sa bouche. Barry aurait voulu tuer Iris.

« Précaution d'usage, fit-il. Simple routine, ils me l'ont dit. »

Iris alluma une cigarette. La nicotine avait jauni ses doigts, ses sourcils et le devant de ses cheveux. En tirant la langue pour en décoller un brin de tabac, elle découvrit des dents jaunes. « Des fois, il y a des cygnes sur le canal. C'était un petit coquin, il voulait toujours descendre voir les cygnes. »

A l'entendre, Jason était mort. Barry se demandait par moments si elle éprouvait des sentiments, de l'affection ou simplement de l'intérêt pour qui que ce soit, si elle éprouvait du chagrin ou de l'inquiétude. Sa vie conjugale l'avait peut-être, depuis des années, vidée à jamais de tout sentiment humain. Carol prit l'une des cigarettes de sa mère, l'alluma, et une légère couleur anima son visage. Elle n'avait pas pris la peine de se maquiller, et Barry y voyait un sûr indice de l'état dans lequel elle se trouvait. L'angoisse que lui inspirait Jason l'avait éloignée de lui, remarquait Barry : ils n'avaient plus fait l'amour depuis ce mercredi soir. En jeans et pull gris — celui que Barry n'aimait pas — elle se tenait recroquevillée dans le fauteuil, entourant de ses bras ses genoux relevés. Ils n'avaient pas une seule photo de Jason à montrer à la police. Carol avait regardé Leatham droit dans les yeux et lui avait lancé : « Je n'ai pas d'argent à dépenser en appareils photo », mais les journaux avaient largement compensé cette absence en reproduisant les clichés qu'ils avaient pris d'elle. On l'avait vue une ou deux fois en première page, jeune, malheureuse et belle, comme aujourd'hui. Barry avait conservé ces deux pages, à cause des photos. Il pensait les garder pour toujours.

Cela aurait pu passer pour une marque d'insensibilité ; force lui était d'avouer que, si la disparition de Jason l'affectait, c'était Carol qui suscitait ses inquiétudes. En toute honnêteté, il ne pouvait prétendre qu'il *aimait* Jason, il n'était pas fou d'angoisse comme il l'eût été pour un fils. C'était pour l'amour de Carol qu'il désirait son retour. Son regard alla d'Iris à Carol, puis à Dave au perpétuel sourire, sur la tablette du radiateur, et pour la première fois il songea au père de Jason. Ce petit avait forcément un père, quelqu'un était forcément son père, il n'avait pas été conçu en éprouvette par un donneur anonyme avant d'être implanté chez Carol !

Tant que Jason était avec eux, il ne s'était jamais préoccupé de l'identité de son père mais, depuis sa disparition, la question commençait à le tracasser. Confusément, l'identité du père lui paraissait prendre désormais plus d'importance. Tôt ou tard — et sans doute assez tôt — cet homme, quel qu'il fût, ferait sa rentrée dans la vie de Carol, parce que Jason avait disparu et qu'il était son fils au même titre que celui de Carol.

Barry résolut de demander sans détours à Carol qui était le père de Jason. Il attendait le départ d'Iris avec impatience, pour pouvoir se retrouver seul avec elle.

IX

Mopsa était fière d'elle. « J'ai pris aussi sa poussette. Je l'ai repliée et mise dans le coffre de la voiture.

— Où est-elle, maintenant ?

— Mon Dieu ! elle doit toujours y être !

— Tu croyais vraiment que n'importe quel enfant ferait l'affaire ? J'avais perdu le mien, alors n'importe quel autre pourrait le remplacer. Il suffirait d'en trouver un nouveau. Comme quelqu'un qui a perdu un chien, et qui va acheter un chiot.

— Ce n'était pas n'importe quel enfant, protesta Mopsa. Je t'ai trouvé un petit garçon. Un petit garçon blond. »

Benet dit d'une voix blanche, étouffée : « Un chiot de la même race... »

Jason vint vers elle pour qu'elle lui enlève son manteau. Le manteau de James. Ils étaient presque de la même taille, du même sexe, et avaient le même type physique. Deux petits Anglo-Saxons. Elle pensa au mot de Gregory : « Des anges, et non des Angles. » Mopsa, passant en voiture, l'avait trouvé assis sur un mur...

Elle prit la main de Jason et descendit avec lui. Mopsa les suivit comme une voleuse. Elle rasait les murs à pas furtifs, comme si au moindre faux mouvement, au premier craquement, la colère de Benet devait se déverser sur elle. Elle traversa la cuisine sur la pointe des pieds, épiant Benet du coin de l'œil. Son visage, aujourd'hui, avait un air penché, comme si elle souffrait de paralysie, ou tendait intentionnellement la joue du côté de Benet. Jason reprit possession de ses affaires de dessin et d'une feuille blanche. Les policiers sont à sa recherche dans tout le pays, songea Benet ; ils redoutent le pire, ils croient qu'on l'a agressé, blessé, tué. Et pendant ce temps il est resté tranquillement ici, il a fait des dessins, des promenades, a regardé la télévision — il y a même vu sa propre mère et a tenté désespérément de l'extraire de l'appareil !

Une main craintive se posa sur son bras. Mopsa tordit le cou jusqu'à ce que son visage vînt toucher son épaule, et leva les yeux vers Benet. C'était une parodie grotesque de l'attitude de supplication d'un petit enfant. Les yeux de Mopsa étaient voilés, absolument insaisissables. « C'est pour toi que je l'ai fait, Brigitte.

— Je sais. Tu l'as déjà dit. » Benet s'efforçait de garder une voix douce, égale. Il ne faut pas haïr ma mère... « Tout ce que je me demande, c'est si je vais appeler les policiers pour qu'ils viennent le chercher ici, ou si je le mets dans la voiture pour le conduire au poste de police de Rosslyn Hill. Plutôt la deuxième solution, je pense. M'expliquer au téléphone me paraît assez difficile, pour ne pas dire plus.

— Il ne faut pas dire ça, dit Mopsa. Tu ne vas pas faire ça, dis ?

— Ne pas faire quoi ? Leur téléphoner ou l'emmener là-bas ?

— Il ne faut pas du tout aller voir la police. Tu sais très bien ce qu'ils vont dire, Brigitte. » Un air d'indicible roublardise se peignit sur le visage de Mopsa. Quand elle imposait à ses traits cette expression, ses narines pincées devenaient livides. Elle se dirigea vers Jason qui dessinait, assis par terre, et se jeta littéralement sur lui. Elle l'empoigna et l'éleva dans ses bras avec tout son attirail, papier à dessin et feutres. Il se tassa sur lui-même comme s'il s'attendait à recevoir un coup. Mopsa le serrait fort, elle l'assit sur ses genoux et le tint là, se servant de lui comme d'un accessoire de théâtre requis pour sa grande scène. « Tu sais ce qu'ils vont dire, bien sûr ? Ils vont dire que c'est toi qui l'as enlevé, pour compenser la perte de ton enfant. C'est bien connu, c'est une réaction de femme frustrée dans son amour maternel. J'ai souvent lu ça dans les journaux. Et puis, tu es célèbre, enfin, tu es assez connue, les gens ont entendu parler de toi. Tous les journaux vont faire de toi une kidnappeuse. »

Jason se débattit et se laissa glisser de ses genoux. Il s'esquiva en direction de la porte et commença à monter l'escalier. Retour à la télévision pour une nouvelle tentative, supposa Benet.

« Peut-être, mais ce n'est pas moi, dit-elle. C'est toi.

— Ils ne te croiront pas.

— Bien sûr que si. Je leur dirai tout. Je regrette, mais je n'ai pas le choix. Je serai bien obligée de leur dire que tu as des... des... antécédents de troubles mentaux et que tu l'as enlevé. »

Ce qui se produisit alors, Benet se félicita que Jason ne fût pas là pour le voir. Bien sûr, il entendit forcément les cris de Mopsa, mais au moins il n'était pas dans la pièce. Mopsa ouvrit tout simplement la bouche le plus largement possible, et laissa échapper des hurlements d'une formidable puissance. Elle se tenait face à Benet, lui hurlant au visage. Jamais Benet n'avait rien vu ni entendu de tel et, ayant collé ses mains à ses oreilles pour les couvrir — bien inefficacement —, elle demeura un instant pétrifiée, incapable d'autre mouvement. Elle savait que l'attitude recommandée était de frapper au visage toute personne en pleine crise de nerfs, mais elle ne put s'y résoudre ; son bras lui semblait aussi faible que si elle avait tenté de porter un coup en rêve.

« Maman, arrête. Je t'en prie, arrête... »

Mopsa hurlait toujours. Elle tomba à genoux et entoura de ses bras les jambes de Benet, qu'elle se mit à étreindre ; ses cris se faisaient rauques et haletants à mesure qu'elle s'épuisait. Elle se laissa tomber jusqu'au sol, palpant les chaussures de Benet.

« Maman, ça suffit. Je t'en prie, arrête. Je n'en peux plus. »

Elle avait eu un instant d'effroi. Un frisson lui avait parcouru la nuque, elle avait eu la chair de poule et senti ses cheveux se hérisser. Mopsa, pathétique, égarée, l'avait effrayée. Elle se pencha, saisit Mopsa par les épaules et la secoua, sans grand résultat. Mopsa lui glissa entre les mains et, en martelant le sol de ses poings, vociféra :

« Ils vont me faire enfermer, ils vont te faire signer une demande d'internement, je serai déclarée folle, je n'en sortirai plus jamais, je mourrai là-bas !

— Mais non, voyons. Je ne les laisserai pas faire.

— Si tu parles, tu ne pourras plus les arrêter. C'est la justice qui tranchera. Je vais comparaître, le tribunal donnera l'ordre de m'interner, et je n'en ressortirai plus jamais ! »

Une fois encore, sa voix s'enfla en un hurlement. Elle disait vrai. Elle savait de quoi elle parlait. Quel imbécile avait dit que les fous ignoraient leur folie ? Elle connaissait très bien la sienne, et prévoyait les conséquences. Si elle était reconnue coupable du rapt de Jason Stratford, la cour pourrait effectivement rendre une décision d'hospitalisation, la faire interner pour traitement et restreindre ses possibilités de remise en liberté.

« Je t'en prie, cesse de crier, maman. »

De nouveau, Benet tenta de la relever. Jason ouvrit la porte et s'arrêta sur le seuil, jetant dans la pièce un regard circonspect. Il apparut soudain impardonnable à Benet de retenir l'enfant dans cette maison et de lui imposer de surcroît de tels spectacles. Elle le prit dans ses bras et lui dit que tout allait bien, qu'il n'y avait pas de quoi avoir peur, bien qu'elle n'en fût pour sa part absolument pas sûre. Elle n'était pas sûre que la meilleure solution, et pour tout le monde, ne fût pas d'enfermer Mopsa quelque part où elle ne pourrait plus faire de dégâts ni aggraver la confusion qu'elle avait provoquée. Mopsa sanglotait maintenant, elle rampait et tâtonnait pour parvenir à se hisser sur une chaise. « C'est ma mère, pensait Benet, je ne peux tout de même pas envoyer ma propre mère dans une maison de fous. » Un sentiment d'impuissance s'empara d'elle, la conscience de ne pas être à la hauteur de la situation où Mopsa l'avait plongée. Et cette façon de tenir Jason blotti contre elle, comme elle tenait auparavant son enfant à elle, lui fut soudain si intolérable qu'elle eut envie d'ouvrir les bras dans un mouvement brutal de rejet et de le laisser tomber.

Elle n'en fit rien, naturellement. Elle le reposa à terre aussi doucement qu'elle put. Elle retrouvait l'impulsion qu'elle avait ressentie au début, lorsque Mopsa était apparue avec cet enfant. Pourquoi ne pas partir, s'installer quelque part, aller à l'étranger même, et les laisser ici se dépêtrer ensemble du gâchis de Mopsa ? Pourquoi ne pas appeler la police d'un aéroport, et révéler où se trouvait Jason Stratford ?

Assise sur une chaise de cuisine, Mopsa enroulait ses pieds autour de ceux du meuble. Elle se tordait les mains, faisait mine de s'arracher les pouces.

« Je n'ai pas de permis de conduire.

— Qu'est-ce que c'est que cette histoire ?

— Il est arrivé à expiration avant notre départ pour l'Espagne. Je n'en ai jamais eu d'autre. Ton père disait que ce n'était pas prudent de me laisser conduire. » Mopsa avait pris le ton et l'expression d'une gamine hargneuse. « Ils sauront que je n'ai pas de permis. Je leur dirai que je ne sais pas conduire. Ils verront bien que je ne suis pas assez forte pour soulever un gros garçon comme lui. » Comme Benet ne répondait pas, elle se mit à taper du talon. « Pourquoi l'aurais-je enlevé ? Je n'aime pas les enfants. Je ne l'ai pas pris, non, et tu ne me feras pas dire que c'est moi ! Comment oses-tu dire que je l'ai pris ! »

Benet comprenait à présent — trop tard — qu'elle n'aurait pas dû parler à Mopsa de son projet d'aller à la police. Elle aurait dû le faire, tout simplement. Mettre Jason dans sa poussette, annoncer qu'elle sortait faire des courses, et aller au poste de police. Tenir un langage ferme à Mopsa, lui dire une seule phrase ferme, avait eu ce terrible effet. On avait prévenu Benet, mais elle n'avait encore jamais assisté en personne à ces crises.

« Je ne l'ai pas pris, Benet, ce n'est pas moi.

— Non, ce n'est pas toi.

— C'est toi qui l'as pris, et tu as essayé de rejeter la faute sur moi.

— D'accord, dit Benet. Comme tu voudras. Tout ce que tu voudras. »

Il ne faut pas haïr ma mère...

Elle alla chercher deux comprimés de Valium pour Mopsa et lui fit une tasse de café. Si elle-même et Mopsa n'avaient pas faim, ce n'était pas le cas de Jason ; il allait réclamer son déjeuner. Elle ouvrit le four. Il y avait un moule à gâteau à l'intérieur. A sa vue, elle sentit monter la crise de nerfs. Mopsa avait mis le gâteau au four la semaine dernière, mais ne l'avait jamais allumé. De petits cernes de moisissure vert pâle s'étendaient sur la croûte crue mais desséchée de la pâte. Benet ouvrit le robinet d'eau froide et s'aspergea le visage. L'hystérie reflua, laissant derrière elle une légère migraine. Elle n'avait aucune idée de ce qu'elle allait faire, mais chassa cette préoccupation pour se concentrer sur les moyens de préserver le calme de Mopsa et la bonne humeur de l'enfant.

Jason fit la sieste, puis tous trois allèrent se promener sur la Lande. Benet s'avisa que, depuis qu'elle avait appris l'identité de Jason, elle avait attendu d'heure en heure un appel téléphonique ou une visite de la police et que, dehors, elle s'attendait à voir surgir des policiers de derrière les buissons. Ils étaient de retour depuis dix minutes lorsque la sonnette retentit. Elle eut la certitude de se trouver en face de deux policiers en civil, un jeune et un vieux ; l'un deux montrerait sa carte et avancerait un pied dans l'embrasure de la porte. Elle rassembla tout son courage, marquant une seconde d'hésitation avant d'ouvrir la porte. C'était un Témoin de Jéhovah, une jeune femme aux manières insinuantes, accompagnée d'un enfant à peine plus âgé que Jason.

Mopsa était épuisée par sa journée. Elle s'endormit sur le canapé, en regardant la télévision. Le dernier sujet traité aux informations montrait des policiers draguant le canal à Winterside Down. Au second plan, Benet reconnut l'arrière des maisons de Winterside Road où elle avait habité avec Mary et Antonia, juste à côté de chez Tom Woodhouse. Apparemment, ce décor n'évoquait rien pour Jason. S'il reconnut le pont chinois, les pelouses et la tour, il n'en laissa rien voir. Il semblait plus intéressé par le comportement de Mopsa dans son sommeil. Mopsa avait la bouche entrouverte et, à intervalles réguliers, elle émettait un léger ronflement. Jason tendait l'oreille, à l'affût du prochain ronflement et, quand celui-ci vint, il se tourna vers Benet en riant.

C'était l'heure de le coucher. Elle supposait qu'il lui faudrait aussi le baigner. Pourquoi pas, après tout ? Demain matin, elle l'emmènerait au poste de police sans rien dire à Mopsa. Elle l'emmènerait et s'efforcerait d'expliquer aux policiers le comportement de Mopsa de la façon la plus sensée, la plus raisonnable possible, et, quelles que fussent les conséquences, il faudrait bien que toutes deux les affrontent. Elle avait probablement fait une chose affreuse en retenant Jason loin de sa mère un jour de plus qu'il n'était nécessaire. Elle songea à James, à ce qu'elle aurait éprouvé en pareil cas.

Jason était assis sur ses genoux dans la salle de bains et elle avait commencé à le déshabiller. Il était impatient d'entrer dans l'eau. Elle lui ôta son maillot de corps. Elle eut un haut-le-corps et poussa un petit cri aigu.

Des ecchymoses anciennes, désormais jaunâtres, couvraient le côté gauche de son dos, son flanc gauche et le dessous de son bras gauche. Sur son bras s'étalait aussi une large écorchure où s'était formée une croûte. En outre, son dos, un peu à droite de la colonne vertébrale, présentait une grande cicatrice encore rouge, qui semblait avoir été faite par un objet métallique aux bords tranchants et au-dessus, presque à l'épaule, en un point accessible à condition de rabattre le col d'une chemise ou d'un pull-over, la trace profonde d'une petite brûlure circulaire. Un jour, à l'époque où elle habitait sous les toits de Winterside Road, Benet avait vu un homme que l'on disait adonné aux drogues dures écraser sans s'en rendre compte un mégot de cigarette sur le dos de sa main. La brûlure avait laissé la même marque.

Elle le prit et le déposa dans l'eau. Incapable de supporter la vue de son dos, elle se détourna. Ce qu'elle avait vu l'avait d'abord choquée, puis emplie d'une colère frémissante, privée d'exutoire ; et, à son grand étonnement, les larmes lui vinrent aux yeux et se mirent à couler. Une émotion violente, d'un tout autre ordre que le chagrin, avait libéré les pleurs qu'elle retenait. Enfin elle pleurait pour James. Elle croisa les bras sur le rebord du lavabo, posa son front contre ses bras et sanglota.

Jason se leva, battant l'eau et criant : « Non, non, non, non ! » Il ne supportait pas de la voir pleurer. Elle s'essuya le visage avec une serviette et respira profondément. Il l'observait attentivement, il attendit qu'elle ait fini, qu'elle se calme, puis il prit le savon sur le plateau et le lui tendit gravement, indiquant par là qu'elle devait le laver. Son visage, très mûr, avait une expression de sérieux intense.

En haut, dans l'autre salle de bains, il y avait les jouets de James. Tout en lavant Jason, en le frottant avec mille précautions là où la peau était marquée de bleus, elle se dit qu'il aurait aimé jouer dans l'eau avec eux. Mais elle n'aurait pas aimé le voir faire — pour ne pas dire plus, beaucoup plus. En dépit de ses bleus, des cicatrices de son dos, elle s'était reprise à le détester. Il lui avait apporté tant de peine qu'elle serait soulagée de se débarrasser de lui, sans s'attarder aux conséquences de sa restitution.

Tôt le lendemain matin, tandis que Jason et Mopsa dormaient sans doute encore, Benet était à la gare de Hampstead et achetait le journal. L'affaire de l'enlèvement « faisait » trois paragraphes dans l'une des pages intérieures. L'on précisait que la mère de Jason avait deux autres enfants, tous deux pris en charge par les autorités locales. Elle était veuve depuis près de quatre ans et, ces six derniers mois, vivait avec un jeune homme, de huit ans son cadet. L'article ne comportait aucune allusion à l'éventualité d'un meurtre, et ne faisait état d'aucune inculpation déjà prononcée ou attendue.

Elle trouva un café ouvert et s'y installa pour boire une tasse de café, lire le journal et se forcer à grignoter des toasts. Cela lui rappelait les jours anciens où elle habitait Winterside Road et tentait de « percer » comme journaliste indépendante ; c'était avant sa rencontre avec Edward, bien avant qu'elle ne songe à avoir James. Ces passages en coup de vent dans les cafés étaient l'une des caractéristiques de la vie bohême qu'elle menait alors, de ces journées où le temps et ses contraintes ne tenaient qu'une place mineure. Pourtant elle n'avait pas retrouvé cette époque, même au prix des plus grands efforts d'imagination, elle ne pouvait faire que James n'eût pas existé.

Lorsque la librairie High Hill ouvrit, elle y entra, chercha le rayon « sociologie » et acheta deux livres, intitulés *Le Syndrome de l'enfant battu* et *La Chaîne sans fin : quelques aspects des mauvais traitements à enfant*. L'impression que la police l'attendait, la surveillait, la filait même, avait disparu. Elle se sentait tout autre que la veille, le monde avait pris un autre aspect. Elle avait fait un rêve horrible, qu'elle souhaitait oublier au plus vite, où des policiers sadiques arrachaient des aveux à Mopsa en la torturant à la cigarette.

De retour au Val de Paix elle trouva Jason assis par terre dans la grande pièce du sous-sol et dessinant ce qui pouvait passer pour une femme aux cheveux bouclés. Mopsa astiquait les meubles avec de l'encaustique en bombe et un chiffon, et chantonnait pour elle-même l'hymne de Herbert, « balayer pour Tes seules lois embellit la pièce, et l'action ». Elle s'interrompit pour dire, mais d'une voix assez calme, qu'elle et Jason s'étaient demandé où était Benet, ils s'étaient inquiétés, ils ne voyaient absolument pas où elle avait pu passer.

Que faire ? pensa Benet. J'ai besoin de temps pour réfléchir. Est-ce que je suis prête à voir ma mère devant un tribunal et, accessoirement, à voir étalé dans toute la presse le fait qu'elle est ma mère ? Est-ce que je suis prête à la voir internée ? Je ne me crois pas capable d'affronter le début de l'épreuve, encore moins de la supporter jusqu'au bout. Elle s'assit près de la fenêtre et se mit à lire *Le Syndrome de l'enfant battu*. Les différents cas traités étaient d'une lecture éprouvante et extrêmement déprimante. L'une des études les plus longues et les plus détaillées concernait un petit garçon à qui l'auteur, afin de dissimuler sa véritable identité, avait donné le nom, finalement très commun, de James. Mopsa enfila son imperméable bleu, s'entortilla la tête dans un foulard et emmena Jason en promenade.

Le téléphone sonna deux fois, mais Benet ne répondit pas. Il lui était impossible, pour le moment, de concevoir la moindre communication avec les gens du monde extérieur, avec quelqu'un qui n'eût pas sur les bras Mopsa et Jason. Ou avec quelqu'un qui ne fût pas au courant du sort de James — et c'était tout le monde.

« Quand pensais-tu rentrer chez toi ? »

Mopsa prit un air offensé. « J'ai l'impression que tu veux te débarrasser de moi.

— Tu dois retourner à l'hôpital ?

— Vendredi matin.

— Alors le mieux serait que tu rentres samedi. Je ne veux pas être dure avec toi, maman, ne crois pas que je cherche à me débarrasser de toi. Mais nous avons une décision à prendre au sujet de cet enfant. J'ai pensé — pour ton bien — que je ferais mieux d'attendre que tu sois dans l'avion : alors seulement je le remettrai à la police. Je vais attendre ton départ. Et si cela peut te rassurer, je suis à peu près sûre que nous n'avons pas de traité d'extradition avec l'Espagne. On ne pourra pas te ramener ici de force.

— Mais j'ai déjà un billet de retour pour mercredi de la semaine prochaine.

— Je t'offre une place sur un vol de samedi !

— Dire que certains sont assez riches pour acheter un billet d'avion comme d'autres prennent le bus ! » fit Mopsa.

Benet s'abstint de répliquer. Elle considérait avec stupéfaction son propre comportement. Elle qui, hier matin encore, n'eût pas imaginé de tenir Jason éloigné de sa famille un instant de plus, voilà qu'elle décidait froidement de le garder encore quatre jours ! Comment avait-elle pu changer à ce point ? Voulait-elle épargner Mopsa ? Oui, en partie. Ni la société, ni la morale n'exigeaient que l'on soumît Mopsa aux terreurs et aux avanies d'une comparution en justice. Tout le bénéfice que l'on pouvait en espérer — encore s'agissait-il d'une éventualité bien incertaine — c'était l'assurance que Mopsa recevrait un traitement. Mais elle en recevait déjà un, ou du moins l'on se préoccupait de lui trouver des soins appropriés. C'était justement le but des examens qu'elle subissait au Royal Eastern. Mais Benet avait une autre raison de ne pas trop se hâter de rendre Jason.

Toute la journée d'hier, tandis qu'elle discutait avec Mopsa, qu'elle tâchait de préserver son calme et son fragile équilibre, elle avait pensé à la mère de Jason, à cette femme, son exacte contemporaine, qui avait lancé un appel à la télévision pour retrouver son fils. C'était mal, c'était d'une cruauté monstrueuse de prolonger l'attente de cette femme d'une heure, d'un instant encore. Et puis elle avait donné son bain à Jason et vu ses cicatrices. Depuis, elle avait lu ces deux livres. Allait-elle le renvoyer délibérément à cet enfer ?

En laissant ses pensées suivre ce cours, elle songeait moins à Carol Stratford qu'à son ami, ce garçon de vingt ans. Barry Mahon. Dans les histoires d'enfants martyrs qu'elle venait de lire, il y avait bien souvent un jeune beau-père ou un jeune amant de la mère. Benet s'était forgé une image de Barry Mahon, un colosse aux airs avantageux, probablement illettré. Supportant mal les enfants. Adonné à la violence. Peut-être alcoolique. Elle se remontrait que ses suppositions n'avaient aucun fondement. Mais était-ce bien vrai ? N'avait-elle pas vu la marque d'une brûlure de cigarette et la cicatrice d'une blessure faite par un objet métallique ?

Elle avait besoin de temps pour réfléchir. Elle disposait de quatre jours, qui lui permettraient de songer à la meilleure manière de restituer Jason. Il fallait absolument avertir quelqu'un des violences que subissait l'enfant. Elle n'était peut-être pas dans la meilleure position pour faire triompher son point de vue, mais d'une manière ou d'une autre il faudrait bien qu'elle y parvienne, pour lui éviter de retomber dans cet enfer.

Envers Carol Stratford, elle s'arma d'indifférence. Elle avait à s'inquiéter de Mopsa, d'elle-même, de Jason, victime sans défense, mais non de Carol Stratford, qui s'était vu enlever ses deux autres enfants par des voies légales, et en toute justice.

X

Jason avait disparu depuis une semaine. Le mercredi était revenu, et cela faisait maintenant huit jours complets. Barry devait reprendre son travail. Les choses auraient été différentes s'il avait été le vrai père de Jason, ou le mari de Carol. Mais en fait, il n'avait pas de véritable excuse pour laisser Ken se débrouiller seul. En outre, il n'était pas si facile de trouver du travail. Il ne pensait pas que Ken le remplacerait, non ; mais Ken pouvait très bien décider qu'il n'avait pas besoin d'associé du tout.

Il demanda à Carol de l'épouser. Ce n'était pas la première fois, plutôt la quatrième ou la cinquième. Ils n'étaient pas aussi proches que par le passé, il le sentait, il avait l'impression qu'elle s'était subtilement éloignée de lui depuis la disparition de Jason. Par exemple, ils n'avaient plus fait l'amour. Il n'aimait pas la toucher, cela lui semblait déplacé, tant qu'elle ne montrait pas clairement qu'elle avait envie de lui. Le docteur lui avait donné des somnifères et parfois elle dormait déjà lorsqu'il se couchait. Souvent il se contentait de s'asseoir au bord du lit et l'observait dans son sommeil ; il pouvait rester une heure entière à la contempler et à se demander quelles expériences étaient enregistrées dans ce cerveau endormi, sous les douces boucles blondes de bébé. Lorsque ses réflexions suivaient ce cours, il se sentait rejeté à distance, il se sentait devenir un étranger, comme si elle allait se réveiller et lui demander qui il était et ce qu'il faisait dans sa chambre.

Lorsqu'il rentra, au soir de cette première journée de travail, il la trouva de nouveau habillée et maquillée. Elle était redevenue la Carol qu'il avait toujours connue. Il n'y avait plus rien, désormais, pour les empêcher de sortir le soir. Il eut cette pensée mais se retint de l'exprimer, il était choqué à l'idée qu'il aurait pu la dire tout haut. Ils dînèrent de ce qu'il avait rapporté : un plat de chez le traiteur turc et le vin qu'il avait acheté sur le chemin du retour.

« Marions-nous, Carol, dit-il. Si nous nous décidons maintenant, nous pouvons être mariés dans trois semaines. »

Elle ne répondit pas. Elle haussa lentement les épaules.

« Si j'étais ton mari, je serais mieux à même de veiller sur toi. Je pourrais prendre sur moi une part de tes problèmes.

— Je ne vois pas quelle différence ça fait », dit-elle.

Il s'efforça de la convaincre. Au bout d'un moment elle dit, illogiquement, injustement même : « C'est pas ton gosse qui a disparu, qui s'est probablement fait tuer. »

Elle l'avait blessé. Elle était la personne au monde la plus capable de le blesser. Mais il encaissa le coup. « C'est tout comme, reprit-il, ce serait pour ainsi dire mon fils si nous étions mariés. »

A cela, elle fit une réponse dévastatrice, qui le réduisit au silence : « Un bébé, c'est moitié sa mère, moitié son père, un point c'est tout. Tu ne peux rien y changer. »

Il lui rappela ses paroles le lendemain. C'était le début de la soirée et ils revenaient de chez le docteur. Elle était retournée le voir au bout de huit jours, comme il le lui avait demandé ; il lui avait donné des tranquillisants. Elle prit le bras de Barry au moment où ils entrèrent dans Winterside Down. C'était la première fois qu'elle le touchait depuis une semaine, et il eut honte d'en éprouver un tel bonheur.

« Tu penses vraiment ce que tu as dit hier, que les enfants sont une part de leur père ? Je veux dire, cela ne m'étonne pas que tu aies cette impression à propos de Dave, je le comprends très bien. On voit pour ainsi dire Dave à travers Ryan ou Tanya...

— Et pourquoi je ne verrais pas de la même façon le père de Jason en lui, hein ? »

Qu'avait-il besoin de poser cette question ? De reparler de ces choses-là ? Jusqu'à sa rencontre avec Carol, Barry ignorait à quel point la sécurité, le contentement, la paix, peuvent être saccagés par quelques mots prononcés avec indifférence. Mais je n'ai pas le droit d'être heureux, se dit-il, et ce n'est que justice qu'elle me punisse de mon bonheur. Il sentit la main de Carol se resserrer sur son bras et pensa qu'elle voulait le réconforter, peut-être même exprimer des regrets. Il se tourna vers elle. Elle regardait droit devant elle en direction de Beatie Isadoro qui venait à leur rencontre, poussant la petite Kelly dans son landau, avec Karen et Dylan marchant à ses côtés.

Carol n'avait pas vu Beatie depuis la disparition de Jason. La masse imposante de Beatie, drapée dans un imperméable rose passé sur une blouse verte qui recouvrait à son tour une jupe ou une robe à rayures marron, occupait presque toute la largeur du trottoir.

« Dégage, espèce de grosse vache », lança Carol.

Beatie la regarda fixement : « La police est venue chez moi aujourd'hui, dit-elle. Je leur ai raconté deux ou trois choses à propos des marques que j'ai vues sur le corps de ce pauvre petit bébé que tu négligeais. »

Barry ignorait ce qu'elle voulait dire. Ses parents s'étaient élevés jusqu'aux confins de la petite bourgeoisie, et l'une des règles de comportement bourgeois qui avaient présidé à son éducation était l'horreur d'une scène en public. Mais avant qu'il pût entraîner Carol à l'écart, elle s'était jetée sur Beatie, toutes griffes dehors. Karen se mit à crier. Barry empoigna Carol et la tira en arrière, mais elle avait eu le temps de griffer jusqu'au sang l'une des joues en pavé de charolais de Beatie, et Beatie lui avait envoyé un coup de pied au tibia. Carol éclata en sanglots dans les bras de Barry. Les gens, dans leurs jardinets ou sur le pas de leur porte, les observaient en silence, impassibles et curieux. La plupart d'entre eux n'étaient pas nés en Angleterre, mais avaient assimilé — s'en imprégnant avec l'automatisme inconscient des éponges — des réactions typiquement britanniques. Ils contemplaient la scène avec une vague curiosité froide. Barry ramena Carol à la maison en l'entourant de son bras, comme si elle avait été prise d'un malaise. Au coin de Shinwell Close, les « fous de la moto » étaient en faction : La Huppe, Crins Bleus et un Jamaïcain que Barry avait entendu appeler

Perle Noire. Il sentait littéralement leurs regards s'attacher à Carol et à lui, mais ne voulut pas se retourner.

Heureusement, ils avaient les tranquillisants. Grâce à eux, Carol se calma. Elle parlait au téléphone à Alkmini lorsque Iris passa, accompagnée de Maureen. Elles apportaient le journal du soir, qui consacrait un article à tous les enfants de l'agglomération londonienne qui avaient disparu au cours des cinq dernières années et n'avaient jamais été retrouvés. C'est la disparition de Jason qui l'avait suscité. Le nom de Jason était le premier mentionné.

Maureen ne se sentait bien que sous son toit. Chez les autres, elle avait toujours l'air mal à l'aise. Elle garda son manteau. C'était ce même imperméable rouille, tombant tout droit, dont elle ne se séparait presque jamais. Elle avait des chaussures marron à talons plats et son imperméable lui venait à mi-mollets, qu'elle avait maigres. Quant à sa coiffure, Barry avait l'impression que Maureen avait mis la tête sous le robinet, tiré ses cheveux en arrière aussi fort que possible en les serrant avec un élastique, et qu'elle les avait laissés sécher dans cette position. Bien qu'elle ne fût pas très vive, mais plutôt lente et circonspecte dans ses mouvements, elle semblait incapable de se détendre et errait au hasard dans la pièce, soulevant çà et là des objets comme pour vérifier s'ils ne cachaient pas de la poussière. Elle prit la photographie de Dave et se mit à l'étudier. On aurait dit qu'elle ne l'avait jamais vue auparavant.

La voix de Maureen n'avait aucune inflexion. Elle était basse, sans vie.

« Pourquoi tu ne t'es pas fait avorter ? » dit-elle à Carol.

Carol lui lança un regard et lui demanda ce qu'elle entendait par là, de ce ton lent et menaçant que Barry eût détesté, il en était sûr, si jamais il lui avait été destiné.

« Tu m'as dit une fois, du vivant de Dave, que tu ne voulais pas d'autre enfant. Tu aurais très bien pu te faire avorter.

— Elle avait peur », intervint Iris, de l'air de quelqu'un qui donne l'explication la plus plausible, tout en sachant que ce n'est pas la bonne. « Quand on n'est pas obligé d'en passer par l'anesthésie, on ne va pas au-devant. »

C'étaient les tranquillisants, pensa Barry, qui empêchaient Carol de se déchaîner contre Maureen. Elle reposa le journal qu'elle avait feuilleté distraitement.

« Je retourne au travail demain, dit-elle. Il faut bien recommencer un jour. Ça ne sert à rien de tourner en rond ici à broyer du noir.

— C'est vrai, approuva Iris. Ça ne ramènera pas Jason. »

Barry, dans le tréfonds de son cœur, redoutait que Jason ne fût mort et il savait que Carol éprouvait les mêmes craintes, mais Iris parlait comme si la mort de l'enfant ne faisait aucun doute. Elle avait même l'air de se faire une raison, de prendre les choses du bon côté. Elle alluma une cigarette.

« Le travail me distraira », dit Carol.

Barru accusa le coup. Confusément, il avait espéré qu'elle ne retournerait jamais travailler. La police allait retrouver Jason, mort ou vif, et Carol devrait rester à la maison, soit pour se remettre du choc, soit pour s'occuper de l'enfant. Cette fois la pensée lui vint, une pensée affreuse, gratuite, irraisonnée, que peut-être on ne retrouverait jamais Jason.

Il ne voulait pas que Carol retourne au bar à vin, au milieu de tous ces hommes. Mais il n'était pas son mari, il n'avait aucun droit à faire valoir, pas même celui d'exprimer une opinion. Comment les autres, ces hommes plus âgés, traitaient-ils le problème, comment réagissaient-ils à leur jalousie ? Comment Dave avait-il réagi ? Barry aimait mieux Carol maquillée, les ongles peints et vêtue de la robe noir et blanc qu'elle avait volée, mais les autres aussi naturellement ! Elle courait moins de risques, elle lui appartenait plus sûrement, lorsqu'elle portait le vieux pull gris.

Après le départ d'Iris et de Maureen, ils regardèrent la télévision, assis côte à côte sur le canapé. Il prit la main de Carol et elle le laissa faire. Le programme n'était pas très captivant, et ses pensées dérivèrent d'elles-mêmes vers Jason. Le sort de l'enfant l'obsédait : où était-il, que lui était-il arrivé ? La question de Maureen l'avait choqué, pourtant elle était de celles qu'il avait parfois osé envisager lui-même. Pourquoi Carol ne s'était-elle pas fait avorter ? Était-ce parce qu'elle avait aimé le père de Jason ?

Ken et lui avaient un chantier dans le nouvel immeuble de bureaux, tout près de Finchley High Road. C'était un coup de chance qu'ils veuillent faire lambrisser de panneaux de sapelli le bureau du directeur, et un coup de chance encore plus grand que Ken ait décroché l'affaire. Ils travaillaient depuis une demi-heure à peine, lorsque des policiers vinrent chercher Barry. Cette fois, ce n'était pas Treddick, mais l'inspecteur Leatham et un autre homme, un certain sergent Dowson. Ils dirent qu'ils emmenaient Barry un moment, ils avaient besoin de son aide pour approfondir une certaine direction de l'enquête ; Ken ne fit aucun commentaire, mais il eut un regard incrédule.

Dans la voiture, nul ne dit mot. Barry remarqua que le chauffeur regagnait le poste de police en passant par Delphi Road et Rudyard Gardens, bien qu'il eût été plus simple et plus rapide de continuer tout droit dans Lordship Avenue. Barry ne prenait jamais Rudyard Gardens. C'était un endroit lugubre, une série interminable de pâtés de maisons aux fenêtres et aux portes hermétiquement closes sous leurs plaques de tôle ondulée, une excellente méthode, sans doute, pour empêcher les squatters, buveurs d'alcool à brûler et autres renifleurs de colle de s'y introduire, mais donnant néanmoins aux bâtisses un aspect extrêmement sinistre. Et Jason, ou le corps de Jason, n'avait aucune chance de se trouver là. Le week-end précédent, on avait ouvert toutes ces maisons une à une, en enlevant les tôles des portes de derrière — exactement comme on aurait ouvert des boîtes de conserve — et l'on avait fouillé les pièces basses, humides, puant le moisi. La police avait barré la rue tranche par tranche pour faciliter la fouille et Barry, qui faisait des courses pour Carol dans Lordship Avenue, s'était joint à la foule des badauds.

« Qu'est-ce que vous diriez, Barry, commença Dowson lorsqu'ils furent dans l'un des bureaux, si je vous racontais qu'un jeune type répondant à votre signalement a été vu dans Rudyard Gardens mercredi après-midi ? »

C'était la première fois que les policiers l'appelaient par son prénom. Mais après tout, c'était peut-être seulement la méthode habituelle de Dowson. La question laissa Barry pantois. Qui donc affirmait l'avoir vu ?

« Ce n'était pas moi. Je ne passe jamais par Rudyard Gardens. Dans la voiture, tout à l'heure, c'était la première fois depuis que j'habite le quartier. »

Leatham saisit la balle au bond.

« A ce que je vois, vous savez tout de même où c'est ! »

Bien sûr qu'il le savait. La rue ne donnait-elle pas dans Lordship Avenue juste en face de Winterside Down ? N'y était-il pas allé avec Carol et les policiers, pour y retrouver l'agneau de Jason ?

« Qu'est-ce qu'elle a donc, cette rue, pour que vous l'évitiez ? Rudyard Gardens serait justement le plus court chemin quand vous allez à Green Lanes. »

Barry savait pourquoi il n'y passait jamais : ces maisons aux ouvertures condamnées le déprimaient. Delphi Road ou la berge du canal, qui pourtant ne longeaient guère que des usines, des entrepôts et des décharges publiques, étaient plus gaies, mais il ne savait comment l'expliquer à des hommes de la trempe de Leatham et Dowson. Tous deux le considéraient avec une lueur de froide curiosité dans le regard. Comment leur dire que Rudyard Gardens était une rue morte, bordée de cadavres de maisons, autant de cadavres aux yeux bandés ? Ils vont penser que j'ai trop vu de films d'horreur, se dit Barry, que j'ai trop regardé la télévision.

« C'est une rue déprimante, dit-il. Personne alentour, rien à regarder. J'aime qu'il y ait un peu d'ambiance. »

« Un peu d'ambiance ? » Dans la bouche de Leatham, l'expression paraissait outrancière, déplaisante. De gêne, Barry se recroquevilla sous le regard insistant de l'inspecteur, bien qu'il n'eût aucune raison de se sentir gêné ou coupable.

« Disons, un peu d'excitation », reprit-il, avec le sentiment immédiat d'avoir aggravé son cas.

Ils n'en démordaient pas. Ils refusaient de comprendre. Des années auparavant, la mère de Barry se plaisait à le dépeindre comme « trop sensible », et il savait qu'il avait beaucoup d'imagination, une grande réceptivité à l'atmosphère. Il savait aussi qu'un simple ouvrier n'est pas censé avoir autant de sensibilité. C'était bon pour les bourgeois et les femmes. Ils ne cessaient de lui poser des questions sur Rudyard Gardens. Comment savait-il que c'était une rue déprimante s'il ne la prenait jamais ? Avait-il jamais essayé ? Juste une fois ou deux, peut-être ? L'heure du déjeuner approchait et il se dit qu'ils allaient le laisser partir, mais ils se contentèrent de l'emmener dans un autre bureau où ils le confièrent à la surveillance d'un autre inspecteur qui, assis à sa table de travail, continua à remplir des formulaires sans lui adresser la parole. Au bout d'une demi-heure environ, quelqu'un entra, lui apportant son déjeuner sur un plateau : un friand à la viande et aux légumes, des biscottes, une petite part de fromage dans son emballage conditionné et du café dans une tasse en plastique.

Leatham revint avec Dowson au moment précis où Barry s'armait de courage pour dire à l'inspecteur qu'il allait partir, qu'il ne pouvait traîner là toute la journée.

« Vous étiez en train de dire que vous aimiez un peu d'excitation », reprit Leatham comme s'il n'y avait eu aucune rupture dans la conversation, comme s'il ne s'était pas écoulé deux bonnes heures. « Il ne devait pas y avoir grand-chose d'excitant dans la vie que vous meniez chez Mme Stratford, avec un petit enfant toujours dans vos jambes.

— C'est un bon gosse », dit Barry. Ils avaient déjà cherché à enfoncer ce clou. « Il n'était pas bien gênant.

— Voyons, Barry ! Pas gênant, un enfant de moins de deux ans ? J'en ai un de cet âge et je suis bien placé pour savoir quel tracas ils peuvent vous donner. Pourtant, j'ai l'habitude. »

Barry répliqua : « De toute façon, nous n'aurions pas pu sortir le soir. Ma... euh, Carol... euh ! Mme Stratford travaille en soirée.

— En somme, en vous choisissant, elle croyait avoir déniché une gentille petite bonne d'enfant, et pour pas cher, hein ? »

Barry sentit son visage s'empourprer. C'était une de ces rougeurs qui vous submergent, un afflux de sang qui vous colore la face d'un ton de brique. Il porta la main à sa joue en feu. Leatham ne semblait pas attendre de réponse. La confusion de Barry lui suffisait. Il se carra dans son fauteuil et croisa les bras.

Dowson prit la parole : « Je vais jouer cartes sur table avec vous, Barry. Nous ne sommes pas en train d'essayer de vous piéger. La franchise est la meilleure des politiques, vous ne croyez pas ? »

C'était à ce moment précis, devait se rappeler Barry, que ses yeux s'étaient ouverts. Pour la première fois, il avait compris qu'ils le soupçonnaient d'avoir tué Jason. Toutes ces questions, ajoutées à celles qu'ils lui avaient posées les jours précédents, n'avaient pas pour but de retracer les déplacements de l'enfant, de découvrir où il avait pu aller ou ce qu'il avait pu faire, mais de l'amener, lui, Barry Mahon, à avouer le meurtre du fils de Carol ! Une sueur froide l'envahit. Il n'avait pas peur ; il était seulement en proie à un choc violent, il frémissait d'indignation. Il s'aperçut qu'il serrait à deux mains le bord de la table, juste devant lui, comme s'il avait voulu la renverser.

Ils pensaient qu'il avait tué Jason. Il les dévisageait, ahuri, incapable d'articuler une parole.

« Nous n'avons pas retrouvé le corps de Jason, poursuivait Dowson. Nous ne le retrouverons peut-être jamais. Ou, si on le retrouve, il sera peut-être trop... enfin, disons qu'il sera peut-être un peu tard pour que nous puissions y voir ce que nous savons. Des marques, Barry, des bleus, des cicatrices. »

Beatie Isadoro. Était-ce cela qu'elle avait voulu dire quand Carol et lui l'avaient rencontrée dans la rue ?

« A l'instant, M. Leatham vient de vous traiter de "bonne d'enfant" et je préfère ne pas insister, je ne suis pas là pour vous ridiculiser, mais disons, parce que c'est bien le mot, sans plus, que vous avez servi de... nourrice au jeune Jason durant les cinq ou six derniers mois. Et il y a des moments où une nourrice peut s'énerver, non ? Elle est à bout — qui ne le serait à sa place, d'ailleurs ? — et alors, elle explose.

— Jamais je n'ai touché à un cheveu de sa tête, protesta Barry. Jamais. » Ni lui, ni personne. Il songea à ce que Carol avait dû subir sous les mains de Knapwell. Comment, après cela, aurait-elle pu imaginer de... « Il tombait un peu partout et il se faisait mal, reprit-il. Il trébuchait tout le temps, il tombait de sa chaise. L'été dernier, il s'est fait un œil au beurre noir en se cognant contre une clé qui dépassait de la serrure. » C'est Carol qui le lui avait dit. Il se rappelait très bien des circonstances de l'incident. On était en pleine vague de chaleur et Carol et lui étaient sur le point de partir se baigner à la piscine municipale. Il était allé au bout de la rue acheter du lait, des hamburgers et des petits pains pour leur déjeuner et, à son retour, il avait trouvé Jason l'œil enflé et tirant déjà sur le noir.

« C'est bizarre, comme certains gosses sont sujets aux accidents et d'autres pas, remarqua Leatham. Vraiment bizarre. C'est toujours ceux qu'on finit par placer en foyer, les gosses à accidents : leur corps n'est plus qu'une plaie, sans parler des jambes ou des bras cassés. Moi, j'ai deux garçons, et je ne crois pas que ni l'un ni l'autre ait jamais eu le plus petit accident. Bizarre, hein ? Ça vous donne à penser. »

Mais non, cela ne donnait pas à penser à Barry. Il ne voyait pas du tout où Leatham voulait en venir. Il bouillait, il brûlait intérieurement, sous le coup de leur accusation implicite. Dowson recommença à l'interroger sur ses déplacements de ce mercredi après-midi et, d'un ton rageur cette fois, Barry répéta qu'il était allé au cinéma voir *Dark Crystal*. Il se disposait à leur en raconter l'intrigue, mais cela ne les intéressait pas, d'après eux il avait aussi bien pu voir le film la veille ou le lendemain. Avait-il conservé le talon de son billet ?

« Non. Je ne vois pas pourquoi...

— Vous en avez de bonnes, Barry ! Ça changerait bien des choses si vous l'aviez gardé. »

Barry ne répondit pas.

« Au point où nous en sommes, reprit Leatham, il semble beaucoup plus probable que vous n'êtes jamais allé du côté du cinéma. Vous êtes rentré chez vous en passant par Rudyard Gardens et vous avez trouvé Jason sur son mur. Ce n'était pas la première fois qu'on le déposait dans la rue, n'est-ce pas ? Qu'on l'abandonnait en pleine rue en attendant que quelqu'un vienne le chercher sur la foi d'un arrangement à la noix ! Apparemment vous l'avez trouvé, vous l'avez installé sur son petit chariot et vous l'avez emmené quelque part. Peut-être à la maison. Peut-être à Lordship Park, ou bien vous êtes allé avec lui jusqu'aux Marais. Qu'a-t-il fait, Barry ? Il a exagéré ? Il vous a poussé à bout ? Il s'est mis à crier, il n'y avait plus moyen de l'arrêter ? Et vous, Barry, vous l'avez arrêté ? Et vous avez exagéré, vous aussi ? »

Pas un instant ils ne lui avaient vraiment fait peur. Fort de sa complète innocence, il se sentait hors d'atteinte. Mais ils lui avaient infligé un affront. Il s'enferma consciemment dans un mutisme amer et offensé, où ils virent peut-être une marque de culpabilité. A cinq heures et demie, ils le congédièrent. Eux aussi en avaient assez, sans doute, et aspiraient à rentrer chez eux. Il aurait aimé revenir à pied à Winterside Down, mais ils insistèrent pour le reconduire en voiture. La Huppe, Perle Noire et le garçon à l'anneau passé dans le nez traînaient sur Bevan Square, leurs machines au repos autour de la statue du « Progrès humain ». Ils suivirent du regard la voiture de police où se trouvait Barry. Spicer, à la porte de son jardin, s'apprêtait à rentrer chargé d'un sac d'herbes pour ses lapins, de mauvaises herbes qu'il avait arrachées dans les Marais. Dans son sari blanc de deuil, Lila Kupar, à qui personne n'adressait jamais la parole et qui ne parlait à personne, lavait les appuis de ses fenêtres ; elle leva les yeux vers la voiture. Il ne faisait jamais noir à Winterside Down ; les lampadaires y maintenaient un jour perpétuel et surnaturel.

De toute façon, la lecture des journaux du lendemain les aurait édifiés. En première page, il y était question d'un homme que « les policiers avaient entendu toute la journée dans le cadre de l'enquête ». En soi, ce n'était pas suffisant mais, quelques lignes plus loin, ces maudits journalistes avaient longuement décrit l'attente angoissée, jour après jour, de Mme Carol Stratford, dans la maison qu'elle partageait avec un homme de vingt ans, Barry Mahon. Puis l'article précisait que le témoin interrogé si longuement avait vingt ans, habitait le quartier et travaillait dans le bâtiment. Barry accusa le coup. Il avait acheté le journal chez le marchand de Bevan Square et il eut l'impression que le commerçant, M. Mahmud, et sa fille, une jolie brune à longues nattes, le considéraient avec plus d'intérêt que d'ordinaire.

Les policiers revinrent ce jour-là. C'était un samedi et ils le trouvèrent à la maison. Une fois au poste, ils recommencèrent à le harceler de questions. Y avait-il foule au cinéma ? Était-il à moitié plein ? Ou presque vide ? Combien de spectateurs avait-il comptés ? Avait-il fumé ? De quel côté de la salle s'était-il assis pour fumer ? Barry répondait calmement, il n'avait rien à inventer et, s'il ne se rappelait plus un détail, il le disait, tout simplement.

Ils lui demandèrent s'il avait mauvais caractère. Que pensait-il des châtiments corporels ? Croyait-il possible d'inculquer la discipline à un enfant sans le gifler ? Barry répondait mécaniquement. Il se demandait pourquoi il était le seul à devoir subir cet interrogatoire. Mais peut-être n'était-il pas le seul ? Peut-être avaient-ils convoqué Ivan, le mari de Maureen ? Peut-être avaient-ils interrogé Jerry, et Louis Isadoro ? Pourtant aucun d'eux n'avait été présenté par les journaux comme un « témoin entendu dans le cadre de l'enquête »...

Il y avait un autre homme dans la vie de Jason. S'en étaient-ils inquiétés ? Avaient-ils, eux, demandé son nom à Carol ? Barry avait envie de leur crier : « Jason a un père ! » Il faillit le faire. Au dernier moment, toutefois, il ne put s'y résoudre. Sa loyauté envers Carol, son respect pour elle, l'en dissuadèrent. Il continua à supporter passivement leurs questions, répondant par oui ou non, parfois gardant le silence. Curieusement, il avait perdu tout intérêt, de même que, la veille, il avait cessé d'avoir peur.

Cette fois, il rentra à pied. Carol était sortie. Elle lui avait cependant laissé un petit mot, avec deux croix qui signifiaient « baisers » : il n'avait donc pas à s'inquiéter. Il essaya de regarder le match Ipswich-Arsenal à la télévision, mais il était incapable de se concentrer, obsédé qu'il était par un seul sujet. Mû par un sentiment de fraternité envers Dave — un sentiment nouveau pour lui — il prit la photographie encadrée et l'examina de plus près. Dave paraissait si heureux, si souriant et si insouciant ! Moins d'un mois après ce cliché, il était mort, le corps broyé dans la carcasse de son camion sur les pentes d'une montagne de Croatie. Barry avait peine à les imaginer, lui, Carol, Tanya et Ryan, sous les traits d'une famille heureuse et sans histoires. Il ignorait pourquoi, mais il ne parvenait pas à se les représenter ainsi, ni à voir Carol au sein de cette famille. Pourtant c'était bien là le tableau qu'elle lui dressait. Et après Dave ? Comment avait-elle pris sa vie en main ?

On avait placé les enfants dans ce foyer et elle était restée seule. Seulement, Carol était trop belle pour demeurer seule bien longtemps. Qui avait pris la place de Dave ? Barry éprouvait des difficultés à décider ce qu'il préférait : cent hommes ou un seul. Il en vint à se demander quelles pensées occupaient l'esprit de Carol lorsqu'elle était seule, quelles pensées lui passaient par la tête en ce moment, par exemple, tandis qu'elle faisait du lèche-vitrines dans les rues ou prenait un verre au pub avec Iris et Jerry. Si lui-même pensait déjà tant à Jason, ce devait être pour elle une véritable idée fixe : Jason tel qu'elle l'avait vu la semaine dernière, Jason bébé, Jason à sa naissance, Jason encore en elle, dans les derniers mois de sa grossesse. Cela devait forcément l'obséder. Barry savait que, s'il avait été une femme, s'il avait été Carol, il aurait eu de telles obsessions. Et comment juger des pensées des autres, sinon d'après les siennes propres ? Elle devait songer au moment où elle avait compris qu'elle était enceinte de Jason et à l'étreinte qui en était la cause. Peut-être était-ce la faute de toutes ces pensées, s'ils étaient moins proches aujourd'hui que par le passé.

Pris d'une impulsion soudaine, il eut envie de faire de cette soirée une petite fête. Il voulait reconquérir l'esprit de Carol. Ils auraient du vin, décida-t-il, et un poulet à rôtir, pourquoi pas ? Il pouvait bien leur préparer un vrai repas, pour changer. En quittant Winterside Down par l'accès principal, il ne rencontra aucun visage connu. Le soir tombait très tôt, surtout les jours de ciel couvert comme aujourd'hui. Des gens rentraient après avoir fait leurs dernières courses de la semaine, chargés de sacs pesants. Lorsqu'il revint avec ses propres achats, les lumières jaunes étaient déjà allumées.

Dans la vague intention de parler à Maureen, il avait changé de trajet au retour, prenant cette fois par Winterside Road pour aboutir au canal et au pont chinois. En passant devant la maison de Maureen, cependant, il ne s'arrêta pas à la grille : elle ne lui dirait rien, elle ne savait probablement rien et d'ailleurs on était samedi et Ivan serait là. Le pont s'était enrichi d'un échantillon de graffiti — « Race des *Saigneurs* » peint à la bombe rouge. Barry se dit qu'il aurait dû savoir ce que cela signifiait, c'était de son âge, et pourtant il était devenu trop vieux pour rester branché. L'eau du canal était très claire aujourd'hui. On distinguait les petits galets du fond, les boîtes de conserve et les bouteilles brisées.

Les motards s'étaient rassemblés à l'autre bout du pont, sur la rive de Winterside Down. Ils n'avaient pas le droit de circuler à moto dans l'allée, encore moins sur les pelouses, mais qui était assez fou pour les en empêcher ? De profondes traces de pneu zébraient le gazon. La Huppe arborait un nouveau blouson de cuir, bleu canard.

L'un d'eux — il lui sembla que c'était Nez Percé — cria quelque chose au moment où il passait. Ce fut tout. Barry franchit le pont, ils n'essayèrent pas de lui barrer la route ni de le molester mais, sur son passage, Nez Percé lança quelques mots qu'il ne saisit pas. C'était la première fois que cela se produisait. Barry savait qu'ils disaient des cochonneries aux filles et d'autres trucs aux personnes âgées. Il avait entendu Crins Bleus dire à Mme Spicer, un jour qu'elle portait son pantalon serré : « T'as un beau cul pour une vieille nana ! »

Mais s'apercevoir qu'ils lui cherchaient noise, à lui qui était de leur sexe et de leur génération, cela le faisait enrager presque autant que l'acharnement des policiers contre lui. Il n'avait pas compris les paroles de Nez Percé et n'était pas curieux de les connaître. Tandis qu'il s'avançait dans l'allée entre les pelouses, il se sentait observé. Leurs yeux, qui jusque-là s'étaient posés sur lui avec indifférence, voire avec une certaine tolérance, une forme d'acceptation, le fixaient désormais avec le même mépris qu'ils manifestaient aux autres. Mais, pensait-il, des mots durs ou un regard mauvais n'avaient jamais tué personne. On voyait des lumières à l'arrière des pavillons de Summerskill Road. Il compta les maisons à partir du bout de la rue et, dans la huitième, celle de Carol, vit les fenêtres éclairées. Elle était là. Il se mit à presser le pas.

Derrière lui, les moteurs démarrèrent en vrombissant puis, une à une, les motos descendirent l'allée à bas régime et le dépassèrent à petite vitesse, six machines puissantes, des gros cubes, qui le frôlaient sur le chemin avec une lenteur calculée.

La maison était pleine de miroirs. Debout devant celui de l'entrée, Carol arrangeait ses cheveux avec un instrument que Barry définit à part lui comme « une espèce de truc de coiffeur », et qu'elle avait branché à la prise, juste au-dessus de la plinthe.

« Qu'est-ce que c'est ? demanda Barry en se plaçant derrière elle et en lui prenant la taille.

— Une brosse chauffante. C'est pour mettre les cheveux en forme. Je l'ai piquée dans la boutique d'un de ces sales voleurs de Brent Cross. »

Elle lui sourit dans la glace. Elle avait retrouvé son état normal, elle était redevenue comme avant. A son contact, tout à la fois de douceur et d'une sorte d'élasticité électrique, il comprit qu'ils feraient l'amour cette nuit, peut-être même sans attendre le soir. Tandis qu'elle continuait à boucler ses cheveux, elle laissait en souriant son corps s'abandonner aux mains de Barry.

« j'ai acheté un poulet, dit-il. Et deux bouteilles de vin. Tu n'avais pas envie de sortir, je pense ? »

Elle répondit d'un ton rêveur : « Comme tu voudras, chéri. »

Il porta son sac à provisions à la cuisine. Il souriait à part lui de voir qu'elle n'avait pu résister à la tentation d'essayer tout de suite son nouveau gadget, d'autant plus précieux à ses yeux qu'elle ne l'avait pas payé. C'était bien Carol, la Carole d'*avant*, de rentrer ainsi en coup de vent et de jeter son manteau par terre, bondissant d'impatience. Il ramassa le manteau, le sac à main, les gants et une pochette de plastique qui avait contenu la brosse chauffante et porta le tout au premier. Du paquet que formaient les affaires de Carol — poche du manteau, sac entrouvert ou pochette de plastique, il ne savait — un bout de papier était tombé. C'était une note de chez Boots au dos de laquelle on avait griffonné : Terry, 5 Spring Close, Hampstead. Ce n'était pas l'écriture de Carol, mais celle d'un homme. En faisant ses courses elle avait rencontré un homme, une vieille connaissance qui avait changé d'adresse entre-temps. Pour Barry, cela ne faisait pas de doute, il savait à présent pourquoi elle avait l'air excitée, amoureuse, pourquoi elle avait retrouvé son entrain.

Ce type n'aurait pas noté son adresse et Carol ne l'aurait pas prise si elle n'avait pas eu l'intention de le revoir. Barry résolut de l'interroger là-dessus, en même temps qu'il lui demanderait qui était le père de Jason. Une idée très désagréable lui traversa l'esprit : qu'il pouvait s'agir de la même personne.

Mais il lui parlerait de tout cela plus tard, après avoir fait l'amour avec elle. Il glissa le bout de papier dans son sac à main et enclencha le fermoir.

Livre II

XI

Jusqu'au dernier moment, il n'avait pu croire que Freda partirait sans lui. La vraisemblance aussi bien que sa propre expérience s'y opposaient. Une femme de cinquante-quatre ans, assez heureuse pour avoir mis la main sur un homme de trente-deux, ne part pas toute seule aux Caraïbes pour une durée indéterminée alors que financièrement elle pourrait fort bien se permettre de l'emmener avec lui. Elle n'était même pas bien conservée pour son âge et n'avait sans doute jamais été un prix de beauté. Aujourd'hui, c'était un souvenir humiliant, mais le dernier jour, la veille de son départ, il s'attendait qu'elle lui fît la surprise d'un billet d'avion.

Ils avaient dîné au restaurant et, de retour à la maison de Spring Close, Freda avait entrepris de faire sa valise.

« Je crois que je ferais mieux de préparer mes affaires », avait-il dit. Dans cette maison, il ne s'était jamais accoutumé à se servir des objets en propriétaire. « Je peux prendre une des valises marron ? »

Elle avait souri. Quelque chose la rendait heureuse. « Mon petit agneau, on a déjà réglé la question la semaine dernière. Je pars seule, et toi tu vas rester ici pour garder la maison en mon absence. Je sais, tu te dis que j'aime bien te faire des petites surprises et je t'en ai fait dans le passé, mais pas cette fois. Je regrette, mon agneau.

— Ne m'appelle pas comme ça !

— Je regrette, Terence. Il y a un mois je t'ai annoncé mon voyage à la Martinique, je t'ai demandé si tu voulais bien rester ici pour t'occuper de la maison, et tu as dit oui. Tu crois vraiment que c'était pour rire ?

— Mais tu n'as pas besoin d'avoir l'air aussi heureuse de partir !

— C'est le plaisir d'aller vers le soleil et la mer, Terence. La perspective de retrouver de vieux amis. Il n'y a pas de quoi être heureuse, peut-être ? »

Quant à lui, la perspective de rester ici tout seul, réduit au rôle d'une espèce de gardien, le déprimait à l'avance. Lorsque Freda redescendit, il fit une nouvelle tentative pour la convaincre. Elle ne l'écouta même pas.

On aurait dit qu'elle était déjà partie. Son corps était peut-être ici, mais son cœur et son âme étaient déjà dans le 747, filant vers l'ouest.

Cette nuit-là, ils firent chambre à part. Terence dormit dans le *fouton*, la couette japonaise, au niveau inférieur du premier étage. La maison était un délire architectural de niveaux décalés, de bois de teck, de dallages d'ardoise, de carreaux de céramique italienne et de verre fumé. Les fenêtres avaient des stores au lieu de rideaux, les tapis étaient noirs à poils longs et le mobilier tout cuir pourpre et chromes. Les deux baignoires — dont une encastrée dans une niche de marbre — étaient au ras du sol. Une femme de marbre noir dont la tête n'était qu'un trou se dressait sur la colonnette au pied de l'escalier et un homme, en équilibre sur une jambe et lançant une espèce d'assiette, était perché sur le rebord de la rocaille-jardin d'hiver, dans le hall.

Cinq autres villas, œuvre du même architecte et disposées à angle droit, délimitaient cette sorte d'enclave toute proche de Christchurch Hill. Aux yeux de Terence (dont les préférences allaient plutôt aux maisons de campagne du XVIIIe siècle), le principal agrément de l'endroit était la vue que l'on avait de la « salle de jeu » aménagée sous les combles. On y découvrait la majeure partie du Village de Hampstead et tout l'est de la Lande, les étangs, les bois et le Val de Paix.

De ce panorama, Terence ne voyait nullement la beauté, ni le miracle que représentait la préservation de tant d'édifices anciens et d'aussi vastes pans de verdure, mais seulement l'opulence dont il témoignait. Pour lui, c'était un paysage « riche », peut-être le plus riche des îles Britanniques. En l'embrassant du regard il pouvait se dire qu'il était, sinon arrivé, du moins en bonne voie de se tailler une place au soleil. Quelle distance parcourue depuis le petit appartement HLM de sa mère dans Brownswood Common Lane, depuis sa propre chambre à Holloway, depuis le baraquement préfabriqué de Rockhampton qu'il partageait avec quatre autres types du temps où il travaillait aux chemins de fer du Queensland. Ce paysage parlait d'argent, il était imprégné d'argent.

« Tu es en train de saliver, lui avait dit Freda quelques jours auparavant.

— En train de quoi ?

— Tu sais bien ce que saliver veut dire, mon agneau. Tu as l'eau à la bouche. Chaque fois que je parle d'argent, une petite goutte de salive perle au coin de tes lèvres. Je t'assure. Je ne plaisante pas. »

Était-ce pour cela qu'elle avait refusé de l'épouser ? Parce qu'il ne pouvait cacher son goût pour l'argent ? Ce n'était pas sa faute, il en avait été privé toute sa vie. De quel droit le jugeait-elle, cette veuve qui n'avait jamais connu l'obligation de travailler, à qui son mari avait passé tous ses caprices ?

Le matin, lorsqu'elle était partie pour Heathrow, il l'avait accompagnée au bout de la rue, puis jusqu'à Heath Street pour lui trouver un taxi. Au point où ils en étaient, il ne servait plus à rien de discuter. Il se retrouvait seul dans cette horrible maison et n'avait qu'à en prendre son parti. Il alla même jusqu'à embrasser Freda, pas tout à fait sur la bouche cependant, car elle s'était peint les lèvres d'un rose fuchsia très brillant assorti à son tailleur.

De même que la veille au soir, jusqu'au dernier moment, il s'était attendu à recevoir en cadeau un billet d'avion, de même à présent, et jusqu'à la dernière minute, il espérait se voir offrir un petit viatique pour tenir jusqu'à son retour. Ce ne pouvait être une procuration sur le compte de Freda, car il aurait dû signer un papier, peut-être l'accompagner à la banque. Non, plutôt un chèque au porteur ou une somme en espèces...

« Tu touches toujours tes allocations de chômage, mon agneau ?

— Ne m'appelle pas comme ça, Freda. Non, c'est fini. Je n'ai plus que l'aide sociale. Vingt-trois livres cinquante par semaine, si tu veux savoir.

— Vraiment ? fit-elle. Tant que ça ? Les indemnités pour les sans-emploi sont extraordinaires dans ce pays, tu ne trouves pas ? Je n'ai pas l'impression que les gens les apprécient à leur juste valeur. »

Il la regardait, il regardait ces lèvres couleur puce qui jacassaient. C'était incroyable, ce genre de propos. Renversant.

« Si je t'ai posé la question, c'est que je n'ai pas l'intention de te laisser d'argent. Les impôts locaux sont payés pour six mois, quant au gaz, à l'électricité et au téléphone, je les ai mis sur prélèvement automatique. Sers-toi du téléphone tant que tu voudras, Terence, et ne prends pas froid, je t'en prie. »

Les bras ballants, il revint à la villa. Il s'était trompé en tablant sur le fait qu'elle l'épouserait pour la seule et unique raison qu'il avait vingt-deux ans de moins qu'elle. Avec un air de chien battu — parce que, si l'argent l'alléchait, la perspective de ce mariage ne l'excitait guère — il s'était laissé aller à suggérer, un jour qu'ils parlaient de l'année prochaine, qu'alors peut-être ils seraient mariés. Elle lui avait lancé un regard étrange, appuyé, et il aurait juré avoir vu ses yeux s'embuer de larmes. Il s'attendait à la voir se jeter dans ses bras. Elle ne le fit pas, se contenta de secouer la tête, et il se préparait déjà à entendre une des vacheries dont elle avait le secret et qu'il trouvait toujours difficiles à encaisser. Mais elle avait dit simplement : « Non, mon agneau, je ne crois pas. Je ne crois pas que ce soit possible un jour. »

Il se sentait abandonné. Un poisson qui a mordu à l'hameçon et qu'on laisse suffoquer sur la berge. Il avait cette maison sur les bras, mais sans les moyens d'en profiter. Il n'avait même pas de quoi donner une fête. Elle le punissait, il s'en rendait parfaitement compte, elle le punissait à sa manière — toujours légère et pince-sans-rire — pour son regard narquois lorsqu'on le prenait pour son fils, pour les fois où il l'avait laissée se débarrasser tant bien que mal de telle ou telle fille, pour son impatience lorsqu'elle ne tenait pas le coup jusqu'à trois heures du matin, pour ses airs excédés quand elle avait une bouffée de chaleur.

Seul à la maison, il résolut de ne pas perdre de temps. Il était bien décidé à faire main basse sur tout ce qu'elle avait pu laisser traîner, sur tout l'argent qu'il trouverait, sur tous les objets vendables. Traversant le tapis noir, brillant et bouclé comme du poil de cocker, il commença par se diriger vers les rayonnages qui couvraient tout un mur, au bout du niveau supérieur. De ce côté, une fenêtre panoramique donnait sur la cour pavée, décorée de parterres de fleurs surélevés et d'urnes, qui desservait les six villas. Terence tourna le bouton en forme de gland qui retenait la corde du store, plongeant la pièce dans la pénombre et la dérobant aux regards indiscrets.

Freda achetait tous les romans nouveaux qui faisaient parler d'eux. Entre *Les Liens du mariage* de Benet Archdale et le dernier Dick Francis se trouvait un Morris West à la couverture criarde. Terence savait que sous cette jaquette se dissimulait en réalité un dictionnaire français au centre duquel on avait découpé une cavité cubique, allant à peu près de *devoir* à *mille*. Freda l'utilisait comme réserve d'argent liquide. Un jour où elle ne se doutait pas qu'il l'observait, il l'en avait vue extraire un billet de cinquante livres. Mais aujourd'hui, en ouvrant le livre, il trouva la cachette vide. Il secoua les pages en vain.

Il redescendit les marches, retraversa le tapis et remonta de l'autre côté, dans cette partie de la pièce où des poutres peintes en rouge soutenaient un plafond à pentes, où le jour tombait par trois étroites fenêtres semblables aux meurtrières des châteaux forts et où un bac à plantes en briques contenait des ricins et des capillaires. Le secrétaire de Freda se trouvait contre le mur opposé aux fenêtres.

Il était certainement verrouillé et la clé cachée quelque part. Terence la chercha, regardant à l'intérieur des vases de céramique noire brillante en forme de losanges, fouillant dans la terre autour des capillaires et sous le rebord du tapis, devant les marches en bois ciré. Une seule fois dans sa vie, lorsqu'il vivait avec celle qui avait précédé Freda, il avait possédé une carte de crédit. Elle était probablement arrivée à expiration aujourd'hui. Freda refusait de payer ses dettes, si bien que la carte n'avait jamais été renouvelée. Mais il l'avait conservée, parce qu'il avait lu quelque part que l'on pouvait se fabriquer un outil pour ouvrir des serrures ordinaires avec un petit morceau de carte de crédit. Finalement, c'est une ancienne carte de Freda qu'il trouva dans sa chambre à coucher.

Avant de redescendre il inspecta la garde-robe, la coiffeuse et l'armoire de toilette. Il n'y avait pas d'argent, et elle avait déposé ses bijoux dans quelque coffre. Oserait-il vendre ces brosses à dos d'écaille et d'argent, propriété de feu John Howard Phipps, à n'en pas douter ? Il réfléchirait à la question après avoir passé au crible le secrétaire.

Cela n'alla pas sans quelques préliminaires. On était peut-être censé faire des miracles avec une carte de crédit, mais lui en était incapable. A la fin, il prit un ciseau à froid et un marteau et tapa comme un forcené, jusqu'à ce qu'il entendît la serrure craquer. L'abattant du secrétaire retomba avec fracas. Dès le premier coup d'œil, il eut la certitude de ne pas trouver un sou. Il fouilla les quatre petits tiroirs et les deux casiers. Tout l'argent liquide disponible consistait en une enveloppe renfermant des pièces de monnaie, deux quarts de dollar américains et une pièce de cinq cents, trois cent cinquante lires italiennes et dix francs suisses. Le tiroir contenait également un livret de société de crédit immobilier sur lequel il y avait eu jusqu'à cinq mille livres. Le compte avait été fermé un an avant sa rencontre avec Freda, du vivant même de son mari.

En dessous, un livret de bons d'épargne à couverture cartonnée verte, au nom du défunt mari de Freda. Il renfermait deux bons de cent unités, achetés cinq ans plus tôt cinq cents livres chacun et valant aujourd'hui, d'après une mention en petits caractères, mille quatre cents livres en tout. Le nom du titulaire figurait au dos, avec la carte de garantie qui portait sa signature.

Terence n'avait jamais commis dans sa vie de véritable délit. Il n'aurait jamais eu assez de cran pour essayer de voler à l'étalage, par exemple. L'autre jour, en regardant Carol Stratford faucher cette espèce de brosse à Brent Cross, il avait admiré son courage, sa froide assurance. Elle avait glissé la brosse du rayon dans son sac en plastique, puis elle était sortie du magasin en trottinant d'un air dégagé et l'avait rejoint dans la galerie. Il eut la tentation de lui mettre la main sur l'épaule en disant : « Excusez-moi, madame... », mais il n'en eut pas le cœur. Il avait toujours eu un faible pour Carol et puis elle avait sa part d'ennuis avec l'histoire qui était arrivée à son petit Jason.

Ils s'étaient contentés de bavarder devant une tasse de café, puisque les pubs n'ouvraient que dans une heure. Il lui avait donné son adresse, bien qu'il ne pensât pas y rester très longtemps. Il croyait encore partir avec Freda. Carol était assez gaie. Elle disait qu'elle avait été déprimée au début, mais maintenant elle avait le sentiment que Jason était sain et sauf et qu'il reviendrait un jour.

« Il refera surface au moment où on s'y attendra le moins », dit-elle.

C'était Carol qui, deux ou trois ans plus tôt, lui avait soufflé le « coup » de Golders Green. Elle était veuve, elle aussi, malgré ses vingt-cinq ans. Lorsque Terence l'avait rencontrée, son mari venait de se tuer dans un accident de la route, quelques semaines plus tôt ; il la laissait avec deux enfants.

Carol, elle, avait à son actif bon nombre de délits. C'était une habile voleuse à l'étalage, elle ne s'était jamais fait prendre. A un moment donné, elle s'était débrouillée pour toucher des allocations de chômage sous son nom de jeune fille alors que, sous son nom de femme mariée, elle avait deux boulots différents. Elle fourmillait toujours d'idées pour gagner de l'argent sans travailler ou de combines pour avoir à l'œil toutes sortes de choses, les unes et les autres généralement trop extravagantes pour être prises au sérieux. Mais cette fois, c'était différent. Elle disait qu'elle aurait tenté sa chance elle-même, si elle avait eu le sexe voulu.

Tout ce qu'il avait à faire, c'était de traîner chaque jour aux abords du crématorium de Golders Green et d'observer les enterrements. Le mieux serait de porter un costume sombre, on le prendrait pour un ami du défunt. Il n'aurait qu'à étudier soigneusement les veuves jusqu'à en repérer une qui convienne. Elle devait être riche — une riche héritière, en quelque sorte — pas trop âgée, de préférence sans enfants. Il ne tarderait pas à attraper le coup d'œil, assurait Carol, et elle ne se trompait pas. Après s'être infiltré dans une dizaine de cortèges, Terence trouva sa proie. Une fois de plus, Carol avait vu juste : les hommes mouraient toujours les premiers. Il avait assisté par hasard à deux enterrements de femmes, mais toutes deux avaient dépassé quatre-vingts ans.

Ayant acquis au bout d'un moment une grande habileté à diagnostiquer la richesse et un certain degré de solitude, Terence jeta son dévolu sur Jessica Mason. Elle suivait les obsèques de son mari en manteau de zibeline. Après la cérémonie, Terence se présenta tandis qu'ils admiraient les couronnes de fleurs. Il dit que son père et le mari de Jessica avaient été autrefois de grands amis. A part la veuve, il n'y avait en tout et pour tout que quatre personnes : feu Roy Mason ne jouissait apparemment pas d'une grande popularité. Terence découvrit où habitait Jessica, fut impressionné par l'adresse et téléphona à la veuve une semaine plus tard. Environ un mois après le décès de Roy Mason, il vivait avec Jessica dans sa grande villa de style néo-Tudor aux confins de Cricklewood et de Golders Green.

Il n'y avait vraiment rien à reprocher à Jessica. Elle n'avait que quarante-cinq ans. Elle était sans enfants. Elle disposait d'une fortune encore plus grande qu'il n'avait soupçonné — mais elle était la personne la plus possessive, la plus exigeante, qu'il eût jamais rencontrée. Lorsqu'elle s'aperçut qu'il continuait à voir Carol de temps à autre, elle le menaça d'un couteau de cuisine. Elle allait le tuer, disait-elle, et se suicider ensuite. Terence cessa de voir Carol et demeura quelques mois encore avec Jessica, dépensant librement grâce à la carte de crédit de la Barclay's Bank qu'elle lui avait obtenue et s'entraînant à imiter la signature de sa bienfaitrice. Il y devint un véritable expert, mais n'eut cependant jamais l'audace d'employer cette falsification pour tirer, par exemple, un chèque sur le compte de Jessica.

Un après-midi où elle était allée à l'hôpital rendre visite à la mère d'une amie, Terence la quitta. Il partit simplement à pied, emportant dans l'une des valises de Jessica tous les vêtements qu'elle lui avait achetés.

Sur le seuil il hésita, songea à revenir sur ses pas pour faire main basse sur quelques-uns de ses bijoux et un ou deux bibelots. Mais une fois de plus il flancha au moment décisif. Il n'était pas très courageux, et le savait. Si d'aventure il se risquait à un coup d'audace — comme le jour où il avait pris dans son sac à main le porte-monnaie de Jessica, puis l'avait persuadée qu'elle l'avait perdu dans la cohue de la station de métro d'Oxford Circus — il avait toutes les chances de se sentir malade comme un chien et de se réveiller en pleine nuit, baigné de sueurs froides. Terence aurait pu parler, lui aussi, du « teint fleuri de la résolution, qui s'étiole sous le masque livide de la réflexion ». Laissant derrière lui bijoux et bibelots, il prit le chemin de sa nouvelle résidence, Spring Close. A ce moment, en effet, de nouvelles reconnaissances à Golders Green lui avaient déjà permis de s'insinuer dans les relations, dans les bonnes grâces et dans le lit de Freda Phipps.

Tandis qu'il considérait le carnet de bons d'épargne de son défunt mari, Terence se disait que Freda aurait pu se faire rembourser les bons dès la validation du testament de John Howard. Et même avant, sans doute : elle était sa légataire universelle. Seulement elle n'avait pas daigné s'en occuper, elle n'avait pas besoin de ces mille quatre cents livres. Terence ne pouvait s'empêcher de ressentir de l'amertume devant tant de facilité.

Tant qu'il y était, pourquoi ne pas jeter un coup d'œil aux papiers entassés sur les deux rayons du secrétaire ? Sur celui du haut, rien d'autre que des procès-verbaux de conseils d'administration. Pourquoi conservait-elle ce fatras ? En dessous, un exemplaire du testament de John Howard accompagné de ses actes de naissance et de décès. L'acte de naissance de Freda et son certificat de mariage étaient là également, avec quelques paperasses concernant l'assurance de la voiture ou de la maison et d'autres documents. Rien à en tirer. A peu près aussi utile pour lui, tout cela, que les procès-verbaux de conseils d'administration.

Terence s'empara d'une feuille de papier à lettre et entreprit de s'exercer à copier la signature de John Howard Phipps. Il écrivit « John H. Phipps » une douzaine de fois, puis essaya de le faire plus vite et avec un paraphe distingué. Tout le problème serait de répéter les mêmes gestes sous l'œil d'un employé des postes.

Bien plus tard dans la journée, après être allé prendre un verre au « Roi de Bohême », s'être préparé des haricots blancs en sauce et un œuf au plat pour son déjeuner et avoir songé un moment à reprendre le « circuit » de Golders Green, il se réinstalla devant le secrétaire, plume en main. Après tout, son seul espoir était d'encaisser les quatorze cents livres de ces bons d'épargne ; quant à téléphoner à Jessica pour lui demander de reprendre la vie commune, c'était une solution assez peu réaliste.

Quel âge avait John Phipps ? Freda n'avait jamais abordé ce sujet de conversation. Pour autant que Terence pût en juger, rien dans le carnet vert n'indiquait l'âge du titulaire, à moins qu'il n'y eût quelque part une marque codée. Il aurait l'air fin, s'il se présentait au bureau de poste et s'apercevait que le porteur était censé avoir soixante-cinq ans ! Il se rendit compte qu'il était victime d'un de ses accès de frousse.

« Ton problème, Terence Wand, lui avait dit un jour Carol, c'est que tu as une maladie intestinale bien connue : rien dans les tripes ! »

Mais au fait, l'acte de naissance du bonhomme était dans la pile de papiers. Il tira l'enveloppe marron où il croyait avoir vu les certificats, mais s'aperçut qu'il s'était trompé. Celle-ci portait : *Titre de propriété de l'immeuble sis 5, Spring Close, Hampstead.*

Terence considéra l'enveloppe. Il en fit glisser les documents. Le titre, consigné sur un épais papier réglé d'aspect parcheminé, ne mentionnait qu'un seul propriétaire de la maison, achetée cinq ans plus tôt. La propriété aurait pu être au nom des conjoints, John Howard Phipps et Freda Phipps, ou bien Freda aurait pu faire modifier le document au moment de l'héritage, mais ce n'était pas le cas. John Howard, bien que décédé, apparaissait toujours comme seul et unique propriétaire.

L'énormité de l'idée qui s'insinua dans le cerveau de Terence pour y exploser, son audace absolument criminelle, le firent trembler de peur. Il sentit de minuscules gouttes de sueur, d'une finesse de têtes d'épingle, perler à son front. A côté de cela, se faire rembourser les bons d'épargne d'autrui n'était qu'un enfantillage. C'était impossible, il ne pouvait y songer un instant — à moins que... ?

XII

Installé dans le siège de James sur la banquette arrière, Jason tenait le lapin blanc que lui avait acheté Mopsa. Benet mit les valises de sa mère dans le coffre, à côté de la vieille poussette de Jason, qui était restée là depuis l'enlèvement. Il avait l'air en parfaite santé, pensa-t-elle, le teint moins échauffé, l'expression plus vive. Est-ce le jeu de mon imagination, se demanda-t-elle, ou a-t-il vraiment meilleure mine ? Dans une heure ou deux, lorsque Mopsa serait partie et qu'il lui faudrait affronter la tourmente — ou à tout le moins, envisager sérieusement de le faire — nul ne serait en droit d'affirmer que Jason avait pâti de ses soins. On ne pourrait guère que la féliciter de l'amélioration de son état.

« Pour papa, ce sera un jour à marquer d'un caillou blanc, dit Mopsa. Tu sais que nous n'avons jamais été séparés aussi longtemps depuis notre mariage ? »

Elle avait oublié ses longs séjours dans divers pavillons d'hôpitaux psychiatriques. Ce matin, Mopsa présentait l'image même de la normalité avec son tailleur gris, son foulard de mousseline rouge autour du cou et son rouge à lèvres assorti, mais soigneusement estompé et poudré pour ne pas paraître trop excentrique. Quant à la réaction de son père à ce retour au bercail, Benet doutait qu'il abordât la journée avec l'enthousiasme prédit par Mopsa. Au téléphone, l'autre soir, le ton était plutôt réprobateur.

« Tout de même, tu aurais pu garder ta mère avec toi un mois complet, comme prévu, non ? »

Mopsa, pour sa part, n'avait rien arrangé lorsque, prenant le combiné, elle avait dit d'une voix plaintive que plus rien désormais ne la retenait à Londres, puisque toutes les analyses s'étaient révélées négatives. Elle ne voulait pas s'imposer trop longtemps.

La voix de John Archdale était grosse de souffrances inexprimées. Tu l'as eue trois semaines, suggérait la voix, moi je l'ai pour la vie. Je ne me plains pas, je porte ma croix en silence mais tout ce que je demandais, c'était quatre petites semaines. Dans ces conditions, pensait Benet, cela n'aurait pas tué Mopsa de dire au pauvre homme qu'elle était heureuse de rentrer à la maison.

A présent, dans la voiture, elle ne pouvait cacher son bonheur. Pour commencer, il y avait le climat. Là-bas, il faisait sûrement vingt degrés de plus qu'en Angleterre. Et il y avait le soleil, et sa petite maison si accueillante que Benet n'avait vue qu'une fois et qu'elle ne paraissait pas désireuse de revoir. Elle continua son babillage, vantant les charmes de l'Espagne méridionale en hiver, quand presque tous les touristes sont partis ; elle évoqua cet autre couple d'exilés volontaires, originaire de High Wycombe, avec qui ils jouaient au bridge, et puis la plage, bien sûr. Jason semblait oublié. Depuis plusieurs jours elle l'avait pratiquement ignoré, l'abandonnant à la sollicitude de Benet. Une fois, en parlant de lui, elle l'avait appelé James : « Est-ce qu'il n'est pas l'heure de coucher James ? »

Le couteau toujours brandi, toujours prêt à lacérer le cœur de Benet de rappels du passé, avait frappé au but. Mais Mopsa avait laissé échapper ce prénom par pure inadvertance. En tant que personne, James ne l'avait jamais beaucoup intéressée, et Jason encore moins. On aurait dit que, pour elle, ils s'étaient mêlés, confondus en un seul individu, ces petits garçons n'étaient à ses yeux que des créatures tribales partageant une âme collective. Benet avait fait une dernière tentative pour expliquer à Mopsa ce qu'elle comptait entreprendre en vue de rendre Jason, mais Mopsa s'était contentée de hausser les épaules.

« Je ne serai plus là : pourquoi m'en parler ? »

A Heathrow, une pyramide de *Liens du mariage* était exposée à la librairie-kiosque à journaux située à l'intérieur de l'aire d'enregistrement. La vue de ce volume broché si familier, dont la couverture glacée jaune crème représentait une femme à la coiffure piquée de pierreries, ramena soudain à la pensée de Benet les épreuves qu'elle aurait à affronter lorsqu'elle restituerait Jason. Mopsa était parfaitement inconnue : elle n'aurait eu droit qu'à un feu de paille, à une notoriété éphémère. Mais elle, Benet Archdale, était un auteur à succès, elle avait un nom sinon un visage célèbre, elle était d'ores et déjà une personnalité. Et jamais le temps n'effacerait cet épisode. Elle aurait beau écrire, faire, réussir tout ce qu'elle voudrait, on rappellerait perpétuellement qu'elle avait kidnappé un enfant. Si un jour quelqu'un se mêlait de retracer sa biographie, ce serait là. Un chapitre y serait consacré. On mentionnerait l'instabilité mentale de sa mère, et la perte de son enfant. D'ailleurs elle n'aurait pas à attendre une hypothétique et lointaine biographie : tous ces détails seraient dans les journaux dès la fin de la semaine.

Elle en acheta un. La disparition de Jason retrouvait les honneurs de la première page : en bas, sur deux colonnes, une nouvelle interview de Carol Stratford.

Benet se tourna vers Jason et s'écria : « C'est ton anniversaire ! Oh ! Jay, tu as deux ans aujourd'hui ! »

Elle s'était mise à l'appeler Jay. C'était ainsi qu'il se désignait lui-même. Elle le prit et le regarda bien en face.

« Mais c'est affreux, c'est ton anniversaire et nous n'avons rien fait !

— Il ne s'en rend pas compte, coupa Mopsa. Il est trop jeune pour savoir ce qu'est un anniversaire.

— Bon anniversaire, Jay ! Que ce jour revienne souvent et dans la joie !

— C'est *mon* anniversaire la semaine prochaine et tu n'en fais pas tout un plat, que je sache ! »

Mopsa était irritée, boudeuse. A présent la perspective du vol l'angoissait ; elle prit du Valium avec son café noir. Jason eut droit à une glace pour marquer ce jour de fête. Tout en l'observant, Benet s'étonnait qu'en si peu de temps son antipathie pour lui se fût évanouie aussi complètement. Du reste, comment avait-elle pu détester un petit enfant, presque un bébé encore ? Si elle parvenait à leur faire comprendre, s'ils ne la traitaient pas trop durement, pouvait-elle espérer qu'on lui permettrait de lui rendre visite de temps à autre, pour le voir grandir ?

On annonça le vol à destination de Malaga. Si peu disposée que fût Mopsa à monter en avion, elle se précipita néanmoins au premier appel. Et si l'avion partait sans elle ? Et si elle avait des problèmes en arrivant en retard ? Après tout, sa fille ne lui avait pris son billet que quelques jours auparavant.

Benet l'accompagna le plus loin qu'elle put. Elles se quittèrent au contrôle des passeports. Mopsa qui, ces derniers jours, s'était montrée glaciale et chicanière, se jeta au cou de Benet et l'embrassa avec effusion.

« Tu ne sais pas à quel point tu me manques, Brigitte. Je n'ai eu que toi et c'est dur d'être séparées par des centaines et des centaines de kilomètres. »

Benet promit de téléphoner, d'écrire. Elle se garda de rappeler à sa mère que c'était elle qui avait provoqué la séparation en choisissant d'aller vivre en Espagne. Mopsa ne dit pas au revoir à Jason. Elle ne fit pas attention à lui. Benet se surprit elle-même de lui en vouloir à ce point, s'étonna que l'indifférence de Mopsa pût empoisonner à ce point leurs adieux. C'est parce que je sais qu'elle aurait eu la même attitude avec James, pensa-t-elle.

Il ne faut pas haïr ma mère...

Mopsa franchit le passage. Benet l'aperçut une dernière fois tandis qu'elle déposait son sac à main sur le tapis roulant des bagages.

Puisqu'elle savait désormais que c'était l'anniversaire de Jason — le journal citait Carol Stratford, qui se lamentait sur la belle fête qu'elle aurait voulu lui donner — Benet se sentait tenue de lui faire un cadeau. Même si ce devait être le dernier jour qu'il passait avec elle, il aurait son cadeau d'anniversaire. « Ils » n'interdiraient sûrement pas à l'enfant de le garder. Au nom de quoi s'y opposer ?

Jason ne parvenait pas à choisir. Il aurait voulu emporter tout le magasin. L'endroit rappelait fortement à Benet la salle de jeux de l'hôpital. Elle comprenait d'où venaient certains des jouets qu'elle avait vus dans cette pièce. Elle se souvint des minutes qu'elle y avait passées, attendant de pouvoir disposer de la cabine téléphonique pour appeler Mopsa, et de l'arbre de mains qu'elle avait longuement contemplé. James vivait encore. Toutes ces mains levées lui avaient paru implorer quelque chose, mais quoi ? Quoi ?

Elle se décida pour un cheval à bascule. Un grand et beau cheval gris pommelé. Le magasin pouvait le livrer au Val de Paix demain à la première heure, mais Benet ne voulait pas faire attendre Jason. La voiture était garée à deux pas. Ils emportèrent le cheval et s'engagèrent sur la chaussée, Benet disparaissant presque derrière une masse de papier d'emballage marron. Ils étaient au milieu du passage clouté lorsqu'elle aperçut Ian Reaburn sur le trottoir opposé.

En le voyant, Benet éprouva une sensation curieuse. On aurait dit qu'elle l'avait toujours connu ou, mieux encore, qu'il s'agissait d'un ami intime ou d'un parent dont la rencontre inattendue, dans cette rue, constituait une merveilleuse surprise. Elle eut l'impression qu'il appartenait au petit cercle des personnes qui l'aimaient, que dans un instant il tournerait la tête, la découvrirait à son tour, et que son visage s'illuminerait de plaisir. Cette sensation ne dura que quelques secondes. Elle avait envahi Benet avec la vivacité, la spontanéité de l'éclair : un instant de pur bonheur, le premier qu'elle connût depuis la mort de James. Mais il fut immédiatement suivi, voire interrompu, par une vague d'appréhension. Un regret poignant la déchira. Elle mit le pied sur le bord du trottoir, serrant plus fort la main de Jason.

Ian Raeburn achetait des kiwis et un sachet de mandarines. Il ramassa sa monnaie, se retourna, croisa le regard de Benet et la reconnut aussitôt ; il lui sourit. Benet pensa : il doit se demander ce que je fais là, un enfant à la main, moi qui ai perdu le mien. L'explication inventée par Mopsa, qu'elle avait elle-même jugée crédible un moment, était là toute prête sur le bout de sa langue.

« Je m'occupe de lui pour rendre service à une amie. J'ai promis de le garder pendant qu'elle est en voyage.

— Laissez-moi vous débarrasser », dit-il.

Il lui prit des mains le cheval à bascule. Ses sabots peints crevaient le papier d'emballage.

« Et vous trouvez que cela vous aide ? » demanda-t-il avec douceur. Il voulait dire : de prendre soin de Jason, d'avoir la compagnie d'un enfant du même sexe et sensiblement du même âge que James.

« Je n'en sais rien. » La franchise de cette réponse la surprit elle-même. « Honnêtement, je n'en sais rien. » Huit jours plutôt, elle n'aurait pu que crier : « Non, non, jamais ! »

« Je vous ai téléphoné deux ou trois fois. Pour prendre de vos nouvelles. Je suppose que votre mère vous l'a dit ? »

Mopsa n'en avait rien fait. Mais cela aurait-il changé quelque chose ?

« Ma mère vient de rentrer chez elle.

— Vous y arriverez, toute seule ? »

Elle fit « oui » de la tête. Il ouvrit le coffre et y plaça le cheval à bascule, à côté de la poussette volée. Dans un instant il allait suggérer de faire plus ample connaissance, lui demander la permission de la revoir, elle en était sûre, elle le sentait à une certaine tension de l'air entre eux. Mais c'était impossible, elle n'avait plus d'avenir, il ne lui resterait plus rien dès lors qu'elle aurait rendu Jason. Ian Raeburn ne voudrait plus la connaître. Elle serait une femme finie, on la croirait folle, folle comme Mopsa.

Elle se pencha et prit Jason. Il aimait bien les adieux et avait commencé à agiter la main en disant « au revoir ».

« Un cadeau somptueux pour l'enfant d'une amie. » Ian referma le coffre. « C'est votre filleul ?

— Ce n'est pas son cadeau de Noël. Il a deux ans aujourd'hui. »

Elle regretta aussitôt cette phrase. Elle lui avait échappé. Mais s'il avait lu lui aussi le même article, en première page ?

Les yeux de Ian posaient sur elle un regard de douce compréhension. Comment l'aurait-il pu ? Il *croyait* comprendre. Nous méprisons généralement ceux qui prétendent nous comprendre alors même qu'ils s'égarent sur de fausses pistes. Elle ne méprisait pas Ian, mais souhaitait se débarrasser de lui. Elle lui dit au revoir assez brusquement et s'engouffra dans la voiture.

Le téléphone sonnait lorqu'elle pénétra dans la maison. C'était Antonia, qui voulait l'inviter à dîner. Arrivait-elle à trouver des baby-sitters pour James, dans son nouveau quartier ?

Un instant, Benet resta sans voix. A cause des mensonges de Mopsa, les gens allaient continuer à lui parler comme si James vivait toujours. Cependant elle se sentit incapable d'avouer la vérité à Antonia. Non, répondit-elle, elle ne pouvait sortir, ne connaissait encore personne et ignorait totalement où dénicher une baby-sitter — et sa propre voix rendait à ses oreilles un son lointain, hébété. Jason s'approcha d'elle et la tira par la manche, pour lui demander de déballer le cheval. Elle raccrocha.

Jason grimpa sur sa monture et commença à se balancer. L'expression de son visage fit sourire Benet, tant elle y vit de plaisir, d'émerveillement, de jubilation. Elle se mit à imaginer la conversation qui s'engagerait entre elle et un ou des policiers lorsqu'elle le ramènerait. Toutes les explications qu'elle pourrait donner du comportement de Mopsa et du sien propre par la suite lui paraissaient à présent insensées, irréelles, et surtout invraisemblables. Pourquoi n'avait-elle pas restitué Jason dès qu'elle avait compris qui il était ? Ils ne manqueraient pas de le lui demander. C'était l'une des questions dont ils ne cesseraient de la harceler. Et tout ce qu'elle trouverait à répondre, c'est qu'elle avait voulu faire cesser les cris de Mopsa. Avec le recul, elle ne parvenait plus à se comprendre elle-même. Mopsa n'était peut-être pas la seule à avoir donné des preuves de déséquilibre mental...

Elle ne réussissait à construire aucun scénario de dialogue avec les policiers qui ne se terminât pas par son inculpation pour l'enlèvement de Jason. Les faits, les apparences, tout militait contre elle. Le secteur de Winterside Down lui était familier : elle y avait habité. La voiture ayant servi à l'enlèvement était bien la sienne. Elle venait de perdre son enfant. Mais il y avait pire : elle avait caché — ou du moins l'on croirait qu'elle avait caché — à tous ses amis la mort de son fils.

Elle donna à Jason un vrai goûter d'anniversaire. Elle l'installa sur ses genoux et lui lut un conte de Beatrix Potter, *L'Histoire de la tourte et du petit moule*, bien qu'il fût sans doute trop difficile pour lui. Les images lui plurent. Il sembla même les apprécier davantage, et montrer plus d'enthousiasme, qu'elle ne l'aurait cru possible de la part d'un enfant de son âge. Si j'étais sa mère, se prit-elle à penser, je rêverais qu'en grandissant il devienne peintre.

Sa mère... Cette jolie petite blonde, cette poupée vivante. Et ce garçon aux airs de loubard, à peine sorti de l'adolescence, avec qui elle vivait. Il *fallait* qu'ils récupèrent l'enfant. Aucun doute à ce sujet. Ce n'était pas à elle, Benet, de les juger et de rendre la sentence. Tout au plus pouvait-elle essayer d'empêcher qu'une fois passé le soulagement de l'avoir retrouvé, ils ne recommencent à le battre.

Les bleus avaient presque disparu, remarqua-t-elle en soulevant Jason pour le mettre dans son bain. Seule une légère tache jaunâtre subsistait à la base de sa cage thoracique enrobée de chair ferme. Le trou de la brûlure ne s'effacerait jamais, bien sûr. Il serait encore là lorsque Jason aurait atteint la vieillesse. Mais elle ne pouvait prouver qu'il s'agissait d'une brûlure de cigarette. Et les policiers ne montreraient guère d'empressement à la croire, se dit-elle, ils aimeraient mieux s'épargner des ennuis supplémentaires.

Elle coucha Jason et le borda. Le lapin blanc avait disparu. A eux deux, ils avaient fouillé toute la maison pour le retrouver, mais en vain, et Benet commençait à se demander si Mopsa ne l'avait pas emporté par inadvertance. Elle réfléchit un moment, s'arma de courage, alla ouvrir le placard aux jouets, en sortit le bébé tigre de James et le donna à Jason. Il lui fut douloureux de le voir entre ses mains, mais d'une douleur supportable. L'enfant accepta avec joie ce substitut du lapin et s'endormit en suçotant une des oreilles rondes et dorées de l'animal. A l'heure qu'il était, elle aurait déjà dû restituer Jason. Hier, elle avait pris la ferme résolution de l'emmener au poste de police cet après-midi vers trois heures. Elle s'était même dit qu'elle attendait cette échéance *avec impatience*. Ce serait un soulagement d'en finir avec cette histoire, de se libérer de sa présence, de ne plus être responsable que d'elle-même. Elle avait dû se persuader alors qu'ils admettraient sans difficulté son récit, le rôle qu'y jouait Mopsa, sa culpabilité presque exclusive. Désormais, elle était obligée de laisser passer une nuit de plus avant de songer à rendre Jason, et ce fait même, le fait de ne pas l'avoir restitué immédiatement après le départ de Mopsa, constituait un nouvel argument contre son innocence.

Elle redescendit sans but, fit les cent pas dans la grande pièce du sous-sol, pour la première fois seule depuis la mort de James, et eut soudain la certitude qu'elle n'irait pas remettre Jason entre les mains de la police. L'idée même d'accomplir ce geste, lorsqu'elle la regardait en face, avec réalisme, en toute franchise, la rendait malade et l'emplissait d'effroi. Il ne servait à rien d'imaginer des conversations, d'envisager à l'avance les moyens d'amener les policiers à partager son point de vue. Ce n'était pas leur genre, ça ne marcherait pas. Au bout de deux minutes d'interrogatoire au poste de police, ils l'auraient métamorphosée en une démente criminelle. Et le jour suivant, les journaux étaleraient toute l'affaire. Elle devrait voir la mort de James annoncée noir sur blanc.

Eh bien, non !

C'était un soulagement d'avoir pris une décision. Le soulagement l'amollissait, lui coupait les jambes. Jason ne serait pas remis à la police, elle n'aurait à présenter ni excuses, ni aveux, ni explications. Mopsa, la pauvre folle, ne serait pas inquiétée.

Cela ne voulait pas dire qu'il ne fallait pas restituer Jason. Bien sûr qu'il devait retrouver sa mère, sa famille, son foyer, et le plus tôt possible. Benet fit une chose dont elle n'était pas coutumière. Elle monta au salon, ouvrit le bar et se versa un double whisky bien tassé. Elle n'en avait pas bu depuis le temps de sa vie avec Edward. Son verre à la main, elle s'assit dans le fauteuil, devant la fenêtre, et tâcha d'imaginer d'autres moyens de restituer Jason, des moyens infaillibles, à la fois sûrs et secrets.

XIII

Les photographies exposées aux vitrines des agents immobiliers montraient la plus grande variété de maisons, allant de la demeure géorgienne classée à l'atelier-loft des années quatre-vingt. Terence examinait ces photos, étudiait les caractéristiques qui les accompagnaient, notait mentalement les prix. Il n'imaginait pas que les maisons de Hampstead pussent se vendre aussi cher et ses recherches commençaient à lui causer une légère nausée, pas désagréable cependant.

Il lui restait à prospecter une dernière agence dans Heath Street. Terence descendit jusqu'à l'angle de Church Row et resta planté là, le nez contre la vitre. Il n'avait pas l'intention d'entrer. Il valait mieux régler ce genre d'affaires par téléphone. Ç'avait été une matinée pleine d'enseignements mais, tandis qu'il remontait l'artère sinueuse qui le ramenait à la villa, il se demandait s'il n'avait pas entrepris toutes ces recherches moins pour leur utilité que pour repousser encore le fatidique premier pas.

Près d'une semaine s'était écoulée depuis sa découverte du titre de propriété. Dès lors, son projet l'avait occupé presque constamment et, à moins d'un retour inopiné de Freda, à moins de tomber sur un agent immobilier qui connût personnellement John Phipps ou fût au courant de sa mort, à moins d'éveiller les soupçons des voisins (mais comment ?), il ne voyait pas ce qui pouvait faire échouer l'entreprise. Pourtant il avait une frousse bleue. Ce qui l'effrayait, c'était justement cette apparente simplicité — un jeu d'enfant une fois l'affaire mise en train —, cette simplicité trop évidente... Non, cela ne marcherait pas, il y avait forcément un *hic* quelque part. Il ne pouvait être aussi facile de s'emparer de... combien au juste ? Cent mille livres ? Cent cinquante mille ?

Jessica et Freda faisaient toutes deux une grande consommation de Valium. Jessica en prenait chaque matin pour attaquer la journée. En la quittant, Terence avait emporté une boîte de cent comprimés.

« Ça coûte moins cher que l'alcool », aimait à dire Freda, toujours économe. Elle lui en avait laissé près de deux cents. Il était donc amplement pourvu et les pilules ne semblaient pas perdre de leur efficacité à la longue, contrairement à ce qu'affirmaient médecins et pharmaciens. Il en prit deux avec un demi-verre d'eau auquel, à la réflexion, il ajouta un peu du *Chivas Regal* de Freda. Il but avec un frisson, n'ayant jamais été très porté sur l'alcool.

A l'agence qu'il avait choisie, on décrocha le téléphone aussitôt. Il eut au bout du fil un certain M. Sawyer. L'accent de M. Sawyer ressemblait beaucoup au sien, c'était celui d'un authentique natif du nord de Londres, recouvert — lorsque le locuteur y songeait — d'une espèce de contrefaçon de la diction des présentateurs de télévision. Terence avait répété à l'infini sa première réplique. Il s'était pris à la murmurer dans son sommeil. Cette fois, il la prononçait à haute voix au téléphone.

« Je voudrais mettre ma maison en vente. »

Le prix de départ suggéré par Sawyer était de cent quarante mille livres ou plus exactement, en jargon d'agent immobilier, de cent trente-neuf mille neuf cent quatre-vingt-quinze.

« Quand pourrions-nous venir prendre les mesures sans vous déranger, monsieur Phipps ?

— Les mesures ?

— Oui, nous prenons généralement les dimensions des pièces pour établir les caractéristiques de la maison. Et on pourrait faire une photo. Naturellement, je connais la propriété. Une très belle propriété.

— Cet après-midi, ça vous irait ?

— Parfaitement. Trois heures ? Trois heures trente ? »

Rendez-vous fut pris pour trois heures. Autant en finir au plus vite, se disait Terence. Jusque-là, il ne s'était guère soucié des voisins. Ainsi, lorsqu'il rentrait la voiture de Freda à deux heures du matin, donnait un dernier coup d'accélérateur et sortait en claquant la portière, les voisins n'existaient pas pour lui. Il coula un regard par la meurtrière du milieu. Une femme mince, aux cheveux blancs, l'air las, plantait quelque chose, des oignons de fleurs sans doute, autour du tronc du catalpa qui poussait au centre de la cour. Elle avait bien le genre à fourrer son nez partout, mais Terence n'avait aucun moyen de l'en empêcher. Et si cette femme ou quelqu'un d'autre voyait Sawyer prendre une photo ? Même s'ils connaissaient l'agent immobilier, ils penseraient que Freda voulait vendre sa maison. Ils ne savaient peut-être même pas qu'elle était partie.

Il n'y aurait de réel danger que si un voisin venait à entendre Sawyer l'appeler Phipps. Terence résolut de tout faire pour l'éviter. A présent qu'il avait accompli le premier pas, il se sentait moins nerveux. Qu'avait-il fait, après tout ? Il n'avait pris aucun engagement, il pouvait toujours se dédire, se raviser. Et quant à son nom d'emprunt — qu'est-ce qui prouvait qu'il n'était pas un cousin de John Howard ? Un jeune cousin. John Howard était mort à cinquante et un ans, ainsi que Terence avait pu le lire sur son acte de décès.

Sawyer parut à l'heure juste, et même avec deux minutes d'avance. Sans lui laisser le temps de s'attarder sur le seuil où il commençait à s'extasier sur le charme, le goût exquis de cette petite enclave, il l'attira à l'intérieur en lui disant de refermer la porte d'entrée, car il croyait avoir un début de rhume.

« Le marché, dit Sawyer qui s'était agenouillé, son mètre ruban à la main, est pour ainsi dire *exsangue*. »

Il donnait l'impression d'essayer un mot nouveau, qu'il venait tout juste d'apprendre. Terence crut comprendre que le marché s'améliorait, ou quelque chose d'approchant.

« En ville, reprit Sawyer, les maisons sont devenues très difficiles à vendre par les temps qui courent, mais celles-ci, naturellement, constituent une classe à part. L'appellation même de « maison de ville » pourrait s'avérer fallacieuse. La plus grande prudence sera de mise. Il va s'agir de cogiter fortement. Puis-je vous demander si vous avez déjà trouvé ailleurs ?

— Pardon ?

— Je veux dire : êtes-vous engagé dans l'acquisition d'une nouvelle propriété ?

— Oh, ne vous inquiétez pas pour ça ! Je vais à l'étranger. Et je veux une vente rapide. Je n'ai pas l'intention de moisir ici. »

Il demanda à Sawyer la permission de ne pas le reconduire, puis courut au premier étage et le regarda prendre la photo. Pour autant qu'il pût en juger, personne d'autre n'observait l'agent immobilier. Sawyer rangea son appareil photo et s'éloigna nonchalamment, passant sous le porche qui menait vers des régions pavées, plus anciennes, de Hampstead.

Terence n'attendait pas de nouvelles de lui avant une semaine ou deux, mais deux jours plus tard, alors qu'il s'armait de courage pour aller jusqu'à Heath Street voir si la photo était exposée chez Steiner & Wildwood — et s'assurer que, dans ce cas, il tiendrait le coup — il reçut un appel de Sawyer : un couple, M. et Mme Pym, souhaitait visiter la maison. Acceptait-il de les recevoir dans une heure ?

Freda avait toujours fait elle-même son ménage. Elle prétendait que cela l'occupait et qu'elle n'aimait pas avoir de femmes de ménage chez elle. En un sens, cela arrangeait plutôt Terence. Une femme de ménage aurait pris un vif intérêt à ses faits et gestes, colporté des ragots et peut-être écrit à la Martinique. Mais d'un autre côté, il avait toujours trouvé normal de voir la maison propre, et le rester comme par magie. Personne n'y avait passé un chiffon à poussière depuis près d'une quinzaine, et elle ne paraissait pas sous son meilleur jour. Il était trop tard, cependant, pour s'en inquiéter. Terence absorba deux comprimés de Valium et il avait à peu près recouvré sa sérénité lorsque les Pym se présentèrent.

Ils ne s'attardèrent pas. Dès qu'ils constatèrent que le jardin avait des dimensions comparables à la plus petite des chambres, ils se désintéressèrent de la visite. Mais c'était un début. Terence sortit l'aspirateur, trouva des chiffons et nettoya la maison. Il enleva une toile d'araignée de l'une des solives rouges et frotta le lanceur de disque. C'était la première fois de sa vie qu'il s'essayait au ménage, mais il n'éprouva pas de difficultés. Cela lui parut même un moyen possible de gagner sa vie si tout le reste échouait.

La photographie prise par Sawyer n'était pas à la vitrine de Steiner & Wildwood. Ils s'étaient probablement contentés de la coller sur les prospectus précisant les caractéristiques et tout le tralala qu'ils donnaient aux acquéreurs éventuels. Cela le rassura. Il se serait senti en grand danger si cette photo avait trôné là, accrochant le regard de tous les passants.

Depuis le départ de Freda, il avait mené une existence d'ermite ; aussi, ce soir-là, il s'échappa pour rejoindre un de ses points de chute favoris, chez Smithy à Maida Vale, où il était allé quelquefois avec Jessica et où l'on servait à boire toute la nuit. Là, il ramassa une fille, une certaine Teresa, à qui il se présenta sous le nom de John Phipps. Elle revint avec lui en taxi et la maison produisit sur elle une profonde impression. Elle n'en revenait pas, et répétait « qu'elle ne l'aurait pas pris pour un type comme ça ». Ils étaient toujours au lit, le lendemain matin, lorsque Sawyer appela. Une Mme Goldschmidt voulait venir visiter la maison à deux heures.

Cela lui laissait le temps de se débarrasser de Teresa. Il la surprit à noter le numéro de téléphone de Freda, inscrit au centre du cadran, mais cela lui parut sans importance. Teresa envolée, il avala deux Valium, puis un troisième à une heure et demie. Mme Goldschmidt était en retard et, lorsque la sonnette retentit, il n'espérait déjà plus sa visite. Il s'obligea à gagner la porte à pas lents : elle pouvait attendre, pour changer.

C'était une femme extrêmement jolie, du même type physique que Carol Stratford ; mais il y avait autant de différence de classe et de style entre elle et Carol qu'il en existait, au dire de Sawyer, entre la villa du 5, Spring Close et une « maison de ville » ordinaire. Elle avait des cheveux blonds, très courts, brossés en arrière, un hâle léger et lumineux, et sa bouche évoquait la coupe transversale d'une fraise mûre. Elle portait un manteau de daim gris clair, des bottes primevère et une longue écharpe du même ton. Des comme ça, se dit Terence, on n'en trouvait pas aux portes des cimetières, s'extrayant péniblement de leurs Daimler de louage.

Il n'avait aucune expérience de l'achat ou de la vente de maisons mais devina d'instinct, ou par télépathie, que celle-ci lui plaisait. Non qu'elle dît grand-chose tandis qu'il la conduisait de pièce en pièce ; elle ne parlait presque pas, mais elle prenait son temps, passait une revue minutieuse et hochait parfois la tête comme pour s'approuver elle-même, l'air content. Lorsqu'elle acheva son examen, il était trois heures et demie, le pire moment de la journée pour offrir à boire, et Terence ne se sentait pas en humeur de lui proposer une tasse de thé. Faire du thé ne s'accordait guère avec son image de propriétaire du 5, Spring Close. En un sens, c'était presque dommage que la maison lui plût de façon aussi manifeste. Cela coupait court à toutes ses idées quant à l'exploitation de cette image pour faire plus ample connaissance avec elle.

Elle avait une voix monotone de zombie que Terence trouva plutôt excitante. « J'aimerais que mon mari la voie aussi.

— Bien sûr. Quand vous voudrez.

— Je prendrai rendez-vous par l'intermédiaire de Steiner. »

En dépit du Valium, Terence avait besoin de se calmer les nerfs. Il sortit l'aspirateur et donna un petit coup supplémentaire aux tapis à toison de cocker, pour avoir la conscience tranquille lors de la venue de Goldschmidt. Puis il passa une heure à s'entraîner à contrefaire la signature de John Howard. Sa main était ferme, il respirait profondément. Il entreprit un nouvel examen en règle du secrétaire et découvrit cette fois deux vieux chéquiers qui ne contenaient plus guère que des talons ; une seule formule vierge subsistait. John Howard était mort subitement, d'une crise cardiaque que rien n'annonçait. Étrange, tout de même, de se dire qu'il était à cent lieues de se douter qu'il n'utiliserait jamais le chèque n° 655399, et que le n° 655398, d'un montant de 95,43 livres à l'ordre de la Compagnie du gaz North Thames, serait le dernier qu'il tirerait jamais. Six jours plus tard, il avait rendez-vous à Golders Green...

Mais ces songeries empreintes de fatalisme n'étaient pas le fort de Terence, et il se hâta de les congédier. Le compte en banque du mari de Freda était domicilié à l'agence Barclay de Hampstead High Street et ce renseignement lui suffisait. Il savait désormais quelle succursale, et de quelle banque, il devait éviter.

Goldschmidt passa le lendemain, et une seconde fois le surlendemain. Il était gras, brun et chauve et portait des lunettes aux verres épais sertis dans une monture épaisse. Sa femme était vêtue d'un ensemble en cuir noir et emmitouflée dans une espèce d'écharpe de vison.

« C'est la maison de mes rêves, dit-elle d'une voix qui semblait émerger du coma.

— Seriez-vous disposé à recevoir une offre ? »

Terence répondit conformément aux instructions de Sawyer :

« Tout doit passer par Steiner & Wildwood. »

Dans l'heure suivante, il avait Sawyer au bout du fil. Terence était à peu près aphone, symptôme fréquent de nervosité chez lui.

« Toujours ce mauvais rhume, monsieur Phipps ? »

Terence croassa une manière d'acquiescement.

« M. Goldschmidt vous fait une offre à cent trente mille livres. »

C'était tout à fait acceptable. Terence, lui, n'aurait pas discuté. Ce fut Sawyer qui suggéra de marchander. Vingt-quatre heures s'écoulèrent durant lesquelles Terence n'osa même plus sortir, de peur de manquer un appel de l'agent immobilier. En outre, il avait constamment mal au cœur et craignait que le froid, devenu très vif, ne le saisît et ne le fît réellement vomir. Il prenait un bain lorsque le téléphone sonna. Il bondit et se précipita vers l'appareil sans prendre le temps de saisir au passage une serviette. Le combiné glissait dans sa main mouillée.

« Cela paraît être un compromis satisfaisant pour les deux parties, vous ne pensez pas, monsieur Phipps ? »

Terence acquiesça de la tête. Se rendant compte que Sawyer ne pouvait le voir, il traduisit son geste en une mitraillade *staccato* de « Oui. Certainement. Parfait. D'accord. Oui. »

Selon toute apparence, il avait vendu ou était en passe de vendre la maison de Freda Phipps pour cent trente-deux mille neuf cent cinquante livres.

XIV

C'était de la pluie qui tombait, mais il faisait assez froid pour de la neige. Un vent glacial qui s'engouffrait dans les rues transversales vous saisissait à chaque carrefour. Barry, qui faisait les courses du samedi, aperçut Maureen qui descendait le perron de la bibliothèque publique, un livre mince sous le bras. Maureen était chaussée de bottes de caoutchouc noires et portait son long imper couleur de boue. Elle s'arrêta sur les marches pour ouvrir un grand parapluie noir qui appartenait probablement à Ivan.

Barry voulait lui parler seul à seule. Il la suivit à l'intérieur du supermarché « International ». Elle avait déposé dans son caddie le parapluie et le livre emprunté (*Bricolage de haut niveau pour le spécialiste de la maison*). A la vue de Barry, le visage de Maureen ne montra pas plus de réaction que devant une pyramide de boîtes d'aliments pour chiens.

« J'ai appris que la police t'interrogeait comme témoin numéro un », dit-elle ; et sur le même ton : « Passe-moi un de ces paquets de Flash. Ils sont trop hauts pour moi.

— Tu as le temps de prendre un café, Maureen, ou un verre ? »

Elle se gratta l'aile du nez. « Pour quoi faire ?

— Je voudrais te demander quelque chose. Je veux dire, je pensais que, si nous allions nous asseoir quelque part...

— Je suis en train de laver les peintures du salon. Je n'étais sortie que pour acheter une éponge.

— Ça ne fait rien », dit Barry.

Ils marchaient côte à côte en direction de la caisse. Comme un couple qui va au dispensaire en poussant son landau, pensa Barry. Une remarque de Carol lui revint en mémoire : d'après elle, Maureen « n'avait rien d'humain ». En un sens, cela valait mieux : il devenait plus facile de lui parler de choses qui n'étaient que trop humaines. Il se débarrassa de sa question avec précipitation.

« Maureen, est-ce que tu sais qui est le père de Jason ?

— Qui est quoi ? »

Il répéta la phrase, se lança dans des explications, mais dut s'interrompre parce que la caissière pouvait les entendre. Sur le trottoir, Maureen traînait le pas, plongée dans la lecture du mode d'emploi sur le paquet de Flash. Elle le laissa tenir le parapluie au-dessus d'eux. Il fit une nouvelle tentative.

« Ça m'a donné à penser, tu vois. Je veux dire : peut-être qu'elle a toujours un faible pour le père de Jason. Elle pourrait avoir un penchant particulier pour lui à cause de ça. »

Maureen ne leva pas les yeux des lettres vertes de son paquet. « Il y a eu un tas de types. Il y en avait un qui se baladait dans un buggy, il avait le type du garage, trois ou quatre maisons plus loin que chez moi et puis une espèce de Nègre. Ivan et moi, on était dégoûtés. Il y a eu un type qui s'appelait Chose, euh..., Terry Wand. Maman connaissait sa mère, c'était une voisine de Brownswood Common. » Elle regarda Barry pour la première fois depuis qu'ils avaient quitté le magasin. Le fait de parler d'elle allumait dans ses yeux une petite étincelle d'intérêt. « Je n'ai jamais été avec un autre homme qu'Ivan, dit-elle. Ça ne m'intéresse pas. Je ne vois pas ce que les gens peuvent y trouver. Tout ça pour dire qu'entre deux sœurs, ça peut être le jour et la nuit. Passe-moi le sac où tu as mis ton beurre, veux-tu ? Si ce truc prend l'eau, ça va faire un beau gâchis. »

Il la quitta au pont. Il lui parut qu'elle connaissait un bonheur parfait. Elle avait obtenu ce qu'elle voulait. Ivan et elle se parlaient à peine. Quand il n'était pas à son travail et qu'elle n'arrangeait pas sa maison, ils passaient tout leur temps devant la télé, assis côte à côte et se tenant la main. Jamais ils n'auraient d'enfants, jamais ils ne se sépareraient, ne déménageraient, ne partiraient en vacances, ne se feraient d'amis, ne seraient jaloux, ne souffriraient. Un matin ils se réveilleraient, se découvriraient sexagénaires, mais rien n'aurait changé. Il les aurait presque enviés.

Le nom de Terence Wand était le seul dont Maureen se fût souvenue. D'après ce qu'elle avait dit, on pouvait croire que Carol et lui étaient amis d'enfance. Quant aux autres... naturellement Maureen n'avait aucune *preuve*, Ivan et elle n'avaient fait que des suppositions. Ils avaient tourné autour de Carol, sans nul doute. Les hommes tourneraient toujours autour d'elle. Le cas de Terence Wand était différent — pour une raison obscure, Barry avait l'intuition qu'il était le père de Jason. La paternité vous donnait une sorte de dignité, de poids. Elle vous sauvait de l'oubli. C'était le nom du père de Jason que Maureen s'était rappelé.

Carol s'était mise à travailler le samedi. A l'heure du déjeuner et toute la soirée. Elle ne l'avait jamais fait auparavant, mais Kostas le lui avait proposé dès son retour et elle avait accepté. La maison embaumait le nouveau parfum de Carol, une eau de Cologne française musquée à douze livres le flacon — Barry le savait pour en avoir demandé le prix à la pharmacie. C'était son argent après tout, elle le gagnait à la sueur de son front, elle avait le droit de le dépenser à sa guise. Barry ne s'en serait même pas soucié s'il avait eu la certitude qu'elle avait bien acheté elle-même ce parfum.

Tandis qu'il déballait ses achats et garnissait le frigidaire, ses pensées reprirent un cours qu'elles suivaient souvent lorsqu'il était seul à la maison. Il imaginait alors que Jason était toujours là, que les événements des semaines écoulées n'avaient jamais eu lieu et qu'en se retournant il verrait l'enfant debout dans l'embrasure. Il n'avait aucun mal à évoquer son visage, il se rappelait très bien sa physionomie. Jason avait des traits *inhabituels*, pas du tout enfantins — rien à voir avec Carol. C'était même une chose curieuse, une forme d'ironie : Carol qui, à vingt-huit ans, avait une figure de bébé avait mis au monde un garçon qui, à deux ans, possédait des traits sinon d'adulte, du moins d'une grande maturité pour son âge.

Cela voulait dire qu'il devait tenir de son père. Il ne ressemblait à aucun membre de la famille Knapwell connu de Barry, ni à son demi-frère ou sa demi-sœur. Barry eut soudain la certitude absolue d'identifier le père de Jason s'il venait à le rencontrer, par sa seule connaissance du visage de l'enfant. Pas besoin d'analyse de sang, il le verrait au premier coup d'œil ! Il imaginait un homme grand et corpulent, blond, les traits prononcés, une peau blanche qui rougissait au soleil, des yeux plus foncés que ceux de Carol, et aussi plus verts.

Il pénétra mollement dans le living-room, désœuvré, se demandant à quoi occuper le reste de sa journée. Bien sûr, il pouvait lui aussi aller chez Kostas dans la soirée. Mais la perspective de passer quelques heures avec Dennis Gordon, qui ne connaissait que deux sujets de conversation, l'argent et ses exploits de brute agressive, n'avait rien d'alléchant. Dennis Gordon traitait Barry comme s'il croyait vraiment qu'il n'était que le locataire de Carol ou un garçon qu'elle hébergeait en échange de menus services. Il était fou d'elle, cela se voyait à l'œil nu, mais il n'était pas jaloux de Barry. Il ne le prenait pas suffisamment au sérieux pour cela, se disait Barry.

Une voiture de police s'arrêta devant la maison. Les Spicer rentraient de la laverie automatique avec deux sacs de linge propre au moment précis où Leatham descendit de la voiture. Barry ferma les yeux un instant. Il comprit qu'il n'avait plus besoin de s'inquiéter de la façon de meubler sa soirée.

Ils avaient retrouvé le corps de Jason. Ils le lui annoncèrent comme un fait avéré, positif, indubitable. Mais, malgré tout, ils voulaient lui demander d'identifier la chose qu'on avait exhumée dans un jardin de Finchley.

On le conduisit d'abord au poste de police. Le superintendant Treddick était là ; il lui parla d'un air entendu, comme pour lui signifier qu'il le trouvait très malin, qu'il voyait clair dans son jeu et même, jusqu'à un certain point, qu'il l'admirait. Seulement, Barry devait comprendre qu'il était inutile de jouer au plus fin avec la police. Il s'adressait à Barry comme s'il savait sans l'ombre d'un doute que celui-ci avait commis un meurtre et insinuait que s'il consentait à avouer — à prendre son temps et à tout avouer — les policiers se montreraient compréhensifs et indulgents. Leatham était plus brutal, plus direct. Avec sa trogne charnue, rougeaude, son nez busqué et ses cheveux jaunes ondulés, il rappelait à Barry ses réflexions de tout à l'heure. Leatham avait le genre « père de Jason », même s'il n'était pas assez beau pour cela.

Le nouvel occupant d'une maison de Finchley avait entrepris de creuser un trou pour planter un arbre dans son jardin. A deux ou trois pieds de profondeur il avait déterré une sorte de paquet en putréfaction. Il n'était installé que depuis une semaine dans la maison, restée vide pendant six mois. Ce pavillon et son jardin se trouvaient à une centaine de mètres — « à un jet de pierre », disait Treddick — de l'immeuble où Barry et Ken étaient en train de lambrisser ce fameux bureau.

« Nous n'y travaillons que depuis huit jours ! s'écria Barry.

— Vous y êtes allés il y a six semaines pour examiner les lieux et établir le devis », remarqua Treddick.

Mais Barry n'y était pas allé. Les devis, c'était l'affaire de Ken et de lui seul. Il tenta de l'expliquer aux policiers, mais cela ne parut pas les impressionner. Le fait qu'il eût une certaine connaissance du quartier, même par ouï-dire, leur suffisait.

« Je n'y ai jamais été, protesta-t-il. Je n'en ai jamais parlé avec Ken. A ce compte-là, vous pourriez dire aussi que, comme j'ai un plan de la ville, c'est là que j'ai cherché !

— C'est peut-être bien le cas », fit Leatham.

Ils n'étaient pas logiques, ils ne raisonnaient pas. Cette découverte le troubla infiniment plus que n'importe quelle preuve qu'ils s'imaginaient avoir contre lui. Ils le questionnèrent sur la rue où l'on avait retrouvé le cadavre de l'enfant, sur l'endroit où Ken et lui allaient déjeuner, sur son itinéraire pour se rendre à Finchley, sur ses moyens de transport, puis ils le conduisirent à la morgue.

Jusque-là, il avait toujours ignoré que ce bâtiment abritait la morgue. Toute sa vie, il avait connu ces murs de briques rouges aux fenêtres haut placées qui laissaient voir des carreaux de faïence blanche. Ils le firent entrer par une porte à la poignée de cuivre extrêmement bien astiquée.

L'image de cette sphère étincelante se grava dans la mémoire de Barry, lui donnant un haut-le-corps chaque fois qu'il apercevait des cuivres bien frottés. Il flottait à l'intérieur une odeur très forte, non de mort ou de pourriture mais de désinfectant ; pourtant, par la suite, chaque fois que Barry sentait cette odeur ou respirait seulement une bouffée d'un parfum qui lui ressemblait, il devait aussitôt l'associer à la mort.

A la morgue, il s'était aussi mal comporté que s'il avait réellement tué Jason ; du moins le croyait-il. On découvrit le visage. Son cœur se souleva, sa gorge se serra, l'étouffa. Il se voila la face et recula en chancelant. Quelqu'un avait dû l'arrêter dans sa chute : il ne se souvenait plus de rien jusqu'au moment où il s'était retrouvé sur une chaise, la tête entre les mains, les coudes sur les genoux.

S'ils avaient essayé de faire venir Carol pour identifier cette chose horrible, là, sous la couverture, il se serait probablement jeté sur eux, les aurait tués jusqu'au dernier. C'est cela qui aurait fait de lui un assassin. Mais ils s'en gardèrent bien. Ils envoyèrent chercher Maureen. Barry la vit entrer dans la pièce, le visage inexpressif, la tête enveloppée d'un foulard, et en ressortir avec le même aplomb, le même calme. Ils le reconduisirent à Summerskill Road où il trouva Carol en compagnie de deux journalistes pour qui elle était revenue de son travail. Mais avant de ramener Barry chez lui, les policiers l'avaient soumis à l'épreuve épuisante d'un nouvel interrogatoire. Connaissait-il bien cette partie de Finchley ? Combien de fois y était-il allé ? Durant plusieurs mois, le panneau d'un agent immobilier était resté exposé dans le jardin, devant la maison où l'on avait découvert le corps. Le portillon, sorti de ses gonds, avait été appuyé contre une des clôtures. Le jour de la disparition de Jason, Barry travaillait à Wood Green, n'est-ce pas ? Il était facile d'aller en autobus de Wood Green à Finchley. Il avait pu prendre livraison de Jason dans Rudyard Gardens, l'emmener à Finchley, le tuer et l'ensevelir, et rejoindre tout de même Highgate vers cinq heures...

Si Carol et lui dormirent cette nuit-là, c'est que tous deux étaient ivres. Pas de vin, c'était trop long : ils avaient une bouteille de gin entre eux. Barry s'éveilla avec une migraine à fendre le crâne et une bouche pavée de pierre sèche. Sur l'oreiller, le visage de Carol était jeune, d'un rose et blanc de porcelaine, emperlé de sueur. Il la laissa endormie et sortit acheter les journaux du dimanche. Il voulait voir ce qu'on disait de lui et si l'on avait établi l'identité de l'enfant mort.

M. Mahmud, le marchand de journaux, était toujours un peu distant et sa fille, toujours absorbée dans son monde à elle, aussi Barry remarqua-t-il à peine qu'on ne le remerciait pas d'avoir fait l'appoint pour le *Sunday Mirror* et *L'Express*. Cette famille pakistanaise était connue pour mener en silence la plupart de ses affaires. Mais lorsqu'il sortit du magasin pour s'engager sur Bevan Square, il rencontra deux filles qui n'avaient pas du tout cette réputation. Stéphanie Isadoro et une de ses copines qui, croyait Barry, s'appelait Diana Fowler, la sœur de Crins Bleus, traversaient la place bras dessus, bras dessous, en imperméable, perchées sur leurs sandales à talons hauts. Barry venait de lire les gros titres et, soulagé de constater qu'il n'y avait rien de nouveau, il avait même pu oublier suffisamment ses soucis pour admirer la belle photo de Carol qui trônait en première page du *Mirror* ; il leva les yeux pour leur dire bonjour.

D'ordinaire les deux filles gloussaient, plutôt contentes d'elles. Karen lui avait confié un jour que Stéphanie avait le béguin pour lui. Si ç'avait jamais été vrai, elle en était bien guérie car elle détourna ostensiblement la tête, aussitôt imitée par Diana. Curieux : il avait toujours pensé que la plupart de ces jeunes ne savaient pas lire, mais ils avaient fort bien lu les journaux et les passages où on le disait « interrogé par la police » ne leur avaient pas échappé.

Carol ne se leva pas avant l'heure du déjeuner. Le téléphone sonna deux ou trois fois dans la matinée mais ce devaient être des erreurs car lorsqu'il décrochait, Barry n'obtenait que le silence, puis la tonalité. Ou alors, pensa-t-il, on cherchait à joindre Carol mais on ne voulait pas lui parler à lui, on ne voulait même pas lui donner l'éveil — et ce « on » était un homme, naturellement. Il rangea la cuisine, lava les verres de la veille au soir ainsi que les tasses et les soucoupes des journalistes, à qui Iris avait fait du thé ; il sortit le sac en plastique de la boîte à ordures pour aller le jeter dans la grande poubelle qui attendait dehors, près de la porte de derrière.

Il faisait froid aujourd'hui, mais sec ; le froid s'était accentué depuis l'heure où il était sorti acheter les journaux. Il s'aperçut à quel point Winterside Down était vert, avec les petits lopins rectangulaires des jardins, avec les pelouses, les talus et les buttes, d'un vert brillant, dur, acide, sans arbre. Un vert qui faisait mal aux yeux. Mme Spicer était en train de mettre dans ses clapiers des bols encore fumants d'une espèce de pâtée. Elle se retourna, sourit à Barry, lui dit bonjour et ajouta que le temps était meilleur aujourd'hui : au moins, il faisait sec. Il éprouva une gratitude disproportionnée envers cette femme qui venait de lui adresser la parole, de le saluer avec cordialité. Il l'aurait embrassée.

Carol se dit incapable de supporter une soirée de plus seule avec lui à la maison, « elle en perdrait la boule ». Elle paressa longuement dans un bain à l'huile d'avocat et de noyau de pêche et s'appliqua des compresses aux herbes sur le visage. Avec la robe noir et blanc et le manteau de renard synthétique, spécial « ami des bêtes », rebut de Mme Fylemon, elle redevenait la Carol de naguère, son amour, sa femme-enfant mère de trois enfants. Ils n'avaient pas vu Tanya et Ryan depuis longtemps, depuis avant la disparition de Jason. Barry refusait d'y songer, il refoula cette pensée, il avait déjà assez de tracas. Carol et lui se disposaient à rejoindre Iris et Jerry au « Vieux Bouledogue », mais au moment précis où ils sortaient le téléphone sonna de nouveau. Cette fois, ce fut Carol qui répondit. Barry, déjà dans l'entrée, attendait près de la porte. Elle était revenue dans le living-room pour décrocher et, lorsqu'il l'eut entendue dire un « Allô ? » suivi d'un moins impersonnel « Oh, salut ! », il vit la porte de communication se refermer. Elle s'était enfermée dans la salle de séjour avec le téléphone, le laissant seul dans le vestibule. Il sentit soudain s'abattre sur lui la pire solitude qu'il eût connue de sa vie. Une sensation de froid l'envahit. Il frissonna. La conversation ne dura que quelques minutes, trois tout au plus. Elle sortit, lui prit le bras et dit que c'était Alkmini.

Iris et Jerry étaient assis à une table d'angle en compagnie d'un couple qui, d'après Iris, habitait un peu plus loin dans leur rue. Barry songea immédiatement à la mère de Terence Wand. Et si c'était elle ? Iris ne perdait jamais de temps en présentations. On était censé savoir de soi-même à qui on avait affaire. Carol, elle, le savait. Elle appelait la femme Dorothy. Barry se prit à disséquer ce visage de sexagénaire peinturluré et affaissé, la bouche gaillardement vermillonnée, les cheveux gris passés au henné : il cherchait une ressemblance avec Jason. Dans le nez peut-être, dans les yeux aujourd'hui pâlis, mais qui jadis devaient avoir la fraîcheur des bleuets. Il échafaudait divers moyens de découvrir ce qu'il voulait savoir lorsque cette Dorothy et son mari — ou son ami, ou tout ce qu'on voudrait — se levèrent assez brusquement, prétendant qu'ils devaient s'en aller. Barry fut plutôt déçu. Il lui fallut un moment pour se rendre compte que, juste avant leur départ, juste avant qu'ils n'échangent un regard et ne se lèvent, Iris s'était adressée à lui et pour la première fois de la soirée l'avait appelée par son prénom.

Carol promenait un regard conquérant sur la salle du café, enroulant une boucle autour d'un de ses doigts. C'était une espèce de grande caverne enfumée avec des vitres gravées de la Belle Époque, des sièges en peluche rouge et un plafond dont les pâtisseries avaient pris des tons châtains sous leur couche de nicotine. Jerry était silencieux, hébété par le gin, le visage terreux, bleui. Iris posa sa grande patte décharnée sur l'épaule de Barry et fit un mouvement de la tête en direction des partants.

« Faites pas attention, Barry. Il y en a qui deviennent bizarres avec les gens qui ont affaire à la police. »

Son éternel demi-sourire placide étirait sa bouche. C'était un sourire de femme grasse sur un visage de femme maigre. Iris introduisit deux cigarettes dans ce sourire, les alluma et en tendit une à Carol.

Sur le chemin du retour, Barry prit Carol par le bras et lui demanda si le nom de famille de Dorothy n'était pas Wand. Carol était perdue dans ses pensées. Cela ne l'étonna pas. Il lui reposa la question, la regardant bien en face cette fois, ce qu'il n'aimait pas beaucoup faire cependant, à la nuit tombée et à Winterside Down. La lumière kaki, qui dénaturait toutes les couleurs, était impitoyable même pour le plus joli visage. Elle le changeait en tête de mort, y creusait deux orbites vides.

« Quoi ? fit-elle.

— Je me disais qu'elle était peut-être une Mme Wand.

— Eh bien, non ! c'est une Mme Bailey. Qu'est-ce qui te rend si curieux, tout d'un coup ? »

La haute tour isolée dominait le lotissement, toute piquée de lumière. On aurait dit une cheminée criblée de trous qui en laissaient voir le feu intérieur. Ils traversèrent Bevan Square où La Huppe, Perle Noire et Nez Percé, avec deux filles aux ongles et aux lèvres laqués de noir — ou qui du moins semblaient tels sous cet éclairage — étaient agglutinés devant la boutique du traiteur turc et mangeaient des frites. Au moment où ils passaient, La Huppe dit quelque chose, pas très fort, et tout ce que Barry comprit fut le mot « femme ».

« Laisse tomber cette bande d'ignorants, dit Carol, assez haut pour être entendue. Voilà ce qu'on est obligé de supporter quand on vit ici : des salauds mal dégrossis et des putes comme ces deux-là. » Tout son corps frémissait contre le flanc de Barry, qui était rempli de fierté à l'idée que Carol pût ainsi entrer en fureur pour le défendre. Puis elle ajouta, à voix plus basse, pour lui seul : « Je ferais n'importe quoi pour sortir d'ici. Je hais ce trou à rats. Parfois je me dis que je moisirai dans ce trou jusqu'à mes vieux jours, jusqu'à ma mort.

— Carol, dit-il, Carol ; un an ou deux, donne-moi seulement un an ou deux. Je vais gagner de l'argent. Je réunirai le premier versement pour nous acheter une maison. »

Elle détourna les yeux. Les mots qu'elle dit alors étaient durs, mais prononcés sans malveillance. « Ça ne sera jamais que des économies de bouts de chandelle, hein ? Non, je veux de l'argent, du vrai. J'en ai marre de lutter. J'avais une chance de m'en sortir avec mon mari, et il a fallu qu'il meure.

— Je suis jeune. Je peux gagner autant que Dave. Marions-nous, Carol. Je veux que, quand tu diras « mon mari », ce soit pour parler de moi.

— Me marier ? dit-elle. Je ne vois pas comment je pourrais me marier alors que je ne sais même pas si Jason est mort ou vivant. »

Le ton semblait sincère et pourtant, il eut la sensation qu'elle voulait dire tout autre chose, présenter en fait une excuse infiniment plus authentique.

Les policiers passèrent dans la matinée et annoncèrent à Carol qu'ils avaient établi avec certitude que les restes découverts ne pouvaient être ceux de Jason. Carol ne dit rien ; elle eut un petit haussement d'épaules indifférent. Ils la trouvèrent sur le point de partir chez Mme Fylemon : c'était son premier jour de travail chez elle depuis que celle-ci était revenue de Tunisie. Le sergent lui apprit que l'enfant dont on avait trouvé le corps était plus près de trois ans que de deux, et que, d'après la forme de son crâne, il ne pouvait être de race blanche. De toute façon la mort remontait au moins à six semaines, ce qui ne surprit nullement Barry, étant donné l'état du visage.

Il ressentit l'envie déraisonnable — déraisonnable uniquement parce qu'« ils » ne songeraient pas un instant à lui donner satisfaction — de demander aux policiers de couvrir Winterside Down d'affiches et de banderoles proclamant « *Barry Mahon est innocent* », ou de prendre une autre initiative du même genre. Par exemple, de faire circuler une voiture dans les rues avec un homme beuglant dans un haut-parleur (comme cela se faisait avant les élections) pour annoncer que ce n'était pas lui, qu'il était mis hors de cause. Son imagination s'emballait, il en avait conscience. Il regarda s'éloigner le sergent, sans avoir dit un mot.

Quelle importance, après tout ? « Bâtons et pierres brisent les os, mais fol est qui a peur des mots. » C'est sa mère qui le lui avait appris lorsqu'il était petit et que d'autres, dans la cour de l'école, cherchaient à le terroriser. Il ne l'avait jamais oublié. Peu importait, si une vieille rombière aux cheveux teints refusait de s'asseoir à côté de lui dans un pub, ou si La Huppe lançait derrière son dos que « certains n'osaient pas mettre le nez dehors (car il était sûr à présent d'avoir entendu cela) sans une femme pour les protéger ».

Ces mots lui trottaient dans la tête tandis qu'il marchait en compagnie de Carol en direction de l'arrêt d'autobus. Pourtant il n'y avait personne dont elle eût pu le « protéger » ce matin. En remontant l'allée jusqu'au pont chinois, ils ne rencontrèrent que le vieux bonhomme à la casquette de Sherlock Holmes qui, presque tous les matins de pluie, pêchait dans le canal, abrité sous un parapluie vert. L'autobus de Barry arriva le premier. Il n'avait pas envie d'aller à Finchley ; il ne voulait plus y retourner, plus jamais. Du reste, il avait des heures de retard.

Barry changeait de ligne à Wood Green. Par quel étrange coup du hasard cet autobus à impériale, portant une plaque « auto-école », vint-il à passer, d'une allure lente et régulière, devant l'arrêt où il attendait ? Aucun bus allant à Hampstead, ou traversant Hampstead, ne venait dans ce secteur ; mais celui-ci, qui faisait un parcours d'entraînement, affichait comme destination « Hampstead ». Barry se rappela soudain l'adresse notée sur le papier qui était tombé du manteau de Carol. « 5, Spring Close, Hampstead. » Terence Wand. Le papier portait « Terry », mais Barry n'aimait pas évoquer l'inconnu sous ce diminutif qui ressemblait trop à son prénom, qui les mettait dans le même sac. Terence. Terence Wand, qui habitait Hampstead, une adresse ultrachic, à mille lieues de ce « trou à rats » de Winterside Down, pour parler comme Carol.

Barry prit le bus suivant, monta à l'impériale et se prit à regarder tous les hommes qui l'entouraient, à la recherche d'un certain type physique.

Assis à l'avant, il regardait ceux qui passaient dans la rue. Il lui sembla qu'ils étaient plus nombreux à cette heure de la journée que quelques années plus tôt. C'était le chômage, bien sûr. Barry préféra refouler la pensée du chômage, qui lui faisait froid dans le dos.

Beaucoup de ces désœuvrés étaient des Noirs, des Indiens, ou d'ascendance irlandaise comme lui, et il les reconnaissait instinctivement : bruns, les traits farouches, les yeux brillants. Certains étaient blonds et avaient le nez fort et pointu, mais aucun ne ressemblait vraiment à Jason adulte. L'idée se forma et s'enracina dans l'esprit de Barry que, pour la paix de son cœur — ou, sinon pour sa paix, du moins pour son soulagement — il lui faudrait se rendre à Hampstead, trouver Spring Close et voir de quoi ce Terence Wand avait l'air.

XV

Benet éprouva une curieuse sensation en apprenant dans le journal la découverte du corps d'un enfant à Finchley. S'ils l'identifiaient comme étant celui de Jason, elle n'aurait plus à le rendre. Ce raisonnement était doublement fautif : tout d'abord, il ne pouvait s'agir du corps de Jason, puisque Jason en personne était à deux mètres d'elle, occupé à donner des morceaux de sucre à son cheval à bascule ; et en second lieu, rien ne pourrait être plus désastreux pour elle, plus néfaste à son travail et à sa vie, que de se sentir obligée de garder Jason. Cependant la découverte du corps lui avait été étrangement agréable. Elle s'en voulait beaucoup de cette réaction : c'était mal, c'était honteux de se réjouir, car, quelle que fût l'identité de ce malheureux petit cadavre, c'était celui d'un enfant, d'un enfant froidement assassiné ou tué accidentellement dans une explosion de violence, et enseveli dans la terre souillée d'une banlieue.

De même qu'elle avait été presque heureuse de l'exhumation de ce corps, elle se sentit, avec tout aussi peu de logique, vaguement déçue que ce soit celui de Martin M'Boa, un petit Nigérian qui avait disparu depuis plus de trois mois. Cette identification la ramenait à ce qu'elle avait différé ou laissé en suspens tant que subsistait un doute, c'est-à-dire à l'obligation de prendre une décision. Il lui restait toujours à arrêter un moyen de rendre Jason, même s'il y avait déjà une semaine qu'elle avait résolu de le restituer clandestinement. Jason avait commencé à se réveiller la nuit — jamais plus d'une fois par nuit — et à l'appeler. La première fois qu'il appela « maman ! » elle fut saisie d'une sorte d'horreur parce qu'un instant, lorsque ce cri l'avait tirée du sommeil, elle avait retrouvé James. Il lui répugnait d'aller dans sa chambre, de le voir, lui, et non James, mais elle y était allée tout de même. Ce n'était pas sa faute, il n'y était pour rien, et il l'appelait « maman » comme il aurait fait avec n'importe quelle jeune femme qui se fût occupée de lui. Après l'avoir calmé, elle se recoucha mais demeura longtemps sans retrouver le sommeil, s'étonnant d'elle-même et de ce qui lui était arrivé. Mopsa, bien sûr, était folle. Mais le choc et le chagrin ne l'avaient-ils pas rendue elle-même un peu folle, dans la mesure où elle avait gardé Jason si longtemps après avoir appris qui il était ? Ce moment de folie était passé. Elle était normale, équilibrée — elle s'était même remise à écrire et travaillait bien, le soir, dans son bureau, après avoir couché Jason — mais cela venait trop tard. Elle avait recouvré toutes ses facultés, tout son bon sens, mais trop tard. Son esprit, désormais, passait en revue avec dégoût des idées dignes de Mopsa pour ramener l'enfant : le replacer sur le mur où Mopsa l'avait trouvé, l'entraîner dans un grand magasin parmi la foule des clients de Noël et le remettre aux soins de la direction en le présentant comme un enfant perdu, le mettre dans les bras d'un policeman, en pleine rue, et se sauver comme un lapin. Idées à la Mopsa que tout cela, si tant est que Mopsa eût jamais pu être convaincue de l'urgence de ramener Jason dans son foyer.

Elle n'avait pas parlé à Benet depuis son retour à Marbella. C'était le père de Benet qui avait téléphoné pour lui dire que sa mère était bien arrivée, qu'elle avait fait bon voyage, semblait d'excellente humeur et parlait sans arrêt de son séjour. Benet se demanda quelle histoire elle avait bien pu raconter pour expliquer la présence de Jason. A supposer qu'elle en ait raconté une. Il fallait bien, cependant, qu'elle ait dit quelque chose puisque John Archdale, juste avant de raccrocher, avait demandé : « Comment va le garçon ? »

C'est une heure ou deux après seulement que Benet comprit qu'il avait voulu parler de James.

Elle avait besoin de quelqu'un à qui se confier. Très curieusement, d'une façon peut-être insuffisante et inadéquate, mais réelle, Mopsa avait joué ce rôle ! Au milieu de cette ville grouillante de monde, Benet avait conscience de son isolement, d'une solitude qu'elle avait créée autour d'elle et qu'elle devait prolonger jusqu'au départ de Jason. Depuis l'appel d'Antonia, elle n'avait eu qu'un seul coup de téléphone, et de Ian Raeburn. Il voulait l'inviter à aller dîner avec lui.

Benet en avait grande envie. Ses manières brusques, sa froideur lorsqu'elle l'avait rencontré dans la rue le jour où avec Jason elle venait d'acheter le cheval à bascule, n'avaient pas cessé de la préoccuper, de la harceler depuis lors. Sans Jason, en tête à tête au restaurant, puis chez lui, elle pourrait le mieux connaître. Elle fut surprise de constater avec quelle force elle y aspirait. Mais elle ne pouvait laisser Jason seul et il n'y avait personne à qui elle eût pu demander de le garder. Tous ceux, toutes celles à qui elle songeait s'étaient dans le passé occupés de James. C'était une raison qu'elle ne pouvait évidemment donner à Ian. Elle fut obligée de lui dire qu'elle était prise tous les soirs.

« Une autre fois, peut-être ? proposa-t-il. Pourquoi pas la semaine prochaine ? »

Elle se surprit à lui répondre « Oh, oui ! s'il vous plaît ! », comme un enfant à qui l'on a promis une gâterie. Jamais elle n'avait parlé ainsi à un homme.

« La semaine prochaine » était arrivée, et elle attendait son coup de téléphone. S'il l'appelait, cela l'obligerait à prendre une décision pour Jason. A trois heures du matin, dans un moment d'insomnie, ces projets paraissaient raisonnables : s'arranger pour dîner avec Ian, jeudi, par exemple, ce qui la forcerait à se débarrasser de Jason mercredi au plus tard. Mais le lendemain, en habillant Jason, en lui donnant son petit déjeuner, en lui parlant de ce qu'ils allaient faire dans la journée, elle changea d'avis. Elle retrouva son sens des responsabilités, son souci du bien-être de Jason et de sa dignité d'être humain. Mais elle attendait le coup de téléphone de Ian comme une adolescente à son premier amour. Elle croyait sans cesse entendre le téléphone sonner. Et quand elle s'aperçut que le combiné était resté décroché pendant des heures parce que Jason avait joué avec lui, elle dut se dominer pour ne pas montrer sa colère.

C'est cet après-midi-là que, pour tromper son impatience, elle brisa une autre barrière et ouvrit le placard aux jouets de James.

Jason en sortit les jouets d'une façon méthodique, comme un adulte, les examinant un à un. Il manifesta un profond intérêt pour une boîte de peinture dont James, beaucoup trop jeune, ne s'était jamais servi. Il était impossible qu'il connût la nature ou l'usage des petits godets carrés de gouache. Peut-être en aimait-il tout simplement les couleurs. Benet se divertissait énormément à observer son habileté manuelle. Jamais ou presque il ne laissait tomber un objet. Il mangeait proprement, avec soin. En ce moment, il prenait un pinceau et essayait le souple poil de chameau sur le bout de son index gauche. A ce contact agréable, il leva les yeux vers elle et lui adressa un de ses sourires larges et radieux. Un peu plus tard il découvrit le xylophone avec son octave arc-en-ciel. C'était le spectre des couleurs et la touche dorée qui retenaient son attention. James, se rappela Benet avec un élancement de douleur, voulait entendre les notes de la gamme, c'était cela qui lui plaisait. Mais Jason, au bout d'un moment, prit bel et bien le petit maillet de bois et produisit, lentement et l'air méditatif, un *do-ré-mi-fa-sol-la-si-do*...

Au-dessus d'eux, la sonnette de la porte d'entrée retentit : Benet entendit le portillon se refermer, des pas sur le petit sentier pavé, puis la sonnerie. Elle se leva d'un bond et alla jusqu'à la fenêtre. Personne ne venait jamais jusqu'à la porte, ce n'était jamais arrivé. Mais c'était bien dans les manières de la police, pensa-t-elle ; elle se sentit la bouche sèche.

A six heures du soir il faisait nuit, et le Val de Paix n'était plus éclairé que par ses réverbères, dans cette atmosphère douillette et ancienne si caractéristique de Hampstead. Benet jeta un regard entre les lamelles du store. Pas de voiture de police, aucune voiture inconnue. Elle ne voyait que la sienne et celles que les voisins avaient l'habitude de garer dans ce coin. Il lui vint à l'esprit que son visiteur pouvait être Ian. Peut-être n'habitait-il pas loin d'ici. Elle ne put s'empêcher de remarquer que le Val ne menait nulle part, sinon à la Lande, obscure et déserte. Et puis Ian n'aurait-il pas téléphoné ? Il est vrai que Jason avait laissé le récepteur décroché pendant des heures.

La sonnette retentit de nouveau, un long coup insistant, cette fois. Benet monta en courant. Elle se répéta : « Pourvu que ce soit lui, pourvu que... » S'asseoir avec lui dans la chaleur de la grande pièce, en bas, près de Jason, et bavarder autour d'une tasse de thé, elle ne pouvait rien imaginer de plus agréable. Oh, oui ! pourvu que ce soit lui...

Elle alluma la lumière de l'entrée et ouvrit la porte. Ce n'était pas la police et ce n'était pas Ian.

C'était Edward.

Le cabinet d'avocats que Terence choisit pour le représenter se trouvait à Cricklewood. Il en avait vu le nom se détacher en lettres dorées sur une rangée de fenêtres, dans les locaux d'une société immobilière. Cricklewood était plus sûr que Hampstead. Il prit le titre de propriété avec lui. Désormais il était accoutumé à s'entendre appeler « M. Phipps » et ne redoutait plus de signer de ce nom, s'étant entraîné chaque jour à imiter la signature de John Howard.

Terence s'attendait à une foule de questions, mais tout ce que l'avocat lui demanda, ce fut le nom de l'agent immobilier. Il parut surpris de se voir proposer le titre de propriété.

« Nous allons pousser à la signature rapide d'une promesse de vente, et demander le versement à cette date de dix pour cent du prix d'achat », dit-il.

En redescendant les marches, Terence tâchait d'assimiler cet élément nouveau. Treize mille deux cent quatre-vingt-quinze livres. Si ses nerfs lâchaient, si la tension était trop forte, il pourrait toujours tirer son épingle du jeu dès qu'il serait en possession de cet argent. Il pouvait partir quand il voulait. Cette pensée le réconforta et le bouillonnement de ses entrailles se calma. En rentrant, il trouva une lettre qui l'attendait sur le paillasson. C'était l'une des rares lettres qu'il eût jamais reçues depuis son installation à Spring Close, et la première depuis le départ de Freda.

Il reconnut sur l'enveloppe l'écriture de Freda.

« *Cher Terry* » — il s'attendait plutôt à « Mon petit agneau » bien qu'elle ne lui eût encore jamais écrit. Cette entrée en matière lui parut de mauvais augure. Il parcourut rapidement la lettre, craignant un retour prématuré. Aucun risque de ce côté, cependant. Elle ne disait pas grand-chose de ses occupations mais, d'une façon ou d'une autre, ces deux feuillets puaient le bonheur ; ils étaient semés d'allusions à un certain Anthony. Il fallait attendre la fin pour trouver de brefs éclaircissements sur ce personnage : « *Un vieil ami que je connaissais avant mon mariage, nous avions perdu le contact au fil des ans. Il a une maison ici...* » Terence avait compris. C'était pour cela, bien sûr, qu'elle était partie : elle avait reçu une lettre, peut-être une invitation, de cet Anthony. Un vieil homme riche, sans doute. L'argent attire l'argent, se dit-il. Elle allait très probablement épouser cet Anthony.

La lettre l'irrita. Freda était de toute évidence indifférente à son bien-être. D'après le ton employé, on aurait pu croire qu'elle écrivait à un véritable gardien. « *Le chauffage central devrait être révisé avant Noël. Pourrais-tu appeler le chauffagiste et convenir d'une date ? L'entretien est sous contrat, tu n'as donc pas à t'inquiéter du paiement...* » Mais elle lui fit aussi plaisir. Freda n'était pas près de revenir, elle ne viendrait pas fourrer son nez là où on n'avait que faire d'elle. Si seulement il parvenait à contrôler ses nerfs, à garder son sang-froid : pourquoi filer à l'anglaise avec treize mille livres quand il suffisait d'attendre en toute sécurité pour récolter dix fois plus ?

Il appela Steiner & Wildwood pour donner à Sawyer le nom de son avocat. Dans le cours de la conversation, Sawyer fit allusion au montant de la commission, trois pour cent. Terence l'avait appris en mettant la maison entre les mains de l'agence, mais ce rappel l'irrita. Il y avait aussi de plus agréables nouvelles : M. et Mme Goldschmidt n'avaient pas besoin d'attendre la vente de leur propre maison pour pouvoir acheter Spring Close.

« Il n'y a aucun risque de chaîne, dit Sawyer.

— De chaîne ?

— Je veux dire que M. et Mme Goldschmidt ne sont pas obligés d'attendre de vendre leur propriété à un acquéreur qui lui-même attend un acquéreur pour la sienne, etc.

— Oh ! je vois. Très bien. Parfait. »

Tout cela méritait bien une petite fête. Terence envisagea sérieusement de vendre les bons d'épargne de John Howard. Il se sentait capable de contrefaire sa signature à la perfection. Et il n'aurait à le faire que sur un formulaire de remboursement. Il avait découvert qu'il n'aurait pas besoin de se présenter en personne à un bureau de poste pour vérification. Mais cela valait-il la peine de prendre un risque, même aussi mince, pour mille quatre cents livres ? Quel jugement porterait-il sur lui-même, par la suite, s'il gâchait ses chances de toucher cent trente mille livres pour à peine plus d'un centième de cette somme !

D'ici là, il aurait à se contenter de ses indemnités de sécurité sociale. Il appela Teresa et l'emmena au cinéma. Ils allèrent à L'Écran, en haut de la colline, ce qui leur permit de regagner Spring Close peu après dix heures. C'était la première fois que Terence utilisait la voiture de Freda depuis son départ, et il nota qu'il était grand temps de lui donner un peu d'exercice. La batterie devait être sollicitée énergiquement. Comme il avait remis la voiture au garage, ils pénétrèrent dans la maison par la porte de derrière.

Teresa demanda la permission de prendre un bain. La salle de bains « en suite » de Freda lui rappelait une photo qu'elle avait vue dans *Maisons et Jardins*, chez le dentiste qui lui faisait un détartrage. Terence s'approcha de la fenêtre de la chambre pour tirer le store, un store de soie noire à motifs chinois. Ce n'était ni pudeur ni pruderie qui l'empêchaient d'allumer la lumière, mais plutôt une réticence certaine à attirer sur lui l'attention des voisins. Bien sûr, ce n'était pas pour avoir aperçu un homme nu et une fille dans la chambre de Freda qu'un voisin appellerait Steiner et Wildwood et vendrait la mèche ; mais cela suffirait à attirer les regards, peut-être à alimenter les conversations et, « par les temps qui courent », pour parler comme Sawyer, ce n'était guère souhaitable.

Un homme se tenait sous le porche qui formait l'entrée de Spring Close. Terence le voyait assez nettement à la lumière des deux lampes imitant des lanternes de fiacre, fixées de chaque côté des montants du porche. C'était un homme jeune, très jeune, peut-être même un « mineur » pour employer le jargon des journaux et de la télévision. Il était brun, plutôt beau dans son genre — un genre indubitablement irlandais, très élancé, les hanches étroites. Il portait un jean et un blouson de cuir sur un pull à col roulé montant. Exactement le type d'habits que mettrait un jeune policier qui voudrait se faire passer pour un « blouson noir ».

Terence sentit son cœur battre à tout rompre. Aucun doute, l'homme surveillait la maison. Terence, peu enclin à regarder les faits en face et prompt à se convaincre que le noir était blanc et que les choses étaient tout, sauf ce qu'elles paraissaient, fut néanmoins immédiatement persuadé que l'inconnu posté sous le porche ne s'intéressait à aucune autre villa, n'était venu ici que dans le but de tenir à l'œil le 5, Spring Close. Leurs regards se croisèrent, mais Terence, pour s'être parfois retourné vers cette fenêtre en passant sous le porche à la nuit tombée, savait que l'homme ne pouvait le distinguer dans le noir.

Que faisait-il ici ? La police avait-elle eu vent de ses agissements ? Et comment ? L'avocat, pensa-t-il, soudain baigné de sueur. L'avocat, sans aucun doute, était un ami personnel de John Phipps. Terence s'approcha à pas de loup de la table de chevet et engloutit deux comprimés de Valium. Il entendait Teresa s'ébattre dans son bain. Pourquoi la police surveillait-elle la maison ? Pourquoi ne venait-on pas tout simplement l'arrêter ?

L'idée le traversa que l'homme attendait peut-être justement pour venir l'arrêter — seulement il le croyait toujours sorti. Il le saurait bientôt, il *fallait* qu'il sache. Qu'avait-il fait, après tout ? Rien. Il n'avait rien signé. Il dirait qu'il était un cousin de Freda et qu'elle lui avait demandé de vendre sa maison en son nom, pendant son absence. Si les policiers l'interrogeaient à ce stade de l'affaire, elle ne le trahirait pas. Elle le prendrait peut-être en haine, refuserait de le revoir, mais elle ne le dénoncerait pas à la police. Il prit une profonde inspiration, alluma brusquement le plafonnier avant d'abaisser le store.

Teresa, enveloppée des doux effluves d'« Opium », les sels parfumés de Freda, sortit de la salle de bains en esquissant un pas de danse. Sa nudité odorante n'eut pas le plus mince effet sur Terence, qui priait Dieu pour que les choses s'améliorent tout à l'heure. C'était son tour d'utiliser la salle de bains. Il se lava les dents. Puis il se percha sur le bord du bidet de Freda et jeta un coup d'œil par la fenêtre.

La cour était déserte ; on ne voyait qu'un chat blanc assis sous le catalpa. L'homme était parti.

A la lumière de l'entrée, il avait le teint pâle et paraissait plutôt plus mince que trois ans auparavant. Il entra sans un mot, comme un visiteur attendu. Et soudain, tandis qu'il déroulait sa longue écharpe et accrochait sa veste au portemanteau, elle comprit qu'il *était* attendu. Du moins à ce qu'il croyait. Il avait été au nombre de ces correspondants anonymes qui n'avaient eu que Mopsa au bout du fil et s'étaient entendu répondre Dieu sait quoi. Naturellement, Mopsa l'avait invité. C'eût été le souhait le plus cher de Mopsa de les voir mariés, Edward et elle, sans égards pour leurs sentiments mutuels, au nom de convenances aussi singulières qu'illusoires, au nom de James, qui était mort.

« Je suppose que c'est ma mère qui t'a invité ?

— Ta mère affirmait que c'était *toi* qui me demandais.

— Edward, explique-toi, je t'en prie.

— Tu étais malade, et alitée, quand j'ai appelé. Elle m'a dit qu'elle savait que tu aimerais me voir, que tu le lui répétais sans cesse, mais qu'il valait mieux attendre une semaine ou deux. D'après elle, tu devais me rappeler si le mercredi ne te convenait plus. »

Avait-il toujours eu ce ton boudeur ? C'était une voix de paranoïaque, se dit-elle.

« Je ne t'ai pas invité. C'est la première fois que j'entends parler de cette histoire.

— En pénétrant dans cette petite enclave suintante d'humidité, dit Edward, j'avais la sensation étrange de ne pas être reçu à bras ouverts. »

Il n'avait changé ni de manières, ni d'allure. Il était vêtu comme il l'avait toujours été, avec toute l'excentricité d'un adolescent athlétique : jean, fine chemise blanche à col ouvert, veste de cuir et écharpe rayée tombant jusqu'aux genoux. Il avait toujours cet air de jeune garçon, cette mèche de cheveux blonds qui lui balayaient le front, cette bouche délicatement ciselée aux commissures inclinées, mais elle commençait à se pincer, le processus de dessèchement était entamé. Le nez semblait plus accusé, plus aquilin. Le bleu extraordinaire de ses yeux était toujours aussi intense.

« Entre et prenons un verre », dit-elle.

Elle allait le conduire au living-room où se trouvait le bar, lorsqu'elle se rappela Jason. Il était en bas, au sous-sol, et la cuisine était pleine d'instruments dangereux, la bouilloire électrique, les robinets du gaz, les couteaux. Elle s'engagea dans l'escalier, Edward sur ses pas. Il avait toujours une démarche silencieuse et souple, féline, comme s'il avançait sur la pointe des pieds. Il ressemble à un chat, se dit-elle. « Quand on fait cette comparaison, on pense toujours à des gens bruns, aux cheveux noirs, et Edward est blond. Pourtant il ressemble à un chat, un matou long et efflanqué, au poil roux... »

Elle devait lui donner de la présence de Jason la même explication qu'à Ian Raeburn. Pourquoi pas ? De toute façon, cela ne l'intéresserait pas. Dans le passé, il lui avait souvent dit qu'il détestait les enfants.

« J'ai lu ton livre, commença-t-il. Je l'ai beaucoup aimé. C'est un grand livre, il méritait bien ce prix. »

Elle fut aussi surprise que touchée. Elle se retourna vers lui : « Oh ! Edward, comme c'est gentil !

— L'une des choses qui m'ont fait plaisir, c'est de constater l'ampleur de ta dette envers moi. »

Elle resta sans voix. Il lui avait coupé le souffle.

« Le fait même d'être allée en Inde, pour commencer. D'avoir eu accès à des lieux où, sans moi, tu n'aurais jamais pu mettre le pied. Sans parler de tout ce que je t'ai appris en matière d'écriture. Tu aurais tout de même pu m'en donner acte, une simple ligne de remerciements aurait rendu le procédé moins inélégant — "A Edward Greenwood, sans l'aide de qui ce livre, etc."

— Le plaisir que tu as éprouvé n'était-il pas une récompense suffisante ? Tu aurais voulu des honoraires ? »

Elle descendit en courant les cinq ou six dernières marches, son cœur ivre de colère battait la chamade. Jason, qui avait pour le moment abandonné le xylophone et s'affairait à empiler les cubes de James dans la brouette de James, leva les yeux et sourit en l'apercevant. La joie de la voir revenir illumina son petit visage. Il avait attendu sans pleurer, mais il était soulagé, ravi, même, de son retour. Il vint vers elle et leva les bras. Elle le prit, soudain rassérénée par sa présence, et sa fureur tomba.

Edward les observait tous deux. Une rougeur était venue colorer ses joues. Il dit du même ton maussade : « Ainsi, c'est mon fils ? »

Elle fut prise de court. En amenant Edward ici, elle n'avait pas prévu la question, qui pourtant tombait sous le sens. Il eût été facile de dire « oui », c'était la solution la plus simple. Après tout, elle ne reverrait pas souvent Edward, elle était bien décidée à y veiller. Il leur était impossible de redevenir jamais des « amis ». Si James avait vécu, cela n'aurait rien changé, l'impossibilité subsisterait même si l'enfant qu'il voyait en ce moment dans ses bras s'appelait James. James mort, il n'y avait plus rien pour créer un lien entre eux.

Il lui suffisait d'acquiescer de la tête. Un haussement d'épaules, un simple silence feraient l'affaire. Pour couper court aux questions, aux investigations, aux soupçons, elle n'avait qu'à hocher la tête, à faire un pas en avant et à présenter ce bel enfant blond aux yeux bleus à ce bel homme blond aux yeux bleus. Elle en fut incapable. Cela lui paraissait monstrueux. Edward lui importait-il encore à ce point ? Ou seulement le souvenir de ce qu'il y avait eu entre eux ? En tout cas, il en subsistait quelque chose d'assez fort pour lui interdire de regarder Edward en face et de lui dire que c'était son fils.

« Non. C'est l'enfant d'une amie, dont je m'occupe en ce moment. »

Il ne la crut pas. « Cela ne prend pas, Benet. Tu m'as éloigné de ta personne, de ton livre et de ton succès, il faut vraiment que tu sois un monstre de méchanceté. Et voilà que tu me refuses jusqu'à l'identité de mon fils.

— Je ne te refuse rien du tout, Edward. Ce n'est pas James. »

Elle installa Jason sur le cheval à bascule et le mit en mouvement. Mais Jason était las des chevaux à bascule, des xylophones et des brouettes. Il se frotta les yeux de ses poings fermés.

« Jay veut du jus. »

C'est ce qu'il disait toujours lorsqu'il était fatigué. Elle le porta jusqu'au réfrigérateur, en sortit le biberon de jus de pomme qu'elle tint un instant sous le robinet d'eau chaude, Jason calé contre sa hanche. Edward l'avait suivie. Il s'arrêta tout près d'elle.

« Si ce n'est pas James, où est James ? »

Pour se donner du courage, pour trouver la force de prononcer les mots, elle se surprit à faire une chose curieuse. Elle resserra son emprise sur Jason et le tint tout contre elle, sentant la chaleur de son petit corps.

« James est mort, Edward.

— *Quoi* ?

— C'est bien ce que j'ai dit. Tu as bien entendu. James est mort. Il est mort à l'hôpital il y a environ six semaines.

— Les enfants ne meurent plus, de nos jours, dit-il. Les enfants ne meurent plus.

— C'est ce que je croyais. Mais je me trompais. Cela arrive bel et bien. »

Jason préférait tenir lui-même le biberon pour boire le jus de pomme. Elle l'installa dans le grand fauteuil Windsor, calé par des coussins. Edward la regardait fixement.

« Je ne te crois pas, Benet. Ce serait bien dans ta manière, d'inventer un stratagème pour me séparer totalement de mon fils. Bien sûr, légalement, je n'ai aucun droit, mais le fait qu'il soit mon fils, que tu le saches et que je le sache, suffirait à t'ennuyer. Tu veux couper jusqu'à ce lien. »

Elle haussa les épaules. Elle dit d'une voix parfaitement neutre : « Je vais te montrer l'acte de décès. »

Le jour où Benet avait quitté l'hôpital, Mopsa et elle étaient rentrées en fin d'après-midi, et elle avait vu sa mère glisser une enveloppe couleur chamois dans l'une des cases du secrétaire. Elles n'en avaient jamais parlé, mais Benet savait ce que cette enveloppe contenait. Elle sortit le certificat et, sans le regarder, le tendit à Edward. Il le lut et leva sur elle des yeux hagards.

« Comment as-tu pu laisser se produire une chose pareille ? Comment as-tu pu le laisser... mourir asphyxié ? »

Ainsi, c'était ce que mentionnait l'acte. Elle ne voulait pas le voir. Edward suscitait en elle une colère froide et méprisante. Savait-il de quoi il parlait ? Qu'est-ce que cela pouvait lui faire ? Il se prit la tête dans les mains, se voila la face. Jason se blottit contre Benet et grimpa sur ses genoux. Elle priait le ciel qu'Edward s'en allât maintenant, qu'après avoir joué sa petite comédie du chagrin, d'un chagrin qu'il ne pouvait ressentir pour un enfant qu'il n'avait pas connu — sans oublier de la menacer, de l'injurier et de l'accuser — il partît enfin. Il laissa retomber ses mains et la regarda, les yeux rouges.

« Tu m'as proposé un verre il y a une bonne demi-heure. C'était bien le moindre, il me semble, que de m'en rapporter un quand tu es montée à l'étage, il y a un instant. Après ce que tu viens de m'apprendre, ce ne serait pas du luxe. »

Elle savait qui il lui rappelait. Mopsa. En avait-il toujours été ainsi ? Y avait-il, dans sa personnalité, un élément qui avait besoin d'une Mopsa, d'une créature parasite pour se nourrir, se gorger d'elle, l'insulter et la frapper d'étonnement par son incroyable égoïsme ? Cela la fit rire, sans ironie, par pur amusement.

« Il y a trois ans, reprit-il, je croyais que tu ne pouvais être plus dure, mais je me trompais. J'espérais que tu aurais changé. Cela ne t'intéresse pas de savoir pourquoi je suis venu chez toi ? Je pensais que nous pourrions peut-être reprendre la vie commune. Je pensais même que nous pourrions nous marier.

— Mais tes yeux se sont dessillés, c'est cela ? » Jason s'était endormi. Doucement, elle lui retira des mains le biberon. « Si tu veux ton whisky, Edward, tu iras le chercher toi-même. Pièce du dessus, buffet à côté de la fenêtre. Moi, je dois coucher cet enfant. »

Barry redescendit la colline en direction de la station de métro de Hampstead. Il était bouleversé. Rien ne laissait prévoir ce qui venait de se produire. Toute la soirée, la maison était restée plongée dans l'obscurité et puis, au moment précis où il abandonnait tout espoir d'apercevoir Terence Wand, une faible lueur s'était allumée, non dans l'une des pièces en façade, mais vers l'arrière de la maison : de l'endroit où il était posté, il la voyait à travers une arcade ou l'embrasure d'une porte. Terence Wand était entré par-derrière. Il n'était pas venu à l'esprit de Barry qu'il pût y avoir une autre entrée, mais après s'être éloigné du porche et avant de reprendre le chemin de la station de métro, il avait poussé une reconnaissance jusqu'aux garages et trouvé celui du numéro cinq avec la petite Volvo bleue à l'intérieur.

Cependant, après l'apparition de cette lumière il avait repris espoir de voir et d'identifier Terence Wand. Il comptait bien qu'il se montrerait à une fenêtre, et cela s'était effectivement produit à la fin, mais d'une façon choquante, presque horrible. Barry se demandait depuis combien de temps Terence Wand avait décelé sa présence et, qui plus est, depuis quand il connaissait son identité et ses relations avec Carol. Car il devait être au courant, son comportement ultérieur l'avait clairement montré.

Si Barry avait jamais nourri quelques doutes à propos de Terence Wand, de ce qu'il était pour Jason, de ce qu'il avait été et pourrait redevenir pour Carol, ils s'étaient évanouis désormais. Wand les avait réduits à néant en un seul instant d'ostentation « machiste ». A part cette lueur diffuse dans ses profondeurs, la maison demeurait obscure. Mystérieusement, cette obscurité paraissait permanente, immobile, persistante. Barry avait laissé dévier son attention et observait un chat blanc qui venait de sauter de l'un des murets et marchait paresseusement vers l'arbre planté au centre de la cour. Qu'est-ce qui lui avait fait soudain lever les yeux vers les fenêtres vides, noires, luisantes ? A coup sûr, aucun changement dans l'aspect, immuable, de la maison. Un sixième sens, peut-être, une étincelle d'électricité qui s'était transmise de cet homme à lui, conduite par cette chose très forte qu'ils avaient en commun.

Barry leva la tête et regarda les fenêtres. Il y eut une explosion de lumière et un homme nu, debout, apparut pour une seconde d'exhibition railleuse. Le flot de lumière posait des rayons d'or dans ses cheveux et il paraissait aussi haut qu'une statue. Puis le store s'abattit en une noire cascade, excluant l'observateur.

Barry rentra par le pont chinois. Il compta les maisons à partir de l'intersection de l'allée et de Summerskill Road, mais les fenêtres de Carol n'étaient pas éclairées. Il était à peine plus de onze heures, l'heure de fermeture du bar à vin.

Winterside Down semblait étrangement vide. Même les fous de la moto étaient absents. On pouvait voir Lila Kupar, qui ne tirait jamais ses rideaux, repasser un sari blanc dans une pièce à peine meublée. Une ampoule nue, plutôt trop puissante, pendait juste au-dessus de sa tête. Barry pénétra dans la maison. Chez les Spicer, la télévision marchait très fort et, jusque dans l'entrée de Carol, on entendait les absurdes éclats de rire préenregistrés. Dans le noir, Barry voyait toujours le visage de Terence Wand. En fait, il ne l'avait pas entr'aperçu plus de cinq secondes, mais il était certain que ses traits s'étaient gravés dans sa mémoire. L'image que Barry évoquait, c'était celle du visage de Jason dans trente ans.

Barry ne possédait pas de paire de gants. Il mit les gants de caoutchouc de Carol, qui pendaient sur le rebord de l'évier. Ainsi équipé, il alla chercher le stylo à bille dont Carol et lui se servaient pour laisser des messages au laitier ou s'en écrire entre eux, et un cahier d'écolier que Tanya avait oublié un jour. Demain, il lui faudrait acheter une enveloppe. Il commença à rédiger sa lettre, calligraphiant chaque mot.

XVI

La lettre anonyme ne parvint entre les mains de l'inspecteur Tony Leatham qu'après être passée par celles du superintendant Treddick et des experts du service médico-légal, qui l'avaient examinée en vain à la recherche d'empreintes digitales ou d'autres indices. Après ces divers traitements, le papier quadrillé — du papier de cahier d'écolier — était chiffonné et plutôt avachi. Leatham en connaissait déjà le texte. Une réunion avait été tenue dans le seul but de discuter les éléments nouveaux qu'apportait cette lettre.

Le père de Jason Stratford est Terence Wand, 5 Spring Close, Hampstead.

De toute évidence, l'auteur de la lettre voulait leur suggérer que ce Wand avait enlevé son fils et le cachait quelque part. Il n'avait probablement d'autre but que d'exercer une petite vengeance personnelle en causant des ennuis à Wand. Treddick, naturellement, pensait que Jason était mort depuis le jour de sa disparition, et que la mort était presque à coup sûr antérieure au moment où l'alerte avait été donnée. Il avait été tué et enseveli quelque part, comme le petit Africain de Finchley et un jour on exhumerait son corps, comme celui de cet enfant.

Leahtam, quant à lui, avait une opinion moins arrêtée. Il ne rejetait pas la possibilité d'un enlèvement. Dur, impitoyable, sans illusions sur la nature humaine, il conservait néanmoins un espoir pour Jason. Il adorait les enfants. Depuis la disparition de Jason, il se surprenait parfois à couver du regard ses propres fils avec un amour paternel férocement protecteur, sentiment qu'il n'avait jamais éprouvé consciemment jusque-là.

Treddick avait Barry Mahon dans le collimateur. D'après lui, ce n'était plus qu'une question de temps. Un jour, Barry se trahirait et les mènerait probablement à la tombe de Jason : Treddick était patient, il savait attendre. Aux yeux de Tony Leatham, cependant, ils n'avaient pas le moindre commencement de preuve contre Barry. Son seul délit, pensait Leatham, avait été d'écrire cette lettre. Il était à peu près sûr qu'il en était l'auteur, et Treddick partageait cette conviction. Il disait que, de la part de Barry, c'était une tentative pour relâcher la pression qui pesait sur lui.

Cela ne faisait pas grand-chose à Leatham, qui commençait à se désintéresser de l'affaire. Ce qu'il aurait aimé, c'était retrouver Jason vivant et en bon état — et de préférence, le retrouver lui-même — et puis passer l'éponge sur tout le reste. Une autre affaire, dont il avait eu à s'occuper l'été dernier, le touchait de plus près. L'homme en question, un pilleur de banque, s'était évadé durant sa détention préventive, avait réussi à sortir d'Angleterre et à gagner l'autre bout du monde. On avait arrêté ce Monty Driscoll à Melbourne et, lorsque le gouvernement australien accepta de l'extrader, Leatham conçut l'espoir d'être désigné pour le ramener. C'eût été un genre de divertissement auquel il avait rarement droit. Il était en train d'intriguer pour se faire envoyer à Melbourne.

En attendant, il fallait tirer au clair l'histoire de ce Terence Wand. On ne pouvait pas laisser tomber.

Mme Goldschmidt téléphona de bonne heure dans la matinée. Pouvait-elle passer pour jeter un nouveau coup d'œil sur la maison et prendre quelques mesures ? Terence n'avait nulle envie de l'avoir dans les parages, mais ne savait comment refuser. Toutes sortes de risques étaient attachés à la présence dans la maison de gens qui n'étaient pas ses invités personnels. Il avala deux comprimés de Valium.

Elle arriva à dix heures et demie, vêtue cette fois d'un manteau de cuir rose vif à col de fourrure. Chaque fois que Terence l'avait vue, elle était couverte de dépouilles d'animaux. Aujourd'hui, sa courte chevelure blonde était ramenée en avant en menues boucles, son maquillage tirait sur le mauve et elle s'était fait des lèvres prune. Elle avait l'allure d'une personne sous calmants, et sa première remarque, de ce fait, aurait pu passer pour ironique.

« Je suis vraiment transportée à l'idée que nous allons acheter votre maison. »

La voix était triste et monocorde, comme si elle avait déploré un mauvais temps continuel ou une maladie chronique. Terence parcourut les pièces avec elle. Dans la chambre où se trouvait le *fouton*, elle se défit de son manteau et le laissa tomber sur l'une des tables basses japonaises. En dessous, elle portait une robe de laine tricotée rose, très courte, au col roulé volumineux.

« On est mieux comme ça. »

Debout sur un tabouret, elle prenait les dimensions de la fenêtre pour installer des rideaux.

« Des stores sans rien d'autre, c'est très froid, vous ne trouvez pas ? »

Elle tendit la main à Terence pour qu'il l'aide à redescendre ; pourtant le tabouret ne faisait pas plus d'un pied de haut. S'étant déchaussée cette fois, elle grimpa sur l'ottomane qui occupait l'embrasure de la fenêtre dans la chambre principale. Elle s'étira pour déployer son mètre ruban, perdit l'équilibre et serait tombée si Terence ne l'avait rattrapée et retenue. Il la saisit par la taille et s'aperçut que ses mains se refermaient sur un corps non pas raide et nerveux, mais détendu, abandonné, même. Il se demanda où l'on voulait en venir. Car on voulait en venir quelque part, c'était sûr. Terence savait qu'il plaisait aux femmes — ce qui lui avait fourni un moyen d'existence, comme l'auraient fait des dons pour la décoration ou le sens des affaires — mais il ignorait pourquoi. Il était de taille un peu inférieure à la moyenne, n'en imposait pas vraiment et avait des cheveux cendrés, comme le pelage d'une souris. Carol Stratford lui avait demandé un jour s'il était un homme ou une souris, et c'était vrai qu'il se sentait souvent cousin de ce petit rongeur, menu, brun et nerveux. Après tout, c'était peut-être cela que les femmes aimaient.

Il écarta les mains de la taille de Mme Goldschmidt, en lui tapotant légèrement le flanc. Il s'interrogeait sur la conduite à tenir, la réaction adéquate si jamais l'atmosphère s'échauffait — la vente de la maison risquait-elle d'être remise en cause par un refus, ou au contraire par une acceptation ? — lorsque jetant une bref coup d'œil à la fenêtre, il vit deux hommes franchir le porche, pénétrer dans la cour et s'arrêter juste de ce côté, examinant les cinq maisons.

Terence ne savait toujours que penser de l'homme qui l'avait épié quelques soirs plus tôt, mais il comprit tout de suite que ces deux-là étaient des policiers. Il était de ces gens qui ont un flair spécial pour détecter la police. Qui d'autre aurait pu avoir ces yeux fatigués et troubles, ces visages en masques de caoutchouc, ces vêtements trop amples où ils semblaient avoir maigri, ces chaussures noires mal cirées ? Ils restaient là à regarder les cinq maisons. Puis ils commencèrent à traverser la cour en direction du numéro un. Terence relâcha enfin sa respiration. Mme Goldschmidt lui tendit la main comme si elle voulait la lui donner à baiser avant de redescendre du canapé.

Tandis qu'ils regagnaient le rez-de-chaussée, il jeta un coup d'œil par l'une des meurtrières qui éclairaient la cage d'escalier. Les policiers étaient entrés au numéro un mais la porte restait ouverte. Terence n'aimait pas cela. Il voulait voir partir Mme Goldschmidt. Elle le précédait de sa démarche lente et languide, traînant la main le long des barreaux, se retournant même une fois pour lui lancer par-dessus son épaule un sourire vaguement rêveur. Dans le hall, près de la statue à la tête en creux, elle s'arrêta pour prendre des notes sur un petit carnet, d'une grande écriture renversée.

« Oh ! j'ai oublié mon manteau. Je l'ai laissé là-haut. »

Elle allait remonter le chercher, se dit-il, puis l'appeler, et alors...

« Je vous l'apporte. »

Il bondit dans l'escalier. La fenêtre de la chambre lui montra les deux policiers arrêtés sur l'étroit perron devant l'entrée du numéro trois, en conversation avec la propriétaire. Il ramassa le manteau de cuir rose. L'ayant rejointe au rez-de-chaussée, il lui présenta le manteau — en fait, se saisit littéralement de son bras droit et l'engagea dans l'emmanchure. Il lui fallut rassembler tout son maigre courage pour ouvrir la porte d'entrée. Les policiers étaient au-dehors, à trois mètres de distance, les yeux fixés sur la porte — et sur lui.

Sa gorge se serra et son cœur fit un bond douloureux vers le centre de sa poitrine. D'une façon ou d'une autre, ils avaient retrouvé sa trace. Quelqu'un, un voisin peut-être, avait vu que la maison était à vendre, était un ami de Sawyer, avait reçu une lettre de Freda... Mme Goldschmidt sortit lentement, descendit lentement les marches, tendant son cou de cygne, souriant vaguement. Il comprit que les policiers ne bougeraient pas, ne diraient rien, tant qu'elle n'aurait pas quitté les lieux. C'était bien leur genre de délicatesse. Comme si cela pouvait lui importer ! Après tout, c'était peut-être elle qui les avait mis sur sa piste, qu'en savait-il ?

Elle se retourna. « Eh bien, au revoir, et merci beaucoup. »

Ne m'appelez pas Phipps, criait-il en silence, ne m'appelez pas Phipps !

« Je vous rappellerai peut-être. Il se pourrait que je veuille revenir. »

Les mots sonnèrent à ses oreilles comme une sombre, une inexorable menace. Il n'avait rien à répondre et, même s'il avait voulu parler, il ne l'aurait pu. Sa voix n'aurait émis qu'un couinement suraigu. Elle dépassa les policiers sans paraître les voir, à moins qu'elle ne les considérât comme de simples ornements de la cour, arbres ou urnes supplémentaires, et s'éloigna à reculons sur le pavement, à petits pas lents, pour mieux observer la maison qu'elle venait de quitter. Lorsqu'elle se retourna une seconde fois, souriant de ses lèvres serrées à l'intention de Terence avant de reprendre sa marche nonchalante et mesurée en direction du porche, les policiers bougèrent enfin. Ils montèrent les marches et le plus vieux, un type rougeaud et blond, flottant dans un imperméable avachi dont la ceinture lui battait les flancs, s'adressa à Terence sans élever la voix, du ton de la conversation : « Monsieur Wand ? Monsieur Terence Wand ? »

Terence fit « oui » de la tête. Il tremblait comme une feuille. La porte d'entrée se referma avec un petit claquement étouffé, délicat. Les policiers se mirent à inspecter le hall, les statues, la copie de Modigliani, le tapis noir en « poil de cocker », de ce regard propre aux policiers, qui suggère qu'eux-mêmes sont condamnés par une société ingrate à vivre à perpétuité dans des HLM d'avant-guerre. Terence ouvrit les doubles-portes vitrées qui donnaient accès au living-room. Il s'en voulait d'avoir pris corn flakes, œuf à la coque et croissant au petit déjeuner, car il était sûr de devoir s'excuser d'un instant à l'autre pour aller soulager son estomac rebelle.

Ils le suivirent puis s'arrêtèrent, jetant autour d'eux des regards curieux, comme si eux aussi étaient venus dans le but d'acheter la maison. Tandis que Terence tentait de formuler la phrase qui lui permettrait de s'esquiver et de gagner la salle de bains, le plus jeune des deux policiers dit : « Jason Stratford, monsieur Wand. Le petit Jason Stratford. C'est lui, la raison de notre visite. »

Un instant, ce nom n'évoqua rien pour Terence. S'il en éprouva néanmoins un choc, c'est qu'il paraissait à mille lieues de tout ce qu'il attendait.

« Pouvons-nous nous asseoir ? »

De nouveau, Terence acquiesça d'un signe de tête. Lui-même resta debout. Tous ses muscles tendus, il se forçait à l'immobilité, craignant un haut-le-cœur s'il bougeait.

« La disparition du petit Jason ne vous aura pas échappé, bien sûr. Je ne crois pas qu'il y ait encore beaucoup de gens qui l'ignorent. Est-ce que je me trompe en supposant que vous êtes un ami personnel de sa mère, Mme Carol Stratford ? »

Une vague de soulagement atteignit Terence comme un chaud et mol oreiller pressé contre son visage. Il en avait le souffle presque coupé. Quel que fût leur but véritable, il n'avait rien à voir avec des menées frauduleuses tendant à la vente de la maison de Freda Phipps. Il se demandait s'il avait retrouvé la voix, mais n'osait pas encore faire un essai.

« D'après nos informations, il n'est pas impossible que vous soyez le père de Jason Stratford. »

S'il était une chose capable d'arracher un son à Terence, c'était bien celle-ci. Il émit un cri perçant : « Moi ? »

Ils ne répondirent pas. Ils continuaient à le regarder, sans hostilité cependant.

« C'est elle qui vous a raconté ça ? » demanda Terence, ayant retrouvé sa facilité d'élocution, mais la voix enrouée d'indignation.

« Euh, non ! monsieur Wand. Nous n'avons pas le droit de dévoiler nos sources d'information, mais je crois pouvoir vous dire qui ce n'était pas — et ce n'était pas Mme Stratford. »

Terence ne le crut pas. Cela ressemblait bien à Carol, d'inventer ce genre d'histoire. Sans aucun doute, elle cherchait à couvrir le vrai père de Jason, parce que ce type mijotait quelque chose de louche, ou bien avait réellement l'enfant. Tout ou presque était possible avec Carol, c'était une nature extrêmement tortueuse. Il voyait bien ce qu'ils cherchaient. Ils avaient d'abord rendu visite aux voisins pour s'assurer si l'un d'entre eux avait remarqué un enfant inconnu.

« Je ne connaissais même pas l'existence de ce gosse, fit-il. Je veux dire, avant d'avoir appris sa disparition par la télé. »

Ils conservaient le même air poli et impassible. Terence s'apercevait parfaitement que le plus gros, le blond, se demandait pourquoi il avait montré tant de nervosité à leur arrivée, s'il n'avait rien à cacher.

« Je suppose que vous ne verriez pas d'inconvénient à nous laisser jeter un coup d'œil à la maison ? »

En voilà des circonlocutions ! Le plus jeune ajouta qu'il habitait un endroit vraiment charmant. Terence n'éleva aucune objection, c'eût été très imprudent et il le savait, mais il les suivit dans l'escalier. Dans la salle de bains attenante à la chambre principale, ils trouvèrent l'eye-liner de Teresa, abandonné sur la tablette de verre qui recouvrait l'armoire de toilette.

« Marié, monsieur Wand ? »

Terence fit « non » de la tête, sans plus d'explication. Le jeune policier détourna les yeux, comme si ce simple fait confirmait la probabilité de l'existence de bâtards que Terence aurait sans le savoir semés dans la nature. Terence sentit monter sa rancune envers Carol Stratford. Ils se promit d'aller lui dire deux mots de cette affaire.

Les policiers ne procédaient pas exactement à une fouille. Ils se contentaient d'examiner toutes les pièces. Ils lui demandèrent son passeport, ce qui le plongea un moment dans les pires affres : étaient-ils habilités à le confisquer ? Mais ils le lui rendirent sans un mot et partirent bientôt après. Terence avala deux comprimés de Valium et se versa un whisky particulièrement tassé. Il s'assit, son verre à la main, se demandant sérieusement s'il aurait la résistance morale nécessaire pour mener son plan à bonne fin. Ça ne valait pas le coup, peut-être ? Il savait très bien que la perspective de mettre la main sur cent trente mille livres méritait tous les sacrifices. Cela valait assurément le coup, mais tiendrait-il jusqu'au bout ?

Terence se connaissait. Il avait cette qualité rare de se bien connaître lui-même. Le supplice de cette matinée avait justement rafraîchi ses connaissances. Sa peur avait été si intense et si durable qu'il se demandait à présent comment il avait échappé à un malaise cardiaque ou à une crise nerveuse. S'il réagissait de la sorte à la simple visite de deux policiers, comment se comporteraient son corps et ses nerfs le jour où il aurait à signer le contrat, à toucher cette énorme somme d'argent, à la retirer de la banque et à s'enfuir ? Comment résisterait-il à la pression des événements lorsqu'il lui faudrait, tenant à la main une valise bourrée d'argent, gagner un aéroport et monter à bord d'un avion ?

Et s'il tombait raide, mort de peur ?

Ne serait-il pas plus sage, après tout, d'opter pour les treize mille et quelques livres du dépôt de garantie et de s'en tenir là ? De prendre le chèque de Goldschmidt et de s'évanouir dans la nature ? Le chèque de Goldschmidt... Un frisson parcourut Terence. Il reposa son verre.

Il y avait un détail auquel il n'avait pas songé, qu'il avait même entièrement négligé. Le chèque de Goldschmidt — ou de son avocat — serait libellé à l'ordre de John H. Phipps, et ce serait certainement un chèque barré. Lui, Terence, serait donc obligé de le verser au compte de John Phipps. Mais John Phipps n'avait pas de compte en banque — il n'existait pas.

Rien n'empêchait Terence d'aller, par exemple, à l'agence Midland de West End Lane et d'y ouvrir un compte au nom de John Howard Phipps, à cela près qu'on lui demanderait des références. On lui demanderait de désigner quelqu'un, de préférence titulaire d'un compte à la même banque, sinon à la même agence, qui se porte garant des bonnes mœurs, de la respectabilité et de la solvabilité de Terence. Sous le nom de John Phipps. Il était parfaitement au courant. Jessica lui avait ouvert un compte à l'agence de l'Anglian-Victoria sur la place du Marché de Hampstead Garden Suburb, et s'était évidemment portée garante elle-même.

Mais y avait-il seulement une personne au monde qui fût prête à assurer que Terence Wand, alias John Phipps, était un homme respectable et digne de confiance ? Mieux encore, qui était prêt à faire croire à une banque que Terence Wand s'appelait John Phipps ?

Personne. Il n'y avait personne qu'il pût prendre pour complice. Mettre quelqu'un dans le secret revenait nécessairement à partager les cent trente-deux mille livres, en fait à les couper en deux. Cela, jamais ! Il aimait mieux renoncer, pensa-t-il, beaucoup mieux.

Durant la nuit, il était tombé un peu de neige. Elle s'étalait comme un mince voile de gaze rapiécé sur les toits des maisons et des voitures mais, là où les banlieusards se hâtant vers leur métro ou le facteur dans sa tournée l'avaient déjà foulée, on voyait des empreintes brunes. Les chéneaux retentissaient d'un floc-floc-floc régulier. Une brume grise couvrait la Lande.

Après avoir fini son petit déjeuner, Jason s'était assis par terre pour dessiner. Il avait dessiné le xylophone et colorié chaque note dans le ton approprié. C'était vraiment un excellent dessin pour un enfant de deux ans, songea Benet ; on voyait très bien ce qu'il avait voulu représenter.

Elle avait mis à Jason des habits achetés spécialement pour lui, différents de ceux de James. Elle avait enlevé les étiquettes, craignant qu'elles ne fournissent des indices. Jason portait une salopette en velours côtelé bleu, un tee-shirt à rayures bleues et blanches et un pull en laine écrue. Il avait des chaussettes marron roux et des bottines de cuir brun à lacets. Benet l'installa sur ses genoux pour lui enfiler son manteau, un manteau de tweed marron à capuche et boutons à brandebourg, dont la doublure écossaise copiait le motif des Black Watch. Ce manteau l'inquiétait passablement. Elle l'avait acheté à Hampstead, dans une boutique de luxe, où elle et Jason étaient restés longtemps à essayer des vêtements. Cette femme se souviendrait-elle d'eux ? Le problème était qu'elle voulait vraiment qu'il ait ce manteau. C'était bien assez de devoir le priver du cheval à bascule, du xylophone et de ses affaires de dessin : elle voulait qu'au moins il garde ce manteau d'hiver bien chaud.

Il aimait tant se promener en voiture qu'il ne la gênait jamais. Elle se demandait quelle serait sa réaction lorsqu'ils arriveraient dans Lordship Avenue, et s'il retrouverait des souvenirs. Et cette maison du Val de Paix, se la rappellerait-il ? Pas pour en parler autour de lui, bien sûr, ce n'était pas ce à quoi elle songeait. Il ne dominait pas suffisamment le langage, tant s'en fallait ! Mais si un jour, parvenu à l'âge adulte, il venait à Hampstead et, par hasard, montait la colline en venant de South End Green ou descendait de Heath Street, aurait-il une sensation de *déjà-vu* ? Penserait-il : je suis déjà venu ici ? Et si on lui avait parlé de cette lacune de six semaines dans sa vie, se demanderait-il s'il avait passé ce laps de temps ici ?

Quant à elle, elle avait fort peu conscience d'être en danger. Elle n'était pas le genre de personne que la police soupçonnerait à priori. S'ils avaient entrepris d'interroger des femmes connues pour avoir perdu un enfant, ils seraient déjà venus chez elle. Elles n'étaient probablement pas si nombreuses. Non, ou bien ils avaient négligé de suivre cette piste, ou bien ils l'avaient écartée d'emblée, estimant qu'un jeune auteur à succès était au-dessus de tout soupçon. Or, si elle n'avait pas éveillé les soupçons pendant la durée de la disparition de Jason, il en serait toujours de même, à coup sûr, après son retour.

Aux feux rouges, elle se retournait par-dessus son épaule, comme à son habitude, pour lui parler.

« Ça va, Jay ?

— Blanc, dit-il, neige.

— Elle fond vite, mais il en tombera encore et tu pourras faire un bonhomme de neige.

— Bonhomme neige, répéta Jason, à qui ces mots plaisaient. Bonhomme neige. »

Elle se mit à penser tout haut, s'adressant toujours à lui.

« Tu vas entrer avec moi dans la bibliothèque publique de Lordship Avenue, Jay, celle du quartier de Winterside. Tu y es peut-être déjà allé avec ta mère ou avec... avec Barry ? Je la connais, cette bibliothèque. J'y allais beaucoup quand j'habitais Winterside Road. Il y a une section enfantine, avec des chaises disposées autour d'une table. Je vais t'installer sur une de ces chaises, je choisirai sur les rayons un livre que je te donnerai à regarder, et puis je te laisserai là. Mais avant, je vais épingler une étiquette sur ton manteau, qui dira qui tu es. J'ai préparé une étiquette indiquant : « Je suis Jason Stratford. »

— Manteau, dit Jason. Manteau de Jay.

— C'est ça, épinglée sur le manteau de Jay. Et quand ils te verront tout seul, les gens de la bibliothèque liront l'étiquette, sauront qui tu es et iront chercher ta maman. »

Et la police, ajouta-t-elle mentalement. Elle tentait d'imaginer la scène, le remue-ménage qui s'ensuivrait, mais elle n'y parvenait pas. Avec le retour de Jason, le monde cessait d'exister.

« Maman », dit Jason d'un ton de babillage plaisant. « Maman. »

Elle remonta Rudyard Gardens en direction de l'est, cherchant une place où se garer. Cela ne s'était vraiment pas amélioré depuis l'époque où elle habitait le quartier. Tout le long de Lordship Avenue, une double bande jaune interdisait le stationnement. Elle ne voulait pas s'arrêter trop loin de la bibliothèque. Winterside Road aurait fait l'affaire, mais elle était en sens interdit lorsqu'on venait de Lordship Avenue. Elle dut faire un long détour, tourner dans Winterside Road en prenant par Canal Street, et en passant devant le garage de Woodhouse et la maison où elle et ses amies avaient occupé leur « mansarde ». Il y avait une place libre presque à la hauteur du garage, mais que faire si jamais Tom Woodhouse était là et venait à sortir, et à les voir ?

Les platanes taillés étaient hideux à voir en cette saison, leurs troncs évoquaient de vieux os. Le ciel gris et lourd semblait gorgé de neige. C'était par un hiver neigeux qu'elle avait rencontré Edward, et c'était par un hiver, ou plutôt par un début de printemps froid et rigoureux, qu'elle l'avait quitté. Ils vivaient alors à Tufnell Park et c'était lui qui était parti et s'était trouvé un appartement ou une chambre pas loin d'ici. A Brownswood Common Lane ? Brownswood Dale ? Elle ne s'en souvenait plus et d'ailleurs, il n'y habitait plus. L'adresse qu'il lui avait donnée était à Kentish Town. Il lui avait dit qu'il la détestait, qu'elle était dure comme pierre, qu'ils n'avaient jamais été assortis l'un à l'autre, puis, par l'une des volte-face dont il était coutumier, lui avait ouvert les bras et lui avait fait promettre de lui revenir, et de l'épouser.

Elle trouva un créneau du côté de la rue donnant sur Winterside Down, tout près de l'allée piétonnière qui menait au pont chinois. Elle chassa Edward de son esprit. Il avait quitté le quartier, il était la dernière personne qu'elle risquait de rencontrer.

Les pelouses de Winterside Down luisaient du vert vif de décembre. Dans les branches d'un épicéa de Norvège, on avait accroché un réseau de lumignons de Noël. Benet sortit du coffre la poussette de Jason, sa vraie poussette, s'interrogeant sur l'opportunité de la restituer en même temps que lui. Elle était vieille et bosselée, mais elle appartenait à Carol Stratford et elle, Benet, n'avait pas le droit de la garder. D'un autre côté, on l'empêcherait peut-être d'entrer avec à la bibliothèque, ou on lui conseillerait de la replier, et cela aurait l'inconvénient d'attirer l'attention. Elle décida de la replacer et de la laisser dans le coffre. Les vêtements que portait Jason compensaient largement le coût d'une nouvelle poussette.

Elle prit Jason pour le faire descendre de la voiture. Il porta son regard du côté de Winterside Down, des rangées de pavillons de brique rouge, des chaussées blanches de neige, de l'unique tour. L'air froid colorait ses joues de rose vif. Tandis qu'ils suivaient la rue, il continuait à tourner la tête vers le lotissement, les yeux fixés sur les maisons, tirant légèrement la main de Benet. Puis il montra la cité du doigt. Il lança à Benet un regard interrogateur, donnant à sa question la seule forme encore connue de lui :

« Qu'est-ce que c'est ? dit-il ; qu'est-ce que c'est ?

— C'est l'endroit où tu vivais, Jay. Et où tu vas retourner. » Elle le prit dans ses bras. Il se cala fermement contre sa hanche. « Je suis désolée, Jay », commença-t-elle : c'était le moment ou jamais, elle n'aurait plus l'occasion de s'excuser. « Je regrette tout ce qui s'est passé. Au début, ce n'était pas ma faute. Toi et moi, nous avons été victimes de la pauvre Mopsa, qui est malade. Et par la suite, je ne pouvais pas faire cela à Mopsa, bien sûr ! Mais je n'ai pas d'excuse pour t'avoir gardé aussi longtemps après son départ. Je suis probablement très lâche, sinon j'entrerais carrément avec toi dans le premier poste de police venu. Je te ramènerais chez ta mère, là-bas, de l'autre côté. Mais je ne peux pas. Je n'ai pas assez de cran, je suis lâche. Enfin, je suis désolée pour tout, Jay, et j'espère que tu n'as pas été malheureux, que tu n'auras pas à en souffrir. » Il ne la regardait pas. Il fronça les sourcils et avança la lèvre supérieure. « Allons, fit-elle. Dis quelque chose. Il suffit d'un mot gentil.

— Chien », dit Jason, montrant du doigt le doberman qui reniflait des cageots devant une poissonnerie. Puis, se tassant contre elle : « Maman ! »

La bibliothèque de Winterside était un bâtiment d'époque victorienne au pignon de style hollandais ; au-dessus des portes, les mots BIBLIOTHÈQUE PUBLIQUE étaient gravés en creux dans une plaque de grès rouge. Benet gravit le perron, portant toujours Jason. Un homme âgé, un retraité aux bras chargés de livres, lui tint la porte ouverte.

Deux bibliothécaires — deux femmes — se tenaient dans l'espace compris entre les guichets « entrée » et « sortie » : l'une tamponnait un livre, l'autre consultait un catalogue. Benet eut le temps de voir que le livre vers lequel l'emprunteur tendait la main était son roman *Les Liens du mariage* dans sa belle édition reliée, de grand format. Sa photo figurait au dos de la jaquette, mais qui eût pu reconnaître dans ce jeune visage en cœur, éclairé d'un demi-sourire, la femme amaigrie qui venait d'entrer avec un enfant dans les bras, la tête serrée dans un foulard pour dissimuler la masse sombre et luisante de ses cheveux ?

La section enfantine n'avait pas changé de place, mais certainement d'aspect : on avait choisi des teintes plus vives, repeint les petites chaises de toutes les couleurs de l'arc-en-ciel, et fixé au mur un collage qui attira son regard et la fit sourire. Était-ce un thème si fréquent, aujourd'hui, dans les cours de pédagogie appliquée ? Ou bien l'une des bibliothécaires avait-elle eu un enfant hospitalisé au même endroit que James ? Le collage, quoique moins ambitieux dans son exécution, plus petit, plus clairsemé et moins fantaisiste, était un « arbre de mains ».

Sa présence ici avait quelque chose d'un présage. Mais de quoi ? Benet ne croyait pas aux présages. Elle installa Jason sur une chaise turquoise et alla lui chercher un livre d'images sur les rayons. On n'entendait dans la bibliothèque que les pas étouffés de deux emprunteurs qui marchaient lentement entre deux rangées d'étagères, et les raclements de gorge d'un homme qui, assis à une table, lisait le journal d'aujourd'hui. Ils étaient seuls dans la pièce des enfants. Jason tournait les épaisses pages cartonnées de son livre, examinant les images d'un chien, d'un chat, d'une paire de chevaux de labour.

« Qu'est-ce que c'est ? »

Elle posa un doigt sur ses lèvres, puis sur celles de l'enfant : c'était sa façon de lui dire de ne pas faire de bruit. Les mains de l'arbre ressemblaient toutes à celles de Benet, minces, brunes, sans bagues, toutes semblables et orientées vers le bas. Ses mains à elle prirent la même position lorsqu'elle les plongea dans son sac à main, à la recherche de l'étiquette et de l'épingle.

Jason pointa le doigt vers le livre. Il chuchotait, comme elle le lui avait demandé.

« Qu'est-ce que c'est ?

— Tu sais bien ce que c'est : c'est un chien. »

Il fit alors sa première véritable phrase. Il articula lentement et parfaitement, et dut avoir conscience de son triomphe, car un sourire de fierté se dessina sur ses lèvres avant qu'il eût fini de parler :

« Je n'aime pas les chiens. » En dépit du sentiment exprimé, Jason souligna ces mots d'un petit gloussement de satisfaction.

Elle tenait l'étiquette d'une main, l'épingle de l'autre. Elle se sentait prise de malaise, proche de l'évanouissement. Ce qu'elle allait faire, la réalisation de son projet, venait de la frapper d'un coup. Elle voyait ce qui l'attendait au-delà, l'après-midi, le soir, le désert, la solitude. Comme si elle le découvrait pour la première fois, mais d'un œil bien différent de la première fois cependant, elle considéra ce petit garçon blond et râblé perché sur sa chaise et dont les jambes ne touchaient même pas le sol, ce petit garçon qui riait de plaisir de ses propres trouvailles, ce petit garçon dont les cicatrices ne s'effaceraient jamais. Elle n'allait tout de même pas l'étiqueter comme le premier paquet venu et l'abandonner là ? Elle n'allait pas l'abandonner du tout. Comment n'avait-elle pas compris ce qui lui arrivait au fil des jours, puis des semaines, tandis que son aversion se muait en tolérance, la tolérance en acceptation, l'acceptation en camaraderie, et finalement...

« Mais c'est que je ne pourrais plus vivre sans lui », songea-t-elle. Jason avait entrepris de descendre de sa chaise. Il lui tendit le livre et leva les bras. Il se lassait de la bibliothèque, voulait rentrer à la maison.

XVII

A Noël dernier, Carol avait eu Tanya et Ryan à la maison. Barry se demandait qui d'autre avait passé les fêtes avec elle, en dehors d'Iris, de Jerry et des enfants. Terence Wand peut-être, ou l'un des hommes auxquels Maureen avait fait allusion. Cette année, Carol ne voulait même pas entendre parler de Noël, elle disait qu'elle allait travailler même les jours fériés, elle n'avait rien à célébrer. A quoi bon suggérer de faire venir Tanya et Ryan si, la plupart du temps, elle ne devait même pas être là ?

Si son propre travail avait été un peu plus sûr, il aurait peut-être su la persuader de ne pas faire tant d'heures chez Kostas. Mais il n'était pas prêt à parier qu'il aurait encore du travail l'année prochaine à la même époque. Ken Thompson n'avait plus de chantier en prévision une fois qu'ils en auraient fini avec celui de Finchley. Et ils en avaient presque fini. En fait, ils traînaient les pieds, Barry le savait, parce qu'après, à moins d'une commande imprévue tombant dans les deux jours, ils n'auraient plus rien. Normalement, Ken ne pouvait se débarrasser de lui, bien sûr, il ne pouvait le remplacer sans des motifs très solides, mais ce serait une autre affaire s'il pouvait prouver qu'il n'avait pas assez de travail pour l'employer. Barry ne pouvait pas dire à Carol de relâcher son rythme alors qu'à tout moment lui-même risquait de se retrouver au chômage.

D'ailleurs, le comportement de Ken avec lui avait changé. C'était difficile de mettre le doigt dessus — mais Barry s'était aperçu qu'il ne l'appelait plus jamais par son prénom. Avant, c'étaient des Barry par-ci, Barry par-là, mais désormais il avait cessé de lui donner aucun nom. Et parfois, tandis qu'ils s'affairaient mollement aux finitions du bureau directorial, Barry se retournait et surprenait le regard de Ken posé sur lui. Pas un regard hostile ou écœuré, non, c'était autre chose. Barry se disait que Ken le regardait comme on peut jeter un coup d'œil furtif à un être légèrement en deçà du seuil de l'humanité — une espèce de singe, peut-être, ou la représentation d'un homme préhistorique.

Au moins, la police n'était pas revenue. Était-ce l'effet de sa lettre ? Cela en avait l'air. Il imaginait Terence Wand, soumis à son tour à ces longs interrogatoires épuisants qu'affectionnaient Treddick ou Leatham, Terence Wand sommé de dire s'il se considérait lui-même comme une bonne d'enfants ou s'il avait pour habitude de frapper des gosses. Ça lui ferait un certain choc, de quitter sa belle maison dans une voiture de police. Barry tâchait de comprendre comment quelqu'un, sortant du milieu de Terence Wand, avait pu se retrouver un jour propriétaire d'une telle maison. Il s'était probablement lancé très jeune dans les affaires. Barry savait que cela se passait ainsi, et il aurait tant voulu suivre le même chemin, installer Carol dans une maison aussi luxueuse, avoir une voiture, seulement les temps étaient trop durs ; dix ans plus tôt, à ce qu'on lui avait dit, c'était bien différent. Il ne lui servirait à rien, aujourd'hui, de se mettre à son compte, alors que Ken lui-même, qui avait le sens des affaires et était connu, n'arrivait pas à trouver de clients.

Tout Winterside Down lui tournait le dos. Ses voisins, les Spicer, ne se comportaient pas tout à fait comme les Isadoro, ou comme les commerçants de Bevan Square : ils ne le fixaient pas des yeux avant de se détourner ostensiblement, non, ils faisaient seulement semblant de ne pas l'avoir vu. Il fallait bien que Barry s'occupe le soir, il ne pouvait rester éternellement seul à la maison à regarder la télévision. Il se décida à aller prendre un verre au « Bouledogue » vers les sept heures du soir. Le « Bouledogue » était assez loin de Winterside Down pour que les consommateurs ne le connaissent pas.

Il rencontra Iris et Jerry qui, venant de la direction opposée, se dirigeaient vers le même but. Ou, plus exactement, il les vit venir de loin. Ils se tenaient par le bras, Iris dominant légèrement Jerry, mais mal assurée sur ses sandales à talons hauts comme des échasses. Barry n'aurait jamais imaginé que le jour viendrait où il serait trop heureux de pouvoir compter sur la compagnie et la conversation d'Iris et de Jerry. Il se retint de leur faire signe — il lui semblait que leur intimité n'allait pas jusque-là — mais il pressa légèrement le pas. Il était sur le trottoir du « Bouledogue », et n'avait que quelques mètres à faire. La brasserie s'ornait d'une nouvelle enseigne, un chien tenant un cigare dans la gueule et coiffé d'un béret de marin. Barry vit Iris tirer Jerry par la manche et lui chuchoter quelque chose à l'oreille. Aucun passage pour piétons n'était en vue mais ils traversèrent la rue, si pressés d'éviter Barry qu'ils durent s'arrêter un moment en pleine chaussée sur la ligne blanche.

Il n'en croyait pas ses yeux. La propre mère de Carol ! Elle ne pouvait penser qu'il avait tué Jason. Elle portait la responsabilité de sa disparition autant qu'aucun autre — plus qu'aucun autre, même. Barry était parvenu à la porte du « Bouledogue » mais il s'arrêta, il n'entra pas. Il les voyait sur l'autre trottoir de Lordship Avenue : ils feignaient de regarder la devanture d'un magasin mais, sans aucun doute, surveillaient l'entrée du « Bouledogue », que reflétait la vitrine.

De toute évidence, Iris se rangeait à l'avis général. Il croyait l'entendre exposer ses raisons — si l'on pouvait dire — de sa voix nasillarde, placide et indifférente : « Il n'y a pas de fumée sans feu, on a beau dire, hein, Barry ? »

Seulement, pas plus que Ken, elle ne l'appellerait désormais par son prénom. Il poursuivit rapidement son chemin dans Lordship Avenue. Il avait hâte de mettre un *mile* entre lui et Winterside Down. Il n'aurait plus l'impression que chaque passant pensait « tueur-d'enfants, tueur-d'enfants ». Et s'il allait boire un verre au bar à vin ? Carol aurait son mot à dire sur la conduite d'Iris. Il imaginait son indignation, sa fureur, et l'entendait déjà l'appeler « mon amour » devant tout le monde.

Cela ne valait pas la peine de prendre l'autobus : il était presque arrivé. On apercevait longtemps à l'avance l'enseigne au néon du bar à vin, parce qu'il se trouvait à un endroit où l'avenue s'incurvait vers la droite. C'était curieux, pensa-t-il : l'apparition de Carol était toujours précédée de lumières visibles de loin, qui l'attiraient vers elle par un magnétisme puissant.

Le bar à vin occupait l'angle d'une petite rue transversale, Java Mews. A l'autre bout de la rue, tout en bas, il y avait un pub du nom de « Java Head », où Ken Thompson avait ses habitudes. Barry n'avait aucune envie de se trouver nez à nez avec Ken. Leur embarras, leur gêne, serait pire qu'au travail. Il ne souhaitait pas non plus rencontrer Dennis Gordon, mais le moyen de l'éviter ? Tel un diamant sur un tas d'ordure, la Rolls bleu métallisé était rangée un peu plus loin dans la ruelle, juste en dessous d'un réverbère, qui semblait placé là dans le seul but de l'éclairer. Dennis Gordon montait justement dans sa voiture, s'installait au volant, mais sa main où l'énorme chevalière lançait des rayons tenait la portière ouverte.

Il ressortit et salua Barry d'un grand geste de la main. Il ne semblait avoir d'autre raison de redescendre de voiture que de s'exhiber, lui et son manteau de cuir beige. Il leva et agita la main en direction de Barry, puis se pencha sur son pare-brise pour gratter un minuscule grain de saleté qui souillait la vitre. Barry ne lui rendit pas son salut, pas même d'un signe de tête. L'idée ne l'effleurait pas de savoir le moindre gré à Dennis Gordon d'avoir daigné le remarquer. La Rolls démarra en silence, avec une élégance feutrée, comme un ravissant navire quittant un port aux docks et aux quais nécessairement sordides. Barry s'étonnait du nombre de gens autour de lui, qui avaient de l'argent : Ken, Mme Fylemon, Kostas, Terence Wand, Dennis Gordon. Par moments son désir de posséder de l'argent — ou de trouver le moyen d'en gagner — était aussi fort que celui qu'il éprouvait pour Carol. Il pressentait obscurément que, s'il avait l'un, il garderait l'autre pour toujours.

Le bar à vin était envahi de plantes grimpantes, de vues marines, d'affiches représentant des temples en ruine, le tout on ne peut plus grec.

Alkmini, ronde, brune, le sourcil épais, en noir des pieds à la tête, servait seule au comptoir. Rétrospectivement, Barry se félicitait — si tant est qu'il pût se féliciter de quoi que ce soit — de ne s'être pas trahi en demandant Carol. Il n'avait pas eu à ouvrir la bouche. A sa vue, Kostas, sans un sourire, leva une main brune à quelques centimètres de son genou. Ce fut Alkmini qui parla.

« Vous oubliez que c'est mercredi, Barry ? »

Un instant, il resta sans voix. Il sentait quelque chose se retourner involontairement dans sa poitrine. Le feu lui monta aux joues. Il comprit immédiatement, avec l'intuition de l'amant, ce qu'Alkmini suggérait. Carol travaillait toujours au bar à vin, avait même pris le samedi en supplément, mais renoncé au mercredi soir. Elle avait cessé de travailler le mercredi soir et ne lui en avait rien dit.

« En effet, ça m'est sorti de la tête », fit-il.

Peu lui importait qu'ils aient deviné ou non. Peu lui importait, même, lorsqu'il se retourna et vit, par-dessus son épaule, Alkmini s'adresser en chuchotant à un client, qu'elle parle de lui — « C'est l'ami de Carol Stratford... oui, c'est lui. »

Si Carol ne lui avait rien dit, c'est qu'elle ne voulait pas lui faire savoir où elle allait le mercredi soir. Mais ce n'était pas difficile à deviner, bien sûr. Il sauta dans le premier autobus de passage, sans se préoccuper de sa destination, uniquement désireux de s'éloigner de Winterside Down. Il lui vint une idée curieuse qu'il se hâta de repousser, d'ailleurs : elle devait l'aimer, elle devait se soucier de ses pensées et de ses sentiments, puisqu'elle prenait la peine de le tromper. Cela voulait dire qu'elle avait toujours peur de le blesser.

Il essaya de se rappeler les vêtements qu'elle portait ce jour-là. Mais même s'il l'avait pu, cela ne l'aurait mené à rien. Avant de sortir avec Terence Wand, elle serait probablement repassée à la maison pour se changer en revenant de chez Mme Fylemon. Elle aurait mis la robe de Zandra Rhodes, peut-être, ou l'autre, aux zigzags noirs et blancs, avec la fausse fourrure, il faisait assez froid pour cela ce soir. Il descendit du bus à Camden Town et s'engouffra dans la station de métro. Quand il en ressortit à Hampstead, dans Heath Street, il neigeait faiblement, et les flocons irréguliers, intermittents, tombaient d'un ciel noir et fuligineux.

Hampstead ressemblait à un musée bourré de vieilles choses, irréelles dans leur beauté préservée. La richesse de ce décor, même en cette première nuit d'hiver, l'argent qui suintait des murs, le déprimaient. En suivant les avenues et les petites allées sineuses, il parvint aux murs de pierre qui enfermaient Spring Close comme un château. N'en était-ce pas un, du reste, le château d'un homme fortuné, protégé de la rudesse du monde extérieur ? Barry s'immobilisa sous le porche. La lumière des lampadaires, dans cette cour, était d'une nature différente de celle qui inondait et décolorait Winterside Down. Elle semblait caresser les briques aux tons bistres, les pierres pâles et lisses, le bois sombre et luisant, le verre. Elle était cependant suffisante pour projeter l'ombre de l'arbre sur les pavés, une ombre pareille à une branche de corail. La neige avait cessé de tomber.

La maison de Terence Wand était plongée dans la plus complète obscurité. Ils étaient ensemble quelque part, bien sûr, mais ils pouvaient avoir l'intention de revenir ici tout à l'heure. Et d'ailleurs, qu'aurait-il fait s'il les avait trouvés là ? Il ne pouvait entrer au pas de charge, assommer l'homme et empoigner Carol. Il n'était pas son mari. Elle ne lui avait même pas promis qu'il le serait un jour. Il fit le tour du pâté de maisons. Le garage du numéro 5 était vide. Ils étaient sortis en voiture. Il revint vers le centre de Hampstead, s'engagea dans Heath Street, alla jusqu'à High Street pour boire un verre au « Roi de Bohême ». Il y faisait chaud et il y avait foule. Il se dit que Carol serait obligée de rentrer à la maison à onze heures et demie, si elle voulait continuer à lui faire croire qu'elle travaillait au bar à vin. Il était déjà près de dix heures. Après l'atmosphère surchauffée du café, le froid le saisit. Il était absurde de retourner à Spring Close, mais c'est pourtant ce qu'il fit.

Sa faction fut interrompue par l'arrivée d'une voiture de police. Elle avança en silence jusque sous le porche : une petite voiture aux lignes modernes, bleu et blanc, avec son gyrophare orange sur le toit. Barry se trouva pris dans le faisceau des phares, comme une bête sauvage sur une route de campagne. Sa première pensée fut qu'on revenait le chercher pour le soumettre une fois de plus à six heures d'interrogatoire : ils l'avaient suivi, observant tous ses déplacements, notant ses moyens de transport, et ils allaient l'emmener pour lui faire subir l'humiliation d'un nouveau séjour forcé dans quelque bureau.

Mais le jeune agent en uniforme qui descendit de la voiture et vint vers lui se contenta de lui demander poliment et sans élever la voix ce qu'il faisait là. Barry fut pris de court. Il ne le savait pas lui-même.

« Je regardais simplement, répondit-il, se surprenant à balbutier. Je ne savais pas qu'il y avait des maisons modernes par ici, alors je me suis approché pour les voir de plus près.

— On peut dire que vous prenez votre temps ! »

Un des voisins les avait prévenus, supposa Barry. Quelqu'un, dans l'une des villas éclairées, avait dû leur téléphoner pour leur signaler la présence d'un rôdeur.

« A votre place, je rentrerais chez moi, dit l'agent de police. Il se fait un peu tard pour rester là à regarder les maisons des autres gens. Vous permettez qu'on vous reconduise un bout de chemin ? Vous savez où est la station de métro, je pense ? »

Pas de danger qu'ils le prennent pour un habitant de Hampstead ! Ils s'assurèrent qu'il regagnait bien la station. Ils l'observaient de leur voiture et, lorsqu'il eut atteint le sommet de Christchurch Hill, il les entendit monter la côte au pas derrière lui : la lumière de leurs phares inonda son dos. Il était plus de onze heures et demie. S'il ne se pressait pas, il risquait de manquer le dernier train de la ligne de Piccadilly au départ de King's Cross. De toute façon, il rentrerait tard. Pour une fois, ce serait au tour de Carol de se demander où il était. La voiture de police le suivit dans Heath Street et, quand ses occupants l'eurent vu descendre l'escalier du métro, elle tourna et s'éloigna dans Fitzjohn Avenue.

La rame où il monta était peut-être bien la dernière et l'on approchait de minuit et demi lorsqu'elle le déposa à Turnpike Lane. De là, il avait un long chemin à parcourir à pied. Les seuls passants qu'il rencontra étaient des jeunes gens à peu près de son âge, qui marchaient seuls comme lui, ou en bandes. Pas une femme à la ronde. De rares voitures. Il avait beaucoup neigé pendant son trajet en métro et la neige fondue formait des flaques boueuses. Il croisa un jeune Noir qui portait sur l'épaule un transistor beuglant du rock.

Barry tourna dans Winterside Road et s'engagea dans l'allée piétonne, marchant vers le pont chinois. Il compta les maisons à partir du coin, pour la première fois sans cet élan d'allégresse au cœur. Les lumières de Carol continuaient à l'attirer vers elle, mais sans bonheur et sans hâte.

Les fenêtres étaient éclairées aux deux étages. Il commença à réfléchir à ce qu'il lui dirait. Il fallait marquer le coup. Les pelouses prenaient des tons kaki à la lumière des lampes au sodium et le ciel gardait son halo rougeâtre typiquement londonien, mais les lampadaires, à chaque extrémité de l'allée qui s'étendait devant lui, étaient réglés pour s'éteindre à minuit. Le passage lui-même, plongé dans l'obscurité, n'était éclairé qu'au bout et ressemblait à l'orifice d'une caverne, vu de l'intérieur. Les pensées de Barry prirent un brusque tournant : et s'il se trompait depuis le début ? Si elle avait renoncé à travailler le mercredi soir cette semaine seulement, et oublié de l'en prévenir ? Alkmini n'avait rien dit qui l'exclût. Et puis, en quittant Mme Fylemon, elle était allée faire des courses quelque part, dans un centre commercial ouvert jusqu'à huit heures. Elle le faisait souvent. Lui-même était sorti à sept heures. Elle était rentrée, maintenant. Elle l'attendait peut-être à la maison depuis des heures.

Barry désirait de tout son cœur croire à cette explication. Si Carol lui présentait l'histoire qu'il venait de se raconter, il la croirait, il serait heureux. Il s'engagea enfin dans le passage entre les hautes palissades des jardins et vit au même moment deux hommes y entrer à l'autre bout. Leurs corps faisaient écran à la lumière de la rue et il ne distinguait que leurs silhouettes, non leurs visages. Il n'y accorda d'abord aucune attention. Deux hommes venaient d'entrer dans le passage, voilà tout.

Il poursuivit sa marche, ralentissant un peu lorsqu'il comprit qu'il se passait une chose bizarre : les deux hommes progressaient toujours de front. Aucun ne s'était effacé pour le laisser passer. Ils marchaient côte à côte et s'approchaient de lui comme s'ils ne l'avaient pas vu — ou plutôt, non : comme s'ils voulaient le heurter de plein fouet.

Barry prit conscience d'un danger et un fourmillement courut sur sa nuque. Il se retourna. Un autre homme, maigre, dégingandé, ses vêtements noirs luisant doucement dans la lumière diffuse qui éclairait l'entrée du passage, avait surgi à travers la pelouse et s'engageait dans l'allée piétonne, à pas de loup. Il s'y arrêta, en attente, les bras croisés.

Non, ce n'étaient pas des hommes, bien sûr. Des garçons. Barry reconnut celui qui croisait les bras, il le voyait assez nettement. C'était Crins Bleus. Ils l'avaient guetté, sans doute. Ils avaient attendu l'occasion de le trouver seul et en pleine nuit. Il se retourna encore une fois comme une bête traquée et fut soudain nez à nez avec La Huppe dont il sentit l'haleine chaude, empestant le kebab. Perle Noire, à côté de lui, montrait des pommettes marquées de petite vérole, une face qui semblait criblée de plombs.

« Laissez-moi passer », dit Barry.

« Putain d'enculé de tueur de bébés ! »

Barry comprit qu'il n'y couperait pas. Il aurait beau faire n'importe quoi, ramper, supplier — il n'y changerait rien. Mais il n'allait pas s'humilier devant eux. Ni discuter. Voir cette bande se poser en gardiens de la conscience collective, c'était d'une ironie amère. Il leva le bras droit et écarta La Huppe d'un coup de coude. Il joua des deux coudes. Son geste fut si rapide qu'il réussit presque à se débarrasser de La Huppe. Mais pas du Noir. Le Noir l'empoigna à l'épaule, le fit tournoyer sur lui-même et le frappa en plein visage, du plat de la main. Barry riposta. Poings fermés, il se mit à cogner Perle Noire de toutes ses forces, à lancer de grands coups de pied à La Huppe. L'adrénaline infusait dans ses veines et, un instant, une fraction de seconde, il se sentit bien : il tapait enfin, il lâchait ses coups avec rage, il gagnait. Mais cela ne dura qu'un instant.

Crins Bleus, qui attendait toujours, fit dans le passage un bond digne d'un athlète de saut en longueur, puis il reprit son élan et s'abattit dans le dos de Barry, bras tendus. Il portait des gants de cuir cloutés de têtes de métal larges et aplaties. Perle Noire, à qui Barry venait d'assener un coup de genou à l'entrejambe, lui tordit les bras et, d'une poigne de fer, les immobilisa dans son dos tandis que Crins Bleus le bombardait de ses poings à la tête et au visage.

Si Perle Noire n'avait continué à le tenir, il se serait écroulé depuis longtemps. Il le tenait comme un sac de sable, que La Huppe et Crins Bleus faisaient valser à leur guise. Un rideau de ténèbres s'affaissa mollement devant ses yeux et Barry sentit sa bouche s'inonder de sang lorsqu'une dent sauta. Perle Noire le lâcha, peut-être pour ne pas se trouver éclaboussé par le sang qui dégouttait du menton de Barry. Barry tomba, heurtant la palissade qui trembla et vibra. La botte à pointe en fer de La Huppe frappa durement son flanc. Mais c'était le pied droit, et La Huppe était gaucher. Il prit son élan, recula le pied gauche et le lança de toutes ses forces dans les côtes de Barry.

Barry eut conscience qu'une fenêtre s'ouvrait au premier, dans la maison située juste derrière la clôture, et qu'une voix criait quelque chose qu'il n'entendit jamais.

Livre III

XVIII

Le présent accord est passé le... du mois de... mille neuf cent quatre-vingt... entre John Howard Phipps, résidant 5, Spring Close, Hampstead, London NW3 (ci-après dénommé « Le Vendeur ») d'une part, et Morris Goldschmidt et Rosemary Catalina Goldschmidt son épouse, tous deux résidant 102, The Dale, Cricklewood, London NW2 (ci-après dénommés « L'Acquéreur »), d'autre part.

Les yeux de Terence errèrent rapidement sur les deux premières clauses pour s'arrêter à l'article trois, essentiel :

Le prix sera fixé à 132 950 livres et l'Acquéreur, à la signature du présent document, effectuera le versement d'un acompte au montant de 13 295 livres auprès de Lewis et Plummer, avocats du vendeur, par chèque à l'ordre de leur client, chèque de société de crédit immobilier ou virement bancaire.

Cela signifiait-il que l'avocat allait mettre la main sur le chèque de Goldschmidt, le placer peut-être, jusqu'au règlement définitif de la transaction ? Terence n'en aurait pas été autrement surpris, c'était bien dans la manière de ces hommes de loi, tous des requins, grippe-sous et compagnie ! Mais cela ne ferait guère que repousser les choses d'un mois environ. S'il ne parvenait pas à ouvrir un compte en banque avant la fin du mois en cours, il lui faudrait se débrouiller pour en avoir un au moment de l'exécution du contrat.

Aucune date n'avait encore été retenue. Mais la lettre d'accompagnement de l'avocat suggérait le 15 février : M. Phipps voudrait bien indiquer si cela lui convenait. Terence téléphona. L'avocat était absent et il eut une secrétaire au bout du fil.

« Il est d'usage que ce genre de dépôt soit conservé par les avocats du vendeur jusqu'à l'exécution du contrat, monsieur Phipps. »

Terence se garda bien d'éveiller d'éventuels soupçons en laissant entendre qu'il était à court d'argent frais, bien que ce fût le cas. Il raccrocha. Il venait d'avoir une idée : il ferait mieux de prendre un billet d'avion une semaine avant la date retenue, pour pouvoir partir sans attendre. Quel jour tombait le quinze février ? Derrière la porte de la cuisine, il y avait un calendrier de l'année, mais il chercha en vain dans toute la maison un calendrier de l'année suivante. Il dut compter sur ses doigts. Le quinze février, Dieu merci, était un mardi. Il aurait été dans de beaux draps si ç'avait été un vendredi : Goldschmidt aurait remis son chèque l'après-midi, mais Terence n'aurait pu le toucher avant le lundi suivant !

Aurait-il le cran d'attendre le dernier jour pour prendre un billet d'avion à destination de l'Amérique du Sud, par exemple ? C'était jouer très serré. Terence, dont la névrose d'angoisse se nourrissait de l'anticipation d'une peur panique plutôt que de cette peur elle-même, se représentait sous les couleurs les plus vives l'état lamentable où il serait réduit lorsque, la langue nouée, les jambes gélatineuses, traînant une valise bourrée de billets, il errerait de guichet en guichet, essayant toutes les compagnies aériennes pour trouver une place libre. Son regard effaré oserait à peine se poser sur les objets situés juste devant lui, de crainte d'enfreindre la loi. Sa gorge trop sèche étoufferait ses paroles, ses mains tremblantes tripoteraient vainement les fermoirs de sa valise. Non, il lui fallait s'assurer de ce billet d'avion à l'avance. Lucide, il savait qu'il s'en acquitterait d'un cœur assez léger parce qu'à ce moment-là il n'aurait pratiquement rien d'illégal à se reprocher. En tout cas, il n'aurait pas touché un sou de l'argent de Goldschmidt.

Mais sans l'argent de Goldschmidt, avec quoi le paierait-il, ce billet d'avion ? Un aller simple pour l'un des pays lointains auxquels il songeait ne pouvait guère coûter moins de cinq cents livres. Il n'avait pas l'intention de perdre son temps en allant prendre un charter à Amsterdam. Cette somme de cinq cents livres, dont il venait de décider un peu arbitrairement qu'elle représentait le montant probable d'un billet, lui remit en mémoire le crédit maximal autorisé par sa carte Barclay. Il ne s'était plus servi de cette carte depuis son départ de chez Jessica. La Barclay's Bank ignorait son changement d'adresse et d'ailleurs, la carte n'était probablement plus valable.

A moins que, peut-être ?... Terence n'avait pas la moindre idée de l'endroit où se trouvait la carte, mais il était sûr de n'avoir pas jeté un objet qui, même indirectement, pouvait être une source d'argent. Il monta au premier et se mit à chercher de tous côtés. C'est dans l'armoire de la chambre au lit japonais qu'il avait suspendu l'essentiel de la garde-robe emportée avec lui lorsqu'il avait quitté Jessica à la sauvette. Il fouilla toutes les poches. Maigre moisson : quelques petites pièces de monnaie sans valeur, un mouchoir sale et un bout de chewing-gum. Les livres n'avaient jamais été son fort et il n'en possédait aucun. Où était donc passée la valise qu'il avait « empruntée » à Jessica pour transporter ses affaires ?

Elle se trouvait certainement avec les autres bagages dans le grand placard-débarras, à côté de la chambre d'amis. Il alla y jeter un coup d'œil et la découvrit : une valise « Révélation » marron, avec une poche à fermeture Éclair dans la doublure du couvercle, qu'il sentait bourrée de papiers... Il fit jouer la fermeture et sortit de la poche un numéro de *Knave*, une lettre que Freda lui avait imprudemment envoyée chez Jessica, une note de chez Brian, Brook Street, pour deux chemises, un relevé de compte... et la carte Barclay. Elle devait expirer en février prochain. Il se rappelait à présent : Jessica lui avait pris cette carte au début du printemps, il y avait près de deux ans et, trois ou quatre mois plus tard, il la quittait. Il en croyait à peine sa chance. Il ne lui restait plus qu'à écrire sur-le-champ à Barclay's pour informer la banque de son changement d'adresse et lui permettre de lui envoyer une nouvelle carte avant l'expiration de celle-ci.

Une fois en possession de la nouvelle carte, plus de problèmes. Le fait que le plafond de son crédit fût de 550 livres n'avait aucune importance. Il pouvait prendre un billet d'aller dans une agence de voyage en effectuant le premier versement sur le crédit d'un mois donné et en prenant le solde sur celui du mois suivant — il se rappelait que la comptabilité des cartes Barclay se faisait vers le vingt du mois. De sorte qu'il n'aurait même pas à rembourser le pourcentage requis — dix ou douze livres — car cette provision ne lui serait pas réclamée avant le dix-huit du mois suivant le premier crédit, et dès le quinze il aurait quitté l'Angleterre.

Terence revint au secrétaire et écrivit à la Barclay's pour indiquer sa nouvelle adresse et demander une nouvelle carte. Il se retint juste à temps de signer John Howard Phipps. Il écrivit ensuite à son avocat afin de confirmer son accord pour la date du quinze février ; et, s'armant de courage, il se disposa à signer le contrat. Aucun témoin n'était requis, Dieu merci !

Un petit verre ne lui ferait pas de mal. Un seul. Pour raffermir sa main et calmer l'angoisse dévorante qui l'étreignait chaque fois qu'il envisageait sérieusement de sauter ce pas et de s'engager sans espoir de retour dans la vente de la maison de Freda. Trois doigts de whisky et autant d'eau. L'effet du Valium qu'il avait pris après le déjeuner s'était pratiquement dissipé. Il se disait parfois qu'il en avait tant absorbé que le calmant n'agissait sans doute plus beaucoup. Le soir commençait à tomber, en plein après-midi. Il alluma quelques lampes à abat-jour noir, quelques autres à abat-jour blanc, et se mit à arpenter le « tapis de cocker » tout en buvant son whisky.

Dehors, dans la cour, les lumières de fête que quelqu'un avait suspendues aux branches du catalpa scintillaient en clignotant. D'abord, les petites ampoules jaunes et vertes s'allumaient, puis les bleues et les rouges, puis les blanches, enfin toutes à la fois. Terence marcha avec résolution vers le secrétaire, s'assit et se mit en devoir de signer le contrat. Il prit deux ou trois inspirations profondes, se saisit du stylo avec décision et apposa au bas du document la signature de John Howard Phipps. C'était la meilleure signature qu'il eût jamais faite ; la contrefaçon, si possible, surpassait l'article original.

Le courrier ne partirait pas avant le lendemain matin, mais rien ne l'empêchait d'aller mettre ces lettres à la boîte et de s'arrêter au retour à « L'Ours blanc ». Il lui restait quelques livres. Au pub, méditant dans son coin sur ses affaires devant un demi de Foster blonde, il se remémora soudain le relevé de banque retrouvé dans la poche intérieure de la valise de Jessica. La découverte de la carte de crédit, et la surprise de la trouver encore valable, l'avaient tellement excité qu'il n'avait pas daigné jeter un coup d'œil à ce relevé. Mais qui sait s'il ne restait pas un peu d'argent sur le compte ? Une vingtaine de livres, par exemple ? C'était possible. Il n'avait plus tiré un sou après avoir quitté Jessica. Une sorte de défiance l'en avait empêché. En tout cas, il devait en avoir le cœur net. La dernière chose qu'il voulait, c'était de quitter le pays en ayant enrichi la banque Anglian-Victoria de Golders Green d'une somme substantielle.

Demain à la première heure, il irait là-bas et poserait sa discrète question. Avec la même discrétion, la jeune employée lui indiquerait le montant de son compte en écrivant le chiffre sur un bout de papier qu'elle lui glisserait sous la grille après l'avoir retourné. Mais non, pas demain. Demain, c'était Noël.

La semaine prochaine, alors. Il lui restait à réfléchir aux moyens d'ouvrir quelque part un autre compte, pour John Howard Phipps cette fois. La mesquinerie sournoise de ses avocats avait repoussé pour un temps l'urgence de l'ouverture de ce compte, mais pour un temps seulement. Le chèque bancaire apportant le solde des cent trente-deux mille livres que Goldschmidt produirait le quinze février, il faudrait bien le verser quelque part. Terence ne pouvait demander à ses avocats de le convertir en espèces. Ou plus exactement, il le pouvait, mais il savait qu'il n'oserait pas, il ne prendrait pas ce risque.

Et soudain, il eut une illumination. Il vit comment s'y prendre. Son regard plongeait dans le clair liquide doré qui emplissait son verre avec ses volutes de mousse : c'était sa boule de cristal. Ce breuvage devenait son élixir de vie, sa source de sagesse. Il l'avala et commanda une autre bière.

« Joyeux Noël », dit-il à la barmaid, sans aller toutefois jusqu'à lui offrir un verre.

Le rêve d'une fête de Noël pour Jason s'était finalement soldé par l'invitation de trois petits enfants et de leurs mères, qui se trouvèrent confrontés à une montagne de pâtisseries — dont douze personnes ne seraient pas venues à bout — et à un étalage effarant de décorations et de cadeaux. Pourtant la fête avait été une réussite. Tout le monde s'était amusé, et ni Chloé ni Kate, sa fille de deux ans, qui n'avaient pas vu

James depuis six mois, ne doutèrent un instant de se trouver en sa présence. Les autres, un petit garçon et une petite fille avec leurs mamans, habitants du Val de Paix, ignoraient évidemment qu'il y eût là rien de suspect. A l'exemple de Benet, tous l'appelèrent « Jay », même si Chloé cilla en entendant ce diminutif.

Les invités partis et Jason couché, Benet s'assit dans la pièce du sous-sol parmi les tasses et les assiettes sales, les papiers cadeau et tout le scintillant fatras, entre les deux arbres, l'arbre de Noël piqué de lumières et celui qu'elle avait peint sur le mur et orné de mains vertes, jaunes et écarlates. Pour la fête, chaque main tenait — ingénieusement accroché au bout des doigts — un minuscule cadeau destiné à Jason : une petite voiture, une orange, une bille, un aimant, un sachet de noisettes. Elle avait conscience d'avoir dépassé les bornes. Un climat plus tempéré devrait prévaloir à l'avenir. Elle goûtait avec Jason un bonheur sans nuages, mais ce n'était pas une raison pour le gâter à ce point. Pourtant, à l'occasion de ce premier Noël passé auprès de lui, elle avait été incapable de se modérer. Elle en avait fait une célébration de sa propre joie autant qu'une fête organisée pour son plaisir à lui. Mais du plaisir, il en avait éprouvé, un véritable enchantement. Elle n'oublierait jamais, croyait-elle, ce sourire de jubilation qui avait lentement éclairé son visage, sa marche décidée vers l'arbre et son ultime regard vers elle pour lui demander la permission de prendre les trésors accrochés aux mains. Néanmoins, c'était bien pour elle-même qu'elle s'était donné tout ce mal, pour lire cette expression sur son visage, pour exulter. Depuis le jour où elle l'avait emmené à la bibliothèque, une immense joie la réchauffait — au sens le plus littéral du mot. On aurait dit qu'elle ne sentait pas le froid de ce mois de décembre bourbeux de neige fondue. Souvent, elle se surprenait à sortir en taille, avec une veste légère, tant elle bouillait de ce feu intérieur.

Après leur escapade à la bibliothèque de Winterside, le soir même et les deux jours suivants, elle avait été en proie à la crainte — une crainte confinant parfois à la terreur — de les avoir trahis tous deux, d'avoir été repérée et de recevoir la visite de la police. Ce n'étaient plus la publicité, le déshonneur ou le châtiment qui l'effrayaient, mais seulement la perspective d'être séparée de Jason. Cependant, personne ne vint ; et comme, au même moment, les allusions à Jason semblaient disparaître des pages des journaux, la peur fit place à une heureuse accalmie. Benet entra dans un aimable pays imaginaire où n'existaient ni passé, ni futur au-delà de la semaine suivante et d'où était bannie toute réflexion sur l'impossibilité de continuer à mener cette vie ou l'inéluctabilité d'une découverte. Elle était heureuse, elle était sereine et elle travaillait. Elle avait la certitude de pouvoir supporter sans en être blessée n'importe quelle rebuffade, n'importe quel refus, et c'est dans ces dispositions d'esprit qu'elle appela l'hôpital, demanda à parler à Ian Raeburn et l'invita à lui rendre visite au Val de Paix.

Il y vint le soir même. Jason était couché depuis une heure environ. Il se passa alors une chose étrange. C'était pour Benet une expérience inconnue : on aurait dit que tous deux savaient comment se comporter et que cette façon de se saluer leur était depuis longtemps familière : ils s'enlacèrent et s'embrassèrent passionnément. Ils en furent l'un et l'autre également surpris. Ils ne s'y attendaient pas, leur geste apparemment était involontaire et ils se regardèrent, les yeux dans les yeux, en souriant. Mais leur sourire fut bref : la passion, à moins d'être devenue vieille et routinière, n'amuse pas. Ils s'enlaçaient et s'embrassaient de nouveau et Benet savait que, sans parler, sans s'expliquer, sans s'excuser, se tenant toujours dans leurs bras, ils allaient monter le long escalier jusqu'à sa chambre. Seulement, Jason se mit à pleurer. D'une voix effrayée, comme toujours lorsqu'il avait un cauchemar, il appela : « Maman ! maman ! »

Ses cris rompirent le charme. En courant jusqu'à la chambre de Jason, elle était sûre que la rupture ne serait que passagère et qu'un jour prochain ils achèveraient ce qu'ils venaient de commencer — mais pas ce soir, pas maintenant. Elle prit Jason et le serra contre ses seins douloureux, contre son corps fourmillant de petites pulsations à demi oubliées. Pourtant, lorsqu'elle redescendit et retrouva Ian au sous-sol, elle se contenta de lui prendre les mains et de s'asseoir à côté de lui. Et c'était mieux ainsi, mieux valait s'avancer avec précaution dans ce qui — elle commençait à le croire — durerait peut-être une vie.

Il lui demanda si elle élevait cet enfant en vue de l'adopter ; elle s'accrocha à ce fétu de paille et dit oui ; oui, en effet.

« Il n'est pas là pour remplacer James, ajouta-t-elle. Ce n'est pas cela du tout. Je ne sais pas si tu comprends.

— J'essaierai.

— C'est comme si j'avais eu deux fils et que l'un d'eux soit mort. Je ne l'oublierai jamais et il y aura toujours une place vide dans ma vie, la sienne. Une chaise vide à table, si j'ose dire — à moins que cela ne te paraisse trop pathétique ?

— A moi ? Non, sûrement pas.

— La vérité, je suppose, c'est qu'on ne remplace jamais personne. Mais on peut « avoir » quelqu'un d'autre. Je ne dirai pas que mes sentiments pour Jay sont plus ou moins forts qu'ils ne l'étaient pour James. Il ne sont même pas différents. C'est le même amour, mais pour une autre personne.

— J'en suis heureux pour toi, dit Ian. Je crois que tu as trouvé la solution la plus sensée, la plus intelligente. »

Elle eut un léger frisson en se demandant ce qu'il eût pensé s'il avait connu la vérité. Mais ce malaise disparut, happé par son bonheur.

« Nous allons nous voir tout le temps, maintenant, n'est-ce pas ?

— Tout le temps.

— Cette fois, ça y est ?

— Oh ! oui, je crois... »

Ils ne purent s'empêcher de rire. « Tous les soirs ? demanda Benet.

— A l'heure du déjeuner et tous les après-midi. Du moins pour la quinzaine à venir : je fais le service de nuit.

— Et moi, j'oubliais que je suis en train d'écrire un roman...

— Vraiment, j'ai pu te faire oublier ça ? »

Depuis, ils s'étaient vus chaque jour — avec Jason. Ian venait de rentrer dans sa famille, à Inverness, pour y passer les fêtes. Il devait appeler à neuf heures. Elle entreprit de ranger la pièce, tout en écoutant la radio, qui diffusait de la musique folklorique. Son nouveau roman avançait bien. Le soir, Jason une fois endormi, elle écrivait avec plaisir, jusqu'à minuit parfois. Bien sûr, il lui faudrait modifier son emploi du temps au retour de Ian, car il prendrait alors son service de jour... Un plateau de vaisselle entre les mains, elle s'arrêta devant la glace et y découvrit un visage plein et plus jeune, malgré les quelques fils blancs qui s'étaient glissés dans sa chevelure noire ; leur longueur, un peu plus de deux centimètres, correspondait à une croissance de deux mois : ils dataient de la mort de James.

Elle décrocha et composa le numéro de ses parents en Espagne, pour leur souhaiter une bonne année. Ce fut Mopsa qui répondit.

« Cela porte malheur de présenter des vœux avant la saint Sylvestre, dit-elle.

— Fadaises ! » Benet s'étonna elle-même de la vigueur de sa réplique. « Le soir du 31, je sortirai probablement réveillonner », expliqua-t-elle.

Un silence. Puis : « Je regrette de ne pas être capable d'autant d'égoïsme ! » Mopsa marqua une pause, attendant une réponse qui ne vint pas ; elle reprit : « Comment va James ? »

Benet sentit son cœur chavirer ; un instant, la voix lui manqua. A son dernier coup de téléphone, une semaine avant Noël, elle n'avait eu que son père au bout du fil et lui, bien sûr, ne pouvait savoir. Mais Mopsa ! *Il ne faut pas haïr ma mère...*

En fait, l'explication était simple : Mopsa avait oublié. Ses initiatives en matière de kidnapping n'avaient pas été très bien accueillies, encore moins encouragées et, comme toujours lorsqu'elle rencontrait blâme ou critique, elle avait réagi en verrouillant, en refoulant tout l'épisode grâce à l'un des mystérieux mécanismes dont son étrange mentalité se servait pour résoudre ce genre de conflits. Elle avait oublié. la mémoire, pour elle, avait toujours été un texte écrit au tableau noir, que la première alarme, la première inquiétude pouvaient effacer d'un coup.

Benet parvint à articuler : « Il va bien. Nous avons donné une petite fête.

— Je ne me rappelle pas avoir reçu d'invitation !

— Euh... non, bien sûr. Je ne te vois guère faisant treize cents kilomètres pour assister à un goûter d'enfants !

— Mais quand la fille du directeur de ton père s'est mariée à Santiago du Chili, elle nous a envoyé une invitation et la distance était plutôt de treize mille kilomètres.

Benet comprit qu'il était vain de poursuivre la discussion. Elle parla à son père, dont la voix paraissait terne et fatiguée. Mopsa refusa de revenir au téléphone. Elle prétendit que la communication, trop mauvaise, lui faisait mal aux oreilles.

Il ne faut pas haïr ma mère...

Et soudain, Benet s'aperçut qu'elle ne haïssait plus Mopsa. Elle n'aurait plus besoin de s'admonester elle-même en se répétant cette formule. Elle lui vouerait une reconnaissance éternelle et, de là à l'aimer, il n'y avait qu'un pas. Car, sans Mopsa, elle n'aurait jamais eu Jason. Mopsa l'avait volé pour elle, pressentant avec une sagesse insoupçonnée chez elle que, au fil du temps, Benet viendrait à aimer l'enfant. Et, pour ce faire, elle avait pris le risque de s'exposer à ce qui l'effrayait le plus : l'incarcération — car il s'agissait bien d'un enfermement forcé — dans un hôpital psychiatrique. Elle avait volé Jason pour le donner à Benet et, plutôt que de demeurer l'unique témoin de ce rapt, elle l'avait banni de sa mémoire avec cette folie méthodique qui était la sienne.

« Cela ne fait rien, dit Benet à son père. Dis-lui au revoir de ma part. Et embrasse-la pour moi. »

Les limbes humides et glaciales qui envahissent l'espace compris entre les fêtes de Noël et du jour de l'an étendaient leur charme soporifique sur Finchley High Road. En ce 29 décembre, la moitié des magasins demeuraient fermés, mais pas les banques, bien sûr. Maintenu à flot par un petit whisky et deux Valium, Terence n'eut aucun mal à garer dans Regent's Park Road la voiture de Freda Phipps. Les rares passants, portant leurs sacs à provisions, paraissaient hébétés, assommés par leurs récentes ripailles.

Terence suivait la rue sans se presser. Il venait de dépasser l'agence de la Westminster Bank, celles de la Lloyds, de la Midland et de la Barclays et commençait à redouter mais aussi, en un sens, à espérer qu'il n'y eût pas ici de succursale de l'Anglian-Victoria — l'adresse de l'annuaire était fausse ou bien la banque avait déménagé — lorsqu'il l'aperçut un peu plus loin avec son enseigne orange au monogramme « AV » qui pointait entre un bureau de poste et une société immobilière. Il hésita. Il s'arrêta pour contempler la vitrine obscure et grillagée d'une boutique de mode masculine, comme si le pull-over jaune et le pantalon de velours côtelé beige qu'il discernait confusément dans ses profondeurs ténébreuses exerçaient sur lui une irrésistible fascination. Mais inutile de ruser, et il lui faudrait bien entrer à la banque. Ne pas y entrer, c'était renoncer à toute son entreprise, abandonner son projet.

Il était onze heures trente, les pubs étaient ouverts. Il n'était pas à court d'argent liquide, loin de là, car depuis sa découverte dans la valise de Jessica, il avait payé une bonne part de son alimentation, de ses repas au restaurant et des boissons avec la carte Barclays toujours valide. Il pouvait aisément se permettre un scotch ou deux. Mais il craignait de ne plus arriver à articuler correctement ou de massacrer la signature de John Howard Phipps, si on lui demandait de la présenter.

Après tout, qu'avait-il à redouter des gens de cette banque, sinon un refus ? Ils n'allaient pas appeler la police parce qu'il voulait ouvrir un compte au nom de Phipps ! Ce n'était pas un crime d'adopter un nom d'emprunt, on pouvait choisir le nom qui vous plaisait, dans ce pays. Et n'avait-il pas trouvé un moyen infaillible de se tirer d'affaire pour ces fameuses « références » ? Non, vraiment, tout ce qu'il risquait, c'était un refus...

Terence avait souvent essayé cette façon de combattre sa paranoïa, cette méthode éprouvée pour se rassurer en rabâchant des aphorismes toujours prêts à servir : « Tu te tourmentes pour des chimères », « La peur est mauvaise conseillère », « On ne va pas te manger », et ainsi de suite. Mais ils n'avaient jamais eu beaucoup d'effet, le message ne « passait » pas. Ils demeuraient des mots, des phrases qui sonnaient bien. Ils ne pénétraient pas jusqu'au noyau de peur, bien loin de pouvoir le disloquer. Là, dans cette rue de Finchley, sous le voile grisâtre des lendemains de Noël, Terence, fixant sans le voir un pantalon marron, se sentit submergé d'une terrible vague de dépression lorsqu'il comprit que toute sa vie, il continuerait à être tenaillé par la peur, à vivre dans la peur, à en être paralysé, et que le monde ne contenait pas assez de Valium ni de whisky pour la tenir en échec. Cela ne valait pas le coup, pensait-il, en aucune façon. Mais qu'entendait-il par là ? Qu'est-ce qui valait quoi ? Voulait-il dire que la vie même ne valait pas la peur qu'on éprouvait à la vivre ?

C'était la dernière chose à faire que de s'abîmer dans ce genre de réflexions. D'ailleurs il n'avait plus le choix, il était allé trop loin. Il avait signé le contrat et s'était engagé. Si les dés sont jetés, autant jouer gros jeu. Autant jouer cent trente-deux mille livres... Il entra à la banque et d'une phrase rauque, interrompue par un petit raclement de gorge, il demanda à voir un employé pour l'ouverture d'un compte.

On lui demanda son nom ; « Phipps », répondit-il.

On l'invita à prendre un siège et il s'assit dans l'un des fauteuils orange qui garnissaient la pièce. Au bout d'une minute ou deux, un employé vint l'avertir que le directeur adjoint allait le recevoir. Terence pénétra dans un minuscule bureau également tapissé d'orange et serra la main d'un homme qui dit s'appeler Fletcher.

« Je désirerais ouvrir un compte en banque. » La voix de Terence avait recouvré sa tonalité normale, même si tout son corps lui donnait la sensation curieuse de se débattre en eau profonde. « Avec un dépôt de cinquante livres », ajouta-t-il en prenant conscience du ridicule de cette somme aujourd'hui. Mais c'était tout ce qu'il avait pu amasser sur trois semaines d'indemnités de sécurité sociale.

Fletcher, si tant est qu'il pût déchiffrer son expression, parut plutôt soulagé. Terence songea qu'il avait peut-être pris son visiteur pour un client venant demander un découvert. « Cela ne devrait pas poser trop de problèmes, monsieur Phipps. »

Il lui présenta un formulaire que Terence parcourut rapidement, la gorge de nouveau nouée. En fait, rien ne justifiait ce désarroi. On lui demandait un spécimen de signature et, sous les yeux de Fletcher, Terence signa « John Howard Phipps » d'une main qu'une concentration frénétique rendait presque ferme.

Puis il fut question de fournir le nom et l'adresse d'un garant. « Vous pourriez demander des références, dit Terence, auprès d'une personne qui a un compte à votre agence de Golders Green. Cela vous convient-il ?

— Je crois que cela fera parfaitement l'affaire, monsieur Phipps. »

Aussi Terence écrivit-il dans la case prévue à cet effet : « M. Terence C. Wand » et, au-dessous, « 14 Gibbs House, Brownswood Common Lane, London N 15 », ce qui était l'adresse de sa mère.

XIX

Barry ne s'attendait pas à un fusil. Il avait vaguement compté sur un pistolet d'un type quelconque, un revolver, le genre d'arme dont Dennis Gordon avait dû se servir pour tirer sur sa femme. Ceci ressemblait plus à une carabine que l'on avait voulu trafiquer, et en sabotant le travail, de surcroît. Mais cet homme, ce Paddy, acceptait de le vendre quarante livres, et Barry savait que ce n'était pas cher pour un vrai fusil.

« Vous êtes sûr qu'il marche ?

— Sûr », fit Paddy.

La pièce où il vivait était l'un des endroits les plus sordides que Barry eût jamais vus. Il ne soupçonnait pas l'existence de tels taudis dans ce Hornsey où il avait grandi et où ses parents vivaient encore. La chambre avait pour tous meubles un matelas posé à même le sol et un vieux garde-manger à portes grillagées ; il y flottait une odeur de vêtements jamais lavés, de hamburgers et d'urine. C'est de ce garde-manger que Paddy avait sorti le fusil.

« C'est quel type d'arme ? » demanda Barry non sans méfiance.

Il aurait voulu entendre un de ces noms fameux, familiers à tous les amateurs de romans d'action et de films de violence, Luger, Smith & Wesson, Beretta.

Paddy lui lança un regard oblique.

« C'est un fusil à canon scié, ça se voit, non ? »

C'était un grand gaillard aux cheveux blonds qui n'avait pas du tout le type irlandais et qui s'appelait Jones. Ou du moins le prétendait. Il n'avait pas tellement l'accent irlandais non plus, nota Barry. Il ânonnait ses phrases d'une voix éteinte. Mais Barry supposait que Paddy ne lui aurait pas parlé au pub, ne l'aurait pas amené jusqu'ici et ne lui proposerait pas en ce moment un fusil s'il n'avait remarqué la consonance irlandaise de son nom, et les cheveux noirs, les yeux bleus et la peau blanche du Connemara.

Barry se considérait lui-même comme anglais — ou du moins comme britannique. Et les fusils à canon scié étaient pour lui synonyme de terrorisme. Mais il le lui fallait, ce fusil, plus jamais il ne traverserait Winterside Down sans arme, à la nuit tombée. Il ne se serait pas contenté d'une arme factice. Son frère lui avait conseillé d'en acheter une : personne ne verrait la différence, disait-il ; mais Barry, lui, saurait, et c'était cela qui comptait. En outre ces répliques coûtaient presque aussi cher que l'original.

« On ne peut pas l'essayer, je suppose ?

— L'essayer ? Où ça ? Ici ? Dans la grand-rue ? »

Barry avait songé à Alexandra Park, mais même ce jardin n'était pas assez grand pour permettre des expériences de tir. Le fusil faisait probablement un boucan de tous les diables.

« Il faut me faire confiance, voilà tout », dit Paddy.

Barry lui trouva soudain l'air... — comment dire ? — *politique*. Il ressemblait à ces gens de l'Armée de libération nationale irlandaise dont on montrait constamment la tête aux actualités. C'était à peu près tout ce qu'il possédait au monde, presque toute sa paie de la semaine dernière — qui devenait du même coup sa dernière semaine puisque Ken avait fait la culbute et avait dû le renvoyer. Paddy enveloppa le fusil dans un bout de chiffon, un lambeau de vieux maillot de corps gris. Il le mit entre les mains de Barry, suggérant par toute son attitude qu'il lui faisait un cadeau rare et précieux.

Il dit simplement, de sa voix éteinte : « Tue des Anglais. »

Ces yeux clairs qui le fixaient, ce ton engourdi mais empreint d'une haine mortelle, glacèrent le sang de Barry. Il avait hâte de quitter cette maison, mais il se força à une allure nonchalante jusqu'au moment où il échappa à la vue de Paddy. La dernière image qu'il emporta du marchand d'armes fut celle de cette large trogne bouffie aux petits yeux porcins imperturbables qui l'observait par-dessus les barreaux tandis qu'il descendait l'interminable escalier.

Il s'aperçut qu'il était trop tard pour retourner chez ses parents. Carol serait rentrée dans une demi-heure. C'était la première fois qu'il se trouvait dehors le soir depuis son séjour à l'hôpital. Il s'était juré de ne plus sortir avant de s'être donné les moyens de se protéger. Crins Bleus, La Huppe et Perle Noire lui avaient fait sauter une dent, cassé deux côtes, et un moment les médecins avaient redouté un éclatement de la rate. Il n'allait pas leur laisser une seconde chance. Il tâta le fusil enveloppé dans son chiffon, à l'intérieur du sac en plastique. Il était encombrant, mais cela ne l'empêcherait pas de l'emporter partout avec lui désormais. Il sourit à ses pensées, s'imaginant qu'il leur tirait au-dessus de la tête et les voyait s'enfuir à la course.

Le lendemain de son admission à l'hôpital, il avait reçu la visite de deux policiers, un sergent et un agent encore inconnus de lui. Ils lui demandèrent s'il connaissait ses agresseurs et il n'avait hésité qu'une ou deux secondes avant de répondre négativement. Non, il n'avait pu les identifier, non, il ne les reconnaîtrait pas, il ne savait ni leurs noms ni d'où ils venaient. A quoi bon leur dire ? Crins Bleus et sa bande n'iraient pas en prison. Ils obtiendraient le sursis ou on les enverrait chez le psychiatre, et leur premier soin serait de se venger sur lui.

« Je ne les ai pas vus, dit-il. Il faisait noir comme dans un four. Je ne les ai ni vus ni entendus jusqu'au moment où ils se sont jetés sur moi. »

Barry lisait à livre ouvert sur le visage du sergent : il se disait que c'était tout au plus un acte de justice sommaire. La police ne pouvait toucher à un cheveu de Barry, n'ayant aucune preuve, mais où était le mal si une bande de voyous lui faisait passer un quart d'heure de sa façon ? On lui posa quelques autres questions, mais d'un ton sans conviction. Les médecins eux aussi, peut-être, le tenaient pour un assassin. Et s'il avait eu vraiment un éclatement de la rate, qui sait s'ils ne l'auraient pas laissé crever, considérant que c'était la meilleure solution.

Carol et lui allaient être obligés de partir, de déménager. Ils pourraient peut-être obtenir un échange avec une autre maison dans une autre cité. Il aurait aimé aller du côté de Crouch End ou de Palmers Green, mais pas plus loin vers l'ouest, il ne voulait en aucun cas se rapprocher de Hampstead. Ils habiteraient n'importe où, mais toujours le plus loin possible de Terence Wand.

L'avait-elle vu pendant que lui, Barry, était à l'hôpital ? Il l'ignorait et n'avait pas posé la question. Malgré la douleur — pendant des jours, il s'était senti le corps en feu et comme lardé de coups de couteau —, la sollicitude de Carol, son mouvement d'horreur en découvrant ses blessures, l'avaient replongé un moment dans le bonheur. La première fois qu'elle était venue le voir, à l'heure des visites, elle avait couru vers lui, s'était jetée sur le lit et dans ses bras avec un petit cri nerveux. La pression du corps de Carol sur les contusions de son flanc, de son bras et de ses cuisses était une véritable torture, mais sa joie l'emportait sur la douleur. Il n'eut pas un gémissement de protestation, même lorsqu'elle se coucha sur lui de tout son long, s'accrochant à lui du bout des doigts ; il ne lui chuchota à l'oreille de se lever que lorsqu'il vit entrer l'infirmière et se sentit gêné.

Après ce premier soir, elle n'avait pas pu revenir tellement souvent. Les heures des visites étaient aussi celles où elle travaillait. Il le comprenait parfaitement, bien sûr. Durant ces longues journées d'immobilité, il songeait à Terence Wand et se demandait si la police avait réagi d'une façon ou d'une autre à sa lettre. En un sens, il avait fait une sottise en l'écrivant. Car enfin, il ne soupçonnait tout de même pas Terence Wand d'avoir enlevé Jason ?

Un soir, Maureen entra dans sa chambre. Il fut surpris de la voir. Elle portait son long imperméable et ses cheveux littéralement ratissés en arrière étaient pris dans un bandeau de caoutchouc. Elle ne s'informa pas de sa santé. Le bras droit de Barry, la manche de son pyjama relevée, était étendu sur les couvertures ; elle le prit par le poignet, le souleva comme un objet inanimé, une branche ou un bout de tuyauterie, et examina d'un air impassible les ecchymoses qui avaient déjà viré au brun jaunâtre.

« Au moins, dit-elle, tu es toujours là. »

Elle entendait par là qu'il n'était pas mort.

« Ils n'ont pas réussi à me tuer, si c'est ce que tu veux dire.

— Maman dit que le problème, c'est qu'il était un obstacle entre vous.

— Qui ? » demanda-t-il, bien qu'il eût compris. « Qui était un obstacle, et entre qui ?

— Jason. »

Il la regarda, il contempla cette face ronde et laide qui pourtant n'était autre que le visage de Carol avec un élargissement ici, un aplatissement là, juste assez marqués pour le priver de toute beauté. Les yeux bleus sans expression rencontrèrent son regard. Ce qu'elle dit alors lui coupa le souffle — un effet fréquent des remarques de Maureen.

« C'est peut-être aussi bien. C'est peut-être mieux ainsi. Le fait est que personne ne voulait de lui, et il vaut mieux pour lui d'avoir débarrassé le plancher. »

Il sut dès lors qu'elle aussi croyait qu'il l'avait tué. Ce qui la distinguait des autres, c'est qu'elle s'en moquait. Elle continuait de fixer son bras meurtri et fit mine de le soulever de nouveau. Barry eut la sensation horrible qu'elle était capable de le saisir par le coude et le poignet et de casser net les os de l'avant-bras. Il retira prestement le bras et le cacha sous le drap ; au bout d'un certain temps elle se leva et partit, lui lança au moment de passer la porte : « Si j'étais toi, je ne me presserais pas trop de sortir. »

Il s'était parfois demandé quel sens donner à ses paroles. A sa sortie de l'hôpital, il comprit. Personne ne souhaitait son retour dans le milieu hostile de Winterside Down. Confusément, les représailles exercées sur lui confirmaient sa culpabilité. Les gens continuaient à lui parler mais plus personne ne l'appelait par son prénom et leurs yeux se posaient sur lui comme sur un être d'une autre race, comme si la chose innommable dont il était accusé l'avait à jamais séparé d'eux, et même des pires d'entre eux. Seule Carol lui restait attachée, il vivait toujours chez elle, et c'était presque un miracle, un trésor à conserver précieusement. Il lui en vouait une reconnaissance stupide. Stupide en effet, se disait-il, parce qu'il n'avait rien à se reprocher, n'avait jamais levé la main sur Jason et était même l'un des rares à l'aimer vraiment. Tous se trompaient dans leurs soupçons, lui seul disait vrai. Même si plus personne au monde ne croyait à son innocence, celle-ci n'en demeurait pas moins, la condamnation des autres ne ferait jamais de lui le meurtrier de Jason. Et cependant il apprenait à ses dépens combien il est dur de se savoir seul, dur de détenir la vérité dans l'isolement, au point même que l'on en vient à douter de cette vérité. Plusieurs fois, à l'hôpital et depuis son retour à la maison, il avait rêvé qu'il se trouvait dans le jardin d'une des maisons abandonnées de Rudyard Gardens et qu'il enterrait le corps de Jason.

A l'état de veille, c'était une rue qu'il continuait à éviter. En descendant du bus, il suivit Delphi Road et passa devant des maisons bien éclairées, dont certaines montraient toujours des arbres de Noël et des décorations aux fenêtres. Deux ou trois garçons vêtus de cuir étaient assis sur le banc, devant la bibliothèque. Barry sentit les muscles de son estomac se contracter, sa gorge se nouer. Il sortit le fusil du sac et le glissa à l'intérieur de son blouson à fermeture Éclair. Il décida de déchirer la doublure de sa poche pour pouvoir y laisser le fusil et l'avoir toujours sous la main en cas de besoin.

Mais les garçons du banc n'étaient ni Crins Bleus, ni La Huppe, ni aucun autre de la bande. Ils n'étaient pas du quartier et le regardèrent à peine, ils ne connaissaient pas encore de vue le meurtrier de Jason Stratford. Il s'obligea à pénétrer dans Winterside Down par le pont chinois et l'allée qui traversait la pelouse, c'est-à-dire par le même chemin que le soir de l'agression. Il lui faudrait bien affronter l'endroit tôt ou tard, et le plut tôt serait le mieux. Le fusil changeait bien des choses.

La nuit était moins noire et la soirée, beaucoup moins avancée. L'herbe luisait au clair de lune et le gel festonnait les clôtures d'une frange phosphorescente. Son cœur bondit lorsqu'il vit de la lumière aux fenêtres de Carol. Par acquit de conscience il compta les maisons en traversant la pelouse et en approchant du point où l'allée s'engageait entre les pavillons : un, deux, trois, quatre... oui, dans le huitième à partir du coin, les lumières étaient bien allumées.

Et, entre les palissades, le passage était vide. Il le franchit d'un pas rapide, se dominant pour ne pas courir. Il dépassa l'endroit où ils l'avaient terrassé et se demanda si, de jour, on voyait encore les traces de son sang sur le ciment et sur les lattes de bois.

Il se garda de montrer le fusil à Carol ou même de lui en parler. Elle lui aurait peut-être reproché de dépenser son argent alors qu'il était sans travail. Les pieds sur le canapé, elle regardait la télévision ; à côté d'elle, une bouteille de vin rouge dont elle avait bu deux ou trois verres. Barry s'en versa un à son tour et s'assit près d'elle. Elle se laissa embrasser et ses lèvres frémirent imperceptiblement sous les siennes.

Elle portait la robe noir et blanc à zigzags. Elle s'était vantée d'avoir fauché ses collants de dentelle noire sur un présentoir chez un marchand de journaux et de colifichets, à Highgate. Avait-elle aussi volé la montre qui ornait son poignet gauche et qui semblait couverte de diamants ? Une longue meurtrissure encore enflammée zébrait son bras, dépassant sous sa manche retroussée. La montre masquait l'autre extrémité de la cicatrice. Avec une sorte de tressaillement intérieur, Barry se rappela cette nuit où elle lui avait demandé de la frapper, de lui faire mal — et le plaisir qui, chez elle, semblait accompagner la douleur. Carol riait en regardant la télévision et tendait la main vers son paquet de cigarettes. Il sentait bien qu'il n'aurait pas le courage de l'interroger sur l'origine de cette marque ou la provenance de sa montre, pas plus qu'il n'avait eu celui de lui demander où elle était le soir où les jeunes voyous l'avaient presque tué.

XX

Terence était étendu sur le lit japonais à côté de Mme Goldschmidt. Tous deux avaient sombré dans le sommeil ; elle dormait toujours. Dans les brumes du réveil, il ne savait plus où il était, à peine qui il était, et encore moins qui était cette blonde, nue, le visage enfoui dans l'oreiller. Durant quelques secondes il songea à Carol Stratford, mais ce n'était que l'expression de ses désirs. C'était Mme Goldschmidt ou plutôt Rosemary, comme le lui avait appris le contrat — et lui seul — avec qui il avait fait l'amour quelques heures plus tôt. Elle continuait à dormir, émettant par intermittence un délicat petit ronflement de jeune fille. Terence regrettait profondément, de tout son cœur, d'avoir succombé à ses charmes.

Elle était venue le voir à l'improviste. Ces visites inattendues plongeaient Terence dans des alarmes croissantes. Après une matinée passée à rédiger les références que Terence Wand devait fournir à John Howard Phipps, il s'attendait naturellement, lorsque la sonnette retentit, à se trouver nez à nez avec deux policiers. Son estomac gargouillait lamentablement. Il s'obligea à aller ouvrir la porte, serrant les dents pour les desserrer en un pâle sourire lorsqu'il aperçut sa visiteuse. Elle portait une robe de tricot vert pâle sous un manteau de fourrure composé d'innombrables petites peaux, comme si des myriades de créatures de la taille d'une souris avaient dû donner leur vie pour sa confection.

Cette fois, elle ne laissa planer aucune ambiguïté sur les raisons de son passage. Elle monta au premier, Terence sur ses pas. En haut de l'escalier elle l'attira dans ses bras et prit sa bouche avec une silencieuse voracité. Elle s'avança vers la chambre au *fouton*, enleva son manteau et le laissa glisser sur le sol. On aurait dit un ours en hibernation. Terence se sentait irrésistiblement entraîné par l'un des mascarets du destin. Il se disait parfois que c'était sa timidité qui exerçait tant d'attrait sur les femmes, sa « faiblesse » pour employer le mot de Freda, qui le livrait à elles, leur permettait de le commander, de le materner ou de le dévorer.

Mme Goldschmidt l'avait dévoré. Mais avait-il le choix ? S'il avait refusé, elle serait peut-être rentrée chez elle pour dire à son mari de ne pas signer le contrat, prétendant avoir changé d'avis. Il avait une certaine expérience de la fureur vengeresse des femmes dédaignées. D'un autre côté, à présent que le mal était fait, il ne pouvait s'empêcher de redouter qu'elle ne fût de celles qui avouaient tout à leur mari : auquel cas c'est Goldschmidt lui-même qui, fou de rage, refuserait de signer.

Il la considéra, profondément abattu. Rosemary. Ce nom ne lui allait pas. Le regard de Terence produisit son effet et elle ouvrit les yeux, se leva et se dirigea vers la salle de bains attenante à la chambre d'amis. Terence enfila son caleçon et descendit au rez-de-chaussée. Il prit un plateau et y posa le flacon de whisky, une bouteille de Perrier sortie du frigidaire et deux verres. Sur le petit palier où l'escalier tournait à angle droit, il s'arrêta et jeta un coup d'œil dans la cour. On avait enlevé les ampoules du catalpa la semaine précédente. Quelqu'un avait laissé tomber sur les pavés un sac en plastique blanc que le vent poussait en tous sens, tantôt à la lumière et tantôt à l'ombre, pour finir par le plaquer contre l'un des murets. La couleur du ciel hésitait entre pourpre et brun, piqué de quelques étoiles à l'éclat estompé. Terence n'avait pas mis le nez dehors de la journée, mais il faisait apparemment un froid cruel. Un jeune homme se tenait sous le porche, les yeux levés vers la maison et vers Terence, au point même qu'il lui sembla que leurs regards se croisaient. Terence détourna promptement le sien. Le mystérieux guetteur ressemblait au plus jeune des deux policiers qui lui avaient rendu visite ; pourtant il ne pouvait s'agir du même homme.

Mme Goldschmidt s'habillait, toutes lampes allumées, store relevé. Terence se hâta de l'abaisser.

« J'ai pensé que vous aimeriez prendre un verre, Rosemary.

— Katie.

— Pardon ? dit Terence.

— On m'appelle Katie. »

Il acquiesça de la tête, se rappelant son second prénom, Catalina. Cela ne lui allait pas mieux que Rosemary. Elle glissa ses pieds dans des escarpins de cuir bronze à talons hauts.

« Accepteriez-vous de vous séparer éventuellement de certaines pièces de mobilier ? »

Il était abasourdi. Il haussa les épaules dans un geste d'impuissance.

« C'est que j'aimerais vous racheter ce lit japonais, si le prix me convient. »

Ils burent leur whisky. Terence rassembla son courage et lui demanda si elle et son mari avaient déjà signé leur contrat. Il attendait à la maison, dit-elle. Ils l'avaient reçu le matin même à la seconde distribution et ils se disposaient à le signer ce soir. En fait, elle pensait qu'elle ferait mieux de rentrer tout de suite pour le signer sans plus tarder. Terence n'allait certainement pas l'en dissuader. Elle s'enveloppa dans son manteau « multisouris », se rappela soudain le lit japonais et fit un chèque. Terence l'accepta avec joie, bien qu'il en retirât l'impression un peu désagréable d'être payé de ses services plus directement que d'ordinaire.

La première fois que Jason décrocha le téléphone pour répondre lui-même, l'appel venait de Ian. Et ce fut Ian qui l'entendit crier : « Maman, maman, il y a un monsieur ! » Pas de problème, donc. La seconde fois, c'était John Archdale qui appelait de Marbella et, lorsqu'elle prit le récepteur, Benet crut déceler de l'étonnement dans la voix de son père et une sorte de soulagement. Désormais il accepterait la présence de l'enfant, il cesserait de le considérer comme une espèce de monstre ou de squelette oublié au fond du placard familial.

La première nuit qu'elle passa avec Ian, Benet se sentit coupable parce que Jason était là. Elle se réveilla de bonne heure, toujours entre les bras de Ian qui la serrait contre lui, épousant les contours de son corps, et sa première pensée fut pour Jason : comment réagirait-il si jamais il entrait dans la pièce et les découvrait ensemble ? C'était étrange, car elle n'aurait pas éprouvé la même gêne si James, toujours vivant, avait dormi dans la chambre voisine. En mettant un fils au monde, elle n'avait pas prononcé de vœux de chasteté jusqu'à ce qu'il soit en âge de quitter la maison. Elle se leva et pénétra dans la chambre de Jason.

Elle fut soudain surprise de le trouver aussi changé. Sa mère, sans nul doute, le reconnaîtrait encore. Mais personne d'autre. La veille, elle lui avait fait couper les cheveux et la symétrie bien ordonnée de sa nouvelle coiffure l'avait dépouillé de son air de gros bébé pour le changer en garçonnet. Et cependant, observait-elle, il paraissait curieusement *rajeuni*. Son corps s'était affiné, allongé, mais son visage avait gagné en douceur, en rondeur. Pour tout autre œil que celui, exercé et intuitif, d'une mère, Jason Stratford avait disparu aussi complètement qu'après une opération de chirurgie esthétique. Elle comprit que pour elle, il ne serait plus jamais « Jason ». Abaissant le côté de son lit, elle se pencha sur lui et embrassa la petite joue ferme, ronde et rose.

Lorsqu'elle remonta avec le plateau du thé, le lit d'enfant était vide et Jason était allé se coucher à côté de Ian. Sa vie lui parut soudain trop pleine, prête à déborder, et elle retint son souffle. Elle n'hésita qu'un instant avant de se glisser à son tour dans les draps, Jason blotti entre eux.

Vers le milieu de la matinée, le téléphone sonna. La sonnerie cessa aussitôt, lui apprenant que Jay avait répondu. Mais quand elle arriva au sous-sol, le combiné était remis en place et Jay jouait du xylophone. Elle lui demanda qui avait appelé.

Il sourit. Il se servit d'un mot de son invention, probablement la contraction de « laid » et de « vilain ». « Lilain », dit-il.

Avec un léger pincement au cœur, elle devina ce qu'il voulait dire. « Jay, est-ce que tu raccroches le téléphone sans le dire à maman quand la voix de la personne ne te plaît pas ?

— Oui », dit Jay en hochant la tête avec vigueur pour donner plus de poids à sa réponse. « Lilain monsieur. »

Benet se mit à rire mais ne put se délivrer d'un certain malaise. Elle s'était probablement trompée en pensant qu'il n'avait répondu que deux fois. Il avait pu arriver assez souvent qu'il n'aime pas la voix de son correspondant et repose tout simplement le combiné. Il suffisait d'un ton brusque ou même embarrassé, se dit-elle. Elle prit Jason sur ses genoux et lui expliqua doucement qu'il devait toujours la prévenir quand quelqu'un appelait. Si elle était en haut et que la sonnerie soit débranchée dans la pièce, elle pouvait ne pas entendre et ne saurait pas qui avait téléphoné. Il avait bien compris ?

Plus tard dans la journée, elle reçut un coup de fil du directeur du service de presse de son éditeur. On voulait l'envoyer en tournée de promotion aux États-Unis au mois de mai, lors de la sortie américaine des *Liens du mariage* en édition de poche. Benet lui demanda s'il avait déjà appelé. Oui, une fois, dit-il de sa voix plutôt coupante et bourrue ; mais c'était un petit garçon qui avait répondu, et coupé la communication.

Benet se sentit immédiatement soulagée, sans savoir au juste pourquoi.

La femme dont il avait vu la silhouette se découper à la fenêtre de Terence Wand n'était pas Carol, Barry en avait la certitude. Elle s'habillait en levant ses bras blancs au-dessus de sa tête et elle avait les cheveux blonds, coupés court. Pour Barry, les journées comptaient trop d'heures et il n'avait pas assez d'occupations pour les meubler. A moins que ce ne fût un prétexte qu'il invoquait pour se convaincre d'aller rôder à Hampstead.

Il n'avait pu trouver de nouvel emploi ; mais Carol, elle, avait réussi à en décrocher un. En plus de ses ménages chez Mme Fylemon et de son service au bar à vin. Réceptionniste à temps partiel dans un hôtel. Barry était plutôt impressionné. Cela faisait chic, cela avait presque l'air d'un vrai métier. Parmi les gens qu'il connaissait, personne ou presque n'avait reçu de formation professionnelle, ne travaillait dans un bureau, répondant au téléphone ou remplissant des formulaires.

« Tu as répondu à une annonce, chérie ? lui demanda-t-il. Tu ne m'en avais rien dit. »

Carol répondit évasivement. « Le type qui dirige l'hôtel m'a vue au bar à vin. Il a dit à Alkmini qu'il m'avait prise pour un modèle. »

Un modèle qui sert à boire sur un plateau ? Barry, cependant, se garda d'exprimer tout haut cette pensée.

Carol portait sa montre Diagem et une bague à pierre rouge qu'elle prétendait avoir eue à Noël, chez Iris. Barry n'avait jamais vu ce genre de bague sortir d'une pochette-surprise. « Ce type a dit qu'il était prêt à me faire un pont d'or si je venais travailler au ''Rosslyn Park''.

— Espérons qu'il tiendra parole ! » dit Barry.

Pour aller la voir à l'hôtel, il lui aurait fallu tourner à gauche au sortir de la station de métro, au lieu de prendre à droite et de gravir la colline en direction de la Lande. Mais il n'était pas venu à Hampstead pour voir Carol. Il n'avait aucune raison de le faire. Elle se croirait surveillée. Il avait donc tourné à droite, monté la côte et pénétré dans Spring Close. Peu après, il avait aperçu la femme qui s'habillait. Aussi n'était-il pas resté longtemps. Après cette découverte, il était parti, un peu excité et embarrassé à la fois. Ce n'était pas Carol, il en était sûr et il était bien placé pour le savoir, lui qui l'avait vue s'habiller et se déshabiller tant de fois. Pourtant, de retour dans le métro, et plus tard en traversant Bevan Square, il ne put s'empêcher de se demander d'où lui venait cette certitude. Quel détail précis lui permettait d'affirmer que cette femme n'était pas Carol ? N'était-ce pas plutôt qu'il souhaitait ardemment que ce ne fût pas elle ?

La Huppe, Stéphanie Isadoro, Perle Noire et deux autres gamins étaient assis sur les bancs de la place et mangeaient des plats turcs dans des sachets en papier paraffiné. Chaque fois que Barry apercevait La Huppe il se remémorait le choc, semblable à une décharge électrique, des bottes à pointes contre ses côtes. Aucun d'eux ne fit attention à lui. Il plongea la main dans la poche de son blouson, la glissa dans la fente de la doublure et tâta le fusil. Il n'aurait pas besoin de s'en servir mais c'était un réconfort de le sentir là, comme on peut en trouver à palper une liasse de billets au fond de sa poche ou à évoquer le souvenir d'un mot d'amour.

Et s'il avait tout de même vu Carol dans la chambre à coucher de Terence ? Sa certitude, si forte sur le moment, s'effritait à présent. Peut-être sa conviction venait-elle seulement du fait qu'il la savait à la réception du « Rosslyn Park Hotel ». Son regard tomba sur le téléphone posé sur la tablette à côté de la photo de Dave. Il ignorait le numéro du « Rosslyn

Park » mais pouvait le demander aux renseignements. Du reste, si elle s'y trouvait en ce moment, cela ne prouvait absolument pas qu'elle n'était pas à Spring Close une heure plus tôt.

Il appela les renseignements et obtint le numéro de l'hôtel, mais ne poussa pas plus avant ses recherches. Pourquoi ressentait-il soudain cet immense soulagement à s'entendre communiquer le numéro du « Rosslyn Park », c'était un mystère. Un peu comme si, jusque-là, il n'avait pas vraiment cru à son existence.

Barry changea les draps, passa l'aspirateur dans la chambre et porta le linge à la laverie automatique.

Lorsqu'il eut appris que l'on avait procédé à l'échange des contrats, que le dépôt de garantie était entre les mains de l'avocat de Goldschmidt et que la date d'effet de la transaction était définitivement fixée au 15 février, Terence se rendit dans une agence de voyages proche du domicile de sa mère afin de réserver pour le même jour une place sur un vol à destination de Singapour. En fin de compte, Terence sentait son courage — dans l'état où il était — le déserter à l'idée de se retrouver seul avec une valise bourrée d'argent en Amérique centrale ou en Amérique du Sud. Non, il irait à Singapour et, de là, s'envolerait ou s'embarquerait pour Bali.

Ce plan restait naturellement suspendu à l'heure de départ de l'avion de Singapour. Le chèque de Goldschmidt serait versé au compte de John Howard Phipps le 15 à midi, ce qui laissait à Terence trois heures et demie avant la fermeture de la banque pour retirer la somme en liquide. Il devait compter avec la durée de cette opération et celle du trajet jusqu'à Heathrow. La perspective de devoir passer la nuit du quinze à Londres le terrifiait, ses nerfs n'y eussent pas résisté. Le camion de déménagement des Goldschmidt, bourré de meubles, arriverait à Spring Close peu après le déjeuner. La maison serait elle aussi pleine de mobilier, celui de Freda, avec la voiture de Freda dans le garage. Ces faits perdraient beaucoup de leur gravité si, au moment où les Goldschmidt en feraient la découverte, Terence était déjà en route pour l'aéroport.

Aussi fut-il soulagé d'apprendre que le vol de la Qantas, avec escale à Bahrein et Singapour, était à vingt et une heures quarante-cinq. Il réserva une place en classe économique et eut droit à une réduction pour avoir pris son billet un mois à l'avance. Sa nouvelle carte Barclay's, arrivée le matin même, trouvait là une excellente occasion de servir. Au même courrier il avait reçu de ses avocats un document désigné sous le nom de « Transfert du tout », apparemment destiné à l'enregistrement et qui requérait sa signature. La sienne et celle d'un tiers, car cette fois il lui fallait un témoin. Terence descendit en voiture jusqu'au bar à vin pour y déjeuner avec Carol Stratford. Il lui avait passé un coup de fil dès qu'il avait vu ce papier.

« Rien de neuf, je suppose ? demanda Terence.

— Que dalle ! » Carol avait l'habitude, en préambule à toute conversation, de s'entendre demander si elle avait des nouvelles de Jason.

« Tu sais, Carol, ce n'était pas mon fils.

— Je n'ai jamais raconté ça aux flics. Je ne dis pas que je ne sais pas qui a fait le coup, mais ce n'était pas moi. »

Terence haussa les épaules. Il dit à Carol qu'il avait vendu sa maison et lui demanda si elle voulait bien lui servir de témoin pour la signature d'un document. Après mûre réflexion il avait conclu que Carol était la seule personne de sa connaissance qui, si on l'interrogeait — avant le quinze février, s'entend, car après, il s'en moquait ! — mentirait effrontément pour le plaisir de mentir, la seule aussi qui n'examinerait pas de trop près le document lui-même, pressentant grâce à une sorte de flair particulier qu'il devait y avoir anguille sous roche.

L'anguille, en l'occurrence, c'était que Terence avait photocopié le document dans un magasin en venant la voir. Il avait l'intention de signer la photocopie en sa présence, et de son vrai nom. Il lui fallait un spécimen de la signature de Carol pour pouvoir la recopier ensuite sur l'original qu'il signerait alors du nom de Phipps.

Carol signa de son écriture ronde et penchée en arrière, mais non sans avoir démenti les prévisions de Terence et lu attentivement le texte, s'arrêtant au passage où était mentionné le prix et répétant la somme.

« Il y a trois ans, dit Carol, tu étais aussi fauché que moi.

— J'ai eu un peu de chance », admit Terence évasivement.

Elle lui demanda ce qu'il allait faire de cet argent.

« Un voyage autour du monde, dit Terence. Ça te plairait de m'accompagner ?

— Tu ne parles pas sérieusement ? » fit Carol, tout en rondeurs avec ses yeux de poupée et ses boucles de bébé.

Terence en convint. En effet, ce serait un voyage d'affaires plutôt que d'agrément. Mais il l'invitait à dîner avec lui au restaurant la veille de son départ. La carte Barclay's paierait, se dit-il.

XXI

En dînant à la Villa Bianca, Ian lui parla du poste qu'on lui avait offert au Canada. C'était le premier soir où Benet sortait depuis l'arrivée de Jason. Elle avait téléphoné à l'une des baby-sitters qu'elle connaissait à Tufnell Park, une fille de dix-huit ans qui avait gardé James pour la dernière fois lorsqu'il avait quatorze ou quinze mois. De toute façon, Jay était couché et dormait déjà à l'heure où elle arriva.

« Pour moi, c'est une occasion unique, dit Ian. Il sourit. La chance de ma vie. L'hôpital est neuf. Il a reçu tout naturellement des équipements dont on n'oserait même pas rêver ici.

— Quand partirais-tu ?

— J'ai encore un mois avant de donner ma réponse définitive. » Il hésita ; Benet s'aperçut qu'elle retenait son souffle. « Pourrais-tu envisager de vivre à Vancouver, Benet ? »

Elle se posait la question. Lorsque ses parents étaient partis s'installer en Espagne, elle avait affirmé bien haut que pour rien au monde elle ne vivrait ailleurs qu'en Angleterre. Elle ignorait alors qu'elle tomberait amoureuse un jour et que cela changerait tout. Puis, comme toujours, désormais, lorsqu'elle examinait un projet ou un changement, elle songea à Jay. Le dernier risque d'identification s'évanouirait si elle l'emmenait à l'autre bout du monde. Mais d'un autre côté, s'engager si complètement, et si vite... Elle posa sa main sur celle de Ian.

« J'ai besoin de réfléchir. Donne-moi un peu de temps, veux-tu, Ian ?

— Je te donne tout le temps dont je dispose moi-même. J'étais sûr que tu refuserais. Le seul fait que tu n'aies pas dit non me rend ridiculement heureux. »

Ils rentrèrent un peu plus tard qu'ils n'avaient dit à Mélanie et la trouvèrent prête à partir. Benet n'eut que le temps de la payer et de la remercier avant que Ian ne la reconduise. Elle trouva le petit mot qui attendait près du téléphone, au sous-sol : *Edward Greenwood a appelé à 8 h 30*. En lisant ce message, Benet comprit pourquoi elle avait éprouvé ce sentiment de malaise en découvrant que Jay répondait au téléphone et ne le lui disait pas toujours. Elle avait redouté un appel d'Edward. Sa visite remontait à un mois mais sous un calme apparent, elle n'avait cessé de penser à lui. Partir pour Vancouver, ce serait aussi lui échapper...

Elle n'en souffla mot à Ian à son retour. C'était la dernière nuit qu'ils passaient ensemble avant la reprise de son service de nuit. Elle tâcha de bannir Edward de son esprit et crut qu'elle y avait réussi, mais elle rêva de lui — un affreux cauchemar où il la menaçait d'un couteau et tentait de la persuader de se suicider avec lui. Elle s'éveilla dans un cri, terrifiée, cherchant Ian. L'autre moitié du lit était vide. Elle alluma les lampes de chevet et l'appela, prise de panique. Il accourut de la chambre de Jay.

« Il a commencé à hurler, et tu t'y es mise à ton tour. » Il la serra dans ses bras. « Qu'est-ce qui vous a pris, tous les deux ?

— Je ne sais pas, je ne sais pas. Qu'est-ce que je ferais, sans toi ?

— Mais rien ne t'oblige à faire quoi que ce soit sans moi », répondit-il.

Lorsque Ian partit pour l'hôpital, Benet convint avec lui de se retrouver quelque part pour le thé ; dans la matinée, elle s'arma de courage et composa le numéro qu'Edward lui avait laissé. Elle se persuadait qu'elle pourrait enfin se débarrasser de lui en lui disant qu'elle allait se marier et partir s'installer au Canada. Personne ne répondit. Cela n'avait rien d'étonnant à onze heures du matin. Fort probablement, Edward avait un emploi quelconque et était parti travailler. Ne l'avait-elle appelé à cette heure-ci que parce qu'elle pressentait son absence ? Pour apaiser certain picotement d'alarme et d'inquiétude, pour pouvoir se dire : je lui ai téléphoné, j'ai essayé ?

Elle était au rez-de-chaussée, à l'entrée, et donnait une livre à des quêteurs qui faisaient du porte-à-porte pour une œuvre de charité, lorsqu'elle entendit le téléphone sonner. Il ne sonna que deux fois : Jay avait dû décrocher. Mais elle attendit en vain l'appel de sa petit voix aiguë : « Maman, maman ! » Benet courut dans le couloir et se précipita dans l'escalier du sous-sol. Jay était perché sur son cheval à bascule et se balançait avec entrain.

« Téléphone sonne », dit-il en lui adressant son sourire le plus large, le plus radieux.

Edward portait toujours ses vêtements légers, sa grosse et longue écharpe enroulée deux fois autour du cou. Son visage était rouge, ses lèvres légèrement bleuies. Le visage de Jay prendrait les mêmes couleurs, pensa-t-elle, s'il avait vraiment froid. Il se tenait juste derrière elle au moment où elle avait ouvert à Edward, et s'accrochait à sa jupe.

« Si tu l'avais envoyé ouvrir la porte, dit Edward, il me l'aurait claquée au nez. »

Toute la journée, elle s'était doutée qu'il viendrait et s'était préparée à sa visite. « Entre, dit-elle, on gèle. »

Il crut qu'elle insinuait qu'il laissait entrer le froid. « Excuse-moi de faire des courants d'air.

— Edward, tu sais très bien que je ne voulais pas dire ça. Cesse de me faire passer pour une garce. Quand tu as appelé, Jay jouait avec le téléphone, j'en ai peur, et il ne me le dit pas toujours. Je suis désolée.

— Tu ne devrais pas laisser ce petit démon répondre au téléphone. »

Benet n'aimait pas entendre traiter Jay de « petit démon » mais elle préféra ne rien dire. Jay lui-même, silencieux, dévorait Edward des yeux avec cette fascination étonnée des très jeunes enfants pour ceux qui leur déplaisent. On était au milieu de l'après-midi. Après avoir déjeuné avec Ian, Benet se disposait à emmener Jay se promener en poussette et, en chemin, à se renseigner sur l'atelier pour enfants auquel elle voulait l'inscrire, deux matinées par semaine. Elle se demandait la raison de la visite d'Edward et, tandis qu'ils descendaient l'escalier du sous-sol, deux réponses lui vinrent à l'esprit. Il voulait de l'argent. Ou bien il voulait attaquer l'hôpital en justice, pour négligence ayant entraîné la mort de James. Elle se sentait à la hauteur de la situation. Elle se sentait capable de faire face à l'une ou l'autre éventualité, ou aux deux à la fois.

L'arbre de mains, naturellement dépouillé de ses paquets, était toujours accroché au mur. Elle vit Edward considérer l'arbre puis, avec le même air de dégoût posé et réfléchi, jeter les yeux sur les tas de jouets qui jonchaient ce coin de la pièce. Cernés par un zoo de petits animaux câlins, les deux blocs de papier à dessin qu'elle venait d'acheter à Jay étaient là aussi, les pages supérieures déjà couvertes de silhouettes d'oiseaux, de fleurs et d'arbres aux couleurs vives. Lassé de dévisager Edward, Jay retourna à son « travail », choisissant avec un sourire un crayon qu'il n'avait pas encore utilisé, d'une nuance éclatante de vert feuille.

« Tu ne devrais pas le laisser gribouiller là-dessus », dit Edward, du même ton de réprimande qu'il avait employé à propos du téléphone.

Soudain Benet se rappela que, lors de la dernière visite d'Edward, près de deux mois auparavant, elle avait prétendu garder Jay pour rendre service à une amie. Huit semaines, c'était bien long, c'était une durée sans précédent pour une simple garde d'enfant. Elle emplit la bouilloire électrique et la brancha. Elle disposa des tasses sur un plateau et ouvrit un pot de jus d'orange pour Jay. Edward allait y faire allusion d'une minute à l'autre, il allait demander pourquoi Jay était toujours là et elle allait devoir trouver une réponse plausible à lui fournir. Il s'était installé dans le fauteuil à bascule, d'où il pouvait observer Jay. Au bout de quelques instants il se releva et ramassa pour commencer le bloc de papier dont Jay ne se servait pas, puis, murmurant quelques mots à l'oreille de l'enfant, celui où il était en train de remplir au crayon vert vif les contours d'un arbre.

Jay ne pleura pas, ne cria pas. Il se contenta de se lever et fixa Edward avec stupéfaction. C'est Benet qui avait envie de hurler. Elle faisait des efforts surhumains pour se dominer. Elle expliqua à Edward qu'elle croyait discerner chez Jay un réel talent pour le dessin et que ce don devait être encouragé autant que possible, mais, tout en parlant, elle se rendait bien compte que les mots qu'elle prononçait rendaient de moins en moins vraisemblable son rôle de simple « gardienne » temporaire de l'enfant. Les lèvres de Jay tremblaient un peu. Il se mit à pleurer et, levant les bras, vint se jeter dans les plis de la jupe de Benet. Elle le prit, le serra contre elle, attendant l'inévitable remarque d'Edward : qui est cet enfant ? Qu'est-il pour toi ?

Mais ces questions prévisibles ne vinrent pas. Edward haussa les épaules et reposa par terre les blocs de papier. Le sang, que le froid avait fait affluer à la surface de sa peau, s'était retiré et il paraissait plus pâle que d'ordinaire. Son visage reflétait une intense concentration. Benet sécha les larmes de Jay et le fit redescendre.

« Lilain », dit Jay à Edward qui, par bonheur, ne se doutait pas du sens de ce mot.

Benet servit le thé, versant dans la tasse d'Edward une seule cuillerée de sucre remplie juste à ras bord.

« Tu t'es souvenue, dit-il.

— Bien sûr. On n'oublie pas ces choses-là. »

Il gardait le silence. Jay termina son arbre et commença à dessiner un étrange oiseau avec de grands pieds et des pattes rouges. Benet s'avisa qu'elle n'avait rien à dire. Elle ne trouvait absolument rien à raconter à Edward pour meubler le silence. Il devenait gênant, presque palpable. Edward le rompit avec une soudaineté — et pour aborder un sujet — qui la laissèrent abasourdie.

« Benet, je veux que nous soyons de nouveau ensemble, comme autrefois. Je veux revenir vivre avec toi. C'est tout naturel, cela tombe sous le sens. Il n'y a vraiment jamais eu personne d'autre, ni dans ta vie, ni dans la mienne — en tout cas, pas pour moi. »

Il ajouta une sorte d'*envoi* qui n'eut d'autre effet que de la faire se lever et s'éloigner d'un ou deux pas : « Nous sommes faits l'un pour l'autre, Benet.

— C'est impossible, dit-elle. C'est hors de question.

— Pourquoi ? Nous avons pris de l'âge. J'ai pris de l'âge, si tu préfères. Je ne jalouserais certainement pas tes succès, j'ai abdiqué toute ambition personnelle. Je saurais me contenter de n'importe quel emploi régulier que je pourrai décrocher. Il y a un cours, en ce moment, pour enseigner l'anglais aux étudiants étrangers. Je pourrais m'y faire admettre. J'ai ma licence. Pendant que tu continuerais à planer dans les hautes sphères, je me contenterais parfaitement, pour ma part, d'être un humble professeur. »

Elle faillit éclater de rire, mais cela n'aurait pas été gentil. Elle risquait moins d'exprimer tout haut une réplique assez basse qui lui était venue à l'esprit, à propos de la part relative de leurs revenus. Il n'avait rien dit pour la mériter. Et elle se sentait si profondément soulagée qu'il ne lui ait pas parlé de Jay, qu'un mouvement qui ressemblait à une réelle affection lui réchauffa le cœur, l'incita à revenir s'asseoir à côté de lui et à poser doucement sa main sur la sienne.

« Non, vraiment, ce n'est pas possible, Edward. Cher Edward. Ce n'est pas ta faute, ni la mienne. Ou peut-être est-ce un peu la mienne, à tout prendre. Je sais que je t'ai blessé. » Elle ne souhaitait pas préciser la nature de cette blessure, certaine qu'il comprendrait. « Mais trop de temps a passé. » Devait-elle lui parler de Ian ? Non, ce n'était pas nécessaire, pas encore. « J'ai changé ; et pas de façon à me rapprocher de toi.

— Je ne vois aucun changement en toi. » Il hésita. « Nous pourrions avoir d'autres enfants, tu sais. Pour toi, je saurais m'habituer aux enfants. »

Benet se cuirassa de nouveau. Jay les observait en silence, percevant sans la comprendre l'émotion dont la pièce s'était soudain chargée.

« J'en serais incapable, Edward. C'est impossible, je l'ai déjà dit.

— Je ne me suis peut-être pas exprimé clairement, Benet. Je voulais suggérer que nous nous marriions. Je te demande de m'épouser. »

En prononçant ces mots, il avait l'air d'accorder une faveur extrême. Le ton était pompeux. On faisait à Benet un énorme compliment, on lui décernait une récompense. Cette fois, son rire fusa.

« De nos jours, une demande en mariage n'est pas forcément une chose que les femmes accueillent avec une reconnaissance passionnée, Edward. Je ne vois aucune bonne raison de t'épouser, mais j'en ai une excellente de ne pas le faire : je ne veux pas. »

Il baissa la tête, considérant ses mains posées sur ses genoux, puis releva les yeux vers elle et croisa son regard.

« Je vais te donner une bonne raison, moi. » Il pointa le pouce en direction de Jay. « Penses-tu qu'un juge autoriserait une femme seule à adopter cet enfant ? »

Quelque chose se noua et se glaça au-dedans d'elle-même. Elle sentit ses muscles se raidir. Lui avait-elle présenté Jay comme un enfant dont elle avait demandé la garde dans l'espoir de l'adopter ? Non, elle en était sûre. La dernière fois qu'elle avait vu Edward, lui avait parlé, elle était toujours résolue — si incroyable que cela pût paraître aujourd'hui — à trouver un moyen de restituer Jay à sa famille.

« C'est bien ce que tu veux, n'est-ce pas ? reprit-il. Cela entre bien dans tes projets ? »

Elle acquiesça de la tête, pétrifiée, hypnotisée par son regard. Lorsqu'il reprit la parole, elle se sentit défaillir. La pièce s'assombrit et elle crut qu'elle allait tomber comme à l'hôpital quand on lui avait appris la mort de James. Mais elle resta droite, ramenant les épaules en arrière, enfonçant les ongles dans la paume de ses mains.

« Je sais qui il est, dit Edward. J'ai fait le rapprochement. Ce n'était pas bien difficile. C'est Jason Stratford, l'enfant qui a disparu. »

XXII

Après coup, elle se demanda pourquoi elle n'avait pas nié. Elle aurait pu lui donner le change. Mais elle n'en avait pas eu l'audace, ou le sang-froid. Elle n'avait montré aucun sang-froid. La question qu'elle lui avait posée — et qui avait été sa première réaction — constituait un aveu éclatant.

« Comment as-tu deviné ?

— Eh bien, cette façon de l'appeler Jay, pour commencer. Tu n'emploies jamais de diminutifs. Tu es la seule personne de ma connaissance qui ne m'ait jamais appelé « Ted ». Ensuite son teint, la couleur de ses cheveux. Les journaux ont donné son signalement assez souvent : blond aux yeux bleus. Ta situation : ce sont les femmes qui ont perdu un enfant qui commettent des enlèvements. Enfin l'endroit d'où il vient. Tu habitais juste à côté. » Edward paraissait content de lui. « Satisfaite ? » demanda-t-il.

Le mot semblait peu adapté aux circonstances. Benet ressentait un vide, un dessèchement intérieur. Elle songea à la véritable explication à la présence de Jay chez elle, mais à quoi bon l'apprendre à Edward ? Désormais, qu'elle l'eût ou non enlevé elle-même, qu'elle eût ou non prémédité de le voler, sa culpabilité était la même. En outre, une seule chose l'intéressait et c'était de percer les intentions d'Edward. Elle comprenait déjà, cependant, que le seul fait qu'il eût deviné constituait en soi une menace redoutable. Il savait. Il n'oublierait pas comme Mopsa, lui. Edward au courant, c'était presque la fin du monde.

« Que comptes-tu faire ?

— J'ai l'impression que tu as vécu un bon moment dans les nuages, mais tu devais tout de même te douter que tu ne t'en tirerais pas indéfiniment à si bon compte. Comment voyais-tu l'avenir ? »

L'avenir, elle ne l'avait jamais envisagé au-delà d'un jour ou deux. « Il me semble que j'espérais qu'en grandissant il changerait suffisamment pour n'être pas reconnu. Je songeais à partir avec lui, à l'emmener très loin... » Était-ce vrai ? Elle se rendit compte qu'elle y songeait *maintenant*. « Je crois qu'à part sa mère, personne déjà, ne le reconnaîtrait plus. » Elle tentait désespérément de rester calme mais sa voix, que la peur enrouait, se cassa. Edward, penché en avant, sourcils froncés, la dévisageait avec la sévérité d'un juge.

« Quelles dispositions comptais-tu prendre pour te protéger ?

— Des dispositions ? Que veux-tu dire ? Je l'ai kidnappé. Enlevé. Je n'ai aucun droit et je le sais. »

Jay choisit ce moment pour poser son crayon et venir vers elle en levant les bras pour qu'elle le hissât sur ses genoux. Au contact de ce petit corps entre ses bras, elle ne put réprimer un léger sanglot, qu'elle étouffa de la main. Jay se mit à la serrer et à l'étreindre avec la force surprenante des tout jeunes enfants.

« Jay, tu m'étouffes, arrête, mon chéri... » Elle était fermement résolue à ne pas pleurer devant eux. Elle se sentait le visage et les yeux brûlants et congestionnés. « Edward, je t'en prie, dis-moi quelles sont tes intentions. »

Il répliqua avec une pointe de mépris : « A t'entendre, j'ai l'impression que tu me prends pour un maître chanteur. »

N'était-ce pas le cas ? Elle comprit qu'en effet, elle avait eu cette pensée. « Edward...

— Je connaissais ton parti pris contre moi, mais je n'aurais jamais cru être tombé aussi bas dans ton estime. »

Elle tenait Jay contre elle. C'était comme si on était vraiment venu lui enlever Jay, mais elle savait qu'on ne l'emmènerait pas de vive force, qu'on ne le lui arracherait pas physiquement. En même temps, elle avait conscience d'offrir à Edward l'image d'une maternité déréglée, dévoyée. Doucement, mais en s'imposant l'effort le plus gigantesque qu'elle eût jamais fourni, elle se força à soulever Jay de ses genoux et à le reposer sur le sol.

« Je suis désolée, dit-elle presque malgré elle, mais tu m'as effrayée. Tu dois avoir une idée en tête, sinon tu ne serais pas venu me voir.

— Tu ne crois pas qu'il devrait avoir un père ?

— Il en a un quelque part, sans aucun doute. Je ne m'en suis guère souciée jusqu'à présent, je l'avoue. »

Edward la fixait avec une curieuse intensité d'émotion. Les traits de son visage en étaient comme aiguisés.

« Tu te considères comme sa mère. Si j'étais ton mari, nous pourrions être ses parents. Nous ferions des parents *adoptifs* extrêmement convenables, Benet. Tu as de l'argent, tu es propriétaire de cette maison. Nous avons l'âge idéal. Nous n'avons encore été mariés ni l'un ni l'autre. Je suis sûr que nous obtiendrions facilement une ordonnance d'adoption si nous nous en remettions à la justice.

— Il faut vraiment que tu meures d'envie de m'épouser, dit-elle sèchement.

— C'est vrai. J'en conviens. »

Benet posa sur Jay un regard méditatif. Je me demande combien de temps tu tiendrais avant de te mettre à le battre, pensa-t-elle. Tu *détestes* les enfants.

« De toute façon, dit-elle, c'est impossible. Il ne peut être adopté, il a des parents. Je l'ai *volé*. Je croyais que tu l'avais compris, puisque tu me l'as dit toi-même. »

Edward reprit : « J'ai passé toute la journée d'hier à la bibliothèque de presse de Colindale à étudier l'affaire Jason Stratford. Sa mère se soucie de lui comme d'une guigne, cela saute aux yeux. Ses deux autres enfants sont placés dans un foyer, et Jason aurait suivi le même chemin d'ici un an ou deux. Elle sert dans un bar et son ami est sans emploi. Tu ne crois pas qu'il y a de fortes chances qu'elle accepte de nous *vendre* Jason ? »

L'espoir revint ; il s'insinuait, se tortillait comme un petit doigt passant à travers une fissure. Benet entrevit fugitivement un monde pur, innocent, tout de transparence, où chacun savait la vérité et était heureux, où la mort de James était proclamée et l'existence de Jay annoncée, où Edward et elle, ayant absorbé quelque philtre d'amour aux vertus d'aveuglement, vivraient ensemble et se verraient comme autrefois, avec les yeux de l'illusion.

Le doigt s'avançait toujours en rampant ; une porte se referma sur lui, sans claquer mais avec une fermeté définitive.

« Je pensais lui proposer vingt mille livres.

— Cela ne me paraît pas beaucoup, dit Benet d'un ton morne. C'est bien peu pour lui. Cette maison m'a coûté cinq fois plus cher. » Elle ressentait les signes annonciateurs d'une crise de nerfs, qu'elle refoula avec une énergie inflexible. « Une maison à Hampstead représente cinq fois le prix d'un enfant. Il y a quelque chose de pourri là-dedans, tu ne trouves pas, Edward ?

— Pourrais-tu aller jusqu'à cinquante mille si j'y étais obligé ? »

Tout ce que j'ai, pensa-t-elle. Ma maison, tous mes droits d'auteur, tout ce que je possède. Bien sûr, cela va sans dire. Comment ne le comprend-il pas ?

« Et si elle ne veut pas en entendre parler ? dit Benet. Si elle va simplement prévenir la police ?

— C'est un risque à courir, ma chère.

— Pourquoi, Edward ? Pourquoi devrais-je encore prendre des risques ? Tu ferais aussi bien de partir maintenant, d'oublier tes plans — et rien ne nous oblige à nous revoir.

— Allons à l'essentiel, Benet, en laissant de côté les sentiments : cela ne m'empêcherait pas de savoir, n'est-ce pas ? Et toi, tu saurais que je sais. Pourquoi ne pas y réfléchir à tête reposée ? Je te donne trois jours. J'ai déjà pris rendez-vous avec Carol Stratford, mais elle ne sait pas encore pourquoi. Elle sait seulement qu'il y a de l'argent à gagner, et elle aime l'argent.

— Tu étais vraiment sûr de ton fait... dit-elle d'une voix étouffée.

— Comme tu vois. »

Trois jours pour s'échapper, trois jours pour se sauver avec Jay. Elle lui était presque reconnaissante de lui avoir laissé une chance. Elle n'aurait pu en espérer autant de la police.

Le soir où Carol ne rentra pas, Barry appela le « Rosslyn Park Hotel » à minuit. Il avait bu une bouteille de vin entière et n'était plus en état de s'inquiéter de l'opinion d'autrui. Ces derniers temps il y avait toujours du vin à la maison, rapporté par Carol. Non, lui dit la voix au bout du fil, Carol ne travaillait pas tard ; non, on ne lui avait pas donné un lit pour la nuit à cause de la neige et des difficultés de circulation — une lueur d'espoir à laquelle Barry s'était raccroché ; non, elle n'était pas venue travailler ce soir et, en fait, n'était pas du tout employée à l'hôtel. Barry finit par s'endormir sur le canapé du living-room.

Elle ne reparut pas de toute la journée du lendemain. Tard dans l'après-midi, un type avec un accent snob avait appelé : il voulait parler à Carol. Barry allait lui demander s'il était Terence Wand mais l'homme raccrocha sans lui en laisser le temps. Après être passé à l'agence pour l'emploi voir s'il y avait du neuf — mais naturellement il n'y en avait pas — il fit une longue promenade pour meubler son inaction ; le fusil brimbalait doucement contre sa poitrine tandis qu'il battait le pavé.

Carol était là lorsqu'il s'éveilla le lendemain matin. Elle était couchée près de lui — ou plutôt, ils avaient partagé le même lit. Elle était tout au bord du matelas et seules les couvertures, bordées très serré, l'empêchaient de tomber. Il était déjà tard, dix ou onze heures, estima Barry. Il descendit préparer le thé.

Lorsqu'il revint dans la chambre, son regard tomba d'abord sur la montre aux diamants et la bague à pierre rouge, qu'elle avait enlevées et déposées sur la table de chevet. Réveillée à son tour, elle restait étendue sur le dos, ses yeux bleus grands ouverts.

« Salut », fit-elle ; et, apercevant le plateau du thé : « Il reste des cigarettes, quelque part ? »

Barry haussa les épaules. Il n'en savait rien. Il s'était mystérieusement arrêté de fumer depuis une semaine ou deux, sans l'avoir cherché et presque sans s'en rendre compte. Du jour au lendemain, il était passé de vingt ou trente cigarettes à rien du tout. Cela ne lui manquait pas.

Carol lui dit, dans le jargon imagé d'Iris : « T'en fais une tête, on dirait une semaine de pluie ! Qu'est-ce qui te prend ? Si c'est parce que je suis rentrée tard, eh bien, on a eu un pépin au « Rosslyn Park ». J'ai raté le dernier bus et j'ai dû rentrer en stop.

— Tu n'y travailles pas, lâcha Barry. Tu n'y as jamais travaillé.

— D'accord, d'accord. » Sa bonne humeur n'en fut pas entamée. Même après plusieurs heures, son haleine sentait le cognac, mais son visage avait gardé son air de petite fille, frais comme la rosée, satiné, rose et blanc, innocent. Elle s'assit dans le lit et il vit qu'elle était nue ; ses seins reposaient délicatement sur le bord du drap. « Si tu posais pas tant de questions, dit-elle, on te raconterait pas d'histoires. Et puis qu'est-cę que ça peut te faire, où je vais ? On est pas mariés. Tu vaux pas mieux que ce foutu Dave, ma parole ! "Où étais-tu ?" "Avec qui étais-tu ?" "Où es-tu allée ?" »

Il sentit qu'elle était au bord de terribles révélations. Jamais auparavant elle n'avait seulement suggéré que Dave eût pu être autre chose qu'un mari aimant et aimé sans réserves. Un rouge intense colorait les pommettes de Carol, formant deux taches rondes.

« Est-ce que je demande des comptes sur tous tes déplacements, moi ? reprit-elle en haussant le ton. Je ne te suis pas partout pour t'espionner. Je te demande pas où tu as été matin, midi et soir, ah non, alors !

— Carol, dit-il, tu étais avec ce type qui est le père de Jason, hein ? Il est riche, je le sais. Ta montre, tu ne l'as pas piquée dans un magasin et ta bague, tu ne l'as pas trouvée dans une pochette-surprise en fêtant Noël chez ta mère ! »

Elle se leva. La marque rouge de morsures amoureuses se voyait sur le côté de son cou. Barry songea sans savoir pourquoi aux bleus de Jason, qui avait la même peau blanche et délicate.

« Fais couler mon bain, veux-tu », dit-elle.

La dureté du ton, à la fois railleur et autoritaire, le fit frémir. Mais il ne bougea pas. Il fixait Carol qui s'était campée devant lui, nue, les lèvres serrées, les poings crispés, et il remarqua pour la première fois certaines imperfections de son corps, les chairs flasques à l'intérieur des cuisses, les vergetures. On aurait dit des lambeaux de vieil élastique gris greffés sur la peau blanche et soyeuse.

« C'est lui le père de Jason, hein ? » insista Barry.

Comme s'il avait touché un détonateur, Carol explosa. C'était une femme, elle était petite et nue, mais elle n'avait pas peur de lui. Elle marcha droit sur lui, tendit les bras, l'empoigna par les épaules et se mit à lui hurler au visage. Elle avait la voix rauque et brisée d'Iris.

« Tu veux savoir ? C'est ça que tu veux ? Tu veux savoir qui est son père ? Eh bien, je vais te le dire. Je ne sais pas qui est son putain de père ! Je ne sais pas et personne n'en sait fichtre rien ! La semaine où je pense que j'ai eu cet « accident », j'ai couché avec huit mecs en sept jours et ça pourrait être n'importe lequel d'entre eux. Vu ? N'importe lequel. Ou peut-être un des sept ou huit de la semaine d'après. J'en sais rien et je m'en contrefous !

— Carol, fit-il, Carol... » Il la saisit par le cou, serrant la zone douloureuse où un homme avait planté ses dents. « Ce n'est pas vrai, dis-moi que ce n'est pas vrai...

— Bien sûr que c'est vrai ! Ôte tes mains de là ! »

Il relâcha son emprise. Il était frappé d'horreur, comme s'il avait ouvert une porte interdite et entrevu une scène de carnage. D'un mouvement sinueux, elle se dégagea et sortit en courant de la chambre. Il entendit le giclement et l'éclaboussement de l'eau qui jaillissait de robinets tournés trop brusquement. Soudain, il eut peur qu'elle ne s'enferme dans la salle de bains. Il la suivit et s'arrêta dans l'embrasure, retenant la porte.

Elle se penchait au-dessus de la baignoire pour verser un filet d'huile de bain aux herbes. Une odeur curieuse, évoquant un mélange de romarin et de Dettol, se dégageait de l'eau fumante. Carol se retourna lentement en se redressant pour le regarder en face et Barry se sentit fouetté d'une puissante vague de désir. Malgré ce qu'elle venait de lui dire, il avait envie d'elle. C'était humiliant et en un sens choquant, mais il avait envie de la prendre dans ses bras et de renverser ce corps chaud, nu et blanc sur les carreaux parmi les serviettes éparpillées, oubliant les senteurs iodées laissées sur sa peau par un autre homme.

« Qu'est-ce qui nous est arrivé ? s'écria-t-il. Qu'est-ce qui s'est détraqué entre nous, Carol ? Mais on peut encore réparer, n'est-ce pas ? Il n'est pas trop tard. Je t'aime, je veux t'épouser, je le veux toujours.

— Non, mais tu plaisantes ? dit-elle, crachant chaque mot. *Je le veux toujours* ! Écoutez-moi ça ! C'est à se tordre ! Alors comme ça, tu le *veux toujours* ? Tu crois *toujours* que je vais me marier avec l'homme qui a tué mon petit Jason ?

— Quoi ? » C'était comme si elle l'avait frappé. « Qu'est-ce que tu viens de me dire ?

— Tu as très bien entendu. »

Si au moins elle l'avait frappé, il aurait su comment réagir ; mais là, non. Ses oreilles avaient-elles vraiment envoyé ce message à son cerveau ?

Il se mit à parler comme un enfant injustement accusé de quelque méfait par ses camarades de classe. « Tu ne peux pas croire ça. Pas *toi*. Tu sais que ce n'est pas moi, je n'aurais pas pu. Les autres peuvent dire ce qu'ils veulent mais *toi*, tu sais très bien que j'en suis incapable.

— Bien sûr que si c'est toi, reprit-elle, seulement, j'étais trop gourde pour m'en rendre compte. »

Elle ferma les robinets en les faisant couiner. Sur le rebord de la baignoire il y avait une cruche qu'elle utilisait pour se laver les cheveux. Trop hébété pour comprendre ce qu'elle faisait, Barry la vit se pencher et plonger la cruche dans l'eau chaude.

Elle se releva d'un bond en se retournant avec une vivacité fulgurante et lui lança l'eau du récipient en plein visage. Il hoqueta. Ele le repoussa des deux mains et claqua la porte.

XXIII

Elle voyait Ian tous les jours et à chacune de leurs rencontres elle voulait lui parler. Elle avait l'intention de lui avouer la vérité, se mettant à sa merci. Une petite voix intérieure, cependant, lui murmurait que, si elle se confiait, deux personnes seraient dans le secret, et non plus seulement Edward. Ou trois, si demain Edward avertissait Carol Stratford.

En outre, Ian lui conseillerait de renoncer à Jay, de le livrer à la police. Il n'était pas homme à transiger. Il ne se ferait pas son complice. Mais elle n'eût pas voulu d'un homme capable de se faire son complice : c'était bien là l'ironie. Et, pour elle, une raison supplémentaire de ne pas vouloir d'Edward.

Ian était en service de nuit et elle s'en félicitait. Ses nuits à elle étaient presque sans sommeil mais, lorsqu'elle réussissait à s'endormir, un rêve violent la réveillait en sursaut. Edward revint le dimanche soir. Elle le trouva dans le bureau, lisant une page de manuscrit.

« Comment es-tu entré ? »

Il sourit, brandissant un trousseau de clés. Son sourire n'était ni triomphant, ni présomptueux, encore moins menaçant. Il était revenu à la maison, dit-il ; il ne doutait pas un instant d'être accepté.

« Tu n'as pas bonne mine, Benet. »

Sans répondre, elle haussa les épaules.

« Tu n'as pas à t'inquiéter. » Il tenta de l'enlacer. Elle se raidit entre ses bras. « Si Carol Stratford dit oui, notre affaire est en route, et si elle dit non, tu ne t'en porteras pas plus mal.

— Si elle dit non, elle va aussi avertir la police.

— Les gens de son espèce répugnent à avertir la police de quoi que ce soit, Benet. J'ai lu les journaux, n'oublie pas. Elle a attendu un jour et une nuit avant d'aller signaler sa disparition.

— Je ne veux pas que tu la voies, Edward, dit Benet. Je veux que tu t'en ailles et que tu nous laisses tranquilles. Si j'étais prête à lui donner de l'argent... »

Il la lâcha. « Ne fais pas de moi un maître chanteur. »

Elle entra dans le living-room, prit deux verres et la bouteille de whisky. Elle en servit un à Edward et s'en versa un autre. Ses mains tremblaient. Jay dormait dans sa chambre, deux étages plus haut, et pourtant elle percevait autour d'elle sa respiration égale et tranquille.

Je vais l'emmener loin d'ici, pensa-t-elle. Je vais l'emmener là où nul ne pourra nous trouver. Le plan d'Edward ne marcherait jamais, son raisonnement était fautif car, si Carol refusait, la police remonterait jusqu'à Jay en suivant la piste d'Edward et, si elle acceptait, on ne pourrait éviter de lui montrer Jay et de le lui restituer temporairement. Et si on le lui rendait un moment, comment ne pas le lui laisser pour toujours, puisque l'achat d'un enfant était illégal ? Edward lui proposerait une somme d'argent pour l'engager à consentir à l'adoption et lui verserait le solde lorsque les formalités seraient accomplies. En fait, se dit Benet, une fois le premier versement en poche, Carol Stratford avertirait la police. Non, je vais couper court à tout cela en emmenant Jay, nous allons quitter le pays, partir très, très loin, en Extrême-Orient peut-être. Mon argent me servira à le cacher, non à l'acheter.

Elle tendit son verre à Edward. « Agis comme bon te semble, lui dit-elle. Fais ce que tu voudras. »

Après son départ, elle effectua un retour étonné sur elle-même : comment elle, une fille de bonne famille, respectueuse des lois, qui quelques mois plus tôt encore n'imaginait d'éventuelles escarmouches avec la police qu'à l'occasion d'infractions au code de la route, avait-elle pu se muer si aisément et de façon si irrémédiable en une voleuse d'enfant, une criminelle fuyant la justice ? Elle monta jusqu'à la chambre de Jay et le regarda dormir. Il s'était tourné et retourné dans son sommeil, avait repoussé ses couvertures et fait glisser d'une de ses épaules le haut de son pyjama. Elle distinguait nettement, même dans cette demi-obscurité, la marque en creux de la brûlure de cigarette à deux centimètres environ de sa colonne vertébrale. Elle parvint à réprimer un désir nerveux de le prendre et de le serrer dans ses bras. Doucement, elle le recouvrit. Elle commença à jeter pêle-mêle des vêtements dans des valises, fébrilement, à l'aveuglette.

Le lendemain matin, à la première distribution du courrier, le passeport de Jay arriva. Elle avait oublié ce détail, elle avait oublié qu'ils ne pouvaient quitter le pays sans passeport ! Elle n'avait pas encore arrêté leur destination. Elle avait fait les valises dans l'affolement, sans savoir s'ils allaient vers un climat chaud ou froid. Impossible, dans les circonstances présentes, d'imaginer un rayon de soleil, un temps chaud, un ciel clair ! Une neige légère, sèche et poudreuse s'était mise à tomber. Benet alla chercher son passeport et le rangea dans son sac à côté de celui, tout neuf, de Jay. Jay se réveilla tard. Elle l'habilla et lui donna son petit déjeuner.

« Neige, dit-il en écrasant son nez contre la vitre. Faire un bonhomme de neige.

— Nous allons partir loin de la neige, Jay. »

Elle l'emmitoufla dans son duffel-coat, lui mit ses bottines, un bonnet de laine, une écharpe bien chaude. Pendant qu'elle chargeait la voiture, il jouait dans la neige et en lançait des poignées en l'air. Le froid lui rougissait les joues et le bout du nez, et elle se remémora le visage d'Edward, qu'il affectait de la même façon. Elle fut traversée d'une idée qui lui parut soudain effroyable et qu'elle refoula au prix d'un violent effort d'inhibition.

Le lundi matin, Carol n'était toujours pas rentrée. C'était la Saint-Valentin. En achetant une carte d'anniversaire pour Carol, peu après leur rencontre, Barry s'était plu à penser à ce jour, en avait anticipé le plaisir et avait même songé à une carte de Saint-Valentin particulière qu'il projetait de lui envoyer. Ce matin-là, une carte arriva bel et bien au courrier, dans une grande enveloppe rose pâle. Barry l'ouvrit, toujours à la recherche du nom de Terence Wand, mais elle ne portait pour signature qu'une rangée de croix.

La neige tombait en un voile fin et uniforme. Vers midi, Winterside Down était une fois de plus redevenu blanc et le pâle éclat de la lumière réfractée envahissait la maison. Carol était partie depuis samedi. Barry tournait et retournait dans sa tête les mots qu'elle avait prononcés. Qu'il y ait eu dans son passé cent ou mille hommes, cela n'avait plus vraiment d'importance. Il l'acceptait. Mais penser qu'elle aussi l'accusait d'être le meurtrier de Jason, elle qui, l'après-midi même de sa disparition, était venue retrouver Barry en courant, l'avait embrassé en virevoltant dans sa nouvelle robe !

Il la haïssait de le croire coupable. Il ne lui en voulait pas de ses amants, de ses mensonges, de sa façon de le traiter en domestique ; mais de cela, oui. Tant qu'elle avait cru en lui, il s'était moqué de l'opinion des autres. Il était assis dans le living-room rayonnant de lumière neigeuse et ressassait ce qu'avait dit Carol : elle n'épouserait pas l'homme qui avait tué son petit Jason ! Il se sentit pris d'un désir irrésistible de s'éloigner d'elle, de ne plus jamais la revoir, de fuir pour toujours Winterside Down et de revenir au confort douillet et protecteur de la maison paternelle. Désir puéril, immature, il le savait, mais il s'en moquait : c'était tout ce qu'il voulait.

Et pourtant, en même temps, il ne le voulait pas. En même temps, il l'aimait. Il apprenait en ce jour de la Saint-Valentin une chose qu'il n'avait jamais soupçonnée jusque-là, la possibilité d'aimer furieusement et haïr furieusement la même personne. Cette découverte lui arracha une sorte de plainte. Il se surprit à gémir et aussitôt, bien qu'il n'y eût personne pour le voir ou l'entendre, il plaqua la main sur sa bouche.

Ce qu'il lui fallait, c'était la voir, se retrouver avec elle. Il fallait qu'il l'amène à retirer son accusation, à reconnaître qu'elle l'avait portée dans le feu de la discussion, que c'était faux, archifaux ! Une boule de neige s'écrasa contre la vitre et il se leva d'un bond, sûr qu'on l'avait lancée dans une intention malveillante. Mais dehors, il n'y avait que des gamins, des enfants Isadoro, Kupar et O'Hara et leurs projectiles n'étaient que des poignées de neige qui ne contenaient ni pierres ni éclats de verre.

Le soleil avait percé les nuages et la fonte commençait déjà, un floc-floc continuel tombait des gouttières. Il suffisait d'attendre assez longtemps pour la voir revenir, elle y serait bien obligée, mais il ne supportait pas l'inactivité. Il enfilait son blouson et glissait le fusil dans la doublure lorsque le téléphone sonna.

Barry décrocha. Pensant que ce pouvait être Carol, il retint son souffle. Une voix d'homme demanda prudemment si Carol était là.

« Non, elle est sortie.

— Savez-vous si elle est au "Bacchus" ? »

Il y avait si longtemps que Barry n'avait entendu le bar à vin appelé par son vrai nom, qu'il l'avait presque oublié. « Vous vous appelez Wand ? » demanda-t-il.

Il y eut un silence, empli seulement par le chuintement d'une inspiration. Puis le combiné retomba.

Un lundi à l'heure du déjeuner, Carol était évidemment au bar à vin, pensa Barry. Elle y resterait jusqu'à trois heures.

La Manche était d'un calme glacé. Benet se demandait si Jay avait jamais vu la mer. Il l'avait contemplée d'un long regard fixe et concentré puis s'était retourné vers Benet en riant. Nos toutes premières années, songeait-elle, sont le seul moment où nous rions de ravissement devant ce qui nous plaît. Ensuite, le rire est exclusivement réservé à l'amusement.

Ils entraient dans le port de Calais au milieu d'une brume grise et glaciale, lorsqu'elle comprit où elle allait. Elle allait jusqu'à la pointe méridionale de l'Espagne, rejoindre Mopsa et son père. Elle était leur fille et elle avait un fils. Leurs voisins, leurs amis, devaient le savoir à présent. Quoi de plus naturel, de plus normal, que ce séjour chez eux de leur fille et de leur petit-fils ?

La Grande-Bretagne n'avait pas d'accord d'extradition avec l'Espagne. De là, elle pouvait aussi gagner l'Afrique du Nord. Elle se voyait fuyant avec Jay à des distances infinies. Trop petit pour qu'elle le porte sur son dos, elle l'avait juché sur ses épaules et il criait : « J'aime la mer, j'aime la mer ! »

En arrivant à Paris, elle téléphonerait à ses parents pour les avertir de sa venue. Ou peut-être, en arrivant à Paris, abandonnerait-elle sa voiture pour s'envoler vers Malaga.

La maison était plongée dans l'obscurité. En passant sous le porche, Barry aurait juré qu'il avait vu de la lumière à l'une des étroites fenêtres en meurtrière, sur la gauche, mais il croyait à présent n'avoir aperçu probablement que le reflet d'un des réverbères.

Il était déterminé à sonner carrément à la porte de Terence Wand. Si elle était là et qu'à eux deux ils essaient de l'assommer, tant pis ! Il fallait qu'il la trouve, qu'il la voie, qu'il ait avec elle la confrontation désirée. Terence Wand ne lui inspirait plus le moindre sentiment. Il pouvait être ou non le père de Jason. Barry s'étonnait d'avoir attaché tant d'importance à l'identité du père de Jason. Il sonna à la porte une fois, deux fois, puis avec insistance. Était-il le jouet de son imagination ? Il avait l'impression que quelqu'un se cachait à l'intérieur, refusant d'ouvrir. Comment s'en assurer ? On n'entendait aucun bruit, le silence était total. Il essaya de regarder par l'une des fenêtres mais ne découvrit que le reflet de la lumière qui filtrait du dehors sur la toison serrée, soyeuse et noire du tapis et sur les membres de bronze d'une statue. Il contourna la maison et jeta un coup d'œil à travers le hublot du garage. La voiture était là. Il secoua les portes du garage : elles étaient fermées à clé.

La neige s'entassait en masses jaunâtres ou frangées de gravier le long des clôtures. Un froid intense s'était abattu. Des cristaux de glace scintillaient là où l'on ne voyait tout à l'heure que noire humidité. Barry redescendit jusqu'à la station de métro. Il allait passer chez Maureen et même, si nécessaire, chez Iris.

Comme il débouchait du pont chinois et s'engageait sur les plaques de neige craquante qui formaient les îlots au milieu d'une mer herbeuse, il vit de la lumière chez Carol. Son cœur bondit, comme toujours, mais cette fois avec tristesse et douleur. Il savait que c'était sa maison mais compta à partir du coin de la rue, par acquit de conscience : deux, quatre, six, huit...

Il avait son fusil et ne redoutait pas de traverser le passage dans l'obscurité. Avant de s'engager dans ce tunnel noir où le pas glissait, ce soir, entre les palissades pailletées d'argent, il sortit le fusil et le tint fermement à deux mains, comme Paddy Jones le lui avait montré.

Cependant il ne rencontra personne et nul ne le suivit. En débouchant dans la rue, il aperçut la lumière du living-room chez Carol, qui se reflétait dans le jardinet. Puis la lumière s'éteignit. D'où il était, Barry ne pouvait discerner avec certitude si toutes les lumières de la maison s'étaient éteintes en même temps.

Une femme sortit de chez Carol. Un instant, il la prit pour Iris à sa façon de serrer frileusement son manteau contre elle et à son pas rapide, presque bondissant. La lueur d'un réverbère lui révéla ses cheveux, les boucles naturelles au pâle éclat. C'était Carol elle-même. Elle portait la fausse fourrure de Mme Fylemon et des sandales à très hauts talons. Parfois, se rappelait-il, elle rentrait à la maison les pieds bleuis de froid.

Elle jetait de brefs regards autour d'elle comme si elle avait peur de quelqu'un ou de quelque chose, peur d'être suivie, peut-être. Il ne se flattait certes pas de l'effrayer, mais il la suivit. Il semblait qu'il n'eût plus rien d'autre à faire au monde, plus d'autre occupation que de la suivre. En continuant à regarder à droite et à gauche mais sans jamais se retourner vraiment, elle déboucha dans Bevan Square. Perle Noire et Crins Bleus étaient postés à l'autre bout de la place à l'angle de la rangée de magasins, paresseusement affalés sur la selle de leurs bécanes comme sur des tabourets de bar.

Barry avait remis le fusil dans son blouson. Il en serrait la crosse, sans sortir l'arme. L'un des garçons marmonna quelque chose d'indistinct, probablement une obscénité, que Barry ne saisit pas. Carol se crut visée. Elle se retourna, vive comme l'éclair, et leur cria : « Foutez-moi le camp ! » Il admira son sang-froid. Les deux garçons ricanèrent. Carol se hâtait en direction de Lordship Avenue.

Barry ralentit le pas, incertain de la conduite à tenir. L'idée l'effleura qu'elle allait peut-être tout simplement chez Iris. Mais elle aussi marchait moins vite et, à l'angle, là où la voie d'accès à la cité passait entre deux immeubles, elle s'arrêta et attendit. Ou plus exactement elle se mit à battre la semelle, tournant en rond sur ses pieds presque nus, les bras croisés plaqués contre ses flancs. Un peu de neige fine comme de la poussière, d'un froid piquant, lardait de coups d'épingle le visage de Barry et le dos de ses mains. Il les enfonça dans les poches de son blouson. Malgré ce froid mordant, la couleur fuligineuse du ciel rappelait les émanations d'un tas d'ordures en feu.

Venant de Lordship Avenue, la voiture s'engagea dans la rue. Elle fit demi-tour et s'arrêta contre le bord du trottoir de gauche. Barry ne pouvait distinguer le visage du conducteur mais il lui sembla que la voiture était celle qu'il avait vue une heure plus tôt dans le garage de Terence Wand.

Carol traversa la rue comme une flèche lorsque la portière avant gauche s'ouvrit. Elle s'engouffra dans la voiture — elle y plongea presque pour échapper au froid intense — et la portière claqua. La voiture repartit silencieusement dans Lordship Avenue et s'éloigna en descendant la côte.

Lorsque Barry arriva à son tour dans l'avenue elle avait disparu, mais il croyait savoir où elle était allée. Un attroupement s'était formé près du trottoir autour d'une chose étendue sur la chaussée. Une femme fit un pas en arrière et commença à s'éloigner du groupe, laissant une place libre. Barry vit qu'une camionnette avait écrasé un animal et que le conducteur était en pleine discussion avec l'un de ces badauds qui surgissent mystérieusement du sol dès qu'un accident se produit. Sur la route, la chose noire, maigre, luisante, sans blessure apparente, morte, n'était autre que le doberman de l'épicier. A sa vue, Barry sentit son cœur se soulever.

Il voulait continuer à pied mais un autobus arriva au moment précis où il atteignait l'arrêt, devant le pub. Le fusil saillait sous son blouson, bombait le tissu comme un sternum hypertrophié. La femme assise en face de lui regardait fixement cette bosse. Barry abaissa l'arme et la maintint solidement.

Ils n'étaient pas au bar. Il s'en aperçut tout de suite sans avoir à le demander. Alkmini servait. Kostas avait pris place à une table avec un groupe de Grecs d'âge mûr, tout semblables à lui. Dennis Gordon, aux trois quarts ivre, le visage sombre et tuméfié, était adossé au comptoir noir en rotonde, dans une pose avachie. Leurs regards se croisèrent, mais ni l'un ni l'autre ne dit mot. Puis Barry vit les yeux de Gordon se détourner. Vitreux et injectés de sang, ils revinrent en hésitant vers le point qu'ils fixaient auparavant, la pendule noire de Kostas dont les aiguilles, sous leur globe, indiquaient neuf heures moins cinq.

Barry avait juste de quoi se payer un verre ; il préféra garder sa monnaie. Il ressortit. Dans Java Mews, la Rolls bleu métallisé de Dennis Gordon était garée au même endroit que l'autre soir. Barry entendit la petite porte du bar à vin s'ouvrir et se refermer avec fracas, mais il ne se retourna pas. Son instinct l'avait trompé, elle n'était pas là et il se demandait où la chercher.

Sans doute, au lieu de venir ici, avaient-ils pris la direction du West End. Rentre chez toi, lui murmurait une voix intérieure, la voix de la raison ; retourne où tu étais avant de la rencontrer. Tôt ou tard tu y seras bien obligé, alors pourquoi pas maintenant ? Un autobus solitaire apparut au sommet de la côte, négocia le virage de son allure pesante et chaloupée de galion. Un bus rouge à impériale qui allait à Hornsey et passait juste au bout de la rue de ses parents.

Il laissa partir l'autobus. Après tout, ils étaient peut-être dans un pub. Là-bas au « Java Head », par exemple. Au lieu d'y aller directement par la ruelle, Barry fit le tour du pâté de maisons en suivant le quadrilatère formé par Lordship Avenue et les trois petites rues ; au passage il regardait à l'intérieur des voitures rangées le long du trottoir.

Il faisait sombre : il n'y avait de réverbères qu'aux carrefours. Barry ne risquait rien ici, personne ne le connaissait, mais les deux garçons qui attendaient là-bas au coin, sous le lampadaire, ressemblaient trop à La Huppe pour ne pas l'inquiéter. Il serra le fusil et ressentit une accélération, un déferlement d'énergie dans le flux de son sang. Les garçons ne lui jetèrent même pas un regard.

Il avait presque atteint le pub et entrait dans le halo de lumière qui s'étendait sous ses fenêtres lorsqu'il entendit la première détonation. Sa main se crispait toujours sur le fusil à travers la doublure de son blouson et, un instant, il s'imagina que c'était lui qui avait tiré. Puis il y eut une rafale de coups de feu et un cri qui déchira l'air froid et dense. Barry se mit à courir. Les portes du pub s'ouvrirent derrière lui, déversant un flot de gens. Barry remontait la ruelle en courant, ignorant s'il s'éloignait de la fusillade ou s'en rapprochait.

Il y eut une nouvelle détonation. Sur le trottoir, devant lui, Barry vit Dennis Gordon, sorte de King Kong aveugle et vacillant, silhouette noire de gorille. Dans sa grosse patte, un pistolet deux fois plus petit que l'arme de Barry ; il le lança au loin en un gracieux arc de cercle.

Barry se demandait d'où sortaient tous ces gens. Le froid les avait cantonnés chez eux mais le sang, les cris, le souffle chaud de la violence les avaient jetés dehors comme en faisant fondre leurs portes. La foule et son brouhaha emplissaient la ruelle.

Il vit l'impact de balle dans l'aile de la voiture avant de comprendre de quelle voiture il s'agissait. Il se fraya un chemin, repoussant du coude les badauds attroupés. La portière gauche qu'il avait vue s'ouvrir pour Carol était ouverte de nouveau et de minces filets de sang s'écoulaient au bord du siège et franchissaient en minuscules rigoles sinueuses le seuil de la carrosserie.

Le plancher de la voiture était couvert de sang, une flaque se formait. Barry s'était souvent demandé ce qu'il éprouverait, comment il réagirait s'il voyait Carol dans les bras d'un autre homme — de Terence Wand, par exemple. C'était précisément le spectacle qui s'offrait à ses regards ; or il connaissait cette totale absence de sentiment qui suit un choc. On n'aurait pu dire s'ils se tenaient enlacés au moment où les balles les avaient atteints ou si c'était la mort qui les avait jetés dans les bras l'un de l'autre. Pas une goutte de sang ne tachait les boucles enfantines, les boucles d'or de Carol. La balle qui l'avait tuée avait fait un trou juste en dessous de son oreille gauche et le sang coagulé formait comme un bijou, une grappe de gemmes sombres.

Barry se détourna et de nouveau fendit la foule pour gagner le bout de la ruelle. Il montait la côte comme un automate ou comme un concurrent dans une épreuve de marche. Des voitures de police, sirènes hurlantes, et une bien inutile ambulance le dépassèrent, brûlant un feu rouge. La nuit s'emplissait soudain du mugissement des sirènes. Barry était comme anesthésié mais il revoyait sans cesse le visage de Carol avec cette pierre rouge au-dessous de l'oreille, et il s'imaginait sentir cette même odeur de citron qui l'avait frappé à la morgue. Il marchait mécaniquement, indifférent au mouvement de balancier de ce membre surnuméraire, son fusil.

Au haut de la côte, il se pencha par-dessus le parapet du pont et jeta le fusil dans le canal. Les rides nées de sa chute se propageaient encore à la surface de l'eau lorsque Barry monta dans le bus de Hornsey.

XXIV

Le taxi le déposa à Golders Green. C'était assez loin ; de là, il pouvait prendre le métro. Il se sentait curieusement insouciant et le cœur léger. Le corps aussi. Il s'était pesé avant de partir et avait constaté qu'il avait perdu onze livres depuis Noël. Il pensait avoir laissé derrière lui tous ses ennuis avec ce passé dont il venait de se défaire. Il était si détendu qu'il acheta un journal du soir pour avoir quelque chose à lire durant son trajet.

En descendant les marches qui le menaient sur le quai, il promena son regard sur le gros titre. Il s'arrêta — et commença à lire fébrilement. Le choc lui tenaillait et lui retournait les entrailles. S'il n'avait pas appelé Carol hier après-midi pour se décommander, il aurait pu être cet homme assis à côté d'elle dans ce que le journal appelait « la voiture de la mort ». Ainsi ses nerfs, en le lâchant, lui avaient rendu service et même sauvé la vie. Si son courage défaillant ne l'avait averti qu'il ne passerait avec succès sa dernière nuit à Spring Close que dans la solitude et gorgé d'un ahurissant mélange de tranquillisants, d'alcool et de sédatifs, cela aurait pu être lui ! Ils seraient certainement restés une partie de la soirée au bar à vin. Carol vous y emmenait toujours. C'est à peine s'il nota le nom de la victime, Edward Greenwood, un parfait inconnu. Sa main tremblait si fort que le seul fermoir en état de marche de sa valise marron s'ouvrit.

Un peu tard, sans doute, il eut une pensée pour Carol. Pauvre Carol ! Que serait-il arrivé s'il était sorti avec elle hier soir comme prévu ? Même s'il avait échappé à la mort, il aurait eu le désagrément d'être mêlé au règlement de comptes entre elle et ce type jaloux avec qui elle vivait apparemment par intermittence. Était-ce lui qu'il avait eu au bout du fil hier après-midi ? En tout cas la publicité donnée à cette affaire aurait révélé sa vente frauduleuse de la maison de Freda et l'aurait empêché de prendre le large avec l'argent ! Terence conclut qu'en fin de compte il devait avoir un ange gardien.

Il descendit à Euston et se rendit à pied à l'hôtel où il avait réservé une chambre pour la nuit afin de pouvoir en disposer dans l'après-midi et en début de soirée. Là, il compta l'argent. Quelque deux mille billets de cinquante livres n'auraient pas pris tant de place, mais le directeur de la banque n'avait pu réunir toute la somme en billets de cinquante et la moitié au moins était en petites coupures de vingt et de dix livres. En fait, la valise était à peine assez grande pour les contenir. C'est pourquoi les fermoirs cédaient sans cesse.

Il n'osait pas laisser l'argent dans sa chambre. Il emporta la valise pour faire un tour dans Tottenham Court Road. Là, dans une boutique de maroquinerie et de souvenirs, il acheta une sangle de toile pour entourer sa valise et, pris d'une sorte de remords en quittant le magasin, un sac de nylon pliant.

De retour à l'hôtel il s'étonna lui-même de la débauche d'anxiété dont il croyait apparemment devoir accompagner une occupation aussi anodine que la mise en ordre de ses bagages et le rangement de l'argent. Il les avait faits et refaits tous deux plusieurs fois, pour finir par placer les billets dans le sac en nylon et les quelques effets qu'il emportait, avec ses affaires de toilette, dans la valise, lorsqu'il s'avisa que très probablement il n'aurait le droit de garder avec lui dans l'avion qu'un seul bagage à main. Il se décida pour le sac de nylon. La fermeture Éclair en faisait presque le tour complet, permettant, une fois vidé, de l'ouvrir à plat, de le replier dans la pochette prévue à cet effet et de le réduire à la taille d'un mouchoir. Il ne pesait presque rien et sa contenance était plus vaste que Terence ne l'avait d'abord supposé.

En vidant ses bagages une fois de plus, il s'aperçut qu'il reprenait courage. Carol, se répétait-il, Carol, s'exhortant à la tristesse et à l'affliction — mais il ne réussissait à penser qu'au 5, Spring Close et au camion de déménagement des Goldschmidt qui arrivait pour trouver la maison bourrée de meubles et la voiture de Freda au garage. A l'heure qu'il était, ils avaient sans doute déjà eu cette mauvaise surprise. Qu'allaient-ils faire ? Ils iraient chez Steiner et Wildwood pour obtenir de Sawyer la nouvelle adresse de M. Phipps. « C/o Wand, Brownswood Common Lane, Tottenham », leur répondrait-on ; et Terence savait mieux que personne que sa mère serait sortie toute la journée car elle allait, comme chaque mardi, rendre visite à sa sœur à Palmers Green.

Mais même si, en ce moment, les Goldschmidt le recherchaient pour l'obliger à faire enlever les meubles, ils n'en viendraient pas pour autant à le soupçonner aussitôt de n'avoir jamais possédé la maison. Cette idée, avec toutes ses implications, ne les effleurerait certainement pas avant une semaine ou plus. Néanmoins il était sur des charbons ardents tandis qu'il remplissait le sac pour la énième fois et voyait les aiguilles de sa montre progresser lentement, trop lentement, vers sept heures trente ; il éprouva un immense soulagement lorsqu'il s'assit enfin dans le métro, le sac en nylon sur ses genoux et, dans sa poche, un ticket d'aller simple pour Heathrow Central.

L'inspecteur Tony Leatham avait un sac de voyage plutôt chic, pas en cuir certes, mais presque : en simili-peau de porc beige foncé. Il s'était débrouillé pour avoir à passer deux nuits à Melbourne. De toute façon, Monty Driscoll était déjà là-bas depuis trois mois : deux jours d'attente supplémentaires ne lui feraient pas de mal, alors qu'un bref arrêt de vingt-quatre heures eût été exténuant compte tenu du décalage horaire, se disait Leatham. Non qu'il eût une grande expérience de ce décalage horaire : en fait de voyages à l'étranger, il n'avait jamais dépassé la Costa del Sol.

Il était bien décidé à s'amuser. Non, pas de métro pour lui ! On avait mis à sa disposition une voiture pour le conduire directement au Terminal trois. Comme tous les voyageurs novices, Leatham était en avance et il fut l'un des premiers à se présenter à l'enregistrement pour le vol Qantas de 21 h 45. Il prit une tasse de café et acheta un livre de poche. Pas *Les Liens du mariage* qu'on voyait partout exposés, il pressentait que ce n'était guère son style, mais un nouveau recueil de douze récits d'épouvante. Puis, comme il lui semblait n'avoir plus rien à faire, il passa au contrôle des passeports et franchit la porte « d'où plus on ne retourne », du moins de ce côté-ci du ciel.

La jeune femme était tout à fait son type : un petit visage rond et des boucles blondes, permanentées toutefois. Elle disparaissait littéralement derrière des piles de bagages. Il se demandait comment à elle seule — car le petit enfant qui l'accompagnait la gênait sans doute plutôt qu'il ne l'aidait — elle était parvenue à les hisser dans le métro. Elle portait un jean et un blouson de fourrure marron, du lapin sans doute, et de prime abord il avait pensé qu'elle avait des seins volumineux, anomalement développés chez une fille aussi frêle. Il lui parlait déjà depuis quelques minutes, ou plutôt c'était elle qui lui avait adressé la parole — elle lui avait manifesté une sympathie instantanée comme toutes ses pareilles et lui avait déjà appris qu'elle s'appelait Jane — lorsqu'il se rendit compte qu'elle portait un bébé sanglé dans un harnais contre sa poitrine. Elle se pencha en avant et il aperçut la petite tête ronde, presque chauve, là où il situait à peu près la naissance de ses seins.

Deux enfants, et ce monceau de bagages ! Terence ne voulait pas se trouver mêlé aux affaires d'autrui mais il était trop tard. Sur l'étiquette fixée à la valise de Jessica, elle avait déjà lu « Singapour » et le nom de l'hôtel où il allait descendre. Les yeux de la jeune femme trahissaient son vif soulagement d'avoir trouvé pour les vingt prochaines heures un chevalier servant et un porteur. Après tout, songeait Terence, cela le distrairait. En lui parlant, il oublierait un peu les Goldschmidt. Et une fois à Singapour...

« Bill va être bloqué à Penang jusqu'en avril, disait Jane, mais il a réussi à me dénicher une *ayah.* »

Terence comprit vaguement qu'elle voulait parler d'une espèce de nurse pour les petits. Il aurait pu tomber plus mal, songeait-il, et il se préparait à apprécier sa compagnie de chaque instant pendant un jour ou deux, puisque c'était ce que le destin lui réservait. L'aînée des enfants, d'allure asexuée avec sa salopette de velours bleu et ses cheveux coupés ras mais répondant au prénom de Miranda, grimpa sur ses genoux et commença à tripoter la fermeture du sac en nylon. Terence se prit à espérer que l'*ayah* attendrait à l'aéroport, de préférence sur la piste d'atterrissage même.

Il dut porter trois valises et pousser celle qui avait des roulettes, son sac accroché à son poignet gauche. Jane portait le bébé et deux autres valises tandis que Miranda s'accrochait en pleurnichant aux pans de sa veste. Aucun agent de police ne rôdait aux abords des guichets d'enregistrement — c'était l'une des craintes de Terence. Le soulagement de se débarrasser des valises fit place à l'angoisse d'affronter l'examen des bagages à main. En fait d'examen, c'était Terence qui en passait un. Il crut sa dernière heure arrivée lorsque les agents de sécurité lui dirent qu'il fallait ouvrir le sac de nylon et joignirent le geste à la parole en répandant la moitié de son contenu. Mais personne ne dit mot. Ils retournèrent les liasses de billets avec la même indifférence que pour manipuler le paquet de changes complets de Jane. Terence vit le regard de la jeune femme se poser sur l'argent mais elle s'abstint de tout commentaire.

Ils s'engouffrèrent tous ensemble dans le magasin « hors taxes », où Jane acheta un parfum. Terence n'acheta rien. Dans une heure d'ici, il n'aurait plus besoin de whisky, il n'en avait jamais vraiment aimé le goût. Ils prirent un café, Miranda eut droit à un sachet de chips et, tandis qu'ils se demandaient s'il valait mieux commander tout de suite un sandwich ou attendre le repas qu'on leur servirait dans l'avion, la Qantas annonça le début de l'embarquement sur son vol QF2 à destination de Bahrein, Singapour et Sydney. Ce n'était que le premier appel : il y avait encore un long moment à attendre.

Jane dit qu'elle ferait mieux d'aller aux toilettes ou plutôt à la nursery, s'il y en avait une, pour changer le bébé. L'occasion ne se représenterait peut-être plus avant des heures. Tout le monde savait ce que c'était de faire la queue dans ces avions. Terence crut qu'elle allait emmener Miranda mais elle la lui laissa et, dès que sa mère fut hors de vue, la petite fille renversa une tasse de café presque pleine. Le café se répandit sur le sac de Terence. Il l'ouvrit brusquement pour éponger le liquide qui commençait à suinter à l'intérieur et tandis qu'il s'y employait, Miranda, peut-être contrite ou seulement effrayée, sauta sur ses genoux et referma les bras autour de son cou.

Les passagers commençaient à se lever de toutes parts autour de Terence et à converger vers les portes d'embarquement. Il décida d'y aller aussi — et au diable Jane, ses enfants, ses valises et son *ayah* ! Il se releva avec peine, tenant toujours ou plutôt toujours tenu par Miranda et, en essayant de la repousser, son regard croisa celui de l'inspecteur Leatham. Ils se reconnurent immédiatement. Terence éprouva le même vertige, le même sentiment nauséeux de faiblesse que le jour où Leatham était venu le voir à Spring Close.

Leatham était assis à une table, trois ou quatre mètres plus loin. Il se leva et s'approcha lentement de Terence, son regard passa de Terence à Miranda et il dit :

« Jason Stratford, je présume ? »

Terence entendit ces mots mais n'enregistra que des sons, comme si l'on s'adressait à lui dans une langue inconnue. La corde trop tendue de ses nerfs craqua et se rompit. Il poussa un faible cri inarticulé. Il écarta Miranda, saisit le sac toujours ouvert et se mit à courir. Le sac se retourna comme un gant et son contenu s'éparpilla derrière lui, trace laissée sur son chemin : rasoir, journal, sous-vêtements, dentifrice, tranquillisants et cent trente-deux mille livres...

XXV

Ils rapportaient le livre. Tenant Jason par la main, Benet pénétra dans la bibliothèque de Winterside par un matin de mars, tendit le livre par-dessus le comptoir et tenta d'expliquer comment il se trouvait en sa possession. Sans être adhérente de la bibliothèque elle y était entrée par hasard quelques mois plus tôt, son petit garçon avait pris le volume et, par inadvertance...

De grand format et de couleurs éclatantes, le livre d'images pouvait difficilement passer inaperçu. Mais la bibliothécaire paraissait ravie de récupérer tout ouvrage manquant, sans s'arrêter aux détails. Benet aurait pu le renvoyer par la poste. Elle s'était obligée à revenir jusqu'à ce coin de Tottenham, jusqu'à Lordship Avenue et Winterside, sentant bien que si elle ne s'y astreignait pas maintenant elle n'en aurait peut-être plus jamais le courage ; elle l'éviterait peut-être pour toujours, s'imposant des détours compliqués pour n'avoir pas à traverser cette partie de Londres. Le livre n'était qu'un prétexte dont elle usait pour se forcer à jeter un coup d'œil pénible mais libérateur sur le quartier où Edward avait trouvé la mort aux côtés de Carol Stratford.

Comme à sa dernière visite, elle avait laissé la voiture dans Winterside Road. C'était une journée scintillante de lumière et de glace, les jonquilles étaient sorties de terre mais on ne voyait pas un bourgeon, on ne sentait pas dans l'air le plus petit souffle de printemps. Le duffel-coat devenait trop petit pour Jay. Il lui en faudrait peut-être un autre avant la belle saison. Elle le sangla sur son siège et engagea la voiture dans l'entrée du garage de Woodhouse pour faire le plein d'essence.

Une jeune fille la servit. Benet la suivit dans la cabine vitrée pour payer avec sa carte de crédit. Tom Woodhouse, assis derrière un bureau, parlait au téléphone. Elle le regarda, hésitant sur l'attitude à prendre : se faire connaître lorsqu'il reposerait le combiné ou passer outre ? — et soudain, le considéra avec une attention redoublée. Un sentiment curieux, fait d'étonnement et de profonde confusion, la submergea. Cela ressemblait presque à une rencontre, aussi inattendue qu'inopportune, avec un ancien amant. Cependant Tom Woodhouse n'avait jamais été son amant, bien sûr. Il avait été l'amant de Carol Stratford. Cela ne faisait aucun doute.

La ressemblance était hallucinante, à vous donner le frisson. L'homme qui téléphonait avait le front haut, les yeux couleur aigue-marine, le nez crochu et le menton proéminent. Ses sourcils broussailleux formaient deux auvents couverts de chaume et ses cheveux étaient d'un blond cendré. La première fois qu'elle avait vu Jay, ne lui avait-il pas rappelé irrésistiblement un visage connu ? Elle signa la note comme un automate. Tom Woodhouse prit congé de son correspondant, reposa le combiné, griffonna sur son bloc et releva lentement la tête.

Benet saisit son reçu et, détournant soigneusement le visage, quitta le bureau à pas pressés. Rien ne lui paraissait moins souhaitable que de renouer des relations avec cet homme, qui était à n'en pas douter le père de Jason.

Elle n'avait pas revu Ian depuis une semaine et son départ pour le Canada aurait lieu dans moins de quinze jours. Il sonna à sa porte à sept heures ; elle venait de coucher Jay.

« Je ne pars pas avec toi, lui dit-elle en se dégageant de son étreinte. Mais tu le sais déjà, tu as deviné, n'est-ce pas ? »

Son visage reflétait la même tristesse que le jour où elle lui avait avoué qu'elle n'avait pas songé à le prévenir de son départ pour l'Espagne : elle avait oublié. Elle était là-bas depuis trois jours auprès de Mopsa et de son père et avait déjà appris par les journaux la mort d'Edward lorsqu'elle pensa enfin à lui téléphoner. Son amour n'était pas en défaut cependant ; seulement, la peur chasse tout autre sentiment.

« Je le savais, dit Ian, mais je ne comprends toujours pas pourquoi. »

Elle avait résolu de lui mentir pour couper court à tous les mensonges futurs. Aucun avenir n'existait pour eux sans ces mensonges, car Ian ne se ferait jamais son complice. D'un autre côté, un avenir cousu de mensonges, où Benet multiplierait inventions et faux-fuyants pour expliquer la présence de Jay, sa situation légale, la prolongation indéfinie de son rôle de fils auprès d'elle, était également impensable. Leur relation en serait détruite même si Ian la croyait — et elle n'imaginait pas qu'il pût la croire bien longtemps.

Un amant futur, un homme encore à venir, si elle pouvait en espérer jamais l'apparition, ignorerait tout de son passé et se contenterait d'un mot ou deux d'explication. Mais Ian était la seule personne vivante à savoir que Jay ne pouvait s'appeler James Archdale comme le prétendait son passeport, la seule personne à avoir rencontré James et à connaître sa mort. Elle avait donc à faire un choix, et sa décision était prise. Ian ou Jay : elle avait choisi. Et pour commencer, il fallait lui dire ce mensonge.

« Je suis navrée, Ian. Je ne tiens pas assez à toi pour te suivre à l'autre bout du monde. Je croyais t'aimer et c'est vrai, je t'aime, mais pas assez. »

Il ne parvenait pas à l'admettre. « Nous pourrions essayer six mois de séparation. Passé ce délai, tu verrais où tu en es.

— J'en serai exactement au même point. »

Elle était sûre de ne jamais le revoir après cette soirée. « J'achèterai tous tes livres, dit-il. Si je ne puis être autre chose pour toi, je serai ton plus fidèle lecteur. »

Après son départ, elle pleura. Elle se versa à boire et s'assit dans le bureau ; elle puisait un maigre réconfort dans la certitude d'avoir levé le dernier obstacle. Elle avait choisi cette vie, elle en avait délibérément tracé l'itinéraire. Piètre consolation dans la solitude d'une maison nocturne...

Jay s'éveilla et se mit à pleurer, réclamant de l'eau. Elle ferait aussi bien de se coucher, pensa-t-elle, et de ne plus redescendre pour ce soir. Elle l'installa sur ses genoux et lui donna un gobelet d'eau. Il regagna son lit spontanément et ferma les yeux avant même qu'elle eût remonté ses couvertures. Elle le contempla un moment avec un peu de regret et beaucoup d'espoir. Un mot d'Edward lui revint en mémoire.

« Eh bien, Jay, dit-elle, on dirait que notre affaire est en route. »

L'HOMME À LA TORTUE

(*Life Flesh*)

Roman traduit de l'anglais par
Michel Courtois-Fourcy

Pour Don

I

Le pistolet est une réplique. Spenser dit à Fleetwood qu'il en était sûr à quatre-vingt-dix-neuf pour cent. Fleetwood savait ce que cela signifiait : Spenser en était sûr à quarante-neuf pour cent. Mais, de toute façon, il n'accordait guère d'importance à ce que disait Spenser. Pour sa part, il ne croyait pas que le pistolet fût réel. Les auteurs de viols n'utilisent pas de véritables armes. Une réplique suffit largement pour faire peur.

La fenêtre, dont la fille avait cassé la vitre, n'était pour le moment qu'un rectangle noir et vide. Depuis que Fleetwood était arrivé, l'homme au pistolet ne s'en était approché qu'une seule fois, pour répondre à la sommation du policier. Il n'avait rien dit, s'était contenté de rester là quelques dizaines de secondes, en tenant son pistolet des deux mains. C'était un homme jeune, à peu près de l'âge de Fleetwood. Il avait de longs cheveux noirs, vraiment longs, qui lui tombaient sur les épaules, selon la mode du moment. Il portait des lunettes de soleil. Il resta là, debout, près de la fenêtre, pendant un très court instant puis fit brusquement demi-tour pour s'enfoncer dans l'obscurité de la pièce. Fleetwood n'avait pas vu la fille et, à vrai dire, elle pouvait parfaitement être morte.

Il s'assit sur le muret du jardin d'en face et regarda la maison. Sa voiture et le car de police étaient rangés un peu plus loin contre le trottoir. Deux agents avaient réussi à canaliser la foule et à la maintenir derrière une barrière improvisée. Même avec la pluie qui s'était mise à tomber, disperser les badauds aurait été une tâche impossible. Tout le long de la rue, les portes d'entrée étaient ouvertes. Les femmes se tenaient sur le seuil, attendant que quelque chose se produise. C'était l'une d'elles qui, en entendant un bruit de verre brisé et un cri de femme, avait appelé la police.

Ce quartier n'était ni Kensal Rise, ni West Kilburn, ni Brondesbury. C'était un endroit mal défini, sans limites précises, que Fleetwood n'avait fait que traverser, sans jamais s'y arrêter. La rue, longue, rectiligne, plate, avec deux rangées d'habitations qui se faisaient face, s'appelait Solent Gardens. Quelques maisons avaient été construites à l'époque victorienne, mais la plupart dataient des années vingt ou trente. Celle à la vitre cassée — 62 Solent Gardens — faisait partie des plus récentes. Elle était à l'extrémité d'un groupe de huit, aux murs de brique crépis, au toit de tuiles rouges, avec des montants de fenêtre peints en blanc et noir et une porte d'entrée bleu pâle. Toutes ces maisons avaient un jardinet devant et un derrière, dans lesquels poussaient des chèvrefeuilles, des haies de troènes, à côté de petites pelouses. La plupart avaient un muret de briques ou de pierres devant la haie. Fleetwood, assis sur un de ces murets sous la pluie, commençait à se demander ce qu'il allait devoir faire.

Aucune des victimes n'avait parlé d'une arme — apparemment, cette réplique était une acquisition récente. Deux d'entre elles — il y en avait cinq en tout, ou plutôt cinq s'étaient fait connaître — avaient pu donner le signalement de l'homme : grand, mince, vingt-sept ou vingt-huit ans, le teint basané, de longs cheveux noirs, des yeux noirs et des sourcils noirs comme du charbon. Un étranger ? Un Oriental ? Un Grec ? Peut-être. Mais ce pouvait tout aussi bien être un Anglais avec des ancêtres à la peau sombre. Une des femmes, qui s'était débattue, avait été sérieusement blessée. Mais l'homme ne s'était pas pour autant servi d'une arme, il s'était contenté d'utiliser ses mains.

Fleetwood se leva et se dirigea vers la porte d'entrée du numéro soixante-trois — la maison qui se trouvait en face — pour avoir une nouvelle conversation avec Mrs. Stead, la personne qui avait téléphoné à la police. Elle avait mis son manteau d'hiver et avait été chercher dans sa cuisine un tabouret pour s'asseoir. Elle lui avait déjà dit que la fille s'appelait Rosemary Stanley, qu'elle vivait avec ses parents, absents en ce moment. Il était huit heures moins cinq — cela faisait maintenant une heure et demie que Rosemary Stanley avait brisé la vitre et crié.

Fleetwood demanda à Mrs. Stead si elle avait vu la jeune fille.

« Il l'a arrachée de la fenêtre avant que je puisse l'apercevoir.

— Ça, nous n'en savons rien, dit Fleetwood. J'imagine qu'elle sort pour se rendre à son travail ? Je veux dire lorsque les choses sont normales.

— Oui. Mais elle ne quitte jamais la maison avant neuf heures. La plupart du temps, vers neuf heures dix. Je peux vous dire comment ça s'est passé. J'ai tout reconstitué. Il a sonné à la porte d'entrée et elle est descendue en chemise de nuit pour ouvrir. Il lui a dit qu'il venait relever le compteur d'électricité — c'est ces jours-ci qu'ils doivent passer dans le quartier et sans doute était-il au courant. Elle l'a fait monter. C'est alors qu'il a tenté de se jeter sur elle, mais en un éclair, elle a cassé le carreau et crié pour appeler au secours. Voilà ce qui s'est passé. »

Fleetwood n'était pas de cet avis, Tout d'abord, le compteur électrique n'était sûrement pas à l'étage. Les maisons de ce tronçon de rue étaient les mêmes et le compteur de Mrs. Stead se trouvait juste derrière la porte d'entrée. De plus, seule dans la maison, par un sombre matin d'hiver, Rosemary Stanley n'aurait sûrement pas laissé entrer un inconnu aussi facilement. Elle se serait d'abord penchée à la fenêtre pour voir qui c'était. Les femmes dans ce quartier sont tellement effrayées par les histoires de viols qu'aucune d'entre elles ne mettrait le nez dehors après la tombée de la nuit, ni ne dormirait seule dans une maison si elle pouvait faire autrement, ni n'ouvrirait une porte d'entrée sans avoir placé la chaîne de sécurité. Un quincaillier du coin avait dit à Fleetwood que la vente de ces chaînes avait fait un bond incroyable ces dernières semaines. Fleetwood pensait que, plus vraisemblablement, l'homme au pistolet était entré dans la maison par effraction, avant d'atteindre la chambre à coucher de Rosemary Stanley.

« Que diriez-vous d'un café, commissaire ? demanda Mrs. Stead.

— Brigadier, rectifia Fleetwood. Non merci, peut-être plus tard. Bien qu'il faille espérer qu'il n'y aura pas de plus tard. »

Il traversa la chaussée. Derrière la barrière, les gens attendaient patiemment, debout sous la pluie, cols relevés, mains dans les poches. Au bout de la rue, là où elle rejoignait le boulevard, un des agents avait une discussion animée avec un chauffeur de poids lourd qui, apparemment, voulait amener son camion jusque-là. Spenser avait prédit que l'homme au pistolet sortirait de la maison pour se rendre, quand il verrait Fleetwood et le car de police. Tout le monde sait que les auteurs de viols sont d'une étonnante lâcheté. A quoi d'ailleurs cela lui servirait-il de résister ? Cependant, les choses n'avaient pas suivi ce scénario. Peut-être, se disait Fleetwood, ce type pense-t-il avoir encore une chance de s'échapper. Si c'est lui l'auteur des viols. De cela, personne ne pouvait être sûr et Fleetwood tenait par-dessus tout aux faits nets et précis. Quelques minutes après le coup de téléphone à la police, une jeune femme, du nom de Heather Cole, était arrivée au commissariat, accompagnée d'un homme appelé John Parr. Elle avait déclaré que quelqu'un avait tenté de la violer dans Queens Park, une demi-heure plus tôt. Elle faisait faire sa petite promenade à son chien, quand un homme s'était jeté sur elle par-derrière. Elle avait crié, et Mr. Parr s'était approché, mettant ainsi en fuite l'individu. S'était-il échappé par ici, se demandait Fleetwood. Était-il entré, après l'échec qu'il avait essuyé avec Heather Cole, au 62 Solent Gardens afin d'échapper à ses poursuivants plutôt que dans l'intention de violer Rosemary Stanley ? Ou était-ce simplement une hypothèse comme une autre ?

Fleetwood s'approcha tout près de la maison des Stanley, ce qu'il n'avait pas encore fait. Il ouvrit la grille de fer forgé tarabiscotée, traversa le carré de gazon humide, d'un vert éclatant et tourna à l'angle de la maison. Il n'y avait aucun bruit à l'intérieur. Le mur, de ce côté, était nu et abrupt, sans tuyau d'écoulement ni rebord, en dehors de trois petites fenêtres. A l'arrière, cependant, l'agrandissement de la cuisine avait nécessité la mise en place d'un toit, à deux mètres cinquante environ du sol, qui s'appuyait contre un mur où poussait une plante grimpante. Probablement une glycine, se dit Fleetwood, qui dans ses moments de détente s'adonnait au jardinage.

Au-dessus de ce toit, qu'on pouvait atteindre assez facilement, une fenêtre à guillotine était ouverte : Fleetwood devait avoir raison. Il remarqua aussi qu'il était possible d'entrer dans le jardin par un sentier, qui rejoignait une allée cimentée longeant le garage. Si tous nos efforts échouent, pensa-t-il, quelqu'un — moi par exemple — pourra toujours pénétrer dans la maison en suivant le chemin qu'a emprunté l'homme au pistolet.

Alors qu'il venait de repasser l'angle de la maison, une voix l'interpella. C'était celle d'un homme terrorisé, ce qui ne voulait pas dire qu'elle était moins effrayante pour autant. Ne s'attendant pas à ce cri, Fleetwood sursauta. Il se rendit compte qu'il était nerveux, qu'il avait peur, bien qu'il n'y ait pas pensé jusqu'ici. Il se dirigea rapidement, mais sans courir, vers l'allée qui se trouvait devant la maison. L'homme au pistolet était derrière la fenêtre cassée, dont il avait, maintenant, fait tomber les morceaux de verre dans le parterre de fleurs situé au-dessous. Il tenait l'arme dans sa main droite et avait relevé le rideau de la gauche.

« Est-ce vous le responsable ? » demanda-t-il à Fleetwood.

Il donnait l'impression d'être en représentation. Peut-être l'était-il d'ailleurs. Un spectacle réussi, en tout cas, à en juger par l'intérêt passionné du public qui affrontait la pluie et le froid. En entendant la voix, une rumeur, un murmure, une espèce de soupir traversa la foule, quelque chose qui ressemblait au bruissement du vent dans les branches.

Fleetwood acquiesça.

« En effet, dit-il.

— C'est avec vous qu'il me faudra négocier ?

— Il n'est pas question de négocier quoi que ce soit. »

L'homme au pistolet sembla peser cette réponse.

« Quel est votre grade ? demanda-t-il.

— Je suis le brigadier de police Fleetwood. »

Même avec les yeux cachés, le visage émacié exprima une déception évidente. L'homme semblait penser qu'il méritait pour le moins un inspecteur principal. Peut-être devrais-je informer Spenser qu'on le demande, pensa Fleetwood. L'arme était maintenant braquée sur lui. Il n'allait pas mettre les mains en l'air, il n'en était même pas question. Ça ne se passait pas à Los Angeles, mais à Kensal Rise. Quelle était exactement la différence, ça, il n'en savait rien. Il regarda le trou noir du canon.

« Je veux qu'on me promette de me laisser sortir d'ici en m'accordant une demi-heure pour m'échapper. J'emmènerai la fille avec moi, et lorsque la demi-heure sera écoulée, je la renverrai en taxi. D'accord ?

— Vous plaisantez, non ? demanda Fleetwood.

— Si vous ne me faites pas cette promesse, ce ne sera pas une plaisanterie pour elle, croyez-moi. Vous voyez mon pistolet. Vous le voyez, n'est-ce pas ? »

Fleetwood resta silencieux.

« Je vous donne une heure pour vous décider. Ensuite, j'utiliserai mon arme.

— Ce sera un assassinat. La sentence inéluctable pour assassinat est l'emprisonnement à vie. »

La voix, profonde et basse, quoique sans couleur — une voix qui donnait à Fleetwood l'impression de ne pas servir souvent, de n'être utilisée qu'avec parcimonie — devint glaciale. Elle disait des choses effroyables avec indifférence.

« Je ne la tuerai pas. Je tirerai dans le dos, au bas de la colonne vertébrale. »

Fleetwood ne fit aucun commentaire. Que pouvait-on dire ? Cette menace ne pouvait provoquer qu'un laïus moralisateur ou une réaction émotionnelle. Il se retourna, ayant aperçu du coin de l'œil l'arrivée d'une voiture connue. Cependant, le changement de rythme respiratoire de la foule, un souffle brusquement retenu, le fit de nouveau regarder en direction de la fenêtre. La jeune fille, Rosemary Stanley, se trouvait maintenant dans l'encadrement, là où le carreau avait été cassé. Elle était debout, mais sa silhouette faisait penser à celle d'une esclave ligotée sur une place de marché. Ses bras étaient retenus derrière son dos par d'autres bras, tandis que sa tête tombait sur sa poitrine. Une main s'empara de ses longs cheveux pour ramener sa tête en arrière. Ce mouvement violent la fit crier.

Fleetwood s'attendait à ce que la foule lui adresse la parole ou qu'elle-même se mette à parler. Rien de cela n'arriva. La jeune fille garda le silence, les yeux écarquillés, figée comme une statue à cause de la peur. Le pistolet était probablement appuyé dans son dos au bas de la colonne vertébrale. Elle avait forcément entendu les déclarations de l'homme concernant ses intentions. L'indignation de la foule était telle que Fleetwood avait l'impression d'en sentir les vibrations. Il aurait dû trouver quelques mots de réconfort à dire à la jeune fille, mais il ne lui en venait aucun qui ne lui parût faux ou hypocrite. C'était une fille mince, assez petite, avec de longs cheveux blonds. Elle portait un vêtement qui pouvait tout aussi bien être une robe ou un peignoir. Un bras lui saisit la taille pour la ramener en arrière, tandis qu'au même instant, pour la première fois, le rideau était tiré. C'était d'épais doubles rideaux qui fermaient parfaitement l'ouverture.

Spenser toujours assis dans la Rover, à côté de la place vide du conducteur, lisait une feuille de papier. C'était le genre d'homme qui, lorsqu'il n'est pas occupé par ailleurs, est toujours en train de parcourir un document. Fleetwood ne put s'empêcher de remarquer quel mal se donnait Spenser pour avoir l'allure d'un commissaire divisionnaire en puissance : une abondante chevelure, légèrement argentée, des joues lisses et polies, une peau curieusement bronzée au cœur de l'hiver, une chemise en popeline, aussi fraîche qu'un sorbet et l'inévitable imperméable Burberry. Fleetwood monta à l'arrière de la voiture et Spenser lui jeta un coup d'œil aussi bleu que la flamme d'un bec de gaz.

De l'avis de Fleetwood, cette lecture, comme toujours, ne lui avait sûrement fourni que des informations inutiles, qui ne pouvaient d'aucune manière contribuer à résoudre la crise.

« Elle a dix-huit ans, a quitté l'école l'été dernier, travaille dans un bureau de dactylos. Ses parents sont partis pour le Herefordshire, tôt ce matin. Un voisin a dit qu'ils ont pris un taxi aux environs de sept heures et demie. Le père de Mrs. Stanley, qui habite Hereford, vient d'avoir une crise cardiaque. Nous les tiendrons au courant dès que nous pourrons les joindre. Nous ne voulons pas qu'ils apprennent la nouvelle à la télévision. »

Fleetwood pensa immédiatement à la jeune fille qu'il devait épouser la semaine prochaine. Diana allait-elle découvrir qu'il se trouvait ici et se faire du mauvais sang ? En tout cas, pour le moment, les cameramen de la télévision n'étaient pas là, ni aucun journaliste d'ailleurs, autant qu'il puisse en juger. Fleetwood informa Spenser de ce que l'homme au pistolet avait dit : la promesse exigée, la possibilité de fuite et la menace concernant Rosemary Stanley.

« On peut être sûr, à quatre-vingt-dix-neuf pour cent, qu'il s'agit d'une réplique, dit Spenser. Comment est-il entré dans la maison? Le savez-vous ?

— Grâce à un arbuste appuyé au mur du fond. »

Fleetwood se doutait que Spenser ne comprendrait rien s'il lui parlait de glycine.

Spenser marmonna entre ses dents et Fleetwood se vit dans l'obligation de lui demander de répéter.

« Je disais que nous aurions à entrer là-dedans, brigadier. »

Spenser avait trente-sept ans, presque dix ans de plus que Fleetwood. Aussi, commençait-il à prendre de l'embonpoint, comme il sied sans doute à un futur commissaire divisionnaire. Plus vieux que Fleetwood, moins en forme, deux échelons hiérarchiques plus haut, Spenser en disant « nous » indiquait clairement que Fleetwood devrait entrer dans la maison, en emmenant peut-être avec lui un des jeunes inspecteurs.

« En utilisant probablement l'arbre dont vous venez de me parler », ajouta Spenser.

La fenêtre à guillotine était ouverte, n'attendant que lui. A l'intérieur, il y avait un homme avec un véritable pistolet ou avec une réplique — qui pouvait le savoir ? — et une jeune fille morte de peur. Fleetwood, quant à lui, n'avait pas d'arme, en dehors de ses mains, de ses pieds et de son sang-froid. Quand il suggéra à Spenser de l'autoriser à prendre une arme, le commissaire le regarda comme s'il lui avait demandé d'emporter une ogive nucléaire.

Il était maintenant dix heures moins le quart et l'homme au pistolet avait lancé son ultimatum autour de neuf heures vingt.

« N'allez-vous pas lui parler, commissaire ? »

Un petit sourire se dessina sur les lèvres de Spenser.

« La frousse, brigadier ? »

Fleetwood garda le silence. Spenser descendit de voiture et traversa la chaussée. Après un instant d'hésitation, Fleetwood le suivit. Il ne pleuvait plus et le ciel d'un gris uni et doux depuis le lever du jour était maintenant parsemé de lambeaux bleus et blancs, ce qui le rendait bien plus froid. La foule, d'ores et déjà, allait jusqu'à Chamberlayne Road, qui coupe Kensal Rise, pour rencontrer Ladbroke Grove. Fleetwood vit que la circulation avait été interrompue dans Chamberlayne Road.

A la fenêtre au carreau cassé, le rideau poussé par un petit vent s'agitait légèrement. Spenser, quittant la relative propreté de l'allée en ciment, s'avança sans marquer de temps d'arrêt sur l'herbe spongieuse et grasse de la pelouse. Il ne prit pas la peine non plus de jeter le moindre coup d'œil à ses chaussures noires italiennes, parfaitement cirées. Il se tint debout, au beau milieu de l'herbe, les jambes écartées, les bras croisés et interpella la fenêtre. Il avait cette voix pleine de ceux qui ont escaladé les échelons de la hiérarchie de la police, c'est-à-dire une élocution claire et froide sans accent régional, sans intonation prétentieuse, d'une platitude presque parfaite. Un son aussi sensible que celui d'un robot parfaitement programmé.

« Ici le commissaire Ronald Spenser. Venez à la fenêtre, je veux vous parler. »

Le rideau, apparemment, s'agita avec plus de force, mais ce pouvait être simplement une bourrasque de vent, une pure coïncidence.

« Est-ce que vous m'entendez ? Venez à la fenêtre s'il vous plaît. »

Le rideau continuait de s'agiter mais sans s'ouvrir. Fleetwood, qui se trouvait maintenant sur le trottoir avec l'inspecteur Bridges, aperçut l'équipe de télévision qui se faufilait parmi la foule. Des reporters, sans aucun doute, même si l'on ne pouvait voir leur car, garé au coin de la rue. L'un d'eux commença à installer un trépied. C'est alors que se produisit quelque chose qui les fit tous sursauter : Rosemary Stanley poussa un cri.

C'était un cri terrible qui déchira l'air. La foule y répondit par une sorte d'écho. Ce cri semblait venir de si loin, que l'écho ressemblait à un soupir interrompu, à une rumeur de détresse. Spenser, qui avait sursauté comme tout le monde, ne recula pas d'un pas : il piqua ses talons dans le sol et enfonça ses pieds dans la boue. Ses épaules s'étaient arrondies pour montrer que rien ne pourrait changer sa décision et sa détermination. Toutefois, pour l'instant, il restait silencieux. Fleetwood pensait ce que tout le monde pensait, ce que peut-être Spenser pensait lui-même, que ses paroles avaient provoqué l'acte qui avait amené le cri.

Si l'homme au pistolet était venu à la fenêtre comme on le poussait à le faire, cela aurait distrait son attention et permis à Fleetwood et à Bridges d'escalader le mur du fond de la maison pour passer par la fenêtre à guillotine ouverte. L'homme en était parfaitement conscient. Fleetwood se sentit curieusement soulagé cependant, il n'y avait pas eu de détonation. Rosemary Stanley n'avait pas crié après avoir été blessée. Spenser, ayant fait une démonstration de son courage et de son sang-froid, tourna le dos à la maison pour retraverser la pelouse détrempée, atteindre le sentier, ouvrir la grille, revenir sur le trottoir et jeter à la foule un regard vide et froid.

« Il va falloir que vous pensiez à entrer là-dedans », dit-il à Fleetwood.

Celui-ci se rendait compte qu'on était en train de le photographier, qu'on cadrait son profil. En fait, c'était le visage de Spenser qu'on cherchait à prendre. Brusquement, le rideau s'ouvrit en deux, et l'homme au pistolet apparut. Ce geste rappela curieusement à Fleetwood le spectacle qu'il avait vu à Noël, en compagnie de Diana et de la nièce de la jeune femme : un rideau qui s'ouvre brusquement par le milieu, tandis qu'un homme apparaît, l'air terrible. Le méchant de la pièce. Le roi des démons. La foule soupira. Une femme partit d'un rire aigu et hystérique qui s'interrompit brutalement comme si elle avait porté la main à sa bouche.

« Il vous reste vingt minutes, dit l'homme au pistolet.

— Où as-tu trouvé cette arme, John ? » lui demanda Spenser.

John ? s'interrogea Fleetwood. Pourquoi John ? Parce que Leslie Allan ou Sheil Manners ou l'une des autres victimes le lui avait dit ou simplement pour que Spenser ait la satisfaction d'entendre l'homme au pistolet lui dire : « Je ne m'appelle pas John »?

« Ces répliques sont fort bien imitées, n'est-ce pas ? dit Spenser sur le ton de la conversation. Il faut une certaine expérience pour voir la différence. On n'a pas besoin d'être un expert, mais il faut une bonne expérience. »

Fleetwood se trouvait pris dans la foule, maintenant, ainsi que Bridges. Ils se frayaient un chemin pour atteindre le boulevard. Pendant combien de temps Spenser allait-il pouvoir faire durer la conversation ? Pas très longtemps s'il ne trouvait rien d'autre que de se moquer, que faire des gorges chaudes à propos du pistolet. Fleetwood entendit derrière lui : « Il ne vous reste plus que dix-sept minutes.

— D'accord, Ted. Profitons-en pour parler. »

C'était beaucoup mieux, bien que Fleetwood eût aimé que Spenser s'arrêtât de donner de curieux prénoms à l'homme au pistolet. Il était trop loin maintenant pour entendre quoi que ce fût. Il avait dépassé la foule et se trouvait sur le boulevard où la circulation était arrêtée. En compagnie de Bridges, il s'engagea dans l'allée interdite aux véhicules, grâce à une borne métallique. Elle était dans le prolongement de la ruelle qui bordait l'arrière des maisons. Celle des Stanley était facilement reconnaissable grâce à l'affreux garage en ciment. Évidemment, l'homme au pistolet pouvait avoir maintenant fermé la fenêtre à guillotine. Mais il ne l'avait pas fait. Si la fenêtre avait été baissée, il aurait été pratiquement impossible de pénétrer dans la maison, ou d'y entrer sans faire de bruit. Aussi, Fleetwood aurait dû être heureux que John ou Ted, peu importe son nom, n'ait pas pensé à la fermer. Au contraire, cela lui procura une impression de malaise. Si la fenêtre était restée ouverte, ce n'était pas par inadvertance. On l'avait laissée ainsi dans un but précis.

Maintenant, les deux hommes s'étaient suffisamment rapprochés pour entendre de nouveau la voix de Spenser. Il proposait à l'homme au pistolet de laisser Rosemary Stanley sortir, afin que l'on puisse commencer les négociations. « Laissez-la descendre l'escalier et sortir devant la maison et nous pourrons parler de choses sérieuses. » Fleetwood n'entendit pas la réponse. Il posa le pied droit sur une branche de la glycine qui était presque à angle droit, tandis qu'il glissait son pied gauche dans la fourche située un mètre plus haut. Ensuite, il grimpa sur le toit de l'appentis... Maintenant, il n'avait plus qu'à faire passer sa jambe au-dessus de l'appui de fenêtre. Il aurait aimé entendre de nouveau les voix, mais ne lui parvenaient que le grincement des freins sur le boulevard et les coups de klaxon imbéciles des chauffeurs qui s'impatientaient. Bridges commença l'escalade. C'est curieux les choses que l'on remarque dans les moments de tension et de danger. La dernière chose à avoir de l'importance était la couleur de l'appui de fenêtre, pourtant Fleetwood releva la nuance de bleu céruléen, semblable à celui de la porte de la maison qu'il allait acheter avec Diana à Chigwell.

Fleetwood se trouvait maintenant dans la salle de bains. Les murs étaient couverts de carreaux de céramique vert et le sol de dalles couleur crème. Des traces de pas — de la boue déjà sèche — partaient en direction de la porte pour pratiquement disparaître à sa proximité. L'homme au pistolet était entré par ici. Bridges, devant la fenêtre, commençait à peser sur l'appui. Il fallait que Fleetwood ouvre maintenant la porte. Il n'y avait rien au monde qu'il ait si peu envie de faire. Il se disait qu'il n'était pas vraiment courageux. Il avait trop d'imagination et parfois (bien entendu ce n'était pas le moment de penser à ce genre de choses) il lui semblait qu'une activité plus sédentaire, plus casanière, lui aurait mieux convenu que ce travail dans la police.

Ici, le bruit de la circulation était imperceptible. Quelque part dans la maison, une lame de parquet commença à craquer. Fleetwood entendait aussi, ou plutôt percevait, un battement régulier. Il savait ce que c'était : le bruit de son propre cœur. Il avala sa salive et ouvrit la porte. Le palier ne ressemblait pas à ce qu'il attendait. Il y avait une épaisse moquette de couleur crème et la rampe de l'escalier était en bois poli. Au mur de la cage d'escalier, étaient accrochés des gravures et des dessins représentant des animaux. Une gravure était la reproduction des *Mains en prière*, de Dürer. C'était la maison de gens heureux, qui portent un soin particulier à leur intérieur. Une bouffée de colère submergea Fleetwood. Ce qui se passait dans cette maison en ce moment était la négation même de son atmosphère paisible, une véritable profanation.

Il resta sur le palier en tenant la rampe. Les portes des trois chambres étaient fermées. Il regarda le dessin d'un lièvre et celui d'une chauve-souris, dont la tête avait quelque chose d'humain et de porcin, et se demanda ce qui pouvait bien pousser certains hommes au viol. Pour sa part, il ne pouvait prendre de plaisir aux rapports sexuels que lorsque sa partenaire en avait envie autant que lui. Ces pauvres gosses, pensa-t-il. La jeune fille et l'homme au pistolet se trouvaient derrière la porte située à la gauche de Fleetwood — c'est-à-dire à la droite des gens qui se trouvaient à l'extérieur. L'homme au pistolet savait ce qu'il faisait. Il n'était pas suffisamment idiot pour laisser le devant de la maison sans surveillance, afin de vérifier ce qui se passait derrière.

Fleetwood s'obligeait à raisonner : s'il me tire dessus, ou je meurs, ou je ne meurs pas et me rétablis. Même son imagination avait des limites. Plus tard, il devait se souvenir de ce qu'il avait pensé dans son innocence. Il mit la main sur la poignée de la porte fermée et dit d'une voix claire et ferme : « Je suis le brigadier de police Fleetwood. Nous avons pénétré dans la maison. Ouvrez cette porte s'il vous plaît. »

Le silence, tout à l'heure, était loin d'être total. Fleetwood s'en rendait compte maintenant qu'il l'était vraiment. Il attendit un instant et poursuivit :

« Ce que vous avez à faire de mieux est d'ouvrir cette porte. Soyez raisonnable et rendez-vous. Ouvrez cette porte maintenant et sortez ou laissez-moi entrer. »

Il n'avait pas pensé que la porte pouvait ne pas être fermée. Il tourna la poignée sans difficulté. Il se sentit légèrement idiot — ce qui, curieusement, le soutint. Il poussa la porte sans brutalité. Néanmoins, elle s'ouvrit d'un coup, car c'était le type de porte qui heurte à chaque fois le meuble qui se trouve derrière.

La pièce apparut devant lui comme une scène de théâtre : un lit d'une personne, avec un couvre-lit bleu, rejeté sur des couvertures de la même couleur, une table de nuit sur laquelle étaient posés une lampe, une grande tasse, un livre, un vase avec une plume de paon, des murs recouverts d'un papier peint sur lequel étaient dessinées d'autres plumes de paon bleu et vert. Le vent passant par la vitre cassée faisait voltiger le rideau de soie vert émeraude. L'homme au pistolet était debout, le dos appuyé à un meuble d'angle. Il braqua son arme sur Fleetwood, en tenant la fille devant lui, à l'aide de son bras libre passé autour de sa taille.

Il était dans un état de panique dangereux. Fleetwood s'en rendait compte au changement de ses traits. C'était à peine le même visage que celui qui était apparu à deux reprises à la fenêtre. L'homme était envahi par une terreur animale qui le ramenait au niveau des bêtes. Il s'abandonnait totalement à son instinct de conservation. Il rejetait toute sagesse, toute prudence, pour s'échapper coûte que coûte il tuerait ceux qui tenteraient de le retenir. Cependant, il n'avait encore tué personne, pensa Fleetwood, et n'avait à la main qu'une réplique...

« Si vous abaissez cette arme maintenant et lâchez miss Stanley et la laissez descendre au rez-de-chaussée... Si vous faites ça, vous n'ignorez pas que les charges contre vous seront minimes comparées à celles qu'elles peuvent être si vous blessez ou menacez quelqu'un d'autre. » Et les viols ? s'interrogea Fleetwood. Il n'y avait aucune preuve pour le moment que c'était le même homme. « Vous n'avez pas besoin de lâcher l'arme, il vous suffit d'abaisser la main qui la tient. Desserrez votre autre bras et laissez miss Stanley se dégager. »

L'homme resta immobile. Il tenait la jeune fille avec une telle force que les veines de ses mains ressemblaient à des cordons bleus. L'expression de terreur de son visage s'accentua avec le froncement de ses sourcils ; les rides autour de ses yeux se creusèrent et les yeux eux-mêmes commencèrent à étinceler.

Fleetwood entendit de légers bruits devant la maison — un frottement, un coup sourd — perdus parmi ceux de la rafale de pluie qui soudain frappa de plein fouet la vitre encore intacte de la fenêtre. Le rideau s'agita et se gonfla. L'homme au pistolet était toujours immobile. Fleetwood ne s'attendait pas à ce qu'il parle. Aussi, fut-il étonné lorsqu'il dit :

« Mon arme n'est pas une réplique. Elle est réelle. Vous avez intérêt à me croire. »

La voix étranglée par la panique n'était guère plus qu'un murmure.

« Où avez-vous eu ce pistolet ? » demanda Fleetwood dont la nervosité perturbait l'estomac plutôt que la gorge. Sa voix était ferme, mais il commençait à se sentir mal.

« Quelqu'un que je connais l'a pris sur le cadavre d'un Allemand en 1945.

— Vous avez vu ça à la télévision », dit Fleetwood. Derrière lui se tenait Bridges, dans le petit couloir qui menait à l'escalier et à la rampe. Fleetwood sentait le souffle chaud de Bridges dans l'air froid.

« Qui est ce "quelqu'un" ?

— Pourquoi devrais-je vous le dire ? » Une langue sang de bœuf sortit de la bouche pour humidifier des lèvres qui avaient la même couleur olivâtre que la peau. « C'était mon oncle. »

Fleetwood frissonna, parce qu'un oncle aurait effectivement l'âge requis, un oncle approcherait maintenant de la soixantaine, aurait vingt-cinq ou trente ans de plus que cet homme.

« Lâchez miss Stanley, dit-il. Pourquoi pas ? Qu'avez-vous à gagner en la tenant ainsi ? Je n'ai pas d'arme, elle ne vous protège d'aucune manière. »

La jeune fille ne bougea pas. Elle avait peur de bouger. Elle se laissait aller sur le bras qui la soutenait et la serrait de toutes ses forces. C'était une mince petite jeune fille, dans une chemise de nuit en coton bleu, ses bras nus laissaient voir qu'elle avait la chair de poule. Fleetwood savait qu'il ne devait faire aucune promesse qu'il ne pourrait tenir.

« Lâchez-la et je vous assure que cela comptera en votre faveur. Attention toutefois, je ne fais aucune promesse, mais ça comptera en votre faveur. »

Il y eut de nouveau un bruit sourd. Fleetwood était sûr maintenant que quelqu'un appuyait une échelle avec le bout des montants entouré de chiffons contre le mur de la maison. L'homme au pistolet ne semblait pas avoir entendu. Fleetwood avala sa salive et s'avança de deux pas dans la pièce. Bridges était derrière lui, l'homme au pistolet venait de l'apercevoir. Il leva l'arme de quelques centimètres et la dirigea vers le visage de Fleetwood. Au même instant, il enleva son bras de la taille de Rosemary Stanley dans un geste vif et brutal, comme s'il enfonçait ses ongles dans la chair. Et effectivement, la jeune fille frissonna, gémit, se recroquevilla. Après avoir dégagé son bras, l'homme donna un coup de genou dans les reins de la jeune fille qui tituba, avant de tomber à quatre pattes.

« Je n'ai pas besoin d'elle, dit-il, elle ne me sert à rien.

— Voilà qui est fort raisonnable, dit Fleetwood aimablement.

— Vous devez toutefois me faire une promesse.

— Venez par ici, miss Stanley, je vous en prie, dit Fleetwood. Vous êtes en sécurité maintenant. » L'était-elle ? Dieu seul savait. La fille s'avança de quelques pas à quatre pattes, se redressa, vint vers lui et s'accrocha à sa manche des deux mains. Fleetwood répéta cependant : « Vous êtes en sécurité maintenant. »

L'homme au pistolet répéta lui aussi sa phrase. Ses dents commençaient à claquer et il avalait ses mots.

« Vous devez me faire une promesse.

— Laquelle ? »

Fleetwood regarda derrière l'homme et, lorsque le vent souleva le rideau presque jusqu'au plafond, il aperçut la tête et les épaules de l'inspecteur Irving dans l'encadrement de la fenêtre. L'inspecteur empêchait une bonne partie de la lumière d'entrer dans la pièce, mais l'homme au pistolet ne semblait pas s'en apercevoir.

« Je veux que vous me promettiez de me laisser partir par la salle de bains et de m'accorder cinq minutes. C'est tout ce que je veux, cinq minutes. »

Irving était sur le point d'enjamber l'appui de fenêtre. Fleetwood se disait c'est fini maintenant, nous en sommes venus à bout, il sera doux comme un agneau. Il prit la jeune fille dans ses bras, la serra contre lui, sans aucune raison, probablement parce qu'elle était jeune et avait peur, puis la poussa en direction de Bridges, en tournant le dos à l'homme au pistolet. Il entendit derrière lui la voix qui disait :

« C'est un vrai, je vous préviens, je vous l'ai déjà dit.

— Emmenez-la en bas. »

Au-dessus de la rampe, sur le mur de la cage d'escalier, se trouvait cette reproduction des *Mains en prière*, une gravure au burin. Bridges passa devant en soutenant la jeune fille pour la conduire au rez-de-chaussée. C'était un de ces moments qui paraissent durer une éternité, alors qu'ils se déroulent à la vitesse de l'éclair. Fleetwood pensa que ces mains priaient pour lui, pour eux tous, tandis que Bridges se préparait à descendre l'escalier. Il entendit derrière lui le bruit de quelqu'un qui sautait sur le plancher, le claquement d'un châssis, une voix glapissante qui criait. Puis, quelque chose l'atteignit dans le dos. Tout s'était passé très lentement et très vite. L'explosion semblait venir de loin, peut-être un raté d'allumage d'une voiture se trouvant sur le boulevard. Il n'avait pas mal, seulement l'impression que quelqu'un venait de le pousser au bas de sa colonne vertébrale.

Il vit en tombant les mains jointes et suppliantes, puis la gravure se trouva au-dessus de son champ de vision. Il s'effondra contre la rampe, se retint aux barreaux, glissa doucement par terre comme un enfant qui s'agrippe aux montants de son lit. Il était parfaitement conscient et curieusement, il ne souffrait pas plus que s'il avait reçu un coup à la hauteur des reins. Il éprouvait cependant une énorme fatigue.

Une voix qui tout à l'heure était basse et profonde criait sur un ton perçant : « C'est de sa faute, je lui avais dit, je l'avais prévenu, il ne voulait pas me croire. Pourquoi n'a-t-il pas voulu me croire ? Il m'a forcé à le faire. »

Il m'a forcé à faire quoi ? Rien de grave en tout cas, se dit Fleetwood. En se tenant aux barreaux, il essaya de se relever. Mais son corps était devenu étrangement lourd, refusait de lui obéir. Il pesait comme du plomb, paraissait ankylosé, collé ou fiché au sol. La tache rouge, humide, qui grandissait sur la moquette le surprit et il dit aux gens qui l'entouraient : « Mais d'où vient donc tout ce sang ? »

II

Toute sa vie, pratiquement aussi loin qu'il puisse remonter, Victor avait été atteint de phobie. Un de ses professeurs, à qui il avait eu la mauvaise idée de se confier, l'avait baptisé chelonophobia. Il avait, prétendait-il, forgé ce nom à partir du grec. Il faisait malheureusement de stupides plaisanteries à ce sujet, lorsque l'occasion se présentait. Par exemple, quand le chat du proviseur passa un jour dans la salle de classe ou quand quelqu'un se mit à parler d'Alice au pays des merveilles. Victor était phobique, au point de ne pas supporter d'entendre prononcer le nom de cet animal, ni même de l'évoquer en pensée, ni de voir son image dans un livre, ou sa représentation par un bibelot ou un jouet. Bien entendu, il y avait des milliers de ces choses.

Durant ces dix dernières années, et même un peu plus, il ne l'avait vu, ni n'en avait entendu parler. Pourtant, parfois, son image (ou une de ses déformations) surgissait dans ses rêves. Cela s'était toujours produit et continuerait probablement de se produire. Cependant, Victor pensait qu'il allait mieux puisqu'il ne criait plus dans son sommeil lorsque cela arrivait, comme il le faisait précédemment. Si ça n'avait pas été le cas, Georgie le lui aurait dit. Lorsqu'il lui arrivait de gémir, Georgie ne manquait pas d'en faire toute une histoire. Cette nuit encore, la dernière de son séjour ici, il avait eu un de ces rêves. Toutefois, il savait maintenant comment s'y prendre pour se réveiller dans ces occasions. C'était ce qu'il avait fait. Il avait grogné, tendu les bras, pour essayer de s'accrocher à la réalité.

La jeune femme vint le chercher dans sa voiture. Il s'assit à côté d'elle, sur le siège avant, sans prêter grande attention au paysage : il n'avait pas encore envie de voir le monde. A un feu rouge, il tourna la tête et aperçut une boutique d'animaux. Cela lui fit comprendre immédiatement qu'il allait être de nouveau la proie de sa phobie. Il n'y avait aucune bête de cette sorte en vitrine, aucun reptile, uniquement un chiot tout blanc et deux petits chats, jouant ensemble sur de la paille. Cela, néanmoins, le fit frissonner.

« Ça va, Victor ? lui demanda la jeune femme.

— Très bien », dit-il.

Ils se dirigeaient vers Acton — ce n'était pas un quartier qu'il aimait beaucoup, mais on ne lui avait guère donné le choix. Il fallait se décider pour un coin relativement familier. On lui avait proposé Acton, Finchley ou Golders Green. Golders Green risquait cependant d'être un peu cher. Il avait donc dit qu'Acton ferait l'affaire. Il avait grandi là, ses parents y étaient morts, et une de ses tantes y vivait encore. En regardant par la vitre, en voyant ces lieux familiers, toujours là, même s'ils avaient changé, en constatant que tout continuait comme auparavant, alors qu'il en avait été écarté pour plus d'une décennie, il éprouva une douleur insupportable. C'était une chose à laquelle il ne s'était pas attendu. Il ferma les yeux et ne les rouvrit que lorsque la voiture tourna à droite. Hanger Lane ? Non, Twyford Avenue. Il était en territoire connu, dans des lieux familiers. On n'allait quand même pas le fourrer dans la même rue ? Non, bien sûr. La maison de Mrs. Griffiths, dans Tolleshunt Avenue, était trois ou quatre rues plus loin. Victor se dit qu'il aurait aimé demeurer assis pour toujours dans cette voiture, mais il en sortit et resta debout immobile sur le trottoir, pris d'un léger étourdissement.

La jeune femme passa devant lui et Victor la suivit dans l'allée. Elle portait un de ces sacs à main plein de compartiments, de fermetures Éclair et de rabats. D'un des soufflets, elle sortit un anneau avec deux clefs, l'une en cuivre, l'autre en acier. Elle se servit de celle en laiton pour ouvrir la porte. Elle se retourna pour adresser à Victor un sourire rassurant. Tout ce qu'il vit au premier coup d'œil était l'escalier. La plus grande partie de l'entrée se trouvait derrière. La jeune femme, elle s'appelait Judy Bratner, avait demandé à Victor de l'appeler Judy à leur première rencontre. Elle passa devant pour monter. La chambre se trouvait au premier étage. Judy ouvrit la porte grâce à la clef en acier. Victor fut surpris en voyant à quel point la pièce était petite. Même si ce n'était pas lui qui devait le payer, Judy lui avait dit le montant du loyer. Il se tint un instant immobile sur le seuil, laissant ses yeux aller du minuscule évier et de l'égouttoir, placés dans un coin de la pièce, à la fenêtre sans rideau, cachée par un store en coton, et revenir finalement à la longue silhouette de Judy et à son visage sérieux où l'on pouvait lire sa bonne volonté et ses aspirations élevées.

La première chose que fit Judy fut de relever le store avec décision. Un pâle rayon de soleil entra dans la pièce. Judy resta près de la fenêtre, souriant avec plus d'assurance maintenant, comme si c'était elle qui était personnellement responsable de ce rayon de soleil et de la vue, comme si elle avait peint tout cela sur la cotonnade. Victor s'approcha de la fenêtre et se tint à côté d'elle pour regarder dehors. Son épaule droite était à une bonne dizaine de centimètres de celle de la jeune femme qui, pourtant, tressaillit, avant de s'écarter légèrement. Bien entendu, elle n'y pouvait rien, c'était un pur réflexe : elle était, n'est-ce pas, au courant de son passé.

En regardant en bas, il aperçut la rue où il était né et où il avait grandi. Il n'aurait pu situer exactement la maison, mais c'était une de cette rangée, aux toits d'ardoise grise, avec d'étroits jardins, séparés les uns des autres par des palissades en noyer. Dans une de ces maisons, il avait vu, pour la première fois...

Judy se mit à parler avec hésitation, comme si elle devait se forcer pour dire ce qu'elle avait à dire.

« Nous n'avons pas réussi à vous trouver du travail, Victor. Et j'ai l'impression que la conjoncture actuelle n'est guère favorable pour dénicher quelque chose en ce moment. »

Cette façon de parler ! Il était au courant du chômage, cette calamité qui avait surgi, tel un nuage empoisonné durant la dernière période de ses années perdues et qui, maintenant, enveloppait le pays d'un épais brouillard.

« Vous pourrez aller à l'Agence pour l'emploi, vous-même, lorsque vous serez installé ici. Évidemment, il vous faudra ne rien cacher au sujet de vos... » Elle cherchait un euphémisme en accord avec son jargon.

« Antécédents », dit Victor d'un ton neutre.

Elle fit comme si elle n'avait pas entendu, mais un peu de rouge monta à ses joues.

« De toute façon, dit-elle, il vous faudra un certain temps pour vous acclimater, les choses vont vous paraître étranges au début — la vie extérieure je veux dire. Nous en avons déjà parlé. »

Pas autant cependant que Victor l'aurait pensé. D'autres prisonniers, qui étaient arrivés à la fin de leur peine, avaient été plus soigneusement préparés à affronter le monde extérieur. On les laissait libres pour un jour, ou pour un week-end. Rien de la sorte ne s'était passé avec lui. Il se demandait s'il y avait eu une nouvelle réglementation concernant les techniques de libération des prisonniers purgeant des peines de longue durée. On trouvait bien entendu des journaux dans la prison, et il n'était pas interdit de les lire chaque jour. Mais ce n'étaient pas de bons journaux, ni des journaux sérieux, c'était uniquement ceux qui ont des gros titres, de grandes photos, et pratiquement aucune information. Par exemple, après cette conversation avec le directeur de la prison, qui avait eu lieu bien longtemps auparavant, Victor n'avait eu aucune nouvelle du policier.

Puis, six mois avant sa libération, son « programme de réhabilitation » avait commencé. On lui en avait parlé quelque temps plus tôt mais en fait il ne se passa pas grand-chose. Judy Bratner ou un de ses collègues, un homme du nom de Tom Welch, venaient pour parler avec lui pendant une demi-heure tous les quinze jours. Ils appartenaient à l'association des agents de probation bénévole ou quelque chose comme ça. Ils ne voulaient pas être appelés des visiteurs de prison. Ce qu'ils voulaient exactement et qui ils étaient, Victor n'avait jamais réussi à le savoir, parce que Judy et Tom, malgré leur gentillesse et leur bonne volonté pour l'aider, le traitaient comme s'il était un enfant illettré et attardé, d'une douzaine d'années. Il s'en fichait, ça ne l'intéressait pas. S'ils tenaient leurs promesses, lui trouvaient un endroit où vivre, et l'aidaient à obtenir du ministère de la Santé et de la Sécurité sociale une allocation, cela lui suffisait largement. Maintenant, il avait envie que Judy s'en aille.

« Oh, j'allais oublier, dit-elle. Je dois vous montrer où se trouve la salle de bains. »

Ils allèrent jusqu'au bout du couloir, descendirent six marches et tournèrent à angle droit. C'était une petite pièce froide, peinte en vert pois cassé.

« Vous voyez, rien ne manque. »

Elle commença à lui expliquer le fonctionnement du radiateur dans lequel il fallait introduire des pièces de vingt pence et celui du chauffe-eau qui se mettait en marche grâce à des pièces de cinquante pence. Victor ne se souvenait pas d'avoir vu des pièces de vingt pence, elles étaient relativement récentes. Il y avait même maintenant une pièce d'une livre, croyait-il se rappeler. Ils revinrent sur leurs pas dans le couloir. Une baguette en bois biseautée, un protège-mur, se dit Victor, courait le long du couloir à hauteur de taille. Au-dessus de cette baguette, qui empêchait le dossier des chaises d'abîmer la peinture, avait été écrit au crayon, avec des lettres de plusieurs centimètres de haut : *Ça va finir par mal tourner.*

« Je vais vous laisser ce numéro de téléphone, Victor, de manière que vous puissiez nous appeler si quelque chose n'allait pas. En fait, il y a deux numéros, pour plus de sûreté. Nous ne voulons pas que vous ayez l'impression que vous êtes seul en face de cette nouvelle situation. Au contraire, nous tenons à ce que vous sentiez qu'il y a des gens qui vous soutiennent et se soucient réellement de vous. D'accord ? »

Victor acquiesça de la tête.

« Naturellement, cela va sans dire, que Tom ou moi ferons un saut dans un jour ou deux, pour voir comment vous vous en tirez. Est-ce que je vous ai parlé du taxiphone du rez-de-chaussée, situé juste derrière l'escalier ? Vous avez besoin pour vous en servir de pièces de cinq et de dix pence. De toute façon, vous n'avez pas de problème d'argent, n'est-ce pas, même avant de recevoir votre allocation ? Je crains que Mrs. Griffiths, la propriétaire de cette maison, soit au courant. Je pense à l'instant que je devais vous en informer. Il n'y avait pas moyen de faire autrement. » Le visage de Judy se contracta à cause de l'effort qu'elle était obligée de fournir pour formuler sa phrase. Son boulot consistait à débiter d'horribles vérités dures à digérer : il n'y a pas de travail, il n'y a ni sécurité, ni confort, ni bien-être, ni paix, ni futur. Et cela commençait à se voir sur son visage inquiet, aux traits tirés. « Nous sommes obligés de le leur dire, parce que, de toute façon, ils finiraient par le découvrir. En fait, Mrs. Griffiths est sur nos registres depuis pas mal de temps. »

Qu'est-ce que cela voulait dire ? Que la moitié ou que tous les autres locataires étaient aussi d'anciens détenus ? des criminels ?

« Elle n'habite pas sur les lieux », dit Judy, avec l'air de quelqu'un qui a commencé à annoncer les mauvaises nouvelles avant de donner les bonnes. Elle semblait chercher une phrase qui lui permettrait de prendre congé. Elle en trouva une flopée. « C'est vraiment un quartier agréable, pas du tout malfamé. C'est une rue tranquille, avec fort peu de circulation. Vous pouvez peut-être essayer de vous joindre à des groupes, de vous faire des amis. Que diriez-vous d'un cours du soir ? »

Appuyé à la rampe, il la regarda descendre l'escalier. La porte d'entrée se referma derrière elle. Victor se demandait s'il était seul dans la maison. Il n'y avait aucun bruit. En tendant l'oreille, il entendit démarrer la voiture de Judy, puis un poids lourd au moteur Diesel, qui se garait plus loin et, enfin, un cri de femme suivi d'un rire éclatant. Il retourna dans sa chambre et ferma la porte. Judy, ou quelqu'un d'autre, avait posé sur l'égouttoir et sur l'étagère qui se trouvait derrière, un morceau de pain dans de la cellophane, un paquet de margarine, une bouteille de lait de longue conservation, une boîte de viande et de haricots, du thé en sachets, du Nescafé et du sucre semoule. La nourriture de base de la classe ouvrière anglaise, vue par les yeux d'une assistante sociale.

Victor examina l'évier, les robinets, le petit chauffe-eau cylindrique, pour se familiariser avec les lieux. Entre l'évier et la fenêtre, il y avait un placard de forme triangulaire, construit dans le coin, grâce à un cadre et à une porte. Il pendit à l'intérieur les rares vêtements en sa possession, dont certains, découvrit-il, étaient ceux qu'il portait dans ce temps lointain qui précédait son arrestation. Ce qu'il possédait à l'époque avait été remis à ses parents. Ils étaient morts maintenant. Son père le premier, sa mère l'avait suivi six mois plus tard. On avait dit à Victor qu'il pouvait avoir une permission de sortie pour assister à leur enterrement. Mais il avait refusé, cela aurait été gênant.

C'était un lit d'une seule personne, avec des draps roses en nylon, avec deux couvertures multicolores, venant du tiers monde ou d'un quelconque pays sous-développé. Quant au couvre-lit, il avait eu des jours meilleurs, lorsqu'il servait de rideau à une porte-fenêtre. Les rubans, auxquels on attachait les anneaux, n'avaient même pas été décousus. L'unique chaise était en bambou, ainsi que la table basse, au plateau de verre, dont les montants avaient permis à quelqu'un — peut-être le prophète de malheur du graffiti — d'écraser une centaine de mégots de cigarettes dessus, ce qui donnait au bois un vague aspect de pyrogravure. Sur le linoléum glissant — de petits rectangles crème sur un fond rouge, suggérant un plat de raviolis baignant dans de la sauce tomate — étaient jetés deux petits tapis en fourrure de nylon, d'un vert éclatant.

Victor regarda par la fenêtre. Le soleil s'était caché et les toits rouges, ardoise, terre cuite, se détachaient sur un ciel gris pâle, que traversait un avion étincelant se dirigeant vers Heathrow. Il n'y avait pas de vent et la journée était claire. On apercevait le flot métallique de la circulation sur le boulevard, qui longeait les jardins de la rue de la maison de ses parents — ou plutôt de celle où se trouvait la maison que ses parents avaient louée durant leur vie de couple. Victor était content qu'ils soient morts — non pas pour quelque raison sentimentale ou conventionnelle, telle que la crainte de devoir les affronter ou celle de leur faire de la peine, mais parce que c'étaient des ennuis et des troubles supplémentaires qui lui étaient épargnés. Il avait cependant aimé sa mère profondément, ou tout au moins il se l'était si souvent répété qu'il avait fini par y croire.

Lorsqu'on l'avait envoyé en prison, il avait pensé qu'il verrait régulièrement un psychiatre, car en donnant sa sentence, le juge avait repris les recommandations du jury qui souhaitait que le condamné soit suivi régulièrement par un spécialiste. Pourtant, il n'en avait jamais vu — probablement parce que l'administration manquait de moyens ou de psychiatres. La seule fois où il avait été question de traitement, pour de possibles troubles mentaux, c'était lorsqu'on lui avait demandé — cela ne faisait que deux ans — s'il accepterait d'être volontaire pour suivre une thérapie de groupe, dans le cadre d'une expérience faite par un sociologue. Victor avait refusé et plus personne n'en avait parlé. Mais tandis qu'il attendait, au début de son emprisonnement, ces rencontres avec un psychiatre, il avait tourné et retourné dans sa tête ce qu'il raconterait à cet homme ou à cette femme. Il avait réfléchi à sa phobie, à la manière grotesque dont elle avait débuté, à ses peurs et à ses crises de colère violente. Il s'était demandé pourquoi l'enfant de parents de la classe moyenne, heureux en ménage, dont la vie en général avait été paisible et tranquille en arrivait à agresser sans raison et sans motif les femmes.

Un psychiatre aurait peut-être pu lui donner quelques éclaircissements. Pour sa part, Victor n'y comprenait rien. Il sentait la colère s'emparer de lui, quand il pensait à sa colère, et la panique et l'affolement le saisissaient lorsqu'il tentait de comprendre ses paniques. Parfois, il se disait que c'étaient les symptômes d'une maladie qu'il avait attrapée. Ce ne pouvait être un mal héréditaire, ni les suites de mauvais traitements ou de négligences qu'il aurait subis durant son enfance. En prison, le sentiment qui l'avait le plus souvent envahi était l'apitoiement sur soi-même.

Un jour, le directeur de la prison l'avait envoyé chercher. Victor avait pensé que c'était pour lui dire que l'état de son père, qui était souffrant, s'était aggravé ou même peut-être pour lui annoncer sa mort. Mais, en fait, son père n'était mort que cinq ans plus tard. Un gardien de prison l'avait emmené dans le bureau du directeur et s'était assis sur la chaise qui lui était spécialement réservée. Elle était placée plus ou moins entre Victor et le directeur, pourtant déjà protégé par son grand bureau en chêne. Le gardien s'était assis à la manière dont s'assoient les policiers qui attendent ou qui surveillent les gens : le torse bombé, les jambes écartées, les mains posées sur les genoux, avec sur le visage une expression vide et stupide.

« Eh bien, Jenner, lui avait dit le directeur, nous avons pensé que vous auriez envie d'avoir des nouvelles concernant les progrès faits par le brigadier Fleetwood. Est-ce que je me trompe ?

— Non, monsieur le directeur », avait répondu Victor. Que pouvait-il faire d'autre ? Il aurait aimé dire qu'il ne s'en souciait aucunement, que cela ne le concernait pas. Il aurait aimé prendre l'encrier qui se trouvait sur le bureau et le jeter à la tête du directeur, pour voir l'encre couler sur son menton et sur sa chemise blanche, au col immaculé, ainsi que du sang noir. Mais, il désirait avoir le plus possible de remise de peine. A cette époque, il ne pensait qu'à sortir de là.

« Le brigadier Fleetwood est au Stoke Mandeville Hospital depuis un an maintenant. C'est un hôpital spécialisé dans l'orthopédie, ce qui veut dire qu'il est spécialisé dans les blessures de la colonne vertébrale et des membres. »

Pas du tout : ça signifie qu'ils sont spécialisés dans la correction des difformités chez l'adulte et chez l'enfant. Mais le directeur était une ordure et un cancre qui s'adressait aux gens comme s'il avait affaire à des crétins illettrés.

« Je suis heureux de pouvoir vous informer que son rétablissement avance à grands pas... » Le directeur avait semblé se rendre compte de ce qu'il venait de dire et s'était arrêté en toussotant. « Bien entendu, il ne peut marcher sans l'aide d'un soutien mécanique, mais on espère qu'un jour il y parviendra. Il a bon moral et quittera bientôt l'hôpital pour retrouver son propre environnement.

— Merci monsieur le directeur », avait dit Victor.

Avant le procès, lorsqu'il était en détention préventive, il avait lu des articles dans les journaux sur le brigadier Fleetwood. Il n'avait jamais eu aucune espèce de pitié pour lui, seulement du mépris et quelque chose qui ressemblait à de l'exaspération. Si Fleetwood s'était conduit raisonnablement, s'il l'avait écouté, s'il l'avait cru, lorsqu'il lui avait dit que son arme n'était pas une réplique, le policier serait encore aujourd'hui un homme vigoureux, en bonne santé, menant une vie normale et accomplissant son travail. Malheureusement, il n'avait rien voulu savoir et Victor s'était affolé. Cela lui arrivait lorsqu'il se trouvait dans des situations difficiles. Ç'avait toujours été ainsi. Il s'affolait et, pris de panique, faisait n'importe quoi. Ce n'était pas juste de l'avoir accusé de tentative de meurtre et de l'avoir condamné pour ça. Il n'avait aucunement eu l'intention de tuer, d'estropier ou de blesser Fleetwood. La panique s'était collée à lui, comme une sorte de combinaison électrique, le recouvrant d'une deuxième peau, lui provoquant des fourmillements partout, s'insinuant dans ses veines, le tourmentant, jusqu'à ce qu'une de ses mains, détachée de lui, appuie sur la détente pour tirer ce coup de feu. C'était la seule manière pour lui de décrire son état de panique : une camisole électrique, pleine de fils qui le picotaient partout.

Un article sirupeux avait paru sur Fleetwood, dans un journal populaire à grand tirage. On y apprenait que son prénom était David, qu'il avait vingt-huit ans (le même âge que Victor) et qu'il devait épouser une fille appelée Diana Walker. Il y avait une photographie d'elle et de lui prise le jour de leurs fiançailles. L'article insistait sur le fait que Fleetwood devait se marier la semaine suivante. En fait, il ne s'était pas marié, mais sa fiancée avait déclaré au journal qu'ils attendaient seulement que les blessures superficielles de Fleetwood soient guéries. Elle l'épouserait dès qu'elle le pourrait. Peu importe qu'il ne puisse ni bouger ni marcher et qu'il risque d'être paralysé des jambes pour le reste de sa vie. Elle était trop heureuse qu'il soit en vie. Ils surmonteraient tout ça, ensemble. L'important, c'était d'être unis. L'article ne parlait pas de Victor Jenner. C'était normal d'ailleurs — rien sur le monstre qu'il était, aucune phrase regrettant que des gens de cette sorte ne puissent être fouettés à mort — puisqu'il n'avait pas encore été jugé par un tribunal. En revanche, il y avait énormément de choses sur ce merveilleux policier qu'avait été Fleetwood. Ce que l'on disait de lui, son intelligence supérieure, sa gentillesse, son courage invincible, son altruisme, la sûreté de ses jugements, sa capacité de déduction, vous faisaient vous demander pourquoi il n'était pas encore commissaire divisionnaire ou même procureur général.

Victor, quant à lui, pensait qu'il était l'instrument d'une justice qui l'avait envoyé pour quatorze ans derrière les barreaux.

Après cette rencontre avec le directeur de la prison, Victor n'avait plus jamais entendu parler de Fleetwood. Il ne lisait pas les journaux chaque jour, parfois même il n'en voyait pas pendant plusieurs semaines. Cependant, un après-midi, environ deux ans plus tard, il avait lu un entrefilet, sur un concert de bienfaisance donné à l'Albert Hall, au profit des personnes à la charge des policiers blessés en service. David Fleetwood avait été l'animateur de ce concert. Il n'y avait pas de photographie, mais l'article disait que Fleetwood avait présenté les musiciens, de son fauteuil roulant.

Le directeur ignorait la plupart des choses qui se passaient dans sa prison. Des rumeurs avaient circulé sur la manière dont Victor se conduisait avant qu'il ne tire sur ce policier. Ses codétenus savaient maintenant qu'il était l'auteur des viols de Kensal Rise. Ils avaient une sorte de vertueuse antipathie pour les auteurs de viols, comme ils en avaient une pour les bourreaux d'enfants. C'était normal d'assommer de vieilles dames dans un débit de tabac, pour fracturer le tiroir-caisse, c'était normal de dévaliser des banques, mais commettre des viols était quelque chose de totalement différent, quelque chose qu'il fallait stigmatiser.

Victor savait maintenant ce que c'était que d'être violé. Quatre de ses codétenus l'avaient fait une nuit. Et Cal, qui plus tard allait devenir son moniteur dans l'atelier de mobilier pour bureaux, lui avait dit après coup que cela peut-être lui apprendrait à ne pas recommencer. Perdant son sang, endolori, mais nullement pris de panique à cette occasion, Victor lui avait jeté un regard glacé en s'efforçant de sourire, malgré les larmes qui coulaient sur son visage. En fait, il adressait ce regard et ce sourire au symbole de l'ignorance humaine concernant la vie et le caractère des hommes.

Est-ce qu'un acte de cette nature peut vous inciter à ne pas recommencer ? Victor n'en savait rien. Ses yeux, tandis qu'il évoquait le passé, étaient restés fixés d'une manière hypnotique sur ce qu'il pensait être le toit de la maison où il avait habité lorsqu'il était enfant : une tache rouge au milieu d'autres taches rouges et grises, de rues blanches et de jardins verdoyants. Il secoua la tête et cligna des yeux pour sortir de sa rêverie.

On était au mois d'avril. L'heure avait été changée trois semaines plus tôt, les jours étaient longs et lumineux. Juste en dessous de sa fenêtre, il y avait un petit jardin minable avec une cabane, quatre grandes poubelles et un classeur rouillé. En prison, dans l'atelier de mobilier pour bureaux, il avait fait des classeurs comme celui-là, des tabourets pour photocopieuse et des chaises de dactylo. Celui-ci ne pouvait être l'un des siens, car les objets fabriqués par les prisonniers ne peuvent être vendus au public. Le jardin de Mrs. Griffiths n'était pas de ceux dans lesquels on aime s'asseoir ou jardiner, mais plutôt de la sorte où l'on va déposer rapidement un sac d'ordures ou chercher un seau de charbon. De sa fenêtre, Victor pouvait voir un grand nombre de ces jardinets à l'abandon et aussi quelques-uns soigneusement entretenus. A part cela, il n'apercevait que l'arrière des maisons. Il se demandait si Judy et Tom l'avaient fait exprès, afin qu'il ne voie pas d'être humain lorsqu'il s'approchait de sa fenêtre...

Ce qu'ils voulaient qu'il ne voie pas c'étaient évidemment les femmes. Était-ce fou de penser ainsi, d'attribuer aux autres de semblables intentions ? Dès qu'il mettrait le nez dehors, il en verrait forcément. Elles étaient la moitié de la race humaine. D'ailleurs, Judy et Tom n'étaient peut-être pas au courant. La jeune femme pouvait avoir tressailli et s'être écartée pour une autre raison.

Après tout, il n'avait pas été condamné pour viol, mais pour tentative de meurtre.

III

Cette première nuit, il resta allongé dans son lit en répertoriant les choses qu'il devait faire. Il n'avait pu se décider à sortir. A peine avait-il ouvert sa porte pour gagner le palier, qu'il avait entendu en bas l'éclat de rire d'une femme. La camisole électrique s'était collée à son torse et à ses membres, se nouant autour de son cou, enserrant sa gorge, picotant ses poignets et ses chevilles, écrasant sa poitrine. Il avait battu en retraite et était retourné dans sa chambre en haletant. Il avait tiré un drap sur son corps et même sur sa tête, puis était resté allongé plus d'une demi-heure. Ensuite, il s'était levé, avait fait du thé, réchauffé des haricots blancs à la sauce tomate, tout en respirant profondément pour se calmer. Il lui fallut un grand effort de volonté et une énorme concentration pour arriver à penser aux choses matérielles. Il y parvint après la tombée de la nuit, alors qu'il était couché, le store baissé, sa lampe de chevet et le plafonnier allumés. D'abord, s'occuper de la Sécurité sociale, puis s'inscrire chez un médecin. Ensuite, aller à la banque et se renseigner sur l'argent qu'il avait. Téléphoner à sa tante à Gunnersbury. Et finalement se rendre à l'Agence pour l'emploi.

Un tas de choses devaient avoir changé. Il en avait vu quelques signes lors du trajet en voiture avec Judy. Il trouvait Londres plus sale et les Londoniens plus minables. La ville, d'une certaine manière, lui semblait aussi plus grande, mais peut-être n'était-ce qu'un effet de son imagination : il ne connaissait personne, il n'avait pas d'amis, il était totalement seul. Il se souvenait qu'autrefois il se vantait de ne jamais souffrir de la solitude. Il aimait sa propre compagnie, disait-il. Maintenant, il n'en était plus si sûr. Il commençait à se poser des questions sur ce qu'il appelait sa propre compagnie, ce que cela signifiait vraiment.

Il avait partagé une cellule pendant si longtemps, dans un bâtiment rempli de gens, qu'il se sentait oppressé, en comparaison, par l'isolement de sa chambre. Il parvint à sombrer dans un sommeil rempli de rêves. Il avait toujours beaucoup rêvé, eu de nombreux rêves en prison. En particulier celui de la route bordée de maisons qui traversait sa vie et, bien entendu, ceux ayant un rapport avec sa phobie. Mais il n'avait jamais rêvé de la maison de Kensal Rise, au 62 Solent Gardens. Maintenant, après plus de dix ans, il commençait à en rêver. Il se trouvait, de nouveau dans cette chambre à coucher, tel un animal traqué dans sa tanière par des chasseurs arrivant d'abord par-derrière, puis par-devant. La fille, en tant qu'otage, ne lui servait à rien : il ne pouvait que la tuer. Que pourrait-il faire ensuite ? A cet endroit du rêve, Victor se rendait compte qu'il était en train de rêver, car les choses dans la réalité ne s'étaient pas passées comme ça. Il se disait qu'il parviendrait à se réveiller avant que ça ne tourne au cauchemar.

Fleetwood ouvrait la porte et entrait — mais ce n'était pas Fleetwood c'était lui, Victor, ou son reflet dans un miroir. Il s'entendait crier à Fleetwood d'envoyer un vrai policier et non pas un fantoche. Fleetwood, comme s'il comprenait ce qu'il voulait dire, se métamorphosait devant ses yeux, devenait plus grand, plus mince, plus pâle. Derrière lui, accroché au mur, se trouvait un dessin aux traits ou une gravure dont Victor ne comprenait pas le sujet mais qui lui faisait peur.

« Je suis en train de rêver », se dit Victor en fermant les yeux et en les rouvrant, pour tenter de se réveiller. Mais le rêve tenait bon. « C'est un véritable pistolet, disait-il à Fleetwood. Il appartenait à mon oncle, un officier supérieur de l'armée allemande. Vous feriez mieux de me croire.

— Bien entendu que je vous crois », disait Fleetwood. Victor savait alors que le rêve ne se transformerait pas en cauchemar. « Je vous laisse dix minutes pour filer. Je ne regarde pas, compris ? Je regarde cette gravure. »

Puis Fleetwood lui tournait le dos et regardait la gravure en s'appuyant à la rampe. Ce n'était pas ce que Victor avait craint. Ce n'était que des mains en prière. Son bras entourant la taille de la fille, Victor passa devant Fleetwood pour entrer dans la salle de bains. Dès qu'ils furent entrés, il s'aperçut que ce n'était pas une salle de bains, mais la salle de séjour de la maison de sa tante Muriel, à Gunnersbury, où sa mère et son père prenaient le thé en compagnie de sa tante et de son oncle. Lorsque sa mère vit la jeune fille, elle se leva et dit : « Bonjour, Pauline. Tu te fais rare. »

Victor se réveilla. La pièce était pleine de soleil. Il pensa à son rêve. Combien de gens sont amenés à rêver de choses arrivées dix ans auparavant, d'hommes ou de femmes morts ou disparus, parce qu'ils ne connaissent personne d'autre ? Évidemment, ne plus connaître personne fonctionne dans les deux sens. Si on ne les connaît pas, ils ne vous connaissent pas non plus. Cela, cependant, allait changer. Ça changerait, dès qu'il serait allé chez un médecin, se serait présenté à ses voisins et commencerait à assister à des cours du soir comme le lui avait suggéré Judy.

Il serait forcé malheureusement d'avouer à ceux qu'il rencontrerait qui il était et où il se trouvait durant ces dix dernières années. Il lui fallait dire la vérité ou alors échafauder de subtils mensonges. Par exemple, commencer par changer son nom, raconter qu'il avait été longuement malade ou qu'il avait vécu à l'étranger. S'il se décidait pour cette version, il devait y penser dès maintenant. Il ne devait même pas rester dans cette maison plus longtemps que ce n'était strictement nécessaire. La première chose à faire, la chose essentielle, était de sortir. Comme un homme qui a eu un accident de voiture s'oblige à reprendre le volant aussitôt que possible, afin de ne pas y renoncer pour toujours, Victor savait qu'il devait se forcer à aller dehors. C'était une erreur d'être venu ici dans la voiture de Judy. Tout lui avait semblé immense, différent, irréel. Il n'aurait pas eu cette même impression s'il était venu à pied, sans être protégé par une coquille d'acier et de verre. De toute manière, il devait sortir ce matin même.

Couché dans son lit, il attendit que les bruits de la maison s'arrêtent. La veille au soir, il avait découvert qu'il y avait quatre autres pièces occupées. Lorsqu'il entendit la porte d'entrée claquer pour la quatrième fois, il se leva. Il pouvait y avoir d'autres locataires : des épouses qui ne travaillaient pas ou des personnes âgées. Mais c'était un risque à courir. Il ne rencontra personne en allant à la salle de bains et en en revenant. Il mit les vêtements qu'il portait avant son arrestation, un pantalon gris en laine peignée et une veste verte en velours côtelé. Le pantalon étant un peu serré, Victor dut attacher sa ceinture sous le ventre. Il avait pris du poids en prison, sans doute à cause d'une nourriture à base de féculents.

Sortir n'était pas si facile. Il retourna à deux reprises dans sa chambre, une première fois parce qu'il pensait avoir oublié de fermer sa fenêtre et une deuxième fois — il était déjà en bas de l'escalier — pour aller chercher un pull parce qu'il craignait d'avoir froid. La rue ensoleillée, éventée, terrifiante, l'engloutit comme des eaux glacées saisissent un plongeur nu. Il suffoquait. Il inspira un grand coup, et l'air lui remplit brutalement les poumons. Il dut rester immobile un certain temps en se retenant aux montants du portillon. Ce malaise ressemblait probablement à l'agoraphobie dont sa tante Muriel prétendait être atteinte. Sa mère lui avait dit à plusieurs reprises qu'elle n'avait pas mis les pieds dehors depuis cinq ans. Si elle éprouvait cette même sensation, il pouvait facilement la comprendre.

Il commença à remonter lentement la rue en direction d'Acton High Road, ce qui l'amena à passer devant la maison où il avait vécu. Il avançait craintivement, en ayant la désagréable impression qu'on le suivait. Toutes les dix secondes, il se retournait brusquement, bien qu'il n'y ait jamais personne derrière lui. Il était frappé par le nombre de voitures, garées n'importe où. Elles avaient dû doubler, ou peut-être même tripler au cours de ces dix dernières années. Une femme sortit d'une maison en claquant la porte. Le bruit le fit sursauter, faillit le faire crier. Sur le trottoir, devant la maison de ses parents, il s'arrêta pour la regarder.

Sa mère n'avait pas été une maîtresse de maison méticuleuse ni même très soigneuse. Vue de l'extérieur, la façade devait avoir eu alors un air minable. Les rideaux aux fenêtres étaient différents, avec des formes peu séduisantes. Aujourd'hui, il y avait des rideaux retenus par des embrasses avec des volants et de la dentelle d'un blanc de neige, comme le jupon d'une jeune fille. Victor eut une étrange impression d'étouffement et de gêne lorsque la comparaison lui vint à l'esprit. Est-ce que les femmes portaient encore des jupons ? Non, sûrement pas, à moins que la mode n'ait terriblement changé. Il se détendit lorsqu'il se souvint que sa mère, au beau milieu des années cinquante, en avait un, blanc, amidonné, avec de la dentelle. De tels sous-vêtements étaient alors à la mode.

Le crépi de la maison avait été peint d'un blanc aussi éclatant que le sucre glace d'un gâteau de Noël. La porte et les volets étaient vert émeraude. De chaque côté de la porte d'entrée, il y avait des baquets blanc et vert, dans lesquels poussaient de petits cyprès. Victor comprit que la maison était si bien tenue parce que ses occupants en étaient les propriétaires. Vous êtes bien plus pointilleux sur l'apparence de votre maison lorsqu'elle vous appartient. Sa grand-mère, du côté maternel, en avait été la première locataire, et lorsque ses parents s'étaient mariés, ils étaient allés vivre avec elle. C'était juste après la Seconde Guerre mondiale. Sa grand-mère était morte quelques mois avant sa naissance et ses parents avaient continué de louer la maison, étant donné que le loyer était fort peu élevé et la crise de logements particulièrement aiguë. Sa mère, somme toute, avait eu beaucoup de chance. Elle était tombée amoureuse et avait épousé l'homme qu'elle aimait et qu'elle avait continué d'aimer durant les trente-cinq années qui avaient précédé sa mort. Victor n'avait jamais été amoureux et ne pouvait même pas s'imaginer ce que ça pouvait être. Sa mère n'avait que cinquante-sept ans lorsqu'elle était morte. Son père, qui avait dix ans de plus qu'elle, l'avait devancée dans la tombe. Il avait eu une attaque cinq ans après l'emprisonnement de Victor. Après cet accident il ne pouvait plus se déplacer que dans un fauteuil roulant. Se propulsant lui-même sur le trottoir, un matin d'été — sur ce même trottoir, se disait Victor, où il se trouvait maintenant, entre la maison et le coin de la rue — il s'était évanoui et était mort tandis que la chaise roulante heurtait un mur et se renversait. La cause de son décès était une crise cardiaque d'une extrême violence. Victor ne savait pas au juste de quoi était morte sa mère. Le permis d'inhumer, qu'on lui avait montré, parlait d'une déficience cardiaque. Ce qui l'avait surpris, car c'était une femme solide. Elle n'avait guère survécu à son père plus de six mois. Ce n'était pas si surprenant : son mari était tout pour elle, le centre, le cœur même de son existence. Victor avait à plusieurs reprises essayé d'imaginer sa mère menant une vie indépendante. En vain. Il était incapable de la voir sans son père.

Depuis sa petite enfance, Victor avait été habitué à des gens expansifs. Son père ne pouvait s'empêcher de toucher sa mère — elle était jeune et jolie — de mettre son bras autour d'elle, de l'embrasser. Ils ne s'asseyaient jamais dans des chaises, mais toujours sur le canapé, pour pouvoir se tenir la main. Quand il repensait à ces années (ainsi qu'il l'avait fait lorsqu'il essayait de savoir ce qu'il dirait au psychiatre), il ne parvenait pas à voir ses parents séparés, ni même à se souvenir de moments où il aurait été seul avec sa mère. Pourtant, l'occasion devait s'être présentée à maintes reprises, par exemple lorsqu'il rentrait de l'école avant que son père ne revienne de son travail. Ses parents ne s'étaient jamais disputés, autant qu'il puisse s'en souvenir. Ils étaient gentils, affectueux, même si sa mère semblait préférer son mari à son fils. Par exemple, elle le servait le premier à table et lui donnait immanquablement le meilleur morceau — c'était la période de restrictions de l'après-guerre. Victor aurait dit au psychiatre que cela lui paraissait normal, étant donné que son père était plus vieux, plus grand et plus fort que lui.

Ses parents avaient peu d'amis et pratiquement les seules personnes qui venaient dans la maison appartenaient à la famille. Ils étaient tout l'un pour l'autre, enfermés dans une relation exclusive, faite de compréhension, d'attachement et de sensualité. La mère de Victor répondait à ses questions sur la sexualité minutieusement et sans aucune gêne. Dès l'âge de cinq ans, il savait comment se font les bébés et le rôle de chacun des parents. Le papa introduisant sa quéquette dans le derrière de la maman. Ils le faisaient même s'ils ne voulaient pas d'enfant, parce que c'était une chose normale, c'était pour cela qu'il y avait des hommes et des femmes, avait ajouté son père. Il lui avait aussi fait des dessins — il ne les avait pas vraiment dessinés, mais copiés dans un livre, ce qui avait déçu Victor — pour répondre aux questions auxquelles sa mère ne pouvait pas ou ne voulait pas répondre. Par exemple celles sur la pollution nocturne et sur les sensations qu'on éprouvait lorsqu'on faisait cette chose qui donnait naissance ou non aux bébés.

Cependant, il n'avait jamais réellement rattaché ces explications au comportement de ses parents. Un jour, il devait avoir six ans, s'étant levé la nuit pour aller aux toilettes, il était passé devant la porte de leur chambre à coucher et avait entendu gémir sa mère. « Non pas ça, non pas ça... Oh non, non, non ! » puis elle avait émis un son rauque et grave, comme le cri d'un animal. Pourtant, elle paraissait si heureuse avant d'aller se coucher ! Victor, avec ce cri encore dans les oreilles, se souvenait de ses doux petits rires en cascade, de ses sourires obliques en direction de son père, de ses mains lui caressant la nuque. Il n'avait nullement peur de ses parents, mais il craignait d'entrer dans leur chambre. Il prit son courage à deux mains et essaya de tourner la poignée de la porte. Elle était fermée à clef.

Le lendemain matin, la première chose qu'il entendit en se réveillant était sa mère en train de chanter. Elle chantait un refrain pop de l'époque : « Mr. Sandman, donne-moi un rêve. » A un endroit, on disait : « Dites-moi que mes nuits solitaires s'achèvent. » Elle entra dans la chambre de

Victor, riant encore de quelque chose que lui avait dit son père. Elle donna à son fils le baiser matinal et lui annonça qu'il faisait beau, tandis qu'elle ouvrait les rideaux pour laisser entrer le soleil dans la pièce. Victor en conclut que tout allait bien, que sa mère ne souffrait pas, qu'elle était heureuse. Il s'était même demandé s'il n'avait pas rêvé ce qu'il avait entendu, si comme dans la chanson, Mr. Sandman ne lui avait pas apporté un rêve. Encore maintenant, il se posait des questions. Il n'avait plus jamais écouté à la porte de la chambre de ses parents. Aussi fut-il abasourdi lorsque bien des années plus tard, il avait alors plus de vingt ans, il entendit son père déclarer à quelqu'un à quel point, lorsqu'il était enfant, il les avait embêtés. Un vrai petit « casse-pieds », avait dit son père, qui n'arrêtait pas de rôder dans la maison la nuit. On l'avait même trouvé un jour endormi sur le seuil de leur chambre à coucher.

Dans la soirée précédent son septième anniversaire, il les avait vus le faire. Plus tard, il avait lu dans une revue — probablement le *Reader's Digest* — que pour un psychanalyste, cela s'appelait « la scène primitive ». Dans un autre article, on disait que sept ans était le début de l'âge de raison. En d'autres termes, vous êtes conscient de ce que vous faites, vous êtes raisonnable. Ce soir-là, il savait qu'on lui avait acheté un cadeau, qu'on avait caché quelque part. Il n'avait pas honte de le chercher. Il en était également ainsi la veille de Noël. Il fouillait partout pour trouver son cadeau et, très certainement, ses parents étaient au courant. Non seulement ils le laissaient faire, mais sa curiosité leur donnait sûrement du plaisir. Ils s'amusaient à cacher les cadeaux dans des endroits impossibles.

Victor aurait voulu un chat ou un chien, mais il ne pensait pas avoir beaucoup de chances d'avoir ni l'un ni l'autre. Sans doute se serait-il contenté d'un lapin. On lui avait plus ou moins promis « une petite bête ». Ne parvenant pas à s'endormir, il se leva à neuf heures et demie et descendit au rez-de-chaussée pour trouver son cadeau. A cette époque, il n'y avait pas encore la télévision, ou plutôt, seulement un petit nombre de postes mais ses parents n'en avaient pas. Le soir, ils écoutaient la radio. Une musique douce arrivait de la salle de séjour. Il ouvrit la porte avec précaution pour voir si ses parents étaient suffisamment occupés pour ne pas remarquer sa présence en bas. Ils étaient suffisamment occupés. Son père, en chemise, avait ôté son pantalon et se soulevait et s'abaissait sur sa mère couchée sous lui. Celle-ci était sur le dos, avec sa jupe relevée. Son corsage était posé à côté d'elle, sur le divan de velours brun. C'était impressionnant.

Ce n'étaient pas tellement les mouvements qu'ils faisaient que les bruits : un bruit de succion et de ventouse. Son père haletait et soufflait, tandis que sa mère poussait de profonds soupirs et de petits couinements. Ce n'étaient pas tellement les bruits que les mouvements : sa mère se trémoussait de droite à gauche, tandis que son père s'agitait de bas en haut. A vrai dire, c'étaient l'un et l'autre. En tout cas, il ne craignait plus de les déranger. Un coup de feu (se disait-il quelques années plus tard), tiré dans la pièce, ne les aurait pas interrompus.

Il fit demi-tour et s'éloigna. Il entra dans la cuisine. Il avait envie de manger un bonbon ou un gâteau, même si c'était interdit après qu'il se fut lavé les dents. Il voulait quelque chose de sucré, quelque chose qui lui apporte un peu de réconfort. Il y avait bien un réfrigérateur, mais ce n'était pas là qu'on mettait les sucreries. Le garde-manger était une petite pièce au sol dallé, avec le haut de la porte en fin grillage et quelques briques percées, donnant sur l'extérieur. Victor n'était pas assez grand pour atteindre le verrou, mais la porte était restée entrebâillée. Il posa ses doigt sur le rebord et tira vers lui.

Une énorme carapace, une tête qui se balance, avec des yeux vides et luisants de serpent à l'affût de quelque chose, et deux pattes écailleuses, remuant au ralenti. Le tout ne se trouvait qu'à quelques centimètres de son visage. Victor se mit à crier. Il se protégea la tête, les oreilles et les yeux avec les bras et se roula par terre en hurlant. Son père et sa mère, qui en avaient fini, l'entendirent. Ils arrivèrent en courant, rattachant leurs vêtements, criant son nom. Sa mère le releva et le serra contre elle, pour lui demander ce qui s'était passé. Pourquoi ? Mais pourquoi ? Ensuite, il comprit, il accepta leurs explications. C'était son cadeau d'anniversaire, qu'on avait mis pour la nuit dans une boîte dans le garde-manger. Victor n'avait vu ni la boîte, ni la paille, ni le grillage. Seulement la tortue. On la donna aux Macpherson, qui habitaient un peu plus loin.

Leur pavillon se trouvait cinq maisons plus bas. Peut-être étaient-ils encore vivants. La chose qu'il avait nommée une seule fois dans ses pensées était certainement morte. Mrs. Macpherson pouvait bien en ce moment le regarder de sa fenêtre. Qu'est-ce que sa mère avait dit aux voisins ? Elle n'avait certainement pas pu garder le secret. Pendant des jours et des jours, les journaux avaient parlé de lui puis ils avaient remis ça lors du procès. Il se demandait si elle s'était fait beaucoup de soucis. C'était lui après tout, et non son père, qui avait été séparé d'elle et mis en prison.

Victor s'écarta de la grille sur laquelle il s'était appuyé. A l'arrière de la maison, légèrement de côté, se trouvait une cour pavée, ensoleillée, où sa mère faisait pousser des tomates dans des pots. Une des fenêtres qui donnait sur la cour, c'était plutôt une ouverture avec un fin grillage, était celle du garde-manger où la... chose lui était apparue dans sa boîte. Pour la première fois, Victor se dit qu'il fallait certainement être une maîtresse de maison fort négligente pour mettre un animal, une créature de cette sorte, durant toute une nuit, dans un cellier. Pour il ne savait trop quelle raison, il se mit à frissonner. Sa vie aurait été sans doute différente s'il n'avait pas ouvert la porte de ce cellier. Peut-être pas tellement différente au fond.

Victor jeta un dernier coup d'œil à la maison. Il n'avait plus vécu là depuis qu'il avait quitté l'école pour aller à l'Institut universitaire de technologie. C'était dommage que ses parents ne l'aient pas achetée, car alors ce serait lui, plutôt que ce propriétaire, qui aurait eu... A combien pouvait monter une maison comme celle-là ? Douze mille livres ? Quinze mille ? Il fut éberlué, un peu plus tard, alors qu'il reprenait graduellement confiance en lui et arrivait dans High Street, de voir les prix chez les agents immobiliers.

Quarante mille livres pour une maison comme celle-là ! Que devait donc coûter un ticket de bus ? Et s'il avait envie de prendre un taxi. Victor se souvint d'une histoire drôle qui circulait sur l'inflation, juste avant qu'il n'aille en prison. C'était Alan, pour qui il travaillait, qui la lui avait racontée.

« Un type croyait pouvoir profiter de l'inflation. Il s'était fait endormir et mettre dans un congélateur pendant vingt ans. Lorsqu'il s'était réveillé, la première chose qu'il avait vue était une lettre de son agent de change, une lettre qui datait d'un an, l'informant que ses actions valaient maintenant un million de livres. Il se précipita dans un taxiphone pour appeler son agent de change. Tandis qu'il cherchait de la monnaie dans ses poches, il lut les instructions portées sur l'appareil. Composez votre numéro et lorsque vous entendez la sonnerie, introduisez neuf millions de livres... »

S'il ne s'était jusqu'ici occupé que de son allocation de la Sécurité sociale, ce n'était ni par peur ni par paresse. Il avait de moins en moins envie de s'installer à Acton. Une semaine après sa libération, il était parvenu à éviter les autres occupants de la maison et n'avait vu ni sa propriétaire ni son représentant : le loyer était versé directement. Sans doute l'administration croyait — avec raison d'ailleurs — que si elle avait donné la somme au locataire, celui-ci aurait gardé l'argent pour son propre usage. Quant au médecin, il serait toujours temps d'en trouver un s'il tombait malade.

En lisant des journaux et des magazines chaque jour, Victor se mettait au courant de l'évolution des mœurs et de la langue. Il y avait une expression « se psycher » qu'il ne pouvait se souvenir d'avoir entendue avant. Victor « se psycha » donc pour s'encourager à aller à la banque, afin de savoir combien il y avait sur son compte. Il s'exhortait, se disait qu'une fois dans la banque en train de parler au chef d'agence ou à qui que ce soit, il n'aurait plus peur. C'est alors que quelque chose arriva, qui l'obligea à sortir. Ça faisait presque une semaine qu'il était reclus dans cette maison, lorsqu'il se vit contraint d'avoir un contact avec un être humain. On frappa à sa porte à dix heures du matin. Lorsqu'il ouvrit, malade d'inquiétude, il se trouva en présence d'une femme qui lui dit qu'elle s'appelait Noreen et qu'elle venait faire sa chambre.

« Je n'ai pas besoin qu'on fasse ma chambre, dit-il. D'ailleurs elle n'en a pas besoin. De plus, je n'ai pas de quoi payer. »

Comme il ne s'était pas beaucoup servi de sa voix cette dernière semaine, même pour parler seul, le son qu'il émit lui parut étrange, grinçant. Noreen, apparemment, n'était pas sensible à ce genre de nuance. Elle entra, poussant devant elle un aspirateur.

« Ne vous inquiétez pas, dit-elle. Tout est compris dans le montant du loyer. » Puis, regardant autour d'elle : « Et vous dites qu'elle n'a pas besoin d'être faite ! Vous me prenez pour une idiote. »

Elle se mit au travail avec une énergie inquiétante. Elle tira le lit et rassembla la table en bambou, la chaise et le tapis au milieu de la pièce. L'aspirateur était déjà en marche, bien qu'elle ne s'en servît pas immédiatement, comme s'il fallait laisser chauffer le moteur. C'était une femme assez petite, jolie, de trente-cinq ans environ, avec de longs cheveux noirs et bouclés, légèrement gras. Elle était plutôt dodue mais ses jambes étaient minces, avec des chevilles fines. Elle portait une jupe noire en coton, un T-shirt mauve et des sandales Scholl. Victor fut pris brusquement d'une envie d'elle, violente et oppressante.

Il s'écarta pour se placer entre la penderie et l'évier. La camisole électrique commençait à se refermer sur lui. Cette dernière semaine, il avait été heureux de n'éprouver aucun désir. Pourquoi ce besoin brutal maintenant ? Cette Noreen était loin d'être une beauté et de plus sentait la sueur. Elle n'était même pas très jeune. Était-ce parce qu'il avait une impression de sécurité chez lui, tandis qu'à l'extérieur, il était désorienté et apeuré la plupart du temps ? Il aurait voulu gémir, grogner comme un animal, hurler de toutes ses forces.

Noreen lui cria, pour couvrir le bruit de l'aspirateur : « Si vous avez une course à faire, à votre place j'irais maintenant. Comme ça, vous ne seriez pas dans mes jambes. Je n'en ai pas pour plus d'une demi-heure. »

Il enfila sa veste, passa devant elle en appuyant ses mains contre le mur. Les années de prison n'avaient rien changé. Avait-il pensé un jour qu'elles le débarrasseraient de son problème ? Sur le palier, il tomba à genoux et se recroquevilla, jusqu'à toucher le sol avec son front. Puis, il se mit à se balancer d'avant en arrière. L'aspirateur ronflait, haletait, toussotait derrière la porte. Victor frappa le sol avec sa tête. Il se releva en titubant et descendit tant bien que mal l'escalier. Avec quelqu'un dans sa chambre, il ne savait vraiment plus où se cacher. Il se souvint d'un vers qu'il avait lu quelque part, bien longtemps auparavant. Sans doute était-il tombé dessus dans ce cours de sociologie et de littérature qu'il avait suivi à l'Institut universitaire de technologie. *Car ceci est l'enfer, et j'y suis plongé.* Il n'avait pas la moindre idée de qui avait écrit ça, mais c'était effectivement l'enfer et il y était plongé jusqu'au cou.

L'argent que lui avaient laissé ses parents était sur un compte, dans une agence de la Lloyds. Il devait y avoir au départ un millier de livres, mais on avait dû prendre dessus les frais d'enterrement de sa mère et la facture du déménageur qui avait enlevé le mobilier de la maison. Victor s'obligea à marcher jusqu'à la banque, les dents serrées, les mains enfoncées profondément dans ses poches. Durant presque tout le parcours, il avança sans rien voir, la tête tournée vers le sol, les yeux à demi fermés, fixant le trottoir.

A la banque, tout se passa si facilement qu'il se demanda pourquoi il ne s'était pas décidé à venir plus tôt. Il donna son nom, que le caissier ne connaissait pas et qui de toute évidence ne signifiait rien pour lui. Le fait qu'il ne sache pas le numéro du compte semblait n'avoir aucune importance. Les ordinateurs, maintenant, se chargent de ce genre de recherche. Victor, qui ne connaissait presque rien à l'informatique, se sentit ignare et rabaissé.

Il restait sur son compte un peu plus de trois cents livres. On lui glissa un morceau de papier, plié en deux, par le guichet, protégé par une grille. Apparemment, la direction de la banque accordait plus d'importance aux problèmes de sécurité qu'une dizaine d'années auparavant. Cal avait été coffré pour avoir dévalisé une banque et Georgie pour avoir menacé de son arme un receveur dans un bureau de postes du Hertfordshire, tandis que son complice mettait la main sur la retraite de quelques centaines de personnes. Trois cents livres ! Et cela comprenait les intérêts accumulés au cours des cinq ou six dernières années.

Victor ne tenait pas à utiliser le téléphone accroché au mur dans le hall, derrière l'escalier. On aurait pu écouter sa conversation. Il y avait deux cabines inoccupées, devant l'Agence pour l'emploi. Il jeta un coup d'œil aux offres mises en vitrine. Leur nombre semblait être en désaccord avec ce que lui avait dit Judy. Mais probablement les offres, dès que vous vous proposiez d'y répondre, étaient déjà périmées ou ne correspondaient pas à l'annonce. Il y en avait une qui aurait pu lui convenir : « Recherchons ouvrier ayant une bonne connaissance de la fabrication des meubles de bureau en métal. » Lorsqu'il travaillait pour Alan, c'était comme chauffeur dans sa société de location de voitures. Victor conduisait bien et pouvait se mettre au volant de n'importe quel véhicule. Il savait aussi faire des classeurs métalliques. Mais que répondrait-il lorsqu'on lui demanderait des références ?

Il ouvrit la porte de la première cabine téléphonique. Il n'y avait pas d'annuaire et, lorsqu'il porta l'écouteur à son oreille, il s'aperçut qu'il n'y avait pas de tonalité. Dans l'autre cabine, le fil avait même été coupé et le combiné, placé dans la boîte métallique qui servait à ranger les annuaires. Victor n'en revenait pas. Son visage devait exprimer sa stupeur, car lorsqu'il sortit de la cabine, une femme qui passait lui dit : « Pur vandalisme. Elles sont comme ça depuis des semaines. »

Victor pensait que c'était scandaleux que des gens puissent causer ce genre de dégâts sans être inquiétés, sans être punis. Il avait eu l'intention de téléphoner à sa tante, mais n'en voyait plus maintenant la nécessité. Quand il déciderait d'aller là-bas, il la trouverait : elle ne sortait jamais. Noreen devait avoir fini de passer l'aspirateur sur le linoléum aux raviolis, mais n'avait probablement pas encore quitté la maison. Il n'y retournerait certainement pas tant qu'elle y serait. Il commença à marcher dans Gunnersbury Avenue. Il ne se sentait pas le courage de prendre un bus. La circulation en direction de Heathrow était aussi intense qu'aux heures d'affluence, alors qu'il n'était qu'onze heures du matin. Il se demanda ce qu'il éprouverait et comment il se sentirait s'il se mettait à conduire une voiture après dix ans de réclusion. Ce quartier était ce que sa mère appelait un « quartier résidentiel ». Victor avait toujours trouvé cela bizarre, étant donné que ce n'étaient que des rangées et des rangées de grandes maisons néo-Tudor, aux façades chargées de colombages avec des toits incroyablement pentus et des fenêtres aux vitres colorées cerclées de plomb. Elles n'auraient pas été si horribles si elles avaient eu un peu de terrain autour. Malheureusement, elles étaient tassées les unes contre les autres. La plupart des jardinets, qui donnaient sur la rue, étaient faits de rocailles avec un escalier en zigzag qui conduisait à la porte d'entrée. La maison de sa tante faisait le coin d'une rue. Elle avait une porte en chêne clouté, imitation du style moyenâgeux, et une sorte de falaise en granit qui supportait la terrasse où poussaient des plantes alpestres.

Muriel Faraday s'était mariée tard, bien qu'elle fût plus âgée que sa sœur. Victor avait déjà seize ans lorsqu'elle avait convolé. Il se souvenait parfaitement du mariage, parce que c'était juste après ses examens au lycée et que durant la cérémonie son père s'était vanté que son fils avait eu des notes exceptionnelles dans la plupart des matières. Victor s'était d'ailleurs senti gêné. Le mariage avait eu lieu dans une mairie dont il n'avait aucun souvenir. Muriel portait des talons aiguilles et un chapeau volumineux qui la faisait paraître énorme, par rapport à l'homme vieillissant et voûté qu'elle avait choisi comme mari. Sydney Faraday, un veuf avec des enfants adultes, possédait trois magasins de légumes, très prospères. La mère de Victor lui avait dit que Muriel n'avait accepté de se marier qu'à la condition expresse qu'elle ne travaillerait jamais dans ses magasins, même pour donner un coup de main en cas d'urgence.

Victor et ses parents n'avaient nullement profité de la nouvelle prospérité de Muriel, même si sa mère avait eu l'espoir d'avoir des fruits hors saison et une ristourne sur les pommes de terre nouvelles. « Pas même une barquette de framboises », disait-elle volontiers. Il aurait été difficile que de tels cadeaux atteignent leur destinataire, étant donné que sa mère n'invitait personne chez elle et refusait toute invitation. Quant à sa tante, atteinte d'agoraphobie presque aussitôt après son mariage, elle ne mettait jamais le nez dehors. Ce n'était qu'à trois reprises que Victor était venu chez elle et chez son oncle : deux fois pour dîner le jour de Noël et une autre encore pour il ne savait plus quelle occasion. Mais il se souvenait parfaitement où se trouvait la maison.

Avant de grimper les marches qui conduisaient à la porte d'entrée, Victor suivit la rampe qui menait au garage. Celui-ci avait des murs à colombages et de petites fenêtres aux vitres taillées en losanges, comme celles d'un cottage sur un calendrier. Victor s'approcha d'une fenêtre pour regarder les meubles à l'intérieur : ils étaient recouverts avec les rideaux de leur ancienne maison. Et empilé sur les rideaux, se trouvait le bric-à-brac enlevé des étagères et des placards de sa mère — tasses, assiettes, vases, cendriers, presse-papiers, bougeoirs. Comme un coin des rideaux avait glissé, Victor put apercevoir la tête de lit de ses parents en satin capitonné cousu de gros boutons. Une araignée y avait tissé sa toile.

Un escalier en ciment, sinueux et volontairement irrégulier, du genre rustique, conduisait à la porte d'entrée. Il était entouré de saillies et d'avancées rocheuses artificielles, sur lesquelles s'accrochaient des plantes grimpantes. Les marches en étaient peu visibles, à cause des conifères taillés en éventails qui le bordaient. Aussi loin qu'il puisse s'en souvenir — c'est-à-dire lorsque Muriel était venue s'établir ici après avoir épousé Sydney — de petites statues avaient égayé la raideur un peu lugubre de ces escarpements. Il y avait donc des animaux en ciment : une grenouille, un lapin, un hibou aux yeux peints en jaune et une tortue. Heureusement pour Victor, la tortue était la moins apparente, car la pierre sur laquelle elle se tenait était collée à la haie de buis et recouverte en partie par les branches d'un genévrier. Au premier coup d'œil, on aurait pu penser qu'il s'agissait d'une pierre. Victor ne s'en était jamais approché, ne l'avait jamais regardée, sauf du coin de l'œil. En ce moment, il remarquait qu'elle était toujours là, ni moins ni plus cachée qu'une décennie plus tôt. Ou bien le genévrier ne grandissait plus, ou il était taillé pour garder des proportions raisonnables.

La porte d'entrée semblait ne pas avoir été ouverte depuis des mois. On aurait pu penser qu'il s'agissait de l'entrée d'une forteresse. Si l'on actionnait la sonnette grâce à une petite tige de fer tarabiscotée, on risquait de voir apparaître un portier en cotte de mailles, brandissant une hache d'arme. Victor hésita avant de sonner. Il n'avait aucun besoin de ce mobilier, ne saurait pas où le mettre. Même s'il avait été le propriétaire d'une maison vide, n'importe quoi pour la remplir aurait été préférable à ces meubles chargés de souvenirs, de souffrances et de honte. Peut-être n'était-il pas venu pour eux, mais pour voir Muriel qui était maintenant sa seule famille, le seul lien de sang qui le rattachait à son passé.

Elle pouvait aussi bien être morte — on n'aurait sûrement pas pris la peine de le lui dire en prison — ou clouée au lit, ou partie s'installer ailleurs. La maison ne semblait pas très vivante. Mais elle ne l'avait guère été plus lorsqu'il était venu à Noël avec ses parents. Il n'y avait pas, même pour ce jour de fête, une seule guirlande d'accrochée ni une seule carte de vœux en vue. Il leva la main et tira la tige tarabiscotée de la sonnette.

Toutes les fenêtres qu'il pouvait voir dans la rue, fenêtres à deux battants avec des vitres en losanges, des poignées en fer forgé et des meneaux en bois, renvoyaient un reflet luisant et noir. En revanche, celles de la maison de sa tante paraissaient recouvertes d'une buée grisâtre. Une pluie sale semblait avoir marbré les vitres, marbrures sur lesquelles était venu se déposer un film de poussière. Victor tira de nouveau sur la sonnette. Cette fois, il entendit du bruit à l'intérieur. Bêtement — n'était-ce pas sa vieille tante qu'il venait voir, une personne sans intérêt, qui n'avait aucune importance — il sentit des picotements électriques, signes certains de panique, parcourir ses épaules et son dos. Il rentra son ventre, se redressa et respira profondément.

La porte s'entrouvrit lentement. On la tirait avec des précautions extrêmes : une fente, puis quelques centimètres, puis unc dizaine de centimètres. Les yeux d'une vieille femme le dévisageaient, tandis que le visage frémissait comme celui d'une souris. Sa tante avait vieilli au point qu'il ne l'aurait probablement pas reconnue, qu'il ne l'aurait sûrement pas reconnue s'ils s'étaient — hypothèse impossible — rencontrés quelque part. Il la regarda, la gorge serrée. C'était autrefois une forte femme avec un large visage, poudré et maquillé, qui lui faisait penser à ces gâteaux compliqués qu'on voit à la vitrine des pâtissiers, saupoudrés de sucre glace, avec des cerises confites et des massepains sur le dessus, entourés d'une collerette dorée. Le gâteau s'étant, sous l'effet du temps, affaissé, décomposé. Il y avait maintenant de la poussière et des toiles d'araignée ; là où était le sucre glace, une sorte de moisissure feutrée avait gagné les joues devenues flasques. Le grand corps solide qui avait toujours été étroitement pris dans un corset paraissait avachi et tordu. Muriel portait un filet, une résille rose, sur des cheveux mous et gris, qui, dix ans plus tôt, étaient blond oxygéné. Vêtue d'une robe de chambre en laine d'un bleu sale, elle avait aux pieds des mules en plumes de la même couleur.

Victor ne savait que dire. Il avala sa salive, attendant qu'elle lui adresse la parole. Puis, il comprit qu'elle ne le reconnaissait pas.

« C'est Victor », dit-il.

Elle recula d'un pas en portant la main à sa bouche. Il entra dans la maison et referma la porte derrière lui. Elle grogna d'une voix rauque : « T'es-tu échappé ? »

Il aurait aimé la tuer, il s'y voyait déjà. Puis, il comprit qu'elle avait peur.

« Que veux-tu dire par échappé ? lui demanda-t-il sèchement.

— Tu as encore quatre ans à faire.

— N'as-tu jamais entendu parler de remise de peine pour bonne conduite ? »

Elle le regarda, l'air horrifié. Elle le regarda de haut en bas. Sa main sur son menton ressemblait à une serre d'oiseau de proie. Elle émit un petit rire nerveux.

« Pour bonne conduite ! dit-elle. Bonne conduite... Vraiment, c'est parfait. »

Malgré les années écoulées, Victor se souvenait où se trouvait le salon. Il poussa la porte et entra. Elle le suivit en traînant les pieds.

« J'ai pensé que tu avais fait le mur. »

Il ne releva pas cette remarque. Le salon était rempli de journaux et de magazines. Contre la paroi qui faisait face à la cheminée, quatre piles de magazines allaient du sol au plafond. On avait l'impression que ces piles s'étaient arrêtées de monter uniquement parce qu'elles en étaient empêchées par le plafond. Dans l'embrasure de la fenêtre en saillie étaient entassés des journaux, les petits formats à gauche, les grands à droite. Les tas avaient près de deux mètres de haut. Des magazines occupaient l'espace compris entre le sol et le dessus de la grande table de réfectoire. Les trois bibliothèques, les renfoncements de chaque côté de la cheminée, en étaient remplis. Il y en avait même sur le divan et sur un des fauteuils. Seul, un petit espace au milieu de la pièce, ainsi que le fauteuil, sur lequel était jetée une couverture, qui probablement lui servait de siège lorsqu'elle regardait la télévision, étaient préservés.

Et elle ne mettait jamais le nez dehors !

Comment une vieille femme, qui ne sort jamais, peut-elle emmagasiner un tel stock de papier ? Probablement en ne jetant rien, se disait Victor, en achetant un quotidien, deux hebdomadaires, peut-être, deux ou trois mensuels et en gardant le tout précieusement. Avait-elle toujours été ainsi ? Il ne s'en souvenait pas. Il se tourna vers elle.

« C'est toi qui as mon mobilier. »

Dès qu'il eut parlé, il se dit qu'elle allait probablement lui faire remarquer à quel point elle avait été généreuse, la somme que cela lui aurait coûté s'il avait dû louer un garde-meubles... Elle dit simplement :

« C'est dans le garage.

— Peux-tu m'y conduire ?

— Non, dit-elle en secouant la tête. C'est dehors. » Elle fit cette remarque comme si certaines personnes avaient leur garage au beau milieu de leur maison. « Tu peux passer par la cuisine et prendre la porte de derrière. C'est fermé. Je vais te donner les clefs. »

Il la suivit tandis qu'elle traversait la maison en traînant les pieds. Son mari avait été plus qu'à l'aise et la maison était de bonne taille. Le mobilier des années trente, capitonné à l'excès, avait dû coûter fort cher. Dans la salle à manger, il y avait également des magazines en tas, formant ici aussi des sortes de piliers. Apparemment, le ménage n'avait pas été fait depuis plusieurs années, sans doute parce que personne ne salissait vraiment. Une pâle poussière duveteuse, avec une odeur pénétrante, s'était collée partout. La cuisine semblait ne pas avoir été utilisée depuis longtemps. Sa tante ouvrit un tiroir pour prendre un trousseau de clefs. Elle avait gardé les affaires de son neveu avec soin : il ne fallait pas moins de trois clefs différentes pour ouvrir la porte du garage. Ce n'était pas une aussi mauvaise bonne femme que ça, se dit Victor. En définitive c'était assez normal qu'elle ait été effrayée lorsqu'elle avait su qui il était. Il l'avait soupçonnée d'être méchante et dure, mais elle était simplement un peu gaga. Dans ses traits brouillés, il découvrait une ressemblance avec sa mère. Ce qui était curieux, car sa mère avait été ravissante. C'était quelque chose au fond des yeux, dans la forme des narines, dans le creux des tempes. Victor se sentit bizarre, chancelant : d'une certaine manière il était plus bouleversé que lorsqu'il avait appris sa mort.

Après avoir déverrouillé la porte du garage, en utilisant les trois clefs, il n'arrivait toujours pas à l'ouvrir. Il dut donner un coup d'épaule pour la décoincer. Personne n'était entré ici depuis fort longtemps. Victor resta debout sur le seuil, scrutant son passé, son enfance, enfouis dans ces lits, dans ces matelas, dans ces tables, dans ces armoires, dans ces chaises, protégés de la poussière par cette cotonnade multicolore, par ces anciens rideaux qui pendaient aux fenêtres, comme pour tenir le monde extérieur à distance.

Fermant la porte derrière lui, il s'enfonça dans les profondeurs du garage. Il se déplaçait comme quelqu'un pris dans un dédale, dans un labyrinthe fait d'arbres rares qu'il ne doit pas endommager. L'odeur du mobilier était celle de la maison de sa mère, dont il n'avait pas eu conscience tant qu'il l'habitait et que pourtant il trouvait maintenant singulière, unique : l'odeur du tabac de son père, de la cire, de l'hamamélis, du talc *L'Aimant* de Coty. Victor se surprit à respirer profondément comme s'il prenait un bol d'air frais. Il dut faire un effort pour arrêter. Il ferma les yeux, les rouvrit, s'empara de l'ourlet du rideau et tira dessus. Il découvrit ainsi le divan, recouvert de velours brun, sur lequel ses parents s'asseyaient en se tenant la main, et sur lequel lors de la nuit de la tortue, il les avait surpris en train de faire l'amour. Sur les coussins était pliée une couverture de voyage à carreaux, dans les mêmes tons. Contre le dossier était appuyé un fauteuil roulant.

Ce devait être celui que son père n'avait plus quitté. Victor, après la première attaque, ne l'avait plus jamais revu. En revanche, sa mère avait continué de lui rendre visite à la prison, sans être particulièrement effrayée ou abattue par l'atmosphère qui y régnait, ni même réellement affligée en voyant son fils enfermé. Elle était aussi tranquille et bavarde que d'habitude. Victor ne pensait pas qu'elle se mît en frais pour lui. Pourquoi d'ailleurs se serait-elle fait du souci ? Elle continuait d'avoir son père, et c'était tout ce qu'elle désirait. Il se souvenait de ce qu'elle disait de cette chaise roulante : comme son père la manœuvrait avec habileté, « passant comme un bolide sur le trottoir ». C'étaient ses propres paroles.

Victor se demandait pourquoi on l'avait gardée. Bien entendu, on aurait dû la rendre à la Sécurité sociale. Pourquoi personne ne lui avait-il écrit à ce sujet ? L'avocat, par exemple, l'exécuteur testamentaire de sa mère aurait pu le faire. C'était lui qui avait demandé à sa tante de garder le mobilier, sans manquer de soustraire de l'héritage ses propres honoraires. Qui, ayant son bon sens, pourrait penser qu'il se servirait un jour d'un fauteuil roulant ?

Il le recouvrit. Il allait vendre tous ces trucs, c'était la seule chose à faire. En passant dans Acton High Street, il avait remarqué sur la vitrine d'un brocanteur cet écriteau : *Nous enlevons et achetons à bon prix tout ce qui encombre vos appartements et vos maisons.*

Victor referma la porte du garage en se servant des trois clefs, puis il repassa par la porte de derrière. C'était une maison tranquille qui aurait pu se trouver en pleine campagne, plutôt que dans une banlieue de Londres, traversée par la nationale conduisant à l'aérodrome de Heathrow.

« Tante Muriel ? » cria-t-il.

Aucune réponse. Il s'approcha de la porte de la salle à manger et la vit penchée sur la table recouverte de papier journal. Victor entra dans la pièce. Les morceaux de papier avaient été découpés soigneusement dans des journaux et des magazines, comme si l'on voulait les classer dans un album. Peut-être avaient-ils été sélectionnés pour ce propos, peut-être était-ce le but de sa tante. Quand il découvrit ce qu'ils avaient en commun, il se sentit submergé par une vague de chaleur qui ressemblait aux brisants d'une mer chaude. Elle le recouvrit totalement, déferlant sur son visage et sur sa tête. Il se sentait mal, non à cause de regrets ou de remords, mais à l'idée que sa tante avait acheté tous ces magazines, tous ces journaux, tous ces périodiques, uniquement dans ce but. Il attrapa le rebord de la table à deux mains et grinça des dents. C'était absurde, évidemment, personne ne ferait ça. Et pourtant...

Il fit le tour de la table et saisit sa tante par les épaules. Elle se raidit en émettant une sorte de gargouillis. Il avait eu l'intention de la tuer, mais se contenta de la bousculer assez brutalement, de sorte qu'elle faillit tomber.

Les coupures de presse sur la table comprenaient les photographies, les articles, les récits parus sur David Fleetwood et sur la vie qu'il avait menée depuis que Victor l'avait rendu infirme d'un coup de feu dix ans plus tôt.

IV

N'ayant que deux sujets de conversation, la Deuxième Guerre mondiale et le commerce des légumes, Sydney Faraday était quelqu'un qui avait parlé à satiété de batailles et de betteraves, les premières venant toutefois en tête. Sergent dans un régiment de blindés, faisant partie de la deuxième armée de Montgomery, il avait traversé telle une tornade le nord de l'Allemagne, au printemps de 1945. Il aimait tout particulièrement raconter son arrivée en compagnie d'un caporal et d'un troufion dans la cuisine d'une ferme sur la rive de la Weser. Les fermiers s'étaient enfuis, en ne laissant rien à manger, en dehors d'un cochon de lait cuit à point et encore chaud dans le four. Une autre de ses histoires préférées était celle concernant une arme. Dans les environs de Brême, Sydney avait trouvé, dans un fossé, un officier allemand mort qui tenait encore à la main un pistolet. Il en avait conclu (sans aucune autre preuve) que cet officier s'était suicidé par désespoir en voyant la tournure que prenaient les événements. Par pur altruisme, ne voulant pas que l'opprobre qui s'attache aux suicidés soit jetée sur cet homme, il avait pris l'arme et l'avait gardée. C'était un Luger.

« Un pistolet automatique de l'armée allemande, de petit calibre », expliquait à ses invités Sydney, comme s'il lisait la phrase dans une encyclopédie. Victor avait entendu cette histoire pour la première fois, lors d'un repas de Noël. Il n'avait que dix-sept ans et habitait encore avec ses parents. Il l'entendit de nouveau dix ans plus tard. Sa mère, s'étant plainte qu'elle ne le voyait jamais, l'avait harcelé pour qu'il vienne avec eux chez Muriel, en ce jour de fête. Rien n'avait changé : une dinde congelée à peine cuite, garnie de pommes de terre en sachets (la technologie avait fait des progrès durant cette dernière décennie) et de légumes verts de trop mauvaise qualité pour être vendus au magasin. Alors qu'on mangeait le pudding du pâtissier, réchauffé à la maison, et qu'on buvait la seule chose agréable de ce repas, le porto du maître de maison, Sydney raconta une fois de plus l'histoire de l'officier allemand et de son pistolet. La mère de Victor soupira et déclara, sans aucun effet d'ailleurs, qu'elle connaissait déjà cette histoire. Muriel, qui ne comptait plus le nombre de fois qu'elle l'avait entendue intervenait mécaniquement au cours du récit en disant : « Mon Dieu ! » et « Réellement ? ». Elle lançait ses remarques sans y mettre la moindre intonation, comme si elle était en train d'apprendre les répliques d'un rôle secondaire dans une pièce. Elle avait énormément grossi. Apparemment, son embonpoint la rendait de plus en plus casanière. On aurait dit que le peu d'énergie qu'elle avait pu avoir avait été étouffé, écrasé, réduit à néant, sous les couches de graisse.

Victor ne pouvait se souvenir précisément des mots que Sydney avait employés dix ans auparavant pour raconter l'histoire de l'officier allemand, mais ce devait être à peu près les mêmes que ceux qu'il utilisait aujourd'hui. Le récit s'était simplement un peu gonflé.

« Je me suis dit alors que ce pauvre diable devait être au bout du rouleau. Pas d'avenir, aucun horizon devant lui. J'étais sûr qu'on allait le trouver, que sa femme, que ses enfants en revenant chez eux apprendraient qu'il n'était pas un héros, qu'il n'avait pas été tué en service commandé. Bien pis, qu'il s'était tué lui-même. Vous savez comme on se pose des questions dans ces cas-là. Où se trouve le bien ? où se trouve le mal ? Je ne pouvais, en même temps, m'empêcher de penser que le seul bon Allemand est un Allemand mort.

— Seigneur ! fit Muriel avec un visage de marbre.

— Pourtant, il faut bien le dire, nous avons au fond de nous une sorte de mansuétude. Ça m'était impossible de le laisser là, en sachant qu'on allait le traiter de lâche. J'ai soulevé son bras mort, raide et glacé, je m'en souviens comme si c'était hier, j'ai pris le Luger et je l'ai fourré dans ma poche. Et je n'ai jamais dit un mot de cette histoire à quiconque. C'était un petit secret entre le mort et moi, une marque de respect en quelque sorte.

— Puis-je avoir encore un peu de porto ? » demanda Victor.

Sydney poussa la bouteille devant lui.

« Vous n'allez pas me croire, mais j'ai encore ce Luger. Oui, oui. Je peux vous le montrer quand vous voulez, si vous en avez envie. Pour je ne sais trop quelle raison, je l'ai gardé précieusement. Ce n'est pas pour l'exhiber et m'exciter en le montrant, pas du tout. Simplement, j'aime parfois m'en souvenir, y repenser. Tu ne passeras ici qu'une seule fois, Sydney Faraday, et si tu veux faire un peu de bien, fais-le maintenant. Et voilà, c'était la petite bonne action que j'ai accomplie lorsque nous traversions victorieusement l'Allemagne, dans le sillage de ce vieux Monty. »

Personne ne demanda à voir le pistolet. Victor se préparait à le faire lorsque Sydney déclara qu'il allait le chercher en haut. Le Luger était enveloppé dans une écharpe de soie blanche, de celle que les hommes portent lorsqu'ils sont en tenue de soirée. La mère de Victor demanda si l'arme était chargée, et lorsque Sydney, avec un ricanement, lui répondit qu'elle ne l'était pas — évidemment, pour qui le prenait-elle — elle la mania avec précaution, en faisant remarquer cependant que ce n'était pas une chose à montrer le jour de Noël.

Sydney remit le pistolet dans l'écharpe et remonta à l'étage. Après son départ, Victor demanda la permission d'aller dans la salle de bains et grimpa l'escalier rapidement. A gauche du palier se trouvait la chambre de Sydney et de Muriel, une grande pièce avec un tapis rose à fleurs et une psyché. Victor jeta un coup d'œil à l'intérieur, puis s'engagea dans le couloir qui conduisait à la salle de bains. Il aperçut la silhouette courbée de Sydney dans la deuxième chambre (il y en avait quatre) en train de lever l'édredon posé sur un lit de cuivre. Il semblait ne pas avoir entendu Victor.

A cette époque, Victor ne pensait pas se servir un jour d'une arme. Il pensait simplement que c'était quelque chose de précieux à avoir, parce que c'était interdit et difficile de s'en procurer une. Mais, durant le mois de mai de la même année, il s'était attaqué dans Hampstead Heath à une fille qui avait de toute évidence une certaine pratique des arts martiaux, ce qui n'était pas si courant dans les années soixante-dix. Elle réussit à se débarrasser de Victor et à s'échapper. C'est alors qu'il s'était souvenu de l'arme de Sydney.

Parfois, il en voulait à son oncle de l'avoir tenté de la sorte. Si Sydney ne s'était pas vanté ainsi, s'il n'avait pas fait étalage de son arme, lui, Victor, n'aurait jamais pensé qu'une telle chose pouvait se trouver dans la maison de Muriel. Et sans cette arme, il n'en aurait jamais eu aucune en sa possession. Et s'il n'avait pas eu d'arme...

Même alors, il n'y avait guère songé jusqu'à ce que Sydney tombe malade et aille à l'hôpital. Il était atteint d'un cancer du poumon dont il devait mourir environ un an plus tard. Muriel n'avait pratiquement pas mis un pied dehors depuis des années, mais elle se voyait maintenant contrainte de rendre visite à Sydney. Victor était au courant de tout par sa mère qui lui avait dit, entre autres, que Muriel ne se serait jamais rendue à l'hôpital si elle-même n'était allée la chercher en taxi. Pendant très longtemps, la mère de Victor avait donc eu la clef de la maison de Sydney.

Lorsque les deux sœurs décidèrent de nouveau d'aller à l'hôpital, Victor se rendit à Gunnersbury. Il épia le taxi et vit sa mère suivre le chemin de chèvre parmi les plantes alpines et les conifères en éventail. Elle entra dans la maison et en ressortit cinq minutes plus tard en compagnie d'une Muriel obèse qui s'accrochait à son bras. Sa tante avait mis un chapeau noir à large bord et un imperméable de soie noire, comme si elle anticipait la mort de Sydney et portait déjà le deuil. Quelques minutes après le départ du taxi, Victor entra dans la maison avec la clef qu'il s'était fait faire à partir de celle de sa mère.

Comme elle n'avait jamais servi, il eut quelques difficultés à la tourner, et durant une seconde ou deux, il crut qu'il ne réussirait pas à ouvrir la serrure. Il y parvint pourtant.

Il se demandait où pouvait se trouver cette clef maintenant. Qu'en avait-on fait ? Il ne voyait pas l'usage qu'il pourrait en avoir, néanmoins, il aimait savoir ces sortes de choses. Elles lui donnaient une impression de sécurité et de puissance. Elle avait probablement été perdue dans le déménagement de la maison de ses parents. Et qu'avait-on fait du pistolet ? Sans doute la police l'avait-elle gardé, bien qu'il ne leur appartînt pas plus qu'il n'avait appartenu à Sydney. En toute justice, il aurait dû retourner au gouvernement allemand.

Il monta l'escalier de bois foncé, brillant, sur lequel était posé un chemin rouge aux dessins orientaux. Comme cette maison était sombre, même au cœur de l'été ! Au premier étage, il y avait une odeur de camphre, comme si les fenêtres n'étaient jamais ouvertes. Victor entra dans la chambre au lit de cuivre et souleva l'édredon. Un couvet et un bassin étaient posés sur le matelas nus. Il n'y avait pas de pistolet.

Il regarda à l'intérieur du couvet et dans le bassin. Il souleva les vêtements pliés dans la commode, ce qui fit tomber des boules de naphtaline des manches de pulls et des pieds de chaussettes. Il y avait un tapis bleu avec une bordure de grappes jaunes et de feuilles de vigne vertes. Victor le souleva. Il fouilla la penderie, ouvrit un placard bourré de souliers et de bottes. L'étagère du haut était remplie de livres de poche sur les cow-boys : *The Man Who Rode to Phoenix, The Secret of Dead Eye Ranch.* Ce fut sa mauvaise humeur, sa colère qui, cette fois, l'aida. Fou furieux, il donna un coup de pied dans les chaussures qui avaient presque toutes des formes en bois. Une des planches de l'étagère était libre. Victor parvint à la soulever avec les doigts. En dessous, il y avait une boîte à chaussures en carton dans laquelle se trouvait le Luger, toujours enveloppé dans l'écharpe de soie blanche à franges de Sydney. Ce dont son oncle n'avait pas parlé, c'était les quatre balles qu'il avait prises à l'officier allemand. Sans doute aurait-il été alors difficile d'expliquer ce détroussement d'un cadavre par des propos moralisateurs.

Quand Sydney était mort, Victor avait passé presque une année en prison. Lorsque son neveu s'était servi du pistolet, Sydney avait déjà quitté l'hôpital pour rentrer chez lui, inconscient, se disait souvent Victor, de la responsabilité qui lui incombait dans la paralysie de Fleetwood. C'était lui et le policier, et aussi cette Rosemary Stanley, qui étaient responsables de ce qui s'était passé : Sydney, pour avoir gardé ce pistolet, Fleetwood pour avoir refusé de croire à sa réalité, et la fille pour avoir crié stupidement en cassant une vitre. Les gens ne se rendent jamais compte à quel point ils peuvent créer des ennuis aux autres à cause de leur conduite inconsidérée.

Il espérait cependant que Sydney devait avoir été conscient de sa culpabilité lorsque, après ce malheureux coup de feu, la police était venue le trouver pour lui demander comment il s'était procuré cette arme et pourquoi il l'avait donnée au neveu de sa femme. Même si son oncle était alité, les policiers avaient dû le cuisiner jusqu'à ce qu'il leur raconte tout. Son récit, pour une fois, se disait Victor, n'avait pas dû lui faire le plaisir qu'il éprouvait habituellement lorsqu'il ennuyait ses invités avec cette histoire de table d'hôte. Il n'avait très certainement pas pu alors placer son baratin moralisateur qui lui donnait le beau rôle.

Dans une interview publiée par un journal du dimanche, Fleetwood avait parlé très franchement de sa vie et de ses sentiments. Il n'en était pas de même pour celle qu'il avait accordée à un magazine féminin. Ou peut-être ce magazine avait-il supprimé les passages qui risquaient de mettre ses lecteurs mal à l'aise. Fleetwood disait qu'il ne pouvait plus marcher, qu'il avait dû abandonner les sports qui étaient autrefois si importants pour lui : la course à pied, le rugby, le squash, les longues randonnées à pied en vacances. Il déclarait aussi — au magazine, pas au journal — qu'il était devenu un lecteur enragé. Il avait par exemple préparé une licence de lettres à l'université. Il lisait des romans, des biographies, de la poésie. Il s'était inscrit à la bibliothèque municipale et à deux cercles de lecture. Il s'intéressait au jardinage, prenait plaisir à aménager un jardin. Il lui fallait toutefois quelqu'un qui fasse le travail à sa place. Il pensait aussi à apprendre à jouer d'un instrument de musique en amateur, de l'orgue, peut-être, ou de la harpe.

Dans l'article du journal, au moment où le lecteur commençait à penser que d'être paralysé et cloué dans un fauteuil roulant pour le reste de sa vie n'était pas quelque chose de si terrible, Fleetwood déclarait : « Pour moi, le pire est quelque chose auquel la plupart des gens ne pensent pas. Je suis maintenant impuissant. Il m'est impossible de faire l'amour, et il ne semble pas que j'en sois de nouveau capable un jour. Les gens oublient que la paralysie gagne aussi cette région, ils pensent que ce n'est que l'incapacité de marcher. C'est vraiment ce qu'il y a de plus dur à supporter parce que j'aime les femmes. Je les aimais vraiment, j'aimais leur beauté, voyez-vous. Tout cela est perdu pour moi, au sens propre. Je dois regarder les choses en face. Je ne peux pas me marier, car je ne voudrais à aucun prix infliger une chose pareille à une femme. »

Dans une autre coupure d'un article paru quelques années avant celui du journal du dimanche, on apprenait que la fiancée de Fleetwood avait en fin de compte renoncé à l'épouser. Il y avait deux photographies du couple, l'une lorsque Fleetwood était encore en bonne santé et une autre alors qu'il était assis dans sa chaise roulante, à côté de sa fiancée. C'était une jeune femme mince, blonde, extrêmement jolie. L'article n'était pas particulièrement virulent à son égard, montrait même une certaine compréhension. Il la citait sans faire beaucoup de commentaires. Finalement, on demandait aux lecteurs de faire connaître leurs réactions s'ils avaient été à sa place : *Écrivez-nous pour nous donner votre point de vue.*

« J'aimais David... et je l'aime toujours, disait-elle. Au début, j'étais pleine d'espoir, pleine de bonnes résolutions. C'est ainsi, je pense, qu'il faut les appeler. Malheureusement, je n'ai pas la carrure pour les mener à bien. J'ai envie d'être vraiment mariée, d'avoir des enfants. J'aimerais être quelqu'un de mieux, quelqu'un qui se rapproche de ce qu'il attendait, mais je pense qu'il est préférable de faire face à cette situation maintenant, d'en être consciente maintenant, plutôt que de subir les affres d'un mariage condamné à l'échec. »

L'écœurante sentimentalité de cette déclaration fit frémir Victor qui n'en continua pas moins sa lecture. Les coupures étaient posées sur la table comme un paquet de cartes prêt pour quelque patience compliquée. Elles couvraient la période de vie de Fleetwood, qui allait de cet instant dans la maison de Solent Gardens, au moment présent, ou presque présent, étant donné que le dernier article datait de Noël. Il y avait le récit du concert de bienfaisance que Victor avait lu tandis qu'il était en prison. Une photographie de Fleetwood l'illustrait. Il était assis dans un fauteuil roulant, sur la scène, avec, près de lui, d'un côté un comédien célèbre dont le nom était dans toutes les chaumières durant les quelques années qui avaient précédé la condamnation de Victor, et de l'autre, une belle fille aux longues jambes, en collant pailleté qui, penchée sur lui, posait mollement un de ses bras sur son cou. Des photographies encore parsemaient le compte rendu, dans un autre magazine, du traitement de kinésithérapie que Fleetwood avait entrepris. Sur l'une d'elles, on voyait l'ancien policier assis dans un jardin, près d'un chien de traîneau. Une autre, illustrant un article plus récent, le montrait à l'enterrement de son père, tenant sur ses genoux une couronne de roses roses et blanches. Une troisième était prise à l'intérieur du texte d'une interview de Fleetwood dans lequel il disait qu'il allait quitter Londres pour s'établir soit en Australie, soit en Nouvelle-Zélande. En tout, il y avait cinquante et une coupures sur la table — ce qui ne correspondait pas vraiment à un paquet de cartes. La dernière montrait Fleetwood en train de distribuer des cadeaux à des enfants à l'intérieur d'un hôpital spécialisé en orthopédie. Il était venu dans cet hôpital, quittant pour un moment la maison qu'il habitait maintenant à Theydon Bois dans l'Essex.

Victor, qui avait eu du mal à reconnaître sa tante, dont son propre visage dans le miroir lui paraissait souvent peu familier, aurait identifié Fleetwood facilement, même sans les articles ou les légendes. Pourtant, il ne l'avait vu qu'une fois dans sa vie : le policier en effet avait été trop mal en point pour assister au procès. Néanmoins, il l'aurait reconnu n'importe où, son visage s'était gravé dans sa mémoire d'une manière aussi indélébile que celui de sa mère. C'était un visage solide, carré, énergique, aux traits réguliers, avec cependant une grande bouche. Les yeux étaient noirs (d'une étonnante tristesse maintenant), noirs aussi les sourcils presque droits, les cheveux épais et ondulés. C'était un visage qui n'était pas tellement différent du sien. Ils ne se ressemblaient pas, évidemment, à la manière de deux jumeaux, mais ils auraient pu être frères. Ils appartenaient au même type physique, à ce groupe de gens assez grands, bien bâtis, aux traits réguliers. Victor leva la tête et se regarda dans le miroir ovale au cadre d'acier, accroché sur l'autre mur. Il avait quelques cheveux gris, maintenant, une peau qui avait vieilli de manière indéfinissable, il vit quelque chose de fatigué, de désabusé, de morne dans ses yeux, quelque chose qu'il venait de remarquer dans ceux de Fleetwood. Ils avaient trente-huit ans l'un et l'autre, ce qui était encore jeune, mais le policier avait gâché leur vie en refusant de croire une vérité pourtant évidente.

Sa tante revint à pas feutrés dans la pièce. Elle contourna la table pour mettre sa largeur entre eux, sans doute comme un moyen de défense. A l'un des doigts de la main qui tenait les deux pans de la robe de chambre fermés, elle portait une magnifique bague en diamants. Les pierres faisaient un dôme de près de deux centimètres de diamètre et d'un centimètre d'épaisseur. Cette bague aurait dû être au doigt d'une main jeune, couleur de lis. Victor se disait que Sydney avait dû être bien plus riche qu'ils ne l'avaient pensé.

« Pourquoi as-tu gardé ces trucs ? » demanda-t-il à sa tante.

Elle avait dans le visage quelque chose d'agressif et de méchant.

« Quelqu'un devait le faire. »

C'était une remarque sans signification.

« Pourquoi ? A quoi ça sert de remuer le passé ? Je dois mettre tout ça derrière moi. »

Elle le regarda un moment en silence, en passant sa langue entre ses lèvres serrées. Un tic qu'elle avait déjà lorsqu'il était enfant. Puis elle lui dit :

« Peut-être certains d'entre eux te feront honte pour ce que tu as fait. »

C'était inutile de discuter avec des gens de sa sorte. Leur esprit stéréotypé a en réserve un stock de lieux communs, de platitudes.

« De toute façon, je n'en veux pas, dit-il. Ça ne m'intéresse pas.

— Je n'ai jamais dit que tu pouvais les avoir. Ça m'appartient. Il m'a fallu des années pour les rassembler. »

Elle en parlait comme s'il s'agissait d'une œuvre d'art, d'un livre qu'elle aurait écrit ou d'une tapisserie aux petits points. Tel un enfant craignant de se faire taper sur les doigts, elle commença à ramasser les coupures en jetant des coups d'œil furtifs à son neveu. Elle dégageait une odeur de camphre qui fit reculer Victor de dégoût.

« Je vais t'envoyer quelqu'un pour enlever le mobilier. Je te téléphonerai pour t'avertir.

— Tu auras de la chance si on te répond.

— Ça signifie ? »

Elle rangea soigneusement les coupures dans deux enveloppes in-quarto de papier kraft. Sans doute avait-elle quelque cachette pour les y mettre. Victor frissonna légèrement en se rappelant certaines des cachettes qu'il y avait dans cette maison.

« Il y a des types dérangés qui m'appellent, dit-elle. Tu ne pourrais croire les choses qu'ils me disent. A moi, à mon âge. Aussi, maintenant, je ne réponds pratiquement plus.

— D'accord. Je passerai te prévenir. »

Les enveloppes étaient simplement fourrées avec les magazines dans la pile des *Lady*.

« Le plus tard ce sera, le mieux ce sera », dit Muriel d'un air renfrogné, sans élever la voix, une intonation qui ne correspondait pas à la méchanceté qui se cachait derrière les mots. Je préfère avoir tes chaises et tes tables que toi. C'est la pure vérité. Ce que tu as fait suffirait à faire soulever le cœur de n'importe qui. »

Le monde extérieur lui devenait plus familier, l'effrayait beaucoup moins. Il avait pris un autobus et, à la joie des autres passagers, il avait exprimé son étonnement devant le prix du billet. Pour revenir, il avait emprunté le métro. Ni les tunnels ni la foule ne l'avaient gêné particulièrement. Depuis des jours, il s'efforçait de s'habituer à Londres, pour perdre cette terrible impression qu'il avait que les gens ne cessaient de le regarder, parce qu'ils le reconnaissaient. Descendant Acton High Street à pied, il avait suivi une jeune femme un certain temps — c'est-à-dire qu'elle marchait devant lui, qu'elle se dirigeait dans la même direction. Elle portait des talons aiguilles et une mini-jupe qui le mettaient mal à l'aise. *Qui le mettaient mal à l'aise* était l'expression qui lui semblait convenir à la situation. Il se sentait mal à l'aise, rien de plus. Mais si cela était arrivé de nuit, dans une allée traversant Ealing Common, plutôt que dans cette rue passante, que se serait-il passé ? Il se refusait à répondre à cette question.

La boutique qui achetait des meubles et vidait les appartements était au bout de Grove Road. Sur le trottoir, il y avait une étagère pleine de vieux livres que personne n'aurait voulu acheter, que ce soit pour leur contenu ou pour leur reliure. Au milieu de la vitrine, trônait un plateau plein de bijoux de l'époque victorienne : des bagues, des pendentifs, des boucles d'oreilles, des boutons. Le bric-à-brac qui était à vendre à l'intérieur lui faisait penser aux meubles de Muriel : lourds, laids, inconfortables, défraîchis. Un paon empaillé, en train de faire la roue, était perché sur le dossier d'une chaise longue, recouverte de coussins en cuir noir, bourrés de crin.

Un garçon de dix-huit ans environ, en jean et en blouson de toile, sortit dans la rue pour demander à Victor s'il pouvait faire quelque chose pour lui ou s'il ne désirait que jeter un coup d'œil. Victor lui dit qu'il cherchait à vendre quelques meubles.

« Ce que je voudrais, en réalité, c'est une estimation.

— Pour ça, il faut voir Mr. Jupp, dit le jeune homme.

— Très bien.

— Ouais, mais il n'est pas là. Il est à l'autre boutique. Vous pouvez y aller si vous en avez envie, ou je peux lui transmettre un message.

— J'irai là-bas si ce n'est pas trop loin.

— Salusbury Road, du côté de Kilburn. Il vous faut aller jusqu'à Queens Park par le Bakerloo. »

Victor ne s'était rendu compte de rien jusqu'à ce qu'il vît le nom sur le mur de la station : Harvist Road. Tout semblait être mal orthographié par ici ou orthographié d'une manière perverse ou moqueuse qui l'agaçait. Mais ce n'était pas cela qui le fit s'arrêter en dehors de la station pour s'appuyer contre le mur et fermer les yeux durant un instant. Solent Gardens débouchait, un peu plus loin, dans Harvist Road. Quelques pas vers la droite et vous étiez dans Kensal Rise. Victor avait dit à Muriel qu'il voulait oublier le passé, le laisser derrière lui, pourtant, il descendait Harvist Road dans la direction opposée à celle où se trouvait la boutique de Jupp. Il se souvenait comment dix ans plus tôt, avec le pistolet de Sydney dans sa poche, il était entré très tôt le matin dans ce parc qui se trouvait à sa droite.

A cette époque, il avait l'habitude de rôder dans les rues de Londres à n'importe quelle heure. Savoir qu'il avait un pistolet dans sa poche lui donnait confiance. Avec ce Luger, il se sentait invincible, Victor le victorieux. L'arme avait-elle manqué à Sydney qui alors était rentré chez lui ? En avait-il parlé à Muriel ? En tout cas, Victor n'en avait rien su, aucune rumeur n'était parvenue jusqu'à Finchley où il vivait dans un petit atelier d'artiste, gagnant sa vie en conduisant les voitures d'Alan en direction des aéroports et des gares. Il lui arrivait parfois de se lever à cinq heures du matin, de sortir alors qu'il faisait encore noir. Son horaire de travail était irrégulier, bizarre. Bien souvent, il allait attendre des avions à six heures du matin, ou ramenait chez eux, dans le Surrey ou dans le Kent, des gens en goguette qui, sur le coup de minuit, ou même plus tard, se sentaient trop ivres pour se mettre au volant. Ce matin-là, à la fin de l'automne il était en route, dans la plus belle des limousines, vers l'aérodrome de Heathrow où il devait prendre à neuf heures trente un homme d'affaires arabe, pour le conduire au Hilton de Londres. Qu'était-il arrivé à la limousine ? C'était une question que Victor se posait parfois. Parti de chez lui à cinq heures, il s'était garé juste à côté d'ici, dans Milman Road. Puis, il s'était promené sentant monter en lui une excitation qu'il ne trouvait pas particulièrement plaisante, mais dont il avait besoin : un tremblement, un rythme respiratoire saccadé, une impression d'étouffement. Cal lui avait dit que c'était ce qu'il ressentait lorsqu'il regardait des photographies pornos. Il ne s'était pas servi de ces mots mais c'était ce qu'il voulait dire. Victor pouvait décrire ainsi son excitation lorsqu'il projetait de s'attaquer à une femme, n'importe quelle femme. A sept heures trente, il était entré dans le parc qui se trouve au nord de Harvist Road.

Une jeune femme promenait son chien, un tout petit chien. Elle venait de détacher la laisse et regardait l'animal gambader dans les broussailles lorsque Victor s'était jeté sur elle. Il l'avait attrapée par-derrière, passant un bras autour de son cou, en plaquant son autre main sur sa bouche. Il voulait l'empêcher de crier. De toute façon, elle n'avait pas besoin d'émettre le moindre son parce que quelqu'un l'avait vue. Un homme se trouvait dans le bosquet, où il était « entré pour un besoin naturel », avait-il dit au procès. C'est-à-dire qu'il se tenait debout contre un arbre pour pisser. C'était vraiment un manque de chance.

Victor n'avait pas oublié le pistolet, mais il ne s'en était pas servi. Il s'était enfui. Il n'était pas sûr, sur le moment, si c'était l'homme et la femme qui l'avaient poursuivi ou uniquement l'homme. Au procès, il apprit que c'étaient les deux, en compagnie de trois autres personnes qu'ils avaient rencontrées sur leur chemin. Une meute de chiens lancés aux trousses d'un pauvre renard. Victor s'était enfoncé en courant à toute vitesse dans les ruelles, en se dissimulant, en revenant sur ses pas, pensant encore qu'il pourrait se débarrasser d'eux, reprendre la voiture et arriver à l'heure à Heathrow. Il s'était retrouvé dans un sentier, pavé de plaques de ciment cassées, séparant des jardins, fermés par des portillons cadenassés, et bordé d'entrées de garages. L'un d'eux n'avait pas de cadenas et Victor était entré. Il avait remonté une allée en se cassant en deux, pour qu'on ne puisse pas l'apercevoir de l'autre côté de la clôture. Il s'était finalement accroupi dans le coin formé par le mur de la maison et la palissade. C'est alors qu'il avait entendu les ronflements d'un moteur Diesel de taxi et le claquement d'une porte d'entrée. Les occupants de cette maison partaient, étaient en train de partir. S'ils s'en allaient à cette heure matinale, se dit Victor, c'était très certainement pour la journée.

Il grimpa sur le toit de l'appentis et passa par la fenêtre de la salle de bains qui avait été laissée légèrement entrouverte. C'était une fenêtre à guillotine sans rien pour la bloquer. Il lui fut facile de la relever. Il était arrivé à semer ses poursuivants, ou tout au moins il ne les voyait plus ni ne les entendait. Il resta accroupi quelques minutes dans la salle de bains. Puis, parce qu'il était absolument sûr que cette maison était vide, il gagna le palier. Il traversa le couloir et regarda par la fente d'une porte entrebâillée. Comme il ne pouvait rien voir, il agrandit l'ouverture d'une légère poussée. C'est alors qu'il aperçut la fille dans son lit. Rosemary Stanley. Elle se redressa, se mit à crier, sauta du lit, courut à la fenêtre, cassa la vitre avec une brosse à cheveux et hurla : « Au secours ! Au secours ! », à l'intention du monde extérieur.

La chose la plus étrange était que cette maison ne signifiait rien pour lui tandis qu'il la voyait maintenant. Sans aucun doute, c'était la même, le 62 Solent Gardens, la dernière d'une rangée, mais il ne l'aurait pas reconnue rien qu'en la regardant. Il traîna un instant sur l'autre trottoir pour la détailler. Le crépi irrégulier de la façade avait été peint d'un blanc de craie et la porte d'entrée n'était plus de la même couleur. Était-ce réellement ainsi ? Victor n'arrivait pas à se souvenir s'il avait vu un jour la porte d'entrée. La vitre cassée avait été remplacée, très certainement depuis des années. Pourtant, quand il avait pensé à cette maison en prison, il l'avait toujours vue avec la vitre cassée et le vent qui s'engouffrait dans la pièce en soulevant le rideau. C'était une des choses qui l'avait le plus effrayé, ce rideau qui se gonflait. Chaque fois qu'il se levait, il s'attendait à voir un policier grimper sur une échelle à l'extérieur. Et puis, finalement, il en avait vu un. Il ne saurait jamais pourquoi il avait braqué son pistolet sur Fleetwood et non sur ce policier monté sur une échelle appuyée contre la fenêtre.

Une femme sortit de la maison, s'approcha du portillon, se pencha un peu et regarda à droite, puis à gauche. Elle devait avoir une quarantaine d'années, était brune et rondelette. Il n'y avait aucune chance qu'elle pût être Rosemary Stanley ou la mère de Rosemary. Les Stanley devaient avoir déménagé. Elle rentra, laissant la porte entrouverte. Victor contourna la maison, en revenant sur ses pas, pour se diriger vers Salusbury Road où se trouvait la boutique de Jupp.

Tout ce qui s'était passé dans cette chambre, en compagnie de cette fille, lui semblait irréel. Cela n'avait pu arriver. Voilà ce qu'il pensait et pensait sans arrêt. La police avait essayé de lui faire dire qu'il avait l'intention de violer la jeune fille. Mais cela ne lui avait même pas traversé l'esprit. Il avait été indigné, indigné et abasourdi, qu'une telle chose pût arriver. La police, à l'extérieur, la police essayant d'entrer dans la maison, un véritable siège en fait, les sirènes mugissant, la foule rassemblée regardant et... Tout cela parce qu'il avait mis son bras autour du cou d'une fille avant de s'enfuir pour essayer de trouver un refuge dans une maison vide...

La boutique de Jupp ressemblait exactement à celle d'Acton. Il y avait un baquet sur le trottoir, plein de livres d'occasion, et des bijoux de l'époque victorienne dans un plateau, en vitrine. Une sonnette se mit à tinter lorsqu'il ouvrit la porte. L'intérieur, cependant, était un peu différent. Il y avait moins de meubles et une boîte de papillons remplaçait le paon empaillé : des sphinx, des machaons, des vanesses. Une vieille caisse enregistreuse était posée sur une table en marbre rouge. Elle coûtait trente-quatre livres. Victor ne pouvait imaginer qu'on pût acheter une chose pareille. Un rideau de velours vert poussiéreux se souleva au fond de la boutique et un homme apparut. Un homme grand, à l'air solide, avec de grosses mains calleuses. Son visage avait cette nuance rouge foncé du maroquin, contre laquelle se détachait la masse crémeuse de ses cheveux — qu'il portait assez longs — et sa moustache d'un blanc jaunâtre. Il avait de petits yeux bleus, vifs et injectés de sang.

« Êtes-vous Mr. Jupp ? » lui demanda Victor.

L'homme fit un signe de tête affirmatif. Il appartenait à ces gens qui avancent toujours leur lèvre inférieure lorsqu'ils acquiescent. Pour son âge — c'était presque un vieillard — ses vêtements étaient assez étonnants. Il portait des jeans, une chemise rouge et un gilet noir à rayures qu'il laissait ouvert. Victor lui expliqua ce qu'il voulait. Il possédait le mobilier entier d'une maison et aurait aimé avoir une estimation et trouver un acheteur.

« Je peux aller jeter un coup d'œil, dit Jupp. Où est-ce ? J'espère que ce n'est pas dans la cambrousse. »

Victor lui dit que c'était entreposé dans un garage d'une maison de Gunnersbury.

La lèvre inférieure recouvrit la lèvre supérieure de Jupp au moment où il acquiesçait.

« A condition, bien sûr, que vous ne vous fassiez pas des idées, dit-il. Je veux dire, des idées de grandeur à propos de la valeur inestimable des antiquités de maman. Ce genre de salade, voyez-vous.

— Comment savez-vous que ça a appartenu à ma mère ? demanda Victor.

— Eh bien, posez-vous la question, jeune homme, qui ça pourrait être d'autre ? La pauvre vieille maman s'en est allée finalement en vous laissant ses pauvres petites affaires dont vous n'avez nullement l'intention de vous encombrer, étant donné que ce ne sont ni des Heppelwhite, ni des Louis Kangs, malgré ce que vous auriez envie de faire croire aux autres.

— Ce sont de beaux meubles, protesta Victor, qui commençait à s'énerver.

— Peut-être. A condition qu'on n'entende plus parler *d'estimation*, ni *d'acheteur à trouver*. Moi, mon boulot, c'est de débarrasser les appartements, les maisons et les greniers. D'accord ? J'irai jeter un coup d'œil et vous donnerai un prix. Si ça vous convient, j'enlève le tout. Sinon, vous allez ailleurs et vous essayez de mettre la main sur une poire plus juteuse que moi. Si vous y parvenez. D'accord ? Ça vous va ?

— Bon, bon. Mais il me faudra la prévenir. Je veux dire ma tante. C'est chez ma tante que ça se trouve. Il faudra que je passe la prévenir.

— Pas de précipitation, jeune homme, dit Jupp. Ce ne sera pas avant une quinzaine. J'ai du travail par-dessus la tête pour quinze jours. Que diriez-vous, je ne sais pas, dans deux semaines, comme aujourd'hui ? Vous me donnez l'adresse de la bonne dame et je serai là-bas à trois heures tapant. »

Victor lui donna l'adresse de Muriel. Jupp l'écrivit dans un carnet, ainsi que le nom de Victor. Celui-ci s'attendait à ce que le vieux bonhomme le reconnaisse, mais apparemment, il n'en était rien. Il referma son carnet, sortit de sa poche un paquet de pastilles de menthe et en offrit une à Victor.

N'osant refuser, Victor accepta le bonbon. Jupp hésita, réfléchit, contempla longuement la pastille qui se trouvait sur le dessus du paquet, comme un homme qui essaie de s'arrêter de fumer regarde avec désir et dégoût, avec avidité et perplexité, la prochaine cigarette. Après une seconde ou deux, il poussa un petit soupir, replia le rebord du papier sur la pastille et remit le paquet dans sa poche.

« Faut pas que je me laisse aller, dit-il. Ne pas pouvoir se passer de ces trucs c'est lamentable. J'étais vraiment accroché. Vingt paquets par jour ne me faisaient pas peur, trente le plus souvent. C'est une chance que je n'ai plus mes dents ou elles y seraient restées. En ce moment, je me maintiens à cinq. Cinq, pas un de plus, et je suis content. Bon, disons que je le supporte. En tout cas, ça ne m'empêche pas de vivre. J'ai l'impression que vous ne pouvez pas comprendre ce genre de chose, jeune homme ? »

Bien qu'il n'eût jamais été dépendant d'aucune drogue, Victor pouvait malheureusement très bien le comprendre. Cela le mettait mal à l'aise. D'une certaine manière, il aurait aimé ne pas être venu chez Jupp. Mais il ne voulait pas se mettre à la recherche d'un autre brocanteur. Ainsi, décida-t-il de rencontrer Jupp chez Muriel mercredi en quinze, à trois heures de l'après-midi.

Cette fois, il décida de ne pas prendre le métro et monta dans un bus. Au moment où il traversait le pont, près de la station de Kensal Rise, il aperçut à la devanture d'un marchand de journaux une affichette sur laquelle était écrit : *Une jeune femme d'Acton plongée dans les affres du viol.* Il détourna la tête brusquement, et descendit au prochain arrêt. Il acheta un journal, le *Standard*, au premier kiosque qu'il rencontra.

V

C'était un petit article en bas de page. Une jeune femme d'Acton Vale avait été violée la veille au soir dans Gunnersbury Park. On l'avait frappée au point de lui briser la mâchoire, et son visage avait été tailladé. Un jardinier l'avait découverte, au matin. Elle avait passé la nuit, prostrée par terre, dans un buisson de lauriers où l'avait abandonnée son agresseur. En lisant ce récit, Victor éprouva une curieuse sensation, une sorte d'étourdissement, de nausée. Dans le passé, il avait parfois lu le récit des viols qu'il avait lui-même commis, lors de ses vagabondages dans Londres, quand il se rendait de Finchley à Chiswick et de Harlesden à Leytonstone, pour aller chercher l'un des clients d'Alan. Il garait sa voiture quelque part et se mettait à la recherche de ce que les journaux à sensation appelaient sa « proie ». A cette époque, la police, les juges, les jurés, le grand public, montraient moins de sympathie pour les victimes de viol et plus de compréhension pour leurs auteurs que ce n'était le cas maintenant. On pensait que les victimes avaient cherché ce qui leur arrivait, que les agresseurs avaient été provoqués au point de perdre tout contrôle. Des policiers de haut rang en arrivaient presque à déclarer que les victimes feraient mieux de « s'allonger et de prendre leur plaisir ». Il apparaissait à Victor, en lisant le *Standard*, que les choses avaient terriblement évolué. Il s'en était rendu compte alors qu'il était encore en prison. Le mouvement de libération des femmes, les campagnes menées pour changer la manière dont étaient traitées les victimes de viol, avaient modifié l'attitude des tribunaux. Le viol était maintenant considéré avec une sévérité impensable dix ans plus tôt.

Là, dans une page intérieure, il y avait des statistiques. Il les lut en marchant. Sur 1 334 cas de viols, 644 hommes avaient été poursuivis. Un grand éventail de sentences avaient été prononcées contre les coupables. Douze d'entre eux avaient été condamnés à la prison à vie, onze de sept à dix ans d'emprisonnement, cinquante-six de deux à trois ans. C'était intéressant de noter, pensa-t-il, que dans trois cas seulement, on avait accepté la thèse de troubles mentaux. Pourtant, en ce qui le concernait, il savait fort bien que les viols qu'il avait commis étaient indépendants de sa volonté, qu'ils n'étaient nullement la suite d'une décision ou d'une résolution, pas plus que le coup de feu qu'il avait tiré sur Fleetwood. Cela voulait-il dire qu'il était fou lorsqu'il commettait ce genre de chose ou qu'il ne pouvait être tenu pour responsable ?

Il avait descendu la plus grande partie de Ladbroke Grove en lisant son journal. Les yeux fixés sur les pages imprimées dont il ne voyait plus que des caractères brouillés, il se demandait comment, à l'avenir, il pourrait maîtriser ce qui lui semblait insurmontable. Il monta dans un bus pour rentrer chez lui. Un vague sentiment de regret pour la prison qu'il avait quittée l'envahit, une certaine nostalgie pour cette paresse abrutissante, pour cet abandon de toutes responsabilités. Là-bas, on l'avait pris en charge, on lui avait procuré une certaine sécurité. Bien sûr, c'était souvent pénible et toujours ennuyeux. Des années de gâchées. Mais on n'avait plus de soucis et, après un certain temps, de crainte. Il relut l'article sur le viol de Gunnersbury Park, tandis qu'il remontait Twyford Avenue. Il ne leva les yeux que lorsqu'il atteignit sa maison. Tom Welch était assis dans sa voiture garée devant la grille. Il en descendit lorsqu'il aperçut Victor, avec sur le visage un air jovial légèrement forcé.

« J'avais deviné que vous ne seriez pas parti longtemps. Je me suis dit que je pouvais attendre. »

Déjà une semaine que Judy l'avait amené ici mais Victor ne s'était pas donné la peine de reprendre contact avec les travailleurs sociaux de l'administration pénitentiaire. Cela devrait les arranger, avait-il pensé, ils ont certainement du travail par-dessus la tête.

« Comment ça va ? Comment vous vous en tirez ? »

Victor dit qu'il allait bien, qu'il s'en sortait pas mal. Dans l'escalier, Tom parlait avec chaleur du temps et du quartier. C'était sans aucun doute la partie la plus intéressante d'Acton, toutes ces maisons vraiment charmantes. Quand il lut l'inscription sur le mur, que ça allait finir par mal tourner, il se mit à rire bruyamment puis dit qu'il espérait que ce n'était pas une remarque de Victor. Celui-ci resta silencieux. Dans la chambre, il offrit une tasse de Nescafé à Tom, en se disant que plus tard il prendrait un verre. Après toutes ces années, il pourrait boire un coup. Peut-être irait-il acheter une bouteille de vin.

« Quelque chose de nouveau, question boulot ? » lui demanda Tom.

Victor fit un signe de tête négatif. Il avait oublié de chercher du travail. Cela ne lui avait pas semblé si important. Il y avait tant d'autres choses à penser, à régler, à supporter.

Autrefois, il avait pensé différemment. Après sa première année, on avait refusé de le reprendre à l'Institut universitaire de technologie. Il avait raté ses examens en beauté. Il l'avait fait exprès. Les cours n'étaient pas difficiles et il aurait pu obtenir sa licence. Mais il avait l'impression d'être à l'école et de cela il en avait assez. Il voulait bien travailler, à condition de gagner de l'argent.

On trouvait facilement un emploi, à la fin des années soixante. Il était même possible de choisir. Victor essaya l'administration, puis la banque : c'était affreusement ennuyeux. Son père commençait à lui faire la morale, à proférer de vagues menaces, aussi quitta-t-il la maison pour prendre un appartement. Il paya le loyer en avance avec des coupons d'assurance dont l'échéance était survenue pour ses vingt et un ans. Il était à cette époque devenu vendeur de voitures. Le hall d'exposition se trouvait à North Finchley. Son appartement n'en était pas trop éloigné puisqu'il était situé à la « limite de Highgate », comme le lui avait dit l'agent immobilier. Il était alors fiancé à une fille qu'il avait rencontrée à l'Institut universitaire de technologie où elle poursuivait ses études. Si Pauline avait eu un tempérament différent, Victor se disait parfois que sa vie aurait pu en être changée. Rien de ce qui s'était passé ne serait arrivé. Il aurait été heureux en ménage — est-ce que les psychologues ne disent pas que les enfants de couples heureux ont les plus grandes chances d'être heureux à leur tour ? — il aurait été un père, un propriétaire prospère, respecté, satisfait. Mais Pauline... Quel manque de chance d'avoir choisi parmi toutes les femmes précisément celle-là ! Il ne voulait pas y penser maintenant.

Il s'aperçut que Tom, qui continuait de parler de travail et de chômage, avait les yeux fixés sur le journal qu'il venait d'acheter. Il était plié de telle sorte que le titre « Le viol et ses séquelles », était parfaitement lisible.

« Vous êtes sûr que ça va ? lui demanda Tom. Il n'y a rien dont vous auriez besoin ? »

Que pouvait-il bien entendre par là ? Que dirait-il si Victor lui répondait que oui, qu'il avait besoin d'un tas de choses ? Que sa jeunesse lui revienne, qu'il ait un endroit à lui, loin d'ici, un travail agréable et, quelque chose que jusqu'à maintenant il n'avait pas osé se dire à lui-même. Ses yeux s'arrêtèrent sur le journal, sur le titre. Il se sentit pâlir, tandis qu'un frémissement lui parcourait la nuque.

« Liz m'a dit de vous inviter à déjeuner un de ces dimanches. Pourquoi pas celui qui vient, Victor ? Est-ce que vous êtes d'accord ? »

Victor voyait bien ce qu'il y avait de contraint dans cette invitation. Il avait l'impression que Tom avait dû surmonter un énorme dégoût pour la lancer, qu'il aurait donné beaucoup pour ne pas avoir à le faire. Mais son devoir l'y obligeait, sa conscience de travailleur social. Victor n'avait aucune envie d'aller là-bas, il n'irait pas. Mais aucune excuse ne lui vint à l'esprit qui lui aurait permis de refuser. Il accepta en se disant intérieurement qu'il ne s'y rendrait pas le moment venu.

Après le départ de Tom, Victor s'assit près de la fenêtre pour regarder le toit des maisons, celui où sa mère et son père avaient vécu. Mille pensées s'agitaient dans son esprit. C'était en voyant la maison de Solent Gardens que tout cela était revenu, même s'il avait décidé de ne pas s'encombrer avec le passé. Il n'y pouvait rien. Curieux de voir comme les gens prennent pour argent comptant ce que vous dites. Les juges, les jurés, les policiers, les psychiatres, les travailleurs sociaux, tous prennent au pied de la lettre ce que vous dites. Pourtant, eux non plus ne pensent pas ce qu'ils racontent. De tout ce qui était dit, Victor estimait qu'à peine la moitié était vraie. On l'avait traité de psychopathe à cause de la menace qu'il avait proférée lorsqu'il était dans la chambre à coucher de Rosemary Stanley. D'après eux, c'était une preuve de sa détermination, de son intention de blesser de sang-froid Fleetwood.

« Je ne la tuerai pas, avait-il dit à ce dernier par la fenêtre. Je lui enverrai une balle dans le dos, au bas de la colonne vertébrale. »

Fleetwood n'était pas au procès pour répéter ses paroles, mais Rosemary Stanley, ainsi qu'une demi-douzaine de témoins s'en étaient chargés. Il n'était venu à l'esprit d'aucun d'eux qu'il n'avait eu aucunement l'intention de mettre sa menace à exécution. Il se souvenait parfaitement pourquoi il avait proféré cette menace. La veille au soir, chez lui, à Finchley, alors qu'il feuilletait le journal du soir, ce même *Standard*, qui d'ailleurs à l'époque s'appelait l'*Evening Standard*, il avait lu un reportage sur un héros de la dernière guerre, décoré de la Victoria Cross, un ancien aviateur paralysé à la suite d'une blessure à la colonne vertébrale. Un médecin y faisait le point sur ce qui arrivait lorsqu'on était atteint « au bas de la colonne vertébrale ». Cette expression s'était présentée à son esprit tandis qu'il parlait par la fenêtre. Il l'avait lancée, sans réfléchir, parce que c'était la chose la plus laide qu'il puisse imaginer à cet instant. Par un incroyable manque de chance il avait atteint Fleetwood là précisément où il avait menacé de blesser Rosemary Stanley, alors qu'il n'avait jamais tenu un pistolet, qu'il ne savait même pas comment s'y prendre pour viser. Pourquoi avait-il appuyé sur la détente ? Il n'en avait aucune idée.

Il avait été terrifié, pris de la plus intolérable panique de sa vie. D'une certaine manière, il avait toujours pensé que, s'il avait pu le leur faire comprendre, on l'aurait relâché. Mais ils n'avaient jamais voulu comprendre. Ils prenaient à peine le temps de l'écouter. Et pourtant, ils devaient tous avoir connu la peur, avoir eu peur au cours de leur vie. Ils devaient aussi, chaque jour, faire des remarques et des commentaires, formuler des excuses et des menaces auxquelles ils ne croyaient pas, même au moment où ils les prononçaient. La sorte de chose que l'on fait par peur, par ennui ou plus simplement encore parce qu'on ne sait pas que dire d'autre.

Victor reprit le journal et relut l'histoire du viol. On y donnait le nom de la jeune femme, une coiffeuse de vingt-quatre ans, habitant Old Oak Road. Elle « se rétablissait dans un hôpital » et son état était « satisfaisant ». Victor se demandait qui l'avait attaquée dans ce parc, si près de la maison de Muriel, et où se trouvait l'homme maintenant, et que pouvait-il penser ? Il tourna la page et ses yeux rencontrèrent ceux de David Fleetwood. Il était assis dans un fauteuil roulant, avec son chien à ses côtés.

L'article était rempli de potins. Fleetwood écrivait ses mémoires, ou plutôt, il les avait déjà écrits ; ils seraient publiés à l'automne. Il pensait pouvoir vendre les droits de son autobiographie à la télévision. La photographie le représentait assis dans son jardin, devant sa maison de Theydon Bois, où il vivait depuis trois ans. Victor pensa à ces maisons qui balisaient son existence comme des points de repère. Il avait l'impression que sa vie était une route et qu'après chaque virage une maison inquiétante, chargée de terribles significations, apparaissait devant lui. D'abord, celle de ses parents dont il pouvait voir le toit d'ici, puis cette ridicule bâtisse Tudor de Muriel, puis la maison de Solent Gardens, avec sa vitre brisée et le vent qui faisait voltiger le rideau, et maintenant, celle-ci, la maison de Fleetwood à Theydon Bois.

Des quatre, la dernière était la plus attirante : en briques, avec une partie en bois sombre, des fenêtres mansardées, un pignon, un porche couvrant une porte en chêne clouté, un garage attenant, des plantes grimpantes, peut-être des rosiers, qui commençaient à bourgeonner et recouvraient le mur. Le jardin était bien entretenu, suffisamment joli pour servir de publicité à un paquet de semences ou disons à une marque de tuyau d'arrosage ou de tondeuse à gazon. Le parterre sous les fenêtres de la façade était planté de tulipes et çà et là, quelques arbres d'ornement étaient en fleurs. Un pigeon s'était obligeamment perché sur le rebord d'une vasque, à moins qu'il ne soit en pierre lui aussi. Fleetwood était assis dans son fauteuil roulant, une couverture jetée sur les genoux. Une de ses mains reposait sur la tête de son chien, l'autre tenait quelques pages du manuscrit. Le reporter du *Standard* l'avait surtout fait parler de son livre, mais Fleetwood ne mentionnait nulle part les circonstances qui avaient provoqué sa paralysie. Oui, il était heureux d'avoir écrit ce livre ; son éditeur lui avait déjà donné une avance rondelette ; non, il n'avait pas l'intention d'écrire un autre livre. Pensait-il à se marier ? Non, il n'y pensait pas pour le moment, mais c'était une chose possible. Oui, il avait une petite amie, elle s'appelait Clare, et c'était elle qui avait tapé son manuscrit.

Il y en a pour qui ça va, se dit Victor, en repliant le journal et en le glissant sous la table de bambou, pour ne plus le voir. De l'argent, la gloire, une femme, une jolie maison. Fleetwood avait tout. Et qu'avait-il, lui, Victor ? Une chambre meublée, une somme d'argent sur son compte en banque ridicule par rapport au coût de la vie actuelle, une tante dont il avait une chance d'hériter à condition qu'elle oublie de faire son testament. (Si elle en faisait un, il n'avait aucune chance d'obtenir quoi que ce fût.) De toute façon, Muriel, même si elle paraissait centenaire, ne devait pas dépasser les soixante-cinq ans, elle risquait fort de vivre encore une bonne vingtaine d'années.

Sa jeunesse était finie à jamais. Ça ne servait à rien de vouloir se leurrer. Les années qu'il avait passées en prison étaient les plus belles de la vie d'un homme. C'était durant ces années-là que vous arrivent les bonnes choses, que vous réussissez, que vous vous installez dans la vie. Alan, par exemple, qui avait le même âge que lui, avait une maison et une affaire qui tournait maintenant. Victor avait peiné comme un nègre pour lui, sué comme un bœuf, se levant à n'importe quelle heure, bien souvent même ne se couchant pas. Il avait travaillé pour lui pendant cinq ans, lorsqu'il en avait eu assez de vendre des Ford. Et pourtant Alan n'était pas venu le voir une seule fois en prison, n'avait même pas pris la peine de lui écrire. Pauline devait elle aussi être mariée maintenant à quelque pauvre diable qui s'était peut-être plié à ce que Victor n'avait jamais pu supporter : son impénétrable froideur. Non, pas vraiment impénétrable. Victor, à de nombreuses occasions, avait pénétré un corps mou et flasque, aussi passif que de la gélatine. Pendant ce temps, Pauline regardait avec la plus grande attention quelque chose sur le mur, l'esprit ailleurs. Une fois, il l'avait surprise en train de compter sur ses doigts. Après un certain temps, cette attitude l'avait tellement perturbé que son érection cessait dès qu'il était en elle. Pauline n'avait pas semblé s'en apercevoir. C'était pourtant à cette époque qu'elle avait commencé à être plus présente, plus active au cours de leurs rapports sexuels : elle parlait avec volubilité de ce que lui avait dit sa mère le matin au téléphone, des commentaires de son professeur d'histoire sur sa dernière dissertation. Un jour Victor s'était levé, s'était habillé, s'était glissé dans les rues sombres et avait violé une fille qui prenait un raccourci pour rentrer chez elle en traversant Highgate Wood. La fille, terrifiée, s'était débattue, avait crié. C'était bien autre chose que de le faire avec une chèvre morte, tandis qu'une sorte de lecteur de cassettes débite un bavardage insupportable. C'était merveilleux. Elle avait crié : « Non, non, non... Oh non, pas ça, pas ça ! » Elle avait hurlé comme un animal : « Oh non, non, non ! »

Il fallut un certain temps à Victor — il avait alors commis trois viols de plus — pour se souvenir de l'endroit et des circonstances où il avait entendu ces mots pour la première fois. Quand il se le rappela, il refusa d'y penser. Ça lui paraissait dégoûtant, presque blasphématoire. A ce moment-là, Pauline et lui s'étaient déjà séparés. Mais si elle avait été sensuelle et aimante, passionnée et chaude comme l'étaient toutes les femmes dans les années soixante-dix — du moins il l'avait lu — si elle avait été ainsi, se serait-il jeté sur les deux filles dans Hampstead Heath, sur les jeunes filles dans Wandsworth Common, sur la femme à Wanstead Flats dans Epping Forest ? Si ce Noël-là, cette Pauline différente, cette Pauline totalement changée, avec été avec lui au lieu de l'avoir quitté cinq ans plus tôt, se serait-il intéressé de cette manière au Luger de Sydney, l'aurait-il volé quelques mois plus tard ?

Cette nuit-là, il eut un sommeil agité, rempli de rêves. Une heure environ après le départ de Tom, Victor était sorti pour acheter une bouteille de vin, puis rentré chez lui, il l'avait bue en totalité. C'était le premier alcool qu'il ingurgitait depuis presque onze ans. Il s'était enivré. C'était ce qu'il voulait, mais il en refusait les conséquences. Son rêve était une illustration démesurée de l'idée qu'il se faisait de sa vie, comme d'une route sinueuse, le long de laquelle apparaissaient, après chaque virage, les maisons qui avaient été importantes pour lui. Seulement, cette fois, après la maison de Muriel, et avant celle du 62 Solent Gardens, il était tombé sur l'immeuble d'appartements de Finchley High Road dans lequel il avait vécu avec Pauline et sur la maison de Ballards Lane, là où il louait l'appartement du dernier étage, lors de son arrestation. Il marchait sur cette route qui autrefois avait été en bon état, mais qui ressemblait maintenant à une piste, avec des pierres et des rochers, semblable au sentier de montagne du jardin de Muriel. La maison de Solent Gardens était isolée : elle avait été détachée de ses voisines. La vitre de la fenêtre du premier étage était toujours cassée et le vent s'engouffrait dans la pièce, en faisant voltiger le rideau. Pourquoi, en rêve et en pensée, voyait-il cette maison de l'extérieur, alors qu'il n'avait aperçu la façade qu'une seule fois, lorsqu'il avait été emmené entre deux policiers, les menottes aux mains ?

La maison suivante, sur cette route, était celle de Fleetwood, avec ses fenêtres mansardées, ses décorations de bois noir et ses rosiers grimpants. Mais ce n'était pas la dernière. La dernière, c'était la prison où il avait passé la moitié de sa vie d'adulte, un bâtiment en briques dont les toits rouges semblaient avoir donné naissance à une forêt de cheminées.

Pourquoi les prisons ont-elles autant de cheminées, se demandait bêtement Victor, au moment où il se réveillait. Pourtant, ce n'étaient pas des endroits douillets ; ni par leur chauffage, ni par leur cuisine, ni par leur blanchissage. Son cœur battait à se rompre, il avait des élancements dans la tête et sa bouche était sèche. Comme il n'arrivait pas à se rendormir, il se leva, but quelques grandes gorgées d'eau, directement au robinet, et s'assit près de la fenêtre pour regarder d'un air désespéré ce quartier d'Acton. C'était l'aube, une aube embrumée, couleur perle. Le roulement de la circulation se faisait déjà entendre et les oiseaux se mettaient à chanter. Les jardins qu'il apercevait étaient pleins de petits arbres qui commençaient à avoir des feuilles et des fleurs. Ce vert, ce blanc, ce rose semblaient une mousseline pastel qui recouvrait la terre, les briques et les pierres. Haïssant la race humaine, Victor pensait, avec une colère qui lui faisait serrer les poings, que ces propriétaires étaient si mesquins, si pingres, qu'ils ne pouvaient planter un arbre, à moins qu'ils n'espèrent en tirer des fruits.

Pourquoi sa vie s'était-elle écoulée dans ces terribles banlieues ? Il n'avait jamais habité un endroit un peu intéressant ou simplement différent. Pourtant il y avait beaucoup de coins agréables : il y passait lorsqu'il se rendait aux aéroports de Heathrow, de Gatwick, de Luton ou de Stansted. Comme la plupart des Londoniens, nés au nord de la Tamise, il répugnait à aller vivre au sud du fleuve. Il en avait aussi assez de l'ouest et détestait le nord. Il fallait donc habiter l'est, fort loin, du côté d'Epping, peut-être, ou de Harlow ou même de Bishops Stortford.

Trois heures plus tard, il descendait de nouveau Gunnersbury Avenue pour se rendre chez Muriel, dans Popesbury Drive. Il passait par là, lorsqu'il se rendait régulièrement à Heathrow. Il aurait aimé avoir une voiture. En aurait-il jamais une ? Sans doute pourrait-il se rendre à Epping — avait-il réellement envie d'habiter là-bas — en bus, en autocar ou en allant jusqu'au terminus du métro.

Beaucoup d'arbres, qui n'avaient pas encore leurs feuilles la dernière fois où il était venu ici, en avaient maintenant. Sur l'escarpement qui conduisait à la porte d'entrée de la maison de Muriel, les plantes grimpantes avaient produit une masse impressionnante de fleurs pourpres, roses, mauves, violettes, rouge sombre. Leur éclat faisait presque mal aux yeux. Victor entendit Muriel se diriger vers la porte en traînant les pieds. Elle savait qui c'était — l'ayant sans doute aperçu par la fenêtre ou ayant simplement deviné l'identité de son visiteur. Elle portait la même robe de chambre bleue et les mules avec des plumes, elle dégageait de nouveau une odeur de camphre. Toutefois, la résille rose qui retenait ses cheveux la dernière fois avait été remplacée par une autre de couleur marron. Elle le regarda d'un air soupçonneux, ouvrant à regret la porte, centimètre par centimètre, afin d'élargir le plus lentement possible la fente qui permettrait à Victor de se glisser à l'intérieur.

« Que veux-tu cette fois ? »

Il avait l'impression d'être un mendiant envahissant, qui réclame sans arrêt de l'argent ou un repas, plutôt qu'un neveu qu'elle n'avait aperçu que deux fois en dix ans. Inutile de dire que Muriel n'avait pas été voir Victor lorsqu'il était en prison. N'ayant pas mis les pieds dehors pour assister à l'enterrement de son mari, on imagine mal comment elle se serait transformée en visiteuse de prison. Pourtant, Victor ne lui avait jamais causé le moindre mal. Il ne lui avait pas fait de tort en lui prenant ce pistolet. Même si la police était venue la trouver pour l'interroger, et pour fouiller sa maison, personne ne lui avait reproché quoi que ce fût ! Personne ne l'avait mise à l'ombre pour dix ans. Victor la suivit dans le salon pour lui parler de Jupp, ce brocanteur qui devait venir jeter dans quinze jours un coup d'œil au mobilier.

La pièce, étouffante, sentait le renfermé. Un grand radiateur électrique était allumé. Muriel s'était aménagé un coin confortable, un petit havre, près de ce chauffage, au milieu d'une mer de magazines. Il y avait son fauteuil avec deux coussins pour lui caler le dos et un oreiller enveloppé d'une taie sale. Un plaid était jeté sur un bras du fauteuil. Un tabouret, qui aurait pu avoir été enlevé à une église, était coincé entre deux tables. Sur l'une étaient posés un livre d'une bibliothèque publique, une paire de lunettes et un tube d'aspirine ; sur l'autre, une pile de magazines, un stylo à bille et une paire de ciseaux. Renonçant à s'asseoir, Muriel se tenait debout, hésitante, regardant son neveu d'un air méchant. Loin, quelque part dans la maison, un sifflement se fit entendre qui se transforma bientôt en cri.

Victor savait ce que c'était ou plutôt il le sut en une fraction de seconde. Cependant, ce bruit le fit sursauter, ce qui amena un sourire crispé sur le visage de sa tante.

« Je me préparais un café », dit-elle.

Victor la suivit dans le couloir qui conduisait à la cuisine. Muriel avançait en traînant les pieds, la ceinture de sa robe de chambre pendant derrière elle. Pour on ne savait trop quelle raison, elle n'attachait jamais sa ceinture, préférant tenir les deux pans de son peignoir avec sa main gauche. La bouilloire s'agitait sur le gaz en hurlant. Muriel agissait avec une lenteur exaspérante. Elle mit une cuillerée de café instantané dans deux tasses, en prenant soin de mesurer la même quantité pour chacune d'elles. Elle fit même retomber dans la boîte, en se servant de la pointe d'un couteau, les quelques granulés qu'elle trouvait en surnombre. Victor ne supportait plus les sursauts et les cris de la bouilloire. Il bouscula légèrement sa tante pour enlever l'eau du feu. Muriel le regarda, l'air surpris et irrité. Elle ouvrit le réfrigérateur et en sortit un petit pot de crème fraîche qu'elle plaça sur un plateau avec une des tasses de café, un sucrier et deux gâteaux secs sur une soucoupe. Les gâteaux étaient de ceux qu'on achète aux enfants : des oursons recouverts de sucre glace coloré. Sur un deuxième plateau, plus petit, Muriel mit l'autre tasse de café, puis le poussa sur la table, en direction de son neveu.

Victor ne pouvait en croire ses yeux. Sa tante se réservait pour elle seule le plateau avec le pot de crème et les deux gâteaux secs. Elle le tenait à deux mains, embrassé. Quant à Victor, il ne méritait même pas une cuillère à café. Mais pourquoi se disputer avec elle ? Il se pencha sur la table pour attraper le sucre. Il dut passer par-dessus ses mains, afin d'y parvenir, comme quelqu'un qui escalade une clôture entourant un jardin interdit au public. Il prit sa tasse et se rendit au garage pour regarder de nouveau le mobilier. C'est étonnant comme de simples morceaux de tissu, des étoffes colorées, peuvent mettre en branle les souvenirs. Le rideau, pendu à la fenêtre de sa chambre à coucher lorsqu'il était enfant, recouvrait un bois de lit et une commode. L'étoffe devait avoir été de bonne qualité car elle semblait encore en parfait état. C'était la sorte de tissu à la mode juste après la guerre, au début des années cinquante : des formes rouges et bleu-vert se détachaient sur un fond blanc et noir. Victor se souvenait d'être resté étendu sur son lit pour regarder ces formes, tandis que le soleil qui passait à travers les rendait transparentes. En revanche, lorsqu'il faisait nuit, elles étaient opaques. C'était le moment où il attendait que sa mère monte l'escalier pour venir le border et l'embrasser avant qu'il ne s'endorme. Parfois, avant qu'il ne sache lire, il espérait aussi qu'elle lui raconte une histoire. Elle promettait toujours de venir, mais ne tenait que rarement sa promesse. Elle préférait rester avec son père, retenue par la passion qui la liait à lui, par la force de son désir. Ces petites négligences n'étaient pas suffisantes cependant pour le faire pleurer. Il s'endormait avec imprimées sur sa rétine ces formes rouges et bleu-vert, qui se découpaient sur un fond noir et blanc.

Peut-être ne devrait-il pas laisser Jupp enlever ce mobilier. S'il parvenait à trouver quelque chose à Epping, il risquait d'en avoir besoin. Mais brusquement, Victor comprit qu'il ne pourrait jamais vivre dans les meubles qui l'avaient entouré lorsqu'il était enfant. Cela lui était même pénible de les regarder. Les formes sur le rideau étaient, pour il ne savait trop quelle raison, le plus dur à supporter. Mais les lits le gênaient aussi tout comme ce divan recouvert de velours brun. La seule chose qui ne l'incommodait pas était le fauteuil roulant de son père. Sans doute parce qu'il n'était plus là lorsque celui-ci en avait eu besoin et qu'il ne l'avait jamais vu l'utiliser. Victor but son café, recouvrit le lit et la commode, et se demanda pourquoi il était brusquement certain qu'il allait vivre à Epping. Ce n'était pas quelque chose qu'il avait décidé. Il n'avait jamais vraiment été à Epping, n'y était passé qu'en allant à Stansted. Une fois, il s'était arrêté dans la forêt près d'un pub qui s'appelait le Robin Hood. Et là, à cinq cents mètres de la route, dans une clairière couverte de fougères et de jeunes bouleaux, il était tombé sur une femme qui se promenait seule. Elle n'était ni jeune, ni jolie, ni séduisante d'aucune manière, mais c'était une femme seule...

Victor retourna dans la cuisine. Sa tante n'était plus là. Il la retrouva assise dans son fauteuil, devant le radiateur électrique, dans cette atmosphère viciée, sentant le camphre. Elle découpait un article dans un magazine avec des ciseaux.

« J'ai quelque chose à te montrer, dit-elle.

— Non merci. Je sais ce que c'est. » Du coin de l'œil, il avait aperçu un bout de la photographie de la maison de Fleetwood, une fenêtre mansardée, un morceau de cheminée.

Elle ne releva pas, mais continua son découpage en tenant la feuille et les ciseaux à la hauteur de son nez.

« Il écrit un livre, dit-elle. Il va parler de son passé.

— Je le sais, dit Victor. J'ai vu le journal. Tu ne m'apprends rien.

— Il va parler de toi. »

Il se sentit de nouveau envahi par la colère, un liquide bouillant commençait à circuler dans ses veines.

« Il va y avoir un tas de choses sur toi, plein de photographies. » Elle posa ses ciseaux, plia l'article en deux et leva le visage vers lui. La chair flasque de son cou formait de larges plis sous son menton. « Tu ne l'as pas volé », dit-elle.

Victor avait lu quelque part que la marche ou qu'un exercice violent apaisait le corps et faisait tomber la colère. En ce qui le concernait, ce n'était pas vrai. Retournant vers Gunnersbury Avenue, il était rempli d'une rage meurtrière, qui ne demandait qu'à se donner libre cours. Le manque de compréhension le rendait fou, non seulement chez sa tante, mais chez les gens en général. Ces gens qui ne pouvaient pas voir comment les choses arrivaient, comment elles vous arrivaient sans que vous en soyez à peine conscient. Et puis vous étiez puni pour toujours, et alors ces mêmes gens pensaient que ce n'était pas suffisant.

Fleetwood allait parler de lui dans son livre. Victor n'était pas un bon lecteur, ayant toujours préféré les films et la télévision, mais les seules choses qu'il lisait étaient justement les biographies et les mémoires. Si Fleetwood écrivait un livre sur sa vie — en fait il l'avait écrit — Victor serait forcément dedans. Probablement, un chapitre lui serait consacré, illustré de photographies. Durant son procès, les journaux avaient reproduit un portrait que sa mère lui avait demandé de se faire faire chez un photographe lors de son vingt et unième anniversaire. Elle n'aurait jamais donné cette photographie à un journaliste. C'était donc Muriel qui l'avait fait. Il y en avait une autre de lui, le montrant sortant du 62 Solent Gardens entre deux policiers. Probablement l'une et l'autre seraient dans le livre de Fleetwood. A moins qu'il puisse l'empêcher par des moyens légaux. Malheureusement, il ne savait pas comment s'y prendre et craignait que cela ne coûte beaucoup d'argent.

Est-ce que Fleetwood pouvait dire tout ce dont il avait envie dans ce livre sans que lui Victor puisse obtenir la moindre réparation ? Sans doute Fleetwood le traiterait de psychopathe et rappellerait les mots qu'il avait criés par la fenêtre : « Je tirerai dans le dos, au bas de la colonne vertébrale. »

Lorsqu'elle s'était trouvée à la barre des témoins et qu'elle avait cité ces mots, Rosemary Stanley s'était mise à pleurer. Elle avait buté sur la phrase et s'était mise à pleurer — un moyen efficace, s'était dit Victor, d'obtenir la sympathie de la cour, comme si elle ne l'avait pas déjà suffisamment. Cela, sans aucun doute, serait dans le livre de Fleetwood, même si celui-ci n'avait pas assisté au procès. Et ce livre allait se vendre partout, serait publié en « poche », adapté pour la télévision. Cette idée rendait Victor malade. Dès qu'il fut dans sa chambre, il prit le *Standard* qui se trouvait sur la tablette en dessous de la table basse, afin de relire l'article et d'avoir les idées plus claires. Comme il avait laissé le journal plié, l'article sur le viol de Gunnersbury Park était sur le dessus. Une ligne retint son attention, un sous-titre entre guillemets : « Le viol n'est pas un acte sexuel, mais une agression. » C'était un psychiatre qui avait dit ça. Victor se demandait ce que cela pouvait vouloir dire ; comment était-il possible que baiser une fille n'ait rien à voir avec le sexe. C'est à ce moment-là que retentit la sonnette de la porte d'entrée. Victor l'avait déjà entendue, généralement le soir. Mais un des autres locataires allait toujours ouvrir. Qui que cela puisse être, il n'irait pas voir. On sonna de nouveau. Victor entendit des bruits de pas puis de voix. Quelqu'un avait ouvert la porte d'entrée, ce qui le surprit et même l'inquiéta. Il était presque certain qu'il n'y avait personne dans la maison.

Il entendait maintenant des pas dans l'escalier. Ces gens passeraient devant sa porte et continueraient leur chemin. Ce devait être ainsi. Il n'y avait personne qui pouvait venir le voir. Deux visiteurs au moins montaient l'escalier. Lorsqu'on frappa à sa porte, ce fut comme un coup de tonnerre, cette sorte de coup de tonnerre qui vous fait sursauter, parce qu'il n'a été précédé d'aucun éclair. Le calme, le bon sens, le sang-froid de Victor s'évanouirent, il se sentit repris de cette panique qui le faisait ressembler à une masse de fils électriques emmêlés. Il ouvrit la porte, conscient qu'il devait être facile de lire sur son visage sa vulnérabilité, son désarroi.

Devant la porte se tenait une femme en chapeau et deux hommes dans ces sortes de vêtements décontractés, dans lesquels les policiers pensent pouvoir se déguiser, passer inaperçus. Victor savait que la femme devait être Mrs. Griffiths, sa propriétaire. Il le savait à cause de l'expression patiente, sérieuse, vertueuse, et légèrement désapprobatrice de son visage. Cette sorte d'expression qu'ont les gens ayant un esprit civique suffisamment développé pour prendre dans leurs maisons d'anciens prisonniers et d'en accepter les inévitables conséquences.

« P.J., dit le plus âgé des deux hommes, celui habillé d'une veste en tweed chiné. Si on causait un peu, Vic ? »

VI

Personne ne l'avait jamais appelé ainsi. Vic. Ça ressemblait à ce produit que sa mère utilisait pour lui frotter la poitrine lorsqu'il était enfant. Et de quel droit ce policier l'appelait-il par son prénom ? L'autre, le plus jeune, celui qui portait une veste de cuir froissé, dit : « Merci mille fois, Mrs. Griffiths. Excusez-nous de vous avoir dérangée. » Il ne l'appelait pas Betty ou Lily, quel que soit son prénom. Mais lui, Victor, avait été en prison et avait donc perdu toute dignité humaine, son droit au respect, pour l'éternité.

Ils entrèrent dans la pièce et Cuir Froissé ferma la porte. Tweed Chiné dit : « Un joli petit endroit, que vous avez là. »

Victor ne répondit pas. La paume de ses mains le démangeait. Il sentit un frisson parcourir ses épaules comme si un insecte était en train de ramper dans son dos. Il s'assit. Les deux hommes restèrent debout.

« Je ne pense pas que vous ayez besoin de sortir beaucoup. Vous n'avez pas de travail en ce moment, n'est-ce pas ? »

Victor répondit par un signe de tête. Il se demandait s'il serait capable d'articuler la moindre parole. Il avait la gorge serrée. Il aurait voulu leur demander ce qu'ils cherchaient, plutôt que de supporter ces préambules inutiles. Mais il craignait une défaillance de sa voix. Les deux hommes le regardaient, puis finalement Cuir Froissé décida de s'asseoir.

« Pourtant, vous êtes sorti aujourd'hui, sans doute pour prendre l'air. De temps en temps, c'est nécessaire. Nous avons un beau printemps, cette année. C'est souvent comme ça lorsque l'été précédent a été pourri. Au fond, vous ne devez pas vous en être rendu compte étant donné que vous avez été — comment dirons-nous — hors circuit pour un certain temps ? La plupart des gens dans votre situation, Vic, trouvent que d'aller simplement dehors est une rude épreuve. Mais, apparemment, ça n'a pas été le cas pour vous. Est-ce que je me trompe ? »

Victor haussa les épaules.

« Non, ça n'a pas été le cas pour vous, répéta Tweed Chiné. Vous êtes sorti, vous avez affronté le monde. Combien de fois êtes-vous sorti, vous en souvenez-vous ? Tous les jours, tous les deux jours, deux fois par jour ? Par exemple, est-ce que vous êtes sorti lundi dernier ? Avez-vous mis les pieds dehors ce jour-là ?

— En quoi cela vous intéresse ? » dit Victor.

Sa voix le surprit : elle ressemblait à un coassement.

Même au moment où il posait la question, il savait de quoi il s'agissait. Néanmoins, c'était un terrible choc pour lui. Lundi soir, une jeune femme avait été violée dans Gunnersbury Park, il avait lu l'article dans le *Standard* en revenant de chez Jupp. Il n'avait pas été en prison pour viol, il avait été en prison pour avoir tiré sur David Fleetwood. Toutefois, lorsqu'il avait été reconnu coupable, avant que sa condamnation ne soit prononcée, il avait demandé, sur le conseil de son avocat et par son intermédiaire, que soient pris en considération deux de ses viols, pour éviter que la police ne lui mette ces affaires sur le dos, une fois qu'il aurait purgé sa peine. L'avocat de Victor ne savait pas que ces deux viols n'étaient pas les seuls que son client avait commis.

Victor n'aurait pas voulu en parler du tout. Il ne tenait pas à ce que sa vraie nature fût mise à nu. Mais il s'était laissé convaincre. Et maintenant, la police était au courant. Il devait être fiché, fiché sur un de ces ordinateurs qui avaient envahi le monde tandis qu'il était en prison. Victor ne voulait pas penser à ça pour le moment, ni aux conséquences.

« Je préfère que nous procédions de cette manière, dit Tweed Chiné : vous répondez d'abord à ma question. Qu'en dites-vous ?

— Je suis allé voir ma tante. »

Le visage de Tweed Chiné resta impassible, mais la bouche de Cuir Froissé se tordit dans un sourire.

« Et où donc habite cette dame ?

— A Gunnersbury. »

Ils restèrent immobiles et silencieux durant un instant.

« Quant à votre question, Vic, il me semble que nous pouvons passer outre. Vous savez très bien ce qui nous occupe en ce moment. Vous savez qui vous êtes et nous le savons. Ça nous épargnerait beaucoup de temps et de tracas si nous prenions la voiture pour aller faire un petit tour au commissariat. »

Ils voulaient lui faire faire des examens. Tweed Chiné avait en réserve une multitude d'euphémismes pittoresques pour remplacer l'expression être en prison. Il les sortait les uns après les autres, pour le simple plaisir de voir le visage déconfit de Victor et peut-être aussi pour avoir le plaisir de faire venir sur les lèvres de Cuir Froissé un sourire flagorneur. Tout d'abord, Victor refusa en disant qu'il voulait l'assistance de son avocat. Il se souvenait encore du nom de celui à qui il avait confié son affaire, près de onze ans plus tôt, mais il avait oublié l'adresse de son bureau et son numéro de téléphone. Il n'avait d'ailleurs pas de pièces de cinq ou de dix pence pour le taxiphone. Tweed Chiné lui dit qu'il pourrait contacter son avocat sans problème, que c'était la chose la plus facile du monde, qu'il ne tiendrait qu'à lui de l'appeler du commissariat. Victor renonça alors à se battre, parce qu'il pensait que les policiers finiraient par l'emmener d'une manière ou d'une autre, bien qu'en vérité il ne sache comment.

La jeune femme s'appelait Susan Davies. Elle était à l'hôpital et y resterait pour un long moment. Elle avait donné le signalement de son agresseur. Il avait entre vingt-cinq et trente-cinq ans, des cheveux noirs et était de taille moyenne. Quand Victor fit remarquer aux deux policiers qu'il avait trente-huit ans, Tweed Chiné lui répondit que la plupart des gens aiment avoir l'air plus jeune qu'ils ne le sont en réalité. De toute façon, on vieillit moins vite lorsqu'on est en ballon, en cabane, à l'abri du monde extérieur.

Ils dirent à Victor qu'ils aimeraient bien qu'il fasse un examen de sang. Celui-ci répéta qu'il voulait voir son avocat. Rien de plus facile, dit un inspecteur que Victor n'avait pas encore vu. Mais lorsqu'il demanda l'annuaire, l'inspecteur lui répondit qu'il n'arrivait pas à mettre la main dessus. Pendant qu'il le cherchait, pourquoi Victor n'irait-il pas, en compagnie du brigadier Latimer (Cuir Froissé), au laboratoire, pour qu'on lui fasse une prise de sang ? Victor accepta : il était à plat. Latimer lui expliqua quelque chose qu'il ne savait pas — peut-être était-ce quelque chose de peu connu ou qui peut-être avait été découvert après qu'il eut été en prison. Certains hommes sont des « sécréteurs ». Leur groupe sanguin peut être trouvé à partir de leur sperme ou de quelques autres sécrétions corporelles. Il était impossible de savoir si l'on était ou non un sécréteur sans faire une analyse de sang.

Victor se rendait compte maintenant qu'il était de son intérêt de faire cet examen. Il arrêta de se tracasser à propos de son avocat. Ce qu'il voulait était sortir d'ici le plus vite possible et rentrer chez lui — disculpé. Il n'avait pas violé Susan Davies mais il voyait que les circonstances étaient contre lui, qu'il ne serait jamais capable de prouver qu'il n'était pas dans Gunnersbury Park au moment crucial. Personne ne pourrait témoigner qu'il se trouvait chez lui à ce moment-là. Et sa tante Muriel — en admettant que quelqu'un puisse tirer quelque chose de cette personne bizarre — ne ferait que confirmer qu'il avait effectivement passé quelques heures cet après-midi-là en sa compagnie. En revanche, l'analyse de sang serait formelle. Les trois quarts des gens sont des sécréteurs, dit Latimer.

Ils le laissèrent poireauter jusqu'à ce qu'ils aient les résultats. Il n'était plus question d'annuaire et Victor renonça à insister. En début de soirée, on lui apporta un hamburger et une tasse de thé. Puis, ils l'informèrent des résultats. Ou plutôt, ils ne les lui dirent pas vraiment, ils lui annoncèrent simplement qu'il pouvait rentrer chez lui, et qu'ils ne voulaient surtout plus le revoir. Semblables à Judy et Tom, mais d'une manière encore plus accentuée, ils le traitaient comme s'il était un demeuré, un crétin. Il devait donc être un sécréteur. Juste, lui répondit l'inspecteur. A quel groupe appartenait-il, demanda Victor, sans espérer de réponse, s'attendant à ce qu'on lui dise qu'il se trompait d'adresse, qu'il se trouvait dans un commissariat, pas dans la salle d'attente d'un hôpital. Cependant, l'inspecteur lui répondit sur un ton laconique, qui montrait bien qu'il voulait en finir, qu'il était B positif. Cela avait-il une signification pour lui ? Victor s'en alla.

Sur le chemin du retour, il acheta une demi-bouteille de whisky et un paquet de cigarettes. Peu après son arrestation, il avait renoncé à fumer, même si en prison on en avait l'autorisation à certaines heures. Il éprouvait maintenant le besoin de boire quelque chose de fort, de réconfortant. Au moins, il ne s'était pas laissé aller à la panique, il n'avait pas succombé à une fureur démentielle, il n'avait pas essayé de les empoigner, de les secouer, de les frapper. Il s'en félicitait. Les cigarettes et le scotch supprimeraient ce tremblement qui agitait ses mains et ses genoux depuis qu'il avait quitté le commissariat.

Il entra dans la maison. Mrs. Griffiths, en chapeau, en manteau, gantée, se trouvait dans le hall, en conversation avec une jeune femme que Victor ne connaissait pas et qui détourna la tête en le voyant. Mrs. Griffiths lui décocha un léger sourire. Pour Victor, cela signifiait qu'elle acceptait d'avoir d'anciens prisonniers dans sa maison à la condition qu'ils consentent à tourner la page.

Cela faisait sept ans qu'il n'avait pas fumé une cigarette. La première bouffée lui contracta la gorge et il se mit à vomir dans l'évier. Il s'assit ensuite sur son lit en tremblant.

Les choses brusquement lui apparurent avec une étonnante clarté. C'était évident qu'il était de son intérêt de faire cet examen, au moins dans ce cas précis, mais à long terme, c'était une catastrophe. Ils connaissaient maintenant son groupe sanguin, ils savaient qu'il était un sécréteur et, pour couronner le tout, il appartenait à un groupe extrêmement rare. Victor se souvint curieusement d'un spectacle qui était passé à la télévision des années et des années auparavant, dans lequel le comédien Tony Hancock faisait un sketch sur les groupes sanguins. La chose amusante était qu'il appartenait au groupe le plus rare : AB négatif. Appartenir comme Victor au groupe B positif n'était pas aussi rare, seuls six pour cent de la population sont rattachés à ce groupe.

Chaque fois qu'il y aurait un viol commis à l'ouest de Londres — à Londres et même dans ses environs — et qu'on aurait la preuve que l'auteur était un sécréteur du groupe B, on viendrait le trouver. Ce serait probablement supportable étant donné qu'il y aurait peu de cas. Mais que se passerait-il s'il en était lui-même l'auteur ? Victor n'était pas sans savoir qu'un jour viendrait où il ne pourrait pas s'empêcher de se jeter sur une femme. En lui, quelque chose lui disait qu'il ne fallait pas, qu'il devait lutter pour sa propre sécurité, mais en même temps il savait que ses efforts ne pouvaient être d'une absolue efficacité.

Il se versa un peu de whisky dans un des gros verres moulés de Mrs. Griffiths, de cette sorte qu'on vous donne en prime, lorsqu'on prend plus de trente litres d'essence. Il n'était pas question de rejeter l'alcool. Il le réchauffait, imbibait son cerveau. Si un jour il s'en prenait de nouveau à une femme, alors ce jour-là ils utiliseraient leur ordinateur comme il se doit, en tapant des questions sur son clavier et obtiendraient un listage en retour : Victor Jenner, trente-huit ans, 46 Tolleshunt Avenue, Acton, W5, sécréteur, groupe sanguin B posi... Et ce serait ainsi chaque fois. En fait, il n'y aurait qu'une fois, une seule fois, la dernière. Ensuite, il serait en prison pour le reste de sa vie. Il entendait déjà le juge l'appeler un « animal dangereux ». Un animal qu'il fallait mettre sous les verrous « pour protéger la communauté ». Cette « bête sauvage », à moins qu'on ne l'enferme définitivement, continuerait à violer les femmes et à tuer des hommes. En réalité, cela ne lui ressemblait pas du tout, se disait Victor. Il avait peur, était pris de panique à la moindre occasion, et se sentait horriblement seul. Il aurait aimé trouver de l'aide, mais ne savait pas à qui s'adresser — certainement pas à Tom ou à Judy, qui n'avaient rien d'autre à lui proposer que des cours du soir et des activités de réinsertion.

Combien différente devait être la vie de David Fleetwood, pourtant responsable de ce qui était arrivé. Sans inquiétude, bien logé, pensionné, il était en sécurité. Ses problèmes sexuels avaient été réglés de la manière la plus radicale, la plus sûre. Victor assis sur son lit, en buvant du whisky dans sa chambre où la lumière commençait à baisser, pensait qu'il accepterait volontiers cette solution pour lui-même. Alors, cette tentation, ce désir fou, ce besoin incontrôlable serait anéanti pour toujours. Et par-dessus tout, Fleetwood était respecté. Chacun le respectait, l'adorait, lui rendait hommage. S'il avait dû passer des examens dans un commissariat de police, on l'aurait très certainement appelé « monsieur ». Quelle dérision ! C'était lui qui avait amené tout cela par son obstination et c'était lui qui en tirait toute la gloire. Quant à Victor, il ne recevait, année après année, que les coups de bâton. Peut-être d'ailleurs Fleetwood l'avait-il fait exprès, se disait Victor. La manière dont se conduisent les gens est incompréhensible, tout le monde le sait. Peut-être Fleetwood s'était-il arrangé pour qu'on lui tire dessus parce qu'il savait qu'on s'occuperait de lui ensuite, que les gens adorent un héros estropié.

Victor descendait à pied Twyford Avenue, en direction de High Street. Il avait eu deux nuits fort mauvaises et une journée désagréable. Il s'était réveillé le cœur battant, avec des fourmis dans les membres. La première nuit, il était resté allongé, avait enfoncé son visage dans son oreiller pour étouffer les sanglots et les cris qui s'échappaient de sa gorge. Le lendemain matin, il avait rencontré un des autres locataires sur le palier, un homme, qui lui avait demandé s'il avait entendu du bruit au cours de la nuit, quelqu'un qui criait et des grincements prolongés de sommier. Victor bredouilla quelque chose qui signifiait qu'il n'avait rien entendu. Pendant la plus grande partie de la journée, il avait dormi pour s'échapper, pour trouver, grâce au sommeil, un répit à sa vie. La nuit suivante, il avait été de nouveau pris de panique à un point inimaginable. Son espèce de camisole de force électrique lui tordait les membres avec de telles secousses qu'il lui fut impossible de rester étendu. Il sauta du lit pour s'emparer du premier objet qui lui tomba sous la main. C'était la chaise de rotin. Il commença à la secouer avant de s'en servir pour marteler le sol et les murs de sa chambre. Même les mâchoires serrées, il ne pouvait arrêter l'horrible grognement qui s'échappait de sa gorge.

Un des pieds de la chaise se brisa et resta suspendu par un lien en raphia. Épuisé, haletant, Victor se laissa tomber sur le lit. Presque aussitôt, quelqu'un cogna à la porte. Victor ne répondit pas. Son cœur battait si fort que ses battements lui faisaient mal, comme s'il heurtait sa cage thoracique pour essayer d'en sortir. La personne qui avait frappé hurla qu'elle voulait savoir ce que, nom de Dieu, il se passait. Victor s'approcha de la porte en titubant, colla sa bouche au panneau de bois et dit dans un murmure que ce n'était rien, que tout était fini. « Bon Dieu de bon Dieu », dit la voix.

Victor n'avait pu se rendormir. Il s'était levé très tôt et était allé sur le palier en emportant avec lui un morceau de savon et un tampon à récurer pour effacer l'inscription qui se trouvait sur le mur. Elle n'avait plus aucune signification. Ça n'allait pas tourner mal, ça tournait mal.

Il se rendit à la bibliothèque pour voir ce qu'il pourrait trouver sur les groupes sanguins. Il y avait une quantité impressionnante de travaux sur ce sujet. Victor savait qu'il était intelligent — au lycée, on lui avait mesuré son quotient intellectuel : il s'élevait à 130. D'une manière générale, il comprenait assez bien les problèmes scientifiques, mais les groupes sanguins lui apparaissaient être d'une complication extrême. Il ne parvenait pas à en démêler les fils embrouillés. Il découvrit cependant que le système ABO était déjà connu aux environs de 1900, mais que depuis une douzaine d'autres avaient vu le jour, dont le rhésus positif-négatif. Ils pouvaient tous être appliqués dans la pratique, ce qui augmentait considérablement les possibilités de savoir à qui appartenait un sang donné. Il y avait les systèmes MNS, Lutheran, Kell, Yt, Domrock. Apparemment, le moment était proche où l'on s'apercevrait que chaque individu avait un groupe sanguin qui lui était propre.

Un peu plus tard, il repensa à tout cela d'une manière plus rationnelle. Il n'avait jamais été inculpé pour viol, étant donné qu'on n'avait rien pu prouver contre lui. De plus, il n'avait nullement l'intention de recommencer. S'il avait pu passer dix ans en prison sans violer une femme, il pouvait sûrement continuer ainsi pour le reste de ses jours. « Le viol n'est pas un acte sexuel, mais une agression », disait le journal. Était-ce alors la colère qui le poussait à se jeter sur les femmes ? Et s'il parvenait à décharger sa colère différemment, arrêterait-il de les attaquer ?

Tom vivait à North Ealing, près de la station Park Royal. Victor ne pensait pas que sa maison devienne un jour un point de repère le long de la route qu'il voyait dans ses rêves. C'était une de ces petites maisons jumelées, à bon marché, qu'on avait construites allégrement entre les deux guerres, au nord-ouest de Londres. Sans doute Tom en était-il le propriétaire. Un tricycle était abandonné au milieu d'un carré de gazon avec, à côté, un ours en peluche couché sur le ventre, comme si quelqu'un lui avait tiré une balle dans le dos. Victor grimaça et se demanda pourquoi il avait fait cette comparaison. Il n'avait pas eu l'intention de venir mais de passer sa journée à faire des plans pour l'avenir. Tout d'abord, marcher dehors, pour continuer à s'habituer au monde extérieur, puis, dans sa chambre, faire ses comptes et voir quelle somme il pouvait rassembler. Mais alors qu'il n'avait pas encore dépassé Ealing Common, la pluie s'était mise à tomber. Il était descendu dans le métro pour se mettre à l'abri. Ce n'était pas une averse mais un orage d'été. La station Park Royal ne se trouvait que deux arrêts plus loin et là-bas, chez Tom, on lui offrirait un repas tout préparé.

Le tricycle était recouvert de gouttes d'eau et l'ours en peluche semblait détrempé. Il avait cependant cessé de pleuvoir. Les enfants de Tom avaient probablement lâché leurs jouets pour se mettre à l'abri à l'intérieur. Victor n'aimait pas beaucoup les enfants. Une femme mince, en pantalon, avec un tablier à fleurs, lui ouvrit la porte. Elle sourit trop largement, tandis qu'elle lui disait avec une cordialité de convention à quel point elle était heureuse de le voir, comme elle et ses enfants étaient impatients de le rencontrer. Une pensée curieuse vint à l'esprit de Victor au moment où il entrait dans la salle de séjour. C'était à propos d'un article qu'il avait lu il y avait fort longtemps, avant qu'il n'aille en prison. On y disait qu'aucun détenu ne peut garder un esprit sain s'il reste plus de cinq ans en prison. C'était un psychiatre, un béhavioriste, comme il s'appelait lui-même, qui l'avait écrit. Victor n'y avait pas pensé pendant le temps qu'il était resté en prison, mais cela lui revenait maintenant à l'esprit, déclenchant en lui une réaction désagréable. Il ne savait d'ailleurs pas pourquoi cela lui revenait maintenant. Il n'y avait rien chez Liz Welch ni dans la petite pièce minable et encombrée qui puisse favoriser cette sorte de souvenir.

« Tom est parti acheter quelque chose à boire, dit-elle. Une bouteille de vin. Aimeriez-vous un verre de bière maintenant ? »

Ils vivaient, se dit Victor, au jour le jour. Il leur fallait courir chez l'épicier lorsque quelqu'un leur rendait visite. Il ne devait y avoir sûrement qu'une seule canette de bière dans la maison. Victor n'en buvait jamais, il n'en aimait pas le goût. Les Welch étaient pauvres. Tom, qui était instituteur, n'était pas payé pour ses activités sociales. Néanmoins, Victor ne le plaignait nullement. Ça lui paraissait fou de se marier, de se mettre une famille sur le dos.

Les enfants arrivèrent, timides et curieux. La petite fille portait des lunettes cerclées de métal. Le garçon, un peu plus jeune, avait une bande autour du genou sur laquelle commençait à apparaître une tache de sang. Lorsqu'il la vit, l'enfant se mit à pleurer. Sa mère le prit sur ses genoux pour le consoler. Mrs. Welch commença à parler du temps avec volubilité : les autres sujets étaient par trop dangereux.

« Toute cette pluie, jour après jour, dit-elle, en défaisant la bande du genou de son fils. Il n'y a pas eu un jour sans pluie la semaine dernière, c'est aussi terrible que l'année dernière, ne trouvez-vous pas ? »

Elle se rendit brusquement compte de ce qu'elle venait de dire et se mit à rougir. Victor prit plaisir à contempler son embarras. Il se demandait si c'était Tom qui avait informé la police de l'endroit où l'on pouvait le trouver. Mais Tom ignorait qu'il était l'auteur de plusieurs viols. Il entra tandis que Liz remettait la bande en place. Il pleuvait de nouveau et l'eau dégoulinait sur la cape en nylon d'un bleu éclatant de Tom. Il serra la main de Victor avec beaucoup de chaleur et montra la bouteille de vin rouge bulgare qu'il venait d'acheter. Ils avaient tout ce qu'il fallait maintenant, dit-il.

Victor décida soudain de ne pas informer Tom de son intention de quitter Londres. Moins on serait au courant de ses déplacements, mieux cela vaudrait. S'ils avaient été seuls, il aurait sans doute parlé de ses craintes concernant la publication du livre de Fleetwood. Il lui aurait demandé où il pouvait s'adresser pour avoir un conseil juridique, afin d'engager une procédure. Mais il n'allait pas parler de ça devant cette femme — il espérait qu'elle allait se laver les mains avant de servir le repas — devant ce petit garçon braillard et devant cette petite fille qui, depuis qu'elle était entrée dans la pièce, n'avait rien fait d'autre que de se planter en face de lui pour le dévisager.

Le repas arriva enfin. Il était composé de rôti de porc, de compote de pommes, de pois en boîte et de pommes de terre bouillies, même pas sautées. Pour terminer, il y avait une tarte avec des groseilles et des framboises, arrosée d'une crème anglaise faite avec un sachet. Cela rappelait à Victor les meilleurs dîners du dimanche en prison. Tom parlait des programmes de télévision et Victor dit qu'il pensait louer un poste. Tout à coup les Welch s'excitèrent parce que ça leur donnait la possibilité de recommander certaines sociétés de location en comparant les prix les unes des autres. Puis, Tom sortit pour aller faire le café, tandis que Liz débarrassait la table.

Resté seul avec les enfants, Victor se cacha derrière le Sunday Express. D'après ce qu'il voyait, il n'y avait rien au sujet du viol ni de Fleetwood. En revanche, il découvrit, par extraordinaire, à l'intérieur du journal, la photographie d'un homme à cheval, dans Epping Forest. Apparemment, cela avait un sens. Il lui semblait que sa destinée devait prendre cette direction. Au fond, ce n'était pas si étonnant. On sait, par exemple, que les choses vont toujours par série de trois, qu'il suffit de tomber sur un nouveau nom ou sur un nouveau lieu pour qu'il revienne deux fois encore au cours de la journée. Il sursauta lorsqu'un poing venu de derrière s'abattit sur son journal. Il écarta le *Sunday Express* mais se garda bien de le baisser. La petite fille s'empara du bord du journal et commença à tirer, pour approcher son visage de celui de Victor, au-dessus de la feuille de papier.

« Qu'est-ce qu'un cheval de retour ? demanda l'enfant.

— Je ne sais pas, marmonna Victor.

— Mon papa a dit à ma maman que nous aurions dimanche un vieux cheval de retour. »

Parfois, Victor pensait que toute son éducation était basée sur des magazines. La plupart de ses connaissances semblaient venir de là. Peut-être la lecture des magazines était-elle une habitude familiale, à moins que ce ne soit une passion qu'il partageait en propre avec Muriel. Il ne se souvenait pas que son père ou sa mère fussent de grands lecteurs. En revanche, Muriel lui apportait déjà des bandes dessinées lorsqu'il était petit. Peut-être cela avait-il été le début de cette habitude.

Un article dans un magazine lui avait fait croire qu'il pouvait se soigner lui-même de sa phobie. C'était, il y avait fort longtemps, avant qu'il n'aille en prison, avant qu'il ne connaisse la maison de Solent Gardens, avant qu'il ne s'empare du pistolet de Sydney. L'article disait que la méthode préconisée était dérivée des psychothérapies modernes. Toutefois, vous effectuiez le traitement seul, au lieu d'avoir recours à un psychothérapeute. Pour commencer, il fallait regarder des photographies de la chose qui vous effrayait. Une ou deux semaines plus tôt, un magazine de sciences naturelles, que Victor avait acheté parmi beaucoup d'autres, avait publié, dans sa double page détachable, un reportage sur les mœurs des tortues terrestres d'Amérique du Nord. En particulier, sur le rituel amoureux de la tortue gopher. A peine avait-il jeté un coup d'œil à l'image que Victor avait refermé brutalement le magazine pour le glisser sous quelques autres, afin de dissimuler même la couverture à ses yeux. Pourtant, celle-ci était particulièrement inoffensive. On y voyait un papillon, posé sur une orchidée. Malheureusement, comme Victor savait ce qu'il y avait à l'intérieur, cette inoffensive photographie, en fait remarquablement réussie, lui provoquait des frissons le long de la colonne vertébrale. Il n'avait pas jeté le magazine parce qu'il y avait à l'intérieur un autre article qu'il avait envie de lire — s'il trouvait la force de le rouvrir. Depuis qu'il avait vu l'article sur cette méthode moderne de psychothérapie, il n'en avait pas eu le courage. Eh bien, il allait essayer.

Au début de son adolescence, alors qu'il allait encore à l'école, sa classe s'était rendue au Victoria and Albert Museum, pour une visite éducative. Dans une vitrine, il y avait une théière datant de 1765 environ, qui venait de l'atelier de Whieldon à Staffordshire. Victor se souvenait parfaitement de ces détails, il ne les oublierait jamais. Cette théière avait non seulement la forme d'une tortue, mais ses parois imitaient l'écaille. Et l'animal, là devant lui, le fixait effrontément. Totalement pris par surprise, Victor s'était évanoui.

Personne n'avait su pourquoi. Il s'était bien gardé de le leur dire. Pensez à ce qui serait arrivé si un de ses camarades avait découvert une chose comme celle-là. Les enfants de cet âge sont impitoyables. Le professeur, qui les accompagnait, pensa que Victor était malade. Effectivement, cet incident survenait peu après son retour à l'école à la suite d'une grippe compliquée de bronchite. Dès cet instant, sa phobie s'était aggravée, s'était développée lentement, mais sûrement, au point d'atteindre un stade où non seulement il ne pouvait plus regarder une image de cet animal, mais ne pouvait même plus toucher le livre qui contenait cette image, ou même s'approcher de l'étagère ou de la table sur laquelle il était posé. Victor avait supporté cette souffrance en secret et en silence. Pauline avait une brosse à cheveux avec un manche en écaille qu'il parvenait cependant à toucher. Mais il détestait cet objet et n'aimait pas beaucoup l'entendre nommer.

Bien entendu, on pouvait vivre sans rencontrer à chaque pas une tortue de la famille des testunidés. Ce n'était pas comme avoir une phobie pour les chats ou les araignées. Cependant, cet évanouissement dans le musée avait réellement fait peur à Victor, exactement comme ces terribles coups d'œil au magazine l'effrayaient, à cause des effets qu'ils avaient sur lui. Que se passerait-il si jamais il en voyait une en réalité ?

Dans le but de soigner sa phobie, ou au moins de tenter de la soigner, il ouvrit le magazine à l'endroit de la double page et s'obligea à la regarder. Tout d'abord, ce fut réellement terrible, il se mit à frissonner, à avoir des haut-le-cœur, à flageoler sur ses jambes, puis il commença à trembler sans réussir à se contrôler. Néanmoins, il suivit les instructions à la lettre. Il se dit que c'était un reptile inoffensif, que ce n'étaient que des photographies de ce reptile inoffensif reproduites en couleurs sur un papier brillant. Cela ne pouvait lui faire aucun mal et il était parfaitement libre de refermer le magazine à tout instant. Etc.

Ça marcha jusqu'à un certain point. Il pouvait finalement regarder ces images. Il pouvait même les regarder avec indifférence. Toutefois, il éprouvait une insupportable fatigue, une impression de total épuisement après chacune de ces séances. Il alla à la bibliothèque pour chercher le mot « tortue » dans l'Encyclopedia Britannica. Il se força à garder les yeux sur la plus terrifiante image qu'il ait vue de sa vie : une photographie en couleurs de la Testudo elephantopus, la tortue géante des îles Galapagos, un monstrueux reptile d'un mètre cinquante de long, pesant cent cinquante kilos. Heureusement, la photographie était petite.

Le deuxième exercice consistait à rendre visite à une boutique d'animaux domestiques. Ses nerfs le lâchèrent. L'article, lui aussi, devenait inconsistant. La présence d'un psychothérapeute s'avérait essentielle maintenant pour apporter ne serait-ce que le soutien d'une présence humaine. Victor ne pouvait pas franchir cette étape seul. Il téléphona pourtant à une boutique d'animaux et demanda s'ils avaient des tortues en magasin — il parvint à prononcer le mot à haute voix au téléphone ! On lui répondit qu'il y en avait et il se mit en route, mais cet effort l'avait épuisé et sa volonté était en miettes. A quoi d'ailleurs cela pouvait-il servir étant donné qu'il était extrêmement rare de voir cette chose, ou sa photographie, à moins de la chercher activement.

De toute façon, il pensait que cela ne lui avait pas fait de mal. Il avait quand même réalisé quelques progrès, était parvenu à un résultat. Il pouvait passer maintenant devant des boutiques d'animaux, il n'était plus obligé de faire un détour pour les éviter. Il pouvait regarder la couverture des magazines de sciences naturelles et même les toucher, en dépit de ce qui risquait de se trouver à l'intérieur. Depuis sa sortie de prison, cette légère amélioration de son état phobique n'avait pas encore été mise à l'épreuve. L'épreuve survint un matin, quatre ou cinq jours après cette nuit agitée dans sa chambre.

Quelqu'un frappa à sa porte, aux environs de neuf heures et demie du matin. C'était Mrs. Griffiths, que Victor voyait de près pour la première fois. On aurait pu penser qu'elle était habillée pour aller à une garden-party des années cinquante à Buckingham Palace. Elle portait un tailleur bleu marine, un corsage avec de la dentelle, un chapeau de paille avec une fleur en nylon piquée dessus, des gants blancs et des chaussures ajourées, à hauts talons, de la même couleur. Elle avait épinglé sur le revers gauche de son tailleur un clip en or représentant une tortue. La carapace était faite de pierres précieuses qui pouvaient être, ou ne pas être, des saphirs.

« On s'est plaint de vous, Mr. Jenner », dit-elle.

Elle ne faisait pas de circonlocutions, n'hésitait aucunement, ne se donnait pas la peine d'utiliser une formule de politesse du genre « excusez-moi de vous le dire » ou « j'espère que vous comprendrez ». Elle attaquait de front, prononçant ses mots d'une voix rude, aux intonations populaires, qui contredisait l'aspect soigné de sa silhouette. Victor jeta un coup d'œil à la broche, déglutit et détourna son regard. Il n'avait pas l'impression qu'il allait s'évanouir, il ne se sentait même pas vraiment mal. Il se disait qu'il pourrait regarder de nouveau le bijou, à condition que ses yeux restent fixés sur les pierres bleues, et évitent de se poser sur la petite tête dressée en or.

« Donner de grands coups au milieu de la nuit, dit-elle, piétiner. Frapper le mur et je ne sais quoi. »

Elle jetait un regard circulaire sur le mobilier, pour voir s'il n'y avait rien de cassé, rien qui manquait. « Qu'est-ce que vous avez donc fabriqué ?

— J'ai eu des cauchemars, dit-il, ses yeux se reposant sur le clip.

— Eh bien, laissez-les donc au lit, la prochaine fois. » Puis, remarquant son regard fixe et peut-être aussi la pâleur de son visage, elle ajouta : « J'espère que tout va bien pour vous, Mr. Jenner. J'espère que nous n'allons pas avoir d'ennuis. A propos, est-ce que la police risque de revenir ?

— Non, dit Victor. Non, absolument pas. »

Il faudrait penser à déménager le plus vite possible, se dit Victor, après qu'elle fut partie. En fermant les yeux, il pouvait voir de nouveau le bijou, une forme sombre et luisante, qui se détachait sur un fond blanc. Peu à peu pourtant, l'image s'estompa avant de disparaître complètement.

VII

Il y avait un plan sur le quai de la station de métro comme il y en a toujours. Victor ne prit pas la peine de le regarder, parce que le tableau indiquait que le prochain train se dirigeait vers Epping. Ce n'était pas le terminus, mais c'était tout au bout de la ligne centrale. (Une ligne secondaire continuait sur North Weald et Ongar, aux heures d'affluence.) Victor attendait sur le quai avec un aller-retour pour Epping dans sa poche. La rame qu'il emprunterait n'irait pas plus loin qu'Epping. Plus tard, au cours des semaines suivantes, il allait se demander ce qui se serait passé s'il avait jeté un coup d'œil au plan. Sa vie en aurait-elle été profondément changée, aurait-elle suivi une autre voie, bifurqué différemment ? En tout cas, il aurait pu revenir sur sa décision d'aller à Epping ce jour-là. Mais à long terme, il est probable que rien n'aurait été changé. Déjà, alors, un processus s'était mis en route, qui l'obligeait à prendre certaines directions, même en contradiction avec sa volonté apparente.

Le trajet était long et fastidieux : la rame s'enfonça dans un tunnel pour n'en ressortir qu'à la limite est de Londres. Victor avait acheté deux magazines, *Ellery Queen's Mystery Magazine* et *Private Eye*. Le compartiment commença à se remplir à Notting Hill Gate. Une dame âgée, très grosse, jetait des coups d'œil désespérés en direction de son siège et poussait des soupirs chaque fois qu'elle était bousculée ou déséquilibrée. Victor n'avait aucune envie de lui céder sa place. Il ne voyait pas de raison de le faire. Aucune femme n'avait jamais rien fait pour lui. Elles étaient toutes contre lui : sa mère et sa négligence, cette vieille teigne de Muriel, Pauline, Rosemary Stanley qui avait hurlé en brisant la vitre, alors qu'il se mettait sous sa protection, cette propriétaire au visage de pierre. Il ne devait absolument rien aux femmes. Il éprouva même un certain agacement lorsqu'un homme, approximativement de son âge, se leva pour céder son siège à la vieille dame.

La rame finalement sortit du tunnel après Leyton. Victor n'avait jamais été aussi loin sur cette ligne. C'était la grande banlieue. On voyait l'arrière des maisons avec leurs longs jardins qui suivaient la voie ferrée, avec leurs pelouses, leurs parterres de fleurs, leurs poiriers. Le paysage resta à peu près le même durant quatre sections, puis après Buckhurst Hill, apparut un véritable morceau de campagne, campagne qui fait partie de la grande ceinture verte qui entoure Londres. Ensuite, c'était Loughton, Debden, puis une zone industrielle, parsemée d'H.L.M. Finalement, la rame traversa de nouveau une campagne verdoyante, ralentit et s'arrêta. On était à Theydon Bois.

Victor fixa le nom avec incrédulité. Il n'avait pas regardé le plan du métro et il n'avait jamais pensé que Theydon Bois se trouvait dans cette région boisée proche d'Epping. Dans l'Essex, avait dit le *Standard*. Évidemment, c'était l'Essex, la partie la plus peuplée de l'Essex, mais l'Essex quand même. C'était d'ailleurs un des comtés les plus vastes d'Angleterre, allant de Woodford, au sud, jusqu'à Harwich, au nord. En voyant ces deux mots, Victor eut l'impression que les lettres se détachaient et se mettaient à vibrer ; il éprouvait une sensation de malaise. Il se leva pour les regarder, se pencha en avant, en reposant ses mains sur le rebord de la fenêtre. Les portes se refermèrent et la rame repartit. Victor se retourna et regarda sans le voir le visage d'un des voyageurs, un homme d'âge mûr.

L'homme grimaça un sourire et dit : « Theydon Bois, ou comme disent les gens du coin, Theydon Boiiis. » Et il se mit à ricaner.

Victor ne répondit pas. Il se rassit, un peu étourdi. C'était donc là que vivait Fleetwood. Quelque part par là, derrière les bâtiments de la gare et les arbres, se trouvait la maison aux fenêtres mansardées, les rosiers grimpant autour de la porte, la vasque dans le jardin... S'il avait regardé le plan du métro, Victor aurait vu l'arrêt Theydon Bois et ne serait probablement pas venu. En fermant les yeux, il revoyait le nom

Theydon Bois. Des lettres blanches, éblouissantes, qui vibraient, qui dansaient. Il aurait aimé ne pas être venu, car il se sentait pris d'un haut-le-cœur, d'un malaise réellement physique. Et à quoi cela pouvait-il bien lui servir de venir à Epping, de toute façon ? Qu'espérait-il en tirer ? Il n'avait pas les moyens d'acheter un appartement et, comme toujours dans ce genre d'endroit, il n'y avait certainement rien à louer. Pouvait-il seulement imaginer de vivre à un ou deux kilomètres de Fleetwood !

La rame s'arrêta à Epping et Victor en descendit. C'était d'ailleurs le terminus. Il avait hésité à quitter le compartiment, se disant qu'il pouvait aussi bien rester à sa place et rentrer sur Londres. Mais ce furent ses haut-le-cœur qui l'arrêtèrent. Un peu d'air lui ferait du bien. Il ne supportait pas l'idée d'être malade dans le train, tandis que les gens le regarderaient.

Epping, apparemment, n'avait pas tellement changé. La grand-rue semblait moins bruyante, moins embouteillée. Des panneaux de direction indiquaient que de nouvelles routes avaient été construites pour dévier la circulation au cours des dix ans qu'il avait perdus en prison. La grande place du marché était toujours là, ainsi que le château d'eau en forme de manoir, avec une seule tour partant d'un de ses angles, qu'on apercevait à des kilomètres à la ronde. L'église de pierres grises était là aussi, ainsi que le jardin public triangulaire avec ses beaux arbres au feuillage épais. Victor traversa le bourg de bout en bout, allant de la lisière de la forêt qui se trouvait près du château d'eau, jusqu'à proximité de Saint Margaret's Hospital. A vrai dire, il ne voyait pas grand-chose. Il ne remarquait rien, comme si son sens de la vue s'était brusquement émoussé. Il n'arrivait pas à oublier Fleetwood, Fleetwood qui n'était qu'à un ou deux kilomètres de lui, de l'autre côté de cette colline, là-bas, au sud-est. Peut-être même était-il bien plus près, car sans doute les habitants de Theydon Bois devaient venir faire leurs courses ici.

En descendant la colline, en revenant vers le centre, il se rendit compte qu'il cherchait en fait Fleetwood. Il regardait les nombreuses voitures en stationnement, pour trouver l'autocollant d'un handicapé dans un fauteuil roulant, que les infirmes mettent sur leur pare-brise. Si Fleetwood était en train de faire ses courses en ville, il serait lui aussi dans un fauteuil roulant. Victor en aperçut un devant un supermarché et s'en approcha tandis qu'il sentait revenir les haut-le-cœur. Mais déjà, même de loin, à une cinquantaine de mètres, il voyait que l'infirme qui lui tournait le dos avait des cheveux blonds. Lorsqu'il l'eut dépassé, Victor avala la salive qui lui remplissait la bouche et se retourna. Il découvrit alors un jeune garçon, les genoux collés au menton dont les mains étaient agitées de mouvements convulsifs.

C'était tôt, il n'était pas encore midi. La pluie, dont se plaignait Liz Welch, se mit à tomber par rafales tandis que grondait le tonnerre au-dessus de la forêt. Victor entra dans une brasserie, pour prendre une tasse de café. Étant donné qu'il pleuvait, qu'il était presque l'heure du déjeuner, il l'accompagna d'un hamburger, d'une salade et d'un yaourt à la fraise. Son malaise s'était dissipé. La pluie, pour le moment, s'était arrêtée. Le soleil brillait avec un éclat et une intensité presque tropicale, faisant luire les flaques d'eau et les trottoirs humides, leur donnant des reflets de miroir.

Victor lisait les annonces à la devanture des agences immobilières. Plusieurs chambres meublées étaient à louer : deux ou trois à Epping même, une à North Weald et une à Theydon Bois. Il releva les numéros de téléphone. Pour celle de North Weald, on demandait de « se renseigner à l'intérieur ». Mais dans le bureau de l'agence, la fille derrière le comptoir lui dit qu'elle était sûre que la chambre avait été louée depuis des semaines, peut-être des mois. On avait simplement oublié de décrocher l'annonce.

« Puis-je aller à Theydon Bois à pied, en partant d'ici ? » lui demanda-t-il.

Elle leva les yeux pour le regarder, un petit sourire aux lèvres. « Peut-être est-ce dans vos possibilités, mais certainement pas dans les miennes. » Elle pensait qu'il s'intéressait à la chambre proposée sur l'autre annonce. « Celle-ci aussi est sûrement périmée. Elles le sont presque toutes. » Elle parlait avec une indifférence totale aux intérêts de son patron, comme une personne revêche qui s'ennuie dans son travail.

Victor n'avait nullement l'intention de marcher jusqu'à Theydon Bois, et ne savait trop pourquoi il avait posé cette question. Quant à aller habiter là-bas... Il sortit de l'agence et prit la direction de la station de métro. S'il avait envie de vivre dans la banlieue de Londres, pourquoi ne pas trouver un endroit près de la Tamise, à Kew ou à Richmond, par exemple ? Ou pourquoi pas tout en haut, dans le nord, à la limite du Hertfordshire ? La rame était à quai, mais semblait immobilisée définitivement. Une vieille femme, avec des sacs en plastique, monta dans la voiture. Ils étaient les seuls voyageurs du compartiment. Victor se rendit vite compte que quelque chose ne tournait pas rond chez cette femme. Elle était probablement un peu folle, ou en tout cas la proie de fantasmes. Elle portait une jupe longue rouge à fleurs et un maillot sur lequel on pouvait lire un numéro, comme sur ceux des joueurs de base-ball américains. Ses vêtements ne convenaient pas du tout à quelqu'un de son âge. En revanche, ses chaussures et ses bas étaient normaux. Elle portait un bonnet de laine de vieille dame, attaché sous le menton par des pattes tricotées à la main.

Tout d'abord, elle se contenta de s'asseoir en souriant et en agitant la tête. Puis, elle bougea ses sacs, en en mettant un à sa droite et l'autre à sa gauche, pour immédiatement les placer tous les deux à sa droite et, la seconde suivante, entre ses genoux. Les portières du train se fermèrent, vibrèrent et se rouvrirent. La vieille se leva, abandonna ses sacs et remonta la voiture d'un pas dansant. Elle ouvrit la porte qui communiquait avec l'autre voiture. Elle revint sur ses pas pour également ouvrir celle qui se trouvait à l'autre bout. Elle se pencha ensuite par la portière pour regarder à droite et à gauche le quai désert inondé de soleil. Victor comprit alors qu'elle jouait le rôle du contrôleur. Un frisson parcourut son échine. Elle avait au moins soixante-dix ans. Il ne pouvait se souvenir d'avoir vu un contrôleur dans le métro, même lorsqu'il était enfant. Bien entendu, il y en avait eu, et maintenant, cette vieille femme imitait leurs gestes. Sa découverte ne l'empêcha pas de sursauter lorsqu'elle se pencha pour crier : « Attention aux portières ! »

Était-ce une coïncidence, ou était-elle au courant de quelque chose qu'il ignorait ? Mais au moment où elle poussa son cri, les portes commencèrent à se refermer. Elle bondit en arrière et se frotta les mains avec une évidente satisfaction. Elle se tourna vers Victor et lui dit : « En voiture pour Liverpool Street, Oxford Circus, White City et Ealing Broadway ! »

Victor resta silencieux. Il était gêné, bien entendu, mais il ressentait quelque chose de bien pire que de la gêne. La pensée qu'il avait eue chez les Welch la veille lui revint à l'esprit. Ce béhavioriste avait dit qu'il est impossible de rester en prison plus de cinq ans sans devenir fou. Lui, Victor, y était resté deux fois plus longtemps. Déjà, il sentait que certaines de ses réactions étaient étranges, qu'il avait des impulsions qu'il n'arrivait pas à comprendre, qui sortaient de la norme. En arriverait-il à être comme cette vieille femme ? Elle était de nouveau assise en face de lui, déplaçant ses sacs, marmonnant, soupirant, souriant. La rame avait pris de la vitesse et se dirigeait vers Theydon Bois. Elle remonta l'allée entre les sièges, s'empara de la poignée de la porte, au bout de la voiture, et tenta de l'ouvrir. Une pensée terrifiante traversa l'esprit de Victor : peut-être avait-elle l'intention de se jeter dans le vide ? Il ne savait que faire. Ses sacs en plastique étaient restés par terre devant lui, et l'un d'eux commença à bouger lentement. A bouger comme s'il y avait quelque chose à l'intérieur qui le faisait s'ouvrir, se gonfler, se tordre. Peut-être y avait-il un animal dedans. Un lapin ? Cette chose qu'il ne voulait pas nommer ? Peut-être après tout n'était-ce que le plastique qui se dilatait à cause du changement de température. Victor ne croyait guère à cette explication. Il se leva pour s'approcher de la porte. La vieille femme vint se placer à côté de lui et le dévisagea.

Cette rame mettait un temps fou pour arriver à Theydon Bois. Elle s'arrêta presque puis reprit de la vitesse et finalement s'immobilisa. Les portes s'ouvrirent et Victor descendit sur le quai avec soulagement. Il pensa un instant courir pour tenter de monter dans une autre voiture, mais, sans savoir pourquoi, il resta sur place heureux d'être débarrassé de cette encombrante personne. Il l'entendit crier de nouveau : « Attention aux portières ! »

Il regarda la rame s'éloigner, emportant avec elle la vieille folle. Plus tard, il pensa que de toute façon il serait descendu de la rame : c'était sa destinée, la fatalité, son sort, quelque chose qui l'avait poussé à s'arrêter ici. Mais, pour l'instant, il était furieux de ce qui lui arrivait. Il devrait probablement attendre une demi-heure avant que ne passe la prochaine rame.

C'était une perte de temps et d'argent, se dit-il en quittant la station après avoir remis à l'employé la partie retour de son ticket. Maintenant, lorsqu'il aurait fini de faire cette chose dont il n'avait pas encore vraiment conscience à Theydon Bois, il lui faudrait acheter un aller simple jusqu'à West Acton. Que venait-il chercher ici ? Jeter un coup d'œil sur la maison de Fleetwood, lui répondit un petite voix tranquille. Theydon Bois était bien plus grand qu'il ne l'avait imaginé. D'énormes espaces verts coupés d'avenues bordées d'arbres en occupaient le centre. Des maisons, une église, une halle entouraient cette verdure. Les avenues, apparemment, se dirigeaient vers des quartiers résidentiels. Victor marcha le long d'une rangée de boutiques, se sentant intérieurement inquiet, vulnérable. Il avait déjà remarqué une voiture avec l'autocollant des infirmes sur le pare-brise. Des milliers de personnes en avaient un. Alan lui avait dit un jour que c'était quelque chose de facile à obtenir. Votre médecin vous en faisait délivrer un pour des cors au pied ou pour une crise de goutte. Il n'y avait aucune raison de penser que cette voiutre, garée devant les magasins, appartenait à Fleetwood. Il n'y avait personne dans un fauteuil roulant, ou sur des béquilles. Victor aperçut son reflet dans le verre d'une vitrine : un visage sombre, aux traits tirés, aux yeux fiévreux, enfoncés dans des orbites bleuâtres, comme celles des Indiens, des cheveux noirs coupés court, grisonnant aux tempes, avec des fils argentés dans la mèche rejetée en arrière au-dessus du front. Une pensée, qui pour une fois dénotait une certaine imagination, lui vint à l'esprit : cet âge était celui des gelées blanches qui laissent derrière elles des feuilles et des fruits ratatinés et détruisent tout espoir de récolte, tout signe de vie. Fleetwood le reconnaîtrait-il s'il le voyait maintenant ?

L'ancien policier, si ses photographies étaient fidèles, avait à peine changé. Mais pourquoi aurait-il changé ? Aussi bien à l'intérieur qu'à l'extérieur de l'hôpital, on prenait soin de lui, on le choyait, on le dorlotait. Il avait mené une vie étonnamment protégée, n'avait rien entrepris qui puisse le faire vieillir. Victor, une fois de plus, revit en un éclair cette chambre du 62 Solent Gardens. Il était debout, le dos appuyé au placard, tenant Rosemary Stanley devant lui, son bras passé autour de sa taille. Il revit la porte qui s'ouvrait et Fleetwood qui se tenait dans l'encadrement, qui ne se doutait pas que dans quelques minutes, deux ou trois tout au plus, il ne pourrait plus jamais au long de sa vie, ni se tenir debout, ni marcher. Durant deux ou trois minutes, ils s'étaient dévisagés, s'étaient parlé. Il avait laissé Rosemary Stanley rejoindre

Fleetwood. Elle s'était jetée dans ses bras. Peut-être le tout avait-il duré cinq minutes, avant que le vent ne soulève le rideau et découvre un homme sur une échelle, appuyé au mur extérieur. Fleetwood lui avait alors tourné le dos et Victor avait appuyé sur la détente. Auparavant, pendant cinq minutes, au maximum, ils s'étaient dévisagés, leurs regards s'étaient croisés. Pourtant, Fleetwood avait refusé de le croire, s'était montré si sûr de lui qu'il avait tourné le dos pour le provoquer. Victor avait relevé le défi en appuyant sur la détente. Mais avant cela, ils avaient appris à connaître leurs visages mieux que celui de leurs propres mères, mieux même que leurs propres reflets dans un miroir.

Ou était-ce simplement un effet de son imagination ? N'était-ce pas une absurdité ? N'avait-il pas l'impression qu'il pourrait reconnaître Fleetwood au premier coup d'œil parce qu'il avait vu sa photographie dans un tas de magazines ? Il n'y avait pas de photo de lui que Fleetwood aurait pu voir, en dehors de celle déjà vieille le montrant alors qu'il quittait le 62 Solent Gardens entre deux policiers, et d'une autre que Victor s'efforçait d'oublier. Une silhouette sans visage, qui ne pourrait aider en rien Fleetwood à le reconnaître. On y voyait l'homme accusé de l'avoir estropié, poussé dans un car de police, devant le palais de justice, avec un manteau de couleur foncée, enveloppant sa tête.

Victor se retourna pour regarder au-dessus de son épaule. Il aperçut une femme à la jambe bandée qui sortait d'un magasin, avant de monter dans la voiture avec le signe distinctif des infirmes sur le pare-brise. Cherchant la maison de Fleetwood, Victor commença à suivre des rues sinueuses, enchevêtrées, bordées de jolis jardins, remplis de fleurs roses et blanches, d'arbres vert tendre, de maisons du même style que celle de Fleetwood, construites à la même époque, avec les mêmes matériaux, mais qui néanmoins n'étaient pas celle-là, n'étaient pas la bonne.

La rue faisait une sorte de boucle qui le ramena devant le jardin public. Derrière l'immense pelouse ombragée d'arbres, il semblait y avoir d'autres jardins fleuris, encore plus jolis, d'autres maisons de brique, de mortier et de bois, avec des plantes grimpantes sur les murs et des tulipes dans les parterres. Victor traversa la rue et s'engagea sur le gazon. Il avait quelque appréhension maintenant. Il ne doutait pas qu'il reconnaîtrait la maison s'il la voyait, mais trouvait un peu aberrante la méthode qu'il avait choisie pour la repérer. Pourquoi n'était-il pas simplement entré à la poste ou dans une cabine téléphonique pour chercher le nom de Fleetwood dans l'annuaire et noter son adresse ? Il n'aurait pas eu besoin d'avoir un plan, étant donné que n'importe qui aurait pu lui indiquer la rue.

Victor avait maintenant atteint l'allée d'arbres, un chemin empierré, qui coupait le jardin public en diagonale. Ce chemin le mènerait au centre du bourg, dans la rue commerçante. Des chênes étaient plantés des deux côtés du sentier et Victor commençait à marcher dans l'ombre de leur feuillage, lorsqu'il vit quelque chose qui lui serra le cœur, puis le lui fit battre d'une manière désagréable. A l'autre bout de l'allée, un homme et une jeune femme avançaient tranquillement sous les arbres.

L'homme était assis dans un fauteuil roulant.

Ils se trouvaient encore très loin de Victor qui ne pouvait apercevoir leurs visages. En fait, il ne voyait que fort peu de chose, simplement que la fille portait un chemisier rouge et l'homme un pull-over bleu. Néanmoins, il savait que c'était Fleetwood. La jeune femme ne poussait pas la chaise roulante — c'était Fleetwood qui la manœuvrait — mais elle marchait à côté de lui, en parlant avec animation. Dans cet endroit, les voix portaient loin et Victor entendit son rire clair, heureux, insouciant. Ce devait être Clare, pensa-t-il, sa petite amie. Dans un instant, même s'ils continuaient à avancer aussi doucement, Victor pourrait voir leurs visages et eux, le sien. Il pourrait revoir ce visage carré, aux traits réguliers, au teint mat de Fleetwood, pour la première fois depuis dix ans et seulement pour la deuxième fois de sa vie. Victor ne décida pas consciemment d'éviter la rencontre. Ses nerfs s'en chargèrent pour lui. Il quitta brusquement le sentier pour s'engager de nouveau sur la pelouse, afin de regagner la rue principale où se trouvaient un garage, une rangée de maisons et un pub. Lorsqu'il atteignit le trottoir, il courait. Il se mit à courir de plus en plus vite, en direction de la station de métro, comme quelqu'un qui n'a plus qu'une minute avant d'attraper son train.

VIII

Autrefois, Victor avait l'habitude d'acheter au moins deux journaux du matin et un du soir chaque jour, ainsi que le *Radio Times*, le *TV Times*, le *Reader's Digest*, *Which ?* et *What Car ?* Parfois, il prenait encore *Play Boy* et *Forum*, même si le premier l'ennuyait et le second lui soulevait le cœur. L'intérêt de Cal pour la pornographie grossière ou sophistiquée était au-delà de son entendement. Lorsqu'il était chauffeur dans la société d'Alan, Victor passait beaucoup de temps à attendre, et c'était durant ces attentes qu'il lisait pour s'occuper. Il avait même essayé de s'intéresser à des revues sérieuses, telles que le *Spectator* ou l'*Economist*. Mais, au bout d'un certain temps, il s'était rendu compte qu'il ne les achetait que pour impressionner ses clients. Ceux-ci étaient effectivement étonnés de voir que leur voiture de location était conduite par un chauffeur passionné de critique littéraire et de débats politiques. La plupart du temps, la table basse, dans l'appartement de Finchley, était couverte de journaux et de magazines. Toutefois, Victor ne les stockait pas comme le faisait Muriel.

Un psychiatre avait écrit un article dans le *Reader's Digest* dans lequel il disait que les habitudes de vie d'un sujet donné réapparaissaient, même si les circonstances qui les avaient provoquées avaient changé et même si elles avaient été bouleversées pour un temps assez long. Victor pensait que cela décrivait d'une manière compliquée ce qui lui était effectivement arrivé. Ses anciennes habitudes étaient réapparues, tout au moins cette habitude d'acheter des journaux et des magazines. Quant aux autres, il ne voyait pas d'inconvénient à ce qu'elles restent enfouies, le plus longtemps possible. Victor avait recommencé à acheter deux journaux du matin et un du soir et à les lire de la première à la dernière ligne. C'était ainsi qu'il était tombé sur l'entrefilet qui rapportait l'arrestation de l'auteur du viol de Gunnersbury Park. Un petit entrefilet dans une page intérieure, rien de plus. On ne donnait pas le nom de l'homme, mais on y apprenait qu'il avait vingt-trois ans, qu'il vivait à Southall, qu'il avait comparu devant le juge et serait jugé prochainement. Victor se demandait s'il était lui aussi un sécréteur avec un groupe sanguin relativement rare. Au moins, cela signifiait que la police le laisserait tranquille maintenant — jusqu'à la prochaine fois.

Aucun des journaux ne parlait de Fleetwood. Il n'y avait aucune raison qu'ils le fassent, d'ailleurs le policier n'était pas célèbre au point que les journaux rapportent le moindre de ses gestes. On ne parlerait probablement plus de lui jusqu'à la sortie de son livre. Victor se disait que c'était à cause de ce livre, des fortes chances qu'il avait de se trouver dedans, qu'il pensait ainsi sans arrêt à lui. Tout d'abord, il avait amèrement regretté de s'être enfui en courant, au moment où il allait se retrouver face à face avec l'ancien brigadier de police. Il se rendait toutefois compte que sa fuite n'était que le résultat d'un état de panique sur lequel il n'avait aucune prise. Ensuite, il pensa que c'était préférable, car qu'auraient-ils pu se dire sans donner libre cours à leur colère et à leurs ressentiments ? Mais qu'allait-il se passer avec le livre ? Est-ce que lui, Victor, allait y apparaître sous une telle lumière que tout le monde chercherait à le fuir, se mettrait à le haïr ?

Tom vint lui rendre visite un matin, pour lui dire qu'il avait entendu parler d'un travail qui pouvait l'intéresser. Un marchand de spiritueux avait besoin d'un chauffeur pour conduire sa camionnette de livraisons. Tom avait vu l'annonce à la devanture du magasin. C'était là qu'il avait été acheter cette bouteille de vin bulgare, le jour où Victor était venu déjeuner chez eux.

« Il faudra parler de votre passé, dit Tom maladroitement.

— Étant donné qu'il doit y avoir une centaine de personnes désireuses d'obtenir cette place et que je serai le seul à être resté dix ans à l'ombre, je ne vois pas très bien où peuvent être mes chances ?

— Je ne voudrais pas sembler faire de la morale, Victor, vous le savez parfaitement, mais il m'apparaît que vous devriez avoir une attitude plus positive. »

Victor se dit que puisque Tom était là, il pouvait tout aussi bien lui en parler. Il lui montra l'article du *Standard* qui parlait du livre de Fleetwood.

« Je ne suis pas qualifié pour vous dire si ce serait ou non un cas de diffamation, lui dit Tom l'air ennuyé. Honnêtement, je n'en sais rien. Cependant, je ne pense pas qu'il puisse écrire n'importe quoi sur vous, mais franchement, je l'ignore.

— J'imagine que je peux faire appel à un avocat ?

— Bien entendu mais cela coûte de l'argent, Victor. A votre place, je m'adresserais au bureau juridique de la préfecture. Il y a un avocat qui vient y donner des consultations gratuites. »

Au lieu d'aller au bureau d'aide juridique, Victor se rendit à la bibliothèque où il trouva les annuaires pour l'ensemble du pays. Il chercha à Fleetwood et lut : Fleetwood, D.G. « Sans-souci », Theydon Manor Drive, Theydon Bois. Victor savait que le nom de la maison était français, mais il n'en connaissait pas le sens. Il chercha le rayon des dictionnaires, en prit un et regarda à souci. Il connaissait déjà la signification de sans. Après en avoir compris le sens, il se dit que c'était un drôle de nom pour une maison. Était-ce Fleetwood qui le lui avait donné et n'avait-il vraiment aucun souci ? C'était possible. Il n'avait en fait aucune raison de s'inquiéter de quoi que ce fût. Il n'avait ni un passé terrible à oublier ni un avenir incertain. Il n'avait pas besoin de travail, étant donné qu'il recevait une pension rondelette, et la vieillesse ne changerait pas essentiellement les choses pour lui.

Victor n'avait aucune envie de conduire une camionnette de marchand de vins, l'idée elle-même lui paraissait grotesque. De plus, il ne s'agissait pas de la conduire, ou tout au moins de ne faire que ça. Il lui faudrait porter de lourdes caisses dans les escaliers des H.L.M. Cependant, il prit le métro pour se rendre au Park Royal, afin de trouver la boutique. C'était un minable petit endroit, à la vitre recouverte d'offres sans intérêt et d'affaires mirobolantes. Il ne trouva pas l'annonce. Quand il entra pour se renseigner, on lui dit que la place était déjà prise.

En retournant vers le métro, il se disait que de toute façon il n'aurait jamais accepté ce travail, même si on le lui avait offert, car cela aurait signifié de rester dans ce quartier, de continuer à vivre dans la maison de Mrs. Griffiths ou de trouver quelque chose d'autre dans les parages. Victor avait envie de s'installer ailleurs, bien loin d'ici. Il revit en imagination Epping, la forêt et Theydon Bois, avec son grand espace vert et son allée d'arbres. Cet endroit, dans sa mémoire, dégageait une sorte de tranquillité, de douce paix ensoleillée. Malheureusement, Fleetwood y habitait, donc il n'était pas question qu'il puisse y vivre aussi. Victor sentit se développer en lui une nouvelle aigreur contre Fleetwood, comme si cet homme l'écartait une fois de plus du cours normal de son existence. Son comportement avait envoyé Victor en prison pour les plus belles années de sa jeunesse. Maintenant, il le chassait de l'endroit où il avait le plus envie de vivre au monde. C'était un peu comme s'il l'avait chassé du paradis.

Depuis qu'il était revenu de Theydon Bois, Victor, après ce long voyage dans la banlieue de Londres, avait sur le cœur une impression d'inachèvement. Il n'aurait pas dû se sauver en courant, mais garder son calme et rester sur place. Une étrange idée s'agitait maintenant dans sa tête, tandis qu'il descendait Twyford Avenue, la même que lorsqu'il était assis dans sa chambre, ou couché sur son lit renonçant à lire le magazine qu'il tenait à la main, à cause de son incapacité à se concentrer. Il pensait qu'une fois qu'il aurait vu Fleetwood, qu'il lui aurait parlé, il parviendrait à rompre le maléfice. Par exemple, il n'aurait plus cette impression de ne pouvoir vivre à Theydon Bois ou même à Epping. Car il ne craindrait plus de tomber sur Fleetwood par hasard, ne se sentirait plus obligé, chaque fois qu'il irait dehors, de prendre garde à ne pas le rencontrer. Pourquoi, dès qu'ils auraient résolu leur problème, ne pourraient-ils se rencontrer tranquillement dans la rue ou sous les arbres de l'avenue, en se saluant poliment et même échanger quelques remarques sur le temps. Évidemment, c'était possible, mais loin d'être certain, Victor devait le reconnaître. Il ne fallait pas oublier le livre ni l'horrible chose que lui avait faite Fleetwood. Bien sûr, certains diraient, la plupart des gens diraient, que ça n'avait été qu'un prêté pour un rendu, que Fleetwood avait été lui aussi horriblement blessé. Tout ça est bien joli, se disait Victor, mais la gravité d'une blessure se mesure à ses effets à long terme. Fleetwood, actuellement, était satisfait. Célèbre et respecté, bientôt un auteur à succès, un homme enfin qui vivait dans une maison appelée « Sans-souci » tandis que lui... A quoi ça servait de ressasser ainsi ? Ça ne faisait pas avancer d'un pouce ce problème en suspens, problème auquel il ne pouvait penser sans aigreur, jusqu'à ce qu'il l'eût résolu.

Dans la maison de Mrs. Griffiths, au rez-de-chaussée, dans un coin sombre, derrière l'escalier, il y avait un taxiphone. Un placard avait autrefois occupé l'endroit mais on l'avait enlevé pour faire de la place. Du moins, c'est ce que supposait Victor. Lorsqu'on était debout au téléphone et qu'on levait la tête, on pouvait voir le dessous des marches de l'escalier, en bois brut, sans aucune peinture, alors que la maison avait été construite depuis plus de cent ans. Les locataires, année après année, avaient écrit des numéros de téléphone au crayon et au stylo à bille sur les marches en pin.

Victor avait gribouillé le numéro de téléphone de Fleetwood sur le bout de papier sur lequel Tom avait noté l'adresse du marchand de vins. Maintenant, il l'écrivait sur le bois de l'escalier et, pris d'une impulsion soudaine, il ajouta : « David Fleetwood », juste à côté. Il avait la vague impression qu'il devait porter ce nom à cet endroit pour que les futurs usagers du téléphone le voient et s'interrogent à son sujet en attendant d'obtenir leur communication. Il écrivit le nom de Fleetwood, puis composa son numéro de téléphone. Victor était presque sûr d'être seul dans la maison. A cette heure, les locataires étaient dehors et Noreen, rentrée chez elle pour le déjeuner. La sonnerie commença à se faire entendre à l'autre bout du fil.

Elle sonna plusieurs fois, puis quelqu'un décrocha car Victor entendait maintenant le bip caractéristique. Accroupi sur le sol, il tenait l'appareil avec le fil tendu. Il ne faisait pas confiance à ses jambes pour le soutenir. Il avait une pièce de dix pence à la main, et tendit le bras pour l'introduire dans la fente. Une voix d'homme dit : « Allô ? David Fleetwood à l'appareil. »

Victor s'était laissé tomber sur les genoux. La voix était exactement la même. Il l'aurait reconnue quels que fussent les mots qu'elle eût prononcés, même si Fleetwood n'avait pas dit son nom. La dernière fois que Victor l'avait entendue, c'était dans une chambre à coucher. Elle avait dit alors, assez faiblement : « Mais d'où vient donc tout ce sang ? »

Fleetwood, avec un peu d'impatience dans la voix, répéta : « Allô ? »

Victor n'avait jamais prononcé le nom de Fleetwood, ni son prénom. Dans cette chambre à coucher, il ne l'avait pas, bien sûr, appelé par son nom. C'est ce qu'il fit maintenant. Il dit d'une voix faible et rauque.

« David. »

Il ne put entendre ce que Fleetwood répondit : le récepteur lui glissa des mains et se balança au bout du fil. Victor se remit debout et raccrocha. Il s'entendit pousser une sorte de grognement et appuya son front contre une marche de l'escalier, là où il venait d'écrire le nom et le numéro de téléphone de Fleetwood. Pourquoi avait-il été incapable de parler ? Qu'est-ce qu'il avait ! Il aurait dû dire à Fleetwood qui il était, si celui-ci avait raccroché, la belle affaire. Cela n'aurait pu le blesser, cela n'aurait pu lui faire mal. D'ailleurs, Fleetwood ne lui aurait probablement pas raccroché au nez, il aurait été poli, distant, aurait peut-être été d'accord pour rencontrer Victor, afin de parler du livre.

La voix résonnait dans ses oreilles. Il monta dans sa chambre et se coucha à plat ventre sur son lit. Il continuait d'entendre Fleetwood. Il répétait ce qu'il avait dit durant environ une heure, entre son arrivée au 62 Solent Gardens et sa chute sur le palier de la maison, après avoir reçu une balle au bas de la colonne vertébrale. Victor pouvait se souvenir des mots aussi clairement que s'il avait eu une cassette dans son cerveau qu'il lui aurait suffi de mettre en marche pour l'entendre.

« Voilà qui est fort raisonnable. Venez par ici, miss Stanley, je vous en prie. Vous êtes en sécurité maintenant. »

Victor avait alors dit que Fleetwood devait lui faire une promesse.

« Laquelle ? » Il y avait dans sa voix la même note d'impatience que tout à l'heure au téléphone.

Victor avait demandé qu'on le laisse partir par la fenêtre de la salle de bains et qu'on lui donne cinq minutes, juste cinq minutes d'avance, comme font les enfants qui jouent à cache-cache. Fleetwood n'avait rien promis. Juste à ce moment-là, un autre policier était apparu en haut de l'échelle, tandis que le vent soulevait et faisait voler le rideau à l'intérieur de la pièce, démasquant l'intrus.

« Emmenez-la en bas », avait dit Fleetwood.

Le coup de feu était parti dans la main de Victor remplissant la pièce, la petite maison du bruit le plus assourdissant qu'il ait jamais entendu de sa vie. La secousse avait ébranlé son corps de la tête aux pieds, s'était répercutée en lui au point qu'il avait failli tomber. Mais c'était Fleetwood qui s'était effondré, essayant de se raccrocher à la rampe, ses mains glissant le long des barreaux, gardant un silence absolu tandis que Victor se mettait à hurler. Un silence et des cris qui lui avaient semblé durer un temps infini. Puis, la voix calme de Fleetwood s'était fait entendre : « Mais d'où vient donc tout ce sang ? »

Les souvenirs de Victor se déroulaient comme une bande magnétique. A quel moment Fleetwood lui avait-il dit qu'il ne croyait pas à la réalité du pistolet ? Il devait le lui avoir dit, le lui avoir répété, car c'était en définitive ce qui l'avait poussé à appuyer sur la détente pour prouver qu'il ne mentait pas. Néanmoins, il n'arrivait pas à trouver sur la bande les dénégations du policier. Elles devaient y être cependant, il les avait entendues. Peut-être était-il trop énervé maintenant, trop bouleversé par cette voix surgie du passé, pour se souvenir de tout précisément.

Il sortit du lit et regarda son visage dans le miroir, en s'approchant de son reflet. Il était pâle, avait les traits tirés, et ses yeux, enfoncés dans des orbites bleuâtres, brillaient d'un éclat fiévreux. Un petit muscle au coin de sa bouche se mit à tressauter : une sorte de tic. Scientifiquement, on appelle ça, chorée. Il avait lu un article là-dessus dans le *Reader's Digest*. Il ne supportait plus son image dans le miroir qu'il décrocha et posa, à l'envers, sur l'étagère près de l'évier. Mrs. Griffiths (ou Noreen) lui changeait sa serviette de toilette chaque lundi, une serviette à peine plus épaisse qu'un torchon, légèrement plus grande, mais ridiculement petite pour une serviette de bain. Elle était toujours d'un rose fade, probablement pour aller avec les draps en nylon de la même couleur. Victor prit la serviette, la savonnette qui se trouvait dans l'évier et sortit dans le couloir pour gagner la salle de bains. Étant donné qu'il n'avait que deux pièces de dix pence à mettre dans la fente du chauffe-eau, il ne réussit à avoir qu'un fond de baignoire d'eau tiède. Ce n'était nullement le genre de bain qui vous détend. Il mit un jean propre, la seule bonne chemise qu'il eût et la veste qui faisait partie des vêtements qu'il avait possédés à Finchley. C'était une veste en velours côtelé vert foncé, pour laquelle il avait payé à l'époque la somme énorme de vingt-cinq livres. Elle semblait un peu râpée, et aussi, on ne savait trop pourquoi, démodée. Malheureusement, il n'avait rien de mieux.

A ce moment-là, Victor n'était nullement dans un état de panique ni même effrayé ou bouleversé. Il était énervé, certes. Il l'était tellement qu'il dut se retenir pour ne pas se mettre à courir pour faire les quelques centaines de mètres qui le séparaient de la station de métro West Acton. Et pourtant, bien qu'il ait marché, qu'il ait même marché avec nonchalance — il semblait flâner en entrant dans la station — il avait le souffle court et la voix rauque lorsqu'il demanda un aller-retour pour Theydon Bois.

Le pompiste de la station-service installée près de l'espace vert lui indiqua Theydon Manor Drive. C'était de l'autre côté de la place, vers la gauche. Il était trois heures et demie et Victor n'avait pas encore déjeuné, il n'avait même pas pris une tasse de café. Pourtant, il n'avait pas faim. La seule idée de nourriture lui soulevait le cœur. Il s'engagea dans l'allée bordée d'arbres.

Le temps n'était guère différent de celui qu'il faisait la dernière fois qu'il était venu ici, il y avait juste une semaine maintenant. De brusques averses étaient suivies de magnifiques éclaircies, découvrant un soleil éclatant et chaud. De petites flaques d'eau scintillaient toujours sur les bas-côtés de l'allée. Beaucoup de fleurs s'étaient fanées durant cette dernière semaine et des amoncellements de pétales roses et blancs s'étaient formés un peu partout. C'était maintenant les pommiers qui étaient en fleur et la petite ciguë d'un blanc de neige. Victor remonta l'allée bordée de chênes où il avait aperçu, se dirigeant vers lui, le policier accompagné d'une jeune femme. Et si Fleetwood sortait tous les après-midi ? Et s'il était dehors maintenant ? Dans ce cas, se disait Victor, il attendrait son retour, même si la perspective de rester inactif lui semblait intolérable. Il dut se retenir pour ne pas se mettre à courir.

Suivant les instructions que lui avait données le pompiste, il traversa le bout du jardin vers la droite, en direction d'une pièce d'eau entourée d'arbres. Là débutait Theydon Manor Drive. Ça ressemblait à s'y méprendre à un sentier de campagne et les maisons paraissaient avoir été construites à la lisière d'un bois aux essences multiples et magnifiques. De grands noisetiers en fleur dressaient vers le ciel des centaines de chandelles crémeuses. Des giroflées aux couleurs de tapis persan bordaient une pelouse d'un vert doux et profond. Il y avait sur le rebord des fenêtres des narcisses tardifs, et des tulipes dans des bacs, comme si les parterres ne suffisaient pas à accueillir toutes les fleurs qu'on se devait de posséder. Aucune des maisons ne ressemblait à ses voisines ni par la taille ni par le style. Elles étaient isolées dans leur jardin, séparées les unes des autres. Victor aperçut le « Sans-souci », au moment où il se trouvait devant le numéro 20. Le sentier tournait légèrement et la maison de Fleetwood se présentait en diagonale, par rapport à l'endroit où se tenait Victor.

C'était une des plus petites, nettement moins imposante, moins impressionnante qu'elle n'avait paru sur la photographie. La pelouse, avec la vasque, n'avait guère plus d'une trentaine de mètres carrés. La colombe sur le bord du bassin, en pierre cannelée, n'était plus là, il s'agissait donc d'un véritable oiseau. Fleetwood n'était pas là non plus. Quant aux tulipes, elles avaient été soigneusement coupées. Sans doute emploie-t-il un jardinier, se dit Victor. Tout paraissait si parfaitement entretenu : l'herbe était tondue, les haies taillées, les rosiers grimpants attachés à leur treillis. Le souffle court, bien qu'il n'ait pas couru, Victor resta un certain temps à regarder la maison. Sur la grille, peinte en blanc, le nom « Sans-souci » était écrit en lettres noires mais au-dessus de la porte d'entrée, en chêne clouté, était marqué le numéro 28. Victor ne percevait aucun signe de vie, bien qu'il ne sût trop quel signe il attendait.

Il avait fait le trajet dans un état d'excitation intense, poussé par un besoin impérieux. Maintenant qu'il avait atteint son but, il éprouvait une certaine hésitation à aller de l'avant. Rien ne l'empêchait de faire demi-tour et de retourner chez lui, comme il était venu. Il en fut arrêté à l'idée de l'amertume qui s'emparerait de lui, des reproches qu'il se ferait s'il renonçait maintenant. Il se passa la langue sur les lèvres, avala sa salive et posa la main sur la grille. Ses doigts touchèrent les lettres noires, légèrement en relief sur leur support de bois. Bien que ce fût un endroit ombragé, avec tous ces arbres et tous ces buissons, l'allée qui conduisait à la porte d'entrée était baignée de soleil. La légèreté de l'atmosphère donnait la sensation qu'on était entré dans une période de beau fixe, que c'était le commencement de l'été. Le soleil, délicieusement chaud, inondait le visage de Victor. Celui-ci se demandait s'il allait appuyer sur la sonnette ou soulever le heurtoir dont le marteau de cuivre représentait un soldat romain. Après s'être décidé pour la sonnette, il respira profondément, posa son doigt sur le bouton et appuya.

Personne ne répondit. Il appuya de nouveau sans plus de résultat. Si Fleetwood était seul dans la maison, il lui faudrait un certain temps pour venir ouvrir puisqu'il devait se déplacer dans un fauteuil roulant.

Victor attendit, ne sentant rien, ne cherchant aucune phrase toute faite à prononcer. Une odeur de fleurs embaumait l'air, une odeur qu'il avait déjà sentie auparavant, il y avait fort longtemps, dans un endroit dont il ne pouvait malheureusement se souvenir. Il appuya sur le bouton pour la troisième fois. Fleetwood devait sûrement être sorti.

Il regarda par les deux fenêtres de devant, qui donnaient sur une pièce agréablement meublée. Il y avait des rayonnages de livres, des tableaux sur les murs, des fleurs dans les vases. Sur une table basse, étaient posés un journal, le *Guardian*, un paquet de cigarettes, un gros briquet de bureau en agate et, apparemment, un agenda. Victor contourna la maison : sur ce côté, il n'y avait aucune ouverture en dehors d'une fenêtre qui de toute évidence était celle des toilettes ou de la salle de bains. L'odeur délicieuse devint plus forte derrière la maison où se trouvait un jardin plus grand. Elle venait d'une plante grimpante, couverte de fleurs d'un rose légèrement doré, peut-être du chèvrefeuille. Cette plante dissimulait le mur.

Il continua d'avancer de quelques mètres, puis se retourna pour regarder le dos de la maison. Sur la terrasse de pierre, qui courait sur toute la largeur et d'où, à l'un des bouts, tombait le chèvrefeuille comme un rideau coloré et parfumé, se tenait une jeune femme qui le dévisageait. Elle était à côté d'une table ronde de jardin en teck, au milieu de laquelle se dressait la tige métallique d'un parasol replié, à la toile rayée de bleu et de blanc.

C'était la jeune femme qui marchait près de Fleetwood dans l'allée, la semaine précédente. Bien qu'il ne l'ait vue ce jour-là que de loin, il en était certain.

« Bonjour, dit-elle. Avez-vous sonné ? Ce machin est cassé. Il doit y avoir un mauvais contact quelque part. »

Il fit quelques pas dans l'herbe dans sa direction, puis gagna la terrasse. La jeune femme le regardait en souriant légèrement, pensant sans doute qu'il était un vendeur ou un employé chargé de relever les compteurs. Elle se pencha sur la table pour ouvrir le parasol.

« Qu'est-ce qui vous amène ? » demanda-t-elle.

Il ne répondit pas, car au moment où se tendait la toile du parasol et que la jeune femme s'écartait légèrement, il aperçut une porte-fenêtre ouverte d'où partait une rampe d'accès. Sur le seuil se trouvait un fauteuil roulant dans lequel était assis David Fleetwood, les mains posées sur les roues. De toute évidence il n'avait pas reconnu Victor au premier coup d'œil, car son visage exprimait une interrogation polie. Une émotion bizarre, indéfinissable, oppressait Victor et le réduisait au silence. Malgré cela, il éprouvait un certain plaisir à voir que Fleetwood, dans la vie réelle, semblait bien plus vieux que sur ses photos. Victor passa sa langue sur ses lèvres. Il n'avait pas pensé que Fleetwood puisse ne pas le reconnaître et ne voyait pas ce qu'il pouvait faire. Le policier manœuvrant les roues avec dextérité descendit la rampe qui conduisait à la terrasse et s'arrêta à un mètre environ de la table.

« Je suis Victor Jenner, dit Victor. Vous connaissez mon nom. »

La jeune femme, elle, ne le connaissait pas. Elle avait approché de la table une chaise de toile rayée pour s'asseoir. Le visage carré de Fleetwood, à la peau mate, aux sourcils noirs, aux yeux bleu clair, changea lentement d'expression. Il exprimait, plutôt qu'une menace, de l'étonnement, de l'incrédulité.

« Qu'avez-vous dit ?

— J'ai dit que j'étais Victor Jenner.
— Bon sang, dit Fleetwood. Sacré bon sang. »
La jeune femme le regarda d'un air interrogateur.
« Clare, tu vas aller nous préparer une tasse de thé, veux-tu ? Tu ne vois pas d'inconvénient à ce que je te demande de nous laisser seuls pendant cinq minutes ?
— Te laisser seul ? Pourquoi cela ? dit-elle en le regardant fixement.
— Je t'en prie, Clare. Fais ce que je te demande, dit-il d'un ton pressant, avec un peu de frayeur dans la voix.
— Bon. »
La jeune femme se leva. C'était une très belle fille. Victor s'étonna de remarquer ce genre de chose à cet instant, mais cette impression se grava dans son esprit, en même temps que les autres. Il était ébahi, troublé par sa luxuriante chevelure blonde bouclée, par l'éclat couleur miel de sa peau, par la perfection délicate de ses traits. Ses yeux bleu-vert étonnamment lumineux se posèrent avec incrédulité sur Fleetwood puis sur lui, pour finalement revenir à Fleetwood.
« Tu te sens bien ? demanda-t-elle.
— Mais oui, voyons. »
Elle se dirigea vers la maison, d'abord en hésitant, puis d'un pas plus vif, avant de disparaître derrière ce qui devait être la porte de la cuisine. Fleetwood se mit à parler d'une voix ferme et calme. Un flic reste toujours un flic, pensa Victor. Fleetwood faisait visiblement un effort pour se dominer, pour garder ce sang-froid que Victor n'avait cessé d'admirer et d'envier chez les autres.
« Pourquoi êtes-vous venu ici ?
— Je ne sais pas, répondit Victor, qui effectivement n'en savait rien. Je voulais vous voir. Je suis... sorti depuis trois semaines. Enfin, presque un mois.
— Je suis au courant, fit Fleetwood. On m'a averti. »
Dans son expression on sentait qu'on lui avait dit bien plus que cela. On l'avait en fait prévenu de la sortie de Victor et mis en garde. Ses longues mains solides, brunes, s'agrippaient aux roues du fauteuil roulant.
« Je ne pensais pas que nous aurions à nous rencontrer un jour... de cette manière.
— Je voulais vous voir, répéta Victor, l'air désespéré.
— Est-ce que par hasard vous n'auriez pas téléphoné à l'heure du déjeuner ? »
Victor acquiesça. Il humecta ses lèvres puis passa le dos de sa main sur sa bouche. Le rebord de la table s'enfonçait dans ses cuisses et il appuya ses mains fortement sur le dessus.
« Asseyez-vous », dit Fleetwood, plus gentiment. Et comme Victor se laissait tomber dans une des chaises, il ajouta : « Parfait. » Il semblait

soulagé, paraissait avoir retrouvé son calme. « Voulez-vous une cigarette ! Non ? Je ne devrais pas non plus, je fume trop, mais j'en éprouve le besoin maintenant. A vrai dire, c'est un euphémisme. Je suis content que ce soit vous qui ayez téléphoné. »

Victor se surprit en train de serrer violemment les coins du coussin recouvert de toile de sa chaise.

« Pourquoi... Pourquoi êtes-vous content ?

— Je reçois assez régulièrement des coups de téléphone plutôt désagréables. Ce ne sont pas forcément des obscénités mais des insultes extrêmement violentes. Il m'arrive aussi de recevoir des lettres anonymes. Mais les appels sont un peu... comment dire... dérangeants. Ça a recommencé dernièrement. »

La jeune femme nommée Clare revenait maintenant en portant un plateau.

« C'est absolument révoltant, dit-elle. On traite David de « sale flic », de « sale poulet ». C'est toujours la même rengaine. Ils disent que c'est dommage que ce voyou n'ait pas réussi à achever le travail, qu'il ne l'ait pas tué pour de bon. »

Victor émit un petit son inarticulé. Évidemment Clare pensait qu'il était un ami de Fleetwood, un ancien ami du temps où elle ne le connaissait pas encore. Fleetwood lui-même était pris au dépourvu par ce qu'elle venait de dire. Il tira sur sa cigarette, rejeta la fumée et dit : « Voici Clare Conway. Si, comme je le suppose, vous avez trouvé mon adresse grâce à l'article du *Standard*, vous savez qui elle est. » Il s'arrêta un instant lorsque Victor remua imperceptiblement la tête en signe d'acquiescement. « Et où donc habitez-vous ? »

Il y avait dans la voix une sorte d'autorité, de force et aussi de gentillesse. C'est sans doute pour cela que Victor répondit comme quelqu'un qui cherche du travail ou désire obtenir un document officiel : « 46 Tolleshunt Avenue, Acton, West 7. » Il ajouta : « J'ai juste une chambre. »

Clare paraissait perplexe, légèrement méfiante. Elle tendit une tasse de thé à Victor et lui montra le sucrier. Elle avait de petites mains brunes, plutôt potelées, avec des doigts fuselés. Ce n'était pas une fille mince, mais il ne serait venu à l'esprit de personne de dire qu'elle était grosse. C'était ce qu'on appelle une belle plante. Quand elle se pencha pour reprendre le sucre et le passer à Fleetwood, Victor aperçut le haut de ses seins dans le décolleté de sa robe blanc et rose. Ses sourcils, comme les ailes d'un papillon de nuit, se rejoignaient pour exprimer la perplexité qu'elle éprouvait.

Fleetwood alluma une autre cigarette au mégot de la première.

« J'aimerais bien en avoir une, s'il vous plaît, dit Victor.

— Bien sûr », répondit Fleetwood en faisant glisser le paquet sur la table.

A la première bouffée, Victor se sentit flotter. Une des nausées auxquelles il était sujet lui remplit la bouche. Il ferma les yeux et se pencha sur la table.

« Allons, dit Fleetwood, un peu de courage. Vous êtes sûr que ça va ?

— Ça ira mieux dans une minute, marmonna Victor. Ça fait des années... des années que je n'ai pas fumé. »

Il se força à ouvrir les yeux pour regarder Fleetwood qui lui dit sur un ton beaucoup moins assuré : « Vous savez, quand je vous ai vu ici, après m'avoir dit qui vous étiez, j'ai pensé, il va exécuter ce que souhaite ce correspondant anonyme, il va de nouveau me tirer dessus. Il va achever la besogne.

— Je n'ai pas d'arme, laissa échapper stupidement Victor.

— Oui. Bien sûr.

— Je ne l'ai pas fait intentionnellement. » Cela jaillit de lui presque contre son gré. « Je ne voulais pas ça, je ne l'aurais jamais fait si vous n'aviez pas répété à chaque instant que mon pistolet n'était pas vrai. »

Clare bondit sur ses pieds, le sang monta à son visage et elle devint écarlate. Victor respira une lourde odeur de chèvrefeuille, comme si les mouvements qu'ils avaient faits déplaçaient l'air, comme si leur tension avait un effet physique. Même Fleetwood avait bougé, il pouvait bouger. Il raidit la partie supérieure de son corps et se pencha en avant, en levant les mains.

« Est-ce que cela signifie que c'est ce type qui t'a tiré dessus ?

— En effet, c'est cela que ça signifie », dit Fleetwood en haussant les épaules. Il se laissa retomber sur le dossier de son fauteuil et détourna la tête.

« Je ne le crois pas.

— Mais si Clare, tu sais bien que c'est vrai. Tu veux simplement dire que c'est incroyable qu'il... que Victor soit venu jusqu'ici. Ne crois-tu pas que je sois moi aussi ahuri ? »

Une extraordinaire sensation de chaleur parcourut la peau de Victor exactement comme celle que lui avait procurée le soleil, un moment plus tôt, dans l'allée. Cette chaleur-ci le pénétra partout, réchauffant son corps. Elle avait déferlé sur lui parce que Fleetwood, pour le désigner, l'avait appelé par son prénom. Pourtant, il était parfaitement conscient des yeux de cette fille fixés sur lui, des traits convulsés de son visage, de son expression de haine et de dégoût, semblable à celle que peut avoir une femme lorsqu'elle se trouve brusquement en présence d'un cobra. Elle avait enlevé ses mains de la table pour croiser les bras sur sa poitrine, agrippant ses épaules avec ses doigts.

Sur un ton de mépris infini, elle dit : « Pourquoi êtes-vous venu ? Pour vous excuser ? »

Victor regarda le bois foncé de teck poli de la table, la tasse et la soucoupe de porcelaine bleues, sa cigarette se consumant en formant un long cylindre de cendre, qui finit par tomber sur les dalles de la terrasse.

« Est-ce que vous êtes venu vous excuser pour avoir brisé sa vie ? Pour lui avoir enlevé l'usage de la moitié de son corps ? Pour avoir réduit à néant sa carrière ? Est-ce pour cela que vous êtes ici ?

— Clare, s'exclama Fleetwood.

— Oui, je suis Clare. Si cela signifie que je dois m'arrêter, que je dois me dominer, quc jc dois faire attention à ce que je dis, je ne veux pas l'entendre. Je ne peux pas. Si tu refuses d'exprimer ce que tu sens, je vais le dire pour toi. Je vais dire à cette brute, à cet animal — même pas, parce que les animaux de la même espèce ne font pas ce genre de choses — je vais dire à ce monstre ce qu'il t'a fait. Toutes tes peines, toutes tes souffrances, toute ta tristesse, toute ta douleur, tout ce que tu as perdu, tout ce par quoi tu es passé, les lueurs d'espoir qui s'éteignent chaque fois, cette crucifixion permanente, cette lutte, l'horreur de découvrir ce qu'est réellement la paralysie, la...

— Je t'en prie, arrête. »

La voix était aussi calme que celle qui avait dit : « Attention je ne fais aucune promesse, mais ça comptera en votre faveur. » Et il avait répété le nom de la jeune femme.

« Clare. S'il te plaît. Clare. »

Victor se redressa flageolant, il se tint au rebord de la table, regardant les feuilles de thé qui se trouvaient au fond de sa tasse, qui faisaient comme de petites îles. L'odeur puissante des fleurs lui donnait mal à la tête.

« Il a passé dix ans en prison, Clare. De l'avis de la plupart des gens il a payé suffisamment ainsi.

— Il t'a envoyé en prison pour la vie !

— Ce n'est pas vrai. Tu exagères, et tu le sais.

— C'est toi qui l'as dit la semaine dernière, c'étaient tes propres paroles. »

Elle contourna la table pour se diriger vers Victor. Il se dit qu'elle risquait de le frapper et se demandait ce qu'il pourrait faire.

« Vous êtes venu pour le voir et vous l'avez vu. J'espère que vous êtes satisfait. En dépit de ce que disent les journaux, il ne remarchera jamais, il le sait et ses médecins le savent. Les gens de votre espèce aiment la grossièreté, c'est ce qu'ils comprennent. Je vais donc être grossière. Il ne pourra plus jamais baiser. Plus jamais. Alors qu'il en a toujours le désir. Maintenant, foutez le camp, foutez le camp et ne remettez jamais les pieds ici. »

Victor ne les regarda ni l'un ni l'autre. Il entendait la jeune femme pleurer derrière lui. Il avait la vague impression qu'elle s'était effondrée sur la table en sanglotant. Quant à Fleetwood, il restait silencieux. Victor contourna la maison, retrouva le soleil qui était plus chaud, plus éclatant que tout à l'heure bien que ce fût déjà la fin de l'après-midi. Une colombe gris clair, avec une collerette plus foncée, était en train de boire au bord de la vasque. Victor referma la grille de « Sans-souci », ne sentant rien, en dehors d'une grande fatigue, d'un grand vide, d'une grande faiblesse. Mais alors qu'il se dirigeait vers le métro en marchant sur un gazon élastique, une terrible colère, une colère familière et bienvenue commença à le submerger, à répandre dans les vides de son corps une chaleur bienfaisante.

IX

Sa colère le portait, le soutenait, le galvanisait. C'était la source d'une formidable énergie qu'il entendait préserver. Il n'avait pas envie cette fois de s'en prendre au mobilier, de démolir le lit. Il s'assit dans sa chambre pour couver sa colère, pour la canaliser en direction de cette fille, de cette poufiasse blonde — c'est ainsi qu'il l'appelait dans sa colère — de cette petite salope dont les nénés sortaient de sa robe et qui parlait avec une grossièreté que Victor avait toujours désapprouvée dans la bouche des femmes. Fleetwood ne lui avait rien dit, n'avait pas prononcé un seul mot de reproche — en admettant qu'il considère avoir quelques raisons à son ressentiment — tandis que cette fille, qui probablement ne connaissait pas David depuis plus d'un an ou deux, n'avait pas hésité à porter un jugement sur lui, s'était mise à hurler, à divaguer... La colère de Victor lui soufflait les mots qu'il aurait pu dire s'il y avait pensé sur le moment, comment devant Fleetwood il aurait pu la terrasser, l'écraser avec quelques phrases bien senties qui l'aurait disculpé en mettant la vérité en pleine lumière. Personne n'était responsable, c'était une pure fatalité, un concours de circonstances qui avaient provoqué cette terrible infirmité chez l'homme qu'elle aimait.

Cette nuit-là, il rêva de viol. Il avait emmagasiné une telle énergie qu'il était infatigable, d'une surprenante vigueur. Il violait les femmes comme un soldat qui met à sac une ville, des femmes sans visage, qu'il prenait dans le noir. Quand il en avait fini avec elles, il les saisissait par les épaules et leur cognait la tête contre le sol de pierre. Il marcha ensuite une torche à la main parmi ses victimes, mortes ou inconscientes, étendues dans leurs vêtements déchirés, baignant dans leur sang. Il cherchait en vain le visage de Clare. Malgré ses efforts, il ne parvenait pas à la voir, découvrant à sa place les joues flasques et la bouche molle de Muriel. Il bondit pour s'écarter, avec un cri d'horreur.

Était-ce le rêve, la nuit elle-même ou le sommeil qui calma sa colère ? Il n'en savait rien, mais au matin, elle s'était dissipée pour ne plus revenir. Une satisfaction mitigée la remplaçait. Quoi qu'il en soit, il avait vu David Fleetwood, lui avait parlé. David, se dit-il à lui-même, en savourant ce prénom, en le répétant, David. Que serait-il arrivé si David avait été seul, si cette fille n'avait pas été présente, si elle avait été faire des courses ou si, plus simplement, elle n'avait pas existé ? Bien qu'il ne puisse se faire une idée claire de ce qui se serait passé en l'absence de cette fille, il sentait que ç'aurait été quelque chose de constructif, d'agréable pour les deux parties. L'un et l'autre auraient pu reconnaître leur mutuelle responsabilité concernant leur sort : son emprisonnement et l'infirmité de David. Ils auraient admis qu'aucun des deux n'était plus à blâmer que l'autre, qu'il y avait en définitive quelque chose de positif dans leur capacité de se rencontrer pour tenter d'éclaircir le problème. Rien de constructif n'était survenu, à cause de cette salope blonde, affreusement grossière. Cependant, Victor sentait que ça finirait par arriver — ça ne demandait qu'à arriver. La bonne volonté existait des deux côtés.

Il acheta plusieurs magazines, qui lui semblaient intéressants parmi ceux exposés sur les rayons de la librairie W.H. Smith, et quelques autres au kiosque du métro. Il s'était également procuré un paquet de cigarettes sans trop savoir pourquoi, car il n'avait pas vraiment envie de fumer et de plus ne s'en sentait guère capable. De la manière dont il vivait — aller au restaurant, acheter du vin et, maintenant, des cigarettes — il était évident que l'allocation de la Sécurité sociale ne lui suffirait pas. Bientôt, il se verrait obligé d'entamer le petit capital que lui avaient laissé ses parents. Il lui fallait trouver du travail.

Tandis qu'il feuilletait ses magazines, il se rendit compte qu'il cherchait un article ou un reportage sur David Fleetwood. Et maintenant qu'il avait envie de lire quelque chose sur David il n'y avait rien. C'était le théorème de la tartine.

Mais David n'était ni un chanteur, ni un acteur, ni une personnalité de la télévision. C'était simplement quelqu'un qui avait été... courageux. Était-ce ainsi qu'il fallait le formuler, se demandait Victor. Certes, il avait été courageux, mais l'on pouvait dire aussi qu'il s'était montré téméraire. Bon. Il avait fait preuve de courage au 62 Solent Gardens. Victor était obligé de le reconnaître. Ils avaient d'ailleurs tous les deux montré pas mal de cran à cette occasion. Quel était donc le mot dont se servait son père ? De l'estomac.

Est-ce que David était au courant des viols ? La police — autant qu'il puisse le savoir — avait supposé plus ou moins qu'il était l'auteur de plusieurs viols commis à Londres dans les quartiers de Kilburn, Kensal Rise et Brondesbury. Et effectivement, il en était responsable, étant donné que son itinéraire pour rejoindre Heathrow passait par là. Toutefois, rien n'avait été prouvé contre lui, il n'avait jamais été inculpé pour viol. Comme Heather Cole avait dit à la police et répété au procès que c'était bien lui l'homme qui l'avait attaquée dans le jardin public, il avait été immédiatement catalogué comme l'auteur des viols. Ensuite, par précaution, il avait demandé qu'on prenne en considération deux de ceux-ci. Sans doute une erreur qui n'avait fait que renforcer l'hypothèse qu'il avait voulu violer Rosemary Stanley. Pourtant, il était entré dans cette maison dans le but de se cacher. Le face à face avec Rosemary Stanley l'avait abasourdi autant qu'elle. Il ne lui était jamais venu à l'esprit de l'agresser, pas plus qu'il n'avait pensé, tant qu'il était en prison, ou après sa libération, à violer qui que ce soit. Un homme n'est pas responsable de ses rêves, ils viennent d'un autre monde.

Étant donné qu'il n'avait jamais été reconnu coupable de viol, qu'on n'avait jamais réussi à prouver quoi que ce soit contre lui, la police n'avait pas le droit de formuler ce genre d'hypothèse. Au cours de son procès, à chaque instant, il y avait en filigrane la certitude que les véritables raisons de cette affaire renvoyaient à une tentative de viol, que c'était ça qui avait amené, comme l'avait appelée le procureur « la tragédie finale ». Les vrais motifs — échapper à ses poursuivants et répondre aux sarcasmes de David Fleetwood — n'avaient pas été pris en considération. De toute façon, il ne savait pas plus si David était au courant des viols, s'il en avait parlé à cette fille, à cette Clare. Il pouvait tout ignorer. Il était encore à l'hôpital au moment du procès. Et s'il était juste — ce que Victor commençait à penser —, même après avoir entendu des insinuations voulant faire croire que Victor et l'auteur des viols de Kensal Rise était une seule et même personne, il devait présumer innocent un homme qui n'avait pas été reconnu coupable. Victor ne se préoccupait guère de ce que pouvait penser cette fille, mais l'opinion de David était une autre affaire. Son dernier viol remontait si loin, et comme il ne recommencerait jamais, il lui semblait terrible d'être accablé pour quelque chose surgi de son passé. D'avoir tiré sur David était une chose, un accident, amené par un concours de circonstances, par son manque de sang-froid, de maîtrise de soi et par la propre folie de David. Les viols étaient quelque chose de totalement différent, à mettre dans une autre catégorie. C'était des actes regrettables. Victor sentait qu'un jour il pourrait éprouver à leur sujet quelques remords, en particulier pour cette fille qu'il avait blessé dans Epping Forest. Il n'aurait pas aimé que David soit au courant, pas aimé ça du tout.

Il feuilleta désespérément les magazines pour essayer de trouver ne serait-ce qu'un entrefilet sur David. Il s'était couché tôt, n'ayant rien d'autre à faire. Il lisait dans son lit une nouvelle qui parlait d'un vieillard, un paysan français, qui au lieu de mettre son argent en banque le cachait dans les murs de sa maison. Il pliait les billets, les enveloppait dans des morceaux de sacs en plastique servant à transporter l'engrais, les introduisait dans un creux du mur, qu'il replâtrait avant de passer une couche de peinture. Victor rêvait toutes les nuits. Cette nuit-là, il rêva qu'il était dans le métro qui allait à Finchley. Il était seul dans le compartiment. Toutefois, à Archway, sa mère monta dans la voiture en compagnie de David Fleetwood. Celui-ci marchait, mais avec difficulté. Il avait une canne et s'appuyait sur le bras de la mère de Victor. Ils ne lui prêtèrent aucune attention, se conduisant comme s'il n'était pas là, comme s'il n'y avait personne, se parlant à voix basse, rapprochant leurs visages, pour finalement s'embrasser. Ils s'embrassaient avec passion, en toute tranquillité, comme s'ils étaient seuls. Victor sauta sur ses pieds, se mit à crier, à protester, hurlant que c'était dégoûtant, indécent, qu'on se trouvait dans un endroit public. Il se réveilla en train de hurler, assis dans son lit, brandissant son poing.

C'était le jour où il avait rendez-vous avec Jupp chez Muriel, et il avait failli l'oublier. A l'heure du déjeuner, il avait acheté le *Standard* et avait vu une annonce qui offrait une place de chauffeur de mini-taxi. L'intérêt, pour lui, était que « la voiture était fournie ». La société avait son siège à Alperton. Victor prit immédiatement le métro, pour trouver cette société de mini-taxis.

Peu de gens, se dit-il, auraient eu le temps d'acheter le *Standard* avant lui et ceux qui l'auraient fait auraient probablement répondu à l'annonce par téléphone. Il serait peut-être le premier à se présenter. Avec un bon pantalon, une chemise propre et sa veste de velours, il savait qu'il était correct. Par un heureux hasard, il s'était fait couper les cheveux juste avant d'acheter le journal. Durant un temps, il s'était demandé s'il n'allait pas les laisser pousser pour les ravoir tels qu'ils étaient le jour de son arrestation. Mais ce n'était plus la mode et lui-même était un peu vieux pour ce genre de fantaisie. Dans quelques semaines, il aurait trente-neuf ans.

La société de mini-taxis était installée dans une minuscule boutique, à l'aspect minable. Dans cet endroit guère plus grand qu'un placard, une femme d'âge moyen avec des mèches blondes et châtaines répondait à deux téléphones en même temps : probablement une secrétaire. Il n'était pas encore habitué à voir des femmes à la tête d'une société. (Il n'y en avait presque pas lorsqu'il était entré en prison.) Il s'aperçut de son erreur lorsque cette femme lui fit remarquer qu'elle n'était ni une secrétaire ni une réceptionniste, que personne d'autre qu'elle ne dirigeait cette entreprise. Il n'apprit jamais son nom. Elle voulait avoir un certificat de son dernier employeur, elle insistait pour savoir pourquoi il n'avait pas travaillé depuis dix ans. Dix ans ?

« Avec les femmes, c'est les gosses, dit-elle. Ça ne peut pas être votre cas. Étiez-vous en prison ou quelque chose comme ça ? »

Elle plaisantait, mais Victor ne répondit rien. Il était dans une telle fureur qu'il aurait pu lui sauter à la gorge. Il fit un effort démesuré pour se contrôler, pivota sur lui-même et quitta l'endroit en claquant la porte de toutes ses forces. La boutique en fut secouée, ainsi que sa voisine. Une vendeuse s'approcha de la vitrine pour voir d'où venait le bruit. Victor se retourna et aperçut un mobilier d'occasion, un lit en cuivre, des vases, un guéridon. Il se souvint alors qu'il avait rendez-vous avec Jupp, chez Muriel, dans Popesbury Drive à trois heures. Il était trois heures moins dix.

S'il pouvait vendre ce mobilier et en tirer quelques sous... Il reprit le métro à Alperton et descendit à Acton Town, la station la plus proche de chez Muriel. Les fleurs mauves avaient recouvert les rocailles du jardin, elles étaient même encore plus mauves, et leurs tiges, plus longues, de sorte que la pierre ornementale que Victor craignait de voir était entièrement recouverte. Il regarda avec un air de défi dans cette direction sans éprouver quoi que ce fût. Depuis sa dernière visite, le cytise s'était couvert de fleurs d'un jaune agressif. Deux femmes bavardaient sur le trottoir, regardaient la plante et s'extasiaient sur sa beauté. Victor n'était pas de cet avis. Les fleurs ne sont pas forcément belles uniquement parce que ce sont des fleurs. Quelque part, au fin fond de lui-même, il sentait de nouveau une odeur de chèvrefeuille, alors qu'aucune des fleurs qui se trouvaient ici n'avait le moindre parfum. La seule odeur était celle qui provenait des tuyaux d'échappement des moteurs Diesel.

Une camionnette, avec J. Jupp écrit sur le flanc, était garée sur la rampe qui conduisait au garage, l'arrière tourné vers l'entrée. Victor contourna la maison et pénétra par la petite porte latérale dans l'espace qui se trouvait entre le garage et le dos de la maison. Le jardin était à l'abandon. Les pommiers en fleur avaient de l'herbe jusqu'à moitié de leurs troncs. Victor frappa à la porte, puis tourna la clenche. A sa surprise, la serrure n'était pas fermée à clef. Sa tante et Jupp étaient assis à la table de la cuisine, en train de prendre le thé.

Qu'avait dit ou qu'avait fait Jupp pour mettre ainsi Muriel en confiance, pour entrer dans la maison et arriver jusque dans la cuisine ? Victor eut l'impression qu'il interrompait une conversation, ou tout au moins un récit de Jupp que Muriel écoutait avec la plus grande attention. Ils parurent l'un et l'autre plutôt fâchés de le voir arriver. Muriel portait de nouveau sa résille rose. La monture de ses lunettes, qui sans doute était cassée, était enveloppée, derrière l'oreille, avec un morceau de sparadrap rose. Finalement, Jupp se leva en disant que tout cela ne mettait pas du beurre dans les épinards. Il gagna le garage en compagnie de Victor. Aujourd'hui, il portait le pantalon qui allait avec le gilet noir à rayures, un T-shirt noir et une veste longue en daim brunâtre, avec des franges. Ses cheveux longs et sa moustache à la gauloise paraissaient plus touffus, plus épais que la dernière fois, sans doute à cause d'un récent shampooing. Il prit une pastille de menthe dans sa poche et la porta à sa bouche.

« Quelle femme remarquable que votre tante, dit Jupp. Quelle vie fascinante. C'est assez rare que des gens avouent franchement qu'ils sont mariés pour de l'argent. Pour moi, c'est un signe d'honnêteté. Devait être pas mal non plus. Je dirais même qu'il y a encore de beaux restes. »

Victor resta silencieux. Ils ne pensaient sûrement pas à la même femme.

« Dommage qu'elle ne mette pas le nez dehors. J'espère ne pas vous offusquer mais vous devriez faire un petit effort pour elle, l'emmener prendre l'air, la sortir de son trou. » Victor, en fait, n'aimait pas beaucoup entendre ça. Il commença à déverrouiller la porte. « Qu'est-ce qu'elle fabrique d'ailleurs, pourquoi empile-t-elle tous ces trucs pour vous ? Vous étiez au loin ? »

Muriel n'avait pas encore mis Jupp au courant, simplement parce qu'elle n'en avait pas eu l'occasion, se dit Victor. Quand il était petit garçon, vraiment tout petit, il détestait que ses parents parlent d'une époque où il n'était pas encore né. Il ne supportait pas qu'il y ait eu un temps où il n'existait pas. Il criait, piétinait, quand sa mère y faisait allusion. C'était la première fois qu'il se souvenait de s'être mis en colère. Cette non-existence était intolérable et c'est pourquoi il avait commencé à dire qu'à cette époque il habitait en Nouvelle-Zélande. Quand sa mère lui disait « avant que tu sois né », il la reprenait pour lui dire « lorsque j'étais en Nouvelle-Zélande ». C'est ce qu'il dit à Jupp.

« Je me suis absenté longtemps. J'étais en Nouvelle-Zélande.

— Vraiment ? dit Jupp. Fantastique. Vraiment fantastique. Jetons un coup d'œil. Regardons de plus près ce mobilier. »

Il s'avança parmi les meubles en levant les rideaux, l'étoffe vieil or tissée main, le reps vert et le tissu qui pendait aux fenêtres de la chambre à coucher de Victor avec ses grands carrés rouges et verts sur un fond blanc et noir. Il débarrassa les meubles des tissus qu'il mit en tas dans un coin et commença à regarder sous la table, à taper sur le bois avec ses grands ongles. Victor se demandait s'il cherchait des vers. Jupp poussa le fauteuil roulant, d'avant en arrière, comme s'il essayait d'endormir un enfant. Victor remarqua que le fauteuil était de la même marque que celui de David, mais d'un modèle apparemment plus ancien. Jupp fit la moue avec sa grosse lèvre inférieure.

« Vous savez quoi, je vais vous donner quatre cents livres pour le tout. »

Victor était déçu. Les meubles qu'il avait vus à la devanture des magasins coûtaient fort cher. Même les prix des meubles d'occasion s'étaient envolés. Autrefois lorsqu'il avait cherché quelques petites choses pour son appartement, les vendeurs n'arrivaient pas à se débarrasser des buffets et des tables de salle à manger. Les choses avaient bien changé. Rien que la chambre à coucher complète devait sûrement valoir quatre cents livres.

« Cinq cents, dit-il.

— Non, écoutez-moi. Je dois payer un type fort cher pour venir jusqu'ici et m'aider à faire place nette. Je dois acheter l'essence et entretenir la camionnette. Je dois aussi perdre une demi-journée à la boutique, dit-il en sortant une autre pastille de menthe qu'il remit dans sa poche après l'avoir regardée.

— Rien que ce fauteuil roulant vaut au moins une centaine de livres, dit Victor. Regardez-le, on dirait qu'il est neuf.

— Franchement, je n'ai pas vu que le marché des fauteuils roulants soit à la hausse en ce moment, jeune homme. Accrocher une chaise d'invalide par une chaîne au plafond de son salon n'est pas encore à la mode à Acton. Ce n'est pas ce qu'on appelle le dernier cri. D'accord ? Quatre cent vingt livres. »

Ils se mirent d'accord pour quatre cent quarante livres. Jupp dit qu'il reviendrait pour enlever le tout mercredi prochain. Il regarda l'herbe qui montait à mi-cuisses dans le jardin de Muriel et dit que c'était triste de voir ça, alors que tant de lionnes et leurs petits rêvaient de savane. Victor retourna dans la maison. Muriel lavait les tasses et les soucoupes. Elle lavait une tasse, la rinçait, la séchait avec un torchon, la rangeait dans le placard, puis recommençait l'opération avec une soucoupe. Victor dit qu'il avait besoin d'aller à la salle de bains. Il traversa le couloir, monta au premier étage en marchant sur le chemin d'escalier turc. Ç'aurait été faux de dire que rien n'avait changé par rapport à l'état où se trouvaient les choses onze ans plus tôt lorsqu'il avait fait ce même parcours pour aller chercher le Luger de Sydney. La maison était bien plus sale. Était-ce Sydney qui faisait le ménage ? Ou était-ce simplement Muriel qui avait renoncé à le faire depuis qu'il était mort ? Les marches, autrefois cirées, étaient recouvertes d'une couche de moutons et le tapis lui-même avait une bonne épaisseur de ce qui devait être essentiellement des cheveux de Muriel, tombés et restés là, tout au long de ces années. Le soleil brillait, exactement comme le soir où il s'était introduit dans la maison avec la clef qu'il s'était fait faire, lorsque sa mère et Muriel étaient allées voir Sydney à l'hôpital. Et comme ce jour-là, l'intérieur de la maison était sombre. C'était lugubre, silencieux, obscur et couvert de poussière. Peut-être les fenêtres n'avaient-elles pas été ouvertes une seule fois durant toutes ces années. Il y avait toujours cette odeur de camphre, mélangée, se fondant avec celle âcre et étouffante de la poussière elle-même.

Ç'avait été une belle maison, construite à une époque où les matériaux étaient relativement bon marché. Il y avait alors des bois précieux en quantité, les gens étaient moins pressés, les artisans plus habiles. Ils faisaient de jolies boiseries sculptées et de merveilleuses moulures aux corniches. Cependant, les entrepreneurs, ou peut-être l'architecte, s'étaient parfois égarés, par exemple en posant ces vitres à petits carreaux épais, qui empêchaient plutôt qu'ils ne permettaient à la lumière de passer, et les lourds rideaux placés devant augmentaient encore la pénombre, des rideaux qui certainement venaient de grandes maisons telles que Whiteley ou Bentall. Ils avaient été faits sur commande et mis en place par les tapissiers eux-mêmes. C'était une profusion d'épais velours, de lourdes soies, de doublures chatoyantes, de plis, de volants, d'embrasses, de cordons, de franges et de glands. Ils n'avaient jamais été donnés au nettoyage ni même brossés ; leurs plis étaient remplis de poussière, de vieilles toiles d'araignée. Victor ne put s'empêcher d'en secouer un dans la pièce où il avait trouvé le pistolet caché sous la planche du fond de la penderie. Il se retrouva au centre d'un nuage grisâtre et se mit à tousser. La couche de poussière sur le tapis était si épaisse qu'il était impossible de voir la forme des grappes de raisins jaunes et des feuilles de vigne vertes. On ne percevait qu'une vague forme bleuâtre.

Les romans de cow-boys étaient toujours sur l'étagère, n'ayant pas été bougés depuis une dizaine d'années. Victor quitta cette pièce pour se rendre dans la chambre à coucher de sa tante. Une grande psyché occupait le centre d'un tapis rose à fleurs. Des fleurs roses et blanches en papier crépon, placées dans la cheminée, avaient reçu pendant une décennie des couches de suie qui recouvraient leurs pétales. Le lit, curieusement, était fait et, dessus, se trouvait un chien rose en peluche. La fermeture Éclair qu'il avait sur le ventre était ouverte et laissait voir une chemise de nuit blanche qui devait être celle que portait Muriel lorsqu'elle enlevait la robe de chambre qu'elle ne quittait pas de la journée.

Pensant à l'histoire du paysan français, Victor passa ses mains sous les oreillers, puis sous l'alaise. Il ouvrit les tiroirs des tables de nuit, la porte de la penderie dans laquelle étaient encore accrochés les costumes de Sydney. Il ne trouva rien dans les poches. La partie basse de cette garde-robe était remplie de vieux sacs, de toutes les couleurs : bleu marine, noirs, bordeaux, blancs. Ils étaient fendillés, parfois même éventrés, avec des anneaux métalliques oxydés et des fermoirs cassés. Victor en sortit un, en imitation crocodile et palpa l'intérieur. Le craquement caractéristique des billets de banque lui fit retenir son souffle. Malheureusement il s'était déjà absenté trop longtemps. Il reviendrait ici la semaine prochaine, pendant que Jupp enlèverait le mobilier. Sans se donner la peine de compter les billets, il en prit une poignée, ne prêtant aucune attention à leur couleur. Il referma le sac, poussa la porte de la penderie et descendit l'escalier quatre à quatre.

Muriel était assise à côté de son radiateur électrique, elle maniait les ciseaux pour découper des articles dans *Country Life* et *Cosmopolitan*. Elle semblait préparer un album sur les événements majeurs de la vie de la duchesse de Grosvenor.

« Tu en as mis du temps », dit-elle à Victor.

Elle avait une manière de le regarder qui ressemblait à s'y méprendre à celle d'une souris sortant de son trou, hésitante, méfiante, aux aguets, frémissante, totalement concentrée. Victor pouvait presque voir le remuement de son museau, les vibrations de ses moustaches et le regard affolé de ses yeux. Elle avait toujours au doigt la bague de diamants ; peut-être ne l'enlevait-elle jamais.

Dans la poche de sa veste, Victor sentait le papier cassant des billets : un, deux, trois, quatre — au moins quatre, peut-être cinq, ce n'était pas facile de deviner. Peut-être étaient-ce des billets de dix livres.

« J'ai quelque chose à te dire », grogna sa tante.

Victor s'approcha de la fenêtre. C'était aussi étouffant ici qu'au milieu de la pièce : toujours l'odeur de naphtaline, de vêtements non lavés, de vieux journaux, de poussière brûlée par les résistances du radiateur. Mais au moins, on pouvait voir la lumière du jour, même sentir la chaleur du soleil qui s'efforçait de passer à travers les vitres biseautées. Les grappes de fleurs jaunes du cytise battaient par instants contre la vitre.

« Je n'ai jamais pensé que je ferais un jour un testament, dit Muriel. Sans doute suis-je superstitieuse et je ne voulais pas tenter la Providence. » Elle leva la tête de ses magazines, pour regarder le plafond, comme si Dieu habitait dans sa chambre à coucher et avait l'oreille collée au plancher. « Toutefois, le moment arrive où il faut faire ce que l'on doit et non ce que l'on veut. Et mon devoir était de m'assurer que tu n'aurais jamais rien de ce que je possède.

— Merci beaucoup, dit Victor.

— J'ai fait mon testament le lendemain du jour où tu es venu la dernière fois. Jenny, la voisine, qui fait mes courses, est allée me chercher un formulaire qu'elle a porté à mon notaire avec mes dernières volontés. Il a établi un testament légal que j'ai signé. Tu peux en voir une copie si tu le désires. J'ai tout laissé à la British Legion. Cela aurait fait plaisir à Sydney. Je me suis dit, ce pauvre vieux Sydney qui a passé sa vie à chercher à me plaire, mérite que ce soit moi, Muriel, qui, à mon tour, lui fasse plaisir. »

Victor immobile, dévisageait sa tante. Il sentait un battement au coin de sa bouche, son tic nerveux, incontrôlable. Sa main, dans sa poche, palpait l'argent, ses doigts écrasaient les billets.

« La Légion fait beaucoup de bien, dit Muriel. Ce que je lui laisserai sera utilisé à bon escient. Sydney se serait retourné dans sa tombe si tu avais pu mettre la main sur la moindre parcelle de sa fortune.

— Il a été incinéré », lança Victor.

C'était la première fois qu'il parvenait à décocher une vanne au bon moment, au lieu de ne trouver sa pique qu'après coup. Il claqua la porte derrière lui, comme il l'avait fait à la société des mini-taxis. Il prit les petites rues pour rentrer chez lui, remontant Uxbridge Road. Il sortit les billets de sa poche. Il y en avait cinq, deux de vingt, un de dix et deux de cinq livres. Il n'avait pas pensé qu'il pouvait y avoir des billets de vingt livres dans ce sac. Cette découverte le mit de bonne humeur. La perte de la maison de Muriel et de son argent ne le troublait guère, étant donné qu'il n'avait jamais compté dessus. Toutefois, sa méchanceté, ses coups d'œil agressifs, ses paroles désagréables lui tapaient sur les nerfs. Son attitude, faite de crainte et de dégoût, le poussait à se féliciter d'avoir pris cet argent. Il espérait pouvoir se resservir une prochaine fois.

Victor n'avait jamais volé quoi que ce fût auparavant, à moins de considérer comme vol les plaques de chocolat qu'il chipait chez

Woolworth lorsqu'il était encore à l'école primaire. Tout le monde le faisait et ça ressemblait plus à un jeu qu'à du vol. Depuis qu'il était adulte, il était assez fier de son honnêteté. Alan, Peter, l'autre chauffeur, et lui-même partageaient leurs pourboires — qui parfois étaient importants — entre eux. Victor avait presque toujours rapporté ce qu'il avait touché pour le partage. Une fois ou deux, pourtant, la tentation avait été trop forte. Par exemple, quand cet Américain — c'était la première fois qu'il venait en Angleterre — avait confondu les livres et les dollars et lui avait donné vingt-cinq livres. Mais, en général, Victor avait été honnête. Il pensait que si Muriel lui avait dit quelque chose de différent, lui avait dit, pourquoi pas, exactement le contraire de ce qu'il avait entendu, qu'elle avait fait son testament en sa faveur, il serait remonté à l'étage pour remettre l'argent dans le sac. Tandis que maintenant, sa seule crainte était qu'elle puisse s'en apercevoir. Que se passerait-il alors ? Elle n'irait quand même pas appeler la police pour accuser son propre neveu, quelle que soit la haine qu'elle lui portait.

Ayant en tête la somme qu'il lui restait de ses parents, celle qu'allait lui donner Jupp pour le mobilier et ce qu'il avait pris à Muriel, Victor entra dans une boutique de High Street, une demi-heure avant qu'elle ne ferme, pour acheter un poste de télévision.

Depuis qu'il était venu habiter la maison de Mrs. Griffiths, Victor n'avait pratiquement pas reçu de courrier, en dehors de quelques circulaires de la Sécurité sociale. Les lettres et les cartes postales étaient étalées sur la table qui se trouvait dans le hall. La première personne qui rentrait les ramassait pour les glisser sous les paillassons. On lui avait promis de livrer le poste de télévision vendredi matin. Comme à dix heures il n'y avait toujours rien — on lui avait précisé entre neuf et dix heures — il descendit au rez-de-chaussée pour vérifier que la sonnette de la porte d'entrée fonctionnait normalement. (Les sonnettes peuvent tomber en panne, il s'en était encore rendu compte récemment.) Il ne jeta un coup d'œil au courrier, qui se trouvait sur la table, que parce qu'il pensait qu'il pouvait y avoir une lettre du magasin de télévision expliquant pourquoi leur livreur ne viendrait pas le jour convenu. Entre deux cartes postales de bord de mer, dans des pays étrangers, se trouvait une enveloppe adressée à Victor. L'écriture était droite et énergique. Son correspondant n'avait pas fait précéder son nom de la mention « Monsieur » ou « M. ». Le cachet de la poste indiquait que la lettre venait d'Epping.

Victor ne pensa plus à la télévision. Il grimpa dans sa chambre avec la lettre, la gorge sèche. La tension qui précédait ses nausées commençait à monter en lui. Il s'assit sur son lit et déchira l'enveloppe. La lettre était tapée à la machine sur les deux faces d'une feuille de papier. Elle était signée : Clare Conway. Victor commença à lire :

Cher Victor Jenner,

Vous serez sans doute surpris de recevoir une lettre de moi, étant donné la manière dont je vous ai parlé lundi. Puis-je vous dire que vous avez bien pris les choses ? Nombre de gens m'auraient renvoyé mes insultes, et je pense que vous aviez toutes les raisons de le faire. Cette lettre, d'une certaine manière, est une lettre d'excuse. Je n'avais nulle raison, ni aucun droit, de vous parler de la sorte. Cela ne me regardait pas, je n'étais ni le responsable de la blessure ni le blessé. Comme toujours, je me suis laissée aller à une trop grande partialité.

Je fais de grands efforts pour dire ce que j'ai à dire, mais ce n'est pas facile. Permettez-moi d'essayer encore. David et moi pensons que votre venue ici était une preuve de courage, de grand courage en vérité, parce que vous ne saviez pas quelle réception vous alliez recevoir et en fait vous avez eu, à cause de moi, la plus mauvaise qu'il soit possible. Vous ne nous avez pas dit pourquoi vous étiez venu, quoique ce soit assez clair. Vous éprouviez probablement l'envie de faire quelque sorte de réparation à David. Je suppose que vous avez été obsédé par ces événements et que vous sentiez en vous la nécessité d'agir dès que vous le pourriez.

J'admets, en cet instant, que je ne vous aurais pas écrit si seule votre conscience était en question. C'est à vous d'y faire face. Mais je me fais du souci pour David comme je m'en suis toujours fait depuis la première fois que je l'ai rencontré, il y a maintenant presque trois ans. David est quelqu'un de merveilleux, qui a l'esprit le plus juste, le plus généreux, le plus honnête que je connaisse. C'est la personne la plus complète que j'aie jamais rencontrée, ce qui peut paraître un peu bizarre, étant donné son handicap physique. Vous ne pouvez vous rendre compte — personne ne peut se rendre compte en dehors de ses proches — combien en dépit de sa faculté d'accepter son sort et de pardonner, il est encore hanté par ce qui s'est passé dans cette maison de Kensal Rise, onze ans plus tôt. Je suppose qu'il doit en être de même pour vous. Il en rêve, mille choses le lui rappellent, il n'y a pratiquement pas de jour où il n'y pense. Mais le pire, c'est qu'il ne peut se résigner à l'idée que cela était inévitable. Il a des regrets. Je veux dire qu'il n'arrête pas de penser à ce qui aurait pu arriver ou plutôt à ce qui aurait pu être évité s'il avait agi différemment ou peut-être prononcé d'autres paroles.

De toute façon, de vous avoir vu et d'avoir parlé avec vous lundi dernier, en dépit de tout, en dépit de moi, semble lui avoir apporté une certaine détente. Tout au moins, il me semble plus détendu. Quand je lui ai dit que j'allais vous écrire, il a accepté cette idée avec empressement et m'a dit qu'il aimerait vous voir. Eh bien, je suis convaincue que si vous pouviez parler ensemble, un peu plus longuement, et dire l'un et l'autre ce que vous ressentez, afin de chercher à mettre les choses au clair, un certain nombre de problèmes pourraient être résolus. David pourrait peut-être, en fin de compte, se résigner à vivre sa vie telle qu'elle est, et pour vous... cela pourrait, en éclairant certaines choses, vous amener la paix de l'esprit.

J'espère que cette lettre ne vous semblera pas ampoulée à l'excès, ou pire encore, émaner d'une espèce de psychothérapeute. Si vous l'avez lue jusqu'ici, vous devinez probablement ce que je vais vous demander. Accepteriez-vous de venir nous voir ? Je sais que vous habitez loin, aussi venez, s'il vous plaît, pour la journée, un samedi ou un dimanche, mais ne tardez pas trop. J'aimerais penser que c'est une bonne chose que David ait gardé en mémoire votre adresse. Il a une excellente mémoire, même parfois, à mon avis, un peu trop précise.

A bientôt donc, j'espère,

Clare Conway

Victor ne pouvait pas se souvenir de la dernière fois où il avait été réellement heureux. Ce devait être avant qu'il n'aille en prison. Car depuis il n'avait plus jamais éprouvé aucun bonheur, pas même quand il avait appris qu'il allait être libéré, même lorsqu'il avait été libéré. Une sorte de répit, oui ; il avait éprouvé même un certain degré de contentement, comme ce calme qui vous envahit après une crise de colère ou un accès de peur. Mais du bonheur, jamais. La dernière fois était peut-être lorsqu'il avait appris qu'il allait avoir l'appartement de Ballard Lane ou lorsque — six mois avant qu'il ne s'empare du pistolet de Sydney — Alan lui avait promis de le prendre dans un avenir assez proche comme associé dans son affaire. C'était un état qu'il ne connaissait guère, mais qu'il était capable de repérer immédiatement : le bonheur. Exactement comme la colère, à la différence pourtant qu'il n'était pas douloureux, qu'il n'accélérait pas les battements du cœur. Il emplissait le corps et l'esprit d'un pétillement semblable au champagne. Victor porta la main à sa bouche et se mit à rire tout haut, sans savoir pourquoi.

Il n'y avait pas de numéro de téléphone sur la lettre, et il avait jeté le morceau de papier de Tom. Lorsque le livreur du magasin de télévision serait passé, Victor devrait retourner à la bibliothèque. Il descendit dans l'entrée, se plaça devant l'appareil, s'efforçant de se souvenir du numéro de David. C'est alors qu'en tournant la tête, il l'aperçut. Il l'avait écrit sur le dessous d'une marche en bois brut de l'escalier. Il y avait même le nom à côté : David Fleetwood.

Sa main tremblait si fort qu'il dut soutenir son poignet avec l'autre et, à cause de ce tremblement, il n'était pas sûr d'avoir composé le bon numéro. Mais lorsque le bip se fit entendre et qu'il eut mis dans la fente sa pièce de dix pence, il reconnut la voix de Clare.

Il dit d'une voix brouillée par l'excitation : « C'est Victor. » Ils ne devaient sûrement pas connaître d'autre Victor, aussi lui suffisait-il de donner son prénom.

« C'est gentil à vous de nous contacter si rapidement. » Elle avait une belle voix basse et calme, légèrement apprêtée, ce qu'il n'avait pas remarqué lorsqu'elle l'avait insulté. « Je me sens un peu gênée de vous parler, dit-elle, après ce que je vous ai dit l'autre jour.

— Oh, oublions ça.

— J'essaierai. J'espère que ce coup de téléphone signifie que vous allez venir. Quand voulez-vous ? Quand cela vous sera-t-il possible ? Nous aimerions que ce soit sous peu. Je travaille et David doit parfois se rendre à l'hôpital pour faire des examens, mais en dehors de cela, nous sommes toujours ici, nous ne bougeons guère. C'est un peu difficile pour David de sortir. Nous devons dans ce cas faire des arrangements à l'avance.

— Je peux venir n'importe quand. »

La sonnette de la porte d'entrée se fit entendre. Victor savait que c'était le livreur du magasin de télévision. Cela, maintenant, lui semblait une petite chose irritante et lointaine qui n'allait sûrement pas le perturber.

« Pourquoi pas demain ? » dit-elle.

X

Soixante livres ne vous mènent pas très loin aujourd'hui lorsqu'on veut acheter des vêtements. Ayant dépensé la presque totalité de ce que ses parents lui avaient laissé pour avoir la télévision, Victor décida d'employer l'argent qu'il avait « eu » de Muriel pour s'offrir un pantalon, une chemise et une paire de chaussures. Il préférait penser qu'il l'avait « eu » de Muriel, plutôt qu'il le lui avait « pris ». Il alla faire ses courses à Ealing, car son quartier était cher. Il dépensa la moitié de l'argent pour un pantalon et l'autre moitié pour des chaussures ; il ne lui restait rien pour la chemise. Il était de plus en plus convaincu qu'il devait trouver du travail, un travail loin d'ici, afin de ne plus penser à Muriel, à Sydney, à ses parents, à sa jeunesse.

Victor n'avait jamais réellement eu d'amis. Probablement parce que ses parents n'en avaient pas. Des visiteurs qui venaient chez lui, il ne se souvenait que de Muriel, puis ensuite une fois ou deux de Muriel et de Sydney, également d'une voisine qui, à de rares occasions, venait prendre le thé, et d'un couple du nom de Macpherson qui finalement renonça à les voir, parce que sa mère, comme l'avait formulé son père, ne voulait pas « entretenir de relations ». Elle ne souhaitait pas que des intrus se glissent dans le bloc qu'elle formait avec son mari. Ils étaient tout l'un pour l'autre, comme Victor l'entendit dire un jour à Mrs. Macpherson. De plus, elle considérait les sorties, même les plus simples, comme quelque chose d'insupportable, qui l'énervait. Quand Victor était à l'école, elle ne l'avait jamais encouragé à amener des camarades chez eux et, de leur côté, ceux-ci ne l'invitaient guère.

Pourtant, pour son neuvième anniversaire, quelqu'un lança le mot de fête. Victor n'oublierait jamais cet épisode, mais il était incapable de se souvenir si c'était son père ou sa mère qui en avait eu d'abord l'idée. Son anniversaire était au mois de juin, mais on tira le plan des réjouissances plusieurs semaines à l'avance. La mère de Victor pensait qu'on devait envoyer des invitations mais n'avait aucune idée de la manière dont il fallait les formuler, si bien que l'on dépensa une grande quantité d'énergie à s'interroger, à s'angoisser, sans pour autant agir le moins du monde. S'il faisait beau, la fête pourrait avoir lieu dans le jardin, mais qui pourrait dire s'il ferait beau le 22 juin en Angleterre ? Sa mère n'avait aucune envie d'avoir une bande de garnements dans sa maison — il n'était nullement question d'inviter des petites filles. Ce n'était pas le genre de femme à attacher grande importance à son rôle de maîtresse de maison, mais elle ne pouvait se faire à l'idée de voir une foule de gamins courir partout. On avait interdit à Victor d'en parler à l'école, d'inviter des camarades de vive voix, mais bien entendu, il leur avait laissé entendre qu'une fête se préparait. Ensuite, il fallait s'occuper de la nourriture. C'était important de savoir quels étaient les aliments qui feraient le moins de saletés et demanderaient le moins de temps à préparer. Victor avait assisté à une fête au cours de laquelle les enfants s'étaient bombardés avec ce qu'ils avaient dans leurs assiettes. Il avait malheureusement eu le tort de le raconter chez lui. Sa mère parlait de la fête chaque jour et en parlait comme s'il s'agissait d'un terrible obstacle à franchir, qu'on ne pouvait surmonter qu'en étant plongés dans d'innombrables problèmes angoissants. Et si l'on parvenait à passer de l'autre côté de la barrière, on retrouverait alors le calme, la liberté, la tranquillité d'esprit. Il lui arrivait de pleurer en y pensant. Un soir — c'était déjà la première semaine de juin et aucune invitation n'avait été encore envoyée — elle éclata en sanglots et demanda pourquoi ils avaient un jour pensé à organiser une fête. Qu'est-ce qui leur avait pris ? Étaient-ils devenus fous ? Le père de Victor l'avait calmée, cajolée et lui avait dit qu'ils n'étaient nullement obligés de donner cette fête si elle n'en avait pas envie. L'effet de ses paroles fut immédiat. Sa mère sécha ses larmes, se mit à sourire et dit qu'effectivement ils n'avaient nul besoin de ça.

L'air heureux, elle ouvrit la radio et prit son mari dans ses bras pour le faire danser. Elle dansait en chantant « *Mr. Sandman* ». La petite fête d'anniversaire n'eut jamais lieu.

Lorsqu'il fut plus grand, Victor se trouva parfois à la périphérie d'un de ces groupes qui se forment autour de deux amis, auxquels se joignent quelques camarades et un certain nombre d'individus qu'on tolère. Victor était un de ceux qu'on tolérait. Il n'avait jamais grand-chose à dire et ne savait guère écouter. Silencieux ou laconique, il vivait à l'intérieur de sa petite planète, comme l'avait écrit un jour un de ses professeurs dans son carnet de notes. Si une fille de son école n'avait pas un garçon pour sortir avec elle lorsqu'elle avait quatorze ans, elle se sentait une moins que rien, avait l'impression d'être laide et empotée. Ce n'était nullement le cas pour le garçon qui n'avait pas de petite amie. Quand il entra à l'Institut universitaire de technologie, Victor n'avait pour ainsi dire jamais parlé à une fille et n'était, au grand jamais, resté en tête à tête avec l'une d'elles.

Ce n'était pas lui qui avait choisi Pauline, mais elle qui l'avait choisi. Sa mère, qui ne l'aimait pas, disait que cette fille voulait se marier à tout prix et qu'elle n'allait pas faire la difficile, dès l'instant qu'elle avait affaire à un garçon jeune et beau, capable de gagner largement sa vie. Victor était très beau à cette époque, c'était du moins ce que tout le monde disait. Il soignait son apparence avec une certaine coquetterie et fut heureux le jour où la mode lui permit de laisser pousser ses cheveux.

Pauline avait des amies, mais Victor ne s'entendait pas avec elles. La voix des femmes l'agaçait, les notes aiguës, les inflexions, les éclats et les chutes. Il n'éprouvait pas non plus le besoin d'avoir un ami. Alan était la personne avec qui il s'était le plus lié ; pourtant, ils se voyaient rarement en dehors des heures de bureau et leur travail consistait à conduire des voitures différentes. Ils n'avaient rien en commun, sauf leur âge et leur sexe. Alan avait une femme et un enfant à Golders Green, et une petite amie à Camberwell. Il se passionnait pour les vieilles voitures et pour le rugby. Victor pouvait à la rigueur s'intéresser aux voitures, mais c'était tout. D'ailleurs, ce n'est pas un ami, pensait-il, celui qui vous abandonne au moment des épreuves, qui ne prend même pas la peine de vous adresser une carte postale. Donc, Victor n'avait jamais eu de véritable ami, mais maintenant les choses allaient peut-être changer. La nouveauté de cette expérience l'excitait. Il enfila son nouveau pantalon, mit ses chaussures neuves et commença à se sentir une nouvelle personne, il était en train de changer de peau. Son passé, ce matin, s'estompait, comme s'il s'était déroulé dans une autre vie — en Nouvelle-Zélande, par exemple.

Pourtant, sans ce passé, il n'aurait jamais connu David. Une manière difficile de se faire un ami, pensa-t-il, alors qu'il montait dans le métro. Il se revit en prison, la nuit où Cal et trois autres détenus l'avaient violé. Pourquoi pensait-il à ça maintenant ? Se calant dans son siège, il ouvrit le premier des magazines qu'il avait achetés, pour chasser cette idée.

C'était la plus belle journée qu'il ait eue depuis qu'il était sorti de prison. Le soleil était chaud comme en plein été, alors qu'on était encore en mai. Clare avait dit « autour d'une heure », mais Victor avait l'intention d'arriver à l'heure pile. Il pensa trop tard que dans certains milieux on a coutume d'apporter des fleurs ou peut-être une bouteille de vin pour ce genre d'occasion. Apporter des fleurs là-bas serait comme amener de l'eau à la rivière. Peut-être pourrait-il leur donner *New Society*, *Country Life* et *Time*. Ces magazines semblaient neufs, ne paraissaient pas avoir été lus.

Un tas de gens, dans le jardin public, jouaient au ballon ou promenaient leur chien. Victor avançait en flânant, car il n'était encore qu'une heure moins le quart. Il se souvint de la chambre de Theydon Bois, dont il avait vu l'annonce à la devanture de l'agence immobilière. Il se demandait si elle était toujours libre. L'endroit était, en comparaison de Londres qui pourtant ne se trouvait qu'à une vingtaine de kilomètres, extraordinairement paisible et verdoyant. L'air avait une qualité inconnue en ville. Victor commença à se diriger lentement vers Theydon Manor Drive, tandis que le soleil inondait son visage. Il se disait qu'ils seraient très certainement impressionnés par son allure, par ses cheveux fraîchement coupés, par ses vêtements neufs. Tout le long de la rue, il respirait l'odeur du chèvrefeuille, ce qui augmentait son excitation et le remplissait d'espoir.

Il pensait que ce serait Clare qui lui ouvrirait la porte. Cette fois, il ne prit pas la peine d'appuyer sur la sonnette, mais souleva le soldat romain. Personne ne répondit. Il attendit un peu, puis frappa de nouveau, retenant son souffle, légèrement effrayé. Finalement, la porte s'ouvrit. C'était David qu'il avait devant lui, ce qui expliquait l'attente. Il avait ouvert assis dans son fauteuil roulant et maintenant il regardait Victor en souriant.

« Bonjour, Victor. Préférez-vous être appelé ainsi ou Vic ?

— Je préfère Victor. »

Il posa les magazines sur la table de l'entrée. C'était la première fois qu'il mettait les pieds dans cette maison. Elle lui parut fraîche et sombre. Pourtant elle n'était pas obscure comme l'était celle de Muriel. On avait l'impression, ici, que les pièces étaient un refuge pour s'abriter du soleil mais que, si on le désirait, il suffisait d'ouvrir les fenêtres, les portes et les rideaux, pour que ses rayons pénètrent à l'intérieur. Le sol du couloir était recouvert d'une moquette rouge sombre. Contre la rampe d'escalier, il y avait un dispositif élévateur, avec une plate-forme suffisamment large pour qu'on puisse y mettre le fauteuil de David lorsqu'il avait envie de monter au premier étage.

« C'est gentil d'être venu. »

Victor ne savait que répondre. Et juste à cet instant, alors qu'il s'en serait bien passé, qu'il avait envie de faire bonne impression, son tic le reprit, qui cette fois fit tressauter sa paupière gauche. Ils entrèrent dans la pièce aux portes-fenêtres. David portait le même pantalon large qu'il avait le lundi précédent, mais était aujourd'hui en T-shirt. Il dit à Victor qu'il pouvait enlever sa veste s'il en avait envie et aussi se servir à boire. Les boissons étaient sur le buffet. Victor se versa du whisky, une bonne rasade. Il en avait besoin, aussi bien pour parler avec David que pour se trouver face à face avec Clare, ce qui allait se produire d'un instant à l'autre. David alluma une cigarette en le regardant.

« Et vous, que prenez-vous ? » demanda Victor.

David fit un signe négatif de la tête. Victor sentait qu'on lui faisait subir un examen attentif et minutieux. Fleetwood paraissait observer chacun de ses mouvements avec un intérêt profond, comme s'il se demandait comment un tel homme pouvait avoir les mêmes gestes routiniers que n'importe quel autre être humain : verser de l'alcool d'une bouteille dans un verre, traverser une pièce, s'asseoir. Peut-être Victor imaginait-il tout cela. Peut-être David restait-il silencieux — il souriait maintenant — uniquement parce qu'il ne savait que dire.

Victor eut une inspiration.

« Où est votre chien ? demanda-t-il.

— Mandy ? Oh, elle est morte. Elle est morte de vieillesse.

— Je l'ai vue sur la photographie du journal.

— Elle était déjà grande quand je l'ai eue. Elle avait deux ans. Les labradors dépassent rarement onze ans. Elle me manque. Je n'arrête pas de penser à elle, de la voir. Vous comprenez ce que je veux dire, de l'apercevoir sur le pas d'une porte, ou couchée contre mon fauteuil. »

Victor se tut parce que Clare venait d'entrer.

Il se demandait comment il avait pu l'appeler grosse, même au moment où il la haïssait le plus, où rien n'était trop méchant pour la qualifier. En fait, c'était une de ces femmes qui sont en même temps minces et bien en chair. Son visage était parfait. Simplement, elle n'avait rien à voir avec ces grandes sauterelles squelettiques qui posent dans les magazines de mode. Elle portait une jupe bleu sombre et un chemisier blanc. Elle n'avait aucune trace de maquillage sur le visage. Si ça n'avait pas été le cas, avec cette lumière de plein midi, on l'aurait vu tout de suite. Ses couleurs étaient naturelles, le rose, le carmin et le brun doré des sourcils.

Elle lui avait écrit, lui avait parlé au téléphone, s'attendait à ce qu'il vienne, savait qu'il était arrivé, mais en le voyant, le rouge lui monta aux joues. Elle sourit légèrement, en portant une main à son visage, comme si elle pensait pouvoir effacer ainsi sa rougeur. Victor lui tendit la main, ce qu'il n'avait pas fait pour David. Elle la lui serra et il pensa que c'était la première fois qu'il touchait une femme depuis des années et des années... Mais non, ce n'était pas tout à fait vrai, il avait touché Muriel, il l'avait empoignée, secouée, quand elle lui avait montré pour la première fois les articles sur David.

« Nous pensions, Victor, prendre notre repas dehors, si vous n'y voyez pas d'inconvénient. Les étés sont si courts qu'il serait dommage de ne pas en profiter. Si vous n'aimez pas manger à l'extérieur, dites-le-nous. »

Il ne se souvenait pas d'avoir mangé une seule fois à l'extérieur, mais il n'était nullement prêt à l'admettre. Clare prit un gin tonic et David un vin blanc allongé d'eau Perrier. Victor s'intéressa à l'eau Perrier dont presque personne ne connaissait l'existence quand il était entré en prison ou, tout au moins, qui n'était pas encore devenue la boisson universelle qu'elle était maintenant.

« Effectivement, elle n'était guère aussi répandue avant... vous savez quoi », dit David, et la glace était rompue. On pouvait presque entendre son tintement au moment où elle se brisait.

« Oh oui, bien des choses ont changé, dit Victor.

— Je sais cela. J'ai été moi aussi... à l'écart du monde pendant assez longtemps. J'étais à l'écart et puis je me replongeais dedans. Chaque fois, il y avait quelque chose de nouveau à discuter, à manger ou à boire.

— Ou à chanter, dit Clare. Cinq minutes d'absence et vous perdez le contact. Vous êtes resté dix ans hors du coup, Victor, et, néanmoins, vous l'avez gardé. »

Le compliment lui fit plaisir. « J'ai beaucoup lu », dit-il.

Ils se mirent à table. Il y avait un potage froid avec du blanc et du vert, au léger goût citronné, et une quiche avec de la salade. C'était une quiche maison, faite par Clare, qui était une fort bonne cuisinière, ce que Victor n'aurait jamais pensé. Le whisky faisait son effet, renforcé par celui du vin. Sa langue se délia, et Victor parla d'une manière intarissable de sa chambre dans la maison de Mrs. Griffiths, d'Acton, d'Ealing qui, après tout, était sa terre natale. Il ajouta cependant qu'il aimerait s'éloigner, s'installer à l'extérieur de Londres. Il avait trouvé du travail dans une société de marketing, affirma-t-il. Il ne pouvait supporter qu'ils le considèrent comme un chômeur à vie, sans aucun avenir. Un véritable appartement, avec une cuisine pour pouvoir y préparer ses repas, voilà ce dont il avait envie. En fait, il n'avait pour ainsi dire jamais fait la moindre cuisine en dehors d'œufs brouillés et de sandwiches au fromage. Néanmoins, il dit cela comme s'il y croyait et félicita Clare sur son repas, comme un cordon-bleu s'adressant à un autre.

« Vous pensez, n'est-ce pas, qu'il m'a épousée, Victor ? Je le lui ai proposé bien souvent, mais il a toujours refusé. »

Victor ne savait trop comment réagir. Il jeta un coup d'œil oblique à David.

« Je vis avec lui depuis deux ans, maintenant, il serait grand temps qu'il me rende ma vertu.

— Je ne te l'ai jamais prise », dit David gravement.

Cette phrase jeta un froid. C'était comme si le soleil s'était caché. Victor pensait avoir compris ce que cela impliquait, mais il n'en était pas sûr.

Clare lança assez gaiement : « Après le café, nous avons pensé que vous pourriez aimer faire une promenade. Je veux dire que nous irions nous promener ensemble. La forêt est très belle en mai, c'est son meilleur moment. »

Victor se trouva de nouveau seul avec David, pendant que Clare débarrassait la table. La glace semblait se reformer autour d'eux. Victor cherchait désespérément les mots qui la feraient fondre. Il s'imaginait que malgré son calme et son silence, David n'arrêtait pas de le regarder froidement. L'odeur du chèvrefeuille, toujours aussi puissante, n'était plus agréable, c'était maintenant une odeur douceâtre, écœurante, faisant penser à de la pourriture.

« Là-bas, juste à l'horizon, dit David brusquement, la nuit, on aperçoit les lumières de la nouvelle autoroute. Je dis « nouvelle », bien qu'elle soit déjà là depuis trois ans. Des lumières jaunes qui l'éclairent tout du long, qui restent allumées la nuit, comme une sorte de ruban jaune phosphorescent déroulé à travers champs. C'est réellement dommage, ça enlève beaucoup au charme campagnard de cette région. Vous verrez ça tout à l'heure. Parfois, je me dis que je vais partir, partir très loin... émigrer.

— J'ai pensé moi aussi à émigrer, mais qui voudrait de moi ? Je n'ai pas la possibilité de rien cacher. Partout où je voudrais aller, ils refuseront de me prendre, à cause de mon passé. »

David ne dit rien. Il avait pris sa main gauche dans sa main droite et la serrait très fort, la serrait au point de faire blanchir les articulations. Victor commença à parler des difficultés qu'il y avait à trouver du travail lorsqu'on a un casier judiciaire, de son obligation de dire la vérité à son futur employeur. C'est alors qu'il se souvint qu'il avait déclaré tout à l'heure qu'il avait un emploi. Mais avant qu'il n'ait le temps de modifier l'impression qu'il devait avoir donnée à David, Clare revint dans la pièce pour lui demander s'il voulait bien l'aider à faire la vaisselle. Victor était assez surpris, car c'était une chose qu'il n'avait jamais faite lorsqu'il vivait avec Pauline. De plus il n'avait jamais vu son père lever le petit doigt pour aider sa mère. Il suivit Clare dans la cuisine, parce qu'il ne savait comment refuser. C'était une cuisine fort bien aménagée, avec tous les équipements nécessaires, les gadgets habituels et même beaucoup de choses qu'il n'imaginait pas : des barres d'appui, des rampes, des poignées, conçues spécialement pour aider les infirmes dans leurs tâches ménagères. Clare n'avait pas toujours été ici pour s'occuper de David. Elle tendit à Victor un torchon, bien qu'il n'y ait pratiquement rien à essuyer, puisque David avait un lave-vaisselle, que Clare venait de remplir.

« Je voulais être seule avec vous un moment », dit-elle.

Penchée sur l'évier, elle continuait de lui tourner le dos.

« Je voulais vous dire que lorsque je vous ai écrit et que je vous ai parlé au téléphone, je l'ai fait uniquement pour faire plaisir à David. J'avais envie de vous tuer. Votre présence ici m'apparaît irréelle, je veux dire vous, l'homme qui a tiré sur David, qui l'a rendu infirme pour le reste de sa vie. En même temps, tout m'apparaît trop clairement que c'est la seule issue, la seule chose possible. Mais je n'arrive pas à la maîtriser. Comprenez-vous ce que je veux dire ? »

Victor n'en était pas sûr. Cependant, il croyait qu'elle le félicitait d'être venu ici, qu'elle le complimentait. Il se sentit envahi par une chaude vague de plaisir.

« Je pensais, poursuivit-elle, que lorsque vous seriez ici, je ne serais pas capable de le supporter, je veux dire d'être gentille avec vous, de vous traiter avec politesse. J'ai été folle d'inquiétude depuis que nous nous sommes parlé au téléphone hier. Je souhaitais de toutes mes forces de ne pas vous avoir demandé de venir, surtout pas cela. Mais maintenant que vous êtes ici, en fait dès que je vous ai vu, j'ai su que tout se passerait bien. J'imagine que je vous considérais comme une sorte de monstre ou peut-être comme un instrument du malin. Puis, lorsque je vous ai revu, je me suis rendu compte que vous étiez simplement un homme, un être humain qui avait fait ce qu'il avait fait, parce qu'il était malheureux ou effrayé.

— Le coup est parti par hasard », dit Victor. Était-il parti par hasard ? Il était maintenant incapable de s'en souvenir. « C'est parti comme ça, sans que je le veuille, seulement personne n'a voulu me croire.

— Oh, je le crois, dit-elle en se retournant pour le regarder. Je pense parfois que la vie n'est faite que de ce genre de choses, que tout arrive par hasard, par accident, par fatalité.

— Vous avez mille fois raison, dit-il avec chaleur.

— Tenez, prenez ma rencontre avec David, par exemple. Je m'occupe de radiologie à l'hôpital d'Epping. Vous allez dire que ce n'est pas par hasard, que c'est une manière naturelle de se rencontrer. Il est venu se faire radiographier et c'est moi qui m'en suis occupée. Ce n'est absolument pas le cas. Il n'est jamais venu à St Margaret. Tous ses traitements ont lieu à Stoke Mandeville. Il va d'ailleurs y retourner dans une quinzaine de jours. Nous nous sommes rencontrés à la blanchisserie de Theydon. Les roues de son fauteuil roulant s'étaient bloquées sur le seuil. C'est moi qui les ai débloquées. Son fauteuil est trop vieux, il devrait en changer. Vous voyez, c'est bien par hasard que nous nous sommes rencontrés. Je passais devant la boutique, n'ayant nullement l'intention d'y entrer, mais le soleil était si chaud que je me suis dit pourquoi ne pas enlever ma veste et la laisser ici pour la faire nettoyer ? C'est ce que j'ai fait et David est arrivé et nous sommes restés plus ou moins ensemble depuis. Ça va faire deux ans en septembre.

— Vous vivez ici alors ? lui demanda Victor.

— Bien sûr, dit-elle en riant. Je me suis engagée. J'ai décidé de partager ma vie avec lui. Je ne voyais pas d'autre possibilité. Je vous ai dit que c'est un homme merveilleux. » Elle le regarda avec un air de défi pour dire : « J'ai de la chance. »

Apparemment, cet après-midi, tout le monde se promenait à Theydon Bois. La plupart des gens connaissaient David. Ils lui parlaient, lui souriaient et ceux qui ne le connaissaient pas suffisamment lui jetaient des regards de sympathie et d'admiration. Victor se demandait ce que l'on devait éprouver en recevant de tels regards. Il marchait d'un côté du fauteuil roulant et Clare de l'autre. Ils passèrent près de la pièce d'eau, traversèrent le jardin public et gagnèrent la route qui menait à Epping Forest. Clare pensait que c'était un des plus beaux endroits de la forêt à cause du vallonnement et des belles clairières. Les bouleaux prédominaient avec leurs troncs pâles, argentés, couverts de taches sombres. Leur feuillage, qui venait seulement d'apparaître, faisait penser à un voile ou à un filet. A cause du vert tendre des feuilles et des jeunes pousses, du vert plus foncé mais éclatant de l'herbe, des fleurs blanches et jaunes qui le parsemaient comme des étoiles, on avait l'impression que cet endroit venait de surgir à l'instant, comme sous un coup de baguette magique. Malheureusement, les bouleaux — il y en avait énormément — éveillaient chez Victor des souvenirs désagréables qui se précisaient au fur et à mesure qu'ils avançaient. Durant un instant, en fait durant assez longtemps, il fut pris de panique à l'idée que David et Clare connaissaient toutes les circonstances, tous les détails de son passé, qu'ils l'amenaient sur la scène du viol qu'il avait commis ici pour l'éprouver ou se moquer de lui. Car c'était ici, ici même, que tout s'était passé.

La jeune femme roulait devant lui vers le nord sur l'Epping New Road. Victor se rendait à l'aéroport de Stansted pour accueillir un couple accompagné de leur fille. Il était très en avance. Il ne savait pas où allait cette jeune femme, mais il suivit sa voiture lorsqu'elle prit l'échangeur de Wake Arms pour quitter l'autoroute à la deuxième sortie. Il n'avait aucune idée que cette route conduisait à un pays nommé Theydon Bois. Mais ici, à l'endroit où Clare proposait de s'engager dans un chemin de terre qui s'enfonçait dans la forêt, la jeune femme avait garé sa voiture et en était descendue pour faire faire une promenade à son chien, un chien minuscule qui ne pouvait en aucune façon la défendre. Victor se souvenait à quel point ses aboiements l'avaient rendu fou furieux. C'était très certainement eux qui l'avaient poussé à frapper sa victime avec tant de violence. C'était la seule fois qu'il avait agi ainsi. Il lui avait donné des coups de poing dans la figure, cogné la tête contre le sol et finalement lui avait enfoncé ses collants dans la bouche. Le chien avait aboyé, puis hurlé, en restant à côté de sa maîtresse évanouie. Pendant ce temps, Victor remontait dans sa voiture et s'enfuyait, poursuivi par des jappements aigus. Les journaux avaient dit que c'était le chien qui avait sauvé la vie de cette jeune femme, car un passant l'avait entendu et s'était approché. A ce moment-là, Victor, à l'aéroport de Stansted, mettait les bagages de ses passagers dans le coffre de sa voiture.

Il reconnut même un des arbres, un vieux chêne noueux avec un trou dans son tronc, qui ressemblait à une bouche hurlante. Il devait avoir gardé les yeux fixés sur ce trou, tandis qu'il violait la fille et que le chien hurlait. Elle s'appelait Sarah Dawson. Victor se rendit compte brusquement que Clare et David n'avaient aucune idée des souvenirs que cet endroit lui faisait venir à l'esprit. C'était simplement un coin de forêt qu'ils aimaient. Il y avait plus de douze ans que Sarah Dawson avait été violée et ils n'avaient probablement jamais entendu parler de cette agression. Clare ne devait guère avoir plus de quinze ans à l'époque, se dit-il.

Comment avait-il pu faire une telle chose ? Qu'est-ce qui l'avait poussé à blesser cette fille, à la faire souffrir, à la terroriser de cette manière, à la frapper au point de lui casser la mâchoire ? Elle avait dû ensuite subir plusieurs opérations dans des hôpitaux spécialisés en orthodontie. Jamais auparavant Victor ne s'était posé de telles questions. C'était nouveau pour lui. Il était stupéfait des interrogations qu'il soulevait. Elles étaient trop dures à supporter, aussi renonça-t-il à aller plus avant. De toute façon, cela s'était passé il y avait fort longtemps dans un passé lointain. Ce genre de chose ne se reproduirait plus.

« Vous êtes quelqu'un de calme, n'est-ce pas, Victor ? » lui dit Clare au moment où ils s'asseyaient sur le tronc d'un bouleau abattu à l'écorce grise et douce.

Il réfléchit un instant. « Je n'ai jamais grand-chose à dire.

— Je dois passer à vos yeux pour une terrible bavarde.

— Ça ne me gêne pas lorsqu'il y a des choses à dire qui en valent la peine.

— David et moi parlons du matin au soir », dit-elle.

Elle sourit à David qui tendit la main pour prendre la sienne. Victor se rendit compte qu'ils n'avaient pas cessé de parler, à propos des gens qu'ils connaissaient, de la forêt, des plantes, des arbres, de l'endroit où ils passeraient leurs vacances, du travail de Clare, des personnes avec qui elle travaillait. Cela le laissait perplexe, car il ignorait cette sorte de conversation. David lui demanda si le coin lui plaisait. Il répondit que oui, qu'il pensait même à vivre ici et à y trouver du travail. Il fut un peu déçu de voir que ni David ni Clare ne l'encourageaient dans cette voie, ne lui disaient, par exemple, que c'était une bonne idée, qu'ils l'aideraient à chercher un emploi, qu'ils le préviendraient si une occasion se présentait. Quand ils furent de retour à la maison et que Clare les eut laissés seuls — sans doute pour préparer le repas, se dit Victor bien qu'il en doutât par la suite — David lui demanda si cela l'ennuierait de parler de cette matinée au 62 Solent Gardens. Victor dit qu'il n'y voyait pas d'inconvénient. David, qui n'avait pas fumé durant la promenade, alluma une cigarette et Victor fit de même, uniquement pour lui tenir compagnie.

« Je n'ai jamais réussi à affronter clairement et ouvertement ce qui s'est passé ce jour-là, dit David. Je veux dire que lorsque j'y pense je me mets en colère, je m'énerve. Je m'en prends au destin, si cela n'apparaît pas trop mélodramatique. Mais, mélodramatique ou pas, c'est ainsi. De plus, ce qui est arrivé ce matin-là l'était terriblement. Ce que j'essaie d'expliquer, c'est que je n'ai jamais pu jeter un œil détaché sur ce qui s'est passé, ni réussi à le revivre. Je n'en ai jamais non plus parlé réellement — même à moi-même. »

Victor fit un petit signe de tête de compréhension. Il voyait parfaitement ce que pouvait éprouver David.

« Je me suis simplement dit que je m'étais trompé, que je n'avais pas réussi à désamorcer la situation — que je n'avais pas réussi à vous désamorcer. Vous souvenez-vous des détails aussi bien que moi ?

— Je m'en souviens parfaitement, dit Victor.

— Je me suis avancé dans le jardinet devant la maison et je vous ai dit que si vous tuiez Rosemary Stanley, vous seriez condamné à la prison à vie, vous en souvenez-vous ? »

Victor fit de nouveau un petit signe affirmatif. Il se surprit à avancer sa lèvre inférieure à la manière de Jupp.

« Et vous m'avez répondu que vous n'alliez pas la tuer, mais que vous alliez... » La voix de David se brisa tandis qu'il humectait ses lèvres. Il se pencha en avant, comme s'il faisait un effort considérable pour trouver ses mots.

Victor pensa qu'il devait l'aider. « ... lui tirer une balle dans le bas de la colonne vertébrale, dit-il.

— Oui. Oui, vous vous en souvenez. Sur le moment je... nous... tout le monde... pensait que c'était quelque chose de monstrueux. Cela dénotait un horrible sang-froid. Je suppose que c'était — quelqu'un m'a dit que l'avocat général l'avait déclaré au procès — « une cruauté préméditée ». Et puis, finalement, c'est ce que vous m'avez fait. Je trouve cela affreusement difficile à dire, Victor. Je pensais que j'y parviendrais mais ce n'est pas aussi simple que je le croyais. Pour ne rien vous cacher, j'ai senti que vous vouliez faire ça à tout prix — je veux dire que vous vouliez le faire à quelqu'un, et il s'est trouvé que ce quelqu'un, c'était moi.

— Je n'en avais nullement l'intention, dit Victor. C'était juste une manière de parler. J'avais lu quelque chose la veille au soir dans un magazine sur — comment appellent-ils ça ? — la paraplégie, sur les blessures à la colonne vertébrale. Je lis beaucoup. Cela m'avait frappé.

— C'était donc pour cela que... ? Est-ce la vérité ? dit David avec une voix exprimant la plus totale stupéfaction.

— Bien sûr que c'est la vérité, dit Victor.

— Vous n'avez fait cette menace que parce que vous aviez lu quelque chose du même genre la veille au soir ? Si par exemple vous aviez lu quelque chose sur les blessures à l'épaule qui paralysent le bras droit, vous auriez proféré cette menace ?

— Absolument, dit Victor. »

Clare rentra dans la pièce et ils se mirent à table pour le dîner. C'était de petites choses froides sur un plateau : du pâté, du fromage, plusieurs sortes de pains, un cake, des pommes, du raisin et une bouteille de vin allemand sucré et fruité. Ils terminèrent la bouteille et David en ouvrit une autre. Comme la soirée était chaude, ils s'assirent autour de la table, à l'arrière de la maison. L'air était chargé de l'odeur lourde du chèvrefeuille, un crépuscule violet envahissait peu à peu le jardin. Pour se protéger des moustiques, Clare avait mis en marche une « lampe » et les insectes venaient se jeter contre la lumière bleue. Leurs corps fragiles étaient électrocutés avec un petit grésillement, avec un sifflement. Victor était ravi de ce moyen de destruction efficace : « Encore un ! » s'écriait-il avec satisfaction, chaque fois que l'appareil émettait son petit bruit caractéristique. Aussi, fut-il étonné de l'attitude de David. Celui-ci ne supportait pas la chose aussi allègrement. Il dit que s'il fallait choisir entre rester assis dehors et subir ce massacre, ou retourner dans la maison toutes fenêtres fermées, il préférerait rentrer. C'était surprenant, se dit Victor, pour un ancien policier.

Ils rentrèrent. Clare mit des disques, de la musique du Middle West tout d'abord, puis des folksongs anglais. La nuit était tombée et Victor dit qu'il était temps pour lui de regagner Londres. Il était tard, mais le dernier train n'était pas encore passé. Il lui vint à l'esprit que s'il traînait encore un peu, ils lui demanderaient peut-être de passer la nuit ici. Il aurait aimé voir à quoi ressemblait leur maison à l'aube, entendre le chant des oiseaux au lever du jour, surprendre les premiers rayons du soleil inonder le jardin. Il se voyait déjà prenant le petit déjeuner ici, avec Clare vêtue seulement d'une robe de chambre. Il respirait l'odeur des toasts et du café. Mais quand il dit qu'il devait partir, ni l'un ni l'autre ne lui proposèrent de rester pour la nuit. Cependant, Clare lui déclara qu'elle le tiendrait au courant au cas où ils entendraient parler d'un appartement ou d'une chambre. Elle lui donna aussi le journal local de manière qu'il puisse regarder les petites annonces immobilières.

Ils le raccompagnèrent à moitié chemin. Le fauteuil roulant se mit de nouveau à grincer et Clare répéta qu'il était usé.

« Il leur en demande trop, Victor. Il les use comme nous usons nos chaussures. »

Victor trouvait cette réflexion déplacée, mais elle fit rire David. Quand ils arrivèrent sur la pelouse du jardin public, David montra du doigt l'horizon, là où l'on pouvait voir une ligne de lumières jaunes, ressemblant à un collier lumineux. C'étaient celles de l'autoroute qui se découpaient sur le ciel nocturne. On avait l'impression que Londres était proche. Victor sentit brusquement qu'Acton n'était pas en fin de compte aussi éloigné de Theydon Bois. Il serra la main de David, puis celle de Clare, geste qui lui paraissait étrange avec une femme. Mais cela aurait été bien plus bizarre s'il l'avait embrassée.

Il se retourna deux fois, et la première — comme ils s'étaient retournés aussi — ils se saluèrent de la main. La seconde fois, il aperçut encore leurs ombres au loin, mais bien qu'il les regardât longuement, ils s'enfoncèrent dans le noir sans s'arrêter.

Victor assis dans une voiture presque vide lisait le journal que lui avait donné Clare. Il regarda dehors à Leytonstone et à Leyton. Au moment où la rame s'enfonçait sous terre, il lui vint à l'esprit qu'il avait oublié de parler du livre de David. Ce livre lui était complètement sorti de la tête, il n'y avait même pas fait allusion, n'avait même pas pensé à demander s'il y figurerait.

XI

Sa mère disait que la politesse n'exige d'écrire des lettres de remerciements que si l'on a passé la nuit chez ses hôtes, qu'il n'est pas nécessaire d'en envoyer pour un repas ou pour une fête. Comment pouvait-elle être au courant de ces règles de savoir-vivre, Victor l'ignorait, étant donné qu'il ne l'avait jamais vue manger dehors (à l'exception de ces repas de Noël chez Muriel) et encore moins dormir chez des amis. Durant la journée du lundi, il se proposa d'écrire à Clare ou à David ou aux deux, mais il n'avait aucune idée de la manière dont il devait formuler l'adresse. « Mr. David Fleetwood et miss Clare Conway » paraissait lourd, à la limite du convenable. De plus, le « miss » devait peut-être venir avant le « Mr. ». Et puis, il ne trouvait rien d'autre à écrire que « merci de m'avoir reçu », ce qui était la phrase que les enfants disent après avoir été invités à un goûter. La vie de Victor était pleine de failles, d'énormes espaces vides, là où les autres s'appuient sur les convenances. Il n'en prenait conscience que maintenant. Il aurait pu leur téléphoner, mais alors ils risquaient de penser qu'il essayait de se faire inviter de nouveau. Il en avait envie, mais il ne voulait pas qu'ils s'en rendent compte.

Les petites annonces du journal local ne lui apportèrent rien, ou rien qui puisse le séduire. Une seule annonce paraissait prometteuse, mais lorsqu'il téléphona, la femme, qui avait un deux-pièces à louer, lui demanda une caution de mille livres. Victor, après avoir raccroché, se dit que lorsque Jupp lui aurait payé le mobilier, il se trouverait dans une meilleure position. Mais c'était important de ne plus toucher à son petit capital. S'il n'avait pas de nouvelles de Clare ni de David à la fin de la semaine, afin qu'ils ne pensent pas à lui comme à un pique-assiette, il les inviterait à son tour. Il devait certainement y avoir de bons restaurants dans le coin, il y en a toujours dans des endroits comme celui-là. D'ailleurs Clare savait conduire la voiture — la Land Rover. Victor ne l'avait pas vue, puisqu'elle était au garage, mais Clare lui avait dit qu'ils en avaient une, et qu'elle était spécialement conçue pour emporter la chaise roulante de David. S'il n'avait pas de nouvelles d'ici vendredi, c'était ce qu'il ferait. Il y avait moyen de payer le repas sans toucher à son petit héritage.

Jupp était déjà là lorsqu'il arriva chez Muriel le mercredi matin. Il prenait le café avec sa tante dans la salle à manger. Un homme, son gendre avait dit Jupp, chargeait le mobilier dans la camionnette. Pour une fois, Muriel était correctement vêtue. Elle portait une jupe, un corsage à fleurs, des bas et des chaussures à lacets au lieu de sa chemise de nuit et de son éternelle robe de chambre. Elle s'était coiffée et avait étalé du rouge sur sa bouche. La seule chose qui n'avait pas changé était l'odeur de camphre qu'elle dégageait. Muriel, apparemment, avait un faible pour Jupp, Victor s'en rendait compte. Des sablés et un roulé au chocolat accompagnaient leur café.

Victor dit qu'il allait donner un coup de main au gendre. En fait, il monta doucement au premier étage et entra dans la chambre à coucher de Muriel qui était située au-dessus du salon et non pas au-dessus de la salle à manger, là où se trouvaient en ce moment Jupp et Muriel. Il avait moins de chance d'être entendu. De plus, à leur âge, ils devaient l'un et l'autre être un peu durs d'oreille.

Muriel avait été trop occupée à s'habiller en prévision de la visite de Jupp pour faire son lit. Deux chemises de nuit — des entrailles de nylon sale — pendouillaient du ventre du chien en peluche rose. Une des fenêtres était ouverte — l'imposte. Encore un petit effort et Muriel se conduirait comme une personne normale. Victor tira la porte de la penderie et un courant d'air, arrivant de la fenêtre, fit voltiger l'imperméable noir en soie de Muriel dans sa figure. C'était celui qu'elle portait le jour où la mère de Victor l'avait emmenée en taxi à l'hôpital. Et c'était durant ce même soir, durant leur absence que Victor s'était emparé du pistolet de Sydney. Peut-être pourrait-il trouver une autre clef et s'en faire faire, encore une fois, un double.

Les sacs à main étaient toujours là sur l'étagère, dans la même position qu'il les avait laissés la dernière fois, celui en imitation crocodile sur le devant. Aujourd'hui, étant donné que Jupp retenait l'attention de Muriel, Victor aurait le temps de regarder et de palper à son aise. Il ouvrit le sac et aperçut les billets de banque, joliment rangés à l'intérieur, une liasse dans chacun des compartiments de soie brute. La nausée familière commença à lui soulever le cœur. Il essaya de se calmer, en respirant profondément et régulièrement. Pourquoi ne pourrait-il pas emmener David et Clare dans un joli endroit, pour leur offrir un repas fin ? En lisant les magazines, ces dernières semaines, il avait découvert qu'un très bon repas pour trois personnes, même dans les banlieues les plus lointaines, pouvait facilement coûter une centaine de livres. Pourquoi ne pourrait-il pas dépenser une centaine de livres pour Clare et David ?

Il sortit une des liasses, vidant ainsi un compartiment. Il y avait un certain nombre de billets de cinquante livres vert olive, somptueux. Il ne pouvait se souvenir d'avoir jamais vu un billet de cinquante livres — ils étaient nouveaux, en tout cas pour lui. Il se dit que ce devait être la pension thésaurisée de Muriel, que Jenny, la voisine, allait chercher à sa place. Elle avait dû remplir un formulaire, faire une procuration. Quelle chance il avait ! Comment s'y prenait-elle alors pour payer ses courses et ses magazines ? Sans aucun doute, elle faisait un chèque au marchand de journaux et probablement aussi à l'épicier. Pourquoi pas ? Il ne se posa pas une seconde la question de savoir pourquoi elle accumulait tout cet argent liquide. Il connaissait la réponse. Cela lui apportait une sensation de sécurité d'avoir de l'argent dans sa maison, pensait-il, dans chaque placard, dans chaque tiroir, fourré à l'intérieur des chaussures et dans la poche des manteaux. Victor comprenait ça. A sa place, à la place de n'importe qui ayant de l'argent, il aurait fait de même.

Sydney lui avait laissé une belle petite somme. La pension n'était que du superflu, du sucre glace sur un gâteau déjà terriblement sucré, cette sorte de sucre qu'on enlève et qu'on laisse sur le bord de son assiette. Elle ne devait sûrement pas savoir combien elle avait et ne s'apercevrait jamais de ce qui lui manquait. Victor sortit une autre liasse puis partagea ce qui restait entre les divers compartiments, en comptant les billets au fur et à mesure. Le sac suivant était vide, mais un autre, en cuir rouge, avec des incrustations dorées, contenait un paquet de billets de dix livres, retenus ensemble par un élastique. Victor prit vingt billets dans ce paquet. Ce qui lui faisait en tout cinq cents livres. Il n'arrivait pas à y croire.

Sans aucun doute, il reviendrait une autre fois pour se resservir. Il voulait aussi savoir si sa tante aurait touché aux sacs entre-temps. A son avis, elle avait fait le plein de ce côté et devait avoir trouvé une autre cachette, une autre « banque », sur une étagère, dans un tiroir, dans une boîte qui, peut-être, ne se trouvait même pas dans cette pièce. Victor s'arracha un cheveu et le posa délicatement sur le fermoir du sac noir en imitation crocodile. Il était maintenant impossible de déplacer les sacs sans que le cheveu s'envole. Victor entendit la voix de Jupp au rez-de-chaussée. Il sortait de la salle à manger en compagnie de Muriel pour se rendre au garage où en principe se trouvait Victor. Cela n'avait probablement pas grande importance, mais il ferait mieux de descendre. Par hasard, il surprit son reflet dans la psyché. Son regard furtif, tendu, agressif, avide, le stupéfia. Il redressa les épaules, bomba le torse et leva la tête. Si Muriel n'avait pas dit qu'elle laisserait son argent et ses biens à la British Legion, il ne se serait pas servi de cette manière. Il aurait remis ce qu'il avait pris si elle lui avait dit par exemple le contraire, qu'il serait son héritier. Et, évidemment, il n'aurait jamais pensé à récidiver. Au fond elle l'avait mérité, elle ne l'avait pas volé. Dans une société normalement organisée, il devrait y avoir une loi obligeant les gens à laisser leurs biens à ceux de leur propre sang.

Jupp ne fit aucun commentaire sur son absence et ne lui demanda pas où il avait été. Il poussait le fauteuil roulant du père de Victor le long de la rampe du garage et s'apprêtait à le mettre dans la camionnette. Presque tout était déjà parti et les rideaux froissés étaient en tas sur le sol. Une merveilleuse idée traversa l'esprit de Victor. Le fauteuil roulant de David était usé, Clare l'avait dit à deux reprises. Pourquoi ne lui donnerait-il pas celui-ci ? C'était un bon fauteuil, ça se voyait, et son père ne s'en était servi que durant six mois. Une bonne marque : Everett and Jennings. Tous ces chromes et ces cuirs, se disait Victor, feraient un merveilleux cadeau. Bien sûr, David avait sa maison, ce joli mobilier et n'avait besoin de rien. Pourtant, il ne devait avoir pour vivre que sa pension d'infirme (il n'avait sûrement pas hérité à la manière de Muriel) et ne pouvait probablement pas se permettre d'aller acheter un nouveau fauteuil roulant dès que l'envie le prenait.

« Une pastille de menthe, jeune homme ? demanda Jupp en tendant son paquet en direction de Victor.

— Donnez-m'en une, dit son gendre. Je vous fais une fleur chaque fois que je vous en prends une. C'est exactement comme quand je pique une cigarette à un fumeur. C'est de la gentillesse de ma part. Je lui enlève son poison.

— J'ai fait des progrès, Kevin, dit Jupp timidement. Ça n'a plus rien à voir. On ne peut plus dire que je suis accroché. Que je puisse difficilement m'en passer, c'est vrai, mais je ne suis plus accroché.

— C'est un mentholique, dit son beau-fils en éclatant de rire. Joseph Jupp MA, mentholique anonyme.

— Je ne veux pas que vous emportiez le fauteuil roulant, dit Victor. J'ai changé d'avis, je le garde.

— Et c'est maintenant qu'il me dit ça », lança Jupp. Il sortit de la camionnette le fauteuil roulant qui était coincé entre une bibliothèque et un tas de coussins. « Bien entendu, il va falloir baisser le prix. Vous y avez forcément pensé. Quatre cents.

— Quatre cent vingt », dit Victor.

Jupp poussa d'un petit coup sec le fauteuil qui se mit à descendre la rampe. « Quatre cent dix, c'est mon dernier prix. Pensez-vous que votre tante viendrait prendre un verre avec moi ? Ou accepterait d'aller au cinéma ?

— Elle ne sort jamais. »

Jupp s'enfonça une autre pastille dans la bouche. Comme son paquet était vide, il froissa l'emballage et le jeta dans l'arrière de la camionnette.

« Elle ne s'habille jamais non plus, n'est-ce pas ? Mais regardez-la ce matin. Une beauté. Je crois que je tenterai ma chance. Jamais honteux n'eut belle amie.

— Seigneur, s'exclama le gendre.

— Ne le prenez pas comme ça, Kevin », dit Jupp en plongeant sa main dans sa poche pour découvrir que sa provision était épuisée. Il ajouta, en se tournant vers Victor : « Je suis veuf, au cas où vous penseriez que je ne suis pas sérieux.

— Ça m'est égal, dit Victor, en tendant une main la paume ouverte. Excusez-moi mais je suis légèrement pressé. »

Jupp lui fit un chèque. Il était gaucher et écrivait lentement, d'une écriture ronde et lâche. Le chèque sentait la menthe. Avec cette odeur de menthe de Jupp et celle de camphre de sa tante, ça allait faire un joli mélange, se dit Victor avec dégoût. Tandis que Jupp retournait dans la maison et que Kevin s'asseyait sur un rocher au milieu des fleurs rampantes, Victor fit le tour de la maison pour voir si une clef n'était pas cachée quelque part, sous une pierre ou sous un pot de fleurs. Il n'en trouva pas.

Par terre dans le garage, il y avait le plaid brun qui était autrefois jeté sur un des bouts du divan. C'était en fait pour cacher une brûlure de cigarette qu'avait faite son père. C'est ce que découvrit Victor alors qu'il avait huit ans. D'un geste instinctif, il le ramassa, le plia et le mit sur le siège du fauteuil roulant.

« Cela devra être déduit du prix d'achat, dit Kevin en faisant un clin d'œil. Vous y avez forcément pensé. »

Comme Kevin voulait être drôle, Victor grimaça un sourire. Il lui dit au revoir et s'en alla en poussant le fauteuil roulant. Au lieu de rentrer directement chez lui, il traversa Gunnersbury Avenue et descendit Elm Avenue vers la station Ealing Common. Il n'y avait personne dans les parages. Ce matin de semaine, la pluie menaçante laissait la rue déserte. Comme personne ne pouvait le voir, Victor s'assit dans le fauteuil roulant et couvrit ses genoux avec le plaid. Les manœuvres, lorsque c'était David qui les exécutait, semblaient extrêmement simples. Victor se dit qu'il allait faire un bout de route ainsi, pour voir si c'était aussi facile qu'il y paraissait. Les roues avaient des volants en métal chromé qui, lorsqu'ils étaient poussés, faisaient avancer le fauteuil.

Il y avait quelque chose d'agréable, d'attirant, dans cette manière de se déplacer. Victor prit une des allées qui traversait le square. Il éprouvait un peu ce qu'il avait ressenti lorsqu'il avait réussi pour la première fois à rouler à bicyclette. Cela apportait une nouvelle dimension à la vie quotidienne. Une femme venait vers lui, tenant un chien d'arrêt en laisse. La première pensée de Victor fut qu'il devait descendre du fauteuil, de peur que la femme ne trouve cela bizarre, soit même choquée par ce qu'il était en train de faire. Mais immédiatement après, il comprit que ce ne serait pas le cas. Elle le prendrait pour un handicapé, obligé d'utiliser un fauteuil roulant. Et c'est en fait ce qui arriva. C'était intéressant d'observer son comportement. Bien qu'ils fussent l'un et l'autre sur les côtés opposés de l'allée, et qu'au moins un mètre cinquante les séparât, elle tira sur la laisse du chien jusqu'à ce que la bête soit pratiquement dans ses jambes. Elle donna un coup d'œil rapide à Victor, puis regarda ailleurs, avec une indifférence calculée, comme si elle disait : Bien sûr, je sais que vous êtes infirme mais pour moi, personne délicate, vous êtes comme tout le monde. Je ne commettrai pas l'indiscrétion de vous dévisager, et n'imaginez pas non plus que je me demande ce que vous cachez sous cette couverture ni ce qui vous a mis dans cet état.

Victor était sûr de déchiffrer correctement ses réactions et cela l'intriguait. Il n'y avait aucun doute qu'en étant assis dans un fauteuil roulant, on devenait un centre d'attraction. Il croisa plusieurs autres personnes et découvrit que l'impression qu'il avait souvent eue, alors qu'il marchait, d'être invisible, de n'intéresser personne, de pratiquement n'être pas là, était remplacée par la sensation que sa nouvelle apparence touchait tout le monde. Personne, en le voyant, n'était à l'abri de l'effet qu'il produisait. Les gens éprouvaient de la pitié, de l'embarras, de la culpabilité, de la curiosité, et même de l'animosité. Mais ils ressentaient quelque chose. Il y avait ceux qui le dévisageaient, ceux qui ostensiblement tournaient la tête et ceux qui le regardaient en coin. Lorsqu'il arriva au feu rouge du croisement entre Uxbridge Road et le North Circular, un homme costaud s'approcha de lui et lui dit : « Ne vous inquiétez pas, je m'occupe de vous. » Et lorsque les feux changèrent, que la circulation s'arrêta, il prit Victor sous sa protection en marchant à côté du fauteuil roulant : « Ils peuvent bien attendre, cela ne leur fera pas de mal. »

Victor le remercia. Il s'amusait beaucoup. Il se rendait compte qu'il avait toujours détesté marcher, bien qu'il ne se le fût jamais avoué, même au plus profond de lui. En prison, la gymnastique était obligatoire, mais il n'y avait aucun endroit où l'on pouvait marcher. Durant la plus grande partie de sa vie d'adulte, avant d'être en prison, il était presque toujours en voiture. Évidemment, le fauteuil roulant n'était pas une voiture, il n'était pas question par exemple de s'en servir par mauvais temps. Mais il avait ses avantages, il donnait des satisfactions autres que celles de l'automobile. Victor s'en aperçut lorsque deux femmes, qui étaient en train de bavarder, bondirent sur le côté pour le laisser passer. Il interrompit brusquement son monologue intérieur lorsqu'il se rendit compte de l'énormité de ses pensées — un homme ayant l'usage de ses jambes qui souhaitait être cloué dans un fauteuil roulant !

Ce ne fut pas facile de faire passer le fauteuil dans l'escalier de Mrs. Griffiths. Malheureusement, il n'était pas possible de le laisser au rez-de-chaussée. Victor se disait que ce serait fort agréable si le téléphone se mettait à sonner juste à cet instant et que Clare soit à l'autre bout de la ligne. Il lui dirait alors qu'il avait un fauteuil roulant pour David. Elle en serait ravie et viendrait probablement immédiatement le chercher dans sa voiture, pour l'emmener à Theydon Bois. Et cette fois, peut-être, lui demanderaient-ils de passer la nuit. Mais la sonnerie du téléphone ne se fit pas entendre. Clare devait travailler, prendre des radios au St. Margaret Hospital.

Le fauteuil roulant était bien plus confortable que les sièges fournis par Mrs. Griffiths. Victor s'installa dedans, près de la fenêtre, pour regarder le toit de la maison de ses parents et pour lire *Punch*. Il ne pouvait voir que le toit, parce que les feuillages étaient maintenant très touffus, que le voile vert, rose et blanc était devenu un épais rideau. En bas, dans le jardin, l'herbe dépassait presque les tas de bois et les barils d'essence : des orties, des chardons et une plante avec des fleurs roses, de la taille d'un homme. Victor se mit à compter son argent. Avec le dernier versement de la Sécurité sociale, il avait maintenant mille livres en liquide à sa disposition. Les magazines qu'il avait achetés étaient remplis de publicité pour des restaurants recommandés par le *Good Food Guide*, par l'Automobile Club ou par Egon Ronay.

Victor, assis dans le fauteuil roulant, se demandait en lisant leurs noms lequel serait le meilleur. S'il n'avait pas de nouvelles de David et de Clare d'ici la fin de la semaine, il les appellerait samedi matin au téléphone et leur demanderait de dîner avec lui ce même soir. Il n'avait jamais emmené qui que ce soit au restaurant, en dehors de petits repas dans des brasseries avec Pauline et, une fois ou deux, dans une rôtisserie de Highgate avec Alan.

Victor se disait qu'il ne sortirait pas vendredi. Ce serait terrible s'il était absent et que David téléphone sans que personne se soucie de prendre le message. A plusieurs reprises, tout au long de la journée, qui effectivement était fort longue, qui passait avec une lenteur désespérante, il se répétait qu'il n'y avait aucune raison pour penser que David lui téléphonerait. Il n'avait jamais dit qu'il le ferait. Sans doute attendaient-ils, Clare et lui, que ce soit Victor qui les appelle pour les remercier de leur invitation du samedi précédent. A trois heures de l'après-midi, alors qu'il n'en pouvait plus d'attendre, il descendit au rez-de-chaussée et composa le numéro de David. Personne ne répondit. Il s'assit dans le fauteuil roulant pour lire et regarder les photos en couleurs de l'*Observer* de dimanche dernier, pendant une demi-heure. Puis, il retourna au téléphone pour appeler de nouveau. Toujours pas de réponse. Il se dit qu'il attendrait encore deux heures et recommencerait son appel à cinq heures et demie.

Alors qu'il était dans l'escalier, à cinq heures vingt, il entendit la sonnerie. Il descendit les marches quatre à quatre et décrocha. C'était Clare.

Sa voix avait un curieux effet sur lui. Il aurait aimé qu'elle ne s'arrête pas de parler. Elle avait une voix chaude, profonde, charmante, avec des intonations qu'aucune des femmes de son entourage n'aurait pu avoir. Elle parlait lentement, avec précision, le souffle cependant un peu court, c'était absolument adorable. Victor écoutait le ton de sa voix, ses modulations, sans prendre garde à ce qu'elle était en train de lui dire. Il se vit obligé de le lui faire répéter.

« C'est un appartement, Victor. Non pas ici, mais dans un endroit qui s'appelle Epping Upland. La maison appartient à quelqu'un que connaît ma mère. Son mari vient de mourir et elle souhaite partager sa maison. Elle va faire passer une petite annonce, mais ce ne sera pas avant une semaine ou deux. Je n'ai encore rien dit à ma mère. Je voulais d'abord vous demander ce que vous en pensiez. »

Victor dit qu'il aimerait voir l'appartement et Clare lui répondit qu'il pouvait s'arranger pour cela directement avec Mrs. Hunter. Elle allait lui donner l'adresse et le numéro de téléphone de cette dame. Victor comprit qu'elle n'allait pas l'inviter à Theydon Bois ni même lui proposer de le revoir. La nausée recommença à nouer sa gorge.

« Il y a juste une chose que j'aimerais vous dire, Victor. Je ne vous conseille pas d'être malhonnête — je suis sûre d'ailleurs que vous ne suivriez pas un tel conseil — mais à votre place je ne parlerais pas du passé à Mrs. Hunter. Ce n'est pas comme si... vous étiez quelqu'un qui risquerait de recommencer. Ce n'est pas comme si vous pouviez nuire à la personne qui vous loue un appartement, je veux dire voler des choses ou... frauder d'une manière ou d'une autre. Excusez-moi de parler de ça. »

Victor déglutit avant de dire : « Ça ne fait rien.

— Nous en avons discuté avec David et nous sommes d'accord pour ne pas en parler à qui que ce soit, même pas à ma mère.

— Merci, dit Victor. J'ai d'ailleurs pensé à changer de nom. » Il venait seulement d'y penser à l'instant.

« Ça pourrait être une bonne idée. Bon. Maintenant, laissez-moi vous donner le numéro de téléphone de Mrs. Hunter. Avez-vous quelque chose pour écrire ? »

Il nota l'adresse automatiquement. Epping Upland était probablement à des kilomètres de Theydon Bois, probablement à l'autre bout de l'Essex. Ils le voulaient loin d'eux. Avait-il fait quelque chose qu'il n'aurait pas fallu, samedi dernier ? S'était-il grillé d'une certaine manière ?

« Bien. Je dois raccrocher maintenant, dit-elle. Nous étions sur le point de sortir.

— Clare, articula-t-il la bouche sèche, j'aimerais... je veux dire, accepteriez-vous, vous et David, de dîner avec moi demain soir ? Dans un joli endroit, pas loin de chez vous. J'aimerais vous inviter, mais je ne connais pas les restaurants. » Il se sentait épuisé après ce long discours.

« Eh bien... » ce simple mot exprimait son incrédulité. Exprimait-il aussi quelque plaisir ? « C'est impossible demain. »

Sa déception le faisait souffrir physiquement. Il s'accroupit sur le sol, se cassant en deux, pour essayer d'atténuer la souffrance.

« Victor ? Êtes-vous là ?

— Oui, dit-il d'une voix rauque.

— Est-ce qu'un autre soir de la semaine vous conviendrait ?

— Oui, bien sûr. N'importe quel soir. Lundi ?

— Plutôt mercredi, voulez-vous ? Et que diriez-vous que je retienne une table quelque part ? N'y voyez-vous pas d'inconvénient ? Je m'arrangerais avec la direction pour qu'il n'y ait pas de problème avec le fauteuil de David. Nous devons toujours nous assurer de cela à l'avance. »

Le meilleur restaurant. Le meilleur endroit qu'elle connaissait, elle ne devait surtout pas s'occuper de la dépense. Il viendrait les chercher. Était-elle d'accord ? Il louerait une voiture. Pourquoi pas ?

« Mais non, voyons, dit-elle, nous prendrons la nôtre. Venez tôt, venez vers six heures. »

Il lui demanda de dire bonjour à David de sa part, de lui présenter son meilleur souvenir. Elle dit qu'elle le ferait, mais il y avait un peu de surprise, d'étonnement dans sa voix. Étonnée sans doute qu'il puisse les inviter au restaurant, se dit-il tandis qu'il remontait dans sa chambre. Epping Upland ne serait peut-être pas si loin que ça de Theydon, peut-être pas à plus de quatre ou cinq kilomètres. Il se souvenait maintenant d'un poteau indicateur qu'il avait vu lorsqu'il se rendait à l'aéroport de Stansted. Quand il serait installé dans l'appartement de Mrs. Hunter, il demanderait à Clare et à David de venir dîner chez lui. Il aurait alors changé de nom. Comment devrait-il s'appeler ? Sa mère et Muriel avaient Bianchi pour nom de jeune fille. Leur grand-père était un Italien du Sud, ce qui expliquait le teint mat, les cheveux et les yeux noirs de Victor. Il n'avait aucune envie de prendre un nom italien. Faraday, alors, comme Sydney ? Le nom de Pauline (elle devait en avoir changé depuis longtemps) était Ferrars, mais il ne voulait plus penser à elle. De toute façon, ce serait facile de trouver un nom dans l'annuaire des téléphones.

Victor, lorsqu'il appela Mrs. Hunter, dit qu'il avait pour nom Daniel Swift et qu'il était un ami de Clare Conway. Elle lui dit qu'il pouvait venir voir l'appartement mercredi, s'il en avait envie. Ne sachant pas si Epping Upland était loin de Theydon Bois et voulant être à six heures sans faute chez David, Victor prit rendez-vous pour le matin. Il viendrait à onze heures trente. Il ne pensa pas à demander à Mrs. Hunter quel était le prix du loyer ni quand l'appartement serait disponible.

Le mardi, il alla faire des courses dans le West End. Il ne pouvait remettre sa veste de velours vert. Il faut sûrement porter un costume pour aller au restaurant. Si seulement il avait une voiture ! La possibilité d'en acheter une lui semblait extrêmement éloignée. Il se rendit au rayon hommes de Selfridge et choisit un costume gris anthracite qui lui coûta deux cents livres. Pour aller avec le complet, il jeta son dévolu sur une chemise en soie crème avec de fines rayures grises. Il aurait également acheté une cravate de la même couleur si le vendeur ne l'avait flatté en lui disant qu'une cravate grise était un peu triste pour un homme de son âge, et ne l'avait poussé à en prendre une d'un vert éclatant, avec une seule bande en travers, couleur crème.

Ses habits neufs sur le dos, Victor se mit en route fort tôt le mercredi matin — trop tôt en fait car il était à Epping à onze heures. Un taxi le conduisit à Epping Upland, chez Mrs. Hunter. C'était un trajet assez long et Victor ne voyait aucun signe d'un quelconque moyen de transport. Il devait forcément y en avoir un. Il détestait l'idée de refaire le chemin à pied. Il demanda au chauffeur de taxi d'attendre et fut particulièrement heureux un peu plus tard d'avoir pris cette décision. Il apparut que Mrs. Hunter, bien qu'elle n'en ait rien dit au téléphone, voulait avoir un couple marié dont la femme ferait des heures de ménage dans la maison, en paiement d'une partie du loyer. Victor retourna à Epping, avec une journée entièrement vide en perspective.

Habillé de cette manière, avec de l'argent en poche, il pouvait s'offrir un repas fin dans n'importe quelle auberge. On lui servit un bon déjeuner et on le traita avec beaucoup d'égards, sans aucun doute à cause de son costume. Victor pensa soudain, alors qu'il mangeait sa crème au caramel et finissait son verre de vin, que cela faisait presque deux semaines qu'il ne s'était pas mis en colère ou qu'il n'avait pas été pris de panique. Les violentes colères qui s'emparaient de lui, qui lui faisaient perdre la tête, bouillir son sang, qui lui brûlaient la peau, semblaient maintenant appartenir au passé. Il en était de même de ces paniques qui l'étreignaient dans une camisole électrique, qui lui provoquaient des fourmillements dans tout le corps, comme si un courant le traversait. Il était en train de changer. Et cette pensée lui procura une fois de plus une sorte de bonheur fait de calme et de tranquillité.

Commençant à un bout de la ville, près du château d'eau, Victor entra dans toutes les agences immobilières pour s'informer des appartements non meublés qu'il y avait à louer. Il n'y en avait aucun. Quelques agences lui proposèrent des maisons et des appartements meublés, mais avec des clauses favorisant à l'excès les propriétaires. La Sécurité sociale lui paierait son loyer, mais était-elle prête à payer n'importe quel loyer ? Cent livres par semaine ? C'était extrêmement douteux. Victor se dit qu'il en parlerait à Tom ou à Judy la prochaine fois qu'il les verrait. Il acheta le journal local qui avait presque une semaine maintenant. Il jeta aussi un coup d'œil aux petites annonces placardées sur le kiosque d'un marchand de journaux — qui n'était pas celui où il avait acheté son journal — et releva deux numéros de téléphone qui avaient l'un et l'autre le code d'Epping.

Le temps qu'il appelle ces deux numéros — l'un concernant un appartement, l'autre une chambre : il ne reçut aucune réponse ni d'un côté ni de l'autre — il était déjà presque trois heures et demie. S'il marchait lentement jusqu'à la station de métro, pour prendre son train et qu'ensuite il gagne en flânant Theydon Manor Drive, il n'arriverait pas trop tôt chez David. Bon. Il serait peut-être un peu en avance, mais pas plus d'une heure. David sans doute n'y verrait aucun inconvénient.

Exactement comme un parcours peut paraître long quand on est en retard, il semble parfois s'effectuer avec une étonnante vitesse lorsqu'on a son temps devant soi. La rame était en gare et dès que Victor fut monté dedans, les portes se refermèrent. La dernière fois qu'il avait été d'Epping à Theydon Bois, il y avait dans son compartiment cette vieille femme qui allait d'un bout à l'autre du wagon en jouant les contrôleurs et qui avait quelque chose de vivant dans son sac en plastique. Cett après-midi, Victor était seul dans son compartiment. Environ une heure plus tôt, le soleil était apparu et il faisait assez chaud. Des grains de poussière restaient en suspension dans les rais de lumière. Il n'était que quatre heures moins dix lorsqu'il arriva à Theydon.

Il traversa le jardin public en traînassant, renonçant pourtant à s'asseoir sur un banc et encore moins sur l'herbe, de crainte de tacher son costume. A quatre heures dix, il n'en pouvait plus. Il commençait à perdre son calme, à se sentir envahi par une étrange sensation, un mélange d'ennui, d'exaspération, de peur, devant ce temps qui refusait de s'écouler. Ne voulant pas se laisser submerger par cette impression qui risquait de détruire sa nouvelle personnalité, il se dirigea d'un pas rapide vers Sans-souci.

La porte du garage était ouverte ; il était vide. Il frappa deux coups légers à la porte d'entrée, en utilisant le heurtoir représentant un soldat romain. Personne ne vint ouvrir. Il contourna la maison, ainsi qu'il l'avait fait lors de sa première visite. L'odeur du chèvrefeuille était devenue âcre et un tapis de fleurs recouvrait le sol. Sur la terrasse, devant le jardin, David était profondément endormi dans son fauteuil roulant. Sa tête tombait sur sa poitrine en formant un angle bizarre. Durant un moment, Victor resta là debout à le regarder. Affaissé de cette manière, le visage semblait bouffi, avec une peau flasque au bas des joues. Il paraissait vieux, malade, triste. Victor s'approcha doucement de la table et s'assit sur une des chaises recouvertes de toile bleue à rayures blanches. Immédiatement David s'éveilla. Pourtant, Victor était sûr de n'avoir fait aucun bruit. Il s'éveilla, cligna des yeux et, apercevant Victor, eut un mouvement involontaire de recul. C'était une sorte de sursaut qui lui avait rejeté les épaules et la tête en arrière et, dans le même temps, lui avait fait reculer son fauteuil de quelques dizaines de centimètres en direction de la porte-fenêtre.

« David, dit Victor, je sais que je suis en avance, mais j'ai pensé que vous n'y verriez pas d'inconvénient. »

Il fallut à David un certain temps pour reprendre ses esprits. Il passa ses doigts sur son front et plissa les yeux. « Bien sûr, bien sûr. J'étais profondément endormi. »

Victor aurait aimé lui demander si c'était lui qui lui avait fait peur, qui l'avait fait sursauter, ou s'il aurait eu ce même mouvement de recul devant n'importe qui. Il aurait voulu le lui demander, mais il n'en fit rien. Les cigarettes et le briquet de David étaient sur la table, à côté d'une tasse vide, maculée encore de quelques gouttes de café. Victor ne regardait pas David, mais le mur derrière lui où se trouvait un rosier grimpant, aux tiges couvertes de gros boutons couleur crème.

« Vous êtes fort élégant, lui dit David. Mon père appelait ça "Être sur son trente et un".

— Mon père disait ça aussi », renchérit Victor. Pourtant, il n'avait aucun souvenir d'avoir entendu son père utiliser cette expression. Il raconta alors à David l'histoire de l'appartement. David trouvait que c'était dommage que Mrs. Hunter n'ait pas informé la mère de Clare qu'elle voulait un couple marié.

« Il y a quelque chose que j'aimerais vous donner, dit Victor. Un cadeau. Quelque chose que j'ai envie que vous ayez. Je n'ai pas pu l'apporter avec moi parce que c'est trop gros, trop encombrant.

— Vous excitez ma curiosité. Qu'est-ce que c'est ?

— Un fauteuil roulant neuf. Enfin, il n'est pas absolument neuf, puisque c'était celui de mon père. Mais il ne s'en est presque pas servi. »

David le regarda fixement, l'œil vide. Ce qui donnait curieusement l'impression que ses lèvres s'étaient durcies, comme si elles étaient brusquement gelées.

« Mais j'ai déjà un fauteuil roulant neuf, celui-ci. Ne l'avez-vous pas remarqué ? On me l'a livré à la fin de la semaine dernière. »

Ce n'est qu'à ce moment-là que Victor découvrit les chromes étincelants, les cuirs gris flambant neufs. Il passa sa langue sur ses lèvres. L'expression figée et froide de David s'estompait, pour être remplacée par un sourire. Il souriait de cette manière particulière qu'ont les gens lorsqu'ils ne veulent pas qu'on les voie sourire, tout en laissant entendre qu'il y a une bonne raison de s'amuser.

« Vous voulez, vous Victor, me donner, à moi, un fauteuil roulant ?

— Pourquoi souriez-vous ?

— Vous n'avez guère le sens de l'humour, Victor.

— Ça ne m'étonne pas. Il n'y a pas eu grand-chose dans ma vie qui ait pu me le faire acquérir.

— Peu importe. C'était l'aspect dérisoire qui m'a frappé. Mais peu importe. »

Il fallut à Victor un moment pour comprendre ce que David voulait dire par là. Il y parvint cependant. Il se leva alors et se tint debout, les mains serrant le bord de la table.

« David, je n'ai pas tiré sur vous de propos délibéré. C'était un accident. Ou plutôt, je n'arrivais plus à me contrôler à cause de vos sarcasmes. Je n'aurais certainement pas tiré si vous n'aviez pas répété que mon pistolet n'était pas vrai. »

David respira profondément et regarda Victor dans les yeux « J'ai dit ça ?

— Sans arrêt. Vous n'arrêtiez pas de clamer que mon arme n'était qu'une réplique, qu'elle n'était pas réelle. Il me fallait à tout prix vous démontrer le contraire. Pouvez-vous comprendre ça ?

— Je n'ai jamais dit que votre pistolet n'était pas réel. »

Victor n'en croyait pas ses oreilles. Il n'aurait pas cru que David puisse mentir. Un abîme semblait s'ouvrir devant lui, il dut s'agripper à la table pour s'empêcher de tomber.

« Bien sûr que vous l'avez dit. Je vous entends encore. ''Nous savons que ce pistolet est une réplique'', avez-vous dit. Quatre ou cinq fois au moins.

— C'était le commissaire Spenser qui a dit cela, Victor. Alors qu'il se trouvait dans le jardin de devant.

— Vous l'avez dit aussi. Quand nous étions dans cette pièce vous, moi et la fille. Vous l'avez oublié, je peux le comprendre, mais moi je ne l'ai pas oublié. C'est pourquoi je vous ai tiré dessus. Cela ne vous ferait... ne vous ferait aucun mal de le reconnaître maintenant.

— Cela me ferait vraiment mal de reconnaître quelque chose qui n'est pas arrivé.

— Malheureusement, il n'y a aucun moyen de le prouver.

— Mais si Victor. J'ai la transcription de votre procès. J'ai les témoignages de l'inspecteur Bridges et ceux de Rosemary Stanley. Tous les deux se souvenaient parfaitement de ce qui avait été dit. Le tribunal leur a demandé, à tous deux, si j'avais dit que le pistolet n'était pas réel, ou même suggéré qu'il puisse ne pas l'être. Voulez-vous lire cette transcription ? »

Victor acquiesça en silence.

« Il vous suffit d'aller dans la salle de séjour, la pièce qui donne sur la rue. Vous trouverez là un bureau à cylindre, à droite de la porte. Ce bureau possède trois tiroirs, la transcription se trouve dans celui du haut. »

La maison avait une odeur d'encaustique parfumée au citron, mélangée à celle, légère, des cigarettes de David. Les pièces étaient fraîches et fort bien entretenues. La porte du salon était entrouverte, grâce à un butoir de pierre, qui, vu de loin, provoqua chez Victor un tremblement nerveux. Ce n'était qu'un chat couché. Victor entra dans le salon. D'un côté de la cheminée, dont le foyer était rempli de bûches de bouleau, il y avait le bureau et de l'autre, sur une table basse, la photographie de Clare dans un cadre en argent. Elle ne souriait pas mais paraissait regarder la personne qui se trouvait devant elle, avec un air mystérieux et ravi. Victor ouvrit le tiroir du haut et en sortit un dossier en carton bleu, sur lequel était collée une étiquette écrite à la machine disant : Transcription du procès de Victor Michael Jenner.

David pensait certainement que Victor viendrait lire les passages importants à l'extérieur, en sa présence. Victor retourna dans le jardin où David, qui s'était rapproché de la table, allumait une cigarette. Il s'assit en face de lui et commença à lire. Le jardin était silencieux, en dehors du ronflement intermittent d'un gros bourdon qui inspectait les derniers vestiges du chèvrefeuille. Victor lut les dépositions de Rosemary Stanley et de James Bridges. Il ne se souvenait absolument de rien. C'était comme un trou dans sa mémoire. Le procès, pour lui, s'était déroulé dans un brouillard, dont il ne gardait à l'esprit qu'une sensation d'injustice et de persécution. David fumait, les yeux fixés vers le fond du jardin, fermé par des arbres et une haie d'aubépines rouges en fleur. La nausée familière commençait à prendre possession de Victor, en même temps que le picotement caractéristique du début du sentiment de panique. Tout à l'heure, en finissant son déjeuner, il avait parlé — ou plutôt pensé imprudemment. Il s'efforça de relire les témoignages, ainsi que les contre-interrogatoires. C'est le soupir que poussa David en rejetant la fumée qui lui fit lever les yeux. Il se rendit compte alors, peut-être pour la première fois, de l'angle curieux que formaient les jambes de l'homme qui se trouvait en face de lui, de leur aspect totalement mort. Elles ressemblaient aux jambes d'un cadavre sur un champ de bataille.

Victor bondit sur ses pieds. Il tremblait de tous ses membres.

« Victor », dit David.

Presque sans savoir ce qu'il faisait, Victor abattit son poing sur le plateau de la table en teck. David, de nouveau, fit rouler son fauteuil en arrière.

« Victor, voici Clare, dit-il, j'entends sa voiture. »

Sans un mot, Victor se retourna et entra dans la maison. Elle lui parut soudain extraordinairement sombre. Il traversa à l'aveuglette la pièce et rencontra un mur contre lequel il appuya son front et les paumes de ses mains. C'était quelque chose qui ne lui était jamais venu à l'esprit qu'il pouvait s'être trompé, qu'il pouvait avoir tort. Le plancher et le plafond de son univers basculaient et il restait suspendu dans le vide, suspendu à ce mur grâce à ses mains et à son front.

Victor laissa échapper un grognement d'animal et se retourna sans rien voir. Son corps rencontra un autre corps et son visage toucha une autre peau, des cheveux longs et tièdes, tandis que des bras entouraient ses épaules. Clare était entrée dans la pièce et l'avait pris dans ses bras en silence. Elle le serra d'abord légèrement, puis de plus en plus fort, ses mains s'appuyant sur son dos, sur son cou, sur sa tête, de manière à la placer au creux de son épaule. Les lèvres de Victor sentirent la chaleur de la chair de la jeune femme. Il l'entendit murmurer des petits mots d'encouragement.

C'était lui maintenant qui la serrait, s'abandonnant à son impulsion, pressant son corps contre le sien avec un abandon voluptueux, ainsi qu'il le faisait autrefois, lorsqu'il se glissait dans un bain chaud ou dans un lit tiède. C'est alors qu'il ressentit quelque chose auquel il ne s'attendait pas, une bouffée profonde de désir sexuel. Il était en érection et Clare devait en être consciente. Il ne se trouvait nullement embarrassé, ayant été plongé trop profondément dans le désespoir et dans l'horreur. Il éprouvait maintenant une joie forte et intense, qui ne pouvait laisser place à aucune mesquinerie. Il était submergé par son émotion. C'était quelque chose de nouveau, quelque chose qu'il n'avait jamais ressenti auparavant de cette manière et pour cette raison. Il la serrait de toutes ses forces contre lui et, levant la tête, frémissant, il approcha son visage du sien, en caressant doucement sa peau. Il aurait posé ses lèvres sur les siennes, il l'aurait embrassée si elle ne s'était dégagée en soupirant quelque chose qu'il ne put saisir.

XII

Au cours des deux semaines qui suivirent, Victor vit David et Clare à plusieurs reprises, mais la jeune femme ne remit plus ses bras autour de son cou, ne l'embrassa plus, ni même ne lui toucha la main. Ils se connaissaient bien maintenant, ils étaient devenus amis — c'était du moins ainsi que le sentait Victor — et n'avaient plus besoin de se serrer la main. Il n'était plus embarrassé pour prendre rendez-vous. Il préféra d'ailleurs les appeler lui-même. De sa chambre, il entendait à peine la sonnerie du téléphone et, la plupart du temps, personne n'était là pour répondre.

Ce soir-là, dans le restaurant du vieux quartier de Harlow où ils avaient dîné, Victor n'avait pas dit grand-chose, il avait surtout écouté. Le silence lui avait toujours paru une chose naturelle et lorsqu'il parlait, c'était généralement pour donner des informations à l'aide de phrases courtes et sèches. Il aimait le son des voix de David et de Clare, leur rythme, les aigus et les graves. Il se demandait comment ils faisaient pour parler sans avoir rien à dire. Comment était-il possible de discuter à perdre haleine sur un morceau de canard rôti (où en avait-il déjà mangé un préparé de cette manière ?) ou sur ce qu'ils appelaient « là nouvelle cuisine » et sur quelque chose nommé « tofu » ? ou encore sur l'allure, l'âge, la profession — tout cela n'étant bien sûr que de pures suppositions — du couple qui dînait à la table voisine ? Après un certain temps, il avait plus ou moins perdu le sens de leurs paroles. Il s'était mis à penser à David, à ce qu'il lui avait fait et au pardon qu'on lui avait octroyé. Pourquoi, durant toutes ces années, avait-il été convaincu qu'il avait été poussé à tirer sur David par David lui-même ? Peut-être n'avait-il pas voulu admettre qu'il s'était affolé sans aucune provocation ? Quelles que soient les choses que lui ait dites David, quels que soient les faits rapportés par la transcription du procès, Victor n'avait toujours pas éclairci pourquoi il avait agi ainsi, quel était l'aiguillon qui l'avait excité ?

La conversation qu'il avait eue avec David l'avait rapproché de lui et bien plus encore de Clare. Il ne pouvait s'empêcher de se demander ce qu'il aurait fait, ce qu'il aurait pu faire si Clare n'était pas entrée juste à cet instant pour le réconforter. Il avait fort peu de chose à lui dire lorsqu'il était en sa présence, mais rentré chez lui, il n'arrêtait pas de lui parler. C'était une sorte de dialogue silencieux entre elle et lui, quelque chose qu'il n'avait jamais connu auparavant, avec qui que ce fût. La jeune femme ne lui répondait pas, mais c'était sans importance. Ses réponses étaient sous-entendues dans son propre discours et ses propres questions. Assis dans le fauteuil roulant, il regardait le haut du feuillage frémissant des arbres et lui parlait de la maison familiale et de ses parents, de l'extraordinaire attachement qu'ils avaient l'un pour l'autre. Il lui demandait si elle croyait qu'il devrait sortir plus souvent, prendre de l'exercice. Ne ferait-il pas mieux de lire des livres plutôt que des magazines ? Et dehors devant le marchand de journaux, il lui demandait quels étaient ceux qu'il devait acheter aujourd'hui.

Il y avait encore autre chose de remarquable à propos de Clare : Victor avait sans arrêt l'impression qu'il la voyait. Pourtant, elle ne venait jamais à Acton — en fait, elle lui avait dit qu'elle n'y avait jamais mis les pieds, pas même une fois. Néanmoins, il n'arrêtait pas de l'apercevoir devant lui dans la rue, à l'intérieur d'une boutique ou sur le quai du métro. Chaque fois il s'agissait de quelqu'un d'autre, d'une jolie fille comme elle, avec des cheveux blonds et fins, et une peau d'un rose doré. Mais durant un instant... Une fois, il était tellement sûr que c'était elle qu'il l'avait appelée par son prénom.

« Clare ! »

La jeune femme qui descendait les marches de la bibliothèque n'avait pas tourné la tête. Elle était certaine qu'il s'adressait à quelqu'un d'autre.

C'était curieux comme David était maintenant relégué à l'arrière-plan. Bien entendu, il l'aimait énormément, c'était son ami, mais il ne pensait plus à lui aussi souvent. D'une manière ou d'une autre, Victor avait acquis un certain nombre d'idées sur le fonctionnement du cerveau et le déclenchement des émotions, en lisant entre autres *Psychology Today*. Il se demandait s'il ne s'était pas débarrassé — une façon de parler — de David grâce aux conversations qu'ils avaient eues ensemble, à ce qui en était sorti « en vidant leurs sacs ». C'était possible. Il se rendait compte maintenant à quel point il avait pensé à David, à quel point il avait été obsédé par lui, entre le moment où il avait quitté la prison et la première fois où il s'était rendu à Sans-souci. Aujourd'hui, quand il ne pensait pas à Clare, quand il ne parlait pas avec elle, son esprit s'attardait sur ses parents, en particulier sur l'amour qu'ils avaient eu l'un pour l'autre. Autrefois — il le découvrait maintenant — il avait été mortifié par cet amour, en avait même probablement été jaloux. Il ne sentait plus les choses de cette manière. Il était content que ses parents aient été heureux ensemble et, quand il se souvenait des étreintes sur le canapé, il revoyait les choses avec indulgence plutôt qu'avec dégoût.

Il s'asseyait lorsqu'il était chez lui presque uniquement sur le fauteuil roulant. C'était un siège confortable et, puisqu'il devait le garder dans sa chambre, autant qu'il serve à quelque chose. Il fit une fois ou deux une petite expérience. Il s'assit dans le fauteuil roulant et s'efforça de croire qu'il ne pouvait bouger les jambes, qu'il était paralysé en dessous de la taille. Ce n'était pas un exercice facile. Il y parvenait mieux en recouvrant ses jambes avec la couverture de voyage. Puis, il essayait de se redresser en n'utilisant que la force de ses bras, en continuant de parler avec Clare, sans savoir toutefois si elle approuvait ou non sa conduite. Un jour, il tomba sur le plancher et resta étendu là, allongé, jusqu'à ce qu'il se dise qu'au fond il pouvait se relever, qu'il n'était pas paralysé.

La première fois qu'il retourna à Theydon, après le dîner au restaurant, ce fut pour apporter un cadeau — un cadeau pour David, essentiellement pour David, puisque Clare n'était pas la maîtresse de maison, qu'elle n'était pas mariée à David, qu'elle n'était même pas sa petite amie dans le sens courant du terme. Comme il n'était pas possible de donner à David le fauteuil roulant — il voyait maintenant que cette idée manquait de tact — il devait lui offrir autre chose. Lorsqu'on a proposé à quelqu'un un cadeau qu'il ne peut accepter, il faut trouver une solution de rechange. Le cadeau doit être évident pour tous. Alors, pourquoi pas un chien ? Le chien de David était mort et il lui manquait. Il lui fallait un nouveau chien.

Victor acheta le magazine *Our Dogs*, dans lequel il y avait de nombreuses petites annonces concernant des chiots labradors. Il fut surpris de voir à quel point les chiens coûtaient cher : une centaine de livres était un prix courant et, pour certaines races plus rares, la somme atteignait facilement deux cents livres. Victor choisit parmi les annonces l'éleveur le plus proche et lui téléphona. Quand on lui dit que des chiots étaient disponibles, il alla à Stanmore. Heureusement, on pouvait s'y rendre par le métro, grâce à la Jubilee Line qui avait été prolongée et avait même changé de nom depuis qu'il avait été arrêté. Il s'avéra qu'on ne pouvait acheter un chien comme on achète un poste de télévision. L'éleveur voulait un tas de garanties, qu'on lui fasse mille promesses, s'assurer que sa chienne de dix semaines tomberait dans de bonnes mains. Victor lui dit la vérité. Toutes les objections s'évanouirent quand l'éleveur apprit que le nouveau propriétaire de son chiot serait David Fleetwood, ce policier héroïque dont il se rappelait l'histoire, malgré les onze années qui s'étaient écoulées depuis. Victor paya le chien et prit rendez-vous pour venir le chercher mercredi. Évidemment, ce ne serait pas un cadeau fort intéressant pour Clare. En fait, cela risquait de lui créer des obligations, aussi se rendit-il au rayon de la parfumerie Bentall et choisit de l'eau de toilette, de la poudre, des sels de bain, du savon dans la gamme Opium de Saint-Laurent. Mais, quand il dit à la vendeuse que Clare était une jeune femme blonde, elle lui conseilla fortement Rive Gauche. Le chien lui coûta cent vingt livres et sa note de parfumerie s'éleva approximativement à la même somme. Le permis de conduire de Victor était toujours valable. Il se rendit dans Acton High Street pour louer une Ford Escort XR3.

Par un coup de chance, David avait amené son fauteuil roulant sur le devant de la maison et était en train de couper au sécateur les fleurs fanées à sa portée. Victor était de nouveau en avance. Il s'était donné deux heures en partant de Stanmore pour arriver ici, mais grâce à l'autoroute, il avait fait le trajet en moins d'une heure. Le chiot, dans le panier d'osier en forme de niche que Victor avait acheté pour la circonstance, avait jappé tout le long de la route.

David fit avancer le fauteuil roulant jusqu'à la grille.

« Victor, vous vous êtes acheté une voiture ! Vous ne nous aviez rien dit. »

C'est une voiture de location, s'apprêtait à dire Victor. Mais l'admiration qu'il lut dans les yeux de David — admiration qui s'adressait à lui aussi bien qu'à la voiture — l'en empêcha. Il ne voulait pas la voir s'évanouir, remplacée par cet air poli et patient qu'on lui réservait habituellement.

« Elle n'est pas neuve, dit-il, se souvenant à temps du 8 sur la plaque minéralogique.

— Peut-être, mais elle est très jolie. J'aime cette nuance de rouge. »

Victor sentit qu'il devait donner quelques explications. Si jamais David se mettait à penser qu'il avait volé la voiture ou l'argent pour se l'offrir !

« Mes parents m'ont laissé un petit quelque chose, dit-il.

— Qu'y a-t-il dans le panier ? » demanda David.

Le chiot apparemment s'était endormi. Depuis une dizaine de minutes, il avait cessé de s'agiter. Victor sortit le panier de la voiture au moment où arrivait Clare.

La Land Rover paraissait minable à côté de l'Escort. Victor se sentit gêné pour eux, mais extrêmement fier en même temps.

« Ce n'est pas notre anniversaire, Victor », dit la jeune femme lorsqu'il lui tendit le paquet enveloppé de papier de couleur.

Il ouvrit alors le couvercle du panier, savourant la surprise qu'il lisait dans les yeux de David, et en sortit un chiot rond, couleur crème, pelucheux, qu'il lui déposa sur les genoux. Par la suite il se dit qu'il devait avoir imaginé leur air affligé. Il était pessimiste, parfois même légèrement paranoïaque, il le savait. Il avait tendance à penser que les gens se méfiaient de lui, n'aimaient pas ce qu'il faisait. De toute façon, au bout de quelques secondes, David cajolait le petit chien qui se blottissait contre lui. Caressant sa tête il dit à quel point il le trouvait mignon, adorable et, aussi, que Victor n'aurait pas dû faire ça.

Dans le jardin derrière la maison, le chien gambada partout, flairant chaque chose, grattant la terre des plates-bandes. Clare dit, certes en souriant : « Je ne sais pas comment nous allons pouvoir le dresser, étant donné que je suis toute la journée à mon travail. Mandy était déjà dressée lorsqu'on l'avait donnée à David. Mais comme elle est mignonne, Victor ! C'est une petite chienne, n'est-ce pas ? Comment allons-nous l'appeler David ? Que penses-tu de Victoria ?

— Son vrai nom est Sallowood Semiramis.

— Possible, possible, dit David en riant. Mais à mon avis les chiens doivent avoir des noms simples, ordinaires. Sally fera fort bien l'affaire. »

Victor décida de garder la voiture encore quelques jours, car il allait revenir les voir la semaine prochaine. Entre-temps, il sillonna la banlieue de Londres pour visiter deux appartements dans l'Essex, un à Buckhurst Hill, un autre à Chigwell Row. Il ne prit ni l'un ni l'autre. Il imaginait Clare assise à son côté, dans la voiture, alors qu'il lui parlait en conduisant, sans remuer les lèvres ou faire le moindre bruit. Il lui demanda si elle pensait qu'il devrait acheter deux paires de bonnes chaussures, un imperméable et une veste supplémentaire. Il sentit qu'elle pensait qu'il devait le faire. Malheureusement il ne restait plus grand-chose des neuf cent dix livres.

En retournant chez Mrs. Griffiths, Victor dépassa Tom, qui se dirigeait à pied, comme d'habitude, vers la station de West Acton, pourtant pas toute proche. Victor fut frappé, pour la première fois, de l'air minable qu'avait toujours Tom. Il portait des tennis, au lieu de véritables chaussures, un blouson bleu pâle en nylon, avec une fermeture Éclair, et des jeans Lois, sérieusement usés. Il se tourna vers Victor, lorsque celui-ci se gara au bord du trottoir et cria son nom. Son visage gonflé, pâle, au regard voilé par des lunettes, se devinait à peine, pris qu'il était entre une barbe noire en broussaille et des cheveux hirsutes de la même couleur.

« Montez là-dedans. Je vous dépose.

— Ça marche pour vous, non ? » dit Tom.

Victor lui expliqua qu'il avait un travail assez loin dans l'Essex. Il faisait pour le moment l'aller et retour, mais déménagerait sous peu. Dès qu'il eut lâché sa phrase, il se rendit compte qu'il ne pouvait plus demander à Tom si la Sécurité sociale lui paierait un loyer d'une centaine de livres par semaine.

« Vous paraissez en forme, Victor. Le travail vous réussit. Que faites-vous, exactement ? »

Victor débita un chapelet de mensonges pour expliquer qu'un agent immobilier d'Epping l'avait engagé et que les affaires, à cette époque de l'année, tournaient rond.

« Pourriez-vous me donner votre adresse de travail au cas où vous déménageriez avant que je ne vous revoie ? »

Victor fit semblant de ne pas avoir entendu. « Vous voilà arrivé. C'est West Acton », dit-il.

Pendant qu'il disposait de la voiture, il avait une autre course à faire. Il descendit Gunnersbury Avenue, au milieu de la circulation qui se dirigeait vers l'aéroport, mais au lieu d'amener la voiture jusqu'au 48 Popesbury Drive, il la gara avant le tournant et s'approcha de la maison de Muriel à pied. Il lui vint à l'esprit qu'il allait voir Jupp, installé en permanence, ou tout au moins devenu l'ami régulier de sa tante, son « petit ami », si ce mot n'était pas ridicule, appliqué à ce bonhomme. Muriel pouvait même l'épouser et alors ce serait lui, et non la British Legion, qui hériterait.

Un spectacle inattendu s'offrit à ses yeux au moment où il aperçut la maison. La camionnette de Jupp ne s'y trouvait pas, mais la porte d'entrée était entrouverte. Là où Kevin se trouvait la dernière fois, sur cette grosse pierre grise et plate qui émergeait des plantes, un homme en jean et en gilet était accroupi, tenant des cisailles à la main. Il coupait le bout desséché des tiges, pauvres restes grisâtres de ces millions de fleurs pourpres qui naguère tombaient en cascades sur le rebord de pierre, comme une draperie épaisse et duveteuse. Victor se mit à traînailler, ne voulant pas qu'on le voie. L'homme rassemblait des brassées de fleurs mortes qu'il déposait dans la brouette qu'il avait rangée au sommet de l'avancée rocheuse, puis la roulait sur les pierres en direction du garage. Il contourna la maison, laissant la porte de côté battante derrière lui. Victor jeta un coup d'œil en direction des pierres les plus basses. Le débroussaillage n'avait pas été jusque-là : elles étaient encore entièrement recouvertes par la végétation. Il monta les marches en courant, atteignit la porte d'entrée et pénétra dans la maison.

Il n'y avait personne dans le couloir et les portes des pièces du rez-de-chaussée étaient fermées. Très probablement Muriel se trouvait dans l'une d'elles. Victor monta au premier étage et entra dans une chambre à coucher dans laquelle il n'avait jamais pénétré. Comme celle où sous les lames du placard il avait trouvé le pistolet, cette pièce avait un lit, une commode et un fauteuil. La seule différence était la petite psyché posée sur la commode. Les rideaux étaient ocre jaune et le tapis de la même couleur terne avait un liséré brun foncé. La poussière recouvrait tout, formant des moutons dans le creux des plis du rideau. Elle était si épaisse sur la commode, qu'il fallait un certain temps avant de se rendre compte que le bois était en partie recouvert par un napperon brodé. Victor ouvrit le tiroir du haut. Il était vide, tapissé de papier kraft, sur lequel les vers avaient laissé de petits tas de poudre de bois. Le second tiroir, tapissé de la même manière, contenait des sous-vêtements et des chaussettes d'homme. Celui du bas était plein de billets de banque.

Plein est peut-être exagéré. A première vue, il ressemblait à l'autre, vide, tapissé de papier kraft, mais curieusement, il paraissait plus petit. Victor souleva la feuille de papier qui recouvrait le fond et découvrit l'argent. Les billets n'étaient pas dans des sacs, ni même enveloppés, mais simplement en liasses d'une ou de cinq livres. Il y en avait des centaines, aussi soigneusement rangés que les magazines de Muriel.

Victor écuma le dessus des paquets. Il prit environ un centimètre sur chacun des vingt tas et fourra le tout dans ses poches. Il était content de porter le blouson ample en coton qu'il venait d'acheter. On pouvait y fourrer des kilos de papier dans ses larges poches, sans que ça se voie. Sur le palier, il se souvint du cheveu qu'il avait placé sur la fermeture du sac en faux crocodile. Ce serait aussi bien d'y jeter un coup d'œil. La maison était silencieuse et, même en tendant l'oreille, il n'entendait rien. Muriel avait fait son lit aujourd'hui, mais pour quelque raison le chien rose, grassouillet, aux yeux de verre, avec sa fermeture Éclair sur le ventre, fermée pour une fois, se trouvait sur le tabouret recouvert de satin rose de la coiffeuse. De là, il semblait observer chaque mouvement de Victor. Celui-ci ouvrit le placard, s'agenouilla et examina le sac. Le cheveu était toujours là.

Qu'aurait pensé Clare si elle le voyait en ce moment ? Cette idée lui traversa l'esprit, sans qu'il le veuille, au moment où il se retrouvait sur le palier. Quand elle lui avait conseillé de ne pas parler de son passé à Mrs. Hunter, elle lui avait dit : « Ce n'est pas comme si vous aviez volé quelque chose... » Mais les circonstances étaient différentes. Ce n'était pas du vol, dans le sens habituel du terme. S'il n'avait pas été envoyé injustement en prison, pour quelque chose arrivé par accident, quelque chose qu'il n'avait pas voulu, Muriel aurait fait son testament en sa faveur et lui aurait probablement donné une somme importante de son vivant, pour éviter les frais de succession. Il avait lu un article là-dessus dans le *Reader's Digest*. Si, si... si Sydney n'avait pas regardé dans ce fossé dans la banlieue de Brême en 1945, si son attention avait été détournée, par exemple, par un avion passant en rase-mottes, ou par un char sur la route, il n'aurait jamais vu le cadavre de l'officier allemand avec la main droite serrant le Luger. Donc, le pistolet ne se serait jamais trouvé au fond du placard. Victor ne l'aurait pas pris et le coup qui devait paralyser David pour toujours ne serait pas parti...

Il était en bas de l'escalier, dans le couloir, lorsque la porte du salon s'ouvrit et que Muriel apparut, en compagnie d'une jeune femme qui ressemblait d'une façon frappante à Clare. Ou tout au moins c'est ce que pensa Victor pendant une dizaine de secondes. En fait, elle n'avait pas grand-chose à voir avec Clare. Elle était plus vieille d'une dizaine d'années et devait peser dix kilos de plus. Quant à son visage, ç'aurait pu être celui de Clare, déformé, remodelé, gonflé. Mais durant un instant, à cause du teint, des cheveux, des yeux gris-vert...

Évidemment, Victor savait comment Muriel allait le présenter : elle allait dire que c'était ce neveu qui avait été en prison. Il se trompait du tout au tout, elle ne le présenta pas.

« C'est Jenny, la voisine. » La voix de la jeune femme était à l'opposé de celle de Clare, criarde et terne en même temps, faussement chaleureuse. « Et vous êtes sans doute le neveu dont j'ai entendu tellement parler. »

Qu'avait-elle entendu dire ? De quoi lui avait parlé Muriel ?

« J'espère que vous allez vous occuper un peu d'elle maintenant que vous êtes revenu. Nous faisons ce que nous pouvons, c'est-à-dire un saut de temps en temps, mais c'est une goutte d'eau dans l'océan. Réellement. Il nous faut bien vivre de notre côté aussi. Je veux dire rien que dans le jardin, il ne faudrait pas un seul homme, mais toute une équipe. Maintenant que vous êtes de retour, vous allez, j'espère, prendre un tas de choses en main.

— De retour ? dit-il, attendant une explication.

— Muriel m'a dit que vous étiez en Nouvelle-Zélande. »

Victor était incapable de la regarder. Était-ce... Était-il possible que ce soit une coïncidence ? Ou est-ce que Muriel se souvenait d'une visite à sa sœur, trente-cinq ans plus tôt, lorsque petit garçon, son neveu affirmait avec véhémence qu'il avait toujours été vivant, que s'il n'était pas là à une certaine époque, c'était parce qu'il était en Nouvelle-Zélande ? En tout cas, Muriel avait honte de son passé et se refusait à y être mêlée. Elle ne voulait pas que ses relations, Jupp, cette femme, soient au courant.

Jenny prit la liste de commissions que lui tendait Muriel. Elle était si longue qu'elle recouvrait les deux côtés de la feuille de papier. Elle était accompagnée d'un chèque en blanc, à l'ordre de J. Sainsbury P.L.C. et signé Muriel Faraday. Ce n'est pas à moi que ça arriverait, se dit Victor. Sa tante avait-elle revu Jupp ? Était-elle sortie avec lui ? Elle était habillée, ou plutôt portait comme toujours une chemise de nuit et une robe de chambre, une résille brune et des mules roses. Victor pensait qu'elle n'allait pas lui adresser la parole, mais il se trompait de nouveau.

Elle fronça son nez, à la manière d'une souris et dit : « Pourquoi es-tu venu ?

— Je pensais que je pourrais te faire quelques courses », dit-il.

Jenny intervint immédiatement, coupant heureusement court à la réplique que préparait Muriel.

« Oh, ça va. Ne vous en faites pas. Ce n'est rien. Je ne dis pas qu'une fois que vous serez réhabitué, je veux dire, une fois que vous serez installé, que vous aurez repris vos habitudes, que vous ne pourriez pas faire certaines choses pour elle. Mais pour l'instant, je veux dire, Brian m'emmène chez Sainsbury le matin et, pour être tout à fait franche, je fais moi-même une telle quantité de courses que ses petites commissions ne changent rien à rien. »

Victor l'accompagna vers la porte d'entrée, tandis qu'elle lui parlait. Muriel ne les avait suivis que de loin. Non seulement elle ne sortait pas, mais elle semblait craindre l'air frais et même la vue du monde extérieur. Elle s'enfonça ensuite dans les entrailles de la maison, en tenant les pans de sa robe de chambre à deux mains. Jenny lui cria : « Au revoir. Je serai là demain vers six heures. N'oubliez pas de préparer le xérès et les cacahuètes grillées. » Elle fit un clin d'œil à Victor, tandis qu'elle tirait la porte derrière elle. « Quelle vie ! Elle pourrait aussi bien être dans sa tombe. De ma fenêtre, je vois tout ce qui se passe, je peux vous le dire, rien ne m'échappe. Croyez-moi. Avant que vous ne soyez de retour et que ce vieux bonhomme, qui mange des pastilles de menthe, ne commence à lui rendre visite, elle ne voyait âme qui vive, en dehors de nous, d'un bout de l'année à l'autre.

— Vous m'avez vu arriver alors ?

— C'est la quatrième fois en quatre semaines, lui dit Jenny avec une précision inquiétante. Si vous voulez ne pas être vu, il vous faut venir le samedi à l'heure du déjeuner. C'est à ce moment-là que Brian m'emmène faire mes courses, n'est-ce pas Brian ? »

Jetant un coup d'œil circulaire dans le jardin, Brian dit : « Je n'ai même pas réussi à dégager le dessus, pas même le dessus.

— Si je commence à m'occuper d'elle, il me faudra une clef », dit Victor. Il se sentait un peu gêné, mais insista néanmoins. « Il me faudrait emprunter la vôtre pour me faire faire un double.

— Nous n'en avons pas, Vic. Je veux dire, nous n'en avons pas à nous. Vous ne savez pas où se trouve la clef ? Apparemment, vous ne le savez pas. Je dois partir maintenant, Brian. N'en fais pas trop, car tu vas me tenir éveillée cette nuit, avec ton dos. » Elle tendit l'index vers la haie. « Sous la tortue, Vic. La clef se trouve sous la tortue. »

Le 22 juin serait le jour anniversaire de Victor, son trente-neuvième anniversaire. Il ne se souvenait pas d'avoir jamais fêté son anniversaire en dehors des cadeaux que lui offraient ses parents lorsqu'il était petit. L'année où l'on avait pensé à organiser une fête pour lui — ce qui avait complètement affolé sa mère — on l'avait emmené au Royal Botanic Gardens. Il n'y a pas grand-chose à voir dans un jardin botanique pour un petit garçon de huit ans, mais sa mère aimait Kew. Elle cita une phrase, qu'elle avait lu, sur le plaisir de se promener main dans la main, comme des amoureux, dans la féerie de l'été. Et, en fait, elle s'était promenée main dans la main avec son père, respirant les fleurs, disant combien elles étaient belles. Victor se jura, alors qu'il passait devant Woodford Green, où les noisetiers commençaient à perdre leurs pétales, que cette année il fêterait son anniversaire. Il ferait quelque chose avec Clare et David avant que ce dernier ne soit obligé de retourner à l'hôpital.

Il avait gardé la voiture une journée de plus — c'est-à-dire qu'il l'avait en fait gardée pour le week-end, étant donné qu'il la rendrait le dimanche soir. Il portait son nouveau blouson en coton, avec deux nuances de gris, un gris souris et un gris ardoise, des pantalons Calvin Klein, et pour ne pas paraître trop « mode », un pull-over rouge foncé de chez Marks and Spencer au-dessus de sa chemise crème à rayures grises. Sur le siège arrière de la voiture, étaient posées deux bouteilles de vin du Rhin, du Walsheimer Bischofskreuz, et une cartouche de cigarettes. Il y avait un petit vent, mais le soleil brillait. Il faisait suffisamment chaud en tout cas pour rouler avec la fenêtre ouverte côté conducteur. Victor n'avait jamais aimé écouter la radio en voiture. Il appréciait le silence. Du tiroir, dans la commode de la deuxième chambre d'amis de Muriel, il avait pris quatre cent soixante livres. Incapable d'attendre, il avait compté les billets dès qu'il s'était retrouvé dans la voiture. Combien d'argent liquide Muriel pouvait-elle avoir dans la maison ? Des milliers de livres ? Disons, peut-être, dix mille livres ? C'était un fait bien connu, dont on parlait souvent dans les journaux, que les personnes âgées cachent des sommes énormes dans leurs maisons. Ce n'était pas quelque chose d'étrange mais, au contraire, de parfaitement normal.

Le cheveu était toujours sur la fermeture du sac, Muriel ignorait encore qu'une partie de ses économies avait disparu. Mais supposons qu'elle s'en aperçoive, supposons qu'elle le découvre, comment réagirait-elle alors ? Victor était bien obligé de s'avouer que cela risquait de signifier tout raconter à la police. Pourtant, la conduite de sa tante l'amenait à penser qu'elle n'en ferait rien. En présence de Jupp, en présence de Jenny, la voisine, elle n'avait parlé ni de son passé ni de son séjour en prison. Cela voulait dire qu'elle préférait garder le secret. Ce n'était certes pas par discrétion ni pour ne pas blesser son neveu qu'elle avait agi ainsi, car elle était méchante et fort peu charitable. Si elle s'apercevait qu'il avait puisé dans ses sacs et ses tiroirs — à vrai dire fort peu par rapport au contenu — elle lui ferait la morale, lui demanderait de rendre l'argent, mais n'irait pas plus loin. La respectabilité de la famille, c'est-à-dire la manière dont elle apparaissait aux yeux des autres gens, était trop importante pour elle.

Si seulement il avait les moyens d'acheter une voiture, il pourrait mettre sur pied une petite société de location. Il ferait pour lui ce qu'il avait fait autrefois pour Alan. Pour six mille livres, il pouvait acheter une voiture neuve, ou deux voitures d'occasion et engager un autre chauffeur... Avec ces idées lui trottant gaiement dans la tête (un appartement à Loughton, par exemple, avec un répondeur téléphonique, et comme spécialité le trajet en direction des aéroports de Londres) il prit la seconde sortie de l'échangeur de Wake, descendit la colline et pénétra dans la forêt pour gagner Theydon.

On était samedi, donc Clare serait à la maison. Les pensées de Victor s'éloignèrent de David pour se concentrer sur la jeune femme, tandis qu'il arrivait dans Theydon Manor Drive. Il se rendait compte qu'une certaine appréhension, une certaine tension, à la limite du malaise, s'emparait de lui. La nuit dernière, il avait rêvé de nouveau de cette route qui traversait sa vie, avec les maisons importantes qu'il avait connues, rangées de chaque côté. Il n'avait pas eu la tentation d'entrer dans aucune d'elles jusqu'à ce qu'il atteigne Sans-souci qui avait surgi après un virage à angle droit. La section de cette route serpentait dans un bois de sapins sombres, dont les arbres extrêmement serrés, étaient plantés en rangées régulières. Au-delà du bois, Sans-souci apparaissait baigné de soleil. Victor traversa le jardin de devant et prit la clef qui se trouvait sous la vasque. Il avait pénétré dans la maison et appelé : « Clare » d'abord et ensuite « David ». Au début tout était resté silencieux, puis il avait entendu des rires, deux personnes en train de rire. La porte du salon s'était ouverte et Clare s'était avancée avec David à ses côtés. Mais cette fois, il n'était pas dans son fauteuil roulant, il marchait. Il paraissait en pleine forme, n'était plus paralysé et marchait.

« Regardez un miracle ! » avait dit Clare.

Un terrible malaise, mélangé d'écœurement et de désespoir, s'était emparé de Victor, car il savait — il n'aurait pu dire pourquoi — que maintenant que David pouvait remarcher, il allait les perdre tous deux. Presque aussitôt, il s'était réveillé. Il avait alors éprouvé une sensation de soulagement intense en retrouvant la réalité après ce rêve bizarre et effrayant.

Il ne voulait pas s'en souvenir maintenant. Il gara sa voiture et contourna à pied la maison. David lui avait dit qu'il les trouverait sûrement dans le jardin si le temps était beau. L'odeur du chèvrefeuille avait été remplacée par celle des roses. Clare coupait l'herbe de la pelouse avec une tondeuse électrique branchée sur le courant grâce à un long fil. David la regardait, assis dans son fauteuil roulant, sous le parasol bleu et blanc. Elle coupa le contact et s'approcha.

« Salut, Victor ! »

David leva une main, pour lui faire un signe amical, puis sourit. On était très à l'aise avec lui maintenant, on l'acceptait, presque comme un membre de la famille. Clare portait une robe en coton, de couleur crème, avec un haut décolleté et de grandes manches bouffantes. La robe était retenue à la taille par une large ceinture de cuir de couleur fauve aux points apparents. Elle avait aux pieds des sandales plates à lanières. Ses cheveux, récemment lavés, ne tombaient pas sur ses épaules, mais formaient une sorte de nuage vaporeux autour de sa tête. Dans le rêve, elle était nettement moins belle qu'en réalité. Victor, en repensant à la ressemblance qu'il avait trouvée entre elle et Jenny, la voisine, avait vaguement l'impression d'avoir commis un sacrilège.

Sally, la petite chienne, était sur les genoux de David mais elle bondit sur ses pattes en apercevant Victor et se mit à pousser des aboiements de gros chien ce qui fit rire tout le monde.

« Vous ne devriez pas nous gâter ainsi Victor, dit Clare, lorsqu'elle aperçut le vin et les cigarettes.

— Ça me fait plaisir. Je peux me le permettre.

— Vous gaspillez votre patrimoine pour satisfaire nos vices, dit David. Un jour, vous aurez besoin de l'argent de votre héritage. »

Cette réflexion poussa Victor à parler de ses projets concernant une société de location de voitures. David parut l'approuver, mais pensait préférable de commencer sur une petite échelle, avec seulement une voiture.

« Nous ferons appel à vous lorsque David se verra obligé de se rendre à Stoke Mandeville, dit Clare.

— Surtout si vous vous arrangez pour avoir une voiture de la taille d'une camionnette avec une rampe, afin de pouvoir y fourrer un fauteuil roulant, et avec un système d'attaches original, afin de l'amarrer solidement. Sans oublier, bien sûr, une ceinture de sécurité spéciale. »

David avait souri en débitant ces phrases, mais Victor ne pensait pas qu'il se moquait de lui. Comment pourrait-il en être autrement. Il avait réellement besoin de ces choses et la Land Rover de Clare possédait un tel équipement. Victor devait être hypersensible. Il avait sans doute imaginé le coup d'œil en coin que Clare avait jeté à David ainsi que son petit froncement de sourcils de mise en garde.

Pour le déjeuner, il y avait du saumon avec une mayonnaise de couleur verte, à cause des fines herbes que Clare avait hachées, une salade de concombres et une baguette. Victor n'avait jamais mangé du saumon préparé ainsi. Il ne connaissait que le saumon en boîte. Il avait goûté aussi à une ou deux reprises à du saumon fumé. Pour dessert, il y avait des fraises à la crème. Ensuite, David alluma une cigarette.

« Est-ce que cela vous ennuierait d'aller me chercher quelque chose, Victor ? dit-il. C'est posé sur la table où se trouve la photographie de Clare. C'est dans une enveloppe de papier kraft.

— C'est son livre, dit Clare.

— Plus de surprise !

— Mais, mon chéri, Victor doit être forcément au courant de ton livre. C'est grâce à un article sur lui qu'il a découvert ton adresse.

— En effet », dit David.

Son regard direct restait posé sur Victor et il avait toujours aux lèvres un petit sourire ironique. Il avait les traits tirés aujourd'hui, comme c'était toujours le cas, disait Clare, lorsqu'il avait passé une mauvaise nuit. Victor se leva pour pénétrer dans la maison. Il gagna le salon en repoussant le butoir en forme de chat couché. Il croisa le regard de Clare dans son cadre argenté. Il aurait aimé avoir cette photographie et se demandait s'il n'y aurait pas moyen de la prendre. Malheureusement, elle était très en vue et David devait, bien entendu, y tenir...

Il éprouvait la même impression ressentie, lorsqu'ils l'avaient emmené faire cette promenade en forêt — contrairement aux apparences, ils se moquaient de lui, ils cherchaient tous deux un moyen de se venger, l'emmenaient dans cet endroit uniquement pour lui rappeler les instants les plus abjects de son passé. Cette sensation le reprit au moment où il s'emparait de la grande enveloppe brune. Sous une forme ou sous une autre, il y avait à l'intérieur le livre de David. Allait-il lui demander de le lire (même de le lire à voix haute) afin de lui faire découvrir les terribles révélations qu'il apportait sur lui ? Était-il dans ce livre traité de « psychopathe », de « récidiviste », de « maniaque sexuel » ? Si c'était ainsi, que ferait-il ?

Il restait debout, tenant l'enveloppe à la main, se rendant compte qu'il avait peur de regarder à l'intérieur. Il eut brusquement l'envie de filer par la porte de devant, en emmenant l'enveloppe, de s'enfuir en voiture. Pourtant, il retraversa la maison pour regagner le jardin. La petite chienne s'était endormie sur la pelouse. Clare était penchée sur le fauteuil de David, les bras autour de son cou, sa joue appuyée contre la sienne. Pour quelqu'un qui se vantait d'ignorer le sens du mot solitude, Victor se sentit soudain extrêmement seul, perdu, abandonné. Il fourra l'enveloppe dans la main de David.

« Avez-vous déjà vu des épreuves ? lui demanda David. Je dois avouer que je n'en avais jamais vu. C'est fascinant. » Il souriait et Victor était sûr qu'il essayait de le torturer. « Je suis tenu à les lire et à les corriger pour l'imprimeur : trouver les fautes d'impression, vous voyez, et aussi celles que je peux avoir faites. »

C'était en fait les pages d'un livre, sur de grandes feuilles imprimées d'un seul côté. Un mot avait été entouré de rouge et un signe bizarre porté dans la marge.

« Comment savez-vous ce qu'il faut faire ? demanda Victor.

— Tous les signes de corrections typographiques se trouvent dans l'Encyclopédie de Pear. »

Il n'y avait pas d'illustration, ni couverture, ni jaquette, simplement cet énorme paquet de pages imprimées. Sur la première il y avait le titre : *Deux sortes de vies*, par David Fleetwood. Les yeux de David et de Clare, posés sur lui, Victor eut une brusque envie de vomir. Il tourna les pages au hasard, aveuglément, sans rien voir qu'un tourbillon blanc et noir.

« Victor, il n'y a rien là-dedans qui doive vous inquiéter, lui dit Clare gentiment.

— M'inquiéter ?

— Je veux dire qu'il n'y a rien sur vous dans ce livre. C'est exactement ce qu'annonce le titre : deux sortes de vies. La vie de David, lorsqu'il appartenait aux forces de police, ce que cela représentait et la vie... eh bien qu'il a eue après. C'est vraiment pour montrer aux gens que la vie ne s'arrête pas parce qu'on est devenu paraplégique. David parle des choses qu'il a réussi à faire : obtenir une licence, par exemple, voyager, aller au concert, apprendre à jouer d'un instrument de musique. Savez-vous que non seulement il joue du violon, mais qu'il a aussi appris à les fabriquer ? C'est de tout cela qu'il parle. C'est un livre gai, tourné vers l'avenir, rempli d'espoir.

— Pauvre Victor, dit David. De quoi aviez-vous peur ? »

Victor à une certaine époque avait haï et craint David. Un reste de cette vieille rancune s'emparait de lui maintenant, il éprouvait un profond ressentiment, car il devinait que David avait lu ses pensées, étape par étape, jusqu'à cet ultime moment. Il avait su ce qu'il éprouvait et s'était arrangé pour le tenir en suspens, pensant sans doute que Victor avait continuellement brûlé de poser des questions à propos du livre depuis leur première rencontre, un mois plus tôt. Il ne pouvait pas imaginer que celui-ci avait été trop heureux de cette nouvelle amitié pour repenser une seule fois au livre...

« Regardez, dit Clare. Voici l'unique passage qui fasse allusion à Solent Gardens. »

Victor se mit à lire. Les idées qu'il s'était faites sur David s'évanouirent. Peut-être tout cela n'était-il encore qu'un effet de son imagination. La prison rend les gens paranoïaques, disent ceux qui sont supposés savoir.

Le siège de Solent Gardens — qui ne fut jamais réellement un siège et qui, de toute façon, dura fort peu de temps — a été si souvent décrit ailleurs qu'il me suffira ici d'en parler brièvement. En résumé, j'ai reçu une balle qui m'a rendu infirme pour le reste de mes jours. Aujourd'hui, étant donné que les temps ont changé — certains diraient en mal — les policiers qui devraient faire face à cette sorte de situation seraient très certainement armés. Si cela avait été ainsi, je n'aurais probablement pas été blessé...

Mais « ruminer » est inutile et n'apporte jamais rien de bon. Le passé est le passé. J'ai été blessé au bas de la colonne vertébrale et j'ai eu la moelle épinière sectionnée. Mon corps en dessous de la taille est totalement et définitivement paralysé. La dernière chose dont je me souvienne, est d'être resté dans une flaque de sang, mon propre sang, tandis que je demandais : « Mais d'où vient donc tout ce sang ? »

Les mois suivants — le début de ma seconde vie — je les ai passés au Stoke Mandeville Hospital. C'est ce dont je vais parler dans le chapitre qui va suivre.

« Il y aura un avant-propos rédigé par un policier de haut rang, dit David, dans lequel il décrira le siège. Mais nous avons décidé de ne pas mentionner votre nom. » Il grimaça un sourire à l'intention de Victor. « Mon éditeur — c'est la pure vérité — ne voulait pas. Il craignait, je suppose, un procès en diffamation, donc pas de photographie, Victor, aucune attaque verbale, vu ? »

Peut-être était-ce effectivement l'attitude de l'éditeur, se dit Victor, mais c'était vrai aussi, il en était sûr maintenant, que David n'avait aucune mauvaise intention. David comprenait qu'il s'agissait d'un accident. Pourquoi alors laissait-il son regard chargé d'ironie et de tolérance amusée, posé sur Victor bien plus longuement que d'habitude ? Pourquoi observait-il celui-ci, comme s'il s'attendait — oui, c'était exactement cela — à ce que Victor fasse de nouveau quelque chose de terrible, déclenche un effroyable accident, dont lui, David, serait la victime ?

Victor remit les épreuves dans l'enveloppe et se retourna pour jeter un coup d'œil de profonde gratitude à Clare. C'était elle qui avait lu ses pensées, deviné son angoisse, c'était elle qui l'avait réconforté avant même qu'il ne le lui demande. La main de la jeune femme était posée sur la table, cette main aux doigts de laquelle David se refusait à mettre une bague, une alliance. Victor mourait d'envie de la couvrir avec la sienne, de la serrer, mais manquait de courage pour s'y résoudre.

XIII

Il restait encore deux semaines avant son anniversaire. Victor s'était assuré que David et Clare ne feraient rien de particulier ce dimanche soir, mais seraient comme d'habitude ensemble chez eux. Il ne dévoila pas ses intentions — se contentant simplement de leur dire que ce jour-là serait celui de son anniversaire — car il était sûr qu'ils se rencontreraient de nouveau avant cette date.

Rentrant chez lui — très tard, c'est-à-dire à l'aube du dimanche matin — il se dit qu'il les laisserait l'appeler au téléphone. Ils pouvaient le joindre s'ils en avaient envie. Il était presque toujours chez lui le soir et lorsqu'il laissait sa porte entrouverte, il entendait la sonnerie. Peut-être cela avait-il été excessif de les voir deux fois en une semaine. Il devait faire attention de ne pas exagérer au début. D'autant plus qu'ils avaient des années devant eux. Il faudrait probablement un an, peut-être plus, pour qu'ils deviennent des amis intimes. Victor, roulant sur une route déserte, bordée de bois de hêtres, qui s'assombrissait ou s'éclaircissait suivant l'épaisseur de la forêt, se demandait si le jour viendrait où ils pourraient tous vivre ensemble, en partageant une maison. L'idée lui souriait. Il dirigerait sa petite compagnie de location de voitures qui, sans aucun doute, deviendrait prospère, ce qui lui permettrait d'engager Clare, d'en faire son associée tandis que David, dont le livre se serait bien vendu, commencerait une troisième vie, la vie d'un auteur à succès. Victor aurait vraiment aimé avoir cette photographie de Clare. Il aurait pu, bien sûr, la lui demander. Pourquoi ne l'avait-il pas fait ? Par peur, sans doute, de paraître stupide. La prochaine fois qu'il les verrait, il leur donnerait sa photographie et leur demanderait la leur. De cette manière, ils ne se douteraient pas que c'était surtout celle de Clare qu'il désirait avoir.

Vêtu de son nouveau costume, Victor alla quelques jours plus tard chez un photographe qui avait son atelier à Ealing Green. L'homme parut quelque peu surpris de sa demande. Il avait d'abord pensé que Victor voulait une photo pour son passeport. Apparemment, c'était fort rare qu'un homme adulte, seul, sans femme et sans enfant, désire avoir son portrait. Victor se sentait d'autant plus mal à l'aise qu'il ne fumait pas la pipe, qu'il n'avait pas de chien à caresser ou de club de golf à tenir. Néanmoins, on fit les prises de vue et le photographe promit à Victor qu'il pourrait choisir parmi quelques épreuves dans les prochains jours.

Victor acheta le *Tatler*, le *Radio Times*, le *TV Times*, *What Car ?*, *House and Garden* et s'assit dans le fauteuil roulant pour les lire. Dans la soirée, il alluma son nouveau poste et regarda la télévision, le son coupé, sa porte entrouverte, afin de pouvoir entendre la sonnerie du téléphone. Le vendredi, Clare téléphona pour lui demander s'il s'était aperçu qu'il avait oublié son pull-over. Elle en avait fait un paquet qu'elle avait envoyé en recommandé ce matin même. Elle parlait du pull-over rouge de chez Marks and Spencer qui, pour tout dire, n'avait pas manqué à Victor, étant donné que le temps était plutôt au beau. Il aurait cependant préféré avoir oublié son blouson ou un vêtement ayant une marque plus prestigieuse.

Clare ne l'invita pas à venir mais lança « A bientôt », juste avant de raccrocher. Victor en fut content. On le considérait maintenant comme un ami. Inutile de faire des phrases, inutile de dire combien cette journée de samedi avait été agréable, combien son vin était bon, combien ils avaient envie de le revoir. Ça, c'était le passé et on allait de l'avant. Il était heureux de ne pas avoir été invité. S'il l'avait été, pour ce week-end, la fête d'anniversaire aurait pu être plus difficile à organiser. Il devait y avoir des temps morts en amitié, des moments pour respirer. Lorsqu'elle eut raccroché, il resta debout dans la pénombre de l'entrée, gardant le combiné à la main et continuant de parler à voix haute. Il lui murmurait ce qu'il n'avait pas osé dire lorsqu'elle était à l'autre bout de la ligne : « Bonne nuit, Clare. Bonne nuit, ma chérie. »

Il ne s'était jamais servi de ce mot pour qui que ce soit, tout au long de sa vie. Il prit le crayon qui se trouvait sur la tablette du téléphone et écrivit sur le bois de la marche, à côté du nom de David et de son numéro de téléphone, Clare.

Au rayon alimentation de chez Harrods, Victor regardait la charcuterie, les fromages, les viandes froides, les poissons, les salades, les gâteaux, les fruits, puis demandait les prix, se sentant incapable de choisir parmi cette quantité incroyable d'articles. Il reviendrait ici samedi et achèterait ce dont il aurait envie pour son repas d'anniversaire. Il louerait de nouveau la voiture. C'était dommage qu'il ne puisse pas louer un réfrigérateur.

Les épreuves du photographe arrivèrent. Celui-ci expliquait, dans une petite note, que ce n'étaient que des essais qui ne pouvaient donner qu'une vague indication. Même ainsi elles étaient suffisamment bonnes pour lui. Il ne savait pas qu'il paraissait si jeune. Sa beauté n'avait pas été aussi totalement endommagée par les années de prison qu'il l'avait pensé jusqu'ici. C'était un beau visage sérieux, réservé, à la bouche sensible, qui le regardait. Seuls les yeux, au fond desquels on lisait une cruelle expérience, indiquaient que l'homme de ce portrait avait passé la trentaine. Il y avait une photographie de profil et deux autres de face, avec les yeux légèrement tournés sur le côté. Lui faudrait-il, pour David et Clare, faire encadrer la photo, ou simplement la leur donner, telle quelle, dans le papier crème, non ébarbé, que fournissait le photographe ? Il posa la question à Clare, en pensée, mais qui, comme d'habitude, ne lui répondit pas.

Muriel avait un réfrigérateur ; en vérité, quelque chose de très grand, avec un énorme congélateur. C'était une nécessité pour quelqu'un qui vivait comme elle. Cependant, Victor répugnait à lui demander de garder une nuit entière la nourriture qu'il allait acheter chez Harrods. D'ailleurs, elle refuserait. En outre, Victor avait la curieuse impression que maintenant qu'il avait commencé à se servir de la maison de sa tante comme d'une sorte de banque, il ne pouvait plus y avoir de relations entre eux. Ils avaient cessé d'être tante et neveu. Elle l'avait bien cherché, en prenant cette attitude hostile à son égard.

D'une certaine manière, la maison de Muriel ressemblait à une banque, avec un distributeur de billets à l'extérieur. Ces machines, dans lesquelles vous glissez une carte avant de composer un numéro secret sur un cadran pour recevoir l'argent que vous demandez, n'existaient pas avant qu'il n'aille en prison. Chez sa tante, il suffisait d'une clef et d'un peu de cran. En ce moment, il n'avait pas besoin d'argent, il en avait suffisamment pour se tirer d'affaire pour au moins une semaine. Il remonta Acton High Street, s'arrêtant ici et là pour regarder les réfrigérateurs à la devanture des magasins. Dès qu'il aurait son appartement, il lui faudrait un réfrigérateur, mais pour l'instant, il n'aurait pas eu la place où le mettre. Le fauteuil roulant occupait presque tout l'espace libre de sa chambre.

Sur le chemin du retour, il passa devant la boutique de Jupp. Au beau milieu de la vitrine, derrière le plateau rempli de bijoux victoriens, se trouvait le bureau de son père. L'étiquette de prix, accrochée à une ficelle, était tournée de telle façon qu'il était impossible de la lire de la rue —

un procédé fort commun chez les antiquaires et les brocanteurs. Mais cette fois, elle n'avait pas été retournée suffisamment ; en penchant la tête, au point de lui faire toucher ses genoux, en se tordant le cou, Victor parvint à lire le prix écrit au stylo à bille : trois cent cinquante-neuf livres quatre-vingt-dix-neuf. Et Jupp ne lui avait donné que quatre cent dix livres pour le tout ! Il devait bien entendu savoir, même à ce moment-là, que le bureau était un meuble rare. Si le bureau coûtait si cher, que devait valoir le reste ? Très certainement le prix de son mobilier était plus proche de quatre mille que de quatre cents livres.

Il se rendait cependant compte, tandis qu'il le regardait, qu'il regardait la paire de chandeliers en cuivre de sa mère qui étaient posés dessus, qu'il était maintenant trop tard pour faire quoi que ce fût. Il entra néanmoins dans la boutique. La clochette d'entrée se mit à tinter. Bien en évidence à l'intérieur, était exposé le divan recouvert de velours brun. Et pour cacher le trou de cigarette que son père y avait fait, on avait placé sur le bras le paon empaillé. Ce ne fut ni Jupp ni le jeune garçon mais Kevin qui émergea de l'arrière-boutique.

« Il s'est bien engraissé sur mon dos, n'est-ce pas ? dit Victor. Il demande presque autant pour ce bureau qu'il m'a donné pour le tout.

— Absolument exact. C'est du vol manifeste, dit Kevin joyeusement. Vous voyez, il n'est pas là à cause de sa santé. A propos de santé, je suis sûr que vous n'allez pas me croire, mais il a renoncé aux pastilles de menthe. Il s'est complètement arrêté. Il doit être sérieusement en manque. »

Cela n'intéressait nullement Victor. Tous les meubles de la maison de ses parents étaient éparpillés dans la boutique de Jupp, à part quelques objets qui devaient probablement être vendus, ou qui avaient été transportés dans le magasin de Salusbury Road. Il fit le tour de la boutique en lisant les prix : cent cinquante livres pour la table de salle à manger et six chaises, vingt-cinq livres pour le grand lit de ses parents (dans lequel il y avait eu tant de cris, de transports amoureux aussi proches du plaisir que de la douleur), dix livres pour la tête de lit recouverte de satin matelassé, soixante-quinze livres pour une bibliothèque et cent vingt-cinq livres pour une vitrine à porcelaines.

« Que diriez-vous d'un café ? lança Kevin en sortant de nouveau de l'arrière-boutique. Tant qu'à faire... » Victor le suivit en baissant la tête sous le rideau retenu par une embrasse. Un liquide blanc bouillait dans une casserole sur une plaque chauffante. La mousse passa au-dessus du bord avant que Kevin ne puisse retirer le récipient du feu. « Ça ne sert à rien de pleurer sur du lait renversé », dit-il.

La pièce était meublée comme une cuisine mais contenait des fauteuils et une table en marbre et fer forgé, comme on en voit encore dans les bistrots.

« Vivez-vous ici ? demanda Victor.

— Vous plaisantez ! dit Kevin en lui tendant une tasse avec un mélange d'eau et de lait dans lequel avait été ajoutée une demi-cuillerée de café instantané. Du sucre ? Il a fait un sacré numéro à votre tante. Croyez-moi. Je ne sais pas ce qui arrive à ce vieux Joe ces derniers temps... Il l'a sortie.

— Elle ne met jamais le nez dehors.

— Bon. C'est une façon de parler. Qu'est-ce que ça veut dire « sortir » ? N'importe quoi. Aussi bien acheter un paquet de bonbons à une gonzesse que la baiser à mort. Il avait sans doute besoin de cela pour compenser son état de manque.

— C'est lui alors qui habite ici ? dit Victor qui suivait son idée.

— Personne ne vit ici, expliqua Kevin patiemment. Ma femme et moi, nous habitons Muswell Hill, et le vieux Joe a un duplex au-dessus de sa boutique de Salusbury. Satisfait ? Alors pourquoi avons-nous ces fauteuils et ce réfrigérateur dans cette foutue arrière-boutique ? Parce que lorsqu'on travaille dans ce genre d'affaires, on peut avoir de sérieux temps morts, c'est le moins qu'on puisse dire, quand pas un pékin ne se présente. O.K. ?

— Est-ce que je pourrais mettre quelque chose dans votre réfrigérateur durant toute une nuit ? Celle de samedi, pour être précis.

— Qu'est-il arrivé au vôtre ? »

Victor expliqua qu'il n'avait pas de réfrigérateur. Il lui fallut un certain temps pour convaincre Kevin. Apparemment, il n'était jamais venu à l'esprit de ce garçon qu'il pouvait y avoir des gens — des gens ordinaires vivant dans la même ville que lui, ni des aborigènes, ni des amishs — qui ne possédaient pas de réfrigérateur.

« Est-ce possible ? » demanda-t-il en regardant Victor avec un œil neuf. Il se mit à parler alors du réfrigérateur qu'il avait en commun avec la fille de Jupp, le plus grand, le meilleur qu'on puisse trouver en Angleterre, d'une étonnante capacité, avec un congélateur, un compartiment à glaçons et un système de rafraîchissement des boissons relié à un robinet. Victor réussit néanmoins à apprendre que la boutique serait ouverte le samedi jusqu'à six heures et que lui, Kevin, serait là « officieusement » le dimanche matin jusqu'à midi. « Strictement interdit par la loi, mais extrêmement bénéfique pour la vente aux touristes », dit-il.

Victor se préparait à lui faire remarquer que Jupp lui devait bien ça, étant donné la manière plus que douteuse dont il avait acquis son mobilier, mais Kevin était déjà convaincu. On ne mettait jamais rien dans ce réfrigérateur en dehors d'une bouteille de lait et d'une demi-douzaine de boîtes de bière. Les provisions de Victor seraient tout à fait à l'aise.

« Donc, vers midi samedi prochain », dit Victor.

Et si Jupp allait épouser sa tante ? Des choses plus bizarres sont arrivées. Ce devait être cela que Jupp avait en tête, car ce serait difficile de s'intéresser à Muriel pour son charme et ses attraits sexuels. Probablement lorgnait-il son argent. Victor se glissa dans la maison de Mrs. Griffiths, silencieuse, chaude, à l'odeur de renfermé. Lorsqu'il y était seul, les journées étaient tranquilles, interminables. Le paquet sur la table de l'entrée était pour lui, avec une adresse écrite de la main de Clare. Il contenait le pull-over et un numéro de l'hebdomadaire local. Victor espérait une lettre, mais il n'y avait qu'une carte postale avec un dessin sur lequel on voyait une place, une statue et quelques maisons. Il se dit que c'était peut-être Clare qui l'avait fait, mais en retournant la carte, il lut la mention : Versailles, Raoul Dufy. Clare avait écrit : « J'ai pensé que vous pouviez en avoir besoin au cas où nous ne nous verrions pas pendant quelque temps.

Affectueusement, Clare. »

Il monta le paquet et la carte dans sa chambre. Il enfila le pull-over, bien qu'il eût déjà chaud, et s'assit dans le fauteuil roulant pour relire la carte postale. Que signifiait exactement « quelque temps » ? plusieurs jours ? une semaine ? un mois ? De toute façon, ça n'avait guère d'importance étant donné qu'il irait là-bas dimanche pour leur faire une surprise. Elle avait écrit « affectueusement », alors qu'elle aurait très bien pu mettre « amitiés ». La dernière fois elle avait écrit « amitiés ». Elle aurait pu aussi terminer sa lettre par « bien à vous » ou « cordialement » ou même « sincèrement vôtre », mais elle avait écrit « affectueusement ». On ne termine pas une lettre par « affectueusement », à moins d'éprouver un vif sentiment pour la personne à qui l'on écrit, n'est-il pas vrai ? Il n'imaginait pas écrire à qui que ce soit « affectueusement » — sauf à elle...

Elle avait touché le pull-over, l'avait plié. Il pouvait sentir son odeur, l'odeur faible mais parfaitement perceptible du parfum qu'il lui avait offert : Rive Gauche.

Dans l'hebdomadaire, il y avait une annonce pour un appartement sans doute intéressant, qui, malheureusement, devait déjà être loué. Il téléphona cependant de l'entrée, avec les yeux fixés sur le nom de Clare écrit au crayon, sous le dessous de la marche de l'escalier. L'appartement était toujours libre. Il était situé à Theydon Bois même et le loyer était de cinquante livres par semaine. Victor s'excitait à l'idée de voir Clare et David tous les jours. Ils viendraient lui rendre visite en rentrant de leur promenade et s'assiéraient avec lui à l'extérieur, sous un parasol rayé, pour boire du vin blanc. C'était un grand studio, au rez-de-chaussée, possédant une cuisine et une salle de bains. Il donnait sur un « patio ». Il était également possible de louer une place dans le garage. Victor prit rendez-vous pour le voir le dimanche après-midi. Puis, sans réfléchir à ce qu'il faisait, simplement parce que cela lui paraissait normal et qu'il en avait envie, il traîna le fauteuil roulant dans l'escalier, puis dans la rue.

Dès qu'il fut dans Twyford Avenue, il monta dedans et recouvrit ses jambes avec la couverture de voyage brune à carreaux. Il faisait chaud, mais pas suffisamment pour que le plaid paraisse bizarre.

Il se dirigea vers Ealing Common. Autrefois, ce genre d'endroit l'attirait à cause des possibilités qu'il offrait : on y rencontrait des femmes seules. Et personne ne pouvait entendre leurs cris. Victor avait toujours trouvé que les chiens étaient singulièrement inefficaces pour venir en aide à leur maîtresse. Il est juste de dire qu'il ne s'était jamais attaqué à des femmes accompagnées de gros chiens. Il arrêta le fauteuil roulant sous un arbre. Un enfant, qui jouait au ballon, fut rappelé sèchement par sa mère, parce qu'il pouvait, en s'agitant, troubler la tranquillité de l'infirme. Du moins, c'est ce que crut comprendre Victor. L'homme qui dans le passé avait été l'auteur d'un certain nombre de viols était maintenant quelqu'un de différent. Ce n'était pas seulement parce que Victor jouait en ce moment le rôle d'un handicapé, l'idée de violer une femme lui paraissait aussi étrange qu'à n'importe quel bon et honnête citoyen. Pourquoi avait-il fait cela ? Qu'en avait-il tiré ? Il posa la question à Clare qui l'écoutait avec sympathie, mais qui, comme d'habitude, ne lui répondit pas. C'était probablement parce qu'à cette époque il était toujours en colère. Il ne l'était plus maintenant, ne voyait même plus de raison pour l'être.

Il pivota et prit le chemin du retour. Une jeune femme, qui ressemblait à Clare, s'approcha de lui au carrefour d'Uxbridge Road et marcha à côté du fauteuil roulant, en posant une main sur le dossier. Lorsqu'il atteignit le coin de Tolleshunt Avenue, Victor avait les bras fatigués et, quand il descendit du fauteuil pour rentrer dans la maison de Mrs. Griffiths, ses jambes étaient engourdies.

Le lendemain, il alla louer une voiture. Par un coup de chance, on lui proposa la même. Il la gara dans le parking de chez Harrods où apparemment c'était la dernière place libre. Au rayon d'alimentation, il acheta des asperges, des framboises, des truites fumées, des cailles (il espérait que Clare saurait les préparer), de jolies petites pommes de terre nouvelles (les premières de la saison), du beurre aux fines herbes, de la crème fraîche, des petits pois mange-tout, du brie, du Double Gloucester, et un fromage de chèvre qui ressemblait à un gâteau roulé recouvert de sucre glace. Il acheta également du Moët et Chandon et deux bouteilles d'Orvieto.

Cela lui coûta près de cent livres. Victor n'avait jamais pensé qu'on pouvait dépenser une centaine de livres pour une aussi petite quantité de nourriture. Il monta dans sa voiture et se rendit à la boutique de Jupp. Celui-ci était là en personne. Il essayait en vain de vendre une horrible lampe art nouveau à une femme qui, de toute évidence, était simplement entrée pour jeter un coup d'œil. Kevin ne s'était pas donné la peine de dire à Jupp l'arrangement qu'il avait fait avec Victor.

« C'est un peu bizarre ce que vous me demandez, ne trouvez-vous pas ? lui demanda Jupp d'un air lugubre. Vraiment bizarre, non ?

— Votre gendre m'a dit qu'il n'y avait pas de problème.

— Peut-être, peut-être, il pense que ma boutique lui appartient, qu'il est le roi de ce qui l'entoure. Allez-y, jeune homme, faites comme chez vous. »

Jupp portait son jean, son gilet rayé et aussi, de la manière la plus inattendue, une chemise blanche repassée et une cravate sur laquelle était épinglé un insigne militaire. Avec le bout de ses doigts, il enleva quelque chose qui se trouvait sous le cadre d'un miroir et le fourra dans sa bouche. Victor retourna à sa voiture pour aller chercher le carton de chez Harrods. En revenant, il remarqua que le bureau de son père n'était plus là. Mâchonnant son chewing-gum, debout près du réfrigérateur, Jupp en tenait la porte ouverte. Il examina minutieusement ce que Victor mettait à l'intérieur. A la vue du champagne, ses gros sourcils blancs se relevèrent.

« Ne vous ai-je pas dit, jeune homme, de ne pas tout dépenser d'un coup ?

— Ne parlez pas de ça. Vous vous êtes bien engraissé sur mon dos », dit Victor.

Jupp claqua la porte du réfrigérateur. « En mariage trompe qui peut. » Il ne prit pas la peine d'expliquer ce que le mariage venait faire dans une transaction purement commerciale. Victor dit qu'il reviendrait chercher ses provisions le lendemain matin et s'en alla.

Il revint assez tôt, avant dix heures, parce qu'il s'était réveillé à l'aube avec en tête l'idée que peut-être la boutique resterait fermée ce dimanche-là, disons parce que Kevin aurait oublié. Kevin était là. Il aida Victor à remettre les aliments dans le carton après avoir enlevé et jeté un chewing-gum qu'il avait trouvé collé à la poignée du réfrigérateur.

« Vraiment dégoûtant, non ? Il a une nature d'intoxiqué. La prochaine fois il se met à fumer. »

Cette remarque fit penser à Victor d'acheter des cigarettes pour David. Il y ajouta une boîte de cigares. De retour dans la maison de Mrs. Griffiths, il s'habilla avec soin mais d'une manière assez peu formelle. Il mit son nouveau T-shirt bleu foncé, un pantalon de velours de la même couleur et le blouson ample aux deux tons de gris. Alors qu'il laçait ses chaussures neuves, de jolies chaussures en cuir gris, la paire la plus chère qu'il ait jamais portée, il se souvint que c'était son anniversaire. Tout cela était en l'honneur de son anniversaire mais les nombreux préparatifs le lui avaient fait oublier. Il se regarda dans le miroir. Trente-neuf ans aujourd'hui. Il entrait dans sa quarantième année et personne ne lui avait envoyé la moindre carte. Évidemment, en dehors de David et de Clare, qui connaissait son adresse ? Il éprouvait cependant un léger malaise, comme si quelqu'un l'avait laissé tomber. Il se refusait à analyser cette impression. N'avait-il pas dit à David et à Clare que c'était son anniversaire ? Pourtant ils ne lui avaient pas envoyé une carte pour le lui souhaiter.

A midi, il se mit en route, après avoir chargé le carton de victuailles dans le coffre de la voiture. Sur le siège à côté de lui, il y avait une grande enveloppe de papier kraft, qui contenait le portrait qu'il s'était fait faire et qui était arrivé la veille par la poste. Victor avait quatre cents livres dans la poche de son blouson, c'était ce qui restait de l'argent qu'il avait puisé dans la « banque » de Muriel.

Il déjeuna dans un hôtel d'Epping, puis descendit vers Piercing Hill pour rejoindre Theydon Bois. Il constata avec plaisir qu'il menait la sorte de vie dont il avait toujours rêvé et qu'il n'avait, jusqu'ici, jamais eue : être au volant d'une jolie voiture neuve, dans de beaux habits, déjeuner dans de bons restaurants, penser à se choisir un logement agréable, inviter ses amis à partager un repas gastronomique. Son passé était toujours là, mais ce n'était même plus un mauvais rêve, il lui apparaissait lointain, impersonnel. Ça ressemblait plus au passé de quelqu'un d'autre, à la vie d'un personnage de magazine.

L'appartement se trouvait dans une des plus vieilles maisons accolées à la forêt. En vérité, c'était très petit, une seule pièce coupée en trois avec une porte-fenêtre. Le « patio » sur lequel donnait la fenêtre ressemblait plutôt à une courette en ciment. Sur les treillis étaient accrochées des clématites qui, en cette saison, étaient couvertes de fleurs d'un blanc crémeux. La femme, propriétaire de la maison, qui s'appelait Palmer, lui dit que c'était une clématite et que les fleurs bleues en bordure étaient des bugles. Elle lui dit aussi que les chaises et la table de jardin en fer étaient neuves et de très bonne qualité. Victor n'était pas enthousiasmé par le mobilier en aggloméré, par le lavabo ébréché et par le tapis de crin, mais il se voyait assez bien vivre ici, prenant ses repas dans la courette, tandis que David et Clare passeraient le voir plusieurs fois par semaine. Au téléphone, se souvenant de ce que lui avait conseillé Clare, il avait dit qu'il s'appelait Michael Faraday, et maintenant, il répétait ce nom, jouissant de sa sonorité. Mrs. Palmer voulait une caution d'un mois de loyer et des références. Victor lui tendit deux cents livres et promit de lui donner une référence. Il espérait que Clare l'aiderait car c'était elle, après tout, qui lui avait suggéré de prendre un nom d'emprunt, de laisser dans l'ombre son passé.

Il n'était pas encore quatre heures. David et Clare pouvaient encore être en train de se promener s'ils étaient sortis dans la journée. Ensoleillé et clair, lorsque Victor avait quitté Acton, le ciel s'était couvert de nuages et la température avait baissé. Tandis qu'il roulait lentement le long du jardin public, quelques gouttes commencèrent à s'écraser contre son pare-brise. Il traîna jusqu'à la demie, restant assis dans sa voiture à l'arrêt, pour lire *Time Out*.

Il tombait une bonne averse lorsqu'il atteignit Sans-souci. Clare et David ne seraient donc pas dans le jardin. Il frappa à la porte avec le soldat romain qui servait de heurtoir, le carton de victuailles et les bouteilles à ses pieds. Un rideau se souleva à l'une des fenêtres de devant et Clare jeta un coup d'œil à l'extérieur. Victor ne put se dissimuler que la jeune femme en l'apercevant avait pris un air consterné. Le sourire qui remplaça cette expression était forcé, sans aucun naturel. Victor eut soudain l'impression d'avoir froid.

Clare ouvrit la porte. Elle portait un pantalon de coton blanc, une chemise bleue, et le chiot qu'elle tenait dans ses bras la faisait paraître très jeune. Clare paraissait toujours jeune, elle était jeune certes, mais maintenant, elle semblait avoir dix-huit ans.

« Victor, quelle surprise ! s'écria-t-elle.

— Je voulais que ce soit une surprise », grommela-t-il.

Clare jeta un coup d'œil au carton. « Qu'avez-vous apporté cette fois ? »

Il ne répondit pas. Il ramassa le carton et l'emporta avec lui dans la maison. Il s'immobilisa, conscient brusquement de quelque chose de différent, se rendant compte qu'il y avait un vide, qu'il manquait quelque chose.

« Je suis désolée, mais David n'est pas là, dit-elle. On lui a demandé d'aller à l'hôpital une semaine plus tôt que prévu. Ils ont beaucoup insisté. Pour lui, c'était pareil. Il sera ici demain. »

Victor découvrit alors ce qui manquait, l'odeur des cigarettes de David.

« N'ayez pas l'air tellement déçu !

— Excusez-moi, mais c'était que...

— Il vous faudra bien vous contenter de moi. Venez que je vous présente à Pauline. »

Victor eut de nouveau une horrible sensation, la sensation qu'il s'agissait d'un coup monté. Clare avait tout arrangé, tout organisé. Pauline Ferrars attendait derrière la porte. On avait été la chercher dans sa retraite, on l'avait découverte, on l'avait amenée ici pour qu'ils soient confrontés, pour qu'elle le confonde. Mais, bien entendu, il s'agissait d'une autre Pauline, une amie ou une voisine, une fille ayant à peu près le même âge que Clare, avec des cheveux noirs, un joli visage, et qui portait une alliance en or.

Elles avaient pris le thé et la théière était toujours là avec les deux tasses et les gâteaux secs sur une assiette. Tandis que Clare allait chercher une autre tasse, Victor essaya de faire la conversation à Pauline. Il dit que la journée avait fort bien commencé, mais que le temps s'était gâté par la suite. Elle était d'accord. Clare revint et se mit à parler de David, du traitement qu'il allait suivre, un traitement encore expérimental, qui consistait en une sorte d'électrochoc au niveau de la colonne vertébrale. Elle devait aller le rechercher le lendemain et prendrait pour ce faire une journée de congé. David préférait que ce soit elle qui vienne, plutôt que l'ambulance qui l'avait ramené la dernière fois.

Victor était profondément déçu. Il était accablé, atterré. Il ne se sentait pas capable de parler en présence de cette femme et il savait d'avance qu'elle était venue pour la journée, qu'elle resterait toute la soirée. L'absurdité de son plan, de sa surprise, éclatait au grand jour, il en voyait la stupidité. Il s'était conduit comme un enfant en ne leur téléphonant pas pour s'assurer qu'ils seraient l'un et l'autre à la maison, n'attendant aucune visite. Mais lorsque Pauline se leva en disant qu'elle devait partir — qu'elle était heureuse de l'avoir rencontré ; comment était-ce possible ? — il se sentit un peu mieux. Tout n'était pas perdu. Bien qu'il soit légèrement gêné, il fut assez heureux lorsque Clare, après avoir raccompagné Pauline, revint en disant qu'elle n'avait pas pu ne pas voir la bouteille de champagne, qu'elle s'interrogeait sur ce qu'ils se préparaient à fêter.

« Mon anniversaire, dit-il. Il ne put s'empêcher d'ajouter : Je vous l'avais dit.

— Oh, c'est vrai, Victor ! Je m'en souviens maintenant. C'est à cause de cette agitation autour de David, de son départ imprévu pour l'hôpital, de sa valise à faire, que ça m'est sorti de la tête.

— Ce n'est pas grave.

— Bien sûr que si. Vous savez bien que c'est important. Je devine ce qu'il y a dans le carton. Un tas de choses pour préparer un dîner d'anniversaire, n'est-ce pas ? Du vin, des gâteries, plein de bonnes choses ? »

Victor acquiesça.

« Allez, venez. Nous allons déballer ça. »

Victor proposa de boire le champagne pendant qu'ils ouvraient les paquets.

« Ne voulez-vous pas le garder jusqu'à ce que David soit rentré ? Vous pouvez revenir un jour dans la semaine pour le sabler avec lui.

— C'est aujourd'hui mon anniversaire », dit Victor.

Agenouillée sur le sol, elle leva les yeux pour le regarder avec un sourire joyeux et complice. Sans doute à cause du côté puéril et direct de sa remarque. Elle plissa le nez. Victor n'avait pas envie de sourire, mais il y parvint. La quantité de choses qu'elle sortit de la boîte lui coupa le souffle.

« Mais nous ne pourrons jamais tout manger rien qu'à nous deux ! »

Victor déboucha le champagne. Elle avait préparé deux coupes. Il n'avait ouvert une bouteille de champagne que fort rarement et lorsqu'il l'avait fait, une explosion s'en était suivie, amenant un grand remue-ménage. Aujourd'hui, les choses se passèrent fort normalement et la mousse se déversa dans la coupe de Clare.

« Vous sentez-vous capable de cuire ces trucs ? demanda-t-il.

— Je peux essayer. Elles ont l'air pitoyables, je veux dire, les cailles. Un vrai carnage.

— La cuisson va tout changer, dit Victor.

— J'espère, dit-elle en levant sa coupe. Joyeux anniversaire, Victor ! »

Il porta son verre à ses lèvres. Il se souvint alors de l'air consterné de son visage lorsqu'il l'avait aperçu à la fenêtre, après avoir frappé à la porte avec le heurtoir. Il avait l'impression que son cerveau se débarrassait enfin de sa paranoïa comme d'une pellicule. En dessous, les choses lui apparaissaient plus rationnelles, il lui semblait nettement moins difficile de leur donner un sens.

« Si vous voulez rester seule ce soir, dit-il, si vous préférez que je m'en aille, je le comprendrai parfaitement. Je ne serai nullement blessé. »

Elle tendit la main et la posa sur son bras. « J'ai envie que vous restiez. »

C'était évident qu'elle pensait ce qu'elle disait. Il fut troublé par ce contact, par le poids de cette petite main brunie, si légère pourtant qu'elle semblait flotter sur sa manche. Il eut brusquement la tentation de baisser la tête pour appuyer ses lèvres contre ses doigts. Elle retira sa main et s'appuya de nouveau au dossier de son siège en souriant.

« Bien sûr que j'ai envie que vous restiez. Nous vous devons tant de choses, Victor. »

Il la regarda fixement, redoutant les sarcasmes.

« Je sais que cela peut paraître étrange étant donné... eh bien, sans vous David évidemment ne serait pas dans l'état où il est. C'est vrai. Mais nous ne sommes pas les mêmes aux différents moments de notre existence. Ne le croyez-vous pas ? »

Bien sûr qu'il le croyait ! Passionnément. Il acquiesça, les poings serrés.

« L'homme qui a tiré sur David n'est pas le même que celui qui est avec moi maintenant, ce n'est pas quelqu'un avec qui David pourrait parler et... tenter de mettre les choses au clair, de trouver une explication. De toute façon, même cet homme-là, David ne le considère plus comme un monstre, comme l'agent du mal. Il commence à comprendre. Victor, il y a eu une période où j'ai pensé que David allait devenir fou. Il plongeait complètement, il sombrait dans la dépression la plus totale. Il n'arrivait pas à parler de ce coup de feu. Il aurait été incapable d'écrire quoi que ce soit sur ce sujet. C'est très précisément pour cela qu'il n'y a rien dans son livre, ce n'est nullement par pitié pour vous, si c'est ce que vous avez pensé. Et puis, vous êtes apparu. Tout d'abord, il a pensé que vous veniez le tuer et puis, croyez-le ou non, il s'est dit qu'il aimerait vous tuer. »

Victor écoutait en silence, en la regardant.

« Puis, il a commencé à vous apprécier. Il y a quelque chose — je veux trouver le mot juste — de plaisant chez vous. Le saviez-vous ? Je pense que c'est parce que vous paraissez tellement vulnérable. »

Bien entendu, ce pouvait être le champagne, mais Victor ne le croyait pas. Quelque chose remuait, s'agitait, se déployait à l'intérieur de son corps. Les paroles de Clare se répercutaient à l'infini dans sa tête.

« Oui, quelque chose de plaisant, dit-elle. Je sais que David le pense aussi. Pardonnez-moi si je vous dis que je ne crois pas qu'il vous fasse entièrement confiance encore, pensez à la gravité de sa blessure. Mais il finira par y arriver, j'en suis sûre. Par votre intermédiaire, il parviendra à être en accord avec sa vie. »

Victor eut l'impression que Clare venait de lui donner un magnifique cadeau d'anniversaire. Elle n'aurait pu lui offrir aucun objet qui lui fasse autant plaisir que ces paroles. Il aurait aimé le lui dire, mais étant incapable de trouver les mots, ses paroles restaient collées à sa langue. Il garda le silence. Il remit les provisions dans le carton qu'il emporta dans la cuisine. Les fenêtres étaient balayées par la pluie. Le jardin verdoyant et fleuri n'apparaissait plus que comme une image brouillée derrière des vitres sur lesquelles ruisselaient des trombes d'eau. Clare arriva portant la bouteille de champagne. Elle lui prit la main et lui donna une légère pression.

« Clare, dit-il, en gardant sa main, Clare. »

Finalement, ils décidèrent de ne pas cuire les cailles, mais de les mettre au réfrigérateur en attendant que David soit de retour. Clare cependant prépara les asperges. Ils mangèrent la truite, puis les framboises à la crème. Ils dînèrent sur la table de la cuisine, ce qui plut beaucoup à Victor. Il aimait l'absence de formalité, la nappe à carreaux rouges et blancs que Clare étendit sur la table de bois brut, la bougie rouge dans un chandelier en étain. A huit heures, il faisait déjà suffisamment sombre pour qu'on puisse l'allumer. La pluie, ce soir-là, donnait à Theydon Manor Drive un aspect hivernal, crépusculaire.

Victor parla de la caution qu'il avait donnée pour retenir le studio. Clare lui dit alors ce qu'il avait imaginé qu'elle pourrait dire mais qu'il n'avait jamais pensé qu'elle dirait.

« On pourra faire un petit saut chez vous en rentrant de promenade.

— Il est de nouveau à l'hôpital, dit Victor, est-ce que cela signifie qu'il a une chance de guérir ? Est-ce que son état peut s'améliorer ? »

Clare haussa les épaules.

« Qui sait, un jour peut-être... De toute façon, je ne suis pas vraiment au courant. David, lui, connaît son état dans tous les détails, c'est à lui qu'il faudrait poser la question. » Elle sourit en voyant son air perplexe. « Oui, oui. Je le pense vraiment. Ça lui ferait le plus grand bien d'en parler. Quant à une guérison... Pas pour l'instant, pas dans l'état actuel des connaissances. On fait un tas d'expériences sur lui — avec son consentement. Il le désire vraiment. C'est pourquoi il est là-bas en ce moment. Mais il ne faut s'attendre à aucun miracle, Victor. Demain matin, lorsque j'irai le chercher, je ne serai pas accueillie par une équipe de médecins excités et ravis entourant un David marchant de nouveau d'un pas allègre. Au mieux, ses réactions peuvent leur servir à voir dans quelle direction ils doivent poursuivre leurs travaux. »

Victor se demanda si l'allusion à son départ pour l'hôpital demain matin n'était pas une manière détournée de le prier de partir. Mais ses soupçons, il s'en rendait compte, étaient un vestige de cette paranoïa dont il commençait à se débarrasser. Elle lui avait demandé de rester, c'est qu'elle avait envie qu'il reste. Il l'aida à faire la vaisselle et ouvrit une des bouteilles de vin italien.

C'était curieux que jusqu'ici il n'ait jamais réellement éprouvé de désir pour elle. A plusieurs reprises, il s'était souvenu de la manière dont elle l'avait pris dans ses bras, l'après-midi où David lui avait montré les épreuves de son livre, comment il avait répondu à son embrassement. Mais un désir de cette sorte était quelque chose qu'il n'avait jamais éprouvé, jamais en tout cas depuis Pauline. Et c'était ridicule de comparer Pauline et Clare.

Sa réaction à l'étreinte de Clare lui semblait être un phénomène isolé, intéressant, agréable même, mais qu'il pouvait tout aussi bien ne plus jamais ressentir. Quand elle l'avait touché, lorsqu'elle avait posé sa main sur son bras, lui avait tenu la main, ce qu'il avait éprouvé alors était quelque chose de distinct du désir, quelque chose qui lui apparaissait aussi mystérieusement complexe que ce qu'elle appelait sa vulnérabilité, cet aspect plaisant de sa personnalité. Toutefois, les choses avaient maintenant changé. Il se rendait compte, en circulant dans la cuisine, d'une transformation de ses perceptions, d'une modification dans ses relations avec elle. Il avait envie qu'elle le prenne de nouveau dans ses bras.

Elle souffla la bougie et ils retournèrent dans le salon. En passant devant le poste de télévision, il se dit qu'ils allaient sans doute la regarder. Pour lui, c'était ce qu'on faisait le soir, ce que tout le monde faisait, sans même y penser, c'était en quelque sorte une partie de la vie. Clare, pourtant, préféra mettre un disque. Une musique qu'il n'avait jamais pu supporter, surgie du passé, démodée, étrange, exécutée avec ces instruments dont plus personne ne savait se servir. Elle lui tendit la pochette. C'était une suite pour clavecin de Purcell. La douceur froide des sonorités emplissait la pièce et Victor sentit son bien-être s'évaporer. Il était de nouveau malheureux, oppressé, il avait une sensation de gâchis et de solitude.

« Est-ce que je pourrais avoir cette photo ?

— Vous voulez ma photo ? Celle-là ? Vous voulez dire cette photo dans son cadre ? »

Il fit un petit signe de tête affirmatif. C'est alors que son portrait lui revint à l'esprit. « J'ai quelque chose pour vous, quelque chose d'autre, je veux dire. Je l'avais presque oublié. »

C'était l'enveloppe de papier kraft contenant sa photographie qu'il avait laissée sur le siège de la voiture. Il sortit pour aller la chercher. Il ne prit pas la peine ensuite de reverrouiller la portière : il allait bientôt partir. La pluie s'était arrêtée et l'air froid, pur, avait une teinte bleutée. La lune, d'un blanc cru, s'était levée, cachée en partie par un nuage. A l'horizon, la ligne jaune de l'autoroute perçait l'obscurité. Clare se leva, lorsqu'il rentra dans la pièce, pour lui prendre la photo des mains. La musique n'était plus la même, c'était un morceau plus chaud, qui ressemblait à une danse venue du passé.

« Avez-vous fait faire ce cliché spécialement ? »

Formulée ainsi, la question le faisait paraître légèrement ridicule. Il acquiesça.

« Merci, dit-elle. Je ne peux vous donner la photo qui est là, elle appartient à David. Mais je vous en donnerai une autre. »

Il la regarda fouiller dans le bureau. C'est alors qu'il lui apparut de la manière la plus éclatante, la plus absolue, qu'il ne pourrait pas rentrer chez lui ce soir. C'était au-dessus de ses forces. La solitude qu'il emmènerait alors le submergerait, l'abattrait. Semblable à un auto-stoppeur qui ne recherche que la violence, elle se jetterait sur lui, l'écraserait, le laisserait pour mort. Il fallait qu'il trouve un mensonge. Qu'il n'arrivait pas, par exemple, à faire démarrer la voiture, n'importe quoi afin de pouvoir rester.

Sans tourner la tête, lisant sans doute ses pensées, Clare lui dit : « Il est tard, Victor. Pourquoi ne passez-vous pas la nuit ici ? Il me faudra partir tôt demain matin mais vous n'avez pas à vous en occuper. » Elle se mit à rire, tandis qu'elle pivotait sur sa chaise. « Pour tout vous dire, je n'aime pas beaucoup être seule ici la nuit. Pauline m'a tenu compagnie jusqu'à aujourd'hui, mais maintenant son mari est rentré de voyage et elle doit rester avec lui. »

Victor s'efforça de paraître naturel, décontracté, comme si c'était lui qui lui accordait une faveur. « C'est tout à fait possible, ça ne pose pas de problème. »

La photographie qu'elle lui donna ne ressemblait pas à celle du cadre. Elle avait été prise bien avant, et Clare y apparaissait plus jeune, presque une enfant encore. Il restait assis à la regarder, la regardant comme il n'aurait jamais osé regarder la femme de chair et d'os. Elle l'installerait dans la chambre d'amis, là où Pauline avait dormi. Celle de David était pleine de trucs, d'appareils utiles aux handicapés, dit-elle. Sa voix, remarqua Victor, avait maintenant des intonations étranges, légèrement forcées. Elle avait bu beaucoup de vin, bien plus qu'au cours des autres repas qu'il avait partagés avec elle. Un afflux de sang était monté à ses joues et ses yeux étaient étonnamment grands. Il se dit qu'elle l'embrasserait de nouveau lorsqu'elle lui souhaiterait une bonne nuit.

Victor éprouva brusquement l'envie de reculer le plus possible cette séparation. Il la regardait maintenant en silence, comme il avait regardé tout à l'heure sa photographie. Elle parlait de choses et d'autres, pour meubler la conversation, du voyage du lendemain, du long trajet en pleine campagne. Victor entra dans le jeu, en lui posant des questions sur son itinéraire, lui proposant de lui servir de chauffeur — ce qu'elle refusa — sans jamais cesser de la dévisager avec un désir qui bientôt ressembla à un contact physique. Dans le même temps, il se rendait compte que ce désir était réciproque. Il se dit que c'était peut-être un effet de son imagination, mais il était certain de ne pas se tromper. Ne lui avait-elle pas dit qu'il était plaisant ? Quelque chose tremblait à l'intérieur de lui, mais son corps et ses mains restaient parfaitement calmes. Il éprouvait une sensation différente de ce qu'il avait ressenti lorsqu'elle l'avait embrassé pour la première fois. C'était plus diffus, plus tendre, moins vorace.

Ce mot qui lui vint à l'esprit le fit frissonner. Il dit brusquement d'une voix rauque : « Que savez-vous de moi ? Que connaissez-vous de mon passé ? Que vous a dit David ? »

Elle lui répondit d'une voix calme : « Que vous étiez dans une maison avec une jeune fille que vous aviez d'une certaine manière prise en otage, qu'il avait dû pénétrer à l'intérieur pour la secourir et que c'était alors que vous aviez tiré sur lui. Sommes-nous obligés de parler de ça ?

— Est-ce tout ?

— Je crois. » Elle se leva et Victor fit de même. Elle resta debout, immobile à le regarder, les bras pendants. « Il est tard. Je préférerais ne pas en parler ce soir. »

Son visage exprimait un désir impatient qu'il ne comprenait pas bien. Il ne l'avait jamais vu chez aucune femme. Il n'avait jamais auparavant pris une telle femme dans ses bras, n'avait jamais enfermé un tel visage dans ses mains, ne s'était jamais penché ainsi pour embrasser des lèvres. C'était son trente-neuvième anniversaire mais il n'avait jamais fait ça de cette manière. Les sensations qu'il éprouvait étaient inattendues, surprenantes, fortes et terribles, mais n'exigeaient aucune satisfaction immédiate.

Clare répondit à ses baisers très différemment de ce qu'elle avait fait la dernière fois. Il sentait que son désir était aussi grand que le sien. Elle se servait de sa langue, appuyait les courbes de son corps contre ses muscles tendus et frémissants. Ensuite, elle se dégagea, le dévisagea un instant avec un air d'effroi en portant le dos de sa main à ses lèvres. La surprise empêcha Victor de parler, le paralysa : il n'avait aucune expérience dans ce domaine. Clare quitta la pièce et, lorsqu'il pensa à la suivre, elle avait disparu. Le couloir était vide. Il jeta un coup d'œil dans la cuisine, mais il n'aperçut que Sally, la petite chienne, en boule dans son panier. Il éteignit les lumières et monta l'escalier en suivant le rail accroché à la rampe, qui servait à hisser le fauteuil de David.

Victor ne connaissait pas la disposition des pièces du premier étage. Il ne savait de quel côté se diriger et entra par erreur dans la chambre de David. Des violons aux divers stades de leur fabrication emplissaient la pièce. L'un d'eux, apparemment terminé, était posé sur le lit en pin. Une ouverture voûtée conduisait à une douche suffisamment spacieuse pour contenir un fauteuil roulant. Victor fit demi-tour. Les battements de son cœur étaient si pénibles qu'il souhaitait presque être rentré chez lui, même sous cette lune glacée, avec pour toute compagne la solitude. La maison était silencieuse. Par la fenêtre du palier, il aperçut la chaîne d'or de l'autoroute qui se découpait contre les champs et les collines.

Il respira profondément et ouvrit une porte. Il l'aperçut qui attendait, assise nue, au bord du lit. Elle leva les yeux pour le regarder et lui tendit les bras sans sourire.

XIV

Au beau milieu de la nuit, ils s'éveillèrent en même temps. Victor découvrit alors qu'ils avaient dormi enlacés. Clare battit des paupières et ouvrit les yeux. Victor ne se souvenait pas d'avoir éteint la lumière, mais il devait l'avoir fait car seuls les rayons bleutés de la lune éclairaient le visage de la jeune femme à ses côtés. Il tenait les seins doux et fermes de Clare dans ses mains, une chose aussi qu'il n'avait jamais faite avant la veille. L'amour, pour lui, s'était toujours résumé à un assaut, à un rapide mouvement de va-et-vient, à une explosion, à un halètement et à une roulade sur le côté. Ce n'était pas d'ailleurs seulement avec les femmes qu'il agressait qu'il agissait ainsi — avec celles-là c'était encore quelque chose d'autre, quelque chose d'encore moins présent, de moins sexuel — mais aussi avec Pauline dont l'attitude le mettait mal à l'aise, l'obligeait à considérer son corps comme un trou avec un peu de chair autour. Clare n'avait pas eu besoin de lui apprendre à faire l'amour — il n'aurait accepté cela d'aucune femme — tout était venu naturellement, revenait maintenant très naturellement tandis qu'il caressait son corps avec ses mains, avec le bout de ses doigts, avec sa langue, avec ses lèvres. Il ne s'était pas attendu au plaisir qu'il éprouva en retour, l'impression que lui donnait ce corps qui fondait, se dissolvait sous ses caresses, qui se dépliait pour s'offrir à lui avec une douceur chargée de gratitude.

Clare n'était pas une femme active, de la sorte dont on parle dans les magazines. Il n'aurait pu supporter, n'aurait pu accepter des contorsions, des provocations, des convulsions, des cris exagérés, ni aucune audacieuse initiative. Facilement, comme en rêve, sans penser à son plaisir immédiat, mais plutôt à sa longue frustration, il se retint jusqu'à ce que Clare augmente la pression de ses mains sur son dos et lui murmure, bouche contre bouche : « Oh oui, oui, maintenant. » La veille au soir, les choses ne s'étaient pas passées de cette manière, elles n'avaient pas été aussi parfaites pour elle que pour lui. Le monde n'avait pas basculé avec autant d'harmonie. Mais des années de désarroi, de détresse avaient doucement pris fin. Victor sentait que son corps était rayonnant comme l'était, il s'en rendait compte, celui de sa compagne. Le sang dans leurs veines était différent, électrisé.

« Je t'aime », murmura-t-il, des mots qu'il avait lus mais qu'il n'avait jamais prononcés.

Quand il s'éveilla de nouveau, elle n'était plus là. Les rideaux étaient ouverts et Victor apercevait un matin gris, au ciel morne. La rose blanche d'un rosier grimpant, plus claire que les nuages, s'encadrait dans une des vitres. Clare entra dans la pièce, déjà habillée, en apportant le thé. Elle s'assit sur le lit. Elle ressemblait à une secrétaire efficace, avec son tailleur de flanelle grise et son corsage rouge, fermé par un gros nœud. Elle l'embrassa mais se dégagea en souriant lorsqu'il voulut l'attirer dans ses bras.

« Laissez-moi vous servir de chauffeur, je me lève et je vous conduis.

— Non Victor. C'est moi qui dois aller chercher David. Vous le savez bien. »

Évidemment, il le savait. Il lisait clairement ses pensées sur son visage. Rien ne pouvait altérer l'affection qu'elle portait à David, ni les engagements qu'elle avait pris envers lui. Il en était d'ailleurs de même pour Victor. Elle s'était engagée et tiendrait ses engagements. Après tout, d'une certaine manière, elle était la secrétaire de David, son infirmière, une sœur charitable.

« Je me lève et je me sauve, dit-il. Je retourne chez moi.

— Nous nous reverrons bientôt. Je vous appellerai, dit-elle avec un petit signe de tête.

— J'aimerais bien voir David, vous savez. »

Elle parut surprise. « Ça va de soi », dit-elle.

Il entendit la Land Rover sortir du garage, situé juste en dessous de son lit. Il l'entendit s'éloigner, entendit le changement de régime du moteur lorsque Clare passa les vitesses, puis le temps d'arrêt au moment où elle atteignait la route nationale. Lorsqu'il ne put plus rien entendre, il se leva, s'habilla et fit un peu d'ordre. Il lava les tasses, la théière et l'assiette dont s'était servie Clare pour prendre son petit déjeuner. Quant à lui, il n'avait pas faim, n'avait aucune envie de manger. Dans le salon, il trouva la photographie qu'elle lui avait donnée. Clare, dit-il en regardant la photo, Clare. Assis dans un fauteuil, il contempla son image un long moment sans se lasser. Pourquoi n'avait-il pas deviné, durant ces semaines, qu'il était amoureux d'elle ? Pourquoi cela ne lui était-il jamais venu à l'esprit ? Il comprenait maintenant le lien exclusif qui liait ses parents et se demandait pourquoi il avait été si aveugle, si obtus.

Il glissa la photographie de Clare dans l'enveloppe de papier kraft et laissa la sienne sur la table. Son intention première avait été d'écrire quelque chose dans un coin, comme font les gens célèbres, un message d'amitié pour eux deux, qu'il aurait signé. Il n'en était plus question, aussi la laissa-t-il telle quelle.

Il n'était pas encore huit heures. Il sortit dans la rue pour retrouver sa voiture et entendit un bourdonnement sourd et lointain, semblable à celui d'un avion. Il provenait de l'autoroute où s'écoulait la circulation de l'heure de pointe du matin. Les obligations de la journée, amenant avec elles mille tensions, commencèrent à envahir son esprit. La vie ordinaire était de retour. Il devait rendre la voiture ce matin avant neuf heures, mais il n'y avait aucune chance qu'il y parvienne. Il lui faudrait payer une journée supplémentaire. Il devait également donner son congé à Mrs. Griffiths, sa propriétaire et peut-être en informer Tom ou Judy. Il rumina ainsi un petit moment puis l'image de Clare, le son de sa voix s'imposèrent à lui. Il roulait vers Acton, la tête pleine de la jeune femme, son corps remué au plus profond par certaines de ses expressions. Il n'osait pas cependant l'imaginer nue, ni se souvenir des choses qu'ils avaient faites ensemble. Même l'image de ses yeux s'ouvrant sous les rayons de la lune, le faisait trembler et frissonner de haut en bas de la colonne vertébrale.

Qu'allait-il se passer ? Ils n'avaient rien décidé concernant David, même si Clare avait été d'accord lorsqu'il lui avait dit qu'il souhaitait le voir. Sans doute avait-elle deviné ce que cela impliquait. David lui-même ne pouvait que comprendre ce qui s'était passé. Il en serait même peut-être content. Bien entendu, il chérissait Clare, partageait sa maison avec elle, dépendait d'elle pour bien des choses, mais il ne pouvait être son amant. Il ne pourrait jamais lui donner ce que lui, Victor, lui avait offert la nuit dernière. S'il l'aimait vraiment, il aurait envie qu'elle ait une vie amoureuse et serait sans doute heureux que ce soit avec quelqu'un comme Victor qui l'appréciait à sa juste valeur, l'aimait et l'estimait profondément.

Victor ramena la voiture au garage ; comme il n'était que neuf heures dix, on ne lui fit pas payer une journée supplémentaire. Il regagna sa chambre en passant par Tolleshunt Avenue. Il se sentait en pleine forme, jeune et solide, malgré les trente-neuf ans qu'il avait depuis hier et les deux bouteilles de vin qu'ils avaient bues dans la soirée. Dans sa chambre, il s'assit dans le fauteuil roulant, en s'efforçant d'imaginer ce que devait ressentir David qui n'était vivant qu'au-dessus de la taille, qui pouvait penser, parler, manger, boire, se déplacer dans un fauteuil roulant, mais ne pouvait rien faire d'autre. Évidemment, s'il ne pouvait le faire, parce que ses nerfs, ou n'importe quoi d'autre, là en bas étaient morts, il allait sans dire qu'il ne pouvait en avoir besoin. Victor savait qu'il en avait envie parce qu'il entrait en érection rien qu'en pensant à Clare. Alors qu'il était assis là, dans le fauteuil roulant, un gonflement apparut sous la couverture de voyage brune à carreaux, qu'il avait posée sur ses genoux.

Comme c'était ridicule, comme c'était grotesque ! Il se leva précipitamment du fauteuil et alla s'allonger à plat ventre sur son lit. Mais cette position ramena l'image de la jeune femme et Victor éprouva soudain une envie folle et douloureuse. Il voulait qu'elle soit ici près de lui. C'était douloureux parce qu'il n'y avait aucune chance qu'il en soit ainsi aujourd'hui. Ou peut-être était-ce possible ? Quand serait-elle de retour ? Quand allait-elle lui téléphoner ? Il la voyait au volant, traversant l'Angleterre verdoyante du mois de juin, quittant l'autoroute pour emprunter de petites routes sinueuses, allant de village en village, en pensant à lui, aussi fort qu'il pensait à elle. Il voyait sa peau dorée, ses cheveux blonds, son tailleur gris, son corsage rouge attaché par un gros nœud...

Cette vision le fit se lever et s'asseoir à la table de bambou, couverte de brûlures de cigarettes, pour écrire à Mrs. Griffiths. Il n'allait lui donner qu'une semaine de préavis. Elle n'y perdrait rien étant donné que la Sécurité sociale lui payerait le loyer. Après un petit calcul, il se dit que Clare devait être arrivée là-bas maintenant. C'est alors que le téléphone se mit à sonner. Il s'était trompé dans ses prévisions, elle était déjà de retour chez elle. A peine était-elle rentrée qu'elle lui téléphonait. Il descendit l'escalier en courant et décrocha l'appareil. Une voix de femme lui demanda si elle était bien chez Curry. Une erreur. Il ferait mieux de sortir plutôt que de rester assis, en attendant un coup de téléphone. Il savait qu'il n'en ferait rien.

Se sentant profondément attaché à elle, il se demandait ce qu'ils allaient faire, où ils allaient vivre. Probablement au début dans le petit appartement. Il lui faudrait trouver du travail, commencer à mettre sur pied son affaire de location de voitures à laquelle il pensait depuis un certain temps. Accepterait-elle... Accepterait-elle un jour de l'épouser ?

Même si cela déchaînait une tempête à l'intérieur de son esprit et de son corps, une tempête d'une violence qu'il n'avait jamais connue auparavant, il ne pouvait s'empêcher de penser à elle. Il retrouvait mille sensations, la manière dont elle avait répondu à ses caresses, la plénitude de son abandon qui ressemblait presque à un soulagement, comme si ce qu'ils étaient en train de faire était une chose qu'elle avait attendue impatiemment depuis fort longtemps. Elle s'était donnée à lui, pour utiliser une expression démodée dont s'était servie un jour sa mère avec un accent de mépris — « Elle s'est donnée à lui et bien entendu l'a regretté. » Clare, il le savait, ne le regretterait jamais, mais c'était vrai qu'elle s'était donnée à lui, qu'elle lui avait fait joyeusement et amoureusement le don de son corps, le plus beau cadeau qu'il ait jamais reçu. Il l'aimait et elle l'aimait. Il y avait là quelque chose d'inéluctable qui avait surgi le jour où il avait vu le nom de Theydon Bois à la station du métro, qui n'avait fait que se renforcer lorsqu'il s'était mis à la recherche de David. C'était une chance pour Clare, pour quelqu'un d'aussi jeune, d'aussi aimable, d'aussi aimant, d'être ainsi arrachée à une vie impossible.

Finalement, elle l'appela dans la soirée. Relativement tard, vers dix heures. Il avait alors renoncé à avoir de ses nouvelles ce jour-là. Dans un sens, il n'en attendait pas, aussi n'était-il ni malheureux ni inquiet. Mais la sonnette du téléphone s'était fait entendre, puis sa voix, et c'était une satisfaction supplémentaire.

« Victor ? C'est Clare. David dort. Il a eu une journée épuisante.

— Quand se voit-on ?

— David se demandait si vous accepteriez de venir samedi.

— Je voulais dire quand vous verrai-je vous ? »

Elle resta silencieuse pour réfléchir. Il se rendait compte tout à coup qu'il risquait d'y avoir quelques difficultés, qu'au départ il y aurait forcément des difficultés. C'était impossible que les choses soient aussi simples.

« Je ne pense pas que vous lui ayez dit quoi que ce soit ?

— Dire quoi ?

— Eh bien, le lui avez-vous raconté ?

— Non Victor, je ne lui ai rien dit. » Il pouvait voir son visage avec une netteté étonnante, comme si le téléphone était muni d'un écran de télévision. Sa tête flottait dans l'obscurité de l'entrée comme une apparition, une apparition merveilleuse qui remplissait tout son champ visuel. En dessous de la marche, il y avait écrit son nom : Clare. « Voulez-vous me voir avant samedi ?

— Bien sûr. N'en avez-vous pas envie ?

— Si. » Son cœur, qui avait été brusquement la proie du doute, de terribles craintes sans fondement, bondit de joie. Il ne savait pas chanter, n'avait même jamais essayé, mais il aurait aimé le faire maintenant. Les ténors d'opéra roucoulant leur amour et leur bonheur, déclamant leurs souffrances et leurs peines, ne lui apparaissaient plus si ridicules.

« Quand ?

— Demain c'est impossible. Mercredi, en sortant du travail, à cinq heures et demie à Epping. Pouvez-vous y être, Victor ? »

Il aurait pu être ce mercredi à cinq heures trente à Marrakech.

« Pas dans un café. Nous nous rencontrerons dans le jardin public, Victor. Je garerai la Land Rover dans Hemnall Street, juste devant High Street, près de la sortie du jardin.

— Je t'aime », dit-il.

Il fit un rêve affreux, un rêve « en trop », se dit-il. Pourquoi fallait-il qu'il fasse un cauchemar comme celui-là ? Quoi que puissent dire les psychologues, on parvient à expliquer ses rêves par ce qui est arrivé la veille. Et la veille, dans le *Standard* qu'il avait acheté avec le *Reader's Digest*, *Punch* et *TV Times*, il y avait un paragraphe peu visible, qui, pourtant, sauta aux yeux de Victor. C'était toujours ainsi, même si cela ne le concernait plus, lorsqu'il s'agissait de viols. On disait que l'homme surnommé « le Renard » — avait-il des cheveux roux ? un air rusé ? — qui avait violé une femme de soixante-dix ans à Watford, s'était maintenant attaqué à une adolescente de Saint-Albans. Comment savaient-ils qu'il s'agissait du même homme ? A cause des descriptions que les femmes en avaient faites ?

Victor n'y avait pas particulièrement pensé. Ou tout au moins, il croyait qu'il n'y avait pas particulièrement pensé. Qui peut savoir ce qui se passe dans l'inconscient ? Si on le savait, ce ne serait plus l'inconscient, voilà le hic. Avant de s'endormir il avait lu un article dans le *Reader's Digest* sur l'inconscient. Puis, il s'était endormi tout de suite après, et s'était mis à rêver. Il n'y avait ni route ni maison, cette fois. Il était assis dans un fauteuil roulant, dehors, le soir, et traversait un jardin public de vastes dimensions avec un bois. A un moment donné, il tomba sur un pont qui enjambait un torrent. C'était une passerelle étroite en planches, instable et bancale, avec de chaque côté une corde servant de rampe. Un homme sur l'autre rive, une sorte de passeur, s'approcha pour aider Victor. Il tira le fauteuil roulant en marchant à reculons et en disant à Victor de fermer les yeux, de ne pas regarder en bas. Victor le remercia et continua de suivre le sentier qui maintenant s'enfonçait dans un bois obscur. Une femme s'y promenait. Elle portait un grand imperméable de soie noire et sur sa tête un voile noir brodé ressemblant à une mantille. Quand elle aperçut Victor, elle se tourna pour le regarder avec un air de pitié, de commisération, tandis qu'elle joignait les mains. Victor descendit précipitamment du fauteuil roulant, courut vers elle, la prit dans ses bras, la jeta par terre et lui arracha ses vêtements. Elle portait une multitude de jupons, des épaisseurs de dentelles crissantes. Victor essaya de les déchirer, en enfonçant ses mains dans les étoffes amidonnées, y enfouissant son visage, son nez, comme le groin d'un cochon. Il n'y avait rien en dessous, pas de chair, seulement une armature de bois. Victor arracha tous les vêtements — le contenu d'une penderie — et la mantille qui, en fait, était multiple, une douzaine de voiles noirs soyeux et poussiéreux. Et sous le dernier, il découvrit la photographie de Clare qui le regardait droit dans les yeux.

Les cauchemars s'estompent rapidement. Qui a jamais été troublé par un mauvais rêve pendant plus d'une heure ou deux après le réveil ? Ce rêve n'enleva rien non plus à la tendresse qu'il éprouvait pour cette photographie. Il l'emporta avec lui dans Acton High Street où se trouvait un encadreur à deux ou trois maisons de la boutique de Jupp. Il était possible de faire le travail immédiatement. Victor choisit un cadre ovale, en bois, genre noisetier — peut-être était-ce réellement du noisetier. Dans la devanture de Jupp, parmi le bric-à-brac et les bijoux victoriens, se trouvait un pendentif en or en forme de cœur, avec des fleurs et des feuilles joliment repoussées. Il allait l'acheter. Il allait entrer dans la boutique et l'acheter pour Clare, même si cela voulait dire mettre un peu plus d'argent dans la poche de Jupp. Mais au moment où il entrouvrait la porte, alors que la sonnette commençait à retentir, il remarqua qu'une étiquette était accrochée au sofa de velours brun sur laquelle était écrit « Vendu ». Jupp sortant de derrière le rideau apparut dans la boutique, mâchant du chewing-gum. Victor avait déjà fait demi-tour. Il achèterait un cadeau à Clare ailleurs. Des pendentifs en or, n'importe quels objets en or remplissaient, à n'en savoir que faire, les boutiques des brocanteurs de Londres.

Dommage qu'il ne puisse avoir de nouveau la voiture, mais lorsqu'il se rendit au garage pour la reprendre, on lui dit que l'Escort rouge était louée, qu'il ne restait plus qu'une petite camionnette Nissan. De plus il était de nouveau à court d'argent, lorsqu'il aurait acheté le cadeau de Clare, il lui faudrait retourner à la « banque ». Il éprouvait maintenant un profond dégoût, qui le mettait mal à l'aise, pour ce genre d'opération. Il ne voulait pas non plus continuer à tromper Clare sur le véritable propriétaire de la voiture et à lui mentir sur la source de ses revenus. L'idée qu'elle puisse découvrir ses razzias dans la maison de Muriel le terrifiait. Il sentait que les justifications qu'il s'accordait n'auraient aucun poids pour elle. « Ce n'est pas comme si vous étiez allé en prison pour vol », lui avait-elle dit. Quelque chose, lentement, germait dans son esprit, y prenait forme : Clare le libérerait de son passé. Le simple fait de la connaître l'avait déjà débarrassé de ses crises de colère, de ses accès de panique et de sa violence.

Il monta par erreur dans un train qui n'allait pas plus loin que Debden. Il lui fallut descendre et attendre une autre rame allant à Epping. C'était une journée chaude et étouffante, avec un ciel blanc et une invasion de mouches. Il y en avait une, une grosse mouche verte, qui bourdonnait contre les vitres du compartiment, pour tenter de s'enfuir, de retrouver le soleil. Victor avait lu dans un magazine un article sur les insectes où l'on expliquait comment pour s'échapper ou pour rentrer chez eux, ils prenaient le soleil comme point de repère. De toute façon, il était heureux de descendre de cette voiture pour ne plus entendre ce bourdonnement obsédant.

Sans véritable raison, il croyait que Clare aimerait le voir habillé de la même manière qu'il l'avait été le jour de son anniversaire. Il pensait à cette journée et espérait bien y penser toujours, comme à celle où il s'était enfin trouvé. Il portait son pantalon de velours côtelé bleu foncé et un T-shirt de la même couleur. Étant donné qu'il faisait trop chaud pour porter un blouson, il l'avait simplement jeté sur une de ses épaules. Apercevant son image dans une vitre, il se dit qu'il paraissait bien plus jeune depuis qu'il était sorti de prison. Il avait perdu ses kilos en trop, avait retrouvé sa bonne mine, ce beau visage dont il avait été autrefois si fier. Sans aucun doute, il paraissait bien plus jeune que ce pauvre David au visage bouffi, au corps empâté. En cours de route, il avait pensé à David et s'était dit que peut-être il ne réagirait pas comme il l'avait prévu. Il risquait de lui en vouloir, d'être furieux. Peut-être dirait-il que Victor avait non seulement gâché sa vie, mais que maintenant il aggravait ce qu'il avait fait en lui enlevant sa petite amie. Avec un sentiment de malaise, Victor se souvint de ce que lui avait dit Clare, à propos de David. Qu'il l'aimait bien, mais qu'il n'avait pas encore appris à lui faire confiance.

Une rame était entrée en gare. Ce n'était pas une navette, mais un train qui venait de Londres et qui, cette fois, allait jusqu'à Epping. Victor monta dans une voiture vide, la deuxième en partant de l'arrière. Les portières étaient sur le point de se fermer lorsque la vieille folle se glissa dans le compartiment en tenant à la main un panier recouvert d'un linge.

Elle posa le panier par terre, entre les grandes banquettes, mais au lieu de s'asseoir, elle parcourut la voiture d'un bout à l'autre pour ouvrir les fenêtres. Victor regarda le panier recouvert d'un torchon usé de couleur verte, qui, sans aucun doute, était agité d'un mouvement de va-et-vient, comme si quelque chose était en train de pousser en dessous. C'était exactement le même mouvement saccadé qui faisait trembloter le sac en plastique la première fois. Victor ne pouvait détacher ses yeux du panier, malgré tous ses efforts. Aucune plante, aucune levure, aucun champignon n'aurait pu faire remuer ainsi le torchon. On aurait dit qu'il y avait un nœud de vipères dans ce panier.

Le train arriva à Theydon Bois et Victor se leva avec l'intention de monter dans une autre voiture. Malheureusement, la vieille femme l'en empêcha sans le vouloir. Elle se tenait debout devant la porte ouverte, les bras en croix, les mains, sortant de manches d'un rouge éclatant, appuyées aux montants. Elle cria avec un accent voulant imiter les conducteurs indiens : « Attention aux portières ! Attention aux portières ! Attention aux portières, s'il vous plaît ! »

Victor revint s'asseoir à sa place étant donné qu'il n'avait pas le temps d'atteindre l'autre porte. Quelle importance d'ailleurs ? Cette vieille folle ne pouvait lui faire de mal et dans deux ou trois minutes, il serait arrivé à Epping. Il essaya de lire son magazine, l'*Essex Countryside*. La femme, agenouillée sur une des banquettes à l'autre bout, écrivait, en pattes de mouche, des graffiti sur une publicité pour un dentifrice. Les yeux de Victor se posèrent de nouveau sur le panier. Le torchon vert ne remuait plus, c'était peut-être des œufs ou des choux qu'il cachait.

Mais alors, pourquoi recouvrir le panier avec un torchon ? Peut-être n'est-il pas possible d'expliquer la conduite des fous. Victor lut quelques lignes sur un spectacle de danses traditionnelles, donné à Thaxted puis regarda de nouveau — il ne pouvait s'en empêcher — le panier. Si jamais il y avait sous ce torchon cette chose, si par malheur elle apparaissait ou montrait simplement une partie de son corps, que ferait-il, qu'adviendrait-il de lui ? Il était enfermé dans cet espace restreint sans aucune possibilité de fuite, avec l'objet de sa phobie en face de lui, à la merci de cette vieille folle, dès qu'elle saurait de quelle étoffe étaient faits ses cauchemars. Elle le saurait dès qu'elle aurait vu sa réaction. Il ne pourrait pas se contrôler. Sentant la sueur qui commençait à ruisseler sur son corps, Victor se leva. Bien qu'il eût les yeux fixés sur le panier, il pouvait voir du coin de l'œil la vieille folle, agenouillée un peu plus loin, qui le regardait.

Le torchon remua et se mit à glisser. Victor laissa échapper un cri. Ce fut le museau duveteux d'un cochon d'Inde qui apparut. Son pelage était de cette nuance qu'on appelle écaille... Victor respira profondément. La rame arrivait à Epping. La vieille folle ramassa son panier, rejeta le torchon sur le cobaye d'un mouvement rapide et leste, semblable à celui qu'on fait pour recouvrir la cage d'un perroquet. Victor détacha le retour de son billet. Au fond, il pensait qu'il n'en aurait pas besoin, mais sait-on jamais. Si par exemple David était furieux contre lui...

Il faudrait qu'il se débarrasse de cette sale habitude qu'il avait d'arriver en avance. Dès qu'il désirait être quelque part, il arrivait une heure trop tôt et cette heure, si difficile à tuer, lui semblait aussi longue qu'une journée entière. Il quitta la gare en marchant lentement, pensant à la dernière fois qu'il avait été ici, avant qu'il ne connaisse Clare, sachant à peine qu'elle existait. S'il tournait à droite, en haut de la côte, il arriverait au St Margaret's Hospital et pourrait l'attendre devant la grille. Toutefois, il risquait d'y avoir d'autres portes que celle de l'entrée principale. Il préféra errer dans les rues du bourg et finit par atterrir dans un magasin d'antiquités, bien plus élégant et bien plus joli (et bien plus cher) que celui de Jupp. Il y acheta pour Clare un bijou victorien : un anneau en or sur lequel deux mains en argent s'étreignaient. L'antiquaire mit le bijou dans une petite boîte en velours bleu doublé de satin blanc.

Pour faire passer le temps, Victor traversa le jardin public de Bell Common d'un bout à l'autre. La forêt paraissait sombre et épaisse. Les verts pâles des hêtres et des bouleaux s'étaient assombris avec l'été. L'herbe, sous ses pieds, était parsemée de fleurs jaunes et blanches. Dans l'air lourd et immobile, les insectes paraissaient flotter langoureusement.

Puis, il aperçut au loin la Land Rover, arrêtée dans un refuge, sous un bosquet de noisetiers. Elle était arrivée tandis qu'il regardait ailleurs. Il avait envie de s'élancer vers Clare, tout en sachant que cela paraîtrait ridicule. Il se mit néanmoins à courir. La portière, du côté du passager, s'ouvrit toute grande. Il sauta dans la voiture et prit la jeune femme dans ses bras avant même de la voir. Il était déjà en train de l'embrasser, de respirer l'odeur de sa peau, d'écraser ses lèvres sur les siennes, de caresser ses cheveux, avant de savoir si elle était maquillée, ou si elle portait une robe rose ou blanche. Elle se débattit gentiment, en riant, haletant un peu. Il se calma alors, prit doucement sa tête dans ses mains et plongea ses yeux dans les siens.

Après coup, il ne parvint pas à se souvenir de la manière dont elle avait commencé à dire ce qu'elle lui avait dit, les premières paroles dont elle s'était servie. Pas précisément. Et c'était un oubli miséricordieux car il était déjà difficile de se rappeler ce qu'elle avait dit par la suite. Au début, il ne se souvenait que de la montée de sa fureur.

« Vous m'aimez, s'était-il écrié en colère. Vous êtes amoureuse de moi. Vous l'avez dit.

— Victor, je n'ai jamais dit ça », coupa-t-elle en secouant la tête. Il aurait pu jurer qu'elle l'avait dit. Ou était-ce seulement lui qui n'avait pas cessé de le dire ? Qui n'avait pas arrêté de dire, je t'aime. « Je ne comprends rien à tout ça.

— Pourrions-nous descendre de voiture et nous asseoir dans l'herbe ou marcher un peu ? Je vous en prie. D'être assise ainsi si près de vous, de vous regarder de si près, rend les choses difficiles.

— Je vous répugne, c'est ça ? Je ne l'aurais pas cru.

— Mais non. Vous le savez bien.

— Je ne sais plus rien », dit-il. Il descendit de voiture et se retrouva dans une nature hostile, avec un ciel blanc et mort, étouffant, une atmosphère chargée de mouches, un sol d'herbes sèches. Ils marchèrent en silence. Elle se laissa brusquement tomber par terre, cacha son visage dans ses mains puis se tourna vers lui.

« Me croirez-vous si je vous dis que franchement j'ignorais vos sentiments ? Bien sûr, vous avez dit que vous m'aimiez, mais c'est quelque chose que l'on dit facilement. C'est des mots que l'émotion vous fait venir à la bouche lorsqu'on se sent heureux et qui, au fond, ne signifient pas grand-chose.

— Pour moi, ils signifient absolument tout.

— Je pensais que vous sentiez les choses comme moi. Je vous aime bien, Victor, vous êtes séduisant, physiquement attirant. Et je suis... » Elle baissa les yeux pour regarder le sol, l'herbe et les fleurs, tandis que ses doigts saccageaient une marguerite, lui arrachaient pétale après pétale pour ne lui laisser que son cœur jaune. « L'amour physique qui existe entre David et moi est agréable, plaisant. Parfois, cependant, il me semble manquer d'achèvement. Il me faut apprendre à me satisfaire ainsi. J'y arriverai, j'en suis sûre. Je ne l'ai jamais auparavant trompé, trahi, dit-elle rapidement — quel que soit le nom que vous voulez donner à cela. »

Victor était atterré.

« Vous et David... vous faites l'amour ? Comment est-ce possible ? Je ne comprends pas ce que vous voulez dire.

— Réfléchissez un peu, Victor, dit-elle d'un air las. Faites travailler votre imagination. Ses mains ne sont pas paralysées. Ni sa bouche, ni ses sens...

— Mais c'est dégoûtant. »

Elle haussa les épaules.

« Peu importe. De toute façon ce n'est pas votre affaire, n'est-ce pas ? J'ai été attirée par vous. Je le suis encore. C'est comme ça. Vous avez été attiré par moi. Nous cherchions l'un et l'autre un peu de réconfort, il pleuvait et nous avions bu beaucoup de vin. Nous étions seuls, pleins de désirs frustrés et nous nous plaisions. J'essaie d'être honnête, de ne rien escamoter, c'est pourquoi je vous dirai que je savais... que je savais lundi matin que nous ne pourrions pas passer là-dessus facilement, l'oublier. Je savais qu'il y aurait certaines répercussions. C'est pourquoi je me suis levée si tôt. J'étais un peu atterrée par ce que j'avais fait, Victor. Car c'était moi qui l'avais fait. Je sais très bien que vous ne m'auriez pas touchée si je n'avais pas tout mis en branle.

— C'est vrai, c'est parfaitement vrai, dit-il.

— Vous ne m'aimez pas réellement, Victor, dit-elle sans tenir compte de sa remarque. Vous ne me connaissez pas. Vous ne savez presque rien sur moi. Nous nous sommes juste rencontrés six fois, et cinq fois en présence de David.

— Qu'est-ce que cela a affaire avec nous ? Je sais que je vous aime, dit-il, le croyant dur comme fer. Je vous ai aimée dès le premier instant où je vous ai vue.

— Lorsque je me suis conduite de cette manière affreuse? lui demanda-t-elle en souriant, essayant de rire. Lorsque je vous ai insulté, lorsque j'ai été grossière ? Je suis sûre que vous ne le pensez pas, Victor. Ce n'est pas mon habitude, voyez-vous... de coucher ici et là à la légère. Je vous l'ai déjà dit, je pense, mais cette fois... Victor, ne pouvons-nous simplement dire que nous nous plaisons, que nous avons été attirés l'un par l'autre et que cette nuit de dimanche était un moment agréable, heureux, dont nous nous souviendrons toujours ? N'est-ce pas possible de penser ainsi ? Regardez, il est six heures maintenant, les pubs sont ouverts. Allons au Half Moon prendre un verre. J'ai besoin d'avaler quelque chose et je suis sûre qu'il en est de même pour vous. »

La colère, à ce moment, le rendit froid et méprisant.

« Vous m'avez dit que vous buviez trop.

— Je ne crois pas avoir jamais dit ça.

— De toute manière c'est sans importance. Tout cela est sans importance parce que je n'en crois rien. On ne peut pas faire semblant avec des choses de cette nature. Vous ne faisiez pas semblant la nuit de dimanche. C'est maintenant que vous faites semblant, afin de ne pas blesser David, vous voulez vous sacrifier pour David. Je ne le supporterai pas. Vous m'entendez Clare, je ne l'admettrai jamais ! Je ne veux pas de ça. Ne suis-je pas aussi important que lui ? Est-ce que ma vie n'a pas été gâchée autant que la sienne ? » Puis une pensée lui traversa l'esprit. « Vous n'avez pas osé le lui dire, n'est-ce pas ? »

Elle détourna la tête.

« Je ne crois pas que ce soit nécessaire.

— Regardez-moi, Clare, tournez votre visage par ici. Je veux vous voir. » Il se rendit compte alors qu'elle était extrêmement pâle. « Évidemment, vous avez peur de le lui dire. Ne vous en faites pas, c'est moi qui le lui dirai. Vous n'allez pas gâcher nos deux vies pour une dizaine de minutes de désagrément. On ne fait pas d'omelette sans casser d'œufs.

— Vous ne comprenez rien à rien.

— Je comprends que vous êtes nerveuse, que vous ne voulez pas de dispute. Écoutez, pourquoi ne m'emmenez-vous pas avec vous maintenant, afin que nous puissions parler tous les deux à David ? Nous pourrions lui parler ensemble.

— C'est impossible.

— Bon. Allez-y alors. Vous rentrez maintenant et vous vous conduisez comme si rien ne s'était passé. J'arriverai dans une heure. Ne lui dites rien. Je ne veux pas que vous vous rongiez les sangs. De toute façon, c'est une affaire entre David et moi.

— Victor, ne voyez-vous pas que nous vivons dans deux mondes différents, vous et moi ? Tout nous sépare, la manière dont nous parlons, dont nous pensons, la manière dont nous envisageons la vie.

— Qui se soucie de cela ? dit-il. C'est sans importance. Nous ne pensions pas comme ça durant la nuit de dimanche et nous ne penserons plus jamais ainsi.

— Je préférerais que vous ne veniez pas ce soir, dit-elle en hésitant.

— Quand alors ?

— Oh, Victor, à quoi ça sert ? Ne vous rendez-vous pas compte ?

— Vous allez retrouver David maintenant et je vous rejoindrai dans une heure. »

Il sourit pour l'encourager. Elle le regardait d'un air traqué. C'était compréhensible, étant donné ce qui l'attendait. Il claqua la portière et la Land Rover démarra. Elle devait penser qu'il avait sa voiture, qu'il pouvait gagner Theydon sans problème. C'était ce qu'il voulait qu'elle pense.

Durant un instant, il eut l'impression, alors qu'il regardait la Land Rover gagner la route nationale, qu'il ne la reverrait jamais. C'était stupide, elle n'allait pas s'enfuir. Il était six heures et quart. Il n'y avait aucune raison de prendre cette heure qu'il lui avait laissée trop au sérieux. C'était lui qui en avait fixé la durée. Il se sentait plein d'énergie, très excité, mais sans aucune crainte. David ne pouvait rien contre lui, en dehors de lui décocher quelques paroles difficiles à avaler. Il lui faudrait environ une heure pour aller à pied jusqu'à Theydon. Il décida de marcher. C'était ça ou prendre le train.

L'autoroute s'enfonçait ici dans un tunnel pour ressortir de l'autre côté de la colline et se perdre dans la campagne, en entraînant la circulation avec elle. Mais tout ce qu'on pouvait en voir, c'était le mur d'entrée au sommet du tunnel qui aurait pu être le mur de clôture d'un jardin. Victor emprunta un chemin de terre qui, ombragé par de grands arbres, serpentait entre des haies d'un vert éclatant. Il passa devant un terrain de golf, les grilles des parcs de somptueuses demeures, traversa un bois et arriva à Theydon sur la place de l'église. Le soleil s'était enfin montré et la soirée s'annonçait fort belle. Theydon Manor Drive était remplie de roses, des haies de roses blanches et rouges, des parterres circulaires de roses multicolores, des rosiers grimpants s'accrochant aux murs et aux pergolas. La vie en rose, se dit-il.

Jamais honteux n'eut belle amie. Qui donc avait dit cela ? Ah, Jupp, alors qu'il faisait la cour à Muriel. Ça ne lui plaisait guère de penser à Jupp — ni à Muriel — à cette occasion. La comparaison avec ce qui lui arrivait lui semblait grotesque. Il s'arrêta un instant à la grille. Il y avait un abîme de l'autre côté. Clare avait mis la Land Rover au garage et fermé la porte, ce qui, curieusement, le troublait. Pourquoi ne l'avait-elle pas laissée dans la rue. Mais bien entendu, elle croyait qu'il avait sa voiture...

Il s'approcha de la porte d'entrée mais renonça à frapper. Il leva le heurtoir mais, au lieu de le laisser retomber, il lui fit reprendre doucement sa position initiale. Sans regarder les fenêtres, il contourna la maison pour gagner le jardin qui, lui aussi, paraissait plein de roses. Dimanche, à cause de la pluie, il ne les avait guère remarquées. Il tourna lentement la tête vers la maison. Les portes-fenêtres étaient ouvertes. A l'intérieur de la pièce, juste près de l'une d'elles, se trouvait David, assis dans sa chaise roulante. Clare était tout à côté de lui, dans un fauteuil. On avait l'impression qu'ils venaient juste de s'installer. En effet, sur la table de jardin, il y avait encore une carafe avec des glaçons, un verre et les cigarettes de David. Victor ne se souvenait pas d'avoir vu David et Clare, auparavant, assis ainsi en se tenant les mains. Leur attitude était étrange, comme s'ils attendaient ensemble qu'une chose terrible ne survienne, quelque chose comme la mort, un anéantissement, un désastre final. Victor se souvint d'une gravure qu'il avait vue bien des années plus tôt, dans un manuel d'histoire. C'était l'arrivée des Goths ou des Huns, peu importe d'ailleurs, à Rome. Et les sénateurs romains, impassibles et dignes, attendaient que les barbares ne viennent tout profaner. L'attitude de Clare et de David lui rappelait cet épisode.

« David, dit-il, j'espère que Clare vous a dit que j'allais venir. »

David acquiesça de la tête mais resta silencieux. Ses yeux glissèrent du visage de Victor à son corps. Celui-ci avait les mains dans ses poches. Il les y avait mises lorsqu'il s'était aperçu qu'elles commençaient à trembler. David regardait en direction de la main droite, plongée dans la poche du blouson. Victor comprit immédiatement que David était convaincu qu'il y avait un pistolet dedans.

Clare se leva. Son visage était pâle et ses yeux, démesurés. Elle portait la robe de coton de couleur crème, aux manches bouffantes. La portait-elle à Epping, lorsqu'il l'avait embrassée ? Il ne pouvait s'en souvenir. Il sortit ses mains de ses poches. Elles ne tremblaient plus maintenant. Il fit un pas ou deux en avant, pour s'approcher de la table, qui ressemblait à une barricade, installée là en prévision d'une bataille. Il se laissa tomber sur une chaise.

« Clare vient de me dire qu'elle allait m'épouser, dit David.

— Non, dit Victor, en secouant la tête.

— Je me refusais à le lui demander. Vous le savez. C'est elle qui, de nouveau, a insisté, et cette fois, j'ai accepté.

— Il y a quelques petites choses dont je dois vous parler, lança Victor, qui vous feront changer d'avis.

— Je lui ai déjà dit ces petites choses, Victor, dit Clare.

— Vous a-t-elle dit que je l'ai baisée ? Non pas une fois, mais baisée et rebaisée tout au long d'une nuit.

— Bien sûr qu'elle me l'a dit. N'en faites pas une histoire. Cela risque d'arriver encore à l'avenir. En tout cas, certainement pas avec vous. Avec d'autres, sans doute. C'est elle-même qui le dit. Je connais mes limites, Victor, et elle les connaît aussi. Ni elle ni moi, contrairement à vous, n'essayons de prendre la vie pour ce qu'elle n'est pas.

— Je veux épouser David, dit Clare. C'est ce que j'ai toujours voulu depuis que je l'ai rencontré la première fois. »

Victor se mit à trembler. Il avait l'impression que son corps était parcouru de haut en bas de piqûres d'aiguille.

« Que lui avez-vous dit pour la faire changer d'avis ?

— Elle n'a pas changé d'avis. »

Victor n'aurait certainement pas répliqué de cette manière s'il n'avait pas été dans une colère folle.

« Lui avez-vous dit que j'avais commis des viols ?

— Non. »

Clare eut ce petit mouvement de recul semblable au léger écart qu'avait fait Judy lorsqu'il s'était avancé vers elle, près de la fenêtre.

« Je ne vous crois pas, dit Victor.

— Est-ce vrai ? demanda Clare.

— Demandez-le-lui. Il vous a monté contre moi. Je n'aurais jamais dû vous laisser revenir vers lui. Je sais ce qu'il est, je l'ai toujours su et pourtant je pensais... je pensais que nous aurions pu être amis. »

Il se leva et s'avança. Avec un plaisir pervers il vit David faire un effort pour rester calme et digne, pour l'affronter. Néanmoins, il ne put s'empêcher de s'affaisser un peu, d'agripper avec les mains les roues de son fauteuil. Clare tendit les bras autant pour protester que pour protéger David. Victor vit rouge. Il frappa la table avec son poing et le verre s'écrasa sur le sol. Il s'empara de la carafe et la jeta par terre. De l'eau ainsi que des éclats de verre atteignirent David qui se couvrit le visage avec son bras.

« J'aurais mieux fait de vous tuer, dit Victor. Ça n'aurait pas été pire pour moi que ce qu'on m'a fait endurer même si je vous avais tué. Vraiment, je regrette de ne pas l'avoir fait. »

Quelque part dans la maison, la petite chienne se mit à aboyer comme un chien de garde.

XV

Après avoir quitté la maison de David, Victor marcha sans but durant un certain temps, ne sachant où aller, incapable de penser à un endroit où il aimerait se rendre. Peut-être après tout la prison était-elle le lieu qui lui convenait, le seul qu'il pouvait imaginer. S'il tuait David, il retournerait en prison. Il n'avait pas d'arme, mais c'était toujours possible d'en trouver une. On peut trouver n'importe quoi si l'on sait s'y prendre, si on a de l'argent. Au bout d'un moment, il se rendit compte qu'il se dirigeait vers la forêt. Il passa devant la maison où il avait laissé une caution pour le studio. Il ne vivrait jamais à Theydon maintenant, il ne remettrait plus jamais les pieds dans ce bled, sauf pour y rencontrer David une dernière fois. Il avait dans la tête plein d'images de David tué, de David baignant dans son sang, de David étendu de tout son long par terre. Il monta les marches du perron et appuya sur la sonnette.

Mrs. Palmer se conduisit comme un animal traqué. Plus tard, Victor se dit que son attitude était sans doute due à la brutalité qu'il avait montrée pour réclamer ses arrhes. Il devait lui avoir semblé un peu dérangé. Clare s'effaçait de son esprit pour laisser la place à David. La propriétaire ne discuta pas une seconde, elle lui dit qu'elle allait lui rendre sa caution et lui fit immédiatement un chèque. Victor se dit qu'il se servirait de cet argent pour acheter un pistolet.

Il escalada la colline qui, en passant par la forêt, conduisait, grâce à un sentier abrupt et sinueux, à un important carrefour. Il était un peu plus de huit heures et demie. La colère qui bouillonnait en lui, lui donnait une sorte d'énergie sauvage. Il aurait pu marcher durant des kilomètres, il aurait pu rentrer à Acton à pied, sans pour autant épuiser cette énergie activée par la colère. Il n'en voulait pas à Clare, ce n'était pas sa faute. Elle s'était inclinée devant une force plus grande comme doivent le faire les femmes. Si elle n'avait pas été là, il aurait probablement saisi David à la gorge pour l'étrangler. Mais quel pouvoir avait donc David ? Quel pouvoir avait cet homme qui se déplaçait dans un fauteuil roulant, qui n'était qu'à moitié vivant ?

De temps en temps, une voiture, qui montait vers Loughton ou descendait vers Theydon, passait à côté de lui. A un moment donné, il aperçut un homme dans les profondeurs de la forêt avec un grand chien gris — un chien-loup irlandais — qui gambadait. Il y avait dans les bois de jolies clairières avec de belles prairies et d'immenses étendues de majestueuses fougères, aux palmes découpées, presque aussi grandes et vertes que des arbres. Il y avait des taillis de bouleaux, aux troncs minces et argentés, aux feuilles frémissantes. Le soleil se coucha dans des vapeurs rouges, puis le ciel, durant un instant, devint pâle, avec des traînées de vert et de doré, comme si les nuages telle une pelure en avaient été arrachés. Victor fou furieux, débordant d'énergie, commençait à se sentir effrayé. Il se demandait ce qu'il allait advenir de cette colère, comment il allait pouvoir vivre avec elle. Que se passe-t-il si la colère vous submerge totalement ?

Puis il aperçut la jeune femme dans les bois.

D'abord, il vit la voiture vide. Elle était garée à l'entrée d'une des allées cavalières qui s'enfonçaient dans la forêt. Celle-ci était pleine d'ornières, maintenant séchées, creusées quelque temps plus tôt par un lourd véhicule. La jeune femme était assise sur un tronc couché parmi les fougères, le dos tourné à la voiture et à la route. Victor, qui, il y avait une semaine, n'aurait jamais pensé à ce genre de chose, se dit qu'elle devait attendre un homme. Clare l'avait attendu de cette manière, en cachette. Cette jeune femme devait elle aussi avoir un ami jaloux et possessif de sorte qu'elle se voyait obligée de rencontrer son amant en secret, dans un lieu solitaire, loin des regards.

En fait, elle n'était pas si loin de tout regard. Mince, avec des cheveux noirs, elle ne ressemblait pas le moins du monde à Clare. Il était neuf heures et quart. Elle devait être arrivée en avance, ayant probablement rendez-vous à neuf heures et demie. Bien trop énervé, Victor n'essaya pas de réfléchir, de mettre les choses au clair. La jeune femme ne sentait pas sa présence, et elle ne l'entendit pas marcher sur l'herbe derrière elle. Victor voyait maintenant ce qui l'occupait : elle était en train de se maquiller. Un petit miroir posé sur son sac à main ouvert, elle se faisait les yeux. Osant à peine respirer, Victor, un mètre derrière elle, regardait le bout des doigts roses s'emparer de la brosse pour déposer du mascara sur les cils. Sans doute ne pouvait-elle le faire chez elle sans risquer d'éveiller des soupçons.

Il franchit les derniers pas qui le séparaient d'elle, passa brutalement son bras autour de son cou et appuya son autre main contre sa bouche. Un cri mourut dans la paume de sa main. Le contenu du sac se répandit par terre. La jeune femme se débattait comme un animal pris dans un filet, se tortillait comme une anguille jetée sur la terre ferme. Victor se sentait incroyablement fort, sa propre force l'étonnait. Ce fut extrêmement facile de l'immobiliser, de la déséquilibrer, de la jeter par terre sur un tapis de fougères, de lui enfoncer dans la bouche l'écharpe qui s'était échappée de son sac à main. Enflammé par la colère, Victor dégageait une chaleur intense, tandis que son sexe était dur comme une barre d'airain. Il ouvrit son pantalon avec sa main libre. La jeune femme se laissait aller maintenant, sa tête et son cou tournés sur le côté et ses mains, coincées sous elle, ne cherchaient pas à repousser son agresseur. Il lui arracha ses collants et ses doigts transpercèrent un voile aussi fragile qu'une toile d'araignée.

Il prit vaguement conscience d'une sorte de craquement. Il entendit un claquement sec et pensa qu'un os venait de se rompre. Cette femme n'était qu'un tas d'os, durs et résistants comme du fer. Victor essayait de pénétrer une chair fermée, froide et sèche, lorsqu'il sentit une douleur aiguë dans sa poitrine. Quelque chose venait de le transpercer. Il roula pour se dégager et aperçut du sang, respira une odeur de sang. Il poussa un cri de douleur et de dégoût. De nouvelles piqûres déchirèrent sa chair. Il entendit des roues écraser l'argile durcie, le ronflement d'un moteur et le coup d'accélérateur que donne le conducteur avant de bloquer le frein à main. Victor bondit sur ses pieds. Le sang dégoulinait sur sa poitrine. La fille, la bouche remplie de son écharpe de soie rouge, qui ressemblait à une mare de sang, tenait un morceau de miroir brisé dans sa main. Sous son corps, sur une pierre peut-être, elle avait réussi à casser le miroir de son sac à main et à se servir d'un des morceaux comme d'une arme.

Victor plongea dans le sous-bois, en remontant son pantalon. Derrière lui, il entendit une voix d'homme qui criait : « Où es-tu ? Qu'est-il arrivé ? »

Un cri, des sanglots, suivis d'un silence ; quelqu'un s'occupait d'elle, tentait de la réconforter. Victor n'osait pas s'arrêter, malgré le sang qui s'échappait à flots de la plus profonde de ses blessures. Il jaillissait par saccades, avec des pulsations, tandis qu'une tache sombre s'élargissait sur son T-shirt bleu marine. Victor courait pour s'enfoncer au plus profond de la forêt, n'ayant aucune idée de la direction qu'il était en train de prendre. Il allait bientôt faire noir, il faisait déjà presque noir. Courir en forêt, dès qu'on quitte les sentiers, n'est pas si facile. Il y a partout des ronces, des orties, d'immenses fougères. Victor n'arrêtait pas de tendre l'oreille pour tenter de repérer ses poursuivants. Ils allaient le prendre en chasse comme le jour où il s'était réfugié dans la maison de Solent Gardens. Heather Cole et l'homme qui était dans le parc l'avaient poursuivi. Les ronces s'accrochaient à son pantalon, il titubait mais parvenait à rester debout. Il finit néanmoins par tomber dans un trou humide, rempli de ronces.

A genoux, il essayait de surprendre le moindre bruit de course. Ses mains piquées par les orties le brûlaient. Il savait qu'il continuait à saigner. Il n'y avait derrière lui ni autour de lui aucun bruit, seulement le faible bourdonnement, ressemblant à celui d'un insecte, d'un avion qui passait au loin. De grandes feuilles de noisetier, humides et froides comme des mains, se collaient à son visage. Il se releva pour écouter de nouveau. Personne ne le poursuivait et il savait pourquoi. Ces amants étaient des amants adultères. L'un et l'autre avaient sans doute raconté des histoires, soit à un mari, soit à une épouse. En le poursuivant, en rapportant cette histoire à la police, ils seraient obligés de révéler leur cachette, ce qui provoquerait la colère des conjoints et mettrait peut-être un terme à leur liaison. Victor frissonna de soulagement. Mais la peur s'empara de nouveau presque aussitôt de lui. Était-il gravement blessé ? Si jamais cette hémorragie était mortelle ?

Il faisait trop sombre ici pour voir quoi que ce fût mais Victor pouvait sentir un sang chaud et gluant couler sur sa poitrine. Le ciel, au-dessus de lui, n'était plus qu'une lueur grisâtre et le sommet des arbres, déjà plongé dans l'ombre, dessinait de noires guirlandes. Il devait y avoir un chemin quelque part. Des endroits tels que celui-ci étaient toujours sillonnés de sentiers. Ce n'était pas vraiment la campagne, mais plutôt un immense parc à peine plus sauvage que Hampstead Heath.

La partie de la forêt dans laquelle il se trouvait devait être, se dit-il, bordée par la route de Theydon, d'où il venait, et par la route qui allait de Loughton vers Wake Arms, Clays Lane et Debden Green. Il y avait des éternités, il avait conduit quelqu'un de Debden Green à Cambridge. Il avait une vague idée des lieux. Il ne pouvait retourner sur ses pas. Malgré ses suppositions, cela risquait d'être dangereux. Il faisait maintenant trop sombre pour voir l'heure. Peut-être n'était-il pas plus de dix heures. Une fois encore, c'était David qui l'avait mis dans ce pétrin. Pourquoi ne l'avait-il pas tué ce jour-là dans la maison de Solent Gardens ?

Après un bon bout de temps, Victor parvint à un sentier ou à une allée cavalière. Il avait à ce moment-là changé d'avis sur la forêt d'Epping. Ce n'était pas du tout un parc dans la banlieue de Londres. C'était une forêt, immense, obscure, qui lui donnait l'impression de se perdre dans un labyrinthe. Il suivit le sentier qu'il venait de découvrir, qui n'était peut-être qu'une ramification de l'autre. Il n'avait aucune idée de l'endroit où il se trouvait. Il lui semblait être couvert de sang. Il en avait sur le corps, mais aussi sur les mains, car en tâtonnant pour trouver sa route, il avait essayé de rapprocher les bords de la plaie afin d'arrêter le sang. Il y était parvenu. Le sang s'était coagulé et il sentait la croûte, mélangée de terre, qui s'était formée. Il tendit les mains pour reconnaître ce qu'il avait devant lui. Il pensait que ce pouvait être de nouveau un énorme tronc de bouleau à l'écorce lisse. En fait, il s'agissait d'une clôture en planches, de fabrication artisanale.

En la suivant à tâtons, Victor parvint à une barrière qui n'était pas fermée. Il la franchit et se retrouva dans le parc d'une propriété. Il y avait là des pelouses, des arbres, des buissons et aussi une pièce d'eau où reflétaient les étoiles. A l'autre bout de la pelouse se dressait la maison. Une lumière, provenant d'une chambre à coucher, tombait sur l'herbe en dessinant deux rectangles jaunes. Frémissant d'horreur, Victor se dit : Si j'escalade ce mur pour passer par la fenêtre, je vais trouver Rosemary Stanley dans son lit. Elle va crier, casser la vitre et je verrai apparaître David...

Pour atteindre une route, afin de s'échapper, il allait devoir contourner la maison. Et il ne s'en sentait pas le courage. Il en avait assez. Brusquement, il se rendit compte qu'il était fatigué, épuisé, qu'il n'en pouvait plus. Contre la clôture, presque à côté de la barrière, se trouvait une cabane en bois. Il y avait sur la porte un cadenas qui pendait inutilement à une chaîne. La porte s'ouvrit lorsqu'il tourna la poignée. L'intérieur étouffant était imprégné d'une odeur de créosote. Il faisait noir comme dans un four. Victor découvrit par terre ce qu'il pensait être des filets, de ceux que les jardiniers mettent sur les arbres fruitiers pour empêcher les oiseaux de dévorer la récolte. Il ferma la porte derrière lui et se laissa tomber à plat ventre.

Dès quatre heures, il faisait jour. Victor ne savait pas trop pendant combien de temps il avait dormi, peut-être pas moins de cinq heures. Un rai de lumière, pâle et éclatant, provenant d'un soleil récemment levé, tombait d'une lucarne située près du plafond. Victor regarda ses mains, puis tourna ses yeux vers sa poitrine. Mais la blessure la plus profonde était trop près du cou pour qu'il puisse la voir. De plus, son T-shirt s'était transformé en une sorte de bouillie faite de sang, de peau, de cheveux, qui lui collait à la peau. Il lui faudrait trouver le moyen de nettoyer tout cela avant de prendre un train ou un autocar.

Victor quitta la cabane. Il sortit du parc en empruntant la barrière, par où il était entré. Il trouva assez rapidement un sentier forestier qui le conduisit à une route. Il se rendait compte maintenant à quel point la nuit dernière il en avait été proche, mais cela ne l'aurait guère avancé de la voir, à minuit passé. De l'autre côté de la route, il y avait une mare. En fait, une ancienne carrière qui s'était remplie d'eau. La surface, claire, était tapissée par endroits de grandes feuilles brunes. Un camion passa sur la route, puis, dans le sens inverse, une voiture. Il y avait encore peu de circulation. Victor traversa la chaussée et s'agenouilla près de la mare pour s'asperger le visage et se laver les mains. L'eau n'était ni froide ni très propre ; stagnante, elle était brunâtre, un peu huileuse. Néanmoins, elle lui était utile pour ce qu'il voulait en faire. Il se sécha de son mieux avec la doublure de son blouson.

La route, en sortant de la forêt, descendait apparemment vers des maisons. Après un petit kilomètre, Victor se rendit compte qu'il était à Loughton, près de l'autoroute. Il y avait fort peu d'animation dans le bourg et seules deux ou trois personnes étaient dehors, à cette heure matinale. Il arrêta un homme pour lui demander où se trouvait la station de métro. Celui-ci lui répondit sans montrer la moindre surprise. Victor en conclut qu'il devait être présentable, qu'il ne risquait pas de déclencher l'épouvante.

Il lui resterait toujours une cicatrice. Il aurait fallu que la blessure soit nettoyée, qu'on ferme la plaie avec des points de suture. Elle avait plusieurs centimètres de long et les bords, qui bâillaient, laissaient voir les saletés qui se trouvaient à l'intérieur. Peut-être n'était-il pas trop tard pour la recoudre, mais Victor savait qu'il n'irait pas voir de médecin. Cette fille pouvait aller au commissariat, il ne fallait pas l'oublier. Si elle réussissait, avec l'aide de son petit ami, à inventer une histoire justifiant sa présence dans cet endroit, elle n'hésiterait pas à aller voir les flics. De plus, se disait Victor, il pouvait fort bien s'être trompé. Elle s'était peut-être trouvée là parce qu'elle vivait chez ses parents, son petit ami, chez les siens. Ils n'avaient donc pas d'autre endroit pour faire l'amour que la forêt.

Elle lui avait sérieusement arrangé la poitrine. En dehors de cette grosse blessure, il était tailladé d'une manière impressionnante. Victor avait énormément souffert en essayant d'enlever son T-shirt. Finalement il y avait renoncé et avait pris un bain pour le tremper et le décoller. L'eau dans la baignoire était devenue brunâtre, avait pris une couleur de rouille. Il lui faudrait faire nettoyer son blouson. Il vida les poches et trouva le chèque et la petite boîte en velours bleu qui contenait la bague qu'il avait achetée pour Clare.

Victor était toujours en colère, n'ayant rien fait pour se calmer, mais sa rage maintenant ressemblait plus à un bouillonnement qu'à une explosion. Il était capable de réfléchir à la manière dont il aurait dû s'y prendre, de voir les erreurs qu'il avait commises. Évidemment, il aurait dû retourner à Sans-souci dans la voiture de Clare. Il se rendait compte maintenant que son échec était imputable en grande partie à son orgueil. N'avait-il pas sacrifié son bonheur à elle et le sien, parce qu'il refusait d'admettre que l'Escort rouge ne lui appartenait pas, qu'il s'agissait d'une voiture de location qu'il avait rendue ? S'il était rentré avec elle pour affronter David les choses auraient pu être fort différentes ! David ne comprenait que la violence, que la force : un flic reste toujours un flic. Victor avait maintenant conscience qu'il aurait dû rentrer avec Clare, parler en tête à tête avec David, lui dire quelques vérités bien senties et emmener la jeune femme par la force si c'était nécessaire. Qu'aurait pu faire David, assis dans son fauteuil roulant ?

Il n'allait pas jeter la petite bague en or avec les deux mains en argent qui s'étreignaient. Il allait la garder, Clare finirait par la porter. Victor mit un sparadrap sur sa poitrine et s'habilla. Il choisit la chemise à rayures, le jean en toile et la veste de velours vert. Il s'assit dans sa chaise roulante pour compter son argent. Il lui restait moins de soixante livres. Il attendait cependant son allocation hebdomadaire de la Sécurité sociale. Et puis il y avait le chèque qu'il avait donné pour le studio et que la propriétaire lui avait rendu. Deux cents livres. Il l'ouvrit et s'aperçut alors qu'il était à l'ordre de M. Faraday.

Après avoir porté ses vêtements à la blanchisserie, Victor téléphona à David. Il eut un sourire amusé en se souvenant à quel point il était intimidé lorsqu'il l'avait appelé la première fois, à quel point il avait été incapable de parler, ne réussissant à prononcer que son prénom : David, lorsque celui-ci avait décroché. Les choses étaient différentes aujourd'hui. Il composa le numéro et attendit impatiemment en tapotant avec ses doigts sur le dessous de la marche d'escalier.

« Allô ?

— David, c'est Victor. Je tiens à vous dire que grâce à vous j'ai passé une nuit atroce, que j'ai manqué le dernier train et supporté tout ce qui va avec. Pour ne rien vous cacher, j'ai de la chance d'être encore en vie. Je ne crois pas avoir agi comme j'aurais dû hier au soir, mais à long terme, ça n'a aucune importance. Il faudra bien vous faire à l'idée que Clare et moi allons vivre ensemble. Nous le voulons, et rien ne peut nous en empêcher. D'accord ? »

David ne répondit pas mais s'abstint de raccrocher.

« Je lui parlerai tout à l'heure pour prendre certaines dispositions. Je pense que nous devons nous conduire comme des personnes civilisées dans cette affaire. Je trouve que vous me devez d'écouter ce que j'ai à dire. J'aimerais en discuter. Vous savez que cela nous aide l'un et l'autre, lorsque nous vidons notre sac. » Victor eut quelque mal à poursuivre, car il ne sentait plus ce qu'il disait. Il continuait dans le but d'amadouer David. « J'aimerais que nous restions amis. Je sais que Clare le désire.

— Victor, soyons clairs, voulez-vous, dit David. Pour commencer, c'était une erreur de nous rencontrer. Cela n'a apporté que des souffrances qui, malheureusement, risquent d'être irréparables. Le mieux que nous puissions faire, maintenant, est d'essayer de revenir au point de départ, de recoller les morceaux. Il n'est pas question que nous nous revoyions jamais. »

Le ton supérieur de David rendit Victor furieux, malgré la décision qu'il avait prise de rester calme.

« Elle n'est plus à vous, David, cria-t-il dans l'appareil. Il faudra bien vous y faire. Vous avez perdu. Je vous ai écrabouillé. »

Il raccrocha brutalement avant même que David n'ait eu le temps de couper la communication. Assis de nouveau dans le fauteuil roulant dans sa chambre, il recompta son argent et regarda longuement la bague. Peut-être pourrait-il la vendre à Jupp ? Leur amour, celui de Clare et le sien, n'avait pas besoin de bijoux, de liens matériels. Il lut les magazines qu'il avait trouvés dans une corbeille à papiers, le *Sunday Times* en couleurs, un magazine appelé l'*Executive World* et, aussi, le *Standard* qu'il avait dû acheter. L'homme qu'on appelait le « Renard » avait violé une femme à Hemel Hempstead, mais il n'y avait rien sur ce qui s'était passé dans la forêt d'Epping. Ensuite, Victor regarda le tournoi de

Wilbledon jusqu'à six heures. Il refit le numéro de David, bien décidé à raccrocher, si c'était lui qui répondait.

C'était la voix de Clare.

« Clare, ma chérie, vous savez qui c'est. Est-ce que ça va. Je n'ai pas aimé vous abandonner avec lui, mais que pouvais-je faire ? Je n'aurais jamais dû vous laisser lui tenir tête seule. Nous ne commettrons plus ce genre d'erreurs. A partir de maintenant, nous agirons intelligemment. » Victor se disait qu'il n'avait jamais parlé auparavant avec autant d'aisance aussi longtemps. Il était content de lui. « Je meurs d'envie de vous voir. Quand pouvons-nous nous rencontrer ? Je vais être franc et vous avouer quelque chose. Cette voiture ne m'appartient pas. Je l'ai simplement louée. Je vous ai laissé croire que c'était la mienne parce que... eh bien, sans doute avais-je envie que vous pensiez du bien de moi. » Les mots arrivaient sans effort, facilement. « Est-ce que vous me pardonnez ? Bien sûr, vous ne vous souciez pas de ce genre de choses, pas vraiment. Et vous savez que je parcourrais n'importe quelle distance pour vous rencontrer, même si je devais faire le trajet à pied. Il nous faudra faire face, et ça sera sûrement compliqué pour nous durant les prochaines semaines. Il va falloir lui faire entendre raison. Mais nous serons ensemble et nous nous en sortirons.

— Victor, dit-elle, avec une petite voix malheureuse, tout cela est de ma faute. Je le sais, j'en suis navrée.

— Navrée ? dit-il d'un ton dégagé. Pourquoi voulez-vous être navrée de quoi que ce soit ? C'est absurde.

— David ne voulait pas que je vous parle. Il m'a dit qu'il valait mieux ne pas le faire, mais j'ai pensé que c'était se conduire avec trop de lâcheté... J'ai encore un tas de choses à vous expliquer. Je me sentirai toujours coupable si je ne peux vous les dire.

— Vous pouvez me dire tout ce que vous voulez, ma chérie, absolument tout. Quand allons-nous nous rencontrer ? Demain ? Au Half Moon, cet endroit que vous semblez aimer ?

— Non, pas demain, lundi. A six heures. Bien entendu, je le dirai à David. Je sais qu'il comprendra que c'est la seule chose à faire.

— Je t'aime », dit Victor.

Il raccrocha, ravi de la tournure que prenaient les choses. Quelqu'un mit une clef dans la serrure de la porte d'entrée et Mrs. Griffiths apparut dans le hall. Elle portait des gants blancs et un nouveau chapeau en paille de couleur bleue, avec une voilette à pois.

« Oh, Mr. Jenner, dit-elle, vous m'avez épargné l'escalier », comme si la chambre de Victor était au sommet du mont Blanc ou au dixième étage d'une tour sans ascenseur.

Il la regarda l'œil vide, la tête remplie de l'image de Clare.

« Des policiers sont de nouveau venus hier pour vous voir. Autour de cinq heures de l'après-midi. »

Il sentit que son cœur s'arrêtait de battre, puis reprenait un rythme normal. Cinq heures voulait dire que cela s'était passé au moins quatre heures avant qu'il ne tombe sur cette fille dans la forêt d'Epping.

« Ce n'était guère agréable, Mr. Jenner », dit Mrs. Griffiths en regardant autour d'elle, en tendant le cou pour jeter un coup d'œil dans la cage d'escalier. Puis elle ajouta plus bas : « Mr. Welch et les travailleurs sociaux m'avaient donné à entendre qu'il n'y aurait pas d'histoire. De toute façon, d'après ce que j'ai compris, par votre petite note, vous souhaitez partir. Ce que je voudrais savoir c'est précisément quand ? »

Victor avait oublié qu'il avait donné son congé. La rédaction de cette lettre, qu'elle appelait une « petite note », lui semblait remonter fort loin, tant de choses s'étaient passées depuis. Il ne savait où aller.

« A la fin de la semaine prochaine, dit-il. Puis se corrigeant il ajouta : non, je partirai lundi. » Il ne voulait pas que Clare retourne à Sans-souci cette fois. Ils iraient dans un motel, au Post House à Epping, par exemple.

« Savez-vous que du sang coule sur votre chemise ? » lui dit Mrs. Griffiths.

La blessure s'était rouverte. Si heureux d'entendre la voix de Clare, ravi qu'elle l'appelle par son nom, il avait écarté les bras en bombant la poitrine. Il lava la blessure dans l'évier de sa chambre, mit un nouveau sparadrap, en essayant de rapprocher les bords de la plaie. Assis dans le fauteuil roulant, il regarda de nouveau le tournoi de Wimbledon à la télévision. C'était un simple dames particulièrement excitant.

Cette nuit-là, il rêva de tortues. Il se trouvait de nouveau dans la cabane au fond du parc, à Loughton, couché sur les filets, sentant, même dans le noir, qu'il y avait un tas de pierres dans un coin. L'une d'elles se mit à remuer, à prendre vie, à marcher vers lui, vers sa couche. Victor voyait nettement les pattes avec des écailles qui avançaient par saccades, très très lentement comme un automate. La carapace oscillait, la tête, qui ressemblait à celle d'un serpent, avec des yeux stupides et vides, ballottait d'un côté puis de l'autre, comme si elle était posée sur un pivot rouillé. Victor poussa un cri et essaya de gagner la porte fermée à clef. La lucarne était hors d'atteinte. Aussi, se colla-t-il au mur, tandis que cette « chose » s'approchait de lui, lentement, implacablement, avec un œil morne. Victor cria de nouveau et s'éveilla. Le son qui était sorti de sa gorge ne ressemblait nullement à un grognement, comme c'est souvent le cas au cours des cauchemars, c'était un cri strident, chargé d'angoisse et de peur.

Des pas se firent entendre dans l'escalier et quelqu'un cogna à la porte. C'était la même voix qui avait déjà protesté quelque temps auparavant, lorsque Victor avait frappé contre les murs et sur le sol.

« Qu'est-ce qui se passe là-dedans ?

— Rien, dit Victor. Un rêve, c'est tout.

— Merde, alors. »

Il se leva, prit un bain et changea le pansement sur sa plaie. A neuf heures — il savait qu'à cette heure-là Clare serait partie au travail — il téléphona à David.

« Allô ? »

David paraissait sur ses gardes, il se doutait de qui il s'agissait et avait peur.

« Oui, c'est encore moi, David, dit Victor. Je ne sais pas si Clare vous a dit que nous allions nous voir lundi pour en finir. Elle ne reviendra pas auprès de vous après cela, elle restera avec moi. Je crois qu'il est préférable de ne rien vous cacher, de vous prévenir de ce que nous projetons de faire.

— Victor, Clare ne projette nullement de faire quoi que ce soit avec vous. » David parlait lentement, sans aucune impatience dans la voix, comme s'il s'adressait à un enfant. Ce qui, bien entendu, agaçait Victor. « Clare va rester ici avec moi et m'épouser. Je crois vous l'avoir dit.

— Et je vous ai déjà dit que nous avons rendez-vous lundi, Clare et moi, pour partir ensemble. Êtes-vous sourd ou quoi ?

— Clare et moi nous vous verrons alors, Victor. Nous essaierons de parler raisonnablement tous les trois.

— Si vous venez avec elle lundi, je vous tue », dit Victor avant de raccrocher.

Il sortit pour aller chercher son allocation de la Sécurité sociale et ses vêtements chez le blanchisseur. En passant devant la boutique de Jupp, il sortit la bague de sa poche et la regarda. Il n'y avait aucun bijou dans le plateau qui coûtait plus de cinquante livres, ce qui voulait dire qu'au mieux Jupp ne lui donnerait que vingt-cinq livres pour son anneau. Le divan recouvert de velours brun n'était plus dans le magasin et Kevin sortait de l'arrière-boutique en traînant une chaise longue, vert doré, en bien mauvais état, pour la mettre à sa place. Victor resta là un moment pour le regarder accrocher le paon à une des énormes volutes du dossier.

Victor prit le métro à Ealing Common pour se rendre à Park Royal. Non pour aller chez Tom cette fois, mais pour retrouver ce magasin, à côté du marchand de vin, qu'il avait remarqué lors de sa première visite, et qui s'appelait Hanger Green Small Arms. Il y avait toutes sortes d'armes dans la vitrine. On aurait dit celle d'un armurier, mais Victor savait que la plupart des fusils et des pistolets étaient des répliques. Il entra et demanda un Luger. L'homme n'en avait pas mais proposa à Victor un Beretta à la place, le modèle qu'utilisait James Bond, dit le marchand, à moins qu'il ne lui préfère le Walther PPK 9 mm. C'était un gros et lourd pistolet automatique, qui ressemblait à s'y méprendre à l'arme originale. Mais on ne pouvait pas tirer avec, pas même des balles à blanc. Il coûtait quatre-vingts livres, ce qui ne laissait à Victor que quatre livres pour vivre jusqu'à ce qu'il reçoive sa prochaine allocation. Pourtant, il n'hésita pas une seconde : il avait une vague idée de la manière dont il allait s'y prendre pour toucher son chèque.

Avant de rentrer chez lui, il acheta un magazine trimestriel qui s'appelait *This England*. C'était au-dessus de ses moyens, puisqu'il avait à peine de quoi payer sa nourriture, mais il y avait un article sur la forêt d'Epping. Il se demandait ce qu'on avait fait des provisions qu'il avait apportées dimanche. Les cailles, par exemple. Sans doute David les avait-il mangées. Il n'allait pas s'abaisser en posant des questions mais il téléphonerait tout de même à David. Pourquoi ne dépenserait-il pas ses dernières pièces en lui téléphonant ?

« Allô ?

— C'est Victor, dit-il. Comme si vous ne le saviez pas.

— Je ne veux pas vous parler, Victor. Nous n'avons plus rien à nous dire. Je vous prie de ne plus téléphoner ainsi.

— Moi, j'ai beaucoup de choses à vous dire. Je viendrai vous voir demain lorsque Clare sera à la maison. Et cette fois, croyez-moi, je ne me laisserai pas blesser par des éclats de verre. Je pense que vous me comprenez.

— Quoi ?

— Je suis sûr que vous me suivez parfaitement, dit Victor. Si j'allais voir un médecin afin de lui montrer les entailles sur ma poitrine, vous seriez certainement poursuivi pour coups et blessures. Je téléphonerai à Clare un peu plus tard. C'est elle qui doit répondre, compris ? Inutile d'essayer de lui mettre des bâtons dans les roues. J'appellerai vers huit heures. »

Puis il raccrocha. Il ne lui restait dans sa poche que cinq pièces de dix pence, une d'une livre et un billet de la même valeur. Il y avait une demi-miche de pain dans le placard, une boîte de tomates et un morceau d'édam. Demain, il irait voir Muriel. Il quitta sa chambre et dépensa ses deux livres en achetant un paquet de cigarettes, un demi-litre de lait, une plaque de chocolat et le *Standard*. Il ne trouva rien sur le viol du Hertfordshire, rien non plus sur la forêt d'Epping. Il s'assit dans son fauteuil roulant, alluma une cigarette et regarda la télévision. Quand le tournoi de tennis fut terminé et que ce fut le tour des informations, Victor ferma le poste. Il enleva le pansement de la plus grave de ses blessures, ce qui le fit souffrir énormément. Ensuite, il appliqua un sparadrap propre. Il ne pensait pas vraiment que ses plaies étaient l'œuvre de David. Il n'était pas fou. Il savait que c'était la jeune femme mince aux cheveux noirs, dans la forêt, qui l'avait blessé de cette manière, mais il voulait que David pense que lui, Victor, était convaincu de la réalité de ses accusations. Peut-être David finirait-il par y croire.

C'était impossible d'attendre le coup de téléphone de Clare jusqu'à huit heures. Victor mangea un morceau de pain avec du fromage, fuma une cigarette, puis descendit au rez-de-chaussée pour composer le numéro de David. Il était sept heures vingt-cinq.

C'est David qui répondit alors que Victor lui avait interdit de le faire.

« Vous n'avez pas le droit de nous empêcher de nous parler étant donné que c'est ce que nous souhaitons tous les deux.

— Ce n'est pas ce qu'elle veut, Victor. Et j'aime autant vous dire que c'est la dernière fois que vous me parlez, parce que j'ai demandé que l'on change mon numéro. »

Victor ne put s'empêcher d'éclater de rire. David s'était donné tout ce mal alors que lui, Victor, ne pouvait plus téléphoner n'ayant plus un sou.

« Victor, dit David, écoutez-moi une minute. Je ne vous en veux pas. Croyez-moi. Mais je pense que vous devriez vous soigner, vous êtes malade. Dans votre propre intérêt, vous devez vous faire soigner. Il faut que vous voyiez un docteur.

— Je ne suis pas fou, dit Victor. Ne vous en faites pas pour moi. Si la prison n'a pas réussi à me rendre cinglé, vous n'y arriverez sûrement pas. Quant à moi, soyez sûr que je vous en veux, je vous en veux à mort. Ne pensez pas vous débarrasser de moi aussi facilement. Vous pouvez dire à Clare que je ne la laisserai jamais tomber, que je ne renoncerai jamais. Vous m'entendez ? »

La réponse de David fut perdue pour lui, car la communication venait d'être coupée : Victor n'avait plus de pièce à mettre dans l'appareil. Il raccrocha. Puis, avec le crayon qui était posé sur la tablette, il barra le nom et le numéro de téléphone de David, qu'il avait écrits sous la marche de l'escalier. C'était aussi le numéro de Clare, mais cela n'avait aucune importance puisqu'il le connaissait maintenant par cœur...

Demain, lorsqu'il aurait un peu d'argent, il irait à Theydon Bois avec le Beretta dans sa poche. David, dans la maison de Solent Gardens avait été stupide de ne pas croire à la réalité de son arme. Mais chat échaudé craint l'eau froide. Cette fois, il n'aurait aucun doute sur son authenticité. Exactement comme il s'était trompé dix ans plus tôt sur la réalité de son pistolet, il penserait cette fois que la réplique était réelle. Tandis que Victor tiendrait David en respect avec son arme, Clare pourrait s'enfuir de la maison. Ils s'échapperaient tous deux dans la Land Rover. Il était content de lui avoir avoué que l'Escort rouge n'était qu'une voiture de location et aussi, bien entendu, qu'il avait commis quelques viols. Elle savait tout sur lui, il n'avait plus aucun secret pour elle. C'est ainsi que ce doit être...

XVI

Il allait devoir lever cette chose, la déplacer, pour pouvoir prendre la clef qui se trouvait dessous. Il jeta un coup d'œil dans sa direction avec appréhension et détourna rapidement la tête. De nouveau, il monta sur les pierres pour regarder à travers les vitres en losanges. Muriel était toujours endormie dans son fauteuil et, aucune sonnerie provenant de la porte d'entrée, si aiguë et si insistante fût-elle, ne la réveillerait. Il se demandait même si quelque chose n'était pas arrivé, si par exemple elle n'avait pas eu une sorte d'attaque.

Il y avait une possibilité d'entrer par-derrière. Victor contourna le garage et fit une tentative. La porte, naturellement, était fermée à clef. La hauteur des herbes dans le jardin le faisait ressembler à un champ de foin ; le vent s'y engouffrait en y traçant des sillons. Une fois qu'il en aurait terminé avec ce qu'il était venu faire, Victor prendrait le métro en direction de Theydon et enlèverait Clare sous la menace de son arme. Le Beretta était dans sa poche. Il était si lourd que le blouson, à droite, était nettement plus long qu'à gauche. David avait reconnu que lors de leur première rencontre, il avait eu peur, qu'il avait craint que Victor ne soit venu pour « en finir ». Victor ne s'attendait pas à une grande résistance de la part de David. Pour l'instant, entrer dans cette maison était la première des priorités. Il était déjà deux heures et ça faisait maintenant presque une heure qu'il tournait en rond, qu'il sonnait à la porte, qu'il essayait de l'ouvrir, de forcer une fenêtre.

Muriel dormait avec, à côté d'elle, deux tables basses. Sur l'une, il y avait une tasse et une assiette, sur l'autre, des magazines, des ciseaux et un pot de colle. La journée était si chaude que le vent lui-même était tiède. Pourtant, sa tante avait un des éléments de son radiateur électrique allumé : une résistance, une seule, rougeoyait à côté d'elle. Victor, dans le jardin, ne pouvait rien sentir, mais il imaginait parfaitement l'odeur désagréable de la poussière brûlée.

Il enjamba les pierres et grimpa sur celle où se trouvaient le lapin et la grenouille. Victor n'avait rien contre les grenouilles ni contre les serpents ni même contre les crocodiles. Il aurait pu sans problème toucher la peau d'un crapaud. Il humecta ses lèvres, déglutit et s'obligea à regarder la tortue. Ce n'est que de la pierre, se dit-il, juste un morceau de pierre. On commence par modeler l'animal en cire ou en terre, puis on fabrique un moule dans lequel on coule un quelconque mortier, ou du ciment. On peut ainsi en fabriquer des centaines, des milliers. C'est une production en série. De se dire tout cela n'arrangeait guère les choses. Il me faudra reprendre mes exercices, se disait Victor, essayer d'en terminer avec ce que j'avais commencé des années auparavant. Clare m'aidera. Clare s'y connaît pour soigner les gens. Pour le moment, il lui fallait entrer dans la maison, et il devait prendre la clef sous cette... chose. Tortue, dit-il, tortue.

Un muscle de sa lèvre supérieure commença à tressauter. Il essaya de l'en empêcher avec la main. Puis, il s'imagina que son doigt était une patte couverte d'écailles qui s'appuyait contre sa bouche, et il frissonna des pieds à la tête, pris d'une sorte de convulsion. Si je la touche, je tombe dans les pommes, se dit-il. Pourquoi n'irait-il pas jusqu'à la maison d'à côté, afin de demander à Jenny ou à son mari de la déplacer pour lui ? Ce n'était pas aussi simple. Ils poseraient des questions. Et lorsque la porte serait ouverte, celui qui serait venu l'accompagner risquerait de vouloir entrer. Ce qu'il fallait éviter. Il s'agenouilla et ferma les yeux. Pourquoi pensa-t-il alors au dernier moment dans la maison de Solent Gardens, lorsque David avait poussé la fille dans l'escalier et lui avait tourné le dos ? Était-ce à cause de la gravure qui représentait des mains en prière, sur le mur de la cage d'escalier ? Peut-être. Il était à genoux, maintenant, les yeux clos, la caricature d'un homme en train de prier.

Il fallait, se dit-il, qu'il pense à n'importe quoi, mais surtout pas à ce qu'il était en train de faire, c'est-à-dire de toucher une pierre ayant la forme de l'objet de sa phobie. Pense à David, pense à cet ultime moment lorsque le coup de feu est parti. Ce n'était pas agréable, mais infiniment mieux que de penser à cette chose. Il se pencha en avant, tendit les mains, attrapa la chose, sentit les crevasses de pierre de la carapace. C'était étonnamment lourd, ce qui facilitait la tâche. La véritable chose n'aurait jamais été aussi lourde. Retenant son souffle, Victor la reposa, chercha la clef. Elle était là. Remettre la chose à l'endroit où elle se trouvait avant était au-delà de ses forces. Il se redressa, en s'accrochant à la clef et commença à vomir. Heureusement, son estomac était vide. Il n'avait pas déjeuné, parce qu'il n'en avait pas envie, mais de toute façon, il n'aurait pas eu l'argent nécessaire. Il hoqueta, eut des haut-le-cœur, fut pris de frissons et de nausées. Il retrouva suffisamment ses esprits pour sentir que toute la rue devait être en train de le regarder. Il lui semblait que cette opération avait pris des heures, mais lorsqu'il jeta un coup d'œil à sa montre, il s'aperçut que ses souffrances avaient duré à peine plus d'une minute.

Il déverrouilla la porte d'entrée et pénétra dans la maison. Muriel s'éveilla immédiatement, ou peut-être était-elle déjà réveillée lorsqu'il avait mis la clef dans la serrure. Elle cria : « Est-ce toi, Joe ? »

Victor se dit qu'il aurait pu s'épargner cette terrible angoisse. Il pénétra dans le living-room. Il y faisait une chaleur étouffante. Il respira l'odeur de poussière carbonisée qu'il avait imaginée. Sa tante avait sa résille brune sur la tête et était habillée. Elle portait une robe en soie, à fleurs, dont elle avait omis de mettre la ceinture, des bas roulés sur ses chevilles et des pantoufles doublées de fourrure. Elle se contorsionna pour le regarder : penchée en avant, le cou tordu, elle le fixa en remuant le nez.

« Qu'est-ce que tu viens fabriquer ? »

Une vague de colère déferla sur lui, ou plutôt la colère se mit à bouillonner en lui. Elle se gonflait, s'agitait, comme de la pâte sous l'effet de la levure. Des bulles éclataient. Comment s'y était-elle prise, se demandait-il, pour ressembler à sa mère ? C'était une ressemblance qu'il avait à peine remarquée auparavant. Si sa mère avait vécu après la mort de son père, ressemblerait-elle à ça maintenant ? Cette idée était insupportable. Il y avait quelque chose de changé dans son visage. Les joues, les mâchoires, étaient plus pleines, plus fermes. Elle n'avait pas de fausses dents, autant qu'il sache, bien que les siennes soient presque toutes tombées. En fait, elle devait avoir un dentier, un dentier qu'elle ne portait presque jamais, mais qu'elle avait mis cette fois à cause de Jupp, pour se rendre plus séduisante à ses yeux. Victor se souvint pourquoi il était ici.

« Je n'ai pas besoin d'entrer dans les détails, dit-il, mais j'ai laissé entendre à une bonne femme que mon nom était Faraday et elle m'a fait un chèque à ce nom. Tout ce que je te demande, c'est de l'endosser.

— La police est revenue, dit-elle.

— Qu'est-ce que tu veux dire ? Quand sont-ils venus ?

— Quel est le jour où il pleuvait tellement ? Quand Joe était ici.

— Comment le saurai-je ? Lundi ? Mardi. »

C'est-à-dire avant cette nuit dans la forêt, se dit-il en se remettant à respirer.

« Ils voulaient te voir, dit-elle. Mais tu n'étais pas là. C'était à propos d'un viol, m'ont-ils dit. Ça m'a glacée jusqu'à la moelle, ça me débecte. C'est le « Renard » qu'ils cherchent. Et peut-être que c'est toi. »

L'auteur des viols commis dans le Hertfordshire. Voilà pourquoi ils étaient aussi passés chez Mrs. Griffiths.

« Quand je pense à ta pauvre mère, dit Muriel.

— Ne t'en fais pas pour ma mère. Elle est morte. »

C'était le visage de sa mère qui le regardait, son visage vieilli, déformé, poilu, aux yeux chassieux, agité de tressaillements, comme le museau d'une souris, néanmoins, c'était le sien. Victor, maintenant fou de colère, avait une impression curieuse. Il se disait que Muriel avait été mise là par un pouvoir supérieur pour le tourmenter, pour le torturer, de la manière la plus subtile, la plus raffinée, grâce à des moyens spécialement inventés pour lui. C'était comme si on avait programmé un ordinateur avec des données sur ses points sensibles et que Muriel suivait les instructions du listage pour lui arracher les nerfs. Muriel n'était pas Muriel, mais un ange exterminateur, ou peut-être un diable habilement déguisé. Pourquoi alors, ne l'avait-on pas informée de la chose la plus terrible ? A moins qu'ils ne l'aient fait. Peut-être dans un instant allait-elle ouvrir un placard et lui montrer...

Comme si elle cherchait à nourrir son délire, sa tante se leva. Elle prit la tasse et la soucoupe dans sa main gauche et mit deux doigts de sa main droite dans sa bouche, pour enlever son dentier, ainsi que sept ou huit dents de la mâchoire inférieure. Victor, cloué sur place de dégoût, s'entendit émettre un grognement de protestation. Muriel jeta les dents dans la tasse.

« Ça va mieux », dit-elle. Son visage ne ressemblait plus à celui de la mère de Victor, mais les yeux étaient brusquement devenus d'un bleu étonnamment pâle et lançaient des étincelles. Victor ferma les siens.

« Alors, qu'est-ce que tu veux ? » demanda-t-elle.

Il essaya de nouveau d'expliquer l'histoire du chèque, mais se mit à bafouiller, à cause de la colère qui nouait sa gorge.

« Explique-toi », dit-elle, les dents dans la tasse esquissant un ignoble sourire. Pourquoi leur as-tu donné mon nom ? »

Victor était incapable de répondre.

« Deux cents livres. Pourquoi ne serait-ce pas une escroquerie ? Si ça vient de toi, ce n'est sûrement pas net, dit-elle en s'approchant de lui, la tête penchée, le regard fixe. Qu'est-ce qui t'a retenu d'imiter ma signature ? »

Effectivement. Il n'y avait pas pensé. C'était la seule raison. Il la prit par les épaules et la secoua. Elle se recroquevilla à son contact.

« Surtout ne... cria-t-elle. Tu ferais mieux de ne pas... Oh non, non... »

Rempli d'horreur, il comprit brusquement ce qu'elle voulait dire. Elle avait peur d'être violée. Toute cassée qu'elle était, avec le visage défiguré de sa mère, elle craignait qu'il ne la viole. Et, bien qu'elle le redoutât, ses yeux, néanmoins, brillaient d'un curieux éclat. Elle tremblait, apeurée et fascinée. Elle le regarda droit dans les yeux, leva les bras pour dégager ses épaules et recula d'un pas ou deux en glissant. La tasse avec les dents tomba par terre et roula sur la moquette.

Victor, pour la première fois depuis qu'il était entré dans la maison, sentit le poids de son pistolet dans sa poche. Il y plongea la main pour le prendre et, d'un mouvement brusque, lui assena un coup sur la tête. Il l'atteignit à la tempe et elle vacilla en hurlant. Victor frappa de nouveau, en fait abattit une grêle de coups avec des gestes mécaniques. Une terrible énergie, provenant de la colère qu'il avait accumulée au fond de lui, se libérait dans son bras droit par brusques décharges comme un courant à haute tension. Les coups pleuvaient sur sa mère, sur toutes les femmes, sur Pauline, sur Clare, sur Judy, sur Mrs. Griffiths. Dès le premier coup, il avait été incapable de se contrôler. Il frappait avec une force aveugle, une colère implacable. Les viols n'avaient été que des simulacres. Il réalisait maintenant ce qu'il avait toujours eu envie de faire.

Les cris de Muriel devinrent des grognements puis des gémissements. Ce n'est que lorsqu'ils cessèrent, que le silence s'installa dans la pièce, que Victor ouvrit les yeux. Il continua cependant à frapper sa victime avec son arme, bien qu'elle n'offrît plus aucune résistance, qu'elle ne fût plus qu'un tas de chair molle. Victor se rendit compte alors que pour continuer à frapper avec efficacité, il s'était laissé tomber sur les genoux. Il sentit qu'il était couvert de quelque chose de chaud et d'humide. Ses mains étaient collantes. Il roula par terre sur lui-même pour s'écarter du corps, les deux mains accrochées au pistolet humide et gluant.

La première chose qu'il fit fut de recouvrir le corps. C'était une vision atroce qu'il ne pouvait supporter. Il se baissa pour ramasser le tapis qui se trouvait devant le radiateur électrique, une carpette vaguement turque. Il le jeta sur le corps flasque et ensanglanté de Muriel. Cela fait, il se sentit un peu mieux, ce n'était peut-être pas la fin du monde. Il commença à retrouver son souffle. Mais alors qu'il restait immobile, en s'accrochant au dossier du fauteuil dans lequel Muriel avait l'habitude de s'asseoir, il se demanda comment des hommes pouvaient commettre des crimes sans mourir, sans devenir fou. Comment faisaient-ils pour continuer à vivre, pour préparer leur fuite, pour effacer leurs traces, pour ne pas avouer, pour oublier. Il se demandait comment c'était possible, et presque aussitôt, il agissait de la même manière : il éteignait le radiateur électrique, refermait la porte, montait à l'étage.

Dans la psyché de la chambre à coucher de Muriel, il aperçut son reflet et poussa un cri. Il savait qu'il avait du sang sur les mains et éprouvait le besoin de se les laver immédiatement. Mais il ne s'était pas attendu à ça, son image lui faisait peur. Il était éclaboussé, couvert de sang, comme s'il avait plongé ses bras et son visage dans le baquet plein de sang d'un charcutier. L'étoffe de son blouson avait pris une teinte foncée, et sa chemise était rouge. Une grande tache sombre maculait le devant de son jean, comme s'il avait une blessure ouverte au ventre. C'était si terrible qu'il commença à se déshabiller sur-le-champ, pris d'une sorte de panique qui lui fit, dans sa hâte, arracher les boutons et déchirer l'étoffe. Le sang avait coulé jusqu'à sa peau, fine et pâle, et l'avait comme tachetée de jus de viande. Il traversa le couloir en titubant pour gagner la salle de bains, où il se mit à vomir en sanglotant.

Se nettoyer ne servirait à rien, il lui fallait prendre un bain, se plonger en entier dans l'eau. Il ouvrit le robinet de la baignoire et, en attendant qu'elle se remplisse, s'agenouilla sur le carrelage pour reposer sa tête sur l'émail blanc et froid. Quel que soit le système de chauffe-eau de la maison, Muriel l'avait mis au plus bas. Il se glissa dans un bain à peine tiède et se savonna en tremblant. Il s'essuya avec une petite serviette crasseuse et se dit qu'il lui fallait trouver d'autres vêtements.

Les siens, en tas, couverts de sang, dans la chambre à coucher, lui donnèrent de nouveau la nausée. C'était comme si un deuxième corps était étendu là. Il commença à ouvrir des tiroirs. Il n'y avait dedans que des sous-vêtements de femme : des corsets roses, informes, des bas marron en fil d'Écosse, des bas bruns, en soie, des slips ou plutôt des culottes en indémaillable rose et blanc, des combinaisons aux larges bretelles, avec de grands décolletés ronds. Son corps nu lui était étranger et il en avait honte. Il se déplaçait avec embarras, avec maladresse. Il découvrait qu'il n'avait été tout au long de sa vie vraiment nu qu'une fois ou deux, en dehors des quelques heures qu'il avait passées avec Clare.

L'image de la jeune femme lui fit fermer les yeux et serrer de toutes ses forces, avec ses mains, les bords en bois du tiroir de la commode.

La coiffeuse de Muriel ne contenait aucun sous-vêtement d'homme mais il y avait dans le tiroir du haut un coffret à bijoux. Victor laissa le tiroir ainsi que le coffret, ouverts. Il se rendit dans la chambre à coucher où il avait trouvé la plus grande somme d'argent. Il y avait dans le troisième tiroir de la commode de cette pièce, les sous-vêtements de Sydney — du moins ce qu'il en restait. Victor mit un caleçon long en coton blanc, devenu jaunâtre avec le temps, qui puait le camphre, un tricot de corps et une paire de chaussettes bleu marine feutrées, reprisées avec de la laine brune. Le fond du tiroir était tapissé de billets de banque, presque uniquement des billets d'une livre. Il les emporta. Dans la chambre voisine, il trouva dans un tiroir des billets de cinq livres. Il retourna ensuite dans la chambre de Muriel, ouvrit la penderie et vida les sacs à main. Ils contenaient des centaines de livres.

Ensuite, Victor enfila une chemise crème en coton et revêtit un costume de Sydney, en tweed marron clair. Sur la chemise qu'il avait trouvée sur un cintre était encore attachée l'étiquette du prix. Elle était si vieille, et pourtant n'avait jamais été portée. Sydney l'avait payée deux livres neuf shillings, onze pence. Habillé, Victor se sentit mieux. Il était propre et net, il pourrait sans doute continuer à vivre, à vivre de quelque manière. Dans le coffret à bijoux de Muriel, au-dessus d'un tas de chaînes en or et de colliers en perles de verre, se trouvait la bague avec le dôme de diamants. Il la fourra dans sa poche puis remit le coffret dans le tiroir. Toutes ses poches étaient gonflées avec l'argent qu'il y avait entassé. Le chien au ventre duquel la chemise de nuit en nylon rose pendouillait comme des boyaux, le regardait de ses yeux morts en verre.

Pourquoi n'emporterait-il pas la totalité de l'argent qui se trouvait dans la maison ? Personne ne pouvait plus l'en empêcher maintenant. Dans le placard où il avait trouvé autrefois le pistolet, il prit un attaché-case en cuir brun. Son père appelait ce genre de sac une mallette. Victor y fourra l'argent. Il fouilla les chambres, y compris la quatrième, celle dans laquelle il n'avait jamais mis les pieds. Il trouva des billets partout : dans un sac en plastique, sous un oreiller, deux billets de dix livres sous le pied d'une lampe, un paquet de billets de cinq livres dans la cheminée, glissé sous un éventail en papier argenté, couvert de suie. Il y en avait une telle quantité qu'il eut quelques difficultés à tout mettre dans l'attaché-case. Il dut s'y prendre à plusieurs reprises avant de pouvoir fermer la serrure.

Il faisait presque noir dans la maison, bien plus sombre que la pénombre habituelle. Victor n'avait aucune idée de l'heure, mais pensait que le soir était tombé. Il regarda sa montre et découvrit qu'il n'était pas encore trois heures. Ce cataclysme avait duré moins d'une heure.

Il pleuvait à verse, une pluie serrée et luisante, qui ressemblait à des tiges de verre. Victor descendit au rez-de-chaussée. En arrivant au bas de l'escalier, il s'aperçut qu'il avait laissé des empreintes rougeâtres sur la moquette du couloir, des empreintes qui perdaient de leur netteté, au fur et à mesure qu'elles s'approchaient du haut de l'escalier. La pluie se chargerait de nettoyer ses chaussures, de débarrasser le cuir clair de ces taches sombres.

Au portemanteau étaient accrochés des vêtements entassés les uns sur les autres. Aussi loin qu'il s'en souvienne, il en avait toujours été ainsi. Il y avait aussi quelques parapluies. En décrochant celui du haut, Victor fit tomber la masse des manteaux qui formèrent alors un gros tas par terre. Il en sortit un trench-coat noir et brillant, en nylon ou en tissu caoutchouté. Victor le choisit parce qu'il paraissait imperméable. Il l'enfila et boucla la ceinture. Bien qu'un peu long, il ne lui allait pas mal.

C'est alors qu'il pensa à la clef. Il était incapable de se souvenir où il l'avait laissée. Avec ses vêtements ? Avec le corps ? De toute façon, la remettre sous la tortue lui paraissait une tâche impossible. Il pensa aussi au pistolet. Il ferma les yeux et poussa la porte du salon. Lorsqu'il les rouvrit, il aurait voulu, en contradiction avec les lois de la nature et sa propre expérience, voir Muriel assise dans son fauteuil, à côté du radiateur électrique, des ciseaux à la main. Le tapis dissimulait une bonne partie de l'horreur et il n'y avait aucune tache de sang sur les murs. Il contourna la carpette, le dentier, la tasse, et saisit le pistolet par le canon, délicatement, entre le pouce et l'index. A cause du sang coagulé, on avait l'impression de toucher quelque chose de poisseux. D'une certaine manière, cette opération était la pire de toutes : refermer la porte, emporter l'arme dans la cuisine, la passer sous le robinet d'eau froide, voir les caillots tourbillonner, s'accrocher à la grille du siphon. Victor ne pouvait s'empêcher de penser que lui aussi était constitué de cette même matière.

« Mais d'où vient donc tout ce sang ? », de lui, de moi.

Il n'avait pas cherché à se souvenir de ses paroles. Il les chassa de son esprit. Il essuya le pistolet avec le torchon dégoûtant de Muriel, puis le fourra dans la poche droite de son imperméable. Au-delà de la terrasse, la pluie formait une sorte de mur de verre. Victor sortit de la maison, ouvrit le parapluie et claqua la porte derrière lui. La voiture de Jenny, la voisine, était garée devant sa porte. Elle n'y était pas tout à l'heure. Victor se souvint alors qu'on était samedi et que Jenny et son mari allaient faire leurs courses ce jour-là. Probablement se trouvaient-ils dans les magasins lorsqu'il était arrivé. Ils étaient maintenant de retour, étaient rentrés lorsqu'il était en haut. Ils avaient très certainement acheté des choses pour Muriel et dès que la pluie arrêterait de tomber, ils viendraient ici et chercheraient la clef...

Probablement l'avaient-ils déjà vu. Jenny lui avait dit qu'elle était au courant de tout ce qui se passait dans la rue. Debout près de la grille, au bas des rochers de pierre, Victor se rendait compte qu'il était maintenant trop tard pour effacer les traces de son passage. Dès que quelqu'un entrerait dans la maison, personne ne pourrait avoir de doute sur l'identité du meurtrier de Muriel. Victor se sentait calme, parce qu'il était pris dans les serres d'un destin irrémédiable. Tout ce qu'il pouvait faire était de retarder la découverte du corps.

Il monta des marches, exactement semblables, contourna les mêmes pierres, les mêmes escarpements, les mêmes avancées rocheuses. Il tira sur le même cordon de sonnette qui, ici, mettait en mouvement, cependant, un carillon semblable à celui qui sonne les demi-heures. C'est Jenny qui vint ouvrir la porte. Il vit de nouveau la ressemblance qu'elle avait avec Clare, une Clare avilie, avachie. Il eut la sensation que quelque chose quittait son corps, laissant un immense trou dans sa poitrine.

« Salut, Vic. Je ne vous avais pas reconnu tout de suite. Vous êtes drôlement élégant. Vous êtes sur votre trente et un. »

Sur son trente et un...

« Elle m'a demandé de venir chercher les choses que vous lui avez achetées. »

Il avait reperdu la facilité d'élocution qu'il avait possédée durant quelques jours. Il avait de nouveau du mal à parler, était à moitié muet.

« Il n'y a qu'un paquet de thé en sachets et un gâteau roulé, Vic. Vous voulez entrer un petit moment ? Ah bon, si vous êtes pressé. » Elle s'éclipsa quelques secondes et revint avec deux sacs en papier. « Voilà, voilà. Mais j'aurais pu facilement les lui porter un peu plus tard moi-même. » Victor s'aperçut qu'elle regardait ses chaussures, les chaussures grises sur lesquelles le sang s'était répandu en faisant de grandes taches noires.

« Elle n'est pas très bien aujourd'hui. Elle n'a pas envie d'être dérangée.

— Parfait. J'ai pigé. Allez, filez, Vic. A bientôt. »

Parce qu'elle pouvait le suivre des yeux, il emporta les deux sacs en papier derrière la maison. Il les laissa sur le rebord de la fenêtre de cuisine, à la merci des intempéries. Demain ou après-demain, Jenny, la voisine, trouverait le corps de Muriel. Victor rentra chez lui à pied, emportant l'attaché-case bourré d'argent. Ce ne fut que lorsqu'il était presque arrivé qu'il se demanda pour quelle raison il était revenu chez Mrs. Griffiths.

Du coin de Tolleshunt Avenue, il aperçut la voiture de police. Victor était parfaitement calme. Il savait que personne ne pouvait encore être au courant du meurtre de Muriel. La police venait le voir pour une autre raison, la raison habituelle. Ils continuaient leur enquête sur le « Renard », ou peut-être la femme de la forêt d'Epping avait-elle porté plainte. Il hésita. Au bout d'un petit moment, deux hommes, dont un était l'inspecteur qu'il avait surnommé Cuir Froissé, sortirent de la maison de Mrs. Griffiths pour monter dans la voiture. Il pensait cependant qu'ils allaient rester là à attendre. Mais, en fait, la voiture démarra presque aussitôt en envoyant, alimentée par le ruisseau qui débordait, une gerbe d'eau derrière elle.

Il était certain qu'ils reviendraient d'ici peu. Victor craignait de rencontrer Mrs. Griffiths ou l'homme qui s'était plaint au cours de la nuit, à cause du bruit qu'il faisait. Mais il n'y avait personne dans la maison. Il monta l'escalier et entra dans sa chambre. Il changea de chaussures, sans s'inquiéter de laisser les grises derrière lui, pourtant un indice certain pour la police. Il ouvrit l'attaché-case de Sydney et mit à l'intérieur la seule chose qu'il avait envie d'emmener avec lui : la photographie de Clare.

Non, il y avait encore autre chose : le fauteuil roulant. Victor plia la couverture brune et la posa sur le siège.

Il claqua la porte derrière lui, après avoir jeté un dernier coup d'œil à la table en bambou avec ses brûlures de cigarettes, au linoléum décoré de raviolis, aux tapis vert pomme, au poste de télévision dans lequel l'argent de ses parents s'était en grande partie englouti. Il poussa bruyamment la chaise roulante dans l'escalier. Dehors, il s'assit et recouvrit ses genoux avec la couverture. La pluie s'était transformée en bruine. Victor tirait sur les roues pour remonter la rue en direction de Twyford Avenue. Il y avait des flaques partout et les grands arbres, au feuillage épais, presque noir, s'égouttaient à chaque coup de vent. L'attaché-case, avec l'argent et la photographie de Clare, était sur ses genoux, sous la couverture.

Au moment où il atteignait le coin, la voiture de police réapparut. Elle roulait lentement, mais le croisa sans s'arrêter. Il n'était pas Victor Jenner, mais un infirme dans un fauteuil roulant. A environ un kilomètre de la maison de Mrs. Griffiths, alors qu'il n'en pouvait plus de faire avancer le fauteuil, il en descendit et remarqua quelque chose qu'il n'avait pas vu auparavant, quelque chose qui ne lui avait même pas traversé l'esprit : le fauteuil pouvait se plier. Il le plia et lorsque passa un taxi, il le héla et s'y installa avec le fauteuil à côté de lui.

XVII

Victor était couché sur le lit dans sa chambre d'hôtel. Il se trouvait à Leytonstone, à mi-chemin entre Acton et Theydon Bois. Le chauffeur de taxi avait refusé de l'emmener plus loin et Victor se sentait trop fatigué pour même penser à louer une voiture, ou à prendre le métro. Pendant qu'il était en prison, le tourisme à Londres s'était étonnamment développé. Des hôtels comme celui-ci s'étaient ouverts à la périphérie et dans la banlieue. C'était pour la plupart d'anciennes et grandes maisons aménagées, dont les tarifs étaient plus bas que ceux des hôtels du centre. Victor n'avait aucune raison de s'inquiéter des prix. Il avait avec lui dans son attaché-case des milliers de livres. Combien exactement, il n'en savait rien et il était trop las pour compter. Assez, plus qu'assez pour trouver un appartement pour Clare et lui, pour mettre sur pied une affaire ou pour aller à l'étranger, si c'était ce dont elle avait envie.

Il y avait un téléphone dans cette chambre du rez-de-chaussée située à l'arrière de la maison, mais ça ne servirait à rien d'appeler Clare. Ce serait David qui répondrait à tout coup. Il était préférable d'attendre le lendemain. Il aurait avec lui l'argent et le pistolet. La soirée ne faisait que commencer. Il avait enlevé le costume de Sydney, gardé ses vieux sous-vêtements bizarres, et il se reposait sur le lit. Il se demandait s'il devait se rhabiller et sortir pour manger, mais l'idée même de nourriture lui faisait penser aux caillots de sang accrochés au canon du Beretta, et il se sentait pris de nausées.

Ses possessions emplissaient la pièce : le pistolet, le fauteuil roulant, l'attaché-case plein d'argent. La direction de l'hôtel lui avait fourni un placard, une étagère avec un miroir, tous deux encastrés, un lit et un poste de télévision. Victor, allongé, regardait les informations. Puis deux ou trois heures plus tard, elles repassèrent à nouveau. Mais il n'y avait rien au sujet de Muriel. Il n'y aurait rien jusqu'à ce que Jenny, la voisine, entre dans la maison — ce ne serait peut-être pas avant samedi. Il se retourna et s'endormit.

Il n'avait plus en tête le numéro de David et il avait noirci le seul endroit où il l'avait écrit : sous la marche d'escalier dans la maison de Mrs. Griffiths. Les renseignements le lui donnèrent. Il appela autour de dix heures du matin, décidé à raccrocher si c'était David qui venait au téléphone. Personne ne répondit. Il nota le numéro sur le couvercle intérieur de son attaché-case. Ils étaient probablement sortis faire une promenade. La journée était belle, les nuages et la pluie de samedi, oubliés ; le ciel était clair et le soleil brillait. Victor regarda par sa fenêtre les tristes jardins de la banlieue de Londres — de petites pelouses tondues sans aucune mauvaise herbe, des poiriers, un mur de briques jaunâtres. Il ne pouvait amener Clare ici.

Une des blessures de sa poitrine avait pris une teinte violacée et la chair autour était enflée. Un éclat de verre avait dû rester à l'intérieur, mais la plaie lui faisait trop mal pour qu'il puisse en presser les bords. Si ça s'infectait, ce serait David le responsable, pensa-t-il. Il imagina David se penchant sur lui, dans son fauteuil roulant, lui enfonçant un bout de verre dans la poitrine. Il n'avait pas de raison de s'inquiéter, car Clare s'occuperait de lui dès qu'ils seraient ensemble. Il demanda aux renseignements le numéro du Post House Hotel à Epping. Il appela la réception pour retenir pour cette nuit même une chambre avec un grand lit.

Les trains étaient moins fréquents le dimanche et Victor attendit vingt minutes sur le quai, à Leytonstone. Il avait le fauteuil roulant appuyé contre sa jambe et tenait l'attaché-case à la main. Il avait jeté l'imperméable sur son épaule gauche, car il faisait trop chaud pour le porter. Dans le jardin public de Theydon, les enfants jouaient au ballon, les adultes promenaient leurs chiens. Victor chercha David et Clare, car il pensait qu'ils pouvaient promener Sally. Il se souvint qu'elle ne sortait pas encore, car elle n'avait pas, à cause de son jeune âge, été vaccinée contre la maladie de Carré.

Victor se mit à pousser le fauteuil roulant. Il était trop lourd pour qu'il puisse le porter. Il posa l'attaché-case, la couverture marron et l'imperméable sur le siège. Bien qu'il fasse fort chaud, les fenêtres de Sans-souci étaient fermées. Victor regarda à travers les vitres de la maison, puis à travers celles du garage : la Land Rover n'était pas là. A l'arrière de la maison, les portes-fenêtres étaient également fermées, le parasol bleu et blanc, replié. Il remarqua aussi quelque chose d'autre qui le bouleversa outre mesure, alors qu'il n'y avait aucune raison pour cela. Sa mère lui en avait autrefois expliqué la cause : à cette époque de l'année, à la fin du mois de juin, il n'y a jamais de fleurs. Celles du printemps sont fanées, les roses, cueillies, et celles de l'été, celles des rosiers remontants, ne sont encore que des boutons. Le jardin était vert, entièrement vert.

Victor frappa à la porte-fenêtre, pour faire aboyer le chien. Aucun son ne parvint de l'intérieur. Donc, ils avaient emmené Sally avec eux, où qu'ils soient allés. Victor décida de retourner à Leytonstone et d'attendre là-bas, jusqu'au soir, avant de revenir. Le fauteuil roulant l'encombrait, mais il n'était pas question de le laisser dans la rue. Dans un kiosque, il acheta deux journaux du dimanche pour les lire dans le train. Il déjeuna, dans un pub de Leytonstone, d'un sandwich accompagné d'un verre de vin puis d'un second. Il se préparait à passer l'après-midi à dormir. L'idée d'être légèrement ivre lui plaisait. Il prit deux doubles whiskies dans un autre pub, un peu plus loin, sur la route nationale. C'était un lieu presque abandonné à cause des industries qui s'y étaient établies, et peut-être aussi à cause d'un projet d'élargissement de la route. En tout cas, les magasins et les bureaux étaient fermés et les maisons vides avaient des planches clouées en travers de leurs fenêtres. Cet endroit, par cette chaude journée étouffante, avait quelque chose de sinistre. Il n'y avait pas de piétons dans les rues. En revanche une circulation intense répandait une odeur désagréable de vapeur d'essence. Là-bas, à l'horizon, peut-être au-dessus de la forêt d'Epping, le tonnerre grondait.

Le mélange de vin et de whisky lui monta à la tête, en lui procurant une impression de liberté chargée d'insouciance. Il croisa une femme dans un fauteuil roulant, poussée par son vieux mari et il remonta dans le sien, couvrit ses genoux avec la couverture et manœuvra les roues. Les gens s'écartaient de son chemin, en lui jetant les habituels regards de sympathie, de gêne, de culpabilité, de crainte. Ils se faisaient un point d'honneur de l'aider à traverser les rues. Parce qu'il était un peu ivre, la tête brouillée, il ne lui vint pas à l'esprit (jusqu'à ce qu'il soit arrivé) d'imaginer ce qu'allait penser le personnel du Fillebrook Hotel lorsqu'ils verraient un homme parti de chez eux ingambe le matin, y revenir infirme l'après-midi. Heureusement, une autre équipe était de service. L'hôtesse à la réception réagit immédiatement, sans étonnement ni colère. Elle se précipita pour ouvrir toutes grandes des portes qui l'étaient déjà, et courut devant lui pour déverrouiller sa serrure, comme s'il avait perdu l'usage de ses mains en plus de celui de ses jambes.

Victor se coucha sur le lit et dormit pour dissiper les effets des verres qu'il avait ingurgités. Il se réveilla avec un mal de tête, du genre qui vous écorche l'intérieur du crâne. Avant de s'endormir, il avait dû allumer la télévision, car elle marchait maintenant : une congrégation de fidèles, à l'air sérieux, chantait des hymnes.

Victor changea de chaîne pour prendre l'émission Week-End. C'était un feuilleton policier. Victor coupa le son. Tout en composant le numéro de Theydon Bois, il se dit qu'il était préférable de demander à l'hôtel le nom d'une compagnie locale de taxis, d'en faire venir un et d'aller là-bas chercher Clare. On décrocha assez vite et la voix de David dit : « Allô. » Il ne devait pas penser que c'était Victor, car c'était la première fois que celui-ci n'appelait pas d'un taxiphone.

« J'aimerais parler à Clare Conway, s'il vous plaît. » Victor prit une voix aiguë, plus « distinguée » que la sienne. David, malgré le ton légèrement soupçonneux de sa voix, paraissait abusé. « C'est Michael.

— Michael qui ?

— Faraday », dit Victor.

Il y eut un petit silence. Il se dit que ça avait l'air de marcher. Puis, il entendit un soupir et la voix de Clare qui disait : « Mon Dieu ! »

Victor sentit tressauter les coins de sa bouche : son tic le reprenait. Clare vint à l'appareil et sa voix lui parut étrange, curieusement incertaine.

« Victor, où êtes-vous ? Je vous en prie, dites-nous où vous êtes. »

Nous ? Bien entendu, il ne dit rien. Ses yeux s'étaient posés sur l'image muette du poste de télévision. On y montrait la maison de Muriel. Elle apparaissait toujours comme une forteresse Tudor au milieu de ses rochers, mais une forteresse nullement inviolable : la porte d'entrée était ouverte. Il écarta lentement le combiné de sa bouche et laissa retomber son bras tout doucement. La voix de Clare continuait d'articuler son prénom sans s'interrompre.

« Victor, Victor... »

L'image sur l'écran venait d'être remplacée par une autre : c'était sa photographie, celle qu'il avait donnée à Clare.

Sa trahison l'abasourdit. Pendant un long moment, il se sentit incapable de bouger. Il put tout juste reposer le combiné sur son socle, mais ne parvint même pas à augmenter le son du poste de télévision. Que pouvait-il apprendre de plus, en dehors du fait que le corps de Muriel avait été découvert, que la police le recherchait ? Clare devait leur avoir donné sa photographie. Sans doute, David l'avait poussée à le faire, mais quand même... Il aurait préféré mourir plutôt que de donner la sienne. C'était au commissariat d'Acton, qu'elle et David avaient passé la journée. Le corps de Muriel devait avoir été découvert la veille au soir ou ce matin.

La police pouvait-elle savoir d'où venait ce coup de téléphone ? Victor l'ignorait. Il pensait toutefois qu'il était impossible de repérer les appels en provenance de lignes privées. Est-ce qu'un téléphone d'hôtel était une ligne privée ? Il enfila l'imperméable, s'installa dans le fauteuil roulant, posa la couverture sur ses genoux et glissa l'attaché-case en dessous. Dans la poche de droite, le Beretta tirait l'étoffe et la faisait gonfler. Même s'il ne servait à rien, il lui redonnait courage.

Quelque chose lui disait que ce serait la dernière fois avant bien longtemps qu'il puisse faire un appel téléphonique. Il composa le numéro de Theydon Bois. Il était sûr qu'ils allaient répondre, qu'ils mouraient d'envie de lui parler. C'était de nouveau David.

« Vous savez qui c'est.

— Victor, je vous en prie, écoutez-moi...

— C'est vous qui allez m'écouter. J'ai un pistolet avec moi, un vrai. Vous avez intérêt à me croire. C'est un Beretta. Ça n'a rien à voir avec une réplique. A votre place, j'essaierais de les en convaincre si vous ne voulez pas que quelqu'un subisse le même sort que vous. »

Il raccrocha brutalement. La photo qu'il avait donnée à Clare — le souvenir du moment où il la lui avait donnée le fit grimacer de douleur — était fort ressemblante.

Il imagina brusquement l'hôtesse, regardant les informations de dix-huit heures trente, dans une pièce quelconque de l'hôtel et voyant son visage. Un peu plus tard, revenant dans le hall, elle l'apercevrait de nouveau. Mais non, le fauteuil roulant le protégeait. D'une manière subtile et efficace, le fauteuil roulant changeait même ses traits. Il sortit de sa chambre. Le hall était vide. N'ayant aucune idée de l'endroit où il allait, Victor fit descendre brutalement la seule marche du perron au fauteuil roulant. Une fois sur le trottoir, il prit la direction opposée à celle qui conduisait vers la voie de chemin de fer, vers la passerelle, vers la route nationale. Il s'enfonça dans une sorte d'arrière-pays, sillonné de rues victoriennes, qui ne conduisaient nulle part.

Après un certain temps, il se retrouva aux abords de la forêt. Il savait vaguement que la forêt d'Epping descendait jusqu'ici. Il comprit qu'il se trouvait à son extrémité sud. C'était une forêt contaminée par la ville, avec peu d'herbe, aucune fleur et une terre brunâtre et tassée. Victor manœuvra son fauteuil vers la gauche et remonta Whipps Cross Road. Un car de police le croisa, roulant doucement. Victor se souvint alors qu'il avait donné son véritable nom au Fillebrook Hotel. Il se rendait compte que d'ici peu de temps, peut-être dans quelques minutes, la direction de l'hôtel découvrirait quel était l'hôte qu'ils avaient hébergé la nuit précédente. Il lui fallait quitter cette région à tout prix, réfléchir à son lieu de destination et à ce qu'il devait faire. L'argent aplanirait les difficultés. Avec de l'argent, on fait n'importe quoi, on va partout.

Les chauffeurs de taxis qui avaient roulé durant la journée n'avaient pu regarder la télévision. Victor répugnait cependant à quitter le fauteuil roulant dans un endroit à découvert comme celui-ci. Ce geste pouvait paraître suspect, attirer l'attention sur lui. Il s'engagea dans une allée, descendit du fauteuil, le replia, le traîna derrière lui pour regagner Whipps Cross Road et héla un taxi. Le chauffeur le regarda avec indifférence, ne lui accordant aucun intérêt particulier. Il parut déçu que Victor ait envie d'aller à Finchley plutôt que dans le centre de Londres.

Si le chauffeur de taxi agissait d'une manière suspecte, indiquant ainsi qu'il était au courant, s'il émettait sur son poste de radio la moindre phrase bizarre, Victor appuierait le canon de son pistolet dans son dos et lui ordonnerait de le conduire dans une campagne déserte. Mais rien de dangereux ne se produisit. L'atmosphère de cette soirée était étouffante, lourde, le ciel, d'un gris de plomb. Un éclair traversa d'épais nuages à l'horizon, du côté de ce que Victor pensait être Muswell Hill. La flèche pointue qu'on apercevait là-bas était le clocher de St James, à Muswell Hill. C'est là-bas qu'il allait se rendre. Personne ne penserait jamais à l'y chercher.

L'orage éclata en fin de soirée. Dans l'hôtel qu'il avait trouvé dans Archduke Avenue, à Muswell Hill, il n'y avait ni poste de télévision ni téléphone dans les chambres. On lui en donna une au rez-de-chaussée, dans une annexe qui se trouvait à l'arrière du bâtiment principal. Victor remplit sa fiche sous le nom de David Swift. Le personnel était empressé, prévenant. On ouvrit les portes pour lui et on alla vérifier que celle de la chambre qu'il avait choisie était suffisamment large pour laisser passer son fauteuil roulant.

Partout, même au rez-de-chaussée, on avait une vue panoramique sur Londres. Victor, assis dans le fauteuil, regarda l'orage monter à l'assaut du ciel, entraînant avec lui des nuages tumultueux et menaçants. Il n'avait pas mangé depuis le déjeuner mais n'avait pas faim. Dans le taxi, il avait commencé à éprouver un malaise qui ne voulait pas se dissiper. Ça n'avait rien à voir avec la nausée qui s'emparait de lui lorsqu'il était énervé. C'était quelque chose qui ressemblait plutôt à de la fièvre, qui provoquait une sorte d'étourdissement. Peut-être était-ce parce qu'il avait trop bu au déjeuner. Il se rendait compte que son pouls battait vite. Avant de se coucher, il mit la main dans la poche de l'imperméable, pour s'assurer que le pistolet était toujours là. Il devait s'être trompé de poche car il ne trouva rien, en dehors d'un paquet à moitié vide de pastilles de menthe. Le pistolet se trouvait de l'autre côté. Tout allait bien.

Victor s'endormit et rêva de David. Celui-ci était de nouveau valide, marchait allégrement et venait d'être réintégré dans les forces de police. Il était chargé de l'enquête sur le meurtre de Muriel. Il ne suspectait pas Victor, en fait il souhaitait discuter de tous les aspects du problème avec lui, en parler à fond. L'enquête devait être achevée pour le lendemain, parce que David se mariait ce jour-là. Sa fiancée entra dans la pièce, en robe de mariée, et lorsqu'elle leva son voile pour découvrir son visage, Victor s'aperçut qu'il ne s'agissait pas de Clare, mais de Rosemary Stanley. Il se réveilla avec une raideur dans le cou et dans les mâchoires, due à l'oreiller en latex probablement et à la façon dont il s'était allongé sur le matelas. Il se dit que c'était ridicule pour un homme de rêver de mariage, seules les femmes rêvent de mariage. Il s'endormit de nouveau, mais se réveilla à de multiples reprises. Il se leva à sept heures.

La raideur du cou et des mâchoires n'avait pas disparu. C'était sans doute en rapport avec son tic, bien que ce matin aucun de ses muscles ne tressautât. Son pouls battait toujours vite. Il remit la chemise et les sous-vêtements de la veille, n'en ayant pas d'autres, bien résolu, cependant, à sortir pour aller en acheter, dès que les boutiques seraient ouvertes. Il avait plu toute la nuit et l'atmosphère était lourde, humide, désagréablement froide.

Victor n'avait nulle envie de manger et se dit que cela lui serait difficile, vu l'état de ses mâchoires. Sur la console de l'entrée, il y avait les journaux du matin. Victor roula doucement dans son fauteuil, pour aller chercher le *Daily Telegraph*. Il retourna ensuite dans sa chambre.

Le meurtre avait droit à la première page. Il y avait une photo de Muriel, telle que Victor se souvenait d'elle lorsqu'il était encore adolescent, au moment où elle s'était mariée : un visage souriant et rond, outrageusement maquillé, avec de grosses perles de verre accrochées aux oreilles. C'était Jupp qui avait trouvé le corps. On rapportait quelques-unes de ses phrases. Il avait dit qu'il était sur le point d'épouser Muriel, qu'il était « très attaché » à elle. Samedi soir, il était venu pour la voir bien sûr, mais surtout pour chercher quelque chose qu'il avait oublié lors de son précédent passage. Il avait une clef de la maison et devait avoir franchi la porte aux environs de huit heures du soir. La première chose qu'il avait aperçue était des traces de pas dans le couloir du rez-de-chaussée. Il ne s'était pas rendu compte tout de suite qu'il s'agissait de sang.

Victor se demandait ce que Jupp avait laissé derrière lui dans la maison et pourquoi le *Telegraph* n'en disait pas plus. Il aurait été plus naturel de dire « J'ai oublié mon parapluie » ou « J'ai oublié mon écharpe ». Peut-être était-ce effectivement son parapluie, celui que Victor avait emporté et laissé dans la maison de Mrs. Griffiths.

La couverture sur les genoux, l'attaché-case sous la couverture, parce qu'il avait peur de le laisser derrière lui, Victor faisait avancer le fauteuil roulant dans les rues de Muswell Hill, afin de trouver des sous-vêtements, des chaussettes et une chemise ou deux. Les vendeuses étaient prévenantes, polies, parfois embarrassées. Il prit les vêtements dont il avait envie, mais cette fois ses achats ne lui apportèrent pas le plaisir qu'il avait eu lorsqu'il avait dépensé son argent pour acheter son costume, son blouson et ses chaussures grises. Il avait des élancements dans la tête, qui lui donnaient l'impression d'être détaché de la réalité, coupé du monde, décalé par rapport à la vie. Même le fait de perdre Clare pour toujours, de ne jamais plus la revoir, déclenchait chez lui une tristesse résignée plutôt que de la souffrance. Peut-être devenait-il fou. C'était cela sans doute. Les années de prison l'avaient finalement pris dans leurs mailles.

Au passage clouté de Fortis Road, en face du cinéma, Victor attendait avec quatre ou cinq personnes que les voitures s'arrêtent. C'est alors que quelque chose de terrible arriva. A peine les voitures avaient-elles stoppé, qu'il aperçut de l'autre côté de la rue, venant vers lui, un homme et une femme qui se donnaient le bras. L'homme était Kevin, le gendre de Jupp.

Il jeta d'abord un coup d'œil à Victor, puis le dévisagea. Victor, au beau milieu de la chaussée, ne pouvait rien faire d'autre que de continuer à avancer dans sa direction. Au moment où ils se croisèrent, ils se regardèrent dans les yeux, mais le visage de Kevin ne montra à aucun moment qu'il le reconnaissait. Il avait d'abord pensé que c'était Victor, puis s'était rendu compte de son erreur. Le fauteuil roulant servait de déguisement, empêchait qui que ce soit de le reconnaître, lui sauvait la vie. Kevin ne prit même pas la peine de se retourner. Il dit quelques mots à l'oreille de la femme, qui devait être la fille de Jupp. Ensuite, le couple pénétra dans une boutique. Victor se souvint alors que Kevin lui avait dit qu'il vivait à Muswell Hill.

Le fait d'être assis dans son fauteuil rendait Victor invisible, ou plutôt faisait de lui une autre personne. Il se rendait compte que s'il voulait être en sécurité, il devait continuer à l'utiliser, devenir un handicapé, tout comme David.

XVIII

De retour dans sa chambre, Victor compta l'argent. Il y avait plus de cinq mille livres. Il ne se trompait pas lorsqu'il pensait que Muriel gardait des milliers de livres chez elle. Probablement qu'à l'origine, il y en avait au moins sept mille. Victor ne parvenait pas à connaître la somme exacte qu'il avait en sa possession, car il semblait avoir perdu son pouvoir de concentration. Ce qui le rendait malade ne pouvait être la demi-bouteille de vin et les deux whiskies qu'il avait pris la veille au déjeuner. S'il est possible d'attraper la grippe en juillet, alors c'était peut-être la grippe, car il était tour à tour brûlant et frissonnant. Il remit l'argent dans l'attaché-case mais installa la photographie de Clare sur sa table de chevet.

Cela faisait maintenant presque vingt-quatre heures qu'il n'avait pas mangé, mais il n'avait toujours pas faim. Même s'il frissonnait, il se sentait plein d'optimisme, joyeux même. L'argent durerait un bon bout de temps, à condition qu'il renonce aux hôtels et loue une chambre. Il faudrait trouver quelque chose au rez-de-chaussée. Quant au travail qu'il allait chercher, il fallait qu'il convienne à un infirme. Il avait lu qu'il y avait de nombreuses possibilités pour ces gens. Peut-être même les handicapés trouvaient-ils plus facilement un emploi que les autres. La vie dans un fauteuil roulant, sous le nom de David Swift, serait peut-être elle aussi plus facile, plus heureuse.

Victor n'osa pas prendre un bain. Ce serait trop compliqué, trop dangereux de faire passer le fauteuil roulant dans le couloir, de descendre les marches qui conduisaient à la salle de bains. Il se lava au lavabo. La blessure sur sa poitrine n'avait pas bel aspect. Elle était enflammée, les bords, toujours ouverts, ressemblaient à des lèvres déchiquetées et grimaçantes. Il aurait fallu mettre des points de suture, mais il était trop tard maintenant.

Il n'y avait pas de glace au-dessus du lavabo. Le seul miroir se trouvait sur la face intérieure de la porte de la penderie. Victor enfila ses nouveaux sous-vêtements et sa chemise, avant de commencer à se raser.

Lorsqu'il ouvrit le placard et aperçut son image dans le miroir, il reçut un choc. Ce n'était pas seulement à cause du fauteuil roulant que Kevin ne l'avait pas reconnu. Son visage avait changé. Il avait quelque chose de figé, comme si le crâne, apparaissant sous les chairs, faisait sortir ses yeux de la tête. Sa peau mate n'était pas devenue blanche, mais paraissait livide, olivâtre, morte. Ce n'était pas étonnant, étant donné par où il était passé, se dit-il, pas étonnant du tout.

Les journaux du soir devaient être en vente maintenant. Il était midi. Malgré la chaleur, Victor qui frissonnait de froid enfila l'imperméable. Il devait non seulement ressembler à un infirme, mais s'incarner dans ce rôle, se résigner à être confiné à ce fauteuil roulant, ne jamais se permettre de le quitter. Cet appareil devait faire partie de lui, autant que sa paire de chaussures.

De peur de rencontrer de nouveau Kevin, il dirigea le fauteuil roulant dans l'autre direction, c'est-à-dire vers Highgate Wood. Il arriva devant quelques boutiques et un restaurant. Peut-être pourrait-il prendre son déjeuner ici. Chez le marchand de journaux qui se trouvait juste à côté, il acheta le *Standard*, *What Car ?* et *Here's Health*, ce dernier parce qu'il commençait à penser que son état pouvait être lié à la malnutrition. Peut-être lui dirait-on ce qu'il devait manger. Il s'enfonça dans les bois avec son fauteuil, et resta assis pour lire le *Standard*. Il y vit que la police souhaitait vivement interroger Victor Michael Jenner. Le neveu de Muriel Faraday avait quitté son domicile de Tolleshunt Avenue à Acton et passé la nuit qui avait suivi le meurtre dans un hôtel de Leytonstone. Victor se souvint qu'il avait donné à la réception le nom de Michael Faraday. Il se rendait compte à quel point il s'était conduit avec imprudence. Néanmoins ici, protégé par son fauteuil roulant, il se sentait en sécurité. On le décrivait ensuite si longuement qu'il fallait pour arriver au bout de l'article, tourner la page. Victor ne se donna pas cette peine. Les caractères d'imprimerie dansaient devant ses yeux en formant des ondes noires et blanches, des chevrons, des vagues. Sa main n'avait plus la force de tenir le journal ; il le laissa glisser de ses genoux. Il le regarda tomber sur le sol, ainsi que les magazines. Il les abandonna par terre, ne se sentant pas la force de les ramasser. Cette partie du bois, bien que poussiéreuse et bourdonnante de mouches, lui rappelait la forêt de Theydon, où bien longtemps auparavant, il avait attaqué une jeune femme. C'était là aussi que David et Clare l'avaient emmené, là encore qu'il avait essayé de violer la femme en train de se maquiller et qui, brisant son miroir sous elle, dans le terreau, dans la terre meuble, pleine de moisissures et de ferments, l'avait frappé avec un morceau de verre... Ou était-ce David qui l'avait fait dans le jardin ? Ou Clare avec un morceau de la carafe brisée ? Ou lui-même ? Victor ne pouvait s'en souvenir. Il ferma les yeux. Il vit alors défiler une suite d'images fiévreuses : un rideau qui voltigeait jusqu'au plafond devant une vitre cassée, le visage de sa mère et celui de Muriel ensanglanté, décomposé, un train sortant en rugissant d'un tunnel et, brusquement, il respira une odeur de chèvrefeuille. Un paon empaillé, perché sur un sofa, se mit à crier, tandis que sa mère demandait avec des roucoulades à Mr. Sandman de lui donner un rêve...

En se réveillant, il s'obligea à bouger, bien qu'il se sentît faible et désorienté. Il aurait été incapable d'avaler la moindre bouchée. Le petit restaurant s'appelait Terrarium.

Victor voyait un grand aquarium en verre, qui contenait probablement des truites, ce qui permettait aux clients de choisir celle qu'ils avaient envie qu'on fasse cuire. Cela paraissait à Victor une coutume barbare, venant d'un autre monde. Épuisé, il retourna lentement en direction de son hôtel. Il n'avait guère plus de deux ou trois cents mètres à parcourir mais le trajet lui semblait interminable. Par moments, il avait l'impression d'avancer à reculons, comme dans un cauchemar, dans ces rêves où tout s'acharne à vous mettre des bâtons dans les roues, afin que vous ne puissiez aller où vous avez envie, ni atteindre ce que vous désirez.

La télévision marchait dans une sorte de salon où ne se trouvait qu'une vieille femme seule. Durant un instant, Victor crut qu'il s'agissait de la vieille du métro, celle qui jouait les contrôleurs et voyageait avec un cochon d'Inde. Elle était habillée de la même manière, et portait comme elle un bonnet de laine. Mais, lorsqu'il la regarda de nouveau, l'image devint plus nette et il se rendit compte qu'il s'était trompé. C'était une femme élégante, avec de jolis cheveux blancs et une robe bleue. Victor manœuvrait le fauteuil roulant en direction de la porte ouverte, lorsqu'une voix de femme cria : « Mr. Swift. »

Comme ce serait étrange qu'il y ait ici un véritable Mr. Swift.

« Excusez-moi, Mr. Swift. »

L'hôtesse lui parlait presque dans l'oreille, cette fois. Sans doute pensait-elle qu'il était sourd ou fou.

« Nous avons trouvé cela par terre, dans votre chambre. »

C'était une bague avec un diamant. Il se préparait à en refuser la propriété, mais en regardant le dôme de diamant, il crut voir la main de Muriel prendre forme autour, ses ongles sales, ses doigts ridés. N'avait-il pas pensé un jour que cette bague devrait être mise au doigt d'une main plus belle et plus jeune ?

« Merci », dit-il entre ses dents. Il commençait à avoir des difficultés à ouvrir la bouche.

Au moment où il avait compté l'argent, il devait avoir fait tomber la bague qui se trouvait au milieu des billets. Il resta assis un moment à regarder la télévision sans la voir, tandis que des élancements lacéraient son cerveau. Il ressentit des contractions éloignées de sa blessure, à l'intérieur de sa poitrine. Peut-être devrait-il s'allonger, pour essayer de dormir. Un jeune homme avait pris la place de l'hôtesse, au bureau de la réception, tandis que Victor était dans le salon. Il s'imagina que celui-ci le regardait longuement et attentivement.

« Tout va bien, Mr. Swift ? »

C'était exactement le genre de question qu'un gérant d'hôtel pose à ses clients infirmes. Victor comprit qu'il était en train de se faire des idées. Il fit un petit signe de tête affirmatif et retourna dans sa chambre. La blessure paraissait toujours aussi vilaine, infectée, gonflée. Il devait avoir un empoisonnement du sang. Il n'avait pas eu tellement tort en disant ce qu'il avait dit à David. Cela expliquerait le pouls trop rapide, la fièvre. Son front était brûlant, la sueur ruisselait sur son visage. Il se demandait quelle pouvait bien être sa température. Très élevée, sans aucun doute, peut-être trente-neuf, trente-neuf cinq. C'était celle qu'il avait eue, il y a bien longtemps, lorsqu'il avait attrapé la scarlatine et que sa mère avait posé sa main fraîche sur son front. Il s'allongea sur le lit et essaya de faire des projets, sans se préoccuper des battements irréguliers de son cœur. S'il partait de Londres et dépensait la moitié de l'argent pour acheter une voiture, dès que ce remue-ménage se serait calmé, il pourrait quitter son fauteuil roulant et mettre sur pied son affaire de taxi. Serait-il possible, encore maintenant, que Clare vienne le rejoindre ? Si seulement il pouvait la voir, si seulement il pouvait lui expliquer... Sa photographie semblait devenir immense et son visage se mettait à flotter dans la pièce, avec ce mystérieux sourire qu'elle avait et ce regard qui passait au-dessus de lui.

Évidemment, il n'allait pas bien. C'est pourquoi son imagination divaguait, pourquoi il voyait ces images qui ressemblaient à des hallucinations. Peut-être cela était-il causé par la malnutrition. Il lut un article dans *Here's Health* sur les produits conservateurs dangereux et un autre sur le manque de sels minéraux dans l'alimentation d'aujourd'hui. Surpris de son état physique et par des sensations qu'il n'avait jamais éprouvées auparavant, sans même s'en rendre compte, il s'abandonna au sommeil.

Le ciel s'était couvert de nuages noirs d'orage, au moment où il s'allongeait sur son lit. Quand il se réveilla, il pleuvait. Victor regarda la bague de Muriel, qu'il avait mise sur sa table de chevet, à côté de la photographie de Clare. Cela aurait été une bague bien plus agréable à offrir que l'anneau avec les deux mains enlacées. Mais il ne voyait pas comment il aurait pu la lui donner, il ne pouvait même pas imaginer un moyen de l'approcher. Malgré le peu de lumière qu'il y avait dans la pièce, le cône de diamants la reflétait en mille éclats. Il y en avait vingt en tout avec un gros solitaire au centre. Victor les avait comptés. On ne parlait pas dans le *Standard* de la bague (à vrai dire, l'article ne faisait aucune allusion à des choses qui auraient pu disparaître de la maison). Victor pouvait la vendre en toute sécurité. Quelle chance ce serait si elle valait une petite fortune, disons, des milliers de livres.

Il se sentait maintenant ankylosé de partout. Ce n'était plus seulement son visage qui était contracté. Ce n'était pas étonnant étant donné qu'il restait assis tout le temps dans ce fauteuil roulant et qu'il ne s'était guère servi des muscles de ses bras jusqu'ici. Avec le temps, il s'y ferait, il s'y habituerait. Mais il n'allait pas améliorer les choses en se laissant mourir de faim. Il fallait qu'il mange. Il devait se forcer à manger, même s'il n'en avait pas envie.

La température avait baissé brusquement, et il faisait frais pour un soir de juillet. Victor enfila le trench-coat et se demanda pour la première fois ce qui s'était passé dans la tête de Sydney pour qu'il achète et porte un vêtement aussi invraisemblable. Il n'était pas en cuir, mais en plastique, avec des marbrures grumeleuses, appliquées sur l'étoffe noire, brillante. Parfaitement imperméable, il devait malheureusement tomber aux chevilles de Sydney qui n'avait guère plus d'un mètre soixante-dix. Victor sortit de sa chambre en se disant qu'il n'était pas si facile de faire avancer un fauteuil roulant. Des gens assis dans ces engins font des courses. Il avait vu cela à la télévision. Comment était-ce possible ? Ses bras étaient durcis par l'effort.

L'hôtesse était de retour. Dans le salon, la vieille dame et deux touristes allemands, un homme et une femme, regardaient les prévisions météorologiques qui suivaient les informations de six heures. Une dépression, venant de l'Atlantique, gagnait lentement l'ouest de l'Irlande. La pluie n'allait pas cesser de si tôt. Entre le bureau de la réception et la porte d'entrée, il y avait un cercle de fauteuils en osier, rangés autour d'une table en verre, sur laquelle s'empilaient des journaux. Un homme, que Victor n'avait pas encore vu, était assis dans un de ces fauteuils. Il lisait le plan A.B.C. de Londres, ou tout au moins, le consultait. Il jeta un coup d'œil indifférent au moment où Victor passait à côté de lui.

Avançant sous des arbres qui s'égouttaient, Victor se dirigea vers Muswill Hill Road, pour aller au petit restaurant appelé le Terrarium. C'était sans doute une femme de chambre, se dit-il, qui avait trouvé la bague de Muriel, par terre, dans sa chambre. Jusqu'à quel point avait-on touché à ses affaires, les avait-on fouillées ? Avait-elle, par exemple, découvert le pistolet ? Il se trouvait dans la poche de l'imperméable, qui était accroché, à ce moment-là, dans la penderie. Victor enfonça sa main dans la poche droite du manteau pour palper l'arme. Il poussait les roues en cadence, grâce aux anneaux chromés. Il se dit qu'il vaudrait mieux qu'il prenne maintenant un peu d'argent dans son attaché-case pour le mettre dans ses poches, plutôt que de le faire dans le restaurant. Inutile d'attirer l'attention sur lui en exhibant ces paquets de billets, tandis qu'il était à table.

L'ouverture était juste assez grande pour laisser passer le fauteuil. Une serveuse déplaça des chaises, afin que Victor puisse s'approcher d'une table. Il tripota dans la poche gauche de l'imperméable, celle où il avait mis deux billets de dix livres et sa main toucha un paquet à moitié vide de pastilles de menthe. Immédiatement il sut à qui appartenait l'imperméable. Ce n'était pas celui de Sydney, mais celui de Jupp. C'était cela que Jupp avait laissé dans la maison de Muriel et qu'il était venu rechercher le samedi soir. Il l'avait oublié lors de sa précédente visite, parce qu'il pleuvait lorsqu'il était arrivé et que la pluie avait cessé lorsqu'il était reparti. Le journal n'avait pas dit ce que c'était, parce que la police devait imaginer que cet imperméable si voyant permettrait d'identifier le meurtrier de Muriel si jamais celui-ci le portait.

Victor fut pris d'une suée et des crampes bloquèrent ses muscles comme lorsqu'un cauchemar vous immobilise. Heureusement, il était seul dans le restaurant à l'exception de deux jeunes filles qui lisaient le menu. Instinctivement, il aurait eu envie d'enlever l'imperméable, mais ce n'était pas quelque chose de facile à faire assis dans son fauteuil roulant. Il demanda à la serveuse où se trouvaient les toilettes. Il fallait prendre cette porte, là à droite, suivre le couloir et descendre deux petites marches. L'odeur de la nourriture lui souleva le cœur. Il serait incapable de manger quoi que ce fût. Il devait enlever l'imperméable, le cacher et partir. Lorsqu'il mit le fauteuil en mouvement, il sentit que quelque chose d'affreux arrivait à son visage : ses mâchoires se bloquèrent et ses sourcils se froncèrent tandis que son front se creusait.

Dans les toilettes, il sortit tant bien que mal du fauteuil roulant, enleva l'imperméable et le roula. Il mit le pistolet et les billets de banque dans la poche de sa veste et laissa l'imperméable en tas, par terre. Le miroir, au-dessus du lavabo, lui renvoya l'image de son visage crispé, de ses dents découvertes par un sourire grimaçant. Je suis en train de devenir fou, se dit-il. Pourquoi ai-je cette tête ? Comme il faisait un effort considérable pour essayer de détendre les traits de son visage et la raideur de son cou, son corps, sans l'avertir, fut pris d'une terrible convulsion. Son dos se tordit comme s'il voulait se fendre en deux, ses bras et ses jambes partirent dans toutes les directions. Victor, qui suffoquait de douleur, essaya de s'accrocher au rebord du lavabo. C'était incroyable ce que la crainte et l'angoisse peuvent déclencher chez un homme.

Tendu, tremblant, frissonnant, Victor regagna son fauteuil au moment où la porte s'ouvrait et laissait apparaître l'homme qui, tout à l'heure, dans le hall de l'hôtel, lisait un plan de Londres. Il fit un petit signe de tête à Victor et lui dit bonsoir. Celui-ci essaya de lui retourner le signe de tête mais se sentait dans l'impossibilité de parler. De retour dans le couloir, pour regagner la porte qui conduisait à la salle à manger, Victor se demandait s'il ne devrait pas voir un médecin. Il pouvait en voir un en privé, ce qui lui éviterait de présenter sa carte de Sécurité sociale sur laquelle était porté son numéro d'immatriculation. Il ouvrit la porte en appuyant le repose-pied du fauteuil contre elle. Il découvrit alors pour la première fois la salle de restaurant sous cet angle. Devant lui, sur une table qui séparait les clients de la caisse, se trouvait le grand bac en verre, éclairé par-derrière, grâce à des lampes au néon. Il y avait dedans des feuillages ressemblant à des palmes et de grandes herbes et, parmi cette verdure, des reptiles avec une carapace.

Victor ferma les yeux et respira longuement et bruyamment.

« Ce sont des tortues », entendit-il dire à la serveuse.

Elle parlait gentiment, pour donner un petit renseignement gratuit à cet infirme qui paraissait aussi, lorsque l'on voyait son visage de près, mentalement retardé. Elle tenait à montrer à ce pauvre homme la ménagerie, le terrarium...

Victor ferma ses poings sur les cercles chromés. La serveuse poussait le fauteuil roulant pour l'approcher du bac, afin que son client puisse l'admirer à loisir. Victor n'avait aucun moyen de s'y opposer. Il se dressa sur ses pieds en titubant. Il entendit une suite d'exclamations confuses et, dans un coin, un cri de femme. La serveuse le regardait bouche bée, les yeux ronds, les mains soudées aux poignées du fauteuil roulant. Victor prit l'attaché-case dans sa main gauche. La porte du couloir s'ouvrit. L'homme, qui avait été assis dans le hall de l'hôtel, s'arrêta, évalua la situation en un instant et comprit ce qui se passait, uniquement comme pouvait le faire un policier envoyé en mission.

« Victor Jenner ? » dit-il.

Victor sortit son pistolet et le braqua sur la serveuse qui poussa un gémissement. C'était une petite jeune fille aux cheveux noirs, une Indienne peut-être, ou d'origine indienne, avec une peau brune et des yeux noirs enfoncés profondément dans leurs orbites. Le policier marchait en crabe entre les tables, avec précaution, l'air tendu.

« C'est un véritable pistolet, dit Victor. Vous feriez mieux de me croire. »

C'était ce qu'il avait voulu dire. Mais quelque chose d'autre sortit de ses lèvres, une sorte de grognement, de marmonnement, de bredouillement, provoqué par la raideur de ses mâchoires. Peu importait, de toute façon, ce qu'il disait. L'arme parlait pour lui, le reste était sans importance. Derrière ce terrible bac vert et grouillant, les gens se rassemblaient, debout. Victor entendait maintenant leur respiration. Les deux jeunes filles s'étaient cachées sous leur table, sous la nappe qui tombait jusqu'à terre.

« Lâchez ce pistolet, Jenner. Il ne peut vous aider d'aucune façon. »

Parce qu'il ne le savait que trop, il lui était maintenant possible de proférer sa menace. « Je lui logerai une balle dans le dos », dit Victor. Les mots sortirent de sa bouche en bouillie. Il fit pivoter la fille, à l'aide de son bras gauche, étonnamment raide, et appuya le canon du Beretta sur son dos étroit, où se trouvait, en relief, la colonne vertébrale. « Sortez par cette porte », dit-il. Comme elle semblait ne pas comprendre, il la poussa en direction du couloir, avec le pistolet. Rien au monde ne pourrait le faire passer à côté de ce bac, même s'il y allait de sa vie.

Personne dans la salle ne fit le moindre mouvement. Tout le monde croyait à l'authenticité de l'arme. La serveuse pleurait de peur, et de grosses larmes roulaient sur ses joues. Elle trébucha devant la porte et se mit à sangloter parce qu'elle n'arrivait pas à l'ouvrir, malgré les efforts qu'elle faisait pour la pousser.

« Tire-la vers toi, tire-la », cria une voix de femme.

Sa mère ? Sa patronne ? Victor tira la porte lui-même, fit pivoter le fauteuil, parce qu'il venait d'avoir l'impression que le policier se déplaçait. Les gens étaient immobiles comme des statues. La femme qui avait crié pleurait dans les bras d'un homme. Victor poussa la fille dans l'embrasure, la franchit lui-même, reclaqua la porte et tourna la clef.

« Il faut appeler un médecin, j'ai besoin de voir un médecin », dit-il à la fille.

Mais Dieu seul sait quels sons sortirent de sa bouche, en tout cas pas ce qu'il aurait voulu dire.

La fille marchait en titubant, les mains en l'air, comme un otage dans un film, dans un très vieux film. Elle donna un coup de pied dans une autre porte pour l'ouvrir, une porte qui conduisait à une pièce remplie de chaises et de plateaux. De là, on pouvait gagner une cour, en passant par une porte-fenêtre verrouillée en haut et en bas. Derrière la cour, à travers la pluie, on pouvait voir une clôture en planches, des troncs d'arbres, des tas de bois luisants.

« Ouvre cette porte, cette fenêtre, peu importe le nom de ce truc. Ouvre-la. »

Il la fit tourner vers lui pour lui montrer l'arme. Elle hoqueta de terreur.

« Fais ce que je te dis. Est-ce que tu m'entends ?

— Je ne vous comprends pas, je ne comprends pas ce que vous dites.

— Ne bouge pas. »

Victor entendait maintenant des bruits, des bruits de pas, une agitation dans la maison. Quelqu'un courait vers la porte, essayait de l'enfoncer à coups d'épaule. Le pistolet toujours braqué sur elle, Victor fit avancer la fille en direction d'une pile de chaises. Elle se recroquevilla contre elles. La tenant en joue, Victor s'agenouilla pour ouvrir le verrou du bas de la porte-fenêtre. Une convulsion qu'il n'avait pu prévoir lui tordit le corps : ses bras s'ouvrirent brutalement et son dos se tendit comme un arc. Il se mit à hurler, malgré ses mâchoires soudées. Il essaya de se relever mais tomba lourdement sur le sol, ses muscles refusaient de lui obéir.

Son dos se tordait, se cassait, se pliait. Victor se débattait par terre, sans lâcher son arme. Brusquement un spasme d'une violence inouïe, le plus violent qu'il ait eu jusqu'ici, la lui arracha des mains et l'envoya, en décrivant une trajectoire en arc de cercle, de l'autre côté de la pièce. Elle heurta la vitre d'une fenêtre, la fit voler en éclats et passa à travers. Victor tendit la main mais n'attrapa que le vide. La fille rampa vers lui en balbutiant. Le dos de Victor se tendait, se détendait, ainsi qu'un ressort, et ses membres partaient dans tous les sens. La fille s'agenouilla à côté de lui, pour lui demander ce qui n'allait pas, ce qui arrivait, ce qu'elle pouvait faire pour lui, et les larmes qui coulaient encore sur ses joues se répandirent sur le visage tordu de Victor.

La porte s'ouvrit, au moment où les spasmes étaient à leur paroxysme, pour laisser entrer le policier. Il se pencha sur Victor pour regarder, saisi d'effroi, cet homme gigotant par terre, dont la chair devenue folle l'entraînait vers la mort.

XIX

La tortue remonta le sentier du jardin, avec mesure, régularité, obstination. Elle quittait la place qu'elle avait occupée tout l'après-midi, à l'ombre des rhododendrons. Elle avait vu, senti ou peut-être deviné le tas de feuilles de romaine qu'on avait placé pour elle sur la dernière marche de l'escalier. La petite chienne la regardait, mais sans trop d'attention. Elle était maintenant habituée à cette compagne : mettre ses pattes sur la carapace pour voir la tête, les pattes et la queue rentrer dans leur maison d'écaille ne l'amusait plus. Pour elle, ce n'était guère plus qu'une pierre animée. Avec une vigueur renouvelée, elle s'attaqua à son os à moelle.

David Fleetwood se pencha sur le côté de son fauteuil roulant pour caresser la tête de sa chienne. Clare et lui se constituaient rapidement une ménagerie : d'abord Sally, puis cette tortue qui était arrivée de nulle part, deux jours plus tôt, et maintenant, ce matin, un voisin leur avait offert un chaton. Mais, Clare avait dit que cela suffisait. David, gêné par les moucherons, alluma une cigarette pour les éloigner autant que faire se peut. La soirée était chaude, presque étouffante. L'air avait déjà pris cette couleur bleu foncé des crépuscules du beau milieu de l'été. Un grand papillon de nuit blanc avait aplati ses ailes contre le mur de la maison, attendant qu'on allume les lumières extérieures pour venir s'y griller les ailes et mourir.

Clare sortit de la maison par la porte-fenêtre. David se dit qu'elle était pâle, qu'elle avait l'air fatigué, mais c'était difficile d'en être sûr dans cette lumière. Elle tenait un verre à la main, qui, apparemment, contenait un whisky bien tassé. Elle buvait trop, non pas vraiment trop, mais plus qu'elle ne devrait. Quelqu'un lui avait dit ça l'autre jour, avait-elle raconté, sans nommer l'auteur de cette réflexion.

« Tu en veux un ? »

David secoua la tête en montrant du doigt son verre de bière à moitié vide.

« Vas-tu appeler l'hôpital ? demanda-t-il.

— C'est déjà fait. »

On pouvait tout lire sur son visage. Elle s'assit à la table près de lui, pour lui prendre la main. Il ne leva pas les yeux sur elle. Il regardait la tortue en train de grignoter les feuilles de salade.

« Victor est mort cet après-midi, ajouta-t-elle. A trois heures, m'ont-ils dit. S'il avait réussi à passer la journée, on aurait peut-être pu le sauver. Apparemment, les gens atteints du tétanos peuvent s'en remettre s'ils passent les quatre premiers jours. »

David lança avec une violence contenue : « Comment diable a-t-il fait pour attraper le tétanos ? » Il alluma une autre cigarette au mégot de la première. « Ça n'avait vraiment aucun sens de m'accuser de l'avoir blessé avec un morceau de verre. Je ne l'ai jamais touché.

— Je sais. C'est un mystère. Peut-être est-ce quelque chose qui est arrivé après qu'il nous a quittés, ce soir-là. Il t'a dit qu'il avait eu une nuit affreuse, que c'était un coup de chance qu'il soit encore en vie. Qu'est-ce que cela signifiait ? Peut-être s'est-il coupé lui-même de quelque manière... On dit que la terre ici dans les environs est propice au tétanos. J'ai cherché tétanos dans un livre sur les bacilles, à l'hôpital. Le poison lui-même est un des pires que l'on connaisse. Ce sont les cellules du bacille qui le sécrètent et le répandent dans le sang jusqu'à la moelle épinière...

— Je t'en prie... murmura David en frissonnant.

— N'est-ce pas une ironie du sort ? Si l'on veut regarder les choses de cette manière.

— Je n'en ai pas envie. C'était purement et simplement un accident. Tout n'est arrivé que par hasard, Clare. Que Victor ait tiré sur moi, qu'il ait vu ma photographie dans un journal, qu'il ait pris un train pour Epping pour me voir, qu'il soit venu ici la nuit où j'étais précisément absent... »

Elle le regarda d'un air suppliant, mais il faisait trop sombre pour qu'il puisse voir ses yeux.

« Tout était fortuit. Car, pour ce que l'on en sait, il a tué cette vieille femme accidentellement, ou presque. Il n'y a aucune logique dans tout cela, aucune forme. Si je n'y ai pas pensé mille fois, je n'y ai pas pensé une seule fois, je veux dire à ce qui s'est passé dans cette maison de Solent Gardens. J'ai même imaginé de demander à Victor d'en faire la reconstitution avec moi, que nous essayions ensemble de recréer la même situation, dans des pièces semblables, avec d'autres acteurs... »

Il la regarda attentivement afin de deviner ses pensées. Le visage de Clare était détendu, triste, perplexe, un peu flou, un peu trouble, à cause du whisky qu'elle avait bu. Elle tenait maintenant sa main dans les siennes.

« Je suis tout à fait sérieux. Ç'aurait été une sorte de catharsis aussi bien pour lui que pour moi. Je pensais que nous pourrions peut-être retrouver Bridges, où qu'il soit maintenant, et même Rosemary Stanley. Nous aurions reconstitué l'endroit exactement comme il était, avec les gravures sur les murs.

— Les gravures sur les murs ?

— Oui. C'était une maison joliment arrangée. Tu sais que j'ai dit : "Mais d'où vient donc tout ce sang ?" Parce qu'à ce moment-là je ne savais pas qu'il s'agissait du mien. Je me disais quelle honte de tacher cette jolie moquette couleur crème, quel gâchis. Il y avait des petites gravures partout sur le mur de la cage d'escalier et sur celui du palier.

Principalement des oiseaux et des quadrupèdes, des reproductions de dessins et de gravures célèbres. *Les Mains en prière* de Dürer, son lièvre et sa primevère et aussi des dessins d'Audubon et d'Edward Lear.

— Je croyais que c'était un poète satirique.

— Il a également fait des lithographies, des animaux dans des ménageries. Je me souviens qu'il y avait là sa chauve-souris et sa tortue. » David regarda la tortue qui retournait lentement s'abriter sous les rhododendrons. « Ce dessin-là était au beau milieu du mur, juste au-dessus des mains en prière. Au moment où je suis tombé, mes yeux se sont posés sur ces mains qui priaient. J'avais l'idée un peu compliquée de reconstituer tout ça. J'attendais de sentir que je pouvais... faire confiance à Victor. Mais cela n'est jamais arrivé. » David retira sa main doucement. « Veux-tu allumer, Clare ? »

La jeune femme se leva et alla dans la salle à manger pour allumer les lampes extérieures, celle de la terrasse et celle accrochée au mur de la maison, au milieu des feuilles de chèvrefeuille. Le papillon de nuit quitta alors le mur pour s'approcher de la lumière et brûler ses douces ailes blanches.

LA MAISON AUX ESCALIERS

(*The House of Stairs*)

Roman traduit de l'anglais par
Isabelle Rosselin-Bobulesco

A David

I

Le chauffeur de taxi croyait m'avoir vexée. Je glissai un billet de cinq livres par l'ouverture de la séparation en verre et lui demandai de s'arrêter pour me laisser descendre. Le feu allait passer au vert et, en se rangeant sur le côté, l'homme dit d'un ton féroce :

« J'ai le droit d'avoir mes opinions, non ? »

Il avait parlé de stérilisation forcée des individus présentant des tares, un sujet au cœur des débats dans la presse, et il en était un fervent défenseur. J'aurais eu toutes les raisons de me sentir offensée si je ne m'étais pas contentée de suivre distraitement son exposé.

« Je n'ai même pas entendu ce que vous disiez », répliquai-je en m'apercevant au même moment que je ne faisais qu'aggraver mon cas. Je me risquai alors à lui dire la vérité, convaincue que cela ne servirait à rien : « Je viens d'apercevoir une femme que je connais, enfin que je connaissais dans le temps. Sur les passages cloutés. Il faut que je la voie. » Une fois sur le trottoir, je me retournai et lui lançai : « Gardez la monnaie !

— Quelle monnaie ? » rétorqua-t-il, alors que mon pourboire était des plus raisonnables. Il faisait partie de ces hommes qui pensent que les femmes sont folles ou s'en persuadent, trouvant ainsi la seule explication à leur comportement incompréhensible, la seule défense contre la menace inhérente à ce régiment. « Vous devriez vous faire soigner », cria-t-il, et — qui sait — peut-être revenait-il à son sujet initial.

Il ne m'avait certes pas déposée à l'extrémité sud du parc par pure méchanceté. Mais on aurait pu le croire en me voyant plantée là, prisonnière du flot, de la marée de voitures. Le feu restait vert, et Bell s'éloignait inexorablement. Le flot de métal charriait un exode massif venant de Wood Lane et d'Uxbridge Road, de West End par Holland Park Avenue, ou encore de la West End Cross Road, et le feu d'émeraude le drainait, lui ordonnait un assaut plus rapide, un grondement plus tumultueux encore. Aussi ma vue du parc où elle devait se trouver à présent — marchant dans quelle direction ? — fut-elle occultée.

A travers le pare-brise du taxi, je l'avais vue sur ce passage clouté. Caractérisée par cette même démarche glissante, le dos droit, la tête haute comme si elle y tenait une amphore en équilibre, Bell se dirigeait vers le nord du côté de Hammersmith. J'ai sursauté, peut-être ai-je même laissé échapper un cri que mon chauffeur a dû prendre pour un signe de protestation. Elle avait disparu si vite de mon champ de vision, en direction de Holland Park, qu'il aurait pu s'agir d'une hallucination. Je savais qu'il n'en était rien. Aussi étrange que sa présence à cet endroit puisse paraître, c'était bien Bell que j'avais aperçue et il me fallait la suivre, même après tant d'années, après tous ces événements terribles.

Être obligé d'attendre quand on est affreusement pressé fait partie des petites irritations les plus désagréables de la vie. Et à ce moment-là, cette irritation ne me semblait pas négligeable. Je piétinais sur place, prête à bondir, priant, suppliant le feu de passer au vert. Puis je la vis de nouveau. Les autobus, comme un grand pan de mur rouge, se déplacèrent et elle m'apparut encore, traversant le parc, silhouette s'éloignant rapidement, grande, droite, le regard fixé devant elle. Elle était en noir, tout en noir, dans ces amoncellements de vêtements qui ne vont qu'aux très grandes ou aux très minces, sa taille à l'aspect fragile tenue par une large ceinture noire comme pour l'empêcher de se rompre en deux. Au premier coup d'œil, j'avais remarqué un changement frappant. Ses cheveux, autrefois clairs, avaient changé de couleur. Sans pouvoir les distinguer en raison de l'étendue du gazon et d'allées qui me séparait de sa silhouette, s'amenuisant, je compris brusquement, avec un violent coup au cœur, que ses cheveux étaient gris.

Le feu passa au vert et nous nous déversâmes devant les voitures en attente, impatientes, à peine immobilisées. Dans mon cas, il s'agissait plutôt d'une véritable course, une course vers le parc que je traversais à la recherche de Bell, que je ne voyais plus, qui avait disparu. Je savais, bien sûr, où elle était allée, dans le métro, dans la station. Un ticket de cinquante pence pris au distributeur et je descendis l'escalier mécanique, forcée à présent d'envisager différentes possibilités et de choisir, le choix ancestral mais éternel entre deux chemins. Et dans ce cas, vers l'ouest ou vers l'est ? Bell était londonienne autrefois. Avant de disparaître de nos vies dans des années d'oubli, dans le néant, dans ce cloître austère, elle était une Londonienne qui, en dépit de séjours en exil, se targuait de ne plus connaître son chemin au-delà de l'ouest de Ladbroke Grove ou de l'est d'Aldgate. D'après moi, elle n'était venue qu'en promeneuse à l'ouest de Ladbroke Grove (qu'elle appelait simplement le Grove, comme nous tous à l'époque). D'une certaine manière, je savais qu'elle rentrait chez elle.

Aussi me tournai-je vers le quai en direction de l'est et le train arriva au même moment, puis avant de monter je la vis de nouveau. Elle était loin sur le quai et se dirigeait vers les portes prêtes à s'ouvrir. Ses cheveux étaient d'un gris de cendre, relevés comme ceux de Cosette autrefois, le même type de coiffure, cheveux amassés, lâches au-dessus de la tête, formant comme un pain, fixés par un chignon semblable à une boule de pâte, tout comme quand Cosette était venue la première fois à la Maison aux escaliers.

C'était affreusement troublant, si troublant que j'éprouvais vraiment le besoin de m'asseoir, de me reposer, de fermer les yeux et de respirer profondément. Évidemment, je n'osais m'asseoir. Il me fallait rester postée derrière les portes afin de pouvoir repérer Bell quand elle quitterait le train et passerait devant mon wagon en direction de la sortie. Ou même descendre un instant sur le quai à chaque arrêt au cas où elle devrait sortir à l'autre bout du quai et où je la manquerais. J'avais très peur de la perdre, mais pas au point de ne pouvoir analyser la situation, en me tenant debout contre les portes. Pour la première fois, je me demandai si Bell aurait envie de me voir et ce que nous nous dirions, du moins au début. Je n'arrivais pas à imaginer que Bell me rende responsable des événements, comme Cosette l'avait fait. S'attendait-elle que je la rende, elle, responsable ?

J'étais plongée dans ces pensées quand le train s'arrêta à Holland Park. Les portes s'ouvrirent et je me penchai pour regarder le long du train, mais Bell restait invisible. Il était alors environ sept heures et demie et s'il y avait encore beaucoup de monde, les foules s'étaient dispersées. La même manœuvre, la même tentative, aurait été impossible aux heures d'affluence. Le prochain arrêt serait Notting Hill Gate et j'étais presque certaine que Bell n'y descendrait pas, car c'est là que nous nous arrêtions tous à l'époque, sauf Cosette bien sûr, qui se déplaçait toujours en voiture ou en taxi. Bell, même si elle avait adoré cette partie de l'ouest de Londres, n'aurait pas été insensible au point de vouloir retourner dans ces rues et dans cette station de métro en sortant de prison.

Voilà, je l'avais dit, silencieusement et en moi-même, dans ma tête, j'avais prononcé le mot. Ni cloître, oubli ou néant, mais prison. Je m'en sentais affaiblie, presque étourdie. Et cette pensée fut suivie d'une autre, tout aussi troublante : je ne m'attendais pas qu'elle soit libre, j'avais cru qu'il lui restait encore un an au moins, je n'y étais pas préparée. Avais-je jamais envisagé sa libération ? Il fallait pourtant y faire face, descendre du train au cas où je me trompais, au cas où Bell n'habiterait pas ici mais serait seulement venue rendre une visite et s'était trouvée obligée d'emprunter cette station de métro. Je me tins sur le quai, la guettant, mais encore une fois, elle n'apparut pas.

Elle quitta le train à Queensway. Je sortis et la suivis, certaine à présent que je devais la rattraper dans la foule qui s'était immobilisée pour attendre l'ascenseur. Il arriva, ne pouvant cependant accueillir qu'un nombre limité de passagers. Je vis Bell y entrer, son élégante tête cendrée dominant toutes les autres à l'exception de deux, et il me fallut attendre le second ascenseur. Avant d'y entrer, avant que les portes du premier ne se ferment, Bell se tourna dans ma direction et regarda droit vers moi. Je ne sais si elle me vit ou non, j'y ai réfléchi maintes et maintes fois et je n'arrive toujours pas à me décider, mais je ne le pense pas. Les portes se refermèrent et l'ascenseur s'éleva, en l'emportant.

Le soleil se couchait quand je sortis de Bayswater Road, le ciel était d'un rouge pâle bousculé de couches de nuages aux couleurs rouille, écarlate et presque noir. Les ciels des villes sont tellement plus beaux que ceux qu'on peut voir à la campagne et Londres excelle dans ce domaine ; je sais que les Américains disent la même chose de New York, bien que je ne lui attribue, volontiers d'ailleurs, que la deuxième place. T.H. Huxley avait l'habitude de regarder le coucher de soleil du haut d'Oxford Street et d'y observer des visions apocalyptiques, et ce soir-là j'eus moi aussi l'impression de voir des configurations merveilleuses au-dessus du Park et de Kensington Palace Gardens, de grandes masses de nuages gonflés, tachés d'ocre et de sang séché, se séparant au gré du vent pour dégager de petits lacs limpides du bleu le plus pâle, puis se reformant en vagues vaporeuses, noires comme du charbon. Quant à Bell, je ne la voyais plus, je l'avais perdue.

Je retournai sur mes pas et regardai vers Queensway. Je scrutai Bayswater Road dans les deux sens. Au loin, une grande femme en noir se dirigeait vers l'ouest, et je crois qu'en mon for intérieur, je savais alors que ce n'était pas Bell, bien qu'elle eût la taille fine et les cheveux gris. Je m'étais convaincue du contraire. Que me restait-il d'autre à faire ? Rentrer chez moi les mains et le cœur vides ? Il faudrait bien m'y résoudre tôt ou tard, mais pas maintenant, pas encore. Quand la femme quitta Bayswater Road pour entrer sur la St Petersburgh Place, ma conviction qu'il s'agissait de Bell, que ce ne pouvait être que Bell, me revint — comment aurait-elle pu fuir et se cacher si rapidement ? — et je la poursuivis avec plus d'entrain sur la St Petersburgh Place, le long de la synagogue et de l'église St Matthew, de Moscow Road à Pembridge Square, en traversant Pembridge Villas. Arrivées là, nous étions évidemment plus près de la station de métro de Notting Hill Gate que de celle de Queensway et je me répétais que Bell avait voulu l'éviter, avait fait ce grand détour pour rentrer chez elle parce qu'elle souffrait comme moi, ou peut-être davantage encore, d'être confrontée aux associations du passé.

Je la perdis de vue quelque part de ce côté de Portobello Road. Je dis « quelque part de ce côté » comme si je ne connaissais pas cet endroit aussi bien que la paume de ma main, comme si j'avais pu rester indifférente à la moindre parcelle, en oublier un seul centimètre carré. C'était dans Ledbury Road que je l'avais perdue et je la retrouvai au coin de Portobello où elle avait rencontré une connaissance, s'étant arrêtée pour lui parler. Je vis alors que ce n'était pas Bell, comme si quelque part au fond de moi je l'avais toujours su, moi qui l'aurais reconnue les yeux fermés. La femme que j'avais suivie était plus âgée que Bell, qui à présent devait avoir quarante-cinq ans, et la fille à qui elle parlait au coin de la rue était une petite boulotte blonde, au rire aigu, résonnant dans cette vilaine rue déserte et prestigieuse. Je les dépassai et vis que le ciel rouge n'était plus rouge mais d'un violent gris d'orage aux nuages lourds et bagarreurs, noirs du tonnerre qui menaçait Kensal Town.

Il y avait peu de passants dans les rues. Les choses avaient changé depuis ma première visite, vingt ans plus tôt, quand la jeunesse anglaise était en pleine ébullition, pour la plupart à Notting Hill, du moins c'était mon impression. A présent il y avait des voitures, qui absorbaient les gens et les transportaient dans des capsules protectrices. Les maisons par ici ont des jardins qui, en mai, sont pleins d'arbres en fleurs si bien qu'une odeur flotte d'huile de moteur et d'aubépine, de chèvrefeuille et de gaz d'échappement. On y sentait les cigarettes françaises à l'époque de Cosette, ou n'importe quelles cigarettes en fait, françaises, anglaises, russes et même des Passing Clouds, et de la marijuana à l'Electric, la salle de cinéma. Je poursuivis mon chemin, me dirigeant plus au sud, le long de Chepstow Villas, et je sus où je me rendais, impossible de prétendre que je me dirigeais dans cette direction par hasard, que je ne savais pas qu'Archangel Place se trouvait par là.

C'est à Bell que je pensais en marchant, me demandant qui pourrait me conduire à elle; qui saurait. Je restais persuadée qu'elle rentrait, qu'elle se trouvait probablement chez elle à cette heure. Mon apparition quand elle prenait l'ascenseur à la station Bayswater l'avait incitée à se presser, à se cacher même. Il lui avait suffi de se glisser dans l'entrée de l'hôtel Coburg ou même dans la station Bayswater, quelques mètres plus loin sur Queensway, afin de m'éviter. Et bien sûr, elle n'habitait pas à Notting Hill, mais quelque part à Bayswater. Il devait exister une personne que je puisse retrouver et qui me dise où. Avait-elle vraiment voulu m'éviter... ? Moi qui ne me déplace jamais à pied si je peux faire autrement, j'avais marché vite et couru à la poursuite de la vraie et de la fausse Bell et mes jambes commençaient à me lancer.

Il est impossible de se soustraire au sentiment que l'heure est venue, que cette fois-ci il ne s'agit pas d'une fatigue ordinaire mais d'un signe avant-coureur, et le malaise habituel s'empara de moi, le frisson de panique si familier. Je n'ai pas encore atteint l'âge d'être hors de danger, j'arrive à la limite. Tout cela devient tellement ennuyeux, lugubre, répétitif et en somme lassant après tant d'années, et pourtant comment une chose peut-elle être à la fois ennuyeuse et terrifiante ? Je n'en ai jamais parlé à personne, sauf à Bell et à Cosette, qui elle évidemment était déjà au courant. Et Bell, s'en souvient-elle ? Quand elle m'a vue à la station de métro, s'en est-elle souvenu et s'est-elle demandé si j'en étais déjà victime ou si j'avais été épargnée ?

Je me dis, comme toujours, tes jambes te font mal parce que tu ne fais aucun sport (le muscle de ton cou tressaille parce que tu es fatiguée, c'est par négligence que tu as laissé tomber le verre), et pensai que j'étais vraiment folle de sortir dans des chaussures pointues à hauts talons, qui serraient mes orteils. Cela ne servait pas à grand-chose, rien n'y fait sauf quand la douleur, le tic, la faiblesse s'en vont. Je décidai de héler le prochain taxi qui émergerait d'une de ces courbes étroites et feuillues, débouchant d'une rue en arc de cercle ou d'une place aux maisons identiques, car cette partie du West Eleven forme un imbriquement confus, un dédale d'allées et d'impasses, de terrains et de cours fleuris, d'un vert ravissant et d'un triste gris.

Aucun taxi ne vint et je m'étais raconté des histoires en prétendant que j'en prendrais un s'il en passait par là. J'étais arrivée devant la rue étroite qui mène à de petites allées et de là à Archangel Place, une ruelle qui, en dépit de sa voûte de branchages et de la densité de ses haies enchevêtrées, ne pourrait jamais se trouver à la campagne. Elle est pavée d'ardoises polies par le passage et le frottement des chaussures citadines, et bordées de haies de troènes et de catalpas. Il y règne une odeur de ville, d'endroit mal aéré et fréquenté, où la poussière plus que la terre se dépose sous les semelles. Entre les allées et la rue se dresse l'église St Michael the Archangel, victorienne et byzantine, inchangée, que l'on a ni fermée, ni condamnée, ni transformée par une de ces réhabilitations vaguement blasphématoires en un ensemble d'appartements ; toujours la même, ses portes grandes ouvertes découvrant dans le sanctuaire l'archange aux ailes déployées.

Je fis une halte au coin de la rue, me penchai pour me frictionner les muscles des mollets, puis levai la tête et me redressai. Je restais là à regarder la rue droite, étroite, et assez courte. Vue sous cet angle, la Maison aux escaliers paraissait elle aussi inchangée. C'était à présent le crépuscule, ce crépuscule d'été londonien si long, sombre et frais ; il serait impossible de distinguer d'éventuelles transformations. D'un pas lent et décidé, comme pour une promenade, je descendis la rue sur le trottoir opposé. Les soirs d'été, quand Cosette vivait ici, les gens s'asseyaient sur le pas des portes et quand il faisait chaud, ils prenaient des bains de soleil sur les toits plats des porches. Mais Archangel Place a acquis depuis ses titres de noblesse et je soupçonne derrière la variété de façades hollandaises, victoriennes et baroques, néogothiques ou de style palladien adapté à Bayswater, des rangées ordonnées d'appartements proprets baptisés « rénovations de luxe », moquettés et équipés de faux plafonds et de double vitrage. Je m'aperçus bientôt que le numéro quinze avait subi ce type de transformation, car à la place de la sonnette en fer forgé torsadé se trouvait un alignement de boutons d'interphones surmontés d'étiquettes imprimées. Comment avais-je pu croire un seul instant que le nom de Bell serait inscrit sur l'une d'entre elles ?

C'est pourtant ce qui me fit traverser la rue afin de regarder. La Maison aux escaliers était convertie en six appartements, chaque étage de la cave au grenier occupé, de la manière la plus rentable possible, par des locataires aux noms grecs et arabes, un Français d'autant qu'on puisse en juger, un Indien, une femme soit juive allemande ou simplement américaine, mais pas de Bell. Bien sûr que non. La maison avait changé de couleur. Du coin de la rue, il avait été impossible de s'en rendre compte, et à présent elle apparaissait clairement, cette nouvelle teinte douteuse qui au grand jour devait être assez différente de ce que me montrait la lumière électrique, un jaune chamois foncé. Quand Cosette avait acheté la maison, celle-ci était peinte du vert terne d'une feuille de chou mais la pierre avait gardé sa couleur naturelle, crème, comme aujourd'hui. Les fenêtres : cinq rangées à partir du rez-de-chaussée et une en sous-sol, vous pouvez le constater par vous-mêmes dans l'ouvrage de Ruskin, *The Stones of Venice*, sur une illustration représentant la maçonnerie du Broletto de Côme. Je ne sais si l'architecte s'est rendu sur place ou s'il s'est contenté de reproduire ces fenêtres à partir du dessin de Ruskin, cependant elles en sont la fidèle réplique, chacune constituée de trois arches dont les deux colonnettes doubles sont ornées en leur milieu d'un nœud en forme de demi-clef à capeler et surmontées de lettres corinthiennes. L'illustration vous en donnera une meilleure idée.

Des lumières éclairaient les fenêtres de l'intérieur et les rideaux n'étaient pas tous tirés. Je revins de l'autre côté de la rue et me tins sous un des platanes la bordant. Les fleurs de l'arbre perdaient une substance floconneuse presque transparente dont Perpetua disait qu'elle lui donnait le rhume des foins. Les nouveaux propriétaires ou promoteurs avaient fait changer la porte d'entrée que, du temps de Cosette, Ruskin aurait trouvée à son goût, avec son arc brisé et ses boiseries décorées d'épis de blé et de feuilles de chêne tenus par des bandelettes. La nouvelle porte était une monstruosité d'imitation George III où, dans la partie supérieure arquée de l'encadrement, on avait mis une vitre teintée, couleur rubis. On n'avait rien changé aux jardins, du moins à celui de devant car je ne pouvais voir celui de derrière d'où je me trouvais.

Le premier est un petit bout de terrain délimité par le trottoir et le profond enfoncement qui le sépare de la fenêtre du sous-sol. La qualité remarquable de ces deux jardins résidait dans les gris de leurs fleurs et de leurs feuilles, des cinéraires et des panicauts maritimes, des oreilles d'ours, des lavandula lanata, de la lavande naine argentée, des lychnis coronaria aux feuilles feutrées, des cardons apparentés à l'artichaut, des artémisias avec leur feuillage en filigrane, des ballotas et des senecios. Moi qui n'y connaissais rien au jardinage, j'avais appris le nom de toutes les plantes des jardins de Cosette. Jimmy, le jardinier, me les avait enseignés, ravi de trouver quelqu'un d'assez intéressé pour se donner la peine de les retenir, et ces noms sont restés à jamais gravés dans ma mémoire. Jimmy continuait-il à venir ? Il disait que la lanata était fragile et survivrait difficilement s'il ne s'en occupait pas lui-même. Les plantes me semblaient en parfaite santé et les iris d'une pâleur argentée étaient au sommet de leur gloire, leurs pétales de papier luisant à la lumière verdâtre du lampadaire.

Sans être en mesure de l'apercevoir, consciente que sa vue me serait insupportable, je savais que le jardin à l'arrière de la maison aurait changé, subi d'énormes transformations. Quelle que soit la personne qui s'était installée dans la maison après Cosette, après mon refus d'y habiter, elle devait être au courant, on avait dû l'informer de manière discrète et elle avait décidé d'accepter les faits et de s'en accommoder. Mais cette décision s'était probablement accompagnée d'un besoin de modifier l'aspect du jardin, d'en changer l'organisation, et peut-être d'y planter des buissons de buis bien taillés, des conifères tout en pointe, ou encore des fleurs aux couleurs vives. L'ensemble de ces bouleversements viserait à exorciser les fantômes, qui, paraît-il, naissent de l'énergie persistant après un événement d'une terrible violence.

J'essayai de voir à travers les maisons, de transpercer de mon regard les murs de briques et les hautes haies, masses noires presque solides de feuillage toujours vert. Cependant, si l'eucalyptus avait encore été là, ses branches filiformes aux fines feuilles grises et pointues auraient depuis longtemps dépassé les houx et le laurier car les gommiers, comme me l'avait expliqué Jimmy autrefois, poussent rapidement. Si l'arbre était encore là, il aurait presque atteint la fenêtre du haut. Il n'y était plus, c'était difficile à croire, et avant de détourner les yeux, je m'imaginai son abattage et sa chute, le puissant parfum qu'avaient dû dégager ses feuilles mourantes et son tronc mutilé.

La façade de la Maison aux escaliers ne présente que deux balcons, l'un devant les fenêtres de l'étage où se trouve le salon et l'autre devant celui de la chambre principale. Ils sont une réplique exacte des balcons sur le Ca'Lanier, boursouflés à la base comme une sorte de panier. Ce disciple de Ruskin ne voyait pas d'inconvénient à mélanger les styles. J'étais plantée là quand la fenêtre centrale à l'étage du salon s'ouvrit et un homme sortit sur le balcon pour rentrer une plante en pot. Il ne regarda pas dans ma direction, observa sa plante et, retournant dans la pièce, écarta le rideau, me permettant ainsi d'apercevoir un intérieur éclairé d'une lumière dorée, un minuscule chandelier étincelant et un mur rouge foncé à pas plus de trois mètres de la fenêtre orné de miroirs et de reproductions dans des cadres blancs. Le choc fut physique, violent, m'atteignant au plus profond de moi-même. Et pourtant, je savais qu'inévitablement, le salon serait cloisonné ; qu'il constituait aujourd'hui, car il faisait autrefois dix mètres de long, l'appartement tout entier. Le rideau retomba et la fenêtre se referma. Soudain, je me souvins nettement d'un jour où je revenais après quelque temps d'absence, un séjour à Thornham peut-être, et où je montai la première enfilade d'escaliers, ouvris la porte du salon et trouvai Cosette assise à la table, la tête tournée aussitôt dans ma direction, un sourire radieux transformant son visage pensif, les bras tendus vers moi alors qu'elle se levait pour me serrer contre elle, toujours prête à m'accueillir.

« Alors ma chérie, tu t'es bien amusée ? Tu n'imagines pas à quel point tu nous as manqué ! »

Un cadeau m'attendait dans le désordre sur la table, un présent pour fêter mon retour choisi avec soin, sans doute le coussinet à épingles décoré d'une fraise ou encore les œufs en pierres précieuses. Elle l'avait emballé dans un papier aussi joli qu'un tissu William Morris, et enrubanné de satin, parfumant le paquet au hasard du contact avec sa peau, sa robe...

J'avais les yeux complètement fermés. Je les avais clos sans le vouloir quand le locataire ou le propriétaire de l'appartement au premier m'avait permis d'apercevoir son salon et que j'avais fait réapparaître Cosette à l'emplacement du mur rouge. J'ouvris les yeux, lançai un dernier regard sur la maison métamorphosée, réarrangée, saccagée et me détournai. La nuit était tombée et au moment où je commençai à me diriger vers Pembridge Villas, refusant de regarder en arrière pour une raison mélodramatique, un taxi déboucha d'une des allées et je le pris. M'adossant contre le capitonnage glissant, je me sentis étrangement fatiguée, épuisée. Vous allez sans doute croire que j'avais complètement oublié Bell, mais mes pensées ne l'avaient abandonnée que temporairement pour faire place au souvenir de Cosette et à toutes les autres émotions ravivées par la Maison aux escaliers. Par contre, j'avais totalement oublié la douleur dans mes jambes ; elle avait disparu, j'étais sursitaire, l'ennui et la terreur m'avaient quittée pour une semaine au moins.

Je songeais à Bell, à présent, avec un esprit différent, serein. Peut-être valait-il mieux que je l'aie perdue, que nous ne nous soyons pas retrouvées face à face. Une fois encore, je me demandai si elle m'avait vue, dominant les personnes dans l'ascenseur et, là aussi, je fus incapable de me décider. M'avait-elle fuie ou bien avait-elle, en toute innocence, quitté la station de métro pour entrer directement dans une des boutiques de Queensway ? Il se pouvait même, et l'idée était troublante, qu'en sortant, elle m'ait suivie sans savoir qui j'étais. Ou était-ce de l'indifférence ? Il ne fallait pas exclure cette explication.

Peut-être souhaiterait-elle ne plus revoir personne de son passé mais recommencer à zéro, avec de nouveaux amis et d'autres intérêts, comme en témoignait (j'avais décidé que c'était certainement le cas) le fait qu'elle vive à Bayswater ou Paddington, des endroits de Londres où d'après moi elle n'avait jamais habité auparavant.

Tout cela ne changeait rien à ma volonté de la trouver. Je saurais où et comment elle vivait et le nouveau nom qu'elle s'était donné, et je m'arrangerais pour l'apercevoir, même si les choses n'allaient pas plus loin. Mon cœur se serra en pensant aux années de prison, pour autant que je pouvais me les imaginer, la vie gâchée, la jeunesse perdue. Soudain, de la même manière que m'était apparue une douce vision de Cosette à la table du salon encombrée comme toujours de livres et de fleurs, de feuilles de papier et d'affaires de couture, du téléphone, de verres pour regarder au travers et de verres pour boire, de photographies et de cartes postales et de lettres dans leurs enveloppes, il me sembla voir Bell telle qu'elle était presque la première fois que je posais les yeux sur elle, entrant dans le hall à Thornham pour nous dire que son mari s'était tiré une balle dans la tête.

II

J'avais quatorze ans quand ils me l'ont dit. Ils avaient raison, il fallait qu'ils me le disent, mais peut-être auraient-ils pu attendre quelques années de plus. Quel mal y avait-il à attendre quatre ans ? Il y avait peu de chances que je me marie dans l'intervalle, que j'aie un bébé.

C'est en ces termes que je racontais l'histoire à Bell. Elle est la seule personne à qui j'en aie jamais parlé, car ni Elsa, ni même Robin, mon ex-mari, n'en savent rien. Je confiai tout à Bell, par une longue journée d'hiver dans la Maison aux escaliers, non pas dans la pièce à la haute fenêtre, au dernier étage, mais assise sur une marche en buvant un verre de vin.

Pourtant, la maladie de ma mère ne se remarquait pas. Ils n'étaient même pas sûrs qu'elle soit malade, du moins physiquement. Les transformations mentales — c'est ainsi que le livre décrit son état — pouvaient être attribuées à de multiples causes ou au contraire à aucune cause précise. Mais ils avaient fixé l'âge de quatorze ans, ils s'y étaient tenus et ils me l'avaient dit, pas le jour même de mon anniversaire, comme cela arrive aux héros et aux héroïnes de romans à l'eau de rose que l'on initie aux rituels et aux secrets de la famille à une date d'anniversaire prédéterminée, mais deux mois plus tard, l'après-midi d'un dimanche pluvieux. Ils devaient certainement savoir que j'aurais peur et que j'en serais malheureuse. Mais étaient-ils conscients du choc que cela représentait ? S'étaient-ils rendu compte à quel point j'aurais l'impression d'être à l'écart du reste de l'humanité, comme si j'avais une bosse dans le dos ou étais destinée à mesurer deux mètres ?

Je compris alors pourquoi j'étais fille unique, sans me demander pour quelle raison j'avais bien pu naître. Pendant un temps, je leur reprochais de m'avoir mise au monde, d'être irresponsables puisque même à l'époque ils étaient au courant. Et pendant un long moment, je ne voulus plus d'eux comme parents, je ne voulus plus les connaître. L'évolution rapide de la maladie de ma mère n'y changeait rien. Jamais au cours de notre vie ne nous montrons-nous aussi insensible qu'à l'adolescence. Je me distanciais d'eux et de leur secret, des gènes difformes de ma mère, du regard attentif de mon père guettant, inquiet, l'apparition des signes, et me tournais vers une personne douce qui ne me faisait pas de mal. Je me tournais vers Cosette.

Je connaissais Cosette depuis toujours. Elle avait épousé le cousin de ma mère, Douglas Kingsley, et comme notre famille est restreinte — naturellement —, le peu d'entre nous qui habitait Londres gravitait en compagnie des uns et des autres. Et puis, ils n'habitaient pas loin de chez nous ou du moins assez près, même à pied si on n'avait pas peur d'une bonne marche, ce qui était probablement mon cas à l'époque. Leur maison était située dans Wellgarth Avenue, qui se trouve à Hampstead — presque à Golders Green. Face aux étangs et à Wildwood Road, cette bâtisse de style Tudor datant des années trente, gigantesque pour deux personnes, était censée ressembler, sans vraiment y parvenir, à une ferme en bois. Lorsqu'on disait à Douglas que Garth Manor était très grand pour n'abriter que deux personnes, il répondait alors simplement et sans la moindre agressivité : « La dimension d'une maison n'a rien à voir avec la taille de la famille de celui qui l'habite. Elle dépend du statut et de la position qu'il a dans le monde. Elle est le reflet de sa réussite. »

Douglas avait réussi. Il était riche. Chaque matin, il se faisait conduire à la City dans sa Rolls-Royce vert foncé et rejoignait la file de voitures qui, déjà à l'époque, dans les années cinquante et soixante, descendaient solennellement Rosslyn Hill. Assis à l'arrière, il parcourait les documents contenus dans sa serviette, les étudiant à travers les verres épais de ses lunettes à la monture massive et foncée, tandis que son chauffeur livrait combat à la circulation. Douglas avait des cheveux d'un gris métallique, une mâchoire d'une couleur identique, et ses complets présentaient des nuances assorties à l'ensemble, agrémentées parfois d'une fine rayure rouge ou vert foncé dans le sens vertical de l'étoffe. Il menait avec Cosette une vie reflétant profondément, mais de manière ouverte et franche, leur appartenance à la bourgeoisie aisée. Quand je fus plus âgée et m'intéressai davantage à l'observation de ce genre de choses, je trouvai que Douglas donnait l'impression d'avoir consulté, à une époque antérieure de sa vie, une longue liste, ou même un livre sur les coutumes et les aspirations de ce milieu, et d'avoir choisi comme guide de conduite les plus immuables, celles que l'on rencontrait le plus communément et qui avaient de grandes chances de gagner l'approbation d'individus réactionnaires ou conventionnels.

Cela se traduisait par les magazines posés sur la petite table basse de Cosette, *The Tatler*, *The Lady*, *Country Life*, leur alimentation — je n'ai vu nulle part ailleurs une consommation aussi énorme de saumon fumé —, les vêtements de chez Burberry, Aquascutum et Scotch House, la Rolls-Royce de Monsieur, la Volvo de Madame, leurs vacances à Antibes et Lucerne, et plus tard, dès le début des années soixante, aux Antilles. Évidemment, à quatorze ans, je ne les voyais pas sous cet angle, même si je ne pouvais m'empêcher de remarquer leur richesse. Quand j'y réfléchissais, je croyais que ce style de vie était un choix commun, effectué de plein gré et le cœur léger. Plus tard seulement, je m'aperçus que leur façon de vivre était un choix de Douglas, pas de Cosette.

J'avais commencé à aller la voir pendant les vacances d'été qui avaient suivi la révélation que mes parents me firent concernant mon hérédité. Elle m'avait invitée lors d'une visite chez nous. J'étais encore une enfant mais elle me parlait comme à une personne de son âge, elle le faisait avec tout le monde, souriante, l'air vague et distrait.

« Viens donc la semaine prochaine, ma chérie, pour me dire ce que je dois faire de mon jardin.

— Je n'y connais rien en jardinage. J'avais dû m'exprimer sur un ton grave, car à l'époque je l'étais continuellement.

— Mes lys fleurissent en ce moment, mais ils ne se plaisent pas et je trouve cela dommage car ils ont de si beaux noms. *Gleaming Daylight*, *Golden Dawn*, *Precious Bane*[1]. Dans le catalogue, ils disent : "Parfaitement adaptés à tous types de sols et supportant aussi bien l'humidité que la sécheresse, ils poussent en plein soleil ou dans un endroit relativement ombragé..." Je dois dire que je n'en ai rien remarqué. »

Je me contentai de la regarder, pleine d'ennui, amorphe. J'avais toujours aimé Cosette à cause de l'attention qu'elle me portait et de sa façon de ne jamais faire d'histoire ou poser de question, mais ce jour-là je détestais le monde entier. Le monde m'avait fait du mal pendant quatorze ans sans que je m'en rende compte et j'avais un retard de vengeances à prendre.

« Nous n'aurons rien à faire », dit Cosette, qui à l'évidence voyait dans son offre d'oisiveté un argument particulièrement convaincant. « Je veux dire que nous n'aurons ni à bêcher, ni à planter ou à nous salir les mains. Tout ce que nous ferons, c'est nous asseoir, prendre des boissons et échafauder des plans. »

Ils l'avaient prévenue qu'il me l'avait dit, et elle se montrait tendre envers moi. Au bout d'un certain temps, elle se plut en ma compagnie et ne fut plus motivée par sa seule gentillesse. A l'époque, je n'étais pour elle qu'une jeune personne de sa famille à qui l'on avait donné un fardeau terrible à porter et qu'elle se sentait capable d'aider à sa façon. C'était tout Cosette. Elle m'accueillit à Garth Manor et nous nous installâmes, cette première fois, dans des meubles de jardin différents de ceux que possédaient les

1. Rayon du jour, Aube dorée, Précieux poison (*N.d.T.*).

gens de ma connaissance, des canapés tapissés de chintz se balançant doucement sous un toit en tissu, des chaises cannées au dos élevé que Cosette appelait des « paons ».

« Parce qu'ils sont censés ressembler au Trône du Paon mais sans les bijoux et tout le reste. J'avais envie d'avoir un couple de paons pour qu'ils se pavanent ici — imagine, le mâle a une si belle traîne ! Mais d'après Douglas, ce n'était pas une bonne idée.

— Et pourquoi ? » demandai-je, éprouvant à la place de Cosette une certaine rancœur envers lui, voyant déjà en cet homme un mari oppressant, dictatorial même.

« Ils poussent des cris stridents. Je ne le savais pas sinon je ne l'aurais pas proposé. Ils crient à heure fixe au lever du jour, on peut se régler sur eux pour mettre la pendule à l'heure. »

Il y avait une table en rotin blanc, au plateau en verre, abritée par un grand parasol également blanc. Perpetua nous apporta des fraises trempées dans du chocolat et de la limonade faite avec de vrais citrons dans des verres qui avaient été givrés comme par magie, avec du vrai givre. Cosette fumait en se servant d'un long porte-cigarettes en écaille de tortue. Elle me dit qu'elle aimait beaucoup mon nom. Elle aurait appelé sa fille ainsi si elle en avait eu une. C'est elle qui me raconta comment le nom Elizabeth avait acquis sa popularité éternelle en Angleterre. Depuis lors, mais pas à l'époque bien sûr, j'ai souvent pensé à la peine qu'elle avait dû se donner pour récolter cette information et bien d'autres encore, uniquement dans le but de me faire plaisir et de me mettre à mon aise.

« Car lorsqu'on le répète sans arrêt dans sa tête, ma chérie, c'est vraiment un nom qui a une consonance étrange, tu ne trouves pas ? Aussi étrange que n'importe quel nom de l'Ancien Testament, Méhétavéel ou Hefci-Ba ou Shouah. Ces noms auraient tous pu devenir courants, comme Elizabeth, si une reine avait porté l'un d'eux. Elizabeth a commencé à se populariser à cause d'Elizabeth Ire, que l'on avait appelée ainsi à cause de son arrière-grand-mère Elizabeth Woodville, qui épousa Edouard IV — voilà ! Avant cela, c'était un nom aussi rare que ceux que je viens de citer.

— Cosette est sûrement un nom très rare, dis-je.

— Il signifie "petite chose", c'est comme cela que ma mère m'a toujours appelée et le nom m'est resté. Malheureusement, je ne suis plus une petite chose. Je vais te dire mon vrai nom : Cora — c'est affreux, non ? Il faut que tu me promettes de ne jamais le dire à personne. J'ai dû le clamer devant tout le monde le jour de mon mariage, mais je n'ai plus jamais recommencé depuis. »

Je me demandai pourquoi Douglas ne lui avait pas offert une bague de fiançailles et une alliance d'un métal plus noble que l'argent, ignorant à l'époque qu'il s'agissait de platine, la dernière mode quand Cosette s'était mariée. Les gros diamants paraissaient sombres dans leur monture gris foncé. En ce temps-là, les seules excursions de Cosette dans le monde du maquillage consistaient à se vernir les ongles d'un rose vif tirant sur le rouge comme celui d'un des massifs de lys. Son geste lorsqu'elle pointait du doigt était étrangement gracieux et rappelait un cygne — la comparaison étant naturellement absurde. Les cygnes ne pointent pas du doigt. Mais dans notre imagination, ils se déplacent toujours selon un mouvement lent et fluide, la pose délicate, et cela aussi c'était tout Cosette.

Le parterre de fleurs qu'elle me montrait avait la forme d'un croissant de lune et les lys à l'intérieur m'avaient l'air en parfaite santé, avec leurs fleurs rouges, jaunes ou d'un blanc de neige maculé de café. Le jardinier les avait plantées et s'en était toujours occupé depuis. Sans doute Cosette donnait-elle des instructions ici et dans la maison, mais je ne la voyais jamais exécuter de ses propres mains une quelconque tâche domestique. Je n'entendais jamais personne, même mon père qui était plutôt critique, dire qu'elle était paresseuse, et pourtant elle l'était, installée dans une oisiveté confortable, tranquille. Elle avait une capacité démesurée de ne faire absolument rien, alors qu'elle savait coudre à merveille et aussi dessiner et peindre, mais elle préférait rester assise au calme pendant des heures, sans lire, sans stylo ou aiguille à la main, le visage détendu, doux et serein. Car en ce temps-là, et elle devait être beaucoup plus âgée que je ne le suis maintenant, un peu plus de quarante ans, la tristesse dont j'ai parlé n'avait pas encore envahi ses traits. Simone de Beauvoir, quelque part dans ses Mémoires, se plaint de la vieillesse qui tire le visage vers le bas et par conséquent le rend triste. C'est cet affaissement des muscles faciaux qui plus tard donna à Cosette un air presque tragique, sauf quand elle souriait.

Pour moi à l'époque, elle était vieille, si vieille qu'elle semblait presque appartenir à une autre espèce. Impossible d'imaginer que j'atteindrais cet âge-là — et peu probable d'ailleurs, comme je me le disais parfois amèrement. C'était alors une blonde solide, trop ronde, grosse même, mais en ce temps-là rien ne portait à croire qu'elle se souciait de son poids. Ses yeux, d'un bleu pâle aux reflets gris, semblaient lancer des regards incertains, imprégnés d'un respect mélancolique et peut-être timide. Car il y avait en Cosette une certaine timidité, doublée d'une générosité confiante.

« Tu crois que mon hémérocalle est contente là où elle est, ma chérie ? » disait-elle. Les noms des plantes ne lui posaient aucune difficulté. Si elle n'en plantait jamais et ne retirait pas les mauvaises herbes risquant de leur nuire, elle connaissait le nom exact de chacune d'elles. Je ne dis rien, mais cela ne l'empêcha pas de poursuivre. « Je suppose que je suis trop impatiente, j'attends des miracles alors que ces pauvres petites ne sont là que depuis six mois. »

Toute jeune et malheureuse que j'étais, je ne pus retenir un sourire à l'idée de Cosette impatiente. Elle était par essence une personne paisible.

En sa compagnie, cette placidité presque orientale me soulageait — et d'autres aussi — inévitablement de mes peines, m'enveloppait curieusement d'une douce tranquillité méditative. Ce comportement rappelait étonnamment son contraire, cette inlassable agitation de tant de femmes de la génération de ma mère, qui rendait les personnes de mon âge si nerveuses, si gauches. Elle était toujours identique à elle-même, toujours présente, toujours intéressée, comme si elle n'avait jamais rien de mieux à faire.

Bientôt, je me mis à lui rendre visite au moins trois fois par semaine, puis finis par rester dormir là-bas. J'allais à l'école à Hampstead Garden Suburb et je n'avais aucun mal à expliquer qu'il m'était beaucoup plus pratique de rester chez Cosette pendant la semaine que de rentrer à Cricklewood. Du moins ce fut mon explication, qui paraîtrait absurde à quiconque connaît la distance entre le London Collegiate et Cricklewood Lane. Seules l'existence et la présence fréquente de Douglas m'empêchaient de tenter de vivre à Garth Manor. Tout le monde connaît des couples où l'un est sympathique et l'autre désagréable. Pour moi, le retour de Douglas chaque soir, annoncé par le bruit des pneus de la Rolls sur l'allée de gravier, venait ternir la relation plaisante que j'entretenais avec sa femme. Il était trop mâle, trop rigide dans sa façon d'être vieux, trop imprégné de son métier d'agent de change, incompréhensible dans la plupart de ses discours, et il donnait l'impression d'exiger, même s'il ne le demandait pas, une mesure de silence respectueux dans sa maison lorsqu'il s'y trouvait. Et pendant les week-ends, il était toujours là.

Cosette ne changeait pas le moins du monde en présence de son mari. Elle restait cette même créature adorable, souriante, calme et pourtant chaleureuse, cette même femme dont le don principal était de savoir écouter. Elle se montrait captivée par ses histoires de transactions et de négociations, leur accordant la même attention qu'à mes propres épanchements, au récit de mes rêves, mes visions, mes frustrations et mes ressentiments. Elle écoutait vraiment. Elle aurait pu murer son esprit et divaguer dans d'autres directions, mais non. Je m'émerveillais devant ses réponses intelligentes aux mystérieuses diatribes de son mari et je la regardais pleine de suspicion et d'incompréhension quand, après s'être levée de sa chaise et avoir traversé la pièce avec la grâce d'un cygne, elle posait délicatement sa main blanche et potelée contre la joue de Douglas. Il tournait alors immanquablement le visage dans le creux de sa main pour en embrasser la paume. J'en éprouvais une gêne furieuse. Maintenant je sais que je ne voulais pas que Cosette ait une vie à elle, une vie privée, qui ne se fixât pas comme priorité de rendre la mienne plus simple et heureuse.

Elle ne faisait jamais allusion à la terreur et à l'ennui mais attendait que j'en parle. Il arrivait rarement que Cosette aborde un sujet ou se montre curieuse. C'est moi qui en parlai — ou plutôt cela sortit dans un accès de rage — un jour qu'une de ses voisines, une femme du nom de Dawn Castle, était restée dans le jardin avec nous par une chaude journée d'octobre, alors que les lys étaient fanés depuis longtemps et que Cosette et moi admirions cette fois les derniers dahlias. Dawn Castle parlait toujours de ses enfants, du souci qu'ils lui causaient, on venait de renvoyer le cadet de l'école, ou une chose du même genre, et un autre avait raté un examen. Elle conclut, comme à son habitude, par l'éternel cliché :

« Enfin, je suppose que je ne pourrais me passer d'eux. »

Il ne me vint pas une seconde à l'esprit que cette remarque qu'elle répétait fréquemment puisse faire de la peine à Cosette. Je la trouvai d'une profonde stupidité et dis grossièrement : « Pourquoi pas, puisqu'ils vous ennuient tellement ? »

Elle eut l'air choquée, et à raison. « Un jour, tu auras des enfants, toi aussi, et tu verras les choses autrement.

— Je n'en aurai jamais, jamais. »

J'avais parlé très sèchement, et je sentis le regard de Cosette posé sur moi.

« J'aurais dû parier avec toutes les filles qui m'ont dit la même chose », rétorqua Mme Castle, partant de son petit rire dur, puis elle rentra chez elle, étant une de ces personnes qui ne se sentent à leur aise que dans un climat de conversations anodines et s'effraient facilement de ce qu'elles appellent de la « désobligeance ». Cosette me dit : « Quelle violence !

— C'est cruel, répondis-je. Les gens devraient réfléchir avant de parler. Si elle n'est pas au courant pour moi, elle doit certainement l'être en ce qui te concerne, elle sait que Douglas est le cousin de ma mère.

— L'expérience m'a appris que personne ne se rappelle jamais les liens familiaux des autres.

— Cosette, dis-je. Cosette, c'est pour cette raison que tu n'as jamais eu d'enfants ? Tu ne voulais pas d'enfants ? »

Elle avait une façon de sourire pour signifier qu'elle n'avait pas l'intention de répondre à une question par des mots. Le sourire s'esquissait lentement, mystérieux, puis envahissait son visage, à l'expression vague et gentille, mettant toujours un terme, d'une manière ou d'une autre, à toute tentative de poursuivre. Je réussis à me convaincre alors, sans aucune raison, que Douglas avait épousé Cosette en évitant de lui parler de son hérédité. Cette conviction n'était pas fondée, vous le comprendrez ; je l'avais lu ou j'avais cru le voir dans ses yeux tristes, comme résignés. Les adolescents ont cette habitude, ils tissent d'incroyables romans à partir des vies de leurs amis plus âgés. Je finis par me convaincre que Douglas avait trompé Cosette, avait refusé de lui donner des enfants alors qu'il était trop tard pour qu'elle fasse marche arrière, avait tenté de compenser en la couvrant de richesses. Cet hiver-là ils partirent pour Trinidad et je rentrai à la maison où je me surpris à étudier ma mère de façon presque clinique. Un jour, elle laissa tomber un verre à vin et je poussai un cri. Mon père s'avança vers moi et me gifla.

La gifle n'était pourtant pas forte, ne m'avait pas fait mal, mais je la pris comme une agression.

« Ne recommence plus jamais, me dit-il.

— Toi aussi, ne recommence pas.

— Tu ferais mieux d'apprendre à te contrôler. Moi j'ai dû le faire. Dans notre situation, nous y sommes obligés.

— Notre situation ? Quelle situation ? Toi, tu es dans une situation, et moi dans une autre. C'est à cause de moi que les gens crieront plus tard, pas à cause de toi. »

Dur pour une fille de quinze ans. Au printemps, je me tournai de nouveau vers Cosette, vers Garth Manor d'où je pouvais aller à l'école en traversant la Heath Extension et où dans ma grande chambre donnant sur les bois du North End je goûtais au luxe d'une télévision personnelle, d'une couverture électrique et d'un téléphone sur ma table de chevet. Pourtant je dois avouer pour plaider ma cause que ces choses n'étaient pas ce qui m'attirait là-bas. Pour quelle raison les jeunes filles à ce stade précis de leur développement se plaisent-elles en compagnie d'une femme plus âgée ? Je préférerais croire qu'il ne s'agissait pas, pour ma part, d'un narcissisme pur et simple, que ce n'était pas parce que Cosette, de près de trente ans mon aînée, ne représentait plus une rivale ou parce que son visage et son corps vieillissants mettaient en valeur mon physique attrayant. Car il faut bien dire que je voyais en elle une femme vieillissante, vieille en fait, n'ayant plus rien à espérer en tant que femme, qu'être sexué. En fait, j'avais transformé Cosette en une seconde mère, la mère que j'avais choisie, au lieu de celle qui s'était imposée à moi, la mère qui écoutait, disposait d'un temps infini et était prodigue en flatteries que je croyais et crois encore sincères.

A l'époque, elle ne s'offusquait apparemment jamais qu'on la prenne pour ma mère. Cela n'advint que plus tard, à Archangel Place, quand sans même un mot d'explication de sa part, on voyait à ses yeux et au rictus désabusé sur ses lèvres la douleur et cette sorte d'humiliation qu'elle ressentait les nombreuses fois où l'on présumait que j'étais (ou que Bell, Birgitte ou encore Fay était) sa fille. Mme Kingsley, membre de l'Union des femmes de la municipalité, de l'Association des résidents de Wellgarth, du Conseil de gestion du lycée, volontaire pour la livraison de repas à domicile et assistante sociale bénévole ne perdait pas de temps, elle, avec ce genre de futilités. Parfois, pendant les vacances ou le samedi, Cosette et moi allions faire les magasins ensemble. Puis chez Simpson's ou Swan and Edgar, qui a l'époque trônait encore sur Picadilly Circus, à l'angle de Picadilly et de Regent Street, une vendeuse se référait à moi comme si j'étais sa fille. La scène se reproduisait dans les restaurants où nous passions en coup de vent afin de prendre toutes les demi-heures les tasses de café apparemment indispensables à la survie de Cosette.

« Cela irait très bien à votre fille », disait une vendeuse dans Burlington Arcade, et le visage de Cosette s'illuminait d'un regard d'adoration presque, témoignant de son approbation et de sa joie.

« Oui, cela t'irait à merveille, Elizabeth. Tu devrais l'essayer. » Puis, comme si souvent déjà : « Mais pourquoi ne pas l'acheter ? », ce qui signifiait qu'elle allait me l'offrir.

Je n'avais pas l'impression, alors, qu'elle souhaitait paraître plus jeune qu'elle ne l'était. M'en serais-je toutefois aperçue, à quinze ans ? Elle s'habillait d'ensembles qu'elle se faisait confectionner par un couturier, habitude extravagante de nos jours et déjà démodée à l'époque. Ils étaient de style classique, des tailleurs d'un tissu très similaire à celui que portait Douglas, caractérisés par des épaules carrées et une jupe aux plis creux, le type de vêtement le moins adapté à une personne comme Cosette. Il lui aurait plutôt fallu des robes amples, des capes, des draperies. Plus tard bien sûr, elle en porta, et ce n'était pas toujours du meilleur effet. Lors de nos expéditions vestimentaires, elle s'achetait des dessous, des gaines cruelles restant sans effet et des combinaisons en satin brillant de couleur pastel, de lourdes chaussures à lacets, au talon de cinq centimètres, des chemisiers choisis avec un gros nœud au niveau du col afin que celui-ci déborde sur les revers des vestes de ses tailleurs en worsted.

Au fil des années, moi qui n'avais jamais porté de jugement sur Cosette, l'aimant d'un amour simple, inconditionnel, je devins critique sur son apparence. Cela ne se traduisait pas par des mots ; du moins je ne lui faisais aucune remarque. Mais j'ai bien peur qu'il m'arrivait de faire des commentaires à mes amies et de rire sous cape avec elles. Cosette était une de ces personnes dont on se moque en cachette, derrière leur dos. Quel sort cruel, et douloureux ! Il me suffit d'en parler pour frémir. J'ai l'intention, néanmoins, de dire toute la vérité et le fait est que lorsque j'amenais une amie à la maison (comme vous le voyez, je me sentais chez moi à Garth Manor) et que Cosette apparaissait, rouge, sans doute congestionnée de chaleur, négligée comme à son habitude, ce nid d'oiseau formé par ses cheveux dorés, grisonnants, transformés en une masse de duvet et de mèches se désintégrant et laissant échapper des épingles, un pan de chemisier en soie dépassant de la ceinture de sa jupe sur mesure trop serrée autour d'un ventre rebondi — alors nous nous regardions et ricanions avec un doux et léger mépris.

Régulièrement, et surtout quand Douglas partait en voyage d'affaires, Cosette m'emmenait dîner à Hampstead avec cette même amie. Auparavant, une séance de pomponnage avait lieu dans sa gigantesque et somptueuse chambre à coucher (avec lit blanc à baldaquin en organdi, rideaux bouillonnés, fenêtres bordées de banquettes agrémentées de coussins, coiffeuse parée d'un jupon d'organdi et ornée d'un triptyque de miroirs) et là, en sa présence admirative, nous essayions comme des petites filles les vêtements qu'elle ne portait plus, ses capes en fourrures, ses écharpes et foulards, ses ceintures, ses fleurs artificielles, ses bijoux, et je prenais toujours garde de ne jamais m'extasier, l'expérience m'ayant enseigné la conséquence d'un tel comportement. Mon amie par contre, par ignorance ou concupiscence, s'exclamait : « Oh, j'adore ! C'est magnifique, non ? Vous ne trouvez pas que cela me va à ravir ? »

Et Cosette disait : « C'est à toi. »

Parmi ces trésors, je vis pour la première fois l'héliotrope. Il s'agissait d'une bague à la pierre vert foncé, jaspée de rouge, sertie dans une monture aux denses fils d'or tressés. Une bague pour une main solide avec de longs doigts, dit Cosette en l'essayant, et le bijou sur sa main très féminine aux ongles roses brillants parut grossier.

« Elle appartenait à la mère de Douglas », expliqua-t-elle. Je savais ce qu'il lui était arrivé et connaissais la cause de sa mort prématurée, mais ne dis rien. Je me contentai de sourire, l'expression figée comme lorsqu'on se force à garder les commissures des lèvres relevées. « Elle est née en mars, dit Cosette, et l'héliotrope est la pierre porte-bonheur de ce mois-là.

— Je croyais que l'héliotrope était une fleur », dit mon amie.

Cosette sourit et répondit : « L'héliotrope est tout ce qui se tourne vers le soleil. »

Je n'étais sans doute pas aussi gentille envers elle qu'elle se montrait envers moi mais je l'aimais, je l'ai toujours aimée. La méchanceté de l'adolescence s'atténue à l'approche de vingt ans, et de même qu'aujourd'hui je regrette avec une sorte d'angoisse mon manque de compassion à l'égard de ma mère, je repensais alors, honteuse, à mes rires et à mon mépris. J'étais soulagée que Cosette ne s'en soit jamais aperçue. Car elle ne demandait rien à ceux qu'elle aimait, sauf de pouvoir leur accorder sa confiance. Ce n'est peut-être pas grand-chose, ou au contraire beaucoup. Je n'en sais rien, je suis incapable de décider. Elle souhaitait simplement sentir qu'elle pouvait se livrer, donner, en toute sécurité, sans risque d'être trahie, son cœur et son âme à la personne aimée. Des années plus tard, en assistant à l'université à une représentation de *The Maid's Tragedy*[1], je fus particulièrement frappée par deux phrases : « Les personnes les plus aptes à nous faire souffrir sont celles que nous aimons. Nous remettons entre leurs bras nos vies assoupies. »

En Douglas elle pouvait avoir confiance. J'avais beau avoir nourri par le passé des doutes à son sujet, il ne l'avait jamais trahie. Il l'avait aimée, lui avait apporté la sécurité, et en échange Cosette devait tout bonnement accepter le mode de vie qu'il lui avait imposé : voisins à dîner et dîners chez les voisins, réunions de la Wellgarth Society dans sa salle à

1. Pièce de Francis Beaumont, auteur britannique du XVIIe siècle (*N.d.T.*).

manger, présence quotidienne de Perpetua pour le ménage, de Maggie pour la cuisine, et de Jimmy pour le désherbage des lys, vue sur North End d'un côté et sur la Heath Extension de l'autre, argent inépuisable et calme infini, visites impromptues d'une Dawn Castle jacassante, la bouche pleine de banalités, un enfant de substitution et six chambres à coucher. Bien entendu, cela ne pouvait durer éternellement, rien ne le peut d'ailleurs. Cosette aimait particulièrement une histoire soi-disant à propos de Bouddha mourant et je l'ai souvent entendue la raconter de sa voix douce, pondérée.

« Ses disciples vinrent le voir et lui dirent : "Maître, nous ne pouvons supporter l'idée de vous perdre, comment pourrons-nous vivre quand vous nous aurez quittés ? Donnez-nous au moins quelques mots de réconfort qui nous aideront quand vous aurez disparu." Et le Bouddha leur dit : "Les choses changent." »

L'histoire me faisait chaque fois sourire car rien ne changeait jamais pour Cosette. Du moins c'était mon impression pendant les années où j'habitais la plupart du temps chez elle et Douglas, la vie de Cosette se résumant à une ronde sempiternelle de petites tâches agréables dont les temps forts étaient leurs vacances dans des lieux d'un exotisme conventionnel, et les moments trépidants de la livraison par le couturier d'une nouvelle robe du soir pour un quelconque dîner officiel ou, comme je m'en réjouissais égoïstement, mes résultats satisfaisants au baccalauréat. Les choses changent, mais dans certaines vies les changements se font attendre longtemps.

Par une matinée d'automne, alors que la circulation était particulièrement dense à Hampstead et que la Rolls-Royce restait immobilisée dans un embouteillage au-dessus de la station de métro Belsize Park, Douglas leva les yeux du document qu'il était en train de lire, posa sa tête contre le dos de la banquette arrière et mourut.

Le conducteur ne s'aperçut de rien. Douglas ne lui adressait jamais la parole, à moins que ne survienne un incident malencontreux, ce que n'était en aucun cas un embouteillage. Il avait entendu un soupir et comme un raclement de gorge, qui permit par la suite d'établir l'heure exacte de sa mort. Lorsqu'ils furent arrivés à la City, dans Lombard Street, le chauffeur sortit afin d'ouvrir la porte et le vit, la tête renversée, comme endormi. Il le toucha et la peau de son visage était déjà anormalement froide.

Douglas avait cinquante-trois ans et par conséquent avait très certainement dépassé le moment où son hérédité était susceptible de se manifester. Sa mort n'avait rien à voir avec cette maladie héréditaire, car elle fut rapide et clémente, contrairement à la torture interminable qui attendait ma mère. Une sorte de catastrophe vasculaire avait saccagé son cœur. Le médecin dit à Cosette que la mort était survenue si rapidement qu'il n'avait sans doute eu le temps de ne s'apercevoir de rien.

III

Debout sous la pluie, Cosette, ses frères et leurs femmes, attendaient, personnes endeuillées, alignées sous leurs parapluies noirs. Douglas n'avait de toute évidence ni frères ni sœurs. Nous serrâmes la main des frères et des belles-sœurs de Cosette et embrassâmes cette dernière sur les joues. Comme j'avais vu les autres le faire, je m'exécutais moi aussi. J'étais là avec mon père, au crématorium de Golders Green, ma mère n'étant à ce moment-là plus en état de venir à un enterrement, ou d'aller où que ce soit d'ailleurs. On me montra du doigt un grand nombre de parents de Cosette, mais il n'y avait qu'un seul membre de la famille de Douglas à part moi-même, une cousine commune, Lily, fonctionnaire célibataire qui à l'âge de cinquante ans affichait une joie si délirante à l'idée d'avoir à présent certainement échappé au fléau que même à une semblable occasion elle arrivait à peine à contenir son humeur pétillante. Elle vint vers mon père et posa la main sur son bras.

« Dis-moi, comment va cette pauvre Rosemary ? »

On n'a jamais vu personne demander à un homme des nouvelles de sa femme mourante sur un ton plus jovial. Quant à moi, elle me considéra de haut en bas sans cacher son air spéculateur car elle savait, mieux que quiconque, qu'on en est atteint que si l'un des deux parents en souffre, et que si le parent porteur de ce gène parvient à l'âge de cinquante ans sans en être victime, on est hors de danger.

Perpetua, accompagnée d'un fils adulte, m'avait dit lorsque j'étais venue voir Cosette que celle-ci avait crié et sangloté à l'annonce de la mort de Douglas, qu'elle avait pleuré de manière hystérique et menacé de se suicider. Durant ma visite, Cosette pleura. J'avais cessé de rester à Garth Manor, même pour une partie de la semaine, car j'avais alors vingt ans et suivais des cours à la faculté. Quand on va à l'université à Regent's Park, on n'habite pas à Golders Green si on peut l'éviter. Toutefois, dès que j'appris la mort de Douglas, je me précipitai chez Cosette. Une fois là-bas, je fus bien en peine de réconforter cette femme qui n'avait rien à dire et pleurait sans discontinuer. Je viens d'une famille qui met presque un point d'honneur à ne pas montrer ses émotions et bien que j'eusse aimé être capable de les exprimer, je ne savais pas comment m'y prendre. Une amie que j'enviais — la même qui avait tiré profit de ses exclamations admiratives devant les bijoux de Cosette, une fille du nom d'Elsa que nous appelions spontanément la Lionne — me racontait souvent que pendant son enfance, ses parents hurlaient et s'emportaient l'un contre l'autre, sans aucune retenue, toutes griffes dehors, mais eux au moins extériorisaient leurs sentiments. Elle pensait que sa capacité de montrer les siens en découlait.

Aussi je regardais avec circonspection Cosette et les larmes coulant sur ses joues, sans aucune idée de ce que je devais dire ou faire. Une semaine plus tard, son visage était toujours aussi rouge et ses yeux gonflés. Debout sous le parapluie de son frère aîné, des couronnes et des croix de fleurs ruisselantes à ses pieds, elle donnait l'impression d'avoir pleuré jusqu'à son entrée dans la chapelle du crématorium et de s'être interrompue brusquement, à l'instant précis où disparaissait le cercueil de Douglas, abandonné au feu. Elle était en grand deuil. Son ensemble se distinguait d'un de ses éternels tailleurs sur mesure ; il datait de la période du New Look, de l'après-guerre, l'époque où j'étais née, une longue jupe évasée dans laquelle je la soupçonnais de n'avoir pu entrer qu'en gardant la fermeture Éclair ouverte, et une veste à volant. Je pense qu'elle avait dû l'acheter pour l'enterrement de sa propre mère, disparue en ce temps-là. Il sentait la naphtaline. Cosette, une femme riche qui avait hérité de Douglas une dizaine de millions, une somme énorme en 1967, n'avait pas songé à acheter un nouvel ensemble pour l'enterrement de son mari. Elle détestait le noir, comme Perpetua me l'apprit plus tard, et refusait de dépenser son argent pour un vêtement qu'elle ne porterait plus jamais.

Ce fut la première chose qui me surprit de la part de Cosette. Elle annonçait bien d'autres surprises.

Chacun se perdait en conjectures sur ce qu'elle avait maintenant l'intention de faire. J'ai appris depuis que famille et voisins se montrent toujours prêts à conseiller une femme dans sa situation, sans toutefois jamais suggérer le type de solutions qu'ils envisageraient pour eux-mêmes. Leurs propositions semblaient viser à garder le sujet en question dans le droit chemin.

Cosette était bien la dernière personne qui aurait pu s'en écarter. Elle avait quarante-neuf ans, mais paraissait plus âgée. Ses cheveux étaient d'un gris métallique. Elle avait les traits tirés, l'air hagard, et elle avait grossi, étant le genre de femme qui trouve une consolation en mangeant. Pâques arrivait, et je vins m'installer chez elle plusieurs jours. Une fois là-bas, je décidai de suivre l'exemple qu'elle m'avait montré en lui prêtant une oreille attentive. J'allais l'écouter parler de Douglas et de sa vie avec lui, sentant intuitivement qu'elle en aurait envie, que cela constituerait pour elle une catharsis. Je m'étais trompée. Hébétée, l'air négligé, égaré, cassant des morceaux de chocolat qu'elle mettait distraitement dans sa bouche, elle me demanda de façon absente ce que j'avais fait, quels étaient mes projets.

« Je veux savoir comment toi tu vas », m'exclamai-je.

Elle me répondit par ce sourire mystérieux, secouant légèrement la tête. Comme pour dire que ses affaires étaient sans importance. Je détectai dans son regard et dans sa façon d'insister gentiment pour que je raconte et la laisse m'écouter une abnégation vis-à-vis de l'avenir, un aveu pur et simple que sa vie était terminée, qu'il ne restait plus devant elle qu'un lent déclin vers la vieillesse et la mort. Cette attitude semblait confortée par le flot constant de visiteurs, la famille et les amis, les habituels donneurs de conseils aux veuves qui lui suggéraient sur un ton désinvolte de déménager dans un « endroit douillet près de la mer », une petite maison à la campagne, un « joli appartement » en banlieue.

« Pas trop grand, lui dit Dawn Castle. Quelque chose d'assez ramassé, pour toi toute seule. Il ne faut pas que tu t'épuises à faire le ménage. »

Au même moment, Perpetua passait l'aspirateur dans le hall, et je me dis que Mme Castle devait être sourde ou bien (une explication plus probable) ne se donnait jamais la peine de réfléchir au sens de ses paroles. Un frère de Cosette, Leonard, lui proposa de venir s'installer plus près de chez lui et sa femme. Ils vivaient à Sevenoaks. Soit dans une petite maison, soit dans un pavillon en rez-de-chaussée près de Sevenoaks, de préférence la deuxième solution, dit sa femme, car avec les années, Cosette n'aurait pas envie de grimper des escaliers. Elle en serait peut-être incapable, ajouta la femme sur un ton plein de sombres insinuations en regardant Cosette se servir dans une boîte à biscuits. L'autre frère habitait un très grand cinq-pièces à St John's Wood dans un de ces gigantesques immeubles aux airs de caserne, qu'il appelait toujours résidence.

« On vient de mettre en vente un petit deux-pièces à Roderick Court. » Il poursuivit sur un ton persuasif : « C'est au rez-de-chaussée, tu n'auras même pas à prendre l'ascenseur », comme si Cosette allait bientôt se trouver en un tel état de décrépitude qu'elle serait incapable de traverser le hall d'entrée et d'appuyer sur un bouton.

Elle écoutait et disait qu'elle réfléchirait. Pas une fois je ne l'entendis protester lorsqu'ils la traitaient comme si elle était au bord de la sénilité. Les femmes étaient évidemment plus vieilles qu'elles ne le sont aujourd'hui, même il y a vingt ans. On était d'âge mûr à partir de quarante ans, à présent la limite est plus près de cinquante. Les mouvements de femmes par le passé ne sont pas étrangers à ce changement, ils ont transformé le sens de la beauté. Celle-ci n'est plus l'exclusivité de la jeune fleur, elle ne constitue plus la part essentielle de la séduction, qui à son tour ne représente plus l'essence de la vie d'une femme. Cosette n'avait jamais travaillé pour subvenir à ses besoins, elle n'avait même jamais exécuté la moindre tâche domestique, sa vie avait ressemblé à celle d'une courtisane, et pendant vingt-huit ans elle avait apporté soutien et réconfort à Douglas, prête à ce qu'il l'aime ou qu'il la quitte, à attendre son retour et à l'écouter parler. Ils auraient été choqués, ces visiteurs pleins de bons conseils, d'entendre son rôle défini aussi clairement, mais ils le savaient tous au fond d'eux-mêmes. Avec la mort de Douglas, Cosette était devenue inutile, comme le devient une femme de harem quand son maître meurt.

Elle ne promettait rien. Cosette ne rejetait presque jamais catégoriquement une suggestion, mais elle faisait preuve d'une obstination bien à elle. Un refus d'étudier les maisons en vente, de téléphoner aux agents immobiliers, de se faire escorter dans des maisons témoins, n'en reste pas moins un refus, bien qu'on l'exprime par un hochement de tête en souriant plutôt que par un non définitif. Elle écoutait davantage et parlait moins qu'elle ne l'avait fait à ma souvenance. La douleur l'a frappée de silence, pensai-je, mais je compris plus tard qu'elle se taisait uniquement parce qu'elle avait beaucoup de choses en tête. Elle en avait tant. Toutefois, il ne s'agissait pas de son passé avec Douglas. Elle essayait de se décider sur la façon de réaliser l'ambition qu'elle s'était fixée.

Les hommes ont coutume de rendre visite aux veuves dans l'espoir de coucher avec elles. Celles-ci y sont disposées, elles leur sont reconnaissantes. Des hommes mariés depuis vingt ans avec la meilleure amie de ces dernières, des époux fidèles en apparence qui jusqu'alors n'ont pratiquement jamais appelé la veuve par son prénom, viennent d'un air penaud et lui font une avance dans la cuisine pendant qu'elle met les sachets de thé dans la théière. Du moins c'est ce que j'ai entendu dire.

Si une telle chose est arrivée à Cosette, je n'étais pas chez elle à ce moment-là. Peut-être que ma présence les décourageait. De toute façon, les seules possibilités étaient le mari de Dawn Castle, Roger, et le président de la Wellgarth Society. J'ai une photo de Cosette dans le jardin cet été-là, et on dirait le type de reproduction qu'utilisent les magazines féminins, d'une lectrice souhaitant obtenir des conseils sur son apparence. En vis-à-vis, on voit la même femme une fois que l'épileuse, la coiffeuse, la maquilleuse, et éventuellement le chirurgien esthétique ont fait leur travail. J'ai d'ailleurs également une photo de Cosette ainsi.

Installée confortablement dans la balancelle au toit fleuri, elle a l'air rougeaud, ses traits sont devenus indistincts et ses cheveux tombent en boucles désordonnées, son rouge à lèvres a été à l'évidence appliqué dans le noir, dans une chambre sans miroir, ses lunettes de soleil pendent à son cou, fixées semble-t-il à une sorte d'élastique. Elle porte une robe qui ressemble à une tente en toile. Elle a certes abandonné ses tailleurs sur mesure — sans doute n'arrivait-elle plus à rentrer dedans —, le seul changement visible dans son apparence ou dans son mode de vie. Car elle continuait en effet à siéger au conseil de gestion, assistait aux réunions de l'association, invitait les voisins à dîner et dînait chez eux, ces derniers prenant soin alors de le lui faire remarquer, comme s'ils lui conféraient une immense faveur. Toujours est-il que personne, comme elle me l'apprit plus tard, ne se donna la peine de lui présenter un célibataire. Elle avait cinquante ans, son anniversaire était en août, et nous vivions une période de culte de la jeunesse.

Pour moi, l'idée de Cosette avec un ami, un amant, était grotesque. Il fallait être jeune. Si on n'était pas vraiment jolie, on devait au moins pouvoir séduire d'une façon indéfinissable ou avoir un certain charme, être jeune et pas grosse. J'étais loin de me douter que mes pensées concernant Cosette auraient pu la blesser ; elles ne me seraient jamais venues à l'esprit, j'aurais imaginé qu'elle avait aussi peu envie de séduire un homme que d'adopter un enfant ou de commencer une carrière si Dawn Castle ne m'avait pas dit : « La seule chose qui ferait du bien à cette pauvre Cosette serait de se remarier. »

J'eus une réaction victorienne, je fus choquée. « Douglas n'est mort que depuis six mois.

— Mais ma chère, tout le monde sait que si l'on se remarie, c'est dans les deux années qui suivent.

— Cosette n'en a sûrement pas envie.

— C'est ce que tu crois, mais tu es jeune. Quand on a été marié si longtemps, il est évident qu'on ne demande que cela. »

Je me souvins de cette conversation lorsqu'un an plus tard, ou moins, Cosette se trouvant seule avec moi me confia dans un soudain accès de franchise :

« On entend toujours dire des hommes qu'ils sont des coureurs de jupons. Moi j'aimerais courir les hommes. Tu sais ce que j'aimerais, Elizabeth ? J'aimerais avoir de nouveau trente ans et voler les maris des autres », puis elle eut un rire doux, désespéré et amer.

Il n'en parut rien, cependant, le jour de ses cinquante ans, qu'elle fêta discrètement par un dîner au restaurant où elle invita mon père et moi, et son frère Oliver accompagné de sa femme, Adele. Le frère de Sevenoaks était en vacances. Dans le taxi nous ramenant à North End, j'étais seule avec elle ; elle pleura la mémoire de Douglas et je l'entourai de mes bras, pensant aux paroles de Dawn, à leur absurdité.

Dans la maison que j'habite, à Hammersmith, dans Macduff Street, se trouvent des objets que Cosette m'a offerts. Elle m'en a certainement donné davantage que je n'en ai obtenus d'une quelconque autre source ou d'une autre personne. Pendant longtemps, ils me faisaient penser à elle si vivement, si douloureusement, que je les avais rangés pour ne plus les voir, mais tout change — « Les choses changent », disait Cosette —, et je les ai sortis des placards pour les étaler dans le salon, dans la chambre, dans la pièce où je travaille. La maison est petite, elle a été construite vers le milieu du règne de Victoria dans un alignement de maisons identiques. Elle a un jardin qui fort heureusement n'est pas grand, une boîte cernée de murs comme les autres jardins de cette rue et de la rue voisine, et vus du haut d'un hélicoptère ils rappellent certainement un casier d'épicier dont on a retiré toutes les conserves. Les deux chats vont et viennent, passant par-dessus les murs, ne se risquant jamais vers le devant où menace la Great West Road, ignorant jusqu'à son existence ou la possibilité qu'ils ont, tout chat qu'ils sont, de s'en approcher.

Trois œufs offerts par Cosette, l'un en chrysolite, l'autre en agate, et l'autre en quartz d'améthyste, sont présentés dans un récipient rond en verre sur le rebord de la fenêtre du salon. J'avais songé un moment à collectionner des œufs en pierres précieuses, mais je me suis arrêtée à ces trois-là. Sur la bibliothèque, il y a la petite sirène de Hans Andersen en porcelaine de Copenhague, une imitation de cette statue dont Cosette m'a fait cadeau pour mes vingt-cinq ans. Elle fait partie de ces choses décevantes, avait-elle dit, de ces choses tellement plus petites et plus insignifiantes que nous ne nous les imaginons.

« La Joconde », s'était exclamé Mervyn, et Gary avait ajouté, « La Chambre des communes, une petite boîte verte. »

« Les chutes du Niagara, poursuivis-je, surtout maintenant qu'on peut les couper. »

« La Cour d'assises de Londres », dit Marcus.

Tout le monde le regarda.

« Ou l'Old Bailey, si vous préférez. A l'intérieur, c'est petit, cela n'a rien d'imposant. On s'attend à quelque chose de beaucoup plus grandiose. »

Quelle étrange pertinence dans ces remarques joyeuses, légèrement astucieuses, formulées sans imaginer qu'elles pourraient s'avérer d'une effroyable justesse, sans savoir qu'elles projetteraient une ombre sur l'avenir.

« Quand as-tu été à l'Old Bailey, Mark ? » demanda Cosette, dont l'air soudain inquiet provoqua un rire général. Enfin, Bell ne riait pas. Je crois qu'elle avait cessé de rire à ce moment-là. Mark expliqua qu'un de ses amis, un journaliste spécialisé en criminologie, l'y avait fait entrer. C'était une affaire de meurtre, un homme avait tué sa petite amie.

« Je pensais que l'endroit serait impressionnant, dit Mark. Je n'ai pas vraiment été déçu. Je n'arrêtais pas de penser aux gens qui venaient là, au banc des accusés, et je me disais qu'ils auraient relativement moins peur que prévu.

— Et d'après toi, c'est une bonne chose ? »

Bell le fixa intensément.

« Bien sûr que c'est une bonne chose, répondit-il. Bien sûr. »

Dans la pièce où je travaille se trouve un pot à crayons en agate, un morceau de pierre évidé, strié de rouge, de violet, de brun et de vert, que Cosette avait rapporté de ses vacances en Écosse ; à l'intérieur, parmi les stylos, se dresse un étrange coupe-papier dont Cosette prétendait que le manche, présentant des stries aux couleurs identiques mais d'un aspect légèrement différent, avait été taillé dans une racine de bruyère. Ou bien dans un bouquet de tiges de bruyère comprimées ou dans une racine de bruyère fossilisée, enfin quelque chose de ce genre. Dans cette même pièce, il y a un briquet à la base en Wedgwood bleu et blanc que Cosette m'a donné parce qu'il était à elle, que je l'avais remarqué et lui avais dit qu'il me plaisait. Sa réponse habituelle, attentionnée, « Il est à toi », rappelait l'hospitalité généreuse d'un chef de tribu ou d'un émir. Sur la table dans le coin repose la vieille machine à écrire mécanique dont je me suis servie pour rédiger mon premier livre, à Archangel Place. Cette machine, une Remington, avait appartenu à Douglas. Quand j'avais fait part à Cosette de mon intention d'écrire un livre, elle avait préparé une pièce pour moi sans me prévenir, elle avait simplement décidé de s'en occuper, avec Perpetua, puis m'avait conduite là-haut pour me la montrer fièrement ; le bureau qu'elle avait acheté dans Portobello Road, la chaise pivotante, le canapé « pour te reposer entre les chapitres ma chérie » et, sur le bureau, une rame de papier, le pot en agate remplis de crayons taillés et de stylos à bille, le coupe-papier en bruyère et la machine à écrire de Douglas.

Je ne l'utilise plus. J'en ai une électronique, n'étant pas encore passée au stade du traitement de texte. Celle de Douglas me dépanne de temps en temps, quand je n'ai plus de cassettes pour la mienne ou qu'elle tombe en panne, ou encore lors des coupures de courant qui contrairement à l'époque d'Archangel Place se font rares. Les bibliothèques de cette maison contiennent de nombreux livres offerts par Cosette. La version intégrale de *A la recherche du temps perdu*, de *A Dance to the Music of Time*[1], les œuvres complètes d'Evelyn Waugh. Une collection entière des romans de Henry James, y compris *Les Ailes de la colombe*, qui ne montre aucun signe d'usure, aucune trace de vieillissement, de stress, de douleur. D'ailleurs pourquoi en serait-il autrement ? Ce n'était pas cet exemplaire à la couverture en cuir bleu repoussé, gravée de lettres dorées, que Bell prenait pour y jeter un coup d'œil en tournant oisivement les pages, me demandant sur un ton d'indifférence de lui raconter l'histoire, elle qui ne lisait jamais rien de plus compliqué que l'*Evening News* ou un manuel pour apprendre à tirer les cartes.

Les œuvres complètes de Kipling, l'édition Macmillan en cuir rouge ciselé d'or. Cosette adorait les séries et les collections ! Elles lui donnaient l'occasion de dépenser davantage, de se montrer plus généreuse, d'inonder les gens d'une multitude de cadeaux. Un dictionnaire de citations obscures, un autre de psychologie, et un dictionnaire de grec moderne que Cosette m'avait offert, un Noël, comme elle n'avait pu mettre la main sur celui de grec classique. Et j'étais furieuse, je m'en souviens, je n'étais ni reconnaissante ni même résignée.

« Mais je te l'avais pourtant dit, je te l'ai répété cent fois. Il ne fallait pas acheter celui de grec moderne. Mieux valait ne rien acheter du tout. Qu'est-ce que je vais faire d'un dictionnaire de grec moderne ? »

La pauvre Cosette avait répondu humblement : « Je t'achèterai celui qu'il te faut. Je l'ai commandé. Ils vont se le procurer, ils l'auront la

1. Ensemble de douze romans d'Anthony Powell, auteur contemporain britannique (*N.d.T.*).

semaine prochaine. Comme cela, tu en auras deux. Cela ne te ferait pas plaisir d'avoir deux dictionnaires de grec ? »

Debout dans mon bureau, je contemple les dictionnaires, les collections et les séries de romans. Je regarde les reproductions aux murs, les aquarelles que mon père m'a données quand nous avons déménagé de notre vieille maison, le poster du *Carnaval de Venise* de Fulvio Roiter, la peinture de Mondrian et celle de Klee — et mon regard se pose là où j'ai voulu accrocher le Bronzino sans toutefois y parvenir, sans en supporter la vue. La machine à écrire de Douglas est poussiéreuse, elle aurait besoin d'être couverte mais le cache a disparu, il a été perdu depuis longtemps, probablement à l'époque où Cosette habitait encore Garth Manor — ce nom prétentieux, absurde[1] ; s'il y avait un exemple à donner de ce qui se rangeait dans la catégorie des choses décevantes, c'était bien celui-là ! — ou alors dans le déménagement. Sur le bureau, qui n'est pas le meuble que Cosette m'a acheté dans Portobello Road, il y a un annuaire de Londres et une liste de numéros, en dehors de Londres, que j'ai recherchés dans d'autres annuaires à la bibliothèque municipale ce matin. L'annuaire de Londres date d'un certain temps, mais Cosette Kingsley ne s'y trouve pas. Je ne sais pas pourquoi je me mets en quête de son nom, d'une chose aussi impossible, mais je le fais.

J'ai trouvé le numéro des Castle, à la même vieille adresse de Wellgarth Avenue. De toute façon, il serait inutile de les appeler, ils n'en sauraient rien. Je pourrais leur demander le numéro de Diana, où elle se trouve aujourd'hui, si elle est mariée. Je n'ai pas envie de leur parler, voilà la vérité, je ne veux pas avoir à éluder leurs questions innocentes et à décliner leur aide. Sur le bout de papier, il y a le numéro de Fay et aussi celui d'Ivor Sitwell. Fay habite à Chester et Ivor à Frome, dans une sorte de communauté agricole d'après ce que je crois comprendre, où ils cultivent des légumes biologiques. Je n'ai pas réussi à trouver le numéro des danseurs, ni celui de Llanos, ni celui de Reed. Il existe un seul Admetus dans l'annuaire, aux initiales M.W. ; ce doit être Walter et il a dû déménager de Fulham pour aller à Cholmeley Crescent, à Highgate. Mais pourquoi l'un d'entre eux connaîtrait-il l'adresse de Bell, qui n'a aucune raison de les intéresser, qu'ils haïssent peut-être ?

Sur le même bout de papier, il y a le numéro d'Elsa la Lionne, pas parce qu'elle habite en dehors de Londres, mais parce qu'elle est sur liste rouge et que depuis des années j'ai accumulé dans mon carnet d'adresses une succession de numéros gardés jalousement secrets. J'ai reporté le dernier sur ce papier parce qu'il me semblait plus pratique d'avoir les numéros ensemble. Je ne l'ai pas vue et je ne lui ai pas parlé au téléphone depuis un certain temps, un mois ou deux, mais ce n'est

1. Garth Manor signifie « le manoir du clos » (*N.d.T.*).

pas la première fois que des mois s'écoulent sans que nous ayons des nouvelles l'une de l'autre, et quand j'arrive enfin à lui parler, c'est pour entendre que tout va bien, il n'y a jamais de reproches, d'accusations ou de lamentations, je peux y compter. La Lionne a été mariée, divorcée, remariée, et maintenant elle habite seule dans un appartement de Maida Vale. Je compose son numéro mais n'obtiens aucune réponse.

Ses cousins, Esmond et Felicity, chez qui nous allions souvent passer quelques jours, toutes les deux, habitent en dehors de la zone couverte par l'annuaire londonien. Dans le passé du moins, et c'est probablement encore le cas aujourd'hui. J'ai du mal à concevoir qu'on puisse quitter une pareille maison de son propre gré. En fait, il arrive qu'on quitte sa maison à regret, qu'on parte parce qu'il le faut, comme Walter Admetus probablement, parce qu'on n'a plus les moyens, ou qu'on est physiquement incapable d'y vivre, à cause des escaliers et des marches du perron, des différents niveaux, des longs couloirs, des portes lourdes. Je suis bien placée pour le savoir. Très bien placée. Soudain je me souvins que ses cousins avaient un pied-à-terre à Londres, un studio à Chelsea où ils n'allaient pratiquement jamais, dont je n'ai jamais su l'adresse, mais peu importe puisqu'ils ont un nom tellement spécial, unique même, qu'une personne dans l'annuaire au nom de Thinnesse est forcément un proche parent.

C'est un nom difficile à prononcer correctement, autrement dit en énonçant les deux « n » médians comme le faisaient Esmond et Felicity. « Thinnis » est le meilleur résultat auquel on parvient habituellement. Je trouve leur numéro dans l'annuaire téléphonique, le compose, et miracle ô miracle, quelqu'un me répond. Cela n'a en fait rien d'un miracle, j'aurais dû m'y attendre. Je savais que leurs enfants devaient à présent avoir une vingtaine d'années ou un peu plus, l'âge où on n'a qu'une envie : trouver un logement à Londres, loin des parents, des foyers ou des minuscules meublés. Peut-être ai-je des réticences à m'avouer que ces bébés Thinnesse, qui avaient trois et six ans quand je suis allée la première fois avec Elsa à Thornham Hall, sont aujourd'hui des adultes, ont l'âge d'être pris pour mes enfants par des vendeuses, tout comme autrefois on me prenait pour la fille de Cosette.

Ce fut Miranda qui répondit au téléphone. Cela m'amuse de penser que si elle lit du Beatrix Potter à ses enfants plus tard, c'est parce que je lui en ai lu quand elle avait six ans. Bien entendu, nous ne faisons aucune allusion aux lectures dans sa chambre à coucher, dont la fenêtre donnait sur le jardin du cottage de Bell. Elle ne s'en souvient plus et j'ai tout oublié sinon qu'elles ont eu lieu et qu'une fois, alors que je lisais *The Tale of Samuel Whiskers*[1], je vis Bell sortir dans le jardin pour épingler du linge gris et usé sur le fil.

Elle m'informe, cette Miranda Thinnesse, que ses parents habitent

1. Livre d'enfant écrit et illustré par Beatrix Potter (*N.d.T.*).

encore à Thornham Hall et elle me donne leur numéro, que j'aurais été incapable de trouver dans l'annuaire du Outer East London et West Essex (ou une appellation du même genre) car il a été changé récemment afin de dissuader les appels anonymes d'une personne débitant des obscénités à Felicity. Après tout, comme le nom d'Elizabeth Vetch ne lui dit absolument rien, je pourrais très bien être cette personne.

Je ne peux me résoudre à lui évoquer le nom de Bell. Elle me parle de ses parents, de son frère et des examens qu'il vient de réussir brillamment à Cambridge, je me dis qu'elle n'a sans doute jamais entendu parler de Bell, que ses parents ont dû oublier son existence. Soudain elle s'enquiert de ce que je voulais leur demander. Avais-je simplement envie d'avoir de leurs nouvelles ? Ou était-ce à propos de cette femme qui avait tué quelqu'un — comment s'appelait-elle déjà ? Christine euh... ?

« Christabel Sanger », ai-je répondu, et ma voix se maintient, reste à peu près normale, comme si j'avais prononcé n'importe quel autre nom. Je le répète, pour me l'entendre dire. « Christabel Sanger, et j'ajoute, mais nous l'appelions Bell, tout le monde l'appelait ainsi.

— Vous vouliez parler d'elle à ma mère ? »

L'intonation de ma voix est détachée, presque indifférente, du moins en ai-je l'impression. « Je voudrais demander à ta mère si elle sait où elle habite.

— Eh bien, tout ce que je peux vous dire, c'est qu'elle a téléphoné à ma mère. Elle venait de sortir de prison, une prison modèle je crois, et elle a appelé chez nous. Je ne sais pas pourquoi. Cela fait déjà un moment, enfin plusieurs semaines. Je pense qu'elle a téléphoné à des tas de gens. Ma mère pourrait vous en dire davantage. Maintenant que vous avez le numéro, vous devriez lui passer un coup de fil. »

Je lui promets de le faire, la remercie et lui dis au revoir. Cette confirmation, que Bell est de retour parmi nous, que c'était donc bien Bell que j'ai vue, me fait un drôle d'effet. J'en éprouve un léger mal de cœur, une nausée, et ne me réjouis plus à l'idée du dîner au restaurant auquel je suis invitée. Il y a plusieurs semaines, elle avait téléphoné à Felicity Thinnesse et à « des tas de gens », mais elle ne m'avait pas appelée. Et moi, elle m'avait fuie dans les rues de Notting Hill, s'était cachée pour m'éviter, m'avait vue, fixée sans un sourire, comme si elle ne me reconnaissait pas. Ou bien ne m'avait aperçue à aucun moment, ne m'avait pas évitée, était tout simplement entrée dans un magasin à la sortie de la station de métro Queensway pour acheter un journal, un paquet de cigarettes ou des fleurs. Elle avait peut-être essayé de m'appeler, avait composé le numéro plusieurs fois alors que j'étais absente. Car je suis effectivement partie, d'abord en Italie, puis une semaine chez mon père, qui habite à présent une maison en rez-de-chaussée à Worthing, le type de maison qu'ils voulaient que Cosette s'achète quand elle est devenue veuve.

Je suis montée dans ma chambre pour changer de vêtements, me disant que je n'ai pas le temps pour l'instant de parler à Felicity, que lorsque je l'aurai au téléphone elle voudra savoir toutes sortes de choses que je n'ai pas forcément envie de lui raconter. Elle peut, par exemple, me poser des questions sur Marcus, ou encore sur la situation à Archangel Place juste avant que Bell ne fasse ce qu'elle avait fait. Elle risque de me convier à Thornham Hall, et je ne suis pas sûre de vouloir accepter une telle invitation. Je n'en ai pas vraiment envie. Ou bien de me proposer un rendez-vous la prochaine fois où elle et Esmond viendront à Londres. Je m'agite dans ma chambre, ouvrant des portes de placard, et aussi des tiroirs, je fixe le récepteur et décide de remettre le coup de téléphone au lendemain matin. Maintenant, j'ai dans la main un coussinet à épingles que Cosette avait fait pour moi. Il représente une fraise, au tissu en soie rouge satinée, les graines de la fraise étant brodées dans un fil jaune pâle. Bien rembourré, il a la forme d'un cœur et je ne m'en suis jamais servie, de peur d'abîmer la texture de la soie.

Le camée monté en broche, dans la boîte à bijoux, est l'un des cadeaux qu'elle m'a offerts à l'occasion de mon anniversaire. Le visage, sculpté dans un corail au rose crémeux rappelant la couleur d'une fraise, ressemble à celui de Bell, un profil classique, le front haut, le nez droit, la lèvre supérieure courte, la bouche charnue, le menton d'une proportion parfaite, et les cheveux, tout en boucles et en vrilles arrangées négligemment, à la mode insouciante de l'époque Regency, ces anglaises tombant en désordre, ce sont les cheveux de Bell. Cosette m'avait demandé de l'accompagner pour choisir la broche et je m'étais décidée parce que le visage était celui de Bell ; je la mis et m'attendais que l'on s'en aperçoive, fasse des commentaires, dise : « La fille sur ta broche ressemble à Bell comme deux gouttes d'eau », mais seule Cosette s'en aperçut, fit une remarque.

Je la porterai ce soir, comme je sors en compagnie de cet homme que je ne connais pas depuis longtemps mais que j'aime bien. Il m'emmène à Leith's. Je le sais depuis plusieurs jours et j'en éprouvais une terrible appréhension. Comment supporter de me rendre à Notting Hill, le taxi passant peut-être au bout d'Archangel Place ? Comment revoir, accompagnée, ces rues qui représentaient autrefois mon univers, où s'est passé tout ce qui m'est arrivé dans la vie ? Les choses ont changé et je n'ai plus de crainte. J'y suis allée, j'y suis retournée, à la poursuite de Bell. Je suis même excitée. Et je sais que ce n'est pas à la perspective de me retrouver dans un taxi avec Timothy, de dîner avec lui, mais parce que là-bas, au croisement de Kensington Park Road et de Kensington Park Gardens ou de Ladbroke Square, je risque de revoir Bell.

Ce soir, je la trouverai peut-être.

IV

Quand ma mère mourut, je retournai vivre avec mon père. L'idée nous était insupportable, mais nous considérions tous deux, j'en suis persuadée maintenant, qu'il en allait de notre devoir, moi d'être là et lui de m'héberger. Ce compromis ne dura que de la fin juin à la fin septembre, la période des grandes vacances. Mon père reprit son travail bien avant septembre, avant août même, et je passais mes journées avec Elsa et, à Garth Manor, avec Cosette. A la fin du mois, il me suggéra de partir, sans penser peut-être qu'il était impossible de trouver, à un prix qui lui semblerait raisonnable et dans un délai aussi court, une formule de séjour à l'étranger dans un endroit agréable. La plupart des gens que je connaissais avaient déjà rempli les minibus et les camionnettes Bedford en destination de la Turquie et de l'Inde. Et lorsqu'il fit l'effroyable proposition de passer ensemble, lui et moi, quelques jours à Colwyn Bay, la voix lui manqua. Je transigeai et partis une semaine avec Elsa dans sa famille de l'Essex.

Elle parlait d'eux, une tante, un cousin, sa femme et leurs deux enfants. Elle m'avait donné l'impression, d'une manière ou d'une autre, qu'ils habitaient dans le nord de l'Essex, la vallée de la Stour, le pays du peintre Constable, ou les marais, le pays des *Grandes Espérances* de Dickens. Du moins, pour être plus exacte, c'est ce que j'avais compris. L'Essex est un vaste comté. Quand nous prîmes le métro de la Central Line, je croyais qu'il s'agissait de la première étape de notre voyage, que nous prendrions une correspondance à Liverpool Street, mais non ; Elsa acheta nos deux tickets en direction de Debden, la dernière station de la ligne. A la sortie du métro s'étendait une immense zone pavillonnaire et j'éprouvai une amère désillusion.

Elsa éclata de rire et s'exclama : « Attends un peu, dit le buisson d'épines », une remarque quasi incompréhensible, parmi les favorites de son répertoire, qui avait un rapport avec l'Afrique et la personnalité de lionne qu'elle cultivait à l'époque.

Esmond Thinnesse vint nous chercher dans une Morris Minor break. Il était plus vieux que je ne me l'étais imaginé, blond, des lunettes et, fort heureusement avec un nom pareil[1], très mince. Felicity l'était aussi, de même que la mère d'Esmond, Lois, « la tante d'Elsa », et il m'arriva souvent de me demander si des Thinnesse gros avaient jamais existé et d'imaginer la tristesse et l'humiliation qu'ils avaient alors dû endurer. Mais peut-être les Thinnesse s'imposaient-ils des régimes

1. *Thin* signifie mince (*N.d.T.*).

draconiens, de l'exercice et une mortification des sens afin de garder la ligne ? Pourtant, rien ne le laissa supposer au cours de notre séjour, durant lequel tout le monde prit part avec enthousiasme à de somptueux repas. Et on n'obligea personne à effectuer de salubres marches dans la campagne.

Car nous nous trouvions bel et bien à la campagne, en pleine nature comme, j'en suis certaine, au-delà de Chelmsford. Dans la Morris Minor, nous n'avions pas fait plus de cinq kilomètres depuis les lotissements de Debden que le défilement des petites maisons en briques rouges s'interrompit, de même que la route droite à quatre voies ; le toit brillant, d'un vert opalin, de l'usine où l'on fabrique les billets pour la Banque d'Angleterre avait disparu derrière les arbres, les routes s'amenuisaient, serpentaient, bordées de hautes haies, et la rivière Roding coulait entre les saules et les aulnes. Thornham Hall, lui, ne faisait pas partie des choses décevantes. Il s'agissait d'un manoir, avec quinze chambres, une bibliothèque et une salle d'hôtes. Je pensais parfois aux maisons, si nombreuses, où Jane Austen fait habiter ses personnages et qu'elle qualifie de « constructions récentes, modernes ». Thornham était de ce type, une bâtisse d'environ cent soixante-dix ans quand je m'y rendis pour la première fois, austère, élégante, carrée, une balustrade bordant un toit à angle obtus, de larges baies encadrant une porte d'entrée sobre, sans porche. Elle se dresse sur une colline surplombant les méandres de la Roding, Epping et les villages alentour ; une personne d'un incroyable discernement a planté un écran de pins sylvestres et de séquoias d'une épaisseur de six arbres, qui cache le trop-plein déversé de l'est de Londres, des maisons conçues par une personne qui elle, par contre, était totalement dénuée d'imagination. Je suppose qu'aujourd'hui, Thornham donne également sur l'autoroute M25, qui fend les prés d'une longue plaie blanche.

Le domaine, qui présente des vestiges de l'époque féodale, a ses dépendances proches de la maison : des écuries, un ou deux cottages, une ferme et ses granges situées au pied de la colline. Il était peuplé d'arbres gigantesques, des marronniers d'Inde, des tilleuls et des rangées d'ormes en forme d'éventail, aujourd'hui certainement disparus, victimes de cette maladie qui a transformé le visage de nos campagnes. Jamais auparavant je n'avais été invitée dans une maison de cette taille et de cette éminence, et cela ne m'est plus arrivé depuis. La maison était de celles où l'on vous emmène en visite guidée. Le père d'Esmond, un banquier d'affaires, l'avait achetée juste avant la Seconde Guerre mondiale. Il ne s'agissait en aucun cas d'une maison de famille puisque ce Thinnesse appartenait à la première génération qui l'avait habitée. De nos jours, dans les mêmes circonstances, je pense que nous, les deux filles, aurions appelé la mère d'Esmond par son prénom, mais à l'époque, Elsa l'appelait Tante Lois et moi Lady Thinnesse. Le mari de cette dernière, sir Esmond, avait reçu son titre de noblesse en remerciement d'un service financier rendu deux années avant sa mort. Cette femme chicanière, qui avait pourtant un bon fond, se plaignait des changements survenus dans la région et s'en prenait de manière obsessionnelle et tout particulièrement à la construction des lotissements de Debden. Ses lamentations à ce sujet occupaient la majeure partie de sa conversation et s'accompagnaient d'un regret fréquemment exprimé : sir Esmond, à l'époque de leur mariage, n'avait pas acheté une maison plus éloignée de la ville. Elle me demandait, à moi ou à quiconque se trouvait avec elle à ce moment-là, ce qui avait empêché sir Esmond de prévoir que le London County Council — le nom qu'on lui donnait alors — allait saccager certains des plus beaux paysages rupestres des comtés autour de Londres pour « le réaménagement de quartiers insalubres ». Je n'étais pas habituée à ce type de discours réactionnaire et son langage me choquait. A l'entendre, son mariage, qui datait d'un moins 1950, avait toujours eu le goût amer de sa désillusion due au manque de perspicacité de sir Esmond.

Une de ses amies séjournait dans la maison, une vieille dame du nom de Mrs Dunne qui venait d'une autre partie de l'Essex, moins urbanisée, et qui s'inquiétait des projets d'accroissement de la capacité et de la surface de l'aéroport de Stanstead. Nullement écologiste lorsqu'elle n'était pas directement concernée, lady Thinnesse affichait une indifférence d'ennui face aux angoisses de la pauvre Mrs Dunne et mettait fin à toute discussion sur Stanstead en lui conseillant de déménager.

« Si tu avais une grande maison, ce serait différent, Julia. Tu n'es pas pieds et poings liés, comme moi ici. »

Felicity Thinnesse, qui adorait taquiner les gens et exhiber en présence de tiers la sottise et l'insensibilité de sa belle-mère et de ses invitées, s'amusait à « remonter », selon son expression, la vieille dame devant nous. D'ailleurs je suis certaine que Mrs Dunne s'en réjouissait, ne soupçonnait pas le moins du monde que Felicity était tout sauf sérieuse et appréciait, en fait, cette attention témoignée par « une autre génération ». Julia Dunne avait été autrefois maître de fox-hounds ; elle avait mené une telle vie, évolué dans un cercle si restreint qu'elle était incapable de concevoir qu'il existât des gens — en tout cas dans la classe moyenne en Angleterre — trouvant les sports sanguinaires cruels et dégradants. D'un autre côté, elle adorait les animaux. Certains chevaux avaient joué un plus grand rôle dans sa vie que son mari, d'après ce que j'avais cru comprendre. Elle avait eu une fois un renard domestique qu'elle avait adopté tout petit, sa mère ayant été tuée par les chiens.

« Vous ne vous êtes jamais dit que c'était un peu bizarre ? » demandait Felicity, l'air innocent, faisant mine d'être intéressée : « Je veux dire de chasser les renards et d'en avoir un comme animal domestique ?

— Oh non, ma chère. Je faisais toujours très attention. Je prenais soin de l'enfermer dans les écuries quand on chassait dans les parages », répondait Mrs Dunne.

Le visage impassible, Felicity disait qu'elle avait du mal à comprendre les critiques sur l'élevage des poulets en batteries car à l'évidence, ils étaient mieux protégés dans leurs boîtes. Ils restaient hors de portée des renards. Julia Dunne était ravie d'un tel argument en faveur de l'élevage industriel. Elle le mettait visiblement en réserve pour l'utiliser à une autre occasion. Plus tard, Felicity me raconta que chez elle, dans le nord de l'Essex, Mrs Dunne rampait derrière les haies, un solide bâton à la main, prête à abattre le premier lapin qui s'aviserait de manger les plantes de ses parterres.

Felicity considérait que la présence permanente de sa belle-mère et celle temporaire de ses amies était une croix à porter. La vie était pour Felicity une partie de rire, parfois une mauvaise farce, et il lui fallait un apport quotidien de distractions, de divertissements. Son mari était un homme tranquille, ennuyeux, plutôt intelligent, dont les convictions religieuses s'inscrivaient dans la digne tradition de l'Église anglicane. Lady Thinnesse avait généralement son invité, et Felicity, tout comme elle, avait le sien, mais elle exigeait davantage de ses visiteurs ; elle s'attendait qu'ils fassent de l'esprit, racontent des histoires ou même se donnent en spectacle comme les jeunes filles le faisaient dans les réceptions de l'époque victorienne ; elle voulait qu'ils jouent, chantent ou récitent quelque chose. Elle comptait sur leur participation aux concours qu'elle organisait et aux débats qu'elle instituait le soir et qui duraient jusque tard dans la nuit. Elsa m'avait confié que lors d'une précédente visite, juste avant le vote au Parlement de la loi autorisant l'homosexualité pratiquée en privé, entre adultes consentants, Felicity avait organisé un débat sur le thème : « La présente Chambre se propose d'abolir certaines lois scandaleuses visant à s'ingérer dans l'intimité sexuelle de personnes majeures. » Lady Thinnesse avait alors une autre invitée, une vieille dame qui s'empressa de déclarer que si l'on devait aborder un sujet pareil, cela se passerait sans elle, qu'elle irait se coucher. Lady Thinnesse eut tôt fait de la suivre. Le débat s'était poursuivi jusqu'à trois heures du matin et n'avait pris fin que lorsqu'on entendit un des enfants pleurer à l'étage supérieur.

A cette occasion, avait ajouté Elsa, les gens du cottage étaient venus pour la soirée et ils avaient participé au débat. C'était des amis de Felicity. En fait, Silas Sanger avait été son petit ami, ils s'étaient quittés en très bons termes. Felicity avait ensuite été courtisée par Esmond Thinnesse, puis s'était fiancée, et enfin mariée. De son côté, Silas Sanger qui avait d'abord vécu avec Christabel avait fini par l'épouser (ou pas, comme lady Thinnesse semblait le croire). Il était peintre, mais pas de ceux qui font fortune ou vivent de leur peinture, pas le type d'« artiste » que lady Thinnesse avait fréquenté, estimé dans sa jeunesse. Il n'avait plus eu nulle part où aller, avait traversé une sorte de crise, aussi Felicity avait-elle persuadé Esmond de le laisser vivre avec sa femme, légitime ou non, dans un des cottages près de la maison, celui qui se trouvait dans le meilleur état.

Il y peignait, à certains moments fiévreusement, à d'autres de manière sporadique, triste, traversant des périodes de prostration, allongé sur son lit à longueur de journée, atteint de ce que Felicity appelait à tort une veille ténébreuse de l'âme. C'était un buveur invétéré et les substances qu'il avalait étaient des plus étranges. Quant à Christabel, personne ne savait ce qu'elle faisait ; en tout cas personne n'en parlait et un certain mystère planait autour d'elle. Ce couple était attendu à dîner — un dîner que cuisinerait une femme venue d'Abridge en vélo — et il était censé rester pour participer au débat devant porter sur le thème suivant : « La présente Chambre déplore la loi sur le divorce actuellement en vigueur et suggère d'autoriser le divorce en cas de consentement mutuel et après deux années de séparation de fait. » On sait que cette disposition fut votée ultérieurement, en 1973. Je ne prévoyais aucune opposition, à moins que lady Thinnesse et Julia Dunne ne consentissent à se joindre à nous, elles avaient toutefois déjà déclaré, en frémissant, qu'il en était hors de question. Quelle ne fut pas ma surprise quand Esmond affirma de sa voix douce qu'en tant qu'anglican, il désapprouvait tous types de divorce, quelles qu'en soient les circonstances. Felicity avait-elle repensé à cette affirmation calme mais ferme, en le quittant pour aller chez Cosette ?

J'avais déjà aperçu la femme du peintre. En faisant la lecture à Miranda, assise avec elle sur la banquette bordant la fenêtre de sa chambre, je pouvais voir le jardin en contrebas qui s'étendait autour de nous, les grands ormes déployés, remplis du piaillement des étourneaux, le petit pré aux deux chevaux et le grand pré à l'orge coupée, les conifères géants qui obstruaient tant la vue et formaient des silhouettes noires à toute heure du jour. Je voyais cela sans lever les yeux et le paysage ressemblait étrangement à celui de mes lectures, aux illustrations de Samuel Whiskers, la même campagne sommeillante, sans un souffle de vent, les mêmes oiseaux sur le chemin du repos, le même ciel peuplé, très haut, d'une myriade de petits nuages. A droite, sur le versant de la colline, se dressait le cottage de Silas Sanger et le jardin attenant, un enclos d'herbes broussailleuses ne contenant que deux poteaux à linge entre lesquels était suspendue une ficelle gris foncé. Le cottage et ses environs immédiats avaient un air de désolation. S'il était venu à l'idée de Beatrix Potter d'en faire une reproduction exacte, elle aurait pu s'en servir comme une illustration de l'antre d'un traître dans son monde animal, un renard peut-être, ou Bad Mouse. Des rideaux pendaient encore aux fenêtres, mais déchirés, décrochés, ou dans le cas d'une de celles du rez-de-chaussée, jamais ouverts mais relevés de chaque côté par une ficelle, comme je croyais m'en apercevoir de là où j'étais perchée.

Émergeant de ce taudis, au beau milieu de cette jungle, alors que le soleil se couchait et que les minuscules nuages se coloraient de rose, une grande jeune femme apparut, trop mince et trop décorative pour ressembler aux paysannes de Millet, mais rappelant un tableau de Fragonard. Ce je-ne-sais-quoi dans le port élégant de sa tête, couronnée d'une masse désordonnée de doux cheveux blonds, dans la longueur et la finesse de son cou, dans ses vêtements ramassés ; un long jupon épais, une jupe fixée à la taille par un foulard enroulé plusieurs fois sur lui-même, un chemisier décolleté et, par-dessus, une veste en un fin tissu moulant, relevée aux manches, un ou deux rubans défaits, l'ensemble dans des tons beige poussiéreux mêlé de brun et de rose. Jamais un tel personnage ne s'était introduit dans les pages de Beatrix Potter. Elle portait un plateau, pas un panier mais un plateau ordinaire chargé de linge mouillé qu'elle se mit à épingler sur le fil.

J'interrompis ma lecture et demandai à Miranda : « Qui est-ce ? »

Elle grimpa sur moi à quatre pattes. « C'est Bell.

— Elle vit là-dedans avec ce peintre ? » La conception de lady Thinnesse s'était frayé un chemin vers mon inconscient.

« Silas, c'est Mr Sanger et Bell, c'est Mrs Sanger. On dirait que son linge n'a pas été lavé, tu ne trouves pas ? »

Il était d'une couleur uniforme, gris pâle ; quelque chose qui avait sans doute été une taie d'oreiller comportait de gros trous. Je dis qu'en effet, il n'avait pas l'air très propre, m'attirant aussitôt les réprimandes de Miranda.

« Moi je n'ai pas le droit de le dire, et toi encore moins, parce que tu es grande. Maman pense que c'est méprisable de dire que le linge des autres n'est pas propre. Continue la lecture, s'il te plaît. »

La jeune femme dans le jardin, cette femme au nom de Bell, suspendait ses vêtements avec une sorte d'indifférence lasse. Il était clair que le cœur n'y était pas. Sa posture entière, son attitude, la façon dont elle se tenait, traduisait un sentiment, pire que l'ennui, de désespoir total. J'avais l'impression que ces habits mouillés avaient traîné depuis le début de la journée et qu'enfin, à une heure absurde pour les suspendre dehors, à la fin du jour, alors que le soleil se couchait, elle s'était forcée à ramasser cette pile à la sortir pour s'en débarrasser, l'abandonnant à un sort imprévisible, aux rosées de la nuit. Une fois le fil plein et le plateau vide, elle tint celui-ci légèrement appuyé contre elle, étirée dans toute sa longueur, contemplant la vallée en contrebas, une main protégeant ses yeux des rayons rougeoyants du soleil, dans une pose digne de Fragonard et si ressemblante que la jeune femme donnait l'impression de s'être inspirée jusqu'au moindre détail de la reproduction d'un de ses tableaux dans un magazine. Toutefois, j'eus le sentiment, d'une manière ou d'une autre, qu'elle ne se doutait absolument pas qu'on l'observait. Miranda me rappela une fois de plus que j'étais censée lui faire la lecture et je détournai le regard à contrecœur.

La soirée du débat avait lieu deux jours plus tard et à cette occasion, aucun des Sanger ne vint. Il y avait le téléphone dans le cottage, d'après Miranda, mais les Sanger l'avaient fait couper ou leur ligne avait été interrompue en raison d'une quittance impayée. Un mot fut glissé dans la boîte aux lettres de la maison, assez tard dans l'après-midi, en tout cas après l'arrivée de la cuisinière d'Abridge. Felicity nous le lut à haute voix avec une sorte de résignation exaspérée. Elle n'était pas en colère, mais amusée — déçue mais amusée de la façon dont Bell réglait ce genre de problème.

« ''Felicity : Désolée, nous ne viendrons pas. Je ne m'en sens pas de taille. Amitiés, Bell.'' Elle met un point d'honneur à toujours dire ce qu'elle a envie de dire, à ne pas faire de mensonges polis — à ne jamais mentir en fait. »

Felicity nous sourit, lançant brusquement, paume vers le haut, la main qui ne tenait pas le message. Elle croyait sincèrement que Bell ne mentait jamais, qu'elle disait la vérité par principe, quoi qu'il puisse lui en coûter ou quelle que soit la dose de courage nécessaire. Elle en était convaincue, et nous, à entendre le ton de sa voix et à voir l'expression sur son visage, nous le croyions également. Voilà comment se propagent des témoignages entièrement faux sur la personnalité et la probité de quelqu'un.

« Elle préférerait faire une peine affreuse plutôt que mentir, poursuivit Felicity. Elle irait jusqu'à se créer des difficultés sans fin. En un sens, c'est admirable, on ne peut qu'admirer une telle attitude. »

Oui, nous ne pouvions qu'être admiratifs et nous l'étions. Je ne suis nullement persuadée que lady Thinnesse et Mrs Dunne en pensaient autant. Leurs yeux s'étaient posés sur le petit bout de papier sale, déchiré, couvert de crayon, puis leurs regards s'étaient croisés et lady Thinnesse avait dit : « Qu'est-ce qu'elle veut dire par je ne me sens pas de taille ? Elle est malade ? Elle veut dire qu'elle ne se sent pas d'attaque ? Il faut admettre que tes débats sont assez éprouvants, Felicity.

— La vie avec Silas ne doit pas être rose tous les jours », fut la seule réplique de Felicity.

J'étais déçue. J'avais attendu avec impatience le moment où j'allais rencontrer cette femme des tableaux de Fragonard, qui transportait son linge sur un plateau et le suspendait au crépuscule.

« Attends un peu, dit le buisson d'épines », s'exclama Elsa.

— C'est bien joli, lui répondis-je, mais il ne nous reste plus que deux jours à passer ici. On ne pourrait pas lui rendre visite ?

— Non, je crois que ce n'est pas une bonne idée, pas du tout même. Il est assez étrange, ce Silas Sanger. Grossier, tu sais, et souvent éméché. Il ne t'invitera pas à entrer, pour peu qu'il soit de mauvaise humeur. Et il l'est souvent. De mauvaise humeur je veux dire. Il n'aime personne, sauf Felicity — il l'adore.

— Et cette Bell, il ne l'aime pas ?

— Je ne les ai vus ensemble qu'une seule fois, dit Elsa, et il ne faisait pas du tout attention à elle, mais alors pas du tout. Il ne lui a pas adressé la parole.

— Ils sont mariés ? »

En 1968, cela avait plus d'importance que peu de temps après. « Franchement, je ne crois pas. »

Le débat fut reporté et nous rentrâmes sans avoir rencontré Bell ou Silas Sanger ; Elsa me promit que nous retournerions bientôt à Thornham Hall. Je ne pris pas sa proposition très au sérieux. Je savais que je devais passer les vacances de Noël avec mon père. Ou essayer d'une façon ou d'une autre de convaincre mon père de passer Noël chez Cosette. Car elle habitait encore à Garth Manor, retirée du monde, dans le calme, pleurant son mari disparu, semblait-il, et apparemment incapable de se décider à déménager. Elle me dit un jour qu'elle avait l'intention de prendre les vacances qu'elle et Douglas avaient prévu de passer ensemble à la Barbade. Ils devaient y aller pour Noël et le jour de l'an, et elle n'avait jamais annulé le voyage; elle avait décidé de partir. Cette déclaration était curieuse en ce sens qu'elle en annonçait déjà une autre, que Cosette allait effectuer dès son retour, une déclaration bien plus percutante qui devait tous nous abasourdir. Pour l'instant, je faisais remarquer à Elsa et à Diana, la fille de Dawn Castle, comme il était bizarre que Cosette retourne à la Barbade, dans le même hôtel où elle était déjà restée deux fois avec Douglas, qu'elle y retourne seule, et veuve à présent ; je présageai la douleur et l'amère nostalgie qu'un tel voyage ne manquerait pas de susciter.

Je me croyais condamnée à passer Noël avec mon père quand il me dit, sur un ton se voulant dégagé, qu'il avait été invité pour les fêtes chez la cousine de ma mère, cette Lily qui s'était montrée si enjouée à l'enterrement de Douglas. Il avait envie d'y aller, était même impatient. Elle ne m'avait pas mentionnée, ajoutait-il, mais il lui demanderait s'il pouvait venir avec moi. Il le dit d'un ton si triste, à la fois plein de réticence et de rancune, que je faillis éclater de rire. Ne te donne pas cette peine, surtout pas, tu passeras un très bon moment sans moi, tu seras bien mieux tout seul. Il me lança un regard en biais, et me demanda si d'après moi cela ne poserait pas de problème. Je compris alors qu'il croyait qu'un tel agissement de sa part risquait de le compromettre, de délier les langues, car mon père appartenait à une génération, sans doute la dernière à penser de la sorte, persuadée que de dormir seul, sous le même toit qu'une personne du sexe opposé, ne se faisait pas, était même scandaleux. Les temps ont changé, lui répondis-je, personne ne s'en soucierait. Il eut l'air déçu.

Ainsi, je fus libre d'aller à Thornham Hall avec la Lionne.

Il se passa deux événements mémorables à Noël cette année-là. Le premier fut le concours de Felicity.

Apparemment, Felicity était aussi célèbre pour ses concours que pour ses débats. Elle les inventait elle-même, en se servant de l'*Encyclopaedia Britannica*, du *Dictionnaire des proverbes et des fables* de Brewer, du *Dictionnaire de l'histoire britannique* de Steinberg et du *Dictionnaire Oxford des citations*. Elle tapait les questionnaires et faisait autant de copies au carbone que le permettait la machine à écrire, car nous n'étions pas encore parvenus au règne de la photocopie. Nous étions censés prendre part au concours le surlendemain de Noël, le 27 décembre.

La maison des Thinnesse était pleine. Mrs Dunne était là, et lady Thinnesse avait également convié un ancien brigadier et sa femme. Celui-ci avait été promu à ce grade durant la Première Guerre mondiale, et non pas la Seconde, ce qui donne une idée de son âge avancé. Felicity avait pour sa part invité sa sœur, son mari et leurs enfants, des jumeaux, ainsi qu'une amie du nom de Paula, une ancienne camarade d'université accompagnée de sa fille; en outre, des gens des environs, Chigwell, Abridge ou Epping, venaient tous les jours en visite. Au jour convenu, nous n'étions pas moins d'une quinzaine à prendre part au concours, enfants exclus. On ne fit aucune allusion aux Sanger, qu'il s'agisse de Silas ou de Bell, et j'en déduisis qu'on ne leur avait pas demandé de venir. J'allais jusqu'à conclure qu'il existait à présent un certain froid entre les Thinnesse et les Sanger, ce que confirma Jeremy Thinnesse, le garçon de trois ans.

« Papa veut que Mr Sanger parte vivre ailleurs, dans une autre maison.

— Ah bon? dit la Lionne. Et pour quelle raison?

— C'est méprisable, dit Miranda avec condescendance, de soutirer des informations d'enfants trop jeunes et trop innocents pour comprendre, maman me le dit toujours. »

Il était difficile de savoir si elle faisait allusion au comportement d'Elsa ou alors à celui de Silas Sanger, mais elle obtint l'effet voulu; la conversation prit fin. On ne posa plus de questions. Je me surpris à regarder en direction du cottage, mais je ne vis personne. Le fil à linge avait disparu, les deux poteaux aussi, et l'endroit semblait inhabité. Je ne savais pas, et ne sais toujours pas, si Silas et Bell fêtaient Noël, leur vie à l'intérieur du cottage était un mystère, leurs habitudes restaient secrètes et n'avaient certainement rien de conventionnel. Parfois, on voyait de la fumée s'élever de la cheminée, ce qui inquiétait lady Thinnesse, à l'évidence persuadée que la maison allait prendre feu.

Le 27 décembre, après le déjeuner, nous nous installâmes tous dans le hall pour prendre part au concours préparé par Felicity, vingt questions dactylographiées sur deux feuilles de papier écolier. On avait préféré cette pièce au gigantesque salon, qui nécessitait un chauffage intensif par un temps aussi froid. Même le hall de Thornham est très grand ; au fond, un escalier à deux ramifications mène à une galerie. On peut néanmoins fermer cette partie de la pièce à l'aide de doubles portes et créer une antichambre accueillante, là où se trouve la cheminée. On avait allumé un grand feu de bois et disposé autour du foyer des fauteuils et deux canapés, qui composaient les trois cents degrés du cercle ainsi formé.

Thornham Hall n'a ni porche, ni entrée ou vestibule, aussi les courants d'air y pénètrent-ils fréquemment par la porte d'entrée. Les hautes fenêtres encadrant cette porte vibraient au vent, mais il faisait assez bon près du feu. Lady Thinnesse n'était vêtue que d'une fine robe de soie et elle semblait prendre comme une insulte à la tenue de sa maison le fait que Mrs Dunne porte un châle sur les épaules et la sœur de Felicity des bottes doublées de fourrure. Je me souviens exactement de mon emplacement dans le cercle : à droite de la cheminée et juste en face de la porte d'entrée. Le beau-frère de Felicity était assis à côté de moi, de même que Paula la camarade d'université. On s'était tacitement arrangé pour que les vieilles personnes soient le plus près du feu ; entre Paula et le foyer se trouvaient l'ancien brigadier, sa femme et Mrs Dunne, en face desquels étaient assis lady Thinnesse et un vieux couple venu d'Abridge. Les enfants étaient tous à l'autre bout du hall et jouaient avec leurs cadeaux de Noël, à la chaleur d'un radiateur électrique portatif.

Felicity nous distribua les feuilles, nos noms étant inscrits en haut du questionnaire. Je crois que c'est à ce moment-là que je commençai à me demander ce que nous faisions là, à participer à un examen que nous n'étions en aucun cas obligés de passer, à abandonner nos loisirs pour un test absurde de culture générale, à nous mesurer les uns aux autres dans cette vaine compétition. Et tout cela pour quoi ? Dans quel but ? Le premier prix était un quart de litre de brandy et le second une boîte de chocolats. Une seule femme, par sa forte personnalité, nous avait imposé l'obéissance. Il n'était venu à l'idée de personne de soulever une objection — pourtant les vieilles dames devaient certainement redouter l'échec et l'humiliation —, de prétexter, comme l'avait curieusement exprimé Bell, de ne pas se sentir de taille.

Felicity s'était attribué la place la plus éloignée de la cheminée, juste en face du feu, et s'y était pelotonnée, l'espace d'un instant, entre son mari et Elsa la Lionne. Elle n'y retourna plus, une fois levée afin de nous regarder tandis que nous nous penchions sur nos feuilles ; elle se tenait là, debout, grande femme au teint mat, solidement bâtie et pourtant mince, un visage d'une beauté majestueuse, d'épais cheveux noirs, un léger duvet sur la lèvre supérieure, dans une mini-jupe comme le voulait la mode, une mode qui n'était pas conçue pour une femme aussi robuste. Nous avions trente minutes, disait-elle, une demi-heure exactement, le score maximal étant de cinquante points. Elle partit retrouver les enfants et alluma en passant devant l'interrupteur.

Il était trois heures et demie mais le soir tombait. La lumière rouge dégagée par le feu n'éclairait plus assez. Certains participants avaient déjà commencé à écrire, mais appliquant les principes qu'on m'avait enseignés, je me mis à lire l'ensemble des questions avant de me lancer. Je ne me souviens d'aucune, à part la première et la cinquième. La première s'enquérait du sens de Germinal, Brumaire et Fructidor, et de ce que ces mots avaient en commun. Je crois que la deuxième question portait sur l'architecture, la troisième sur les batailles de la Seconde Guerre mondiale et la quatrième sur Shakespeare. Dans la cinquième, on demandait aux participants d'expliquer ce qu'étaient le mal de Pott, le syndrome de Klinefelter et la chorée de Huntington.

J'eus un choc, je sentis le sang me monter au visage et me dis que tout le monde avait dû me voir devenir écarlate. Prisonnière d'un sentiment paranoïaque, je crus que la question avait été préparée de manière intentionnelle, me visant directement, se moquant de moi. Et presque au même moment, ou peu après, que c'était évidemment impossible, que Felicity n'avait rien d'une femme cruelle ou vindicative, et qu'en outre elle n'était pas au courant, ne pouvait l'être ; personne n'en savait rien à part mon père, sa cousine Lily, le médecin de ma mère et Cosette. Elsa la Lionne ne s'en doutait absolument pas. Rien, aucun signe ne le trahissait dans mon apparence, mon visage, mes yeux, les mouvements de mon corps. De plus, je m'étais entendu dire (et mon miroir le confirmait) que j'étais jolie, et même belle. Si la maladie m'attendait comme elle avait guetté ma mère, ma grand-mère et son père, elle n'était que latente dans mon système nerveux, calme, tapie, immobile et sommeillante, prête à agir l'heure venue.

Je levai les yeux et pensai croiser les regards fixés sur moi, mais ils étaient tous rivés aux feuilles, reflétant un degré variable de compréhension, d'incompréhension, de satisfaction et de désarroi. La plupart des participants écrivait. Mes yeux se reportèrent sur le papier. Chorée de Huntington. Les mots se détachaient du reste du texte comme s'ils étaient en majuscules. Mes mains tremblaient, celle qui tenait le crayon, et l'autre qui tentait d'agripper le papier sans y parvenir et s'agitait comme si le mal avait déjà frappé, avait envoyé le long de mes nerfs les premiers soubresauts.

Contrairement à ma réaction habituelle face à un tremblement, un manque de coordination ou une absence de dextérité pour un geste ordinaire, je ne craignais aucunement d'assister aux symptômes avant-coureurs de la maladie, je me savais victime d'un choc. Je me dis néanmoins que je devais me ressaisir, me comporter comme si rien ne s'était passé. « Chorée de Huntington » étaient des mots que je me répétais, sinon tous les jours de ma vie, du moins presque aussi souvent.

Mais j'avais beau essayer de me rassurer, d'immobiliser ma main droite qui tremblait encore, je fus tout à fait incapable de répondre aux questions, d'écrire le moindre mot. Je savais, par exemple, que Germinal, Brumaire et Fructidor étaient des mois du calendrier de la Révolution française, et même (car j'avais eu l'occasion d'en rechercher l'origine peu de temps auparavant) que Gilbert Romme les avait inventés, mais lorsque j'approchais le crayon du papier, ma main restait paralysée. Je tentais de lire les autres questions quand les lettres se mirent à danser devant mes yeux, et alors que je m'efforçais d'étudier, aussi calmement que possible, les lignes dactylographiées, leur signification refusait totalement de se communiquer à mon cerveau.

C'en était presque drôle. Je ne le voyais pas de cet œil à l'époque, mais mon point de vue changea plus tard, bien plus tard. Moi que Felicity avait certainement sélectionnée d'avance, avec Elsa, Paula et son beau-frère Rupert, comme un de ses brillants espoirs, un grand gagnant potentiel, je trouvais particulièrement ironique de devoir rendre une feuille blanche alors que la femme du brigadier, qui avait elle-même confessé son ignorance, donnerait sans aucun doute trois ou quatre réponses correctes. Je n'avais été victime ni d'un simple trac face à un examen, ni d'un abus de vin au déjeuner, mais uniquement de la force émotionnelle, presque occulte, d'une question préparée par Felicity dans le seul but de démontrer la supériorité intellectuelle de ceux qu'elle considérait comme ses amis personnels, sur les vieux amis de sa belle-mère.

Je levai la tête. Je croisai le regard d'Elsa qui me fit un clin d'œil. Elle avait écrit frénétiquement et il était clair qu'elle avait de fortes chances de gagner le brandy. Je me demandais ce qui valait le mieux, avouer un soudain trou de mémoire ou, plus sournoisement, feindre un malaise et fuir dans ma chambre. Tout en réfléchissant, je laissais planer un regard vague à travers la pièce, allant de Felicity qui, à genoux sur le tapis, aidait ses neveux à construire une forteresse en briques de plastique, au grand arbre de Noël chargé de bougies, dans le coin diamétralement opposé à celui de la cheminée, puis s'attardant sur les deux hautes fenêtres donnant sur l'interminable crépuscule brumeux du dehors, et revenant à Elsa qui gribouillait fiévreusement, la tête penchée et la lèvre inférieure prisonnière de ses dents du dessus. Le silence régnait dans la pièce, interrompu par de rares craquements provenant du feu ou par un raclement de gorge de la sœur de Felicity, qui était enrhumée. Même les enfants, fascinés par leurs nouveaux jouets, ne faisaient aucun bruit.

Ma décision était prise. J'allais rester là et faire face. Quelle importance cela pouvait-il avoir ? Les gens sont trop heureux d'assister à la déconfiture des autres. J'avais retourné les feuilles afin de ne plus voir les lettres noires de mon nom, qui me sautaient au visage, et je tendais le bras pour remettre mon crayon dans la boîte sur la table basse, où Elsa, triomphante, son questionnaire complété, avait reposé le sien, quand la porte d'entrée s'ouvrit brusquement, laissant s'engouffrer une rafale de vent amenant Bell Sanger.

Cette porte n'était verrouillée que la nuit. Je suppose que ce n'est plus le cas aujourd'hui. A l'époque, elle était toujours ouverte et tout le monde à Thornham le savait. Pourtant, l'irruption de Bell dans le hall fut un choc. Le vent fit claquer les feuilles que tenaient les participants, arracha même le questionnaire des mains de lady Thinnesse et l'envoya droit dans les flammes. Elle se leva d'un bond en poussant un petit cri aigu. A quelques pas de la porte, debout sur le tapis — une sorte de peau de bête en fait — Bell était là, ses vêtements et ses cheveux flottant au vent, une folle au regard figé. Felicity, qui était encore à genoux, se leva et dit d'un ton coléreux : « Pour l'amour de Dieu, ferme donc la porte. »

Bell obéit. Elle allongea le bras derrière elle et poussa la porte, qui claqua. La maison sembla trembler tout entière. Bell dit : « Quelqu'un peut venir avec moi ? Silas vient de se tirer une balle dans la tête. »

Une personne poussa un « Mon Dieu », mais je n'ai jamais su qui c'était, un des hommes en tout cas. Esmond se leva, écarta sa chaise afin de se dégager du cercle, et fit quelques pas vers elle. Bell ne lui laissa pas le temps de parler.

« Il était ivre, dit-elle. Il jouait à un de ses jeux favoris. Il s'est tiré dessus. Je crois qu'il est mort. » Elle hésita, portant son regard sur nous, en proie à une consternation croissante car elle prenait conscience de qui nous étions : visiblement les dernières personnes auxquelles elle avait envie de communiquer, de confier une pareille nouvelle. Mais que faire ? Quel choix avait-elle ? Nous étions là, seules personnes présentes, incontournables. « Il jouait, dit-elle, en s'adressant à Felicity. Tu vois ce que je veux dire », et, étonnamment, Felicity semblait comprendre.

Elle acquiesça et porta la main à sa bouche. Esmond lui dit : « Felicity, téléphone au Dr Thompson, s'il te plaît. Et peut-être aussi à la police, oui c'est cela, il faut qu'on appelle la police. »

Felicity s'exclama : « Mon Dieu, quelle histoire ! Mais quelle histoire ! » Elle venait de s'apercevoir, semblait-il, qu'elle était entourée d'enfants effarés. « Venez tous avec moi », leur dit-elle en les soulevant du sol, puis elle en entoura deux ou trois de chacun de ses bras.

Mes yeux croisèrent ceux de Bell. J'eus le sentiment qu'elle me regardait comme si j'étais la seule personne présente avec qui elle pouvait s'entendre, qui avait une sorte d'affinité avec elle. Du moins ce fut mon impression, la façon dont je perçus le long regard fixe, atterré, de ses yeux gris. Esmond ouvrit la porte d'entrée et laissa Bell le précéder dans l'obscurité. Je me levai et les suivis.

V

Stiletto fatalis, loin d'être une sorte d'arme, est le nom latin d'un insecte nuisible. L'entomologiste qui l'a appelé ainsi devait avoir le sens de l'humour. Dans la boutique du village de Thornham, une affiche mettait les fermiers en garde contre cette créature, et Felicity saisit l'occasion pour faire de ce nom une vaste plaisanterie. Le Noël de cette année-là, avant la mort de Silas Sanger bien entendu, elle parlait sans cesse du *stiletto fatalis*. Elle avait inséré dans son concours une question à laquelle tout le monde aurait été capable de répondre. Les talons aiguilles[1] étaient à la mode cet hiver-là ; au cours des soirées, en particulier dans les maisons aux planchers en bois, on distribuait des petits capuchons en plastique afin d'éviter les marques de chaussures. Les planchers de Thornham Hall étaient en bois, recouverts ici et là de carpettes et de larges tapis. A chaque nouvelle visite, Felicity examinait les chaussures des arrivants et décrétait si elles appartenaient ou non à la catégorie *stiletto fatalis*.

Cet aspect de sa personnalité, que je croyais avoir oublié, auquel je n'avais plus songé depuis quinze ou seize ans, date de notre dernière rencontre, me revient à l'instant, alors que j'essaie de me décider à l'appeler. Je me souviens de *stiletto fatalis* et la façon dont ce terme, et d'autres qui lui succédèrent, donnèrent naissance à une nouvelle obsession, la souris de Selevin cette fois, qui avait hanté les conversations à l'époque où Felicity se réfugiait chez Cosette. Il ne s'était certainement rien passé dans la vie de Felicity depuis lors, si comme tout portait à le croire elle était restée l'épouse d'Esmond et la châtelaine de Thornham, n'ayant peut-être plus grand-chose à voir avec cette fille en mini-jupe, théâtrale et intense, qui soir après soir s'était confiée à Cosette.

J'observe le bout de papier sur lequel j'ai écrit le numéro que la fille de Felicity m'a donné. Je le compose. Hier soir, si je suis allée à Leith's, si j'ai demandé au taxi de me déposer au coin de Pembridge Road pour continuer à pied, je n'ai pourtant pas vu Bell. Évidemment.

C'est Felicity qui me répond ; à peine m'a-t-elle reconnue qu'elle s'exclame, comme à son habitude :

« Bonjour vous ! »

Une fois, j'avais entendu Esmond se présenter à un nouveau visiteur sous le nom de « Vous », en expliquant que sa femme avait décidé de

1. *Stiletto heel* signifie talon aiguille (*N.d.T.*).

l'appeler ainsi. Elle a l'air d'être restée la même et parle comme si notre dernière conversation ne remontait qu'à quelques semaines. Elle ne s'étonne pas de ne pas avoir eu de nouvelles, de mon coup de téléphone, de me savoir encore en vie, et elle ne me fait aucun reproche. Elle ne s'exclame même pas que c'est une surprise. Je ne me souviens pas d'elle en mère fascinée à ce point par ses enfants, il y a vingt ans ou lorsque pendant neuf mois elle les avait abandonnés à leur père et à leur grand-mère. Mais à présent, elle parle d'eux. Elle en parle dès qu'elle s'est acquittée des conventions d'usage consistant à me demander comment je vais, et prend mon : « Comment va tout le monde ? » au pied de la lettre[1], me racontant dans les détails le job fantastique de Miranda à la BBC, pour la télévision, et le brillant couronnement des études d'histoire de Jeremy à Cambridge. Elle va jusqu'à ajouter le plus gros cliché que puisse évoquer la mère d'un génie :

« Et tu sais que nous n'espérions rien de lui, il n'a pas ouvert un livre ! »

Je la laisse continuer un peu, puis lui annonce que j'ai parlé à Miranda.

« Ah bon, tu as réussi à mettre la main sur elle ? Quel soulagement ! On peut dire que tu m'allèges d'un grand poids. Je ne lui ai pas parlé depuis des jours, tu sais comment ils sont, si évasifs et bien sûr indifférents aux frayeurs qu'ils nous font. C'est vraiment rassurant de savoir qu'elle est encore en vie, qu'elle est en possession de ses facultés, puisque visiblement elle arrive, entre autres, à répondre au téléphone. Et toi, dis-moi ce que tu deviens. »

Sa question est facilement contournable. « Miranda m'a dit que tu avais parlé à Bell Sanger. J'ai pensé que tu pourrais peut-être me donner son adresse. »

Silence. Puis sa voix change, devient théâtrale. « Mais ma chère, je ne l'ai pas. J'ai un numéro de téléphone. Tu te rappelles ces merveilleux centraux téléphoniques londoniens, Ambassador, Primrose, Flaxman ? On s'en souvenait si facilement. Celui-là, c'est six cent vingt-quatre et puis je ne sais plus. Je me demande bien ce que pouvait être six cent vingt-quatre dans le temps ?

« Maida. C'est Maida Vale et Kilburn. » Ainsi Bell habite là. Tout à coup, je me sens faiblir ; j'ai hâte d'en savoir davantage, je crains d'être coupée, de ne jamais connaître les quatre derniers chiffres. « Six cent vingt-quatre, et puis ? »

J'ai d'ailleurs raison d'avoir peur, mes craintes sont justifiées, car elle l'a noté quelque part mais est incapable de se rappeler où il se trouve.

« Tu connais la taille de cette maison, Elizabeth !

1. En français dans le texte (*N.d.T.*).

— Comment allait-elle ? lui dis-je, incapable de me refréner, de me maîtriser.

— Comment allait Bell ? Est-ce qu'elle avait l'air d'être — enfin, pas heureuse, non — résignée ? »

Mais Felicity ne va jamais répondre à une pareille question, peut-être n'a-t-elle pas d'opinion là-dessus. C'était, et c'est sans doute encore, une femme tournée sur elle-même, intéressée non pas par les sentiments des autres mais par ce qu'elle éprouve vis-à-vis d'eux. « J'aurais aimé te voir et discuter une bonne fois pour toutes avec toi quand cela s'est passé, dit-elle. L'idéal aurait été après le procès. J'avais tellement de choses à te dire, des choses personnelles. Je veux dire que je savais un tas de choses sur Silas, des choses personnelles, intimes, sauf qu'elle, par contre, est toujours restée un mystère. Puis tu as disparu et après tout on a le droit d'avoir certaines réticences. Il aurait été un peu déplacé d'essayer de retrouver ta trace. Au fait, cela me rappelle... tu te souviens de cette affreuse vieille dame que j'avais l'habitude de remonter avec la chasse au renard ? Ma belle-mère est encore en vie, tu imagines ? Quatre-vingt-six ans et en parfaite santé. — Ah oui, tu voulais le numéro de Bell. Écoute, il va falloir que je le cherche, alors je te rappellerai.

— Ce serait vraiment très gentil si tu pouvais le faire, Felicity.

— Mais bien sûr. Je vais te demander quelque chose, et si tu trouves que c'est affreux de ma part, tu n'as pas à me répondre. Pas la peine de raccrocher, il suffit que tu me dises que tu n'as pas envie de répondre, c'est tout. Voilà. As-tu jamais pensé que c'était Bell qui avait tiré sur Silas ? »

Je lui réponds. Je lui dis d'une voix faible, ridicule et mielleuse : « Pas à l'époque.

— Non, évidemment, pas à l'époque. Mais au moment du procès ? Je veux dire quand toutes ces choses sur le passé de Bell ont refait surface. Moi, j'y ai pensé, je peux te le dire. Pourtant j'étais au courant de ses jeux. Je savais parfaitement à quoi il s'amusait et je savais qu'il buvait. Et je me suis quand même dit que Bell l'avait tué. Oh Elizabeth, j'aimerais tellement qu'on se voie et qu'on en discute à fond. Je veux dire que c'est fascinant, tu ne trouves pas ? Est-ce qu'il t'arrive de t'égarer dans nos contrées ? » Par bonheur, elle poursuit sans attendre de réponse. « Non, certainement pas. On va s'arranger pour se voir à Londres. Nous avons encore l'appartement, mais tu le sais déjà, évidemment, puisque tu as parlé à Miranda. Écoute, je vais te rappeler sans faute pour te donner ce numéro, puis on fixera un rendez-vous. Je ne te promets pas quand, mais ce sera aujourd'hui. Alors à tout à l'heure. On se reparlera plus tard. »

Elle a toujours eu cette capacité d'épuiser son entourage, et même un interlocuteur à distance. Chez certains individus, cela peut être agréable, mais on livre une bataille épuisante en leur compagnie. Puis il existe d'autres personnes, comme Cosette, capables de ranimer leurs amis, de les revitaliser, de leur donner un sentiment de régénérescence et de satisfaction simplement en les écoutant avec attention et en sachant poser au moment opportun les petites questions qu'il faut. Quand je revins chez moi après la mort de Silas Sanger — nous fûmes d'ailleurs renvoyées, Elsa et moi, de manière péremptoire par lady Thinnesse —, je racontai toute l'histoire à Cosette. Elle écouta, se montra intéressée et semblait vraiment désireuse de savoir ce qui s'était passé. Felicity s'était déjà fait un plaisir de nous expliquer dans les menus détails, à Elsa et à moi, de même qu'à sa sœur et à Paula, les jeux de Silas.

Celui-ci avait deux armes, un fusil de chasse à douze coups et un colt qu'il prétendait avoir acheté à un commerçant dans le marché de Portobello Road, un homme qui vendait des objets en argent. Silas avait une passion pour les armes à feu dans un pays où, pour les collectionner, posséder le permis nécessaire et tout ce qui s'ensuit, il faut être une personne respectable, sans casier judiciaire, qui n'a rien à craindre des visites de la police. Bien entendu, Silas n'avait pas de permis. Felicity nous raconta qu'il se servait du colt pour jouer à la roulette russe, un de ses jeux les plus inoffensifs.

« Ils ne se tuent pas, ces gens-là, mais ils ne tiennent pas à leur vie comme nous. Ils jonglent avec le danger, ils défient le destin. » Je lui trouvais un air mélancolique, comme si en fin de compte elle enviait ce type d'individu. « Vous savez, à la façon de Carmen qui se rend toujours là où est le danger, qui a toujours des vues sur les hommes les moins fiables ? » Non, nous ne savions pas. Moi en tout cas, je n'avais alors jamais entendu Carmen, pas même sur disque. « Et à la fin, elle n'a pas besoin d'aller se faire tuer, elle peut très bien y échapper, mais elle est trop fière pour fuir et puis d'ailleurs, qu'est-ce qui lui reste ? »

Felicity voulait-elle dire que Silas lui ressemblait ? Et si l'on poursuit l'analogie avec Carmen aussi loin, jusqu'à la fin du dernier acte, comme elle l'avait fait, qu'insinuait-elle ?

Elle nous confia que Silas aimait jouer au peloton d'exécution. Rien ne permettait de savoir si elle avait été sa partenaire dans ces jeux ou si elle en avait simplement entendu parler. Si elle y avait participé, je comprenais parfaitement qu'elle ne tenait pas à ce qu'Esmond Thinnesse, cet anglican pur et dur, plutôt collet monté, ne l'apprenne, et que par conséquent elle préférait éviter de nous en parler. Par contre, elle nous raconta que Silas obligeait sa compagne, en l'occurrence Bell probablement, à le bâillonner et à le ligoter, alors qu'il avait auparavant chargé une des armes, le colt ou le fusil. Il ne lui précisait pas laquelle était chargée. Elle devait choisir l'une d'entre elles et lui tirer dessus, comme quelqu'un dans un peloton d'exécution. Évidemment, ni Bell, ni celles qui l'avaient précédée, ne savaient bien tirer ; il leur avait enseigné les rudiments de la manipulation d'une arme à feu, un point c'est tout. Felicity ajouta qu'elle l'avait rencontré une fois, le bras en écharpe — leur relation était alors déjà terminée — et qu'il lui avait dit que quelqu'un lui avait tiré dessus. Elle avait conclu qu'une femme avait dû choisir la bonne (ou plutôt la mauvaise) arme, mais que la balle l'avait simplement éraflé.

Il ne tirait jamais sur les animaux ou les oiseaux, cela ne l'intéressait pas ; d'ailleurs il était végétarien. Un de ses jeux consistait à demander à ses amies si elles voulaient s'entraîner à viser en tirant sur une cible et au moment où la fille — je crois qu'au moins une fois, ce fut Felicity — ajustait son tir et appuyait sur la gâchette, il se précipitait devant la cible. Il aimait la terreur à l'état pur, la perte de contrôle, les cris.

« Mais c'était à ce genre de choses qu'il jouait cette fois-là ? demanda Cosette.

— Je n'en sais rien. Je crois que personne n'en sait rien.

— Cette Bell doit le savoir, elle.

— Si c'est le cas, je suis sûre qu'elle ne le dira pas. »

Nous avançâmes vers le cottage, Esmond, Bell et moi, dans le vent et l'obscurité. Mais faisait-il aussi sombre, à quatre heures, même en décembre ? C'est pourtant le souvenir que j'ai et je me rappelle aussi du choc éprouvé à la vue du cottage dans le noir, quand je m'aperçus que Bell n'avait laissé aucune lumière allumée. Elle n'avait pas fermé la porte à clé, mais l'avait juste refermée, comme on faisait toujours à Thornham Hall. Nous entrâmes, les lumières furent allumées, et nous vîmes Silas Sanger gisant sur le sol, mort.

Je crois que c'est à ce moment-là qu'Esmond s'aperçut de ma présence. Vous comprenez, personne n'avait dit un mot depuis que nous avions quitté l'autre maison. Esmond s'en aperçut, il se tourna vers moi et dit que je n'avais pas à être là, à voir des choses pareilles, enfin des propos équivalents. Mais à ce moment-là, il était déjà trop tard. J'avais tout vu, Esmond aussi, et il était devenu très pâle.

Ç'aurait pu être pire. Je m'en souviens, ce fut la pensée qui me traversa l'esprit. Le visage de Silas était intact. Il s'était tiré une balle dans le cou, rompant ainsi la moelle épinière, comme l'enquête le révéla par la suite. Il gisait dans une mare de sang et son visage me rappela les tableaux que j'avais vus — ils sont légion — du Baptiste, ou plutôt de la tête du Baptiste dans un plat de sang, tête soulevée par Salomé. Son visage aux lèvres exsangues était d'une pâleur verdâtre, translucide ; ses cheveux bruns bouclés, rougis, sa barbe et sa moustache donnaient une impression d'extrême douceur, de jeunesse même. Je pensais pouvoir regarder ce cadavre avec un certain détachement, par simple curiosité, et n'éprouvais d'ailleurs aucune nausée, aucune répulsion. Du moins j'en avais la certitude, jusqu'à ce que mes genoux flanchent et que je sois submergée par une impression de terrible faiblesse. Je ne pense pas que les autres le remarquèrent. Je m'assis et respirai profondément, les yeux fermés, et j'entendis Esmond demander : « Que s'est-il passé ?

— Il jouait avec le colt. Il est là, par terre, dans le... dans le sang. Il m'a dit qu'il allait tirer une seule fois, par la fenêtre. Pour voir ce qui se passerait. Il se demandait si j'allais venir, je crois. » Quand, plus tard, Felicity nous avait parlé des jeux de Silas, elle nous avait dit qu'un des sujets de dispute entre lui et les Thinnesse était les coups de revolver ou de fusil qu'il tirait à tort et à travers. Esmond en était horrifié, il avait été loin d'imaginer les jeux qu'affectionnait Silas. Il fallait qu'il parte, et tout de suite. Le problème, c'était que Bell et lui n'avaient nulle part où aller. Et à présent, le même problème se posait pour Bell seule. « Alors je suis montée, continua-t-elle. Seulement cet imbécile n'a pas tiré par la fenêtre. Il a joué à la roulette russe. »

Elle était très calme. Le désespoir, sans doute. Assise sur la seule chaise de la pièce, elle me regarda et fit alors un geste curieusement déplacé, qui reflétait moins le choc ou la douleur que l'exaspération : elle leva les yeux au ciel. Ce jour-là, elle était habillée d'un assortiment de bruns et de gris — les vêtements de Bell ne ressemblaient jamais à ceux des autres, mais quelques années plus tard ils devinrent un style très en vogue de la mode parallèle —, les couches successives de tissu étant fixées autour de sa taille, fine comme une tige, par une sorte de sangle de valise. Elle avait du sang sur la manche gauche.

Elle dit à Esmond : « Recouvrez-le ! »

Esmond chercha autour de lui ce qu'il pourrait utiliser. La petite pièce, sordide, au sol recouvert de linoléum et de bouts de moquette servant de tapis, ne comportait pratiquement aucun meuble, deux chaises droites et un canapé en crin, une table à abattants dont un des pieds, cassé, était calé par un pot de fleur, et des étagères faites de planches posées sur des briques. Un châle, crocheté à la main, couleur de boue et de granit, appartenant sans aucun doute à Bell, drapait le dossier du canapé. Esmond le prit pour recouvrir le corps, un geste que lui reprocha la police plus tard. Tout devint alors moins pénible ; non que l'atmosphère fût particulièrement détendue, mais il y eut comme un soupir de soulagement. On pouvait à présent garder les yeux ouverts, respirer, maintenant que ce visage et ce cou terrifiants étaient cachés.

« Tu ferais mieux de venir à la maison, dit Esmond à Bell. Elizabeth va te raccompagner. Je vais rester ici.

— Non, je reste », dit-elle.

Je rentrai seule et quelques minutes plus tard, la police arriva. Cosette, à la suite de mon long récit, me demanda de quoi Bell avait l'air et son âge. J'avais remarqué qu'elle s'intéressait de plus en plus à l'âge des autres femmes.

« On dirait une actrice dans un film de Bergman. »

Cosette, se situant dans le temps par sa propre remarque, dévoilant les préoccupations de sa jeunesse, se trompa sur le sens de ma phrase. « Ah oui. Intermezzo. Casablanca.

— Ingmar », dis-je. Nous étions à l'époque des metteurs en scène. Personne ne connaissait plus le nom des stars. « Comme une actrice suédoise, grande et mince, avec un long cou et des traits quand même très doux, un petit nez droit, des lèvres charnues, de grands yeux. Une masse de cheveux blonds, poussiéreux on dirait. Je ne sais pas, environ vingt-cinq ans ?

— Si jeune ? » dit Cosette.

Je crus qu'elle voulait dire que Bell était très jeune pour avoir connu de telles expériences, et sans doute avais-je raison. Mais à mon avis, c'est à partir de ce moment-là que Cosette commença à être obsédée par l'âge. On aurait dit qu'elle avait passé toute sa vie, ou presque, à dormir, et qu'elle s'était réveillée, affolée de s'apercevoir que celle-ci s'était dissipée irrémédiablement. La tristesse, la mélancolie envahirent son visage. Elles n'avaient rien à voir avec le chagrin causé par la perte de Douglas et n'étaient pas vraiment dues à l'affaissement de ses muscles faciaux, qui ne survint que plus tard. Elles étaient le résultat d'une transformation qu'avait amenée cette prise de conscience. Je pense que Cosette construisait une image de Bell dans son esprit et se disait que pour avoir de nouveau vingt-cinq ans, être grande et belle, elle était prête à subir n'importe quelle souffrance, ou même un drame, la pauvreté, les privations. Enfin, j'ignore ce qu'elle pensait bien entendu, je ne peux que le deviner, avancer des hypothèses par rapport à ce qui arriva plus tard.

« Et alors, ils t'ont renvoyée à la maison le lendemain ? dit-elle.

— Oui, c'est facile à comprendre. On devait certainement les encombrer. Ils ont renvoyé tout le monde, Bell est venue loger chez eux et je crois qu'ils ont été très gentils avec elle.

— Une enquête a sûrement dû avoir lieu, tu ne crois pas ?

— Je ne sais pas. Peut-être. Enfin, si, bien sûr. Elle nous a raconté, après, ce qui s'était passé. Elle ne voulait pas rester en bas avec lui quand il a commencé à jouer avec son arme. Elle est montée et s'est assise dans la pièce où se trouvaient ses tableaux. Il devait y faire très froid, la température était glaciale dans le cottage ; la maison n'était chauffée que par des poêles à mazout. Il avait bu, son genre de boisson habituelle, du mauvais vin auquel il ajoutait de l'alcool à brûler. Elle en parlait d'un ton neutre. D'ailleurs, elle s'exprimait devant nous tous, je veux dire Elsa, Paula, la sœur de Felicity et le beau-frère, sans se soucier, apparemment, d'être en présence d'inconnus. Elle était là-haut et regardait ses toiles. Bell disait qu'elle avait déjà songé à trouver des acheteurs ; mais d'une façon que lui aurait jugée méprisable. Elle pensait qu'en apportant certains de ces paysages au pub du coin et en demandant si on pouvait les accrocher derrière le bar, elle verrait alors si un client était prêt à payer cinq livres pour un tableau. D'après elle, ils étaient très pauvres — au point de ne pas manger à leur faim, mais lui se débrouillait pour se procurer son vin. Toujours est-il qu'elle était assise là-haut, plongée dans ses pensées, quand elle a entendu le coup partir, la détonation. Cela n'avait rien d'extraordinaire, mais par contre ce qui s'est passé ensuite l'était. Elle a entendu une sorte de gargouillement, un bruit épouvantable disait-elle, un gargouillement mêlé à un gémissement. Alors elle est descendue et s'il était encore vivant trente secondes auparavant, quand elle est arrivée il était déjà mort. »

Une histoire peu crédible, non ? Pourtant je la crus à l'époque, et Cosette aussi. Cosette n'était pas le genre de personne à poser le même type de questions qu'Elsa, quelques mois plus tard : pourquoi Bell n'a-t-elle pas cherché du travail s'ils étaient si pauvres ? On trouvait facilement un emploi en ce temps-là ; pas comme aujourd'hui. Je n'ai jamais vu Bell occuper un emploi quel qu'il soit, ni à l'époque, ni plus tard. Un incident étrange se produisit qui allait la délivrer de la nécessité d'en chercher : quelques heures avant la mort de Silas, le père de celui-ci succomba d'un arrêt du cœur. Il n'était pas riche et n'avait pas d'économies, mais il était propriétaire de la maison qu'il habitait, et bien qu'il n'ait pas fait de testament, il était veuf et avait Silas pour seul enfant. Bell héritait automatiquement, car Silas et Bell avaient été mariés, elle était son épouse autant que Felicity était celle d'Esmond. Elle obtint dix mille livres pour la maison, une somme qui, une fois investie, lui rapporta suffisamment d'argent pour vivre, pour s'en sortir de justesse sans travailler, en tirant le diable par la queue.

Tout cela faisait partie de l'avenir. Je n'en savais rien au moment où je racontais mon histoire à Cosette. J'attendais un verdict de sa part, une synthèse. J'y comptais, j'avais l'intention de débattre sur ses conclusions, puis — au cas où j'en serais d'humeur (et sous prétexte que mon psychisme s'en porterait mieux) — de me confier à elle sur la cinquième question du concours de Felicity et de lui avouer mes tremblements absurdes, ma terreur instantanée. J'avais tellement l'habitude, vous comprenez, de voir en Cosette une oreille attentive, un récepteur. Quand elle me parlait d'elle-même, je le prenais presque comme un affront. Ce fut d'ailleurs le cas, lorsqu'au lieu de se prononcer sur le sort probable de Bell ou l'étrange processus mental d'un homme jouant au peloton d'exécution avec sa femme, elle déclara soudain :

« J'ai acheté une maison. »

Le fait n'avait rien d'étonnant puisque tout le monde s'y attendait tôt ou tard. Je posai sur elle un regard interrogateur.

« J'ai fait une offre avant de partir à la Barbade. »

Elle prenait un air très enfantin parfois, l'air d'une petite fille qui craint les réprimandes. Je lui demandai où se trouvait cette maison.

« Elle est à Londres. » Elle vivait pourtant déjà à Londres. J'attendis. « Elle est à Notting Hill. Elle te plaira, c'est une grande maison tout en hauteur, cinq étages et cent six marches. Je les ai comptées. Je l'ai surnommée la Maison aux escaliers. »

Je dus certainement la regarder d'un air ébahi. Cela lui ressemblait si peu, c'était si surprenant de la part de Cosette, dont ces deux semaines passées au soleil lui avaient rougi la peau sans pour autant lui faire perdre le moindre poids. Elle était habillée d'une de ses tentes en toile. Le chignon ramassant ses cheveux ressemblait beaucoup à celui de Bell, sauf qu'il ne rappelait pas les tableaux de Fragonard et lui donnait simplement l'air négligé. Les montures transparentes, aux reflets couleur chair, de ses lunettes avaient été réparées à l'aide d'un morceau de sparadrap. Il me vint une seule chose à l'esprit, comment allait-elle se débrouiller pour grimper tous ces escaliers ?

« Cela ne fera pas trop loin pour venir me voir, dit-elle.

— Notting Hill ? » A l'époque, en tout cas au nord et à l'ouest, cette partie de Londres était encore en ruines, pauvre, sordide et dangereuse. Le carnaval de rue, une festivité annuelle qui avait commencé deux ans auparavant, provoquait des incidents rappelant la violence des émeutes durant les années cinquante. All Saints Road, le Notting Hill noir, était connu sous le nom de la Front Line. Je lui demandai pourquoi elle avait envie d'habiter là-bas.

Elle répondit naïvement : « C'est dans un des quartiers le mieux fréquenté. C'est un coin pour artistes.

— Pourquoi veux-tu vivre dans une maison aussi grande ?

— Je ne pense pas que j'y serai seule — pas souvent. J'aurai de la visite. » Elle me lançait à présent un regard inquiet, plein de doute, cherchant un réconfort. « Tu ne penses pas que les gens viendront me voir ? »

Quels gens ? Dawn Castle et son mari ? Le vieux Maurice Bailey, président de la Wellgarth Society ? Ses frères ? « Pourquoi pas ? Si tu les invites. Ils s'attendent tous que tu habites dans un appartement ou une maison en rez-de-chaussée. »

« Il y a beaucoup de jeunes dans ce coin de Londres », ajouta Cosette.

Je ne voyais pas le rapport. « Mais, que feras-tu ? lui dis-je.

— Je vivrai », dit Cosette en souriant, puis, sans doute parce qu'elle pensait que son affirmation paraissait prétentieuse. « Je veux dire, je mènerai ma petite vie là-bas — et je verrai bien. »

C'est absurde, la façon dont j'attends le coup de téléphone de Felicity. Je guette, le souffle coupé, aussi impatiente qu'une personne à l'affût d'un appel venant d'un être aimé sur qui elle ne peut compter. Qu'adviendra-t-il si elle téléphone et que je suis sortie ? Rappellera-t-elle ? Je préfère ne pas prendre de risque, si bien que je me vois obligée de rester chez moi. Je devrais profiter de l'occasion pour progresser dans le livre que je suis en train d'écrire, et je peux dire sans mentir que j'ai essayé ; j'ai passé la journée entière, enfin de façon intermittente, devant ma machine à écrire. La feuille qu'elle contient n'est d'ailleurs pas vierge. Nul doute, cependant, que le résultat est mauvais et qu'il me faudra recommencer. Le contenu, le thème, l'histoire et les personnages n'arrivent pas à détacher mes pensées de Bell. Et lorsque j'abandonne le tout, restant assise à mon bureau, mon regard allant du pot en agate offert par Cosette, et son étrange coupe-papier en racines de bruyère, à la vieille Remington de Douglas sur laquelle j'ai tapé mes premiers livres — avec quel enthousiasme et quelle excitation —, quand je détourne mon attention et essaie plutôt de me rappeler ma première visite à Archangel Place, quand Cosette m'y emmena par une froide journée de février, il m'est impossible de me concentrer et, là aussi, mes efforts échouent. Une vision de la Maison aux escaliers telle qu'elle se présentait ce jour-là, des pièces glaciales béantes partant de cette masse sinueuse que formait l'escalier, comme autant de feuilles sur une branche tordue, et mes souvenirs s'arrêtent là. Ils n'évoquent aucune suite d'événements, aucun des changements survenus, aucune des personnes qui fréquentaient le « salon » de Cosette. Bell m'envahissait l'esprit. Je me souviens d'elle, au début, ou plutôt de ce que j'entendis dire, par Elsa et Felicity, car Bell disparut de mon horizon pendant plus d'un an.

Une fois Silas recouvert de ce châle (un châle que Bell continua tranquillement à porter), je retournai dans l'autre maison et les laissai là-bas, Bell et Esmond Thinnesse. Après un long moment, plusieurs heures, après la visite de la police, d'un médecin et de divers auxiliaires de police, Esmond revint avec Bell ; elle entra dans le salon où nous étions réunis. La gêne qu'éprouvait tout le monde était presque tangible, enfin tout le monde sauf moi, Felicity — imperméable à un tel sentiment — et Elsa. Il était clair que les autres se demandaient de quoi ils allaient pouvoir parler, comment ils passeraient le reste de la soirée maintenant que Bell se trouvait parmi eux. Leur malaise fut cependant de courte durée. Leur faisant face, elle dit d'une voix ironisant ses propres paroles : « Je suis désolée de vous causer tant d'ennuis. »

Quelle drôle de réflexion, non ? La source de ces ennuis était pourtant ce pauvre Silas, qui était mort par sa propre faute. Dès qu'elle eut terminé sa phrase, elle fit demi-tour et monta. Felicity fut obligée d'aller la voir, plus tard, et de lui demander si elle avait besoin de quoi que ce soit, une boisson par exemple où quelque chose à manger, un peu du dîner composé des restes froids du repas de Noël que nous prenions en bas, du bout des lèvres. Bell refusa. Le lendemain, la police revint pour lui parler, et après avoir été enfermée un long moment dans le bureau d'Esmond avec un des policiers, elle nous rejoignit.

Elle était en noir de la tête aux pieds. J'appris plus tard qu'elle l'était souvent, cela n'avait rien à voir avec la disparition de Silas. Je n'avais jamais rencontré de personne semblable, jamais observé chez quelqu'un une telle assurance, indifférente, et un air aussi théâtral. De la compassion, de la pitié, je n'en ai jamais éprouvé à son égard, alors que de pareils sentiments auraient été sans doute naturels. Après tout, elle était veuve, elle avait perdu son mari la veille dans d'effroyables circonstances mêlant la violence et l'horreur. Je ne ressentais pourtant que de l'admiration, une sorte de vénération proche du culte d'un héros, que je n'avais éprouvée pour personne depuis mon coup de foudre pour la femme qui me donnait des cours de musique, sept années auparavant. J'aurais aimé que nous partions ailleurs, pour discuter en tête à tête. Être avec elle, seule, afin de bavarder, d'apprendre à la connaître et de lui parler de moi.

Mais bien sûr, c'était impossible. Elsa et moi, nous retournions à Londres, Esmond était censé nous conduire à la station de métro de Debden environ une demi-heure plus tard. La sœur de Felicity, son mari et les enfants étaient déjà partis, emmenant Paula et sa fille dans leur voiture. Bell s'approcha du fauteuil où était assise Felicity, qui tenait Jeremy, le petit garçon, sur ses genoux. Elle posa doucement ses mains sur le dossier de la chaise, la tête haute, cette masse désordonnée de cheveux blonds, couleur de cuivre terni, tressés et noués au sommet de son crâne à l'aide d'une ficelle. Sans regarder Felicity, fixant les moulures en stuc du plafond, la corniche, le haut des fenêtres ornées de lambrequins ouvrés, elle demanda si elle pouvait rester à Thornham un peu plus longtemps.

« Pas dans cette maison. Dans le cottage. Juste le temps de trouver un logement. »

Felicity avait commencé par dire : « Mais bien sûr, ma chérie il le faut absolument, je n'aurais pas idée de... », quand Bell l'interrompit : « Je sais qu'Esmond ne m'aime pas. Comme vous tous, d'ailleurs. » Était-ce mon imagination ou avais-je bien vu son regard vagabond s'attarder un instant sur moi et son expression changer légèrement, s'adoucir, comme si elle m'excluait du lot ? « Mais à vrai dire, ajouta-t-elle, je n'ai nulle part où aller. »

Elle avait une réputation de sincérité. Sur le chemin de la gare, Esmond nous dit : « C'est vrai que je ne l'aime pas beaucoup. Et pour être franc, lui non plus je ne l'aimais pas. Mais au moins, on peut dire pour la défense de Bell qu'elle est parfaitement sincère. Elle est incapable d'une sournoiserie. »

Il est intéressant de voir comment se forment de telles réputations. Elles naissent de la confusion entre deux types de sincérité : l'une se manifestant dans des déclarations d'opinions et de principes, et l'autre dans le récit d'une histoire. Bell exprimait toujours ses sentiments, ses convictions, avec une grande franchise. Il était contraire à sa nature, par exemple, de dire au nom de la politesse ou d'une harmonie sociale qu'elle était enchantée d'une situation, qu'elle aimait un objet ou une personne, ou qu'elle n'avait pas de préférence, alors qu'elle pensait tout le contraire. Et pour cette raison, à cause de cette sincérité bien connue, on supposait — non, on était certain — que par ailleurs elle disait la vérité nue, transparente, sur ce qu'elle avait fait, sur son passé, ce qui était arrivé. J'appris par la suite, et ce fut une dure leçon, que Bell était en fait dans la catégorie des plus grands menteurs en ce bas monde, ceux qui mentent par choix et, je crois, pour leur unique plaisir.

A cette occasion, elle dit à Felicity qu'elle n'avait nulle part où aller et Felicity — qui commença par nier la vérité pure et simple, le fait qu'à Thornham personne ne l'aimait vraiment — lui offrit de rester dans le cottage sans payer de loyer, aussi longtemps qu'elle le souhaitait. Bell acquiesça et la remercia de cette façon laconique, comme si elle ne lui était pas vraiment redevable.

« Qu'est-ce que je vais faire du sang là-bas ? » demanda-t-elle.

Felicity faillit pousser un cri. Elle mit la main sur sa bouche. Jeremy avait le regard fixe, les yeux écarquillés, la bouche ouverte.

« Il va falloir que quelqu'un nettoie. »

— La police va s'en occuper, Bell, déclara Esmond. Laisse donc la police s'en charger.

Ce fut la dernière fois où je la vis, avant de la retrouver deux ans plus tard. Elsa me confia que Bell n'avait pas de famille qui aurait pu l'héberger. Ses parents étaient morts. Elle ne travaillait pas, n'avait aucune expérience professionnelle, sa vie depuis l'âge de dix-neuf ans se résumait au partage de la misérable existence de Silas Sanger, dans les taudis qu'il lui dénichait, un cottage ou plutôt une hutte dans les Highlands en Écosse, une chambre au sud de Londres, le grenier d'une auberge à Leytonstone, et enfin le cottage des Thinnesse. A la nouvelle de son héritage, elle quitta Thornham pour vivre dans la maison du père de Silas, qu'elle vendit par la suite. Elle s'éloigna de l'orbite d'Esmond et de Felicity, ainsi que des lunes plus distantes qui gravitaient autour, comme Elsa et Paula, et pendant un moment, elle se perdit parmi les innombrables galaxies constituant la jeunesse londonienne de la fin des années soixante.

Soudain je me rends compte, alors que je guette la sonnerie du téléphone, qu'il est tout à fait possible que Bell m'appelle. Quand la sonnerie retentira, ce ne sera peut-être pas Felicity, dont j'ai hâte d'entendre la voix, mais Bell, une bien meilleure récompense. En période de stress, quand je suis seule, je me parle toujours à moi-même. Est-ce le cas des autres ?

« Tu es folle ou quoi ? me dis-je à voix haute. Pourquoi y attaches-tu tant d'importance, pourquoi en as-tu besoin ? Qu'est-ce qu'il te faut et de quoi as-tu besoin après si longtemps, après avoir reçu si peu en échange, maintenant que tu es au courant de tout ? Tu es folle ? »

Je ne m'aventure pas dans cette voie. On ne parle pas de folie à la légère, en plaisantant, dans ma famille, car nous sommes également héritiers d'une sorte de folie, les psychoses schizoïdes associées à notre lignée. J'abandonne cette voie et curieusement, alors qu'il est tard, une heure bien trop avancée pour que quelqu'un se permette d'appeler, surtout Felicity, je ressens un soulagement étrange et inattendu.

VI

Des personnages qui apparaissent dans nos rêves, nous ne pouvons être certains — d'après les disciples de Jung — que de notre propre identité. Lorsque je lus cette affirmation pour la première fois, j'eus envie d'objecter avec véhémence, car n'avais-je pas souvent rencontré Bell dans mes rêves ? Et Cosette, et même, une fois ou deux, Mark ? Je m'aperçus néanmoins qu'il ne s'agissait pas d'eux à proprement parler, mais de produits de l'imagination révélant uniquement certains aspects de ces personnes et se métamorphosant souvent, soit en inconnus, soit en rencontres du passé, quasi oubliées, ou même en animaux. Ce phénomène, si l'on considère le peu que nous savons sur ceux qui nous sont proches, n'a rien de mystérieux mais il nous met en garde contre nos jugements trop hâtifs sur la nature d'autrui ou notre complaisance vis-à-vis de nous-mêmes, qui croyons connaître le cœur humain.

Ce n'est donc pas de Felicity que j'ai rêvé la nuit dernière mais d'une personne aux traits similaires et à la voix identique, du moins l'espace d'un instant ; elle me conduit dans le jardin aux couleurs grises d'Archangel Place, puis se retourne pour me montrer un visage transformé, auquel je n'associe aucun nom mais qui a un rapport avec cette période du passé, et il m'est difficile de dire s'il s'agit d'un homme ou d'une femme. Avant cet épisode, nous nous trouvons ensemble dans la Maison aux escaliers. Felicity prend sur la table de Cosette les feuilles dactylographiées de son questionnaire. Certaines sont intactes, d'autres à moitié remplies. Elle dit, alors que je ne me souviens nullement d'une telle remarque, qu'il m'aurait d'ailleurs été impossible d'oublier : « Cette femme est vraiment idiote ; elle croit que la chorée de Huntington est un livre de géographie. Elle doit être persuadée qu'il s'agit d'un pays au large des îlots de Langerhans. »

On s'est beaucoup moqué de la théorie de Freud sur les rêves. Pourtant, personne ne conteste la sagesse de son conseil ; pour chercher à les comprendre, nous devons en écrire le contenu dès notre réveil, à l'aide du stylo et de la feuille de papier placés à cet effet à côté du lit. Dans mon rêve, je ne suis pas blessée par la réflexion de Felicity comme j'aurais pu l'être en état d'éveil et si le personnage avait été réel. Au contraire, je m'en amuse. Je me suis d'ailleurs empressée de le noter. Maintenant je réfléchis à la suite de mon rêve, à notre promenade dans le jardin gris. Les plantes y sont plus hautes et plus luxuriantes qu'à mon souvenir, les fleurs ne sont ni jaunes ni blanches mais d'un gris argenté, métallique. Nous contemplons l'arrière de la maison, une grande construction à cinq niveaux avec un sous-sol, mais qui dans le rêve prend d'autres proportions, transformée en une tour au sommet pointu, à moitié obscurci par le sombre ciel londonien.

Les fenêtres, par contre, sont identiques. Ces grandes ouvertures, une à chacun des quatre niveaux intermédiaires ; des portes-fenêtres à deux battants vitrés en fait, donnant sur d'étroits balcons aux murets de plâtre. Le sous-sol et le dernier étage présentent simplement de hautes fenêtres à guillotine. Ni Mark, ni Bell ou Cosette, n'apparaissent au balcon de mon ancienne chambre, au troisième étage. La silhouette qui, là-haut, se penche dangereusement au-dessus du muret est celle d'un enfant dont je ne me souviens pas, mais que Felicity connaît, qu'elle — ou bien la personne au visage transformé s'étant tourné vers moi — reconnaît car il s'agit du sien. Elle se met à lui crier de faire attention, de reculer.

« Recule, recule, tu vas tomber ! »

A présent, je relis le récit de mon rêve ainsi que la réflexion de Felicity, qui me semble moins brillante, moins spirituelle que la première fois. Sur la feuille, il y a également le numéro de Bell que Felicity m'a donné en appelant ce matin, me saluant gaiement d'un : « Bonjour vous ! »

Je lui ai posé la question que je n'avais pas eu le courage de lui poser la veille. (La lâcheté doit nous faire passer à côté de bien des joies !) Je lui ai demandé pourquoi Bell l'avait appelée.

« Oh, Elizabeth, j'étais persuadée que tu le savais. Je ne te l'ai pas dit ? Elle voulait ton numéro de téléphone. »

Quelle joie, en effet. Je me suis immédiatement reproché ce sursaut de bonheur. Je devrais être aguerrie, savoir tirer un enseignement de toutes ces années, de l'expérience de tant d'amitiés, d'un mariage et de plusieurs amours.

« Tu ne lui as pas donné ? » Je m'aperçois aussitôt qu'elle n'avait aucune raison de le connaître. Nous ne nous étions pas parlé depuis longtemps. J'ai pourtant l'impression du contraire, peut-être grâce à Felicity qui, en dépit de son côté exaspérant, possède une qualité certaine ; elle est capable de prendre le train en marche, de prolonger joyeusement une amitié retrouvée comme si les années passées ne l'avaient jamais interrompue. « Non, bien sûr, tu n'as pas pu. Je suis dans l'annuaire sous mon nom de femme mariée. Et mes éditeurs ne donnent pas mon numéro.

— Je ne leur ai d'aillcurs pas demandé. Franchement, je croyais que Bell serait la dernière personne que tu aurais envie de voir. Après tout ce qui s'est passé. »

Je me rends compte à présent, plusieurs heures après son appel, que d'après elle j'ai été amoureuse de Mark. Sans doute d'autres en étaient également convaincus. Ils y avaient vu l'explication de ma tristesse et de mon isolement. J'observe ce numéro qui commence par les trois chiffres six, deux, quatre, correspondant à Maida Vale, je ne vais pas plus loin, je me contente de le regarder. C'est étrange, mais la dernière chose que je souhaite en ce moment est de le composer, de parler à Bell. Je ressens une satisfaction telle à l'idée qu'elle a voulu connaître le mien, qu'elle a appelé Felicity dans le seul but de le lui demander, que je préfère ne pas passer aux étapes suivantes — pour le moment. Assise à mon bureau devant la machine à écrire, j'éprouve un sentiment comparable à celui que j'éprouvais aux très rares occasions où dans la Maison aux escaliers, au bord de la fenêtre, j'ai fumé les cigarettes que Bell me passait : une paix, une sérénité, comme si demain n'existait ou ne comptait pas. Seul importe le présent, éternel, délicieux, tranquille.

Le souvenir de Cosette semble alors surgir naturellement. Elle n'avait pas l'intention d'habiter seule dans la Maison aux escaliers. Elle allait y loger Auntie ainsi que Diana, la fille de Dawn Castle.

Si je n'ai pas fait allusion à Auntie plus tôt, ce n'est pas parce que je ne la connaissais pas ou qu'elle jouait un rôle minime dans la vie de Cosette, mais parce qu'il est très difficile de savoir quoi dire à son sujet. Elle ne présentait aucun intérêt, une petite vieille sans personnalité définie, sans opinions précises, et presque sans envies, qui donnait l'impression de ne rien rejeter, sans pour autant apprécier quoi que ce soit. Je n'ai jamais su son prénom. Cosette l'appelait toujours « Auntie », bien qu'elle ne fût pas sa tante mais, je crois, la cousine de sa mère. Nous — je parle de la foule de jeunes — étions censés l'appeler Mrs Miller, et comme pendant longtemps personne ne le fit, elle finit par devenir « Auntie » pour nous aussi. Elle nous appelait tous *dear*, car elle était incapable de retenir nos noms, qui échappaient même à Cosette.

Deux ou trois ans auparavant, Auntie habitait une chambre misérable dans un quartier délabré de Londres. Je crois que c'était quelque part dans Kensal Rise. Elle était harcelée par son propriétaire qui voulait libérer la maison pour la vendre, et persécutée par un quartette de jazz vivant au dernier étage. Cosette s'était toujours occupée d'elle, lui versait une sorte d'allocation, s'arrangeait pour qu'on lui fasse ses courses, et l'emmenait en promenade. Elle et Douglas étaient venus à son secours en lui achetant un minuscule studio près de chez eux, à Golders Green. Cosette la fit emménager à Notting Hill.

Elle ne chercha pas à justifier ce changement. Auntie paraissait relativement heureuse là où elle se trouvait, bien qu'il fût toujours difficile de juger de ses émotions, et puisque Cosette s'était autrefois rendue de Golders Green à Kensal Rise pour lui rendre visite, rien ne l'empêchait d'effectuer tout aussi souvent le voyage en sens inverse. Peut-être était-ce par pure gentillesse. Une telle générosité de la part de Cosette ne devrait pas m'étonner, elle se manifestait si fréquemment qu'on ne la remarquait même plus ; pourtant je finis par croire qu'un autre sentiment la poussait à agir ainsi. Je m'aperçus que Auntie jouait un rôle indispensable dans la Maison aux escaliers ; elle permettait à Cosette de croire à sa jeunesse retrouvée.

L'idée de cette autre présence ne me perturbait pas le moins du monde. Il en allait tout autrement pour Diana Castle. Lorsqu'elle fut invitée à vivre là-bas, à s'installer dans une des chambres, j'ai bien peur que la jalousie et le ressentiment me dictèrent ma conduite. Sans en être tout à fait consciente, j'avais substitué Cosette à ma mère ; pas depuis la mort de cette dernière, mais bien longtemps auparavant. Évidemment, j'aurais dû comprendre que la présence de Diana là-bas n'excluait pas la mienne, que j'étais la bienvenue, qu'il y aurait toujours une place pour moi, que pour Cosette la question ne se posait même pas, qu'elle pensait que j'étais convaincue que sa maison était la mienne si je décidais d'y élire domicile.

Je boudai un certain temps. Une fois mon diplôme obtenu, je parcourus l'Europe, croisant d'autres nomades, pensant aux livres que j'avais envie d'écrire. Le premier fut d'ailleurs rédigé chez Cosette, mais cela n'arriverait que plus tard. A l'époque, je partis suivre un cursus pédagogique d'un an ; je n'ai pas eu à le regretter, mais mon choix résultait de la conviction que Cosette m'avait fait du tort, d'une volonté de marquer mon mécontentement.

Je n'avais vu la Maison aux escaliers qu'une fois ou deux et j'eus une réaction comparable à celle qu'on aurait pu attendre de mon père, par exemple, ou de Mrs Maurice Bailey. Je la trouvai grande, vieille, sale et froide, et pour moi les escaliers représentaient une véritable malédiction et un handicap, l'agencement général — cuisine au sous-sol, pièces et chambres les plus confortables perdues dans les hauteurs — semblait expressément conçu pour compliquer la vie, l'escalier était pentu et les fenêtres dangereuses. La deuxième fois où je m'y rendis, Cosette s'y était installée depuis déjà trois semaines, mais les meubles se tenaient toujours là où les déménageurs les avaient laissés, les cartons de livres, de vaisselle et de verres n'avaient pas été déballés, les fenêtres étaient dépourvues de rideaux et le téléphone n'avait pas encore été raccordé.

A ma troisième visite, cependant, tout avait changé. Je m'étais absentée un certain temps et Cosette s'était affairée — bien que l'emploi d'un pareil terme pour une personne d'une telle indolence, d'un tel calme, semble particulièrement impropre. En fait, d'autres s'étaient affairés à sa place : Perpetua, qui continuait à venir, prenant chaque jour le bus 28, Jimmy, le jardinier et l'homme à tout faire, ainsi qu'une armée de poseurs de moquette et d'accrocheurs de rideaux. Les pièces n'avaient pas été repeintes, Cosette s'y était opposée ; leur aspect un peu vieillot leur allait bien et les préservait de ce style satiné de *Homes and Gardens*, même si un tel risque chez Cosette était minime. Les fenêtres avaient toutefois été parées de tissus bouillonnés en soie grège et de tentures en velours, ainsi que de stores romains, autrichiens, et de rideaux de perles chinois qui, en mouvement, reflétaient toutes les couleurs de l'arc-en-ciel et, immobiles, présentaient des paysages pastoraux, lointains, orientaux. Je crois que Cosette avait oublié que des couleurs telles que le brun, le beige, le fauve et le gris existaient encore. La maison resplendissait de bleus profonds, de pourpres et de mauves, de vert émeraude, de blanc éclatant. Dans sa garde-robe, finis les ensembles sur mesure et les tentes en coton aux motifs de toile cirée. Le jour où je revins, utilisant la clé qu'elle m'avait envoyée et escaladant les escaliers moquettés à présent en rouge sang, j'arrivai en haut et la trouvai assise à sa table, habillée de soie jaune imprimée de marguerites blanches et de roses rouges écloses, agrémentées de fougères vertes. Cette transformation était loin d'être la seule qui s'était opérée en elle.

Elle tendit les bras vers moi. Sans un mot, je m'avançai, nous nous étreignîmes et nous nous embrassâmes. L'envoi de la clé m'avait touchée, m'avait émue jusqu'aux larmes presque, cette confiance qu'elle impliquait. Je serrai Cosette contre moi et sentis sa chaleur, respirai son odeur et m'aperçus de sa minceur à travers la soie glissante.

« J'ai fait un régime.

— Cela se voit, m'exclamai-je.

— Le docteur m'a dit qu'il fallait que je perde du poids à cause de ma tension. »

Elle me lança un regard timide, sans croiser mes yeux. J'avais le sentiment étrange qu'elle ne me confiait qu'une partie de la vérité. Sa véritable motivation était ailleurs.

« Tu as changé de coiffure. »

Cosette porta la main à ses cheveux d'un brun aux reflets roux. « D'abord ils les teignent de ta couleur naturelle, puis chaque fois que tu y retournes, dit-elle sur un ton de confidence, ils te font une teinture un peu plus claire jusqu'à ce que tu deviennes presque blonde. Comme cela, le gris est en quelque sorte absorbé, et on ne le voit pas.

— Ah, d'accord », lui dis-je.

Ses cheveux avaient-ils jamais été de cette couleur ? Et à y réfléchir, avait-on jamais vu qui que ce soit avec de pareils cheveux ?

« Le coiffeur dit que cela me rajeunit de dix ans. »

Je n'allais pas la contredire, mais je n'en remarquai rien. L'étrange couleur cuivrée donnait à Cosette des traits tirés, contrairement au gris, et pire encore, ses cheveux avaient l'air d'une perruque. Je déclarai d'une voix enthousiaste qu'elle était superbe, bien mieux qu'auparavant, et elle eut l'air heureuse de l'entendre. Elle m'annonça qu'il fallait absolument que je monte avec elle pour voir « ma » chambre, et je m'attendais presque qu'elle se lève d'un bond, la démarche légère. Mais il y avait en elle cette même langueur, cette même disponibilité de celle qui, en apparence, dispose d'un temps infini.

Nous grimpâmes les escaliers, jetant un coup d'œil dans les différentes pièces au passage. Auntie était au jardin, assise dans une chaise longue, probablement endormie ; ainsi, je pus voir sa chambre à l'étage suivant, une grande chambre pleine d'objets de vieille dame, une radio étrange datant des années quarante dans un boîtier en bois ciré, des photographies sur papier argent, un collage de cartes postales sépia, et des appuis-tête sur les deux fauteuils. Un papier tue-mouches était suspendu à la lampe du plafond. Je regardai par la fenêtre qui, située à l'arrière de la maison, était une de ces portes-vitrées-s'ouvrant-sur-balcon. Au milieu de la multitude de feuillages gris, le sommet du crâne d'Auntie avait l'aspect d'un chrysanthème blanc. Elle était assise, les mains croisées, les jambes étendues, surélevées. Si elle avait été occupée à une activité quelconque, à coudre par exemple ou même à lire, je crois que j'aurais été très surprise. Elle ne faisait rien, se contentait d'exister, se dorant au doux soleil d'automne, entourée de feuilles grises. Plus tard, j'appris que cet arbre couleur de fumée, projetant de petites taches d'ombre, était un eucalyptus, mais à l'époque je l'ignorais, je ne connaissais le nom d'aucune plante de ce jardin pâle, spectral.

Cosette m'avait attribué une chambre au dernier étage, sur l'avant, qui possédait une baie vénitienne. Je n'ai cessé de parler de fenêtres — j'en ai conscience — comme si j'y avais fait plus attention qu'aux proportions et à la taille des pièces. Ce n'est évidemment pas le cas. C'est à cause de ce qui se passa plus tard que j'ai l'impression d'avoir toujours remarqué davantage les fenêtres que n'importe quelle autre partie de cette maison, ses escaliers même ; d'avoir remarqué que non seulement leur dimension et leur forme, mais le péril auquel elles exposaient les occupants. Les fenêtres sur l'avant présentaient relativement peu de danger, avec leur large rebord ou le rempart de gracieux paniers métalliques, mais à l'arrière de la maison... Comment un architecte pouvait être négligent au point de concevoir des fenêtres qui étaient en fait des portes vitrées donnant presque sur le vide, ou en tout cas sur une étroite surface de plâtre, bordée d'un muret qu'un enfant aurait pu facilement enjamber ? Et une fenêtre au dernier étage qui, une fois ouverte, n'était qu'une embrasure de porte sans seuil ?

La chambre qui devait être la mienne contenait un lit et des tas de cartons encore pleins. Je commençais à regretter de m'être inscrite à mon cursus pédagogique. Pour une raison ou pour une autre, j'eus envie de me mettre aussitôt à déballer, à ranger. C'était une journée ensoleillée, le dernier soleil avant l'hiver sans doute. Sur le balcon de la maison d'en face, un balcon anguleux, austère, comme on en voit à Paris, très différent des balcons du côté de la rue où je me trouvais, une femme arrosait des géraniums. Dans la rue, il y avait plus d'arbres que de voitures.

« Tu peux venir chaque week-end. », disait Cosette.

En redescendant, nous croisâmes Diana Castle qui montait, accompagnée d'un garçon. Le claquement de la porte d'entrée, faisant trembler la maison de tout son squelette d'escaliers, avait annoncé leur présence. Diana embrassa Cosette, et à mon grand étonnement, le garçon en fit de même. Ils poursuivirent leur escalade jusqu'à la chambre de la « Jeune-fille-à-demeure », le nom donné communément à cette pièce. J'ignore qui avait inventé l'expression, peut-être Cosette. La porte là-haut claqua elle aussi. Je compris, à la façon dont Cosette souriait, qu'elle était heureuse de voir Diana se comporter comme si elle était chez elle.

Elle me confia : « J'aime l'idée qu'une jeune fille habite la maison. Je préférerais que ce soit toi, mais tant que c'est impossible, je logerai quelqu'un d'autre. Les gens ont l'air de se plaire ici. Je suis vraiment contente. »

Diana était censée s'occuper un peu de Cosette, faire quelques courses, remettre de l'ordre à la suite des soirées, inventorier et trier le linge, ce type de tâches, mais pas de ménage. Perpetua était là pour cela. Cependant, si Diana avait commencé par s'acquitter de ces menus travaux, elle cessa bientôt de s'en occuper, comme celles qui lui succédèrent. Même avec la meilleure volonté du monde, il est presque impossible de faire la vaisselle, de ranger, de s'occuper des commissions, quand une personne (celle qui vous loge gratuitement en échange de ces services) ne cesse de vous répéter qu'il ne faut pas vous donner tant de peine, que cela peut attendre ou n'a aucune importance, qu'il vaut mieux s'asseoir et lui parler. Un incroyable désordre, un déballage digne d'une vente de charité, avait déjà envahi la maison ; il se répandait autour de Cosette, recouvrant les surfaces et s'accumulant en tas sur le sol. Pourtant, c'était en quelque sorte un désordre agréable, le genre de fouillis charmant qui met toujours les visiteurs à leur aise.

Il occupait principalement une grande table ronde en bois de rose, celle où s'était trouvée Cosette à mon arrivée, et à laquelle elle était d'ailleurs assise — je l'appris par la suite — la majeure partie de la journée. C'est là qu'elle recevait, qu'elle tenait sa cour. Je me souvenais de cette table du temps de Wellgarth Avenue où, prolongée de deux rallonges et entourée de douze chaises, elle remplissait presque la totalité de la salle à manger. On l'entretenait alors parfaitement, sa surface cirée reflétant une propreté immaculée. A présent, elle avait perdu de son brillant, le plateau déjà marqué de petits cercles blancs ou ternis, de taches d'eau, de traces creusées par l'écriture d'une lettre rédigée sur une fine feuille de papier, sans sous-main. De l'ensemble des changements notables dans la vie de Cosette, ce détail, bien plus qu'un autre, traduisait pour moi la coupure qu'elle avait faite avec son passé, la révolution qui s'était opérée en elle.

J'éprouvai évidemment — car les êtres humains sont ainsi faits — une vive frayeur et un ressentiment plus violent encore. Quand on est jeune, on a envie de changer, mais on souhaite que tout autour de soi reste identique. Elle ne me parla pas de Douglas. Sans doute n'y avait-il là rien de choquant, mais elle ne fit aucun sous-entendu, aucune allusion, aucune vague référence à la disparition de son mari ou à sa situation de veuve. Je ne voyais pas, et ne vis jamais par la suite, de photo de lui dans la maison. Plus tard dans la journée, je l'accompagnai dans sa chambre, un somptueux boudoir récemment meublé d'un grand lit ovale, d'une coiffeuse de style hollywoodien au miroir rond entouré de spots, et de paravents chinois en ébène incrusté de nacre. Les meubles luxueux d'une femme qui a fait un beau mariage, ceux de Wellgarth Avenue, le lit de noce au baldaquin blanc à frou-frou par exemple, étaient essaimés dans la maison, un par-ci, un autre par-là, deux chaises chez Auntie, et le lit même, débarrassé de ses volants, occupait la chambre de la jeune-fille-à-demeure. Les photographies que Cosette exposait désormais dans les cadres en argent étaient de moi, de son frère et de sa femme habitant St John's Wood, et du mariage d'une nièce.

Ce soir-là, des gens lui rendirent visite, tous jeunes, des étudiants, des hippies, d'autant que je pouvais en juger. Quelqu'un avait dû lancer le mouvement, donner le coup d'envoi. Impossible d'imaginer que Cosette ait mis une petite annonce ou fait étalage, dans la rue, du confort de sa maison. Peut-être qu'à l'origine, Diana avait déclenché le processus, et que ses amis en avaient parlé à leur tour. Je crois que même à l'époque, je me rendais compte qu'ils venaient là car tout était gratuit ; ils pouvaient boire du thé à n'importe quel moment et parfois du vin, manger et fumer à volonté, parler ou se taire, et dormir, sinon dans un lit, du moins sur le sol. Mais ils recherchaient également la complicité de Cosette, sa capacité à aimer. Elle aurait pu avoir une dizaine d'enfants.

Ces gens-là venaient chez elle comme les mouches s'agglutinaient au piège tendu par Auntie, attirées par le sucre de la gomme, mais contrairement à ces mouches, ils ne le payaient pas. Et Cosette restait assise à sa table, envahie de livres, d'annuaires, de feuilles de papier, de tasses et de verres vides, du téléphone et de la radio, de fleurs se fanant dans un vase, de son sac à main plein à craquer, de lunettes, de cigarettes, de poudre compacte et de vernis à ongles, mais pas de biscuits ou de chocolat car elle tenait à garder la ligne ; Cosette était en quête d'un amant.

Je l'ignorais à l'époque, je n'aurais pu le deviner. A mes yeux, elle ressemblait plutôt à leur mère, sauf qu'elle était indulgente à l'extrême, car quelle mère, à la fin des années soixante, aurait jamais autorisé sa fille à monter se coucher avec un garçon, ou son fils à rouler un joint, ravie d'en tirer quelques bouffées au passage ? Non seulement Cosette permettait de tels agissements, mais elle semblait les encourager de son sourire tolérant. Était-il d'ailleurs plus tendre envers ces jeunes barbus passifs : le garçon silencieux qui, assis la tête penchée en avant, lisait Kahlil Gibran, ou celui qui, frénétique, pinçait les cordes de sa guitare pendant des heures entières, émettant des vibrations dépourvues de toute mélodie ? Dans ce cas, j'en avais tiré d'autres conclusions ; jamais je n'aurais pu imaginer la solitude et le désir presque déchirant qui la poussaient à considérer des garçons de trente ans ses cadets comme des amants potentiels. Elle ne me l'expliqua que plus tard, vers Noël, quand un soir par miracle nous nous retrouvâmes seules, toutes les deux. C'est là qu'elle me parla de son envie de courir les hommes, de voler les maris des autres.

« Si j'avais de nouveau trente ans, Lizzie. J'étais mariée depuis onze ans à cet âge-là. Je n'avais jamais travaillé, tu sais. C'était le cas de plein de filles dans les années trente, et pas seulement celui des femmes mariées. Les filles restaient à la maison avec leur mère jusqu'à ce qu'elles trouvent un époux, et quand on se mariait jeune, on estimait qu'on avait de la chance, le plus tôt valait le mieux. On n'entendait jamais dire, comme maintenant, qu'il faut prendre son temps avant de se marier, qu'il faut une certaine maturité et d'autres choses du même genre. On m'enviait, on trouvait que j'avais de la chance d'être fiancée à dix-huit ans et mariée à dix-neuf — je faisais l'envie de tous. Cela paraît absurde aujourd'hui, les choses ont changé.

— Tu aurais préféré qu'il en soit autrement ? » La conversation me mettait légèrement mal à l'aise.

« Étant donné le climat de l'époque, je n'avais guère le choix.

— Je suppose que c'est ce que les sociologues appellent une spécificité culturelle », lui dis-je, faisant de l'esprit.

Elle haussa les épaules et dit tout bas, les yeux baissés : « J'ai déjà eu ma part, et voilà que j'en redemande. »

En dépit de mes vingt et un ans, je sus alors qu'il fallait éviter de lui dire qu'elle n'en avait plus trente, ne les aurait plus jamais. Elle se pencha en avant et, tout en me regardant attentivement, elle plaça les extrémités de ses doigts sur ses pommettes, puis releva la peau de son visage jusqu'à ce que les rides de chaque côté de sa bouche disparaissent et que sa mâchoire se distingue. Je n'avais aucune idée de ce qu'elle faisait ; je sus néanmoins qu'elle attendait un commentaire de ma part. Je levai les yeux, puis les baissai, les sentant cligner, éprouvant cette gêne que ressentent les jeunes lorsque les vieux affichent des désirs en désaccord avec leur âge. Je ne comprenais pas le sens de son geste, mais il semblait indiquer qu'elle avait perdu sa dignité. Elle retira ses mains et son visage s'affaissa.

« J'ai beaucoup d'argent, dit-elle. Je suis riche. Je trouve que je devrais le dépenser comme j'en ai envie, dans les limites du possible, pas toi ?

— Absolument, répondis-je, de retour sur la terre ferme. Elle m'entraîna à nouveau sur des sables mouvants.

— Des tas de femmes d'âge mûr trouvent un homme prêt à les aimer. Une femme qui approche de la cinquantaine est différente de ce qu'elle aurait été à l'époque où je me suis mariée. Mon père disait toujours que l'on est d'âge mûr à trente-cinq ans et que l'on est vieux à cinquante. Cela doit te paraître ridicule, non ? »

Pas spécialement. J'étais à peu près du même avis. Comme je savais que Cosette avait déjà plus de cinquante ans, je lui dis que d'après moi elle était très bien, très jolie, que son aspect me plaisait beaucoup ; d'ailleurs je le pensais. J'adorais son doux visage fatigué, aux traits tirés à force de régimes, ses mains encore potelées qui n'avaient jamais servi et dont les ongles étaient peints en rose, ses cheveux secs, d'un roux que le coiffeur, fidèle à sa promesse, faisait graduellement passer au blond rosâtre, sa robe bleu nuit en dentelles. Il ne me vint pas à l'esprit de lui dire ce qu'elle avait envie d'entendre, les seules paroles qui lui auraient fait plaisir ; de lui dire, par exemple, qu'elle était laide, épouvantable, mais qu'elle avait l'air jeune, de lui dire que la vue de ses cheveux, de sa robe, la couleur de son rouge à lèvres, m'étaient insupportables, mais qu'il fallait bien admettre qu'elle faisait jeune pour son âge. Je lui aurais menti avec plaisir si seulement j'en avais eu l'idée.

Peu après, Auntie pénétra dans la pièce. Elle ne manquait jamais de frapper avant d'entrer, malgré les efforts de Cosette pour l'en empêcher. Elle s'asseyait toujours à la même place, loin de la table et près de la fenêtre, dans un fauteuil à oreillettes assez rigide, au dossier droit, tapissé de ce velours rouge qu'affectionnait particulièrement Cosette. Celle-ci était aux petits soins pour elle, s'efforçant de lui donner tout le confort possible, cherchant en vain la jeune-fille-à-demeure — à l'époque Diana Castle qui, bien entendu, était sortie — pour lui demander d'apporter un petit verre de sherry ou une tasse de thé. Dans ce cas précis, je partis chercher ce qu'il fallait pour Auntie et, à mon retour, une foule avait surgi de nulle part, cinq personnes dont l'âge global s'élevait probablement à cent ans et que Cosette était en train de présenter d'un ton posé et cérémonieux à sa vieille cousine éloignée.

« Je te présente Gary, Auntie, et Mervyn, Peter, Fay, et Sarah. Je voudrais que vous fassiez tous la connaissance de ma tante. »

Vous comprenez, cela devait lui donner le sentiment d'être jeune. Les personnes âgées, ou même d'âge mûr, n'ont généralement pas de tantes. Elle exploitait sa présence, mais sans cruauté, sans penser à mal. Son attitude était loin de ressembler à celle de la branche espagnole des Habsbourg qui s'entourait de nains à la cour afin de mettre en valeur leur taille et leur physique. Auntie ne souffrait d'aucune atteinte à sa dignité, d'aucune humiliation. Ce rôle de nain-de-la-cour semblait d'ailleurs lui faire du bien ; par une certaine ironie du sort, elle avait même l'air plus jeune que la dernière fois où je l'avais vue. Placide, complaisante, presque totalement silencieuse, elle était assise dans son fauteuil près de la fenêtre. Elle ne regardait pas la nuit au-dehors, car les rideaux en velours rouge avaient été tirés, mais fixait, comme hypnotisée, les plis du tissu d'une douce couleur cerise.

Lorsque je revins voir Cosette, un mois plus tard, son visage venait de subir un lifting et il était couvert de bleus violets et jaunes si bien qu'on aurait dit qu'elle s'était battue. A Pâques, ses efforts aboutirent : un homme qui se faisait appeler Ivor Sitwell était devenu son amant.

VII

Ce fut lui qui, indirectement, me conduisit jusqu'à Bell, où plutôt la fit à nouveau entrer dans ma vie, mais cela n'adviendrait que beaucoup plus tard. Dans les premiers temps, j'eus l'impression que rien de bon ne pouvait provenir d'un pareil personnage. Je me souviens du choc que j'éprouvai à notre rencontre dans la Maison aux escaliers et le contrôle que je dus exercer sur moi-même afin d'éviter de donner à Cosette ma véritable opinion de lui.

Elle ne m'avait pas prévenue. Je ne m'étais doutée de rien, car elle avait parachevé tant bien que mal son projet de tenir salon ; les gens allaient et venaient chez elle, le tapis rouge des escaliers montrant déjà des signes d'usure. Certaines personnes avaient même élu domicile dans les chambres inoccupées, et lorsqu'on montait rendre visite à Cosette dans la salle de séjour, longeant auparavant les pièces du rez-de-chaussée, il n'était pas rare de voir dans l'encadrement de portes laissées ouvertes quatre ou cinq inconnus assis en rond sur la moquette autour d'une bougie, dont un jouant de la cithare ou de l'ocarina.

Cosette avait adopté, par nécessité ou par enthousiasme, cette passion des bougies typique des années soixante. (Celles-ci allaient s'avérer très utiles quelques années plus tard, durant les longues coupures de courant.) Si les escaliers étaient éclairés par la lumière électrique, l'obscurité du salon n'était percée que de la lueur des bougies, fixées dans deux candélabres en fer et en bronze que Cosette avait achetés dans King's Road, ou sur des soucoupes ou encore des couvercles de conserves. Je parvenais à peine à distinguer Auntie dans son fauteuil rouge, tourné cette fois-ci vers la pièce, et les formes ombrées de personnes assises par terre sur des coussins ou autour de la table. Au plafond pendait un gigantesque chandelier ouvragé qui, bien qu'éteint, dégageait une légère luminosité provenant d'un drapé de plus en plus épais de toiles d'araignée, objet fantomatique émergeant des ténèbres.

Je compris qu'il valait mieux éviter les commentaires sur le nouveau visage de Cosette en présence de ces gens-là ou de quiconque d'ailleurs. Je préférais l'ancien, mais je n'étais pas son amant, et Ivor Sitwell, lui, ne l'avait jamais connu. Légèrement ovoïde et moins expressif, le nouveau visage, à la surface tendue, comme polie, s'illumina du vieux sourire familier. Je fus rassurée. Je posai un baiser sur cette peau lissée dont le contact me rappela exactement celui de sa vieille peau flétrie, ou peut-être était-ce dû à cette odeur retrouvée des fleurs sophistiquées dans Joy, de Patou. Les cheveux de Cosette reflétaient presque la teinte souhaitée. Ils étaient couleur de sable sec. Au majeur de la main droite, elle portait la bague à l'héliotrope. Le bijou était revenu à la mode, cependant il ne lui allait pas.

On fit les présentations, mais je ne me souviens plus de qui se trouvait là. Si Ivor fut le seul dont on mentionna le nom en plus du prénom, c'était sans doute parce qu'il portait le même qu'une famille célèbre, un nom qui ne pouvait qu'attirer l'attention d'une personne comme moi, et même lui donner envie de faire des commentaires. Pour vous tenir en haleine, je pourrais taire le secret que je m'apprête à vous livrer, mais j'en ai décidé autrement : longtemps après, je découvris qu'Ivor n'était pas un Sitwell. Non seulement il n'avait aucun lien de parenté avec cette famille, mais il ne s'agissait même pas de son vrai nom. Il se l'était attribué lorsqu'en quittant le pavillon de ses parents à Northampton, il avait secoué la poussière de ses chaussures. Un membre de la famille Sitwell — Sacheverell, je crois — habitait en fait le manoir d'un village des alentours.

Ivor était poète. Cosette me le confia en me disant son nom. Elle ajouta que sa poésie était magnifique et qu'elle m'en montrerait des passages le lendemain. Il était mince, avait un air malsain, le visage cireux et anguleux, de très longs cheveux bruns. La plupart des jeunes portaient des cheveux longs à l'époque, mais Ivor lui-même n'était plus très jeune ; il approchait de la quarantaine, et le sommet de son crâne était dégarni. Il me lança un « Salut » blasé, sur ce ton désinvolte caractéristique de l'époque. Il le marmonna, en fait, sans lever les yeux du livre qui monopolisait son attention. Je ne peux dire qu'il le lisait, à proprement parler, puisqu'il était debout, penché au-dessus du volume ouvert sur la table. Il s'agissait d'une compilation des meilleurs clichés de plusieurs photographes, le genre d'ouvrage qui peut être intéressant lorsqu'il porte sur des personnes, mais ennuyeux (à mon avis) dans le cas de simples artefacts. Les reproductions présentaient des juxtapositions d'objets hétéroclites. Ivor Sitwell fixait avec un air d'extase la photographie de deux bouteilles de lait vides dont les parois avaient gardé des restes de peau et qui étaient posées à côté d'un poisson mort dans une cage à oiseaux.

Il faisait partie de cette catégorie d'individus qui déterminent par avance les personnes dignes d'intérêt. Ce n'était pas mon cas, ni celui d'Auntie, ou encore des jeunes assis par terre sur les coussins, exception faite des filles les plus jolies. Il s'adressa à Cosette. « Cette courbe sensuelle, tendre, dit-il, en montrant d'un doigt sale le profil d'une des bouteilles de lait, tu ne trouves pas cela affreusement excitant ? »

Cosette lui sourit et acquiesça. « Oui, c'est magnifique. » Je connaissais ce sourire. Il témoignait uniquement d'une sympathie pour l'interlocuteur, d'une volonté de lui faire plaisir, d'être gentille.

« Magnifique, d'accord, mais est-ce que cela ne te fait pas saliver ? »

Je crus détecter chez Auntie un mouvement, un sursaut de stupéfaction, puis je m'aperçus qu'elle dormait profondément, elle avait tressailli dans son sommeil. Ivor s'empara du livre et le posa sur les genoux de Cosette. Il voulait qu'elle le regarde de plus près, qu'elle l'étudie. Il se tint derrière elle, l'instruisant, la bougie à la main. Peu après, de la cire se renversa. Cosette avait la réputation d'être maladroite, probablement parce qu'elle faisait les choses lentement, mais en fait, elle ne l'était jamais, elle était habile de ses mains, délicate. Elle leva la main qui portait la bague vert et rouge, et Ivor, d'un geste brusque, tendit la bougie pour la lui donner. Peut-être avait-elle bougé la main pour une autre raison, pour prendre la sienne ; toujours est-il qu'à eux deux, ils firent tomber sur le livre ouvert la bougie qui, avant de s'éteindre, y répandit une longue coulée de cire.

« Espèce de grosse vache maladroite, hurla Ivor. Regarde ce que tu as fait ! »

A ce moment-là, je sus qu'il était son amant.

Un simple habitué de la maison n'aurait jamais parlé ainsi. L'attitude d'Ivor était évidemment injustifiable ; j'ignorais encore qu'elle était coutumière. Auntie, par contre, avait sans doute dû s'y faire, jusqu'à un certain point. La voix d'Ivor la réveilla et je vis ses vieux yeux endormis le fixer et refléter une sorte d'innocence ahurie. Les gens assis par terre n'y prêtèrent aucune attention, pas plus que les deux personnes installées autour de la table, y disposant des cartes de tarot. Cosette lui dit : « Oh, mon chéri, je suis vraiment désolée. Je ne sais pas comment je me suis débrouillée. »

Ivor tenait le livre près de son visage. « Tu sais ce que je crois parfois ? Je me dis que tu dois avoir une de ces maladies nerveuses, la maladie de Parkinson ou une chose dans le genre. »

Je frémis intérieurement. Comment s'attendre à une autre réaction de ma part ? Cosette me croisa du regard ; il était prévisible, inévitable même, qu'elle le fasse lorsqu'on tenait de tels propos. Je sus que son air inquiet et son hochement de tête, léger et rapide, étaient par égard pour moi, mais il les interpréta comme un redoublement d'excuses.

« Une femme dans un état normal ne serait pas aussi empotée, même une femme en pleine ménopause. »

Auntie se leva, rassembla son livre, son sac, ses lunettes, et prit la direction de la porte. Jamais auparavant je ne l'avais vue signifier sa désapprobation pour quoi que ce soit, et peut-être qu'en l'occurrence, elle était simplement fatiguée. Cosette l'intercepta, s'efforçant de lui demander d'un ton dégagé : « Tout va bien, Auntie ? Tu veux que j'aille te chercher quelque chose ?

— Non merci, ma chérie. Je vais me coucher. »

Auntie ferma la porte selon son habitude, avec une lenteur extrême, exagérée, comme si la maison était remplie d'invalides endormis, le déclic se perdant en un murmure à peine perceptible. J'étais assise à la table et observai Cosette et Ivor. Elle lui disait de son ton le plus réconfortant qu'elle allait remplacer le livre, elle lui en achèterait un autre exemplaire demain. Je ne savais pas, alors, que l'ouvrage abîmé par la cire était un cadeau qu'elle lui avait fait, comme d'ailleurs tout ce qu'il possédait de transportable, y compris ses vêtements. Cela ne lui donnait certes pas le droit de le détériorer, mais les insultes d'Ivor n'en étaient que plus scandaleuses. Cependant, j'étais là à réfléchir à ma découverte, à la révélation qu'on venait de me faire. J'étais outrée.

Ma réaction était, je suppose, comparable à celle d'un enfant qui s'aperçoit que sa mère a un amant. Les bases sur lesquelles il a fondé sa vie sont ébranlées, ses pieds quittent la terre ferme, son sentiment de sécurité lui est arraché. Y aurait-il eu une différence si l'amant de Cosette n'avait pas été une personne aussi odieuse ? Peut-être, mais si peu. N'importe qui aurait été choquant dans un pareil rôle, car le choc provenait en fait du rôle en soi. Évidemment, Cosette m'avait parlé de son désir de courir les hommes, d'avoir de nouveau trente ans et de voler les maris des autres, mais je pensais qu'il existait un gouffre incontournable, naturel, entre ses souhaits et la réalité. Naïvement, je croyais que ses régimes, la coloration de ses cheveux et son lifting contribuaient uniquement à lui redonner une bonne opinion d'elle-même. Le rideau s'était levé et j'ouvrais à présent les yeux sur un monde qui me rebutait, un monde où ceux que je considérais comme de vieilles personnes avaient des désirs et des excitations propres à les faire « saliver ».

Elle ne me dit jamais explicitement qu'il était son amant. Quant à lui, il n'allait certainement pas en parler. Je n'avais pas été témoin d'une attitude semblable auparavant, mais cela m'est arrivé depuis. Elle était de treize ans son aînée et n'avait par conséquent rien à exiger de lui, aucun mot à dire ; pour sa part, il ne lui devait ni la fidélité, ni même la courtoisie. En d'autres termes, elle pouvait s'estimer heureuse de l'avoir et il était en droit de se servir d'elle selon son gré et de lui extorquer le maximum. Au bout d'un certain temps, quand il se décida à m'accorder un léger intérêt, non pas en raison du rôle filial que je jouais dans la vie de Cosette mais parce que j'étais jeune et jolie, il me confia, plongé dans une de ses humeurs pensives : « Tu vois, je n'ai pas de compagne en ce moment, personne avec qui jouer un duo musical. »

Cosette ne comptait pas, visiblement. Pourtant ils partageaient le même lit, le grand lit ovale récemment installé dans la chambre de Cosette. Je les y avais même vus ensemble. Un matin, un homme s'était présenté à la porte d'entrée pour livrer un meuble dont j'étais certaine qu'il avait été envoyé par erreur ; il correspondait si peu aux goûts de Cosette, l'ancien comme le nouveau. Bien entendu, elle dormait encore. Dans sa nouvelle vie, suivant l'exemple de ses jeunes hôtes auxquels elle avait tant envie de ressembler, elle faisait la grasse matinée et ne se levait jamais avant midi. Je montai les quatre volées de marches menant au deuxième étage et frappai timidement à sa porte. L'énormité de mon geste, mon intrusion, me donnaient envie de fuir.

Cosette, par contre, était loin de déplorer ma présence. Était-elle allée jusqu'à feindre le sommeil pour m'obliger, après des coups répétés sur la porte, à ouvrir et à entrer ? Le fait que je la trouve au côté de son jeune amant, dans une situation confirmant leur relation sexuelle, lui procurait un réel plaisir. Il était couché sur le ventre, emmitouflé dans un pyjama, un homme égoïste qui tire tous les draps et les couvertures à lui ; on apercevait sa calvitie. Les cheveux de Cosette, jadis relevés à l'aide d'épingles pour la nuit, recouvraient ses épaules. Elle portait la chemise de nuit d'une jeune maîtresse, un déshabillé en dentelle noire avec de fines bretelles.

« Ne fais pas de bruit, ma chérie. Il ne faut pas réveiller Ivor. » Le doigt sur les lèvres, elle descendit de son lit en prenant des précautions exagérées.

Il se retourna en poussant un grognement. Cette vision, cette confrontation me bouleversa. Autrefois, il m'était arrivé d'essayer d'imaginer, comme le font les adolescents, Cosette et Douglas au lit ensemble. J'avais réussi à me les représenter dans leurs rapports sexuels, un acte effectué dignement, avec le minimum de mouvement, sans un mot, dans le noir, et aboutissant à une satisfaction inexprimée, silencieuse, mutuelle. J'ai compris récemment, depuis quelques années seulement, qu'une telle image est en fait celle qu'ont les enfants de leurs parents faisant l'amour.

Les rapports entre Cosette et Ivor — voilà qui était beaucoup plus difficile à concevoir, une idée repoussante. D'ailleurs j'avais passé l'âge de me complaire dans ce type de curiosité. J'imaginais qu'Ivor ne s'exécutait que par obligation, avec encore moins d'enthousiasme qu'un étalon mené à la saillie, mais il se peut que je me trompais. Au vu de ce qui arriva plus tard avec un autre homme, c'est fort possible. Si Ivor n'était pas amoureux de Cosette, s'il guettait l'arrivée d'une jeune « compagne », il pouvait cependant très bien éprouver une certaine attirance vis-à-vis d'elle. Cette langueur a beaucoup de charme pour certains, cette lente douceur pleine de gentillesse, cette façon d'inviter tout le monde à aimer, dans l'oisiveté. Par ailleurs, il était indéniable que le travail de Cosette sur sa propre personne avait porté ses fruits. J'étais la seule à voir en elle la femme qu'elle avait été avant cette transformation : corpulente, les cheveux gris, des tailleurs sur mesure. La seule à voir en elle une mère.

Elle n'était pas amoureuse non plus. A l'époque, il m'était impossible de confronter cette vérité crue, mais à présent je sais qu'elle voulait un homme à elle, un homme qu'elle puisse montrer aux autres, qui l'accompagne, et qui partage éventuellement ses nuits. Comme c'est étrange : j'en acceptais tout naturellement le principe quand il s'agissait d'une fille de mon âge, de moi-même ou de Diana Castle par exemple. Diana et Fay, la jolie fille assise par terre sur des coussins à qui Ivor faisait des avances, avaient exploité à fond la mentalité des années soixante, elles couchaient avec qui bon leur semblait. L'amour n'avait rien à y voir. Pourquoi auraient-elles agi autrement ? Elles s'étaient aperçues qu'il n'est pas nécessaire d'aimer un homme pour passer de bons moments avec lui. Il n'y avait là rien de mal, j'en étais consciente, j'étais de leur avis. Pourtant, l'idée que Cosette ait le même sentiment m'était insupportable, je refusais d'y penser. Je sais à présent que Cosette, en dépit de son amour sincère pour Douglas, de sa fidélité, de son soutien en tant qu'épouse et des larmes versées à la disparition de son mari, n'est cependant tombée qu'une seule fois amoureuse dans sa vie, et cela ne concerne ni Douglas, ni Ivor.

J'aurais été heureuse, vraiment heureuse de pouvoir dire quelque chose en faveur d'Ivor Sitwell, de découvrir en lui une qualité qui effaçât ses défauts. Cela m'aurait permis de supporter sa présence dans la Maison aux escaliers, et d'élucider un tant soit peu le penchant inexplicable de Cosette envers lui. Il était laid et méchant, ingrat, grossier, aussi impoli envers Auntie qu'envers Diana ou moi-même, capable de caresser Fay en présence de Cosette puis d'aller voir cette dernière pour lui demander de l'argent devant nous tous. Il ne faisait rien pour aider dans la maison et se servait de Perpetua comme d'une servante de l'époque victorienne. Peut-être avait-il du talent en tant que poète. Il m'est impossible d'en décider, je n'en sais rien. Cosette m'avait montré, comme promis, un livre contenant ses poèmes. Certes ils avaient été publiés, mais était-ce à compte d'auteur, comme j'en étais persuadée à l'époque ? Ou bien avait-il convaincu une femme ayant précédé Cosette de verser la somme nécessaire à l'éditeur ? On ne pouvait dire de ses poèmes qu'ils étaient mauvais au même titre que ceux de Patience Strong, par exemple. Ivor n'écrivait pas des vers de mirliton exploitant des clichés pour exprimer de fades émotions. Et si ses poèmes me laissaient perplexe, cela ne prouve rien. Il est fort possible que, remettant la main sur l'un d'entre eux, je continue à n'y rien comprendre. Après tout, dans les années soixante, les gens trouvaient les œuvres de Pinter incompréhensibles et totalement incohérentes. Une ou deux fois dans la soirée, Cosette lisait à haute voix les poèmes d'Ivor pour quiconque se trouvait là. Ce fut les seules occasions où je vis Ivor la regarder comme l'aurait fait un amant, ou du moins sans montrer d'indifférence ou de colère.

Au printemps, je passai plusieurs semaines chez Cosette. Je devais effectuer un stage pratique dans le cadre de mon cursus et, par un heureux hasard, j'avais été envoyée dans une école à North Kensington. Les temps ont changé, mais même à l'époque, c'était un mauvais quartier, pauvre et sordide le jour, dangereux la nuit. Les enfants, comme aujourd'hui, étaient de diverses origines, et pour leur donner un enseignement correct il aurait fallu parler couramment le gujarati et le bengali. Toutefois, le grand avantage était que je pouvais m'y rendre à pied depuis Archangel Place.

Le soir, il arrivait souvent que Cosette nous emmène tous dîner. Peut-être qu'en fait, Ivor ne tenait pas à se retrouver seul avec elle. Ils ne sortaient pratiquement jamais tous les deux. Cosette rassemblait les personnes présentes, moi, Fay — désormais la jeune-fille-à-demeure puisque Diana était partie vivre en Cornouailles avec son ami, le garçon à la cithare et celui à l'ocarina, ou encore le frère de Perpetua, un Irlandais venu de County Leix pour chercher fortune à Londres auquel on avait donné une chambre à Archangel Place, « juste le temps de trouver autre chose, mon très cher ». Et bien sûr, Ivor. Nous fréquentions toujours les endroits les plus coûteux, les plus branchés : le *Marco Polo* dans la King's Road, *San Frediano's*, *The Pheasantry*, la *Villa dei Cesari*. Les rares occasions où Cosette se retrouva à dîner au *Hungry Horse* dans Fulham Road, elle eut l'impression de visiter les bas quartiers.

Elle avait gardé la grande et vieille Volvo de Wellgarth Avenue, qu'elle laissait dehors. A l'époque, il était encore possible de se garer dans les petites rues de Notting Hill. Traditionnelle par certains côtés, elle ne conduisait jamais la voiture lorsque Ivor l'accompagnait, mais lui tendait les clés avant de quitter la maison. Il conduisait très mal. La Volvo, que pendant des années la conduite paisible, experte, de Cosette avait préservée de toute égratignure, présentait à présent des balafres, des bosses, des craquelures, et un des feux arrière était pulvérisé. Partir vers l'est pour rejoindre Edgware Road puis descendre en direction du sud en longeant Park Lane n'est ni le chemin le plus simple, ni le plus direct pour aller à Chelsea, pourtant ce fut celui qu'emprunta Ivor. Peut-être était-ce pour prendre Moscow Road et se donner ainsi le loisir de nous montrer à tous la maison où Edith Sitwell avait eu autrefois un appartement. « Cousine » Edith, l'appelait-il. Il se référait aux autres Sitwell avec autant de familiarité, parlant de « Sachie » et « Georgie ». Par curiosité, je lui avais même demandé s'il se souvenait d'anecdotes ou de détails particuliers à propos de ces trois illustres personnages. Il me conta plusieurs histoires que j'ai ensuite retrouvées presque mot pour mot dans *Laughter in the Next Room* d'Osbert Sitwell.

J'appris néanmoins une chose. Si l'on voulait mettre Ivor de bonne humeur, il fallait soit s'extasier sur ses poèmes, soit lui poser des questions sur ces gens qui — nous en étions persuadés — étaient de sa famille. Il n'y avait aucun autre moyen. Ce soir-là, nous nous rendîmes au *Marco Polo*, comme souvent à l'époque, et c'est là que je reçus, sans m'en apercevoir alors, des nouvelles de Bell.

Les restaurants chinois n'étaient pas aussi nombreux qu'ils le sont aujourd'hui. Du moins ceux où l'on mangeait bien. C'était merveilleux d'être réunis autour d'une table assez grande pour tous nous accueillir et de grignoter dans les différents plats constituant ce qu'en ce temps-là on trouvait encore difficilement à Londres : du canard laqué à la pékinoise. J'étais assise entre Dominic et un garçon du nom de Mervyn, l'autre voisine de Dominic était Fay, puis à côté d'elle se trouvait Ivor. Je passais un bon moment, mais ne pouvais m'empêcher de penser à l'étrangeté de la situation, me souvenant des dîners bienséants que Cosette et Douglas organisaient dans leur maison de Wellgarth Avenue, à l'intention de leurs amis et des voisins. Certaines de ces personnes étaient d'ailleurs venues une fois ou deux à Archangel Place. Leur stupéfaction, qui transparaissait dans leurs yeux égarés et leurs questions hésitantes, dépassait même la mienne. Plus âgés, accrochés à leurs habitudes, ils pensaient que Cosette était devenue folle.

La possibilité de dîner au *Marco Polo*, ou dans tout autre endroit, provoquait cette même stupéfaction chez certains jeunes invités de Cosette. A l'évidence, ils se demandaient ce qui leur arrivait, pourquoi Cosette se montrait généreuse, et dans plusieurs cas, le prix qu'il leur faudrait payer en retour. L'Irlandais, le cadet de la ribambelle d'enfants qu'avaient eus les parents de Perpetua, en était l'exemple le plus frappant. Dominic était venu à Londres pour chercher du travail, et lorsque sa sœur lui avait annoncé qu'elle lui avait trouvé un logement, il avait dû s'attendre à une chambre minable dans une maison sans confort, à une logeuse tyrannique et un quartier misérable. Il n'en revenait pas de sa chance et se défaisait difficilement de ses terribles soupçons. Tel le mendiant endurci qu'on ramasse dans la rue pour aller festoyer chez le bourgeois, il était toujours aux aguets, prêt à ce qu'on lui présente la note. Tôt ou tard, les véritables motivations de Cosette finiraient par émerger. Ce qui était certainement une mauvaise farce, savamment préparée, se terminerait par son humiliation ; ou alors elle se trompait sur son compte, le croyait différent, et quand elle s'apercevrait de la vérité, du fait qu'il travaillait de ses mains non par goût mais par nécessité, qu'il était pauvre, illettré, habitué à manger à la table de la cuisine chez sa mère, du pain perdu et des frites, elle dévoilerait la vérité et le jetterait dehors.

Ou du moins, c'est ce qu'il devait se dire. Je le déduisais de son expression, car à l'époque il ne parlait jamais sauf pour dire merci, et plus tard, quand j'aurais pu le lui demander, je ne l'ai pas fait. Son beau visage sombre, farouche, reflétait une anxiété permanente et devenait magnifique lorsqu'il souriait, ce qui se produisait chaque fois qu'on lui adressait la parole, ses yeux — les plus bleus que j'aie jamais vus — brillant alors d'une véritable lueur de gratitude et d'appréhension. Par contre, le garçon du nom de Mervyn cherchait à soutirer tout ce qu'il pouvait. Je crois que c'était également le cas de Fay. Je le pense aujourd'hui, mais à l'époque je doutais qu'on puisse vraiment agir ainsi, et qui plus est de façon délibérée. J'étais persuadée qu'on ne rencontrait ce type d'attitude que dans les vieux romans, écrits par des auteurs connaissant mal les subtilités de la nature humaine. Je n'avais encore jamais lu Balzac. Et je n'avais pas commencé à lire Henry James.

Aussi, quand je voyais Fay lever ses longs cils et les rebaisser en direction d'Ivor Sitwell, étirer ses bras nus derrière la tête afin de relever la poitrine, lui sourire et lui chuchoter une chose indécente, provocante, comme si elle avait attendu le moment où Cosette s'absenterait pour aller aux toilettes, je pensais qu'elle le faisait innocemment, qu'il s'agissait là d'un hasard. Et à mes yeux c'était encore l'effet du hasard, d'une coïncidence, si ensuite elle lui tournait le dos pour prêter attention à Cosette ; elle épinglait les cheveux de sa voisine qui s'étaient défaits sur sa nuque, lui adressait des compliments sur son parfum en le humant les yeux fermés, comme pâmée, ou partait à la recherche d'un serveur pour exiger la carafe d'eau que celle-ci avait demandée. Les méthodes de Mervyn étaient différentes : il mangeait et buvait tant qu'il pouvait, bien plus que de raison — Cosette réclamait toujours la note et la payait sans mot dire, y jetant à peine un coup d'œil —, il faisait remarquer qu'il n'avait plus de cigarettes, s'exclamait souvent qu'il adorait la veste d'un homme à l'autre bout du restaurant ou encore qu'il avait toujours voulu avoir un certain type de stylo ou de briquet. Je les croyais ingénus, mais j'avais beaucoup à apprendre.

Sur la table de Cosette, à la maison comme au restaurant, tout était toujours en excès, trop de nourriture ou de vin, une ou deux bouteilles laissées à demi vides, des mégots de cigarettes fumées à moitié, des paquets encore pleins abandonnés sur la nappe, des fonds de liqueur dans les verres, des chocolats restés sur des soucoupes. Lorsque Gary était là, celui qui jouait de divers instruments exotiques, il ramassait les restes et les versait dans un sac qu'il transportait à cet effet. D'autant que je sache, c'était sans doute le premier *doggy bag* à faire son apparition à Londres. Gary se promenait également avec un Tupperware[1] pour y mettre des nouilles et des germes de soja, y compris ceux qui restaient dans l'assiette des autres.

Quelques jours après ce dîner, je fus témoin pour la première fois de ce ramassage, et je le vis, blême à la suite d'une absorption de quatre verres de kirsch, partir aux toilettes pour vomir. Mais le soir dont il était question auparavant, Ivor brûla un billet de cinq livres afin de prouver son mépris de l'argent.

« Tu me passes cinq livres ? »

Cosette n'hésita pas une seconde. Le billet, à présent une somme négligeable, équivalait alors à une semaine de loyer pour une chambre plus confortable que celle qu'aurait pu s'offrir Dominic. Ivor s'en empara. Il venait de tenir un discours sur la richesse de « sa » famille et la joie qu'il éprouvait car, en raison des complications légales, la branche à laquelle il appartenait n'avait hérité de rien. Il parlait de corruption par l'argent et d'égoïsme. J'ai remarqué depuis lors que seules les personnes profondément égoïstes font observer aux autres qu'ils le sont. Plut tôt dans la journée, il avait proposé à Cosette, semble-t-il, de soutenir la création d'une revue de poésie dont il serait le rédacteur en chef. Elle n'avait pas exprimé de refus ferme et définitif, elle lui avait simplement dit qu'il lui serait difficile de mettre la main sur une somme aussi importante dans un délai aussi court.

« A votre avis, pourquoi qualifie-t-on un individu qui s'oppose à toute nouveauté artistique de philistin ? », nous demanda-t-il, tenant encore le billet du bout des doigts.

Il n'obtint pas de réponse, personne ne savait ou ne s'en souciait.

« Sans doute parce qu'il n'existe plus de documents en philistin, poursuivit-il. Ou encore parce que seuls les Philistins savaient forger le fer, l'unique spécialité qu'on leur connaît. » Il regarda Cosette, tirant vers lui de sa main restée libre une bougie qu'un serveur venait d'allumer. « Mais comment le terme en est-il arrivé à son sens moderne ? »

Cosette était très tolérante, très souple, capable de cacher sa douleur au point de donner l'impression de ne pas souffrir, ou presque. La trahison était ce qu'elle craignait par-dessus tout, et comme Ivor ne lui avait probablement fait aucune promesse, accordé aucune garantie, il n'en avait pas le pouvoir. Elle aimait cependant qu'il régnât une atmosphère agréable, elle était de ces personnes qui préfèrent arrondir les angles.

1. Marque de récipients en plastique destinés à conserver les aliments (*N.d.T.*).

« Tu viens de nous l'expliquer, Ivor, dit-elle. C'est très intéressant, je l'ignorais.

— Ce sont des étudiants allemands qui, au XIXe siècle, ont commencé à utiliser ce terme pour des personnes ne montrant aucun intérêt pour la culture d'avant-garde et ayant des préoccupations essentiellement matérielles. Ils qualifiaient ainsi les gens qui n'avaient pas été à l'université. Des gens comme toi. » Il aurait pu tout aussi bien dire « comme moi » car il avait quitté la Northampton High School à l'âge de seize ans, et ses études poursuivies à Oxford, ou n'importe quelle autre institution prestigieuse, n'étaient que pure invention de sa part. Je découvris plus tard qu'il avait sciemment recherché son information sur les Philistins par avance. Cosette ne se sentit pas le moins du monde offensée, car elle ne se faisait aucune illusion sur son propre intellect, et même le sous-estimait. Il s'en aperçut, se rendit compte qu'il s'était mépris sur sa victime, sur la nature de sa vulnérabilité. Alors, il visa son point sensible. « On ne peut pas vraiment t'en vouloir, tu n'y peux rien. Tu es née trop tôt. » Il ajouta à notre intention : « Les femmes de son âge n'avaient tout simplement pas le droit d'entreprendre des études supérieures. » Se penchant en avant, il avança brusquement au-dessus de la flamme de la bougie le billet qu'il avait plié et s'en servit pour allumer sa cigarette. « Rien d'étonnant à ce que leurs principales préoccupations soient matérielles. Mais cela ne leur fait pas de mal » — pause — « qu'on leur montre » — pause — « le peu d'importance » — pause — « qu'ont ces choses ».

Ses efforts étaient plutôt inutiles, car je crois que je fus la seule à voir Cosette devenir écarlate. Les autres étaient bien trop occupés à regarder, tels des animaux hypnotisés par des phares de voiture, le billet de cinq livres prendre feu. Tous sauf Gary qui, souffrant le martyr devant cet affreux gâchis et allant jusqu'à émettre une sorte de gémissement, bondit en avant pour tenter d'arracher le papier en flammes de la main d'Ivor. L'ensemble du restaurant avait les yeux rivés sur nous. Ivor riait, tenant dans les doigts les fragments de papier brûlé, soufflant la fumée par les narines. J'essayai de voir si la fine bande de métal insérée, paraît-il, dans chaque vrai billet avait survécu, mais je ne vis que des lambeaux de cendres brun foncé. Tandis que Fay s'adossait à sa chaise et posait la tête sur l'épaule d'Ivor, puis s'exclamait : « Oh ! C'est grandiose ! », que Gary, des larmes sur les joues, remplissait de restes sa boîte en plastique, et que Dominic, abasourdi, murmurait : « Sainte mère de Dieu », j'eus l'impression de voir le visage de Cosette traversé d'un éclair de peur, cette peur qui signifie : « Mais que fais-je donc ici, dans quelle galère ai-je bien pu me mettre ? » Du moins, c'est ce qu'il me sembla mais je peux me tromper.

Elle paya l'addition, comme toujours, y jetait à peine un coup d'œil. Elle laissa, fidèle à son habitude, un pourboire excessif. Une fois dehors, sur King's Road, Ivor suggéra d'aller dans un club qu'il connaissait, à South Kensington, un endroit qui s'appelait le *Drayton*. Cosette avait mal à la tête et je remarquai qu'elle souffrait terriblement. Sous les lumières crues et acides, parée des couleurs vives qu'elle affectionnait à présent — ce soir-là, une jupe et un blouson sans manches en soie rouge ainsi qu'un chemisier à fleurs — elle avait l'air vieille et fatiguée. Le lifting n'empêchait pas les coins de ses lèvres de tomber. Je n'allais pas m'opposer à la proposition d'Ivor, personne n'en aurait tenu compte, et puis j'avais envie de sortir, j'étais jeune, je voulais vivre. A l'époque, je traversais une période d'insouciance que connaissent peut-être ceux qui sentent planer sur eux la menace d'une maladie mortelle, susceptible de se déclencher dans un mois, une année ou même le lendemain.

Il ne serait pas venu à l'idée de Cosette de refuser. Elle avait adopté le rôle d'une jeune femme et devait en assumer tous les aspects. Elle était cependant incapable de feindre l'enthousiasme, et Ivor le remarqua immédiatement, il avait, en ce sens, une certaine sensibilité ; il s'aperçut qu'elle était fatiguée, qu'elle souffrait et ne pouvait s'en cacher, capable uniquement d'acquiescer. C'était une des choses qui le rendaient furieux, sa complaisance, qu'il prenait pour une indifférence de femme riche. Quand on a autant d'argent, on n'a pratiquement pas besoin de se soucier de quoi que ce soit ou de se rendre intéressant, il suffit de se tourner les pouces. Je crois qu'il l'interprétait ainsi. Il se consumait d'envie, de convoitise, pour son argent, et aurait sans aucun doute été jusqu'à l'épouser. Quelqu'un avait dit à Bell, qui me le confia plus tard, qu'il ne pouvait se marier car il avait déjà une femme, une catholique qui refusait le divorce. Cela se passait plusieurs années avant l'entrée en vigueur de cette nouvelle loi qui en simplifia la procédure.

Il était en colère, et la colère le rendait généralement vindicatif ou doucereux. Ce soir-là, il était mielleux. Dans la voiture, en route pour Drayton Gardens, il commença à parler des femmes, de tous les types qu'il admirait. Pour une raison ou pour une autre, celles dans mon genre, petite, mince, brune, la peau mate, lui plaisaient le moins. Une fois dans le club, auquel Cosette fut obligée d'adhérer car on ne trouva personne pour confirmer les dires d'Ivor qui prétendait être membre, il décrivit en détail ce genre de filles, qu'il abominait. Comme j'éprouvais envers lui une profonde antipathie, j'étais plutôt amusée, et le ressentiment qu'éprouvait Dominic à ma place me toucha.

Un physique comme celui de Fay avait sa préférence.

« Grande et pas trop mince, disait-il, une masse de cheveux très blonds, mais pas jaunes, surtout pas. Des yeux gris, très grands, un petit nez et une bouche sensuelle. »

Comme par hasard, sa description de Fay, qu'il regardait en parlant, pouvait aussi bien s'appliquer à Cosette, ou du moins à l'aspect qu'elle avait tenté, avec un certain succès, de se donner. Elle s'en aperçut, alors que les autres n'avaient sans doute rien remarqué, et se sentit ragaillardie. Ses yeux s'illuminèrent, elle esquissa un sourire. Non qu'elle se souciât beaucoup de ce qu'Ivor disait, je crois qu'elle arrivait au stade où ses paroles et ses actes la laissaient indifférente, les jours de son amant étaient comptés, mais après tout c'était un homme, qui évoquait l'attrait que pouvait exercer une femme comme elle, et par conséquent lui accordait une certaine jeunesse.

Fay était ravie, elle aussi. Elle était persuadée que ses compliments s'adressaient à elle seule et savait peut-être qu'il la flattait car elle n'était pas très grande et n'avait pas le nez retroussé. Nous étions installés autour d'une table, à boire un mélange appelé Singapore Sling, et une fille était montée sur une petite scène pour chanter des chansons d'Édith Piaf en très mauvais français, d'après Ivor. J'avais l'impression du contraire et en fis la remarque. Il me lança un de ses regards venimeux, si ridicule que je pouffai de rire. Je ne m'étais encore jamais moquée de lui de façon ostentatoire. Était-ce par lâcheté, sentais-je à présent sa chance tourner ? Sans doute. Toujours est-il que je me mis à rire, et qu'au bout d'un moment Dominic m'imita, d'abord hésitant, puis laissant éclater bruyamment sa joie. Ivor regarda la fille quitter la scène.

« Je la connais, dit-il froidement. Je l'ai rencontrée à une fête chez un ami et il y avait là la plus belle femme que j'aie jamais vue. Elle loue une chambre chez des amis. » Il reprenait le dessus. J'étais persuadée qu'il racontait des histoires à mesure que la rancune montait en lui. « A côté d'elle, n'importe quelle femme dans cette pièce aurait l'air d'un vieux résidu fatigué. » Cosette s'immobilisa de stupeur. Le visage de Fay, choquée, s'était transformé en un masque grotesque sous l'effet de l'incrédulité et de l'alcool. Je fus prise d'une sorte de gloussement hystérique et j'usai de mes dernières forces pour le contenir.

« Une fille des dieux, disait Ivor, divinement grande et aux cheveux d'un blond fabuleux.

— Tu viens de l'inventer ? demanda Mervyn, stupéfait.

— Bien sûr que non, pauvre con ! Je suis un vrai poète. Tu peux me croire, elle a ce visage que j'ai décrit, seulement dans son cas il est parfait, comme si les autres — il regardait Fay — n'en étaient qu'une pâle imitation, un modèle de cire. Ce visage scandinave, ces traits de jeune Viking — "un visage pour lequel on serait prêt à perdre sa jeunesse, dont on pourrait passer ses années à rêver, qui nous aiderait à confronter la mort" — d'ailleurs cela non plus, je ne l'ai pas écrit. » Je compris qu'il était complètement ivre, mais sans doute l'étions-nous tous, à part Cosette. Quelque chose émergea du fin fond de ma mémoire, une conversation que j'avais eue avec elle. Je la regardai pour voir si elle s'en souvenait, mais sur son visage fatigué je ne lus que douleur, et peut-être même regret, comme si le calme, les lys du jardin et son mari, puissant et ennuyeux, lui étaient revenus à l'esprit.

« On pourrait très bien l'imaginer dans *Sourires d'une nuit d'été*, dit Ivor. Ou dans Strindberg. »

Tout d'un coup je lui demandai : « Comment s'appelle-t-elle ? »

Il était trop surpris par cette soudaine question pour tenter de se rendre intéressant. « Christine Machin. On l'appelle Chris. Pourquoi ?

— Pour rien, répondis-je. Il ne s'agit pas de la même personne », car j'avais oublié que le nom de Bell était Christabel ; cela m'avait totalement échappé.

Les danseurs s'agitaient à présent au rythme primaire, répétitif, monotone, du rock. Gary s'était endormi, la tête sur la table. Mervyn effectuait en solo des sortes de cabrioles comme s'il tenait à édifier les musiciens. Sans doute parce que Cosette restait assise là, à fixer les murs de style art nouveau d'un air plus indifférent que désespéré, Fay tendit la main vers Ivor, craignant qu'il repousse son invitation. Mais celui-ci se leva, l'entoura de son bras, et traversa de manière incertaine la piste en verre.

Je lançai à Dominic : « Viens danser ! »

VIII

Il y a plus de cent ans environ, George Huntington décrivit une maladie qui, selon ses observations, affectait des familles de la Nouvelle Angleterre descendant d'immigrés venu s'y installer au dix-septième siècle et originaires du village de Bures, dans le Suffolk. J'ai entendu dire qu'une de mes ancêtres très éloignées était de Bures.

Aujourd'hui un test existe qui permet de déterminer si l'on sera un jour affecté par la chorée de Huntington. Il est particulièrement compliqué et nécessite non seulement un échantillon du sang de la personne concernée mais celui de plusieurs membres de sa famille, au moins sept. Or, du côté de la mienne qui souffre de cette hérédité, il ne reste plus assez de parents en vie. Ce mal les a tous emportés.

Il fut un temps où nous étions pourtant nombreux. Ma grand-mère avait six enfants. Son père était mort à l'âge de trente-cinq ans, non pas de la chorée de Huntington mais de la poliomyélite, que l'on prenait alors pour de la paralysie infantile. Quant à sa mère, elle se rappelait vaguement que sa belle-mère était atteinte de ce qu'elle appelait à tort la danse de Saint-Guy, qui se manifestait par des convulsions dans les membres et des gestes désordonnés des mains, mais elle ignorait qu'il s'agissait d'un phénomène héréditaire, que son mari y aurait succombé s'il avait vécu. Ou que ses enfants représentaient des victimes potentielles. Les mouvements choréiques de ma grand-mère apparurent peu après la naissance de son sixième enfant, elle venait d'avoir trente ans. Chacun de ses enfants avait cinquante pour cent de chances d'y échapper. Telle en est la probabilité génétique ; ni plus, ni moins élevée. C'est le risque que l'on encourt si un des parents a été atteint de la chorée de Huntington. Si par contre les deux restent sains, on ne peut en être frappé. Ma mère montra les premiers signes de cette maladie — comportement incohérent et malaises — à l'âge de trente-six ans. Une de ses sœurs était morte de la diphtérie lorsqu'elle était enfant. Sinon, aurait-elle développé ces symptômes plus tard ? Ce fut le cas d'un frère et d'une sœur qui moururent tous deux avant elle. Les autres sœurs restèrent sans enfant, célibataires, elles n'osèrent pas se marier. Pourtant, ni l'une ni l'autre n'en sont atteintes aujourd'hui ; elles sont encore en vie, les seules survivantes d'ailleurs, mais si le test avait existé il y a vingt ans, il aurait probablement été possible de réunir pour moi les personnes nécessaires : Douglas, qui était le fils de la sœur malade de ma grand-mère condamnée, cousine Lily qui était la fille de l'autre sœur malade de cette même grand-mère, ma propre mère, ses sœurs, un oncle fou et agonisant — certes, le compte aurait été un peu juste mais cela aurait peut-être suffi.

Et s'ils l'avaient fait, si le test avait existé, si j'avais osé m'y soumettre, s'il s'était révélé négatif, ma vie aurait-elle été différente ? Aurais-je agi davantage, ou moins, ou différemment ? Aurais-je eu des enfants, écrit d'autres choses, meilleures ? Quel intérêt d'en parler ? Il n'existait pas autrefois, et maintenant qu'il est là, les individus manquent et je marche en équilibre sur la dernière crête — dans deux ou trois ans, je connaîtrai mon sort, heureux ou malheureux, je saurai pour toujours.

J'ai écrit mes trois premiers livres chez Cosette. Le premier à l'aide de la vieille machine à écrire de Douglas, dans la chambre au dernier étage de la maison, celle dont la fenêtre n'a pas de vrai balcon et où aucun bruit venant du dessus ne pouvait me déranger. Je l'avais rédigé vite et mal, y injectant du sensationnel, de la violence et du sexe à l'état pur. Aussi ne pouvais-je reprocher à Ivor Sitwell de me dire, quelque temps après : « Alors, Elizabeth, tu continues à en pondre ? »

Mais tout ceci avait eu lieu plus tard. A l'époque, je projetais encore d'enseigner. D'écrire une thèse sur Henry James. Ivor habitait avec Cosette, continuait de partager le même lit, de l'insulter, d'essayer de lui soutirer de l'argent pour sa revue de poésie. Sur ce thème, elle se montra exceptionnellement têtue. Il y avait en elle une certaine obstination et des qualités de femme d'affaires. Douglas avait sans doute déteint sur elle. Elle voulait voir des chiffres, des évaluations, rencontrer ceux qui, avec Ivor, devaient jouer un rôle dans l'affaire, avant de faire ce qu'elle appelait « le bond en avant ». Il s'agissait de deux personnes. L'une d'entre elles, une femme aujourd'hui mariée qui avait été la « chérie » d'Ivor — disait-il — et avait écrit le livret d'une comédie musicale, un spectacle que l'on avait bel et bien monté, quelque part aux États-Unis, dans un théâtre en rond. L'autre, qui avait des liens avec *Private Eye*[1], s'appelait Walter Admetus, et c'était chez lui que la femme enchanteresse décrite par Ivor, celle du nom de Chris ou Christine, louait une chambre.

Je ne m'explique pas mon attitude du moment, mes raisonnements soudain tortueux. J'avais déjà décidé que cette femme magnifique ne pouvait être Bell, car je m'étais convaincue que la « mienne » s'appelait en fait Isabel. Pourtant, la description d'Ivor lui correspondait point par point, chaque trait, chaque touche concordait. Il m'aurait été facile de demander à Elsa la Lionne, que je voyais souvent, qui venait régulièrement à la Maison aux escaliers, de chercher à savoir auprès des Thinnesse si Bell Sanger habitait encore dans leur cottage. D'ailleurs, j'aurais aussi bien pu téléphoner moi-même à Felicity Thinnesse. Nous nous étions revues une ou deux fois depuis ce Noël-là, toutes les personnes alors présentes s'étaient retrouvées par hasard à une soirée chez Elsa. Si je me suis abstenue, c'est sans doute que je voulais éprouver le choc des retrouvailles, une émotion forte. Je le crois, du moins, mais je n'en suis pas sûre. Il était cependant certain que ma vie émotionnelle était liée à Bell, cette femme que je n'avais qu'entr'aperçue.

Aussi, quand Cosette suggéra d'inviter pour un dîner à Archangel Place Admetus et la femme avec laquelle il vivait, je m'y opposai. Elle me le proposa alors que nous étions seules, sans personne à part Auntie ; c'était une chance — en apparence du moins, mais le destin s'en mêlait déjà — car si Ivor avait été là, il aurait sauté sur l'occasion, comme toujours, afin d'obtenir de Cosette une faveur, n'importe laquelle, pour lui ou une personne de sa connaissance. Je me suis souvent demandé ce qu'il serait advenu si Cosette avait refusé, si elle avait rejeté mon idée lorsque je lui avais dit qu'il valait mieux appeler Admetus et lui proposer un rendez-vous chez lui, puis éventuellement l'inviter une autre fois à dîner si elle le trouvait sympathique. Étant donné sa conception de l'hospitalité, une telle réaction de sa part n'aurait rien eu d'étonnant. Me serais-je alors frayé un chemin vers le nord, vers Gloucester Place où habitait Admetus, à la recherche de Bell ? Je ne le pense pas. Une semblable démarche aurait été compliquée, aurait nécessité un sans-gêne que je n'ai pas et n'aurai jamais. Je ne m'en serais plus souciée, j'aurais oublié Bell — et Cosette n'aurait jamais connu la félicité, sa vie ne serait pas brisée, n'aurait pas abouti, comme pour nous tous, à la haute fenêtre au rebord étroit.

« Je ne m'en sens pas vraiment capable, ma chérie, dit Cosette. Je ne peux tout de même pas nous inviter chez quelqu'un — puis elle ajouta, hésitante — qu'en penses-tu ? »

Une telle réflexion de sa part était si comique, elle dont la maison

1. Revue satirique britannique (*N.d.T.*).

accueillait tous ceux qui s'y invitaient, que même Auntie s'esclaffa. Elle croisa mon regard et s'enhardit, craignant d'être insultante ; elle partit de son rire guttural, délié, de vieille femme.

« Cela ne me dérange pas de l'appeler, lançai-je. Je dirai que je suis ta secrétaire.

— Surtout pas, s'exclama Cosette, choquée. Il va s'imaginer que je suis le genre de personne qui en a. Je le soupçonne d'être très bohème. »

Ce terme archaïque aurait suscité les moqueries d'Ivor Sitwell et l'incompréhension des autres habitants de la maison. J'y étais cependant habituée, il faisait partie du vocabulaire de Douglas. « S'il est bohème, rétorquai-je, il ne se formalisera pas si nous nous invitons. »

A ce moment-là seulement, Cosette comprit. « Tu veux dire que tu viendrais avec moi, Elizabeth ? » Sa question avait quelque chose de touchant. Elle qui se montrait si charitable, si aimante, révélait sa gêne, sa crainte d'importuner, sa reconnaissance excessive parce que je daignais lui accorder du temps et ma compagnie. « Ce serait très gentil de ta part. » Son visage revêtit cet air qu'elle prenait lorsqu'elle projetait d'user de sa générosité, une espièglerie, une impatience presque enfantine. « On pourrait lui apporter une bonne bouteille de vin. Ou du madère, qu'en penses-tu ? »

Je fis de mon mieux pour la persuader qu'on trouverait vraiment étrange qu'elle apporte du vin à un homme avec lequel elle n'entretiendrait probablement qu'une relation professionnelle et qui, de toute façon, ne lui offrirait qu'un verre de limonade puisqu'elle buvait rarement. Elle ne semblait pas convaincue. Une telle attitude allait à l'encontre de sa nature, elle y voyait une volonté de prendre alors qu'elle aimait offrir. En fait, il n'y eut ni don, ni profit, à part la limonade, car la revue ne vit jamais le jour. La librettiste s'envola en Amérique du Sud et Ivor disparut avec Fay. Bien entendu, il avait l'intention de revenir, comme Fay d'ailleurs. Car Cosette était gentille et généreuse, ne se fâchait et ne boudait jamais, semblait capable de tout pardonner ; les gens sans perspicacité la croyaient crédule. Ils étaient persuadés qu'elle était idiote, prête à accepter de se laisser berner.

Ivor lui annonça qu'il allait à Northampton voir sa mère malade. Fay s'en alla sans rien dire. Je pense qu'ils s'installèrent gratuitement dans une chambre à Putney appartenant à une vague connaissance partie en vacances. Cosette, qui avait pris la voiture pour promener Auntie, les vit dans les bras l'un de l'autre à Richmond Park. Elle montra alors un aspect encore insoupçonné de son caractère. Du moins si j'interprète son geste en le qualifiant de vindicatif. Si par contre, ce ne fut ni la rancœur, ni l'esprit de vengeance qui la poussa à agir ainsi, mais son horreur de se voir trahie, je connaissais cet aspect depuis toujours.

Elle demanda à son homme à tout faire de Golders Green — le fidèle Jimmy, qui s'était chargé d'une variété de tâches à Wellgarth Avenue et venait à présent à Archangel Place — de changer les verrous et de faire des doubles des clés. Si elle conserva son numéro de téléphone, c'est qu'elle y répondait rarement. Je me disais parfois que peut-être le seul avantage qu'elle retirait d'une maison remplie de pique-assiette était qu'il y avait toujours quelqu'un pour décrocher à sa place, car l'idée lui était insupportable. Mervyn, dont je n'avais jamais soupçonné une quelconque aversion à l'égard d'Ivor, prenait un immense plaisir à lui annoncer au téléphone que Cosette avait « donné ordre » de l'empêcher de venir. Lorsqu'elle l'apprit, elle en fut horrifiée, mais à ce moment-là, Mervyn, et Gary aussi, avaient déjà eu le temps de s'amuser pleinement de la situation en disant à Ivor que Cosette était « au courant de tout », avait « un ami haut placé à Scotland Yard » et se trouvait à l'instant « avec son avocat ». Sans doute Ivor s'imagina-t-il, entre autres, que ses mensonges sur ses origines familiales avaient été mis au jour. A l'époque pourtant, on ne songeait pas plus à contester ses prétentions au nom de Sitwell qu'à douter des origines de Sir Osbert, à l'enterrement duquel il avait été invité l'année précédente, disait-il.

Mais avant ces événements, Cosette et moi nous rendîmes chez Walter Admetus, où nous devions retrouver Ivor. Nous avions pris la grande et vieille Volvo poussiéreuse, bleu marine, qui engloutissait des litres d'essence et que Gary était censé nettoyer — ce qu'il ne faisait jamais — en échange d'un logement gratuit. L'habitacle était une sorte d'annexe de la Maison aux escaliers, il y régnait un désordre typique de Cosette : paquets de cigarettes vides, pleins ou à moitié remplis, bouteilles, atomiseurs de Joy, boîtes de mouchoirs en papier rose, romans récents à la jaquette déchirée, chaussures de conduite et chaussures de sortie, multiples ballots destinés à des lieux où ils n'arrivaient jamais, chez la blanchisseuse ou au pressing, chez la couturière ou la repriseuse. J'étais dans un état de grande excitation et je finis par contaminer Cosette, qui me crut inquiète à l'idée qu'on la dupe ou la persuade traîtreusement d'investir son argent à tort et à travers.

« Lorsque je crains de commettre une imprudence, dit-elle gravement, je pense à Douglas. Je me souviens qu'il a gagné cet argent pour moi en s'acharnant au travail et cela m'aide vraiment à me refréner. » C'était la première fois depuis des mois que je l'entendais mentionner son nom.

D'élégantes demeures de style George III peuvent s'avérer tout aussi délabrées à l'intérieur que n'importe quelle autre habitation ; une véritable révélation pour moi à l'époque. La maison au 15 Archangel Place, en dépit du fouillis, n'était cependant pas sordide, grâce aux efforts de Perpetua. Par contre, celle de Walter Admetus l'était. On aurait dit qu'on n'y avait jamais fait le ménage, et des effluves fétides flottaient dans l'air. Le tissu des meubles était graisseux, ou plutôt encroûté par une sorte de dépôt collant, une pellicule accumulée au fil des ans à laquelle s'étaient agglutinés des poils d'animaux dont l'épaisseur atteignait en certains endroits celle d'une fourrure. Une odeur planait d'oignons frits ou de sueur — deux types d'émanation fort semblables —, d'éviers bouchés, de vieux chien et de chat malade, alors qu'aucun de ces animaux ne fit son apparition lors de notre visite. Même Cosette, pourtant la dernière à faire des manières, hésita un peu avant de s'asseoir à l'endroit indiqué, un coussin de canapé taché et couvert de poils sur lequel se déplaçait une mouche à viande.

Walter Admetus est le seul homme de ma connaissance qui présentât sa petite amie comme sa maîtresse. Il était raffiné, arborait une barbe pointue et proéminente, le genre de barbe qui rebique. Quant à elle, elle était joliment vêtue d'une des premières créations de Laura Ashley, et portait dans ses cheveux luisants un ruban rose. On se demandait comment des gens pouvaient émerger d'un pareil endroit aussi pimpants et soignés.

« Admetus », dit-il, en tendant la main, prêt à claquer des talons. Il se comportait comme ces aristocrates allemands ou scandinaves. Pourtant, il était aussi anglais que moi. « Je vous présente ma maîtresse, Eva Faulkner. »

Je portais le camée que Cosette m'avait donné pour mon vingt et unième anniversaire et sur lequel apparaissait un visage de jeune femme ressemblant à Bell. Je me surpris à tripoter la broche, me tenant exagérément droite sur le velours sale et collant du fauteuil où j'étais assise, observant la main de Cosette qui présentait une bouteille de graves rouge, sans doute dissimulée auparavant dans un de ses sacs, toujours gigantesques. Pour la première fois, je me dis qu'il était possible, fort possible, que Bell ne se montre pas car elle pouvait être absente, et même dans le cas contraire, ne logeait ici qu'en qualité de locataire et non d'amie. Je me demandais ce que je devais faire. Walter Admetus prit la bouteille, se confondant en remerciements. A l'évidence, ses manières étaient à l'opposé de celles d'Ivor. Il tint absolument à remplir les verres sur-le-champ, alors que le vin était plutôt de ceux que l'on débouche à l'avance, afin de le laisser chambrer et de le consommer à table.

« J'ai bien peur de ne rien avoir à manger pour vous et votre fille », s'excusa-t-il.

Cosette grimaça. Je fis rapidement savoir à notre hôte que je n'étais pas sa fille. Admetus aggrava sa maladresse en disant d'un ton des plus doucereux que Cosette le regrettait certainement. Le visage de Cosette avait emprunté ce sourire figé, doux et rêveur, qu'elle était capable de garder plusieurs minutes sans relâcher la tension de ses lèvres et sans cligner des yeux. La conversation stagnait. Nous étions arrivées en retard, si bien qu'Ivor, lui, se faisait vraiment attendre. Le soleil pénétrait au travers des fenêtres sales, formant des barres de lumière jaunâtre où pullulaient, tels des insectes, une nuée de grains de poussière. Un rayon tomba sur Eva Faulkner comme si un projecteur était braqué sur elle, et assise là, silencieuse, ennuyée, elle me rappelait la description d'Octavie dans *Antoine et Cléopâtre* : une statue plutôt qu'un être animé. Je compris que j'avais commis une erreur en m'abstenant de confier à Cosette mon espoir de découvrir que la locataire d'Admetus était en fait Bell, car à présent, comment pouvais-je questionner cet homme sans révéler ma duplicité ?

Par ailleurs, je recommençais à douter. Sur quelles bases m'étais-je fondée ? Une description que mon esprit avait peut-être déformée afin de la faire correspondre à mes attentes, et un nom que je n'avais aucune raison d'associer à Bell. Cosette avait engagé une conversation, guindée et particulièrement anodine, sur les agréments de son quartier. Rigide, baignée de soleil, Eva Faulkner ne répondait pas, ne donnait aucun signe d'écoute ; Admetus par contre semblait enchanté d'échanger ce types de civilités et fit un véritable panégyrique de ce coin reculé qu'était Notting Hill, si bien qu'on se demandait pourquoi il ne venait pas s'y installer immédiatement. Sa barbe se trémoussait, ses sourcils montaient puis redescendaient sans arrêt et ses mains s'agitaient comme des éventails. Je sentais la colère monter en moi, nous étions là depuis trois quarts d'heure et je m'apprêtais à dire à Cosette que nous ne devions pas attendre, que c'était inutile, Ivor ne viendrait pas, quand j'entendis la porte d'entrée s'ouvrir et la voix de son amant.

A cette époque, il était troublant d'observer la réaction de Cosette au son de sa voix. Son expression devenait résignée, stoïque même. Je n'arrivais pas à distinguer ses paroles, je n'essayais pas de deviner qui pouvait être son interlocuteur ou d'ailleurs pour quelle raison il possédait une clé de la maison. Je me demandais seulement s'il ferait exception à la règle, qu'il suivait apparemment depuis toujours, en nous présentant des excuses.

La porte de la pièce s'ouvrit et il entra avec Bell. Fidèle à lui-même, il se faufila grossièrement en premier, laissant Bell derrière lui.

Je ne sais si elle me reconnut, se souvint de moi, ou si Ivor, qui s'empressa de nous annoncer qu'il l'avait rencontrée en bas dans la rue, l'avait prévenue de notre présence alors qu'ils approchaient de la maison. J'aurais pu le lui demander, mais je ne l'ai pas fait. Elle me regarda et dit très calmement : « Bonsoir Lizzie », comme si nous nous étions vues la veille.

Elle était tout en noir — comme la Milly Theale de Henry James. Jamais je ne la vis porter autre chose que du noir et des teintes ternes ou voilées, sauf la fois où je lui fis mettre la robe d'un rouge « fané » pareille à celle de la jeune femme du tableau de Bronzino. Cela se passait avant le culte des vêtements anciens, la révolution des tricots de coton, les jupes longues. Bell avait probablement acheté ses vêtements dans une vente de charité ; la longue jupe étroite en laine, aux plis creux sur l'avant et l'arrière, la chemise d'homme en coton aux manches retournées, le foulard en jersey enroulé plusieurs fois sur lui-même lui marquant la taille — le tout en noir, et la chaînette de perles en bois noires et brunes. Ses jolies chevilles fines, la haute hampe de ses tendons d'Achille, apparaissaient juste en dessous de l'ourlet de sa jupe. Ses pieds bruns aux orteils effilés étaient chaussés de sandales grecques en corde. On aurait dit qu'elle avait noué ses cheveux au sommet de son crâne à l'aide d'une ficelle servant à suspendre un cadre. Des mèches, couleur de bois clair non verni, tombaient en vrilles sur ses joues et sur sa longue nuque droite, mais laissaient son front haut et lisse dégagé. Son port altier, toujours aussi gracieux, donnait l'impression qu'elle tenait en équilibre sur la tête un lourd récipient rempli de liquide.

Cosette, Admetus et Ivor — tous sauf Eva Faulkner, qui apparemment trouvait ce genre de coïncidences naturel — manifestèrent leur profond étonnement à l'idée que Bell et moi nous connaissions déjà. Lorsque Admetus eut fini de la présenter à Cosette en grande pompe, employant des termes que personne n'utilisait plus, tels « insigne honneur », Ivor se lança en sa présence dans un éloge de sa beauté, lui tournant autour, la tête penchée de côté, et désignant d'un index recourbé chaque trait qui lui paraissait exceptionnel, comme s'il s'agissait d'une vente dans un marché aux esclaves.

« Regardez ce menton, ces charmantes petites oreilles en forme de coquillage, et cette peau. Avez-vous jamais vu un tel maintien ? Si un fil à plomb la traversait, il irait du sommet de son crâne à la plante de ses pieds. »

Son doigt effleura le cou de Bell. Elle n'eut pas de mouvement de recul. Elle dit assez lentement, sur un ton presque désinvolte mais d'un sérieux indubitable : « Ote tes mains de là, vieux vicelard. »

Elle ne mâchait pas ses mots, était connue pour sa franchise, disait toujours ce qu'elle avait sur le cœur. Cosette s'étrangla. Admetus émit un gloussement nerveux. A ma grande joie, je m'aperçus qu'Ivor était devenu blême. Bell me dit : « Viens que je te montre où j'habite. »

Je n'hésitai pas une seconde. Je quittai la pièce avec elle. Aussi, j'ignore le déroulement de la discussion tripartite qui eut lieu entre Cosette, Ivor et Admetus. Je sais seulement que Cosette n'investit jamais son argent dans la création de la revue, qu'Ivor partit bientôt, que nous continuâmes pourtant à fréquenter Admetus qui devint un ami et un familier de la Maison aux escaliers, et pendant une brève période, une fois qu'Eva l'eut quitté, je crus même qu'il prendrait la succession d'Ivor auprès de Cosette. Cela se passait avant l'époque de Marcus bien sûr, avant son apparition qui réduisit à néant l'éventualité d'un autre homme, quel qu'il soit.

Je suivis Bell là-haut et elle me montra la petite chambre où elle vivait, où elle s'était installée depuis la vente de la maison dont elle avait hérité du père de Silas Sanger. La pièce était pratiquement vide, à part un lit, une table et une chaise, car à l'époque — et c'est sans doute encore le cas aujourd'hui — le confort bourgeois et l'aspect de sa maison la laissaient indifférente. Toutefois, les tableaux de Silas étaient là, des toiles empilées contre les murs.

« Je les emporte partout où je vais, dit-elle. Il peignait comme un manche mais cela ne veut rien dire. Un jour peut-être, on lui trouvera du talent et alors je ferai une exposition où je les vendrai pour une fortune. »

Elle bavardait avec moi comme si nous étions de vieilles amies. Elle parlait de Silas sans émotion, froidement, avec le pragmatisme de la propriétaire d'une galerie qui a découvert un peintre et investi de l'argent. J'étais horrifiée et revoyais le sang sur le sol et sur elle.

« Tu es restée longtemps avec Felicity ? lui demandai-je.

— Deux mois, une semaine et deux jours, répondit-elle. Puis je suis allée vivre dans la maison que j'ai héritée du vieil homme jusqu'à ce que je la vende. »

Je poursuivais mes questions. Je lui en posais une multitude cet après-midi-là, mais pas une seule de celles que j'aurais dû poser, celles qui étaient essentielles. « Qu'est-ce que tu fais ? Je veux dire pour vivre. C'est quoi ton métier ?

— Je n'en ai pas. » Elle semblait heureuse de pouvoir le dire. « Je ne travaille pas et je n'ai pas l'intention de le faire. Je ne travaillerai jamais.

— Alors tu es riche ? »

Elle écarquilla les yeux. Ils sont d'un gris de mer, ses yeux, grands et clairs. « Mais non, pas du tout. J'ai simplement horreur de travailler. J'ai juste de quoi subsister sans y être obligée, en continuant à vivre dans ce trou. » Elle avait une façon bien à elle de changer le cours de la conversation quand elle en avait assez ; elle hochait rapidement la tête, haussait les épaules et passait à un autre sujet. « Qui c'est, ce connard qui est entré avec moi ? Je l'ai déjà vu ici.

— Il vit avec mon amie, qu'on t'a présentée tout à l'heure.

— Ah bon, heureusement ! Je croyais qu'il habitait avec toi. » Dans ce cas, tant pis pour moi ; cela ne l'avait pas empêchée de le traiter de connard. « Quel pauvre mec, ajouta-t-elle. Il n'est pas un peu jeune pour elle ?

— Un peu bête, tu veux dire, répondis-je. Et puis laid, égoïste et emmerdant. Je ne sais pas s'il est trop jeune, et je poursuivais, hypocritement, je n'y ai jamais songé. »

Elle éclata de rire. « Je vais essayer d'en savoir plus sur lui. »

C'était la première fois que je l'entendais rire, une sorte de gargouillement étonnamment profond, riche. Son pâle visage rayonnait ; elle était belle. Je la trouvais excitante, j'étais troublée, émue, sans savoir le moins du monde ce que j'attendais d'elle. Que nous devenions amies ? Que nous nous rencontrions, discutions et passions des moments ensemble ? Et elle, que voulait-elle ? Qu'exigeait-elle, non pas de moi mais de la vie ? A présent je le sais, bien entendu, depuis longtemps d'ailleurs, mais à l'époque je l'ignorais. En y réfléchissant plus tard, je n'en revenais pas, j'étais intriguée qu'une personne jeune, belle, saine et intelligente se contentât de vivre dans une petite chambre sordide de cette maison sale, une surface de dix mètres carrés réunissant l'ensemble de ses maigres possessions, et ne se souciât apparemment pas de trouver un emploi, de faire carrière, d'élaborer des projets ou de se fixer des buts. Cette veuve de trente-sept ans, sans enfants, sans aucune formation, sans qualification, était plus belle que n'importe quel modèle sur les couvertures de magazines, elle qui s'habillait de chiffons, qui — je l'appris quelque temps après — n'avait pas d'amant et très peu d'amis.

Évidemment elle attendait, observait autour d'elle, guettait le bon moment. Voilà ce qu'elle exigeait de la vie. Nous ouvrîmes la fenêtre encadrant un ciel blanc et les branches d'un marronnier sur lesquelles étaient perchés des pigeons d'un bronze rosé, les brindilles et les jolies feuilles soyeuses de l'arbre immobiles dans l'air dépourvu d'un seul souffle de vent. Nous nous penchâmes en prenant appui sur le large rebord de la fenêtre. J'ai tant de souvenirs de Bell associés aux fenêtres, aux châssis à guillotine, aux battants, aux vitres, aux courants d'air et aux précipices, mais en ce jour d'été, il n'y avait aucun vent. Une fraîcheur flottait en provenance de Regent Park, il y avait comme une odeur de campagne mouillée. Bell sortit une boîte de tabac d'un tiroir de la table et, sans me demander mon avis, comme si cela allait de soi, se mit à rouler un joint. Ce fut la première fois pour moi. Elle me montra comment avaler la fumée et la garder dans les poumons jusqu'à ce que ma tête commence à tourner et, curieusement, à s'élargir, puis à sentir arriver en expirant une sorte de paix profonde, sans lendemain.

En septembre de cette année-là, Cosette et moi, nous partîmes ensemble pour l'Italie. Elle avait eu l'intention d'y aller avec Ivor, mais à l'époque il avait disparu.

« Tu n'as qu'à venir, me dit-elle. De toute façon, je préfère être avec toi. Je t'assure. J'appréhendais de voyager avec lui. »

J'avais vu Bell plusieurs fois. Elle m'avait rendu visite à la Maison aux escaliers et nous étions sorties ensemble à l'Electric, le vieux cinéma de Portobello Road ; j'aurais aimé qu'elle nous accompagne en Italie.

« Je n'ai été qu'une seule fois à l'étranger, m'avait-elle confié. C'était en France, avec Silas. Nous sommes allés à Wissant, un endroit si près d'ici qu'on dirait presque l'Angleterre. »

Je ne cessais de m'étonner qu'une personne jeune, en bonne santé, préférât se priver de tant de joies plutôt que de travailler. Bell avait de quoi survivre, mais pas de quoi partir en vacances. Il aurait suffi d'un mot à Cosette pour qu'elle soit invitée à se joindre à nous, ses billets et ses notes d'hôtels réglés, tout naturellement, car sans que la question ne soit jamais soulevée, chacun de mes amis bénéficiait autant que moi des largesses de Cosette. Voilà pourquoi je préférais me taire. Je ne pouvais même pas dire que Bell n'avait pratiquement jamais été à l'étranger ou ne songeait pas à partir cette année. Je dus aller plus loin encore, contrarier la vérité en fait, expliquer à Cosette : « Bell refuse de quitter Londres. Elle a envie de se rattraper pour les années qu'elle a passées avec Silas en pleine cambrousse. »

A Florence, dans le musée des Offices, est exposé le portrait de *Lucrezia Panciatichi* par Bronzino. La plupart des critiques s'entendent pour affirmer que Henry James s'est inspiré de ce tableau dans *Les Ailes de la colombe* pour décrire celui qui est accroché dans « la grande pièce aux armoiries » de Matcham et qu'il appelle « le personnage sur le mur ». Il rappelle, évidemment, cette femme au destin tragique, Milly Theale, par « ses yeux de jours disparus, ses lèvres charnues, son long cou... ». Quant à ce « visage d'une teinte presque livide et pourtant beau par sa tristesse, couronné d'une masse de cheveux relevés à l'arrière et fixés haut sur la tête », il faisait aussi beaucoup penser à Bell.

J'aimerais me souvenir si je l'ai vu lors de ma première visite à Florence, quand je me suis rendue en Italie avec Cosette. Nous avions sûrement visité le musée des Offices. Je suis certaine d'avoir admiré le portrait au cours des séjours suivants, mais il n'y a rien à faire, j'ai beau essayé, je n'arrive pas à me rappeler si je l'ai vu cette fois-là. C'est une reproduction du tableau que je remarquai dans une vitrine, près de ponte Trinità, alors que je marchais le long de l'Arno avec Cosette. Elle était d'ailleurs frappée de la ressemblance — souvenez-vous, seule Cosette avait observé les similitudes entre le visage de Bell et celui du camée — et se plantant devant l'affiche, elle affirma que nous devions absolument l'acheter.

Je cachai mon enthousiasme. Je savais pourtant à quel point Cosette respectait les souhaits et les secrets d'autrui, et comme elle aurait sauté sur l'occasion pour abonder dans mon sens quant au sort de la reproduction, mais j'avais une vision du tableau, dans un cadre en acier inoxydable fabriqué par « le petit monsieur » de Kensington Park Road, suspendu au mur du salon et exhibé à tous venants.

« Bon, alors une carte postale, dit Cosette. Tu sais, j'ai une robe presque pareille que j'avais fait confectionner pour le bal des Amis des lettres de Chelsea. J'étais censée être lady Jane Grey. Je me demande si elle m'irait encore ? »

Cependant, Cosette ne put trouver de carte de *Lucrezia Panciatichi*. Le lendemain matin, tandis qu'elle dormait, je sortis seule et achetai la reproduction du tableau de Bronzino que je ramenai en cachette et gardai un bon moment dans un endroit secret.

IX

J'étais debout devant une image réduite de ce portrait quand Bell me téléphona.

Pendant longtemps, la reproduction était restée dans un tiroir du bureau que Cosette m'avait acheté. Je l'avais fait encadrer dès que j'avais eu ce genre d'argent à dépenser et l'avais accrochée dans ma chambre. Si Cosette l'aperçut, elle ne fit aucune réflexion. Peu avant le meurtre, je l'avais retirée du mur et la rangeai une nouvelle fois, mais je n'ai jamais songé à m'en débarrasser ; l'affiche m'a suivie, d'abord dans mon appartement de Primrose Hill où j'emménageai quand la Maison aux escaliers fut vendue, puis à Hampstead où une place lui fut attribuée sur le mur, ensuite à Cambridge pendant un an ou deux, la courte durée de mon mariage, et enfin de retour à Londres dans cette maison de Hammersmith. Je me répète pourtant que je ne suis pas superstitieuse, mais j'en suis venue à établir un lien entre l'accrochage du tableau au mur et l'annonce de mauvaises nouvelles.

Tout ce qui aurait pu m'arriver de pire s'est produit à l'exception d'une chose, et pourtant j'avais replacé la reproduction dans le tiroir. Il y a trois jours cependant, ici dans le bureau, j'ai retiré du mur le poster encadré de Roiter pour mettre à sa place le Bronzino. Cela faisait des années que je ne l'avais pas regardé et j'eus l'impression de voir parmi les rouges, les noirs et les dorés, des détails que je n'avais encore jamais observés auparavant, le fait par exemple que Lucrezia, bien que couverte de bijoux, ne porte qu'une seule bague, une pierre très sombre fort semblable à un héliotrope. Ses cheveux, quoiqu'en dise Henry James, ne sont pas vraiment roux mais d'une couleur cuivrée et très pâle. Bien entendu, il se contente de mentionner Bronzino, ainsi qu'une dame aux pâles cheveux roux vêtue de rouge, et non pas ce portrait précis ; il devait d'ailleurs être parfaitement au courant qu'une multitude de gens avaient posé pour l'artiste et que ce maniériste florentin était aussi éminent portraitiste que peintre d'allégories. En regardant l'image, je me remémorais Bell, mais aussi d'autres aspects de notre vie lorsque Cosette habitait la Maison aux escaliers, de l'intérêt de Bell pour *Les Ailes de la colombe*, de sa surprenante insistance pour en connaître l'histoire, l'intrigue.

Dans un instant, me disais-je, je donnerai ce coup de fil. Je composerai ce numéro de l'échangeur six-deux-quatre, et mettrai un terme à la situation épouvantable, inextricable dans laquelle je me trouve depuis bientôt une semaine, déjà, je vaincrai ma procrastination, mes doutes et mes mensonges ; car je ne cessais de me persuader que telle heure était trop matinale ou trop avancée, que Bell serait certainement sortie, que rien ne pressait ou qu'au contraire il y avait urgence, que demain serait le jour idéal, prédestiné, adéquat. Lucrezia me rendait mon regard de son air calme, paisible — ni « beau par sa tristesse », ni « livide », loin de là —, me fixait de ses grands yeux limpides, et je remarquai alors non seulement une ressemblance avec Bell mais avec Cosette jeune, sur d'anciennes photos, quand la sonnerie du téléphone retentit.

Il ne m'était pas venu à l'esprit que ce serait Bell. Pourtant, lorsque j'eus fini d'annoncer mon numéro et entendis uniquement « Bonjour », je n'hésitai pas une seule seconde sur l'identité de mon interlocuteur. Je gardai le silence, stupéfaite sous le coup d'un choc auquel j'étais pourtant préparée, car je l'avais vue et j'étais au courant qu'elle avait cherché à me joindre.

« C'est Bell.

— Je sais », et je le répétai une fois encore. Je m'assis, éprouvant soudain une grande lassitude. Il me fallut plusieurs secondes avant de me rendre compte que j'avais fermé les yeux. « Je t'ai vue, soupirai-je. Je t'ai suivie puis tu as disparu. »

Bell n'était pas de celles à donner des explications si elle n'en avait pas envie, à s'excuser. Beaucoup plus tard, j'appris que Felicity Thinnesse l'avait appelée et lui avait dit que je souhaitais entrer en contact avec elle.

« Tu veux venir me voir ? » demanda-t-elle.

Voilà pourquoi je suis maintenant devant elle, dans une chambre très semblable à celle de la maison de Walter Admetus où je m'étais retrouvée pour la première fois seule avec elle. Il y a là un lit recouvert d'un tissu sale en coton blanc, une table, un fauteuil en osier, quelques valises et deux caisses à thé. C'est une chaude journée de printemps et Bell a ouvert la fenêtre, mais ici, la brise rafraîchissante de Regent's Park ne pénètre pas. Au dehors, pas de marronniers ni de maisons de style George III. L'immeuble est coincé contre un pont de chemin de fer, il vient pratiquement s'y écraser, c'en est absurde. Les baies vitrées sur l'avant ne reçoivent certainement aucune lumière, quant aux pièces à l'arrière, comme celle-ci, elles donnent sur un chantier de ferraille. Bell me raconte que juste après sa sortie de la prison modèle où elle a purgé la dernière année de sa peine, elle a été obligée de vivre dans une pension. Puis son agent de probation lui a trouvé cette chambre. La dame en question lui a également procuré un travail. Elle doit commencer la semaine prochaine, c'est dans une boutique dont le propriétaire a inévitablement été prévenu de qui elle est, de ce qu'elle est.

« Je ne sais pas si je m'en sens de taille », dit-elle, mais j'ignore, et elle ne me dit pas, si c'est parce qu'elle n'a pratiquement jamais travaillé auparavant ou parce que la boutique est située, comme par hasard, dans Westbourne Grove. Physiquement, elle a beaucoup changé. Elle est encore mince et se tient toujours droite, la tête haute sur son long cou. Ses cheveux sont d'un gris métallique et ce changement de couleur les a durcis. Un enchevêtrement de rides s'étale sur son visage telle une toile d'araignée, et je me souviens des mots de Henry James à propos du portrait comparé à Milly Theale, « un visage... qui avait dû, avant que le temps ne le fane, ressembler au sien comme s'ils appartenaient à la même famille ».

Elle est vêtue de noir, une jupe et une sorte de tunique, apparemment un bout de tissu troué d'un orifice pour le cou et assemblé sur les côtés, des sandales, pas de bas. Ses jambes sont devenues maigres. Je ne l'ai pas encore touchée, je ne lui ai pas serré la main, je ne l'ai pas embrassée. Je suis submergée par le choc, et aussi la pitié et l'émerveillement. M'habituerais-je jamais à elle ? Serais-je un jour capable de me dire calmement, voilà Bell ?

Je suis arrivée devant chez elle, elle m'a ouvert, m'a conduite jusqu'ici, puis a fermé la porte ; elle s'en souvient. Depuis toutes ces années, elle s'en souvient. Elle m'a demandé : « Tu es sortie d'affaire ou pas ? » J'éprouvai une immense gratitude. Personne n'aurait pu se montrer plus gentil, me faire un cadeau d'une aussi grande valeur.

« J'arrive au point limite », répondis-je.

Elle hocha la tête. Je ne l'ai pas encore vue sourire. « J'y ai souvent pensé, ajouta-t-elle. Cela me venait à l'esprit. »

Elle dort beaucoup. Elle m'a expliqué qu'elle n'arrivait pas à dormir en prison et que depuis sa sortie — il a fallu deux mois pour qu'elle se décide à appeler Felicity — elle n'a fait que dormir toutes les nuits et la moitié de ses journées. « C'est pour cela que je ne me sens pas de taille pour cet emploi. »

« Je ne travaille pas et je n'ai pas l'intention de le faire, m'avait-elle dit un jour, je ne travaillerai plus jamais. »

Le soir où je l'avais vue, elle revenait de chez l'analyste, à Shepherds Bush, qui la conseille. Elle était sortie du métro pour aller voir la boutique où elle était censée travailler et avait disparu dans un bureau de tabac dans Queensway lorsque je m'étais retrouvée dans la rue. Car si nous avions arrêté de fumer dans les années soixante-dix, Bell avait continué. Elle se passe de nourriture pour acheter des cigarettes avec l'argent de l'aide sociale, son seul revenu. Ses vêtements sont imprégnés de l'odeur, de même que ses cheveux et la pièce. C'était sans doute le cas dans la maison d'Admetus, mais comme à l'époque nous sentions tous la fumée, personne ne s'en apercevait.

« Cela te dérange si je fais un petit somme ? me demanda-t-elle. Tu peux rester si tu en as envie, ou partir. Je sais où te trouver maintenant et toi tu connais mon adresse. »

Elle s'étend sur le lit placé sous la fenêtre ouverte, elle se pelotonne, glisse une main sous l'oreiller, et pourtant, elle tend l'autre main pour prendre la mienne. Tel un malade ou un enfant, elle veut que je lui tienne la main pendant qu'elle dort.

Lorsque Cosette et moi étions rentrées de notre voyage en Italie, Bell avait quitté la maison d'Admetus avec ses affaires, elle avait disparu. Elle était partie sans laisser d'adresse, sans un mot pour moi. Aujourd'hui encore, j'ignore où elle est allée et je ne m'en préoccupe pas, cela n'a plus aucune importance. Peut-être était-elle avec un homme — ou une femme — ou que tout simplement elle n'avait plus de quoi payer le loyer exigé par Admetus.

J'étais néanmoins convaincue qu'elle referait surface et me retrouverait, qu'au moment le plus inattendu ou par une certaine coïncidence nous nous rencontrerions de nouveau. A l'exception de Felicity, je ne connaissais pas une seule personne dont on aurait pu dire qu'elle entretenait une relation d'amitié avec Bell, je ne l'avais d'ailleurs jamais entendue parler d'amis, ou même d'une mère, d'un père, d'enfants ou de parents quels qu'ils soient. Elle avait été mariée, puis veuve, n'avait jamais travaillé, semblait d'une franchise totale, et c'était tout ce que je savais d'elle. Tandis que pour ma part, je m'étais confiée à elle sans restriction, à tel point qu'elle était au courant des moindres détails de ma vie privée, depuis ma famille jusqu'à ma terrible hérédité, en passant par ma mère décédée, l'estime que j'avais pour Cosette et réciproquement, et même, ma liaison avec Dominic — j'ai bien peur qu'à l'époque j'en parlais comme d'une vague aventure.

Je n'aurais pas dû, j'en suis persuadée aujourd'hui. Rien ne m'empêchait de flirter, de danser avec lui, mais de là à monter tout naturellement dans sa chambre, quand nous rentrâmes au petit jour, après le dîner au *Marco Polo* et la soirée au club d'Ivor... Il me plaisait, vous comprenez. Il était si beau. Non seulement je ne pris pas garde au fait qu'il était le frère de Perpetua, un garçon de la campagne presque illettré, naïf, dépourvu du moindre soupçon de sophistication, mais je n'y avais pas même réfléchi. Je savais pourtant qu'il était également un fervent catholique. Ne l'avais-je pas vu aller à la messe tous les dimanches, chaque Jour du Seigneur ? Ce détail non plus ne me vint pas à l'esprit. Je m'en fis un amant parce qu'il était mince, grand et droit, parce qu'il avait les yeux les plus bleus que j'aie jamais vus, des cheveux de jais doux comme de la soie (le type de chevelure qui grisonne avant les autres), et un visage semblable à ceux des jeunes ecclésiastiques dans les tableaux du Greco. Et puis, une raison plus pardonnable, à cause de la terreur et l'ennui, de cette menace qui planait sur moi et me poussait à vouloir à tout prix faire ce dont j'avais envie, n'importe quoi, vivre, avant que s'annonce définitivement la fin de ma vie.

Nous étions ivres, cette première fois. Nous ne nous étions pas parlé. Cependant le matin, nous fîmes à nouveau l'amour et ensuite il me dit : « Comment une personne comme toi peut m'aimer ? »

Je sentis un frisson me parcourir car je ne l'aimais pas, mais même à ce moment-là, je n'avais toujours pas compris. Je n'avais pas saisi sa simplicité, la conviction que lui donnaient son innocence et sa vie rigoureuse qu'une femme couchait avec un homme uniquement lorsqu'elle l'aimait, et de plus que cet homme serait alors celui qu'elle avait choisi à jamais pour partager sa vie, presque comme si les êtres humains se montraient aussi monogames que certains oiseaux qui, imprégnés dès leur plus jeune âge de l'image d'un partenaire donné, s'y attachent de manière exclusive, perpétuelle. Au contraire, je lui demandai ce qu'il voulait dire. Humble, timide, manquant d'assurance, la nature de ses réflexions en contradiction totale avec son physique splendide, arrogant même, il expliqua que j'étais intelligente, cultivée (j'avais été « à la faculté », disait-il), et d'une « autre classe sociale ».

« Moi je suis juste un gars ordinaire qui travaille de ses mains », ajouta-t-il d'une voix comme celle du *Baladin du monde occidental*[1], celle de Christy Mahon.

« Qu'est-ce que cela peut bien faire ? » répondis-je, faisant preuve d'une incroyable insensibilité.

Plus tard, je lui fis lire ce passage de Synge sur les évêques qui déforment les barreaux du paradis afin d'entr'apercevoir Hélène de Troie alors qu'elle passe, un petit bouquet de fleurs dans son châle doré. Il éprouva néanmoins certaines difficultés, il butait sur les mots et je dus l'aider. En fin de compte, j'ai trop aimé la littérature et je n'en ai pas assez produit !

Aussi, quand je revins à la Maison aux escaliers, Dominic était là à m'attendre en mari, m'appelant « chérie » et m'annonçant qu'il avait changé les draps pour mon retour. Et mon cœur flancha, comme désormais chaque fois qu'il venait me voir en rentrant ou que j'allais vers lui, car j'avais rêvé d'une aventure passionnée, sensuelle, de quelques semaines, et lui, comme on pouvait s'en apercevoir chaque jour davantage, souhaitait une relation durable, exclusive. Cosette, qui était romantique et rappelait par certains côtés la Bourgeoise de Bath[2], avait au début plutôt encouragé notre liaison, ainsi qu'elle l'aurait fait dans pratiquement n'importe quel cas, surtout s'il s'agissait d'un couple jeune et beau, mais à présent elle voyait clair.

« La prochaine chose qu'il va te demander, c'est de t'épouser, dit-elle. A l'oratoire de Brompton, je suppose, ou même à la cathédrale !

— Je croyais que c'étaient les femmes qui s'accrochaient et les hommes qui cherchaient à s'échapper, soupirai-je en pleurant presque. Comment peut-on avoir l'air d'un Giovanni et posséder une âme de livreur ?

— On ne juge pas une saucisse à la qualité de sa peau », déclara-t-elle.

Son enthousiasme s'était transposé de ma vie sexuelle à ma carrière, ou du moins à mon projet immédiat. L'idée que j'allais écrire un livre

1. Pièce de John Millington Synge (*N.d.T.*).
2. Personnage des *Contes de Canterbury* de Chaucer (*N.d.T.*).

dans sa maison lui était délicieuse. La nature de l'ouvrage importait peu. Son sens critique réduit presque à néant, elle allait jusqu'à vénérer, en quelque sorte, toute production d'une personne qu'elle aimait bien. Aussi, la frappe de Diana était la plus rapide et la plus précise de Londres, Gary était le plus grand virtuose de la cithare et la section de tunnel que creusait Dominic pour l'extension du métro était la meilleure. Selon elle, le seul défaut de mon projet était que je tenais à occuper en même temps un emploi, même si ma présence dans un centre d'animation ouvert l'après-midi n'était pas à proprement parler un travail, et pour être franche, s'il me permettait de survivre, c'est parce que je ne payais pas de loyer.

Ma salle d'écriture fut créée en cachette durant les deux ou trois heures que je passais au travail en début de soirée. Il s'agissait presque de l'unique pièce de la maison encore libre à ce moment-là, comme Gary et Mervyn en occupaient chacun une, que Dominic avait la sienne et moi aussi — je n'avais jamais accepté d'emménager chez lui —, Cosette vivant dans son somptueux boudoir et Birgitte, la nouvelle jeune-fille-à-demeure, une vraie fille au pair cette fois-ci, dans l'ancienne chambre de Fay. Les combles au dernier étage, où se trouvait la haute fenêtre sans balcon, n'étaient pas aménagés, servaient d'entrepôt pour des cartons et des caisses à thé. La pièce que Cosette et Perpetua préparèrent pour moi était située juste en dessous, et la fenêtre possédait un de ces balcons étroits dépourvus de balustrade donnant sur le jardin gris.

Perpetua, une femme tranquille totalement dévouée à Cosette, aurait probablement accédé au moindre de ses désirs — et d'ailleurs elle se pliait en quatre pour elle, venant de l'autre bout de Londres en bus chaque jour, ramassant après cette foule de gens négligents, désordonnés. Sinon, je doute qu'elle ait consenti à transporter des meubles là-haut, à poser de la moquette et à accrocher des rideaux pour m'être agréable. Elle s'était aperçue de ce que tout le monde avait compris sauf ce pauvre Dominic : je m'étais servie de lui alors que je n'étais absolument pas amoureuse. De vingt ans son aînée, déjà adulte au moment de la naissance de son frère, elle m'en voulait comme une mère l'aurait fait. Son ressentiment se manifesta de façon étrange : elle cessa de mentionner mon prénom lorsqu'elle m'adressait la parole. Comme j'allais m'en souvenir amèrement quand, plus tard, la femme qui devait éviter de prononcer mon nom comptait infiniment plus pour moi !

Au lieu de dire : « Le café est prêt, Elizabeth », elle lançait : « Il y a du café si vous en voulez », ou encore, elle appelait au bas des escaliers, « Vous êtes là ? » et attendait que la bonne voix lui réponde.

On livra le bureau, déterra la machine à écrire et plaça les dictionnaires dans les nouvelles étagères. J'admirai le résultat, exprimant ma gratitude avec effusion. Cosette, qui non seulement était généreuse mais savait donner, prenait un plaisir simple, innocent, à entendre des remerciements et se réjouissait de l'enthousiasme suscité par ses présents.

C'est à ce moment-là que je lui fis part de mon envie d'un dictionnaire de grec classique (j'avais l'intention de l'apprendre moi-même, ce que je fis plus tard) et que Cosette m'en promit un pour Noël, manquant son effet, me présentant un dictionnaire de grec moderne, et récoltant de ma part des reproches honteux que je ne me pardonnerai jamais.

L'hiver de cette année-là, le passage entre les années soixante et soixante-dix, je m'assis pour écrire mon roman, commençant par un bel après-midi de la fin du mois d'octobre où l'on se serait cru en plein été tant il faisait chaud. Avec en tête l'exemple de Henry James, que je connaissais à fond, j'aurais pu au moins essayer d'écrire une sorte d'analyse du cœur humain, mais non. Je voulais de l'argent, un bon paquet, le plus vite possible, parce que j'étais le dépositaire de la chorée de Huntington et souhaitais profiter de la vie tant que je le pouvais, il me fallait tout, sur-le-champ. Aussi m'embarquai-je dans un roman d'aventures facile, mêlant le romantisme et le sexe, parlant de personnes comme je n'en avais jamais rencontré et d'endroits où je n'avais pas mis les pieds, mais je m'appliquais et parvenais à peu près à les décrire sur la base de guides touristiques et de romans écrits par d'autres. Voilà le genre de livres dont je suis l'auteur depuis lors.

Cosette respectait mes efforts. A ses yeux, j'étais devenue presque du jour au lendemain une « artiste » ; elle adoptait l'attitude qu'ont les Français envers ceux qui créent, sans vraiment se soucier de la nature de leur travail. Le produit de mon labeur devait être considéré par les autres comme l'activité la plus importante qui se déroulait dans la maison, les gens devaient monter les escaliers sur la pointe des pieds, s'abstenir de jouer de la musique ou d'écouter leurs disques, parler à voix basse et ne jamais au grand jamais m'interrompre en venant frapper à ma porte. Évidemment, la discipline se relâcha au bout d'un certain temps, mais Cosette, elle, ne changea jamais d'attitude et continua à me traiter durant cette période de ma vie avec les égards dus à un Balzac ou au moins à un Graham Greene.

Un après-midi, alors que j'avais passé la plupart de la journée à écrire et m'apprêtais à partir bientôt au centre d'animation, je reçus un appel de Felicity Thinnesse. Elle semblait excitée et absente.

« C'est Elsa qui m'a donné ton numéro. La femme chez qui tu habites, elle loue des chambres, non ? »

Je sentis une colère injustifiée monter en moi. En me posant cette question, la pauvre Felicity était évidemment de bonne foi, car, probablement, comme la majorité des gens, elle était incapable d'imaginer qu'on puisse nourrir et loger gratuitement une ribambelle de parasites comme Gary, Mervyn, Fay et Birgitte.

« Pourquoi veux-tu le savoir ?

— J'ai quitté Esmond. Enfin, je vais le faire dès que je saurai où aller. Il faut que je trouve une chambre. »

Je ne sais pas ce qui me fit penser aux enfants. Je me rappelais Miranda en train de répéter les règles de bonne conduite de sa mère. « Pour vous trois ? » demandai-je, le doute dans la voix.

« Je ne pourrais pas m'en sortir avec Jeremy et Miranda. Ils resteront avec Esmond. » Et elle ajouta cette remarque singulière : « Comme cela, il fera moins d'histoires. »

Je lui dis que j'allais en parler à Cosette et lui promis de rappeler avant qu'Esmond ne rentre ou quand il serait parti à l'Association des conservateurs.

Cosette était au salon en la seule compagnie d'Auntie et de Maurice Bailey de Wellgarth Avenue. Maintenant qu'il était veuf, ce dernier écoulait une grande partie de ses journées à fureter dans Harrods ou dans les grands magasins de Kensington High Street, puis à l'heure du thé, il prenait parfois un taxi pour se rendre de l'autre côté du parc et passer une demi-heure chez Cosette. Il donnait l'impression de venir dans le seul but de faire des commentaires sur la déchéance de son hôtesse, qui aurait pu selon lui mener une vie bien plus confortable. Aussi, la question que j'avais à formuler ne fit qu'attiser sa hargne. Je la posai devant lui car je savais, ou j'avais cru comprendre, que Cosette se plaisait à le « remonter », comme aurait dit Felicity.

« Encore un pique-assiette ! s'exclama-t-il. Cette maison doit être connue comme l'asile de nuit du quartier. »

Le regard d'Auntie, amusée, passait timidement de l'un à l'autre. Cosette était splendide, vêtue d'un caftan bleu en brocart qui ne lui allait absolument pas. Depuis le départ d'Ivor Sitwell, elle se maquillait moins, avait repris quelques kilos, si bien qu'elle paraissait plus jeune, en bonne santé et radieuse. Ses cheveux étaient à présent d'un blond argenté très pâle. Je lui avais dit, citant Oscar Wilde, qu'à la perte d'Ivor, ils s'étaient dorés de chagrin, et l'expression lui plut tellement qu'elle la répéta à tout le monde. A cet instant-là, un peu dans le but de taquiner Maurice Bailey, elle déborda d'enthousiasme à l'idée de Felicity s'installant chez elle.

« Bien sûr qu'elle peut venir, ma chérie. Tu peux le lui dire. C'est affreux de devoir rester avec un homme parce que l'on a nulle part où aller. Tu imagines ?

— Je la rappelle, alors ?

— Absolument, et dis-lui qu'elle est vraiment la bienvenue. Je ne sais pas où nous allons la mettre, probablement dans une chambre au dernier étage. Perpetua va s'en occuper, tu sais comme elle est merveilleuse. Ne me regardez pas comme cela, Maurice. » Elle approcha de lui une de ses jolies mains, effleurant la manche de sa veste. Comme elles n'avaient jamais servi, les mains de Cosette, couvertes de bagues, étaient encore celles d'une petite fille, potelées et blanches, aux doigts effilés et aux ongles semblables à des amandes blanchies. « Maurice, dit-elle d'une voix cajolante. Vous ne me souriez plus ? Vous savez, Felicity me paiera un loyer, ou elle fera quelque chose en échange. Il y a des tas de petits travaux pour elle ici. »

Comme pour Mervyn et Gary, qui avaient cessé depuis longtemps de cirer les parquets et de laver la voiture ; comme pour Birgitte, la fille au pair danoise, qui à son arrivée avait vraiment l'intention de travailler afin de subvenir à ses besoins mais s'était vite laissé convaincre par son employeur qu'il n'y avait rien à faire, qu'il était dommage qu'une personne aussi jeune et jolie n'en profite pas pendant qu'il était temps et ne s'amuse pas dans Carnaby Street ou King's Road.

Aussi Felicity arriva-t-elle quelques jours plus tard. Au début, assagie, elle afficha une certaine retenue, effrayée à l'idée qu'Esmond ne découvre sa cachette et ne vienne la chercher. Cependant, Cosette lui plut aussitôt et elle s'empressa de déverser sur elle ses peines de cœur. Il lui était pratiquement impossible de se retrouver en tête à tête avec Cosette, la maison étant toujours envahie d'une foule de gens qui la poursuivaient jusque dans sa chambre à des heures indues, trois ou quatre heures du matin, et continuaient leurs conversations ou leurs interprétations musicales, assis sur son lit. Felicity ne se laissait pas décourager pour autant ; elle la réquisitionnait, l'accaparait pour lui parler, s'allongeant, les jambes étales, la tête sur les genoux de Cosette, ou alors se retrouvant assise en face d'elle, à la table du salon, se penchant en avant, ses yeux plongés dans les siens ; des bribes de ce qu'elle disait parvenaient à nos oreilles, ou plutôt à celles des personnes qui voulaient bien écouter, des mots et des expressions isolés : « mon imbécile de mari », « sa saleté de mère », « une prison », « enterrée vivante », « comme la mort », « frustration », « douleur », « tristesse ».

A cette époque, vivaient à la Maison aux escaliers : Cosette, moi, Dominic, Marvyn, Gary, Birgitte, la petite amie de Mervyn qui s'appelait Mimi, Auntie et désormais Felicity. Neuf personnes. Diana Castle et l'homme qui partageait sa vie vinrent y passer leurs vacances de Noël et restèrent plusieurs semaines. Nous étions alors onze. Le couple était obligé de dormir dans des sacs de couchage par terre, dans la pièce au dernier étage sur l'avant. Évidemment, Cosette se montra prête à acheter un lit pour le confort de ses visiteurs, mais elle ne trouva personne, pas même les livreurs du magasin pour le monter en haut d'un escalier de cent marches. Perpetua elle aussi s'y opposa, déclarant d'un ton morose que si elle portait encore la moindre charge, elle ferait un prolapsus.

Elle et Dominic avaient transporté jusqu'aux combles un canapé-lit pour Felicity, un service qui leur avait valu à chacun un torrent de félicitations et un billet de cinq livres de la part de Cosette. La nouvelle chambre se trouvait au-dessus de ce que Cosette appelait le « sanctuaire ». Aussi demanda-t-elle poliment à Felicity lorsqu'elle arriva de ne pas faire plus de bruit « qu'une souris », de dix heures du matin à trois de l'après-midi, moment sacré où je travaillais. Cette pièce miteuse au plafond pentu avait autrefois abrité une ou plusieurs bonnes, elle était très différente des autres, aux étages inférieurs. A en juger d'après l'aspect des murs et des boiseries, personne ne l'avait repeinte depuis la construction de la maison. Cosette avait insisté auprès de Gary pour qu'il y donne un coup de pinceau avant l'arrivée de Felicity et lui avait même avancé une somme extravagante, mais il prit son temps pour s'atteler à la tâche et quand il se décida, Felicity était déjà retournée chez Esmond et les enfants.

Au bout de quelques jours d'accoutumance à son nouvel environnement et de confidences à Cosette, cette dernière fut complètement requinquée et redevint la même, taquine, curieuse de tout, hypercritique, prodigue en informations inutiles et inconséquentes, affichant un mépris envers les personnes dotées d'un esprit lent. Je fus invitée dans sa chambre afin d'admirer la vue et de dire si d'après moi le dôme qu'elle voyait au loin appartenait à Whiteley ou à l'église grecque orthodoxe. La fenêtre était inquiétante lorsqu'on s'en approchait et que l'on regardait au-dehors. C'était pire encore lorsqu'en baissant les yeux, on apercevait un précipice d'environ douze mètres de profondeur débouchant sur ce jardin aux plantes à feuilles grises, trempées de pluie ou brûlées par le gel. Juste au-dessous de la fenêtre se trouvait une surface pavée que Cosette appelait la terrasse et Perpetua le patio. D'une certaine manière, la fenêtre aurait été moins effrayante s'il y avait eu en contrebas du gazon ou un parterre de fleurs.

Felicity me dit qu'elle s'était aventurée sur le rebord étroit à l'extérieur. Il faut comprendre qu'il s'agissait d'une fenêtre et non pas d'une porte vitrée simple ou double. Elle descendait cependant presque au ras du sol, à une dizaine de centimètres pas plus, une fenêtre à guillotine permettant une ouverture d'un mètre vingt, en bas comme en haut. Felicity m'expliquait que la pierre — enfin, elle hésitait quant au matériau bordant le cadre de la fenêtre — présentait des trous profonds d'où des filets de rouille avaient coulé et dans lesquels elle était certaine que les barreaux d'une sorte de cage ou de grille avaient été fixés autrefois. Ceux-ci avaient disparu depuis longtemps. Nous avions essayé d'imaginer pour quelle raison le bas de la fenêtre se trouvait si près du sol et Felicity émit la supposition, certainement juste, qu'à un moment donné, le plancher avait été surélevé. Pour insonoriser ? Pour créer un plus grand espace entre le plancher de la pièce et le plafond de la chambre en dessous ? Parce que les bonnes se levaient tôt et risquaient de déranger le dormeur dans le « sanctuaire » ?

« Personne n'ouvrait jamais ses fenêtres en ce temps-là », affirma Felicity sans peur de généraliser, puis elle ajouta en prenant plaisir à s'attarder sur le mot, « si bien qu'il n'y avait aucun risque de défenestration. »

Je crois qu'avant ce jour, j'ignorais l'existence de ce mot. « Tu n'as jamais entendu parler de la Défenestration de Prague ? » demanda Felicity. « Je suppose que c'est là qu'on a commencé à utiliser le terme. *Defenestratio* doit en être l'origine latine, tu sais. C'était pendant la guerre de Trente Ans. Des protestants à Prague ont précipité par la fenêtre deux évêques catholiques, qui en ont réchappé sans trop se faire mal, ils étaient tombés dans des douves.

— C'est en préparant un de tes questionnaires que tu as déniché cette information ?

— Pour tout te dire, Elizabeth, je n'ai plus organisé de concours après celui que nous n'avons pu terminer parce que cette femme, Bell Sanger, est venue nous annoncer la mort de Silas. Cela m'a dégoûtée pour toujours.

— Je n'ai jamais appris les conclusions de l'enquête.

— Suicide dû à une perturbation momentanée de l'esprit. Si tu veux mon avis, c'est plutôt l'arme qui était déséquilibrée. Il était en train de jouer à la roulette russe.

— Comment on y joue en fait ? demandai-je.

— C'est un jeu auquel s'adonnaient des officiers, des Russes blancs, pour tromper l'ennui », expliqua-t-elle, fidèle à elle-même. « Un revolver comporte six chambres, tu vois, et on met une balle dans l'une d'entre elles, si bien qu'en théorie, on a une chance sur six de se tuer, la probabilité est donc assez élevée. Mais si le mécanisme est parfaitement équilibré, le poids de la balle entraîne cette chambre vers le bas, ce qui fait que les chances de survie sont plus fortes qu'on pourrait le croire. C'est pour cela qu'on prétend que la roulette russe triche avec la mort.

— Seulement, l'arme de Silas n'était pas parfaitement équilibrée, dis-je.

— C'est ce qu'ils ont affirmé à la fin de l'enquête, mais je n'en sais rien, j'ai trouvé que c'était très louche. Silas était un passionné des armes à feu, il passait son temps à les tripoter, il était vraiment spécialiste.

— Peut-être qu'il avait envie de mourir.

— Oui, pauvre Silas. S'il avait vécu un jour de plus, il aurait su qu'il avait hérité de la maison de son père et aurait eu de quoi vivre. »

Je m'abstins de lui dire que j'étais déjà au courant. Elle ouvrit la fenêtre par le bas et nous observâmes le précipice ; je m'étais accroupie par précaution, quant à Felicity, qui n'était pas sujette au vertige, elle se tenait là, debout dans sa mini-jupe, ses très longues jambes habillées d'un collant rouge, et jetait nonchalamment un regard vers le bas comme quelqu'un qui remarque en passant un objet tombé sur le trottoir. Le froid nous fit reculer et nous refermâmes la fenêtre, barrant ainsi la route à une rafale de neige fondue.

X

Il fut un temps où j'aurais tenu la main de Bell jusqu'à ce qu'elle s'éveille, la nuit entière. Si mes doigts s'étaient engourdis, j'aurais néanmoins continué. Mais plus maintenant. Autrefois j'aurais eu peur qu'elle ne m'appelle pas, même si elle me l'avait promis, mais à présent je savais qu'elle le ferait. Les choses changent, comme disait Cosette. Elle dormait, soulagée de m'avoir trouvée, je suppose, et de savoir que je voulais bien lui parler, lui rendre visite, la connaître. Je dégageai ma main, effleurai sa joue de mon doigt, et rentrai chez moi.

Au printemps, je me rendis avec Dominic à un spectacle donné par une troupe qui s'était baptisée Expérience globale. J'avais comme une idée que le pauvre Dominic n'y comprendrait rien, serait même effrayé, et c'est pour cette raison que je tenais à l'emmener. Un geste impardonnable, d'une méchanceté scandaleuse. Car la représentation d'Expérience globale portait à son paroxysme le concept d'une participation des spectateurs. Vêtus de robes en mousseline à fromage totalement dépourvues de boutons ou de fermetures à glissière, les acteurs dansaient, mimaient, choisissaient des partenaires dans l'assistance, et chaque couple ainsi formé se tenait debout ou assis, engagé dans un grave tête-à-tête, cherchant à connaître l'autre par le toucher, se caressant les bras, les épaules, les cheveux, et révélant néanmoins une certaine pudeur car les zones érogènes étaient soigneusement évitées. Puis chaque paire examina des objets, je suppose que l'idée était de les regarder sous un nouveau jour, et je me souviens que moi et mon partenaire (pas Dominic bien sûr), nous nous extasions sur la texture, la couleur et le parfum d'une orange de Jaffa assez abîmée et tout à fait ordinaire.

Je n'avais pas vu Bell depuis des mois, mais elle se trouvait dans la salle ce soir-là. Pour une raison ou pour une autre, sans doute parce que les caresses apportées à un inconnu et l'exploration d'une orange exigent une intense concentration, je ne la vis que plus tard, quand Dominic et moi nous trouvions dans la cafétéria du théâtre, qui s'appelait « Aux nourritures de l'amour », buvant du jus de pomme et mangeant des bâtons de carottes et de céleri. Nous étions sur le point de partir, le pauvre Dominic étant tellement désorienté qu'il commençait à manifester sa contrariété, quand je vis Bell assise à une table, dans un coin au fond de la pièce, en compagnie de deux autres femmes et de deux hommes.

L'un d'entre eux lui ressemblait beaucoup, il avait les cheveux plus foncés mais des traits semblables, une façon comparable de se tenir et la même grâce dans les gestes. Avant que je n'atteigne la table pour saluer Bell, il était parti chercher à boire ou à manger.

« C'est ton frère ? » demandai-je.

Elle se retourna pour le regarder, hésita, acquiesça. « Oui. C'est cela. Il est beau, non ?

— Vous êtes pareils.

— Oui, on peut le dire. Il te plaît ? Tu veux que j'intervienne ?

— Je suis accompagnée, répondis-je, et il faut vraiment que je parte. Puis j'ajoutai : J'aimerais que tu passes, cela me ferait plaisir de te voir. »

Ce fut mon premier aperçu de Mark. Sans doute était-ce vrai que cette fois-là il m'avait plu, que j'avais ressenti un désir admiratif, l'espace d'un instant se mesurant en secondes. Un sentiment qu'aurait éprouvé n'importe quelle autre femme. Dominic se mit pourtant en tête d'être jaloux, m'accusant de n'avoir cherché en venant ici, disait-il, que des prétextes de débauche. Ce sont ses propres termes, pas les miens. Après tout, il était irlandais, et s'il se taisait souvent, il était cependant parfaitement capable de s'exprimer. J'oubliais Mark en quelques minutes, loin d'imaginer que je le reverrais, de soupçonner le rôle qu'il allait jouer dans nos vies à tous. Je ne gardai que Bell à l'esprit et espérai qu'elle viendrait.

Une semaine plus tard, elle apparut. Nous étions nombreux : Diana Castle et son petit ami, qui étaient de retour, Mervyn et Mimi, Dominic, Birgitte et Felicity, et nous étions installés dans le salon avec Cosette. Mervyn et Mimi étaient le genre de couple qui ne peut rester cinq minutes sans se toucher. On avait l'impression de tomber sur eux partout dans la maison — comme s'ils étaient capables de se trouver dans deux ou trois endroits à la fois — debout au tournant de l'escalier en train de s'embrasser, allongés bouche contre bouche, hanche contre hanche, sur un canapé ou un lit qui n'était pas le leur, ou juste derrière une porte entrebâillée, les mains sur les épaules de l'autre, les yeux dans les yeux. Cosette, fidèle à elle-même, avait été charmée au début, semblait-il, mais à ce moment-là, la majorité d'entre nous, pour diverses raisons, leur en voulait. Ils nous rappelaient ce qui nous manquait. J'aurais aimé que quelqu'un m'aime, mais pas Dominic. Lui me voulait moi, et personne d'autre. Diana et son petit ami ne s'entendaient pas, ils se disputaient sans cesse. Et Cosette, pauvre Cosette, n'avait guère progressé dans sa quête de l'amant dont elle rêvait. Quant à Felicity, elle mourait d'envie d'avoir une aventure mais n'osait pas, « tristement rouillée » fut la raison qu'elle m'invoqua, et elle était terrifiée à l'idée qu'Esmond ne vienne et ne l'emmène de force avant qu'elle ait eu l'occasion de se rattraper pour toutes ces années de répression. Ce soir-là, elle nous avait parlé de la souris de Selevin. Le sujet avait été assez drôle au début, et il enchanta Cosette, en particulier.

« C'est un rongeur russe qui habite le désert, et imaginez un peu, on ne l'a découvert qu'en 1939. Je veux dire, pensez à ces petits animaux ventrus, à la fourrure grise, des millions probablement, vivant tous dans les déserts de Russie, et personne au courant de leur existence. Ils ne sortent que la nuit, vous comprenez. Et ce qu'il y a d'incroyable à propos de la souris de Selevin, c'est qu'elle ne peut supporter de rester plus de quelques minutes au soleil sans tomber malade.

— Je ne te crois pas, Felicity, dit Cosette. Tu nous racontes des histoires.

— Je le jure devant Dieu, s'exclama Felicity, prenant inutilement un ton mélodramatique. Je peux te prouver que je n'ai dit que la vérité. Tu n'as qu'à regarder dans l'*Encyclopaedia Britannica*. C'est tout, vas-y, allez.

— Nous ne l'avons pas.

— Tu peux vérifier dans une bibliothèque demain matin.

— Mais je te crois, ma chérie, seulement c'est tellement étrange. Je trouve cela vraiment touchant. Vraiment adorable. Les pauvres petits amours, malades au moindre rayon de soleil. »

Un jour ou deux s'écoulèrent. Pourtant Felicity n'arrêtait pas d'en parler, elle ne pouvait s'en libérer l'esprit. Quand Auntie avait avoué la veille qu'elle ne se sentait pas très bien, Felicity lui avait rétorqué que, comme la souris de Selevin, elle s'était certainement exposée au soleil. Quelqu'un, Gary je crois, avait dit en passant qu'il était fils unique. Là-dessus, Felicity avait affirmé qu'il était semblable à cet animal, seul membre de la famille des *Seleviniidae*. Elle trouvait ces remarques hilarantes. Dominic, lui, la regardait, mal à l'aise, persuadé à tort qu'elle agissait ainsi pour se moquer de lui.

C'était le soir où Cosette portait l'héliotrope. Je ne lui avais vu qu'une seule fois au doigt. A cette occasion, elle avait sans doute voulu l'assortir à sa nouvelle robe, un vêtement long assez impressionnant, spectaculaire, fait de soie vert foncé aux reflets changeants, rouge ou vert selon l'éclairage. La bague semblait encore trop massive pour sa main, mais cette fois-ci, elle ne détonnait pas. A la lueur des bougies — Felicity en allumait encore d'autres — le rouge de la bague brillait comme des étincelles sur le fond vert intense de la calcédoine.

« Une hématite », dit Felicity en prenant la main de Cosette pour observer le bijou.

Cosette lui dit gentiment : « Non, je crois, Felicity, que c'est un héliotrope. Je pense que c'est le terme en — comment dit-on déjà ? Pétrologie ? »

Felicity n'était pas d'accord. « Oh, non absolument pas. Cela vient du mot grec pour sang, comme dans hémorragie, hémophilie et j'en passe. *Haema* signifie sang, et *tite*, pierre.

— Oui, mais cela ne s'applique pas à cette pierre, ma chérie, elle n'a rien à voir, il s'agit d'une sorte de minéral rouge. » Cosette avait raison, en fait, comme je pus le vérifier le lendemain, mais elle n'insista pas, ce n'était pas son genre, elle avait horreur de se donner des airs de supériorité face à qui que ce soit. Elle pouvait aller jusqu'à s'excuser de ne pas se tromper, de même qu'elle passait la plupart de son temps (comme aurait dit Henry James) à demander pardon pour des actes abominables qu'elle n'avait pas commis. Felicity, dénuée de semblables scrupules, poursuivait de ce ton didactique bien à elle son exposé sur le grec et l'ignorance de certaines personnes, maintenant qu'on ne se donnait plus la peine de l'apprendre, et rebattait les oreilles de son auditoire comme elle l'avait fait avec le loir russe, quand la sonnerie de la porte d'entrée retentit.

« Ce doit être Walter », dit Cosette.

C'était souvent vers cette heure que nous voyions Admetus, à environ neuf heures et demie du soir. J'allai à la fenêtre. Le mois d'avril touchait à sa fin et il ne faisait pas vraiment nuit. En apparaissant au balcon, je pouvais être sûre qu'Admetus adopterait la pose d'un amoureux transi, reculerait, la main sur le cœur, clamant que cette fenêtre représentait l'est et Juliette le soleil. Pour une raison ou pour une autre, l'idée me plaisait. Je me dis à ce moment-là que si j'avais une aventure avec Admetus, je serais libérée de Dominic. J'ouvris les portes-fenêtres, sortis sur le balcon, me penchai au-dessus de la balustrade du style de celles sur le Ca'Lanier, et vis Bell qui levait les yeux. La lumière électrique se reflétait dans ses pâles cheveux. Elle était en noir, mais s'était enveloppée étroitement dans le châle aux couleurs de boue et de granit, celui dont j'avais vu Esmond recouvrir le cadavre de Silas Sanger. Je jure que c'était le même, je le reconnus aussitôt.

Bell monta avec moi. Dès que j'ouvris la porte du salon, elle remarqua Felicity et accueillit, abasourdie, son « Bonjour vous ! » lancé d'un ton assez surpris.

« Qu'est-ce que tu fais là ?

— C'est charmant, dit Felicity. Je pense que j'ai autant le droit d'être ici que toi.

— Esmond est là aussi ? »

Personne ne lui répondit. Mervyn et Mimi étaient allongés sur le tapis dans un coin, enlacés. Dominic avait ramassé un des instruments de musique de Gary et, inconsolable, ne cessait de pincer la même corde. Jetant un coup d'œil au couple étendu par terre. Bell haussa ses épaules minces, droites, et desserrant son châle, le laissa tomber sur ses bras. A mon grand étonnement, elle se dirigea vers Cosette pour lui serrer la main et lui demander comment elle allait. Mais elle ne s'attarda pas plus longtemps. Elle était venue me voir, et, comme on pouvait s'y attendre, ne s'encombra pas de formules.

« On peut monter dans ta chambre ? »

Je ne sais pas pourquoi, mais je crus qu'elle voulait dire la pièce ou j'écrivais plutôt que là où je dormais. Dans l'escalier — il y avait, rappelez-vous, cent six marches jusqu'en haut, et quatre-vingt-quinze jusqu'à mon bureau — elle dit : « Ils sont tous après son argent, non ? A chercher ce qu'ils peuvent tirer d'elle ? Elle s'en rend compte ?

— Je crois que cela lui est égal, répondis-je.

— Moi cela me dérangerait, les deux qui sont là à se branler par terre. Je les jetterais dehors.

— Cosette ne ferait jamais une chose pareille. »

Bell ne lisait pas. A mon avis, elle n'avait pas ouvert un livre depuis qu'elle avait quitté l'école, à Dieu sait quel moment ou quel endroit ; mais lorsqu'elle en avait sous la main, elle les prenait pour les scruter de façon assez étrange, songeuse, comme d'autres examinent un bibelot. Nous allumâmes une cigarette et elle se déplaça dans la pièce en regardant tout, stupéfaite d'apprendre que j'écrivais un roman, jetant un coup d'œil à *La Princesse Casamassima*[1] que je lisais à ce moment-là, s'emparant de plusieurs ouvrages de référence posés sur mon bureau, passant en revue les dictionnaires offerts par Cosette, puis tournant le dos à la littérature et à ses mystères pour revenir à moi et à la réalité, qui était ce qu'elle comprenait.

« Je suppose que Felicity a quitté Esmond. Quand ils se disputaient, elle disait toujours qu'elle le laisserait tomber avant d'avoir trente-cinq ans. Mais il viendra la chercher, tu verras, et elle le suivra. »

Je n'étais pas de son avis. Felicity était inflexible, elle disait qu'elle ne retournerait pas auprès de lui. Même si elle ne devait jamais plus revoir les enfants. Elle s'était trouvé un job de serveuse dans un café à Shepherds Bush. Je devais encore apprendre qu'en matière de comportement humain, Bell avait presque toujours raison. Elle connaissait les gens et prévoyait leurs réactions. Comme elle savait se passer de littérature, allant pratiquement jusqu'à en ignorer l'existence, sa perception ne subissait pas cette influence anesthésiante, et les jugements qu'elle portait sur la nature humaine n'étaient pas déformés par une fausse réalité.

« Elle va divorcer, affirmai-je.

— Esmond n'acceptera jamais.

— Avec la nouvelle loi, rétorquai-je, il n'aura pas vraiment le choix. Elle n'a pas besoin de son consentement, au bout de cinq ans de séparation. »

Bell ne me répondit pas de manière directe. Elle venait d'allumer une cigarette avec le bout d'une autre, assise là, par terre, adossée au mur. Le confort lui importait peu. « Qui sait où nous serons dans cinq ans ? » dit-elle.

Il pleuvait à torrent au moment où elle décida de partir. Je lui proposai de passer la nuit sur place, bien qu'au vu de l'invasion du moment, il lui faudrait se contenter d'un sac de couchage. Elle refusa cependant

1. Roman de Henry James (*N.d.T.*).

de rester, alors qu'il était presque minuit. Elle ne voulut pas non plus me dire où elle vivait. Enfin, une telle affirmation est un peu excessive, on ne peut vraiment prétendre qu'elle m'avait caché son adresse, ou que je la lui avais demandée explicitement. Je m'étais enquise de son numéro de téléphone et elle m'avait répondu qu'elle n'en avait pas. Je savais toutefois qu'elle était venue à pied à Archangel Place ; elle me l'avait expliqué en arrivant. Mais Bell, contrairement à moi, était une grande marcheuse, et il n'y aurait eu rien d'étonnant à ce qu'elle parcoure cinq à six kilomètres, un rayon formant un cercle assez étendu à l'intérieur duquel elle pouvait habiter.

« Tu ne vas tout de même pas rentrer à pied ? Et j'ajoutai : Enfin, je ne sais pas où tu habites.

— Quelque part par là. Elle fit un geste vague en direction du nord-est. Je pourrais prendre un taxi, mais pour me tenir à mon budget, je ne le fais pas. »

On allait en appeler un, proposais-je. Cosette en avait l'habitude. « Mais à ce moment-là, c'est elle qui va le payer. Je n'en ai pas envie. »

Une telle attitude me frappa, elle était rare de la part d'une personne dans l'orbite de Cosette. Il y avait en Bell une certaine pureté, me dis-je, une rectitude. Elle me sourit de sa façon distante. Tout ce qu'elle voulait, disait-elle, était que je lui prête un imperméable ou un ciré, ou même un parapluie. Voilà par quel hasard nous nous rendîmes dans ma chambre.

En descendant, nous croisâmes sur le palier du troisième étage, debout dans une alcôve comme deux statues dans la pénombre, Vénus et Adonis peut-être, Mervyn et Mimi enlacés. J'ouvris la porte de ma chambre, ayant oublié à ce moment-là ce qui était suspendu sur le mur en face de nous. J'allumai la lumière et le regard de Bell se fixa dès qu'elle entra sur le Bronzino. Elle s'en approcha doucement, se tint devant le tableau en silence tandis que je farfouillais dans le placard pour trouver un vêtement qui la protégerait. Puis elle dit : « C'est moi. »

Je tergiversai. « C'est une peinture qui date de quatre cents ans avant ta naissance.

— Peut-être, mais c'est quand même moi. Où l'as-tu trouvée ? Tu l'as accrochée là parce qu'elle me ressemble ?

— Oui », répondis-je.

Je tins mon imperméable noir, fin et soyeux, afin qu'elle y glisse ses bras. Elle s'en enveloppa, elle, le châle, et tout le reste, continuant à me tourner le dos. Je n'avais pas fermé la porte, elle était entrebâillée. On entendait en bas les sons étranges que quelqu'un tirait de la cithare. Bell prit mon visage dans ses mains et m'embrassa sur la bouche. J'aurais pu recevoir et interpréter ce baiser comme celui d'une femme qui voulait signifier à une autre, en la saluant, son amitié et son affection, sauf qu'il dura assez longtemps et que je crus — je n'en étais pas sûre mais c'est ce qu'il me sembla — sentir le bout de sa langue contre le bord de ma lèvre supérieure. Le bruit de l'ouverture d'une porte en bas et de la musique soudain amplifiée de la cithare nous sépara. Quelques instants plus tard, peu après son départ, je me mettrais à trembler mais pas encore, non. Je lui dis, très doucement : « Il y a un parapluie dans le hall. Il ne faut pas que tu te mouilles. »

Cependant, elle changea d'avis au sujet du taxi, comme il en passait un devant Archangel Place au moment où nous sortions dans cette obscurité de pluie et de vent, pataugeant dans les flaques. Je n'avais pas la clé et la porte se referma sur moi, si bien que Cosette dut descendre pour me laisser entrer.

« Mais ma chérie, tu es gelée, dit-elle. Tu grelottes. »

Avant qu'ils ne viennent l'emmener, je ne perdis plus la trace de Bell. Ou plutôt, permettez-moi de rectifier : elle ne devait plus partir, disparaître.

Il se passa beaucoup de choses cet été-là. Un éditeur accepta de publier mon livre. Felicity trouva un amant. Cosette donna la première de ses grandes soirées. Birgitte retourna chez elle, à Odense. Mervyn et Mimi fondèrent ensemble un foyer dans une caravane.

Cosette affirma qu'elle n'avait jamais douté que je trouverais un éditeur. Elle avait lu mon manuscrit et disait à tout le monde, à ma plus grande gêne, qu'il s'agissait d'un livre merveilleux. Une sorte de mélange d'*Autant en emporte le vent* et de *Meurtre dans l'Orient Express*, expliquait-elle, sans se moquer, souhaitant au contraire en faire l'éloge. Elle n'était pas loin de la vérité. Maintenant, me dis-je après avoir reçu une avance considérable, dépassant largement la somme à laquelle je m'attendais, j'allais enfin pouvoir concentrer mes efforts sur un essai à propos de Henry James. C'était avant que je ne lise attentivement mon contrat pour m'apercevoir que l'éditeur avait une option sur mon prochain livre, que j'étais censée lui envoyer complété dans douze mois. J'ignorais, jusqu'alors, que dans la vie on tombe dans certains pièges et on se retrouve obligé de pédaler sans cesse comme un écureuil dans une cage.

Birgitte s'était fait prendre à voler au rayon alimentation de Harrods. Ce n'était pourtant pas la nourriture qui manquait à la maison. Sans doute agissait-elle sous l'influence d'une névrose quelconque ou l'y avait-on forcée. Si, à la Maison aux escaliers, les repas avaient lieu à des heures irrégulières et qu'en fait, il fallait se servir soi-même, les deux frigidaires et le cellier débordaient de vivres, des produits exquis d'épicerie fine : légumes hors saison, saumon, faisan, caviar, pâté, profiteroles, crème fraîche, fraises. Cosette emmenait souvent Auntie se promener en voiture, et durant ces sorties, les deux femmes faisaient toujours des achats. Birgitte était entrée au rayon alimentation avec deux sacs vides de chez Harrods. Une incroyable naïveté l'avait sans doute portée à croire qu'ils penseraient qu'elle en avait payé le contenu. Elle avait pris des boîtes de biscuits et de chocolats ainsi qu'un pot contenant une sorte de fruit candi lorsqu'on la surprit. Je me demandai si l'idée lui était venue à force de voir Gary remplir des sacs de restes de nourriture dans les restaurants où Cosette nous emmenait manger. Lui aussi avait disparu avant juillet, parti comme tant d'autres à l'époque sur la route dorée de l'Inde. Quant à Mervyn, il nous avait quitté pour sa caravane, désormais incapable de supporter, disait-il, tout autre présence que celle de Mimi, et encore seulement lorsqu'il se trouvait seul. Il manquait deux bouteilles de brandy et six de bordeaux après son départ, mais je n'en parlais pas à Cosette, bien que d'après moi elle fût au courant.

L'amant de Felicity s'appelait Harvey machin chose. Il était un peu plus grand et mince que la moyenne, avait la trentaine, des cheveux bruns et hirsutes, comme sa moustache et sa barbe, était sans cesse habillé du même pull à col ras et d'un éternel jeans rapiécé, le genre d'homme qui affluait dans les rues de l'ouest de Londres à l'époque et que l'on rencontre encore là aujourd'hui. Il parlait à peine, timide, d'un type plus proche de celui d'Auntie, aurait-on pu se dire, que de Felicity. Je ne sus jamais comment elle l'avait rencontré et n'étais pas présente lorsqu'il fut introduit dans la maison. On les vit soudain ensemble. Du jour au lendemain, alors qu'elle avait jusqu'à présent été seule, il fit son apparition, assis à ses côtés, lui tenant la main. Il faut lui rendre justice : elle avait probablement demandé à Cosette s'il pouvait rester, enfin emménager avec elle. Il se trouve que je n'en fus pas témoin.

On voyait qu'elle se sentait particulièrement fière de s'être dégoté un homme à elle. Elle ressemblait à Cosette au début de sa relation avec Ivor. J'en fis la remarque à Bell alors que nous étions assises l'une à côté de l'autre sur une marche d'une des volées de l'escalier, durant une fête organisée par Cosette. Bell s'étais mise sur son trente et un, portant un boa en plumes ainsi que des roses roses artificielles sur une robe noire en crêpe de Chine et en dentelle, achetée pour sept shillings et six pence à une vente de charité de l'église St Mary The Boltons. C'est ce soir-là qu'elle me dit qu'Ivor n'était pas un vrai Sitwell, bien qu'elle semblât ignorer totalement qui étaient les membres de cette famille.

« Des frères et une sœur qui étaient écrivains, m'a dit Eva. » Car c'était cette dernière, l'ex-petite amie hautaine d'Admetus, qui avait vendu la mèche. « Elle a bien fait de se débarrasser de lui », s'exclama Bell en parlant de Cosette. « Tu crois qu'elle aimerait rencontrer un autre homme ?

— Je suppose qu'elle voudrait avoir quelqu'un à aimer et qui l'aime en retour. Comme nous tous, non ? »

Elle me lança un regard étrange, en biais. Elle ne répliqua pas. Sans doute croyait-elle que je ne m'attendais pas à une réponse, ou plutôt ne rentrait-elle pas dans la catégorie à laquelle je faisais allusion. Il n'y avait pas eu d'autre baiser. Nous étions distantes, amies, fumions cigarette sur cigarette, une bouteille de vin posée entre nous sur la marche, ainsi qu'une moitié de baguette et une part de brie. Nous échangions des commentaires sur les invités qui montaient et descendaient l'escalier, ceux assis cinq marches plus bas, ou encore rassemblés sur le palier inférieur.

Dawn Castle et son mari se trouvaient là, décalés mais décidés à s'amuser. Même Maurice Bailey était venu. Il passa sa soirée à discuter avec Auntie dans la salle à manger. Walter Admetus s'était présenté en compagnie d'une femme — mon plan de le séduire tombait ainsi à l'eau — et Fay, que Cosette avait pardonnée depuis longtemps, sortait avec un autre homme. Un couple de danseurs professionnels, la dernière acquisition de Cosette, était arrivé tôt. Ils étaient mari et femme. Perdita Reed était aussi jolie que Bell mais de manière différente ; minuscule, la peau blanche, un physique de ballerine, ses cheveux de jais tirés en arrière, séparés par une raie centrale. Elle avait été sur le point de connaître un succès mondial quand elle était tombée amoureuse d'un danseur de Madrid. Apparemment, elle avait voulu qu'il fasse partie de tous les spectacles où elle se produisait, une exigence préjudiciable à sa carrière. J'entendis le nouvel ami de Fay tenir des propos désobligeants sur Cosette, et si Luis Llanos se contenta de sourire sans répondre, on ne peut dire qu'il s'empressa de défendre cette dernière. Certes, les deux danseurs habitaient dans un appartement de Hampstead qu'on leur avait prêté et arboraient des vêtements d'une élégance somptueuse, mais ils étaient pauvres et nécessiteux.

Beaucoup des personnes présentes, comme Bell l'avait fait remarquer, jouaient les pique-assiette. « Ils sont venus, dit-elle, pour se remplir la panse à ses frais. »

Cela me fit penser à *Gatsby le magnifique*, le passage sur le monde, sa maîtresse qui vient lui rendre visite dans sa maison, et ces jeunes femmes se plaisant à dire des méchancetés sur lui en cueillant ses roses et en buvant son champagne. Bien entendu, je n'en dis rien à Bell, comme elle n'avait jamais entendu parler de Fitzgerald, et d'ailleurs d'aucun romancier ou presque. Parfois je pense qu'il aurait mieux valu pour nous tous que ce soit également mon cas, que j'aie étudié l'histoire ou l'économie politique à l'université.

La nourriture avait été préparée par des traiteurs mais elle n'était pas présentée aux invités. C'était à chacun de se servir, comme pour la boisson, une façon de recevoir typique de Cosette, elle qui ne buvait jamais plus d'un demi-verre de vin ; mais elle avait fait une erreur. La plupart des visiteurs étaient déjà bien éméchés dès dix heures et demies. C'est aussi à peu près à cette heure que les relents douceâtres de la marijuana s'élevèrent lentement dans l'escalier. Auntie passa dans leur sillage, emportant avec elle toutes ces choses que prennent les vieilles dames quand elles vont se coucher, un livre, des lunettes, un sac à main et un autre pour les tricots en cours. A ma grande surprise, Bell se leva d'un bond et lui proposa son bras. Auntie était montée avec peine, s'accrochant à la rambarde, le visage gris de fatigue et comme perdu ; Cosette, qui sur le palier inférieur l'avait suivie du regard, semblait prête à la suivre pour l'aider. Je n'avais jamais vu Bell faire un geste semblable auparavant, ou accorder la moindre attention à Auntie. Elle paraissait connaître l'emplacement de sa chambre pourtant, car elle en ouvrit la porte et l'y escorta, puis lança « Bonne nuit, Mrs Miller », et lui souhaita de bien dormir.

Nous descendîmes, en quête de « dope », selon l'expression succincte de Bell. Le palier devant le salon était plus large que les autres ; d'un côté s'y trouvait un canapé dont une extrémité se terminait en une sorte de volute, et de l'autre une banquette sans dossier mais dotée de parois latérales verticales. Je possédais autrefois une carte postale représentant une photographie de Proust assis sur le même type de siège. Le meuble avait tant plu à Cosette qu'elle avait chargé un antiquaire dans Kensington Church Street de lui en procurer un semblable, payé à prix d'or. Felicity et Harvey y étaient installés et, sans doute inspirés par l'exemple de Mervyn et Mimi, ils s'embrassaient, se reniflaient et se tripotaient l'un l'autre. Admetus était assis en face d'eux, sur le canapé ; il buvait du brandy, sa petite amie allongée à ses côtés, la tête sur ses genoux.

Des gens occupaient des marches du haut en bas de l'escalier, la plupart étant ivres et occupés à ce qu'Ivor avait une fois appelé pompeusement — je m'en souviens — « les préliminaires au congrès sexuel ». Maurice Bailey, las de la soirée, était rentré chez lui. Après s'être coiffé de son chapeau d'été en paille blanche, il avait serré la main de Cosette juste avant de passer le seuil de la porte d'entrée et lui avait dit sur un ton extrêmement autoritaire de ne pas trop se fatiguer.

Bell et moi nous étions jointes momentanément aux fumeurs assis en cercle dans la salle à manger ; nous faisions passer un joint, transpercé d'une épingle à chapeau surmontée d'une rose en marcassite, un objet appartenant certainement à Cosette, ou même à Auntie. Les portes du jardin étaient ouvertes. Il faisait chaud et doux ce soir-là. Une grosse lune orange s'élevait lentement de derrière les toits et les flèches de Notting Dale. La lumière qu'elle répandait était d'une pâleur étrange. Alors qu'elle montait et apparaissait tel un énorme fruit luisant, formant une sphère encore imparfaite, une légère brise se mit à souffler, agitant les feuillages gris, provoquant un bruissement des feuilles de l'eucalyptus. Un groupe de spectateurs, debout, commentait cette ascension, exprimant une admiration excessive. Il y avait une multitude de gens à l'époque qui s'extasiait sur la nature, sur n'importe quel phénomène pourvu qu'il fût naturel, une mauvaise herbe en fleur des plus banales même, et il s'agissait toujours de personnes qui ne connaissaient strictement rien à l'histoire naturelle. Dans un coin, assis sur le banc en pierre derrière lequel poussait un grand macleania, paré de feuilles bleutées semblables à celle de la vigne et de fleurs orange et duveteuses, Gary et Fay surveillaient un de leurs amis, lancé dans un trip à l'acide. Ils lui avaient fait avaler le LSD mélangé à une cuillerée de confiture, et maintenant qu'il était trop tard, même si rien ne s'était encore passé, le garçon se souvenait qu'il avait une bonne raison de ne pas tenter l'expérience des hallucinogènes.

« J'ai une phobie, l'avais-je entendu dire nerveusement. J'ai une peur bleue des araignées. Et si je commence à en voir partout, sur moi en plus, je deviendrai fou. »

Dominic, isolé au beau milieu de cette foule, les regardait de l'air triste, presque incrédule, d'un crypto-chrétien assistant à une orgie romaine. Quand il me vit, son expression passa de la consternation naïve au reproche. Je savais qu'il allait bientôt partir, que sa sœur lui avait trouvé une chambre à Kilburn, dans la rue voisine de celle où elle habitait, et par lâcheté, j'espérais éviter l'épreuve de force, les explications, me persuadant que je craignais davantage une rupture déplaisante qu'une séparation digne. Aussi évitai-je son regard et me retournai. Je pris Bell par le bras et m'apprêtais à pénétrer dans la maison quand deux incidents se produisirent en même temps. Les douze coups de minuit commencèrent à résonner au clocher de St Michael the Archangel, l'église au bout de la rue, et la sonnerie de la porte d'entrée retentit.

La sonnerie durait, insistante, comme si la personne qui se manifestait avait posé le doigt sur le bouton et le gardait là en appuyant fortement. Je croyais que d'autres invités arrivaient, ou plutôt des intrus, car la plupart des gens présents n'avaient pas été conviés. Comment les distinguer, puisque Cosette avait dit à Gary, à Fay, à Dominic, à Felicity et à Harvey, et même aux danseurs, de demander à qui bon leur semblait de participer à la fête ?

« C'est certainement les voisins qui viennent se plaindre », dit Bell.

En fait, il s'agissait d'Esmond Thinnesse.

Ni Bell ni moi ne lui avions ouvert, mais nous fûmes les premières personnes qu'il repéra, et d'ailleurs, à part sa femme, il ne connaissait personne d'autre, car à ce moment-là, Elsa la Lionne s'était mariée et était partie vivre en France. Déjà mince au départ, il était devenu maigre. Il avait un air d'ascète, de prêtre même. Et c'était surtout à ce type d'individu qu'il faisait penser, une sorte de moine qui s'est imposé pendant longtemps une discipline rigoureuse ou le jeûne. Je me souvins qu'on le disait très croyant et remarquai que son visage avait adopté l'expression d'extase et de transe de ces saints martyrs des tableaux de la Renaissance. Du moins, ce fut mon impression, lorsque je le vis à la lumière du clair de lune et des bougies, le seul éclairage du hall.

Il m'annonça : « Je suis venu chercher ma femme. Où est-elle ? »

Quelqu'un derrière moi émit un ricanement nerveux. Pendant un instant, je restai interdite. L'étrangeté de la situation me surprenait, le fait qu'un homme aussi conventionnel et, sur beaucoup de plans, traditionnel, se présentât sans prévenir, sous quelque prétexte que ce fût, chez un inconnu au beau milieu de la nuit. Il dut lire mes pensées car il ajouta : « J'ai passé toute la journée à Londres pour affaire. Je suis en voiture. Comme je me trouvais à Marble Arch, j'ai soudain eu l'impulsion de venir ici. Le sentiment que c'était la meilleure chose à faire. » Il parlait de façon assez distante, comme la victime d'un malheur terrible qui aurait été vidée de toute émotion. Ou peut-être comme quelqu'un qui a décidé de suivre les adjurations de sa foi et de s'en remettre à Dieu pour se décharger de son fardeau. « On ne peut plus, poursuivit-il sur le même ton, continuer comme cela. »

Je commençai à balbutier : « Elle est en haut, quelque part... » mais Bell fut plus rapide que moi et, se souvenant sans doute de ce que Felicity était en train de faire, avait déjà grimpé la moitié de la première volée d'escalier avant la fin de ma phrase. Esmond la suivit et je lui emboîtai le pas, entraînant derrière moi un cortège de gens en rang par deux qui, pressentant le mélodrame et lassés de la soirée, cherchaient un nouveau centre d'intérêt, un aboutissement spectaculaire ou simplement un dérivatif. Cependant, un curieux silence planait, sinon ailleurs, du moins dans l'escalier et sur le premier palier, où des visages se penchèrent au-dessus de la balustrade qui amorçait là une courbe. Bien entendu, plus haut, le vacarme se poursuivait, accentué en cet instant précis par la musique provenant de l'électrophone dans la chambre de Gary, au deuxième étage, un disque des Rolling Stones, à plein volume.

Bell arriva trop tard. Sans comprendre la situation, ignorant l'identité du nouvel arrivant, Felicity et Harvey, qui étaient passés depuis longtemps du canapé à un vrai lit, sortaient de la chambre de Cosette, des verres de vin vides à la main et complètement débraillés. Felicity s'entêtait à mettre des mini-jupes, pourtant passées de mode, et celle en cuir noir qu'elle portait à présent avait sa fermeture ouverte. Ses longs cheveux bruns tombaient sur ses épaules, et son visage — elle se maquillait toujours à l'extrême — ressemblait à la palette d'un peintre au bout d'une journée de dur labeur. Harvey, qui lui entourait les épaules de son bras, lui soutenait le sein gauche de la main, le serrant comme s'il voulait en extraire du lait.

Cosette me chuchota :

« Qui est-ce ?

— Son mari.

— Mon Dieu. On croirait assister aux pires excès de l'Empire romain, non ? »

Felicity poussa un cri à la vue d'Esmond.

Je confiai plus tard à quelqu'un, Cosette sans doute, que sa réaction avait dû lui faire un effet épouvantable. Il s'était certainement rappelé les moments de passion et de tendresse qui avaient existé entre eux, peut-être les premiers instants de leur amour et à l'époque où, quand elle le voyait, loin de pousser un cri et de cacher sa tête dans les bras d'un autre homme, elle se précipitait vers lui, ravie. Toutefois, son visage resta impassible. Il lui dit : « Felicity, je veux que tu rentres à la maison avec moi. Viens maintenant, et nous serons chez nous dans une heure. »

Il était clair qu'Harvey ne voulait pas s'en mêler. Felicity s'agrippait à lui, mais lui ne la tenait pas. Il lui chuchota quelque chose à l'oreille, puis esquissa un mouvement de recul. Elle leva la tête, s'écartant de la poitrine masculine, puis se retourna doucement, recroquevillée, les épaules voûtées. Des gens descendaient à présent du palier supérieur. Je doute qu'Esmond s'en aperçut ou qu'il ait eu conscience de toute autre existence en dehors de la sienne et de celle de Felicity, et peut-être aussi une vague présence, à peine humaine, le chœur sans visage d'une tragédie.

« Viens avec moi maintenant, s'il te plaît, dit-il. Cela a assez duré. »

Je croyais qu'il allait parler des enfants, mais non. Il se contenta de réitérer sa demande. Le palier, lui aussi, n'était éclairé que par les bougies et le clair de lune. Esmond, qui n'avait jamais mis les pieds dans cette maison auparavant, approcha soudain la main de l'interrupteur, qu'il actionna, comme si chaque soir depuis des années, il avait répété ce geste à cet endroit précis. Une sorte de chandelier aux branches métalliques supportant des sphères en verre gravé pendait au plafond ; la lumière qu'il projetait était si forte que Cosette évitait de l'allumer. Quand nous fûmes inondés de cette luminosité subite qui provoqua des clignements d'yeux et exhiba les cheveux emmêlés et les vêtements fripés des visiteurs, Felicity poussa un nouveau cri, mais cette fois, pitoyable, soumis. Esmond s'approcha d'elle, tendit la main. Elle hésita. Puis elle eut cette phrase incroyable : « Et mes affaires alors ? »

Un éclat de rire ne m'aurait pas surpris, mais le profond silence n'était troublé que par Mick Jagger, à l'étage supérieur. Le nom de Bell et le mien étaient les seuls qu'Esmond connaissait des personnes présentes ; il dit, sans nous regarder, sans détacher les yeux de Felicity : « Elizabeth ou Bell les feront suivre. »

Elle lui prit la main et l'accompagna. Ils passèrent devant moi, descendirent l'escalier. Sur le visage de Felicity se lisait un sentiment d'échec total. Sa liberté avait duré neuf mois, et à mon avis, il n'était pas certain qu'elle en ait profité. Esmond se garda d'adresser un seul mot à l'un d'entre nous, elle s'en abstint, elle aussi. La porte d'entrée se referma rapidement derrière eux et j'entendis une voiture démarrer.

Felicity m'envoya un petit mot deux ou trois semaines plus tard, me remerciant de lui avoir fait parvenir les deux paquets de vêtements lui appartenant, et un an après, ou un peu plus, elle nous téléphona, nous invitant, Cosette et moi, à Thornham pour Noël. Nous avions trouvé son invitation plutôt touchante, mais nous la déclinâmes pour je ne sais quelle raison. Elsa m'apprit plus tard qu'Esmond avait acheté l'appartement dans World's End Lane, le quartier à la mode en ce temps-là, afin de permettre à Felicity d'y trouver refuge. J'avais de ses nouvelles, de manière indirecte, et la première fois où je lui ai parlé depuis remonte à quinze jours.

Les invités commencèrent à prendre congé peu après ce départ. L'effet d'un tel incident est aussi dévastateur pour l'ambiance d'une fête que l'irruption d'un fantôme qui viendrait s'installer à table dans une chaise restée vide. Nous ne vîmes plus jamais Harvey. S'il avait vécu à la Maison aux escaliers, passé ses nuits avec Felicity dans la chambre au dernier étage, il devait cependant avoir un endroit où aller car il disparut avec la foule, partie en même temps que les danseurs.

Seuls Gary, Fay et leur ami phobique étaient restés, ils se trouvaient encore dans le jardin, sur le même banc de pierre, et éclairés par la lune, ils ressemblaient à présent à un groupe de statues sur une fontaine dont on vient de couper l'eau. Tous trois enlacés, la tête pendante, ils étaient avachis dans une pose d'abandon; même leur ami sommeillait paisiblement, abruti par le LSD. Bell et moi, nous les regardions du haut de la dangereuse fenêtre de la chambre au dernier étage, celle qui avait appartenu à Felicity. J'y avais conduit Bell et lui avais proposé d'y dormir quand elle m'avait dit qu'il était trop tard pour rentrer. Nous soulevâmes le carreau inférieur et nous penchâmes, couchées à plat ventre pour plus de sûreté. Le ciel était clair mais on ne distinguait pas d'étoiles. Le jardin de Cosette s'était transformé en un amas de bouteilles vides, de verres brisés, de mégots et de croûtons de pain.

« Je ne comprends pas pourquoi les gens se marient », dis-je, alors que je devais épouser un homme trois ou quatre ans plus tard.

« Les femmes se marient pour se faire entretenir », répliqua Bell assez sérieusement. Elles cherchent la sécurité.

— Mais Felicity a un diplôme, elle pourrait trouver du travail. Pourquoi aurait-elle besoin de quelqu'un pour l'entretenir ?

Bell émit un petit rire caustique. « Tu sais ce que j'en pense. Tout le monde ne s'acharne pas au travail comme toi, tu as dû d'ailleurs t'en apercevoir en voyant la clique qui se trouvait ici ce soir. »

Encouragée par la soirée et par la gentillesse de Bell, je lui demandai pourquoi elle s'était mariée. Pourquoi avait-elle épousé Silas ?

Elle étudiait les beaux-arts, m'expliqua-t-elle, à la faculté de Leicester, où elle l'avait rencontré. Il était son professeur, elle se trouvait en première année. Il l'avait épousée parce qu'elle était enceinte, mais l'avait ensuite forcée à avorter. Puis on avait renvoyé Silas, ou il avait reçu un avertissement — elle ne savait plus trop — car il se prêtait à des jeux dangereux avec des armes à feu. Il était donc parti et avait tenté de vivre de sa peinture.

« Alors tu ne t'es pas mariée pour te faire entretenir, dis-je.

— Si. En partie. Je savais que son père était vieux et malade, et qu'il lui laisserait quelque chose. D'ailleurs, j'étais persuadée que ce serait davantage. Mais je n'ai pas vraiment eu tort, tu vois ? J'ai hérité et j'en vis — à peu près. »

Quelques instants plus tard, nous nous souhaitâmes une bonne nuit et je descendis dans ma chambre, me félicitant d'avoir enfin découvert un détail de la vie de Bell. Je ne me doutais pas à l'époque — évidemment, je la croyais, comme tout le monde, comme Esmond Thinnesse qui une fois m'avait parlé de sa franchise, et puis aussi parce qu'elle donnait l'impression d'être intègre, directe, d'une sincérité totale — que la majorité de ses confidences à la fenêtre ce soir-là était fausse. Des points importants qu'elle avait mentionnés — rien n'était vrai. Quand les gens mentent à propos de leur passé, ils le déforment toujours à leur avantage. C'est ce qui les pousse à fabuler. La réalité manque de faste, ne leur donne pas le caractère fascinant, l'expérience, le succès dont ils souhaitent faire étalage. Bell était unique en son genre. Elle inventait un passé qui ne la mettait pas en valeur.

Je crois qu'elle rejetait la vérité par pur caprice.

XI

Au Venezuela, il existe un village où la moitié de la population est atteinte de la chorée de Huntington. Ce taux élevé est le résultat de croisements consanguins, dans ce lieu reculé où les pauvres habitants ignoraient jusqu'à récemment la nature héréditaire de cette maladie et se mariaient entre eux sans se méfier quand un parent, ou le partenaire d'un parent, en était affecté. De plus, ils étaient persuadés que le phénomène — ils n'en connaissaient pas le nom — ne se produisait que dans leur village, situé au bord d'un lac, et ils furent abasourdis d'apprendre qu'il avait lieu en tous les points du globe.

Je viens de lire cette information dans le journal d'aujourd'hui et ne peux m'empêcher de me demander si Felicity s'est penchée sur le même article. A moins d'une profonde transformation de son caractère, c'est exactement le style d'histoire qui la passionne, celle dont elle va régaler sa famille, comme autrefois elle pérorait sur la souris de Selevin, le *Stiletto fatalis* et la Défenestration de Prague. D'ailleurs, le sujet la captive peut-être depuis un certain temps déjà, car à l'heure actuelle, les journaux, la télévision et les magazines ne parlent que de la chorée de Huntington, une maladie à la mode qui, aux yeux du public, a évincé la sclérose en plaques et même la schizophrénie. Avant de me préparer à sortir, à rencontrer Bell, je rejette un coup d'œil au journal, aux photographies de ces pauvres gens ahuris, et relis le dernier paragraphe où l'on parle du test qui peut être fait désormais et des organismes de conseils que peuvent contacter les victimes potentielles.

Si les années soixante ont représenté l'ère de la révolution sexuelle et les années soixante-dix celle de la destruction de l'environnement, les années quatre-vingts sont marquées par les groupes de soutien et les organismes de conseils. Je doute qu'il existe un seul problème, physique ou mental, auquel se trouvent confrontés les hommes et les femmes d'aujourd'hui et pour lequel il soit impossible d'obtenir une aide quelconque. Si j'avais pu parler à un conseiller dans les années soixante, ma vie se serait-elle déroulée autrement ? Comment savoir ? Toujours est-il que presque tout ce que j'ai fait a été exécuté dans l'attente d'une paralysie grotesque et d'une mort imminente : mes mauvais livres à sensation, dépourvus de toute sensibilité, écrits dans le seul but d'amasser de l'argent afin de profiter de la vie, du moment présent ; l'amour, avec qui bon me semblait, à la légère, sous le prétexte douteux que je ne voulais rien manquer ; mon mariage, criminel, malhonnête, car j'espérais pouvoir me leurrer, prétendre qu'il s'agissait là d'une invention de ma part, refusant d'avoir un enfant sous un faux prétexte. Et puis, évidemment, il y avait Bell...

Cela peut paraître fou, mais me croirez-vous si je vous dis, convaincue à moitié, et même plus qu'à moitié, que si j'avais été atteinte de la chorée de Huntington, mon comportement n'aurait certes pas trouvé sa justification, mais j'aurais au moins pu affirmer que j'ai agi en sentant planer sur moi cette menace, et que j'ai eu raison ? J'ai bien fait de ne pas avoir d'enfant, de ne pas donner naissance à un nouvel être ne possédant qu'une chance sur deux d'échapper à cette maladie. De produire en dix-sept ans vingt-cinq romans d'aventures à sensation, teintés de sexe et de romantisme, afin de vivre ces années dans le confort. De ne pas m'être battue, l'estomac souvent vide, seule dans un petit meublé, pour aboutir à une littérature que j'aurais été capable, je le sais, de créer, et de rêver à l'éventualité de la voir publier un jour dans un avenir empreint de douceur ou anéanti par la paralysie. (Je dois néanmoins admettre que le profit ne fut jamais aussi important que celui auquel je m'étais attendue, je ne suis devenue ni riche ni célèbre, je n'ai jamais connu un grand succès ; sans doute est-ce le lot d'un auteur, même le concepteur d'aventures, de passions et de crimes, sauf s'il écrit avec son cœur.)

J'aurai quarante ans la semaine prochaine, et comme Bell l'a dit, j'ai de grandes chances d'être tirée d'affaire. Si j'adopte un point de vue des plus pessimistes — comme cela m'arrive parfois — je peux affirmer que j'ai gâché ma vie pour rien. Toutefois, il est inutile de ressasser le passé, absurde et pitoyable de divaguer là-dessus. Je suis allée rencontrer Bell — j'y faisais allusion tout à l'heure — la retrouver après son premier jour de travail à la boutique de Westbourne Grove.

Non que j'en eusse vraiment envie. Elle ne me l'avait pas demandé non plus, mais elle m'avait téléphoné le matin, le lendemain du soir où je l'avais laissée dormir, pour me rappeler d'un ton plutôt lugubre le jour où elle était censée commencer et l'emplacement du magasin. Je m'y suis rendue car je m'y sentais obligée. Une pauvre femme qui a passé des années en prison — la moindre chose qu'une vieille amie peut faire est de surveiller que tout aille bien, de lui apporter un quelconque soutien jusqu'à ce qu'elle s'adapte à son nouvel environnement. Quiconque a déjà aimé passionnément et se sent redevable envers l'objet de son amour, source d'un désir intarissable autrefois, et série d'obligations aujourd'hui, comprendra ce qui a pu me motiver. Car ce sursaut d'excitation, cet intense besoin de la retrouver que j'ai éprouvés en poursuivant Bell dans la station de métro et à travers les rues n'étaient après tout qu'éphémères ; à présent je reste sur mes gardes, en proie à une crainte indéfinissable.

Elle fut étonnée de me voir mais ravie. Que n'aurais-je donné jadis pour qu'elle me témoigne une telle joie, le visage entier rayonnant, les mains tendues vers moi ! Et bien entendu, je n'aurais pas été en retard autrefois, mais serais arrivée dix minutes avant la fermeture de la boutique. Là, le téléphone avait sonné au moment où je partais, puis j'avais trouvé un des chats sur le seuil de la porte d'entrée, un endroit qu'aucun d'eux n'est censé connaître, et j'avais pris le temps de le mettre à l'intérieur, si bien que je n'avais croisé Bell qu'au coin de Ledbury Road, après une course effrénée depuis la station de métro Westbourne Park.

Je la repérai avant qu'elle ne m'aperçoive. J'eus l'impression qu'elle marchait sans but, et si elle avait l'intention de se rendre à Notting Hill Gate, elle allait dans la mauvaise direction. Cependant, avant de lui en parler, je compris, ou du moins crus comprendre. Elle évitait Archangel Place. Je me rendis compte à quel point son passé était profondément enfoui en elle lorsqu'elle déclara simplement : « Je ne me souviens plus exactement de l'emplacement de la maison. »

On pourrait croire que lorsqu'une personne a commis de tels actes, vécu une semblable expérience, le lieu où se sont déroulés les événements reste gravé de façon indélébile en sa mémoire, et que même si elle oublie beaucoup de choses, ce souvenir demeure à jamais. Qu'elle détient une carte mentale, un guide comportant des coins de rues inquiétants, des repères menaçants et des panneaux indiquant les endroits dont il faut se détourner. Pourtant, Bell dit : « Je crois que ma mémoire me joue des tours. Il me faudrait un plan de Londres pour m'y retrouver. Et puis, tout a changé par ici. »

Ce n'était pas le cas — pas vraiment. A part quelques rénovations ici et là, aucune transformation n'avait eu lieu dans le voisinage immédiat. Nous nous dirigeâmes ensemble vers Ladbroke Grove.

« C'était comment ? demandai-je.

— La boutique ? Je ne sais pas si je m'en sens de taille. » Bell partit de ce rire sarcastique, sourd, qu'elle avait toujours eu mais qui à présent était devenu spectral, un ricanement étouffé au fond d'une impasse obscure. « Elle n'aime pas que je touche à son argent, c'est clair. J'ai failli lui dire que ce n'est pas parce que je me suis servie dans la caisse qu'on m'a envoyée en prison.

— Peut-être qu'il vaudrait mieux ne pas lui en parler.

— Non, bien sûr. Je ne suis pas aussi ouverte que je l'étais avant, crois-moi. »

Je n'avais pas d'idée précise de l'endroit où nous allions. Il me semblait que même en tenant compte de nos destinations divergentes, nous prenions chacune la mauvaise direction. Puis soudain je m'aperçus au même moment, d'une part que la station de Ladbroke Grove comme celle de Westbourne Park me convenaient parfaitement, et d'autre part que Bell avait l'intention de rentrer avec moi. Que m'étais-je donc imaginé ? Une tasse de thé dans un café pour ensuite la renvoyer à Kilburn ? Un vrai fantôme, me dis-je, et pas seulement à cause de son rire. On se représente toujours les spectres blêmes, livides et lumineux ; Bell s'était estompée, avait blanchi, pâli ; la peau, les cheveux et même les yeux, au regard vague à présent, vidés de leur couleur. Seuls ses vêtements étaient restés d'un noir profond. Je me demandai ce qu'il était advenu de ce châle qu'elle portait la première fois où elle était venu chez Cosette et qui avait servi à recouvrir le corps de Silas.

Elle fumait en marchant et, près du métro, entra dans un tabac pour acheter d'autres cigarettes. Dans le wagon, elle s'endormit un bref instant mais se ranima une fois chez moi, parcourant la maison de long en large, admirative. Les chats se sont dirigés droit sur elle et lui ont fait la fête, grimpant sur elle, sur les plis couverts de cendres de sa masse de vêtements en coton noir. Je crains qu'en fait, ils soient attirés par les personnes qui dégagent une odeur forte, quelle qu'elle soit, et Bell empeste la fumée de vieilles cigarettes, exhale des relents d'un objet tiré des cendres d'un feu éteint. Elle s'est de nouveau endormie, ses longues mains pâles pendent des accoudoirs du fauteuil telles des manches vides.

Je suis assise en face d'elle, un verre de gin et de vermouth sec à la main. Bell n'a pris que quelques petites gorgées du sien et sa cigarette a fini de se consumer dans le cendrier. Je m'étonne qu'en pratiquement deux heures de conversation, elle n'ait jamais fait une seule allusion à Cosette, ou à Mark d'ailleurs. Mais sans doute cela n'a-t-il rien d'étrange.

Cosette et moi avions décliné l'invitation de Felicity mais Bell avait accepté de passer Noël à Thornham et m'avait raconté que tout y était comme avant. Même les enfants ne semblaient pas affectés par sa longue absence, et Miranda continuait de citer, fière et sentencieuse, les opinions de sa mère.

« Ma maman dit que c'est révoltant de manger des œufs de caille », ou bien : « Ma maman dit que ce ne sont que les vieilles dames qui portent des bas. »

Les fêtes s'étaient déroulées comme celles de l'année où Silas était mort. Sauf qu'aucun concours n'avait eu lieu le surlendemain de Noël. On n'en organisait d'ailleurs plus du tout. Mais les mêmes gens étaient présents, à peu de chose près. Du moins, la vieille Julia Dunne était là, l'ancien brigadier et sa femme également, ainsi que Rosalind et Rupert, la sœur et le beau-frère de Felicity. Et bien entendu lady Thinnesse, dont le comportement envers Felicity ne s'était modifié en rien. Le dernier soir où Bell se trouvait parmi eux, Felicity avait lancé un débat sur le thème du rétablissement éventuel de la peine de mort ; Bell m'avait raconté qu'Esmond s'y était fermement opposé tandis que Mrs Dunne, soudain rajeunie, vociférait qu'elle y était favorable.

Il y avait en Bell un aspect qui me plaisait beaucoup, je veux dire une de ces particularités indéfinissables : les gens l'intéressaient autant que moi. Elle était la seule personne que j'aie jamais rencontrée qui souhaitât sonder l'esprit des gens afin d'en connaître le fonctionnement, la seule qui pût parler des autres pendant des heures entières sans s'ennuyer ou se lasser. Elle n'avait pourtant pas bénéficié de tutelle, d'apprentissage, mais elle possédait une intelligence subtile de la psychologie humaine. Elle m'a appris énormément sur les gens, mais je n'ai jamais eu la sagesse d'exploiter ces connaissances dans mes livres, choisissant d'utiliser des personnages stéréotypés. Et évidemment, elle avait, a encore et aura toujours une imagination merveilleuse.

A l'époque, j'avais réussi à savoir pour quelle raison elle ne tenait pas à ce que je connaisse son adresse et que je vienne la voir. Elle habitait l'appartement de sa mère à Harlesden. Bell disait souvent que les quartiers à l'ouest de Ladbroke Grove ou à l'est de la City ne faisaient plus partie de Londres, aussi je comprenais qu'elle détestât West Ten et ses nombreuses subdivisions. En outre, sa mère posait elle aussi un problème. Bell avait déclaré que puisqu'elle avait abordé le sujet, elle préférait m'expliquer la situation en toute franchise et qu'à la vérité, elle avait honte de me présenter sa mère.

« Si tu la voyais dans la rue, tu la trouverais vraiment affreuse, la caricature de la petite vieille. Et puis elle est sale. C'est le genre *cockney* — et là, Bell partit de son rire sarcastique — qui se promène avec son dentier dans une boîte à tabac.

— Elle ne peut pas être si âgée, m'étonnai-je.

— Tu sais, elle a quand même l'âge d'être ma mère. Et elle avait largement dépassé la quarantaine quand je suis née. L'ennui, c'est que lorsque je suis partie de chez Admetus, je ne savais pas où aller. Et puis, elle est malade. Elle a besoin de quelqu'un pour s'occuper d'elle et à part moi elle n'a personne. »

J'hésitai. Enfin, pourquoi ne pas le lui demander ? « Mais tu as pourtant un frère, non ? Je l'ai vu une fois, à ce truc d'Expérience globale. »

Elle rit. Sans doute au souvenir de cette soirée de cinglés.

« Ah oui, Marcus.

— C'est son nom ? » J'étais enchantée. Une personne qui avait appelé ses enfants Marcus et Christabel, déclarai-je, n'avait certainement pas que des mauvais côtés.

« Peut-être pas à l'époque, mais aujourd'hui, elle est épouvantable. »

J'affirmai qu'elle ne pouvait continuer à vivre avec sa mère pendant le restant de ses jours, enfin je voulais dire ceux de sa mère bien entendu.

« T'inquiète pas, est-ce que je me fais du souci, moi ? » lança-t-elle.

Notre conversation était encore récente, quand je me souvins qu'Elsa la Lionne m'avait raconté peu après la mort de Silas que Bell n'avait nulle part où aller et aucun parent susceptible de l'accueillir. Son père et sa mère étaient morts. Évidemment, comme elle avait une telle honte de sa mère et souhaitait que personne ne soit au courant de son existence, il n'y avait rien d'étonnant à ce qu'elle fasse croire que celle-ci était morte. L'explication semblait plausible. Comme c'était étrange et triste de penser qu'elle détestait à ce point sa mère, et que moi j'aimais tant la mienne — enfin, ma mère adoptive. Car cette année-là, ou plutôt au printemps, Cosette tomba malade. En fait, elle n'était pas souffrante à proprement parler, elle avait eu une frayeur, qu'elle m'avait transmise, mais en raison de l'amour que je lui portais, l'incident prit des proportions démesurées. J'étais persuadée que comme elle avait des hémorragies utérines, elle était forcément atteinte d'un cancer et je confiai mes craintes à Bell.

« Quand sauras-tu ce qu'elle a ?

— Dans environ une semaine », répondis-je.

Je crus la perdre, j'imaginai sa propre peur devant la mort. J'en parlai à Bell, je lui racontai comment Cosette avait vécu, plongée dans un demi-sommeil, et avait enfin vu arriver, trop tard sans doute, le moment de profiter de la vie. Quel malheur de songer que la mort pouvait déjà mettre fin à une liberté de si courte durée, qu'elle n'avait même pas eu le temps de goûter ! Bell écoutait, calme, attentive. Parfois on aurait dit que l'amour n'était pas un sentiment qu'elle comprenait vraiment et que, les lèvres entrouvertes, la tête légèrement penchée sur le côté, elle y réfléchissait comme à un thème éventuel de recherche. Toutefois, je ne suis pas certaine d'avoir eu ce type de réflexions à l'époque, cette sagesse.

Cosette fut hospitalisée, à la clinique de Harley Street, où on lui racla les parois de l'utérus pour y découvrir un polype bénin qui fut retiré. Je crois — non, je suis persuadée — que Cosette était fière de cette intervention. Vous comprenez, elle lui donnait l'impression d'être jeune. De posséder encore un appareil génital en pleine activité. D'ailleurs, quand je lui rendis visite et me retrouvai parmi la foule d'autres personnes réunies autour de son lit, sa conversation me gêna. J'eus honte quand elle dit à Dawn Castle et à Perpetua qu'ils ne lui avaient « rien retiré », que ses intérieurs étaient encore « en bon état de marche », qu'ils ne l'avaient pas rendue stérile. Aussi, n'abordai-je plus le sujet, ni devant les autres, ni même devant Bell, me disant que puisque l'inquiétude était passée, l'état de Cosette ne présentait plus aucun intérêt.

Son retour fut célébré par une fête et des fleurs. Nous en avions mis dans le salon et dans sa chambre et il y en avait aussi dans la grande jardinière en haut de la première volée de marches. Bell m'aida à les rapporter du magasin puis à les arranger, à mettre la table dans la salle à manger et à acheter la nourriture. Il s'agissait bien entendu de l'argent de Cosette, car elle avait un compte à l'épicerie fine du quartier ainsi que chez le fleuriste. Étant donné qu'elle suivait presque toujours un régime, elle mangeait moins que quiconque, mais — comme elle aurait pu le dire elle-même — seul le geste importait. Elle avait l'air fatigué en rentrant, et plutôt hébétée. Il me vint soudain à l'esprit — mais trop tard — que quelqu'un aurait dû aller la chercher dans sa propre voiture, plutôt que de la laisser rentrer dans un petit taxi conduit par un inconnu. Mais je n'avais pas mon permis à l'époque. Quant à Gary, Fay, et Rimmon (Peter, de son vrai nom), celui qui prenait du LSD et était venu s'installer dans la maison sans y être invité, aucun d'eux ne proposa de ramener Cosette ou ne l'accueillit à son retour de la clinique.

Des gens comme elle, généreux, altruistes, patients, reconnaissants à outrance pour la moindre faveur, on s'en sert, on en profite et on les néglige toujours. Les romans du dix-neuvième siècle en sont pleins et nous ont portés à croire que ces personnes et leurs expériences restent des inventions d'écrivains. Pourtant elles existent, soutiennent autrui, et se font piétiner par ceux-là mêmes qui leur doivent tant. Aussi la vie et le sort qui attendaient Cosette n'en sont que plus étranges. Cet avenir, cette destinée, que personne n'aurait pu prévoir, venaient contredire et défier la règle qui veut qu'une femme de ce genre ne connaisse jamais un amour passionné, désintéressé, ne soit jamais confrontée à une tragédie, une mort violente et un revers fatal, mais seulement à l'exploitation de sa personne et à une série de désillusions.

Aucun d'entre nous n'avait prêté beaucoup d'attention à Auntie durant l'absence de Cosette. Maintenant seulement, rétrospectivement, je comprends qu'elle devait voir en son hôtesse une sorte de protecteur.

Auntie ne faisait jamais plus de bruit qu'une souris, elle était si silencieuse, se déplaçait si discrètement, que même Bell et moi, qui avions toujours faim de savoir ce qui se déroulait dans l'esprit des autres, qui passions notre temps à analyser leur caractère, pensions qu'elle ne ressentait rien, qu'il ne valait pas la peine de s'attarder sur elle. Il ne nous était pas venu à l'esprit qu'elle était sans doute effrayée en l'absence de Cosette, qu'elle avait peur de nous et de nos habitudes générées par une révolution qu'elle n'avait jamais comprise, de notre jeunesse et notre musique, de nos allées et venues et de notre liberté sexuelle.

Évidemment, Perpetua était parfois dans la maison. Quant à Jimmy, le jardinier, il passait toujours la tête dans l'encadrement de la porte pour lui adresser un petit mot. Toutefois, les vieux amis de Cosette du temps de Wellgarth Avenue, s'ils venaient à la clinique, n'eurent jamais l'idée de rendre visite à Auntie. Bell s'était montrée gentille envers elle lors de cette fameuse soirée, mais si elle lui avait témoigné le moindre intérêt durant l'hospitalisation de Cosette, je ne l'avais pas remarqué. Quelqu'un pensa-t-il à discuter avec la vieille femme quand Cosette n'était pas là pour le faire ? Lorsque j'essaie de me remémorer le salon au cours de cette période, je n'y vois pas Auntie, et j'en déduis qu'elle devait se réfugier la plupart du temps dans sa chambre, se protégeant de nous, des défis, des dangers et des chocs que nous lui imposions, attendant certainement avec impatience le retour de Cosette. Et lorsque celle-ci fit son entrée dans le salon, Auntie s'était arrangée pour être présente. Exceptionnellement, elle témoigna son émotion, se levant du fauteuil en velours rouge et se dirigeant vers Cosette, les bras tendus.

« Pourquoi n'es-tu pas venue me voir ? » lui demanda cette dernière après l'avoir embrassée.

Auntie ne répondit pas, peut-être ne tenait-elle pas spécialement à expliquer qu'elle n'en avait pas eu les moyens, qu'aucun de nous n'avait proposé de l'emmener, ou même d'appeler un taxi et de donner des instructions au chauffeur. Elle se contenta de secouer la tête et de froncer les sourcils, d'un air mystérieux, comme le font les personnes âgées lorsqu'elles veulent cacher aux jeunes leurs besoins et leurs faiblesses.

Nous étions réunis dans la salle à manger pour le dîner, Cosette et Auntie, Bell et moi, Gary qui venait de rentrer d'Inde, et Fay et Rimmon. D'après les critères de la Maison aux escaliers, nous étions en petit comité, personne n'ayant encore remplacé Mervyn, Felicity ou Harvey. Il n'y avait plus de fille-à-demeure, une fonction aussi vide d'obligations que celle de bâtonnier ou d'administrateur du Hundreds[1] de Chiltern. Toutefois, le poste n'en existait pas moins, et la chambre qui s'y rattachait était pour l'instant encore libre. Cosette avait essayé de persuader les danseurs de

1. Anciennes subdivisions administratives régionales possédant leur propre juridiction (*N.d.T.*).

s'installer au dernier étage mais, naturellement, ils hésitaient à quitter un appartement à Hampstead pour lequel ils ne payaient pas de loyer et dont le propriétaire ne reviendrait peut-être jamais d'Afrique du Sud. Une fille du nom d'Audrey, une cousine de la nouvelle petite amie d'Admetus, avait déclaré qu'elle occuperait éventuellement la charge et la chambre restées vacantes. Je crois qu'elle trouvait suspect de pouvoir disposer de cette vaste pièce au deuxième étage sans rien donner en échange, y habiter sans fournir plus d'efforts que de parler, d'écouter et de préparer des tasses de café, si bien qu'elle y réfléchissait à deux fois. Au cours du repas, Cosette souleva la question d'un ton mélancolique.

Après le dîner, tout le monde se leva sans penser un seul instant à débarrasser ou à faire la vaisselle. Perpetua ne venait pas le lendemain et Bell, adoptant une attitude de femme d'intérieur assez surprenante de sa part, annonça qu'elle et moi allions nous en occuper.

« Oh, laissez cela jusqu'à demain matin », s'écria Cosette, une exclamation qui elle, par contre, n'avait rien d'étonnant.

« Mais je ne serais pas là.

— Enfin, ma chérie, je croyais que tu habitais ici maintenant ! »

Elle ne donnait pas l'impression de s'exprimer par simple politesse. Elle semblait consternée de s'apercevoir que le nombre d'occupants était encore plus réduit qu'elle ne l'avait imaginé.

« Bell est obligée de vivre chez sa mère, expliquai-je. Du moins pour le moment.

— On a pourtant assez de place, même pour sa mère. Regarde la taille de la maison ! »

Évidemment, une telle suggestion était grotesque. Cosette se montrait parfois ridicule ; sa générosité pouvait prendre des proportions absurdes et faire preuve d'une insensibilité totale. En admettant que la mère de Bell s'avérât très différente de l'épouvantable personnage qu'elle m'avait décrit, quelle raison aurait-elle eu d'abandonner sa maison et de venir vivre chez une inconnue ? Bell partit de son petit rire sarcastique.

« Je réfléchirai à votre gentille proposition, Cosette. »

Il n'y avait pas eu de proposition à proprement parler, seulement une affirmation, en fait. Cependant, maintenant que Cosette s'était mis l'idée en tête, elle voulait que Bell emménage. Non pas dans la chambre de la fille-à-demeure, qui était réservée à Audrey, mais pourquoi pas dans la chambre au dernier étage, au-dessus de celle où je travaillais, si elle tenait à son intimité ? Nous dûmes tous monter pour y jeter un coup d'œil, sauf Auntie qui s'arrêta en chemin, disparaissant dans son propre domaine. Cosette, essoufflée par cette remarquable ascension, assise sur l'ancien lit de Felicity, s'excusa de l'emplacement de la pièce, des cent six marches à monter, du plafond pentu, de la fenêtre dangereuse.

« Je vais faire mettre des barreaux à la fenêtre. Une sorte de cage pour éviter les accidents. »

Elle ne s'exécuta jamais. Parce que Gary avait déclaré que le résultat serait affreux, qu'on se croirait en prison ? Ou parce que Bell lui dit de ne pas se donner cette peine, qu'elle ne pouvait quitter la maison de sa mère à Harlesden pour le moment ? Pourtant, il lui était apparemment possible de laisser sa mère seule pendant une nuit ou deux, car elle décida de rester et dormit en haut, et le lendemain, à mon retour du centre d'activités, elle me dit qu'elle avait rencontré une vieille amie de sa mère, prête à habiter avec cette dernière.

Ce ne fut pas ce soir-là mais près d'une semaine plus tard que je l'habillai de la robe rouge « fané » de Cosette. J'avais oublié les remarques de notre hôtesse qui, confrontée pour la première fois à la reproduction du Bronzino, s'était exclamée qu'elle avait encore quelque part un vêtement ressemblant à celui de Lucrezia Panciatichi. Or, Cosette fut invitée à Glyndebourne par les Castle et on était alors encore obligé de porter une robe du soir lorsque l'on assistait à un opéra. Il était très rare que l'on emmène Cosette où que ce soit. J'étais contente que les Castle en ait eu l'idée, même si je savais qu'ils souhaitaient ainsi mettre en évidence le contraste entre cet endroit et la Maison aux escaliers. Durant une soirée que Cosette organisa pour les quarante ans d'Admetus, j'entendis par hasard le mari de Dawn chuchoter à sa femme : « Je me demande si elle sait que le mode de vie qu'elle a abandonné pour ce cirque existe encore ? »

Le soir à Glyndebourne n'était que dans deux mois mais Cosette se mit en tête de déterrer une jolie robe pour l'occasion, et à défaut, d'en acheter une neuve. Cela me rappela le temps de Garth Manor quand Elsa et moi essayions les bijoux de Cosette et qu'elle nous disait, lorsque l'une d'entre nous admirait un objet précis : « Il est à toi ! »

« Prends, prends », me répétait-elle sans cesse si mon regard s'attardait sur une tenue des années trente ou un modèle d'après-guerre, tombant jusqu'à terre. Mais je riais et hochais la tête. Que pouvais-je bien faire d'une robe à col châle en crêpe de rayonne bleu pastel ou d'un tutu noir brodé de perles ? Puis nous découvrîmes le vêtement qui ressemblait tant à celui du tableau de Bronzino. Évidemment, le décolleté de Lucrezia était recouvert de dentelle dorée et les poignets confectionnés en un somptueux satin noir, mais sinon la robe était identique, le corsage serré, les manches bouffantes, la jupe ample, le tout en soie de la couleur d'une prune mûre.

« Prends-là, dit Cosette. Tu me rendras service, ma chérie. Je suis un vrai écureuil, je ne peux jamais me résoudre à jeter quoi que ce soit. »

Bell était habillée de ce noir poussiéreux et rouillé. A la regarder dormir à présent dans mon fauteuil, je ne vois pas de différence entre ce qu'elle porte aujourd'hui et ses habits en ce jour merveilleux, terrible, capital, où elle arriva à la Maison des escaliers, tôt dans la soirée, sauf que c'était en mars, qu'il faisait froid, qu'elle avait donc une cape noire et s'était enveloppée du fameux châle. Cosette nous avait emmenés dîner, et Rimmon et Gary s'étaient joints à nous. Je ne me souviens plus de l'endroit où nous avons mangé : peut-être était-ce un repas russe quelque part dans Brompton. Les événements ultérieurs expliquent certainement mes trous de mémoire quant au restaurant, aux plats et aux boissons.

La maison était pratiquement vide. Auntie, qui ne sortait jamais le soir pour dîner, était partie se coucher depuis longtemps. Gary et Rimmon étaient allés voir un ami à Battersea, et si je m'étonne aujourd'hui que des gens puissent rendre visite à quelqu'un à onze heures et demie du soir, cela me semblait normal à l'époque. Je ne sais pas où se trouvait Fay, sans doute chez son nouvel amant, un Indien qui gérait un hôtel sordide, une sorte de maison de passe près de la gare de Paddington. Bell, Cosette et moi étions seules, et Cosette, dès minuit, annonça son envie de monter se coucher. Elle se fatiguait vite, encore sous le coup de son opération bénigne.

« Ce n'est pourtant pas une perspective réjouissante », confia-t-elle, et je me sentis gênée pour elle, « de rentrer dans ce grand lit toute seule. Parfois, j'attrape un des oreillers et je le serre contre moi.

— Je voudrais que tu essayes la robe », dis-je à Bell.

D'abord elle refusa. Elle dit que c'était idiot, ses cheveux n'allaient pas et elle n'avait aucun bijou. Cependant, à mesure qu'elle observait le tableau, l'idée commença à lui plaire. Cela prendrait un certain temps, expliqua-t-elle, car il lui faudrait tresser ses cheveux et les enrouler autour de sa tête, puis, je ne devais pas assister à la préparation, mais revenir quand elle aurait fini. Je lui donnai le camée à la ressemblance frappante et le fixai sur une rangée de perles, Lucrezia portait un collier semblable.

Pendant que Bell se changeait, je descendis dans la chambre de Cosette. Cette dernière, vêtue d'une liseuse ornée de plumes d'un style hollywoodien des années trente, était assise dans son lit et parcourait mon livre, publié la semaine précédente. Elle avait déjà dévoré le manuscrit et les épreuves, mais prétendait à toute force que cette fois-ci, l'effet produit serait différent puisque je le lui avais dédicacé. Je dus écouter patiemment une avalanche de compliments sur un ouvrage qui d'après moi — je le pensais déjà à l'époque — valait moins que rien ; j'en frémissais, et je l'avais bien mérité.

Dans ce lit recouvert d'un amas de coussins en satin, de plusieurs oreillers roses, ainsi que d'une étoffe en soie de la même couleur et en dentelle blanche, qui disparaissait sous les magazines, les mouchoirs en papier, les paires de lunettes, un téléphone blanc, des annuaires, un carnet d'adresses, du papier à lettre et un stylo, Cosette émergeait de ses plumes duveteuses, parfumée de Joy de Patou, l'air beaucoup plus jeune, gamin presque, à la lumière rose, flatteuse, des lampes. Quand Ivor Sitwell était entré dans sa vie, elle avait cessé de se plâtrer le visage la nuit sous une couche de crème huileuse et de s'épingler les cheveux sur la tête, et elle n'en avait pas repris l'habitude après son départ. Ses cheveux, à présent d'un doré aux reflets argentés, tombaient, souples, sur ses épaules blanches et rondes. Les rides de son visage se voyaient à peine et l'air triste que lui donnait un nouvel affaissement de la peau reflétait plus la mélancolie que la vieillesse. Et soudain ces paroles qu'un personnage prononce à propos de Cléopâtre à la fin de la pièce me revinrent à l'esprit : « Elle serait capable de séduire un autre Antoine, tant elle cherche à être belle. » Du moins, je crois que j'y ai pensé sur le moment, certainement, mais avais-je vraiment lu dans l'avenir ?

Nous parlions du livre, moi à contrecœur, car j'aurais préféré me mettre de l'argent plein les poches et oublier le reste, Cosette avec enthousiasme, quand la porte s'ouvrit et Bell apparut. Ou plutôt Lucrezia Panciatichi — ou encore Milly Theale. Elle portait les perles et le camée, et avait trouvé en plus une chaîne en or qui m'appartenait ainsi qu'un collier dont elle avait entouré son diadème de cheveux tressés. La robe rouge était trop grande pour elle, mais on ne s'en apercevait pas lorsqu'elle se tenait de face car elle l'avait habilement épinglée dans le dos et à la taille. Sa peau avait cette couleur brun pâle, lumineuse, qui donne à Lucrezia cette sorte de rayonnement. Au lieu de sourire devant notre ravissement — Cosette alla même jusqu'à applaudir — elle se tint gravement entre les paravents chinois, puis se laissa doucement tomber sur le fauteuil au dossier élevé, devenant ainsi le portrait même, la main gauche reposant sur l'accoudoir sculpté, la droite tenant le petit livre à couverture de cuir qu'elle avait apporté.

Cosette voulut prendre une photographie. Elle se leva et se mit à farfouiller dans la pièce, cherchant vainement un flash. Je crois qu'elle finit par en prendre une qui, nous le savions, ne donnerait aucun résultat. Durant son exploration néanmoins, elle tomba sur l'héliotrope. Elle voulut en parer la main de Bell, mais celle-ci avait des doigts très longs et fins. Comme la bague ne tenait pas sur son annulaire, Cosette l'enfila sur le majeur. Bell restait assise, étrangement sereine, ne riant pas des efforts de Cosette, n'esquissant pas même un sourire. On aurait dit que Lucrezia, ou Milly, était entrée en elle, l'avait contaminée, lui conférant une placidité d'un temps révolu. Au bout d'un moment, quand Cosette eut réintégré son lit, Bell participa à la conversation, des bavardages oisifs de fin de soirée portant sur la mode et le désagrément que l'on éprouvait certainement à l'époque, obligé de toujours porter ce type de vêtement. Elle s'abstint néanmoins de fumer tant qu'elle portait la robe. Mes cigarettes étaient posées sur la coiffeuse pourvue d'un miroir entourée de spots, du style de celles que l'on trouve dans les loges d'artistes, mais Bell n'y toucha pas.

Cosette était fatiguée, elle tombait de sommeil. Ce n'était pas son genre de dire qu'elle avait envie de dormir, de nous chasser. Elle s'assoupissait, souriait, sursautait, et sa tête dodelinait à nouveau. Nous fûmes prises de pitié et partîmes, éteignant l'ensemble des lumières une fois arrivées à sa porte. Bell ôta la bague de son doigt et la laissa sur la coiffeuse.

La nuit était noire, sans étoiles et sans lune. Je pris conscience du calme dans la maison ; normalement, on aurait entendu de la musique quelque part, des murmures, un rire languissant. Ce soir-là, il régnait un profond silence, et même le bourdonnement constant de la circulation au loin semblait étouffé. Depuis longtemps déjà, il aurait fallu remplacer les ampoules de l'escalier ; la tâche en incombait à Perpetua, mais comme elle partait toujours avant le coucher du soleil, elle ignorait que les lampes ne fonctionnaient plus. Suivant l'exemple de nos ancêtres, nous montions nous coucher en nous éclairant à l'aide de bougies.

Bell, vêtue de la robe rouge, était descendue de ma chambre dans le noir, guidée par la lumière provenant de l'embrasure de la porte en haut et de celle d'en bas. Dans les escaliers, elle me prit la main et m'aida à trouver mon chemin. Les bruissements de sa longue robe empesée accompagnaient notre ascension. Ma chambre était éclairée d'une lumière douce, faible, projetée par la lampe de chevet. La Lucrezia du portrait baissait les yeux sur la Lucrezia vivante. Je pensai — pas sur le moment, mais le lendemain — à l'étrangeté de la situation, au profond mystère auquel aurait été confrontée cette jeune femme du XVIe siècle, si elle avait pu se représenter, en posant pour Bronzino dans toute sa beauté et sa grâce, que le tableau serait reproduit et que la copie, aussi éclatante et ressemblante que l'original, serait accrochée au mur d'une chambre où deux femmes, dont l'une ne pouvait être qu'elle, s'enlacèrent et firent l'amour.

Bell referma la porte d'un orteil nu que jusqu'alors la soie rouge avait caché. Quel incroyable silence ! Pas un mot, pas un bruit de respiration lorsque nos lèvres se séparèrent et nos paupières se fermèrent à moitié. Puis, sorte de rugissement émergeant de cette paix, le bruissement de la soie qui s'affale et le tintement de l'or et des pierres ; la robe tomba ainsi que les bijoux. Frissons et émoi de peaux douces qui se touchent. Nous nous déplacâmes sur le lit, dans le bain de lumière que créait l'unique lampe allumée.

XII

Aujourd'hui, c'est dimanche. Je n'écris jamais le dimanche et Bell n'a pas à se rendre à la boutique. Il est temps pour nous de parler. Qui l'a décrété ? Apparemment, nous sommes parvenues à cette décision simultanément, comme si chacune s'était soudain aperçue que le moment était venu et qu'il n'y avait rien d'autre à faire.

Le travail au magasin l'épuise. Elle s'endort dès qu'elle rentre chez elle, et par « chez elle » j'entends ma propre maison, car c'est là qu'elle est revenue chaque soir. La deuxième et la troisième fois, quand elle s'était réveillée à dix heures, je lui avais fait prendre un taxi qui la ramenait à Kilburn, dans cette maison sous le pont de chemin de fer. J'avais cependant l'impression d'être cruelle envers elle, sans doute parce qu'elle était si malléable, se laissait si bien faire, qu'elle était si docile pendant que je lui enfilais son vieux manteau noir, la guidais jusqu'au taxi attendant dehors, lui soulevais le visage pour embrasser sa joue froide. Aussi, vendredi, j'ai préparé le lit dans la chambre d'ami et elle y a dormi quatorze, quinze heures d'affilée.

Ce long sommeil, l'effet de ces heures cumulées, l'a enfin revigorée, si bien que lorsqu'elle est descendue ce matin, fumant sa première cigarette de la journée, elle avait l'air moins spectral, plus jeune et frais, allant même jusqu'à esquisser un sourire. Quand un des chats, le plus gros, le plus tendre, a grimpé sur ses genoux, elle s'est mise à le caresser au lieu de le repousser avec indifférence. Lors d'un tête-à-tête un peu plus tard, nous avons pris la même décision. Il faut parler. Ces paroles qui ont tant attendu doivent à présent être exprimées. Notre avis ne divergeait que sur l'ordre des questions à aborder. Je suppose que ce fut le coup de fil de Felicity plus qu'autre chose qui orienta le tour de la conversation. Hier, assez tôt dans la soirée, alors que Bell dormait là-haut et que je lisais pour la quatrième ou cinquième fois dans mon bureau *Les Dépouilles de Poynton*[1], elle avait appelé de son appartement de World's End Lane.

J'avais franchement cru que je n'entendrais plus jamais parler d'elle. Toutes ces histoires sur un éventuel rendez-vous à Londres, sur des points dont nous devions encore discuter, je les avais interprétées comme autant de remarques en l'air, des banalités lancées sans réfléchir dans la conversation. Mais non, elle avait parlé sérieusement. Et voilà que samedi soir, elle et Esmond venaient en ville et projetaient de dîner dans un petit restaurant français dans les parages quand elle s'était soudain dit : « Pourquoi ne pas demander à Elizabeth de venir ? En fait, on a réservé une table pour quatre, mais évidemment, on aurait pu se douter dès le départ qu'il n'y avait pratiquement aucune chance que Miranda et Jeremy acceptent de se joindre à nous. »

J'étais tentée, en quelque sorte. Comment est-elle devenue ? Et lui ? Puis surtout, comment se comportent-ils ensemble ? Pendant qu'elle parlait, je me souvins de son cri lorsqu'elle avait vu Esmond monter les escaliers chez Cosette, je la revoyais détourner son visage pour le cacher dans l'épaule de Harvey. Cependant, il me fallait penser à Bell, elle qui dormait parce que j'étais là, une présence rassurante à l'étage inférieur. Je mentis à Felicity, je lui dis que j'avais déjà une sortie prévue. Mon refus ne sembla pas la décourager.

1. Roman de Henry James, éditions Calmann-Lévy, 1968 (*N.d.T.*).

« Une prochaine fois, alors », dit-elle, puis, elle ajouta une remarque si étonnante que je dus réprimer un rire : « D'ailleurs, c'est notre anniversaire de mariage, alors peut-être que cela n'aurait pas fait plaisir à Esmond.

— C'est même certain.

— Je te rappellerai, je ne te lâcherai pas aussi facilement que tu le crois. Au fait, Bell Sanger t'a appelée finalement ? » Pauvre Bell. Désormais, Felicity se réfère toujours à elle en mentionnant également son nom de famille. Ainsi, elle est mise à l'écart, rejetée de la catégorie des amis, où elle n'a plus sa place.

Pourquoi ai-je encore éprouvé le besoin de mentir ? Pour ce qui est la cause de tous nos mensonges. Cela facilite les choses. « Non, répondis-je. Je n'ai pas de nouvelles. »

« Que voulait-elle, au juste ? » me demanda Bell quand je lui racontai le coup de téléphone. Dans un demi-sommeil, s'éveillant doucement, elle avait entendu la sonnerie ou en avait rêvé.

« Elle m'a invitée à sortir avec eux. »

Elle sursauta et le pauvre chat fila de ses genoux comme une flèche. « Elle ne va pas venir ici !

— Non. Ne t'inquiète pas. Et quand bien même, quelle importance ? Tu lui as pourtant parlé ? »

De façon touchante, elle dit : « Oui, mais seulement pour chercher à te joindre. »

A la pensée de Felicity, Bell s'est rappelée une époque de son passé que je ne tiens pas à connaître. Les révélations qu'elle m'a faites ce matin ne sont pas celles que j'ai hâte d'entendre. Enfin, elle a fini par s'y mettre. Elle commence à soulever le voile.

« Elle t'a parlé de Silas ? »

Je lui demandai avec précaution : « A propos de quoi ?

— Peu importe. Elle a fait allusion à lui ? Bien sûr que oui, je le vois à l'expression de ton visage. Elle a voulu savoir si tu avais jamais songé que j'étais peut-être responsable de la mort de Silas, non ? »

A quoi bon nier ? J'acquiesçai, les lèvres pincées, comme si une pareille idée, abominable, terrifiante, était au-delà des mots.

« Personne n'en a parlé pendant mon procès, tu as remarqué ? L'accusation n'a même pas évoqué le fait que j'avais un mari qui s'est suicidé. Par contre, ces vieilles histoires sur mon enfance, elles, ont refait surface. Et je les avais oubliées, tu te rends compte ? Je ne m'en souvenais absolument pas. J'ai mis du temps à me rappeler Susan. C'était comme s'ils parlaient de quelqu'un d'autre, d'une autre fille de douze ans. Mais c'est pour cette raison qu'ils m'ont condamnée à une peine aussi longue. Ils ont déterré toute cette saleté, mais ils n'ont jamais su pour Silas, ou alors ils n'ont pas douté qu'il s'était tiré une balle dans la tête, même s'ils étaient conscients, à ce moment-là, du genre de personne que j'étais. »

Elle prit une autre cigarette et l'alluma, secouant trop lentement l'allumette pour en éteindre la flamme si bien qu'elle dut la jeter en feu dans le cendrier. « En fait, je l'ai tué, dit-elle. C'est évident, quand on est au courant du reste, non ?

— Tu racontes des histoires, Bell, répondis-je.

— Et dans quel intérêt ? J'ai assez de crimes à mon actif, ma réputation n'est plus à faire. Pourquoi irais-je inventer une chose pareille ?

— Pourquoi as-tu toujours éprouvé le besoin de fabuler ? m'écriai-je, consciente du ton amer de ma voix.

— Pour que les choses tournent mieux, bien sûr. Pour qu'elles se déroulent comme je le voulais. Tu sais comment on joue à la roulette russe ?

— Je sais seulement qu'on se sert d'un revolver, qu'on met une balle dans une des chambres, puis qu'on fait tourner le cylindre. Felicity ne nous a rien expliqué de plus. » Je n'avais pas envie d'en parler. C'est désagréable de se dire qu'on encourage quelqu'un à mentir. On se sent catalogué comme dupe. « Je n'y ai plus repensé, déclarai-je. Cela ne m'intéressait pas.

— Même quand tu m'as rencontrée la deuxième fois ? Tu ne t'es pas demandé ?

— J'étais persuadée que dans la société où je vivais les gens se suicidaient mais ne s'entre-tuaient pas. »

Elle éclata de son rire distant, sarcastique. « D'après toi, à la roulette russe, interrogea-t-elle, quelles sont les chances d'y échapper ? Allez, ne prends pas cet air si peiné. Tu es au courant de la plupart des choses que j'ai faites, tu devrais être plus solide. Tu sais maintenant que dans la société où tu vivais, au moins une personne était capable de meurtre. Alors, donne un chiffre, avec un calibre à six chambres ?

— Il doit y avoir cinq chances contre une.

— Eh bien non. C'est l'erreur que font la plupart des gens. Parce que tu vois, quand un revolver est équilibré et qu'on n'y met qu'une seule balle, lorsqu'on fait tourner le barillet, la chambre chargée est plus lourde et a tendance à se positionner vers le bas. Alors la probabilité de s'en sortir est bien plus forte, et si on sait comment faire tourner le cylindre, elle peut atteindre cent contre un. »

Ses explications résonnaient en écho dans ma mémoire ; je lui demandai néanmoins : « Quel est le rapport avec Silas ?

— C'est lui qui me l'a appris.

— Comme il t'a enseigné d'autres choses. A l'école des Beaux-Arts. Avant que tu ne tombes enceinte, qu'il t'épouse et que tu fasses cette fausse couche.

— C'est ce que je t'ai raconté ?

— Enfin Bell, tu ne te rappelles même pas ? » Je m'aperçus que mes reproches se révélaient inutiles. Ils n'avaient d'ailleurs rien de cruels, puisque apparemment, au lieu d'en souffrir, elle semblait presque s'amuser au souvenir que j'invoquais amèrement d'un de ses premiers mensonges. Mes remarques étaient superflues, il était trop tard, elle ne comprendrait jamais. « Que t'a expliqué Silas, au juste ?

— Il m'a montré comment faire tourner le cylindre pour que la chambre comportant la charge se place en bas. Puis il m'a dit que si on mettait une balle, pas une cartouche mais une vraie balle en plomb, dans une des autres chambres, la situation pouvait devenir assez intéressante. Car à ce moment-là, quand on tournerait le cylindre, c'est cette charge qui se placerait en bas, et pas la chambre contenant la cartouche. Il ne restait qu'à évaluer laquelle des chambres se retrouverait face au canon quand l'autre, chargée de la balle en plomb, s'immobiliserait en bas : pas la première mais la deuxième en remontant sur la gauche par exemple, puis il suffisait d'y mettre la cartouche. Ou si celle-ci se trouvait déjà dans le revolver, il fallait calculer dans quelle chambre mettre le plomb afin que la cartouche arrive en face du canon.

— Tu peux répéter doucement, s'il te plaît », demandai-je.

Elle recommença. Elle me proposa de faire un dessin.

« Non, ne te fatigue pas. J'ai compris. Mais alors, sauf en cas d'erreur ou, disons, d'un revolver mal équilibré, ce n'est plus une question de probabilité, cela devient une certitude. »

Elle acquiesça. « Exactement. »

Je levai les yeux pour la regarder. Son visage avait cet air impassible de Lucrezia Panciatichi, doux, posé, une Lucrezia vieillie, certes, mais une Lucrezia quand même. « Je ne saisis pas ce que tu as fait », avouai-je.

— Silas avait inséré une cartouche dans une des chambres ; il avait laissé le revolver et était parti se chercher à boire — tu sais que cette ordure s'enfilait du vin mélangé à de l'alcool à brûler, un tiers de ce liquide mauve et deux tiers de vin rouge. Pendant son absence, j'ai mis la balle en plomb dans la deuxième chambre à côté de l'autre. »

Il y eut un silence. Bell prit encore une cigarette et la tint un moment entre ses lèvres sans l'allumer. Elle tendit la main vers le briquet en Wedgwood que Cosette m'avait offert, m'observant d'un air interrogateur.

« La police s'en serait rendu compte, affirmai-je.

— Je l'ai sortie de l'arme une fois que Silas était mort et avant que je vienne à Thornham Hall. »

J'ignorais si je devais la croire. Toutes ces histoires de revolvers équilibrés et de chambres basculant vers le bas — comment pouvais-je savoir s'il s'agissait ou non de la vérité ? Je n'ai aucune idée du fonctionnement des armes à feu. Et il n'y a personne auprès de qui je pourrais m'informer. Un homme aurait-il l'idée de charger une arme puis de la laisser pour aller se chercher à boire ? Peut-être, dans le cas de Silas Sanger. Surtout qu'il était sans doute déjà ivre. Je ne parvenais pas à me convaincre, mais je n'avais par contre aucun mal à imaginer Bell agissant de la sorte. Ce n'était pas difficile.

— Admettons que tu l'aies fait, ce dont je doute fortement, quelles auraient été tes motivations ?

— J'en avais tellement marre de lui, j'étais exaspérée ; il me rendait folle. Il m'a épousée pour disposer d'une esclave, voilà ce que j'étais, une esclave et une bonne à tout faire, une chose à exploiter, une domestique. Quand il m'a épousée, je lui étais reconnaissante, j'étais persuadée que j'allais enfin vivre, que l'avenir serait dix fois mieux que ce à quoi je m'attendais, que ce que je laissais derrière moi. Je ne connaissais personne d'autre, ma mère et mon père ne voulaient plus me voir, je ne les avais pas croisés depuis sept ans, je n'avais aucune amie. Les seules personnes de mon entourage étaient des assistantes sociales et un ou deux gosses de la maison de redressement. Tu sais tout cela, on en a parlé durant le procès. J'étais certaine que j'avais de la chance de pouvoir partager la vie de Silas, mais j'allais déchanter, j'ai beaucoup mûri et appris en six ans de mariage.

— Enfin, le divorce, cela existe », rétorquai-je.

Le regard qu'elle me lança, ce regard en biais, calculateur, me rappela mon illusion passée, moi qui pensais que l'argent ne représentait rien aux yeux de Bell, qu'elle ne s'intéressait pas aux choses matérielles. J'ai cessé de me leurrer, depuis longtemps, je me souviens simplement, emplie d'étonnement et de dégoût pour moi-même, à quel point je croyais en la pureté de ses intentions. « Son vieux père était en train de mourir, pas vrai ? Et il était riche. Enfin, pas aussi riche que Silas le prétendait, mais sa maison avait de la valeur. Je savais ce que Silas ferait de l'héritage, il me l'avait dit assez souvent. Il voulait partir vivre à Java, cet imbécile, pour y peindre. Il y était déjà allé, le climat lui plaisait. C'est pour cela qu'on s'éternisait à Thornham, même si Esmond avait envie de nous mettre dehors. Nous attendions que son vieux père meure pour que Silas, une fois qu'il se serait débarrassé de la maison, parte à Java comme je ne sais plus quel peintre français dont il me rebattait les oreilles.

— Gauguin, lui dis-je, et c'était Tahiti. »

Elle m'ignora. Elle avait toujours détesté ces sortes de remarques, qu'elle appelait « un ramassis de culture ennuyeux ». « Cela lui était égal que je vienne ou pas. Mais si je ne le suivais pas, il n'allait pas m'entretenir. Je pouvais me trouver du travail. Cela faisait déjà six ans que je vivais à ses crochets, que voulais-je de plus ? Alors quand le télégramme est arrivé pour dire que son père était mort, je ne le lui ai pas montré. Je l'ai gardé et j'ai mis la balle en plomb dans le revolver.

— On ne peut plus envoyer de télégramme aujourd'hui », déclarai-je stupidement. « Enfin si, mais ils n'arrivent pas plus vite que les lettres. » On avait envoyé un télégramme à *Thornham* ? C'était fort possible mais qui s'en souviendrait maintenant ? « Je ne te crois pas, Bell, dis-je.

— Libre à toi.

— Je peux m'imaginer par contre que tu as souhaité sa mort.

— Quelle différence ?

— Il y en a une, justement.

— Je n'étais pas là quand c'est arrivé, lança-t-elle. J'étais en haut comme je l'ai raconté plus tard. Il ne s'est certainement aperçu de rien, ou sinon, l'espace d'un instant, il a dû se dire que son heure était venue, comme on doit s'y attendre quand on joue à la roulette russe. » Elle souleva le petit chat et se mit à le caresser, lui parcourant le corps d'une forte pression de ses longues mains, juste comme il aime. « Et puis son foie était pourri. Il n'aurait pas vécu longtemps. Un verre de cet infâme machin rouge et il titubait déjà. Son foie ne tenait plus le coup, Silas devenait tout jaune. Mon Dieu que je le haïssais ! » Nouvelle cigarette, le petit chat recule devant la flamme du briquet. « Felicity a vu le télégramme arriver, tu comprends.

— Que veux-tu dire, Bell ? »

Elle ne répondit pas immédiatement. « Si Silas était mort avant son père, je n'aurais pas hérité de la maison, je n'étais que la belle-fille. Enfin, j'aurais eu à me bagarrer. Par contre, une fois le père mort, Silas en devenait automatiquement le propriétaire. Seulement, s'il avait mis la main dessus, il aurait aussitôt décampé à Java. Et si cela se trouve, il ne se serait même pas donné la peine de m'emmener. D'ailleurs, pourquoi l'aurait-il fait ? Il était aussi dégoûté de moi, que moi de lui. » Elle tira sur sa cigarette, puis souffla la fumée par les narines comme si sa tête avait pris feu. « Vous veniez de déjeuner, poursuivit-elle, et Felicity était montée chercher les questionnaires dans sa chambre. Elle a regardé par la fenêtre et a vu le garçon arriver sur sa bicyclette. Je crois qu'il lui a fallu un certain temps avant de faire le rapprochement, au mois d'avril, juste avant que je parte. Elle avait engagé la conversation sur la mort du vieil homme — j'emménageais chez lui, comme tu le sais. Elle m'a demandé simplement, "Mais, tu n'as pas reçu un câble environ une heure avant que cela arrive ?" Tout d'abord, je n'ai pas compris ce qu'elle voulait dire. Tu as déjà entendu parler de câble au lieu de télégramme ?

— Seulement dans les livres, répondis-je.

— Pendant que j'essayais de comprendre, j'ai eu le temps de réfléchir. Je lui ai expliqué que le garçon s'était trompé de maison, mais je voyais bien qu'elle ne me croyait pas. C'est drôle, je pensais qu'elle allait venir témoigner au procès. Et alors je me suis dit que si je m'en sortais, ils me remettraient le grappin dessus avec un autre chef d'accusation, le meurtre de Silas, et que Felicity vendrait la mèche en parlant du télégramme. » Elle soupira, regarda ses doigts que la nicotine avait commencé à jaunir. « Est-ce que tu as toujours cette reproduction ?

— Laquelle ? dis-je, alors que je savais pertinemment à quoi elle faisait allusion.

— Celle de cette fille en robe rouge dont je ne sais plus qui a parlé dans un livre ? »

Les mots ne sont pas les mêmes mais ils en évoquent d'autres, et me plongent dans l'incompréhension, l'étonnement déjà éprouvés autrefois. Je suis stupéfaite qu'elle puisse parler du tableau après le rôle qu'il a joué.

— Elle est dans le bureau, lui rétorquai-je.

— Je n'y suis pas encore allée, puis elle ajouta : Et si on sortait ? J'aimerais longer la rivière, trouver un pub. On pourrait y manger, non ? Il n'y en a pas un où un type a écrit les paroles de *Rule Britannia*[1] ?

— Il s'agit de James Thomson et l'endroit s'appelle *The Dove*. Comment le sais-tu ?

— Tu y as fait allusion, un jour », répondit-elle.

Nous n'abordions pas le sujet mais nous avions chacune élaboré des hypothèses. Pour ma part, j'avais établi les miennes. Quant à Bell, tout dans son comportement portait à croire qu'elle en avait fait de même, et que nos avis se recoupaient. Cependant, nous n'échangeâmes jamais d'explications.

J'aurais affirmé à quiconque me l'aurait demandé que j'étais hétérosexuelle. Jusqu'alors, je n'avais eu d'aventures qu'avec des hommes. Plusieurs. Enfin, j'aimerais pouvoir dire que je ne les ai pas comptés, que je ne les considérais pas sous ce jour, mais rien ne serait moins vrai, car nous en connaissons parfaitement le nombre. Après Dominic, il y eut quelqu'un qui travaillait chez mon éditeur, un directeur littéraire, pas le mien ; ensuite, pour une nuit, une seule, Gary. Nous n'avions ni bu, ni fumé quoi que ce soit, nous nous étions simplement retrouvés sans personne dans la maison, nous avions parlé, ressenti une soudaine sympathie l'un pour l'autre, une compréhension mutuelle, une connaissance partagée des choses et, ajoutée à l'ensemble de ces émotions, notre jeunesse réciproque. Ce fut le même type d'impulsion, mais cent fois plus forte, qui me rapprocha de Bell en cette nuit silencieuse.

Je n'ai jamais désiré d'autres femmes avant ou après elle. Pourtant, je n'avais pas l'impression d'agir de façon choquante, répréhensible ou perverse. Cela semblait naturel. Des homosexuels à qui il est arrivé de coucher avec des femmes m'ont confié qu'ils avaient trouvé cela agréable, qu'ils avaient aimé ce rapport, mais qu'à leur avis, ils n'étaient pas parvenus au véritable plaisir. Proust n'a-t-il d'ailleurs pas écrit quelque part qu'un homosexuel ne pèche que lorsqu'il couche avec une femme ? Aussi m'attendais-je plus ou moins à ce que mes rapports avec Bell, quoique sublimes, immensément agréables, ne donnent qu'un aperçu du véritable plaisir. J'allais changer d'avis ; « sublime » et « agréable » venaient en deça de la réalité, il aurait fallu inventer d'autres mots, car

1. Hymne patriotique britannique (*N.d.T.*).

s'il existe un plaisir véritable, c'était certainement celui que j'éprouvais avec elle. Me voilà confrontée à mon incapacité d'exprimer mes émotions, mes désirs et leur réalisation, au vide, comme devant la surface lisse d'une eau profonde, une mare sur laquelle flottent des réminiscences mystérieuses, éblouissantes ainsi que des mots murmurés, un endroit où je me noie, tentant de me raccrocher à cette branche fragile qu'est le souvenir de mon amour. J'aimais Bell, de cette passion violente, jalouse, rappelant celle que pouvaient éprouver des jeunes filles de dix ans mes cadettes envers une camarade de classe.

Les psychologues diraient — oh, je les connais — que mon développement sexuel a été interrompu par un choc, une révélation traumatisante. La prise de conscience avait certes été rude, et sans doute le fait de savoir que j'étais une victime potentielle de la chorée de Huntington avait figé mon évolution dans une phase invertie. Pourtant, je n'en avais pas l'impression, j'éprouvais le sentiment de vivre une passion, d'être amoureuse, je l'étais d'ailleurs, engagée dans ce type de relation dont on rêve qu'elle durera la vie entière, si tout se passe bien.

Évidemment, ce ne fut pas le cas. Quand est-ce que cela arrive ?

Nous connûmes des moments intenses, éclatants. Audrey, la cousine d'Eva Faulkner, s'était volatilisée, si bien que Bell emménagea en qualité de fille-à-demeure. Je n'ai jamais su si Cosette était au courant mais j'ai tendance à croire que non. Sa réaction vis-à-vis des lesbiennes correspondait à celle de sa génération : « Ne me laisse pas seule avec ce genre de femme, ma chérie. Tu te rends compte si elle me faisait une avance ? »

Pensait-elle que tout hétérosexuel tenterait forcément sa chance s'il se retrouvait seul avec elle ? Elle l'espérait sans doute, pauvre Cosette. Je n'ai jamais remarqué cependant le moindre mouvement de recul quand je venais l'embrasser, pas plus que je ne l'ai vue se crisper à l'approche de Bell. Elle nous considérait comme d'« excellentes amies », et la jalousie que j'avais constatée chez elle en découlait ; elle était désolée de voir Bell m'éloigner d'elle et — aussi étonnant que cela puisse paraître, mais peut-on jamais prétendre connaître les gens ? — de constater que je la privais de la compagnie de Bell.

Cosette passa l'été — celui de Bell et le mien — dans un profond isolement, elle devait sûrement se sentir seule, mais je ne m'en aperçus que plus tard. J'aimais et j'étais aimée de retour, du moins en apparence, et il n'y a rien de tel pour rester indifférent à la solitude d'autrui. J'étais assez consternée et — il m'en coûte de l'avouer — j'eus le culot de marquer ma désapprobation quand je découvris que Cosette couchait parfois avec Rimmon. Elle avait cinquante-cinq ans et il en avait vingt-sept, il n'avait pas d'argent et elle en avait beaucoup. Moi qui n'avais pas remarqué sa solitude, je comprenais encore moins que l'âge ne calme pas toujours les ardeurs. Aller à Glyndebourne avec les Castle et emmener Auntie se promener à Richmond Park en voiture ne suffisaient pas à Cosette.

Bell n'a lu aucun de mes livres. Elle n'a d'ailleurs pratiquement jamais ouvert un roman. Pour être honnête, je dirais qu'au fond de moi, je suis heureuse qu'elle ne leur ait pas montré d'intérêt, car ils diffèrent de mon propre discours, ils ne font apparaître aucune véritable émotion, aucune sensibilité, ils ne parlent pas des gens de la façon dont Bell et moi nous le faisions. Bell me connaissait particulièrement bien, et si elle les avait parcourus, elle l'aurait fait dans un certain état d'esprit ; aussi aurait-elle perdu ses illusions sur moi et m'aurait-elle jugée hypocrite, comme toute autre personne à sa place. Inutile de parler à Bell, un être aussi peu familiarisé avec les livres, de la dichotomie entre les écrits et la vie d'un auteur, ou encore, en des termes qu'elle aurait certainement employés — d'autres conneries du même genre.

Elle se trouvait dans ma chambre au moment où je finissais ma ration de travail pour la journée. L'été touchait à sa fin, l'automne arrivait ; elle était vêtue de mousseline à fromage, blanche, une sorte de toge aux manches gigantesques, et sa taille minuscule était marquée par une ceinture en cuir tressé. Alors que je tapais à la machine les derniers des deux mille mots auxquels je m'astreignais quotidiennement, j'avais écouté ses déplacements au-dessus de ma tête juste avant qu'elle ne vienne me rejoindre, la fermeture de la fenêtre, celle à laquelle on n'avait jamais ajouté la cage de protection promise, ses pas étouffés sur le tapis, puis le claquement de ses sandales indiennes au contact du bois qui, lui, n'isolait pas du bruit, le son d'une porte qui se ferme, le grincement de la cent quatrième marche quand elle se mit à descendre. Ainsi se manifeste le caractère obsessionnel de l'amour ; j'y étais plongée jusqu'au cou.

Elle ne lisait jamais un livre, comme je l'ai déjà expliqué. Pourtant, elle allait et venait, ramassant ici et là un ouvrage pour l'étudier de près. Mais je me répète. C'est que ce souvenir est resté gravé dans ma mémoire. J'avais encore l'intention d'écrire un essai sur Henry James, entre deux romans, et d'ailleurs je finis par le faire. Bell prit au hasard sur mon bureau *L'Age difficile*[1], un exemplaire de la bibliothèque de Porchester Road. Elle le regarda avec intérêt, en tâta la texture, en évalua le nombre de pages, en lut le dos, au lieu de jeter le moindre coup d'œil au texte, et dit : « C'est dans ce livre qu'on parle d'une fille qui me ressemble ?

— Non, c'est dans *Les Ailes de la colombe*. » Je le cherchai et lui donnai, lui ôtant l'autre livre de sa main que j'embrassai et gardai appuyée contre mon visage. Oh Bell, il était si tentant de la toucher, avec sa peau à l'odeur sucrée pareille à celle d'un enfant. Nous nous tînmes côte à côte pendant un moment, nos corps pressés l'un contre l'autre. « C'est le tableau qui ressemble à la fille. Toi tu ressembles au tableau. » Elle tourna son visage vers le mien en souriant, les lèvres

1. Roman de Henry James (*N.d.T.*).

proches de ma joue, et dit, taquine, sceptique comme elle savait l'être : « Quand est-ce qu'il a écrit ce bouquin, le type dont tu raffoles tellement ? »

J'y allai au jugé, mais me trompai d'une année : « 1901.

— Je ne vois pas comment elle peut se trouver sur une toile qui, d'après toi, a été peinte au seizième siècle, si le livre date de 1901. » Elle observait à présent *Les Ailes de la colombe*, et s'il y eut jamais ouvrage propre à décourager une personne qui ne lisait pas de romans, se contentait de feuilleter distraitement les magazines, de balayer d'un vague coup d'œil les journaux, c'est bien celui-là. Tandis qu'avec une consternation croissante, elle considérait page après page un texte à peine entrecoupé de paragraphes ou interrompu de dialogues, et que son visage prenait un air horrifié, je reculai pour mieux la regarder et éclatai de rire.

« Cela parle de quoi ? demanda-t-elle. Je n'y comprends rien, on dirait que c'est écrit dans une autre langue. »

Ainsi, assise par terre les jambes croisées, avec Bell s'installant à mes côtés, près de moi mais le livre encore à la main, continuant d'en tourner les pages sans y croire, je lui dévoilai l'intrigue des *Ailes de la colombe*. Je ne suis vraiment pas allée plus loin. Ce n'était d'ailleurs pas la seule ou la première fois que je lui racontais l'histoire d'un roman, car je me souviens que plusieurs semaines auparavant, elle avait voulu que je l'accompagne à l'Electric où se jouait *Le Grand Meaulnes*, et je lui avais fait un résumé préalable. Cependant, Milly Theale lui resta en mémoire, elle, ainsi que Merton Densher et Kate Croy, alors que je ne me rappelle pas lui avoir mentionné ces noms. C'était inutile, l'intrigue suffisait, cet élément mélodramatique au cœur du roman auquel James parvient à donner un caractère non pas sensationnel mais subtil, ténu, comme dans la vie. Je suppose que le tableau s'ancra en elle, le Bronzino qui lui ressemblait tant, tout comme cette pauvre Milly Theale à la triste destinée.

Elle dit doucement, admirative : « Quelle idée géniale !

— James était génial. Il n'y a pas eu de semblable romancier depuis.

— J'aurais pu me faire avoir, dit Bell de sa façon bien à elle, il faut dire, il a un tel baratin. »

XIII

La première fois que Mark vint à Archangel Place, vivaient à la Maison aux escaliers Cosette et moi, Auntie, Gary et Fay, Rimmon et un Philippin de ses amis, et bien entendu, Bell. A l'automne de 1972, cette dernière était retournée à Harlesden pendant un temps à cause de difficultés survenues chez sa mère. Maintenant, je sais — depuis des années déjà — que la mère de Bell n'était pas veuve et n'habitait pas Harlesden, mais qu'elle et son mari vivaient à Southsea, tentant d'oublier autant que possible leur sombre expérience de parents. A l'époque, je l'ignorais. J'avais cru Bell lorsqu'elle m'avait annoncé qu'elle rentrait « à la maison » pour « résoudre des problèmes ».

Si j'ai la spécialité de me leurrer sur de nombreux points, je n'ai cependant jamais cherché à me tromper sur l'atmosphère et les changements de climat dans une relation amoureuse. Je sens immédiatement l'amorce d'un ralentissement. Cette première interruption, à peine perceptible, dans la capacité d'absorption de la personne aimée, non pas un rejet, rien d'aussi définissable, mais un air distrait, un flou dans le regard, puis la constatation douloureuse, inévitable, que c'est toujours l'autre qui met fin à une étreinte, retire sa langue, durcit et rétracte ses lèvres, et aussi l'autre dont le rire a perdu cette lenteur conspiratrice et dont les doigts n'ont plus l'éternité devant eux.

J'en prends conscience, ne tente pas d'ignorer la présence de ces changements. Là où par contre je me rends dupe, c'est qu'en dépit de ces transformations, je parviens à me persuader qu'il s'agit d'une phase, d'un stade dans l'évolution de la relation, ou simplement d'un passage à vide.

La passion qu'éprouvait Bell envers moi et qui, j'en suis certaine aujourd'hui encore, malgré tout, était aussi réelle que la mienne à son égard, avait commencé à s'éteindre. Bell devint distraite, se montra plus distante. Mon deuxième livre fut publié, on en parla un peu cette fois-ci dans la presse et on prétendait qu'il avait des chances d'être sélectionné pour un prix du roman d'aventure, sa publication aux États-Unis était assurée ; j'étais débordée, toutefois pas au point de ne pas m'apercevoir des absences de Bell, d'une affaire qui l'occupait et dont j'étais exclue. Où se trouvait-elle lorsqu'elle appelait parfois, tombant sur moi ou sur Cosette, et annonçait qu'elle serait en retard, qu'on la « retenait » ? Rien — comme d'habitude. En ce sens, elle ressemblait à Cosette, ce n'était d'ailleurs pas la seule caractéristique qu'elles avaient en commun — mais alors qu'en déduire quant à Mark, quant à moi ?

Bell n'occupait aucune fonction, ne s'adonnait à aucune activité, n'avait aucun centre d'intérêt. Sa curiosité pour les gens et leur comportement l'absorbait tout entière. Elle aimait regarder de beaux objets dans les boutiques ou les expositions ; mais pas les vêtements, bien qu'elle ressentît un intense plaisir à se promener aux rayons tissus des grands magasins et à caresser voluptueusement les étoffes les plus extravagantes. Mark me confia plus tard qu'elle se rendait parfois à la tour de Londres pour y regarder les bijoux de la couronne. Au cours de ses fréquentes absences, passait-elle son temps à ce genre de choses, à observer les gens et à admirer de luxueux artefacts dans Bond Street ? A lisser de la main les damas de chez Liberty's ? A se promener dans le Victoria and Albert Museum ?

Puis, elle retourna chez sa mère. Il y eut une soirée épouvantable durant laquelle nous étions assises dans le jardin gris, Cosette, Auntie et moi, chacune consciente de notre solitude propre, spécifique. Il ne faisait pas chaud ; l'air, humide et frais même, répandait une odeur de suie et celle des feuilles de l'eucalyptus. Quiconque aurait jeté un coup d'œil par-dessus les hauts murs faits de briques et de verre au plomb aurait pu nous prendre pour les représentantes de trois générations de la même famille, la fille, la mère et la grand-mère, mais personne ne s'y aventura. Le ciel était d'un blanc de marbre, la nuit tardait à arriver. A un moment, je m'en souviens, Cosette dit : « Pourquoi a-t-on cessé de venir nous voir ? »

Un sourire timide, craintif presque, passa sur les lèvres d'Auntie. Son incompréhension semblait croître au fil des jours. Son ahurissement était de ceux qui naissent du sentiment que plus rien n'est sincère, que tout est devenu une farce, qui pour elle n'a pas de sens. En d'autres termes, elle rappelait un de ces malheureux animaux dans les jardins zoologiques, qui avaient vécu autrefois parmi leurs pairs, dans leur propre habitat, et se retrouvaient emprisonnés, isolés, dans un monde étranger. J'entrai dans la maison, faisant mine d'aller chercher un pull-over. Je montai les escaliers, ressentis en entendant le grincement de la cent quatrième marche le premier des nombreux pincements au cœur que je devais éprouver, et pénétrai dans la chambre de Bell, m'emparant d'une de ses étoffes foncées afin de m'imprégner de sa douce odeur d'enfant. *Les Ailes de la colombe*, qu'elle n'avait jamais lu et ne lirait bien entendu jamais, était posé sur une chaise. Je l'emportai en descendant.

Un autre soir, alors qu'Auntie était partie se coucher, Cosette dit au reflet de son image dans le miroir au salon :

« Est-ce donc la forme, soupira-t-elle,
« Qui a suscité nuit et jour ses louanges passées ?
« Las, s'écria-t-elle, aujourd'hui seule je m'éveille ;
« Je m'endors oubliée, et l'aube me trouve abandonnée. »

Je la pris dans mes bras et la serrai contre moi. Comme elle en aurait été troublée si elle avait connu la nature de la relation entre Bell et moi ! Mais elle sourit aux vers de Tennyson et à son image.

« C'est affreux, non ? Même Ivor écrivait de meilleurs poèmes. Enfin, même si les siens étaient marginaux. "La vie me pèse, il ne vient pas", dit-elle... »

Il ne vient pas... Cet idéal masculin, indicible, cet homme à nul autre pareil qu'elle avait tant attendu. Elle avait terminé *Washington*

Square[1], c'est moi qui le lui avais prêté évidemment, et s'était identifiée à la pauvre Catherine Sloper. Les femmes montrent généralement une certaine pudeur à admettre leur désir d'un homme. Elles le nient, elles le rejettent ; à les entendre, rien ne serait plus simple que de trouver un amant, un mari, si elles le souhaitaient. Mais à quoi bon ? Pourquoi se donner tant de mal ? Elles étaient satisfaites de leur vie, après tout. Ce n'était pas le cas de Cosette. Elle déclarait sans détours, non seulement à mon adresse mais quasiment à qui voulait l'entendre, à Perpetua, à Auntie, qu'elle mourait d'envie de trouver un homme qui l'aimât et lui tînt compagnie. La vie lui pesait, il ne venait pas, disait-elle.

Toutefois, deux jours plus tard, il arriva. Comme en réponse à une prière, à un rêve dont on est certain qu'il ne se réalisera pas. Comme un prince guidé par une bonne fée, sauf qu'il ne revêtait aucun déguisement. Du moins, en apparence. Ce fut Bell qui l'amena. Sans fanfare ni trompette. D'un ton désinvolte, elle informa Cosette de ce qui allait se dérouler, lui annonça comme à son habitude, sans ronds de jambe, cet événement qui devait s'avérer si capital. Elle avait refait son apparition à la Maison aux escaliers après une absence de deux ou trois semaines — pourquoi ne pas dire dix-huit jours alors que j'en connais la durée exacte ? — et entra dans le salon d'un pas nonchalant, comme si elle avait toujours été là. Elle portait sa robe en mousseline à fromage et tenait dans la main un paquet de cigarettes ainsi que des allumettes. Je ne l'ai jamais vue utiliser de sac à main. Elle nous observa toutes trois, Cosette, Auntie et moi, de la même façon, d'un regard lancé à de vagues connaissances, des gens qu'elle aurait choisis de tolérer en adoptant l'indifférence, la bonhomie.

« Mon frère va venir ce soir. Cela ne vous dérange pas ? »

Cosette lui répondit comme s'il s'agissait de sa propre fille. « Ma chérie, quelle idée de le demander ? Bien sûr que non. Nous avons hâte de faire sa connaissance. »

Mark — comment le décrire ? C'était le plus bel homme que j'aie jamais rencontré, et aussi le plus gentil. Du moins j'en fus persuadée pendant longtemps, et finis — oh, à peine — par changer d'avis sur lui. Il faisait partie de ces gens avec lesquels on se sent tout de suite à l'aise, qui sont « toujours égaux à eux-mêmes », n'ont aucune prétention ou ignorent qu'ils ont des raisons d'en avoir, astucieux et drôles sans pour autant se montrer cruels, d'une amabilité infaillible, d'un charme ravageur dénué de la préméditation, de l'affectation habituellement présentes en pareil cas. Pourtant, en y réfléchissant, je me rends compte que j'ai dépeint une personne assez différente de Mark, car ce qu'il y avait de particulier chez lui, je devrais même dire en lui, c'était sa simplicité, le fait que les attributs les plus merveilleux aient pris corps, se

1. Roman de Henry James (*N.d.T.*).

soient fondus par un heureux hasard en ce beau jeune homme, et que ce dernier ne s'en aperçoive pas. Même ses paroles, qui ne donnaient jamais l'impression d'être prononcées par calcul, semblaient refléter une nature chaleureuse et douce. Ai-je dépeint un imbécile ? Ce n'était pas mon opinion de lui, pendant longtemps je le crus intelligent, même si je dus également réviser ce point de vue. Je me contenterai de dire que Mark était d'une beauté rare, mais qu'intellectuellement, il n'avait rien d'exceptionnel.

De huit ans l'aîné de Bell, il eut trente-six ans cet hiver-là. J'avais alors décidé que lui et Bell étaient d'origine scandinave, bien qu'en fait Mark eût plutôt l'air slave, avec ses larges pommettes saillantes, son nez parfaitement droit mais court pour celui d'un homme, sa fine lèvre supérieure, sa bouche charnue et ferme. Sa peau était brune et ses cheveux couleur noisette, traversés d'une mèche argentée partant du sommet du crâne pour rejoindre une de ses tempes. Cette mèche allait faire la joie de Cosette ; comme elle était importante à ses yeux !

Notre hôtesse ne se montrait pas sous son meilleur jour ce soir-là. Elle avait besoin de voir son coiffeur ; les racines de ses cheveux étaient grises. Ses efforts en vue de garder la ligne se soldaient non pas par une défaite, mais par une série d'échauffourées d'où elle sortait gagnante une fois sur deux. Aussi, nécessairement, le reste du temps, la graisse régnait en maître ; elle était en train de reprendre le dessus, ayant crié victoire sur la balance le matin même. Cosette portait un caftan en soie d'une teinte rouge clair qui ne lui allait pas, et s'était trop parfumée de Joy. Fay, par contre, avantagée par vingt-cinq ans de moins, était resplendissante. Elle traversait des phases au cours desquelles, épuisée, filiforme, elle avait un air quelconque, plutôt négligé, puis connaissait des moments de gloire, chaque période dépendant du soin qu'elle apportait à sa personne. Elle devait s'être particulièrement appliquée ces derniers temps, car elle rayonnait sous un maquillage aussi épais que celui de Felicity mais beaucoup plus subtil, et au lieu de ses jeans, elle avait mis une jupe qui laissait voir ses jambes et ses fines chevilles. Perdita, la danseuse, abandonnée là par son mari qui s'était rendu à un spectacle donné pour les bonnes œuvres, distançait Cosette sans conteste. Elle était délicieuse, comme toujours, pareille à ces poupées exposées sur une étagère vitrée dans la chambre d'une petite fille, un visage de cire, la bouche d'une couleur fuchsia tirant sur des teintes framboise, des cheveux qui semblaient peints en noir de fumée à l'aide d'un pinceau très fin, chacun de ses gestes étudié, chaque pose travaillée.

Si j'établis des comparaisons, c'est que ces trois femmes, au moment où Mark entra dans la pièce, donnèrent l'impression de rivaliser entre elles. Bell était sortie sur le balcon afin de vérifier si c'était bien lui qui avait sonné, puis elle était descendue lui ouvrir. Il était le seul homme au milieu de cinq femmes. Il produisit un impact immédiat, remarquable, qu'il devait aussi bien à sa grâce qu'à sa beauté. Très mince, il marchait comme un danseur — imaginez Noureïev entrant incognito dans une salle de séjour à Londres — ou plutôt un acteur, ce qu'il était d'ailleurs. La réaction des trois concurrentes aurait prêté à rire si elle n'avait pas été triste, car il avait suffi de quelques secondes, le temps que Mark vienne serrer la main de Cosette, pour que celle-ci s'incline, se retire humblement de la compétition. On aurait dit qu'elle prenait conscience pour la première fois, sans chercher à se leurrer, du physique des deux autres, que le choc l'atteignait de plein fouet, douloureusement, que ses cinquante-cinq ans et sa lassitude la frappaient soudain ; elle lui tendit la main en esquissant un sourire où se lisaient l'autodérision et l'aveu de sa défaite.

Il ne se dirigea pas vers elle en premier. Mark était ce qu'il était ; il connaissait les égards dus à la femme qui de toute évidence était la plus âgée. Aussi serra-t-il d'abord la main d'Auntie, qui avait l'habitude que tout le monde ou presque, à part Cosette, l'ignore — d'ailleurs, même maintenant, je parle de cinq femmes et non de six — et, stupéfaite, elle resta muette lorsqu'il lui annonça qu'il était enchanté de la rencontrer. Bell ne se chargea pas de faire les présentations, j'aurais été étonnée du contraire, elle agita simplement une main dans sa direction et dit : « C'est Marcus. »

Il précisa aussitôt, presque en s'excusant : « Non — Mark, je préfère. »

Évidemment, je découvris bien plus tard que Bell, fidèle à son goût pour les noms prétentieux, élaborés, avait latinisé son nom. Cosette apprit à Mark qui nous étions. Une scène comparable avait eu lieu lors de la première visite de Walter Admetus, puis de Luis Llanos. Le danseur s'était contenté d'accorder au groupe un sourire charmeur et de lancer un « Salut ! » tandis qu'Admetus était allé d'une personne à l'autre, énonçant chaque nom avec application — « Enchanté, Gary », « Enchanté, Mimi ». Mark n'avait employé la formule consacrée qu'envers Auntie, puis nous avait adressé individuellement un « Bonsoir ». Je ne surpris aucune lueur d'admiration lorsque son regard se posa sur Perdita ou sur Fay. Bell observait, elle aussi, mue par cette même passion pour les subtilités du comportement humain.

Mark ne parlait pas de lui et ce fut Bell qui m'expliqua ce qu'il faisait. Il jouait un rôle dans un feuilleton radiophonique, un emploi précaire puisqu'on menaçait constamment d'assassiner le personnage qu'il incarnait, mais plus stable cependant que ceux qu'il avait connus par le passé, une succession de rôles insignifiants dans des pièces tournées pour la télévision, une figuration dans un film et du théâtre de répertoire dans des endroits comme Colchester ou Gateshead. Le même laps de temps s'écoula avant que je n'apprenne son adresse — il vivait dans un studio près de Brook Green —, à son âge, et le fait qu'il était célibataire et n'avait jamais été marié. Mark savait écouter, en tout cas il n'était pas de ceux qui monopolisent la parole en racontant leur vie et en donnant sans cesse leur point de vue ; pendant un moment, nous savions seulement de lui qu'il était charmant, intéressant et représentait « un ajout à notre cercle », selon les propres termes de Cosette, parodiant en quelque sorte les expressions victoriennes.

« Pourquoi l'as-tu gardé pour toi jusqu'à aujourd'hui, Bell ? » demanda Cosette alors que nous étions installés dans la salle à manger, nous régalant d'un de ces luxueux repas froids dont regorgeait le frigidaire.

Bell haussa les épaules, mais le regarda de l'air à la fois modeste et satisfait de celle qui a apporté la contribution la plus éblouissante au spectacle. « Il aurait pu venir s'il l'avait voulu. Il savait où nous trouver.

— N'allez surtout pas la croire. Elle ne m'en avait jamais parlé. »

Il embrassa d'un geste de la main la lampe art nouveau suspendue au plafond, les murs couverts de porcelaine Flora Danica, les rideaux violets qui n'avaient pas été tirés mais écartés négligemment afin de donner une vue du jardin gris, jaune à présent, brillant et étincelant à la lumière électrique et dans l'humidité hivernale. Plus tard, Mark prétendit qu'il avait toujours détesté la Maison aux escaliers, mais il n'en laissa rien paraître alors. « Elle ne m'a jamais parlé de vous tous. Je savais seulement qu'elle avait une chambre dans la maison, et aussi une amie. » Son regard se posa sur moi, plein de charme, et je crus y détecter de l'admiration. « Je ne pouvais pas savoir que pour une fois, il ne s'agissait pas d'un de ces glorieux taudis, comme chez ce bon Walter, où le soir on voit les puces à chat danser sur la moquette.

— Peut-être est-ce l'origine du mot "entrechats" », dit Cosette en souriant à la danseuse qui, sans comprendre, la fixa de son air habituel — rêveur, méditatif.

Mark éclata de rire. Le visage de Cosette resplendit de gratitude. Elle n'était pas assise à côté de lui, elle aurait trouvé égoïste de s'attribuer une place de choix auprès d'un tel bijou, mais maintenant que nous avions fini de manger, alors que deux bouteilles à peine ouvertes restaient intactes sur la table, nous changeâmes de place suivant une de nos coutumes, et Bell, encadrée par Mark et moi, se leva, invitant Cosette à la remplacer. A mon tour, j'échangeai ma chaise pour celle de Fay de manière à donner l'impression que je souhaitais m'asseoir à côté de Gary, arrivé au début du repas. En fait, je voulais être en mesure d'observer Cosette et Mark. Je me méfiais d'elle, j'avais déjà peur.

Ils parlèrent de Walter Admetus. Si Mark avait rendu visite à Bell lorsqu'elle vivait dans sa maison, il ne l'avait cependant jamais rencontré, mais il était bien plus au courant que Cosette des articles qu'il rédigeait pour *Private Eye* et le *New Statesman*[1]. Adoptant une approche

1. Revue hebdomadaire de gauche (*N.d.T.*).

intellectuelle assez rare chez les acteurs, il confia à Cosette que selon lui Admetus était un bon critique, il choisissait ses mots, approfondissait sa pensée sans tomber dans la facilité sous prétexte de faire de l'humour aux dépens de la vérité. Cosette savait-elle qu'il avait écrit un roman auquel on n'avait jamais accordé une attention pourtant méritée ? A cette nouvelle, Cosette se répandit en éloges sur mes écrits impérissables. J'étais gênée, mais j'eus la grande surprise de constater que Mark savait que j'étais écrivain, avait même lu mon premier livre et la seule bonne critique qu'il ait reçue — l'unique article dans la presse, presque — et à la place des remarques moqueuses d'Ivor Sitwell ou de l'attitude d'Admetus qui prétendait ignorer que j'aie jamais écrit ou publié quoi que ce soit, lui me dit : « J'ai veillé une nuit entière pour terminer votre livre, il fallait absolument que je sache la fin de l'histoire. Ce prix, vous ne l'avez pas volé. »

Je balbutiai tant bien que mal des remerciements. « Bell vous en a parlé ? »

Dans ce cas, sa réponse aurait été immédiate, mais il s'exclama : « Oh, Bell est illettrée et fière de l'être. Et je ne fais pas partie de ces lecteurs qui cherchent un livre à la bibliothèque, puis s'attendent que l'auteur leur soit éternellement reconnaissant parce qu'ils ont eu l'obligeance de l'emprunter. »

Son observation était si juste que je me mis à rire. « Vous voulez dire que vous l'avez payé en pièces sonnantes et trébuchantes ?

— Absolument », dit-il.

Cosette tomba amoureuse de lui ce soir-là. Il ne fallut pas plus de temps. J'en étais consternée, et alors que nous retournions dans le salon où nous devions boire du champagne pour je ne sais quelle raison, je fus atterrée de la surprendre à lui lancer un regard que j'avais déjà vu sur un autre visage, dans des circonstances très différentes. Cosette et moi étions alors en Italie, à Bologne, et un musicien de rue était entré avec sa guitare dans le café où nous nous trouvions. Une enfant était là, en compagnie de ses parents et d'une sœur aînée, elle avait environ huit ans. Elle eut le coup de foudre pour le guitariste et, gardant un silence respectueux, le suivit de table en table à travers le restaurant, sous l'œil visiblement amusé de la mère, du père et de la sœur. Lorsqu'il s'en aperçut, il se retourna et se mit à jouer pour elle seule ; il l'avait assise sur une chaise à une table sans convives et écorchait un *Santa Lucia* grotesque en pinçant à tout rompre les cordes de l'instrument, montrant un enthousiasme bienveillant face à ce regard d'adoration. Tandis que Mark lui tendait un verre de champagne, Cosette, qui avait l'âge d'être la grand-mère de cette petite fille, le fixa de manière identique pendant un long moment, sans chercher à cacher la lueur d'émerveillement dans ses yeux.

Cela passera, me dis-je, il le fallait, mieux valait qu'il ne s'agisse que d'une toquade d'un jour qui finirait par s'anémier faute d'approvisionnement, resterait dans la mémoire de Cosette comme un élément de nostalgie dont elle se souviendrait en disant : « Tu te rappelles cet homme magnifique qui était venu un soir et s'était montré si gentil envers nous ? J'ai été folle de lui pendant une semaine entière... ! »

Cependant, elle n'allait pas courir de risque, le laisser filer. A juste titre, elle trouvait Bell évanescente, elle savait qu'on ne pouvait compter sur elle, qu'il lui arrivait de disparaître ; impossible de lui faire confiance, de s'attendre à ce qu'elle revienne accompagnée de ce joyau. En outre, Cosette était consciente qu'une vague invitation, la suggestion d'une nouvelle visite sur la base d'un « bientôt » ou d'un « s'il vous arrive de passer par ici » resterait sans effet. Il fallait convoquer Mark coûte que coûte, lancer une invitation spécifique, ce qui fut fait : une fête, elle allait organiser une fête — à quelle occasion ? Pour l'anniversaire de Bell, ses trente ans. Un âge extrêmement jeune, bien entendu, aux yeux de Cosette, mais je ne suis pas aussi certaine des sentiments de Bell à ce sujet. Elle n'était sans doute pas très heureuse d'entendre claironner la date d'un tel jalon dans sa vie.

« J'aimerais avoir de nouveau trente ans et voler les maris des autres. »

Je me souviens de cette phrase. Au moment où elle invita Mark à l'anniversaire de Bell, ne manquant pas de demander à Fay et à Perdita de se joindre aux festivités, son visage reflétait une tranquillité radieuse. Il ressemblait à celui de la petite fille à Bologne en ce sens qu'il ne déguisait pas sa joie. On aurait dit que jamais elle n'avait vu d'homme auparavant, qu'elle n'avait pas été mariée, eu deux ou trois amants, mais avait passé sa jeunesse à dormir au tréfonds d'un bois ou à perdre son temps dans un couvent, et que soudain elle s'écriait, comme Miranda : « O meilleur des mondes, toi qui renfermes en ton sein des êtres pareils[1] ! »

Plus tard cette nuit-là, allongée au côté de Bell, je lui confiai : « Cosette va tomber amoureuse de Mark.

— Elle l'est déjà.

— Tu crois ? m'exclamai-je.

— Tu as dû t'en apercevoir, non ? Mais si, évidemment.

— Si seulement nous pouvions faire quelque chose pour l'en empêcher.

— Pourquoi ? Quelle idée ? Tu as peur pour elle ? Lui, il sera différent, pas comme ce salaud d'Ivor Machin. Mark n'arnaque pas toutes les femmes qu'il rencontre.

— Je veux dire qu'il n'aura pas les mêmes sentiments qu'elle envers lui, il sera incapable de lui rendre la pareille.

— Peut-être, mais il sera gentil avec elle. Voilà la différence, tu verras, il sera adorable.

— Je préférerais que l'occasion ne se présente pas, dis-je.

1. *La Tempête* de William Shakespeare (*N.d.T.*).

— Ah bon ? Cosette ne serait pas de ton avis. Elle se tourna de l'autre côté, s'écartant de moi. J'ai envie de dormir, maintenant. Bonne nuit. »

Ce matin, nous sommes allées faire des courses ensemble, Bell et moi, au supermarché où j'achète la nourriture pour mes chats. Pendant que nous patientions aux caisses, je lui ai montré les tableaux dans des cadres dorés que le supermarché met en vente à neuf livres quatre-vingt-dix-neuf pièce. L'un d'eux présentait un des sujets favoris de Silas Sanger, un animal traversant une clairière, sauf qu'il s'agissait d'un chien d'arrêt dans un bois ensoleillé alors que Silas aurait conçu un prédateur aux mâchoires sanguinolentes dans une forêt pluvieuse.

Elle pensa également à lui. « Silas devenait complètement dingue quand il voyait des choses pareilles, lança-t-elle. Ces peintures sont obscènes, elles me donnent la nausée.

— C'est le point de vue de l'école des Beaux-Arts à Leicester, je suppose », rétorquai-je. Je sais que je ne devrais pas lui lancer de remarques cinglantes chaque fois que resurgissent des périodes du passé à propos desquelles elle m'a menti, mais je ne peux m'en empêcher. Pourtant, il faut absolument que je me contienne. Elle n'a cependant pas l'air de s'en soucier, on dirait qu'elle pense que j'ai le droit de prendre ma revanche, et sans doute a-t-elle raison.

« Pour être franche, je n'y ai jamais mis les pieds. C'est d'ailleurs incroyable que tu aies cru à tout ce baratin.

— Aussi curieux que cela puisse te paraître, les gens ont tendance à croire ce qu'on leur raconte. »

Cette fois, son rire est aussi sec que des brindilles qui craquent quand on y met le feu. Nous avons payé la nourriture des chats, l'avons traînée jusqu'à la sortie du magasin, puis avons attendu un taxi. Finalement, elle ne s'est pas sentie de taille pour travailler à la boutique dans Westbourne Grove ; elle s'est installée chez moi, a décidé dorénavant d'habiter avec moi. Rien n'a été dit de manière explicite, et elle paie toujours le loyer de la chambre sous le pont du chemin de fer. Elle me le fait comprendre en restant avec moi ; je sais qu'elle n'a pas l'intention de repartir. Je trouve l'ironie de la situation profondément comique, car je me souviens qu'autrefois, j'aurais été aux anges si Bell était venue partager ma vie, si j'avais su qu'elle voulait vivre avec moi — et qu'elle le souhaitait plus que moi. Un tel événement aurait été impensable, inimaginable.

Sincèrement, je n'en ai aucune envie. Je ne veux pas de Bell comme une sorte d'invitée temporaire qui a pourtant prévu de rester un long moment. C'est trop pour moi, elle, son passé, ce qu'elle a fait. J'en tremble rien qu'à l'idée. Ne serait-ce pas la réaction de n'importe qui d'autre ? Cela me rend nerveuse, toutes ces histoires, j'éprouve ce type de tension qui se manifeste toujours par — enfin, vous imaginez ce que cela peut être ? Un tic, un mouvement convulsif, une soudaine contraction musculaire. Plus je me tracasse, plus le phénomène s'aggrave. La chorée de Huntington ne se déclare pas ainsi, mais je suis mal à l'aise et inquiète, je sais que je n'ai pas encore atteint l'âge où l'on est hors de cause.

Mon quarantième anniversaire fait maintenant partie du passé. Bell et moi, nous l'avons fêté par un dîner au restaurant. Nous sortons beaucoup, plusieurs soirs par semaine, souvent au cinéma car il y a eu une série de bons films récemment, *Mona Lisa*, *Chambre avec vue* et *Prick Up Your Ears*. Je n'ai pas fréquenté autant les salles de cinéma depuis des années. Et la semaine dernière, nous avons vu *Antoine et Cléopâtre* à l'Olivier Theatre, la meilleure mise en scène du siècle, de l'avis de certains, puis nous sommes allées souper au *National Film Theatre*, près de la rivière. Deux femmes d'âge mûr plutôt jolies, voilà ce que l'on doit se dire de nous, pas des sœurs, non, trop différentes d'aspect, ni des voisines de banlieue. Personne ne pourrait penser de Bell, vêtue de couches de tissus noirs superposées, ramassées, ballonnées, ficelées, qu'elle est la voisine de banlieue de qui que ce soit. Elle ne se vêt à présent que de noir. Peut-être qu'à la façon de la Masha[1] de Tchekhov, elle porte le deuil de sa vie.

« Quel monceau de conneries, a-t-elle dit lorsque je lui ai fait part de mes réflexions. Ton gros problème, c'est que tu as lu trop de livres.

— Tu veux plutôt dire que c'est ton problème à toi que j'en aie trop lu. »

Vous comprenez, j'essaie de la faire parler de Cosette et de Mark. Tôt ou tard, si elle continue de ne pas réagir aux allusions que je fais, je finirai par mentionner leurs noms, aborder moi-même le sujet, mais je n'en ai pas envie pour l'instant. Non, ce n'est pas vrai. J'ai peur de soulever la question. Quand nous sommes rentrées, le téléphone a sonné ; c'était Timothy. Vous vous souvenez de lui, l'homme en compagnie duquel j'ai dîné à Leith's, le lendemain du jour où j'ai aperçu Bell après si longtemps ? Il ne représente pas grand-chose pour moi, mais c'est un ami et je ne peux le voir à présent, pas en ce moment. Je me refuse de demander aux gens de rencontrer Bell ou de la présenter à d'autres. Ils ne savent peut-être pas qui elle est ni ce qu'elle a fait, ils n'ont pas besoin d'en être informés, mais moi je suis au courant et cela m'inhibe.

Bell a fumé durant tout le trajet dans le taxi, en dépit d'un petit écriteau portant la mention : « AYEZ L'OBLIGEANCE DE NE PAS FUMER. » Lorsque son regard était tombé dessus, elle n'avait pu croire qu'il ne s'agissait pas d'une plaisanterie. Le chauffeur se mit à tousser bruyamment et lorsque nous fûmes arrivées devant chez moi, il déclara : « Je vous aurais éjectées avec plaisir de mon taxi, seulement j'ai des idées d'une autre époque sur les égards que l'on doit aux dames. Dommage que tout le monde ne soit pas aussi attentionné. »

1. Une des *Trois Sœurs* de Tchekhov (*N.d.T.*).

Je pensais que Bell allait l'injurier, mais elle s'abstint, ne dit pas un mot, semblait presque ne pas avoir entendu. Elle monta les marches du perron et attendit que je vienne ouvrir la porte d'entrée. Une fois à l'intérieur, elle me demanda : « Tu veux que je te raconte comment j'ai rencontré Silas ?

— Libre à toi.

— Dis-donc, s'exclama-t-elle, c'est mon expression à moi. Tu me piques mes répliques. »

J'éclatai de rire. « Bon, raconte.

— C'était dans cette maison pour enfants. L'institution se trouvait dans un grand bâtiment qui était une sorte d'unité expérimentale — un vrai merdier, en fait. Je veux dire qu'ils mélangeaient les grands avec des enfants beaucoup plus jeunes et même des tout-petits. On était censé être comme une famille, tu parles ! Tu me passes mes cigarettes ?

« Ils m'ont mis là-dedans à l'âge de seize ans. Tu sais d'où je venais et pourquoi j'y étais allée. Enfin, ils ont agi très discrètement, la démarche était censée être particulièrement novatrice, s'inscrire dans l'esprit d'une période progressiste, et d'autres choses du même genre, cela se passait en 1958, impossible d'en parler dans les journaux. Il n'y avait pas grand choix au niveau des médias à l'époque. Les responsables n'étaient pas modernes au point de me laisser faire des études. Je travaillais au-dehors et rentrais chaque soir pour aider à coucher les petits. Tu imagines, c'est à mourir de rire, non ? Je n'avais qu'une idée, c'était de partir, mais j'ignorais quand l'occasion se présenterait, me demandais même si j'y arriverais, me connaissant, si j'aurais à ce moment-là dix-huit ans, vingt et un ans ou plus, et je me disais qu'après tout j'étais peut-être dans une autre sorte de prison. Ce n'était pas le cas.

« Silas était lié à une gosse de la maison, qu'on laissait rentrer chez elle le week-end. Des fois, c'était Silas qui la ramenait. A l'époque, il sortait avec Felicity. Elle allait à l'université et j'imagine qu'elle devait trouver particulièrement excitant et osé de s'envoyer en l'air avec ce schizo et ce poivrot de Silas. Bon, je me suis débrouillée pour qu'il la laisse tomber et me suis retrouvée enceinte. Alors l'administrateur de la maison de redressement lui a fait promettre de m'épouser. Ils lui ont dit qui j'étais et lui ont brossé un tel tableau, comme si rien qu'en me touchant, il avait commis un acte épouvantable, comme si j'avais la lèpre, et maintenant que nous en étions tous deux atteints, nous n'avions plus qu'à en baver ensemble. J'ai eu une fausse couche le jour de mon mariage. J'ai commencé à saigner dans la mairie.

— C'est vrai ce que tu me racontes, Bell ?

— Comment cela ?

— Toutes ces histoires ?

— Bien sûr que oui. Tu as affirmé toi-même que même les menteurs disent plus souvent la vérité qu'autre chose. »

Les muscles de mon cou et de mes épaules tressautaient. J'essayais d'en reprendre le contrôle, respirant à fond. « Où était Mark à l'époque ? demandai-je. Que faisait-il ? »

Elle bondit de sa chaise et sortit de la pièce en courant, claquant la porte derrière elle.

Mark vint à la fête que Cosette donna pour l'anniversaire de Bell. Pour une raison ou pour une autre, la soirée se déroula beaucoup plus dignement que celle au cours de laquelle Esmond Thinnesse avait fait irruption pour emmener Felicity. Certes, les gens s'étaient enivrés, comme d'habitude, et Rimmon était parti dans un de ses trips à l'acide dont il avait pris l'habitude, sa petite gâterie hebdomadaire. Mais d'autant que je me souvienne, aucun couple ne disparut dans une chambre comme Felicity et Harvey l'avaient fait. Il m'est arrivé de penser que si la réception ne s'était pas transformée en saturnales comme à d'autres occasions, c'était simplement dû au fait que Mark se trouvait là. Je ne veux pas insinuer qu'il était prude ou que l'on dénotait le moindre soupçon de sévérité, de désapprobation dans son comportement. Rien ne permettait de tirer de pareilles conclusions. Cependant, on avait l'impression que du fait de sa présence, les gens sentaient qu'il était possible de passer un bon moment en société sans abuser d'alcool, sans planer et sans tripoter les autres, que de discuter, d'être aimable avec son entourage, représentaient des occupations satisfaisantes, quoiqu'un peu démodées. Je me rends bien compte qu'une telle affirmation est tout à l'honneur de Mark, peut-être ai-je tort, peut-être que s'il régnait une pareille ambiance à la fête, c'est parce que Admetus n'était pas là, ni Felicity, Fay ou Gary.

Cosette supplia Bell d'inviter ses amis. Elle tenait absolument à ce que la mère de Bell et de Mark soit de la partie et voulait même aller plus loin. Comme il s'agissait de l'anniversaire de Bell, elle avait l'intention de demander à la mère de venir plus tôt, afin qu'elle puisse participer aux préparatifs. Bell n'invita personne. Aujourd'hui, je comprends pourquoi, mais à l'époque, cela me parut étrange. En dehors de Mark, le groupe se composait de vieux amis de Cosette, la bande habituelle de Wellgarth Avenue, Oliver et Adela, les danseurs, Perpetua, accompagnée de nombreux membres de sa famille, y compris Dominic, Mervyn et Mimi, et des voisins d'Archangel Mews.

Au cours de la soirée, Cosette offrit à Bell en guise de cadeau d'anniversaire la bague à l'héliotrope. Elle déclara qu'elle était beaucoup plus jolie sur la main de Bell que sur la sienne et elle avait raison. Bell la remercia, observa le bijou sur son doigt, puis leva les yeux pour regarder Cosette, sans sourire cependant, ou montrer le moindre signe de joie. Tout autre personne, ou presque, aurait embrassé Cosette, lui aurait sauté au cou et donné un baiser. Je ne m'étonnai pas que Bell n'en fasse rien, mais j'eus de la peine. Je fus également navrée de constater qu'elle ne porta jamais la bague par la suite, ou alors ce fut en mon absence. A notre prochaine rencontre et à celles qui suivirent, ses mains étaient nues.

Mark ne demeura pas jusqu'à l'aube. Il partit peu après minuit. Cosette lui demanda instamment de revenir dîner le lendemain, pour discuter de la soirée avec nous.

« Je crois qu'il serait préférable que je ne vienne pas », dit-il.

Sa réponse n'exprimait pas un refus catégorique, au contraire. Cosette saisit l'occasion.

« Si tu veux dire qu'il vaudrait mieux ne pas venir parce que tu nous as déjà rendu visite deux fois, c'est ridicule tu sais ? Les gens viennent aussi souvent qu'ils en ont envie. On ne fait pas de manières ici. Tu seras le bienvenu. »

Il lui sourit. « Enfin, cela ne change rien, je ne viendrai pas demain. »

Je lui en voulais. J'avais l'impression qu'il jouait à l'homme que l'on n'obtient pas aussi facilement. A quoi bon se plier à de telles conventions avec une femme riche qui avait pratiquement l'âge d'être sa mère ? C'était cruel. Ou alors il cherchait délibérément à être évasif, à se rendre inaccessible, et par conséquent plus désirable. Il n'ajouta pas un mot. Cosette le regarda descendre la rue, contempla sa longue silhouette fine dans la réverbération de la lumière électrique. Elle ferma la porte. Nous étions seules dans le hall, la soirée battait encore son plein aux étages supérieurs, on entendait la musique.

« Je serais prête à n'importe quoi pour retrouver ma jeunesse », soupira Cosette. Elle s'était exprimée en un murmure intense, violent. « Je donnerais les années à venir, j'accepterais de mourir, si pendant un an je pouvais avoir de nouveau trente ans. »

Elle n'eut aucune nouvelle pendant presque une semaine. Comment se sentait-elle durant cette période ? Triste, je suppose, tout simplement. Elle ne parlait pas de lui, se taisait, mais on pouvait imaginer quel était le cours de ses pensées. Si seulement, devait-elle se dire, je pouvais avoir quelques années de moins et si lui en avait une poignée de plus, si seulement nous avions pu nous rencontrer avec une différence d'âge entre nous de cinq ou six ans — ah, à ce moment-là ! Mais vu la situation, je ne peux rien faire, je ne peux même pas l'appeler comme dans le cas de Walter, par exemple, de Maurice Bailey ou de n'importe quel homme, c'est impossible à cause des sentiments que j'éprouve, l'humiliation d'un refus me serait insupportable. Telles devaient être ses réflexions. Parfois, je la surprenais à regarder Bell, comme si en elle se concentraient ses derniers espoirs. Bell était la clé permettant d'accéder à Mark. Combien de réponses n'était-elle pas en mesure d'apporter, combien de récits, d'analyses du comportement de son frère par le passé ? Cependant Cosette ne l'interrogea jamais, et je ne posais pas de questions non plus.

J'étais persuadée — j'avais tort, je le sais maintenant — qu'une complicité parfaite avait existé entre Bell et moi, et que l'arrivée de Mark était venue tout gâcher. J'avais peur de lui demander et elle n'était pas disposée à m'expliquer. Une barrière s'était dressée entre nous, du moins je le crus. En réalité, la barrière existait bel et bien, Mark fut à l'origine de notre éloignement, mais pas du tout comme je me l'étais imaginé.

XIV

Il existe une limite, disait Henry James, on ne peut impunément jongler avec la vérité.

Je n'en suis pas si sûre. Il ne connaissait pas Bell, il n'a jamais rencontré la suprême jongleuse en ce cirque à l'échelle du monde. Les conclusions que nous tirons non pas des impressions que l'on nous présente, mais de celles que nous recevons, sont étonnantes. J'avais dans l'idée que Bell était expérimentée, sophistiquée, s'était aventurée dans les régions les plus secrètes de la sexualité, qu'elle était complètement aguerrie, endurcie. Pourtant, elle ne s'était jamais décrite ainsi. S'était-elle composé un personnage, ou ai-je choisi de me convaincre qu'elle jouait un rôle ? Certes elle m'avait raconté qu'elle était allée aux Beaux-Arts, avait eu des amants longtemps avant d'être étudiante, avait grandi en l'absence d'un père, élevée par une mère bizarre, une ancienne chanteuse de concert. De son nom de jeune fille, elle s'appelait évidemment comme Mark, Henryson.

J'en étais venue à la conclusion suivante : la vie avec Silas l'avait dégoûtée des hommes. Déjà lorsqu'elle était avec lui, durant son mariage, elle s'était tournée vers les femmes, avait d'ailleurs probablement connu des aventures successives. Après la mort de Silas, libérée, elle avait pu s'abandonner à son penchant pour le même sexe. Voilà qui expliquait certainement, me disais-je, plus que la nécessité de s'occuper de sa mère, ses absences ainsi que sa disparition peu après notre rencontre chez Admetus. Elle avait eu une liaison avec une femme qui comptait pour elle, mais avec laquelle elle avait finalement rompu afin de venir à moi. Car j'avais beau réfléchir à notre vie commune et à nos innombrables sujets de conversation, je ne me souvenais pas l'avoir entendue mentionner un homme, à part Silas, qui ait été son amant, ou même faire allusion à une connaissance masculine autre que son frère, et sur lui, elle était plutôt discrète.

J'étais persuadée que nous ne le reverrions plus jamais, et je fus étonnée d'entendre sa voix en répondant au téléphone. Il me reconnut aussitôt. Mark n'était pas de ces personnes qui lorsqu'elles appellent, même si elles vous ont déjà rencontrée, vous traitent comme la secrétaire ou la femme de ménage, avec leur « Pourrais-je avoir untel ? ». Il se souvenait de mon nom, me demanda de mes nouvelles puis eut l'air surpris quand je lui dis que Bell n'était pas là.

« Ce n'est pas elle que je cherche à joindre. J'espérais pouvoir parler à Cosette. »

Il avait téléphoné pour l'inviter à dîner. Une sortie à deux, pas en groupe, juste lui et elle parce que pour changer, après deux visites chez elle, il avait envie d'être son hôte. La réaction de Cosette fut très différente de celle que j'escomptais. Bell en fut étonnée, elle aussi. Je n'irai pas jusqu'à dire que je connaissais Bell. Quand on sait à quel point je fus abusée, ce serait idiot, mais certains aspects de sa personnalité m'étaient familiers, je saisissais la signification de ce regard froid, curieux, qu'elle posait sur les gens. Elle prenait note, mentalement, de leur folie et des excès dont ils étaient capables. Comme elle avait vu Cosette — enfin, inutile d'y aller par quatre chemins — minauder devant Mark, prendre des airs de grande dame, le fixer d'un regard d'adoration, rester suspendue à ses lèvres et s'incliner devant ses opinions, elle s'attendait à un spectacle ridicule, à un débordement d'excitation. Sans doute est-ce étonnant, mais je commençais à comprendre que Bell n'aimait pas Cosette. Personne ou presque n'éprouvait d'antipathie envers elle, vous comprenez, c'était presque impossible. Aussi n'avais-je pas tenu compte de signes révélateurs, avais-je simplement gardé à l'esprit les gentillesses et les politesses de Bell au début, lorsqu'elle venait de rencontrer Cosette. A présent, je lisais dans les yeux de Bell un léger mépris et une déception face à l'attitude de Cosette qui, une fois invitée par Mark à dîner, ne s'était pas mise à paniquer, à se demander ce qu'elle allait mettre, à se dépêcher de fixer un rendez-vous avec son coiffeur, à s'interroger sur les mesures à prendre concernant son visage et à crier : « Ah, si seulement je pouvais être un peu plus jeune ! »

En fait, je pense que Cosette avait abandonné la bataille. Sans doute avait-elle étudié d'un œil critique, impitoyable, son reflet dans la glace et avait-elle décidé que c'était inutile. Cet homme-là était trop important pour qu'elle agisse ainsi. Il y avait des individus comme Ivor Sitwell, pour lesquels on se faisait faire un lifting, on se mettait au régime et on s'achetait de nouveaux vêtements, mais ce n'était que pour se redonner les moyens d'entrer dans la course. Quant à Rimmon, qu'était-il sinon ce que Bell appelait un bouche-trou, un encas entre deux repas consistants ? Il y avait eu un autre homme, je crois, un ami d'Admetus, pour une nuit pas plus. Mais Mark, lui, était le vrai. Voilà pourquoi c'était inutile. Mieux valait le garder comme ami, commander son respect, profiter de son agréable compagnie, plutôt que de se transformer en un épouvantail trop parfumé, trop maquillé, et de s'attirer ainsi son mépris.

« J'essaie de m'adapter pour ne pas me sentir contrariée si les gens dans le restaurant me prennent pour sa mère, me confia-t-elle. Non, mieux encore. J'essaie de m'y préparer et de m'en réjouir. Je veux dire que j'aurais adoré avoir un fils comme Mark. Imagine comme tout serait différent pour moi si c'était le cas.

— Cela ne t'a jamais fait plaisir qu'on me prenne pour ta fille, et lui, il a dix ou onze ans de plus que moi.

— Aujourd'hui, j'en serais heureuse. Je change, il le faut. Je veux vieillir élégamment. »

Il était curieux de constater qu'elle avait l'air beaucoup plus attrayante et plus jeune lorsqu'elle se passait de ses épaisseurs de maquillage et de sa coiffure rigide. Elle releva ses cheveux en un simple chignon, lâche, à l'arrière de la tête (comme Bell le fait à présent), posa quelques touches de couleurs discrètes sur son visage, enfila une robe sobre, vert foncé, et mit un collier de perles, le dernier cadeau de Douglas. Elle était jolie, digne, et seule une personne sans aucun sens de l'observation aurait jugé que Cosette — à moins d'avoir été élevée, par un mystérieux hasard, dans une société où on marie les filles à douze ans — avait l'âge d'être la mère de Mark.

Mark n'afficha jamais de courtoisie exagérée, à la manière d'Admetus, d'obséquiosité ou de déférence. Il s'était entendu avec elle pour la rencontrer au restaurant, au lieu de venir la chercher. Il l'emmenait dans un petit bistro de Queensway, où il ne fallait pas s'attendre à de la grande cuisine[1]. Je ne la vis ni partir ni revenir. Bell et moi étions invitées à la « fête de la victoire » organisée par Elsa pour célébrer son divorce ; elle avait réussi à se dépêtrer d'un mari français et catholique. Le lendemain, émergeant tard car nous étions rentrées à l'aube, nous trouvâmes Mark dans le salon en compagnie de Cosette et d'Auntie ; Cosette et lui étaient engagés dans une conversation animée, chacun regardant fixement le visage de l'autre. J'en entendis des bribes, une ou deux phrases. Cosette disait : « Mais enfin, je ne sais rien de Schönberg », et Mark poursuivait : « Moi non plus, quelle importance. Nous apprendrons. Ensemble. »

Aucun des deux — Cosette tout du moins — n'avait l'air tellement heureux de nous voir, Bell et moi. Notre hôtesse fit l'effort de se montrer ravie car c'était dans sa nature, mais néanmoins je m'en aperçus. Ils sortirent peu après, ils emmenaient Auntie quelque part. C'était le jour où Cosette la promenait en voiture et Mark avait déclaré qu'il se joindrait à elles. Auntie suivait sagement le mouvement, pareille à un zombie comme dans tout ce qu'elle faisait, se contentant d'obéir, mais je crus remarquer qu'elle avait l'air moins ahuri. Mark était le genre de personne qu'elle pouvait comprendre, il ne s'habillait pas bizarrement, n'employait

1. En français dans le texte (*N.d.T.*).

pas de mots que, d'après son éducation, il était criminel de prononcer, ne fumait pas de substances étranges et ne jouait pas de musique discordante. En outre, il lui parlait, il ne prétendait pas qu'elle était absente.

Je sortis sur le balcon afin de les voir partir, me demandant si Mark allait conduire la voiture, mais non, pas cette fois-là du moins. Il était assis à l'arrière.

« Il a dû passer la nuit ici, déclara Bell du ton étrange, monotone dont elle usait parfois.

— Je suis sûre que non.

— Et pourquoi ?

— Je le sens. Ils se seraient comportés différemment, Cosette en tout cas. »

Il s'avéra que j'avais raison. Bell posa la question à Gary de but en blanc. Ce dernier ne dormait jamais beaucoup, il se couchait toujours très tard et s'attardait rarement au lit au-delà de sept heures du matin. Mark était rentré avec Cosette à onze heures la veille au soir, disait-il, il était resté dix minutes puis était revenu le lendemain à dix heures. Gary lui avait ouvert la porte.

« On dirait que tu es le détective de sa femme, plaisanta Gary.

— Il n'est pas marié, répondit Bell.

— Tu veux savoir s'il l'a embrassée pour lui dire bonne nuit ?

— Mais bon sang ! m'exclamai-je, essayant de mettre un terme à la discussion. C'est de Cosette que nous sommes en train de parler, Cosette.

— Et alors ? » rétorqua-t-il, me prenant au dépourvu : « Le vin qu'elle boit est aussi le produit de la vigne.

— Peut-être, mais lui ne boira pas le même vin. »

Bell dit lentement : « Je ne vois pas pourquoi, vraiment pas.

— Cosette a la cinquantaine bien tassée. Elle n'attend rien de lui, elle n'espère même pas.

— Moi je te parie que si », répliqua Gary.

Mark n'était qu'un ami. Comment pouvait-il en être autrement ? Lui au moins n'essayait pas d'en profiter. Il invitait Cosette au restaurant ou alors venait à la Maison aux escaliers, mais après le repas du soir. A de rares occasions, quand Cosette nous emmenait tous souper, il se joignait à nous, mais il se comportait de façon assez austère, buvant à peine, choisissant les plats les moins chers. Il ne fumait pas, ne buvait pas de spiritueux. Lorsqu'il était là, on sentait que les jours fastes faisaient dorénavant partie du passé, du temps jadis où l'on commandait de la chartreuse verte et où l'on brûlait des billets de banque.

Je m'étais mis dans l'idée, comme je les avais vus une fois ensemble, que Bell et lui étaient proches. Apparemment, ce n'était pas le cas. Du moins, il était clair que Mark ne venait pas à la Maison aux escaliers pour voir sa sœur. Ils ne faisaient pas plus attention l'un à l'autre qu'ils ne se souciaient de Gary ou des danseurs, on pourrait même dire qu'ils se témoignaient encore moins d'intérêt, car Mark se montrait toujours poli et agréable envers les amis de Cosette. Bell était en fait la seule personne vis-à-vis de laquelle je le voyais marquer son indifférence. Pire encore, il était capable de l'ignorer lorsqu'elle pénétrait dans une pièce. Parfois, je la surprenais à lever les yeux, puis à les détourner une fois qu'il s'était rendu compte de qui était entré, sans le moindre hochement de tête, la moindre parole. Je ne sais pas pourquoi, mais parfois je me disais que ce devait être la faute de Bell ; elle avait sûrement fait quelque chose.

Je lui demandai un jour quel genre de petite fille elle avait été.

Il sourit. « Je n'en ai aucune idée.

— Mais enfin, bien sûr que si. Tu es son frère. »

En présence de Cosette, probablement en manière de compliment, il ajoutait souvent à son âge un certain nombre d'années. « Je suis tellement plus âgé que Bell. » On aurait dit que l'écart était de vingt ans plutôt que de six et demi. « J'étais en pension. » A l'évidence, il ne souhaitait pas en parler.

Le même jour, je cherchai Henryson dans l'annuaire. Je trouvai Mark, à Brook Green, un numéro du Riverside, mais il n'y avait pas de Mrs Henryson à Harlesden. Pourquoi son nom aurait-il figuré dans l'annuaire téléphonique ? Je n'avais jamais vu Bell appeler sa mère ; sans doute n'avait-elle pas le téléphone. J'étais naïve, crédule. J'avais confiance en Bell, je confondais franchise et sincérité.

Sa franchise l'a conduite à me parler de Silas et de leur vie commune. Nous avons progressé. Nous n'en sommes pas encore à Cosette et à Mark — elle réagit au son de leur nom comme un animal qui entendrait un coup de fusil — mais nous avons discuté d'elle et de moi.

« Non, il n'y a pas eu de femme avant toi, dit-elle. Il n'y en a pas eu depuis, d'ailleurs.

— Ai-je bien entendu ou est-ce une idée de ma part ?

— Je ne suis pas lesbienne. Parfois, j'aurais aimé l'être. A la prison, il s'en passait des choses à ce niveau-là.

— Alors pourquoi... ? »

Elle dit simplement : « Parce que tu l'étais.

— Pas avant de te rencontrer. »

Son rire sec résonna dans sa gorge. C'est le genre de rire que l'on disait « mauvais », un rire caustique, plein d'autodérision.

« J'ai eu comme une impulsion, ajouta-t-elle, le soir où j'ai mis la fameuse robe. J'ai pensé que tu aimerais, et cela t'a plu d'ailleurs, non ?

— Pas à toi ?

— Si bien sûr. J'ai adoré, mais cela n'a jamais été tout à fait comme le véritable plaisir. Tu t'en es rendu compte ?

— Non, répondis-je. Ça l'était pour moi. Mais j'ai déjà entendu d'autres amateurs dire la même chose que toi.

— Des amateurs ?

— Enfin, oui, des homos qui tentaient l'expérience avec le sexe opposé et des hétéros qui s'encanaillaient.

— Je t'ai fait de la peine, Lizzie ?

— Tu m'as donné un choc », dis-je.

Je ne parvenais pas à la regarder. Je me suis trompée, pas vrai ? Quand j'ai dit qu'elle avait eu le même sentiment pour moi que celui que j'avais éprouvé envers elle. Mais c'est le genre de chose qui doit arriver souvent à certaines personnes, qui découvrent qu'on leur a fait l'amour simplement pour leur faire plaisir ou dans un but précis ; des hommes et des femmes riches, d'un âge avancé, des gens laids et fortunés. Pourtant moi, à l'époque, j'étais jeune, pauvre et jolie, disait-on...

« As-tu jamais été amoureuse de moi ? » Il m'a fallu une bonne heure pour réunir le courage de lui poser cette question, et quand je m'y suis résolue, ma voix m'a surprise, elle était rauque, terriblement anxieuse. « Moi je t'aimais. Et toi ? »

Elle s'était adoucie, les pénibles années de prison je suppose. Elle se donnait du mal pour éviter de me faire trop de peine. « Je ne sais pas. Tu m'attirais beaucoup. J'aimais nos rapports sexuels. J'adorais l'idée de faire une chose — scandaleuse. »

S'était-elle toujours montrée aussi dépourvue de toute sensibilité ? A l'époque déjà, quand nous étions ensemble ? Elle a posé la main sur moi. Elle a effleuré mon épaule, mon cou. J'ai retenu un bond, un hurlement, adoptant l'attitude de Cosette qui disait qu'elle réagirait de la sorte si une femme lui faisait des avances. J'ai simplement pris sa main et l'ai rejetée, mais pas aussi violemment que j'aurais repoussé un insecte soudain tombé d'un arbre. Je l'ai écartée comme une fois Cosette avait retiré ma main de son bras.

« C'est bien la dernière chose dont j'ai envie, dis-je. Je ne suis pas certaine de ce que tu me proposes mais je n'en veux pas. Même si toi et moi étions les derniers survivants sur terre et abandonnées sur une île déserte.

— Tant mieux. Moi non plus. Je ne parle pas de toi spécialement, cela pourrait s'appliquer à n'importe qui, homme ou femme ; j'en frissonne, rien qu'à l'idée. »

A mesure que les visites de Mark se faisaient plus fréquentes, qu'il venait plus souvent à la maison et sortait davantage en la seule compagnie de Cosette, la distance qui s'était instaurée entre Bell et moi s'accentuait. Vous devez garder à l'esprit que je ne savais pas à l'époque ce dont je suis au courant aujourd'hui, qu'elle ne m'aimait pas, ne m'avait jamais aimée, me considérait comme — eh bien, c'est pourtant vrai, il faut se rendre à l'évidence, non ? — la complice d'un jeu pervers. J'étais convaincue qu'elle m'avait aimée, mais que son amour s'évanouissait, qu'elle se lassait de moi. En fait, cette interprétation ne vaut sans doute guère mieux que la réalité. Qu'on ne vous ait jamais aimé voilà qui d'une certaine façon est plus acceptable que d'être le genre de personnes dont on se lasse facilement.

Nous nous parlions moins souvent. Les confidences, les discussions concernant les habitants de la maison, leur comportement, leurs paroles, prirent fin. Ce fut Bell qui y mit un terme. Je lançais une question, me demandant pourquoi Gary avait agi de telle ou telle manière, ce qu'Olivier, le frère de Cosette, avait voulu dire par une certaine remarque, et recevais en réponse un haussement d'épaules ou un : « Quelle importance ? »

Cosette, se décidant assez tard, avait acheté un poste de télévision. Il était visible que c'était pour Auntie. Elle ne l'avait pas installé dans le salon, elle s'y refusait, mais dans la pièce du rez-de-chaussée, à l'avant de la maison, un endroit qui n'avait encore jamais eu de fonction particulière si ce n'est qu'il avait été le centre occasionnel de rites musicaux ou hallucinogènes. Un canapé et des fauteuils y furent disposés et Cosette acheta un gigantesque miroir au cadre doré pour l'accrocher à un des murs. Bell y passait de longs moments, rivée au poste. J'avais l'impression que celui-ci était devenu ma victorieuse rivale, l'éloignait de moi. Auntie et elle, qui n'avaient rien d'autre en commun, ne s'étaient pratiquement jamais adressé la parole, se trouvaient généralement dans cette pièce du bas, assises dans des fauteuils côte à côté, engagées dans une conversation sporadique, entièrement axée sur l'écran.

« Je change de chaîne ?

— Oui, si vous voulez. C'est notre feuilleton ce soir. »

Auntie s'éclipsait vers dix heures. Bell restait devant le poste jusqu'à minuit, ou même plus tard, s'il y avait encore des émissions. Quant à moi, j'étais déjà couchée et je l'attendais ; j'entendais d'abord le retour de Cosette et de Mark qui, parfois, sans toutefois en faire une habitude, loin de là, montait jusqu'au premier pour prendre un verre ou discuter encore un peu, puis le bruit de la porte d'entrée qu'il refermait en partant, et finalement les pas de Bell qui montait la première volée d'escaliers, la deuxième, passait devant ma porte et continuait, toujours plus haut, jusqu'à sa chambre au dernier étage.

Mon cœur saignait. J'avais eu mes espoirs, échafaudé des plans absurdes. Notre liaison, ou ce qu'on voudra bien l'appeler, ne pouvait évidemment pas durer, j'en étais consciente, mais je m'étais construit une idée romantique, je me disais qu'un lien particulier existerait toujours entre nous, qu'au fil des années, chacune de nous commencerait par retrouver l'autre. Une sorte de rituel s'installerait, nous nous rencontrerions par exemple une fois l'an et ferions l'amour, notre amitié resterait exceptionnelle, notre intimité secrète enrichirait nos vies et une certaine communion prendrait forme entre nous, si bien que nous serions capables de sentir à distance, comme les jumeaux paraît-il, les moments où l'autre connaîtrait la chance ou le danger.

Afin qu'une telle relation s'instaure, il fallait qu'il se produise un événement capable de bouleverser l'ordre des choses, de nous arracher l'une de l'autre. Que Cosette déménage, par exemple, que je tombe malade, ou encore que la mère de Bell ait soudain besoin d'elle. Désormais je constatais qu'il existait d'autres façons de séparer un couple comme nous, des détails fugitifs, subtils s'emparaient de la substance restante pour ne plus rien laisser. Car à la manière des vrais homos, nous avions adopté une façade en société. C'est ce que font immanquablement les couples d'homosexuels, je l'ai remarqué, sauf lorsqu'ils sont entre eux. En compagnie d'hétérosexuels, ils ne se touchent pas, n'échangent aucun regard et ne s'assoient pas même côte à côte. Aussi, vis-à-vis des autres, le comportement de Bell et le mien restaient-ils inchangés. Nous n'avions jamais de contacts, nous ne nous caressions pas en présence de Cosette et d'Auntie. Cependant, la nuit, en privé, nous avions cessé tout rapprochement. Je savais simplement que je ne possédais pas de rival à figure humaine, car Bell ne sortait presque jamais, ne recevait aucun appel et ne téléphonait à personne. Elle regardait la télévision.

Elle me parla si peu durant le printemps et l'été de cette année-là, que j'avais l'impression de semaines entières s'écoulant sans qu'elle m'adresse la parole, que je me souviens d'une seule remarque d'un quelconque intérêt. Nous nous croisâmes dans l'escalier. J'allais voir mon agent littéraire — pour m'entendre dire que personne ne se montrait prêt à publier ma monographie sur Henry James. Quant à elle, elle venait de se rendre dans le hall afin de ramasser le courrier de la maisonnée, étalé sur le paillasson devant la porte d'entrée. Bell était devenue pâle, maladive, à force de ne jamais sortir. Il faisait une chaleur étouffante, il n'y avait pas un souffle de vent, mais elle préférait rester à l'intérieur, allongée pendant des heures sur son lit, là-haut, sa dangereuse fenêtre grande ouverte. Le noir poussiéreux qu'elle portait me rappelait les vêtements des femmes au Moyen-Orient.

« J'ai envie de fuir, mais pour aller où ? »

Je lui dis, le regrettant aussitôt après : « Nous pourrions partir ensemble quelque part. En vacances. »

Elle me lança un regard dur. « Ce n'est absolument pas ce que je voulais dire. »

Une sœur peut éprouver de la jalousie à l'égard de son frère — c'est un sentiment qui s'applique à tout le monde — et je croyais que sans doute il lui était désagréable de voir Mark passer autant de temps en compagnie de Cosette. Cosette les avait-elle éloignés ? Était-ce l'incident qui s'était produit depuis que je les avais vus la première fois ensemble et qui avait modifié leur relation ? Je m'imaginais que Cosette avait pris la place d'une sœur dans la vie de Mark. La propre sœur de ce dernier s'était sans doute montrée froide, ne lui avait pas témoigné d'intérêt, ne représentait plus la camarade de jadis, et Cosette s'était glissée dans ce rôle. Aucun signe ne portait à croire qu'il existait autre chose entre elle et Mark qu'une relation amicale. Mark, qui après plusieurs visites semblait destiné au rôle d'Ivor Sitwell, ne s'y était jamais prêté, s'en était même distancié. Et à présent, Cosette qui à l'époque lui avait lancé tant de regards langoureux, et semblait prête à tomber dans l'adoration la plus complète, l'observait et lui parlait à présent comme elle l'aurait fait dans le cas de Gary ou de Luis. Visiblement, elle tenait sa promesse ; elle s'accoutumait à l'idée que l'existence d'un amour charnel entre eux était impossible, elle vieillissait élégamment. En récompense, elle jouissait de son affection.

Il l'aimait pour elle, éprouvait envers elle une amitié profonde, exceptionnelle. Du moins, c'était l'impression qui se dégageait. Lui, était très certainement le fils qu'elle n'avait jamais eu et elle, le genre de mère qu'il aurait aimé avoir. Beaucoup le voyaient sous cet angle. Il n'est pas rare que des hommes jeunes aient des amies plus âgées et entretiennent avec elles une relation où le sexe est apparemment exclu. Évidemment, on ne peut généraliser, et on ferait preuve d'un manque total de sensibilité si on s'y essayait. Ils s'aimaient bien, voilà tout.

Ils allaient à des concerts, probablement pour en savoir davantage sur Schönberg, comme Mark l'avait suggéré au cours de la conversation que j'avais entendue. Ils sortaient au cinéma. Ils promenaient Auntie en voiture. La mode de dîner régulièrement au restaurant commençait à s'installer, et la plupart du temps ils mangeaient dehors en tête à tête. Parfois, Cosette succombait néanmoins à un sentiment de culpabilité, elle estimait qu'elle ne se montrait pas équitable envers nous ; nous nous retrouvions alors réunis assez cérémonieusement en un groupe emmené par notre chaperon au *Marco Polo*, ou même dans un endroit aussi prestigieux que *L'Écu de France*. A ces occasions, Mark brillait par son absence. Cette époque n'avait rien à voir avec celle de Wellgarth Avenue, ou encore les premiers temps, chaotiques, décadents et outranciers de la Maison aux escaliers.

Je me souvins de l'histoire de Cosette à propos du Bouddha mourant : « Les choses changent. »

Mark ne restait jamais dormir, pas même dans la chambre d'ami située au dernier étage, à côté de celle de Bell. J'étais persuadée qu'il n'avait jamais couché avec Cosette, ne l'avait embrassée que pour déposer un baiser sur sa joue. Était-il d'ailleurs allé aussi loin ? Un jour, il me parla d'elle. Nous étions seuls tous les deux, une occasion rare et de très courte durée. Bell avait refusé de sortir, Gary était parti je ne sais où, l'heure était trop tardive pour Auntie, mais Mervyn était de retour. Mimi et lui, encore ensemble, étaient désormais l'un avec l'autre comme un vieux couple marié. Nous dînions, ces deux-là, Mark et Cosette, ainsi que moi, à la *Villa dei Cesari* ; Mervyn et Mimi dansaient. Cosette se leva pour aller régler l'addition. Elle avait appris à le faire de cette manière discrète, donnant ainsi l'impression que la note n'existait pas. Mark regardait les danseurs, et moi je l'observais. Comme je l'ai dit plus haut, il ne se souciait jamais de ce qu'il portait, il restait indifférent aux questions vestimentaires. Cependant il était toujours habillé correctement, quel que soit l'endroit où il se trouvait ; cette nuit-là, il avait un pantalon gris de flanelle et une veste en une sorte d'étoffe bleu marine au tissage lâche, qui sans être neuve n'était pas élimée. Les hommes avaient alors les cheveux longs, mais les siens étaient relativement courts. Son extrême minceur lui conférait une certaine élégance. Chez un homme, le haut du dos droit aux os à peine masqués par la chair présente un attrait particulier, sensuel. Mark possédait des omoplates terriblement excitantes. Je m'en aperçus à ce moment-là, alors qu'il se penchait en avant, au-dessus de la table, et relevait la tête. Il avait les mains longues et fines, et pourtant pas efféminées car leurs articulations étaient proéminentes.

Il tourna la tête et m'adressa la parole.

« C'est vraiment étrange que Cosette et moi ayons vécu toutes ces années à Londres sans nous connaître. Quel gâchis.

— Il n'est pas trop tard pour rattraper le temps perdu, répondis-je, consciente qu'il n'y a pas si longtemps, Cosette avait encore un mari qui, j'en suis certaine, n'aurait pas apprécié les visites de Mark à Garth Manor.

— C'est d'ailleurs ce que nous faisons. » Il lança un regard rapide au-dessus de son épaule. Afin de tenter de l'apercevoir dans la foule ou bien de s'assurer qu'elle ne venait pas ? Les yeux de Mark, qui rappelaient le bleu foncé, profond, d'un lapis, avaient la clarté de l'eau, mais d'une eau coulant sur une multitude d'êtres vivants. « Je n'ai jamais rencontré quelqu'un comme elle, poursuivit-il. Elle est merveilleuse ; elle a tout pour elle. »

Sauf la jeunesse, me dis-je, et je crus qu'il allait lui aussi en parler. Qu'il s'exclamerait avec regret : « Si seulement, si seulement elle avait été un peu plus jeune. » Mais non. Il continua sur le même thème.

« Elle a tous les dons, toutes les grâces. Il est rare de tomber sur une femme qui ne se montre jamais teigneuse. Cosette n'envie personne. » J'étais prête à engager le débat, au contraire elle enviait chaque fille qu'elle rencontrait, seulement elle ne leur en voulait pas. Il trouva mon avis absurde. « Elle n'a absolument aucune raison d'être jalouse. »

Cosette revint. Je la trouvai fatiguée, épuisée, son maquillage coulait, s'étalait, ses cheveux étaient ternes, quant à sa robe — il s'agissait de celle qu'elle portait le jour de leur rencontre ! Cependant son visage s'illumina à la vue de Mark, comme si à l'intérieur de sa tête, une lampe très lumineuse s'était allumée dès qu'il lui avait souri. Il dit d'un ton assez irrité, toutes proportions gardées : « Il est temps que tu rentres, tu es fatiguée. Allons-nous-en.

— Mais Mark, ils sont encore en train de danser, et regarde, ils ont vraiment l'air de s'amuser... »

Elle n'utilisait jamais de petits noms à son égard. Ma ou mon « chéri » nous était réservé. Pourtant son visage trahissait ses sentiments, l'amour qui s'y lisait à ce moment précis était à nu, tendait vers lui ses bras impatients. Il dit : « Soit ils viennent avec nous maintenant, soit ils rentrent par leurs propres moyens. »

A l'évidence, elle apprécia sa réaction, elle adorait qu'un homme se montre autoritaire et donne priorité à ses désirs à elle. Quelqu'un, Douglas même, avait-il jamais agi ainsi ? Lorsque nous fûmes arrivés à Archangel Place — évidemment en compagnie de Mervyn et Mimi, prêts à sacrifier le moindre plaisir pourvu qu'ils n'aient pas à payer un ticket de bus ou de métro —, Mark ne s'avança pas au-delà du hall d'entrée où, de façon singulièrement formelle, il me confia la responsabilité de Cosette. Il me demanda avec sa simplicité et sa courtoisie habituelles de m'assurer qu'elle se couche immédiatement, qu'elle profite d'une bonne nuit de sommeil. Le lendemain, il appellerait pour avoir de ses nouvelles.

Il respectait toujours ses promesses. Il s'était engagé à téléphoner, et il n'y manqua pas. Ce fut moi qui répondis, il était un peu tôt pour Cosette, elle dormait encore. De toute façon, comment aurait-il pu connaître ses heures de lever ou de coucher ? Il parut amusé, enchanté même — « aux anges » aurait dit mon père en pareil cas — d'apprendre qu'elle était encore au lit. Il ne fallait absolument pas que je la réveille. Je devais simplement lui annoncer qu'il avait téléphoné.

« Et l'embrasser de ta part ? »

Il eut une hésitation. « Dis-lui ce qui, à ton avis, lui fera plaisir », répliqua-t-il.

Cosette écoutait toujours le feuilleton radiophonique dans lequel il jouait. Il y détenait un rôle assez important et chaque semaine on était sûr de l'entendre au moins trois soirs sur les cinq au cours desquels passait l'émission. Elle n'avait jamais eu de radio, mais en avait acheté une, près d'une semaine après leur rencontre. Elle écoutait sa voix, seule dans sa chambre, pendant que Bell et Auntie restaient en bas, préférant regarder la télévision. Un jour, j'entrai dans la pièce alors que Mark énonçait la dernière phrase de l'épisode. Il dialoguait seul à seul avec l'héroïne et les mots qu'il prononça me bouleversèrent ; ils étaient particulièrement étranges compte tenu des circonstances. Ils eurent un effet saisissant, et en même temps gênant. Un trouble s'empara de nous, un frisson nous parcourut lorsque la voix de Mark dit : « Tu dois pourtant savoir que je t'aime. Je t'aime depuis dix ans, depuis le premier jour... »

Le signal était donné pour que la musique s'amplifie, qu'elle vienne s'écraser comme une vague sur une plage. Les personnages disparaîtraient jusqu'au lendemain, au moment où la musique retentirait de nouveau. Cosette éteignit le transistor et il y eut un profond silence, qui fut ensuite interrompu, de manière fragmentaire, par des bruits sourds, répétitifs, et par des marmonnements en provenance du poste de télévision d'Auntie, à l'étage inférieur.

Il faut que vous compreniez que Cosette ne parlait jamais d'elle-même, elle ne passait pas son temps à étaler au grand jour ses sentiments. Les soucis des autres lui semblaient plus importants que les siens, faisaient davantage l'objet de sa conversation. Je vous ai déjà parlé de ce sourire vague et mystérieux qu'elle arborait quand on lui posait des questions auxquelles elle préférait ne pas répondre. Elle était experte en l'art de déplacer sur les autres l'attention qu'on lui prêtait. Je pense qu'elle croyait sincèrement que dans son milieu et à son âge, elle ne représentait plus un sujet capable de susciter un quelconque intérêt ou de provoquer la curiosité. Cependant, à cet instant, quand nous eûmes entendu la voix de Mark et qu'elle s'empressa de couper la musique, je pressentis qu'elle allait se confier à moi, me révéler ses secrets.

Soudain, elle s'écria d'un ton féroce — on aurait dit qu'elle s'agrippait à moi, alors qu'elle n'avait pas bougé et que nous nous trouvions à plusieurs mètres d'écart — « Je l'aime tellement que cela me tuera, j'en suis sûre.

— Mark ? » demandai-je stupidement. Et pourtant, ma question était-elle vraiment idiote ? J'avais réussi à me convaincre qu'ils étaient bons amis, les meilleurs amis du monde mais enfin des amis, que lui comme elle ne souhaitaient rien de plus que ce type de relation.

« Je ne connaissais pas ce sentiment, poursuivit-elle. Je ne l'ai jamais éprouvé envers personne auparavant. Pas même Douglas, non, jamais, je n'avais pas idée de ce que cela pouvait être. Ne fais pas cette tête, Lizzie. Pourquoi me regardes-tu ainsi ?

— Excuse-moi, dis-je.

— Je pense à lui nuit et jour. Quand il n'est pas là, je pense à lui et je lui parle. J'entretiens dans ma tête de longues conversations imaginaires avec lui. Ce n'est pas la peine de me lancer ce regard de pitié, ma chérie. Je ne te demande pas de compatir. Je ne suis pas malheureuse, au contraire. Je n'ai jamais été aussi heureuse de ma vie. Existe-t-il rien de plus merveilleux que d'être amoureuse ? A présent, je ne pourrais plus m'en passer, j'en mourrais. »

J'évitai de lui remémorer que cinq minutes plus tôt, elle avait dit que son amour la tuerait. Par contre, sans la bousculer, je lui conseillai la prudence.

« Tu ne devrais pas trop t'emballer.

— Et pourquoi donc ?

J'hésitai. Je me souvins de ce que Stendhal a écrit quelque part à propos de son désir de tomber amoureux, de son impatience de vivre le bonheur de cet état. Peu importe si elle était la fille de cuisine la plus laide de Paris, du moment qu'il était amoureux d'elle et qu'elle lui rendait son amour. Je lui dis, en mettant des gants : « Peut-être que ce n'est pas si merveilleux d'être amoureuse si on n'a rien en retour — je veux dire si l'autre n'éprouve pas le même sentiment. »

Sa réponse m'ébranla ; j'eus l'impression de sentir le plancher trembler au-dessous de mes pieds. Cosette, dont la voix était habituellement douce, criait presque à présent : « Qui te dit qu'il n'éprouve pas le même sentiment ? »

A la vue de son visage implorant levé vers moi, de ses mains étrangement tendues, suppliantes, je fus parcourue d'un frisson et prise d'une nausée véritablement physique. « Cosette... ? »

« Quoi Cosette ? lança-t-elle. Existe-t-il une raison pour qu'on ne m'aime pas ? Ne suis-je pas digne d'être aimée ? » Son visage n'avait pas l'air hagard à ce moment-là, mais jeune. On aurait dit que, le temps d'un éclair, une Cosette jeune avait émergé d'une peau marquée par les années.

« Je ne veux pas que tu sois malheureuse », expliquai-je, extirpant en moi les mots qui ne venaient pas.

Sa voix tremblait. « Si j'étais un homme et Mark une femme, personne ne trouverait rien à redire que j'aie quinze ans de plus. » Pauvre Cosette en était au stade de réduire l'écart entre eux quand elle en parlait. De même qu'elle avait pris l'habitude de faire remarquer la mèche argentée dans les cheveux de Mark. « Pourquoi est-ce si différent lorsque les rôles sont inversés ? Nous vivons plus longtemps que les hommes. Pourquoi nous faut-il supporter la vieillesse bien plus qu'eux ? »

Depuis lors, il s'est passé des choses qui ont rétabli l'équilibre. Elsa a épousé un homme de onze ans son cadet et de l'avis général il avait beaucoup de chance. Je répondis à Cosette, assez maladroitement j'en ai peur : « Tout le monde sent combien il éprouve de tendresse pour toi.

— Comme je déteste ce mot ! »

Ne trouvant rien d'autre à dire, je m'approchai d'elle et l'entourai de mes bras. Nous nous tînmes l'une contre l'autre en une puissante étreinte dont je me souviens encore parfaitement, que je suis capable de revivre bien plus facilement que n'importe quel instant d'amour avec Bell.

XIV

Nous avons reçu deux visiteurs, Bell et moi. Cela fait deux semaines qu'elle s'est installée ici, et jusqu'à hier personne n'était venu à la maison. Nous sommes restées seules toutes les deux et chaque matin je me suis isolée dans mon bureau pour essayer d'écrire — enfin, j'ai tenté de rédiger le roman sur lequel je suis censée travailler, une fable sur des intrigues internationales et des aventures sexuelles à Vienne et à l'île Maurice. Je n'ai pas progressé d'un mot. Je ne consigne sur le papier que ce récit, ces annales, ou le nom que vous voudrez leur donner. Ce que Bell fait tandis que je m'enferme ici, je n'en sais trop rien, mais je l'entends sortir, alors je suppose qu'elle se promène, sillonne les rues de l'ouest de Londres. Depuis qu'elle est là, je ne l'ai pas entendue une seule fois exprimer son mépris des banlieues ou déclarer que ma maison est trop excentrée vers l'ouest à son goût.

Hier, mon père est venu. Il se rend à Londres deux fois par an pour des contrôles médicaux de routine. Il a un stimulateur cardiaque qui sert à régulariser le rythme de son cœur ; ce serait beaucoup plus simple et plus pratique s'il voyait un spécialiste dans un centre hospitalier de la côte sud, mais il s'est mis en tête que tout est forcément mieux dans la capitale. Surtout à Hammersmith, dont l'hôpital détient une excellente réputation dans ce domaine. A soixante-treize ans, il bouillonne d'entrain et d'énergie, mais la foule de Londres le déconcerte, aussi vais-je toujours le chercher à la gare de Waterloo pour l'emmener à l'hôpital. Après sa visite, il vient chez moi et reste dormir une nuit.

On peut s'étonner, quand on sait à quel point Bell et moi étions proches, qu'il ne sache rien d'elle, qu'il ait même ignoré son existence jusqu'à hier. On ne me demanda pas de témoigner à son procès ; il y avait suffisamment de personnes pour le faire. Et si mon père avait certainement entendu parler d'elle, comme chaque lecteur de journaux ou téléspectateur, l'espace d'un instant, il n'avait aucune raison d'établir un lien entre la femme sombre et austère en vêtements de deuil que je lui présentais simplement sous le nom de Bell, et Christine Sanger. Vous ai-je déjà dit que Christabel se rangeait au nombre de ses multiples inventions, que son véritable nom était Christine, que, sans le savoir, Ivor Sitwell avait raison de l'appeler ainsi ? Eh bien voilà, maintenant vous le savez.

Mon père a changé. Il a laissé sa tragédie loin derrière lui. S'il sait que sa fille risque encore de prendre le même chemin que sa femme, il n'en montre rien. Parfois il parle même d'un avenir lointain, du mien, se réjouissant de la bonne aubaine qui m'attend. Car même s'il a, depuis longtemps, une amie de quelques années de moins, une veuve qui habite un pavillon en rez-de-chaussée à trois maisons du sien, dans un quartier spécialement conçu pour le troisième âge, il refuse de se remarier afin de ne pas me priver de l'héritage qui m'est dû. Sa petite maison et les quelques milliers de livres qu'il a confiés à des sociétés d'investissement me sont destinés, et je lui ai répété en vain que je n'en ai pas besoin, qu'il peut en disposer comme bon lui semble, les léguer à une épouse s'il en a envie.

Il a abordé de nouveau le sujet, comme chaque fois que nous nous voyons. Nous regardions tous la télévision, et durant la pause publicitaire, un spot sur une banque l'y avait fait penser.

« C'est dans mon testament, écrit noir sur blanc, affirma-t-il. Comme cela, tu n'auras pas à te tracasser, à t'informer auprès d'un notaire.

— On a encore largement le temps de s'en soucier, m'exclamai-je.

— Facile à dire, à ton âge, quand on ne connaît pas la maladie. Il y a un gars que je rencontre à l'hôpital chaque fois que j'y vais, depuis trois ans déjà, il a toujours son rendez-vous le même jour que moi, une drôle de coïncidence. Eh bien aujourd'hui, il n'était pas là, et pourquoi à ton avis ? Il est mort d'un coup, il y a un mois, alors qu'il partait en vacances pour Ibiza, il est tombé à la renverse et s'est éteint dans la boutique des produits détaxés. »

Nos regards se reportèrent sur l'écran, mais Bell fut moins rapide que mon père et moi. Elle avait fixé ce dernier d'un air méditatif. Je suppose qu'elle était profondément étonnée par son refus d'admettre qu'une menace planait encore sur moi, mais peut-être ai-je tort, peut-être que ses propos lui rappelèrent le soir où elle m'avait interrogée au sujet du testament de Cosette. Je n'ai pas cherché à savoir. Quand il est monté se coucher et que nous sommes restées seules pendant environ une demi-heure, je ne le lui ai pas demandé. Je ne me sens pas prête à imposer une discussion sur Cosette ou Mark. Ils attendront encore un peu.

Ce matin, j'ai amené mon père au train. Sur le chemin du retour, alors que je marchais dans la rue où j'habite, j'ai vu un taxi s'arrêter devant chez moi et une femme en sortir. Je ne l'ai pas reconnue. C'était une grande femme forte, solide, aux cheveux foncés, une de ces silhouettes à la panse très proéminente qui pointe en avant, aussi protubérante qu'une poitrine. Ses cheveux, teints en un noir de jais et bouffants, avaient été coiffés de telle manière que de loin on aurait dit qu'elle portait un chapeau en soie noire aux bords larges. Elle a payé le chauffeur et a tourné le visage en direction de ma maison, y jetant un regard approbateur depuis le toit jusqu'au petit jardin à l'avant, comme un éventuel acheteur cherchant à se faire une idée de l'endroit. Elle a ouvert la grille et s'est engagée dans l'allée. Au bruit de mes pas, elle s'est retournée. J'avais peut-être changé autant qu'elle, mais elle possédait un avantage sur moi, elle savait qu'habitant cette maison j'avais de grandes chances d'être Elizabeth Vetch. Je reconnus sa voix lorsqu'elle prononça mon nom.

« Felicity », m'écriai-je.

J'étais face à ma machine à écrire dans mon bureau de la Maison aux escaliers, et j'écoutais les mouvements de Bell au-dessus de ma tête, j'entendais, la mort dans l'âme, la porte se fermer et la cent quatrième marche grincer, sachant pertinemment que ce qui se passait à présent se reproduirait toujours : elle passait devant ma porte sans ralentir. C'était la fin de l'été, il faisait un temps poussiéreux, lourd, dans Londres stagnait un air confiné. En bas, dans le jardin gris, je voyais — quand je me dirigeais à la fenêtre, comme à ce moment-là — le sommet du crâne d'Auntie, semblable à un chrysanthème blanc, émerger d'une chaise longue, et posé légèrement contre la toile d'une autre, le chignon blond de Cosette à la teinture récente sur lequel était tombé une feuille argentée d'eucalyptus, plantée là à la manière d'un accessoire décoratif.

Cette fois, au lieu de poursuivre leur chemin, les pas de Bell ralentirent devant ma porte. Elle s'arrêta, hésitant un bon moment — qu'attendait-elle, à quoi songeait-elle ? Peut-être à l'énormité de ce qu'elle avait l'intention de me demander ? Je retins ma respiration. Bell frappa à la porte, et j'en fus consternée, attristée au point que je préfère ne pas en parler. Elle ne l'avait jamais fait auparavant, quelle que soit la pièce où je me trouvais. Je n'étais parvenue qu'à murmurer mon « Entrez », si bien que je dus le répéter.

Elle entra sans manifester la moindre gêne, sauf si le fait de s'arrêter sur le seuil de la porte et d'allumer une cigarette est un signe révélateur. Peut-être estimait-elle qu'elle me devait des explications pour m'avoir répudiée, mais elle n'en laissa jamais rien paraître. Les livres de poche sur le bureau et sur la table étaient différents de ceux qui s'y trouvaient la dernière fois où elle était venue me rendre visite. Cela remontait déjà à un certain temps. Elle s'empara de *Ce que savait Maisie*[1], observant le livre sous tous les angles, comme si elle cherchait le poinçon d'un objet en argent. Une fois devant la fenêtre, elle regarda en bas, certainement pour s'assurer que Cosette était encore loin, assez pour ne pas entendre.

« Je suppose, dit-elle brusquement, que Cosette va te laisser tout ce qui lui appartient.

— Pardon ?

— Ce sera dans son testament, je veux dire. Je suis sûre que tu me comprends. Quand elle mourra, cette maison et tout son argent te reviendront.

— Je n'en sais absolument rien. Je ne pense pas qu'elle ait pris de dispositions. Pourquoi le ferait-elle ? Elle ne va pas mourir. »

Bell revint se poster devant la fenêtre. Celle-ci était légèrement entrebâillée. Bell la ferma et lui tourna le dos. « Elle a le cancer, pourtant, non ?

— Qu'est-ce qui te le fait croire ? »

Elle se tut et, face à ce silence, les pires pensées m'envahirent. Je bondis de ma chaise.

« Qui te l'a dit ? Tu me caches quelque chose ?

1. Roman de Henry James (*N.d.T.*).

— Je ne sais rien de plus que toi. Je croyais qu'ils avaient diagnostiqué un cancer quand ils lui avaient raclé l'intérieur du ventre, enfin lors de son opération quoi.

— C'est faux, elle était parfaitement saine. Depuis, elle s'est rendue plusieurs fois à des visites de contrôle et elle va bien. Elle en a encore pour trente ans au moins, elle me survivra. »

Bell dit lentement, comme si elle effectuait un énorme effort de concentration, de réflexion, comme si elle déroulait devant elle différentes possibilités pour ensuite les rejeter, attendant le moment propice : « Je vois. » Et elle ajouta : « Je vois. »

A mon avis, la colère, le dégoût, la haine presque, que j'éprouve envers elle remontent à ce moment-là. De pareils sentiments n'ont rien d'incompatible avec l'amour, ou bien ai-je tort ? J'étais furieuse ; ses paroles semblaient confirmer mes craintes, l'impression qu'elle n'aimait pas Cosette, que la générosité de son hôtesse ne lui inspirait aucune gratitude, que les libéralités de cette dernière, qui lui offrait le couvert, le coucher, le chauffage, n'avaient suscité en elle aucune affection, aucune sympathie. Je déclarai d'un ton que je n'avais jamais employé auparavant : « J'étais en plein travail et j'aimerais continuer. Alors laisse-moi, s'il te plaît. »

Lorsqu'elle eut quitté la pièce, je fus incapable de me remettre à mon livre. Je me répétais dans le détail, mot pour mot, ce qu'elle venait de dire ; si ses paroles me portaient à croire qu'elle était persuadée que j'hériterais des biens de Cosette, le souhaitait même, ma colère et ma douleur ne se calmèrent pas pour autant. J'étais convaincue qu'elle avait abordé le sujet simplement pour s'assurer de l'avenir prospère de son « amie », qui la prendrait — espérait-elle — sous son aile protectrice. Avec un peu de chance, si elle jouait les bonnes cartes, elle serait certaine, même après la mort de Cosette, de rester vivre dans cette maison, un endroit où elle pourrait d'ailleurs profiter de plus d'espace et d'indépendance si j'en devenais propriétaire. J'eus le sentiment qu'elle m'utilisait, l'avait peut-être toujours fait, afin d'atteindre cet objectif. Était-il possible que Bell ait cherché à me connaître, ait ensuite transformé notre relation en ce qu'elle avait été pendant plusieurs mois, uniquement parce qu'elle voyait en moi la fille adoptive d'une femme riche, l'héritière certaine ?

Évidemment je me trompais. Me flattais même ; je m'accordais trop d'importance. Les motivations de Bell dépassaient le cadre de mon imagination. J'entendis ses pas heurter les marches de l'escalier, jusqu'en bas, puis la porte d'entrée se refermer derrière elle plus bruyamment que d'habitude. Elle l'avait presque claquée. Je me demandais souvent où elle allait, sans doute se promenait-elle tout simplement, visitait-elle les endroits de Londres où sont exposées les belles choses, parcourait-elle Kensington Church Street, King's Road et Camden Passage. Elle fut de retour à six heures et regarda la télévision en compagnie d'Auntie pendant que Cosette, à l'étage supérieur, écoutait le feuilleton de Mark ; le personnage qu'il incarnait venait de se marier et rentrait de son voyage de noces.

Ce soir-là, une ou deux heures après, Auntie mourut. Je n'étais pas là, j'étais sortie, mon amertume et ma rage envers Bell m'ayant poussée à appeler un homme rencontré une semaine auparavant lors d'une réception, un homme qui avait déjà tenté de me joindre et laissé un message pour moi à Mervyn. Il s'appelait Robin Cairns et je devais l'épouser trois ans plus tard, mais à l'époque je n'en savais encore rien. Il me servait simplement à détacher mes pensées de Bell.

Auntie était assise dans le fauteuil à côté de celui de Bell ; elle regardait l'épisode d'un feuilleton sur des policiers à San Francisco. A un moment donné, alors que des voitures se poursuivaient à travers cette ville tout en montées et en descentes, que les coups de feu retentissaient, que les pneus éclataient et que des hommes grimaçaient de douleur, pliés en deux, blessés par les balles, Auntie s'adossa contre le coussin de son siège et mourut. Sa mort rappelait celle de Douglas. Si seulement chacun de nous pouvait mourir aussi tranquillement, paisiblement ! Bell vit ses lunettes tomber de son nez, mais comme elles étaient attachées à une chaîne autour de son cou, elles ne tombèrent pas bien loin. Bell s'était toujours désintéressée d'Auntie, et si elle répondait quand la vieille femme lui adressait la parole, elle n'était apparemment jamais l'instigatrice d'un échange, la première à faire un commentaire sur une émission ou un acteur.

Mark arriva à neuf heures, mais il n'entra pas dans la pièce où se trouvait Bell pour y jeter un coup d'œil, même si, comme d'habitude, la porte était entrebâillée. Lorsque Mimi lui ouvrit, il traversa la salle à manger pour se rendre directement dans le jardin et y retrouver Cosette. La nuit était déjà tombée car nous étions au mois de septembre, mais il avait fait très chaud ce jour-là, des températures dignes d'un mois de juillet, et la chaleur flottait encore dans l'air. Il devait régner une forte et pénétrante odeur d'eucalyptus, comme toujours en pareilles soirées. Je sais que c'était la pleine lune, car Robin et moi l'avions regardée se lever alors que nous nous promenions dans Kensington Gore ; une lune d'équinoxe, rouge, brouillée, d'une taille et d'une luminosité inhabituelles.

Ce fut Mimi qui me raconta l'incident. Elle précéda Mark dans le jardin et retourna s'allonger auprès de Mervyn, dans un coin où une couverture avait été étalée sur la surface pavée. Ils avaient fumé — on aura vraiment tout vu — des caroubes. Mervyn avait entendu dire que des jeunes en Californie les utilisaient à des fins hallucinatoires et il s'était arrangé pour que quelqu'un lui en rapporte un sac des États-Unis. Comme Rimmon, ces deux-là étaient capables d'inhaler et de mâcher n'importe quoi du moment que leurs perceptions s'en trouvaient modifiées. Ils avaient même essayé les feuilles de l'eucalyptus, sans aucun résultat. Mimi observa Mark, qui se dirigea vers Cosette pour l'embrasser sur la joue, s'assit dans le fauteuil en face du sien, de l'autre côté de la table métallique peinte en blanc. Elle l'entendit lui adresser une remarque à propos des étoiles, que l'on voyait particulièrement bien ce soir-là, des trous de lumière brillant dans ce ciel bleu foncé qui d'habitude, à Londres, semble les recouvrir, les cacher. Une constellation au-dessus d'eux luisait d'une lumière intense, et ils étaient en train de l'admirer, les fauteuils rapprochés, les épaules en contact. Mark la désignant d'un doigt qu'il tendait à peine, quand Bell apparut dans le jardin.

Elle traversa rapidement l'espace pavé, sans courir toutefois, et marcha jusqu'à Cosette. Je suis certaine que la cruauté de son comportement n'était pas délibérée. Elle indiquait simplement qu'elle n'avait pas réfléchi, manquait totalement de sensibilité. Bell n'éprouvait rien à l'égard d'Auntie, puisque cette dernière avait quatre-vingts ans et se montrait réservée ; à ses yeux, c'est tout juste s'il s'agissait d'un être humain. En outre, j'avais communiqué à Bell, sans doute à tort, ma théorie selon laquelle Auntie n'était là que pour satisfaire le désir de Cosette de paraître jeune, pour servir de point de comparaison. Aussi vint-elle se planter devant Cosette pour lui dire : « Auntie vient de mourir. Elle est morte. »

Certes, Bell était familiarisée avec la mort. Elle avait été témoin d'événements terrifiants, la mort de Silas et cette autre mort dont je ne vous ai pas encore parlé, mais j'y viens, patience. Celle d'Auntie était paisible en comparaison, au bout du compte, une nouvelle à annoncer comme on aurait raconté une information assez inattendue présentée au cours du journal télévisé.

Cosette poussa un cri et porta la main à sa bouche. Mark pivota pour se retrouver face à Bell et s'adressa à elle d'un ton sec : « Qu'entends-tu par là ?

— Je viens de vous le dire, Auntie est morte. Elle s'est adossée à son fauteuil et elle est morte pendant que nous regardions la télé.

— Tu n'as donc aucun cœur ? Pourquoi faut-il que tu sois aussi brutale ? »

A en croire Mimi, Bell n'apprécia pas la remarque. Elle grimaça, puis recula de quelques pas, fronça les sourcils et leva les bras pour se tenir la tête entre les mains. Je parvenais parfaitement à me la représenter, à imaginer son geste donnant l'impression que sa masse de cheveux blonds était une perruque qu'elle retenait dans la tempête. Cosette, silencieuse, tourna son visage vers Mark. Ils s'étaient levés tous les deux. Mimi ne s'attendait pas à la réaction qu'il eut alors. Elle avait elle aussi fini par s'habituer à l'idée que Cosette et lui n'étaient qu'amis, représentaient d'un côté un fils pour une femme qui n'en avait jamais eu, et de l'autre une mère pour un homme dont la sienne ne s'était pas montrée à la hauteur. Mark la prit dans ses bras ; quant à elle, elle lui enlaça le cou, et le serra contre elle. Ils se tenaient très près l'un de l'autre, cherchant en cette étreinte un réconfort, une consolation ; Bell les observait.

Quand je rentrai environ deux heures plus tard, le médecin était déjà passé et avait certifié le décès d'Auntie. Elle avait succombé à une violente attaque. Mark et lui avaient déplacé le corps, qu'ils avaient posé sur le canapé au cas où il deviendrait rigide avant l'arrivée de l'employé des pompes funèbres, prévue le lendemain matin. Le canapé faisait moins d'un mètre cinquante de long, mais cela suffisait amplement pour accueillir le petit corps ratatiné d'Auntie. Je trouvai Cosette dans un état de désolation totale, elle ne pleurait pas, ne laissait pas libre cours à son chagrin, mais elle était brisée de tristesse et je sentais déjà pointer l'ombre du sentiment de culpabilité dont elle devait bientôt souffrir. Elle n'avait rien à se reprocher. Si Auntie avait été une mère pour elle, elle s'était comportée pour sa part, au cours des dernières années, comme une fille exemplaire. C'était plutôt à nous, qui avions négligé Auntie, l'avions traitée comme un élément du décor, de nous sentir coupables, mais évidemment, nous ne nous en souciions guère. Par ailleurs, éprouvant une pitié tout à fait déplacée, Cosette s'inquiétait pour Bell.

« La pauvre, me dit-elle, j'aurais préféré n'importe quoi plutôt que de la voir dans une situation pareille. Imagine ce qu'elle a bien pu ressentir, en s'apercevant de la mort d'Auntie. J'aurais dû être là, je n'aurais pas dû la laisser seule. »

Inutile d'expliquer à Cosette que d'abord elle n'était pas seule et qu'ensuite Auntie adorait la télévision, qu'à moins d'éprouver une extrême fatigue, elle ne pouvait s'en détacher. Je lui dis néanmoins que l'année durant laquelle Auntie avait eu la télévision avait probablement été la plus heureuse de sa vie de vieille femme, mais ce ne fut que pour entendre Cosette me rétorquer que c'était pire encore, qu'elle aurait dû donner la télévision à Auntie cinq ans plus tôt.

Mark entra et conseilla à Cosette d'aller se coucher, il n'y avait plus rien à faire avant le lendemain. Il valait mieux qu'elle s'allonge et essaie de dormir, il reviendrait le matin à la première heure. Cosette se tourna vers lui et s'écria avec une sorte d'ingénuité, une innocence digne d'une petite fille. « Tu ne vas pas partir, si ? Je ne sais pas pourquoi, mais j'étais persuadée que tu allais rester. »

Ce fut à ce moment-là que je remarquai, en dépit du choc et du chagrin qui avaient laissé des traces de pleurs sur ses joues, à quel point elle avait rajeuni par rapport à... disons un an plus tôt. Je me souvins alors de ce qu'elle m'avait confié à propos de son amour pour Mark, du sentiment qu'elle éprouvait, de l'impression qu'elle y succomberait, et je me dis qu'elle en mourrait peut-être, mais qu'en tout cas son amour avait eu pour effet de lui ôter ses rides et ses cernes, de donner une lueur à ses yeux et un éclat à son teint, de faire renaître l'étincelle de la jeunesse en elle, par je ne sais quel miracle.

« Bien sûr que je reste si tu en as envie », répondit-il.

Le choc que j'éprouvai fut comme un coup de poignard. J'étais certaine qu'il voulait dire qu'il passerait la nuit avec elle, dans sa chambre, dans son lit, et j'y étais opposée, j'en redoutais les conséquences. Il me sembla soudain indispensable de les accompagner dans l'escalier jusqu'à la porte de Cosette, de les observer. Quelqu'un m'avait annoncé, Mimi probablement, que Bell était allée se coucher depuis longtemps. Mais elle, remarqua Mervyn, avait décidé de tenir compte du cadavre d'Auntie et de ne pas regarder la télévision. Sa réflexion me blessa, je la trouvais particulièrement injuste car son propre comportement n'avait pas été un modèle d'altruisme.

Cosette prit le bras de Mark, qu'elle guida dans les escaliers. Pas à la façon d'une vieille dame néanmoins, mais comme une jeune fille meurtrie. J'étais profondément étonnée qu'il ne soit même pas sûr de l'emplacement de sa chambre. Elle ouvrit la porte, s'immobilisa et s'exclama soudain : « J'ai le sentiment ridicule que nous ne devrions pas la laisser seule en bas.

— C'est ridicule, en effet, déclara Mark, mais très gentiment.

— Je suis désolée de me comporter ainsi. Ne prends pas cet air préoccupé, j'arriverai à dormir. C'est malheureux à dire, mais je vais certainement dormir d'un profond sommeil. »

Elle s'écarta de lui, entra dans la chambre en tenant encore sa main. Leurs mains renforcèrent leur étreinte pendant un bref instant, puis elles se séparèrent. Je sus alors que tout se passerait bien. Mark me demanda : « Il y a une chambre où je peux dormir là-haut, non ? »

J'acquiesçai. « A côté de celle de Bell. La porte de droite, Bell est sur la gauche. »

Il n'embrassa pas Cosette. Ils échangèrent un regard grave, étrange, puis il lui dit : « Bonne nuit, Cosette. »

Sa voix fut très calme. « Bonne nuit, cher Mark. »

J'éprouvai un immense soulagement. Il monta la deuxième volée d'escaliers puis disparut de ma vue tandis qu'il grimpait jusqu'au dernier étage. Tout irait bien. Cosette dormait dans sa propre chambre, Bell dans la sienne et Mark dans la pièce à côté, l'ancienne chambre de Felicity ; les choses étaient dans l'ordre. Du moins c'est ce que je croyais.

Allongée dans mon lit, je rêvais à leur avenir, à celui de Mark et de Cosette. Elle occuperait toujours une place de choix dans sa vie, y jouerait un rôle unique. Un jour, bien entendu, il se marierait, elle en souffrirait amèrement, mais elle s'adapterait, s'acclimaterait, parviendrait finalement à aimer aussi sa femme. Je l'imaginais devenir la marraine de ses enfants, une figure matriarcale que l'on honorerait dans la maison de Mark. Afin de ne pas donner de moi l'image d'une parfaite idiote, et pour me rendre justice, je dois avouer que je me voyais également en train de confier à Bell mes pensées, celle-ci me répondant, selon son expression familière, que je ne disais qu'un tas de conneries.

Le lendemain, l'employé des pompes funèbres se présenta à la maison et Perpetua arriva pour compatir avec Cosette comme sans doute personne d'autre n'en était capable. Une autre mauvaise nouvelle devait nous surprendre ce jour-là. Mark perdit son travail. Ou plutôt, on décida d'éliminer le personnage qu'il incarnait dans le feuilleton radiophonique, de le liquider à la fin de la semaine suivante. D'après Bell — Mark n'était jamais entré dans les détails — l'actrice qui jouait le rôle de sa femme avait obtenu un contrat à Hollywood et le producteur avait décidé que la meilleure façon d'opérer était de les faire mourir tous les deux dans un accident d'avion.

Cosette écouta le dernier épisode où on l'entendrait. Ils le suivirent ensemble. D'après un script peu vraisemblable, le personnage dont Mark jouait le rôle s'était vu offrir un poste en or (trop beau pour qu'il ait l'idée de le refuser) en Extrême-Orient. Dans cet épisode, le dernier dans le cas de Mark, le beau-frère et les beaux-parents les avaient accompagnés, lui et son épouse de deux mois, à Heathrow. Dans celui du lendemain, la famille apprendrait la nouvelle de la catastrophe aérienne. Nous prîmes la décision de ne pas l'écouter.

« Mark n'aura aucun mal à trouver un autre emploi, me dit Cosette après avoir éteint la radio. C'est un merveilleux acteur. »

Peut-être avait-elle raison, mais une telle affirmation de sa part ne voulait rien dire. Il suffisait qu'une personne lui soit proche pour qu'à ses yeux, celle-ci soit parfaite dans n'importe quelle activité professionnelle. Par ailleurs, d'une certaine façon, jamais quiconque n'avait été aussi proche de Mark, enfin du point de vue passionnel. Je lui donnai raison, ajoutai que je l'espérais, mais je n'y croyais pas vraiment.

« Il exercera son talent à la télévision, ajouta Cosette. Il en est capable maintenant, il devrait se lancer. » A l'entendre, on aurait dit que Mark n'avait jamais échoué dans ses tentatives de s'insinuer dans ce milieu, que la décision ne dépendait que de lui.

J'étais persuadée qu'elle allait donner un enterrement grandiose, somptueux, en l'honneur d'Auntie, en partie pour se guérir de son sentiment de culpabilité. Mais un des aspects les plus étonnants chez Cosette étaient ses réactions inattendues. Elle persévérait dans le même schéma pendant longtemps, jusqu'au moment où l'on croyait la connaître à fond, où l'on se sentait en mesure de prévoir le moindre de ses gestes, puis elle agissait de façon surprenante. C'était Bell qui me l'avait fait remarquer, au cours de nos conversations passées sur les gens et leur comportement. Ainsi, au lieu d'annoncer à la maisonnée que la cérémonie funèbre aurait lieu à telle ou telle église, l'incinération à je ne sais quel endroit, et la réception après l'enterrement à un hôtel précis, Cosette se contenta de me confier discrètement l'information, sans doute s'était-elle également chargée d'informer Mark. Aucune agitation quant aux vêtements à porter. Pas de gigantesques commandes de fleurs. Cosette m'étonna davantage encore lorsqu'elle me demanda : « Ce serait gentil si tu n'en parlais pas à Bell ?

— Tu veux dire que l'enterrement a lieu aujourd'hui ?

— Je ne pense pas qu'elle ait envie d'y assister mais enfin... Je préférerais qu'elle ne vienne pas. »

J'aurais pu lui affirmer qu'elle n'avait pas de soucis à se faire de ce côté-là, mais je m'abstins. Cosette n'alla jamais plus loin, mais elle avait ainsi suggéré non pas qu'elle n'aimait pas Bell ou qu'elle la trouvait antipathique, mais plutôt que certains aspects de sa personnalité la mettaient profondément mal à l'aise. Je lui promis de me taire, mais je suis néanmoins convaincue qu'à ce moment-là — Auntie était morte depuis environ une semaine — Bell avait oublié jusqu'à l'existence de cette dernière. Cosette, Mark et moi, nous nous rendîmes ensemble au crématorium. La petite croix de chrysanthèmes blancs — il s'agissait certainement d'une coïncidence, cette ressemblance avec les jolis cheveux blancs et bouclés d'Auntie — était posée, seule, sur le cercueil. Il n'y avait pas d'autres fleurs et personne à part nous trois — qui aurait eu l'idée de venir, sinon nous ?

« Tous ces clowns d'Archangel Place, me chuchota Mark lorsque je lui posai la question. Cosette a eu raison de ne rien leur dire. »

Il ne manquait pas de culot, pensais-je. De quel droit prenait-il ce ton paternaliste en parlant de ses amis, lui qui après tout en faisait partie ? Depuis que Mark était sans travail, mon opinion de lui avait subi un changement subtil. S'il existait une différence entre mon avis sur lui et le jugement que je portais sur les « clowns », c'était d'abord parce qu'il travaillait, qu'il subvenait à ses besoins. Tandis que les semaines passaient et qu'il ne trouvait toujours pas d'emploi, refusant — comme j'en avais déduit des propos de Cosette, profondément indignée à l'idée du contraire — d'accepter un travail sans rapport avec sa véritable profession, je me surpris à le considérer avec méfiance. J'attendais le moment où il lui emprunterait de l'argent (je n'en aurais peut-être rien su, d'ailleurs), relancerait la mode des dîners au restaurant en grand nombre, auxquels il participerait et que Cosette paierait comme de bien entendu, emménagerait chez elle et finirait par faire ce qui s'avérerait inévitable à ce stade : il coucherait avec elle.

A l'automne, Cosette devint soudain beaucoup plus riche qu'auparavant.

Je n'ai pas dit grand-chose de ses revenus, de sa fortune, et j'ai sans doute donné l'impression qu'elle possédait simplement une grande quantité d'argent. Mais ce n'était pas exactement le cas. Douglas lui avait légué toutes sortes de biens, y compris des sociétés en sommeil, pourtant encore cotées en bourse, ainsi qu'un certain nombre de propriétés immobilières sans aucun intérêt. Je veux dire par là qu'il s'agissait, par exemple, de terrains situés en grande banlieue et sur lesquels se dressaient des bâtiments industriels en ruine. Une de ces sociétés avait déjà été rachetée ; l'acquéreur avait besoin de la cotation en bourse et avait payé la part environ un demi-penny. Cela se passait juste avant l'entrée en vigueur du système monétaire décimal, au début de l'année 1971. Cette transaction ne fit pas gagner beaucoup d'argent à Cosette, contrairement à la vente du terrain qui lui appartenait. Elle avait oublié qu'elle en était propriétaire, de ces quelques hectares quelque part à l'extrémité sud de Londres. Une société de comptables gérait l'ensemble de ses possessions ; ces derniers eurent le plaisir de lui apprendre qu'une chaîne de garages et de stations-service venait de lui faire une offre faramineuse. On devait construire une nouvelle route et l'ancien site industriel la longeait.

Je n'ai jamais connu le chiffre exact. Peut-être que Cosette l'ignorait également. Il n'était pas dans sa nature de garder ce genre de secret, aussi diffusa-t-elle la nouvelle de cette « bonne aubaine », comme elle l'appelait, auprès de tous ses visiteurs.

« Des centaines de milliers de livres, furent les informations les plus précises qu'elle fournit. Je vais devenir une vraie millionnaire. »

Bell était là, elle l'entendait, et Mark aussi — inévitablement. Je posais les yeux sur elle, m'attendais à la croiser du regard, pensais qu'elle me fixerait à ce moment-là pour évaluer l'intérêt qu'il y avait à rester mon amie, mais elle ne s'intéressait pas à moi. Elle observait Cosette. Il me parut soudain étrange qu'une femme aussi fière de ses dons d'observation se soit trompée à ce point, ait pensé un seul instant, en dépit de la mine superbe de Cosette, que cette dernière souffrait d'un cancer. Car si d'un côté Cosette était profondément malheureuse, parce qu'elle se sentait coupable et pleurait sincèrement Auntie, la regrettant comme s'il s'était agi de sa propre mère, d'un autre côté il était assez évident qu'elle nageait en plein bonheur ; ce sentiment la rendait belle. On a tendance à moins manger quand on est amoureux, et Cosette avait perdu du poids sans aucun effort. Sa peau rayonnait, ses cheveux luisaient. Je doute que le bonheur puisse tendre les muscles du visage, mais on aurait pu le croire. Je suis certaine que Mark ne l'accompagnait jamais lorsqu'elle s'achetait des vêtements, mais depuis qu'elle le connaissait, son goût s'était amélioré. Je fus étonnée de constater à quel point elle avait de jolies jambes, mais il faut dire que je ne l'avais jamais vue porter des bas aussi fins ou de simples escarpins à hauts talons. Elle avait acheté plusieurs robes sobres, en soie ou en laine légère, et avait pris l'habitude de les porter avec les bijoux qui avaient fait mon admiration, ainsi que celle d'Elsa. Elle était devenue élégante — un mot que par le passé, personne n'aurait songé à employer en parlant de Cosette. Mais parmi ceux qui se trouvaient réunis dans la Maison aux escaliers, j'étais la seule à me rappeler cette femme corpulente, robuste, aux cheveux gris dont la couleur rappelait celle de ses tailleurs sur mesure.

Bell, qui avait dévisagé Cosette en silence tandis que Mervyn, plein d'espoir, suggérait de sortir afin de fêter l'événement, se leva, enfonça ses doigts dans ses cheveux emmêlés en une sorte de nid d'oiseau dont tombaient des mèches en vrilles, et annonça qu'elle allait passer des vacances chez Felicity, elle partirait le jour suivant. Cosette, donnant à sa voix plus de douceur encore, comme pour neutraliser la froideur du ton que Bell avait employé, lui dit : « Oh, ma chérie, tu vas vraiment nous manquer. Tu en as presque fait une habitude, de passer Noël là-bas, non ? »

Bell la regarda, leva d'abord les sourcils puis haussa les épaules, l'air distant. Parce qu'elle s'était sentie parcourue d'un frisson ? Ou bien parce qu'elle avait l'étrange pressentiment que ce serait la dernière fois ?

En tout cas, ce n'est pas dans le but d'inviter pour Noël l'une ou l'autre d'entre nous, ou bien les deux ensemble, que Felicity est venue me voir ce matin. Même elle ne s'y prendrait pas dès le mois de juillet. D'ailleurs, quels que soient ses sentiments à mon égard, elle ne demandera plus jamais à Bell de venir. Elle était stupéfaite de tomber sur elle, si surprise qu'elle avait sursauté à sa vue, l'ayant reconnue aussitôt, sans aucune difficulté. Avant d'entrer dans le salon, où j'étais certaine de la trouver, et à raison, j'avais tenté d'avertir Felicity à voix basse, de prononcer simplement les trois mots qui auraient suffi, « Bell est ici ! », mais Felicity, devenue bien plus autoritaire, dictatoriale, ne m'en donna pas le loisir, marchant à toute vitesse devant moi, s'exclamant que ces maisons pouvaient être décorées de façon adorable, que la mienne était délicieuse, que l'on pouvait transformer en petits bijoux ces anciens cottages d'artisan. Bell ne put s'échapper, l'artisan n'avait pas eu les moyens de s'offrir deux portes d'accès au salon.

Étant donné que la page écrite et elle étaient presque devenues irréconciliables, selon l'expression de Henry James, Bell regardait à la télévision un épouvantable sacrifice de fin de matinée. Le petit chat, allongé sur ses genoux, observait le grand, vautré sur le téléviseur. Ou peut-être le lion à l'écran, qui traquait lentement un gnou. Bell a gardé un maintien qui fait envie. Dans son cas, pas de bond, pas même une tentative de se lever. Elle a posé un regard tel sur Felicity que je me suis demandée, l'espace d'un instant, si elle avait une idée de qui se trouvait en face d'elle.

« Eh bien ça alors, dit Felicity. Si je m'attendais... » Comment ai-je pu savoir, déjà à ce moment-là, qu'à aucun prix, elle n'allait prononcer le nom de Bell ?

« Il n'y a pas de quoi être étonnée, dit Bell. Je t'ai eu au téléphone. Tu étais au courant que je cherchais Elizabeth.

— Absolument. » Felicity émit un petit rire désagréable, qu'il ne me semblait pas avoir entendu autrefois. « Si je suis surprise, c'est que je m'étonne d'Elizabeth, pas de toi. » C'était le genre de grossièreté soyeuse dont Cosette avait tant horreur, et elle m'a transmis cette haine. Felicity s'assit, sa jupe se releva, donnant un bon aperçu de ses jambes potelées et du haut de ses bas noirs. C'est horrible à dire, car elle ne ressemble pas le moins du monde à Cosette, ne lui a jamais ressemblé, mais ses vêtements voyants, mal choisis, coquets, me rappellent les efforts vestimentaires de Cosette au début, entre le moment où elle avait quitté Wellgarth Avenue et celui où Mark était apparu. « Je déjeune avec une amie à Barnes, lança-t-elle. Le taxi passait presque devant chez toi, alors je me suis dit, pourquoi pas ? Je ne la verrai jamais si j'attends qu'elle me téléphone. »

Dans ce cas, le taxi avait pris un drôle de chemin pour se rendre de Glebe Place à Barnes. Cependant je me tus. J'étais soulagée qu'elle n'ait pas l'intention de déjeuner ici. « J'étais certaine de te trouver, persuadée que tu serais en train d'écrire à cette heure. » On percevait dans sa voix le peu de cas qu'elle faisait de la discipline que s'impose un écrivain.

« Alors tu t'es trompée, pas vrai ? » aboya Bell, qui participait pour la première fois à la conversation, employant un ton froid et dur. « Je veux dire que tu lui as peut-être mis la main dessus mais elle n'était pas en train de travailler. »

Je mentionnai la visite de mon père. Un sujet de conversation comme un autre. Je ne savais pas de quoi parler en présence d'elles deux ; Bell était apparemment si découragée de la vie qu'elle disait n'importe quoi, sans se soucier des conséquences de ses paroles, et Felicity se montrait vindicative, manifestait clairement qu'elle désapprouvait jusqu'à l'existence même de Bell. Je craignais que Felicity se réfère à Cosette, j'avais l'impression que c'était inévitable, mais je doutais qu'elle osât prononcer le nom de Mark. Soudain, je remarquai qu'en plus de son grand sac à main en cuir verni noir et d'une paire de gants blancs, une couleur absurde en l'occurrence, elle tenait la première édition d'un journal du soir, le *Standard*, mis en vente dans la rue quelques heures auparavant. Dans la station de métro, j'avais déjà jeté un coup d'œil à la une, un enfant en avait assassiné un autre. Mon cœur se serra quand je vis Felicity poser son sac sur la table, ainsi que ses gants ; le journal, encore plié, gisait seul sur ses grosses cuisses peu attrayantes. On ne pouvait lire que les gigantesques caractères gras des deux seuls mots composant le titre de l'article, deux mots d'une importance capitale néanmoins : « Enfant » et « assassiné ».

Peut-être que Bell les vit également. Je n'en sais rien. « On ne pourrait pas éteindre la télévision ? » interrogea Felicity.

Transportant le petit chat à cheval sur son avant-bras comme un manchon, Bell se leva et répondit à sa demande de la façon la plus insultante qui soit, même en incluant la possibilité d'un refus. Elle réduisit le son à un murmure. Felicity déplia le journal, je ne sais vraiment pas pourquoi, j'ai du mal à imaginer ce qu'elle avait l'intention de dire ou de faire. De lire cette histoire ? De demander à Bell de son ton didactique (toujours à donner des leçons, à se complaire dans ce rôle de professeur, sa vocation ratée) si elle avait des commentaires ? Tout en établissant une liste — car je suis certaine qu'elle vit encore dans un monde de concours —, un catalogue de jeunes monstres, de meurtriers avant l'âge de dix ans ou durant l'adolescence ?

Cependant, Bell la devança. Toujours debout, le chat drapé sur son bras comme s'il n'avait pas de squelette, n'était qu'une courroie élastique en caoutchouc enveloppée d'une fourrure de martre, elle dit : « Tu m'as l'air d'avoir fait du chemin depuis le temps où tu parasitais chez Cosette et où ce maquereau barbu te baisait à t'en éclater la tête. »

J'étais bien plus choquée de l'entendre énoncer le nom de Cosette que du contenu de sa phrase. Elle était revenue sur ce terrain dangereux, elle avait plongé de haut et nageait furieusement dans les courants de la rivière.

D'ailleurs, on voyait à son visage, à ses yeux écarquillés, le sentiment d'horreur qu'elle éprouvait, comme si quelqu'un d'autre venait de prononcer ces mots. Felicity eut l'air profondément offensée, cependant elle se retint de bondir pour quitter, furieuse, la maison. Je crois que les gens se comportent rarement de la sorte. Ils préfèrent se donner le choix entre plusieurs possibilités. En fait, elle parvint à émettre dans un souffle bruyant un rire plein de reproches.

« Parasiter ! s'exclama-t-elle. Mon Dieu, quel mot ! Comme si les gens, et pas besoin d'aller chercher loin, n'avaient pas parasité chez moi pendant des années. C'est inévitable, on ne peut y couper quand le hasard a voulu qu'on s'en sorte mieux que le commun des mortels. »

Elle se leva, s'arrangea pour exhiber la totalité de la première page du quotidien ainsi que le gros titre : *La victime de Tyneside assassinée par un enfant, 10.* Puis elle fit tomber le journal sur son siège. « Non, non, garde-le », dit-elle d'un ton doucereux lorsque je lui rappelai qu'il était là. Autrefois, j'avais plutôt de la sympathie pour Felicity, j'aimais ses enthousiasmes, ses rébellions, son intensité, ses passions. Il semblait ne plus rien en rester à présent. Si elle avait décidé d'habiter avec Esmond à Thornham et d'éprouver un minimum de satisfaction, il lui avait certainement fallu mettre cela au panier. Peut-être qu'autrement, elle serait devenue folle. Qui sait ? Je l'accompagnai jusqu'à la porte ; nos adieux furent froids, circonspects, et bien entendu dépourvus de toute suggestion de nous revoir.

Je craignais de retourner dans la pièce là-bas, j'avais vraiment peur. Mais il est évidemment difficile de ne plus mettre les pieds dans son propre salon pour le restant de ses jours. Je rassemblai mon courage, j'ouvris la porte. Le journal était par terre près du fauteuil de Bell. Le petit chat était assis sur un bord du papier et se nettoyait le visage. Bell tenait sa tête entre ses mains, les doigts enfoncés dans ses cheveux gris, rêches, drus. Je ne savais pas quoi faire. Aussi je me suis installée sur une chaise, j'ai attendu, je me suis tue, j'ai réfléchi à la vie paisible, tranquille et assez productive que j'ai menée avant qu'elle ne sorte de prison et que je la retrouve. Elle a baissé les bras, m'a regardée et m'a demandé d'une voix normale, ordinaire : « Tu crois que je suis une psychopathe ? Je dois certainement l'être, ils l'ont affirmé. Mais je n'ai pas cette impression pourtant, je me sens comme tout le monde. » Ses paroles ont dû lui sembler particulièrement absurdes ou creuses, car elle s'est reprise. « Enfin, je le pense du moins. »

XVI

Depuis que Bell vit ici, j'ai pris l'habitude d'observer les gens et de me demander s'il en existe parmi eux qui lui ressemblent. Je veux dire, en ce sens qu'ils ont tué quelqu'un, ont fait de la prison, ont purgé leur peine et sont ressortis. C'est un phénomène nouveau. Autrefois, on pendait les assassins.

Aujourd'hui, on les libère et ils reviennent vivre parmi nous. Ou bien simplement exister. Je regarde les gens et je m'interroge. Pensez au nombre de meurtres commis chaque année, dont parlent les journaux. Comptez dix ans — Bell a été incarcérée pendant une période exceptionnellement longue, pour une raison précise — et voilà les auteurs du crime (comme dit la police) qui refont surface, des gens ordinaires sans aucun signe distinctif occupant des emplois tout aussi ordinaires, des voisins peut-être. La femme assise en face de moi dans le métro a très bien pu tuer son amant d'une balle de revolver. Sans doute cet homme au regard mauvais, adossé à un mur au coin d'une rue, les bras croisés sur sa poitrine musclée, a-t-il frappé quelqu'un d'un coup de couteau lors d'une bagarre. Combien sont-ils à avoir étouffé le nourrisson dans son berceau ou accéléré le départ d'une vieille personne encombrante ? Des gens comme moi, Felicity et Elsa, les connaissent, continuent à les fréquenter, apprennent à s'adapter. Or, on pourrait croire que le meurtre représente le seul acte face auquel personne ne peut s'adapter, faire de concessions.

Elle m'avait demandé si je pensais qu'elle était une psychopathe — certes, elle avait posé la question, mais en l'air, sans doute, ou à Dieu. Je ne parvenais qu'à secouer la tête et à dire que je n'en savais rien. J'avais toujours cru comprendre que les psychopathes éprouvent un malin plaisir à tourmenter les animaux. Après avoir énoncé sa question et émis ses remarques plutôt désespérées, Bell se détourna de moi et incita le chat à revenir vers elle. Il sauta sur ses genoux ; elle se mit à le caresser comme il aime, de longs mouvements appuyés, assez forts pour qu'à chaque fois il s'accroupisse. Puis, alors qu'il s'enroulait sur lui-même pour se pelotonner dans les épaisseurs noires de sa jupe ramassée, elle posa ses mains sur son dos soyeux d'un geste des plus doux et des plus attentionnés. Je n'aurais jamais associé à Bell la notion de tendresse. Pourtant, elle est douce envers mes chats, se montre aussi émerveillée, admirative et concentrée que certaines femmes avec leurs bébés.

« Je n'ai jamais vécu avec des animaux, m'expliqua-t-elle comme si elle lisait dans mes pensées. Je ne savais pas que je les aimais.

— Admetus avait un chat, dis-je, plein de puces », et je me souvins de Mark, ainsi que du mot d'esprit que Cosette avait lancé, anxieuse, à propos des entrechats. « Il y avait des chiens à Thornham.

— Gros, bruyants et dominateurs, comme leur saleté de maîtresse. Elle t'aurait invitée si je n'avais pas été là.

— Je n'y serais pas allée, répondis-je, et j'ajoutai : Comment était-ce l'année où — le dernier Noël où tu y étais ? »

Autrefois, nous parlions des gens, elle et moi, nous nous demandions pourquoi untel avait dit une chose à un moment donné, pourquoi un autre avait agi d'une certaine manière et quelles étaient leurs motivations, nous nous étonnions de leur comportement. Peu de signes en elle semblent indiquer qu'elle a conservé cette curiosité. Les gens ont dépassé son entendement, et à présent elle préfère les animaux.

« Exactement pareil, sauf qu'il n'y avait pas de concours, répliqua-t-elle. Comme l'année précédente. C'était toujours pareil. Je ne sais pas pourquoi j'y suis allée.

— Ah non ? »

Elle me lança un regard froid, têtu. Pourquoi parlerais-je si je n'en ai pas envie, se disait-elle peut-être, pourquoi te donnerais-je des explications ? « Tu y es allée afin de ne pas les voir tous les deux ensemble, affirmai-je, afin de ne pas être là quand cela arriverait.

— Tu ne vaux pas mieux que moi, lança-t-elle d'un ton railleur. Tu refuses toi aussi de prononcer leurs noms. Seulement moi je vais le faire, parfaitement. Mark et Cosette !

— Bon, ça va, rétorquai-je. Tu n'as pas besoin de crier.

— Quand cela arriverait — on dirait une vieille dame qui tourne autour du pot, tu ressembles à sa tante. Pourquoi ne t'exprimes-tu pas clairement, ne dis-tu pas que je ne voulais pas être là quand il la baiserait la première fois ? Comme si cela ne m'était pas égal. Je voulais simplement qu'il se dépêche. Mon Dieu qu'il était lent, on se serait cru dans un roman d'une autre époque. Si tu veux vraiment savoir, j'étais persuadée qu'en mon absence, il irait plus vite en besogne.

— Cela ne faisait aucune différence que tu sois là ou non. »

Elle haussa les épaules. « Tu n'arriveras pas à me faire de la peine, dit-elle. Aucun de ces événements, plus rien d'ailleurs, ne me fait mal.

— Je veux savoir une chose. Puisque tu ne souffres pas, je peux te le demander. »

Elle me regarda et me sourit cette fois. « Pose ta question. Je ne suis pas forcée de répondre.

— Avais-tu l'intention, lançai-je en choisissant soigneusement mes mots, de tuer Cosette ? Je veux dire est-ce que déjà à ce stade tu avais prévu de le faire ?

— J'étais convaincue qu'elle mourrait de mort naturelle.

— Mais quand tu as appris que ce n'était pas le cas ? »

Sa réponse fut tellement franche, une remarque moqueuse. « Prévu ? J'aurais mis au point une sorte de complot ? Tu sais bien que ce n'est pas mon genre.

— Oh, Bell, m'exclamai-je. Que faisais-tu à la Maison aux escaliers si ce n'est comploter ?

— Enfin, prévoir de tuer quelqu'un. Ça oui ! » Elle avait adopté un ton assez fier, comme si elle parlait d'un savoir-faire qu'elle avait acquis au prix de longs efforts. « Mais dans l'instant. Même Silas — j'y ai songé souvent mais ce n'est qu'en cinq minutes que j'ai préparé le coup. Cela n'arrive que lorsque la situation devient intolérable ou quand je — j'ai terriblement envie d'une chose. »

Elle s'est levée, emportant le petit chat. Puis elle a soulevé le gros, encore allongé sur le téléviseur, et l'a suspendu sur son autre bras. Elle en a pris l'habitude avant de monter dans sa chambre pour une nuit de sommeil ou une sieste. « Je ne veux pas déjeuner, annonça-t-elle. Je vais me reposer. » Quel étrange personnage vêtu de noir et couronné de cheveux couleur de cendre, épargné du ridicule par sa tragique minceur, les chats entortillés autour de ses bras comme un boa de fourrure vivante.

Ici, dans ma maison de Macduff Street, sa chambre est une fois de plus au-dessus de mon bureau. Coïncidemment, c'est là que se trouve ma chambre d'ami. La différence, enfin une des différences, est qu'il suffit de monter seize marches pour y arriver et non pas cent six. Assise à mon bureau, j'entends l'unique murmure provoqué par les ressorts du lit lorsqu'elle s'allonge sur le matelas, un son qui rappelle un profond soupir. Les chats resteront avec elle pendant un moment, puis sortiront par la fenêtre quand elle dormira, pour rejoindre le toit en ardoises de la cuisine et essayer d'attraper des sansonnets. Ils sont toujours absents lorsqu'elle s'éveille.

Ce Noël-là, le bruit qu'elle faisait au-dessus de moi, le grincement de la cent quatrième marche quand elle descendait, et même le marmonnement de la télévision qu'elle regardait à présent seule maintenant qu'Auntie avait disparu, me manquaient. La maison était pleine. Diana Castle était venue accompagnée d'un nouveau petit ami, et Birgitte, qui pourtant était partie en disgrâce, avait refait son apparition avec un garçon qu'elle nous avait présenté comme étant son cousin. Les danseurs et Walter Admetus ne rentraient chez eux que pour dormir. Cosette refusait qu'un de ses invités occupe la chambre de Bell, elle pensait que ce ne serait pas correct, aussi, comme Gary et Fay, Mervyn et Mimi, ainsi que Rimmon habitaient la maison en permanence, quand la nièce de Cosette, la fille de Leonard, arriva, il fallut qu'elle dorme sur le canapé dans la pièce de la télévision. Rimmon, qui essayait de la convaincre de coucher avec lui en lui expliquant qu'on avait allongé le cadavre d'Auntie sur ce canapé, ne réussit qu'à la faire repartir.

Le temps des immenses fêtes et des grands rassemblements au restaurant était révolu. Lorsque Cosette et Mark sortaient, c'était en couple. En l'absence totale de saturnales, de soirées orgiaques, il régnait dans la maison une atmosphère de profond romantisme. L'hiver, quoi qu'on en dise, est une saison plus sensuelle que l'été, une période de chambres à coucher douillettes avec rideaux aux fenêtres, capitonnages confortables et températures artificielles, de froid laissé au-dehors pour conserver la chaleur, de jours s'évanouissant, rétrécissant, et de nuits éternelles. On s'en aperçoit davantage quand on n'a personne à soi ; Robin n'était pas encore mien et ne représentait pas grand-chose pour moi à l'époque. Y avait-il jamais eu autant d'amants réunis à la Maison aux escaliers ?

Essayez de vous représenter la situation. Gary et Fay, tout d'abord, qui pendant longtemps s'étaient contentés de cohabiter, vivaient à présent une relation intense, orageuse. Ils ne cessaient de se séparer définitivement pour ensuite connaître de merveilleuses retrouvailles. Diana et Patrick, tombés récemment sous le charme l'un de l'autre, en étaient au stade émouvant, celui où l'on échange des regards ardents, et se montraient apparemment incapables de supporter le déchirement occasionné par chaque séparation, chaque absence de contact physique ; Birgitte et son « cousin », deux ricaneurs, deux enfants qui se cajolent mais font aussi l'amour ; Mervyn et Mimi, un couple qui possédait une qualité rare, qui donnait l'impression que personne au monde n'était aussi important que l'autre. De tous les amants que je connaissais en ce temps-là, ils sont les seuls à être encore ensemble. Je les ai aperçus il y a quelques mois, ils descendaient North End Road main dans la main, elle tenant par la main un garçon d'environ huit ans et lui une fillette d'à peu près six ans. Je leur ai fait de grands signes mais ils ne m'ont pas vue.

Et bien entendu, il y avait Mark et Cosette. Quand on les voyait ensemble, rien ne portait à croire qu'ils étaient amoureux, lui d'elle ou elle de lui. Ils se comportaient plus convenablement que les autres couples. On ne les rencontrait pas dans les coins, écrasés presque douloureusement l'un sur l'autre, les os contusionnant la chair, la bouche ouverte dévorant l'autre bouche qui elle-même mangeait lèvres et langue, les doigts crispés en une tentative de découvrir le havre et l'essence de l'appétit sexuel et de l'amour. Je ne vis jamais plus que des mains se touchant ou un doigt posé sur une joue. En raison de leur âge, il était difficile de se montrer digne. Leur âge ? Mark avait seulement un an de plus que le Patrick de Diana. Mais de même que Cosette paraissait rajeunie par leur rencontre, il semblait plus âgé depuis qu'il la connaissait ; cela ne se remarquait pas tant à son physique, toujours aussi beau et à la silhouette mince et droite, mais à son allure ; sans perdre de sa grâce, il donnait l'impression d'être plus posé, mesuré.

Ils n'étaient pas amants dans le sens courant du terme. Du moins je ne le crois pas. Certes, Cosette sortait avec lui, ils disparaissaient des heures entières, et ils n'étaient peut-être pas au théâtre, au cinéma ou au restaurant. Ils pouvaient très bien se trouver dans l'appartement de Mark à Brook Green. Mais je suis pratiquement convaincue, et je le pensais également à l'époque, que ce n'était pas le cas. Quant à chez elle, à la Maison aux escaliers, Cosette était d'une certaine manière chaperonnée jour et nuit. Je ne veux pas dire par là que quiconque aurait eu l'idée de s'interposer, aurait tenté de la dissuader, mais tous auraient été au courant, ils l'auraient su. La situation était des plus étranges. Il y avait cette maison pleine d'amoureux, où chacun devenait amant la nuit sauf moi, où l'amour imprégnait l'air comme un parfum pénétrant, langoureux, sucré, exténuant même, mais Cosette, qui de loin avait l'air la plus éprise, dont le comportement, pourtant contenu, indiquait l'intensité de son désir, demeurait insatisfaite, restait une sorte de vierge reconstituée.

Je me posais des questions ; je n'arrivais pas à comprendre. Elle n'avait pas attendu pour coucher avec Ivor et, pendant qu'on y est, avec Rimmon, des hommes qui comptaient à peine, des solutions temporaires. Or chacun de ses gestes, chaque mot prononcé devant Mark et en dehors de sa présence, témoignait de sa passion pour lui. Elle n'était pourtant pas une femme que ces choses laissaient froide, une moraliste encore attachée aux principes de sa jeunesse. A ses yeux, l'amour, comme elle me l'avait dit assez souvent, devait se consommer aussi vite que possible. Était-ce Mark qui hésitait ? Et s'il ne voulait pas d'elle, que cherchait-il à obtenir ? Comme je me sentais seule, me retrouvant dans une situation où je ne représentais nullement une priorité aux yeux de quiconque, je me consolais en les observant, en regardant comment ils se comportaient les uns envers les autres, discrètement, du moins je l'espère. Évidemment j'étais jalouse de Mark. Il occupait une place dans le cœur de Cosette qu'aucun de ses prédécesseurs n'avait connue. Voilà pour ceux qui croient que j'étais amoureuse de lui...

Pendant longtemps, je m'étais dit qu'il n'était pas attiré par l'argent de Cosette. Coïncidemment, elle en avait, beaucoup même, mais il l'aimait et aurait recherché sa compagnie, qu'elle en eût ou non. J'en étais persuadée. Pourtant, qui payait pour tous leurs dîners et leurs sorties au théâtre ? Il n'avait toujours pas de travail. Et aucune perspective d'emploi. Je me souvins de la fois où Ivor avait demandé de l'argent dans le restaurant et de celle où Rimmon avait reçu dans la main un chèque pour s'offrir son LSD. Mark donnait l'impression d'être au-dessus de ce type de préoccupations, avec son étrange et totale maîtrise de soi, sa démarche fière, son refus de fréquenter les lieux de plaisir.

La situation changea, tout se trouva modifié aussi ouvertement qu'au cours d'une quelconque nuit de noces d'autrefois, quand la mariée était emmenée au lit, qu'on lui amenait son époux, et que les invités, à peine exclus, assistaient à l'inévitable rituel de la cérémonie. Cela se passa plusieurs jours après Noël. Un brouillard épais envahissait l'air froid et l'obscurité s'était installée peu après trois heures de l'après-midi. Comme le réveillon avait eu lieu depuis peu, nous nous sentions paresseux, indolents, personne ne s'était levé tôt, et je fus réveillée à midi par Walter Admetus sonnant à la porte. On parlait d'aller chez lui, d'improviser une fête et de boire la caisse de champagne espagnol qui lui était parvenue d'une façon ou d'une autre. Il avait déjà déménagé à Fulham, dans un ancien relais de poste reconverti, et s'était remis en ménage avec Eva Faulkner. Je n'avais pas envie d'y aller, je savais que ce ne serait pas le genre de fête où l'on pouvait passer un bon moment si l'on était seul, aussi étais-je restée travailler sur mon nouveau livre jusque tard dans la soirée. Gary et Fay s'y rendirent, mais Cosette et Mark, apparemment les joyaux qu'Admetus recherchait, annoncèrent qu'ils sortaient dîner en tête à tête.

Ils rentrèrent très tard. Nous nous trouvions tous dans le salon. Ceux qui parmi nous n'étaient pas irrémédiablement attirés par le corps d'un autre, Mervyn, Mimi, Rimmon et moi-même, étaient réunis autour de la table de Cosette à boire du vin. L'air devait être saturé de fumée de cigarettes à l'époque, seulement personne ne semblait s'en apercevoir, ou s'en soucier. Enlacés, imbriqués comme deux morceaux de puzzle humains, Diana et Patrick s'octroyaient le canapé, l'occupant lourdement, silencieusement et presque sans bouger. Birgitte et Mogens, allongés côte à côte, leurs lèvres se touchant parfois, échangeaient des murmures, chacun la main sur la nuque de l'autre. Mervyn prenait de temps en temps l'ocarina de Gary et accompagnait à l'occasion la musique provenant de l'électrophone. Je ne l'avais jamais entendu auparavant et il m'étonna. Il jouait bien. Au bout d'un moment, il se leva et mit un disque de *Carmen* ; au passage opportun, Perdita, venue sans son mari et restée assise jusqu'alors dans le fauteuil en velours rouge d'Auntie, dans son attitude habituelle, calme et composée, quitta son siège et sans un mot commença à danser la séguedille.

Elle dansait rarement devant nous et lorsqu'elle le faisait, je crois que nous nous sentions privilégiés d'avoir la chance de l'admirer en privé, cette danseuse autrefois célèbre ayant gâché sa carrière, redescendu les dernières marches menant au sommet de la gloire au nom de l'amour, ou plutôt, si vous préférez, au nom de cette folie qu'est l'amour. C'était du flamenco. Je le suppose du moins. Mais ce dont je suis sûre, c'est que la musique, la danse, la seule lampe allumée, les bougies, le vin, la convivialité et les amants, tout cela était extrêmement romantique.

Cette femme minuscule mais droite comme un i, aux cheveux noirs à l'image de Carmen, portait une robe dont le bas présentait une multitude de volants rouges. Elle souhaitait que nous tapions dans nos mains au son de la musique pendant qu'elle dansait, mais nous en étions incapables, nous avions l'impression de perturber la mélodie, la distance qui nous en séparait, l'ailleurs. Ces pas traditionnels de temps anciens, ces mouvements stylisés, ces tournoiements, suivaient un ordre prescrit, la musique se conformait à un schéma prédéterminé, le son de l'instrument de Mervyn s'y superposait de façon étrange, obsédante, et les flammes des bougies vacillaient au gré des déplacements d'air. A ce tableau — la porte s'ouvrit très doucement — vinrent s'ajouter Mark et Cosette, qui s'immobilisèrent aussitôt lorsqu'ils virent ce qu'ils avaient interrompu. En fait, il n'y eut pas de coupure à proprement parler car la danseuse ne marqua pas de pause. Ils se tenaient côte à côte, l'observant, et se rapprochèrent l'un de l'autre de façon à peine perceptible jusqu'à ce que leurs corps se touchent. Mark passa son bras autour de la taille de Cosette.

Les applaudissements retentirent quand ce fut terminé. Je servis un verre de vin à Mark et un autre à Cosette qui, contrairement à son habitude, ne refusa pas. Personne ne parlait. Un tel phénomène n'était pas rare à la Maison aux escaliers, où tout le monde se connaissait, était au courant des opinions du voisin, et où personne n'éprouvait le besoin de tenir une conversation en disant des banalités. C'était le genre d'endroit où on lisait des livres en présence de tiers. Cependant, j'eus l'impression ce soir-là que l'absence de mots était de nature particulière, comme si la communication s'établissait par d'autres moyens, par le toucher, la vue et la musique. Les amants se sentaient proches, absorbés l'un par l'autre, quant à nous trois, chacun seul, nous avions un monde intérieur où nous perdre. Rimmon dérapait déjà dans cette narcose emplie d'images monstrueuses dont il ne se remettrait jamais vraiment, la danseuse se remémorait peut-être le passé et son sacrifice, je pensais à Bell et me souvins des paroles de Felicity qui avait dit que, comme

Carmen, Silas n'avait plus nulle part où aller et rien d'autre à faire sinon mourir.

La musique fut changée, remplacée par un morceau de Massenet. La sonnerie de la porte d'entrée retentit, un chauffeur de taxi venait chercher la danseuse pour la ramener chez elle. Je pensais que Mark partirait en même temps, mais il se contenta de l'accompagner jusqu'à la voiture, et s'il ne prenait pas des airs de propriétaire, c'était la première fois, j'en étais certaine, qu'il se comportait comme l'hôte des lieux. Il réapparut, mais ne retourna pas à son fauteuil. Il s'assit sur l'accoudoir de Cosette, passa sa main très doucement sur sa tête dorée et posa son bras sur ses épaules. Elle leva les yeux et le regarda, sans sourire ; l'instant, dont on ne savait exactement ce qu'il renfermait, était trop grave. La musique se fit plus douce, chaleureuse, envoûtante. Au lieu de lui rendre son regard extasié, il contempla la grande pièce accueillante, éclairée à la lueur des bougies, s'attardant sur le couple du canapé, imbriqué comme deux morceaux de puzzle, puis sur celui du tapis, qui se tapotait des doigts et se couvrait de petits baisers, et enfin sur Mervyn et Mimi, assis à la table, elle la tête posée sur son épaule, lui l'entourant de son bras. La lumière se reflétait sur la mèche argentée qui traversait les cheveux bruns de Mark. Il tourna la tête et regarda Cosette, qui ne l'avait pas quitté des yeux. J'aurais juré à ce moment-là qu'ils avaient le même âge. Qu'ils éprouvaient une passion mutuelle.

Il se pencha en avant et l'embrassa sur les lèvres, il ne s'écarta pas tout de suite, prolongeant un instant le baiser. Vous ne me croirez pas si je vous dis que j'étais choquée, mais comprenez que c'était la première fois que je les voyais s'embrasser. Je me surpris à les regarder tout d'abord fixement, puis à détourner les yeux, heureuse de l'effet grisant du vin que j'avais bu, qui estompait la violence de constatations douloureuses. A la fin de ce baiser, Cosette, qui se sentait fière parmi ses invités, la reine de la soirée, avait pris des couleurs, un rouge rosé. Elle sourit, ne prononça que son nom : « Mark... »

Il lui tendit la main. « Il est temps de partir », lui dit-il, et il l'aida d'un geste léger à se lever.

Je pensais qu'il avait l'intention de rentrer chez lui. Elle l'accompagnerait à la porte d'entrée s'il lui en donnait le loisir ; il n'acceptait pas toujours qu'elle le fasse. Parfois il secouait la tête et lui indiquait de la main qu'elle devait rester assise. Elle lui obéissait chaque fois. Cette nuit-là cependant, elle passa son bras dans le sien, on aurait juré qu'ils sortaient tranquillement se promener. Peut-être s'agit-il d'une impression rétrospective, mais je crus lire sur le visage de Cosette un soupçon de crainte révélant dans son attitude une légère méfiance.

Elle me dit : « Tu serais gentille de veiller à ce que plus tard on éteigne toutes les lumières, ma chérie. » Elle avait parlé d'une voix assurée. Elle ajouta : « Enfin, les bougies je veux dire. Tu sais comme je me fais du souci. »

Elle donnait plutôt l'impression que rien au monde ne la préoccupait. Elle enfouit son visage dans le cou de Mark et il pencha la tête, ses lèvres effleurant le front de Cosette, comme dans un tableau que j'ai vu de Paolo et Francesca[1].

« Bonne nuit », lança-t-elle, et Mark répéta : « Bonne nuit. »

Ils ne refermèrent pas complètement la porte derrière eux. Les portes n'étaient jamais closes à la Maison aux escaliers, sauf celles des chambres. J'étais vraiment persuadée, je croyais encore, que j'entendrais le bruit de leurs pas descendant les marches puis celui d'une personne remontant seule. Cependant ils se rendirent au premier. Nous gardions tous le silence, à l'écoute, oubliant jusqu'à nos amours, notre désir, dans notre concentration, notre volonté de savoir. Sa porte se referma et personne ne redescendit. Mimi, qui avait retenu son souffle, l'exhala en un profond soupir.

Nous étions fous, non ? Il s'agissait simplement d'un couple qui avait décidé de rompre la glace, qui traversait et surmontait la gêne et le ravissement d'une première fois, d'autant plus chargée de craintes et de tensions que celle-ci avait été retardée si longtemps. Nous étions insensés d'en faire une telle histoire. Mais je vous raconte la façon dont les choses se sont passées, et l'on peut dire que d'un certain côté, l'événement prenait l'importance de la nuit de noces d'un monarque. Je tremblais en pensant à Bell, j'eus soudain peur pour Cosette.

Toutefois ma peur et mes frissons, les soupirs et la gêne, tout s'évanouit à l'arrivée de Gary et Fay, qui frappèrent à la porte d'entrée cinq minutes à peine après le départ de Mark et Cosette. S'ils montèrent la première volée d'escalier en se disputant violemment, se lançant des insultes et des imprécations, ils se turent quand ils déboulèrent dans le salon, nous voyant le doigt sur les lèvres comme si là-haut se trouvaient des bébés que nous avions enfin réussi à endormir à force de berceuses et de bercements.

XVII

Il me paraissait important de mettre la main sur Bell et de la prévenir avant qu'elle ne s'en aperçoive par elle-même. Je n'étais pas certaine du jour où elle reviendrait et, la connaissant, je ne m'attendais pas à ce qu'elle nous prévienne. Elle rentrerait quand bon lui semblerait, elle escaladerait les escaliers, les cent six marches, d'un pas fatigué ou au contraire énergique, sans s'arrêter à chaque palier, et s'enfermerait dans

1. Amants malheureux du Canto V de l'Enfer de *La Divine Comédie* de Dante (*N.d.T.*).

sa chambre. Je ne m'apercevrais sans doute de son retour qu'au bruit de ses mouvements au-dessus de ma tête.

En fait, je l'interceptai par hasard. Il était tôt et l'ensemble de la maisonnée dormait. Je descendis chercher le courrier, car j'attendais une lettre de mon éditeur. Le temps n'a pas grande importance aux yeux de Bell, elle n'a pas d'horaire régulier, peut-être parce qu'elle n'a jamais travaillé pour subvenir à ses besoins, peut-être pour d'autres raisons. Elle pouvait aussi bien se lever à cinq heures du matin que se coucher à la même heure. Ce matin-là, elle était partie de Thornham à sept heures pour arriver ici à neuf heures. Il faisait froid, nous étions au début du mois de janvier, et un vent glacial et âpre s'engouffra avec elle dans la maison lorsqu'elle déverrouilla la porte et entra. Elle avait à la main un sac en tapis, une mode hippie à l'époque, mais le sien était usé et décoloré. Sur ses épaisseurs de noir et de brun, elle portait un vieux manteau en fourrure de renard synthétique que je reconnus car il avait appartenu à Felicity. Ce qui s'était produit ne faisait aucun doute. Bell avait débarqué à Thornham munie de son habituel sac à chiffons rempli de jupes en coton et de pull-overs achetés dans des ventes de charité, n'avait rien emporté de chaud sauf le châle qui avait servi de linceul à Silas.

J'étais debout près de la table et lisais ma lettre. Nos regards se croisèrent et Bell, se rabattant sans doute sur un sujet qui depuis toujours meuble les conversations dans les moments de gêne, le temps, me dit : « Qu'est-ce que ça caille, bon sang ! »

Prise au dépourvu maintenant que le moment était venu, je cherchais fébrilement mes mots. Elle laissa tomber le sac, ôta le long foulard gris enroulé autour de sa tête et enfonça ses doigts à travers les boucles emmêlées de ses cheveux blonds. Bell a un visage majestueux, celui de Lucrezia Panciatichi, aristocratique, serein, aux proportions quasi parfaites ; un petit nez droit, des lèvres charnues, plissées, de grands yeux, un front haut. Comment une personne comme elle peut-elle posséder un tel visage ?

Elle leva le bras. « Alors, qu'en penses-tu ?

— Du manteau ? Felicity te l'a donné ?

— Je n'ai pas pu résister. Elle en a tellement qu'elle n'en a pas besoin. C'est ce qu'elle m'a dit, c'est exactement les mots qu'elle a employés. Il est hideux, non ? Enfin, quand on n'a pas le sou, on ne peut pas être exigeant. Cela ne tient pas vraiment chaud, pas comme un vrai.

— Felicity ne voudrait pas en porter un vrai », répondis-je, puis j'ajoutai, parce que j'espérais, de l'amour ou de l'amitié : « Je t'achèterai un manteau, Bell.

— Non, lança-t-elle. Non, merci. » Elle précisa sa pensée : « Si je ne peux pas avoir un manteau magnifique, un symbole de cruauté, un léopard des neiges par exemple, le type de vêtement que tu ne serais pas en mesure de m'offrir, je préfère encore les vieilles fripes de Mme Thinnesse.

— Voilà qui est franc.

— C'est dans ma nature. Pourquoi ne pas dire ce que l'on pense ? Je suis très pauvre — tu ne t'en étais pas aperçue ? A mon avis, cela ne t'est jamais venu à l'esprit. L'argent que j'ai récupéré de la vente de la maison du père de Silas a perdu de la valeur depuis cinq ans. Il me rapporte moins que la somme que j'avais à l'origine. J'en ai parlé à Esmond. Il dit que c'est parce qu'on a opté pour le système décimal et que ce n'est rien à côté de ce qui va arriver dans les prochaines années. »

Elle avait présenté le problème de façon embrouillée, mais je percevais vaguement ce qu'elle voulait dire. « Cela n'a aucun intérêt d'en parler, conclut-elle. Je pense souvent, d'ailleurs, que parler de quoi que ce soit ne sert à rien. » Elle ramassa le sac, passa devant moi et se dirigea vers l'escalier. Elle commença une ascension qui en raison du sac et du manteau serait longue et lente. Je la suivis et l'appelai : « Bell...

— Quoi ?

— Je pensais que tu aimerais être au courant, enfin je ne veux pas que tu sois — surprise. » J'avais failli dire « choquée ». « Mark est là-haut. Dans la chambre de Cosette. »

J'ignore à quelle réaction je m'attendais, mais ce n'était pas à celle dont je fus témoin : un sourire satisfait, le premier depuis qu'elle était rentrée, une expression de véritable ravissement, identique à celle que l'on pourrait lire sur le visage d'une personne apprenant qu'un ami a des raisons de se réjouir ou va bientôt se marier. « Cela dure depuis longtemps ?

— Une semaine.

— Ce n'est pas trop tôt. »

Nous nous mîmes à monter l'escalier ensemble. Elle retira sa fausse fourrure et je la portai. « Raconte.

— Que veux-tu que je te dise ?

— Mais si, comment c'est arrivé, ce qu'ils ont fait, comment tu as été au courant, tout cela. Tu sais bien ! »

Nous retrouvions les jours anciens, ceux où nous parlions et échangions des points de vue et des opinions que personne ne devait connaître. Nous nous tenions cependant juste devant la porte de Cosette et je mis un doigt sur les lèvres, comme chacun d'entre nous, cette première nuit où nous avions demandé à Gary et Fay de se taire. Bell articula sans bruit que je devais venir là-haut dans sa chambre. Il régnait dans la maison un calme et un silence dont d'autres demeures auraient été baignées la nuit. Même Gary, qui d'habitude se levait tôt, faisait la grasse matinée. Nous grimpâmes jusqu'au dernier étage. Avant de pénétrer dans sa chambre, je lui dis que Cosette avait refusé que quiconque y dorme en son absence, alors que la maison était pleine à craquer ; Bell se contenta de répondre que c'était gentil de sa part mais que cela lui aurait été égal. Elle n'y aurait vu aucun inconvénient. Et lorsque j'entrai, je me dis qu'en effet, il n'y avait pas de quoi. L'endroit était si dépouillé ; il ne présentait pas une seule empreinte de la personne qui y vivait, à moins de considérer les tableaux de Silas, dos tournés vers la pièce, comme une trace de vie. Pas de reproductions aux murs, pas de livres, pas de magazines, pas d'éléments décoratifs, pas de vêtements éparpillés, seulement un lit, une chaise, un cendrier aussi grand qu'une assiette à soupe, et d'ailleurs c'en était une autrefois, vide mais avec encore des traces de cendres, posé sur la table de chevet. L'air était confiné, sentait le renfermé, mais il faisait trop froid dehors pour aérer. A travers la fenêtre, je ne voyais que du ciel, blanc mais veiné de gris, déversant une fine bruine, de la pluie ou de la neige.

Je lui parlai du soir de la séguedille et elle écouta en approuvant et en riant de temps en temps, s'esclaffant à des endroits du récit que je ne trouvais pas drôles. Elle vida son sac en tapis en jetant sur le côté ces morceaux indéfinissables de tissu foncé, chiffonnés, aux couleurs passées, qui lui servaient de vêtements. Puis elle ferma la porte à clé. Elle vint s'asseoir sur le lit près de moi. Elle s'allongea avec moi.

« C'est vraiment bien, non ?

— Pour eux ?

— Pour tout le monde ! »

Elle me prit dans ses bras. C'était la première fois depuis des mois et ce fut la dernière pour toujours.

Mark habitait la Maison aux escaliers, mais à mon avis il avait conservé son appartement. En février, un moment de l'année des plus mal choisis, mais je suppose que cela n'a aucune importance quand on est en lune de miel, Cosette et lui se rendirent quinze jours à Paris. Cosette avait sans doute payé ; ils descendirent au George V. Je ne pouvais m'empêcher de penser à cet aspect des choses, j'y pensais constamment, au fait que Mark, comme les autres, était devenu un homme entretenu, même si, sans s'être exprimé de manière explicite, il avait fait comprendre que cela n'avait jamais été son intention.

En ce qui concerne les « autres », qui devait faire son apparition peu après leur retour sinon Ivor Sitwell ! Il se présenta un jour, au début de la soirée, sans prévenir. Cosette était trop heureuse pour s'embarrasser de reproches. Il l'avait trompée et l'avait traitée de façon honteuse, mais elle ne s'en souciait guère maintenant qu'elle avait Mark. Il l'avait d'ailleurs trompée avec Fay, et Cosette s'était réconciliée avec elle depuis longtemps. Elle sembla ravie de le voir et organisa pour nous tous une sortie au restaurant. Personne n'aurait pu se trouver plus de cinq minutes en leur présence, même quelqu'un d'aussi insensible qu'Ivor, sans se rendre compte que Mark était l'amant de Cosette. Par contre, il aurait été possible qu'un inconnu reste des heures entières en compagnie d'Ivor et elle sans se rendre compte de rien, mais la situation était différente aujourd'hui. Ce n'était pas simplement dû à sa façon de regarder Mark, mais à la façon dont lui la regardait. Il me fallait bien admettre, en dépit de mes craintes, de l'idée qu'il était vénal, corrompu, prostitué, que ses yeux se posaient sur elle comme si l'argent n'entrait pas en ligne de compte, comme s'il l'aimait passionnément.

J'avais reçu les premiers exemplaires de mon livre et Cosette était plongée dans celui que je lui avais donné quand Ivor arriva. Évidemment, elle débordait d'éloges. Ivor, lui retirant l'exemplaire des mains, déclara que je continuais « à en pondre ». Il était insupportable, comme toujours, mais ne fit aucune allusion cette fois-ci à la famille Sitwell. D'autres que Bell et son informateur avaient certainement flairé l'imposture. Il tenta de flirter avec cette dernière au restaurant, mais il est facile de s'imaginer le succès qu'il obtint. De toute sa vie commune avec Cosette, il ne s'était jamais montré aussi gentil envers elle que ce soir-là, alors qu'il la voyait avec un autre amant.

Nous étions nombreux, onze personnes à table, et par un malheureux hasard, je m'étais retrouvée à côté de lui. Bell était son autre voisine, puis venaient Mark et Cosette. Lorsque Bell eut mis fin à ses compliments et à ses avances par une réflexion dévastatrice comme elle savait les tourner, il se pencha vers moi et me confia que Cosette devait être heureuse d'avoir un « chéri » aussi charmant.

« Lui aussi est content, rétorquai-je.

— Sûrement. J'en suis certain. Qu'est-ce qu'il fait dans la vie ? »

Je lui expliquai. Ivor me dit qu'il avait probablement entendu sa voix, mais il n'avait évidemment pas l'impact d'un acteur de télévision, si ? « Il se repose à présent, j'imagine. »

Nous poursuivîmes notre conversation pendant un moment. Je n'avais pas grand choix. Par contre, Bell n'aurait pas hésité ; elle ne se serait pas donné le mal de lui répondre. Elle était isolée, mangeait, buvait une quantité non négligeable de vin, se taisait car elle n'avait personne à qui parler, ayant rejeté Ivor et se trouvant elle-même rejetée par Mark — du moins, temporairement abandonnée. Il n'avait d'yeux et de paroles que pour Cosette et, son repas terminé, sa chaise tournée vers elle, il lui parlait, chuchotant presque, d'une voix tendre, profondément intime. Je me souviens que je me dis alors qu'il existait entre Bell et elle une ressemblance certaine, assez marquée pour qu'on puisse les croire parentes. Et si Cosette avait l'air beaucoup plus âgée, bien entendu, et moins belle — il ne s'agissait pas là uniquement d'une question d'années —, elles possédaient le même type, une beauté blonde, nordique, un visage semblable à ces masques de walhallas, une Freya ou une Brunhilde. La main droite de Cosette était posée sur la nappe, une main blanche, potelée, très différente de celle de Bell, et Mark la recouvrit de la sienne. Elle lui répondit, puis il s'exclama, enchanté, ravi, transporté, sans doute entendu par toute la tablée : « Ma chérie ! »

Ivor me dit sèchement : « Évidemment, c'est un acteur. »

Des mots cruels, mais qui ne reflétaient que ma propre pensée. Et cependant... Quand j'étais au lycée et que j'étudiais *Esmond* de Thackeray, je me demandais comment lady Castlewood, qui est « vieille » et défigurée par la variole, peut soudain devenir belle. Eh bien, c'était pourtant ce qui était arrivé à Cosette, certainement pour la même raison. Elle paya l'addition et Mark la laissa faire. Il n'avait pas vraiment le choix. Cosette me confia peu de temps après qu'il avait passé une audition pour la télévision mais qu'il n'était pas photogénique. Je devrais plutôt dire télégénique, ce qui était particulièrement étonnant vu ses pommettes et sa bouche.

« Il est trop beau, me dit-elle. Tu comprends, on ne pourrait jamais lui donner un grand rôle, je veux dire qu'il n'est pas une star, et qu'il est trop beau pour un second rôle, il détournerait l'attention sur lui. »

Peut-être était-ce vrai. On aurait dit un verdict hollywoodien des années trente. Il se pouvait tout simplement que Mark ne soit pas un très bon acteur. Pour autant que je sache, il ne trouva plus de travail. Cependant il avait de nombreux centres d'intérêt : il lisait, se promenait, se musclait dans une salle de gymnastique avant que cela ne devienne la mode, il avait une passion pour le théâtre et emmenait Cosette voir des pièces jouées aux heures du déjeuner ainsi que des spectacles d'avant-garde ; il cuisinait, si bien que les repas à base de produits d'épicerie fine appartenaient désormais au passé. Étonnamment, il semblait ne pas avoir d'amis, ou s'il en avait, aucun d'eux ne venait à la Maison aux escaliers. Il devint ce que ni Ivor ni Rimmon auraient jamais pu devenir : le maître des lieux.

Je n'entends pas par là qu'il était dominateur, ou même autoritaire. Il ne se mit pas du jour au lendemain à dicter la conduite à suivre à l'ensemble de la maisonnée ou à dire à Cosette ce qu'elle avait à faire. Simplement lorsqu'il y avait une décision à prendre, il se trouve qu'il s'en chargeait. Et d'une manière qui, j'en suis consciente, peut paraître sinistre, alors que Mark était la personne la moins sinistre qu'on puisse imaginer, il commença à suggérer clairement que certains habitants de la Maison aux escaliers n'étaient pas les bienvenus.

Gary, par exemple, et Fay. « Il m'a demandé si j'avais jamais nettoyé la voiture de Cosette, me confia Gary. C'était ce qui était prévu quand je suis arrivé au début, m'a-t-il fait remarquer.

— Cela lui est égal à Gary, d'entendre ce genre de chose, expliqua Fay. Il n'est pas paranoïaque. Le problème, c'est la personne qui le lui reproche. Il comprendrait, si c'était Cosette.

— Sauf qu'on a du mal à imaginer Cosette disant une chose pareille. J'aurais bien voulu, moi, le laver de temps en temps ce machin, mais Cosette n'arrêtait pas de me dire que ce n'était pas la peine. »

Il se débarrassa de Birgitte et Mogens plus facilement. Je ne sais pas comment, mais je suppose qu'il leur demanda tout bonnement de partir. Ils étaient très jeunes, et Mogens était de ces rares Danois à ne balbutier que quelques mots d'anglais. Ils n'avaient nulle part où aller et très peu d'argent. Birgitte pleurait, même, lorsqu'ils partirent, escortés jusqu'à la porte par Mark, la scène m'évoquant une représentation d'Adam et Eve chassés du Paradis, lui abattu, elle en larmes et l'ange vengeur derrière. Cosette n'en savait rien, il le lui avait caché, et lorsqu'elle l'apprit, elle s'en attrista. Il lui confirma qu'ils ne risquaient rien, qu'ils pouvaient tenter d'apitoyer le consul danois.

« Toutes les bonnes choses ont une fin », lança-t-il.

Cosette le regarda, inquiète. « Ne dis pas cela !

— Enfin, je parle pour eux, pas pour nous. »

Comme Mervyn et Mimi n'étaient venus que pour passer des vacances de Noël prolongées, ils étaient déjà partis. Rimmon était plutôt malade. Il ne s'adonnait à aucune drogue précise, mais il avait fini par s'empoisonner avec la quantité de choses qu'il avait ingurgitées ou s'était administrées par piqûre au cours des deux ou trois dernières semaines. Il était extrêmement maigre et mangeait très peu, il avait perdu l'appétit, et il se promenait à travers la maison, les yeux pâles et caves, ne faisant rien. Mark refusait de l'appeler Rimmon, insistait pour employer son vrai nom, Peter. Presque tout ce qu'on lui disait, même s'il ne s'agissait que d'une légère critique, le bouleversait, et lorsque Mark déclara qu'il ne pouvait continuer ainsi, qu'à l'évidence il avait besoin d'un traitement psychiatrique, il se mit à pleurer. Mark ne parlait jamais fort, ne se montrait pas agressif, loin de là, il était toujours gentil et semblait réfléchir soigneusement à ses paroles, mais cela n'empêcha pas Rimmon de pleurer et on aurait dit qu'il ne pouvait plus s'arrêter, ses larmes coulant doucement en un filet continu. Finalement, Mark fit venir un médecin — naturellement, le médecin personnel de Cosette était un homme aux méthodes douces — et le pauvre Rimmon fut emmené dans un hôpital psychiatrique, disparaissant à jamais de notre existence, de la mienne du moins.

Je commençais à me demander qui serait le prochain à partir. Gary et Fay étaient encore là, mais ils avaient déjà compris qu'on ne faisait que tolérer leur présence ; on leur donnait sans arrêt des instructions, et plus tôt ils trouveraient un appartement ou une chambre ailleurs, mieux cela vaudrait. Envers les amis de Cosette en dehors de la maison, son attitude était différente. Il accueillait à bras ouverts Admetus et Eva Faulkner, qui s'étaient mariés quelques mois plus tard, de même que Perdita, Luis, les Castle et les frères de Cosette. Ils étaient tous des personnes respectables, plus ou moins, ils avaient un emploi ou sinon des occupations, ils ne se droguaient pas, n'avaient pas d'horaires bizarres, n'achetaient pas leurs vêtements dans des ventes de charité et ne faisaient pas l'amour en public. Parfois, je surprenais Mark à observer Bell d'un air spéculateur quand celle-ci était étendue sur le canapé de Cosette, fumant cigarette sur cigarette, ou bien quand elle se rendait dans la pièce du téléviseur, ou encore quand il la rencontrait dans les escaliers, montant les marches, enveloppée de la fourrure synthétique de Felicity. Je me demandais alors si on ne pouvait pas aller jusqu'à penser que les jours de Bell à la Maison aux escaliers étaient comptés.

« Ils vont se marier », affirma-t-elle un soir alors que nous étions seules dans le salon, Mark et Cosette étant partis voir une pièce dans un théâtre de banlieue. « Tu verras.

— Je suppose qu'elle en a envie.

— C'est ce qu'ils veulent tous les deux. Tu connais mon opinion là-dessus. Le mariage est un compromis financier. Tu t'en rendrais compte si tu n'étais pas aussi sentimentale.

— Tu veux dire, rétorquai-je, qu'elle le désire, et que lui désire son argent.

— C'est moi d'habitude qui m'exprime de façon aussi crue, lança-t-elle, mais bon, d'accord, c'est à peu près cela. Je t'en ai déjà parlé, il sera gentil avec elle, il la traitera bien.

— Elle a dix-neuf ans de plus que lui. Quand elle aura soixante-dix ans, il aura juste dépassé la cinquantaine. »

A ses mots, Bell me lança un regard étrange. Comme si mes paroles étaient incroyables, comme si j'évoquais des événements pas seulement distants mais en dehors des limites du possible. Je ne compris pas pourquoi, à ce moment-là. Je pensais qu'elle sous-entendait tout autre chose.

« Tu veux dire que cela n'aura aucune importance parce qu'il fréquentera d'autres femmes ?

— On ne peut pas vraiment s'attendre qu'il lui reste fidèle pour le restant de ses jours.

— Elle en mourrait.

— Les gens ne meurent pas aussi facilement », soupira-t-elle, comme à regret. « Cela résoudrait un tas de problèmes, pas vrai, si les gens succombaient parce qu'ils sont jaloux ou parce qu'on les rejette ? Imagine un peu que ce soient des maladies mortelles. "Elle en est au dernier stade de la jalousie", ou encore : "Il n'en a plus pour très longtemps maintenant qu'on l'a laissé tomber." »

Je ne lui demandais pas de préciser sa pensée. Je croyais qu'elle parlait de Silas ou même d'Esmond Thinnesse. Cependant, lorsque Mark et Cosette revinrent au bout de quelques heures, je m'attendais plus ou moins à ce qu'ils nous fassent part de leur intention de se marier. Je n'aurais pas été surprise si l'un d'entre eux m'avait annoncé qu'ils avaient une chose à nous dire, puis nous avait invités à la mairie de Kensington le samedi suivant ; ou encore, comme Cosette était romantique et qu'il existait chez Mark un aspect traditionnel, cérémonieux, à une bénédiction nuptiale selon les rites de l'Église anglicane à St Michael the Archangel.

Il ne se passa rien de la sorte. La pièce était enfumée par nos cigarettes et Mark ouvrit les fenêtres donnant sur le balcon. Nous étions au mois d'avril, il faisait froid, et le vent soulevait les rideaux en velours rouge qui s'enflaient, frissonnaient. Un tel geste aujourd'hui n'aurait rien d'exceptionnel, c'est une pareille tabagie qui serait inhabituelle, mais pas à l'époque, c'était normal, tout le monde fumait dans la maison, sauf Mark. Il s'était ensuite éventé de la main, et l'ensemble de son attitude semblait exprimer un reproche — ou pire encore, car il regarda Bell avec dégoût, comme s'il savait parfaitement qu'elle avait fumé la majorité des cigarettes. Il l'observa comme s'il souhaitait qu'elle ne soit pas là.

Bell lui rendit un regard bien à elle, plein d'impudence et de défi, qui semblait dire, je t'ai amené ici, j'ai mis la chance sur ton chemin, tâche de ne pas l'oublier. Tu ne te débarrasseras pas de moi comme tu l'as fait avec Birgitte. Évidemment, ce n'était qu'une vue de l'esprit, en fait je me trompais complètement. Le regard de Bell signifiait beaucoup de choses, mais pas celles que je m'étais imaginées.

Elle quitta la pièce juste après leur retour. J'avais remarqué qu'elle n'aimait pas se trouver en leur compagnie et je lui avais même demandé pourquoi Cosette lui était antipathique. Sa réponse me glaça.

« Ce n'est pas une question d'antipathie. Elle m'est indifférente. »

J'aurais dû lui demander comment elle avait le culot, étant donné ses sentiments, de profiter de la générosité de Cosette, mais je m'abstins. Parce que je l'aimais, j'avais besoin d'elle, de sa compagnie, de nos conversations épisodiques, de l'illusion qu'elle était encore ma meilleure amie. J'avais commencé à nourrir la crainte qu'elle partirait, soit de sa propre volonté, soit parce qu'une chose l'y contraindrait. Mark l'y contraindrait ; c'est de cela que j'avais peur.

Quelques jours plus tard, Mark me demanda de dîner avec lui.

Il proposa un soir où Cosette était au mariage de sa nièce. Il s'agissait de la jeune fille qui était venue à la Maison aux escaliers et s'était entendu dire par Rimmon qu'elle dormait sur le canapé où Auntie était morte. C'était un grand mariage qui avait lieu dans le Kent. Il y aurait une soirée disco et Cosette avait promis d'y participer. Mark n'avait pas été invité. Leonard et sa femme le connaissaient, l'avaient rencontré à la Maison aux escaliers, et Mark les avait traités avec la plus grande courtoisie, mais je pense qu'ils trouvaient toute l'affaire assez déconcertante. Ils n'avaient pas voulu demander s'il était un ami, un domestique de bonne compagnie, le « fiancé » de Cosette, ou je ne sais quoi. Sans doute ne s'étaient-ils pas rendu compte qu'il habitait avec elle. En tout cas, il ne fut pas convié à leurs noces. J'étais très surprise qu'il me proposât de passer un moment en tête à tête avec lui, le premier soir où il se trouverait seul sans elle. Je me souvins un instant des paroles de Bell ; il y avait peu de chance qu'il reste fidèle à Cosette jusqu'à la fin de leur vie. Néanmoins, je n'arrivais pas à me considérer comme une éventuelle concurrente, car j'étais certaine qu'il éprouvait aussi peu d'attirance envers moi, que moi envers lui.

Soudain, je me dis qu'il voulait certainement organiser une fête. « Tu as invité Bell ? » demandai-je.

Était-ce mon imagination ou le simple fait de mentionner son nom ces jours-ci entraînait-il chez lui, sinon une grimace crispée, du moins un repli sur lui-même, comme s'il reprenait courage pour parvenir à répondre ?

« Il n'y aura que toi et moi, expliqua-t-il. J'ai quelque chose à te dire. »

Il y avait de grandes chances pour qu'il me présente un ultimatum. J'étais le prochain habitant de la maison qu'il voulait voir partir. Au cours d'un élégant dîner payé grâce à l'argent de Cosette, il me demanderait, usant de son charme et de son tact en raison de la place particulière que j'occupais dans le cœur de cette dernière, si je ne pensais pas qu'il était temps d'abandonner mes deux agréables pièces et de me trouver un appartement.

Vous le voyez, j'en étais presque venue à éprouver de l'antipathie envers Mark. Il représentait une menace, un voleur d'amour qui s'interposait entre Cosette et moi. Ainsi qu'ils l'avaient souhaité, je comprenais tout de travers.

XVIII

Nous habitions la même maison mais nous ne nous y étions pas rendus ensemble. Nous nous étions rencontrés au restaurant. Il s'agissait d'un bistro pas très loin de la gare de Paddington, sans faste mais pas sordide non plus. Pour une raison ou pour une autre, je n'avais pas parlé à Bell de ce dîner avec Mark — sans doute parce que je n'en avais pas eu l'occasion, je ne l'avais pas croisée — et plus tard, je fus heureuse de n'en rien avoir dit. Je partais du principe que Cosette ignorait tout de notre rencontre et je fus surprise d'entendre Mark me confier, ce fut presque ses premiers mots : « C'est Cosette qui a eu l'idée que l'on se retrouve en dehors de la maison. Tu sais comment cela se passe, là-bas, on ne peut jamais être sûr que quelqu'un n'est pas là à tendre l'oreille. »

Son sourire et ses sourcils relevés avaient quelque chose de lugubre. Cette foule de gens, semblait-il conclure, tapis derrière les portes, à espionner, à profiter. Son insinuation n'était d'ailleurs pas totalement dénuée de fondements car Gary et Fay n'avaient pas encore déménagé et, à sa grande déception, Diana Castle et son petit ami avaient soudain refait surface, suppliant Cosette de les loger pendant une semaine, pas plus assuraient-ils, et bien entendu Cosette avait accepté. Cependant, quand il évoqua cette « idée » de Cosette, je m'inquiétai aussitôt. J'avais du mal à croire qu'elle déléguerait Mark pour me mettre à la porte, mais il avait beaucoup d'influence sur elle, son emprise grandissait de jour en jour. Elle devenait son esclave, et le mot n'a rien d'exagéré.

« Qu'avais-tu à me dire, Mark ?

— Plusieurs choses, en fait. »

Il s'interrompit. S'exprimant d'habitude avec aisance, il semblait à ce moment-là incapable d'articuler sa pensée ; mes craintes se renforcèrent. J'eus l'impression qu'il prenait un air presque menaçant, comme un messager qui vient annoncer une mauvaise nouvelle. Soudain, je m'attendis à tout autre chose. Même s'il m'avait déclaré que notre rencontre était une suggestion de Cosette, je pressentis qu'il allait me faire part d'une brouille à venir, de ses engagements vis-à-vis d'une autre femme, ou pire encore, d'un futur mariage avec la personne en question. Son silence était pesant. N'y tenant plus, je me penchai en avant et dis d'une voix dont on se sert pour secouer quelqu'un et le sortir d'un état de transe : « Mark, que se passe-t-il ? »

Il sourit, hocha la tête. « Rien, absolument rien, il n'y a pas de quoi faire cette mine. Je trouve que certaines choses sont difficiles à dire, c'est tout. »

Puis, il finit par parler. Le choc fut plus grand que s'il m'avait confié sa volonté de quitter la Maison aux escaliers, de ne plus y remettre les pieds, de partir à l'autre bout de la terre. Les mots sortirent rapidement, se bousculèrent presque.

« Je suppose que tu as dû t'apercevoir à quel point je suis amoureux de Cosette. »

Je me contentai de le regarder. Je me tus.

« Ce n'était pas le cas au début, poursuivit-il. Évidemment je l'aimais bien, beaucoup même. » Et tout d'un coup : « Eh bien, je suis tombé amoureux d'elle. » Il lâcha un petit rire. « D'abord, je n'arrivais pas à y croire. Cela semblait si... improbable. » Pourquoi ? Parce qu'elle était tellement plus âgée ? Parce qu'il n'était pas du genre à tomber amoureux ? Il ne s'expliqua pas, cependant il oublia ses réticences et ce qui avait sans doute été de la gêne. « J'ai tenté de m'en empêcher, de me répéter que c'était ridicule. Il n'y a rien eu à faire. Maintenant, je n'ai bien sûr aucune envie d'arrêter — l'idée est même inconcevable, risible. Tu as l'air étonnée. Tu n'avais pas remarqué ? J'étais persuadé qu'on s'en rendait compte à chacune de mes paroles, que tout en moi trahissait mon sentiment. »

Il était parfaitement sincère. Aussi transporté par sa passion que Cosette lorsqu'elle m'avait parlé de la force de son amour, de sa certitude qu'elle en mourrait. Il se pencha au-dessus de la table, me lançant un regard ardent, et le serveur qui s'approcha dut croire qu'il m'était destiné. J'étais tellement abasourdie que je me contentai de hocher la tête. Quand quelqu'un s'exclame, « je suis amoureux », on sait immédiatement ce qu'il veut dire même si on se trouve bien en peine de décrire son émotion. C'est différent de « j'aime », non seulement du point de vue quantitatif mais qualitatif, c'est en fait beaucoup plus fort que des expressions extravagantes telles que « j'adore », « je suis fou de ». Cela implique un engagement obsessionnel, englobe les notions d'esclavage, d'aveuglement, d'acceptation totale, de fidélité absolue, d'exclusivité involontaire, et de sécurité. Au-dehors, il y a le monde, qui ne peut entrer. Lorsque je dépassai le stade de l'incrédulité profonde pour accorder à ses propos une foi absolue, j'éprouvai un énorme soulagement. A l'égard de Cosette, parce qu'elle était en sûreté.

« En fait, dit-il, je n'ai pas vraiment envie que l'on s'en aperçoive. » Cette confession, j'allais pouvoir en juger plus tard, était d'une grande importance.

« C'est pour cette raison que tu t'es répété que c'était ridicule ? »

Parce qu'elle était vieille, pensai-je, parce qu'elle était si facile à berner. Ce n'était pas ce qu'il avait voulu dire, je m'en rendrais compte par la suite. Toujours est-il qu'il ne se rappelait plus avoir employé un tel mot.

« Ah bon, j'ai dit cela ? C'est ridicule à mon âge, je suppose. »

Et au sien alors ? « Pourquoi m'en parles-tu ? »

— Parce que pour elle, tu es plus qu'une amie. Tu es presque sa fille adoptive. »

Nous commençâmes notre repas. J'étais stupéfaite de son discours et je l'écoutais avec un plaisir croissant. Cependant, j'en avais perdu l'appétit. Je mangeais du bout des lèvres. Je bus le vin dans mon verre.

« Il y a certaines choses que j'ai l'intention de faire, annonça-t-il, et d'autres pas. J'ai pensé que par correction je devrais te mettre au courant. Sinon l'avis de tiers, en dehors du tien, ne présente à mes yeux aucun intérêt. Tout d'abord, je ne vais pas me marier. »

Autant pour les intuitions de Bell, songeai-je.

« On pourrait imaginer que ce serait pourtant logique quand on éprouve des sentiments comme les miens, que le mieux serait de témoigner en public de mon attachement. Si je ne le fais pas, c'est parce que Cosette — il s'interrompit, pesant ses mots — est très riche. Je trouve qu'il ne serait pas — enfin, honorable de ma part d'envisager de l'épouser. Tu comprends ce que je veux dire ? »

Je faillis éclater de rire. Je connaissais beaucoup de gens, des personnes âgées, mon père et les frères de Cosette par exemple, selon lesquels la seule chose honorable qu'un homme puisse entreprendre avec une femme était de l'épouser. Si une femme vivait maritalement, son compagnon ne l'épouserait jamais, auraient-ils affirmé, il n'en ferait pas une

« honnête femme ». Et voilà que Mark soutenait qu'il ne serait pas honorable de se marier avec une femme riche. Mais je saisissais sa pensée. Je me disais même qu'une considération semblable était assez admirable et il me donna une impression de solidité, de rigueur.

« On pourrait croire que tu l'épouses pour son argent, lançai-je.

— Si on veut s'exprimer crûment, oui. » A l'évidence, mon résumé de la situation ne lui avait pas plu. « Évidemment, en l'occurrence, si je vis avec elle — et j'en ai l'intention tant qu'elle voudra de moi, toujours je l'espère — sa richesse finira par déteindre un peu sur moi. J'en tirerai forcément profit. Mais au moins — je n'y aurai pas droit. » Il parlait comme si les lois sur le respect des biens de la femme mariée[1] n'avaient jamais été votées, mais là aussi, je sus ce qu'il voulait dire. Le serveur vint à notre table, et Mark commanda une autre bouteille de vin. Nous buvions énormément, sans doute pour lutter contre l'émotion. Il me regarda et fut parcouru d'un bref frisson, se débarrassant ainsi de son air de circonstance comme d'autres retirent une cape. Il dit simplement : « Je suis si heureux. Je n'ai jamais été aussi heureux.

— Cela se voit, répondis-je.

— Ensuite, je voulais t'annoncer que nous n'allons pas continuer à vivre là où habite Cosette actuellement. » Il évitait toujours de se référer nommément à la Maison aux escaliers. Je m'en apercevais soudain pour la première fois. « Je n'ai jamais aimé le 15 Archangel Place. » En prononçant l'adresse, il avait employé un ton théâtral. Son enthousiasme de la première visite était visiblement oublié. « C'est un endroit qui n'est pas pratique. Cosette dépense des fortunes à l'entretenir — cela profite d'ailleurs principalement aux autres, je ne parle pas de toi, Elizabeth — et après tout, ce n'est qu'un maudit escalier qui se ramifie en plusieurs pièces ! C'est de la folie.

— Cosette adorait cette maison.

— Quand on y pense, elle l'a achetée pour une raison précise. Elle cherchait un antidote contre la solitude, partant du principe que lorsqu'on possède des chambres vides, celles-ci finissent forcément par se remplir. Et c'est d'ailleurs ce qui s'est produit. A présent, elle a autant envie d'être avec moi, fort heureusement, que moi avec elle.

— Seule avec toi ? » Je pensais à Bell, mais lui, évidemment, crut que je parlais de moi-même. Il dit aussitôt, usant d'un cliché sans pareil : « Il y aura toujours de la place pour toi chez nous, Elizabeth. »

J'eus l'impression qu'on m'attribuait le même rôle qu'Auntie. Je ne souhaitais pas spécialement vivre en compagnie de ces deux tourtereaux. « Où irez-vous ? demandai-je.

— Nous pensions à une petite maison dans une ruelle tranquille. »

1. Les *Warried Women's Property Acts* dont il est question ici ont été votés à la fin du XIXe siècle (*N.d.T.*).

Il n'y aurait pas de place pour Bell. Et je la perdrais à jamais. Ce changement marquerait une rupture et nous serions séparées sans espoir de nous revoir, je le pressentais.

« Bell sera très heureuse pour vous, dis-je. Elle pensait que vous alliez vous marier ; elle n'avait pas tout à fait raison, mais dans le fond elle ne s'est pas trompée. »

Une ombre passa sur son visage. On aurait dit que sa joie, son rayonnement, disparaissait derrière un volet que l'on ferme. Son regard, d'abord envahi de lumière, de gens heureux célébrant leur bonheur, s'éteignit ; la porte s'était rabattue. « J'aimerais que tu n'en parles pas à Bell pour l'instant, si cela ne te dérange pas.

— Du déménagement, tu veux dire ?

— De quoi que ce soit. Peu importe si elle croit que nous allons nous marier. Cela ne me surprend pas, d'ailleurs, qu'elle imagine une chose pareille.

— Parce qu'à ton avis, elle fait partie de ces gens qui pourraient penser que tu l'épouses pour son argent ? »

Comme mes inhibitions s'effaçaient sous l'effet de l'alcool, je prenais des libertés. Il n'était pas content.

« Je t'ai déjà expliqué que l'opinion des autres n'avait aucune importance.

— Tu ne veux pas que je raconte à Bell que tu es amoureux de Cosette, que tu vas vivre avec elle, que tu ne vas pas te marier et que tu vas quitter la Maison aux escaliers ? »

Il se voyait obligé d'acquiescer, de me donner raison, mais cela lui déplaisait. J'avais été persuadée qu'il avait du caractère, à sa façon de parler, d'exprimer ses convictions avec une étonnante clarté, de toujours sembler connaître sa propre pensée, de prendre des décisions lorsque Cosette vacillait, mais maintenant je comprenais que ce n'était pas le cas. C'était un faible. Il ne se montrait volontaire que lorsque aucun effort n'était requis, lorsque aucune barrière ne se dressait devant lui. Cosette était bien plus forte que lui. J'eus une pensée étrange. Se pouvait-il que la vigueur de l'amour de Cosette, cet amour qui absorbait une énergie phénoménale et dans lequel elle se projetait tout entière, corps et âme, se pouvait-il qu'il ait contaminé Mark, soit parvenu à extraire de lui un amour réciproque, à allumer un feu là où à l'origine il n'y avait qu'étincelle ? Il paraissait faible, assis sur sa chaise, il avait l'air jeune, apeuré, singulièrement mélancolique, comme s'il avait enfin trouvé ce qu'il avait cherché toute sa vie et n'avait qu'une seule crainte : voir son rêve lui échapper. A l'évidence, Cosette était une mère pour lui, et lui, il lui tenait lieu de fils ; il s'agissait d'un aspect important de leur relation, qui ne représentait cependant qu'une petite part d'un ensemble complexe. Ce regard indécis, appréhensif, quitta son visage, et ses yeux prirent une expression de plus en plus dure. Mark sourit.

« Bien entendu, nous informerons Bell en temps voulu. Nous préférons simplement que tu ne lui en parles pas pour le moment. En fait, Cosette a le sentiment que d'une façon ou d'une autre, elle devra se racheter vis-à-vis d'elle. Elle envisage d'offrir à Bell un appartement — enfin un studio, tu vois. »

Je me tus. D'après mes souvenirs, la conversation ne se poursuivit pas sur le même sujet. Nous n'avons jamais eu grand-chose à nous dire, Mark et moi. Par politesse, je suppose, il fit de son mieux pour assumer son rôle pendant que nous mangions notre fromage et finissions notre troisième bouteille de vin. Il ne buvait jamais et sa voix s'épaississait à mesure qu'il me parlait d'un acteur de sa connaissance, d'une actrice, d'une pièce dans laquelle il avait joué en tournée et dont l'auteur avait dû supprimer un passage afin de ne pas offusquer les esprits de Middlesborough. En même temps que le brie et les biscuits, je digérais la nouvelle qu'il m'avait annoncée, le fait que Cosette, pour dédommager Bell de la perte de sa chambre, lui achèterait un appartement ; je n'en revenais pas.

Je ne m'étonnais pas d'une pareille intention de la part de Cosette. Elle était tout à fait capable d'un tel geste si elle estimait que la personne se trouvait dans le besoin. Il suffisait finalement de songer à Auntie. Cependant, quelqu'un lui avait forcément mis l'idée en tête au départ. Pourquoi aurait-elle songé un seul instant qu'elle avait le devoir de dédommager une femme jeune, en bonne santé, qui ne lui était rien, et en outre qui ne l'aimait pas parce que celle-ci ne disposerait plus d'une chambre pour laquelle elle n'avait jamais versé un semblant de loyer ? Mark le lui avait-il suggéré ? J'éprouvais une gratitude passagère à la pensée qu'au moins, on ne me proposait pas de me procurer un pied-à-terre.

Ainsi, Bell devait rester dans l'ignorance, ne devait rien savoir, pas même, m'avait-on clairement fait comprendre, qu'elle se trompait en croyant à un futur mariage. Il fallait qu'elle se cantonne dans ses fausses idées. On la mettrait au courant au moment de la vente de la Maison aux escaliers, puis elle devrait se satisfaire des titres de propriété d'un studio avec kitchenette et salle de bains, au nord de Kensington. Je décidai de questionner Cosette ; je n'allais pas laisser Mark me dicter ma conduite. Seule dans le taxi me ramenant à la maison — il en avait pris un autre pour aller attendre Cosette à son train, à la gare de Victoria, de Waterloo, ou je ne sais trop où — je me surpris à élaborer les plans les plus fous, l'achat d'un appartement à moi où je demanderais à Bell de venir s'installer. Elle refuserait, bien entendu, elle ne viendrait pas. J'imaginai qu'elle disparaîtrait de nouveau, qu'elle partirait un jour pour ne plus revenir, et que dix ans plus tard, je me rendrais à une soirée où elle apparaîtrait, peut-être annoncée par un personnage semblable à Ivor Sitwell, affirmant que la plus belle femme qu'il avait jamais vue était sur le point d'arriver...

Je me trompais. Comme d'ailleurs au sujet de Cosette et de Mark, et du tableau que je me faisais d'eux dans leur future vie commune. J'avais même décidé de leur prochaine adresse, une petite ruelle au nord de Westbourne Grove, où les maisons ressemblaient à des cottages rustiques, un style qui leur conviendrait, ils vivraient peut-être dans l'une de celles dont le jardin était agrémenté d'un grand arbre à fleurs jaunes.

Depuis lors — longtemps après cependant, car durant des années j'ai tenté de ne plus y songer — je me suis parfois demandé quel type de vie ils auraient mené ensemble.

En tout cas, ils auraient partagé la même vie, leur relation aurait duré, j'en suis certaine. Et Mark l'aurait épousée, si ce n'est que parce que peu à peu, elle en aurait eu terriblement envie. Il ne supportait pas de lui infliger une déception. Il aurait dédié sa vie à la rendre heureuse, comme il avait déjà commencé à le faire. Je pense qu'ils seraient devenus un couple plutôt fermé sur lui-même, un dont on dit que les deux partenaires sont « complètement obnubilés par l'autre ». Il n'y aurait sans doute plus eu de locataires logés gratuitement, d'invités ne participant jamais aux frais, de visiteurs arrivant une nuit pour rester l'année entière. De manière générale, peu de gens auraient été conviés, à par moi, Bell évidemment, Luis Llano et Perdita Reed, Walter et Eva Admetus peut-être, les frères de Cosette, les amis qu'il arrivait à Mark de mentionner mais qu'on ne voyait jamais. Parfois, on aurait vu Mark et Cosette dînant en tête à tête dans un illustre restaurant, le *Connaught* peut-être, ou le *Gavroche*, commémorant un événement, leur première rencontre, leur première nuit d'amour, leur mariage, ignorant la présence des tiers, les yeux pleins d'ardeur, rivés dans ceux de l'autre, leurs mains se touchant, leurs doigts enlacés reposant sur la nappe. Et ce serait désormais Mark qui paierait l'addition, ou plutôt se chargerait d'en assurer le règlement en signant le chèque ou en présentant la carte de crédit. Car elle aurait tellement pris l'habitude de s'en remettre à lui pour les questions d'ordre pratique, de le laisser s'occuper de tout, qu'ils auraient complètement oublié à qui appartenait l'argent au départ.

« C'est vrai que tu vas acheter un appartement à Bell ? demandai-je à Cosette.

— Je préférerais t'en offrir un à toi, ma chérie.

— Je me débrouillerai, répondis-je. Merci, mais tout ira très bien. Cela ne me fera pas de mal d'essayer de voler de mes propres ailes, comme on dit. Il est d'ailleurs grand temps. Mais tu as vraiment cette intention en ce qui concerne Bell ?

— Eh bien, expliqua-t-elle, d'après ce que je comprends, Mark pense que — le coup sera moins rude.

— Quel coup ?

— Il semble penser que la vente de la maison et notre déménagement ne lui feront pas plaisir. Enfin, je crois que c'est ce qu'il veut dire. Ce n'est pas vraiment très clair. Il m'a l'air un peu perdu. J'ai l'impression que dans son idée, si Bell était — enfin, dédommagée, elle serait moins déçue.

— Mais pourquoi serait-elle déçue ?

— Elle n'aura plus de chez elle, après tout. Il s'est mis dans la tête qu'elle adorait cette maison. Sur ce point, je la comprends parfaitement, moi aussi je l'adore, mais elle correspond à une étape de ma vie, elle fait partie d'un projet que j'avais envie de mener à bien, mais à présent, il faut que je passe à autre chose. Il s'agissait d'une sorte de rêve, c'est de vivre seule avec Mark dans une maison si petite que nous serions obligés d'être proches l'un de l'autre parce qu'il n'y aurait pas assez de place pour rester éloignés. Tu me trouves insensée ? Tu sais, nous souhaitons lui et moi la même chose ; on ne peut quand même pas être fous tous les deux. Et dire que je croyais l'aimer tant que j'en mourrais ! Maintenant je l'aime tellement que je veux vivre pour cet amour. Oh Elizabeth, comme j'ai de la chance, parfois je n'arrive pas y croire, je ne parviens pas à me dire qu'une personne peut être aussi heureuse, que la situation peut durer éternellement, qu'il éprouve des sentiments pareils aux miens. »

Cosette qui auparavant parlait rarement d'elle-même, donnait toujours la priorité aux autres, était à présent métamorphosée par l'amour. Elle faisait dévier la moindre conversation sur ses propres émotions et, bien entendu, celles de Mark. Elle avait oublié Bell.

Je n'eus pas de mal à respecter ma promesse vis-à-vis de Mark car je ne voyais Bell pratiquement jamais. Je l'entendais simplement, le bourdonnement monotone de la télévision dans la pièce du rez-de-chaussée, le grincement de la cent quatrième marche, ses pas au-dessus de ma tête. Elle m'évitait, je pense d'ailleurs qu'elle évitait tout le monde. Je pris des mesures en vue d'acheter une maison. J'avais largement les moyens, je m'en sortais très bien avec mes livres, bien mieux que si j'avais suivi la carrière à laquelle me destinait ma formation et exercé le métier de professeur, que si j'étais devenue proviseur ou encore si j'avais enseigné à l'université. A force de passer beaucoup de temps à scruter les vitrines des agences immobilières, j'avais réussi à me faire envoyer des informations sur des appartements.

La Maison aux escaliers était devenue silencieuse, bienséante même. Autrefois, il m'était arrivé de ressentir, alors que j'étais installée dans mon bureau et tentais d'écrire, une certaine exaspération à force d'entendre du bruit, de la musique, des pas montant et descendant les escaliers en courant, des appels ou des cris, des claquements de porte. Les êtres humains sont à ce point pervers que désormais ces bruits me manquaient. La solitude me poussa vers Robin (dans un de mes romans, j'aurais dit qu'elle me projeta dans ses bras) et suscita un rapprochement plus étroit qu'il ne l'aurait été en temps normal, nos tempéraments étant particulièrement incompatibles. Puis Elsa vint séjourner dans la maison.

Je crois que je préfère la compagnie des femmes.

Voilà un aveu que personne n'aurait osé faire au début des années soixante-dix. On aurait automatiquement interprété une telle remarque comme une volonté de transformer la nécessité en vertu ; si on s'accommodait de la présence de femmes, c'était parce qu'on était incapable de se trouver un homme. Les choses ont changé et on accepte que quelqu'un préfère s'entourer de femmes, on considère un tel choix comme tout à fait raisonnable, intelligent même. Je débordais de joie quand Elsa arriva. Elle avait toujours été ma meilleure amie, elle l'est encore. Pour la première fois, tirant profit de mon statut de fille-de-la-maison, je pris seule la décision d'inviter quelqu'un à rester, je ne demandai pas l'avis de Cosette au préalable. De toute façon, il était impensable que celle-ci refusât de l'accueillir.

Elsa avait dû louer un appartement en attendant d'emménager dans le logement qu'elle était en train d'acheter. Ses affaires s'arrangeaient, mais à l'époque il n'était pas si simple pour une femme divorcée d'acheter un appartement à crédit. Aussi y avait-il des retards, et son bail de trois mois arrivait à son terme alors qu'elle n'avait aucune possibilité de renouvellement.

« Cela durera peut-être un mois ou même davantage », dit-elle lorsque je l'invitai.

« Cosette va regretter que tu ne restes pas plus longtemps — tu verras. »

Pas Mark. Il n'était pas très content. Mais visiblement, il pensait que ce genre d'agissements prendrait bientôt fin, obligatoirement, dès qu'ils posséderaient une maison sans chambres d'amis. Je m'en apercevais. Bell par contre semblait ne pas s'en rendre compte. Elle paraissait attendre qu'un événement se produise, elle avait l'air de guetter le moment opportun. Elle observait Mark ; lui ne la regardait plus.

Nous installâmes Elsa dans l'ancienne chambre d'Auntie, à l'étage au-dessous du mien. Toutes les affaires de la vieille femme s'y trouvaient encore, les appuis-tête sur les fauteuils, la radio dans son boîtier en bois vernis. Elsa dit qu'il fallait les laisser là, qu'elle aimait ces objets, mais Perpetua retira le papier tue-mouches. Je m'intéressais à ce qui se déroulait dans la Maison aux escaliers, j'aurais aimé en parler, mais Elsa n'est pas comme Bell, les actes et les motivations des gens ne la préoccupent pas vraiment.

« Cela n'a aucune importance, si ? » répondait-elle quand on lui demandait ce qui à son avis poussait une personne à dire ou à faire telle ou telle chose. « Je suppose qu'elle a ses raisons. »

Bell me faisait comprendre clairement qu'elle ne voulait plus me connaître. On aurait dit que j'avais rempli une fonction sur le moment, servi à atteindre un certain objectif, et qu'à présent ses besoins avaient changé, j'étais devenue superflue. Lorsqu'elle me croisait dans l'escalier, elle me lançait un « salut » désinvolte. Autour de la grande table de la salle à manger, elle me passait un plat en me demandant si j'en voulais. Quand je lui adressais la parole, elle me répondait. C'était tout. Ma consolation — si on peut dire — était que personne n'obtenait d'elle davantage que moi. Lorsque nous étions tous ensemble dans la salle à manger, ce qui arrivait parfois, elle n'était jamais du nombre. Un jour, elle entra dans la pièce alors que je m'y trouvais en compagnie d'Elsa, de Mark et de Cosette, nous buvions du café, que Perpetua avait préparé puis nous avait monté après le déjeuner.

Bell dit à Cosette : « Je pourrais installer la télé dans ma chambre ? »

En bas, là où Auntie s'était éteinte, personne ne la regardait jamais. Cosette semblait reconnaissante. Je crois qu'elle éprouvait de la gratitude envers Bell parce que celle-ci lui avait parlé. Face à ce type de personnes froides, laconiques, on deviendrait presque lyrique à les voir se montrer un tant soit peu chaleureuses, à les entendre prononcer une remarque même banale.

« Bien sûr, ma chérie, du moment qu'elle fonctionne là-haut. Tu crois que c'est possible, Mark ?

— Je n'en sais rien, dit-il.

— Et il ne faut surtout pas que tu essaies de la transporter toute seule, s'exclama Cosette. Mark te donnera un coup de main. »

Il ne lui opposa pas un refus mais il ne dit pas qu'il allait le faire. Au ton de sa voix, il avait l'air excédé.

« Si tu as envie d'un téléviseur, Bell, pourquoi ne t'achètes-tu pas ton propre poste ?

— J'aimerais te parler, lança-t-elle. En privé. »

J'étais persuadée qu'il répondrait que ce qu'elle pouvait lui dire n'avait pas lieu d'être tenu secret pour Cosette, mais non. Évidemment, Elsa et moi étions là. Il hésita, puis se leva et quitta la pièce avec elle.

« C'est au sujet de la clé de sa chambre », expliqua Cosette. J'étais absolument certaine du contraire. « Elle a dit l'autre jour qu'elle l'avait perdue. »

Elsa l'aida à monter le téléviseur en haut des cent six marches. Plus tard dans la soirée, je tombais sur Bell dans la cuisine, qui fouillait dans les tiroirs, y cherchant soi-disant la clé égarée.

« Pourquoi te donner tant de mal ? demandai-je. Je n'essaierai pas d'y entrer. »

Ce fut la seule fois où je la vis jamais rougir. Elle laissa le tiroir ouvert, passa devant moi et quitta la cuisine en claquant la porte. Au-dessus de mon bureau, j'entendais la télévision pendant que je travaillais. Elle était allumée en permanence, du moment qu'il y avait encore une émission, mais heureusement pour moi, il n'y en avait vraiment pas autant qu'aujourd'hui. Dans mon bureau, alors que nous parvenait le son des voix surexcitées, aiguës, d'un dessin animé pour enfants, Elsa me dit : « Mark est un faible, non ? »

Ce n'était pas dans ses habitudes de donner son avis sur le caractère d'autrui. « Qu'est-ce qui te fait dire cela ?

— D'abord, il a peur de Bell. Il y a une personne qui vient demain pour jeter un coup d'œil sur la maison, donner une estimation, et Mark ne veut pas que Bell soit au courant. Il veut que je l'emmène quelque part afin qu'elle ne soit pas là quand l'homme arrivera. Il dit que je suis la seule à pouvoir m'en charger parce qu'elle ne s'entend qu'avec moi, ici.

— Il faudra bien qu'il la mette au courant tôt ou tard.

— En tout cas, il y a une chose qu'il sera obligé de lui dire, affirma Elsa. Je ne sais pas quoi, mais j'ai comme un pressentiment. Elle m'a demandé hier si j'avais entendu des rumeurs de projets de mariage ; j'ai seulement pu lui répondre que j'ignorais leur intention à ce sujet.

— J'aimerais comprendre ce qui se passe », m'exclamai-je.

Elle haussa les épaules. « Attends un peu, dit le buisson d'épines. »

Bell devina, enfin presque. Elle savait, du moins, que les choses ne suivaient pas leur cours normal. Connaissant les gens comme elle les connaissait, elle s'était certainement rendu compte de la faiblesse de Mark, du côté éponge de son caractère qui au départ l'avait rendu perméable à ses propositions. Elle devait savoir que c'était également ce qui le retenait à présent de lui annoncer une grande nouvelle. Voilà le sujet qu'elle souhaitait aborder en privé avec lui, et au cours de leur tête-à-tête, je suis sûre qu'il avait une fois de plus perdu sa belle assurance, qu'il lui avait certifié que tout se passait bien, qu'elle devait se montrer patiente. Je ne peux pas l'interroger sur ce point, à présent. C'est au-dessus de mes forces. Je pense qu'elle eut quelques soupçons, et le peu qu'elle avait deviné, c'était déjà que Mark n'allait pas se marier. Cependant, elle croyait que c'était parce qu'il n'arrivait pas à convaincre Cosette. Peut-être le lui avait-il même dit au cours de leur conversation, lui demandant d'attendre encore un peu, à la manière du buisson d'épines, de lui laisser le temps d'user de sa force de persuasion.

Imaginez toutefois ce qu'il a dû endurer, ce pauvre Mark, si faible, se voyant obligé d'agir et de parler ainsi alors qu'il aimait Cosette de tout son cœur.

XIX

« Qu'est-il advenu des tableaux de Silas ? » ai-je demandé.

C'était ce matin ; nous nous trouvions dans la chambre de Bell sous le pont de chemin de fer à Kilburn.

« Quand je suis entrée en prison, mon avocat m'a demandé ce que je voulais qu'on fasse de mes affaires. Je lui ai dit de les brûler, et c'est ce qu'il a fait. Enfin, il m'a assuré qu'il s'en occuperait, alors je suppose qu'il s'en est chargé. De toute façon, ils n'auraient jamais pris de la valeur.

— Moi je te les aurais gardés. »

Elle me sourit. Parfois elle me regarde comme si j'étais une enfant excentrique portée à lancer des affirmations naïves, d'une innocence charmante. Au début de son emprisonnement, j'avais obtenu un droit de visite mensuel et j'allais la voir, mais au bout d'un certain temps, elle me demanda de ne plus venir. Elle n'avait pas envie de recevoir des visites, elle ne voulait de personne. Il faut croire que les choses ont changé, elle est différente aujourd'hui. Elle a besoin de moi. Quelle ironie du sort qu'elle veuille de moi à présent. Nous sommes dans sa chambre, nous rangeons, entassant le peu d'affaires qu'elle possède, une quantité pathétique diraient certains, dans une de mes valises. Car Bell emménage chez moi. Elle l'a fait savoir à son agent de probation ; elle vient vivre avec moi, pas pour une ou deux semaines, pas pour plusieurs mois mais pour toujours. Le passé m'a interdit de le lui refuser. J'aurais eu l'impression de violenter ce passé, mes sentiments, mes allégeances et mes désirs d'autrefois.

L'idée ne me réjouit pas. Si j'en avais les moyens, je vendrais ma maison et j'en achèterais une plus grande afin que nous évitions de nous marcher sur les pieds, comme on dit. Mais ce n'est pas le cas. Bell et moi devrons nous côtoyer dans un espace de quatre pièces. Elle est indigente et dépend entièrement de moi. Je ne lui ai pas encore donné de liquide, d'argent de poche pour ses cigarettes, mais cela viendra certainement. A-t-elle droit à une sorte d'allocation ? Je ne lui ai pas posé la question, pas plus que je ne lui ai demandé ce qu'il est advenu de l'argent obtenu grâce à la vente de la maison du père de Silas. C'est elle qui m'en a parlé.

« Il a servi à payer mon avocat. Ils n'ont pas voulu me donner d'assistance judiciaire quand ils ont appris que j'avais des revenus personnels. »

Nous avons commencé à empaqueter ses affaires dans ma valise. J'ai reconnu un collier que Cosette lui avait donné, une longue chaîne de perles d'ambre. Je ne pense pas qu'elles soient vraies, elles en ont simplement la couleur ; je n'ai jamais vu Bell les porter. Le collier était déposé dans une boîte longue et brillante, une laque du Japon dit-on je crois, qui jadis servait probablement d'écrin pour de longs gants. Les perles étaient sans doute déjà dans cette boîte quand Cosette les lui avait offertes. L'héliotrope s'y trouvait également, enveloppé dans un de ces restes de tissu qui constituent l'habillement de Bell.

Le vert foncé provient de la calcédoine et le rouge du jaspe. Les peintres au Moyen Age recherchaient ce type de pierres précieuses ; ils s'en inspiraient pour les scènes de flagellation et s'en servaient afin de symboliser le sang des martyrs. On croirait entendre Felicity, c'est probablement elle qui me l'a appris. Je posai la bague dans la paume de ma main et l'étudiai de près pour la première fois. La monture se compose de nombreux fils d'or, parallèles les uns aux autres pour former l'anneau même, mais torsadés et tressés autour de la pierre. En l'examinant, je me demandai d'où elle venait, si elle avait été transmise de génération en génération au sein de notre famille, peut-être d'un parent malade à un autre, pour finalement parvenir jusqu'à la mère de Douglas, qui était la tante de ma mère. Je me souvins de Cosette l'offrant à Bell à l'occasion de son trentième anniversaire, durant la fête à laquelle Mark était venu, sa deuxième visite à la Maison aux escaliers, et de l'indifférence de Bell qui avait marmonné un mot de remerciement.

« Tu l'as déjà portée ? » lui demandai-je.

Elle ne répondit pas à ma question, mais dit : « Tu peux la garder. Prends-la si tu en as envie.

— D'accord », lançai-je. Je dus certainement adopter un ton désagréable car j'estimais que seule Cosette avait le droit d'en faire cadeau, pas elle.

Son geste, ses mots, me surprirent. Elle me passa la bague au doigt. « Je te donne cette alliance, signe de notre amour et de notre fidélité », déclama-t-elle, et elle partit de son rire sec comme de la poussière. Je ne la comprends pas, cela m'arrive souvent, je ne sais pas ce qu'elle veut. Elle parvient encore à me surprendre. Par exemple, je suis toujours étonnée de constater le strict minimum dont elle a besoin pour vivre. Nous avons rempli la valise puis un unique sac en plastique, et la chambre était vide.

« Pense à ce que possède quelqu'un comme Felicity, dis-je. Cette gigantesque maison pleine d'objets à elle et leur appartement qui lui aussi doit en être envahi.

— Si je ne peux pas obtenir ce que je veux, expliqua Bell, ce qui est le cas puisque je n'en ai pas les moyens, je préfère ne rien avoir du tout. »

Je l'avais déjà entendue s'exprimer ainsi. Mais la première fois, je ne savais pas ce dont je suis au courant maintenant. Je fus parcourue d'un frisson léger, glacial, mais elle ne me regardait pas, elle n'avait absolument pas conscience de se répéter. Elle observa la pièce d'un air d'indifférence, une indifférence que d'après moi elle a toujours éprouvée pour les endroits où elle a habité. Autant pour Mark, qui tentait de me faire croire qu'elle adorait la Maison aux escaliers et serait désolée de la quitter. Nous sommes descendues et avons cherché un taxi dans la rue. A certaines heures de la journée, des taxis en provenance de Cricklewood se dirigent sur West End. Mais pas à ce moment-là. Aussi avons-nous marché en direction du sud, le long de Kilburn High Road, je portais la valise et elle le sac en plastique, mais aucune de nos charges n'était lourde. La journée était chaude et humide et le soleil restait caché derrière un rideau d'air épais. A défaut de taxi, nous pouvions prendre le métro à Kilburn Park. Cependant, Bell, en regardant la longue descente jusqu'à Maida Vale, mentionna une amie commune qui y habitait.

« Puisqu'on est dans les parages, on pourrait aller voir Elsa. »

On aurait pu s'attendre davantage à une pareille suggestion de ma part. A ce jour, elle n'a jamais exprimé le désir de voir quiconque du passé, et lors de la visite de Felicity, elle s'était montrée presque violente envers cette dernière. Elle n'a pris de nouvelles de personne, aux noms de Cosette et de Mark elle manifeste une terreur sans doute naturelle — d'ailleurs je comprends une pareille réaction. Mais Admetus ? Et Eva ? N'est-elle pas curieuse de savoir ce qu'il est advenu d'Ivor Sitwell, de Gary, des danseurs ? Je ne lui avais pas répondu et elle dit avec une violence contenue : « Je n'aurais jamais dû en sortir, j'aurais dû rester en prison. J'y étais mieux. J'arrivais à me débrouiller là-bas, peut-être que je ferais bien d'y retourner. »

Il n'y a pas lieu de répondre. Les banalités et les placebos, que j'avais l'art de distribuer autrefois, ne s'accordent plus avec ma présente humeur. Je choisis plutôt de dire, désignant Carlton Vale en contrebas : « Elsa habite par là. Peut-être qu'on devrait l'appeler avant ?

— Pourquoi, puisqu'on est sur le pas de sa porte ? Si elle n'a pas envie de nous voir, elle peut aussi bien nous mentir en pleine figure qu'au téléphone.

— Elle ne me mentira pas », dis-je. J'étais affligée et heureuse de l'être, heureuse d'éprouver un sentiment autre qu'une indifférence morne. La valise me sembla soudain lourde et je me demandai pourquoi j'étais là à la porter. « A ton tour », m'exclamai-je en la balançant dans sa direction, l'héliotrope dardant des étincelles rouges. « Donne-moi le sac. »

Elsa me tient au courant des choses — et des gens. Elle me parle des personnes que je ne vois plus et qu'elle continue de fréquenter ; elle représente ma seule source d'information. C'est ma meilleure amie, mais des mois entiers peuvent s'écouler sans que nous nous voyions. Je ne lui ai même pas parlé au téléphone depuis que Bell est réapparue dans ma vie. Je suppose que je suis la seule à l'appeler encore du surnom qu'on lui donnait à l'école, la Lionne. Un de mes livres lui est dédié, celui qui parle de la réserve d'animaux sauvages : « A ma très chère Lionne. »

Elle a d'ailleurs l'air d'une lionne ; puissante, souple, musclée, elle a des yeux de chat ambrés et des lèvres relevées aux commissures. Elle doit évidemment savoir que Bell vit chez moi, Felicity lui aura dit, c'est sa cousine. Ou plutôt, Esmond est son cousin, et comme celui-ci a déclaré un jour : « La femme d'un cousin est une cousine. Mari et femme ne forment qu'une seule et même chair. » Elsa répondit à la sonnerie de l'interphone, se contentant de lancer un « montez » quand je lui annonçai l'identité de ses visiteurs. En haut de la première volée d'escaliers, où se trouve son appartement, elle nous attendait, une serviette dans les mains et sa crinière de lion aux couleurs sable orangé mouillée, propre. Avant qu'elle ne prononce un mot, Bell s'exclama : « Visiblement, tu ne me reconnais pas. Il faut dire que j'ai changé. Je ne suis pas belle à voir, hein ? »

Sans comprendre pourquoi, j'eus envie de la frapper. De hurler. Je ne m'étais jamais connue de pareille humeur, dévastatrice. Je n'ai rien fait — enfin, je n'ai rien dit, j'ai simplement croisé Elsa du regard puis j'ai levé les yeux au ciel ; une sorte de haine incontrôlée dirigée sur Bell m'envahissait, j'en tremblais en mon for intérieur alors qu'extérieurement je restais de glace, silencieuse, distante, froide. Elsa lui parla gentiment, me rappelant qu'elle était la digne cousine d'Esmond. « Je suis heureuse de te voir, Bell. J'espère qu'Elizabeth et toi allez rester pour le déjeuner. »

Ainsi, elle se montrait charmante envers une femme qui avait commis un meurtre, transgressé les limites tolérées dans toute société civilisée. Avec assurance, Elsa nous précéda dans son appartement.

Il ne s'agit pas de l'endroit où elle attendait d'emménager lorsqu'elle séjournait à la Maison aux escaliers. Celui-là se trouvait beaucoup plus loin dans Chelsea, presque à Fulham, encore plus à l'ouest que le pied-à-terre des Thinnesse. Depuis, elle s'est remariée et elle est de nouveau en instance de divorce. Si elle ne s'interrogeait pas particulièrement sur les motivations des gens, elle s'intéressait cependant aux relations sexuelles. Et elle adorait Cosette, elle se réjouissait de son bonheur.

« Il n'a pas l'air d'avoir d'amis à lui, me fit-elle observer.

— S'il en a, on ne les voit jamais ici. »

On aurait pu dire la même chose de Bell, mais cela n'aurait pas été tout à fait exact. Les Thinnesse, les Admetus, étaient ses amis, du moins elle les connaissait, elle les fréquentait ; j'étais son amie, de même qu'Elsa. Mark, par contre, semblait n'avoir personne, d'ailleurs à mon souvenir, il n'avait jamais mentionné le nom d'amis à lui, il se contentait de vagues allusions à des personnes de sa connaissance. En outre, il ne parlait pas de son passé. Vu le peu d'informations dont nous disposions sur ses origines, il aurait très bien pu être né deux années plus tôt, ou avoir trente-six ans, ou encore être une création de Bell-Pygmalion, qui lui aurait insuffler la vie uniquement pour que je le voie à l'autre bout de la pièce, le soir d'Expérience globale. Aussi le choc fut-il d'autant plus grand lorsqu'en feuilletant des vieux numéros de *Radio Times* à la British Newspaper Library (en quête de tout autre chose), j'eus l'agréable surprise de tomber sur son nom dans la distribution d'une pièce jouée cinq ans plus tôt. Une œuvre d'Ibsen, *Rosmersholm* ; Mark Henryson avait interprété le rôle de Peter Mortensgaard.

Il ne m'avait rien dit de son passé, pourquoi l'aurait-il fait ? Il en avait sans doute parlé à Cosette. Celle-ci connaissait probablement sa vie, depuis l'enfance jusqu'à ce jour. Comment aurais-je pu savoir ? Je n'étais pratiquement jamais seule avec elle ; Mark était toujours là.

Elsa refusa de se plier aux exigences de Mark qui souhaitait éloigner Bell durant la visite de l'expert immobilier, car elle est foncièrement honnête, franche. Il lui arrive — comme Bell l'insinuait aujourd'hui — de dire quelques mensonges pour préserver l'harmonie sociale, mais elle n'accepterait jamais d'abuser une amie dans un but douteux. Elle ne croyait pas plus que moi que Bell était si attachée à la Maison aux escaliers que l'idée d'en partir lui était insoutenable. Elle avait déjà compris que Mark n'avait aucune envie qu'elle s'installe même pour deux ou trois semaines. Chez Cosette, elle était pourtant un des seuls visiteurs à acheter des vivres pour la maison, à contribuer aux stocks de vin et à s'occuper de son propre linge. Plus perspicace que moi, voyant évidemment la situation d'un regard neuf, elle soupçonnait Mark et lui dit sur un ton qui ôtait à sa remarque son caractère caustique : « Tu n'as qu'à faire ton sale boulot toi-même. »

En l'occurrence, il ne fit rien, l'expert ne demanda pas à inspecter chaque pièce et Bell resta enfermée dans sa chambre à regarder la télévision. Trois jours plus tard, le représentant d'une société immobilière — sombre présage de ce qui devait arriver ! — vint jeter un coup d'œil à la maison en vue d'un éventuel achat. Par une heureuse coïncidence pour Mark, Bell faisait alors une de ses longues promenades, la première depuis des semaines. Avant son retour, Mark et Cosette sortirent pour se lancer à la recherche d'une maison, du moins je le suppose. Ils agissaient dans le plus grand secret, Bell n'était rien censée savoir.

« A moins de la tuer, dis-je à Elsa, je ne vois pas comment ils vont s'en tirer. » J'étais en train d'écrire un roman dans lequel je devais me débarrasser de quelqu'un en l'assassinant. C'était l'unique moyen pour que le livre conserve sa vitalité. J'y pensais sans arrêt.

« Je doute qu'ils le fassent », répondit-elle.

Ce soir-là, nous étions conviés au restaurant par les danseurs. Ils invitaient Cosette à un repas au cours de l'année pour se rattraper de tout ce qu'elle leur offrait. Comme ils dînaient avec elle au moins une fois par semaine et qu'elle les emmenait au théâtre, au concert et au cinéma, ils n'étaient pas près d'y arriver, mais sans doute soulageaient-ils ainsi leur conscience. Ils se résignaient à accepter la compagnie de quiconque se trouvait dans la maison à ce moment-là, car si elle n'avait pas pu s'entourer de ce qu'Ivor appelait grossièrement sa « suite », Cosette se serait arrangée pour décliner avec tact et gentillesse leur invitation.

Je ne me souviens que de cela, je ne me rappelle plus le restaurant où nous sommes allés. Il se trouvait probablement à Soho, ou dans

Charlotte Street. Luis et Perdita eurent de la chance ; nous n'étions que cinq invités alors que par le passé il y aurait facilement eu un rassemblement d'une dizaine de personnes. A mon grand étonnement, Bell avait accepté de venir. J'étais étonnée de constater à quel point elle avait fini par s'exclure, par devenir la cinquième roue du carrosse, un trouble-fête presque. Cosette et Mark, Luis et Perdita, Elsa et moi, nous formions des couples naturels, puis il y avait Bell. Elle était sans doute la femme la moins bien habillée de tout le restaurant — et certainement du groupe, un paquet ficelé dans des épaisseurs de tissu d'une couleur de papier d'emballage — mais on se retournait sur son passage. Comme toujours. Elle le devait à sa démarche, son dos si droit et son port de tête parfait, ainsi qu'à sa couronne de cheveux luisants, désordonnés, et à son visage indestructible, un profil sculpté, digne d'un camée.

Il faut vous expliquer comment nous nous étions disposés. Trois tables avaient été jointes et Luis avait pris place à la tête de l'une d'entre elles, avec Cosette à sa gauche et Bell à sa droite. Mark était assis à côté de Cosette — ils s'installaient toujours ainsi, refusant qu'on les sépare — et d'Elsa. En face d'eux, Perdita était encadrée par Bell et moi, qui me retrouvais en tête à tête avec Elsa.

Ce soir-là, personne ne mangea, nous n'arrivâmes jamais aux entrées. Je crois que Luis parvint à avaler quelques morceaux de pain et nous prîmes tous un apéritif. Bell but du brandy. C'est étrange à quel point mon souvenir est précis. Les autres commandèrent du vin ou du sherry, et Cosette son habituel jus d'orange, mais Bell du brandy, un double, qu'elle demanda d'une voix désespérée comme si elle était véritablement en manque. Cosette portait une nouvelle robe en batiste jaune pâle à motif, des marguerites éparses ; elle était très jolie, le visage serein, heureux. Les lumières tamisées du restaurant la mettaient en valeur. Elle avait été chez le coiffeur ce jour-là et ses cheveux étaient aussi fins et soyeux que ceux de Bell. Pour une fois, au lieu d'adopter leur attitude habituelle en se comportant comme si personne d'autre n'existait, Cosette ne parlait pas à Mark mais débattait avec Luis sur la question de savoir — on aura tout entendu — si Gibraltar devait devenir un territoire espagnol ou non.

Un serveur approcha et prit la commande, Luis venait de nous faire part d'une plaisanterie que l'on racontait partout : Franco avait dit que la Grande-Bretagne pouvait garder Gibraltar du moment qu'elle lui rendait Torremolinos, quand une femme derrière Mark se dirigea vers lui et lui tapota l'épaule. Elle avait une quarantaine d'années, les cheveux bruns, un physique attrayant, et portant des vêtements plus conventionnels, plus respectables, que chacun d'entre nous. Il se retourna, poussa aussitôt sa chaise en arrière et se leva. Elle l'embrassa sur la joue.

En un sens, il serait satisfaisant de pouvoir dire qu'il pâlit. Dans les romans que j'écris, toute couleur aurait disparu de son visage ou bien il aurait rougi « en s'assombrissant ». Cependant, Mark ne réagit que par un visage totalement dépourvu d'expression. Il lança : « Bonjour, Sheila », puis nous présenta en prononçant nos noms assez lentement, d'une voix monotone. On aurait dit qu'il faisait des efforts pour surmonter un choc. « Cosette, Elza, Elizabeth, Perdita... » mais elle l'interrompit en s'exclamant : « Mais évidemment, je connais Bell ! »

Elle regardait Bell en souriant. Celle-ci tenait son verre de brandy des deux mains et gardait les yeux fixés droit devant elle. Il était clair que quelque chose avait très mal tourné, ou alors allait mal tourner bientôt. Ce fut du moins l'impression de notre tablée, mais pas celle de la femme du nom de Sheila ; sa tête pivota à gauche et à droite, elle lança d'une voix perçante des « bonsoir » et des « enchantée », puis déclara : « Je m'appelle Sheila Henryson, je suis la belle-sœur de Mark. »

Elle se retourna et fit signe à un homme assis au sein d'un groupe presque aussi grand que le nôtre. Il se leva, s'excusant auprès de sa voisine. Il avait des traits totalement différents de ceux de Mark et il était plus solidement bâti, mais il suffisait d'être informé de leur lien de parenté pour reconnaître en lui le frère de Mark. On pouvait en conclure qu'il était aussi le frère de Bell, non ?

Sheila Henryson était sans aucun doute une femme dépourvue de toute sensibilité. Le silence régnant alors à notre table était presque tangible, mais elle ne semblait pas s'en rendre compte. Son mari la rejoignit, marmonna quelques mots à l'adresse de Mark puis lui donna une tape dans le dos. Comme c'est étrange que je n'aie jamais appris le nom du frère de Mark et que je l'ignore encore. Elle se lança dans des explications. Ils habitaient à l'étranger, à Riyad ou au Bahreïn, enfin un endroit de ce genre, ils étaient venus au pays pour y passer plusieurs semaines de vacances, ils avaient essayé d'écrire puis de téléphoner à Mark mais, selon son expression, s'étaient « cassé le nez », ce qui n'avait rien d'étonnant puisque Mark ne rentrait plus jamais chez lui, à Brook Green. Elle commençait à envisager de rassembler les deux groupes, nous devions nous débrouiller d'une façon ou d'une autre pour nous retrouver à la même table, la direction s'en occuperait, ils étaient en compagnie de personnes que Mark connaissait, poursuivait-elle, et qui seraient ravies de le revoir...

Cosette fut la première d'entre nous à parler. Elle avait simplement eu l'air déconcerté. Pas malheureuse, non, mais désorientée. Elle interrompit le flot de paroles de Sheila Henryson, une attitude assez inattendue de sa part, et demanda au frère de Mark : « Alors Bell est votre sœur ?

— Non, dit-il. Pourquoi ? »

J'entendis Bell émettre un son. Ce n'était pas de la détresse mais plutôt de l'exaspération. Cosette ne pâlit pas, ne rougit pas, mais les années s'emparèrent de son visage, elle se mit à vieillir sous nos yeux. Elle tendit la main comme pour toucher Mark. Il était encore debout, assez raide, les yeux observant un point fixe à l'autre bout du restaurant. A la manière dont il se tenait, entre son frère et sa belle-sœur, on aurait dit une personne qu'on arrêtait. Cosette tendit la main puis la retira sans le toucher. Le frère de Mark partit d'un rire nerveux.

« J'ai l'impression d'avoir dit ce qu'il ne fallait pas », lança-t-il.

A ce moment-là, un serveur fit son apparition avec une assiette dans chaque main, les premiers hors-d'œuvre que nous avions commandés. Cosette regarda les cœurs d'artichauts qu'il posa devant elle, mit la main à sa bouche, se leva et quitta le restaurant. Elle avait marché d'un pas rapide, maladroit, comme une aveugle, se cognant dans des gens, écartant des chaises de son passage, cherchant tant bien que mal à ouvrir la porte et la laissant claquer derrière elle.

Tout le monde se mit à parler en même temps ; Luis et Perdita demandaient pour quelle raison la soirée avait tourné court, Elsa levait les yeux au ciel en s'exclamant qu'elle n'aurait jamais dû venir, Bell frappait frénétiquement la table de ses poings en disant : « Merde et merde et merde ! »

Le frère demanda à Mark : « Mais bon sang, qu'est-ce que j'ai fait ? »

Mark ne répondit pas. Il partit rattraper Cosette. Je me suis parfois demandé si ce pauvre Luis et cette pauvre Perdita durent payer ce repas jamais entamé, car d'après moi, même eux n'en avalèrent pas une seule bouchée. J'entendis Luis parler au serveur de mauvaise nouvelle, de notre impossibilité de rester. Ce fut la dernière fois que je vis Perdita, je devais cependant revoir Luis — mais ultérieurement, dans d'autres conditions. Je marmonnais que nous étions désolées, navrées, mais qu'il nous fallait nous aussi partir, je les abandonnai là en compagnie du frère et de sa femme, qui les imploraient à présent d'expliquer ce qui s'était passé, et je suivis Elsa et Bell. Cosette avait disparu, Mark aussi. Elsa demanda ce que j'avais été incapable de formuler : « Pourquoi as-tu dit qu'il était ton frère ? »

Bell haussa les épaules d'un mouvement exagéré. Elle me montra du pouce. « C'était son idée à elle. Elle m'a dit, c'est ton frère ? Et moi j'ai pensé, pourquoi pas ? J'étais persuadée que cela marcherait mieux, et j'avais d'ailleurs raison jusqu'à ce que l'autre conne vienne y mettre son nez.

— Qu'est-ce qui marcherait mieux ? » demandai-je.

Elle ne répondit pas à ma question. « C'est mon amant », lança-t-elle.

Je crois que je faillis m'étrangler. « Depuis quand ? » Moi aussi, j'avais investi — presque autant que Cosette.

— Des années. »

Alors Cosette et moi étions dans le même bateau. Quand les avais-je vus ensemble le soir d'Expérience globale ? Trois ans auparavant...

Je m'exclamai, folle de rage : « Il n'est plus ton amant.

— Il a fallu — elle s'interrompit, cherchant ses mots, puis trouva une expression parfaitement déplacée — suspendre momentanément ces activités. »

Nous marchions dans la rue, je ne sais plus où nous nous trouvions. Une rue pleine de restaurants, de clubs et de petites boutiques. Il faisait chaud et lourd, la nuit était loin d'être noire ; nous étions au cœur de l'été et il y avait autant de lumière qu'en milieu d'après-midi. Un choc de ce genre provoque une douleur, comme un point de côté qu'on attrape en courant très vite. J'eus l'impression d'avoir couru. J'avais envie de m'asseoir et c'est ce que je fis. Je m'assis sur la marche d'un perron. Elsa, debout devant moi, me regardait, le visage bienveillant et préoccupé mais très perplexe ; Bell se tenait légèrement à l'écart. S'il m'avait fallu la décrire, j'aurais dit qu'elle avait l'air mal à l'aise, ce qui dans son cas était tout à fait inhabituel.

« Je ne me sens pas de taille », lança-t-elle.

Elsa donnait l'impression qu'elle voulait la gifler. « Ferme-la, dit-elle. Qu'est-ce que tu attends pour ficher le camp ? »

Bell s'exécuta. Elle s'éloigna, la tête haute. Elle arriva devant une rue qui descendait sur la droite et s'y engagea, disparaissant de notre vue. Elsa et moi, nous sommes restées là un moment, assises sur la marche, tandis que je réfléchissais à ce qu'impliquait pour moi le fait que Mark soit l'amant de Bell, et à ce qu'il impliquerait pour Cosette. Puis nous prîmes un taxi pour rentrer. La maison semblait vide. Je sortis à nouveau pour chercher la voiture de Cosette, une Volvo mais pas celle qu'elle avait lors de son emménagement, c'était sa deuxième depuis ce temps-là. Il était de plus en plus difficile de se garer à Archangel Place, mais on pouvait toujours trouver une place de ce côté-là ou dans une des petites ruelles. Je sillonnais la rue dans les deux sens et je regardais dans les ruelles mais je n'y trouvais pas la voiture, et je me sentis obscurément soulagée, je crus que Cosette et Mark étaient allés ensemble quelque part.

Nous nous étions préparé à manger, Elsa et moi, et nous avions attendu. Elle ne me posa aucune question mais prit un des nouveaux romans que Cosette avait laissés sur la table et se mit à lire. D'après moi, elle avait deviné que les liens affectifs me rapprochant de Bell étaient très différents de l'amitié existant entre nous. Mais cela m'était égal à ce moment-là, je ne cherchais pas à le cacher. J'étais incapable de lire, je m'étais adossée à ma chaise et me contentais de fixer le plafond ouvragé, compliqué, ainsi que le chandelier festonné de toiles d'araignée, je ne cessais de réfléchir et je me sentais malheureuse. Quand il fut minuit, je dis : « J'ai l'impression que nous ne reverrons jamais Bell.

— Quelle importance ? »

Je ne répondis pas. Elle savait très bien que moi j'y attachais de l'importance. « Elle ne reviendra plus, poursuivis-je. Elle laissera ses affaires, elle s'en fiche. Elle ira chez quelqu'un, chez sa mère.

— Tu es sûre qu'elle a une mère ?

— Non, lançai-je. Pas du tout. » Puis j'ajoutai : « J'étais persuadée qu'elle avait un frère. »

Elsa déclara : « Elle m'a dit il y a longtemps, la première fois où je l'ai rencontrée à Thornham, qu'elle était orpheline. Depuis l'âge de douze ans. J'ai pensé que c'était un peu louche quand tu m'as parlé de sa mère.

— Elle a aussi bien pu te mentir.

— Peut-être, mais une des versions est forcément vraie.

— Que s'est-il passé quand elle avait douze ans ? A-t-elle dit que ses parents étaient morts dans un accident ou quelque chose de ce genre ? Que lui est-il arrivé ?

— Elle m'a seulement affirmé qu'elle avait perdu ses parents. Elle est allée dans une sorte d'institution.

— Un foyer pour enfants ? »

Elle me lança un regard étrange. « Non je ne crois pas, pas à ce stade, elle y est allée plus tard. Je ne sais pas de quel genre d'endroit il s'agissait. »

Tandis qu'elle parlait, à contrecœur, en hésitant, comme s'il fallait lui extirper les mots de la bouche, nous entendîmes la porte d'entrée se refermer. Nous étions assises là-haut dans la salle de séjour et je pense que nous étions toutes deux convaincues qu'il s'agissait de Cosette ou de Mark, ou mieux encore, de Cosette et Mark. Les pas d'une seule personne résonnèrent dans la première volée d'escaliers puis devant la porte. C'était certainement Bell. Elle poursuivit son ascension, mais comme elle marchait pesamment, nous n'étions pas certaines que ce fût elle, et nous étions sorties sur le palier pour écouter. Tels les personnages d'une histoire de fantômes qui ont entendu un son inattendu, des bruits de pas suspects, nous nous tenions l'une et l'autre par les bras, regardant fixement vers le haut de l'escalier. Nous nous comportions de manière absurde, hystérique, mais nous semblions mêlées à un terrible drame ; nous retenions notre souffle. Même de là où nous étions, nous pûmes entendre le grincement de la cent quatrième marche. La porte de la chambre se referma.

Elsa, son sourire contraint et moqueur aux lèvres, détendit l'atmosphère en disant : « Visiblement, elle n'a pas de mère. »

De retour dans la salle de séjour, comme nous n'avions aucune envie de nous coucher alors qu'il était une heure et demie du matin, nous avions ouvert les portes-fenêtres et étions sorties sur le balcon. La nuit était chaude et particulièrement silencieuse. Au bout d'un certain temps néanmoins, en tendant l'oreille, on pouvait entendre au loin deux sortes de musiques et d'autres sons encore, le murmure rythmé de la circulation, le martelage léger, cadencé, de quelqu'un qui, travaillant le jour, était obligé de construire ses étagères et ses placards la nuit. Le feuillage était aussi dense que dans un chemin de campagne, les arbres ployaient, lourdes masses de feuilles immobiles. Dans une maison en face poussait une vigne dont les grappes de raisin pendaient, luisant d'un reflet vert pâle à la lumière électrique.

Ce fut un choc de voir la Volvo de retour. Elle occupait l'emplacement encore vide quand Elsa et moi étions arrivées. Nous en apercevions le toit et étions incapables de dire depuis quand elle se trouvait là. J'eus l'idée de retourner dans la pièce afin d'éteindre les lumières. Je ne sais si mon geste eut de l'effet ou si personne ne s'en aperçut mais au bout d'un moment, la porte du conducteur s'ouvrit et Mark sortit de la voiture. J'eus du mal à respirer, je sentis ma gorge se serrer de façon presque intolérable. Qu'était-elle devenue ? Où était-elle ? Il pouvait très bien ne pas l'avoir trouvée, n'être revenu que pour prendre la voiture et partir à sa recherche.

Il contourna la Volvo et ouvrit la portière du passager. J'aurais dû me souvenir de son infaillible courtoisie, empreinte de simplicité. Cosette sortit sans son aide, sans lui prendre la main. Cependant, ils étaient ensemble, ils étaient rentrés tous les deux. Il ferma la portière ; ils se regardèrent, puis là, dans la rue, où n'importe qui pouvait les voir, peut-être indifférents aux éventuels regards de tiers, ils s'enlacèrent et pressèrent leurs joues l'une contre l'autre.

Il passa le bras autour de sa taille et, sortant de notre champ de vision, il la conduisit à la porte d'entrée puis dans la maison.

Elsa se montre aussi polie et agréable envers Bell que si cette dernière s'était contentée d'emprunter le métro sans ticket. Se souvient-elle de ce dîner, de la fuite de Bell et de mon malheur ? Nous sommes parvenues harmonieusement au seuil de l'âge mûr. Après le déjeuner, en buvant mon café, j'ai observé Bell qui était assise, majestueuse, digne, tranquille et — inoffensive. Ce qu'elle avait soutenu à Elsa, cette histoire de ne pas être belle à voir, était absurde. Sans doute était-ce la raison pour laquelle elle l'avait affirmé, car elle a perdu de nombreuses années depuis ce jour où je l'ai suivie dans le métro, depuis cet autre jour où je suis allée la rencontrer dans sa chambre à Kilburn. Elle a de nouveau rajeuni, elle retrouve sa jeunesse, se revitalise. Je remarquai le regard d'Elsa passant de son visage au mien. Peut-être ne s'agit-il que de conjectures, que du produit de mon imagination, mais j'eus l'impression qu'Elsa établissait des comparaisons, se disant : Comment se fait-il que Bell jouisse d'un physique pareil après tant de souffrances alors qu'Elizabeth, elle qui en a connu si peu, a cet aspect-là ?

Évidemment, elle n'en a rien dit et il se peut très bien qu'elle n'ait jamais eu une telle pensée. Nous avions abordé tous les sujets sans danger, nous avions parlé pendant environ deux heures et je n'avais toujours pas posé la question que je ne manque pas de lui poser chaque fois que nous nous voyons, puisque je n'ai aucun autre moyen de savoir. Elle nous a raconté son nouveau travail, son nouvel ami qui est peut-être l'homme qu'elle a toujours attendu, même si elle ne l'épousera pas, elle ne se mariera plus jamais. Nous avons discuté de nos corvées respectives du matin et de nos projets, notre intention de partir éventuellement en vacances ensemble. J'ai fait allusion à mon père, à sa visite. Puis Bell s'est levée et a demandé à Elsa où se trouvait la salle de bains.

« Il y a une salle de bains ici ? » fut sa question, comme s'il se pouvait que la propriétaire de ce charmant appartement, joliment décoré, utilise des toilettes communautaires et fréquente les bains publics.

Elsa me sourit lorsqu'elle eut quitté la pièce et je sus que la même pensée lui avait traversé l'esprit. Bell avait sans doute d'autres qualités, elle avait peut-être changé, mais elle était toujours aussi dépourvue de tact, de sensibilité, et se désintéressait totalement de semblables raffinements dans les rapports sociaux. Je me hâtai de poser ma question.

Elsa parut comprendre. Ses yeux se portèrent sur la porte fermée. « Très bien, je crois. Nous nous sommes parlé au téléphone il y a environ quinze jours.

— Alors je suis heureuse, dis-je. J'en suis toujours heureuse. Je suppose — combien de fois le lui ai-je demandé, avec toujours cette même maladresse ! — qu'on ne dit jamais rien à mon sujet, si ? »

Cette forme impersonnelle est terriblement pratique. On peut éviter d'employer des noms, au cas où quelqu'un écouterait à la porte.

« Rien, Lizzie, désolée. Je hochai la tête. J'ai l'impression que même une simple allusion à toi lui ferait trop de peine.

— Bell ne m'a pas questionnée, dis-je. Je n'ai pas envie d'en parler avant qu'elle m'interroge. »

Je l'entendis revenir, s'immobiliser derrière la porte avant de s'emparer de la poignée. Elle serait tout à fait capable d'écouter aux portes. Elsa et moi, nous nous tûmes et nous nous regardâmes, attendant de la voir entrer, éprouvant une crainte, sachant qu'elle se tenait là, de l'autre côté de la porte, et espérait entendre des secrets qu'elle n'était pas censée connaître.

XX

Le téléphone sonna quand nous arrivâmes chez moi. Cela s'est passé il y a trois jours, mais on dirait une éternité. La veuve qui plaît à mon père mais qu'il a refusé d'épouser de peur de me priver de mon héritage m'a appelée pour me dire qu'il était au plus mal, qu'il avait eu une attaque. Bell avait un comportement bizarre. Elle était calme, hébétée, depuis que nous étions parties de chez Elsa. Quand elle a entendu que mon père allait mal, que je me rendais immédiatement à Worthing où il était hospitalisé, elle me demanda : « Il va mourir ?

— Oui, je crois.

— Je vais être toute seule ici, dit-elle. Seule dans la maison. Je ne sais pas si je m'en sens de taille.

— Il y aura les chats », lançai-je.

En ce moment, je me trouve chez mon père, dans ce quartier où la moyenne d'âge est de soixante-dix ans. J'ai l'habitude, je viens chaque année passer une semaine, mais jusqu'ici je m'étais toujours arrangée pour descendre au moment du festival d'Arundel ou lorsqu'on jouait de bonnes pièces à Chichester, afin d'avoir quelque chose à faire. Et une fois, il y a quatorze ans, peu de temps après que mon père eut acheté la maison, j'ai vécu avec lui pendant un mois entier, en compagnie de ma machine à écrire ; j'essayais d'écrire, de paraître normale. Pauvre homme, il a dû se demander s'il m'aurait sur le dos pendant des années, pour le restant de ses jours. Je pouvais difficilement lui expliquer que j'avais perdu un foyer, mes amis, ma vie, mais je lui avais présenté la situation de manière assez convaincante, prétextant que je ne souhaitais pas rester dans un endroit où un meurtre avait été commis.

Je passe la plupart de mes journées à l'hôpital où gît mon père, à moitié paralysé, le visage tordu en une grimace grotesque. Sans doute est-il naturel d'éprouver ce que je ressens, quand on a un père qui est en train de mourir. Peu importe, le fait est que je n'ai jamais été déprimée au point de souffrir de troubles physiques. Une profonde lassitude s'est emparée de moi et, comme Bell au début quand elle est sortie de prison, je dors beaucoup. Je m'assoupis sur la chaise au chevet du lit de mon père et, en rentrant chez lui le soir, dans mon fauteuil devant la télévision. Par contre, les nuits sont mauvaises. La tête me fait mal et je reste éveillée, à réfléchir. J'aperçois des silhouettes et des formes dans l'obscurité, que mes yeux soient ouverts ou fermés, je vois des hommes et des femmes que je n'ai jamais rencontrés auparavant, des visages étranges, ces visages d'inconnus que l'on croise parfois en rêve. J'ai toujours considéré qu'il est particulièrement curieux que nous soyons capables de concevoir des personnes pour peupler nos rêves. Ou peut-être que nous ne les inventons pas ? Que nous les avons déjà vues quelque part et qu'une sorte d'appareil photographique mental en garde une trace ? Parmi les visages anonymes, dans cette immense foule qu'ils forment, je vois parfois celui de Cosette et parfois celui de Mark, ils ne sont jamais ensemble, mais séparés par une multitude d'inconnus.

Cette nuit-là, il y a quatorze ans, je m'endormis rapidement, un sommeil de soulagement. Cependant je m'éveillai pour comprendre que si la situation pouvait s'arranger dans le cas de Cosette, il n'en allait pas de même pour moi. Elle avait encore Mark, mais moi j'avais perdu Bell. Il avait été son amant. Quand, me demandai-je, quand cela s'était-il passé la dernière fois ? Quand Mark avait-il fait l'amour avec Bell une dernière fois ? Et soudain, je le sus. C'était la nuit où Auntie était morte, lorsque Cosette avait supplié Mark de rester et que moi, dans mon innocence, je lui avais dit de se rendre au dernier étage, dans la chambre à côté de celle de Bell.

Cet autre soir, après la scène du restaurant, tandis que Cosette et lui restaient dans la voiture, roulant, se garant puis repartant de nouveau, sortant se promener, s'asseyant sur des bancs dans des parcs, il lui avoua tout. Il y était obligé, il fallait au moins cela, rien d'autre n'y aurait fait. Il étala l'ensemble devant ses yeux, expliquant comment Bell en avait eu l'idée et comment lui, de plus en plus réticent, avait tenté de mener à bien son projet. Et Cosette lui pardonna. Pourquoi aurait-elle réagi autrement ? Il n'est pas difficile de pardonner à une personne qui vous dit que son amour pour vous l'a empêché de commettre la pire des bassesses. Dans pareilles circonstances cependant, quelqu'un doit porter le blâme. Non pas l'abject amoureux transi, mais les boucs émissaires que ce dernier a choisis. Au cours de ces longues heures d'explications et d'excuses, Mark s'était vu obligé (selon sa méthode) d'attribuer les torts ailleurs, de confesser que s'il était responsable de certains actes, la stratégie, la conception originale ne venait pas de lui.

Cosette n'était pas du genre à convoquer quelqu'un, à rechercher une entrevue dans le but d'extraire des explications. Elle souffrait, mais en silence. Elle souffrait, mais elle avait Mark, qui allégerait la moindre de ses peines, atténuerait le moindre coup. J'étais naïve à l'époque, je ne me rendais pas compte que je n'étais peut-être pas étrangère aux ennuis immédiats de Cosette. Je me sentais même exclue, une présence superflue dans la maison. Il ne m'était jamais venu à l'esprit qu'elle pouvait éprouver envers moi plus qu'une affection distraite, que le sentiment d'une mère à l'égard d'un de ses enfants, alors que pour une fois, ses propres préoccupations étaient devenues primordiales. J'étais persuadée, cependant, que lorsque je la rencontrerais de nouveau, je la serrerais dans mes bras, tout contre moi.

Le lendemain, en début d'après-midi, je la croisai dans l'escalier. Il y avait tant de marches et l'escalier prenait tant de place dans la maison que lorsque celle-ci était pleine, on tombait forcément sur quelqu'un chaque fois que l'on montait ou que l'on descendait. Nous n'étions plus que cinq à présent, et Bell n'avait pas quitté sa chambre depuis qu'elle était rentrée au milieu de la nuit. Elsa était à son travail ; la maison était calme, silencieuse. Je venais de mon bureau là-haut, après avoir terminé tardivement mes pages d'écriture du matin. Cosette était sortie du salon et retournait dans sa chambre. Elle portait un peignoir, un kimono japonais vert à fleurs blanches, et ses cheveux blonds et brillants tombaient sur ses épaules. Son visage était pâle, fatigué, et elle avait visiblement pleuré, mais depuis un certain temps déjà, avant de s'endormir.

Elle s'apprêtait à me croiser sans me parler, sans même me lancer un regard de reproche qui aurait annoncé un éventuel pardon, dans les limites du possible. Je tendis la main pour la poser sur son bras. Comprenez bien que j'étais loin de m'imaginer, à l'époque, qu'on pouvait me croire coupable du moindre méfait. Si j'avais une seule chose à me reprocher, c'était d'avoir été témoin, parmi d'autres, de la scène de la nuit précédente. Elle m'aurait croisée sans me jeter un coup d'œil mais elle était épuisée, vidée de ses sentiments, et lorsqu'on est aussi proche que nous l'étions, elle et moi, et que l'on vit côte à côte, comme mère et fille, faut-il toujours se saluer, se poser des questions, laisser paraître un signe ? Aimer, c'est différent d'être « amoureux », on s'appuie sur des certitudes. Pourtant, je lui adressai la parole.

« Cela ne va pas, Cosette ? »

Elle se planta là et me regarda. Derrière elle était suspendu ce chandelier ramifié, orné de guirlande de perles en verre de Murano, dont la luminosité avait été si forte la fois où Esmond avait allumé. Elle ôta ma main de son bras, la détacha comme on décolle une sangsue. Ses yeux se plongèrent dans les miens ; on y lisait de la tristesse, une absence d'émotion, de sympathie. S'il était possible d'employer une telle expression à propos de Cosette, je parlerais d'indifférence.

Je reformulai ma question. « Qu'y a-t-il Cosette ? Que se passe-t-il ? »

C'est étrange, mais lorsque ceux que vous aimez prononcent votre nom, le vrai, vous savez que tout va bien, que les choses vont s'arranger. Cosette ne prononça pas le mien et ne le prononça plus jamais. Elle me dit : « C'est toi qui as amené cette femme ici.

— Bell ? » J'étais déjà glacée de peur. « Mais je ne savais pas, m'exclamai-je. Même à ce moment-là, je refusais de faire allusion à son mensonge. Je l'ignorais ; j'ai été abusée, comme toi. »

Cosette eut un mouvement des épaules. Elle se tenait assez fermement à la rampe ; elle regardait vers le haut de l'escalier, à travers l'hélice jusqu'au sommet. Sa voix conserva sa douceur, elle était incapable d'y changer quoi que ce soit.

« C'est toi qui as eu l'idée que Mark se fasse passer pour son frère. » Je secouai la tête mais elle poursuivit : « Tu lui as donné je ne sais quel livre à lire.

— A Bell ? Elle n'a jamais lu un seul livre de sa vie. »

Cosette déclara d'un ton calme mais amer : « Elle n'a pas eu besoin de lire. Tu lui as raconté l'histoire. Tu lui as donné toute cette merveilleuse idée. Je suppose que tu lui as expliqué le parallèle étroit qu'il existait avec la situation présente. Sauf que je ne suis ni jeune ni belle et que je ne suis pas en train de mourir. »

L'information était trop dense, et il me fallut plusieurs secondes avant de l'intégrer, d'entamer un processus de compréhension. Comme je la regardais et que son regard tomba de la hauteur de la spirale pour se poser sur ses mains blanches, cramponnées toutes deux à la balustrade, la voix de Mark se fit entendre dans la chambre à l'étage supérieur, lançant un appel derrière la porte légèrement entrouverte : « Cosette, où es-tu ? »

Elle courut vers lui et laissa la porte claquer derrière elle. Je restais immobile un moment, puis je descendis lentement l'escalier. J'avais subi un choc et je savais que j'étais victime d'une profonde injustice. Sans doute était-ce la raison pour laquelle, même à ce moment-là, j'étais persuadée — comme on rassemble vite ses forces ! — que je parviendrais à m'expliquer, à arranger les choses. Elle aussi avait subi un choc. Attends un peu, aurait dit Elsa, oui attends un peu.

En bas dans la cuisine, où j'avais eu l'intention de me préparer un déjeuner tardif, je m'assis à la table et songeai à ce que Cosette m'avait dit. J'avais perdu l'appétit, mais je me versai un peu de vin blanc glacé d'une bouteille qui avait été ouverte la veille, dont on avait bu un verre et qui avait passé la nuit dans le réfrigérateur. Je bus d'un trait, me versai un autre verre et pensai, on comprend pourquoi les gens se mettent à boire. A l'évidence, Mark m'avait trahie — non, c'était autre chose, car pour me trahir, il aurait fallu en l'occurrence que j'aie commis un acte répréhensible. Il était plus juste de dire que Mark m'avait donné comme appât, on avait porté un faux témoignage contre moi, m'avait roulée sur tout la ligne. Il avait visiblement raconté à Cosette que j'avais conseillé à Bell d'entreprendre avec lui ce que font les conspirateurs dans *Les Ailes de la colombe*, que je lui avais suggéré de mettre un tel plan à exécution. Assise là à boire mon vin, je me souvins de Bell ramassant le livre dans mon bureau et m'interrogeant sur son contenu ; je me rappelais ma réponse.

« C'est l'histoire d'un homme et d'une jeune femme qui sont fiancés mais ne peuvent se marier parce qu'ils n'ont pas d'argent. Puis il y a cette fille qui s'appelle Milly Theale. Elle est atteinte d'une maladie mortelle et elle est immensément riche. James n'explique pas ce qu'elle a, mais il précise que ce n'est pas ce à quoi on pourrait s'attendre, autrement dit la tuberculose. J'ai toujours pensé qu'elle devait avoir une leucémie. L'autre femme propose à son fiancé d'épouser Milly. Comme cela, quand elle mourra, elle lui laissera tout son argent, et lui et elle pourront se marier et en profiter. »

Bell était convaincue que Cosette avait un cancer. Mark l'épouserait, elle mourrait et il hériterait de sa fortune. Puis lui et Bell en vivraient. Il me revint à l'esprit que d'après Bell, si on ne pouvait posséder de magnifiques objets, mieux valait ne rien avoir. Désormais, elle n'aurait rien. Pas étonnant, me disais-je, qu'elle ait tant souhaité que Mark couche avec Cosette, qu'elle se soit irritée de sa lenteur, qu'elle ait cru à un mariage imminent. Cependant, sa découverte tardive, la nouvelle que Cosette n'avait pas de cancer, ne s'éteindrait pas de mort naturelle, avait-elle eu des incidences sur son projet ? Pas vraiment. Elle était certainement persuadée qu'elle resterait la maîtresse de Mark après le mariage (ou du moins que leur relation reprendrait) et qu'en tant que telle, elle bénéficierait tout comme lui des libéralités de Cosette. Sans doute cet aspect-là faisait-il également partie de son plan. Ou avait-elle eu l'intention de s'occuper du sort de Cosette ?

Je n'eus pas de pareilles pensées à l'époque. Elles me vinrent bien plus tard, lorsque je sus ce qu'était Bell, lorsque je pris connaissance des faits concernant sa sœur Susan et que la question du suicide de Silas fut abordée. En ce jour d'été dans la Maison aux escaliers, je me dis simplement que Bell et Mark avaient tenté de revivre l'intrigue d'un roman et que le complot avait échoué — de même que la conspiration dans *Les Ailes de la colombe*.

Vous ai-je expliqué qu'il faisait très chaud ce jour-là ? Je ne crois pas. La cuisine, qui se trouvait au sous-sol, était l'endroit le plus frais de la maison. J'ouvrais une à une les fenêtres, mais sans parvenir à modifier l'atmosphère. J'avais l'impression que de l'extérieur ne venaient que des masses de chaleur étouffante, qui déplaçaient des masses identiques à l'intérieur de la pièce. Pas un souffle de vent n'agita les rideaux lorsque je poussai les portes-fenêtres donnant sur les balcons. De l'autre côté de la rue, un homme et deux filles apparurent sur la terrasse au-dessus d'un porche, ils étendirent une couverture sur laquelle ils s'allongèrent et se mirent à boire du vin. J'avais pris ma bouteille dans une main et mon verre dans l'autre, et tout en montant l'escalier, m'arrêtant devant chaque fenêtre ouverte, je me versais du vin et le buvais, un comportement très inhabituel de ma part, totalement inattendu. Quand on est menacé par la chorée de Huntington, on ne fait rien qui puisse occasionner une perte de dextérité, des gestes vagues, un manque de coordination. Le vin commença à me donner mal à la tête et à me dessécher la bouche, mais j'en avais encore envie, je me disais que j'allais ouvrir une autre bouteille, boire jusqu'à être plongée dans un état de stupeur.

Cosette et Mark sortirent ensemble vers trois heures et demie. Je ne pense pas qu'ils remarquèrent ma présence. Je les observai depuis le balcon de la salle de séjour où j'avais fini par me poster, cette fois avec un verre d'eau. Le soleil était à présent aveuglant et rendait l'air lourd, poussiéreux, comme si ses rayons traversaient un rideau de gaze grise. Cosette portait une robe ample, flottante et sans manches, en voile imprimé de fleurs couleur pastel. Mark était en jeans mais il avait mis une veste et une cravate. Ils montèrent dans la voiture, Mark au volant, comme d'habitude. Il devait y faire une chaleur étouffante car je vis

Cosette agiter encore et encore la portière de son côté avant de la refermer. Puis ils partirent. Plus tard j'appris qu'ils s'étaient rendus au bureau de l'état civil. Ils y avaient fixé une date pour leur mariage. Comme il était faible, ce Mark, malléable, incapable de s'en tenir à sa résolution courageuse et honorable de ne pas se marier puisqu'on risquait de croire qu'il le faisait pour de l'argent.

Au bout d'un certain temps, je sortis dans le jardin de derrière, chaud, poussiéreux et parfumé des effluves de l'eucalyptus ; je regardai la fenêtre de Bell, tout là-haut. Elle était grande ouverte, les deux châssis retroussés jusqu'en haut. J'eus envie de l'appeler mais je m'abstins. Je décidai plutôt de monter la voir. J'avais fini par me mettre en tête que la meilleure façon de me réconcilier avec Cosette était de convaincre Bell d'expliquer à cette dernière que je n'y étais pour rien, que je ne faisais pas partie du complot. Je devais certainement être ivre pour m'imaginer que Bell serait d'accord. Je l'appelai à travers la porte. Je l'entendis bouger à l'intérieur, comme si, allongée sur le lit, elle s'était soudain redressée en posant ses pieds par terre, mais elle garda le silence, refusant de m'ouvrir. Je redescendis. Combien de fois, je me le demande, ai-je bien pu monter et descendre les marches de la Maison aux escaliers en ce long après-midi ? Combien de fois ai-je trouvé refuge dans le jardin pour retourner ensuite dans la salle de séjour ? Lorsque je suis tendue, j'ai beaucoup de mal à rester en place, j'ai besoin de remuer, de m'asseoir, de me lever, de marcher de long en large, d'aller vers une fenêtre et de regarder au travers.

Sur le balcon du salon en forme de panier, qui rappelle ceux du Ca'Lanier et où j'ai vu apparaître ce nouvel occupant issu d'une portion de salon rationalisée peint en rouge et blanc, je pris le temps de m'arrêter et de regarder en bas à travers les feuilles de platanes, de cytises, de sycomores et de saules, des feuilles flétries par la chaleur de la journée, et j'aperçus la route poussiéreuse, les toits des voitures reflétant l'opacité éblouissante du soleil, l'herbe jaunie s'échappant des fissures du trottoir. Je sentis la chaleur peser sur mes bras comme un tissu épais et doux.

Vous souvenez-vous que dans l'Ancien Testament, le soleil s'immobilise pour Josué ? Il est figé au-dessus de Gabaon, et la lune reste dans la vallée. Je ne parvenais pas à voir le soleil, il était noyé dans la blancheur d'une mare de chaleur dont il s'était entouré, source embrasée en fusion, et pour moi le temps s'était arrêté comme lorsqu'on souhaite qu'il passe plus vite. Je retournai à l'intérieur où il ne faisait ni plus chaud ni plus frais, fis une nouvelle et vaine tentative dans l'escalier, puis me rabattis sur le jardin qui me sembla d'un gris de moisi. Je m'assis à la table en pierre où, à une époque qui paraissait lointaine, révolue, oubliée, je m'étais installée en compagnie de Cosette et d'Auntie et où Cosette, telle Mariana dans la *Moated Grange*[1],

1. *Mariana in the Moated Grange*, poème de Tennyson (*N.d.T.*).

avait demandé d'un ton plaintif pourquoi on avait cessé de venir la voir.

Assise là à cet endroit, je compris soudain une chose. Je compris que la perte de Cosette me priverait de ce que j'avais de plus cher, qu'en comparaison ma séparation avec Bell ne serait qu'une légère privation, la mort de ma pauvre mère ne serait rien, la perte d'un amant ou d'un ami n'entrerait pas en ligne de compte. Je pouvais même définir ce qu'elle représentait : le cœur de la solitude. Car peu importaient les absurdités que je me racontais sur Bell, c'était Cosette que j'aimais, Cosette personnifiait cette maison pour moi, elle était mon foyer, c'était elle que j'avais choisie comme mère.

Je ne pouvais la perdre. Il devait certainement y avoir moyen de lui expliquer, de lui faire comprendre. Cependant, une sorte de panique s'empara de moi, une crainte primitive en rapport avec l'instinct de conservation. J'avais l'impression que sans Cosette, je ne pouvais me préserver, préserver mon moi. Si elle avait vraiment été ma mère, je ne l'aurais jamais perdue, car quelles que soient les insultes que l'on accumule sur une mère, les traîtrises, les injures, les manques d'attention, on finit toujours par la retrouver, par regagner son cœur, par la récupérer. Une mère pardonne. Ma frayeur était due au fait que Cosette, même si je l'avais choisie, même si elle était plus aimée que n'importe quelle mère, n'était cependant pas la mienne et qu'entre nous il n'existait pas ce lien de chair et de sang unissant parent et enfant. L'héliotrope, qui avait été transmise de génération en génération dans la famille de Douglas, n'était pas passée de elle à moi.

Comme vous pourrez le constater, je devenais complètement hystérique. Je retournai dans la maison, puis partis à nouveau dans le jardin, escaladai les escaliers menant à la salle à manger où j'allai sur le balcon, mais eux ne revenaient toujours pas, Bell ne descendait pas et Elsa ne rentrait pas de son travail. Je me penchai au-dessus de la balustrade, debout, dans la chaleur, et je ne sais ce qui provoqua cette évacuation, mais des flots de sueur se mirent à couler sur ma peau comme l'eau d'un bain dont je serais sortie.

Un taxi passa dans la rue. Il s'arrêta devant la maison et Luis Llanos en sortit. Il portait un pantalon blanc serré et une ample chemise blanche faite d'un tissu brodé très fin et transparent, et il n'avait pas du tout l'air d'avoir chaud. Il ne manquait plus que le chapeau noir pour compléter le tableau, on aurait dit un torero. Lorsqu'il eut payé le taxi, il leva les yeux vers moi et agita la main, de manière nonchalante, sereine. Je compris aussitôt qu'il ne savait rien, qu'il ignorait que le monde touchait à sa fin.

Je descendis lui ouvrir.

Il y a deux jours, à neuf heures du matin, mon père est mort. J'ai effectué toutes les démarches nécessaires, j'ai déclaré le décès à l'état civil, j'ai prévenu les responsables des pompes funèbres, j'ai vu son notaire. Je me suis également acquittée des tâches qui, elles, n'étaient pas nécessaires : j'ai consolé la veuve qui aurait préféré ne pas subir un nouveau deuil, j'ai téléphoné à Bell. J'ai peine à imaginer ce que pourraient être des mots de réconfort venant de sa part. Que dirait-elle ? Je ne le saurai jamais, car je n'ai plus rien à perdre et elle n'aura plus jamais l'occasion de m'adresser ses condoléances. Hier après-midi, quand je lui ai annoncé la mort de mon père, elle a dit : « Heureusement que cela ne s'est pas éternisé. » Puis elle a ajouté : « Quand reviens-tu ? »

Il fut un temps où j'aurais été très heureuse d'une pareille question. Maintenant, j'en éprouve un léger dégoût. Curieusement, je n'ai pas vraiment envie de rentrer ; c'est tranquille ici, loin de tout ce que j'ai jamais connu, une vie paisible parmi les vieillards, qui ont domestiqué leurs ardeurs et épuisé leur passion. Il y aura l'enterrement, nous y assisterons, la veuve et moi, et probablement un ou deux voisins de mon père.

Ce sera le premier enterrement qui me touche directement depuis celui qui eut lieu il y a quatorze ans et auquel je n'assistai pas. On m'avait dit qu'il serait scandaleux que je m'y présente. Bell était évidemment exclue, elle aussi, mais pour d'autres raisons. Les assassins n'assistent aux enterrements de leurs victimes que si l'on n'a pas encore dévoilé leur crime, or dans le cas de Bell il n'y eut pas de révélation. Étonnamment, ce frère et cette belle-sœur de Mark qui avaient provoqué tant d'ennuis se trouvaient là pour témoigner de quelque chose envers lui — de l'amour, du respect ou encore, plus probablement, du comportement qui se devait. De même que Perdita et Luis, les deux vêtus d'un noir uniforme mais splendide, tels des interprètes choisis pour une danse mortuaire. Je ne vis rien de tout cela car, comme je l'ai dit, je n'étais pas là. C'est Elsa qui me le raconta, pourtant elle n'était sûrement pas dans le cortège funèbre. Ainsi, je vis Luis Llanos pour la dernière fois par cet après-midi tranquille, chargé de poussière, écrasant de chaleur, lorsqu'il arriva en taxi pour prendre des nouvelles de Cosette.

Je ne lui rendais sans doute pas justice, mais je crus que sa question, traduite correctement, signifiait : que s'est-il passé hier soir ? Raconte les détails sordides. Furieuse envers le monde entier, prisonnière d'une rancune douloureuse, et commençant de toute façon à me sentir malade, je tentai de le forcer à dire le fond de sa pensée.

« Et pourquoi n'irait-elle pas bien ?

— Les gens heureux, les gens qui s'amusent, ils sortent en courant d'un restaurant au milieu de leur repas ? Non, Elizabeth, tu sais que ce n'est pas vrai. »

Ma nausée me sauva. Je lui dis : « Excuse-moi, Luis, je suis désolée, j'en ai pour une minute. »

En me précipitant hors de la pièce, je le vis hocher la tête, sourire, et dire d'un ton affreusement suffisant : « Oui, je crois que tu vomis. »

Je vomissais en effet. J'étais parvenue aux toilettes juste à temps. La déshydratation vint aussitôt me frapper férocement et, laissant Luis seul, sans plus me soucier de lui, je descendis dans la cuisine pour y boire une quantité phénoménale de verres d'eau. Il m'avait suivie et se tenait sur le pas de la porte ; il me regardait.

« Où est Cosette en ce moment ? demanda-t-il.

— Je n'en ai pas la moindre idée », puis j'ajoutai, comme je n'avais aucune raison de me montrer hostile, de lui donner l'occasion d'exiger d'autres explications : « Et si on sortait dans le jardin. Peut-être qu'il y fait un peu plus frais maintenant.

— Pourquoi bois-tu, Elizabeth ? »

Il voulait dire : pourquoi as-tu bu ? Luis posait toujours des questions et en pose certainement encore. C'est une chose que les gens ont tendance à faire lorsqu'ils n'ont pas une parfaite maîtrise de la langue qu'ils sont obligés de parler. J'ai moi-même eu cette tendance en essayant de communiquer en français ou en italien. Une véritable conversation en anglais était au-delà des possibilités de Luis. Par contre, il posait des questions et je dois dire en sa faveur qu'il en écoutait attentivement les réponses. Si on se montrait prêt à les lui donner. Ce n'était pas mon cas, pas cet après-midi-là ; je haussai les épaules avec impatience. Je n'avais pas envie non plus de lui préparer un thé ou d'ouvrir une bouteille de vin que mon état m'interdisait de partager. Il n'eut droit qu'à du jus d'orange contenu dans un broc. Nous avions emporté dehors les deux verres sur un plateau.

Aussi Luis fut-il également témoin, en quelque sorte, de la mort qui devait bientôt avoir lieu.

Le soleil s'était déplacé de sorte que la moitié du jardin se trouvait dans l'ombre ; la lumière dans l'autre moitié n'était pas lumineuse, mais voilée, atténuée. Le calme régnait, l'air était sec, des feuilles recouvraient ici et là la surface de la table en pierre, une chute prématurée avant l'automne. Des rubans d'écorce pendaient, comme écorchés, au tronc de l'eucalyptus. On aurait dit que sa couleur grise était une conséquence de la sécheresse et non pas une caractéristique naturelle de ses feuilles, de ses tiges, de ses fleurs asthéniques.

Je n'ai pas souvenir d'un seul insecte dans ce jardin, pas même une simple piéride du chou, pas une abeille, ou encore quelques mouches à viande au corps brillant. Il devait y avoir des oiseaux, si ce n'est que des moineaux, mais dans ce cas j'en ai oublié la présence. Une fois, j'avais soulevé une grande pierre blanchâtre ressemblant à du marbre, un galet géant, et une famille de cloportes vivant au-dessous avait vite déguerpi. Mais ces bestioles ne sont pas plus des insectes que les araignées. Les murs de briques, de pierres, et par endroits de verre au plomb, étaient assez hauts pour empêcher d'apercevoir les voisins ou tout indice témoignant de leur existence à part des branches et des feuilles, plus ou moins vertes ou virant au jaune, qui dépassaient. Tout le gris était contenu à l'intérieur, le gris des fleurs, des feuilles, des urnes, des meubles ternis, de l'ombre, et au-dessus de nous, un ciel d'une forte luminosité mais cependant gris. Ce fut la dernière fois où je m'assis là, presque mon dernier jour à la Maison aux escaliers, ma dernière conversation avec Luis que sa prétention, ses affectations, ses interminables questions — il cherchait à présent à savoir pourquoi Cosette avait un tel jardin, l'entretenait de la sorte, avait acheté cette maison — rendaient si agaçant, assommant. Il gesticulait, agitant ses longues et belles mains, qualifiant la Maison aux escaliers d'« éléphant, un véritable éléphant », une terminologie qui ne me devint compréhensible que lorsque je compris qu'il avait omis l'adjectif correspondant[1].

De toute façon je l'écoutais à peine. En levant le regard, j'avais vu la tête de Bell apparaître à sa fenêtre grande ouverte, elle avait surgi à un endroit étrange, au ras du sol, émergeant au-dessus du rebord presque comme si elle n'était pas attachée à son corps, comme une tête décapitée qui aurait roulé jusque-là. Tête à la joue appuyée sur le chambranle de la fenêtre, nid de cheveux blonds dehors sur l'étroit rebord en pierre. Évidemment, Bell était simplement allongée par terre mais on avait une impression différente vu d'en bas. J'allais la revoir, mais l'espace d'un instant et sans lui adresser la parole — des mots qui auraient semblés incongrus, plus qu'absurdes, grotesques.

La voiture revint. Je l'entendis. Luis avait peut-être cru au bruit d'un taxi et non pas à celui, spécifique, du moteur de la Volvo de Cosette, un son familier pour moi mais pas pour lui. Maintenant, il en était arrivé à me demander : « Pourquoi ne parles-tu pas, Elizabeth ? Pourquoi ne me dis-tu rien ? »

Je lui répondis : « Je ne me sens pas bien », je m'adossai à ma chaise et fermai les yeux. Je ressentis un terrible désir d'être proche de Cosette, de la voir sortir pour m'annoncer qu'il s'agissait d'un malentendu, que c'était idiot, qu'elle ne savait pas ce qui lui avait pris, que tout allait bien, et me demander si — si je la pardonnerais jamais. Un besoin d'agir, de bouger, de bondir de ma chaise, de me précipiter dans la maison et de m'élancer vers elle, hurlait en moi. Cependant quelque chose me dit qu'il ne fallait pas le faire, que ce serait une erreur, désastreuse. Je devais m'obliger à patienter si j'en étais capable, oui, si j'en étais capable.

A présent, pensai-je, ils devaient se trouver dans la maison. Ils viendraient certainement, oui sans aucun doute, ici pour nous parler. Toutes les fenêtres étaient ouvertes, les portes du jardin. Je ne savais

---

1. En anglais *white elephant* (éléphant blanc) signifie dans ce cas une maison énorme et impraticable (*N.d.T.*).

rien de ce qui les avait entraînés dehors mais je sentais qu'il s'agissait d'une excursion capitale. Je sentais qu'ils avaient une nouvelle à annoncer, peut-être l'achat d'une maison. Luis, lui, n'était au courant de rien. J'ouvris les yeux et le vis me regarder d'un air affligé. Je lui lançai : « Je crois que Cosette est de retour. Il me semble avoir entendu la voiture. »

Il me demanda si elle saurait qu'il était là. J'en fus exaspérée. J'eus envie de lui demander à mon tour s'il avait laissé des traces derrière lui, déroulé une pelote de ficelle en passant dans le hall puis la salle à manger et enfin en sortant dans le jardin par les portes-fenêtres. Cependant je me contentai de lui dire : « Pourquoi ne vas-tu pas lui annoncer ta présence ? »

J'attendis qu'il revienne, accompagné de Cosette, j'attendis et le soleil s'immobilisa. Des heures s'écoulèrent, cinq minutes. La nausée que j'éprouvais n'avait rien à voir avec l'alcool. Je me souviens que j'avais projeté mes bras sur la table pour y poser ma tête. Finalement, Luis revint, seul.

Il y a peu de chances que je retourne jamais dans la maison de mon père. Je suis rentrée chez moi hier, après avoir demandé à son notaire de s'occuper de la vente. Je n'en reviens pas de la somme qu'on peut en demander et probablement en obtenir ! Et je suis ahurie de la petite fortune qu'il m'a laissée, vingt mille livres amassées au fil des ans, à prendre ou à laisser.

« A prendre, s'est écrié Bell quand je lui en ai parlé. A moins que tu veuilles m'en donner un peu. » Elle a ri pour que je comprenne qu'il s'agissait d'une plaisanterie. Cependant, elle a ajouté : « Tu pourrais acheter une maison plus grande pour nous deux maintenant. »

C'est une idée. Je pourrais en effet m'acheter une maison assez grande pour qu'elle puisse habiter dans une moitié et moi dans l'autre. Ou bien lui acheter un appartement, la mettre dedans, et me débarrasser d'elle pour toujours. Mais je pense que je ne choisirai pas cette dernière solution. Un sentiment de fatalité colore la dépression dans laquelle je me suis à présent installée, il la nuance de gris. Je suis coincée avec Bell pour le meilleur et pour le pire. Elle a fini par abandonner le noir et porte elle-même du gris aujourd'hui, des vêtements en fine maille de coton dans les teintes de la lavandula lanata, du senecio, de l'eucalyptus, mais ils ne lui vont pas, ils lui donnent l'air d'une sorcière, une de ces magnifiques reines du mal ou de ces méchantes fées.

Je suis bête, je me fais des idées, car elle est très gentille avec moi aujourd'hui, plus douce qu'elle ne l'a sans doute jamais été. Elle me confie qu'elle a vu son agent de probation et a décidé avec elle qu'elle devrait chercher du travail, se trouver une activité rémunérée.

« Je lui ai dit que j'allais le faire. C'est plus facile que de lui opposer un non catégorique. »

Les chats se sont tous deux drapés sur elle, le petit allongé sur ses genoux, le grand à moitié sur le dossier de son fauteuil, à moitié sur son épaule. Ils sont totalement habitués à elle et maintenant la préfèrent à moi. Elle caresse la tête du grand en poussant le visage du chat contre elle, contre son cou.

« Évidemment, je ne travaillerai plus jamais. Ils nous faisaient travailler en ville quand j'étais dans cette espèce de prison modèle, avant de sortir — je ne t'en ai jamais parlé ? »

Je secoue la tête sans la croire.

« Dans un hôpital, à nettoyer les salles. J'étais payée. Je dépensais l'argent en cigarettes. »

Je sais qu'elle essaie de gagner du temps. Elle remplit le vide de bavardages qui finiront par provoquer mes questions, afin de retarder ce qu'elle a à me demander. Je ne réagis pas, je ne veux pas être tentée.

« Tu n'as pas envie de savoir ce que j'ai fait d'autre pendant que tu étais partie ?

— Je sais que tu as envie de me le raconter.

— Elsa a téléphoné, elle m'a invitée chez elle et j'y suis allée. Je me suis promenée, j'ai marché jusqu'à Archangel Place et j'ai regardé la maison — voilà ! » Elle me lance un regard en biais, pose une main sur chaque chat comme si elle s'apprêtait à bondir, à fuir en les emportant. « J'ai regardé la télé. J'ai vu Mark. »

Ma voix est rauque, éraillée. « Que veux-tu dire, Bell ? Comment cela, tu as vu Mark ?

— J'ai vu Mark à la télé.

— Il n'a joué qu'à la radio, tu le sais, pourtant.

— Il a juste tourné dans un film — tu ne t'en souviens pas ? Avant que tu le connaisses. Il y avait un festival Michael Caine et il a eu un petit rôle dans un film avec lui. Cela faisait drôle de le voir, c'était vraiment étrange. Tu te rappelles qu'une fois nous avions parlé de ce qui entrait dans la catégorie des choses décevantes ? Ce n'était pas un film terrible, plutôt décevant même. »

Nous nous sommes regardées, droit dans les yeux. J'avais l'impression qu'elle lisait dans mes pensées ou que celles-ci possédaient en elles une force si puissante qu'elles se transmettaient à son esprit. Car j'imaginais une autre personne regardant ce vieux film — avec autant d'amour ? Avec indifférence ? Ou avec tranquillité ?

Et pour une fois, la télépathie ou la volonté que quelqu'un puisse lire dans les pensées a eu des effets.

« Lizzie, dit-elle, Lizzie, qu'est-ce que Cosette est devenue ?

— Je me demandais quand tu allais me poser la question.

— Elle est morte ?

— Non. Elle a épousé Maurice Bailey et elle est retournée vivre à Golders Green. »

XXI

Je l'ai choquée et elle est devenue toute pâle.

« J'étais persuadée qu'elle était morte, qu'elle devait forcément l'être.

— Pourquoi ? Elle n'a que soixante-dix ans.

— Et elle s'est mariée avec ce drôle de vieux bonhomme ?

— Il n'avait que huit ans de plus qu'elle. Je suppose que les gens se sont dit qu'il s'agissait d'un mariage des plus convenables. Des gens comme les Castle et la famille de Cosette ont dû penser que c'était sans doute la meilleure chose qui pouvait lui arriver. Qu'elle avait enfin retrouvé ses esprits. Il était veuf, il avait un train de vie très confortable et une maison encore plus grande que Garth Manor.

— Pourquoi dis-tu qu'ils « ont dû penser » ? Tu n'en es pas sûre ?

— Non, je n'en sais rien, Bell. Je le devine. Je le déduis de ce qu'Elsa me raconte. Elsa est restée en rapport avec Cosette mais pas moi, je ne peux pas.

— Mais pourquoi ? Qu'est-ce que tu veux dire ? »

Je ferais aussi bien de lui expliquer. Je n'en ai parlé à personne sauf à Elsa. Nul ne s'y serait intéressé. Pour quelle raison d'ailleurs ? Il arrive à tout le monde de se brouiller avec des amis, des amitiés prennent fin la plupart du temps parce qu'on ne les entretient pas, on les néglige, mais parfois aussi, à la suite d'une violente querelle.

« Cosette ne m'a pas adressé la parole depuis, Bell. Elle ne m'a plus jamais parlé, elle ne m'a jamais pardonnée. Elle est convaincue que je l'ai trahie, et c'était la seule chose qu'elle était incapable de supporter.

— Tu aurais pu lui expliquer.

— Je n'en ai pas eu l'occasion. Quand c'est arrivé, tu comprends, la nuit qui a suivi, elle n'est pas restée à la Maison aux escaliers ; son frère Leonard est venu et l'a emmenée à Sevenoaks. Je lui ai téléphoné là-bas et la femme de Leonard a répondu. Elle m'a dit que Cosette se sentait trop mal pour parler à qui que ce soit. J'ai eu envie d'écrire mais je ne savais pas quoi lui dire. Elsa et moi, nous vivions encore à la Maison aux escaliers, seules toutes les deux. Un notaire m'a écrit à la demande de Cosette... »

Soudain, j'éprouve d'énormes difficultés à continuer. Je suis au bord des larmes et ma voix me fait défaut. Cependant Bell insiste ; elle a mal compris.

« Tu veux dire que Cosette a chargé un notaire de t'écrire pour te dire de ne pas entrer en contact avec elle ? Vraiment ? Je ne l'aurais pas cru de sa part !

— Non, Bell, il m'a écrit pour m'annoncer que Cosette souhaitait me donner la Maison aux escaliers, elle voulait que j'en devienne propriétaire par un acte notarié certifiant qu'il s'agissait d'un cadeau. »

Son visage s'est métamorphosé, il était devenu avide, rapace, le regard brillant, assoiffé. « Elle te l'a donnée ? Elle devait déjà valoir une fortune à l'époque.

— Ne sois pas idiote. Tu crois que j'aurais accepté ? Je n'en aurais même pas eu l'idée. Elle pensait qu'ainsi, comme je l'avais perdue elle, je serais dédommagée. J'avais compris. J'ai écrit au notaire et lui ai dit que je ne voulais pas de la maison ou de la somme qu'elle représentait ou de quoi que ce soit, je ne voulais pas être dédommagée de la perte de Cosette.

— Et tu n'as plus jamais essayé d'entrer en contact avec elle ?

— Après ton procès, elle est partie je ne sais où et j'ignore quand elle est rentrée, je n'ai réussi à la trouver nulle part. Peut-être que je n'y ai pas mis de la bonne volonté. Je la connaissais, tu comprends, je savais ce qu'elle éprouvait quand elle se sentait trahie. Ensuite Elsa m'a annoncé qu'elle s'était mariée, moi aussi je me suis mariée, et puis c'était trop tard. »

Quand Mark et Cosette revinrent de la mairie, ils montèrent directement dans la salle de séjour, où Luis les trouva. Ils lui annoncèrent la nouvelle, ils n'avaient aucune raison d'en faire un secret. Ils allaient s'épouser. Ils avaient fixé la date de leur mariage ; celui-ci aurait lieu exactement trois semaines plus tard. Je ne sais ce qu'ils se dirent, évidemment, mais simplement ce que Luis, en revenant dans le jardin pour me saluer, me raconta, et il n'était pas doué pour le reportage. Cependant Cosette avait fait allusion à leur différence d'âge, m'avait-il déclaré, et je l'imagine très bien disant : « Il a fallu que nous inscrivions nos âges sur le formulaire, Luis, et c'était un peu humiliant, mais enfin pas autant que si nous avions dû le proclamer haut et fort. »

Luis, faisant preuve d'un tact inhabituel, avait dû comprendre que sa présence n'était pas spécialement ce qu'ils souhaitaient de plus à ce moment-là. Non que Cosette le lui ait dit ou n'ait pas insisté pour qu'il reste, rentre chez lui et ramène Perdita, et que tous sortent dîner ensemble. Peut-être était-ce Mark qui n'avait pas cherché à le dissuader lorsque ce dernier avait annoncé, un peu à contrecœur, qu'il lui fallait partir.

Une fois seuls, ils cristallisèrent les courants de doutes, d'hésitations, de décisions à moitié prises, qui, longeant des îlots d'amour spirituel, d'amour charnel, et de projets d'avenir, avaient empli leur conversation depuis la nuit précédente. Mark devait parler à Bell. Ou alors ils devaient lui parler ensemble. Enfin, il fallait le lui dire.

Le plus terrible, c'est que Cosette ne sut jamais vraiment ce que Mark devait annoncer à Bell. Elle ignorait l'ampleur de la révélation, l'effet qu'aurait sur Bell une pareille nouvelle : son amant était bel et bien

« amoureux » de Cosette. Vous comprenez, elle était persuadée que le pire serait d'apprendre à Bell leur intention de se marier et le fait que celle-ci perdait sa maison, et elle avait fini par se convaincre que le coup serait beaucoup moins rude si elle la dédommageait en lui offrant un cadeau de remplacement. Incroyable, cette façon dont Cosette envisageait de dédommager les gens en leur donnant des maisons, une générosité incurable, inébranlable !

Toujours est-il qu'à ses yeux, voilà ce qui était le pire. Mark savait bien mieux de quoi il en retournait. Il avait une vague idée de ce qu'il risquait en affrontant Bell. Il craignait certainement qu'à son tour, elle aille trouver Cosette pour lui raconter toute l'histoire, leur plan initial, un complot qui ne serait pas exposé dans un cocon d'excuses et de justifications amoureuses, comme Mark avait choisi d'en parler en avouant l'affaire à Cosette, mais en des termes crus et laids, car elle ne manquerait pas de mentionner chaque mot avide prononcé entre eux, de rappeler chacun des glapissements et des rires, de révéler ce à quoi ils aspiraient sans pitié.

Vous vous rendez compte que je ne fais que deviner, non ? Que je n'étais pas là, et Luis non plus, qu'Elsa n'était pas encore rentrée, que lui et Cosette se trouvaient seuls ? Et si j'avais été là, aurais-je été capable de lire dans le cœur de Mark ? Personne n'a vraiment idée de ce qu'il pensait ou de ce qu'il craignait, mais on sait par contre ce qu'il dit à Bell lorsqu'il fut dans sa chambre. Il avait une peur terrible d'aller là-haut. Il aurait aimé en retarder le moment pour toujours, rester assis dans ce salon tranquille, chaud, confiné, à côté de Cosette sur le canapé, un bras autour d'elle qui avait posé la tête sur son épaule et dont il tournait le visage de temps en temps pour déposer un baiser sur ses lèvres. Mais surtout demeurer silencieux, détendu, conscient que les épouvantables événements, les inquiétudes et les excursions des dernières vingt-quatre heures, par un miracle de l'amour — et, certes, grâce à d'innombrables efforts, à un dur labeur passionné —, s'étaient fondus en une sorte de sérénité, que le pardon avait été demandé et accordé, nivelé, enrichi d'une sorte de paix.

Mais il y avait Bell. Il restait une tâche à accomplir. Mark confia peut-être à Cosette qu'il avait peur, cela ne l'aurait pas dérangé de le lui déclarer, sans toutefois préciser la nature de ses craintes. N'était-elle pas sa mère autant que sa maîtresse, ce symbole de douceur maternelle capable d'étreindre l'univers, à qui il pouvait tout confier, avouer la moindre frayeur ?

Je suppose qu'elle lui proposa de s'en occuper mais qu'il s'y opposa. Il savait que Bell ne la croirait pas. Puis elle affirma qu'il valait mieux agir. La procrastination ne faisait qu'aggraver les choses. Il fallait le lui annoncer et se débarrasser de cette corvée. Elle suggéra sans doute d'inviter Bell à dîner. Je n'exagère pas vraiment quand je dis que d'après Cosette, il y avait peu de choses qui ne pouvaient s'arranger, et même se résoudre, grâce à un bon dîner dans un luxueux restaurant.

Il monta, les cent six marches, enfin le nombre de marches depuis le salon jusqu'au dernier étage. Il frappa à la porte, il l'appela. Je ne sais si elle répondit ou s'il entra sans y être invité. Elle était là, dans sa chambre, allongée par terre, la tête sur le chambranle de la fenêtre dont les deux parties étaient relevées au maximum. Une chambre austère, sans aucun meuble presque ; quelques boîtes de vêtements éparpillées sur le sol, d'autres vêtements sur le lit, et les tableaux de Silas empilés contre les murs. Il entra et ferma la porte derrière lui, mais il ne put la verrouiller. Peut-être n'en avait-il pas l'intention. Il dit à Bell qu'il avait quelque chose à lui annoncer.

Après qu'elle l'eut fait, un certain temps après mais avant que la police n'arrive, elle nous raconta, à Elsa et à moi, ce qui s'était passé. N'est-ce pas étrange qu'en dépit de sa connaissance des gens, Bell n'ait jamais deviné les véritables sentiments de Mark ?

« Il a déclaré qu'il était amoureux d'elle. Cet idiot se tenait près de la fenêtre, grande ouverte, regardant au-dehors. Je savais qu'il allait l'épouser, cela faisait partie du plan, c'était parfait, très bien. Qu'est-ce que j'en avais à faire, moi, de cette putain de maison ? Je n'avais pas envie d'y habiter. Mais il était amoureux d'elle ? Il allait partir vivre avec elle, rien qu'elle, et me laisser dans la merde ? Il a affirmé qu'il était amoureux d'elle, et je savais que cet idiot disait vrai, c'est cela qui a tout déclenché. Il m'a lancé : "Je sais ce que nous avons manigancé, Bell, je n'arrive pas à l'oublier, pourtant j'aimerais ne plus y penser ; le souvenir m'en rend malade. Je suis amoureux de Cosette, je l'aime comme je n'ai jamais aimé personne. Il faut que je te dise que je ne veux qu'elle, et elle seule, pour le restant de nos jours." Et il a tourné son visage d'imbécile, il a regardé le ciel comme si partout y chantaient des anges.

« Puis elle est entrée. Elle a frappé doucement à la porte et elle est entrée en disant qu'elle pensait qu'elle me devait elle aussi une explication. Alors je l'ai fait. J'avais envie que cela se passe devant elle. Vous savez ce qui est arrivé. J'ai bondi, j'ai couru vers lui pour le pousser dehors. J'en avais envie, c'était formidable — jusqu'au moment où je l'ai fait, parce qu'alors j'ai voulu le tirer en arrière, le rattraper dans le vide, tout défaire. Tu l'as entendu crier, Lizzie, tu l'as entendu ? »

Voilà une chose que j'aimerais oublier. J'avais supposé que lorsqu'on tombait d'une certaine hauteur, on tombait en silence, assommé par le choc, l'espace. Cependant, Mark poussa un hurlement, un cri, un rugissement de terreur qui déchira le calme de cette lourde soirée d'été. Ce son, néanmoins, cette expulsion de son ultime frayeur, ne fut rien comparé à celui de son corps lorsque celui-ci heurta la surface pavée du jardin gris, un son dont même aujourd'hui je suis incapable de donner une description qui permette d'en imaginer l'horreur, cette solidité et cette liquidité qui le composaient, le bruit d'un être humain brisant les attaches que sont sa propre chair, ses propres os.

Nous étions alors à l'intérieur de la maison, Luis et moi, derrière les portes-fenêtres ; nous marchions dans le salon. Dans pareilles circonstances, on ne parle pas, on ne réfléchit pas, on n'hésite pas. On court. On s'écarte ou on se rapproche. Nous nous précipitâmes tous deux dans le jardin et nous vîmes cette masse éclatée, étalée comme une tache sur les dalles grises ; nous serrant dans les bras l'un de l'autre, nous nous mîmes à geindre. Nous nous étreignions comme des amants, nous nous balancions et gémissions.

En pleurant, en émettant ces bruits plaintifs, en s'aggripant l'un à l'autre, ne formant plus qu'un être, nous nous détournâmes de cette masse sur le sol, et comme nous titubions, enlacés, en direction des portes-fenêtres, Elsa arriva dans le salon ; la poussant de côté, indifférente à toute personne ou à toute chose se trouvant sur son passage, Cosette traversa la pièce en courant, elle sortit dans le jardin et se jeta sur le corps de Mark. Elle resta couchée sur lui jusqu'à ce qu'enfin, ils l'emmènent. Je vis qu'elle était couverte de sang, comme si elle aussi avait été mortellement blessée.

Je ne sais plus à quelles heures les choses se sont passées. Dix minutes ou une heure après peut-être, Bell descendit et nous parla. Enfin, à Elsa et à moi. Où est Luis ? Je m'aperçois que j'ignore totalement ce qu'il est devenu. Quelqu'un appela la police, mais je ne pense pas que ce fut l'un d'entre nous. Un voisin sans doute, un passant. Le terrible cri de Mark avait-il retenti dans Notting Hill, attirant le petit groupe de personnes réunies devant notre grille ? J'entendis des sirènes bien avant l'arrivée de la police et je découvris plus tard que cette plainte provenait de voitures de pompiers se dirigeant à toute allure vers Westbourne Grove où il y avait le feu.

Ce fut un médecin légiste qui souleva doucement Cosette, la séparant du corps de Mark. Elle était effrayante à voir, le visage couvert de sang, les traits d'une laideur féroce, défigurés par une douleur à nu. Ils l'allongèrent sur le canapé en bas, dans la pièce de la télévision où l'on avait étendu le corps d'Auntie, la nuit de sa mort. Le médecin lui injecta un sédatif qui l'endormit peut-être, mais dans ce cas son sommeil ne fut pas si profond qu'il l'empêcha de partir avec Leonard quand celui-ci vint la chercher, tard dans la soirée.

Je ne la revis plus jamais.

J'ai entendu dire qu'elle avait témoigné au procès de Bell. Contrairement à moi, ou à Elsa. Bell déclara à tout le monde ce qu'elle avait fait, à la police, au médecin ; elle semblait en être fière, et je suis certaine qu'elle l'aurait clamé à la Cour d'assises de Londres si son avocat ne lui avait pas déconseillé de témoigner. Selon la loi anglaise, il n'existe qu'une seule peine pour un meurtre : l'emprisonnement à vie. Les condamnés à perpétuité sont libérés habituellement au bout de dix ans, sauf si le juge ou le jury recommandent une incarcération beaucoup plus longue. C'est ce qui s'est passé dans le cas de Bell car, quand le verdict fut prononcé et qu'il fut possible de révéler devant le tribunal des crimes commis antérieurement, on apprit alors que, quand elle avait douze ans, deuxième d'une famille de trois enfants, l'aîné était un garçon de quinze ans, Bell avait tué sa petite sœur.

Ces années mystérieuses, auxquelles elle faisait parfois allusion mais que la plupart du temps elle dissimulait, elle les avait passées dans une section d'une prison modèle pour femmes, aménagée séparément pour ne recevoir qu'elle et elle seule. Elle avait suivi des cours, s'était rarement ou même jamais retrouvée entièrement seule, et pourtant elle avait éprouvé dans cet endroit une profonde solitude. Quand elle eut seize ans — à l'évidence, on ne savait que faire d'elle — on la plaça dans un foyer pour enfants, sous la responsabilité des autorités locales. Au fil des ans, beaucoup de personnes m'ont confié qu'elles avaient essayé de tuer un frère ou une sœur plus jeune qui, à leurs yeux, s'était emparé de cet amour tendre et exclusif qu'un parent déversait sur eux, ces meurtriers en puissance. Cosette m'avait raconté une fois qu'elle avait tenté de tuer Oliver en lui enfournant dans la bouche et dans le nez de la pommade à l'oxyde de zinc et à l'huile de ricin, mais que sa mère était arrivée à temps. La plupart de ces enfants échouent, par ineptie ou parce qu'on les surprend au bon moment, mais pas parce qu'ils perdent courage. Cosette échoua parce que sa mère entra. Bell réussit. Si sa mère était entrée dans la pièce deux minutes plus tôt, le geste de Bell étranglant Susan, sa petite sœur de deux ans, n'aurait représenté qu'un acte de violence sans conséquence perpétré par une enfant folle de jalousie.

Cependant, cette expérience lui apprit une chose qu'aucun d'entre nous n'apprendrait jamais : lorsqu'on a tué une fois, on peut recommencer, c'est le premier pas qui coûte[1].

Bell me dit pensivement : « Cosette doit être richissime à présent. Enfin, d'après ce que tu m'as raconté, le vieux n'a pas à se plaindre non plus, et il partira sûrement le premier. »

Elle dit ce qui lui passe par la tête, alors pourquoi n'en ferais-je pas autant ? « Tu aurais tué Cosette ? »

Elle me lance un de ses regards en biais. Sa bouche se crispe. Elle a l'air en bonne santé, solide, vigoureuse, ses yeux tournés vers l'avenir.

1. En français dans le texte (*N.d.T.*).

« J'étais convaincue qu'elle allait mourir, pas vrai ? Je n'aurais pas eu besoin de le faire si elle avait eu une maladie mortelle, ce dont j'étais persuadée. » Elle m'observa bizarrement, de manière spéculative, songeuse, parfaitement calme. Puis, poursuivant sur un tout autre ton : « Non mais sans rire, pourquoi n'essaies-tu pas de la voir ?

— Je suppose que c'est parce que j'ai l'impression que ce ne serait jamais pareil. La dispute, son accusation que je n'ai pu réfuter, ces années de silence — cela resterait toujours entre nous. » Je m'aperçus soudain que je ne pourrais le faire comprendre à Bell. Les nuances dans les relations humaines, les subtilités de l'affection, elle ne les connaît pas. Elle n'a aucune notion de ce que signifie une approche délicate, elle ignore tout de cette innocence présente dans la longue amitié de mère et de fille ayant existé entre Cosette et moi, qui paraissait solide mais s'était révélée assez fragile pour succomber à un coup unique venant de l'extérieur. « Ne va pas croire que j'ai l'ingratitude de ne pas apprécier tes efforts désintéressés pour m'assurer un héritage, lui dis-je, mais tu n'as pas l'impression que ta présence dans ma vie pourrait représenter un obstacle ?

— Pas si on a une grande maison, partagée en deux, répondit-elle. Elle ne serait pas obligée de me voir. D'ailleurs — Oh, Bell, toujours la même, impossible à changer, directe, impitoyable et d'un égoïsme incorrigible — j'ai autant de raisons qu'elle de lui en vouloir. Elle m'a volé mon amant, tu sembles l'oublier. »

Comme si les années ne s'étaient jamais écoulées. Comme si Mark n'était pas mort ou Bell n'avait pas passé quatorze ans en prison. Cosette avait dit qu'elle aimerait voler les hommes des autres, elle en avait parlé comme d'un rêve impossible, mais elle l'avait fait, elle avait volé l'homme d'une autre femme, elle y était parvenue.

« Tu ne m'as jamais dit comment tu l'avais rencontré, m'exclamai-je pour détourner son esprit de Cosette. Ni depuis combien de temps tu le connaissais quand tu l'as amené à la Maison aux escaliers. »

Elle me lança un regard étrange, de côté, spéculateur, comme si elle se demandait — sans vraiment s'en préoccuper — comment j'allais réagir. « Je l'ai rencontré à cette soirée d'Expérience globale.

— Non ! C'est là où je l'ai vu pour la première fois. Tu ne te rappelles pas ? Il était assis à une table avec toi et je t'ai demandé si c'était ton frère ?

— C'est toi qui m'as donné l'idée. Son sourire était si désabusé, d'une telle sophistication. Tu as eu le don de me mettre des idées en tête, Lizzie. Une nouvelle cigarette, ses yeux se plissent tandis que s'élève un panache de fumée. J'ai un vrai frère, tu le sais, je ne l'ai pas vu depuis des milliers d'années. Quand tu m'as posé cette question à propos de Mark, j'ai eu un choc, un petit choc. Je me suis dit : C'est Alan, mais comment est-ce possible ? Je l'ai regardé et j'ai vu que ce n'était pas lui. Mais je t'ai répondu oui. Alan, mon vrai frère, il est tellement laid et idiot, du moins il l'était, alors je suppose qu'il l'est encore, mais Mark était beau, pas vrai ? J'ai pensé, je vais dire que c'est mon frère et comme cela je ferai sa connaissance. C'est drôle, non? Je ne l'avais jamais vu auparavant, je n'avais jamais posé les yeux sur lui. »

Je savais qu'elle racontait des mensonges par simple plaisir. Ma voix résonna dans mes oreilles, terriblement lourde, comme pétrifiée. « Je ne te crois pas. C'est impossible. Il était assis à ta table.

— Ce n'était pas ma table. Je me trouvais là, c'est tout. Il n'y avait pas assez de tables dans la pièce. Quant aux autres personnes présentes, elles m'étaient toutes inconnues. Quand il est revenu — lui aussi était seul — je lui ai dit que quelqu'un m'avait demandé s'il était mon frère parce que nous nous ressemblions. Est-ce qu'il était du même avis ? C'est la question que je lui ai posée. Voilà, Lizzie, cela a été le début. Notre histoire a commencé comme cela. Nous avons pris un verre puis nous sommes rentrés chez moi. Il a dit qu'il était content de ne pas être mon frère.

« Mais cela nous a été utile plus tard. On ne s'en serait jamais sorti si lui avait essayé d'épouser Cosette et qu'elle, elle avait su qu'il avait été mon amant. C'était bien mieux ainsi. Tes deux idées étaient vraiment géniales — elles auraient marché s'il n'avait pas fait l'imbécile ! »

Alors tout est de ma faute, tout est arrivé à cause de ce que j'ai fait et de ce que j'ai dit, et Cosette a eu raison de me rendre responsable. Peut-être est-ce parce que j'ai cette douleur dans la tête que la situation me paraît irréelle et que la moindre action, la moindre mesure concrète, semble impossible. Je n'ai rien écrit depuis des semaines, et si ma migraine est intermittente, mon état dépressif, lui, est constant. Et puis il y a autre chose, une chose dont autant que je sache personne n'est victime sauf moi. Je me couche le soir et m'endors, mais quelques instants plus tard je me réveille paniquée, terrorisée, en proie à une telle peur, indescriptible, de la vie elle-même, de la réalité, des ténèbres qui m'entourent, que mon corps est secoué de soubresauts et se tord, et que mes yeux, écarquillés, emplis de frayeur, fixent l'obscurité. La crise passe, elle se termine au bout de dix minutes environ, je me replonge dans mon état dépressif habituel, placide, résigné, et finis par m'assoupir. Mais de quoi s'agit-il ? A quoi est-ce dû ?

J'en ai parlé à Bell. Cela ne sert à rien de lui confier quoi que ce soit, mais je lui ai dit quand même. Allume la lumière, a-t-elle conseillé, bois quelque chose. Mets un verre de vin à côté de ton lit et bois-le. J'ai essayé. Mais l'ampoule de la lampe de chevet avait sauté, si bien que rien ne s'est passé quand j'ai appuyé sur l'interrupteur, et puis j'avais pourtant l'impression de tenir fermement le verre, mais je ne suis parvenue qu'à le renverser par terre, de même que d'autres objets, ma montre, les aspirines et l'héliotrope. Aussi je porte toujours cette bague à présent, je ne la retire jamais.

Avant notre visite chez le notaire, j'ai posé une question à Bell. Je lui ai demandé ce qu'à son avis était l'amour. Elle a réfléchi un instant, mais pas longtemps.

« Le début d'une relation. C'est à ce moment-là qu'on compte le plus dans la vie de quelqu'un.

— Mais et toi ? dis-je. Si c'est toi qui aime ? »

Elle n'y avait jamais songé. L'amour, pour elle, est une chose que l'on reçoit — ou pas. « Pour ma mère et mon père, j'étais celle qui comptait le plus avant que Susan n'arrive. Je croyais que j'étais la première dans le cœur de Mark. Quant à Silas, personne ne lui importait sauf peut-être lui-même. » Je voyais bien que cela ne la dérangeait pas d'en parler, Bell a toujours aimé parler des gens, y compris d'elle-même. « Non, je vais te dire, ajouta-t-elle, il faut que la personne dont tu as envie ait envie de toi, le reste n'a pas d'importance. »

Mieux vaut ne pas nous aventurer plus loin. Et pourtant, est-ce que je ressens quoi que ce soit pour elle ? Et elle, éprouve-t-elle le moindre sentiment pour moi ? Il existe une autre passion dans la vie de Bell dont nous ne parlons jamais et qui n'a pas encore été satisfaite. Ne s'agit-il pas là du nœud et de l'essence même de la frustration ? Cette quête perpétuelle au fil de souffrances inimaginables, qui pourtant n'aboutit jamais ? J'ai dit que nous n'abordions pas le sujet, mais en un sens c'est la raison même de notre visite chez le notaire.

Bell n'a pas voulu entrer, mais elle m'a accompagnée jusqu'à ses bureaux, situés dans Knightsbridge. Elle passerait une heure chez Harrods, m'avait-elle dit, où elle n'avait pas mis les pieds depuis quatorze ans. Au milieu des antiquités, des bijoux, des tissus d'apparat. La partie de Harrods que je préfère, c'est le zoo, mais Bell m'a regardée sans comprendre quand je lui ai émis cette suggestion.

Je suis allée faire mon testament. C'est Bell qui m'en a donné l'idée, parce qu'en fait je suis assez riche à présent et que si je meurs intestat, qui profitera des deux maisons et des économies de mon père ? L'État ? Il ne reste personne. La cousine Lily est morte maintenant, ils sont tous morts, ou ne sont pas nés, pour des raisons évidentes. J'ai légué l'ensemble à Bell, à part mille livres pour Elsa car elle est censée être mon exécuteur testamentaire.

« Mme Sanger est plus âgée que vous, a remarqué le notaire.

— Oui, je sais. » Je n'ai rien ajouté et il n'a pas posé de questions. J'ai mal à la tête quand je dois me mettre à avancer des arguments.

Lorsqu'il aura rédigé le testament, il me l'enverra pour que je le signe devant deux témoins, qui eux devront chacun le signer en présence de l'autre. Il m'a affirmé qu'il me le posterait vendredi, aussi il devrait arriver demain. Mes voisins seront mes témoins. Ils donnaient à manger aux chats en mon absence, avant que Bell ne s'installe. Parfois nous leur rendons visite et prenons un verre avec eux, ou alors ils viennent ici.

L'intérêt qu'ils nous portent et les regards qu'ils échangent me disent qu'ils nous prennent pour un couple de lesbiennes ; ils trouvent cela tout à fait passionnant.

Je n'ai pas mentionné à Bell une autre chose que j'ai faite, ma lettre à Cosette. J'étais décidée à ne pas lui écrire, mais le récit de Bell sur sa première rencontre avec Mark m'a fait changer d'avis. La révélation de ma culpabilité, même si c'est inconsciemment que j'ai joué un rôle dans cette intrigue, a tout bouleversé pour moi. Depuis que j'ai parlé de Cosette à Bell, je ne cesse de la voir dans son ancien habitat, transposé cependant dans la maison de Maurice Bailey, je l'imagine en train de planter des lys dans le jardin. Comment puis-je savoir qu'elle est de nouveau une présence indispensable au sein de l'Association des résidents de Wellgarth, un membre de l'Union des femmes de la municipalité et du Conseil de gestion du lycée, une volontaire pour rendre visite à des malades dans les hôpitaux ? Je le sais, c'est tout. Je sais qu'elle fait confectionner des ensembles gris en worsted par le tailleur de Maurice Bailey. Qu'elle a une Volvo et lui une Jaguar. Perpetua vient faire le ménage et Jimmy s'occupe du jardin. Dawn Castle lui rend visite et lui dit que ses petits-enfants lui causent bien du souci mais qu'elle ne pourrait se passer d'eux. Je rêve de Cosette et de sa vie, je rêve qu'elle vient me sauver, mais de quoi ? De quoi donc ? Il a fallu quatorze ans pour que je lui écrive et maintenant, chaque fois que la sonnerie du téléphone retentit, je sursaute et me mets à trembler.

Bell m'observe lorsque je tremble. Comme si elle jaugeait, évaluait ses chances. Elle s'est mise en quête d'une maison et ne cesse de parler d'une demeure située dans Notting Dale qu'elle voudrait que j'achète et qui est si chère que je serais obligée de prendre une hypothèque et, pour plus de sûreté, d'établir un contrat d'assurance en sa faveur. Je le ferai peut-être, tout simplement pour éviter une dispute. Je céderai, probablement, même si en la regardant à mon tour, elle qui s'est habillée d'un gris argenté, s'est parée de mes chats comme s'ils constituaient une partie de ses vêtements, prend une autre cigarette puis l'allume, elle qui a recouvré la jeunesse comme au temps où elle était heureuse du rajeunissement de Cosette, je me dis que je préférerais infiniment faire ce que Cosette avait en tête et lui acheter sa propre maison.

J'ai conçu certaines idées à propos de l'héliotrope. D'aucuns parleraient de fantasmes. Parfois, je la considère comme le support de l'amour, comme si l'amour était contenu à l'intérieur, dans ces minuscules points de jaspe étincelant dans les profondeurs de la calcédoine vert foncé qui les englobe. Quand Bell me l'a donnée, j'imagine qu'elle m'a rendu l'amour de Cosette, dont j'ai été privée si longtemps. Et à d'autres moments, j'ai l'impression qu'elle est un support d'affliction, ornant les doigts de ceux qui génétiquement courent le risque d'être atteints par cette maladie dont sont morts tant de ses propriétaires, les uns après les autres. La bague, qui glissait sur le doigt de Bell, serre le mien et je dis à Bell que je n'arrive pas à la retirer, qu'à moins de couper mon doigt, il faudra qu'elle y reste pour toujours.

Le téléphone sonne. Je sursaute, évidemment, et durant les secondes qui séparent chaque sonnerie, je me demande si je peux connaître malgré tout une fin heureuse, je me demande qui parviendra à m'atteindre en premier, Bell qui sera peut-être mon destin, ou Cosette qui serait certainement mon salut. Ou serai-je confrontée à cette troisième possibilité en laquelle Bell a rassemblé ses espoirs...

Je lève la main afin de l'empêcher de se lever et je traverse la pièce pour répondre au téléphone.

LA GUEULE DU LOUP

(*Talking to Strange Men*)

Roman traduit de l'anglais par
Jean Guiloineau

A Don

LISTE DES AGENTS

AGENCE DE LONDRES

Basilic (Patrick Crashaw)
Charybde (Nigel Hobbouse)
Chimère (Angus Cameron)
Cockatrix
Dragon (Charles Mabledene)
Empusa
Hydra (Richard Harper)
Leviathan (Mungo Cameron)
Licorne (Nicholas Ralston)
Meduse (Graham O'Neill)
Scylla (Keith O'Neill)

AGENCE DE MOSCOU

Trevor Allan
Martin Hillmer
Guy Parker
Philip Perch
Simon Perch
Ivan Stern
Michael Stern
Rosie Whittaker

I

Il traversait le pont au-dessus du fleuve, de la rive ouest vers la rive est. Pour une raison quelconque en rapport avec la Seconde Guerre mondiale, ce pont s'appelait Rostock. C'était un pont suspendu, peint d'un rouge sombre et mat, avec des trottoirs de chaque côté. En amont, les lumières de trois autres ponts, Alexandra, Saint-Stephen et Randolph, brillaient, les unes immobiles, les autres en mouvement et, en dessous, l'eau semblait noire et scintillante à cause de toutes ces lumières qui se reflétaient à sa surface gonflée et changeante. Cependant, quand Mungo regardait vers le sud, cet éclairage s'arrêtait vite et il n'y avait plus de ponts, mais des entrepôts et des grues qui se détachaient sur le ciel du crépuscule et sur un paysage plongé dans une grisaille obscure. On était en mars et, à six heures et demie, la nuit tombait déjà. A l'horizon, on pouvait encore distinguer de hautes collines qui se découpaient sur un ciel légèrement plus pâle. Il marchait sur le trottoir côté sud, seul, et entre lui et l'eau profonde il n'y avait que le mur éclairé par les lampes, qui arrivait à hauteur d'épaule, pour empêcher les suicides.

Ce soir, le fleuve dégageait une forte odeur. Des relents de poisson, d'huile et de quelque chose aigre et pourri. Les pierres marbrées et gris sombre, peut-être du granit, qui recouvraient les berges côté est avaient un aspect graisseux. L'eau battait à la limite de la bordure d'herbe, verte pendant le jour. Mungo quitta le pont par l'escalier réservé aux piétons et suivit la berge en direction de l'escalier de Beckgate.

Il n'y avait pas un chat. Presque personne ne vivait dans le quartier sud-est. Parfois, on trouvait un pêcheur assis sur le quai en granit, mais jamais à cette heure-ci. Les carrés de lumière, qui tombaient sur la volée de marches larges et très peu hautes, venaient du café de Beckgate, de la salle où l'on pouvait voir deux personnes debout au bar. Cette unique pièce éclairée, lumineuse et confortable, ces consommateurs qui buvaient ensemble ne faisaient, par contraste, que rendre plus sensibles la sombre tristesse du lieu, l'absence d'humanité, de toute créature vivante et de toute trace de verdure.

Des années plus tôt, avant la naissance de Mungo, une fille avait été assassinée ici. On avait retrouvé son corps sur les marches, allongé à l'endroit le plus large, une sorte de palier, entre les deux parties de l'escalier. Un garçon plus âgé le lui avait raconté quand il avait huit ans. On lui avait montré l'endroit et ils avaient recherché des taches de sang. Il avait fait comme les autres, effrayé et fasciné, sans rien trouver, jusqu'à ce que plus tard il apprenne qu'il n'y avait pas eu de sang, qu'elle avait été étranglée. Et beaucoup plus tard, il avait ressenti une sorte de honte de s'être amusé ici, d'avoir tourné en dérision quelque chose d'aussi affreux, d'avoir joué au meurtrier. Aucun d'eux ne voulait être la fille, mais tous se disputaient pour tenir le rôle de son poursuivant fou, la bave aux lèvres.

On n'avait jamais découvert le véritable assassin. Parfois, on disait que, là où s'était déroulée une chose horrible, une sorte de vibration incessante en provenait et, plus tard, ce lieu était hanté. Cela avait fait peur à Mungo quand il était petit ; courageux quand il se trouvait près de cet endroit en compagnie de Ian, par exemple, ou d'Angus, il l'évitait craintivement quand il était seul. Pourtant, il aurait pu compter sur ses doigts le nombre de fois qu'il avait monté ou descendu ces marches. Elles ne conduisaient nulle part où il avait normalement envie d'aller et elles ne descendaient que vers l'eau. Son chemin habituel vers la cache de la passerelle, c'était par Albatross Street mais maintenant, au lieu de prendre Bread Lane, il faisait par prudence un petit détour et, pourtant, il n'y avait personne pour le voir, il en était presque sûr.

Le quartier était laid et peu fréquenté, avec beaucoup de bâtisses, qu'il imaginait vaguement être des docks ou des entrepôts, et des rues bordées de bâtiments impersonnels qui, manifestement, n'étaient pas des immeubles d'habitation, un étage entier de fenêtres éclairées par lesquelles on pouvait voir des caisses en carton ; avec, entre eux, de vieux édifices étranges en brique, des usines étroites, blanchies à la chaux, prises en sandwich, des rangées de pavillons utilisés comme ateliers dans la journée. Ici, sur des tiges de béton, comme d'immenses plantes élancées avec des têtes pendantes, des lampes d'un blanc verdâtre répandaient une lumière curieusement claire et terne à la fois. Elle s'étalait sur la chaussée et sur les murs comme une couche phosphorescente encore humide.

A environ cinq cents mètres d'où finissait le pont de Rostock, une passerelle enjambait la rue principale, où une file de voitures qui, cette fois, venaient du sud, d'Alexandra, se dirigeaient vers la route d'accès à la transversale nord-sud. Cette passerelle avait été construite une vingtaine d'années plus tôt pour dégager la vieille ville. A l'époque, on croyait qu'il y avait beaucoup de circulation mais on ignorait alors le développement qu'elle prendrait. Et l'on avait construit la passerelle à une seule voie : le matin, les voitures l'empruntaient du sud vers le nord et, le soir, du nord vers le sud. Il n'y avait pas de place pour une circulation à double sens. On avait réalisé des plans pour construire une nouvelle passerelle à trois ou quatre voies, mais rien n'avait encore été décidé.

Au-dessus de sa tête, les voitures faisaient un bruit semblable au grondement du tonnerre. Ou à celui d'une canonnade, se dit-il. Il tourna à gauche dans Albatross Street entre un bâtiment obscur presque sans ouvertures et une usine avec Ahman-Suleiman écrit en lettres chromées, au-dessus de l'entrée principale crasseuse. Un homme en turban remplaçait une vitre en verre dépoli à l'une des fenêtres et un gros chat d'un roux jaunâtre, qui avait renversé et vidé une poubelle, était en train de déchirer un sac d'ordures en plastique. Ces deux êtres, les premières créatures vivantes en dehors des deux personnes dans le café, ne faisaient absolument pas attention l'un à l'autre. Il aimait les chats, cette colonie de chats redevenus sauvages qui vivaient ici. Il dit bonjour à celui-ci et tendit la main vers lui. Le chat se retourna furtivement pour lui lancer un regard froid et méchant et, sans qu'on s'y attende, l'homme au turban dit :

« Il va vous mordre.

— Merci de me prévenir », répondit-il.

L'homme au turban fit glisser son pouce sur le ruban de mastic. « Il m'a déjà mordu deux fois et ma femme une fois. » Il ramassa ses outils et ouvrit la partie droite de la porte à double battant. « Démon ! » cria-t-il au chat et il claqua la porte derrière lui.

Le chat continuait comme si personne n'avait parlé, en fait comme si personne n'avait été là. Il ne tressaillit même pas au bruit retentissant que fit la porte en se refermant. Il déchiquetait un gésier de poulet. Mungo était content que l'homme au turban soit rentré. Il n'y avait plus personne pour le voir maintenant, personne pour voir où il allait, sauf le chat qui ne comptait pas.

La passerelle apparut à nouveau devant lui, amorçant sa descente en courbe vers la transversale. Elle était soutenue sur toute sa longueur par des piliers d'acier verticaux qui n'étaient pas cylindriques mais plutôt de section cruciforme, chacun creusé de quatre cannelures profondes, du sommet à la base. Ces piliers sortaient (si l'on peut dire) d'entre les pavés et les rues se terminaient en cul-de-sac. A cet endroit, l'arrière des entrepôts se dressait dans un triangle de verdure. L'été, il se recouvrait d'herbe folle qui, actuellement, était coupée et humide, parsemée de buissons rabougris. Les piliers ne tremblaient pas sous le poids de la circulation mais ils en donnaient l'impression. Le grondement, là-haut, ressemblait à un combat aérien.

Peu de voitures descendaient ici, surtout quand les ouvriers des usines étaient rentrés chez eux. Mais il regarda quand même à droite et à gauche avant de traverser. Il cherchait surtout quelqu'un qui l'aurait observé.

La lumière faible et bleuâtre creusait d'immenses ombres indigo aux profondeurs impénétrables. Il leva la tête et sentit la pluie sur son visage, rien que l'humidité d'une légère bruine. Si la nuit semblait tomber aussi tôt, c'était à cause des nuages épais qui recouvraient le ciel. En bas, les lumières étincelaient, peu nombreuses et éloignées les unes des autres, et leurs abat-jour plats étaient indistincts dans la brume que formait la pluie.

Il n'y avait absolument personne. Et, parce qu'il était constant et régulier, le grondement de la circulation devenait lui-même comme une sorte de silence. Il traversa la rue et marcha dans l'herbe qui tacheta immédiatement la pointe de ses chaussures de gouttes d'eau. A l'abri des piliers d'acier, il sortit la feuille de papier de sa poche. Elle était enveloppée dans un petit sac en plastique, comme ceux qu'on trouve au supermarché. Dans sa poche, il avait aussi un rouleau de ruban adhésif.

Il réussit à détacher une bande d'une quinzaine de centimètres, impatiemment car la première fois elle s'était déchirée en diagonale et s'était collée au rouleau. Un peu en dessous de son visage — il était exceptionnellement grand — il fixa l'enveloppe de plastique avec soin sur l'un des deux piliers centraux, celui de droite, et dans la cannelure la moins visible de l'extérieur parmi les quarante-sept autres. Il la colla avec deux morceaux de ruban adhésif, en l'écrasant sur le métal uni et froid avec le côté de la main.

Il se retourna une nouvelle fois pour vérifier s'il était possible qu'on l'ait observé mettre le papier dans la cache. Il crut voir un mouvement, de l'autre côté de la route qu'il avait traversée pour atteindre l'herbe, à l'entrée d'un passage étroit séparant une église de briques rouges aux issues condamnées, qui était désaffectée, et le mur de stuc d'un immeuble trapu, difficile à identifier, au toit et aux fenêtres métalliques. Ces bâtiments se trouvaient dans une semi-obscurité, entre deux lampadaires très espacés. Il traversa la rue déserte en laissant derrière et au-dessus de lui le grondement régulier, et sentit les poils de sa nuque se hérisser. Ils utilisaient cette cache depuis l'époque d'Angus. En fait, Angus l'avait créée, l'avait instituée, avec cette curieuse attitude de bravade ou de panache qui lui avait permis d'infiltrer depuis longtemps ce qui était la chasse gardée de Moscou.

Il l'avait transmise avec tout le reste : « Sous le pont de Rostock, Mungo, là où la passerelle descend, il y a douze poteaux d'acier sur une pelouse. Le poteau du centre, sur la droite, c'est la cache sacro-sainte. »

Angus l'avait utilisée très souvent et Guy Parker ne l'avait jamais su. Mungo la gardait jalousement et la considérait comme un territoire, réservé à lui et à ses meilleurs agents. Même son lieutenant n'était pas dans le secret. Quand à Ivan Stern, il ne s'en doutait même pas, à moins que... Tout en restant dans l'ombre, Mungo se glissa le long de la façade de l'église, passa devant la grande arche de grès dans laquelle le double portail était barré, près d'un arc-boutant de style victorien dont les briques étaient ébréchées là où un camion l'avait heurté. Il s'aplatit contre les pierres dans l'obscurité et sortit brusquement dans le passage. Il vit ce qui avait bougé, ce qui, probablement, avait bougé : une feuille de plastique noir, à l'origine un sac poubelle, clouée pour masquer une vitre cassée dans une fenêtre du mur de stuc, et dont un coin s'était libéré et battait au vent. A ce moment-là, il se rendit compte que le vent s'était levé, qu'il lui soufflait la pluie dans le visage par rafales, et faisait rouler un bidon d'huile vide dans la rue, avec un bruit caverneux, un tintamarre épouvantable. Ou était-ce quelqu'un qui lui avait donné un coup de pied pour le faire rebondir et résonner de cette façon-là ?

Le bidon d'huile s'était arrêté, le morceau de plastique pendait sans bouger, tout était immobile à part le martèlement de la circulation, le grondement. Et même cela s'apaisait au fur et à mesure que le départ des voitures diminuait et que le soir s'avançait. Ainsi, il semblait qu'il n'y avait eu personne, qu'il avait imaginé avoir vu, non pas le coin d'un plastique noir et brillant secoué au hasard, mais un homme en ciré noir qui pendant une seconde, une fraction de seconde, était sorti du passage obscur pour l'observer, lui et la futaie de métal.

Il avait dû se tromper. Pendant un instant il pensa retourner près de l'arbre sacré pour retirer le message de la longue fissure du tronc. S'il agissait ainsi, cela signifierait qu'on ne pourrait plus jamais l'utiliser, que son existence en tant que cache serait terminée. Et Basilic qui viendrait chercher le message, en prenant des risques, Basilic qu'il n'avait aucun moyen de prévenir ? Mungo savait qu'il avait trop d'imagination, il voyait des choses qui n'existaient pas ou que d'autres gens disaient ne pas exister.

« Un visionnaire, voilà ce que tu es, lui avait dit Ian, sinon c'est de la schizophrénie. »

D'autre part, il ne se souvenait pas non plus avoir déjà connu des situations de ce genre. Mais il laisserait le message. Il ferait confiance au bon sens et à l'expérience, pas à l'imagination. Il jeta un dernier regard dans le passage et revint vers Ahman-Suleiman. Le chat était parti et n'avait laissé que des graines sorties du gésier de poulet et des os éparpillés sur le trottoir. Le froid devenait plus vif et le vent soufflait en rafales à l'angle des maisons. Mungo savait qu'on ne le suivait pas, il en était certain, mais il emprunta quand même une route tortueuse pour rentrer chez lui. Il se lança dans un labyrinthe de petites rues qui, progressivement, devinrent habitées, des rangées de maisons datant d'avant la Première Guerre mondiale, des boutiques, des arbres aux branches étêtées avec des renflements là où on les avait amputées, des voitures rangées à la queue leu leu au bord des trottoirs.

Si quelqu'un l'avait suivi, il l'avait semé. Mungo était expert dans l'art d'échapper à une filature. Autrefois, quand il était devenu directeur général, Moscou l'avait fait suivre régulièrement pendant des semaines, peut-être pendant des mois. Mais il l'avait su depuis le début. D'autres que lui avaient eu la chance d'être formés par Angus mais aucun, évidemment, n'avait été aussi proche de ce professeur. Mungo avait toujours pris beaucoup de plaisir à échapper aux filatures et un jour de triomphe il avait même entraîné Michael Stern — parce que le successeur de Guy Parker l'avait fait suivre par son propre frère — dans un entrepôt désaffecté où il avait réussi à l'enfermer.

Il tourna dans une rue qui conduisait vers la Tour de Guet. Avant d'arriver au bout, il vit l'épaisse silhouette de ciment du pont Alexandra, bas au-dessus de l'eau (aucun bateau ne remontait au-delà du pont de Rostock), les lignes et les courbes gravées sur les côtés peints d'un rouge et d'un vert que les lumières décoloraient. Si quelqu'un le suivait — et il faudrait qu'il soit très habile, presque invisible — il n'oserait sans doute pas traverser le pont. Il saurait où se dirigeait Mungo.

Au milieu du pont, il se sentit très vulnérable, très seul. Il y avait des voitures mais un seul autre piéton, jeune et du sexe masculin, quelqu'un qu'il ne reconnaissait pas. Cette personne marchait vers lui, sur le trottoir, du côté du parapet. Elle ne portait pas de ciré et, de toute façon, elle ne venait pas de la bonne direction. Même une des stars de Stern ne pouvait être à deux endroits en même temps.

Ils se croisèrent avec une indifférence étudiée. En tout cas, celle de Mungo l'était. Il leva les yeux qui, apparemment, observaient la surface ridée du fleuve, et regarda vers la rive ouest, vers la tour de l'immeuble des assurances Citwest. Les grandes aiguilles vertes du sommet lui indiquèrent qu'il était six heures cinquante-neuf et que la température était de six degrés. Puis l'horloge de la cathédrale, invisible d'ici parce qu'elle se trouvait sur la façade nord de l'abside, se mit à sonner l'heure. Elle était toujours légèrement en avance. La pluie, qui s'était transformée en crachin, donnait à la cathédrale austère et majestueuse l'air d'être détachée de ce monde, comme si elle flottait, tel un palais dans un rêve, ses deux flèches et la galerie des saints de la façade est n'étant plus ancrées à la terre mais montant vers les cieux.

La route quittait le pont sous les murs de la cathédrale. Mungo sentit la vibration des notes de l'horloge lui traverser tout le corps. Au-dessus de lui, les têtes des gargouilles, dans une pierre qui s'effritait, souriaient, grimaçaient ou tordaient la bouche dans un rictus de souffrance. Ces visages semblaient sortir de la bruine, comme s'ils avaient été attachés à des corps, comme s'ils avaient appartenu à des gens du Moyen Age qui se seraient penchés au-dessus d'un haut mur de pierre pour regarder les passants. Mungo se reprit. Assez de visions, se dit-il, il n'y avait rien, il n'y avait jamais rien eu, et quand il déboucha sur la place plantée d'arbres, il pensa, je vais faire le reste du chemin en courant, un petit sprint.

II

A cause du froid brusque, John Creevey remonta la fermeture Éclair de sa veste. Elle n'était pas en plastique noir, mais en cuir bleu très sombre et une mince pellicule de pluie la rendait brillante. Elle avait appartenu à sa femme. Autrefois elle était trop petite pour John, mais dernièrement il avait perdu beaucoup de poids et, de toute façon, il n'était pas large d'épaules. Il portait la veste parce qu'elle l'avait portée, parce que c'était un de ses rares objets vraiment personnels qu'il possédait encore.

Sans réfléchir, il était sorti du passage à cet endroit dégagé, en pleine lumière. Il n'avait pas imaginé qu'il pût y avoir quelqu'un sur l'herbe près des piliers. Il pensait aux messages en se demandant pourquoi, par exemple, il n'y avait rien eu pendant un mois, mais surprendre quelqu'un en train d'en déposer un ne lui avait même pas traversé l'esprit. Évidemment, il s'était immédiatement reculé. Il ne pensait pas que l'homme, très grand et très maigre, qui se trouvait sur l'herbe et que lui-même n'avait aperçu que brièvement, ait pu le voir.

Il redescendit le passage, sans courir mais en marchant vite, et se cacha sous une porte, après avoir tourné le coin. Il resterait là pendant dix minutes, se dit-il, jusqu'à ce qu'il soit sûr que le porteur du message soit parti. Il avait tout son temps, une soirée entière devant lui, et, en prenant ce chemin, son seul but avait été de surveiller le pilier, par curiosité, pour essayer de découvrir un indice sur ce que tout cela signifiait. Il calcula que le manège durait depuis trois mois. En fait, cela durait sans doute depuis plus longtemps, mais c'était en décembre que, pour la première fois, il avait vu un message. Auparavant, il n'avait jamais eu l'occasion de venir ici, dans cet endroit solitaire qui avait une utilité dans la journée mais qui, le soir, restait désert.

Les aiguilles de sa montre trottaient. A sept heures précises, il quitta sa cachette et remonta le passage. Pendant un moment il eut un sentiment désagréable : il serait puni pour sa curiosité si l'homme grand et maigre l'attendait au coin. Peut-être avec une matraque — ou un revolver. Mais il s'obligea à continuer, prudemment, sur le qui-vive. Il n'y avait personne.

Le flot des voitures coulait sur la passerelle. Les piliers qui la soutenaient semblaient vibrer légèrement. Là où elle descendait et où les deux piliers étaient plus petits qu'un homme, un chat était tapi dans l'herbe rase. John pouvait voir ses yeux verts, brillants et pénétrants.

Il était allergique aux chats, leur fourrure lui donnait une sorte d'asthme, mais en général pas à l'extérieur. Dehors, ils ne le gênaient pas. Il traversa la rue, marcha sur l'herbe jusqu'au pilier où devait se trouver le message. C'était amusant de ressentir un petit frisson de plaisir à chaque fois qu'il voyait une enveloppe. Il leva le bras et prit le sac de plastique sans le déchirer et décolla avec soin le ruban adhésif. Une chose était intéressante : aujourd'hui l'enveloppe était fixée au-dessus de sa tête. Cela signifiait peut-être que, pour la première fois depuis longtemps, c'était l'homme grand et maigre qui l'avait déposée.

Comme il s'y attendait, le message était en code. Mais en avaient-ils changé ? Et si ce n'était plus le même que la dernière fois ? Cela ne l'aidait pas, ni de savoir s'ils avaient changé de code. Jusqu'ici, il n'avait déchiffré aucun des messages qu'il avait vus. Comme d'habitude, il recopia les mots sur un petit carnet qu'il avait acheté dans ce but. Pour cela, il retraversa la rue et s'installa sous une lampe. Puis il replia le papier, le remit dans l'enveloppe et revint sur l'herbe. Il recolla le sac de plastique dans la cannelure en levant les bras pour atteindre l'endroit où l'homme l'avait dissimulé.

Aurait-il dû le suivre ? John s'avoua qu'il n'en avait pas le courage. Pas encore. De toute façon, pas sans s'y être préparé. Puis, il y avait une autre raison, peut-être absurde, mais ce n'était pas une question de vanité. Il ne voulait pas que la veste soit plus humide que cela n'était absolument nécessaire. Il faudrait déjà qu'il la fasse sécher avec soin. Est-ce que la pluie abîmait ce genre de cuir ?

Elle l'avait achetée pendant leur lune de miel, sur les bords du lac de Garde. Il l'avait trouvée un peu masculine pour elle, mais elle avait plu à Jennifer, la couleur inhabituelle, la souplesse de la peau. Seul le cuir italien était comme ça, avait-elle dit, et elle avait prévu de s'acheter quelque chose en cuir dès qu'ils avaient décidé d'aller en Italie. La veste était imprégnée de son parfum. Cela lui donnait parfois l'illusion fugitive de la sentir blottie contre lui. C'était la première fois que John sortait avec. Il l'avait mise pensant qu'il ne pleuvrait pas aujourd'hui. Au bulletin météo de la télévision, ils avaient dit qu'il n'y aurait sans doute pas de pluie à l'ouest.

La première fois qu'il était venu ici — ou plutôt qu'il était passé par ici en revenant de Nunhouse — il avait son imperméable et un parapluie. Il avait eu besoin d'un parapluie parce qu'il était resté longtemps devant le pavillon de Fen Street, là où habitait Jennifer. Il avait surveillé la maison, les fenêtres et la porte d'entrée. Cette fois-là — c'était juste avant Noël — il n'y avait personne. Mais, quelques jours plus tard, il était revenu malgré lui et il avait été récompensé en la voyant, ou plutôt en apercevant sa silhouette imprécise qui se déplaçait derrière les vitres embuées du salon. Dans le bus qui le ramenait chez lui, il regardait par la fenêtre, assommé par sa détresse. Il avait aperçu quelque chose collé sur le côté intérieur d'un des piliers. Mais il était trop malheureux pour penser plus loin, encore moins pour descendre voir.

Ce n'était pas raisonnable d'aller à Nunhouse. C'était bien pire, un comportement de voyeur, humiliant et un peu pervers. Mais il ne pouvait pas s'en empêcher. Il y était retourné et avait attendu de l'autre côté de la rue. Il l'avait aperçue enfin à une fenêtre, d'un œil avide, jusqu'à ce qu'elle se montre un peu plus. Elle avait levé le rideau en souriant et en agitant le bras. Il n'en avait pas cru ses yeux. Il tremblait de soulagement, prêt à sortir de sous l'aubépine, à traverser la rue. Mais alors, il avait vu celui qui venait de l'autre côté, celui à qui elle souriait et faisait des signes, celui qu'elle attendait. Il fit demi-tour et s'éloigna rapidement.

Peter Moran et elle vivaient dans une sorte de maison de campagne située dans une espèce de village. Nunhouse avait été à moitié absorbé par la ville qui se développait, dévoré par une banlieue de lotissements HLM, comme un joli petit poisson peut se faire dévorer par un requin rapace. Le pavillon était une bicoque minuscule couverte de chaume, avec un appentis sur le côté. Voilà tout ce qu'il pouvait faire pour elle, se disait John, voilà ce que Peter Moran pouvait offrir de mieux à une femme, malgré ses diplômes universitaires et sa belle voix. Le bus ne passait que toutes les deux heures et John était rentré à pied. C'était pourtant loin et il n'aimait pas marcher. A cause d'elle, il avait honte de la moto, la Honda. Si elle l'avait aperçu là, il ne voulait pas qu'elle voie aussi la moto. Elle avait peut-être raison quand elle lui avait dit une fois, gentiment, que les motos convenaient mieux à ceux qui n'avaient pas trente ans. Et si on avait plus de trente ans et pas les moyens d'acheter une voiture ?

En revenant à pied par ce qui, peu de temps auparavant, était encore un chemin dans la campagne, puis par une grande route qui n'était presque plus empruntée depuis la mise en service de l'autoroute, il avait raté le tournant qui l'aurait conduit dans la banlieue est où il habitait. Il était arrivé sous la passerelle. Dès qu'il avait compris où il se trouvait, il était revenu sur ses pas. Encore deux ou trois minutes de marche dans cette direction, de plus en plus près de la rive est, et il arriverait à l'endroit qu'il avait évité pendant seize ans. Cela avait sûrement changé maintenant, on avait dû démolir des maisons et en reconstruire de nouvelles, mais il le reconnaîtrait, même sous du béton récent, du métal flambant neuf, des tuiles, de la peinture.

Il traversa la rue dans la direction d'où il venait et coupa à travers la pelouse, en passant entre les poteaux qui soutenaient la route. Pourquoi avait-il tourné la tête ? S'était-il souvenu de ce qu'il avait vu depuis le bus ? Avait-il entendu quelque chose ? Une dernière voiture ou un pas ? Un des chats avait-il fait du bruit ? Depuis, au cours de ses fréquentes visites, il les avait souvent vus, le matou jaune, ses femelles de toutes les couleurs, leurs petits et les rivaux qui vivaient ici, sous les piliers, dans l'herbe et les buissons d'épines.

Quelle qu'en soit la cause, il s'était retourné et avait vu, dans un sac en plastique fixé dans la cannelure du pilier central, le premier — ou le premier pour lui — des messages. Avant de pouvoir éteindre toute curiosité, la détresse doit être très profonde, elle doit nous avoir conduit au bord du suicide. C'est ce qu'il pensa vraiment quand il vit le petit paquet là-haut. Jusqu'alors, il avait cru que son malheur était total, qu'il submergeait tout, qu'il ne laissait de place qu'à des détresses anciennes au cours de ses mouvements de flux et de reflux. Dans cette mer immense et profonde, il y avait une place pour sa sœur morte mais aucune, croyait-il, pour une île d'intérêt et de spéculations. Et pourtant ici...

C'était à une hauteur d'environ un mètre quatre-vingts. Il décolla le ruban adhésif, sortit la feuille pliée de l'enveloppe et lut ce qui y était écrit — ou essaya de le lire. Il avait un stylo-bille sur lui et il recopia les six mots codés, ou les six groupes de lettres, sur un morceau de papier qu'il trouva dans la poche de son imperméable, un ticket de caisse du supermarché. Puis il replia la feuille et la remit dans l'enveloppe avant de replacer le tout dans la cannelure.

Chez lui, il avait regardé à nouveau le message codé. John y connaissait peu de chose et ce qu'il en savait venait de livres qu'il avait lus quand il était très jeune, vingt-cinq ou trente ans plus tôt. Mais ce message invraisemblable, trouvé dans un endroit invraisemblable, l'avait tellement intrigué qu'il l'avait montré à Colin Goodman, sans lui parler des circonstances dans lesquelles il l'avait découvert. A ce moment-là, il ignorait que Colin s'intéressait aux codes. Il savait seulement qu'il aimait les mots croisés et pas les faciles, ceux du *Times* pas moins, et parfois du *Guardian*. Mais il était aussi calé sur les codes. Il regarda les lettres écrites sur le ticket du supermarché et très vite il trouva le genre de code qui avait été utilisé même s'il était encore loin de déchiffrer le message.

Il n'y en eut pas d'autre début janvier, puis deux mi-février et celui-ci. Ces messages avaient eu sur lui un effet inattendu, se disait John en rentrant chez lui. Ils lui avaient changé les idées. Curieusement, et aussi incroyable que cela paraisse, ils l'avaient consolé. Il était toujours profondément malheureux, sa vie était toujours vide parce que Jennifer avait fui ce qui lui donnait de la valeur, il n'avait plus d'avenir, mais il avait cessé d'être obsédé ; il n'était plus aussi obstinément désespéré. Il s'était passé des semaines depuis qu'il avait honteusement surveillé sa maison. Et pendant ce temps, il n'avait pas pensé exclusivement à elle. Des minutes entières, des heures même s'étaient écoulées au cours desquelles son esprit n'avait pas été préoccupé par elle. Et tandis qu'il allait voir la pelouse avec les piliers d'acier sous lesquels vivaient les chats, à la recherche de nouveaux messages, il sentait qu'il avait un intérêt dans la vie. C'était absurde, bien sûr, ridicule qu'un homme de son âge soit aussi absorbé par ce mystère. C'était pourtant le cas et il s'en félicitait. Sans cela pour le soutenir, peut-être se serait-il effondré. Peut-être se serait-il abandonné au désespoir.

Le 25 Geneva Road était la moitié d'une maison jumelle, comme les autres maisons de la rue, mais ce qui la distinguait c'était son jardin. Même à deux cents mètres on le remarquait et on voyait ce qui le différenciait des autres. Un prunus hâtif était en fleur dans le minuscule carré devant la maison, un pâle chatoiement dans le soir qui tombait. La lumière du réverbère enlevait la couleur rosée mais pas la délicatesse diaphane des fleurs. Tout en s'approchant, il pouvait voir les bouquets de scilles en forme d'étoiles au pied de l'arbre, un massif d'aconits, des iris dont les longues feuilles fragiles cachaient à moitié les pétales déployés, couleur lilas. Les jardins des voisins étaient propres et en ordre mais sans fleurs.

Pourtant, s'il avait été incapable d'imaginer un beau jardin, qui l'aurait pu ? Il n'en ressentait pas moins une certaine fierté ; la plate-bande fleurie sous la baie vitrée, la parcelle plus longue à l'arrière avec la rocaille et le petit bassin, les deux jolies bordures un peu trop grandes pour le terrain, la collection d'arbustes et le gingko. Il n'arrivait toujours pas à comprendre pourquoi Jennifer n'avait pas aimé le jardin. Il en avait parlé à Colin à l'époque, quand il avait besoin de se confier et que Colin se trouvait là prêt à l'écouter.

Colin lui avait expliqué gentiment : « Je ne pense pas qu'un beau jardin peut empêcher une femme de quitter son mari. »

Dit de cette façon-là, cela semblait plutôt absurde.

John entra dans la maison. L'intérieur était assez miteux et pas très propre. Quand il revenait après un certain temps au-dehors, il prenait conscience de l'odeur. Celle d'un endroit où l'on n'avait pas fait le ménage depuis longtemps, où les rideaux avaient besoin d'être lavés, les tapis shampooinés et les fenêtres ouvertes. Mais après quelque temps à l'intérieur, l'odeur disparaissait.

Rien ne lui rappelait particulièrement Jennifer. Il alluma, enleva la veste de cuir bleu et la posa sur le bras d'un fauteuil. Jennifer n'avait pas ajouté grand-chose de personnel à l'ameublement de la maison, rien dans cette pièce. Tout était resté comme du temps de sa mère et elle s'en était contentée. Mais cela lui avait semblé bizarre qu'une jeune femme avec du goût et des idées précises eût été prête à vivre avec des meubles des années cinquante. Il lui avait pourtant souvent proposé de vider la maison et d'acheter un nouveau mobilier.

Il s'assit, ouvrit le carnet et contempla le dernier message. « PCNFEOJEB E WEGFPFH DMCBKMC HJFPKCMG GOCMB. »

C'était le quatrième. Il avait dit à Colin qu'un de ses amis du nord, avec qui il correspondait depuis des années, les lui envoyait. Quand ils étaient à l'école, ils s'étaient passionnés pour les codes et plus tard l'ami avait commencé à lui adresser des messages chiffrés. Il ne savait pas si Colin l'avait cru. Son histoire n'était pas très convaincante.

« Le code est sûrement basé sur une phrase tirée d'un livre, lui avait suggéré Colin.

— Qu'est-ce que tu veux dire, une phrase tirée d'un livre ? Quel livre ?

— C'est ce que nous ne savons pas.

— J'aimerais que tu m'expliques.

— Eh bien, prends une phrase, n'importe laquelle. Par exemple : *Le moment est venu pour tous les braves de venir en aide au parti.* La première lettre L sera A, la deuxième E sera B, M sera C, O sera D, et ainsi de suite. »

Colin écrivait ce qu'il expliquait. John regarda la feuille.

« Qu'est-ce qu'il se passe avec le deuxième M ? M est déjà C. Il ne peut pas être aussi E. Est-ce qu'on le saute ? Mais E devient E.

— Ça ne fait rien. On fait comme ça. Et si on arrive à la fin de la phrase avant d'être arrivé à la fin de l'alphabet, on prend une autre phrase. Dans ce cas-là, on prendra sans doute : *Le renard brun sauta sur le chien paresseux.* Tu comprends ? »

John avait répondu : « Ça a l'air très simple.

— C'est très simple. Mais si tu ne connais pas la phrase, c'est à peu près indéchiffrable.

— On ne peut pas le déchiffrer sans connaître la phrase ?

— Il doit y avoir des gens qui en sont capables, mais pas moi.

— Alors, si je ne sais pas de quel livre il s'agit, je n'ai aucun espoir de découvrir la signification des messages ? »

Colin rit.

« Ce n'est pas aussi grave que ça. Ton ami, ce Philip, si toi et lui vous vous connaissez bien, tu es sans doute au courant du genre de livres qu'il aime. Par exemple, est-ce que vous aviez un livre préféré quand vous étiez petits ? »

John n'avait pas envie de s'enferrer dans ces mensonges. Il haussa les épaules, un peu tristement.

« C'est très certainement une première ou une dernière phrase. Et sans doute plutôt une première qu'une dernière.

— Pourquoi ça ?

— Parce que tu arriverais à la fin du livre avant d'arriver à la fin de l'alphabet, expliqua patiemment Colin. Et ces mots qui reviennent, sans doute des noms propres, te donnent une indication : PCNFEOJEB, WEGFPFH et KMELEB. »

John avait essayé de déchiffrer les messages avec la première phrase de plusieurs livres. Son père était amateur de romans policiers et il y en avait beaucoup dans la maison, ainsi que des romans du XIXe siècle. Il les aimait parce qu'ils lui permettaient de fuir plus complètement la vie quotidienne dans cette ville des années quatre-vingt que n'importe quel roman contemporain. Mais il avait l'impression que si on voulait établir un code avec la première phrase d'un livre, on devait choisir la Bible ou Shakespeare. Il ne fut pas surpris de découvrir que la première phrase de la Genèse était : *Au commencement Dieu créa le ciel et la terre.* Mais il ne s'attendait pas que Shakespeare commence avec : *Maître ! Me voici, capitaine, comment tournent les choses*[1].

De toute façon aucun d'eux ne donnait le code. Quand il essaya avec la première phrase des romans de Dickens, de Jane Austen, des sœurs Brontë et de George Eliot, cela ne lui fournit non plus aucun éclaircissement. Malgré ce qu'avait dit Colin, il essaya les dernières phrases. Il continua avec les premières et les dernières phrases de Trollope, de Kipling, de Hardy et de Conrad. Il essaya John Creasey et Agatha Christie. Parfois, il se rendait compte qu'il consacrait des soirées entières, et une fois pratiquement tout un dimanche, à tenter de découvrir le livre qu'avait utilisé l'inventeur du code.

Il faisait assez froid dans le salon. Il n'y avait pas de chauffage central. Il en aurait installé un pour Jennifer mais quand il le lui avait proposé cela l'avait laissée indifférente. Il tendit le pied et, avec l'orteil, il alluma le radiateur électrique à deux rampes. Les livres qu'il avait empruntés à la bibliothèque cet après-midi étaient posés sur le tabouret bas, à droite de la cheminée : *Elle* et *La Fille de la sagesse* de H. Rider Haggard et *Une petite ville en Allemagne* de John Le Carré. Il lisait rarement autre chose que des romans. Il se dit que l'un de ceux-là pouvait aussi bien qu'un autre avoir servi à l'inventeur du code. D'autre part, il n'y avait aucune raison de penser qu'il s'était servi d'un livre. Il pouvait avoir utilisé une phrase ou un paragraphe dans un journal, un magazine. Il pouvait avoir utilisé — c'était une idée décourageante ! — une page de l'annuaire du téléphone. Mais John refusa de s'attarder sur ce sujet. Crayon et carnet à la main, il commença à remplacer les lettres de l'alphabet par celles de la première ligne de *Elle* : « On pourrait écrire qu'il s'agit là d'une simple aventure, mais, c'est bien plutôt la plus merveilleuse et mystérieuse expérience jamais entreprise par un être humain. »

1. Shakespeare : *La Tempête* (*N.d.T.*).

III

Mungo se dirigeait vers le centre-ville, précisément vers une maison de style victorien, haute et étroite, au croisement de Hill Street et de Church Bar. Des fenêtres du haut, en particulier de celles de son quartier général au dernier étage, on voyait tout, Fonthill Heights et les collines qui se trouvaient derrière, une partie des jardins, le miroitement du fleuve, un arc-boutant de la cathédrale, mais pas la tour dont les aiguilles vertes scintillaient. On pouvait voir le dôme vert de l'hôtel de ville, du moins une partie, un angle du mur de briques sales et noircies du lycée technique et, dans le vieux mur, l'ouverture qu'on appelait Fallowgate.

Un escalier conduisait à la porte d'entrée équipée de hautes fenêtres à guillotine dont les vitres semblaient particulièrement claires et lumineuses. Mais Mungo pénétra dans le jardin par un portail percé dans le mur. C'était plutôt une porte qu'un portail. Le sommet arrondi s'ajustait dans l'ouverture voûtée du mur de briques blanches qui, l'été, était recouvert par les feuilles rondes et denses d'une plante grimpante. A gauche de la porte, il y avait une plaque de cuivre sur laquelle était gravé : Dr Fergus J. Cameron *MB*, *FRCP*, et, en dessous, Dr Lucy Cameron, *MB*, *FRCP*[1].

Mungo referma derrière lui et entra dans la maison par une porte aux vitres teintées sur le côté, une porte qu'on ne fermait à clef que la nuit. A l'intérieur, tout était silencieux. Puis, en haut, il entendit de la musique qu'on écoutait très doucement, cette musique baroque et joyeuse particulièrement civilisée, qu'Angus aimait même quand il travaillait. Mungo commença à monter l'escalier. Il y avait cinquante-deux marches jusqu'en haut de la maison, mais il était à peu près le seul à aller au-delà du deuxième étage. La porte de la chambre d'Angus était ouverte et on pouvait le voir assis devant son bureau, travaillant sur un ordinateur. Il ne l'avait que depuis quelques jours et il apprenait à s'en servir. Boccherini résonnait sur l'électrophone.

Mungo s'avança derrière lui et lut sur l'écran : « *Très bien, Angus, ce n'était pas mal, n'est-ce pas ?* »

« Est-ce que ce n'est pas un peu étrange qu'il te réponde comme ça ? demanda Mungo.

— Oh ! Mon Dieu ! Tu m'as fait peur.

— Excuse-moi. Tu ne trouves pas ?

1. *MB, FRCP: Medicine Baccalaureus, Fellow of the Royal College of Physicians.* Équivalent de : docteur en médecine, ancien interne des hôpitaux... (*N.d.T.*).

— C'est seulement pendant les leçons. Tu veux qu'il te dise quelque chose ?

— Non, merci, répondit Mungo, tandis qu'Angus faisait apparaître une colonne de chiffres. Est-ce qu'il peut établir des codes ? »

Angus enleva les mains du clavier et éclata de rire.

« Qu'est-ce qui te fait rire ? demanda Mungo tout en le sachant fort bien.

— Est-ce que j'étais aussi passionné que toi ?

— Je ne sais pas. Je le pense.

— Tu viens encore de trafiquer quelque chose, n'est-ce pas ? Du vrai roman de cape et d'épée. Tu as un regard fuyant qui ne trompe pas. »

Mungo ne répondit pas.

« Maman a pris le service de chirurgie du Dr Marsh parce qu'il a la grippe, et papa est parti voir un malade.

— Je meurs de faim.

— Maman va rapporter des plats tout prêts. Elle ne va pas tarder. Parfois, je me dis que ce qu'il y a de mieux dans les vacances, c'est qu'on peut manger n'importe quoi.

— C'est parce qu'ils sont médecins, dit Mungo. Les médecins sont d'accord pour qu'on mange n'importe quoi. Il n'y a que les profanes qui veulent qu'on mange du riz brun. Tu me donnes une truffe ? »

Angus avait toujours un paquet de truffes en chocolat dans le tiroir de son bureau. Elles étaient parfumées au rhum et roulées dans du vermicelle de chocolat. « Prends-en une. Elles coûtent cher.

— Oh ! je pourrais en manger cinquante.

— Pourquoi est-ce que tu ne t'achètes pas des Mars ?

— Je suis devenu gourmet pour le chocolat. »

Angus fit disparaître tout ce qui était sur l'écran. Il ne resta qu'une petite flèche verte qui dansait.

Il débrancha la prise. Les cheveux roux, le teint coloré, c'était le moins grand des deux, sans être petit pour autant. Il leva les yeux vers l'immense Mungo.

« Quel âge as-tu maintenant, vieux ?

— Quatorze ans. Quinze en juillet. Tu es mon frère, tu devrais connaître mon âge.

— Je connais à peine le mien.

— Tu as dix-sept ans, dit Mungo. Tu as eu ça pour ton anniversaire. Pas vrai ? De toute façon, pourquoi est-ce que tu m'as demandé mon âge ? »

Angus ne lui répondit pas directement. « Tu dois mesurer un mètre quatre-vingt-dix.

— Un mètre quatre-vingt-sept, mais je ne crois pas avoir grandi depuis

Noël. Parfois, ça m'inquiète, Ang. Je me dis, et si je faisais de l'acromégalie.

— Qu'est-ce que c'est que ça ?

— C'est quand la glande pituitaire fonctionne mal. On n'arrête pas de grandir. On est obligé de l'enlever et on devient stérile.

— Je croyais que c'était le gigantisme. Écoute, tes parents sont médecins tous les deux et tu crois qu'ils ne connaîtraient pas une maladie comme ça ? Il n'y a que des géants dans la famille. Ian est plus grand que toi. Papa aussi.

— Oui, mais Ian a vingt ans et Dieu seul sait l'âge de papa, dans les cinquante ans.

— Je ne t'ai pas demandé ton âge parce que je pensais que tu étais trop grand. Je te l'ai demandé parce que je voulais savoir ce que tu pensais des services secrets.

— On ne les appelle plus comme ça, répondit Mungo avec un peu de condescendance. Qu'est-ce que ça veut dire : ce que je pense ? »

Angus eut l'air de choisir ses mots avec soin : « Est-ce que tu es toujours aussi acharné ?

— Bien sûr que je le suis. Évidemment. Pourquoi ?

— Eh bien… Non, rien. Tu n'as que quatorze ans. D'accord, oublie ce que je t'ai dit. Voilà maman. J'entends sa voiture. »

Mungo monta dans sa chambre. La pièce retrouvait progressivement l'état qui prévalait pendant les vacances. L'ordre de l'année scolaire (qui l'avait épouvanté quand il l'avait contemplée deux jours plus tôt) cédait rapidement la place à un confortable chaos. Mungo aimait laisser tomber ses vêtements par terre, à l'endroit où il les enlevait. Quand la pile était trop haute, il la descendait au sous-sol et il fourrait tout dans la machine à laver, blanc et couleurs ensemble. Le résultat, c'était que ses vêtements devenaient progressivement du même bleu sale et c'est pourquoi sa mère lui avait pris ses chemises d'école le premier jour des vacances de Rossingham. Sa chambre était une véritable vigie. Le plafond suivait la pente du toit. Elle était très vaste parce que, cent ans plus tôt, les quatre bonnes qui tenaient la maison se la partageaient. Par les fenêtres rondes, qui s'ouvraient en mansardes, on avait une vue magnifique par-dessus les cimes des arbres dénudés, sur les toits anciens couverts d'ardoises et les nouveaux couverts de tuiles.

Un sentiment de malaise envahissait Mungo et gâchait légèrement ce qui avait été une journée heureuse et active. C'est à cause de ce que m'a demandé Ang, pensa-t-il. Qu'avait-il voulu dire ? Pourquoi avait-il posé ces questions ? Après tout, c'est lui qui avait commencé, lui et Guy Parker, lui qui l'avait transmis, quelque chose de beau et d'achevé, à ses héritiers. La phrase plut à Mungo qui se la répéta. Quelque chose de beau et d'achevé, à ses héritiers. Il pourrait devenir écrivain. On s'occupait trop de médecine dans la famille. Cela voulait-il dire qu'Angus regrettait d'avoir abandonné la direction ?

L'air préoccupé, Mungo laissa tomber sa veste sur le sol. Il prit un livre et tourna les pages en réfléchissant. Puis il descendit les stores devant les fenêtres rondes qui ressemblaient un peu à des hublots. Son estomac lui rappela que sa mère était rentrée. Dès qu'il commença à descendre du troisième étage, l'odeur d'un plat indonésien, son préféré, monta jusqu'à lui.

IV

Le *Garden Center* était situé sur l'ancienne déviation. Autrefois, il était plus près du centre-ville et à l'époque on l'appelait une pépinière. Quand John Creevey vint y travailler pour la première fois, il avait dix-sept ans et quittait juste l'école. Il avait commencé par balayer et il était monté en grade pour devenir celui qui met la terre en couches pour les semis, le « pépiniériste », puis le sous-directeur. Il était pépiniériste quand Cherry était morte. A l'époque où Jennifer était venue acheter quelque chose à mettre dans des bacs devant une fenêtre, la maison Trowbridge avait doublé de taille. On la baptisa *Garden Center* et on déménagea sur la déviation. John fut plus ou moins le patron parce que le directeur d'alors était en congé de maladie de longue durée qui allait devenir permanent.

Il avait recommandé à Jennifer des fuchsias, deux pélargoniums, une lobélie grimpante, de la corbeille d'argent, c'est-à-dire l'assortiment habituel ; ainsi qu'une capucine canari ce qui sortait un peu de l'ordinaire.

« Pourquoi est-ce qu'on l'appelle comme ça ?

— Une capucine canari ? avait-il demandé. Vous allez voir. Ses fleurs ressemblent à des oiseaux jaunes. »

C'étaient les premiers mots qu'ils avaient échangés, en dehors des nécessaires « bonjour » et « que puis-je pour vous ? ». Tout cela lui revenait maintenant parce qu'il était dans la grande serre où il vérifiait les boutures de fuchsia plantées chacune dans un godet individuel. Jennifer avait pris un Alice Hoffman et un Thalie. Plus tard, quand elle l'avait invité chez elle, il avait vu que les fleurs poussaient bien. Ils étaient magnifiques ces bacs, lui-même n'aurait pas mieux réussi. Pourtant il n'arrivait pas à comprendre pourquoi elle n'avait pas gardé la maison de sa mère qui avait un jardin. Il ne lui était jamais venu à l'esprit de vendre la maison de ses parents après leur mort. C'était une des choses qu'ils avaient en commun et cela l'avait frappé immédiatement : tous deux avaient perdu leur mère à quelques semaines d'intervalle.

« Ma mère est morte il y a un an et j'ai hérité de sa maison. Alors je l'ai vendue pour acheter cet appartement. J'ai déménagé il y a quinze jours, et il y avait ces bacs vides.

— Ma mère est morte il y a un an, elle aussi, en fait, il y a un an et deux mois. »

Elle lui avait souri, un peu tristement. C'était une fille réservée. Le mot qui lui vint à l'esprit fut « modeste ». Il se souvenait précisément de ce qu'elle portait cette première fois : une jupe plissée à carreaux, deux touches de brun, un sweater cannelle sur un chemisier blanc et des chaussures marron, très bien cirées, avec des talons plats. Pas une trace de maquillage. Elle n'en portait jamais. Ses cheveux châtain clair étaient étincelants et lui descendaient jusqu'aux épaules. Non, ils ne « descendaient » pas, mais ils s'écoulaient et s'enroulaient en abondance comme un chrysanthème. Il n'avait jamais vu un visage aussi doux et aussi expressif que le sien. Tout en lui était doux, la peau, les lèvres, les joues un peu rondes, les sourcils fournis et les yeux limpides. Évidemment, elle ressemblait à Cherry, bien qu'il ne s'en fût pas rendu compte sur le moment, bien qu'il n'eût pas compris alors qu'une femme peut ressembler à une autre même si l'une est laide et l'autre belle.

Il avait emballé les plantes dans deux cartons qu'il avait portés jusqu'à la voiture dans laquelle un ami l'avait accompagnée. Bien sûr, il n'avait pas songé à lui demander s'il pouvait la revoir. Il ne sortait pas avec les jeunes filles. Mais elle revint pour qu'on lui remplace la thalie et la corbeille d'argent. Elles étaient mortes ou quelque chose les avait dévorées. C'est à ce moment-là, car ils n'avaient plus de thalie en stock, qu'il lui avait proposé de lui en porter une dès qu'ils en recevraient. En fait, il n'était pas question « qu'ils en reçoivent ». Chez Trowbridge, ils repiquaient leurs propres fuchsias, mais John avait choisi pour elle une de ses boutures dans sa propre serre.

Cela se passait quand ? En mai ? En juin ? En mai, il y aurait bientôt trois ans, se dit-il. Ce n'était sûrement pas à cette occasion mais la fois suivante qu'elle lui avait parlé de Peter Moran et lui de Cherry...

La plupart des boutures de fuchsia avaient pris et poussaient bien. John vérifia le thermomètre. Quinze degrés — il prenait l'habitude de parler en centigrades plutôt qu'en fahrenheit — pas mal pour la fin mars avec le chauffage au ralenti. Pâques approchait. Demain, c'était vendredi saint. Maintenant, John n'aimait plus les vacances. Le mariage lui avait appris la solitude. Colin passerait peut-être. Et il y avait toujours sa tante dont la maison, située de l'autre côté de la ville, lui était ouverte en permanence. Ne retourne pas chez Jennifer, ne va pas te planter devant chez elle, se surprit-il à marmonner alors qu'il retournait à la boutique. Sharon, installée à la caisse, le suivit des yeux.

« Je me suis rappelé qu'il fallait que je regarde les poissons avant de fermer, Sharon. »

Il n'était pas vraiment d'accord pour que les *Garden Centers* vendent des poissons rouges, des oiseaux et tout ce que vous voudrez, mais il fallait bien suivre son époque. Les poissons tournaient lentement parmi les élodées et les épines d'eau. Ils avaient l'air d'aller bien. Mystérieusement, ils semblaient mourir dès que les clients les rapportaient chez eux. Mais il n'était pas spécialiste en poissons. La maison Trowbridge ferait mieux d'engager un ichtyologiste si cela l'intéressait, un ancien étudiant au chômage, par exemple. Aujourd'hui, tout le monde semblait avoir des diplômes ; il n'aurait pas été étonné que même Sharon ait une licence en informatique.

A partir de là, il était normal d'évoquer Peter Moran. Il avait fait ses études dans une université célèbre et avait enseigné dans une autre moins connue. En tout cas, c'est ce que disait Jennifer. A chaque fois qu'il pensait à cela malgré lui, John pouvait entendre sa voix moqueuse à la diction parfaite et ses propos cinglants ou incompréhensibles. Il ne faut pas que je pense à lui, je ne dois pas, se dit John. C'est mauvais pour toi, ça te rend malade de penser aux gens que tu hais. Je ne hais pas Jennifer, je ne l'ai jamais haïe. Je l'aime encore. Parfois, je crois que je l'aime encore plus.

Il enleva sa veste de toile brune et l'accrocha dans le bureau. Si le temps se maintient, se dit-il, je vais passer le week-end dans le jardin. C'est drôle le jardinage, on ne s'en lasse jamais, on n'en a jamais assez. Les perce-neige se multiplient tellement, il va falloir que je les arrache. Et je vais préparer un parterre pour les lis roses et les nérines. J'irai aussi jusqu'à la pelouse des chats — l'endroit devait porter un nom, mais il l'appelait toujours ainsi — pour voir si quelqu'un est passé prendre le dernier morceau de papier. John avait les livres de la bibliothèque dans un filet : *Elle*, *La Fille de la sagesse* et *Une petite ville en Allemagne*. Il dit bonsoir à Sharon et à Les, et demanda à Gavin de fermer derrière lui. Gavin était le nouveau sous-directeur. Il n'avait que vingt-trois ans et était diplômé de l'école d'horticulture locale. Les noms latins lui coulaient de la bouche. C'était la seule personne que John ait connue qui ne disait pas aubretia mais orbreeshia. Il appelait le mainate, qu'il semblait aimer beaucoup, un gracule — d'après son nom latin *Gracula religiosa*, expliqua-t-il. Rien que cet après-midi, John l'avait entendu promettre à un client de lui trouver un fremontodendron.

« *Ciao*, chef », dit Gavin dans le jargon international qu'il utilisait quand il ne parlait pas latin.

La bibliothèque centrale était bien meilleure que l'annexe locale et il y allait aussi souvent. *Elle* était un livre merveilleux mais il n'avait pas beaucoup aimé *La Fille de la sagesse*. Cela arrivait souvent avec les suites. *Les Mines du roi Salomon* était en lecture. John en fut extrêmement déçu. Il avait toujours été comme ça avec les livres. Il en voulait un très précisément, il comptait dessus, il imaginait la soirée de lecture qui l'attendait et, de façon absurde, il se sentait écœuré et irrité s'il n'arrivait pas à le trouver. Quand il était plus jeune, il aurait pu le rechercher d'annexe en annexe. Mais plus maintenant. Trop de choses lui étaient arrivées pour qu'il s'emballe ainsi pour un livre. Il y avait *Les Gens de Smiley* et *Comme un collégien*. Évidemment, ce serait bien moins facile à lire que Rider Haggard. John aimait les romans d'espionnage mais il n'en avait pas lu beaucoup. Il demanda à la jeune fille ce qu'elle pouvait lui recommander.

« Aimez-vous que tout soit inventé ou basé sur des faits réels ? »

John n'avait jamais envisagé le problème sous cet angle.

« Je veux dire qu'un livre comme *L'Énigme des sables* est basé sur des faits alors que ceux de Ian Fleming ne le sont pas.

— J'aime quand il y a un peu de réalisme », dit John et immédiatement il se demanda pourquoi il avait dit ça puisque ce qu'il recherchait, c'était d'abord l'évasion.

« Celui-ci n'est pas de la fiction. *Ma guerre silencieuse* de Kim Philby. Je pense que vous vous souvenez de la façon dont il est passé du côté des Russes ? »

Pour elle, c'était une vieille histoire, quelque chose que les adultes se racontaient quand elle était enfant. John prit le livre.

« Je vais essayer. »

Elle lui souriait avec sympathie. Je pourrais lui demander de sortir avec moi, se dit-il. Je sais comment on s'y prend. Je n'en avais aucune idée, mais maintenant je sais. On bavarde un petit peu pour découvrir ce qu'elle aime ; se promener par exemple, aller au cinéma, à la fête foraine ou visiter des jardins botaniques (ce serait une sacrée chance), et on dit : Nous pourrions aller nous promener un jour, ou aller voir ce film à l'Astoria, et si ça a l'air de lui plaire, on dit : Demain soir ? Je vous passe un coup de fil, d'accord ?

Elle semblait un peu embarrassée parce qu'il la regardait fixement. Il détourna rapidement les yeux et revint vers les rayonnages. Il ne voulait pas sortir avec elle, ce serait ennuyeux et gênant. Et il finirait par lui parler de Jennifer. L'ancien fiancé de ma femme est revenu sans qu'on s'y attende et elle est partie avec lui. Mon pauvre, comme c'est affreux pour vous. Mais elle serait embarrassée, elle aussi, sans savoir quoi dire. Parfois, il pensait qu'il ne serait plus jamais seul avec une autre femme aussi longtemps qu'il vivrait. Les livres étaient lourds mais il fit quand même un détour par la pelouse. Un petit chat très fin était assis dans l'herbe, au pied du pilier central. Il recula un peu en miaulant quand John s'approcha. Il n'osa pas le toucher de peur qu'il se mette à cracher et à grogner. Le message n'était plus là mais il restait une bande de papier adhésif, dont une extrémité était encore collée au métal.

Aujourd'hui, il avait fait meilleur que la dernière fois qu'il était venu ici. On changerait d'heure dans la nuit de samedi et on sentirait vraiment que le printemps était là. Le fond de l'air était déjà plus chaud, son père aurait dit qu'il était embaumé. Pourtant John trouvait cela étrange, comme si le temps était devenu fou. Entre les amas des nuages, on pouvait voir le ciel bleu et, du bout de la ruelle, près de l'église désaffectée, il aperçut le reflet de l'eau. Il était venu jusque-là sans presque s'en rendre compte. Une jeune femme poussait une voiture d'enfant vers Albatross Street, sinon il n'y avait personne. Elle allait dans la même direction que John et il aurait dû la suivre. Mais il se dit qu'elle pourrait avoir peur qu'un homme la suive. Le quartier n'était pas très accueillant et il n'y avait personne d'autre. Il partit dans la direction opposée et se dirigea vers la berge et la promenade qui longeait le fleuve. Brusquement, il se retrouva, presque avant de le savoir, en haut de l'escalier de Beckgate, là où on avait retrouvé le corps de Cherry.

Immédiatement, il se rappela s'être dit que, par une sorte d'instinct ou d'intuition, il reconnaîtrait l'endroit, même si le décor avait changé. Et il avait effectivement changé, au point d'être méconnaissable. Seule la large volée de marches anciennes était restée comme par le passé. La chapelle de briques rouges avait disparu, on avait restauré les malteries en ruine, transformé l'entassement de pavillons de style victorien en magasins de vêtements en gros, remis à neuf et rebaptisé le café autrefois laissé à l'abandon. Et il ne l'avait pas su. Les marches étaient les mêmes, ainsi que la solitude et le calme du lieu, car les grossistes étaient fermés et le pub pas encore ouvert.

En bas des marches, au-delà de la berge pavée, les innombrables petites vagues étincelaient. On ne pouvait voir qu'une partie du fleuve et l'autre rive avec des arbres et des appartements de luxe pourvus de balcons en avancée à chaque étage. Le soleil brillait mais sa lumière n'atteignait pas le double escalier aux hautes marches sombres. Elles étaient faites d'une sorte de pierre marbrée de gris et de noir avec, de chaque côté, une rampe de fer polie par les mains de ceux qui descendaient. Il eut une sensation nerveuse d'oppression dans la région du cœur. Il savait qu'il avait le visage crispé, les yeux à demi fermés et il était content qu'il n'y eût personne pour le voir. Il n'était pas venu ici depuis seize ans. Pendant tout ce temps, il avait vécu à moins d'un kilomètre, mais il n'était jamais revenu. Il sentit que c'était bien de le faire maintenant. Il ne pourrait pas éviter éternellement l'endroit.

Lentement, en s'accrochant à la rampe brillante, il descendit les marches jusqu'au pied de la première partie. Car c'était sur cette sorte de palier de trois mètres cinquante de long, et pas sur les marches elles-mêmes, qu'on avait retrouvé Cherry. Quinze jours plus tard, quand on avait rouvert le passage au public, quand on avait enlevé les barrières de la police, il était venu ici tout seul afin de contempler l'endroit et imaginer comment cela s'était passé. Le corps allongé sur le ventre, les bras écartés, les jambes étendues vers le mur de brique. Sa sœur de dix-neuf ans, douce, tendre, laide...

John se rendit compte qu'il s'accroupissait et qu'il scrutait les pierres noirâtres comme s'il espérait y découvrir quelques traces du meurtre de Cherry. Même alors, il n'y en avait eu aucune. Et depuis, au cours de deux hivers, avant qu'on ait construit le barrage, le fleuve avait débordé et l'eau était montée jusqu'à la moitié de l'escalier de Beckgate. Il se redressa et descendit les marches en courant vers la berge, en balançant son sac plein de livres.

Au bout d'un moment, il se sentit soulagé. Il avait eu raison de ne pas continuer à éviter l'endroit. Venir ici, regarder, l'avait comme purifié. Y avait-il d'autres zones dans sa vie, dans son passé qui pourraient bénéficier du même traitement ? Jennifer, bien sûr, il allait s'occuper de tout cela et décider de ce qu'il devait faire. Il n'allait pas abandonner, prendre une voie aussi défaitiste. Il allait trouver le moyen de la faire revenir.

Sa hardiesse le fit frissonner tandis qu'il s'éloignait. Pourtant le soleil était encore très chaud et il y avait à peine un souffle de vent. Le départ de Jennifer avait été un vrai choc — comme l'attaque qui avait physiquement terrassé son père, mais lui c'était l'esprit — alors qu'il croyait que tout marchait bien pour eux, au moment où il apprenait vraiment à faire l'amour, où ils apprenaient ensemble à se faire plaisir l'un à l'autre. John était gêné par ses propres pensées et il les aurait volontiers esquivées, pourtant il s'obligea à continuer. Il supposait que c'était en partie l'humiliation qui l'avait fait s'effondrer, qui lui avait fait croire que sa vie était fichue, qu'il n'y avait plus d'espoir. Tout ce qu'il avait jamais entrepris avait consisté à aller devant chez elle pour regarder et attendre, en se demandant s'il pourrait l'apercevoir. Jusqu'à maintenant, il n'avait jamais considéré qu'il était possible de recommencer son mariage. Au lieu de cela, il avait cherché des consolations extérieures — non pas dans ce que la plupart des hommes auraient entendu par là, une autre femme, mais dans le mystère de la pelouse des chats et des messages de la mini-mafia.

En conséquence, ce fut extraordinaire de trouver la lettre qui l'attendait sur le paillasson quand il rentra chez lui. Le nom et l'adresse étaient tapés à la machine et elle était arrivée par la poste. Tout d'abord, il pensa qu'il s'agissait du devis de l'entrepreneur à qui il avait demandé de remplacer les gouttières à l'arrière de la maison et il ne la décacheta pas avant de s'être préparé une tasse de thé et d'avoir ouvert une boîte de ravioli pour le dîner.

La lettre était elle aussi tapée à la machine. Elle commençait par « Cher John ». Il savait ce qu'était une lettre commençant par « Cher John[1] »,

1. Allusion aux lettres de rupture que les soldats recevaient de leur fiancée ou de leur épouse, lorsqu'ils étaient loin de chez eux (*N.d.T.*).

mais aucune ne l'avait attendu lors du départ de Jennifer. Elle le lui avait dit en face, elle avait été honnête et courageuse. Elle lui avait parlé et lui avait tout raconté. Il commença à lire : « Cher John... » et pensa que c'était la première lettre qu'elle lui avait jamais écrite. Ils avaient été mariés pendant deux ans mais elle n'avait jamais eu l'occasion de lui écrire. Cela ne se présentait — de façon ironique — qu'avec la séparation et la rupture apparente de leur mariage.

Il était blessé qu'elle ait tapé la lettre à la machine même s'il se rappelait qu'elle avait une écriture plus ou moins illisible. S'il n'avait jamais eu de lettres d'elle auparavant, il avait vu au moins des notes à des commerçants.

Cher John,

Je ne sais pas si tu seras surpris de recevoir une lettre de moi. Je t'ai vu devant la maison en janvier dernier, et, par hasard, Peter t'a vu aussi. Il aurait été poli de t'inviter à entrer, je le sais, et nous en avons parlé, mais quand je suis revenue à la porte d'entrée tu étais parti.

John, je crois que nous devrions nous voir pour parler. J'imagine que tu me détestes et que tu considères que je me suis mal conduite envers toi. Tu serais plus indulgent à mon égard si tu savais à quel point je me suis sentie coupable pendant tous ces derniers mois. Il est inutile de te rappeler que je t'avais prévenu. Je t'avais dit que si Peter revenait un jour et voulait de moi je partirais avec lui. Manifestement, ce n'est pas le genre de choses qu'on devrait dire quand on est marié. Et aujourd'hui, je reconnais que c'était stupide et cruel. Je crois aussi me souvenir t'avoir dit que quand on était marié civilement, comme nous, on n'était pas véritablement engagé. J'aimerais m'excuser auprès de toi si ce que je t'ai dit t'a rendu malheureux.

Pouvons-nous nous voir ? Nous serons sans doute moins bouleversés que nous le fûmes la dernière fois où nous avons parlé. Je ne suis plus sur la crête de la vague et je pense — étrangement, j'en ai peur — que tu ne ressens plus les mêmes choses à mon égard. Il existe de nombreuses façons de s'aimer et j'aimerais penser que nous pouvons encore éprouver de l'affection l'un pour l'autre, que nous pouvons ramasser les morceaux et repartir.

Je préférerais que tu ne me téléphones pas. Je vais te dire ce que j'aimerais que nous fassions. Non pas que tu viennes ici ou que j'aille chez toi, mais que nous nous rencontrions dans les jardins de Hartlands, peut-être pour y prendre le thé et nous promener. Tu m'y avais emmenée autrefois, en avril. Tu avais dit que c'était la bonne époque quand les narcisses sont en fleur.

Si tu es d'accord, que penses-tu de samedi prochain, c'est-à-dire le 2 avril ? Peter sera absent cet après-midi-là. Je serai dans les jardins de Hartlands, à la cafétéria, à trois heures. Est-ce que cela te convient ?

Je ne sais vraiment pas quelle formule de politesse utiliser.

Avec mon affection,

JENNIFER.

Il lut la lettre plusieurs fois. Au début son cœur se comporta bizarrement. Il semblait battre fort et de façon irrégulière. Puis John respira profondément et s'habitua progressivement à ce qui se trouvait devant lui, une lettre de Jennifer, une lettre de sa femme. Elle l'invitait, elle voulait le voir. S'il ne s'était pas comporté aussi stupidement, s'il ne s'était pas sauvé, il lui aurait parlé, il se serait assis près d'elle... Évidemment, Peter Moran se serait trouvé là, lui aussi. Ses yeux parcoururent une nouvelle fois jusqu'au bas de la page les lignes dactylographiées.

Elle voulait le voir seul. Elle disait clairement qu'elle voulait le voir pendant l'absence de Peter Moran. Est-ce que cela signifiait qu'elle voulait le voir sans que Peter Moran le sache ? Certainement.

John n'avait jamais beaucoup d'alcool chez lui. Il n'aimait pas boire et Jennifer non plus, même si tous deux pouvaient prendre une bière dans un café ou un xérès avant de dîner au restaurant. Mais il gardait toujours une bouteille de cognac pour la raison habituelle : dans un but médical. Il la rangeait dans le buffet, comme il rangeait l'aspirine dans l'armoire à pharmacie. La bouteille était aux trois quarts pleine. Il s'en versa deux doigts dans un verre ordinaire et but. Il s'étouffa un peu tout en se sentant mieux.

Son thé avait refroidi. Il le jeta dans l'évier. C'était clair, n'est-ce pas, à propos de ramasser les morceaux et de repartir ? Évidemment, elle disait qu'après ce qui s'était passé, ils ne pouvaient plus éprouver la même chose l'un envers l'autre, l'extase était partie, mais il y avait différentes sortes d'amour, l'amour calme et adulte qui valait peut-être la passion — qui lui était peut-être même supérieur à long terme.

Je n'ose pas y penser de cette façon-là, se dit-il, je n'ose pas échafauder quelque chose. Elle se dit persuadée que j'ai cessé de m'intéresser à elle, elle me rappelle qu'elle m'a toujours menacé de retourner avec Peter Moran s'il revenait. Et cette absurdité sur l'absence d'engagement, je n'avais pas besoin de m'engager. Je n'y pensais pas. Je vais aller aux jardins de Hartlands, évidemment, mais je refuse d'y penser dans l'intervalle. Le cognac auquel il n'était pas habitué le troublait et ses mains tremblaient. Il renversa la sauce tomate de la boîte de ravioli sur la table et laissa brûler le pain. De toute façon il n'avait pas faim.

Le problème c'était qu'il n'arrivait pas à penser à autre chose qu'à la lettre. Pourquoi lui avait-elle demandé de ne pas téléphoner ? Parce qu'elle ne voulait pas que Peter réponde au téléphone ou même surprenne ce qu'elle disait ? Ça ne pouvait signifier qu'une chose : elle voulait revenir vers lui mais elle prenait des précautions. Elle voulait s'assurer avant de se séparer de Peter...

John essaya de penser au week-end qui l'attendait. Il essaya de penser à Cherry, de se souvenir d'elle, et de Mark son fiancé. Il fallait qu'il revoie ce vieux Mark ; on lui avait dit qu'il était revenu. Pourquoi ne pas chercher son adresse et lui proposer de boire un verre ensemble ? Demain, il pourrait passer chez Colin, rendre une petite visite à sa tante et déjeuner dimanche avec elle ? Il restait debout près de la fenêtre et regardait la même rue qu'il regardait depuis qu'il était enfant. Il lui semblait difficile d'imaginer une autre vue, d'une fenêtre derrière laquelle on habite : les deux maisons en face, l'araucaria devant le quatrième pavillon à gauche, qu'il avait vu planter quand il avait huit ans, et qui, aujourd'hui, était un arbre énorme, laid, ridicule, mais pour lequel il avait une certaine affection. Le prunus rose perdait ses pétales qui, comme de la neige rose, recouvraient à moitié les scilles. Elle se souvenait des narcisses dans les jardins de Hartlands et qu'il l'y avait emmenée en avril. Elle devait considérer cette rencontre comme des retrouvailles... Il ne faut plus y penser, se dit-il fermement et à haute voix. En entrant dans la pièce, la lettre à la main, il avait jeté le filet plein de livres sur un fauteuil devant la baie vitrée. Les deux John Le Carré, le Philby, un roman de Disraéli qu'il ne pensait pas avoir le temps de lire et *L'Épouse d'Allan* de Rider Haggard à la place des *Mines du roi Salomon* qui étaient en lecture.

John se rendit compte que maintenant, avant de commencer à lire un livre, il soumettait toujours la première et la dernière ligne au test du code. Cela signifiait qu'il devait lire la dernière ligne, mais il n'avait jamais fait partie de ces lecteurs qui attachent de l'importance à une fin surprenante. Il confronta les six mots codés du premier message aux premières lignes de *Comme un collégien*. Rien, un pur non-sens.

Ils peuvent avoir utilisé, littéralement, des millions de livres, se dit-il. Tu ne trouveras jamais le bon.

V

Mungo était assis dans sa chambre sous les toits et lisait un document intitulé : RAYDL — *Réservé aux Yeux de Léviathan*. Entre la fin du deuxième trimestre de l'an dernier et le début de celui-ci, ils avaient obtenu des informations préalables sur trois décisions d'urbanisme, découvert quatre exemples de fuites vraiment étonnantes dans les services de police, récupéré quinze livres « empruntés », dérobé un certain nombre de plans d'architectes, modifié des réservations au restaurant, obtenu des invitations pour des soirées officielles et plus ou moins organisé le programme du festival annuel des arts de la ville afin qu'il s'accorde à leurs propres buts. Sans parler de toute sorte d'exercices plus frivoles. Depuis, cependant, au cours du dernier trimestre, les choses s'étaient déroulées de façon moins satisfaisante. Les succès indéniables appartenaient au passé.

Il mangeait des cacahouettes grillées, car il pensait qu'elles étaient meilleures pour lui que le chocolat. Rien ne lui donnait des boutons ni ne changeait son extraordinaire maigreur mais il se demandait parfois si ce n'était pas ce qu'il mangeait entre les repas qui le faisait tellement grandir. Il avait aussi des noix au yaourt mais il les gardait pour plus tard quand il rentrerait.

Par la fenêtre, il pouvait voir le toit de la clinique chirurgicale de son père. Sa mère était anesthésiste au Hartland Mount Hospital, et non généraliste, même si parfois elle dépannait un associé malade ou en vacances. Trois médecins exerçaient dans la clinique en plus de Fergus Cameron. Ils travaillaient dans un bâtiment classé, un des plus anciens de la ville, que le père de Mungo avait acheté près de vingt ans plus tôt et qu'il voulait maintenant agrandir. Il souhaitait construire à l'arrière une nouvelle salle d'attente et d'autres de consultation. Une délégation du comité d'urbanisme de la ville était déjà venue visiter les locaux. S'ils étaient d'accord pour la construction, on obtiendrait certainement l'autorisation des bâtiments classés. Leur décision dépendait presque exclusivement de l'avis que leur donnerait le fonctionnaire responsable des services d'urbanisme, un homme du nom de Blake, apparenté à Ivan Stern.

« Ils ne connaissent pas le sens du mot vitesse », avait dit Fergus Cameron. Toute la famille était réunie pour le déjeuner, Fergus, Lucy, Angus, Mungo et Ian, qui venait juste de rentrer de la faculté de médecine pour les vacances de Pâques. « Les représentants du comité d'urbanisme sont venus visiter les locaux deux jours après la réunion mensuelle. Ce qui signifie que nous devons attendre vingt-quatre jours avant d'avoir une réponse. Et dans l'intervalle je peux perdre l'autre propriété. »

Il s'agissait d'un immeuble beaucoup plus moderne, à l'extrémité ouest de Ruxeter Road. Fergus pouvait l'acquérir relativement bon marché s'il concluait l'affaire maintenant, mais il la perdrait vraisemblablement s'il attendait trois semaines. Et si la décision du comité d'urbanisme lui était défavorable ?

« On ne peut absolument rien y faire, mon chéri », dit Lucy, en mangeant de la salade et en lisant *Le Bistouri*. C'était une forte femme, d'humeur parfaitement égale, qui avait passé — et réussi — l'examen de membre du Collège royal de chirurgie alors qu'elle était enceinte de neuf mois. Après avoir répondu à la dernière question, elle avait posé son stylo et le travail avait commencé. Ian était né cinq heures plus tard. Elle tourna la page. « Dieu seul connaît l'issue. »

Mungo n'en était pas si sûr. L'issue pouvait aussi dépendre de lui. C'est pour cela qu'il avait filé directement dans sa chambre, en plus de trouver un réconfort dans le document « ultra secret ». On était le 25 mars. Plus que six jours à utiliser le code actuel. Ensuite, il en commencerait un nouveau. Peut-être *Childers* de Stern, ce qui serait assez amusant. Mais maintenant, il y avait la décision d'urbanisme qu'attendait son père. La difficulté consistait moins à obtenir l'information à l'avance qu'à convaincre son père qu'elle était vraie. Je réglerai ça à son heure, se dit Mungo. Il utiliserait la cache sous la passerelle. Mais des instructions seules ne seraient pas suffisantes. Il faudrait une rencontre. Si possible au lieu de rendez-vous, et on ne pourrait pas la reporter. Lundi au plus tard. Il regarda autour de lui mais il ne vit le livre nulle part.

Ce Ian, pensa-t-il. Dès qu'il est à la maison, il commence. Rien n'est sacré. La première chose qu'il entendit, quand il ouvrit la porte, ce fut le rire d'une jeune fille. Sans doute Gail, la petite amie de Ian. Mungo descendit l'escalier et les vit tous dans la chambre d'Angus. Ce dernier faisait une démonstration sur son ordinateur ; Gail appuya sur une des touches. L'image d'une explosion apparut sur l'écran et se termina avec « BOUM » écrit au beau milieu.

« Tu m'as pris mon Allbeury », dit Mungo.

Ian lui fit un large sourire.

« Sois gentil. Je n'ai rien à lire.

— Tu ne peux pas prendre celui-là. Pas avant mardi. Si tu veux, je peux te passer le dernier Yugall.

— C'est très gentil de ta part, vieux. »

Mungo se demandait pourquoi Angus le regardait de cette façon, avec un demi-sourire et cependant comme s'il se sentait désolé pour lui. Ça ne lui plaisait pas beaucoup et il regretta un peu d'être trop vieux pour aller bousculer son frère en lui tirant la langue.

VI

Fergus Cameron était aussi nerveux que sa femme était placide. Il s'inquiétait pour sa femme, ses fils, sa maison, son argent tout en sachant qu'aucune de ces personnes et aucun de ces objets n'offrait de véritable cause de souci. Même s'il n'avait pas l'étoffe du médecin idéal, il jouissait cependant d'une grande popularité parmi ses patients. Il n'avait rien d'un dieu. Quand ils lui confiaient qu'ils se sentaient déprimés ou inquiets, il leur disait qu'il comprenait et qu'il compatissait. Ils étaient convaincus de sa sincérité. Quand ils venaient le voir inquiets à l'idée d'avoir un cancer, une dystrophie musculaire progressive ou une maladie de cœur, il leur racontait que c'étaient des choses qui le tracassaient lui aussi, même s'il n'avait pas plus de motifs qu'eux. Il ne se trouvait pas supérieur, il bavardait avec eux comme avec des voisins de palier et il leur racontait ses propres soucis. Comme médecin il n'était ni meilleur ni pire que ses collègues de la clinique et bien moins qualifié que sa femme, mais on l'aimait beaucoup plus que les autres.

C'était en considération de sa personnalité sympathique et de sa réputation d'homme agréable que la section locale de l'ordre des médecins lui avait confié une mission particulièrement délicate. Il s'agissait d'aller voir un collègue de quatre-vingt-deux ans, une femme, qui exerçait encore, pour lui expliquer avec la plus grande douceur et le plus grand tact qu'il était temps pour elle de prendre sa retraite. Le vieux Dr Palmer avait fait quelques erreurs de prescription qui, bien qu'elles n'aient eu aucune conséquence grave, pouvaient un de ces jours se terminer en catastrophe.

Elle habitait dans une des banlieues du nord-est, à quatre ou cinq kilomètres. Fergus s'était fait beaucoup de souci au sujet de cette visite et de ce qu'il dirait, non seulement pendant toute la journée du samedi, mais aussi le vendredi et le jeudi. En fait — comme cela arrivait souvent — les choses s'étaient déroulées à la perfection et avec le minimum de difficultés. Le Dr Palmer lui avait d'emblée exprimé sa joie de pouvoir lui parler en tête à tête parce qu'elle pensait prendre sa retraite et elle aimerait avoir son avis. En rentrant chez lui en voiture, avec une inquiétude de moins, au lieu de se détendre, malgré lui, Fergus laissa revenir l'inquiétude que l'histoire du Dr Palmer avait temporairement reportée.

Quelle décision prendre à propos de l'extension de la clinique?

Si le comité d'urbanisme du conseil municipal donnait l'autorisation il n'y avait pas de problème, mais il ne pourrait rien savoir avant trois semaines. Entre-temps, un bâtiment qui avait été précisément conçu pour abriter une clinique privée serait mis en vente. Il passerait devant dans quelques instants, c'était un peu plus haut dans Ruxeter Road. On en demandait soixante-dix mille livres, un peu moins que ce qu'allait coûter l'extension. De toute façon, il serait obligé de prendre une hypothèque, pas question autrement. Ses fils lui coûtaient cher et Lucy le maximum. Ian était à l'université et Angus et Mungo au lycée. Il aurait préféré l'ancien bâtiment, très beau et dans lequel sa clinique était déjà installée. Un jour, par exemple, le dernier étage ferait un excellent appartement si l'un des garçons le voulait.

Pendant qu'il attendait l'autorisation, on vendrait sans aucun doute l'autre clinique. L'agent immobilier le lui avait bien dit. Il passa devant et s'arrêta à un feu rouge. Il tourna la tête et regarda. L'architecture dépouillée des années soixante, la construction en cubes et les baies vitrées ne lui plaisaient pas beaucoup mais quelle importance? Il pouvait si facilement se voir refuser l'autorisation et en même temps perdre ce bâtiment.

Le feu passa au vert. C'est au moment où Fergus démarrait qu'il aperçut son fils Mungo. Il marchait sur le trottoir opposé en direction d'une rangée de maisons abandonnées et murées, condamnées à être démolies, et d'un café dénommé Le Jars. Étant donné que Mungo n'avait rien à faire dans les maisons abandonnées il devait aller au café. A cause de sa grande taille, on pouvait facilement lui donner quatre ans de plus que son âge. L'idée que son plus jeune fils fréquentait les cafés à quatorze ans déplut beaucoup à Fergus, mais il ne voyait pas bien ce qu'il pouvait y faire. Il s'éloigna avec une nouvelle inquiétude en réserve.

D'un côté de la large avenue, il y avait des rangées de boutiques minuscules et, devant elles, une salle de bingo et le vieux cinéma Fontaine. Ces bâtisses, attendant d'être démolies, n'embellissaient pas le quartier. Mais quand elles seraient détruites et qu'on aurait érigé de nouveaux immeubles, que se passerait-il ? Il pouvait faire une offre pour la clinique et poursuivre les négociations tout en attendant de savoir s'il avait obtenu l'autorisation de la commission d'urbanisme. Et alors, s'il avait l'autorisation, il se retirerait de la vente. Ce serait indigne et malhonnête et Fergus savait déjà qu'il ne pourrait s'y résoudre.

Mais s'il perdait les deux ? Dans ce cas-là, il serait obligé de rechercher d'autres locaux et, quels qu'ils soient, ils lui coûteraient cent mille livres et pas soixante-dix mille. Il rangea la voiture dans le garage, en bas du jardin, une ancienne remise transformée. Le jardin des Cameron était un endroit agréable, laissé à l'abandon, où de vieux poiriers et des buissons de lilas poussaient dans une herbe broussailleuse. En tout cas, Lucy disait qu'il était agréable et les garçons y jouaient quand ils étaient plus jeunes. Fergus, lui, aurait aimé un beau jardin avec des plates-bandes et des rosiers comme celui de sa grand-mère à Oban, mais comme le disait Lucy, il n'aurait pas aimé s'occuper du jardinage.

Elle était allongée dans un fauteuil, les pieds surélevés. Ian et Gail étaient assis sur le canapé. Ils se tenaient la main et hurlaient de rire devant *Certains l'aiment chaud* à la télévision.

« Comment ça s'est passé, mon chéri ? demanda Lucy, endormie et souriante comme à son habitude.

— Très bien. Beaucoup mieux que je ne le pensais.

— Les choses vont toujours mieux que tu ne le penses. »

Fergus sourit un peu tristement. « La vie m'a appris que si la plupart des choses pour lesquelles tu t'es fait du souci ne se sont jamais produites, il en va autrement des choses pour lesquelles tu ne t'es pas inquiété. Ce sont celles qui arrivent. »

Si Gail n'avait pas été là, il aurait parlé de Mungo. Il descendit pour se servir un verre. D'habitude, le soir, Fergus se préparait une tasse de chocolat et, parfois, le matin aussi. Avec du lait non écrémé, du vrai cacao — pas du chocolat liquide — et du sucre blanc cristallisé. Il mélangeait d'abord le cacao, le sucre et un peu de lait jusqu'à ce qu'il obtienne une pâte. Puis il versait le lait juste avant qu'il ne commence à bouillir. Cela faisait rire sa femme et ses enfants qui refusaient toujours quand il leur en offrait, ce que Fergus n'avait jamais compris : qu'y avait-il de drôle, qu'y avait-il d'intrinsèquement drôle dans l'idée même du cacao, alors qu'il s'agissait de ce qu'il avait goûté de meilleur ?

Il trouva son fils Angus dans la cuisine, avec une part de pizza froide dans une main et, dans l'autre, une boîte en carton bleu, quelque chose en rapport avec l'ordinateur. Depuis qu'avec Lucy, ils le lui avaient offert, Angus en était complètement obsédé.

« Je cherche un endroit pour ranger les disquettes.

— Pourquoi est-ce que tu ne les laisses pas dans ta chambre ? demanda Fergus en ouvrant une boîte de cacao neuve.

— J'ai mis un dossier en archives et je ne veux pas que les disquettes soient au même endroit que le disque dur. S'il y avait le feu dans ma chambre ? »

Fergus ne savait pas de quoi il parlait. Il lui offrit du cacao pour la forme. Angus secoua la tête distraitement ; il monta sur un tabouret et posa la boîte sur la dernière étagère d'un placard, au milieu des pièces d'un appareil pour la fabrication du vin que personne n'avait jamais utilisé depuis dix ans.

« Angus, tu crois que Mungo va au café ?

— Mungo ? Pourquoi est-ce qu'il irait ? Il ne boit même pas un verre de vin quand je fais une fête.

— Je crois l'avoir vu entrer dans un café.

— A moins qu'il boive en cachette. » Les enfants de Fergus ne l'aidaient jamais. Ils apaisaient rarement ses peurs. « Où se trouve ce café ?

— Ruxeter Road, à côté de toutes ces maisons qu'on va démolir. Je n'aurais pas dû t'en parler. Ce n'est pas très gentil, ni pour toi, ni pour lui. En réalité, je pense qu'il rentrait à la maison, seulement il prenait un curieux chemin.

— A ta place, papa, je ne m'inquiéterais pas », dit Angus. C'était le genre de phrase que les gens lui répétaient toujours. Il le savait bien qu'ils ne s'inquiétaient pas, ce n'était pas la question.

Il remonta avec sa tasse de chocolat. Angus continua à manger sa pizza. Il avait très bien compris où se dirigeait Mungo, au lieu de rendez-vous, dans une des maisons condamnées, entre Le Jars et Colligbourne Road. Il allait y rencontrer ou même y cacher quelqu'un à l'insu de Stern. Il devait sans aucun doute y être maintenant.

Et Angus se rendit compte que lui aussi s'inquiétait au sujet de Mungo ; pas comme son père, en sautant immédiatement à des conclusions insensées sur les penchants de Mungo pour les pintes de bière ou les gin-tonic illégaux, mais à propos de la conduite de Mungo... Son obsession des Services secrets. Lui arrivait-il de penser à autre chose ? Son travail scolaire n'en souffrait-il pas ? Angus comprenait qu'il était encore un peu jeune pour penser aux filles, mais avait-il des amis ordinaires ?

Avait-il d'autres intérêts ? Ce manteau qui était tombé sur les épaules de Mungo, c'était le sien, le manteau d'Angus. Et « tombé » n'était pas le mot qui convenait, car Angus l'avait enlevé lui-même et posé sur les épaules de son frère. Il lui avait enseigné tout ce qu'il savait, il lui avait inculqué pour l'espionnage une passion que lui-même n'éprouvait plus. A quinze ans, il avait quitté les Services secrets. Il arriverait sans doute la même chose à Mungo. Il ne tarderait sûrement pas à manifester des signes de fatigue.

Angus se souvenait parfaitement de tout. Parfois, il pensait le faire rentrer dans son ordinateur, maintenant qu'il en avait un, et conserver un dossier. Mais il ne savait pas dans quel but. Pour ses enfants, si jamais il en avait un jour. Pour une quelconque étude de sociologie.

Le début de tout. L'origine. « C'est du fort que vient la douceur. » Angus avait lu cela sous l'image d'une boîte de sirop de sucre Lyle mais apparemment la phrase venait de la Bible. Il pensait qu'elle exprimait ce qui s'était passé entre Guy Parker et les Services secrets ainsi que quelqu'un les avait baptisés. Ainsi que Guy les avait baptisés. Cela faisait des siècles, autrefois quand il était enfant et qu'il avait d'autres priorités et d'autres besoins.

Il avait treize ans à l'époque, comme Guy Parker qui n'avait qu'un mois ou deux de plus que lui. Ils se connaissaient depuis toujours et, d'après leurs mères, ils étaient amis depuis qu'elles-mêmes s'étaient rencontrées à la maternité. Mme Parker rappelait souvent à Ian et à Angus, le temps où leur propre mère travaillait à l'hôpital. Guy et lui étaient allés à l'école primaire ensemble, à Hintall, comme Ian avant eux, et où Mungo était aujourd'hui en avant-dernière année.

En général, on passe l'examen d'entrée au collège en juin. Les épreuves sont les mêmes pour toutes les écoles du secteur mais les copies sont marquées du nom de l'établissement choisi par le candidat ou plus vraisemblablement par ses parents. Elles y sont aussi corrigées. Angus devait entrer sans problème à Rossingham. Son père et Ian y étaient allés. Guy Parker irait aussi. Il était entendu qu'ils fréquenteraient le même établissement et, aussi loin qu'Angus s'en souvenait, c'était un point que personne n'avait jamais contesté. Cependant, pour être honnête, plus tard, Angus n'aurait pu affirmer catégoriquement que Guy le lui avait effectivement dit.

Les résultats arrivèrent et Angus fut reçu, ce qui n'avait surpris personne. Pour les vacances, les Cameron étaient partis quinze jours à Corfou comme tous les ans et il n'avait pas eu l'occasion de voir Guy Parker avant son retour. En outre, il n'en avait pas éprouvé le besoin urgent. Ils savaient que tous deux allaient à Rossingham dans un mois et ils devaient se rencontrer une ou deux fois auparavant.

Il se rendit chez Guy parce que Mme Parker avait téléphoné pour l'inviter à déjeuner avec Mungo, un jour où leurs parents travailleraient en même temps. Mungo n'était encore qu'un petit garçon de dix ans et c'était toujours un problème de s'occuper de lui pendant les vacances. Quand il arriva, Angus se rendit compte qu'il n'avait jamais demandé à Guy comment s'était passé l'examen, même s'il croyait l'avoir fait. On savait qu'il fallait être complètement nul pour le rater et Guy était très brillant. Ils se trouvaient dans ce que les Parker appelaient la salle de jeu. Ils avaient laissé le pauvre Mungo en exil dans la cuisine avec Mme Parker et la petite sœur de Guy.

« Tu as déjà ton équipement ? demanda Angus. Les chapeaux sont terribles, l'enfer. On a dû aller à Londres pour m'en acheter un. Chez Tuckers, ils n'en vendent plus. »

Guy avait-il eu l'air embarrassé ou honteux ? Angus n'avait rien remarqué. Guy resta silencieux pendant quelques instants, puis :

« Je n'ai pas besoin de chapeau.

— Si, il le faut. C'est sur la liste.

— On n'a pas de chapeau à Utting. »

Angus n'avait pas besoin d'explication. Il sut tout de suite. Guy eut la bonne grâce d'avoir l'air confus. Ils se turent. C'était un silence gêné, interminable, désagréable. Au cours de ces minutes, tandis que Guy prenait sur une étagère le roman d'espionnage qu'il prêtait à Angus et tandis qu'ils descendaient l'escalier ensemble après avoir entendu Mme Parker crier : « Le déjeuner ! » Angus ressentit la première vraie douleur de sa vie. Ça ne l'était peut-être pas, mais c'est ce qu'il crut. Jusqu'ici personne ne s'était conduit de cette façon avec lui, personne ne l'avait jamais trompé. Quand on allait dans une école comme Hintall, on se rangeait parmi les gens bien. Il se souvenait que son grand-père écossais disait cela. Il ne l'avait pas vraiment cru, mais il avait peut-être raison. Cependant, il fut capable de dissimuler ses sentiments et de faire honneur au déjeuner de Mme Parker — il se rappelait même ce qu'il y avait au menu, un excellent repas, côtelette et rognons en croûte, beignets de pommes de terre, petit pois frais, sablés fourrés au cassis et crème — et de garder son calme. Guy s'expliqua après le déjeuner. Il ne voulait pas aller à Rossingham. C'était un collège conventionnel, réactionnaire et démodé.

« Regarde ce chapeau.

— Quel chapeau ?

— Être obligé de porter cette saleté de canotier en paille. A quoi ça sert ? »

Utting était progressiste. Ils prenaient des filles dans toutes les classes. Il y avait un cours de russe et une section étonnante sur les nouvelles technologies. Si l'on voulait, on pouvait apprendre à jouer au polo ou à piloter un hélicoptère.

« Tu plaisantes ? dit Angus.

— Non, ils ont un hélicoptère. Et une patinoire. Que des grands noms et chacun a une chambre individuelle. »

Angus rentra chez lui avec sa peine. Il pensait que seule la trahison lui importait, mais il se rendit compte qu'il y avait aussi la perte de Guy. Il ne le reverrait pas avant la moitié du trimestre et même sans doute plus tard car les vacances de Rossingham et d'Utting ne coïncideraient pas obligatoirement. Trois mois, tout un trimestre, une éternité quand on n'a que treize ans. Guy aurait dû lui dire, au moins quand ils passaient l'examen sinon avant, qu'il avait l'intention d'aller dans un autre collège. Mais si le fait d'être trompé lui déplaisait profondément ce n'était rien à côté de la séparation.

Les gens disaient que Ian et Mungo ressemblaient à leur père, grands, maigres et nerveux, alors qu'Angus tenait de sa mère, pas seulement physiquement mais aussi pour le caractère. On le disait placide. Angus ne croyait pas que quelqu'un puisse vraiment ressembler à quelqu'un d'autre. Il n'était pas placide mais il réussissait assez bien à ne pas montrer ses sentiments. Chez lui, personne ne soupçonnait qu'il était malheureux, qu'il portait avec lui la trahison de Guy comme le garçon de la fable porte le renard qui lui ronge les entrailles.

Son trouble se transforma en colère. Il avait emprunté à Guy le livre de Yugall — *La Taupe* — mais quand il l'eut fini, au lieu de le rapporter chez les Parker, il demanda à Mungo de le glisser dans leur boîte aux lettres en allant à son cours d'escrime. Deux jours plus tard, le premier trimestre commença à Rossingham.

Guy manqua beaucoup à Angus. Le nouvel établissement lui semblait étrange ; même si les petits ne faisaient plus les corvées des grands, même si le système s'était tout à fait civilisé si on le comparait à l'époque de son père, même si les brutalités avaient virtuellement disparu, on se sentait toujours perdu et dérouté par les règlements. Il se dit qu'il haïssait Guy et qu'il était bien content de le savoir parti. Il se fit rapidement de nouveaux amis. Parmi eux, il y avait Bruce Reynolds qu'il considéra comme son meilleur copain. Les vacances de la moitié du trimestre se passèrent sans qu'il ait l'occasion d'aller chez les Parker, mais aux vacances de Noël, quelques jours après la sortie de Rossingham, Guy téléphona.

La mère d'Angus répondit. Il l'entendit prononcer le prénom de Guy, et il courut se cacher dans les cabinets du dernier étage. Il ne répondit pas quand elle l'appela. Il savait qu'elle dirait à Guy qu'il allait le rappeler, ce qu'elle fit effectivement. Angus pensa que lui et ses frères étaient heureux d'avoir une mère qui ne faisait jamais d'histoires, qui ne pensait pas à poser des questions indiscrètes : où était-il allé, qu'avait-il fait, et pourquoi n'avait-il pas répondu quand elle l'avait appelé ? D'un autre côté, il savait très bien qu'il était inutile de lui demander de mentir au téléphone ou ailleurs. Elle n'aurait jamais accepté.

Il ne rappela pas Guy. Les Parker partaient toujours pour Noël, soit chez la sœur de Mme Parker dans le Devon, soit chez celle de M. Parker en France, et quand ils reviendraient le deuxième trimestre serait commencé. Le soir de Noël, il regretta de ne pas avoir téléphoné à Guy. Il lui manquait à nouveau. Parmi ses cadeaux, il y avait le dernier roman de Yugall. Guy et lui étaient fous de romans d'espionnage et ils aimaient les grands maîtres du genre mais leur auteur favori restait Yves Yugall que, pendant quelque temps, ils préférèrent à Len Deighton, même si c'était un peu la même chose.

A cette époque, Yves Yugall avait écrit une vingtaine de livres et ils les avaient tous lus. *La Taupe* était le dernier. Il les achetaient en livre de poche parce qu'ils n'avaient pas les moyens de s'offrir les premières éditions. Elles sortaient environ un an avant l'édition de poche mais ils n'avaient qu'à attendre ou les emprunter à la bibliothèque. Son père et sa mère lui avaient offert le nouveau, *Le Passage du chat* ainsi que la tenue de course à pied qu'il avait demandée et le stylo à bille de bonne qualité qu'ils croyaient nécessaire. C'était une première édition toute neuve, qui coûtait sept livres quatre-vingt-quinze, avec, sur la couverture, une photo de la porte de Brandebourg.

Angus lut le livre d'une seule traite, dans son lit, pendant la nuit de Noël. Il resta éveillé jusqu'à trois heures du matin. Quand il eut terminé, il se dit : je l'ai lu et pas lui. Quel dommage. Si nous étions toujours amis, je le lui aurais prêté aussitôt. Il aurait sans doute envoyé un message codé à Guy — une note écrite par Mungo ou un de ses petits copains — pour lui dire qu'il vienne chercher le livre. Guy aurait dû trouver le code et déchiffrer le message. Mais cette technique n'avait pas de secrets pour eux. Tout avait commencé quand leurs parents avaient fait un tas d'histoires parce qu'ils utilisaient trop le téléphone et que ça coûtait trop cher.

Le Passage du chat revint au collège avec Angus. Le livre n'intéressait pas Bruce qui refusa de le lire. Angus se mit à penser à Guy et une nuit il rêva de lui. Il allait à Utting lui rendre visite. C'était un endroit étonnant, avec des chambres comme dans un hôtel, des salles de bains, une patinoire, des saunas et un hélicoptère pour dix élèves avec des leçons de pilotage chaque semaine. Guy avait ses propres placards dans sa chambre, une commode et deux tables de nuit au lieu d'un tiroir sous le lit et d'une penderie étroite comme tous les pensionnaires de Rossingham. Quand Angus s'éveilla, il se dit que si le rêve avait continué, il aurait mis secrètement *Le Passage du chat* dans le premier tiroir de la commode afin que Guy le trouve la prochaine fois qu'il irait y chercher une paire de chaussettes.

Bizarrement, l'idée l'obséda. S'il voulait renouer avec Guy, rien ne l'empêchait de lui envoyer le livre par la poste ou, si c'était trop cher, de le lui donner aux petites vacances. Elles coïncidaient au cours du deuxième trimestre, une semaine au milieu de février.

Angus n'avait pas l'intention d'attendre aussi longtemps. Il voulait donner le livre à Guy et cela d'une façon mystérieuse. Bruce avait un cousin à Utting, dans une petite classe. Un dimanche, quand la famille de Bruce vint le chercher pour le thé, Angus avait déjà enveloppé le livre avec à l'intérieur un mot à l'intention du garçon de onze ans et une pièce de cinquante pence. Auraient-ils l'amabilité de remettre cela à leur fils quand il viendrait un prochain week-end ? Les petits sortaient presque tous les dimanches, contrairement aux plus grands, sauf s'ils avaient par exemple un grand-père qui fêtait son quatre-vingt-dixième anniversaire, une sœur qui se mariait ou quelque chose comme ça.

Le petit mot demandait de déposer secrètement le livre dans le tiroir sous le lit de Guy Parker dans la chambre qu'il partageait avec neuf autres élèves — car telle était la réalité même à Utting. Le cousin avait raconté cela à Bruce. Les semaines passèrent et Angus n'entendit parler de rien. Le cousin pouvait très bien avoir gardé les cinquante pence et jeté *Le Passage du chat* dans la poubelle de sa chambre, si des petits comme lui avaient des chambres. D'un autre côté, les choses étaient plus libres et plus faciles à Utting qu'à Rossingham et l'accès des dortoirs des grands n'était pas interdit aux petits. Il se pouvait que le cousin n'ait qu'à aller sans se cacher d'Andrade House, où il habitait, jusqu'à Fleming House, où habitait Guy, et à monter l'escalier. Il pouvait le faire pendant les heures d'études car Angus avait découvert qu'à Utting les élèves de quatrième allaient en étude en bibliothèque.

Les Cameron lisaient le *Times* et le journal local. Il n'était pas diffusé seulement dans la ville mais dans tout le pays. Cette année, le 14 février tombait un lundi ; c'était le premier jour de vacances pour Ian et Angus. Leur mère était allée les chercher la veille au soir. Ian se leva de bonne heure ce lundi et se précipita en bas pour prendre *Free Press*. Angus le trouva assis devant la table de la cuisine en train de lire la page sept qui, le 14 février, était entièrement consacrée aux messages de la Saint-Valentin.

Angus regarda par-dessus son épaule et lut : « Cameron I.M. les violettes sont bleues. C'est toi que j'aime. Lorna. » Ça ne l'intéressait pas beaucoup. Ian leva les yeux vers lui.

« Il y en a un pour toi.

— Certainement pas.

— Sans blagues. Tu est bien Cameron, Angus, H. ?

— Il doit y en avoir des tas.

— Je ne crois pas. » Ian lui montra le message qu'il avait fait insérer : « Markham, Lorna : Je suis, tu es, l'amour est. I.M.C. » Il avait l'air satisfait. Angus retourna à la colonne de gauche où se trouvait son propre nom. Quelqu'un doit être amoureux de toi, dit Ian. Tu la connais ?

— Pas la moindre idée !

— Cameron, Angus H., lut Angus, CFPV JFXN NFXNGXFV PA NLK JFPHVPXAN LBAPJA OA QFKJFX. »

Ce n'était pas signé ou on avait incorporé la signature au code. Évidemment, Angus savait de qui il s'agissait. Il se sentit heureux. L'an dernier, il avait raconté à Guy que la petite amie de Ian avait fait passer un message de la Saint-Valentin dans le journal. Ils avaient taquiné Ian qui avait essayé de prétendre que le message ne lui était pas destiné. Guy avait dû s'en souvenir en cherchant un moyen suffisamment déroutant pour remercier Angus du prêt du livre. C'était effectivement déroutant. Guy avait sans doute utilisé une phrase tirée d'un livre comme base de son code. Ils avaient toujours procédé ainsi. Angus passa presque toute la journée à essayer les premières phrases des livres qu'il possédait de leur auteur préféré. Il était sûr qu'il s'agissait d'un roman d'espionnage et très vraisemblablement un roman d'Yves Yugall. Angus essaya avec *La Route du scorpion*, *La Proie du tigre*, *Le Singe se débat*, *La Ville de la tarentule* et *La Piqûre de la guêpe*. Guy n'aurait sûrement pas utilisé une phrase du milieu du livre. Après tout, il voulait qu'on déchiffre son code. Il voulait qu'Angus ait du mal mais en fin de compte il voulait qu'il trouve.

Il fallait tenir compte d'autre chose : à Utting, Guy ne devait avoir qu'un nombre limité d'ouvrages — en tout cas des œuvres de fiction. Et il devait avoir composé le message à Utting, même si maintenant il était chez lui. Angus ne savait pas comment se passaient les choses à Utting, mais à Rossingham avec les sports, les clubs, les études facultatives et la préparation militaire, il restait peu de temps pour lire, en dehors de ce qui était demandé en classe, et les professeurs n'aimaient pas beaucoup qu'on remplisse les tiroirs de livres. Quels livres Guy pouvait-il avoir avec lui ? Peut-être un livre de classe ? Sans y croire vraiment, Angus essaya avec les premières phrases de *Jules César*, de *Trois Hommes dans un bateau* et avec *Les Lettres de mon moulin* de Daudet qui lui semblaient pourtant ne pas convenir. Rien ne marcha. Il se plongea dans l'étude du code et passa la journée du samedi et presque toute celle du mercredi à chercher. Le mercredi soir, ils allèrent dîner chez des amis de leurs parents. L'amie avait deux chats siamois dont l'un s'était blessé à la patte en tombant d'un arbre.

« Regardez comment marche mon chat, dit-elle. Il faut que je le conduise chez le vétérinaire. Je pensais qu'il était guéri mais il va falloir lui soigner la patte. »

« Comment marche mon chat, se répéta Angus. Pourquoi n'y ai-je pas pensé plus tôt ? » Guy avait *Le Passage du chat* à Utting, il en était certain. Il l'avait utilisé pour le code. Ce qui était ridicule, c'est qu'Angus ne l'avait plus, car il avait envoyé son exemplaire à Guy. Impossible d'en acheter un autre. Il ne serait pas publié en collection de poche avant un an et à la bibliothèque il devait y avoir une longue liste d'attente pour la première édition, il le savait par expérience. Le lendemain matin, il se rendit à la librairie Hatchard dont un magasin venait d'ouvrir dans Edge Street. *Le Passage du chat* était toujours sur la liste des best-sellers et des exemplaires étaient exposés. Angus en prit un et l'ouvrit. Dès qu'il eut confronté les premières lettres du message codé à la première ligne, il sut qu'il avait trouvé.

Des vendeuses le regardaient d'un air soupçonneux. Il eut peur que l'une d'elles, une fille mince à l'air maussade, vienne lui dire qu'on n'avait pas le droit de lire des livres si on ne les achetait pas. Mais il ne se passa rien. Il déchiffra le message sans avoir besoin de le noter. Il se souvint de tout.

Guy avait écrit : « Joli coup. Pourquoi ne pas continuer ? Agence de Moscou. »

C'était la signature, Agence de Moscou. Et là, debout dans la librairie Hatchard, Angus avait su exactement ce que voulait dire Guy. Il voulait mettre sur pied un réseau d'espionnage. Ils en avaient parlé autrefois. Ils s'étaient demandé s'ils pouvaient organiser un genre de M15, de SIS ou de CIA et s'en servir d'une façon ou d'une autre. Ils n'avaient jamais pu savoir à quoi cela pouvait être utile. Et bien sûr, ils n'avaient rien ni personne contre qui l'employer. Ils étaient ensemble, dans la même école. Mais maintenant, ils se trouvaient dans des camps opposés. Au sens propre du terme, car, comme l'Occident et les Soviétiques, ils étaient séparés par une barrière entre l'est et l'ouest, dans leur cas, le fleuve qui coupait la ville en deux. Utting se trouvait dans la banlieue est, dans ce qui autrefois avait été le village du même nom, et Rossingham était situé à une vingtaine de kilomètres à l'ouest au milieu (d'après la publicité de l'école) de la plus belle terre cultivable d'Angleterre. Les deux établissements étaient séparés localement, un peu comme les blocs de l'Est et de l'Ouest l'étaient sur un plan international.

Angus eut très envie de répondre à Guy mais il savait qu'il ne le devait pas. Le contact avait été établi et il ne fallait plus qu'il y en ait. En acceptant la proposition de Guy, Angus se rendit compte d'autre chose : en créant les Services secrets (le nom fut trouvé deux jours plus tard), il perdait Guy. Oh, ils auraient le jeu, le réseau, l'intrigue, les codes, les pièges, mais ils ne se retrouveraient plus jamais comme autrefois. Ils se rencontreraient comme les chefs du SIS et du KGB peuvent se rencontrer, par exemple, à Vienne, dans une réception diplomatique. Leur amitié en tant que telle prendrait fin.

Cependant, les Services secrets avaient tant d'attraits qu'Angus pouvait ne pas en tenir compte. Et s'il le regrettait maintenant, il était trop tard, car le jeu était terminé pour lui. Il avait choisi son chemin, Guy le sien, et ils ne s'étaient jamais revus sauf par hasard. S'ils se rencontraient dans la rue, ils se saluaient d'un geste de la main et d'un « bonjour ».

Mais à l'époque, cette perspective, si c'en était une, ne semblait pas importante. Seuls comptaient les Services.

En guise de réponse, il recruta deux agents dans sa classe, à Rossingham, dont l'un avait un cousin à Utting. Le cousin reconnut que Guy avait déjà essayé de l'enrôler mais il préférait travailler pour les Services secrets occidentaux. Tout d'abord, Angus lui demanda de reprendre *Le Passage du chat*. Ce fut le signal que les choses avaient vraiment commencé. Guy changea de code le jour où il perdit le livre. Et il utilisa une cache à l'intérieur même d'Utting.

Pendant quelque temps, ils ne firent que des plaisanteries, pour s'éprouver, pour voir s'ils en étaient capables, comme de se dérober des choses. Le lieutenant de Guy avait une brosse à dents électrique, qu'il gardait à Oppenheimer House. C'était le responsable du bureau de Chamney, le village à côté d'Utting, aussi ce fut une sorte de triomphe quand un de ses meilleurs agents réussit à mettre la main dessus et à l'emporter sans être découvert. Peu de temps après, on s'aperçut que l'officier était un agent double. Mais à ce moment-là, ils en étaient arrivés à des choses plus graves et plus sérieuses.

Il y avait par exemple les transfuges et le plaisir de leur interrogatoire. La première action vraiment importante qu'ils accomplirent, ce fut de se saisir des plans d'un immeuble d'habitation qu'on devait construire près de la maison des parents de Bruce Reynolds. Il se trouvait que l'architecte était l'ami intime du mari de la mère d'Ivan Stern. Ils utilisèrent pour cela leur meilleur agent qui réussit à pénétrer dans le cabinet de l'architecte lors d'une visite de Stern et de ses parents. Pendant que, dans le jardin, les autres mangeaient et que l'architecte s'occupait du barbecue, il prit la première feuille des plans, celle sur laquelle il y a le budget général, la hauteur des immeubles, etc., et il fila la photocopier dans la boutique du coin. C'était un coup audacieux. Mais Angus (ou Chimère) pensait parfois que cet agent avait du génie et ce fut une grosse déception quand il découvrit qu'il travaillait en même temps pour Guy. Guy était au courant de l'opération avant même que le père de Bruce Reynolds ne trouve la photocopie sur la table du petit déjeuner. C'est Bruce qui l'y avait placée dans une enveloppe blanche sans un mot d'explication. M. Reynolds avait effectivement cru à la valeur de ces plans et avait agi en conséquence. Il pensait que l'enveloppe venait d'un conseiller municipal connu pour sa malhonnêteté. Au lieu de vendre sa maison comme il en avait l'intention si l'immeuble avait été aussi important et aussi haut qu'il l'avait craint, il retira sa proposition de vente et entreprit des agrandissements pour créer une piscine couverte et une chambre deux fois plus grande que celle de Bruce.

C'était le genre d'opérations qu'ils menaient. Le meilleur et le pire. Mais ils réalisaient aussi des choses sans intérêt ou absurdes et parfois dangereuses. Jusqu'à un beau jour, pendant les grandes vacances, alors qu'Angus allait avoir seize ans. Il était en seconde et l'an prochain, il passerait les O Levels[1]. Le matin, il s'éveilla et se souvint de ce qu'il devait faire en premier : aller au rendez-vous et commencer l'interrogatoire du dernier transfuge. Oh ! mon Dieu ! Quelle barbe ! Le faut-il vraiment ?

VII

« On dirait des enfants, dit Fergus en éteignant la télévision. Des enfants qui jouent. »

Le principal événement des informations de la soirée avait été le compte rendu d'un procès d'espionnage comme il s'en déroulait régulièrement aux États-Unis.

Mungo sourit. Ce n'était pas la première fois qu'il entendait ce commentaire dans la bouche de son père et cela ne manquait jamais de lui procurer un petit plaisir personnel. En fait, pas vraiment personnel, parce qu'une fois ou deux, il avait croisé le regard d'Angus.

Puis son père ajouta : « Ce doit être l'élément ludique qui fait que les choses continuent. Aucune personne raisonnable ne peut trouver un sens à tout cela. Le monde ne peut en tirer aucun véritable bénéfice. C'est plutôt l'inverse. Je pense parfois que c'est même vraiment dangereux. Je veux dire, sans cette démence, aurions-nous un tel degré de tension entre l'Est et l'Ouest ?

— Sûrement pas, mon chéri », dit Lucy.

Mungo s'excusa. Ils avaient mangé un de ces repas improvisés dont Lucy avait le secret (elle les appelait un « picore-qui-peut ») : des petits pains au lait, des pickles à la moutarde et des saucisses de Francfort en paquet. Ils étaient tous assis dans les fauteuils du fumoir. Lucy avait le canapé. Une femme de sa taille avait besoin d'une jouissance exclusive du canapé, disait-elle. Comme boisson, il y avait du jus d'ananas et une bouteille de vin blanc. Mungo n'arrivait pas à comprendre pourquoi son père lui offrait du vin et le regardait d'un air inquisiteur quand il refusait. Il avait pourtant toujours refusé.

Dans une heure environ, il fallait qu'il aille à la cache de la passerelle, voir si l'on avait déposé quelque chose pour lui. Il attendait que son agent Nicholas Ralston (ou Licorne), lui dise s'il avait résolu le problème, s'il avait réussi à découvrir la décision de Blake à propos de l'autorisation d'urbanisme concernant la clinique chirurgicale. Si Licorne échouait,

1. Ordinary Levels Examination : examens qui se passent en fin de seconde et de première et qui préparent l'entrée à l'université (*N.d.T.*).

il gardait Charles Mabledene (ou Dragon) en réserve. Mungo considérait que Dragon était de loin le meilleur agent qu'il ait jamais eu, meilleur encore que n'importe quelle star de Stern.

Charles Mabledene avait été son premier transfuge. Il l'avait rejoint avant qu'il assure la direction du bureau de Londres quand lui-même n'était encore que le bras droit d'Angus. Cela se passait au cours du troisième trimestre, alors qu'Angus songeait à décrocher et qu'il formait Mungo. Mais personne n'était au courant, c'était un secret absolu entre eux. Mungo faisait ses devoirs dans sa salle d'étude et Angus était encore en ville, d'après ce qui était porté sur le registre. A Rossingham, on mettait les frères dans les mêmes bâtiments sauf si les parents ou les enfants le demandaient expressément. Par exemple, les O'Neil avaient exigé qu'on sépare Keith et Graham parce que Graham était beaucoup plus brillant. Quand Mungo rentra à Rossingham, il alla à Pitt avec Angus. A l'époque Ian était parti, mais lui aussi était allé à Pitt avec Angus. Pourtant, longtemps auparavant, pour une raison quelconque, Fergus était allé à Gladstone.

Il y avait un téléphone dans le foyer ainsi qu'un poste de télévision qu'on pouvait regarder en toute liberté quand on avait fini ses devoirs. Mais l'usage du téléphone était extrêmement limité. Les élèves de première pouvaient faire pratiquement ce qu'ils voulaient, en tout cas, il y avait beaucoup moins de contraintes, mais ils n'étaient pas censés recevoir d'appels à ce numéro. Il était exclusivement réservé aux communications vers l'extérieur, quand les parents étaient malades par exemple ou quand on voulait leur demander d'annuler une visite dominicale, quelque chose comme ça. Et c'était un téléphone payant, ce qui rendait improbable son utilisation sans nécessité.

Le monde extérieur ignorait ce numéro. Il n'était dans aucun annuaire. Même les parents ne le connaissaient pas. S'ils avaient besoin de téléphoner pour obtenir un renseignement, ils devaient appeler le directeur ou le professeur responsable sur sa ligne personelle. Par la suite, Angus raconta à Mungo qu'en trois ans passés à Rossingham, Pitt House, personne n'avait jamais entendu ce téléphone sonner. Ce soir-là, en juin de l'an dernier. Mungo faisait un devoir de biologie dans son étude avec son meilleur ami et premier lieutenant Graham O'Neil (ou Méduse) qui, lui, faisait un devoir d'histoire, quand il entendit une sonnerie de téléphone en bas. Ils ne comprirent pas de quoi il s'agissait. Ils pensèrent que c'était chez M. Lindsay, que peut-être Mme Lindsay ou lui avait laissé la porte ouverte.

Un garçon qu'il ne connaissait pas très bien, pas un de ses agents, vint lui dire qu'on l'appelait au téléphone. Mungo pensa que quelqu'un était malade, ou même en train de mourir pour que ses parents lui téléphonent à l'école. Il se leva aussitôt et se dirigea vers l'appartement du professeur.

Un chuchotement aigu : « Le téléphone du foyer !

— Ce n'est pas vrai. »

Le chuchoteur haussa les épaules.

« Qui est-ce, mon Dieu ? demanda Mungo.

— Ils n'ont pas voulu le dire. Ils avaient l'air de chier dans leur froc. »

Une douzaine d'élèves étaient assis en rond devant la télévision mais ils ne la regardaient pas. Tous fixaient le récepteur téléphonique posé sur la boîte où on glissait les pièces. La sonnerie avait dû les secouer plus que celle de l'alarme d'incendie, se dit Mungo. Il n'avait jamais oublié l'instant où il avait pris le récepteur, complètement dérouté, ni la voix criarde de l'enfant qui n'avait pas encore mué et qui dit :

« Je m'appelle Charles Mabledene. Je veux changer de camp.

— Tu veux quoi ? » Mungo n'avait pas encore la présence d'esprit qu'il devait acquérir plus tard.

« Je veux déserter. Je peux vous apporter quelque chose de très bien. Le livre de code de Guy Parker. »

En s'en souvenant neuf mois plus tard, Mungo sourit tout seul. Il passait devant chez Mabledene, le grand garage, concessionnaire de Volvo pour la partie ouest de Rostock. Mais la famille habitait à une quinzaine de kilomètres dans un petit village. Charles avait découvert une nouvelle cache pour eux, dans un arbre sur le terrain vide à côté du lave-voitures de son père. Il serait peut-être prudent de ne pas continuer à se servir trop longtemps de la cache de la passerelle, surtout quand il se souvenait de celui qu'il avait vu ou qu'il pensait avoir vu en train de l'observer, la dernière fois qu'il y était allé.

C'était seulement la deuxième soirée claire. Samedi à minuit, les pendules avaient été avancées. Il ne faisait pas froid mais doux et humide, on voyait mal, ce qui donnait à cet endroit désert un air de mystère. Les marches de pierre qui descendaient vers le quai étaient recouvertes d'humidité et elles luisaient sous la lumière jaune qui tombait des fenêtres du café. Mungo gravit l'escalier, traversa le palier où la fille avait été étranglée et cette fois il monta par Bread Lane, le petit raidillon qui serpentait entre de hauts murs de brique avec des morceaux de verre au sommet. C'était le lundi de Pâques et la passerelle semblait vibrer sous le poids de la circulation. Ce soir, les voitures se dirigeaient vers le nord et rentraient des stations de vacances. En dessous tout était tranquille, noyé dans l'ombre, calme. Mungo aperçut les yeux du chat, des points de feu vert, avant même que sa fourrure soit visible. Il traversa la route et tendit la main, mais le chat se détourna et se glissa sous l'un des buissons rabougris.

Une feuille de papier pliée dans une enveloppe de plastique était fixée à l'intérieur du pilier central, à la hauteur du menton de Mungo, ce qui devait être au-dessus de la tête de Basilic. Mungo la retira très facilement, presque trop facilement pensa-t-il. La bande de papier adhésif se détacha comme si on l'avait déjà décollée depuis que Basilic l'avait mise.

Je me demande si je n'imagine pas tout cela, se dit Mungo en glissant le message dans sa poche.

VIII

John Creevey avait seize ans quand il remarqua pour la première fois que sa sœur était laide. Elle devait avoir onze ans. Il faisait ses devoirs — une rédaction sur la guerre de succession d'Espagne, c'est curieux comme on se souvient des détails — quand elle entra dans le salon pour lui dire quelque chose à propos d'un gâteau. Il s'agissait d'un gâteau d'anniversaire et ce devait être pour ses onze ans. Elle venait lui annoncer que le thé était prêt dans la salle à manger et que le gâteau attendait sur la table avec ses onze bougies. Il leva les yeux et ce fut comme s'il la regardait pour la première fois. Peut-être parce qu'il ne l'avait pas entendue venir et qu'elle l'avait surpris. Il vit son front bombé qui semblait faire saillie au-dessus de ses sourcils, ses joues rondes comme des pommes, son nez retroussé et sa bouche en forme de faucille. Elle était laide et il ne l'avait jamais remarqué.

Il aimait Cherry et elle l'aimait. Dans la famille, on s'aimait, on était heureux et on recherchait la compagnie des autres. Peut-être n'attachaient-ils pas beaucoup d'importance aux apparences. Cela ne le dérangeait pas que Cherry fût laide, mais John commença à se demander ce qu'il adviendrait d'elle. Est-ce qu'un homme voudrait d'elle ? Est-ce que quelqu'un accepterait de l'épouser ? Quand elle fut plus âgée, il remarqua qu'elle avait une jolie silhouette, des seins lourds, des jambes bien faites et de jolis cheveux, abondants, d'un châtain clair et chaud, mais aux yeux de John cela ne rachetait pas ses traits grossiers et désagréables. Un jour, il vit une reproduction d'un tableau de Vélasquez où le nain de la cour avait le même visage que sa sœur Cherry.

Il se demandait pourquoi elle était ainsi. Il n'était pas laid, ordinaire mais passable, comme son père, alors que leur mère était vraiment jolie. Pourtant, un jour, en feuilletant un album de vieilles photos, il vit un groupe avec son grand-père paternel et la tante de son père et il comprit. Les gènes avaient agi ainsi. Il commença à la considérer comme une invalide, quelqu'un atteint d'une maladie non déclarée dont les terribles symptômes se manifesteraient un jour. Elle n'était même pas intelligente. Elle ne réussit pas à être institutrice ni secrétaire. Quand elle quitta l'école, le travail qu'elle trouva consistait à expédier des factures pour un entrepreneur qui avait un bureau dans une cabane en bois, à l'ouest de Rostock. Elle avait seize ans et une bande d'amies, que John trouvait toutes jolies. Cela le rendait triste de la voir avec elles, et Cherry ne se rendait même pas compte du contraste. Maitland, l'entrepreneur, qui était pourtant marié, avec des enfants et des petits-enfants, avait la réputation d'être un coureur de jupons, mais il n'avait jamais inquiété John. Un homme comme lui ne jetterait jamais un coup d'œil à Cherry.

Puis, un jour, elle rencontra Mark Simms. Mark était grand, avait beaucoup d'allure, des traits réguliers, de belles dents et des yeux noirs ; il était large d'épaules et mince. Il avait un caractère agréable et un bon travail. Quand Cherry lui dit qu'ils étaient fiancés, John n'arriva pas à le croire. Il se dit qu'elle devait se tromper ; elle était si naïve qu'elle avait dû prendre une de ses remarques pour une demande en mariage. Puis il rencontra Mark et il sut aussitôt que c'était vrai, exactement comme l'avait dit Cherry ; et le plus stupéfiant, c'est qu'ils se conduisaient tous les deux de la même façon : Mark ne manifestait ni pitié ni indifférence. Il était fou d'elle. Il suffisait de le voir la regarder pour en être persuadé.

C'était dans cette pièce même, dans la maison de Geneva Road, que Cherry lui avait présenté Mark. Il devait y avoir dix-sept ans, presque dix-huit. Et Mark était à nouveau là, toujours mince et élégant, toujours avec ses belles dents blanches. Ses cheveux grisonnaient un peu, mais c'était tout. Derrière lui, un mariage raté, à moitié oublié apparemment, sinon tout à fait. Pourtant, John ne croyait pas qu'il eût oublié Cherry. Il aurait pu finalement trouver quelqu'un d'autre et se marier, mais Cherry restait dans son cœur.

Colin Goodman et Mark regardaient un match de billard à la télévision, chez John. Ils étaient allés dans un café, puis dans un restaurant italien et maintenant tous les trois buvaient des Carlsberg. Mark fumait la pipe et John avait allumé les deux rampes du radiateur électrique. Il n'avait pas vu Mark pendant des années, dix ans sans doute, mais ce soir, en se retrouvant au café, il n'y avait eu aucune gêne entre eux. Tout était comme du temps où Mark faisait la cour à Cherry en espérant devenir le beau-frère de John. Je lui en ai voulu de s'être marié, se dit John, c'est comme ça, je m'attendais qu'il reste à jamais fidèle à ma pauvre sœur. Quel imbécile ! Le mariage n'a pas marché finalement. J'aurais pu m'épargner cette détresse et cette rancœur, se reprocha-t-il, pauvre Mark.

John ne s'intéressait pas beaucoup au billard. Le sport en général l'ennuyait. Il était aux petits soins pour ses deux amis. Il leur apportait de la bière, un cendrier propre pour Mark, des biscuits au fromage et des cacahouettes. Ils avaient parlé pendant le repas au restaurant italien mais ils n'avaient échangé que des banalités. Et maintenant John se demandait si en vérité il n'avait pas invité Colin uniquement pour rendre impossible tout épanchement, pour écarter l'éventualité de confidences. Pourtant, il lui semblait qu'il y avait dans l'air le désir de se confesser, d'ouvrir son cœur. Il savait qu'il ne le ferait jamais et pourtant, sur un autre plan, il avait envie de parler à Mark de Jennifer et d'écouter Mark lui parler de Cherry. Ils avaient beaucoup à se dire mais ils se tairaient tant que Colin serait là.

La partie de billard se termina et personne n'avait envie de voir la pièce qui suivait. John éteignit. *Ma guerre silencieuse* de Tom Philby était posé sur la table basse, entre le canapé où se trouvaient Colin et Mark et le poste de télévision. Comme presque tous les meubles de la maison, elle avait appartenu à la mère de John. C'était une table en chêne avec un plateau gainé de cuir vert olive que sa mère entretenait toujours parfaitement. John remarqua qu'il était poussiéreux et marqué d'empreintes de doigts. Sous la table, une couche de poussière ressemblant à des champignons gris, recouvrait les barres qui, à quelques centimètres du sol, joignaient les quatres pieds. En général, les hommes ne remarquent pas ces choses-là, se dit John. Effectivement Mark n'avait pas remarqué la poussière mais le livre de Philby et il tendit la main pour le prendre. John se souvint que Mark lisait beaucoup. Pourtant Cherry savait à peine ce que voulait dire ouvrir un livre. En ce qui le concernait, John n'avait pas beaucoup aimé *Ma guerre silencieuse*. En fait, il ne l'avait pas terminé. Il était romantique — sentimental, pourquoi ne pas le dire — et il aimait la fiction. Les histoires vraies ne l'intéressaient guère. Sa vie lui suffisait. Mark tournait les pages distraitement en prenant des cacahouettes avec l'autre main.

« Tu te creuses toujours la tête pour découvrir le code ? » dit Colin.

John approuva d'un signe de la tête.

« John a un copain qui lui envoie des lettres codées, mais il n'arrive pas à les lire. »

Mark ne semblait pas très intéressé. John ne l'aurait dit à personne, cependant il le pensait. Mark ne s'intéressait ni aux autres ni à leurs problèmes. Une fois, le père de John avait dit : Le mot qu'il préfère, c'est « je » et, tout de suite après, « moi ». A l'époque, John avait trouvé cela un peu injuste, mais aujourd'hui il n'en était plus si sûr.

« Ce livre a été publié en 1968, l'année où j'ai rencontré Cherry. Pour moi, 68, c'est toujours l'année où j'ai rencontré Cherry.

— Il y a déjà si longtemps ? demanda Colin, l'air embarrassé et d'un ton bourru.

— Nous étions fiancés depuis près de deux ans », répondit Mark.

Le regard de John croisa celui de Mark et il eut l'impression d'y lire du chagrin — non, plus que cela, de la douleur. Il était certain qu'il allait en dire plus, que malgré la présence de Colin, il allait se mettre à parler de son amour pour Cherry, qui durait toujours. Et John se sentit mesquin en pensant que Mark était plein de lui-même. Ce dernier reposa le livre sur la table et dit d'une voix différente :

« J'ai lu un très bon roman sur lui, sur Philby. Un roman policier, de Ted Allbeury. Je ne me souviens plus du titre. Ils doivent le connaître à la bibliothèque. »

John répondit qu'il le demanderait. S'il s'en souvenait, pensa-t-il. Colin regarda sa montre. Ils étaient revenus en voiture avec Mark, aussi il n'était pas question du dernier bus, mais il se faisait tard, onze heures passées. La pluie prévue tombait maintenant et John leur proposa un parapluie pour aller jusqu'à la voiture mais ils refusèrent. Mark lui serra la main de façon un peu formelle. Il n'avait pas parlé une seule fois de Jennifer et John pensa que Colin avait dû lui dire quelque chose avant d'aller au restaurant. John les imagina en voiture, Mark demandant ce qui s'était passé exactement avec sa femme, et Colin répondant, elle l'a quitté, elle est partie avec un type, son ancien fiancé.

Colin ajouterait que le mariage était rompu. Mais John refusait de le reconnaître. Il préférait se dire qu'ils étaient séparés de façon temporaire. Il se sentait humilié de penser à eux — il les aimait bien pourtant, il s'agissait de ses amis — en train de parler de son mariage raté et peut-être de le comparer avec l'expérience de Mark.

Il avait répondu à Jennifer et posté sa lettre en allant au restaurant. En réalité, il avait fait un détour jusqu'à la pelouse des chats. Il avait décollé l'enveloppe de plastique du pilier et avait recopié le message codé dans son carnet. A cause de l'humidité peut-être, il avait eu du mal à fixer le ruban adhésif au métal. Alors qu'il s'éloignait, il avait vu une femme d'un certain âge traverser la rue avec une bouteille de lait dans une main et un sac dans l'autre. Elle allait nourrir les chats. Il se dit qu'elle ne l'avait sans doute pas vu et de toute façon il se dirigeait maintenant très précisément vers la boîte aux lettres qui se trouvait sur le trottoir devant l'église.

Il y glissa son enveloppe. Elle ne partirait pas avant le lendemain matin mais Jennifer l'aurait mercredi. Elle lui avait demandé de ne pas téléphoner mais n'avait pas interdit les lettres. Peter Moran s'en allait peut-être le matin, avant le passage du facteur, même en étant au chômage. Il avait commencé sa lettre par : « Jennifer chérie... » Bien sûr qu'il la rencontrerait, c'est ce qu'il désirait, avait-il écrit. Aux jardins de Hartlands, à trois heures, samedi prochain. J'espère que le soleil sera de la partie, avait-il continué, mais il avait rayé le passage et avait dû recommencer toute la lettre...

Il vida le cendrier de Mark, porta les verres dans l'évier et revint s'asseoir dans le salon devant le radiateur électrique. Il prit le livre de Philby. Il avait été espion et il s'agissait des Mémoires d'un espion. Pourquoi est-ce que l'expéditeur des messages n'aurait pas utilisé les premières lignes de ce livre pour son code ? Il pouvait aussi bien convenir qu'un autre. Il sortit son carnet et confronta les messages codés aux premières lignes de *Ma guerre silencieuse*. Faux, à nouveau. Non, pas à nouveau. Pourquoi est-ce que je me tracasse ? se demanda-t-il. Et il se rendit compte que depuis l'arrivée de la lettre de Jennifer, la pelouse des chats et les messages avaient pour lui moins d'importance. Ce n'était même plus une diversion. Ils ne lui avaient pas changé les idées aussi efficacement qu'il l'avait espéré. Il contemplait les mots du texte codé en réfléchissant et progressivement il se rendit compte que des images de Jennifer et des souvenirs du temps de leur vie commune les remplaçaient. Il se rappelait surtout et de façon très précise la deuxième fois où ils étaient sortis ensemble. Il avait parlé de Cherry et elle de Peter Moran.

« Je pense que nous étions vraiment des gens sans histoire, dans notre famille, lui dit-il. Pas intéressants, rien de particulier, chacun de nous. Mon père travaillait à la poste. Je ne crois pas que ma mère ait jamais eu de métier. Elle n'y a sans doute pas pensé. Nous étions une famille heureuse, jamais de disputes, d'accord sur tout. Ma sœur et moi, nous n'avions pas envie de nous révolter et nos parents n'essayaient pas de nous empêcher de nous amuser. Nous nous rendions constamment des services, je veux dire que quand quelqu'un voulait quelque chose, un autre se levait aussitôt et disait, je vais le chercher, ou, je vais le faire. Vous voyez, nous nous aimions. Et nous voulions que les autres soient heureux. Nous étions toujours en train de rire. Est-ce que ça a l'air absurde ? Nous avions des plaisanteries familiales, et nous nous racontions les choses amusantes qui se passaient au travail, le soir en rentrant à la maison, et maman disait : "Quand est-ce que vous travaillez ? A vous entendre, vous passez votre temps à vous amuser." »

Elle le regardait avec un air de doute. Elle avait une expression aimable mais intriguée. « Ça ne vous ressemble pas... Enfin, d'après ce que je sais de vous.

— J'étais différent. J'ai changé. Les gens ont changé. Une mort comme ça bouleverse tout.

— Votre sœur allait se marier ?

— Deux mois après. Son fiancé venait à la maison presque chaque jour. Je veux dire que Cherry et lui sortaient ensemble, bien sûr, mais nous n'étions pas du genre à garder nos amis pour nous. Cherry et moi, nous les invitions à la maison. Pour elle, c'était naturel d'inviter Mark à dîner et parfois il restait pour la nuit. »

Elle le regarda d'un air interrogateur. Il sentit qu'il rougissait.

« Nous n'avions que trois chambres, mais maman lui préparait un lit dans le canapé du salon.

— Que s'est-il passé ? lui demanda-t-elle.

— Un soir, elle n'est pas rentrée à la maison après son travail. C'était l'hiver et la nuit tombait tôt. Mark, qui aurait dû la retrouver à la maison pour sortir, est allé la chercher là où elle travaillait, à Beckgate. Mais elle était déjà sortie et tout était fermé. On a retrouvé son corps allongé dans l'escalier qui descend sur le quai, en dessous de Rostock. On l'avait étranglée. On n'a jamais découvert qui avait fait ça. Pas de témoins, rien.

— Et cela vous a tous changés ? demanda-t-elle. Cela a brisé votre famille ?

— Nous étions comme frappés par un éclair... foudroyés. L'année suivante mon père a eu une attaque. Oh, ils ont dit que cela n'avait aucun rapport avec la mort de Cherry, que cela devait arriver. Peut-être. Il était plus ou moins cloué au lit depuis des années. Ma mère s'occupait de lui. Cela peut paraître mélodramatique ou exagéré, mais je crois qu'elle n'a plus jamais ri après. Je ne l'ai plus jamais entendue rire. Tous les trois, nous nous raccrochions les uns aux autres, pour nous soutenir. Mais nous en étions incapables. Est-ce que vous pouvez comprendre ? Aucune consolation n'était possible.

— Vous êtes resté avec eux ? Vous viviez chez vos parents ? »

Il n'avait jamais imaginé d'autre solution. Jennifer avait l'air étonnée, comme s'il avait fait un sacrifice. Il lui parla de la mort de son père et de celle de sa mère, mais ne dit rien de sa solitude. Elle le regardait. Elle fixait les gens droit dans les yeux d'une façon particulière. Elle avait un grand front, des joues rondes, des taches de rousseur sur sa peau claire et des fossettes charmantes aux coins de sa jolie bouche. Tout en elle était doux, c'est ce qu'elle avait de profondément particulier, sa voix, son regard direct, sa façon de toucher, particulièrement, sa façon de toucher ! Évidemment, il n'en savait rien à ce moment-là. Mais même alors, il avait compris ce qui la différenciait des autres femmes, sa douceur calme et veloutée. Il aimait regarder les livres d'art, ceux qui ont des reproductions de tableaux célèbres. Et il comparait les gens qu'il connaissait aux personnages des portraits. Si Cherry était le nain de Vélasquez, Mark Simms ressemblait au poète et érudit Paravicino dans le tableau du Greco et Jennifer... eh bien Jennifer était la Junon de Rembrandt.

« La façon dont vous parlez de votre famille me plaît, dit-elle. J'aurais aimé la rencontrer. Si vous m'aviez connue à l'époque, est-ce que vous m'auriez invitée à dîner chez vous ? »

C'était tellement inattendu qu'il rougit à nouveau. Il bafouilla : « Vous êtes si jeune. Vous n'auriez été qu'une enfant.

— Mais si j'avais été comme aujourd'hui ?

— Bien sûr, je vous aurais invitée, bien sûr. »

Elle détourna les yeux. « Ma famille n'était pas comme la vôtre. Mon père a été malade pendant des années, lui aussi. Il ne cessait d'entrer et de sortir de l'hôpital. Nous en avons tous souffert. Cela peut paraître dur, mais c'est vrai. Ma mère avait appris à réprimer ses émotions. Elle ne se laissait jamais aller, elle ne parlait que du temps, des commerçants et de ce que les voisins avaient dit… elle avait l'impression d'être plus en sécurité. Vous comprenez ce que je veux dire ? »

Il fit un signe de tête. « Je crois. »

Elle baissa les yeux, ses sourcils se rapprochèrent et elle dit doucement — il ne l'avait jamais entendue élever la voix, ni à cette époque, ni après : « Je vais vous raconter ce qui m'est arrivé avec l'homme que je devais épouser. Affreux, la chose la plus terrible. Vous voulez bien ? »

Il eut envie de lui dire : ne me faites pas mal. Vous le pouvez déjà. Mais il se contenta d'approuver à nouveau d'une signe de tête. Elle le regarda, dans les yeux, et commença…

Peu de temps après, il l'avait ramenée ici. A l'époque, la maison semblait encore pleine de fantômes — Cherry et Mark qui se tenaient par la main, le rire de sa mère — et non pas l'endroit le plus vide de la terre. Maintenant, les fantômes étaient partis et le vide revenu. John éteignit du bout du pied le radiateur électrique puis, avec la paume de la main, il essuya la poussière sous la table.

IX

Le premier jour après le retour des vacances était toujours très chargé. Les gens avaient eu un long week-end pour contempler leur jardin et pour décider qu'un nouvel arbuste ici ou une rangée de fleurs vivaces là pourraient seuls les transformer en véritables jardins des plantes. On se ruait sur les tubercules de dahlias et les oignons de glaïeuls, des plantes tape-à-l'œil que John n'aimait pas beaucoup. Il surprit Gavin en train de convaincre une dame d'acheter un *eucalyptus salicifolia* pour planter dans un jardin exposé au nord, dans lequel évidemment seul un *gunnii* pourrait résister. Gavin n'apprécia pas la remarque et pourtant John la fit avec assez de discrétion pour que personne n'entende. Il y avait eu un eucalyptus dans les jardins de Hartlands mais les gelées sévères de deux hivers successifs l'avaient tué. John et Jennifer s'y étaient promenés en mars et ils avaient vu le pauvre arbre avec le tronc comme un os dépouillé, les feuilles desséchées et enroulées que le vent secouait avec un bruit de crécelle.

Il traversa les serres, vérifia les saint-paulia, les gazanias et les gerberas dont il avait fait des semis. Ce serait magnifique de les voir dans leur milieu naturel, au Namaqualand dont les plaines desséchées pouvaient, d'après ce qu'il avait lu, rester arides pendant des mois et même des années ; quand enfin la pluie tombait, le lendemain tout se couvrait de fleurs, des hectares sans fin de couleurs vives et éclatantes, à perte de vue. Ce devait être à l'origine de la Terre promise dans la Bible, le désert fleurissant comme la rose.

L'Afrique lui fit penser à nouveau aux *Mines du roi Salomon*. Il passerait à la bibliothèque centrale en rentrant chez lui. Le livre serait peut-être rentré. Il pourrait aussi essayer de trouver le roman sur Philby bien qu'il ait oublié le titre et le nom de l'auteur. Gavin donnait à manger des morceaux de noix d'Amérique au mainate qui semblait beaucoup apprécier. Pour la première fois, John remarqua que Sharon s'était peint les ongles en vert sombre. Il ne pouvait rien y faire et pourquoi s'en serait-il occupé de toute façon ?

En partant, il tenta de plaisanter : « Combien de clients vous ont demandé si vous aviez la main verte, Sharon ?

— Quinze, répondit-elle sans sourire. Je les ai comptés. »

L'employée de la bibliothèque lui dit qu'elle connaissait plusieurs romans basés sur la vie de Kim Philby. Il n'avait pas rapporté *Ma guerre silencieuse* et il le lui dit.

« Oh, oui, très bien. Il existe un livre intitulé *L'Autre Côté du silence*. Je crois qu'il fait référence au livre de Philby. Est-ce que ce serait celui-là ? L'auteur en est Ted Allbeury. »

Il reconnut immédiatement le nom. L'employée le fit apparaître sur l'écran d'un ordinateur ainsi que le titre du roman. « Je vais voir si nous l'avons. »

Les deux livres se trouvaient là, *Les Mines du roi Salomon* et *L'Autre Côté du silence*. John en ressentit un plaisir tout à fait disproportionné. Il aurait deux bons romans, deux romans captivants, pour son samedi.

Un tapis de pétales roses recouvrait le jardin devant la maison. Le vent violent avait arraché les derniers. Il ferait encore jour pendant deux heures et il avait le temps de les balayer, de couper les fleurs des jonquilles et peut-être de repiquer des giroflées au milieu des bulbes. Cette année, il suspendrait une corbeille sous l'auvent, avec un bégonia ou un pélargonium. Cela plairait à Jennifer ; elle aimait les fleurs à défaut des jardins... Ne vends pas la peau de l'ours, se dit-il, il y a encore beaucoup de chemin à parcourir, elle ne va pas revenir ici avec toi samedi soir. Cette pensée lui fut douloureuse. Et si c'était le cas ? Si elle voulait revenir tout de suite? Autrefois, Peter Moran s'était conduit de façon abominable avec elle, il avait sans doute recommencé. Un type de cet acabit ne change pas.

« Nous vivions ensemble, avait-elle dit. Pour lui, j'étais la première avec qui il prenait les choses au sérieux. Il voulait se marier et, au début, c'est moi qui hésitais. Nous partagions un studio, puis ma mère est tombée malade et j'ai dû revenir vivre avec elle. A ce moment-là, Peter et moi, nous étions fiancés, nous avions prévu de nous marier en août. Ma mère avait un cancer mais, vous savez, il existe des rémissions, même pour les gens dans un état aussi grave que le sien. Je ne veux pas dire du mal d'elle, pour rien au monde, mais ma mère aimait bien le décorum. Un mariage en blanc, c'est ce qu'elle voulait pour moi. J'ai accepté et Peter ne semblait pas y voir d'inconvénient. Je me disais, d'accord, ce sera la dernière grande fête de sa vie, le dernier grand événement. Nous avons envoyé des invitations à près de deux cents personnes.

« Une robe blanche, c'était ridicule, n'est-ce pas ? En particulier la crinoline. Ma mère voulait que j'en aie une avec le voile. Mais vous auriez aimé les fleurs que je devais avoir, John. Je n'en voulais pas des blanches, mais des fleurs de couleur ; des cactus et des dahlias roses, des pompons rose sombre et des zinnias roses... »

Il n'eut pas le courage — ou l'audace — de lui dire que les dahlias et les zinnias étaient les fleurs qu'il détestait le plus, leur raideur, leur vulgarité. Il ne cultivait que des fleurs élégantes, délicates, voire rares. Il entra dans la maison, jeta les livres sur la table en chêne et, du bout du pied, alluma la rampe supérieure du radiateur électrique. Elle recevrait sa lettre demain matin. Allait-elle lui téléphoner ? C'était une possibilité. Quand elle lirait le « Jennifer chérie », elle téléphonerait peut-être...

Il se prépara du thé, pas en sachets, en vrac, et s'en versa une tasse. Peut-être devrait-il essayer de changer ses habitudes en rentrant, prendre un alcool par exemple, un xérès sec dans un verre tulipe.

Il mangerait plus tard. Des œufs brouillés, une pizza ou des pâtes en conserve. Il mangeait toujours la même chose. Cependant, avant, il confronterait les premiers messages codés avec les premières lignes des *Mines du roi Salomon*. Ça ne marcherait pas. Encore une fois. Il regarda la couverture des deux livres sans savoir par lequel commencer. Bien sûr, il ne s'y mettrait pas avant la nuit. Il lui fallait balayer les pétales et repiquer les giroflées.

Le bac de semis se trouvait dans une serre en appentis, sur l'arrière de la cuisine où il devait aussi ranger la Honda car il n'avait pas de garage. John imagina les fleurs orange, qui s'épanouiraient en mai ou en juin, et leur parfum fort et délicat. Il traversa la maison avec l'arrosoir. Il était rempli depuis deux jours car il n'utilisait jamais d'eau directement tirée du robinet. Tout le temps qu'il travailla dehors, il n'y eut personne dans la rue, c'est-à-dire aucun piéton, mais il y avait plein de voitures. Quand il était jeune, quand Cherry vivait encore, beaucoup de gens passaient dans Geneva Road, jusqu'à la tombée de la nuit et même après. Le ciel était couvert et il faisait chaud pour une fin mars, malgré le vent d'ouest qui balançait les branches de l'araucaria. Sa mère avait toujours aimé Geneva Road parce que dans les intervalles, entre les rangées de maisons, on pouvait voir la campagne au-delà de la ville et apercevoir des collines couvertes de verdure. John repiqua ses giroflées, les arrosa et revint dans la maison. Il se lava les mains dans l'évier de la cuisine. Les œufs brouillés étaient le plat le plus facile à préparer, avec ensuite une boîte de fruits au sirop et de la crème.

Il revint dans le salon avec son souper sur un plateau. Il faisait chaud et étouffant et il s'aperçut qu'il avait laissé le radiateur allumé pendant le temps où il avait travaillé dans le jardin. Un vrai gaspillage mais il était inutile d'éteindre maintenant. Par politesse, il n'aurait jamais lu à table quand Jennifer vivait avec lui. Pourtant autrefois, à la maison, ils lisaient des livres ou des magazines pendant les repas s'ils en avaient envie et personne ne trouvait cela grossier. « A la maison » — John se rendit compte de l'expression qu'il avait employée. N'était-ce pas exactement la même maison ? « Sa maison », c'est là où vivent ceux qu'on aime, se dit-il, ceux qui vous aiment.

Il ouvrit *L'Autre Côté du silence* et lut la première phrase. « Une épaisse couche de neige recouvrait les wagons et les flocons soyeux, que poussait le vent, zébraient la nuit et semblaient jaunes dans les phares des voitures qui klaxonnaient. » Presque machinalement, comme avec chaque livre qu'il lisait, il commença à mettre les lettres de l'alphabet à côté de chaque lettre de la phrase. Non pas directement dans le livre, bien sûr, mais dans son carnet, avec un crayon. Il prit une bouchée d'œufs brouillés sur du pain grillé. A égal U, B égal N, C égal E, DP, EA, FI, GS, HC, IO... Cela marchait ?

Le premier mot du message codé qu'il avait recopié quand il avait vu le jeune homme très grand était : PCNFEOJEB. Si on utilisait les lettres de la première phrase de *L'Autre Côté du silence*, cela devenait LEVIATHAN. C'était un mot, en tout cas un nom. Cela continuait ainsi : « à Basilic ». Puis : « Prendre Childers Stern. » John savait vaguement que *Childers* était un mot désuet ou de dialecte anglais pour dire *enfants*. Apparemment cela ne signifiait rien.

Tant pis. Il avait d'autres messages codés dans son carnet, y compris celui qu'il avait trouvé hier soir. Très impatient, il commença à remplacer les lettres du second message par celles de la première phrase du livre. Le résultat fut plus compréhensible. Une fois déchiffré, le message disait : « Leviathan à Basilic et Licorne. 53 Ruxeter Road lieu rendez-vous. » Il essaya avec les autres messages, ceux trouvés en janvier et en février mais il ne réussit pas à déchiffrer le code. Quoi qu'il en soit, John avait le sentiment commun à tout homme dans une telle situation. Il avait triomphé et il voulait en parler à quelqu'un. La personne à qui il aurait aimé le dire, c'était Jennifer. Il alla jusqu'au téléphone et, à la place, il composa les trois premiers chiffres du numéro de Colin, puis il reposa le récepteur en se demandant s'il avait vraiment envie de partager son secret avec quelqu'un. Il serait plus intéressant d'aller au 53 Ruxeter Road pour voir à quoi ressemblait ce qu'ils appelaient « lieu de rendez-vous ».

Il faisait nuit mais quelle importance ? Ce serait peut-être mieux dans l'obscurité. Il pouvait y aller en Honda. Par le pont Alexandra, se dit-il, et il remonterait Nevin Street qui, au bout d'un moment, devenait

Ruxeter Road. Il enfila sa veste de cuir, noire et plus épaisse que la veste bleue de Jennifer.

En tournant dans Berne Road, il sentit la piqûre d'une goutte de pluie sur son visage. Il allait regretter l'aventure s'il se mettait à pleuvoir comme la nuit dernière, se dit-il. C'était pourtant une aventure. Il se demandait dans quoi il s'introduisait. Certainement pas dans quelque chose dont il ne pourrait plus se sortir. Récemment, à la télévision et dans les journaux, on avait beaucoup parlé d'affaires de drogue et John avait l'impression d'être le seul à n'en avoir jamais pris. A les entendre et à les lire, on pensait que la nation tout entière était en permanence sous l'effet des stupéfiants. Et si les gens sur qui il était tombé s'occupaient de drogue ? Et si, pour cela, ils avaient besoin du code et des messages ? Il s'agissait peut-être de dealers et de trafiquants, ce qu'on appelait une filière.

Le vent était tombé et le fleuve coulait calmement et sans remous. La surface de l'eau semblait sombre et comme de l'huile. A l'autre extrémité du pont, la rue se rétrécissait en passant sous les murs de la cathédrale puis entre deux immeubles de bureaux très hauts, avant de s'élargir à nouveau Nevin Place. Derrière deux pelouses vertes et une fontaine dont on coupait toujours l'eau après dix-huit heures, se dressait la mairie. L'horloge de la cathédrale St. Stephen sonna un certain nombre de coups. Il passait peu de gens et peu de voitures. Sur le piédestal de la statue de Lysander Douglas, philanthrope, explorateur et ancien maire de la ville, étaient assis deux punks aux cheveux teints de couleurs vives, avec des vêtements de cuir bien plus bizarres que les siens. Ils mangeaient du poisson et des chips qu'ils prenaient dans des sacs en papier.

John fit le tour de la place qu'il quitta par la troisième rue, Nevin Street. Au sommet de l'immeuble de la compagnie d'assurances Citwest, les chiffres de néon indiquaient neuf heures zéro deux et une température de neuf degrés. Les bâtiments du lycée technique occupaient tout le côté gauche de la rue. Les portes battantes de l'entrée principale s'ouvrirent et John vit Peter Moran sortir et descendre l'escalier. Il ne l'avait vu que deux fois mais il l'aurait reconnu n'importe où. Nous n'oublions pas plus le visage de nos ennemis que ceux des gens que nous aimons.

C'était l'homme avec qui vivait sa femme. Voilà exactement ce que se dit John en ralentissant et en tournant la tête vers Peter Moran. Des cheveux blonds, des joues creuses et des lunettes si épaisses qu'il devait être très myope. Sans aucun doute, John ne pouvait pas voir l'épaisseur de ses verres de lunettes à ce moment-là, mais il l'avait remarquée la seule fois où ils s'étaient rencontrés, un jour dont le souvenir restait douloureux et qu'il ne pouvait pas plus oublier que le visage de Peter. Évidemment, Peter ne le vit pas. Il n'y a pas plus anonyme qu'un homme à moto, pas plus invisible. C'est à peine un homme, un accessoire de son véhicule, comme lui noir, chromé et garni de cuir.

John accéléra et fila dans Ruxeter Road.

Deux jours avant le mariage, lui avait-elle dit au cours de cette soirée de confidences, l'homme lui avait avoué qu'en fin de compte, il ne pouvait pas l'épouser, il s'en sentait incapable.

« Il ne m'a pas vraiment donné de raison, il m'a seulement dit qu'il ne pouvait pas. Je n'arrivais pas à le croire. Je pensais que c'était une plaisanterie. Nous étions chez moi... enfin, chez ma mère. Ma tante se trouvait avec nous ; elle avait fait le voyage d'Irlande pour le mariage.

— Vous avez quand même compris qu'il ne s'agissait pas d'une plaisanterie, avait dit John.

— Oui, après quelques instants. Je lui ai demandé si c'était à cause de la cérémonie, je veux dire le mariage en blanc, tous les invités. Je lui ai demandé si c'était cela qui le gênait. Je lui ai dit que ça ne faisait rien, que nous pouvions nous marier civilement. Nous n'étions pas obligés de faire ce que voulait ma mère. Il a répondu non, cela n'avait rien à voir. Il n'arrivait pas à affronter l'idée d'être marié, du mariage en soi. Il ne pourrait jamais se marier. Est-ce que vous comprenez, John ? Il n'y avait rien à ajouter. Nous avons simplement continué à nous regarder, puis il a dit, eh bien, au revoir, et il est sorti de la maison, en refermant la porte derrière lui. Ma mère est entrée et m'a demandé : Peter n'est pas parti sans qu'on l'ait présenté à tante Katie, n'est-ce pas ? J'ai répondu : il est parti et il n'y a plus de mariage. Alors elle s'est mise à rire, à pleurer et à hurler. Les gens renfermés, ce sont les pires quand ils craquent. Je n'ai pas pleuré, pas à ce moment-là. J'étais abasourdie. Je n'étais même pas en colère.

— Je ne peux pas vous imaginer en colère », lui avait-il répondu.

John rangea la moto dans une petite rue qui s'appelait Collingbourne Road. Un café nommé Le Jars annonçait une « Grande soirée » samedi prochain, mais pour l'instant il était sombre et peu éclairé. Entre le café et la rue où il avait laissé sa moto il y avait une rangée de maisons de style victorien, hautes et tristes. Le plâtre gris des façades était craquelé ou tombé, et, au rez-de-chaussée, des planches fermaient les fenêtres rectangulaires et toutes de la même taille. Il y avait des tôles ondulées là où auraient dû se trouver les portes d'entrée. Le numéro 53 était la maison du milieu de la rangée qui en comportait cinq. C'était la seule dotée d'un fronton avec, au centre, une plaque ronde de pierre polie où l'on pouvait lire le nom « Villas Pentecôte » et la date, 1853.

Pendant quelques instants, John se demanda s'il s'agissait du bon endroit. Mais il se trouvait Ruxeter Road et les numéros des villas Pentecôte suivaient ceux des autres maisons de cette longue rue. Son casque à visière sous le bras, il redescendit Collingbourne Road à la recherche d'une entrée sur le côté, mais derrière les maisons grises, les jardins en longueur étaient séparés de la rue par un haut mur de briques jaunes sans aucune ouverture. Quand il arriva au bout du mur, il tourna à gauche dans Fontaine Avenue. Les jardins se terminaient par une haie dans laquelle il y avait cinq portes apparemment solides. Il voyait tout cela dans la lumière des lampadaires du trottoir opposé derrière lesquels, au lieu de maisons, il y avait la verdure de Fontaine Park. John ne se souvenait pas être venu ici depuis l'âge de dix ans. Il était seul dans la rue. Comme à chaque fois qu'il n'y avait personne, le seul signe qui indiquait la présence de gens dans le voisinage étaient les inévitables voitures en stationnement.

Il essaya la première porte dans la haie, mais, comme il l'avait craint, elle était fermée au verrou et sans doute à clef. Même chose pour la suivante. Elles seraient toutes fermées et l'aventure s'arrêterait là. Mais parce qu'il avait fait le chemin et parce que en partant il avait sûrement l'intention de résoudre cette histoire de rendez-vous, il essaya avec la troisième porte. La clenche céda et elle s'ouvrit.

John regarda autour de lui. Il regarda à droite, à gauche et derrière lui, mais il n'y avait personne. Il entra dans le jardin et referma la porte. L'état d'abandon lui sauta aux yeux, un terrain en friche avec des herbes folles, des buissons qui envahissaient tout, des souches et des arbres recouverts de lierre. A l'arrière, la maison semblait également fermée par des planches, là où une plante grimpante aux allures de toile d'araignée ne la dissimulait pas. Tandis qu'il s'approchait, l'ombre de la haie se dessina derrière lui, elle monta à l'assaut de la façade, masqua la lumière et quand il arriva près de la maison il se retrouva dans l'obscurité. Il n'aurait pas dû venir la nuit ou il aurait dû apporter une torche électrique. A quoi s'attendait-il ? Il ne le savait pas.

En bas de l'escalier, il put distinguer une porte, sans doute la seule de tout le pâté de maisons qui ne fût pas condamnée. John eut l'impression qu'elle était peinte en vert mais en réalité il ne pouvait pas voir la couleur exacte.

En descendant les marches, il se dit, et si la porte n'est pas fermée, que je l'ouvre, que j'entre, que je me retrouve en pleine lumière avec douze hommes assis autour d'une table et que l'un d'eux se lève avec un pistolet à la main ?... Mais, tout en se disant cela, il poussa la porte qui céda et il entra. Il n'y avait pas de lumière et quand il tâtonna sur le mur à la recherche d'un interrupteur et, qu'après l'avoir trouvé, il appuya dessus, rien ne se passa. Il régnait une obscurité totale, comme dans une mine ou une tombe. Il ne savait même pas s'il se trouvait dans un salon ou dans une cuisine. On sentait une forte odeur de moisi. L'humidité se déposait sur la peau de son visage comme du caoutchouc froid. Il s'avança avec précaution sur un plancher qui semblait glissant et, avant même d'avoir atteint l'autre côté de la pièce, il se rendit compte que c'était inutile. Sans lumière et sans accès à une source de lumière il ne pouvait aller plus loin.

Quoi qu'il en soit, il n'y avait personne dans la maison. Ses yeux commençaient à s'habituer à l'obscurité et il essaya de distinguer autour de lui ce que ce genre de personnes devaient, d'après lui, avoir laissé, des bouteilles vides, des mégots, peut-être même des joints à demi fumés, qu'il aurait sans doute été incapable de reconnaître. Épinglée sur un mur au papier décollé et au plâtre humide et couvert de moisissure, il y avait une feuille avec, semblait-il, quelque chose d'écrit. Il l'arracha, la plia et la glissa dans sa poche. Puis il ouvrit la porte et s'en alla par le même chemin. Dans le jardin, à cause de la tristesse, de l'herbe dure, de l'abandon total, quelque chose lui rappelait la pelouse des chats. Mais ici il n'y avait pas de chats, il n'y avait pas âme qui vive.

Curieusement, il éprouva un sentiment de soulagement en se retrouvant dans Fontaine Avenue, avec le petit jardin bien tenu en face, les haies et les arbres taillés dans des taches de lumière jaune. Quel imbécile, se dit-il, d'être venu jusqu'ici. Comme un écolier. Comme un gamin. Et dans quel but ? Qu'espérait-il découvrir ? Il retrouva la Honda, remit son casque avec visière et s'en alla.

X

Au moment de se marier, John n'avait acheté qu'un seul meuble neuf, un lit. Jusque-là, il avait toujours couché dans un lit à une place, de 90 de large, dans la plus petite des trois chambres. Ses parents couchaient dans la chambre située sur le devant et Cherry dans la grande située à l'arrière. Après sa mort, ou en tout cas quelques mois après sa mort, il aurait pu prendre sa chambre. Mais il ne l'avait jamais fait. Personne n'y avait plus couché depuis et elle commençait à se transformer en une sorte de sanctuaire. John soupçonnait sa mère d'y monter et d'y rester assise.

Une fois, Colin lui avait suggéré de la louer, les gens recherchaient toujours des chambres, mais John avait trouvé l'idée sacrilège.

Jennifer et lui utiliseraient évidemment la chambre de ses parents, mais dormir dans leur lit semblait absurde. Cherry et lui y étaient nés et y avaient sans aucun doute été conçus. Il ne pouvait y coucher avec sa jeune épouse. Sans en parler à Jennifer, il était allé acheter un grand lit pour deux personnes, un lit grande largeur d'après le vendeur. Aujourd'hui qu'il y dormait seul, il semblait immense.

John se dit qu'il respectait trop Jennifer pour essayer de faire l'amour avec elle avant leur mariage. Mais en désespoir de cause, il essayait d'être honnête et il savait au plus profond de lui que ce qui le retenait ce n'était pas le respect, quelle que soit la signification de ce mot, mais la peur. A trente-sept ans il n'avait jamais fait l'amour avec aucune femme. Il était vierge.

Il ne trouvait pas du tout cela extraordinaire. Il n'aurait pas été étonné d'apprendre que Colin l'était aussi, encore aujourd'hui. Si on ne sort pas avec une fille à seize ou dix-sept ans, c'est un peu comme si on ratait le coche, à moins qu'on se fiance et qu'on se marie. Il n'y avait pas d'occasion, surtout dans une ville comme celle-ci quand on habite chez ses parents. Il se disait : si j'avais rencontré une fille et qu'on ait voulu coucher ensemble, comment aurait-on fait si elle aussi avait habité chez ses parents ? Il ne possédait pas de voiture, il ne pouvait pas se payer une chambre d'hôtel et il aurait refusé de faire ça dehors. De toute façon, il semblait n'avoir jamais rencontré de filles. Après la mort de Cherry, les choses heureuses, normales, avaient cessé d'arriver dans la famille. Ils restaient écrasés, paralysés, effrayés, et rentraient pour se retrouver ensemble, non pas pour partager leur tristesse, mais pour vivre leur douleur chacun pour soi.

Il s'avouait sans aucune difficulté qu'il avait peur de faire l'amour avec une femme. Comment s'y prenait-on ? Comment fallait-il commencer ? Comment savait-on qu'il fallait faire ainsi ? Il n'arrivait pas à imaginer le premier geste. Bien sûr, il pouvait imaginer le baiser. A l'époque, il avait déjà embrassé Jennifer très souvent. Mais comment franchir l'étape suivante ? Et que pouvait bien être l'étape suivante ? Les seins, disaient les livres. Mais à cette idée, la confusion et la timidité l'envahissaient. Cela ressemblait à une agression. Comment pouvait-on empoigner les seins d'une fille pour les sentir ? De quel droit ? Elle n'était pas vierge, il le savait. Elle avait vécu avec Peter Moran. Par conséquent, elle savait à quoi s'attendre, elle savait ce que faisaient les vrais amants.

Quand le nouveau lit arriva, il mit l'ancien, celui de ses parents dans la chambre de Cherry, près de son divan. Cherry était une jeune fille innocente, modeste et chaste. A cause de son manque de beauté avait-il cru, jusqu'à ce qu'il la voie avec Mark Simms, et qu'il remarque la façon dont Mark la regardait, avec passion et dévotion. Il sut alors qu'elle était pure, naturellement ou par choix conscient. Un jour, elle dit à sa mère que Mark et elle avaient décidé de garder leur argent et de ne pas partir en lune de miel. Ils pourraient attendre d'aller en vacances à l'étranger, jusqu'à ce qu'ils aient leur maison. Et leur mère lui avait dit que ce serait peut-être trop tard, qu'elle aurait peut-être d'autres empêchements. Il savait ce qu'elle avait voulu dire, que Cherry pourrait avoir des enfants, mais sa sœur n'avait pas compris. Il y avait eu des explications, et Cherry avait semblé décontenancée, choquée même, cela lui paraissait presque incroyable, et leur mère avait dit — de façon très pratique, pensait John — que Cherry aurait des enfants si elle ne prenait pas de précautions. Il s'était excusé pour une raison ou pour une autre et il avait quitté la pièce. Il n'était pas tant embarrassé que conscient de l'affront fait à la pudeur de Cherry. Cependant, étrangement, pendant tout ce temps, il avait ressenti la colère latente de Cherry, et une sorte d'impatience ou même d'ironie dans sa façon de se comporter.

Il y avait peut-être quelque chose dans la famille, dans chacun de ses membres, qui se dérobait devant la vie sexuelle. Jennifer avait été si gentille avec lui, si bonne. Quand elle eut compris la nature du problème, du manque, elle devint patiente, attentionnée, et ensemble, ils avaient... Il en repoussa le souvenir sur tout un rayonnage de son esprit jusqu'à ce qu'il tombe avec fracas au bout. Plus de ça ! Il se retourna dans le lit grande largeur vide, à la recherche d'un sommeil insaisissable, pas malheureux cependant, et plein d'espoir.

Il était possible et même vraisemblable qu'elle soit de retour samedi soir. Maintenant, ces terreurs avaient disparu, grâce à elle, il serait magistral et informé, avec elle. En y pensant, son pénis s'étira dans la jambe de son pyjama et se raidit. Il se demanda une nouvelle fois pourquoi cela se passait de cette façon-là, embarrassante et malcommode. Pourquoi est-ce qu'on ne pouvait pas faire ça avec les lèvres, les mains ou même la pensée ?

Ou comme les fleurs, les poissons ? Il n'y avait pas longtemps, quelques mois, qu'il avait découvert comment les poissons procréaient, les mâles libéraient simplement des spermatozoïdes dans l'eau où nageaient les femelles. Au *Garden Center*, en tentant l'expérience de faire pousser des melons, il avait fécondé les fleurs femelles avec un pinceau à pâtisserie — propre, hygiénique, délicat !

John connaissait parfaitement la force de son inhibition. Il désirait ardemment un moi parfait et un monde parfait dans lequel il ne serait plus honteux ni timide ni malheureux, et il savait aussi qu'il avait une possibilité de trouver tout cela avec Jennifer. Il posa la main sur son pénis raide qui, contrairement à ce qui aurait dû se passer, se rétrécit à son contact. Il enfonça son visage dans l'oreiller, les bras croisés maintenant, une main sur chaque épaule, et il eut l'impression d'être un enfant qui attend que sa mère vienne lui dire bonne nuit.

XI

Fergus ne conduisait que des Volvo, il les gardait cinq ans puis les échangeait contre une neuve. La dernière venait de chez Mabledene qui avait ouvert une succursale dans la ville deux ans plus tôt.

« Un nom extraordinaire, dit Fergus.

— C'est vrai ? dit Mungo. Il y a un Charles Mabledene dans mon collège.

Ce doit être la même famille. Pauvre gosse. Je suis sûr qu'on doit se moquer de lui.

— Se moquer de lui ? Pourquoi ? »

Fergus lui lança un regard peiné en se demandant si son plus jeune fils était simple d'esprit. « Eh bien, Mabel. Je pense qu'on l'appelle Mabel, non ? C'est ce qu'on aurait fait de mon temps. »

Mungo ne comprenait pas de quoi son père voulait parler. Il ne savait pas que Mabel était un prénom de fille.

« Les choses ont changé depuis ton époque », dit Lucy.

Elle pensait aux filles de première. Les gens s'appelaient par leur prénom. A Utting, il y avait des filles dans toutes les classes, et le nouveau lieutenant de Stern était une fille. Mungo trouvait ça drôle : son père et lui ne semblaient pas parler la même langue. Plus exactement, alors qu'ils parlaient anglais tous les deux, tout se passait comme s'ils l'avaient appris dans deux régions du monde séparées par des milliers de kilomètres, dans des pays aux coutumes et aux traditions complètement différentes. Après le départ de son père pour la clinique, il resta assis à la table du petit déjeuner en essayant de comprendre ce qu'il avait voulu dire : pourquoi fallait-il s'apitoyer sur quelqu'un parce qu'on lui donnait un prénom féminin dont personne n'avait jamais entendu parler ? Mais il abandonna assez vite. De toute façon, on ne pouvait pas être désolé pour Charles Mabledene, pas son genre. Charles Mabledene avait changé de camp et Stern avait été furieux. Pas étonnant. On ne trouvait pas des agents aussi brillants que Charles sous le pied d'un cheval. Il avait été dans les petites classes à Utting, à Andrade House, avec Michael, le frère de Stern, et juste après l'examen de passage, il avait téléphoné à Mungo. Une situation comparable à son expérience personnelle avec Guy Parker, dit Angus plus tard, quand il fut mis au courant. Parce que ce soir-là, Charles avait expliqué à Mungo que, sans en parler à Ivan ou à Michael Stern, en fait à personne sauf à ses parents et aux autorités de Rossingham, il avait choisi d'aller à Rossingham et pas à Utting à la rentrée de septembre.

En réalité, il voulait bien plus. Il voulait passer à l'Ouest et être enrôlé par Mungo.

« Recruté, le corrigea gentiment Mungo. Ce sont les officiers des services de sécurité ennemis qui sont enrôlés. »

Puis Charles dit ce qu'il apporterait avec lui comme preuve de sa bonne foi. Pendant longtemps, Mungo avait rêvé de mettre la main sur le livre de code de Guy Parker. A l'époque, Guy était toujours, de nom, le chef de l'agence de Moscou même s'il devait tout passer à Stern pendant les vacances d'été. Les codes qu'il utilisait n'étaient pas basés sur les premières lignes de livres, ni de n'importe quelles lignes dans des livres, mais sur les phrases secrètes de ce livre de code. Angus avait longtemps soupçonné qu'elles étaient dans des langues étrangères et sans aucun doute des langues obscures comme le serbo-croate ou le frison. A de nombreuses occasions, il avait envoyé des gens pour tenter de voler ce livre ou mieux pour en faire une copie. L'agent double Hydre, qui était en troisième à Utting avec Stern, avait essayé de s'en emparer. Mais Guy Parker, alerté par une tentative maladroite, avait pris l'habitude de porter le livre sur lui, ouvert et appliqué contre sa poitrine, entre sa chemise et sa veste.

Mungo ne croyait pas Charles Mabledene capable de le voler, il n'apprit comment Charles s'y était pris que plusieurs mois plus tard. Juillet et août passèrent sans qu'il eût de nouvelles. L'année scolaire commençait le 8 septembre. Mungo passa en troisième et alla en étude à Pitt qu'il partageait avec seulement trois autres au lieu des neuf de l'année précédente. Angus, maintenant en première et préfet[1], passa dans les études des nouveaux à l'extinction des lumières pour leur faire un petit discours d'encouragement. Il signala à Mungo la présence de Charles Mabledene. A ce moment-là, la photocopie du livre de code était déjà dans le tiroir sous son lit. Il la trouva en prenant son pyjama.

A l'époque, ils utilisaient une des salles de l'ancien labo de physique comme lieu de rendez-vous. On avait achevé les nouveaux laboratoires l'année précédente mais les bâtiments, qui dataient de la Belle Époque, étaient toujours debout car on n'avait pas encore décidé de leur sort. Plus tard, on rejeta une proposition visant à les transformer en appartements pour les jardiniers, à cause de la dépense, et on commença à les démolir. Mais en septembre dernier, ils étaient toujours là, vides et fermés. Évidemment, Charles Mabledene se procura les clefs et se fabriqua des doubles. Il pouvait obtenir n'importe quelles clefs et entrer et sortir de partout. Avant d'avoir dix ans, il était déjà excellent prestidigitateur, et il étudiait l'art de l'évasion.

Mungo commença à l'interroger dans l'ancien labo de physique. Charles lui dit tout ce que Parker et Stern avaient fait et tout ce qu'ils prévoyaient. Il apprit de Charles comment Parker avait découvert leur système de code et les caches qu'ils utilisaient, celle des terrains de squasch dans le collège et celle de Fevergate, en ville. Pendant des semaines, il s'était demandé pourquoi tous ses efforts, afin d'obtenir quatre invitations à la garden-party du maire, n'avaient pu aboutir pour finalement échouer tout à fait. Charles lui apprit que Hydre était un agent double et que le maire avait deux fils à Utting. Charles lui dit aussi comment il avait obtenu le livre de code. C'était le jour des rencontres sportives, et Guy Parker nageait le cent mètres. Il pensait être en sécurité

1. *Prefect* : dans les collèges anglais, un élève des grandes classes chargé de la discipline (*N.d.T.*).

parce que tous les vestiaires avaient des placards avec des clefs. Mais, pour Charles Mabledene, ouvrir un placard était un jeu d'enfant. Il se servait de cartes de crédit, même pas des vieilles, les cartes personnelles qu'on donnait aux clients de chez Mabledene. Il les découpait en forme de crochet ou en dents de scie avec un couteau pointu et pouvait ouvrir presque tout, sauf les serrures de sécurité. Charles emporta le livre de code en salle de technologie à une centaine de mètres, il le photocopia et le remit dans le placard de Parker au moment où il sortait de l'eau.

Alors commença une période de triomphes. De l'autre côté, on continua à utiliser le livre de code pendant la fin du trimestre et Mungo fut au courant de tous leurs secrets. Rosie Whittaker, contrôleur adjoint de Stern, avait déclaré que la perte du livre de code avait ruiné des mois de travail. Noël arriva avant qu'ils soient au courant et qu'ils soupçonnent qu'un de leurs agents était le traître. Mungo aurait accueilli cet agent, il aurait aimé qu'il change de camp, mais il n'était pas assez brillant et Rossingham ne voulut pas de lui. D'autre part, Charles Mabledene était un des rares élèves qui avaient obtenu une bourse d'études en fonction de leurs résultats à l'examen de passage. Il n'avait même pas eu besoin d'en faire la demande. Ses parents avaient dû avoir une agréable surprise en recevant la lettre qui leur disait que non seulement leur fils était reçu mais qu'on leur déduisait cinq cents livres des frais annuels de scolarité.

C'était l'époque où Mungo avait promené Michael Stern dans toute la ville le jour de Noël et où il l'avait enfermé dans l'entrepôt ; l'époque où il avait découvert toutes les caches de Stern et où il avait mis ses messages à la place des siens ; où il avait effectivement pénétré dans le lieu de rendez-vous de Stern : le mausolée de la famille Douglas dans l'enceinte de la cathédrale et il avait entendu Ivan Stern, Rosie Whittaker et deux autres personnes qu'il ne connaissait pas tenir leur réunion. Puis, au milieu du trimestre, il avait assisté à l'interrogatoire par Stern de Cyclope que Mungo ne soupçonnait même pas de vouloir passer à l'Est.

Là, sur le sol froid et poussiéreux, en dehors du cercle de lumière de la bougie de Stern, avec seulement une mince paroi de pierre entre son visage et les os du vieux Lysander, il avait entendu Cyclope tout raconter à Stern, y compris la défection de Minotaure. Jusqu'alors, Stern le considérait comme un agent en sommeil chez l'ennemi, attendant qu'on le réveille. Évidemment, Cyclope quittait Rossingham pour aller vivre avec ses parents à Toronto où il irait au collège du Haut-Canada. Ils l'accueillent à bras ouverts, pensa Mungo avec amertume. Il se demanda ce qu'il ferait si Stern fermait la porte derrière lui en quittant le mausolée. Charles Mabledene savait évidemment qu'il était ici, mais il ne viendrait pas voir avant le lendemain matin...

Stern ne ferma pas la porte à clef. Mungo ressortit dans un monde tout blanc, sous une tempête de neige. Cependant, il remarqua à peine le temps qu'il faisait à cause de l'horrible déconvenue... Depuis cette date, au cours de ce dernier deuxième trimestre, il avait l'impression de n'avoir connu que de rares triomphes malgré ce qui avait été accompli. En premier lieu, l'agence de Moscou avait mis au point un nouveau code, un code merveilleux qui commençait avec un nombre, se terminait avec un autre nombre plus long et qui défiait toute tentative de décryptage. Maintenant, il se pouvait que Stern ait une taupe au cœur même du service. Mais s'il réussissait à remporter cette sale affaire, il gagnerait gros et rétablirait l'équilibre. Cela s'apparentait à pénétrer l'esprit de quelqu'un. Comment s'y prendre ? Même Charles Mabledene, comment s'y prendrait-il ?

En montant l'escalier pour aller dans sa chambre, Mungo passa devant la porte ouverte d'Angus et vit son frère assis devant l'ordinateur. Le plateau avec les restes de son petit déjeuner était posé sur le bureau : deux coquilles d'œuf vides, une demi-ficelle de pain et une tasse de sirop de sucre. La musique de Gluck sortait de l'électrophone. Eurydice chantait : « Que m'est la vie sans toi ? » Mungo continua jusqu'à sa chambre et ferma la porte derrière lui. On était le 31 mars et il avait deux choses en tête : tout d'abord, un poisson d'avril quelconque à l'autre camp ; ensuite, mettre au point un nouveau code.

Pour le code, il avait plus ou moins décidé d'utiliser *L'Énigme des sables* d'Erskine Childers. A la moitié du trimestre, il avait demandé à Basilic de le voler à Stern car il avait la conviction que ce dernier s'en servait comme base pour un code. Mais il s'était rendu compte que Stern se douterait rapidement qu'il utiliserait le livre de Childers, qu'il s'en doutait certainement déjà et qu'il s'y préparait. Mungo regarda sur les rayonnages et prit un gros volume ; il tourna les pages et lut : « Dans la deuxième semaine du mois de novembre de la grande année 1885, au cours d'un week-end, une brume dense et jaune s'abattit sur Londres. Du lundi au jeudi, je ne pense pas que nous ayons pu, de nos fenêtres du rez-de-chaussée, apercevoir la silhouette des maisons d'en face. » Cela ferait l'affaire. Que pouvait bien être la « silhouette » d'une maison ? Mungo pensa que cela n'avait pas d'importance.

Avant de mettre le code au point, il allait organiser un poisson d'avril pour Rosie Whittaker. Par exemple, pourquoi ne pas l'envoyer à la cache du garage Mabledene où elle trouverait un faux message dans le code Childers ? Cela voulait dire qu'ils ne pourraient plus jamais utiliser la cache du garage Mabledene, mais de toute façon, elle ne plaisait plus à Mungo car trop proche du territoire des parents pour être vraiment sûre.

XII

En mettant sa veste de cuir avant de rentrer chez lui pour sa demi-journée de congé — le jeudi, ils fermaient plus tôt — John glissa la main dans sa poche et en sortit la feuille de papier qu'il avait détachée du mur au 53 Ruxeter Road. « Chimère, Léviathan, Dragon, Basilic, Méduse, Scylla, Licorne, Charybde, Empuse, Hydre, Minotaure » y étaient écrits sur deux colonnes. John se sentit déçu. Cela semblait dénué de sens, bien qu'il eût déjà rencontré trois de ces noms dans les messages codés.

Il ne voulait pas prendre de livre, mais il passa à la bibliothèque de Lucerne Road pour chercher ces mots dans le dictionnaire. Chez lui, il n'en avait qu'un de poche. Il découvrit que tous les noms de la liste étaient ceux d'animaux légendaires ou de monstres mythologiques. Mais la raison pour laquelle ils se trouvaient là restait un mystère. Cependant, John était persuadé que d'une façon ou d'une autre, ils étaient en relation avec la bande, la société ou le groupe qui envoyait les messages codés. Il fit un détour et rentra chez lui en passant par la pelouse des chats où, à l'intérieur du pilier central, il trouva un nouveau message. Il le recopia dans son carnet et cette fois, en remettant l'enveloppe de plastique à sa place, il fit très attention à fixer la bande adhésive exactement à l'endroit d'où il l'avait décollée.

Il n'y avait pas de chats. Une soucoupe et un plat bien léchés montraient qu'ils avaient mangé avant de se retirer dans leurs cachettes, peut-être pour y dormir. Quelques voitures passaient. Dans une cour, derrière l'une des usines, un homme sciait du bois. John n'était jamais venu ici pendant la journée. Il tourna lentement à moto autour de la pelouse et prit une des ruelles étroites qui menaient vers le fleuve. L'escalier semblait très différent aujourd'hui. Il y avait un amandier en fleur devant les anciennes malteries. La journée était ensoleillée et chaude, très douce pour une fin mars, et les clients du café étaient installés à l'extérieur, devant des tables. Certains étaient même assis sur les marches ou sur le parapet, les jambes pendantes, entre les grilles. En bas l'eau bleue luisait et étincelait.

John éprouva une certaine douleur devant le spectacle. Un sentiment absurde, il le savait, car que signifiait-il ? Que tout endroit où quelqu'un était mort de mort violente devenait sacré ? Que personne ne devrait jamais poser le pied là ou *elle* avait trouvé la mort et encore moins bavarder, boire et rire ? Le rire insouciant d'un homme lui tira une grimace de douleur. Il rentra chez lui en essayant de le chasser de son esprit, en regrettant d'être passé par là et en s'efforçant de penser au message codé qu'il portait sur lui.

Il n'avait aucun projet pour l'après-midi. Quelques semaines plus tôt, il aurait pu aller devant chez Jennifer pour attendre et chercher à l'apercevoir. Mais ce genre de comportement appartenait maintenant au passé. Pour lui, cela s'apparentait à de la névrose, à de l'aberration mentale. Les gens normaux ne se conduisent pas de cette façon-là. John avait peur que son esprit soit atteint, qu'il ait une dépression nerveuse. Même le simple fait de porter sa veste de cuir bleu ne lui semblait pas normal et il décida de ne plus la remettre. Il faisait presque assez chaud pour lire dans le jardin. Il arroserait peut-être le parterre de rosiers et la bordure de gauche avant de s'installer avec un livre. Mais d'abord, le message codé. Il appliqua le système qu'il avait trouvé. Il lut :

« Léviathan à Dragon et à Basilic. Ignorer tous ordres de Lacds. Bruce-Partington commence vendredi. »

Cela ne le renseignait en rien sur la liste des animaux légendaires. Le Léviathan était une sorte de patron et le Dragon un serviteur ou un agent. mais LACDS ? Un autre animal imaginaire ? Il chercha dans le dictionnaire de poche mais en vain. Plus tard, il pourrait retourner à la bibliothèque pour essayer de le trouver dans le *Chamber du vingtième siècle*. Bruce-Partington désignait sans doute un nouveau qu'ils avaient engagé, une sorte de nouvelle recrue pour leurs affaires.

Il était dans le jardin depuis une demi-heure, un panier plein de mauvaises herbes à côté de lui, quand il entendit le téléphone sonner. Il pensa à ne pas bouger — mais si c'était Jennifer ? Si elle voulait changer d'heure samedi, ou même de jour, ou même si elle voulait venir chez lui ? Il avait les mains terreuses et les ongles noirs. On ne peut pas bien jardiner avec des gants. Il se précipita à l'intérieur sans prendre le temps de se passer les mains sous l'eau. L'idée d'entendre sa voix lui écrasait la poitrine, l'empêchait de respirer. Elle avait une voix douce, calme, posée qui ne manifestait jamais d'impatience, mais qui, lorsqu'elle était émue, devenait plus douce et plus riche... Il souleva le récepteur de sa main terreuse.

Ce n'était pas Jennifer. C'était Mark Simms. John eut du mal à étouffer un véritable cri de déception.

XIII

Mungo fit le tour de la maison où ils se donnaient leurs rendez-vous en attendant Graham O'Neill. Il n'y avait pas beaucoup de lumière mais assez pour voir. La maison était comme un terrier, avec de petites pièces à hauts plafonds, mal proportionnées, dans lesquelles les derniers propriétaires avaient abandonné un certain nombre de meubles.

Parfois, Mungo errait dans les pièces en attendant un de ses agents, goûtant la solitude et le délabrement du lieu, les preuves d'une vie perdue et ruinée, une bergère ancienne en soie rose soutenue par des briques là où elle avait perdu une patte, une commode qui n'avait plus qu'un seul tiroir, des rideaux qui n'étaient que des guenilles tenues par la poussière, rongés par les mites, des fenêtres fermées par des toiles d'araignées épaisses comme des stores. Si on les arrachait, on n'avait rien dans la main que des lambeaux de grisaille sèche. Par les vitres sales, on pouvait apercevoir le fleuve qui ondulait légèrement comme un ruban de métal, la cime des arbres encore dénudés mais déjà rouges de bourgeons, les flèches de la cathédrale et la tour avec l'horloge numérique, verte, clignotante, éternelle : six heures quarante-deux, onze degrés.

Un escalier étroit et très raide conduisait en haut, au troisième étage, où il y avait deux ou trois chambres mansardées. Un peu comme la sienne à la maison, mais vides et tristes. De là, on pouvait passer sur le toit par une trappe et l'échelle double fixée au plafond par des cordes. Plusieurs fois, il avait détaché les cordes, abaissé l'échelle et grimpé sur le toit dont certaines parties étaient plates avec des garde-fous métalliques à moitié cassés. Mais un jour quelqu'un l'avait vu et l'avait montré du doigt et pendant quelque temps il avait eu peur que les propriétaires de la maison l'apprennent et la ferment pour que personne ne puisse y pénétrer.

Il ne ferait nuit que dans deux heures. Dans la cuisine, Mungo, assis sur la toile cirée graisseuse qui recouvrait la table, se demandait pourquoi Méduse ou Dragon avaient pris la liste des pseudonymes des agents. Il voulait y ajouter Vouivre et Gryphon, les noms des deux nouvelles recrues de quatrième. Il était peut-être plus sage de garder ce genre de choses dans sa tête.

Il n'entendrait pas entrer Graham. Pour ceux qui se trouvaient sur la liste, il leur aurait semblé honteux de faire un mouvement ou un bruit de pas qui s'entende. La porte s'entrouvrirait seulement. Comme toutes les autres des sous-sols dans ce pâté de maisons, celle du numéro 53 avait été fermée à clef puis condamnée avec deux traverses de bois ; l'une d'elles avait commencé à se détacher. Ils avaient choisi le 53 pour cela. Ils avaient enlevé les deux traverses et Charles Mabledene avait crocheté la serrure avec une de ses cartes de crédit découpées. En attendant, les yeux fixés sur la porte, Mungo se demandait pourquoi il n'aimait pas beaucoup Charles Mabledene. En général, il n'admettait pas une aversion pour un garçon plus jeune que lui. Il excusait ce qui lui déplaisait en eux par le fait qu'il ne s'agissait que de gosses. Pourtant, il n'aurait pas su dire ce qui lui déplaisait chez Charles Mabledene. En outre, on n'aurait jamais songé le décrire en disant « qu'il ne s'agissait que d'un gosse ». Il donnait l'impression de n'avoir jamais été un gosse, d'avoir en fait trente ans et d'être né comme ça. Il y avait quelque chose de froid et de distant en lui, pas exactement condescendant — Mungo cherchait le mot —, calculateur peut-être. Graham O'Neill avait la même impression. Graham et lui partageaient en général la même opinion sur les gens. C'est pour cela qu'ils s'entendaient si bien et qu'ils étaient devenus proches. Son père avait toujours pour amis des camarades d'école et l'idée plaisait à Mungo. Il y avait là quelque chose de solide et de durable.

Les O'Neill n'habitaient pas la ville mais quelque part dans le Norfolk. Graham et Keith n'étaient là que jusqu'au lendemain car ils devaient rejoindre leurs parents récemment rentrés d'Arabie Saoudite. Ils avaient vécu chez leur tante à Hartlands. Mungo se dit que ce serait peut-être dur pour Graham de s'en aller. Il ne savait pas du tout comment ils vivaient chez leur tante.

Rien ne troublait le silence. Assis dans la demi-obscurité, il entendit au loin le gémissement d'une voiture de police. La porte s'ouvrit, Graham entra et referma derrière lui. Il était grand — pas si grand que lui, mais qui l'était ? — avec des cheveux très noirs, un visage brillant et pâle, un nez et un menton longs et presque crochus et des yeux verts comme un chat. Les frères O'Neill se ressemblaient mais on les distinguait sans problème. Un plaisir de vacances consistait à porter des jeans ou des treillis interdits à Rossingham. A Utting, on pouvait s'habiller comme on voulait — enfin plus ou moins. Graham avait des jeans qui semblaient neufs et raides parce qu'il avait rarement l'occasion de les mettre. Sur le devant de son tee-shirt, il y avait une pieuvre avec des tentacules noirs et rouges qui se tordaient : « C'est ce que j'ai pu trouver qui ressemblait le plus à une méduse », dit Graham. Il avait Méduse comme pseudonyme.

Mungo sourit. « Vous revenez ici avant le début du trimestre ?

— Pas question ! Nous devons aller passer une semaine à Guernesey. Alors pas question que je revienne.

— Je te reverrai à Pitt, le dix, alors.

— J'ai quelque chose pour toi. » Graham lui tendit une feuille de papier arrachée d'un cahier rayé ; on pouvait y lire : « Minotaure à Méduse. Dragon considère autorisation urbanisme garantie. Catégorique, je répète, catégorique. » La famille de Minotaure habitait à la campagne près de la famille de Dragon, ce qui expliquait le chemin détourné qu'avait suivi le message.

Mungo leva les yeux en secouant la tête d'un air interrogateur et admiratif. « Comment a-t-il fait ?

— Il est venu me voir. » Graham sortit un paquet de cigarettes de la poche de son jean et en offrit à Mungo.

Mungo refusa d'un signe de tête. « Tu es obligé de fumer au lieu de rendez-vous ?

— Tout ça, c'est des foutaises ! Même si on restait ici et que je fume pendant le reste de ma vie, mes cigarettes ne te donneraient pas le cancer. De toute façon, tu devrais fumer. Cela arrêterait peut-être ta croissance. Tu dis toujours que tu ne veux plus grandir.

— Comment crois-tu que Charles Mabledene s'y est pris ?

— Je t'ai déjà dit que je ne le savais pas. Je n'en ai aucune idée. Pourquoi est-ce qu'on l'appelle toujours Charles Mabledene et pas Charles ? Tu as déjà remarqué ? Pourquoi ?

— Je ne sais pas mais je comprends ce que tu veux dire. »

Graham souffla de la fumée par les narines. « Tu as de l'argent ?

— Pas beaucoup.

— Ça ne fait rien. Juste pour du poisson-frites. J'adore le poisson-frites.

— D'accord. N'importe quoi pour fuir tes clopes. Tu sais quel jour on est ? Le 31. Le nouveau code commence demain. *Les Plans Bruce-Partington.* » Le visage de Graham exprima la plus parfaite incompréhension. « Pourquoi est-ce que tous mes officiers sont illettrés ? Je parie que Stern ne connaît pas ce genre de choses. »

Assez jeunes pour s'insulter par jeu, ils étaient trop âgés pour se laisser emporter. Un an plus tôt, ils se seraient empoignés et auraient roulé par terre. Graham lança une dernière bourrade à Mungo qui esquiva et ouvrit la porte.

« C'est toi qui as retiré la liste du mur ?

— Non. Pas question.

— Alors, c'est sûrement Charles Mabledene », dit Mungo et il se rendit compte qu'à nouveau, il avait dit tout son nom. Ils éclatèrent de rire.

Le magasin de poisson-frites où ils allèrent était sur la rive est, dans une petite rue, au milieu d'autres boutiques, entre Randolph Bridge et la Tour de Guet. On la disait la meilleure de la ville. Mais ce qui la distinguait aussi c'est qu'on pouvait y manger, s'il y avait de la place. On n'y comptait que quatre tables de marbre, chacune avec deux chaises. Toutes étaient prises, Guy Parker était assis avec une fille devant la première près de la porte.

« Bonsoir », dit Mungo d'un ton cordial.

Guy Parker lui répondit avec son petit sourire habituel, sans découvrir les dents. La fille qui l'accompagnait était un peu ronde et sombre, la peau basanée, des cheveux noirs avec quelques mèches orange sur le devant. Au comptoir, Mungo passa la commande, deux portions de frites, deux de raie et des cornichons.

« Comment s'appelle la fille qui est avec lui ? demanda-t-il à Graham.

— Tu ne sais pas ?

— Je ne te le demanderais pas.

— C'est Rosie Whittaker. On m'a dit qu'il sortait avec elle.

— Hum... », dit Mungo.

Il pensa qu'il n'aimait que les jolies femmes. Ou plutôt, il n'aimerait qu'elles, quand il commencerait à sortir avec des femmes. Il imagina une grande blonde mince avec un long cou, des cheveux jusqu'à la taille et de grands yeux verts. Rosie Whittaker ne lui plaisait pas du tout. On leur servit leur barquette de poisson-frites. Le couple assis à la table la plus éloignée de Guy Parker et de Rosie Whittaker se leva pour partir.

En s'asseyant, Graham dit calmement : « Dragon ne leur parle jamais, tu sais.

— Qu'est-ce que tu veux dire ?

— Eh bien, s'il les avait vus comme nous, il serait passé sans rien dire.

— Ce n'est pas courtois, dit Mungo.

— Il y a quelque chose qui n'est pas courtois chez Charles Mabledene, tu ne trouves pas ?

— Je ne sais pas. Ce n'est pas précisément ce que j'aurais dit. C'est un type étrange. » Mungo voulut ajouter quelque chose qu'il ressentait depuis un certain temps, que Charles Mabledene ne semblait pas avoir des sentiments humains ordinaires. Mais il n'avait pas envie d'en parler à Graham. Ni comment — en dehors de toute logique et de toute justice, il le savait — la trahison de Charles Mabledene l'avait mis hors de lui. On ne pouvait pas trouver plus traître. Kim Philby n'égalait pas Charles Mabledene, car Philby avait agi par idéal, le communisme, alors que Charles Mabledene n'avait trahi Stern que pour le pouvoir et la gloire. Évidemment, Mungo avait tiré un immense avantage de sa trahison et l'Occident en avait profité. Il ne se trouvait pas en position de condamner la conduite de l'agent qui avait pris le pseudonyme de Dragon.

« La meilleure raie qu'ils ont eue depuis longtemps », dit-il à Graham qui approuva d'un signe de tête.

XIV

Par la baie vitrée panoramique qui semblait occuper tout un mur, on pouvait voir les jardins de Hartlands qui s'étendaient en dessous, les promenades, les pelouses, les taillis, les avenues, les terrasses et la grande demeure elle-même qui abritait aujourd'hui une galerie et un restaurant et qui, autrefois, avait été le berceau de la famille Douglas. Lors de son retour en ville, Mark Simms, John le reconnaissait, avait bien choisi en prenant cet appartement. Fonthill Court se dressait sur une hauteur et, de tous les balcons, on avait une vue magnifique.

Venir ici avait été absolument inattendu. Au téléphone, Mark avait parlé de prendre un verre et avait proposé le nom d'un café comme lieu de rendez-vous. John aurait bien refusé l'invitation s'il avait trouvé une excuse. Il n'aimait pas beaucoup sortir le soir quand il travaillait le lendemain matin. Le *Garden Center* ouvrait à neuf heures et il tenait à arriver à huit heures trente. Il avait pourtant dit oui à contrecœur à Mark, à condition qu'il ne rentre pas trop tard. Je parle comme une vieille dame, se dit-il en reposant le téléphone et immédiatement il se souvint que Jennifer détestait cette expression et qu'elle lui avait dit qu'elle était sexiste.

« Pourquoi pas un vieux monsieur ? Pourquoi suppose-t-on les vieilles dames plus bêtes que les vieux messieurs ? »

Le téléphone sonna à nouveau dix minutes plus tard. Encore Mark, cette fois il demanda : pourquoi ne pas se retrouver plutôt chez lui ? Ils pourraient sortir plus tard s'ils en avaient envie. Cela plaisait encore moins à John parce que l'adresse qu'il lui donna était à plus de cinq kilomètres et s'il devait boire il ne pourrait pas y aller avec la Honda.

De toute façon, pourquoi Mark voulait-il le revoir si vite ? Ils avaient passé la soirée de lundi avec Colin. Évidemment ce pouvait être simplement une façon de rendre l'invitation. En conséquence, il irait à moto en prenant la ferme résolution de ne boire qu'une bière ou qu'un verre de vin ou ce que Mark lui offrirait, ce qui ne représentait pas un sacrifice pour lui. Et au dernier moment, il enfila la veste de Jennifer. La soirée était douce pour cette époque de l'année mais il avait quand même besoin du pantalon de cuir. La veste bleue lui semblait élégante et confortable, et il se souvint que lundi il s'était trouvé un peu miteux à côté de Mark et de ses vêtements simples et de bon goût.

La route serpentait autour des jardins de Hartlands jusqu'à Fonthill Heights. Entre les arbres, il pouvait voir filer de grandes étendues de jonquilles et de narcisses blancs. A l'intérieur du parc, les haies contenaient beaucoup d'épines noires et de prunelliers en fleur. Il ne s'agissait pas de lourdes avalanches comme celles des églantiers ou des sureaux mais d'un tulle délicat de fleurs accroché aux branches noires. C'est là que, dans moins de quarante-huit heures, il rencontrerait Jennifer. Il se dit : je n'arriverai pas le premier, je n'arriverai pas à deux heures et demie pour faire les cent pas. Je serai fort et j'entrerai dans les jardins par la grande porte, à trois heures moins deux...

Dans l'appartement de Mark, à Fonthill Court, ils ne parlèrent plus de sortir. Assis près de la fenêtre, ils contemplaient les jardins, les lumières qui s'allumaient dans la ville et un immense morceau de ciel qui s'assombrissait, encore rouge à l'horizon, là où le soleil avait disparu. Ainsi exposé, John se sentait livré aux regards bien qu'il n'y eût personne pour le voir sauf éventuellement les pilotes des avions. Mark avait sorti des boîtes de bière, si froides que John avait eu peur d'y trouver des blocs de glace. Il commençait à comprendre pourquoi Mark avait voulu le revoir et de quoi il voulait parler.

« Tu n'as jamais participé à des groupes de rencontre ? avait-il demandé.

— Moi ? Non, jamais. Je sais à peine de quoi il s'agit. Pourquoi ?

— Les gens qui sont dans les affaires le font. Ça renforce le sens des relations sociales.

— Pas dans mon genre de travail.

— Je te pose la question parce qu'ils partent du principe qu'il est bon de faire état de ses sentiments et d'entendre des gens vous parler avec franchise, et des choses comme ça. »

A ce moment-là, John se sentit complètement dérouté. La bière était froide à lui donner la migraine. Elle provoquait une petite douleur désagréable à l'une de ses tempes.

« C'est parce que j'ai pensé que ça pourrait nous faire du bien de parler de nos sentiments, ça pourrait nous aider. Je veux dire, toi et moi. J'y pense depuis longtemps. Depuis des années, en réalité. Parce qu'on a... beaucoup de choses en commun. J'ai pensé que ça nous ferait du bien à tous les deux de nous dire ce que nous pensons l'un de l'autre et ce que nous croyons en général. Ça peut faire remonter quantité de choses à la surface. »

Les lumières de la déviation apparaissaient comme une double ligne de jaune, l'autoroute une ligne de blanc et la route transversale qui devenait Ruxeter Road, un vieil ambre. On apercevait le clignotement de la pendule de la Citwest, une étoile verte bien trop éloignée pour que John puisse y lire l'heure ou la température. Il se retourna vers Mark. Quelles choses voulait-il faire remonter à la surface, quelles douleurs enfouies ?

« Avons-nous beaucoup en commun ? demanda-t-il, et il eut peur d'avoir été brutal.

— Nous avons eu Cherry », répondit Mark.

John se rendit compte qu'il rougissait. Il avait le visage brûlant. Ce n'est pas vrai que seules la honte ou la gêne font rougir. N'importe quelle émotion violente peut le faire. Soudain il se sentit profondément ému. Et il ne le voulait pas. Pas de ce genre de complication maintenant, à ce moment précis de sa vie.

« N'as-tu pas envie de me parler de Cherry, disait Mark. N'y a-t-il pas des choses dont tu aimerais te soulager ? Je suis sûr qu'il doit y en avoir. Tu ne dois pas t'en sentir empêché, John, tu peux tout me dire. »

Comment se rendit-il compte, qu'en réalité, Mark ne pensait pas à lui ? Il s'agissait de Mark et c'est de lui-même qu'il voulait parler à John.

« Nous n'avons jamais discuté d'elle, John. Nous avons tout enfoui et nous avons fait comme si cela n'avait jamais existé. »

John voulut lui dire, parle pour toi, mais il se contenta de hocher la tête. Il savait intuitivement qu'il n'avait qu'à écouter. Dans une heure environ, il pourrait se sauver. Par chance, Mark semblait avoir oublié de remplir leurs verres de bière glacée. Il se mit à parler de Cherry, légèrement penché en avant, les mains posées sur l'appui de la fenêtre, sans regarder John, les yeux fixés devant lui comme s'il avait cherché à identifier une des lumières en bas. Pour John, il n'y avait rien de nouveau dans ce qu'il disait. Il savait très bien ce que Mark avait éprouvé, comment il avait aimé Cherry et même — ce qui semblait incroyable — à quel point il la trouvait belle. Mark s'appuya sur le dossier de son fauteuil, en gardant le visage tourné de côté, et il parla de sa première sortie avec Cherry, des choses amusantes qu'elle disait ; il raconta comment, six mois plus tard, ils étaient allés acheter la bague de fiançailles et comment elle avait voulu une opale. Les opales portent malheur, même les vendeurs de la bijouterie avaient essayé de la dissuader, mais Cherry tenait à une opale et elle avait dit que la superstition, c'étaient des bêtises. Elle portait cette bague quand on avait retrouvé son corps...

Il se tut. Puis il ajouta : « Dis quelque chose.

— Il y a longtemps, Mark. Depuis tu t'es marié.

— Un échec lamentable. Une relation qui n'a jamais marché.

— Tu es encore jeune. Tu trouveras quelqu'un d'autre.

— Qu'est-ce que tu en sais ? Comment peux-tu savoir ? Je déteste ce genre de fausse recommandation. Tu fais un sacré conseilleur ! »

Moi aussi, j'ai été marié, eut envie de dire John. Je le suis encore. Mais Mark semblait avoir oublié que John avait une vie personnelle et il le considérait tout juste comme un appareil qui écoute et enregistre. Il recommença à parler. Il avait l'air de se souvenir de chaque mot que lui avait dit Cherry. C'était évidemment impossible, mais il avait une mémoire étonnante. Il se souvenait même de ses vêtements et de ce qu'elle portait certains jours précis ; John se sentait mal à l'aise, car cela ressemblait à une obsession. Il s'était passé dix-sept ou dix-huit ans. Il regarda furtivement sa montre, pas assez cependant.

« Tu veux t'en aller ? Je t'ennuie ? Tu es vraiment très conventionnel, John, n'est-ce pas ? Pour ne pas dire routinier. Tu sacrifierais le fait de vivre réellement à un principe, celui d'aller te coucher ou de te mettre à table à l'heure. Tu passeras toujours à côté de la vie parce que tes petits rituels mesquins te sont plus importants que la douleur ou le bonheur, les tiens ou ceux des autres. Je suis très franc avec toi. Nous étions d'accord, n'est-ce pas, nous serions d'une totale franchise sur ce qu'on ressentait l'un pour l'autre ? »

John ne pensait pas avoir donné son accord là-dessus. Il essaya de ne pas paraître blessé. Il était près de minuit et beaucoup des lumières qui s'étaient allumées en bas s'éteignaient.

« Bonne nuit, Mark, dit-il. Merci pour la bière. » Et il ajouta, parce que manifestement Mark n'allait pas bien : « Nous nous reverrons bientôt. »

Il se dit qu'il ne souhaitait pas du tout rentrer chez lui. L'église St. Stephen sonna les douze coups de minuit. C'était le premier avril, et il se souvint de son enfance avec Cherry quand ils se faisaient des poissons d'avril et leur mère leur avait dit que cela s'arrêtait à midi. Après, il fallait accrocher une queue dans le dos d'une personne sans qu'elle s'en aperçoive. Cherry en avait épinglé une au manteau de sa mère qui était allée faire ses courses en se demandant pourquoi tout le monde la regardait. C'était une queue magnifique, comme celle d'un lion, en laine jaune tricotée, avec un pompon au bout. Une chose dont on se souvient, se dit John.

Il ne dormit pas très bien, comme toujours quand il rentrait tard. Sans doute parce qu'il était conventionnel, routinier. Le lendemain, il se réveilla de bonne heure et arriva au travail encore plus tôt que d'habitude. Il y avait une livraison à faire, des arbres et des arbustes dans une maison du quartier où vivait Jennifer. John avait promis d'accompagner le chauffeur afin de donner des conseils au client. Il s'agissait d'une grosse commande et il s'était senti obligé de le faire. Il espérait que le chauffeur ne passerait pas devant la maison où Jennifer vivait avec Peter Moran, même s'il avait envie de la voir. Pour cela, il ne voulait pas être avec quelqu'un qui n'était pas au courant. Il aurait été incapable d'expliquer pourquoi.

Mais à l'aller et au retour, ils empruntèrent un autre itinéraire, utilisant la déviation, et ils revinrent par l'autoroute, en prenant la passerelle de la pelouse des chats, ouverte à cette heure-là à la circulation qui entrait en ville. En passant au-dessus des piliers, John pensa qu'un nouveau message attendait peut-être en bas, sous les roues du camion et il dit au chauffeur de le laisser là. C'était l'heure du déjeuner et il pouvait très bien manger en bas plutôt que dans le café à côté du *Garden Center*. Le bus qu'il prenait pour aller à son travail quand il n'avait pas la Honda partait du garage, à cinq cents mètres d'ici, et il y en avait un à une heure et demie.

Il allait peut-être trouver le même message, pensa-t-il, en traversant la rue en direction de la pelouse. Après tout, ce n'était qu'hier qu'il avait découvert et lu celui qui parlait de Bruce-Partington. Il leva le bras et décolla le ruban adhésif. Un nouveau message. Il le vit aussitôt. Il le recopia dans son carnet, replaça l'enveloppe dans le pilier et s'éloigna à la recherche d'un endroit pour déjeuner.

Le plus proche était le café au-dessus de l'escalier. Mais comment y manger ! Se tenir à l'endroit même où... John remonta Albatross Street après Ahman-Suleiman, jusqu'où la rue s'élargissait. Il trouva un café d'ouvriers, petit mais propre, à un carrefour où se croisaient quatre rues. A l'intérieur, les tables avaient de vraies nappes en coton à carreaux rouges et sur les murs on avait épinglé des affiches de lieux de vacances. Au comptoir, on pouvait prendre des cheeseburgers, des sandwiches jambon ou des samosas (ces derniers étaient peut-être destinés aux employés de chez Ahman-Suleiman). Il prit des sandwiches. Le moins risqué se dit-il. L'évaluation que Mark Simms avait faite de son caractère lui restait sur le cœur. Elle n'en était pas moins juste. Si dans un jeu-concours il y avait la question suivante : pour déjeuner que choisira une personne conventionnelle, un sandwich, un cheeseburger ou un samos, la bonne réponse serait la première.

Il prit aussi un café et une tarte aux pommes. Sans un exemplaire de *L'Autre Côté du silence*, il pouvait quand même déchiffrer le message, car il avait recopié les premières lignes dans son carnet. Après tout, il faudrait bientôt qu'il rende le livre à la bibliothèque. Le premier mot du message avait neuf lettres, le second une, le troisième six. John les mit à côté de l'alphabet codé. Il obtint : NPUFKOTKM K GZKALM. Avait-il mal recopié la phrase ? Pour la première fois, il n'utilisait pas le roman lui-même.

Mais il était sûr de ne pas s'être trompé. Il commençait à bien connaître le code. Si, comme cela semblait vraisemblable, le message commençait par « Léviathan à Dragon », le TH de Léviathan aurait dû être OJ en code et pas TX, et le deuxième mot, « à », un E et non un K. John n'arrivait pas à comprendre. Qu'est-ce qui n'allait pas ? Il étala le papier sur la table, à côté de sa tasse de café, comme si en le défroissant sous sa paume, il pouvait brusquement trouver la solution. Il essaya à nouveau en se concentrant. NPUFKOT... Et il comprit. Il vit parfaitement ce qui s'était passé. Un nouveau mois avait commencé et ils avaient changé de code. Ils lui avaient fait un poisson d'avril.

XV

Une musique lointaine et inconnue, une voix de soprano qui chantait. « ... *Ah, Belinda, I am prest* [*with torment not to be confest...* »]

Angus était allongé sur le dos et, près de lui sur le lit, il y avait la pochette du disque avec la photo d'une femme habillée comme une des déesses du Parthénon. Il lisait. On avait tiré les rideaux mais la lumière du soleil dessinait des lignes et des taches brillantes sur les bords. Angus n'aimait pas beaucoup le soleil du matin. Il avait allumé sa lampe de chevet. Mungo frappa poliment bien que la porte fût grande ouverte comme d'habitude. Dans la maison, tout le monde avait dû supporter Purcell ou Gluck ou n'importe qui d'autre, jusqu'à ce que Lucy perde patience et lui dise d'arrêter ou de fermer sa porte. Quand Angus vit de qui il s'agissait, il dit :

« Je ne pense pas que par hasard, tu saches qui a dit : "Méfiez-vous des entreprises qui exigent des habits neufs", n'est-ce pas ?

— Moi ? Non, je ne le connais pas. Pourquoi ? Je suis venu te demander si je pouvais me servir de l'ordinateur. Comme faveur exceptionnelle.

— Tu ne sais pas t'en servir.

— Je pensais que tu pouvais me montrer, dit Mungo.

— Ce serait plus facile si je le faisais à ta place. » Angus le fixait d'un regard pénétrant. « Tu ne veux pas que je sache de quoi il s'agit, n'est-ce pas ?

— Ça m'est égal. Seulement, il faut le faire avant le déjeuner pour le courrier de cet après-midi. Je veux qu'il la reçoive demain.

— Qu'il reçoive quoi ? » Angus se redressa et s'assit sur le lit, mais il n'arrêta pas *Didon et Énée*.

Mungo ferma la porte. Son père était sorti, mais il ne savait pas si sa mère était là. D'habitude, le vendredi, elle se trouvait à l'hôpital. Il expliqua le problème de l'autorisation de la commission d'urbanisme, Blake et Charles Mabledene. Angus éclata de rire.

« Tu ne vas quand même pas écrire à papa pour lui dire qu'on lui a accordé l'autorisation !

— Pourquoi pas ? demanda Mungo avec précaution. J'ai pensé que sur un ordinateur, ça ferait plus officiel. J'ai quelques feuilles de bon papier. Ce n'est pas tout à fait le bon, mais papa n'y verra que du feu. C'est celui du conseil municipal, pas de la commission d'urbanisme. Je l'ai depuis que Hydre m'en a pris dix feuilles quand nous avons fait les trucs sur les impôts locaux. Je voudrais écrire que la commission a tenu une réunion supplémentaire à huis clos au cours de laquelle nous avons décidé d'accorder l'autorisation...

— Pourquoi à huis clos ?

— J'aime bien. Ça veut dire en privé.

— En réalité, ça veut dire les portes fermées. Comme ta tête », ajouta Angus et il offrit une truffe au chocolat à Mungo.

« Alors, tu veux bien me faire la lettre ? demanda Mungo, en mâchant.

— Je crois. Mais il ne faut pas la signer avec le nom de Blake. Tu ferais mieux de trouver quelqu'un d'autre. Et je ne mettrai pas ce "à huis clos", c'est absurde, Je suppose que tu en es absolument sûr ?

— Si c'est vrai ? On peut se fier absolument à Charles Mabledene. Je lui confierais ma vie. » Aussitôt qu'il eut dit cela, Mungo sut qu'il ne le pensait pas. Il n'avait aucune confiance en Dragon mais il savait que ce qu'il disait était vrai.

« Vous êtes dingues, mon vieux, tu sais. » Mais Angus brancha l'ordinateur, s'assit en face et demanda un nouveau programme. « Et si papa téléphone aux gens de la commission d'urbanisme ?

— Pourquoi est-ce qu'il téléphonerait ?

— Je ne sais pas. » Cher monsieur Cameron... Angus tapait sur le clavier. « Quel est ton prochain projet, vieux ?

— Je vais mettre tous mes agents pour découvrir qui a cabossé l'aile de la voiture du frère de Licorne. Ensuite, je veux deux invitations, pour

Graham et pour moi, au cocktail de l'Association des conservateurs. Je ne suis jamais allé à un cocktail. Je compte que nous aurons tout terminé avant le début du trimestre. »

XVI

Dans le but d'être honnête et ouverte, de n'avoir ni secrets ni arrière-pensées, Jennifer avait présenté Peter Moran à John, le jour où elle l'avait quitté. Peter Moran vint la prendre dans sa Citroën jaune, Geneva Road. John avait disposé de quelques jours pour s'habituer à l'idée ou au moins pour commencer à se remettre du choc, mais il restait abasourdi et comme frappé de stupeur.

« Il vaut mieux que tu le rencontres, avait-elle dit. Il vaut mieux que vous vous connaissiez. Je veux que tu comprennes, John. »

Si elle insistait, se dit-il, c'est parce que sa fuite deviendrait compréhensible quand il verrait Peter Moran. Il éblouissait peut-être par son allure, sa personnalité, son esprit, son charme et son intelligence manifeste. Jennifer parlait toujours de son intelligence aiguisée. A l'époque, John croyait encore que pour séduire une personne du sexe opposé, il fallait être très beau et particulièrement intelligent, cela malgré les couples mariés qu'il voyait autour de lui, malgré l'ancienne preuve qu'était l'amour de Mark pour Cherry.

Peter Moran arriva, laconique, désinvolte, l'air à moitié endormi, comme s'il venait juste de sortir d'un sommeil profond et peut-être drogué. Pas beau du tout, un visage décharné et blafard. Cela rendit la séparation plus difficile, en tout cas cela n'arrangea rien. John se sentit insulté que Jennifer lui préfère Peter Moran. Il parlait de façon démodée, d'une voix traînante comme dans les écoles privées, avare de mots, dédaigneux, apparemment indifférent à ce que les autres pouvaient penser de lui. Et ce n'était pas tout. Plus tard, John se dit qu'il avait dû l'imaginer, qu'il lui avait attribué tout ce qu'il pouvait concevoir de mal, mais en fait il avait immédiatement pensé : il y a quelque chose d'immonde en lui, quelque chose d'effroyable. Il connaissait mal les perversions sexuelles mais il pouvait en sentir les monstres cachés. L'un d'eux était tapi derrière les yeux de Peter Moran, avait pensé John, des yeux aussi peu brillants que des pierres, dissimulés derrière l'écran de ses lunettes.

En entrant, il avait dit « salut ! » mais John avait été incapable de l'imiter. Il avait répondu d'un air guindé :

« Bonjour, monsieur. »

Peter Moran avait levé les yeux au ciel et avait murmuré quelque chose comme : « Oh, merde. » Puis il avait dit à Jennifer :

« C'est tout ce que tu emportes, Jen ? Je croyais que tu partais définitivement, pas pour le week-end. »

Il n'avait pas esquissé le moindre geste pour prendre les valises. John les avait portées le long de l'allée. Il espérait bêtement que les voisins croiraient que Jennifer partait en vacances et que Peter Moran la conduisait seulement à la gare. En le regardant porter les valises, Peter avait dit :

« Il a un petit côté Sacher-Masoch. »

Ils s'en allèrent. John referma la porte et monta au premier. Il se jeta sur le lit grande largeur dans lequel il avait dormi seul depuis plusieurs nuits mais il ne pouvait rester tranquille. Sa douleur était trop forte, la douleur causée par son absence. Il les imaginait ensemble, dans la voiture et, sans savoir pourquoi, il les vit en train de rire. A chaque fois qu'il les imaginait ensemble, ils riaient, ce qui était bizarre parce que Peter Moran semblait ne pas rire souvent.

Quand il retourna à la bibliothèque, John regarda à Sacher-Masoch dans une encyclopédie et il découvrit qu'il s'agissait d'un homme qui trouvait un plaisir sexuel dans la souffrance. Il avait accompagné son épouse et son amant en voyage comme serviteur, afin d'assister à leurs ébats intimes. C'était donc ainsi que Peter Moran le voyait.

Très tôt, le samedi matin, il rêva du jour où Jennifer et lui s'étaient séparés, il y avait de cela cinq mois. Dans son rêve, les choses ne se déroulaient pas exactement comme dans la réalité mais déformées de telle sorte que certains événements lui parurent absurdes au réveil. Il avait peut-être porté ses valises pendant quelques mètres, mais il ne s'était jamais agenouillé à ses pieds pour cirer ses chaussures. Pourquoi rêvait-on de telles choses ? Peter Moran lui aussi semblait déformé, avec une grosseur affreuse sur le côté du visage, au lieu de son aspect normal.

Parfois, le samedi matin quand il ne devait pas aller travailler, John restait au lit jusqu'à neuf heures ou neuf heures et demie et c'est ce qu'il avait l'intention de faire ce jour-là. Mais il se réveilla à sept heures. Il ne se sentait pas bien à cause de son rêve et au lieu de se rendormir, il se mit immédiatement à penser au rendez-vous de l'après-midi, à quinze heures, et à la rencontre avec Jennifer. Il était impatient et effrayé. La chambre n'avait pas vraiment l'air sale, mais elle sentait le renfermé. Il se leva, s'habilla, ouvrit les fenêtres et entreprit de refaire le lit. Les draps, qui sortaient de la blanchisserie, étaient blancs et légèrement raides. John s'avoua d'un air coupable qu'il ne les avait pas changés depuis un mois mais il croyait que les hommes qui vivaient seuls ne changeaient pas souvent de linge. Mark Simms comme les autres. Et si, demain matin en se réveillant, il découvrait la tête de Jennifer sur l'oreiller, sur cette taie blanche, près de la sienne ?

Il avait eu peur de faire l'amour. Sa virginité, qui ne lui posait pas de problème avant sa rencontre avec Jennifer, qui lui avait paru la condition normale pour une personne seule, devint un fardeau qu'il ne voulut plus porter, un poids écrasant et une gêne absurde. Il aurait trouvé cela moins grave, si elle aussi avait été vierge, mais il savait que ce n'était pas le cas. Il y avait eu Peter Moran et les autres. Plus d'une fois, elle lui avait laissé entendre qu'ils devraient vivre ensemble — il utilisait un euphémisme — avant leur mariage. Il ne lui avait pas dit exactement qu'il la respectait trop, mais qu'ils ne feraient l'amour que quand ils seraient mariés, au cours de leur nuit de noces. Elle avait accepté en souriant. Il aurait peut-être dû s'inquiéter de voir qu'elle ne manifestait aucune déception.

La nuit s'était bien passée. Cette phrase banale pouvait avoir des significations étranges. Cela avait été tout juste bien. Un exercice qu'il n'avait jamais pratiqué auparavant, comme pour l'utilisation d'une machine qu'on ne connaît pas, possible néanmoins si l'on suit les instructions. La terre n'avait pas tremblé, il n'était pas monté au ciel et elle non plus, il en avait la certitude. Dans les premiers temps, cela lui suffisait qu'il se soit acquitté de façon correcte. Apparemment, il avait su comment s'y prendre et il l'avait fait. C'était comme s'il avait laissé choir son fardeau et qu'il l'avait abandonné au milieu du chemin.

Deux jours avant leur mariage, elle lui avait déclaré qu'elle se sentait obligée de lui dire que si Peter Moran revenait un jour et qu'il voulait d'elle, elle partirait avec lui. Jennifer était fatiguée, elle avait un peu envie de pleurer et il avait mis cela sur le compte de la nervosité qui précède le mariage. Il ne l'avait pas vraiment crue. Peter Moran se trouvait en Amérique, avait-elle dit, où il enseignait dans un collège du Middle West. Pourtant John ne savait absolument pas comment elle l'avait appris alors qu'elle ne recevait jamais de lettres de lui. John avait ri et lui avait affirmé qu'il aurait son mot à dire si sa femme voulait s'enfuir avec son ancien amoureux. Il l'enfermerait à double tour. Il avait fait plusieurs plaisanteries oiseuses de ce genre. Puis, lors du mariage civil, elle avait dit brusquement :

« On n'a aucun vœu à faire. C'est drôle, non ? On n'a rien à promettre. »

Il croyait l'aimer. Il tomba vraiment amoureux d'elle après leur mariage. Il aurait voulu déposer à ses pieds le soleil, la lune et la tunique brodée des cieux. Il ne possédait que cette maison, quelques maigres économies et un héritage aussi pauvre qui lui venait de ses parents. Il aurait voulu tout dépenser pour rendre la maison belle pour elle, mais elle n'avait pas voulu. Elle ne voulait toucher à rien.

« Laisse les choses en l'état, disait-elle. Je ne m'intéresse pas à mon intérieur et tu n'aimes que ton jardin. »

Aussi il n'avait acheté que ce lit et cette parure de lit, très belle et très chère, démodée et qu'il fallait amidonner et repasser. Entre ces draps, elle se montrait gentille et complaisante avec lui, mais après un certain temps, le temps de l'abandon, il n'osa pas lui demander de faire l'amour plus d'une fois par semaine, puis une fois tous les quinze jours... Il se connaissait et savait qu'il ne lui en parlerait jamais. Dire les choses franchement, directement, ne lui ressemblait pas. Ce que Mark Simms préconisait n'était pas fait pour lui. Si leur mariage se transformait en mariage blanc, c'est qu'il devait en être ainsi, et il l'accepterait.

A son grand étonnement, ce fut-elle qui aborda le sujet, qui dit avec une sorte de simplicité admirable qu'elle trouvait leur façon de faire l'amour affreuse, au mieux ennuyeuse, au pire douloureuse. Elle ne pouvait plus la supporter, cela allait la rendre malade. Elle parlait avec douceur et gentillesse mais aussi avec fermeté. Est-ce qu'elle ne pourrait pas, est-ce qu'il la laisserait — elle hésita un peu mais elle se rapprocha et mit ses bras autour de lui — et si elle essayait de lui apprendre ? S'ils essayaient ensemble ?

Et son bonheur commença, l'apprentissage de l'amour avec une femme qui l'aimait ou du moins le pensait-il. Ce qui avait été une nouveauté, une source de satisfaction sous diverses formes, devint magnifique et un triomphe de la volupté. « Aller se coucher » prit un autre sens pour lui. Elle ouvrait les rideaux et laissait la lumière entrer dans la chambre. Elle se glissait dans ses bras et se serrait contre lui en lui parlant à l'oreille. Parfois, au milieu de la journée, au rez-de-chaussée, elle le prenait dans ses bras et l'emmenait rapidement au premier, dans leur lit. Elle lui promit de ne jamais simuler un plaisir qu'elle n'éprouvait pas et il sut que son premier orgasme et ceux qui suivirent étaient vrais et qu'il les lui avait donnés. Pendant qu'il se démenait et s'agitait, elle disait fébrilement, « oui, oui, oui », elle répétait son nom et « mon chéri », puis elle poussait un cri de bonheur — Jennifer qui autrement ne criait jamais. Au beau milieu de tout cela, au moment le plus beau, c'est ce qui lui semblait, alors qu'ils s'étaient retrouvés, qu'ils avaient atteint les sommets de la volupté, Peter Moran revint et elle s'en alla avec lui.

Cela aurait été moins dur, beaucoup moins dur si elle l'avait quitté au cours de la première année. Sa virilité aurait pu être compromise à jamais, mais à quoi lui servait sa virilité sans elle ? Elle l'avait quitté quand tout marchait parfaitement bien entre eux. Ils se caressaient constamment quand ils se trouvaient ensemble, ils se tenaient par la main et se parlaient avec des sourires secrets et des regards de tendresse pleins de souvenirs. Une nuit, ils firent l'amour le soir et à nouveau au petit matin, puis il y eut la journée du lendemain pendant laquelle, alors qu'ils traversaient Nevin Square, elle vit Peter Moran assis sur le socle en pierre de la statue de Lysander Douglas...

John essayait de ne pas se rappeler cette époque. On dit que l'esprit refoule les souvenirs douloureux ou simplement troublants, mais John trouvait que cela ne se passait pas ainsi. Il oubliait beaucoup de choses qu'il trouvait utiles, mais ces souvenirs cruels restaient présents et précis. Il finit de faire le lit et descendit mais il n'avait pas envie de petit déjeuner. Remarquerait-elle à quel point il avait maigri ?

La journée s'annonçait belle. En Angleterre, le temps tournait souvent ainsi. Il se réchauffait lentement, pendant une demi-douzaine de jours, pour aboutir à une vague de chaleur qui durait une semaine et qui se terminait par de l'orage. Comme on était au début avril, il n'y avait pas de vague de chaleur, mais le ciel restait bleu et clair, le soleil brumeux mais assez fort. John put sortir dans le jardin sans manteau et il eut envie de s'asseoir dans une chaise longue. A part lui, qui avait encore des chaises longues ? Elle le lui avait demandé en riant quand il avait installé sur la petite pelouse les deux sièges au tissu rayé. Il lui réservait celle qui avait un repose-pieds détachable. Il était conventionnel et démodé, lui dont la jeunesse s'était déroulée dans les années soixante, les swinging sixties, qui pourtant n'avaient jamais swingué pour lui. Cela faisait peut-être partie de ses problèmes. Il avait tant voulu prendre soin d'elle, parce qu'il l'aimait et qu'il considérait cela comme son devoir de mari. Elle n'avait jamais travaillé quand elle vivait avec lui.

Pour ne plus penser, ou essayer de ne plus penser au rendez-vous de cet après-midi, il alla chercher son carnet de code pour l'étudier. Il avait déjà un peu progressé parce qu'il savait que le premier mot devait être « Léviathan », et le troisième « Dragon ». Puis il avait séché. Mais brusquement, comme si son subconscient avait résolu silencieusement le problème pendant la nuit, il comprit ce que signifiait « Lacds ». « Ignorer tous ordres Lacds » devenait clair. Cela voulait dire de ne plus tenir compte des messages qu'on pouvait recevoir dans le code *L'Autre Côté du silence*. Mais ce qui précédait, signifiait-il par conséquent qu'avec le nouveau mois il fallait se servir du code Bruce-Partington ? Et qui pouvait bien être ce Bruce-Partington ?

Sans doute pas un membre de cette petite mafia, se dit John. Ils portaient tous des pseudonymes d'animaux légendaires. Bruce-Partington pouvait être auteur de romans d'espionnage. John n'avait jamais entendu parler de lui mais cela ne prouvait pas qu'il n'existait pas. Il ne connaissait pas bien les écrivains de ce genre de littérature, à part les très grands, Le Carré, Deighton, Yugall, et maintenant Allbeury et un ou deux autres. Il lui restait des heures avant son rendez-vous avec Jennifer. Pourquoi ne pas aller à la bibliothèque de Lucerne Road pour demander s'ils avaient des romans de Bruce-Partington ? Avec un peu de chance, il n'en existait peut-être pas plus d'une demi-douzaine. Ce serait un jeu d'enfant de vérifier si les premières phrases fournissaient le code d'avril.

Cependant, avant tout, il rangea un peu. Il lava l'évier et passa un chiffon sur les meubles. Pas question de nettoyer toute la maison vu son état, et ne lui avait-elle pas souvent répété qu'elle ne tirait aucune fierté de son intérieur, que ce genre de choses la laissait indifférente ? Le soleil révélait les toiles d'araignées, les marques de doigts sur les meubles. Les rideaux avaient besoin d'être lavés. D'ailleurs, il vaudrait mieux les jeter et en acheter des neufs. Et pourquoi pas, si elle le voulait ? Elle avait peut-être changé, se dit-il. Si Peter Moran s'apprêtait à la quitter à nouveau, si elle avait subi une deuxième déception, serait-elle amère et désespérée ?

Pour la première fois, John envisagea la possibilité qu'elle ne lui revenait que parce que Peter Moran la quittait à nouveau. En d'autres termes, il était comme un port quelconque dans la tempête. Mais cela lui importait peu. Quoi qu'il en soit, cette fois, elle serait guérie de Peter Moran et ce serait la fin de leurs rapports. John se souvint de ce qu'il avait ressenti devant Peter Moran, cette intuition sourde selon laquelle il pouvait avoir des penchants sexuels malsains. Par exemple ? John n'y connaissait pas grand-chose ; Moran ne préférait sûrement pas les hommes. Peut-être aimait-il être battu ou pourquoi pas — John se tassa sur lui-même à l'idée — aimait-il frapper. Sa référence à Sacher-Masoch lui était venue rapidement et facilement. Se pouvait-il qu'elle le quitte pour cette raison-là ? Quant à lui, elle l'avait aimé autrefois et l'aimerait à nouveau. Avec le soleil, il reprenait confiance en lui et se rendit compte qu'il sifflotait en flânant dans la cuisine.

La bibliothécaire de Lucerne Road lui assura qu'elle n'avait pas de livre de Bruce-Partington. Elle vérifia dans le fichier auteurs sur ordinateur et montra à John qu'aucun nom n'était enregistré entre Robert B. Parker et Harry Patterson.

« Le nom me dit pourtant quelque chose.

— Vous voulez dire que l'auteur peut exister mais que vous n'avez pas ses livres ? demanda John plein d'espoir.

— Je ne crois pas que ce soit vraiment un écrivain. Plutôt le nom de quelque chose. Comme une firme ou une marque. »

Cela n'avait pas beaucoup d'importance. De toute façon, la semaine prochaine, il n'aurait peut-être pas le temps ou l'envie de déchiffrer des codes.

A deux heures vingt-cinq, John franchit les portes des jardins de Hartlands. Il avait déjeuné, un repas succinct, il avait pris un bain, mis des vêtements propres, lavé et essuyé la vaisselle, tout débarrassé et il n'était encore que onze heures et demie. Puis, il lui fut impossible de rester chez lui plus longtemps. Il fallait qu'il sorte pour marcher.

Le bus arriva immédiatement et sans qu'on sache pourquoi il y avait très peu de circulation pour le retarder. C'était une véritable journée d'été, d'une chaleur inouïe, et les arbres dénudés avaient un air étrange devant le ciel sans nuages. La grande allée centrale qui conduisait de l'entrée à la résidence Douglas était bordée de massifs de narcisses blancs au cœur jaune, en fleur par milliers, et la chaleur exaltait leur parfum riche et entêtant. John quitta le chemin principal et prit à droite vers cette zone du parc connue sous le nom de jardin de Lady Arabella.

Lady Arabella avait été l'épouse de Lysander Douglas, une dame du monde et une grande jardinière. La mère de John se souvenait qu'étant enfant elle l'avait vue descendre en ville dans une Lagonda. John et Cherry venaient souvent ici avec leur mère et naturellement ils préféraient l'aire de jeux avec les balançoires et les toboggans. A l'époque, le parc venait d'être cédé à la ville, à cause des droits de succession qui avaient presque ruiné les Douglas. L'endroit préféré de sa mère était ce jardin vers lequel il se dirigeait et que Lady Arabella avait dessiné elle-même. En approchant, John regretta de ne pas avoir proposé à Jennifer qu'ils se rencontrent ici plutôt qu'au salon de thé. Elle et lui y étaient venus plusieurs fois pour s'y asseoir ou s'y promener.

C'était un jardin blanc qui réussissait à avoir des fleurs pendant trois saisons. Une haie d'ifs l'entourait et on ne découvrait les fleurs qu'après avoir franchi une entrée et passé sous une arche. John fut surpris de voir qu'il y en avait tant d'épanouies, une telle diversité de narcisses, de tulipes blanches en train de s'ouvrir, des arabis neigeux, des crocus ivoire avec une pointe de mauve, de la monnaie du pape et une espèce d'iris précoce dont il ne connaissait pas le nom. De gros bourgeons pas encore ouverts se pressaient sur les branches d'un cerisier, mais des fleurs délicates, en forme d'étoiles et fines comme du papier recouvraient une clématite qui grimpait sur le mur du petit pavillon.

Il se retrouva seul dans le jardin. La beauté du lieu, les parfums et la chaleur du soleil lui faisaient un effet étrange et il se sentit faible et tremblant. Il en aurait haleté. Il s'assit sur un des bancs de pierre et se prit à songer. Et si elle venait ici maintenant, si elle arrivait de l'autre côté derrière le pavillon, si elle s'avançait vers moi ? C'était possible, même vraisemblable car elle ne devait pas se trouver très loin. Il regarda sa montre. Deux heures quarante-cinq. Peut-être la ramènerait-il ici quand ils auraient bu un thé. Des violettes blanches poussaient partout entre les pierres, au bord des parterres symétriques, parmi les autres fleurs comme si le jardinier avait éparpillé des paquets de graine. John pensa, je vais la voir entrer dans le jardin maintenant. Il ferma les yeux, se concentra, il pria même. Mais quand il les rouvrit, il était toujours seul. Il n'y avait qu'un papillon qui avait survécu à l'hiver. Il voletait autour des arabis aussi blanc que les fleurs.

Il quitta le jardin et revint vers la demeure en suivant une des hautes terrasses. De là, on pouvait voir en bas la cour pavée circulaire où, en été, on installait des tables et des chaises et sur laquelle on ouvrait en grand les portes du restaurant. Normalement, à cette époque de l'année, il aurait dû faire trop froid, mais quand John s'engagea dans l'allée étroite et se pencha par-dessus la grille en fer, il vit qu'on avait sorti les tables et dressé deux parasols. Devant une des tables en plein soleil, bien droite sur sa chaise et lisant apparemment un journal ou un magazine étalé devant elle, il aperçut Jennifer.

Elle était en avance. Et elle semblait installée depuis déjà quelques minutes. Brusquement, John sentit son cœur battre et sa gorge se dessécher. Ensuite, il savoura le plaisir immense de contempler celle qu'il aimait sans qu'elle le voie. Elle était habillée de la façon qu'il préférait, très simplement, avec une jupe, un chemisier et un pull. Mais la jupe devait être longue et ample car elle descendait presque jusqu'à terre en plis épais en ne laissant voir que ses chevilles fines et ses pieds dans des chaussures plates et pointues. Le soleil, qui éclairait ses cheveux, leur donnait une teinte fauve, celle que Rembrandt utilise pour la couronne de Junon, se dit John en l'admirant. Il se demanda si le plaisir de la voir se tourner vers lui et de lui faire signe ne serait pas trop fort pour lui, pour son cœur, et s'il n'allait pas en mourir sur place.

Son cœur n'eut pas à subir l'épreuve. Elle continua à lire. Elle tourna une page. Il s'approcha de l'escalier, sous l'emprise de cette sensation que nous éprouvons quand l'angoisse de l'attente est dépassée, quand tout est achevé et consommé — une absence de pensée et un vide de l'esprit. Il s'avança vers la table comme un automate et, quand elle entendit ses pas, elle tourna la tête et se leva. Elle resta debout et, petit à petit, elle réussit à sourire.

Il se rendit très vite compte qu'il ne pouvait pas l'embrasser ni lui serrer la main ni même la toucher.

Elle dit : « Bonjour. »

Il répondit : « Bonjour, Jennifer. »

La longue jupe de tweed retombait comme une corolle. Elle tenait les mains serrées contre sa poitrine. Elle avait les doigts nus. Elle ne portait plus d'alliance.

« Cela me fait plaisir de te voir. »

Elle répondit par un signe de tête qui pouvait signifier n'importe quoi.

« Tu veux un thé ? Avec des gâteaux ?

— Je ne veux rien, dit-elle. Mais prends des gâteaux si tu en as envie. Tu as beaucoup maigri, on dirait.

— Cela me fait sans doute du bien. » Il la regarda prendre son magazine, le plier et le ranger dans son grand panier en paille tressée. « Si nous ne prenons rien, dit-il, nous pouvons marcher. Si nous allions au jardin blanc ? J'en viens, c'est magnifique, ça te plaira.

— Je préfère rester assise. Nous pouvons rester ici. »

Alors, il comprit. Au ton de sa voix et à l'expression de son visage, un air d'ennui et de tristesse qui annonçait qu'une tâche désagréable l'attendait, il comprit qu'elle ne reviendrait pas avec lui. Elle se rassit et il s'installa devant elle. Le soleil n'avait pas disparu et pourtant c'est ce qu'il ressentait. Elle posa la main gauche sur la table et ses doigts eurent un geste nerveux, comme quelqu'un qui essaie un piano. Et brusquement, il eut l'impression que la timidité, la passivité ne convenaient plus. Qu'avait-il à perdre s'il parlait ? Qu'avait-il à gagner avec sa patience humble et dévouée ? Il avait déjà tout perdu.

« Pourquoi m'as-tu demandé de venir, Jennifer ? » Sa voix tranchante l'étonna. « Qu'est-ce que tu veux ?

— Le divorce, dit-elle en le regardant droit dans les yeux. Je veux divorcer. »

Il pensa aux draps propres dans le lit. Il s'était rendu ridicule mais seulement à ses propres yeux.

« Tu vas l'épouser ? »

Elle fit oui de la tête.

« Et quelle garantie as-tu que cette fois il ne va pas se sauver et t'abandonner deux jours avant le mariage ?

— Cela me regarde », dit-elle. Elle rougit et il triompha car il pouvait encore la troubler. « De toute façon, il ne partira pas. Les choses sont différentes cette fois-ci. » Elle ajouta rapidement d'un seul coup : « Je ne veux pas attendre deux ans. Je veux que tu demandes le divorce pour adultère.

— Pourquoi est-ce que je devrais le faire ?

— Parce que je te le demande, John. »

Il tressaillit en l'entendant l'appeler par son prénom. « Nous avons fait une erreur en nous mariant.

— Je n'ai pas fait d'erreur. » Sa détresse même lui donnait une élocution parfaite. Il s'exprimait comme il n'en avait jamais été capable, avec une lucidité et une sincérité parfaites. « Je suis tombé amoureux et j'ai épousé la femme que j'aimais et, en ce qui me concerne, j'espérais et j'avais l'intention de rester marié jusqu'à ce que je meure ou qu'elle meure. Je l'aime toujours et c'est toujours ce que je veux.

— C'est impossible !

— Tu es ma femme. Cela ne signifie-t-il rien ? Tu as avoué regretter ta remarque sur l'absence de vœux et de promesses. » Il perdit le fil de ce qu'il voulait dire. La compréhension implacable qu'il avait de la situation le paralysait. Il rentrerait tout seul chez lui. Il resterait toujours seul. Et elle retournerait avec Peter Moran, sans aucun doute soulagée, heureuse d'en avoir terminé avec cet entretien obligatoire, elle se jetterait dans les bras de Peter Moran, elle l'embrasserait, elle raconterait sa déception en pleurant... et il la consolerait. « Qu'est-ce que tu lui trouves ? D'après ce que j'ai vu il n'est pas beau et pas très fréquentable.

— Il est intelligent et calme. C'est un intellectuel. Il est drôle. Il me fait rire. Nous parlons la même langue. »

Il trouva cela dur à entendre. « Il n'a pas de travail. Il ne peut même pas subvenir correctement à tes besoins.

— On n'aime pas quelqu'un parce qu'il gagne bien sa vie.

— Il t'a abandonnée autrefois, il t'a presque quittée devant l'autel. Sais-tu au moins pourquoi ?

— Cela n'a pas d'importance », dit-elle. Son visage semblait aussi doux et aussi vulnérable que ces pétales de fleurs qui ne s'ouvrent qu'un jour et qui se flétrissent au moindre contact.

« Je ne divorcerai jamais, dit-il. Il va falloir que tu attendes cinq ans. Mais il t'aura quittée d'ici là. »

Il se leva et s'éloigna rapidement. Il était résolu à ne pas se retourner et il ne se retourna pas. Il gardait les yeux fixés sur les pelouses vertes devant lui, sur le ciel bleu et sur les massifs frémissants des narcisses. Il faillit heurter une femme qui venait à sa rencontre et il découvrit avec surprise qu'il y avait d'autres gens dans le monde. Il regarda autour de lui et vit des enfants, un homme avec un chien au bout d'une laisse, et il se sentit étourdi, stupéfait. Pendant une demi-heure, ils avaient été le seul homme et la seule femme sur la terre, et maintenant il n'y avait plus que lui.

Deux jours plus tard, on parla du jardin de Lady Arabella aux informations régionales de la télévision. Dans le film, il y avait aussi un papillon blanc — peut-être le même — qui voletait sur les fleurs. Mais la principale nouvelle concernait la disparition d'un enfant. Un garçon de douze ans, élève de l'école de Hintall, avait disparu le samedi après-midi au cours d'une promenade surveillée. On l'avait vu pour la dernière fois près du fleuve, de l'autre côté de Nunhouse, où un groupe de garçons, immobiles et silencieux, avaient observé des hérons. C'était pendant cette pause sans bruit ni mouvement que James Harvill avait disparu.

Les référence à Nunhouse ne retinrent pas l'attention de John. Et il se passa un long moment avant qu'il n'établisse une relation entre la disparition du garçon et un passage de la lettre de Jennifer.

Deuxième partie

I

Il faisait partie de ces gens petits et coquets qui n'ont jamais l'air emprunté ou, si l'on veut, qui sont tout sauf tirés à quatre épingles et irréprochables. A côté de Mungo, il semblait en effet très petit. Il avait des oreilles de lutin, ni pointues ni rondes, à peine légèrement effilées. Il avait des cheveux blond clair toujours propres et bien coupés. La voix criarde qui, près d'un an plus tôt, avait annoncé à Mungo au téléphone que son propriétaire voulait passer dans l'autre camp n'avait pas changé. Impeccablement vêtu, dans la tenue de loisir de Rossingham, un pantalon de flanelle grise, un pull vert sombre, sans cravate parce qu'il était plus de six heures, il accepta l'offre de Mungo et s'assit devant le bureau sur une chaise qu'occupait d'habitude Graham O'Neill. Puis il jeta un regard, comme quelqu'un qui est toujours à la recherche de quelque chose, sur les livres que Mungo utilisait pour son devoir de français.

Mungo tendit la main et mit son essai de traduction hors de portée de ce regard. Mais au même moment un bras s'allongea et un œuf sortit de la manche du pull-over puis plusieurs mètres de serpentins de papier de la poche du pantalon.

« Arrête, dit Mungo. Ça m'énerve. »

Charles Mabledene sourit les lèvres fermées. C'était une habitude de l'agence de Moscou, ils avaient pris cela à Guy Parker, et Mungo se souvint des antécédents de Dragon, apparemment incapable de les oublier. Son pantalon lui allait parfaitement et son pull-over lui était même un peu petit, bien trop ajusté pour qu'on puisse y dissimuler un œuf et tous ces serpentins. Mais l'œuf et le papier avaient disparu ausi inexplicablement qu'ils étaient apparus.

« Pourquoi est-ce que tu t'appelles Mungo ?

— A cause de Mungo Park, l'explorateur, écossais lui aussi, et médecin. Nous sommes médecins dans la famille. »

Il sourit à nouveau.

« Je t'ai prié de venir pour te demander comment tu avais obtenu les renseignements de M. Blake.

— Ma mère lui a demandé.

— Ta mère ? Vas-y, continue.

— Ma mère veut ouvrir un nouveau salon...

— Un salon ?

— Un salon. Un salon de coiffure. Je lui ai fait inviter les Blake à dîner. Elle ne les connaissait pas mais elle coiffait Mme Blake, elle ou une de ses coiffeuses. Et Mme Blake n'arrêtait pas de dire qu'elle voulait voir le sauna de ma mère. J'ai dit à ma mère qu'on allait mettre en vente l'établissement des médecins, qu'un ami me l'avait raconté. Je n'ai pas eu besoin d'ajouter autre chose. M. et Mme Blake sont venus dîner et j'ai su qu'elle allait leur en parler, qu'elle ne les invitait que pour cela. Blake a dit qu'il était surpris. D'après lui, les médecins allaient agrandir leurs installations. »

Simple. Mungo regardait le petit Charles Mabledene, un enfant par la taille mais pas par l'esprit ou la ruse. D'ailleurs, ses parents le considéraient suffisamment adulte pour qu'il assiste aux dîners...

« Je n'y étais pas, dit Dragon. J'ai tout enregistré.

— Quoi ? »

La porte s'ouvrit et Graham entra en tenue de tennis, une raquette à la main. Charles Mabledene se leva poliment pour lui donner sa chaise mais Graham fit un geste de la main.

« Reste. Je vais prendre une douche. »

Il ressortit de la pièce contiguë où se trouvaient les deux lits et il jeta sur son épaule la serviette qu'il était allé y prendre, et six balles de tennis toutes de couleurs différentes en jaillirent en rebondissant. Charles Mabledene leva les sourcils et il sourit, sans modestie.

« Je disais simplement, reprit-il, que j'ai enregistré la conversation. Évidemment, c'était un peu brouillé, et parfois on ne comprenait rien du tout parce que j'avais caché le magnétophone derrière des fleurs séchées. Ma mère aime ce genre de bouquet et j'ai mis le magnéto derrière.

— Tu fais ça souvent ? demanda Graham.

— Quand je pense qu'on va dire quelque chose d'utile, oui.

— Utile ?

— Quelque chose dont je peux me servir », dit Charles Mabledene et il se mit à jongler avec les balles de tennis.

Après son départ, Mungo réfléchit quelques instants avant de retourner au passage de Maupassant qu'il traduisait en anglais. Son père n'avait pas mis la lettre en doute et il agissait en conséquence, c'est-à-dire qu'il n'agissait pas. Maintenant, puisqu'on était dans la dernière semaine d'avril, il avait sans doute reçu une vraie lettre lui annonçant la décision prise lors d'une vraie réunion, mais Mungo ne s'inquiétait pas. Fergus trouverait peut-être cela étrange mais tout le monde disait que ces conseils et ces organismes avaient des comportements incompréhensibles. Il fallait s'attendre à des anomalies. Dragon avait très bien manœuvré. Mungo se demanda pourquoi il trouvait ses méthodes déplaisantes. Ou n'était-ce pas plutôt Dragon lui-même qu'il jugeait... pas tellement déplaisant, mais froid et antipathique. Après tout, il n'y avait rien de mal à enregistrer une conversation si c'était pour en faire un bon usage. Mungo se dit qu'il avait entendu un proverbe ou un principe ou quelque chose sur les moyens justifiés par la fin, ou la fin par les moyens ? Il faudrait qu'il le retrouve.

Le milieu du trimestre arriverait dans trois semaines. La fête des sports, le samedi, puis le dimanche, en route pour la maison jusqu'au lundi de la semaine suivante. Personne n'avait encore pu découvrir le responsable des dégâts causés à la voiture du frère de Licorne et pourtant Mungo avait mis Basilic, Empuse, Charybde et Minotaure sur l'affaire. Charybde, de son vrai nom Nigel Hobhouse, allait dans un externat en ville et il était possible qu'il eût obtenu ses résultats maintenant. Il possédait un grand avantage sur les autres agents, en tout cas pendant le trimestre de Rossingham : ses parents avaient une maison de week-end à Rossingham-St. Mary ce qui signifiait que Charybde pouvait utiliser la cache de l'école.

Mungo traduisit les deux dernières phrases et ferma son dictionnaire qu'il replaça dans la bibliothèque. Il lui restait un devoir de maths mais il pouvait attendre. Dans le couloir, il rencontra Graham qui revenait des douches, puis M. Lindsay. Le professeur responsable de Pitt était un homme zélé, toujours en train de rôder et qui avait comme objectif que chacun de ses élèves soit utilement occupé du matin au soir. Il répétait toujours la même phrase : « Vous avez l'air désœuvré, Cameron (ou O'Neill, ou Mabledene ou Ralston). »

Cette fois, comme on était en dehors des heures scolaires, il s'adressa à Mungo en utilisant son prénom.

« J'ai oublié mon devoir de sciences naturelles dans la nouvelle bibliothèque, monsieur », dit Mungo.

C'était vrai, autant sur le plan de la ruse que sur celui de la morale. Mungo avait pris soin de laisser son explication inachevée du tube digestif du lapin sur le bureau où il l'avait commencée.

« C'est de la négligence. »

M. Lindsay parlait d'une façon aussi concise et ascétique que son physique. Il employait rarement des adverbes et les adjectifs, qu'il s'autorisait parfois, n'étaient jamais modérés. Érudit en langues classiques, le bruit courait qu'il avait obtenu deux mentions très bien à Oxford. Mais à Rossingham, on ne faisait guère appel à son savoir car on n'enseignait plus le grec, et le latin n'était plus qu'une matière à option. Il en ressentait une frustration permanente et, pour compenser peut-être, il ornait son discours de mots et de phrases latines.

« Notre *biblioteca* fermera à huit heures trente, aussi vous feriez bien de vous presser. Oh, Mungo...

— Oui, monsieur ?

— Si vous allez rôder sur les terrains de sport, puis-je vous suggérer d'enfiler un survêtement et des chaussures ? On m'a signalé la course comme une des meilleures formes d'exercice. *Currite, noctis equi*, ou en l'occurrence, *noctis pueri*. »

Cela voulait dire que M. Lindsay l'avait aperçu aller à la cache. Il n'avait pas compris mais Mungo se rendit compte qu'il avait dû être imprudent. M. Lindsay tourna son attention vers un élève de cinquième connu pour aimer un peu trop la télévision et qui se dirigeait vers le foyer.

« Vous avez fini vos devoirs, Stephen ? »

La nouvelle bibliothèque se dressait toute seule, une rotonde, ou plus exactement un octogone, construit seulement un an avant l'arrivée de Mungo à Rossingham. Dans la même architecture victorienne que l'aile de physique et de technologie, elle était construite en matériaux sombres et au goût du jour, une brique rouge foncé, du bois noir et de l'ardoise gris sombre polie. Entre ces différents bâtiments, les arbres célèbres de Rossingham, principalement des tilleuls et des châtaigniers, formaient un écran sur lequel, à cette heure, les jeunes feuilles semblaient livides. La douceur de ce printemps précoce avait laissé la place à une grisaille froide avec de violentes rafales de pluie.

Mungo entra dans la bibliothèque. Ceux qui préféraient faire leurs devoirs ici étaient assis devant des bureaux ou autour des longues tables en pin qui occupaient la partie centrale de la section des ouvrages de référence. Par chance, l'élève de surveillance était Angus.

« Je t'ai confisqué ton devoir, vieux, chuchota Angus, ainsi que les illustrations obscènes.

— Il s'agissait seulement des entrailles d'un lapin », protesta Mungo.

Angus lui tendit deux feuilles de papier.

« Qu'est-ce que tu as en tête ?

— Le contre-espionnage, bien sûr. »

Angus annonça qu'il était huit heures vingt-cinq. Cinq minutes pour ranger et il fermerait les portes. Mungo fila avant qu'il ait le temps de lui poser d'autres questions embarrassantes. La cache se trouvait derrière les vestiaires de cricket, de l'autre côté du terrain réputé pour avoir la meilleure pelouse à l'ouest de l'Angleterre. Mungo devait le contourner, en restant près de la haie. Il avait plié son devoir pour le glisser sous son pull-over à cause de la pluie qui tombait à nouveau. Sur la gauche du mur de fondation une brique descellée dissimulait une cavité profonde. Mungo l'enleva et sortit une lettre enveloppée dans un sac en plastique. Il restait juste assez de lumière pour la lire. Charybde à Léviathan, mais pour le reste, il lui fallait le code Bruce-Partington...

II

Assis dans le salon, Mark Simms et John buvaient une bouteille de vin. Ils regardaient à la télévision une émission que John trouvait sans intérêt et qui n'avait pas l'air de passionner son invité. Mais John en avait assez de Mark, de sa conversation, de sa façon de le critiquer et de se défendre, de son étrange obsession de Cherry et des souvenirs qui s'y rapportaient. Cette émission de jeux empêchait ou simplement retardait la discussion.

John savait que c'était de sa faute. Ce fameux samedi où Jennifer lui avait dit qu'elle voulait divorcer, il y avait quatre semaines, dans sa colère et sa détresse, en s'éloignant d'elle et en sortant des jardins de Hartlands, il avait eu envie de se saouler. Cela ne lui arrivait presque jamais. Il buvait très peu. L'idée de se saouler pour trouver une solution temporaire à ses problèmes l'étonna sur le moment. Mais il en avait besoin, ou le pensait, autant parce qu'il redoutait la solitude de la soirée que parce qu'il recherchait la consolation de l'alcool. Sans même penser, sans même se permettre de réfléchir ou de raisonner, il rentra chez lui et téléphona à Colin Goodman. Colin lui dit que sa mère n'allait pas bien, alors il appela Mark Simms. Mark, qui semblait aussi seul que lui, avait sauté sur l'occasion.

Ils avaient fait le tour des cafés, puis ils avaient acheté une bouteille de vin avant de rentrer chez Mark. John n'avait pas l'intention de lui parler de Jennifer, mais évidemment l'alcool avait vaincu ses inhibitions et, plus tard dans la soirée, il avait tout déballé. Mark, bien trop égoïste, bien trop préoccupé de lui-même pour s'intéresser vraiment aux malheurs des autres, n'avait pas manifesté beaucoup d'attention. Il eut des commentaires du genre : « Oublie-la », et : « Tu n'as qu'à rompre franchement. » D'une certaine façon, John avait accepté cela plus facilement, sinon sur le moment au moins plus tard, parce qu'il était absolument sûr que Mark avait tout oublié, à supposer même qu'il ait écouté. John n'avait eu qu'à s'arrêter pour que Mark ramène la conversation sur lui, sur Cherry, ou plutôt sur ses sentiments envers Cherry, sur la mort de Cherry, sur sa propre solitude et sur son mariage raté.

Sans vraiment se conduire de façon incorrecte, John avait succombé à la quantité inhabituelle de vin et il s'était endormi. Il dut passer la nuit sur le canapé de Mark. Depuis — et il se savait le seul à blâmer — il n'avait absolument pas pu se débarrasser de Mark. Ce dernier considérait au contraire comme allant de soi qu'ils passent ensemble la plus grande partie de leurs moments de liberté. Pourtant, John ne croyait pas que Mark l'aimait particulièrement ou qu'il préférait sa compagnie à celle des autres. Il se réduisait à une oreille qui écoutait, une voix qui répondait, une présence qui comblait le vide.

Il n'avait pas reparlé de Jennifer, mais il avait fini par se dire qu'il arrivait à ne pas penser à elle uniquement quand il se trouvait avec Mark et, dans une moindre mesure, quand il servait des clients au magasin. Il lui semblait impératif de ne pas divorcer. Elle lui avait écrit deux fois dans l'intervalle, des lettres très différentes de celle qu'il avait reçue pour lui demander un rendez-vous aux jardins de Harltands. La première était froide, la seconde suppliante. John avait répondu à la seconde pour refuser de les rencontrer, elle et Peter Moran, comme elle le proposait, et pour réaffirmer son intention de rester marié. Curieusement, depuis qu'il avait écrit cette lettre, son cœur le faisait moins souffrir. L'action, la fermeté lui donnaient un sentiment de force, lui assuraient qu'il pouvait l'emporter. Ce matin, bien qu'elle ne lui ait rien demandé, il fit un colis de la veste de cuir bleu et il la lui envoya avec une lettre dans laquelle il lui disait qu'elle lui reviendrait, que ce n'était qu'une question de temps. Puis il avait nettoyé le salon et avait porté les rideaux et les housses des fauteuils chez le teinturier. En revenant, il avait fait un détour par la pelouse des chats pour regarder dans le pilier de la passerelle.

Aucun message. Il n'y avait rien trouvé depuis le second message, dans le code du mois en cours, le 9 avril, le jour où il avait décidé de ne pas divorcer. Se sentant, sinon de meilleure humeur, au moins plus sûr de lui, il était allé à la passerelle et avait trouvé le message. Évidemment, il n'avait pas pu le déchiffrer. Il avait recherché à la librairie Hatchard, en ville, et dans les six autres magasins de neuf et d'occasion, et n'avait pas découvert de Bruce-Partington parmi les écrivains. Mais la recherche lui avait remonté le moral. Maintenant, les messages avaient cessé. Cela signifiait-il qu'ils n'utilisaient plus la cache de la pelouse des chats ou quelque chose de plus menaçant ?

Ce qui avait changé aussi, c'était la boisson. Sous l'influence de Mark il buvait beaucoup. Pas de l'alcool, mais de la bière et du vin, beaucoup de vin, au moins une bouteille à chaque fois qu'ils se voyaient. Il dormait comme une brute et ne pensait plus à Jennifer pendant ces heures nocturnes vulnérables. Il tendit le bras, remplit le verre de Mark et rit comme on semblait s'y attendre de sa part devant une réponse stupide dans un concours de devinettes. Comme il avait retiré les rideaux, les phares des voitures qui passaient traçaient des bandes de lumière qui couraient sur le plafond et sur les murs. Il avait allumé les deux résistances du radiateur électrique. L'émission de télévision s'acheva et un match de football américain commença. Mark prit son verre. John n'éprouvait plus la nécessité de remplir les bols de chips et de noisettes. Il ouvrit le journal *Free Press*. Récemment, il avait pris l'habitude de le lire en détail dans l'espoir d'y trouver des renseignements sur le groupe qu'il appelait la mini-mafia. Il imaginait vaguement des trafiquants de drogue ou peut-être quelque chose en rapport avec les courses de chevaux. On n'avait pas retrouvé l'enfant qui avait disparu et personne ne croyait qu'il était encore en vie.

Mark ne regarda pas le match pendant plus de dix minutes. Il éteignit sans rien demander à John.

« Ces lumières qui n'arrêtent pas de traverser le plafond sont énervantes, dit-il. On n'arrive pas à se détendre. Pourquoi est-ce que tu n'as pas de rideaux ou des stores ou quelque chose ?

— Je te l'ai déjà dit, ils sont chez le teinturier.

— Tu aurais dû les demander en express », répondit Mark. Il se lança dans une de ses critiques préférées de John, la condamnation de ce qu'il appelait son côté « bout-de-chandelle ». John se créait beaucoup de tracas par pingrerie. Et pourquoi devaient-ils rapporter à chaque fois des bouteilles de vin et des boîtes de bière ? N'importe qui en aurait eu au frigo ou dans un casier. Son visage avait une expression maussade — John l'avait déjà remarqué —, une moue amère, une bouche aux coins tombants, les narines pincées. Des rides creusaient son front en permanence.

Il se mit à parler de son mariage. La liaison entre l'avarice de John et les folles dépenses de son ancienne femme se faisait tout naturellement. John avait encore une bouteille de vin et il alla la chercher à la cuisine. Même par ce temps maussade, le jardin à l'arrière de la maison ressemblait à un petit verger où frémissaient les fleurs des arbres fruitiers ; le rose et le blanc brillaient dans la lumière de lampes lointaines qu'on ne pouvait voir. Le bassin avait l'air d'un miroir obscur et rougeoyant au milieu d'un cercle de pierres. Sous les arbres, toutes les tulipes de John étaient en fleur, sans couleur la nuit, mais écarlates, pourpres, jaune et or dans la journée. Il sortit la bouteille de vin du frigo et revint dans le salon sans s'occuper de savoir si Mark partait ou restait, absolument indifférent à ses critiques. En fait, le vin avait tellement étouffé ses inhibitions qu'il alla jusqu'à reprendre le journal pour y chercher négligemment une référence à un gang ou une organisation peu recommandable.

La boisson ne calmait jamais Mark.

« Tu pourrais au moins m'écouter quand je te raconte ces choses-là. Tu dois être la seule personne à qui je me sois confié de la sorte. C'est plutôt vexant, pour ne pas dire plus, de voir que tu préfères la feuille de chou locale. »

John s'excusa. Une autre partie de son cerveau se demandait si les deux hommes inculpés la veille par le tribunal pour détention d'héroïne pouvaient avoir un rapport quelconque avec les messages. L'un d'eux s'appelait Bruce, mais son nom de famille était Chambers. Brusquement, Mark lui demanda à quoi il pensait. Il aurait parié que quelque chose le préoccupait. John ne l'inventa pas ni ne lui dit pour lui plaire. L'idée lui vint naturellement en tête.

« Je me rappelais quelque chose à propos de Cherry.

— Quoi ?

— Elle avait l'habitude de passer beaucoup de temps avec une vieille voisine, une femme plus ou moins clouée au lit, Mme Chambers. Elle lui faisait ses courses et s'asseyait près d'elle. Elle arrivait et elle restait avec elle. C'était une fille très gentille et très attentionnée, n'est-ce pas ? Mais tu le sais.

— Les femmes, tu n'y connais absolument rien, John, dit Mark. Tu n'en as eu que trois dans ta vie, ta mère, Cherry et ton épouse et tu ne sais rien sur aucune d'elles.

— Tu parles des femmes comme si elles appartenaient à une espèce différente, protesta John.

— C'est exactement le cas.

— Je ne suis pas d'accord. Les femmes ont des émotions et des pensées de même nature que nous.

— Foutaises ! Encore un peu de vin. tu ne l'as pas encore débouchée ! Donne-moi ça. » Mark entreprit d'enfoncer le tire-bouchon dans le long goulot de la bouteille de vin du Rhin. « La façon dont tu parles de Cherry prouve que tu ne la connaissais pas. Tu voyais ce que tu avais envie de voir, pas la réalité.

— Est-ce que tu laisses entendre qu'elle allait voir Mme Chambers pour un motif inavoué ou quelque chose comme ça ? Ce n'était pas son genre, Mark, absolument pas.

— Oh, oublie ta vieille Mme Chambers. Je ne parle pas d'elle. » Il sortit le bouchon en soufflant et John se rendit compte qu'il avait le visage tout rouge. Il versa le vin — ou plutôt le renversa. John prit son verre humide et glissant. « Je connaissais Cherry, je la connaissais vachement bien. »

John avait commencé à se sentir très mal à l'aise. Il ne s'était pas rendu compte à quel point Mark était saoul. Il avait dû boire avant qu'ils se rencontrent ce soir, pour se trouver dans cet état-là. Deux traits de lumière, plus éblouissants que les autres, traversèrent le plafond et en redescendant passèrent sur le visage et les mains de Mark installé au bout du canapé, près de la table. John s'aperçut que ses mains tremblaient. Dans la brusque lumière, son visage apparut effrayant, comme s'il grimaçait à cause d'une douleur profonde. Ses doigts nerveux levèrent son verre de vin jusqu'à ses lèvres et il but comme un assoiffé boit de l'eau.

Pour la première fois, John se demanda à quoi aurait ressemblé la vie de Cherry si elle avait vécu pour épouser Mark Simms. Mais il était certainement différent à l'époque de ses fiançailles avec Cherry, quand elle portait cette bague avec une opale à sa main gauche épaisse et large.

John s'avoua qu'il ne s'en souvenait plus très bien. Son père ne l'aimait pas beaucoup et c'est pour cela que la mère de John le défendait en l'appelant : « Le choix de Cherry. »

« C'est un assez joli garçon, avait-elle dit, et nous ne devons pas oublier que c'est le choix de Cherry. »

Cela les avait fait rire. Mais, secrètement, il avait pensé que Cherry n'avait pas le choix. Avec son physique elle avait même une chance incroyable d'avoir mis la main sur quelqu'un comme Mark. Puis il s'était sévèrement reproché d'avoir de telles pensées à l'égard de sa sœur qu'il aimait.

« Pauvre Cherry », s'entendit-il dire.

Mark se mit à rire. Il s'adossa contre les coussins du canapé, froissés et sans housse, et il rit avec des hoquets d'ivrogne. Il attrapa la bouteille et but directement au goulot avec des bruits de gorge. John ramassa les verres et les bols dans lesquels il avait mis des noisettes et les porta à la cuisine. Cherry avait dû se montrer dure envers Mark, se dit-il en rinçant les verres sous le robinet. Sa dureté n'avait-elle consisté qu'à lui refuser ses faveurs ? Il imaginait très bien. Cherry était le genre de fille froide comme un glaçon, qui n'aurait jamais anticipé les plaisirs conjugaux...

L'homme qui l'avait tuée n'avait pas abusé d'elle. John se souvenait d'en avoir éprouvé une satisfaction. Et dans cette cuisine même, sa mère, assise sur une chaise dure à dossier droit, les mains qu'elle serrait et tordait en permanence sur ses genoux, sa mère avait dit :

« Au moins, il ne l'a pas violée. Je m'accroche à ça, je me répète, sois reconnaissante, elle n'a pas été violée. »

Après la mort de Cherry, cette cuisine devint une sorte de refuge pour sa mère. Quand elle était assise dans le salon, elle avait peur des gens qui passaient dans la rue et qui la voyaient. Elle restait sur l'une des deux chaises Windsor, les coudes sur la table et, au bout d'une dizaine de minutes, elle se levait pour faire quelque chose, pour rincer un plat ou laver un vêtement, puis elle se rasseyait sur sa chaise et regardait la fenêtre. Elle ne regardait pas « par » la fenêtre mais « la fenêtre ». A cette époque, il commença à jardiner. Les gens disaient qu'avec son travail, il aurait dû en avoir assez du jardinage. Mais travailler la terre, planter et entretenir, agissait comme une sorte de thérapie. Il commença à guérir. Quand il se trouvait dans le jardin, il pouvait s'habituer à la mort de Cherry, il pouvait courber l'échine et l'accepter.

De façon quelque peu déplacée, son père, dont la fille avait été assassinée, avait pris l'habitude de lire des romans policiers. Il se passionna pour les classiques, ceux qui, peut-être, n'avaient que peu de rapport avec la réalité. C'était sa forme de fuite. *Les Mémoires de Sherlock Holmes*, *La Clairvoyance du père Brown*, *L'Homme creux*, *Le Visage sur le sol*. Son père les avait tous dévorés sans les savourer, sans faire de pause, John le soupçonnait même de sauter des passages. Dès qu'il en commençait un, il avait envie qu'il se termine pour pouvoir en attaquer un autre. Après en avoir fini une demi-douzaine il les relut.

Ils avaient tous essayé de soigner leurs blessures à différentes sources, mais aucune n'avait été complètement guérie. Est-ce que je recherchais ma sœur morte dans mon épouse ? se demanda John. Mais dans une version plus jolie, plus coquette, plus séduisante ? La naine de la cour transformée en reine des cieux ? Il fut brusquement dégrisé. Il avait un peu mal à la tête mais l'euphorie avait disparu, l'irresponsabilité, l'insouciance. Il revint dans le salon où Mark dormait à poings fermés. La bouteille était tombée et le vin avait coulé sur les livres de son père dans la bibliothèque. John souleva les jambes de Mark qu'il reposa sur le canapé puis il monta au premier chercher une couverture pour le couvrir. Il prit un chiffon dans la cuisine et entreprit d'essuyer les livres. Ils pueraient le vin. Il faisait très chaud dans la pièce qui sentait le renfermé et du bout du pied il éteignit le radiateur électrique. Il dut aller tordre le chiffon dans l'évier de la cuisine et revint avec un seau. Les livres de Conan Doyle étaient les plus touchés et les pages de l'un d'eux resteraient gondolées. John prit la collection des Sherlock Holmes, *Les Mémoires*, *Son dernier coup d'archet*. Il ouvrit le dernier volume, commença à essuyer les pages et ses yeux s'arêtèrent sur le titre d'une des histoires : « Les plans Bruce-Partington. »

J'ai trouvé, se dit-il, ni un homme, ni un écrivain mais le titre d'une histoire. Et ça ne m'étonnerait pas, une histoire d'espions. Puis il se rendit compte qu'il était trop tard de toute façon. Sa montre indiquait minuit et demi. 1er mai. Un nouveau mois avait commencé.

III

Pour les quatrièmes, on éteignait à neuf heures un quart. Quand Fiona Ralston apprit que les élèves ne terminaient leurs devoirs qu'à neuf heures et que son Nicholas devait être au lit, prêt à dormir, un quart d'heure plus tard, elle dit qu'elle se croyait revenue à l'époque de ses grands-parents. M. Lindsay lui expliqua du mieux qu'il put qu'un élève n'avait pas l'obligation de faire encore ses devoirs à neuf heures. S'il le voulait, il pouvait choisir de s'y mettre à sept heures. C'est pour cela qu'on les appelait « travaux personnels ». Mais il ne réussit pas à convaincre Mme Ralston. En outre, elle n'aimait pas beaucoup les noms des maisons des élèves. S'il y avait une maison Churchill pourquoi n'y en avait-il pas une Lloyd George ? S'il y en avait une Gladstone pourquoi pas une Disraeli ? Elle devait se contenter qu'on ait mis son Nicholas à la maison Pitt, un homme d'État qui avait vécu il y avait si longtemps, que, en termes modernes, il devait à peine avoir d'importance politique.

Son fils aîné, qui avait près de dix ans de plus que Nicholas, était allé dans un collège secondaire. Cela se passait avant que les Ralston gagnent de l'argent. Le frère aîné de Nicholas était venu le chercher le dernier jour du troisième trimestre. Il l'avait emmené prendre le thé en ville et tandis qu'ils mangeaient des pâtisseries à la crème au café Fevergate, quelqu'un, en faisant marche arrière, était rentré dans la voiture des Ralston. Un phare cassé, le rétroviseur extérieur arraché et l'aile cabossée. On avait évalué les dégâts à six cents livres. Il y avait certainement eu des témoins mais aucun ne s'était présenté. La police ne s'y intéressait pas car il n'y avait pas eu de blessés. Ralston paierait ou, si son assurance prenait les frais en charge, il perdrait son bonus. Mungo avait baptisé l'enquête « autodéfense ». Élément important : un des appartements de l'immeuble qui surplombait le parking était occupé par la sœur de Mme Whittaker, la mère de Rosie Whittaker.

Angus Cameron ne savait pas grand-chose de cette histoire. L'agence de renseignements ne l'intéressait que dans la mesure où elle concernait son frère. Il désirait beaucoup que Mungo n'ait pas d'ennuis avant que cette obsession le quitte. En passant dans le couloir du premier étage alors qu'il se dirigeait vers l'étage supérieur — à Rossingham plus on montait en âge plus bas était le niveau des salles d'étude —, Angus regarda par le panneau vitré de la porte de Mungo. Il vit Graham O'Neill qui dessinait une sorte de diagramme sur une feuille de classeur, mais pas Mungo. Angus se rassura en se disant que son frère n'avait aucune raison d'être là à neuf heures du soir. Il avait certainement terminé ses devoirs. Il devait se trouver à l'association théâtrale dont il faisait partie ou au club d'échecs ou même au foyer en train de regarder la télévision. Pour les troisièmes l'extinction des feux n'avait lieu qu'à neuf heures quarante-cinq. Je me sens toujours coupable, se dit Angus, parce que c'est moi qui ai tout mis en route. Guy Parker et moi, nous sommes les responsables.

Il monta au dernier étage. Les élèves de quatrième, sauf dix, avaient reçu un discours d'encouragement d'un préfet et seuls restaient ceux qui se trouvaient dans le dortoir le plus éloigné. En approchant, Angus fit du bruit volontairement, il marcha lourdement et il s'éclaircit la gorge. Il entendit qu'on se bousculait derrière la porte. Quand il entra, ils étaient tous assis dans leur lit, essoufflés et les cheveux ébouriffés. Tous sauf Charles Mabledene dont la couchette semblait toujours plus propre que celles des autres ; on avait l'impression que le drap venait d'être repassé et l'oreiller bien gonflé et sans plis. Il n'y avait aucun poster à côté, aucun mobile ne pendait de la couchette du dessus, pas de presse-papiers avec flocons de neige, pas de cochons en porcelaine, aucun monstre de polyéthylène sur l'étagère à côté du lit. Angus trouva cela curieux, mais à chaque fois qu'on pensait à Charles Mabledene on lui trouvait une ressemblance avec un Chinois. En réalité, il n'avait absolument pas l'air asiate avec ses cheveux blonds et ses yeux clairs, sans pommettes saillantes ni de visage large. Cette illusion était-elle fondée sur l'absence d'expression de ses traits et sur son visage impénétrable ?

Nicholas Ralston occupait la couchette supérieure. Sur l'étagère à côté, il y avait une photo de lui avec un petit chien. Il était grand pour son âge et malheureusement couvert de boutons. Dans les deux lits d'à côté, couchaient les jumeaux Harper, les frères de ce Harper, qui sous le pseudonyme de Hydre, jouait le rôle d'agent double. Puis venaient Robert Cook, Patrick Crashaw... Angus était un préfet consciencieux et il connaissait les noms de tous les élèves de Pitt. Il fronça les sourcils devant le désordre : une corbeille à papier renversée, des restes de crayons qu'on avait taillés, des tee-shirts sales, un short et des chaussettes, laissées là où on les avait enlevés.

« La lingère va vous dire deux mots.

— Crashaw, répondit Charles Mabledene qui appelait tout le monde par son nom de famille, va tout nettoyer demain matin.

— C'est toi qui nettoieras tout demain matin, lui dit Angus d'un ton sévère. Tu sais très bien que personne n'est la bonne. D'accord ? » Il s'assit sur une chaise les bras sur le dossier. Ils restaient sans bouger, attendant qu'il commence, sachant ce qu'il allait dire, voulant seulement retarder l'heure de l'extinction des feux. « Ainsi, vous allez terminer votre première année à Rossingham, dit Angus, et je crois que vous vous êtes bien adaptés, n'est-ce pas ? J'aimerais croire aussi que vous vous plaisez ici et c'est pour cela que je... »

A l'étage en dessous, dans la salle d'étude, Mungo se tenait debout devant Graham, toujours assis, un feutre à la main.

« Tu dis qu'il y a une fuite dans le service ? demanda Graham.

— Quelle autre explication ? Déjà j'ai soupçonné quelque chose quand Rosie Whittaker n'est pas allée chercher la fausse lettre dans la cache du garage Mabledene. Je l'ai envoyée là-bas, mais elle n'y est jamais allée. Personne ne le savait, même Angus.

— Nous avons une taupe dans l'agence de Londres ? C'est ce que tu veux dire ?

— C'est ce que craint chaque responsable de service, Graham. tu sais ce que je redoute, n'est-ce pas ?

— Tu as peur de découvrir qu'on a refusé l'autorisation pour l'agrandissement de la clinique, quand tu rentreras chez toi aux vacances de mi-trimestre.

— Exactement », dit Mungo.

IV

Le chat avait caché une carcasse sous les buissons. De la viande ou du poisson et cela dégageait une puanteur insupportable. Quand John s'avança, le chat se mit à pousser un grognement menaçant. Des chatons déjà assez grands trottaient partout dans les hautes herbes, maigres avec de longues pattes, un nez pointu et des yeux affamés. C'en était trop pour John qui éternua. Le chat adulte s'empara de sa carcasse et traversa la route. John s'approcha du pilier central et leva les yeux vers la cannelure, mais il n'y avait rien. Aucun message pendant cinq semaines ni dans le code Bruce-Partington ni dans celui qui lui avait succédé.

Il devait se résigner car tout était probablement terminé. L'âme de l'affaire pouvait bien être ce Chambers qu'on avait inculpé pour détention d'héroïne. Et le dernier message, que John avait pu déchiffrer avec l'aide de *Son dernier coup d'archet*, semblait évoquer une filière de drogue : « Dragon à Léviathan. Aucune nouvelle du bang. Attendons développements. » John croyait savoir que « bang » était un terme d'argot pour l'héroïne. A la bibliothèque de Lucerne Road, il découvrit dans un dictionnaire que le mot signifiait la drogue en général, ou une injection de drogue ou une cigarette de marijuana.

Il se rendait à son travail. On arrivait à une des époque les plus chargées de l'année. Au *Garden Center*, Gavin essayait d'apprendre à parler au mainate.

« Une poule sur un mur, répétait-il. Une poule sur un mur... »

John n'avait pas la moindre idée de ce qu'il voulait dire. Le mainate criait : « Ha, ha, ha, zut ! » et rien d'autre. C'était un bel oiseau de vingt-cinq centimètres de long avec des plumes noires et luisantes et des taches blanches aux ailes. Son bec et ses pattes étaient jaunes et sa crête et ses fanons, orange comme des soucis.

« Une poule sur un mur, disait Gavin, le visage collé aux barreaux de la cage. Qui picotait du pain dur... »

John demanda au garçon, qui s'appelait Les, d'ouvrir les portes et de les attacher. Une femme entra, elle se dirigea directement vers Sharon derrière son comptoir et elle demanda de l'engrais en bâtonnets pour plantes. Dans la serre, un parfum discret s'élevait des feuilles humides des bégonias et des géraniums-lierre. John descendit l'allée centrale en arrachant de temps en temps une minuscule mauvaise herbe dans un des pots. C'était jeudi et il avait son après-midi. Avec Mark, ils devaient aller à la campagne en voiture, dans un petit village où se trouvait une poterie célèbre. Mark voulait acheter deux grands pots en céramique pour mettre devant ses baies vitrées. Il y planterait un laurier-rose et un *Ficus benjamina* achetés au *Garden Center*.

« J'espère que tu ne m'en voudras pas, lui avait dit Colin Goodman quand ils s'étaient rencontrés par hasard, la veille, à l'heure du déjeuner. Mais je trouve un peu curieux que vous passiez votre temps ensemble, Mark et toi. Je ne veux rien insinuer, mais ça fait bizarre, deux hommes, si tu vois ce que je veux dire. »

John voyait ce qu'il voulait dire. Il trouvait cela absurde aussi, venant de Colin, dont les remarques laissaient penser qu'il sortait avec des femmes alors qu'en fait il menait une existence de célibataire et vivait chez sa mère.

« Tu me connais bien pourtant », lui avait seulement répondu John.

Il ne voulait absolument pas passer tout son temps avec Mark. Mais il avait peur de lui dire non, peur pour sa santé mentale. Il croyait Mark au bord de la dépression nerveuse. En outre, même si Mark l'avait mis en colère le samedi précédent, sa conduite depuis avait calmé ses sentiments à son égard. Il n'oubliait pas non plus que, même sans le vouloir, Mark lui avait donné par deux fois des indications sur les codes de la mini-mafia. Le lendemain matin, Mark s'était répandu en excuses inattendues. Il avait expliqué qu'il ne savait pas ce qui lui arrivait, ce qu'il avait en ce moment. Ou plutôt, il le savait parfaitement, mais John était le dernier à qui il pouvait se confier.

« Pourtant, franchement, tu as été une bouée de sauvetage pour moi, ces dernières semaines, John. Vraiment, je ne sais pas comment je m'en serais sorti sans toi. » Et il avait ajouté de façon pathétique : « Je vais bien, n'est-ce pas, quand je n'ai pas bu ? »

Quand il n'avait pas bu, il trouvait encore plus à redire et à critiquer, pensa John, mais il garda cela pour lui. Et, le lundi soir, Mark fit amende honorable en venant à Geneva Road avec un magnifique exemplaire relié cuir des histoires complètes de Sherlock Holmes et tous les volumes du père Brown en collection de poche. Après, John ne pouvait décemment pas refuser de l'accompagner à la poterie de Rossingham-St. Clare, même si cela impliquait un repas à l'extérieur et les inévitables bouteilles de vin qu'ils rapporteraient à la maison. Les mains de Mark commencèrent à trembler quand il lui eut donné les livres, et parfois John notait une expression terrible sur son visage. Il fixait le mur ou la fenêtre, les yeux exorbités et le front creusé de la même ride profonde, comme s'il pouvait voir quelque chose d'abominable, mais évidemment, il n'y avait rien.

Un homme aux cheveux blancs et de forte corpulence, accompagné d'une femme d'un certain âge et d'un nouveau-né, sans doute leur petit-enfant, interrogeait Gavin sur le mainate. Quel âge avait-il ? Mordait-il ? Combien coûtait-il ? Gavin semblait inquiet.

« Impossible si vous avez des enfants. Les mainates peuvent donner une maladie. La maladie de Newcastle. Que diriez-vous d'une perruche ? »

Plus tard, d'un air rusé, il raconta à John qu'il s'agissait d'une maladie qui ne touchait que les oiseaux. Il emmena les clients vers les perruches. John mit la main dans la poche de sa veste, sous sa salopette de grosse toile et sentit la lettre qu'il y avait glissée après l'avoir lue ce matin. Jennifer essayait encore d'organiser une rencontre entre lui, Peter Moran et elle. Il fallait qu'ils parlent de ce divorce comme des gens raisonnables. John trouvait cela curieux, dit sous cette forme. Comme s'ils n'étaient pas des gens raisonnables et qu'ils devaient essayer de se conduire comme tels. Peut-être qu'une personne raisonnable, cela n'existait pas.

Pourrait-il supporter de la voir en compagnie de Peter Moran ? Et s'ils se touchaient en sa présence ? Si Peter Moran lui prenait simplement la main ou la regardait d'une certaine façon, il ne pouvait prévoir sa réaction. Alors, pourquoi envisager la possibilité de les rencontrer ? La question du divorce ne se posait pas car il savait que s'il attendait un peu, Peter Moran finirait par la quitter comme autrefois. Ou plutôt que faire l'amour avec Jennifer, il retournerait vers ce qu'il préférait vraiment. John se demanda s'il n'envisageait pas d'accepter de les rencontrer uniquement pour revoir Jennifer. Si oui, c'était pathétique et humiliant.

Un client se tenait timidement près de lui, avec une poignée de paquets de graines dans la main. John s'excusa et s'empressa de répondre au flot de questions qu'il lui posa à propos des graines qui, selon le paquet, donnaient des fleurs de la passion.

« Ha, ha, ha, zut ! » cria le mainate.

A la poterie, un endroit obscur et caverneux qui sentait l'argile, Mark acheta deux grandes vasques de terre ornées de fleurs, de guirlandes et de têtes de silènes. John, qui n'en avait pourtant pas l'intention, acheta pour sa part une lampe avec un pied renflé, vernis en gris et brun. Il avait une idée à peine formulée derrière la tête : organiser la rencontre chez lui et rendre les lieux plus attrayants qu'autrefois. Les housses des fauteuils étaient revenues de chez le teinturier et les rideaux avaient retrouvé leur place. Pourquoi ne pas faire une folie et s'offrir ces deux cruches pour aller avec la lampe et deux pots de fleurs pour y mettre des géraniums ?...

« Ça ne te disait rien de venir, lui dit Mark, et tu as acheté plus de choses que moi. »

Il avait l'air particulièrement nerveux aujourd'hui. John n'avait pas pu se détendre en voiture. Mark avait doublé un semi-remorque en sortant de Ruxeter et pendant quelques secondes effrayantes John avait pensé qu'il n'y parviendrait pas. Couvert de sueur, la bouche déformée par une grimace de gargouille, Mark avait freiné juste à temps pour éviter un camion qui venait en sens inverse. Il revint en ville apparemment plus calme, en parlant à John de façon tout à fait normale et raisonnable des plantes à mettre dans les nouveaux pots et en lui demandant même son avis. Quand John expliqua que c'était le seul après-midi de la semaine où Trowbridge était fermé, il recommença à bougonner en se demandant ce que devenait le pays, comment la Grande-Bretagne pouvait-elle espérer atteindre une stabilité économique alors que les magasins appliquaient encore un système ridicule et dépassé en fermant de bonne heure.

Ils décidèrent d'aller dîner dans un restaurant indien qui venait d'ouvrir dans Alexandra Road, le Hill Station. Mark voulut d'abord s'arrêter dans un café et il gara la voiture sur un stationnement payant, dans Collingbourne Road. Fontaine Park apparaissait comme une masse de verdure. On distinguait à peine les pelouses entre les hêtres et les érables. Depuis que John avait pénétré dans la maison condamnée, les feuilles des arbres avaient poussé et, d'ici, on ne pouvait plus voir les fenêtres situées derrière. En passant, il regarda la façade de la maison avec curiosité, mais les fenêtres du rez-de-chaussée et la porte d'entrée barrées ne laissaient rien paraître. Et si, en levant les yeux, il avait vu un visage à une fenêtre du premier ou du second ? Peut-être celui du très grand jeune homme qui était venu à la pelouse des chats le premier soir ? John ne savait pas du tout s'il pourrait le reconnaître. Il s'agissait peut-être de l'homme qu'on appelait Chambers.

Mark poussa la porte du café Le Jars. John détestait ce genre d'endroit, un de ces cafés datant de la Belle Époque, avec des vitres de couleur, des plafonds décorés mais sales, des tables de marbre, des serveuses indifférentes et une clientèle bruyante. Une forte odeur de bière l'accueillit.

Mark dit : « Oh ! nous avons oublié d'acheter du vin pour tout à l'heure. »

John aurait préféré ne pas s'en souvenir, car il savait que s'ils achetaient du vin, il en boirait. Il n'était pas encore cinq heures et demie, il restait une demi-heure avant la fermeture du marchand de vin de Ruxeter Road. John s'installa à un coin de table et commanda un demi pendant que Mark allait chercher du riesling bon marché. Depuis leur départ, Mark n'avait pas cité le nom de Cherry et John en était soulagé. Il se rendait compte que Mark gardait en mémoire une image de Cherry très différente de la sienne et il se sentait mal à l'aise quand elles s'affrontaient. Mark se souvenait d'elle comme d'une merveilleuse déesse, une femme fatale, alors que pour lui elle restait la petite sœur qu'il avait trouvée laide quand elle n'avait que onze ans.

Mais sans Cherry ou sans le mariage de Mark, un autre de leurs sujets favoris qu'il n'avait pas encore abordé aujourd'hui, de quoi auraient-ils bien pu parler ? La soirée semblait l'attendre comme un gouffre béant.

Elle se terminerait peut-être dans une ivresse silencieuse. Une idée lui traversa soudain l'esprit. Pourquoi ne pas téléphoner à Colin pour lui demander de venir les rejoindre ? Si seulement l'un d'eux avait connu des femmes ! Mais John n'avait pas envie de connaître d'autres femmes que Jennifer. Il vivait avec l'idée qu'un homme marié ne doit pas connaître d'autres femmes, en dehors de relations sans conséquences.

Mark réagit avec son agressivité habituelle à la proposition d'inviter Colin.

« Je t'ennuie, c'est ça ? »

John ne but que de la bière pendant le repas. Il avait souvent remarqué que le vin n'allait pas avec les épices et le curry. Il semblait entendu entre eux qu'ils finiraient la soirée chez Mark. Pourtant cela voulait dire que John prendrait un taxi pour rentrer chez lui, sauf si Mark y voyait encore assez clair pour conduire. Ils se turent pendant presque tout le repas et John se détendit un peu. Il faisait encore grand jour et encore plus chaud que pendant la journée, avec une montée inattendue de la température comme cela arrive parfois le soir, à la fin du printemps. En mettant la voiture en route, Mark dit :

« Sais-tu quel jour on est demain ?

— Le 22 mai.

— C'est l'anniversaire de Cherry, ajouta Mark. Elle aurait eu trente-cinq ans. »

John sentit son cœur se serrer. Non pas parce qu'il avait oublié l'anniversaire de Cherry, il s'en serait souvenu le lendemain, et de toute façon cela n'avait pas d'importance. Mais il avait l'impression que Mark avait employé cette ruse pour ramener la conversation sur Cherry, pour la reprendre là où ils l'avaient laissée lundi dernier.

« Elle pourrait avoir un enfant de plus de dix ans, maintenant », dit Mark.

Ils remontaient la rue qui longeait les jardins de Hartlands et les terrasses, surmontées d'arbres couverts de fleur ou de nouvelles feuilles et qui descendaient vers la demeure au centre du parc et vers la ville en bas, vers ses clochers, ses tours et ses toits d'ardoise grise, la courbe de la rivière, et partout la verdure parmi la brique et la pierre. Le soleil avait disparu et le ciel avait pris des teintes rouges et or.

Brusquement, Mark se mit à parler rapidement, d'une voix hésitante et haut perchée. « La première fois que je suis venu chez toi, chez tes parents, j'ai trouvé cela extraordinaire. Je n'avais jamais connu ça. Tout le monde se montrait si gentil avec les autres, poli, aimable. Tout le monde semblait faire l'éloge de l'autre. J'ai vécu une enfance très malheureuse. Mes parents ne se parlaient que lorsqu'ils ne pouvaient pas faire autrement. Je ne les ai jamais entendus se dire de paroles agréables, jamais. Mon père me racontait toujours des choses horribles sur ma mère et derrière son dos ; qu'elle était bête, qu'on ne pouvait rien en tirer, et qu'il l'avait épousée trop jeune pour le savoir. Et ma mère avait l'habitude de me dire qu'il avait gâché sa vie et elle faisait allusion à d'épouvantables mauvais traitements sexuels. Je les ai quittés pour l'université et je ne suis jamais revenu. Ensuite, je n'ai vécu que dans des chambres meublées. Jusqu'à ce que je rencontre Cherry et qu'elle m'amène à Geneva Road, je n'avais jamais connu de vraie famille. Tu sais ce qui s'est passé alors que je venais d'arriver ? Ton père est rentré du travail. Il a pris ta mère dans ses bras et il a dit : "Comment vas-tu, ma chérie ?" Je n'ai jamais oublié. Je ne l'oublierai jamais. Je me disais qu'un jour j'épouserais Cherry et que nous serions comme eux. Même quand nous serions vieux.

— Nous étions une famille exceptionnellement heureuse. Tout cela a changé, évidemment. »

Mark continua sans remarquer l'interruption. « Ton père a demandé l'avis de Cherry sur quelque chose. Il s'agissait d'un truc international, dont on parlait dans le journal, pas des affaires de femmes. Je n'en croyais pas mes oreilles. Elle a répondu très intelligemment, mais ce que je n'ai jamais oublié c'est la façon dont elle lui a répondu. Il était assis. Elle a posé sa main sur son épaule et sa joue contre ses cheveux. Elle l'appelait papa. Elle avait dix-huit ans et elle l'appelait encore papa. Je la trouvais belle. Je retenais mon souffle et j'avais peur parce que je la trouvais trop bien pour moi et parce que je pouvais la perdre si facilement.

Mark rejeta la tête en arrière et éclata d'un rire horrible et saccadé, un rire froid, amer et sans humour. Son pied écrasa l'accélérateur et la voiture entra à toute vitesse dans le parking de Fonthill Court. Elle s'arrêta en trépidant dans un crissement de pneus.

Mark ouvrit la première bouteille avant d'avoir pris le temps de s'asseoir. Il l'emporta directement dans la cuisine. John s'assit devant la baie vitrée et contempla le ciel clair, maintenant vert et or, et déjà piqueté de quelques étoiles tremblantes. Il éprouvait un sentiment étrange à être assis là, sur ce promontoire, comme si on pouvait brusquement le pousser par-dessus bord. Dans les jardins en bas, le feuillage épais était d'un vert sombre, dense et mystérieux. La tour scintillante se dressait vers les étoiles, vers le pâle quartier de lune.

Sans savoir pourquoi, il était même sûr qu'il n'y avait aucune raison, John eut un sentiment de panique, comme si quelque chose d'horrible allait se passer. A ce moment-là — car il en prit conscience à un instant précis — il sut qu'il aurait dû se lever et s'en aller. Qu'il aurait dû aller trouver Mark, pour lui dire qu'il ne se sentait pas bien, ou qu'il venait de se rappeler un rendez-vous. Il aurait dû partir en courant dans la rue, trouver un taxi, ou prendre le bus. Mark en aurait été vexé et ne lui aurait peut-être plus reparlé, mais quelle importance ? John savait que sa présence n'empêcherait pas Mark de s'effondrer si cela devait arriver. Il voulait désespérément s'en aller. Si cette fenêtre avait donné sur une pelouse l'aurait-il enjambée en silence pour disparaître sans un mot pour Mark ?

Les convenances le retinrent. Mark lui avait dit qu'il se laissait mener par les convenances et il avait raison. Il se sentait incapable de quitter quelqu'un qui ouvrait une bouteille de vin pour la partager avec lui. Il devait sans doute préférer affronter ce qui allait lui arriver que de provoquer une scène avec Mark et lui tenir tête. Mais rien n'allait lui arriver, tout cela était absurde, le fruit de son imagination...

Mark revint avec la bouteille et deux verres déjà pleins posés sur un plateau. Il n'offrait jamais de noisettes ou de chips. John tendit la main pour prendre son verre avec le sentiment qu'il était trop tard. Ce qui devait arriver arriverait.

Mark dit : « Tu veux de la lumière ? »

Le ciel était encore si clair, la ville ressemblait tant à une galaxie de lumières, que John avait à peine remarqué l'obscurité à l'intérieur. Il regarda les ombres de la pièce puis Mark. Il vit un visage déformé avec l'expression et le regard fixe de l'horreur.

« Sans doute, dit John. Il va bientôt faire nuit. »

Mark vida son verre de vin, apparemment d'un seul trait. Il le remplit immédiatement en en renversant, ses mains tremblaient.

« Je ne veux pas de lumière, dit-il d'une voix violente et agressive. Je veux l'obscurité. Il va falloir que tu restes assis dans le noir que ça te plaise ou non. »

John dit avec un haussement d'épaules : « D'accord. » Le vin était acide. John le sentit descendre dans son estomac et il eut une légère nausée. « Regarde le ciel, dit-il car il fallait dire quelque chose. Regarde cette magnifique clarté. Demain, il fera beau.

— Demain, il fera beau », répéta Mark en se moquant de lui. Il était toujours debout au-dessus de John. « J'en ai assez que tu fasses dégoiser aux autres les mêmes bêtises que toi. Des phrases toutes faites, des banalités. Tu es programmé tu sais ça ? Tu es comme une disquette sur laquelle le programme du grand ordinateur a mis des mots et des phrases. Deux cents pour un usage quotidien moyen. Ça te va bien comme nom, disquette. Je crois que je vais t'appeler comme ça. On y trouve en proportions égales la faiblesse et les réponses apprises par cœur. Pas étonnant que ta femme t'ait quitté. Qu'est-ce que tu lui disais tous les soirs avant d'aller au lit, disquette ? "Demain, il fera beau" ? »

John savait qu'il n'avait pas rougi mais qu'il était devenu très pâle. Mark se tenait toujours debout, mais maintenant il tremblait. Puis brusquement, à la grande horreur de John, il tomba à genoux. Il tomba à genoux aux pieds de John et, levant le visage et les mains, se mit à marmonner de façon incompréhensible, puis il articula avec précision : il était désolé, il ne savait ce qui lui avait pris, il était un salaud.

« Je ne sais pas pourquoi je dis tout ça. Je m'en prends à toi. Je ne peux pas continuer comme ça, me conduire comme ça. Je ne vais pas pouvoir tenir, si je ne te raconte pas tout. Depuis des semaines, je sais qu'il faut que je te raconte tout, c'est pour cela que je t'ai contacté. Mais je suis lâche, je n'ai pas pu. Alors, à la place, je t'ai insulté. Dis-moi que tu me pardonnes. »

L'idée de sa propre valeur le retint. Lui aussi avait des droits, il n'était pas son souffre-douleur. Il ne dirait rien. Pas après ce qu'il avait entendu. Mark l'avait attaqué sans raison là où il était le plus vulnérable. A la place, il dit :

« Que voulais-tu me raconter ?

— Pardonne-moi, John, je t'en prie. Ensuite, tu ne le pourras plus.

— Lève-toi, dit John. Ne reste pas à genoux. »

Mark glissa par terre et resta assis le dos appuyé à une chaise et le visage dans l'ombre. Il avala le second verre de vin comme le premier, puis il regarda John en ouvrant bien les yeux et dit :

« Je l'ai tuée.

— Quoi ? Qu'est-ce que tu dis ?

— Je l'ait tuée, répéta Mark. J'ai tué Cherry. »

V

Fergus Cameron se sentit soulagé de savoir que tout était terminé. Il ne pouvait jamais assister aux rencontres sportives de Rossingham sans se souvenir de celles terribles de 1953, une semaine avant le couronnement, quand il avait été battu au lancer du poids par un élève non classé de Churchill. Tout le monde savait qu'il allait gagner, il n'avait pas de rivaux, pourtant il y avait eu ce nouveau venu d'un nouveau groupe — Churchill ne datait que de quatre ans — et dès que le poids avait quitté sa main, Fergus avait su que tout était fini pour lui. Étrange de voir comment cela lui restait toujours sur le cœur, plus de trente ans après. Le type de Churchill s'appelait Hobhouse, mais ses enfants n'allant pas à cette école, lui-même ne viendrait pas.

Fergus se souvenait comment il avait félicité Hobhouse, le cœur plein d'amertume et de colère. Il avait tendu la main en grimaçant tandis qu'une voix murmurait au plus profond de lui que seule comptait la victoire ou la défaite et qu'il se fichait pas mal de jouer le jeu. Depuis, beaucoup d'eau avait coulé sous les ponts de Rostock, Alexandra, St. Stephen et Randolph.

« Je plains son fils », chuchota-t-il à Lucy en lui montrant une femme étonnante qui ressemblait à une couverture de magazine. Elle avait des cheveux savamment ébouriffés et portait une robe tricotée d'un vert émeraude, serrée à la taille par une ceinture recouverte de métal.

« Je crois que les garçons font moins attention que nous à ces choses-là, répondit Lucy.

— La nature humaine ne change pas.

— Mais tu sais qui elle est, mon chéri. C'est Mme Mabledene, l'épouse du garagiste. Elle est coiffeuse. Enfin, elle dirige un salon de coiffure. »

Elle se lança dans une conversation avec la tante des O'Neill. Leurs parents étaient retournés en Arabie Saoudite. Mme Lindsay avait décoré la tente en y accrochant des corbeilles de fleurs blanches et de feuillages verts, les couleurs de Pitt. Angus apparut portant sur un plateau des tasses de thé et un gâteau provenant de la cantine. Il s'était assez distingué en se classant troisième au saut en longueur tandis que Mungo, pas très brillant en sport, avait quand même réussi à terminer le mile dans les cinq premiers. Mungo, à qui Fergus n'avait pas encore parlé, vint les rejoindre tout essoufflé. Il avait son maillot rayé de vert de blanc et son short. Angus, lui, s'était changé et portait un blazer et un pantalon de flanelle grise, comme il convient à un préfet.

« La dame en robe verte, c'est Mme Mabledene, dit Angus en lorgnant sur le gâteau de Savoie. Vous ne la trouvez pas très belle ? Pour moi elle représente l'idée que je me fais de la beauté anglaise.

— C'est incroyable ! s'écria Fergus.

— Pourquoi ? Tui veux dire que tu ne la trouves pas belle ?

— Je ne la trouve pas belle, c'est vrai, mais ce n'est pas ce que je veux dire. Ne le prends pas mal, s'il te plaît, Angus, mais je trouve cette réflexion étrange et déplacée chez un garçon de ton âge.

— Pas vraiment déplacée, mon chéri. Je te dis toujours que les temps changent. Tes fils ne sont pas des reproductions de leur père. »

Mungo restait assis et silencieux comme une marmite prête à exploser si on ne soulevait pas le couvercle. Il dit d'une voix uniforme :

« As-tu reçu l'autorisation de la commission d'urbanisme, papa ?

— Quoi ? » Fergus semblait éberlué. Son regard alla de son plus jeune fils à son fils aîné avec un air de stupéfaction affligée, puis il revint vers le visage interrogateur de Mungo.

« As-tu obtenu l'autorisation de la commission d'urbanisme ? Pour l'extension de la clinique ? T'ont-ils dit que tu pouvais y aller ?

— Oui. Oh, oui. Bien sûr. Il y a plusieurs semaines. Je t'ai dit que j'avais reçu une lettre avant que tu reprennes l'école. »

Mungo demanda avec précaution : « Et ils étaient d'accord ?

— Qu'est-ce que tu veux dire ? Bien sûr qu'ils étaient d'accord. Pourquoi ne l'auraient-ils pas été ?

— Je me posais la question, c'est tout. » Mungo se demanda s'il allait oser, puis il décida qu'il le fallait : « Et tu n'en as plus entendu parler ? »

Angus lui jeta un coup d'œil. Mungo regardait son père d'un air innocent avec un visage aussi peu expressif que celui de Charles Mabledene.

« C'est drôle que tu me poses cette question, dit Fergus, parce que j'ai reçu une seconde lettre, qui ne confirmait pas exactement la première, mais ça revenait au même. Dans l'administration, tu sais, la main droite ignore souvent ce que fait la main gauche. Mais cela m'a paru étrange. Enfin, le principal, c'est qu'on puisse y aller. Pourquoi est-ce que cela t'intéresse ? Je ne l'aurais jamais cru. »

Angus dit rapidement : « En définitive, Mme Mabledene ne pourra pas y installer son salon de coiffure. »

L'angoisse saisit Fergus à l'idée qu'Angus pouvait avoir connaissance des événements de la vie d'une femme de vingt ans son aînée, une femme qu'il semblait admirer et qu'il avait qualifiée de belle. Il en oublia l'aspect étrange de l'enquête de Mungo. Se pouvait-il que son fils de dix-sept ans... ? Pouvait-il avoir... ? L'inquiétude couvrit son visage de rides.

« J'ai mes espions », dit Angus.

Traditionnellement, la seconde moitié du trimestre d'été commençait le samedi soir, après les rencontres sportives. Rossingham resterait fermé jusqu'au lundi de la semaine suivante. Avant de rejoindre ses parents et Angus dans la voiture, Mungo alla chercher le message que Charles Mabledene lui avait déposé dans la cache des vestiaires de cricket. il avait utilisé le code de juin, basé sur les premières lignes de *Traquenard* de William Crisp : « Dragon à Léviathan. D'accord rendez-vous dimanche 19 heures. »

Le soulagement qu'il avait ressenti quand son père lui avait raconté l'arrivée d'une deuxième lettre d'autorisation se transforma en sentiment d'assurance et de satisfaction. Dragon avait très certainement raison. L'opération Autodéfense avait abouti à une impasse, parce que tout simplement l'accident n'avait pas eu de témoins et non pour la raison plus menaçante qu'on aurait secrètement prévenu Moscou. En revenant du terrain de cricket, il se souvint de l'époque de la défection de Charles Mabledene, ces glorieuses semaines où il avait le livre de code de Guy Parker en sa possession, la fureur de Stern. Stern était hors de lui... Mungo s'arrêta net et resta immobile quelques instants sur les marches de Pitt.

Comment avait-il appris la colère de Stern ? Parce que Charles Mabledene le lui avait dit. Il n'y avait pas eu d'autre source. Dragon lui avait dit que quand Stern avait appris que l'un de ses meilleurs agents, qu'il avait cru en sommeil en territoire ennemi, avait fait défection, il était « devenu fou ». Mais il n'avait rien su d'autre. Dragon pouvait très bien avoir tout inventé. Et cela parce qu'en fait il n'avait pas vraiment changé de camp, ce n'était même pas un agent double, mais il travaillait toujours pour les services de l'Est. Et qui pouvait dire que le livre de code de Guy Parker n'était pas simplement un coup monté ? C'est vrai que les codes qui s'y trouvaient avaient continué à être utilisés pendant une semaine ou deux mais peut-être pour simplement lui passer des informations que Stern voulait qu'il obtienne. Tout pouvait n'être qu'une fantastique mystification…

« Vous avez l'air désœuvré, Mungo », dit la voix de M. Lindsay.

Mungo leva les yeux vers la fenêtre du salon des Lindsay. « Je rentre chez moi, monsieur.

— Une *negotiis puclicis feriatus*, hein ? Bonnes vacances.

— Vous aussi, monsieur. »

Une rumeur disait que les Lindsay passaient leurs vacances dans une ferme diététique. Ils en avaient sans aucun doute besoin. Mungo monta l'escalier, prit une petite valise et se dirigea vers le parking.

VI

Les révélations qui ébranlent le monde peuvent aussi changer un homme. John se sentait radicalement transformé par la confession de Mark Simms et par les raisons qu'il avait avancées pour expliquer son acte. Il se rendait compte que jusqu'à maintenant — et cela malgré la mort de Cherry — il s'était comporté comme si le monde avait été un endroit tout à fait normal, dans lequel les gens vivaient selon la routine du travail et du devoir, respectaient les règles, aimaient, faisaient des mariages qui duraient et dans lesquels prévalait au mieux un accord réconfortant, au pire une résignation stoïque.

Maintenant, il voyait les choses différemment. Il considérait le monde comme un endroit dangereux ; les hommes apparemment ordinaires qui y vivaient l'étaient aussi ; en outre, lui-même pouvait le devenir. Il avait souvent revécu cette soirée chez Mark. Il n'avait cessé de se répéter ce que Mark avait dit. Pourtant au début, il avait essayé d'oublier, de se fermer l'esprit et de s'occuper de choses innocentes, de ses fleurs, dans la plus belle saison de l'année pour le jardinier. Mais les événements réels, les mots réels, se frayèrent un chemin, comme des vers, comme des termites.

Il eut envie d'aller rapporter ce qu'il savait à la police. Mais cela s'atténua lentement. Maintenant, il était à peu près sûr qu'il n'irait pas, parce qu'il ne voyait pas ce que cela apporterait à quiconque. De tous ceux qui avaient connu Cherry, il ne restait que lui — sauf si on comptait Mark. Pour sa part, il n'imaginait pas tirer satisfaction de savoir Mark arrêté et jugé. Pourtant, au moment de la confession, il avait éprouvé d'autres sentiments. Pendant un instant, il avait voulu le tuer.

Mark avait fait son incroyable confession, assis par terre, le dos appuyé aux pieds d'une chaise, devant John. Il avait le visage dans l'ombre mais ses yeux brillaient. Un filet de vin lui coulait à la commissure des lèvres. « Je l'ai tuée. J'ai tué Cherry. »

John le regarda fixement en respirant profondément et dit : « Tu veux dire que tu l'as tuée physiquement ? Tu l'as tuée de tes propres mains ?

— Y a-t-il une autre façon de tuer quelqu'un ? » Puis Mark sembla comprendre ce que John voulait dire, qu'il ne l'aurait tuée que symboliquement. Par manque de gentillesse ou par négligence. « Non, je veux dire que je l'ai tuée, je l'ai étranglée.

— Mais pourquoi ? » hurla John. Il n'attendit pas la réponse. « Oh, je ne te crois pas. Tu me racontes des histoires.

— Je t'assure, j'ai tué Cherry. Je l'ai étranglée sur l'escalier de Beckgate.

— Tu étais fou ou quoi ? Tu étais devenu fou ? »

Mark resta silencieux et immobile. Il faisait presque nuit dans la pièce maintenant. Il essuya le filet de vin qui lui coulait sur le menton. John dit :

« Tu m'affirmes vraiment que tu as tué ma sœur ?

— Combien de fois faut-il te le répéter ?

— Depuis tout ce temps, et personne ne le savait ? » John eut l'impression que ses yeux allaient lui sortir de la tête. Il fixait Mark, les prunelles écarquillées. Il croyait le voir pour la première fois. Il chuchota d'une voix rauque : « Tu comprends ce que tu as fait ? Tu n'as pas tué que Cherry, tu as aussi tué mes parents. Et tu nous as rendus désespérément malheureux. Tu as dit à quel point tu trouvais notre famille merveilleuse et ce que cela représentait pour toi, et pourtant tu as tout détruit...

— Cela ne m'a pas rendu heureux moi non plus. »

Son tremblement avait cessé et son visage, du moins ce que John pouvait en voir, semblait détendu. Il se releva, alla jusqu'à la fenêtre et s'étira. John sentit que le choc de ce qu'on venait de lui apprendre l'atteignait de plein fouet. Sa tête en bourdonnait, son cœur palpitait. Il répéta d'une voix brisée :

« Est-ce que c'était une démence temporaire ? Un accès de folie ? »

Mark s'assit sur le bord de la chaise et se pencha en avant.

« Sans doute, au moment où je l'ai fait physiquement. Mais il n'y avait rien de fou dans les raisons qui m'ont poussé.

— Pourquoi as-tu fait ça ?

— La jalousie, la fureur. La douleur.

— Mais tu n'avais aucune raison d'être jaloux de Cherry. Elle t'aimait. Elle n'a jamais regardé d'autre homme que toi, et je suis sûr qu'aucun homme ne l'a jamais regardée. »

Mark eut son petit rire habituel. « Tu plaisantes ? » Et d'une façon très artificielle, comme un acteur dans un mauvais film, il déclama : « C'était la plus grande putain de la ville. »

Pour la première fois de sa vie, John sut ce que voulait dire perdre tout contrôle de soi. Son corps agit en dehors de sa volonté. Un voile rouge descendit devant ses yeux, comme quand on regarde une lampe les paupières baissées. il sauta sur ses pieds et se jeta sur Mark pour le frapper. Mais Mark esquiva et ne reçut qu'un léger coup sur la nuque. Il fit un pas de côté et quand John frappa à nouveau il ne rencontra que le capitonnage de la chaise. Mark tendit la main vers la lampe posée sur la table et vers l'interrupteur situé près de la porte. Une lumière aveuglante envahit la pièce. John tomba la tête en avant sur la chaise et resta accroupi, silencieux et misérable.

« Toi et tes parents, dit Mark. Vous deviez vivre la tête enfouie dans le sable. Dès l'âge de quinze ans, bien avant qu'elle quitte l'école, elle allait avec n'importe qui. Et pas à cause d'un sentiment d'insécurité, note bien, parce qu'elle aurait eu besoin de se rassurer. Non seulement parce qu'elle aimait ça. Elle était faite pour ça. Cela représentait le centre de sa vie. Je pense que c'est ce qui la rendait si attirante.

— Attirante ? dit John. Cherry attirante ? » Dire cela lui semblait affreux, méchant et abominablement déloyal, mais en même temps sans importance. Plus rien n'aurait jamais d'importance. « C'était la fille la plus quelconque que j'aie jamais vue. »

Le rire odieux de Mark le fit tressaillir. « Ces yeux, dit-il. Ces cheveux. Elle avait un corps magnifique. Un corps à vous couper le souffle. »

John balbutia : « Tu veux dire que tu as vu...

— Bien sûr que je l'ai vu. Tu crois qu'elle aurait couché avec tous les autres et pas avec moi ? Elle allait m'épouser. C'est elle qui voulait... mais elle voulait aussi avec les autres. Avec n'importe qui, des vieux, des jeunes. Je pense qu'elle ne pouvait pas s'en empêcher. Je le pense vraiment. Quel malheur que je n'aie pas pu le supporter. Quel malheur que j'aie été incapable de me dire, c'est la plus merveilleuse femme que j'aurai jamais, c'est le plus grand plaisir que je connaîtrai jamais. J'aurais sans doute pu accepter sa conduite si elle s'était montrée discrète, si elle ne l'avait pas crié sur les toits. Et j'aurais eu raison. A côté, mon mariage ne fut qu'une parodie. Mais je n'ai pas pu m'y faire, John. Je n'ai pas pu accepter. Pas apès m'avoir promis de changer et que j'ai découvert qu'elle couchait avec le vieux Maitland.

— Je ne te crois pas !

— Je sais. C'est ce que j'ai dit. Un maçon de soixante ans, avec des mains de maçon. Il puait la Guinness. Avec une barbe de deux jours.

— Mais ça se passait quand ? Quand pouvait-elle... ?

— Les visites à Mme Chambers par exemple, elle n'en faisait pas la moitié. Elle ne restait presque jamais chez sa tante, contrairement à ce qu'elle disait. C'était très pratique pour elle que tes parents n'aient pas le téléphone. Quant à Maitland, ça se passait au travail, bien sûr. Un soir, je suis venu la chercher — j'étais en avance d'une demi-heure — et je l'ai trouvée assise sur ses genoux.

— Elle était peut-être malade, dit John. Oui, elle était malade.

— De nymphomanie ? Pas à moi. On ne dit pas qu'un homme est malade s'il ne pense qu'à ça, s'il n'en a jamais assez. Pourquoi est-ce que ce serait différent pour une femme ? Tu dis toujours que les femmes sont comme nous. Cherry allait très bien. Moi, je n'allais pas bien, je n'étais pas à la hauteur si tu préfères. Je l'ai tuée parce qu'elle a reconnu coucher avec d'autres hommes. Elle m'a dit qu'elle ne pouvait pas s'en empêcher, que ça ne servait à rien de faire semblant.

— Tu aurais pu la quitter. Tu aurais pu rompre tes fiançailles et la quitter.

— Je sais, mais je ne l'ai pas fait. Je vais te dire ce qui s'est passé. Je suis venu la chercher ce soir-là. Vers cinq heures. Il faisait déjà nuit. Nous avons marché sur les quais en nous disputant. Elle m'a raconté sans détour que Maitland la baisait tous les jours ou aussi souvent qu'il le pouvait. Elle m'a dit qu'elle ne voyait pas de raison de me mentir et elle n'aurait pas menti à ses parents s'ils l'avaient interrogée, ou à toi. Mais aucun de vous ne lui a jamais posé de question. Nous avons monté l'escalier de Beckgate. Je l'ai attrapée. je lui ai posé le mains autour du cou et je n'ai pas pu les retirer, John. C'était comme si j'avais eu les mains soudées. J'ai serré, serré, j'ai entendu quelque chose craquer et aussitôt elle est morte. Elle est devenue molle et elle a glissé entre mes mains et s'est allongée sur les pierres... »

Il se tut. Il ferma la bouche et pencha la tête. John se sentait vidé et épuisé comme s'il n'avait ni mangé ni dormi depuis très longtemps. Et à ce moment-là, il se rendit compte que le monde avait changé.

« Pourquoi m'as-tu raconté tout ça ? dit-il d'une voix étrange qui ne ressemblait pas à la sienne.

— Il fallait que je le dise à quelqu'un. Sais-tu ce que cela représente de porter quelque chose comme ça sur la conscience ? C'est comme un fardeau qui t'écrase... »

John se leva. La ville s'étalait en dessous de lui, piquetée de lumières et éclairée par la lune. Il pensa que, depuis la mort de Cherry, la lune était apparue et avait disparu deux cents fois, et pendant tout ce temps Mark avait gardé son secret stupide et cruel. Il dit en hoquetant, toujours sous le choc :

« Je m'en vais. Je ne veux plus te revoir.

— Il vaut mieux que je te raccompagne.

— Non, merci. Tu es saoul.

— Je conduis mieux quand je suis saoul », dit Mark et John pensa qu'il semblait en meilleure forme que depuis des semaines. Il avait l'air plus heureux.

Il quitta rapidement l'appartement sans rien ajouter. Il devait être très tard. Sa montre était arrêtée. Parfois, on pouvait trouver un taxi qui rentrait en ville après avoir conduit quelqu'un à Fonthill. Mais ce soir-là, il n'y en avait pas. Il commença le long chemin du retour, hébété, sous le choc. La tête lui tournait, mais en marchant il décida d'aller à la police. Une sorte de colère horrifiée s'empara de lui quand il se souvint de cet air de soulagement heureux qu'il avait vu en partant sur le visage de Mark.

La route le conduisit parmi les grosses demeures de Hartlands. Quelques lumières brillaient encore entre les arbres dans les jardins qui ressemblaient à des clairières dans la forêt. Il ne vit personne, ne croisa personne. Les phares d'une voiture éclairaient parfois la route et des carrés d'herbe sur les trottoirs. Il y avait un poste de police à Feverton près de Randolph Bridge. Ils allaient le prendre pour un fou, avec une histoire pareille, à cette heure-ci. Brusquement, l'horloge en haut de l'immeuble de Citwest lui apparut, à environ un kilomètre mais tout à fait visible. Minuit quarante-deux, onze degrés. Il vaudrait mieux aller trouver la police demain matin...

Ce vendredi-là ce fut la première fois que John n'alla pas travailler sans raison valable, comme une maladie ou, par exemple, un enterrement. Il avait pris une matinée pour l'enterrement de sa mère et un après-midi pour celui de son père. Mais avant de se coucher, il sut qu'il prendrait sa journée. Et le samedi matin, alors qu'il aurait dû travailler, il serait également absent. Après être resté allongé pendant une heure sans dormir, il se rendit compte qu'il ne s'était couché que parce que c'est ce qu'on fait la nuit. Il s'agissait d'une règle, d'une convention et il les respectait. Mais le monde avait changé.

Alors il se releva et s'habilla. Il descendit et après quelques instants, il sortit dans le jardin. Il enfouit son visage dans les fleurs fraîches d'un rosier rose. Il s'assit sur le petit banc de pierre, ferma les yeux et le vide de son esprit, son incapacité à penser le surprirent. Mais il ne s'endormit pas non plus dans le jardin. Vers quatre heures, les oiseaux se mirent à chanter. Je ne dormirai plus jamais. Que vais-je devenir ? demanda une voix intérieure. Quand l'aube vint, il erra dans la maison et dans le jardin, en attendant l'heure de téléphoner à Gavin.

Cela se passait trois semaines plus tôt. Il n'était pas allé à la police et le lundi il avait repris son travail. Il se disait qu'en général, on croit que si l'on naît une seconde fois, c'est dans un monde meilleur. Mais pourquoi est-ce que cela ne signifierait pas qu'on peut renaître dans un monde plus menaçant en sachant que la vie est dure et terrible ? Il avait aussi de curieuses impressions sur ce que la douleur pouvait entraîner. Peut-être taillait-elle dans le cerveau, en lésant ce qu'on appelle l'esprit. Elle pouvait ainsi vous changer, vous rendre différent, moins scrupuleux, moins timide. Il se rendit compte que l'ancien John n'aurait jamais dit à Gavin d'une voix dure :

« Cessez de parler à cette saleté d'oiseau. Des clients font la queue aux poissons rouges. »

L'ancien John n'aurait jamais laissé une lettre de Jennifer sans réponse pendant une semaine. Et dans sa réponse sèche et brève, il n'aurait jamais accepté la rencontre demandée, à la condition qu'elle ait lieu chez lui. Quand Mark lui proposa au téléphone de reparler de tout cela, l'ancien John n'aurait certainement pas répondu : « Je n'ai rien à te dire », avant de raccrocher.

VII

Angus Cameron rêvait souvent qu'il traversait une suite d'immenses pièces délabrées et très hautes de plafond. Les papiers, couverts de roses fanées, pendaient en lambeaux d'une corniche effondrée. Des chandeliers cassés, accrochés de façon précaire aux plafonds, pendaient au bout d'une chaîne formée de prismes de verre. Des lames de parquets fendues ou absentes laissaient voir par leurs fissures des profondeurs obscures où grouillaient des cafards. Parfois, sur cette route effrayante, à travers cette maison de cauchemar, Angus voyait une main décharnée sortir d'un trou du plancher devant lui. Alors, il hurlait. Quand il était petit, Lucy venait le calmer et le rassurer. Maintenant c'était différent et il gémissait tout seul dans une chambre vide. Heureusement qu'il n'avait pénétré qu'une fois dans la maison du 53 Ruxeter Road et qu'il n'avait pas dépassé le rez-de-chaussée. Monter l'escalier comme Mungo et errer dans les pièces délabrées lui auraient donné la chair de poule et aurait fait revenir ce rêve...

Ils n'ouvraient jamais les fenêtres. Ils savaient à peine si l'on pouvait le faire. On aurait fini par les remarquer et on aurait soupçonné leur présence. Par une chaude soirée de juin, il faisait encore jour à plus de neuf heures, le salon du premier sentait le renfermé, la poussière et les mites, et une odeur sèche donnait envie d'éternuer. Les mites avaient tracé des sillons poilus dans les rideaux sales de soie rose. Une immense toile d'araignée, composée de plusieurs niveaux de haubans et de galeries, de hamacs et de fils libres, s'étirait d'une corniche en feuille de vigne jusqu'à un lambrequin couvert de poussière et contenait une hécatombe de mouches mortes. Graham O'Neill, qui portait son tee-shirt décoré d'une pieuvre, était assis sur la bergère en lambeaux et Mungo sur le siège de jardin fait de volutes et de courbes de fer forgé. les rayons obliques du soleil couchant traversaient les vitres sales et dessinaient sur le sol des carrés couleur de feu.

« Il est en retard, dit Graham.

— Ta montre avance. Cela m'étonnerait qu'il soit en retard. Quoi qu'il ait pu faire, il ne sera pas en retard. Ça ne lui arrive jamais. »

Mungo s'avança jusqu'à la fenêtre, non pas pour regarder en bas dans la rue, mais en haut vers le ciel et la tour.

« Huit heures cinquante-six, dit-il, et dix-neuf degrés. » Il se retourna le dos vers la fenêtre, le regard fixé sur la porte fermée. C'était une porte lambrissée, avec des plaques de propreté et une lourde poignée de cuivre noirci. « Il faut que tu saches quelque chose avant qu'il arrive. Stern s'est procuré notre code de juin.

— Qu'est-ce que tu veux dire ?

— Il y a deux possibilités. Tout d'abord, lui ou l'un de ses agents est tombé dessus par hasard. Cela peut arriver avec beaucoup de conjectures et de travail. Il lui aura fallu découvrir que nous utilisions des romans d'espionnage. D'accord, c'est toujours possible. Mais *Traquenard*, un livre absolument inconnu, pour fans du roman d'espionnage ? Je veux dire que ce n'est pas du même genre que *Les Gens de Smiley*. L'autre possibilité, c'est que quelqu'un le lui a donné. »

Graham ne dit rien mais ouvrit les lèvres comme s'il allait siffler. Dans ses yeux de chat, on pouvait voir le reflet des vitres et du soleil couchant. Mungo attendait que Graham lui demande comment il le savait, et comme il ne parlait pas, il dit :

« Basilic a reçu un ordre en code *Traquenard* pour abandonner Autodéfense. »

Mungo s'arrêta de parler brusquement. Il écouta. Une des marches craquait, la cinquième à partir du haut de l'escalier. Quels que soient la façon et l'endroit où l'on posait le pied, elle craquait. Pas quand il montait bien sûr, parce qu'il la sautait. Il se dit qu'il avait entendu quelque chose, pas un craquement, plutôt une secousse dans les profondeurs de la maison. Il recula silencieusement vers la chaise de métal et s'assit au milieu. La porte s'ouvrit et Charles Mabledene entra, mais la marche n'avait pas craqué. Lui aussi avait appris à l'éviter.

Il semblait très petit, un tout petit garçon avec un visage d'enfant. Ses cheveux blonds souples et ondulés, ses yeux bleus embués et son visage plat et sans expression lui donnaient l'air stupide. C'était la seule personne brillante que Mungo connaissait qui avait l'air bête.

« Je pense que tu sais pourquoi nous t'avons demandé de venir ici. » Je parle comme M. Lindsay, se dit Mungo. Mais y avait-il un autre moyen ? « Tu peux t'asseoir si tu veux. » Il aperçut un changement dans les yeux bleus. « Pas de tour de passe-passe, s'il te plaît. » Mungo posa la question sèchement : « Comment Stern est-il au courant d'Autodéfense ?

— C'est à moi que tu poses la question ? »

Mungo fit oui de la tête. Graham dit : « Basilic a reçu un ordre qui était faux. Dans le code de juin. L'ordre véritable a été retiré et remplacé par un faux dans le code *Traquenard*. »

Seules les petits pieds de Charles Mabledene, chaussés de trainers immaculés, touchaient le sol. Au centre d'un carré de lumière rouge, ils semblaient rechercher délibérément la symétrie. Mais le soleil disparaissait, avait presque complètement disparu et rapidement la couleur s'atténua, s'affaiblit, s'effaça. Dragon, qui ne pouvait être plus mal nommé, regarda ses pieds, la lumière qui s'éteignait, le feu qui mourait, puis il leva les yeux vers Mungo.

« Veux-tu insinuer que je suis un traître ? »

Au lieu de répondre directement, Mungo dit : « Tu es passé chez l'ennemi. Je sais ce que cela représente. La doctrine est dure qui veut que celui qui a changé de camp soit toujours mis à part, mais c'est ainsi. D'une certaine façon, c'est un paradoxe car celui qui trahit son camp doit avoir un très fort sentiment d'allégeance pour celui qu'il va rejoindre, et pourtant...

— Ce qu'il veut dire, enchaîna brutalement Graham dont les yeux de chat brillaient, c'est : traître une fois, traître toujours. Si tu as pu trahir Stern, tu peux nous trahir.

— Mais vous pensez sans doute que je n'ai jamais trahi Stern, que je suis toujours un de ses agents. »

Charles Mabledene est plus intelligent que Graham, se dit Mungo, et cette pensée lui déplut. La voix qui n'avait pas encore mué, la voix de soprano dans la chorale, dit :

« Que voulez-vous que je fasse ? »

Mungo n'avait pas imaginé cela. Il se rendait compte qu'il faisait sombre, de plus en plus sombre. Des nuages noirs cachaient la dernière lumière du jour. La pièce s'emplissait d'ombres et l'odeur de la poussière et du bois pourri lui semblait froide et aigre. Il ne voulait pas perdre Charles Mabledene mais à la pensée de tous les secrets, tous les nouveaux exercices passés subrepticement à Stern, il eut la chair de poule et sa peau se glaça.

« Tu dois prouver que tu es des nôtres », dit-il.

VIII

John savait qu'elle ne prêtait pas beaucoup d'attention aux maisons ni aux meubles, mais elle devrait remarquer les améliorations, les housses propres, la lampe neuve. Et le jardin, même elle, qui ne s'y était jamais intéressée, ne pouvait pas manquer de l'admirer. La glycine qui surplombait la baie était en fleur, les longues grappes mauves encadraient les vitres. Il avait tondu la pelouse à exactement un pouce de hauteur et taillé les bords. Les premières pensées sortaient parmi les dernières giroflées de Sibérie. Sans réfléchir, il avait rapporté de chez Trowbridge un gros bac à fleurs en plâtre et bien qu'il s'agisse du genre de truquage qu'il méprisait auparavant, il le remplit de géraniums et de bégonias déjà en fleur. Il avait l'impression d'accomplir continuellement des choses qu'il n'aurait jamais faites autrefois, que sa nature entière avait changé.

L'ancien John les aurait attendus derrière la fenêtre en fixant la rue, l'araucaria du voisin, ou il aurait marché de long en large dans la chambre en jetant à chaque instant un coup d'œil à droite et à gauche des rideaux. Au lieu de cela, il alla dans la serre pour pincer ses plants de tomates et pour repiquer ses semis de poivrons. Se salir ne l'inquiétait même pas car il ne s'était pas mis sur son trente et un, contrairement à ce qu'il aurait fait autrefois où il aurait retiré les vêtements avec lesquels il avait travaillé toute la journée. C'est ma femme, avait-il pensé, et on ne se met pas sur son trente et un pour sa femme. Ce qui caractérise le mariage c'est qu'on peut rester soi-même, qu'on peut se comporter comme si on vivait seul. Et il regretta un peu la pelouse et le bac à fleurs, mais il était trop tard pour y changer quoi que ce soit.

Chaque année depuis fort longtemps, il faisait pousser des poivrons et pourtant il ne les aimait pas. Il les cultivait plus pour leur aspect et pour le plaisir. Quand ils arrivaient à maturité, il les cueillait et les donnait, à Colin, à Sharon ou à sa tante, mais sa tante ne les aimait pas beaucoup non plus. La seule de la famille qui en mangeait, c'était Cherry. Il s'empêcha de prononcer son nom, il ne voulait plus jamais penser à elle, et pourtant elle ne cessait de lui revenir en mémoire. Des milliers de petits indices l'évoquaient. Il voulait l'oublier parce qu'elle ne correspondait pas à ce qu'il avait cru. Il ne pouvait lui pardonner sa conduite. Et le plus étrange c'est qu'elle, la victime de Mark, ainsi que le souvenir qu'il gardait d'elle lui faisaient presque plus horreur que Mark qui pourtant l'avait tuée.

Cependant, deux jours plus tôt, il était retourné sur les lieux du crime ; il avait fait une sorte de pèlerinage à l'endroit même de son agonie et de sa mort, et là où elle avait passé les heures qui les avaient précédées, l'immeuble où se trouvait le bureau de Maitland. Les locaux de l'entreprise n'étaient guère plus qu'une pièce, à l'arrière d'une grande maison blanche, délabrée, de style victorien, avec une caravane fixée sur le côté pour gagner de la place. La maison se dressait sur un terrain couvert d'orties et de ronces, coupé par une voie ferrée déjà désaffectée à l'époque. Il était venu chercher Cherry plusieurs fois. Il l'imagina, surveillant sa tenue pour son frère si pudibond, mettant un terme à contrecœur aux caresses et aux baisers de Maitland, ou de n'importe quel autre homme qui venait ici pour une réparation de toit ou un travail de maçonnerie. Il en tressaillit et en frissonna. Son visage large, aux joues rondes et au nez retroussé, un visage déformé de haine, ses gros cheveux étincelants composaient devant ses yeux le portrait de la malveillance et de la débauche.

La maison se dressait toujours au même endroit mais elle avait profondément changé. Il ne la reconnut que par l'arbre, un lyriodendron, qui poussait devant, assez rare pour l'Angleterre, bien plus gros et bien plus grand que seize ans auparavant, et recouvert d'un manteau de feuilles en forme de lyres, d'un vert jaunâtre. Une société, dont le nom gravé s'étalait sur une plaque d'acier, avait racheté la maison et l'avait remise à neuf. Un toit d'ardoise gris argent surmontait une façade blanc ivoire. Le hangar sans fenêtres d'un centre commercial occupait l'espace du jardin. Le conseil municipal avait aménagé toute cette partie des berges du fleuve en promenade, avec des sentiers pavés, des grilles décoratives, des massifs de fleurs et des arbustes d'ornement.

Le café de Beckgate était ouvert et par cette soirée d'été on voyait des clients installés jusque sur les marches. Il avait vendu au gérant le géranium lierre en corbeille, suspendu au-dessus de la porte du bar, et il avait tressailli quand l'homme lui avait donné son adresse. John monta les deux parties de l'escalier et continua à marcher devant lui en essayant d'imaginer les sentiments de Mark après avoir accompli son acte, alors qu'il savait Cherry morte. Mais cela lui fut impossible. Il ne put que se souvenir de sa mère à la maison, de plus en plus anxieuse, de lui, allant téléphoner chez le voisin, de Mark arrivant enfin à Geneva Road et ayant l'air si *normal*...

Il marcha longtemps sans remarquer la route qu'il avait prise et brusquement il se retrouva sur le trottoir devant la pelouse des chats. C'était l'heure du repas et pourtant on ne voyait aucun chat. Une femme, avec de l'herbe jusqu'à la taille, venait de poser les plats et les assiettes qui contenaient la nourriture en boîte. Elle était d'un certain âge, flétrie avec un visage doux — mais qui était-elle vraiment ? Comme Cherry, aussi lubrique et insatiable, se souciant aussi peu de loyauté, de fidélité et de décence ?

Elle vit qu'il la regardait. Elle se dépêcha de ramasser les cartons de lait, les boîtes vides et les plats d'hier. Elle croit que je vais lui faire des propositions malhonnêtes, se dit John, et l'idée complètement absurde ne lui déplut pas. Pourquoi pas moi, autant qu'un autre ? Dans un monde rempli de choses terribles, pourquoi resterait-il toujours à l'écart, isolé ? Les hommes étaient dangereux et les femmes aussi, à leur façon. Il traversa la rue et éprouva un vrai plaisir, presque de nature sexuelle, en la voyant presser le pas, traverser la rue plus vite que d'habitude, se retourner et disparaître dans une des ruelles étroites.

La honte succéda rapidement au plaisir. La méchanceté est contagieuse, se dit-il, je l'attrape au contact des autres. Une fois, il avait lu ou entendu quelque part une phrase : les mauvaises fréquentations corrompent les bonnes manières. La Bible ou un auteur victorien ? Ça ne ressemblait pas vraiment à la Bible. Il leva les yeux vers la passerelle grondante et vibrante, et dans la cannelure du pilier central, à un mètre cinquante ou un mètre quatre-vingts, il vit le sac en plastique fixé avec du ruban adhésif.

Ils étaient revenus. Ils avaient réussi à se sortir de ce qui les avait tenus éloignés, arrestation ou emprisonnement, et ils recommençaient.

IX

Quand il eut repiqué et arrosé le dernier poivron, John s'occupa des tomates. Aucune n'avait commencé à rougir. Il pincerait les tiges après les quatrièmes groupes de fruits, mais il pouvait attendre la semaine prochaine. Il délaya de l'engrais dans une boîte et ne put s'empêcher de jeter un coup d'œil à sa montre qui lui indiqua huit heures cinq. Ils devaient arriver à huit heures. Il arrosa les pieds de tomates en remplissant les pots. Il s'efforçait de ramener ses pensées au message qu'il avait trouvé à la pelouse des chats. Il l'avait recopié dans son carnet — curieusement il avait gardé son carnet sur lui, même quand il croyait la mini-mafia éparpillée — et dès son retour, il l'avait confronté aux premières lignes des *Plans Bruce-Partington*. Mais, comme il le craignait, ils avaient changé de code. Ils étaient logiques. Comparution au tribunal ou prison, quoi qu'il ait pu se passer, ils s'en tenaient à leur routine mensuelle. On était en juin, le code avait changé.

Huit heures douze. De toute façon, il valait mieux qu'il se lave les mains. Comment pouvait-elle arriver en retard à un rendez-vous aussi important ? Mais c'était peut-être à cause de Peter Moran. John se lava les mains dans l'évier de la cuisine. Il avait commencé à se sentir mal. Il lui restait juste le temps de monter se changer. Il escalada les marches quatre à quatre, enleva son pantalon, sa chemise à carreaux, mit une chemise blanche, une cravate neuve, un pantalon de flanelle grise. Son cœur battait. Une voiture s'arrêta dehors. Du calme, se dit-il, n'ouvre pas la porte avant qu'ils aient remonté l'allée. Les poings serrés, il les regarda par la fenêtre de la chambre. Les deux portières de la voiture s'ouvrirent ensemble et ils sortirent. Le cœur de John se serra et sembla repartir lentement à la vue de Jennifer en robe légère, avec des sandales et ses longs cheveux bruns attachés par un ruban blanc. Il regarda Peter Moran mais il détourna aussitôt les yeux et se précipita en bas.

Il s'obligea à marquer une pause derrière la porte avant d'ouvrir. Ces quelques secondes d'attente ressemblèrent à toute une vie. S'ils ne sonnent pas, se dit-il, je vais me jeter sur la porte et la bourrer de coups de poing. Pourtant, quand la sonnette retentit, il sursauta. Il attendit encore, en comptant. Arrivé à trente, il ne put pas aller plus loin, c'était au-dessus de ses forces, il fallait qu'il ouvre.

Jennifer dit : « Bonjour, John. »

Elle ne semblait ni gaie ni triste. Elle avait un visage calme, comme d'habitude. Le désordre insouciant d'un froncement de sourcils, une bouche boudeuse ou un demi-sourire ne lui ressemblaient pas. Peter Moran ne dit rien, mais pas par embarras, pensa John. John eut à nouveau conscience de son indifférence à l'égard de l'opinion des autres.

« Le jardin est très beau », dit Jennifer.

Il fut heureux parce qu'elle n'avait pas dit « ton jardin ». Ils entrèrent dans le salon et il vit qu'elle remarquait la lampe, les cruches et les deux livres posés sur la table basse. Il eut du mal à la quitter des yeux et il dut faire un effort pour cesser de la regarder. Il avait oublié de prévoir quelque chose à boire et à manger. Il n'y avait pas de café dans la maison, pas même du soluble. Il avait du vin. Deux bouteilles, quelque part dans la cuisine, les restes des soirées avec Mark Simms.

« Voulez-vous boire quelque chose ? »

Elle eut l'air surpris quand il leur proposa du vin. Cela lui fit espérer qu'elle préférerait le nouveau John.

« Merci. Du vin, ce sera très bien. »

Peter Moran n'avait toujours pas parlé. Sans en avoir l'air, John l'avait observé dans les moindres détails, les lunettes aux verres épais, les cheveux blonds et mous, le visage assez empâté. Il avait une peau un peu grise, des cheveux graisseux et un jean trop large et taché. Pour cette visite importante, pour cette rencontre qui allait décider de son destin, il n'avait même pas fait l'effort de prendre un bain et de mettre des vêtements propres. Il avait l'air de s'ennuyer, se dit John, insouciant, décontracté, pas concerné par les autres. Frais, lui avait demandé Jennifer. John alla chercher le vin, mal à l'aise parce qu'il aurait dû le mettre à rafraîchir et non le sortir directement du placard contigu au chauffe-eau. Jennifer dit :

« Du muscadet... le vin que je préfère. »

Pourquoi ne l'avait-il jamais su ? Brusquement, il lui parut terrible de ne pas connaître le vin préféré de sa femme. Il trouva physiquement très difficile d'en verser un verre à Peter Moran et de le lui tendre. Peter Moran ne s'était pas encore assis et il errait sans but dans la pièce. Il prit le verre sans le regarder et sans dire merci. John aurait pu être un serveur.

Il semblait difficile de boire sans lever son verre pour une sorte de toast, mais John ne trouvait rien à dire. Il ne pouvait quand même pas s'écrier : A la vôtre ! C'est Jennifer qui trancha la question. Elle regarda Peter Moran droit dans les yeux et d'un ton réfléchi, presque rituel, elle dit :

« A notre avenir, notre avenir à tous ! »

John eut un frisson dans le dos. Cela lui sembla définitif et d'une certaine façon dirigé contre lui.

« D'accord », fit Peter Moran. Il but longuement et vida son verre d'un trait. Il poussa son verre sur la table, vers John, et John en fut si surpris qu'il le remplit. Jennifer prit la parole d'une voix nerveuse et plus rapide qu'à son habitude.

« John, tu sais pourquoi nous sommes venus et nous devons commencer à en parler. C'est très gentil de ta part de... eh bien, de nous offrir un verre et tout ça, mais nous ne devons pas oublier pourquoi nous sommes ici. Je veux divorcer et le plus tôt possible. Tu le sais, je te l'ai expliqué. Nous avons fait une erreur, toi et moi, et ce n'est pas bien, je ne reviendrai jamais, même si tu ne veux pas divorcer, je ne veux pas revenir. Est-ce que tu comprends ?

— Je pense qu'avec le temps, si je ne divorce pas, tu finiras par te rendre compte que tu es mieux avec moi. » John avait parlé calmement et s'étonna lui-même.

Elle secoua la tête violemment. « J'aime Peter et il m'aime. Nous voulons nous marier. Nous voulons rendre public notre engagement mutuel et le seul moyen c'est le mariage.

— Tu l'as déjà fait une fois... avec moi.

— Je te l'ai dit, nous avons commis une erreur. A quoi ça sert ? Tu ne peux pas nous séparer. Nous allons continuer à vivre ensemble. La seule chose qui va changer c'est qu'au lieu de nous marier dans six mois nous nous marierons dans cinq ans — dans quatre ans et demi maintenant. Seulement... » Jennifer essaya de lui sourire, d'un air triste et interrogateur, et il en fut bouleversé... « Seulement, nous préférerions que ce soit dans six mois.

— Nous », dit-il et il se rendit compte qu'il manquait de souffle. « Nous ? Je n'ai pas entendu son opinion à ce sujet. »

Elle regarda son amant. La lumière du soir d'été tombait sur les verres de ses lunettes et elle les transformait en deux disques de métal opaque. Il avait à nouveau poussé son verre sur la table, mais John l'avait ignoré. Il parla enfin. Il avait une belle voix, John dut le reconnaître, le genre de voix qu'on associait avec Oxford, la diplomatie et l'aristocratie. Sa prononciation était celle des gens cultivés. Il employait des mots qui semblaient avoir un sens intellectuel et John ne les comprenait pas. C'était à nouveau Sacher-Masoch.

« Il croit avoir la magnétite, dit-il.

— Qu'est-ce que ça signifie ?

— Ne fais pas attention, dit Jennifer, d'une voix douce, comme une institutrice à une classe de petits garçons. Ne fais pas attention, quelle importance ? Nous devons seulement faire comprendre à John que nous parlons sérieusement, que nous sommes liés l'un à l'autre et que nous n'allons pas changer simplement parce que... »

C'est à ce moment-là, avant qu'elle ait terminé sa phrase, que la sonnette de la porte d'entrée retentit.

Sans raison particulière, John fut persuadé qu'il s'agissait de Mark Simms. Cela lui ressemblait d'arriver sans prévenir après qu'on lui eut raccroché au nez et qu'on n'eut pas répondu à ses appels. Il n'en avait sans doute pas fini avec ses confessions et il voulait ajouter quelque chose, d'autres détails. On sonna une seconde fois.

« Tu ne vas pas voir qui est là ? » demanda Jennifer.

Il les quitta et se dirigea vers la porte. C'était Colin Goodman. Il avait rangé sa voiture devant le portail et sa mère y était assise. Quelque chose dans l'expression de John lui fit dire :

« Ce n'est pas grave, nous n'entrons pas si tu es occupé. Je promenais ma mère et comme on passait par ici... »

John ne sut jamais pourquoi il s'était arrêté — pour l'inviter à les accompagner peut-être — parce qu'à ce moment-là la porte du salon s'ouvrit. Peter Moran sortit et dit de sa voix de présentateur de journal télévisé :

« Où sont les toilettes ? »

John reçut cela comme un affront. « En haut, dit-il froidement. En haut et à gauche. »

Afin d'atteindre l'escalier, Peter Moran devait passer près de la porte d'entrée, aussi John n'avait pas d'autre choix que de le présenter à Colin. Colin se souviendrait-il de cet homme, l'amant de Jennifer ? John ne savait plus s'il lui avait déjà dit son nom.

« Colin Goodman, Peter Moran », dit-il.

Rien dans le visage de Colin n'indiqua que ce nom lui rappelait quelque chose. Il avait l'air las et résigné qu'il prenait quand il emmenait sa mère. Dans ces circonstances, il avait l'habitude de passer chez des amis ou des connaissances et de rester avec eux une demi-heure. Il redescendit les deux marches, assez lentement.

« Je n'entre pas, tu as du monde. »

John regarda à nouveau la voiture — une vieille Triumph Dolomite, mais en bien meilleur état que la Citroën de Moran — et Mme Goodman leva les yeux et frappa à la vitre. Ayant appelé son fils, elle fit un geste amical à John. Peter Moran avait disparu au premier.

« Je suis désolé, je te téléphone », dit John. Il s'obligea à attendre que Colin ait atteint le portail avant de refermer la porte.

Jennifer était seule dans le salon. Le mari et la femme se regardèrent en silence et John dit très simplement :

« S'il te plaît, reviens ma chérie. Je t'aime beaucoup.

— Je ne peux pas, répondit-elle, d'une voix basse et brutale.

— Personne ne t'aime comme moi, tu ne le sais pas ?

— Mais c'est ainsi que je l'aime », dit-elle.

Sous le choc, il ferma les yeux comme s'il avait eu peur de recevoir un coup de poing. Peter Moran revint. Avec douleur, une douleur physique, John s'obligea à le regarder, en réfléchissant sur les mystères de l'amour. Qu'avait-il cet homme ? C'est vrai, il avait quatre ou cinq ans de moins que John et quelques centimètres de plus — mais tout cela était absurde. Il devait y avoir chez lui un élément secret. Il avait une bouche épaisse et molle, des yeux paresseux et las. Il regardait Jennifer et lui lança l'ombre d'un clin d'œil — ou c'est ce que John pensa, il ne pouvait en être sûr. Et le visage de Jennifer resta grave et malheureux. Un silence épouvantable se prolongeait. Elle le brisa, d'une voix anxieuse, hésitante. John pensa dans une sorte de triomphe amer : je l'ai émue, ce que j'ai dit l'a bouleversée.

« Veux-tu réfléchir, John, s'il te plaît ? Veux-tu, disons, une semaine pour y réfléchir ? C'est-à-dire, à la façon dont nous allons nous organiser. Si tu ne veux pas divorcer pour adultère, accepterais-tu pour incompatibilité d'humeur, après deux ans ? C'est-à-dire, dans un an en novembre ?

— J'y penserai, dit John. J'y pense presque tout le temps, de toute façon. Mais je ne changerai pas. »

Peter Moran vida le reste du vin dans son verre et le but.

« Nous perdons nos temps, dit-il. Je ne sais pas pourquoi nous sommes venus. »

L'ancien John aurait accepté cela avec soumission. Le nouveau répliqua :

« Pour boire mon vin, apparemment. »

Jennifer les regarda tour à tour et demanda : « S'il vous plaît, ne vous disputez pas !

— Je ne veux pas divorcer. Et une des raisons, c'est que tu seras mieux avec moi qu'avec lui, dit John. Je suis celui qu'il te faut. Il ne pourra que te rendre malheureuse.

— Viens, dit Peter Moran, allons-nous-en. »

Il resta près de la porte d'entrée pour les regarder partir puis il courut au premier pour voir la voiture disparaître. Après, vint un sentiment de déception et de vide, la sensation d'être seul au monde, sans rien pour s'occuper. Il faisait encore jour, il n'était que neuf heures. En s'efforçant de chasser Jennifer et Peter Moran de son esprit — sans y parvenir tout à fait — il revint dans le salon, débarrassa les verres et mit la bouteille vide dans la poubelle. Le devis de l'entrepreneur pour la réparation des gouttières était arrivé depuis presque un mois. Il s'assit et y répondit. il sortit son carnet et confronta le dernier message de la pelouse des chats aux premières lignes de tous les romans de sa bibliothèque qui avaient un rapport même lointain avec des espions, y compris le *Traité naval* de Conan Doyle et plusieurs histoires du père Brown. Depuis *Le Passage du chat*, Yves Yugall avait publié un recueil de nouvelles et John avait réussi à s'en procurer un exemplaire à la bibliothèque centrale. Le recueil s'intitulait *L'Armée du tatou* et comprenait huit nouvelles. Il compara péniblement le message aux premières lignes de chaque nouvelle, mais le code du mois de juin ne se référait à aucune d'entre elles.

Il ne s'arrêta qu'à onze heures passées. Il s'allongea dans le fauteuil et ferma les yeux. Sur ses rétines rouge sombre, sur des caractères plus pâles qui semblaient s'effacer, il crut voir le visage de Jennifer, ses joues rondes et douces et ses yeux malheureux.

X

La matinée de samedi avait été très occupée chez Trowbridge. Le soleil incitait toujours les gens à sortir pendant le week-end, et pourtant un bon jardinier n'aurait jamais rien planté quand le soleil brillait. Il avait entendu Gavin dire à un client : « La meilleure façon de tout faire crever. » Gavin voulut savoir s'il pouvait prendre le mainate chez lui pendant le week-end et John n'avait pu trouver aucune raison de dire non.

« Quand je ne suis pas là, il souffre d'un léger syndrome d'abandon. »

John ne savait pas exactement ce que cela signifiait. Il n'avait guère d'espoir que quelqu'un achète jamais le mainate. L'oiseau passa sa tête noire et brillante et son bec d'un jaune lumineux entre les barreaux tandis que Gavin emportait la cage.

« *Une poule sur un mur qui picotait du pain dur*... » chantait Gavin mais le mainate restait silencieux et regardait le monde extérieur avec crainte.

Ce n'est qu'après le départ de Gavin que John se dit qu'il aurait dû lui demander ce qu'était une magnétite. Il avait l'air d'être une mine de renseignements curieux. Le dictionnaire qu'il consulta à la bibliothèque centrale lui dit qu'une magnétite, ou oxyde naturel de fer magnétique, était un aimant. Pourquoi Peteer Moran avait-il laissé entendre qu'il possédait un aimant ? Était-ce une forme d'insulte ? Dans ce contexte, cela ne semblait pas avoir plus de sens qu'une « *poule sur un mur* » ou « *qui picotait du pain dur* ». Quand il entra chez lui, le téléphone sonnait ; Mark Simms se dit-il, et il prit son courage à deux mains pour l'éconduire sèchement.

En concluant trop vite, il fit la même erreur que jeudi soir.

« C'est Colin. J'ai essayé de t'appeler toute la matinée.

— Je travaillais samedi matin.

— J'ai aussi essayé hier. »

Les gens qui se froissaient parce qu'on ne restait pas assis près du téléphone à attendre leurs appels exaspéraient John.

« Je suis là maintenant.

— Ce type que j'ai rencontré chez toi jeudi soir, c'est un copain à toi ? Je veux dire, un ami très proche ? »

John répondit lentement : « Tu parles de Peter Moran ?

— Oui. Le type qui est sorti pour demander où étaient les toilettes. »

Colin parlait comme si, ce soir-là, la maison avait été pleine de gens, comme pour une fête. Mais bien sûr, il le pensait peut-être et il lui en voulait de ne pas avoir été invité. John répondit, en choisissant bien ses mots :

« Ce n'est pas un ami. C'est l'homme qui vit avec Jennifer. Elle se trouvait là, elle aussi. La situation m'a semblé embarrassante, alors je ne t'ai pas demandé d'entrer. Je n'ai pas du tout envie de parler de ça au téléphone, Colin. »

La voix de Colin lui parut étrange. Il dit : « Tu es sûr que Jennifer vit avec lui ? Je veux dire, comme ça ?

— Je ne veux pas en parler, Colin. Je te l'ai déjà dit.

— Tu ne veux pas venir à la maison ? Ou alors, je peux passer chez toi. Maman aimerait te voir. Viens prendre une tasse de thé. »

John dit d'un ton décidé : « Pas pour parler de Jennifer, je ne veux pas. Vraiment, Colin, pas question. Il faut que je débrouille cette affaire tout seul. » Il se radoucit un peu. Après tout, il s'agissait de son plus vieil ami. Colin avait prêté une oreille plus attentive à ses confidences que lui aux confessions de Mark Simms. « J'espère que Jennifer va bientôt revenir, je pense que ce n'est qu'une question de temps. Tu comprendras que je ne veux pas en parler avec des étrangers. Même avec toi, ajouta-t-il.

— Je ne veux pas parler de Jennifer, dit Colin. Je n'y songe absolument pas. Mais je veux te donner quelques renseignements sur Peter Moran. Ils pourront t'être utiles. Je veux te dire où je l'ai vu la dernière fois. » Colin s'arrêta pour donner tout son poids dramatique à sa révélation. « C'était au tribunal. »

XI

A Rossingham, il semblait invraisemblable qu'on rentre chez soi pour le week-end, mais la plupart des élèves sortaient le dimanche. Les parents, les marraines, les oncles ou les tantes venaient au collège. Pourtant d'une façon générale, on n'encourageait pas les sorties pour le déjeuner ou le thé avec ces personnes vaguement appelées « amies ».

M. Lindsay avait déclaré : « Il est singulier de voir que les élèves les plus âgés de Pitt ont de très jolies tantes qui n'ont pas plus de dix-huit ans. »

Il aurait pu y inclure Angus Cameron qu'une très belle blonde vint chercher en voiture, un dimanche de fin juin. De son côté, Mungo alla déjeuner à l'hôtel du Moulin, à Rossigham-St. Clare, avec ses parents, Ian et Gail. La sœur de Charles Mabledene avait quinze ans ce jour-là. Et après le déjeuner et le thé, ils devaient la raccompagner à Utting.

Mungo dit à Graham : « Je trouve curieux que nous n'ayons jamais su qu'il avait une sœur à Utting.

— Nous n'avons même jamais su qu'il avait une sœur tout simplement. Il est très cachottier.

— J'imagine que nous allons nous retrouver pour le déjeuner », dit Mungo d'un air lugubre. Et effectivement, on donna des tables contiguës aux Mabledene, aux Cameron et à l'oncle et la tante de Graham. Angus et sa petite amie disparurent dans un nuage de fumée, car la voiture avait besoin d'un nouveau pot d'échappement.

Charles Mabledene avait conscience des implications de la présence de sa sœur à l'école. Ils avaient fréquenté les petites classes d'Utting ensemble, et elle était restée après l'examen d'entrée au collège, à l'époque historique et mémorable où il « changeait de camp ». Mais il n'avait pas daigné l'expliquer au chef de l'agence de Londres. Tout jeune, Charles avait fait sienne une devise énigmatique : « Ne jamais s'excuser, ne jamais s'expliquer. » En réalité, il n'avait eu aucun contact personnel avec Léviathan, Méduse ou aucun autre agent des services de renseignements de l'Ouest depuis l'entretien dans la maison du 53 Ruxeter Road. Mungo lui avait alors déclaré : « Tu dois prouver que tu es des nôtres. » Mais jusqu'ici, on ne lui avait fait subir aucune épreuve. En dehors évidemment de ses tâches normales. Et on ne lui avait pas demandé grand-chose — quelques photocopies, la recherche d'une nouvelle cache —, ce qui lui avait laissé beaucoup de temps pour tester les serrures de sécurité Banham et, bien sûr, pour faire ses devoirs.

La nouvelle cache se trouvait derrière une pierre descellée sous la mangeoire des chevaux, place du marché Sainte-Marie à Rossingham. Celle des vestiaires de cricket avait été abandonnée quand, sans qu'on s'y attende, on avait réparé le mur de brique. M. Lindsay lui avait donné l'autorisation d'aller au village le vendredi après-midi, pour soi-disant y acheter une carte d'anniversaire pour sa sœur. Dans la cache de la mangeoire, il avait trouvé les derniers ordres dans le code *Traquenard* : « Reprendre les livres de Reynolds. »

Charles savait de quoi il s'agissait. Deux ans plus tôt, un ami d'Angus, Bruce Reynolds, avait prêté un livre sur les échecs et deux sur la navigation de plaisance à un élève d'Utting, Simon Perch, une des stars de Stern. Depuis, Reynolds les lui avait réclamés plusieurs fois, mais Perch ne les avait jamais rendus et il n'y avait que cette façon de les récupérer. Cela ne présentait pas de difficultés puisque Charles allait à Utting un peu plus tard dans la journée. Mais Léviathan n'en savait rien quand il avait donné l'ordre et il supposait que Dragon avait un autre genre de contact dans l'école de Parker et de Stern. S'agissait-il de l'épreuve attendue ? Ne vaudrait-il pas mieux pour Dragon ne pas reprendre les livres empruntés ?

On aurait aussi bien pu demander à Nicholas Ralston, ou Licorne, qu'il voyait au milieu d'une immense réunion de famille à l'autre extrémité de la salle de restaurant. Cela lui aurait mieux convenu. D'une certaine façon, cela représentait une tâche bien médiocre à proposer à quelqu'un de l'intelligence et de la perspicacité de Dragon. Si on le mettait à l'épreuve, était-ce pour connaître sa capacité à échouer ? Mais d'autre part, on l'aurait fort étonné en lui disant que Léviathan et Méduse ne savaient pas qu'il avait une sœur à Utting. Tout bien considéré, il passerait l'épreuve avec succès.

A cause de l'ambition grandissante de Charles Mabledene, quand Mungo Cameron prendrait sa retraite — sans doute l'an prochain —, le manteau tomberait sur ses épaules et il deviendrait le chef de l'agence de Londres.

Pendant le café, il exécuta un nouveau tour de prestidigitation. Il fit sortir un bouquet d'œillets de la veste de sa mère, une veste assez étrange en satin blanc. Elle poussa un cri de plaisir ; Charles avait cueilli les œillets dans le jardin de M. Lindsay, au petit matin quand personne n'était encore levé. Les portes de Pitt ne lui posaient aucun problème. Ses parents et sa sœur semblaient croire à l'effet de quelque force occulte et ils doutaient même de la réalité des fleurs. Charles leur souriait avec indulgence.

Certaines parties de son esprit l'inquiétaient parfois, mais pas celle qui exécutait les tours de magie. C'était une simple question de rapidité des mains, qui trompaient le regard, et de discipline éreintante. En revanche, son don pour deviner la pensée des autres et, encore plus fort, pour deviner ce qui allait arriver dans une situation donnée, le laissait perplexe et l'étonnait. La façon de penser des gens le passionnait et il faisait partie de ces rares personnes qui, bien qu'égoïstes et sans scrupules, s'intéressent plus aux autres qu'à elles-mêmes.

En ce moment, par exemple, il se demandait où ils iraient cet après-midi. Sa sœur devait décider parce que c'était son anniversaire et il y avait de nombreuses possibilités. Dans le voisinage, beaucoup de grandes demeures ainsi que le château de Rossingham ; le parc zoologique de Songflete ; la réserve de loutres sur la Orr à Orrington ; l'exposition « La vie quotidienne dans l'Angleterre des Tudor » à Togham Hoo ; une promenade en bateau d'Orrington jusqu'au pont de Rostock. Le visage de sa sœur ne laissait rien deviner. Elle adorait les vêtements et il y avait beaucoup de robes dans l'exposition sur les Tudor. Elle aimait aussi le bateau et tenait la place de barreur dans l'équipe des cadets d'Utting.

Les loutres, se dit-il, sans savoir pourquoi. Il se sentait souvent mal à l'aise parce que justement il devinait sans savoir pourquoi. Quand sa prédiction semblait aussi peu probable que celle-ci, il aurait aimé se tromper. Ils prirent des profiteroles, le dessert préféré de sa sœur. Charles regarda les Cameron quitter la salle de restaurant, toujours étonné par la taille des hommes. On aurait dit qu'ils appartenaient à une autre race. Mungo avait sans doute trente bons centimètres de plus que lui. Son père demanda :

« As-tu décidé où tu voulais aller, Sarah ?

— Voir la réserve de loutres, dit-elle. J'hésite entre ça et Togham, mais je préfère les loutres. »

Charles poussa un soupir.

Il y avait des loutres d'Europe et d'Asie, plusieurs couples de chaque espèce, chacune dans une partie différente de la rivière. A l'heure des repas, à quinze heures trente, elles plongeaient et nageaient pour attraper le poisson que les gardiens leur jetaient dans des seaux qui puaient. Charles s'y connaissait mieux en photo que sa sœur et, pour lui faire plaisir, il photographia les bébés loutres. En revenant, après avoir pris le thé à Orrington, ils restèrent coincés dans un embouteillage sur l'autoroute à cause des retours du week-end et la voiture commença à chauffer.

« Cette voiture va rendre l'âme si je continue, dit son père. Je vais la laisser aux ateliers et en prendre une autre. »

« Les ateliers », c'est ainsi que les Mabledene appelaient le garage de Rostock. Le père de Charles entra sur la piste avec la BMW, puis il alla chercher dans le bureau les clefs d'une Volvo d'occasion rangées à l'extérieur. Charles n'était pas venu aux ateliers depuis une éternité. Sans savoir pourquoi, il alla se promener parmi les voitures, traversa l'immense hangar avec les ponts mobiles et ressortit derrière, là où différents véhicules attendaient une réparation ou une vidange. Il supposa plus tard qu'il avait une sorte de flair, de sixième sens ou de seconde vue, ou quel que soit le nom qu'on lui donne. La voiture rouge, une Datsun, avait l'aile arrière droite complètement enfoncée et le bloc feu rouge écrasé. On voyait nettement une traînée verte sur la carrosserie, là où la peinture rouge s'était écaillée. Charles se félicita d'avoir photographié les loutres pour sa sœur car il avait gardé l'appareil autour du cou. Il jeta un coup d'œil autour de lui pour vérifier que personne ne pouvait le voir, puis il prit deux photos de la voiture rouge, en s'assurant que la plaque minéralogique y figurait.

Il revint par le bureau avec sur le visage cette expression d'innocence et de naïveté qui semblait tant plaire à sa mère et qui lui était devenue naturelle, n'ayant plus à s'entraîner devant une glace. Derrière l'immense vitre du bureau, il vit son père qui cherchait toujours les clefs. Il poussa la porte mais elle resta bloquée comme si quelque chose la coinçait sur le paillasson. Il se baissa et ramassa une enveloppe. Il sentit qu'elle contenait un trousseau de clefs retenues par un anneau avec une chaîne. Sur l'enveloppe il vit le numéro de la voiture qu'il venait de photographier et un nom : Whittaker...

Son père venait de trouver les clefs de la Volvo. Content de lui mais n'en laissant rien paraître, Charles tendit l'enveloppe à son père. Ils montèrent tous dans la nouvelle voiture et partirent pour Utting, dans la banlieue est.

« Tu veux que je fasse développer ta pellicule », demanda Charles à sa sœur, et il ajouta en mentant effrontément : « Je connais quelqu'un au club photo qui le fera gratuitement. »

Naturellement elle accepta. Charles décida de terminer la pellicule en prenant des photos utiles d'Utting. On ne sait jamais quand on peut en avoir besoin. Sa sœur habitait à Curie, mais dans la foule de garçons et de filles qui rentraient et dans l'ambiance générale beaucoup plus libre qu'à Rossingham, il n'eut aucun mal à entrer à Huxley et à demander à quelqu'un qui ressemblait à un préfet où se trouvait la chambre de Perch. Le préfet semblait très bien le connaître, c'était peut-être même un de ses amis, et très obligeamment, il dit à Charles que Perch ne rentrerait pas avant huit heures. Pour Charles le plus délicat consistait à crocheter la serrure de Perch. Non pas à cause de la difficulté — les serrures des portes intérieures n'en présentaient jamais — mais parce qu'il risquait d'être vu, l'opération prenant nécessairement deux ou trois minutes.

Il découvrit deux des livres sur une étagère, au-dessus du plateau fixé au mur qui servait de bureau à Utting. Il ne put mettre la main sur le livre d'échecs malgré une fouille de la chambre. Perch avait dû l'emporter chez lui où il l'avait laissé. Le seul objet véritablement intéressant de la pièce était un télescope installé sur l'appui de la fenêtre et dirigé vers la ville. Charles y jeta un coup d'œil. Étonnant tout ce qu'on pouvait voir et avec quelle netteté. Il aperçut même la pendule de CitWest : six heures vingt-deux, température dix-sept degrés. Sans flash il ne put prendre qu'une seule photo de la chambre, mais il fit de son mieux. D'après ce qu'il savait, à l'agence de Londres, personne n'avait jamais pris de photo à l'intérieur d'Utting. Il quitta les lieux sans encombre en emportant les deux livres dans un sac en plastique vert et blanc de chez Marks and Spencer qu'il avait trouvé dans la corbeille à papier de Perch. En rentrant à Curie, où ses parents parlaient toujours en tête à tête avec le chef de maison de Sarah, Charles croisa Rosie Whittaker dans le hall. Elle connaissait Sarah et s'apprêtait à venir lui parler, mais il l'arrêta avec le regard froid de celui qui ne comprend pas.

XII

Constance Goodman appartenait à cette catégorie de femmes qui se montrent très gentilles avec les enfants des autres et très peu avec les leurs. Cela apparut nettement dans le geste amical qu'elle lança à John depuis la voiture, après avoir frappé à la vitre d'un air furieux pour appeler Colin. Elle avait plus de soixante-dix ans, et trois générations d'enfants l'avait eue comme institutrice, John — et Cherry — par exemple, mais pas son propre fils. Quand elle rencontrait ses anciens élèves, elle les appelait « minou » ; à son fils, elle réservait le terme de « poulet », mais en y mettant beaucoup moins d'affection. Et Colin avait en effet quelque chose d'un poulet avec son nez pointu comme un bec, ses petits yeux noirs et ses cheveux bouclés. En faisant entrer John dans la maison, il avait semblé très content, à la manière de Harpo Marx réprimant sa joie.

« Contente de te voir, minou », dit Mme Goodman, dont les articulations craquaient à cause de l'arthrite, tout en mettant la table pour le thé, dont John n'avait pas envie. « Je vais m'éclipser pendant dix minutes, pour que vous puissiez bavarder, Colin et toi. »

John attendit qu'elle ait refermé la porte et demanda : « Qu'est-ce que ça veut dire ? »

Cela s'était produit il y avait trois semaines, et il n'avait toujours pas fait usage du renseignement. Il avait été confronté au pire dilemme de sa vie. Tout se passait comme s'il avait besoin que quelque chose arrive pour révéler ce que Colin lui avait appris ou pour l'oublier. Il gardait toujours à l'esprit le désir de ne pas se conduire mal et cependant dire ce qu'il savait pouvait être une bonne action. Il pouvait même s'agir d'un devoir et de son salut. Il conservait un soupçon de fierté d'avoir si bien vu ce qui se cachait derrière les yeux de Peter Moran, même sans l'avoir deviné précisément.

En se rendant chez Colin en Honda, cet après-midi-là, il avait éprouvé d'autres sentiments. Il se sentait curieusement de bonne humeur et plein d'espoir. Pourtant rien ne justifiait un tel optimisme. Colin et sa mère habitaient assez loin en dehors de la ville, en fait dans les faubourgs d'Orrington, et il mit près d'une demi-heure à faire le trajet. La maison, dans laquelle il n'était pas revenu depuis le départ de Jennifer, avait un air désolé et triste et sans sa construction — on ne pouvait pas parler d'architecture — caractéristique du début des années soixante, on aurait pu la croire toute neuve. Une pelouse fauchée, sans arbres ni fleurs, tenait lieu de jardin et la maison elle-même en brique rose avec des fenêtres carrées à encadrements métalliques avait une forme de L. Une fois, John avait donné à Colin des boutures d'arbustes et des boîtes de graines mais il n'avait pas su ce qu'il en avait fait. Il n'avait jamais rien vu dans le jardin.

Quand Colin et lui se retrouvèrent seuls et après qu'ils eurent entendu deux portes se refermer derrière Mme Goodman, une femme au tact plein d'ostentation, Colin lui demanda si Peter Moran vivait vraiment avec Jennifer.

« Je te l'ai déjà dit. » John commençait à croire que les gens n'écoutent pas toujours attentivement ce qu'on leur confie, mais il ajouta quand même : « Je te l'ai dit une première fois quand Jennifer m'a quitté.

— Sans doute. Mais le nom ne me disait rien... à l'époque.

— J'aimerais que tu sois moins mystérieux.

— Que sais-tu sur ce type, ce Moran ?

— Il a dans les trente-cinq ans. Il est originaire de la région... enfin, je le pense. Il a une licence, en économie ou en philosophie, quelque chose comme ça. Je crois qu'il a été professeur, je n'en suis pas sûr. Mais maintenant, il n'a plus de travail. Il loue une baraque délabrée à Nunhouse mais je pense que le bureau d'aide sociale paie le loyer. » John se savait méprisant, mais il n'y prêtait pas attention. « Oh, il a aussi une de ces petites voitures françaises qui ne sont pas vraiment des voitures, si tu vois ce que je veux dire. »

Colin éclata de rire. « Tu l'aimes beaucoup, n'est-ce pas ?

— Que crois-tu ?

— Comment Jennifer l'a-t-elle rencontré ? »

La question ne l'intéressait pas. « Je ne sais pas comment elle l'a rencontré. Il y a très longtemps. » Il hésita avant de dire avec difficulté : « Ils étaient fiancés, mais il a rompu deux jours seulement avant... le mariage. Il y a quatre ans.

— Il y a quatre ans, enchaîna Colin, j'ai été désigné comme juré au tribunal d'Orrington. Tu t'en souviens ? »

John s'en souvenait. Colin avait fait toute une histoire sur le temps perdu et l'insuffisance des indemnités de juré.

« Quand j'ai vu Moran chez toi, jeudi, je l'ai reconnu aussitôt et quand je suis rentré, je l'ai retrouvé.

— Comment ça, retrouvé ?

— Tu me connais, je prends toujours des notes. J'ai noté ce qu'ont dit ceux qui ont comparu devant le tribunal, avec quelques commentaires personnels. J'ai trouvé cela utile au moment des verdicts. Ton Peter Moran faisait partie de ceux qui comparaissaient. Tu veux savoir de quoi on l'accusait ?

— Bien sûr.

— Violences sur mineur de moins de treize ans », dit Colin. Il s'humecta les lèvres, et ajouta avec embarras : « Je veux dire, attentat à la pudeur. »

Mme Goodman passa la tête par la porte.

« Terminé, poulet ?

— De toute façon, tu es au courant de ce que je lui dis, alors ça n'a pas d'importance.

— Ne sois pas sarcastique avec moi, poulet. Je ne peux quand même pas passer ma soirée dans la cuisine. » Elle posa sur la table un plateau avec une énorme théière marron et un cake aussi sombre et apparemment aussi lourd.

« Je vous en prie, madame Goodman. Ça ne me dérange pas. »

Il regarda Colin. « Je ne peux pas le croire. » Mais il le pouvait. Cela expliquait tant de choses, la façon brutale dont il avait quitté Jennifer, Jennifer qui croyait être la seule femme qu'il ait jamais connue, le fait qu'il n'arrivait pas à trouver un emploi dans sa partie, et surtout ce sentiment d'horreur que John avait toujours éprouvé devant lui. « Que lui est-il arrivé ? demanda-t-il. Quelle a été — il n'arrivait pas à trouver le terme exact — la punition.

— C'était la première fois. Plus exactement, la première fois qu'il se faisait prendre. Trois ans avec sursis à condition qu'il passe six mois dans une clinique psychiatrique. »

Mme Goodman remplissait les tasses minuscules de thé très sombre. Colin prit la sienne et renversa du thé dans la soucoupe.

« C'est toi, poulet, pas moi.

— D'accord, maman, je n'ai rien dit.

— Il a passé six mois en hôpital psychiatrique ?

— Je l'imagine. Il le fallait. »

John voulait poser une question mais cela le gênait devant Mme Goodman. A chaque fois qu'il se trouvait en sa présence, il se souvenait d'elle en classe, grande, maigre, avec une tête d'oiseau. Elle écrivait la somme de longues colonnes de chiffres au tableau noir, ou elle marchait dans les allées, entre les pupitres, et s'arrêtait pour regarder par-dessus l'épaule des élèves. Les yeux fixés sur son assiette, sur laquelle reposait une épaisse tranche de gâteau, il dit : « Il s'agissait d'un garçon ou d'une fille ? »

Par chance, Colin ne demanda pas d'autres explications. « Oh, d'un garçon.

— Je me demande pourquoi les journaux n'en ont pas parlé.

— Il y avait un article dans le journal d'Orrington, minou. Il en faut plus pour *Free Press*.

— Il a plaidé coupable, dit Colin. Il s'agissait d'une affaire simple. Tout a été réglé en une demi-heure. »

John savait à quoi ils pensaient. Lui aussi répétait en lui-même son prénom. « Jennifer, Jennifer... » Brusquement, il dit à Mme Goodman :

« Vous savez ce qu'est une magnétite ?

— Un aimant, n'est-ce pas ?

— C'est ce que dit le dictionnaire.
— Attends une minute, minou. Est-ce que ce n'est pas une sorte d'aimant qui... eh bien, si un mari en possède un il peut s'en servir pour faire revenir sa femme.
— Agréable, dit Colin. Bravo pour ton tact. »
La mère et le fils commencèrent à se quereller de façon bougonne mais sans vraiment se mettre en colère. Ils ne perdirent jamais tout à fait leur calme, même si Mme Goodman éclatait parfois d'un rire détestable et si les yeux de Colin lançaient des éclairs. Tout se termina quand Mme Goodman fit remarquer que John n'allait sûrement pas vouloir passer le reste de la soirée dans une maison aussi peu accueillante, dont les occupants ne cessaient de se chamailler en mettant leurs invités mal à l'aise. Que répondre à cela ? Évidemment, John n'avait pas voulu rester. Il s'en alla en avançant toute sorte d'excuses tandis que Mme Goodman hochait la tête tristement et disait qu'elle l'avait prévu, que Colin avait chassé son ami par sa grossièreté.
John établissait un parallèle entre son comportement actuel et sa façon de réagir devant la confession de Mark Simms. En rentrant chez lui en Honda, il avait échafaudé des plans pour utiliser ce qu'il venait d'apprendre, tout comme la première fois il avait eu l'intention d'aller trouver la police. Il avait passé la soirée dans les spéculations les plus folles et le lendemain, il avait décidé qu'il voulait en savoir plus. Consulter la collection du journal à la bibliothèque de l'*Orrington Onlooker* se révéla plus simple qu'il ne l'avait cru, mais il trouva le compte rendu du procès insuffisant, parce qu'on ne pouvait donner le nom de l'enfant ni aucun détail personnel le concernant. Peter Moran n'avait pas cherché à nier. En fait, il n'apprit pas grand-chose de plus que ce que Colin lui avait déjà dit.
Pourtant, si Peter Moran se comportait ainsi, pourquoi voulait-il Jennifer ? Sans doute pour se persuader qu'il n'était pas comme ça. Pour qu'elle le sauve de lui-même et le protège ? Parce qu'elle avait en elle quelque chose de très maternel et de très tendre. Ou était-ce tout simplement parce que Jennifer l'aimait et que son amour lui fournissait une façade pour dissimuler ses activités ? John en arriva à la conclusion qu'il ne comprenait pas bien la psychologie des anormaux. Et il ne pouvait accepter l'idée que Jennifer pût tenir plus à son amant qu'à lui-même. On avait peut-être guéri Peter Moran à la clinique — s'il y était allé.
Mais il y avait un souvenir qui ne cessait de le tourmenter, une question qu'il se posait continuellement. Le samedi où il avait retrouvé Jennifer aux jardins de Hartlands, le 2 avril, il s'agissait de l'après-midi du « départ » de Peter Moran mais aussi de l'après-midi de la disparition d'un enfant de douze ans, James Harvill. Était-il extravagant d'établir une relation entre les deux faits, avec ce qu'il savait maintenant ? John

ne cessait de se poser cette question, sans obtenir de réponse : Jennifer sait-elle ?

L'information semblait peser lourdement comme une masse inerte ou comme la magnétite, cet aimant au pouvoir surnaturel. Il n'avait qu'à la soulever et la mettre en pleine lumière pour que sa femme lui revienne...

XIII

« As-tu déjà pensé que cela pouvait mal se terminer ? » demanda Angus à Mungo.

Ils s'étaient rencontrés dans la nouvelle bibliothèque après avoir fini leurs devoirs.

« Pourquoi ? » Mungo avait l'air très étonné. « Nous n'avons jamais rien fait d'illégal.

— Parfois, tu prends des risques. Et les choses peuvent mal tourner, même ce qui a commencé de façon innocente. Vous pouvez vous faire renvoyer ou déclencher une catastrophe.

— Tu parles comme papa. »

C'était le 29 juin, le jour où Mungo envoya une directive à ses agents pour leur enjoindre d'ignorer désormais les ordres en code *Traquenard* et de prendre le code *L'Armée du tatou* trois. Il transcrivit la directive en *Traquenard* et l'indication pour le nouveau code se référait à la troisième nouvelle du recueil d'Yves Yugall, une histoire policière intitulée *Le Repaire de la Salamandre*. Il rangea la photo d'Utting que Charles Mabledene avait prise dans un dossier marqué « ultra-secret ». On avait rendu les deux livres sur la navigation de plaisance à Bruce Reynolds et on avait transmis à l'aîné des Ralston, par l'intermédiaire de son frère, la photo de la voiture accidentée des Whittaker.

Malgré les efforts de Mungo et ceux de ses experts, ils n'avaient pu déchiffrer le code de Stern et ils n'avaient trouvé aucun renseignement sur la signification des chiffres qui précédaient et suivaient les messages.

Pendant la première semaine de juillet, Licorne reçut une lettre de son père qui semblait indiquer la perte possible et imminente du 53, Ruxeter Road. Le père de Licorne expliquait à son fils l'achat éventuel d'un appartement dans les villas Pentecôte quand on aurait restauré l'ensemble. Apparemment, on n'envisageait plus de le démolir. En code *Armée du tatou* trois, Mungo donna l'ordre à Basilic et à Empuse d'en découvrir plus. Le coup s'abattit quand Licorne, faisant une visite de routine à la cache de la mangeoire aux chevaux, trouva un message lui demandant d'abandonner toute recherche sur les villas Pentecôte.

Quand Mungo découvrit qu'il s'agissait d'un faux provenant de la taupe de Stern, Licorne avait cessé tout travail pour obtenir de son père des dates et des plans et, de sa propre initiative, avait rompu avec Basilic. L'agence de Moscou avait déchiffré le code de juillet.

Cela ne signifiait pas obligatoirement que Stern connaissait l'emplacement du lieu de rendez-vous. Depuis le début, quand on en donnait l'adresse dans les messages, on disait VP, pour villas Pentecôte. Stern l'ignorait très certainement. Mais, quelques jours après sa première utilisation, Stern avait déchiffré le code.

Trois jours avant la fin du trimestre d'été, Mungo changea le code et passa de *Armée du tatou* trois à *Armée du tatou* sept, en disant qu'on ne soupçonnerait pas un choix aussi risqué. Au début, il n'informa que Licorne, Basilic, Méduse et Charybde, le dernier jour, il le communiqua aussi à Dragon, c'est-à-dire Charles Mabledene.

XIV

John reçut la lettre de Jennifer le premier jour de ses vacances. Évidemment, il ne partirait pas. Il s'occuperait du jardin, redécorerait une pièce, passerait une journée avec Colin et sa mère, rendrait visite à sa tante. Comme c'est triste, pensa-t-il. Malgré tout ce qu'il avait appris sur les modifications du monde, il avait l'impression de redevenir l'ancien John. Extérieurement, rien n'avait changé dans sa manière de vivre. Mais il savait qu'il attendait un signe et peut-être se trouvait-il dans cette lettre. Il l'ouvrit lentement, sans aucune nervosité.

Cher John,

Tu as dit que tu allais penser à ce que nous t'avons demandé quand Peter et moi nous sommes venus te voir. Voilà maintenant plus d'un mois et nous n'avons pas reçu de tes nouvelles. Tu as dit que tu allais réfléchir au divorce, si tu ne veux pas divorcer pour adultère, nous pourrions au moins divorcer par consentement mutuel après deux ans de séparation. Nous avons vu un conseiller juridique et il nous a dit que j'avais le droit de réclamer une part de la maison, jusqu'au tiers de sa valeur. Cela peut sembler quelque peu excessif étant donné que fondamentalement la maison t'appartient et que je n'ai rien payé pour elle. Mais la loi est ainsi faite et, bien sûr, je ne possède rien comme tu le sais, en dehors de ce que j'ai retiré de la vente de l'appartement, mais il y avait une grosse hypothèque. Peter n'a rien, aucun bien. Sans exagérer on peut dire que nous sommes sans le sou.

Voilà ce que je veux te dire : si tu me laisses divorcer afin que nous puissions nous marier je ne réclamerai rien. Je te promets de ne pas demander de pension alimentaire et de ne rien exiger sur la maison. Je pense que je te propose un accord juste.

Je te prie de bien vouloir y réfléchir. Je ne te menace pas, John, mais il faut que tu comprennes que si je dois attendre cinq ans, j'aurai besoin d'un soutien pendant cette période et d'une sorte de capital à la fin.

Bien à toi,

JENNIFER.

Peter Moran l'a poussée, se dit John. Ainsi, il n'aurait pas besoin de trouver de travail, ou plutôt il se résignerait à l'idée de ne pouvoir en trouver. Une femme qui n'avait vécu que deux ans avec son mari, une femme sans enfants, avait-elle un droit sur sa maison ? John n'en savait rien et ne voulait pas demander à un avocat. Il ne le ferait jamais, il n'en aurait pas besoin. Il n'était que neuf heures du matin. Ils dormaient peut-être encore, mais il refusa d'y penser. Avec l'adresse de Peter Moran, les renseignements lui donnèrent le numéro de téléphone. S'il avait réfléchi, il aurait peut-être hésité, mais il ne pensa pas. Il décrocha le téléphone et composa le numéro.

La voix réservée à la belle intonation lui répondit.

John faillit raccrocher. Il dit en hésitant :

« Je suis John Creevey.

— Oui ? » répondit-on comme si on n'était jamais venu chez lui, comme si on n'avait jamais bu son vin et volé sa femme.

« J'aimerais parler à Jennifer. »

On ne lui demanda pas d'attendre, de ne pas couper. Le silence, puis des bruits de pas qui s'éloignaient. Il eut l'impression qu'il se passait un long moment avant que Jennifer réponde :

« Allô, John ?

— J'ai reçu ta lettre, dit-il, à l'instant.

— Ne dis pas non tout de suite, John. Réfléchis. Tu n'es pas obligé de me répondre tout de suite.

— Je ne t'appelais pas pour te donner une réponse. Je veux te voir. J'ai quelque chose à te dire.

— Tu ne peux pas le dire maintenant ? »

Qu'imaginait-elle ? Qu'il déménageait ? Qu'il changeait de travail ? Qu'il avait trouvé une autre femme ?

« Impossible au téléphone. Quand pouvons-nous nous voir ? » Il ajouta rapidement : « Nous deux seulement. Je ne veux pas qu'il vienne. »

Il l'entendit soupirer, un son triste et inquiet. « J'ai du travail, dit-elle. A mi-temps, mais c'est mieux que rien. Du secrétariat, dans une entreprise à Feverton, jeudi à midi, ça te va ? J'ai une pause pour le déjeuner, le jeudi. Toi aussi, non ?

— Je suis en vacances », répondit-il.

Elle lui expliqua où elle travaillait et elle accepta de le rencontrer jeudi à une heure. Après avoir raccroché, l'énormité de ce qu'il venait de faire le frappa. Quatre jours, ce n'était pas suffisant, car il devait y réfléchir. Puis il se souvint de la facilité avec laquelle Jennifer avait dit oui. Il avait même eu l'impression qu'elle voulait le rencontrer. La grossièreté de Peter Moran avait-elle fini par lui devenir insupportable à elle aussi ? Il regarda la lettre toujours convaincu qu'elle ne l'avait pas écrite seule.

Le facteur n'avait plus jamais apporté de journaux dans la maison de Genova Road depuis la mort de Cherry. Quand John en voulait un, il allait l'acheter — en général *Free Press*. En payant et en prenant un exemplaire sur la pile, il se demanda si l'histoire de la condamnation avait vraiment été publiée dans *Free Press*. Comment l'aurait-il su ? Si cela avait été le cas, Jennifer pouvait être au courant. Elle pouvait l'avoir toujours su...

Une vague de chaleur avait commencé. Curieusement, on peut toujours dire, on peut toujours savoir quand une belle journée restera isolée, comme un feu de paille, et quand elle marque le début d'une période de chaleur. Il suivit la berge, traversa Randolph Bridge et entra dans Feverton. Jennifer lui avait dit qu'elle travaillait chez Albright-Craven, dans l'ensemble de Feverton Square. L'immeuble de l'entreprise était cinq fois plus grand que les bureaux de Maitland dans le temps, pourtant on ne pouvait ignorer l'analogie avec Cherry. Sa vie semblait remplie de parallèles et de présages.

Elle devait être arrivée. Lundi, mardi, mercredi, et jeudi matin, lui avait-elle dit. Il leva les yeux vers les fenêtres en se demandant derrière laquelle se trouvait son bureau, comme autrefois quand il restait devant chez Peter Moran en l'attendant. Le ciel d'un bleu profond et le soleil qui se reflétait sur toutes ces vitres et sur l'acier éblouissaient et blessaient les yeux. Il pensa aller à pied, ou plutôt en bus, de l'autre côté de Rostock, jusqu'à la pelouse des chats, mais ces dernières semaines, plusieurs fois il n'avait rien trouvé dans le pilier central. Apparemment, la mini-mafia avait à nouveau disparu.

Nevin Square était noir de monde. Comme une place dans une ville étrangère, se dit-il, grouillante de touristes. Le soleil les avait attirés dehors. Dans les massifs, le conseil municipal avait fait planter des coleus de couleurs vives et variées, des orange, des bruns, des vert vif, alternant avec des crêtes-de-coq, aux aigrettes de soie rouge et or, et des amaranthus caudatus, qu'on appelle aussi queues-de-renard. John s'assit sur le muret au pied de la statue de Lysander Douglas, et contempla les fleurs rouges grimpantes et, au-delà, les embruns de la fontaine dans lesquels le soleil créait des arcs-en-ciel. Autrefois, un jour très chaud, il était déjà grand et Cherry encore petite, elle l'avait mis au défi de sauter dans le bassin de la fontaine, mais il avait manqué d'audace et n'avait pas osé. Il ouvrit le journal pour regarder autre chose et ses yeux tombèrent immédiatement sur l'histoire de la comparution au tribunal d'une bande de racketteurs.

Deux d'entre eux avaient été inculpés d'extorsion de fonds avec menaces. Il s'agissait d'une histoire ancienne mais plus familière à John par la lecture de romans policiers que par son expérience de la vie. Le gang, s'il s'agissait bien d'un gang, avait promis à différents commerçants et débitants de boissons de les protéger de tout vandalisme en échange d'un versement hebdomadaire. L'un des témoins était le gérant du café de Beckgate, et une photo de l'établissement illustrait l'article. On y voyait la corbeille accrochée au-dessus de l'entrée du bar qui venait de chez Trowbridge et que John lui-même avait choisie et recommandée.

Dans son témoignage, le gérant expliquait qu'après avoir payé pendant des semaines la somme modique qu'on lui réclamait, il finit par refuser. Ils avaient cassé le téléphone dans le passage derrière le bâtiment et éventré les sièges du petit bar. On attendait encore une demi-douzaine de témoins et le procès devait durer pendant plusieurs jours. John revint à la première page où il vit qu'on avait repêché le corps de l'écolier James Harvill, dans un lac des Midlands. Il avait disparu depuis plus de deux mois. John frissonna un peu malgré la chaleur.

XV

« Seigneur donne-nous ta bénédiction avant notre départ, chantait Mungo. Remplis nos cœurs de joie et de paix. Que chacun de nous possède ton amour et soit sauvé par ta grâce... »

Quand toute l'école se trouvait réunie dans la chapelle de Rossingham, il y avait tant de monde qu'il fallait serrer les coudes pour ne pas bousculer ses voisins. Pendant le reste de l'année on décalait les services, tout d'abord les quatrièmes et les troisièmes, ensuite les secondes et les premières, mais il en allait différemment le dernier jour du trimestre d'été, c'est-à-dire le dernier jour de l'année scolaire. On parlait d'agrandir la chapelle parce que le nombre d'élèves avait beaucoup augmenté à Rossingham. On ne voyait pas bien comment on pourrait faire sans détruire ce que son père appelait un monument préraphaélite. Mungo regarda les vitraux rouge et bleu, des changeurs d'argent, des marchands d'oiseaux, des lys, les oiseaux des cieux, les pains et les poissons, et ses yeux redescendirent vers les bancs.

« O restaure-nous dans la traversée de ce désert. »

Il faisait très chaud. Des poussières dansaient dans les rayons de soleil teintés de bleu et de vermillon. Près de lui, Graham O'Neill se contentait d'articuler les mots sans chanter parce qu'il n'avait pas d'oreille, mais son jumeau, installé trois bancs plus loin, se « restaurait dans le désert » d'une jolie voix de baryton. Les quatrièmes se trouvaient en face.

Patrick Crashaw et Charles Mabledene piaulaient avec des voix qui n'avaient pas encore mué, Robert Cook ne savait que braire comme un ténor léger et Nicholas Ralston chantait en dessous du ton comme d'habitude.

« Prions. »

A nouveau, Mungo trouva un peu étrange qu'ils demandent de partir en paix, comme s'ils allaient tous mourir. Mais, dans la Bible, il n'y avait sans doute aucun passage adapté à une fin d'année scolaire. Graham venait passer une partie des vacances chez lui et accompagnait les Cameron à Corfou. Keith allait camper en Suède avec son oncle et sa tante. A la rentrée, ils se retrouveraient en seconde, avec l'examen, des études individuelles et plus de liberté. Mais avant, il faut que je déchiffre le code de Stern, se dit Mungo.

La veille, il avait obtenu l'autorisation de se rendre pendant l'après-midi à Rossingham-St. Mary mais il n'avait pas trouvé de message de Charybde sous la mangeoire des chevaux. L'an prochain, il n'aurait pas besoin de permission. Il lui suffirait de signer le registre. Étrange vraiment qu'Angus ait abandonné la direction des services au moment même où il atteignait la liberté essentielle pour assumer la responsabilité de l'agence de Londres. Tandis qu'ils sortaient en rang, Mungo aperçut Angus devant lui et, pendant un instant, il prit conscience de quelque chose qu'il éprouvait rarement même quand Angus le mettait en garde : l'immense différence d'âge entre son frère et lui, un abîme que lui aussi devrait franchir un jour. De l'autre côté, l'attendaient une petite amie et l'inscription en médecine.

Mais maintenant, plus d'école pendant huit semaines. Il devait dire un adieu traditionnel à M. et Mme Lindsay, un petit mot de remerciement obligatoire à la lingère, puis débarrasser l'étude qu'il quittait pour en retrouver une plus grande à l'étage en dessous, l'an prochain. Il semblait avoir plus de bagages que les autres. Les dossiers « ultra-secrets » de l'agence de Londres et les différents livres, en relation avec ce qu'Angus persistait à appeler les Services secrets, remplissaient toute une caisse.

« As-tu vus mon *Armée du tatou* ? J'en ai besoin pour le code.

— Je l'ai déjà rangé avec les dossiers, répondit Graham. Je croyais que tu en avais changé quand Stern l'a découvert.

— J'ai seulement pris le huit au lieu du trois. Je reconnais que c'était un peu subtil. »

Ils demandèrent à Robert Cook de les aider à descendre les caisses. A l'époque de Fergus, il aurait été obligé de le faire et, s'il avait refusé, on l'aurait battu avec une brosse à cheveux. Mais dans le climat libéral d'aujourd'hui, dans lequel « fatigue » appartenait aux mots grossiers, ils durent le payer.

« C'était le bon temps », dit Mungo.

M. Lindsay serrait les mains. Il semblait incapable d'attendre son départ pour sa ferme.

« Envoyez-moi une carte postale de Corcyre », dit-il.

Dans la voiture, Angus s'assit à l'avant, Mungo et Graham à l'arrière. Fergus dit qu'on venait de retrouver le corps de James Harvill. Il espérait que Mungo connaissait les dangers que couraient les garçons de son âge avec des inconnus qui leur faisaient des propositions.

« Papa, répondit Mungo avec patience, je suis plus grand que toi. » Et il avait raison. « Ils auraient peur de moi. »

Le prétendu air conditionné ne marchait pas et envoyait de l'air chaud. Ils ouvrirent les fenêtres. Fergus expliqua d'un ton soucieux qu'on lui avait promis de le réparer chez Mabledene mais ils n'avaient rien fait.

« Ça ne m'étonne pas », dit Mungo et il échangea un regard avec Graham.

Plus tard, ce jour-là, Mungo vérifia la cache audacieuse que Stern utilisait au beau milieu de l'empire de Mungo, l'espace étroit qui séparait la main de bronze de Lysander Douglas du livre qu'elle tenait ouvert. Il en retira un morceau de carton de six centimètres sur dix sur lequel il put lire un message rédigé dans le code indéchiffrable. Comme d'habitude, il le recopia et remit le carton entre la main et le livre.

Il faisait toujours très chaud. Mungo leva les yeux vers l'immeuble de CitWest et il ne se souvint pas d'avoir déjà vu une telle combinaison de chiffres ; huit heures trente et une et vingt-six degrés. Il en fit la remarque à Graham qui l'attendait au Burger-qui-rit où ils avaient dîné. Ils remontèrent Nevin Street jusqu'à Ruxeter Road. A l'endroit où la rue s'élargit, là où commencent les boutiques, Mungo s'aperçut qu'on les suivait. Il ralentit et s'arrêta devant une vitrine d'articles de pêche.

Il dit à Graham ; « Ne te retourne pas. Stern nous fait suivre, je crois que je le connais. Il s'appelle Philip Perch.

— Un rouquin avec un appareil dentaire ?

— Si tu veux. Je dirais plutôt une prothèse. »

Ils se séparèrent. Mungo partit par Howland Road, Graham continua sur Ruxeter vers le nord, en prenant le trottoir de gauche. Mungo ne comprenait pas comment Graham avait pu voir d'aussi loin et sans se retourner que Philip Perch portait un appareil dentaire. Il devait avoir une très bonne vue. Perch choisit de suivre Mungo. Il pensait sans doute que l'objectif des services occidentaux se trouvait dans une petite rue plutôt que dans une grande. Mungo l'entraîna dans les ruelles poussiéreuses puis derrière Fontaine Park, autant d'endroits qu'il connaissait sûrement mieux que Perch. Les portes du jardin étaient fermées et de ce côté, un haut mur entourait les pelouses et les allées ombragées. Mungo longea le mur en sachant que Perch n'oserait pas s'aventurer avant qu'il en ait atteint l'extrémité, là où des arbres poussaient sur le trottoir et où commençait une rangée de grosses maisons avec, à cette heure, des ombres profondes. Il n'y avait pas un souffle de vent et des insectes volaient dans l'air chaud. Une ruelle étroite descendait juste après le mur, et avant le premier jardin. Au lieu de s'y engager, Mungo sauta par-dessus la barrière d'une propriété, dans des bosquets de lauriers, de houx et autres arbustes dont il ne connaissait pas le nom. il resta allongé sur le sol, sur l'humus dans lequel grouillaient des insectes. Des feuilles sèches de houx lui piquaient la peau.

Une minute ou deux après, Perch arriva au petit trot. Sans hésiter, il s'engagea dans la ruelle et Mungo l'entendit se mettre à courir. Ses chaussures faisaient un bruit sourd sur l'asphalte. Mungo ne perdit pas de temps. Il se releva, brossa son jean et redescendit en courant jusque dans Fontaine Road. Une bicyclette attachée avec un antivol à un compteur de parcmètre lui indiqua que Charybde était déjà arrivé. Il lui faudrait faire preuve de plus de discrétion, pensa Mungo, et il se dit qu'il allait lui en parler. A cette époque de l'année, le long jardin de la maison centrale des villas Pentecôte ressemblait à un morceau de savane. On n'aurait pas été surpris de voir des bêtes sauvages s'avancer en écartant les chardons et les herbes de la taille d'un homme. Pas aussi hautes que Mungo cependant. Comme un explorateur d'autrefois — peut-être comme Mungo Park lui-même — il traversa la végétation sauvage, la tête au-dessus des orties piquantes, des feuilles de chardon pointues comme des épées, tandis que les épines des ronces s'accrochaient à ses jambes.

Ils étaient tous là, au dernier étage. On avait coupé l'électricité de la maison depuis longtemps et il faisait plus clair en haut. Mais aussi très chaud. Pensant qu'il n'y avait aucun danger, Mungo releva deux fenêtres à guillotine mais cela ne changea rien. Sur la tour, le thermomètre indiquait toujours vingt-quatre degrés. Les lettres clignotaient au loin dans le ciel d'un bleu profond. Assis par terre, les jambes croisées, Charles Mabledene s'appuyait au mur le plus éloigné. Son joli visage de bébé était un peu rouge à cause de la chaleur et ses cheveux clairs et soyeux un peu longs, comme les aimait sa mère. Patrick Crashaw, le boutonneux, qui s'appelait Basilic, fit le premier rapport. Il y avait une lutte pour le pouvoir à l'agence de Moscou, pour la suprématie entre Ivan Stern et Rosie Whittaker. Guy Parker, *l'éminence grise*, soutenait Rosie.

« Stern n'envisage pas de démissionner ?

— Pas encore. Mais il ne démissionnera peut-être pas. De toute façon, il va y avoir une scission. »

Nigel Hobhouse, ou Charybde, fit un rapport sur la façon dont il avait pénétré dans le quartier général de l'Association des conservateurs, à Chamney, par le biais de relations familiales. La sœur du petit ami de sa propre sœur, secrétaire du secrétaire général, un professeur d'Utting, avait ajouté les noms de MM. Mungo Cameron et Graham O'Neill à la liste des invités de la soirée vin et fromage. Les invitations arriveraient en temps voulu. Mungo qui s'attendait à des cocktails fut déçu. Nicholas Ralston relata l'heureuse issue de l'opération Autodéfense. Son frère avait écrit aux Whittaker, puis leur avait rendu visite et leur avait montré la photo prise par Dragon. Finalement, ils avaient accepté de payer quatre cents livres sur la facture des réparations. Mungo félicita Dragon de façon austère comme d'habitude, et reçut en réponse une modeste inclinaison de la tête blonde. Immédiatement, une douzaine de ballons de baudruche, que personne n'avait remarqués mais qui devaient bien se trouver ici, descendirent lentement du plafond et vinrent rebondir sur le plancher avec légèreté. Cela agaça Mungo. Il tenta d'ignorer les ballons et évoqua les nouveaux projets : découvrir la date du début des travaux dans cette maison, étudier la liste des nouveaux entrants à Rossingham — l'un d'eux, par exemple, venait-il de Utting, comme Charles Mabledene autrefois ? — et déchiffrer le code de Stern, une tâche qui les attendait toujours, un objectif immuable, leur *delenda est carthago*, comme aurait dit M. Lindsay.

Mungo continua à parler et son regard s'attardait plus longtemps sur le visage impassible de Charles Mabledene que sur celui des autres. Stern s'en servait-il comme d'une taupe ? Les photos avaient quelque peu ébranlé les convictions de Mungo. Les livres sur la navigation de plaisance ne signifiaient rien, une simple concession, mais les photos, en particulier la chambre du frère de Philipp Perch, peut-être sombre et obscure, mais avec tous les livres, les affiches sur les murs et le télescope installé sur l'appui de la fenêtre — la taupe de Stern aurait-elle photographié tout cela ? Évidemment, on pouvait rétorquer que la taupe de Stern, ayant un accès presque total à Utting, se trouvait la mieux placée pour avoir pris la photo...

Basilic, Licorne, Charybde, leurs visages attentifs qui le regardaient — ce pouvait être n'importe lequel d'entre eux. Ou Empuse qui habitait en Cornouailles mais qui avait joué son rôle au cours du trimestre. Ou même — une idée désagréable — Keith O'Neill, surnommé Scylla, qui en ce moment même devait traverser la mer du Nord en direction de Göteborg. Il allait soumettre Charles Mabledene à une épreuve, lui trouver une tâche que, normalement, une taupe de Stern ne pourrait pas exécuter, mais pour l'instant il n'en avait pas la moindre idée. Il pouvait simplement charger Dragon et Basilic d'enquêter sur les travaux du 53 Ruxeter Road. Et, pendant ce temps utiliser la cache de la passerelle pour des messages parfaitement anodins, pour voir en combien de temps Stern apprendrait que le code prenait comme base une autre nouvelle de *L'Armée du tatou*.

La lumière baissait. S'il restaient plus longtemps, il leur faudrait sortir les bougies rangées dans un tiroir à la cave. Mungo referma les fenêtres et ils s'en allèrent, séparément, en se souvenant que Philipp Perch n'avait pas disparu, qu'il rôdait sans doute dans le coin à la recherche de quelque chose et craignait la colère de Stern. Mungo et Graham partirent ensemble, rapidement, et Graham remarqua que la corde qui tenait l'échelle double conduisant sur le toit était très usée à l'endroit où on la fixait à l'attache.

« Ça ferait un bruit terrible si l'échelle tombait, dit-il.

— Nous allons voir si les travaux commencent. Si rien ne se passe pendant six mois, nous remplacerons la corde. »

Ils descendirent l'escalier, assez raide au début. Brusquement, il fit très sombre. Mungo compta les vingt-deux marches qui conduisaient au palier à partir duquel la descente devenait plus facile. La lumière des lampadaires devant Fontaine Park passait par une haute fenêtre de l'escalier et dessinait sur le sol poussiéreux des formes géométriques de couleur orange. Dans la rue, au-dessus de cette même lumière qui ressemblait à une brume claire, s'étendait le ciel d'un bleu sombre, mystérieux et piqué d'étoiles.

XVI

Le procès des racketteurs se termina le vendredi. Tous les deux furent reconnus coupables et on les condamna à des peines de prison. Parmi les témoins, un commerçant affirma qu'on l'avait tabassé et un autre dit avoir eu peur pour sa vie. John lisait les comptes rendus dans *Free Press* qu'il allait spécialement acheter. Les messages avaient recommencé et cela l'étonnait. Les peines infligées à deux de ses membres n'avaient apparemment pas découragé la bande.

Il recopia le message trouvé dans le pilier de la pelouse des chats, même si sa signification lui échappait. Un petit chaton jaune, aux ascendances multiples, vint se frotter contre les jambes de son pantalon. John n'osa pas se pencher pour le caresser. Il se souvint avec tristesse de la façon dont il avait découvert l'origine du code Bruce-Partington au moment même où cela devenait inutile. Il devait à nouveau essayer avec ce message-là, mais on était déjà le dix-neuf...

La rencontre avec Jennifer l'attendait comme une menace. Après l'avoir retrouvée chez Albright-Craven, il devrait évidemment l'emmener déjeuner. Ce serait agréable sans aucun doute, mais donner une telle information dans un restaurant, par-dessus une table ? Dans les bureaux du journal, il avait demandé s'il pouvait recopier la page avec l'histoire de Peter Moran. On lui avait répondu qu'on allait lui faire une photocopie, qu'on lui avait donnée dix minutes plus tard. Il devrait produire ce papier, sa magnétite, comme preuve de ce qu'il avançait. Le tendre par-dessus la table lui semblait grotesque. Mais elle ne voudrait peut-être pas manger. En tout cas, sûrement pas s'il lui disait tout immédiatement. S'il avait eu une voiture, ils auraient pu y rester. Les cafés du centre regorgeaient de monde à l'heure du déjeuner. Elle refuserait de venir chez lui. Il fallait être réaliste, regarder les faits en face, et il s'agissait d'un fait que, tristement, il ne pouvait mettre en doute.

Le téléphone sonna dans l'après-midi alors qu'il revenait de tondre la pelouse. Il eut une prémonition : Jennifer l'appelait pour repousser leur rendez-vous, mais il se trompait. Gavin voulait lui expliquer que le mainate refusait de toucher à sa nourriture. Il n'avait rien mangé depuis hier matin et il avait les plumes ternes et ébouriffées. Gavin pouvait-il l'emmener chez le vétérinaire ? John n'avait jamais considéré les vétérinaires comme des médecins pour oiseaux, mais pourquoi pas ? Il dit à Gavin d'attendre encore un jour et, si le mainate n'allait pas mieux, de l'emmener chez le vétérinaire après la pause du déjeuner chez Trowbridge. Quelle coïncidence, se dit-il, en prenant *L'Armée du tatou* qu'il avait laissé ouvert sur une nouvelle intitulée *Mainate Magnum*. Il se souvint d'avoir essayé en vain le code de juin avec les premières lignes de plusieurs nouvelles. A ce moment-là, il n'avait pas commencé à lire le livre et il s'aperçut qu'il aurait dû le rendre depuis une semaine.

L'espionnage ne convenait peut-être pas à la nouvelle. Il avait moins aimé les trois qu'il avait lues que les autres romans d'Yves Yugall et il n'avait pas envie de terminer ce recueil. La bibliothèque fermait tous les mercredis. Il rapporterait *L'Armée du tatou* et les deux autres livres demain matin. Mais avant pourquoi ne pas confronter le nouveau message codé aux premières lignes des nouvelles ?

Avec *L'Armée du tatou*, *Mainate Magnum*, *Le Repaire de la salamandre*, *Le Rongeur*, *La Résistance du strontium*, il n'obtint qu'un fatras sans signification. La septième histoire s'intitulait *Le Brontosaure*. John écrivit les lettres de l'alphabet sous celles des premières lignes et transcrivit celles du message. Immédiatement, il sut que une fois encore, il avait déchiffré le code.

Il éprouva un sentiment de triomphe extraordinaire. Rien n'avait changé dans sa vie, ses deux tragédies ne l'avaient pas quitté, les événements capitaux qui devaient se dérouler demain l'attendaient toujours, mais brusquement il se sentit euphorique, en pleine forme et ses yeux pétillaient presque de plaisir. Car non seulement il avait réussi à déchiffrer le code de juillet, mais maintenant il avait la clef de tous les messages codés à venir. En effet, les instructions pour le code suivant devaient nécessairement apparaître à la fin de chaque mois, dans le code en cours.

John lut le message qu'il avait déchiffré : « Léviathan à Dragon et Basilic : jeudi après-midi prendre pêcheur Whittaker. Transférer et éliminer. »

Cela semblait mystérieux, pas dénué de signification, mais il fallait être au courant, avoir connaissance des secrets de la bande. Pour la première fois, il rencontrait une menace, une violence même, dans un des messages. Il savait depuis longtemps que la bande se livrait à des violences mais il n'avait jamais lu quelque chose d'aussi précis. La légère inquiétude qu'il ressentit lui fit l'effet de l'eau froide sur une peau brûlante. Que signifiaient les derniers mots ? Que signifiait : « Transférer et éliminer » ?

Troisième partie

I

Les Whittaker habitaient à mi-chemin entre Utting et Chamney, une maison de briques rouges qui par la taille, les proportions et l'allure générale ressemblait à celles que l'on trouve dans les banlieues résidentielles de toute l'Angleterre. Devant, s'étendait une vaste rocaille dans laquelle un ruisseau coulait sur des dalles de calcaire. Charles Mabledene expliqua à Patrick Crashaw qu'il ne s'agissait pas d'une source naturelle. On devait utiliser une pompe électrique. Ils avaient surveillé la maison pendant presque toute la matinée. En face de chez les Whittaker, une clôture de grillage à grandes mailles, le long de laquelle poussaient des arbres et des aubépines, séparait la route d'un terrain de cricket. Charles et Patrick y marchaient de long en large et s'asseyaient parfois sur un banc.

« A ton avis, qu'est-ce qu'il veut en faire ? » demanda Patrick.

— Ce n'est pas notre problème.

— D'accord, mais tu n'as pas envie de savoir ? Ce n'est qu'un vieux nain. Pourquoi est-ce qu'il veut le casser ?

— Premièrement, il n'a jamais dit qu'il voulait le casser. Il a écrit "éliminer". S'il avait voulu le casser cela aurait été comme les têtes de Napoléon dans l'histoire de Sherlock Holmes. »

Patrick lui lança un regard étonné.

« Dans l'une d'elles, il y avait des diamants, dit Charles.

— Tu crois qu'il y a des diamants dans le vieux nain des Whittaker ?

— Non, répondit Charles sèchement. Non, je ne le crois pas. »

Il tourna la tête pour regarder à nouveau de l'autre côté de la route. Il observait un personnage en plâtre, avec une casquette rouge et un pourpoint vert, assis sur un rocher en saillie au-dessus d'une des petites chutes d'eau et qui laissait pendre une ligne à pêche dans l'eau.

« Comment éliminer un nain de plâtre sans le casser ? » demanda Patrick.

Charles ne lui répondit pas. Ses yeux fixaient en face une porte de garage en train de se soulever. La voiture qu'il avait photographiée aux « ateliers », réparée et repeinte, apparut lentement. Longtemps auparavant, il avait vu sortir la Mercedes du père de Rosie, par l'autre porte du garage. Ils étaient arrivés un peu avant neuf heures. La mère de Charles, qui allait à son salon de coiffure en ville, l'avait déposé en route. Rosie et sa mère se trouvaient toujours dans la maison. Mais il vit Rosie descendre de voiture, du côté du passager, refermer la porte du garage et reprendre sa place à côté de sa mère. Il remarqua qu'elle avait sorti sa grande tenue, collants noirs coupés aux chevilles, tee-shirt noir, veste noire. Ses cheveux noirs étaient dressés sur sa tête avec des mèches vertes.

Puis il se passa quelque chose de curieux. La voiture freina au milieu de l'allée, Mme Whittaker en sortit et retourna dans la maison en courant. Quelques secondes après, le ruisseau qui coulait comme un petit torrent, ralentit, devint un filet d'eau et s'arrêta. Charles ne put s'empêcher d'éclater de rire. Par économie, sans aucun doute, les Whittaker coupaient la pompe quand ils sortaient.

Très logique et sans imagination, Charles Mabledene prenait les ordres de Léviathan au pied de la lettre. S'il disait « après-midi », il comprenait « après douze heures » et sa montre, qui retardait comme il le savait, n'indiquait que moins dix. Il aurait une montre neuve pour son quatorzième anniversaire, ainsi qu'un costume de prestidigitateur qui comptait douze poches. On ne voyait pas la tour CitWest d'ici, ni du terrain de cricket. On devait l'apercevoir du dernier étage de la maison.

Mme Whittaker revint et s'en alla avec Rosie. Le pêcheur avait l'air plutôt ridicule maintenant, avec sa ligne qui pendait dans un ruisseau à sec. Allait-il le casser ? Une autre façon de l'éliminer consisterait sans doute à le jeter dans le fleuve, du pont Alexandra par exemple. En s'avançant vers la porte du terrain de cricket, accompagné par Basilic, Charles prit une décision. Il désobéirait légèrement aux ordres qu'il avait reçus.

II

L'andante de la *Suite en la mineur* de Telemann sortait de la chambre d'Angus et arrivait jusqu'aux oreilles de Mungo à l'étage au-dessus et à celles de Lucy, debout dans l'entrée, qui venait juste de rentrer de l'hôpital. Dans le buffet extérieur où l'on déposait les sacs de blanchisserie, le courrier encombrant et des choses de ce genre, elle avait trouvé un paquet, maladroitement enveloppé, marqué « fragile » et adressé à Mungo. Lucy le posa sur la table de l'entrée. Cela ressemblait à une statuette et elle espérait qu'on ne devrait pas la mettre quelque part. Elle demanderait à Mungo de la garder dans sa chambre.

Mungo avait travaillé tout l'après-midi sur le code de Stern, principalement avec l'aide des derniers messages qu'il avait recopiés à la cache de Nevin Square. Stern avait confiance. Il devait parfaitement savoir que l'agence de Londres connaissait cette cache. Philip Perch l'avait sans aucun doute suivi pendant quelque temps avant qu'il s'en aperçoive dans Ruxeter Road. Perch l'avait certainement vu aussi prendre le message dans la main de Lysander Douglas. Il en avait trouvé un autre depuis. Ils utilisaient toujours la cache. Manifestement, que Mungo puisse lire leurs messages ne les inquiétait pas, persuadés qu'on ne pouvait pas déchiffrer leur code.

Chaque message commençait et se terminait par un nombre ou une rangée de chiffres. On ne pouvait savoir si celui de la fin représentait un nombre supérieur ou une suite de chiffres indépendants. Tout d'abord, il y avait un nombre d'un ou deux chiffres, comme 6 ou 17 puis des lettres toutes liées les unes aux autres et enfin une suite de chiffres : 22NDITBHGTYIBSWONMWPSCSWXAPNUGN931, par exemple, et le second message : 24WQBHTSOPMHPSTRITVCXWTYRN1003. Dans le dernier message, 24 était égal à 8 fois 3, le dernier chiffre, mais cela ne conduisait nulle part. Il essaya d'additionner les chiffres, neuf plus trois plus un égale treize. Il essaya un code basé sur un alphabet commençant à la treizième lettre, M. Puis il additionna un plus trois et essaya un alphabet commençant à la lettre E. Rien ne marchait. Et, de toute façon, que signifiaient 22 et 24 ?

Il avait laissé la fenêtre grande ouverte car il faisait très chaud. Il travaillait à côté. Aucun souffle d'air ne soulevait ses papiers. La musique d'Angus entrait par la porte, ouverte elle aussi. Peut-être devrait-il mettre le code dans son ordinateur, mais même un ordinateur ne pourrait lui dire ce que ces nombres signifiaient. Il aperçut Graham, Ian et Gail qui remontaient Hill Street. Ils revenaient de la piscine municipale de Fevergate. Un camion vert, sur lequel on pouvait lire « Le Palais Mongol, restaurant », s'arrêta en bas devant Church Bar. Le conducteur descendit et déchargea des boîtes rondes en aluminium. Les cuisines indonésienne et mongole étaient les préférées de Mungo et il se pencha à la fenêtre en espérant attraper un effluve, mais rien ne s'échappait des boîtes bien fermées.

Il descendit tandis que le conducteur du camion disparaissait derrière la maison. Il se dit que les chiffres correspondaient peut-être aux numéros des pages d'un livre, mais d'un livre passablement long. La Bible ? Venant de la cuisine, une odeur de poulet tandoori lui fit penser au Coran. Le Coran avait-il mille trois pages ?

Le colis posé sur la table de l'entrée lui était adressé. Rien qu'en touchant le papier, Mungo sut ce qu'il contenait. Il eut peur et sa faim, qui jusqu'alors le tourmentait, s'apaisa un peu. Il commença à enlever le ruban adhésif. Il ne s'attendait pas que Dragon et Basilic réussissent — Dragon en fait, car il savait fort bien qui avait dirigé les opérations. Il avait cru fermement que l'agence de Moscou, prévenue à temps, aurait enlevé le pêcheur avant l'arrivée de Charles Mabledene. Rosie avait peut-être essayé de le prendre mais n'avait pas pu à cause de ses parents à qui elle ne pouvait pas dire la vérité. Mais, sans savoir pourquoi, Mungo n'y croyait pas.

Angus descendit l'escalier et courut vers la cuisine. Au passage, il se retourna pour regarder Mungo en fronçant les sourcils. Mungo contemplait le pêcheur déballé et posé sur le papier froissé. Charles Mabledene avait reçu l'ordre de l'éliminer mais il avait eu peur. Cela commençait à le dépasser. Mungo soupira. Il s'attendait si peu que Charles prenne le pêcheur qu'il n'avait pas réfléchi à la suite. Il s'agissait sans conteste d'un vol, c'est-à-dire d'une limite qu'il n'avait jamais franchie. Il ne pouvait s'empêcher de penser à ce qu'avait dit Angus sur les choses qui se terminaient mal ou même en catastrophe. Pourtant ce pêcheur n'en déclencherait pas s'il pouvait l'éviter.

En tout cas, on n'avait rien prouvé sur Charles Mabledene, à part son esprit retors et son ingéniosité.

« Mungo !

— J'arrive », répondit Mungo mais son père apparut en haut de l'escalier.

En voyant son fils contempler un énorme personnage en plâtre qu'il venait de déballer, Fergus dit d'une voix inquiète :« Mungo, qu'est-ce qui t'a pris d'acheter ça ? Ça doit coûter une fortune. Tu n'as pas assez d'argent. De toute façon on n'en veut pas dans la maison. Tu vas le rapporter.

— Oui, papa, je sais, répondit Mungo. Ne t'inquiète pas, je le rapporterai demain. »

III

Jennifer descendit les marches de l'immeuble d'Albright-Craven à une heure et quelques minutes. Elle portait une robe d'été légère en coton blanc avec des pois gris, des sandales blanches sans talon et des lunettes de soleil dont les verres très larges et sombres lui cachaient la moitié du visage, ce qui le durcissait et lui ôtait toute expression.

Elle s'avança vers John sans sourire, dissimulée derrière ses lunettes noires.

« Il fait très chaud. Je ne supporte pas cette chaleur humide. »

Il ne l'avait jamais entendue se plaindre de la chaleur. Il lui avait même semblé qu'elle attendait toujours le soleil et qu'elle se réjouissait quand il brillait. Il la trouva fatiguée et tendue. En venant à Fevergate, il avait vu un petit restaurant avec des tables en terrasse, surmontées de parasols rayés, et il en avait réservé une, à l'ombre du plus important vestige des murs de la ville, un bastion romain et médiéval en brique, sur lequel poussaient des giroflées et une vigne vierge. Jennifer qui avait à peine dit deux mots se laissa tomber sur la chaise en rotin et demanda d'une voix fatiguée et implorante :

« Tu as réfléchi à ce que je t'ai demandé ? Tu acceptes ? »

Elle semblait avoir oublié le but de leur rencontre.

« Tu veux boire quelque chose, Jennifer ? Nous pouvons prendre une bouteille de vin ou quelque chose de frais sans alcool ?

— Ça m'est égal. Du vin, si tu veux. » Elle leva les yeux et dit d'un ton malheureux : « Tu as dû penser que je te menaçais. Effectivement ce que je t'ai écrit y ressemblait. Je suis désolée. Je ne voulais pas. Je ne veux pas prendre ton argent, tu sais, je n'ai jamais imaginé partager avec toi ta maison. »

Il avait l'impression qu'une main lui serrait le cœur. Je sais pourquoi les anciens écrivains et les poètes parlent du cœur, se dit-il, du cœur brisé. Parce que c'est là qu'on ressent les choses, dans la poitrine, au beau milieu de soi.

« Je veux que nous partagions la maison, répondit-il. Sais-tu à quel point je le désire ? »

Elle secoua la tête. Une serveuse s'approcha et il commanda du vin avec de la glace au cas où il ne serait pas assez frais, ce qui arriverait certainement. Jennifer dit :

« J'aimerais fumer. Parfois, ce doit être merveilleux d'avoir une cigarette, mais je ne fume pas. Je n'ai jamais pu.

— Moi non plus. »

Nous avons tant de choses en commun, se dit John, nous réagissons de la même façon devant tant de sujets. Il pensait qu'elle non plus n'aurait pas envie de manger malgré le menu sur le tableau.

« Je ne veux rien manger, dit-elle. Il fait trop chaud. »

Il ne portait pas de veste, rien qu'une chemise de coton avec les manches relevées. Dans la poche de son pantalon, il sentait la feuille de papier, pliée en quatre, la photocopie de l'histoire de Peter Moran qu'on lui avait donnée au journal. La surface lisse de la feuille lui parut fraîche contre ses doigts.

« Nous n'aurions jamais dû nous marier, dit brusquement Jennifer, d'une voix rapide. Nous avons fait une horrible erreur. Je t'ai épousé parce que je ne pouvais pas épouser Peter, il faut que tu le saches. Je t'aimais bien, mais je ne t'aimais pas. J'aurais dû savoir qu'il reviendrait un jour.

— T'a-t-il dit pourquoi il était parti ? »

La question sembla la surprendre. On apporta le vin avant qu'elle ait pu répondre. Il but son verre d'un seul trait comme avec Mark Simms, ce qu'il ne faisait jamais autrefois. Jennifer ne répondit pas vraiment. En regardant le vin doré qui brillait légèrement dans son verre, elle dit :

« J'ai découvert qu'il faut que je vive avec quelqu'un qui a besoin de moi, des gens qui ont besoin que je m'occupe d'eux. Pendant toute ma vie ou presque, j'ai soigné mon père malade, puis ma mère. Tu sais cela. On éprouve une sensation merveilleuse quand on tient quelqu'un dans le creux de sa main. On tient son destin, sa vie. Il est complètement dépendant. J'avais cru que tu voulais cela aussi, John, mais non, tu es fort. Tu veillais sur moi. Peter, lui, dépend entièrement de moi, il s'appuie sur moi. Il serait perdu sans moi.

— Je suis perdu sans toi.

La voix de John tremblait.

— Non, je ne te crois pas. Tu t'en sors toujours. Pas lui. Il s'accroche à moi comme... comme à une bouée de sauvetage. Il faut que je te pose encore la question que je ne cesserai de te poser : veux-tu divorcer, John ? S'il te plaît. »

John se versa un second verre de vin. Maintenant ou jamais se dit-il. De toute façon, il faut qu'elle sache. J'ai raison de le lui dire. Je suis son mari et j'ai raison d'utiliser n'importe quel moyen pour la ramener vers moi, n'importe quelle magnétite qui l'attirera. Alors pourquoi eut-il la sensation qu'il allait commettre une méchanceté et une erreur ? Elle avait baissé la tête et attendait patiemment. Elle portait toujours ses lunettes noires mais elle leva la main et les enleva. La main de John sortit lentement la feuille pliée de sa poche et quand il leva les yeux, il vit, au-dessus de l'épaule de Jennifer, Mark Simms assis à l'une des tables près de l'entrée. Seul, une carafe de vin rouge devant lui et une sorte de salade à laquelle il ne semblait pas avoir touché. John détourna brusquement la tête.

« Au téléphone, je t'ai dit que j'avais quelque chose à t'apprendre.

— J'avais oublié, répondit-elle. De quoi s'agit-il ? »

Il eut la certitude qu'elle savait déjà. Voilà ce qu'elle avait voulu dire avec ses histoires de bouée de sauvetage. Sa révélation n'était qu'un pétard mouillé. Cela valait peut-être mieux ainsi. Il se mit à parler d'une voix rapide et neutre, il exposa les faits, il lui raconta ce qu'il avait appris, il lui fit un compte rendu de l'histoire du journal. Quand il en arriva à Peter Moran plaidant coupable de violences sur mineur, il vit qu'elle avait perdu ses couleurs. Dans son visage absolument blanc, il ne restait que les deux marques légèrement bleues, de chaque côté du nez, qu'avaient laissées ses lunettes.

« Je ne crois pas, dit-elle quand il eut terminé.

— Tu ne savais rien ? Je pensais que tu étais déjà au courant.

— Tu as tout inventé. »

Avec un sentiment de malaise, il poussa le papier sur la table vers elle. Au milieu, une goutte de vin avait fait une tache grise. Il but à nouveau, se resservit en renversant du vin. Elle lisait, une main sur le front. Des gouttes de sueur perlaient sur sa lèvre supérieure affreusement pâle. Il détourna les yeux. Il regarda Mark Simms mais le regretta aussitôt, car Mark l'aperçut et leva la main pour lui faire un signe. Jennifer poussa un cri devant cette horreur. Tout d'abord, elle pleura doucement, les yeux secs, raide sur sa chaise, puis elle enfouit sa tête dans ses bras croisés sur la table et pleura vraiment, le corps secoué de sanglots.

Ceux qui passaient la regardaient avec curiosité. John ne ressentait qu'une sorte de vide, de torpeur. Il se souvint d'une phrase, il ne savait plus d'où elle venait, qui disait qu'on pouvait être cruel par gentillesse. Il n'avait pensé qu'au bonheur de Jennifer, en tout cas, il l'avait cru. N'avait-il pensé qu'à lui ?

« Jennifer, dit-il, Jennifer, je suis désolé. »

Elle ne répondit pas. Il toucha son épaule secouée par les sanglots et il eut une sensation horrible quand elle s'écarta au contact de sa main. il serra rapidement les paupières en se demandant ce qu'il devait faire, quelle était l'étape suivante. Quand il rouvrit les yeux, il vit Mark qui se penchait vers lui.

« Est-ce que je peux faire quelque chose ?

— Non, dit John. Merci, non.

— Je croyais que je pouvais peut-être vous aider.

— Comment pourrais-tu nous aider ? Laisse-nous tranquilles. Tu as déjà fait assez de mal. »

Jennifer releva brusquement la tête. John la trouva effrayante, le visage livide, fébrile, angoissé, les paupières gonflées et les joues vraiment baignées de larmes.

« Je m'en vais, dit-elle. Il faut que je m'en aille. Je dois rentrer. »

Elle ne dit pas qu'elle devait rentrer « chez elle ». John le remarqua aussitôt et, au milieu de sa peur, il éprouva un sentiment de triomphe. Mark Simms restait là, il les regardait et attendait qu'on le présente. Jennifer se redressa avec difficulté, comme une vieille femme. Elle s'essuya les yeux d'un revers de main. De la poche où se trouvait tout à l'heure la photocopie John sortit un mouchoir propre mais pas repassé et le lui tendit. Son cœur tressaillit stupidement quand elle ne refusa pas. Elle prit le mouchoir et s'en couvrit le visage derrière sa main.

« Je vais aller prendre le bus, marmonna-t-elle, entre ses doigts.

— Tu ne peux rentrer seule. »

John devait trouver la serveuse pour payer. Il regarda autour de lui, complètement affolé, mais elle avait disparu dans le restaurant. Jennifer s'appuyait sur la table, le poids de son corps reposant sur ses bras.

Soudain, Mark Simms prit les choses en main, Mark Simms dont John avait oublié la présence et même l'existence. Il dit :

« Vous vous appelez Jennifer, n'est-ce pas ? Je m'appelle Mark, je suis un vieil ami de John. Laissez-moi vous aider. Je vais vous raccompagner chez vous. »

Le taxi apparut devant eux comme si Mark l'avait fait apparaître par magie. Les yeux de John rencontrèrent ceux de Jennifer et ils se regardèrent pendant un long moment. Puis elle s'en alla ainsi que le taxi avant même qu'il ait eu le temps de payer le vin.

Qu'avait-il espéré ? Qu'elle allait immédiatement renier Peter Moran et se jeter dans ses bras à lui ? Ou qu'elle allait le défier en affirmant sa loyauté à Peter Moran, quoi qu'il ait fait ? Mais il savait que ce qu'on attend n'arrive jamais. Chez lui, tout en s'occupant dans le jardin, après une nuit blanche, John essaya de se persuader que la situation se présentait bien, que leur entretien s'était terminé de la meilleure façon possible. Il devait tenir compte des effets du choc et attendre simplement qu'ils disparaissent.

Il sentait que maintenant rien ne pouvait plus le surprendre. Si Peter Moran en personne arrivait fou furieux, si Mark Simms se présentait comme soi-disant intermédiaire, si Colin l'appelait pour lui dire qu'il s'agissait d'un autre Peter Moran, qu'il avait fait une erreur, si Jennifer lui téléphonait pour lui demander du temps afin de prendre une décision, qu'elle n'avait plus envie de divorcer — si l'une de ces choses arrivait, elle le trouverait prêt. Pourtant, pendant la moitié de la journée, il eut l'impression qu'il ne devait pas s'éloigner du téléphone. Mais personne n'appela et personne ne vint le voir. Alors, tandis que la journée étouffante se traînait lentement vers l'après-midi, il alla rendre les livres à la bibliothèque de Lucerne Road et, sans réfléchir, il continua jusqu'à la passerelle et la pelouse des chats.

Il trouva un message dans la cannelure du pilier. Il ouvrit le sac en plastique, recopia le texte et le déchiffra sur-le-champ. « Léviathan à Charybde. Martin Hillman, Trevor Allan, s'informer et rendre compte. » De qui s'agissait-il ? Des commerçants, des patrons de petites entreprises que la bande voulait intimider ? Qu'est-ce que ça pouvait lui faire ? Il avait des sujets d'inquiétude bien plus pressants. Il replaça le message dans le pilier.

Il n'y avait pas de chats aujourd'hui — sauf peut-être cette tache comme de la fourrure jaune, derrière le dernier buisson, là-bas où la courbe de la route rejoignait le sol. John s'approcha sans bien savoir pourquoi. Peut-être à cause de l'immobilité, de l'absence d'œil brillant. Il traversa l'herbe dure et poussiéreuse, parsemée d'os rongés.

Le grand chat était étendu de tout son long, mort, les yeux ouverts et vitreux, déjà couvert de mouches à cause de la chaleur. On ne voyait pourtant aucune marque sur le corps ni de sang. Le museau raidi avait beaucoup de poils blancs. Il s'agissait d'un vieux chat, peut-être assez vieux pour mourir de sa belle mort. John n'aimait pas les chats et il ne se souvenait pas de celui-là comme d'un gentil minou ronronnant mais comme d'un animal presque sauvage. Pourtant il se sentit ému, désespéré même par cette mort dans la chaleur, ce cadavre abandonné comme une proie pour les insectes. Il l'aurait enterré s'il en avait eu la possibilité. Mais, dans un geste vain, il dut se contenter d'arracher des poignées d'herbe pour le recouvrir. Quand il eut fini, il étouffait. Ce qui, chez le chat, déclenchait ses crises d'asthme, durait après la mort.

Il revint lentement chez lui, la poitrine secouée par la toux et les yeux pleins de larmes. Il se dit qu'il aurait pu vraiment pleurer pour le chat, pour sa propre solitude, pour la douleur de Jennifer et pour Cherry. mais aucun passant ne le regarda. Dans une chaleur suffocante, les gens ne regardent pas les autres, ils perdent toute vigilance, tout désir d'observation. Le téléphone sonnait quand il entra dans la maison. Il pensa à l'un d'eux, n'importe lequel, Jennifer, Mark Simms, Colin, même Peter Moran. Ce n'était que Gavin.

« J'ai pensé que vous aimeriez savoir que le mainate va bien. »

Pendant quelques instants John ne sut pas de qui il parlait. Puis, quand il comprit, il se dit tristement que Gavin ne l'appelait que parce qu'il était seul, comme un veuf qui ne sort jamais et qui ne fait rien d'intéressant. Dans son jargon à peine compréhensible, Gavin parlait sans s'arrêter de la maladie du mainate, une sorte de virus spécifique aux oiseaux. Il l'avait emmené trois fois chez le vétérinaire.

« Vous comptez sans doute que la maison va payer la note », dit John, et il le regretta immédiatement. Après tout, le mainate appartenait à la maison Trowbridge et valait très cher.

« J'apporterai la facture », répondit Gavin.

Le téléphone ne sonna plus. A sept heures John se dit que ses vacances étaient terminées. Il n'avait rien fait, il n'avait même pas rendu visite à sa tante. Il téléphona à Colin, et Constance Goodman répondit. Elle comprit que l'invitation à prendre un verre l'incluait elle aussi et John se retrouva enfermé dans un café de campagne désagréable, avec des tables sales et un patron indifférent, apparemment condamné pour toute la soirée à écouter Mme Goodman se plaindre du déclin de la qualité de l'enseignement dans les écoles primaires de Grande-Bretagne. Personne n'évoqua leur dernière rencontre ni Peter Moran, mais après quelque temps, Mme Goodman se mit à parler de façon définitive du mariage moderne. Elle expliqua qu'elle se sentait heureuse que Colin ne se soit jamais marié, sinon lui et sa femme auraient sans aucun doute déjà divorcé. Parmi les gens de moins de cinquante ans, Mme Goodman ne connaissait pas un mariage qui ait duré. Elle énuméra tous ceux qui avaient mal tourné. Colin bâilla.

« Excuse-moi si je t'ennuie, Colin, je suis désolée d'avoir accepté quand tu as insisté pour que je vienne.

— J'ai insisté ? Incroyable. Vraiment très drôle. John a téléphoné et tu t'es précipitée comme s'il y avait le feu avant même que j'entre dans la pièce.

— Tu me prends pour une imbécile, Colin ? »

Ils continuèrent à se chamailler ainsi jusqu'à ce que John se lève et dise qu'il devait rentrer. Il revint avec la Honda, en passant par le village de Ruxeter, et se dirigea vers le centre par Ruxeter Road. Il jeta un coup d'œil au 53. La maison plongée dans l'obscurité et les fenêtres des étages inférieurs toujours condamnées ne lui apprirent rien. La pendule de la tour CitWest indiquait neuf heures cinquante-trois et vingt et un degrés. Une étoile, une lumière tremblante, plus petite et plus brillante, passa derrière les chiffres verts et réapparut de l'autre côté, peut-être une météorite ou un satellite, ou simplement un avion, très haut dans le ciel. John traversa le pont Alexandra, au-dessus du fleuve calme comme un miroir dans lequel se reflétaient les lumières. Il continua vers l'est par Berne Avenue jusqu'à Geneva Road. Il ne remarqua la Diane que plus tard. Il y avait tant de voitures rangées de chaque côté de la rue, la nuit. Il faisait monter la Honda sur le trottoir afin de passer la porte quand elle sortit de l'ombre comme un fantôme. Elle semblait s'avancer en glissant sous les branches de l'arbre en fleur. Elle tendit la main et la posa sur son bras.

« Jennifer !

— Je t'attends depuis deux heures », dit-elle, et ses yeux brillaient dans son visage livide et affolé.

IV

Le cercle d'admirateurs qui entourait la cage du mainate se disloqua lorsque John entra. Sharon retourna à sa caisse, Les recommença à balayer. Seuls Gavin et un jeune couple, des clients, continuèrent à écouter le mainate qui disait encore :

« *Une poule sur un mur...* »

John était en retard.

« J'ai cru que vous aviez oublié que vous repreniez aujourd'hui », dit Sharon.

Il essaya de sourire. Le jeune couple s'éloigna vers les paquets d'engrais et de graines posés dans des paniers en métal. Gavin s'adressa à John.

« Vous avez entendu ? Vous avez entendu ce qu'il a dit ? Je lui ai appris.

— Félicitations.

— Qu'est-ce qui vous arrive ? Un vrai Tafubar !

— Un vrai quoi ? demanda John.

— Tout est foutu.

— *Une poule sur un mur*, dit le mainate.

— *Gracula religiosa*, dit Gavin, l'oiseau qui parle le mieux au monde, même mieux que votre perroquet gris. »

C'était un lundi matin. John mit sa veste de toile et ouvrit la serre. Le parfum amer des chrysanthèmes qu'il n'aimait pas beaucoup lui picota les narines quand il entra. La pluie battait sur le toit de vitres et coulait sur les côtés. De l'extérieur on ne voyait qu'un mélange confus de verts. La nuit précédente, la vague de chaleur avait abouti à un orage spectaculaire qui avait tenu John éveillé. De toute façon, il n'aurait pas dormi.

Une profonde dépression, disaient les gens de la météorologie. Le changement de temps eut le même effet sur lui et le précipita dans sa propre dépression. Jusqu'à hier soir, bien que malheureux, désespéré, presque fou de douleur, il n'en avait pas moins conservé sa fureur, un besoin de se battre, un désir de vengeance. Dans cet état d'esprit, il se rendit à la pelouse des chats et franchit un nouveau pas, une action qu'il ne put s'expliquer ni sur le moment ni plus tard : il mit son propre message codé dans la cannelure du pilier central de la passerelle. Quelqu'un avait emporté le corps du chat. Il s'approcha de l'endroit en hésitant un peu, s'attendant à un essaim de mouches, à une odeur fétide, mais quand il regarda l'herbe qu'il avait entassée, quand il s'obligea à regarder, il n'y avait plus rien. Même son herbe avait disparu. Y avait-il jamais eu quelque chose, un mort, un cadavre enseveli ? Avait-il imaginé la mort du chat ?

Dans le jour torride, dans le soleil qui créait des mirages sur la route déserte et le goudron fondu, en l'absence du cadavre du chat, John eut une sensation d'irréalité, comme dans un rêve inquiétant. Sans y penser, ou en ne pensant qu'à sa haine pour Peter Moran que rien apparemment ne pouvait chasser, déloger de la conscience de Jennifer, il avait retiré le message de la pochette de plastique et l'avait remplacé par un texte de son invention...

Il descendit l'allée centrale de la serre, puis passa dans la suivante où se trouvaient les semis de plantes alpines et les boutures de bégonias. Pendant son absence, Gavin avait très bien pris soin de tout. Les petites plantes étaient arrosées mais pas trop humides, vertes et vigoureuses, et la serre bien balayée. Mais John n'en éprouvait aucun plaisir et il se disait tristement qu'il aurait pu se trouver n'importe où ailleurs, chez lui ou autre part.

Pendant un certain temps, il avait cru qu'après sa rencontre avec Jennifer, ils ne se reverraient plus, et cette certitude, il la retrouvait maintenant. Pourtant quand il avait vu son visage blême sortir de l'ombre, il avait cru avec un tressaillement du cœur qu'elle lui revenait. Elle ne dit rien, elle marcha seulement devant lui vers la maison et, quand il ouvrit la porte, elle le précéda dans le salon comme s'ils allaient s'y asseoir tous les deux, prendre un dernier verre avant d'éteindre et monter se coucher.

En réalité, une fois arrivés dans la pièce, elle se retourna vers lui. Il alluma la nouvelle lampe. Il faisait chaud et la pièce sentait le renfermé. Elle avait un visage sévère presque tragique. Il ne l'avait jamais vue ainsi, une autre femme.

« J'ai décidé de venir, pour te dire ce que tu as fait », dit-elle.

Il ne répondit pas et continua à la regarder.

« Je t'ai attendu pendant deux heures mais je t'aurais attendu toute la nuit. »

Lui répéter qu'il ne lui avait appris cette histoire que pour son bien lui apparut brusquement de la plus haute hypocrisie. Il était debout devant elle. Mais, étrangement, le canapé se trouvait entre eux. Elle se tenait au dossier comme à une barricade.

« Je serai honnête, dit-il. Je t'ai tout dit pour te monter contre lui. Je croyais que l'information que je possédais te tournerait contre lui. J'ai cru que cela me servirait et je m'en suis servi... comme d'une arme. »

Elle secoua la tête comme s'il confirmait ce qu'elle savait déjà.

« La police est venue à la maison — après la disparition du petit garçon, celui qu'on a retrouvé noyé. Noyé, répéta-t-elle, la voix rauque, et... violé. La police a posé des questions à Peter. Je ne savais pas pourquoi. Comment aurais-je pu savoir. Je travaillais à ce moment-là. Tu les as envoyés ?

— Bien sûr que non. Quand il arrive ce genre d'histoire, ils vont naturellement voir des gens comme lui.

— Je te hais, John. » Sa voix avait la même douceur car elle n'y pouvait rien. « Comme si Peter pouvait faire du mal à un enfant... Il ne ferait jamais ça quoi qu'il se soit passé avant.

— Je ne sais pas. » John subissait encore le choc de ce qu'elle avait dit. « Je ne sais pas ce qu'il peut faire.

— Tu croyais qu'en me disant cela, j'allais revenir vers toi. Je veux que tu saches que tu ne pouvais rien faire de pire. Crois-tu vraiment qu'on peut aimer une personne qui vous apprend une telle chose ? On hait les porteurs de mauvaises nouvelles, tout le monde le sait. Et quand il s'agit de ce genre de nouvelle... John, tu me mettais en colère, j'en avais assez de toi, de toute cette histoire, mais je ne te haïssais pas. Maintenant, je te hais. »

Il frissonna sous l'attaque. Son corps tremblait. A lieu de se défendre, il dit :

« Tu ne peux pas continuer à aimer un homme qui a fait ce qu'il a fait. Tu ne peux pas aimer un homme qui abuse des petits garçons.

— Je te hais parce que tu me l'as appris », dit-elle. Sa voix redevenait plus calme, plus froide. « Tu n'avais pas besoin de me le dire. Quand on aime quelqu'un comme tu dis que tu m'aimes, on veut son bonheur, on veut le protéger de toute souffrance. »

Sans pouvoir dire pourquoi, il sut qu'elle ne croyait pas ce qu'elle disait. « A quoi cela servait de tout me raconter ? Tu croyais que j'allais te sauter dans les bras et te dire qu'il s'agissait d'une erreur épouvantable. »

Une curieuse intuition, comme s'il avait pu lire dans son esprit et la voir en proie au désespoir, parce qu'ils savaient tous les deux, le poussa à dire :

« N'empêche que tu n'as plus les mêmes sentiments à son égard. Tu as changé. Tu ne l'aimes plus. »

Une onde de douleur sembla passer sur son visage, ou plutôt sous sa peau, comme si quelque chose avait obligé ses muscles à se contracter un instant. Il pensa qu'elle ne lui mentirait pas. Elle ne le ferait jamais même si, en ce moment, cela lui aurait été facile. On l'aurait presque attendu de sa part. Elle dit faiblement, comme quelqu'un qui vient de recevoir un coup :

« Oui, il y a une différence. Je ne pense plus la même chose de Peter. Comment le pourrais-je ? A cause de toi. Tu en portes la responsabilité.

— Ça m'est égal.

— Évidemment. Mais écoute bien ce que je vais te dire. Grâce à cela, j'ai compris qu'il avait encore plus besoin que je m'occupe de lui, que je le protège — de lui-même et des autres. Je resterai avec lui tant qu'il voudra de moi, que tu acceptes ou non de divorcer. Il y a encore autre chose, John. Tu n'y as peut-être jamais pensé. Je sais pourquoi il m'a quittée avant notre mariage. Pas pour une autre femme ni parce qu'il ne m'aimait pas. Je le sais maintenant. Il m'a quittée parce qu'il craignait qu'on découvre ce qu'il avait fait et qu'on l'envoie en prison.

— Et s'il y retourne ? »

Elle ne répondit pas. Elle se détourna et sortit de la pièce. En arrivant à la porte de la maison, elle dit par-dessus son épaule :

« Je ne te reverrai jamais de mon plein gré, John. Je ne t'adresserai plus jamais la parole. »

Tout d'abord, il regretta la façon dont il s'y était pris et les phrases qu'il avait dites. Puis vinrent la colère et le désir de se venger. Dans ce cadavre d'émotions négatives, le ver de l'espoir se tortillait encore, la seule chose vivante. Si ce qu'elle savait maintenant avait tué sa passion, son amour absolu pour Peter Moran, il lui restait un espoir. Même si elle avait dit qu'elle ne voulait plus jamais le revoir.

Le dimanche, à la pelouse des chats, il prit le message dans la cannelure du pilier et ajouta aux deux noms qui s'y trouvaient déjà celui de Peter Moran, dans le code *Brontosaure*. Le message disait maintenant : « Léviathan à Dragon : Martin Hillman, Trevor Allan, Peter Moran :

surveiller et filer. » John savait à peine ce que cela pouvait lui donner. Il pensait vaguement qu'en harcelant ainsi Peter Moran, il l'inquiéterait et même lui ferait peur. Il en éprouva une grande satisfaction qui dura un bon moment. Il se sentait mieux. Au lieu d'attendre passivement sans rendre les coups, il avait au moins attaqué Peter Moran. En outre, à quoi lui servait de posséder la clef des messages codés s'il n'en tirait pas profit ?

Ce matin, aux premières heures de l'aube, alors que l'orage grondait dans les collines autour de la ville et que la pluie battait contre les vitres de sa chambre, il sortit d'un sommeil angoissé et se rendit brusquement compte. Qu'avait-il fait ? A quel jeu stupide jouait-il ? Avait-il vraiment lancé une bande de gangsters aux trousses de l'amant de sa femme ? La consternation céda bientôt la place à la raison. Ils ne sauraient jamais qui était Peter Moran. Il n'avait même pas le téléphone, ils ne pourraient jamais le trouver. A ce moment-là, inexplicablement, la dépression s'abattit sur lui et l'enveloppa. Tandis qu'il traversait la serre et sortait sous le passage couvert qui conduisait aux jardins et aux pépinières d'arbres et d'arbustes, elle restait avec lui et étouffait ses perceptions. La pluie battante tombait avec une parfait régularité. Il revint dans le magasin où on l'appela immédiatement. Une cliente voulait savoir comment faire refleurir cette année l'euphorbe candélabre qu'on lui avait offerte à Noël.

La pluie continua pendant la soirée de lundi et une bonne partie de la nuit. Ils ne devaient sans doute pas relever les messages de la pelouse des chats chaque jour, se dit John, et une pluie pareille devait les arrêter comme tout le monde. S'il y passait demain matin, avant d'aller au travail, il aurait peut-être le temps de remettre le même message en enlevant le nom de Peter Moran. Quand il l'avait ajouté à la liste, il devait être un peu fou. Pas vraiment fou, bien sûr, mais l'esprit troublé, « sorti de ses gonds », comme disait sa mère, comme si l'on pouvait comparer l'esprit à une pièce dont la porte, de temps en temps, sortait de ses gonds. Et pourtant, c'est ce qu'il avait ressenti dans cette chaleur, cette humidité et dans sa détresse.

La température avait baissé de façon spectaculaire. Un vent frais ridait la surface de l'eau dans laquelle se reflétait le ciel couvert de nuages avec quelques rares trouées bleues. La pluie avait lavé la poussière de l'été et tout semblait frais comme après une grande opération de nettoyage qui n'avait oublié ni les feuilles des arbres ni les pétales des fleurs des massifs. Il y avait des flaques d'eau sur l'escalier de Beckgate et un véritable lac sur les dalles de pierre du palier. John refusa de penser à Cherry comme il le faisait depuis la confession de Mark et ses révélations sur la vraie nature de sa sœur. En revanche, il regarda avec attention le café de Beckgate, évidemment fermé à cette heure matinale. Des gouttes d'eau tombaient de la corbeille suspendue au-dessus de la porte d'entrée. La bande avec laquelle il s'était compromis avait cassé des meubles et un téléphone et avait proféré d'autres menaces. John grimpa rapidement l'escalier et s'élança en courant dans la ruelle, poussé maintenant par le besoin urgent d'arriver le plus vite possible à la pelouse des chats.

Un grondement régulier venait de la passerelle qui portait son chargement matinal de voitures se dirigeant vers le sud. Un jeune matou avec une fourrure orange se léchait, assis sur une caisse de bois qu'il n'avait pas vue dimanche. Le nouveau chef ? John ne voulait pas d'une autre crise d'asthme et il passa loin du chat. Ainsi il ne vit pas l'intérieur du pilier central avant d'arriver tout près. Pour la première fois, il y avait deux messages, deux sachets de plastique fixés au métal. Mais avant qu'il les prenne, John s'aperçut que celui sur lequel il avait ajouté le nom de Peter Moran avait disparu.

Il éprouva une curieuse sensation de joie. En dépliant les papiers, il se rappela qu'il avait toujours considéré ses recherches sur les codes comme une sorte de thérapie. L'intérêt et la curiosité qu'ils avaient éveillés en lui l'avaient empêché de sombrer dans le plus profond découragement. Avoir donné le nom de Peter Moran aurait dû le consterner, maintenant qu'il ne pouvait plus rien arrêter, mais il n'éprouvait aucun remords. Il avait même une inexplicable envie de rire, impossible à satisfaire ici, en pleine rue. Il lut les deux messages avec l'aide de son carnet. Le premier disait : « Licorne à Léviathan : démission Stern confirmée effective 1er août. » Le second disait plus de choses. En le lisant, il eut un instant de vertige. « Dragon à Léviathan : Peter Moran inconnu. Donner adresse au plus tôt. »

John remit le message concernant Stern dans son enveloppe et le fixa dans le pilier en utilisant le ruban adhésif qu'il avait apporté avec lui. Il glissa l'autre dans sa poche. Tandis qu'il s'éloignait vers la station de bus, sa joie sembla céder à nouveau à la dépression. Sans savoir pourquoi une telle idée lui venait à l'esprit, alors qu'il marchait dans une rue où rien ne l'évoquait, où aucun nom, aucune image, aucun objet ne faisait penser à elle, il comprit brusquement que Jennifer ne quitterait jamais Peter Moran. En fait, il ne l'avait jamais accepté jusqu'ici, il avait toujours gardé espoir, il avait toujours cru que le mariage, dans sa réalité, la ramènerait vers lui. Plus maintenant. Tant que Peter Moran resterait là, elle ne le quitterait pas. La magnétite, au lieu d'attirer magiquement Jennifer vers lui, n'avait fait que renforcer le lien qui existait entre elle et Peter Moran.

Ils avaient — ou celui dont le nom de code était Dragon — vraiment demandé l'adresse de Peter Moran. John ne cessait d'y penser et, avec une sorte d'étonnement, au fait qu'ils aient pris son message au sérieux. Mais pourquoi pas ? Comment aurait-il pu en être autrement ? Dragon avait cru que le message venait de Léviathan à qui, manifestement, il avait l'habitude d'obéir. Il se dit que le code changerait à la fin de la semaine et qu'il pouvait fort bien rater le message qui donnait la clef du nouveau. En conséquence, s'il voulait leur faire passer des informations il devait agir dans les jours qui venaient.

Le sens de la réalité lui revint et chassa toutes ces idées. Il se considérait comme un citoyen respectueux des lois, d'un certain âge et convenable, un peu tristement convenable peut-être. S'il n'avait pas observé la loi et avait eu des tendances criminelles, sa femme l'aurait peut-être aimé, elle serait sans doute restée avec lui. L'idée lui revint le soir, quand il rentra dans sa maison vide. Dans sa situation, la plupart des gens n'auraient pas hésité, se dit-il, si par pur hasard ils avaient pu avoir accès aux services d'hommes de main. Comment appelaient-ils ça ? Un contrat ? Gavin devait le savoir mais, évidemment, il ne pouvait lui poser la question.

Le mercredi soir, il fit ce qu'il s'était promis depuis quelque temps, il téléphona à sa tante et comme résultat il passa l'après-midi et la soirée du lendemain avec elle et son oncle. Ils ne savaient rien à propos de Jennifer et il ne leur en parla pas. Il dit qu'elle travaillait. Pour revenir chez lui en Honda, il pouvait passer par la pelouse des chats. Il y passa évidemment. Le message dans le pilier disait : « Léviathan à Dragon : Hommes d'octobre commencent à partir de dimanche. » John sortit son carnet et ajouta en bas du message, dans le code *Brontosaure* : « Vingt-deux Fen Street Nunhouse. » Il remit le message en place et se dit qu'en n'écrivant pas le nom de Peter Moran, il n'avait pas franchi de pas décisif, il n'avait rien fait de mal.

Mais le lendemain, quand il vit la voiture de police s'arrêter devant chez lui et l'homme et la femme — manifestement des gens de la criminelle — en sortir, il pensa qu'on venait l'arrêter.

V

Ils se mirent d'accord pour que Graham fasse passer l'épreuve à Charles Mabledene. Elle consistait ni plus ni moins à se procurer le code de Stern — ou de Rosie Whittaker comme ils devraient l'appeler désormais. S'il avait effectivement à Utting les « entrées » qu'il prétendait avoir, cela ne présenterait aucune difficulté pour lui. Seule sa loyauté à l'agence de Moscou pourrait l'en empêcher. S'il réussissait, il prouverait sa loyauté à l'égard de l'agence de Londres, sans aucun doute possible. Graham n'utiliserait pas la cache de la passerelle — en fait, Mungo ne croyait même pas qu'il la connaissait. Pour des agents particuliers (Scylla, Griffon et Minotaure), il en utilisait une autre près de la Tour de Guet — mais rencontrerait Dragon au lieu du rendez-vous.

D'habitude Mungo attendait le départ pour Corfou avec impatience, mais cette année il avait quelques doutes. Pourrait-il supporter de rester quinze jours loin du centre des opérations ? La situation devenait particulièrement délicate maintenant que Rosie Whittaker avait pris la suite de Stern. Mungo suspectait chez elle un dynamisme particulier. Et il se demandait qui entrerait à Utting parmi les nouveaux du premier trimestre. Des recrues plus efficaces que Martin Hillman et Trevor Allan, sans aucun doute. Basilic avait noté dans son rapport que ce qui les attendait, tant sur le plan universitaire que sur celui de « l'art de l'espionnage » (comme il disait), les effrayait.

Graham avait fait sa valise avant de partir pour Ruxeter Road, mais Mungo remarqua qu'il n'y avait pas mis son réveil de voyage à affichage numérique. Il le lui rappellerait quand il reviendrait. Des accents de Monteverdi emplissaient la maison et se mêlaient étrangement à l'odeur des haricots noirs du souper. Angus faisait la tête — ce qui chez lui donnait un visage sinistre et stoïque — parce qu'il ne pouvait pas emmener sa petite amie Diana. Bien sûr, il comprenait. Il en avait fait la demande alors qu'on avait déjà réservé les billets d'avion et les chambres d'hôtel. Mais il trouvait ça dur parce que Gail venait. Gail couchait même ici cette nuit parce qu'ils partaient très tôt demain matin.

Ils avaient mangé le repas chinois à emporter, une heure et demie plus tôt, et Mungo descendit pour aller chercher quelque chose dans le frigo. Sa mère faisait du café et lisait *Le Bistouri* en attendant que l'eau se mette à bouillir. Son père marchait de long en large.

Fergus parlait d'une voix où perçait plus la tristesse que la colère. « Si quelqu'un m'avait dit quand j'étais jeune homme qu'un jour mon fils me demanderait que sa petite amie partage son lit sous mon propre toit, j'aurais ri par dérision.

— Tu n'aurais pas ri, mon chéri. Tu aurais ricané par dérision.

— J'aurais ricané, d'accord. Quelle importance ? Cela va-t-il continuer à Corfou ? Vont-ils partager la même chambre ? Je trouve cette idée ahurissante !

— Les temps ont changé depuis notre jeunesse. Je ne cesse de te le répéter. De toute façon, tu ne vas pas refuser ? Si tu refuses, ils vont se retrouver au milieu de la nuit et tu les prendras pour des cambrioleurs, tu te connais.

— Je trouve cela très préoccupant, Lucy. Je veux dire, l'idée et les conséquences possibles, le concept dans son ensemble.

— Oh, mon chéri, ces enfants ne sont pas un concept, je t'assure. »

Fergus eut un geste impatient. Il se rendit compte que son plus jeune fils se trouvait dans la pièce. « Mungo, je ne savais pas que tu étais là. As-tu entendu ce que nous disions ?

— Oui, répondit Mungo, en mangeant la dernière part d'une quiche aux champignons.

— Eh bien, tu dois t'efforcer de l'oublier. » Mais une autre révélation terrible le frappa. « Tu as fait les réservations, Lucy. Tu dois leur avoir réservé une chambre pour deux. »

Lucy versait l'eau bouillante sur le café. « Si Mungo doit s'efforcer d'oublier, il vaudrait mieux ne pas en dire plus avant qu'il sorte. »

Ce qui ne l'avait pas encore intéressé commença à intriguer Mungo. Mais le visage désespéré de son père fit pencher la balance. Il prit sa tasse de café.

« Je m'en vais », dit-il.

Angus, assis le dos voûté devant son ordinateur, se consolait avec un sac de truffes au chocolat posé à côté de lui.

« Il y a du café si tu en veux », dit Mungo, et il ajouta : « Fais un peu de bruit avant d'entrer, tombe dans l'escalier par exemple. »

Dans sa chambre, il étudia le dernier message codé de Stern. Comme d'habitude, il commençait et se terminait avec des chiffres, un 9 suivi d'une rangée de lettres, et 1132 pour finir. Les deux précédents qu'il avait lus commençaient l'un par 5, l'autre par 17 et se terminaient par 931 et 1003 ; le premier qu'il avait lu, celui qu'ils avaient trouvé quand l'agence de Moscou avait compris que l'Ouest possédait le livre de code de Guy Parker, commençait par 4 et se terminait par 817. Qu'avaient-ils en commun tous ces nombres ? Pas grand-chose d'après ce qu'il pouvait voir. Ceux du début étaient très petits, ceux de la fin très grands. Il n'y avait jamais de nombre final inférieur à 700 par exemple, ni supérieur à 1258.

Pouvait-il s'agir de numéros de maisons ? Mais des numéros de maisons aussi élevés, on n'en trouvait qu'en Amérique du Nord. Des numéros de téléphone ? Cela semblait plus vraisemblable. Mais ici, en ville, après un indicatif de quatre chiffres, on avait toujours un numéro de six chiffres, ou un numéro de trois chiffres complètement arbitraires suivi d'un numéro de trois chiffres plus ou moins déterminés. Avec 931 et 817, il s'agissait peut-être des six derniers chiffres d'un numéro à dix chiffres... Mungo se leva pour aller fermer la fenêtre ronde sous l'avancée du toit. Cette semaine, il avait fait froid la nuit mais ce serait différent à Corfou. Il n'y aurait pas non plus de nuages, comme des chaînes de montagnes posées sur l'horizon, les flancs creusés de zones d'ombre et des sommets marqués d'or, coupées en deux par des glaciers d'écume blanche, avec des trouées vertes sur un ciel de marbre... De l'autre côté du fleuve, on avait dressé des échafaudages autour de la Tour de Guet. Avait-il le temps de mettre un message à Licorne pour savoir pourquoi et combien de temps cela durerait ? Sûrement pas. Il n'avait pas encore fait sa valise.

Graham tourna le coin de Hill Street. Il portait son tee-shirt décoré d'une pieuvre et, même à cette heure, ses lunettes de soleil extravagantes. Ses cheveux bruns lui retombaient sur le front. Mungo le salua de la main et Graham lui répondit. Il jeta sa cigarette et l'écrasa du pied.

VI

De toute sa vie, il n'avait jamais eu peur de la police. Il avait toujours eu le sentiment qu'elle se trouvait de son côté, en particulier depuis la mort de Cherry. Ses parents et lui n'avaient peut-être trouvé de réconfort que dans le soutien de la police et dans la certitude qu'ils étaient tous unis contre l'homme qui avait fait irruption dans leur vie pour détruire leur bonheur. Mark Simms, si seulement ils l'avaient su.

Un homme d'âge moyen, à l'allure ordinaire, et une jeune et jolie femme. Comment avait-il su qu'il s'agissait de policiers ? Parce qu'il l'avait senti dès qu'il les avait vus descendre de cette voiture banalisée et sans gyrophare. Peut-être parce que le chauffeur restait impassible devant son volant et qu'il lui rappelait les chauffeurs de la police seize ans auparavant. Mais en voyant l'homme ouvrir le portail et remonter la petite allée jusqu'à la porte d'entrée, il pensa à son intervention dans les activités du gang. Une chose lui indiqua aussi qu'ils étaient de la police. Tout autre homme aurait ouvert le portail pour la femme qui l'accompagnait et l'aurait laissée passer la première.

Il entendit la sonnette. Il savait qu'elle allait sonner, mais il sursauta quand même. J'ai agi comme un imbécile, se dit-il. Ils viennent me voir parce que, de tous les hommes de la ville, c'est moi qui en veux le plus à Peter Moran. Je suis son ennemi principal. Ils ont trouvé le message et découvert que la bande ne connaissait pas Peter Moran. Je n'ai pas intérêt à mentir.

Après lui avoir dit bonsoir et s'être présenté, l'inspecteur-chef Fordwych lui affirma pour commencer qu'il n'avait rien à craindre. Cela ne signifiait pas grand-chose car ils devaient sans doute dire ce genre de phrase avant de vous arrêter. Il leur demanda d'entrer et les conduisit dans le salon. A ce moment-là, il reconnut l'inspecteur, ou il eut une vague impression qui devint certitude quand Fordwych dit :

« Je suis déjà venu dans cette maison. Il y a seize ans. J'étais seulement inspecteur principal à l'époque. Mais je ne pense pas que vous vous en souveniez.

— Je m'en souviens, en effet », dit John.

Il avait sans doute autant changé que cet homme. Tous deux avaient quarante ans maintenant et si le temps ne les avait pas fait grossir, le poids des ans avait cependant alourdi leurs muscles et leurs os, mis du gris dans leurs cheveux, épaissi leurs traits et terni leur regard. La femme, qu'on lui avait présentée comme l'inspecteur principal Aubrey, semblait par contraste merveilleusement jeune, avec ses cheveux blonds, son teint frais et son énergie. Le regard de John allait désespérément de l'un à l'autre. Il ne trouvait rien à dire, persuadé que Fordwych allait jouer avec lui, qu'il allait le laisser mariner avant d'en venir au fait.

« Peut-on s'asseoir ? »

John fit oui de la tête. Les souvenirs de Fordwych lui revenaient. A l'époque il lui avait trouvé l'esprit vif et pénétrant. A chaque fois qu'il en avait l'occasion, il examinait chaque détail de leur vie intime, il cherchait, supputait et semblait ambitieux. Son ambition lui avait permis d'obtenir une promotion mais elle ne l'avait pas fait beaucoup avancer et elle ne l'avait pas sorti de son trou.

« Savez-vous pourquoi nous venons vous voir, monsieur Creevey ?

— Est-ce que je devrais le savoir ? » Cette réponse, les coupables devaient souvent la donner à la police.

« Pas si j'ai correctement calculé et il n'y a encore rien dans les journaux. »

John sentit qu'il fermait les yeux un instant. Peter Moran, se dit-il, il lui est arrivé quelque chose. La jeune femme parla pour la première fois. Sa voix ressemblait à son visage, fraîche, sérieuse, assez grave.

« J'imagine que ce doit être toujours aussi douloureux, même après si longtemps. »

Si longtemps ? Que voulait-elle dire ? Deux jours, ça ne fait pas bien longtemps, même pour quelqu'un de son âge.

« Je vais vous expliquer, monsieur Creevey. On vient d'arrêter un homme à Bristol et on l'accuse du meurtre d'une jeune femme. On pense qu'on va bientôt l'accuser également du meurtre d'une autre jeune fille et de celui de votre sœur Cherry. »

VII

Mark Simms, ils avaient arrêté Mark Simms. John les regardait fixement. Il essaya de dire quelque chose mais ses lèvres tremblèrent simplement.

« Cela vous fait un choc », dit l'inspecteur Aubrey.

Fordwych se montra moins tendre avec lui. D'une voix qui, autrefois, exprimait la passion mais qui maintenant était devenue neutre et automatique, il ajouta :

« Il a vécu ici jusqu'à il y a seize ans environ. Il n'était pas fiché, il avait même un travail régulier dans une usine en haut de Ruxeter. Après son départ, il a passé volontairement plusieurs années dans un hôpital psychiatrique. »

John demanda d'une voix rauque : « Comment s'appelle-t-il ?

— Je peux vous le dire. Vous le lirez demain dans les journaux. Il passe au tribunal cet après-midi. Il s'appelle Maitland. Rodney George Maitland, le fils de l'employeur de votre sœur. »

Ils n'avaient pas arrêté le bon. John avait retrouvé assez de forces pour demander le nom, mais il ne pouvait faire plus. S'il parlait encore, il ne pourrait émettre qu'un croassement. Fordwych lui expliquait maintenant la raison de leur visite. Pour l'informer à l'avance, en tant que dernier parent vivant de Cherry. Pour le prévenir aussi qu'on pourrait lui demander d'autres renseignements et qu'il aurait peut-être à témoigner devant la cour d'assises. John se rendait compte que la jeune fille le regardait avec compassion. Elle devait attribuer son trouble au souvenir du meurtre de sa sœur qu'ils lui remettaient en mémoire. Il était bouleversé, évidemment. Mais principalement parce qu'il savait, lui, que ce Rodney Maitland — il avait dû le rencontrer une fois, au moins l'apercevoir — était innocent, en tout cas du meurtre de Cherry puisque le coupable était Mark Simms. Il réussit à poser une question en bafouillant :

« Quand dites-vous... Quand... Il passe au tribunal aujourd'hui ?

— Oui, en chambre d'accusation. Mais comme je vous l'ai dit, il y retournera pour le meurtre de votre sœur.

— Et on va venir me... poser des questions ?

— La routine, monsieur Creevey. Nous avons bien sûr votre déposition et celle de vos parents. Je pense qu'on vous demandera de confirmer un ou deux détails. »

Que savaient-ils exactement de la véritable Cherry. Tout sans aucun doute. Cet homme flegmatique et sans imagination devait tout connaître de sa sœur et cette jeune femme aussi. Il faut que je leur dise la vérité, pensa John, je n'ai pas le choix. Pas maintenant peut-être, je peux encore attendre un jour ou deux, je vais réfléchir à ce que je sais, je vais peser le pour et le contre. L'homme qu'ils avaient arrêté était probablement coupable des autres meurtres et il ne resterait donc pas en détention préventive pour un crime qu'il n'avait pas commis.

« Nous sommes désolés de vous avoir causé un tel choc, monsieur Creevey, disait Fordwych en se levant pour partir. Ces mots sympathiques s'accordaient mal avec son air moqueur. Manifestement, il prenait John pour un pauvre type, pas vraiment un homme. Les paroles qu'il prononça en partant exprimèrent ces sentiments. « J'espère que vous verrez les choses autrement quand vous aurez retrouvé vos esprits. Vous comprendrez que justice est faite, enfin, simplement. »

Mais l'inspecteur Aubrey lui adressa un sourire très doux et plissa un peu le nez comme pour lui dire, ne faites pas attention, ou même, tout ira bien, je vous assure.

VIII

La petite taille et le visage enfantin de son fils Charles remplissaient Gloria Mabledene de plaisir. Elle aimait moins qu'on la voie avec sa fille Sarah, une grande jeune fille bien faite. Souvent on ne donnait pas plus de onze ans à Charles et la mère d'un garçon de onze ans pouvait facilement avoir moins de trente ans. Elle regrettait pourtant qu'il insiste pour qu'on lui coupe les cheveux aussi court. Les pointes de ses mèches dorées, avec des boucles naissantes, tombaient sur le sol au fur et à mesure que Donna les coupait. Assis entre une tête bleue de soixante-dix ans à qui l'on faisait une permanente et une tête rousse d'un certain âge qui séchait sous des infrarouges, Charles exigea froidement d'une voix qui, cette semaine enfin, avait commencé à perdre son ton de soprano :

« Plus court !

— Mon chéri, gémit Gloria, on ne va pas te couper les cheveux en brosse ! »

Elle tendit une main, aux ongles laqués en violet, pour arrêter les ciseaux de Donna. Charles se recula et sortit de la manche très large de sa mère plusieurs colliers de perles en plastique rouges, bleues et jaunes, pas du tout du style de Gloria. Elle poussa un cri nerveux.

« J'ai failli te couper l'oreille, dit Donna. Maintenant, reste tranquille, j'ai presque fini. »

Charles descendit du fauteuil très content de sa tête rasée. Sa mère l'avait amené en ville et il devait rentrer à la maison soit avec elle à cinq heures, soit avec son père à six heures et demie. Il était encore très tôt. Il sortit du salon et se retrouva Hillbury Place. Il leva les yeux vers la tour qui indiquait neuf heures vingt-deux et dix-huit degrés.

Il y avait trois bus par heure pour Nunhouse. Le prochain partait à neuf heures et demie. Charles remonta vers l'arrêt dans Hill Street et le bus arriva en même temps que lui, quelques minutes en avance. Il s'assit à l'avant, à droite de l'allée. Ainsi, il pourrait voir la cache de la passerelle en passant. Quand le bus tournait dans North Street et de là dans Nunhouse Road, pendant une seconde précise, si l'on savait où il fallait regarder, on pouvait voir l'intérieur du pilier central. Il n'y avait sûrement rien, parce que Mungo Cameron était parti en vacances vendredi pour quinze jours. Il restait une petite chance pour que Basilic ou Licorne lui ait laissé un message.

Le bus roulait assez vite et prit son virage rapidement mais Charles veillait et il vit nettement qu'il n'y avait rien dans le pilier. Il se souvenait seulement que, dix ou douze ans plus tôt, la route que prenait le bus traversait la campagne. Aujourd'hui, tout avait changé. On avait construit des immeubles d'habitation et des centres commerciaux de chaque côté, jusqu'à Nunhouse. Le bus s'arrêta sur la place du vieux village. Charles descendit et partit à la recherche de Fen Street. Il demanda à une vieille dame qui l'appela mon cher enfant et il eut peur qu'elle lui caresse les cheveux.

Au numéro vingt-deux, il y avait une vieille maison un peu délabrée. Le jardin lui rappela celui de Ruxeter Road même si les orties y avaient poussé moins haut. Sur un emplacement dégagé, on avait rangé une Citroën Diane. Charles regarda par une vitre dans une cabane qui devait servir de garage ou de bûcher. A l'intérieur il ne vit rien qui indiquait la présence d'un enfant de son âge. Mais tous les adolescents n'avaient pas des bicyclettes, des toboggans, des ballons de football ou des bottes de caoutchouc. Il n'y avait que deux bidons d'huile. Charles s'avança jusqu'à la porte d'entrée. Il ne vit pas de sonnette et frappa avec le heurtoir. Il savait qu'il prenait des risques mais il n'avait pas trouvé d'autre moyen pour entrer dans la place et obtenir l'information qu'il recherchait.

Une femme apparut à la porte. Elle portait une veste de cuir bleu comme si elle s'apprêtait à sortir. Elle le regada sans rien dire.

Charles lui demanda : « Avez-vous un travail à me donner ? »

Elle s'avança sur le seuil, regarda la voiture, les mauvaises herbes, le portail auquel il manquait un gond.

« Des centaines. Que sais-tu faire ?... elle hésita... Combien veux-tu gagner ? »

Charles ne redoutait pas les efforts. « Je peux laver la voiture, dit-il. Deux livres.

— Cela me semble très raisonnable. Mon... heu, il y a quelqu'un dans la maison qui te paiera. Il faut que j'aille travailler. Je suis déjà en retard. » Elle rentra dans la maison et appela : « Peter ! Je m'en vais. Il y a un garçon qui va laver la voiture. Deux livres... d'accord ? »

Charles n'entendit pas la réponse. Mais elle avait dit ce qu'il voulait entendre : quelqu'un du nom de Peter habitait dans la maison. Sans doute son fils, un futur élève de Rossingham, un nouveau de quatrième. Elle ressortit, avec un sac à main cette fois. Elle lui dit d'aller chercher un seau dans la cuisine et partit en courant dans Fen Street.

L'intérieur avec meilleure allure. Charles ne vit personne, ni adolescent, ni père d'adolescent. Il trouva la cuisine et un seau avec une serpillière pliée dessus. Par la fenêtre, il regarda dans le jardin derrière la maison et vit le même abandon. S'il pouvait trouver le garçon et lui parler il n'aurait pas besoin de laver la voiture. Il n'avait aucune expérience dans ce domaine et n'avait vu que le lavage automatique aux ateliers.

Un escalier partait du séjour-salle à manger. Un seau plein d'eau au bout du bras, il resta immobile les yeux levés, l'oreille aux aguets. Il entendait quelqu'un en haut. Il n'était donc pas seul. Tôt ou tard, ce Peter Moran finirait bien par apparaître. Il commença à laver la voiture sans grand enthousiasme, l'esprit ailleurs, préoccupé de magie ou de ce que les autres appelaient de la prestidigitation. Il fallait qu'il dépasse les simples tours de passe-passe, comme faire sortir des colliers de perles ou des papiers de couleur de la manche des gens. Il avait entendu vanter la pratique des tours de cartes comme d'une bonne discipline. Il versa de l'eau sur la carrosserie de la voiture. Le soleil brillait maintenant et l'eau séchait rapidement en laissant des traînées et des plaques de poussière. Il crut entendre une fenêtre s'ouvrir en haut mais quand il leva les yeux il ne vit personne.

Il jeta l'eau sale qui restait et revint dans la maison avec le seau vide. Il rencontra un homme qui sortait du salon. Assez grand, les cheveux blonds et raides, avec une frange qui lui retombait sur le front et un visage décharné. Il portait des lunettes à monture sombre. Sa peau terreuse lui donnait un air malsain. Ils se regardèrent pendant quelques instants et l'homme dit :

« C'est toi qui laves la voiture ? »

Charles approuva de la tête avec un léger sourire.

« Tu viens reprendre de l'eau ? »

Nouveau signe de tête et Charles voulut s'avancer vers la cuisine mais l'homme lui prit le seau en disant :

« Attends, laisse-moi. »

Charles pensa qu'il fallait saisir l'occasion et il dit avec prudence : « Votre fils est là-haut ?

— Mon quoi ? » L'homme le regarda par-dessus son épaule et l'eau qui coulait du robinet déborda dans l'évier.

« Elle... la dame... a appelé Peter. J'ai cru qu'il s'agissait de votre fils.

— C'était moi. »

Il porta le seau au-dehors en laissant derrière lui une traînée de gouttes. Charles le suivit. Il voyait bien qu'il avait fait une erreur mais il n'arrivait pas à comprendre comment. Il s'était trompé en supposant que ce Peter Moran appartenait à la même catégorie que Martin Hillman et Trevor Allan, en d'autres termes en croyant qu'il s'agissait d'un futur élève de Rossingham âgé de treize ans. Mais sachant que Mungo testait sa loyauté à l'égard de l'Ouest, il se demandait si cela faisait partie de l'épreuve. On lui donnerait peut-être d'autres instructions. En même temps, il valait mieux qu'il finisse de laver la voiture car il pourrait peut-être en tirer quelque chose, et au pire deux livres.

L'homme, qui s'appelait Peter Moran, ressortit de la maison pour demander à Charles s'il voulait une tasse de café. Charles accepta, toujours aussi peu bavard. Peter Moran examina la voiture et trouva cela parfait, on ne l'avait pas aussi bien nettoyée depuis des années. Cette remarque laissa Charles songeur. Il le suivit dans la maison. A l'évidence, la voiture n'était pas très propre. Il y avait des traînées et des taches et de la mousse sur les vitres. Peter Moran se mit à fouiller dans les tiroirs en désordre d'une sorte de buffet. Il tendit à Charles trois et non deux pièces d'une livre et beaucoup de petite monnaie.

« Tiens, prend tout ça. Tu as bien travaillé. »

Il souriait. Charles, capable de juger les gens de façon objective, considéra qu'il s'agissait d'un sourire prévenant, engageant même, mais pas du tout amical. Les yeux de l'homme, immobiles comme des pierres, ne semblaient pas concernés par ce sourire. Alors Charles eut une de ses intuitions exceptionnelles, une compréhension immédiate du personnage, et il sut à quel genre d'homme il avait affaire, à un adulte qui aimait ou qui se sentait attiré par les garçons de son âge. Les yeux descendirent en clignant de son visage vers son corps et le sourire se figea. Une tension extrême le remplaça.

Charles n'avait pas peur car la porte d'entrée donnait directement dans la pièce et ils l'avaient laissée grande ouverte. Il éprouvait surtout de l'intérêt et une certaine admiration pour sa réceptivité et son discernement. Comment avait-il su qui était cet homme en n'ayant qu'une très vague idée du genre de choses qu'il aurait aimé lui faire ?

Il n'avait aucun doute non plus sur ce que signifiait l'argent qu'on lui donnait. Mais il l'acceptait quand même, se trouvant un peu à court après avoir déjà pas mal entamé son argent de poche du mois d'août. Il prit aussi la tasse de café. L'argent a pour fonction que je me sente comme lui, se dit-il, rien de plus. Pourtant, Peter lui indiqua une chaise près de la table et comme Charles ne bougeait pas, il la tira pour lui. Charles s'assit en regardant Peter Moran de l'autre côté de la table. Il se demanda ce que Mungo cherchait à savoir de cet homme. Ce qu'il attendait de cet entretien. Derrière Peter Moran, il y avait un miroir dans lequel Charles pouvait voir sa tête et ses épaules. S'il avait ignoré à quel point on pouvait trouver « jolies » ses grâces de jeune choriste ou de chérubin, sa mère les lui aurait vite rappelées. Elle les mettait littéralement en valeur. Derrière le visage extasié de Peter Moran, il voyait son propre visage d'ange, ses yeux bleus innocents, ses cheveux d'or bien que très courts, et il sentit un frisson lui parcourir la colonne vertébrale comme si on lui avait appliqué une clef dans le dos. Peter Moran dit :

« Pourquoi croyais-tu qu'un enfant habitait ici ?

— C'est M. Robinson qui me l'a dit. » Charles lui fournit la réponse qu'il donnait toujours aux adultes qui posaient ce genre de question.

« Je ne connais pas de M. Robinson. »

Charles avait encore une réponse : « Mais lui, il vous connaît. »

Cela eut sur Peter Moran un meilleur effet qu'il n'aurait pu l'espérer et même meilleur que celui qu'il avait eu l'intention de produire. Bien que blanc comme un linge, il pâlit encore. Il détourna le regard et recula sa chaise.

« Tu fais partie des Scouts ?

— Parce que j'ai lavé votre voiture ? Non. Il faut que je parte maintenant. Merci pour le café. »

Une hésitation, un moment d'arrêt, comme si un conflit se déroulait derrière ces lunettes, ce front large et pâle. Puis, avec précaution :

« J'aurai peut-être un autre travail pour toi, dans un jour ou deux, pas ici. Nous pouvons nous retrouver quelque part. Nous pouvons prendre un café, en ville. »

Charles sourit. Il pouvait accepter. Il se trouvait sur le pas de la porte et deux femmes, qui revenaient de faire leurs courses avec des cabas, bavardaient sur le trottoir.

« Tu ne m'as pas dit ton nom.

— Cameron, Ian Cameron, dit Charles. Church Bar. C'est dans l'annuaire.

IX

L'hôtel ne se composait pas d'un seul bâtiment mais d'une série de petites huttes circulaires recouvertes de chaume, très amusantes à l'intérieur et comprenant une chambre, une salle de bains et une terrasse. Mungo et Graham en partageaient une. Après avoir dîné en famille dans un restaurant de fruits de mer, ils rentrèrent dans leur hutte et écrivirent une carte poste à M. Lindsay, en mettant Corcyre à la place de Corfou, en haut près de la date. Une concession, un gâteau jeté à Cerbère dit Graham. Ils écrivirent aussi la formule en pensant qu'elle plairait à l'helléniste frustré.

« Cerbère conviendrait parfaitement comme nom pour un agent, dit Mungo. Je me demande pourquoi nous n'y avons jamais pensé.

— Tu peux le donner à Martin Hillman, proposa Graham en allumant une cigarette.

— Tu ne peux pas t'empêcher de fumer ? Si papa vient, il va se faire du mouron pour nos poumons.

— D'accord, je vais m'arrêter, mais pas pendant les vacances quand même. Il faut bien qu'un homme ait quelques plaisirs. T'es vachement calviniste. Je crois que c'est ton côté écossais.

— Si ça ne te dérange pas, répondit Mungo, Calvin était *français*. »

Graham s'endormit le premier, comme d'habitude. Mungo pensait parfois que l'odeur de la cigarette l'empêchait de dormir. Ils n'avaient pas fermé les portes vitrées qui donnaient sur la terrasse et la lune brillait. Étendu sur son lit, Mungo observait un lézard sur le mur blanc, devant la porte. La clarté de la lune donnait à son ombre noire une forme allongée surmontée d'une crête dentelée. S'il fermait à moitié les yeux et plissait les paupières, le lézard semblait devenir très grand, aussi grand qu'un dragon. Cela lui rappela Charles Mabledene puis un code de Moscou. Il ne pensait pas que Dragon puisse en trouver la clef. A moins que Rosie Whittaker ait décidé de l'abandonner pour en prendre un nouveau.

Il tourna la tête et regarda le réveil de Graham, posé sur la table de nuit entre eux. Mungo tenait de son père et s'inquiétait énormément s'il croyait manquer de sommeil. Un réveil à chiffres ne convenait pas du tout à quelqu'un comme lui, parce qu'on voyait vraiment les minutes défiler. Mais il n'y avait pas assez de lumière pour regarder l'heure sur une montre. Le réveil indiquait onze heures quarante-trois et brusquement, en un éclair, Mungo comprit ce que signifiaient les nombres à la fin des messages de l'agence de Moscou.

Pas des numéros de maisons ou de téléphone, mais l'heure. Aussi simple que ça. Il s'agissait d'heures, neuf heures trente et une, dix heures zéro trois, douze heures cinquante-huit. Il eut envie de réveiller Graham mais il n'en fit rien. Il se leva, sortit sur la terrasse et s'allongea sur le matelas pneumatique. Il observait le lézard devenu un dragon qui traversait une immense plaine vide avec lenteur et détermination.

X

La police ne revint pas. John se tourmenta pendant toute la journée du dimanche en se demandant ce qu'il devait faire. Il pensa se rendre chez Mark Simms pour lui raconter la rencontre avec l'inspecteur Fordwych et alla jusqu'à décrocher le téléphone et composer le numéro. Mark ne répondit pas, malgré plusieurs appels de John. On parlait de la comparution de Rodney Maitland dans *Free Press* et dans les journaux nationaux, ainsi qu'à la télévision. Mais on ne l'accusait que d'un meurtre, celui de la jeune fille de Bristol qui avait eu lieu en juin. John décida de ne pas intervenir, sauf si les choses changeaient et qu'on l'accusait aussi du meurtre de Cherry. La visite de la police l'incita cependant à retourner à la pelouse des chats pour essayer de remettre les choses en ordre. Il faut tirer les leçons de l'expérience, se dit John, et il avait tiré une leçon de la peur que lui avait infligée l'arrivée de Fordwych et de la jeune fille du nom d'Aubrey. Il valait mieux intervenir pour se disculper que de risquer de se retrouver embarqué dans cette affaire. Mais il ne connaissait pas le code du mois d'août. Il relut le dernier message dans son carnet : « Hommes d'octobre commencent à partir de dimanche. » Il se souvint que sur le moment il n'avait pas compris. Il l'étudia.

Il s'agissait du dernier message placé dans la cache au mois de juillet et d'après ce qui semblait être la règle, il aurait dû contenir, rédigé dans l'ancien code, l'annonce du nouveau. En le lisant, le jeudi précédent, il avait pris les Hommes d'octobre pour un des groupes de la bande, peut-être de nouvelles recrues qui devaient commencer en octobre. Pourtant, le message disait de commencer les opérations le lundi et le lundi était le 1er août, le premier jour du mois quand commençait le nouveau code. S'agissait-il d'un roman intitulé *Les Hommes d'octobre* ?

En rentrant du travail, John s'arrêta à la bibliothèque de Lucerne Road et demanda s'il existait un livre intitulé *Les Hommes d'octobre*. Il existait un roman d'espionnage d'Anthony Price. Ils en avaient un exemplaire mais quelqu'un l'avait emprunté. Après vérification l'ordinateur indiqua qu'il en était de même pour l'exemplaire de la bibliothèque centrale et pour celle de Ruxeter Road. Sans doute par des membres de la bande, se dit Charles. Le lendemain matin, il fit quelque chose pour la première fois de sa vie. Il savait à peine que c'était possible. Mais on ne le sait qu'après avoir essayé. Il trouva que sa formule avait une certaine profondeur philosophique et qu'elle s'appliquait particulièrement bien à son cas. Cela lui remonta aussi le moral. Il téléphona à la librairie Hatchard et demanda s'ils avaient un exemplaire des *Hommes d'octobre*. Plusieurs, lui répondit-on. John sortit immédiatement l'acheter en collection de poche, et ne déjeuna pas. Mais il pensait que ça en valait la peine.

Il plut beaucoup tout l'après-midi et il y eut peu de clients chez Trowbridge. La seule femme qui entra après quatre heures s'en alla sans rien avoir acheté à cause de Gavin. John l'entendit demander de la fleur d'oranger, ou était-ce ce qu'on appelait du seringa ? Ni l'un ni l'autre, lui répondit Gavin d'un air supérieur, les ignorants utilisent à tort ces noms-là. Il s'agissait de philadelphus. Elle assura que ça n'en était pas. Elle ne savait plus quoi faire et quitta le magasin en disant qu'elle irait au *Garden Center* Tesco. Gavin retourna donner au mainate des pignes qu'il appelait pignolias. Dans la serre des plantes d'intérieur, John s'assit sur un tabouret avec *Les Hommes d'octobre* posé sur le banc devant lui. Il mit au point le code d'août basé sur les premières lignes : « A l'aéroport, assis tranquillement dans sa voiture, le général attendait sa mère et sa maîtresse... »

Gavin passa la tête par la porte.

« D'accord pour que je prenne Gracula chez moi pour la nuit ? »

Il avait l'habitude de l'emmener presque tous les soirs. John ne savait pas où il avait trouvé l'argent, mais il venait de s'acheter une Metro et il disait que le mainate aimait se promener en voiture.

« Ça ne me dérange pas », répondit John.

Il déchira une page de son carnet et y écrivit dans le code des *Hommes d'octobre* : « Léviathan à Dragon : arrêter enquête Peter Moran. Ne pas suivre, ne pas surveiller. » Il glissa le papier dans une petite enveloppe de plastique qu'ils utilisaient pour les bulbes de perce-neige et de crocus. La pluie battait sur le toit de verre. Ce matin, il pleuvait trop pour venir en Honda. Il courut jusqu'à la station de bus, mais quand il y arriva, la pluie avait cessé, les nuages s'étiraient à l'horizon et le soleil commençait à chauffer. La route blanche et humide étincelait dans la lumière et on ne pouvait pas la fixer.

A la pelouse des chats, il regarda dans le pilier central. Il n'y avait rien. Il détacha deux bouts de ruban adhésif au rouleau qu'il transportait dans la poche de sa veste depuis des semaines, et fixa son message sur le métal.

Ce soir, pour la première fois, il s'aperçut que l'année avançait. A huit heures, la nuit commençait à tomber. Dans seulement trois mois, cela ferait un an que Jennifer l'avait quitté. Il mangea, du pain, du fromage et des oignons au vinaigre — ce que le patron du Jars appelait un dîner de laboureur — en lisant *Les Hommes d'octobre*. A neuf heures, il alluma la télévision pour regarder le journal de la BBC. La première nouvelle concernait l'arrestation du meurtrier d'un enfant dans le Lancashire. On avait retrouvé la petite fille, disparue depuis quinze jours, dans un bois, où elle avait été violée et étranglée. Immédiatement, John pensa à Peter Moran. Ce genre d'hommes n'avaient certainement pas l'intention d'assassiner leurs victimes. Ils les tuaient par panique, par peur qu'on les trouve, ou pour faire cesser les cris et les appels au secours. John frissonna. Et si Peter Moran devait tuer une de ses victimes ? Évidemment, il se pouvait qu'il n'y ait plus de victimes, que son procès et sa condamnation, même pas sévère, l'aient effrayé et l'aient obligé à contrôler ses pulsions. Mais, sans savoir pourquoi, John n'y croyait pas. On n'étouffait pas aussi facilement ses penchants. Jennifer avait beau dire qu'il ne ferait jamais de mal à un enfant, comment pouvait-elle le savoir ?

Vers la fin du journal, après toutes les histoires d'Irlande du Nord, d'Afrique du Sud, du Marché commun, et de la reine mère, après tout ça donc, le présentateur, apparemment sans motif, signala qu'on avait inculpé Rodney Maitland, arrêté la semaine dernière pour le meurtre de Bristol, du meurtre de Marion Ann Burton à Cardiff en 1970 et de celui de Cherry Winifred Creevey en 1971.

John essaya à nouveau de téléphoner à Mark Simms. Il laissa

sonner, sonner. On aurait pu le croire parti en vacances. John trouvait stupéfiant, irréel qu'on puisse s'occuper de choses ordinaires, normales, qu'on s'amuse, qu'on aille en vacances, après avoir fait ce que Mark avait fait. Maintenant, Mark avouerait sans aucun doute tout à la police. Il ne laisserait pas un innocent — en tout cas innocent de ce meurtre — recevoir un châtiment pour le crime qu'il avait commis. Il appela à nouveau à dix heures et comme il n'obtenait toujours pas de réponse, il téléphona à Gavin. Le mainate ne répondait pas vraiment au téléphone mais on l'entendait qui jacassait à côté de l'appareil.

« Ha, ha, ha ! Merde ! disait-il. *Une poule sur un mur...* »

« Je serai en retard demain matin, Gavin. Je n'arriverai pas avant onze heures. »

Gavin n'avait pas l'air très intéressé. « Ouais. D'accord, dit-il. Pas de problème. Écoutez, vous l'entendez ? »

« Gracula décide », cria le mainate.

Il alla au commissariat de police de Feverton. Fordwych avait dit qu'on pouvait le trouver là. John s'y rendit à pied. Il savait qu'il devait y aller mais il voulait en retarder le moment. Il passa près des vestiges des anciennes murailles de la ville au pied desquelles le conseil municipal avait créé des pelouses et planté des coleus, et la fleur préférée de l'été, des amarantes. Il ne restait pas une table de libre devant le petit restaurant où il avait invité Jennifer. John comprit qu'il ne pourrait plus jamais passer là sans penser à elle et à ses larmes.

Au commissariat, il demanda l'inspecteur-chef Fordwych et on lui dit d'attendre. Il trouva cela aussi pénible que la consultation de l'hôpital. Il attendit, attendit. Le commissariat avait des vitres qui, vues de l'extérieur, semblaient peintes en blanc, opaques, mais de l'intérieur on voyait très bien la rue. Les gens passaient et se regardaient comme dans une glace. On lui dit enfin que Fordwych allait le recevoir. L'inspecteur principal Aubrey vint le chercher. Elle le conduisit dans une petite pièce impersonnelle avec des cartes et des plans sur le mur. Fordwych se leva derrière un bureau, s'avança et, assez surpris, il serra la main de John.

« Je ne voulais pas vous parler de tout ça, dit John, mais je crois que je n'ai pas le choix. Je ne peux laisser les choses en l'état.

— Cela a-t-il un rapport avec la mort de votre sœur, monsieur Creevey ? »

Maintenant qu'il se trouvait devant Fordwych, John sentait qu'il s'apprêtait à commettre une trahison impardonnable. Mais il ne voyait pas quelle autre conduite adopter. Il lui fallait continuer. Quelle loyauté devait-il à Mark Simms ? La vérité, c'est qu'il aurait dû aller voir la police il y a plusieurs semaines, dès qu'il avait su. Aujourd'hui, il ignorait même pourquoi il ne l'avait pas fait. Assis là, les yeux fixés sur Fordwych, une idée lui traversa l'esprit, quelque chose de plus profond.

Il savait ce que Mark, ce qu'un homme ordinaire comme Mark, avait commis sans que cela l'empêche de vivre, et d'une certaine façon le comportement de Mark l'avait corrompu. Il avait fini par croire qu'on pouvait tolérer des actes contraires à la loi pourvu que la provocation soit suffisamment importante. On pouvait lancer des gangsters aux trousses de Peter Moran.

Il commença à parler. Maladroitement et lucidement, il leur raconta la confession de Mark Simms. Il leur dit comment, après avoir tergiversé pendant des semaines, Mark avait enfin craqué et, à genoux devant lui, comment il avait avoué le meurtre de Cherry. Fordwych écoutait. Il ne disait rien et son regard ne croisa pas celui de John. Les coudes posés sur le bureau, les deux mains appuyées l'une sur l'autre à angle droit, il détournait le visage comme si le paysage qu'on voyait par la fenêtre — la tour de CitWest qui clignotait au loin : neuf heures quarante-deux, neuf heures quarante-trois, neuf heures quarante-quatre, dix-huit degrés, dix-huit degrés, dix-huit degrés — le fascinait.

Quand John eut terminé en s'apercevant qu'il tremblait intérieurement à cause de l'effort, même s'il restait très calme en apparence, Fordwych, qui, jusque-là, n'avait prononcé de temps en temps qu'un « continuez », dit d'un ton calme et détaché :

« Vous avez eu tout à fait raison de venir nous voir. »

John hocha la tête. Il ne savait pas quel autre signe faire.

« Pourquoi avez-vous autant attendu avant de venir ?

— J'ai pensé qu'il était trop tard. J'ai cru que ça n'intéressait plus personne qu'on le punisse ou non.

— La justice ne compte pas ? »

Derrière lui, John entendit la jeune fille respirer profondément. Il trouva une réponse tout à fait honnête : « Je viens maintenant à cause de la justice. »

Fordwych se leva et marcha de long en large. Il resta quelques instants devant la fenêtre, puis vint se mettre près du bureau, en face de John, et le regarda.

« Que penseriez-vous si je vous disais que ce que vous venez de me raconter ne peut être vrai ? Que du début à la fin, cela n'a aucun rapport avec la vérité ? »

John se sentit rougir. « Je ne vous ai pas menti. Je vous ai dit l'exacte vérité. »

Il put rester assis. Il se leva et empoigna le dossier d'une chaise en le serrant si fort que les articulations de ses doigts en devinrent blanches. La jeune fille le regardait avec une expression étrange. Il crut y lire de la pitié.

« Je vous ai dit ce qu'il m'a raconté. Il m'a avoué qu'il avait tué ma sœur. Il m'a même donné des détails, l'heure, le lieu, tout.

— Asseyez-vous, monsieur Creevey. Gardez votre calme et laissez-moi vous dire quelque chose. Nous avons tout dans nos dossier et nous les avons étudiés de près depuis l'arrestation de Maitland. On ne vous aura peut-être pas tout raconté, je veux dire à vos parents et à vous. On a sans doute trouvé cela trop pénible. Mais votre sœur a griffé l'homme qui l'étranglait et elle a dû lui laisser de profondes cicatrices. On a retrouvé du sang et de la peau sous ses ongles. Vous ne croyez pas qu'on a d'abord soupçonné M. Simms ? Bien sûr que si. Nous avons vérifié et contre-vérifié ses déplacements, nous avons épluché et examiné ses déclarations. Nous ne sommes pas complètement stupides, vous savez, monsieur Creevey. Parfois, nous savons même précisément ce que nous faisons. D'après ce que nous avons trouvé sous les ongles de votre sœur, nous avons d'abord recherché le groupe sanguin de M. Simms ce qui l'a mis complètement hors de cause. M. Simms est du groupe B négatif et le sang trouvé sous les ongles de votre sœur du groupe O positif. Incidemment, il s'agit du même groupe que celui de Rodney Maitland. »

XI

Tout le monde était parti en vacances. Même la circulation en ville avait diminué. Léviathan, Chimère et Méduse, c'est-à-dire Mungo, Angus Cameron et Graham O'Neill, se trouvaient à Corfou, Licorne ou Nicholas Ralston et Basilic ou Patrick Crashaw, quelque part avec leur famille. Charybde et le reste des Hobhouse avaient quitté leur maison de Rossingham-St. Mary pendant un mois. Seuls les Mabledene, à cause du travail du père ou de la mère de Charles ne partiraient pas avant la dernière semaine d'août.

En conséquence, Charles ne s'attendait pas à trouver un message dans la cache de la passerelle. Il avait assez d'occupations sans ça. Découvrir la date du début des travaux au 53 Ruxeter Road se révélait extraordinairement difficile. Il n'avait pas non plus beaucoup avancé auprès de Martin Hillman, le plus actif apparemment des deux nouvelles recrues possibles. Charles avait pris rendez-vous avec Hillman dans un café, à mi-chemin de la Tour de Guet et de Beckgate. Mais il n'y avait trouvé que deux clients, Rosie Whittaker et Guy Parker. Rosie avait des cheveux hérissés teints en vert et les mêmes lunettes à monture métallique que Graham O'Neill. Ils portaient, de la tête aux pieds, des vêtements à la mode, noir délavé. Ils l'accueillirent chaleureusement et Rosie lui demanda même s'il voulait un Coca. Charles refusa et s'en alla préoccupé. Désormais, il ne toucherait plus à Martin Hillman qu'avec des pincettes et il donnerait le même conseil à Mungo.

Sa nouvelle montre numérique indiquait six heures vingt-quatre. Son père partait du garage à sept heures, ce qui lui laissait tout à fait le temps d'y aller en bus. Il décida que cela suffisait pour aujourd'hui. Jusqu'au pont de Rostock, le bus suivait le même itinéraire que celui qu'il avait pris trois jours plus tôt pour se rendre à Nunhouse. Assis à la place qu'il choisissait toujours si elle se trouvait libre, la première à droite en avant, Charles réfléchissait à l'histoire Peter Moran.

Bien sûr, on ne pouvait pas dire qu'il l'avait échappé de justesse parce qu'il n'avait jamais véritablement couru de danger. La porte d'entrée était restée ouverte, et, en outre, dès le début, il avait eu conscience d'une menace. Et un homme prévenu en vaut deux. En fait, il se sentait assez fier du résultat et se félicitait mentalement pour sa perspicacité incontestable. Mais il ne pouvait s'empêcher de se dire que ses parents auraient été effrayés et horrifiés s'ils avaient su.

Deux ans auparavant, sa sœur Sarah et deux amies avaient parlé à un homme qui les avait invitées au cinéma. Sarah avait eu l'imprudence de raconter tout à ses parents. Il ne s'était rien passé. Sarah avait trouvé l'homme gentil et agréable, mais Charles avait pensé que son père allait avoir une attaque. Et sa mère... ! Au moment où Sarah avait commencé à raconter son histoire, sa mère montrait à son père des vêtements qu'elle venait d'acheter. Si on avait dit à Charles que quelque chose pouvait la détourner de cette activité, il ne l'aurait pas cru. Et pourtant. Elle avait hurlé et pleuré et avait demandé à Sarah qu'elle jure solennellement de ne plus jamais parler à un homme sa vie durant. Enfin presque. Quelle histoire ! Charles se rendait compte que cela recommencerait si on découvrait sa rencontre avec Peter Moran. Mais il n'avait pas la moindre intention d'en parler à ses parents. Et puis, tout s'était bien terminé.

Par habitude, il regarda à droite quand le bus tourna à gauche à la hauteur de la passerelle. Il y avait un message dans le pilier central. Inattendu, mais pas impossible. Sans aucun doute de Charybde, venu de Rossingham pour la journée. Lui-même venait bien de Fenbridge, ce qui représentait une distance semblable. Charles descendit à l'arrêt suivant. Il n'était que six heures quarante. Il ferait le reste du chemin en courant, en passant par le pont de Rostock et son père l'attendrait sans aucun doute.

Il s'agissait du code des *Hommes d'octobre*. Il l'avait dans sa poche. Il n'aurait pas imaginé sortir sans le code. Charybde avait collé l'enveloppe très haut. Charles n'aurait jamais cru qu'il pouvait atteindre cette hauteur. Lui-même y arrivait à peine. Il dut sauter pour saisir le sac et l'arracher. Il mit le sac en plastique dans sa poche, déplia le message et le lut avec quelque étonnement. Évidemment, il ne pouvait le lire directement car l'essentiel restait incompréhensible, mais le premier mot comprenait neuf lettres et il avait la certitude qu'il voulait dire Léviathan. Quant aux trois premiers mots, ils devaient signifier : Léviathan à

Dragon. Comment cela se pouvait-il alors qu'il s'agissait d'un nouveau message, déposé dans la cache dans les trois jours précédents, alors que Mungo se trouvait à Corfou depuis six jours ?

« Qu'est-ce que tu as fait toute la journée ? » lui demanda son père d'un ton aimable, en montant en Volvo.

John se dit que la formule exprimait assez bien ses activités d'espionnage menées de façon solitaire.

« Des choses », dit-il, et il ouvrit son carnet à la page du code des *Hommes d'octobre*.

Il commença à transposer rapidement. En général, pendant les voyages de retour, son père et lui gardaient un silence tranquille. Sa mère, elle, ne cessait de bavarder. Charles aurait aimé du silence ce soir, mais son père semblait décidé à parler. Et, par coïncidence, il avait choisi comme sujet le danger que les garçons de son âge, surtout ceux qui n'étaient pas très grands couraient à cause d'adultes qu'il appelait des « malades ». Il les appelait aussi des pédophiles, mot qu'il prononçait mal comme Charles le remarqua tristement. L'arrestation d'un homme qui avait agressé et assassiné un enfant l'incitait à en parler. La foule l'avait menacé et malmené à sa sortie du palais de justice. Son père l'avait vu à la télévision.

« J'ai pensé que nous pourrions en bavarder un peu, sans ta mère et ta sœur. »

Charles se dit qu'ils en avaient « bavardé », si le mot convenait bien, depuis que Sarah et lui étaient sur terre. Mais il se contenta de dire « d'accord » avec un signe de tête. Il deviendrait grossier de continuer à regarder dans son carnet. De toute façon, il avait déjà déchiffré le message : « Arrêter enquête Peter Moran. Ne pas suivre, ne pas surveiller. » La voix de son père devenait de plus en plus gênée au fur et à mesure qu'il essayait de décrire le genre d'avances que peut faire un homme de ce genre-là. Charles avait une terible envie, mais il savait qu'il devait y résister, de faire un tour de prestidigitation pour que, quand son père voudrait prendre une cigarette, il tire dix mètres de ruban de soie pourpre.

Ils roulaient le long du fleuve. De l'autre côté, on pouvait voir Nunhouse et Charles pensa pouvoir localiser Fen Street et certainement le toit de la maison de Peter Moran. Il eut un désagréable frisson de peur. La grande force de Charles consistait à reconnaître volontiers sa peur tout en la dissimulant aux autres derrière un visage impénétrable. Il n'écoutait pratiquement plus son père et répondait de façon machinale. Avec une inquiétude croissante, il ne cessait de se répéter le texte du message.

Non seulement Mungo ne pouvait pas l'avoir écrit et envoyé, mais en outre le langage ne collait pas. Mungo n'aurait jamais employé les mots « arrêter » et « enquête ». Il aurait dit : « Abandonner projet

Peter Moran. » Par conséquent, le message ne venait pas du directeur général de l'agence de Londres mais de quelqu'un d'autre, de l'agence de Moscou sans doute. Ils avaient trouvé le code des *Hommes d'octobre* — une chose très facile avec une taupe dans le service — et un agent, qui ne savait pas que Mungo se trouvait à Corfou, avait imaginé ce message. Peut-être Rosie Whittaker elle-même. Après tout, Charles l'avait vue à moins de cinq cents mètres de la cache de la passerelle.

Cela n'aurait pas eu beaucoup d'importance, une simple occasion de se féliciter d'avoir déjoué si vite la supercherie. Mais Charles jugeait l'affaire moins simple. L'agence de Moscou devait avoir de bonnes raisons pour décommander les instructions données par Mungo, elle devait redouter le succès de la surveillance de Peter Moran. Moscou voulait qu'on laisse Peter Moran tranquille, mais pas Mungo.

« Je crois que c'est clair. » Charles écouta à nouveau son père. « En aucune circonstance, tu ne dois rester seul avec quelqu'un, même jeune et gentil. Les gens que tu peux connaître tu les vois à la maison ou au collège. Ça n'en vaut pas la peine, Charles. Le risque est trop grand. Comme on dit : il ne faut pas se jeter dans la gueule du loup. »

XII

Sans se montrer grossier ou agressif, Fordwych lui avait fait comprendre qu'il le soupçonnait de manigancer quelque chose. Il le soupçonnait de vouloir créer des problèmes à Mark Simms, sans doute par méchanceté. John n'y comprenait plus rien. Il avait bien compris que Mark était innocent du meurtre de Cherry et qu'il avait menti pour une raison quelconque. Avait-il menti également sur la façon de vivre de Cherry ?

Il avait fini par aller à son travail mais il n'avait pas pu se concentrer. Cela importait peu parce que en août, ils voyaient moins de clients que pendant n'importe quel autre mois. Tout en marchant dans la roseraie, et en coupant les fleurs fanées des roses Wendy Cusson et des troïkas rouges, il éprouvait curieusement du soulagement. Son ciel s'éclaircissait. Les mains pleines de pétales, il leva les yeux vers les nuages gris et se sentit mieux, moins tendu et moins angoissé. Le passé se trouvait un peu plus propre, sinon lavé à grande eau. Le passé immédiat lui-même semblait moins déchirant, moins incompréhensible. Il n'avait pas commis le crime impardonnable, ce crime qu'il trouvait incroyable aujourd'hui, d'avoir envisagé cet acte de violence, et peut-être pire, contre l'amant de Jennifer.

Gavin faisait parader le mainate pour un couple âgé et leur petite-fille.

John les avait déjà vus deux ou trois fois. Le mainate récitait avec obéissance toutes les nouvelles phrases qu'il avait apprises. Gavin le récompensait avec des morceaux de chocolat. Le jeudi, le magasin fermait à une heure. Gavin et l'oiseau qu'il appelait Gracula partirent ensemble. En rentrant chez lui, John pensa au ton de Jennifer quand elle lui avait dit qu'elle le haïssait et qu'elle ne lui pardonnerait jamais. Avait-il eu tort de lui raconter l'histoire de Peter Moran ? Parce qu'il avait agi pour un mauvais motif ? Il avait peut-être tout inventé, l'idée de Peter Moran tuant quelqu'un ou retournant à ses anciens penchants. Cela venait de ces histoires à la télévision sur le tueur et le violeur d'enfants du Lancashire. Aussitôt arrivé chez lui, sans même déjeuner, John s'installa pour écrire à Jennifer. Il commença sa lettre par « Jennifer chérie », en se disant que ce qu'ils deviendraient n'avait pas d'importance. Quelle que soit la distance qui les séparerait et les hommes qu'elle rencontrerait, il lui écrirait toujours ainsi.

Jennifer chérie,

Si tu veux toujours divorcer après deux ans de séparation, je serai d'accord. Je ferai ce que tu voudras. Je ne peux supporter que tu me haïsses et je dois t'avouer honnêtement que je te dis tout cela pour que tu ne me haïsses plus. Une sorte de petit cadeau pour que tu m'aimes un peu, si tu veux !

Je ne dirai rien de plus sur Peter. On change. Tu m'as fait changer, comme j'espère que tu le sais, alors tu l'as peut-être fait changer lui aussi. Pourtant je tiens à te dire que je t'aime. Rien n'a changé cela. Si tu changes d'idée pour le divorce, reviens avec moi. Je t'attendrai toujours.

Il y avait trop de « changer », mais tant pis, il le sentait ainsi. Il avait les yeux pleins de larmes et elles coulèrent sur ses joues. Des larmes de pitié sur lui-même, se dit-il, et il les essuya d'un geste brutal. Il se souvint de leur façon de faire l'amour, de leur tendresse, de leur lent apprentissage du plaisir. Il voulait lui écrire des mots suppliants, lui demander qu'elle le rassure en lui disant qu'elle n'avait pas fait semblant, que pendant quelque temps elle avait éprouvé pour lui de l'amour et du désir. Mais, s'il lui posait la question, il avait peur qu'elle ne réponde jamais à cette partie de la lettre, aussi il se contenta d'écrire pour finir : « John qui t'aime toujours. »

Colin et sa mère devaient venir vers quatre heures, au cours d'une promenade. Ils avaient passé une semaine de vacances dans la région des lacs, et il avait plu tout le temps. John prit un autre « déjeuner du laboureur » et sortit poster sa lettre. Il passa une grande partie de l'après-midi à regarder les photos de Colin. Il y avait aussi des diapositives qu'il fallait glisser dans l'appareil que Colin avait apporté et qu'on regardait en fermant un œil. Les photos représentaient des montagnes vertes et des ciels gris, sans jamais un être vivant. En entrant, Constance Goodman lui avait immédiatement demandé d'une voix étrange :

« Des nouvelles ?

— Maman, s'il te plaît », dit Colin.

John mit un certain temps — à ce moment-là ils regardaient les photos — à comprendre qu'ils s'attendaient à trouver Jennifer, revenue grâce au renseignement qu'ils lui avaient fourni. Leur attitude semblait naïve aujourd'hui, mais à l'époque lui aussi y avait cru. Les Goodman connaissaient la nouvelle de l'arrestation du meurtrier de Cherry. John devrait-il aller témoigner ? Et Mark Simms ? Constance voulut savoir si la police l'avait vu.

« Il ne veut pas en parler, maman. Tu le vois bien.

— Tout le monde n'est pas aussi inhibé que toi, poulet.

— Si quelqu'un est inhibé, je pense qu'il faut en accuser les parents, surtout la mère. »

Ils se querellèrent pendant un certain temps, John leur offrit du thé, les emmena faire le tour du jardin, il leur montra ses fuchsias et la lavande rose. On admira la serre et Constance dit qu'elle trouvait dommage d'y ranger la Honda, puis ils s'en allèrent avec un panier de tomates et de poivrons. L'idée qu'il devrait passer seul la majorité de ses soirées jusqu'à la fin de sa vie lui semblait insupportable. Il l'affrontait pour la première fois. Dans les romans qu'il lisait, les maîtresses de maison recherchaient toujours des hommes seuls, mais John trouvait que ça ne s'appliquait pas à lui. Évidemment, il ne fréquentait pas ces milieux. Il ne se souvenait même pas qu'un voisin de Geneva Road l'ait jamais invité à une soirée. Une sœur assassinée, une femme qui vous a quitté mettaient un homme en marge ; les gens restaient prudents en face de lui, sans savoir comment l'aborder ni quels sujets éviter.

Il arrosa la serre, enleva les feuilles basses des pieds de tomate. Les aubergines attrapaient facilement des pucerons et à contrecœur il vaporisa dessus de l'insecticide en étouffant. Quand il entendit la sonnette, il pensa à Jennifer. Allait-il réagir ainsi à chaque sonnerie de la porte ou du téléphone, pendant des années ? Il faut te contrôler, se dit-il en allant ouvrir. Toutes les résolutions, la bonne humeur de commande, les « reprends-toi », n'empêchèrent pas le tressaillement du cœur, l'espoir fou et le retour dans l'esprit du prénom tant aimé...

Ce n'était pas Jennifer qui se tenait devant la porte mais l'inspecteur principal Aubrey.

Elle dit : « Bonsoir, monsieur Creevey. Puis-je entrer un moment ? »

Il approuva d'un signe de tête. Il savait qu'il devait avoir l'air dérouté.

« Ne vous inquiétez pas. Il ne s'agit pas d'une visite officielle. »

Elle le suivit dans le salon. Les Goodman avaient laissé leurs photos, et des vues de Skiddaw et d'Ullswater recouvraient la table basse.

« Vous êtes allé en voyage ?

— Non, malheureusement non. Elles appartiennent à des gens que je connais. » Pourquoi n'avait-il pas dit des amis ? Pourquoi pas « des amis à moi » ? Il ramassa les photos et les remit dans leurs pochettes jaunes. Elle dit :

« Puis-je m'asseoir ? »

Il rougit : « Excusez-moi. Oui, bien sûr. »

Elle portait des jeans, une chemise à rayures et une veste à fermeture Éclair, des vêtements masculins qu'un homme aurait pu porter sans avoir l'air bizarre. Mais elle gardait une allure très féminine. Il avait déjà vu ce visage quelque part, une reproduction dans un livre peut-être. Des traits délicats, une peau rose et transparente, des sourcils à peine marqués, des cheveux roux doré. C'était un vrai plaisir de la regarder même si cela restait totalement extérieur car Jennifer existait toujours et elle venait s'interposer entre son regard et tous les autres jolis visages.

De sa voix agréable, elle dit : « Je suis venue vous parler de votre sœur Cherry, monsieur Creevey. »

Il fit le même signe de tête, méfiant tout à coup.

« Votre visite de lundi, votre discussion avec M. Fordwych semblent avoir laissé tant de questions sans réponse. Je voudrais vous dire que si les aveux de M. Simms vous bouleversent ou vous inquiètent, essayez de les oublier. Les fausses confessions ne sont pas rares, cela arrive tout le temps.

— Mais pourquoi ? demanda-t-il. Pourquoi quelqu'un dirait-il qu'il a... assassiné, s'il ne l'a pas fait ? Je pensais que vous ne me croyiez pas, ajouta-t-il.

— Oh, nous vous croyons. Disons plutôt que le fait que vous l'ayez cru nous a étonnés. J'ai pensé que vous vous trouviez peut-être dans un état particulièrement réceptif pour ce genre de choses. Pardonnez-moi si j'ai l'air de vous interroger. Mais avez-vous été très déprimé ou nerveux ? »

Il la regarda en commençant à comprendre. « Je pense que depuis des mois je me trouvais au bord de la dépression, mais je n'ai jamais vraiment craqué. » Il ajouta rapidement ; « Je ne vois toujours pas pourquoi il a avoué une chose pareille.

— Il existe plusieurs raisons possibles, dit-elle d'un air pensif. Il pouvait vous en vouloir. Peut-être pensait-il que vous ne vous intéressiez pas vraiment à lui, que vous ne l'écoutiez pas pendant qu'il parlait ? Est-ce possible ? Il se sentait seul et voulait attirer votre attention et il voyait bien qu'il n'y arrivait pas parce que vous... eh bien, vous aviez vos propres problèmes ?

— C'est tout à fait possible, en effet, dit John. Mademoiselle Aubrey, pardon, inspecteur principal, mais comment dois-je vous appeler ?

— Appelez-moi Susan. »

Il sentit qu'il ne pourrait pas. Il regretta sa proposition. Il trouvait cela trop intime. Il reposa sa question : « Voulez-vous dire qu'il était prêt à faire n'importe quoi pour attirer mon attention ?

— Quelque chose comme ça. Les gens éprouvent des sensations intolérables de rejet, de solitude, l'impression de se trouver derière des murs de verre, sous une cloche en verre. Peut-être se sentait-il coupable envers votre sœur. Je ne dis pas qu'il existe une possibilité qu'il l'ait tuée, non pas du tout, mais il a pu se sentir coupable d'une autre façon. Par exemple, pour être allé la chercher ce soir-là avec près d'une heure de retard. Vous ne le saviez pas ? Cela se trouve dans sa déclaration d'il y a seize ans. Il voulait rompre avec elle. Il voulait le lui dire. Mais il est arrivé en retard et elle avait déjà quitté le bureau... avec son assassin comme nous le savons aujourd'hui. »

John la regardait fixement. « Ainsi, il se sent responsable de sa mort.

— Dans un sens. Que savez-vous de votre sœur, monsieur Creevey ? »

Ainsi, Mark ne lui avait pas menti à ce propos. « Tout, je crois.

— Mark Simms venait de découvrir qu'elle avait des amants. Il a souvent eu envie de la tuer. Commencez-vous à comprendre ?

— On vous croirait psychologue.

— Je l'ai été. J'ai étudié la psychologie à l'université. »

Il lui offrit du café et elle le remercia, oui, elle voulait bien. Pendant qu'elle buvait, il lui parla un peu de Cherry, pas de ses histoires amoureuses, multiples et incompréhensibles, ni d'elle et de Mark, mais il lui demanda pourquoi on l'avait assassinée. Avait-elle eu — il essaya de le dire le plus délicatement possible — à l'égard de Rodney Maitland un comportement qui ait entraîné sa propre mort ? Susan Aubrey répondit qu'elle ne le pensait pas, Cherry le connaissait après tout, elle avait sans doute accepté innocemment qu'il l'accompagne jusqu'à l'arrêt du bus. Maitland vivait à Londres. Il n'était revenu dans sa ville natale que l'après-midi, et avait filé immédiatement après l'assassinat. Cela expliquait qu'on ne l'avait jamais interrogé ni soupçonné, alors qu'on prenait les empreintes de centaines d'hommes de la région et qu'on examinait leur groupe sanguin. Il appartenait à ce type d'hommes qui tirent un plaisir sexuel du meurtre d'une femme, en la surprenant par une attaque inattendue et en l'étranglant avant qu'elle ait pu pousser un cri. Cherry lui avait résisté, plus que toutes les autres, elle n'avait pas accepté son destin...

A cause des manières sympathiques de Susan Aubrey, John eut envie de lui parler de Jennifer, de lui raconter ce qui l'avait conduit au bord de la dépression, mais il se retint. Il pensait que les gens qui connaissent la psychologie conservent une attitude scientifique en face de ceux qui leur ouvrent leur cœur, qu'ils écoutent leurs confidences avec un détachement clinique. Après son départ, quand elle l'eut remercié pour le café en l'appelant John, il se dit que s'il lui avait parlé de son état mental il aurait dû aussi raconter sa thérapie, la mini-mafia et ses codes qu'il avait déchiffrés. Peut-être aurait-il mieux fait ? Il se dit qu'en tant que citoyen, son devoir lui commandait de parler à la police des activités du gang, en particulier d'instructions telles que « transférer et éliminer », par exemple. Maintenant qu'il avait réussi à s'en sortir sans dommages, il devait au moins informer la police de la cache de la pelouse des chats. Il irait le lendemain. A l'heure du déjeuner, décida-t-il, pour compenser son absence de vendredi matin. Il ne s'absenterait plus.

Ce qui se passa dans l'heure qui suivit son arrivée chez Trowbridge lui enleva tout ce qu'il avait en tête.

XIII

C'était le premier jour des soldes. Sur des tables à tréteaux, on exposait les plantes vendues en dessous de leur prix, à trente pence chacune, des géraniums trop fleuris, des herbes qui avait poussé de façon désordonnée, des bégonias broussailleux. Ils auraient dû avoir tout installé à l'ouverture du *Garden Center*, mais à dix heures et demie Gavin sélectionnait encore des plantes et les sortait des serres sur un chariot. Alors le couple âgé et leur petite-fille entrèrent dans le magasin. Comme d'habitude, ils se dirigèrent vers la cage du mainate.

« Ils se croient dans un zoo, dit Sharon à John. Ils viennent toujours montrer le mainate à leur gosse et ils n'ont jamais acheté un simple paquet de graines.

— Ils ne font pas de mal », répondit John.

Les vint les rejoindre.

« Ils veulent acheter le mainate, dit-il.

— Vous voyez, Sharon, dit John. C'est encore mieux qu'un paquet de graines. »

Il alla voir l'homme, lui expliqua que le mainate coûtait quatre-vingt-cinq livres.

« Vous ne le soldez pas ?

— Non, non, répondit John en souriant. On ne le solde pas.

— Ce n'est pas donné mais nous estimons qu'il les vaut, n'est-ce pas, maman ? Nous avons pris notre temps. Nous avons bien réfléchi à notre décision et aux responsabilités qu'elle implique. » A en juger par le sérieux de sa voix et de son regard, on aurait pu croire qu'il prenait un enfant en nourrice.

« Nous avons tout lu sur le sujet. Nous avons emprunté des livres à la bibliothèque. »

Je sais bien que je peux vous confier le mainate, eut envie de dire John, mais il se tut. A ce moment-là, pour la première fois, il pensa à Gavin. Heureusement, il travaillait dans les serres. John ne connaissait pas vraiment la force de son attachement pour le mainate, mais il imagina que s'il s'était trouvé dans le magasin, il aurait essayé de décourager les clients. Il les aurait mis en garde contre le danger de la maladie de Newcastle, ou *Gracula religiosa*, pour les enfants. En fait, la petite fille passait les doigts entre les barreaux pour donner au mainate des fruits assortis et des noisettes qu'elle puisait dans un paquet. L'oiseau les prenait avec douceur. L'homme voulut payer en liquide. Il déplia soigneusement quatre billets de vingt livres et un de cinq. Manifestement, ils les avaient pris à la banque avant de venir.

« On prend aussi la cage ? demanda la petite fille.

— Oui. Combien coûte-t-elle ? » A son regard consterné, John comprit qu'il n'avait pas prévu la somme dans son budget.

« La cage est comprise, dit John. Elle fait partie de l'emballage. »

Ils sortirent avec le mainate et se dirigèrent vers le parking. John les regardait déposer la cage avec une tendresse absurde sur le siège arrière d'une vieille Morris quand Gavin revint dans le magasin. Il dit à John que les poissons avaient des parasites. Puis il vit que la cage n'était plus là.

« Qui l'a changé de place ?

— Le vieux couple a acheté ton Dracula, dit Sharon d'un ton légèrement méchant. Ils viennent de partir à la minute. Il n'a même pas eu l'occasion de dire au revoir. »

Gavin se précipita au-dehors, la Morris avait déjà disparu. En ce moment elle devait s'engager sur la grand-route, mais il s'élança à sa poursuite en courant difficilement dans l'allée de gravier.

« Il l'aimait beaucoup », dit Les.

Gavin revint une minute ou deux plus tard, blême malgré son effort. il avait des yeux égarés. Il dit d'une voix rauque :

« Il faut le reprendre. Je vais le leur racheter. D'ailleurs, j'allais l'acheter. J'ai mis de l'argent de côté. J'avais presque assez.

— Pourquoi ne pas l'avoir dit ? » demanda John. Il commençait à comprendre. « On aurait pu vous faire une réduction ou vous le vendre à crédit.

— Ça ne fait rien. Nous allons le leur reprendre. Je vais aller les voir. Maintenant. Je vais leur expliquer qu'il s'agit d'une erreur. Je vais leur dire qu'il m'appartient. »

John se sentait désespéré, coupable. Il avait trahi Gavin par son étourderie. « Mais je ne connais ni leur nom ni leur adresse, Gavin. Ils ont payé en liquide.

— Vous ne connaissez pas leur nom ?

— Excusez-moi, Gavin, mais je ne peux pas refuser à des clients d'acheter ce qui est à vendre. »

Les portes s'ouvrirent et la boutique, vide jusqu'alors, se remplit brusquement. Une femme vint vers John pour lui demander un renseignement, avec un panier en fil de fert à la main. Il ne sut jamais ce qu'elle voulait, car Gavin, le visage déformé et le regard perdu, donna un violent coup de pied à la longue table sur laquelle se trouvait autrefois la cage du mainate. On y posait aussi des mini-serres, des coupes florales et des jardins japonais. Le coup de pied ébranla une pyramide de vases en verre qui tremblèrent et finirent par dégringoler et par s'écraser par terre. Ils entraînèrent le tissu qui recouvrait la table ce qui, à son tour, déclencha une avalanche d'urnes en pierre et de pots en cuivre, en faisant voler de la terre et des feuilles arrachées. La femme qui se trouvait près de John poussa un cri dans le tintamarre. Les autres clients s'arrêtèrent et regardèrent Gavin.

L'attention du magasin sembla lui redonner des forces. Il ramena les bras vers lui et d'un revers de main il balaya une étagère remplie de coupes et de vases, certains en plastique, d'autres en terre. Ces derniers éclatèrent et les morceaux volèrent dans toutes les directions. Et Gavin devint fou. Il commença à attraper ce qu'il voyait pour le jeter par terre, des plantes dans des pots, des vases, des jarres, des paniers métalliques, des outils. Il arracha les différents morceaux d'un barbecue compliqué en métal, en bois et en verre, et les jeta à droite et à gauche. Il renversa une nymphe de pierre et brisa une fenêtre. Une des femmes se mit à hurler.

« Arrêtez-le ! cria un homme. N'y a-t-il personne pour l'arrêter ? »

Gavin piétinait des morceaux de verre et de pots de terre comme un éléphant blessé. Il tournait, les bras tendus, au milieu des miroirs en bambou. Il leva les mains et arracha deux corbeilles suspendues d'où pendaient des lierres. Jusqu'ici il n'avait rien dit mais il se mit à crier et un flot d'obscénités coula de sa bouche comme de la terre d'un pot cassé. Les se glissa derrière lui et un client semblait prêt à l'aider. Paralysé un moment par l'horreur du spectacle, John sortit de derrière le comptoir et s'avança vers Gavin. Dès qu'il l'aperçut, Gavin sauta vers la caisse hérissée d'outils de jardin. Il saisit une fourche à long manche avec quatre dents pointues en acier inoxydable et, en la tenant comme un javelot, il se fendit pour atteindre John.

John trouvait la scène ridicule et grotesque, mais effrayante aussi. Il bondit derrière une table couverte de paquets de bulbes, mais tout s'effondra quand Gavin se précipita dessus. Cette fois, il réussit. D'un coup en biais, il enfonça sa fourche dans l'épaule de John en poussant un cri de triomphe comme un guerrier primitif. John ressentit une douleur terrible, brutale. Gavin aurait continué à le frapper, peut-être jusqu'à ce qu'il soit grièvement blessé ou même mort, mais au moment où il s'apprêtait à plonger à nouveau, Les et le client le saisirent par-derrière en essayant de lui maintenir les bras dans le dos. Gavin se débattait férocement en grognant, en couinant et en montrant les dents. Il rejeta la tête en arrière, et tordit le cou pour essayer de mordre la main de Les. John se tenait l'épaule. Le sang traversait ses vêtements et sa grosse veste de toile. Il se rendit compte que Sharon appelait la police.

Ils durent s'y mettre à trois pour le faire entrer dans le bureau, et une des femmes tenait la porte. Ils l'assirent de force sur le fauteuil et Les voulait qu'on l'attache et qu'on l'immobilise avec un filet. Mais John s'y opposa.

Gavin tenait toujours la fourche mais il laissa John la lui prendre. Il avait les mains flasques, comme des feuilles mortes. Il pencha la tête et se mit à sangloter.

Quatrième partie

I

Mungo devait rentrer vendredi ou samedi, Charles ne s'en souvenait plus avec précision. Mais c'était dans une semaine. Il ne pouvait absolument rien entreprendre à propos de Peter Moran avant le retour de Mungo. Il pouvait d'ailleurs ne rien faire et attendre de nouvelles instructions. Mais Charles sentait bien que ça ne collait pas. Tout d'abord, il s'agissait manifestement de l'épreuve dont Mungo avait parlé pour tester sa loyauté, observer et surveiller le comportement de Peter Moran. Ensuite, s'il avait des doutes sur cette opération, l'ordre d'abandonner émanant de Rosie Whittaker, de Michael Stern ou de quelqu'un d'autre en confirmait l'importance.

Il ne fit rien le samedi et le dimanche. Le dimanche, de toute façon, ses parents n'allaient pas en ville. Il passa presque toute sa journée à s'entraîner à des tours de cartes. Un des exercices consistait à faire une cascade. Il tenait une moitié du paquet dans chaque main et laissait filer les cartes de telle façon qu'elles glissaient en alternance, une venant de gauche, l'autre de droite, pour se réunir en un seul paquet de cinquante-deux cartes. Il espérait y réussir assez bien pour faire en passant une démonstration apparemment spontanée, devant Sarah et ses parents, à l'heure du thé. Mais le résultat le laissait insatisfait. Quand on est perfectionniste, on le reste et on n'y peut rien.

On disait que Mungo avait peur de continuer à grandir et qu'il espérait que cela s'arrêterait. Charles ne mesurait encore qu'un peu plus d'un mètre cinquante. Il savait qu'il grandirait encore, car ses parents avaient une taille moyenne mais il aurait bien aimé ne pas avoir à attendre. En se regardant dans une glace, il se dit que si seule l'apparence comptait il ferait un merveilleux enfant-acteur. Le Shirley Temple masculin des années quatre-vingt. Le reflet de son visage d'ange le regardait et il y reconnut cette expression détachée du monde, comme si les yeux contemplaient quelque vision béate, comme les peintres du passé en donnaient à leurs chérubins et à leurs saints nouveau-nés. Cela se situait dans les yeux bien sûr, mais aussi dans la bouche délicate et la peau diaphane comme des perles. Ses cheveux eux-mêmes avaient poussé depuis la semaine dernière et formaient des boucles. Saleté, pensa Charles. Quelle merde...

Mungo savait-il quel genre d'homme était Peter Moran ? S'agissait-il d'une partie de l'épreuve, celle à laquelle on survivait, prouvant ainsi son allégeance, ou celle devant laquelle on mourait ? Charles pensa à ce qu'il avait lu quelque part au sujet des druides novices. Afin d'obtenir leur promotion, ils devaient rester allongés toute une nuit dans un réservoir d'eau glacée à composer de la poésie épique. Mais une telle épreuve pouvait se révéler presque préférable à ce qui l'attendait. Il ramassa le jeu de cartes, le sépara en deux paquets, tout en admirant Mungo à contrecœur, à cause de son sang-froid impitoyable. Dans le passé il avait souvent trouvé qu'on manquait de dureté à l'agence de Londres. Mungo et apparemment Angus avant lui avaient toujours refusé avec fermeté qu'on viole la loi, pas de vol, de faux et de violence contre les personnes ; à tel point que Charles pensait déjà à introduire certains changements quand il succéderait à Mungo comme il en avait l'intention. Dans son organisation, il n'y aurait pas de place pour cette délicatesse excessive.

En conséquence, il aurait dû se réjouir que Mungo abandonne ses scrupules. Si seulement il n'avait pas été l'objet de cette dérogation à ses principes. La peur lui descendait le long de la colonne vertébrale avec autant de précision que ses cartes qui tombaient. Il faisait chaud à nouveau mais il avait eu froid aux mains toute la journée. Quoi qu'il en soit, il avait mis son tour au point, il le tenait maintenant, il ne le raterait jamais plus. Il descendit pour le montrer — enfin, pour choisir le moment où il pourrait l'exécuter au vu de tous, aussi naturellement qu'on prend un livre et qu'on l'ouvre.

« Très bien, dit son père. Étonnant. Recommence. »

Charles sourit les lèvres fermées comme ils avaient tous appris à le faire en imitant Guy Parker, il y avait très longtemps semblait-il. Il ne put s'empêcher d'imaginer à nouveau la réaction radicalement différente de son père, sa colère et sa peur, s'il avait su que son fils envisageait d'établir une relation avec un pédophile

Mais il avait résolu de repousser la seconde confrontation. En descendant en ville avec sa mère, assez tard dans la matinée, assis près d'elle dans l'Escort, Charles n'avait pas encore décidé s'il irait à Nunhouse aujourd'hui. Les cheveux de sa nuque se dressèrent sous l'effet d'un nouveau frisson quand il pensa à Peter Moran téléphonant dans la maison vide des Cameron. Pourtant, aujourd'hui, il avait autre chose en tête, inutile de s'inquiéter pour l'instant. Il se rendait dans l'immeuble de la firme Albright-Craven qui, comme il l'avait enfin découvert, avait soumissionné les travaux de restauration des villas Pentecôte. Comment s'y prendrait-il pour pénétrer dans la place, pour se livrer à son enquête, il ne le savait pas encore. Une petite taille et un air enfantin représentaient à nouveau un énorme handicap.

En fait, il ne pénétra pas dans l'immeuble ce jour-là, parce que tout à fait par hasard il rencontra Peter Moran. Mais cela se passa après l'heure du déjeuner. Quelqu'un avait garé sa voiture sur le parking privé de la mère de Charles, Hillbury Place, et elle dut ranger l'Escort très loin, dans le parking souterrain d'Alexandra Bridge Street. Puis Gloria voulut acheter une tenue de sport qu'elle avait vue dans la vitrine de Debenham. Mais Charles ne l'aimait pas et il ne l'aurait jamais portée. Il refusa également qu'elle lui paie à déjeuner au restaurant en terrasse sur le toit de Debenham. Il avait peur que Albright-Craven ferme pendant la pause du repas. A pied il lui faudrait une demi-heure pour s'y rendre.

Il était presque une heure quand il arriva à Feverton Square, devant les anciennes murailles de la ville. Il avait vu que la tour de CitWest indiquait douze heures cinquante-sept et vingt-cinq degrés et, quelques instants plus tard, alors qu'il passait sous Fevergate, il entendit l'horloge de la cathédrale sonner une heure. Elle avançait toujours un petit peu. A cause de la chaleur et du soleil, le square était plein de gens assis sur les bancs, allongés dans l'herbe et mangeant des sandwiches. Par la force des choses, si Peter Moran n'occupait pas vraiment toute sa pensée, il restait, si l'on peut dire, tapi sur le seuil de sa conscience. Et pourtant, Charles ne le vit pas, assis sur un pilier bas au pied des marches d'Albright-Craven. Bien que très observateur, Charles ne le remarqua pas avant de se trouver à un mètre ou deux de lui. Peter Moran tournait le dos au trottoir et regardait vers l'escalier, vers les énormes portes battantes noir et argent. Il portait un très vieux tee-shirt à manches courtes qui laissaient voir ses bras pâles et poilus. Il redressait légèrement la tête et ses cheveux clairs, graisseux et assez longs touchaient le col de son tee-shirt.

Comme cela arrive souvent avec la peur (mais Charles se dit que de le savoir ne servirait à rien pour la prochaine fois), elle disparut immédiatement en présence de celui qui la causait. Il aurait sans doute pu monter la moitié de l'escalier avant que Peter Moran le voie, mais il n'osa pas rater l'occasion. En outre, il y avait du monde partout. Il se trouvait en sécurité.

« Bonjour », dit-il.

Peter Moran se retourna. Charles avait imaginé surprendre du plaisir et de l'étonnement mais Peter Moran n'eut pas du tout l'air content de le voir.

« Oh, bonjour. » Un coup d'œil rapide vers le haut des marches et les cailloux pâles de ses yeux revinrent sur le visage de Charles tandis que son expression devenait plus amicale. « Qu'est-ce qui t'amène ici ?

— Des choses », répondit Charles. Il avait retrouvé tout son courage. « Désolé si vous ne m'avez pas eu au téléphone.

— J'ai téléphoné puisque tu le demandes. Il n'y avait personne. »

Ce n'était qu'un homme, un être humain, avec un QI dans la moyenne sans aucun doute. Pas très brillant. Charles avait l'habitude de classer les gens, froidement. Il n'était pas non plus très fort, de faible corpulence, l'air pas bien portant, ne mesurant pas plus de... combien ? Un mètre soixante-douze, un mètre soixante-quinze ? Cet air de voracité qui brusquement lui déforma le visage s'expliquait peut-être simplement parce qu'il avait faim. De nourriture, ajouta Charles pour lui-même. « Vous aviez parlé d'un café. »

Le regard se reporta sur l'escalier. « Pas maintenant. Je ne peux pas maintenant. »

Il parlait avec crainte comme si Charles avait fait les premières avances, comme s'il regrettait. Et Charles s'apprêtait à s'en aller, soit pour entrer dans l'immeuble, soit pour revenir plus tard. Il allait réfléchir s'il fallait surveiller et suivre cet homme, peut-être n'avait-il rien d'autre à faire. Alors Peter Moran chuchota — il faudrait mieux dire siffla — en se levant et en montant les marches :

« Mercredi, même heure. Café de Fevergate. Là où il y a des tables dehors. »

Charles ne dit ni oui ni non. Un groupe de gens qui marchaient sur le trottoir, dont plusieurs avaient le même âge que lui, l'entoura. Certains auraient appelé ça de la chance car la femme que Peter Moran attendait, celle qui lui avait ouvert à Nunhouse, pouvait difficilement le reconnaître. Ils descendaient l'escalier ensemble, sans se regarder, sans se tenir la main, mais indéniablement ensemble. Charles s'éloigna avec ses nouveaux compagnons, des visiteurs étrangers, des touristes, le plan de la ville à la main. La froideur de Peter Moran s'expliquait. On pouvait facilement comprendre qu'il ne veuille pas qu'une autre personne — une sœur ? une gouvernante ? sûrement pas sa femme ? — sache ce qu'il avait en tête. En y pensant, Charles frémit à nouveau.

Rien ne l'obligeait à se rendre au café Fevergate, mercredi. Il n'avait rien promis. Et même s'il avait promis, rien ne l'aurait obligé à y aller.

II

A l'hôpital, presque avant toute chose, ils lui firent une piqûre antitétanique. Quand ils lui eurent nettoyé et suturé la plaie, il pensa qu'il pouvait rentrer chez lui, mais ils lui dirent qu'ils préféraient le garder pendant deux jours. Il avait perdu beaucoup de sang.

L'hôpital se trouvait au sommet d'une haute colline de banlieue et sa chambre donnait sur la vallée. De l'autre côté des jardins de Hartlands, il pouvait voir Fonthill Court où habitait Mark Simms. Le soleil se reflétait sur les vastes baies et les transformait en miroirs d'or. Le lendemain, il téléphona à Colin pour lui dire où il se trouvait et Colin vint le soir. Il lui promit de rentrer par Geneva Road et d'arroser la serre. Mais personne d'autre ne vint le voir. Il voulait abandonner l'espoir absurde d'une visite de Jennifer. Inutile de se répéter qu'elle ne savait pas, qu'il n'avait aucune raison de croire que Colin l'avait prévenue, que même si elle savait elle ne viendrait pas. Quand arrivait l'heure des visites et que les épouses, les petites amies et les mères entraient, en se précipitant comme un troupeau affamé enfin admis là où se trouve la nourriture, il s'apercevait qu'il retenait son souffle, qu'il les scrutait et la cherchait. Puis il se laissait aller sur ses oreillers avec un soupir de résignation.

Heureusement, cela n'eut lieu que deux fois. Le dimanche, ils le laissèrent rentrer chez lui, en lui recommandant de ne pas aller travailler pendant quelques jours. Pour la première fois depuis sa lune de miel, il avait passé la nuit en dehors de chez lui. Il eut l'impression que la maison était restée fermée pendant des années, le lit défait, *Les Hommes d'octobre* ouvert et retourné sur la table basse, un pot à thé et un beurrier dans l'évier, comme les restes d'un ancien déménagement à la cloche de bois. Jennifer n'avait pas répondu à sa lettre. Il comprit qu'il avait détruit Peter Moran dans son esprit sans pour autant faire progresser sa cause. Elle resterait avec Peter Moran parce qu'il en avait vu de dures, mais elle n'éprouvait plus d'enthousiasme à l'idée d'un nouveau mariage ou de la dissolution de l'ancien.

Colin avait inondé la serre et les pieds de tomate aux feuilles jaunes se dressaient au milieu des flaques. John enleva l'eau en excès et resta là, dans le petit appentis sans air bourdonnant d'insectes, à penser à Gavin, à l'amour et à ceux qu'on aimait. Sans savoir pourquoi, il avait toujours pensé que Gavin devait avoir une vie sexuelle agitée, beaucoup de filles fascinantes, une famille heureuse, une mère dévouée, des sœurs... Peut-être avait-il tout cela, mais il aimait un mainate. Les conséquences de leur achat auraient stupéfié le couple âgé et la petite fille, s'ils les avaient apprises.

Le lendemain, il s'aperçut qu'ils allaient effectivement les apprendre. La police vint lui dire qu'on avait inculpé Gavin de quelque chose, coups et blessures semblait-il. John protesta en vain. Apparemment, il n'avait pas à décider. Quand il demanda où se trouvait Gavin, ils lui dirent — d'un air embarrassé, pensa-t-il — qu'on l'avait conduit à Summerdale. Il s'agissait de l'hôpital psychiatrique connu du temps de ses parents sous le nom de Copplesfield et que, à l'époque, on appelait un asile de fous. Il aurait posé des questions à Susan Aubrey, mais les deux policiers, qui se trouvaient devant lui et qu'il n'avait jamais vus, avaient le visage fermé. Quand ils parlaient on aurait cru que l'enregistrement d'un discours officiel leur sortait de la bouche.

Le téléphone sonna juste après leur départ. John avait renoncé à se guérir de l'attente de Jennifer. Il avait même échafaudé des plans. Elle aime soigner les gens, elle aime ceux qui ont besoin qu'on s'occupe d'eux, les gens dépendants, quand elle saura ce qui m'est arrivé... La voix de Mark Simms, ni hésitante ni méfiante, lui dit :

« Allô, John. Comment vas-tu ? »

Il n'avait plus aucune raison de raccrocher — ou en avait-il de supplémentaires ?

« Très bien », dit-il. Il savait parfaitement que cela n'avait aucun sens de parler à Mark de son aventure avec Gavin, de sa blessure et de son séjour à l'hôpital. Mark voulait sans doute s'excuser. John lui dit, avec prudence, pour le mettre sur la voie, pour lui donner une chance :

« Tu as dû apprendre qu'ils avaient arrêté quelqu'un pour... le meurtre de Cherry. »

Il ne marqua même pas une pause. « Justement, c'est pour ça que je t'appelais. Enfin, en partie. Je ne savais pas si la police t'avait rendu visite. Ils m'ont tenu informé de tout A vrai dire, je ne m'y attendais pas.

— Ils m'ont aussi rendu visite.

— Oh, très bien, mais avec eux, on ne sait jamais. Tout est résolu maintenant, les questions ont reçu des réponses, les mystères sont éclaircis. Le fils du vieux Maitland... qui l'aurait cru ? Je le connaissais de vue. Ainsi, on a refermé la porte. Il est temps de recommencer et d'oublier le passé. A propos de recommencer, devine qui je vois ce soir. Je te le donne en mille.

— Je ne connais pas tes amis, répondit John.

— Ceux-là, tu les connais. Pas vraiment des amis, mais qui sait ? Jennifer et Peter. Qu'est-ce que tu dis de ça ? Ils m'ont invité à dîner. Ils m'ont demandé d'amener quelqu'un, une femme bien sûr, mais je n'en connais pas. Je vis en ermite, tu le sais. Exactement comme toi. Tu es même la seule personne qui pourrait m'accompagner, mais ça ne marcherait pas, n'est-ce pas ? »

John dit qu'effectivement, ça ne marcherait pas. Il reposa l'appareil en ayant réussi à ne pas promettre de prendre un verre avec lui un de ces jours. Entendre quelqu'un dont la conduite semblait défier toutes les lois des rapports humains normaux créait en lui un sentiment étrange. En larmes, à genoux, il s'était exposé à ses coups et avait rampé devant lui en avouant un meurtre qu'il n'avait pas commis, qu'il n'avait pas pu commettre. Quelles qu'aient été ses motivations — la solitude, un sentiment de culpabilité, le besoin d'attirer l'attention, l'ivresse — il avait oublié, John le savait, il avait oublié que cela avait eu lieu. Il s'agissait sans doute aussi d'un effet de la boisson, elle effaçait tout, sauf peut-être le vague souvenir de s'être rendu ridicule.

Et comment avait-il connu Jennifer ? Et Peter Moran ? Le café Fevergate bien sûr, quand Jennifer pleurait et que Mark lui avait appelé un taxi. Il avait fait plus apparemment, il l'avait raccompagnée chez elle, après avoir bu une bouteille ou deux, il tomberait peut-être aux pieds de Jennifer pour faire à nouveau de faux aveux — qu'il avait assassiné sa femme, par exemple, ou (souvenir d'une allusion de Colin) qu'il avait eu une relation homosexuelle avec lui, John. Tout était possible avec Mark Simms.

III

Il ne peut rien arriver dans un restaurant. Maintenant qu'il avait décidé de ne pas rater le rendez-vous, Charles savait qu'il avait bien fait et qu'il ne pouvait plus s'arrêter. Il n'arriverait rien. Ils parleraient et il trouverait peut-être certaines suggestions désagréables et même effrayantes, mais rien qu'il ne pourrait affronter dans le style décontracté qu'il avait cultivé et qui était maintenant sa seconde nature. Malgré tout, il avait encore peur.

Il ne pouvait s'empêcher d'éprouver un sentiment d'étonnement scandalisé. Il n'en revenait pas de pouvoir envisager cela dans le climat général, un climat de terreur universelle ou en tout cas nationale devant la pédophilie, devant les agressions d'enfants, les viols d'enfants, les meurtres d'enfants et tout le reste. La réaction des adultes ferait de lui un innocent, un ignorant même, naïf et inconscient de ce qui pouvait lui ariver. Cependant, Charles n'ignorait rien. Même si, une semaine plus tôt, il ne savait pas grand-chose, il y avait remédié depuis et en connaissait plus que ses parents sur les viols d'enfants. La bibliothèque et les rayonnages de la librairie Hatchard lui avaient fourni tout ce qu'il voulait savoir et plus encore. Il y allait amplement informé.

Il regardait le journal télévisé avec ses parents et Sarah. On parlait d'une controverse sur l'éducation sexuelle à l'école. Qui devait s'en charger, les enseignants ou les parents ? Apparemment, les garçons abordaient rarement voire jamais ces questions à la maison. Charles, amusé malgré lui, se dit qu'on devrait en laisser le soin aux enfants eux-mêmes. Ils pouvaient s'en sortir avec les bibliothèques et les librairies. Puis un nouveau visage d'enfant apparut sur l'écran, un autre enfant disparu. Douze ans cette fois. Plus jeune que Charles mais d'après la description, plus grand. Cela arrivait tout le temps, aussi bien des garçons que des filles. Celui-là habitait à Nottingham. Charles, assis là avec ses parents, avait une conscience aiguë de lui-même, de son sexe, de sa taille et, oui, de ses cheveux blonds et de son visage d'ange. Il sentit peser sur lui le regard inquiet de ses parents. La mère de l'enfant disparu apparut à son tour sur l'écran. Elle pleurait et se tordait les mains. Quand on lui demanda si elle voulait dire quelque chose, elle cria que celui qui avait enlevé son Roy le rende, s'il vous plaît, s'il vous plaît...

« On ne devrait pas exploiter la douleur des gens ainsi, dit son père.

— Rien ne l'y oblige.

— Je préférerais mourir, dit Gloria. Si quelque chose comme ça arrivait à l'un de mes enfants, j'en mourrais, j'en suis sûre. »

Sa pauvre mère. Très calmement, Charles imagina la police venant lui apprendre la nouvelle de la mort de son fils et il la vit avec ses collants bleu turquoise et sa jupe au-dessus du genou. Il se demanda ce qu'on avait fait à Roy — sans doute une de ces choses dégoûtantes décrites dans les livres. Tous les journaux parlaient de ces histoires de viols d'enfants. Charles qui avait pris *Free Press* reposa le journal. Il n'y en avait sans doute pas plus que d'habitude mais, comme il en avait conscience, il les remarquait davantage. De la même façon, quand on lui avait offert sa chaîne pour son treizième anniversaire, il avait eu l'impression que les journaux parlaient des derniers albums et que toutes les boutiques vendaient des disques.

Le lendemain matin, il alla en ville avec son père. Ils n'abordèrent pas le sujet de la pédophilie. Charles fit le tour du paquet de cigarettes avec le ruban rouge et son père apprécia avec des éclats de rire et des compliments, surtout quand le paquet de cigarettes réapparut. Ils arrivèrent en ville un peu avant dix heures et demie, mais Charles avait encore une bonne partie de la matinée à tuer. Une légère vapeur recouvrait la surface du fleuve et une brume dorée par le soleil emplissait les ruelles qui séparaient les immeubles sur la rive est. Quelqu'un pêchait sur la berge, au pied de l'escalier de Beckgate. Charles traversa le pont de Rostock et se rendit jusqu'à la pelouse où se trouvait la cache de la passerelle. Si l'agence de Moscou ignorait l'absence de Mungo, on avait pu mettre un nouveau message, un message qui dans sa fausseté même pourrait l'aider. Mais il n'y avait rien dans le pilier central.

Charles poussa des cris de chat. Il ne s'agissait pas du miaou habituel que font les humains quand ils veulent imiter les chats, mais de miaulements doux, étudiés avec soin et appris depuis longtemps. Il obtint immédiatement un résultat, et Charles regretta d'avoir si bien miaulé car il n'avait rien à donner aux six ou sept matous qui vinrent frotter leurs moustaches contre son jean. Il n'avait plus le temps d'aller à pied à Feverton, aussi il se dirigea vers l'arrêt du bus, en essayant d'envisager de façon positive le rendez-vous qui l'attendait. Il faut que je sache ce que veut Mungo, se dit-il, il faut que je découvre le but de ce contact.

Il ne peut s'agir seulement d'une épreuve et s'il s'agit d'une épreuve, comment savoir si j'ai réussi ou échoué ? J'ai besoin d'un signe.

En fin de compte, l'opération Albright-Craven se révéla des plus faciles. Elle démontra seulement l'absurdité de ses inquiétudes et la perte de temps et d'énergie due à son imagination. Il essaya de prendre la résolution de ne plus s'inquiéter. En effet, il avait à peine franchi les portes noir et argent de l'immeuble, il n'avait pas encore fait un pas vers l'ascenseur, et le gardien derrière la fenêtre de son bureau minuscule n'avait pas encore eu le temps de l'interpeller, qu'il vit au milieu du hall, un stand en forme de pyramide qui présentait le projet Albright-Craven pour les villas Pentecôte.

Sur l'un des panneaux triangulaires on pouvait voir un dessin montrant à quoi ressembleraient les cinq maisons de Ruxeter Road quand Albright-Craven aurait posé de nouvelles fenêtres, recrépi les façades et mis de nouveaux balcons. Le suivant montrait les intérieurs avec des voûtes, des niveaux différents, des cuisines et des salles de bains. Le troisième panneau contenait tous les détails, les devis, les coûts, et — ce qui intéressait Charles avant tout — les dates. « Démarrage des travaux en octobre, fin prévue au début de l'été. » Mais ceux qui avaient l'intention d'acheter devaient retenir les appartements maintenant car on s'attendait à un très grand nombre de demandes.

Le gardien s'approcha : « Tu désires quelque chose, mon petit ?

— Je cherche M. Robinson.

— Il n'y a pas de M. Robinson ici. »

Charles sortit au soleil. Il lui restait beaucoup de temps, assez pour laisser un message à Mungo dans la cache de la passerelle, sur l'avenir des villas Pentecôte. Peut-être ne fallait-il pas. L'agence de Moscou possédait le code des *Hommes d'octobre*. Charles avait entendu dire qu'Angus Cameron connaissait la cache de la passerelle et qu'il l'avait passée à son frère. Et si — était-ce possible ? — si Angus Cameron ou Chimère, le précédent responsable de l'agence de Londres, était la taupe du service ?

L'idée seule semblait épouvantable. Charles marchait lentement vers le fleuve. La brume avait disparu, l'eau d'un bleu argent apparaissait parfaitement plate. Un groupe de cygnes sortit de l'ombre sous le pont Randolph. On avait aménagé les berges en jardin et en promenades. Charles s'acheta un Cornetto, chocolat et menthe, au marchand de glaces installé sur la place qu'un ancien conseil municipal travailliste avait baptisée Rio Plaza. Keith O'Neill, le frère de Graham, Scylla en code, assis sur le parapet, lançait des graviers dans l'eau. Ils ne se connaissaient pas très bien et leurs salutations se résumèrent à un geste du bras.

Je pourrais aller jusqu'à Hillbury Place, se dit-il, et demander à ma maman qu'elle me paie à déjeuner, dans un restaurant chinois peut-être. Un peu gêné, il s'aperçut qu'il s'était dit « ma maman ». Comme un enfant... Et quoi encore ! Il monta la rue en pente et passa Fevergate. Une plaque disait que les murs de la ville avaient une origine romaine. Charles s'arrêta pour lire la plaque qu'il connaissait depuis toujours. Il n'était qu'une heure moins vingt et il ne voulait pas arriver au restaurant avant Peter Moran. Il voulait au contraire voir Peter Moran entrer.

D'ici, il apercevait le café Fevergate avec son store et ses tables recouvertes de nappes roses. Peter Moran pouvait aussi le surprendre. Il se glissa jusqu'à une porte entièrement masquée par des plantes poussiéreuses qui retombaient du haut du mur. Il s'accroupit, mangea le reste de sa glace, et offrit la pointe du cornet à une bande de moineaux.

D'où il était, il ne pouvait voir la tour de CitWest et il n'avait pas sa montre, pourtant il eut l'impression que Peter Moran arriva assez en avance. Il avait pris soin de devancer son invité. Il passa entre les tables de la terrasse et pénétra dans l'ombre du restaurant. Charles se releva. Avec une sensation de nausée, il s'imagina dans un coin sombre près de Peter Moran, mais à ce moment-là, l'homme ressortit et s'installa à une table de la terrasse. Charles fut soulagé. Il attendit que l'horloge de St. Stephen sonne un coup, et il s'avança dans la zone piétonnière.

Peter Moran leva les yeux et sourit. Charles se dit que certaines personnes, tout à fait laides, devenaient belles quand elles souriaient. Il portait une chemise à col ouvert qui avait l'air très propre et cela rassura Charles sans qu'il sache pourquoi, alors que la chaîne d'argent qui pendait sur les poils de sa poitrine l'inquiéta inexplicablement.

« Bonjour, Ian. »

Pendant un instant, Charles ne comprit pas ce qu'il voulait dire puis il se souvint lui avoir donné le nom de Ian Cameron dans la maison de Nunhouse. Il s'assit sans rien dire, mais en prenant son expression habituelle avec le sourire énigmatique que Guy Parker avait mis au point, disait-on, en étudiant une reproduction de Mona Lisa. Puis il se passa quelque chose d'affreux ou qui lui sembla tel au début. Charles sentit sa peau et sa chair se contracter contre ses os. Peter Moran se penchait en avant, tendait la main pour toucher le visage de Charles, et un de ses doigts lui toucha effectivement le coin de la bouche.

« Tu avais de la glace sur le menton. » Il montra une trace vert et brun sur le bout de son doigt.

Charles fit un signe de tête, incapable de parler.

« Qu'aimerais-tu manger, Ian ? Je pense qu'une glace ne te suffira pas. Il y a un menu sur le tableau là-bas. »

On avait déjà oublié la simple idée du café.

« Mais ne prends pas les soi-disant spécialités de la maison. Je suis pauvre, votre majesté. Sans mentir, en général, je n'ai pas le sou. Ça ne te dérange pas que je te parle franchement ? »

Charles secoua la tête. Il savait qu'il valait mieux dire quelque chose et tout de suite.

« Comment est-ce que je dois vous appeler ?

— Peter. Nous nous appellerons Peter et Ian. Mais tu sais, je n'ai jamais songé à t'appeler monsieur Cameron. »

Il ne peut rien se passer dehors, avec ces gens autour de nous, se dit Charles. Curieusement, alors qu'il attendait près du mur, Charles s'était demandé s'il n'avait pas fait une erreur à propos de Peter Moran. Il ne s'agissait peut-être pas d'un pédophile, mais simplement d'un homme seul ou de quelqu'un qui n'avait pas d'enfant. Le contact du doigt sur son menton avait chassé ce genre d'idées. Il prit à nouveau le sourire de Mona Lisa, s'obligea à lire le menu sur le tableau et dit à Peter Moran qu'il désirait des spaghettis bolonaises et des chips.

Cela ne semblait pas trop cher et Peter Moran prit la même chose. Il commanda aussi du vin en quantité, un vin bon marché car on le servait en carafe, peut-être un litre. Charles eut droit à une boîte de Coca. Peter Moran se mit à parler de cuisine, surtout de cuisine italienne, il parla à Charles de la pasta en Italie, des tortellini parfumés au café, remplis de crème et de morceaux de chocolat, de couleur orange ou vert pâle, des gâteaux de massepain en forme de grains de maïs ou de cosses de pois. Il croyait évidemment que Charles aimait les sucreries, peut-être à cause de la glace. Tout cela rappelait les histoires d'enfance, dans lesquelles les hommes attirent les enfants avec des paquets de bonbons.

« Assez de bêtises, dit brusquement Peter Moran. Maintenant, parle-moi de toi. Parle-moi de Ian Cameron. »

Invente le moins possible, se dit Charles, qui connaissait la science du mensonge. Il raconta qu'il habitait à Church Bar, avec ses parents et ses frères. A contrecœur et presque douloureusement, il se rajeunit de deux ans. Peter Moran sembla accepter sans difficulté qu'il n'ait que douze ans.

« Où vas-tu à l'école ?

— Rossingham, répondit Charles. Je vais y commencer à la rentrée prochaine. »

On apporta les spaghettis. Charles n'avait pas faim mais il savait qu'il devait s'obliger à manger. Peter Moran se versa un troisième verre de vin. Il dit :

« Moi aussi, je suis allé à Rossingham. »

Charles le regarda. Un an à l'école lui avait inculqué le code de l'apparence soignée et de la propreté. On prenait couramment deux douches et on changeait deux fois de chemise dans la même journée. Charles en avait déjà l'habitude, mais certains nouveaux venus trouvaient cela presque bizarre. Ils n'en devaient pas moins s'y conformer. Peter Moran n'avait pas l'air vraiment sale mais négligé. A chaque fois que Charles l'avait vu, ses cheveux avaient besoin d'un shampooing. Ainsi, après Rossingham, on pouvait déchoir et revenir à ses anciennes erreurs. Soudain Charles s'aperçut que Peter Moran avait le bon accent, celui qui curieusement l'avait intrigué parce qu'il croyait le reconnaître. Peter Moran avait l'intonation de Rossingham, comme lui, Charles, l'aurait un jour, s'il ne l'avait pas déjà...

Peter Moran avait changé de sujet tandis que Charles réfléchissait. Il parlait maintenant des plaisirs et des passe-temps de Charles. Qu'aimait-il ? Était-il bon en sport ? Aimait-il les collections ? Et le théâtre ? Le cinéma ? Charles reconnut à contrecœur un penchant pour les films. Quand il eut vidé son assiette, il sortit son jeu de cartes de la poche de son jean et exécuta une cascade, passable seulement, pas le tour de force qui avait tant plu à ses parents et à sa sœur. Peter Moran se dit impressionné. Il lui demanda de recommencer. Tandis que les cartes tombaient pour la deuxième fois, en s'intercalant et en volant de gauche à droite et de droite à gauche, Charles se demanda comment faire pour ramener la conversation sur Rossingham. Il frissonnait légèrement malgré la chaleur.

« Nous pouvons aller au cinéma ensemble », dit Peter Moran.

Charles approuva de la tête, avec un petit sourire pincé. Il rangea son jeu de cartes.

« Que fais-tu vendredi ?

— Vendredi soir ? demanda Charles.

— Peut-être à la séance de cinq heures et demie, s'il ne faut pas que tu rentres tard chez toi. » Les verres épais de ses lunettes pouvaient lui cacher les yeux selon l'angle sous lequel il regardait la lumière. Parfois, il s'agissait simplement de verres épais qui donnaient aux yeux une taille anormale, parfois on aurait cru des miroirs qui reflétaient le visage d'ange désespéré de Charles et parfois encore des surfaces opaques comme des cercles d'un métal sans brillant, de l'étain ou du plomb. Charles voyait beaucoup de sueur sur sa peau et cela lui rappela les gouttes d'humidité qui suintent des fromages pas frais. Il risqua une suggestion, une simple tentative. Si Peter Moran acceptait, il ne savait absolument pas ce qu'il ferait. Mais il avait la conviction qu'il refuserait.

« Voulez-vous téléphoner chez moi, à ma place ? »

La tête de Peter Moran tourna brusquement et ses lunettes se transformèrent en cercles de plomb. « Je ne crois pas que ce serait une très bonne idée. »

Il se dévoile, pensa Charles. Une fois, il avait entendu son père dire que la vérité ne consistait pas à appeler un chat un chat mais une sale bête. Peter Moran donna le nom d'un film. Quelque chose de japonais et d'incompréhensible qu'on jouait au Fontaine dans Ruxeter Road. Ils pouvaient se retrouver devant le cinéma, dit-il. Il lui adressa un large sourire qui cette fois ne lui sembla ni séduisant ni beau mais... Charles cherchait le mot et il n'en trouva qu'un désagréable : vorace.

Il n'avait pas besoin d'aller au cinéma, de s'approcher de l'endroit. N'en avait-il pas fait assez, bien plus que ce qu'exigeait son devoir ?

« A quelle époque avez-vous fréquenté Rossingham ? demanda-t-il à brûle-pourpoint.

— Oh, mon cher ! C'est mon secret. Tout à l'heure tu vas me demander mon âge. Je donne toujours la même réponse. Entre trente ans et la mort. » Il se versa le dernier verre de vin, se tourna et claqua des doigts pour appeler la serveuse. « Maintenant, il faut payer, Ian. Comme tout ce qu'on obtient dans cette vie, l'amour ou les haricots farineux à la sauce tomate. Je suis allé à Rossingham en l'an de grâce mille neuf cent soixante-cinq. Tu pourras voir mon nom dans la liste des anciens élèves, au mur de la chapelle, presque la liste des morts au champ d'honneur. J'habitais la maison Pitt et pendant la dernière année, j'ai eu un nouveau professeur principal, un eunuque poussiéreux, un latiniste du nom de Lindsay. »

Charles le regardait avec de grands yeux. Il commençait à comprendre l'objectif de Mungo.

« Tu ne me crois pas ? La chapelle te prouvera ce que je te dis. S'il t'en faut plus, si tu dois poser ta main sur mon flanc pour sentir ma plaie... » Il avait un grand sourire, à nouveau sans humour, sans écume au coin des lèvres bien sûr, mais on aurait pu le croire. « Quand tu iras à Rossingham va voir dans le dortoir numéro sept à Pitt, dans la partie ancienne, pas les nouveaux bâtiments, sous la couchette inférieure tu trouveras quelque chose... pas tellement à ton avantage comme preuve positive. »

Voilà le signe, pensa Charles. Voilà ce qu'il attendait. Que lui fallait-il d'autre pour se convaincre que Peter Moran détenait ou savait quelque chose que voulait Mungo ? Mungo, Graham et deux autres ne partageaient-ils pas justement le dortoir numéro sept ? Il observa l'homme, l'ancien élève de Rossingham, buveur et pédophile, qui payait avec des petites pièces, fouillant dans les profondeurs de ses poches pour trouver les dix derniers pence, et il dut rassembler toutes ses forces pour ne pas se sauver.

IV

En août, le jardin de Lady Arabella était encore blanc et en pleine fleur. Les feuillages couleur crème de la vigne de Russie pendaient des coupoles et des treillages. Entre les dalles et dans les bordures, parmi les marguerites et les tabacs décolorés, pointaient des violettes encore fleuries qui avaient résisté à l'été. John regardait les fleurs, assis sur un banc de pierre, un banc sculpté de vierges, de lions et de guirlandes de feuilles. Au printemps et en automne, la pierre devenait humide et se couvrait de moisissures vertes mais en ce moment elle semblait sèche comme de la poussière. Son épaule lui faisait mal avec une douleur sourde de rhumatisme. Il était venu ici pour soigner ses différentes blessures physiques et morales. Il s'agissait de l'endroit rêvé après une confrontation avec la police à Feverton. Une des entrées des jardins de Hartlands faisait face aux fenêtres trompeuses du commissariat.

Il y avait vu un homme et une femme, mais pas ceux de la dernière fois. Ils ne voulaient pas grand-chose, seulement qu'il relise la déposition qu'il avait faite seize ans auparavant, pour la confirmer ou y ajouter éventuellement quelque chose. Le nom de Cherry lui fit mal tout en lui créant une gêne curieuse. En un quart d'heure ce fut terminé, et il se retrouva avec un long jeudi après-midi écrasé de soleil devant lui. Assis sur le banc, il regardait les fleurs dans la lumière en s'étonnant de ne voir ici que des papillons blancs, comme s'ils avaient su.

Ce matin, le dépôt central de Bristol lui avait envoyé un remplaçant pour le mainate, tout comme lundi dernier il avait vu arriver une remplaçante pour Gavin, une jeune femme pleine d'entrain qui avait fait partie d'une équipe de jardiniers dans un lieu touristique ouvert au public. Sa spécialité, c'étaient les arbres, dit-elle à John, ce qu'il trouva amusant. Un cacatoès silencieux et d'une blancheur immaculée avait succédé au mainate. John posa la tête sur le dos d'un lion de pierre et se dit qu'il avait définitivement perdu sa sœur. Il ne pourrait plus jamais parler d'elle avec respect et tristesse comme il en avait l'habitude autrefois. Malgré son chagrin, il se rappellerait toujours ses excès et la confession de Mark Simms qu'il avait gobée si naïvement. Autant de choses qui resteraient inséparables des souvenirs de Cherry morte ou vivante.

Aujourd'hui, il comprenait qu'après le départ de Jennifer il s'était raccroché à ces souvenirs, qu'à l'époque il conservait intacts. Maintenant, il les avait perdus comme il avait perdu le gang des codes, son autre consolation. Que lui restait-il ? Les romans policiers et les romans victoriens de la bibliothèque. Colin et sa mère. La maison Trowbridge. Lassé par cette liste peu convaincante, il se leva et s'éloigna, le bras en écharpe et l'épaule raide. La soirée qui l'attendait commençait à l'effrayer car il n'avait absolument rien à en faire, nulle part ou aller, personne à qui rendre visite ou à qui téléphoner, aucun livre à lire. Il s'aperçut que dans tout son malheur il n'avait jamais connu ça. Il n'avait jamais ressenti de panique à l'idée de l'avenir, que de la tristesse et... de l'espoir.

Au jardin blanc, il avait trouvé ce qu'il recherchait, l'apaisement de ses blessures. Mais le néant, l'absence, la vacuité pouvaient être pires que des blessures. Étrangement, cette pâleur parfumée et chatoyante, ces ailes blanches et palpitantes lui avaient donné une idée du vide. Agité par ces pensées, luttant contre une peur qui montait en lui, il parcourut les terrasses d'où, au printemps, alors que ces arbres, qui aujourd'hui annonçaient déjà l'automne, n'avaient pas encore de feuilles, il avait vu Jennifer assise à une table, en bas. A l'époque, il se croyait malheureux alors qu'il était plein d'espoir, un espoir sérieusement refroidi, et rétrospectivement il trouva cet état enviable. Il baissa les yeux — inévitablement — mais il les détourna violemment, regarda devant lui et vit Susan Aubrey qui s'approchait sur la terrasse.

Depuis leur dernière rencontre à Geneva Road, quand elle lui avait rendu une visite presque par pitié, il avait regardé des reproductions dans un livre à la bibliothèque, un livre d'art sur la collection Frick à New York et il avait vu un visage qui lui avait rappelé le sien. Il s'agissait d'une jeune fille blonde, à la peau diaphane et aux cheveux roux doré dans un tableau de Greuze, *La Dévideuse*. Maintenant qu'ils se retrouvaient face à face, il se souvint de ce détail quelque peu intime et le sang lui monta aux joues.

Elle ne le salua pas. A la place, elle dit d'une voix inquiète : « Que vous est-il arrivé au bras ? »

De façon absurde, il pensa brusquement à Peter Moran. Sans savoir pourquoi, il pensa que Peter Moran pouvait rendre ce genre de choses amusantes, qu'il pouvait les raconter avec esprit. Un fou, amoureux d'un oiseau qui parlait, m'a embroché avec une fourche, aurait-il dit. Ou quelque chose comme ça. John ne s'en sentait pas capable, ni maintenant ni plus tard. C'est peut-être ce que Jennifer aimait en eux. Toutes les histoires sur les gens qui dépendaient d'elle, qui avaient besoin d'elle, ne comptaient pas. Il raconta sans détours l'histoire de son épaule blessée à Susan Aubrey, puis ils descendirent l'escalier vers les tables de la cafétéria. Ce fut elle, pas lui, qui choisit précisément la table devant laquelle Jennifer lui avait annoncé qu'elle voulait divorcer.

Quand il eut rapporté un plateau avec le thé et deux parts de cake enveloppées dans du papier cellophane de la taille d'une boîte d'allumettes, il décida de lui raconter. Il se dit, et alors, pourquoi pas, et il s'ouvrit à elle. Sa décision avait quelque chose à voir avec cette sensation de vide et désormais rien n'avait plus d'importance. Il lui aurait aussi parlé de la condamnation de Peter Moran pour attentat à la pudeur sur un mineur mais sa difficulté à dire ces choses-là à une femme, même de la police, l'en empêcha.

« Vous avez passé un mauvais moment, dit-elle. Beaucoup d'ennuis. Mais les choses vont aller mieux.

— J'espère que vous avez raison. Mon père disait : "Ne perdez pas l'espoir, les choses pourraient être pires." Je n'ai pas perdu l'espoir et elles ont empiré. »

Elle rit et il se dit qu'il pouvait peut-être avoir de l'esprit, même maintenant. Heureusement, il n'avait pas ajouté que son père n'avait plus jamais prononcé cette phrase après la mort de Cherry. Puis, alors qu'elle finissait son cake, brossant les miettes tombées sur sa jupe bleue, et enlevait de la pointe de l'ongle un grain de sucre collé sur le menton à la Greuze, il se dit : Pourquoi ne pas l'inviter à dîner ? Ce soir, par exemple, au restaurant indien où je suis allé avec Mark, le Hill Station.

Pour deux raisons, se dit-il. Ils s'étaient levés et s'éloignaient des tables, prêts à se séparer. Elle continuerait vers le nord et traverserait les jardins. Lui chercherait l'entrée de Feverton. Deux raisons... je ne vais pas m'arrêter de penser à Jennifer, je vais souhaiter que ce soit Jennifer, je vais peut-être même me ridiculiser en l'appelant Jennifer. Et j'ai peur. J'ai peur qu'elle dise non.

C'est peut-être vraiment pourquoi je ne lui ai pas demandé, pourquoi je n'ai pas pu, se disait-il, tandis qu'ils se séparaient et elle se retourna pour lui faire un signe de la main. Je n'ai pas le courage ou la force d'affronter un rejet.

V

Au sommet de la colline, à un endroit dégagé, on avait installé un télescope pour qu'on puisse mieux observer en dessous le panorama de rochers, de cyprès, les oliveraies, les colonnes brisées et les sources. Il fallait glisser un certain nombre de drachmes dans la fente afin de voir autre chose qu'un brouillard confus, mais le télescope ne fonctionnait plus et de la poussière obstruait la fente. Mungo, penché sur le muret, inhalait — tant il ressentait de plaisir — plus qu'il ne sentait les parfums des herbes de la colline, le thym, l'origan et le laurier. On imaginait facilement que les dieux étaient nés ici. Il les voyait comme des statues animées plus grandes que nature, dans des robes ressemblant à des nuages plissés.

Sur la pente, Ian et Gail poursuivaient les papillons, non pas pour les attraper mais pour voir de plus près leurs ailes aux couleurs inconnues en Angleterre. La chaleur était intense mais, d'une certaine façon, légère et sèche.

« Ça me semble drôle que ce pays nous ait appartenu, dit Graham.

— Que veux-tu dire ? lui demanda Mungo.

— Nous y avons établi un protectorat anglais après les guerres napoléoniennes. Nous avons eu un gouverneur général pendant une cinquantaine d'années. »

Graham était extraordinaire en histoire. C'est ce qu'il étudierait à l'université. Tandis qu'Angus lui posait des questions, pour savoir comment les Britanniques avaient réussi à mettre le pied dans la mer Ionienne, Mungo examina le télescope. Il trouvait stupide de l'avoir ici et de ne pouvoir s'en servir. Sa présence inutile lui semblait un affront à la nature. Au moment où il touchait le cercle de cuivre noirci, quelque chose s'éclaira dans sa mémoire et la solution qu'il recherchait depuis des mois explosa.

« Angus, dit-il. Graham.

— Quoi ? » Angus avait commencé à descendre la colline. Il se retourna sous les lauriers.

« J'ai compris le code de Moscou, dit Mungo. Cela m'est venu comme une illumination. Comme une de ces expériences que connaissent les mystiques. Tout est devenu clair.

— Saint Mungo, dit Angus.

— Tu peux rire, mais je sais ce que je dis. »

Mungo avait sorti son livre de code et tourna les pages jusqu'aux messages de Stern. « Écoutez. Nous savons que les nombres de la fin indiquent l'heure. Je l'ai compris la semaine dernière — je t'en ai parlé Graham, n'est-ce pas ? Il ne faut pas lire neuf cent quarante-deux, mais neuf heures quarante-deux, pas mille trois mais dix heures trois minutes. Et je savais qu'il s'agissait d'une horloge numérique parce que j'ai vu le réveil de Graham dans notre chambre. Mais maintenant, je comprends que c'est une horloge numérique très particulière. Celle de la tour de CitWest.

— Comment peux-tu voir ça sur une colline de Corfou ? dit Graham avec un grand sourire.

— Pas parce que je suis un visionnaire, mais à cause du télescope. »

Graham leva les sourcils. Il portait le tee-shirt qu'il avait acheté à Corcyre décoré d'une véritable méduse.

« Quand Charles Mabledene a pénétré à Utting, il a pris une photo de la chambre de Perch. Tu t'en souviens ? Je l'ai classée dans les archives du service. Elle n'est pas très claire mais on voit nettement un télescope sur l'appui de la fenêtre. Il s'agissait du renseignement pour le code, mais nous n'avons pas compris. On ne peut pas voir l'horloge de CitWest depuis Utting, sauf avec un télescope. Et on ne peut pas la voir non plus de la chambre de Rosie Whittaker, au rez-de-chaussée de sa maison. Mais on le peut du dernier étage. Les autres agents de Moscou voient la tour à l'œil nu, sinon ils prennent un télescope ou des jumelles. »

Angus tourna la tête avec colère : « Et alors ? Quand vas-tu laisser tomber tout ça, Mungo ? Tu ne trouves pas que la plaisanterie a assez duré ? » Lui qui ne se mettait jamais en colère se mit brusquement à hurler : « Il faut vivre, tu ne le sais pas ? Il faut que tu deviennes un être humain normal. Quand vas-tu cesser de jouer au lieu de vivre ? » Et il s'élança vers le bas de la colline, vers son père et sa mère qui déballaient les affaires du pique-nique.

« Ne fais pas attention, dit Graham. Il est dingue parce que Diane n'est pas venue. »

Mungo semblait ne pas avoir remarqué. « Voilà ce qu'ils font, ils commencent par la date à laquelle celui qui reçoit le message doit agir. Voilà le sens du premier nombre. Puis ils rédigent le message dans le code qu'ils indiquaient la veille ou n'importe quel autre jour, et à la fin ils mettent l'heure en chiffres. Il s'agit de l'heure de la date indiquée au début et à laquelle celui qui reçoit le message doit regarder l'horloge numérique de la tour de CitWest pour relever la température. Par exemple, le message commence par neuf et se termine par neuf cent vingt-trois. Cela veut dire que le destinataire doit regarder l'horloge de la CitWest à neuf heures vingt-trois le neuf du mois, et si la température est de douze degrés, cela donne un code qui commence à la douzième lettre de l'alphabet. » Mungo écrivait à toute vitesse des chiffres et des lettres dans son carnet posé sur le vieux mur de pierre. Graham s'approcha et regarda par-dessus son épaule. « Ça marche merveilleusement. Regarde, voici le dernier message que nous avons trouvé dans la main de Lysander Douglas. Si tu prends le message précédent, il indique les chiffres 2, 7, 1, 0, 1 et 5. Cela veut dire par exemple que Perch devait regarder l'horloge de CitWest le vingt-sept à dix heures quinze minutes, noter la température et se servir d'un alphabet qui commençait par le chiffre indiqué.

— Mais nous ne pouvons pas. Nous ne savons pas quelle était la température ce jour-là.

— Non, mais nous pouvons deviner, prendre un chiffre entre 12 et 20 degrés. Le 27 juillet à dix heures quinze du matin. Cela veut dire que le code commence entre L et T

— Ça ne marche pas avec les degrés Fahrenheit, dit Graham. Seulement avec les degrés Celsius et dans un climat où la température ne dépasse jamais vingt-six.

— Si cela se produit, j'imagine qu'ils recommencent depuis le début, vingt-sept devient un, vingt-huit, deux et ainsi de suite. Nous essaierons plus tard, nous commencerons en supposant une température de quinze degrés. Papa nous appelle. Il a peur qu'on se perde et que des bandits nous enlèvent. »

Graham lui sourit. Il lui tendit le bras d'un geste démodé d'adulte. « Félicitations. »

Ils se serrèrent la main. Mungo se sentit brusquement gêné. Il sauta par-dessus le mur et s'élança vers le lieu du pique-nique.

VI

« Quelqu'un m'a demandé un arbre à singes », dit Flora, la nouvelle sous-directrice. Flora dans un *Garden Center*, parmi les fleurs, avait quelque chose d'absurde. « Un *Araucaria araucana*, ou pin du Chili. » Elle est aussi insupportable que Gavin avec ses noms latins, se dit John. « Je pense que nous pouvons lui en avoir un.

— Je lui ai expliqué qu'ils n'étaient plus à la mode. On n'en voit plus jamais.

— Il y en a un dans la rue de John », dit Sharon en faisant une moue en anémone de mer devant le miroir de son sac. Puis elle dessina ses lèvres avec un crayon rouge. « Geneva ou Lucerne Road, John ?

— Geneva, dit-il, en se demandant comment elle connaissait l'existence de l'arbre à singes de sa rue. Elle pouvait évidemment s'y promener comme n'importe qui. Il fit un effort. Tout devenait un effort, toute parole, même le simple « Puis-je vous aider ? » adressé aux clients. « Un très bel arbre, plus d'une centaine d'années à mon avis, quand ils étaient encore à la mode.

— J'irai le voir un de ces jours. J'ai un faible pour le vieil *Araucaria*. » Flora transportait une pile de pots et celui du sommet culbuta et s'écrasa par terre. C'était le quatrième objet qu'elle cassait depuis son arrivée, une semaine plus tôt. John se dit qu'il s'agissait de la personne la plus maladroite et la plus étourdie qu'il avait rencontrée. « Oh, excusez-moi. Heureusement, ce n'est qu'un pot. »

John ne dit rien et s'en alla dans la serre des chrysanthèmes, dans l'humidité chaude et le parfum amer. La journée du vendredi s'achevait et un autre week-end allait suivre. Dans ce monde, on peut très bien en arriver à ne plus connaître personne, à ne plus avoir de relations, encore moins d'amis. On peut en arriver à ce que tous les jours se ressemblent, des jours situés dans les limbes, ni gais ni tristes. Et il venait un temps — John pensait y être déjà arrivé — où les souvenirs faisaient trop souffrir pour qu'on les revive et pourtant on ne possédait rien d'autre. Il ne restait plus qu'à s'efforcer de les repousser dans l'oubli.

Les gens auraient appelé cela de l'apitoiement sur soi-même. Mais cela impliquait qu'on éprouvait de la pitié pour soi et il n'en ressentait plus pour personne, encore moins pour lui-même. On aurait dit plutôt qu'il s'était retiré de tout. Il n'avait de sentiments que pour Jennifer, en fait une sorte de peur pour elle, sur ce qu'elle allait devenir dans le rôle qu'elle avait choisi de gardienne et de protectrice de Peter Moran. Il descendait l'allée de côté en vérifiant l'humidité de la terre dans les pots, avec l'index. Quelqu'un les avait un peu trop arrosés. Sans doute

Flora. John ne voulait pas rentrer chez lui, il aurait voulu que l'après-midi ne finisse pas, que cinq heures et demie n'arrivent jamais. Les clients auraient continué à entrer, à prendre un chariot ou un panier, ils auraient choisi des petits pots de cactus ou des plantes, ils auraient flâné à l'extérieur dans un soleil perpétuel de cinq heures de l'après-midi.

Comme chaque jour à cette heure-là, Les était allé acheter le journal et quatre barres Marathon. Chez Trowbridge, on ne vendait que des portions diététiques, des mélanges de noix et de fruits tropicaux, des graines de tournesol et des barres aux céréales. Il n'y avait pas eu beaucoup d'activité cet après-midi et le magasin était vide. Sharon lisait le journal. Elle dit à Flora :

« On a retrouvé le garçon disparu, celui de Nottingham.

— En vie ?

— Tu plaisantes. On ne les retrouve jamais en vie. »

Une demi-douzaine de personnes passèrent les portes battantes. John alla servir un homme qui lui dit d'un ton plutôt autoritaire que seules les roses l'intéressaient. Ils se dirigèrent vers la roseraie et en passant John vit Flora, tournée vers les étagères, qui sanglotait doucement. Et il comprit qu'elle pleurait sur un enfant qu'elle ne connaissait pas, tué dans un endroit où elle n'était sans aucun doute jamais allée.

VII

Son père avait fait une exception à la règle en venant au garage un vendredi pour y accueillir un client qui voulait essayer une grosse Volvo. Il accompagna son fils en ville à trois heures et, à la grande consternation de Charles, il voulut savoir pourquoi il tenait tant à venir. Charles ne mentit qu'à moitié en disant qu'il allait au cinéma mais pour voir *Aliens* à l'Odéon.

« Comment vas-tu rentrer à la maison ?

— Par le dernier bus, j'espère. » Rentrer à la maison lui semblait une notion irréelle. Il avait l'impression d'arriver au bout d'un long voyage et il apercevait la limousine qui l'attendait. Mais entre elle et lui, il y avait un gouffre profond, trop large assurément pour qu'il puisse sauter par-dessus. « Le dernier bus pour Fenbridge part à neuf heures.

— J'espère que tu n'as pas l'intention de rentrer en auto-stop. »

A nouveau, Charles ne mentit pas et dit qu'il n'y avait pas pensé. Son père se lança alors dans une de ses conférences pour lui expliquer qu'il ne fallait pas parler à des inconnus. Puis il dit à Charles qu'il devait prendre un taxi, pas un bus, pour rentrer et il lui donna l'argent nécessaire. Charles pensait que ça ressemblait à passer volontairement une nuit dans une léproserie alors qu'on vous avait demandé de faire attention à ne pas attraper un rhume. Il resta quelque temps au garage. Dans le bureau où on payait l'essence, on vendait des tablettes de chocolat, des bibelots et des choses étranges comme des fleurs coupées et des jouets en plastique. Il prit deux Yorkies puis, après réflexion, un canif fixé sur un carton de couleur, pendu parmi les stylos à bille et les porte-clefs. Il le détacha du carton et ouvrit les lames. Elles n'avaient pas plus de cinq centimètres de long chacune et semblaient à peine capables de blesser quelqu'un, même maniées par un expert, par exemple un vrai chirurgien qui connaissait exactement l'emplacement de l'os hyoïde, de la moelle épinière ou une chose comme ça. Charles sourit tristement mais n'en glissa pas moins le canif dans sa poche.

Un peu avant quatre heures et demie, il partit prendre le bus. Il voulait arriver en avance. Il allait au cinéma Fontaine pour la première fois. On y passait toujours des films étrangers ou controversés et en général très peu populaires. Il ne vit pas Peter Moran. Charles fit un petit tour dans le quartier qu'il connaissait parfaitement puisque le lieu de rendez-vous s'y trouvait.

Il n'avait pas imaginé que Peter Moran pouvait venir en voiture. Il savait pourtant depuis leur première rencontre qu'il en possédait une. Il la reconnut, garée sur un emplacement payant dans Collingbourne Road. Il comprit que pendant qu'il tournait de l'autre côté par Lomas Road et Fontaine Road, Peter Moran se rangeait ici et allait l'attendre devant le cinéma. Charles décida de ne pas monter dans cette voiture s'il le pouvait. Il avait sa montre aujourd'hui et s'aperçut qu'il était cinq heures moins cinq. Il avait fait une chaleur insupportable toute la journée, trente degrés avait-il remarqué depuis le bus sur la tour de CitWest. Il se demanda jusqu'où pouvait monter ce thermomètre à affichage numérique. Quarante degrés ? Quarante-cinq ? On en fabriquait peut-être des différents pour chaque climat. Dans l'après-midi, la chaleur devint plus lourde et le ciel se couvrit sans beaucoup diminuer l'ardeur du soleil. Il sentait une odeur composée des gaz des moteurs à essence et diesel et de relents d'égout. Il avait déjà remarqué qu'elle devenait plus forte par temps d'orage. Il vit également qu'on avait enlevé les tôles ondulées devant les villas Pentecôte et on découvrait les portes d'entrées délabrées. Les maçons ou les architectes y avaient pénétré.

Peter Moran attendait devant le cinéma Fontaine en faisant semblant de contempler l'affiche représentant un samouraï. il portait son tee-shirt blanc. De dos, il avait l'air très mince et même maigre, avec des coudes pointus et des jambes comme des bâtons. Il se retourna quand Charles s'approcha.

« Bonjour, Ian.

— Bonjour, dit Charles.

— Il faut que je te prévienne : je ne fais jamais de commentaire sur la température même quand elle est insupportable. »

Charles sourit sans rien ajouter. Il espérait qu'il y aurait beaucoup de monde dans le cinéma. On les conduisit dans une salle guère plus vaste qu'une grande pièce avec moquette et air conditionné, complètement close — et vide. Charles eut vraiment peur pour la première fois. Il eut l'impression qu'il ne pourrait pas sortir s'il le voulait, comme si on avait fermé les portes à clef derrière eux, mais cela devait évidemment être absurde. Les billets n'étaient pas numérotés, et Peter Moran alla s'asseoir au quatrième rang en plein milieu. Cela valait mieux que des places de côté, en haut, contre le mur. Un rideau de velours noir avec un motif couleur or cachait l'écran. Le silence régnait quand ils entrèrent mais dès qu'ils furent assis, de la musique classique très connue s'éleva et Charles eut le sentiment désagréable que ce n'était dû qu'à leur présence.

On ne vendait ni glaces ni jus de fruits dans ce genre de cinéma. Peter Moran avait apporté des chocolats et il passa le paquet à Charles en lui parlant de Rossingham, de son arrivée au collège, des gens qu'il y avait connus, de Pitt, et du professeur principal avant M. Lindsay. Charles savait à quoi cela rimait. C'était l'objet de l'exercice. A un moment ou à un autre, Peter Moran lui raconterait un fait capital et il savait qu'il le reconnaîtrait dès qu'il l'entendrait. Mais il ne pouvait s'empêcher de remarquer l'odeur de Peter Moran. Un parfum de propreté, de savon et peut-être d'eau de Cologne. Ses cheveux lavés, souples, blonds et fourchus — avec une mère comme celle de Charles, on voyait ce genre de choses — semblaient eux aussi parfumés.

Avant que les lumières ne s'éteignent trois personnes entrèrent dans la salle. Étant anglaises, elles choisirent des sièges éloignés les unes des autres et le plus loin possible de Charles et de Peter. Le rideau glissa sur le côté et on projeta des publicités, les films annonces puis un dessin animé. Charles se sentait mieux à cause de la présence des autres spectateurs. Les lumières se rallumèrent. Peter Moran s'excusa et partit aux toilettes. Charles espérait que les gens de la salle se souviendraient de lui et de Peter Moran, au cas où il disparaîtrait et qu'on ait besoin de témoignages. Il fixa ceux qui se trouvaient derrière lui en essayant qu'ils le voient bien. Peter Moran revint et le film japonais commença enfin, près d'une heure après leur arrivée.

La salle semblait plus obscure que pendant le dessin animé. Le film n'était pas doublé et il y avait peu de sous-titres car dans l'ensemble les personnages, une douzaine en tout, ne parlaient pas. Charles trouvait le film beau à voir, avec des danses très stylisées, mais il n'en restait pas moins incompréhensible. Peter semblait fasciné. Pas assez absorbé cependant pour ne pas penser à passer son bras autour des épaules de Charles. Au début, le bras resta sur le dossier du fauteuil. Quand la main le toucha, bien qu'il ait attendu ce contact, il ne put s'empêcher de sursauter. Mais il se contrôla et se détendit. Alors, il put sentir une sorte de remerciement dans cette main, dans ces doigts qui s'appuyaient sur lui, libérés de ne pas être repoussés violemment.

Il faisait froid dans cette petite salle. L'air conditionné donnait une température d'automne. Charles en éprouvait une certaine satisfaction, car n'étant pas assez couvert, le froid le détournait de sa répulsion et de la peur qui montait en lui. Il pensa qu'il allait bientôt se mettre à trembler. Le film était très bruyant, avec des roulements de tambour, une musique étrange et le fracas des armes à défaut de texte, mais Charles entendait aussi des grondements lointains. S'il avait vu un film sur la Seconde Guerre mondiale ou sur le Viêt-nam, il aurait pensé à des coups de feu. Puis il y eut une explosion et Charles sut qu'il entendait le tonnerre, à l'extérieur, pas dans la salle.

Le film semblait interminable. Pendant une séquence plus claire, un soleil japonais illumina l'écran et Charles regarda sa montre. Déjà plus de huit heures. Quand ils sortiraient, il commencerait à faire sombre. L'idée l'horrifia. Mais cinq minutes plus tard, sans que rien ne semble l'indiquer dans l'histoire, tout se termina et les lumières se rallumèrent. Peter Moran avait rapidement retiré son bras.

« Étrange, non ? demanda-t-il. Ou as-tu trouvé cela clair comme de l'eau de roche ?

— Je n'ai pas tout suivi.

— Excuse-moi. C'est de ma faute. *Mea culpa*, comme dirait M. Lindsay. J'aurais peut-être dû t'emmener voir *Les 101 Dalmatiens* ? »

Ils sortaient du cinéma et au moment où Charles allait répondre, un violent éclair s'abattit, suivi d'un coup de tonnerre qui ressemblait à un bruit de planches qu'on jette sur un sol de ciment. Comme pour confirmer qu'il ne parlait jamais du temps, Peter Moran dit :

« Tu dois avoir faim. J'ai quelque chose à manger dans la voiture. Comme je te l'ai peut-être dit, je ne suis qu'un mendiant sans le sou, irrégulièrement entretenu par ma femme qui parfois laisse tomber quelques miettes dans ma direction. »

Charles n'avait rien pris depuis le déjeuner, que les deux Yorkies, une tasse de thé qu'on lui avait donnée au garage et les chocolats de Peter Moran. Pourtant, il n'avait pas faim. Il avait la gorge serrée et un peu mal au cœur. Les premières gouttes de pluie commencèrent à tomber quand ils traversaient la rue. Elles laissaient de grands cercles noirs sur la chaussée. Une fois dans la voiture, se dit Charles, il ne pourrait plus contrôler ses mouvements. Peter Moran pourrait l'emmener n'importe où à la campagne, dans la lande ou la forêt. Et à ce moment-là il ferait nuit.

Il aperçut la voiture et il eut une prémonition : Peter Moran allait lui proposer de courir avant que la pluie ne tombe plus fort. Il pensa au lieu de rendez-vous vide, avec des bougies, qu'il connaissait comme sa poche contrairement à Peter Moran. Une maison avec des chambres dans lesquelles on pouvait s'enfermer en cas de besoin.

« J'ai habité ici, dit-il. Nous avons déménagé parce qu'on va transformer les maisons en appartements. Nous habitions celle du milieu. »

Il y avait une contravention glissée sous l'essuie-glace. Il la déchira avec un juron. Il n'avait pas mis assez d'argent pour aller de cinq heures à six heures et demie, lorsque l'appareil cessait de fonctionner. Il ouvrit la portière et se glissa à l'intérieur en disant :

« Qui y habite maintenant ?

— Plus personne. J'ai la clef.

— Tu l'as sur toi ? » Peter Moran le regarda. Il avait des yeux étranges, Charles n'aurait su dire ce qu'ils exprimaient. Il savait qu'il ne les aimait pas. Il n'aimait pas la contraction des muscles de son visage, ni cette langue curieusement pâle qui humecta ses lèvres. « Tu veux dire qu'on peut rentrer là-dedans pour manger notre boustifaille ? Pour s'abriter de la pluie ? » Il commença à sourire. « Ça vaut peut-être mieux qu'une voiture.

— Il faut rentrer par-derrière », dit Charles.

Peter Moran prit à l'arrière de la voiture un grand sac en papier d'où dépassait le goulot d'une bouteille.

« La boîte à provisions, dit-il. Il faudra que tu voies si à Rossingham on dit toujours "boîte à provisions". J'ai l'impression que tu aimes bien m'entendre parler de Rossingham ?

— Beaucoup. »

Il se mit à pleuvoir pour de bon quand ils tournèrent dans Fontaine Road. Les cieux semblaient s'ouvrir au fur et à mesure que les grondements du tonnerre s'éloignaient.

« On court ?

— D'accord », dit Charles.

Il ouvrit la porte et entra dans le jardin abandonné. L'arrière de la maison se dressait devant eux comme une falaise. Les éclairs faisaient apparaître un rempart avec des fenêtres aveugles ou brisées, une façade lépreuse recouverte d'une plante grimpante à moitié crevée. Charles s'avança en sachant qu'il devait arriver le premier pour que Peter Moran ne voie pas qu'il n'avait pas de vraie clef. Ses doigts exécutèrent quelques mouvements trompeurs et la porte s'ouvrit.

L'obscurité était totale mais il y avait des bougies et des allumettes dans le tiroir de la table. Charles alluma les bougies et glissa les allumettes dans sa poche. Il y sentit le canif, le petit canif inutile.

« Je vois que tu viens souvent ici, dit Peter Moran.

— C'est mieux en haut. »

Charles montra le chemin. Plus il montait, plus il faisait clair. La pluie battait sur les vitres et le bruit se répandait dans la maison. Il tenait deux bougies et Peter Moran une seule. Charles était complètement trempé, sa chemise lui collait à la peau et ses cheveux dégouttaient. Dès qu'il arriva à l'entrée de la grande pièce, il chercha les meubles et la clef. Il regarda de chaque côté de la porte mais ne la vit pas.

« Une belle maison, dit Peter Moran en levant sa bougie et en parcourant la pièce des yeux. J'aime beaucoup le divan. »

Les hautes fenêtres miroitaient et les vitres faisaient penser à des parois d'aquariums. On ne voyait que de l'eau qui ruisselait, qui coulait et au-delà, dans un lointain bleu sombre, on apercevait une tache de lumière qui ressemblait à un poisson rouge. Charles s'aperçut qu'il suait à cause de la chaleur lourde et poussiéreuse. Peter Moran renversa la nourriture et la boisson sur la chaise de jardin en fer, deux sandwiches enveloppés dans du papier, des gâteaux secs et une boîte de Coca. Il tâta la bouteille de vin et la trouva trop chaude.

« Mais tu ne dois pas avoir de frigo ? »

Charles secoua la tête. L'endroit semblait légèrement différent. La pièce avait changé, on avait emporté des choses, deux chaises par exemple. les grands rideaux roses en lambeaux et, apparemment, la plupart des toiles d'araignées avaient disparu. Ainsi que les clefs. Si elles ne se trouvaient pas de l'autre côté des portes, mais l'agence de Londres ne les avait jamais mises de l'autre côté, toutes les clefs de l'étage avaient disparu.

« Tu es trempé, dit Peter Moran.

— Vous aussi.

— Je vais te sécher avec mon pull. J'en ai un ici. »

Au fond du sac en papier, un truc en laine. Charles ferma les yeux. En pensant à la folie qu'il avait commise en venant, il sentit son cœur et tous les organes de son corps se serrer. Les trombes d'eau qui s'abattaient sur les vitres semblaient les enfermer de façon bien plus étroite que les murs de brique et les fenêtres. Au loin, derrière le ruissellement de la pluie, il apercevait une lumière verte qui clignotait. Le pull-over de Peter Moran lui enveloppa la tête et se mit à sentir le mouton dès qu'il s'imprégna d'eau. Des mains le frottèrent doucement. Les deux bougies posées sur les bras du fauteuil métallique avaient de longues flammes immobiles. Elles projetaient des ombres immenses et noires. Peter Moran ressemblait à un monstre de Frankenstein, maigre et allongé, tenant entre ses pattes une sorte de créature hydrocéphale, et on ne savait s'il l'étranglait ou s'il frappait sa tête branlante.

Charles se dégagea mais sans mouvement de panique. Il se passa les doigts dans les cheveux pour les aplatir. Peter Moran, tout près de lui, le regardait sans le toucher. Il dit :

« Viens là. Nous allons manger. »

Il s'assit sur la soie rongée de la bergère et caressa le siège à côté de lui. Charles sentit qu'il s'avançait comme un aveugle.

« Viens ici. »

Aucune puissance sur terre, aucune volonté, aucune nécessité n'aurait obligé Charles à s'approcher davantage. La pluie redoublait de violence et son fracas sur les vitres et sur la façade donnait à Charles l'illusion qu'il s'agissait du grondement du sang dans sa tête. Peter Moran se déplaça sur le siège pour se rapprocher et dit d'une voix monotone et timide :

« Quand j'avais ton âge et que je suis arrivé à Rossingham, j'ai eu l'impression de me retrouver seul et abandonné. J'étais très heureux chez moi et je ne voulais pas aller à l'école. Je ne pouvais pas m'habituer à Rossingham et je croyais que personne ne m'aimait et je n'aimais personne. »

Charles pensait à l'étage supérieur, à la façon de sortir sur le toit. Cela ne présentait pas vraiment de difficultés, Mungo et sans doute Graham l'avaient déjà fait. On montait dans le grenier par la trappe, on tirait l'échelle derrière soi et on se hissait sur les ardoises par une sorte de lucarne...

« A Rossingham, il y avait un jardinier, le préposé à l'entretien des terrains de sport. Un homme tout à fait ordinaire, jeune, une vingtaine d'années. Il se montra gentil avec moi, il m'aimait... tu comprends ce que je veux dire ? » Il respirait bruyamment et nerveusement tout en parlant. « Je parle d'amour physique. Je l'ai rendu heureux et après quelque temps, moi aussi, j'ai connu le bonheur. Je ne me suis plus jamais senti seul.

— Je ne me sens pas seul », dit Charles, et sa voix ressemblait à un couinement de bébé terrifié.

Il était curieusement hypnotisé, incapable de détourner le regard des yeux pâles et fixes de Peter Moran encadrés par ses lunettes. Une sorte de paralysie semblait le maintenir immobile tandis qu'il écoutait des bruits qui pouvaient être ceux de l'orage ou le battement de son sang. Cependant, très loin au plus profond de lui-même, il restait encore un élément froidement intellectuel, un esprit qui disait : est-ce cela ? Est-ce ce que je dois découvrir ? Peter Moran tendit la main et la posa sur la cuisse de Charles. Elle le brûla comme un fer chauffé à blanc et il sursauta, saisit une des bougies posée sur une soucoupe et s'enfuit vers la porte. Peter Moran cria :

« Ian, reviens ! »

Charles passa la porte et monta le dernier étage quatre à quatre. De la cire liquide coulait sur la bougie. Peter Moran sortit de la pièce en tenant l'autre bougie. En haut des marches très raides, Charles traversa le palier d'un bond vers la porte ouverte, la porte sans clef, et sa bougie s'éteignit. Il se retourna, pris au piège, les chambres, les portes, tout lui était inutile. Peter Moran se tenait à deux marches du haut de l'escalier, éclairé par sa bougie. Ses propres rides et ses lunettes jetaient des ombres sur son visage, et sa grande ombre noire se dressait sur le mur derrière lui.

« Petit monstre. Qu'est-ce que tu fais ? »

La main de Charles écrasa la boîte d'allumettes au fond de sa poche. Du pouce, il ouvrit une des petites lames du canif. A la lumière de l'unique bougie, il pouvait voir la corde qui retenait l'échelle double attachée au plafond. On ne l'avait pas remplacée, car il distinguait nettement le morceau usé. Il sortit le couteau de sa poche et il comprit que Peter Moran pensait qu'il allait le lancer. Il monta une marche et dit :

« Donne-moi ça. »

Charles secoua la tête. Il ne pouvait pas parler. Sa voix avait disparu mais sa peur aussi. Elle semblait aspirée hors de lui pour être remplacée par une énergie violente, presque douloureuse. Il tendit la main qui serrait le canif, le pouce appuyé sur le manche. Il le tenait comme s'il voulait frapper en abaissant le bras. Peter Moran monta la dernière marche et voulut plonger pour attraper le couteau. A ce moment-là, Charles leva la main et l'abattit à l'endroit usé de la corde.

Par la suite, il se dit qu'il n'avait pas pensé à ça. Il voulait seulement avoir l'échelle pour s'enfuir par le toit. Il n'avait pas trouvé de façon plus rapide pour détacher la corde. En fait, ce n'était pas vrai, il avait agi intentionnellement, il savait ce qu'il faisait. Sous l'effet de l'adrénaline, il savait quel serait le résultat, ce qui arriverait

Tout se passa horriblement vite. Il n'y eut aucun grincement, aucune attente, aucun tremblement. La lourde masse de bois et de fer s'effondra. Elle décrivit un arc de cercle vengeur, passa à quelques centimètres de Charles, et, comme si on l'avait équilibrée pour qu'elle ait cette précision, elle frappa l'homme en pleine mâchoire. Il essaya de baisser la tête, suffisamment sur le qui-vive pour réagir, mais il reçut quand même le coup à la mâchoire avec un bruit d'os écrasés à vous soulever le cœur. Il fut balayé, jeté en bas de l'escalier. La bougie s'éteignit au moment même où Peter Moran poussa un hurlement de douleur. L'échelle se balança au-dessus de l'escalier, revint vers Charles qui sauta de côté, et finit par s'immobiliser.

Charles resta dans l'obscurité. A quatre pattes, il poussait des cris lui aussi, malgré lui, des petits cris aigus comme un très jeune enfant.

Cinquième partie

I

Tout était silencieux. La pluie avait cessé. Charles arrêta de pousser ses cris d'enfant. Il se releva et resta immobile en s'obligeant à respirer profondément tandis que le tremblement de ses jambes s'atténuait lentement. Après quelques instants, il se pencha, tâtonna dans le noir et ramassa la bougie que Peter Moran avait laissée tomber et la soucoupe qui ne s'était pas cassée. Il la ralluma et s'avança vers la première marche.

L'orage, qu'il avait cru terminé, se manifesta à nouveau dans un dernier éclair très violent qui illumina le palier, la cage de l'escalier, le plafond en pente, les portes ouvertes, les pièces vides, l'échelle, véritable engin de mort. Un coup de tonnerre, aussi bruyant que l'échelle touchant le sol, claqua un instant plus tard. Dans le flot de lumière, Charles aperçut Peter Moran, au pied de l'escalier étroit, le corps tordu. Il se mit la main sur la bouche pour s'empêcher de hurler à nouveau. L'obscurité revint autour du cercle mobile de lumière qui entourait la bougie. Charles commença à descendre l'escalier.

En tournant la tête, il passa près de l'homme allongé à moitié sur les dernières marches, à moitié sur le palier, et entra dans la pièce meublée. Le pull-over de Peter Moran, avec lequel il lui avait séché les cheveux, était posé sur la bergère. Par terre, là où peut-être Peter Moran les avait renversés en le poursuivant, il y avait les sandwiches, des serviettes en papier froissées et le papier de soie qui avait enveloppé la bouteille de vin. Par les fenêtres lavées, on pouvait voir briller dans l'obscurité des lumières de couleur éclatante comme des diamants, les chiffres verts et clignotants de l'horloge : neuf heures seize et quatorze degrés. Une chute de seize degrés depuis la fin du film. Tant de choses s'étaient passées depuis leur entrée dans le cinéma !

Charles tremblait toujours. Il ne pouvait s'en empêcher, même en respirant profondément. Il tremblait tellement qu'il avait peur de faire tomber la bougie et il reposa la soucoupe sur le bord du fauteuil de jardin. Il savait que maintenant il devait aller voir Peter Moran. Il devait s'obliger à aller jusqu'à lui, à se pencher sur son corps et à le regarder. Charles sortit les allumettes de sa poche. Il en craqua une pour voir clair en sortant et en laissant la bougie. Elle éclairait la pièce, et l'ombre du fauteuil métallique faite d'arcs et d'armatures ressemblait à un squelette étrange et inhumain. La porte se referma derrière lui, masquant la lumière. Il craqua une autre allumette. Il ouvrit les yeux qu'il avait fermés sans le vouloir et s'obligea à regarder Peter Moran. Il s'accroupit lentement.

Il eut besoin de craquer une autre allumette. Dans l'éclat de la flamme, il aperçut une meurtrissure effrayante sur le côté de la mâchoire, là où l'échelle l'avait frappé. La joue avait été coupée, sans doute entaillée par un morceau de fer qui dépassait. La blessure avait saigné mais le sang s'était arrêté. Charles se dit, je ne peux pas le toucher. Mais immédiatement il comprit qu'il devait le toucher, il fallait qu'il sache. L'allumette lui brûla les doigts. Il resta seul dans l'obscurité, seul avec Peter Moran, seul, silencieux et immobile. Curieusement, son tremblement avait cessé.

La nuque de Peter Moran devait avoir cogné contre la plinthe qui dépassait en forme de coin au pied de l'escalier. Il était tombé violemment à la renverse sur l'arrière de la tête. Toujours dans l'obscurité — il trouvait cela plus facile — Charles tendit la main vers le visage de Peter Moran et il tâta le front. Il n'était pas froid mais frais, en tout cas pas aussi chaud que le sien. Charles, qui retenait son souffle, expira. Il mit la main sur sa propre poitrine et trouva son cœur. Il battait comme un cœur jeune et en bonne santé pour apporter du sang richement oxygéné dans tout son corps afin de venir à bout de sa peur. Charles retrouva le même point sur la poitrine de Peter Moran et il y appliqua la main. Pendant quelques instants il ressentit une véritable terreur en pensant que Peter Moran pouvait se redresser et le serrer dans ses bras. Mais rien de tout cela n'arriva, rien n'arriva. Sous sa main, la poitrine resta parfaitement immobile.

Charles aspira à pleins poumons en râlant à moitié. Il retira la main comme si quelque chose l'avait mordu. Et pourtant, il savait depuis le début que l'échelle l'avait frappé, que Peter Moran était mort.

Une autre allumette tomba par terre. Il gratta la dernière. Il toucha à nouveau Peter Moran pour sentir sa peau qu'il trouva plus froide, et la tête glissa et roula de l'autre côté. La bouche s'ouvrit et Charles vit qu'elle était pleine de sang. Il poussa un cri, c'en était trop, il atteignait le fond de l'horreur. Il laissa tomber la boîte d'allumettes et s'élança dans l'escalier. Il descendit quatre à quatre dans l'obscurité en se tenant à la rampe et il passa devant la fenêtre ruisselante. En bas, une lumière grisâtre entrait par les portes ouvertes, aussi sombre qu'on peut imaginer une lumière. Il traversa en trébuchant la cuisine qu'ils utilisaient parfois pour leurs réunions, s'avança jusqu'à la porte de derrière par laquelle ils étaient entrés, il l'ouvrit et resta sur le seuil dans l'air frais qui lui sembla neuf ou composé d'oxygène pur. A ses pieds, Charles vit de l'eau, plus que des flaques, moins qu'une inondation. Le sentier avait disparu sous l'eau. Pour l'éviter, il pataugea entre les hautes herbes, sous les arbres dégouttants d'eau, jusqu'à la porte dans le mur.

Il ne se retourna pas avant d'arriver dans Fontaine Road. Puis il souhaita ne pas s'être retourné, ne pas avoir levé les yeux vers la fenêtre de la cage d'escalier, entre le deuxième étage et le grenier. Car il y vit une lumière, une lumière pâle et de couleur orange, qui se déplaçait et sautait derrière les vitres. Il n'était pas mort, se dit Charles. Comment pourrais-je savoir si quelqu'un est mort ou non ? Il s'était relevé, il avait rallumé la bougie et il descendait l'escalier en tenant la bougie...

Charles se mit à courir. Il passa à côté de la Diane, pataugea dans les flaques d'eau, des nappes d'eau, traversa la rue et descendit Ruxeter Road en laissant loin derrière lui la maison, Peter Moran et la lumière.

II

Il n'avait plus le bras en écharpe et seul un léger pansement recouvrait sa blessure, mais il avait peut-être eu tort de sortir si tôt à moto. Son épaule lui faisait mal.

Il avait tort également de passer voir des gens sans les prévenir. John se rendit compte qu'il n'avait pas téléphoné à Colin parce qu'il avait eu peur qu'on le trouve indésirable, qu'on l'éconduise. Il trouvait absurde de continuer. Mais le pire qu'il avait imaginé aurait été que Colin et sa mère soient sortis et qu'il ait fait le voyage pour rien. L'idée ne le quittait pas qu'il pouvait leur parler à tous les deux, en particulier à Constance, pour lui raconter son incapacité à chasser Cherry de ses pensées. Il se disait qu'il pouvait se servir de Constance comme d'une sorte de psychothérapeute.

Colin vint ouvrir. Son visage s'allongea quand il vit John, il ressemblait presque à Harpo Marx quand il a fait une bêtise et qu'il a peur des conséquences. Il lui dit que Constance était sortie, comme tous les vendredis, à son club du troisième âge. John n'avait jamais entendu parler de ce club du vendredi, ou alors il l'avait oublié. Bien sûr, Colin lui ouvrit mais il s'en fallut de peu qu'il reste à la porte. John entra dans le salon et, assise sur le canapé, il y avait une femme, assez jeune et très jolie avec du rouge étalé sur son menton mais pas sur ses lèvres.

On fit des présentations gênées. John ne resta pas plus de dix minutes et il refusa le verre qu'on lui offrit. Colin se livrait-il à ce genre d'exercice tous les vendredis soirs quand sa mère sortait ? John n'avait jamais imaginé une chose pareille. Cela l'avait choqué et — oui, il devait l'avouer — rendu envieux.

En revenant vers la ville sur la Honda, il entendit des voitures de pompiers derrière lui. Il traversa encore Ruxeter, en direction de Ruxeter Road, et il s'arrêta sur le côté de la route pour les laisser passer. Ils fonçaient à toute vitesse et leurs sirènes hurlaient. Loin devant, il vit une colonne de fumée brune avec au centre une lueur rouge. Il avait beaucoup plu avant qu'il parte de chez lui et à certains endroits l'eau débordait encore des gouttières et remplissait les caniveaux. John revint au centre de la route. A quelques centaines de mètres, on avait installé des panneaux qui déviaient la circulation vers la droite.

Il roula vers l'ouest presque jusqu'à la gare. La longue file de voitures ne tournait pas avant Nevin Square. Là, un policier réglait la circulation et laissa passer encore d'autres voitures de pompiers et une ambulance. John se demanda si la foudre n'avait pas mis le feu à un immeuble. Il lui fallut encore une demi-heure pour rentrer chez lui et il avait à peine rangé la Honda que le téléphone sonna. John, qui avait cru qu'il n'entendrait plus jamais le téléphone sans penser à Jennifer, n'imagina même pas qu'il pouvait s'agir d'elle. Il était très tard pour appeler quelqu'un — en tout cas d'après ses conceptions. Colin avait peut-être ressenti la nécessité de lui fournir une explication.

John soupira, décrocha et dit : « Allô ? » La voix de Jennifer, angoissée, tranchante, sembla lui pénétrer le corps et vibrer dans ses os, puis elle trouva sa blessure et raviva sa douleur.

« John, Peter est avec toi ?

Peter ? Avec moi ? » Il s'aperçut qu'il bégayait. C'était un tel choc, tellement inattendu. « Pourquoi Peter serait-il avec moi ? » Puis il ajouta : « Sans doute le dernier endroit...

— Je ne sais pas. Il aurait pu venir te voir, je lui ai suggéré d'aller te parler en personne. A propos du divorce, de la maison et du reste. Je téléphone à tous les gens que nous connaissons, partout où il pourrait se trouver. »

S'entendre rangé dans « tous les gens que nous connaissons » lui fit très mal. « Il n'est pas ici.

— Il allait au cinéma, dit-elle, avec un de ses amis, quelqu'un qu'il avait connu au collège. Mais il allait à la première séance. Il m'a dit qu'il rentrerait à neuf heures au plus tard. »

Il l'a encore quittée, pensa John. Il eut envie de lui dire, il t'a quittée, mais il se tut. « Il n'est pas tard, seulement dix heures et demie. » Sa voix s'adoucit malgré lui. « Ne t'inquiète pas. » Puis il ajouta : « Je suis là si tu as besoin de moi. Rappelle-moi si tu en as envie. »

Quand il eut raccroché, il se demanda pourquoi il ne lui avait pas proposé d'aller la voir. Pourquoi ne lui ai-je pas dit, j'arrive et je m'occupe de tout ? Il reprit le téléphone pour la rappeler, mais la ligne était occupée. Il ne cessait de se répéter, il l'a quittée, il l'a quittée, silencieusement au début, puis à voix haute dans la maison vide. A nouveau, l'espoir renaissait. Quand il l'aurait quittée pour la seconde fois, elle reviendrait vers lui...

III

Dans cette partie de la ville, il n'y avait pas de bus direct pour la gare, dans South Hartland. Charles savait qu'aucun chauffeur de taxi qu'il arrêterait dans la rue à cette heure-là n'accepterait de l'emmener à quinze kilomètres dans la campagne. Il fallait qu'il aille jusqu'à la gare, à pied. Il découvrait qu'il n'est pas facile de marcher quand on se trouve en état de choc. Ses jambes tremblaient et n'obéissaient pas aux ordres de son cerveau, comme celles d'un paraplégique. Elles refusaient de bouger rapidement. Il se dit qu'il avait besoin d'un cognac. Il n'en avait pourtant jamais bu, et si les gens disaient vrai, il s'agissait de la dernière chose à mettre dans un estomac vide. Et l'estomac de Charles était particulièrement vide puisqu'il n'avait rien pris depuis les Yorkies et la douzaine de chocolats de Peter Moran.

Il ne savait pas d'où venait la lumière, mais il ne s'agissait pas de Peter Moran qui le poursuivait. Il en avait la certitude maintenant. C'était plus vraisemblablement la bougie qu'il avait laissée allumée dans la chambre avec les meubles. Il s'en souvenait. Un courant d'air avait peut-être ouvert la porte en laissant passer la lumière. Quelque chose comme ça. Il y avait beaucoup de monde et beaucoup de circulation dans Ruxeter Road. C'était un quartier très animé, surtout le vendredi soir, avec des cinémas et des restaurants. Charles traversa la rue et continua péniblement vers le nord et après quelque temps il retrouva son calme et pressa le pas. Sa conscience avait enfoui au fond de lui-même la soirée qu'il venait de vivre, ou peut-être l'avait-il lui-même chassée de son esprit, mais maintenant elle lui revenait lentement en mémoire. Il pensait avoir assassiné Peter Moran. Mais il l'avait tué en état de légitime défense. Une chose pareille lui semblait étrange, invraisemblable. Il ne se sentait pas différent et il ne pensait pas avoir un air différent. Il s'agissait vraiment de quelque chose d'incroyable de tuer quelqu'un à quatorze ans, quelque chose qui ne devait à peu près jamais arriver.

Au début, il ne remarqua pas les sirènes. De toute façon, on ne pouvait pas savoir s'il s'agissait de voitures de police, de pompiers ou d'ambulances. Pendant une fraction de seconde, Charles pensa que la police le poursuivait, mais il écarta immédiatement cette idée. C'était impossible. Puis il vit une pompe à incendie qui venait de la caserne des pompiers de

Feverton, à l'ouest. La sirène hurlait, les voitures s'arrêtaient pour la laisser passer. Il n'en avait plus pour longtemps, il venait de tourner dans la longue King's Avenue qui deviendrait Station Road.

King's Avenue montait puis redescendait vers la gare de voyageurs et la gare de triage. La côte était le point le plus élevé de la ville après Fonthill Heights. Un autre camion de pompiers apparut au sommet de la montée et Charles se retourna pour le regarder redescendre de l'autre côté. Il vit l'incendie à un kilomètre environ au sud. Ni à cet instant, ni à aucun autre moment jusqu'à ce qu'il voie les actualités régionales à la télévision le lendemain matin, il n'imagina que l'incendie pouvait se situer dans les villas Pentecôte, dans le lieu de rendez-vous. Il ne lui vint pas à l'esprit que la bougie, en équilibre précaire sur le bras du fauteuil de jardin, avait pu tomber et mettre le feu aux papiers. Mais l'idée de l'incendie l'intéressa. Il regretta de ne pas se trouver plus près du feu, ou le feu plus près de lui, pour voir ce qui se passait.

Il n'y avait pas de taxis à la station quand il s'approcha. Cela voulait dire qu'un train venait d'arriver et que les chauffeurs s'étaient précipités sur les voyageurs. Il devrait attendre une bonne vingtaine de minutes. Les boutiques de confiserie de la gare avaient fermé ainsi que les endroits où l'on pouvait manger, sauf les cafés dans lesquels il n'avait pas le droit d'entrer et qui, eux aussi, fermeraient bientôt. Charles s'avança lentement vers la porte d'entrée de la gare et il vit la voiture de son père rangée près de la sortie du parking. Son père, assis au volant, lisait le journal du soir, ou faisait semblant. De l'endroit où il se trouvait, l'intuition et la clairvoyance de Charles lui permirent de ressentir l'angoisse de son père derrière son insouciance apparente. Il allait sans aucun doute inventer une histoire pour expliquer qu'il avait dû accompagner quelqu'un à la gare ou qu'il avait oublié de faire quelque chose au bureau et en rentrant il avait pensé qu'il pouvait...

Il s'avança nonchalamment vers la voiture. Son père baissa le journal et une expression de soulagement envahit son visage qui rougit et s'attendrit. Il dit :

« Ah, te voilà. Je devais mettre un colis au train de Londres, pour un client, et j'ai pensé que je pouvais t'attendre. »

Cela ne serait jamais arrivé à Mungo et à son mètre quatre-vingt-dix. Mais rien de tout cela n'aurait pu arriver à Mungo, se dit Charles, en montant en voiture près de son père. Brusquement un sentiment d'horreur le traversa. Cela devait encore se produire plusieurs fois au cours des huit ou neuf heures suivantes. Cela arriverait occasionnellement dans les années à venir. L'horreur s'abattait sur lui et il se disait : j'ai tué un homme. Ils partirent vers le sud-est et traversèrent Ruxeter Road à cinq cents mètres au nord de l'incendie. On n'entendait plus les sirènes mais on pouvait sentir la fumée. J'ai tué un homme, se dit Charles, et, dans sa poche, il sentit le canif, avec des fibres de la corde coincées sous la lame.

IV

Les deux garçons vécurent un moment extraordinaire quand ils arrivèrent devant le lieu de rendez-vous, pour la rencontre prévue avant Corfou, avec Basilic et Scylla, et qu'ils trouvèrent la maison entièrement rasée.

« Comme Carthage dirait Lindsay, remarqua Graham.

— Il n'y a que les Romains pour labourer ainsi un endroit. On y a sans aucun doute semé aussi du sel. »

C'était un dimanche après-midi. Ils n'avaient pas lu de journal, pas entendu de radio, pas regardé de télévision. la famille venait de rentrer à Church Bar. Mungo et Graham se tenaient de l'autre côté de Ruxeter Road au milieu d'une petite foule qui restait bouche bée devant le terrain noirci où l'on distinguait quelques morceaux de charpente et quelques poutres. Une barrière provisoire entourait l'amas de ruines. Mungo eut l'idée folle qu'il s'agissait de l'œuvre de l'agence de Moscou. Il y avait en effet peu de temps que Rosie Whittaker connaissait l'emplacement du lieu de rendez-vous. On la disait brutale et intrépide. Elle pouvait même avoir mis le feu elle-même, ou un de ses agents... Non, cela lui sembla impossible, il ne devait pas laisser libre cours à son imagination. Les ouvriers avaient sans doute déclenché l'incendie avec une lampe à souder.

Graham alluma une cigarette. Il portait des lunettes de soleil et pourtant des nuages couvraient le ciel et il faisait assez sombre pour le mois d'août. Mungo se dit qu'il ne lui manquait qu'un chapeau mou pour ressembler à un espion dans un film des années trente.

« On ne peut plus faire grand-chose, dit-il.

— Il va falloir trouver un autre lieu de rendez-vous, répondit Graham. Mon frère dit qu'on va démolir une maison à Hartlands. »

Le frère de Graham, Keith ou Scylla, aurait dû venir à la réunion. Mais il devait avoir appris la nouvelle dans les journaux ou à la télé. Un homme qui se trouvait derrière eux dit :

« Il y avait quelqu'un dedans. Ils ont trouvé un corps. Ils ne l'ont pas encore identifié.

— Si, si, dit quelqu'un qui avait peut-être lu un journal plus récent ou vu les dernières informations. Il s'agit d'un homme. Ils ont retrouvé sa voiture devant la maison. »

Mungo et Graham s'éloignèrent. Ils se demandèrent s'ils iraient au cinéma, au Fontaine, où un ancien film, assez bon, *Le Masque de Dimitrios*, avait remplacé le film japonais. Mais Graham dit qu'il devait aller voir sa tante et parler avec Keith. Mungo rentra chez lui en passant par Nevin Square pour vérifier s'il y avait un message dans la cache de la statue, mais il trouva la main de Lysander Douglas vide. Avec un certain plaisir, il avait imaginé le déchiffrage du prochain message, en s'attendant à commencer par dix-sept pour la date et à finir par dix heures quinze. La main vide le déçut un peu.

V

La foudre avait frappé les villas Pentecôte. Telle était la théorie avancée par la presse. Une autre théorie parlait d'incendie volontaire et désignait Peter Moran comme l'incendiaire. Il se serait assommé en tombant dans l'escalier avant de pouvoir s'enfuir. On l'avait identifié grâce à la présence de sa voiture à l'extérieur, des morceaux de ses lunettes et de sa montre, et un bridge dans la bouche, Il n'en restait pas beaucoup plus. Charles lut cela dans *Free Press*. Peter Moran étant mort, ils pouvaient dire de lui à peu près ce qu'ils voulaient. Ils citaient la police selon laquelle quatre ans plus tôt, on l'avait condamné pour attentat à la pudeur sur un mineur de moins de treize ans.

Mungo lui aussi lut les journaux. Une seule chose l'intéressa. L'an dernier, quand il avait emménagé pour la première fois dans son dortoir, il s'était agenouillé sur le sol près de son lit et, en levant les yeux, il avait lu le nom Peter Moran, gravé dans le bois en dessous. Il y avait aussi une date : 1965, et un trait. Il ne s'agissait pas nécessairement de la même personne. Il récupéra le message de Dragon le lendemain. L'absence de lieu de rendez-vous compliquait les choses. Dragon devrait sans doute venir jusqu'à Church Bar. De toute façon, une mise au point se révélait nécessaire parce que, d'après Graham, Charles Mabledene n'avait pas réussi l'épreuve. Que pouvait-on faire d'un traître ? Seulement l'expulser, se disait Mungo.

Il s'assit sur une des caisses que quelqu'un avait apportées comme abris pour les chats et imagina une réponse. « Léviathan à Dragon... » C'était l'heure de pointe et les voitures qui se dirigeaient vers le sud grondaient au-dessus de sa tête. Mungo glissa son message dans le sac en plastique muni d'une fermeture Éclair de Dragon, et recolla le tout dans le pilier central. Il se souvint de ne pas le mettre trop haut, hors de portée de Charles Mabledene. En tant que traître, Dragon était sans doute capable de mettre le feu au lieu de rendez-vous. Mungo se demanda si cela était effectivement possible. Le nouveau chef des chats, un matou jaune, maigre avec de larges épaules, vint se frotter plein d'espoir contre ses jambes, et Mungo se baissa pour le caresser. Il y avait une forte odeur, comme une agréable senteur de parfumerie, jusqu'à ce qu'on comprenne de quoi il s'agissait.

Toujours en pensant à Charles Mabledene et en se demandant ce qu'il voulait, Mungo descendit Bread Lane et l'escalier de Beckgate en direction du fleuve. Une péniche remontait sous le pont de Rostock et un chien, debout à la proue, aboyait en direction des pêcheurs. Derrière la brume, la lumière du soleil semblait blanche et douce. Pendant quelque temps, il ne put voir le sommet de la Tour de Guet, puis le brouillard se déroula comme une écharpe. Il ne trouva aucun message dans la cache de Méduse au pied de la tour. La cathédrale flottait dans la brume. Le soleil lui donnait une teinte d'aquarelle et la centaine de saints de la façade est semblaient sortir de leurs niches vers la lumière. La cloche au son grave sonna dix heures, et Mungo s'en alla à l'ouest vers le pont Alexandra. Il se trouvait presque au milieu du pont quand le brouillard se déchira et se dissipa au sommet de la tour de CitWest qui, comme les saints de la cathédrale, sembla sortir de la blancheur pour s'avancer dans le soleil, et les chiffres verts apparurent : dix heures une, et dix-sept degrés.

Mungo rentrait directement chez lui, mais passer par Nevin Square ne représentait pas un long détour. Il crut voir les frères Stern dans l'entrée de Marks and Spencer, de l'autre côté de la place, dans la diagonale. Mais quand il se détourna, il n'y avait plus personne. Les gens, assis sur le muret qui entourait le piédestal de Lysander Douglas, tournèrent la tête pour regarder Mungo y monter prendre le papier dans la main de bronze. Il avait l'habitude de recopier le message tout de suite, mais pas sous ces regards curieux. Il alla sur un des sièges des promenades pavées, parmi les massifs de fleurs. Mungo qui ne connaissait pratiquement rien à l'horticulture se demanda pourquoi le conseil municipal faisait planter ces fleurs pourpres aux aigrettes sanglantes qui ressemblaient à de la tripaille ou à des déchets de boucherie.

Avant tout essai de déchiffrage, dès qu'il regarda le papier, il sut que quelque chose n'allait pas. Il n'y avait aucun chiffre avant ou après le message. L'agence de Moscou avait changé de système. Il découvrait leur code et dans la semaine, ils en changeaient. Cela ne pouvait vouloir dire qu'une chose : on les avait mis au courant. Il eut l'impression d'entendre au loin un rire triomphant, mais il l'imagina, personne ici ne riait. Il traversa lentement la place et remit le message dans la main de la statue. Pourtant il n'avait parlé de sa découverte à personne, en tout cas à personne qui pouvait... Mais il n'avait rien dit à Charles Mabledene car il n'en avait pas eu l'occasion. S'était-il trompé au sujet de Charles Mabledene ?

Peut-être. Mais à la vérité, il en avait parlé à quelqu'un.

VI

Cela avait dû se passer comme après la mort de Cherry, quand la police était venue le leur dire. La police resta longtemps avec Jennifer, pour lui poser des questions à propos de Peter Moran. Un homme et une femme, dit Jennifer, et d'après sa description John sut que la femme était sûrement Susan Aubrey. John n'avait pas revu Jennifer mais il lui avait parlé plusieurs fois au téléphone. Elle lui dit tristement qu'elle voulait ressentir de la peine, qu'elle aurait voulu être écrasée de chagrin parce que, autrefois, elle avait considéré Peter Moran comme le plus grand amour de sa vie. Mais aujourd'hui, elle ne ressentait que résignation et pitié. Bien qu'elle ne le dise pas clairement, elle laissait entendre que John était responsable de son indifférence. En lui disant la vérité sur Peter Moran, John avait détruit ses sentiments à son égard. Mais John se disait que s'il ne lui en avait pas parlé, elle le découvrirait maintenant, dans les journaux ou par la police. Elle ne le haïrait pas pour autant, alors pourquoi devrait-elle le haïr ?

Elle téléphonait chaque jour. Elle ne voulait pas le voir mais elle ne disait pas qu'elle ne le rencontrerait plus jamais. Elle avait oublié aussi qu'autrefois elle avait décidé de ne plus lui parler. Au milieu de la semaine qui suivit la mort de Peter Moran, il lui téléphona et un homme répondit. La police sans doute, pensa-t-il, un policier qui se trouvait pour l'interminable interrogatoire. Il crut reconnaître l'intonation, peut-être Fordwych, l'inspecteur-chef. Cependant, la voix familière resta impossible à identifier.

Il passa le jeudi après-midi dans les jardins de Hartlands. Aujourd'hui, les juges devaient se prononcer sur les causes de la mort de Peter Moran. John se dit qu'il ne lui téléphonerait peut-être pas mais qu'il irait directement chez elle sans repasser chez lui. Ses anciens espoirs revenaient plus forts que jamais. Il avait laissé la Honda au parking, près de l'entrée principale. Avant de s'engager sur la route qui montait vers Fonthill Heights, il laissa passer le flot de la circulation. Les voitures n'avançaient pas vite et s'arrêtaient souvent. John regardait le visage de chaque conducteur en espérant un signe de tête ou de la main qui lui indiquerait qu'il pouvait passer. Il reconnut Mark, assis au volant de son Escort rouge. A côté de lui, il y avait Jennifer.

Mark Simms leva la main. Il pouvait s'agir du geste de politesse de l'automobiliste ou de quelque chose de plus, le signe qu'il reconnaissait John derrière ses grosses lunettes et sous son casque, peut-être pas. Mark fit un appel de phares, sans doute parce que John n'avait pas bougé. Il se rendait compte de la situation. Il comprenait la signification de ce qu'il voyait. Jennifer regardait Mark Simms, elle lui parlait et elle ne tourna pas la tête. Autant que John pût en juger, ils ne se touchaient pas, ils étaient seulement assis côte à côte. Il s'élança devant l'Escort, il tourna à droite devant une file de voitures qui descendaient la colline. Il avait l'impression de voir en surimpression, sur l'arrière de la voiture qui le précédait, l'image qu'il avait enregistrée de façon indélébile, la petite scène de Jennifer dans la voiture de Mark Simms.

Il comprenait tout. La voix qui répondait au téléphone, c'était celle de Mark. Elle avait rejeté son aide pour celle de Mark Simms. Elle trouvait n'importe quelle compagnie, n'importe quelle sympathie préférable à la sienne. C'était la fin. S'il n'y avait pas eu Mark Simms, il y aurait eu quelqu'un d'autre, il y aurait toujours quelqu'un d'autre. A ce moment-là, il comprit la force de son espoir. Il comprit qu'il n'avait jamais cessé d'espérer malgré tous les revers, même quand elle lui avait demandé de divorcer, même quand elle lui avait reproché de lui avoir appris la vérité sur Peter Moran. Après sa mort, son espoir avait littéralement refleuri, il avait cru son retour inévitable.

Il ne vit pas la route du retour. Mais le cheval connaissait le chemin de l'écurie. En général, il faisait très attention à couper le moteur avant de ranger la moto. Il avait peur que l'oxyde de carbone fasse du mal aux plantes. Ce n'était pas le meilleur endroit pour garer la Honda et il avait déjà pensé à acheter une petite cabane spécialement pour cela. Il pourrait avoir une réduction chez Trowbridge. Il resta assis sur la selle, en tournant sans raison la poignée des gaz et en poussant légèrement le moteur. La porte et les fenêtres de la serre étaient restées grandes ouvertes à cause de la chaleur. Sans couper le contact, John descendit de la moto et entra dans la serre pour fermer les fenêtres. Il enleva son casque, ses lunettes et ses gants qu'il déposa sur une des étagères, devant les pots de poivrons. Il avait l'esprit totalement vide et il ne semblait plus savoir qu'une seule chose, son immense solitude parmi les milliers de gens indifférents de cette ville, les millions d'égoïstes du monde. Au-delà du ginko, au-delà du mur du jardin sur lequel grimpait une clématite aux fleurs bleu sombre, le coucher du soleil donnait au ciel une couleur orange. La Honda ronronnait régulièrement, comme un animal, une utile bête de somme, amicale mais ridicule comme un vieil âne gras. Au lieu de tourner la clef et de laisser le moteur s'arrêter avant de pousser la moto dans la serre, où il la mettrait sur la béquille pour la nuit, John remonta sur la selle et rentra par la porte ouverte.

Il repoussa la porte derrière lui et la ferma. La serre se trouvait maintenant hermétiquement close. Il descendit de la selle en tenant toujours le guidon et tourna lentement la poignée des gaz. La fumée était déjà assez dense. Il appuya délicatement la moto contre l'étagère en laissant le moteur en marche et en tournant la poignée à un rythme régulier. Il regardait l'orange du ciel qui faiblissait comme hypnotisé et il respirait les gaz qui l'étouffaient. Il commença à sentir un léger vertige.

C'est alors qu'il entendit le bruit de pas.

Il ne lâcha pas le guidon de la moto. Il ne se demanda même pas qui cela pouvait être car il savait qui cela n'était pas. Il tourna lentement la tête et la vit qui venait vers lui, sur la petite allée, Flora, la spécialiste des arbres. Un mouvement de panique dut lui donner un air consterné car elle écarquilla les yeux. Elle ouvrit en grand la porte de la serre tandis qu'il lâchait la poignée des gaz et que le moteur calait.

« Qu'est-ce que vous faites ? C'est une vraie chambre à gaz ici ! Vous auriez pu vous asphyxier. »

Il marmonna qu'il rangeait seulement sa moto.

« Vous êtes sûr ? » Elle avait un regard pénétrant. « Vous n'essayiez pas de... ? Vous n'étiez pas... n'est-ce pas, John ? »

Le fait même de comprendre de quoi elle voulait parler disait toute la vérité. « Oh, non, non. Bien sûr que non. » D'ailleurs en avait-il eu l'intention ? Il n'avait pas vraiment voulu se tuer. Quand la fumée serait devenue trop épaisse, il aurait ouvert, n'est-ce pas ? Il n'avait peut-être tué que les poivrons. « Je ne les ai pas bien réussis. »

Dehors, il respira l'air frais du soir. Cette spécialiste des arbres, au visage clair et aux cheveux bouclés, était-elle venue lui sauver la vie ou simplement lui tenir compagnie pour la soirée ?

« Vous voulez voir l'arbre à singes ? »

Elle avait l'air stupéfait, abasourdi. « Je cherche un appartement... enfin une chambre meublée, un endroit pour vivre. Puis je me suis rappelée de Geneva Road et de l'*Araucaria*. Alors je suis venue, je n'ai pas vu l'arbre. » Elle le regarda puis elle leva les yeux vers la fenêtre de la chambre de Cherry. « Vous vivez seul ici ? »

Il fit oui de la tête tout en se demandant s'il avait vraiment voulu se tuer. Est-ce que je serais mort maintenant ? Serai-je content un jour de savoir qu'elle est arrivée au bon moment ou devrai-je me convaincre ?... « J'ai deux chambres libres », s'entendit-il dire. Puis il ajouta : « Venez, je vais vous montrer l'arbre à singes. »

VII

En se réveillant, Mungo sut ce qu'il devait faire. Avant tout, il alla jusqu'à la cache de la passerelle pour prendre le message de Dragon, qui donnait son accord pour un rendez-vous ce même jour. Sans y attacher une grande importance, il savait qu'il ne reviendrait jamais ici, qu'il ne se faufilerait plus parmi cette forêt de métal et qu'il ne fixerait plus jamais de message dans le pilier central. Angus dirait que ce qu'il avait prévu arrivait. Mungo ne s'intéressait plus à ce que disait Angus.

Un nouveau Yves Yugall devait sortir en septembre. Il n'en avait vu aucun exemplaire mais des affiches l'annonçaient dans la vitrine de la librairie Hatchard : *Le Butin du lion*, « Un nouveau best-seller étincelant ». Mungo trouvait le titre très mauvais mais c'était peut-être parce qu'il en avait assez de ce genre de roman. Il traversa Nevin Square sans prendre la peine de vérifier si Lysander Douglas tenait quelque chose à la main, monta Hill Street vers Church Bar. Graham lui avait dit qu'il allait à la nouvelle piscine de Ruxeter avec Ian et Gail (ils ne pensaient qu'à se baigner) mais il reviendrait à l'heure du déjeuner. La voiture de son père se trouvait à moitié rentrée dans le garage. Il avait terminé ses visites de la matinée et le vendredi après-midi il n'opérait pas.

Mungo entra par le côté et descendit à la cuisine. Devant la table, Fergus lisait *The Times* et buvait une tasse de son célèbre cacao. Il en offrit une à Mungo, qui, comme tout le monde, refusa.

« Je ne savais pas que Graham fumait, dit Fergus en fronçant son front.

— Tu ne savais pas ?

— Il doit très bien se cacher, pour ne pas dire tromper les gens. Je n'en avais pas la moindre idée. Cela m'inquiète beaucoup. »

Mungo avait une horrible envie d'éclater de rire, pourtant ce n'était pas drôle, rien n'était drôle. L'ironie !...

« Il devait me croire sorti. Et il fumait une cigarette ici. La grande majorité des fumeurs commence pendant l'adolescence. On prend l'habitude au cours de l'adolescence. Tu le savais, Mungo ?

— Je le savais effectivement.

— Tu fumes des cigarettes parfois, Mungo ?

— Non », répondit Mungo et parce que cela ne suffisait pas, il ajouta : « Je ne fume pas de cigarettes. Je n'aime pas l'odeur. » Fergus le regardait d'un œil inquisiteur. « Excuse-moi, papa, il faut que je vérifie quelque chose. »

Il savait seulement que la musique qu'il entendait était d'Albinoni parce que Angus le lui avait dit. Un compositeur vénitien très apprécié, auteur d'une quarantaine d'opéras qu'admirait Bach, avait dit Angus. En montant l'escalier, Mungo pensa à l'ancienne amitié d'Angus pour Guy Parker, une amitié dont il avait entendu vaguement parler et dont il se souvenait peu. Angus avait-il trahi Guy Parker ? Ou était-ce l'inverse ? Il ne le saurait jamais. Comme d'habitude, Angus avait laissé sa porte ouverte. L'allegro s'arrêta et Angus, un livre à la main, mit l'adagio.

« Une souris qui meurt d'un cancer vaut la mise à sac de Rome par les barbares, dit Angus. Tu ne saurais pas par hasard qui a dit cela ?

— Moi ? Non, je ne sais pas. Pourquoi ?

— Qu'aimerais-tu pour le déjeuner ? J'ai dit à maman que j'irais chercher des plats à emporter. Elle a téléphoné, elle a une urgence. Que dirais-tu de la cuisine grecque ? »

Mungo qui ne jurait jamais répondit violemment : « Nom de Dieu, pas de Grecs ! Tout mais pas ça ! » Et il eut ce que Ian aurait appelé une de ses visions. Il se trouvait sur la colline, au point d'observation, prêt à donner son explication du code. Mais Angus n'avait pas écouté, il s'était retourné et, très en colère, avait parlé de vivre au lieu de jouer. Quand Mungo avait commencé à expliquer, il descendait la colline en écrasant les herbes parfumées, entre les oliviers et les cyprès. Mungo regarda son frère, son visage doux et étonné, et la vision disparut comme la brume sur la Tour de Guet. « Excuse-moi, dit-il. Tu me connais, je préfère toujours la cuisine indonésienne. »

Mungo monta dans sa chambre. Il resta devant la petite fenêtre ronde sous le toit. Il va falloir que je collectionne quelque chose. Ou que je recommence l'escrime. Ou que je lise d'autres livres. Graham, Ian et Gail arrivaient dans Hill Street. Les autres portaient leurs affaires de bain dans un sac de chez Sainsbury, mais Graham tenait les siennes roulées sous le bras. Il éteignit sa cigarette à demi fumée juste avant que Mungo les perde de vue, entre le trottoir et la porte latérale. Voilà sans doute ce que son père voulait dire par « tromper les gens ».

Mungo sortit de sa chambre et descendit lentement la première partie de l'escalier. Ian et Gail ne monteraient pas, ils iraient directement dans la cuisine pour se faire du café qu'ils buvaient sans arrêt. Mungo resta sur le palier devant la porte de la chambre de Graham et remarqua qu'Angus n'était plus là. Sa porte n'était fermée que quand il sortait.

Les cheveux encore humides, collés sur le sommet de sa tête comme de la peinture noire, Graham monta l'escalier deux marches à la fois. Il portait son vieux tee-shirt, celui avec la pieuvre. Mungo lui dit :

« On peut parler ? »

Il vit toute la lumière et tout l'enthousiasme disparaître du visage de Graham. Graham ouvrit la porte de sa chambre et la referma doucement derrière eux. Ils restèrent debout l'un en face de l'autre.

« C'est toi la taupe, n'est-ce pas ? dit Mungo. Je le sais, n'essaie pas de nier.

— Je n'avais pas l'intention de nier.

— J'aurais dû le comprendre le jour où j'ai fait une erreur sur le numéro de *L'Armée du tatou*. J'ai été stupide. J'ai fait une vraie erreur, je t'ai dit « huit » alors que je voulais dire « sept ». C'est pour cela que l'agence de Moscou n'a pas pu déchiffrer le code. » Il se sentit ridicule de parler de l'agence de Moscou comme si elle avait réellement existé, comme si tout cela n'avait pas été faux. « Je me demande pourquoi tu ne leur as jamais dit où se trouvait le lieu de rendez-vous. Mais tu leur as peut-être dit et ça ne les a pas intéressés. Je n'ai jamais pigé. Je t'ai fait confiance. »

Graham alluma une cigarette. « Ce n'était qu'un jeu.

— Quelle différence ? »

Il n'attendait pas de réponse et il n'en obtint pas. « Pourquoi ? demanda-t-il. Pourquoi, si ce n'était qu'un jeu — il parlait en choisissant bien ses mots — et après tout nous sommes jeunes, nous sommes encore au collège... on n'a rien pu t'offrir. Pas d'argent, pas de pot-de-vin. A moins... » Mungo eut une idée. « Ils ne te faisaient pas de chantage, n'est-ce pas ? »

Graham secoua la tête. Malgré sa taille il devait lever les yeux pour regarder Mungo. « A propos de quoi pourrait-on me faire du chantage, vieux ?

— Ne m'appelle pas comme ça. Il n'y a que mes frères qui le font. »

Graham rougit sous le ton méprisant. « C'était pour... oh, merde !... c'était pour rire.

— Tu m'as trahi pour rire ? »

Il y eut un long silence. Très loin, en bas, une porte claqua. Mungo pensa qu'il comprenait ce qu'Angus lui avait dit, sur la mort d'une souris qui valait la mise à sac d'une ville. Il alla jusqu'à la porte de la chambre et l'ouvrit, car il avait entendu des voix en bas. Derrière lui, Graham dit :

« Il vaut mieux que je te le dise. J'attendais l'occasion. Je quitte Rossingham, je vais à Utting au prochain trimestre. »

La tête d'Angus apparut en bas de l'escalier. « Charles Mabledene est là, vieux. Il dit qu'il doit te voir immédiatement. »

Autrefois, Mungo aurait dit avec un peu d'emphase : qu'on le fasse monter. Il répondit seulement : « D'accord. » Il avait oublié le rendez-vous avec Charles Mabledene. « Il peut monter s'il veut. »

Qui avait fixé le rendez-vous, Charles Mabledene ou lui ? Mungo ne s'en souvenait plus et moins encore du sujet de l'entretien. Il recula en tenant la porte ouverte pour laisser passer Graham et détourna la tête pour ne pas le regarder. Il craignait que ces émotions inconnues lui fassent faire quelque chose dont il aurait honte plus tard. La chambre empestait la fumée de cigarette. Charles Mabledene entra. Il tourna la tête et renifla comme un petit animal délicat.

« Bonjour. »

Mungo hocha la tête sans rien dire.

« J'ai un certain nombre de choses à te demander. » Il avait toujours une voix de soprano bien qu'un peu voilée. Il semblait impeccable et propre comme si on l'avait lavé et frotté dans le salon de coiffure de sa mère. « Des questions. » Charles Mabledene hésita avant de poursuivre. Mungo l'interrompit.

« Je démissionne, dit-il. J'abandonne la direction de l'agence de Londres. »

Une petite langue rose pointa et humecta les lèvres de Charles. « Ah », dit-il. Puis : « Je suppose que Méduse te succède. »

Mungo répondit par un « Non ! » violent.

Ils se regardèrent. Ils entendirent la voix de Fergus, en bas de l'escalier, qui annonçait que le repas serait prêt dans cinq minutes. Mungo dit : « J'ai pensé que tu pouvais...

— Oui, répondit Charles. Oui, j'accepte.

— Alors, c'est d'accord.

— Va déjeuner maintenant. Je pars. Je me débrouillerai tout seul. »

Brusquement, il avait parlé comme un homme de quarante ans. Mais il avait toujours été un peu comme ça. Après son départ, Mungo resta au milieu de la chambre. Il avait le sentiment curieux de pouvoir rester ici pour toujours — en tout cas, pendant des heures — vide, froid plutôt, en fait très déprimé, car, semblait-il, il n'y avait, il n'y aurait jamais rien d'autre à faire. Mais il bougea bientôt, ferma à moitié les paupières, se secoua puis, se ressaisissant, il descendit l'escalier pour aller prendre le déjeuner indonésien.

VIII

Il s'en était fallu de peu. Charles se souvint juste à temps qu'il ne pouvait absolument pas demander à Mungo pourquoi on lui avait fait subir cette épreuve, pourquoi on l'avait envoyé comme appât ou comme proie auprès de Peter Moran. Après tout, c'était un assassin et à ce titre il se trouvait sous le coup de la loi. Il s'agissait de quelque chose dont il ne pourrait jamais parler à quiconque ni même y faire allusion.

Cela n'avait pas d'importance. Il pourrait vivre avec. Il continuerait sans doute à rêver de Peter Moran tombant à la renverse dans l'escalier, il entendrait le craquement, il verrait la mâchoire ensanglantée et enfoncée — et il se réveillerait en hurlant. Aujourd'hui, déjà, son père et sa mère se précipitaient, inquiets. Ils parlaient de puberté qui commençait. De toute façon, il pourrait vivre avec. Il pouvait tout supporter maintenant qu'il avait obtenu ce qu'il désirait : Charles Mabledene, alias Dragon, directeur en chef de l'agence de Londres.

Les choses allaient changer. Les scrupules du temps de Mungo — inexplicablement abandonnés dans l'histoire de Peter Moran — n'auraient plus leur place sous le nouveau régime. Quand on réfléchissait à ce qu'on pouvait accomplir avec des scrupules, les renseignements du comité d'urbanisme, l'affaire de la voiture de Ralston, les invitations trafiquées, on imaginait les possibilités offertes quand on les rejetait. On en finirait avec ces histoires de code. A quoi servait le téléphone ? L'interdiction de ce que Mungo appelait assez naïvement « malhonnêteté » serait la première chose à supprimer. Charles imaginait une sorte de mafia, mais dirigée par les meilleurs de la génération montante, les premiers cerveaux du pays, l'élite des collèges privés, avec à sa tête quelqu'un qui avait déjà tué son homme...

Une belle journée : une heure et trois minutes, vingt-quatre degrés. Charles traversa Hillbury Place et se dirigea vers le salon de coiffure. Sa mère s'arrêterait bientôt pour déjeuner. Pour payer à déjeuner à son fils, rectifia-t-il. Il ouvrit la porte et elle tourna la tête en interrompant sa conversation avec une cliente. D'un des casques-séchoirs, il sortit en souriant une poignée d'œufs peints et un lapin en peluche bleue. Il aurait aimé qu'une volée de colombes apparaisse mais il n'avait pas encore appris à faire ce tour.

ROMANS ET RECUEILS DE NOUVELLES

1964. FROM DOOM WITH DEATH
UN AMOUR IMPORTUN (*héros* : l'inspecteur Wexford). Traduction Gérard de Chergé, Librairie des Champs-Élysées, 1981.

1965. TO FEAR A PAINTED DEVIL
LA DANSE DE SALOMÉ. Traduction Michel Duchein, Éditions Julliard, 1970.

1966. VANITY DIES HARD
FANTASMES. Traduction Marie-Louise Navarro, Librairie des Champs-Élysées, 1977.

1967. A NEW LEASE OF DEATH
LE PASTEUR DÉTECTIVE (*héros* : l'inspecteur Wexford). Traduction Marie-Louise Navarro, Librairie des Champs-Élysées, 1978.

WOLF TO THE SLAUGHTER
LA POLICE CONDUIT LE DEUIL (*héros* : l'inspecteur Wexford). Traduction Kitty Swanson, Éditions Denoël, 1972.

1968. THE SECRET HOUSE OF DEATH
LA MAISON DE LA MORT. Traduction Kitty Swanson, Éditions Denoël, 1973.

1969. THE BEST MAN TO DIE
QUI A TUÉ CHARLIE HATTON ? (*héros* : l'inspecteur Wexford). Traduction Marie-Louise Navarro, Librairie des Champs-Élysées, 1976.

1970. A GUILTY THING SURPRISED
ET TOUT ÇA EN FAMILLE... (*héros* : l'inspecteur Wexford). Traduction Marie-Louise Navarro, Librairie des Champs-Élysées, 1986.

1971. ONE ACROSS, TWO DOWN

MORTS CROISÉES. Traduction Jane Fillion, Éditions Denoël, 1971.

NO MORE DYING THEN

LE PETIT ÉTÉ DE LA SAINT LUKE (*héros*: l'inspecteur Wexford). Traduction Marie-Louise Navarro, Librairie des Champs-Élysées, 1980.

1972. MURDER BEING ONCE DONE

UNE FILLE DANS UN CAVEAU (*héros* : l'inspecteur Wexford). Traduction Jane Fillion, Éditions Denoël, 1974.

1973. SOME LIE AND SOME DIE

REVIENS-MOI (*héros*: l'inspecteur Wexford). Traduction Gérard de Chergé, Librairie des Champs-Élysées, 1980.

1974. THE FACES OF TRESPASS

LE JEUNE HOMME ET LA MORT. Traduction Jean-Michel Alamagny, Librairie des Champs-Élysées, 1990.

1975. SHAKE HANDS FOR EVER

MEURTRE INDEXÉ (*héros* : l'inspecteur Wexford). Traduction Joseph Valensi, Éditions Opta, 1977.

1976. A DEMON IN MY VIEW

L'ENVELOPPE MAUVE. Traduction Marie-Louise Navarro, Librairie des Champs-Élysées, 1979.

THE FALLEN CURTAIN AND OTHER STORIES

CES CHOSES-LÀ NE SE FONT PAS (recueil de dix nouvelles). Traduction Gérard de Chergé, Librairie des Champs-Élysées, 1979.

1977. A JUDGEMENT IN STONE

L'ANALPHABÈTE. Traduction Marie-Louise Navarro, Librairie des Champs-Élysées, 1978.

1978. A SLEEPING LIFE

ÉTRANGE CRÉATURE (*héros*: l'inspecteur Wexford). Traduction Marie-Louise Navarro, Librairie des Champs-Élysées, 1980.

1979. MAKE DEATH LOVE ME

LA BANQUE FERME À MIDI. Adaptation française de Jean-André et Claudine Rey, Librairie des Champs-Élysées, 1986.

MEANS OF EVIL AND OTHER STORIES

L'INSPECTEUR WEXFORD (recueil de cinq nouvelles ; *héros* : l'inspecteur Wexford). Traduction Gérard de Chergé, Librairie des Champs-Élysées, 1981.

1980. THE LAKE OF DARKNESS

LE LAC DES TÉNÈBRES. Traduction Marie-Louise Navarro, Librairie des Champs-Élysées, 1981.

1981. PUT ON BY CUNNING

LA FILLE QUI VENAIT DE LOIN (*héros*: l'inspecteur Wexford). Traduction Marie-Louise Navarro, Librairie des Champs-Élysées, 1983.

1982. THE MASTER OF THE MOOR

LE MAÎTRE DE LA LANDE. Traduction Marie-Louise Navarro, Librairie des Champs-Élysées, 1982. *(Prix du Roman d'aventures 1982.)*

THE FEVER TREE AND OTHER STORIES

LA FIÈVRE DANS LE SANG (recueil de onze nouvelles). Traduction Marie-Louise Navarro, Librairie des Champs-Élysées, 1984.

L'ARBRE À FIÈVRE (recueil de onze nouvelles). Traduction Oristelle Bonis, Éditions Calmann-Lévy, 1991.

1984. THE SPEAKER OF MANDARIN

QUI NE TUERAIT LE MANDARIN? (*héros*: l'inspecteur Wexford). Traduction Marie-Louise Navarro, Librairie des Champs-Élysées, 1985.

THE KILLING DOLL

SON ÂME AU DIABLE. Traduction Marie-Louise Navarro, Librairie des Champs-Élysées, 1985.

THE TREE OF HANDS

UN ENFANT POUR UN AUTRE. Traduction Philippe Noble, Éditions Calmann-Lévy, 1985.

1985. THE NEW GIRLFRIEND

UNE AMIE QUI VOUS VEUT DU BIEN (recueil de onze nouvelles). Traduction divers, Librairie des Champs-Élysées, 1991.

AN UNKINDNESS OF RAVENS

LES CORBEAUX ENTRE EUX (*héros*: l'inspecteur Wexford). Traduction Jean-André et Claudine Rey, Librairie des Champs-Élysées, 1986.

1986. A DARK-ADAPTED EYE (signé Barbara VINE)

VERA VA MOURIR (signé Ruth RENDELL). Traduction Françoise et Guy Casaril, Éditions Calmann-Lévy, 1987.

LIVE FLESH

L'HOMME À LA TORTUE. Traduction Michel Courtois-Fourcy, Éditions Calmann-Lévy, 1987.

1987. HEARTSTONES

DOUCES MORTS VIOLENTES. Traduction Solange Lecomte, Éditions Belfond, 1988.

A FATAL INVERSION

L'ÉTÉ DE TRAPELLUNE. Traduction Frédérique Nathan, Éditions Calmann-Lévy, 1988.

TALKING TO STRANGE MEN

LA GUEULE DU LOUP. Traduction Jean Guiloineau, Éditions Calmann-Lévy, 1989.

1988. THE HOUSE OF STAIRS

LA MAISON AUX ESCALIERS. Traduction Isabelle Rosselin-Bobusco, Éditions Calmann-Lévy, 1989.

THE VEILED ONE

LES DÉSARROIS DU PR. SANDERS (*héros*: l'inspecteur Wexford). Traduction Jean-Noël Chatain, Librairie des Champs-Élysées, 1991.

1989. THE BRIDESMAID

LA DEMOISELLE D'HONNEUR. Traduction Pierre-Guillaume Lebon, Éditions Calmann-Lévy, 1991.

1990. GALLOWGLASS (signé Barbara VINE)

RAVISSEMENTS. Traduction Sabine Porte, Éditions Calmann-Lévy, 1991.

MARIE-THÉRÈSE NAUDON

DANS LA MÊME COLLECTION

HISTOIRE ET ESSAIS

ANSERMET, Ernest
Les Fondements de la musique dans la conscience humaine et autres écrits *(1 volume)*

BARK, Dennis. – GRESS David R.
Histoire de l'Allemagne (depuis 1945) *(1 volume à paraître)*

BENOIST-MÉCHIN, Jacques
Soixante jours qui ébranlèrent l'Occident (10 mai – 10 juillet 1940) *(1 volume)*
Histoire de l'armée allemande *(2 volumes)* : *Tome 1* : 1918-1937 – *Tome 2* : 1937-1939

BOORSTIN, Daniel
Les Découvreurs *(1 volume)*
Histoire des Américains *(1 volume)*

CHALIAND, Gérard
Anthologie mondiale de la stratégie – De Sun Zi au nucléaire *(1 volume)*

COURRIÈRE, Yves *(2 volumes sous coffret)*
Tome 1 : La guerre d'Algérie (1954-1957) : Les Fils de la Toussaint – Le Temps des léopards – *Tome 2* : La guerre d'Algérie (1958-1962) : L'Heure des colonels – Les Feux du désespoir *(1 volume)*

FRAZER, James George
Le Rameau d'Or *(4 volumes)* : *Tome 1* : Le roi magicien dans la société primitive – Tabou ou les périls de l'âme – *Tome 2* : Le dieu qui meurt, Adonis, Atys et Osiris – *Tome 3* : Esprits des blés et des bois, Le bouc émissaire – *Tome 4* : Balder le Magnifique, Bibliographie générale

GABORY, Émile
Les Guerres de Vendée *(1 volume)*

GIBBON, Edward
Histoire du déclin et de la chute de l'Empire romain *(2 volumes)* : *Tome 1* : Rome (de 96 à 582) – *Tome 2* : Byzance (de 455 à 1 500)

GUILLEMINAULT, Gilbert
Le Roman vrai de la IIIe et de la IVe République (1870-1958) *(2 volumes)* : *Tome 1* : 1870-1918 – *Tome 2* : 1919-1958

LA RÉVOLUTION FRANÇAISE (1789-1799)
Histoire et dictionnaire par Jean Tulard, Jean-François Fayard, Alfred Fierro *(1 volume)*

LAVISSE, Ernest
Louis XIV. Histoire d'un grand règne (1643-1715) *(1 volume)*

LE MONDE ET SON HISTOIRE, collection dirigée par Maurice Meuleau
Le monde antique et les débuts du Moyen Age par Maurice Meuleau et Luce Pietri *(1 volume)*
La fin du Moyen Age et les débuts du monde moderne par Luce Pietri et Marc Venard *(1 volume)*

Les révolutions européennes et le partage du monde ; le monde contemporain de 1914 à 1938 par Louis Bergeron et Marcel Roncayolo *(1 volume)*
Le monde contemporain de la Seconde Guerre mondiale à nos jours par Marcel Roncayolo *(1 volume)*

LEROY-BEAULIEU, Anatole
L'Empire des tsars et les Russes *(1 volume)*

MACAULAY, Thomas Babington
Histoire d'Angleterre depuis l'avènement de Jacques II (1685) jusqu'à la mort de Guillaume III (1702) *(2 volumes sous coffret)*

McPHERSON, James M.
La Guerre de Sécession (1861-1865) *(1 volume)*

MICHELET, Jules
Histoire de la Révolution française *(2 volumes sous coffret)*
Le Moyen Age *(1 volume)*
Renaissance et Réforme : Histoire de France au XVIe siècle *(1 volume)*

MOMMSEN, Theodor
Histoire romaine *(2 volumes)* : *Tome 1* : Des commencements de Rome jusqu'aux guerres civiles – *Tome 2* : La Monarchie militaire

NAPOLÉON A SAINTE-HÉLÈNE
Par les quatre Évangélistes : Las Cases, Gourgaud, Montholon, Bertrand. Textes préfacés, choisis et commentés par Jean Tulard *(1 volume)*

RANKE, Léopold
Histoire de la Papauté pendant les seizième et dix-septième siècles *(1 volume)*

REVEL, Jean-François
Ni Marx ni Jésus – La tentation totalitaire – La grâce de l'état – Comment les démocraties finissent *(1 volume)*

RIASANOVSKY, Nicholas V.
Histoire de la Russie (des origines à 1984) *(1 volume)*

ROSTOVTSEFF, Michel
Histoire économique et sociale de l'Empire romain *(1 volume)*
Histoire économique et sociale du monde hellénistique *(1 volume)*

SAINTYVES, Pierre
Les contes de Perrault et les récits parallèles – En marge de la Légende dorée – Les reliques et les images légendaires *(1 volume)*

TAINE, Hippolyte
Les origines de la France contemporaine *(2 volumes)* : *Tome 1* : L'Ancien Régime – La Révolution ; *Tome 2* : La Révolution – Le Régime moderne

THOMAS, Hugh
La guerre d'Espagne (juillet 1936-mars 1939) *(1 volume)*

THUCYDIDE
Histoire de la guerre du Péloponnèse *(1 volume)*

TOCQUEVILLE, Alexis de
De la démocratie en Amérique – Souvenirs – L'Ancien Régime et la Révolution *(1 volume)*

VIANSSON-PONTÉ, Pierre
Histoire de la République gaullienne (mai 1958-avril 1969) *(1 volume)*

WALLON, Henri
Histoire de l'esclavage dans l'Antiquité *(1 volume)*

WILSON, Arthur M.
Diderot – Sa vie et son œuvre *(1 volume)*

LITTÉRATURE

ALLAIS, Alphonse

Œuvres Anthumes : A se tordre – Vive la vie ! – Pas de bile ! – Le Parapluie de l'escouade – Rose et vert pomme – Deux et deux font cinq – On n'est pas des bœufs – Le Bec en l'air – Amours, délices et orgues – Pour cause de fin de bail – Ne nous frappons pas – Le Captain Cap *(1 volume)*

Œuvres Posthumes, 1877-1900 : Le Tintamarre – L'Hydropathe – Le Chat Noir – Gil Blas – Le Journal *(1 volume)*

AVENTURES POUR TOUS LES TEMPS

Léon Cahun : La Bannière bleue – Edmond About : Le Roi des montagnes – Alfred Assolant : Aventures merveilleuses mais authentiques du capitaine Corcoran – Théophile Gautier : Le Capitaine Fracasse *(1 volume)*

BALZAC, Honoré de

Le Père Goriot – Les Illusions perdues – Splendeurs et misères des courtisanes *(1 volume)*

Lettres à Madame Hanska *(2 volumes sous coffret)* : *Tome 1* : 1832-1844 ; *Tome 2* : 1844-1850

BARBEY D'AUREVILLY, Jules

Une Vieille Maîtresse – Un prêtre marié – L'Ensorcelée – Les Diaboliques – Une page d'histoire *(1 volume)*

BARRÈS, MAURICE

Œuvres romanesques *(2 volumes sous coffret à paraître) Tome 1* : Le Culte du Moi – Du Sang, de la Volupté et de la Mort - Le Roman de l'énergie nationale ; *Tome 2* : Amori et dolori sacrum – Les Amitiés françaises – Les Bastions de l'Est – La Colline inspirée – Le Voyage à Sparte – Greco ou le Secret de Tolède – Un jardin sur l'Oronte – Le Mystère en pleine lumière

BLONDIN, Antoine

Œuvres : L'Europe buissonnière – Les enfants du bon Dieu – L'humeur vagabonde – Un singe en hiver – Monsieur Jadis – Quat' saisons – Certificats d'études – Ma vie entre des lignes – L'ironie du sport *(1 volume)*

BOILEAU-NARCEJAC

Quarante ans de suspense *(5 volumes)* : *Tome 1* : L'ombre et la proie – Celle qui n'était plus – Les visages de l'ombre – L'ange gardien – D'entre les morts – Les louves – Le dernier mot – Le mauvais œil – Au bois dormant – Meurtre au ralenti – Les magiciennes – L'ingénieur aimait trop les chiffres – Le grand secret – Le retour – A cœur perdu

Tome 2 : Sylvestre à qui je dois la vie – Maléfices – Maldonne – Les victimes – 6 – 1 = 6 – Le mystère de Sutton Place – ... Et mon tout est un homme – Le Train bleu s'arrête treize fois... – Les apprenties détectives – La mort a dit : peut-être – Télé-crime – La bête noire – La porte du large – La clef.

Tome 3 : Delirium – L'île – Les veufs – Récital pour une blonde – Sans Atout et le cheval fantôme – Sans Atout contre l'homme à la dague – Trois indispensables alibis – Manigances – La vie en miettes – Trois nouvelles pour le Journal du Dimanche – Les pistolets de Sans Atout – Opération Primevère – Nouvelles 1973-74 – Frère Judas.

Tome 4 : L'Étrange Traversée – La Tenaille – Nouvelles 1975-76 – La Lèpre – Nouvelles 1977 – Les Apprenties détectives – L'Âge bête – Impunité – Carte Vermeil – Les Intouchables – Terminus – À une heure près – Box-office – Mamie – Un cas unique – Les Eaux dormantes – Dans la gueule du loup

Tome 5 : L'Invisible Agresseur – Les Énigmes littéraires de Boileau-Narcejac – La Dernière Cascade – Le Soupçon – Schuss – Une étrange disparition – L'As de pique – Mr. Hyde – Le cadavre fait le mort – Champs clos – La Brebis galeuse – Nouvelles pièces retrouvées – Tandem ou 35 ans de suspense

BRONTË, Anne, Charlotte, Emily, Patrick Brandwell *(3 volumes)*

Tome 1 : E. Brontë : Wuthering Heights ; A. Brontë : Agnès Grey ; C. Brontë : Villette.

Tome 2 : C. Brontë : Jane Eyre ; A. Brontë : La Châtelaine de Wildfell Hall ; C. Brontë : Le Professeur.

Tome 3 (à paraître en 1992) : C. Brontë : Caractères des hommes célèbres – Albion et Marina – Le Grand Monde à Verdopolis – Le Sortilège – Quatre Ans plus tôt ; P.B. Brontë : Brandwell's Blackwood's magazine – L'Histoire des jeunes hommes – Le Pirate – La Mort de Mary Percy – Et ceux qui sont las se reposent ; C. Brontë : Shirley ; A., C. et E. Brontë : Choix de poèmes

CARROLL, Lewis *(2 volumes sous coffret)*

Tome 1 : Les Aventures d'Alice sous terre – Les Aventures d'Alice au pays des merveilles – De l'autre côté du miroir et ce qu'Alice y trouva – Le Frelon à perruque – Alice racontée aux petits enfants – Autour du pays des merveilles – Lettres à ses amies-enfants – Visite d'Isa à Oxford – Visite de Maggie à Oxford – Jeux, casse-tête, inventions – Nuages matinaux – La Guida di bragia – Fantasmagorie et poésies diverses – Journaux

Tome 2 : La Chasse au Snark – Sylvie et Bruno – Tous les contes et nouvelles – Une histoire embrouillée – Le Magazine du presbytère – Le Parapluie du presbytère – Méli-Mélo – Logique sans peine – La Vie à Oxford – Essais et opinions

CESBRON, Gilbert

Notre prison est un royaume – Les saints vont en enfer – Chiens perdus sans collier – Il est plus tard que tu ne penses *(1 volume)*

COLETTE *(3 volumes sous coffret)*

Romans, récits, souvenirs (1900-1919), *Tome 1* : Claudine à l'école – Claudine à Paris – Claudine en ménage – Claudine s'en va – La Retraite sentimentale – Les Vrilles de la vigne – L'Ingénue libertine – La Vagabonde – L'Envers du music-hall – L'Entrave – La Paix chez les bêtes – Les Heures longues – Dans la foule – Mitsou

Romans, récits, souvenirs (1920-1940), *Tome 2* : Chéri – La Chambre éclairée – Le Voyage égoïste – La Maison de Claudine – Le Blé en herbe – La Femme cachée – Aventures quotidiennes – La Fin de Chéri – La Naissance du jour – La Seconde – Sido – Douze Dialogues de bêtes – Le Pur et l'Impur – Prisons et paradis – La Chatte – Duo – Mes apprentissages – Bella-Vista – Le Toutounier – Chambre d'hôtel

Romans, récits, souvenirs (1941-1949), critique dramatique (1934-1938), *Tome 3* : Journal à rebours – Julie de Carneilhan – De ma fenêtre – Le Képi – Trois...Six...Neuf... – Gigi – Belles saisons – L'Étoile Vesper – Pour un herbier – Le Fanal bleu – Autres bêtes – En pays connu – La Jumelle noire

COURTELINE, Georges

Théâtre, contes, romans, nouvelles, écrits divers et fragments retrouvés : Boubouroche – La Peur des coups – Un client sérieux – Hortense couche-toi ! – Monsieur Badin – Théodore cherche des allumettes – La Voiture versée – Les Boulingrin – Le gendarme est sans pitié – Le commissaire est bon enfant – L'Article 330 – Les Balances – La Paix chez soi – Mentons bleus – Le Miroir concave – Lieds de Montmartre – Dindes et grues – Les Miettes de la table – Scènes de la vie de bureau – Les Fourneaux – L'Ami des lois – Messieurs les ronds de cuir – Les Linottes – Le Train de 8 h 47 – Les Gaîtés de l'escadron – Philosophie – Pochades et chroniques – L'Affaire Champignon – Rimes – X..., roman impromptu *(1 volume)*

DICKENS, Charles

Les Grandes Espérances – Le Mystère d'Edwin Drood – Récits pour Noël *(1 volume)*

DOYLE, Conan

Sherlock Holmes *(2 volumes)* : *Tome 1* : Une étude en rouge – Le signe des quatre – Les aventures de Sherlock Holmes – Les mémoires de Sherlock Holmes – Le retour de Sherlock Holmes

Tome 2 : La vallée de la peur – Le chien des Baskerville – Les archives de Sherlock Holmes – Son dernier coup d'archet – Les exploits de Sherlock Holmes

Les Exploits du Pr Challenger et autres aventures étranges : Le Monde perdu

– La Ceinture empoisonnée – La Machine à désintégrer – Quand la terre hurla – Au pays des brumes – Le Monde perdu sous la mer – Contes de terreur – Contes de crépuscule – Contes d'aventures – La Tragédie du « Korosko » – Contes de l'eau bleue – Contes de pirates *(1 volume)*

Le Brigadier Gérard : Les exploits du brigadier Gérard – L'Oncle Bernac – Les Aventures du brigadier Gérard – La Grande Ombre – Contes du camp – Les Réfugiés – Contes d'autrefois – Contes du ring – Contes de médecins – Contes de mystère *(1 volume)*

DUMAS, Alexandre

Mes mémoires – Quid d'Alexandre Dumas *(2 volumes)*

Romans du XVIIIe siècle : Mémoires d'un médecin *(3 volumes)*

Tome 1 : Joseph Balsamo précédé d'un dictionnaire des personnages

Tome 2 : Le Collier de la reine, Ange Pitou – *Tome 3* : La Comtesse de Charny – Le Chevalier de Maison-Rouge

Romans du XVIIe siècle : Les mousquetaires *(3 volumes)*

Tome 1 : Les trois mousquetaires – vingt ans après, précédé d'un dictionnaire des personnages

Tome 2 : Le vicomte de Bragelonne

Tome 3 : Le vicomte de Bragelonne (suite)

FABRE, Jean-Henri

Souvenirs entomologiques, suivis d'un répertoire analytique *(2 volumes illustrés sous coffret)*

FÉVAL, Paul

Les Habits Noirs *(2 volumes)* : *Tome 1* : Les Habits Noirs – Cœur d'acier – La rue de Jérusalem – L'arme invisible ; *Tome 2* : Maman Léo – L'avaleur de sabres – Les compagnons du trésor – La bande cadet

FLAUBERT, Gustave

Madame Bovary – L'Éducation sentimentale – Bouvard et Pécuchet suivi du Dictionnaire des idées reçues – Trois Contes *(1 volume)*

FLEMING, Ian

James Bond 007 *(2 volumes)* : *Tome 1* : Casino Royal – Vivre et laisser mourir – Entourloupe dans l'azimut – Les diamants sont éternels – Les contrebandiers du diamant – Bons baisers de Russie – Docteur No

Tome 2 : Goldfinger – Bons baisers de Paris – Opération tonnerre – Motel 007 ou l'espion qui m'aimait – Au service secret de Sa Majesté – On ne vit que deux fois – L'homme au pistolet d'or – Meilleurs vœux de la Jamaïque

FONTANE, Theodor

Errements et tourments – Jours disparus – Frau Jenny Treibel – Effi Briest *(1 volume)*

GALLO, Max

La Baie des anges – Le Palais des fêtes – La Promenade des Anglais *(1 volume)*

GONCOURT, Edmond et Jules de

Journal. Mémoires de la vie littéraire, 1851-1896 *(3 volumes sous coffret)*

GREENE, Graham

La Puissance et la Gloire – Le Fond du problème – La Fin d'une liaison *(1 volume)*

Un Américain bien tranquille – Notre agent à la Havane – Le Facteur humain *(1 volume)*

HIGHSMITH, Patricia

L'Inconnu du Nord-Express – Monsieur Ripley (Plein Soleil) – Ripley et les Ombres – Ripley s'amuse (L'Ami américain) – Sur les pas de Ripley *(1 volume)*

HOUGRON, Jean

La Nuit indochinoise *(2 volumes)* : *Tome 1* : Tu récolteras la tempête – Soleil au ventre – Rage blanche – Mort en fraude ; *Tome 2* : Les Portes de l'aventure – Les Asiates – La Terre du barbare

ITALIES de Yves Hersant
Anthologie des voyageurs français aux XVIIIe et XIXe siècles *(1 volume)*

JAMES, Henry
Daisy Miller – Les Ailes de la Colombe – Les Ambassadeurs *(1 volume)*

KIPLING, Rudyard
Le livre de la jungle – Le second livre de la jungle – La première apparition de Mowgli – Kim – Simples contes des collines – Fantômes et prodiges de l'Inde – Capitaines courageux *(1 volume)*
Au hasard de la vie – Histoires en noir et blanc – Trois soldats – Le Nauhlaka – Sous les cèdres de l'Himalaya – Wee Willie Winkie – L'administration Smith – Le Rickshaw fantôme et autres contes étranges – Monseigneur l'éléphant *(1 volume)*
Puck, lutin de la colline – Le retour de Puck – La lumière qui s'éteint – Histoires comme ça – Ce chien, ton serviteur – Stalky et Cie – L'histoire des Gadsby – Les yeux de l'Asie – Souvenirs – Un peu de moi-même – Histoire des mers violettes *(1 volume)*

LA BIBLE *(1 volume sous coffret)*

LABICHE, Eugène
Théâtre – 42 pièces *(2 volumes)*

LA LÉGENDE ARTHURIENNE
Le Graal et la Table Ronde. Récits du XIIe au XVe siècle : Perceval le Gallois, par Chrétien de Troyes – Perlesvaus – Merlin et Arthur – Le Chevalier à l'épée – L'Atre périlleux – Hunbaut – La Demoiselle à la mule – Le Livre de Caradoc – Gliglois – Méraugis de Portlesguez, par Raoul de Houdenc – Le Roman de Jaufré – Blandin de Cornouaille – Les Merveilles de Rigomer – Méliador, par Jean Froissart – Le Chevalier au Papegau *(1 volume)*

LEBLANC, Maurice
Arsène Lupin *(5 volumes)* : *Tome 1* : La comtesse de Cagliostro – Arsène Lupin, gentleman cambrioleur – Les confidences d'Arsène Lupin – Le retour d'Arsène Lupin – Arsène Lupin – Le bouchon de cristal – Arsène Lupin contre Herlock Sholmès – L'aiguille creuse
Tome 2 : La demoiselle aux yeux verts – Les huit coups de l'horloge – « 813 » – L'éclat d'obus – Le triangle d'or – L'île aux trente cercueils
Tome 3 : Les dents du tigre – L'homme à la peau de bique – L'agence Barnett et Cie – Le cabochon d'émeraude – La demeure mystérieuse – La barre-y-va – La femme aux deux sourires – Victor de la brigade mondaine – La Cagliostro se venge
Tome 4 : Boileau-Narcejac : Le secret d'Eunerville – La poudrière – Le second visage d'Arsène Lupin – La justice d'Arsène Lupin – Le serment d'Arsène Lupin – L'affaire Oliveira. Maurice Leblanc : Dorothée danseuse de corde – Le prince de Jéricho – Les milliards d'Arsène Lupin. Valérie Catogan : Le secret des rois de France
Tome 5 : Les rivaux d'Arsène Lupin : La dent d'Hercule Petitgris – De minuit à sept heures – La vie extravagante de Balthazar – Le chapelet rouge – Le cercle rouge – La frontière – La forêt des aventures – Le formidable événement – Les trois yeux – Un gentleman

LE CARRÉ, John *(3 volumes)*
Tome 1 : L'Appel du mort – Chandelles noires – L'Espion qui venait du froid – Le Miroir aux espions – La Taupe – Comme un collégien
Tome 2 : Les Gens de Smiley – Une petite ville en Allemagne – La Petite Fille au tambour – Le Bout du voyage
Tome 3 : Un amant naïf et sentimental – Un pur espion – La Maison Russie

LE ROUGE, Gustave
Le mystérieux Docteur Cornélius – Le prisonnier de la planète Mars – La guerre des vampires – L'espionne du grand Lama – Cinq nouvelles retrouvées – Les poèmes du Docteur Cornélius *(1 volume)*

LEROUX, Gaston

Le Fantôme de l'Opéra – La Reine du sabbat – Les Ténébreuses – La Mansarde en Or *(1 volume)*

Les aventures extraordinaires de Rouletabille, reporter *(2 volumes)* : *Tome 1* : Le Mystère de la chambre jaune – Le Parfum de la dame en noir – Rouletabille chez le tsar – Le château noir – Les étranges noces de Rouletabille

Tome 2 : Rouletabille chez Krupp – Le Crime de Rouletabille – Rouletabille chez les bohémiens, suivis de : La Double vie de Théophraste Longuet – Balaoo – Les Fils de Balaoo

Chéri-Bibi : Les Cages flottantes – Chéri-Bibi et Cécily – Palas et Chéri-Bibi – Fatalitas ! – Le Coup d'état de Chéri-Bibi – Les Mohicans de Babel *(1 volume)*

LES ÉVADÉS DES TÉNÈBRES

Ann Radcliffe : Les Mystères du château d'Udolphe – Mary W. Shelley : Frankenstein ou le Prométhée moderne – Joseph Sheridan Le Fanu : Carmilla – Bram Stocker : Dracula – Gustav Meyrink : Le Golem *(1 volume)*

LES INDES FLORISSANTES de Guy Deleury

Anthologie des voyageurs français au XVIIIe siècle *(1 volume)*

LES MILLE ET UNE NUITS

Dans la traduction du Dr J.-C. Mardrus *(2 volumes sous coffret)*

LE VOYAGE EN ORIENT de Jean-Claude Berchet

Anthologie des voyageurs français dans le Levant au XIXe siècle *(1 volume)*

LE VOYAGE EN RUSSIE de Claude de Grève

Anthologie des voyageurs français en Russie au XVIIIe et au XIXe siècle *(1 volume)*

LONDON, Jack

Romans, récits et nouvelles du Grand Nord : L'Appel de la forêt – Le Fils du loup – Croc-Blanc – Construire un feu – Histoires du pays de l'or – Les Enfants du froid – La Fin de Morganson – Souvenirs et aventures du pays de l'or – Radieuse Aurore *(1 volume)*

Romans maritimes et exotiques : Le Loup des mers – Histoires des îles – L'Ile des lépreux – Jerry, chien des îles – Contes des mers du Sud – Fils du soleil – Histoires de la mer – Les Mutinés de l'« Elseneur » *(1 volume)*

Du possible à l'impossible : Michael, chien de cirque – Trois Cœurs – Le Vagabond des étoiles – Le Bureau des assassinats – Le Dieu tombé du ciel – Histoires des siècles futurs – Avant Adam *(1 volume)*

Romans et récits autobiographiques : Martin Eden – Les Pirates de San Francisco – La Croisière du Dazzler – Les Vagabonds du rail – Le Peuple de l'abîme – La Croisière du Snark – Le Mexique puni – Le Cabaret de la dernière chance *(1 volume)*

Aventures des neiges et d'ailleurs : Belliou la Fumée – L'Amour de la vie – En pays lointain – Fille des neiges – L'Aventureuse – Cherry ou Les Yeux de l'Asie – La Petite Dame de la grande maison *(1 volume)*

Épisodes de la lutte quotidienne : Le Talon de fer – Les Temps maudits – Le Jeu du ring – La Brute des cavernes – La Vallée de la lune – Avec vous pour la révolution *(1 volume)*

LOTI, Pierre

Voyages : L'Ile de Pâques – Japoneries d'automne – Au Maroc – Le Désert – Jérusalem – La Galilée – L'Inde (sans les Anglais) – Les Pagodes d'or – En passant à Mascate – Vers Ispahan – Les Derniers Jours de Pékin – Un pèlerin d'Angkor – La Mort de Philae – Suprêmes visions d'Orient *(1 volume)*

LOVECRAFT, Howard Phillips *(3 volumes)*

Tome 1 : Les Mythes de Cthulu – Légendes du mythe de Cthulu – Premiers contes – L'Art d'écrire selon Lovecraft

Tome 2 : Contes et nouvelles – L'Horreur dans le musée et autres révisions – Fungi de Yuggoth et autres poèmes fantastiques – Épouvante et surnaturel en littérature – Documents

Tome 3 : Le Monde du rêve – Parodies et pastiches – Les « Collaborations » – Lovecraft-Derleth – Rêve et réalité – Documents

MALET, Léo *(5 volumes)*
Tome 1 : Les enquêtes de Nestor Burma et les nouveaux mystères de Paris, 120, rue de la Gare – Nestor Burma contre C.Q.F.D. – Le Cinquième Procédé – Faux-Frère – Pas de veine avec le pendu – Poste restante – Le Soleil se lève derrière le Louvre – Des kilomètres de linceuls – Fièvre au marais – La Nuit de Saint-Germain-des-Près – Les Rats de Montsouris – M'as-tu vu en cadavre ?
Tome 2 : Les enquêtes de Nestor Burma et les nouveaux mystères de Paris, Corrida aux Champs Élysées – Pas de bavards à la Muette – Brouillard au pont de Tolbiac – Les eaux troubles de Javel – Boulevard... ossements – Casse-pipe à la Nation – Micmac moche au Boul'Mich – Du Rébecca rue des Rosiers – L'envahissant cadavre de la plaine Monceau
Tome 3 : Dernières enquêtes de Nestor Burma, L'homme au sang bleu – Nestor Burma et le monstre – Gros plan du macchabée – Hélène en danger – Les paletots sans manches – Nestor Burma en direct – Nestor Burma revient au bercail – Drôle d'épreuve pour Nestor Burma – Un croque-mort nommé Nestor – Nestor Burma dans l'île – Nestor Burma court la poupée
Tome 4 : Les confrères de Nestor Burma, *tome 4* : Johnny Metal – Aux mains des réducteurs de têtes – Miss Chandler est en danger – Le dé de jade – Affaire double – Le gang mystérieux – La mort de Jim Licking – L'ombre du grand mur – L'enveloppe bleue – Erreur de destinataire – Derrière l'usine à gaz – L'auberge de banlieue – Le dernier train d'Austerlitz – La cinquième empreinte – Recherché pour meurtre – Cité interdite – Mort au bowling – Énigme aux Folies-Bergère – Abattoir ensoleillé
Tome 5 : Romans, nouvelles et poèmes, La vie est dégueulasse – Le soleil n'est pas pour nous – Sueur aux tripes – « Contes doux » – La forêt aux pendus – La louve du Bas-Graoul – Le diamant du Huguenot – Un héros en guenilles – Le capitaine Cœur-en-Berne – Gérard Vindex gentilhomme de fortune – La sœur du flibustier – L'évasion du masque de fer – Le voilier tragique – Vengeance à Ciudad-Juarez – Vacances sous le pavillon noir – Contes et nouvelles divers – Poèmes – Pièces radiophoniques et téléfilm

MAUPASSANT, Guy de *(2 volumes sous coffret)*
Tome 1 : Quid de Guy de Maupassant – Contes divers 1875-1880 – La Maison Tellier – Contes divers 1881 – Mademoiselle Fifi – Contes divers 1882 – Contes de la bécasse – Clair de lune – Contes divers 1883 – Une vie – Miss Harriet – Les Sœurs Rondoli
Tome 2 : Yvette – Contes divers 1884 – Contes du jour et de la nuit – Bel-Ami – Contes divers 1885 – Toine – Monsieur Parent – La Petite Roque – Contes divers 1886 – Le Horla – Contes divers 1887 – Le Rosier de madame Husson – La Main gauche – Contes divers 1889 – L'Inutile Beauté

MONTESQUIEU
Pensées – Le spicilège *(1 volume)*

POE, Edgar Allan
Contes, essais, poèmes *(1 volume)*

PROUST, Marcel
A la recherche du temps perdu, *(3 volumes sous coffret)* : *Tome 1* : Quid de Marcel Proust – Du côté de chez Swann – A l'ombre des jeunes filles en fleurs – *Tome 2* : Le côté de Guermantes – Sodome et Gomorrhe – *Tome 3* : La prisonnière – La fugitive – Le temps retrouvé

RENAN, Ernest
Histoire et parole : Œuvres diverses *(1 volume)*

RENARD, Jules
Journal (1887-1910) *(1 volume)*

RENARD, Maurice
Romans et contes fantastiques : Fantômes et fantoches – Le Docteur Lerne,

sous-dieu – Le Péril bleu – M. d'Outremort – Les Mains d'Orlac – L'Homme truqué – Un homme chez les microbes – Le Professeur Krantz – Le Maître de la lumière – Contes des « Mille et Un Matins » *(1 volume)*

RESTIF DE LA BRETONNE et SÉBASTIEN MERCIER
Les Nuits de Paris – Tableau de Paris *(1 volume)*

RIDER HAGGARD, Henry
Elle qui doit être obéie : Elle ou la Source du feu – Le Retour d'Elle – La Fille de la sagesse – Les Mines du roi Salomon – Elle et Allan Quatermain *(1 volume)*

ROMAINS, Jules
Les hommes de bonne volonté *(4 volumes sous coffret)* : *volume I* : 1. Le 6 octobre – 2. Crime de Quinette – 3. Les amours enfantines – 4. Éros de Paris – 5. Les superbes – 6. Les humbles – 7. Recherche d'une église – *volume II* : 8. Province – 9. Montée des périls – 10. Les pouvoirs – 11. Recours à l'abîme – 12. Les créateurs – 13. Mission à Rome – 14. Le drapeau noir – *volume III* : 15. Prélude à Verdun – 16. Verdun – 17. Vorge contre Quinette – 18. La douceur de la vie – 19. Cette grande lueur à l'Est – 20. Le monde est ton aventure – 21. Journées dans la montagne – *volume IV* : 22. Les travaux et les joies – 23. Naissance de la bande – 24. Comparutions – 25. Le tapis magique – 26. Françoise – 27. Le 7 octobre

ROMANS TERRIFIANTS
Horace Walpole : Le Château d'Otrante – Ann Radcliffe : L'Italien ou le Confessionnal des Pénitents Noirs – Matthew Gregory Lewis : Le Moine – Ernst Theodor Amadeus Hoffmann : Les Élixirs du Diable – Charles Robert Maturin : Melmoth ou l'Homme errant *(1 volume)*

ROSNY AÎNÉ, J.-H.
Vamireh – Eyrimah – La guerre du feu – Le félin géant – Helgvor du fleuve bleu – Elem d'Asie – Nomaï – Les Xipéhuz – La grande énigme – Les hommes sangliers *(1 volume)*

SCOTT, Walter
Waverley – Rob-Roy – La Fiancée de Lammermoor *(1 volume)*

SÉGUR, Comtesse de *(3 volumes sous coffret)*
Tome 1 : Lettres à son éditeur – Nouveaux contes de fées – Les Petites Filles modèles – Les Malheurs de Sophie – Les Vacances – Mémoires d'un âne – Pauvre Blaise – *Tome 2* : La Sœur de Gribouille – Les Bons Enfants – Les Deux Nigauds – L'Auberge de l'Ange gardien – François le bossu – Comédies et proverbes – Un bon petit diable – *Tome 3* : Jean qui grogne et Jean qui rit – La Fortune de Gaspard – Quel amour d'enfant ! – Le Mauvais Génie – Diloy le chemineau – Après la pluie le beau temps – La Santé des enfants

STENDHAL
Le rouge et le noir – La chartreuse de Parme – Lamiel – Armance *(1 volume)*

SOUVESTRE, Pierre et ALLAIN, Marcel
Fantômas *(3 volumes)* : *Tome 1 :* Le train perdu – Les amours d'un prince – Le bouquet tragique – Le jockey masqué – *Tome 2* : Le cercueil vide – Le faiseur de reines – Le cadavre géant – Le voleur d'or – *Tome 3* : La Série rouge – L'Hôtel du crime – La Cravate de chanvre – La Fin de Fantômas – Dictionnaire des personnages de Fantômas

STEVENSON, Robert Louis
L'Ile au trésor – Le Maître de Ballantrae – Enlevé ! – Catriona – Veillées des îles – Un mort encombrant – L'étrange cas du Dr. Jekyll et de Mr. Hyde *(1 volume)*

SUE, Eugène
Le Juif errant *(1 volume)*
Les Mystères de Paris *(1 volume)*

TWAIN, Mark
Les Aventures de Tom Sawyer – Les Aventures de Huckleberry Finn, l'ami de Tom Sawyer – Tom Sawyer à travers le monde – Tom Sawyer détective – Le Prince et le Pauvre – Un Yankee à la cour du roi Arthur – Wilson Tête-de-Mou – Les Jumeaux extraordinaires *(1 volume)*

VOYAGES AU PAYS DE NULLE PART
Lucien de Samosate : Histoire véritable d'un voyage à la lune – Benoît : Navigation de saint Brendan à la recherche du Paradis – H. de Saltray : Le Purgatoire de Saint-Patrick – Anonyme : La Vision d'Albéric – Thomas Morus : L'Utopie – Tommaso Campanella : La Cité du soleil ou idée d'une République philosophique – Savinien Cyrano de Bergerac : L'Autre Monde : les États et Empires de la Lune et du Soleil – John Bunyan : Voyage du pélerin, de ce monde à celui qui doit venir – Jonathan Swift : Voyages de Gulliver dans des contrées lointaines – Charles-François Tiphaigne de La Roche : Giphantie – Anonyme : Le Passage du pôle arctique au pôle antarctique – Restif de La Bretonne : La découverte australe par un homme-volant ou le dédale français *(1 volume)*

ZÉVACO, Michel *(3 volumes)*
Tome 1 : Les Pardaillan – L'Épopée d'amour – La Fausta – *Tome 2* : La Fausta (suite) – Fausta vaincue – Pardaillan et Fausta – Les Amours du Chico – *Tome 3* : Le Fils de Pardaillan – La Fin de Pardaillan – La Fin de Fausta

ZINOVIEV Alexandre
Les Hauteurs béantes – L'Avenir radieux – Notes d'un veilleur de nuit *(1 volume)*

ZOLA, Émile *(2 volumes)*
Tome 1 : Les Rougon-Macquart : La fortune des Rougon – La curée – Le ventre de Paris – La conquête de Plassans
Tome 2 : Les Rougon-Macquart : La faute de l'abbé Mouret – Son Excellence Eugène Rougon – L'assommoir – Une page d'amour

POÉSIE

BAUDELAIRE, Charles
Œuvres complètes *(1 volume)*

UNE ANTHOLOGIE DE LA POÉSIE FRANÇAISE de Jean-François Revel *(1 volume)*

MILLE ET CENT ANS DE POÉSIE FRANÇAISE
Anthologie de Bernard Delvaille *(1 volume)*

RIMBAUD – CHARLES CROS – TRISTAN CORBIÈRE – LAUTRÉAMONT
Œuvres complètes *(1 volume)*

RIMBAUD, Arthur
Œuvres complètes et correspondance *(1 volume)*

TOULET, Paul-Jean
Œuvres complètes *(1 volume)*

VICTOR HUGO : ŒUVRES COMPLÈTES

ROMAN I
Han d'Islande – Bug-Jargal – Le Dernier jour d'un condamné – Notre-Dame de Paris – Claude Gueux *(1 volume)*

ROMAN II
Les Misérables *(1 volume)*

ROMAN III

L'Archipel de la Manche – Les Travailleurs de la mer – L'Homme qui rit – Quatre-vingt-treize *(1 volume)*

POÉSIE I

Premières Publications – Odes et Ballades – Les Orientales – Les Feuilles d'automne – Les Chants du crépuscule – Les Voix intérieures – Les Rayons et les Ombres *(1 volume)*

POÉSIE II

Châtiments – Les Contemplations – La Légende des siècles, première série – Les Chansons des rues et des bois – La Voix de Guernesey *(1 volume)*

POÉSIE III

L'Année terrible – La Légende des siècles, nouvelle série – La Légende des siècles, dernière série – L'Art d'être grand-père – Le Pape – La Pitié suprême – Religions et Religion – L'Ane – Les Quatre Vents de l'esprit *(1 volume)*

POÉSIE IV

La Fin de Satan – Dieu – Le Verso de la page – Toute la Lyre – Les Années funestes – Dernière Gerbe *(1 volume)*

THÉÂTRE I

Cromwell – Amy Robsart – Hernani – Marion de Lorme – Le Roi s'amuse – Lucrèce Borgia – Marie Tudor – Angelo, tyran de Padoue – La Esmeralda *(1 volume)*

THÉÂTRE II

Ruy Blas – Les Burgraves – Torquemada – Théâtre en liberté – Les Jumeaux – Mille francs de récompense – L'Intervention *(1 volume)*

POLITIQUE

Paris – Mes Fils – Actes et Paroles I – Actes et Paroles II – Actes et Paroles III – Actes et Paroles IV – Testament littéraire – Préface à l'édition *ne varietur* *(1 volume)*

CRITIQUE

La Préface de Cromwell – Littérature et philosophie mêlées – William Shakespeare – Proses philosophiques des années 60-66 *(1 volume)*

HISTOIRE

Napoléon le Petit – Histoire d'un crime – Choses vues *(1 volume)*

VOYAGES

Le Rhin – Fragment d'un voyage aux Alpes – France et Belgique – Alpes et Pyrénées – Voyages et excursions – Carnets 1870-1871 *(1 volume)*

CHANTIERS

Notre-Dame de Paris – Châtiments – La Fin de Satan (fragment) – Dieu (fragment) – Le Dossier des Misérables – Autour des chansons des rues et des bois – Fragments critiques – Fragments dramatiques *(1 volume)*

OCÉAN

Océan prose – Philosophie prose – Faits et croyances – Moi, l'amour, la femme – Philosophie vers – Plans et projets *(1 volume)*

INDEX GÉNÉRAL *(à paraître)*

CORRESPONDANCE

Familiale et écrits intimes : I. 1802-1828 *(1 volume)*
Familiale et écrits intimes : II. 1828-1839 *(1 volume)*

OUVRAGES DE RÉFÉRENCE

ATLAS de Colin Mc Evedy *(4 volumes)*

Histoire ancienne *(1 volume)*. Histoire du Moyen Âge *(1 volume)*. Histoire moderne *(1 volume)*. Histoire des XIXe et XXe siècles *(1 volume)*

DICTIONNAIRE DE LA BÊTISE – LE LIVRE DES BIZARRES de Guy Bechtel et Jean-Claude Carrière *(1 volume)*

DICTIONNAIRE DE LA BIBLE de André-Marie Gérard *(1 volume)*

DICTIONNAIRE DE LA CIVILISATION INDIENNE de Louis Frédéric *(1 volume)*

DICTIONNAIRE DE L'ARCHÉOLOGIE de Guy Rachet *(1 volume)*

DICTIONNAIRE DE LA SAGESSE ORIENTALE
Bouddhisme, hindouisme, taoisme, zen *(1 volume)*

DICTIONNAIRE DES AUTEURS *(4 volumes sous coffret)*

DICTIONNAIRE DES DISQUES ET DES COMPACTS (Guide critique de la musique classique enregistrée) par l'équipe rédactionnelle et technique de la revue *Diapason* *(1 volume)*

DICTIONNAIRE DES INTERPRÈTES (et de l'interprétation musicale au XXe siècle) de Alain Pâris *(1 volume)*

DICTIONNAIRE DES ŒUVRES *(7 volumes sous coffret)*

DICTIONNAIRE DES PERSONNAGES (de tous les temps et de tous les pays) *(1 volume)*

DICTIONNAIRE DES SYMBOLES de Jean Chevalier et Alain Gheerbrant *(1 volume)*

DICTIONNAIRE DU CINÉMA *(2 volumes)*
Tome 1 : Les réalisateurs de Jean Tulard – *Tome 2* : Les acteurs, de Jean Tulard

DICTIONNAIRE DU COMPORTEMENT ANIMAL par l'Université d'Oxford sous la direction de David McFarland *(1 volume)*

DICTIONNAIRE DU JAZZ de Philippe Carles, André Clergeat, Jean-Louis Comolli *(1 volume)*

DICTIONNAIRE ENCYCLOPÉDIQUE DE LA MUSIQUE par l'Université d'Oxford sous la direction de Denis Arnold *(2 volumes sous coffret)*

GUIDE DES FILMS de Jean Tulard *(2 volumes sous coffret)*

HISTOIRE UNIVERSELLE DES CHIFFRES de Georges Ifrah *(1 volume à paraître)*

L'ÉSOTÉRISME de Pierre Riffard
Qu'est-ce que l'ésotérisme ? – Anthologie occidentale *(1 volume)*

L'IMPRESSIONNISME ET SON ÉPOQUE (Dictionnaire international) de Sophie Monneret *(2 volumes sous coffret)*

LES LIVRETS D'OPÉRA édition bilingue établie par Alain Pâris *(2 volumes sous coffret)*

MOZART (Sa vie musicale et son œuvre) de T. de Wyzewa et G. de Saint-Foix *(2 volumes)*
Tome 1 : 1756-1777 : L'enfant prodige – le jeune maître
Tome 2 : 1777-1791 : Le grand voyage – l'épanouissement – les dernières années

TOUT L'OPÉRA de Gustave Kobbé *(1 volume)*

UNE HISTOIRE DE LA MUSIQUE de Lucien Rebatet *(1 volume)*

OUVRAGES PRATIQUES

CUISINE SANS SOUCI de Rose Montigny *(1 volume)*

DE LA TÊTE AUX PIEDS
Toute la chirurgie, rien que la vérité, par le Pr Herbert Lippert *(1 volume)*

DICTIONNAIRE DE L'ALIMENTATION de John Yudkin *(1 volume)*

DICTIONNAIRE DES MÉDICAMENTS (Tout ce qu'il faut savoir sur les 4 200 médicaments français) du Dr Jean Thuillier *(1 volume)*

ENCYCLOPÉDIE DES VINS ET DES ALCOOLS de Alexis Lichine *(1 volume)*

GASTRONOMIE des cardiaques, des diabétiques, des « hépatiques » et colopathes, de la femme enceinte et qui allaite, des enfants bien portants, des enfants malades, par Catherine Descargues *(1 volume)*

GUIDE MONDIAL DU CONNAISSEUR DE VINS de Huhg Johnson *(1 volume à paraître)*

RÉUSSIR VOTRE CUISINE de Martine Jolly *(1 volume)*

SYMPTÔMES ET MALADIES (Encyclopédie médicale de la famille ; les règles d'or pour vivre plus longtemps et rester toute sa vie en bonne santé) de Sigmund S. Miller, assisté de 20 spécialistes *(1 volume)*

VOTRE ENFANT (Guide à l'usage des parents) par le Dr Lyonel Rossant avec la collaboration du Dr Jacqueline Rossant-Lumbrosco *(1 volume)*

DÉPÔT LÉGAL : AVRIL 1992

Nº ÉDITEUR : S 1226

ACHEVÉ D'IMPRIMER POUR
LES ÉDITIONS ROBERT LAFFONT
SUR LES PRESSES DE
BPCC HAZELLS LTD
AYLESBURY (GRANDE-BRETAGNE)
Printed in Great Britain